新編諸子集成

# 論語集釋

上

程樹德 撰
程俊英 蔣見元 點校

中華書局

# 論語集釋目録

## 第一册

## 第二册

## 第三册

# 前言

程俊英

先父程樹德，字郁庭，福建福州人。一八七七年生，一九四四年卒。清末進士，不願居宦，公費留學日本，學習法律。回國後，長期擔任北京大學教授、清華大學兼任教授。七七事變後，隱居著述，貧病交加而終。

先父十歲喪母，孤苦無依；但少年有志，勤奮自學，通宵達旦，熟讀經、史，博覽羣書。中年致力教學、科研工作，所任課程有中國法制史、比較憲法、九朝律考等科目。於繁重的教學之餘，孜孜寫作。晚年更潛心學術研究，不事教學。一生著述約四百餘萬字。

先父寫作開始得比較早，一九〇六年二十九歲，第一部著作國際私法七卷問世。一九一九年漢律考七卷問世。一九二五年出版九朝律考，這是先父一生的重要著作之一。一九三五年再版，解放後又重版兩次。該書從古籍中搜羅從公元前二世紀起至公元後七世紀間，歷代已經散失了的法律、科令、格式、刑名和有關的資料，作了綜合的考證與論述。以十年之功，編成九朝律考二十卷。參考書籍數百種，約三十餘萬言。內容包括漢律考、魏律考、晉律考、南北朝律考（梁、陳、後魏、北齊、後周）、隋律考等九朝的法律考證。此書解放前在國外已有多種譯本。在國内列入大學叢書，現在仍爲政法高校研究生必讀的參考書，對國内外有廣泛的影響。一九五五年重版時，商務印書館編審部評價説：「該書作爲社會上層建築的法律史而言，不但可以供研究我國法律變遷沿革的人作參考，而且也是研究我國社會發展的重要資料。」

一九二八年中國法制史出版。這是爲京師法科學生所編的教材。上溯黄帝，下逮有清，以簡括之筆，闡述歷代法令及刑制的發展。一九三一年比較國際私法出版。一九三三年，説文稽古編出版。先父敍述寫書的旨趣説：「性耽古籍，不能自已，偶檢閲舊藏説文解字諸書，頗悟『因字求史』之法，遂有説文稽古編之作。」從文字的形成，窺上古逸史與其社會之情狀，是此書的創造性探索之所在。解放後，曾由商務印書館再版。

一九三三年，先父患血管硬化症。七七事變後，北京大學等校南遷，從此經濟來源斷絶。舊社會老年知識分子處境悽慘，衣食不完。日僞統治時期，病無醫藥，生活無著，子女多而年幼，困窘不堪；病況日漸惡化，終至癱瘓。論語集釋四十卷，即成書於此時，這是先父最後一部重要著作。序言中描述寫作的苦況時説：「身患舌强痿痺之疾，足不能行、口不能言者七年於兹矣。風燭殘年，不惜汗蒸指皸之勞，窮年矻矻以爲此者。」他爲發揚我國固有文化，以「目難睁不能視，手顫抖不能書」的病弱殘軀，自己口述，由親戚筆録，歷時九年，終於一九四二年脱稿。其傾心學術、不屈不撓的頑强精神，於此可見。

論語集釋寫書的緣由，據先父云：論語一書的注釋，漢、魏諸家有各種注。自何晏論語集解行，而鄭玄、王肅各注皆廢；自朱子集注行，而集解及皇侃論語義疏、邢昺論語注疏又廢。朱子至今又八百餘年，其間名儒著述訓詁義理，多爲前人所未發，惜無薈萃貫串之書。先父本孔子「述而不作」之旨，將宋以後諸家之説分類採輯，以爲斯書之助。在學術上力求不分宗派，苟有心得，概予採録，以供學者研究。內容分十類：考異、音讀、考證、集解、唐以前古注、集注、别解、餘論、發明、按語。按語則是先父對諸家學説提出自己的見解。所引書目六百八十種，全書共一百四十萬言。此書爲研究論語學者提供了自漢到清的詳盡資料，又對論語的訓詁注釋有充分考證，用各家學説闡明孔子的思想本質，爲譯注、研究論語的學者批判繼承我國古代文化遺産提供了廣泛的根據，是一部研究孔子思想，特别是研究孔子教育思想的重要參考書。

論語集釋的著述，由於是先父口述、親戚代筆而成，錯寫與遺漏之處較多，且無新式標點。現值再版之際，由我和蔣見元同志重新校勘，並加標點。錯誤之處，在所難免。望讀者隨時指教，以便改正。

一九八三年十二月於華東師大

# 論語集釋整理後記

蔣見元

程樹德教授論語集釋四十卷，搜羅繁富，訓詁詳明，是論語注釋的集大成之作。一九四三年，由華北印書局初版，四十年來，漸趨湮没。現承中華書局列入計劃再版，使沉晦多年的著作得以傳世，于論語研究者必能有參考價值。

作者編著此書時，已患腦血栓之症。雖神志清楚，然手不能執筆，口不能言。所徵引的衆多書籍，衹能由他人代抄。囿于抄者的水平，原稿文字不免訛誤。其後初版時，因排字校對的粗疏，又添一層舛錯。這次重新整理再版，以初版鉛印本爲底本，除了與原稿校對外，書中大部分材料，再與所徵引的原書相爲校勘，校勘時發現的文字錯誤，逕改，不出校記。

原書的句讀爲圈點，這次參考中華書局新編諸子集成（第一輯）體例，重加新式標點。作者著書，旨在發揚孔子的學術思想，本人又曾潛心内典，故于徵引材料與按語中，間及禪理。至于其他封建觀點，恐亦難免。爲了保存原來面目，我們對此類文字不作删削，讀者當自能鑑别。

在整理本書時，囿于條件，作者徵引的書籍，一小部分我們没能見到，另一部分與作者當時所用的版本不同，因此文字上恐不免仍存在錯誤，敬祈讀者有以指正之。

一九八三年十二月於華東師大

# 自序

論語集釋何爲而作也？曰：舉古聖哲王所揭治亂興亡之故，至今日而適若相反，古人真欺我哉！憤而欲取少時所讀之書，拉雜摧燒之。客聞而阻之曰：「世之剥也必不終剥，道之窮也必不終窮，子姑待之！」余笑而應之曰：「諾。」今不幸言中，而世亂滋迫，數年以來，麋沸雲擾，萬方蕩析，余猶得蜷伏故都，幸免顛沛流離之慘，此論語集釋四十卷即於劫罅偷息中所掇輯而成者也。昔太史公身廢不用，乃作史記，其報任安書列舉左丘失明、虞卿窮愁諸例。余自癸酉冬患舌强痿痺之疾，足不能行、口不能言者七年於兹矣，而精力之强，不減平昔。意者天恐吾投身禍亂以枉其才，故假疾以阻其進取，又憫其半生志事無所成就，故復假之以精力，使得以著述終其身耶？夫文化者國家之生命，思想者人民之傾向，教育者立國之根本，凡愛其國者，未有不愛其國之文化。思想之鵠，教育之程，皆以是爲準。反之，而毁滅其文化，移易其思想，變更其教育，則必不利於其國者也。著者以風燭殘年，不惜汗蒸指皸之勞，窮年矻矻以爲此者，亦欲以發揚吾國固有文化，間執孔子學説不合現代潮流之狂喙，期使國人之舍本逐末、徇人失己者俾廢然知返。余之志如是而已。若夫漢、宋門户之見，考據訓詁之争，黨同伐異，竊無取焉。

己卯秋八月閩縣程樹德序

# 凡例

一論語注釋，漢時有孔安國、馬融、鄭玄、包咸諸家，魏則陳羣、王肅亦有義説。自何晏集解行，而鄭、王各注皆廢。自朱子集注行，而集解及邢、皇二疏又廢。朱子至今又八百餘年，加以明、清兩代國家以之取士；清初名儒代出，著述日多，其間訓詁義理多爲前人所未及，惜無薈萃貫串之書。兹篇竊本孔氏「述而不作」之旨，將宋以後諸家之説分類採輯，以爲研究斯書之助，定名曰論語集釋。

一是書内容計分十類：

甲　考異　經文有與石經及皇本或他書所引不同者，日本、高麗版本文字有異者，均列入此門。其材料則以阮元論語校勘記、翟灝四書考異、日本山井鼎七經考文、葉德輝天文本論語校勘記等爲主。

乙　音讀　字音讀法及句讀有不同者入此門。其材料以陸德明經典釋文、武億經讀考異爲主。

丙　考證　自閻若璩撰四書釋地、江永著鄉黨圖考以後，世人漸知考證名物之重要。

故人名、地名、器物、度數之應考證者無論矣，此外如大戴禮、說苑、新序、春秋繁露、韓詩外傳、中論、論衡諸書有涉及論語之解釋者，以其爲漢儒舊說，亦附此門。

丁　集解　邢疏有可採者亦附入此門。

戊　唐以前古注　此門包含最廣，上自漢末，下及於唐，中間南北朝諸家著述爲北堂書鈔、太平御覽、藝文類聚所引者備列無遺。其材料以皇侃義疏、馬國翰玉函山房輯佚書爲主，計所採者凡三十八家，列舉如左：

劉歆論語注

包咸論語章句

鄭玄論語注

王朗論語說

王弼論語釋疑

衛瓘論語集注

繆播論語旨序

繆協論語說

郭象論語體略

欒肇論語釋疑
虞喜論語讚注
庾翼論語釋
李充論語集注
范甯論語注
孫綽論語集注
梁覬論語注
袁喬論語注
江熙論語集解
殷仲堪論語解
張憑論語注
蔡謨論語注
顔延之論語説
釋惠琳論語説
沈驎士論語訓注

顧歡論語注
梁武帝論語注
太史叔明論語注
褚仲都論語義疏
皇侃論語義疏
沈峭論語注
熊埋論語説
季彪論語注
陸特進論語注
穎子巖論語注
李巡論語注
張封溪論語注
論語隱義注
韓李論語筆解

己　集注　集注文字稍繁，故採擇以内注爲限；外注有特别精采者始行列入。但其中貶抑聖門、標榜門户者，因有後人之辯論，不能不列入原文，可分别觀之。

庚　别解　集解、集注以外，如有新穎之説，别爲「别解」一門。其不止一説者，則分爲一二三四以區别之。

辛　餘論　清初漢學家立論，時與宋儒相出入，擇其言論純正、無門户偏見者，爲「餘論」一門。其有宋以後諸家注釋可補集注所未備而不屬於考證者，亦附入之。

壬　發明　宋學中陸、王一派多以禪學詁經，其中不乏確有心得之語，即程、朱派中亦間有精確不磨之論。蓋通經原以致用，孔氏之言，可以爲修己處世之準繩、齊家治國之方法者，當復不少，惜無貫串説明之書，僅一四書反身録，尚多未備。因欲後人研究論語者發明其中原理原則，故特立此門。

癸　按語　凡集解、集注、别解諸説不同者，必須有所棄取，别爲「按語」以附於後。此外，自「考異」以下間有所見者亦同。

以上十種，非必各章皆備，無則缺之。

一研究論語之法，漢儒與宋儒不同。漢儒所重者，名物之訓詁，文字之異同；宋儒則否，一以大義微言爲主。惜程、朱一派好排斥異己，且專宣傳孔氏所不言之理學，故所得殊希。陸、王派雖無此病，然援儒入墨，其末流入於狂禪，亦非正軌。故論語一書，其中未發之覆正多。是書職責，在每章列舉各家之説，不分門户，期於求一正當解釋，以待後來學者，藉此以發明聖人立言之旨。

一朱子集注，元明以來以之取士，幾於人人習之。清初漢學再興，始有持異議者。譬之者尊爲聖經賢傳，一字無敢踰越；詆之者置之不議不論之列。如王闓運所著之論語訓，漢魏六朝諸家之説備列無遺，獨於朱注一字不及，漢、宋門户，隱若劃一鴻溝。黄式三論語後案始以集解、集注並列，然其旨仍在左袒漢學。實則集注雖考證稍疏，然字斟句酌，亦非無一長可取，不能概行抹殺。是書先列集解，爲漢學所宗；次集注，爲宋學所本；中間增「唐以前古注」一門，搜羅漢魏六朝及唐人論語著述，片言隻字，必一一搜剔，不使遺漏，庶幾已佚之書，賴以不墮。其近人著述，有罕見之本，或篇帙無多，恐其日久失傳，往往全部收入，亦本斯旨。

一論語一書，言訓詁者則攻宋儒，言義理者則攻漢學。平心論之，漢儒學有師承，言皆有本，自非宋儒師心自用者所及。集注爲朱子一生精力所注，其精細亦斷非漢儒所及。蓋義理而不本於訓詁，則謬説流傳，貽誤後學；訓詁而不求之義理，則書自書，我自我，與不讀同。二者各有所長，不宜偏廢。是書意在詁經，惟求其是，不分宗派，苟有心得，概與採録。

一全書共百餘萬言，所採書目均一一列表備查。其未見原書者，必注明出處。其有引出某書而某書實無其文者，則仍以原書著録，以便尋檢。此外六朝已佚古籍，或雖爲近人著作而爲罕見之本者，則仿四庫全書總目之例，别爲簡明提要以附於後。

一所採之書，以四庫著録及列入正、續皇清經解爲限。其四庫未收及宋儒一派之著述未採入皇清經解者，則擇其尤純正而有心得者。其專爲舉業而設，類似高頭講章，如四書本義匯參，及一切庸惡陋劣如四書大全之類，概不採録。

一語録仿自禪宗，釋子不讀書，出語恒多俚俗。宋儒學既近禪，並形式上亦必力求其似，殊爲無取。兹篇除朱子或問及語類外，其他語録中雖有關於論語之研究，以其出言鄙倍，概不採録。

一宋以後諸儒往往於劄記中考據論語，如困學紀聞、日知録、十駕齋養新録之類無慮數十種，其中不乏可採之處，雖非專著，亦在兼採之列。

一宋儒理學爲儒、釋、道混合之一種哲學，本可成一家言，但必以爲直接孔孟心傳道統，則余未敢信。一部論語中，何嘗有一個「理」字？而集注釋天爲即理也，釋天道爲天理，又遇論語凡有「斯」字或「之」字，悉以「理」字填實之，皆不免强人就我，聖人胸中何嘗有此種理障耶？朱子嘗云：「聖賢議論，本是平易。今推之使高，鑿之使深。」然集注釋「子在川上」，釋曾點言志，仍不免過高之病。以此立説著書，未嘗不可，但非解經正軌，讀者當分别觀之。

一 清初戴東原、毛西河諸家喜攻朱注考證之失，殊不知朱子嘗與人言：「讀書玩理外，考證别是一種工夫，某向來不曾做。」朱子博極羣書，並非力不能爲，而其言如此，蓋當時風氣不尚考證。以古人不經意之事，而蹈隙乘瑕攻之，不過以其名高耳，然猶曰「是漢學家言也」。至顔、李同爲理學而亦攻朱，則更無謂。蓋漢儒恪守家法，篤信師説，從未敢輕詈古人。至更易經傳，推翻舊説，其風固自宋人開之。集注至以樊遲爲粗鄙近利，以子夏、子游爲語有流弊，敢於詈及先賢，更不足爲訓。以朱子之賢，猶有此失。是書力矯此弊，凡意氣詬争之語，門户標榜之詞，概不採録。

一 集注喜貶抑聖門，爲全書最大污點，王船山讀四書大全説、毛西河聖門釋非録論之詳矣。是書凡攻朱之語，例不採録，然對此不能不設例外。昔阮嗣宗口不談人過，人稱其盛德，何況對於古人。子貢方人，孔子以爲不暇。故古來叢謗之深，無如朱子者，雖係無心之過，究屬嗔心過重，録之所以示戒也。

一 宋儒以禪理詁經，好之者喜其直截痛快，惡之者又目爲陽儒陰釋。考朱子答孫敬甫書：「少時喜讀禪學文字。」又與張侍郎書云：「左右既得此把柄入手，便可改頭換面。欲用儒家言語説向士大夫，接引從來學者。」是宋儒固不自諱。竊以爲孔子之道至大，無所不包，不特釋而已，即道家亦有與之同者，如「無爲而治」一章是也。魏、晉諸儒喜以道家言詁經，苟有一得，未嘗不可兼收並蓄。蓋孔子之言有與釋家同者，如「毋意，毋必，毋固，毋我」，與佛家之破除二執，有何區别耶？其與之異者，則不必强爲附會。陸、王一派末流如羅念菴、陳白沙輩，幾於無語不禪，亦是一病。是篇於末流狂禪一派牽强附會之語，概不採録。一孔子之言，俟諸百世而不惑，所以爲至聖，不必後人代爲辯護周旋。集注於「天下有道，則庶人不議」則曰：「非箝其口使不敢言也。」於「民可使由之，不可使知之」下引程子曰：「聖人設教，非不欲家喻而户曉也。若曰聖人不使民知，則是後世朝四暮三之術也，豈聖人之心乎？」殊不知聖人之言絕無流弊，觀於今日歐洲之國會民主政治，此二章真如日月經天，江河行地，洵萬古不易之至言也，何所用其廻護耶！自歐化東漸，不特疑聖，且有誣聖以爲名高者矣。是書採録斷自清代，凡現代名人之著述，除純粹解經者外，其他中西合參、新舊融會之作，值此是非淆亂、靡所折衷去取之間，懼多私見，故雖有佳篇，概從割愛，恕不採録。補遺之責，期之後人。

# 論語集釋卷一

## 學而上

○子曰：「學而時習之，不亦説乎？

【考異】皇侃論語義疏本（下簡稱皇本）「説」字作「悦」。翟灝四書考異（下簡稱翟氏考異）：古喜説、論説同字，漢後增从「心」字别之。「悦」初見廣韻。徐鉉新修字義云：「經典只作『説』。」然毛詩「説懌女美」，陸氏釋云：「又作『悦』。」爾雅釋詁：「悦，樂也。悦，服也。」皆書作「悦」。而孟子但用「悦」字，則二字通寫已久。「説」之見二十篇者，如公冶長篇「子説」、雍也篇「非不説子之道」、「子路不説」、子罕篇「能無説乎」、子路篇「近者説」、陽貨篇「子路不説」、堯曰篇「公則説」，皇本俱作「悦」。惟先進「無所不説」、子路「易事而難説」，仍如監本。

按：翟灝四書考異考證精博。關於論語條考部分，本書收録極多。標題仍稱考異者，示不敢掠美也。

【考證】白虎通：子者，丈夫之通稱。顧炎武日知録：周制，公、侯、伯、子、男爲五等之爵，而大夫雖貴，不敢稱子。春秋自僖、文以後，執政之卿始稱子。其後匹夫爲學者所宗亦得稱子，老子、孔子是也。孔子弟子惟有子、曾子二人稱子，閔子、冉子僅一見。汪中述學別録：古者孤卿大夫皆稱子，子者，五等之爵也。周官典命：「公之孤四命，以皮帛眡小國之君。」大行人：「大國之孤，其禮眡小國之君。」春秋傳：「列國之卿當小國之君。」小國之君則子、男也，子、男同等，不可以並稱，故著子去男，從其尊者。王朝則劉子、單子，列國則高子、國子是也。王朝生稱子，没配謚稱公。列國生稱子，没配謚亦稱子。此其別也。稱子而不成辭，則曰夫子。夫者，人所指名也。春秋傳「夫固謂君」、「夫豈不知」，服云：「夫謂鬬伯比。」「夫石猶生我」，服云：「夫謂孟孫。」「夫不惡女乎」，服杜並云：「夫謂太子。」以夫配子，所謂取足以成辭爾。凡爲大夫，自適以下皆稱之曰夫子。孟獻子，穆伯之孫，穆伯之二子親爲其諸父，而曰夫子。崔成、崔彊稱其父亦曰夫子。故知爲大夫者例稱夫子，不以親別也。孔子爲魯司寇，其門人稱之曰子，曰夫子，後人沿襲以爲師長之通稱，而莫有原其始者。劉寶楠論語正義（下簡稱劉氏正義）：「曰」者，皇疏引説文云：「開口吐舌謂之爲曰。」邢疏引説文云：「曰，詈也。從口，乙聲。亦象口氣出也。」所引説文各異。段氏玉裁校定作「從口，乙象口氣出也」。又引孝經釋文云：「從乙在口上。乙象氣，人將發語，口上有氣，故曰字缺上也。」「學」者，説文云：「斆，覺悟也。从教，从冂。冂尚矇也。臼聲。學，篆文『斆』省。」白虎通辟雍篇：「學之爲言，覺也，以覺悟所未知也。」與説文訓同。

【集解】馬融曰：「子者，男子之通稱，謂孔子也。」王肅曰：「時習，學者以時誦習之。誦習以時，學無廢業，所以爲悦懌。」

按：何晏集解序云：「古論唯博士孔安國爲之訓解，而世不傳。至順帝時，南郡太守馬融亦爲之訓説。」邢昺疏云：「馬融亦爲古文論語訓説。」皇侃疏謂爲魯論訓説，非也。隋、唐志皆不載，佚已久。王氏義説，史志亦稱「注」，何晏集解序與陳羣、周生烈並云「義説」。七録有王肅論語注十卷，隋書經籍志云亡，而唐書藝文志、陸德明經典釋文序録並有王肅論語注十卷。蓋隋代散失，至唐復出，今則佚不可見矣。惟論語馬氏訓説二卷、王氏義説一卷各有輯本，在玉函山房輯佚書中。

【唐以前古注】皇侃義疏（下簡稱皇疏）：曰者，發語之端也。許氏説文云：「開口吐舌謂之爲曰。」（按今説文無此文。）凡學有三時：一是就人身中爲時，二就年中爲時，三就日中爲時也。一就身中者，凡受學之道，擇時爲先；長則扞格，幼則迷昏。故學記云「發然後禁，則扞格而不勝。時過然後學，則勤苦而難成」是也。既必須時，故内則云：「六年教之數與方名，七年男女不同席，八年始教之讓，九年教之數日，十年學書計，十三年學樂、誦詩、舞勺，十五年成童舞象。」並是就身中爲時也。二就年中爲時者，夫學隨時氣則受業易入。故王制云「春夏學詩、樂，秋冬學書、禮」是也。春夏是陽，陽體輕清；詩、樂是聲，聲亦輕清；輕清時學輕清之業則爲易入也。秋冬是陰，陰體重濁；書、禮是事，事亦重濁；重濁時學重濁之業亦易入也。三就日中爲時者，前身中、年中二時，而所學並日日修習不暫廢也。故學記云「藏焉，修焉，息焉，游焉」是也。今云「學而時習之」者，時是日中之時也。

【集注】學之爲言，效也。人性皆善而覺有先後，後覺者必效先覺之所爲，乃可以明善而復其初也。習，鳥數飛也。學之不已，如鳥數飛也。說，喜意也。既學而又時時習之，則所學者熟而中心喜說，其進自不能已矣。

【餘論】朱子文集（答張敬夫）：學而，說此篇名也。取篇首兩字爲別，初無意義。但學之爲義，則讀此書者不可以不先講也。夫學也者，以字義言之，則己之未知未能而效夫知之能之之謂也。以事理言之，則凡未至而求至者，皆謂之學。雖稼圃射御之微，亦曰學，配其事而名之也。而此獨專之，則所謂學者，果何學也？蓋始乎爲士者，所以學而至乎聖人之事，伊川先生所謂「儒者之學」是也。蓋伊川先生之言曰：「今之學者有三：辭章之學也，訓詁之學也，儒者之學也。欲通道，則舍儒者之學不可。」尹侍講所謂『學者，所以學爲人』也。學而至於聖人，亦不過盡爲人之道而已。」此皆切要之言也。夫子之所志，顏子之所學，子思、孟子之所傳，皆是學也。其精純盡在此書，而此篇所明又學之本，故學者不可以不盡心焉。

毛奇齡四書改錯：學有虛字，有實字。如學禮、學詩、學射、御，此虛字也。若志於學、可與共學、念終始典於學，則實字矣。此開卷一學字，自實有所指而言。乃注作「效」字，則訓實作虛，既失詁字之法，且效是何物，可以時習？又且從來字學並無此訓，即有時通「效」作「傚」，亦是虛字。善可效，惡亦可效。左傳「尤人而效之」，萬一效人尤，而亦習之乎？錯矣！學者，道術之總名。賈誼新書引逸禮云：「小學業小道，大學業大道。」以學道言，則大學之道，格致誠正修齊治平是也。以學術言，則學正崇四術，凡春秋禮、樂，冬夏詩、書皆是也。此則學也。黄式三論語後案（下簡稱黄氏後案）：學謂讀書，王氏及程子説同。朱子注學訓效者，統解學字於第一學字之中，如「孰爲好學」、「弟子不能學」、「願學」、「學道」，必訓爲效而始通。其引程子説學爲讀書，時習爲既讀而時思繹，則此章之正解。黄直卿語録甚明。此篇「行有餘力，則以學文」、「雖曰未學，必謂之學」，下篇學、思對言，學、問對言，好學、忠信對言，博學、約禮對言，文學、德行對言，學易，學詩，學禮，皆謂讀書，而又斥「何必讀書，然後爲學」之佞。蓋學者所以學聖人之道，而聖人往矣，道在方策也。劉逢禄論語述何：學謂删定六經也。當春秋時，異端萌芽已見，夫子乃述堯、舜、三王之法，垂教萬世。非是則子思子所謂「有弗學」也。焦循論語補疏：當其可之謂時。説，解悦也。「不憤不啓，不悱不發」，時也。「中人以上可以語上，中人以下不可以語上」，時也。「求也退，故進。由也兼人，故退」，時也。學者以時而説，此大學之教所以時也。

按：「學」字係名辭，集注解作動辭，毛氏譏之是也。惟其以後覺者必效先覺之所爲爲學，則精確不磨。今人以求知識爲學，古人則以修身爲學。觀於哀公問弟子孰爲好學，孔門身通六藝者七十二人，而孔子獨稱顔淵，且以不遷怒、不貳過爲好學，其證一也。孔子又曰：「君子謀道不謀食。學也，禄在其中矣。」其答子張學干禄，則曰：「言寡尤，行寡悔，禄在其中矣。」是可知孔子以言行寡尤悔爲學，其證二也。大學之道，「壹是皆以修身爲本」，其證三也。

【發明】焦氏筆乘：李彥平曰：「宣和庚子，某入辟雍。同舍趙孝孫仲脩，伊川先生高弟趙彥子之子也，於某有十年之長。辛丑春同試南宫，仲脩中選，而某被黜。仲脩勉之曰：『公盛年一跌何傷，姑歸讀書可也。』某意不懌。趙曰：『公頗讀論語否？』即應之曰：『三尺之童皆讀此，何必某。』仲脩笑曰：『公即知讀此，且道「學而時習之」以何者爲學？』某茫然不知所對。仲脩徐曰：『所謂學者，非記問誦説之謂，非絺章繪句之謂，所以學聖人也。既欲學聖人，自無作輟。出入起居之時，學也。飲食游觀之時，學也。疾病死生之時，亦學也。人須是識得「造次必於是，顛沛必於是」，「立則見其參於前，在輿則見其倚於衡也」，方可以學聖人。』某聞其言，頓若有悟。」

## 有朋自遠方來，不亦樂乎？

【考異】陸德明論語釋文：「有」，或作「友」，非。　白虎通辟雍篇引論語曰：「朋友自遠方來。」　阮元論語校勘記：鄭氏康成注此云：「同門曰朋，同志曰友。」是舊本皆作「友」字。　臧庸拜經日記：白虎通辟雍篇：「師弟子之道有三：論語曰『朋友自遠方來』，朋友之道也。」又易蹇正義、周禮司諫疏並引鄭康成此注云：「同門曰朋，同志曰友。」考班孟堅引用多爲魯論，包、鄭所注亦魯論，然則魯論舊本作「朋友自遠方來」，陸氏所見本「有」作「友」，正與班、鄭等合。特「友」字當在「朋」下，何晏作「有朋」未知所據。所採包注原本當亦有「同志曰友」一句，因經作「有」，故節之。　洪頤煊讀書叢録據文選陸機挽歌「友朋自遠方」李善注引論語爲證，謂「有」當作「友」。　武億羣經義證：釋名：「友，有也，相保有也。」友、有同用，或作

「友」，與古傳本合，未可云非。　盧文弨釋文考證：吕氏春秋貴直篇「有人自南方來」，句法極相似。陸氏謂「作『友』非」是也。

按：馬國翰玉函山房輯佚書論語類謂包爲魯論，作「有朋」；周易蹇正義引鄭玄注並解「朋友」。陸德明釋文云：「鄭校周之本，以齊、古讀正凡五十事。」凡與魯異而不言從古者，齊、古同也。然則作「有朋」者，魯論也。作「朋友」者，齊、古論也。

【考證】宋翔鳳樸學齋札記：史記孔子世家：「定公五年，魯自大夫以下皆僭離於正道，故孔子不仕，退而修詩、書、禮、樂。弟子彌衆，至自遠方，莫不受業焉。」弟子至自遠方，即「有朋自遠方來」也。「朋」即指弟子。故白虎通辟雍篇云：「師弟子之道有三：論語曰『朋友自遠方來』，朋友之道也。」又孟子：「子濯孺子曰：『其取友必端矣。』」亦指友爲弟子。　毛奇齡論語稽求篇：「同門曰朋。」此是古注，自説文及詩注、左傳注、公羊傳注皆然。周禮大司徒鄭注「同師曰朋」，便不如同門之當。蓋朋是門户之名，凡曰朋黨，曰朋比，比是鄉比，黨是黨塾，皆里門閭户學僮居處名色。故朋爲同門，此是字義本爾，不可易也。大抵學中境次，從黨庠肄習之後，既已分開，又復來合，致足娱樂。與學記所云「敬業樂羣」，檀弓所云「離羣索居」，正可比觀。蓋以離爲苦，則必以合爲樂也。　潘維城論語古注集箋（下簡稱潘氏集箋）：「朋」，説文以爲古文「鳳」，云：「鳳飛，羣鳥從以萬數，故以爲朋黨字。」　劉氏正義：「自遠方來」者，廣雅釋詁：「自，從也。」爾雅釋詁：「遠，遐也。」淮南兵略訓：「方者，地也。」禮表記注：「方，四方也。」爾雅釋詁：「來，至也。」並常訓。學記言學至大成，「足以化民易俗，近者説服，而遠者懷之，此大學之道。」然則朋來正是學成之驗。「不亦樂乎」者，蒼頡篇：「樂，喜也。」與「説」義同。易象傳：「麗澤兑，君子以朋友講習。」兑者，説也。禮中庸云：「誠者，非自成己而已也，所以成物也。」此文「時習」是成己，「朋來」是成物。但成物亦由成己，既以驗己之功修，又以得教學相長之益，人才造就之多，所以樂也。孟子以「得天下英才而教育之」爲樂，亦此意。

【集解】包咸曰：「同門曰朋。」

按：咸字子良，會稽曲阿人。少爲諸生，倡魯詩、論語。舉孝廉，除郎中。建武中，入授皇太子論語，又爲其章句。拜諫議大夫，五年，遷大鴻臚。事蹟詳後漢書儒林傳。皇疏作「苞咸」，「苞」、「包」二字古通，當依漢書傳作「包」。何晏論語集解云：「安昌侯張禹本受魯論，兼講齊説，善者從之，號曰『張侯論』，爲世所貴，包氏周氏章句出焉。」然則包氏所爲章句，蓋用禹説。惜全書久佚，隋、唐志皆不及著目，今惟玉函山房輯佚書中有輯本二卷。（此注文選古詩十九首李善注引作鄭注，未知孰是。）

【唐以前古注】皇疏引江熙云：君子以朋友講習，出其言善，則千里之外應之。遠人且至，況其近者乎？道同齊味，歡然適願，所以樂也。

按：隋書經籍志有集解論語，江熙撰。唐書藝文志作江熙集解，並云十卷。熙晉書無傳。據册府元龜，知其字太和，爲兗州別駕。他無可考。皇疏序稱熙所集論語凡十三家，取衆説以成書，故以集解爲名。邢昺疏引二節，知此書宋初尚存，今佚。玉函山房有輯本二卷。觀此則有晉一代之説論語，其同異得失略備於兹矣。

【集注】朋，同類也。自遠方來，則近者可知。程子曰：「以善及人而信從者衆，故可樂。」又曰：「説在心，樂主發散在外。」

【別解】俞樾羣經平議：釋文曰：「『有』，或作『友』。」阮氏校勘記據白虎通辟雍篇引此文作「朋友自遠方來」，洪氏頤煊讀書叢録又引文選陸機挽歌「友朋自遠來」證舊本是「友」字。今按説文方部：「方，併船也。象兩舟省總頭形。」故方即有並義。淮南氾論篇曰「乃爲窬木方版」，高誘注曰：「方，並也。」尚書微子篇曰：「小民方興。」史記宋世家作「並興」，是「方」、「並」同義。友朋自遠方來，猶云友朋自遠並來。曰友曰朋，明非一人，故曰並來。然則「有」之當作「友」，尋繹本文即可見矣。今學者誤以「遠方」二字連文，非是。凡經言「方來」者，如周易「不寧方來」，尚書「兄弟方來」，義皆同。

【餘論】論語述何：易曰：「君子居其室，出其言善，則千里之外應之，況其邇者乎？」記曰：「獨學而無友，則孤陋而寡聞。」友天下之善士，故樂。」阮元揅經室集：此章乃孔子教人語，即生平學行始末也。故學必兼誦行，其義乃全。注以習爲誦習，失之。朋自遠來者，孔子道兼師儒。周禮司徒師以德行教民，儒以六藝教民。各國學者皆來從學也。蓋學而時習，未有不朋來。聖人之道不見用於世，所恃以傳於天下後世者，朋也。潘氏集箋：史記孔子世家云：

「定公五年，魯自大夫以下皆僭離於正道，故孔子不仕，退而修詩、書、禮、樂。弟子彌衆，至自遠方，莫不受業焉。」即「有朋自遠方來」也。

按：阮氏、潘氏以此章貼孔子自身説，雖係創論，但非別解，故入之餘論中。

人不知而不愠，不亦君子乎？」

【考證】禮哀公問：「君子也者，人之成名也。」白虎通號篇：「或稱君子者，道德之稱也。君之爲言，羣也。子者，丈夫之通稱也。」

【集解】愠，怒也。凡人有所不知，君子不怒。（凡不載何人説者，皆何晏之詞。下倣此。）

【唐以前古注】皇疏此有二釋：一云：「古之學者爲己。已得先王之道，含章内映，他人不見知而我不怒也。」一云：「君子易事，不求備於一人。故爲教誨之道，若人有鈍根不能知解者，君子恕之而不愠怒也。」又引李充云：「愠，怒也。君子忠恕，誨人不倦，何怒之有乎？明夫學者，始於時習，中於講肄，終於教授者也。」

按：晉書文苑傳：「充字宏度，江夏人。官著作郎。」七録載充論語釋一卷，至隋已亡。隋書經籍志別有論語十卷，晉著作郎李充注。唐書藝文志並同。而宋史藝文志不載，今佚。玉函山房有輯本二卷，兹録之以備一家。

【集注】愠，含怒意。君子，成德之名。尹氏曰：「學在己知，不知在人，何愠之有？」

【別解】王衡論語駁異：羅近溪謂「愈學而愈悦，如何有厭；愈教而愈樂，如何有倦，故不愠人之不己知者，正以其不厭不倦處」。此却說得好。論語補疏：注言「人有所不知」，則是人自不知，非不知己也。有所不知，則亦有所知。我所知而人不知，因而愠之，矜也。人所知而我不知，又因而愠之，忌也。君子不矜則不忌，可知其心休休，所以爲君子也。後漢儒林傳注引魏略云：「樂詳字文載。黄初中，徵拜博士十餘人，學多褊，又不熟悉，惟詳五業並授。其或難質不解，詳無愠色，以杖畫地，牽譬引類，至忘寢食。」毛奇齡四書賸言：論語「人不知而不愠」，孔疏原有二義：一是不知學，一是不知我。今人但知後説，似于本章言學之意反未親切。何平叔云：「凡人有所不知，君子不怒。」其云「有所不知」者，言學有所不解也。「君子不怒」者，猶言「君子易事不求備」也。蓋獨學共學，教人以學，皆學中事。夫子一生祇學不厭，教不倦，自言如此（見默識節），門弟子言如此（見公西華節），後人言如此（見孟子），故首章即以此發明之。

按：此本李充之説，皇疏取之，然實不如朱注之長。劉寶楠云：「教學之法，語之而不知，雖舍之亦可，無容以不愠即稱君子。此注所云不與經旨應也。」

【餘論】朱子語類：人不知而不愠，自是不相干涉。己爲學之初，便是不要人知，至此而後真能不要人知爾。若煅煉未能得十分成熟，心固有時被其所動，及到此方真能人不我知而不愠也。又曰：不愠不是大怒，心中略有不平之意便是愠。此非得之深、養之厚者不能如此。鹿善繼四書説約：説樂不愠，向非於人所不見之地有内省不疚之功，何以如此真切，如此超脱？此章是孔子自寫生面，全重時習。蓋本心難昧，未嘗不知修持，祇轉念易乖，學而易厭。時習則功夫無問，本體流行，深造自得，欲罷不能，說可知矣。張履祥備忘録：朱子謂「不知而不愠者逆而難」，不知豈特爲人忽易而已，甚者賤辱之，咎責之，怨惡之，無所不至。舜之於家，文王於朝，孔、孟於春秋、戰國之世，一時父子兄弟君臣朋友其孰能知之？當時而能不愠，豈非甚難？非甚盛德，何以履之而泰然乎？何義門讀書記：此與中庸「遯世不見知而不悔」同意，非謂世無見用者也。此對上說、樂二字，故云不愠。中庸對上「半塗而廢」，故云不悔。學孽經室集：「人不知」者，世之天子諸侯皆不知孔子，而道不行也。「不愠」者，不患無位也。學在孔子，位在天命。天命既無位，則世人必不知矣，此何愠之有乎？孔子曰「五十而知天命」者，此也。此章三節皆孔子一生事實，故弟子論撰之時，以此冠二十篇之首也。二十篇之終曰「不知命，無以爲君子」，與此始終相應也。

【發明】梁清遠采榮録：論語一書，首言爲學，即曰悦，曰樂，曰君子。此聖人最善誘人處，蓋知人皆憚於學而畏其苦也。是以鼓之以心意之暢適，動之以至美之嘉名，令人有欣羡之意，而不得不勉力於此也。此聖人所以爲萬世師。

○有子曰：「其爲人也孝弟，而好犯上者，鮮矣；不好犯上，而好作亂者，未之有也。

【考異】論語釋文：「弟」，本或作「悌」。下同。皇本作「悌」。邱光庭兼明書亦作「悌」。

【音讀】武億經讀考異：近讀並以「其爲人也孝弟」爲句，愚謂「其爲人也」當絶句，「孝弟」連下「而好犯上者鮮矣」讀，語勢自順。

按：詩大雅思齊正義、孝經事君章疏俱引論語「孝悌而好犯上者鮮矣」，可見唐以前人讀法。此武氏之説所本。

【考證】柳柳州文集：諸儒皆以論語孔子弟子所記，不然也。孔子弟子曾參最少，又老且死，是書記其將死之言，則去孔子之時甚遠，而當時諸弟子略無存者矣。竊意孔子嘗雜記其言，而卒成其書者，曾子弟子樂正子春、子思之徒也。故論語書中所記諸弟子必以字，而曾子不然，蓋其弟子之號師爾。而有子亦稱子者，孔子既歿，諸弟子嘗以其似孔子而師之，後乃叱避而退，則固嘗有師之號矣。程子經説：論語曾子、有子弟子撰，所以知者，惟二子不名。朱子或問：柳氏之論曾子者得之。而有子叱避之説，則史氏之鄙陋無稽，而柳氏惑焉。以孟子考之，當時既以曾子不可而寢其議，曷嘗有子據孔子之位而有其號哉？故程子特因柳氏之言斷而裁之，以爲論語之書，成於有子、曾子之門人。王應麟困學紀聞：或問：「論語首篇之次章即述有子之言，而有子、曾子獨以子稱何也？」曰：「程子謂此書成於有子、曾子之門人也。」曰：「柳子謂孔子之没，諸弟子以有子爲似夫子，立而師之。其後不能對諸子之問，乃叱避而退。則固常有師之號，是以稱子。其説非歟？」曰：「非也。此太史公采雜説之謬，宋子京、蘇子由辨之矣。孟子謂子夏、子張、子游以有若似聖人，欲以所事孔子事之。朱子云：『蓋其言行氣象有似之者。』如檀弓所記子游謂有若之言似夫子之類是也，豈謂貌之似哉？」曰：「有子不列于四科，其人品何如？」曰：「宰我、子貢、有若智足以知聖人，此孟子之言也。蓋在言語之科，宰我、子貢之流亞也。」曰：「有子之言可得聞與？」曰：「盍徹之對，出類拔萃之語，見於論、孟。而論語首篇所載凡三章，曰孝弟，曰禮，曰信恭，尤其精要之言也。其論晏子焉知禮，則檀弓述之矣。荀子云『有子惡卧而焠掌』，可以見其苦學。」曰：「朱子謂有子重厚和易，其然與？」曰：「吴伐魯，微虎欲宵攻王舍，有若與焉，可謂勇於爲義矣，非但重厚和易而已也。」曰：「有子、曾子並稱，然斯道之傳唯曾子得之。子思、孟子之學，曾子之學也。而有子之學無傳焉，何歟？」曰：「曾子守約而力行，有子知之而已，智足以知聖人而未能力行也。家語稱其强識好古道，其視以魯得之者有間矣。」曰：「學者學有子可乎？」曰：「弟子務本，此入道之門，積德之基，學聖人之學莫先焉。未能服行斯言，而欲凌高厲空，造一貫忠恕之域，吾見其自大而無得也。學曾子者當自有子弟子之言始。」曰：「檀弓記有子之言皆可信乎？」曰：「王无咎嘗辨之矣。若語子游欲去喪之踊，孺子䵣之喪，哀公欲設撥，以問若，若對以爲可，皆非也，唯論語所載爲是。」

阮元論語解：弟子以有子之言似夫子而欲師之，惟曾子不可彊，其餘皆服之矣。故論語次章即列有子之語，在曾子之前。

劉氏正義：案曾子不可彊，非不服有子也，特以尊異孔子，不敢以事師之禮用之他人。觀曾子但言孔子德不可尚，而於有子無微辭，則非不服有子可知。當時弟子惟有子、曾子稱子，此必孔子弟子於孔子没後尊事二子如師，故通稱子也。至閔子騫、冉有各一稱子，此亦二子之門人所記，而孔子弟子之於二子仍稱字，故篇中於閔、冉稱字稱子錯出也。

簡朝亮論語集注補正述疏：或曰四子皆稱子，閔子、冉子之門人亦記之，而終成之者，有子、曾子之門人也，以二子獨次乎學而第一篇之前列也。有子次子曰學而章後，不連有子而即次曾子者，嫌次之於有子後也，故必又起子曰巧言章而以曾子次其後，明乎皆次之於孔子後也。孟子云：「昔者孔子没，子夏、子張、子游以有若似聖人，欲以所事孔子事之。彊曾子，曾子曰：『不可。江漢以濯之，秋陽以暴之，皜皜乎不可尚已。』」由是言之，有子爲諸賢所尊，而曾子過於諸賢，皆可知也。故成書者以次前列焉。如謂閔子、冉子之門人終成之，則既以有子、曾子次之於孔子後，當繼以閔子、冉子次之矣。蓋成書者，尊師之義宜然也。

按：史記仲尼弟子列傳：「有若少孔子三十三歲。」論語邢疏及禮檀弓疏引作「四十三歲」，裴駰史記集解引鄭玄云：「魯人。」此出鄭氏孔子弟子目録，今佚不傳。

【集解】孔（安國）曰：「有子，弟子有若。」何曰：「鮮，少也。上謂凡在己上者。言孝弟之人必恭順，好欲犯其上者少也。」

按：安國字子國，孔子十二世孫。年四十，爲諫議大夫。後魯恭王壞夫子故宅，得壁中詩、書，悉以歸子國。子國乃考論古今文字，撰衆師之義，爲古文論語訓解十一篇。何晏集解云：「古論唯博士孔安國爲之訓解，而世不傳。」隋書經籍志、唐書藝文志皆不著録，今惟玉函山房有輯本十卷。

【唐以前古注】孝經正義引論語鄭氏注：孝爲百行之本，言人之爲行，莫先於孝。

按：近有集鄭注古文論語二卷，託名宋王應麟者，所收未盡。海寧陳氏鱣論語古訓搜採較詳。馬國翰有輯本，其中爲集解所未採者尚多，兹擇録之以存漢代大師之説。

皇疏引熊埋云：孝悌之人志在和悦，先意承旨。君親有日月之過，不得無犯顔之諫。然雖屢納忠規，何嘗好之哉？今實都無好而復云「鮮矣」者，以好見開，則生陵犯之慚；以犯見塞，則抑匡弼之心。必宜微有所許者，實在奬其志分，稱論教體也。故曰「而好犯上者鮮矣」。孝悌之人，當不義而諍之，尚無意犯上，必不職爲亂階也。

按：熊埋不詳何人，馬國翰以爲即唐書藝文志雜家之熊理，亦想當然耳。熊以犯上爲犯顔而諫，皇侃取之。焦循論語補疏伸其説：「據漢書敍傳『劉向、杜鄴、王章、朱雲之徒，肆意犯上』，後漢書『田豐剛而犯上』，以犯上爲犯顔，古之通義也。」其説甚辨，然亦過求異耳，邢疏駁之是也。

【集注】有子，孔子弟子，名若。善事父母爲孝，善事兄長爲弟。犯上，謂干犯在上之人。鮮，少也。作亂則爲悖逆爭鬬之事矣。此言人能孝弟，則其心和順，少好犯上，必不好作亂也。

**君子務本，本立而道生。孝弟也者，其爲仁之本與！」**

【考異】七經考文曰：足利本「其仁之本與」，無「爲」字。葉德輝日本天文本論語校勘記：足利本、唐本、津藩本、正平本均無「爲」字。

按：日本流傳中國論語本有二：一爲正平集解本，見於錢曾讀書敏求記。一爲皇侃義疏本，乾隆開四庫時歙人鮑廷博得之，刻入知不足齋叢書。此外刻本以天文癸巳刻單經爲最善，經籍訪古志已著録，彼國亦希見。考日本天文癸巳當明嘉靖十二年，比之皇疏、正平二本時代稍後。葉氏取七經孟子考文所引古本、足利本、一本、二本、三本（皆日本古本）、皇疏本、正平本、黎刻正平本札記所引津藩有造館本、傅懋元觀察重刻唐卷子本校録，與今本異者三百餘事，别爲校勘記一卷。至中土宋、元舊本，則以有阮氏校勘記在，不複出也。

陳善捫蝨新語：古人多假借用字。論語中如「孝弟也者，其爲仁之本與」，又曰「觀過，斯知仁矣」，又曰「井有仁焉」，竊謂此「仁」字皆當作「人」。王恕石渠意見：「爲仁」之「仁」當作「人」，蓋承上文「其爲人也孝弟」而言。孝弟乃是爲人之本。焦氏筆乘：何比部語予：「豐南禺道人曾論『孝弟也者，其爲仁之本與』，『仁』原是『人』字。蓋古『人』作『𡰥』，因改篆爲隸，遂譌傳如此。如『井有仁焉』亦是『人』字也。」予思其説甚有理。孝弟即仁也。謂孝弟爲仁本，終屬未通。若如豐説，則以孝弟爲立人之道，於義爲長。朱彬經傳考證：「仁」即「人」也。論語「觀過，斯知仁矣」，後漢書吳祐傳引作「人」。「無求生以害仁」，唐石經「仁」作「人」。江聲論語竢質：「仁」讀當爲「人」，古字「仁」、「人」通。「其爲人之本」，正應章首「其爲人也孝弟」句。不知六書叚借之法，徒泥仁爲仁義字，紛紛辨説無當也。劉氏正義：宋氏翔鳳鄭注輯本，「爲仁」作「爲人」，云：「言人有其本性，則成功立行也。」案「仁」、「人」當出齊、古、魯異文。鄭就所見本「人」字解之，「爲人之本」與上文「其爲人也」句相應，義亦可通。王肇晉論語經正録：孝弟爲行仁之本，義固正大。觀「井有人焉」，「人」借作「仁」，則此章「仁」字似亦「人」之借字。如作「人」字解，與章首「其爲人也」句相應，義甚直截。黄汝成日知録集釋引錢氏曰：初學記友悌部、太平御覽人事部引論語俱云「其爲人之本與」。有子先言「其爲人也孝弟」，後言「其爲人之本」，首尾相應，亦當以作「人」爲長也。

按：錢氏之説是也。林春溥四書拾遺云：「案『不知其仁』、『無求生以害仁』，唐石經皆作『人』。『古之賢人也』，古本作『仁』。『何以守位曰人』，釋文引桓玄、明僧紹作『仁』。『柏人』，道因碑作『栢仁』。並可互證。」宋儒不通訓詁，遂至沿襲其誤，强事解釋。於是程叔子謂「性中有仁，曷嘗有孝弟來」，謝顯道謂「孝弟非仁」，陸子静直斥有子之言爲支離，王伯安謂「仁祇求於心，不必求諸父兄事物」。種種謬説，由此而生。蓋儒家之所謂道，不出倫常日用之間，故中庸言「天下之達道五」，又曰「道不遠人」，孟子言「道在邇而求諸遠」，即有子本立道生之説也。老、莊一派始求道於窈冥恍忽不可名象之中，後儒雖知其非，而終不脱此窠臼，此其所以致疑於有子也。論語駁異及四書辨證雖主王恕之説，但以爲作「仁」亦可通。然初學記及御覽均作「人」，可見唐及北宋初人所見本尚有作「人」者。經傳中「仁」、「人」二字互用者多，「仁」特爲「人」之借字，不止此一事也。集注於「井有仁焉」已云「當作人」，獨此條猶沿舊説，蓋偶未深考。

【考證】説苑建本篇：孔子曰：「君子務本，本立而道生。」夫本不正者末必倚，始不盛者終必衰。詩云：「原隰既平，泉流既清，本立而道生。」吕氏春秋孝行篇：凡爲天下治國家，必務本而後末。又云：務本莫貴于孝。夫孝，三皇五帝之本務，而萬事之紀也。夫執一術而百善至、百邪去、天下從者，其惟孝也。

揅經室集論仁篇：此四句乃孔子語。而「本立而道生」一句，又古逸詩也。雖漢人引論語往往皆以爲孔子之言，但劉向明以此上二句爲孔子之言，尚是漢人傳論語之舊説。而又以爲有子之言者，所以爲似夫子也。又後漢書延篤傳云：「夫仁人之有孝，猶四體之有心腹，枝葉之有根本也。聖人知之，故曰：『夫孝，天之經也，地之義也，人之行也。君子務本，本立而道生。孝弟也者，其爲人之本與。』」觀延篤以此節十九字與孝經十四字同引爲孔子之言，愈可見漢人舊説皆以此爲孔子之言矣。

劉氏正義：「務本」二句是古成語，而有子引之。説苑及後漢延篤傳皆作孔子語者，七十子所述皆祖聖論，又當時引述各經，未檢原文，或有錯誤故也。

【集解】本，基也。基立而後可大成。包曰：「先能事父兄，然後仁道可大成。」

【唐以前古注】皇疏引王弼云：自然親愛爲孝，推愛及物爲仁也。

按：隋志載弼撰論語釋疑三卷，唐志云二卷，陸德明經典釋文序録仍作三卷。今佚，惟玉函山房有輯本。其説經不脱魏、晉玄虚之習，姑録以備一家。

【集注】務，專力也。本，猶根也。仁者，愛之理、心之德也。爲仁，猶曰行仁。與者，疑辭，謙退不敢質言也。言君子凡事專用力於根本，根本既立，則其道自生，如上文所謂孝弟乃是爲仁之本，學者務此，則仁道自此而生也。

按：集注尚有程子「性中祇有仁義禮智，曷嘗有孝弟來」一段。明季講家深詆之，謂與告子義外同病。清初漢學家詆之尤力。考朱子文集答范伯崇云：「性中祇有仁義禮智，曷嘗有孝弟來。此語亦要體會得是，若差即不成道理。」是朱子先已疑之矣。疑之而仍採爲注者，門户標榜之習中之也。是書既不標榜，亦不攻擊，故不如删去以歸簡浄。

【餘論】論語稽求篇：何注：「先能事父兄，然後仁道可大成。」此以仁孝分先後所始。然此係西晉異學，從來無此。案呂覽：「夫孝，三王五帝之本務。」此「本務」字實出有子「務本」之語，故唐太宗孝經序以孝爲百行之源，源即本也。至東漢之季，南陽延篤有仁孝先後論，則意是時已創有仁先孝弟之説，且混本末爲先後。其異説所始，實本諸此。宦懋庸論語稽：凡注家皆視仁與孝弟爲二橛，不知「仁」古與「人」通。孟子「仁者，人也」，説文人象形字，人旁着二謂之仁，如果中之仁，萌芽二瓣。蓋人身生生不已之理也。僅言仁，故不可遽見。若言仁本是人，則即於有生之初能孝能弟上見能孝弟乃成人，即全乎其生理之仁。不孝弟則其心已麻木不仁，更何以成其爲人？「本立而道生」句，逸詩也。凡「道」字古書並訓道路，從辵，從首。大學之「道」，中庸「率性之謂道」，詁訓並同。有子引詩斷章，言君子必專用力於本，有本乃有路可行。若上文所謂孝弟者，乃人身生理之本也。

按：懋庸，貴州遵義人，所著論語稽二十卷，體裁與論語後案同。不立門户，而精警則過之。

【發明】陳天祥四書辨疑：古之明王，教民以孝弟爲先。孝弟舉，則三綱五常之道通，而國家天下之風正。故其治道相承，至於累世數百年不壞，非後世能及也。此可見孝弟功用之大。有子之言，可謂得王道爲治之本矣。孟子言「人人親其親，長其長，而天下平」，與此章義同。蓋皆示人以治國平天下之要端也。

按：大學：「其本亂而末治者否矣。其所厚者薄，而其所薄者厚，未之有也。」古未有不孝於親而能忠於國者，亦未有不敬其兄而能篤於故舊者。語云：「求忠臣必於孝子之門。」又云：「聖人以孝治天下。」有子之言，洵治國之寶鑑也。

○子曰：「巧言令色，鮮矣仁！」

【考異】皇本作「鮮矣有仁」。

【考證】大戴禮曾子立事篇：巧言令色，難於仁矣。禮記仲尼燕居篇「給奪慈仁」，鄭注：「巧言足恭之人似慈仁。」潘氏集箋：孫星衍尚書今古文疏以「何畏乎巧言令色」爲「不仁者遠」，蓋本此。

【集解】包曰：「巧言，好其言語。令色，善其顏色。皆欲令人說之，少能有仁也。」

【唐以前古注】皇疏引張憑云：仁者，人之性也。性有厚薄，故體足者難耳。巧言令色之人於仁性爲少，非爲都無其分也，故曰鮮矣有仁。

按：憑字長宗，吳人。官至司徒左長史。晉書有傳。此編載七録云十卷，隋書經籍志注：「梁有十卷，亡。」而志別有論語釋一卷，云「張憑撰」，或者裒輯散佚，什存其一歟？唐藝文志不著録。陸德明經典釋文序録有之，亦稱「十卷」，存舊目，實未見全書也。其説經好立異論，殊不足取，以其晉人舊帙，録之以備一家。

【集注】巧，好。令，善也。好其言，善其色，致飾於外，務以説人，則人欲肆而本心之德亡矣。聖人辭不迫切，專言鮮則絶無可知，學者所當深戒也。

【餘論】四書辨疑：致飾於外，言甚有理。必有陰機在内，而後致飾於外，將有陷害，使之不爲隄防也。語意既已及此，其下却但説本心之德亡，而不言其内有包藏害物之心。所論迂緩，不切於事實，未能中其巧言令色之正病也。本心之德亡，固已不仁。不仁亦有輕重之分，其或穿穴踰牆，爲姦爲盜；大而至於弒君篡國，豈可但言心德亡而已哉！蓋巧言，甘美悦人之言。令色，喜狎悦人之色。内懷深險之人，外貌往往如此。李林甫好以甘言啗人，此巧言也，而有陰中傷之之機阱在焉。李義府與人語必嬉怡微笑，此令色也，而有狡險忌克之機阱在焉。若王莽以謙恭篡漢，武后以卑屈禍唐，此又言色巧令之尤者也。古今天下之人，爲此巧言令色而無陰險害物之心者蓋鮮矣。鮮字乃是普言此等人中有仁者少，非謂絶無也。

按：是書不著撰人名氏。四庫提要云：「元蘇天爵安熙行狀謂『國初有傳朱子四書集注至北方者，滹南王公雅以辨博自負，爲説非之』。趙郡陳氏獨喜其説，增多至若干言』。蓋寧晉陳天祥書也。天爵又謂『安熙爲書以辨之，其後天祥深悔而焚其書』。今此本具存，是所言未足深據也。」朱子撰集注嘗云：「字字用秤稱過，增減一字不得。」清初漢學家所摘者在考證之疏，此則摘其義理之謬，洵朱子諍友也。凡論語一百七十三條，採摭幾過半云。

石渠意見：人固有飾巧言令色以悦人而亡心德者，亦有生質之美，言自巧，色自令，而心德亦不亡者，此聖人所以言其鮮以見非絶無也。集注謂「專言鮮則絶無可知」，恐非聖人意。

王肯堂筆麈：巧言者，能言仁而行不揜焉者也。令色者，色取仁而行違者也。夫仁豈可以聲音笑貌爲哉？故曰「鮮矣仁」。若巧佞炫飾務以悦人，則小人之尤者，何勞曰「鮮矣仁」？

按：王氏於佛學中精惟識一宗，故其讀論語時有新見解。四庫提要雖稱其醫學之精，而惡其染明末心學之習，僅列存目。續説郛亦僅存其目，有録無書。自故宫博物院、北平圖書館先後印行，世始多知之者。

【發明】日知録：天下不仁之人有二：一爲好犯上好作亂之人，一爲巧言令色之人。自幼而不孫弟，以至於弑父與君，皆好犯上好作亂之推也。自脅肩諂笑未同而言，以至於苟患失之無所不至，皆巧言令色之推也。然則學宜如之何？必先之以孝弟，以消其悖逆陵暴之心；繼之以忠信，以去其便辟側媚之習；使一言一動皆出於其本心，而不使不仁者加乎其身，夫然後可以修身而治國矣。

李二曲四書反身録：色莊見於應接，巧言則不止應接。凡著書立言，苟不本於躬行心得之餘，縱闡盡道妙，可法可傳，俱是巧言。

按：二曲之學，雖稍偏於陸、王，而語多心得。雖心知伊川以窮理訓格之非而不加攻擊，蓋猶有忠厚之意存焉。方東樹譏之非也。

○曾子曰：「吾日三省吾身：爲人謀而不忠乎？與朋友交而不信乎？傳不習乎？」

【考異】皇本「交」下有「言」字。錢曾讀書敏求記：高麗集解本作「言而不信乎」。天文本論語校勘記：古本、皇本、唐本、津藩本、正平本「交」下有「言」字。釋文引鄭注：魯讀「傳」爲「專」，今從古。臧庸鄭注輯本釋云：魯讀「傳」爲「專」者，釋文條例引云：「其始書之也，倉卒無其字，或以音類比方，假借爲之，趣於近之而已。受之者非一邦之人，人用其鄉，同言異字，同字異言，于兹遂生矣。」此「傳」字从專得聲，魯論故省用作「專」，鄭以古論作「傳」，於義益明，故從之。

【音讀】釋文：三，息暫反。又如字。朱子語類：「三」字平去二聲雖有自然、使然之別，然自然者不可去聲，而使然者亦不可平聲。故三仕、三已與三黜無以異，而三仕、已無音。三省、三思與三嗅、三復皆使然，而集注於省、嗅皆闕。凡此之類，二音皆通。陳禹謨譚經菀：下雖三事，只是忠信。傳者傳此，習者習此耳。「三」當定讀去聲。翟氏考異：大戴立事篇記曾子之言曰：「日旦就業，夕而自省思，以歿其身，亦可謂守業矣。」似即三省言，而當時記者之詳略殊也。參觀之，則「三」當以去聲爲正。

【考證】揅經室集數説：古人簡策繁重，以口耳相傳者多，以目相傳者少。且以數記言，使百官萬民易誦易記，洪範、周官尤其最著者也。論語以數記文者，如一言、三省、三友、三樂、三戒、三畏、三愆、三疾、三變、四教、絶四、四惡、五美、六言、六蔽、九思之類，則亦皆口授耳受心記之古法也。

論語稽：三字，説文以陽之一，合陰之二，其數三。史記律書：「數始作於一，終於十，成於三。」蓋數至於三，陰陽極參錯之變，將觀其成。故古人於屢與多且久之數，皆以三言，如顔子三月不違，南容三復，季文子三思，太伯三讓，柳下三黜，子文三仕三已，三年無改於父之道，三人行必有我師焉，三嗅而作，三年學，三月不知肉味，皆此意也。如一一而求之，若者一，若者二，若者三，則失之矣。

金履祥論語集注考證：傳不習乎，程伯子作傳之於人。以上二事例之，爲人交友俱爲及人之事，則此「傳」當從程子之説，乃傳業與人者。傳業與人而不習於己，正鄭氏所謂講時爲學誦之師不心解者。不習而傳，豈不誤人？蓋此三事乃及人之事，常情所易忽，故曾子於此三事日省吾身，恐以爲不切己而有所不盡也。

論語補疏：己所素習，用以傳人，方不妄傳，致誤學者，所謂「温故而知新，可以爲師」也。

包慎言論語温故録：專，謂所專之業也。吕氏春秋曰：「古之學者説義必稱師，説義不稱師，命之曰叛。」所專之業不習，則隳棄師説，與叛同科。故曾子以此自省。後漢書儒林傳：「其耆名高義開門受徒者，編牒不下萬人。皆專相傳祖，莫或訛雜，揚雄所謂譊譊之學，各習其師。」此即魯論義也。

按：張之洞書目答問云：「包慎言論語温故録未見傳本。」兹據劉氏正義引。

論語發微：孔子爲曾子陳孝道而有孝經。孝經説曰：「春秋屬商，孝經屬參。」則曾子以孝經專門名其家，故魯論讀「傳」爲「專」。所業既專，而習之又久，師資之法無絶，先王之道不湮。曾氏之言，即孔子傳習之旨也。　郭翼雪履齋筆記：曾子三省，皆指施於人者言。傳亦我傳乎人。傳而不習，則是以未嘗躬試之事而誤後學，其害尤甚於不忠不信也。

按：此「傳」字當從集解作「傳於人」解，集注失之。

【集解】馬曰：「曾子，弟子曾參。」何曰：「傳不習乎，言凡所傳之事，得無素不講習而傳之乎？」

【唐以前古注】釋文引鄭注：思察己之所行也。　周易蹇正義引鄭注：同門曰朋，同志曰友。

皇疏：凡有所傳述，皆必先習，後乃可傳，豈可不經先習而妄傳之乎？　又引袁氏云：常恐傳先師之言，不能習也。以古人言必稱師也。

按：皇疏序稱江熙集論語十三家，有晉江夏太守陳國袁宏，字叔度。考宏晉書有傳，字彦伯，不言注論語。晉書有袁喬，字彦叔，陳國人。博學有文才，注論語及詩。阮孝緒七録有袁喬論語釋十卷，隋志注云：「梁有益州刺史袁喬注十卷。」唐志同。陸德明釋文序録亦云「袁喬注十卷」，稱云「字彦叔，陳國人。東晉益州刺史，湘西簡侯」，然則袁注爲喬所作明矣。此注亡佚已久，録之以備一家。

【集注】曾子，孔子弟子，名參，字子輿。盡己之謂忠，以實之謂信，傳謂受之於師，習謂熟之於己。曾子以此三者日省其身，有則改之，無則加勉，其自治誠切如此，可謂得爲學之本矣。而三者之序，則又以忠信爲傳習之本也。　尹氏曰：「曾子守約，故動必求諸身。」　謝氏曰：「諸子之學皆出於聖人，其後愈遠而愈失其真。獨曾子之學專用心於内，故傳之無弊，觀於子思、孟子可見矣。惜乎其嘉言善行，不盡傳於世也。其幸存而未泯者，學者其可不盡心乎？」

【餘論】四書辨疑：只以盡己爲忠，義有未備。天下之事，亦有理所當隱不當盡者，其父攘羊而子證之，此亦盡己之謂，聖人未嘗以忠直許之也。況盡己以實，只是一意，忠與信不可辨也。忠信理雖相近，要之自是兩事。曾子分明説在兩處，解者不可相混無別也。語録曰：「忠信只是一事。」又曰：「做一事説也得，做兩事説也得。」此説意持兩端，無真正可憑之理。蓋忠當以心言，信當以言論。心無私隱之謂忠，言有凖實之謂信。此乃忠信之别也。黄氏後案：注謝説「曾子專用心於内」，東發先生曰：「專用心於内，近時禪學之説耳。後有象山因謂今傳於世者皆外入之學，非孔子之真，遂於論語之外自謂得不傳之學，皆謝氏之説也。」陸稼書謂省兼内外。内不欺於心，外不謬於事，皆當省諸身。專用心於内，非經恉也。諸書言子夏之徒有田子方而流爲莊周，子貢之徒有鬼谷子而流爲蘇秦、張儀，本無確據。即信有之，將邢昺之過必咎程子乎？謝説過矣。

【發明】反身録：賢如曾子，猶日三省。若在吾人，資本中下，尤非曾子可比，千破萬綻，其所當省者，豈止於此？故必每日不論有事無事，自省此中能空净不染乎？安閒恬定乎？脱洒無滯乎？視聽言動能復禮乎？喜怒哀樂能中節乎？綱常倫理能不虧乎？辭受取予能當可乎？富貴貧賤能一視乎？得失毁譽能不動乎？造次顛沛能一致乎？生死利害能不懼乎？習氣俗念能消除乎？自察自審，務要無入而不自得，纔是學問實際，否則便是自欺。

○子曰：「道千乘之國，敬事而信，節用而愛人，使民以時。」

【考異】釋文：「道」，本或作「導」。　皇本作「導」。　宋高宗石經「敬」作「欽」，避翼祖諱。

【考證】朱子四書或問：此義疑馬氏爲可據。蓋如馬説，則八百家出車一乘；如包説，則八十家出車一乘。甲士步卒合七十五人，而牛馬兵甲糧糗芻茭具焉，恐非八十家所能給。然與孟子、王制之説不同，疑孟子未嘗盡見班爵分土之籍，特以傳聞言之，故不能無少誤。若王制則故非三代古書，其亦無足據矣。　崔述三代經界通考：先儒惑於司馬法之文，以爲一乘之卒七十有二人，遂致魯頌之言先後牴牾，乃謂車計通國之賦，徒指出軍之賦，以曲解之。不知司馬法乃戰國時人所撰，原不足據也。且傳又有之：衛文公元年，革車三十乘，季年乃三百乘。晉城濮之戰，全軍皆出，僅七百乘。鞌之戰，軍帥半行，乃八百乘。平邱之會，有甲車四千乘。衛地與民非能十倍其初，晉地雖闢，豈能數倍於文公之世？然則貧故車少，富故車多，不盡稱徒以造車，亦不盡計民以賦車也。晉之伐鄭也，敗其徒兵於洧上，車與徒分道以禦敵，而初不必相參，則車之多寡固不必盡準乎其徒之數，則亦不必盡準乎其民之數。惟是地廣則國富，國富則車多，故大國曰千乘，乃大略言之耳。夫安得拘拘焉以八百家或八十家出車一乘爲一成之例也？　劉氏正義：案注包、馬異説。皇、邢疏如文釋之，無所折衷。後人解此，乃多轇轕。從馬氏則以千乘非百里所容，從包氏則以周禮爲不可信。紛紛詰難，未定一是。近人金氏鶚求古録説此最明最詳，故備録之。其説云：「孟子言：『天子千里，大國百里，次國七十里，小國五十里。』又言：『萬乘之國，千乘之家。千乘之國，百乘之家。萬取千焉，千取百焉。』是千里出車萬乘，百里出車千乘，十里出車百乘也。子産言：『天子一圻，列國一同。圻方千里，同方百里。』亦如孟子之説。以開方之法計之，方里而井，百里之國，計有萬井。萬井而出車千乘，則十井出一乘矣。若馬氏説百井出一乘，則百里之國止有百乘，必三百一十六里有奇乃有千乘，與孟子不合。包氏合於孟子，是包氏爲可據矣。哀十二年公羊傳注言：『軍賦，十井不過一乘。』此一證也。馬氏之説，則據司馬法。鄭注小司徒亦引司馬法云：『井十爲通，通三十家爲匹馬，士一人，徒二人。通十爲成，成百井，三百家，出革車一乘，士十人，徒二十人。十成爲終，終千井，三千家，革車十乘，士百人，徒二百人。十終爲同，同方百里，萬井，三萬家，革車百乘，士千人，徒二千人。』賈疏：『通九十夫之地，宫室涂巷三分去一，又不易、一易、再易，通率三夫受六夫之地，是三十家也。』案司馬法一書，未必真周公之制，所言與孟子、子産皆不合，信司馬法何如信孟子耶？坊記云：『制國不過千乘，家富不過百乘。』今謂大夫百乘，地方百里，等于大國諸侯，必不然矣。或謂：『司馬法車乘有兩法：一云兵車一乘，士十人，徒二十人。一云兵車一乘，甲士三人，步卒七十二人。賈公彦以士十人、徒二十人爲天子畿内采地法，以甲士三人、步卒七十二人爲畿外邦國法。此言千乘之國，是畿外邦國也。一乘車士卒共七十五人，又有炊家子十人，固守衣裝五人，廄養五人，樵汲五人，共一百人。馬牛芻茭具備。此豈八十家所能給哉？』不知天子六軍出于六鄉，大國三軍出于三鄉，蓋家出一人爲兵也。又三遂亦有三軍，三鄉爲正卒，三遂爲副卒。鄉遂出軍而不出車，都鄙出車而不出兵。孔仲達成元年『丘甲』疏云：『古者天子用兵，先用六鄉。六鄉不足，取六遂。六遂不足，取都鄙及諸侯。昔諸侯出兵，先盡三鄉三遂。鄉遂不足，然後偏徵境内。』賈公彦小司徒疏亦云：『大國三軍，次國二軍，小國一軍，皆出于鄉遂。猶不止，偏境出之，是爲千乘之賦。』然則都鄙固不出兵也。江慎修云：『七十五人者，丘乘之本法。三十人者，調發之通制。魯頌「公車千乘，公徒三萬」，正與司馬法合。』此説得之。然則都鄙即至出兵，而調發之數惟用三十人，豈八十家所不能給哉？至於丘乘之法，八十家而具七十五人，無過家一人耳，此但備而不用，惟蒐田講武乃行，又何不給之有？農隙講武，正當人人訓練，家出一人，不爲厲民也。若夫車馬之費，亦自不多。古者材木取之公家。山林而無禁，則造車不難。馬牛畜之民間，可給民用，不過暫出以供蒐田之用耳。芻茭則尤野人所易得者也。且以八十家而出一車四馬，又何患其不給乎？或又謂：『百里之國，山川林麓城郭宫室涂巷園囿三分去一，三鄉三遂又不出車，又不易、一易、再易，通率三夫受六夫之地，則三百乘且不足，安得有千乘乎？』不知百里之國以出税之田言，非以封域言也。孟子言頒禄，正是言田。其曰地方百里者，地與田通稱，故井地即井田也。百里以田言，則山川林麓以及涂巷園囿等固已除去矣。頒禄必均，若不去山川，山川天下不同，則禄不均矣。苟境内山川甚多，而封域止百里，田税所出，安足以給用乎？故知大國百里，其封疆必不止此。周禮所以有五百里四百里之説，蓋兼山川附庸而言也。孟子則專言穀土耳。城郭宫室涂巷等雖有定數，然亦非穀土，則亦不在百里之内也。先儒三分去一之説，亦未必然。孟子言方里而井，百里七十里五十里皆以井計數。方里不必其形正方，以方田之法算之，有九百畝則曰方里。地方百里等方字皆如是也。然則百里之國不謂封疆，其里亦非廣長之里矣。孟子言一夫百畝，而周禮有不易百畝，一易二百畝，再易三百畝之説，蓋孟子言其略，周禮則詳言之也。分田必均，周禮以三等均之，其説至當。左傳：『井衍沃，牧隰皋。』鄭氏謂『隰皋九夫爲牧，二牧而當一井』是也。是則一井不必九百畝，百里之國亦不必九百萬畝，以通率二井當一井，當有一千八百萬畝矣。孟子但舉不易之田，故曰『一夫百畝，大國百里』也。鄉遂之民皆受田，則亦有車乘，但其作之之財受于官府，故曰不出車，非無車也。夫如是，百里之國豈不足於千乘哉？包氏之説，可無疑矣。」物茂卿論語徵：萬乘、千乘、百乘，古言也。謂天子爲萬乘，諸侯爲千乘，大夫爲百乘，語其富也。如千金之子，孰能計其囊之藏適若干而言之乎？古來注家布算求合，可謂「不解事子雲」矣。

按：論語徵十卷，日本物茂卿撰。議論通達，多可採者，惟中土少傳本。俞樾春在堂隨筆録十餘條，大旨好與宋儒牴牾。兹擇其議論純正者録而存之。

方觀旭論語偶記：集解云：「融依周禮，包依王制、孟子，義疑，故兩存焉。」近時經師從馬氏。竊以泰伯篇曾子曰「可以寄百里之命」，謂攝國君之政令。先進篇冉有曰「方六七十如五六十」，謙不敢當千乘之國。則千乘之國爲百里甚明，以他經解論語，何如以論語證論語？

按：如方氏之説，千乘之爲百里，毫無可疑。周禮僞書，不足據也。

俞樾湖樓筆談：千乘之國，馬、包異説，當以包説爲長。子路曰「千乘之國」，冉求曰「方六七十如五六十」，蓋子路所説者，百里之國，故冉求從而遞減之，爲六七十五六十也。若從馬説，千乘之賦其地千成，居地方三百一十六里，似過大矣。大約古人言百里之國便爲大國，故曰：「可以託六尺之孤，可以寄百里之命。」六尺以極小言，百里以極大言。不極小不足見託孤之難，不極大不足見寄命之難。後人生大一統之世，提封萬里，遂覺百里之地小若彈丸，此古今之勢異也。

鄭浩論語集注述要：千乘有二説：馬注一成八百家出一乘，千乘爲方三百一十六里。包注十井八十家出一乘，千乘適爲百里之地。朱子前嘗是馬説，及爲集注，又不實指，僅曰「其地可出兵車千乘」，豈因二者皆難知其孰確，不欲多費力於無用之地乎？以下凡名物度數無關本文要旨，紛議莫能確定者準此。

【集解】馬曰：「道，謂爲之政教也。司馬法『六尺爲步，步百爲畝，畝百爲夫，夫三爲屋，屋三爲井，井十爲通，通十爲成，成出革車一乘』。然則千乘之賦其地千成，居地方三百一十六里有畸，惟公侯之封乃能容之，雖大國之賦亦不是過焉。」包曰：「道，治也。千乘之國者，百里之國也。古者井田，方里爲井，十井爲乘，百里之國，適千乘也。」融依周禮，包依王制、孟子，義疑，故兩存焉。包曰：「爲國者舉事必敬慎，與民必誠信也。節用者，不奢侈也。國以民爲本，故愛養之也。作事使民，必以其時，不妨奪農務也。」

【唐以前古注】詩小雅信南山正義引鄭注司馬法云：井十爲通，通十爲成，成方十里，出革車一乘。周禮小司徒疏引鄭注：甲士三人，步卒七十二人。皇疏：千乘，大國也。天子萬乘，諸侯千乘。千乘尚式，則萬乘可知也。此以下皆導千乘之國法也。爲人君者，事無小大悉須敬，故云「敬事」也。曲禮云「毋不敬」是也。又與民必信，故云「信」也。雖富有一國之財，而不可奢侈，故云「節用」也。雖貴居民上，不可驕慢，故云「愛人」也。使民，謂治城及道路也。以時，謂出不過三日，而不妨奪民農務也。然人是有識之目，愛人則兼朝廷也。民是瞑闇之稱，使之則唯指黔黎也。

【集注】道，治也。千乘，諸侯之國，其地可出兵車千乘者也。敬者，主一無適之謂。敬事而信者，敬其事而信於民也。時，謂農隙之時。言治國之要，在此五者，亦務本之意也。

【餘論】四書賸言：王制：「用民之力，歲不過三日。」而周官均人又以豐凶較公旬之政，豐年三日，中年二日，無年一日。此云「使民」，不止公旬，有即以農事使民者。如「三日于耜，四日舉趾」，則使民耕植之時。「九月築場圃，十月納禾稼」，則使民刈穫之時。「龍見而畢務，火見而致用」，則使民興築之時。「仲夏斬陽木，仲冬斬陰木」，則使民樵採之時。「十一月徒杠成，十二月輿梁成」，則使民謹出入修橋道之時。故春秋傳曰「凡啓塞從時」，謂凡事之啓塞皆當從其時也。

黄氏後案：陸稼書說：「敬是遇事謹慎之意，不必言包括衆善。信者不用權詐，不朝更夕改，惟此真確之誠，表裏如一，始終如一。雖事勢之窮，亦濟以變，而守常之時多，濟變之時少也。節用不必說，節非褊嗇，而當節者，務欲返一國奢靡之習而同歸於淳樸。愛人不必說，愛非姑息，而當愛者，務欲合一國臣民之衆而共遊於蕩平也。」式三案後儒標示心學，説敬太過，失之。於此章尤不合。信與節愛，近解亦過求深。尋繹經恉，陸氏説是。楊注云「未及爲政」，未可據。敬信節愛時使自有實功實效，以發所存之正。朱子與張敬夫書曰：「徒言正心而不足以識事物之要，是腐儒迂闊之論，不足與論當世之務。」然則論治未有專言所存者，朱子蓋節取其論所存而録之歟？朱子作集注，意在詳録宋儒之説。而説之未醇者亦存之，意在節取也。讀注者或誤衍之，或以此攻朱子矣。東塾讀書記：道千乘之國章，朱注采程子曰：「此言至淺。然當時諸侯果能此，亦足以治其國矣。」此於聖人之言頗有不滿之意，似不必采之。

按：宋儒中如伊川之迂腐，龜山之庸懦，當時皆負有盛名，則以朱子標榜之力爲多，讀集注者當分别觀之。

【發明】焦氏筆乘：「敢問事業如何？」仲脩曰：「事業正自爲學中來。只如作一郡，行得論語中三句便用之不盡。」彦平曰：「願聞之。」仲脩曰：「『敬事而信，節用而愛人，使民以時』是也。」彦平佩服其言，每曰：「吾平生操心行己，立朝事君，皆趙君之言有以發之。」四書讀（四書辨證引）：不曰治而曰道者何？治者，法術之名。道者，仁義之用也。若千乘固是舉以爲例。第夫子時，上而周室不能有爲，下而小國不足有爲，惟大國可以自奮。然不曰大國而即兵車言者，蓋當時大國惟利是務，其於敬信五者闕焉弗講，夫子蓋有爲而言也。

○子曰：「弟子入則孝，出則弟，謹而信，汎愛衆而親仁。行有餘力，則以學文。」

【考異】釋文：「弟」，本亦作「悌」。皇本作「悌」。左傳襄公二十八年正義引文「汎」字作「氾」。韓昌黎集讀墨子篇：「孔子泛愛仁。」「汎」字作「泛」。荀悦漢紀孝元帝論引孔子曰：「行有餘力，則可以學文。」有「可」字。

【音讀】釋文：行，下孟反。集注如字讀。

【考證】潘氏集箋：儀禮士相見禮曰：「與老者言，言使弟子。與幼者言，言孝弟於父兄。」賈疏：「『與老者言，言使弟子』者，謂七十致仕之人。依書傳，大夫致仕爲父師，士致仕爲少師，教鄉里子弟。雷次宗云：『學生事師雖無服，有父兄之恩，故稱弟子也。』云『與幼者言，言孝弟於父兄』者，幼與老對，此幼即弟子之類。孝弟，事父兄之名，是人行之本，故云『言孝弟於父兄』。」是弟子爲學者之稱，又幼者之通稱也。子罕篇：「出則事公卿，入則事父兄。」而此乃以事父兄分屬出入者。孝經云：「事父孝，故忠可移於君。事兄弟，故順可移於長。」一則就百行之本言之，故云入。一則就推暨者言之，故云出也。謹，説文云：「愼也。」楚辭卜居「將氾氾若水中之鳧乎」，王逸注：「氾氾，普愛衆也。」説文「氾，濫也」，段注引論語此文謂假「汎」爲「氾」。論語述何曰：「此因上文孝弟忠信愛仁而類記之。文者，字之始。誦法六經先正聲音文字，謂小學也。」四書賸言曰：「姚立方云：『文，字也，非詩、書六藝之文。言弟子稍閒，使學字耳。』説文：『文，交畫也。』」劉氏正義：言有餘力學文，則無餘力不得學文可知。先之以孝弟諸行，而學文後之者。文有理誼，非童子所知。若教成人，則百行皆所當謹，非教術所能徧及，故惟冀其博文，以求自得之而已。此夫子四教，先文後行，與此言教弟子之法異也。

【集解】馬曰：「文者，古之遺文。」

【唐以前古注】釋文引鄭注：文，道藝也。　皇疏：或問曰：「此云『行有餘力，則以學文』，後云『子以四教：文、行、忠、信』，是學文或先或後，何也？」答曰：「論語之體悉是應機適會，教體多方，隨須而與，不可一例責之。」

【集注】謹者，行之有常也。信者，言之有實也。汎，廣也。衆，謂衆人。親，近也。仁，謂仁者。餘力，猶言暇日。以，用也。文，謂詩、書六藝之文。程子曰：「爲弟子之職，力有餘則學文。不修其職而先文，非爲己之學也。」尹氏曰：「德行，本也。文藝，末也。窮其本末，知所先後，可以入德矣。」洪氏曰：「未有餘力而學文，則文滅其質。有餘力而不學文，則質勝而野。」愚謂力行而不學文，則無以考聖賢之成法，識事理之當然，而所行或出於私意，非但失之於野而已。

【餘論】四書辨疑：南軒曰：「非謂行此數事有餘力而後學文也，言當以是數者爲本，以其餘力學文也。」此比注文爲詳。然所謂以其餘力，亦不知其果爲何者之餘力也。夫弟子當爲之事，言不能盡，舉此數事，急先務也。行有餘力，乃是普言弟子當爲之事，行之而餘暇，則以學文也。　黄氏震日鈔：此章教人爲學，以躬行爲本，躬行以孝弟爲先。文則行有餘力而後學之，所謂文者，又禮樂射御書數之謂，非言語文字之末。今之學者乃或反是，豈因講造化性命之高遠，反忘孝弟謹信之切近乎？然嘗思之，二者本無異旨也。造化流行，賦於萬物，是之謂性。

而人得其至粹，善性發見，始於事親，是之謂孝，而推之爲百行。是孝也者，其體源於造化流行之粹，其用達爲天下國家之仁，本末之貫皆此物也。故論語一書首章先言學，次章即言孝弟。至於性與天道，則未嘗輕發其秘。豈非孝弟實行，正從性與天道中來，聖門之學惟欲約之使歸於實行哉？

按：閻氏若璩曰：「史記孔子世家：『孔子以詩、書、禮、樂教，弟子蓋三千焉，身通六藝者七十有二人。』又曰：『言六藝者折衷於夫子。』以詩、書六藝詁文字，語本無病。毛氏攻之非也。」

【發明】反身録：今之教者，不過督以口耳章句屬對作文，朝夕之所啓迪而鼓舞者，惟是博名媒利之技。蒙養弗端，童習而長安之，以致固有之良日封日閉，名利之念漸萌漸熾。誦讀之勤、文藝之工適足以長傲遂非，率意恣情。今須力反其弊，教子弟務遵此章從事。大本既立，夫然後肄習詩、書藝業，則教不淩躐，庶成人有德，小子有造矣。陸隴其松陽講義：大抵人之氣禀雖有不同，然亦差不多。只是從小便習壞了，氣禀不好的固愈習愈壞，即氣禀好的，亦同歸於壞。童蒙之時，根脚既不曾正得，到得長大時，便如性成一般。即能回頭改悔，發憤自新，也費盡氣力，況改悔發憤者甚少。此人才所以日衰，皆由蒙養之道失也。後世爲父兄者，有弟子而不教，固無論矣。即有能教者，又都從利禄起見。束髮受書，即便以利禄誘之，不期其爲大聖大賢，而但願其享高官厚禄。這箇念頭横於胸中，念頭既差，工夫必不能精實，只求掩飾於外，可以悦人而已。教學如此，人才安得而不壞哉？爲人父兄者，胡不一思而甘使子弟爲俗人也？

# 論語集釋卷二

## 學而下

○子夏曰：「賢賢易色，事父母，能竭其力；事君，能致其身；與朋友交，言而有信。雖曰未學，吾必謂之學矣。」

【考異】毛詩思齊正義曰：「論語子夏説人有四行，『雖曰未學，吾必謂之學矣』。」以人有四行括上文。　翟氏考異：按箋疏中此類時有。如曲禮正義引論語云：「子路、曾皙、冉有、公西華侍于孔子。孔子問四人各言其志，子路率爾先對。」亦以「問四人各言其志」括兩節文。撮經大意，非緣據本別也。後不泛採，聊借一端發凡。

【考證】劉氏正義：史記弟子列傳：「卜商字子夏。少孔子四十四歲。」集解引鄭説：「温國卜商。」温是衞邑，稱國者，或本爲國，從其初名之也。家語弟子解以爲衞人，與鄭目録合。孔穎達檀弓疏則云魏人。又唐贈魏侯，宋封魏公。據史記及吕氏春秋舉難、察賢篇，並言子夏爲魏文侯師，是子夏固嘗居魏。魏、衞同音，故誤以爲魏人耳。　又曰：説文：「父，矩也，家長率教者。从又舉杖。母，牧也。从女，象懷子形，一曰象乳子也。」説文又云：「竭，負舉也。」負舉者必盡力，故竭又訓盡，此文義得兼之。曾子本孝云：「庶人之孝也，以力惡食。」盧辯注：「分地任力致甘美。」又曾子大孝云：「小孝用力，慈愛忘勞，可謂用力矣。」孔氏廣森補注：「庶人之孝。」孟子萬章篇言舜事云：「我竭力耕田，供爲子職而已矣。」是竭力爲庶人孝養之事也。「事君能致其身」者，儀禮喪服傳：「君，至尊也。」鄭注：「天子諸侯及卿大夫有地者皆曰君。」説文：「致，送詣也。」詩四牡云：「四牡騑騑，周道倭遲。豈不懷歸？王事靡盬，我心傷悲。」毛傳云：「思歸者，私恩也。靡盬者，公義也。傷悲者，情思也。無私恩，非孝子也。無公義，非忠臣也。君子不以私害公，不以家事辭王事。」是言事君不得私愛其身，稽留君事也。

【集解】孔曰：「子夏，弟子卜商也。易色，言以好色之心好賢則善也。致其身，盡忠節不愛其身也。」

【唐以前古注】皇疏：凡人之情莫不好色而不好賢，今若有人能改易好色之心以好於賢，則此人便是賢於賢者，故云「賢賢易色」也。然云賢於賢者，亦是奬勸之辭也。又一通云：上「賢」字，猶尊重也。下「賢」字，謂賢人也。言若欲尊重此賢人，則當改易其平常之色，更起莊敬之容也。

又引王雍云：言能行此四者，雖云未學，而可謂已學也。

按：王雍不知何許人。馬國翰以爲即論語王氏義説之文，據録。

【集注】子夏，孔子弟子，姓卜名商。賢人之賢而易其好色之心，好善有誠也。致，猶委也。委致其身，謂不有其身也。四者皆人倫之大者，而行之必盡其誠，學求如是而已。故子夏言有能如是之人，苟非生質之美，必其務學之至，雖或以爲未嘗爲學，我必謂之已學也。」游氏曰：「三代之學，皆所以明人倫也。能是四者，則於人倫厚矣。學之爲道何以加此？子夏以文學名，而其言如此，則古人之所謂學者可知矣。故學而一篇大抵皆在於務本。」（吴氏曰：「子夏之言，其意善矣。然辭氣之間抑揚太過，其流之弊，將或至於廢學。必若上章夫子之言，然後爲無弊也。」）

【别解】陳祖范經咫：此主夫婦一倫言。賢賢如關雎之「窈窕淑女，君子好逑」，車舝之「辰彼碩女，令德來教」。易色如所謂情欲之感無介乎容儀，宴私之意不形乎動静。在婦爲嫁德不嫁容，在夫爲好德非好色也。宋翔鳳樸學齋札記：陽湖劉申受謂「賢賢易色，明夫婦之倫也」。毛詩序云：「周南、召南，正始之道，王化之基。是以關雎樂得淑女以配君子，憂在進賢，不淫其色。哀窈窕，思賢才，而無傷善之心焉。是關雎之義也。」此「賢賢易色」指夫婦之切證。論語述何：賢賢者，同德也。易讀如「易知則有親」之易。六經之道，造端乎夫婦。詩桃夭「灼灼其華」，喻色也；「有蕡其實」，喻賢也。有夫婦然後有父子，有父子然後有君臣，故首舉之。梁章鉅論語集注旁證：集注云「四者皆人倫之大者」，則下文只有事父、事君、交朋友，此句自應屬夫婦説。娶妻重德不重色，亦厚人倫之一事也。劉氏正義：今案夫婦爲人倫之始，故此文敍於事父母事君之前。漢書李尋傳引此文，顔師古注：「易色，輕略於色，不貴之也。」康有爲論語注：此爲明人倫而發。人道始於夫婦，夫婦牉合之久，所貴在德。以賢爲賢，言擇配之始，當以好德易其好色。蓋色衰則愛弛，而夫婦道苦；惟好德乃可久合。

【餘論】四書辨疑：吴氏誤認「雖曰未學」以爲實未嘗學，不學者亦能此事，故有將至廢學之論。此説蓋出於舊疏。舊疏云：「此論生知美行，雖學亦不是過。」蓋以「曰」字爲語助辭虚字，言雖未學，亦與學者無異。果如此説，則下「學」字上須當更有「猶」字矣。不知「雖曰未學」乃是子夏假設能於此者自謂之言，非子夏實謂未學也。劉正叟曰：「其人既能此等之事，而自言未學，吾必謂之已學，蓋此等非學不能也。」此最簡直明白。四書改錯：子夏是節詞氣抑揚，與有子孝弟章正同。有子重孝弟，子夏重力行，未嘗廢學也。孟子曰：「人之所不學而能者，其良能也。」是明言不學尚非廢學。今但云未學，而即云有廢學之弊，此何説與？反身録：問：「學在敦倫固矣，然敦倫可遂不學乎？」曰：「學以學夫敦倫，而敦倫乃所以爲學也。舍倫而言學，則其學爲口耳章句之學，富貴利達之學，失其所以學。」曰：「如是，則吴氏之言亦不爲無見。」曰：「吴氏固爲有見，而以之致疑子夏，實未達子夏口氣。蓋抑揚其語，正所以折衷學問之實，令人知之言所以爲學，在此而不在彼。所重在此，所學即在此。自此説出，而天下後世人人曉然知所從事，不至誤以口耳辭章之末了生平。其有補於綱常名教非尠，真學者之清夜鐘也。何流弊之可言？亦何至於廢學？」松陽講義：辛復元謂此章「不是説學貴實行，是説學問有益。世人只説人能敦倫便是學問，何必讀書然後爲學。不知學不分明，豈能敦得倫紀？且子夏以文學著名，豈肯爲廢學之語？」又曰：「吾每望人力行，尤望人力行前先有講明工夫。不然，自以爲行善事，行之未有不差者。」説此章「學」字最分明，正是朱子圈内注之意。

〇子曰：「君子不重則不威，學則不固。

【考證】法言修身篇：或問：「何如斯謂之人？」曰：「取四重，去四輕。」曰：「何謂四重？」曰：「重言、重行、重貌、重好。言重則有法，行重則有德，貌重則有威，好重則有觀。」論語補疏：此注「固」有二義：一爲蔽，一爲堅。蔽之義爲闇。曲禮「輟朝而顧，君子謂之固」，鄭氏注云：「固，謂不達於禮。」不達於禮是爲蔽塞不通，此固所以爲蔽也。不學故不達禮，學則達於禮。不固者，達於禮也。「一曰」者，别爲一説。不固，爲學不堅固。由於不重，與蔽之訓適相反。皇侃專用後一説，已失孔氏之旨。其解「蔽」字之義，則云：「蔽，猶當也。言人既不能敦重，縱學亦不能當道理。」此既不明「蔽」字之義，又不合堅固之義，而以蔽固之解與「一曰」云云相牽混，非也。「一曰」二字是何晏兼存異説，非亦孔安國注。

【集解】孔曰：「固，蔽也。」一曰：「言人不能敦重，既無威嚴，學又不能堅固識其義理。」

【集注】重，厚重。威，威嚴。固，堅固也。輕乎外者，必不能堅乎内，故不厚重則無威嚴，而所學亦不堅固也。

【别解】論語稽：君子，謂在位之人也。春秋時世禄世官，或輕浮，或鄙陋，或詐僞，或狎暱小人，或怙惡飾非，皆列國卿大夫之通病。孔子以此戒勉之，較爲合理。如訓成德之君子，則其德已成，於下文各節戒勉語氣不合。如謂君子之自修當如此，則「君子」下宜加「之道」二字。近日講章解之以爲指初學者，則孔子於初學者即稱之曰君子，恐無此理。

【餘論】松陽講義：重即整齊嚴肅之意。「正其衣冠，尊其瞻視，儼然人望而畏之」，是「重」字注脚。不重，則孟子所謂「暴其氣」也。不重而無威嚴固害事，不重而學不固尤害事。蓋學必深沈而後能固，不重則浮。學必鎮静而後能固，不重則躁。讀書窮理之功必隨得而隨失，省察克治之念必乍密而乍疏，在初學之士必難成就，即積學之士亦且多走作。

# 主忠信。

【考異】論語稽：毛奇齡、江聲皆謂「主忠信」以下別爲一章，然子罕篇固有之，上有「子曰」字，則自爲一章，此章則「主忠信」三句明明連上文爲一氣，斷無分成兩章之理。蓋記者非一人，彼記略而此記詳也。

【考證】劉氏正義：「主」訓「親」者，引申之義。注意謂人當親近有德，所謂勝己者也。然下文復言無友不如己，於意似重，或未必然。皇疏云：「以忠信爲百行所主，是言忠信在己不在人。」其義較長。周語云：「是以不主寬惠，亦不主猛毅。」韋昭注：「主猶名也。」義可互證。

【集解】鄭玄曰：「主，親也。」

【唐以前古注】皇疏：君子既須威重，又忠信爲心，百行之主也。

【集注】人不忠信，則事皆無實，爲惡則易，爲善則難，故學者必以是爲主焉。

【別解】羣經平議：「主」與「友」對。大戴記曾子制言篇曰：「曾子門弟子或將之晉，曰：『吾無知焉。』曾子曰：『何必然，往矣！有知焉謂之友，無知焉謂之主。』」此文「主」字義與彼同，言所主者必忠信之人，所友者無不若己之人。孔子主顏讎由，主司城貞子，即是「主忠信」之謂。

按：焦氏補疏曰：「親忠信之人，無友不如己之人，兩相呼應。」鄭訓「主」爲「親」，義亦可通。朱子從皇疏。

## 無友不如己者。

【考異】舊文「無」爲「毋」。釋文曰：「毋」音「無」，本亦作「無」。稽求篇：「主忠信」三句本子罕篇文，複簡在此。翟氏考異：子罕篇「毋友」之「毋」猶依舊文。

【考證】吕氏春秋：周公旦曰：「不如吾者吾不與處，累我者也。與吾齊者吾不與處，無益我者也。」中論：不如己者，須己而植也。然則扶人不暇，將誰相我哉？吾之僨也，亦無日矣。韓詩外傳：南假子曰：「夫高比所以廣德也，下比所以狹行也。比於善者，自進之階。比於惡者，自退之原也。」

【唐以前古注】皇疏引蔡謨云：本言同志爲友，此章所言謂慕其志而思與之同，不謂自然同也。夫上同乎勝己，所以進也。下同乎不如己，所以退也。閎夭四賢上慕文王，故四友是四賢上同心於文王，非文王下同四賢也。然則求友之道，固當見賢思齊，同志於勝己，所以進德修業，成天下之亹亹也。今言敵則爲友，此直自論才同德等而相親友耳，非夫子勸教之本旨也。若如所云，則直諒多聞之益、便辟善柔之誡，奚所施也？

按：譔晉書有傳，而此注不見隋、唐志。疏序稱江熙集論語十三家，有蔡譔，皇疏蓋取之江氏集解也。録之以備一家。

【集注】「無」、「毋」通，禁止辭也。友所以輔仁，不如己則無益而有損。

【餘論】四書辨疑：注文本通，因東坡一説致有難明之義。東坡云：「世之陋者樂以不己若者爲友，則自足而日損，故以此戒之。如必勝己而後友，則勝己者亦不與吾友矣。」學者往往以此爲疑，故不得不辨。「如」字不可作「勝」字説。如，似也。南北廣韻、中原韻略「如」又訓「均」。不如己、如己、勝己凡三等。不如己者，下於己者也。如己者，與己相似，均齊者也。勝己者，上於己者也。如己者德同道合，自然相友。孟子曰：「一鄉之善士斯友一鄉之善士，一國之善士斯友一國之善士，天下之善士斯友天下之善士。」此皆友其如己者也。如己者友之，勝於己者己當師之，何可望其爲友耶？如己與勝己者既有分别，學者於此可無疑矣。黄氏後案：不如己者，不類乎己，所謂「道不同，不相爲謀」也。陸子静曰：「人之技能有優劣，德器有大小，不必齊也。至於趨向之大端，則不可以有二。同此則是，異此則非。」陸説是也。依舊注，承「主忠信」反言之。不如己，謂不忠不信而違於道者也。義亦通。總注游氏説以不如己爲不及己。信如是計較優劣，既無問寡問不能之虚衷，復乏善與人同之大度，且己劣視人，人亦劣視己，安得優於己者而友之乎？朱子彌縫游説甚費辭。

**過，則勿憚改。」**

【考證】曾子立事篇：太上不生惡，其次而能夙絶之，其下復而能改。潘氏集箋：憚，説文云：「忌難也。一曰難也。改，更也。」衛靈公篇：「子曰：『過而不改，是謂過矣。』」故君子貴勿憚焉。

【集解】鄭曰：「憚，難也。」

【唐以前古注】皇疏：友主切磋，若有過失者，當更相諫諍，莫難改也。一云：若結友過誤，不得善人，則改易之，莫難之也。又引李充云：若友失其人，改之爲貴也。

【集注】勿亦禁止之辭。憚，畏難也。自治不勇，則惡日長，故有過則當速改，不可畏難而苟安也。（游氏曰：「君子之道以威重爲貴，而學以成之。學之道必以忠信爲主，而以勝己者輔之。然或吝於改過，則終無以入德，而賢者亦未必樂告以善道，故以過勿憚改終焉。」）

【别解】劉氏正義：案高誘注吕氏春秋驕恣篇，引「無友不如己者，過則勿憚改」以證「所擇而莫如己者亡」之義，亦以過爲結友過誤。或漢人有此義，故李充云然。然既知誤交，何難即改，似不足爲君子慮也。

按：此雖漢人舊説，然不如集注義長。

【餘論】胡炳文四書通：此過也，而集注以爲「惡日長」者，無心失理爲過，有心悖理爲惡。自治勇，則過可反而爲善；自治不勇，則過必流而爲惡。胡居仁居業録：人有過，貴於能悔。悔而不改，徒悔而已，於己何益？改過最難，須實做操存省察功夫，使吾身心謹密，放辟之心不生，則大本堅固，過失雖覺而不行也。若欲防患於預，須以敬爲主，不使須臾慢忽。錢大昕十駕齋養新録：過者，聖賢所不能無也。自以爲無過，而過乃大矣。自以爲有過，而過自寡矣。孔子曰：「五十以學易，可以無大過矣。」言大過而不言小過，是聖人猶未敢言小過之必無也。顔氏之子有不善，未嘗不知，知之未嘗復行，故能不貳過而入聖域。仲由喜聞過，令名無窮焉。聖賢之學，教人改過遷善而已矣。後之君子，高語性天，而恥言改過。有過且不自知，與聖賢克己之功遠矣。

【發明】李中孚二曲集：天地之性人爲貴，而爲氣質所蔽，情慾所牽，習俗所囿，時勢所移，知誘物化，旋失厥初。誠能加刮磨洗剔之功，則垢盡穢去，而德日醇矣。悔過於明，則明無人非；悔過於幽，則幽無鬼責，從此日新月盛，必浩然於天壤之内。

○曾子曰：「慎終追遠，民德歸厚矣。」

【考證】劉氏正義：爾雅釋詁：「慎，誠也。」説文：「慎，謹也。」誠、謹義同。周官疾醫「死終則各書其所以」，鄭注：「老死曰終。」禮記檀弓云：「君子曰終，小人曰死。」此對文異稱。檀弓又云：「曾子曰：『喪三日而殯，凡附於身者，必誠必信，勿之有悔焉耳矣。三月而葬，凡附於棺者，必誠必信，勿之有悔焉耳矣。』」皆是言慎終之事。「追遠」者，説文：「追，逐也。」詩鴛鴦箋：「遠猶久也。」並常訓。言凡父祖已殁，雖久遠，當時追祭之也。荀子禮論云：「故有天下者事十世，有一國者事五世，有五乘之地者事三世，有三乘之地者事二世。」又周官司尊彝言「四時間祀有追享」，鄭康成注以爲祭遷廟之主。則此文追遠不止以父母言矣。「民德歸厚」者，樂記云：「德者，性之端也。」淮南子齊俗訓：「得其天性謂之德。」穀梁僖二十八年傳：「歸者，歸其所也。」墨子經上：「厚，有所大也。」當春秋時，禮教衰微，民多薄於其親，故曾子諷在位者但能慎終追遠，民自知感厲，亦歸於厚也。禮坊記云：「修宗廟，敬祭祀，教民追孝也。」

【集解】孔曰：「慎終者，喪盡其哀。追遠者，祭盡其敬。君能行此二者，民化其德，皆歸於厚也。」

【唐以前古注】皇疏：一云：「『靡不有初，鮮克有終』，終宜慎也。久遠之事録而不忘，是追遠也。」又引熊埋云：欣新忘舊，近情之常累。信近負遠，義士之所棄。是以慎終如始，則尠有敗事，平生不忘，則久人敬之也。

【集注】慎終者，喪盡其禮。追遠者，祭盡其誠。民德歸厚，謂下民化之，其德亦歸於厚。蓋終者，人之所易忽也，而能謹之；遠者，人之所易忘也，而能追之，厚之道也。故以此自爲，則己之德厚；下民化之，則其德亦歸於厚也。

【餘論】許謙讀四書叢說：常人之情，於親之終，悲痛之情切，而戒慎之心或不及；親遠而祭，恭敬之心勝，而思慕之情或疏。君子存心則加於此，送終既盡擗踊哭泣之情，又慎喪死之禮，如禮記「殯而附於身者，必誠必信，勿之有悔」之類；祭遠者既盡孝敬之意，又致追慕之情，如禮記所謂「祭死者如不欲生，霜露既降，有悽愴之心；雨露既濡，有怵惕之心」之類。如此則過於常人，其德爲厚。上之人既如此，下民化之，其德亦歸於厚。張椿四書辨證：孔安國言「慎終者，喪盡其哀。追遠者，祭盡其敬」。集注依伊川，以「禮」易「哀」字，蓋喪罕有不哀者，不必皆盡禮。又以「誠」易「敬」字，王炳文四書通言「祭罕有不敬者，未必皆盡誠」。

○子禽問於子貢曰：「夫子至於是邦也，必聞其政。求之與？抑與之與？」

【考異】漢石經凡「子貢」皆作「子贛」。釋文：「貢」，本亦作「贛」，音同。左氏哀公十五年傳、禮記樂記、祭義「子貢」字俱作「贛」。五經文字：貢，貢獻。贛，賜也。經典亦通用之。洪适隸釋載漢石經作「意予」之「與」。張舜民畫墁録、董逌廣川書跋、黄伯思東觀餘論皆云漢石經作「意與」之「與」。

【考證】拜經日記：史記弟子列傳有原亢籍，無陳亢，蓋原亢即陳亢也。鄭注論語、檀弓俱以陳亢爲孔子弟子，當是名亢字籍，一字子禽。籍，禽也，故諱籍字禽。否則亢言三見論語，弟子書必無不載，太史公亦斷無不録。家語既有原抗字子籍，不當復有陳亢子禽矣，明係王肅竄入。原、陳之所以不同何也？蓋原氏出於陳，原、陳同氏也，詩陳風「南方之原」，毛傳：「原，大夫氏。」春秋：「莊二十七年，公子友如陳葬原仲。」則原亢之爲陳亢信矣。漢書古今人表中中分陳亢、陳子禽二人，與魯太師、公明賈、子服景伯、林放、陳司敗、陽膚、尾生高、申根、師冕同列；又以陳子亢隸下上，與陳弃疾、工尹商陽、齊禽敖、餓者同列；分爲三人，與申棖皆不以爲弟子。此不足據。劉氏正義：案臧説是也。檀弓：「陳子車死於衛，其妻與其家大夫謀以殉葬，定，而后陳子亢至。」鄭注：「子車，齊大夫。子亢，子車弟。」則亢亦齊人也。左暄三餘續筆（集箋引）：陳子禽，漢書古今人表孔門弟子陳亢一人三見，一作陳亢，一作陳子禽，一作陳子亢。論語集注補正述疏：鄭氏云：「子禽，弟子陳亢也。」今據禮檀弓云「陳子亢」，鄭亦云「孔子弟子」，蓋與史記不同。或曰史記仲尼弟子列傳有原亢籍，無陳亢。家語有原亢子籍，又有陳亢子禽。史記集解引家語「抗」作「亢」，蓋原亢即陳亢也。詩陳風云「南方之原」，毛傳云：「原，大夫氏。」莊二十七年春秋云：「公子友如陳，葬原仲。」是原氏出於陳也。王肅僞家語於原亢外竄陳亢焉，則複矣。而難者曰：史記敍弟子者自言據孔氏古文，蓋古本家語也。史記無陳亢，必古文無矣。今本家語有陳亢，知王肅之僞也。然謂原氏出於陳，遂書「陳」爲「原」，則史記有原憲，亦據古文也，其書法豈不淆乎？且史記録原亢籍，謂爲不見書傳者也，若陳亢子禽，不三見論語乎？古人以子配字，字與名應，改籍曰禽，彊而通於亢名，非洽也。漢書古今人表列九等焉，仲尼列上上等，弟子列上中、上下等，而陳亢陳子禽皆列中中等，陳子亢列中下等，蓋表分三人，皆不以爲孔子弟子也。夫班氏爲表時，古本家語固存矣，安見其不考邪？而史記無陳亢，安知非亦不以爲孔子弟子邪？孟子朱注言私淑艾者，以陳亢言之，其亦不以爲孔子弟子也。詩禮爲孔子雅言，而陳亢問於伯魚者，則聞詩禮而遽喜也，是未聞雅言者矣。叔孫武叔云子貢賢於仲尼，而陳子禽謂子貢者，則其言亦同也，是不得其門者矣。曰陳亢，曰陳子禽，所書固不同也。今曰子禽而不稱陳，以他文有稱，此互相備也，故省文焉，亦非書子産例也。如曰亢，子貢弟子，則亢於子貢當書名矣。今曰「子禽問於子貢」，豈弟子義乎？

臧琳經義雜記：說文貝部：「貢，獻功也。从貝，工聲。贛，賜也。从貝，竷省聲。」是「貢」、「贛」不同。子貢名賜，故字子贛，作「貢」者，字之省借耳。今禮記樂記「子贛見師乙而問焉」，祭義「子贛問曰：子之言祭」，尚存古本，餘則多爲後人改易矣。左傳：「定十五年春，邾隱公來朝，子貢觀焉。」杜本亦作省借字。五行志中上載古文左傳作「子贛」。又爾雅釋詁「賚、貢、錫、畀、予、貺，賜也」，郭注：「皆賜與也。」釋文：「『貢』，或作『贛』。」是爾雅古本亦作正字，然陸德明已不能定其是非而識所歸矣。邢疏引左傳「爾貢包茅不入」爲證，誤解贛賜之「贛」爲貢獻之「貢」，則無足責也。

錢坫論語後録：亢，陳子車之弟，齊諸陳也。說文解字有「伉」，云：「人名。論語有陳伉。」許君說古文論語，是季氏篇「陳亢問於伯魚」，古文正作「伉」也。作「亢」者，字省通用。說文解字云：「卬，按也。」俗加手作「抑」。是「抑」正字，「意」借字。詩十月之交「抑此皇父」，「抑」，鄭讀爲「意」，知兩字通。

【集解】鄭曰：「子禽，弟子陳亢也。子貢，姓端木名賜。亢怪孔子所至之邦必與聞其國政，求以得之耶？抑人君自願與之爲治耶？」

【集注】子禽姓陳名亢，子貢姓端木名賜，皆孔子弟子。或曰：「亢，子貢弟子。」未知孰是。抑，反語詞。

子貢曰：「夫子温、良、恭、儉、讓以得之。夫子之求之也，其諸異乎人之求之與？」

【考異】史記弟子傳「異乎人之求之與」，「與」作「也」。皇本作「人之求之與也」。七經考文：足利本作「夫子之求也異乎人之求之與」。一本作「求之也與」。天文本論語校勘記：足利本、唐本、津藩本、正平本皆作「夫子之求也」。足利本、唐本、津藩本、正平本「人之求之與」，「人」下無「之」字。宋高宗石經「讓」諱作「遜」。程氏演繁露引文亦諱作「遜」。翟氏考異：按八佾篇「揖讓而升」、里仁篇「能以禮讓爲國」，宋石經「讓」皆作「遜」。先進篇「其言不讓」，「讓」字但闕末筆。

【考證】四書辨證：吕氏春秋：「孔子周流海内，再干世主，所見八十餘君。」揚子解嘲「或七十説而不遇」，應劭曰：「孔子也。」説苑貴德篇則曰：「孔子歷七十二君。」史記六國表、儒林傳則曰：「仲尼干七十餘君。」索隱曰：「後之記者失辭也。考家語等説，則孔子歷聘諸國，莫能用，謂周、鄭、宋、曹、衛、陳、楚、杞、莒、匡等爾。縱歷小國，亦無七十餘君。」讀書叢録：公羊桓六年傳：「其諸以病桓與？」閔元年傳：「其諸吾仲孫與？」僖二十四年傳：「其諸此之謂與？」宣五年傳：「其諸爲其雙雙而俱至者與？」十五年傳：「其諸則宜於此焉變矣。」「其諸」是齊、魯間語。

【集解】鄭曰：「言夫子行此五德而得之，與人求之異，明人君自願求與爲治也。」

【唐以前古注】皇疏：政是人君所行，見於民下，不可隱藏，故夫子知之，是人君所行自與之也。

按：如皇讀，是此「與」字仍讀上聲，與上「抑與」相呼應也。考史記仲尼弟子傳集解引鄭注作

「明人君自與之」，與今集解本不同，當即皇本所據。又引顧歡云：此明非求非與，直以自得之耳。其故何也？夫五德内充，則是非自鏡也。又云：夫子求知乎己，而諸人訪之於聞政，故曰異也。

按：歡南齊書有傳，嘗著夷夏論，爲世所稱。其注論語，隋經籍志、唐藝文志皆不載，陸德明經典釋文序録亦未及之，蓋隋、唐時已早佚亡。唯皇侃義疏引之。其學黨於道教，又嘗注老子行世，心游恍惚，自不覺言近支離。録之以備一家。

又引梁冀云：夫子所至之國，入其境，觀察風俗以知其政教，其民温良，則其君政教之温良也；其民恭儉讓，則政教之恭儉讓也。孔子但見其民，則知其君政教之得失也。又云：凡人求聞見乃知耳，夫子觀化以知之，與凡人異也。

按：七録載梁覬注論語十卷，隋志梁有十卷，唐志亦云梁覬注十卷。皇疏原標梁冀，冀、覬音同，義亦相近，非漢之梁冀也。覬晉書無傳，陸德明經典序録云：「天水人。東晉國子博士。」

【集注】温，和厚也。良，易直也。恭，莊敬也。儉，節制也。讓，謙遜也。五者，夫子之盛德光輝接於人者也。其諸，語辭也。人，他人也。言夫子未嘗求之，但其德容如是，故時君敬信，自以其政就而問之耳，非若他人必求之而後得也。聖人過化存神之妙，未易窺測，然即此而觀，則其德盛禮恭而不願乎外，亦可見矣。

【餘論】楊名時論語劄記：子貢之稱夫子，有文章性道及焉不學、美富、日月、升天等章，而示人學聖之要，變化氣質之道，未有先於聞政章者。首揭夫子之温良恭儉讓，使人望而仰之，則而象之，有不覺暴戾驕慢之潛消者，無行不與，於此顯示其真。學聖者舍此奚從焉？

【發明】松陽講義：夫子之在當時，如祥麟威鳳，所在傾動。如宋之厄、匡之畏、陳、蔡之圍，其必不能與夫子合者，不過一二人。如道不行之歎，歸與之歎，只是歎其不能奉社稷以從耳。若夫心悦誠服，則到處皆然。一時邦君無不以其政就而問之，夫子亦因得以盡聞其政。夫子盛德感人之妙固未易言，而總之夫子必不肯求，即欲强被以求之名，亦異乎人之求。無論側媚依阿以求者，與聖人相去霄壤也。即略有一毫求之心，亦便非聖人。聖人以德求，非如人之有心求也。如伊尹以堯、舜之道要湯，非以割烹要湯也。學者讀這章書，要知天下人無不可感動，不能感動人者，只是我未能到聖人地位耳。聖人即不可遽學，得他一分光景，便有一分感應。只管積累做工夫去，安知不與聖人一樣？若不於此體認，而欲與世相接，便不免於求。求之極，便流到巧言令色一途。看來人心風俗之壞病痛都在一求字，所以不能不求者，只是不信有不待求的道理。

○子曰：「父在，觀其志；父没，觀其行；三年無改於父之道，可謂孝矣。」

【音讀】葉適習學記言：此當以「三年無改」爲句。終三年之間而不改其在喪之意，則於事父之道可謂之孝。　翟氏考異：歐陽永叔疑此語失夫子本旨。設問曰：「衰麻之服，祭祀之禮，哭泣之節，哀思之心，所謂三年而無改也。若世其世，守其宗廟，遵其教詔，雖終身不可改也。

國家之利害，社稷之大計，有不俟三年而改者矣，何概云三年無改耶？」如葉水心説，以「無改」爲句絶，則永叔可無疑於經矣。

【考證】禮記坊記：「子云：『君子弛其親之過，而敬其美。』論語曰：『三年無改於父之道，可謂孝矣。』」鄭注：「不以己善駮親之過。」　大戴禮本孝篇：孝子父死三年不敢改父之道。　漢書五行志：「京房易傳曰：『幹父之蠱，有子考无咎。子三年不改父道，思慕不皇，亦重見先人之非。』」師古曰：「言父有不善之行，當速改之。若惟思慕而已，無所變易，是重顯先人之非也。一曰：三年之内但思慕而已，不暇見父之非，故不改也。」　又師丹傳：丹上書言：「古者諒闇不言，聽於冢宰，三年無改於父之道。」　汪中述學釋三九：三年，言其久也。何以不改？爲其爲道也。若非其道，雖朝没而夕改可也。何以知其然也？昔者鮌陻洪水，汩陳其五行，彝倫攸斁，天乃不畀洪範、九疇。鮌則殛死，禹乃嗣興，彝倫攸敍，天乃畀禹洪範、九疇。蔡叔啓商，惎間王室。其子蔡仲改行師德，周公以爲卿士，見諸王而命之以蔡。此改乎其父者也。不寧惟是，虞舜側微，父頑母嚚象傲。克諧以孝，烝烝乂，不格姦。祇載見瞽瞍，夔夔齊栗，瞽瞍亦允若。曾子曰：「君子之所謂孝者，先意承志，諭父母於道。」此父在而改於其子者也，是非以不改爲孝也。然則何以不改也？爲其爲道也。三年云者，雖終其身可也。自斯義不明，而後章惇、高拱之邪説出矣。　劉氏正義：案汪説是也。漢書五行志：「京房易傳曰：『幹父之蠱，有子考无咎。子三年不改父道，思慕不皇，亦重見先人之非。』」南史（蔡廓子）興宗傳：「先是大明世奢侈無度，多所造立，賦調繁嚴，徵役過苦。至是發詔悉皆削除，自孝建以來至大明末，凡諸制度無或存者。興宗慨然曰：『先帝雖非盛德，要以道始終。三年無改，古典所貴。』」二史所言，皆以無改爲孝，不復計及非道，則自漢以來，多不知此義矣。

【集解】孔曰：「父在，子不得自專，故觀其志而已。父没，乃觀其行也。孝子在喪，哀慕猶若父在，無所改於父之道也。」

【唐以前古注】皇疏：所以是孝者，其義有二也：一則哀毁之深，豈復識政之是非，故君薨，世子聽冢宰三年也。二則三年之内哀慕心事亡如存，則所不忍改也。或問曰：「若父政善，則不改爲可。若父政惡，惡教傷民，寧可不改乎？」答曰：「本不論父政之善惡，自論孝子之心耳。若人君風政之惡，則冢宰自行政；若卿大夫之心惡，則其家相邑宰自行事，無關於孝子也。」

【集注】父在，子不得自專，而志則可知；父没，然後其行可見；故觀此足以知其人之善惡。然又必能三年無改於父之道乃見其孝，不然則所行雖善，亦不得爲孝矣。（尹氏曰：「如其道，雖終身無改可也。如其非道，何待三年？然則三年無改者，孝子之心有所不忍故也。」游氏曰：「三年無改，亦謂在所當改而可以未改者耳。」）

【别解一】范祖禹論語説（朱子或問引）：爲人子者，父在則能觀其父之志而承順之，父没則能觀其父之行而繼述之。陔餘叢考：「父在，觀其志；父没，觀其行。」朱注以爲觀其子之志行，則下文「三年無改」句文義不相貫。故注中只得用「然」字一轉。楊循吉謂「宜作人子之觀其父解。

父在時，子當觀父志之所在而曲禮之；父殁則父之志不可見，而其生平行事尚有可記者，則即其行事而取法」。如此，則下「三年無改」句正是足此句之義，直接而下，自然貫注，不待下轉語也。

錢大昕潛研堂文集：孔子之言，論孝乎？論觀人乎？以經文「可謂孝矣」證之，其爲論孝，不論觀人，夫人而知之也。既曰論孝，則以爲觀父之志行是也；不論觀人，則以爲觀人子之志行非也。子之不孝者，好貨財，私妻子，父母之養且不顧，安能觀其志？朝死而夕忘之，安能觀其行？孟子論事親爲大，以曾元之賢，僅得謂之養口體，則孔子之所謂養其志者，惟曾子之養志足以當之。如是而以孝許之，奚不可乎？又云：張敬夫癸巳論語説蓋主孔氏，而朱子非之，以爲當從范説。若如孔語，則上文未見志行之是非，不應末句便以「可謂孝矣」斷之也。及撰集注，則仍取孔説。而或問復申其義云：「范氏以爲子觀父之志行，善矣。然以文勢觀之，恐不得如其説也。蓋觀志而能承之，觀行而能述之，乃可謂孝，此特曰觀而已，恐未應遽以孝許之。且以下文『三年無改』推之，則父之志行亦容或有未盡善者，正使實能承述，亦豈遽得以孝稱也哉？」

按：南軒論語解云：「舊説謂『父在能觀其志而順承之，父没觀其行而繼述之，又能三年無改於父之道，可謂孝矣』。此説文理爲順。」近人如李光地、梁芷鄰均主范説。禮曰：「視於無形，聽於無聲。」觀其志之謂也。又曰：「善繼人之志，善述人之事。」觀其行之謂也。孔子之言本是論孝，以爲觀父之志行，義實較長，而集注不採何也？（案朱子答吕子約書云：「有謂其志其行皆指父而言，意亦自好。」試並思之，則朱子當日亦兩存其說。）

【別解二】論語發微：道，治也。三年無改於父之道，謂繼體爲政者也。若泛言父之教子，其道當没身不改，難以三年爲限。惟人君治道寬猛緩急，隨俗化爲轉移，三年之後，不能無所變易。然必先君以正終，後君得有諒闇不言之義。苟失道而死，則爲誅君，其子已不當立，何能三年無改也？按七略：「春秋古經十二篇，經十一卷。」公羊、穀梁二家，古經十二篇者。左氏之學無博士，所傳經十一卷者，出今文家，繫閔公篇於莊公下。博士傳其説曰：「子未三年，無改於父之道。」傳曰：「則曷爲於其封内三年稱子？緣孝子之心，則三年不忍當也。」見何休公羊閔二年傳注。唐石經穀梁傳分十二卷，用范甯本，此正晉人不知師法而妄分也。論語微言與春秋通，明三年無改之道，以示繼體爲政之法，而孝道以立，孰謂七十子喪而大義遂乖乎？

按：劉寶楠云：「此説於義似通，然居喪不敢改父之道，喪終自仍宜改。改與不改皆是恒禮，奚足以見人子之孝？故知此注尚未然也。」龔元玠以此章爲孟莊子而發，可備一說。

【餘論】鄭氏述要：首二句似是成語，末二句乃夫子就成語中作一轉語，言仍必三年無改於父之道，乃見不忍死其親，而可謂孝也。再觀第四篇此章重出，及禮記所引夫子之言俱無首二語，或同時記者正因其爲成語而略之乎。

劉開論語補注：三年無改，夫子以教孝也。然自有此語，而後世遂爲疑案。以爲不當改耶，則舊章且不可更，何有于父？終身守之可也，何限三年？以爲必當改耶，則行且有損，幹蠱之謂何？改之足以成父名而掩其迹，何待三年？此理之可疑者也。吾謂是不難以一言斷之，夫子不曰「無改于父之行」而曰「無改于父之道」，言道則非不善可知。既非不善，自不必急于更端。君子有不忍遽死其親之心，即有不忍遽忘其親之事，其遵而弗變，宜也。惟其爲道，故三年内可以無改，無改所以見其孝。惟其爲道，則有通權達變之用，故三年後不妨于改，改之亦無損于孝。此古今不易之義也。如是而其疑始解。游氏介兩可之論，且何以知夫子之言無改專指可以改可以不改者乎？尹氏乃設爲非道之辭，迴護不定。蓋由看道字不真，故疑而爲曲解之耳。論語稽：道，猶路也，當行之理也。改道則不由此路，舍其所當行者而别從一路也。此章吃緊在先辨「道」字。朱子謂「改雖善亦不孝」，游氏謂「當改而可以未改」云云，蓋於道之字義偶未之審，故節外生枝耳。抑知道爲當行之路，固以其有善無惡者言之。

○有子曰：「禮之用，和爲貴。先王之道，斯爲美。

【考證】戴望論語注：先王，謂聖人爲天子制禮者也。

【集解】邢昺疏：「和，謂樂也。樂主和同，故謂樂爲和。夫禮勝則離，謂所居不和也。故禮貴用和，使不至於離也。『先王之道斯爲美』者，斯，此也。言先王治民之道以此，禮貴和美，禮節民心，樂和民聲。樂至則無怨，禮至則不争，揖讓而治天下者，禮樂之謂也。是先王之美道也。」

【唐以前古注】皇疏：此以下明人君行化必禮樂相須。用樂和民心，以禮檢民跡。跡檢心和，故風化乃美。故云：「禮之用，和爲貴。」和即樂也，變樂言和，見樂功也。樂既言和，則禮宜云敬，但樂用在内爲隱，故言其功也。先王，謂聖人爲天子者也。斯，此也。言聖天子之化行，禮亦以此用和爲美也。

【集注】禮者，天理之節文，人事之儀則也。和者，從容不迫之意。蓋禮之爲體雖嚴，然皆出於自然之理，故其爲用必從容而不迫，乃爲可貴。先王之道此其所以爲美，而小事大事無不由之也。

## 小大由之，有所不行。

【集解】邢昺疏：「由，用也。言每事小大皆用禮，而不以樂和之，則其政有所不行也。」

【唐以前古注】皇疏云：「小大由之有所不行」者，由，用也。若小大之事皆用禮而不用和，則於事有所不行也。

【別解】何邵公論語義：「宣九年春王正月，公如齊。」解詁曰：「月者，善宣公事齊合古禮，卒使齊歸濟西田。不就十年月者，五年再朝，近得正。孔子曰：『知和而和，不以禮節之，亦不可行也。』明雖事人，皆當合禮。」樾謹按：據此，則此章乃言諸侯交際之禮。上文小大由之，小謂小國，大謂大國，言小國大國皆當以禮相接也。

按：後漢書稱何邵公作春秋公羊解詁，又注孝經、論語。今公羊解詁存，而孝經、論語注無傳。惟虞世南北堂書鈔引何邵公曰：「君子儒將以明道，小人儒則矜其名。」此論語注之僅存者。武進劉氏逢禄於千載之後拾遺補闕，成論語述何一卷，然其實不過以春秋説論語，而於何注固無徵也。何氏公羊解詁引論語文極多，俞氏取解詁中關於論語遺説輯成一卷，兹採其有新意者，録之以備一家。

知和而和，不以禮節之，亦不可行也。」

【考異】隸釋：漢石經無「可」字。羣經平議：上云「有所不行」，此云「亦不行也」，兩「不行」之義彼此貫通。亦者亦上文而言，上無「可」字，則此亦無「可」字，蓋涉馬注而衍。馬注云：「不以禮爲節，亦不可行。」此自用以足句，非其所據經文有「可」字也。公羊傳宣公九年何休注引此三句作孔子語。

按：漢人引論語多稱孔子，如今人稱莊子、列子之類，不足爲據。近人王闓運論語訓據何休注以此爲孔子之言，所以正有子之失，其説不可從。

【集解】馬曰：「人知禮貴和，而每事從和，不以禮爲節，亦不可行。」

【唐以前古注】皇疏：上明行禮須樂，此明行樂須禮也。人若知禮用和而每事從和，不復用禮爲節者，則於事亦不得行也。所以言亦者，沈居士云：「上純用禮不行。今皆用和，亦不可行也。」

按：皇疏引沈居士説凡七節，而不著其名。考南齊書有沈驎士本傳，言其曾注論語。朱彝尊經義考云：「沈驎士論語訓注佚。」史稱驎士隱居餘干夫差山，永明、建武、永元之世三徵不起。居士之名應有獨擅，故直題居士而不名。

【集注】承上文而言，如此而復有所不行者，以其徒知和之爲貴而一於和，不復以禮節之，則亦非復禮之本然矣，所以流蕩忘反而亦不可行也。程子曰：「禮勝則離，故禮之用，和爲貴。先王之道，以斯爲美，而小大由之。樂勝則流，故有所不行也。知和而和，不以禮節之，亦不可行。」范氏曰：「凡禮之體主於敬，而其用則以和爲貴。敬者，禮之所以立也。和者，樂之所由生也。若有子，可謂達禮樂之本矣。」愚謂嚴而泰，和而節，此理之自然，禮之全體也。毫釐有差，則失其中正，而各倚於一偏，其不可行均矣。

【餘論】四書辨疑：注言：「禮之體雖嚴，而皆出於自然之理，故其爲用必從容不迫，乃爲可貴。」此乃解用爲體用之用，禮爲體和爲用也。程子言：「禮勝則離，故禮之用，和爲貴。」蓋謂禮難獨行，必兼用和然後爲貴。此與注文體之説不同，二説相較，程子之説爲是。白珽湛淵静語：此章當以「有所不行」合上作一節，「知和而和」以下作一節。梁氏旁證：此舊注皆以「小大由之，有所不行」連讀，集注不用者，以馬氏每事從和，即是知和而行，分不出兩層也。邢疏以「小大由之」爲專於禮，「知和而和」爲專於樂，則樂記「禮勝則離，樂勝則流」二語恰是此處注脚。「有所不行」與「亦不可行」乃一噴一醒矣。劉氏正義：案有子此章之旨，所以發明夫子中庸之義也。説文：「庸，用也。」凡事所可常用，故庸又訓常。鄭君中庸目録云：「名曰中庸者，以其記中和之爲用也。」注「君子中庸」云：「庸，常也。用中爲常道也。」兩義自爲引申。堯咨舜，舜咨禹，云「允執其中」，孟子言「湯執中」，執中即用中也。舜執兩端，用其中於民。用中即中庸之倒文。周官大司樂言六德「中、和、祇、庸、孝、友」。言中和，又言庸。夫子本之，故言中庸之德。子思本之，乃作中庸。而有子於此章已明言之。其謂以禮節之者，禮貴得中，知所節，則知所中。中庸云：「和而不流，强哉矯。中立而不倚，强哉矯。」和而不流，則禮以節之也，則禮之中也。中庸皆所以行禮，故禮篇載之。逸周書度訓云：「和非中不立，中非禮不慎，禮非樂不履。」樂謂和樂，即此義也。黄氏後案：體用之分，在釋家見惠能金剛經注，在仙家見魏伯陽參同契，前人辨之甚詳，易繫辭傳韓注亦拾仙釋之牙慧耳。聖經賢傳無體用對舉之正文，非儒者討論之要。此經言用必補言體乎？體用以相貫言，此體嚴用和胡以相反言乎？説經勿采經外浮文，言無枝葉，范説可删。

按：黄氏之説非也。道家、釋家所言與儒理相通者甚多，程、朱皆以體用言禮，正其最精到處。今乃以其用語出自内典而欲删之，仍屬門户之見。此章集注之失在未細玩「亦」字，將兩層説成一層。且師心自用，將歷來注疏家分段方法一概抹殺，至於文理不通。後來亦無人加以指摘，是可異也。若其以體用詁經，正其精細處，不敢没其所長也。

【發明】松陽講義：一章大意總爲放蕩之人痛下鍼砭。學者讀這章書要知謹守禮法，將身放在規矩準繩之中，方是至和，不可一毫涉晉、魏風流。若嵇康、阮籍輩，真是萬世罪人。

○有子曰：「信近於義，言可復也。恭近於禮，遠恥辱也。因不失其親，亦可宗也。」

【考異】説文繫傳通論引禮曰：「姻不失其親。」皇本作「亦可宗敬也」。所載孔氏注亦有「敬」字。

【音讀】釋文：「近」音附近之近，下同。又皆如字。翟氏考異：近、遠字指其定體，俱上聲。

近之、遠之俱去聲。語中若「能近取譬」、「固而近於費」，如字，讀其謹切，上聲也。此與「斯近信矣」、「近之則不孫」音附近之近，去聲也。今俗訛定體之近亦作去聲，以致兩義無别。周密齊東野語：「復」有三字，音房六切者，復歸之復也，論語「言可復也」、「克己復禮」是也。扶富切者，又之義也，論語「復夢見周公」、「則不復也」是也。芳六切者，與「覆」字音同，反復之復也，易乾象贊「反復道也」，釋文云「本亦作『覆』」是也。今或讀「言可復」爲芳六切，非。彭兆蓀潘瀾筆記：此章皆有韻文。古無四聲，「復」與「辱」固韻，「義」與「禮」亦韻也。宗，古訓尊，當有尊音，春秋傳「伯尊」或作「伯宗」，故與「親」爲韻，易林「大壯之兑，嵩高岱宗，峻直且神」是其證。皇本似涉孔注而誤衍一字。

【考證】桂馥羣經義證：詩皇矣正義曰：「周禮六行，其四曰姻。注：『姻親於外親。』是姻得爲親。」據此，則「因」即「姻」省文。野客叢書引南史王元規曰：「姻不失親，古人所重，豈得輒昏非類？」張説之碑亦云：「姻不失親，官復其舊。」又徐鍇説文通論：「禮曰：『姻不失其親。』故古文肖女爲妻。」邢、皇二疏俱失孔指。

【集解】復，猶覆也。義不必信，信不必義也。以言可反覆，故曰近義。包曰：「恭不合禮，非禮也。以其能遠恥辱，故曰近禮也。」孔曰：「因，親也。言所親不失其親，亦可宗敬。」

按：桂馥札樸：「據左哀十六年傳『復言，非信也』，杜注：『言之所許，必欲復行之，不顧道理。』謂不顧道理，則信不近義，故曰非信。」劉氏正義云：「孟子離婁篇云：『大人者，言不必信，唯義所在。』是信須視義而行之，故此言近於義也。鄭注云：『復，覆也。言語之信可反覆。』案復、覆古今語。爾雅釋言：『復，返也。』『返』與『反』同。説文：『復，往來也。』往來即反覆之義。曾子立事篇云：『久而復之，可以知其信矣。』又云：『言之必思復之，思復之必思無悔言，亦可謂慎矣。』思無悔言，亦謂以義裁之，否則但守硜硜之信而未合於義，人將不直吾言，吾雖欲復之不得也。」又云：「詩皇矣『因心則友』，傳：『因，親也。』此文上言因，下言親，變文成義。孔注『因，親』是通説人交接之事，其作『姻』者，自由後世所見本不同。然婚姻之義於注本得兼之，皇、邢疏依注爲訓，未爲失指。」愚謂「因」訓爲親，乃「姻」之省文。「姻」本爲「因」孳生字，故得省作「因」。言締姻不失其可親之人，則亦可等於同宗。似較訓「宗」爲尊敬爲勝。「復」訓反覆，漢、唐以來舊説如是，從無「踐言」之訓，集注失之。

【唐以前古注】皇疏：信，不欺也。義，合宜也。復，猶驗也。夫信不必合宜，合宜不必信。若爲信近於合宜，此信之言乃可復驗也。若爲信不合宜，此雖是不欺，而其言不足復驗也。或問曰：「不合宜之信云何？」答曰：「昔有尾生與一女子期於梁下，每期每會。後一日急暴水漲，尾生先至，而女子不來，而尾生守信不去，遂守期溺死。此是信不合宜，不足可復驗也。」恭是遜從，禮是體别。若遜從不當於禮，則爲恥辱。若遜從近禮，則遠於恥辱。遜從不合禮者何？猶如遜在牀下及不應拜而拜之之屬也。

韓李論語筆解：韓曰：「反本要終謂之復。言行合宜，終復乎信，否則小信未孚。非反覆不定之謂。」李曰：「尾生之信，非義也。若要終合宜，必不抱橋徒死。馬云『反覆』，失其旨矣。」韓曰：「禮，恭之本也。知恭而不知禮，止遠辱而已。謂恭必以禮爲本。」李曰：「晉世子申生恭命而死，君子謂之非禮。若恭而不死，則得禮矣。」韓曰：「因訓親，非也。孔失其義。觀有若上陳信義恭禮之本，下言凡學必因上禮義二説，不失親師之道，則可尊矣。」李曰：「因之言相因也。信近義而復本，禮因恭而遠嫌，皆不可失，斯迺可尊。」

按：唐志載愈論語注十卷，無筆解名。鄭樵通志始著録二卷，與今本同。四庫提要疑爲宋人僞撰。今考其書，屢言窮理盡性，且好變亂經文，唐時尚無此風氣，無此見解也。其書當出於北宋之末，理學盛行而後。紀昀以爲愈注論語時或先於簡端有所記録，翺亦間相討論，附書其間，後人掇拾叢殘，故真僞參半。其言最爲公允。王存以前世無刊本，觀於邵博聞見録所稱「三月字作音」一條，王楙所見本無之。蓋傳本甚稀，抄寫諸本互異。其書本無足取，以其唐人舊帙，過而存之，取備一家。

【集注】信，約信也。義者，事之宜也。復，踐言也。恭，致敬也。禮，節文也。因，猶依也。宗，猶主也。言約信而合其宜，則言必可踐矣。致恭而中其節，則能遠恥辱矣。所依者不失其可親之人，則亦可以宗而主之矣。此言人之言行交際，皆當謹之於始而慮其所終。不然，則因仍苟且之間，將有不勝其自失之悔者矣。

【餘論】洪邁容齋隨筆：程明道曰：「因恭信而不失其所以親近於禮義，故亦可宗。」伊川曰：

「因不失於相近，亦可尚也。」又曰：「因其近禮義而不失其親，亦可宗也。況於盡禮義者乎？」范純父曰：「君子所因者本，而立愛必自親始。親親必及人，故曰因不失其親。」呂與叔分爲三事。謝顯道曰：「君師友三者，雖非天屬，亦可以親。捨此三者之外，吾恐不免於諂賤。惟親不失其所親，然後爲可宗也。」楊中立曰：「信不失義，恭不悖禮，又因不失其親焉，是亦可宗也。」尹彦明曰：「因其近雖未足以盡禮義之本，亦不失其所崇尚也。」予竊以謂義與禮之極，多至於不親；能至於不失其親，斯爲可宗也。然未敢以爲是。胡炳文四書通：義者，心之制、事之宜。此獨曰「事之宜」。禮者，天理之節文，此獨曰「節文」。蓋所謂信恭者，非信恭之本體；所謂禮義者，亦非指本體而言。集注蓋未嘗輕下一字也。春在堂隨筆：戴望論語注：「『因不失其親』，『因』讀曰『姻』。姻，外親也。姻非五服之親，然猶必不失其親，以其亦有宗道。雜記曰：『外宗爲君夫人，猶内宗也。』外宗爲姑姊妹之女，舅之女乃從母。」

○子曰：「君子食無求飽，居無求安，敏於事而慎於言，就有道而正焉，可謂好學也已。」

【考異】漢石經作「好學已矣」。皇本「也已」下有「矣」字。儀禮公食大夫禮賈公彦疏引論語「學者食無求飽」。筆解本「已」作「矣」。天文本論語校勘記：古本、唐本、津藩本、正平本均作「可謂好學也已矣」。

【考證】説文：飽，猒也。猒者，足也。凥，處也。從尸几。尸居蹲也。爾雅釋詁：安、定，止也。荀子性惡篇：夫人雖有性質美而心辨知，必將求賢師而事之，擇良友而友之。得賢師而事之，則所聞者堯、舜、禹、湯之道也；得良友而友之，則所見者忠信敬讓之行也。身日進於仁義而不自知也。劉氏正義：焦氏循論語補疏：「敏，審也，謂審當於事也。聖人教人，固不專以疾速爲重。」案焦説與孔注義相輔。聞斯行之，夫子以教冉有，是亦貴疾速可知。

按：説文「凥」、「居」二字義别，今經傳皆叚「居」爲「凥」。凥，謂得几而安也。

【集解】鄭曰：「無求安飽，學者之志有所不暇也。」孔曰：「敏，疾也。有道，謂有德者也。正，謂問其是非也。」

【唐以前古注】筆解：韓曰：「正，謂問道非問事也。上句言事，下句言道，孔不分釋之，則事與道混而無别矣。」李曰：「凡人事政事皆謂之事迹，若道則聖賢德行，非記誦文辭之學而已。孔子曰：『有顔回者好學，不遷怒，不貳過。』此稱爲好學。孔云問事是非，蓋得其近者小者，失其大端。」

【集注】不求安飽者，志有在而不暇及也。敏於事者，勉其所不足。慎於言者，不敢盡其所有餘也。然猶不敢自是，而必就有道之人以正其是非，則可謂好學矣。凡言道者，皆謂事物當然之理，人之所共由者也。

【餘論】論語集注補正述疏：朱子云：「凡言道者，皆謂事物當然之理，人之所共由者也。」今考經云「士志於道」，又云「何莫由斯道也」，若此者，此道之當然也。經云「三年無改於父之道」，則道之待改矣，此非道之當然也。易泰彖傳云：「君子道長，小人道消。」中庸所以言君子之道、小人之道也。蓋言道者，非一例之辭。韓子所謂「道爲虚位」也，此朱子所知也。今曰凡曰皆，其失之一例歟？此朱子未及修之爾。如曰「言道者，謂事物當然之理，人之所共由者也」，以釋此經言道者，斯叶矣。彼有道而我就正也，非共由其道之當然者乎？孟子云：「楊氏爲我，是無君也。墨氏兼愛，是無父也。」蓋兼愛害仁，爲我害義也。尹氏，言楊、墨之學者，悲哉其學之異也！孟子所以憂天下無學也。如其異學，合楊、墨以行天下，害於其事，蔽於其言，非篤乎正學者，鮮不惑矣。而况其爲志安飽中人也？

王植四書參注（經正録引）：道者，事物當行之理。大而倫常，小而日用，莫不各有其理，猶行者各有其路，故名之曰道。其原出於天，根於性，而具於心，無一時一物不有此理，一一由性中自然而出之，故中庸曰「率性」，曰「不可須臾離」，從來言道者，莫明切於此。

【發明】石渠意見：就有道而正焉，就有道之人而正所言所行之是非，是者行之，非者改之，斯可謂好學之人也。蓋古之學者，其要在乎謹言慎行以修身，非徒記誦辭章而已。故夫子告子張曰：「慎言其餘，慎行其餘。」又曰：「言忠信，行篤敬。」中庸曰：「言顧行，行顧言。」是皆以言行爲學也。今之學者，惟務記誦辭章以取科第而已，其於言行也多不致謹，此其所以不及古人也歟？

反身録：宋王曾鄉會試並殿試皆居首。賀者謂曰：「士子連登三元，一生喫着不盡。」曾正色答曰：「曾生平志不在温飽。」其後立朝不苟，事業卓然。今人生平志在温飽，是以居官多苟，事業無聞；甚至播惡遺臭，子孫蒙羞，諱言不敢認以爲祖。故人品定於所志，事業本乎生平。

○子貢曰：「貧而無諂，富而無驕，何如？」子曰：「可也。未若貧而樂，富而好禮者也。」

【考異】皇本作「子貢問曰」。「樂」下有「道」字。　史記弟子傳引「貧而無諂」二語倒置。「未若貧而樂」，弟子傳引作「不如貧而樂道」。　昭明文選幽憤詩「樂道閑居」注引論語「貧而樂道」。　陳鱣論語古訓：按鄭注本無「道」字，集解兼採古論，下引孔曰「能貧而樂道」，是孔注古論本有「道」字。司馬遷從孔安國問古文尚書，史記所載語亦是古論。仲尼弟子傳引論語曰「不如貧而樂道」，正與孔合。是集解本有「道」字，今各本脱去，鄭據本蓋魯論，故無「道」字。臧在東曰：「雍也篇云『回也不改其樂』，義本可通，故鄭不定從古以校魯也。」　高麗本、足利本並作「樂道」。　天文本論語校勘記：古本、唐本、津藩本、正平本均有「道」字。　唐石經「道」字旁注。

按：司馬遷從孔安國問古文尚書，史記所載當是古論。孔注：「能貧而樂道，富而好禮者，自能切磋琢磨。」又曰：「往告以貧而樂道，來答以切磋琢磨。」其所據係古論，故「樂」下有「道」字。鄭注魯論，故無「道」字。其曰「樂，謂志於道」，是其證也。　漢書王莽傳、後漢書陳平王蒼傳注引並無「道」字，與鄭本同。　考論語中如「樂以忘憂」、「樂在其中矣」、「回也不改其樂」，均不云「樂道」，鄭不以古校魯，自有深意。孔注是後人僞撰，陳鱣援孔注以證史記則非也。

【考證】坊記：子云：「貧而好樂，富而好禮，衆而以寧者，天下其幾矣。」吕氏春秋慎大覽：古之得道者，窮亦樂，達亦樂。所樂非窮達也，道得於此，則窮達一也，如寒暑風雨之節矣。

【集解】孔曰：「可也，未足多也。」鄭曰：「樂，謂志於道，不以貧爲憂苦。」

【唐以前古注】皇疏引范甯云：不以正道求人爲諂。又云：孔子以爲不驕不諂，於道雖可，未及臧也。

按：范甯注論語，隋、唐志皆不著録，書名及卷數均無可考。隋志有論語别義十卷，范廙撰。「廙」或是「甯」之誤，未可知也。考江熙集解十三家有范甯，梁皇侃作義疏時及見之，故亟引范説，此外陸德明經典釋文、裴駰史記集解亦間稱引，録之以備一家。

又引孫綽云：顏氏之子，一簞一瓢，人不堪其憂，回也不改其樂也。

按：綽晉書有傳，是編隋、唐志並稱孫氏集解十卷，陸德明釋文序録則稱集注，卷數與二志同。云集解者，必非一家之言。今佚，録之以備一家。

【集注】諂，卑屈也。驕，矜肆也。常人溺於貧富之中，而不知所以自守，故必有二者之病。無諂無驕，則知自守矣，而未能超乎貧富之外也。凡曰可者，僅可而有未盡之辭也。樂則心廣體胖而忘其貧，好禮則安處善樂循理，亦不自知其富矣。子貢貨殖，蓋先貧後富，而嘗用力於自守者，故以此爲問。而夫子答之如此，蓋許其所已能而勉其所未至也。

【餘論】黄氏後案：蘇氏云：「忘乎貧富然後爲至。」朱子於或問斥之，而此注仍用之。式三謂君子之於貧富，有忘有不忘。樂之至，則不知己之貧；禮之恭，則不知己之富，此忘之之時也。貧毋逸樂，富則不勞，富必備禮，貧則從簡，素位而行，隨分自盡，此不忘之也。論語述何：董子曰：「安處善，樂循禮，然後謂之君子。」顔子居陋巷而樂道帝王之道，周公相成王而思兼三王之禮，貧富不同，其揆一也。論語後録：坊記云：「貧而好樂，富而好禮，衆而以寧者，天下其幾矣。」是讀「樂」爲周禮司樂之樂，義可兩通。

【發明】筆塵：人之爲境所動者，以見心外有境故也。貧而諂，富而驕，陋矣，故以「無諂、無驕」爲可。然無諂、無驕者，特不爲境所動耳。能了心外無境否乎？不能了心外無境，而能保其真，不爲境所動乎？故曰「未若貧而樂，富而好禮者也」。

子貢曰：「詩云：『如切如磋，如琢如磨。』其斯之謂與？」子曰：「賜也，始可與言詩已矣，告諸往而知來者。」

【考異】七經考文：古本「云」作「曰」。翟氏考異：考文據義疏本爲古本，今所見義疏什八九相合。間有一二不合，如此「詩云」類者，皆標考文原目備參。物氏補遺所稱古本不合較多，例亦準此。舊文「磨」爲「摩」，釋文曰：「『摩』，一本作『磨』」。皇本「而知來者」下有「也」字。天文本論語校勘記：唐本、津藩本、正平本均有「也」字。

【考證】陳詩庭讀書證疑：切磋琢磨皆磨器之名，故雅訓並列。爾雅釋文：「『切』，本又作

『⿰月齒』。」說文：「⿰月齒，齒差也。」讀若切。「差」即「磋」字，廣雅三：「差，磨也。」說文：「⿰齒豈，⿰月齒牙也。」屑，動作切切也。」是「切」義同「屑」，而當訓爲磨。京房易繫辭傳注：「磨，相磑切也。」是古義以切爲磨。琢亦磨也，太平御覽引韓詩「如錯如磨」。易說卦傳「八卦相錯」，李鼎祚注：「錯，磨也。」詩「他山之石，可以爲錯」，說文作「厝」，云：「厲石也。」是琢亦爲磨。此義廣雅疏證言之甚詳，可補諸家所未及。　劉氏正義：說文：「切，刌也。琢，治玉也。」磋，謂治象差次之，使其平滑也。「磨」，釋文作「摩」，云：「一本作『磨』。」說文：「礲，礱也，礪也。」意「摩」、「磨」即「礲」之異體。爾雅釋器：「骨謂之切，象謂之磋，玉謂之琢，石謂之磨。」郭注：「皆治器之名。」謂治骨象玉石以成器也。荀子大略云：「人之於文學也，猶玉之於琢磨也。詩曰：『如切如磋，如琢如磨。』謂學問也。」並同爾雅之義。　劉台拱論語駢枝：此處問答之旨，宜引爾雅釋器及釋訓語以證明之。釋器云：「骨謂之切，象謂之磋，玉謂之琢，石謂之磨。」釋訓云：「如切如磋，道學也。如琢如磨，自修也。」此三百篇古訓古義也。因知無諂無驕者生質之美，樂道好禮者學問之功。夫子言「十室之邑，必有忠信，不如某之好學」。而七十子之徒獨稱顏子爲好學。顏子而下，穎悟莫如子貢，故夫子進之以此。然語意渾融，而又引而不發，子貢能識此意，而引詩以證明之，所以爲告往知來。　朱注不用爾雅而創爲已精益精之說，蓋以切琢喻可也，磋磨喻未若。比例雖切，而于聖人之意初無所引申，何足發告往知來之歎乎。　黄氏後案：治骨曰切，象曰磋，玉曰琢，石曰磨。　爾雅、詩傳、陸氏釋文、孔氏詩疏、皇、邢疏無異說，古訓也。如切如磋，道學也。如琢如磨，自修也。爾雅、大學同，亦古訓也。切磋者必判其分理之細，道學似之。琢磨者必去其瑕玷之微，自修似之也。無諂無驕，質美而自守者能之。樂與好禮，非道學自修不能及此。故引詩以明之，告以進境而知所由來，是告往知來也。蘇子由論語拾遺云：「子貢聞之而悟，士至於此，必其切磋琢磨之功至，夫子善其知所從來。」蘇説是也。如朱子注，則引詩者祇證未若之辭，未見告往知來之實矣。且詩辭非有精益求精之意，觀末章云「如金如錫，如圭如璧」可知也。

【集解】孔曰：「能貧而樂道，富而好禮者，能自切磋琢磨者也。諸，之也。子貢知引詩以成孔子義，善取類，故然之，往告之以貧而樂道，來答以切磋琢磨者也。」

【唐以前古注】詩衛風正義引鄭注：切磋琢磨以成寶器。（唐釋玄應法鏡經音義引論語注云：「骨曰切，象曰磋，以成器，譬人學問以成德也。」）皇疏引范甯云：子貢欲躬行二者，故請問也。切磋琢磨，所以成器。訓誘學徒，義同乎兹。子貢富而猶恡，仲尼欲戒以禮中，子貢知心厲己，故引詩以爲喻也。　又引江熙云：古者賦詩見志，子貢意見，故曰「可與言詩矣」。夫所貴悟言者，既得其言，又得其旨也。告往事而知將來，謂聞夷、齊之賢，可以知不爲衛君。不欲指言其語，故舉其類耳。　八佾篇巧笑章皇疏引沈居士云：孔子始云「未若貧而樂道，富而好禮」，未見貧者所以能樂道，富者所以能好禮之由。子貢答曰「切磋琢磨」，所以得好禮也，則是非但解孔子旨，亦是更廣引理以答也，故曰「告諸往而知來者」也。

【集注】詩衛風淇奧之篇。言治骨角者，既切而復磋之。治玉石者，既琢而復磨之。治之已精而益求其精也。子貢自以無諂無驕爲至矣，聞夫子之言，又知義之無窮，雖有得焉，未可遽自足也，故引是詩以明之。往者，其所已言者。來者，其所未言者。

【餘論】朱子語類：子貢舉詩之意，非專以此爲「貧而樂，富而好禮」之功夫，蓋見一切事皆合如此，不可安於小成而不自勉也。四書參注：李蕘涯云：「易『神以知來，智以藏往』，神與智皆心之靈明。神屬陽，主發揚。智屬陰，主收藏。知來如所謂悟性，神之爲也。藏往如所謂記性，智之爲也。告往知來，殆所謂悟性者歟？多學而識，殆所謂記性者歟？」

【發明】吕坤呻吟語：我身原無貧富貴賤字，我只是箇我，故富貴貧賤如春風秋月，自去自來，與心全不牽掛，我到底只是箇我。夫如是，故可貧可富可貴可賤。今人惟富貴是貪，其得之也必喜，其失之也如何不悲？其得之也爲榮，其失之也如何不辱？全是靠著假景作真，身外物爲分內，此二氏之所笑也，況吾儒乎？輔廣論語答問：爲貧所勝，則氣隨以歉，而爲卑屈，故多求而諂。爲富所勝，則氣隨以盈，而爲矜肆，故有恃而驕。

○子曰：「不患人之不己知，患不知人也。」

【考異】中論考僞篇引「不患人之不己知」，「知」下有「者」字。釋文：「患不知也」，本或作「患己不知人也」。俗本妄加字。今本「患不知人也」。皇本作「不患人之不己知也，患己不知人也」。臧琳經義雜記：蓋與里仁「不患莫己知，求爲可知也」、先進「居則曰：不吾知也。如或知爾，則何以哉」語意相同。今邢疏本作「患不知人也」，「人」字淺人所加。潘氏集箋：邢疏本無王注，皇本有之。今據注意，則釋文所云「本或作『患己不知人也』」似即王本。劉氏正義：皇本有。王注云：「但患己之無能知也。」己無能知，即未有知之義，則皇本「人」字爲俗妄加無疑。天文本論語校勘記：古本、足利本、唐本、津藩本、正平本均作「患己不知人也」。

【考證】呂氏春秋論人篇：人同類而智殊，賢不肖異。皆巧言辨亂以自防禦，此不肖主之所以亂也。

【集解】王曰：「但患己之無能知也。」

按：邢昺疏本無此注，皇本有之。據此注，知王肅所見本亦無「人」字。

【唐以前古注】皇疏引李充云：凡人之情，多輕易於知人，而怨人不知己，故抑引之教興乎此矣。

【集注】尹氏曰：「君子求在我者，故不患人之不知己。不知人，則是非邪正或不能辨，故以爲患也。」

【餘論】讀四書叢說：就學者言，上句便可包後章「患其不能」之意，便當明理修身，自加精進，使有可知之實，則雖不求人知而人必知之矣。下句則凡尊師取友，與人交際往來，須知其善惡而趨避之，然後無損而有益。若推而言之，上句論其極，則雖居高位，其處己應事唯循天理，上不欺其君，下不病其民，內無愧於心，何必欲人盡知吾心也？否則有違道干譽之失矣。下句論其極，則仕而擇可宗之人，有位而舉賢才爲用，爲宰輔而進退百官，非知人之明其可乎？否則賢愚渾淆，分朋傾軋，而亂亡至矣。四書訓義：夫子曰：凡人之情有求而不得，而不知所以可得之道，鬱抑而不能自安，則患心生焉。患之則必思所以求去其患，而情乃適於此，而爲己爲人之别存焉。自君子而思之，則有其不可患者勿容患也，有其真可患者不容不患也。今人之所患者，己有德而人不知所尊，己有才而人不知所用，於是視天下若無所容身，而身亦無所自容。此不必患者也。能奪我名而不能奪我志，能困我於境遇而不能困我於天人無愧之中，不患也。乃若所患者有賢者在前而不知爲賢，則出而無所可任用，處而無所可效法。有不肖者在前而不知爲不肖，則信用之而爲其所欺，交遊焉而爲其所惑。而賢不肖之情形非可以一端察也，疑之而又見其可信，信之而又有其可疑，將何所鑒别而不至自失其身？此則求之不得其術，裁之不知其要，所爲惘然於身世之際，而自見其可憂者也。以患不己知者，反而自患其知，斯亦爲爲己之實學。不然，患己知之不早，則屈學以阿世；不患知人之不明，則親小人而遠君子，其爲大患，可勝道哉！

【發明】反身録：吾人學非爲人，之知不知原於己無損，故不以此爲患。惟是人不易知，知人實難。我若不能窮理知人，則鑑衡昏昧，賢否莫辨，是非混淆，交人則不能親賢而遠佞，用人則不能進賢而屏奸。在一己關乎學術，在朝廷關乎治亂，雖欲不患，得乎？正直君子易知，邪曲小人難知。蓋正直君子光明洞達，心事如青天白日，人所易見。邪曲小人則文詐藏奸，迹似情非，令人難覺，若張、趙諸公之於秦檜是已。張、趙初以張邦昌之僭位檜不傅會，及與同朝共事，又見其事事克辦，交稱其賢，以爲才似文若，以致階以進用，卒之禍天下而賊生靈，貽害無窮，諸公實不得辭其責。由此觀之，人固未易知，而知人實不易也，故不容不患。患則講究有素，患則慎之於初。楊氏論語劄記：此篇末以「不患人之不己知，患不知人」結，見君子之學無非爲己。人倫名教之地，所恃以進德修業者，惟此本心之明照，以收益於親賢取善之際而已矣。

# 論語集釋卷三

## 爲政上

○子曰：「爲政以德，譬如北辰居其所而衆星共之。」

【考異】孟子盡心篇注、吕氏春秋有始覽注俱引論語「衆星拱之」。釋文：「共」，鄭作「拱」。　文選曲水詩序、運命論二論俱引作「拱」。

【考證】王夫之四書稗疏：集注云：「北辰，北極，天之樞也。」於義自明。小注紛紜，乃指爲天樞星，誤矣。辰者，次舍之名。辰非星，星非辰也。北極有其所而無其迹，可以儀測而不可以像觀，與南極對立，而爲天旋運之紐。以渾儀言，凡星之屬皆在第八重宿曜天，而北極則在第九重宗動天。若天樞之爲星，乃北斗杓。星斗移而杓不動，然亦隨斗左旋，不能常居其所。又紫微垣中有極星者，以去極得名。極無可見，觀象者因此星以髣髴其處。此星輪轉於極之四圍，非能與極而皆不動。極以其柱天而言，樞以其爲運動之主而言，辰則以其爲十二舍之中而言也。　邵晉涵爾雅正義：諸儒釋北辰者多異。繫辭傳「易有太極」，馬融注：「北辰也。」易言「太極是生兩儀」，北辰不得生兩儀，馬説非也。周禮疏引爾雅鄭注云：「天皇北辰耀魄寶，是天皇上帝之號也。」爾雅載北極於星名，則不得爲天帝之號。天官書：「中宮天極星，其一明者，太極常居。」索隱引爾雅爲證。此以紫微爲北辰也。公羊昭十七年傳「北辰亦爲大辰」，何休注：「迷惑不知東西者須視北辰以別心伐。」疏引春秋説云：「北者，高也。極者，藏也。言太極之星高居深藏，故名北極也。」

秦蕙田五禮通考：北極，天之至中。謂之辰者，無星而有其位也。北極正相對爲南極，二極之中紘古今皆謂之赤道。去南北極四周皆平等，日月星八重之天循黄道而行，各有所行之道，南北不定，惟赤道爲一定之界。七曜各有一道，則各有一極，其極皆動移，而惟北極不動。赤道云者，赤，猶空也。空設此道，以判南北七政不附麗而行也。北辰，今謂之赤極，言其爲赤道之極耳。俗言赤手、赤貧，皆取空義也。

陳懋齡經書算學天文考：北辰非北極小星也。古人指星所在處爲天所在處，其實北辰是無星處。今人測極星所在，晝夜環行折中取之是也。凡天之無星處曰辰，天上十二辰，自子畢亥爲日月所會聚之次舍。如十一月冬至，日月畢會於丑，必有所當之星宿。漢初不知歲差，以牽牛爲冬至常星。若以歲差之理言之，今時在箕一度。冬至子中，未嘗板定星度，北辰如何認定極星？但以之爲標準耳。又曰：天左旋西行，一日一周，以赤道極爲極，即北辰也。日月五星右旋東行，日行一度，月行十三度奇，並以黄道極爲極，即黄極也。恒星七十年東行一度，古法謂之歲差。西人謂恒星行其度右旋東行，亦以黄道極爲極，非向赤道極也。赤道極有二，一北一南。黄道圈出入於赤道之内外，夏北冬南，冬至日在赤道南二十三度半，離日一象限安黄極，黄極、赤極相距亦二十三度半也。恒星東行只在黃道之一線上，故黃道極終古不移。古今測二十八宿星度南北緯度皆有增減。又極星離不動處漸遠，是赤道星移而黃道線不移，西人所以重黃極也。然黃道極亦以赤道極爲樞，北辰所以居其所而衆星共之。又曰：赤道宗北極，恒星宗黃極。赤道西行，恒星東行。然黃道極亦以赤道極爲樞，右旋之度因左旋而成，只爲動天左旋西行，帶定七政恒星。晝夜運轉，故七政恒星得以差次自行。是東行之度以西行而生，黃極以赤極爲樞，衆星所以共北辰也。許宗彦鑑止水齋集：考工記匠人：「夜考諸極星以正朝夕。」何休注公羊曰：「迷惑不知東西者須視北辰以別心伐。」今北辰星甚小，不易辨。周髀曰：「冬至日加酉之時，立八尺之表，繩繫表顛，希望北極中大星，引繩至地而識之。又到旦明日加卯之時，復引繩希望之。首及繩至地，而識其兩端，相去二尺三寸，故東西極二萬三千里。其兩端相去正東正西中折之，以指表正南北。」其云東西極二萬三千里，即璿璣之徑。折半爲一萬一千五百里，乃北極中大星距北極樞之數。樞即不動處，以衡間相去里數準赤道度約之，計四度餘。若北極小星，則周初去極心不應若此之遠。蓋周髀本言北極中大星，則非今所指之小星可知也。史記天官書：「中宮天極星，其一明者，太一常居。」鄭康成謂「太一，北辰神名」，北極大星或即此歟？今法測勾陳大星東西所極折中以定南北，與周髀北極樞璿之用正同。若論語所言，即周髀所謂「正北極璿璣之中」。正北天之中者，蓋赤道極也。李惇羣經識小：天行至健，其南北兩端不動處，如門之樞。獨言北極者，以其出地三十六度，常見不隱也。不言北極而言北辰者，辰是無星之處，今所指爲極星，不過近極之可見者耳，非北極也。極如輪心，雖動不離本處。其外則二十八宿左旋，五星右旋，皆還繞此極也。易繫辭傳「不行而至」，虞注：「星寂然不動，隨天右周，感而遂通，故不行而至者也。」雷學淇經説：爾雅曰：「北極謂之北辰。」呂覽有始篇：「極星與天俱游，而天極不移。」天極即北極也。極星即天官書所謂「中宫天極星」也。其星有五，第二最明者爲太乙常居，第五爲天樞，去北極最近，古法謂去極一度餘，宋清臺法謂去極四度半。此五星仍皆運轉。即北極亦非不運動，但居其所而不移耳。猶之聖人治天下，但見其垂衣裳而天下治，不知兢兢業業，一日二日萬幾，其勞心者無已時也。宋人以磨心、車轂譬北辰，非是。磨心與磨上之運轉者不屬，車轂與車輪之運轉者不屬，且磨心、車轂真不動矣，與「爲」字、「以」字及北辰之象皆不合。古人惟以樞取譬，最爲切合。蓋樞在受樞處，與扉扇一同運轉，但居其所而不移耳。論語稽求篇：包氏無爲之説，此漢儒攙和黄、老之言。何晏本習講老氏，援儒入道者。其作集解，固宜獨據包説，專主無爲。夫爲政以德，正是有爲。夫子已明下一「爲」字，況爲政尤以無爲爲戒。禮記：「哀公問爲政。孔子曰：『政者，正也。君爲政，則百姓從政矣。君之所爲，百姓之所從也。君所不爲，百姓何從？』」夫子此言若預知後世必有以無爲解爲政者，故不憚諄諄告誡，重言疊語，此實可與論語相表裏者。又曰：爲政以德，正是有爲。夫子明下一「爲」字，則縱有無爲之治，此節斷不可用矣。

按：此章之旨，不過謂人君有德，一人高拱於上，庶政悉理於下，猶北辰之安居而衆星順序。

即任力者勞，任德者逸之義也。與孔子稱舜無爲而治了不相涉。郭象以黄、老之學解經，必欲混爲一談。朱子不察，亦沿其謬，殊失孔氏立言之旨。

【集解】包曰（皇本作鄭曰）：「德者無爲，猶北辰之不移而衆星共之。」

【唐以前古注】文選李蕭遠運命論注引鄭注：北辰謂之北極。釋文引鄭注：拱，拱手也。皇疏引郭象云：萬物皆得性謂之德。夫爲政者奚事哉？得萬物之性，故云德而已也。得其性則歸之，失其性則違之。

按：郭象注莊子襲取向秀之言，頗爲世所詬病。其注論語，隋、唐志並云二卷。其書在唐時惟秘閣有之，世少傳本。江熙集解所列十三家有之，書名論語體格。今玩其説，不離玄宗。以其晉人經解，取備一家。

【集注】政之爲言，正也，所以正人之不正也。德之爲言，得也，行道而有得於心也。北辰，北極，天之樞也。居其所，不動也。共，向也。言衆星四面旋繞而歸向之也。爲政以德，則無爲而天下歸之，其象如此。

【別解】論語徵：爲政，秉政也。以德爲用有德之人。秉政而用有德之人，不勞而治，故有北辰之喻。

按：此説較舊注爲勝，似可從。

【餘論】王夫之讀四書大全説：若更於德之上加一無爲以爲化本，則已淫入於老氏無爲自正之旨。抑於北辰立一不動之義，既於天象不合，且陷入於老氏輕爲重君、靜爲躁根之説。毫釐千里，其可謬與？　趙德四書箋義纂要：樂記：「德者，得也。」又鄉飲酒：「德也者，得於身也。故曰古之學術道者，將以得之於身也。」集注舊説「行道而有得於身」，後以身作心，蓋以「德」字從心，其義尤切。　黄氏後案：以「居所」是無爲，與本文之「爲政」相伐。化民固無迹，與此章不合。如言爲政尚清淨，果此章意哉？

○子曰：「詩三百，一言以蔽之，曰：『思無邪。』」

【考異】太平御覽述文無「曰」字。

【考證】史記孔子世家：古者詩三千餘篇，及至孔子，去其重，取可施於禮義。上采契、后稷，中述殷、周之盛，至幽、厲之缺。　又云：三百五篇，孔子皆弦歌之，以求合韶、武、雅、頌之音，禮樂自此可得而述。　漢書藝文志：古有采詩之官，王者所以觀風俗、知得失、自考正也。孔子純用周詩，上采殷，下取魯，凡三百五篇。遭秦而全者，以其諷誦不獨在竹帛故也。　黄氏後案：「詩三百」，指已删後言也。朱子駁詩序，因以「無邪」指讀詩者言，不指詩言。呂伯恭、馬貴與諸儒先後於朱子之時，其辨甚審。朱子作白鹿洞賦曰：「廣青衿之疑問，樂青莪之長育。」於孟子「小弁」注、「愠于羣小」注皆用序説，是未敢擅自信也。其後王會之倡言，今詩三百篇非盡夫子之舊。而擅删風詩，遂及二南。金吉甫、許蓋之皆因之，意在尊朱子，而遂黜經矣。　項氏家説：思，語辭也。用之句末，如「不可求思」、「不可泳思」、「不可度思」、「天惟顯思」。用之句首，如「思齊大任」、「思媚周姜」、「思文后稷」、「思樂泮水」，皆語辭也。説者必以爲思慮之思，則過矣。　俞樾曲園雜纂：項此説是也。惜其未及「思無邪」句。按駉篇八「思」字並語辭。毛公無傳，鄭以思遵伯禽之法説之，失其旨矣。論語爲政篇引「思無邪」句，包注曰：「歸於正。」止釋「無邪」二字，不釋「思」字。邢疏曰：「思無邪者，此詩之一言，魯頌駉篇文也。詩之爲體，論功頌德，止僻防邪，大抵皆歸於正，故此一句可以當之也。」亦止釋「無邪」，不及「思」字，得古義矣。

【集解】孔曰：「詩三百，篇之大數。」包曰：「蔽，猶當也。思無邪，歸於正也。」

【唐以前古注】皇疏引衛瓘云：不曰思正，而曰思無邪，明正無所思邪，邪去則合於正也。

按：隋志有集注論語六卷，云晉八卷，晉太保衛瓘注。梁有論語補缺二卷，宋明帝補衛瓘缺亡。唐志有宋明帝補衛瓘論語十卷。陸德明釋文序録云晉八卷，少二卷。宋明帝補缺，隋、唐之代已非全帙，今則佚無傳者。其説雖不同時解，而爲義頗長。昔宋、明補綴遺編，蓋必有心折於其論説者。書名集注，所採必非一家之言，惜乎全豹之無從得窺也。

筆解：韓曰：「蔽，猶斷也。包以蔽爲當，非也。」李曰：「詩三百篇，斷在一言。詩始於風，止乎禮義，先王之澤也，故終無邪一言，詩之斷也。」

【集注】詩三百十一篇，言三百者，舉大數也。蔽，猶蓋也。「思無邪」，魯頌駉篇之辭。凡詩之言善者，可以感發人之善心，惡者，可以懲創人之逸志，其用歸於使人得其情性之正而已。然其言微婉，且或各因一事而發，求其直指全體，則未有若此之明且盡者。故夫子言詩三百篇，而惟此一言足以盡蓋其義，其示人之意亦深切矣。

【別解】鄭氏述要：「無邪」字在詩駉篇中，當與上三章「無期」、「無疆」、「無斁」義不相遠，非邪惡之邪也。集傳於此篇序語曰：「僖公牧馬之盛，由其立心之遠。」曰：「衛文公秉心塞淵，而騋牝三千，亦此意。」其解「塞淵」二字曰：「人之操心誠實而淵深，則無所爲而不成。」是與此篇「無期」各句意正相近也。不知何以解「無邪」句即作邪惡之邪。心無邪惡，與牧馬之盛意殊不貫，與「無期」各句亦不一例，知古義當不如此。古義邪即徐也。詩邶北風篇「其虛其邪」句，漢人引用多作「其虛其徐」，是「邪」、「徐」二字古通用。集傳於北風篇「邪」音「徐」，於此篇曰：「與下句『狙』叶韻。」是二字音相通。管子弟子職曰：「志無虛邪。」是二字雙聲聯合，古所習用。詩傳云：「虛，虛徐也。」釋詩者如惠氏棟、臧氏琳等即本之詩傳，謂「虛」、「徐」二字一意，是徐即虛。北風篇之「邪」字既明，則駉篇之「思無邪」即可不煩言而解矣。集傳於前二章曰「無期猶無疆」，於後二章不敢曰「無邪猶無斁」，以邪、斁二字義尚遠也。今如此解，則亦可曰「無邪猶無斁」也。無厭斁，無虛徐，則心無他騖，專誠一志以之牧馬，馬安得不盛？古稱百里奚飯牛而牛肥；金日磾謹慎，馬亦壯盛，即其事證。駉篇「思無邪」之本義既明，則此章亦即可不煩言而解矣。夫子蓋言詩三百篇，無論孝子、忠臣、怨男、愁女皆出於至情流溢，直寫衷曲，毫無僞託虛徐之意，即所謂「詩言志」者，此三百篇之所同也，故曰一言以蔽之。惟詩人性情千古如照，故讀者易收感興之效。若夫詩之是非得失，則在乎知人論世，而非此章論詩之本旨矣。集注惟不考邪爲虚徐，又無奈其有淫詩何，遂不得不迂迴其辭，爲「善者感發善心，惡者懲創逸志」之語。後人又以集注之迂迴難通也，遂有淫詩本爲孔子删棄，乃後人舉以湊足三百之語。又有淫詩本非淫，乃詩人假託男女相悦之語。因此字之不明，糾紛至今未已。

按：包注只云「歸於正」，而皇疏謂此章舉詩證「爲政以德」之事，邢疏謂爲政之道在於去邪歸正。單就爲政言，其義轉狹，集注不從是也。惟三百篇仍有淫詩，而曰「思無邪」，頗難自圓其説。竊謂此章「蔽」字當從筆解。書康誥「罰蔽殷彝」，左傳「昭十四年，蔽罪邢侯」，孔傳、杜注「蔽」俱訓「斷」。「思」字乃發語辭，非心思之思，當從項説。「邪」字當作「徐」解，述要之説良確。合此三者，本章之義始無餘藴。善乎王闓運論語訓之言曰：「詩本詠馬，馬豈有所謂邪正哉？」知此者，無邪之旨，思過半矣。

【發明】焦氏筆乘：王剛中曰：「道無邪正，自正人視之，天下萬物未始不皆正。自邪人視之，天下萬物未始不皆邪。如桑中、牆有茨、東門之枌之詩，具道閨房淫泆之事，聖人存而不削者，以其一念自正也。昔有學道者久未有得，一日聞市倡之歌而大悟。聽人之言，一係乎心術如此。」剛中之言，非但見詩人之心思不及於邪，亦示讀詩者之心術當依於正耳。反身録：六經皆古聖賢救世之言，凡一字一句，無非爲後人身心性命而設。今人只當文字讀去，不體認古人立言命意之旨，所以白首窮經，而究無益於自己身心性命也。即如詩之爲教，原是教人法其所宜法，而戒其所宜戒，爲善去惡，思不至於有邪耳。故曰「詩以道性情」。若徒誦其篇章之多，善無所勸而惡無所懲，則是養性情者反有以累性情矣。

○子曰：「道之以政，齊之以刑，民免而無恥。道之以德，齊之以禮，有恥且格。」

【考異】皇本兩「道」字作「導」。天文本論語校勘記：古本、唐本、正平本均作「導」。史記、漢書酷吏傳序、漢書刑法志、後漢書杜林傳、二十八將傳論、董仲舒對賢良策、王符潛夫論德化篇、梁書徐勉修五禮表皆引作「導」。漢祝睦碑「道」作「導」，「齊」作「濟」，「格」作「恪」。洪适隸釋曰：「此與魯論不同，殆亦借用。」顧藹吉隸辨曰：「祝睦後碑引論語『鄉黨逡逡，朝廷便便』，亦與今文不同。恐是傳授之異，非借『恪』爲『格』也。」費鳳碑「格」作「洛」。隸辨曰：「爾雅：『格，至也。』玉篇『洛』亦訓至。『格』與『洛』古蓋通用。」劉氏正義：方言：「洛，至也。」説文：「假，至也。」「洛」、「假」一字。書「格于上下」，説文引作「假」。「假」與「假」同，則「格」、「假」字通。

【考證】禮記緇衣篇：子曰：「夫民，教之以德，齊之以禮，則民有格心；教之以政，齊之以刑，則民有遯心。」大戴禮禮察篇：爲人主計者，莫如安審取舍。取舍之極定於内，安危之萌應於外也。以禮義治之者積禮義，以刑罰治之者積刑罰。刑罰積而民怨倍，禮義積而民和親，故世主欲民之善同，而所以使民之善者異也。或導之以德教，或歐之以法令。導之以德教者，德教行而民康樂。歐之以法令者，法令極而民哀戚。哀樂之感，禍福之應也。家語刑政篇：仲弓問於孔子曰：「雍聞至刑無所用政，桀、紂之世是也。至政無所用刑，成、康之世是也。信乎？」孔子曰：「聖人治化，必刑政相參焉。太上以德教民，而以禮齊之。其次以政導民，而以刑禁之。化之弗變，導之弗從，傷義以敗俗，於是乎用刑矣。」 孔叢子刑論篇：仲弓問古之刑教與今之刑教。孔子曰：「古之刑省，今之刑繁。其爲教，古有禮然後有刑，是以刑省；今無禮以教而齊之以刑，刑是以繁。書曰：『伯夷降典，折民惟刑。』謂先禮以教之，然後繼以刑折之也。夫無禮則民無恥，而正之以刑，故苟免。」又孔子答衛將軍文子曰：「齊之以禮，則民恥矣。刑以止刑，則民懼矣。」

【集解】孔曰：「政，謂法教也。免，苟免罪也。」馬曰：「齊之以刑，整齊之以刑罰也。」包曰：「德，謂道德也。」何曰：「格，正也。」

【唐以前古注】釋文引鄭注：六德，謂智、仁、聖、義、中、和。格，來也。 皇疏引郭象云：政者，立常制以正民者也。刑者，興法辟以割物者也。制有常則可矯，法辟興則可避。可避則違情而苟免，可矯則去性而從制。從制外正而心内未服，人懷苟免則無恥於物，其於化不亦薄乎？故曰「民免而無恥也」。德者，得其性者也。禮者，體其情者也。情有所恥而性有所本，得其性則本至，體其情則知至。知恥則無刑而自齊，本至則無制而自正，是以「導之以德，齊之以禮，有恥且格」。 又引沈居士云：夫立政以制物，物則矯以從之。用刑以齊物，物則巧以避之。矯則跡從而心不化，巧避則苟免而情不恥，由失其自然之性也。若道之以德，使物各得其性，則皆用心。不矯其真，各體其情，則皆知恥而自正也。

【集注】道，猶引導，謂先之也。政，謂法制禁令也。齊，所以一之也。道之而不從者，有刑以一之也。免而無恥，謂苟免刑罰而無所羞愧。蓋雖不敢爲惡，而爲惡之心未嘗忘也。禮，謂制度品節也。格，至也。言躬行以率之，則民固有所觀感而興起矣。而其淺深厚薄之不一者，又有禮以一之，則民恥於不善，而又有以至於善也。一說：格，正也。書曰：「格其非心。」

【餘論】四書辨疑：注文前説文不可通。「格」字既在一句之末，其下别無字義，以「格」爲至，與全句通讀，乃是有恥且至，不知至爲至甚也。今言「有以至於善」，「善」字乃贅文耳。後一說以「格」爲正，於理爲順。蓋言既恥所犯，又歸於正也。

按：集注之例，兩説不同者，則以在前者爲勝。此章「格」字所以訓至者，蓋因廻護格物之訓，而不知其不可通也。漢碑作「恪」，當出齊、古。爾雅釋詁：「恪，敬也。」漢書貨殖傳「於是在民上者道之以德，齊之以禮，故民有恥而且敬」，即本此文，别爲一義。鄭訓爲來，謂來歸於善也。義亦通。黄氏式三曰：「『格』、『革』音義並同，當訓爲革。」愚謂黄説是也。三代以上，音同之字任意混用，在金石文中久成通例，蓋即革面洗心之義也。何氏訓正，變革不正以歸於正也。義亦可通。

【發明】朱子語類：聖人爲當時專用政刑治民，不用德禮，所以有此言。聖人爲天下，何曾廢刑政？又云：道之以德，是躬行其實以爲民先。如必自盡其孝，而後可以教民孝；自盡其弟，而後可以教民弟；宜其家人，而後可以教國人；宜兄宜弟，而後可以教國人。松陽講義：這一章蓋爲當時專尚政刑者發。操術不同，功效各異。路頭一差，而風俗由之而殊，氣運由之而變，不可不辨也。雖務德禮者未嘗廢政刑。然德禮，本也。政刑，末也。所謂有關雎、麟趾之精意，然後可以行周官之法度，是豈可徒恃也哉？夫子所謂政刑，尚是三代時之政刑，然且不可恃，又况春秋而後，如申不害、商鞅、韓非之所謂刑政，使夫子見之，當如何慨歎哉！自漢而後，顯棄申、商之名而陰用其術者多。人但見其一時天下慴服，莫敢犯法，以爲識治體，而不知其遺禍於後者不可勝言。孟子云：「善政不如善教。」斯得孔門家法矣。學者平日讀書，須將聖賢此等言語了然胸中。一旦達而在上，然後能審取舍，而殘忍刻薄之説不得而入之。不然，自謂聰明才力過人，適足貽禍於世道而已，可不懼哉！

〇子曰：「吾十有五而志于學，

【考異】皇本「于」作「於」。白虎通辟雍篇、文選鮑照擬古詩注、太平御覽學部俱引作「於」。漢石經「于」作「乎」。論衡實知篇引作「乎」。翟氏考異：此經自引詩、書文外，例用「於」字，今此獨變體爲「于」，疑屬「乎」字傳寫誤。漢石經、論衡作「乎」，而朱注亦云「志乎此」可思也。四書辨證：漢石經考作「乎」，論衡實知篇引文亦然。今朱注亦作「志乎此」，疑「于」爲「乎」字之訛。

【音讀】字義總略：「吾十有五」，「有」當音「又」。

【考證】禮記王制注引尚書傳：年十五始入小學，十八入大學。大戴禮保傅云：「古者年八歲而出就外傅，束髮而就大學。」盧注：「束髮，謂成童。」白虎通辟雍篇：古者所以年十五入大學何？以爲八歲毀齒，始有識知，入學學書計。七八十五陰陽備，故十五成童志明，入大學學經術。故曲禮曰：「十年曰幼學。」論語曰：「吾十有五而志于學，三十而立。」

【唐以前古注】皇疏：志者，在心之謂也。孔子言我年十五而學在心也。十五是成童之歲，識慮堅明，故始此年而志學也。

【集注】古者十五而入大學。心之所之謂之志。此所謂學，即大學之道也。志乎此，則念念在此而爲之不厭矣。

【餘論】論語偶記：案尚書周傳云：「王子、公卿大夫元士之適子十五入小學，二十入大學。」書傳略説云：「餘子十五入小學，十八入大學。」竝無「十五入大學」之文。論語「十五而志于學」，是未及十八入大學之期，先有志及之耳。且聖人不以常格限也。集注「古者十五而入大學」，望經爲注，蓋未深考。

按：「十五入大學」出白虎通，集注並非毫無依據，方氏譏之非也。惟志于學與入大學無涉，不必援以爲證，皇疏義較長。

三十而立，

【考異】漢石經「三十」兩字並書作「卅」。唐石經並書作「卅」。翟氏考異：「廿」、「卅」、

「卌」字皆載説文。漢石經八佾、陽貨篇末各題「凡廿六章」，「年四十見惡」作「年卌」。考工記輪人疏曰：「故書十與上二合爲廾字，則二十、三十、四十字一字爲兩讀，因而有之。」可知其由來久也。唐玄宗先天二年詔：「凡制敕表狀書奏箋牒年月等數作二十、三十、四十字。」見舊唐書紀。蓋前此並合爲「廾」、「卅」、「卌」，雖施經典有然，故凡制敕表狀亦隨之通行，至此始詔正之。

【集解】有所成立也。

【唐以前古注】皇疏：立，謂所學經業成立也。古人三年明一經，從十五至三十是又十五年，故通五經之業，所以成立也。

按：漢書藝文志：「古之學者耕且養，三年而通一藝。存其大體，玩經文而已，是故用日少而蓄德多，三十而五經立。」此即皇疏所本。白虎通引「三十而立」連上句，則立謂學也。三國吴志孫皓傳亦云：「孔子言『三十而立』，非但謂五經也。」是以立爲學立，本漢人舊説，其義最長。觀「立」上用一「而」字，其指學立毫無疑義。惟周時成均之教，春秋禮、樂，冬夏詩、書，無五經之目。班氏假五經以説所學之業，其謂三年通一經，亦是大略言之，不得過拘年數也。

【集注】有以自立，則守之固而無所事志矣。

【别解】論語發微：曲禮曰：「三十曰壯，有室。」立也者，立於禮也。君子惟明禮，而後可以居室。不然，風俗之衰與人倫之變，未有不自居室始者。故曰人有禮則安，無禮則危也。錢坫論語後録：不知命，無以爲君子也。不知禮，無以立也。不知言，無以知人也。與此相發明。

按：陸稼書曰：「立是道理大綱能守之定。」竊謂立止是學有成就之義。劉寶楠曰：「諸解立爲立于道，立于禮，皆統於學，學不外道與禮也。」斯持平之論矣。

## 四十而不惑，

【集解】孔曰：「不疑惑也。」

【唐以前古注】皇疏：業成後已十年，故無所惑也。　又引孫綽云：四十强而仕，業通十年，經明行脩，德茂成於身，訓洽邦家，以之涖政，可以無疑惑也。

【集注】於事物之所當然皆無所疑，則知之明而無所事守矣。

【餘論】黄氏後案：立必先不惑，而言不惑於立之後者何也？夫子曰：「可與立，未可與權。」立，守經也。不惑，達權也。張子厚曰：「强禮然後可與立，不惑然後可與權。」蘇子由曰：「遇變而惑，雖立不固。四十不惑，可與權矣。」

## 五十而知天命，

【集解】孔曰：「知天命之始終。」

【唐以前古注】皇疏：天命，謂窮通之分也。謂天爲命者，言人稟天氣而生，得此窮通，皆由天所命也。天本無言而云有所命者，假之言也。人年未五十，則猶有横企無厓。及至五十始衰，則自審己分之可否也。　又引王弼云：天命廢興有期，知道終不行也。　又引孫綽云：大易之數五十，天地萬物之理究矣。以知命之年通致命之道，窮學盡數可以得之，不必皆生而知之也。此勉學者之至言也。又引熊埋云：既了人事之成敗，遂推天命之期運，不以可否繫其理治，不以窮通易其志也。筆解：韓曰：「天命深微至賾，非原始要終一端而已。仲尼五十學易，窮理盡性以至於命，故曰知天命。」李曰：「天命之謂性。易者，理性之書也。先儒失其傳，惟孟軻得仲尼之藴，故盡心章云：『盡其心所以知性，修性所以知天。』此天命極至之説，諸子罕造其微。」

按：筆解此段議論與宋儒以理言命者相類，唐以前人何嘗有此見解？此後人所以疑爲僞託也。

【集注】天命即天道之流行而賦於物者，乃事物所以當然之故也。知此則知極其精，而不惑又不足言矣。

【餘論】黄氏後案：生平研究宋諸儒之説，而無極先天諸説不以坿於經，意有所不敢强也。此章朱子之注四十不惑以事理言，五十知命以天理言。由人事之當然推本於天性之自然，猶可也，然非聖人五十之所知也。若求天理於陰陽之前，聖經中無此語矣，尤不可也。閻若璩四書釋地三續：陳幾亭曰：「四書言命，凡貫以天者，皆理也。專言命者，皆數也。『天之明命』，理也。『其命維新』，『峻命不易』，即數矣。『天命之謂性』，『維天之命』，理也。『居易俟命』，『大德受命』，即數矣。『五十而知天命』，『畏天命』，理也。『不幸短命』，『賜不受命』，『道之行廢由命』，『不知命，無以爲君子也』，即數矣。」然亦只言得學、庸兩論。若孟子「永言配命」，不貫以天者，何嘗非理耶？「天命靡常」，貫以天者，又何嘗非數耶？幾亭聞此，想亦應失笑。四書改錯：注凡着層次，必以當然、所以然分別之。實則知當然即應知所以然，無大深淺，豈有十年知當然，又十年知所以然者？若然，則大學格物原無窮致物理之解據。如補傳所云「在即物而窮其理」，則此時入大學者意尚未誠，第一層工夫尚未下手，而先使之不惑，使之知天命，天下有是事理乎？且何以大學窮理在十五時，而夫子窮理必待之四十五十？豈聖學大事全無定準，可隨説改變如此？四書賸言：若不惑、知天命，則以經證經。不惑是知人，知天命是知天。不惑是窮理盡性，知天命是至于命。不惑是誠明，知天命是聰明聖知達天德。蓋不惑則于人事不貿亂，如賈誼傳「衆人惑」之惑。知天命則全契天德，徐邈所謂「合吉凶善惡而皆本之于定命」。此正天下至聖參贊位育之實境，並非事物所以然之謂。中庸釋「維天之命」，但云「至誠不已，天之所以爲天」，此直指天德天道，與事物之理毫無干涉。劉氏正義：説文云：「命，使也。」言天使己如此也。書召誥云：「今天其命哲，命吉凶，命歷年。」哲與愚對，是生質之異，而皆可以爲善，則德命也；吉凶歷年，則祿命也。君子脩其德命，自能安處祿命。韓詩外傳：「子曰：『不知命，無以爲君子。』言天之所生，皆有仁義禮智順善之心。不知天之所以命生，則無仁義禮智順善之心，謂之小人。」漢書董仲舒傳對策曰：「天令之謂命。人受命於天，固超然異於羣生，貴於物也。故曰天地之性人爲貴。明於天性，知自貴於物，然後知仁義禮智，安處善，樂循理，謂之君子。故孔子曰：『不知命，無以爲君子。』此之謂也。」二文皆主德命，意以知德命，必能知禄命矣。是故君子知命之原於天，必亦則天而行。故盛德之至，期於同天。中庸云：「仲尼上律天時，下襲水土，辟如天地之無不持載，無不覆幬；辟如四時之錯行，如日月之代明。」言聖人之德能合天也。能合天，斯爲不負天命。不負天命，斯可以云知天命。知天命者，知己爲天所命，非虛生也。蓋夫子當衰周之時，賢聖不作久矣。及年至五十，得易學之，知其有得，而自謙言無大過，則知天之所以生己，所以命己，與己之不負乎天，故以知天命自任。命者，立之於己，而受之於天，聖人所不敢辭也。他日桓魋之難，夫子言「天生德於予」。天之所生，是爲天命也。惟知天命，故又言：「知我者其天。」明天心與己心得相通也。孟子言：「天欲平治天下，舍我其誰？」亦孟子知天命生德當在我也。是故知有仁義禮智之道，奉而行之，此君子之知天命也。知己有得於仁義禮智之道，而因推而行之，此聖人之知天命也。

按：劉氏釋天命最爲圓滿，可補諸家所不及，故並著之。

## 六十而耳順，

【集解】鄭曰：「耳順，聞其言而知其微旨也。」

【唐以前古注】皇疏引王弼云：耳順，言心識在聞前也。又引李充云：耳順者，聽先王之法言，則知先王之德行。從帝之則，莫逆於心，心與耳相從，故曰耳順也。又引孫綽云：耳順者，廢聽之理也。朗然自玄悟，不復役而後得，所謂「不識不知，順帝之則」也。筆解：韓曰：「『耳』當爲『爾』，猶言如此也。既知天命，又如此順天也。」

按：韓氏好變易經文，已開宋儒喜談錯簡之風，不可爲訓。嗣後凡言誤字者，非有充分理由，概不採録，先發其凡於此。

【集注】聲入心通，無所違逆，知之之至，不思而得也。

【别解】焦氏補疏：耳順即舜之「察邇言」，所謂善與人同，樂取於人以爲善也。順者，不違也。舍己從人，故言入於耳，隱其惡，揚其善，無所違也。學者自是其學，聞他人之言多違於耳。聖人之道一以貫之，故耳順也。

按：焦此義與鄭異，亦通。

【發明】慈湖訓語（駁異引）：目之所見猶寡，耳之所接爲多。暮夜無月無燭，目力所不及，而耳接其聲。又自近而遠，四方萬里，目所不及，而言辭之所傳，事物情狀不勝其多。又自此而上，極之於遠古簡册之所載，言辭之所及，亦屬乎聞，無不融然而一，曠然而釋，怡然而順。

## 七十而從心所欲，不踰矩。」

【考異】王夫之四書考異：「矩」當作「巨」，或作「榘」。考工記作「萬」，古無「矩」字。

按：船山所著考異一卷，專以説文所引四書與今本不同者校正其錯誤，與翟晴江所著者名同而内容不同。其言曰：「顔之推曰：客有難主人曰：『今之經典，子皆謂非。説文所言，子皆云是。然許慎勝孔子邪？』主人應之曰：『今之經典，皆孔子手迹邪？』客曰：『今之説文，皆許慎手迹乎？』答曰：『許慎簡以六文，貫以部分，使不得誤，誤則覺之。孔子有其義而不論其文也。先儒尚得臨文从意，何況書寫流傳邪？必如左傳止戈爲武，反正爲乏，皿蟲爲蠱，亥有二首六身之類，後人自不得輒改也。』之推此説，誠爲通論。自解散隸體，古文已隱，固不得舍叔重以爲準矣。其未經説文引據者，今文率同俗書。謹以許慎、李陽冰、徐鉉所定字正之於後云云。」附識於此。

【音讀】皇疏讀「從」爲「縱」。

天文本論語校勘記：唐本、津藩本、正平本均作「縱心」。

柳宗元柳州文集與楊誨之疏解車義書曰：「孔子七十而縱心。彼其縱之也，度不踰矩，而後縱之。」王臨川集進戒疏曰：「孔子聖人之盛，尚自以爲七十而後敢縱心所欲也。」俱用此而改「從」爲「縱」。　東觀餘論論張旭書曰：「昔之聖人，縱心而不踰矩。」亦改「從」爲「縱」。　蘇轍古史孔子傳述文作「縱心」。　樓鑰攻媿集引作「縱心」。　王若虛誤謬雜辨引亦作「縱心」。　翟氏考異：列子黄帝篇：「七年之後，從心之所念。九年之後，横心之所念。」其「從」字讀作去聲，以縱心爲聖境之神妙，僅一見于斯説。六朝人喜談莊、列，皇氏染焉，故值經文略似，而遂欲推以致之。然聖人維不思勉而中道，仍終身無少縱時也。釋文「從」字無釋，蓋以縱之一讀不可爲訓而姑置之。唐、宋人乃猶紛紛若此，此集注所以特正其音，而曰「從」如字。　經讀考異：舊讀以「欲」字絶句，據柳子厚引作「七十而縱心」，又以「心」字絶句。是「所欲」連下「不踰矩」爲讀，義亦可通。　羣經平議：此當於「心」字絶句。禮記樂記篇「率神而從天」，鄭注曰：「從，順也。」六十而耳順，七十而從心。」耳順、從心錯綜成文，亦猶迅雷風烈之比。「從」與「順」同義，耳順即耳從也，從心即順心也。所欲不踰矩，乃自説從心之義。惟其所欲不踰矩，故能從心也。柳宗元集與楊誨之書曰：「孔子七十而縱心。」正於「心」字絶句，較馬讀爲長。「從」作「縱」則失之。皇疏曰：「從，放也。雖復放縱心意，而不踰越于法度也。」是六朝人讀「從」字爲放縱之縱，故唐、宋人引此文多作「縱心」，實非經旨。説詳翟氏灝論語考異。

【集解】馬曰：「矩，法也。從心所欲，無非法者。」

【唐以前古注】皇疏：從，猶放也。踰，越也。矩，法也。年至七十，習與性成，猶蓬生麻中，不扶自直。故雖復放縱心意，而不踰越於法度也。又引李充云：聖人微妙元通，深不可識，所以接世軌物者，曷嘗不誘之以形器乎？黜獨化之跡，同盈虚之質，勉夫童蒙而志乎學，學十五載，功可與立。自志學迄於從心，善始令終，貴不踰法，示之易行，而約之以禮。爲教之例，其在兹矣。

【集注】從，隨也。矩，法度之器，所以爲方者也。隨其心之所欲，而自不過於法度，安而行之，不勉而中也。

【別解】論語補疏：矩即絜矩之矩。己欲立而立人，己欲達而達人，以心所欲爲矩法，而從之不踰者，所惡於上不以使下也，所惡於下不以事上也，所惡於前不以先後也，所惡於後不以從前也，所惡於右不以交於左，所惡於左不以交於右。皇疏解爲「放縱其心意而不踰法度」，非是。馬云「無非法」，尚未得。

【餘論】南軒論語解：聖人之所以爲聖人者，以其有始有卒，常久日新而已。必積十年而一進者，成章而後達也。夫子固生知之聖，而每以學知爲言者，明修道之教以示人也。刁包四書翊注：矩即堯、舜以來相傳之中，以其範圍天下而不過，則爲矩。矩所以爲方，引繩切墨，無錙銖之或爽也。在賢人則擬議而合，在聖人則從容而中。昔者心之所之惟是學，今也心之所之便是矩矣，故曰隨其心之所欲，而自不過於法度也。李威嶺雲軒瑣記：論語吾十有五章，集注程、朱二説皆極可異。程云：「孔子自言其進德之序。爲此者聖人未必然，但爲學者立法，使之盈科而後進，成章而後達耳。」夫自志學以至從心所欲不踰矩，此豈人人之定法，又必人人十年而一進，恐世間無印板事也。是惟夫子親身自驗，故能言之。其發端一吾字斷非誑語，乃以爲未必然，不知其何所見。朱云：「聖人生知安行，固無積累之漸，然其心未嘗自謂已至此也。是其日用之間，必有獨覺其進而人不及知者，故因其近似以自名，非心實自聖而姑爲是退託也。」夫自志學以至從心所欲不踰矩，分晰得明明白白，何得謂之近似？且已實在承當，又何嘗不自謂已至此？似此影響之談，皆由視生知之聖爲不待學，而不知聖之自有其學，非猶夫人之學也。

按：此章乃夫子自述其一生學歷。皇疏較爲得之，集注因用其師説，所言幾毫無是處，不止如李氏所云已也。而世多稱爲直接孔、孟不傳之秘，豈其然乎？

【發明】此木軒四書説：從心所欲不踰矩，康節所謂「無心過」是也。聖人終不自謂已聖，其所以自知者如是而已。反身録：此章真夫子一生年譜也。自敍進學次第，絶口不及官閥履歷事業删述，可見聖人一生所重惟在於學，所學惟在於心，他非所與焉。蓋内重則外自輕，所性不存故也。由斯以觀，吾人亦可以知所從事矣。事業係乎所遇，量而後入。著述生於明備之後，無煩再贅，夫何容心焉。顧憲成四書講義：這章書是夫子一生年譜，亦是千古作聖妙訣。試看入手一箇學，得手一箇知，中間特點出天命二字，直是血脈準繩一齊俱到。曰志曰立曰不惑，修境也。曰知天命，悟境也。曰耳順曰從心，證境也。即入道次第亦纖毫不容躐矣。提這學字，乃與人指出一大路，以爲由此，雖愚者可進而明，柔者可進而强，但一念克奮，自途人而上個個做得聖人，夫子所以曲成萬物而不遺也。提這矩字，乃與人指出一定準則，以爲到此，雖明者不得自用其明，强者不得自用其强，但一絲稍歧，總猶是門外漢，夫子所以範圍萬世於無窮也。

按：此書傳本極稀，僅小石山房叢書有一卷。顧氏東林領袖，其學在朱、陸之間，亦明代學者中之表表者。

○孟懿子問孝。子曰：「無違。」論衡問孔篇述此亦作「毋」。

【考異】漢石經「無」作「毋」。

【考證】四書辨證：春秋書仲孫，左傳稱孟孫，經傳之例異。孟子疏云改仲爲孟，本文疏亦然，恐非。文十五年杜注：「孟氏，公孫敖家，慶父爲庶長，故或稱孟氏。」孔疏云：「慶父與莊公異母，雖强同於嫡，自稱仲氏，實是庶長，故時或稱孟氏。」此説爲是。劉炫曰：「慶父自稱仲，欲同於正嫡，言己少次莊公，亦爲三家之長，故以莊公爲伯而自稱仲孫。」春秋傳説曰：「公羊以慶父爲莊母弟，杜氏以爲庶兄。然爲弟則不當稱孟，爲兄則不當稱仲。惟劉炫云云，理或然也。」劉氏正義：白虎通姓名篇：「諸侯之子稱公子，公子之子稱公孫，公孫之子各以其王父字爲氏。」此孟孫本出公子慶父之後，當稱孟公孫。不言公者，省詞。梁氏旁證：孟僖子即仲孫貜，春秋書其卒在昭二十四年。史記弟子傳：「樊遲少孔子三十六歲。」是貜卒時遲尚未生。今懿子問孝時有樊遲御，而夫子備告以生事喪祭者，懿子或尚有母在歟？檀弓云：「南宮縚之妻之姑之喪，夫子誨之髽。」縚即敬叔，與懿子俱泉邱人所生。但懿子嘗師事孔子，而弟子傳不列其人，不知何故。嘗考孔子用魯，使子路爲季氏宰，墮三都。於是叔孫墮郈，季氏墮費，此正聖人行道之會。獨孟懿子聽小人公歛陽之謀，不肯墮成，是孔子不得卒行其道於魯者，懿子實沮之，負其師並負其父矣。此誠宜與孺悲同在擯棄之列，故孔注但云魯大夫，而集注亦從之也。　黄氏後案：王仲任論衡有問孔篇，議聖教之略云：「懿子聽孔子之言，獨不嫌其毋違志乎？樊遲不問，毋違之説遂不可知也。」舊説多爲仲任所惑，以聖教亦作歇後語，非矣。左傳昭公七年：「孟僖子屬説與何忌於夫子，使事之而學禮焉，以定其位。」陳君舉據此以解經云：「僖子屬何忌於夫子以學禮，何忌之孝惟禮盡之，於此知無違之言非惟切中懿子之務，而亦確當僖子之心。」陳氏此説，所以破仲任之惑耳。其解無違爲不違其志，固一義也。式三案左傳桓公二年云：「昭德塞違。滅德立違。君違，不忘諫之以德。」六年傳云：「有嘉德而無違心。」襄公二十六年傳云：「正其違而治其煩。」昭公二十六年傳云：「君無違德，君令而不違。」哀公十四年傳云：「且其違者不過數人。」古人凡背禮者謂之違。

【集解】孔曰：「魯大夫仲孫何忌。懿，謚也。」

【唐以前古注】皇疏：言行孝者每事須從，無所違逆也。

【集注】孟懿子，魯大夫仲孫氏，名何忌。無違，謂不背於理。

按：朱子因欲伸其師窮理之説，其注論語到處塞入理字。於仁則曰心之德、愛之理，於禮則曰天理之節文，如水銀瀉地，無孔不入。自古無如此解經法也。然有絶不可通者，如此章「無違」明是不背於禮，乃偏作理，而於下節言禮天理節文以自圓其説，可謂心勞日拙者矣。昔人謂大學自經朱子補傳後已非孔氏之書而爲朱子之書，吾於論語亦云。

**樊遲御，子告之曰：「孟孫問孝於我，我對曰，無違。」樊遲曰：「何謂也？」子曰：「生事之以禮，死葬之以禮，祭之以禮。」**

【考異】孟子公孫丑葬魯章句引論語曰：「生事之以禮，死葬之以禮，可謂孝矣。」論衡問孔篇述全章文獨無「祭之以禮」句。禮記禮運正義亦無此句。

【考證】羣經義證：呂氏春秋尊師篇：「視輿馬，慎駕馭，弟子事師古禮如是。」朱彝尊孔子弟子考：孟僖子病，不能相禮，乃屬二子事孔子學禮焉。懿子問孝，對曰無違，蓋語以無違樊子學禮之命。樊遲不知，子告之以生事葬祭之以禮，舍禮無以教懿子也。鍾懷菣厓考古録：家語：「樊須少孔子四十六歲。」史記，少孔子三十六歲。當以家語爲是。樊遲事於經籍不多載，惟左氏春秋清之役一見而已。季孫曰「須也弱」，有子曰「就用命焉」，以曲禮「二十曰弱」例之，樊遲之齒尚少。孔子卒於哀公十四年，三刻踰溝乃十一年事，孔子年已七十一矣。遲若少孔子三十六歲，則其時正三十五歲，既壯之人，尚得謂弱乎？　潘氏集箋：鍾說微誤。孔子卒於哀公十六年，非十四年。十一年孔子年纔六十九歲，遲少四十六歲，則是時二十三歲，故曰弱也。史記作「二」，似係「三」字之誤。又「四十」字古或作「卌」，「三十」字古作「卅」，形亦相近。　論語後録：樊氏有二：姬姓仲山甫之後，蓋以邑爲氏者也。又殷之後有樊氏。王符說。　四書賸言：朱鹿田曰：「此從親是孝也。孟僖子爲懿子之父，本賢大夫。嘗從昭公至楚，病不能相禮，歸而講禮學禮，苟能禮者必從之。逮死，召其大夫曰：『禮，人之幹也。無禮無以立。我死，必屬說與何忌于孔子，使事之學禮焉。』其所云何忌即懿子也。今懿子適來問孝，則使之從親即是學禮，而特是未經顯揭，則與孟莊子之不改父臣、不改父政明明指出者覺有未盡，故遲曰何謂不違親。子曰所謂不違親者，盡禮之謂也。如此則上下通貫，前後一轍矣。」

【集解】鄭曰：「恐孟孫不曉無違之意，將問於樊遲，故告之也。樊遲，弟子樊須。」

【唐以前古注】皇疏引衛瓘云：三家僭侈，皆不以禮也，故以禮答之也。或問曰：「孔子何不即告孟孫，乃還告樊遲耶？」答曰：「欲屬於孟孫，言其人不足委曲，即以示也。」

【集注】樊遲，孔子弟子，名須。御，爲孔子御車也。孟孫即仲孫也。夫子以懿子未達而不能問，恐其失指，而以從親之令爲孝，故語樊遲以發之。生事葬祭事親之始終具矣，禮即理之節文也。

人之事親，自始至終一於禮而不苟，其尊親也至矣。是時三家僭禮，故夫子以是警之。然語意渾然，又若不專爲三家發者，所以爲聖人之言也。胡氏曰：人之欲孝其親，心雖無窮而分則有限，得爲而不爲與不得爲而爲之均於不孝，所謂以禮者，爲其所得爲而已矣。

【餘論】鄭汝諧論語意原：無違之答懿子不復致疑者，謂夫子教之以無違其父之命而學禮也。然聖人之意不止於是，故以無違之旨告於樊遲，使之終其身不忘其親，亦使學者知無違之旨非謂惟父令之是從也。讀四書大全説：違字原有兩義，有知其然而故相違背，如「違道以干百姓之譽」是也。有相去而未逮，如「忠恕違道不遠」是也。乃此兩義要亦相通。如此所言生事死葬而祭不以禮者謂之違，其於品物器飾鋪排得輝煌，便將者個喚作禮，喚作孝，只此一念，早是苟且，而事之愛、葬之哀、祭之敬爲人子所自致者，以有所藉以自解，而其不盡者多矣。且僭禮之心豈果以尊親故與？無亦曰爲我之親者必如是其隆，而後張己之無不可得於魯也，則是假親以鳴其豫，而所當效於親者，其可致而不致者，從可知矣。聖人之言，一眼透過，知其故相背者之非能有過而唯不逮，故大端説個禮。無違者求之心，禮者求之於事，此亦内外交相省察之意。蓋自孝子而言，則所當致於親者，無違中之條理品節，精義入神，晨乾夕惕以赴之，盡心竭力以幾之，没身而固不逮，豈有餘力以溢出於非禮之奢僭？是以無違而中禮也。自求爲孝子者而言，雖盡心竭力以求無違，而未知所見爲無違者果能無違否也。故授之禮以爲之則，質準其文，文生於質，晝然昭著。而知自庶人以達於天子，皆有隨分得爲之事，可以不背於理而無所不逮於事親之心，是以禮而得無違也。因無違而自中禮者，聖人之孝，由内達外，誠而明者也。必以禮而得無違者，以外治内明而誠者也。則無違其綱而禮其目也。懿子無請事之心，不能自求下手之著，故夫子於樊遲發之。如懿子者，豈能不立禮爲標準而得無違者哉！孝爲百行之源，孝道盡則人事咸順。故曰：「中於事君，終於立身。」亦曰：「資以事君而敬同。」使懿子於孝而無不逮，則僭不期去而自去。聖人之言廣矣大矣，若其所問孝也，乃借孝以爲立言之端而責其僭，是孝爲末而不僭爲本，既已拂夫天理之序，且人幸有反本親始之一念以請教，乃摘其惡於他以窮之，而又爲隱語以誹之，是豈聖人之言哉？朱子雙立苟且與僭二義，東陽發明不及之意亦在其中，確爲大全。若集注云「三家僭禮，以是警之」，是未免以私意窺聖人。且此三言者，曾子嘗述之而孟子稱之矣，其又何所警哉？胡氏云「心無窮而分有限」，説尤疏妄。分固有限，初不以限孝子之心。故曰：「孝子之至莫大乎尊親，尊親之至莫大乎以天下養。」至如歌雍舞佾，私欲之無窮耳。自尊以蔑上，而辱親之邪心無窮耳，豈欲孝其親之心無窮哉？論語偶記：檀弓云「三家視桓楹」，葬僭禮之一端也。八佾篇「三家以雍徹」，祭僭禮之一端也。惟是懿子之父仲孫貜，春秋書其卒在昭二十四年，史記弟子傳「樊遲少孔子三十六歲」，是貜卒時子遲尚未生。今懿子問孝時有樊遲御，而夫子備告以生事葬祭者，懿子或尚有母在歟？懿子幸得親炙門牆，乃於師將行道不知相與有成。吾甚惜孟僖子式穀後昆之心，必屬之於夫子使學禮而定其位爲可慨矣。

按：無違止是不要違忤之義，從無作背理解者。集注因欲宣傳主義，反失聖人立言之旨，殊爲無取。故列三家之説以補集注所未備，而此章之義始無餘藴云。

○孟武伯問孝。子曰：「父母唯其疾之憂。」

【考證】劉氏正義：左哀十一年傳「孟孺子洩」，杜注：「孺子，孟懿子之子武伯彘。」疑彘是名，洩是字也。周書謚法解：「剛强直理、威彊睿德、克定禍亂、刑民克服、大志多窮皆曰武。」是武爲謚也。注謂父母憂子之疾，此馬用古論義也。孟子云：「守孰爲大？守身爲大。」守身所以事親，故人子當知父母之所憂，自能謹疾，不妄爲非，而不失其身矣。不失其身，斯爲孝也。

【集解】馬曰：「武伯，懿子之子仲孫彘。武，謚也。言孝子不妄爲非，惟有疾病然後使父母憂耳。」

【唐以前古注】皇疏：言人子欲常敬慎自居，不爲非法，横使父母憂也。若己身有疾，唯此一條非人所及，可測尊者憂耳。

【集注】武伯，懿子之子，名彘。言父母愛子之心無所不至，惟恐其有疾病，常以爲憂也。人子體此而以父母之心爲心，則凡所以守其身者自不容於不謹矣，豈不可以爲孝乎？舊説人子能使父母不以陷於不義爲憂，而獨以其疾爲憂，乃可謂孝。亦通。

按：朱子斥馬説爲迂昧，見或問。注言慎疾之道，本謝氏説。難者以偏舉一事不得爲孝，故注補言修身之謹，爲謝説彌縫。古説又以子憂親疾爲言，見論衡問孔、淮南子説林高注。孝經云：「病則致其憂。」亦是一義。下章言居則致其敬，養則致其樂；上章言喪則致其哀，祭則致其嚴，義相駢聯。然其字與父母重複，終覺未安，故仍以朱注義爲長。武伯生於世禄之家，凡驕奢淫佚聲色狗馬皆切身之疾，不必風寒暑溼而後謂之疾也。昔樂正子春云：「一舉足而不敢忘父母，一出言而不敢忘父母，是故道而不徑，舟而不游，不敢以父母之遺體行殆，惡言不出於口，忿言不反於身，不辱其身，不虧其視，可謂孝矣。」即此意也。

【別解】經義雜記：論衡問孔云：「武伯善憂父母，故曰惟其疾之憂。」又淮南子説林「憂父母之疾者子，治之者醫」，高誘注云：「論語曰：『父母惟其疾之憂。』故曰憂之者子。」則王充、高誘皆以爲人子憂父母之疾爲孝。劉氏正義：禮記曲禮云：「父母有疾，冠者不櫛，行不翔，言不惰，琴瑟不御，食肉不至變味，飲酒不至變貌，笑不至矧，怒不至詈，疾止復故。」皆以人子憂父母疾爲孝。梁氏旁證：案如馬義，則夫子所告武伯者止是餘論，其正意反在言外。聖人之告人未有隱約其詞若此者。集注所引舊説即本集解。朱子守身之説雖善，然舍人子事親之道而言父母愛子之心，似亦離其本根也。唯王、高二氏説文順義洽。蓋人子事親，萬事皆可無慮，唯父母有疾病爲憂之所不容已。或疑父母字與其字意複，當以父母字略讀則得之。

按：潘氏集箋云：孝經紀孝行章「孝子之事親也，病則致其憂」，與王充、高誘説合。馬以爲父母憂子，未知何據。

【餘論】王樵四書紹聞編：武伯所問者，人子事親之道。夫子所答者，父母愛子之心。知父母愛子之心，則知人子事親之道矣。以父母之心爲心，最當深體。

【發明】反身録：子有身而父母惟其疾之憂，子心已不堪自問，若不能自謹而或有以致疾，則不孝之罪愈無以自解矣。故居恒須體父母之心，節飲食，寡嗜慾，慎起居，凡百自愛，必不使不謹不調，上貽親憂。父母所憂不僅在饑寒勞役之失調，凡德不加進，業不加修，遠正狎邪，交非其人，疏於檢身，言行有疵，莫非是疾。知得是疾，謹得此身，始慰得父母，始不愧孝子。否則縱身不夭札，而辱身失行，播惡遺臭，不幾貽父母之大憂哉？人子不能謹身修行以貽父母憂，是必病狂喪心之人。不然獨非人子，寧獨無心，何忍縱欲敗度，喪身辱宗，重戾父母之心耶？爲人父母者惟子疾是憂，吾不知今之爲人子者，亦曾憂父母之疾如父母之憂己者乎？

○子游問孝。子曰：「今之孝者，是謂能養。至於犬馬，皆能有養；不敬，何以別乎？」

【考異】漢石經無「乎」字。

【音讀】四書辨疑：舊説犬守禦、馬代勞皆有以養人者，但畜獸無知，不能生敬于人。上「是謂能養」、「養」字本讀爲去聲，此「養」字當改爲上聲。金履祥集注考證：「至於犬馬皆能有養」作一句讀。

【考證】劉氏正義：仲尼弟子列傳：「言偃，吴人，字子游。少孔子四十五歲。」家語弟子解作魯人，少孔子三十五歲。與史遷異，非也。下篇子夏稱言游，又子游答夫子稱偃之室，是姓言名偃也。説文：「游，旌旗之流。從㫃，汓聲。」漢石經於子張篇作「子斿」。「斿」即「游」省。游從㫃，説文：「㫃，旌旗之游㫃蹇之貌。從屮曲而垂下，㫃相出入也。讀若偃。」是㫃、偃聲同。古人名㫃字游，若晉籍偃、荀偃、鄭駟偃及此言偃皆字游。本皆作「㫃」，叚「偃」字爲之。王引之經傳釋詞：是謂能養，是與祇同義，故薛綜注東京賦：「祇，是也。」

【集解】孔曰：「子游，弟子，姓言名偃。」包曰：「犬以守禦，馬以代勞，皆養人者。」一曰：「人之所養乃至於犬馬，不敬則無以別。孟子曰：『食而不愛，豕交之也。愛而不敬，獸畜之也。』」

【唐以前古注】皇疏：犬能爲人守禦，馬能爲人負重載人，皆是能養而不能行敬者，故云「至於犬馬，皆能有養」也。

【集注】子游，孔子弟子，姓言名偃。養，謂飲食供奉也。犬馬待人而食，亦若養然。言人畜犬馬皆能有以養之，若能養其親而敬不至，則與養犬馬者何異。甚言不敬之罪，所以深警之也。

【别解一】李氏論語劄記：如舊説犬馬能養，則引喻失義，聖人恐不應作是言。且能字接犬馬説，似非謂人能養犬馬也。蓋言禽獸亦能相養，但無禮耳。人養親而不敬，何以自别於禽獸乎？

按：論語劄記，李光地著，空疏膚淺，一無可取，獨此條尚有新意。蓋舊注犬馬養人、人養犬馬兩説，唐以前大都沿用前説，集注獨採後説。此謂犬馬亦能相養，較集注爲勝，姑採之以備一説。

翟氏考異：禮記内則：「父母所愛亦愛之，父母所敬亦敬之。至於犬馬盡然，而況于人乎？」又坊記子云：「小人皆能養其親，君子不敬，何以辨？」按舊解具犬馬養人、人養犬馬二説，朱子特取其後一説，殆以内則文可參合故耶？然内則主父母所愛敬之人言，于此未盡允。且犬馬但有可愛，無可敬，云亦敬之，語復未純也。同屬禮記，與其參内則，似不若參坊記。坊記惟變犬馬爲小人，餘悉合此章義而無駁辭。荀子云：「乳彘觸虎，乳狗不遠游，雖獸畜知愛護其所生也。」束皙補亡詩云：「養隆敬薄，惟禽之似。」爲人子者，毋但似禽鳥知反哺已也。皆與坊記言一以貫之，即甚不敬之罪。此義已深足警醒，更何必躁言醜語比人父母于犬馬耶？

按：此仍李氏犬馬相養之説，而考證精確，言皆有物，迥非空疏不學所及。

【別解二】包慎言温故録：犬馬二句，蓋極言養之事。雖父母之犬馬，今亦能養之也。内則：「父母之所愛亦愛之，父母之所敬亦敬之。至於犬馬盡然，而況於人乎？」此敬養兼至，故爲貴也。若今之孝者，不過能養，雖至於父母所愛敬之犬馬亦能養之，然祇能養父母，不能敬也。何以別，謂何以別乎今也。鹽鐵論孝養篇：「善養者，不必芻豢也，以己之所有盡事其親，孝之至也。故匹夫勤勞猶足以順禮，歠菽飲水，足以致敬。孔子曰：『今之孝者，是爲能養。不敬，何以別乎？』故上孝養志，其次養色，其次養體。貴其體，不貪其養。體順心和，養雖不備可也。」

按：此引論語，以「不敬」句與「能養」句聯文，則別謂別乎今之孝者。亦可備一説。

【別解三】劉氏正義：先兄五河君經義説略謂：「坊記小人即此章犬馬。公羊何休注言：『大夫有疾稱犬馬，士稱負薪。』犬馬負薪皆賤者之稱，而大夫士謙言之。孟子子思曰：『今而知君之以犬馬畜伋也。』然則犬馬謂卑賤之人，若臧獲之類。」程友菊四書辨：犬馬喻子之不肖者，猶劉景升兒子豚犬耳之類。言犬馬之子皆有以養其親，但養以敬爲本，不敬，何以别於犬馬之子養其親乎？

按：以上諸説終以包注前説義較長。蓋養有二義，一是飲食，一是服侍。犬以守禦，馬以負乘，皆能事人，故曰能。若人養犬馬，何能之有？毛西河曰：「唐李嶠爲獨孤氏請陪昭陵合葬母表云：『犬馬含識，烏鳥有情。寧懷反哺，豈曰能養？』則在唐時皆以犬馬比人子，以能養爲能奉侍親。故馬周上疏有云：『臣少失父母，犬馬之養，已無所施。』此皆釋經之顯見于章疏者。即至趙宋王豐甫辭免起復表亦尚云：『犬馬之養未伸，風木之悲累至。』數千年共遵之注，不知朱子集注何以反遵何説而屏舊説不一及，真不可解。」陳天祥曰：「以犬馬之無知諭其爲子之不敬，於義爲安。以禽獸況父母，於義安乎？」皆所以深著集注之失。

○**子夏問孝。子曰：「色難。有事，弟子服其勞；有酒食，先生饌，曾是以爲孝乎？」**

【考異】惠棟九經古義：鄭氏論語「饌」作「餕」，云：「食餘曰餕。」案儀禮注云：「古文『簒』皆作『餕』。」説文曰：「簒，具食也。」或作「饌」，从巽。則「餕」爲古文「饌」也。拜經日記：特牲饋食禮「祝命嘗簒者」，又「簒有以也，兩簒奠舉，于俎，許諾」，注：「古文『簒』皆作『餕』。」又有司徹「乃饔如賓」，注：「古文『饔』作『餕』。」饔、饌、餕字本通，故古、魯異文。然内則曰：「父母在，朝夕恒食，子婦佐餕，既食恒餕。」注：「每食餕而盡之，未有原也。」正義：「每食無所有餘而再設也。」是餕有食餘勿復進之意，故或者亦以爲孝。饌止爲飲食，不如餕義爲長，故鄭從魯不從古。

按：陳鱣論語古訓，段氏玉裁説文注並以馬作「饌」爲古論，鄭作「餕」爲魯論。段氏玉裁謂禮經饌、饔當是各字，饌皆訓陳，不言作「餕」。食餘之字皆作「饔」，未有作「饌」者，然作「餕」義似較長。

【音讀】孫奕示兒編：「曾」字除姓及曾孫外今皆讀層，然經史並無音。「曾是以爲孝」、「曾謂泰山」、「爾何曾比予」等皆當音增。　十駕齋養新録：廣韻：「曾，昨稜切。經也。」類篇：「曾，昨稜切。詞之始也。又咨騰切。則也。又姓。」是以讀如層爲正音，讀如增爲别音。朱文公論語三「曾」字俱無音，則並「曾謂泰山」、「曾是以爲孝乎」皆讀如層，與陸氏釋文異。而於類篇之例却合。孟子「曾比予於管仲」、「曾比予於是」兩曾字音增，而「曾不知以食牛」句無音，亦讀如層也。孫季昭欲舉經典中曾不、曾莫之類盡讀如增，似未喻陸氏釋文之旨，當從朱文公讀爲長。

經學卮言：讀當以「食先生饌」爲句，言有燕飲酒則食長者之餘也。有酒、有事，文正相偶。有事，弟子服其勞，勤也；有酒，食先生饌，恭也。勤且恭，可以爲弟矣，孝則未備也。

【考證】論語後録：文王之爲世子，朝於王季，日三問内豎今日安否。安，文王色喜；有不安節，文王色憂，行不能正履。此所謂「色難」是矣。故玉藻曰：「親癠，色容不盛，此孝子之疏節也。」

鄭、包二義恐失之。又曰：許君説古文論語，故不載「餕」字。「先生餕」者，謂進食於先生。古「餕」與「進」亦同字。祭統曰「百官進」，注：「進當爲餕。」「進」與「餕」通。然則孟子所稱「曾元養曾子，將以復進」者，亦即餕字矣。孟子以曾子爲養志，曾元爲養口體。「有酒食先生餕」者，其即養口體之謂歟？論語駢枝：論語言弟子者七，其二皆年幼者，其五謂門人。言先生者二，皆謂年長者。憲問篇「見其與先生並行也」，包氏曰：「先生，成人也。」經義雜記：古謂知道者曰先生，何也？曰猶言先醒也。不聞道術之人則冥於得失，不知亂之所由，眊眊乎其猶醉也。翟氏考異：服勞奉養，弟子於先生有然。吕氏春秋尊師篇曰「視輿馬，慎駕馭。適衣服，務輕煗。臨飲食，必蠲絜。善調和，務甘肥。此所以尊師」是也。若人子之事親，當更有進此者矣。劉沅四書恒解：稱父母爲先生，人子於父母前稱弟子，自古無此理。此章言敬而不愛，亦不得爲孝也。服勞奉養，凡弟子事尊長皆然。事父母則深愛，和氣自心，即有他事，一見父母便欣然藹然，凡憂悶之事都忘却了，此爲色難。子夏未知此，故夫子曉之，言弟子事先生亦不可例父母也。鄭氏述要：集注以先生訓父兄，家庭父子兄弟竟改稱先生弟子，雖曰本於馬注，而他處絶不經見，向甚疑之，及讀四書考異云云，遂爲恍然。事師事親同一左右就養，雖爲内則所載，然師者道之所在，嚴肅之意較多，事父母更當柔色以温之。夫子言此，乃弟子事先生之禮不足以爲孝也。經傳釋詞：曾，乃也，則也。説文曰：「曾，詞之舒也。」曾是，乃是也，則是也。論語爲政曰「曾是以爲孝乎」，馬注：「汝則謂此爲孝乎？」皇侃云：「嘗也。」案皇説非是。今本論語馬注脱「則」字，據釋文及邢疏補。

按：古人以先生爲年長之通稱，從無作父兄解者，集注蓋沿馬注之誤。

【集解】包曰：「色難，謂承順父母顔色乃爲難也。」馬曰：「先生，謂父兄也。饌，飲食之也。孔子諭子夏曰：服勞先食，女謂此爲孝乎？未孝也。承順父母顔色乃爲孝也。」

【唐以前古注】詩邶風正義引鄭注云有「和顔説色，是爲難也」。徐堅初學記孝部引鄭注云「食餘曰餕」。

按：色難，包注與鄭注異。然下服勞奉養皆就人子言之，則色當爲人子之色，鄭注義爲長，故朱子從之。

皇疏引顔延之云：夫氣色和則情志通，善養親之志者必先和其色，故曰難也。又引江熙云：或曰：「勞役居前，酒食處後，是人子之常事，未足稱孝也。」又引王弼云：問同而答異者，或攷其短，或矯其失，或成其志，或説其行。又引沈峭云：夫應教紛紜，常係汲引。經營流世，每存急疾。今世萬途，難以同對。互舉一事，以訓來問。來問之訓，縱横異轍，則孝道之廣亦以明矣。

按：顔延之，琅邪臨沂人。官至光禄大夫，贈散騎常侍，特進金紫光禄大夫。宋書有傳。其注論語，隋、唐志均不著録。沈峭不詳何人。考梁有沈峻字士嵩，吴興武康人，師事宗人沈驎士門下。馬國翰疑爲「峻」字傳寫之誤。愚謂「峭」與「峻」字皆從山，當即其族或其兄弟行，未可知也。古人著述湮没者多，書缺有間，而其軼時見他説，雖非完帙，益當珍惜，聊存六朝之文獻云爾。

【集注】色難，謂事親之際，惟色爲難也。食，飯也。先生，父兄也。饌，飲食之也。曾，猶嘗也。蓋孝子之有深愛者必有和氣，有和氣者必有愉色，有愉色者必有婉容，故事親之際，惟色爲難耳。服勞奉養，未足爲孝也。舊説承順父母之色爲難。亦通。

按：漢儒解「色」字，包、鄭互異。朱子從鄭注。然司馬光家範説此文云：「色難者，觀父母之志趣，不待發言而後順之者也。」則用包注。此如六朝時皇侃雖從包注，而顔延之仍從鄭義也。可見二説並行已久，故集注雖不採包説而猶列之。

【餘論】尹會一讀書筆記：孔門教人莫重於仁孝，其答問仁、問孝各有不同，皆因其材之高下與其所失而告之。故藥各中病，非如後世之教，自立宗旨以待來學，所謂不問病證而施藥者，藥雖良無益而又害之者多矣。　黄氏後案：經中問孝之答不同，當日所問之事必有不同。如此章蓋問孝孰爲難，子隨所問而答之耳。色難是古今人子所宜自省，而以此專議先賢之失，未是也。

【發明】反身録：服勞奉養，古人尚不以爲孝，若並服勞奉養而有遺憾，罪通於天矣。

○**子曰：「吾與回言終日，不違，如愚。退而省其私，亦足以發，回也不愚。」**

【考異】皇本「不愚」下又有「也」字。

【音讀】經讀考異：按此凡兩讀，一讀至「言」字絶句，「終日」屬下連文。一讀至「日」字絶句，「不違如愚」又爲一句。義並同。論語集注考證：張師曾校張達善點本謂「吾與回言終日」，自集注取李氏之説，始讀爲句絶。前此先儒亦以「吾與回言」爲句，李文公集答王載言書引「子曰吾與回言」，不連及下文。

按：皇疏：「顔子聞而即解，無所諮問，故言終日不違。」又云：「觀回終日默識不問，殊似愚魯。」是以「終日」屬下讀也。

【考證】劉氏正義：仲尼弟子列傳：「顔回者，魯人也，字子淵。」説文「𠬛」下云：「囘，古文回。回，淵水也。」「淵」下云：「回水也。從水，象形。左右，岸也。中象水貌。」此顔子名字所取義。

【集解】孔曰：「回，弟子，姓顔名回，字子淵，魯人也。不違者，無所怪問。於孔子之言默而識之，如愚者也。察其退還與二三子説繹道義，發明大體，知其不愚也。」

【唐以前古注】皇疏引繆播云：將言形器，形器顔生所體，莫逆於心，故若愚也。

按：播字宣則，蘭陵人。官至中書令。晉書有傳。隋志載論語旨序三卷，晉繆播撰。唐志云二卷，宋志不著録，佚已久，録之以備一家。

又引熊埋云：察退與二三子私論，亦足以發明聖奥，振起風訓也。回之似愚而豈愚哉？既以賢顔，又曉衆人未達者也。

【集注】回，孔子弟子，姓顔字子淵。不違者，意不相背，有聽受而無問難也。私，謂燕居獨處，非進見請問之時。發，謂發明所言之理。愚聞之師曰：「顔子深潛純粹，其於聖人體段已具，其聞夫子之言默識心融，觸處洞然，自有條理，故終日言，但見其不違如愚人而已。及退省其私，則見其日用動静語默之間皆足以發明夫子之道，坦然由之而無疑，然後知其不愚也。」

【餘論】四書通：顔子之資鄰於生知，故無疑難答問，而自有以知夫子所言之理。顔子之學勇於力行，故雖燕居獨處而亦足以行夫子所言之理。不曰行而曰發者，夫子曰：「語之而不惰者，其回也與？」惰則不發，發則不惰。孟子曰「時雨化之」，先儒以顔子當之。物經時雨便發，顔子一聞夫子之言便足以發，故周子曰：「發聖人之藴教萬世無窮者，顔子也。」且不徒發之於人所共見之時，而能發之於己所獨知之地，顔子蓋真能發夫子約禮之教而爲慎獨之學者也。

【發明】反身録：大凡聰明自用者，必不足以入道。顔子唯其如愚，所以能於仁不違。又曰：大聰明似愚，愚而不愚。小聰明不愚，不愚而愚。大聰明黜聰墮明，知解盡忘，本心既空，受教有其地。小聰明矜聰恃明，知解糾纏，心體未空，入道無其機。回之如愚，正回之聰明絶人，受教有地、入道有機處。夫子不容不喜，不容不言，言之不容不久，乃可以言而言也。言苟當可，雖千言不爲多。言未當可，即一言亦爲多。此夫子所以於回終日言，於賜欲無言也。蓋回之聽言而悟，超語言文字之外。賜之聽言而識，囿語言文字之中。悟超言外，因言可以悟道。識囿言中，則因言反有以障道。

○子曰：「視其所以，觀其所由，察其所安。人焉廋哉？人焉廋哉？」

【考異】漢石經複句「廋」下無「哉」字。漢書杜欽傳、晉書阮种傳引全章文，俱略去複句。

【考證】穀梁傳：常事曰視，非常曰觀。史記魏世家：李克對文侯曰：「居視其所親，富視其所與，達視其所舉，窮視其所不爲，貧視其所不取。」逸周書官人解：「考其所爲，觀其所由。」無「察其所安」句。困學紀聞：「考其所爲，觀其所由，察其所安」，亦見大戴禮文王官人篇。

按：集注：「以，爲也。」語蓋有本。

【集解】以，用也，言視其所行用也。由，經也，言觀其所經從也。孔曰：「廋，匿也。言觀人終始，安所匿其情也。」

【唐以前古注】皇疏：視，直視也。觀，廣瞻也。察，沈吟用心忖度之也。即日所用易見，故云視。而從來經歷處此即爲難，故言觀。情性所安最爲深隱，故云察也。又引江熙云：言人誠難知，以三者取之，近可識也。

【集注】以，爲也。爲善者爲君子，爲惡者爲小人。觀比視爲詳矣。由，從也。事雖爲善而意之所從來者有未善焉，則亦不得爲君子矣。或曰：「由，行也，謂所以行其所爲者也。察則又加詳矣。安，所樂也。所由雖善而心之所樂不在於是，則亦僞耳。豈能久而不變哉。」焉，何也。廋，匿也。重言以深明之。

【餘論】四書辨疑：集注於「視其所以」下已見其爲善爲惡之分，乃於「所由」下却説「事雖爲善而意之所從來者有未善焉，則亦不得爲君子」，此於觀其所由意固不差，但前已許之爲君子者，又當置之何地也？蓋「所以」者，言其現爲之事也。「所由」者，言其事迹來歷從由也。「所安」者，言其本心所主定止之處也。觀人之道，必先視其現爲之事。現所爲者雖善，未可遽以爲君子也；現所爲者雖不善，未可遽以爲小人也。王莽未篡之前，恭儉禮讓，若便以爲善，則王莽爲君子矣。伊尹初放太甲，斥主逐君，若便以爲惡，則伊尹爲小人矣。須更觀其事迹來歷從由，以察本心所主定止之處，則王莽心主於篡漢，伊尹心主於致君，至此則君子小人善惡之實始可判也。

【發明】容齋四筆：孔子論人之善惡，始之曰「視其所以」，繼之以「觀其所由，察其所安」，然後重言之曰：「人焉廋哉？人焉廋哉？」蓋以上之三語，詳察之也。而孟氏一斷以眸子，其言曰：「存乎人者，莫良於眸子。眸子不能掩其惡。胸中正，則眸子瞭焉。胸中不正，則眸子眊焉。聽其言也，觀其眸子，人焉廋哉？」説者謂人與物接之時，其神在目，故胸中正則神精而明，不正則神散而昏。心之所發，並此而觀，則人之邪正不可匿也。言猶可以僞爲，眸子則有不容僞者。孔聖既以發之於前，孟子知言之要，續爲之説，故簡亮如此。松陽講義：知人原不是易事。其實非人之難知，只是不細心去看耳。既欲知人，若但求之毁譽，索之語言文字，又或爲論心不論迹之説，探之於踐履之外，其不爲人所欺者鮮矣。「人焉廋哉」二句要看得好，不是誇張其效，言人雖善匿，至此却無處躲避，猶之權度設而人不可欺以輕重長短。然則謂情僞之難測而世路之險巇者，此知責人而不知責己者也。謂知人之明不可學者，此知責天而不知責己者也。又須知此是論人如此，若待人之道則不然。一善可取，不忍棄也。今日學者讀這章書，須將聖人觀人之法先去自觀，所爲果有善無惡乎？所爲善矣，意之所從來者果盡善乎？果心安意肯而非勉强乎？苟有纖毫未善，須痛自滌濯，使徹內徹外，無一毫不可令聖人見，方是切己學問。

○子曰：「温故而知新，可以爲師矣。」

【考證】黄氏後案：温，燖温也。故，古也，已然之迹也。新，今也，當時之事也。趣時者厭古，而必燖温之。泥古者薄今，而必審知之。知古知今，乃不愧爲師。論衡謝短篇曰：「知古不知今，謂之陸沈。知今不知古，謂之盲瞽。温故知新，可以爲師。古今不知，稱師如何？」又别通篇云：「守信一學，不能廣觀，無温故知新之明。」漢書成帝紀陽朔元年詔云：「儒林之官宜皆明於古今，温故知新。」百官表云：「以通古今，備温故知新之義。」以上四文以通知古今爲説，漢師相傳如此。温訓燖温者，温本水之熱者，引申之，凡物將寒而重熱之曰温。故訓古者，説文：「古，故也。」詩烝民之「古訓」即詩傳之「故訓」。孔氏禮記敍曰：「博物通人，知今温古，考前代之憲章，參當時之得失。」則「故」亦作「古」矣。漢書史丹傳引經，顔注：「温，厚也。温故厚，蓄故事也。」又一義。論語述何：故，古也。六經皆述古昔稱先王者也。知新，謂通其大義以斟酌後世之制作，漢初經師皆是也。劉氏正義：禮中庸云：「温故而知新。」鄭注：「温讀如燖温之温。謂故學之孰矣，復時習之，謂之温燖。或省作尋。」案「尋」正字當作「燅」。説文：「燅，於湯中瀹肉也。」儀禮有司徹「乃燅尸俎」，鄭注：「燅，温也。古文『燅』皆作『尋』，記或作『燖』，春秋傳曰：『若可尋也，亦可寒也。』」賈疏云：「論語及左傳與此古文皆作『尋』。論語不破，至此疊古文不從彼尋者，論語古文通用，至此見有人作『燅』，有火義，故從今文也。」臧氏庸拜經日記以論語作「温故」，古文作「尋」，乃鄭注文與賈疏不合，非也。廣雅釋詁：「温，煗也。」山海經大荒東經「有谷曰温源谷」，郭注：「即湯谷也。」鄭注中庸讀温如燖温者，燖有重義，言重用火爓之，即爲温也。人於所學能時習之，故曰温故。鄭君此章注文已佚，故就中庸注爲引申之。故之爲言，古也，謂舊所學也。

【集解】温，尋也。尋繹故者，又知新者，可以爲人師矣。

按：劉寶楠云：「温無繹理之訓。温爲尋者，『尋』與『燖』同，即與『燅』同，不謂繹理也。此注蓋誤。」

【唐以前古注】皇疏：故，謂所學已得之事也。所學已得者則温燖之，不使忘失，此是月無忘其所能也。新，謂即時所學新得者也。知新，謂日知其所亡也。若學能日知所亡，月無忘所能，此乃可爲人師也。又引孫綽云：滯故則不能明新，希新則存故不篤，常人情也。唯心耳秉一者守故彌温，造新必通，斯可以爲師者也。筆解：韓曰：「先儒皆謂尋繹文翰由故及新，此是記問之學，不足爲人師也。吾謂故者，古之道也。新，謂己之新意，可爲新法。」李曰：「仲尼稱子貢云『告諸往而知來者』，此與温故知新義同。孔謂尋繹文翰則非。」

【集注】温，尋繹也。故者，舊所聞。新者，今所得。言學能時習舊聞而每有新得，則所學在我而其應不窮，故可以爲人師。若夫記問之學，則無得於心而所知有限，故學記譏其不足爲人師，正與此意互相發也。

【別解】論語稽：師即謂此温故知新之學，非爲人之師也。凡人於故者時時尋繹之，則於故者之中每得新意，天下之義理無窮，人心之濬發亦無窮，所謂歸而求之有餘師者是已。

按：温故知新本爲己之學，非以爲人。孟子言人之患在好爲人師，夫子豈沾沾焉爲是計？蓋師也者，我所請業請益者也。温故而知新，則所業日益，不待外求師而即可以爲我師矣。其論似創而頗有意致，可備一説。

【餘論】論語或問：昔程子晚而自言：「吾年二十時，解釋經義與今無異，然其意味則今之視昔爲不同矣。」此温故知新之大者。學者以是爲的而深求之，則足以見夫義理之無窮，而亦將不暇於爲師矣。

顧憲成小心齋劄記：必有事焉而勿正，心勿忘，勿助長，極盡此温字形容。忘則冷，助則熱，惟温字乃是一團生氣，千紅萬紫都向此中醖釀而出，所謂新也。

【發明】困學紀聞：范伯崇曰：「温故而不知新，雖能讀墳、典、索、邱，足以爲史，而不足以爲師。」

張氏備忘録：天地間祇一道理，更無新故。功夫祇在温故，温故則能自得，自得則日新。自我觀之，則古人爲先覺。自後人觀之，則我又爲先覺，故可以爲師。

按：如朱子之説，所謂新者即故中之新，非故外別有新也。

○子曰：「君子不器。」

【集解】包曰：「器者各周於用，至於君子，無所不施。」

【唐以前古注】皇疏引熊埋云：器以名可繫其用，賢以才可濟其業。業無常分，故不守一名。用有定施，故舟車殊功也。

【集注】器者各適其用而不能相通。成德之士體無不具，故用無不周，非特爲一材一藝而已。

【餘論】讀四書叢説：體無不具，謂明盡事物之理以全吾心之所具。用無不周，則事物之來皆有以應之，而無纖毫之差失。用之周，如爲趙、魏老，滕、薛大夫無不可。大之則乘田委吏，以至立道綏動所存，皆神體之具也。用之不周，如黄霸長於治民，爲相則功名損於治郡時；龐統長於治中別駕，而不能爲邑令，全體不具也。鄭蘇年西霞叢稿：集注改舊注「各周」爲「各適」，「無所不施」爲「用無不周」，又改邢疏「反之不能」爲「不能相通」，皆青出於藍也。論語稽：人之材質或可小知，或可大受，各成一器，惟君子無可無不可。周官三百六十，皆各有所治，惟冢宰無所不統。則不器豈易言哉！

【發明】李氏論語劄記：器者，以一能成名之謂。如子路之治賦，冉有之爲宰，公西華之治賓客，以至子貢之瑚璉皆是也。君子之學，德成而上，藝成而下，行成而先，事成而後。顏子視聽言動之間，曾子容貌辭氣顏色之際，而皋、夔、稷、契、伊、傅、周、召之功動德業在焉，此之謂不器。若以無所不知無所不能爲不器，是猶未離乎器者矣。

○子貢問君子。子曰：「先行，其言而後從之。」

【音讀】夢溪筆談：論語「先行」當爲句，其言自當後也。郝敬論語詳解：「先行」斷句，謂不言而行也。其言，謂凡言。而後，謂行之後。黄氏後案：「先行」句，「其言」二字略逗連下讀。金氏考證取程子説讀「先行」爲句，夢溪筆談、郝氏詳解句讀亦同，翟晴江取之矣。

【考證】禮緇衣：子曰：「言從而行之，則言不可飾也。行從而言之，則行不可飾也。故君子寡言而行，以成其信。」曲禮「不辭費」，鄭注：「爲傷信。君子先行其言而後從之。」釋文：「言而不行爲辭費。」大戴禮曾子制言篇：君子先行後言。又立事篇：君子微言而篤行之，行必先人，言必後人。

【集解】孔曰：「疾小人多言而行之不周。」

【唐以前古注】皇疏：若言而不行則爲辭費，君子所恥也。又一通云：「君子之言必爲物楷，故凡有言皆令後人從而法之也。」又引王朗云：鄙意以爲立言之謂乎？傳曰：「太上立德，其次立言。」明君子之道，言必可則，令後世準而從之，故曰「而後從之」。

按：朗字景興，東海郡人。仕魏至司空，封蘭陵侯，謚曰成。魏志有傳。志稱其著易、春秋、孝經、周官傳，不言論語。梁七録及隋、唐二志亦均不載。考何晏作集解採王肅説。肅，朗之子也。意者肅傳父業，如續易傳之類。則説見肅書，侃及見而稱之歟？姑録之以備一家。

筆解：韓曰：「上文『君子不器』與下文『子貢問君子』是一段義，孔失其旨，反謂疾小人，有戾於義。」李曰：「子貢，門人上科也，自謂通才，可以不器，故聞仲尼此言而尋發問端。仲尼謂但行汝言，然後從而知不器在汝，非謂小人明矣。」

【集注】周氏曰：先行其言者，行之於未言之前。而後從之者，言之於既行之之後。范氏曰：子貢之患非言之艱，而行之艱也，故告之以此。

【餘論】讀四書大全説：論語一書，先儒每有藥病之説，愚盡謂不然。聖人之語自如元氣流行，人得之以爲人，物得之以爲物，性命各正，而栽者自培，傾者自覆。如必區畫其病而施之藥，有所攻必有所損矣。釋氏唯欲爲醫王，故藥人之貪，則欲令其割血肉以施；藥人之淫，則絶父子之倫。蓋凡藥必有毒，即以人蓡甘草之和平，而蓡能殺肺熱者，甘草爲中滿人所忌，況其他乎？且病之著者，如子張學干禄，子貢方人，夫子固急欲療之矣，乃曰「禄在其中」，曰「賜也賢乎哉」，亦終不謂禄之污人，而人之不可方也。言禄污人，則廢君臣之義。言人不可方，則是非之性拂矣。又如子路曰「何必讀書，然後爲學」，病愈深矣，夫子亦但斥其佞，使自知病而已矣。如欲藥之，則必將曰：「必讀書而後爲學。」是限古今之聖學於記誦詞章之中，病者病而藥者愈病矣。是知夫子即遇涸寒烈熱之疾，終不以附子大黄嘗試，而著爲局方，又況本未有病者，億其或病而妄投之藥哉？子貢問君子，自是問求爲君子者親切用力之功，記者檃栝其問語如此。因問而答之曰：「先行其言，而後從之。」夫子生平作聖之功喫緊處無如此言之切，亦以子貢穎悟過人，從學已深，所言所行於君子之道皆已具得，特示以入手工夫，使判然於從事之際耳。至於所言者皆其已行，而行無不至。所行者著之爲言，而言皆有徵。則德盛業隆，道率而教修，此唯夫子足以當之，而心法之精微，直以一語括聖功之始末。斯言也，固統天資始之文章也，而僅以藥子貢之病耶？范氏曰：「子貢非言之艱而行之艱。」其語猶自活在。然非言之艱而行之艱，不獨子貢也。且云先行其言，則其言云者，未嘗言之，特知其理而可以言耳。此固説命所謂「非知之艱，行之惟艱」之旨，古帝王聖賢之所同病，亦人道自然有餘不足之數也。即非子貢，其有易於行而難於言，行非艱而知惟艱者哉！則范氏固已指夫人之通病以爲子貢病。至於小注所載朱子語，有子貢多言之説，則其誣尤甚。子貢之多言，後之人亦何從而知之，將無以其居言語之科邪？夫子貢之以言語著者，以其善爲辭命也。春秋之時，會盟征伐交錯，而唯辭命是賴。官行人而銜使命，乃其職分之所當修。家語所載定魯、破齊、伯越、亡吴之事既不足信，即使有之，亦修辭不誠以智損德之咎，而非未行而遽言之爲病。如以此爲病在不先行其言，豈子貢之拒百牢、辭尋盟者爲其所不能行而徒騰口説乎？夫此所謂言，非善説辭命之言，而善言德行之言也。善言德行者，顔、閔也，非子貢也。且亦非徒口説之爲言也，著書立説答問講論皆言也，要以言所行而非應對之文也。聖門如曾子、有子、子游、子夏皆有論著，而子貢獨無。其言聖道也，曰夫子之言性與天道不可得而聞，蓋兢兢乎慎重於所見而不敢輕置一詞矣。則寡言者，莫子貢若，而何以云多言邪？子貢既已無病，夫子端非用藥，而先行後言自是徹上徹下入德作聖之極功，徹始徹終立教修道之大業，豈僅以療一人之病哉？因此推之，語子路以知自致知之實學，而謂子路强不知以爲知，亦懸坐無據。而陳新安以仕輒而死爲徵，乃不知子路之死輒，自始事不謹之害，而非有自欺之蔽。如謂不知仕輒之不義，不當固執以至於捐軀，抑將如趙盾之拒雍，祭仲之逐突，食言背主，而可謂之不知爲不知耶？要此爲致知言，而不爲行言。故可曰「隨所至之量以自信而不强」，如以行言，其可曰「能行則行之，不能行則不行」也哉？故言知則但可曰「困而知之」，不可曰「勉强而知之」，而行則曰「勉强而行之」，知行之不同功久矣。子路勇於行而非勇於知，有何病而又何藥也？至於四子問孝，答教雖殊，而理自一貫，總以孝無可質言之事，而相動者唯此心耳。故於武伯則指此心之相通者以動所性之愛，若云無違，云敬，云色難，則一而已矣。生事死葬，祭而以禮，則亦非但能養；至奉饌服勞，正今之能養者也。内敬則外必和，心乎敬則行必以禮。致其色養，則不待取非禮之外物以爲孝，而無違於理者，唯無違其父子同氣此心相與貫通之理。順乎生事之理，必敬於所養，而色自柔，聲自怡。順乎葬祭之理，必敬以慎終，敬以思成，而喪紀祭祀之容各效其正。明乎此，則同條共貫，殊塗同歸，奚必懸坐武伯之輕身召疾，而億揣子夏以北宮黝之色加於其親，誣以病而强之藥哉？又其甚者，聖門後進諸賢自曾子外，其沈潛篤實切問近思者莫如樊遲。迹其踐履，當在冉、閔之間。夫子所樂與造就者，亦莫遲若，乃謂其粗鄙近利，則病本弓蛇，藥益胡、越，文致古人之惡而屈聖言以從己，非愚之所敢與聞也。

按：集注喜貶抑聖門，世人止知西河首發其覆，而不知船山固先已言之。

此木軒四書説：君子垂一訓，立一教，必先實體諸身，未有行不逮而空言之者。故曰先行其言，乃有言後追論之辭。先行之時，則祇仁義道德之實，烏有所謂其言哉？君子有躬行而不必言者，未有不能行而先言之者，箴子貢之意如此。

【發明】反身録：知得先行後言是君子，則知能言而行不逮者爲小人矣。

按：漢申公云：「爲治不在多言，顧力行何如耳。」經傳言君子有二義，一謂在位之人，一謂成德之人。此章君子雖指成德而言，而義可通於在位者，故言行之際，不特君子小人之辨，實國家治亂之原。

○子曰：「君子周而不比，小人比而不周。」

【音讀】朱子文集：歐陽希遜問：「此比字舊音毗志反，集注無音，古注、集注皆爲偏黨之義。『義之與比』舊音毗志反，集注音必二反。孟子『願比死者』、『且比化者』，其義與音又俱備，無可疑者。若『御者且羞與射者比』，集注亦爲偏黨之義，音比二反。不知比字爲偏黨義者皆當作必二反如何？」答曰：「更俟契勘。」翟氏考異：今集注已音此爲必二反。考纂箋諸本未有。纂疏載輔氏曰：「此處偶失音，當增入。」明此音亦後儒所增。

【考證】論語後録：易卦「比之匪人」，故小人稱比。戚學標論語偶談：比與黨有别。周禮五家爲比，五族爲黨。比人少而黨多。比爲兩相依附，如鄰之親密。黨則有黨首，有黨羽，援引固結，蔓延遠而氣勢盛。此比字對周説，正於其狹小處見不能普遍，猶未至於黨之盛也。王引之經義述聞：文十八年左傳「頑嚚不友，是與比周」，杜注：「周，密也。」哀十六年「周仁之謂信」，注：「周，親也。」離騒「雖不周於今之人兮」，王注：「周，合也。」説文：「比，密也。」夏官大司馬「比小事大，以和邦國」，鄭注：「比，猶親也。」吴語「今王播棄黎老而孩童焉比謀」，韋注：「比，合也。」蓋周與比皆訓爲親爲密爲合，故辨别之如是：以義合者周也，以利合者比也。晉語：「吾聞事君者比而不黨。夫周以舉義，比也。舉以其私，黨也。」籍偃曰：『君子有比乎？』叔向曰：『君子比而不别。比德以贊事，比也。引黨以封己，利己而忘君，别也。』」彼之所謂比，即此之所謂周，周以舉義者也，比德以贊事者也。彼之所謂黨，即此之所謂比，舉以其私者也，引黨以封己者也。比與黨相近，則辨之曰「比而不黨」。比與别相近，則辨之曰「比而不别」，文義正與此相類。孔注訓周爲忠信，孫綽訓爲理備，皇侃訓爲博遍，皆失之。

按：以義合曰周，以利合曰比。既以義合，得非忠信耶？注未爲失，無所可譏，王氏之説非也。

【集解】孔曰：「忠信爲周，阿黨爲比。」

按：左傳文十八年正義引鄭注文與此同，而皇本、高麗本則作孔曰，蓋本鄭注而孔襲用之。

【唐以前古注】皇疏：周是博遍之法，故謂爲忠信。比是親狎之法，故謂爲阿黨耳。若互而言，周名亦有惡，比名亦有善者，故春秋傳云「是謂比周」，言其爲惡周遍天下也。易卦有比，比則是輔。里仁云「君子義之與比」，比則是親。雖非廣稱，文亦非惡。今此文既言周以對比，故以爲惡耳。

又引孫綽云：理備故稱周，無私故不比也。

【集注】周，普遍也。比，偏黨也。皆與人親厚之意，但周公而比私耳。

【餘論】朱子文集(答程允夫):尊賢容衆,嘉善而矜不能,此之謂周。溺愛徇私,黨同伐異,此之謂比。朱子語類:君子小人即是公私之間,皆是與人親厚。君子意思自然廣大,小人便生計較。周與比相去不遠,要須分别得大相遠處,君子與人相親亦有輕重有厚薄,但意思自公。

【發明】反身録:一友語及君子周而不比章,因告之曰:「君子視萬物猶一體,故愛無不溥,無所爲而爲也。即時而有好有惡,而好惡一出於公。好善固是愛,惡惡亦是愛。蓋侯明撻記無非欲其並生於天地間,而不至長爲棄人也。小人非無所愛,而所愛惟徇一己之私,有所爲而爲也。同己則狎昵親密,綢繆汲引;異己則秦、越相視,陰肆排詆,必使之無所容而後已。是有君子之愛,則福及羣生,人人得所,而朝野有賴。有小人之愛,則朋比作祟,黨同伐異,而禍延人國。漢、唐、宋、明君子小人之周比,其已然之效蓋可見矣。君子小人達而在上如此,其在下也亦然。君子居鄉則愛溥一鄉,而一鄉蒙其庥。小人居鄉則阿其所好,而一鄉被其蠹。有爲無爲,公私異同,始於一心之微,關乎世道之大,吾人不可不研幾而致審也。否則昧天理之公而流於人欲之私,處人接物將有愧於君子,同於小人,而不自覺者矣。」論語稽:周之爲字,以四圍環轉爲訓。比之爲字,則从之反耳。此論君子小人,兼學術治術言之。學術之隆汙,治術因之而升降。其始由一二學士大夫相標相榜,其終遂至朝野紛紛,黨同伐異,此一是非,彼一是非,浸至顛倒混亂而莫可究詰矣。夫子指出公私分界,爲千古立之防制,不啻於十世百世前已知有漢、宋朋黨之禍也。

# 論語集釋卷四

## 爲政下

○子曰：「學而不思則罔，思而不學則殆。」

【考異】釋文：「罔」，本又作「罔」。「殆」，依義當作「怠」。天文本論語校勘記：唐本、津藩本、正平本均作「冈」。

【集解】包曰：「學而不尋思其義，則罔然無所得。」何曰：「不學而思，終卒不得，徒使人精神疲殆。」

【唐以前古注】皇疏：夫學問之法，既得其文，又宜精思其義。若唯學舊文而不思義，則臨用行之時罔罔然無所知也。又一通云：罔，誣罔也。言既不精思，至於行用乖僻，是誣罔聖人之道也。

【集注】不求諸心，故昏而無得。不習其事，故危而不安。

【別解】王念孫讀書雜誌：史記扁鵲倉公傳：「拙者疑殆。」此殆字非危殆之殆，殆亦疑也。公羊傳襄四年注曰：「殆，疑也。」思而不學，則無所依據，故疑而不決。下云「多聞闕疑，多見闕殆」，殆亦疑也。經義述聞：何休襄四年公羊傳注：「殆，疑也。」謂思而不學，則事無徵驗，疑不能定也。

按：殆，舊注云「使人精神疲殆」，作「怠」義解固非，朱注釋爲危殆，義亦扞格難通。王氏以疑而不決釋之，自迎刃而解。誰謂訓詁無關於義理哉？錢氏大昕謂：「宋儒不明六書，往往望文生義，此其失也。」

【餘論】陸世儀思辨録：悟處皆出於思，不思無由得悟。思處皆緣於學，不學則無可思。學者，所以求悟也。悟者，思而得通也。故孔子曰：「學而不思則罔，思而不學則殆。」孟子亦曰：「心之官則思。」黄氏後案：學如博學詳説之學，謂讀書也。學而不思則罔者，循誦習傳，思未深，所學亦淺，無益於身也。薛氏讀書録言讀書惟精心尋思，於身心事物，反復考驗其理，則知聖賢之書皆有用。否則徒爲口耳文辭之資，所謂買櫝還珠，此戒罔者也。思而不學則殆者，存於心而難信，施諸事而難安也。天之生人，上智少而中人多。上智者本覺悟以參聞見，韓子所謂上之性就學而愈明也。中人先聞見而後知覺，思深而學淺，猶有滋其弊者，未有不學而能擴其思者也。

【發明】論語稽：思、學不可偏廢，一偏廢則罔殆之弊乘之。如今日漢學、宋學之分門，各據一偏以成一家言者，大抵皆爲學之始有所偏也。

○子曰：「攻乎異端，斯害也已。」

【考異】皇本「已」下有「矣」字。天文本論語校勘記：天文本「已」下有「矣」字，古本、唐本、津藩本、正平本同。

【考證】公羊文十二年傳注：他技奇巧，異端也。論語曰：「攻乎異端。」禮記大學注：他技，異端之技也。論語後録：異端即他技，所謂小道也。小道必有可觀，致遠則泥，故夫子以爲不可攻，言人務小道致失大道。戴震東原集：端，頭也。凡事有兩頭謂之異端。言業精於專，兼攻兩頭，則爲害耳。經學卮言：楊、墨之屬行於戰國，春秋時未有攻之者。當從戴説。相如封禪文及大學「他技」注、孟子「王之所大欲」注皆有「異端」字，古人皆如此解。論語補疏：漢世儒者以異己者爲異端。尚書令韓歆上疏欲立費氏易、左氏春秋。范升曰：「費、左二學無有本師，而多反異。孔氏曰：『攻乎異端，斯害也已。』」此以習左氏者爲攻乎異端。陳欽稱左氏孤學少與，遂爲異家之所覆冒。升以習左氏者爲異端，欽又以斥左氏者爲異端。惟賈逵通五經之説，奏曰：「三代異物，損益隨時，故先帝博觀異家，各有所採。易有施、孟，復立梁丘。尚書歐陽，復有大、小夏侯。今三傳之異亦猶是也。」又袁紹客多豪俊，並有才説。見鄭康成儒者，未以通人許之，競設異端，百家互起。康成依方辨對，咸出問表，皆得所未聞，莫不嗟服。蓋以儒者執一不能通，故各有一端以難之，是爲競設異端。康成本通儒，不執一，故依方辨對，謂於衆異之中，衷之以道也。是即康成之攻乎異端矣。道中於時而已，故孔子曰：「我則異於是，無可無不可。」各執一見，此以異己者爲非，彼亦以異己者爲非，而害成矣。

論語足徵記：春秋文十二年傳曰「惟一介斷斷焉無他技」，解詁曰：「斷斷，猶專一也。

他技，奇巧異端也。孔子曰：『攻乎異端，斯害也已。』」禮記大學篇鄭注義同。顏氏家訓省事篇：「古人云多爲少善，不如執一。鼫鼠五能，不成技術。近世有兩人，朗悟士也。性多營綜，略無成名，經不足以待問，史不足以討論，文章無可傳於集録，書跡未堪以留愛玩，卜筮射六得三，醫藥治十差五，音樂在數十人下，弓矢在千百人中，天文、畫繪、棊博、鮮卑語、煎胡桃油、鍊錫爲銀，如此之類，略得梗概，皆不通熟。惜乎以彼神明，若省其異端，當精妙也。」顏氏此言，正與何氏之言相發明，是異端者猶書、禮之「他技」，此經之「多能」。多能乃聖人之事，常人而務多能，必至一無所能。是故斷斷無他者，不攻異端之益也。多爲少善者，攻異端之害也。害在攻，不在異，何平叔已不得其解，云「善道有統，殊途而同歸。異端，不同歸者也」。即以害承異言矣。昌黎遂以異端與佛、老並言，朱注乃證明其義曰：「異端非聖人之道，而别爲一端，如楊、墨是也。」案夫子之時楊、墨未生，何由知之？孟子之闢楊、墨，雖廣爲之目曰邪説，曰詖行，曰淫辭，而不謂之異端，則異端非楊、墨之謂也。孫奕示兒編謂：「攻如攻人之惡之攻。已，止也。謂攻其異端，則害人者自止。」此説亦非也。阮公校勘記云：「皇本、高麗本『已』下有『矣』字。」則「也已矣」三字連文，皆語辭，與「吾末如之何也已矣」例同，可徵已字不得訓止也。

按：論語足徵記二卷，吴興崔適著。雖寥寥數十則，而考據精確。恐其失傳，本書幾於全部採入。其論古論語，謂：「古者字少，故有古人用假字，後世易以本字者，未有古人用本字，後世易以假字者。魯、古異讀，率魯用假字，古用本字，其爲贗古明甚。西京之末始出古論，以蝌蚪古文作之，謂爲先秦人書，欲以陵駕齊、魯之爲今文。實則劉歆所造，託之孔安國所傳，并爲作注以徵之爾。」尤爲獨具隻眼，非他考據家所及也。

【集解】攻，治也。善道有統，故殊途而同歸。異端，不同歸者也。

【唐以前古注】皇疏：攻，治也。古人謂學爲治，故書史載人專經學問者，皆云治其書、治其經也。異端，謂雜書也。言人若不學六籍正典，而雜學於諸子百家，此則爲害之深。

【集注】范氏曰：「攻，專治也。故治木玉金石之工曰攻。異端非聖人之道，而別爲一端，如楊、墨是也。其率天下至於無父無君，專治而欲精之，爲害甚矣。」（程子曰：「佛氏之言比之楊、墨尤爲近理，所以其害爲尤甚，學者當如淫聲美色以遠之，不爾則駸駸然入於其中矣。」）

【別解一】孫奕示兒編：攻如「攻人之惡」之攻。已如「末之也已」之已。已，止也。謂攻其異端，使吾道明，則異端之害人者自止。趙翼陔餘叢考：張鳳翼謂能攻擊異端則害可止。

四書賸言：陳晦伯作經典稽疑，引任昉王儉集序有云：「攻乎異端，歸之正義。」劉勰文心雕龍序亦云：「周公設辨，貴乎體要。尼父陳訓，惡乎異端。」則攻本攻擊之攻。錢大昕十駕齋養新録：攻乎異端，何晏訓攻爲治，朱文公因之。孫奕示兒編謂：「攻如『攻人之惡』之攻。已如『末之也已』之已。已，止也。謂攻其異端，使正道明，則異端之害人者自止。如孟子距楊、墨則欲楊、墨之害止，韓子闢佛、老則欲佛、老之害止也。」此説勝於古注。且與「鳴鼓而攻之」義亦同。

然任昉撰王文憲集序云：「攻乎異端，歸之正義。」前人已有是言矣。李塨論語傳注：異端非人道之常而別爲一端，如今佛、老是也。明太祖曰：「攻如攻城。已，止也。攻去異端，則邪説之害止，而正道可行矣。」

【別解二】論語補疏：韓詩外傳云：別殊類使不相害，序異端使不相悖。蓋異端者各爲一端，彼此互異，惟執持不能通則悖，悖則害矣。有以攻治之，即所謂序異端也。斯害也已，所謂使不相悖也。攻之訓治，見考工記「攻木之工」注。小雅「可以攻玉」，傳云：「攻，錯也。」繫辭傳「愛惡相攻」，虞翻云：「攻，摩也。」彼此切磋摩錯，使紊亂而害於道者悉歸於義，故爲序。韓詩序字足以發明攻字之意。已，止也。不相悖，故害止也。

【別解三】論語發微：公羊文十二年傳「惟一介斷斷焉無他技」，何休注：「斷斷，猶專一也。他技，奇巧異端也。孔子曰：『攻乎異端，斯害也已。』」疏云：「鄭注大學云：『斷斷，誠一之貌也。他技，異端之技也。』是與此合。」按斷斷專一即中庸之「用中」，大學之「誠意」。誠意而能天下平，用中而能經綸天下之大經，立天下之大本，知天地之化育。夫焉有所倚，無所倚則平也。此釋兩端而用中之謂也。中庸記云「執其兩端，用其中於民」，鄭注云：「兩端，過與不及。用其中於民，賢與不肖皆能行之。」按所謂執者，度之也。執其兩端而度之，斯無過不及而能用中。中則一，兩則異。異端即兩端。民受天地之中以生，所謂命也。是以有動作禮義威儀之則以定命也。有所治而或過或不及，即謂之異端。攻乎異端，即不能用中於民，而有害於定命，如後世楊、墨之言治國皆有過與不及，有害於用中之道。然其爲過不及之説，其奇足以動人之聽聞，其巧則有一時之近效。自聖人之道不明不行，則一世君臣上下易惑其説，是以異端之技至戰國而益熾。又云：孟子言「子莫執中」，執中無權，猶執一也。權者，能用之之謂也。過與不及，則有輕重，必有兩端，而後立其中，權兩端之輕重，而後中可用。不知有兩端而權之，則執中者無可用，而異端之説轉勝。故異端之熾由執中無權者致之，是以可與立者，尤貴乎可與權也。

【别解四】晉書索紞傳：攻乎異端，戒在害己。路史發揮：異端之害道，在所攻矣。聖人且不攻之者，非不攻之也，攻之則害尤甚也。論語集説：攻者，攻擊之攻。溺於偏識，暗於正理，皆所謂異端。節謂君子在明吾道而已矣。吾道既明，則異端自熄，不此之務而徒與之角，斯爲吾害也已。

按：蔡節論語集説十卷，宋藝文志不載，諸家藏書目俱未收，今惟見通志堂經解中，蓋罕見之本也。節，宋理宗時人。時理學方盛行，其所採以晦菴、南軒爲獨多。體例謹嚴，於其更易經傳動稱錯簡之處，不肯苟同。觀其注鄉黨末節，謂「嗅」疑作「嘆」，子路聞夫子時哉之言，拱手而起敬，感雉之去就得時，所以三嘆而作也。未敢輕於改經，姑闕之。可以知其宗旨所在。是書言簡意賅，可稱善本。而採摭未廣，則時代限之也。

王闓運論語訓：攻，猶伐也。先進篇曰：「鳴鼓而攻之。」道不同不相爲謀，若必攻去其異己者，既妨於學，又增敵忌，故有害也。

按：此章諸説紛紜，莫衷一是，此當以本經用語例決之。論語中凡用攻字均作攻伐解，如「小子鳴鼓而攻之」，「攻其惡，毋攻人之惡」，不應此處獨訓爲治，則何晏、朱子之説非也。已者，語詞。不訓爲止。如「末之也已」，「可謂人之方也已」，其例均同。則孫奕、錢大昕、焦循諸家之説非也。異端，何晏訓爲殊途不同歸，皇、邢疏則以諸子百家實之，朱注始指爲楊、墨、佛、老。考漢時以雜書小道爲異端，前人考之詳矣。孔子之時，不但未有佛學，並楊、墨之説亦未產生。當時只有道家，史記載孔子見老聃，歸而有如龍之歎，則孔子之不排擊道家甚明，不能以後世門户排擠心理推測聖人。然孔子時雖無今之所謂異端，而諸子百家之説則多萌芽於此時代，原壤之老而不死，則道家長生久視之術也。宰我短喪之問，則墨家薄葬之濫觴也。樊遲學稼之請，則農家並耕之權輿也。異端雖訓爲執兩端，而義實可通於雜學。中庸引子曰：「素隱行怪，後世有述焉，吾弗爲已矣。」子夏曰：「雖小道，必有可觀者焉，致遠恐泥，是以君子不爲也。」所謂素隱行怪，所謂小道，即異端也。君子止於不爲。若夫黨同伐異，必至是非蠭起，爲人心世道之害，故夫子深戒之也。

【餘論】黄氏日抄：孔子本意似不過戒學者他用其心耳。後有孟子闢楊、墨爲異端，而近世佛氏之害尤甚，世亦以異端目之。凡程門之爲佛學者遂陰諱其説，而曲爲迴護，至以攻爲攻擊，而以孔子爲不攻異端。然孔子時未有此議論，説者自不必以後世之事反上釋古人之言，諸君又何必因異端之字與今偶同而迴護至此耶？　四書恒解：古今稱異端必曰楊、墨、佛、老。楊、墨之道，孟子言之詳矣。闢佛、老者始於昌黎，然僧道之徒可闢，老、佛不可闢也。何者？老子與夫子問答皆中正之言，子贊之曰猶龍，又曰吾師，未嘗有一毫非議也。而後世一切法術怪誕皆託老子，老子何嘗有是耶？佛本西域，與中國言語不通，嗜欲不同。天憐其地之赤子無人化導，淪於禽獸，特生瞿曇氏以化之。其人天姿高明，生於貴胄，獨能了明義理，戒殺戒貪戒淫戒妄，皆聖賢之道也。老子與夫子言，禮記、家語、史記所載無非道者。後世妄爲神仙之説，雜以方技之流，奇幻詭秘，皆託於老子，於是人悉目老子爲異端矣。

按：四書恒解十卷，清四川劉沅著。沅史館有傳。光緒間由在籍紳士胡峻、顔楷等以沅所著書一百四十三卷呈請史館立傳，奉旨依議，蓋理學家也。其書除大學用古本，不從補傳，確有心得，卓然可傳外，餘如論語，雖於凡例列舉四庫所著録諸書，實則不過粧點門面，並未寓目，所參考者不過王罕皆四書匯參、張甄陶四書翼注而已。其人蓋有得於道家言者，故極推尊老子。惟滿紙先天後天無極太極，一派模糊影響之談，不止空疏已也。間有與朱子立異，亦皆前人所已言者。

【發明】焦氏筆乘：人之未知性命强訶佛、老者，以孔子有攻異端之語也。斯時佛未東來，安知同異？且令老子而異也，何孔子不自攻也？而今之人乃攻孔氏之所不攻耶？王汝止有言，同乎百姓日用者爲同德，異乎百姓日用者爲異端。學者試思百姓日用者誠何物耶？姑無論異端也。

反身録：程子以佛、老之害甚於楊、墨，其言有云：「昔之害近而易知，今之害深而難辨。」余亦云：儒外異端之害淺而易闢，儒中異端之害深而難距。世之究心理學者，多舍日用平常而窮元極賾，索之無何有之鄉。謂之反經而實異於經，謂之興行而實不同於日用平常之行，是亦理學中之異端也。故學焉而與愚夫愚婦同者是謂同德，與愚夫愚婦異者是謂異端。

黄氏後案：吕與叔解此謂異端不可攻，攻擊之而有害。説者謂其曲避時賢之佛學矣。觀朱子晚年論仁論義，欲學者分明限界，不宜儱侗言理。然則後人渾言心理，借仁義以談異端，害尤無窮也已。

按：程子以佛氏之言當如淫聲美色以遠之，宋儒作僞之言，不可爲訓。聖量至廣，無所不容，彼楊、墨之見距，以其爲孟子也。後儒無孔、孟之學，竊釋氏之緒餘，而反以闢佛自鳴，以爲直接道統，其無乃太不自量耶！

○子曰：「由！誨女知之乎！知之爲知之，不知爲不知，是知也。」

【考異】皇本作「不知之爲不知」。皇疏「知之爲知之」句無所明。後子路篇疏引文曰：「由！誨汝知之乎！不知爲不知，是知也。」亦只三句，疑當時本有如此者。

【音讀】釋文：知如字，又音智。羣經平議：此「知」字與下五「知」字不同。下五「知」字皆如字，此「知」字當讀爲志。禮記緇衣篇「爲上可望而知也，爲下可述而志也」，鄭注曰：「志，猶知也。」然則知與志義通。「誨女知之乎」即「誨女志之乎」，言我今誨女，女其謹志之也。荀子子道篇：「子路趨而出，改服而入。蓋猶若也。孔子曰：『志之，吾語女。奮於言者華，奮於行者伐，色知而有能者小人也。故君子知之曰知之，不知曰不知，言之要也。能之曰能之，不能曰不能，行之至也。』」韓詩外傳亦載其事，並與此章文義相同，而皆以「志之」發端。然則此文「知之」即「志之」無疑矣。論語足徵記：荀子子道篇：「孔子曰：『由志之，君子知之曰知之，不知曰不知，言之要也。能之曰能之，不能曰不能，行之至也。言要則知，行至則仁，既知且仁，又何加哉？』」以能對知，以仁對智，孔子之意本是如此。論語削存其半，復小變其文，則「是知也」之知，陸氏音智是也。禮記曲禮「疑事毋質」，注：「質，成也。彼己俱疑而己成言之，終不然則傷智。」疏：「若成言疑事，後爲賢人所譏，則傷己智也。故孔子戒子路云：『不知爲不知也。』」是鄭、孔皆讀此經爲「不知爲不知，是智也」。集解、集注皆如字釋之，誤矣。

【考證】史記仲尼弟子列傳：仲由字路，卞人也。少孔子九歲。韓詩外傳卷三：「孔子曰：『由志之，君子知之爲知之，不知爲不知，言之要也。能之爲能之，不能爲不能，行之要也。』」爲子路初改服入見時語。荀子非十二子篇：「言而當知也，默而當亦知也。」又儒效篇：「知之曰知之，不知曰不知，内不自以誣，外不自以欺，以是尊賢畏法而不敢怠傲，是雅儒者也。」此即夫子誨子路之義。皇本「不知之爲不知」，多一「之」字。

【集解】孔曰：「弟子，姓仲，名由，字子路。」

【唐以前古注】皇疏：若不知云知，此則是無知之人耳。若實知而云知，此乃是有知之人也。又一通云：「孔子呼子路名云：由！我從來教化於汝，汝知我教汝以不乎？汝若知我教則云知，若不知則云不知，能如此者，是有知之人也。」

【集注】由，孔子弟子，姓仲，字子路。子路好勇，蓋有强其所不知以爲知者。故夫子告之曰，我教汝以知之之道乎，但所知者則以爲知，所不知者則以爲不知，如此則雖或不能盡知，而無自欺之蔽，亦不害其爲知矣。況由此而求之，又有可知之理乎？

【餘論】論語意原：或聞而知之，或見而知之，聞見未爲得也，知之而後有得也。道猶嘉肴也，食焉則知其味，得之聞見者皆未食也。黄幹論語注義問答通釋（經正録引）：是非之心智之端，是是非非見得分明，便是智之發見而人之所以爲知也。今有人焉，所知之事則以爲知，所不知之事則以爲不知，乃是非之心自然發見，如此智孰大焉？心之虚明，是非昭著，故夫子以爲是知也。陳櫟四書發明（經正録引）：强不知以爲知，非惟人不我告，己亦不復求知，終身不知而後已。不知者以爲不知，則人必告我，己亦必自求知，豈非知之之道乎？

【發明】反身録：子路勇於爲善，所欠者知耳。平日非無所謂知，然不過聞見擇識外來填塞之知，原非自性本有之良。夫子誨之以是知也，是就一念獨覺之良，指出本面，令其自識家珍。此知既明，則知其所知固是此知，而知其所不知亦是此知。蓋資於聞見者有知有不知，而此知則無不知，乃吾人一生夢覺關也，既覺則無復夢矣。又曰：千聖相傳，只是如此。吾人之所以博學審問慎思明辨者，惟求此知。此知未明，終是冥行。此知既明，纔算到家。此知未明，學問無主。此知既明，學有主人。此知未明，藉聞見以求入門。此知既明，則本性靈以主聞見。

此知未明，終日幫補輳合於外，七八月之閒，雨集溝澮，非不皆盈，然而無本，終是易涸。此知既明，猶水之有本，原泉混混，逝者如斯夫，不舍晝夜。焦氏筆乘：子曰：「知之爲知之，不知爲不知，是知也。」又曰：「多聞，擇其善者而從之。多見而識之，知之次也。」即其言而並觀之，則學之所重輕見矣，奈何文滅質、博溺心者衆也？淮南子曰：「精神已越於外而事復反之，是失之於本而求之於末也。蔽其元光而求知於耳目，是釋其昭昭而道其冥冥也。」噫！世之言學而不蹈此者幾希。道不可知，求之者爭爲卜度，皆孔子所謂億也。毋論億而弗中，中亦奚益？關尹子曰：「不知道妄意卜者如射覆盂，高之存金存玉，卑之存石存瓦，是乎？非是乎？唯置物者知之。」噫！藉令覆盂之下而無所置也，射者不爲徒勞乎？一旦徹其覆而親見其無一物也，然後知向之金玉瓦石意見棼棼皆爲妄想。

## ○子張學干禄。

【考異】史記弟子傳作「問干禄」。四書通：本文無「問」字，意編次者因夫子救子張之失，故先之以此五字，以見夫子爲子張干禄發。劉開論語補注：余嘗疑「子張學干禄」之解爲不可通，以爲子張志務乎外，則誠不能免此，若謂專習干禄之事，恐未必然，豈子張終日所講求者獨爲得禄計耶？後聞鄉先生某斷此「學」字當爲「問」字，證以外注程子云「若顏、閔則無此問」，是明以干禄爲問也。余既信其言之有徵，後又得一切證，「子張問行」注云：「子張意在得行于外，故夫子反于身而言之，亦猶答干禄問達之意。」夫既同謂之答，則干禄亦屬子張之問可知。

然則朱子固亦以干禄爲問也，是「學」字爲「問」字之誤無疑矣。黄氏後案：趙鹿泉云：「本文『學』字當作『問』，據史記弟子傳及此章外注程説、三年學章注楊説。」亦備一義。

【考證】史記弟子傳：子張，陳人。論語孔子弟子目録：顓孫師，陽城人。論語後録：漢書地理志陽城縣屬陳留郡，即陳地。子張爲陳公子顓孫之後。顓孫自齊來奔，故魯人而亦得指爲陳人也。子張之子曰申祥，申亦顓孫也，周、秦之間申、孫聲相近。劉氏正義：梁氏玉繩古今人表考：「鄭目録謂陽城人。縣固屬陳也，而吕氏春秋尊師云：『子張，魯之鄙家。』考通志氏族略，顓孫氏出陳公子顓孫。左傳昭二十五年：『顓孫來奔。』張蓋其後，故又爲魯人。」梁氏旁證：子張當是陳顓孫之後以字爲氏者，故稱陳人。子張既從孔子遊，而其子申祥爲魯穆公臣，則居於魯非一世矣。張自烈四書大全辨：按史傳子張未嘗出仕，生平僅一見魯哀公耳。即其逸事不傳，必非希榮慕禄之輩。且史言夫子干七十二君而不見用，亦豈干禄者哉？蓋子張之學近於求爲世用，故記者目之爲干禄耳。

【集解】鄭曰：「子張，弟子也。姓顓孫，名師，字子張。干，求也。禄，禄位也。」

【集注】子張，孔子弟子。姓顓孫，名師。干，求也。禄，仕者之奉也。

【别解】趙佑四書温故録：「子張學干禄」，當從史記「問干禄」者爲正。大雅曰：「干禄豈弟。」「干禄百福。」張蓋疑而問其義也。羣經平議：子張學干禄，猶南容三復白圭。白圭見詩抑篇，干禄見詩旱麓篇。曰學曰三復，皆於學詩時孶求其義，非學求禄位之法也。史記弟子傳改作「問干祿」，則史公已不得其旨矣。倪思寬讀書記：詩曰：「干祿豈弟。」又曰：「干祿百福。」自古有干祿之語，子張是以請學之，猶樊遲請學爲稼爲圃之事也。論語訓：干祿豈弟，君道也。蓋太學之教有此一學。鄭氏述要：干祿，「祿」字集注本鄭説直以爲仕者之奉，自是議者紛紛，有以爲子張之賢當不至此。此是學詩「干祿」之句，如南容之三復白圭者。有因史記及程注「學」字作「問」，以爲子張問此詩之義者。有以爲求仕古人不諱言，禮曰「宦學事師」，傳曰「宦三年」，學干祿即學仕宦，而不以集注爲非者。按以上諸説惟學詩「干祿」於理尚近。但詩言「干祿」，亦非即俸祿之祿。爾雅祿訓爲福，是干祿即求福。子張蓋讀詩至此，不知福如何求，夫子教以修德之道，寡尤寡悔，則明無人非，幽無鬼責，吉無不利，福不期臻而自臻，故曰「祿在其中」。詩言「求福不回」，即此意也。

按：述要之説，釋祿爲福，較舊注俸祿爲勝；然意在爲聖門辨護，與程子謂「若顔、閔則無此問」，好貶抑古人者，其居心厚薄不可以道里計。昔元儒許魯山常言：「儒者以治生爲急。所謂干祿即問治生之道，孔子之答，與『君子謀道不謀食』一章同旨。諺云：『天不生無祿之人。』人之至於困苦窮餓者，必其人行止有虧，爲衆所厭惡。孔子教子張以言行寡尤悔，而祿即在其中，言似迂而實確，洵萬古處世之津梁，治生之秘訣也。」

【餘論】讀四書大全説：記言子張學干祿，是當世實有一干祿之學而子張習之矣。程子既有定心之説，及小注所引朱子之語曰意曰心，乃似子張所學者亦聖人之學，而特有歆羨祿位之心使然，則子張亦只是恁地學將去，記者乃懸揣其心而以深文中之曰：「其學也以干禄也。」夫子亦逆億而責之曰：「汝外修天爵而實要人爵也。」（雲峰語）此酷吏莫須有之機械，豈君子之以處師友之間乎？春秋齊、鄭如紀，本欲襲紀，且不書曰齊、鄭襲紀，不克。但因其已著之迹而書曰如，使讀者於言外得誅意之效，而不爲苛詞以摘發人之陰私。豈子張偶一動念於禄，而即加以學干禄之名邪？干禄之學隨世而改，於後世爲徵辟，爲科舉。今不知春秋之時其所以取士者何法，然敷奏以言，明試以功，唐、虞已然，於周亦應未改。王制大司馬造士進士之法，亦必有所論試矣。士而學此，亦不爲大害。故朱子之教人，亦謂不得不隨時以就科舉。特所爲科舉文字，當誠於立言，不爲曲學阿世而已。夫子之告子張，大意亦如此。蓋干禄之學當亦不外言行，而或摭拾爲言，敏給爲行，以合主者之好，則古今仕學之通病。於是俗學與聖學始同終異，其失在俗學之移人，而不在學之者之心。故夫子亦不斥其心之非，而但告以學之正寡尤寡悔，就言行而示以正學，使端其術而不爲俗學所亂，非使定其心而不爲利禄動也。聖人之教如天覆地載，無所偏倚，故雖云「不志於穀，不易得也」，而終不以辭禄爲正。學者之心不可有欲禄之意，亦不可有賤天職天禄之念。況如子張者，高明而無實，故終身不仕。而一傳之後流爲莊周，安得以偶然涉獵於俗學，誣其心之不潔乎？

【發明】論語補疏：樊遲請學稼，則孔子目爲小人。小人不求禄位者也。子張學干禄，孔子即告以得禄之道。聖人以事功爲重，故不禁人干禄，而斥夫學稼者也。

按：諱言禄仕，乃宋儒沽名惡習。輕薄事功，爲南宋積弱根由。二者均不可爲訓。考大戴記有子張問入官，即問干禄之意。羣經義證云：「中庸『好學近乎知』，漢書公孫弘傳、説苑建本篇引並作『好問』。疑學、問古皆通用。魯論作『學』，古論作『問』，字異而義則同。問干禄者，問其方也。」

**子曰：「多聞闕疑，慎言其餘，則寡尤；多見闕殆，慎行其餘，則寡悔。言寡尤，行寡悔，禄在其中矣。」**

【考證】論語述何：謂所見世也。殆，危也。春秋定、哀多微辭，上以諱尊隆恩，下以避害容身，慎之至也。經義述聞：殆，猶疑也。謂所見之事若可疑，則闕而不敢行也。悔，説文云：「悔，恨也。」劉氏正義：古者鄉舉里選之法，皆擇士之有賢行學業而以舉而用之，故寡尤寡悔即是得禄之道。當春秋時，廢選舉之務，世卿持禄，賢者隱處，多不在位，故鄭以寡尤寡悔有不得禄而與古者得禄之道相同，明學者干禄當不失其道，其得之不得則有命矣。孟子云：「古之人修其天爵，而人爵從之。」亦言古選舉正法。黄氏後案：學干禄，謂學仕者之事也。古人不諱干禄，詩之言「干禄」可證。曲禮曰「宦學」，左傳言「宦三年」，則古人不廢仕者之學。疑殆尤悔，互言見義。能慎此者，敷納明試不激不隨，得之固道也，失之命也。不然，欲爲僥幸之謀而尤悔交集，是傳所謂黜而宜者，其得之命也，失之固道也。凡經言「在其中」者，事不必盡然而舉其能然者也。君子道其常，亦盡其能然之道而已，無揣摩僥幸之法也。

【集解】包曰："尤，過也。疑則闕之，其餘不疑，猶慎言之，則少過。殆，危也。所見危者，闕而不行，則少悔。"鄭曰："言行如此，雖不得禄，得禄之道也。"

【唐以前古注】皇疏引范甯云：發言少過，履行少悔，雖不以要禄，乃致禄之道也。仲尼何以不使都無尤悔而言寡尤悔乎？有顔淵猶不二過，蘧伯玉亦未能寡其過，自非聖人，何能無之？子張若能寡尤悔，便爲得禄者也。

【集注】吕氏曰："疑者，所未信。殆者，所未安。"程子曰："尤，罪自外至者也。悔，理自内出者也。"愚謂多聞見者學之博，闕疑殆者擇之精，慎言行者守之約。凡言"在其中"者，皆不求而自至之辭。言此以救子張之失而進之也。程子曰：修天爵則人爵至。君子言行能謹，得禄之道也。子張學干禄，故告之以此，使定其心，而不爲利禄動。若顔、閔則無此問矣。或疑如此亦有不得禄者，孔子蓋曰"耕也，餒在其中"，惟理可爲者，爲之而已矣。

【餘論】南軒論語解：子張之學干禄，豈若世之人慕夫寵利者哉？亦曰士而禄仕，其常理耳。夫子獨告之以得禄之道謂在我者謹於言行而寡夫尤悔，則固得禄之道。夫謹言行者，非期於得禄也，亦非必得禄也，曰"禄在其中矣"，辭氣不迫而義則完矣。若告之以士不可以求禄，則理有所未盡，而亦非長善救失之方也。朱柏廬毋欺録：言而闕疑，立誠之道也。讀書亦然。

【發明】松陽講義：古之聖賢身居富貴，皆是不求而自至，其胸中未嘗有一毫希覬之念也。自聖學不明，士束髮受書，便從利禄起見，終身汲汲，都爲這一箇禄字差遣。一部五經、四書，幾同商賈之貨，只要售得去便罷了，未嘗思有益於身心，有用於天下，真是可歎！今日學者須先痛除此等念頭，將根脚撥正了，然後去用工，纔是真學。不然，即讀盡天下之書，譬如患病之人，日啖飲食，皆助了這病，毫無益於我。

按：陸氏之言切中時弊，與上所述各明一義，所謂「言各有當」也。

○哀公問曰：「何爲則民服？」孔子對曰：「舉直錯諸枉，則民服。舉枉錯諸直，則民不服。」

【考異】七經考文：古本「服」下有「也」字。釋文：「錯」，鄭本作「措」。劉氏正義：漢費鳳碑：「舉直措枉。」與鄭本合。説文云：「措，置也。」「措」正字，「錯」叚借字。史記孔子世家：魯哀公問政。對曰：「政在選臣。」季康子問政。對曰：「舉直錯諸枉，則枉者直。」司馬貞史記索隱曰：「哀公問何爲則民服，孔子答之。今以爲答季康子，蓋撮略論語文而失事實。」王若虛史記辨惑：論語所云「舉直錯諸枉，能使枉者直」，乃答樊遲問知之言耳。然則史遷之所引既誤，而司馬氏辨之者亦非也。翟氏考異：淮南説山訓有「舉枉與直，如何不得。舉直與枉，勿與遂往」四語，亦云孔子對季氏辭。而文子符言篇又以此四語屬老子。百家中影襲論語輾轉而大失真者頗多，今不盡列論。

【集解】包曰：「哀公，魯君謚。錯，置也。舉用正直之人，廢置邪枉之人，則民服其上。」

按：劉寶楠曰：「包以邪枉之人不當復用，故以錯爲廢置，與上句言舉言用之相反見義。此亦用人之一術，自非人君剛明有才，不克爲此。荀子王制篇：『賢能不待次而舉，罷不能不待須而廢。』即包義也。與夫子尊賢容衆之德似不甚合，且哀公與三桓釁隙已深，夫子必不爲此激論也。」

【唐以前古注】皇疏引江熙云：哀公當千載之運，而聖賢滿國，舉而用之，魯其王矣。而唯好耳目之悦，羣邪秉政，民心厭棄。既而苦之，乃有此問也。又引范甯云：哀公捨賢任佞，故仲尼發乎此言，欲使舉賢以服民也。釋文引鄭注：措，投也。

【集注】哀公，魯君，名蔣。凡君問皆稱「孔子對曰」者，尊君也。錯，舍置也。諸，衆也。程子曰：「舉錯得義，則人心服。」

【別解】困學紀聞：孫季和云：「舉直而加之枉上，則民服。枉固服於直也。舉枉而加之直上，則民不服。直固非枉之所能服也。」若諸家解，何用二諸字？

按：朱彝尊經義考：「孫應時論語説今佚，僅存説『舉直錯諸枉』一條於困學紀聞。季和，應時字也。餘姚人，世稱燭湖先生，爲象山弟子。四庫總目別集類有燭湖集二十卷，即其人也。」

論語述（四書辨證引）：黄氏日抄云：「錯者，置也。如賈誼『置諸安處則安』之類。錯諸者，猶云舉而加之也。舉直而加之枉者之上，是君子在位，小人在野，此民之所以服。舉枉者而置於直之上，是小人得志，君子失位，此民之所以不服。」論語述何：舉直錯諸枉，則民服。舉正直之人措之枉曲之上，貴教化也。劉氏正義：諸，之也。言投於下位也。案春秋時世卿持禄，多不稱職，賢者隱處，有仕者亦在下位，故此告哀公以舉措之道。直者居於上，而枉者置之下位，使其賢者得盡其才，而不肖者有所受治。亦且畀之以位，未甚決絶，俾知所感奮，而猶可以大用。故下篇告樊遲以「舉直錯諸枉，能使枉者直」，即此義也。

按：劉氏之説是也。以經解經，可與夫子告樊遲舜有天下選於衆，但言舉皋陶，不言錯四凶相證。若如諸家解，則二「諸」字爲虚設矣。集解、集注均失之。

【餘論】四書紹聞編：朱子論宋事，謂救其本根之術，不過視天下人望之所屬者舉而用之，使其舉錯用舍必當於人心，則天下之心翕聚於朝廷之上，其氣力易以鼓動。如衰病之人，鍼藥所不及，焫其丹田氣海，則氣血萃於本根，而耳目手足利矣。顧憲成四書講義：謂之直，必是曰是，又能匡人之是；非曰非，又能匡人之非。獨立自信，略無依違。此等人下之公論極向之，上之人最易惡之，所以舉之爲難。謂之枉，必是可爲非，又能阿人之非；非可爲是，又能阿人之是。曲意求容，略無執持。此等人下之公論極鄙薄之，上之人最易愛之，所以錯之爲難。故君子中清苦樸實忠厚謹飭者，縱居昏亂之世，不至盡見寵任。惟諂言諂行巧於阿旨者，縱清明之時，亦往往被暱矣。聖人下此二字，將君子小人之情推勘到纖毫含糊不得處，將時君世主之情推勘到纖豪矯彊不得處。經義述聞：舉直、舉枉者，舉諸直、舉諸枉也。因下錯諸枉、錯諸直而省諸字。

【發明】反身録：舉錯當與不當，關國家治亂，世運否泰。當則君子進而小人退，衆正盈朝，撥亂反治，世運自泰。否則小人進而君子退，羣小用事，釀治爲亂，世運日否。諸葛武侯有云：「親賢臣，遠小人，此先漢所以興隆也。親小人，遠賢臣，此後漢所以傾頹也。」言言痛切，可作此章翼注，人君當揭座右。

○季康子問：「使民敬、忠以勸如之何？」子曰：「臨之以莊，則敬；孝慈，則忠；舉善而教不能，則勸。」

【考異】文選沈約安陸昭王碑文注引論語：季康子問：「使民以敬如之何？」皇本作「臨民之以莊則民敬」，「勸」上有「民」字。七經考文曰：上一民字恐誤。

【音讀】應劭風俗通義過譽篇：歐陽歙曰：「舉善以教，則不能者勸。」三國志徐邈傳：舉善而教，仲尼所美。潘氏集箋：漢、魏人多於「教」字絶句。

按：劉寶楠曰：「『舉善而教不能』爲一句。漢、魏人引『舉善而教』，皆是趁辭。」

【考證】四書釋地三續：韓文考異「知其爲賢以否」下云：「以、與通用。」余因悟論語「敬忠以勸」，蓋康子欲使民敬，使民忠，與使民勸于爲善也。宜補注曰：「以，與也。」四書辨證：非但韓文可證也。大雅生民疏：「后稷是姜嫄首子，有同母弟妹以否。」周頌絲衣疏：「未知高子所言是此以否。」王制疏：「殷封夏后，但不知其名杞以否。」月令疏：「其數不欠少以否。」莊十五年疏：「夫人姜氏如齊，不知桓公有母以否。」僖八年疏：「止言之，不知與盟以否。」孔説以、與通用，固在韓前也。又「而誰以易之」，「不大聲以色」，論語集注、中庸章句以俱訓與。又儀禮鄉射禮「主人以賓揖」，大射儀「揖以耦左旋」，燕禮「君曰以我安」，鄭氏以俱訓與。以與通用見之正經又如此。約旨謂勸即是勸於敬忠，未得「以」字解故耳。經傳釋詞：以，猶而也。

劉氏正義：此欲康子復選舉之舊也。春秋時大夫多世爵，其所辟僚佐又皆奔走使令之私，善者不見任用，故夫子令其舉之。下篇言子游爲武城宰，夫子詢以得人。仲弓爲季氏宰問政，夫子告以舉賢才。皆此舉善之意也。

【集解】孔曰：「魯卿季孫肥。康謚。」包曰：「莊，嚴也。君臨民以嚴，則民敬其上也。君能上孝於親，下慈於民，則民忠矣。舉用善人而教不能者，則民勸勉也。」

【唐以前古注】皇疏引江熙云：言民法上而行也。上孝慈，民亦孝慈。孝於其親，乃能忠於君。求忠臣必於孝子之門也。

【集注】季康子，魯大夫季孫氏，名肥。莊，謂容貌端嚴也。臨民以莊，則民敬於己。孝於親，慈於衆，則民忠於己。善者舉之而不能者教之，則民有所勸而樂於爲善。張敬夫曰：「此皆在我所當爲，非爲欲使民敬忠以勸而爲之也。然能如是，則其應蓋有不期然而然者矣。」

【別解一】經義述聞：逸周書謚法曰：「五宗安之曰孝，慈惠愛親曰孝。」賈子道術篇：「親愛利子謂之慈，子愛利親謂之孝。」孝與慈不同而同取愛利之義，故子愛利其親謂之孝慈，因而上愛利其民亦謂之孝慈。表記曰：「威莊而安，孝慈而敬，使民有父之尊有母之親如此，而后可以爲民父母矣。」正義曰：「以威莊故尊之如父，以孝慈故親之如母。」論語言「臨之以莊則敬，孝慈則忠」，語意正與此同。淮南子修務訓云：「堯立孝慈仁愛，使民如子弟。」魏書甄琛傳：「慈惠愛民曰孝。」皆可證。包咸謂上孝於親，下慈於民，則民忠。揆之上下文義，皆爲不類，蓋古義之失其傳久矣。

【別解二】黄氏後案：「孝慈則忠」，諸家説甚費解。式三謂「孝」當作「孝」，謂引導之使人可仿效也。凡人有所仿效曰學，爲人所仿效曰教，其字皆從孝。孝有引導義。孝慈則忠者，以身導之，以恩養之，而民忠也。「孝」，篆文作「𡥈」，从爻諧聲，「孝」从老从子，二字迥不同。經史中二字互譌者多。禮表記：「威莊而安，孝慈而敬，使民有父之尊，有母之親。」鄉飲酒義：「君子之所謂孝者，非家至而日見之也。」保傅：「孝者䄌之。」皆當作「孝」。

【餘論】四書辨疑：此過高之論，無己以及物之念。聖人之道本所以維持天下國家，事皆在三綱五常之内，無非在我所當爲者，然亦以成物之實效爲期。天下國家遵之爲治，何嘗有不期而然者哉？況此章明是康子問使民敬忠以勸之道，夫子一一指示如此，則未有一字意不在民者。若從張説，則「慎終追遠」，「君子篤於親」，「故舊不遺」，亦皆在我所當爲；不當更言「民德歸厚」，「民興於仁」，「則民不偷」也。此等議論，專務高遠，迂誕無實。不惟誤己，而且誤人。敗事之患，蓋有不可勝言者。此近世學者之深蔽，不可不辨。四書通觀：前章何爲則民服之問，可見哀公之弱。此章使之一事，可見季氏之强。夫子答之，蓋謂舉錯之權在上而又不失其宜，如此何患乎弱。人心天理有以觸之，自然而應，何假使而後然哉？如此則何假乎强？

○或謂孔子曰：「子奚不爲政？」子曰：「書云：『孝乎惟孝，友于兄弟，施於有政。』是亦爲政，奚其爲爲政？」

【考異】皇本「乎」作「于」，漢石經亦作「于」。釋文云：「孝于」，一本作「孝乎」。「是亦爲政」下有「也」字。　白虎通德論、華氏、范氏兩後漢書孝傳引此文俱有「也」字。　釋文：「奚其爲爲政也」，一本無一「爲」字。

【音讀】九經古義：「子曰書云孝乎惟孝友于兄弟」，釋文作「孝于」，云：「一本作『孝乎』。」唐石經同。案蔡邕石經亦作「于」，故包咸注云：「孝于惟孝，美大孝之辭。」後世儒者據晉世所出君陳篇改「孝于」爲「乎」，以「惟孝」屬下句以合之，若非漢石經及包氏注，亦安從而是正邪？　經讀考異：按近讀從「孝乎」絶句，「惟孝」連下「友于兄弟」爲句。據包咸注作「孝于惟孝」，漢石經亦作「孝于惟孝」，古乎、于字同用，正與下「友于兄弟」屬詞相比。又華嶠後漢書劉平江革傳序云：「此殆所謂『孝乎惟孝，友于兄弟』者也。」太平御覽引亦作「孝乎惟孝，友于兄弟」，是古讀皆從「惟孝」絶句。前漢書王莽傳「皆曰安友于兄弟」，明以「友于」爲句，亦非自「惟孝」連讀。宋翔鳳四書釋地辨證：論語例作「於」字，引經而作「于」，則可斷「孝乎惟孝友于兄弟」八字爲書辭，「施於有政」以下爲孔子語。以有于字、於字顯爲區別也。　論語稽求篇「孝乎」不句而「惟孝」句，蔡邕書石經直以「孝乎」作「孝于」，明非斷句助字。而班固作白虎通，則儼然有「孝乎惟孝」四字。降此而潘岳、夏侯湛等明引論語，皆見於篇章之曉然者。閻若璩尚書古文辨僞曰：此與禮記「禮乎禮」，漢語「肆乎其肆」，韓愈文「醇乎其醇」相同，言孝之至也。論語古訓：晉夏侯湛昆弟誥、潘岳閒居賦敍、梁元帝劉孝綽墓志、唐徐堅初學記人事、李善注文選與陳伯之書、獨孤及李府君墓志、王利貞幽州石浮圖頌皆用「孝乎惟孝」之句，唐石經遂定作「乎」，後人并改包注，且有以「書云孝乎」爲句者，蓋因晚出書之謬而易論語本文也。

按：「孝乎惟孝」四字爲句，漢、魏、六朝相沿如是。程伊川經説曰：「書云孝乎者，書之言孝，則曰惟孝友于兄弟，施于有政。」是讀「孝乎」爲句始於伊川，朱子集注因之。論語詳解曰：「書云句，孝乎句，惟孝句。」亦沿襲程氏之謬者也。

【考證】包慎言論語温故録：後漢書郅惲傳：「鄭敬曰：『雖不從政，施之有政，是亦爲政。』」玩鄭敬所言，則「施於有政，是亦爲政」，皆夫子語。又云：白虎通云：「孔子所以定五經何？孔子居周末世，王道陵遲，禮義廢壞，强凌弱，衆暴寡，天子不敢誅，方伯不敢問。閔道德之不行，故周流冀行其道。自衞反魯，知道之不行，故定五經以行其道。故孔子曰『書云：「孝乎惟孝，友于兄弟。」施於有政，是亦爲政』也。」依白虎通説，則孔子對或人，蓋在哀公十一年後也。五經有五常之道，教人使成其德行，故曰「施於有政，是亦爲政」。劉氏正義：案包説是也。夫子以司寇去魯，故反魯猶從大夫之後。且亦與聞國政，但不出仕居位而爲之，故或人有不爲政之問。弟子記此章在哀公季康子問孔子兩章之後，當亦以時相次。夫子定五經以張治本，而首重孝友。孝友者，齊家之要，政之所莫先焉者也。有子言孝弟爲爲仁之本。其爲人也孝弟，不好犯上，必不好作亂。故孝弟之道明，而天下後世之亂臣賊子胥受治矣。夫子表章五經，又述其義爲孝經。孝經者，夫子所已施之教也。故曰行在孝經。王鳴盛尚書後案：蔡邕石經論語本作「孝于惟孝」，見洪适隸釋，太平御覽載華嶠後漢書劉平江革傳序、班固白虎通德論五經篇引並同。日本山井鼎所引足利本論語正如此。惟論語釋文云：「孝于，一本作『孝乎』。」故晉夏侯湛昆弟誥、潘岳閒居賦序、梁元帝劉孝綽墓志銘、唐李善注丘希範與陳伯之書、獨孤及衢州司士參軍李府君墓志銘、王利貞幽州石浮圖頌皆用「孝乎惟孝」之句，開成石經遂定作「乎」字。至宋以「書云孝乎」爲句，此則因僞書之謬而并亂論語之文也。黄氏後案：三國志魏武紀注「於」作「于」，合尚書體例。後漢書郅惲傳「於」作「之」，義尤順。李注云：「隱遁好道，在家孝弟，亦從政之義也。」李以家政言，亦合經義。曹之升四書摭餘說：孔子引書辭不知出何篇。魏、晉間晚出書竄入于君陳，皆以爲成王策命君陳語。王厚齋曰：「君陳蓋周公之子伯禽弟，見坊記注，他無所考。傳有凡、蔣、邢、茅胙祭。豈君陳其一人歟？凡伯、祭公謀父皆周公之裔，世有人焉，家學之傳遠矣。」閻百詩曰：「案禮記疏引鄭康成作詩譜曰：『元子伯禽封魯，次子君陳世守采地。』書音義亦據鄭注。明確至此，奈何因朱子未及，蔡傳所不言，概從抹煞？」余又按君陳，周公幼子，嗣爲周公。竹書「成王十一年，王命周平公治東都」，即君陳也。

四書辨證：竹書紀年「成王十一年，王命周平公治東都」，沈約注：「周平公即君陳，周公之子，伯禽之弟。」而説始於坊記注、魯頌譜。（元子伯禽封魯，次子君陳世守采地。）林之奇曰（坊記義疏引）：「君陳，漢孔氏但曰臣名，鄭氏云周公之子，蘇氏、陳少南俱以爲非，而陳少南爲詳明，謂周公命康叔，成王命蔡仲見於誥誡之辭，如是之審，況周公叔父，有大勳勞於成王，今命其子以繼父，何無懿親之語，若他人然，決無是理也。」

按：所謂書當是逸書。毛氏奇齡曰，凡諸書所引有孝乎者必論語，非君陳。如白虎通五經篇、晉書夏侯湛傳、潘岳閒居賦、陶潛孝傳及初學記、太平御覽所引皆作「孝乎惟孝」，則皆引論語，非引君陳。袁宏後漢紀亦曾引此，然其文曰：「此殆所謂孝乎惟孝，友于兄弟，施於有政者也。」夫不曰克施，而曰施於，此論語文也，君陳安得而有之？集注蓋本伊川經説。宋儒不知古文尚書之僞，不足深責。惟觀諸書所引皆稱論語，其決非君陳篇文無疑。作僞者不明句讀，可笑甚矣。讀者參照古文尚書疏證可也。

【集解】包曰：「或人以爲居位乃是爲政。孝乎惟孝，美大孝之辭。友於兄弟，善於兄弟也。施，行也。所行有政道，與爲政同耳。」

【唐以前古注】春秋左傳定四年正義引鄭注：或之言有人不顯其名，而略稱爲或。書微子正義引鄭注：或之言有也。孝經三才章正義引鄭注：孝爲百行之本，言人之爲行莫先於孝。皇疏：于，於也。惟孝，謂惟令盡于孝也。此語與尚書微異，而義可一也。又引范甯云：夫所謂政者，以孝友爲政耳。行孝友則是爲政，復何者爲政乎？引周書所以明政也。

或人貴官位而不存孝道，故孔子言如此也。

【集注】定公初年，孔子不仕，故或人疑其不爲政也。書，周書君陳篇。「書云孝乎」者，言書之言孝如此也。善兄弟曰友。書言君陳能孝於親，友於兄弟，又能廣推此心以爲一家之政。孔子引之，言如此則是亦爲政矣，何必居位乃爲爲政乎。蓋孔子之不仕有難以語或人者，故託此以告之。要之至理，亦不外是。

【餘論】四書稗疏：「子奚不爲政」，集注言定公初年，孔子不仕。又云：「蓋孔子之不仕有難以語或人者。」意謂定公爲逐其君兄者所立，孔子恥爲之臣，而託孝友之言以譏之。審然，則孝友爲借詞，而父兄祇爲口實矣。後世士大夫不合於時，託言歸養，乃不誠於君親之大者，豈聖人而爲此哉？夫子言孝友必有所致其孝友者，則此言之發必於母兄尚在時矣。定公初年，孔子年四十有餘，而定公中，載孔子出仕以後周流列國，更未聞有宅憂之事。伯兄早卒，故嫁子而孔子爲之主，則母兄之喪皆當在昭公之末。孝友之言，亦豈不言及而心愴乎？抑定公九年，孔子爲魯司寇，明年相公於夾谷，豈九年以前爲不孝不友之定公，九年以後爲孝友之定公乎？意此問答在昭公之世，而孝友之論，則集注所謂至理不外是者。誠爲韙論，勿容他爲之説也。論語述何：政者，正也。春秋定無正月者，昭非正終，定非正始也。夫子以昭公孫於齊之年適齊，以定之元年反魯不仕，故或人問之。引書「友于兄弟」爲孝者，繼體之君臣與子一例，定公，昭公之弟，不宜立者也。受國於季孫意如而不知討賊，則爲政之本失矣。書即位，與桓公、宣公例也。書癸亥公之喪至自乾侯，戊辰公即位，微辭也。是亦爲政，婉辭也。奚其爲爲政，直辭也。

趙佑温故録：聖人用之則行，舍之則藏。魯自不能用子，子奚從得爲政？或本失問。觀其後季桓子召之，遂以相魯，猶是定公之年。彼執昭無正終、定無正始爲不仕解者，徒迂而不切。

任啓運四書約旨：陳氏云：「定公五年以前不仕爲平子，五年以後不仕爲陽貨。」余謂或人此問不知的係何時，則孔子不仕之意不可臆度，但注明下「定公初年」四字，又下「難以語或人」五字，則舊説季孫意如廢昭公之子而立定公，定公於昭公爲不友即爲不孝之説爲當。若陽虎則無難直言之，且於孝友二字全無着矣。或問定公十年孔子仕魯又是爲何？曰此時意如已死，定公之罪只在討賊，意如死則無可討矣。

芮長恤匏瓜録：昭公失國，居於外者八年，卒死乾侯。越明年六月，始得歸葬。季孫意如廢公衍、公爲而立公子宋，是爲定公。公德意如之立己而不討逐君之罪。方且葬昭公於墓道之南，而又立煬宮以自神其事，意如爲之，定公聽之，魯之人未有非之者也。且定公之於昭公，其分則君臣，其親則兄弟也。公於意如，則君父之仇又兄弟之仇也。有君不事，周有常刑。今也貪得國而忘大倫，賞私勞而廢公義，何以爲政？且前此叔孫不敢從政之請，子家子猶能逃之，況孔子乎？因或人之問，而引君陳以告之曰「書云孝乎」，又曰「友于兄弟」，蓋亦微示諷切之意以曉魯人，非泛然而已也。曰然則夫子爲中都宰，爲大司寇，終事定公何也？曰斯時也，定公即位將十年矣，意如之死又五年矣，陽貨出奔，季斯悔禍，於此之時，不出而圖吾君，是終於懟定公而終無與人爲善之心也。故曰可以止而止，可以仕而仕，孔子也。

○子曰：「人而無信，不知其可也。大車無輗，小車無軏，其何以行之哉？」

【考異】新序節士篇引孔子曰：「大輿無輗，小輿無軏。」「車」並作「輿」。

【考證】淩焕古今車制圖考：據許、鄭説，則輗非轅端横木，軏非轅端上曲木自明顯。戴侗六書故曰：「轅端横木即衡也，輗乃持衡者。」不爲包咸説所誤，亦是卓見。戴氏震曰：「韓非子外儲説：墨子曰：『吾不如爲車輗者巧也，用咫尺之才，不爲一朝之事，而引三十石之任。』案大車鬲以駕牛，小車衡以駕馬，其關鍵則名輗軏。轅所以引車，必施輗軏而後行。信之在人，亦交接相持之關鍵，故以輗軏喻信。包氏以踰丈之輈、六尺之鬲而當咫尺之輗軏，疏矣。」阮氏又引太玄經云：「『閑次三：關無鍵，盜入門也。拔我輗軏，貴以伸也。』此則子雲用論語之義。其曰拔，則爲衡上之鍵可知，且與上關鍵同一義。」焕案：衡鬲横縛轅端，則非兩材相合釘殺可知。若釘殺則加榦焉，即可無事輗軏之持，又不必加縛矣。且轅端圍僅九寸餘，衡鬲圍亦必如之，若兩材牝牡相穿，鑿損當三四寸，加輗軏之横穿鑿損又二三寸，轅端之恃以能引重者所存幾何？兩服馬稍有左右，則轅頸與衡鬲必捩折矣。然則其制奈何？曰今之舁棺用獨龍杠，杠端鑿孔，横木爲小杠，鑿孔相對，以長釘貫而縛之，其横木可隨舁夫左右轉折。竊意衡鬲亦當如此。説文：「[illegible]，衡三束也。」徐鍇曰：「乘車曲轅木爲衡，別鎖孔縛之。」説文又云：「鞙，大車縛軛靼。靼，柔革也。」釋名：「鞙，懸也，所以懸縛軛也。」徐氏此説，實合古制。今定轅端與横木之中俱鑿圜孔相對，以軏直貫而縛之，是爲一束。橫木下左右縛軛，是爲衡三束。是説文之轐，統指衡之束輗束軛言之。衡軛既活，服馬即有轉折，無傷輗端，車亦弗左右摇。輈人所謂「和即安」也。又云：軏之用與轄同。轄爲鍵，軏亦爲鍵。鍵從金，則輗軏當以金爲之。事在金工，故車人不著矣。

按：淩君博通説文及戴、阮之學，所論甚確。其謂輗軏用金，與韓非子用木之説異，劉寶楠疑爲「木質用金裹之」是也。此外考證輗軏之制者，有盧文弨鍾山札記、許宗彦鑑止水齋集、戴震東原集、阮元揅經室集、宋翔鳳過庭録及拜經日記、論語後録、四書摭餘説等書，以無關宏旨，故不具録。

吕氏春秋貴信篇：故周書曰「允哉允哉」，以言非信則百事不滿也。又云：君臣不信，則百姓誹謗，社稷不寧處。官不信，則少不畏長，貴賤相輕。賞罰不信，則民易犯法，不可使令。交友不信，則離散鬱怨，不能相親。百工不信，則器械苦僞，丹漆染色不貞。

【集解】孔曰：「言人而無信，其餘終無可也。」包曰：「大車，牛車。輗者，轅端橫木以縛梔者也。小車，駟馬車。軏者，轅端上曲鉤衡者也。」

【唐以前古注】周禮考工記車人疏引鄭注：大車爲柏車，小車爲羊車。皇疏引鄭玄云：輗穿轅端著之，軏因轅端著之。又引江熙云：彦升曰：「車待輗軏而行，猶人須信以立也。」

按：晉書袁喬字彦叔，七録有袁喬論語注釋十卷，「升」疑「叔」字之訛也。

【集注】大車，謂平地任載之車。輗，轅端横木縛軛以駕牛者。小車，謂田車、兵車、乘車。軏，轅端上曲鉤衡以駕馬者。車無此二者則不可以行，人而無信亦猶是也。

【餘論】朱子語類：人無信則語言無實，何處行得？處家則不可行於家，處鄉黨則不可行於鄉黨，與「言不忠信，雖州里行乎哉」之意同。顧夢麟四書説約：人之所以爲人全在信，若無真心實意，面目雖存，精神已斷，不必論到行之隔礙處方見不可。就當下無此實心，便如車之無輗軏，已失其所以行之之具矣。

【發明】反身録：千虚不博一實，言一有不實，後雖有誠實之言，亦無人信矣。

○**子張問：「十世可知也？」子曰：「殷因於夏禮，所損益，可知也。周因於殷禮，所損益，可知也。其或繼周者，雖百世，可知也。」**

【考異】釋文：「可知也」，一本作「可知乎」，鄭本作「可知」。皇本「雖百世」下有「亦」字。太平御覽禮儀部述文有「亦」字。漢石經「損」字作「摃」。羅泌路史發揮引子曰：「商因夏禮，所損益，可知也。周因商禮，所損益，可知也。」亦以避廟諱，改殷爲商。

【音讀】劉氏正義：漢書杜周傳：「欽對策曰：『殷因於夏，尚質。周因於殷，尚文。』」此讀以夏、殷絶句。漢書董仲舒傳有「夏因於虞」之文，史記集解引樂記鄭注：「殷因於夏，周因於殷。」與杜讀同，則知今人以「禮」字斷句者誤。

【考證】困學紀聞：馬融注論語云：「所因，三綱五常。」大學衍義謂三綱之説始見於白虎通。愚按谷永傳云：「勤三綱之嚴。」太玄永次五云：「三綱得于中極，天永厥福。」其説尚矣。禮記正義引禮緯含文嘉有三綱之言，然緯書亦起於西漢之末。日知録：記曰聖人南面而治天下，必自人道始矣。立權度量，考文章，改正朔，易服色，殊徽號，異器械，别衣服，此其所得與民變革者也。其不可得變革者則有矣，親親也，尊尊也，長長也，男女有别，此其不可得與民變革者也。自春秋之并爲七國，七國之并爲秦，而大變先王之禮。然其所以辨上下，别親疏，决嫌疑，定是非，則固未嘗有異乎三王也。故曰：「其或繼周者，雖百世可知也。」

按：顧氏以禮記釋論語，義實較馬注爲長。

劉氏正義：夏、殷、周者，三代有天下之號。論衡正説篇：「唐、虞、夏、殷、周，猶秦之爲秦，漢之爲漢。」則以夏、殷、周皆地名。吕氏春秋本味篇：「和之美者，大夏之鹽。」水經涑水注：「涑水西南過安邑，禹所都也。」又引地理志：「鹽池在安邑西南，許慎謂之鹽，此即大夏之鹽。」則夏是地名。殷本稱商，在今商州。及盤庚遷殷，遂亦稱殷，或殷、商並稱，如詩言「殷、商之旅」是也。書序以盤庚治亳殷，是殷亦地名。詩江漢「于周受命」，鄭箋：「周，岐周也。」釋名釋州國：「周地在岐山之陽，其山四周也。」三代皆以所都地爲國號，如唐、虞之比。白虎通號篇謂夏爲大，殷爲中，周爲至。皆望文爲義，非也。

按：劉氏所著正義引證精博，此書行而邢疏可廢。

【集解】孔曰：「文質禮變也。」馬曰：「所因，謂三綱五常。所損益，謂文質三統。物類相召，世數相生，其變有常，故可豫知。」

【唐以前古注】御覽五百廿二引論語注云：世，謂易姓之世也。問其制度變易如何。所損益可知也者，據時篇目皆在可校數。自周以後，以爲變易損益之極，極於三王，亦不是過也。

按：御覽所引，劉寶楠以爲鄭注，未知何據。劉氏正義云：「案說文『世』作『丗』，云：『三十年爲一世。』此云易姓稱世者，引申之義。制度者，制，猶作也。度，法也，即禮也。注言此者，明子張是問後世禮也。夫子言夏禮、殷禮皆能言之，又中庸言『君子考諸三王而不謬』，是夏、殷禮時尚存，當有篇目可校數也。『以爲變易』，句有訛字。」

皇疏：又一家云：「自從有書籍而有三正也，伏犧爲人統，神農爲地統，黃帝爲天統。少昊猶天統，言是黃帝之子，故不改統也。顓頊爲人統，帝嚳爲地統。帝堯是爲嚳子，亦爲地統。帝舜爲天統。夏爲人統，殷爲地統，周爲天統，三正相承。若連環也。」今依後釋。所以必從人爲始者，三才須人而成，是故從人爲始也。而禮家從夏爲始者，夏是三王始，故舉之也。又不用建卯建辰爲正者，于是萬物不齊，莫適所統也。

筆解：韓曰：「孔、馬皆未詳仲尼從周之意，泛言文質三統，非也。後之繼周者得周禮則盛，失周禮則衰，孰知因之之義其深矣乎？」李曰：「損益者，盛衰之始也。禮之損益知時之盛衰。因者，謂時雖變而禮不革也。禮不革，則百世不衰可知焉。窮此深旨，其在周禮乎？」

【集注】王者易姓受命爲一世。子張問自此以後十世之事可前知乎。馬氏曰：「所因，謂三綱五常。所損益，謂文質三統。」愚按三綱，謂君爲臣綱，父爲子綱，夫爲妻綱。五常，謂仁義禮智信。文質，謂夏尚忠，商尚質，周尚文。三統，謂夏正建寅爲人統，商正建丑爲地統，周正建子爲天統。三綱五常，禮之大體，三代相繼，皆因之而不能變。其所損益，不過文章制度小過不及之間，而其已然之迹，今皆可見，則自今以往，或有繼周而王者，雖百世之遠，所因所革亦不過此，豈但十世而已乎？聖人所以知來者蓋如此，非若後世讖緯術數之學也。胡氏曰：「子張之問，蓋欲知來，而聖人言其既往者以明之也。夫自修身以至於爲天下，不可一日而無禮。天敍天秩，人所共由，禮之本也。商不能改乎夏，周不能改乎商，所謂天地之常經也。若乃制度文爲，或太過則當損，或不及則當益。益之損之，與時宜之，而所因者不壞，是古今通義也。因往推來，雖百世之遠，不過如此而已矣。」

【別解】陳澧東塾讀書記：子張問十世可知也。集解孔曰：「文質禮變。」其或繼周者，雖百世可知也。何注云：「物類相召，世數相生，其變有常，故可預知。」邢疏云：「子張問於孔子，夫國家文質禮變，設若相承，至於十世，世數既遠，可得知其禮乎？殷承夏后，因用夏禮，其事易曉，故曰可知也。周代殷立，而因用殷禮，及所損益事，事亦可知也。『其或繼周者，雖百世可知也』者，言非但順知既往，兼亦預知將來。」澧謂順知既往之説是，預知將來之説非也。十世者，言其極遠也。後世欲知前世，近則易知，遠則難知，故極之十世之遠。若前世欲知後世，則一世與十世其不可知等耳，何必問至十世乎？孔子言夏、殷禮杞、宋不足徵，一二世已如此，至十世則恐不可知，故子張問之。觀孔子之答但言禮，則子張之問爲問禮明矣。「其或繼周者，雖百世可知也」者，謂此後百世尚可知夏、殷以來之禮也。至今周禮尚存，夏、殷禮亦有可考者，百世可知信矣。邢疏之説本不誤，而又云「非但順知既往，兼亦預知將來」，不敢破何注之説，是其無定識也。

按：如陳説，百世可知即損益可知，兩可知緊相承注。史記孔子世家言：「孔子追迹三代之禮，編次其事，觀殷、夏所損益，曰後雖百世可知也。」則可知即謂編次之事，此當是安國舊義，適與世家闇合，故並著之。法言五百篇：「或問其有繼周者，雖百世可知也。秦已繼周矣，不待夏禮而治者，其不驗乎？曰聖人之言天也，天妄乎？繼周者未欲泰平也，如欲泰平也，捨之而用他道亦無由至矣。」據此文，則百世可知爲欲知後世，漢人舊説如是，陳氏之説非也。

【餘論】四書辨疑：「所因，謂三綱五常。所損益，謂文質三統。」馬氏本文止此而已。疏云：「夏尚文，殷則損文而益質。」又曰「王者必一質一文，質法天，文法地」而已，亦不言其有尚忠者。董仲舒云：「夏尚忠，殷尚敬，周尚文。」注文與此亦不盡同，當是别有所據。然文與質可分言，忠與文質何可分耶？忠乃人道之切務，天下國家不可須臾離者，豈有損去而不用者哉？豈有夏尚忠而殷、周此不尚者哉？讀四書大全説：古帝王治天下之大經大法統謂之禮，故六官謂之周禮。三綱五常是禮之本原，忠質文之異尚，即此三綱五常見諸行事者，品節之詳略耳。所損所益即損益此禮也，故本文以所字直頂上説。馬季長不識禮字，將打作兩橛，三綱五常之外別有忠質文。然則三綱五常爲虛器而無所事，夏之忠、商之質、周之文又不在者三綱五常上行其品節，而別有施爲，只此便是漢儒不知道、大胡亂處。夫三綱五常者，禮之體也。忠質文者，禮之用也。所損益者固在用，而用即體之用，要不可分。況如先賞後罰，則損義之有餘，益仁之不足。先罰後賞，則損仁之有餘，益義之不足。是五常亦有損益也。商道親親，舍孫而立子，則損君臣之義，益父子之恩。周道尊尊，舍子而立孫，則損父子之恩，益君臣之義。是三綱亦有損益也。

王夫之四書訓義：子張以聖人垂教以爲天下之經，將俟之百世，而非但爲一時補偏救弊之術，則必知後世人道之變遷與王者所以定之之略，故問於夫子，以爲從茲以後，易姓革命而有天下至於十世，其所以宰制萬方而成乎風俗者，當必有可知也。子曰：有萬世不可易之常道焉，上明之，下行之，則治；不然則亂；亂極，則有開一代之治者出焉。必復前王之所修明者，而以反人心於大正，而可承大統而爲一世。其道必因，其所因之道曰禮。三綱之相統也，五常之相安也，人之所以爲人也，所必因也。有所以善其因而爲一代之典章焉。前人創制本極乎無敝，流及後世，上不能救之於早，下日益趨於弊矣，因之而成乎極亂，極亂而人心相習於妄，若復因前人之法治之，則不可挽而歸於中，於是而治定功成之主出焉，必矯前代之偏以自立風尚而爲一世。裁前代之所已有餘者而節去之曰損，補前代之所不及防者而加密焉曰益，有忠質文之遞興也，五德三統之相禪也，君子之所以異於野人，諸侯之所以奉若天子也。所損益也，自其因者而知之，則同此一天下必無不因之理，其不能因者，亂世也，閏位也，不可以世紀者也，以理信之而不可惑。自其損益者而知之，則撥亂反治之天下必無不損不益之理，其損非所損，益非所益者，亂世也，閏位也，不可以世言者也。若其易姓革命開興王之治而垂之數百年者，則無不可知也已。

論語集注補正述疏：凡讖緯之書，以圖讖爲毖緯焉，術數存其間矣。六經而有七緯者，益之孝經也。或曰益之論語也。漢人謂之内學，曰此聖人所以知來者也。何其誣也！史記趙世家云：「公孫支書而藏之，秦讖於是出矣。」蓋秦方有焉，故曰「亡秦者，胡也」，曰「明年祖龍死」，曰「楚雖三户，亡秦必楚」，皆讖也。迨漢哀、平之際，而遂成書矣。後漢光武之興，與讖適符，遂蔽而讀之廡下，儒者所由以緯亂經也。春秋哀公十有四年「春，西狩獲麟」，公羊傳云：「何以書？記異也。」傳不以讖言也。何休注云：「得麟之後，天下血書魯端門曰：『趨作法，孔聖没，周姬亡，彗星出，秦政起，胡破術，書記散，孔不絕。』子夏明日往視之，血書飛爲赤烏，化爲白書，署曰演孔圖。」此何休之學之妄也。宋邵子爲皇極經世之書，其言易也，則自爲其術數焉。蓋自堯以來，以十二辟卦司十二會，以一元統十二會，以十二會統三十運，以三十運統十二世。其一世統三十年，一年統十二月，一月統三十日也。而世之治亂興亡皆以卦序推之，其紀年與尚書、史記表不悉同。今其書不隸易家而隸術數家，以其非孔子所謂易也。

○子曰：「非其鬼而祭之，諂也。

【考證】淩曙四書典故覈：祖考之祭，命于天子，如任、宿、須句、顓臾司少皞之祀，蓼、六守皋陶之祀。若鄭伯以璧叚許田，請祀周公；衛成夢康叔曰：「相奪予享。」乃命祀相，皆非其鬼也。

又尊卑有等，如王制、祭法所云廟數有定。若魯之不毁桓、僖，季氏之以禱而立煬宫，皆非其鬼也。

戚學標四書偶談：左傳「民不祀非族」，正指人鬼之非祖考者。如隱七年，鄭伯請釋泰山之祀而祀周公；僖三十一年，衛成遷都欲祭夏相；皆所謂非其鬼而祭。講家反脱祖考一面，由不認得鬼字。

論語稽求篇：鬼是人鬼，謂人之爲鬼者，專指祖考言，故又曰其鬼。周禮大宗伯職「掌天神人鬼地祇之禮」，以人鬼爲祖考是也。但非祖考則誰肯爲之祭者？左傳曰：「神不歆非類。民不祀非族。」非類、非族正指人鬼之非祖考而猶祭者，則在春秋時亦早有以人鬼受享，如漢祀欒公，吴祀蔣侯，蜀祀武安王類。故僖三十一年傳，衛成公遷都帝丘，欲祀夏相。夏相者，夏后啓之孫也。甯武子止之曰：「不可。杞、鄫何事？」言彼自有子孫，杞、鄫是也。杞、鄫何事，而我祭之？若隱七年，鄭伯請釋泰山之祀而祀周公，此欲易許田而故請之，皆願祀他鬼之證。若祭法「人死曰鬼」，又以無廟壇而祭者爲鬼，如官師以王父爲鬼，庶人父死即爲鬼，此單指無廟祭者言，然總是人鬼。若謂非鬼即天地山川之祭，如季氏旅泰山類，則未聞天神稱天鬼，泰山神稱泰山之鬼者，謬矣。

按：四庫總目提要論之曰：「注引季氏旅泰山固爲非類。奇齡謂鬼是人鬼，專指祖考，故曰其鬼，引周禮大宗伯文爲證，謂泰山之神不可稱泰山之鬼，其説亦辨。然鬼實通指淫祀，不專言人鬼。果如奇齡之説，宋襄公用鄫子於次睢之社，傳稱『淫昏之鬼』者，其鬼誰之祖考耶？」

雷學淇經説：魯侯之祭鍾巫，晉侯之祀夏郊，鄭之請祀周公，衛之命祀后相，皆非其鬼，通謂之淫祀無福。

【集解】鄭曰：人神曰鬼。非其祖考而祭之者，是諂求福也。

【集注】非其鬼，謂非其所當祭之鬼。諂，求媚也。

按：鄭注專指非其祖考，不若集注之義該。以諂爲求福，亦不如集注之義確。人鬼亦不盡爲祖考也。祭法：「法施於民則祀之，以死勤事則祀之，以勞定國則祀之，能禦大災則祀之，能捍大患則祀之。」月令：「仲夏，命百縣雩祀百辟卿士有益於民者。」王制：「天子諸侯祭因國之在其地而無主後者。」此亦其鬼也。詩雅、頌每言祭必言福，孔子亦自言祭則受福，求福非可謂諂也。禮記曲禮云：「天子祭天地，祭四方，祭山川，祭五祀，歲徧。諸侯方祀，祭山川，祭五祀，歲徧。大夫祭五祀，歲徧。士祭其先。凡祭，有其廢之，莫敢舉也；有其舉之，莫敢廢也。非其所祭而祭之，名曰淫祀。淫祀無福。」可爲此節注脚。

**見義不爲，無勇也。」**

【集解】孔曰：「義者，所宜爲也。而不能，是爲無勇也。」

【集注】知而不爲，是無勇也。

【別解】論語發微：自三王五帝九皇六十四民，雖降絀絶地，廟號祝牲猶列於郊號，宗於代宗。既立三統，損益昭明，而明堂郊廟無非法之祭。周書大匡云：「勇如害上，則不登於明堂。明堂所以明道，明道惟法。」左文二年傳云：「周志有之，勇則害上，不登於明堂。死而不義，非勇也。」杜注：「明堂，祖廟，所以策功序德，故不義之士不得升。」是勇而不義，不可爲勇。論語訓：凡大夫祭諸侯，諸侯祭天子，及當祧不祧，皆非其鬼。此承上言改祀典之義。

按：此説意在合兩節爲一，然究屬牽强。

【餘論】論語注義問答通釋：非鬼而祭，見義不爲，事非其類而對言之，亦告樊遲問知之意也。一則不當爲而爲，一則當爲而不爲。聖人推原其病之所自來，則曰非鬼而祭，有求媚要福之心也。見義不爲，無勇敢直前之志也。劉氏正義：此章所斥，似皆有所指。或謂季氏旅泰山是祭非其鬼，凡鬼神得通稱也。冉有仕季氏弗能救，是見義不爲也。説亦近理。

【發明】四書訓義：君子以正直交於神明，無所求於鬼者，乃可以質鬼神而無媿。以死生守其節義，不畏其難爲者，乃可以有所不爲而保其貞。無他，惟全其剛直之氣而已矣。不然，吾未見其可以邀福而免禍也。論語稽：非鬼而祭，意在邀福，卒之福不得邀，徒形於諂。未見義而不爲無足怪，見而不爲，一由於畏難，一由於避禍。畏難不過庸碌者流，避禍則賢者不免。夫遇禍而在所當避，避之可也。如不當避而避之，則畏葸退縮，是無勇矣。豈知富貴在天，死生有命，邀福者未必得福，避禍者未必免禍，小人枉爲小人哉！

# 論語集釋卷五

## 八佾上

○孔子謂季氏，「八佾舞於庭，是可忍也，孰不可忍也？」

【考異】御覽居處部引無「也」字。　翟氏考異：皇氏侃謂此不標季氏而以八佾命篇者，深責其惡，故書其事也。夫篇名非自聖人，何嘗有寓褒貶意？惟第十六篇篇首又值季氏字，此因更以下二字命篇耳。其不於後避前，而前若豫爲地，蓋以論纂成後一時標識而然。

【考證】吴仁傑兩漢刊誤補遺：舞必以八人成列，故鄭賂晉以女樂二八，晉侯以樂之半賜魏絳，亦是以八爲列。此「二人」乃「二八」之誤。　歐陽士秀孔子世家補：魯隱公考仲子之宫初用六佾，則魯羣公之廟庭由是亦皆六佾可知。季氏大夫當用四佾，而乃僭用八佾，故於襄廟六佾之中取其四佾，并自有之四佾而成八佾。以此知「萬者二人」之當作「二八」明矣。　論語後録：據左傳謂季氏即平子。又引漢書劉向傳，向上封事曰：「季氏八佾舞於庭云云，卒逐昭公。」其爲平子無疑。馬注以爲桓子，非。　吕氏春秋云：「秦穆公遺戎王以女樂二八。」宋玉招魂云「二八侍宿」，王逸注：「二八，二列也。」後漢書祭祀志：「舞用童男女十六人。」是古皆以八人爲列，亦足證服説之確。　劉氏正義：公羊、穀梁傳並謂天子八佾，諸公六佾，諸侯四佾。魯，侯國，用六佾爲僭。服虔左傳解誼云：「天子八八，諸侯六八，大夫四八，士二八。」與馬此注同。杜預注左傳，謂六佾三十六人，四佾十六人，二佾四人。宋書樂志載傅隆議，譏杜氏，謂：「舞所以節八音，八音克諧，然後成樂，故必以八人爲列。自天子至士，降殺以兩。兩者，減其二列，預以爲一列。又減二人，至士止有四人，豈復成樂？」又引左氏傳「鄭伯納晉悼公女樂二八，晉侯以一八賜魏絳」。是樂以八人爲列，服氏之義實爲當矣。魯本六佾，季氏大夫，得有四佾。至平子時，取公四佾以往合爲八佾，而公止有二佾。故左氏言「禘於襄公，萬者二八」。二八則二佾也。祭統云：「昔者周公旦有勳勞於天下，成王、康王故賜之以重祭。朱干玉戚以舞大武，八佾以舞大夏，此天子之樂也。康周公，故以賜魯也。」又明堂位曰：「成王以周公爲有勳勞於天下，命魯公世世祀周公以天子之禮樂。朱干玉戚，冕而舞大武；皮弁素積，裼而舞大夏。」是魯祭周公得有八佾，其羣公之廟自是六佾。而公羊昭公二十五年傳：「子家駒謂魯僭八佾。」此或昭公時所僭用於羣廟矣。郊特牲云：「諸侯不敢祖天子，大夫不敢祖諸侯，而公廟之設於私家，非禮也，由三桓始也。」公廟謂桓公廟，三家皆桓出，故因立其廟。而以周公廟得用天子禮樂，遂亦於桓公廟用之。　鄭氏述要：每佾人數集注有兩説，而世儒多主後説。其所引據最要者，即以傳載「鄭以女樂二八賂晉侯，晉侯以一八賜魏絳」，是樂舞無論俗雅，八人爲列，已有明證矣。若人數與佾遞降，則至士二佾四人，事實上即不成舞列。故造字者佾從八人，無八人即非佾，事理如此。是每佾八人，顯較前説爲優矣。而集注何以兩説並存，且并置此爲後説乎？吾蓋詳閲春秋經、傳，知其誤有由也。春秋隱五年經書「初獻六羽」，左傳載「公問羽數於衆仲。對曰：『天子用八，諸侯用六，大夫四，士二。夫舞所以節八音而行八風也，故自八以下。』公從之。於是初獻六羽，始用六佾也」云云。自是杜注即誤以問羽數爲問執羽者之人數，自八以下即誤爲自八人以下。杜注誤於前，難怪集注之誤於後矣。然傳意并非如此。觀其釋經「初獻六羽」曰：「始用六佾也。」是羽即佾也。知羽之即佾，則公問羽數即問佾數。所謂天子八，諸侯六，自八以下等語，皆就佾數言，與人無關也。程拳時四書識遺：漢百官志：「八佾舞三百八十四人。」（近本無「四」字。）據此是四十八爲列也，與杜預、何休注迥異。

按：説文無「佾」字，肉部：「㑭，振㑭也。从肉，八聲。」疑古止省作「㑭」。㑭字从八，則凡佾宜皆以八人爲列，服氏説爲長。沈約宋書樂志：「杜預注左傳佾舞云：諸侯六六三十六人。常以爲非。夫舞者所以節八音者也。八音克諧，然後成樂，故必以八人爲列。自天子至士，降殺以兩。兩者，減其二列耳。預以爲一列，又減二人，至士只餘四人，豈復成樂？按服虔注傳云：『天子八八，諸侯六八，大夫四八，士二八。』其義甚允云云。」蓋亦主服説也。惠士奇春秋説：左傳「將禘于襄公」云云。臧孫曰：「此之謂不能庸先君之廟。」論語孔子謂季氏「八佾舞于庭」是也。不用之於先君之廟，而用之於季氏之庭，故曰「是可忍也，孰不可忍也」。

管同四書紀聞：左昭二十五年傳曰：「將禘於襄公，萬者二人，其衆萬於季氏。臧孫曰：『此之謂不能庸先君之廟。』大夫遂怨平子。」君臣謀之，而乾侯之難作矣。夫昭公欲逐意如，誠可謂輕舉而得禍。而其臣臧、郈等之勸以逐者，皆爲私也。然而季氏之惡豈復可忍乎？謂昭公制之不得其道則可，謂季氏之惡可忍而不誅，則亂臣賊子無一而非可忍之人矣。而觀左氏及公羊，則當時之人率以意如爲可忍，故孔子特發此言，寬弱主，罪逆臣，而深警當時之瞶瞶者。劉氏正義：「氏」者，五經異義云：「所以别子孫之所出。」凡氏或以官，或以邑，或以王父字。魯季孫得氏自文子始，以文子爲季友孫也。此文季氏及下篇「季氏旅於泰山」，「季氏富於周公」，「季氏將伐顓臾」俱不名者，内大夫，且尊者宜諱之也。又曰：說文：「忍，能也。」廣雅釋言：「忍，耐也。」「能」與「耐」同。當時君臣不能以禮禁止，而遂安然忍之，所謂魯以相忍爲國者也。後漢荀爽對策及魏高貴鄉公、文欽、晉元帝、盧諶、庾亮等，凡聲罪致討，皆用此文説之。周柄中四書典故辨正：季氏，集解以爲桓子。案漢書劉向傳「季氏八佾舞於庭云云，卒逐昭公」，吴斗南兩漢刊誤補遺曰：「昭公二十五年，禘於襄公，萬者二人。其衆萬於季氏。孔子曰：『是可忍也，孰不可忍也？』蓋言尊家庭而簡宗廟，一至於此，其勢將無所不爲，故向終其事曰『卒逐昭公』。真得聖人之微意。」據此季氏乃平子，非桓子。

按：此季氏當指平子。左傳昭公二十五年：「將禘於襄公，萬者二人，其衆萬於季氏。」林堯叟注：「季氏舞八佾，恐即此事。」漢書劉向傳：「季氏八佾舞于庭云云，卒逐昭公。」與左傳、林注合，是季氏確指平子，馬注以爲桓子誤也。劉寶楠曰：「平子既僭，桓子當亦用之，然此言於孔子未仕時可也。若孔子既仕，行乎季孫，此等僭制必且革之。韓詩外傳：『季氏爲無道，僭天子，舞八佾，旅泰山，以雍徹。孔子曰：是可忍也，孰不可忍也？然不亡者，以冉有、季路爲宰臣也。』此以季氏爲康子，與此馬注以爲桓子皆是大略言之，不爲據也。」忍字有敢忍、容忍二義。春秋傳所謂「忍人」，此敢忍之義也。所謂「君其忍之」，此容忍之義也。觀魏、晉以來討賊文告均用此語，是容忍本漢人舊説，蓋所以寬弱主，罪逆臣。集注於八佾及忍字均兼存兩説，後一説義均較長。

【集解】馬曰：「佾，列也。天子八佾，諸侯六，卿大夫四，士二。八人爲列，八八六十四人。魯以周公故受王者禮樂，有八佾之舞。季桓子僭於其家廟舞之，故孔子譏之。孰，誰也。」

【唐以前古注】皇疏：謂者，評論之辭也。夫相評論有對面而言，有遥相稱評。若此後子謂冉有曰「汝不能救與」，則是對面也。今此所言是遥相評也。

【集注】季氏，魯大夫季孫氏也。佾，舞列也。天子八，諸侯六，大夫四，士二。每佾人數如其佾數。或曰：「每佾八人。」未詳孰是。季氏以大夫而僭用天子之禮樂，孔子言其此事尚忍爲之，則何事不可忍爲。或曰：「忍，容忍也。」蓋深疾之之辭。

【餘論】毛士春秋諸家解：魯僭八佾起於隱公。春秋隱五年書「考仲子之宫，初獻六羽」。公羊傳：「初獻六羽何以書？譏。何譏爾？譏始僭諸公也。」僭諸公猶可言也，僭天子不可言也。蓋仲子者，隱之父妾。既隆其父妾，則必更隆其先君，前此六佾惟祭羣公用之，今隱既以是尊仲子，無使祖考等於妾媵之理，其復崇諸公加六爲八可知。

按：季氏僭用八佾，由於魯君僭用天子之禮樂。此禮魯僭八佾起於隱公，以公羊傳爲據，亦一證也。

潘氏集箋：魯至定、哀時，禮樂征伐自大夫出。而八佾爲廟樂之僭不書於春秋者，春秋例不書大夫之祭。夫子此論，所以補春秋之闕也。

○三家者以雍徹。子曰：「『相維辟公，天子穆穆』，奚取於三家之堂？」

【考異】舊文「徹」爲「撤」。五經文字曰：「撤，去也。見論語。」論語釋文曰：「『撤』，本或作『徹』。」詩「雍」字作「雝」。黄氏後案：「徹」當作「勶」。「徹」借字，「撤」俗字。見説文段注。皇本「穆穆」下有「矣」字。

【考證】四書稗疏：集注云：「徹，祭畢而收其俎也。」今按祭之有樂，殷以之求神，周以之侑神，故必當祭而作。有升歌，有下舞，皆在尸即席獻酢之際。及尸謖奏肆夏，則樂備而不復作。若徹，則尸謖主人降。祝先尸從，遂出於廟門，主人餕畢而後有司徹。徹者有司之事，主人且不與矣。尸與主人皆不在，神亦返合於漠，而尚何樂之作哉？抑繹雍詩之文義，皆非祭畢之辭。蓋大禘之升歌，則雖天子，不於徹時奏之。三家雖僭，奚爲於人神皆返之後更用樂乎？然則徹者，少牢饋食禮所謂「有司徹」，蓋大夫賓尸之祭名也。天子諸侯則於祭之明日繹，而大夫則於祭日之晏徹。徹以賓尸而用樂者，春秋「壬午，猶繹。萬入去籥」，是繹而用樂也。大夫少牢饋食徹以賓尸，則不用樂徹，而用樂又歌雍焉，斯其所以爲僭。正祭之日，升歌清廟，繹則歌雍。其詩曰：「既右烈考，亦右文母。」既云者，言其前日之已致虔也。然則奚以別於絲衣？蓋絲衣者，時享而繹之詩。雍者，禘而繹之詩。熟繹詩文當自知之。四書辨證：郊特牲：「諸侯不敢祖天子，大夫不敢祖諸侯。而公廟之設於私家，非禮也，由三桓始也。」鄭注：「仲孫、叔孫、季孫皆立桓公廟。魯以周公之故，立文王廟。三家見而僭焉。」賈疏：「天子禮樂特賜周公，魯惟文王廟、周公廟用之，若用於他廟則僭。」據此章推之，春秋時魯祭他廟必嘗用雍徹，故三家祀桓公亦用之。劉氏正義：左桓二年傳「諸侯立家」，杜注：「卿大夫稱家。」三家皆桓族，季氏假別子爲宗之義，立桓廟於家，而令孟孫、叔孫宗之。故以氏族言，則稱三家，以三家分三氏而統爲桓族故也。上章稱季氏，此章稱三家，文互見。毛詩序「雝，禘太祖也。」鄭注：「太祖謂文王。」此成王祭文王徹饌時所歌詩。周官樂師「及徹，率學士而歌徹」，注云：「徹者歌雍。」是天子祭宗廟歌之以徹祭也。又小師言王饗諸侯，徹歌此詩。荀子正論、淮南主術又言天子食，徹歌此詩。則凡徹饌皆得歌之矣。若仲尼燕居言：「諸侯饗禮，歌雍以送賓，振鷺以徹俎。」是諸侯相見亦得歌此詩也。何焯義門讀書記：廟制：室外爲堂，堂外爲庭。黃氏後案：三家之堂，金吉甫以爲此桓公之廟堂也。上言庭，此言堂，舞乃堂下之樂，歌者在堂上也。集注引程子說，斥成王、伯禽之失。呂伯恭博議謂用六佾於仲子之廟，是以禮處仲子，而不以禮處周公。故末流之弊，至以陪臣而舞八佾。其意正同。然據禮注魯禮降於天子，經有明證。據馬氏文獻通考諸書云，成王所賜，止用禘祭之籩豆樂舞於周公廟。明堂位、祭統等篇所言非盡無本，諸説未爲不通也。尚書金縢言王郊迎周公，洛誥言王拜手稽首於周公，知成王之待周公，不拘臣子之禮。公之死後，成王以烝祭配食常典不足以尊公，於是盛禮以賜之。稽之古今祀典，人以神貴，薦享由此增隆，名器不可假於生前，而猶可賜於身後。成王時知禮者多，其有以議定之矣。

四書賸言：論語八佾舞於庭，又曰雍徹于三家之堂，以廟即是堂，堂前有庭。歌在堂上，舞在堂下也。但季氏大夫，亦何得遂僭及天子禮樂？且三家者，仲孫、叔孫、季孫也。仲叔，慶父後。叔孫，叔牙後。二人皆得罪以死，本不宜世有享祭，即祭，亦不宜三家並廟。即並廟，亦斷不能以天子禮樂祀慶父、叔牙、季友三人。既並祭三人，又何得獨稱季氏，一若爲季氏專廟？凡此皆漢、晉、唐、宋諸儒無一解者。予論宗子，作大小宗通繹，乃遂因大小宗而得解此書。蓋魯爲宗國，以周公爲武王母弟，得稱別子，爲文王之宗。禮別子立宗，當祀別子所自出。因立文王廟于魯，爲周公之所自出，名出王廟。夫祭文王而可以不用天子禮樂也乎？其用天子禮樂者，以出王故。其祭出王者，以宗子故也。若三桓爲魯桓公子，季友以適子而爲宗卿，亦得祭所自出，而立桓公一廟。漢儒不解，有謂公廟設于私家者，此正三桓所自出之廟。以三桓並桓出，故稱三家堂。以季氏爲大宗，故又獨稱季氏。其所以用天子禮樂者以桓公故，而桓公得用之者，以文王用之而羣公以下皆相沿用之之故，然而僭矣。

【集注】三家，魯大夫孟孫、叔孫、季孫之家也。雍，周頌篇名。徹，祭畢而收其俎也。天子宗廟之祭，則歌雍以徹。是時三家僭而用之。相，助也。辟公，諸侯也。穆穆，深遠之意，天子之容也。此雍詩之辭，孔子引之，言三家之堂非有此事，亦何取於此義而歌之乎？譏其無知妄作，以取僭竊之罪。

【餘論】經正録引馮厚齋曰：大夫不得祖諸侯，公廟之設於私家，非禮也，由三桓始也。唯三家皆祖桓公而立廟，故得以習用魯廟之禮樂而僭天子矣。夫天子之禮樂作於前，安然不以動其心，則凡不臣之事皆忍爲之矣。論語稽：禮仲尼燕居篇，孔子言兩君相見之禮，賓出以雍徹。以此章之義推之，殊不可解。蓋禮記一書，或孔門弟子所輯，或秦、漢諸儒所增，其禮樂制度大抵皆春秋時所現行及魯所常用者。其中或遵古制，或出僭亂相沿之習，記者就所見聞而記之，遂謂禮當如是，而不能辨别其是非。其所載孔子之言，又或守師承，或得傳聞，或出僞記，故古制資以考見者固多，而其誣罔淆亂者亦不少，要當據理以去取之而已。夫春秋之世，以禮樂爲娱樂之物，且以其大者重者爲觀美，而不復辨此禮此樂之何以施用。此穆叔不拜肆夏、文王而拜鹿鳴之三，晉人所以有舍大拜細之問也。然則燕居所謂雍徹，及象、武、振羽、清廟，亦必魯人當時於兩君相見用之，亦僭亂之一端，記者不察而記入夫子之言耳。否則辟公天子又奚取耶？觀左氏傳魯有禘樂，賓祭用之，以比宋之桑林，亦可見其非禮矣。

○子曰：「人而不仁，如禮何？人而不仁，如樂何？」

【集解】包曰：「言人而不仁，必不能行禮樂。」

【唐以前古注】皇疏：此章亦爲季氏出也。季氏僭濫王者禮樂，其既不仁，則奈此禮樂何乎？又引江熙云：所貴禮樂者，以可安上治民移風易俗也。然其人在則興，其人亡則廢。而不仁之人，居得興之地，而無能興之道，則仁者之屬無所施之。故歎之而已。

【集注】游氏曰：「人而不仁，則人心亡矣，其如禮樂何哉？言雖欲用之，而禮樂不爲之用也。」李氏曰：「記者序此於八佾、雍徹之後，疑其爲僭禮樂者發也。」

按：此章皇疏及集注李氏之説均以爲爲季氏而發。漢書翟方進傳引此文説之云：「言不仁之人，亡所施用。不仁而多材，國之患也。亡所施用，則不能行禮樂，雖多材，衹爲不善而已。當夫子時，禮樂征伐自大夫出，而僭竊相仍，習非勝是。欲不崩壞，不可得矣。」其爲有爲而發無疑。

○林放問禮之本。

【考證】闕里文獻考：林放字子丘，或曰孔子門人。經義考：家語弟子解、史記弟子傳均無林放姓名，惟蜀禮殿圖有之。又曰：漢人表，孔子弟子居五等者有林放。泰山郡志：泰安崇禮鄉之放城集，相傳爲林放故里。劉氏正義：蜀禮殿圖以林放爲孔子弟子。鄭以弟子傳無林放，故不云弟子。其以爲魯人，亦當別有據。元和姓纂謂比干之後，逃難長林之下，遂姓林氏。鄭樵通志謂平王世子林開之後。皆出附會，不足據也。

【集解】鄭曰：「林放，魯人。」

【集注】林放，魯人。見世之爲禮者專事繁文，而疑其本之不在是也，故以爲問。

【餘論】論語注義問答通釋：本之説有二，其一曰仁義禮智根於心，則性者禮之本也。故曰中者，天下之大本。其一曰禮之本，禮之初也。凡物有本末，初爲本，終爲末，所謂「夫禮，始諸飲食者」是也。二説不同。集注乃取後説，曰儉者物之質，戚者心之誠，則便以儉戚爲本。又取楊氏禮始諸飲食以證之。讀四書大全説：黄勉齋分爲二説以言本，極爲别白。所以謂奢儉皆不中禮者，以天下之大本言也。其以儉戚爲本者，初爲本、終爲末之謂也。勉齋之以初爲本、終爲末者，爲范、楊言之，而非夫子之本旨也。林放問禮之本，祇見人之爲禮皆無根生出儀文，而意禮之必不然，固未嘗料量到大本之中。夫子於此，若説吾性所固有於喜怒哀樂之未發者，原具此天則，則語既迂遠，而此天則者行乎豐儉戚易之中而無所不在，自非德之既修而善凝其道者，反藉口以開無忌憚之端矣。故但從夫人所行之禮較量先後，則始爲禮者，於儉行禮，以戚居喪。雖儉而已有儀文，但戚而已有喪紀。本末有奢，而不能極乎其易，然而禮已行焉，是禮之初也。抑此心也，在古人未有奢未盡易者既然，而後人既從乎奢既務爲易之後，亦豈遂迷其本哉？苟其用意於禮，而不但以奢易誇人之耳目，則夫人之情固有其量。與其取之奢與易而情不給也，無如取之儉與戚而量適盈也。將繇儉與戚而因文之相稱者，以觀乎情之正繇此而天則之本不遠焉。迨其得之，則充乎儉之有餘而不終於儉，極乎戚之所不忍不盡而易之事又起，則不必守儉而專乎戚，而禮之本固不離也。蓋以人事言之，以初終爲本末。以天理言之，以體用爲本末。而初因於性之所近，終因乎習之所成，則儉與戚有所不極，而尚因於性之不容已。用皆載體而天下之大本亦立，此古道之不離於本也。又曰：林放問本，而夫子姑取初爲禮者，使有所循以見本，而非直指之辭也。若求其實，則上章所云「人而不仁，如禮何」者乃爲徑遂。儉與戚近乎仁，而非仁之全體大用。奢與易不可謂仁，而亦非必其不仁。仁也、中也、誠也，禮之本也。勉齋言天下之大本得之矣，通范、楊之窮而達聖人之微言者也。黄氏後案：禮器曰：「忠信，禮之本也。義理，禮之文也。無本不立，無文不行。」是禮中有本也。注以本爲本體。語録以本指禮之初，已自異矣。近或以禮嫥指儀文言，遂於禮外求本，尤謬。

**子曰：「大哉問！**

【唐以前古注】皇疏引王弼云：時人棄本崇末，故大其能尋禮本意也。

【集注】孔子以時方逐末而放獨有志於本，故大其問。蓋得其本，則禮之全體無不在其中矣。

**禮，與其奢也，寧儉。喪，與其易也，寧戚。」**

【考異】魏書禮志引論語「喪與其易寧戚」，無「也」字。南史顧憲之傳「喪易寧慼」，慼字从心。俞琰書齋夜話：「易」字疑是「具」字。檀弓云：「喪具君子恥具。」「具」與「易」蓋相似也。

【考證】劉氏正義：荀子天論言文質一廢一起，應之以貫。貫者，言以禮爲條貫也。禮運云：「故禮之不同也，不豐也，不殺也。」禮器云：「孔子曰：『禮不同，不豐不殺。』蓋言稱也。」又曰：

「先王之制禮也，不可多也，不可寡也，唯其稱也。」不同者，禮之差等。禮貴得中，凡豐殺即爲過中不及中也。過中不及中俱是失禮，然過中失大，不及中失小，然則二者相較，則寧從其失小者取之，所謂權時爲進退也。質有其禮，儉戚不足以當之，而要皆與禮之本相近。蓋禮先由質起，故質爲禮之本也。「易」者，先兄五河君經義説略：「爾雅：『弛，易也。』展轉相訓，則易亦訓弛。言喪禮徒守儀文之節，而哀戚之心浸以怠弛，則禮之本失矣。雜記孔子曰：『少連、大連善居喪，三日不怠，三月不懈。』不怠不懈，即不弛之義。故下文云：『期悲哀，三年憂。』言其戚也。蓋易者哀不足，戚者哀有餘。檀弓子路曰：『吾聞諸夫子：喪禮與其哀不足而禮有餘也，不若禮不足而哀有餘也。』義與此同。」謹案淮南本經訓：「處喪有禮矣，而哀爲主。」高誘注引此文。隋書高祖紀下：「喪與其易也，寧在於戚，則禮之本也。禮有其餘，未若於哀，則情之實也。」並以易爲禮有餘。鄭此注但云易簡，未明其義。

【集解】包曰：「易，和易也。言禮之本意失於奢，不如儉。喪失於和易，不如哀戚。」

【唐以前古注】釋文引鄭注：易，簡也。皇疏：或問曰：「何不答以禮本，而必言四失何也？」答云：「舉其四失，則知不失即其本也。其時世多失，故因舉失中之勝以誡當時也。」

【集注】易，治也。孟子曰：「易其田疇。」在喪禮，則節文習熟而無哀痛慘怛之實者也。戚則一於哀而文不足耳。禮貴得中，奢易則過於文，儉戚則不及而質。二者皆未合禮，然凡物之理，必先有質而後有文，則質乃禮之本也。范氏曰：「夫祭，與其敬不足而禮有餘也，不若禮不足而敬有餘也。喪，與其哀不足而禮有餘也，不若禮不足而哀有餘也。禮失之奢，喪失之易，皆不能反本而隨其末故也。禮奢而備，不若儉而不備之愈也。喪易而文，不如戚而不文之愈也。儉者物之質，戚者心之誠，故爲禮之本。」

【別解一】黄氏後案：易釋文引鄭君注云「簡也」，陳仲魚謂斥時人治喪以薄爲道也。朱子訓易爲節文習熟，必增説無實之義，皆未必是也。式三謂易，坦易也。包説爲是。異端家齊死生，而治喪皆簡率，後人喪中祭奠如吉禮，又用僧道嬴鈸以喧雜之，皆由於坦易也。取儉取戚者，儉則有不敢越分之心，戚則有不忍背死之心，是禮中之本也。

【別解二】論語稽：奢者，儀節之繁。易者，變除之次。（易訓變易之易。）儉者，太羹玄酒之真意。戚者，躃踴哭泣之至性。禮無儀節則失之野，喪不變除則過於哀。是故行禮於既獻酢之後，有酧有旅，不覺遂至賓主百拜。居喪於既虞祔之後，有練有祥，不覺遂至以葛易麻。由儉而漸奢，由戚而漸易，斯亦人情所必至。特春秋時酬酢往來，專尚繁文，而臨喪不哀，至原壤敢爲登木之歌，宰我且發短喪之問，則奢易而竟忘其本矣。夫子既大放之問，又曰與其奢易寧儉戚者，蓋有感於時俗之言也。

【別解三】論語古訓：包以爲和易，意與戚相反，然世情當不至此。檀弓子思曰：「喪三日而殯，凡附于身者必誠必信，勿之有悔焉耳矣。」時人治喪以薄，爲其道失之簡略，故夫子以爲寧戚，言必盡哀盡禮也。當從鄭。

【別解四】羣經平議：包氏説戚字未得其義。蓋禮則奢儉俱失，失於奢不如失於儉，故有寧儉之言。若居喪哀戚，固其所也，乃云「與其易也寧戚」，恐不然矣。戚當讀爲蹙。禮記禮器篇：「三辭三讓而至，不然則已蹙。」此蹙之義也。説文新附足部有「蹙」字，曰：「迫也。」古無「蹙」字，故叚「戚」爲之。言居喪者或失於和易，或失於迫蹙，然與其和易無寧迫蹙，爲得禮之本意耳。南史顧憲之傳「喪易寧蹙」，是知「戚」字固有作「蹙」者，其義視包注爲長。

按：以上四説，除第四説可備一義外，其餘均不如集注之長。禮檀弓：「喪，與其哀不足而禮有餘也，不若禮不足而哀有餘也。」即此節之注脚也。

【餘論】朱子語類：禮不過吉凶二者而已。上句泛言吉禮，下句專指凶禮。然此章大意不在此。孔子是答其問禮之本，然儉戚亦祇是禮之本而已。又曰：其他冠婚祭祀皆是禮，故皆可謂與其奢也寧儉。惟喪禮獨不可，故言與其易也寧戚。喪者人情之所不得已，若習治其禮有可觀，則是樂於喪而非哀戚之情也。故禮云：「喪事欲其縱縱爾。」鹿善繼四書説約：天下事實意爲本，苟無其實，繁文愈盛，祇增其僞耳。老子以爲忠信之薄，亂之首也。政指繁文之禮説。夫禮安得爲薄？無本則薄耳。

○子曰：「夷狄之有君，不如諸夏之亡也。」

【考異】論衡問孔篇作「不若諸夏之亡。」公羊傳襄公七年注、毛詩苕之華正義、劉逵三都賦注、韓昌黎集原道篇引文俱無「也」字。昌黎題爲經。翟氏考異：漢人稱論語爲經者，惟于定國傳一見。唐則昌黎此文而已。于傳所引文與商書小異大同，猶似未的。蓋論語雖久並五典稱經，其獨標經目，自昌黎始之矣。

【音讀】論語發微：釋文「亡」字無音，知讀如字。不取包氏説。

【考證】爾雅釋地「九夷、八狄、七戎、六蠻謂之四海」，郭注：「九夷在東，八狄在北，七戎在西，六蠻在南。」白虎通禮樂篇：何以名爲夷蠻？曰聖人本不治外國，非爲制名也，因其國名而言之耳。一説曰：名其短而爲之制名也。夷者，僔夷，無禮義。東方者少陽易化，故取名也。北方太陰鄙悋，故少難化。狄者，易也，辟易無别也。包氏温故録：夷狄，謂楚與吳。春秋内諸夏外夷狄。成、襄以後，楚與晉争衡，東方小國皆役屬焉，宋、魯亦奔走其庭。定、哀時，楚衰而吳横。黄池之會，諸侯畢至，故言此以抑之。襄七年鄬之會，陳侯逃歸。何氏云：「加逃者，抑陳侯也。孔子曰：『夷狄之有君，不如諸夏之亡。』言不當背也。」又哀十三年，公會晉侯及吳子于黄池，傳：「吳何以稱子？主會也。吳主會，曷爲先言晉侯？不與夷狄之主中國也。」何氏云：「明其實以夷狄之彊會諸侯爾。不行禮義，故序晉於上，主書者惡諸侯之君夷狄。」

【集解】包曰：「諸夏，中國也。亡，無也。」

【唐以前古注】皇疏：此章爲下僭上者發也。諸夏，中國也。亡，無也。言中國所以尊於夷狄者，以其名分定而上下不亂也。周室既衰，諸侯放恣，禮樂征伐之權不復出自天子，反不如夷狄之國尚有尊長統屬，不至如我中國之無君也。釋慧琳云：有君無禮，不如有禮無君。刺時季氏有君無禮也。

按：此條據論語集注旁證謂引出皇疏，而皇疏實無其文，玉函山房輯本亦無之。考慧琳秦郡人。宋世沙門，以才學爲太祖所賞愛，見宋書顔延之傳。嘗注孝經、老子，又作辨正論，其人蓋釋而儒者也。其論語説，隋、唐志、陸德明經典序録並不載，僅邢昺、皇侃二疏偶引之。此條用意新穎，難於割愛，容再續考。

【集注】吴氏曰：「亡，古無字通用。」程子曰：「夷狄且有君長，不如諸夏之僭亂，反無上下之分也。」

【别解一】邢疏：此章言中國禮義之盛而夷狄無也。舉夷狄則戎蠻可知。諸夏，中國也。亡，無也。言夷狄雖有君長，而無禮義，中國雖偶無君，若周、召共和之年，而禮義不廢，故曰「夷狄之有君，不如諸夏之亡也。」　論語足徵記：春秋莊四年傳曰：「上無天子，下無方伯。」解詁曰：「有而無益於治曰無。」吕氏春秋驕恣篇：春居問於宣王曰：「荆王釋先王之禮樂而樂爲輕，敢問荆國爲有主乎？」王曰：「爲無主。」「賢臣以千數而莫敢諫，敢問荆國爲有臣乎？」王曰：「爲無臣。」高注：「無主曰無賢主，無臣曰無賢臣。」此云有亡，義與彼同，謂夷狄雖有賢君，而紀綱不立，不如諸夏無賢君而猶守先王之遺法也。故何氏於襄七年「陳侯逃歸」注云：「孔子曰：『夷狄之有君，不如諸夏之亡。』不當背也。」承上經「公會晉侯以下于鄬」，傳曰：「以中國爲義，則伐我喪。以中國爲强，則不若楚。」何氏此注以晉爲諸夏，楚爲夷狄。言楚雖有賢君，不如晉無賢君也。集注程子曰：「夷狄且有君長，不如諸夏之僭亂，反無上下之分也。」義本皇疏。

揆之春秋内諸夏而外夷狄之義，去之遠矣。

按：此説本於内中國外夷狄之原則，可備一義。

【别解二】論語發微：此蓋指魯之僭亂無君臣父子之義，同乎夷狄，不如滅亡之爲愈。春秋爲國諱，且欲據魯爲法，故見義於此。論語述何：夷狄之者，春秋於中國無禮義則夷狄之。衛劫天子之使，則書戎伐。邾、牟、葛三國同心朝事魯桓，則貶稱人之類。言朝則有君可知。諸夏之者，如潞子嬰兒之離於夷狄，雖亡，猶進爵書子，君子之所與也。書滅亡國之善辭，言當興也。論語訓：有君，謂進稱爵同小國也。亡，謂失地君也。貴者無後，待之以初，皆稱本爵。夷狄君不過子，故不如亡也。自明春秋例意，狄人有諱，滅狄無諱；相滅有譏，而兩狄相滅無譏；救皆義兵，而狄救不進，皆示内諸夏外夷狄之義。楊承禧説。

按：此説「亡」字如字讀，義極牽强。

【别解三】四書辨疑：南軒諸人之説，解亡君皆非實爲亡君，解有君皆是實爲有君。亡字之説皆是，有字之説皆非。有與亡今通言之，如言不有其父，不有其君，有字當準此義爲説。有君者，有其君者也。如言有無父之心，有無君之心，亡字當準此義爲説。亡君者，亡其君者也。蓋謂夷狄尊奉君命，而有上下之分，是爲有其君矣。諸夏蔑棄君命，而無上下之分，是爲亡其君矣。此夫子傷時亂而歎之也。又「如」字作「似」字説，意爲易見。

按：此説較皇、邢二疏義均長，似可從。

【發明】陳櫟四書發明：諸夏所以異於夷狄，以有君臣上下之分爾。今居中國，去人倫，夷狄之不如，春秋所以作也。日知録：歷九州之風俗，考前代之史書，中國之不如外國者有之矣。遼史言契丹部族生生之資，仰給畜牧，狃習勞事，不見紛華，故家給人足，戎備整完，卒之虎視四方，强朝弱附。金史，世宗嘗與臣下論及古今，又曰：「女真舊風，雖不知書，然其祭天地，敬親戚，尊耆老，接賓客，信朋友，禮意欵曲，皆出自然。其善與古書所載無異，汝輩不可忘也。」又曰：「遼不忘舊俗，朕以爲是。海陵習學漢人風俗，是忘本也。若依國家舊風，四境可以無虞，此長久之計也。」邵氏聞見録言：「回紇風俗樸厚，君臣之等不甚異，故衆志專一，勁健無敵。自有功於唐，賜遺豐腴，登里可汗始自尊大，而其俗亦壞。昔者祭公謀父之言，犬戎樹惇，能帥舊德，而守終純固。由余之對穆公言，戎夷之俗，上含淳德以遇其下，下懷忠信以事其上，一國之政猶一身之治，其所以有國而長世，用此道也。及乎薦居日久，漸染華風，不務詩書，唯徵玩好，服飾競於無等，財賂溢于靡用，驕淫務侈，浸以成習，於是中行有變俗之譏，賈生有五餌之策，又其末也。則有如張昭遠以皇弟皇子喜俳優飾姬妾，而卜沙陀之不永。張舜民見太孫好音樂美姝名茶古畫，而知契丹之將亡。後之君子誠監於斯，則知所以勝之之道矣。」四書訓義：夫子知世變之將極，而歎之曰：自帝王以來，長有諸夏者，唯此君臣之分義而已矣。上下相臨也，恩禮相洽也，威福相制也，故天下統於一。而□□□□□□乃今則異是矣。唯夷狄之有君矣，權未嘗分也，兵甲賦稅未嘗私也，利歸之國而禍必相救也。不似諸夏之諸侯不知有天子，大夫不知有諸侯，可專則專之耳，可竊則竊之耳，而更無以一人宰天下，以一君制一國之理勢也。夫有君則一國之勢統於一，合心同力，可安可危，而不可亡。然則諸夏無統，□□□□入而統之矣，□□□乎。

按：船山遺書中多空白處，蓋當時多觸犯時忌語，識者自能辨之。

○季氏旅於泰山。子謂冉有曰：「女弗能救與？」對曰：「不能。」子曰：「嗚呼！曾謂泰山不如林放乎？」

【考異】皇本作「汝不」。天文本論語校勘記：古本、唐本、津藩本、正平本均作「汝不」。太平御覽述作「汝不」。釋文：「嗚呼」，本或作「烏乎」。韓李筆解：「謂」當作「爲」。

【音讀】洪武正韻：祣，祀山川名，經典通作「旅」，傳寫誤耳。郎瑛七修類稿：祭名之祣從示，旅酬之旅從方，今坊刻論語皆作「旅於泰山」，蓋因增韻中誤起，遂傳寫爲一。劉氏正義：玉篇示部：「祣，力煮切。祭名。論語作旅，廣韻同。」此後人所增字。漢書班固敍傳：「大夫臚岱，侯伯僭時。」鄭氏曰：「臚岱，季氏旅於泰山是也。」師古曰：「旅，陳也。臚亦陳也。臚旅聲相近，其義一耳。」案「旅」作「臚」，當出古論。史記六國表：「位在藩臣，而臚於郊祀。」亦作「臚」。儀禮士冠禮注：「古文旅作臚。」周官司儀「旅擯後」，鄭云：「旅讀爲鴻臚之臚。」是臚、旅音近得通用。

【考證】胡培翬研六室雜著答馬水部云（劉氏正義引）：承詢，謂庪縣不當訓爲埋，庪當與禮經「閣庪食」義同。按玉篇云：「庋，閣也。」庪同庋。引「祭山曰庪縣」可證。但爾雅、儀禮、周禮三經文各有當，而義無妨。爾雅云：「祭地曰瘞埋，祭山曰庪縣。」瘞埋是以牲玉埋藏於地中，庪縣則有陳列之義。李巡云：「祭山以黄玉以璧，庪置几上。」邢疏云：「縣，謂縣牲幣於山林中。」其説良近。蓋古者祭山之法，先庪縣而後埋之，故祭山又名旅。旅，臚陳之也。山海經凡祠山多言肆瘞，郭注云：「肆，陳之也。陳牲玉而後埋藏之。」此先陳後埋之證。後埋，故亦得名埋。　劉氏正義：案胡説是也。大宗伯言「旅四望」，彼謂國有大故，天子陳其祭祀而祈之，則旅爲天子祭山之名。惟旅祭是因大故先陳後埋，其他禮則皆從略，故鄭君以爲不如祀之備也。季氏旅泰山，或亦值大故而用天子禮行之，故書曰旅。與八佾、歌雍同是僭天子，非僭魯侯也。夫子謂冉求之言，其迫切當亦因此。　王制云：「天子祭天下名山大川，諸侯祭名山大川之在其地者。」注：「魯人祭泰山，晉人祭河，是也。」祭法云：「諸侯在其地則祭之，亡其地則不祭。」公羊傳：「諸侯山川有不在其封内者，則不祭也。」是言諸侯之祭山川皆在封内也。禮器云：「齊人將有事於泰山。」泰山在齊、魯界，兩國通得祭之。禮言大夫祭五祀，不及山川，故祭山爲非禮。　梁氏旁證：近錢塘成君城泰安郡志云：「考泰安崇禮鄉之放城集，相傳爲林放故里。」宋刁衎贊林放云：「東岳稱美，長山表封。」一記其所生之地，一記其所封之地也。論語

「曾謂泰山不如林放乎」，當時必就其近者言之耳。

【集解】馬曰：「旅，祭名也。禮，諸侯祭山川在其封内者。今陪臣祭泰山，非禮也。冉有，弟子冉求，時仕於季氏。救，猶止也。」包曰：「神不享非禮。林放尚知問禮，泰山之神反不如林放耶？欲誣而祭之也。」

【集注】旅，祭名。泰山，山名，在魯地。禮，諸侯祭封内山川。季氏祭之，僭也。冉有，孔子弟子，名求，時爲季氏宰。救，謂救其陷於僭竊之罪。嗚呼，歎辭。言神不享非禮，欲季氏知其無益而自止之，進林放以勵冉有也。

【别解】論語徵：古注以爲譏僭，然觀其引林放，則孔子之譏在奢不在僭，必季氏爲魯侯旅，而其行禮徒務美觀故爾。後儒每言及季氏，輒謂之僭，豈不泥乎？

按：此論讀書得間，發前人未發，可備一説。

【餘論】讀四書叢説：大夫行諸侯之禮固是僭，但當時已四分魯國，魯君無民亦無賦，雖欲祭不可得。季氏既專魯，則凡魯當行典禮皆自爲之，旅泰山若代魯君行禮耳，亦不自知其僭。冉有誠不能救也，欲正之，則必使季氏復其大夫之舊，魯之政一歸於公然後可，此豈冉有之力所能？故以實告孔子，孔子亦不再責冉有而自歎也。

【發明】黄氏後案：季氏之旅，冉有不能救者，禳禍祈福儌幸之心勝，非口舌所能争也。後世封禪供億耗費，今日泰山之祀徧天下，僭禮者不止季氏，往往欲救之而不得也。元趙天麟上書言：「東岳者，太平天子告成之地，東方藩侯當祀之山。今乃有倡優戲謔之徒，貨殖屠沽之子，干越邦典，媟黷神明，停廢產業，耗損食貨，亦已甚矣。父慈子孝，何用焚香？上安下順，何須楮幣？不然竭天下之香，繼爐而焚之；罄天下之楮爲幣而爇之，知其斷無益矣。請自今無令妄費，非但巫風寖消，抑亦富民一助。」趙氏之言，可謂卓然不惑者矣，古今有幾人哉！

**○子曰：「君子無所争。必也射乎！揖讓而升，下而飲，其争也君子。」**

【音讀】釋文：「争」絶句。鄭讀以「必也」絶句，「揖讓而升下」絶句。鄭注詩賓之初筵引此則云「下而飲」。飲，於鴆反，又如字。詩箋引論語曰：「下而飲，其争也君子。」正義曰：「此謂飲射爵時揖讓而升下，意取而飲與争，故引彼文不盡耳。」禮記射義與論語文無異。音義亦曰：「揖讓而升下絶句，而飲一句。」四書通義：孔、邢注、疏以「下」爲句，朱子以「升」爲句，總之以揖讓二字貫下。四書改錯：論語王肅注云：「此七字連作一句。」射義鄭玄注則「揖讓而升下」五字作句，「而飲」二字又句。翟氏考異：繹注、疏文，似以「揖讓」爲句，「而升」句，「下」句，「而飲」句。「下」字之上，論文法應更有「而」字。梁氏旁證：集注以「揖讓而升」爲句，「下而飲」爲句。王注則云：「射於堂，升及下皆揖讓而相飲。」則以「升下」相連爲文。皇、邢二疏同。按王注與鄭注禮記射義同，與鄭箋賓之初筵異。皇、邢疏兩存之，集注則用鄭箋也。經讀考異：按近讀以「争」字絶句，「必也」連下讀。據釋文云：「鄭讀以『必也』絶句。」考論語「必也」連下爲句，如「必也聖乎」、「必也使無訟乎」、「必也正名乎」、「必也狂狷乎」、「必也親喪乎」，皆當以「必也」句絶，亦可並通。又案射義鄭氏注明云「必也射乎」，則亦以「必也」連下爲句。陸氏此釋云以「必也」絶句，鄭氏殆兩讀與？又云：舊讀從「升」字爲句。據釋文云：「鄭讀『揖讓而升下』絶句。」證之射義釋文，亦云「揖讓而升下」絶句，「而飲」一句。案鄭注詩賓之初筵引此則又云「下而飲」，似亦以「升」字絶句。蓋鄭兩讀，義皆可通。論語古訓：孔意以「君子無所争」絶句也。鄭讀「必也」絶句者，言君子平日必無所争也。「射乎」者，言於射見衆人之有争心也。然射義引此文，鄭注：「必也射乎，言君子至於射則有争也。」亦從舊説，以「必也射乎」連讀，與此不同。義疏云：「就王注意，則云『揖讓而升下』也。若餘人讀，則云『揖讓而升』，升屬上句。又云『下而飲』，下屬下句。然此讀不及王意也。」鱣謂義疏概指餘人，竊疑王肅亦從鄭讀。釋文「升下」絶句，復引鄭注詩則云「下而飲」，明與注詩不同也。又聘義鄭注：「下，降也。飲射爵者亦揖讓而升降，勝者袒決遂執張弓，不勝者襲説決拾，却左手，右加弛弓於其上而升飲，君子恥之，是以射者争中。」釋文：「揖讓而升下絶句，而飲一句。」是鄭讀不以「下而飲」連文也。論語補疏：釋文「揖讓而升下」絶句。鄭箋詩賓之初筵引此則云：「下而飲。」禮記少儀云：「僕於君子，君子升下則授綏。」此正以「升下」連文絶句，與論語此文同。鄭解「以祈爾爵」，專取於飲，以「而飲」二字引之不可成句，故連「下」字。其「揖讓而升」四字，義無所取，則舍之不引。射義引此文，鄭注云：「下，降也。飲射爵者亦揖讓而升降。」釋文云：「揖讓而升下絶句，而飲一句。」「揖讓而升降」即「揖讓而升下」，然則鄭之句讀不專以「下而飲」爲句，引證之法，各有所當，非所拘也。此注先提起升及下，以揖讓迫就而飲，與鄭先提起飲射爵者，以揖讓而升降倒裝，解法不同，而所以發明其義者未有異也。皇侃疏云：「就王注意，則云『揖讓而升下』也。若餘人讀，則云『揖讓而升』，升屬上句。又云『下而飲』，下屬下句。然此讀不及王意也。」謂「下」屬下句，似指鄭氏詩箋，何未考射義鄭注，且此王注實以七字連屬爲句，未見其「揖讓而升下」爲句。以「揖讓而升下」爲句，正莫明於鄭氏射義注。釋文以「下」字絶句，正本射義，故又引鄭注賓之初筵以明其異，不知宜七字連屬爲句。鄭氏或斷「下而飲」爲句，或斷「揖讓而升下」爲句。如王氏此注且斷「揖讓」爲句，云「升及下」，則「升」字可句，「下」字亦可句。皇疏非也。　論語偶談：一耦二人，左名上射，右名下射。升階時必上射先一等避左，下射後一等避右，此讓也。下階亦然。至升飲則升階後，勝者且避右以讓，不勝者得以取觶於豐上。觶在堂上，必升飲，不便以「下而飲」爲句，必如王肅七字作一句讀，或如康成注射義以「揖讓而升下」五字爲句，「而飲」又句，禮節始明。

【集解】孔曰：「言於射而後有争也。」王曰：「射於堂，升及下皆揖讓而相飲也。」馬曰：「多算飲少算，君子之所争也。」

【唐以前古注】皇疏：古者生男，必設桑弧蓬矢於門左，至三日夜，使人負子出門而射，示此子方當必有事於天地四方。故云至年長，以射進仕。禮，王者將祭，必擇士助祭。故四方諸侯並貢士於王，王試之於射宫。若形容合禮，節奏比樂，而中多者，則得預於祭。得預於祭者，進其君爵土。若射不合禮樂，而中少者，則不預祭。不預祭者，黜其君爵土。此射事既重，非唯自辱，乃係累己君，故君子之人於射而必有争也。就王注意，則云「揖讓而升下」也。若餘人讀，則云「揖讓而升」，「升」屬上句。又云「下而飲」，「下」屬下句。然此讀不及王意也。又引顔延之云：射許有争，故可以觀無争也。又引李充云：君子謙卑以自牧，後己先人，受勞辭逸，未始非讓，何争之有乎？射藝競中，以明能否，而處心無措者勝負若一。由此觀之，愈知君子之無争也。又引欒肇云：君子於射，講藝明訓，考德觀賢，繁揖讓以成禮，崇五善以興教。故曰：「君子無所争。必也射乎！」言於射尤必君子之無争。周官所謂「陽禮教讓，則民不争」者也。君子於禮，所主在重，所略在輕。若升降揖讓，於射則争，是爲輕在可讓，而重在可争，豈所謂禮敬之道哉？且争無益於勝功者也。求勝在己，理之常也。雖心在中質，不可謂争矣。故射儀曰「失諸正鵠，還求諸身」，求中以辭養，不爲争勝以恥人也。又曰：「射，仁道也。發而不中，不怨勝己者，反求諸己而已。」因稱此言以證無争焉。誠以争名施於小人，讓分定於君子也。今説者云必於射而後有争，此爲反論文，背周官，違禮記，而後有争之言得。通考諸經傳，則無争之證益明矣。

按：肇，晉書無傳。陸德明經典釋文序録云：「字永初，泰山人。晉太保掾尚書郎。」皇疏列江熙所集十三家，有欒肇字及里爵，與釋文敍述同。隋書經籍志載論語釋疑十卷，又云：「梁有論語駮序二卷，亡。」唐書藝文志稱：「論語釋疑十卷，駮二卷。」陸氏釋文亦云「釋義十卷」，今已佚。此段辯論鋒起，似駮序之文，然書無明證，不能區分也。

【集注】揖讓而升，大射之禮，耦進三揖而後升堂也。下而飲，謂射畢揖降，以俟衆耦皆降，勝者乃揖不勝者升取觶立飲也。言君子恭遜，不與人爭，惟於射而後有爭。然其爭也雍容揖讓乃如此，則其爭也君子，而非若小人之爭矣。

【餘論】陳埴木鐘集：孔子言射曰：「其爭也君子。」孟子言射曰：「不怨勝己者，反求諸己。」惟其不怨勝己者，其爭也乃君子之爭，則雖爭猶不爭矣。君子之爭者禮義，小人之爭者血氣。

【發明】反身録：世間多事多起於爭，文人爭名，細人爭利，勇夫爭功，藝人爭能，强者爭勝。無往不爭，則無往非病。君子學不近名，居不謀利，謙以自牧，恬退不伐，夫何所爭？　呂留良四書講義：君子無爭，不是故尚高雅，原以天下本無可爭耳。

按：呂氏在當時以悖逆至於剖棺戮尸，意其書必有桀驁不馴者。今觀其所著四書講義，恪守程、朱，力闢陸、王之學，語語純正，迂腐則有之。其書亦未必能傳，殺之適成其名也。雍正九年，大學士朱軾等以翰林院編修顧成天駁呂四書，奏請刊布。吹毛求疵，本無足道，而呂書焚燬之餘，其說反賴以保存。事有因禍反得福者，此類是也。

俞樾論語小言：兩壯夫相與處而鬭者有之矣，兩童子相與處而鬭者有之矣，一壯夫一童子相與鬭未之有也，非童子之能讓壯夫也，彼壯夫固不與童子較也。君子之於天下也，其猶壯夫居童子之羣乎。己大而物小，己重而物輕，己貴而物賤，是故君子無所爭也。　松陽講義：今日講這章書，須要自省胸中有一毫勢利否，有一毫矜傲否。這一毫不要看小了他，這便是敗壞世道之根，這便是君子小人之分，須猛力拔去，斬盡根株。世間有一等人，惟知隱默自守，不與人争，而是非可否亦置不論。此朱子所謂謹厚之士，非君子也。有一等人，惟知閹然媚世，將是非可否故意含糊，自謂無争。此夫子所謂鄉愿，非君子也。又有一等人，激爲高論，託於萬物一體，謂在己在人，初無有異，無所容争。此是老、莊之論，亦非君子也。是皆不可不辨。

按：以此爲教，而世間猶多鑽營奔競，争名於朝；計較錙銖，争利於市者。況明目張膽詔以權利競争之説乎？傳曰：「作法於涼，其弊猶貪。作法於貪，弊將若之何？」君子於此可以觀世變矣，而世顧以爲文明先進也，嗚呼！豈其然哉！豈其然哉！

○子夏問曰：「『巧笑倩兮，美目盼兮，素以爲絢兮』，何謂也？」

【考異】舊文「盼」字爲「盻」。釋文曰：「盼，普莧反，又匹簡反。」詩衛風作「盻。」史記弟子傳亦作「盻」。說文解字引詩「美目盼兮」，與今論語同。字鑑：「美目盼兮，俗作『盻』，非。盻，胡計切。恨視也。」

【考證】説文引「素以爲絢兮」，不云逸詩。周子醇樂府拾遺：孔子刪詩有刪一句者，「素以爲絢兮」是也。朱子或問：此句最有意義，夫子方有取焉，而反見刪何哉？且碩人四章，章皆七句，不應此章獨多此一句而見刪，必別自一詩而今逸矣。史繩祖學齋佔畢：詩經秦火之餘，逸此一句，而毛、韓諸家不暇證據魯論而增入耳。

按：舊注以碩人詩有脱句，故詩下一句逸。朱子説此皆逸詩，非碩人文，其義爲長。

【集解】馬曰：「倩，笑貌。盼，動目貌。絢，文貌。此上二句在衞風碩人之二章，其下一句逸也。」

【集注】此逸詩也。倩，好口輔也。盼，目黑白分也。素，粉地，畫之質也。絢，采色，畫之飾也。言人有此倩盼之美質，而又加以華采之飾，如有素地而加采色也。子夏疑其反謂以素爲飾，故問之。

子曰：「繪事後素。」

【考異】釋文：「繪」，本又作「繢」，同。文選夏侯常侍誄注、唐崔鑁北嶽廟碑引文俱作「繢」。讀書叢録：古論作「繪」，魯論作「繢」。

【考證】惠士奇禮説：古者裳繡而衣繪。畫繪之事，代有師傳，秦廢之而漢明復古。所謂「斑間賦白，疎密有章」，康成葢目睹之者。鄉射記曰：「凡畫者丹質。」則丹地加采矣。淩廷堪校禮堂文集：朱子不用舊注，以後素爲後於素。於考工記注亦反之，以後素功爲先以粉地爲質而後施五采。近儒皆以古訓爲不可易，而于禮後之旨，則終不能會通而發明之，故學者終成疑義。竊謂詩云「素以爲絢兮」者，言五采待素而始成文也。今時畫者尚如此，先布衆色畢，後以粉勾勒之，則衆色始絢然分明。詩之意即考工記意也。子夏疑五采何獨以素爲絢，故以爲問。子以「繪事後素」告之，則素以爲絢之理不煩言而解矣。子夏禮後之説，因布素在衆采之後而悟及之者也。蓋人之有仁義禮智信五性，猶繪之有青黄赤白黑五色是也。禮居五性之一，猶素爲白采，居五色之一也。五性必待禮而後有節，猶之五色必待素而後成文，故曰禮後乎，本非深文奥義也。何氏集解云「以素喻禮」，但依文解之，而不能申言其義。毛氏、惠氏、戴氏雖知遵舊注，而解因素悟禮之處，不免格格不吐，皆坐不知禮爲五性之節故也。全祖望經史問答：問：「禮器『甘受和，白受采』，是一説。考工『繪畫之事後素功』，又一説。古注於論語『繪事後素』引考工，不引禮器。其解考工亦引論語。至楊龜山解論語，始引禮器，而朱子合而引之，近人多非之，未知作何折衷？」曰：論語之説正與禮器相合。蓋論語之素乃素地，非素功也，謂其有質而後可文也。何以知之？即孔子借以解詩而知之。夫巧笑美目，是素地也。有此而後可加粉黛簪珥衣裳之飾，是猶之繪事也，所謂絢也，故曰繪事後於素也。而因之以悟禮，則忠信其素地也，節文度數之飾，是猶之繪事也，所謂絢也。若考工所云，則素功非素地也，謂繪事五采，而素功乃其中之一，蓋施粉之采也。粉易於污，故必俟諸采既施而加之，是之謂後。然則與論語絶不相蒙。夫巧笑美目，豈亦粉黛諸飾中之一乎？抑亦巧笑美目出於人工乎？且巧笑美目反出於粉黛諸飾之後乎？此其説必不可通者也。龜山知其非，故别引禮器以釋之。朱子既是龜山之説，而仍兼引考工之文，則誤矣。

按：全氏之説是也。朱子之失，在引考工不引禮器。曹寅谷四書摭餘説論之曰：「楊文靖公解論語始引禮器。朱子既是龜山之説，又兼引考工，以爲即禮器之解，無怪乎攻朱者之未能釋然也。然朱子之誤亦有所本，蓋出於鄭宗顏之解考工。宗顏又本之荆公，蓋不知論語與禮器之爲一説，考工之又别爲一説也。全謝山謂朱子誤解考工，却不誤解論語，若古注則誤解論語矣。」可謂持平之論。

【集解】鄭曰：「繪，畫文也。凡繪畫先布衆色，然後以素分布其間，以成其文，喻美女雖有倩盼美質，亦須禮以成之也。」

【唐以前古注】皇疏：如畫者先雖布衆采蔭映，然後必用白色以分間之，則畫文分明，故曰繪事後素。

【集注】繪事，繪畫之事也。後素，後於素也。考工記曰「繪畫之事後素功」，謂先以粉地爲質，而後施五采，猶人有美質然後可加文飾。

曰：「禮後乎？」子曰：「起予者商也！始可與言詩已矣。」

【考異】漢石經無「者」字。韓詩外傳：子夏問詩，學一而知二。孔子曰：「起予者商也！始可與言詩已矣。」

【集解】孔曰：「孔子言繪事後素，子夏聞而解，知以素喻禮，故曰禮後乎。」包曰：「予，我也。孔子言子夏能發明我意，可與共言詩。」

【唐以前古注】皇疏引沈居士云：孔子始云「未若貧而樂道，富而好禮」，未見貧者所以能樂道，富者所以能好禮之由。子貢答曰：切磋琢磨，所以得好禮也。則是非但解孔子旨，亦是更廣引理以答也，故曰「告諸往而知來者」也。孔子曰「繪事後素」，本政是以素喻禮。子夏答云「禮後乎」，但是解夫子語耳，理無所廣，故云起予，而不云知來也。

【集注】禮必以忠信爲質，猶繪事必以粉素爲先。起，猶發也。起予，言能起發我之志意。謝氏曰：「子貢因論學而知詩，子夏因論詩而知學，故皆可與言詩。」楊氏曰：「甘受和，白受采，忠信之人可以學禮。苟無其質，禮不虛行，此繪事後素之説也。」

【餘論】困學紀聞：商爲起予，理明辭達也。回非助我，默識心通也。四書近指：「後」之一字是子夏創語，夫子創聞，故曰起予。夫後之爲言，末也。後起於先，然不可離先而獨存其後。末生於本，然不可離本而獨存其末。明於先後本末之旨，方可與言詩。黄氏後案：老子云：「失義而後失禮。禮者，忠信之薄而亂之首。」分禮與忠信爲二，以斥文勝之弊輕言失禮後之禮也。禮器云：「先王之立禮也，有本有文。忠信，禮之本也。義理，禮之文也。」又云：「君子欲觀仁義之道，禮其本也。」重言禮也。又云：「忠信之人可以學禮。苟無忠信之人，則禮不虛道。」言禮中自有忠信，無忠信則禮不虛行，亦重言禮也。八佾篇詳言禮，此言禮爲後，猶言禮之不可以已也。禮兼忠信節文而言，倩盼美貌當有禮以成之，亦重禮也。後，猶終也，成也。近解嫥以儀文爲禮，遂滋本末輕重之説。申其説者，遂云未有禮先有理也。信如是，則忠信，理也，本也。禮，文也，末也。與禮器之言不大相背謬乎？抑五經中固有此言乎？經傳中有以儀文言禮者，如「敬不足而禮有餘」、「哀不足而禮有餘」是也。有對儀文而言禮者，如女叔齊、子大叔禮儀之辨是也。若此經及禮器之言，自兼忠信節文以言禮矣。經傳有析言渾言之異，讀者所宜詳也。陸稼書曰：「自古亂天下之言有二：一曰禮豈爲我輩設。一曰六經皆我注脚。此章内皆可羼入，故講學不明，即流毒天下。」式三案：陸氏雖未考古注，而以禮後爲重禮之言，不是薄禮，斷斷於卜氏言與老、莊之不同，可爲後學發幪。

按：黄氏此論隱斥程、朱以理言禮之非，而言辭閃灼。實則不但老、莊，即陸、王何嘗有是哉？明眼人自能辨之。

**○子曰：「夏禮，吾能言之，杞不足徵也。殷禮，吾能言之，宋不足徵也。文獻不足故也，足，則吾能徵之矣。」**

【考異】史記世家引文無「文獻不足故也」一句，謂子序書、傳時語。

【音讀】禮記禮運篇：孔子曰：「我欲觀夏道，是故之杞而不足徵也，吾得夏時焉。我欲觀殷道，是故之宋而不足徵也，吾得坤乾焉。」王楙野客叢書：據禮運「之杞」「之宋」之文，知論語「夏禮吾能言」、「殷禮吾能言」，蓋當于「言」字上點句。「之」字各連下爲句。論語訓：徵禮者，孔子非欲杞、宋徵之也。包、鄭皆誤以「之」字絶句，則吾能徵之，何以更望杞、宋文獻之足乎？子不能徵，而曰杞、宋不足，乖互之甚也。此言作春秋託魯之意。之杞者，往杞；之宋者，往宋也。中庸曰：「雖善無徵。」杞已見黜，宋不如魯，欲託以制作，則文儀不備，故不可空言禮意，而必依魯史之事。獻、儀古今字。

【考證】四書釋地又續：杞不足徵，人皆以杞行夷禮，春秋貶而稱子之故。不知此時之杞非復周武王初封東樓公之杞國也。初封杞即今開封杞縣。索隱曰：「至春秋時，杞已遷東國，雖未知的都何所要。」隱四年，莒人伐杞，取牟婁。桓二年七月，杞侯來朝。九月伐杞，入之。與今之莒州及曲阜縣相鄰也可知。逮桓五年淳于公，即經所稱州公者，其國亡，杞似并之。杜元凱曰：「遷都於淳于。」僖十四年，杞辟淮夷，諸侯爲城焉。杜元凱曰：「又遷於緣陵。」襄二十九年，晉合諸侯以城杞，即昭元年祁午數趙文子之功云「城淳于」者。杜元凱曰：「杞又遷都淳于。」淳于，漢置縣，屬北海郡。其故城一名杞城，在今青州安丘縣東北三十里。其遺趾宛然。緣陵，杜止注「杞邑」。臣瓚曰：「漢北海之營陵縣，春秋謂之緣陵。」以余考，殆今昌樂縣東南五十里營丘城，是蓋杞當春秋去初封已千有餘里，而顛沛流離，賴人之力以圖存。史記一則杞小微，其事不足稱述。再則杞微甚，不足數也。又云：續考得陳留雍丘縣，注云：「故杞國也。先春秋時徙魯東北。」按今安丘縣正在魯東北，惟先春秋而徙，故入春秋邑，輒爲莒得。明據至此，以杜元凱之博洽，曷不直引此文？乃云推尋事跡始知之。讀書無漏，豈非大難。四書辨證：王制疏：「殷滅夏時，必封其後，但不知名杞以否。」愚謂封夏之後於杞，不自周始也。大戴禮少間篇：「湯放桀，乃遷姒姓於杞。」又水經注：「睢水東逕雍丘縣故城北，縣舊杞國也。殷湯、周武以封夏後，繼禹之嗣。」又寰宇記：「開州雍丘縣，古雍國，黄帝之後，姞姓。殷湯封夏後於此爲杞。周武封夏後得東樓公於杞，是爲杞國。」又路史：「湯封少康之後於杞以郊禹。後分於曹東之僂，是爲東樓，生西樓公。周興求後，得東樓後之杞爲禹後。」則知杞本故國，武特因而重封之。杞於莊公二十七年稱伯，至僖二十三年、二十七年兩稱子，自後並稱伯，惟襄二十九年稱子。其時伯時子何也？僖二十三年杜注云：「杞入春秋稱侯，莊二十七年絀稱伯，至此用夷禮貶稱子。」李氏廉曰：「杞之稱侯，本無所據，注左氏者泥於桓公編杞侯之誤耳。」考桓二年「杞侯來朝」，公、穀並作「紀」。程子曰：「凡杞稱侯者皆當爲紀，文誤也。」又九月，入杞，傳曰：「秋七月，杞侯來朝，不敬。杞侯歸，乃謀伐之。」劉氏敞曰：「左氏誤紀爲杞，遂生不敬之説。」然則杞實伯爵，三稱子皆以用夷禮故也。　詹道傳四書纂箋：自微子至戴公凡十君，其間禮樂廢壞。正考父爲孔子七世祖，得商頌十二篇於周之太師。自夫子録詩，已亡其七篇，可見典籍不足徵矣。魯僖公二十七年，杞桓公來朝，用夷禮，故經書子以貶之。又可見賢者已不足徵。

【集解】包曰：「徵，成也。杞、宋，二國名，夏、殷之後也。夏、殷之禮吾能説之，杞、宋之君不足以成之也。」鄭曰：「獻，猶賢也。我不能以其禮成之者，以此二國之君文章賢才不足故也。」

【集注】杞，夏之後。宋，殷之後。徵，證也。文，典籍也。獻，賢也。言二代之禮我能言之，而二國不足取以爲證，以其文獻不足故也。文獻若足，則我能取之以證吾言矣。

按：包注：「徵，成也。」邢疏：「徵，成。釋詁文。」按今爾雅亦無此文。以杞、宋之君闇弱，不足以成之，訓徵字殊晦，未若集注之長。經中徵、證多通借也。

【别解】論語意原：杞，夏之後。宋，商之後。魯，周之後。杞、宋亡夏、商之禮，以無文獻可證也。若魯則不然，以文則有典籍，以獻則有夫子。魯之君臣莫之考證何也？夫子意不在杞、宋，託杞、宋以見其意，特於魯則微其辭爾。

戴望論語補注：王者存二王之後，杞、宋於周皆得郊天，以天子禮樂祭其始祖受命之王，自行其正朔服色，備其典章文物。周衰，杞爲徐、莒所脅而變於夷，宋三世内娶，皆非其國之故。孔子傷其不用賢以致去禮，故言俱不足徵以歎之。

劉氏正義：漢書藝文志：「古之王者，世有史官。左史記言，右史記事。事爲春秋，言爲尚書。帝王靡不同之。周室既微，載籍殘缺，仲尼思存前聖之業，乃稱曰『夏禮吾能言之』云云。以魯周公之國，禮文備物，史官有法。故與左丘明觀其史記，據行事，仍人道，因興以立功，就敗以成罰，假日月以定曆數，藉朝聘以定禮樂。」據漢志，是夫子此言因修春秋而發。春秋亦本周禮也。

論語發微：孔子雖觀坤乾之義、夏時之等，然以文獻不足之故，未及筆削成書，以齊六經之列。周有百二十國之寶書，文也。使子夏等十四人求之，獻也。文獻足而春秋成，故能據魯親周故殷絀夏，運之三代。禮運一篇皆發明志在春秋之義，而夏、殷之禮亦可推而知矣。

按：以上諸家之説，皆據史記世家以此爲子序書、傳時語，雖别解，實正論也。

【餘論】論語集注考證：古者二王之後，各守其先代禮物。聖人於夏、殷之禮，不曰知之，而曰能言之，此蓋定禮樂時語也。聖人生知之資，其於禮之義理則知之明矣。此其所言，蓋謂二代制度文爲之詳耳。雖當時二代之禮亡失將盡，而以聖人之資，觸類旁通，皆能歷歷言之。但聖人謹重之意，必欲得典籍故舊以證成其書，而文獻二者卒不可得，故終於從周，後人迄不見其成書之盛也。

四書釋地又續：余向謂聖人之言，述於賢人口中，少有改易，便不如聖人之確。如論語杞、宋並不足徵，中庸易其文曰「有宋存」。越後二十餘年，歲寒夜永，老鰥無睡，忽憶孔子世家末言伯魚生伋字子思，嘗困於宋，子思作中庸。不覺豁然以悟，起坐歎曰：中庸既作於宋，易其文，殆爲宋諱乎？荀子禮居是邑，不非其大夫，況宋實爲其宗國。仲尼次春秋，爲有所褒諱貶損，不可書見也，口授弟子。又定、哀多微辭。孔叢子雖僞書，然載宋大夫樂朔與子思論尚書，朔以爲辱己，起徒攻子思。子思既免，於是撰中庸之書。似亦未必全無因。則書中辭宜遜，且爾時杞既亡而宋獨存，易之亦與事實合。論語述何：夫子於杞得夏時，以言夏禮。於宋得坤乾，以言殷禮。惜其文獻皆不足徵，故采列國之史文，取夏時之等、坤乾之義，而寓王法於魯。黜杞故宋，因周禮而損益之，以治百世也。

【發明】反身録：問：夏、殷之亡久矣，夫子何故致意其禮？曰：國可亡，史不可亡。況一代有一代之典章制度，雖時異勢殊，非所以施於昭代，而其大經之法，豈可令其泯滅而失傳。夏、殷之禮，夫子蓋於殘編斷簡之中，因流窮源，由微知著，能言其概。嘗欲參考巨證，筆之於書，以存二代經世之典，使後世議禮制度者有所考鏡折衷。惜乎既無成籍可據，又鮮老於典故者相質，無徵不信，故不禁流連而三歎也。大抵上古與後世不同，後世書皆印本，凡朝廷典章制度，刊布既廣，一旦改革，其書散藏人士之家，雖久不至盡亡。上古則蝌蚪漆寫，藏之廟堂，人士艱於鈔傳，一經改革兵燹之餘，存者幾希，年代既久，老成凋謝，子孫又多微弱不振，流播之餘，於先典不惟不遑收藏，亦且不知收藏，此文獻所以不足也。其流行於人士之家，類非典禮儀制所關，而書史文翰之不至泯絶者，在夏則僅僅禹貢、夏小正、五子之歌、胤征數篇，在殷則湯誥、太甲、説命、盤庚、戡黎數篇而已。惜哉！又曰：沛公入關，諸將争取財物金帛，蕭何獨收圖籍，沛公由是具悉天下阨塞，户口强弱。即斯一節觀之，則知文獻所關之重矣。故在天下則關係天下，在一省則關係一省，在一邑則關係一邑，在一家則關係一家，述往昭來，爲鑑匪尠，若子孫於先世遺籍及誌狀譜牒以其非關日用之急，視爲故紙而忽之，任其散逸，漫不珍藏，則賢不肖可知矣，繼述之謂何。

○子曰：「禘自既灌而往者，吾不欲觀之矣。」

【考證】論語稽求篇：禘祭有三，一是大禘，大傳、喪服小記所云：「禮，不王不禘。王者禘其祖之所自出，以其祖配之。」而國語與祭法則皆云「周人禘嚳而郊稷」是也。一是吉禘，春秋閔二年：「吉禘於莊公。」杜預、何休輩皆以爲合羣廟祧廟之主升食于太祖，即是祫祭，然變名稱禘。文二年「大事于太廟，躋僖公」，公羊所謂「大事是祫」是也。一是時禘，即時祭之一。王制云：「春礿夏禘。」祭統亦云：「春祭曰礿，夏祭曰禘。」而郊特牲與祭義則皆云「春禘而秋嘗」，然總是時祭是也。論語之禘當是「不王不禘」之禘。此本王者大祭，而明堂位、祭統皆云：「成王以周公爲有勳勞于天下，賜以重祭。」則祭所自出，立出王廟，原得用天子禮樂。但羣公雜用，便屬非禮，故不欲觀。此與禮運所引子曰「魯之郊禘非禮也，周公其衰矣」一歎正同。康成誤增吉禘，且又以郊與圜丘俱是禘，此則誤之中又加誤者。蓋夫子嘗郊矣，孟子「膰肉不至」，史記「郊又不致燔俎于大夫」是也。夫子嘗禘矣，「子入太廟」，「禘自既灌而往」是也。郊是郊，禘是禘，未嘗合并，而至于吉禘，則夫子全無之。考夫子仕魯在定公十四年，此時未遭國喪，不容吉禘。且諸侯五廟計之，閔、僖逆祀，越文、宣、成、襄、昭五公，久已在祧壇之列。又且定之元年，季寤與公山弗狃等因陽虎欲去三桓，順祀先公而祈焉，遂就閔、僖祧廟而各順其位，則此時不惟祧兼且不逆，而解論語者尚曰「不欲觀以逆祀故」，夢哉！　胡培翬禘祫答問：大傳曰：「禮，不王不禘。王者禘其祖之所自出，以其祖配之。」所謂祖，始祖也。王者立七廟，祭始祖而下，又推而上之，以及於始祖所自出，故其祭爲特大，而諸侯不得干焉。爾雅曰：「禘，大祭也。」言宗廟之祭莫大於是也。公羊傳曰：「大祫者何？合祭也。毁廟之主陳於大祖，未毁廟之主皆升合食於大祖。」（注：「自外來曰升。」）蓋時祭各於其廟，又不及毁廟，祫則已毁未毁廟之主皆聚食於大祖廟，故其祭特取義於合。（王制注：「祫，合也。」）説文曰「祫，大合祭先祖親疏遠近」是也。大傳言「禘其祖之所自出」，此其義之著於經而各異者也。又曰：問：鄭氏注喪服小記及大傳俱以禘爲郊祀天，謂祖之所自出者感生帝靈威仰也。今以爲宗廟之祭，其義何據？曰：喪服小記云：「王者禘其祖之所自出，以其祖配之，而立四廟。」大傳云：「王者禘其祖之所自出，以其祖配之。」下又云：「諸侯及其大祖。大夫士有大事，省於其君。干祫及其高祖。」知皆説宗廟之事，與祭天無涉。儀禮喪服傳云：「都邑之士則知尊禰矣，大夫及學士則知尊祖矣。諸侯及其大祖，天子及其始祖之所自出。」據其文由禰由祖由大祖推而至於始祖所自出，明皆一本之親，非指天帝審矣。趙氏昌曰：「禘者，帝王立始祖之廟，猶謂未盡其追遠之誠，尊先之義，故又推尋始祖所自出之帝而追祀之。以其祖配之者，謂於始祖廟祭之，便以始祖配祭也。」此説最是。如周人以稷爲始祖，嚳爲稷之所自出，故周人禘嚳，虞、夏禘黄帝，殷禘嚳亦然。又曰：禘字義以爾雅「禘，大祭也」之訓爲正。蓋祫祭與時祭俱及始祖而止，禘更及始祖之上，故爲大祭。張純、何休訓禘。説文云：「禘，禘祭。」以其祭遼遠，故有審禘之義。賈逵訓爲遞，後人本其説，以爲由親廟祧廟毁廟而遞及焉。義亦得通。又曰：祭義云：「祭不欲數，數則煩。」周公制禮，以祠禴嘗烝爲時祭，月歲舉行。而禘則追其祖之所自出，祫則大合羣廟之主，其典爲特隆，故必待三年五年而後行。此斟酌簡煩之精意。禮緯云：「三年一祫，五年一禘。」鄭氏所據。何休公羊亦同。許慎説文解字云：「周禮三年一祫，五年一禘。」漢儒多依此爲説，蓋必有所受之也。至禘祫之時，張純曰：「禘祭以夏四月。夏者陽氣在上，陰氣在下，故正尊卑之義。祫祭以冬十月。冬者五穀成熟，物備禮成，故合聚飲食。」説得其正。馬端臨文獻通考：夫所謂祀周公以天子之禮樂者，如樂用宫縣，舞用八佾，以天子所以祭其祖者用之於周公之廟。張横渠以爲成王之意不敢臣周公，故以二王之後待魯，而命以禮樂，特伯禽不當受。此説得之。明堂位首言命魯世世祀周公以天子之禮樂。又云：「季夏六月以禘禮祀周公於太廟，牲用白牡犧尊云云。」即此觀之，可見當時止許其用郊禘之禮樂以祀周公，未嘗許其遂行郊禘之祀，後來乃至於禘嚳郊稷，祀天配祖，一一用天子之制，所謂穿窬不戢，遂至斬關。作俑不止，遂至用人。亦始謀之未善有以肇之也。左傳：「宋公享晉侯於楚丘，請以桑林。荀罃辭。荀偃、士匄曰：『諸侯宋、魯於是觀禮。魯有禘樂，賓祭用之。』」乃知宋、魯不特僭天子之禮樂以祀郊禘，雖燕享賓客亦用之矣。秦蕙田五禮通考：成王命魯世世祀周公以天子之禮樂，雖其文出於戴記，先儒亦多疑之。然如馬氏所云，終不敢謂事之必無。蓋報功崇德之意隆，非此不足以自愜，而不知其爲僭端之始基也。自幽、厲傷周道，平王東遷，周室衰而天下諸侯之心動矣。是以惠公因魯素用天子之禮樂，遂有宰讓郊廟之請。然王使史角止之，亦猶不許晉文請隧之意也。蓋是時王室之勢雖弱，政府典章未移，而諸侯亦無敢有顯然上干王章者。是以王朝列國之賢公卿大夫，如王孫滿距楚子之問鼎，周公閱辭備物之享，甯武子不答湛露、彤弓，蓋猶辭嚴義正，其氣足以奪僭奸之魄。況魯號稱秉禮，周公之澤未衰，而謂惠公竟儼然用天子之郊禘，尚有所不敢也。此郊禘非禮，所以孔子有周公其衰之歎。若謂成王之賜、伯禽之受，即及郊禘，尤不然矣。馬氏謂杞、宋因天子之後，僭用禮樂，而遂及於郊祀。魯亦因其用天子之禮樂而並效杞、宋之尤，蓋非一朝一夕之故，此固事勢所必然者。僖公數從伯討，遂爲望國。行父請命於先，史克作頌於後，至三十一年而卜郊見於春秋，閟宫頌及皇祖，且爲之微辭曰「周公之孫，莊公之子」。是明著此禮之始於僖公，而僭成之一大證據也。不然何以僖公之後書郊不絶，而隱、桓、莊、閔及僖三十年以前無一筆及之耶？若謂魯郊之僭行之已久，視爲常事不書。惟卜之不從，牛之有變，及時之大異而後書。豈前此卜必獲吉，而鼷鼠必不傷牛也？無是理也。是魯之僭郊，其作俑始於成王，其見端由於魯惠，其蔑禮成於僖公，無可疑矣。四書稗疏：集注誤立灌地降神之文，而慶源輔氏盛爲之説，徇白虎通之失，與開元禮酹酒之妄。愚已詳辯之於詩稗疏矣。抑考家禮注引張子曰：「奠酒，奠，安置也。若言奠贄、奠枕是也。」則張子已知程子酒必灌於地之説之非矣。乃楊氏復又曰：「家禮初獻取盞祭之茅者，代神祭也。」則説尤支離。夫家禮之舉盞灌於茅上，其所取法則祖白虎通之説，以擬禘之灌鬯耳。今云代神祭，則禘之灌鬯亦代神祭乎？雖朱子嘗曰酹酒有兩説，一用鬱鬯灌地以降神，一以古者飲食必祭神，不能自祭故代之。乃不知飲食而祭者于豆間，人之祭也不以茅，何獨代神祭之用茅也？用茅者，沿杜預以包茅縮酒誤爲酹酒，因雜引以成乎非禮耳。蓋降神之説既窮，而又爲代祭之説以文之，但因仍流俗而强爲之飾耳。不知灌非虛置之筵上，乃置之尸前也。既獻之尸，則尸舉之，尸祭之，奚有别降之神？而又何代爲之祭耶？唯不知祼爲酌鬯初獻之名，而灌乃祼字之假借，初非灌園之灌。諸妄展轉，愈入於迷，等祖考之靈於圃蔬畦稻。唯以張子之言爲破妄之斧，博求之詩及周禮以爲論定，而反求之爲人子孫者之心，謂傾酒於糞壤以事先爲安否，則諸説之謬不攻而退矣。惠士奇禮説：獻之屬莫重於祼。祼之言觀也，易之觀卦於此取名。凡祼事，鬱人沃盥，故祼一作盥。易曰：「觀盥而不薦，有孚顒若。」詩曰：「顒顒卬卬，如圭如璋。」圭璋，祼玉。顒顒，温貌。卬印，盛貌。祼之儀也。君有君之儀，臣有臣之儀，君祼以圭瓚，臣助之亞祼以璋瓚。詩曰：「濟濟辟王，左右奉璋。奉璋峩峩，髦士攸宜。」濟濟者，辟王之容，君之儀也。峩峩者，奉璋之貌，臣之儀也。鬱人詔祼將之儀者以此。宋人之享也置折俎，仲尼使舉之，以爲多文辭。魯人之祼也禘周公，仲尼欲觀之，以爲多威儀歟？論語釋故：爾雅：「禘，大祭也。」凡祭之大者皆謂之禘。祭天莫大乎圜丘與南郊。祭法曰：「周人禘嚳而郊稷。」禘嚳謂冬至祭天於圜丘而以嚳配，謂之禘也。郊稷者，即大傳云「王者禘其祖之所自出，以其祖配之」。祖之所自出，天也。周以夏正祭青帝於南郊，而以稷配，亦謂之禘也。祭地莫大於方澤，祭宗廟莫大於五年之祭，皆曰禘。是禘天神二，地示人鬼各一。天地之禘不灌，灌者據宗廟言。宗廟之禘又有三，其一王制曰：「宗廟之祭，春曰礿，夏曰禘。」此殷禮也。周改春曰祠，夏曰礿。其二則三年之喪畢而吉禘，此諸侯皆得行之。左傳叔向曰「以寡君之未禘祀」，謂吉禘也。惟三年一祫，五年一禘，乃天子之禮。祫禘皆宗廟之大祭，諸侯得祫不得禘。祫禘之分，祫者，合也。禘者，審諦昭穆也。審諦昭穆，故昭穆各於其廟也。周官大宗伯「以肆獻祼享先王，以饋食享先王」，注：「肆獻祼，祫也。饋食，禘也。」凡天子三年喪畢而祫於大廟，明年春禘於羣廟，自後五年而再殷祭。一祫一禘，祫在秋，禘在夏。祭統曰：「昔者周公旦有勳勞於天下。周公既没，成王、康王追念周公之所以勳勞者而欲尊魯，故賜之以重祭。內祭則大嘗禘是也。夫大嘗禘升歌清廟，下而管象，朱干玉戚以舞大武，八佾以舞大夏，此天子之樂也，康周公，故以賜魯也。」明堂位曰：「季夏六月，以禘禮祀周公於太廟。」是則成王命魯唯禘於周公廟，而不及羣廟，與天子之禘有殊。其後僭於他廟，昭十五年禘於武公，二十五年禘於襄公，定八年禘於僖公，皆行於一廟，而不徧及羣廟，但用天子之禘禮耳。其始禘用六月，其後或以七月，或以三月，或以十月，皆非禮。雜記孟獻子曰：「七月日至，可以有事於祖。」七月而禘，獻子爲之也。呂氏春秋言：「魯惠公使宰讓如周請郊廟之禮，桓王使史角往止之。」據此則非成、康所賜，始於惠公也。周禮大宗伯所謂「以肆獻祼享先王」，是凡祭求諸陰陽之義也。肆獻所以求諸陽，灌所以求諸陰。周人貴陰，故先求諸陰，郊特牲謂「臭陰達於淵泉」者即謂灌。凡祭重灌，於禘尤甚，故夫子欲觀之。禘視曰觀，非常視也。故易曰：「觀盥而不薦，有孚顒若。」禮作「祼」，易作「盥」，本書記作「灌」，並同。集解用孔安國義，文無依據，鄭説近之。

按：「灌」即「祼」字之假借，船山之言是也。因集注疏於考證，故詳著漢學家之説，而此章之義乃明。

【集解】孔曰：「禘祫之禮爲序昭穆也，故毁廟之主及羣廟之主皆合食於太祖。灌者，酌鬱鬯灌於太祖，以降神也。既灌之後，列尊卑序昭穆，而魯逆祀，躋僖公，亂昭穆，故不欲觀之矣。」

【唐以前古注】周禮天官籩人疏引鄭注：禘祭之禮，自血腥始。

【集注】趙伯循曰：「禘，王者之大祭也。王者既立始祖之廟，又推始祖所自出之帝，祀之於始祖之廟，而以始祖配之也。成王以周公有大勳勞，賜魯重祭，故得禘於周公之廟，以文王爲所出之帝，而周公配之，然非禮矣。灌者，方祭之始，用鬱鬯之酒灌地以降神也。魯之君臣，當此之時，誠意未散，猶有可觀，自此以後，則浸以懈怠而無足觀矣。蓋魯祭非禮，孔子本不欲觀，至此而失禮之中又失禮焉，故發此歎也。」謝氏曰：「夫子嘗曰，我欲觀夏道，是故之杞而不足證也。我欲觀商道，是故之宋而不足證也。又曰，我觀周道，幽、厲傷之，吾舍魯何適矣。魯之郊禘非禮也，周公其衰矣，考之杞、宋已如彼，考之當今又如此，孔子所以深歎也。」

按：孔安國以不欲觀爲逆祀亂昭穆者，孔意以閔、僖兄弟相繼，例同父子，各爲昭穆，三傳及國語皆同。賈公彦周官冢人疏言兄弟異昭穆，徐健庵讀禮通考極稱其説。象山姜氏讀左補義主之，段氏懋堂文集及説文示部「禘」字下辨甚詳，皆同孔注也。魯文公逆祀，至定公時已順祀，孔注以此指逆祀，意謂此言在未順祀之前也。昭穆亂於既灌者，皇疏云：「未陳列主之前，王與祝入太祖廟堂中，以酒獻尸。尸以祭，灌於地以求神，求神竟而出堂，列定昭穆。」據皇疏：是既灌之後，逆列始定也。朱子或問不採舊注，而用趙伯循之説，其所謂失禮之中又失禮焉，未嘗不可言之成理，惜空洞毫無依據，此以理詁經之弊也。集注圈外謝氏之説較勝。與武進莊述祖論語别記亦主謝説，而考證特爲詳明。是知夫子之歎，在譏其僭，非譏其怠。與下章或人之問，方能針鋒相對云。（别記云：義疏云：「先儒舊論灌法不同。一云於太祖室裏龕前東向，束白茅置地上，而持鬯酒灌白茅上，使酒味滲入淵泉以求神也。而鄭康成不正的道灌地。或云灌尸，或云灌神，故郊特牲云：『周人尚臭，灌用鬯臭，鬱合鬯，臭陰達於淵泉。灌以圭璋，用玉氣也。既灌然後迎牲，致陰氣也。』鄭注：『灌，謂以圭瓚酌鬯，始獻神也。』又祭統云：『君執圭瓚灌尸，大宗執璋瓚亞灌。』鄭注：『天子諸侯之祭禮，先有灌尸之事，乃後迎牲。』案鄭二注或神或尸，故解者或云灌神是灌地之禮，灌尸是灌神之禮。而鄭注書大傳則云：『灌是獻尸，尸乃得獻，乃祭酒以灌也。』」今案：灌義雖異，至宗廟有灌，天子諸侯之禮同也，魯之失禮，孔安國以爲魯逆祀，躋僖公，亂昭穆，故不欲觀。不知孔子仕魯在從祀先公之後，不當復譏逆祀。而鄭康成説又與魯禘義異。明堂位曰：「魯君孟春乘大路，載弧韣，旂十有二旒，日月之章，祀帝於郊，配以后稷。」又曰：「季夏六月，以禘禮祀周公於太廟，牲用白牡，尊用犧象山罍，鬱尊用黄目，灌用玉瓚大圭。」明魯禘有灌，魯郊無灌矣。郊特牲曰：「黄目，鬱氣之上尊也。」鄭注：「黄目，黄彝也。周所造，於諸侯爲上也。」正義云：「明堂位灌尊夏后氏以雞彝，殷以斝，周以黄目。天子則黄彝之上有雞彝斝彝，備前代之器，諸侯但有黄彝，故曰於諸侯爲上也。」又周禮司尊彝職曰：「春祠夏禴，祼用雞彝鳥彝。秋嘗冬烝，祼用斝彝黄彝。追享朝享，祼用虎彝蜼彝。」今魯禘灌用黄彝，不備前代之器，從諸侯禮也。至迎牲以後，朝踐再獻之時，則白牡山罍，兼用四代之禮，其餘可以類推。故夫子曰：「吾不欲觀之矣。」又禘之見於春秋者，閔二年吉禘于莊公，僖八年禘于太廟，左傳於昭十五年有事于武宫，定八年從祀先公，皆稱爲禘。昭二十五年傳「將禘于襄公」，是魯太廟有禘，羣廟亦有禘。襄十六年傳「晉人曰寡君之未禘祀」，是晉亦有禘矣。蓋三年喪畢，合祭于太廟，自此以後五年而再殷祭。諸侯與天子禮同，而天子有禘，與諸侯異。魯祭太廟用禘禮，遂假禘之名，其實與王者禘其祖之所自出之祭自别，故不譏禘，但譏既灌而往者之僭禮也。襄十年傳云：「魯有禘樂，賓祭用之。」郊特牲云：「諸侯之宫縣，而祭以白牡，擊玉磬，朱干設錫，冕而舞大武，乘大路，諸侯之僭禮也。」是禘於羣廟皆僭天子之禮樂也。）

【别解】論語訓：此譏助祭諸臣之怠慢也。往，謂往太廟也。大祭先有朝事之薦，用毛炰之豚，燔燎黍稷，玄酒以祭，然後有朝踐之薦，迎牛牲，薦毛血，夫人薦涚水，灌用鬱鬯。二禮既成，乃延尸入卿大夫序，從而行饋食之禮。其先二朝時，助祭者從尸在外，待既灌乃入也。諸臣受宿，當三日在公所，時禮廢人怠，見迎尸前無事，待既灌乃往，大慢不敬。孔子既不能糾正，故不忍觀也。

【餘論】劉氏論語補注：禘非魯所宜行，夫子不欲觀之旨蓋有難言，故託言既灌以往以明之。其實不欲觀者，並不徒係乎灌以往也，並不徒在乎灌後之不敬也。夫灌在迎牲之前，周人先求諸陰，以是爲祭之首事，灌畢而後迎牲。是既灌以後，尚是行禮之初，所行儀節不過十分之一。魯之君臣方致祭太廟，未必即于此時已懈怠也，而不欲觀之意果何以徵哉？蓋魯禘非禮，夫子本不欲觀，而祭時中所用之禮儀，其僭越尤爲過甚。自既灌以往，用牲則有白牡。薦獻之時，尊爵俎豆皆用天子及四代之器制，甚至朱干玉戚以舞大武，皮弁素積以舞大夏，又納夷蠻之樂于太廟，僭分侈張，正夫子所目覩而心嘅者。而其儀又多行于灌後，此子所以託爲是言也。蓋禘不欲觀，乃夫子本意，又不可直言其非。而由灌後以觀，又失禮中之失禮者，故即既灌以往以寓不欲之意，其旨微矣。不然，季氏私祭，自闇及夜而後肅敬漸怠，而謂太廟大祭，方行灌畢頃刻之後，君臣皆全無誠敬之意乎？而曾私祭之不若乎？注雖有言，吾不敢信。經正録：禘以上治而統祖，宗以下治而統族，二者相爲表裏，皆禮之大者。大傳發明其義，故謂大傳禘祀之禮昉於虞，而備於周。宗子之法，殷惟有小宗，而周立大宗。蓋周先王以親親爲政教之本，仁至義盡，其道尚矣。自周之亡，秦蔑典禮，禘祀不行，而宗法廢。漢氏以後，雖有欲修明之者，而得姓所由莫可稽考，故或依附失實，抑或懲其妄而姑已之。惟宗之亡而致禘不可行，然後知先王肇修人紀之意至深遠也。

按：此條據經正録引出船山，而訓義及大全説均無其文，不知所引何書。因其頗有理致，故録而存之。

論語偶記：集注蔀於王肅。近時毛西河、閻百詩所著經學書尚泥集注，未及辯正諸侯自有禘祭之禮。至毛氏謂魯祭出王，原得用天子禮樂。閻氏復欲以王季或太王定爲魯始祖，文王所自出之帝。妄謬至何日止哉？又毛氏譏孔注謂諸侯五廟，閔、僖逆祀，越文、宣、成、襄、昭五公，久已在祧壇之列。殊不思毁廟之主升食太廟，則雖在祧壇合食時，逆祀依然。即陽虎順祀先公，僅定八年一舉，此外不然可知。更不思哀三年春秋書「桓宫、僖宫災」，於時僖廟尚未毁哉。古注蓋無可議。又案春秋時，魯之禘祭不必定在太廟，羣廟及禰廟亦屢有是事。閔二年經書「吉禘于莊公」，昭十五年傳稱「禘于武公」，二十五年傳稱「將禘於襄公」，定八年傳稱「禘于僖公」。武、僖非太祖，莊、襄又特閔、昭之禰，而經傳明言有禘。凡此皆非正法，夫子之歎，或兼爲此歟？

○或問禘之說。子曰：「不知也。知其說者之於天下也，其如示諸斯乎？」指其掌。

【考異】史記封禪書述文曰：或問禘之說。孔子曰：「不知。知禘之說，其於天下也視其掌。」　史記辨惑：此孔子自指其掌而言耳。封禪書引之，直云「其於治天下視其掌」，不已疏乎？

【考證】論語集注考證：中庸曰：「明乎郊社之禮，禘嘗之義，治國其如示諸掌乎？」章句謂與論語大同小異，特記者有詳略。王文憲謂論語約而難知，中庸詳而易見。不若以中庸解論語，辭不費而義明。　劉氏正義：仲尼燕居子曰：「郊社之義，所以仁鬼神也。嘗禘之禮，所以仁昭穆也。」又曰：「明乎郊社之義，嘗禘之禮，治國其如指諸掌而已乎？」又祭統言四時之祭云：「禘者，陽之盛也。嘗者，陰之盛也。故曰莫重於禘嘗。古者於禘也，發爵賜服，順陽義也。於嘗也，出田邑，發秋政，順陰義也。故曰禘嘗之義大矣，治國之本也，不可不知也。明其義者，君也。能其事者，臣也。不明其義，君人不全。不能其事，爲臣不全。」中庸云：「宗廟之禮，所以序昭穆也。序爵，所以辨貴賤也。序事，所以辨賢也。旅酬下爲上，所以逮賤也。燕毛，所以序齒也。」又曰：「郊社之禮，所以事上帝也。宗廟之禮，所以祀乎其先也。明乎郊社之禮，禘嘗之義，治國其如示諸掌乎？」諸文皆禘説之可知者。鄭注中庸云：「示讀如寘諸河干之寘。寘，置也。物而在掌中，易爲知力者也。」此文無注，意亦當同。莊氏論語别記：白虎通云：「帝者天號，始祖所自出之帝，故曰天大祖。」王肅之説斯近之矣。趙匡附會其説，以爲魯禘文王，則非也。蓋自魯以禘禮祀周公，故殷祭謂之禘，由是而時祭亦謂之禘。太廟謂之禘，由是而羣廟亦謂之禘。魯謂之禘，由是而諸侯亦謂之禘。習而不察，故於魯禘之灌，節取其禮之正。又問禘之説，以正其名之不正也。春秋書「禘于太廟」，又書「大事于太廟」，書「吉禘于莊公」，又書「有事于武宫」。殷祭曰大事，時祭曰有事。於其始書禘，以著其名之不正。又書大事有事，以著其實非禘。觀此而微言大義可以互相發明矣。論語稽：大凡祖宗能庇蔭子孫與否，亦視其名位之大小。故士祭二代，大夫祭三代，諸侯則五代，惟王者最尊，故可至七代九代。今禘禮則又於七代九代之上，追本求原祭始祖所自出。譬之樹木根大則枝茂，其高百尺，其蔭之廣亦必百尺。王者由下溯上，能探一本之原，即由近及遠，能措天下之事，故於天下如示諸掌。

按：孔子答或人之意，必合正名、報本二義乃爲完備，故備録之如右。

【集解】孔曰：「答以不知者，爲魯君諱也。」包曰：「孔子謂或人，言知禘禮之説者，於天下之事如指示掌中之物，言其易了也。」

【集注】先王報本追遠之意，莫深於禘，非仁孝誠敬之至，不足以與此，非或人之所及也。而不王不禘之法又魯之所當諱者，故以不知答之。示與視同。指其掌，弟子記夫子言此而自指其掌，言其明且易也。蓋知禘之説則理無不明，誠無不格，而治天下不難矣。聖人於此，豈真有所不知也哉？

【餘論】四書辨疑：此以指其掌爲言禘之易知也，此外若無别説，則易知之意定矣。其下再説蓋知禘之説天下不難治，此又以指其掌爲言天下易治也。一易字之意而以兩圖爲説，亦甚未安。

注文本意蓋於中庸見其「明乎郊社之禮，禘嘗之義，治國其如示諸掌乎」，文與此章頗有同處。故於明且易之下，又言天下不難治也。殊不審兩經之文雖有數字相類，而其義實不同。中庸一章普言以孝爲治之易，禘嘗二字乃是於宗廟祀先之禮中舉其大概耳，非如此章專言禘之一事也。如云「修其祖廟，陳其宗器，設其裳衣，薦其時食」，又云「事死如事生，事亡如事存」。蓋以爲愼終追遠，則民德歸厚，故言治國如示諸掌，非虚語也。今言知禘之説，則理無不明，誠無不格，而天下不難治。以公論評之，僅知禘之一説便能明盡事物之理，纔知其説，未嘗持守奉行，便能無不感格，皆無此理。況自三代而下，以及於今，知禘之説者蓋不少也，未聞皆能平治天下如示手掌之易也。由此觀之，則其所謂天下不難治者，蓋亦無據之空言耳。黄氏後案：孔注竱以掩君惡爲解既未是，朱子解不知之答則得之，其申趙説則非也。唐制，天寶時禘於大清宫，以李聃爲始祖所自出。趙氏因此有追嚳配稷之説。至宋王介甫信其説，神宗遂因之罷禘享。南渡後遵前制，朱子因援趙説以入經注矣。

按：黄氏後案尚有駁趙氏六謬，大旨謂趙氏好攻三傳，自立臆説。至論禘之禮，又歷指左傳所云烝嘗禘於廟及寡君未禘祀之文，以爲左氏之妄。並偏詆禮記春禘夏禘等文爲徒據春秋經文以附會之。掊擊諸經傳，藐無忌憚云云。文長不録。

## ○祭如在，祭神如神在。

【考證】春秋繁露祭義篇：祭之爲言，際也，與察也。祭然後能見不見之見。見不見之見，然後知天命鬼神。知天命鬼神，然後明祭之意。明祭之意，乃知重祭祀。孔子曰：「吾不與祭，祭神如神在。」重祭事如事生，故聖人於鬼神也，畏之而不敢欺也，信之而不獨任，事之而不專恃。其公報有德也，幸其不私與人福也。

按：劉寶楠云：「董釋祭神之義，而引文有脱誤。王制『大夫祭五祀』，鄭注：『五祀，謂司命也，中霤也，門也，行也，厲也。此祭謂大夫有地者，其無地祭三耳。』孔疏申鄭意，以此及祭法但是周禮。若曲禮『大夫祭五祀歲徧』，注以爲殷制，不言有地無地之分。又曲禮云『士祭其先』，亦與周制士立二祀或立一祀異也。此文祭神統言五祀，夫子是無地大夫，亦止有三祀也。」

捫蝨新語：論語中有因古語而爲説者，如「祭如在」二句正是古語。其子曰云云，乃孔子因之有感，發爲是説也。

【集解】孔曰：「祭如在，言事死如事生也。祭神，謂祭百神也。」

【唐以前古注】皇疏：此以下二句乃非孔子之言，亦因前而發也。孔所以知前是祭人鬼，後是祭百神者，凡且稱其在以對不在也。前既直云如在，故則知是人鬼，以今之不在對於昔之在也。後既云祭神如神在，再稱於神，則知神無存没，期之則在也。

【集注】程子曰：「祭，祭先祖也。祭神，祭外神也。祭先主於孝，祭神主於敬。」愚謂此門人記孔子祭祀之誠意。

## 子曰：「吾不與祭，如不祭。」

【考異】舊唐書馬周傳引文「與」字作「預」。

【音讀】羣經義證：舊讀以「吾不與祭」爲句，見春秋繁露。愚謂當以「與」字斷。大宗伯：「若王不與祭祀，則攝位。凡大祭祀，王后不與，則攝而薦豆籩徹。」外宗：「王后不與，則贊宗伯。」祭僕：「王之所不與。」周官歷著可據。經讀考異：舊讀以「吾不與祭」爲句，愚謂以「與」字斷。祭如不祭，義自豁然矣。朱子集注明言或有故不得與，正可舉證。近人篤信朱子，于此反從舊讀，義所未安也。黄氏後案：韓子讀墨子篇云：「孔子祭如在，譏祭如不祭者。」洪氏注言：「祭如不祭，吾所不與。與，許也。」如此句讀，解義皆異，亦一説也。

【集解】包曰：「孔子或出或病而不自親祭，使攝者爲之，不致肅敬於心，與不祭同。」

按：特牲饋食禮疏引作鄭注，故「不致敬」作「不致肅敬」。又公羊桓八年傳何注：「士有公事不得及此四時祭者，則不敢美其衣服，蓋思念親之至也。故孔子曰：『吾不與祭如不祭。』」公羊以士職卑，有公事不能使人攝祭，則廢祭也。注引論語者，謂孔子仕爲大夫，有事故使人攝祭，己未致其思念，如不祭，然則與士廢祭同也。賈引論語注無姓名，今鄭注輯本皆據疏列入，但與包注文同，或賈即引包氏也。

【唐以前古注】筆解：韓曰：「義連上文『禘自既灌而往，吾不欲觀之矣。』蓋魯僖公亂昭穆，祭神如神在，不可躋而亂也。故下文云『吾不與祭』，蓋歎不在其位不得以正此禮矣，故云『如不祭』，言魯逆祀，與不祀同焉。」

【集注】又記孔子之言以明之。言己當祭之時，或有故不得與而使他人攝之，則不得致其如在之誠，故雖已祭，而此心缺然如未嘗祭也。

【別解】論語發微：孔子仕魯，凡郊禘以及夏禴秋嘗冬烝春社秋省而遂大蜡皆與於祭。禮運「與於蜡賓」即其一事。魯郊禘非禮，以不欲觀。不知其說以爲國諱。其大者既奢僭而不知本，其餘祭必皆虛文而無實。凡內祭外祭，其君若臣不能精意以通昭明，天神地示人鬼不可得而享，故曰「吾不與祭，如不祭」也。若謂孔子或出或病，不自親祭，使攝者爲之，則指孔子自舉祭，不當以與祭言也。論語訓：與讀如「則誰與」之與，予也。春秋傳曰「不與晉」，又曰「不與大夫」，若祭非其鬼及逆祀立煬宮，旅泰山，猶三望，皆所不與，以其與不祭同也。禮有攝祭，不可云如不祭。

按：王氏讀「不與」斷句可也，至訓與爲許，則未免好奇之過。竊謂「祭如在」二句，蓋古語，記者引之，先經以起例。陳善之說是也。禮特牲賈疏：「大夫已上時至，唯有喪故不祭，自餘吉事皆不廢祭。若有公事及病，使人攝祭。」又祭統云：「是故君子之祭也，必身親涖之，有故則使人可也。」皆可爲此章注脚。孔子係大夫，除祭祖先之外，尚須祭五祀。非有特别事故，而使他人攝祭，則精意不誠，雖祭猶之未祭也。

【餘論】朱子語類：此弟子見孔子祭祖先及祭外神，致其孝敬以交鬼神也。孔子當祭祖先之時，孝心純篤，雖死者已遠，因時追思，若聲容可接，得以竭盡其孝心以祀之也。祭外神，雖神明若有若無，聖人盡其誠敬，儼然如神明之來格，得以與之接也。范氏所謂有其誠則有其神，無其誠則無其神。蓋神明不可見，惟是此心盡其誠敬專一在於所祭之神，便見洋洋如在其上，如在其左右。然則神之有無，皆在於心之誠與不誠，不必求之恍惚之間也。又曰：問：范氏謂有其誠則有其神，無其誠則無其神。祇是心誠則能體得鬼神出否？曰：誠者，實也。有誠則凡事皆有，無誠則凡事皆無。如祭祀有誠意，則幽明便交。無誠意，便都不相接。

按：范氏之説極爲船山所贊許，故曰惟聖人能知鬼神之情狀。

# 論語集釋卷六

## 八佾下

○王孫賈問曰：「與其媚於奧，寧媚於竈，何謂也？」

【考證】四書稗疏：五祀夏祭竈。竈者火之主，人之所以養也。祀以雞。其禮，先席於門奧西東，設主於竈陘。先席於門奧西東者，迎神也。門奧西東者，門在東，奥在西。席設於門之西奥之東，正當室之中，而居户外，其非席於奥審矣。祀門設主於門左樞，祀户設主於門内之西，祀行爲軷壤於廟門之西，設主於其上，唯祀中霤設主於牖下。牖在室西南，其下即奥也。是則唯祭中霤則於奥，餘祀皆不於奥而設席也。與其媚奥寧媚竈云者，謂中霤爲土，分王四季，不能爲四時之主，故集注謂無恆尊，不如竈之主火而司養，專四時之一，爲在時而乘權也。昧者誤讀設席於門奥西東之文，遂謂四時之祭皆先席於奥，亦習謬而不覺矣。四書辨證：顧氏據禮器疏，故云奥竈是一神。若然，只宜祭竈設席迎尸於此，中霤禮何以云五祀皆然哉？蓋奥有在廟者，如少牢「設饌于奥」之類是。有在宫者，如曲禮「人子居不主奥」之類是。要是空虚之處，祭五祀皆迎尸於此，似常尊，却以及時之神爲神，如祭竈迎尸於此，即以竈神爲神，猶人主以權臣之權爲權，而已莫能爲主焉。顧説非也。四書摭餘説：毛西河專執鄭氏五祀祭於廟之説，謂從來行祭無在家室中者，不惟祭祖宗在廟，即祭五祀亦無不在家廟之中，而謂「祭於其所」是朱子自造禮文。不知宗廟之祭，尸入始祭籩豆及黍稷醴。此于竈陘已祭尸，入應坐而饌食，不更祭黍稷及肉醴，故曰「略如宗廟之儀」。夫竈陘則所爲祭於其所也。既徹而設饌筵前，所爲迎尸而祭于奥也。祭廟時不祭竈而祭爨，爨者老婦之祭。然則五祀當祭于宫矣，朱子亦何嘗自造禮文也？惟是鄭言設席于奥，疏以爲廟門之奥，則不然。蓋廟之奥，廟主在焉，必不可以設神席。若後寢之奥，衣冠藏焉，恐亦非是。古中霤禮于祀竈言席于門之奥，其諸皆門堂之奥歟？鄭注謂祭五祀用特牲。特牲者，一牲也，即禮器之牲羊。小司徒所云「小祭祀供羊牲」者，孔疏謂用特牛，非。郊之特牲是騂犢，安得謂五祀與郊同？而諸侯社稷且少牢，亦無五祀反以牛之理，是天子以下皆羊牲也。設主用醴肉，迎尸用鼎俎。所謂醴肉鼎俎者，羊牲耳。白虎通云：「天子諸侯用牛，大夫用羊。」又云：「户以羊，竈以雞。」皆非也。但注言竈雖卑賤，則黄帝作竈，死爲竈神之説，固不足信。而古周禮説顓頊氏有子曰祝融，爲竈神，是亦上公之貴也。不如高氏誘吕氏春秋孟春紀注之説曰：「吴回，回禄之神，託於竈，是月火王故祀之。」蓋五祀皆迎尸于奥，故奥有常尊，而自天子以至於庶人皆賴養于竈，故曰當時用事。漢書曰：「李少君言祀竈可致神物，天子親祀焉。」淮南子曰：「有虞氏祀先中霤，夏后氏先户，殷人先門，周人先竈。」則時俗媚竈之説，誠非無自。劉氏正義：御覽五百二十九引鄭此注云：「王孫賈自周出仕於衛也。」案白虎通姓名篇：「王者之子稱王子，王者之孫稱王孫。故春秋有王子瑕。論語有王孫賈。」是賈爲周王者孫也。皇疏以賈爲靈王孫。廣韵引世本、通志氏族略並以爲頃王之後。梁氏玉繩古今人表考引春秋分記，又以爲康叔子王孫年之後。則以王孫爲氏，本爲衞人，非自周出仕，與鄭氏異義，非也。下篇言衞靈公之臣王孫賈治軍旅，是賈仕衞也。

【集解】孔曰：「王孫賈，衞大夫。奧，内也，以喻近臣。竈以喻執政。賈執政者，欲使孔子求昵之，微以世俗之言感動之也。」

【唐以前古注】釋文引鄭注：奧，西南隅。　皇疏：時孔子至衞，賈誦此舊語以感切孔子，欲令孔子求媚於己，如人之媚竈也。

【集注】王孫賈，衞大夫。媚，親順也。室西南隅爲奧。竈者，五祀之一，夏所祭也。凡祭五祀，皆先設主而祭於其所，然後迎尸而祭於奧，略如祭宗廟之儀。如祀竈則設主於竈陘，祭畢而更設饌於奧以迎尸也。故時俗之語因以奧有常尊而非祭之主，竈雖卑賤而當時用事，喻自結於君，不如阿附權臣也。賈，衞之權臣，故以此諷孔子。

【别解一】羣經平議：媚奧媚竈皆媚人，非媚神也。古以奧爲尊者所居，故曲禮曰：「爲人子者居不主奧。」而春秋時有奧主之稱。昭十三年左傳「國有奧主」是也。竈則執爨者居之，所謂厮養卒也。當時之人以爲居奧者雖尊，不如竈下執爨之人實主飲食之事，故媚奧不如媚竈。國語周語載人之言曰：「佐饔者嘗焉。」即此意也。王孫賈引之，蓋以奧喻君，以竈自喻。孔注未得其旨。

【别解二】四書典故辨正：羅整菴云：「子見南子，子路不悦，蓋疑夫子欲因南子以求仕也。然當是時不獨子路疑之，王孫賈亦疑之矣。媚奥之諷，殆指南子而言也。觀夫子所謂天厭之者，即獲罪於天之意。」此説得之。奥者，室中深隱之處，以比南子。竈是明處，蓋謂借援於宫闈之中，不如求合於朝廷之上耳。

【别解三】四書約旨：或謂王孫賈在衛算不得權臣，當時市權只有彌子瑕一人，或是他自家欲酌所媚而問耳。

按：以上三説，以此説最爲合理。蓋賈本周人，入仕於衛。當靈公之時，政權操於南子、彌子瑕之手，以孔子之賢且不能不見南子。孟子云：「彌子之妻與子路之妻兄弟也。彌子使人告子路曰：『孔子主我，衛卿可得也。』」其聲勢赫奕至此。賈蓋謀所以自處之道於孔子。奥在内位尊，喻南子也。竈之卑賤，喻彌子也。與當時情勢最爲相合。觀孔子答以獲罪於天，仍是答子路有命之意。賈在衛國並非權臣，孔子且稱其有治軍旅之才，而注疏家意欲以陽貨待之，不可解也。任氏之説雖創而實確。

【餘論】日知録：奥何神哉？如祀竈則迎尸而祭於奥，此即竈之神矣。時人之語，謂媚其君者將順於朝廷之上，不若逢迎於燕退之時也。注以奥比君，以竈比權臣，本一神也。析而二之，未合語意。

【發明】反身録：古來權奸憑藉寵靈，勢位已極，又患無名，每以美職厚禄牢籠正人君子，以爲名高。而不知正人君子惟恐不義富貴，浼其生平，超然遠引，若鳳翔千仞，豈彼所得而牢籠之哉？學者於此處須慎之又慎，所謂風急天寒夜，纔看當門定脚人。若此處一錯，一失脚便成千古憾矣。

子曰：「不然。獲罪於天，無所禱也。」

【考證】春秋繁露郊祭篇：天者，百神之大君也。事天不備，雖百神猶無益也。何以言其然也？祭而地神者春秋譏之，孔子曰：「獲罪於天，無所禱也。」劉氏正義：墨子經上：「辠，犯禁也。」説文：「辠，犯法也。從辛，從自。言罪人蹙鼻苦辛之憂。秦以辠似皇字，改爲罪。」賈自周出仕衛，必有獲罪周王者。臣以君爲天，故假天言之。「禱」者，説文云：「告事求福也。」周官大祝「五曰禱」，是禱亦祭名。

【集解】孔曰：「天以喻君也。孔子距之曰：如獲罪於天，無所禱於衆神。」

【唐以前古注】皇疏引欒肇云：奥尊而無事，竈卑而有求。時周室衰弱，權在諸侯，賈自周出仕衛，故託世俗言以自解於孔子。孔子曰「獲罪於天，無所禱」者，明天神無上，王尊無二，言當事尊，卑不足媚也。

按：欒氏此説，黄氏式三認爲創解，實則尚不如任説之切合當時情勢。

【集注】天即理也，其尊無對，非奥竈之可比也。逆理則獲罪於天矣，豈媚於奥竈所能禱而免乎？言但當順理，非特不當媚竈，亦不可媚於奧也。

【餘論】崔述論語餘説：注云：「天即理也，逆理則獲罪於天矣。」説者云：天者，上帝之稱。以理爲天非也。案集注凡正釋其意者，皆云「某，某也」。若云「某即某也」、「某猶某也」，皆非本字之義。乃推明其義，使人易曉耳。蓋天沖漠無朕，獲罪與否，無可徵者，故指理以明。但有悖於理，即獲罪於天，非謂理爲天也。錢氏養新録：宋儒謂性即理是也，謂天即理恐未然。獲罪於天無所禱，謂禱於天也，豈禱於理乎？詩云敬天之怒、畏天之威，理豈有怒與威乎？又云敬天之渝，理不可言渝也。謂理出於天則可，謂天即理則不可。四書改錯：天解作理，四書集注補辨之甚悉。大抵宋儒拘滯，總過執理字，實是大錯。況天是天神，又有天道，故先儒解「獲罪于天」，亦曰援天道以壓衆神。衆神者，室神與竈神也。又且漢、魏後儒引此句皆明指蒼蒼之天，南齊書所載有雜詞云：「獲罪於天，北徙朔方。」可曰獲罪於理，徙朔方乎？蔡清四書蒙引：獲罪之罪明以禍福言，若謂逆理即是禍害，反不足以折姦雄之膽。

【發明】反身録：人生真實有命，窮達得喪咸本天定。須是安分循理，一聽於天。若附熱躁進，於定命無秋毫之益，於名節有泰山之損。

**○子曰：「周監於二代，郁郁乎文哉！吾從周。」**

【考異】史記世家無「於」字。漢書儒林傳「代」作「世」。隸釋載漢華山碑「監」作「鑒」。汗簡云：古論語「郁」作「彧」。説文繫傳「彧」字下云：論語「郁郁乎文哉」本作此王氏考異：「郁」當作「戫」，古無「戫」，假借「郁」字。又「彣」字下引論語「戫戫乎文哉」。「郁」字，从阝，从卩，俱所不安。

【考證】漢書禮樂志：周監於二代，禮文尤具，事爲之制，曲爲之防。故稱禮經三百，威儀三千。於是教化浹洽，民用和睦，災害不生，禍亂不作，囹圄空虛，四十餘年。孔子美之曰：「郁郁乎文哉！吾從周。」　劉氏正義：魯，周公之後。周公成文、武之德，制禮作樂。祝鮀言伯禽封魯，「其分器有備物典册」。典册即周禮，是爲周所賜也。故韓宣子謂周禮盡在魯。又孔子對哀公言「文、武之道，布在方策」。方策者，魯所藏也。中庸云：「吾學周禮，今用之，吾從周。」今亦指魯。夫子此言吾從周，是據魯所存之周禮言。禮運孔子曰：「吾觀周道，幽、厲傷之。吾舍魯何適矣？」是言魯能存周禮也。　論語稽：周世樟曰：「如井田一端，雖周亦助，是法乎殷也。學校一端，大學在國，小學在郊，是法乎夏也。封國則五服亦宗夏制，而特異其男邦采衞之名。建官則六卿亦祖殷法，而第更其司士大宗之位。巡狩則五載易爲十二，而陳詩納賈則同。述職則四朝變爲六年，而敷言試功不異。宗廟雖有三祖二宗之殊，其爲七廟同也。明堂雖有七尋九筵之別，其爲五室同也。冠禮或以毋追，或以章甫，或以委貌，其爲三加同也。魯禮或迎於庭，或迎於堂，或迎於著，其爲親迎同也。養老或兼享，或兼食，莫非別年之心也。格祖或尚聲，或尚臭，莫非求神之意也。推之一車旗，一服物，如王制、明堂所載，莫不參夏、殷而兼用之，所謂監於二代也。」

【集解】孔曰：「監，視也。言周文章備於二代，當從之。」

【集注】監，視也。二代，夏、商也。言其視二代之禮而損益之。郁郁，文盛貌。

【餘論】輔廣論語答問（經正録引）：先王之制，與氣數相爲始終，而前後相爲損益，固非一人一日之所能致也。三代之禮，至周大備，則以氣數至此極盛，而前後相承，互爲損益，至此而始集其大成也。論語述何：正朔三而改，文質再而復，如循環也。故王者必通三統，周監夏、殷，而變殷之質，用夏之文。夫子制春秋，變周之文，从殷之質，所謂从周也。乘殷之輅，从質也。服周之冕，从文也。論語發微：春秋王者繼文王之體，守文王之法度。隱元年春王正月，傳曰：「王者孰謂？謂文王也。」何休説以上繫王於春，知謂文王也。文王，周始受命之王。天之所命，故上繫天端，方陳受命制正月，故假以爲王法。不言謚者，法其生，不法其死，與後王共之，人道之始也。潘氏集箋：此知春秋雖據魯新周，然必託始於文王，故孔子曰：「文王既没，文不在茲乎？」以是知「周監於二代，郁郁乎文哉」，謂文王之法度也。自杞、宋不足徵，乃據魯作春秋。魯，周公之後。周公成文、武之德，而制作明備。孔子從而損益之，故曰從周。從周者，即監二代之義，謂將因周禮而損益之也。

○子入大廟，每事問。或曰：「孰謂鄹人之子知禮乎？入大廟，每事問。」子聞之，曰：「是禮也。」

【考異】漢石經「大」字作「太」。注疏本亦作「太」。翟氏考異：今注疏本非復依何氏集解之舊，故其文與集注本無小異，數「大」字增筆作「太」。考諸釋文，俱有音泰之釋，則當時之集解自爲「大」字。梁氏旁證：左傳「鄹人紇」，唐石經及宋本皆作「鄹」，酈道元引作「鄹」，始與論語同。「聚」字古或省作「取」。説文：「郰，魯下邑，孔子鄉。」

【考證】論衡知實篇：孔子未嘗入廟，廟中禮器衆多非一，孔子雖聖，何能知之？ 四書釋地續：鄹，魯邑名。今則在鄒縣界。鄹人之子乃孔子少賤時之稱。集注：「此蓋孔子始仕之時入而助祭也。」最當。始仕，即指孔子年二十爲委吏，二十一爲乘田吏言，方與少賤稱相關合。或曰：二者何等卑職，敢駿奔走於廟中？余曰：觀祭統「煇者，甲吏之賤者也。胞者，肉吏之賤者也。翟者，樂吏之賤者也。閽者，守門之賤者也」，皆以有事於宗廟，尸以其餘畀之。則委吏若周禮之委人，共祭祀之薪蒸木材。乘田吏，周禮之牛人、羊人。牛人，凡祭祀共其牛牲之互，與其盆簝以待事；羊人，凡祭祀飾羔祭割羊牲登其首者也，非無與於廟事，其應在羣有司之列可知。獨當祭時，魯君在前，卿大夫侍從，雝雝肅肅，安得容一少且賤者呶然致辭説哉？故顧瑞屏以爲子入廟，當是隔日宿齊，始可每事問者。是不然作平日往觀，如荀子所載孔子觀於魯桓公廟，有欹器，問守廟者曰「此爲何器」之類。則非執事有恪時，縱來不知禮之誚，亦不必毅然立辨曰是禮也，以明其敬謹之意。此則吴愈亦韓語余云爾，因并識之。 札樸：文十五年左傳「下人以告」注文：「下人，魯下邑大夫。」正義云：「治邑大夫例呼爲人。孔子父爲鄹邑大夫，謂之鄹人。」 沈欽韓左傳補注：史記正義引括地志云：「故鄹城在兗州泗水縣東南六十里，昌平山在泗水縣南六十里。」輿地志云：「郰縣西界闕里，有尼丘山。」此「莝城」應是「郰城」之誤，釋文無音可知也。一統志：「鄹縣在曲阜縣東南。」縣志云：「東十里有西鄒集，與邾婁之改名鄒者别。」水經注謂「邾國，叔梁之邑，孔子生於此」者，誤。

劉氏正義：王制：「天子七廟，三昭三穆，與太祖之廟而七。諸侯五廟，二昭二穆，與太祖之廟而五。」鄭注以爲周制。漢書韋玄成傳：「禮，王者始受命，諸侯始封之君，皆爲太祖，以下五廟而迭毁。」周公是魯始封，爲魯太祖，故廟曰太廟也。公羊文公十三年傳：「周公稱大廟，魯公稱世室，羣公稱宫。周公何以稱大廟于魯？封魯公以爲周公也。」穀梁傳略同。明堂位：「大廟天子明堂，山節藻棁，復廟重檐刮楹，達鄉崇坫，康圭疏屏，天子之廟飾也。」阮氏元明堂論：「魯之大廟，猶周明堂中之清廟也。故左氏傳：『取郜大鼎于宋，納于大廟。』臧哀伯即以清廟茅屋爲説，明堂以茅蓋屋也。魯侯國，不得别立明堂，其一切非常典禮皆於大廟行之。」又云：潛夫論志氏姓云：「伯夏生叔梁紇，爲鄹大夫，故曰鄹叔紇。」是鄹人爲鄹大夫，漢人相傳有此説也。左傳孔疏云：「古稱邑大夫，多以邑冠人。」邢疏引左傳「新築人仲叔于奚」證之是也。段氏玉裁説文注謂：「郰人是舉所居之地，非爲所治邑。郰大夫之文始見王肅私定家語，孔氏論語注乃肅輩僞託者，似不足信。」段氏此辨甚是。然其誤自潛夫已然，亦非始王肅也。

【集解】包曰：「大廟，周公廟。孔子仕魯，魯祭周公而助祭。」孔曰：「鄹，孔子父叔梁紇所治邑。時人多言孔子知禮，或人以爲知禮者不當復問也。雖知之當復問，慎之至也。」

按：論語古訓：「安國爲孔子十一世孫，而注云『孔子父叔梁紇』，此更可疑者。」

【集注】大廟，魯周公廟。此蓋孔子始仕之時入而助祭也。鄹，魯邑名。孔子父叔梁紇嘗爲其邑大夫。孔子自少以知禮聞，故或人因此而譏之。孔子言是禮者，敬謹之至，乃所以爲禮也。

【別解】羣經平議：古字也、邪通用。陸氏經典釋文序所謂「如、而不分，也、邪無別」者是也。論語「子張問十世可知也」、「井有人焉，其從之也」、「豈若匹夫匹婦之爲諒也」，諸也字並當讀作邪。又如「事君盡禮，人以爲諂也」、「子曰其事也」，此兩也字，尋繹文義，亦邪字也。魯僭王禮，大廟之中，犧牲服器之等，必有不循舊典者，子入大廟每事問，所以諷也。或人不諭其旨，反有孰爲知禮之譏，故子曰「是禮也」，猶云是禮邪，乃反詰之辭，正見其非禮矣。論語別記：魯用禘禮始自周公廟，其後羣公廟皆有禘。子入大廟，凡禮樂犧牲服器之等每事問焉，此薄正祭器之時也，雖爲之兆，未能遽革。而或人乃有孰謂知禮之譏，子聞之曰「是禮也」，斯聖人之正言，猶不欲觀之歎、不知之對，言問是禮者，欲魯之君臣知其非禮而革之也。論語述何：魯自僖公僭禘於大廟，用四代之服器官，其後大夫遂僭大禮。每事問者，不斥言其僭，若爲勿知而問之，若曰此事昉於何時，其義何居耳。以示天子之事，魯不當有也。或人習而不察，故正言以告之。

按：此可備一說。

【餘論】讀四書大全說：若說入太廟是助祭，則當奏假無言之時而諄諄詰難，更成甚禮？荀子所記孔子觀欹器事亦是閒時得入。想古宗廟既無像主，又藏於寢，蓋不禁人游觀。而諸侯覲問冠昏皆行於廟中，或有執事之職，君未至而先於此待君，故得問也。每事問即非不知，亦必有所未信，從好古敏求得者，若未手捫而目擊之，終只疑其爲未然。聖人豈必有異於人哉？尋常人一知便休，則以疑爲信，知得來儘是粗疎，如何會因器以見道？夫子則知問者信之由，不問者疑之府，而禮之許人問者，乃使賢者俯就，不肖者企及，以大明此禮於天下也。若已知已信而故作謹縟之狀，此正朱子所云石慶數馬之類，又何足以爲聖人？尹和靖雖知亦問之説，祇要斡旋聖人一個無所不知，無所不謹，而誠僞關頭早已鶻突。蓋不知不信原有深淺之分，而聖人之知則必以信爲知。未信而問，問出於誠，聖人之所以忠信好學不可及者正以此耳。雷氏經説：子入大廟每事問，非君后承祭時，蓋祭之前夕。太史讀禮書而協事，祭之日夙興入廟，太史執禮書以次位。當此時，凡執事者皆可向太史辨問，故禮曰「辨事者考焉」。子之每事問當在此時，故曰是禮。論語後録：此當是入廟助祭，有所職守，當行之事不敢自專，必咨之主祭者而後行。若問器物，則廟中爲嚴肅之地，夫子必不嬈嬈如是。充説非也。吕氏春秋「無醜不能，無惡不知」，高注：「孔子入大廟，每事問，是不醜不能，不惡不知。」比充説爲近。

○子曰：「射不主皮，爲力不同科，古之道也。」

【音讀】爲，馬讀如字，集注爲去聲。

按：此章集注義長，應讀去聲。

【考證】凌廷堪周官鄉射五物考：一曰和，二曰容，三曰主皮，四曰和容，五曰興舞。此周官鄉大夫五物之序也。前既云和容，後復云和容，人多不得其解。鄭司農曰：「和，謂閨門之内行。容，謂容貌。」鄭康成曰：「和載六德，容包六行。」四曰和容，杜子春讀爲和頌，謂能爲樂。」又馬融論語注：「一曰和，志體和。二曰容，有容儀。四曰和頌，合雅、頌。」此皆因經文和容前後再見，故强生異義。不知「頌」即「容」字。史記儒林傳「徐生善爲容」，漢書作「頌」。顔注：「頌讀與容同。」是頌、容本無區別。至主皮之射，説者尤爲聚訟。考周官明云「退而以鄉射之禮五物詢衆庶」，則五者固在鄉射禮之中，不在鄉射禮之外也。今鄉射一篇載在禮經，並未闕佚。不以經證經，而徒以意衡之，是亦説經者之過也。蓋「一曰和，二曰容」者，即鄉射禮之三耦射也。獲而未釋獲，但取其容體比於禮也。是爲第一次射。「三曰主皮」者，即鄉射禮之三耦及賓主人大夫衆耦皆射也。司射命曰「不貫不釋」，蓋取其中也，故謂之主皮，馬氏論語注以主皮爲能中質是也。是爲第二次射。「四曰和容，五曰興舞」者，即鄉射禮之以樂節射也。司射命曰「不鼓不釋」，既取其容體比禮，又取其節比樂也。比於禮故謂之和容，蓋如前三耦射也。比於樂故謂之興舞，取其應鼓節也。故前已言和容，此復言和容也。是謂第三次射。鄉射記「禮，射不主皮」，鄭注：「不主皮者，貴其容體比於禮，其節比於樂，不待中爲雋也。」蓋古經師相傳之解，指第三次射而言，深得經意。不主皮爲第三次射不鼓不釋，則主皮爲第二次射不貫不釋可知矣。鄭不知主皮之射爲第二次射，而下以己意，謂張獸侯而射，故雖引尚書傳爲證，而亦不敢決之也。又考論語「射不主皮，爲力不同科」，孔子稱爲古之道者，蓋時至春秋之末，鄉射但以不貫不釋爲重，而容體比於禮，節比於樂，不復措意，故孔子歎之，以爲古禮仍有不主皮之射也。「爲力不同科」，馬融注：「力役之事有上中下三科。」是别爲一事。後儒謂主皮是貫革之射，非先王之禮。審若是，則武王克殷，貫革之射已息，何以主皮猶在鄉射五物之中？而鄉射記復舉以證經乎？其非貫革也明矣。或謂鄉射記云「主皮之射者，勝者又射，不勝者降」，則似鄉射之外更有此射者，此殊不然。鄉射記所云，即指第二次射也。凡經所未言，見於記者甚多，即如此記中衆賓不與射者不降，賓主人射則司射擯升降，卒射即席而反位卒事，大夫降立於堂西以俟射，主人亦飲於西階上之屬，皆是不獨主皮之射一節也。若貫革及張獸皮而射，尚何升降之有哉？或又謂大射之侯有皮，鄉射之侯無皮，何故謂之主皮。此亦不然。主皮者，不失正鵠也。布侯謂之正，皮侯謂之鵠。鄉射用布侯而云主皮者，舉皮以賅布，亦散文則通之義，經例往往如此，不必致疑也。

劉履恂秋槎雜記：考工記「往體寡，來體多，謂之王弓之屬，利射革與質」，注：「革，謂干楯。質，木椹。」樂記「貫革」，注：「射穿甲革。」疏：「革，甲鎧也。所謂軍射也。軍中不習容儀，又無别物，但取甲鎧張之而射，穿多爲善，謂爲貫革。養由基之射七札是也。」是主皮非貫革矣。案周禮「以鄉射之禮五物詢衆庶，三曰主皮」，疏稱州長習射，名爲鄉射。鄉射有侯，鄉大夫用此鄉射之禮詢衆庶，衆庶卑無侯，故張皮射。鄉射名禮射，張皮射名主皮之射，故云「禮射不主皮」。禮射二番不勝，仍待後番復升射。主皮之射則勝者復射，不勝者不復射，是尚力也。故鄭注謂主於獲。此言鄉射所以不用主皮之禮者，取其比於禮樂，不勝許其復射，不尚力也，爲力不同等也。論語稽求篇：「射不主皮」一句係周時禮文，夫子誦而釋之。儀禮亦引入鄉射禮篇。朱注云「鄉射禮文」是也。但儀禮原文云：「禮射不主皮。」上有禮字則該舉諸射，如大射、燕射、賓射類，不止鄉射。其下文又云「主皮之射者，勝者再射，不勝者降」，則又另有力射，如儀禮注澤宮獻禽後班餘獲之射，不是武射。朱注不明出禮射字，而又誤以主皮爲貫革，爲即武射，則兩失之矣。按主皮與貫革不同。主者，着也。主皮者，着于皮也。鄭康成所云「善射」，扶風馬氏所云「能中質」是也。夫射期中質，豈有習射而反以不中爲能事者？射名不同，有專主皮者，有不專主皮者。主皮者，力射也。矢至于皮非力不能，孟子曰：「其至爾力也。」不主皮者，禮射也。其容體比于禮，其節比于樂，雖發必祈中而不止于祈中者，以爲禮也。禮射與力射截然二等，故夫子解之曰「禮射不主皮」者，謂與力射不同等故耳。舊注引周禮，朱注引儀禮，猶是引經證經，引禮證禮，而不經諦觀，便復有誤，況臆斷乎？惜抱軒經説：凡射之侯有三，一曰五采之侯，畫布爲正者也。古者與賓客燕射則用之，梓人職所云「張五采之侯則遠國屬」是也。二曰獸侯，布侯中畫獸，天子之侯畫熊，諸侯之侯畫麋，大夫之侯畫虎豹，士之侯畫鹿豕。此君與其臣燕射所用，梓人職所云「張獸侯則王以燕息」是也。三曰皮侯，以熊虎豹之皮爲質，設於侯中，是謂棲皮曰鵠。此因祭祀而大射於澤宮之禮，蓋祭之義序事以辨賢，故取服猛之義，亦微尚乎武焉，梓人職所云「張皮侯而棲鵠則春以功」是也。此三者非主皮之射。夫皮侯棲鵠固用皮矣，然而終不可謂之主皮之射者，蓋雖虎豹之猛而革非甚堅也，故其義稍取乎力而非專重乎力，不可云主皮也。若賓燕之禮尤尚文焉，故第以布侯也。鄉之飲酒也，以賓禮禮士也，其射亦賓射而已，其侯亦畫布而已。若夫主皮之射，軍禮也，所謂貫革之射也。國中賓燕之禮無所用之也。然而周禮鄉大夫職乃曰「以鄉射之禮詢衆庶，一曰和，二曰容，三曰主皮」者，蓋鄉衆大夫於三年大比之後既興賢能矣，賢能士之在鄉學者也，若庶人未嘗入學，而其中未必無傑士焉，故復以鄉射之禮詢衆庶以廣取之。曰衆庶，則非士也。曰以鄉射禮，則非鄉射也。其所以取人者，則異鄉射布侯之常制。夫士有拳勇股肱之力，亦國家干城所賴，不可不選以備用，故其射不用侯而張獸皮。既張獸皮，取貫革之勇，則所張者必牛兕犀可用爲甲者之皮，故司弓矢職「王弓弧弓以授射甲革者」，是之謂主皮之射矣。後世禮衰，鄉之取士，雖當鄉射正禮，亦變先王興賢能之法，而用鄉大夫詢衆庶之法，此尚武之意盛矣。故曰「射不主皮，古之道也」。經咫：據鄉射記正義，中者雖不中也取，不中者雖中也不取。云中不中，又在中的不中的之外者，行葦之詩既曰「序賓以賢」，又曰「序賓以不侮」，蓋分於此。今日校射重所謂架子，而中猶次之，髣髴相似，但不是比禮比樂耳。

【集解】馬曰：「射有五善焉：一曰和志，體和也。二曰和容，有容儀也。三曰主皮，能中質也。四曰和頌，合雅、頌也。五曰興武，與舞同也。天子有三侯，以熊虎豹皮爲之，言射者不但以中皮爲善，亦兼取之和容也。爲力，爲力役之事也。亦有上中下設三科焉，故曰不同科。」

【集注】射不主皮，鄉射禮文。爲力不同科，孔子解禮之意如此也。皮，革也。布侯而棲革於其中以爲的，所謂鵠也。科，等也。古者射以觀德，但主於中而不主於貫革，蓋以人之力有强弱不同等也。記曰「武王克商，散軍郊射，而貫革之射息」，正謂此也。周衰禮廢，列國兵争，復尚貫革，故孔子歎之。

按：朱子之説本於劉敞七經小傳，謂不主皮者以力不同之故，則主皮之射爲尚力，其説較舊注爲優。但主皮當訓中，非訓貫革也。淩説良是。

【餘論】經正録：案據鄭注，主皮之射，庶人之禮也。據引尚書傳，是鄉大夫用之以詢衆庶外，卿大夫又用之習射於澤宫，二者皆非禮射之正。又案鄭云：「不主皮者，不待中爲雋。」非也。禮射義云：「故射者進退周旋必中禮，内志正，外體直，然後持弓矢審固。持弓矢審固，然後可以言中。」又曰：「發而不失正鵠者，其唯賢者乎？若夫不肖之人，則彼將安能以中？」又曰：「射中者得與於祭，不中者不得與於祭。射中則得爲諸侯，射不中則不得爲諸侯。」經傳言射未有不主於中者，如鄭注儀禮記「禮射不主皮」云：「禮射，謂大射、賓射、燕射。」然則大射、賓射、燕射皆不主於中乎？無是理矣。朱子語類：問明道云：「射不專以中爲善如何？」曰：「如内志正，外體直，祇是要中。」張蒿菴曰：「不主皮當作主於中而不主於貫革爲墧。貫革之射，習戰之射也。其射當亦三番，故勝者又射，不勝者則不復射也。」黄氏後案：朱子注以主皮爲貫革之射。姚秋農曰：「樂記言：『散軍郊射，貫革之射息。』如主皮即貫革，鄉大夫何以詢衆庶哉？」式三案周官司弓矢曰：「王弓弧弓以授射甲革椹質者。」弓人曰：「往體寡，來體多，謂之王弓之屬，利射革與質。」則軍旅之行，自有貫革之射，朱子說亦備一義。　論語訓：凡言古者，皆謂殷也。言周不改殷制。

## ○子貢欲去告朔之餼羊。

【考異】集注考證：餼，猶今言生料也。本作「氣」，俗加「食」。

【音讀】論語駢枝：告讀如字，舊音古篤反，非也。

【考證】蔡邕明堂月令論：古者諸侯朝正于天子，受月令以歸而藏諸廟中，天子藏之於明堂，每月告朔朝廟。仲尼譏之，經曰「閏月不告朔，猶朝于廟」，刺舍大禮而徇小義也。自是告朔遂闕，而徒用其羊。子貢非廢其令而請去之。仲尼曰：「賜也，爾愛其羊，我愛其禮。」庶明王復興，君人者昭而明之，稽而用之。　惠棟明堂大道録：明堂月令者，乃虞、夏、商、周四代治天下之大法。魯爲望國，始廢其禮，故春秋特書之。子曰「我愛其禮」，其猶有東周之志乎？　哀三年桓、僖廟災，季桓子御公立於象魏之外，觀舊縣之處，命藏大廟中象魏。則知告朔之羊，哀公時猶未去也。　萬斯大學春秋隨筆：春秋：「文十有六年夏四月，公四不視朔。」不告朔，故不視朔。書四不視朔，則不視者二月至五月耳。六月以後復如初矣。公羊云：「自是公無疾不視朔也。」果爾，則經不應有「四」字。經有「四」字，必非遂不視朔也。然則告朔之廢始於何時？蓋自昭公遜齊，季孫專魯，然不敢擅行告朔。及昭公卒，定公立，亦遂因而不行。雖不行而羊尚存。使自文公竟廢告朔，豈自此至定、哀立五六君，百數十年而羊尚存乎？唯其廢之未久，故有司供羊如故。子貢目擊前此之告，而今之不告也，遂憤然欲去之耳。論語駢枝：周禮太史「正歲年以序事，頒之于官府及都鄙。頒告朔于邦國」，鄭注：「頒讀爲班，班，布也。以十二月朔告布天下諸侯。」孔子三朝記云：「天子告朔于諸侯，率天道而敬行之，以示威于天下也。」又數夏桀、商紂之惡曰：「不告朔于諸侯。」穀梁文六年傳云：「閏月者，附月之餘日也。天子不以告朔。」又十六年傳云：「天子告朔于諸侯，諸侯受乎禰廟，禮也。」然則告朔云者，以上告下爲文，不以下告上爲義。天子所以爲政于天下，而非諸侯所以禮于先君也。餼之爲言，乞也，謂乞與也。凡供給賓客，或以牲牢，或以禾米，生致之皆曰餼。説文：「氣，饋客芻米也。從米，乞聲。或作餼。」其見於經傳者曰饔餼，曰稍餼，曰餼牢，曰餼獻，曰餼牽。天子之于諸侯有行禮，有告事。行禮于諸侯，若頫問賀慶賑膰賵禬之屬，大使卿，小使大夫。告事於諸侯，若冢宰布治，司徒布教，司馬布政，司寇布刑之屬，皆常事也。以其爲歲終之常事，又所至非一國，故不使卿大夫，而使微者行之以傳遽，達之以旌節，然後能周且速焉。諸侯以其命數禮之，或以少牢，或以特羊而已。幽王以後，不告朔於諸侯，而魯之有司循例供羊，至於定、哀之間猶秩之。夫謂文公始不視朔者，據十六年夏五月「公四不視朔」之文言之也。夫四不視朔而謂之始不視朔可乎？四不視朔，曠也。始不視朔，廢也。曠之與廢，則必有分矣。曠四月不視朔，猶必詳其月數而具書之，而況其廢乎？變古易常，春秋之所謹也。初税畝、作丘甲、用田賦，皆謹而書之。

始不視朔，豈得不書？鄭君此言出於公羊。公羊之説曰：「公曷爲四不視朔？公有疾也。何言乎公有疾？不視朔。自是公無疾不視朔也。然則曷爲不言公無疾不視朔？有疾猶可言也，無疾不可言也。」彼欲還就其大惡諱、小惡書之例，因虚造此言耳。如其説，自十六年二月公有疾，至十八年公薨，並閏月數之，其爲不視朔者二十有六，而春秋横以己意爲之限斷，書於前而諱於後，存其少而没其多，何以爲信史！劉氏正義：白虎通三正篇：「朔者，蘇也，革也。言萬物革更於是，故統焉。」四時篇：「朔之言蘇也，明消更生故言朔。」説文：「朔，月一日始蘇也。」書大傳：「夏以平旦爲朔，殷以雞鳴爲朔，周以夜半爲朔。」謂夏用寅時殷用丑時周用子時也。史記曆書：「三王之正若循環，窮則反本。天下有道則不失紀序，無道則正朔不行於諸侯。幽、厲之後，周室微，陪臣執政，史不記時，君不告朔。」君謂天子，正朔不行，則天子不復告也。漢書五行志：「周衰，天子不班朔。」律曆志：劉歆曰：「周道既衰，天子不能班朔。」班朔即告朔。史記言幽、厲之後，是統東遷言之。駢枝之説最確。書堯典曰：「敬授民時。」授時即頒官府都鄙之制。其下分命、申命，則所謂頒告朔於邦國也。宋氏翔鳳説：「月令：『季秋合諸侯，制百縣，爲來歲受朔日。』鄭注謂百縣與諸侯互文。四方諸侯極於天下，必三月而後畢達，故以季秋行之。非如鄭説秦以建亥爲歲首，於是歲終也。」其説良是。天子頒告諸侯謂之告朔，又謂之告月。春秋文公六年：「閏月不告月，猶朝于廟。」不告月，王朝之禮失也。猶朝于廟，魯之未失禮也。公羊傳：「不告月者，不告朔也。曷爲不告朔？天無是月也。閏月矣，何以謂之天無是月？非常月也。」穀梁傳：「不告月者何也？不告朔也。不告朔則何爲不言朔也？閏月者，附月之餘日也，積分而成於月者也。天子不以告朔而喪事不數也。」二傳意以天子閏月本不告朔，左氏則以閏月不告朔爲非禮，左氏義長。蓋不告，則諸侯或不知有閏也。至以告朔爲天子告於諸侯，三傳皆然，無異義也。諸侯視天子所頒者而行之謂之視朔。左僖五年傳：「春王正月辛亥朔，日南至。公既視朔，遂登觀臺以望。」又文十六年傳「夏五月，公四不視朔」是也。又謂之聽朔。玉藻：「天子玄端而朝日東門之外，聽朔於南門之外。諸侯皮弁聽朔於太廟。」鄭注以南門爲明堂。天子稱天而治，亦有聽朔之禮，與諸侯同。特天子聽朔於明堂，諸侯則於廟耳。於廟故又謂之朝廟，春秋所云「猶朝於廟」是也。其歲首行之，謂之朝正，左襄二十九年傳「釋不朝正于廟」是也。襄公以在楚不得朝正，則是公在國時必朝正矣。朝正即視朔，當時天子猶頒告朔，故魯視朔之禮尚未廢。至定、哀之時，天子益微弱，告朔不行，而魯之有司猶供餼羊，故子貢欲去之。論語稽求篇：魯自文公始不告朔。春秋文六年經云：「閏月不告朔，猶朝于廟。」此是夫子特書之文，無可易者。案周禮太史「頒告朔于邦國」，注謂：「天子頒朔于諸侯，藏之祖廟，至每月朔必朝于廟，告而受行之。」于是乎以腥羊作獻，謂之餼羊。」則此餼羊者，本朝廟告朔之物。所云「諸侯告朔以特羊，天子以特牛」是也。至告朔畢，夫然後出而聽治此月之政，謂之視朔，又謂之聽朔。故玉藻云：「天子聽朔于南門之外，諸侯皮弁聽朔于太廟。」則是告朔與視朔截然兩事，告朔朝廟，視朔聽政，迥乎不同。考文自六年始不告朔，然猶朝廟。十六年始不視朔。蓋朔有朝享朝廟二禮，朝享即月祭，不在祖廟。其供羊祖廟者專爲告朔，與視朔全無關涉。告朔當有羊，視朔不當有羊，故曰告朔之餼羊。今子貢所欲去者，告朔之羊也。其引文公者，此時在定、哀之間，去文公已遠，但以文公爲不告朔所始見之經文，故引之也。論語偶記：漢書五行志云：「周衰，天子不頒朔，魯曆不正，置閏不得其月，月大小不得其度。」案左氏桓十七年傳「十月朔，日有食之。不書日，官失之也。天子有日官，諸侯有日御」云云，則日官爲天子掌曆之官，傳云官失之，明當時之朔爲周天子所班也。漢志非矣。

【集解】鄭曰：「牲生曰餼。禮，人君每月告朔於廟，有祭謂之朝享。魯自文公始不視朔。子貢見其禮廢，故欲去其羊。」

【唐以前古注】皇疏：禮，天子每月之旦居於明堂，告其時帝。布政讀月令之書畢，又還太廟，告於太廟。諸侯無明堂，但告於太廟。並用牲，天子用牛，諸侯用羊。于時魯家昏亂，自文公而不復告朔，以至子貢之時也。時君雖不告朔，而其國之舊官猶進告朔之羊，子貢見告朔之禮久廢而空有其羊，故使除去其羊也。餼者，腥羊也。腥牲曰餼。

按：鄭君注「牲生曰餼」，據皇疏當作「腥牲曰餼」。詩箋云：「牛羊豕爲牲。繫羊者曰牢。孰曰饔，腥曰餼，生曰牽。」今鄭君云「牲生曰餼」者，對孰言之。腥、生當得通名。然知此必是腥者，殺而腥送，故愛之，生養則何以愛之？皇疏之義是也。劉寶楠正義謂鄭此注其誤有四，論之特詳，文長不録。

【集注】告朔之禮，古者天子常以季冬頒來歲十二月之朔於諸侯，諸侯受而藏之祖廟，月朔則以特羊告廟請而行之。餼，生牲也。魯自文公始不視朔，而有司猶供此羊，故子貢欲去之。

【餘論】四書訓義：朔之必告，崇天時以授民以奉天也，定天下於一統以尊王也，受成命於先公以敬祖也，其爲禮也大矣。魯秉周禮，累世行之，文公以後乃廢之。君之怠荒而不君爾，非敢以爲禮之可變而革之也。故有司猶具其羊餼之於牢以待，此魯所以爲秉禮之國，君雖無禮而官不廢事，則猶可復於他日焉，乃曆百年而徒爲有司之累。時有裁冗費以節國用之說，而子貢議欲去之，去之則竟不復知有告朔之名，夫子乃呼子貢而告之。王肯堂論語義府：古者每月之政皆載於朔，如月令之類，人君告而行之。蓋以萬幾之繁一人理之，明有不到，則權移於近習，禍亂之原往往出此。故簡其節，敬其事，月朔朝廟，遷坐正位，合羣吏而計之。事敬而禮成，是豈可廢哉？禮雖不行於朝廷，而羊供則禮猶存於有司，故羊之存即禮之存也。

子曰：「賜也！爾愛其羊，我愛其禮。」

【考異】唐石經「爾」作「汝」。皇本作「汝」。天文本論語校勘記：古本、唐本、津藩本、正平本均作「汝」。漢書律曆志注引作「汝」。張禹傳：孔子稱賜愛其羊。

【考證】論語發微：史記曆書曰：「三王之正若循環，窮則反本，天下有道則不失紀序，無道則正朔不行於諸侯。幽、厲之後，周室微，陪臣執政，史不紀時，君不告朔，故疇人子弟分散。」此天子不告朔之始也。故禮運孔子曰：「吾觀周道，幽、厲傷之。」謂不告朔則王政不行，而周道缺自幽、厲始。又曰：「吾舍魯何適矣？」謂魯秉周禮，遂有曆官。故漢書藝文志有夏殷周魯曆十四卷，史記十二諸侯年表、漢書律曆志並以春秋續共和以前之年，所謂魯曆即春秋之曆也。魯既有曆，故能行告朔之禮，其始猶以大夫奉天子命而受，至文公四不視朔之後，而告朔朝廟之禮並廢。春秋不書不告朔而書不視朔者，以不視朔比不告朔，則不告朔之惡尤大，故諱愈深。其先於六年書「閏月不告月，猶朝于廟」者，不告月是也，猶朝于廟非也。以見朝廟視朔皆本告朔以行之，則告朔之禮當愛矣。鄉黨篇云：「吉月必朝服而朝。」皇侃云：「君雖不視朔，而孔子月朔必服以朝，是我愛其禮也。」蓋魯君不視朔，則大夫有吉月不朝者，故以必朝言之，亦切證也。

【集解】包曰：「羊存猶以識其禮，羊亡禮遂廢。」

【集注】愛，猶惜也。子貢蓋惜其無實而妄費，然禮雖廢，羊存猶得以識之而可復焉。若并去其羊，則此禮遂亡矣。孔子所以惜之。

【餘論】論語述何：經書文公四不視朔，有疾猶可言。自是無疾亦不視朔朝廟，大惡不可言也，故於餼羊發之。

○子曰：「事君盡禮，人以爲諂也。」

【考異】高麗本無「也」字。

【考證】葉夢得論語釋言：如拜下之類，違衆而從禮，宜時人以爲諂也。論語竢質：孔子事君之禮，如衆拜上而子獨拜下，又如鄉黨所記，聞君命，入公門，及過位鞠躬如，色勃如，足躩如，雖未見君而已形敬畏，升堂見君則鞠躬屏氣，皆是人不能然，而或反以爲諂也。

【集解】孔曰：「時事君者多無禮，故以有禮者爲諂。」　邢疏：「言若有人事君盡其臣禮，謂順其美及善則稱君之類，無禮之人反以爲諂佞也。」

【唐以前古注】皇疏：當於爾時臣皆諂佞阿黨，若見有能盡禮竭忠於君者，因而翻謂爲諂，故孔子明言以疾當時也。

按：皇、邢二疏均以事君指他人言，與集注不同。論語訓云：「事君以盡禮爲事，今人但以禮文其諂，是以禮爲諂也。」蓋亦主舊説者，可備一義。

【集注】黄氏（名舜祖，字繼道，三山人）曰：「孔子於事君之禮非有所加也，如是而後盡爾。時人不能，反以爲諂，故孔子言之，以明禮之當然也。」

【餘論】陳震箟墅説書：或謂程子（明道）於荆公當加禮。程子曰：「何不責某以盡禮而云加禮，禮可加乎？」時人於禮不能盡，遂以盡禮爲加禮。嘗謂周末文勝，非文之增，乃質之減。此更以人之減疑聖人之增矣。

○定公問：「君使臣，臣事君，如之何？」孔子對曰：「君使臣以禮，臣事君以忠。」

【考證】困學紀聞：尹和靖云：「君臣，以義合者也，故君使臣以禮，則臣事君以忠。東潤謂如言父慈子孝，加一則字，失本義矣。」　四書纂疏：夫子之言因定公而發，恐亦有此意，專以警爲君者也。　焦氏筆乘：晏子曰：「惟禮可以爲國。」是先王維名分絶亂萌之具也。定公爲太阿倒持之君，故欲坊之以禮。三家爲尾大不掉之臣，故欲教之以忠。俞正燮癸巳類稿：君使臣以禮，禮非儀也。晉女叔齊曰：「禮所以守其國，行其政令，無失其民。」譏魯君公室四分，民食其他，不圖其終爲遠於禮。齊晏嬰爲其君言陳氏之事，亦曰：「惟禮可以已之。家施不及國，大夫不收公利。禮者，君令臣共而不貳，父慈而教，子孝而箴，兄愛而友，弟敬而順，夫和而義，妻柔而正，姑慈而從，婦聽而婉，禮之善物也。」晉女叔論昭公，齊晏嬰告景公，皆痛心疾首之言。孔子事定公，墮三都，欲定其禮。禮非恭敬退讓之謂，孔子告景公，欲其君君臣臣。若使定公承昭出之後，慕謙退之儀，是君不君矣。天地間容有迂議，然非孔子之言也。

【集解】孔曰：「定公，魯君謚。時臣失禮，定公患之，故問也。」

【唐以前古注】皇疏：言臣之從君如草從風，故君能使臣得禮，則臣事君必盡忠也。君若無禮，則臣亦不忠也。

按：此尹氏之説所本。

【集注】定公，魯君，名宋。二者皆理之當然，各欲自盡而已。尹氏曰：「君臣，以義合者也。故君使臣以禮，則臣事君以忠。」

按：宋志：「尹焞論語解十卷。又説一卷。」經義考云：「未見。」或問尹氏之説。朱子曰：「尹氏之説，則爲君而言之爾。若爲臣而言，則君之使臣雖不以禮，而臣之事君亦豈可以不忠也哉？」

【餘論】經正録引馮厚齋曰：「以尊臨卑者易以簡，當有節文。以下事上者易以欺，當盡其心。君臣以義合，名分雖嚴，必各盡其道。三家之强，惟有禮可以使之。定、哀以吴、越謀伐，則非禮矣。徒激其變，無益也。大抵聖人之言中立不倚，異時答齊景公之問亦曰：『君君臣臣父父子子。』本末兩盡，含蓄不露，此聖人之言也。」四書近指：君於臣不難於有情，而難於有禮。臣於君不難於有禮，而難於有情。禮使忠事，君明臣良，其古三代之隆乎？此正君之學也。

○子曰：「關雎樂而不淫，哀而不傷。」

【考異】毛詩關雎箋曰：「哀，蓋字之誤也，當爲『衷』。衷謂中心恕之，無傷善之心，謂好逑也。」正義曰：「以后妃之求賢女，直思念之耳，無哀傷事在其間也。故云哀蓋字之誤。蓋者疑辭。鄭注論語仍不以衷爲義。其答劉琰云：『論語注人間行久，義或宜然，故不復定，以遺後説。』是鄭以爲疑，故兩解之也。」

【考證】漢書匡衡傳：臣聞之師曰：妃匹之際，生民之始，萬福之原。婚姻之禮正，然後品物遂而天命全。孔子論詩以關雎爲始，言太上者民之父母，后夫人之行不侔乎天地，則無以奉神靈之統而理萬物之宜。故詩曰：「窈窕淑女，君子好仇。」言能致其貞淑，不貳其操，情欲之感無介乎容儀，宴私之意不形於動静，夫然後可以配至尊而爲宗廟主。此綱紀之首，王教之端也。論語發微：鄭以毛詩關雎爲文王后妃之詩，樂王化之基，不能兼哀言之，故於篇義讀「哀」爲「衷」。於論語「哀」字不改讀者，以魯詩説關雎爲康王時詩。漢書杜欽傳曰：「佩玉晏鳴，關雎歎之。」注：「李奇曰：『后夫人雞鳴佩玉去君所，周康王后不然，故詩人歎而傷之。』臣瓚曰：『此魯詩也。』」是説關雎者有二義，樂而不淫，毛學之所傳也。哀而不傷，魯學之所傳也。兩家皆七十子之遺學，同出孔子。

論語駁異：申公詩説云：「關雎，文王之妃太姒思得淑女以充嬪御之職，而供祭祀賓客之事，故作是詩。由是觀之，關雎后妃所作也。所謂窈窕淑女，蓋指所求嬪妾而言，未得而憂，既得而喜，此其性情之正可以想見。其所云參差荇菜者，爲絜俎豆以供祭祀賓客之事，而后妃皆資左右之助焉。汲汲乎求賢内輔，絶無閨房燕暱之情，孔子所稱『樂而不淫，哀而不傷』者也。」此説勝朱注，然畢竟鄭漁仲得之。通志略云：「人之情聞歌則感。樂者聞歌則感而爲淫，哀者聞歌則感而爲傷。關雎之聲和而平，樂者聞之而樂其樂，不至於淫；哀者聞之而哀其哀，不至於傷。此關雎所以爲美也。」

論語駢枝：詩有關雎，樂亦有關雎，此章據樂言之。古之樂章皆三篇爲一。傳曰：「肆夏之三，文王之三，鹿鳴之三。」記曰：「宵雅肄三。」鄉飲酒禮，工入升歌三終，笙入三終，間歌三終，合樂三終。蓋樂章之通例如此。國語曰：「文王、大明、緜，兩君相見之樂也。」左傳但曰：「文王，兩君相見之樂也。」不言大明、緜。儀禮合樂周南關雎、葛覃、卷耳，召南鵲巢、采蘩、采蘋，而孔子但言關雎之亂，亦不及葛覃以下，此其例也。樂亡而詩存，説者遂徒執關雎一詩以求之，豈可通哉？樂而不淫者，關雎、葛覃也。哀而不傷者，卷耳也。關雎樂妃匹也。葛覃，樂得婦職也。卷耳，哀遠人也。哀樂者，性情之極致，王道之權輿也。能哀能樂，不失其節，詩之教無以加於是矣。葛覃之賦女功，與七月之陳耕織，一也。季札聞歌豳而曰：「美哉！樂而不淫。」即葛覃可知矣。陳奐毛詩疏：劉向列女傳仁智篇、揚雄法言孝至篇、司馬遷十二諸侯年表序、儒林傳序、班固漢書杜欽傳、范曄後漢書明帝紀、皇后紀、馮衍傳、楊賜傳、張衡傳所引皆申培魯詩。又李賢注明帝紀、馮衍傳引薛方丘韓詩章句，並以關雎爲刺詩。然關雎三章，周公已用合鄉樂，作爲房中之樂，著於儀禮鄉飲酒、燕等篇。三家詩別有師承，不若毛詩之得其正也。論語後録：毛詩故訓傳「哀窈窕」，鄭箋：「哀當爲衷。衷謂中心恕之。」鄭君兩釋互異。鄭志答劉琰曰：「論語注人間行久，義或宜然。」是鄭先注論語爲哀，繼箋毛詩改衷也。

【集解】孔曰：「樂不至淫，哀不至傷，言其和也。」

【唐以前古注】鄉飲酒禮疏引鄭注：關雎，國風之首篇。皇疏引鄭玄云：樂得淑女以爲君子之好仇，不爲淫其色也。寤寐思之，哀世夫婦之道不得此人，不爲減傷其愛也。又引江熙云：樂在得淑女，疑於爲色。所樂者德，故有樂而無淫也。又引李充云：關雎之興，「樂得淑女以配君子，憂在進賢，不淫其色」，是樂而不淫也。「哀窈窕，思賢才，而無傷善之心」，是哀而不傷也。

【集注】關雎，周南國風詩之首篇也。淫者，樂之過而失其正者也。傷者，哀之過而害於和者也。關雎之詩，言后妃之德，宜配君子，求之未得，則不能無寤寐反側之憂。求而得之，則宜其有琴瑟鐘鼓之樂。蓋其憂雖深而不害於和，其樂雖盛而不失其正，故夫子稱之如此。欲學者玩其詞，審其音，而有以識其性情之正也。

【餘論】趙悳四書箋義纂要：此蓋欲學者於詩與樂皆當察之。既玩其詞，而知其所以不淫不傷；復審其音，而知其所以不淫不傷。樂記曰：「凡音之起，由人心生也。」又曰：「樂者，音之所由生也。其本在人心之感於物也。」故因人心而可以識其性情也。劉氏正義：八佾此篇皆言禮樂之事，而關雎諸詩列於鄉樂，夫子屢得聞之，於此贊美其義，他日又歎其聲之美盛洋洋盈耳也。

○哀公問社於宰我。宰我對曰：「夏后氏以松，殷人以柏，周人以栗，曰使民戰栗。」

【考異】釋文：社如字，鄭本作「主」，云主，田主，謂社也。邢疏：張、包、周本以爲哀公問主於宰我，先儒或以爲宗廟主者，杜元凱、何休用之以解春秋。程子遺書：伊川曰：「『社』字本是『主』字，文誤也。」九經古義：鄭本「社」作「主」，云田主謂社。案三王世家載春秋大傳曰：「天子之國有泰社，將封者各取其物色，裹以白茅，封以爲社，此之謂主土。主土者，立社而奉之也。」公羊傳云：「虞主用桑，練主用栗。用栗者，藏主也。」何休云：「夏后氏以松，殷人以柏，周人以栗。松，猶容也，想見其容貌而事之，主人正之意也。柏，猶迫也，親而不遠，主地正之意也。栗者，猶戰栗謹敬貌，主天正之意也。」疏云：「『夏后氏』以下出論語，而鄭氏注云『謂社主』，正以古文論語哀公問社於宰我故也。今文論語無社字，是以何氏以爲廟主耳。」皇本末句下有「也」字。天文本論語校勘記：古本、唐本、津藩本、正平本均有「也」字。

【考證】困學紀聞：春秋正義云：「哀公問主於宰我。」案古論語及孔、鄭皆以爲社主，張、包、周等並爲廟主。今本作問社，集解用孔氏說。凡建邦立社，各以其土所宜之木，亦不言社主，然正義必有據。論語古訓：春秋文二年「作僖公主」，杜注引論語正義曰：「論語哀公問主于宰我。宰我對曰云云。」先儒舊解或有以爲宗廟主者，故杜依用之。古論語及孔、鄭皆以爲社主。社爲木主者，古論不行於世。且社主周禮謂之田主，無稱單主者。以張、包、周等並爲廟主，故杜所依用。劉炫就所以規杜過，未爲得也。又公羊文二年傳：「練主用栗。」何注引論語，徐疏引鄭氏注云：「謂社主。正以古文論語哀公問社于宰我故也。今文論語無『社』字，是以何氏爲廟主耳。」按論語字雖不同，義不得各異，如鄭說則古、魯可通。翟氏考異：集解孔氏曰：「凡建邦立社，各以其土所宜之木。」蓋即以樹木爲社主，而社爲國社也。孔所注者，古文論語。故公羊疏獨謂古論爲社，而當時齊、魯二論似亦未與古異。惟周禮大司徒有「樹之田主，各以其野所宜木」文，鄭據論語注之曰：「所宜木，謂若松柏栗。」社與田主嫌未脗合，鄭乃更參改此「社」字爲「主」，而何氏、杜氏遂因其改文轉說以爲宗廟主。釋文但言鄭本作「主」，不言其因某讀。又述鄭以齊、古讀正魯論凡五十事，而問主一事不預數中，則此字爲鄭氏刱改甚彰明也。然以爲田主，已與下「使民戰栗」語牴牾。以爲宗廟主，違距若尤遠矣。劉氏就規杜過，良非無因。惜其所規之辭今不可詳也。唐孔氏援張、包、周爲解。張、包、周書久亡，孔氏何由而見？蓋特借以抗劉，循尊本注之例云爾。邢氏承其說爲此經疏，恐未可以深信。羣經識小：釋文及爾雅疏：古本原作「哀公問主于宰我」。哀公四年六月亳社災，復立其主。故問其所宜木也。陳士元論語類考：魯之外朝東有亳社，西有國社，故左傳云「間於兩社」也。趙氏曰：「定公五年，盟三桓於周社，盟國人於亳社。則魯之兩社亦聚民警戒之地。哀公四年六月，亳社災。意者公之問因亳社之災而有所慮乎。」

按：劉寶楠云：「左文二年經作『僖公主』，杜注：『主者，殷人以柏，周人以栗。』孔疏引此文作『問主』，又引張、包、周等並爲『廟主』，凡皆魯論義也。鄭此注云：『主，田主，謂社主。』皇疏：『鄭論本云問主。』釋文：『社如字，鄭本作主。』左文二年疏：『案古論語及孔、鄭皆以爲社主。』禮器、祭法疏引五經異義云：『論語哀公問社於宰我云云。』是古論作『問社』，鄭君據魯論作『問主』，而義則從古論爲社主，亦是依周禮説定之矣。天子諸侯别有勝國之社，爲廟屏戒，與廟相近，故左氏言間于兩社，亦以勝國社在東，對在西之國社言也。周受殷社曰亳社，亳者，殷所都也。春秋哀公四年六月，亳社災。李氏惇識小以爲哀公問宰我即在此時，蓋因復立其主，故問之。其説頗近理。」可備一義。

白虎通社稷篇引尚書曰：大社惟松，東社惟柏，西社惟栗，南社惟梓，北社惟槐。淮南子齊俗訓：有虞氏之禮其社用土，夏后氏其社用松，殷人之禮其社用石，周人之禮其社用栗。蘇子由古史：哀公將去三桓而不敢正言。古者戮人於社，其託於社者，有意於誅也。宰我知其意而亦以隱答焉。曰使民戰栗，以誅告也（容齋五筆以「使民戰栗」爲哀公語）。孔子知其不可，曰此先君之所以爲植根固矣，不可以誅戮齊也。蓋亦有意於禮乎？不然，何咎予之深也？癸巳類稿：侯國社主用木依京師，凡主皆然也。大司徒云：「設其社稷之壝而樹之田主，各以其野之所宜木。」明周社樹非栗。又云：「遂以名其社與其野。」若皆樹栗，則天下皆栗社栗野，何勞名之？又云：「社藏主石室。」左傳莊十四年正義謂「慮有非常火災」，而郊特牲言「大社必受霜露風雨以達天地之氣」，故藏主於壇中石匱，後世埋石不爲匱，號之爲主。又云：「軍出取社主以行。」小宗伯所謂「太師立軍社奉主車」，大祝所謂「太師宜於社立社主」。定四年左傳云：「君以軍行拔社釁鼓，祝奉以從。」定知社主非樹矣。鄭注小宗伯云：「社主蓋用石。」案鄭以軍社立主，不宜空社而行，當如守圭有瑑。許慎云：「今山陽俗祠有石主。」社故以土爲壇，石是土類，或鄭以所見況之，又或鄭以禮行軍取遷廟主，則社取殷石主，非謂大社王社國社侯社主用石，賈疏不曾明鄭意也。惠士奇禮說：宋史志：「社以石爲主，長五尺，方二尺，剡其上，培其半。」先是州縣社主不以石，禮部以爲社稷不屋而壇，當受霜露風雨以達天地之氣，故用石主，取其堅久。請令州縣社主用石，尺寸廣長半大社之制。從之。」崔靈恩曰：「地産最實，故社主用石。」鄭注及孔疏亦云然，故宋人據以爲說。小宗伯「大師立軍社」，肆師「師田祭社宗」。社宗者，社主與遷主皆載於齊車者也。秦、漢以後，載主未聞。春秋鄭入陳，陳侯擁社，擁社者，抱主以示服。若後世五尺之石主，埋其半於地，既不便於載，亦不可抱而持。然則社主春秋以前皆用木，秦、漢以後或用石與？

按：俞氏之意以松柏栗爲社主所用之木，其社樹則各以其土之所宜，不與社主同用一木，其義視鄭爲長。又俞氏謂軍社用石主，是就鄭意揣之，與惠氏石主不便於載之説異，當以惠氏爲允。

拜經日記：經文明云「使民戰栗」，以社稷爲民而立，故曰使民。若廟主，與民何與？張、包、周等徒守古論，不考古義，疏矣。鄭君雖注魯論而從古義，可見鄭學之宏通。潘氏集箋：讀書證疑云：「墨子明鬼篇：『聖王建國營都，必擇國之正壇置以爲宗廟，必擇木之修茂者立以爲菆位。』韓非子外儲説右上：『君亦見夫爲社者乎？樹木而塗之，鼠穿其間，掘穴託其中。燻之則恐焚木，灌之則恐塗阤。』是但以泥塗木，作爲神主。」半農禮説據此謂樹主木主必兼兩義。過庭録謂漢時古論、魯論同作問主，故今文家以爲廟主，古文以爲社主。如古論本作問社，則鄭方解爲社主，文亦必從古讀，正不得反作問主。蓋何晏集解採孔注，遂妄改作問社。較前説爲長。蓋齊、魯二論之作社無據，又果鄭改爲主，杜即因鄭，何必不因鄭也？」論語偶記：張、包、周及鄭本作「哀公問主於宰我」，蓋古本也。鄭注云：「主，田主，謂社主也。」異義：「公羊説以問主爲宗廟之主，云祭有主者，孝子之主繫，夏后氏以松，殷人以柏，周人以栗。」鄭駁之曰：「論語所云，謂社主也。」是古論語作問主，無作問社者。朱子云：「古者立社，各樹其土之所宜木以爲主。」案周禮大司徒云：「樹之田主，各以其野之所宜木，遂以名其社與其野。」尚書無逸傳云：「大社惟松，東社惟柏，南社惟梓，西社惟栗，北社惟槐。」漢書地理志「潁川長社縣」，應劭

注：「其社中樹暴長故名。」眭孟傳「昌邑有枯社木，卧復生」，師古注：「社木，社主之樹也。」是皆以所宜木爲社主之證也。康成注宗伯云：「社之主蓋用石。」蓋者疑辭。今據宰我之言及周禮經文、書傳、漢書證之，鄭蓋無據。或疑古人有奉社主出行者，有擁社示服者。樹爲社主，難載以出。愚謂曾子問：「師行無遷主則何如？」孔子曰：「主命天子諸侯將出，必以幣帛皮圭告於祖禰，遂奉以出。」以祖例社，則祀社之幣帛亦足爲主歟？

【集解】孔曰：「凡建邦立社，各以其土所宜之木。宰我不本其意，妄爲之説，因周用栗，便云使民戰栗。」

【唐以前古注】皇疏：夏稱后氏，殷、周稱人者，白虎通曰：「夏以揖讓受禪爲君，故褒之稱后。后，君也。又重其世，故氏係之也。殷、周以干戈取天下，故貶稱人也。」白虎通又云：「夏得禪授，是君與之，故稱后也。殷、周從人民之心而伐取之，是由人得之，故曰人也。」然社樹必用其土所宜之木者，社主土生，土生必令得宜，故用土所宜木也。夏居河東，河東宜松。殷居亳，亳宜柏。周居酆、鎬，酆、鎬宜栗也。

【集注】宰我，孔子弟子，名予。三代之社不同者，古者立社，各樹其土之所宜木以爲主也。戰栗，恐懼貌。宰我又言周所以用栗之意如此，豈以古者戮人於社，故坿會其説與？

【别解】容齋五筆：古人立社，但各因其本地所宜木爲之，初非求異而取義於彼也。哀公本不必致問，既聞用栗之言，遂起使民戰栗之語，其意謂古者弗用命戮于社，所以威民，然其實則非也。

孔子責宰我不能因事獻可替否，既非成事，尚爲可說；又非遂事，尚爲可諫；且非既往，何咎之云。或謂「使民戰栗」一句亦出於宰我，記之者欲與前言有別，故加曰字以起之，亦是一說。然戰栗之對使出於我，則導君於猛，顯爲非宜。出於哀公，則便即時正救，以杜其始。兩者皆失之，無所逃於聖人之責也。哀公欲以越伐魯而去三家，不克成，卒爲所逐，以至失邦，其源蓋在於此。

**子聞之曰：「成事不說，遂事不諫，既往不咎。」**

【考證】論語偶記：宰我戰栗之對，胡安國作春秋傳引之，用韓非書之說曰：「哀公問於仲尼曰：『春秋記隕霜不殺草，李梅實。何爲記之也？』曰：此言可殺也。夫宜殺而不殺，則李梅冬實。天失其道，草木猶干犯之，而況君乎？是故以天道言，四時失其序，則其施必悖，無以統萬象矣。以君道言，五刑失其用，則其權必喪，無以服萬民矣。哀公欲去三桓，張公室，問社於宰我。宰我對以使民戰栗，蓋勸之斷也。仲尼則曰：『成事不說，遂事不諫，既往不咎。』其自與哀公言乃以爲可殺何也？在聖人則能處變而不失其常，在賢者必有小貞吉大貞凶之戒矣。」愚案斯時哀公與三桓有惡，觀左氏記公出孫之前，遊於陵阪，遇武伯曰：「余及死乎？」至於三問，是其杌隉不安欲去三桓之心已非一日。則此社主之問，與宰我之對，君臣密語，隱衷可想。又社陰氣主殺。甘誓云：「不用命，戮于社。」大司寇云：「大軍旅涖戮于社。」是宰我因社主之義而起哀公威民之心，本非臆見附會。夫子責之曰：「成事不說，遂事不諫。」云成事遂事，必指一事而言。左氏襄十年傳：「知伯曰：『女成二事而後告予。』」注：「二事：伐偪陽，封向戌。」可爲論語成事之證。緣哀公與宰我俱作隱語，謀未發洩，故亦不顯言耳。其對立社之旨本有依據，是以夫子置社主不論，但指其事以責之，蓋已知公將不没於魯也。獨慨宰我因數爲聖人所責，論社有不咎之戒，晝寢有何誅之警，從井之疑，短喪之問，皆非所與，遂使人幾忘其列聖門言語之科，發賢於堯、舜之論，受五帝德、帝繫姓之傳，及問鬼神而聞反古復始之教諸美事，而疑其行若有短。雖司馬遷作弟子傳亦誣其與田常作亂也。悲夫！　劉氏正義：夫子時未反魯，聞宰我言因論之也。成事遂事當指見所行事，既往當指從前所行事。竊疑既往指平子言，平子不臣，致使昭公出亡。哀公當時必援平子往事以爲禍本，而欲聲罪致討，所謂既往咎之者也。然而禄去公室，政在大夫，已非一朝一夕之故。哀公未知使臣當以禮，又未能用孔子，遽欲逞威洩忿，冀以收已去之權勢，必不能，故夫子言此以止之。

【集解】包曰：「事已成，不可復解説也。事已遂，不可復諫止也。事既往，不可復追咎也。孔子非宰我，故歷言三者，欲使慎其後也。」

【唐以前古注】皇疏引李充云：成事不説，而哀釁成矣。遂事不諫，而哀謬遂矣。既往不咎，而哀政往矣。斯似責宰我，而實以廣道消之慨，盛德衰之歎。言不咎者，咎之深也。

【集注】遂事，謂事雖未成而勢不能已者。孔子以宰我所對非立社之本意，又啓時君殺伐之心，而其言已出，不可復救，故歷言此以深責之，欲使謹其後也。

【别解】論語意原：哀公心存殘忍，以栗爲使民戰栗。宰我聞之而不復辨，是以責之曰：汝欲成遂其殘忍之事，故不説不諫乎？汝以失之於既往，而不復咎之乎？

按：此是别一義，似與經文未洽，姑存之。

【餘論】四書箋義纂要：魯有二社：曰周社，曰亳社。周社者，天子大社也。亳社者，商社也。武王勝商，班列其社於諸侯，以爲亡國之戒，故魯有兩社。定公五年，盟三桓於周社，盟國人於亳社。則魯之二社亦聚民警戒之地。哀公四年六月，亳社災。意者哀公之問因亳社之火而有所慮焉。則一言之發，一語之對，豈不有繫於社稷之興廢乎？是時三家削魯，國社幾危。宰我不能以是爲説，反有妄對，此夫子所以深責之也。陸隴其四書困勉録：戰栗一言，蓋見魯以忠厚衰微，須以嚴救之。後此申、韓名法亦是欲救衰周之敝，然其效驗亦可覩矣。夫子痛責宰我，防微杜漸，意至深遠。

○子曰：「管仲之器小哉！」

【考異】淮南子繆稱訓、説苑君道等篇「管仲」俱作「筦仲」。新序雜事篇引「孔子曰：『小哉！管仲之器。』」

【考證】九經古義：管子中匡篇：「施伯謂魯侯曰：『管仲者，天下之賢人也，大器也。』」蓋當時有以管仲爲大器者，故夫子辨之。過庭録：管子版法解曰：「抱蜀者，祠器也。」祠讀爲治，即治器也。史記管晏列傳贊曰：「管仲世所謂賢臣，然孔子小之。豈以爲周道衰微，桓公既賢，而不勉之至王乃稱伯哉？」劉向新序雜事篇亦云：「桓公用管仲則小也，故至於伯而不能以王。故孔子曰：『小哉！管仲之器。』蓋善其遇桓公而惜其不能以王也。」

【集解】言其器量小也。

【唐以前古注】皇疏引孫綽云：功有餘而德不足，以道觀之，得不曰小乎？又引李充云：齊桓隆霸王之業，管仲成一匡之功，免生民於左衽，豈小也哉？然苟非大才者，則有偏失。好內極奢，桓公之病也。管生方恢仁大勳，宏振風義，遺近節於當年，期遠濟乎千載，寧謗分以要治，不潔己以求名，所謂君子行道忘其爲身者也。漏細行而全令圖，唯大德乃堪之。季末奢淫，愆違禮則。聖人明經常之訓，塞奢侈之源，故不得不貶以爲小也。

【集注】管仲，齊大夫，名夷吾，相桓公霸諸侯。器小，言其不知聖賢大學之道，故局量褊淺，規模卑陋，不能正身修德以致主於王道。

**或曰：「管仲儉乎？」曰：「管氏有三歸，官事不攝，焉得儉？」**

【考異】皇本「儉」下有「乎」字。

【考證】過庭録：凡論語言或者，大抵老氏之徒。如或曰「以德報怨」，即老子「報怨以德」也。管子爲道家之言先於老子。老子治天下有三寶，其一曰儉。又老子言禮，此以管仲爲儉爲知禮，皆道家之説。論語後録：韓非子：「管仲相齊，曰：『臣貴矣，然而臣貧。』桓公曰：『使子有三歸之家。』曰：『臣富矣，然而臣卑。』桓公使立於高、國之上。曰：『臣尊矣，然而臣疏。』乃立爲仲父。孔子聞而非之曰：『泰侈偪上。』」一曰：「管仲父出，朱蓋青衣，置鼓而歸，庭有陳鼎，家有三歸。孔子曰：『良大夫也。其侈偪上。』」說苑：「齊桓公立仲父，致大夫曰：『善我者入門而右，不善我者入門而左。』有中門而立者，桓公問焉。曰：『管仲之智可與謀天下，其强可與取天下，君恃其信乎，内政委焉，外事斷焉，民而歸之，是亦可奪也。』桓公曰：『善。』乃謂管仲：『政則卒歸於子矣，政之所不及，惟子是匡。』管仲故築三歸之臺以自傷於民。」案兩書之説不合。四書摭餘説：黄氏日抄云：「説苑謂管仲避得民而作三歸，殆于蕭何田宅自汙之類。想大爲之臺，故云非儉；而臺以處三歸之婦人，故以爲名歟？」至箄家三歸法之説似陋，歸三路人心之説似鑿，都不必從。秋槎雜記：春秋莊十九年經：「公子結媵陳人之婦于鄄。」左氏無傳。公羊云：「媵者何？諸侯娶一國，則二國往媵之，以姪娣從。姪者何？兄之子也。娣者何？弟也。諸侯一聘九女，諸侯不再娶。」成十年經：「齊人來媵。」公羊傳云：「三國來媵，非禮也。惟天子取十二女。」左氏成八年經，杜注：「古者諸侯娶適夫人及左右媵乃有姪娣，皆同姓之國。國三人，凡九女。」穀梁注全録杜注，則是三傳意皆以天子諸侯娶妻班次有三：適也，娣也，姪也。天子取后，三國媵之，國三人，並后本國爲十二女。諸侯娶夫人，二國媵之，並夫人本國爲九女。夫人本國之媵，從夫人歸于夫家者也。士昏禮：「女從者畢袗玄。」又云「媵布席于奥」，鄭注「女從者，謂姪娣也。媵，謂女從者也」是也。二國之媵或與夫人同行，春秋成八年「夏，宋公使公孫壽來納幣。冬，衛人來媵。九年春二月，伯姬歸于宋」是也。或後夫人行，

「九年夏，晉人來媵。十年夏，齊人來媵」是也。其本國歸女爲一次，二國各一次，故曰三歸。左氏譏齊媵爲異姓，公羊譏齊媵爲三國媵天子，皆不譏齊媵女之遲也。包曰「三姓女」，依左氏成八年傳「同姓媵之，異姓則否」，包説非也。鮑曰：「三娶女。國君娶夫人，大夫娶妻，姪娣不言娶，故公羊云諸侯不再娶。」鮑説亦非也。又案曲禮「大夫不名世臣姪娣，士不名家相長妾」，正義引熊氏云：「士有一妻二妾。言長妾者當謂娣。」是大夫姪娣俱不名，士但不名娣，異于大夫，其皆有姪娣明矣。士無娣則媵二姪，士昏禮「雖無娣媵先」是也。故詩江有汜序正義據士昏禮以爲士有姪娣，但不必備。據喪大記「大夫撫姪娣」，以爲大夫有姪娣而未明言。大夫士姪娣之數，以諸侯八妾士二妾例之，卿當六妾，大夫當四妾。北齊元孝友傳：「孝友嘗奏表曰：『古諸侯娶九女，士一妻一妾。晉令諸王置妾八人，郡君侯妾六人，官品令第一第二品有四妾，第三第四有三妾，第五第六有二妾，第七第八有一妾，蓋仿古制而變通之。』」論語稽求篇：舊注引包咸説，謂三歸是娶三姓女，婦人謂嫁爲歸。諸儒説皆如此。朱注獨謂三歸是臺名，引劉向説苑爲據。則徧考諸書，並無管仲築臺之事。即諸書所引仲事，亦並無有以三歸爲臺名之説，劉向誤述也。或謂三歸臺亦是因三娶而築臺以名之，古凡娶女多築臺，如詩衛宣公築新臺娶齊女，左傳魯莊公築臺臨黨氏娶孟任類，然管氏築臺終無據，不可爲訓。孫志祖讀書脞録：三歸之爲臺名是也。然所以名三歸者，亦以娶三姓女之故。如詩衛宣公築新臺於河上以要齊女，左傳魯莊公築臺臨黨氏以娶孟任之類。

【集解】包曰：「或人見孔子小之，以爲謂之大儉乎。三歸者，取三姓女也。婦人謂嫁曰歸。攝，猶兼也。禮，國君事大，官各有人，大夫兼并。今管仲家臣備職，非爲儉也。」

【唐以前古注】皇疏：禮，諸侯一娶三國九女，以一大國爲正夫人，正夫人之兄弟女一人，又夫人之妹一人，謂之姪娣，隨夫人來爲妾。又二小國之女來爲媵，媵亦有姪娣自隨。既每國三人，三國故九人也。大夫婚不越境，但一國娶三女，以一爲正室，二人姪娣從爲妾也。管仲是齊大夫，而一娶三國九人，故云有三歸也。

【集注】或人蓋疑器小之爲儉。三歸，臺名。事見説苑。攝，兼也。家臣不能具官，一人常兼數事，管仲不然，皆言其侈。

【别解一】梁玉繩瞥記：三歸，注疏及史記禮書、漢書地理志、戰國策周策皆以爲三姓女，惟朱子從説苑以爲臺名。翟灝以管氏本書輕重篇證之，三歸特一地名，蓋其地以歸之不歸而名之也。本公家地，桓公賜以爲采邑耳。按晏子春秋雜下篇：「晏子相景公，老，辭邑。公曰：『先君桓公有管仲，身老，賞之以三歸，澤及子孫。今欲爲夫子三歸，澤及子孫，豈不可哉？』」又韓子外儲右下及難二：「管仲相齊，曰：『臣貴矣，然而臣貧。』桓公曰：『使子有三歸之家。』」據此，則爲地名者近之。史記公孫弘曰：「管仲相齊有三歸，侈擬於君。」亦是言其侈富也。

按：此以三歸爲地名。劉寶楠云：「管子明言五衢之名，樹下談語，專務淫游，終日不歸。歸是民歸其居，豈得爲管仲所有，而遂附會爲地名耶？」則地名之説非也。

【別解二】羣經平議：就婦人言之謂之歸，自管仲言之當謂之娶，乃諸書多言三歸，無言三娶者。且如其說，亦是不知禮之事，而非不儉之事。則其說非也。朱注據説苑「管仲築三歸之臺以自傷於民」，故以三歸爲臺名。然管仲築臺之事不見於他書。戰國策周策曰：「宋君奪民時以爲臺，而民非之，無忠臣以掩蓋之也。子罕釋相爲司空，民非子罕而善其君。齊桓公宮中七市，女閭七百，國人非之。管仲故爲三歸之家以掩桓公，非自傷于民也。」説苑所謂「自傷於民」者疑即本此。涉上文子罕事而誤爲築臺耳。古事若此者往往有之，未足據也。然則三歸當作何解？韓非子外儲説篇曰：「管仲相齊，曰：『臣貴矣，然而臣貧。』桓公曰：『使子有三歸之家。』一曰管仲父出，朱蓋青衣，置鼓而歸，庭有陳鼎，家有三歸。」韓非子先秦古書，足可依據。先云「置鼓而歸」，後云「家有三歸」，是所謂歸者，即以管仲言，謂管仲自朝而歸，其家有三處也。家有三處，則鐘鼓帷帳不移而具從可知矣。故足見其奢。且美女之充下陳者亦必三處如一，故足爲女閭七百分謗，而娶三姓之説亦或從此出也。晏子春秋雜篇曰：「昔吾先君桓公有管仲，恤勞齊國，身老，賞之以三歸，澤及子孫。」是又以三歸爲桓公所賜，蓋猶漢世賜甲第一區之比。賞之以三歸，猶云賞之以甲第三區耳。故因晏子辭邑而景公舉此事以止之也。其賞之在身老之後，則娶三姓女之説可知其非矣。近人或因此謂三歸是邑名，則又不然。若是邑名，不得云「使子有三歸之家」，亦不得云「家有三歸」也。合諸書參之，三歸之義可見。下云「官事不攝」，亦即承此而言。管仲家有三處，一處有一處之官，不相兼攝，是謂官事不攝。但謂家臣具官，猶未見其奢矣。

按：此以三歸爲家有三處，較舊注、朱注義均長，似可從。

【别解三】包慎言温故録：韓非子：「管仲相齊，曰：『臣貴矣，然而臣貧。』桓公曰：『使子有三歸之家。』孔子聞之曰：『泰侈逼上。』」漢書公孫弘傳：「管仲相桓公有三歸，侈擬於君。」禮樂志：「陪臣管仲、季氏三歸雍徹，八佾舞庭。」由此數文推之，三歸當爲僭侈之事。古「歸」與「饋」通。公羊注引逸禮云：「天子四祭四薦，諸侯三祭三薦，大夫士再祭再薦。」又云：「天子諸侯卿大夫牛羊豕凡三牲曰大牢，天子元士、諸侯之卿大夫羊豕凡二牲曰少牢，諸侯之士特豕。」然則三歸云者，其以三牲獻與？故班氏與季氏之舞佾歌雍同稱。晏子春秋内篇：「公曰：『昔先君桓公以管子爲有功，邑狐與穀，以共宗廟之鮮，賜其忠臣。今子忠臣也，寡人請賜子州。』辭曰：『管子有一美，嬰不如也；有一惡，嬰弗忍爲也。』其宗廟養鮮，終辭而不受。」外篇又云：「晏子老，辭邑。公曰：『桓公與管仲狐與穀以爲賞邑。昔吾先君桓公有管仲，恤勞齊國，身老，賞之以三歸，澤及子孫。今夫子亦相寡人，欲爲夫子三歸，澤及子孫。』」合觀内、外篇所云，則三歸亦出於桓公所賜。内篇言以共宗廟之鮮，而外篇言賞以三歸，則三歸爲以三牲獻無疑。晏子以三歸爲管仲之一惡，亦謂其侈擬於君。

按：此以三歸爲三牲，「歸」與「饋」通，義稍迂曲。

【别解四】武億羣經義證：臺爲府庫之屬，古以藏泉布。史記周本紀：「散鹿臺之泉。」管子三至篇：「請散棧臺之錢，散諸城陽。鹿臺之布，散諸濟陰。」是齊舊有二臺，以爲貯藏之所。韓非子「管仲相齊」云云，以三歸對貧言，則歸臺即府庫別名矣。泉志載布文有「齊歸化」三字，疑爲三歸所斂之貨。又晏子春秋内篇云：「管仲恤勞齊國，身老，賞之以三歸，澤及子孫。」又一證也。論語發微：三歸，臺名，古藏貨財之所。聚斂即是不儉，若取三姓女，則桓公安得賞之？黄氏後案：國策周策：「齊桓公宫中七市，女閭七百，國人非之。管仲故爲三歸之家以掩桓公，非自傷於民也。」包注據之。説苑善説篇：「桓公疑政歸管仲，管仲築三歸之臺以自傷於民。」朱子注據之。家東發先生曰：「臺以處三歸之婦人，故名。」杭堇浦云：「古昏禮有築臺以迎女之事。詩衛宣公築新臺娶齊女，左傳魯莊公築臺臨黨氏娶孟任。」是合二注爲一事也。武虚谷曰：「臺爲府庫之屬，古以藏泉布。史記周本紀『散鹿臺之泉』，説文解字通論『武王散鹿臺之錢』是也。管子三至篇：『請散棧臺之錢散諸城陽，鹿臺之布散諸濟陰。』是齊國舊有二臺以爲貯藏之所也。韓非子管仲相齊，曰：『臣貴矣，然而臣貧。』桓公曰：『使子有三歸之家。』晏子春秋：『管仲恤勞齊國，身老，賞之以三歸，澤及子孫。』皆其據也。」

按：此以三歸爲藏貨財之所，最爲有力，即論語稽亦取之。宦伯銘謂：「周策本文無取三歸之説，鮑注以上文女閭云云，遂謂取女以掩，因以婦人謂嫁曰歸附會之。然諸侯得取三國女，仲果取三國女，是與塞門反坫同，非僅不儉也。且取三國女，而晏子春秋曷言賞也？又以歸三不歸爲采地，則采地無傷於儉也。今以韓非子『得三歸而富之』語觀之，正與儉字對勘。其云『三歸之家』者，猶云千乘之家也。」亦可備一說。

**「然則管仲知禮乎？」曰：「邦君樹塞門，管氏亦樹塞門。邦君爲兩君之好，有反坫，管氏亦有反坫。管氏而知禮，孰不知禮？」**

【考異】皇本「然則」上有「曰」字，「孰不知禮」下有「也」字。漢石經「邦」作「國」。隸釋：漢人作文不避國諱，威宗諱志，順帝諱保，石經皆臨文不易。樊毅碑「命守斯邦」、劉熊碑「來臻我邦」之類，未嘗爲高帝諱也。此「邦君爲兩君之好」與「何必去父母之邦」，皆書「邦」作「國」，疑漢儒所傳如此，非獨遠避此諱也。

【考證】全祖望經史問答：坫有三，爾雅：「垝謂之坫。」古文作「襜」，是以堂隅言，郭景純所謂端也。至許叔重以爲屏牆，則又是一坫。其絫土以庋物者，又是一坫。而絫土庋物之坫又有三，有兩楹之間之坫，即明堂位所云「反坫出尊」及論語反爵之坫也，蓋兩君之好用之庋爵者。鄉飲酒禮尊在房户間，燕禮尊在東楹之西。至兩君爲好，則必於兩楹之間，而特置坫以反之。有堂下之坫，乃明堂位所云「崇坫」也，蓋用之庋圭者。何以知庋圭之坫在堂下？覲禮「侯氏入門奠圭」，則在堂下矣。惟在堂下，故稍崇之。有房中之坫，即内則「閣食之制」也。士於坫一，康成謂士卑不得作閣，但於房中爲坫以庋食也。然則同一絫土之坫，而庋爵庋圭尊者用之，庋食則卑者用之。方密之曰「凡絫土庋物者皆得曰坫」是也。堂隅之坫亦有二，士虞禮「苴茅之制僎於西坫」，士冠禮「執冠者待於西坫南」，蓋近於奧者，故謂之西坫。既夕記「設棜於東堂下南順，齊於坫」，是近於窔者，則東坫也。至屏牆之坫亦曰反坫，而其義又不同。郊特牲所云「臺門旅樹反坫」是也。是乃外向爲反。黄東發曰：「如今世院司臺門内立牆之例，是正所謂屏牆也。」蓋反坫與出尊相連是反爵之坫，反坫與臺門旅樹相連是屏牆之反向於外者，郊特牲所云乃大夫宫室之僭，論語所云乃燕會之僭，而東發疑論語之反坫與上塞門相連，恐皆是宫室之事，不當以坫之反爲爵之反，則又不然。蓋反坫出尊正與兩君之好相合，禮各有當，不必以郊特牲之反坫强并於論語之反坫也。賈氏不知坫有三者之分，又不知絫土之坫亦有三者，而漫以爲絫土之坫爲專在廟中，則既謬矣。又誤以豐爲坫，不知豐用木，坫用土。豐形如豆，故字从豆；坫以土，故字从土：不可合而爲一也。至周書「既立五宫，咸有四阿反坫」，注以四阿爲外向之室。則反坫者亦屏牆也。禮記郊特牲云：「旅樹反坫，大夫之僭禮也。」雜記云：「管仲鏤簋而朱紘，旅樹而反坫，山節而藻棁，賢大夫也，而難爲上也。」亦謂其僭禮也。

金鶚求古録：坫有四，一曰堂隅之坫，士冠禮：「爵弁皮弁緇布冠各一匴，執以待于西坫南。」大射儀：「大師及少師上工皆東坫之東南西面北上坐。」又云：「小射正取公之決拾于東坫上。」又云：「贊設拾以笥，退奠于坫上。」既夕禮：「設棜于東堂下南順，齊于坫。」士虞禮：「苴刌茅長五寸束之，實于篚，饌于西坫上。」鄭注：「坫在堂角。」爾雅釋宫「垝謂之坫」，郭注：「在堂隅坫墆也。」釋文：「墆，高貌也。」坫有高貌，明是絫土。且爾雅以垝釋坫，説文訓垝爲毁垣。垣是牆之卑者，毁垣則更卑，與坫相似，故曰「垝謂之坫」，又可見坫爲絫土也。蓋堂隅設坫，一以爲堂上奠物之處，一以爲堂下位立及設物相直之準，一以爲堂之飾且以爲蔽。說文釋坫爲屏固非正義，然亦可見其築土而爲堂隅之蔽也。一曰反爵之坫，論語「邦君爲兩君之好，有反坫」，鄭注：「反坫，反爵之坫，在兩楹之間。人君與鄰國爲好會，其獻酢之禮更酌，酌畢則各反爵於其上。」郊特牲「臺門而旅樹反坫」，明堂位「反坫出尊」，鄭注亦皆謂反爵之坫，引論語解之。聶崇義謂坫即豐，然豐字從豆，其制當如豆而高，以木爲之，非築土也。且反坫非大夫所有，而鄉射爲大夫士之禮，亦得設豐，坫之非豐明矣。一曰康圭之坫，明堂位：「崇坫康圭，天子之廟飾也。」案覲禮：「侯氏入門右坐奠圭。」圭是重物，必不奠於地上，有坫以康之宜矣。經不言坫者，文略也。入門即言奠圭，則康圭之坫在堂下可知。入門右而奠圭，則坫在庭之東可知。坐而奠圭，則坫不高可知。而云崇坫者，以其奠圭，故特稱崇以尊之，非高於諸坫也。一曰庋食之坫，内則：「天子之閣，左達五，右達五。（鄭注：「達，夾室也。」）公侯伯於房中五。大夫於閣三。士於坫一。」孔疏：「大夫既卑無嫌，故亦於夾室。」然則士亦於夾室可知，但不得爲閣，（鄭注：「閣以板爲之，庋食物。」）故築土爲坫以庋食物。總而論之，康圭之坫惟天子有之，庋食之坫惟士有之，反爵之坫諸侯以上斯有之，堂隅之坫則通上下皆有之也。經傳考證：此與「富而可求也」、「君而知禮」，「而」並與「如」同。

【集解】包曰：「或人以儉問，故答以安得儉。或人聞不儉，便謂爲得禮也。」鄭曰：「人君別内外於門，樹屏以蔽之。反坫，反爵之坫，在兩楹之間。若與鄰國君爲好會，其獻酢之禮更酌，酌畢則各反爵於坫上。今管仲皆僭爲之，如是，是不知禮。」

【集注】或人又疑不儉爲知禮。屏謂之樹。塞，猶蔽也，設屏於門以蔽内外也。好，謂好會。坫在兩楹之間，獻酬飲畢則反爵於其上。此皆諸侯之禮而管仲僭之，不知禮也。蘇氏曰：「自修身正家以及於國，則其本深，其及者遠，是謂大器。揚雄所謂大器（四書通證：揚子先知篇：「或曰：『齊得夷吾而霸。仲尼曰小器。請問大器。』『其猶規矩準繩乎？先自治而後治人之謂大器。』」），猶規矩準繩，先自治而後治人者是也。管仲三歸反坫，桓公内嬖六人，而霸天下，其本固已淺矣。管仲死，桓公薨，天下不復宗齊。」

【餘論】朱子文集（讀余隱之尊孟辨）：夫子之於管仲，大其功而小其器。邵康節亦謂「五霸者，功之首，罪之魁也」，知此者，可與論桓公、管仲之事矣。夫子言如其仁者，以當時王者不作，中國衰，夷狄横，諸侯之功未有如管仲者，故許其有仁者之功，亦彼善於此而已。至於語學者立心致道之際，則其規模宏遠自有定論，豈曰若管仲而休耶？曾西之恥而不爲，蓋亦有説矣。李氏美管仲之功，如救父祖之鬬。愚以爲桓公、管仲救父祖之鬬而私其則以爲子舍之藏者也。故周雖小振，而齊亦寖强矣。夫豈誠心惻怛而救之哉？孟子不與管仲，或以是耳。余隱之以爲小其不能相桓公以王於天下，恐不然。齊桓之時，周德雖衰，天命未改，革命之事不可爲也。孟子言以齊王猶反手，自謂當年事勢，且言己志，非爲管仲發也。論語集注考證引何基曰：仲尼與桓公講論治國，公辭以已要奢淫，恐妨爲治。爲仲者合就桓公心術整頓，然後事乃可爲。而仲謂皆不害霸，是被才使急於自見，惟恐君不見用，無以成其功業，故曲意深縫至於如此。及其後也，三歸具官，塞門反坫，奢僭之事至身自爲之，與辭上卿之禮全别。是又動於功業致滿溢而不自知，其視正身修德之事，反若迂闊而不切於事，此非局量褊淺而何？ 李氏論語劄記：或人是反覆求器小之説，非與夫子辨論。儉是器小之似固易知，至夫子答以非儉又轉爲知禮之疑者，守禮近於拘迫，而似乎器小，蓋亦世俗之見也。凡論語記或人所問，夫子多不盡其辭，蓋以其人之識未足深論。然就所謂示諸斯者而思之，則禘之説可知。就所謂不儉不知禮者而推之，則器小之指亦可悟。此所以爲聖人之言也。 讀四書大全説：集注謂管仲不知聖賢大學之道，故局量褊淺，規模卑狹，此爲探本之論。乃由此而東陽執一死印板爲大學之序，以歸本於格物致知工夫未到，其在管仲既非對證之藥，而其於大學本末始終之序，久矣其泥而未通也。大學固以格物爲始教，而經文具曰以修身爲本，不曰格物爲本。今以管仲言之，其遺書具在，其行事亦班然可考，既非如霍光、寇準之不學無術，又非如釋氏之不立文字，瞎著去參，而其所以察乎事物以應其用者，亦可謂格矣；其周知乎是非得失以通志而成務者，亦可謂致矣。以視小儒之專己保殘以精訓詁，不猶賢乎？若以格物致知之功言之，則聖門諸子雖如求、路，必不能爲管仲之所爲，則亦其博識深通之有未逮，又豈東陽所得議其長短哉！使東陽以其所謂格物致知者勸勉之，直足供一笑而已。蓋朱子之重言格致者，爲陸子静救也。

按：東陽以不能格物責管仲，可謂笑話，明人不通至此。船山此論最爲宏通，所謂解人不當如是耶？

○子語魯大師樂，曰：「樂其可知也：始作，翕如也；從之，純如也，皦如也，繹如也，以成。」

【考異】注疏本「大」作「太」。　七經考文補遺：古本「語」作「謂」。　皇本「樂其可知也」下有「已」字，「以成」下有「矣」字。　天文本論語校勘記：足利本、正平本作「樂其可知已也」，唐本、津藩本「也」作「已」。

【音讀】釋文：大師，音泰，注同。從，何讀爲縱。　天香樓偶得書：周官三公有太師，三孤有少師，注云：「師者，道之教訓也。」至若周禮宗伯之屬有大師、小師，注云：「凡樂工皆以瞽蒙爲之，擇其賢智者爲之師也。」則此明云大師與小師對耳。論語「魯大師」當讀如字，朱注音泰，則與三公之太師同號矣。　史記作「縱」。　後漢書班固典引篇注引論語「從」作「縱」。　四書湖南講：從讀如字，是接連始作，不間歇也。　阮元論語注疏校勘記：唐石經避憲宗諱「純」作「絈」，後放此。按史記孔子世家「從」作「縱」。後漢書班固傳注亦引作「縱」，當是古論。　論語後録：鄭君讀從爲重，何晏讀爲縱，不云鄭讀爲縱者，當以釋文但云「何讀爲縱，子用反」，所引鄭注僅八音，皆作四字。御覽五百六十四引從讀爲縱，不云鄭注，故云然。　陳鱣古訓：宋翔鳳輯鄭注，恒以御覽此條爲鄭注，疑何讀即本鄭，故釋文無兩音。錢説非是。

【考證】四書釋地三續：集注於「魯大師」云：「大師，樂官名。」於「師冕」云：「師，樂師瞽者。」余謂前注不備。按鄭康成周禮大師注：「凡樂之歌必使瞽矇爲焉，命其賢知者以爲大師小師。晉杜蒯云：『曠也，大師也。』」賈公彥疏：「以其無目，無所覩見，則心不移於音聲，故不使有目者爲之也。就瞽之中命大賢知爲大師，其次賢知小者爲小師，其餘爲瞽矇也。」又曰：大師是瞽人之中樂官之長，故凡國之瞽矇屬焉而受其政教。故注爲未備。或曰：「大師下大夫二人，小師上士四人，不比瞽矇直云上瞽四十人，中瞽百人，下瞽百有六十人。安知當時有目而審於音者不以充之乎？且大師一則曰大祭祀帥瞽，再則曰大射帥瞽，三則曰大喪帥瞽。帥之云爾，未見其身之爲瞽也。」余請儀禮以證曰：大射儀曰僕人正，正者，長也，相大師。僕人師，師者，佐也，相少師。僕人士，士者，吏也，相上工。瞽方有相，不比樂正，猶周禮大司樂小樂正猶樂師，不復言相。此有目無目之別也。四書辨證：如周禮本文「太師」之「太」當作「大」，則「少師陽」之「少」亦當作「小」。然殷本紀微子與太師少師謀去，下接言微子、箕子，故孔安國以爲太師，箕子；少師，比干也。又曰「太師少師持樂器奔周」，周本紀則曰「太師疵、少師强抱樂器奔周」，則知樂官擇其賢智者爲之師，猶公孤有師之名，而不嫌其同也。論語注疏本「大」已作「太」，疏云：「太師，猶周禮之大司樂。」固未嘗即以大師當之。翟氏考異：孔子世家有與齊太師言樂一事，索隱注曰：「論語『子語魯太師樂』，非齊太師也。」是殆肆未卒篇遂率爾議之歟？與齊太師言樂，子年三十五，爲齊高昭子家臣，即論語聞韶忘味時。語魯太師樂，乃子自衛反魯正樂後事，本書甚分明也。論語發微：孔子世家記此節於哀公十一年孔子自衛反魯後，知語魯大師者，即樂正雅、頌得所之事。始作是金奏頌也。考儀禮大射儀，納賓後乃奏肆夏，樂闋後有獻酢旅酬諸節，而後升歌，故曰從之。「從」同「縱」，謂縱緩之也。入門而金作，其象翕如變動。緩之而後升歌，重人聲，其聲純一，故曰純如，即樂記所謂「審一以定和」也。繼以笙入，笙者有聲無辭，然其聲清別，可辨其聲而知其義，故曰皦如。繼以間歌，謂人聲笙奏間代而作，相尋續而不斷絶，故曰繹如。此三節皆用雅，所謂「雅、頌各得其所」也。有此四節而後合樂，則樂以成。

黄氏後案：案史記秦始皇本紀「但恐諸侯合從翕而出不意」，是翕乃合起之貌。説文：「翕，起也。」玉篇：「翕，合也。」字从羽，謂鳥初飛而羽合舉也。皦者，玉石之白甚明也。純者，不雜之絲。繹者，不絶之絲。皆設諭之辭，故四言如也。

【集解】大師，樂官名。始作言五音始奏，翕如盛也。從讀曰縱，言五音既發，放縱盡其音聲。純，和諧也。皦如，言其音節分明也。縱之以純如、皦如、繹如，言樂始於翕如，而成於三者也。

【唐以前古注】周禮大司樂疏引鄭注：始作，謂金奏。御覽五百六十四引論語注：時聞金奏，人皆翕如。翕如，變動之貌。從讀曰縱。縱之，謂八音皆作。純如，感人之貌。皦如，使清別之貌。繹如，志意條達之貌。

按：論語古訓云：「御覽不云鄭注，然與集解異，與鄭合，蓋亦鄭注。今以釋文所引鄭注參較，大體相同，其爲鄭注無疑。」

【集注】語，告也。大師，樂官名。時音樂廢缺，故孔子教之。翕，合也。從，放也。純，和也。皦，明也。繹，相續不絶也。成樂之一終也。

【發明】讀四書大全説：孟子七篇不言樂，自其不逮處，故大而未化。唯其無得於樂，是以爲書亦爾。若上篇以好辨終，下篇以道統終，而一章之末咸有尾煞。孔子作春秋即不如此，雖絶筆獲麟，而但看上面兩三條則全不知此書之將竟。王通竊倣爲玄經，到後面便有曉風殘月、酒闌人散之象。故曰：「不學詩，無以言。」詩與樂相爲表裏，如大明之卒章纔説到「會朝清明」便休，綿之卒章平平序四有，都似不曾完著，所以爲雅。關雎之卒章兩興兩序，更不收束，所以爲南。皆即從即成，斯以不淫不傷也。若谷風之詩便須説「不念昔者，伊予來塈」，總束上「黽勉同心」之意。崧高、烝民兩道作誦之意旨以終之，所以爲淫爲變。雅與南之如彼者，非有意爲之，其心順者言自達也。其心或變或淫，非照顧束裹，則自疑於離散。上推之樂而亦爾，下推之爲文詞而亦爾，此理自非韓、蘇所知。

按：船山以音樂發明行文之理，其所作宋論追蹤韓、蘇，真天下之至文，餘子不能及也。

○儀封人請見，曰：「君子之至於斯也，吾未嘗不得見也。」從者見之。出曰：「二三子何患於喪乎？天下之無道也久矣，天將以夫子爲木鐸。」

【考異】皇本「斯」下「也」字作「者」，「無道」下無「也」字。七經考文：「天下之無道也」，古本無「也」字。天文本論語校勘記：古本、唐本、津藩本、正平本「道」下均無「也」字。

【音讀】釋文：於喪，息浪反。劉敞七經小傳：喪讀如問喪之喪。失位爲喪，是時仲尼去大夫，故云喪也。論語後録：喪讀如「將喪斯文」、「未喪斯文」之喪。

【考證】四書釋地續補：孔子時衞都濮陽，爲今大名府開州。生平凡五至衞焉：第一去魯司寇輒適衞。第二將適陳過匡過蒲，皆不出衞境内而反衞。第三過曹而宋而鄭而陳，仍適衞。第四將西見趙簡子，未渡河而反衞。第五如陳而蔡而葉，復如蔡而楚，仍反乎衞。儀邑城在今開封府蘭陽縣西北二十里，乃衞西南境，距其國五百餘里。不知孔子先至國而後儀邑，或由儀邑而國都，皆不可知。要爲第一次適衞時事則無疑。後漢郡國志：「陳留郡，浚儀本大梁」，劉昭注：「晉地道記：儀封人此縣也。」義門讀書記：古者相見必由紹介，逆旅之中無可因緣，故稱平日未嘗見絶于賢者，見氣類之同，致詞以代紹介，故從者因而通之，夫子亦不拒其請，與不見孺悲異也。論語補疏：後漢郡國志：「東郡聊城有夷儀。」聊城今屬山東東昌，爲齊、衞之界，孔子至衞未嘗由齊，非是此也。郡國志「浚儀」注引晉地道記：「儀封人，此邑也。」水經注引西征記亦以儀封人即浚儀縣，而酈氏非之。浚儀在開封，漢屬陳留，以漢縣計之，衞之境止得長垣多，得封丘、南燕少。自此而南皆鄭、宋地，衞不得有之。使儀封人在浚儀，當今祥符蘭陽之間，雖爲由陳至衞之道，而邑非衞邑矣。鄭云「蓋衞邑」，蓋者，疑詞也。四書典故辨正：續漢郡國志「浚儀本大梁」注云：「晉地道記：『儀封人，此邑也。』」又西征記亦以浚儀爲封人之邑，見水經注。浚儀今開封府之祥符縣，城内有浚儀街，爲其遺址。王中川云：昔孔子去衞適陳，道經於儀。儀蓋今之祥符。此去衞都僅百數十里，自衞適陳，道必經由。水經注：「浚水實出邑下。衞詩云：『孑孑干旄，在浚之郊。』」浚之於儀，實惟一所。若儀封在漢爲東昏縣，後易東明，宋、元始易爲儀封，去衛適陳，必不由此。封人官名，何取儀封？殊不足信。　經注集證：儀封人姓名不傳。國邑紀云：「儀之封人也。」或曰封人儀姓，族出晉陽。徐有儀楚，陳有儀行父云。　論語偶記：周禮封人掌設王之社壝爲畿，封而樹之。與論語別。左傳則與論語一例。隱元年傳「潁考叔爲潁谷封人」，桓十一年傳「祭封人仲足」，文十四年傳「宋高哀爲蕭封人，以爲卿」，昭十九年傳「郹陽封人」，二十六年傳「吕封人華豹」，皆冠以邑名，乃疆吏也。

【集解】鄭曰：「儀，蓋衛邑。封人，官名。」包曰：「從者，弟子隨孔子行者。通使得見。」孔曰：「語諸弟子，言何患於夫子聖德之將喪亡耶，天下之無道已久矣，極衰必有盛也。木鐸，施政教時所振也，言天將命孔子制作法度以號令於天下。」

【唐以前古注】皇疏引孫綽云：達者封人，棲遲賤職，自得於懷抱，一觀大聖，深明於興廢，明道内足，至言外亮，將天假斯人以發德音乎？夫高唱獨發而無感於當時列國之君，莫救乎聾盲，所以臨文永慨者也。然元風遐被，大雅流詠，千載之下，若瞻儀形，其人已遠，木鐸未戢，乃知封人之談，信於今矣。

【集注】儀，衛邑。封人，掌封疆之官，蓋賢而隱於下位者也。君子，謂當時賢者。至此皆得見之，自言其平日不見絶於賢者而求以自通也。見之，謂通使得見。喪，謂失位去國。禮曰「喪欲速貧」是也。木鐸，金口木舌，施政教時所振以警衆者也。言亂極當治，天必將使夫子得位設教，不久失位也。封人一見夫子而遽以是稱之，其所得於觀感之間者深矣。或曰：「木鐸所以徇於道路，言天使夫子失位，周流四方以行其教，如木鐸之徇於道路也。」

【餘論】劉開論語補注：木鐸之義，注以爲得位行教。又以天使夫子失位，周流以行其教，亦可並存，故附於後。余謂是不難一言斷之。封人不曰天以夫子爲木鐸，而曰天將以爲木鐸，是專言將必得位以行教者矣。若以失位周流爲行教，則夫子現在失位，天已使爲木鐸矣，何將以之有？　論語稽：夫子去魯司寇而適衛，入疆之初，故封人得請見。書胤征曰：「每歲孟春，遒人以木鐸徇於路。」封人所言，蓋即所掌封疆之事，以喻夫子之不得安於位者，如木鐸之徇道路以爲教誨也。喪者，出亡在外之名。封人之言即告通辭以見之從者，然則此封人者，其所見固非常人可及，而夫子一見之，遽致其推許如是，其德容之盛亦迥出言思擬外矣。　四書典故辨正：木鐸，注有兩說。揚子法言學行篇云：「天之道不在仲尼乎？仲尼，駕說者也。不在茲儒乎？如將復駕其所說，則莫若使諸儒金口而木舌。」以金口木舌爲駕說，正注中後說所本，當從之。乃知封人知天處。若泥得位設教之解，則封人之言終不驗，且何必以木鐸爲言也。春秋演孔圖云：「聖人不空生，必有所制以顯天心，某爲木鐸制天下法。」此即孔注所云「制作法令以號令於天下」者。蓋謂聖人雖不得位，必爲天下制法，斷不空生，與封人「何患於喪，天將以爲木鐸」之語意正相吻合也。

按：集注有兩說，劉開主前說，周柄中主後說。輔氏廣曰：「本說意實而味長，後說意巧而味短。」

論語集説：當是之時，莫有知聖人者，封人乃能知之，其必有所見矣。觀其言曰「君子之至於斯也，吾未嘗不得見也」，其求見君子之心如此其切。蓋以天下之亂極矣，意其必有聖人者出而明道救時，故一見夫子而知天意之攸屬，斯文之有所託也。四書發明：封人一見夫子，能知聖道之不終窮，世道之不終亂，天意之不終忘斯世，可謂智足以知聖人且知天矣。汪烜四書詮義：爲木鐸堉主得位設教，信理不信數也。然夫子究不得位，天之理其未可信歟？抑天意之在夫子更有厚於得位者，是則非封人所能逆睹也。黄氏後案：左傳引夏書「遒人以木鐸徇於路，官師相規，工執藝事以諫」，此即漢書食貨志所謂「行人振木鐸徇於路以采詩，獻之大師」也。據此，則使爲木鐸者，謂使之上宣政教下通民情也。蓋封人所見君子既衆，一旦見出類拔萃之大聖，遂以爲天生君子，復生大聖，此天心之復，即否極而泰之侯矣。封人言天道之常耳，豈知其道終不行哉。

○子謂韶：「盡美矣，又盡善也。」謂武：「盡美矣，未盡善也。」

【考異】錢氏養新録：「子謂韶，盡美矣，又盡善也」，按漢書董仲舒傳引孔子曰：「韶盡美矣，又盡善矣。」又引「武盡美矣，未盡善也。」上矣下也，語意不同，當是論語古本，今漢書亦改作「也」，唯宋景祐本是「矣」字，西漢策要與景祐本同。王念孫讀書雜誌：顔注云：「故聽其樂而云盡美盡善矣。」則正文是「矣」字可知。羣書治要引作「韶盡善矣」，文雖從省，亦是「矣」字之證也。翟氏考異：禮記樂記注引孔子曰：「韶盡美矣。」漢書董仲舒傳亦引孔子曰：「韶盡美矣。」又孔子曰：「武盡美矣。」文選典引注引孔子曰：「韶盡美矣。」晉紀總論注引論語孔子曰：「武盡美矣。」均以「曰」當「謂」字。

【考證】左襄二十九年傳：季札見舞象箾、南籥者，曰：「美哉！猶有憾。」見舞大武者，曰：「美哉！周之盛也，其若此乎？」見舞韶箾者，曰：「德至矣哉！大矣！如天之無不幬也，如地之無不載也，雖甚盛德，其蔑以加於此矣。觀止矣！若有他樂，吾弗敢請已。」春秋繁露楚莊王篇：文王之時，民樂其興師征伐也，故武。武者，伐也。是故舜作韶而禹作夏，湯作護而文王作武，四樂殊名，則各順其民始樂於己也。又云紂爲無道，諸侯大亂，民樂文王之怒而詠歌之也。周人德已洽天下，反本以爲樂，謂之大武，言民所始樂者，武也云爾。日知録：觀於季札論文王之樂，以爲美哉猶有憾，則知夫子謂武未盡善之旨矣，猶未洽於天下，此文之猶有憾也；天下未安而崩，此武之未盡善也。記曰：「樂者，象成者也。」又曰：「移風易俗，莫善於樂。」武王當日誅紂伐奄，三年討其君，而竇龜之命曰：「有大艱於西土，殷之頑民廸屢不静。」視舜之從欲以治四方風動者何如哉？故大武之樂雖作於周公，而未至於世變風移之日、聖人之時也，非人力之所能爲矣。陳壽祺左海經辨：漢書禮樂志曰：「高祖廟奏文始、五行之舞。文始舞者，本舜韶舞也，高祖六年更名曰文始。五行舞者，本周舞也，秦始皇二十六年更名曰五行。」宋書樂志：「魏文帝黄初二年，改文始曰大韶舞，五行曰大武舞。」南齊書樂志：「晉傅玄六代舞歌有虞韶舞辭，有武舞辭。宋孝建初，朝議以凱容舞爲韶舞，宣烈舞爲武舞。宣烈即古之大武，凱容本舜韶舞也。」宋志又曰：「晉武帝太始二年，改制郊廟歌，其樂舞仍舊。九年，荀勗知樂事，使郭夏、宋識造正德大豫之舞，勗及張華、傅玄又各造此舞歌辭。」蓋周存六代之樂，至秦惟餘韶武，歷漢、魏，晉初其樂譜皆相承用，不造新曲。自荀勗等競剏舞詞，韶、武遂亡。論語補疏：武王未受命，未及制禮作樂，以致太平，不能不有待於後人，故云未盡善。善，德之建也（國語）。周公成文、武之德，即成此未盡善之德也。　論語後録：呂不韋書「周公作大武」，案即詩「於皇武王」之奏也。毛公亦云周公作。禮記樂記云「干戚之舞，非備樂也」，注：「樂以文德爲備，若咸池。孔子曰『韶盡美矣』云云。」正義曰：「舜以文德爲備，故云韶盡美矣，謂樂音美也。又盡善也，謂文德具也。虞舜之時，雜舞干羽於兩階，而文多於武也。謂武盡美矣者，大武之樂比體美矣。未盡善者，文德猶少，未致大平。」

【集解】孔曰：「韶，舜樂名也。謂以聖德受禪，故曰盡善也。武，武王樂也。以征伐取天下，故曰未盡善也。」

【唐以前古注】御覽五百六十四引論語注云：韶，舜樂也。美舜自以德禪于堯，又盡善，謂大平也。武，周武王樂。美武王以此定功天下，未盡善，謂未致大平也。　皇疏：天下萬物樂舜繼堯，而舜從民受禪，是會合當時之心，故曰盡美也。揖讓而代，於事理無惡，故曰盡善也。天下樂武王從民伐紂，是會合當時之心，故曰盡美也。而以臣伐君，於事理不善，故曰未盡善也。

【集注】韶，舜樂。武，武王樂。美者，聲容之盛。善者，美之實也，舜紹堯致治，武王伐紂救民，其功一也，故其樂皆盡美。然舜之德，性之也，又以揖遜而有天下；武王之德，反之也，又以征誅而得天下，故其實有不同者。

【餘論】朱子語類：問：「韶盡美盡善，武盡美未盡善，是樂之聲容皆盡美，而事之實有盡善未盡善否？」曰：「不可如此分說。是就樂中見之，蓋有此德然後做得此樂，故於韶之樂見舜之德如此，於武之樂見武王之德如此。」

○子曰：「居上不寬，爲禮不敬，臨喪不哀，吾何以觀之哉？」

【考證】大戴禮曾子立事篇：臨事而不敬，居喪而不哀，祭祀而不畏，朝廷而不恭，則吾無由知之矣。　春秋繁露仁義法篇：君子攻其惡，不攻人之惡，非仁之寬與？自攻其惡，非義之全與？此之謂仁造人，義造我。是故以自治之節治人，是居上不寬也。以治人之度自治，是爲禮不敬也。爲禮不敬，則傷行而民弗尊。居上不寬，則傷厚而民弗親。　論語後録：漢書五行志：「思心之不容，是謂不聖。思心者，心思慮也。容，寬也。孔子曰：『居上不寬，吾何以觀之哉？』言上不寬大包容臣下，則不能居聖位。」伏氏洪範五行傳鄭注云：「容當爲睿。」依志義爲睿，觀讀如觀政之觀。

按：以上均先漢遺義，録而存之。

【唐以前古注】皇疏：此章譏當時失德之君也。爲君居上者寬以得衆，而當時居上者不寬也。

又禮以敬爲主，而當時行禮者不敬也。又臨喪以哀爲主，而當時臨喪者不哀。此三條之事並爲乖禮，故孔子所不欲觀，故云吾何以觀之哉。

【集注】居上主於愛人，故以寬爲本。爲禮以敬爲本。臨喪以哀爲本。既無其本，則以何者而觀其所行之得失。

【別解】論語訓：此蓋譏孟武伯也。孟氏世事孔子，故言觀之。

按：此章必有爲而發，今不可考矣。王氏以爲譏孟武伯，未知何據。

【餘論】朱子文集（答廖子晦）：爲政以寬爲本者，謂其大體規模意思當如此耳。古人察理精密，持身整肅，無偷惰戲豫之時，故其政不待作威而自嚴，但其意則以愛人爲本耳。及其施之於政事，便須有綱紀文章關防禁約，截然而不可犯，然後吾之所謂寬者得以隨事及人，而無頽敝不舉之處；人之蒙惠於我者亦得以通達明白實受其賜，而無間隔欺蔽之患。聖人說政以寬爲本，而今反欲其嚴，正如古樂以和爲主，而周子反欲其淡。蓋今之所謂寬者乃縱弛，所謂和者乃哇淫，非古之所謂寬與和者，故必以是矯之，乃得其平耳。如其不然，則雖有愛人之心而事無統紀，緩急先後可否與奪之權皆不在己，於是姦豪得志而善良之民反不被其澤矣。蓋爲政必有規矩，使姦民猾吏不得行其私，然後刑罰可省，賦斂可薄，所謂以寬爲本。體仁長人，孰有大於此者乎？

四書辨疑：不正責其現有之過，却欲別勸他處得失，亦迂闊矣。居上褊隘而不寬，爲禮傲惰而不敬，臨喪無哀戚之容，今人中似此者甚多，見其情態者無不惡之。夫子之言亦只是惡其現有之不寬不敬不哀而不欲觀，非謂無此三本無以觀其他所行之得失也。高拱問辨録：只言大體既失，末節何恥。何以觀之，猶世人所謂如何看得上也。注謂以何者觀其所行之得失，添蛇足矣。

# 論語集釋卷七

## 里仁上

○子曰：「里仁爲美。擇不處仁，焉得知？」

【考異】困學紀聞：張衡思玄賦：「匪仁里其焉宅兮，匪義迹其焉追。」注引論語：「里仁爲美。宅不處仁，焉得知？」里宅皆居（集證後漢張衡傳注、文選注並同）。石林（案經義考載此條「石林」下有「論語釋言」四字）云「以擇爲宅」，則里猶宅也。蓋古文云然，今以宅爲擇，而謂里爲所居，乃鄭氏訓解而何晏從之，當以古文爲正。致堂云：「里，居也。居仁如里，安仁者也。」九經古義：王伯厚云：「張衡思玄賦引論語云：『里仁爲美，宅不處人。』里宅皆居也。蓋古文云然，今以宅爲擇，而謂里爲所居，乃鄭氏訓解而何晏從之，當以古文爲正。」棟案釋名曰：「宅，擇也，擇吉處而營之。」是宅有擇義，或古文作「宅」，訓爲擇，亦通。孟子亦作「擇」，趙岐曰：「簡擇不處仁爲不智。」馮登府論語異文考證引劉璠梁典「署宅歸仁里」，亦作「宅」字。皇本「知」作「智」。梁氏旁證：今論語「智」俱作「知」，餘仿此，不復出。翟氏考異：公冶長篇「何如其知」、「邦有道則知」、雍也篇「樊遲問知」、「知者樂水」、子罕篇「知者不惑」、顏淵篇

「問知」、「見夫子而問知」、憲問篇「臧武仲之知」、「知者不惑」、衞靈公篇「知者不失人」、「知及之」、陽貨篇「可謂知乎」、「唯上知」、「好知不好學」、「惡徼以爲知」、子張篇「一言以爲知」、「爲不知」，義疏本「知」俱作「智」。天文本論語校勘記：唐本、津藩本、正平本「美」作「善」。

【考證】劉氏正義：爾雅釋詁：「里，邑也。」說文：「里，居也。」「仁之所居」，「仁」當依皇本作「民」。文選潘岳閒居賦注「民」作「人」，此唐人避諱。居於仁者之里是爲美者，大戴禮王言云：「昔者明王之治民有法，必別地以州之，分屬而治之，然後賢民無所隱，暴民無所伏。使有司日省，如時考之，歲誘賢焉，則賢者親，不肖者懼。」是古有別地居民之法，故居於仁里即己亦有榮名，是爲美也。求居而不處仁者之里，不得爲有知者，此訓擇爲求也。荀子勸學篇：「故君子居必擇鄉，遊必就士，所以防邪僻而近中正也。」今求居不處仁者之里，是無知人之明，不得爲有知矣。鄭氏此訓與論語古文義合。皇疏引沈居士云：「言所居之里尚以仁地爲美，況擇身所處而不處仁道，安得智乎？」案孟子公孫丑上孟子曰：「矢人豈不仁於函人哉？矢人惟恐不傷人，函人惟恐傷人。巫匠亦然，故術不可不慎也。孔子曰：『里仁爲美，擇不處仁，焉得智？』夫仁，天之尊爵也，人之安宅也，莫之禦而不仁，是不智也。」觀孟子所言，是擇指行事。沈說蓋本此，於義亦通。

【集解】鄭曰：「里者，民之所居也。居於仁者之里，是爲善也。求是善居而不處仁者之里，不得爲有智。」

【唐以前古注】皇疏引沈居士云：言所居之里尚以仁地爲美，況擇身所處而不處仁道，安得智乎？

【集注】里有仁厚之俗爲美。擇里而不居於是焉，則失其是非之本心而不得爲知矣。

【別解】容齋隨筆：「里仁爲美。擇不處仁，焉得智？」孟子論函矢巫匠之術而引此以質之，説者多以里爲居，居以親仁爲美。予嘗記一説云：「函矢巫匠皆里中之仁也，然於仁之中有不仁存焉，則仁亦在夫擇之而已矣。」嘗與鄭景望言之，景望不以爲然。予以爲此特謂閭巷之間所推以爲仁者固在所擇，正合孟子之意。不然，仁之爲道大矣，尚安所擇而處哉？

【餘論】四書或問：孟子嘗引以明擇術之意。今直以擇鄉言，以文義考之，則擇云者不復指言所擇，而特因上句以爲文，恐聖人本意止於如此，而孟子姑借此以明彼耳。

【發明】反身録：里有仁風，則人皆知重禮義而尚廉恥。縱有一二頑梗，亦皆束於規矩，不至肆無忌憚，而資質之美者益薰陶漸染以成其德。居於此者不惟可以養德保家，亦且可以善後，子孫而賢且智固足以有成，即昏且愚亦不至被小人引入匪彝，辱宗敗家。故人或未有定居，擇里而不居於是者，其爲無識不待言。即或已有定居而其鄉實無仁風，卻貪戀苟安，不能舍互鄉而入康莊，亦爲駑馬戀棧豆，智不能舍也。故古今推孟母之三遷，其智爲千古之獨絶與。

○子曰：「不仁者不可以久處約，不可以長處樂。仁者安仁，知者利仁。」

【考異】七經考文：「不可以長處樂」，古本「樂」下有「也」字。

【考證】禮記表記：子曰：「仁有三，與仁同功而異情。與仁同功，其仁未可知也。與仁同過，然後其仁可知也。仁者安仁，知者利仁，畏罪者强仁。」又子曰：「中心安仁者，天下一人而已矣。」又曰：「無欲而好仁者，無畏而惡不仁者，天下一人而已矣。」大戴禮曾子立事篇曰：仁者樂道，智者利道。册府元龜品藻部：鍾繇等對魏文帝曰：「仁者安仁，性善者也。知者利仁，力行者也。」

【集解】孔曰：「不可久約，久困則爲非也。不可長樂，必驕佚也。」包曰：「惟性仁者自然體之，故謂安仁也。」王曰：「知者知仁爲美，故利而行之也。」

【唐以前古注】皇疏：約，猶貧困也。夫君子處貧愈久，德行無變。若不仁之人久居約，則必斯濫爲盜，故不可久處也。樂，富貴也。君子富貴愈久，愈好禮不倦。若不仁之人久處富貴，必爲驕溢也。辨行仁之中有不同也，若禀性自仁者則能安仁也，何以驗之？假令行仁獲罪，性仁人行之不悔，是仁者安仁也。智者，謂識昭前境，而非性仁者也。利仁者其見行仁者若於彼我皆利，則己行之；若於我有損，則使停止，是智者利仁也。

按：無所爲而爲之謂之安仁，若有所爲而爲之，是利之也，故止可謂之智，而不可謂之仁。皇疏所解，語雖稍露骨，而較朱注爲勝，故特著之。

【集注】約，窮困也。利，猶貪也。蓋深知篤好而必欲得之也。不仁之人失其本心，久約必濫，久樂必淫。惟仁者則安其仁而無適不然，知者則利於仁而不易所守，雖深淺不同，然皆非外物所能奪矣。謝氏曰：「仁者心無内外遠近精粗之間，非有所存而自不亡，非有所理而自不亂，如目視而耳聽，手持而足行也。知者謂之有所見則可，謂之有所得則未可，有所存斯不亡，有所理斯不亂，未能無意也。安仁則一，利仁則二。安仁者，非顏、閔以上去聖人爲不遠不知此味也。諸子雖有卓越之才，謂之見道不惑則可，然未免於利之也。」

按：此章聖人不過泛論，謝氏乃借此以貶抑聖門，真别有肺腸矣。朱子不察而誤採之，可謂全書之玷。

【餘論】朱子語類：安仁者不知有仁，如帶之忘腰，屨之忘足。利仁者見仁爲一物，就之則利，去之則害。四書訓義：外境之足以奪心，非境能奪我也。心無所得，則性情一寄於外物之得喪，而不能不隨之以流。故學者因其性之所近，而專以其事求於心以自成其德之爲亟亟也。今夫不仁者既無以守此心之正，而抑昧於本心之明，則其生平所歷之境，或約焉，即若身之無所容，雖或暫爲恬静，而及久也必忮求之交作，約爲之困甚矣，不可處矣；或樂焉，即若不復知有其身，雖或暫爲斂輯，而及其長也，必驕吝之著見，樂爲之累甚矣，不可處也。夫人以身涉世，非其約也，即其樂也，而皆不可以久處長處，則無一而不足以喪其志行矣。

【發明】此木軒四書説：境有萬變而心則一，不能處約，必不能處樂，處樂而淫，則處約而濫可知。總是心上自生病痛，不干境事。

反身録：處約最易動心，不必爲非犯義而後爲濫。只心一有不堪其憂之意，便是心離正位，纔離正位，便是泛濫無間，將來諂諛卑屈苟且放僻之事未必不根於此。故吾人處困而學，安仁未可躐幾，須先學知者利仁，時時見得內重外輕，不使貧窶動其心，他日必不至敗身辱行自蹈於乞墦穿窬也。吳康齋遇困窘無聊，便誦明道先生行狀以自寬，其庶幾知者利仁歟？吾儕所宜師法。

○子曰：「惟仁者能好人，能惡人。」

【考異】皇本、宋石經本、宋刻九經本「惟」字俱作「唯」。蔡節論語集説本亦作「唯」。

【集解】孔曰：「惟仁者能審人之所好惡也。」

按：論語補疏：「仁者好人之所好，惡人之所惡，故爲能好能惡。必先審人之所好所惡，而後人之所好好之，人之所惡惡之，斯爲能好能惡也。」劉寶楠云：「注説頗曲，姑依焦説通之。」

【唐以前古注】皇疏又一解云：謂極仁之人也。極仁之人，顔氏是也。既極仁昭，故能識審他人好惡也。又引繆播云：仁者，人之極也，能審好惡之表也，故可以定好惡。若未免好惡之境，何足以明物哉？

【集注】惟之爲言，獨也。蓋無私心，然後好惡當於理，程子所謂得其公正是也。游氏曰：「好善而惡惡，天下之同情。然人每失其正者，心有所繫而不能自克也。唯仁者無私心，所以能好惡也。」

【餘論】王柏標注四書（論語集注考證引）：朱子此章論好惡由心而達之事，故先無私而後當理。後篇論忠清因事以原其心，故先當理而後無私。程子論陽復則曰：「仁者天下之公。」論禮樂則曰：「仁者天下之正理。」此章則曰：「得其公正無私心也。」體也當理，正也用也，開説方可合説。　梁氏旁證：按集注似與孔注不同，而其實正相發明也。蓋惟仁者好人之所好，惡人之所惡。必先審人之所好所惡，而後人之所好好之，人之所惡惡之，斯爲能好能惡，非公正同情而何哉？

〇子曰：「苟志於仁矣，無惡也。」

【音讀】論語釋文：惡如字，又烏路反。　蘇轍論語拾遺：能好能惡，猶有惡也。無所不愛，則無所惡矣。故曰：「苟志於仁矣，無惡也。」惡讀烏路反。　朱子答張敬夫曰：此章「惡」字只是入聲。　嶺雲軒瑣記：集注云：「其心誠在於仁，則必無爲惡之事。」按此何待言哉？豈有既志於仁而爲惡事者？本書之意蓋謂無惡於志。惡字當讀爲去聲。

按：前後章皆言好惡，此亦當讀去聲。

【考證】春秋繁露玉英篇：難者曰：「爲賢者諱皆言之，爲宣、繆諱獨弗言，何也？」曰：「不成於賢也。其爲善不法，不可取亦不可棄。棄之則棄善志也，取之則害王法，故不棄亦不載，以意見之而已。苟志於仁無惡，此之謂也。」　鹽鐵論刑德篇：故春秋之治獄，論心定罪，志善而違於法者免，志惡而合於法者誅。

按：此先漢遺義，附識於此。

【集解】孔曰：「苟，誠也。言誠能志於仁，則其餘終無惡。」

【集注】苟，誠也。志者，心之所之也。其心誠在於仁，則必無爲惡之事矣。

【別解】論語意原：志於仁者，無一念不存乎仁，其視萬物同爲一體。體有貴賤，皆天理也，世豈有好耳目而惡足髀者哉？民之秉彝，與我無間，不仁而喪其良心，矜之而已，雖謂之無惡可也。曰能好惡人，所以明性情之正；曰無惡也，所以明體物之心。　羣經平議：上章云「惟仁者能好人，能惡人」，此章云「苟志於仁矣，無惡也」，兩章文義相承。此惡字即上「能惡人」之惡。賈子道術篇曰：「心兼愛人謂之仁。」然則仁主於愛，古之通論。使其中有惡人之一念，即不得謂之志於仁矣。此與上章或一時之語，或非一時語而記者牽連記之。　論語訓：釋文「惡，又烏路切」是也。苟，假聲近通用。上言仁者能惡，嫌仁者當用惡以絶不仁，故此明其無惡。仁者愛人，雖所屏棄放流，皆欲其自新，務於安全。不獨仁人無惡，但有志於仁皆無所憎惡。

按：俞氏、王氏之説並是，集注失之。

【餘論】李來章達天録：苟志於仁，先立其大，學者入門不可不有此識見規模。然隨時隨地又皆有細密功夫，非祇志與立便了也。

○子曰：「富與貴，是人之所欲也；不以其道得之，不處也。貧與賤，是人之所惡也；不以其道得之，不去也。

【考異】後漢書李通傳論、晉書夏侯湛傳俱引「富與貴是人之所欲」，無「也」字。　後漢書陳蕃傳注、文選鮑照擬古詩注引「是人之所欲」，皆無「也」字。　牟子理惑論、文選幽通賦注引全節文，「惡」下各無「也」字。　天文本論語校勘記：唐本、津藩本、正平本句末均無「也」字。　張弧素履子暨初學記、太平御覽述「是人之所欲」，又述「是人之所惡」，亦各無「也」字。　翟氏考異：此「也」字唐以前人引述悉略去，未必不謀盡同也，恐是當時傳本有如此。　論衡問孔篇、刺孟篇「不處也」皆引作「不居也」。　後漢書陳蕃傳：讓封侯疏曰：「竊慕君子不以其道得之，不居也。」　鹽鐵論褒賢章：君子不以道得之，不居也。

【音讀】集注考證：王文憲與下「去仁」並作上聲。然自去去聲，去之上聲，已違之去聲，驅而去之上聲。　四書辨證：此句何氏集解言人之所惡亦不可違而去之。下節「去仁」，邢言「若違去仁道，何得成名爲君子」，則二去字皆去聲，故朱子不音作上聲，然則去仁即違仁，故即接言君子無之。　書齋夜話：此究當就「不以其道」點句，若就「得之」點，則富貴固有以其道得之，亦有不以其道得之者，若貧賤則安有以其道而得之者哉？　王若虛論語辨惑：貧與賤下當云「以其道得之」，「不」字非衍即誤也。若夷、齊求仁，雖至餓死而不辭，非以其道得貧賤而不去乎？夫生而富貴不必言不處，生而貧賤亦安得去，此所云者，蓋儻來而可以避就者耳，故有以道不以道得之辨焉。　朱子文集：程允夫言此當以「不以其道」爲一句，「得之」爲一句。先生批曰：「如此説則『其』字無下落，恐不成文理。」　劉氏正義：呂覽有度篇注：「不以其道得之不居。」畢氏沅校云：「按古讀皆以『不以其道』爲句。此注亦當爾。論語『不處』，此作『不居』。論衡問孔、刺孟兩篇並同。」按後漢陳蕃傳、鹽鐵論褒賢篇亦作「不居」，自是齊、古、魯文異。呂覽注「居」下無「也」字，高麗本「不去」下亦無「也」字，當以有「也」字爲是。且古讀皆至「得之」爲句，畢校非是。

【考證】禮坊記：君子辭貴不辭賤，辭富不辭貧。荀子性惡篇：「仁之所在無貧窮，仁之所亡無富貴。」謝氏墉校注：「此言仁之所在，雖貧窮甘之；仁之所亡，雖富貴去之。」

【集解】孔曰：「不以其道得富貴，則仁者不處。」何曰：「時有否泰，故君子履道而反貧賤。此則不以其道得之，雖是人之所惡，不可違而去之。」

【集注】不以其道得之，謂不當得而得之。然於富貴則不處，於貧賤則不去，君子之審富貴而安貧賤也如此。

【別解】論語意原：説者謂有得富貴之道，有得貧賤之道，非也。聖人嘗言得矣，曰見得思義，曰戒之在得，曰先事後得。得之爲言，謂於利有獲也。兩言不以其道得之，初無二意。若曰富貴固人之所欲，不以其道而有得焉，得則可富貴矣，然君子不處此富貴也。貧賤固人之所惡，不以其道而有得焉，則不貧賤矣，然君子不去此貧賤也。以富貴貧賤反覆見意，欲人人知此理，是以互言之也。

按：此以得爲利，得不連富貴貧賤説。可備一義。

【發明】反身録：伊尹一介弗取，千駟弗顧；夫子疏水曲肱而樂，不義之富貴如浮雲；顔子之樂不以簞瓢改；柳下惠之介不以三公易。古之聖賢，未有不審富貴安貧賤以清其源而能正其流者，而況於中材下士乎。孫奇逢四書近指：人初生時，祇有此身，原來貧賤，非有所失也。至富貴則有所得矣，無失無不得，有得有所失，故均一非道。富貴不可處，以其外來；貧賤不可去，以其所從來。孔子樂在其中，顏子不改其樂，全是於此看得分明，故不爲欲惡所乘。

按：常人之情，好富貴而惡貧賤。不知富貴貧賤皆外來物，不能自主，君子所以不處不去者，正其達天知命之學。何者？福者禍之基，無故而得非分之位，顛越者其常，幸免者其偶也。無端而得意外之財，常人所喜，君子之所懼也。世之得貧賤之道多矣，如不守繩檢，博弈鬭狠，奢侈縱肆，皆所以取貧賤之道。無此等事以致貧賤，是其貧賤生於天命也。君子於此惟有素其位而行，所謂素貧賤行乎貧賤者。稍有怨天尤人之心，或思打破環境，則大禍立至矣。故不處不去，正君子之智，所謂智者利仁也。

## 君子去仁，惡乎成名？

【集解】孔曰：「惡乎成名者，不得成名爲君子。」

【唐以前古注】皇疏：此更明不可去正道以求富貴也。惡乎，猶於何也。言人所以得他人呼我爲君子者，政由我爲有仁道故耳。若捨去仁道，傍求富貴，則於何處更得成君子之名乎。

【集注】言君子所以爲君子，以其仁也。若貪富貴而厭貧賤，則是自離其仁而無君子之實矣，何所成其名乎。

【餘論】四書辨疑：前段論富貴貧賤去就之道，自此以下至「顛沛必於是」止，是言君子不可須臾去仁。彼專論義，此專説仁，前後兩段，各不相關。自漢儒通作一章，注文因之，故不免有所遷就而爲貪富貴厭貧賤之説。本段經文意不及此，後注又言取舍之分明，然後存養之功密。以理言之，未有在内不先存養而在外先能明於取舍者。南軒曰：「君子之所以爲君子者，以其不已於仁也。去仁，則何自而成君子之名哉？」此説本分與前段富貴貧賤之意不復相關，蓋亦見兩段經文難爲一意，故不用諸家之説也。然無顯斷，猶與上段連作一章，前後兩意愈難通説。予謂「君子」以下二十七字當自爲一章，仍取南軒之説爲正。

按：論語中有本一章誤分爲二章者，如宰予晝寢及性相近也等章。其次章之「子曰」，説者以爲衍文是也。有本二章誤合爲一章者，如此章及「君子篤於親」節，皆與前節各不相蒙，必欲牽合爲一，反失聖人立言之旨，陳氏之説是也。

君子無終食之間違仁，造次必於是，顛沛必於是。」

【考異】翟氏考異：穀梁傳僖二十三年注引孔子曰：「君子去仁，惡乎成名？造次必於是，顛沛必於是。」中無「無終食間」句。此撮略經文致失條理者，不可以異同論。

【考證】曾子制言篇：昔者，舜匹夫也，土地之厚則得而有之，人徒之衆則得而使之，舜唯以得之也。是故君子將説富貴，必勉於仁也。昔者，伯夷、叔齊仁者也，死於溝澮之間，其仁成名於天下。夫二子者居河、濟之間，非有土地之厚、貨粟之富也，言爲文章，行爲表綴於天下。是故君子思仁，晝則忘食，夜則忘寐，日旦就業，夕而自省，以歿其身，亦可謂守業矣。漢書河間獻王傳：「被服儒術，造次必於儒者。」顏注：「造次，謂所嚮必行也。」詩大雅蕩篇「顛沛之揭」，傳：「顛，仆。沛，拔也。」正義：「顛是倒頓之名，仆是偃僵之義，故以顛爲仆。沛者，匆遽離本之言，此論本事，故知爲拔。」論語竢質：說文解字：「趚，倉卒也。从走，朿聲。讀若資。」鄭公讀次爲趚也。顛沛讀若⿺走真⿰⻊貝。說文解字曰：「⿺走真，走頓也。从走，真聲。讀若顛。⿰⻊貝，步行獵跋也。从足，貝聲。」是從江說，顛沛當爲⿺走真⿰⻊貝。從陳說，當爲蹎跋。而其以顛沛爲假借則同也。

【集解】馬曰：「造次，急遽。顛沛，偃仆。雖急遽偃仆不違仁。」

【唐以前古注】釋文引鄭注：造次，倉卒也。

【集注】終食者，一飯之頃。造次，急遽苟且之時。顛沛，傾覆流離之際。蓋君子之不去乎仁如此，不但富貴貧賤取舍之間而已也。

【餘論】讀四書大全說：遏欲有兩層，都未到存理分上。其一，事境當前，却立著個取舍之分，一力壓住，則雖有欲富貴惡貧賤之心，也按捺不發，其於取舍之分也，是大綱曉得，硬地執認，此釋氏所謂折服現行煩惱也。其一，則一向欲惡上情染得輕，又向那高明透脱上走，使此心得以恆虛，而於富貴之樂，貧賤之苦，未交心目之時，空空洞洞著，則雖富貴有可得之機，貧賤有可去之勢，他也總不起念，由他打點得者心體清閒，故能爾爾，則釋氏所謂自性煩惱永斷無餘也。釋氏碁力酒量只到此處，便爲絶頂，由此無所損害於物，而其所謂七菩提八聖道等，亦只在者上面做些水墨工夫。聖學則不然，雖以奉當然之理壓住欲惡按捺不發者爲未至，却不恃欲惡之情，輕走那高明透脱一路，到底只奉此當然之理以爲依，而但由淺向深，由偏向全，由生向熟，由有事之擇執向無事之精一上做去，則心純乎理，而擇夫富貴貧賤者精義入神，應乎富貴貧賤者敦仁守土。由此大用以顯，便是天秩天叙。所以説「一日克己復禮，天下歸仁」，非但無損於物，而以虚願往來也。集注説兩個明字，中間有多少條理，在貧無諂、富無驕之上有貧樂、富好禮，德業經綸都從此明字生出。

黄氏後案：終食時暫，造次時遽，顛沛時危，君子無違仁，觀其暫而久可知也，觀其變而常可知也，言爲仁無間斷之時也。後漢書盧植傳論：「風霜以别草木之性，危亂而見貞良之節。夫蠭蠆起懷，雷霆駭耳，雖賁、育、荆、諸之倫未有不冘豫奪常者也。君子之於忠義，造次必於是，顛沛必於是也。」此造次顛沛以事變危急言也。後漢書崔駰傳：「駰子瑗以事繫獄，獄掾善爲禮。瑗間考訊時，輒問以禮説。其專心好學，雖顛沛必於是。」此以顛沛爲危時也。朱子以造次顛沛指存養言，申之者謂動則省察，静則存養，此專以静寂無事之時言也。式三謂造次顛沛非静寂無事之時，終食之間亦該動静言也。且言静存者，謂戒慎於未行事之時則可，謂存養於心中無一事之時，則是屏事息勞，閉目凝神，無所用心。而謂仁者是矣，可乎哉？

高攀龍高子遺書：仁是人人具足者，因世情俗見封蔽不得出頭。今於富貴貧賤看得透，心中湛然，方見仁之真體。有此真本體，方有真功夫。所以君子終食亦在此，造次顛沛亦在此，實落做得主宰，摇撼不得，方是了生死學問。

【發明】潘德輿養一齋劄記：前二節所謂名節者，道德之藩籬也。末節所謂道德者，名節之堂奧也。今人藩籬不立，堂奧自無從窺，轉以能成君子之名者爲矯激而務名。不知此名即名節名教之名，不成此名，則名節頹，名教斁，士行掃地矣。如聖門季路、原憲之流，亦是於富貴貧賤一刀兩段，故孔子與論存養精微。使世味尚濃，遑言心德乎？富貴貧賤乃入道之第一關，此關不通，於道永無望矣。願天下之學者共懔之。顧氏四書講義：此章是孔門勘法。蓋吾人有平居無事之時，有富貴貧賤造次顛沛之時。平居無事，不見可喜可嗔可疑可駭，行住坐卧即聖人與衆人無異。至遇富貴貧賤造次顛沛，鮮不爲之動矣，到此四關，直令人肺腑俱呈，手足盡露，非能勉强支吾者。故就源頭上看，必其無終食之間違仁，然後於四者處之如一。就關頭上看，必其能於四者處之如一，然後算得無終食之間違仁。予謂平居無事，一切行住坐卧常人與聖人同，就大概言耳。究其所以，却又不同。蓋此等處在聖人都從一團天理中流出，是爲真心；在常人則所謂日用而不知者也，是爲習心。指當下之習心混當下之真心，不免毫釐而千里矣。

○子曰：「我未見好仁者，惡不仁者。好仁者，無以尚之；惡不仁者，其爲仁矣，不使不仁者加乎其身。

【考異】漢石經：「未見好仁惡不仁者」，「好仁」下無「者」字。三國志顧雍傳注：惡不仁者，其爲仁矣。集注考證：此「矣」字不是絶句，是引下文之辭，故朱子作「者」字說。

【集解】孔曰：「無以尚之，難復加也。不使不仁者加乎其身，言惡不仁者能使不仁者不加非義於己，不如好仁者無以尚之爲優。」

【唐以前古注】皇疏：尚，猶加勝也。言若好仁者，則爲德之上無復德可加勝此也。言既能惡於不仁而身不與親狎，則不仁者不得以非理不仁之事加陵於己身也。一云：「其，其於仁者也。言惡不仁之人雖不好仁而能惡於不仁者，不欲使不仁之人以非禮加陵仁者之身也。」又引李充云：所好唯仁，無物以尚之也。不仁，仁者之賊也。奚不惡不仁哉？惡其害仁也。是以爲惜仁人之篤者，不使不仁者加乎仁者之身，然後仁道無適而不申，不仁者無往而不屈也。

【集注】夫子自言未見好仁者，惡不仁者。蓋好仁者真知仁之可好，故天下之物無以加之。惡不仁者真知不仁之可惡，故其所以爲仁者必能絶去不仁之事而不使少有及於其身。此皆成德之事，故難得而見之也。

有能一日用其力於仁矣乎？我未見力不足者。

【考異】皇本「仁」下有「者」字，「不足者」下有「也」字。天文本論語校勘記：古本、唐本、津藩本、正平本「者」下均有「也」字。文苑英華盧照鄰乞藥直書引仲尼曰：「有能一日用其力於仁者乎？」

【集解】孔曰：「言人無能一日用其力修仁者耳，我未見欲爲仁而力不足者。」

【集注】言好仁惡不仁者雖不可見，然或有人果能一旦奮然用力於仁，則我又未見其力有不足者。蓋爲仁在己，欲之則是，而志之所至，氣必至焉。故仁雖難能，而至之亦易也。

【别解】李氏論語劄記：無以尚之者，好之至也。不使不仁者加乎其身，惡之深也。此如大學之「如好好色，如惡惡臭」，正是用力處，似不必以成德言。蓋求必得而後爲好之至，務決去而後爲惡之深，志氣相生。豈有力不足之患。讀四書大全説：一日用力於仁，較前所云好仁惡不仁者只揀下能好惡者一段入手功夫説，原不可在資稟上分利勉。朱子云：「用力説氣較多，志亦在上面。」此語雖重説氣，又云：「志之所至，氣必至焉。」志立自是奮發敢爲，則抑以氣聽於志，而志固爲主也。用力於仁，既志用氣，則人各有力，何故不能用之於仁？可見只是不志於仁。不志於仁便有力亦不用，便用力亦不在仁上用。夫子從此看破不好仁不惡不仁者之明效，所以道我未見力不足者。非力不足，則其過豈非好惡之不誠哉。好惡還是始事，用力纔是實著，唯好仁惡不仁，而後能用力。非好仁惡不仁，雖欲用力而恒見力之不足。是非好仁惡不仁之爲安行而高過於用力者之勉行可知矣。前一節是大綱，説兼生熟久暫在内。後言一日則即功未久而習未熟者爲言，實則因好惡而後用力。終身一日，自然勉强，其致一也。至云「我未見力不足者」，則但以儆好惡誠而力必逮，初不云我未見一日用力於仁者，其云蓋有之而我未見，雖寬一步説，要爲聖人修辭立誠，不詭於理一分殊之節目，不似釋氏所云一切衆生皆有佛性之誣。謂人之性情已正，而氣力不堪，在大造無心賦予中莫須有此，而終曰我未之見，則以氣力之得於天者略同，而性情之爲物欲所蔽者頓異。其志不蔽而氣受蔽者，於理可或有，而於事則無也。

按：王用誥云：「船山以用力爲好惡之實事實功，不分成德學者，與安溪説同。以次節未見爲徵好惡誠而力必逮，末節反覆歎息，乃終言無用力而力不足之事，非歎未見用力而力不足之人，似勝集注説。」

【餘論】劉氏正義：夫子言：「力不足者中道而廢。」又表記子曰：「鄉道而行，中道而廢，忘身之老也，不知年數之不足也，俛焉日有孳孳，斃而後已。」並言爲仁實用其力，惟力已盡，身已斃，而學道或未至，方是中道而廢。其廢也，由於年數不足，有不得不廢者也。如是而後謂之力不足，是誠不足也。若此身未廢，而遽以力不足自諉，是即夫子之所謂畫矣。夫仁，人心也。人即體質素弱，而自存其心，志之所至，氣亦至焉。豈患力之不足？故曰我欲仁，斯仁至矣。一日克己復禮，天下歸仁焉。一日者，期之至近而速者也。

蓋有之矣，我未之見也。

【考異】皇本「矣」作「乎」。天文本論語校勘記：古本、唐本、津藩本、正平本均作「乎」。

【集解】孔曰：「謙不欲盡誣時人。言不能爲仁，故云爲能有爾，我未之見也。」

【集注】蓋，疑辭。有之，謂有用力而力不足者。蓋人之氣質不同，故疑亦容或有此昏弱之甚欲進而不能者，但我偶未之見耳。蓋不敢終以爲易，而又歎人之莫肯用力於仁也。

【餘論】松陽講義：慶源輔氏曰：「此章三言未見，而意實相承。初言成德之未見，次言用力之未見，未又言用力而力不足者之未見，無非欲學者因是自警而用力於仁耳。」此又是一樣講。若欲依此，則講末節當云天下亦實有用力而力不足之人，此項人雖或垂成而止，或半塗而廢，然猶愈於自畫而不進者也。雖同一自暴自棄，而自暴棄於垂成半塗之時，與初頭便自暴棄者有間矣。然此等人今亦難得，真可歎息。大抵世上人看得仁是箇迂遠不急之物，莫肯走到這一條路上去，肯上這條路就是好的了。故夫子並用力而力不足者亦思之也。如此講亦於理無礙。存之以備一說可也。

論語經正録引劉念臺曰：夫子既言好仁，又言惡不仁，一似複語。然所好者必合之所惡而後清，蓋人心本有仁無不仁，而氣拘物蔽之後，不仁常伏於仁者之中。至於仁不仁相爲倚伏，而不仁者轉足以勝仁，此時尤賴本心之明發而爲好惡之正者，終自不爽其衡，而吾固不難力致其決，以全其有仁無不仁之體，則聖學之全功於是乎在矣。若於此而又復自欺焉，好不能如好好色，惡不能如惡惡臭，亦終歸於不仁而已。然人雖可以自欺，而終不可以欺好惡，故曰我未見力不足者，又曰蓋有之矣，我未之見也。

按：張子説以好仁惡不仁爲一人，朱子善之，以不合於兩者字，不用其説。劉氏發明言好仁又言惡不仁之故，兩者字作一人説，義亦精審。

【發明】反身録：顔子簞瓢陋巷，不改其樂；舜、禹有天下而不與，所好在仁，故無以尚之。白沙云：「人爭一箇覺，纔覺便我大而物小。物有盡而我無窮，夫惟無窮，故微塵六合，瞬息千古，生不知愛，死不知惡，又何難銖軒冕而塵金玉耶？」

○子曰：「人之過也，各於其黨。觀過，斯知仁矣。」

【考異】皇本「人」作「民」。天文本論語校勘記：古本、唐本、津藩本、正平本「人」作「民」。後漢書吴祐傳曰：「掾以親故，受污穢之名，所謂『觀過斯知人矣』。」「仁」作「人」。陸采冶城客論曰：「斯知仁矣」，「仁」是「人」字，與「宰我問井有仁焉」之「仁」皆以字音致誤。

【考證】表記：子曰：「仁之難成久矣。人人失其所好，故仁者之過易辭也。」注：「辭，猶解説也。仁者恭儉，雖有過不甚矣。」子曰：「仁有三，與仁同功而異情。與仁同功，其仁未可知也。與仁同過，然後其仁可知也。仁者安仁，知者利仁，畏罪者强仁。」注云：「三，謂安仁也、利仁也、强仁也。利仁强仁功雖與安仁者同，本情則異。功者，人所貪也。過者，人所辟也。在過之中非其本情者，或有悔者焉。」劉氏正義：案表記此文最足發明此章之義。漢書外戚傳：「燕王上書言：『子路喪姊，期而不除。』」後漢書吴祐傳言：「嗇夫孫性私賦民錢，市衣進父。」南史張裕傳言：「張岱母年八十。籍注未滿，便去官還養。」三傳皆引此文美之。惟吴祐傳作「知人」。「人」與「仁」通用字。

【集解】孔曰：「黨，類也。小人不能爲君子之行，非小人之過，當恕而勿責之。觀過，使賢愚各得其所，則爲仁矣。」

【唐以前古注】皇疏：過，猶失也。黨，黨類也。人之有失，各有黨類。小人不能爲君子之行，則非小人之失也。猶如耕夫不能耕，乃是其失，若不能書，則非耕夫之失也。若責之，當就其輩類責之也。

又引殷仲堪云：言人之過失各由於性類之不同，直者以改邪爲義，失在於寡恕；仁者以惻隱爲誠，過在於容非。是以與仁同過，其仁可知。觀過之義，將在於斯者。

按：仲堪，陳郡人，官至振威將軍，荆州刺史。事蹟詳晉書本傳。其人殊無足取，所注論語，隋、唐諸志皆不載，蓋亡佚已久。録存一家，不没其心力焉爾。

又按：唐以前本「人」作「民」，故孔注、皇疏依「民」字解之。唐諱「民」，改經「民」字作「人」，宋因之。皇疏：「不求備於一人，則此觀過之人有仁心。」其解觀過知仁，與今日觀念大異。至仲堪之説，當日認爲别解，而不知即爲程子、尹氏所本，乃繼起者坐享盛名，反使創始者埋没不顯，揆之事理，寧得謂平？是書於魏、晉、六朝古注之亡佚者，孤詞單句，搜採靡遺，匪惟攄懷古之夙志，抑以發潛德之幽光云爾。

【集注】黨，類也。程氏曰：「人之過也，各於其黨。君子常失於厚，小人常失於薄。君子過於愛，小人過於忍。」尹氏曰：「於此觀之，則人之仁不仁可知矣。」

【别解】論語補疏：各於其黨，即是觀過之法，此爲莅民者示也。皇侃云：「猶如耕夫不能耕，乃是其失，若不能書，則非耕夫之失也。」此説黨字義最明。後漢吴祐傳以掾私賦民錢市衣進父爲觀過知仁，是以賦錢之過爲仁，異乎孔注。漢書外戚傳：「燕王旦爲丁外人求侯，上書稱：『子路姊喪，期而不除，孔子非之。子路曰：由不幸寡兄弟，不忍除之。故曰觀過知仁。』」是當時有此一説。然以蓋主而侯外人，豈得爲仁？子路親愛其姊，偶愆於禮，夫子裁之，即時改正。且以此爲觀過知仁，擬非其倫矣。吴祐所稱孫性之事，尤足長詐而敝俗，遂因有安丘男子因母殺人之事矣。孔子之訓精善，吴祐之見乖乎聖人。

按：焦氏意在申舊注。劉寶楠云：「注説甚曲，焦氏不免曲徇。且知仁因觀過而知，則仁即過者之仁，而孔以爲觀者知仁術，亦誤。」

【餘論】論語稽求篇：史稱陳仲弓外署非吏，此爲本司受過。又劉宋張岱爲司徒左西曹掾，母年八十，籍注未滿，岱便去官還養，有司以違制糾之。宋孝武帝曰：「觀過可以知仁，不須案也。」若漢外戚傳燕王上書稱：「子路喪姊，期而不除，孔子非之。子路曰：『由不幸寡兄弟，故不忍除。』故曰觀過知仁。」又後漢吴祐傳：「嗇夫孫性私賦民錢，市衣以進父。父怒，遣性伏罪。祐屏左右問故，歎曰：『掾以親故，受汙辱之名，可謂觀過知仁矣。』」此皆漢儒解經之見于事者。

然皆是知仁，並無知不仁者。四書辨疑：經文止言「斯知仁矣」，未嘗言知不仁也。程子、尹氏仁與不仁皆兩言之。若知其失於厚過於愛者爲仁，以此爲斯知仁矣，固猶有説。至於知其失於薄過於忍者爲不仁，則斯知仁矣無可説也。劉開論語補注：黨非類也，有所親比謂之黨。書云「無偏無黨」，子曰「羣而不黨」，皆言比也。人之過於禮而用其情者，各於其親比而深諱之，如父爲子隱，子爲父隱，雖有偏私，而情不得不如此也，故觀過可知仁矣。如周公過於愛兄，孔子過於諱君，雖非此過之比，然理當乎公而情出於私，即同謂之黨，有不辭也。「吾聞君子不黨，君子亦黨乎？」孔子並不避黨之名，非故爲引過，其心以爲未嘗非親比於君也。但本於天理人情之安，而黨即仁之至者耳。夫人之過用其情而不免於私比，其不失爲忠厚，亦猶是也。行有高下，而其情之可見則一也。若以黨爲類，而謂君子過於厚，小人過於薄。過於厚謂之仁可也，過於薄亦可知仁乎？而既分爲君子小人之類，又何以知其類之專指君子乎？吴廷棟拙修集：或問載劉氏之説曰：「周公使管叔監殷，而管叔以殷畔；魯昭公實不知禮，而孔子以爲知禮，實過也。然周公愛其兄，孔子厚其君，乃所以爲仁也。案孟子謂周公之過，不亦宜乎？」以此語推之，則周、孔之過正仁至義盡處，其實不得謂之過矣。似不得引以爲觀過知仁之證。

【發明】松陽講義：學者讀這章書，要知修己與觀人不同。若論修己，則過是不可一毫有的。若有一毫過當處，雖出於慈祥愷惻，然非中正之道，亦是吾見識未到處，是吾檢點未到處，皆是學問病痛，必須如芒刺在背，負罪引慝，省察克治，必去之而後已。所以夫子平日説「過則勿憚改」，説「吾未見能見其過而内自訟」，而於欲寡其過之伯玉、不貳過之顔子，則歎賞之，何嘗肯教人自恕？若論觀人，則不如此。瑕瑜自不相掩，雖視以觀由察安，考之之法極嚴，而待之之心甚恕。其黨未分之前，可以過決之。其黨既分之後，可以過諒之。若只論其過不過，不論其仁不仁，使君子與小人同棄，此非聖賢觀人之道也。

**○子曰：「朝聞道，夕死可矣。」**

【考異】漢石經「矣」作「也」。

【考證】黄氏後案：依何解，年已垂暮，道猶不行，心甚不慰，世治而死，乃無憾也。依朱子説，是因至道難聞，老將死而昧於道，深歎其不可也。漢書夏侯勝、黄霸同下獄，霸欲從勝受經，引此文，與朱注合。新序雜事一引此云：「楚共王卒用筦蘇，退申侯伯，於以開後嗣，覺來世，猶愈於没身不寤者也。」意亦同何解。式三謂此言以身殉道也。朝聞當行之道，夕以死赴之，無苟安，無姑待，成仁取義，勇決可嘉矣。唐書郭子儀傳贊曰：「遭讒甚詭奪兵柄，然朝聞命，夕引道，無纖介自嫌。」王伯厚集：「朝聞夕道，猶待子儀。」引用不誤。

【集解】言將至死，不聞世之有道也。

按：孫奕示兒編：「孔子豈尚未聞道者？苟聞天下之有道，則死亦無遺恨，蓋憂天下如此其急。」此亦本舊注而集注不從。劉寶楠云：「新序雜事篇載楚共王事，晉書皇甫謐傳載謐語，皆謂聞道爲己聞道，非如注云『聞世之有道』也。」劉氏疏集解者也，而不堅持門户之見，其見解終非一般漢學家所及。

【唐以前古注】皇疏引欒肇云：道所以濟民，聖人存身，爲行道也。濟民以道，非以濟身也。故云誠令道朝聞於世，雖夕死可也。傷道不行，且明己憂世不爲身也。

按：魏、晉時代道家之説盛行，此章之義正可藉以大暢玄風。當時注論語者，此等迎合潮流之書當復不少，而何氏皆不採，獨用己説，其見解已非時流所及。皇氏生齊、梁之世，老、莊之外，雜以佛學，其時著述尤多祖尚玄虚，如王弼之論語釋疑、郭象之論語體略、太史叔明之論語集解，皆出入釋、老，亦當代風趨使然也。乃皇氏獨引欒肇以申注義，並不兼採以廣其書，其特識尚在宋儒之上。沈堙幾數百年，終能自發其光，晦而復顯，蓋其精神有不可磨滅者在也。

【集注】道者，事物當然之理。苟得聞之，則生順死安，無復遺恨矣。朝夕所以甚言其時之近。

【餘論】朱子語類：問：「集注云：『道者，事物當然之理。』嘗思道之大者莫過乎君臣父子夫婦朋友之倫，而其有親義序别。學者苟至一日之知，則孰不聞焉？而即使之死，亦覺未甚濟事。所謂道者，果何爲真切至當處？又何以使人聞而遂死亦無憾？」曰：「道誠不外乎日用常行之間，但説未甚濟事者，恐知之或未真耳。若知得真實，必能信之篤，守之固。幸而未死，可以充其所知爲聖爲賢。萬一即死，則亦不至昏昧一生如禽獸然。是以爲人必以聞道爲貴也。」曰：「聖人非欲人聞道而必死，但深言道之不可不聞耳。將此二句反之曰：人一生而不聞道，雖長生亦何爲。」曰：然若人而不聞道，則生亦枉生，死亦枉死。」論語或問：或問：「朝聞夕死，無得近於釋氏之説乎？」曰：「吾之所謂道者，固非彼之所謂道矣。且聖人之意又特主於聞道之重，而非若彼之恃此以死也。」曰：「何也？」曰：「吾之所謂道者，君臣父子夫婦昆弟朋友當然之實理也。彼之所謂道，則以此爲幻爲妄而絶滅之以求其所謂清浄寂滅者也。人事當然之實理，乃人之所以爲人而不可以不聞者，故朝聞之而夕死亦可以無憾。若彼之所謂清浄寂滅者，則初無所效於人生之日用，其急於聞之者，特懼夫死之將至而欲倚是以敵之耳。是以爲吾之説者，行法俟命而不求知死。爲彼之説者，坐亡立脱變見萬端而卒無補於世教之萬分也。故程子於此專以爲實見理義重於生，與夫知所以爲人者爲説，其旨亦深切矣。」李中谷平日録（黄宗羲明儒學案引）：孔子曰：「朝聞道，夕死可矣。」會得此意，則必終日乾乾，學惟爲己而已，何處著絲毫爲人之意哉！李恕谷曰：「聞非偶然頓悟，乃躬行心得之謂。顔子之歎、曾子之唯，庶克當之。方不徒生，亦不虚死，故曰可矣。道，猶路也。有原有委，性與天道，道之本也。三綱五常，道之目也。禮樂文章，道之事也。經有統言者，有專言者，當各以文會之。」

【發明】日知録：吾見其進也，未見其止也。有一日未死之身，則有一日未聞之道。嶺雲軒瑣記：杜子光先生惟熙傳姚江學派，造詣深粹。年八十餘，小疾，語諸友曰：「明晨當來别。」及期，焚香端坐，曰：「諸君看我如是而來，如是而去，可用得意見安排否？」遂瞑。王門之學，能入悟境者曾無幾人。一悟則其臨終從容若此，頗得「朝聞道，夕死可矣」之意。又云：世間所有者皆身外之物，而身又性外之物也。但存吾性，並此身不有之可也。問者曰：「身亡，性存何所？」曰：「性存於兩大之間。子以爲不信，孔子曰：『朝聞道，夕死可矣。』此又何義？豈孔子亦有邪説歟？聞道而死，猶老氏所謂死而不亡，釋氏之入涅槃滅度，皆死其身而存其性也。否則要此朝夕間一了然何益？」又云：或叩余以養生之訣，應之曰：「君子無終食之間違仁，是養生之真訣也。須識得此仁意象何如。」又問長生。應之曰：「朝聞道，夕死可矣。是長生也。長生不着落形體上。」其人惘然辭去。

○子曰：「士志於道，而恥惡衣惡食者，未足與議也。」

【考證】劉氏正義：士爲學人進身之階。荀子儒效篇：「匹夫問學，不及爲士，則不教也。」聖門弟子來學時多未仕，故夫子屢言士。而子張、子貢亦問士，皆循名責實之意。記言「士先志」，孟子言「士尚志」，又言「士志仁義，大人之事備」，仁義即此文所言道也。

【唐以前古注】皇疏引李充云：夫貴形骸之内者，則忘其形骸之外矣。是以昔之有道者有爲者乃使家人忘其貧，王公忘其榮，而況於衣食也。

【集注】心欲求道，而以口體之奉不若人爲恥，其識趣之卑陋甚矣，何足與議於道哉！

【餘論】論語或問：問：「恥惡衣惡食者，其爲未免於求飽求安之累者乎？」曰：「此固然也。然求飽與安者，猶有以適乎口體之實也。此則非以其不可衣且食也，特以其不美於觀聽而自恧焉。若謝氏所謂『食前方丈則對客泰然，疏食菜羹則不能出諸其户』者，蓋其識趨卑凡，又在求飽與安者之下矣。」

【發明】吕柟四書因問：季氏八佾舞於庭，三家以雝徹，犯分不顧，皆是恥惡衣惡食一念上起。此處最要見得，則能守得。反身録：近代焦弱侯受學於耿天臺先生之門，天臺以其根器邁衆，時與浹談，年餘未嘗及道。久之弱侯請問，天臺訝曰：「吾輩渾是俗骨，而言道乎？」夫以弱侯之深心大力，猶不驟以語及，況其下焉者乎？故學道者須先掃清俗念，而後可以言此。若天理人欲並行，未有能濟者也。劉源渌日記（經正録引）：子曰：「君子食無求飽，居無求安。」又曰：「士志於道，而恥惡衣惡食者，未足與議。」此義利之關，君子小人之别也。能透此關，而後可與共學。

按：自來贓污寇盜元凶大憝，其最初原因亦不過恥惡衣食耳。王沂公一生勳業皆自其「不在温飽」之一言發之也。故士須有子路緼袍不恥之風，而後始足以言道。

○子曰：「君子之於天下也，無適也，無莫也，義之與比。」

【考異】皇本「比」下有「也」字。天文本論語校勘記：古本、唐本、津藩本、正平本同。

【音讀】釋文：「適」，鄭本作「敵」。莫，鄭音慕。九經古義：古「敵」字皆作「適」。禮記雜記曰「赴於適者」，鄭注云：「適讀爲匹敵之敵。」史記范雎傳「功適伐國」，田單傳「適人開户」，李斯傳「羣臣百官皆畔不適」，徐廣皆音征敵之敵。荀卿子君子篇云：「天子四海之内無客禮，告無適也。」注讀爲敵。集注考證：比當作毗志反，如「周而不比」、「與射者比」，皆毗志反。「比死者」、「比化者」，皆必二反。朱子嘗因學者之問，欲改未及。論語古訓：爲論語音者，始于晉徐邈，此音非鄭本文。盧學士曰：「陸氏以其義，知其讀耳。」鄭以適爲敵者，古「敵」通作「適」。雜記「大夫訃於同國適者」，鄭注：「適讀爲匹敵之敵。」荀卿君子篇：「四海之内無客禮，告無適也。」楊注適讀爲敵。史記范雎傳「攻適伐國」，田單傳「適人開户」，李斯傳「羣臣百官皆畔不適」，徐廣俱音敵。是「適」通作「敵」也。鄭讀莫爲慕者，慕从心，莫聲。古本省作「莫」耳。

【考證】論語稽求篇：適莫與比皆指用情言。適者，厚也，親也。莫者，薄也，漠然也。比者，密也，和也。當情爲和，過情爲密，此皆字義之有據者。若曰君子之于天下何厚何薄何親何疏，惟義之所在與相比焉。國語司馬侯曰：「罔與比而事吾君矣。」與比二字，此爲確注。又正義于「子見南子」節疏云：「子路以爲君子當義之與比，不當見淫亂與比。」義與親亂，反觀更自明白。此節舊解無注，然舊儒解經自如此。羣經平議：以適莫爲富厚窮薄，其義至陋。釋文曰：「適，鄭本作『敵』，莫，鄭音慕，無所貪慕也。」此章大旨鄭讀得之。敵之言相當也，相當則有相觸迕之義，故方言曰：「適，牾也。」郭璞注曰：「相觸迕也。」無適之適當從此義，言君子之於天下無所適牾，無所貪慕，惟義是親而已。劉氏正義：敵當即仇敵之義。無敵無慕，義之與比，是言好惡得其正也。鄭氏專就事言。後漢書劉梁傳：「梁著和同論，云：『夫事有違而得道，有順而失義，有愛而爲害，有惡而爲美，其故何乎？蓋明智之所得，闇僞之所失也。是以君子之于事也，無適無莫，必考之以義焉。』」此義當與鄭合。又李固傳：「子爕所交，皆舍短取長，成人之美。時潁川荀爽、賈彪雖俱知名而不相能，爕並交二子，情無適莫。」白虎通諫諍篇：「君所以不爲臣隱何？以爲君之於臣，無適無莫，義之與比。賞一善而衆臣勸，罰一惡而衆臣懼。」風俗通十反篇：「蓋人君者，闢門開窗，號咷博求，得賢而賞，聞善若鶩，無適也，無莫也。」諸文解適莫皆就人言。皇疏引范甯曰：「適莫猶厚薄也。比，親也。」范氏意似以適爲厚，莫爲薄。故邢疏即云：「適，厚也。莫，薄也。」此與鄭氏義異。疑李固傳及白虎通、風俗通皆如此解，則亦論語家舊説，於義並得通也。至邢疏又云：「言君子於天下之人無問富厚窮薄，但有義者則與之爲親。」其義淺陋，不足以知聖言矣。黄氏後案：鄭君與范説相反，其主待人言則同也。三國志魏陳羣傳：「君子在朝，無適無莫，雅仗名義，不以非道假人。」蜀蔣琬傳、吴顧雍傳兩言「心無適莫」，皆指待人言。古經説如此。依朱子説指行事言，是孟子所謂「言必信，行必果，惟義所在」也。謝氏無可無不可之説謬。

按：適莫，鄭主敵慕，邢疏主厚薄，俞氏主觸迕貪慕，皆指待人言。漢、魏解經先後一轍，觀下文比字可以知之。朱注指行事言，已屬隔膜。謝氏乃以此爲存心，其説雖本於韓李筆解，然不免差之毫釐謬以千里矣。

【唐以前古注】釋文引鄭注：莫，無所貪慕也。皇疏引范甯云：適莫，猶厚薄也。比，親也。君子與人無有偏頗厚薄，惟仁義之親也。

按：此章邢疏無注而皇本有之，曰「言君子之於天下無適無莫，無所貪慕也，唯義之所在也」云云，蓋何注也。劉寶楠疑爲妄人所增，兹不録。

筆解：韓曰：「無適，無可也。無莫，無不可也。惟有義者與相親比爾。」

【集注】適，專主也。春秋傳曰「吾誰適從」是也。莫，不肯也。比，從也。謝氏曰：「適，可也。莫，不可也。無可無不可，苟無道以主之，不幾於猖狂自恣乎？此佛老之學所以自謂心無所住而能應變，而卒得罪於聖人也。聖人之學不然，於無可無不可之間有義存焉。然則君子之心，果有所倚乎。」

按：宋儒好苛論人。謝氏於知者利仁章貶抑聖門，已屬非是；今又謗及佛老，更不可爲訓。子貢方人，孔子以爲不暇。至詁經之失，猶其小焉者也。

【別解】論語徵：無量壽經、華嚴經皆有「無所適莫」之文。華嚴經慧苑音義引漢書注曰：「適，主也。爾雅曰：『莫，定也。』謂普于一切，無偏主親，無偏定疏。」澄觀疏曰：「無主定於親疏。」無量壽經慧遠義疏曰：「無適適之親，無莫莫之疏。」璟興連義述文贊曰：「適，親也。莫，疏也。」乃知適莫爲親疏，古來相傳之説。

按：此可備一義。

【餘論】南軒論語解：適莫，兩端也。適則有所必，莫則無所主，蓋不失之於此，則失之於彼，鮮不倚於一偏也。夫義，人之正路也。倚於一偏，則莫能遵於正路矣。惟君子之心無適也而亦無莫也，其於天下惟義之親而已。四書近指：今人皆將比義作用權看，不知此是君子有主之學，非以之與二字爲聽憑天下也。內以律身，外以律人，不論經權常變，務得其心之所是。比者，君子孤立於天下，他無所恃，恃此義耳。

按：此章程、朱派概以處事言，陸、王派概以存心言，均屬模糊影響之談，非聖人立言之旨。茲各節録一二，以見一斑，餘悉不録。

○子曰：「君子懷德，小人懷土。君子懷刑，小人懷惠。」

【考異】漢石經「刑」字作「㓝」。張有復古編曰：「刑，从刀，幵聲。剄也。㓝，从刀井，法也。」今經史皆通作「刑」。翟氏考異：説文：「㓝，罰罪也。从井刀。」字義與「刑」有別，經典相承借用。學齋佔畢謂懷刑乃懷思典刑而則效之。字形既失，畸論遂緣之起矣。

【考證】説文：懷，思念也。楊慎丹鉛録：貢禹乞骸骨。元帝詔答之，引傳曰：「亡懷土。」所稱傳者，即論語「小人懷土」之文。易「小人」二字作「亡」，蓋嫌于以小人稱其臣也。黄氏後案：懷土，孔訓重遷，漢時師説如此，見於史記、漢書者此義甚多。韋賢傳：「嗟我小子，豈不懷土？庶我王寤，越遷於魯。」又敍傳班彪王命論以高祖沛人而都關中，而云「斷懷土之情」，皆引經之明顯者也。懷刑者，不愆不忘，率由舊章，兢兢焉恐踰先王之法度也。漢書霍、金同傳。金翁叔教誨有法度，霍子孟家有盈溢之欲，以取顛覆，是勳臣不可不懷刑也。後漢黨錮禍起，申屠蟠獨擅見幾之譽，則激濁揚清之士不可不懷刑也。論語傳注：重耳懷安敗名，殷民安土重遷，皆懷土也。韓信以捐地會兵，陳豨將爲多陷，皆懷惠也。

【集解】孔曰：「懷，安也，懷土重遷也。懷刑，安於法也。」包曰：「惠，恩惠也。」

【唐以前古注】皇疏：又一説云：「君子者，人君也。小人者，民下也。上之化下，如風靡草。君若化民安德，則民下安其土，所以不遷也。人君若安於刑辟，則民下懷利惠也。」又引李充云：凡言君子者，德足軌物，義兼君人，不唯獨善而已也。言小人者，向化從風，博通下民，不但反是之謂也。故曰「君子之德風，小人之德草」也。此言君導之以德，則民安其居而樂其俗，鄰國相望而不相與往來，化之至也。是以太王在岐，下輦成都，仁政感民，猛虎弗避，鍾儀懷土而謂之君子，然則民之君子，君之小人也。斯言例也，齊之以刑，則民惠利矣。夫以刑制物者，刑勝則民離。以利望上者，利極則生叛也。　筆解：韓曰：「德難形容，必示之以法制。土難均平，必示之以恩惠。上下二義，轉相明也。」

【集注】懷，思念也。懷德，謂存其固有之善。懷土，謂溺其所處之安。懷刑，謂畏法。懷惠，謂貪利。君子小人趣向不同，公私之間而已矣。

【別解一】羣經平議：此章之義自來失之。君子，謂在上者。小人，謂民也。懷者，歸也。詩匪風篇「懷之好音」，皇矣篇「予懷明德」，毛傳竝曰：「懷，歸也。」泮水篇「懷我好音」，鄭箋曰：「懷，歸也。」韋昭注國語，杜預注左傳竝有此文，是懷之訓歸固經傳之達詁。禮記緇衣篇「私惠不歸德」，鄭注曰：「歸或爲懷。」文選上林賦「悠遠長懷」，郭璞曰：「懷亦歸，變文耳。」皆古人以懷爲歸之證。公冶長篇「少者懷之」，孔曰：「懷，歸也。」然則此懷字亦可訓歸矣。「君子懷德，小人懷土」者，言君子歸於德，則小人各歸其鄉土。老子曰「甘其食，美其服，安其居，樂其俗，鄰國相望，雞狗之聲相聞，民至老死不相往來」是也。「君子懷刑，小人懷惠」者，言君子歸於刑，則小人歸於他國慈惠之君。孟子曰「民之歸仁也，猶水之就下，獸之走壙也。故爲淵敺魚者，獺也。爲叢敺爵者，鸇也。爲湯、武敺民者，桀與紂也」是也。此章之義，以懷德懷刑對舉相形，欲在位之君子不任刑而任德也。夫安土重遷，人之常情，小民於其鄉土，豈無桑梓之念？故泰山之婦，因無苛政而不去，此即所謂小人懷土也。惟上之人荼毒其民，使之重足而立，而忽聞鄰國之君有行仁政者，則舊都舊國之思不敵其樂國樂郊之慕，而懷土者變而懷惠矣。說此章者皆不得其義。若從舊説，則何不曰君子懷德懷刑，小人懷土懷惠。亦足見君子小人所安之不同，而何必錯綜其文乎？

【別解一】論語意原：上有德，則禮義明，教化行，固君子之所安也。上有刑，則善有所恃，惡有所懼，亦君子之所安也。小人則不然，有土以居之，則苟安重遷，德則非所知也。有惠以私之，則樂其所養，刑則非其所利也。君子小人識慮之遠近，用心之公私，於此分矣。當時之君既無德政，又無刑章，何以安君子。争城争地，民不得一日安其居，重征厚斂，未嘗有以惠其下，又無以安小人矣。君子小人皆失其所，是以微示傷歎之意也。

按：以上兩説均以君子小人指位言之，本李充舊説也。論語訓云：「李説美矣。然以懷刑爲用刑，未爲得也。懷，思也。思刑者，思刑罰之當否，故民懷其惠政。」蓋亦主此説者。

【餘論】四書辨疑：既以懷爲思念，而於通解處却不全用思念之意。四懷字之説意各不同，四者之事亦不相類。懷德解爲存其固有之善，懷刑解爲畏法，存是存在，畏是畏懼，皆與思念意不相干。所謂固有之善者，蓋以德爲自己之德也。四者之中，土刑惠皆在己身之外，惟此却爲己所固有之物，事不相類。所謂畏法者，蓋以刑爲刑罰之刑也。四者之中，德土惠皆在人心所欲，惟此却爲人所畏避之物，意亦不倫。德不可説爲自己之德，刑與德皆當歸之於國家。德與「德之流行」之德同，蓋謂國家之仁政也。刑與「刑于四海」之刑同，蓋謂國家之法則也。

【發明】松陽講義：學者讀這章書，要知我一箇懷便是君子小人分途處。今人説了君子，誰不豔慕？説了小人，誰不羞愧？然誠内自省，能信得過是君子不是小人麽？即就舉業論之，今日大家讀書，還是要講求聖賢義理，身體力行，上之繼往開來，次之免於刑戮乎？抑只要苟且悦人，求保門户，求取功名富貴乎？若只從保門户起見，便是懷土。若只從取功名富貴起見，便是懷惠。是終日讀書，終日只做得小人工夫。這箇念頭熟了，一旦功名富貴到手，不是將書本盡情抛却，徹内徹外做箇小人，便是將聖賢道理外面粉飾，欺世罔人，敗壞世道，病根都是從習舉業時做起的，豈不可歎！

按：此章言人人殊。竊謂當指趨向言之。君子終日所思者，是如何進德修業，小人則求田問舍而已。君子安分守法，小人則惟利是圖，雖蹈刑辟而不顧也。未知然否。

○子曰：「放於利而行，多怨。」

【音讀】黄氏後案：説文放本訓逐。驅逐、追逐皆爲放，放利即逐利也。放縱、放棄之義亦從放逐引申，今讀去聲。依放之放今讀上聲，或作仿字，古無是分别也。

【考證】荀子大略篇：故義勝利者爲治世，利克義者爲亂世。上重義則義克利，上重利則利克義，故天子不言多少，諸侯不言利害，大夫不言得失，士不通貨財，有國之君不息牛羊，錯質之臣不息雞豚，冢卿不修幣，大夫不爲場園，從士以上皆羞利而不與民爭業，樂分施而恥積臧，然故民不困財，貧窶者有所竄其手。　四書賸言：論語「放於利而行」，孔安國曰：「放，依也。」然並無他據。後見檀弓「梁木其壞，則吾將安放」，鄭注有云：「梁木，衆木所放，謂榱桷皆依梁以立，比之衆之依夫子。」始知俗以安放爲安效者誤也。

【集解】孔曰：「放，依也。每事依利而行，取怨之道。」

【集注】孔氏曰：「放，依也。多怨，謂多取怨。」程子曰：「欲利於己，必害於人，故多怨。」

【餘論】四書詮義：貪利之人，義理所不知畏矣，故以多怨惕之。

【發明】朱子語類：凡事祇認己有便宜處做，便不恤他人，所以多怨。　四書訓義：世之衰也，天下日相尋於怨，大之爲兵戎，小之爲爭訟，迨其怨之已成，而不能相下也。則見爲氣之不能平，而機之相爲害，乃夫子窮其致怨之本而推言之曰：夫人亦何樂乎怨人，而亦何樂乎人之怨己哉？乃上下相怨而忘乎分，親戚相怨而忘乎情，乃至本無夙恨自可以相安之人，而成乎不可解之忿者，何其多也！放於利者，豫擬一利以爲準，因是而或行或止，必期便於己而有獲者，乃爲之曲折以求其必遂，則己之益人之損，己之得人之失，雖假爲之名，巧爲之術，人既身受其傷，未有能淡然相忘者焉。激之而氣不可抑，相制相挾而機不可測，則無所往而不得怨焉，實自此始也。故君子欲静天下之争以反人心於和平，無他，以義裁利而已矣。　嶺雲軒瑣記：有因置産與售者争論紛然，其子在傍曰：「大人可增少金，吾輩他日賣時亦得善價。」世上愚夫原可唤醒，無如欲占便宜之心不能禁止，坐看得人我太分明耳。不知人我在天地間皆偶然之幻相，任多便宜失便宜，其實兩無加損，有蓋棺之日在也，是則同。又云：見丐者號於途，見餓者僵於室，不肯出一錢以畀之者，分界太明，謂我財非彼所得而用之也。試問貲積如山，内中能盡不落他人手否？何妨先看得徹，稍存惻隱之心哉！

按：利己是世人通病，李氏所言最足發人深省。

# 論語集釋卷八

## 里仁下

○子曰：「能以禮讓爲國乎？何有？不能以禮讓爲國，如禮何？」

【考異】後漢書劉般傳：賈逵上書曰：「孔子稱能以禮讓爲國，於從政乎何有？」列女傳：曹世叔妻上疏曰：「論語曰：『能以禮讓爲國，於從政乎何有？』」按：毛氏四書賸言云：「漢時論語必有多『於從政』三字者。且於本文較明白。或云是古論、齊論本，非魯論本，然亦不可考矣。」

【考證】左襄十三年傳：君子曰：「讓，禮之主也。世之治也，君子尚能而讓其下，小人農力以事其上，是以上下有禮，而讒慝黜遠，由不争也。謂之懿德。及其亂也，君子稱其功以加小人，小人伐其技以憑君子，是以上下無禮，亂虐並生，由争善也。謂之昏德。國家之敝，恒必由之。」禮運：何謂人情？喜怒哀懼愛惡欲七者弗學而能。何謂人義？父慈、子孝、兄良、弟弟、夫義、婦聽、長惠、幼順、君仁、臣忠十者謂之人義。講信修睦謂之人利，争奪相殺謂之人患。故聖人之所以治人七情，修十義，講信修睦，尚辭讓，去争奪。舍禮，何以治之？管子五輔篇：夫人必知禮然後恭敬，恭敬然後尊讓，尊讓然後少長貴賤不相踰越，故亂不生而患不作，故曰禮不可不謹也。荀子禮論篇：人生而有欲，欲而不得，則不能無求。求而無度量分界，則不能不争。争則亂，亂則窮。先王惡其亂也，故制禮義以分之，以養人之欲，給人之求，使欲必不窮於物，物必不屈於欲，兩者相持而長，此禮之所由起也。

【集解】何有者，言不難也。包曰：「如禮何者，言不能用禮也。」

【唐以前古注】皇疏引江熙云：范宣子讓，其下皆讓之。人懷讓心，則治國易也。不能以禮讓，則下有争心，錐刀之末，將盡争之，惟利是恤，何遑言禮也？

【集注】讓者，禮之實也。何有，言不難也。言有禮之實以爲國，則何難之有。不然，則其禮文雖具，亦且無如之何矣，而況於爲國乎？

【餘論】讀四書大全説：雙峰以下諸儒將禮讓對争奪説，朱子原不如此。本文云如禮何，言其有事於禮而終不得當也。乃云上下之分不得截然不奪不饜，若到此豈但不能如禮何，而禮亦直無如此人此世界何矣。此章乃聖人本天治人，因心作極，天德王道之本領。此所謂有關雎、麟趾之精意，而後周官之法度可行也。豈但上下截然不奪不攘之謂哉！湯之聖敬日躋，文之小心翼翼，皆此謂也。其非訓詁之儒所得與知宜矣。

【發明】四書訓義：國之所與立者，禮也。禮之所自生者，讓也。無禮則上下不辨，民志不定，而争亂作，亦終不足以保其國矣。蓋合一國爲一心，則運之不勞。而欲合一國之心，則唯退以自處，而可容餘地以讓人，此先王制禮之精意，感人心於和平，而奠萬國於久安長治之本，言治者其可忽乎？

○子曰：「不患無位，患所以立。不患莫己知，求爲可知也。」

【考異】皇本「不患莫己知」下有「也」字。王符潛夫論貴忠篇引孔子曰：「不患無位，患己不立。」

【考證】劉氏正義：或謂「立」與「位」同，上二句兩「位」字，與下二句兩「知」字文法一例。漢石經春秋「公即位」作「即立」。周官小宗伯「掌建國之神位」，故書「位」作「立」。鄭司農云：「古立、位同字。患所以位，謂患己所以稱其位者。」此説亦通。

【集解】包曰：「求善道而學行之，則人知己也。」

【集注】所以立，謂所以立乎其位者。可知，謂可以見知之實。

【別解】容齋隨筆：説者皆以爲當求爲可知之行。唯謝顯道云：「此論猶有求位求可知之道在。至論則不然，難用而莫我知，斯我貴矣，夫復何求？」予以爲君子不以無位爲患，而以無所立爲患；不以莫己知爲患，而以求爲可知爲患。第四句蓋承上文言之，夫求之有道，若汲汲然求爲可知，則亦無所不至矣。

【餘論】此木軒四書説：患無位，謂不得其位，則無以行道而濟民，故教之以患所以立，正爲所以立者之難，如漆雕開言「吾斯之未能信」是也。患莫知，亦是謂道德學問必以人知爲驗，故欲人知己之有此具也。教之以求爲可知，正懼聲聞過情，惟務實之爲急。若夫志在富貴，但求邦家必聞者，蓋將無所不至，豈復可與言患所以立、求爲可知哉？　黄氏後案：位之所以立，上則經天緯地，下則移風易俗，固難也。事無不可對人言，乃稱可知否，則屋漏之愧，惟恐十目十手之指視，則可知難。士君子行事非徒取信一時，必使百世俟聖而不惑，以此言可知則尤難。左傳載狼瞫之言曰：「謂上不我知，黜而宜，乃知我矣。」此雖忿言，實爲至言。人有所學不全而見黜者，非人之不知我，乃人之知我也。然則學者能返己自問，其自治不暇也明矣。此經恉也。謝顯道疑此經非聖人之至論，駁謝者謂聖人就名利以誘人，二説皆非。經明言不患無位，不患莫己知，尚謂就名利以誘人乎？具濟世之猷，不求世之用己也；修足譽之德，不求人之譽己也，尚謂非聖人至論乎？君子之於位與名，聽其自至而已，避之與急求之皆非也。

○子曰：「參乎！吾道一以貫之。」曾子曰：「唯。」

【考異】皇本「貫」下有「哉」字。

【音讀】釋文：參，所金反，又七南反。　九經字樣：説文曑音森，隸省作「曑」，與「參」字不同。參音驂，從厽。今經典相承通作「參」。　增修禮部韻略：曾參字子輿，蓋取驂乘之義，音當讀驂。　翟氏考異：孝經「參不敏」，音義本作「曑」字，所林切。合唐氏字樣説，曾子名字應作曑，音讀森。乃説文「曑」下但云「商星也」，不及曾子名。而「森」下云：「讀若曾參之參。」則曾子實名參矣。大戴禮衛將軍篇：「曾參之行也。」又以「參」作「条」。漢唐扶頌「家有枲、騫」，陳君閣道碑「行同枲、騫」皆然。參可讀驂，枲不可讀森也。毛氏據枲音，謂曾子之所以字輿取此，其説尚不爲穿鑿。陸氏兩釋之，蓋當時已不能辨定其一是矣。徐官印史謂曾子名當讀如「參前倚衡」之參，故字子輿。參前，包氏訓參然在目前，釋文惟所金一音，至朱子始改讀七南。「參前倚衡」復屬兩段義，何可以證其當字子輿？謬悠之言，更不足取。

【考證】王念孫廣雅疏證：衛靈公篇：「子貢問曰：『有一言而可以終身行之者乎？』子曰：『其恕乎？』」里仁篇：「子曰：『吾道一以貫之。』」一以貫之即一以行之也。荀子王制篇云：「爲之貫之。」貫亦爲也。漢書谷永傳云：「以次貫行，固執無違。」後漢書光武十王傳云：「奉承貫行。」貫亦行也。爾雅：「貫，事也。」事與行義相近，故事謂之貫，亦謂之服；行謂之服，亦謂之貫矣。揅經室集：論語貫字凡三見，曾子之一貫也，子貢之一貫也，閔子仍舊貫也。此三貫字其訓不應有異。按貫，行也，事也。（爾雅「貫，事也」，廣雅「貫，行也」，詩「三歲貫汝」，周禮「使同貫利」，傳注皆訓爲事。）孔子呼曾子告之曰：「吾道一以貫之。」此言孔子之道皆於行事見之，非徒以文學爲教也。一與壹同，一以貫之，猶言壹是皆以行事爲教也。弟子不知所行爲何道，故曾子曰：「夫子之道，忠恕而已矣。」此即中庸所謂「忠恕違道不遠」，乃庸德庸言，言行相顧之道也。此即曾子本孝篇所謂「忠爲孝之本」，衛將軍文子篇所云曾子中夫孝弟忠信四德之道也。此皆聖賢極中極庸極實之道，亦即天下古今極大極難之道也。若云賢者因聖人一呼之下即一旦豁然貫通焉，此似禪家頓宗冬寒見桶底脱大悟之旨，而非聖賢行事之道也。洪頤煊讀書叢録：論語一貫之旨，兩見於經。宋儒謂一貫爲孔門不傳之秘，惟曾氏得其真詮，端木氏次之，其餘不可得聞。此其説非也。按爾雅釋詁云：「貫，事也。」又云：「貫，習也。」古人解貫字皆屬行説，即孔子所謂道也。曾氏以忠恕解一貫，忠即是一，恕即是貫。恕非忠不立，忠非恕不行，此皆一貫之義，非忠恕之外别有一貫之用也。孔子因能行者少，故偶呼曾氏以發之。吕氏春秋云：「亡國之主一貫。」説文引董子云：「一貫三爲王。」莊子德充符云：「以可不可爲一貫。」是一貫亦當時常語，非果有不傳之秘也。焦循雕菰樓集：孔子言「吾道一以貫之」，曾子曰「忠恕而已矣」，然則一貫者，忠恕也。忠恕者何？成己以及物也。孔子曰：「舜其大知也與？舜好問而好察邇言，隱惡而揚善，執其兩端，用其中於民。」孟子曰：「大舜有大焉，善與人同。舍己從人，樂取於人以爲善。」舜於天下之善無不從之，是真一以貫之，以一心而容萬善，此所以大也。又云：孟子曰：「物之不齊，物之情也。」惟其不齊，則不得以己之性情例諸天下之性情，即不得執己之所習所學所知所能例諸天下之所習所學所知所能，故有聖人所不知而人知之，聖人所不能而人能之。知己有所欲，人亦各有所欲；己有所能，人亦各有所能。聖人盡其性以盡人物之性，因材而教育之，因能而器使之，而天下之人共包含於化育之中。致中和，天地位焉，萬物育焉。是故「人之有技，若己有之」，保邦之本也。「己所不知，人其舍諸」，舉賢之要也。「知之爲知之，不知爲不知」，力學之基也。克己則無我，無我則有容天下之量。有容天下之量，以善濟善，而天下之善揚；以善化惡，而天下之惡亦隱。貫者，通也，所謂通神明之德，類萬物之情也。惟事事欲出乎己，則嫉忌之心生；嫉忌之心生，則不與人同而與人異；不與人同而與人異，執一也，非一以貫之也。孔子又謂子貢曰：「女以予爲多學而識之者與？」曰：「然，非與？」曰：「非也，予一以貫之。」聖人惡乎不知而作者，曰：「多聞，擇其善者而從之，多見而識之，知之次也。」次者，次乎一以貫之者也。多學而後多聞多見，多聞多見，則不至守一先生之言執一而不博。然多仍在己，未嘗通於人。未通於人，僅爲知之次而不可爲知。必如舜之舍己從人而知乃大。不多學則蔽於一曲，雖兼陳萬物而縣衡無其具。乃博學則不能皆精，吾學焉而人精焉，舍己以從人，於是集千萬人之知以成吾一人之知，此一以貫之所以視多學而識者爲大也。孔子非不多學而識，多學而識不足以盡，若曰我非多學而識者也，是一以貫之也。多學而識，成己也。一以貫之，成己以及物也。僅多學而未一貫，得其半未得其全，故非之。

張甄陶四書翼注論文：此章道理最平實，是以盡心之功告曾子，非以傳心之妙示曾子。忠恕曾子之唯是用力承當，與顏子「回雖不敏，請事斯語」口氣一同，不是釋迦拈花，文殊微笑。蓋曾子年最少，夫子没而已，是直截切指，與門人共證明此第一義，不是將一貫之語移下一層。時年方二十九。一以貫之非他，從心所欲不踰矩也。夫子亦三十而立，曾子此時安有此水到渠成瓜熟蒂落氣候，夫子遽付以秘密心印？且曾子至死尚戰戰兢兢，何曾得夫子此言便是把柄入手，縱横貫串無不如意？故謂此章夫子以盡心之功告曾子則是，以傳心之妙示曾子則非。

按：一貫之義，自漢以來不得其解，兹故雜引諸家之説以資參考，而張氏甄陶所説尤精。考史記弟子傳「曾子少孔子四十六歲」，孔子卒時，曾子年不及三十。以云大澈大悟，似尚非其時，何秘密傳授心印之有？

又按：朝聞道夕死可，集解、義疏不以之申道家之説，而此章集注獨借此大談理學，此不特可定三書之優劣，且益信古今人果不相及也。

【集解】孔曰：「直曉不問，故答曰唯。」

【唐以前古注】皇疏：道者，孔子之道也。貫，猶統也。譬如以繩穿物，有貫統也。孔子語曾子曰：吾教化之道，唯用一道以貫統天下萬理也。又引王弼云：貫，猶統也。夫事有歸，理有會。故得其歸，事雖殷大，可以一名舉。總其會，理雖博，可以至約窮也。譬猶以君御民，執一統衆之道也。

【集注】「參乎」者，呼曾子之名而告之。貫，通也。唯者，應之速而無疑者也。聖人之心渾然天理，而泛應曲當，用各不同。曾子於其用處蓋已隨事精察而力行之，但未知其體之一爾。夫子知其真積力久，將有所得，是以呼而告之。曾子果能默契其指，即應之速而無疑也。

【餘論】朱子語類：一以貫之，猶言以一心應萬事。又云：曾子未聞一貫之前，見聖人千頭萬緒都好，不知皆是此一心做來。及聖人告之，方知皆從此一大本中流出，如木千枝萬葉都是此根上生氣流注去貫也。又云：問理一分殊。曰聖人未嘗言理一，多祇言分殊。蓋能於分殊中事事物物理會得其當然，然後知理本一貫，不知萬殊各有一理而徒言理一，不知理一在何處。聖人教人學者終身從事，衹要得事事物物各知其所當然而得其所以然，衹此便是理一矣。若曾子不曾理會得萬殊之理，則所謂一貫者亦無可貫。蓋曾子知萬事各有一理，而未知萬理本乎一理，故聖人指以語之，曾子是以言下有得，發出忠恕二字，極爲分明。且知禮儀三百，威儀三千，是許多事，爲何要理會？如曾子問問禮之曲折如此，便是理會得川流處方見得敦化處耳。孔子於鄉黨，從容乎此者也。學者戒謹恐懼而謹獨，所以存省乎此者也。格物者，窮究乎此者也。致知者，真知乎此者也。能如此著實用功，而理一之理自森然於中，一一皆實，不虛頭説矣。

按：朱子之説一貫，以爲猶一心應萬事是也。而欲以理貫之，則非也。理者，佛家謂之障，非除去理障不見真如，如何貫串得來？

讀四書大全説：潛室倒述易語，錯謬之甚也。易云：「同歸殊途，一致百慮。」是一以貫之。若云「殊途同歸，百慮一致」，則是貫之以一也。釋氏萬法歸一之説，正從此出。此中分別，一線千里。「同歸殊塗，一致百慮」者，若將一粒粟種下，生出無數粟來，既天理之自然，亦聖人成能之事也。其云「殊途同歸，百慮一致」，則是將太倉之粟倒併作一粒，天地之間，既無此理，亦無此事。而釋氏所以云爾者，只他要消滅得者世界到那一無所有底田地，但留此石火電光依稀若有者謂之曰一。已而並此一而欲除之，則又曰一歸何處，所以有蕉心之喻，芭蕉直是無心也。若夫盡己者，己之盡也。推己者，己之推也。己者同歸一致，盡以推者殊塗百慮也。若倒著易文説，則收攝天下固有之道而反之，硬執一己以爲歸宿，豈非三界唯心萬法唯識之唾餘哉？比見俗儒倒用此二語甚多，不意潛室已爲之作俑。方東樹儀衞軒遺書：一貫之義，兼知行而言，非真用功造極人不能真知。即彊説之，祇是知解，不是心得。此事與禪學次第相似。蓋道術不同，而功候無異，即一切百工技藝文學之事，莫不皆有此候，如斷輪承蜩可見。但聖賢所授受又廣大精微，非尋常所能喻耳。若以知解求之，莫如杜元凱「冰釋理順」四字及前人水漚之喻，而張薦明之論鼓音亦可相發。要其事則必俟實力躬踐，久而功到始知之。蓋自以閱歷參差異同不之齊故，千山萬水，今始會通，覿面相呈，祇可自喻，難遽以語人。蓋此自是得之候，非學之候，兼知行而言之也。故曾子亦難以語門人，而特告之以要約，使自求而得之。東塾讀書記：宋儒好講一貫，惟朱子之説平實。語類云：「嘗譬之一便如一條索，那貫底物事便如許多散錢，須是積得這許多散錢了，却將那一條索來串穿，這便是一貫。」若陸氏之學，只是要尋這一條索，却不知道都無可得穿。今人錢也不識是甚麽，錢有幾箇孔。良久曰：「公没一文錢，只有一條索子。」困學紀聞云：「孔門受道唯顔、曾、子貢。」自注云：「子貢聞一以貫之之傳，與曾子同。」澧謂必以一貫爲受道，論語二十篇中無夫子告顔一貫之語也，何以顔子亦受道乎？顔子自言「夫子博我以文，約我以禮」，此爲受道無疑矣，此即一貫無疑矣。然第六篇子曰：「君子博學於文，約之以禮，亦可以弗畔矣夫。」第十二篇子曰：「博學於文，約之以禮，亦可以弗畔矣夫。」邢疏云：「弟子各記所謂，故重載之。」然則顔子所受博文約禮之道，諸弟子所共聞，豈單傳密授哉？義門讀書記：曾子年甚少，夫子亦示之知本，使不求之汗漫耳。一唯之後，正有事在，非傳道已畢也。其應之速而無疑，則以平日篤學，事事反身切己，故渙然得其本耳。後人看做通身汗下，一悟百了，則異端之高者猶不肯云爾也。論語集注補正述疏：或曰：中庸言孔子告哀公矣，其言政之有九經也，言三達德之行五達道也，皆曰所以行之者一也，是一以貫之也。雖哀公愚且柔，亦以告也，安待曾子與子貢邪？然告哀公者尊君也，豈門人比乎？而哀公終不喻矣。且時雨之化，適於曾子與子貢發焉，豈謂其餘必不及此乎？或曰：皇疏云：「貫，猶統也。吾惟一道以貫統天下萬理也。」王弼曰：「能盡理極，則無物不統。極不可二，故謂之一也。」此王說，本老子言得一者而言之爾，猶其以清譚釋易也。今朱子由王說而小變之，近清譚矣。釋詁云：「貫，事也。」廣雅云：「貫，行也。」行與事相因也。漢書谷永傳云：「以次貫行。」由是言之，一者，壹是也。今孔子告曾子，言吾道壹是皆以行之也。門人不知所行道爲何，故曾子以忠恕告焉。若孔子告子貢者，言非爲多學而識之，壹是皆以行之也。其說似矣。此本阮氏元而參之王氏念孫也。漢學家稱之矣。然道在行事，二三子宜即告也，門人皆在，何爲獨呼曾子以告乎？夫孔子稱予學而問子貢也，則子貢當從學久矣。其曰：「女以予爲多學而識之者與？」而乃對曰：「然，非與？」是子貢久學，竟未決言有行也，豈不知弟子行有餘力者乎？

子出，門人問曰：「何謂也？」曾子曰：「夫子之道，忠恕而已矣。」

【考異】風俗通義過譽引孔子曰：「君子之道，忠恕而已。」金樓子立言篇亦以「君子之道，忠恕而已矣」爲孔子語。

【考證】朱彝尊曝書亭集：歐陽子曰：「受業者爲弟子，受業於弟子者爲門人。」論語爲孔子而作，所云門人皆受業於弟子者也。「顔淵死，門人厚葬之」，此顔子之弟子也。「子出，門人問」，此曾子之弟子也。「子疾病，子路使門人爲臣」，又「門人不敬子路」，此子路之弟子也。「子夏之門人問交於子張」，此子夏之弟子也。孟子「門人治任將歸，入揖於子貢」，此子貢之弟子也。孔子曰：「自吾得回而門人日親。」回，無繇之子，本門人也，而列爲弟子，此門人所以日親也。「孔子既殁，門人疑所以服」，禮，弟子之於師，心喪三年，無可疑也，疑所以服者，門人之服也。東漢孔伷碑陰有門生，復有弟子，此門人弟子之别也。　四書拾遺：曾子弟子有陽膚，見包咸注，沈猶行、公明高、子襄見趙岐注，樂正子春見鄭康成注，檀弓見胡寅注，單居離見大戴禮記注，公明宣見劉向説苑。又祭義云：「公明儀問於曾子曰：『夫子可以爲孝乎？』」孔穎達以爲曾子弟子是也。　金鶚求古録：此説非也。古人著書自有體例，論語一書，凡孔子弟子皆稱門人，其非孔子之弟子則異其辭，如「子夏之門人問交於子張」，「曾子有疾，召門弟子」，不直稱門人，所以别於孔子弟子也。夫子語曾子以一貫，此時曾子在夫子門，不得率其門人同侍，則問於曾子者，必夫子門人也。

按：朱氏之説本於邢疏，然曾子與夫子問答時年尚幼，未必即有門人，此門人仍當屬之夫子，金氏之説義較長。

日知録：元戴侗作六書故，其訓忠曰：「盡己致至之謂忠。語曰：『爲人謀而不忠乎？』又曰：『言思忠。』記曰：『喪禮，忠之至也。』又曰：『祀之忠也，如見親之所愛，如欲色然。』又曰：『瑕不揜瑜，瑜不揜瑕，忠也。』傳曰：『上思利民，忠也。』又曰：『小大之獄雖不能察，必以情，忠之屬也。』孟子曰：『自反而仁矣，自反而有禮矣，其横逆由是也，君子必自反也，我必不忠。』觀於此數者，可以知忠之義矣。反身而誠，然後能忠。能忠矣，然後由己推而達之家國天下，其道一也。」其訓恕曰：「推己及物之謂恕。己欲立而立人，己欲達而達人，施諸己而不願，亦勿施於人，恕之道也。充是心以往達乎四海矣。故曰：『夫子之道，忠恕而已矣。』『忠也者，天下之大本也。恕也者，天下之達道也。』子貢問曰：『有一言而可以終身行之者乎？』子曰：『其恕乎！』夫聖人者何以異於人哉？知終身可行，則知一以貫之之義矣。」全祖望經史問答：一貫之説，不須注疏，但讀中庸便是注疏。一者，誠也。天地一誠而已矣，其爲物不貳，則其生物不測。「維天之命，於穆不已」，天地之一以貫之者也。誠者非自成己而已也，所以成物也。成己，仁也。成物，知也。性之德也，合外内之道也。故時措之宜也，聖人之一以貫之者也。忠恕違道不遠，施諸己而不願，亦勿施於人，學者之一以貫之者也。其謂聖人不輕以此告弟子，故惟曾子得聞之，次之則子貢。畢竟曾子深信，子貢尚不能無疑。蓋曾子從行入，子貢從知入。子貢而下遂無一得豫者，則頗不然。子貢之遜於曾子固矣，然哀公，下劣之主也。子之告之則曰：「天下之達道五，達德三，所以行之者一也。」又曰：「凡爲天下國家有九經，所以行之者一也。」一以行之，即一以貫之也。哀公尚能聞此奥旨，曾謂七十子不如哀公乎？其謂子貢自知入不如曾子自行入，則以多學而識之問原主乎知。然此亦未可以概子貢之生平而遽貶之，觀其問一言而可以終身行，則非但從事於知者矣。聖人告之以恕，則忠在其中矣。亦豈但子貢哉，仲弓問仁，子之告之不出乎此。「出門如見大賓，使民如承大祭」，敬也，即忠也。不欲勿施，恕也。曾謂七十子更無聞此者乎？故萬物一太極，一物一太極，一本萬殊，一貫萬分，諸儒之説，支附葉連，其文繁冗，其理轉晦，而不知在中庸已大揭其義也。蓋聖人於是未嘗不盡人教之，而能知而蹈之者則希。惟曾子則大醇而授之，子思卒闡其旨，以成中庸，是三世授受之淵源也。誰謂聖人秘其説者？故仲孫何忌問於顔子一言而有益於知，顔子答曰：「莫如豫。」一言而有益於仁，顔子曰：「莫如恕。」然則不特孔子以告哀公也。曾謂七十子不如仲孫乎？潘氏集箋：趙春沂謂一毌之旨，或曰兼體用，或曰兼知行，或又曰一爲忠，毌爲恕，此皆不明六書之誼者也。説文：「毌，穿物持之也。从一横毌。」一者何？惟初大始，道立于一，故曰一達謂之道。此一毌之指，無可易者。今且即説文六書之例推之，文从一者，一在上爲天，在下爲地。如亟从二在天地之間，不字从一，一猶天也；至字从一，一猶地也；故古文丄丅字皆从一从丨者，上下通也。此非一毌之謂乎？士，事也。數始于一，終于十，孔子曰：「推十合一爲士。」一者，道也。此非一毌之謂乎？十，數之具也。一爲東西，丨爲南北，則四方中央備矣。一丨而四方中央以備，此又非一毌之謂乎？且忠恕二字皆从心，六書之例又或以一爲心，如音聲生于心，有節于外謂之音，从言含一，一即心也，是忠恕之爲一毌與六書誼合。此證之説文而可通者也。

【唐以前古注】皇疏引王弼云：忠者，情之盡也。恕者，反情以同物者也。未有反諸其身而不得物之情，未有能全其恕而不盡理之極也。能盡理極，則無物不統。極不可二，故謂之一也。推身統物，窮類適盡，一言而可終身行者，其唯恕也。筆解：韓曰：「説者謂忠與恕一貫無偏執也。」李曰：「參也魯，是其忠也。參至孝，是其恕也。仲尼嘗言忠必恕，恕必忠，闕一不可，故曾子聞道一以貫之，便曉忠恕而已。」

按：宋相臺本、岳本此節下有集解云：「忠以事上，恕以接下。本一而已，惟其人也。」其注諸本並無，蓋後人所增。論語古訓云：「此注今各本缺，惠徵君從相臺、岳本校補。」

【集注】盡己之謂忠，推己之謂恕。而已矣者，竭盡而無餘之辭也。夫子之一理渾然而泛應曲當，譬則天地之至誠無息而萬物各得其所也。自此之外固無餘法，而亦無待於推矣。曾子有見於此而難言之，故借學者盡己推己之目以著明之，欲人之易曉也。蓋至誠無息者，道之體也，萬殊之所以一本也。萬物各得其所者，道之用也，一本之所以萬殊也。以此觀之，一以貫之之實可見矣。（或曰：「中心爲忠，如心爲恕。」於義亦通。）

按：十駕齋養新録云：「中心曰忠，如心曰恕。見周禮大司徒疏。歐陽守道謂二語本之王安石字説，非六書本義。宋儒不讀注疏，其陋如此。」

【餘論】真德秀四書集編：天地與聖人祇是一誠。天地祇一誠而萬物自然各遂其生，聖人祇一誠而萬事自然各當乎理，學者未到此地位，且須盡忠恕。誠是自然之忠恕，忠恕是著力之誠。孔子告曾子以一貫本是言誠，曾子恐門人未知，故降下一等，告以忠恕，要之忠恕盡處即是誠。　四書辨疑：東坡以爲一以貫之難言也，非門人之所及，故告之以忠恕。又楊龜山、游定夫親受說於程子，亦不免其爲疑，皆以忠恕爲姑應門人之語。王滹南辨惑惟取東坡、楊、游之說爲正，予與滹南意同。蓋當時問者必非曾門高弟子，曾子以其未可以語一貫之詳，故以違道不遠之忠恕答之也。　薛瑄讀書録：忠如水之源，恕如水之流。一忠做出千百箇恕，一源流出千百道水，即忠恕而一貫之旨明矣。自然體立用行者，聖人之忠恕也。盡己推己者，學者之忠恕也。曾子言「夫子之道，忠恕而已矣」，非謂學者盡己爲忠，推己爲恕也。姑借忠以明一之體，借恕以明貫之用，故知盡己推己其施無窮，則知一貫之理無不盡矣。　四書詮義：夫非從事於忠恕者其積力久幾於會通，則未易知一貫。故曾子之告門人也，則借學者忠恕之事，以著明夫子之道。第一貫之旨非言語所易形容，而忠恕功夫則學者所當從事，故姑即此以明之。使其於忠恕而力行之焉，則一貫之道亦不待外求而可以循至矣。

按：此章之義，約之不外一貫即在忠恕之中及在忠恕之外二說。余終以東坡之論爲然。明、清諸儒亦多從之者，惟專在理字上糾纏者不録。

○子曰：「君子喻於義，小人喻於利。」

【集解】孔曰：「喻，猶曉也。」

【唐以前古注】皇疏引范甯云：棄貨利而曉仁義則爲君子，曉貨利而棄仁義則爲小人也。

【集注】喻，猶曉也。義者，天理之所宜。利者，人情之所欲。

【别解】羣經平議：古書言君子小人大都以位而言，漢世師説如此。後儒專以人品言君子小人，非古義矣。漢書楊惲傳引董生之言曰：「明明求仁義，常恐不能化民者，卿大夫之意也。明明求財利，常恐困乏者，庶人之事也。」數語乃此章之塙解。此殆七十子相傳之緒論而董子述之耳。　包慎言温故録：大雅瞻卬「如賈三倍，君子是識」，箋云：「賈物而有三倍之利者，小人所宜知也。君子知之，非其宜也。孔子曰：『君子喻於義，小人喻於利。』」案如鄭氏説，則論語此章蓋爲卿大夫之專利者而發，君子小人以位言。　雕菰樓文集：荀子王制篇：「古者，雖王公卿士大夫之子孫，不能屬於禮義，則歸之庶人。雖庶人之子孫，積文學正身行，能屬於禮義，則歸之卿士大夫。」案卿士大夫，君子也。庶人，小人也。貴賤以禮義分，故君子小人以貴賤言，即以能禮義不能禮義言。能禮義故喻於義，不能禮義故喻於利。無恒產而有恒心者，惟士爲能，君子喻於義也。若民則無恒產因無恒心，小人喻於利也。唯小人喻於利，則治小人者必因民之所利而利之，故易以君子孚于小人爲利。君子能孚於小人，而後小人乃化於君子。此教必本於富，驅而之善，必使仰足以事父母，俯足以畜妻子。儒者知義利之辨而舍利不言，可以守己而不可以治天下之小人。小人利而後可義，君子以利天下爲義。孔子此言正欲君子之治小人者知小人喻於利。

按：近代注論語者多採此説，如劉逢禄論語述何、劉寶楠論語正義其一例也，實則尚不如舊説之善。

【餘論】潘氏集箋：説文無「喻」字，錢坫、陳鱣竝云當作「諭」。四書參注：陸象山在白鹿洞講喻義章，學者聽之悚然警惕，至有泣下者。可知義利嚴界，爲學者最要關頭。夫君子小人其學業之就將，心力之勤厲，早作夜思，經營盡瘁，無一不同。然君子之爲學也，究心聖賢之道，致力倫常之間，事事從己身起見。故知則真知，非徒博物；行則力行，非有近名。潛修默證之中，自有欲罷不能之趣，乃足謂之深喻。此其人處則不媿詩、書，不媿衾影；出則不負朝廷，不負民物；遇有國是所關，民命所繫者，不憚廷諍力諫，而一身之利害不問；即至死生禍福之交，不難捐軀致命，以成一是，乃其喻義之究竟。小人之矻矻孜孜，何嘗讓於君子？然其所計者，辭章之善否，聲譽之有無。忍目前之苦，正以圖異日之甘；矯違心之節，正以冀非道之遇。而鑽營之巧，迎合之工，後先效尤，閃倏詭變，凡可以倖功名伺意旨者，無所不至，乃足謂之深喻。此等人即令名位可就，但知肥身家，不知愛百姓；但知取容説，不思報國家；營蠅狗苟，而事之不可告人，寤寐不堪自問者不知幾何矣。倘遇利害得喪之頃，心沮氣餒，患得患失，雖至生平盡喪，名節蕩然，而前此談道立名之身，矜己笑人之口，亦瓦裂塵飛而不堪回首，正其喻利之究竟。學者思此，直當搥心刻骨，豈惟泣下數行已邪！

【發明】張履祥備忘録：事物之來，君子動念便向義，小人動念便向利，雖在己有所不知也，由其平日用心各執一路故耳。故念慮之微，辨之不可不早。

按：此即象山辨志之說。

呂留良四書講義：至喻利則人但將貪污一流罩煞，不知這裏面正有人物在。天下頗有忠信廉潔之行而其實從喻利來者，蓋其智慧實曉得如是則利，非然則害，故所行亦復近義。然要其隱微端倪之地，實不從天理是非上起脚，而從人事利害上得力。雖均之爲小人，而其等高下懸殊，不能深喻者其爲小人猶淺，至喻之能深篤者直與君子疑似。後世不察，每爲所欺，而此種學術遂流傳於天地之間。

任啓運四書約旨：非必此事之無利也，君子深喻在義，即有利都不見得。亦非此事之無義也，小人深喻在利，即有義亦都不見得。

反身錄：君子喻於義，故其心常蕩蕩。小人喻於利，故其心常戚戚。

黄氏後案：張敬夫義利辨：「無所爲而爲之謂之義，有所爲而爲之謂之利。」陸子静謂人之從事於利，更歷之多，講習之熟，安得不有所喻？近有解此經者云：「天下有忠信廉潔之行而實爲喻利者，彼知如是則利，不如是則害。其隱微之地，不計天理之是非，而計人事之利害。自無所爲而爲之説起，言義者不敢推驗於事宜之極，而義之説不全，則學義者何以使有歡忻鼓舞之慕哉？」而矯其説者沿陳同甫義利互用之説，抑又顯與經乖矣。合而言之，其不知義利則均也。

○子曰：「見賢思齊焉，見不賢而内自省也。」

【考異】太平御覽人事部引論語「見賢」上有「君子」二字。七經考文古本「不賢」下有「者」

字。天文本論語校勘記：唐本、津藩本、正平本「省」下有「者」字。

【集解】包曰：「思齊，思與賢者等也。」

【唐以前古注】御覽四百二引鄭注：齊，等也。省，察也，察己得無然也。皇疏引范甯云：顧探諸己謂之内省也。

【集注】思齊者，冀己亦有是善。内自省者，恐己亦有是惡。

【餘論】黄氏後案：賢不賢兼古今人説。儒者讀書稽古，閲歷時事，見聖賢之德業而思副其願，見小人之行事而返己求過皆是也。見者，知之明也。經正録引鄭文相曰：見人之賢者，知其德行之可尊可貴，則必思我亦有是善。天之所賦未嘗虧欠，何以不若於人？必須勇猛精進，求其必至於可尊可貴之地。見不賢者，則知彼是情欲汩没所以至此，必須惕然省察，恐己亦有是惡潛伏於内，不自知覺，將爲小人之歸。此言君子當反求諸身如此。此木軒四書説：見賢思齊，見不賢内省，見義不爲，見其過而内自訟，見善如不及，見不善如探湯，數見字皆是人所易見者，難處全在下截。徒責其知之不真，而不責其志之不篤、行之不勇，非聖人當下立言之意也。

【發明】薛氏讀書録：思齊内省，不獨見當時之人如此，以至讀古人之書，見古人之賢者皆思齊；見古人之不賢者皆自省，則進善去惡之功益廣矣。

**○子曰：「事父母幾諫，見志不從，又敬不違，勞而不怨。」**

【考異】皇本「敬」下有「而」字。　高麗本「勞」下無「而」字。　考文補遺引古本「敬」下有「而以」二字。

【考證】坊記：子云：「從命不忿，微諫不倦，勞而不怨，可謂孝矣。」　檀弓「事親有隱而無犯」，注：「隱，謂不稱揚其過失也。無犯，不犯顔而諫。」下引此文。　白虎通：「子諫父，父不從不得去者，父子一體而分，無相離之法，猶火去木而滅也。」論語：「事父母幾諫，又敬不違。」

按：包注以幾諫爲微諫，當即本坊記。白虎通引此文以不違爲不去，即内則所云：「不説則孰諫，必待親從諫而後已，己不得違而去之也。」此與包注義别，亦通。

【集解】包曰：「幾者，微也。當微諫，納善言於父母也。見父母志有不從己諫之色，則又當恭敬，不敢違父母而遂己之諫也。」

【唐以前古注】皇疏：夫諫之爲義，義在愛惜。既在三事同，君親宜一，若有不善，俱宜致諫。今就經記，參差有出没難解。案檀弓云：「事親有隱無犯，事君有犯無隱。」則是隱親之失，不諫親之過。又諫君之失，不隱君之過。並爲可疑。舊通云：「君親並諫，同見孝經。微進善言，俱陳記傳。」故此云「事父母幾諫」，而曲禮云「爲人臣之禮不顯諫」，鄭玄曰：「合幾微諫也。」是知並宜微諫也。又若君親爲過大甚，則亦不得不極於犯顔。故孝經曰：「父有争子，君有争臣。」又内則云：「子之事親也，三諫不從，則號泣而隨之。」又云：「臣之事君，三諫不從，則逃之以就經記。」並是極犯時也。而檀弓所言欲顯真假本異，故其旨不同耳。何者？父子真屬，天性莫二。豈父有罪，子向他説也？故孔子曰：「子爲父隱，父爲子隱，直在其中。」故云有隱也。而君臣既義合，有殊天然。若言君之過於政有益，則不得不言，如齊晏嬰與晉叔向其言齊、晉二君之過是也。唯值有益乃言之，亦不恒爲口實，若言之無益則隱也。如孔子答陳司敗曰「昭公知禮」是也。假使與他言父過有益，亦不得言。

【集注】此章與内則之言相表裏。幾，微也。微諫，所謂「父母有過，下氣怡色，柔聲以諫」也。見志不從，又敬不違，所謂「諫若不入，起敬起孝，悦則復諫」也。勞而不怨，所謂「與其得罪於鄉黨州閭，寧孰諫。父母怒不悦而撻之流血，不敢疾怨，起敬起孝」也。

【别解】王引之經義述聞：勞，憂也。高誘注淮南精神篇：「勞，憂也。」凡詩言「實勞我心」、「勞心忉忉」、「勞心慱慱」、「勞人草草」之類，皆謂憂也。勞而不怨，即承上「見志不從」而言。言諫而不入，恐其得罪於鄉黨州閭，孝子但憂之而不怨其親也。曲禮曰：「三諫而不聽，則號泣而隨之。」可謂憂矣。皇侃引内則「撻之流血不敢疾怨」以爲證。按撻之流血，非勞之謂也。邢昺疏曰：「父母使己以勞辱之事，己當盡力殷勤，不得怨父母。」則與上文幾諫之事無涉，胥失之矣。孟子萬章篇曰：「父母愛之，喜而不忘。父母惡之，勞而不怨。」勞與喜相類，亦謂憂而不怨也。

按：勞字有三説。皇侃曰：「諫又不從，或至十至百，不敢辭己之勞，以怨於親也。」吕伯恭曰：「救父母於無過之地，左右前後，千方百計，盡其心力，即形神俱弊，亦不敢怨。」此以勞爲勞苦之勞。王伯申訓勞爲憂，亦備一義。黄式三云：「邢疏勞訓撻辱，不可從。子路篇：『愛之，能勿勞乎？』吕氏春秋高注：『勞，勉也。』勉與誨義相近，故勞誨並稱，亦不作撻辱解也。」

【餘論】讀四書大全説：幾諫者，非微言不盡之謂，而見微先諫之説爲允當。到過之已成，自非危言苦色不能止燎原之火。而在幾微初見之際，無一發難收之勢，可無用其垂涕之怨，則惟幾諫爲體，而後下氣怡色柔聲得以爲用。二者相因，而益以知見微先諫之妙也。見志不從，一志字明是過之未成，不從則漸成矣，故以「又敬不違」之道繼之。若其必不從而至於勞，則亦必已之直詞盡言有以嬰父母之怒。若微言不盡，約略含吐，則雖甚暴之父母，亦何至有撻之流血之事？既云微言不盡，又云得罪於父母，一章之中前後自相矛盾矣。凡此皆可以知見微而諫之説爲優。蓋人子於親不忍陷之於惡，關心至處，時刻警省，遇有萌芽，早知差錯，恰與自家慎獨工夫一樣細密。而家庭之間，父母雖善蓋覆，亦自無微不著，與臣之事君，勢位闊殊，必待顯著而後可言者自別。故臣以幾諫，則事涉影響，其君必以爲謗己，而父母則不能。且君臣主義，故人臣以君之改過爲榮。而親之於己，直爲一體，必待其有過之可改，則孝子之心直若己之有惡爲人攻發，雖可補救於後，而已慙於先矣。反身録：易謂幾者動之微。通書所謂介於有無之間者，幾也。誠察其微而豫挽之，潛消默化於將萌，如是則既不彰親之咎，又無進諫之名，善之善者也。經正録：幾諫精義載范、吕、楊、謝之説，皆以爲見幾而諫。朱子因用内則語注此章，故不從。然未嘗以其説爲不善也。

【發明】朱子語類：問此聖人教天下之爲人子者，不惟平時有愉色婉容，雖遇諫過之時，亦當如此，甚至勞而不怨，乃是深愛其親也。曰又敬不違者，上不違微諫之意，恐唐突以觸父母之怒；下不違欲諫之心，務欲置父母於無過之地，其心心念念祇在於此。若見父母之不從，恐觸其怒，遂止而不諫者，非也；欲必諫，遂至觸其怒，亦非也。

○子曰：「父母在，不遠遊，遊必有方。」

【考異】皇本「不」上有「子」字。天文本論語校勘記：古本、唐本、津藩本、正平本作「子不遠遊」。

【考證】論語稽：古者，國異政，家殊俗，凡出遊者，自卿大夫士至庶民，必有節以達之，有傳以通之。周官掌節，凡邦國之使節，有虎節、人節、龍節、符節、璽節、旌節之不同，皆有期以反節，更有傳以輔之而達於天下。無節者，有幾則不達。幾者，察也。是遠遊非可以意往，若無節傳，則所往之國納之圜土。蓋當時法令所存，實無遊法，不似今世之無業遊民，奔走海内，而莫或禁之也。況父母在，則必供朝夕視膳之責，若遠遊而棄所授之田不耕，且有夫布之罰，甘旨又何所出乎？

【集解】鄭曰：「方，猶常也。」

【唐以前古注】皇疏：曲禮：「爲人子之禮，出必告，反必面，所遊必有常，所習必有業。」是必有方也。若行遊無常，則貽累父母之憂也。

【集注】遠遊則去親遠而爲日久，定省曠而音問疏，不惟己之思親不置，亦恐親之念我不忘也。遊必有方，如己告云之東，則不敢更適西，欲親必知己之所在而無憂，召己則必至而無失也。

按：方之訓常，鄭注檀弓、禮器並同。此外並見文選江賦、嘯賦、演連珠、答賓戲各注，蓋漢儒舊説如此。曲禮「所遊必有常」是也。集注以方向釋之，雖不合古訓，而意較醒豁，即所謂以理解經也。然玉藻「親老出不易方，復不過時」，此方字作方向解，似較常訓爲優。

【餘論】讀四書大全説：雙峰云：「聖人言常不言變。」看得聖人言語忒煞小了。流俗謂儒者當寘之高閣以待太平，皆此等啓之也。聖人一語如天覆地載，那有滲漏？只他就一事而言，則條派原分。子曰「不遠遊」，但以言遊耳，非概不遠行之謂。遊者，遊學遊宦也。仕與學雖是大事，却儘可從容著，故有閒遊之意。若業已仕而君命臨之，如蘇武之母雖存，匈奴之行十九年也辭不得。蓋武之行原非遊比也。遊固常也，即銜君命而遠使，亦常也，何變之可言，而聖人不言哉？至於避仇避難，則與父母俱行。若商賈之走四方，所謂「禮不下於庶人」，非所論也。

【發明】論語稽：父母之生子，以古者壯有室論之，則在三十以外。即以今人論之，亦在成童以後。然孩提無知，必稍長乃能愛能敬。假令父母得上壽中壽，其盡養亦不過二三十年，否則十數年耳。多爲一日之遊，即少盡一日之養。況壽夭生死本屬無常，偶違寒暑之和，保無風木之痛？近而有方，即急走追反，尚得於彌留時一訣。遠遊則勢有不及，遊而無方則信無可通，湯藥不得奉，含殮不得視，附身附棺，能無悔乎？一自高堂之别，遂抱終天之恨，不孝之罪，百身何贖。及至匍匐歸來，不過躃踴哭泣而已，即令極意體貼，於父母所未了之事未了之願一切了之，以慰先靈；而捫心自問，畢生果可無憾乎？故可已則已，其或家貧累重，菽水難謀，不能不出求生計以佐旨甘，則非有方不可；然究不如不遊之爲得也。

○子曰：「三年無改於父之道，可謂孝矣。」

【考異】釋文：此章與學而篇同，當是重出。學而是孔注，今此是鄭注，本或二處皆有集解，或有無者。　七經考文補遺：「可謂孝矣」，古本「矣」作「也」。　翟氏考異：陸氏謂集解一用孔注，一用鄭注，解説不同，不爲重出也。集解巧言章亦一用包注，一用王注。而巧言章兩無小異，直謂重出可矣。此逸其半，又與禮坊記所引論語者合，似不妨兩説而兩存之。　論語古訓：漢石經亦有此章，當是弟子各記所聞，故鄭注之。

【集解】鄭曰：「孝子在喪，哀戚思慕，無所改於父之道，非心之所忍爲也。」

【集注】胡氏曰：「已見首篇，此蓋復出而逸其半也。」

【別解】論語訓：此別記居喪之禮，與上言觀志行者非一時之言。孔、鄭各説其義，何互採之非也？鄭於前無注，於此乃注，則不照矣。又不聞傳本有異，彼此互存，是迷誤也。改道者必大夫以上，生時有諍子，無過舉，故得無改也。

【餘論】此木軒四書説：論語文重出者蒙師多不授讀，此非也。「三年無改」之文，上下皆言人子事。不在其位，不謀其政。下文曾子引象辭意似相發。今皆不授讀，即與刪去何異乎？

○子曰：「父母之年，不可不知也。一則以喜，一則以懼。」

【考異】文選閒居賦注引文無「也」字。

【集解】孔曰：「見其壽考則喜，見其衰老則懼。」

按：釋文云：「此章注或云孔注，或云包氏，又作鄭玄語辭，未知孰是。」

【唐以前古注】皇疏：人有年多而容少，或有年少狀老，此所不可爲定。故爲人子者，必宜知父母之年多少也。知父母年高而形猶壯，此是壽考之徵，故孝子所以喜也。年實未老而形容衰減，故孝子所以怖懼也。又一釋：若父母年實高而形亦隨而老，此子亦一喜一懼也。見年高所以喜，見形老所以懼也。

又引李充云：孝子之事親也，養則致其樂，病則致其憂。憂樂之情深，則喜懼之心篤。然則獻樂以排憂，進歡而去慼者，其唯知父母之年乎？豈徒知年數而已哉，貴其能稱年而致養也。是以唯孝子爲能達就養之方，盡將從之節。年盛則常怡，年衰則消息，喜於康豫，懼於失和，孝子之道備也。

【集注】知，猶記憶也。常知父母之年，則既喜其壽，又懼其衰，而於愛日之誠，自有不能已者。

【餘論】劉開論語補注：人子於父母之年，無時不當知，無日可以忽者也。「一則以喜，一則以懼」者，既喜其尚强，然恐父母强健之時不可多得也。既喜其壽考，然父母至壽考之日而其後已可危也。故懼即生於喜，終身在喜之內，即終身在懼之中也。若專言喜其壽而懼其衰，則於老年之父母如此，而人子少時，父母尚在强盛之年者，豈無所用其喜懼乎？斯亦義之闕而不全者矣。

○子曰：「古者言之不出，恥躬之不逮也。」

【考異】皇本作「古之者言之不妄出也」。高麗本「出」下有「也」字。天文本論語校勘記：唐本、津藩本、正平本未有「也」字。七經考文：一本「古」下無「之」字。翟氏考異：包氏注曰：「古人之言不妄出口。」據其文，或舊本經原有「妄」字未可知。若上一「之」字，則斷知其流傳訛衍。

【考證】禮緇衣：子曰：「言從而行之，則言不可飾也。行從而言之，則行不可飾也。故君子寡言而行，以成其信，則民不得大其美而小其惡。」

【集解】包曰：「古人之言不妄出口者，爲身行之將不及也。」

【唐以前古注】皇疏：古人不輕出言者，恥身行之不能及也，故子路不宿諾也。又引李充云：夫輕諾者必寡信，多易者必多難，是以古人難之也。

【集注】言古者，以見今之不然。逮，及也。行不及言，可恥之甚，古者所以不出其言爲此故也。范氏曰：「君子之於言也，不得已而後出之，非言之難，而行之難也。人惟其不行也，是以輕言之。言之如其所行，行之如其所言，則出諸其口必不易矣。」

【別解一】管同四書紀聞：「出如小德出入之出，其訓踰也，過也。舊説非。」

【別解二】讀四書大全説：馮氏以講説釋言字，可補集注之疎。有講説則必有流傳，故從千百年後而知其言之不出。若日用之間有所酬答，措施之際有所曉譬，則古人言之煩簡，夫子亦何從而知之？孟子説見知聞知皆傳道之古人也，太公望、散宜生既無傳書，伊尹、萊朱所作訓誥亦皆因事而作，不似老、莊、管、吕特地作出一篇文字。叔孫豹曰：「其次有立言。」至春秋時習尚已然。而古人不爾。恥躬之不逮者，不逮其所撰述之理，非不踐其所告語之事，本文自明。朱子云空言無實。空言字從夫子「我欲託之空言」來，明是説著述。范氏「出諸口」，一口字便有病。此章與孟子「人之患在好爲人師」一理，却與「仁者其言也訒」不同。辭之多寡静躁繫於存心，著述之有無則好名務實之異。古人非必存心之皆醇，特其務實之異於後世耳。論語訓：凡云古者，皆謂殷時也。出，出位也。處士而言治道，侯國而謀天下，身所不及無以驗其行，迹近可恥也。故殷以前無著書者。

【餘論】黄氏日鈔：古者，舉古之人以警今之人也。恥者，謂言或過其行，則古之人以爲深恥也。夫子此意，正欲學者訥於言而敏於行耳。盖理有自然，本不待言。四時行，百物生，天不待言而有自然之運化，大之爲三綱五常，微之爲薄物細故。人亦不待言而各有自然之準則，此夫子所以歎「天何言哉」，而謂「予欲無言」，其有不得已而見於問答者，亦皆正爲學者躬行而發。凡今見於論語二十篇者，往往不過片言而止。言之非艱，行之爲艱，聖門何嘗以能言爲事？今日亦在明吾夫子之訓，而深以言之輕出爲恥。其形於言也，常恐行有不類，惕然媿恥而不敢輕於言。其見於行也，常恐不副所言，惕然媿恥而不敢不勉於行。則言日以精，行日以修，庶幾君子之歸矣。君子小人之分，決於言行之相顧與否。言行之相顧不相顧，又決於此心之知恥與否。吾徒豈可不加警省而徒以多言爲能哉？四書詮義：慎言正爲躬行地步，與其言之不怍章可對看。非行不得便不言，正要行得來方敢言。存一恥字，其於躬行必甚力也。不然，則身不孝而不敢言孝，身不弟而不敢言弟，雖言之不出，何足貴哉！

【發明】反身録：古人尚行，故羞澀其言而不敢輕出。今人尚言，故鼓掉其舌而一味徒言。若果學務躬修，自然沉潛静默，慎而又慎，到訥訥然不能出口時纔是大進。否則縱議論高妙超世，總是頑不知恥，總是没學問没涵養。論語傳注：人惟其不行也，是以輕言之。身之所行必及其言，則言自不輕出矣。言古者，以歎今之無恥也。

○子曰："以約失之者鮮矣。"

【考異】漢書外戚傳："傳不云乎？『以約失之者鮮。』"無"矣"字。後漢書王暢傳"以約失之鮮矣"注曰："論語孔子之辭也。"無"者"字。

【音讀】經讀考異：此凡兩讀："以約"爲句，"失之者鮮矣"爲句。又"以約失之者"爲句，"鮮矣"爲句。義並通。

【考證】表記：子曰："夫恭近禮，儉近仁，信近情，敬讓以行此，雖有過其不甚矣。夫恭寡過，情可信，儉易容也。以此失之者，不亦鮮乎？"趙佑温故録：賁盡飾，受以剥。節當位，受以乎。君子損益盈謙，與時消息，於謙得六爻之吉，於豐廑日中之憂。天道人事，未有不始於約終於約者。約而爲泰則無恒，泰而能約故可久。曲禮曰：「敖不可長，欲不可從，志不可滿，樂不可極。」皆言約之道也。

【集解】孔曰：「俱不得中也。奢則驕溢招禍，儉約無憂患。」

【唐以前古注】皇疏引顔延之云：秉小居薄衆之所與，執多處豐物之所去。

【集注】謝氏曰：「不侈然以自放之謂約。」尹氏曰：「凡事約則鮮失，非止謂儉也。」

【餘論】朱子文集（答曾擇之）：約有收斂近裏著實之意，非徒簡而已。四書詮義：約者，束也。内束其心，外束其身，謹言慎行，審密周詳，謙卑自牧，皆所謂約。以約則鮮失，敬慎不敗也。若解作儉約、省約、徑約，則天下有許多不可約之事矣。

【發明】論語稽：言而約則不煩，動而約則不躁，用而約則不費，即有蹉跌，亦不過甚矣。老氏知其白守其黑，知其雄守其雌，一生得力在此。兵法曰：「常爲不可勝，以待敵之可勝。」亦此意也。

○子曰：「君子欲訥於言而敏於行。」

【考異】史記萬石君傳贊「仲尼有言」云云，徐廣注曰：「訥字多作『詘』，音同耳，古字假借。」玉篇「吶」字下引論語：「君子欲訥於言。」云：「或作『吶』。」

【考證】劉氏正義：説文云：「訥，言難也。」廣雅釋詁：「訥，遲也。」玉篇引論語作「吶」，以「吶」爲「訥」之或體。説文：「㕯，言之訥也。」㕯在口部，訥在言部，字異義同。檀弓「其言吶吶然如不出諸其口」，注：「吶吶，舒小貌。」亦遲鈍之義。潘氏集箋：禮記檀弓「文子其言吶吶然如不出諸其口」，注：「吶吶，舒小貌。」正義：「謂言語卑下也。」舒有遲緩意，遲緩則無易言，是兩義可兼通。

【集解】包曰：「訥，遲鈍也。言從遲而行欲疾。」

【唐以前古注】釋文引鄭注：言欲難。

按：説文解字云：「訥，言難也。」鄭訓本此。

【集注】謝氏曰：「放言易，故欲訥。力行難，故欲敏。」

【餘論】四書訓義：學者之病莫患于輕，而事之鮮終或由於惰。其輕也于言見之，當其有言如水之流，如簧之鼓，不自知其言之便給也。當其惰也，于事徵之，方其有行且前且却，徬徨瞻顧，不自知其行之退怯也。唯其無欲訥欲敏之心也，君子之立志則殷然矣。于言則欲訥焉，或箝其口或捫其舌。聽君子之言者，以爲此不能言之君子，而便給不如人者也。于行而欲敏焉，前或引之，後或推之。觀君子之行者，以爲此才質之過人，而得自性生者也。抑知此即君子矯輕警惰之心乎？世之爲君子者，不當如是乎？

○子曰：「德不孤，必有鄰。」

【考證】潘氏集箋：漢書董仲舒傳，仲舒引此以爲積善累德之效。師古注：「鄰，近也。言修德不獨空爲之而已，必有近助也。」易坤文言曰「敬義立而德不孤」，虞翻曰：「西南得朋，乃與類行，故德不孤。孔子曰『必有鄰也』。」劉氏正義：易坤文言曰：「君子敬以直內，義以方外，敬義立而德不孤。」言內外皆有所立，故德不孤。不孤者，言非一德也。韓詩外傳：「齊桓公遇麥丘之封人，謂其善祝，曰：『至德不孤，善言必再。』又曰：『至德不孤，善言必三。』」義尤明顯。必有鄰者，言己有德，則有德之人亦來歸也。鹽鐵論論誹篇引此文説之云：「故湯興而伊尹至，不仁者遠矣。未有明君在上而亂臣在下也。」漢書董仲舒傳：「臣聞天之所大奉使之王者，必有非人力所能致而自至者，此受命之符也。天下之人同心歸之，若歸父母，故天瑞應誠而至。書曰『白魚入於王舟』云云，此蓋受命之符也。孔子曰：『德不孤，必有鄰。』皆積善累德之效也。」此引論語爲人同心歸之之證，積善累德即釋不孤義也。

【集解】方以類聚，同志相求，故必有鄰，是以不孤也。

【唐以前古注】皇疏：言人有德者，此人非孤，然而必有善鄰里故也。魯無君子者，子賤斯焉取斯乎？又一云：「鄰，報也。言德行不孤矣，必爲人所報也。」又引殷仲堪云：推誠相與，則殊類可親。以善接物，物亦不皆忘以善應之，是以德不孤焉，必有鄰也。

按：説苑復恩篇：「孔子曰：『德不孤，必有鄰。』夫施德者貴不德，受恩者尚必報。」是以鄰爲報，亦漢人舊義也。

【集注】鄰，猶親也。德不孤立，心有類應，故有德者必有其類從之，如居之有鄰也。

按：南軒論語解云：「德立於己，則天下之善斯歸之，蓋不孤也。如善言之集，良朋之來，皆所謂有鄰也。至於天下歸仁，是亦不孤而已矣。」與集注意同而措辭較勝，故並著之。

【餘論】四書辨疑：注文本取坤卦文言「敬義立而德不孤」之義爲説，大意固亦相類，然經中有必字，義不可通。有德者固有類應相從之道，惟明治之世爲可必也。若昏亂之世，乃小人類進之時，君子則各自韜晦遠遯以避其害，却無類從不孤之理，必字於此不可解矣。鄰字解爲類從亦爲勉强。德不孤，必有鄰，蓋言人之德業不能獨成，必有有德者居相鄰近輔導之也。「魯無君子者，斯焉取斯」，義與此同。

按：陳氏袒皇疏以難集注，實則二説皆可成立，未易軒輊。論語意原云：「謂之獨行無徒者，心非可傳可繼之行。德者，人心所同。然安有德立而無親近之者乎？」蓋亦主朱氏之説者。

【發明】讀四書大全説：德不孤是從原頭説起，朱子所謂以理言是也。唯有其理，斯有其事。不然，則古今俱爲疑府，如何孔子之門便有許多英材？事既良然，而所以然者不易知也，則唯德之不孤也。至於德之所以不孤，則除是孔子見得親切，説得如此斬截，不但有上觀千古下觀萬年識量，而痛癢關心之際，直自血脈分明。鄰者如居之有鄰，偶然相遭而遂合，非有心招致之也。其爲德先於天則志動氣，其爲德後於天則氣動志，特不可爲無德者道耳。所以集注云「故有德者必有其類」，於「德不孤」之下添箇有德者，集注之補帖精密如此類者，自不可粗心看過。方信得有德者必有鄰之上有德本不孤的道理。易云：「同心相應，同氣相求，人也。」又云：「水流溼，火就燥，天也。」水無心而赴溼，溼亦無心而致水；火無心而趨燥，燥亦無心而延火，到此處説感應已差一層，故曰天理自然之合。乃近海之區，一勺之水亦自達於海；枯暵之候，一星之火而焚林。與夫黃河經萬里堅燥之壤以赴海；通都大邑，火發既烈，則溼薪生芻亦不轉盼而灰飛。前者氣動志，而後者志動氣，其歸一也。蓋德之深淺與時之難易，亦天理自然之消息，而伯夷能得之，叔齊、季札不能得之，闔廬不足疑也，要其爲德不孤之理，聖人則已洞見之矣。論語中唯言及德處爲不易知。「爲政以德，譬如北辰居其所而衆星共之。」此又驀地説箇「德不孤」，皆夫子搬出家藏底珍寶，大段説與人知。知者知其所以然，不知者可以知其必然而已。嗚呼！難言之矣。

○子游曰：「事君數，斯辱矣。朋友數，斯疏矣。」

【音讀】釋文：何云：「數，色角反。」鄭世主反。謂數己之功勞也。梁氏旁證：何讀色角反，此集注所本，正義也。鄭讀世主反，此異義也。

【考證】論語稽求篇：舊注數是速數，所謂偪促煩瑣也。祭義「祭不欲數」，曾子問「不知己之遲數」，賈誼文「淹數之度」，指煩速言。故爾雅、説文皆以疾注數，而廣韻、增韻即以頻煩屢數爲解。此即僕屬不絶，齷促取憎之意，故數即僕僕，子思所云「僕僕爾亟拜」；又即頻頻，揚子所云「頻頻之黨甚于鷽斯」皆是也。若先仲氏曰：「數有二義：一是煩數，如項羽示玦不應，又請舞劍類。一是細數，如宋哲宗手拈柳枝止以方長不折類。」其説甚備，然總不以進言立解。後聞姜汝皋論語亦有此説，惜未經見耳。吳嘉賓論語説：數與疏對。記曰「祭不欲數」是也。君子之交淡如水，小人之交甘如醴。君子淡以成，小人甘以壞。事君與交友皆若是矣。數者，昵之至於密焉者也。惟恐其辱，乃所以召辱；不欲其疏，乃所以取疏。故曰上交不諂，下交不瀆。

劉氏正義：案吴氏此説與邢疏合。宋書蕭思話劉延孫傳論：「夫侮因事狎，敬由近疏。疏必相思，狎必相厭。厭思一殊，營禮自隔。子曰：『事君數，斯疏矣。』」雖引文有誤，而其義亦與邢疏同。

按：數者，煩瑣之謂。五倫之中，父子兄弟以天合，君臣朋友以人合，夫婦之合，人而兼天者也。父子兄弟夫婦在家庭之間，雖煩瑣而不覺。若君與友，則生厭矣。爾雅釋詁：「數，疾也。」曾子立事篇「行無求數，有名。事無求數，有成」，注：「數，猶促速。」所謂君子淡以成，小人甘以壞，即斯義也。不必以進言爲限，毛説得之。

【集解】數，謂速數之數也。

按：論語補疏：「釋文云：『何云色角反，下同，謂速數也。鄭世主反，謂數己之功勞也。』此明以速數之訓屬之何氏。皇侃疏有『孔安國曰』四字，若然，豈陸德明未見耶？」韓李筆解又以此爲包注，未知何據。陳氏鱣古訓引錢廣伯説，速數乃疏數之訛，非是。

【唐以前古注】釋文引鄭注：數，世主反，謂數己之功勞也。又引梁武帝注：數，色具反，謂數己之功勞也。

按：梁書、南史武帝本紀均不言帝訓釋論語，隋、唐志亦不載。考古來帝王著述之富，無如梁武帝者，據本紀所載，帝所著有孝經義、周易講疏，及六十四卦、二繫、文言、序卦等義，樂社義、毛詩答問、春秋答問、尚書大義、中庸講疏、孔子正言、老子講疏，共二百餘卷。是帝固深於經術也。疑諸書所引當屬孔子正言之文，今不可考矣。

皇疏：斯，此也。禮不貴褻，故進止有儀，臣非時而見君，此必致恥辱，朋友非時而相往數，必致疏遠也。一云：「言數，計數也。君臣計數，必致危辱；朋友計數，必致疏絶也。」筆解：韓曰：「君命召，不俟駕，速也。豈以速爲辱乎？吾謂數當謂頻數之數。」李曰：「頻數再三瀆，必辱矣。朋友頻瀆，則益疏矣。包云速數，非其旨。」

【集注】程子曰：「數，煩數也。」胡氏曰：「事君，諫不行則當去；導友，善不納則當止，至於煩瀆，則言者輕，聽者厭矣。是以求榮而反辱，求親而反疏也。」范氏曰：「君臣朋友皆以義合，故其事同也。」

按：胡氏紹勳四書拾義謂：「數有驟義，如廣雅釋詁三、小爾雅、廣言皆訓驟爲數。左傳宣二年『驟諫』服注、楚辭悲回風『驟諫君而不聽兮』注並云：『驟，數也。』驟諫未有不致辱者。」與朱注意同而較有依據，故並著之。

【別解一】論語補疏：詩小雅「僭始既涵」，毛傳云：「僭，數也。」釋文「數音朔」，與此色角反同。鄭箋云：「僭，不信也。」然則此數宜與僭同。事君不信，則辱矣。朋友不信，則疏矣。所謂信而後諫，不信則以爲謗己也。

【别解二】羣經平議：此數字即儒行所謂「其過失可微辨而不可面數」之數。數者，面數其過也。漢書高帝紀「漢王數羽」，師古注曰：「數，責其罪也。」是此數字之義也。禮記曲禮曰：「爲人臣之禮不顯諫。」故諫有五而孔子從其諷。其於朋友，則曰「忠告而善道之」。事君而數，則失不顯諫之義。朋友而數，則非所謂善道之矣。取辱取疏，職此之故。唐、宋以來，以犯顔極諫爲人臣之盛節，至有明諸臣遂有聚哭於君之門者，蓋自古義湮而君臣朋友之間所傷多矣。

按：以上二説，焦説迂曲不可從，俞説亦備一義。

【餘論】陳櫟四書發明：人倫中以人合者皆主義，義有可否之分，合則從，不合則去。不比父子兄弟以天合者皆主恩，恩則無可去之理。故君臣朋友之事同也。論語集注考證引何北山曰：君臣朋友皆以義合，故事君三諫不聽則有去義，道友忠告不可則有止義。過是若更彊聒不置，則是失之頻數，取辱取疏，乃其勢之必至。然若未至於數，而逆憚辱與疏而豫止焉，則爲不盡君臣朋友之義，而薄亦甚矣，尤非聖人之所許也。

【發明】四書訓義：夫其數數以言而必欲其從者，豈非以忠上而信友哉？乃至於既辱之後，則辱不可再，必且去國；既疏之後，則疏難復合，必且絶交。於吾匡諫之初心相戾，而成人道之大咎，然後知君子言簡而意深之能全恩而厚終也。君臣朋友人之大倫存焉，可勿慎與？四書近指：數便是辱疏處。忠臣不懼辱，良朋不憚疏，辱則回天無路，疏則責善無功，是以不貴數者，不絶其進言之路耳。

# 論語集釋卷九

## 公冶上

○子謂公冶長：「可妻也，雖在縲絏之中，非其罪也。」以其子妻之。

【考異】論衡問孔篇「謂」作「曰」。　釋文：「紲」，本今作「絏」。　皇本「絏」作「紲」。史記弟子傳作「累紲之中」。　五經文字曰：絏本文從世，緣廟諱偏旁，今經典並准式例變。　翟氏考異：史記孔子世家「起纍紲之中」，自序「幽于縲紲」，漢書司馬遷傳作「累紲」，縲字各殊，而紲不殊。蓋「絏」惟唐人造用，前無其字。　天文本論語校勘記：古本、唐本、津藩本、正平本「絏」作「紲」。

【考證】史記弟子傳：公冶長，齊人。　後漢書郡國志「琅邪國姑幕縣」，注引博物記云：「淮水入。城東南五里有公冶長墓。」　劉氏正義：家語弟子解則云魯人，與此孔注合。史記「長可妻也」，不連公冶爲文，故此注以公冶爲姓，長爲名。而又稱冶長者，猶馬遷、葛亮之比，凡兩字姓得單舉一字也。家語云名萇，邢疏引家語作字子長，釋文引家語作字子張，據史傳，亦字子長，皇疏及釋文引范甯曰：「名芝，字子長。」白水碑作子之，似又以子之爲字。諸説各異，當以史傳爲正。論語後録：縲即纍也，絏即紲也。易大壯「羸其角」，馬融注：「羸，大索也。」鄭康成本作「纍」。春秋傳：「臣負羈紲」，一本作「羈絏」是已。纍者，徽纆。絏，係也。易坎「係用徽纆」，即纍紲之説歟？徽纆，虞翻説黑索。劉表説三股爲徽，兩股爲纆。於字纍从三田，物不過三，三股徽者，三糾繩也。然則纍即徽矣。丹鉛録：世傳公冶長能通鳥語，不見於書，惟唐沈佺期燕語詩：「不如黄鳥語，能免冶長災。」白樂天鳥鵲贈答詩序：「余非冶長，不能通其意。」似實有其事。論語疏曰：「舊説冶長解禽語，故繫之縲絏。以其不經，今不取也。」四書摭餘説：周櫟園書影云：「『啨啨嘖嘖，勺蓮水邊，有車覆粟，車脚淪泥，犢牛折角，收之不盡，相呼共啄。』此公冶長辯雀語，見論語疏。唐沈佺期詩云：『不如黄雀語，能免冶長災。』後人注沈詩者引此數語，則是冶長之災由雀致矣，何云免？俗傳冶長知鳥語，魯君不信，逮之獄。未幾雀復飛鳴曰：『齊人出師侵我疆。』如其言往跡，果然，方釋之，賜爵爲大夫。此雖不根之語，度亦有所自來。佺期詩指此也。」

按：周禮秋官夷隸掌與鳥言，貉隸掌與獸言。左傳僖二十九年：「介葛盧來。聞牛鳴，曰：『是生三犧，皆用之矣。』問之而信。」夷隸疏曰：「春秋傳賈服注：『益以八律之音，聽禽獸之鳴。』」秦風疏引蔡邕云：「伯翳綜聲於鳥語，葛盧辨音於牛鳴。」是伯益嘗明是術，故堯命作虞，以通其嗜欲，知其情狀。則通鳥獸語者，古有是術，何不經之有？

【集解】孔曰：「公冶長，弟子，魯人也。姓公冶，名長。縲，黑索。絏，攣也。所以拘罪人。」

【唐以前古注】皇疏引范甯云：公冶長名芝，字子長也。公冶行正獲罪，罪非其罪。孔子以女妻之，將以大明衰世用刑之枉濫，勸將來實守正之人也。又云：別有一書，名爲論釋，云：「公冶長從衛還魯，行至二堺上，聞鳥相呼往清溪食死人肉。須臾見一老嫗當道而哭，冶長問之，嫗曰：『兒前日出行，于今不反，當是已死亡，不知所在。』冶長曰：『向聞鳥相呼往清溪食肉，恐是嫗兒也。』嫗往看，即得其兒也，已死。嫗告村司，村司問嫗從何得知之，嫗曰：『見冶長道如此。』村官曰：『冶長不殺人，何緣知之？』因録冶長付獄。主問冶長何以殺人，冶長曰：『解鳥語，不殺人。』主曰：『當試之。若必解鳥語，便相放也。若不解，當令償死。』駐冶長在獄六十日。卒日有雀子緣獄栅上相呼：『嘖嘖唶唶，白蓮水邊，有車翻，覆黍粟，牡牛折角，收斂不盡，相呼往啄。』獄主未信，遣人往看，果如其言。後又解豬及燕語屢驗，於是得放。」然此語乃出雜書，未必可信，而亦古舊相傳云冶長解鳥語，故聊記之也。

按：公冶逸事賴此而傳，雖係雜書，終是漢、魏小説，彌可寶貴。邢疏以其不經不取，如是則古書之亡佚多矣。此邢疏所以不及皇疏也。

【集注】公冶長，孔子弟子。妻，爲之妻也。縲，黑索也。絏，攣也。古者獄中以黑索拘攣罪人。長之爲人無所考，而夫子稱其可妻，其必有以取之矣。又言其人雖嘗陷於縲絏之中而非其罪，則固無害於可妻也。夫有罪無罪，在我而已，豈以自外至者爲榮辱哉？

【餘論】輔廣論語答問：在我無得罪之道，而不幸有罪自外至，何足以爲辱？在我有得罪之道，雖或幸免其罪於外，何足以爲榮？故君子有隱微之過於暗室屋漏之中，則其心媿恥若撻於市。不幸而遇無妄之災，則雖市朝之刑、裔夷之竄，皆受之而無慝也。

子謂南容：「邦有道不廢，邦無道免於刑戮。」以其兄之子妻之。

【考異】史記、論衡述此文兩「邦」字並諱作「國」。　三國志鍾繇傳注「李脩稱鍾覲」云云，亦作「國」。　太平御覽宗親部述論語曰：「子謂公冶長：『可妻也，雖在縲紲之中，非其罪也。』以其子妻之。南容三復白圭。孔子以其兄之子妻之。」牽合先進篇文。

【考證】經義考：史記南宮括字子容，論語「括」作「适」。家語南宮韜字子容。檀弓鄭注稱：「南宮韜，孟僖子之子南宮閱也，字子容，其妻孔子兄女。」又稱：「南宮敬叔，魯孟僖子之子仲孫閱也。」左傳昭七年「屬説與何忌於夫子」，杜注：「説，南宮敬叔，僖子之子。」若然，括也，适也，韜也，説也，閱也，一字南容而名有五也。崇禎末，高郵夏洪基元開輯孔子弟子傳略，以南宮韜、括、适字子容爲一人。以仲孫説、閱謚敬叔者爲一人。至於説苑所載南宮邊子，謂是「适」字之譌。然漢書人表既有南容，又有南宮敬叔，又有南宮邊子。顏師古注於南容則云南宮韜，於敬叔則名南宮适，是韜與适，适與邊子均未可混而爲一矣。　羣經識小：南宮韜字子容，又名适，此一人也。南宮敬叔即仲孫閱，又一人也。敬叔與何忌同母，稱敬叔者，固孟懿子之弟也。周制君承姓，卿承氏。敬叔爲弟，故不襲卿承氏而氏南宮也。　讀史訂疑：南宮适非敬叔。史記南宮适字子容，不云孟僖子之子，可疑一。适見家語，一名韜，是已有二名，而左傳孟僖子云：「必屬説與何忌於夫子。」索隱又云：「仲孫閲。」是又二名。天下豈有一人而四名者？可疑二。孔子在魯，族姓頗微，而南宫敬叔公族元士，遣從孔子時定已娶於强家，豈孔子得以兄子妻之？可疑三。檀弓載南宫敬叔反，必載寶而朝。孔子曰：「喪不如速貧之爲愈也。」若而人，豈能抑權力而伸有德，謹言語而不廢於有道之邦耶？可疑四。愚以南宫敬叔之與南容皦然二人矣。潘氏集箋：據此諸説，則南容之非南宫敬叔明甚。蓋其誤始於世本，而鄭君沿之，莫有是正者。今即以論語證之。先進篇謂南容三復白圭，憲問篇記南宫适問羿、奡、禹、稷事，夫子稱爲君子，又稱爲尚德。此邦有道所由不廢，邦無道所由免於刑戮歟？至南宫敬叔，不見於論語。論語記諸大夫例稱謚不稱名，若孟懿子、孟武伯之類，不當於敬叔獨異之。不得以家語載其從孔子適周，見金人緘口，孔子戒以謹言事，疑即謹言之南容也。古家語久亡，今所傳乃王肅僞造，而肅此注不云即敬叔，則亦不以爲一人矣。王引之春秋名字解詁云：「魯南宫括字子容，一名韜。括者，包容之稱也。韜亦容受之稱。廣雅：『韜，容寬也。』玉篇：『韜，藏也，寬也。』劒衣謂之韜，弓藏謂之韜，皆取包容之義。是容之爲字，與名括名韜皆相應，其爲一人無疑矣。」四書賸言：敬叔本公族，與家語及王肅論語注稱容爲魯人者大别，即曾受僖子命與其兄懿子學禮孔子，然並不在弟子之列。史記、家語所載弟子祇容一人，向使容即敬叔，則未有載敬叔不載懿子者。至韜妻姑喪，孔子誨兄女髽法。若是敬叔，則此姑者，孟僖子妻也。其喪在孟氏，或廟或寢，夫子亦安得誨之？况世族喪服自有儀法，不容誨也。又曰：「邦有道不廢」二句，明非敬叔。無論敬叔是大夫，即不然，亦當以國倅作大夫之貳，此見有成法，非廢不廢可虛揣也。若刑戮則幾見魯之公族，二百四十年間，有以不謹言致不免者，而慮及此乎？至敬叔更不得爲懿子之兄。昭十一年傳明言泉丘女先生懿子，後生敬叔，且不聞敬叔氏南容乎？嫡長嗣爵，必襲氏，次得更之。敬，更氏者也。兄伯而弟叔，敬叔，叔也。

按：南容名适，一名縚，與敬叔名説者當爲二人。諸家之説略同。否則斷無一人五名之理。此其誤始於世本「中孫貜生南宮縚」，而鄭注檀弓遂沿其誤，謂「南宮縚，孟僖子之子南宮閱」，集注又沿鄭君之誤。然四書釋地則云：「孟僖子宿于薳氏，生懿子及南宮敬叔于泉丘人。注云二子似雙生。畢竟何忌在先，嗣父位，謚稱子。仕爲大夫，謚稱叔。」而集注乃以敬叔爲懿子之兄，誤之誤已。毛氏能糾舊注之失，而又以南宮适別爲一人，非即南容，與史記不合。顔師古漢書注以南容即南宮縚，敬叔即南宮括，雖不盡可信，姑録之以廣異聞。

【集解】王曰：「南容，弟子南宮縚，魯人也，字子容。不廢，言見任用也。」

【唐以前古注】皇疏：昔時講説，好評公冶、南容德有優劣，故妻有己女兄女之異。侃謂二人無勝負也。卷舒隨世，乃爲有智；而枉濫獲罪，聖人猶然，亦不得以公冶爲劣也。以己女妻公冶，兄女妻南容者，非謂權其輕重，正是當其年相稱而嫁，事非一時，在次耳，則可無意其間也。

【集注】南容，孔子弟子，居南宮，名縚，又名适，字子容，謚敬叔，孟懿子之兄也。不廢，言必見用也。以其謹於言行，故能見用於治朝，免禍於亂世也。或曰：「公治長之賢不及南容，故聖人以其子妻長，而以兄子妻容，蓋厚於兄而薄於己也。」程子曰：「此以己之私心窺聖人也。凡人避嫌者，皆内不足也。聖人自至公，何避嫌之有？況嫁女必量其才而求配，尤不當有所避也。若孔子之事，則其年之長幼，時之先後，皆不可知。唯以爲避嫌，則大不可。避嫌之事，賢者且不爲，況聖人乎？」

按：何晏集解本分此爲二章，朱子合爲一章，今從朱子。

【餘論】張爾岐蒿菴閒話：免於刑戮，夫子以取南容，則免刑戮之難也。朱子以謹言行釋之，蓋時當無道，動人不平者甚多，窺伺君子者亦密，言行豈易謹也？言不非人而事不招非，遊世之善術。

【發明】論語注義問答通釋（經正録引）：謝上蔡謂聖人擇壻，警人如此。楊龜山謂聖人所以求於人者薄，可免於刑戮而不累其家，皆可妻也。上蔡，氣高者也。龜山，氣弱者也。故所見各别如此。

四書訓義：於此見夫子嫁子之道焉。蓋女子從夫以後，無所施其教，教之者，夫也，固必擇端士以爲之矩範。而舅婿之際，恩禮所繫，有賓主之道焉。教之於既爲婿之後則易睽，不如擇之於未爲婿之先，以慎其始，則情得而道亦不狎。抑於此見聖人取人之道焉。蓋君子立身之節遇不可常，可常者己也。固唯論素行之端貞，而榮辱之加，義命所安，無險夷之殊焉。固不以亂世之吉凶殉俗而幸免，抑不以孤高之奇行違俗而逢尤，則事異而道原自合，此所以爲人倫之至，而盡知人之哲也歟？

○子謂子賤：「君子哉若人！魯無君子者，斯焉取斯？」

【考異】史記弟子列傳引經作：「君子哉！魯無君子，斯焉取斯？」少「若人者」三字。家語子路初見篇：孔子喟然謂子賤曰：「君子哉若人！魯無君子者，則子賤焉取此？」

【考證】史記弟子傳：魯密不齊字子賤，少孔子四十九歲。論語後録：李涪説不齊姓虙，作「宓」者非。顔氏家訓曰：「子賤即虙犧之後。」史記列傳作密不齊，密與宓古同字。後漢書伏湛傳説濟南伏生即不齊之後，虙犧字又作伏，是伏與虙又古字通也。劉氏正義：漢書藝文志有宓子十六篇，顔師古注：「宓讀與伏同。」又或作「虙」，見五經文字所引論語釋文。然釋文以作「宓」爲誤，則不知虙、宓俱從必得聲，未爲誤也。又或作「密」，見淮南子泰族訓。呂氏春秋察賢篇：宓子賤治單父，彈鳴琴，身不下堂而單父治。巫馬期以星出，以星入，日夜不居，以身親之，而單父亦治。巫馬期問其故於宓子。曰：「我之謂任人，子之謂任力。任力者故勞，任人者故逸。」宓子則君子矣。韓詩外傳同。又云：子賤治單父，其民附。孔子曰：「告丘之所以治之者。」對曰：「所父事者三人，所兄事者五人，所友者十有二人，所師者一人。」孔子曰：「所父事者三人，足以教孝矣。所兄事者五人，足以教弟矣。所友者十有二人，足以祛壅蔽矣。所師者一人，足以慮無失策，舉無敗功矣。惜也不齊爲之小，不齊爲之大，功乃與堯、舜參矣。」說苑政理篇：宓子賤與孔蔑皆仕。孔子往見子賤曰：「自子之仕，何得何亡？」子賤曰：「自吾之仕，未有所亡，而所得者三。」孔子謂之曰：「君子哉若人！君子哉若人！魯無君子也，斯焉取斯？」又曰：孔子謂子賤曰：「子治單父而衆説，何施而得之也？」對曰：「不齊父其父，子其子，恤諸孤而哀喪紀。」孔子曰：「是小民附矣，猶未也。」曰：「不齊所父事者三人，所兄事者五人，所友事者十有一人。」孔子曰：「父事三人，可以教孝矣。兄事五人，可以教弟矣。友事十一人，可以教學矣。是士附矣，猶未也。」曰：「此地有賢於不齊者五人，不齊師之而稟度焉。」孔子曰：「昔堯、舜聽天下，務求賢以自輔。夫賢者，百福之宗也，神明之主也。惜乎不齊之所治者邑也！」新序雜事篇：魯君使宓子賤爲單父宰。子賤辭去，因請借善書者二人，使書憲書教品。魯君與之。至單父，使書，子賤從傍引其肘，醜則怒之，欲好書，則又引之。書者患之，請辭而去。歸以告魯君。魯君曰：「子賤苦吾擾之，使不得施其善政也。」乃命有司無得擅徵發單父。單父之化大治。故孔子曰：「君子哉子賤！魯無君子者，斯安取斯？」美其德也。

【集解】孔曰：「子賤，魯人，弟子宓不齊。」包曰：「若人者，若此人也。如魯無君子，子賤安得此行而學行之。」

【集注】子賤，孔子弟子，姓宓，名不齊。上斯，斯此人。下斯，斯此德。子賤蓋能尊賢取友以成其德者，故夫子既歎其賢，而又言若魯無君子，則此人何所取以成此德乎。因以見魯之多賢也。

蘇氏曰：「稱人之善，必本其父兄師友，厚之至也。」

【别解一】論語意原：釋者謂子賤之賢，非得魯之君子薰染漸漬，安取其爲君子。夫舍其人之善而不稱，乃歸於他人之漸染，非聖人忠厚之言。蓋子賤之爲人，必沈厚簡默不祈人之知者。自非魯多君子，孰能取其爲君子也？觀子賤之爲宰，不下堂，彈琴而化，則其氣象可知。使其生於他邦，與謀臣説士混然而並處，則子賤之賢亦無以自見於世矣。

【別解二】論語稽：説苑紀其爲單父宰，不下堂，鳴琴而理。巫馬期以星出，以星入，而單父亦理。子賤曰：「我之謂任人，子之謂任力。任力者勞，任人者逸。」然則子賤固君子也，惟君子能取君子，故單父之人，凡爲其府史胥徒之屬，亦莫非君子。蓋十室之邑，必有忠信，視取者何如耳。若使魯無君子，則子賤雖賢，亦安所取之而化民成俗乎？注謂斯人何所取以成斯德，乃專就子賤之就己德而言。今以説苑、史記、家語證之，實爲單父任人言之也。

【餘論】黄氏後案：魯至昭定以後，治化日替。有夫子之教，諸君子聚於一門，子賤所取，正聖門諸賢敬業樂羣之益。言魯者，亦見習俗移人，賢者不免。苟獨學孤陋，將無以自進於道德也。

○子貢問曰：「賜也何如？」子曰：「女器也。」曰：「何器也？」曰：「瑚璉也。」

【考異】七經考文補遺：古本作「如何」。史記弟子傳作「賜何人也」。説文解字「槤」字下云：「瑚槤也。」徐鉉注曰：「今俗作璉，非。」漢魯相韓勑修孔廟禮器碑：「胡輦器用。」洪遵隸釋曰：「胡輦者，瑚璉也。」九經古義：二字从玉旁，俗所作也，當爲胡連。春秋傳曰「胡簋之事」，明堂位曰「夏后氏之四連」，皆不从玉旁。孔廟禮器碑又作「胡輦」，古連、輦字通。按：論語古訓云：「説文：『槤，胡槤也。从木，連聲。』是槤爲正字，連爲省文，輦爲假音耳。」

馬國翰云：「案史記仲尼弟子傳及何氏集解引包注並作『瑚璉』，則作『胡輦』，齊論也。」

【音讀】翟氏考異：璉，力展切，今俗讀每若連音，謬也。此字惟文選景福殿賦「又宏璉以豐敞」，注引王逸曰：「橫木關柱爲連，璉與連古字通。」而其義則與瑚璉大別。杜子美詩：「嶷嶷瑚璉器，陰陰桃李蹊。」竟以瑚璉連讀。賢者之責，子美似難解免。

【考證】淩曙四書典故覈引三禮圖：瑚受一升，如簋而平下。璉受一升，漆赤中，蓋亦龜形，飾口以白金，制度如簠而鋭下。邢疏：明堂位說四代之器云：「夏后氏之四璉，殷之六瑚。」如記文則夏器名璉，殷器名瑚。而包咸、鄭玄等說此論語，賈、服、杜等注左傳皆云：「夏曰瑚，殷曰璉。」或別有所據，或相從而誤也。

按：如明堂位之說，當云璉瑚，不當云瑚璉。集注本於包、鄭，說本不誤。劉寶楠疑爲明堂之誤是也。詹道傳四書纂箋即引明堂位「夏后氏之四璉，殷之六瑚」，辨其異同，復謂夏曰瑚，商曰璉，本於爾雅。而今爾雅實無此文，則道傳杜撰附會也。

【集解】孔曰：「言汝是器用之人也。」包曰：「瑚璉，黍稷器也。夏曰瑚，殷曰璉，周曰簠簋，宗廟器之貴者也。」

【唐以前古注】世說言語篇注引鄭注：黍稷器，夏曰瑚，殷曰璉。皇疏引江熙云：瑚璉置宗廟則爲貴器，然不周於民用也。汝言語之士，束修廊廟，則爲豪秀，然未必能幹煩務也。器之偏用，此其貴者，猶不足多，況其賤者乎？是以玉之碌碌，石之落落，君子皆不欲也。又引欒肇云：包氏曰：「瑚璉，黍稷器也，夏曰瑚，殷曰璉，周曰簠簋。」未詳也。然夏、殷各一名，而其形未測。及周則兩名，其形各異，外方内圓曰簠，内方外圓曰簋，俱容一斗二升。以簠盛黍稷，以簋盛稻粱。或問曰：「子貢周人，孔子何不云汝是簠簋，而遠舉夏、殷器也？」或通者曰：「夫子近捨當時而遠稱二代者，亦微有旨焉。謂湯、武聖德，伊、呂賢才。聖德則與孔子不殊，賢才與顔、閔豈異。而湯、武飛龍，伊、呂爲阿衡之任，而孔子布衣洙、泗，顔、閔簞瓢陋巷。論其人則不殊，但是用捨之不同耳。譬此器用則一，而時有廢興者也。」

【集注】器者，有用之成材，夏曰瑚，商曰璉，周曰簠簋，皆宗廟盛黍稷之器，而飾以玉，器之貴重而華美者也。子貢見孔子以君子許子賤，故以己爲問，而孔子告之以此。然則子貢雖未至於不器，其亦器之貴者與？

【發明】松陽講義：大抵天下人才最怕是無用。不但庸陋而無用，有一種極聰明極有學問的人，却一些用也没有。如世間許多記誦詞章虚無寂滅之輩，他天資儘好，費盡一生心力，只做成一箇無用之人。故這一箇器字，亦是最難得的人。到了器的地位，便是天地間一箇有用之人了。

○或曰：「雍也仁而不佞。」

【考證】孯經室集釋佞曰：虞、夏書無佞字，衹有壬字、任字。「何畏乎巧言令色孔壬」、「而難任人」是也。故爾雅曰：「允、任、壬，佞也。」至商、周之間，始有仁、佞二字。佞從仁，更在仁字之後。此二字皆非倉頡所造，故佞與仁相近，尚不甚相反。周之初尚有用仁字以寄佞義者。説文：

「佞，巧讇高材也。从女，仁聲。」巧是一義，材又一義，柔讇又一義，口給又一義。書金縢曰「予仁若考」者，言予旦之巧若文王也。巧義即佞也。佞以仁得聲而義隨之，故仁可爲佞借也。古者事鬼神當用佞，金縢之以佞爲美，借「仁」代「佞」者，因事鬼神也。故論語謂祝鮀之佞，治宗廟，即金縢仁巧多材多藝，能事鬼神之義也。所以金縢借「仁」代「佞」，可省「女」字也。後世佞字全棄高材仁巧之美義，而盡用口讇口給之惡義，遂不敢如史記以巧令屬之周公矣。且古人每謙言不佞者，皆謙不高材不仁巧也。若佞全是惡，豈古人皆以口讇口給之小人待人，而自居於不口讇不口給之君子乎？或人疑仲弓之仁而不佞，可見仁佞尚欲相兼。孔子「不知其仁」，言佞異於仁耳。梁氏旁證：按邢疏亦云：「左傳云『寡人不佞』，服虔云：『佞，才也。不才者，自謙之辭也。』佞是口才捷利之名，本非善惡之稱，但爲佞有善惡耳。爲善捷敏是善佞，祝鮀是也。爲惡捷敏是惡佞，即遠佞人是也。但君子欲訥於言而敏於行，言之雖多，情或不信，故云焉用佞耳。」

按：阮說是也。春秋時以多能多聞爲聖，以口才之美者爲佞。自夫子不敢居聖，孟子以大而化之言聖，而聖乃爲神明不測之號。自夫子惡夫佞者，而佞乃爲不美之名。此古今訓詁之不同也，說詳論語稽。

劉氏正義：史記弟子列傳：「冉雍字仲弓。」鄭目録云：「魯人。」論衡自紀篇以仲弓爲冉伯牛子。史記索隱引家語又云：「伯牛之宗族。」二説各異。

【集解】馬曰：「雍，弟子仲弓名，姓冉。」

【集注】雍，孔子弟子，姓冉，字仲弓。佞，口才也。仲弓爲人重厚簡默，而時人以佞爲賢，故美其優於德而病其短於才也。

子曰：「焉用佞？禦人以口給，屢憎於人。不知其仁，焉用佞？」

【考異】高麗本作「焉用佞也」。七經考文：足利本無「口」字。天文本論語校勘記：唐本、津藩本、正平本均無「口」字，「人」作「民」。唐石經「仁」字磨改作「人」。皇本作「不知其仁也，焉用佞也」。

【集解】孔曰：「屢，數也。佞人口辭捷給，數爲人所憎惡。」

【集注】禦，當也，猶應答也。給，辨也。憎，惡也。言何用佞乎，佞人所以應答人者，但以口取辨而無情實，徒多爲人所憎惡爾。我雖未知仲弓之仁，然其不佞乃所以爲賢，不足以爲病也。再言焉用佞，所以深曉之。

【餘論】此木軒四書説：孔穎達左氏傳疏云云。案孔君之論善矣。或人稱雍不佞，是謂不能善佞，非惡佞也。夫子則以佞是口舌捷利，爲善者少，爲惡者多，故曰焉用。若夫辨道之辭，論事之才，施於所當用者，固不得以佞目之。且文莫猶人，尚非君子所急，故直斥之曰焉用佞也。

【發明】反身録：不必淫詞詭辯而後爲佞，只心口一不相應，正人君子早已窺其中之不誠而惡之矣。徒取快於一時，而遂見惡於君子，亦何爲也哉。又曰：聖門高弟如顔之愚，曾之魯，雍之簡，俱是渾厚醇樸氣象。蓋其平日皆斂華就實，故其徵之容貌辭氣之間者，無非有道之符。吾人有志斯道，第一先要恭默。

○子使漆彫開仕。對曰：「吾斯之未能信。」子說。

【考異】舊文「雕」爲「彫」。釋文曰：「『彫』，本或作『凋』。」皇本「雕」作「彫」。唐石經、宋石經皆作「彫」。史記弟子傳亦作「彫」。漢書人表作「漆雕啓」，王應麟漢志考證曰：「史記列傳：『漆彫開字子開。』史記避景帝諱也。論語注以開爲名。」翟氏考異：舊經「漆雕」與後章「朽木不可雕」，「雕」俱爲「彫」。「松柏後彫」之「彫」爲「凋」，體義自合，不知何時皆傳寫差。漢人避「啓」用「開」，故諸載記多以夏后啓爲夏后開，微子啓爲微子開，此開字在舊經或亦作「啓」，王氏因舉以爲説。論語校勘記：閩本、北監本、毛本「彫」作「雕」，注疏同。案釋文出「彫」字云：「本或作『凋』，同。」按依説文當作「琱」，凡琱琢之成文則曰彫，今「彫」行而「琱」廢，雕、凋皆假借字。過庭録：漢書人表作「漆雕啓」，當是其名啓。古字作「启」。「吾斯之未能信」，「吾」字疑「启」字之訛。

按：宋説是也。論語答師稱吾，僅見此文，其爲訛字無疑。

【考證】四書釋地三續：讀漢藝文志，孔子弟子漆雕啓，則知史列傳「漆雕開字子開」，上「開」本「啓」字，避景帝諱也。一部論語敍事及門人無直稱其名者，惟問於有若對君之辭，茲獨曰子使漆雕開仕，則開爲其字復何疑。蓋自安國注論語開名，流俗本家語開字子若者失之。四書辨證：家語：「漆雕開，蔡人，字子若。」史記：「漆雕開字子開，魯人。」王應麟漢書考證曰：「史記列傳漆雕開，避景帝諱也。」按景帝諱啓，漢書人表、藝文志何以直稱漆雕啓？如謂史記諱啓作開，何以於微子啓作開，於夏后啓仍作啓？且史記即避啓作開，而語、孟不必避一也，何以孟子稱微子啓，論語獨作漆雕開乎？四書釋地謂論語敍事，門人無直稱其名者，則開爲啓字無疑。不知宰予晝寢，憲問恥，陳亢問伯魚等，亦敍事稱名之證。孔安國史遷之師，而曰漆雕姓開名，則開爲本字無疑。因開、啓義通，故或啓或開耳。劉氏正義：依阮説，漆雕氏必其職掌漆飾琱刻以官爲氏者也。夫子使開仕，當在爲魯司寇時。古今人表作啓。啓者，開也。故字子開。此注以開爲名，作僞者之疏可知。楊簡先聖大訓又名憑，家語弟子解又字子若，白水碑字子修，皆妄人所造。鄭目録云魯人，家語則云蔡人，亦誤也。論語發微：漢藝文志「儒家漆雕启後」，按漢書「後」字當衍，或解爲開之後，不特文理記載不順，況論衡本性篇云：「世子作養書一篇。密子賤、漆雕開、公孫尼子之徒，亦論性情，與世子相出入。」據此則開亦自著書，七略安得反不載也？韓非子顯學篇有漆雕氏之儒，則開之學非無所見，蓋亦子張之流歟？四書賸言：夫子爲司寇，門人多使仕者，原思、子羔、冉有、季路、樊遲、子貢、公西華是也。若子游仕武城，子夏仕莒父，子賤仕單父，仲弓仕季氏宰，未知爲夫子所使否。至於漆雕開之使仕而不仕，與閔子騫之使仕而不仕，則皆在此時。雖子騫力辭費宰，然仍爲夫子宰，要經從政，與子開之始終不仕稍不同，要其使仕則一耳。夫子使開，與子路使羔同。夫子既使由墮費，而子路即使羔宰費，以鎮叛亂，此在夫子、子路實有使仕之責，非汎遣也。按：韓非子儒分爲八，有漆雕氏之儒。漢書藝文志「儒家者流漆雕子十三篇」，注：「孔子弟子漆雕啓後。」家語稱其習尚書，不樂仕。孔子曰：「可以仕矣。」對曰：「吾斯之未能信。」説苑：「孔子謂漆雕氏之子君子哉，其善人之美也隱而顯，言人之惡也微而著。」論衡云：「漆雕開論性情。」是漆雕氏之學在孔門自成一家，惜其書久佚。夫不樂仕，非聖人之教，夫子謂「仁者己欲立而立人，己欲達而達人」，子路亦謂「不仕無義，欲潔其身，而亂大倫」。夫子爲司寇時，門人多使仕者，蓋弱私室以强公室，非羣策羣力不爲功。斯必指一事而言，如使子路墮費之類，非泛言仕進也。今不可考矣。

【集解】孔曰：「開，弟子，漆雕姓，開名。仕進之道未能信者，未能究習也。」鄭曰：「善其志道深也。」

【唐以前古注】皇疏：言己學業未熟，未能究習，則不爲民所信，未堪仕也。一云：「言時君未能信，則不可仕也。」又引張憑云：夫君臣之道，信而後交者也。君不信臣，則無以授任。臣不信君，則難以委質。魯君之誠未洽於民，故曰未能信也。又引范甯云：開知其學未習究治道，以此爲政，不能使民信己。孔子説其志道之深，不汲汲於榮禄也。筆解：韓曰：「未能見信於時，未可以仕也。子説者，善其能忖己知時變。」李曰：「孔言未能究習，是開未足以仕，非經義也。鄭言『志道深』，是開以不仕爲得也，非仲尼循循善誘之意。云善其能忖己知時變，斯得矣。」

【集注】漆彫開，孔子弟子，字子若。斯，指此理而言。信，謂真知其如此而無毫髮之疑也。開自言未能如此，未可以治人，故夫子説其篤志。程子曰：「漆雕開已見大意，故夫子説之。」又曰：「古人見道分明，故其言如此。」謝氏曰：「開之學無可考，然聖人使之仕，必其材可以仕矣。至於心術之微，則一毫不自得不害其爲未信。此聖人所不能知，而開自知之，其材可以仕，而其器不安於小也。他日所就，其可量乎？夫子所以説之也。」

按：朱子語類：「漆雕開能自言吾斯之未能信，則其地已高矣。斯有所指而云，若自信得及，則雖欲不如此做不可得矣云云。」是朱子初意原以斯有所指而云，與毛西河之説相同，不知何以最後定稿乃以理字釋斯。然終屬牽率聖言以就己説，非解經正軌也。

【餘論】讀四書大全説：除孔子是上下千萬年語，自孟子以下，則莫不因時以立言。程子曰：「曾點、漆雕開已見大意。」自程子從儒學治道晦蒙否塞後作此一語，後人不可苦向上討滋味，致墮疑網。蓋自秦以後，所謂儒學者止於記誦辭章，所謂治道者，不過權謀術數，而身心之學，反以付之釋、老，故程子於此説吾道中原有此不從事跡上立功名，文字上討血脈，端居無爲，而可以立萬事萬物之本者，爲天德王道大意之存，而二子爲能見之也。及乎朱子之時，則雖有浙學，而高明者已羞爲之，以奔鶩於鵝湖，則須直顯漆雕開之本旨，以閑程子之言，使不爲淫辭之所託。故實指之曰「斯指此理而言」，恐其不然，則將有以斯爲此心者，抑將有以斯爲眼前境物翠竹黄花燈籠露柱者，以故朱子於此有功於程子甚大。而又曰「夫子説其篤志」，則以夫子之門，除求、路一輩頗在事跡上做，若顔、閔、冉、曾之徒，則莫不從事於斯理，固不但開爲能然。而子之所以説開者，説其不自信之切於求己，而非與程子所謂見大意者同也。

按：船山此論，於朱子所以用理字釋斯之故，辯護甚力。其苦心誠可相諒，惟究屬曲解聖經以就己説。漆雕開生二千年前，烏知所謂理學者哉？是厚誣古人也。蓋朱子誤信其師伊川之説，以窮理爲入聖之門，其注四書到處塞入理字，而最窒礙難通者莫如此章及知之章。一部論語並無一箇理字，豈古聖人所不言者，而後儒乃以爲獨得之秘耶？

○子曰：「道不行，乘桴浮于海。從我者，其由與？」子路聞之喜。子曰：「由也好勇過我，無所取材。」

【考異】皇本「于」作「於」，「由」下有「也」字。四書通本作「於」。文選嘯賦注引作「於」。説文解字「羌」字下引孔子曰：「道不行，欲之九夷，乘桴浮於海。」衍一句。玉篇引論語「乘桴于海」，無「浮」字。漢書地理志顔師古注引作「其由也歟」。太平御覽人事部述有「也」字。馮登府異文考證：哉字從才，才與哉通。

按：柳宗元乘桴説、程伊川經説引此並有「也」字，是唐、宋人所見均同，似應增入。

【音讀】經讀考異：「好勇過我，無所取材」，凡三讀，以過我絶句，爲鄭氏讀。「一曰」已下爲「勇」字絶句，「過我」連下讀。而以「過」字絶句，引晉欒肇云：「適用曰材，好勇過我用，故云無所取當之。」論語古訓：錢廣伯曰：「五經文字序例云：『取材之材爲哉，兩音出於一家。』而不決其當否，則『一曰』已下亦是鄭注也。」

【考證】漢書地理志：玄菟、樂浪，武帝時皆朝鮮濊貉、句驪蠻夷。殷道衰，箕子去之朝鮮，教其民臣禮義、田蠶、織作。樂浪、朝鮮民犯禁八條，相殺以當時償殺，相傷以穀償，相盜者男没入爲其家奴，女子爲婢，欲自贖者，人五十萬。雖免爲民，俗猶羞之，嫁娶無所讎。是以其民終不相盜，無門户之閉，婦人貞信不淫辟，可貴哉仁賢之化也。然東夷天性柔順，異於三方之外，故孔子悼道不行，設浮於海，欲居九夷，有以也。顔注：「言欲乘桴筏而適東夷，以其國有仁賢之化，可以行道也。」四書稗疏：集注曰「傷天下之無賢君」，於義自明。惜未言欲行道於海外。遂使俗儒以魯連蹈海，管寧渡遼擬之。一筏之汎，豈犯鯨波陵巨洋者乎？夫子居魯，沂、費之東即海也，其南則吴、越也。夫子此歎，傷中國之無賢君，欲自日照通安東、贛榆適吴、越耳。俗傳夫子章甫鳴琴而見越王句踐，雖無其事，然亦自浮海之言啓之。程子春秋傳言桓公盟戎，而書至以討賊望戎。蓋居夷浮海之志，明其以行道望之海外。故子路喜，而爲好勇之過，謂其急於行道，而不憂其難行也。潛丘劄記：太史公多言勃海，河渠書謂永平之勃海，封禪書謂登、萊之勃海，蘇秦列傳指天津衛之海，朝鮮列傳指海之在遼東者。勃海之水大矣，非專爲近勃海郡者也。劉氏正義：據志言，則浮海指東夷，即勃海也。夫子當日必實有所指之地，漢世師説未失，故尚能知其義，非泛言四海也。夫子本欲行道於魯，魯不能竟其用，乃去而之他國。最後乃如楚，則以楚雖蠻夷，而與中國通已久。其時昭王又賢，葉公好士，故遂如楚，以冀其用，則是望道之行也。至楚又不見用，始不得已而欲浮海居九夷。史記世家雖未載浮海及居九夷二語爲在周遊之後，然以意測之，當是也。其欲浮海居九夷，仍爲行道。由漢志注繹之，則非遯世幽隱但爲世外之想可知。即其後浮海居九夷皆不果行，然亦見夫子憂道之切，未嘗一日忘諸懷矣。其必言乘桴者，錢氏坫論語後録謂「爾雅釋水：『庶人乘泭。』夫子言道不行，以庶人自處」是也。詩周南「不可方思」，邶風「方之舟之」，毛傳並云：「方，泭也。」方與舫同。周南釋文：「泭，本亦作『澼』，又作『桴』，或作『柎』。」諸字惟「桴」是叚字，餘皆同音異體也。韋昭國語注：「編木曰泭，小泭曰桴。」分泭、桴爲二，失其義矣。

【集解】馬曰：「桴，編竹木大者曰筏，小者曰桴。」孔曰：「喜與己俱行也。」鄭曰：「子路信夫子欲行，故言好勇過我也。無所取材者，言無所取桴材也。子路不解，微言戲之耳。」一曰：「子路聞孔子欲乘桴浮海便喜，不復顧望。故夫子歎其勇曰過，我何所復取哉，言惟取於己也。古字材、哉同耳。」

按：詩周南疏引論語注：「編竹木大者曰栰，小者曰桴。」與此注同。臧、宋以爲鄭注佚文，或鄭用其師說也。

【唐以前古注】裴駰史記集解引欒肇云：適用曰材，好勇過我用，故云無所取。皇疏：又一家云：「孔子爲道不行，爲譬言我道之不行，如乘小桴入於巨海，終無濟理也。非唯我獨如此，凡門徒從我者道皆不行，亦竝由我故也。子路聞我道由，便謂由是其名，故便喜也。孔子不欲指斥其不解微旨，故微戲曰：汝好勇過我，我無所更取桴材也。」

【集注】桴，筏也。程子曰：「浮海之歎，傷天下之無賢君也。子路勇於義，故謂其能從己，皆假設之言耳。子路以爲實然而喜。夫子美其勇，而譏其不能裁度事理以適於義也。」

按：四庫提要云：「桴材殊非事理，即牛刀之戲，何至於斯？朱子訓材爲裁，蓋本韋昭國語注，未爲無據。考史記仲尼弟子列傳注，欒肇曰：『適用曰材。』集注雖本程子遺書，而程子亦有所本。」

【別解一】東塾讀書記：皇疏所載又一通者甚多，可見當日說論語者競爲別解。然有甚不通者。「道不行，乘桴浮於海，從我者其由與？」皇疏采又一家云：「孔子言我道之不行，如乘小桴入於巨海，終無濟理也。凡門徒從我者道皆不行，亦並由我故也，子路聞我道由，便謂由是其名，故便喜也。」不通至此，而皇氏采之何哉？

【別解二】趙佑温故録：桴即方也，編竹木爲之，全與舟楫異用，何可乘以浮海？此正狀道不行實在處。海以喻滔滔皆是，桴即欲濟無舟楫意。言道之不行，如乘桴於海。然所託者小，而所期者大，鮮有不疑且阻者。皇皇獨有一我，誰與相從？其惟由之忠信明決能之乎？此亦惟我與爾有是夫之意，故子路聞之喜，喜其得爲聖人行道之與也。而子嘉其好勇，正以力行任道之誠，能出入於死生患難之中而不奪，曰過我者，深許之也。又曰「無所取材」，則就前作轉語，言我誠汲汲於行，無如絶少可乘之具，無論其大，並桴亦無從假手，其若之何？蓋重歎其不得尺寸之柄而用之也。材，鄭注以爲桴材，極耐尋味。

按：朱子訓材爲裁，雖有所本，然子路豈是不能裁度事理之人？終覺於義未安，仍以作桴材解爲是。此以全章皆喻言非戲言，亦可備一義。

【餘論】朱子文集（答楊子順）：夫子乘桴之歎，獨許子路之能從，而子路聞之果以爲喜。且看此等處，聖賢氣象是如何？世間許多紛紛擾擾，如百千蟁蚋，鼓發狂鬧，何嘗入其胸次邪？若此等處放不下，更何説克己復禮，直是無交涉也。

○孟武伯問：「子路仁乎？」子曰：「不知也。」

【集解】孔曰：「仁道至大，不可全名也。」

【唐以前古注】皇疏引范甯云：仁道宏遠，仲由未能有之。又不欲指言無仁，非奬誘之教，故託云不知也。

【集注】子路之於仁，蓋日月至焉者，或在或亡，不能必其有無，故以不知告之。

【餘論】程瑶田論學小記：夫仁，至重而至難者也。故曰仁以爲己任，任之重也；死而後已，道之遠也。如自以爲及是，未死而先已，聖人之所不許也。故曰：「回也，其心三月不違仁。吾見其進也，未見其止也。」言夫行恕以終其身，死而後已，不自以爲及者也。故有問人之仁於夫子者，則皆曰未知，蓋曰吾未知其及焉否也。論語傳注：三子日月至仁，夫子知之矣。而曰不知者，以武伯學淺（觀問孝而答以憂疾可見），不可輕與言仁，所謂罕言也。各舉其才以語之者，若曰子大夫薦賢爲國，但當問其長，不必究其微也。

又問。子曰：「由也，千乘之國，可使治其賦也，不知其仁也。」

【考異】釋文：「賦」，梁武帝云：「魯論作『傅』。」史記仲尼弟子列傳：季康子問孔子曰：「冉求仁乎？」曰：「千室之邑，百乘之家，求也可使治其賦。仁則吾不知也。」復問子路仁乎？孔子對曰：「如求。」又仲由傳：季康子問仲由仁乎？孔子曰：「千乘之國，可使治其賦，不知其仁。」史記辨惑：問者孟武伯，而遷以爲季康子。孔子所答非惟與論語不同，而二傳亦自相乖戾，荒疏甚矣。

【考證】黄氏後案：周官凡起徒役，無過家一人，以其餘爲羨，此大田簡衆之法，一家出一正卒也。正卒之輪供乘卒，八卒止用一卒，此成出一乘之法，一井出一卒也。一乘合兵車輜車用百人，每軍用兵車輜車百二十五乘，王者萬乘，六軍止用七百五十乘。是出軍一次，特用十三分之一，而乘卒又不盡赴軍役也。故以萬乘算之，凡出軍十三次，遞用九千七百五十乘，而萬乘之賦一周而有餘。以八家輪供算之，出軍至一百有六次，而八家中教練之正卒一周而有餘。當周盛時，自黜殷作洛而後，止伐淮踐奄諸事，無黷武窮兵之弊。想此時之民，老死不赴軍役者爲多。蓋周公之定制盡善，而民之被澤長矣。使周之君若相常遵此法，無事則訓練不弛，使之家出一人，而蒐苗獮狩，教以步伐止齊之節；使之成出一乘，而井邑丘甸繕其馬牛車輦之資，賦不患其不治也。有事則用六軍之衆，以奏捷疆場，留萬乘未赴之卒，以守衛王畿。六軍外不輕發一卒，以重内鎮之權。六軍不足，徵之方伯諸侯，不失禦外之策。賦又不患其不治也。成周之賦法大率如此。侯國之法，八家相更，以供乘賦，與王朝同。所異者王朝萬乘，六軍特用其十三分之一。大國千乘，三軍合用三百七十五乘，則一次出軍已用其三之一而有餘。此其出軍遞征緩急之次，亦自有通變法也。或疑賦法王畿輕而列國重，非也。侯國地方四百里，車亦千乘，依次國二軍之例，一次出軍用二百五十乘，爲千乘四分之一。侯有附庸九同，合正封地亦方五百里，其三百一十六里，出千乘之外，餘地可以遞征，與公同。伯出二軍，其地方三百里，爲方百里者九，得出賦九百乘，又有附庸七同，得出賦七百乘，皆可備遞征之用。子男皆出一軍，子地二百里，爲方百里者四，得出賦四百乘，又有附庸五同，得出賦五百乘，可以備遞征之用。惟男地方百里，以成出一乘計之，國止百乘，出一軍不足，而以附庸三同足其數，得出賦四百乘，則一軍用一百二十五乘，其餘亦備遞征之用。列國之出軍，緩急斟酌出於時宜，必迭用徵調，初無勞逸之殊，賦法大率如此。論語後録：時魯用丘甲田賦，故夫子言之。潘氏集箋：陳鱣曰：「賦傅同音，故魯論借用。鄭從古。」案魯論果作傅，則鄭當云魯論作傅，今從古。今鄭注無之。梁武所云，未知何據。

【集解】孔曰：「賦，兵賦也。」

【唐以前古注】皇疏引范甯云：武伯意有未愜，或似仲尼有隱，故再問也。賦，兵賦也。孔子得武伯重問，答又直云不知，則武伯未已，故且言其才伎，然後更答以不知也。言子路才勇可使治大國之兵賦，仕爲諸侯之臣也。

【集注】賦，兵也。古者以田賦出兵，故謂兵爲賦，春秋傳所謂「悉索敝賦」是也。言子路之才可見者如此，仁則不能知也。

「求也何如？」子曰：「求也，千室之邑，百乘之家，可使爲之宰也，不知其仁也。」

【考證】四書典故覈：周官之制，天子自六鄉以外，分六遂及家、稍、小都、大都。其餘之地，制爲公邑，使大夫治之。在二百里三百里以上，大夫如州長；在四百里五百里以下，大夫如縣正；皆屬於遂人。載師以公邑之田任甸地，舉甸以該稍縣畺也。鄉遂之民，以七萬五千家爲定，其餘夫皆受田於公邑。故遂人授民夫一廛田百畮，萊五十畮，餘夫亦如之。餘夫所受，公邑之萊也。太宰九賦，邦甸家稍都鄙之賦，皆公邑所出。諸侯之國亦然。以魯言之，三鄉三遂之外，除大夫之采邑，皆公邑。孔子爲中都宰，子夏爲莒父宰，子賤爲單父宰，子游爲武城宰，皆公邑也。惟費宰爲季氏邑，成宰爲孟氏邑，郈宰爲叔孫氏邑，非公邑耳。王畿之地，鄉遂以家計，公邑蓋以里計。諸侯之地皆以家計。故春秋之世，動云書社幾百。蓋二十五家爲社，可知邑之大小，皆論室之多少也。周禮「四井爲邑，四邑爲丘，四丘爲甸，四甸爲縣，四縣爲都」，鄭注：「甸方八里，旁加一里治洫，則方十里爲一成。四甸爲縣，方二十里，縣二百五十六井，二千三百四十夫之地。」以鄭意推司馬法算之，宮室涂巷三分去一，通不易一易再易計之，爲一室受二夫之田，實一縣受田出税人爲七百六十九夫，又傍加一里内受田治洫人四百三十一夫，共千二百夫。云千室之邑，舉成數也。或容有餘夫分授，杜氏注左傳「築郿」曰：「四縣爲都，四井爲邑。然宗廟所在，則雖邑曰都，尊之也。」孔疏引釋例曰：「邑有先君宗廟，雖小曰都。都而無廟，固宜稱城。」案此則自井以上，至縣凡有城皆稱邑，至四縣爲都，乃稱都，故云千室之邑。其宰則如周禮之縣正也。論語後録：左傳：「唯卿備百邑。」案下云十室之邑。邑有十室，然則千室爲百邑。千室唯卿能有之，大夫則六十邑。齊景公與晏子邶殿，其鄙六十。宋賞向戌邑六十是也。又云：地東西爲廣，南北爲輪。故鄭云爾。十終爲同，革車百乘。故坊記云：「家富不過百乘。」潘氏集箋：宰，禮記曲禮云：「問大夫之富，曰有宰食力。」注：「宰，邑士也。」正義：「宰，邑宰也。」有宰明有采地，公山弗擾爲季氏宰是也。黄氏後案：邑有以國邑言者，左傳凡稱人曰大國，凡自稱曰敝邑。尚書曰「邑商」，曰「作新大邑於東國洛」，是邑爲國之通稱。邑有以里居言者，左傳莊公二十八年：「凡邑有宗廟先君之主曰都，無曰邑。」王制：「量地以制邑。」皆以里居言也。周官「四井爲邑」，論語「十室之邑」，易「邑人三百户」，管子小匡「六軌爲邑」，初學記引書大傳「五里爲邑」，千室，則邑之大者耳。

【集解】孔曰：「千室之邑，卿大夫之邑也。卿大夫稱家，諸侯千乘，卿大夫故曰百乘也。宰，家臣。」

【唐以前古注】左襄二十七年傳正義引鄭注：大夫之家邑有百乘。　大學正義引鄭注：采地一同之廣輪也。皇疏：周天子畿内方千里，三公采地方百里，卿地方五十里，大夫地方二十五里。畿外五等，公方五百里，侯方四百里，伯方三百里，子方二百里，男方一百里。舊説：五等之臣，其采地亦爲三等，各依其君國十分爲之。何以然？天子畿千里，既以百里爲三公采，五十里爲卿采，二十五里爲大夫采地。故畿外準之，上公地方五百里，其臣大采方五十里，中采方二十五里，小采方十二里半。侯方四百里，其臣大采方四十里，次采方二十里，小采方十里也。伯方三百里，其臣大采方三十里，中采方十五里，小采方七里半。子方二百里，其臣大采方二十里，次采方十里，小采方五里。男方百里，其臣大采方十里，次采方五里，小采方二里半也。凡制地方一里爲井，井有三家。若方二里半，有方一里者六，又方半里者一，則合十八家有餘，故論語云「十室之邑」也。其中大小，各隨其君，故或有三百户，是方十里者一。或有千室，是方十里者三有餘也。

【集注】千室，大邑。百乘，卿大夫之家。宰，邑長家臣之通號。

「赤也何如？」子曰：「赤也，束帶立於朝，可使與賓客言也，不知其仁也。」

【考異】文選薦禰衡表注引「可使與賓客言」，無「也」字。

【考證】史記弟子傳：公西赤字子華，少孔子四十二歲。鄭目録：公西華，魯人。程大中四書逸箋：古人無事則緩帶，有事則束帶。説字云：「在腰爲腰帶，在胸爲束帶。腰帶低緩，束帶高緊。」公西華束帶立朝，當有事之際，倉卒立談，可以服強隣，即折衝尊俎之間意。泛作禮服，非。戴清四書典故考辨：凡冕服皆素帶，而爵弁、皮弁、朝服、玄端皆緇帶。爲擯相者當服皮弁，所謂束帶與賓客言者，乃緇帶也。爾雅釋宮：「中廷之左右謂之位。」邵氏義疏云：「位，古通作立。」四書典故覈：其立位則接賓時陳擯於大門外，上擯近君門東西面。既入廟門，擯者負東塾東上立，則在中庭。至授玉時，上擯進阼階之西，釋辭于賓，遂相君拜。既受玉，退負東塾而立。四書辨證：秋官司儀「凡公侯伯子男相爲賓，公侯伯子男之臣相爲客」，鄭注：「大曰賓，小曰客，爲君臣之別。」按賓客亦各有大小。大行人「掌大賓之禮，大客之儀」，鄭注：「大賓，要服以內諸侯。大客，謂其孤卿。」疏曰：「大賓對要服以外爲小賓，大客謂孤卿。殷聘對時，聘使大夫爲小客。」又小行人「大客則擯，小客則受其幣而聽其辭」，疏曰：「大行人大客謂孤卿，此則大客謂要服以內之使臣。小客謂藩國之使臣。」其實賓客相對則別，散文則通。賓可稱客，如二王後來助祭，而曰有客是。客可稱賓，如聘禮所載悉稱賓是。

【集解】馬曰：「赤，弟子公西華。有容儀，可使爲行人。」

【唐以前古注】皇疏引范甯云：束帶，整朝服也。賓客，隣國諸侯來相聘享也。

【集注】赤，孔子弟子，姓公西，字子華。

【餘論】讀四書叢説：武伯見聖人專教人行仁，而不知仁之體段，故就門人中舉以爲問，非泛論人才之謂也。

○子謂子貢曰：「女與回也孰愈？」對曰：「賜也何敢望回？回也聞一以知十，賜也聞一以知二。」子曰：「弗如也，吾與女弗如也。」

【考異】舊文「女」爲「爾」。釋文曰：「『爾』，本作『女』，音汝。」三國志夏侯淵傳：「仲尼有言，吾與爾不如也。」作「爾」字。論衡問孔篇述文「與汝俱不如也」。後漢書橋玄傳「仲尼稱不如顔淵」，注引論語「賜也何敢望回？子曰：『吾與汝俱不如也。』」翟氏考異：世説注引鄭玄别傳：「馬季長謂盧子幹曰：『吾與汝皆不如也。』」唐書孝友傳：「任處權見任希古曰：『孔子稱顔回之賢，以爲弗如。』」皆依包氏解用。今集注以與訓許，惟義疏中秦道賓曾爲是説。何治運雜著：或問於余曰：「如漢儒説，則孔子果不如顔淵乎？」曰：「『天之未喪斯文也。匡人其如予何』，此孔子之樂天知命也。『子在，回何敢死』，此顔子之樂天知命也。顔子未五十而知天命，孔子之不如一也。『吾與回言，終日不違如愚』，『回也非助我者也，於吾言無所不説』，顔子未六十而耳順，孔子之不如二也。顔子之未達一間者，從心所欲，不踰矩耳，使天假以年，則入聖域而優矣。有聖者爲之依歸，此孔子所以不如顔子也。人固不可無年，此顔子所以不如孔子也。」七經考異：「回也聞一而知十」，「回」下一本無「也」字，「二」下有「也」字。按：「吾與汝俱不如」之訓，漢以來舊説如是。惠棟論語古義亦主之。集解用包咸云云，明有俱字，邢疏亦有之。新唐書孝友傳所引，是唐時猶未脱「俱」字也。古無以與作許解者。張文鷟曰：「『吾與點也』之與，謂相與也。與毛詩『不我與』、『必有與也』同，亦不作許字解。集注失之。」

【集解】孔曰："愈，猶勝也。"包曰："既然子貢不如，復云吾與女俱不如者，蓋欲以慰子貢也。"

按："愈，猶勝也"，春秋襄十四年正義引作鄭注，蓋孔襲鄭義。

【唐以前古注】皇疏引繆播云：學末尚名者多，顧其實者寡。回則崇本棄末，賜也未能忘名。存名則美著於物，精本則名損於當時。故發問以要賜對，以示優劣也，所以抑賜而進回也。又引王弼云：假數以明優劣之分，言己與顏淵十裁及二，明相去懸遠也。又引顧歡云：回爲德行之俊，賜爲言語之冠，淺深雖殊，而品裁未辨。欲使名實無濫，故假問孰愈。子貢既審回、賜之際，又得發問之旨，故舉十與二，以明懸殊愚智之異。夫子嘉其有自見之明，而無矜尅之貌，故判之以弗如，同之以吾與汝。此言我與爾雖異，而同言弗如，能與聖師齊見，所以爲慰也。又引張封溪云：一者，數之始。十者，數之終。顏生體有識厚，故聞始則知終。子貢識劣，故聞始裁至二也。

按：張封溪不知何許人，隋、唐志均不著録。蓋古書之闕佚者多矣，容再詳考。

論語筆解：李曰："此最深義，先儒未有究其極者。吾謂孟軻語顏回深入聖域，云具體而微，其以分限爲差別。子貢言語科，深於顏回不相絶遠，謙云得具體之二分。蓋仲尼嘉子貢亦窺見聖奥矣。慮門人惑以謂回多聞廣記，賜寡聞陋學，故復云俱弗如以釋門人之惑，非慰之云也。"韓曰："吾觀子貢此義深微，當得具體八分，所不及回二分爾。不然，安得仲尼稱弗如之深乎？"

【集注】愈，勝也。一，數之始。十，數之終。二者，一之對也。顏子明睿所照，即始而見終。子貢推測而知，因此而識彼。無所不説，告往知來，是其諭矣。與，許也。

【餘論】論語稽求篇：幼時聽塾師訓曰：「顏淵聞一件知十件，子貢聞一件知兩件。」暢是明白。故世説載廣陵徐淑以年小舉孝廉，尚書詰之曰：「昔顏子聞一知十，孝廉聞一知幾？」以幾與十對，正見十是多數，非終之謂。禰衡作顏子碑文有云：「知微知彰，聞一覺十。用舍行藏，與聖合契。」以微彰用舍兼言，既非一事，又何始末？至若彼此對待，借作副貳，如周禮鄉大夫「賢能之書，内史貳之」之類，與二不同。梁氏旁證：四書纂疏或疑始終只是一事，彼此則是兩事。如此則子貢所知，反似多於顏子。愚謂子貢必待告往而後知來，若顏子無所不説，則不待告往而來無不知矣。胡氏泳曰：「十者，數之終，以其究極之所至而言。二者，一之對，以其彼此之相形而言。」輔氏廣曰：「聞一知十，不是聞一件限定知得十件，只是知得周徧，始終無遺。聞一知二，亦不是聞一件知得二件，只是知得通達，無所執泥。知得周徧，始終無遺，故無所不説。知得通達，無所執泥，故告往知來也。」若如毛氏説，乃真成聞一件限定知十件，聞一件限定知二件矣。且人雖至聰，亦安有聞一件知得十件者？不幾於癡人説夢哉？論語述何：世視子貢賢於仲尼，子貢自謂不如顏淵，夫子亦自謂不如顏淵，聖人溥博如天，淵泉如淵也。若顏子自視，又將謂不如子貢矣。以能問於不能，以多問於寡，有若無，實若虛，聖賢所以日進而不已也。潘氏集箋：或曰欲抑子貢也。當此之時，子貢之名淩顏淵之上。孔子恐子貢志驕意溢，故抑之也。張楊園備忘録：聞一知十，若決江河也。聞一知二，以三隅反也。

【發明】焦氏筆乘續集：顏子之學，求之屢空，而子貢以多學而識失之。子曰：「女與回也孰愈？」欲其自反也。乃曰：「回也聞一以知十，賜也聞一以知二。」其知識多寡之較，猶然瞶瞶耳。故夫子曰「弗如也」，言其真不如顏子，非許之也。陸子静曾論此，有門人曰，爲是尚嫌少在。味其言，可謂妙得聖人之旨矣。反身録：斯道非穎悟過人，則不足以承受。在昔聖門固不乏學務躬修、行誼淳篤之士，然聰明特達，可以大受者，顏回之外，實莫如賜，故夫子屬望特殷。恐其恃聰明而不能自反，倚聞見而昧於自得，多學而識之之詰，予欲無言之訓，所以覺之者屢矣。又舉如愚之回以相質，蓋欲其鞭辟著裏，黜聰墮明而務有以自得也。賜乃區區較量於所知之多寡，徒在聞見上比方，抑末矣。顧人多苦不自知，賜既曉然有以自知，欿然遜其弗如，即此一念虚心便是入道之機，夫子是以迎其機而進之曰：「弗如也，吾與女弗如也。」殆與非也一貫之語，同一啓迪。此正夫子循循善誘處。又云：賜之折伏回，徒折伏其知解。豈知回之所以爲回，非徒知解也。潛心性命，學敦大原，一徹盡徹，故明無不照。賜則惟事聞見，學昧大原。其聞一知二，乃聰明用事，推測之知，與悟後之知，自不可同日而語。不但聞一知二弗如回，即聞一知百知千，總是門外之見，終不切己，亦豈得如回也耶？是故學惟敦本之爲要，敦本則知解盡忘，心如太虚，無知而無不知，一以貫之矣。

按：子貢所以不如顏子者，以其專從知見著手，故此章須與多學而識章參看，其義乃明。格物窮理，知見上事也。以此求豁然貫通，終其身不可得也。而以此爲入道之門，其誰信之？

○宰予晝寢。子曰：「朽木不可雕也，糞土之牆不可杇也。於予與何誅？」

【考異】皇本、宋刻本、唐石經、宋石經「雕」皆作「彫」。　論衡問孔篇亦作「彫」。　釋文：「圬」，本或作「杇」。　皇本「杇」爲「圬」。　太平御覽數述「杇」字，皆作「杇」。

【音讀】翟氏考異：如韓李筆解、資暇録諸説作「畫」，其音義當與後篇「今女畫」之畫同。「寢」乃如漢書「兵寢刑措」之寢，謂休息也。宰我畫限其功，以冀休息，故夫子責之。似較繪畫寢室之説稍愈。

【考證】羣經義證：記諸賢例舉其字。晝寢雖過，夫子警之宜也，門人因之直書其名非也，當依古本。（史記弟子傳、論衡問孔篇引並作「宰我」。）　論語後録：「寢」依字當作「寑」，鄭説是。説文解字有「寑」，云：「卧也」。「寢」，云：「病卧也。」病卧與卧息義近。古者君子不晝居於内，晝居於内，問其疾可也。宰予無疾而晝寢，與病卧者殆同譏歟？　潘氏集箋：説文：「㱙，腐也。㱙或从木。」漢書董仲舒傳：「孔子曰：『腐朽之木不可彫也。』」周書蘇綽傳云：「若刀筆之中而得澆僞，則是飾畫朽木，説目一時，不可以充棟樑之用也。」桂馥札樸以此爲晝讀爲畫之徵，不知其用是句包義也。　瞥記：「宰予晝寢」，資暇録謂梁武帝讀爲寢室之寢，晝作胡卦反，言其繪畫寢室。此説不知何出。齊東野語云：「嘗見侯白（隋人）所注論語，謂晝當作畫。」李習之筆解亦以爲畫寢。（筆解有韓退之評語，蓋李所作而韓評之。以爲韓作者非也。張籍弔退之詩：「論語未訖注，手蹟今微茫。」則非韓作明矣。）許周生云：「南史何尚之傳：『顏延之以酒醉詣焉。尚之望見，便陽眠。延之發簾熟視，曰：朽木難雕。』」是六朝舊本皆作「晝寢」無疑。皇疏引珊琳公云：「宰予見時後學之徒將有懈廢之心，故假晝寢以發夫子切磋之教。」范甯亦云：「託夫弊跡以爲發起。」蓋與論短喪同意。此賢者牖世之心，可謂苦矣。野客叢書曰：「寢者，寢室。晝當居外，夜當居内。宰予晝居内，未必留意於學，故夫子譏之。」若如此解，則當云晝居寢，不得曰晝寢。胡紹勳四書拾義（劉氏正義引）：左傳云：「小人糞除先人之敝廬。」是除穢謂糞，所除之穢亦謂糞。此經糞土猶言穢土。古人牆本築土而成，歷久不免生穢，故曰不可杇。黄氏後案：糞土，掃棄之土也。糞，坌之借字。掃除曰坌。曲禮借「糞」與此同。少儀又借作「拚」。圬，謂平塗之也。坌棄之土，雜散纛浮，塗之不成也。釋宫云「鏝謂之杇」，郭璞云：「泥塗也。」李巡曰：「塗一名杇，塗土之作具也。」郭、李雖異義，然平塗之具曰杇，因之平塗曰杇，義正通也。說文：「杇，所以涂也。秦謂之杇，關東謂之槾。」段氏曰：「此器今江、浙以鐵爲之，或以木。戰國策豫讓入宫塗厠，欲刺襄子，刃其杇。杇，謂塗厠之杇。刃其杇，謂皆用木而獨刃之。故杇槾，古字也。釫鏝，今字也。」或又作圬，或借污爲之。何誅，言可誅。責者不止一端。見易恒九三正義，亦備一說。翟氏考異：爾雅釋宫「杇鏝謂之杇」，說文「杇，所以塗也」，皆从木作杇。左傳「污人以時塓館宫室」，音義曰：「『污』本又作『圬』。」蓋「杇」其正體，「污」則通借，而「圬」爲續作字也。玉篇作「杅」，特字體小變。宋石經作「不可朽」，乃涉筆訛。經傳釋詞：與，猶也也。

【集解】包曰：「宰予，弟子宰我。朽，腐也。彫，彫琢刻畫也。」王曰：「杇，鏝也。二者諭雖施工猶不成也。」孔曰：「誅，責也。今我當何責於汝乎，深責之辭也。」

【唐以前古注】文選高唐賦注引鄭注：寢，卧息也。　皇疏：寢，眠也。宰予惰學而晝眠也。孔子責宰予晝眠，故爲之作譬也。朽，敗爛也。彫，彫鏤刻畫也。夫名工巧匠，所彫刻唯在好木，則其器乃成。若施工於爛朽之木，則其器不成。牆，謂牆壁也。杇，謂杇墁之使之平泥也。夫杇墁牆壁，若牆壁土堅實者，則易平泥光飾耳。若墁於糞土之牆，則頽壞不平。所以言此二者，言汝今當晝而寢，不可復教，譬如爛木與糞牆之不可施功也。然宰我有此失者，一家云：「其是中人，豈得無失？」一家云：「與孔子爲教，故託跡受責也。」　又引范甯云：夫宰予者，升堂四科之流也，豈不免乎晝寢之咎以貽杇糞之譏乎？時無師徒共明勸誘之教，故託夫弊跡以爲發起也。　又引琳公云：宰予見時後學之徒將有懈廢之心生，故假晝寢以發夫子切磋之教，所謂互爲影響者也。

按：琳公即釋慧琳，宋世沙門，以才學爲太祖所賞愛。事蹟附見宋書顔延之傳。嘗注孝經、老子，蓋釋而儒者也。其注論語，隋、唐志、陸德明經典序録並不載，僅邢、皇二疏引之。當六朝時，文人學士莫不佞佛，而皈依梵教者乃欲託儒業以顯名，亦可謂羣中佼佼者也。

李匡乂資暇録引論語梁武帝注：「晝當作畫字。言其繪畫寢室，故夫子歎朽木不可彫，糞土之牆不可杇。」　筆解：韓曰：「晝當爲畫字之誤也。宰予四科十哲，安得有晝寢之責乎？」

齊東野語：嘗見侯白所注論語，謂晝當作畫字。侯白，隋人。

【集注】晝寢，謂當晝而寢。朽，腐也。彫，刻畫也。杇，鏝也。言其志氣昏惰，教無所施也。與，語辭。誅，責也。言不足責，乃所以深責之。

【別解一】李聯琇好雲樓集：漢書揚雄傳：「非木摩而不彫，牆塗而不畫。」此正雄所作甘泉賦，諫宫觀奢泰之事，暗用論語。可證畫寢之説，漢儒已有之。劉氏正義：案禮言天子廟飾，山節藻梲。穀梁莊二十四年傳：「禮，天子之桷，斲之礱之，加密石焉。諸侯之桷，斲之礱之。大夫斲之，士斲本。」又二十三年傳：「禮，天子諸侯黝堊，大夫倉，士黈。」周官守祧云：「其祧則守祧黝堊之。」皆説宗廟之飾。其宫室當亦有飾，鄭注禮器云：「宫室之飾，士首本，大夫達稜，諸侯斲而礱之，天子加密石焉。」此本晉語。又爾雅釋宫：「牆謂之堊。」統廟寢言之。周官掌蜃云「共白盛之蜃」，注云：「謂飾牆使白之蜃也。」此與黝堊異飾，當是宫室中所用。左襄三十一年傳：「圬人以時塓館宫室。」亦當謂加飾。春秋時大夫士多美其居，故士木勝而知氏亡，輪奐頌而文子懼。意宰予晝寢，亦是其比。夫子以不可雕不可杇譏之，正指其事。此則舊文於義亦得通也。

【別解二】七經小傳：寢當爲内寢之寢。古者君子不晝居於内，晝居於内，則問其疾。所以異男女之節，厲人倫也。宰予晝居於内，故夫子深責之。

【餘論】論語集説：學者誠能立志以自彊，則氣亦從之，不至於昏惰，何有於晝寢？故學莫先於立志。　論語集注考證引何氏基曰：糞土朽木，諸家以爲質不美之譬。朱子嘗破其説，大抵人之氣體固有彊弱，而其勤怠則在於志之立不立。志苟立，則日進於精明，雖弱而必彊。志不立，則日入於昏惰，雖彊而亦弱。故君子爲學，必先立志。此志既立，則如木有質，如牆有基，而後雕杇之功可加矣。

**子曰：「始吾於人也，聽其言而信其行；今吾於人也，聽其言而觀其行。於予與改是。」**

【考異】李覯盱江集官人策引孔子曰：「昔吾于人也，聽其言而信其行；今吾於人也，察其言而觀其行。」　論語辨惑：此一章而再稱子曰，胡氏疑其衍文。予謂以語法觀之，其爲衍文無疑。　劉氏正義：前篇「人而不仁，如禮樂何」，在季氏舞八佾、三家雍徹章後，則人指季氏三家言。下篇「子所雅言」在學易章後，則所字指易言。「民可使由，不可使知」，在詩禮樂章後，則可使由、不可使知指詩禮樂言。「吾友張也爲難能也」，在堂堂乎張章前，則難能指堂堂言。此皆前後章相發明之例，姑舉數則爲此注證之。

按：劉説甚辨。然此節如别爲一章，則不知所指何事，故仍以衍文説爲長。余嘗謂一部論語中，多一子曰，此章及唯上知章是也。少一子曰，「君子去仁」節及「君子篤於親」節是也。能互相移易則善矣。宋儒好談錯簡，大遭後人非難，姑闕所疑焉可矣。

【考證】逸周書芮良夫解云：以言取人，人飾其言；以行取人，人竭其行。飾言無庸，竭行有成。說苑尊賢篇：夫言者，所以抒其匈而發其情者也，是故先觀其言而揆其行。夫以言觀其行，雖有姦軌之人，無以逃其情矣。大戴禮五帝德篇：孔子曰：「吾欲以顏色取人，於滅明邪改之。吾欲以言語取人，於予邪改之。」

【集解】孔曰：「改是者，始聽言信行，今更察言觀行。發於宰我晝寢也。」

【集注】宰予能言而行不逮，故孔子自言於予之事而改此失，亦以重警之也。胡氏曰：「『子曰』疑衍文，不然則非一日之言也。」

【餘論】四書訓義：學者之於道，知之非艱，行之維艱。知而不行，猶無知也。況乎因知而有言，而徒求之言，則有非真知而可以言者。故學莫切於力行，而言爲不足貴。力行之得失，在心之勤怠而已。能言而遂謂能知，自謂已知而不復勤於力行，則君子甚惡之。故夫子於宰予而深責之。

○子曰：「吾未見剛者。」或對曰：「申棖。」子曰：「棖也慾，焉得剛？」

【考證】困學紀聞：申棖，鄭康成云：「蓋孔子弟子申續。」史記云：「申棠字周。」家語云：「申續字周。」今史記以「棠」爲「黨」，家語以「續」爲「績」，傳寫之訛也。後漢王政碑云：「有羔羊之絜，無申棠之欲。」亦以棖爲棠。則申棠、申棖一人爾。唐開元封申黨召陵伯，又封申棖魯伯。本朝祥符封棖文登侯，又封黨淄川侯，俱列從祀。黨即棠也，一人而爲二人，失於詳考論語釋文也。史記索隱謂文翁圖有申棖、申棠，今所傳禮殿圖有申黨無申棖。養新録：詩「俟我乎堂兮」，箋：「堂當作棖。」棖與棠、堂同音，黨亦音相近，非由轉寫之譌。古文賡、續同聲，家語申續蓋讀如庚，與棠音亦不遠，今本史記作續，則轉寫誤也。　拜經日記：七十弟子申續字子周。徐鯤曰：「史記索隱引家語作繚，據字周義，疑繚爲得之。」案徐説是也。索隱於「公伯繚字周」下云：「家語無公伯繚，而有申子周。」又於「申堂字周」下云：「家語有申繚字周。」又史記正義於「公伯繚字周」下云：「家語有申繚子周。」然則司馬貞、張守節所見家語並作申繚，則家語無公伯繚及申堂，王肅僞造申繚一人以當申堂、公伯繚二人，因二人名姓雖異而字周則同，爲足相混也。論語音義引家語作申續，乃「繚」字形近之譌。困學紀聞卷七載釋文亦同，則宋本已誤。王伯厚所見本作「績」，今本作「繢」，此又「續」字之轉誤。論語音義引鄭云：「蓋孔子弟子申續。」此「續」字乃後人據誤本家語所改，當本作申堂，鄭正據仲尼弟子列傳也。索隱曰：「申堂字周，論語有申棖。鄭玄云：『申棖，魯人，弟子也。』蓋申堂是棖不疑，以棖、堂聲相近。」案小司馬此言，正據鄭注論語以申棖爲申堂，故云然也。　劉氏正義：「棖」或作「棠」，或作「堂」，或作「黨」，或作「儻」。漢王政碑「無申棠之欲」，此作「棠」也。史記索隱「申堂字周」，本史記弟子列傳，此作「堂」也。今本史記云「申黨字周」，此作「黨」也。朱氏彝尊弟子考引漢文翁禮殿圖有申儻，此作「儻」也。諸家文雖有異，而音則相通。詩丰云「俟我乎堂兮」，鄭箋「棠當爲棖」可證也。唐、宋以來，因稱名參錯，分申棖、申黨爲二人。玄宗開元二十七年，封申黨召陵伯，申棖魯伯。真宗祥符二年，封棖文登侯，黨淄川侯，俱列從祀。至明嘉靖九年，因大學士張璁奏，存棖去黨，而祀典始正。困學紀聞云：「史記索隱謂文翁圖有申棖、申棠，今所傳禮殿圖有申黨無申棖。」文獻通考亦云：「今考文翁石室圖無所謂棖與棠也。」是圖本止申黨一人，伯厚所見圖作「黨」，與朱氏彝尊所見圖作「儻」不同，當以朱爲是。諸字皆由音近通用，莫知其何者爲正。困學紀聞獨以「黨」爲傳寫之訛。梁氏玉繩漢書古今人表考亦以「儻」爲訛，皆未必然也。

按：王肅以申繚、申堂、公伯繚爲一人，而非孔子弟子。然馬注公伯寮愬子路章又云：「魯人，弟子。」家語弟子解無公伯寮，有申繚，蓋以申繚一人當申堂、公伯寮二人。臧氏庸譏其僞造，此等處止宜闕疑。

【集解】包曰：「申棖，魯人。」孔曰：「慾，多情慾也。」

【唐以前古注】書皋陶謨正義引鄭注：剛，謂强志不屈撓。釋文引鄭注：申棖，蓋孔子弟子申續。皇疏：夫剛人性無求，而申棖性多情慾。多情慾者必求人，求人則不得是剛，故云「焉得剛」。

【集注】剛，堅强不屈之意，最人所難能者。故夫子歎其未見。申棖，弟子姓名。慾，多嗜慾也。多嗜慾則不得爲剛矣。

【餘論】桑調元論語説（四庫全書總目引）：人知有慾不剛，而不知無慾尚非剛也。四書近指：陽剛之德，全是能自勝其私，使此心超然於萬物之上。慾則私意牽纏，縱貌剛之似，而中之靡也久矣。子路之彊，似之而非。須中立不倚，和而不流，乃真面目也。顔子克復歸仁，學從乾道人，庶足慰聖人之思。嗣是之後，則孟氏之直養無害塞乎天地之間者乎？

【發明】反身録：正大光明，堅强不屈之謂剛，乃天德也。全此德者，常伸乎萬物之上。凡富貴貧賤，威武患難，一切毁譽利害，舉無以動其心。慾則種種世情繫戀，不能割絶，生來剛大之氣，盡爲所撓，心術既不光明，遇事鮮所執持，無論氣質懦弱者多屈於物，即素貞血氣之彊者，亦不能不動於利害之私也。故從來剛者必無慾，慾則必不剛，不可一毫假借。

○子貢曰："我不欲人之加諸我也，吾亦欲無加諸人。"子曰："賜也，非爾所及也。"

【考異】考文補遺：古本"吾亦欲無加諸人"，"人"下有"也"字。

【考證】黄氏後案：説文："譜，加也。加，語相譜加也。誣，加也。"三字同義，皆謂飾辭毁人也。劉知幾史通采撰篇曰："沈氏著書，好誣先代。魏收黨附北朝，尤苦南國，承其詭妄，重以加諸。"舊唐書僕固懷恩上書曰："彼奉先、雲京，共生異見，妄作加諸。"韓子争臣論曰："吾聞君子不欲加諸人。"唐人所稱論語加字義訓皆與説文合。子貢因不欲人之加諸我，而願己無加諸人。夫子以爲非所及者，蓋論人之非，不溢本分一字，此事最難。孔子曰："吾之於人，誰毁誰譽。"是惟聖人乃能不加諸人，而賢者則有所歉。式三案：左傳"犧牲玉帛，弗敢加也"，加是增誣之義。以字義言之，加字从力，从口，義取有力之口。今云架誣、駕誣者是其本義，引申之，凡據其上者曰加，故有陵駕之意。馬氏加訓陵，史曹世家索隱亦云："加，陵也。"是引申之義也。

【集解】馬曰："加，陵也。"孔曰："非爾所及，言不能止人使不加非義於己也。"

【唐以前古注】皇疏引袁氏云：加，不得理之謂也。非無過者何能不加人，人亦不加己，盡得理，賢人也，非子貢之分也。

【集注】子貢言我所不欲人加於我之事，我亦不欲以此加之於人。此仁者之事，不待勉強，故夫子以爲非子貢所及。程子曰：「我不欲人之加諸我，吾亦欲無加諸人，仁也。施諸己而不願，亦勿施於人，恕也。恕則子貢或能勉之，仁則非所及矣。」愚謂無者自然而然，勿者禁止之謂，此所以爲仁恕之別。

【餘論】朱子文集（答馮作肅）：博施濟衆之問，與此語先後不可考。疑因能近取譬之言，用力有功，而有欲無加人之説也。嘗謂欲立人欲達人，即子貢所謂欲無加人，仁之事也。能近取譬，求仁之方，即孔子所謂勿施於人，恕之事也。戴震孟子字義疏證：夫物之感人無窮，而人之好惡無節，則是物至而人化物也。人化物也者，滅天理而窮人欲者也。於時有悖逆詐僞之心，有淫泆作亂之事，是故彊者脅弱，衆者暴寡，知者詐愚，勇者苦怯，疾病不養，老幼孤獨不得其所，此大亂之道也。誠以弱寡愚怯，與夫疾病老幼孤獨，反躬而思其情，人豈異於我？一人之欲，天下人之同欲也，故曰性之欲。好惡既形，遂己之好惡，忘人之好惡，往往賊人以逞欲。反躬者，以人之逞其欲思身受之情也。情得其平，是爲好惡之節，是爲依乎天理。四書約旨：聖門諸賢，無不求仁。子貢蓋用能近取譬之功，當日月至焉之候，見萬物一體景象，故出以相質。但是見到，未是行到；是初至，未是久安，故子曰「非爾所及」。

○子貢曰：「夫子之文章，可得而聞也。夫子之言性與天道，不可得而聞也。」

【考異】皇本「不可得而聞也」下有「已矣」二字。天文本論語校勘記：足利本作「不可得而聞也已」，與天文本同。考文補遺引古本、一本、唐本、津藩本、正平本末有「已」字。史記孔子世家：夫子言天道與性命，弗可得聞也已。漢書眭宏夏侯勝等傳贊：子贛曰：「夫子之文章，可得而聞。夫子之言性與天道，不可得而聞已矣。」又外戚傳注師古引論語亦作「不可得而聞也已矣」。顔師古匡謬正俗引文亦作「已矣」。錢曾讀書敏求記：高麗有何晏集解鈔本，此與漢書傳贊適合。蓋子貢寓嗟歎於不可得聞中，故以「已矣」傳言外微旨，二字似不可脱。

【考證】養新録：後漢書桓譚傳：「天道性命，聖人所難言。自子貢以下，不得而聞。」注引鄭康成論語注：「性，謂人受血氣以生，有賢愚吉凶。天道，七政變動之占也。」古書言天道者，皆主吉凶禍福而言。古文尚書：「滿招損，謙受益，時乃天道。」天道福善而禍淫。」易傳：「天道虧盈而益謙。」春秋傳「天道多在西北」、「天道遠，人道邇，竈焉知天道」、「天道不諂」，國語：「天道賞善而罰淫。我非瞽史，焉知天道？」老子：「天道無親，常與善人。」皆論吉凶之數。與天命之性，自是兩事。潛研堂答問：天道，經典皆以吉凶禍福言。孟子云「聖人之於天道也」，亦謂吉凶陰陽之道，聖人有不知，故曰命也。否則，性與天道又何別焉？一説性與天道，猶言性與天合也。後漢書馮異傳：「臣伏自思惟，以詔勅戰功，每輒如意。時以私心斷決，未嘗不有悔。國家獨見之明，久而益遠，乃知性與天道，不可得而聞也。」此亦漢儒相承之說。潘氏集箋：史記天官書云：「孔子論六經，紀異而說不書。至天道性命，不傳。傳其人，不待告。告非其人，雖言不著。」正義：「待，須也。言天道性命，忽有志事，可傳授之則傳，其大指微妙，自在天性，不須深告語也。著，明也。言天道性命，告非其人，雖爲言說，不得著明微妙，曉其意也。」黄氏後案：晉書紀瞻傳曰：「陛下性與天道，猶復役機神於史籍。」文選任昉啓曰：「性與天道，事絶稱言。」唐太宗旌賞孫伏伽詔曰：「朕惟寡德，不能性與天道。」長孫無忌對太宗之問曰：「陛下性與天道，非臣愚所及。」引經語意正同，是師説相傳如此。何解作儱侗語。史稱何晏與夏侯玄、荀粲、王弼之徒競爲清談，祖尚虚無，謂六經爲聖人之糟粕。史又稱荀粲好言道，常以爲子貢稱夫子之言性與天道不可得聞，六籍雖存，固聖人之穅秕。而粲之兄俁駁其説之不當。然則何氏論性論天道，皆虚無不可窮詰之説，與荀粲等作謎語，而見斥於荀俁者耳。自宋以後，言性與天道者分理氣。申其論者，大抵超陰陽以上而求天之理，離心知之實而求性之理，亦不能不推之空眇以神其説。而矯之者，如東發先生云：「子貢實不得聞，學者言性與天道所當退而自省。」近顧亭林云：「性也命也天也，夫子之所罕言，而今君子之所恒言。」又謂明季學者，「以明心見性之空言，代修己治人之實學，股肱墮而萬事荒，爪牙亡而四國亂」。東發先生斥宋季，顧氏斥明季，此救時之論，豈經恉之果如此乎？劉氏正義：史記孔子世家言：「定公時，魯自大夫以下皆僭離於正道，故孔子不仕，退而修詩、書、禮、樂。弟子彌衆，至自遠方，莫不受業焉。」又云：「孔子之時，周室微而禮樂廢，詩、書缺。追迹三代之禮，序書傳，觀殷、夏所損益，曰：『後雖百世可知也。』以一文一質，周監二代，郁郁乎文哉，吾從周。故書傳禮記自孔氏。語魯太師樂云云。自衛反魯，然後樂正，雅、頌各得其所。古者詩三千餘篇，及至孔子，去其重，取可施於禮義。三百五篇，孔子皆弦歌之，以求合韶、武、雅、頌之音。禮樂自此可得而述，以備王道，成六藝。」又云：「孔子以詩、書、禮、樂教，弟子蓋三千焉。」據世家諸文，則夫子文章謂詩、書、禮、樂也。古樂正崇四術以造士，春秋教以禮、樂，冬夏教以詩、書。至春秋時，其學寖廢，夫子特修明之，而以之爲教。故記夫子四教，首在於文。顏子亦言：「夫子博我以文。」羣弟子所以得聞也。世家又云：「孔子晚而喜易，序彖、繫、象、説卦、文言。讀易，韋編三絶，曰：『假我數年，若是，我於易則彬彬矣。』」蓋易藏太史氏，學者不可得見。故韓宣子適魯，觀書太史氏，始見周易。孔子五十學易，惟子夏、商瞿晚年弟子得傳是學。然則子貢言性與天道不可得聞易是也。此説本之汪氏喜荀，略見所著且住菴文稿。

按：如諸家之説，古無以天道作天理解者。且於文道從辵，從首，猶路也。天道者，如不知棋局幾道之道。蓋既有天，即有陰陽，日月迭運，雷風相薄，泰極則否，剥極必復，以爲無定，而若有可憑；以爲有定，而屈伸消長，孰爲爲之，孰令致之，又無可指。易傳曰：「一陰一陽之謂道。」史記孔子世家作「夫子之言天道與性命，不可得而聞」，加一命字，義更明顯。理從里，從玉，乃玉之有文理者。古無天理二字，其字起於漢博士之作樂記，三代時無此語也。或曰：漢自董仲舒解春秋經，已嘗雜五行災祥言之。董氏通儒尚爾，風尚所趨，賢者不免。鄭氏兼學讖緯，其以吉凶禍福解天道，亦爲風氣所囿。是則然矣，然一天道二字，而其解釋隨時代爲轉移，則大不可。漢儒去古未遠，各有師承。何氏雖雜以道家言，其所謂新新不已者，即中庸之「至誠不息」。然中庸至誠之道，可以前知，禎祥妖孽，必先知之。與鄭義固相通也。至以理訓天，則更空洞荒渺，不可究詰矣。劉氏據且住菴文稿，以詩、書、禮、樂爲文章，以易、春秋爲言性與天道，其論精確不磨。故詳著之。

【集解】章，明也。文采形質著見，可以耳目循也。性者，人之所受以生者也。天道者，元亨日新之道也。深微，故不可得而聞也。

【唐以前古注】後漢書桓譚傳注引鄭注：性，謂人受血氣以生，有賢愚吉凶。天道，七政變動之占。

皇疏引太史叔明云：文章者，六籍是也。性與天道如何注。以此言之，舉是夫子死後，七十子之徒，追思曩日聖師平生之德音難可復值。六籍即有性與天道，但垂於世者可蹤，故千載之下，可得而聞也。至於口説言吐，性與天道，蘊藉之深，止乎身者難繼，故不可得而聞也。

按：叔明，吴太史慈之後，吴興烏程人。少善莊、老，兼通論語、禮記，尤精三玄。每講説，聽者常五百人。邵陵王綸出爲江州，携叔明之鎮，故江州人士皆傳其學。事蹟略見南史及齊書沈峻傳。七録有太史叔明論語集解十卷。隋經籍志云：「梁有十卷，亡。」今惟皇疏引其二節而已。以此條爲孔子死後之言，可謂創解。亦備一義。

筆解：韓曰：「孔説粗矣，非其精藴。吾謂性與天道，一義也。若解二義，則人受以生，何者不可得聞乎哉？」李曰：「天命之謂性，是天人相與一也。天亦有性，春仁夏禮秋義冬智是也。人之率性，五常之道是也。蓋門人只知仲尼文章，而少克知仲尼之性與天道合也。非子貢之深藴，其知天人之性乎？」

【集注】文章，德之見於外者，威儀文辭皆是也。性者，人所受之天理。天道者，天理自然之本體。其實一理也。言夫子之文章日見乎外，固學者所共聞。至於性與天道，則夫子罕言之，而學者有不得聞者。蓋聖門教不躐等，子貢至是始得聞之而歎其美也。

【餘論】論語意原：性與天道至難言也。夫子寓之於文章之中，惟子貢能聞之。至孟子則諄諄然言性善言天道。夫子示人以其端，欲學者至於自得。孟子闡其秘以示人，欲天下皆可知也。　日知録：朱子曰：「聖人教人，不過孝悌忠信持守誦習之間，此是下學之本。今之學者以爲鈍根，不足留意。其平居道説，無非子貢所謂不可得而聞者。」黄氏日鈔曰：「夫子述六經，後來者溺於訓詁，未害也。濂、洛言道學，後來者借以談禪，則其害深矣。」又云：「劉、石亂華，本於清談之流禍，人人知之。孰知今日之清談，有甚於前代者。昔之清談談老、莊，今之清談談孔、孟。昔王衍妙善玄言，自比子貢。及爲石勒所殺，將死顧而言曰：『嗚呼！吾曹雖不如古人，向若不祖尚浮虚，戮力以匡天下，猶可不至今日。』今之君子，得不有媿乎其言？」

論語補疏：釋文云：「何云元亨日新之道，鄭云七政變通之占。」鄭氏此注見後漢書桓譚傳注所引。蓋自春秋時，易學不明，而梓慎、裨竈之流，以七政占驗爲天道，故云「天道多在西北」。子産雖正斥之以「天道遠，人道邇，竈焉知天道」，而天道之稱，究未能言。孔子贊易，乃明之曰立天之道，曰陰與陽。立地之道，曰柔與剛。立人之道，曰仁與義。於臨曰：「大亨以正，天之道也。」於謙曰：「天道虧盈而益謙，地道變盈而流謙。」於恒曰：「天地之道，恒久而不已也。」道即行也。天道，猶云天行。乾曰：「天行健，君子以自彊不息。」蠱曰：「終則有始，天行也。」剥曰：「君子尚消息盈虚，天行也。」復曰：「反復其道，七日來復，天行也。」舉當時以奇怪虚誕爲天道者，一旦廓而清之。記載哀公問云：「敢問君子何貴乎天道也？」孔子對曰：「貴其不已。如日月東西，相從而不已也，是天道也。不閉其久，是天道也。無爲而物成，是天道也。已成而明，是天道也。」孔子言天道在消息盈虚，在恒久不已，在終則有始，在無爲而物成；與七政變占迥然不合。鄭氏以此解論語，淺之乎觀聖人矣。　揅經室集：此子貢歎學者不能盡人而皆得聞之，非子貢亦不聞也。　又曰：史記孔子世家作「夫子言天道與性命弗可得聞」，所以與今論語不同者，非所見本有異。此乃太史公傳真孔安國之學，以説論語，加一命字，更顯明也。性字連命字爲言，更見性命即關乎天道。此天道即孟子所説聖人之於天道也，即孔子五十所知之天命也。天道非人所能逆知，故曰不可得而聞。

按：焦氏此論，抑鄭以申何，但非爲宋儒張目，何者？盈虚消息之理，與七政變占雖有精粗之别，而理固相通。至宋儒言性，分爲義理之性與氣質之性。言天亦分爲理性之天與氣數之天。則唐以前人尚無此説法，何況三代？太史公作史記，於古文之難解者，輒自加注釋。其於性下加一命字，意更明顯。阮氏性命古訓謂爲安國真本，其言雖不盡可信，然其指氣數言，則無疑義矣。

【發明】焦氏筆乘：性命之理，孔子罕言之，老子累言之，釋氏則極言之。孔子罕言，待其人也，故曰：「不憤不啓，不悱不發。中人以下，不可以語上也。」然其微言不爲少矣，第學者童習白紛，翻成玩狎。唐疏宋注，錮我聰明，以故鮮通其説者。内典之多，至于充棟，大抵皆了義之談也。古人謂闇室之一燈，苦海之三老，截疑網之寶劍，抉盲眼之金鎞。故釋氏之典一通，孔子之言立悟，無二理也。張商英曰：「吾學佛然後知儒。」誠爲篤論。又曰：孔、孟之學，盡性至命之學也。顧其言簡指微，未盡闡晰。釋氏諸經所發明，皆其理也。苟能發明此理，爲吾性命之指南，則釋氏諸經即孔、孟之義疏也，又何病焉。夫釋氏之所疏，孔、孟之精也；漢、宋諸儒之所疏，其糟粕也。今疏其糟粕則俎豆之，疏其精則斥之，其亦不通於理矣。

# 論語集釋卷十

## 公冶下

○子路有聞，未之能行，惟恐有聞。

【考異】七經考文補遺：古本「未之」作「之未」，一本無「之」字。　皇本無「之」字。

【集解】孔曰：「前所聞未及行，故恐後有聞不得竝行也。」

【集注】前所聞者既未及行，故恐復有所聞，而行之不給也。　范氏曰：「子路聞善，勇於必行。門人自以爲弗及也，故著之。若子路，可謂能用其勇矣。」

【別解】包慎言溫故録：聞讀若聲聞之聞。韓愈名箴云：「勿病無聞，病其曄曄。昔者子路，唯恐有聞。赫然千載，德譽愈尊。」其言當有所本。蓋子路當時有聲聞之一事，爲人所稱道。子路自度尚未能行，故唯恐復有聞。　黃氏後案：韓子知名箴曰：「內不足者，急於人知。霈焉有餘，厥聞四馳。昔者子路，惟恐有聞。赫然千載，德譽愈尊。」韓子引此文解爲文譽之聞，義正通。告過則喜，承譽則恐，此仲子之所以賢也。

按：此以有聞爲聞譽，亦可備一說。

【餘論】四書辨疑：論語一書，無非善言善行，皆其門人所記，何必更論及與弗及哉？況經中亦無門人自謂弗及之文，范氏之説當刪。此一節但言子路聞善，勇於必行，可謂能用其勇矣。如此則意圓無病。

按：論語中皆記聖賢言行，而專記賢者善行者，惟此一章，故集注取范氏之説，誠非無因。陳氏亦失之未考耳。

【發明】朱子語類：子路不急於聞，而急於行。今人惟恐不聞，不去行處著功夫。反身録：未行而恐有聞，子路急行之心，真是惟日不足，所以得到升堂地位。吾人平日非無所聞，往往徒聞而未嘗見諸行，即行而未必如是之急，玩愒因循，孤負時日，讀至此不覺忸怩。

○子貢問曰：「孔文子何以謂之『文』也？」子曰：「敏而好學，不恥下問，是以謂之『文』也。」

【考異】七經考文：足利本「是以謂之文」，無「也」字。

【考證】劉氏正義：世本云：「孔達生得閭叔穀，穀生成叔烝鉏，鉏生頃叔羈，羈生昭叔起，起生圉。」圉即孔叔圉。亦稱仲叔圉。邢疏引謚法云：「勤學好問曰文。」是文爲謚也。論語稽：孔悝之鼎銘曰：「乃考文叔，興舊嗜欲，作率慶士，躬恤衛國。其勤王家，夙夜不解，民咸曰休哉。」然其人於倫紀之間，帷薄不修。觀渾良夫之通於其妻，而大叔遺之再娶其女，皆三尺童子所羞稱，故子貢疑其人不足謚爲文。夫子則就文論文，故取其敏而好學、不恥下問以許之，殆亦善善從長之意歟？

【音讀】羣經平議：此當以「敏」字爲句，「而好學不恥下問」皆承敏字而言，謂其知識敏疾，而又好學不恥下問也。敏者，天資。學問者，人功。天資美而人功又盡，文子所以爲文也。學者誤讀「敏而好學」爲句，於是近解乃增出位高字，便與質美相配。若然，則經文當云「敏而好學，貴而不恥下問」矣。且所謂下問者，非必以貴下賤之謂，凡以能問於不能，以多問於寡皆是。

【集解】孔曰：「孔文子，衛大夫孔圉。文，謚也。敏者，識之疾也。下問，問凡在己下者也。」

【集注】孔文子，衛大夫，名圉。凡人性敏者多不好學，位高者多恥下問，故謚法有以勤學好問爲文者，蓋亦人所難也。孔圉得謚爲文，以此而已。蘇氏曰（見蘇氏論語拾遺）：「孔文子使太叔疾出其妻而妻之。疾通於初妻之娣，文子怒，將攻之。訪於仲尼，仲尼不對，命駕而行。疾奔宋。文子使疾弟遺室孔姞，其爲人如此，而謚曰文，此子貢之以所疑而問也。孔子不没其善，言能如此，亦足以爲文矣，非經天緯地之文也。」

【餘論】朱子或問：先王之制謚，以尊名節，以壹惠，故人生雖有衆善，及其死，則但取其一以爲謚，而不盡舉其餘也。以是推之，則其爲人或不能無善惡之雜者，獨舉其善而遺其惡，是亦謚法之所許也。蓋聖人忠孝之意，所以爲其子孫之地，與銘器者稱美而不稱惡同旨。惟其無善之可稱而純於惡焉，則名之曰幽厲，有不能已耳。

【發明】薛瑄讀書録：夫子以孔文子敏而好學、不恥下問爲文，取其微善，而不及其顯惡。聖人道大德宏，此亦可見。自後人言之，必以其人爲不足道，而並没其微善矣。

○子謂子産：「有君子之道四焉：其行己也恭，其事上也敬，其養民也惠，其使民也義。」

【考異】文選袁彦伯三國名臣序贊注引作「子曰君子其行己也恭」。

【考證】錢大昕後漢書考異：産者，生也。木高曰喬，有生長之義，故名喬字子産。後人增加人旁。　劉氏正義：説文：「僑，高也。」僑言人之高者。郭注山海經「長股國」，言：「有喬國。今伎家喬人蓋象此身。」喬、僑通用。左傳長狄僑如，當亦取高人之意。僑、産義合，高大爲美，故子産又字子美。此當兼存二義。　論語稽：子産者，穆公之孫，子國之子。魯襄公八年見左傳，十九年爲鄭卿，三十年執政，歷仕鄭簡、定二公，凡相鄭二十二年，卒於魯昭公二十年。其於晉當悼、平、昭、頃、定五世，於楚當共、康、郟敖、靈、平五君，周旋兩大之間，戎馬交争，鄭恃之以爲安危。其行己恭，事上敬，則謙謙君子也。其養民惠，使民義，則良相也。故孔子稱美之。黄陶菴曰：「子産者，救時之相也。參王霸而用之，去其丘賦、刑書之失，即可進於王。無其秉禮守義之心，亦可流於霸。不王不霸之間，其子産之自處乎？蓋亦春秋已來，一人而已。」

【集解】孔曰：「子産，鄭大夫公孫僑。」

【集注】子産，鄭大夫公孫僑。恭，謙遜也。敬，謹恪也。惠，愛利也。使民義，如都鄙有章，上下有服，田有封洫，廬井有伍之類。

【餘論】蔡清四書蒙引：恭敬分言，則恭主容，敬主事。單言恭則該敬，「篤恭而天下平」是也。單言敬則該恭，「君子修己以敬」是也。行己恭主容説，蓋出入起居升降進退見之一身者皆行己也。夫子温良恭儉讓之恭亦主容説。事上敬不止拜跪趨走之間，陳力就列，乃敬之大也。故曰：「事君，敬其事而後其食。」

○子曰：「晏平仲善與人交，久而敬之。」

【考異】皇本作「久而人敬之」。七經考文：足利本同有「人」字。天文本論語校勘記：古本、唐本、津藩本、正平本均作「久而人敬之」。

【考證】史記管晏列傳：晏平仲，萊之夷維人也。山東通志：晏城在濟河縣西北二十五里，晏嬰采地。

【集解】周曰：「齊大夫，晏姓，平謚，名嬰。」

按：凡邢疏所稱「周曰」者，皇本、高麗本俱作周生烈，無一及漢之周氏。周氏名字爵里俱佚，與包咸皆治張侯論語而爲其章句。諸志不著録，惟見何晏集解序。魏志：「周生烈，敦煌人，魏初徵士。」裴松之注：「姓周生，名烈。」陸德明經典釋文序録：「字文逢。本姓唐，魏博士侍中。」其説本之七録。邢昺論語序疏作字文逸。考馬總意林引周生烈子四條。其自序略云：「六蔽鄙夫敦煌周生烈字文逸。」則邢疏是而陸作文逢誤也。其義説隋、唐志皆不及著録，惟何晏集解採之。今論語周氏章句、論語周氏義説各一卷，俱存玉函山房輯佚書中。

【唐以前古注】皇疏：此善交之驗也。凡人交易絶，而平仲交久而人愈敬之也。又引孫綽云：交有傾蓋如舊，亦有白首如新。隆始者易，克終者難。敦厚不渝，其道可久，所以難也。故仲尼表焉。

按：論語後案云：「皇本經文多異字，先儒以贋鼎疑之。此作『人敬之』，以春秋傳事觀之亦合。平仲身遭季世，而使人能久敬之，則爲交之善也。」（劉寶楠云：「當從鄭本無『人』字，解爲平仲敬人。」）

【集注】晏平仲，齊大夫，名嬰。程子曰：「人交久則敬衰，久而能敬，所以爲善。」

【餘論】張志烈四書大全辨：或曰：「晏嬰於晉悦叔向，於鄭悦子皮，於吴悦季札，於周交柏常騫，於魯交處士蘇晉，與孔子處者八年，悦孔子弟子曾子，聘之仕，曾子固辭；於齊友大夫吴翰，分倉粟府金與北郭騷養母，以至贖越石父爲上客，此正夫子所謂善與人交，在久而敬之之先者也。晏子之言曰：「事君苟進不道忠，交友苟合不道行，不任於上則輕議，不篤於友則好誹，此邪人之行也。事君盡禮行忠，不正爵禄，不用則去而不議；其交友也，論身行義，不爲苟戚，不同則疏而不誹，此正士之行也。」由晏子此言推之，其善交久敬亦可見矣。黄鶴谿惠廸邇言（四書拾遺引）：交際之間，其人實有可敬，而我不知敬，則失人。其人本無可敬，而我誤敬之，則失己。失人失己，必貽後悔。故必由淺漸深，由疎漸親，爲時既久，灼見真知，然後用吾之敬，自可免失人失己之患，此其所以爲善也。或問：「交主於敬，如子所云，交可不敬乎？」曰：「交所以用吾情，敬所以行吾心。試參閲弟子入則孝章，汎愛，交之謂也。親仁，敬之謂也。敬行於久，善交之謂也。」

○子曰：「臧文仲居蔡，山節藻棁，何如其知也？」

【考異】釋文：「棁」，本又作「棳」。藝文類聚述論語「棁」字作「楶」。翟氏考異：按玉篇「棳」與「棁」同，「楶」雖與「棁」音有別，而爾雅注疏並訓爲梁上短柱，蓋亦可通用。

【考證】全祖望經史問答：臧文仲居蔡之説，古注與朱注異。近人多是古注，然朱注究當從。據漢人之説，則居蔡是僭諸侯之禮，山節藻棁是僭天子宗廟之禮，以飾其居。如此則已是二不知，不應概以作虛器罪之曰一不知也。但臧孫居蔡，非私置也，蓋世爲魯國守蔡之大夫。家語不云乎：「文仲一年而爲一兆，武仲一年而爲二兆，孺子一年而爲三兆，是世官也。」然則臧孫居蔡，何僭之有？武仲奔防，納蔡求後，以其爲國寶也。則以大夫不藏龜之罪加臧孫，恐其笑人不讀左傳與家語也。乃若山節藻棁，實係天子之廟飾，管仲僭用以飾其居，雜記諸篇載之不一而足。而臧未必然者，蓋臺門反坫，鏤簋朱紘，出自夷吾之汰侈，不足爲怪；而臧孫則儉人也，天下豈有以天子之廟飾自居，而使妾織蒲於其中者？蓋亦不相稱之甚矣。吾故知其必無此也。然則山節藻棁將何施？曰施之於居蔡也，所謂媚神以邀福也。是固横渠先生之論而朱子採之也。羣經平議：龜之名蔡，未知何義。包氏此解亦臆説耳。竊疑蔡當讀爲𣪊。説文又部：「𣪊，楚人謂卜問吉凶曰𣪊。」讀若贅。龜者所以卜問吉凶也，因即以其用而名之曰𣪊，蓋楚語也。龜本荆州所貢，故沿襲其語耳。𣪠與蔡音相近，孔氏廣森經學卮言謂蔡，蔡叔之蔡，即竄三苗之竄。然則以蔡爲竄，猶以蔡爲𣪠矣。　論語後録：此云國君之守龜，是蔡長一尺矣。　潘氏集箋：禮書逸禮言「天子龜尺二寸，諸侯八寸」是也。禮曰：「家不寶龜。」儀禮：「大夫士祭蓍而已。」則大夫無守龜矣。逸禮言「大夫龜六寸」，非也。　經義雜記：左傳襄二十三年「且致大蔡焉」，杜注：「大蔡，大龜。」釋文：「大蔡，龜名也。一云龜出蔡地，因以爲名。」正義曰：「漢書食貨志：『元龜爲蔡。』論語云：『臧文仲居蔡。』家語稱臧氏有守龜，其名曰蔡。是大蔡爲大龜，蔡是龜之名。鄭玄云：『出蔡地，因以名之焉。』非也。」又漢書食貨志：「龜不盈五寸，貝不盈六分，皆不得爲寶貨。元龜爲蔡，非四民所得居有者，入大卜受直。」注如淳曰：「臧文仲居蔡謂此也。説謂蔡國之大龜也。」臣瓚曰：「蔡是大龜之名。書曰：『九江納錫大龜。』大龜不出蔡國。若龜出楚，不可名龜爲楚也。」師古曰：「瓚説非也。本以蔡出善龜，故因名大龜爲蔡耳。」據此，知包、鄭注論語，如顏注漢書，皆以爲龜出蔡地，因名蔡。蓋古人命名多從本稱，蔡無大龜之訓，何詁蔡爲大龜乎？　劉氏正義：左昭五年傳：「吴蹶由曰：『卜之以守龜。』又曰：『國之守龜，其何事不卜？』」是國君有守龜也。漢書食貨志：「元龜岠冉長尺二寸，公龜九寸，侯龜七寸，子龜五寸。」又云：「元龜爲蔡。」是蔡長尺二寸也。白虎通引禮三正記：「天子龜爲蔡，長一尺二寸，諸侯一尺，大夫八寸，士六寸。」與食貨志異。然皆天子龜爲尺二寸也。但包既以蔡長尺二寸，則是天子守龜，不當云國君之守龜，此稍誤矣。路史國名紀言：「蘄春江中有蔡山，在廣濟縣。大龜納錫故曰蔡，非姬姓蔡。」王氏瑬四書地理志引之，謂今黄梅縣西南九十里曰蔡山，西接廣濟縣。此或包、鄭所指龜所出之地名矣。四書典故辨正：陳琳悼龜賦云：「山節藻棁，既櫝且韞。」則建安以前，已有作此解者。四書辨證：龜人「掌六龜之屬，各以其物入於龜室」。注云：「六龜各有室。」則文仲非差在居，差在所以居之者。夫山節藻棁，天子之廟飾也。而管仲僭之，故君子以爲濫。孔子謂難爲上，乃魯因賜而得用天子廟飾，管仲以之奉己，文仲以之媚神，故夫子譏辭不同。

按：漢人説，居蔡是僭諸侯之禮，山節藻棁是僭天子宗廟之禮以飾其居，與朱注異。西河毛氏遂引漢貨殖傳序：「諸侯刻桷丹楹，大夫山節藻棁。」後漢輿服志：「禮制之壞，諸侯陪臣皆山節藻棁。」並指文仲言。不知夫子之意在譏其不智，非譏其僭。考左傳，武仲爲季氏所逐，奔邾，自邾如防，使其子爲納大蔡請立後。臧昭伯如晉，臧會竊其寶龜。又明堂位「封父龜與大璜大弓」，並爲成王賜魯之器。據此，則蔡即大蔡，乃天子之龜而賜魯爲宗器者。依家語，文仲蓋世爲魯國守蔡之大夫也。然則居蔡非僭，居蔡而以天子之廟飾以之媚神爲不智耳。集注不誤。

【集解】包曰：「臧文仲，魯大夫臧孫辰。文，謚也。蔡，國君之守龜，出蔡地，因以爲名焉，長尺有二寸。居蔡，僭也。節者，栭也，刻鏤爲山。棁者，梁上楹也，畫爲藻文。言其奢侈也。」孔曰：「非時人謂之爲知也。」

【唐以前古注】文選七命注引鄭注：蔡，謂國君之守龜也。禮器正義引鄭注：龜出於蔡，故得以爲名焉。左氏文三年傳正義引鄭注：節，栭也，刻之爲山。梲，梁上楹也，畫以藻文。山節藻梲，天子之廟飾，皆非文仲所當有之。

【集注】臧文仲，魯大夫臧孫氏，名辰。居，猶藏也。蔡，大龜也。節，柱頭斗拱也。藻，水草名。梲，梁上短柱也。蓋爲藏龜之室，而刻山於節，畫藻於梲也。當時以文仲爲知，孔子言其不務民義而諂瀆鬼神如此，安得爲知。春秋傳所謂「作虛器」，即此事也。張子曰：「山節藻梲爲藏龜之室，祀爰居之義，同歸於不知，宜矣。」

【餘論】朱子語類：臧文仲、季文子、令尹子文、陳文子數段，是聖人微顯闡幽處。惟其似是而非，故聖人分明説出，要人理會。如臧文仲人皆以爲知，聖人便説其既惑於鬼神，安得爲知。蓋卜筮之事，聖人固欲使民信之。然藏蓍龜之地，須自有合當之處，今文仲乃爲山節藻梲以藏之，是其心一向倒在卜筮，如何得爲知？古説多道其僭，則不止謂之不知，便是不仁，聖人今祗主不知而言也。

○子張問曰：「令尹子文三仕爲令尹，無喜色；三已之，無愠色。舊令尹之政，必以告新令尹。何如？」子曰：「忠矣。」曰：「仁矣乎？」曰：「未知，焉得仁？」

【考異】皇本「何如」下有「也」字。

【音讀】釋文：「知」如字，鄭音智，下同。漢書人表此語，師古注曰：「言智者雖能利物，猶不及仁者所濟遠也。」引此者，蓋班氏自述所表先聖後仁及智之次皆依於孔子也。論衡問孔篇説此章曰：「智與仁不相干也。有不智之性，何妨爲仁之行？五行之道，不相須而成。人有信者未必智，智者未必仁，仁者未必禮，禮者未必義。子文智蔽于子玉，其仁何毁？」亦讀知爲智。中論智行篇：「或曰：『仲尼言未知焉得仁，乃高仁耶？』對曰：『仲尼此亦有所激然，非專小智之謂也。』」亦讀知爲智。論語足徵記：釋文：「知如字，鄭音智，下同。」班書古今人表引「未知焉得仁」二語，表中所列九品，智人下仁人一等。師古曰：「言智者雖能利物，猶不及仁者所濟遠也。」論衡問孔篇曰：「子文智蔽於子玉。」皇疏引李充曰：「子玉之敗，子文之舉。舉以敗國，不可爲智也。陳文子所之驟稱其亂，不如甯子之能愚，蘧生之可卷，亦未可爲智也。」然則班固、王充、鄭君皆以孔子論子文、文子，謂未得爲智人，焉爲仁人也。何晏引僞孔安國注曰：「未知其仁也。」故釋文知先音如字。果爾，則「未知」下豈應增「焉得」二字？孟武伯問子路仁乎？子曰：「不知其仁也。」不曰「不知焉得仁也」。集注從之，誤矣。

按：邢疏言：「如其所説，但聞其忠事，未知其仁也。」又言：「據其所聞，但是清耳，未知他行，安得仁乎？」皇疏亦云：「李充謂爲不智，不及注也。」是此説已爲注疏所不取，故集注同之。

【考證】莊子田子方篇：肩吾問於孫叔敖曰：「子三爲令尹而不榮華，三去之而無憂色，子之用心獨奈何？」吕氏春秋：「孫叔敖三爲令尹而不喜，三去令尹而不憂。」高誘注曰：「論語云令尹子文，不云叔敖。」翟氏考異：史記循吏傳亦取莊周、吕不韋説，以其事屬孫叔敖。考叔敖之爲令尹，在楚莊王十六年，後七年莊王即卒，叔敖死莊王前，安得有三仕三已事？楚鬬且云：「昔鬬子文三舍令尹。」語著於春秋外傳。鬬且與孔子同時，與子文同國同氏，其語寧不較莊、吕爲可信？

四書大全辨：子文之爲令尹，距孔子生時已百二十年。崔子弑齊莊公，陳文子爲大夫，時孔子生四歲耳。子張復少孔子四十八歲，去陳文子已遼越，況令尹子文哉？子張掇拾往事以質於夫子，夫子因問而答，據其事而謂之忠清，皆曰未知焉得仁。蓋謂其事未之前聞，未之知也，焉得論其仁不仁也。按左傳莊公三十年，鬬穀於菟爲令尹。至僖公二十三年，子文以子玉伐陳之功使爲令尹。二十八年，子玉死，蔿吕臣爲令尹。三十三年，子上爲令尹。未聞子文之三仕三已也。且其使子玉爲令尹也，大夫曰：「子若國何？」子文曰：「吾以靖國也。」夫有大功而無貴仕，其人能靖者幾？明不獲已而使子玉爲令尹。子文不聞告新令尹之政，子玉亦必不能聽舊令尹之政也。又按襄公二十五年，齊崔杼弑莊公，盧蒲癸奔晉，王何奔莒，閭丘嬰、申鮮虞奔魯，不聞陳文子須無之出奔也。二十七年，宋向戌請弭諸侯之兵，文子請許之，慶封、陳須無皆至會。時去弑君不二年，崔子尚相齊，文子固仍在齊預大政也。二十八年，文子告慶封勸齊侯朝於晉。無歲不與崔慶同朝，不聞文子去之他邦又一邦也。是歲始反盧蒲癸，言王何而反之，不聞文子反於先也。崔氏之滅，文子在齊，不聞與謀。慶氏之奔，文子實與謀焉，得慶氏之木百車於莊，召子無宇於萊之田，從慶氏得歸，而戕舟發梁，絶慶封之救，欒、高、陳、鮑介慶氏之甲以殺子之，文子之謀居多。文子卒，其子無宇用事，至其孫乞厚施於國，至恒遂弑簡公。然則陳氏之子孫亦猶大夫崔子也。按莊子肩吾問於孫叔敖曰：「子三爲令尹而不榮華，三去之而無憂色，子之用心獨奈何？」太史傳孫叔敖亦云：「三得相而不喜，知其材自得之也。三去相而不悔，知非己之罪也。」然則此實孫叔敖事，與文子年代不甚遠，而子張因之傳疑也。左傳崔氏之亂，閭丘嬰以帷縛其妻而載之，與申鮮虞乘而出。鮮虞推而下之曰：「君昏不能匡，危不能救，死不能死，而知匿其暱，其誰納之？」遂奔魯。申鮮虞僕賃於野以葬莊公。冬，楚人召之，遂如楚爲令尹。此申鮮虞違之他邦又之一邦事，與文子同事，姓名易譌，而子張復因之傳疑也。二大夫事蹟，於魯之春秋無一焉，夫子安從知之？而安從論之？故爲此存不論不議之辭，而亦不置一譏貶。他日告子張曰：「多聞闕疑。」蓋有以也。四書釋地又續：鬭穀於菟爲令尹，始自莊三十年丁巳，代子元。終於僖二十三年甲申，子玉代。凡二十八年。此二十八年間，有三已三仕之事，不知代之者何人，傳文不備及，楚世家所未詳，只宜以論語爲信。至孫叔敖之令尹，見宣十一年癸亥。叔敖死於楚莊王手，約令尹僅七八年。以莊王之賢，豈肯暫已叔敖？意莊子孫叔敖三爲令尹而不榮華，三去之而無憂色。荀子叔敖曰：「吾三相楚而心愈卑。」原係子文事，傳譌而爲叔敖耳。大全辨載一説，謂孫叔敖實三仕三已，傳譌而爲令尹子文，不信論語，真顛倒之見矣。經史問答：子文於莊公三十年爲令尹，至僖公二十三年讓於子玉，凡在位二十八年。子玉死，蔿吕臣繼之，子上又繼之，大孫伯又繼之，成嘉又繼之，是後楚之令尹不見於左傳。文公十二年，子越之亂，追紀曰：「令尹子文卒。鬭般爲令尹。」

則意者成嘉之後，子文嘗再起爲令尹，而仁山以爲子上之後者，誤也。子上死，即有商臣之變，使子文是時在位，豈尚可以言忠？　四書賸言：孫叔敖三事三舍事，荀子、莊子皆有之，此荀、莊之誤，不得以疑論語也。孫叔敖舉海濱，本期思之鄙人，並非公族，舍即去此耳，焉有至再至三之事？且鬭子文仕楚約三十年，而叔敖以宣十二年始爲令尹，不數年而楚莊死，然且叔敖之死先於楚莊，史記稱叔敖死數年，莊王用優孟言，始予其子以寢丘之地是也。是叔敖之仕，裁一二年耳。以一二年而三仕三已，則終朝三褫，立朝所羞，夫子不得而稱之矣。且子文非無據也。國語鬭且廷曰：「昔鬭子文三舍令尹，無一身之積，恤民之故也。」是子文實有三已事，此其明文。況且廷又曰：「子文受禄必逃之而後反之。」此皆讓爵讓禄之實行。觀其後忽舉子玉以自代，雖所舉不當，然其退讓之意則概可睹也。況以子家之妄言而反疑論語與春秋外傳，無是理也。　汪中述學：易「近利市三倍」，詩「如賈三倍」，論語「焉往而不三黜」，春秋傳「三折肱爲良醫」，此不必限以三也。論語「季文子三思而後行」，「雌雉三嗅而作」，孟子書陳仲子三咽，此不可知其爲三也。論語「子文三仕三已」，史記「管仲三仕三見逐於君，三戰三走」，「田忌三戰三勝」，「范蠡三致千金」，此不必其果爲三也。故知三者，虚數也。　黄氏後案：金吉父曰：「左傳莊公三十年，楚申公鬭班殺子元，鬭穀於菟爲令尹。至僖公二十三年，子玉爲令尹。二十八年，子玉卒，蔿呂臣爲令尹。三十三年，子上爲令尹。其後子文之死，傳又曰：『令尹子文卒。鬭般爲令尹。』則是卒之時又爲令尹也。卒而子繼之。三仕三已，別無所考。子玉、呂臣、子上之間，子文大率執其政而代其缺與？」甬上全氏駁金説，謂：「子上死，即有商臣之變，使子文是時在位，豈尚可言忠？子文於莊公三十年爲令尹，至僖公二十三年讓於子玉，凡在位二十八年。子玉死，蔿吕臣繼之，子上又繼之，太孫伯又繼之，成嘉又繼之，則意者成嘉之後，子文嘗再起爲令尹。」式三謂全氏亦以意言耳。左傳既言其卒時爲令尹，則三仕止二已矣。三已必四仕矣。此事蓋不可考。顧震滄有楚令尹表，不言鬭般，而成嘉之後，繼以鬭椒矣。式三謂此等事有難爲表者。周燭齋云：「子文之卒，在子越椒未知政之時。其三仕三已，在成王之世。自初爲令尹以至遜位子玉，二十八年之中。」亦未確。

【集解】孔曰：「令尹子文，楚大夫，姓鬭，名穀，字於菟。但聞其忠事，未知其仁也。」

【唐以前古注】皇疏引李充云：進無喜色，退無怨色，公家之事，知無不爲，忠臣之至也。子玉之敗，子文之舉，舉以敗國，不可謂智也。賊夫人之子，不可謂仁。

【集注】令尹，官名，楚上卿執政者也。子文姓鬭，名穀於菟。其爲人也，喜怒不形，物我無間，知有其國，而不知有其身，其忠至矣。故子張疑其仁。然其所以三仕三已而告新令尹者，未知其皆出於天理而無人欲之私也，是以夫子但許其忠，而未許其仁也。

「崔子弒齊君，陳文子有馬十乘，棄而違之。至於他邦，則曰：『猶吾大夫崔子也。』違之。之一邦，則又曰：『猶吾大夫崔子也。』違之。何如？」子曰：「清矣。」曰：「仁矣乎？」曰：「未知，焉得仁？」

【考異】唐石經「棄」字作「弃」。　皇本「違之之一邦」下「之」字下有「至」字。　七經考文：足利本作「違之至一邦」。　釋文：魯讀崔爲高，今從古。「弑」，本又作「殺」，同。　九經古義：崔子，鄭氏注云：「魯讀崔爲高，今從古。」王充論衡曰：「仕宦爲吏，亦得將相長吏，猶吾大夫高子也，安能別之？」蓋用魯論語之言。微鄭氏之注，幾不知充語何所指也。　羣經平議：崔子弑君，何得改讀爲「高子」？釋文此條必有踳誤。所謂讀崔爲高者，下文兩崔子也。陳文子因崔杼弑君惡而逃之，豈得稱之曰「吾大夫崔子」？且當時列國大夫雖未必賢，亦豈人人皆崔子歟？魯讀爲高，甚有義理。高子，謂高厚也。襄十九年左傳：「秋八月，齊崔杼殺高厚於灑藍而兼其室。書曰：『齊殺其大夫。』從君於昏也。」惟高子從君於昏，故不能制崔杼，而反爲崔杼所殺。於是崔杼始專國政，卒成弑君之禍。文子推原禍本，於高子有深憾焉。每至一國，見其執政之世臣庸庸尸位，無有深識遠慮，故輒發猶吾大夫之歎。魯論所讀，必是師説如此。陸德明誤謂經文「崔子」魯皆讀爲「高子」，遂於首句出之，則失之甚矣。

【考證】四書釋地：開方之法，方十里者爲方一里者百，其賦十乘。然其陳文子采邑殆爲方一里者百云。一傳而桓子無宇請得高唐，陳氏始大。　劉氏正義：曲禮云：「問大夫之富，數馬以對。」故此言有馬十乘也。一乘是四匹馬，則十乘是四十匹馬。陳氏鱣簡莊集解此文云：「此指其在廄之馬。金氏仁山以十乘乃十甸之地，其采邑之大可知。非也。論語千乘之國及百乘之家皆指出車之數而言。陳文子有馬十乘，及齊景公有馬千駟，則指公馬之畜于官者，非國馬之散在民間也。大學「畜馬乘」，謂士初試爲大夫者。百乘之家，謂有采地者。鄭注甚明。周官校人云：「家四閑馬二種。」鄭志答趙商曰：「當八百六十四匹。」此言天子之卿大夫之制。若侯國初試爲大夫者畜馬乘，今文子有馬十乘，亦可謂多矣。閻氏釋地以開方之法計其賦十乘，而定爲文子采邑，蓋仍沿金氏之誤耳。」經史問答：文子出奔之事，不知果否。即有之，而不久遽返，仍比肩崔、慶之間，覬其亡而竊政，可謂清者乎？其後父子相商，得慶氏之木百車，而戒以慎守，何清之有？熟讀左氏傳，蹤跡自見，誅其心直不可謂之清。聖人第就子張所問論之，不及其他，忠厚論人之法也。

包愼言温故録：高氏爲齊命卿，與文子同朝者高子也。崔杼弑君，而魯論書高子者，責其不討賊也。與趙盾同義。文子去齊而之他邦，其間或欲請師討賊，而見其執國命者皆與惡人爲黨，故曰猶吾大夫高子也。陳立句溪雜著（劉氏正義引）：以左傳崔杼事證之，則魯論信爲誤字。然文子所至各國，亦何至皆如崔子，而文子亦何至輒擬人以弑君之賊，則下兩言「猶吾大夫崔子」，似以魯論作高子爲長。蓋弑君之逆，法所必討。高子爲齊當國世臣，未聞聲罪致討，以春秋貶趙盾律之，宜與崔子同惡矣。其首句自當作崔子，魯論作高子，則涉下高子而誤。過庭録：他國不必皆如崔杼之弑君，當以高子爲是。高、國爲齊之世臣，當先討賊而不能。陳文子有馬十乘，下大夫之禄也，力不能討，故之他邦以求爲君討賊，而無一應者，如魯之三家也，故曰「猶吾大夫高子」。鄭注「魯讀崔爲高」，當在此句下。音義在「崔子弑齊君」下，當誤。

按：潘維城云：「襄十九年傳：『齊崔杼殺高厚於灑藍而兼其室。書曰：齊殺其大夫。從君於昏也。』莊公見弒在二十五年，則其時崔杼之惡猶未熾。使高厚不從君於昏，無難豫制，何至殺其身而禍及其君？猶吾大夫高子，蓋歎所至諸邦之執政無不若厚之昏者，識其昏而去之，不可謂非清矣。然其始也，貿貿然來，子故謂爲未知也。左氏爲古文家學，魯論讀崔爲高，乃今文家説。然即以古文書證之，義亦可通，較古論爲長。」

【集解】孔曰：「崔子、陳文子，皆齊大夫也。崔杼作亂，陳文子惡之，捐其四十匹馬，違而去之也。文子辟惡逆，去無道求有道。當春秋時，臣陵其君，皆如崔子，無有可止者也。」

【唐以前古注】皇疏引孫綽云：大哉仁道之宏！以子文平粹之心，無借之誠；文子疾時惡之篤，棄馬而逝，三去亂邦，坐不暇寧，忠信有餘，而仁猶未足。唯顏氏之子，體仁無違，其亞聖之目乎？　又引顏延之云：每適又違，潔身者也。

【集注】崔子，齊大夫，名杼。齊君，莊公，名光。陳文子亦齊大夫，名須無。十乘，四十匹也。違，去也。文子潔身去亂，可謂清矣。然未知其心果見義理之當然而能脱然無所累乎，抑不得已於利害之私而猶未免於怨悔也，故夫子特許其清，而不許其仁。

【發明】朱子語類：今人有小利害，便至於頭紅面赤。子文三仕三已，略無喜愠。有小所長，便不肯輕以告人，子文乃盡以舊政告之新尹，其地位亦甚高矣。今人有一毫係累，便脱灑不得。文子有馬十乘，乃棄之如敝屣然，亦豈易事？須思二子所爲，如此高絶，而聖人不許之以仁者如何，未足以盡仁。就此細看，便見二子不可易及，而仁之體段實是如何，切不可容易看也。

○季文子三思而後行。子聞之，曰：「再，斯可矣。」

【考異】唐石經作「再思可矣」。　三國志吴書諸葛恪傳注同。　皇本、高麗本作「再思斯可矣」。

【音讀】釋文：三，息暫反，又如字。　四書辨疑：三作平聲，乃是數目之空名。按：下文明出再字，則三應如字讀也。　集注讀爲去聲，非。

【集解】鄭曰：「季文子，魯大夫季孫行父。文，謚也。文子忠而有賢行，其舉事寡過，不必及三思也。」

【唐以前古注】皇疏：有一通云：「言再過二思則可也。」　又季彪曰：君子之行，謀其始，思其中，慮其終。然後允合事機，舉無遺算。是以曾子三省其身，南容三復白圭，夫子稱其賢。且聖人敬慎，於教訓之體，但當有重耳，固無緣有減損之理也。時人稱季孫名過其實，故孔子矯之，言季孫行事多闕，許其再思則可矣，無緣乃至三思也。此蓋矯抑之談耳，非稱美之言也。

按：季彪不知何許人，遍考晉書及隋、唐經籍、藝文諸志，均無名季彪者。隋志有論語集義八卷，晉尚書左中兵郎崔豹集。梁十卷。初疑爲豹之别號，後考世説注云：「豹號正熊。」則非豹書。當再考。

【集注】季文子，魯大夫，名行父。每事必三思而後行，若使晉而求遭喪之禮以行，亦其一事也。

斯，語辭。程子曰：「爲惡之人，未嘗有思，有思則爲善矣。然至於再則已審，三則私意起而反惑矣，故夫子譏之。」

【別解】升庵全集：黄東發曰：行父怨歸父之謀去三家，至掃四大夫之兵以攻齊。方公子遂弑君立宣公，行父不能討，反爲之再如齊納賂焉。又帥師城莒之諸、鄆二邑，以自封植，其爲妾馬金玉也多矣，是亦公孫弘之布被、王莽之謙恭也。然則小廉乃大不忠之飾乎？時人皆言之，故曰「季文子三思而後行」。夫子不然之，曰：「再，斯可矣。」此言微婉，蓋曰再尚未能，何以云三思也？使能再思，不黨簒而納賂，專權而興兵，封植以肥己矣。不得其解者，乃云思至於三，則私意起而反惑。誠如其言，則中庸所謂「思之不得弗措也」，管子所云「思之思之，又重思之。思之不通，鬼神將通之」，吴臣勸諸葛恪十思者，皆非矣。然則以三思稱季文子者，亦左氏之流也夫。

按：此說亦是，可備一義。

【餘論】四書辨疑：王滹南駁喪禮之説曰：「文子至晉，果遭之，則正得思之力也，何過之有？」又駁程子之説曰：「思至于三，何遽爲私意邪？」又曰：「事有不必再思者，亦有不止於三思者，初無定論也。」其説大意皆當。三思之三既爲去聲，則文子之三思不止三次而已也。夫子之言止是言文子過思之蔽，非謂天下之事皆當止於再思，不可至於三次也。讀四書大全説：程子言思在善一邊説，方得聖人之旨，那胡思亂想，卻叫不得思。洪範言「思作睿」，孟子云「思則得之」，思原是人心之良能，那得有惡來？思者，思其是非，亦思其利害。只緣思利害之思亦云思，便疑思有惡之一路，乃不知天下之工於趨利而避害，必竟是浮情囂氣趁著者。耳目之官，揀肥擇輭，若其能思，則天然之則。即此爲是，則此爲利矣。故洪範以思配土，如水曰潤下，便游移不貞，隨地而潤，隨下而下，若土爰稼穡，則用必有功也。季文子三思而行，夫子却説「再，斯可矣」，顯然思未有失，而失在三。若向利欲上著想，則一且不可，而况於再？三思者，只是在者一條路上三思。如先兩次是審擇天理，落尾在利欲上作計較，則叫做爲善不終。而不肯於善之一途畢用其思，落尾掉向一邊去，如何可總計而目言之曰三？後人只爲宣公簒弒一事，傒落得文子不值一錢。看來夫子原不於文子施誅心之法，以其心無可誅也。金仁山摘其黜莒僕一事，爲奪宣公之權。如此吹毛求疵，人之得免於亂賊者無幾矣。文子之黜莒僕，乃其打草驚蛇之大用，正是一段正氣之初幾，爲逆亂之廷作砥柱。到後來不討賊而爲之納賂，則亦非但避一身一家之害，而特恐其不當之反以誤國，故如齊以視彊鄰之從違而爲之計。文子始終一觀釁待時之心，直算到逐歸父之日，是他不從賊一大結果。看來做得也好幾與狄梁公同。且弒嗣君者，仲遂也，敬嬴也，非盡宣公也。屈之於宣公，而伸之於東門氏，亦是義理極細處。宣公，亦文公之子也。惡視既死，而宣公又伏其辜，則文公之血脈摧殘幾盡矣。故文子於此熟思到底也。在義理上遲回審處，不然則妾不衣帛，馬不食粟，遇苕丘之難而不屈，豈懷禄畏死而甘爲逆黨者哉？特其圖畫深沈，作法巧妙，而非居易俟命之正道，則反不如逐莒僕時之忠勇足任爾。其對宣公之詞曰：「見無禮於君者，誅之如鷹鸇之逐鳥雀也。」又曰：「於舜之功，二十之一。」皆諷宣公以誅仲遂。仲遂誅，則宣公固不妨如叔孫舍之得立也。宣公既不之聽，便想從容自下手做，乃以夫子「再斯可矣」之義處之，則當亟正討賊之詞。即事不克，此心已靖，而不必決逐東門之爲快耳。除聖人之大中至正，則文子之與温太真、狄梁公自是千古血性人，勿事輕爲彈射。又云：凡爲惡者，只是不思。曹操之揣摩計量，可謂窮工極巧矣。讀他讓還三縣令，却是發付不下。緣他迎天子都許時，也只拚著膽做去，萬一官渡之役不勝，則亦郎當無狀矣。又如王莽於漢，也只乘著時勢莽撞，那一事是心坎中流出的作用？後來所以一倍惷拙可笑。三代而下，唯漢光武能用其思，則已節節中理，掣滿帆入危地。饒他姦險，總是此心不靈。季文子則不然，後世唯魏相、李泌似之。益以知思之有善而無惡也。黄氏後案：三思，謂思之盡善也。左傳哀公二十七年：「中行文子曰：『君子之謀也，始衷終皆舉之。』」杜注云：「所謂君子三思。」據傳文、杜注，則再思者，思其始，復思其中。三思則思其始中終也。張平子東京賦曰「必三思以顧愆」是也。張子韶論語絶句云：「或能再矣斯猶可，何況加之以三思。」子韶之説，亦用舊解。又林德膚、黄繼道、胡仁仲説亦同，皆是也。季文子三思而後行，當時稱許之辭如此，而子聞之也。文子行事之善者可稱再思，或稱之以三思而不得也。夫子言再思斯可，而文子所思所行之得失俱可見矣。是聖言之寬簡得中也。

【發明】論語稽：文子生平蓋禍福利害之計大明，故其美惡兩不相掩，皆三思之病也。其思之至三者，特以世故太深，過爲謹慎。然其流弊，將至利害徇一己之私矣。蓋孝義節烈之士，雖天分學力兼而有之，而臨時要必有百折不回之氣，而後可成。古今來以一轉念之誤而抱恨終身者多矣。此章再思三思，界限甚大，分際甚明，讀者不可忽也。

○子曰：「甯武子邦有道則知，邦無道則愚。其知可及也，其愚不可及也。」

【考異】詩抑傳：「國有道則知，國無道則愚。」正義：「此論語説甯武子文。」「邦」諱作「國」。　文選三國名臣序贊注引「知」作「智」。

【考證】江永春秋地理考實：左文五年「晉陽處父聘於衛，反過甯」，杜注：「晉邑。汲郡修武縣也。」今河南衛輝府獲嘉縣西北有修武故城，即古甯邑。其地與衛境相接，或本爲衛邑，武子世食於此，故氏甯也。　論語稽求篇：集注：「春秋傳武子仕衛，當文公、成公之時。」考春秋僖十九年，即衛文之十九年。衛人伐邢。是時衛大旱，卜祀不吉。甯莊子勸文公伐邢，師興而雨。甯莊子者，甯武子之父也。及僖二十六年，而文公已卒，是年爲衛成公元年，公會莒子、衛甯速，盟于向，蓋尋洮之盟也。然而甯速者，公羊作甯遬，即莊子名也，則是成公初立，尚是莊子，不是武子。至僖二十八年，爲衛成三年，而武子之名始見于傳，所謂盟宛濮、職橐饘者，皆在是時。至文四年，爲衛成十二年，然後武子之名一見於經，所謂「衛使甯俞來聘」，俞，武子名也。是終文之世，武子未嘗仕衛。計其入仕，當在成公元年之後，三年之前。莊子謝事，而後武子得襲位。蓋周制公族世爲大夫，必父老而子繼之，未有其父儼然以上卿涖盟，而其子執國事者也。　四書人物備考：武子未嘗仕文公。古者公族世爲大夫，父死子繼。成元年速猶會盟于向，至三年俞始盟宛濮，可知有道無道，均屬成公朝。黄氏後案：有道之知，注以文公時言。駁注者謂古者公族大夫父死子繼，成公元年，武子之父莊子速猶會盟于向，至三年武子始盟宛濮，可知武子未事文公，有道無道，均屬成公朝。陸稼書謂：「春秋父子並時在朝者甚多。」閻伯詩及甬上全氏廣引左傳以證，故説者多依朱子注，以有道屬文公時。趙鹿泉謂成公自賴橐饘之從爰及返正，享祚三十餘年，屢同諸侯之好，罕被大國之兵，先之卜遷避狄，以定三百年遠模，至於外平晉、魯，内返匡、戚，此可謂有道時，皆甯武子力也。依趙説，則有道屬成公。

按：衛文、成二君，皆不得爲有道，而亦未嘗大無道。此有道無道，當以衛成公時國之安定危亂言之。樊氏廷枚四書釋地補引汪廷珍説：「此有道乃對禍亂而言，與史魚章兩有道正同。成公復國後，武子輔政凡十餘年，其間如請改祀命，不答彤弓等事，皆所謂有道則知也。」宋氏翔鳳論語發微説同。集注失於考證，毋庸深諱。陸稼書謂春秋父子並在朝者甚多，只當依注。然亦未有事以指實之，不足據也。

【集解】馬曰：「衛大夫甯俞。武，謚也。」孔曰：「佯愚似實，故曰不可及也。」

【唐以前古注】皇疏引王朗云：或曰詳愚，蓋運智之所得。緣有此智，故能有此愚，豈得云同其智而闕其愚哉？答曰：智之爲名，止於布德尚善，動而不黜者也。愚無預焉。至於詳愚，韜光潛彩，恬然無用。支流不同，故其稱亦殊。且智非足者之目可有，雖審其顯而未盡其愚者矣。又引孫綽云：人情莫不好名，咸貴智而賤愚，雖治亂異世，而矜鄙不變。唯深達之士，爲能晦智藏名，以全身遠害。飾智以成名者易，去華以保性者難也。

【集注】甯武子，衛大夫，名俞。按春秋傳，武子仕衛，當文公、成公之時。文公有道，而武子無事可見，此其知之可及也。成公無道，至於失國，而武子周旋其間，盡心竭力，不避艱險。凡其所處，皆知巧之士所深避而不肯爲者，而能卒保其身，以濟其君，此其愚之不可及也。

【餘論】四書辨疑：衛成公之過惡不多見也，惟有信讒殺元咺、子角一事而已。晉以私忿，必欲致之於死，至使醫衍酖之。無道在晉，不在成公。武子當此之際，自無棄而去之之理，周旋其間，盡心竭力，不避艱險，以濟其君，此正武子所當爲者。今反謂其爲愚，推窮此説，令人昏悶。果謂其爲佯愚也，却有盡心竭力之勤。若謂其爲真愚也，復有保身濟君之美。此誠不可曉也。邦無道則愚，本與邦無道言孫、邦無道卷而懷之之意同。於武子行事中，必有所指能自韜晦之事，故歎其人所不能及也。魯文賦湛露、彤弓，武子佯爲不知，此亦自晦之一事。杜預以爲愚不可及，亦有取也。程子曰：「邦無道，能沈晦免患。」此説爲是。

【發明】論語稽：上章論季文子之知，此章述甯武子之愚，正可兩兩互勘。大凡烈士殉國，孝子殉親，皆必有百折不回之氣而後成。當其不知有性命，不知有身家，一往直前，無所顧忌，有似乎愚。及其至性至情，動天地，泣鬼神，人乃以爲不可及。而不知所不可及者，即在此置身家性命於度外之一念乎。武子仕衛，進不求達，退不避難，在見幾而作之士，不免從旁竊笑。而卒各行其是，以保其身，而濟其國，此夫子所以歎美之也。

○子在陳，曰：「歸與！歸與！吾黨之小子狂簡，斐然成章，不知所以裁之。」

【考異】皇本「不知所以裁之」下有「也」字。　禮記表記正義引論語：「子在陳，稱『歸與！歸與！吾黨之小子。』」不連「狂簡」字。

【音讀】釋文：「狂簡」絶句，鄭讀至「小子」絶句。　經讀考異：案近讀作一句，從孔氏讀也。釋文引鄭氏注，以「吾黨之小子」句截，是以「小子」絶句，「狂簡」另爲句，朱子集注本此。

【考證】史記世家：哀公三年，孔子在陳。魯召冉求。孔子曰：「歸乎！歸乎！吾黨之小子狂簡，斐然成章，吾不知所以裁之。」　朱子論語序説注：史記以論語歸與之歎爲在季康子召冉求時，又以孟子所記歎詞爲主司城貞子時語，疑不然。蓋語、孟所記，本皆一時語，而所記有異同耳。　史記辨惑：論語載孔子在陳之言，初不言其爲何而發也。孟子亦載之云云，此正一事，但辭小異耳。史記世家乃兩存之，而各著其言之由，吾意其妄爲遷就也。　四書釋地續補：孔子在陳凡二次：一居於魯定公十五年丙午，哀公元年丁未，二年戊申。一居於哀公二年戊申，三年己酉，四年庚戌。史記世家並載有歸與之辭，一同孟子，一同論語。或疑孔子以司寇去魯，不可以無故而復國，何屢發是歎耶？　余曰：三年己酉載者得之。魯使使召冉求，求將行。孔子曰：「魯人召求，非小用之，將大用之也。」是日，孔子曰「歸乎！歸乎！吾黨之小子狂簡」云云，蓋興起於魯之召求之歸，于情事爲得，惜乎猶錯簡複出於二年戊申云。

【集解】孔曰：「簡，大也。孔子在陳，思歸欲去，故曰吾黨之小子狂簡者，進趨於大道，妄穿鑿以成文章，不知所以裁制，我當歸以裁制之耳。遂歸。」

按：沈濤論語孔注辨僞云：「斐字從文，古訓無不以爲文貌者。今云妄作穿鑿，謬矣。」焦循論語補疏：「妄作穿鑿申解斐然，蓋讀斐爲匪，匪猶非也。」此或得孔義，然亦謬矣。「妄作穿鑿以成文章，不知所以裁制」，是以不知爲弟子不知也，於義亦隔。說詳劉氏正義。論語古訓亦云：「此章孔注與孟子同，與鄭解異。」蓋鄭不從舊讀，故所解亦異，惜乎無考矣。

【集注】此孔子周流四方，道不行而思歸之歎也。吾黨小子指門人之在魯者。狂簡，志大而略於事也。斐，文貌。成章，言其文理成就有可觀者。裁，割正也。夫子初心欲行其道於天下，至是而知其終不用也，於是始欲成就後學，以傳道於來世。又不得中行之士而思其次，以爲狂士志意高遠，猶或可與進於道也。但恐其過中失正，而或陷於異端耳，故欲歸而裁之也。

【餘論】四書辨疑：不得中行之士而思其次，此本孟子答萬章之語。注文變其文而用之也。萬章問曰：「孔子在陳曰：『盍歸乎來！吾黨之士，狂簡進取，不忘其初。』孔子在陳，何思魯之狂士？」孟子答曰：「孔子不得中道而與之，必也狂獧，狂者進取，獧者有所不爲也。孔子豈不欲中道哉？不可必得，故思其次。」蓋萬章所問，本無「斐然成章，不知所以裁之」乎之語，止以孔子思狂士爲問，孟子乃是就其所問以答之也。萬章之問，與此經文既已不同，孟子之答萬章者，亦不可施之於此也。「不得中行而與之，必也狂狷乎」，此乃思其狂狷也。「吾黨之小子狂簡，斐然成章，不知所以裁之」，却是抑制狂者，不令妄有述作之意，非思之也。說者宜云夫子知其終不用也，於是特欲成就後學，以傳道於來世。慮其門人狂而志大，簡而疏略，徒以斐然之文而成章篇，違理害道，不知裁正，恐有誤於後人，故欲歸而裁正之也。思狂士一節不必取。

按：「狂簡」，子路篇作「狂狷」，孟子作「狂獧」。説文無「狷」字，應作「獧」。簡、獧聲相近，狂簡即狂獧也。

【發明】陸稼書四書困勉録引徐氏惜陰録曰：莊周亦是狂士，以不知裁，遂肆爲異學之倡。後世禪學，往往收高明之士。夫子此憂，已燭見來玆之禍根。

○子曰：「伯夷、叔齊不念舊惡，怨是用希。」

【考證】困學紀聞：論語疏案春秋少陽篇：「伯夷姓墨，名允，字公信。伯，長也。夷，謚。叔齊名智，字公達，伯夷之弟。齊亦謚也。」少陽篇未詳何書。胡明仲曰：「少陽篇以夷、齊爲伯、叔之謚。彼已去國，隱居終身，尚誰爲之節惠哉？蓋如伯達、仲忽亦名而已矣。」陶宗儀輟耕録載吾丘衍閒居録云：「孤竹君姓墨，音眉，名台初，音怡。見孔叢子注。中子名伯遼，見周曇詠史詩注。伯當作仲。」若如吾説，則夷、齊是名非謚矣。大戴禮衞將軍文子篇：不克不忌，不念舊惡，蓋伯夷、叔齊之行也。

【集解】孔曰：「伯夷、叔齊，孤竹君之二子也。孤竹，國名也。」

【唐以前古注】皇疏：孤竹之國，是殷湯正月三日丙寅日所封，其子孫相傳至夷、齊之父也。父姓墨台，名初，字子朝。伯夷名允，字公信。叔齊名致，字公達。伯夷大而庶，叔齊小而正。父薨，兄弟相讓，不復立也。

按：皇疏不言出春秋少陽篇，亦不以夷、齊爲謚。邢疏蓋本於釋文。然釋文伯夷姓墨，叔齊名智，皆不與皇疏同。應劭漢地理志「孤竹城」注：「伯夷之國，君姓墨胎氏。」胎、台古通。據此，知釋文「姓墨」下脱一字。爾雅釋地「觚竹列於四荒」，郭注：「觚竹在北。」觚與孤同。漢地理志：「遼西郡令支有孤竹城。」今永平府盧龍縣東有古孤竹城。

【集注】伯夷、叔齊，孤竹君之二子。孟子稱其不立於惡人之朝，不與惡人言。與鄉人立，其冠不正，望望然去之，若將浼焉。其介如此，宜若無所容矣。然其所惡之人，能改即止，故人亦不甚怨之也。

程子曰：「不念舊惡，此清者之量。」

【別解】四書改錯：此惡字即是怨字，猶左傳「周、鄭交惡」之惡。舊惡即夙怨也。惟有夙怨而相忘，而不之念，因之恩怨俱泯，故怨是用希。此必有實事而今不傳者。若善惡之惡，則念時未必知，即不念亦不必使惡人曉。且不念已耳，人亦定無以我之念不念分恩怨者，何爲怨希？

論語稽：舊惡，毛奇齡以爲夙怨，義長，當從之。夷、齊之清，雖周武猶不如其意，似難與之相處矣。然惡惡雖嚴，而中無城府，所以人不怨之也。

按：魏書：「房景伯除清河太守。郡民劉簡虎嘗失禮於景伯，景伯署其子爲四曹掾，論者以爲不念舊惡。」南齊皇甫肅曾勸劉勔殺王廣之。及勔亡，肅反依廣之，而廣之盛相契賞，且啓武帝使爲東海太守。史臣以爲不念舊惡。此舊惡並作夙怨解。漢、晉以來，舊説如此。較集注爲勝。

【餘論】蔡清四書蒙引：今人皆知天下歸仁，邦家無怨，爲仁人盛德事。固也，然薰蕕不同味，而去取生；涇渭不同流，而愛惡生，則夫爲君子者，固不能無惡於人也。如司馬温公，雖奸邪小人惡其害己者，亦斂衽咨嗟其賢。如程明道先生，則狡詐者獻其誠，暴慢者致其恭。如諸葛武侯，則李平、廖立雖爲所廢，亦惜其死而爲之流涕。此無他，公也，誠也。公則可怒在彼，誠則不言而信，皆夷、齊不念舊惡輩人也。

【發明】朱子語類：此與不遷怒一般。其所惡者，因其人之可惡而惡之，而所惡不在我。及其能改，又祇見其善，不見其惡，聖賢之心皆如此。林希元四書存疑：聖人之心如明鏡止水，妍媸因物之自取。蓋所惡者，惡其惡也，非惡其人也。因其自取，非出於有心也。若惡其人而出於有心，則追念不忘矣。

○子曰：「孰謂微生高直？或乞醯焉，乞諸其鄰而與之。」

【考異】釋文：「醯」，亦作「醓」。五經文字：作「醓」者俗。七經考文補遺：古本「或」下有「人」字。

【考證】通志略：微生高或云即尾生。四書辨證：釋文莊子盜跖篇：「尾生，一本作微生。」戰國策蘇秦語燕易王曰：「信如尾生，期而不至，抱梁而死。」蘇代語燕昭王曰：「信如尾生高，則不過不欺人耳。」高誘注：「尾生高，魯人。」鮑彪注：「尾生再見燕策，蘇代言其名爲高，即論語微生高。」翟氏考異：莊子盜跖篇注、漢書人表注俱云尾生即微生高。微、尾字以聲轉通借。潘氏集箋：漢書古今人表、燕策並作尾生高，高誘注：「魯人。」莊子盜跖篇、漢書東方朔傳「尾生」注並以爲微生高，故論語後録、論語竢質、翟氏考異、葴厓考古録或以微、尾爲聲之轉，或以爲古字通是也。竢質又云：「説文解字曰：『尾，微也。』是音訓皆同。」太史公書蘇秦列傳曰：「信如尾生，與女子期於梁下。女子不來，水至不去，抱柱而死。」然則尾生高矯情飾行，以詐取名者。故或稱其信，或稱其直。信既如此，直亦可知。夫子即其乞醯而轉乞爲與一事論之，其私曲盡見矣。論語稽：古説多以微生高即尾生，與女子期於河梁者。然魯又有微生畝，則微生固魯之著姓，不必以微、尾字通用，謂即尾生也。且彼以信聞，此以直聞，直與信固兩義，未容牽合。

按：書「鳥獸孳尾」，史記作「微」。微、尾古通。漢書古今人表「尾生高、尾生畮」，師古曰：「即微生高、微生畝也。」是微生即尾生，仍當從舊説。

【集解】孔曰：「微生姓，高名，魯人也。乞之四鄰，以應求者，用意委曲，非爲直人。」

【集注】微生姓，高名，魯人，素有直名者。醯，醋也。人來乞時，其家無有，乞諸鄰以與之。夫子言此，譏其曲意徇物，掠美市恩，不得爲直也。范氏曰：「是曰是，非曰非，有謂有，無謂無，曰直。聖人觀人，於其一介之取予，而千駟萬鍾從可知焉。故以微事斷之，所以教人不可不謹也。」

【餘論】四書翼注：此是論直，非論施惠於人。若是濟人利物之事，如有人槁餓待斃，我自顧蕭然無有，即使貸監河侯之粟以濟之，何嘗不可？必曰我以直聞，安得爲汝計，則傖父面目矣。醯非人必不可少之物，有則與之，無則辭之，沾沾作此態，平日之得直名者可知矣。此言存直道，非攻微生高也。黄氏後案：醯本可有可無之物，而必曲遂乞者之意，是爲不直。朱子言掠美未必然，言曲意徇物是也。謝顯道謂周急濟難，不是不直，疑經文之未詳。張子韶謂高不爲抗直，夫子稱其美。二説皆不可從。吕伯恭曰：「乞醯事之至微，初非周急濟難也。謂乞醯於鄰爲不直，何不可之有？」

【發明】顧夢麟四書説約：古來祇爲周旋世故之念，壞盡人品。如微生乞醯一事，何等委曲方便，却祇是第二念，非當下本念。夫子有感而歎之，不在譏微生，指點要人不向轉念去也。

○子曰：「巧言、令色、足恭，左丘明恥之，丘亦恥之。匿怨而友其人，左丘明恥之，丘亦恥之。」

【考異】舊無「子曰」二字。釋文曰：「一本有『子曰』字，恐非。」

按：此章皇、邢本並有「子曰」字。

【音讀】釋文：「足，將樹反，又如字。」邢氏疏曰：「此讀足如字，謂便習盤辟，其足以爲恭也。」書冏命「巧言令色便辟」，孔傳曰：「便辟足恭。」正義曰：「前却俯仰，以足爲恭也。」大戴禮曾子立事篇：足恭而口聖，君子勿與也。翟氏考異：孔氏以尚書、論語互相訓證，大戴以足恭口聖爲對偶。表記又云：「君子不失足于人，不失色于人，不失口于人。」失足于人，足恭也。失色于人，令色也。失口于人，巧言也。三者亦並言之。足當如字直讀無疑，其義自爲手足之足。論語足徵記：此即表記所謂失口、失色、失足也。邢疏曰「便辟其足以爲恭，謂前却俯仰，以足爲恭也」是也。朱注：「足，過也。」則非矣。

【考證】四書稗疏：史記：「左丘失明，厥有國語。」則明即作春秋傳者。而集注云「古之聞人」，蓋謂左氏於夫子爲後輩，故春秋傳記孔子卒後事。夫子所稱道以自徵信，必先進，不宜下引當時弟子行之人。乃曰左丘明恥之，則籍爲古人。其恥巧詐者，非可筆之於書，夫子亦何從知之？如云賜也亦有惡乎，以公非必從衆論，何嫌取正左丘乎？但史記言左丘失明，則似瞽故而名明，此亦不足信。如孫臏刖足而名臏，未刖之前，豈無名耶？劉氏正義：史記十二諸侯年表序：「自孔子論史記，次春秋，七十子之徒口受其傳。魯君子左丘明懼弟子各有安其意，失其真，故具論其語，成左氏春秋。」又自叙篇稱：「左丘失明，厥有國語。」漢書藝文志：「左氏傳三十卷。左丘明，魯太史。」案史公以左丘連文，則左丘是兩字氏，明其名也。左丘亦單稱左，故舊文皆言左傳，不言左丘傳。説者疑左與左丘爲二，作國語者左丘明，作左傳者别一人，與史、漢諸文不合，非也。左丘明雖爲太史，其氏左丘，不知何因。解者援玉藻「動則左史書之」，謂左丘明是以官爲氏。則但當氏左，不當連丘爲文，亦恐非也。論語發微：孟子曰：「晉之乘，楚之檮杌，魯之春秋，一也。其事則齊桓、晉文，其文則史，其意則丘竊取之矣。」趙岐注曰：春秋以二始舉四時，記萬事之名，其事則五伯所理也。桓、文五霸之盛者，故舉之。其文史記之文，左丘明書也。丘明爲魯太史，自紀當時之事，成魯史記。故漢太常博士咸謂左氏爲不傳春秋。求春秋之義，則在公羊、穀梁兩家之學。然考當時諸侯卿大夫之事，莫備於左氏。其人質直有恥，孔子引與相同，故其書宜爲良史，終不可廢。　朱竹垞孔子弟子考：左氏爲孔子弟子，主其説者衆矣。謂「孔子將修春秋，與左丘明乘如周，觀書于周史，歸而修春秋之經，丘明爲之傳」者，嚴彭祖也。謂「左丘明親見夫子，好惡與聖人同」者，劉歆也。謂「仲尼與丘明觀魯史記，有所褒貶，口授弟子，弟子退而異言。丘明恐弟子各安其意，以失其真，故論本事而作傳」者，班固也。謂「左氏傳理長，至明，至切，至真，至順，長于二傳」者，賈逵也。謂「春秋諸家去孔子遠，左氏傳出孔子壁中，近得其實」者，王充也。謂「丘明之傳，囊括古今，表裏人事」者，盧植也。謂「丘明受經于仲尼，是爲素臣」者，杜預也。謂「孔子作春秋，丘明、子夏造膝親受」者，荀崧也。謂「丘明之傳，釋孔子之經，子應乎母，以膠投漆」者，孔穎達也。謂「丘明躬爲魯史，受經於仲尼」者，劉知幾也。謂「左氏受經于仲尼，博採諸家，叙事尤備，能令萬代之下，見其本末，比餘傳功最高」者，啖助也。謂「仲尼明周公之心而修經，丘明受仲尼之經而爲傳」者，權德輿也。謂「孔氏之門，左氏富而不誣，有以見聖賢之心」者，劉柯也。謂「丘明與聖人同時，接其聞見，參求其長，左氏爲上」者，陳岳也。蓋自唐以前，諸儒之論，皆以丘明受業孔門。故貞觀、永徽中祀周公爲先聖，孔子爲先師，是時孔庭配食止顏淵、左丘明二人，褒崇之禮若此。（按左丘明，唐貞觀十三年詔與顏淵同從祀廟廷。宋祥符中贈瑕丘伯，政和中改贈中都伯。）迨宋羣儒，盡舍三傳説春秋久，而論世者惑于趙匡之説，則疑左氏在孔子之前。（按唐人趙匡、陸德明輩謂：「論語所引丘明乃史佚、遲任之類。左氏集諸國史以釋春秋，謂左氏即其人，非也。」）惑于王安石之説，則疑左氏生孔子之後。（王介甫疑左氏爲六國時人者十一事。）衆口紛綸，迄無定論。遂使唐代特祀之先賢，並不得與七十子之列。然則漢、晉以來經生之説均不足信邪？竊以爲議禮者之失矣。　論語稽求篇：自唐人啖助、趙匡、陸德明輩不知何據，乃曰：「論語所引丘明乃史佚、遲任之類，左氏集諸國史以釋春秋，謂左氏即其人，非也。」明嘉靖間有季本者，作私考一書，引宋儒説，謂：「左氏立言，已雜秦制，如臘者，秦之祭名也；酎者，秦之飲名也；庶長者，秦之官名也，而傳語皆及之，類非戰國以前文字。而謂丘明受經于仲尼，豈不謬哉？」又云：「三傳之得立學官，公羊最先，穀梁次之，左氏最後。史稱左氏漢初出于張蒼之家，本無傳者。蓋倉自秦時爲柱下史，明習天下圖書記籍，又善曆律，而仕漢爲淮南王長相十四年，得非蒼自與其徒撮拾而成之者乎？」當時隆、萬間有失名氏書名左季折衷，取左傳與季氏私考而折衷之，有云：「據史稱張蒼好書博聞，邃律曆之學，史遷作別傳尤備。使蒼爲此書，則史遷同時未有不聞其事者，肯聽之冥冥，反曰左丘明無目作國語乎？又按桓帝時，使蔡邕書經刻石，立鴻都門，觀者日車以數千輛，而左氏在焉。假使當代僞書，誰甘尊之與聖經同列如此？至唐開元二十五年，敕舉進士者試大經。注曰唐以左傳爲大經，三言爲一帖。夫既名之爲經，而又曰大，則左傳在唐時已尊過他經，即有啖氏、趙氏之疑，亦祇謂作經者與論語所引人時世不類，或是二人，非謂左傳非經，且非謂左傳非左丘氏作也。若其所舉秦官秦臘以斷其爲秦後之書，則大不然。秦自非子，受國在周孝王朝，傳世十餘君而入春秋。然則未有春秋時，已先有秦矣。人第知秦孝公時始有不更、庶長之號，惠王十二年始有臘名，遂謂虞不臘矣。秦師敗績，獲不更女父以至。秦庶長鮑、庶長武帥師，及晉，戰于櫟，皆爲秦後之書之案。則試問秦之稱臘稱不更稱庶長，畢竟創于何公？起于何世？更制于何年？何人之論與議？而茫然無據，但以所見之日爲始，則安知其所立名不更先于所見者？而以是爲斷，是殷助始孟子，太宰、司敗始論語也。且臘即蜡祭，見鄭氏、蔡邕諸說，即月令記臘，雖自不韋，然其中所記，無非周制。安知虞之不臘，在列國不原有是名者？而欲以一字而斷全經，何其愚乎？若其他妄說，又謂左氏即左史。古左史記言，右史記事，故經爲記事，傳爲記言。左是左史，不必丘明，則又不然。玉藻云：『動則左史書之，言則右史書之。』安見記言必左史耶？況志以左右分言事，明指丘明爲右史，爲記事之人。如云『仲尼以魯，周公之國，史官有法，故與丘明觀其史記，據行事口授弟子，退而異言。丘明恐弟子各安其意，以失其真，故論本事而作傳』，則即鑿定左史記言，右史記事，丘明固右史也。何也？丘明據行事論本事，非如弟子祇異言也。」至崇禎間，又有吴繼仕者，極左祖季本之説，且謂左傳中記韓、魏、智伯之事，又舉趙襄子之謚，自獲麟至襄子卒已八十年矣，若丘明與孔子同時，不應孔子既殁七十有八年之後，丘明猶能著書若此。殊不知前人長年者甚多，在春秋時尤甚，先儒所以以老彭爲籛鏗也。且人生九十零未爲怪事，季氏疑左傳爲張蒼作，以蒼年長一百餘，能記前事也。蒼年可長，而左丘年不可長，更不可解。凡此皆展轉吹索，了無義理，不足深辨。

按：集注「古之聞人」之訓，總因從語氣上着眼。朱子語類曰：「左丘明所恥如此，左傳必非其所作。」朱子或問曰：「先友鄧著作姓名書曰：『此人蓋左丘姓而明名，傳春秋者乃左氏耳。』」此皆失之武斷。鄭浹漈誌氏族，謂左姓丘明名，在魯者則居於左丘，以地爲氏。然氏族所載，並無左丘氏，亦自相矛盾。竊謂孔注左丘明魯太史之説，漢班固藝文志因之。公羊沈文阿云：「孔子修春秋，左丘明爲之傳，共爲表裏。」漢書楚元王傳：「左丘明親見夫子。」是漢人舊説如是，究不可廢也。或疑對弟子不應稱名，然論語「用之則行，舍之則藏，惟我與爾有是夫」，孔子對顏回嘗嘉許之，獨不可施之左丘明乎？余終以集解之義爲長。

又按：左丘明姓名大約可分三説，有謂左是氏、丘明是名者，此孔穎達左傳正義之説也。漢書劉歆傳：「春秋，左氏丘明所修。」後漢書范升傳：「左氏不祖孔氏，而出於丘明。」杜預左傳序：「仲尼素王，丘明素臣。」元和姓纂：「左氏，齊公族，有左右公子，因以爲氏。魯有左丘明。」鄭樵氏族略：「左姓丘明名。」薛應旂孔子集語：「左丘明爲古左史倚相之後。」均主此説。有謂丘是姓明是名，而稱其書曰左氏傳者，因丘明爲左史，故以官稱之，此俞正燮癸巳類稿之説也。南朝丘遲明言遲乃左史丘明之後。廣韻十八尤「丘」字下注引風俗通云：「魯左丘明之後。」而所載之漢四十四複姓獨無左丘，是此説不始於俞氏也。然史記太史公自序有

「左丘失明，厥有國語」之語，是左丘兩字爲氏，明爲名，自太史公始。朱彝尊經義考則謂：「其書爲左氏傳，不稱爲左丘氏傳者，則因孔門弟子避夫子諱之故。」以此説最爲有理。或謂古人二名得簡舉一字，如晉重耳可簡稱晉重，魏曼多可簡稱魏多，故左丘明亦得簡稱左丘。亦可備一説。

【集解】孔曰：「足恭，便辟貌。左丘明，魯太史。匿怨而友，心内相怨而外詐親也。」

【唐以前古注】皇疏引繆協云：恭者從物，凡人近情，莫不欲人之從己，足恭者以恭足於人意，而不合於禮度，斯皆適人之適，而曲媚於物也。

按：協不詳何人。梁七録、隋、唐志、陸氏經典叙録皆不載。江熙集解論語十三家，有繆播而無繆協，僅皇疏引之而已。録存以俟博雅君子。

又引范甯云：藏怨於心，詐親於形外。揚子法言曰：「友而不心，面友也，亦丘明之所恥。」

【集注】足，過也。程子曰：「左丘明，古之聞人也。」謝氏曰：「二者之可恥有甚於穿窬也。左丘明恥之，其所養可知矣。夫子自言某亦恥之，蓋竊比老彭之意。又以深戒學者，使察乎此而立心以直也。」

【餘論】黄氏後案：漢書趙敬肅王傳：「彭祖爲人，巧佞卑諂足共。」顔注：「共讀曰恭，謂便辟也。」洪筠軒經義叢録引之以證左丘明。程、朱二子以左傳是非或謬，非此經之左丘明，此從啖叔佐、趙伯循、王介甫之説，故曰古之聞人。案左傳是非之謬，有後人誣之者，汪容甫作釋疑以辨之矣。其有顯然悖謬者，左氏作傳，授之曾申，曾申授吴起，吴起之後，傳楚人鐸椒、趙人虞卿，如傳所稱君子之評辭，有諸人增入之者矣。觀其大體，發明聖人之道爲多，固非左丘明不能作也。左爲姓，丘明爲名，説詳段懋堂文集。朱竹垞以左丘爲複姓，因避孔子諱而稱左傳。其説據廣韻「丘」字下引風俗通，以丘姓爲左丘明之後。乾隆年間，因有欲以丘姓人承充先賢之後者，禮部力駁之，其議不行。

【發明】許謙讀四書叢説：朱子言：「若微生高之心，久之便做出此等可恥之事。」此亦是戒學者於細微事不可不謹。人心路要熟，若一時小事不謹，到大事亦以爲常，終爲惡人。學者功夫皆如此，若凡小事件件致力，則到大事亦以爲常，終爲君子矣。

按：熊勿軒標題四書於前章注云：「此與後章皆論人心術之微。文公謂記者以類相從，充微生高不直之心，其流必至有可恥之事。亦此意也。」

○顔淵、季路侍。子曰：「盍各言爾志？」子路曰：「願車馬衣輕裘與朋友共敝之而無憾。」顔淵曰：「願無伐善，無施勞。」子路曰：「願聞子之志。」子曰：「老者安之，朋友信之，少者懷之。」

【考異】阮元校勘記：唐石經「輕」字旁注。案石經初刻本無「輕」字，「車馬衣裘」見管子小匡及外傳齊語，是子路本用成語，後人涉雍也篇「衣輕裘」而誤加「輕」字。論語古訓：此當因雍也篇「衣輕裘」致誤。錢詹事曰：「此宋人妄加。考北齊書唐邕傳，顯祖嘗解服青鼠皮裘賜邕云：『朕意在車馬衣裘，與卿共敝。』蓋用子路故事。是古本無『輕』字，一證也。釋文于『赤之適齊』節音衣爲於既反，而此衣字無音，是陸本無『輕』字，二證也。邢疏云：『願以己之車馬衣裘與朋友共乘服。』是邢本亦無『輕』字，三證也。皇疏云：『車馬衣裘，共乘服而無所憾恨。』是皇本亦無『輕』字，四證也。今注疏與皇本正文有『輕』字，則後人依通行本增入，非其舊矣。」梁氏旁證：張載論語説亦云：「車馬衣裘，與賢友共敝。」蓋宋以前人，衣皆不讀去聲。今注疏、皇本正文俱有「輕」字，則後人依通行本增入，而集注亦因之耳。邢疏有「衣裘以輕者爲美」語，亦與集注同。

【音讀】白虎通綱紀篇引論語子路云：願車馬衣輕裘，與朋友共敝之。張横渠論語説：仲由樂善，故車馬衣裘與賢者共敝。從「願」字至「敝之」爲句。何焯義門讀書記：白虎通德論以「共敝之」爲句，此張子所本也。又北齊書唐邕傳：「顯祖嘗解所服裘賜邕云：『朕意在車馬衣裘，與卿共敝。』」唐馬戴邊館逢賀秀才詩有「鹿裘共敝同爲客」，張文昌贈殷山人詩有「同袍還共敝」，蘇軾戲周正儒墜馬詩有「故人共敝亦常情」句，不獨張子如此讀也。經讀考異：案近讀從「共」字爲句，「敝之」屬下讀。據白虎通引論語「與朋友共敝之」，則以「敝之」斷句，「而無憾」另讀。一切經音義引此作「共敝之而無憾」，是又以「共」字連「敝之而無憾」爲句。朱少白云：「白虎通作『願車馬輕裘與朋友共敝之』爲句，無衣字，與皇侃疏同。」今書殆因「乘肥馬衣輕裘」而傳寫之誤。至其語意直捷，尤得先賢氣象。蓋未敝之時，已有共敝之意，不待既敝而後無憾也。潘氏集箋：皇疏有「衣」字，無「輕」字，朱説誤也。四書考異謂白虎通引文不足不專，見古人句讀不同，此又一説也。劉氏正義：白虎通引此文至「敝之」絶句，唐邕傳同，言己與朋友共用至敝也。今讀「與朋友共」爲一句，「敝之而無憾」爲一句，似敝之專指朋友，於語意未晰。

【考證】四書釋地又續：顔淵、季路侍，季路長顔淵二十一歲，而先顔淵者，尚德也。袁宏後漢紀光武帝紀論曰：孔子稱顔回之仁，以不伐爲先。韓詩外傳六：「遇長老則修弟子之儀，遇等夷則修朋友之儀，遇少而賤者則修告道寬裕之儀，故無不愛也，無不敬也，無與人争也，曠然而天地包萬物也。如是則老者安之，少者懷之，朋友信之。」卷四引同。潘氏集箋：據此知古本有「少者懷之」句在「朋友信之」上者。劉氏正義：施勞與伐善對文。禮記祭統注：「施猶著也。」淮南詮言訓：「功蓋天下，不施其美。」謂不誇大其美也。善言德，勞言功。周官司勳「事功曰勞」是也。禮記表記：「君子不自大其事，不自尚其功，以求處情。過行弗率，以求處厚。」荀子君子篇：「備而不矜，一自善也，謂之聖。不矜矣，夫故天下不與争能而致善用其功。有而不有也，夫故爲天下貴矣。」二文所言即顔子之志。曾子言：「有若無，實若虚，昔者吾友嘗從事於斯。」若無若虚，即無伐無施之意。吾友謂顔子。顔子未得位，未能行其所志，故嘗以其所願從事之也。四書辨證：邢疏：「卑在尊旁曰侍。」「閔子侍側」疏同。於「侍坐」則曰：「時孔子坐，四子侍側亦皆坐。」則侍與侍側以立言，而儒行「孔子侍」疏言「侍坐」，孝經「曾子侍」注言「侍坐」，何也？ 儒行上有「哀公命席」之文，孝經下有「曾子避席復坐」之語，故訓侍爲侍坐，未可以例此也。

【集解】孔曰：「憾，恨也。不自稱己之善，不以勞事置施於人。懷，歸也。」

【唐以前古注】文選思玄賦注引鄭注：盍，何不也。 皇疏：子路性決，言朋友有通財，車馬衣裘共乘服而無所憾恨也。一家通云：而無憾者，言願我既乘服朋友衣馬而不慚憾也。顔淵所願，願己行善而不自稱，欲潛行而百姓日用而不知也。又願不施勞役之事於天下也，故鑄劍戟爲農器，使子貢無施其辨，子路無厲其勇也。孔子答願己爲老人必見撫安，朋友必見期信，少者必見思懷也。若老人安己，己必是孝敬故也。朋友信己，己必是無欺故也。少者懷己，己必有慈惠故也。 又引殷仲堪云：施而不恨，士之近行也。若乃用人之財，不覺非己，推誠闇往，感思不生，斯乃交友之至。仲由之志與也。 又引李充云：自伐者無功，自矜者不莊。 又引欒肇云：敬長故見安，善誘故可懷也。

【集注】盍，何不也。衣，服之也。裘，皮服。敝，壞也。憾，恨也。伐，誇也。善，謂有能。施亦張大之意。勞，謂有功，易曰「勞而不伐」是也。或曰：「勞，勞事也。勞事非己所欲，故亦不欲施之於人。」亦通。老者養之以安，朋友與之以信，少者懷之以恩。一說：「安之，安我也。信之，信我也。懷之，懷我也。」亦通。

【餘論】讀四書叢説：子路之意須識取。南軒先生謂：「人之不仁，病於有己。故雖衣服飲食之間，此意未嘗不存。蓋仁者心體廓然，人我無間，程子所謂與物共者也。常人之有己，於衣服車馬所常服御者，必存心計較彼我，則大於此者固可知。故子路於日用上除去私狹氣象，廓然同人，則其他亦無往而不宏廣矣。不可衹泥車馬輕裘看子路。」四書辨疑：伐善之善，乃其凡己所長之總稱。伐忠、伐直、伐力、伐功、伐才、伐藝，通謂之伐善。今乃單指善爲能人，解施勞爲伐功，恐皆未當。既言無伐善，又言無伐功，止是不伐之一事，分之爲二，顏子之志，亦豈别無可道邪？或曰之説，於義爲順。但説得勞字事輕，亦不見其志之遠大也。蓋無施勞者，不以勞苦之事加於民也。夫勞民不卹，乃古今之通患。桀、紂、幽、厲之事，且置勿論，請以近代易知者言之，秦始皇、隋煬帝之世，勞民之事無所不至，四民廢業，人不聊生，死者相枕藉於道路，於是盗賊羣起，天下大亂，生民荼毒，何可勝言！由其施勞於民之所致也。顏子之言，於世厚矣。願無施勞，安人之志也。既無伐善，又無施勞，内以修己，外以安人，成己成物之道不偏廢也。若兩句之意皆爲不伐，其志止於成己，而無及物之道，既偏且隘，不足以爲顏子之志。養之以安，恩已在其中矣，不可再言懷之以恩也。況恩宜普徧，非可專施於少者，老者亦當及之也。前説全言夫子作爲，後説全言人從夫子之化。後一説既無前説數者之病，又其道理自然，氣象廣大，與「近者悦，遠者來」，「綏之斯來，動之斯和」義同。後説爲是。論語述何：春秋於女叔見安老，於荀息見信友，於天子錫命見懷少，故曰「志在春秋」。

【發明】松陽講義：子路車馬輕裘，與豪俠不同。豪俠輕財好施，從意氣來。子路從義理來，見朋友與我痛癢相關，車馬輕裘自不足惜，是萬物一體之懷也。顏子無伐無施，與謙謹之流不同。謙謹者亦抑然自下，是不敢自足。顏子則直是不見其有，見善是性分固有，勞是職分當爲，伐施自無從生，是亦萬物一體之懷也。夫子老安友信少懷，亦非他意，祇充滿其萬物一體之懷而已。

○子曰：「已矣乎！吾未見能見其過而內自訟者也。」

【集解】包曰：「訟，猶責也。言人有過，莫能自責。」

【集注】已矣乎者，恐其終不得見而歎之也。內自訟者，口不言而心自咎也。人有過而能自知者鮮矣，知過而能內自訟者爲尤鮮。能內自訟，則悔悟深切而能改必矣。夫子自恐終不得見而歎之，其警學者深矣。

【發明】魏環溪寒松堂集有四種人説（松陽講義引）：天下有四種人，吾夫子皆歎未見。竊嘗思之，好仁惡不仁一種人。好非所好而惡非所惡無論耳。抑或好之惡之弗篤也，故未見也。顏之不違，曾之任重，好惡亦云篤矣，猶未盡其分量耶？隱居求志行義達道一種人。求非所求而達非所達無論耳。抑或求之達之弗裕也，故未見也。開之未信，雍之居敬，求達亦云裕矣，猶有限於時命耶？見過內自訟一種人。見過難，內自訟尤難。顏氏之不貳，子路之喜聞，不亦庶幾乎？何云未見耶？好德如好色一種人。好德難，如好色尤難。子夏之易色，南容之尚德，不亦庶幾乎？何云未見耶？一時及門之士彬彬如此，列國之卿大夫夙號名賢，相與周旋者更不乏之人也，然皆以爲未見。予嘗撫心自問，有一敢令夫子見者哉？學者不必侈談高遠，但求爲夫子所欲見之人足矣。松陽講義：天下有一種人，全不知道自己差了，將差處都認做是處，此是不能見其過。有一種人，明知自己差了，却只管因循牽制，甘於自棄；或只在口頭説過，此是不能内自訟。道有三件：一是爲氣質做主而不能變化，一是爲物欲牽引而不能割斷，一是爲習俗陷溺而不能跳脱。所以不能無過者，由此三件。所以有過而不能見不能自訟者，亦由此三件。這三件帶了一分，便成一分病痛。所以天下有過者多，而能改者却少。就及門弟子論之，如子路人告之以有過則喜，可謂能内自訟矣，却未必能見其過。冉求之力不足，非不自見其過也，却不能内自訟。若顏子之不貳過，不遠復，則皆從能見能自訟來，雖其天資之美，然亦必得力於夫子之激發，故未見非終不見也。學者於此，切不可草草看過。此是聖門教人第一喫緊工夫，不從這一關著力，種種工夫皆不能透徹。然見之訟之於既過之後，又不若防之於未過之先。防之之法無他，亦只是戒慎恐懼。朱子語類：問：程子曰：「罪己責躬不可無，然亦不當長留在心胸爲悔。」今有學者幸知自訟矣，心胸之悔，又若何而能不留耶？曰：改之便無悔。

按：魏氏四種人説應改爲五種，尚有剛者一種，亦夫子所未見。又朱子亦深於佛學者，故知自訟留在心胸之非。非邃於禪理者不能有此見解。

○子曰：「十室之邑，必有忠信如丘者焉，不如丘之好學也。」

【考異】七經小傳本「好學」下有「者」字。

【音讀】邢疏：衛瓘讀焉於虔切，爲下句首，言安不如我之好學也。朱子文集答都昌縣學諸生曰：此注疏之讀，恐不成文理。經讀考異：案近讀從「焉」字絶句，據疏引衛瓘讀焉於虔切，爲下句首，焉猶安也。（荀子：「安特將學雜識，志順詩、書而已耳。」三年問「安」作「焉」。新序引論語「斯焉取斯」、「焉知來者之不如今」，「焉」並作「安」。史丹傳「安所受此語」，師古曰：「安，焉也。」王嘉傳引「則將焉用彼相」，「焉」作「安」。）言十室之邑雖小，必有忠信如我者也，安不如我之好學也，言亦不如我之好學也。義竝得通。是又以「焉」字連「下」讀。王荆公答王景山書引孔子曰：「十室之邑，必有忠信如丘者。」即從衛瓘讀，可以舉證。又漢書李尋傳引孔子曰：「十室之邑，必有忠信。」此漢人引書以便文成句，不可爲斷。

【考證】禮記曲禮「入里必式」，注：「不誣十室。」正義引論語「十室之邑」二句爲證。荀子大略篇「禹過十室之邑必下」，楊倞注：「十室之邑，必有忠信，故下之也。」大戴禮制言篇：禹過十室之邑則下，爲秉德之士存焉。論語釋故：四井爲邑，井有三家，四井凡十二家。言十室，舉成數也。有夫有婦，然後爲室，十二家内，或有餘夫分授井地，故有十室之邑也。論語稽：古者生聚未蕃，左傳都城不過百雉，大都參國之一，則國之雉僅三百耳。中五之一，爲六十雉。小九之一，爲三十一雉。夫此三十一雉之城，且不逮今之一堡一集，居民有幾，況列國紛争，民卒流亡乎？則十室之邑，疑亦有之。

【集解】邢疏：此章夫子言己勤學也。十室之邑，邑之小者也。其邑雖小，亦不誣之，必有忠信如我者焉，但不如我之好學不厭也。衛瓘讀焉於虔切，爲下句首。焉猶安也。言十室之邑雖小，必有忠信如我者也，安不如我之好學也，言亦不如我之好學也。義並得通，故具存焉。

【唐以前古注】皇疏引孫綽云：夫忠信之行，中人所能存全，雖聖人無以加也。學而爲人，未足稱也，好之至者必鑽仰不怠，故曰「有顏回者好學，今也則亡」。今云十室之學不逮於己，又曰「我非生而知之者，好古敏而求耳」，此皆陳深崇於教，以盡汲引之道也。又引衞瓘云：所以忠信不如丘者，由不能好學如丘耳。苟能好學，則其忠信可使如丘也。

【集注】十室，小邑也。忠信如聖人，生質之美者也。夫子生知，而未嘗不好學，故言此以勉人。言美質易得，至道難聞，學之至則可以爲聖人，不學則不免爲鄉人而已。可不勉哉！

【餘論】羣經平議：如丘者焉，乃聖人之謙詞。言十室小邑之中，他不敢望，至如丘者，必有之矣。集注曰：「忠信如聖人，生質之美者也。」失孔子語意。黄氏後案：戴東原曰：「聖賢論行，固以忠信爲重。苟學不足，則失在知而行因之謬，雖其心無弗忠弗信，而害道多矣。」式三謂忠者心之盡，信者言之實。不能好學，而心與言之失可勝數乎？是以四教必曰文行忠信，此章正爲自恃忠信者戒其堅自執耳。讀書堅自執，注經適以侮聖言。制行堅自執，任道祇以乖人情。古今未有不好學之君子也。

【發明】尹會一讀書筆記：此章大旨，自是勉人好學，以全其生質。須知忠信方可言生質之美，忠信之質方可以言學。忠信美質乃十室中所必有者，惟不知好學以保守擴充其忠信，是以鄉人多而聖人少也。夫子以身示教，並非謙辭。一部論語俱勉人主忠信而好學。

# 論語集釋卷十一

## 雍也上

○子曰："雍也可使南面。"

【考異】七經考文補遺：古文"南面"下有"也"字。

【考證】經義述聞：南面，有謂天子及諸侯者，有謂卿大夫者。雍之可使南面，謂可使爲卿大夫也。大戴禮子張問入官篇："君子南面臨官。"史記樗里子傳："請必言子於衛君，使子爲南面。"蓋卿大夫有臨民之權，臨民者無不南面。仲子之德可以臨民，論語摘輔象曰："仲弓淑明清理，可以爲卿。"爲卿則南面臨民矣。包注、皇疏皆云可使爲諸侯，故集注因之。然身爲布衣，安得僭擬於人君乎？至説苑修文篇又以南面爲天子，則更失聖言之意矣。凌廷堪禮經釋義：此南面指人君，亦兼卿大夫士言之，非春秋之諸侯及後世之帝王也。考少牢饋食禮，爲祭期，"主人門東南面，宗人朝服北面"。又明日，"主人朝服即位於廟門之外，東方南面"。檀弓："司寇惠子之喪，文子退，扶適子南面而立。"此卿大夫之南面也。士冠禮，初加再加，皆云"出房南面"，三加如加皮弁之儀。賓禮冠者筵於户西南面。特牲饋食禮"夙興，主人立於門外，東方南面，視側殺」，此士之南面也。是有地有爵者皆得南面稱君而治人也。後儒乃以南面爲帝王之稱，此與說「宗廟會同，非諸侯而何」，謂孔子各許三子以諸侯之位者同一偵也。劉氏正義：大學言格物致知，而極之治國平天下。夫治國平天下皆天子諸侯之所有事，而列於大學之目，此正言人盡倫之學。若曰爲君而後學爲君，爲臣而後學爲臣，則當其未學，便已廢倫。一旦假之以權，其不至於敗乃事者幾希。孟子謂「士志仁義，不能殺一無罪」，此亦指天子諸侯言之，故曰：「大人之事備矣。」大人以位言之，舉位則德自見。蓋德必稱其位，而後爲能居其位。故夫天子諸侯卿大夫士位之差，即德之差。其德能爲天子而爲天子，則舜、禹之由登庸而進也。其德能爲天子諸侯而僅爲卿大夫或僅爲士，則孔、孟之不得位以行其道也。孟子云：「匹夫而有天下，德必若舜、禹，而又有天子薦之者，故仲尼不有天下。」荀子謂：「聖人之得勢者，舜、禹是也。聖人之不得勢者，仲尼、子弓是也。」子弓即仲弓。夫子議禮考文，作春秋，皆天子之事。其答顏子問爲邦，兼有四代之制。蓋聖賢之學，必極之治國平天下。其不嫌於自任者，正其學之分內事也。夫子極許仲弓而云可使南面。而其辭隱，其義顯。包、鄭均指諸侯，劉向則謂天子，說雖不同，要皆通也。近之儒者謂爲卿大夫，不兼天子諸侯，證引雖博，未免淺測聖言。王崇簡冬夜箋記：可使南面，可使從政也。皇極經世所云極是。今人皆以帝王言之，豈有孔子弟子可爲帝王者乎？

【集解】包曰：「可使南面者，言任諸侯，可使治國政也。」

【唐以前古注】檀弓正義引鄭注：言任諸侯之治。

【集注】南面者，人君聽治之位。言仲弓寬洪簡重，有人君之度也。

【餘論】黄氏後案：劉原父謂顔子爲邦，是王天下之任。可使南面，是君一國之任。詳見書小傳，極確。

○仲弓問子桑伯子。子曰：「可也，簡。」仲弓曰：「居敬而行簡，以臨其民，不亦可乎？居簡而行簡，無乃大簡乎？」子曰：「雍之言然。」

【考異】注疏本「大」字作「太」。後案：此與上章以類聯，古注各自爲章。

【考證】翟氏考異：莊子「子桑户與琴張爲友」，又子貢以子桑事問孔子，胡氏謂此伯子即户，以時論之誠是。漢書人表次子桑于六國時，不惟于論語違，即莊周書亦不合。論語後録：呂氏春秋「秦穆公師百里奚、公孫枝」，高誘注：「公孫枝，秦大夫子桑也。」與鄭説同。説苑：「孔子見子桑伯子，伯子不衣冠而處。弟子曰：『夫子何爲見此人乎？』子曰：『其質美而無文，吾將説而文之。』」與夫子同時，恐非即公孫枝矣。劉氏正義：左傳言子桑之忠，知人能舉善，並無行簡之事。鄭此説未可據也。莊子山木篇「孔子問子桑雽」云云，異日桑雽又曰「舜之將死」云云。釋文：「雽，音户。本又作『雩』，音于。李云：『桑姓，雽其名，隱人也。』或云：『姓桑雽，名隱。』」釋文所載二説，以前説爲是。至大宗師篇言桑户與孟子反、琴張爲友，楚辭涉江篇以接輿、桑扈並舉，雽、户、扈音近通用。與孔子同時，漢書古今人表列於周顯王之世，非也。王逸楚辭注謂桑扈爲隱士，與莊子李注同，則通志氏族略以爲魯大夫者亦非。桑氏，伯字，下子字爲男子之美稱，上子字則弟子尊其師者之稱，如子沈子、子公羊子之例。

【集解】王曰：「伯子書傳無見焉。」孔曰：「以其能簡，故曰可也。居身敬肅，臨下寬略，則可也。」包曰：「伯子之簡，太簡也。」

【唐以前古注】釋文引鄭注：子桑，秦大夫。皇疏引虞喜云：說苑曰：「孔子見伯子，伯子不衣冠而處。弟子曰：『夫子何爲見此人乎？』曰：『其質美而無文，吾欲說而文之。』孔子去，子桑伯子門人不悦，曰：『何爲見孔子乎？』曰：『其質美而文繁，吾欲說而去其文。』故曰文質修者謂之君子，有質而無文謂之易野。子桑伯子易野，欲同人道於牛馬，故仲尼曰：『太簡無繁，吾欲說而文之。』」

按：喜字仲寧，餘姚人，預之兄，晉書有傳。册府元龜云：「虞喜累徵博士不就，說毛詩略，注孝經，撰周官駁難，又注論語讚九卷。」隋書經籍志：「論語九卷，鄭玄注，晉散騎常侍虞喜讚。」又云：「梁有新書對張論十卷，虞喜撰，亡。」而唐藝文志亦有虞喜贊鄭玄論語注十卷。陸德明經典序録不著讚注之名，則二書先後並佚。王肅有心難鄭，故以爲伯子書傳無見。虞氏取說苑孔子見伯子事，隱規鄭失，且以補子雍之缺，已開後來考據之風。惜高文典册，湮没不傳，爲可慨耳。

【集注】子桑伯子，魯人。胡氏以爲疑即莊周所稱子桑户者是也。伯弓以夫子許己南面，故問伯子如何。可者，僅可而有未盡之辭。簡者，不煩之謂。言自處以敬，則中有主而自治嚴，如是而行簡以臨民，則事不煩而民不擾，所以爲可。若自處以簡，則中無主而自治疏矣，而所行又簡，豈不失之大簡而無法度之可守乎？家語記伯子不衣冠而處，夫子譏其欲同人道於牛馬，然則伯子蓋大簡者，而仲弓疑夫子之過許與？仲弓蓋未喻夫子可字之意，而其所言之理有默契焉者，故夫子然之。

按：詹氏道傳四書纂箋云：「家語無此文，集注誤也。同人道於牛馬句，亦非夫子所譏，考此條事出説苑，並非家語，同人道於牛馬，乃劉向語，亦非夫子語。蓋當時考據之風氣未開，往往不及細檢原書，故有此失，然小疵終不掩其大醇也。」四書釋地三續有集注援引多誤一條，列舉凡數十事，而此條尚不在内，亦可見錯誤之多。朱子博極羣書，猶不能免，甚矣著書之難也。

【餘論】四書翼注：此章只重辨簡，不重論敬，蓋敬是臨民不易定理，不消重新張大其辭。仲弓之所辨，夫子之所許，總爲此簡字。字面如一，來歷不同。居敬之簡，見識精明，當務之爲急，器量威重，執要以御繁，如是則民受和平安静之福。居簡之簡，得一遺二，精神不能兼顧，貪逸憚勞，叢脞而不自知，如是則民受其苟且率略之弊。此言不但判斷伯子人品清楚，實天下後世南面者之圭臬也，故夫子亟然之。

【發明】鹿善繼四書説約：治民全在不擾，而省事本於勞心。居敬者衆寡小大無敢慢，此心日行天下幾徧，洞察情形，而挈其綱領，所行處精神在焉；即所不行處，精神亦無不在。如此行簡，民安可知。居簡之簡，一切放下，全無關攝，廢事生弊，可勝言哉！陳震笸墅説書（論語經正録引）：末世定例成規，密如網罟，守其章程，賢者有所難周，芟其繁冗，天下未嘗不治。可伯子者以此。然以不擾於外者爲簡，子所以僅可伯子也。而以貫攝於心者爲簡，雍所以可使南面也。知簡之可以祛煩，再知敬之可以運簡，則仲弓之可使，伯子之僅可，已判然矣。四書恆解：自古聖王不過居敬行簡而已。子曰「爲政以德，譬如北辰」，無爲而治，恭己南面，皆是義焉。後世清談玄虛之士，託於黄、老，以藐棄一切爲高明，恍惚離奇爲玄妙，談天雕龍之輩復揚其波，而於是聖人無爲之治亦混於異端。周衰道廢，重以狂秦苛暴，民不聊生。漢興，除秦苛法，與民休息，一二修潔之士，若申公、蓋公等，不事繁文，聽民生息，一時遂至安平。然數人及文景不過得聖賢恭儉之大意而已，若使果有居敬行簡之實學，其規爲當不止此。

○哀公問：「弟子孰爲好學？」孔子對曰：「有顏回者好學，不遷怒，不貳過。不幸短命死矣。今也則亡，未聞好學者也。」

【考異】皇本「問」下有「曰」字。論衡問孔篇兩述此文，一作「哀公問孔子」，一作「孰謂好學」。文選懷舊賦注引論語曰：哀公問孔子：「弟子孰謂好學？」孔子曰：「有顏回者，不幸短命死矣。」上有「孔子」字，下無「好學」字。又楊仲武誄注引文，「顏回者」下亦無「好學」二字。釋文：或無「亡」字，即連下句讀。羣經平議：「亡」字衍文也，此與先進篇語有詳略。此云「今也則未聞好學者也」，彼云「今也則亡」，此詳而彼略，因涉彼文而誤衍「亡」字，則既云亡，又云未聞好學，於辭複矣。釋文曰：「本或無亡字。」當據以訂正。

【考證】拜經日記：五十以下而卒皆可謂之蚤。「三十一」之文不知所本，必係王肅僞撰。公羊傳哀公十四年：「顏淵死。子曰：『噫！天喪予！』子路死。子曰：『噫！天祝予！』西狩獲麟。孔子曰：『吾道窮矣！』」何休注：「天生顏淵、子路爲輔佐，皆死者，天將亡夫子證。時得麟而死，此亦天告夫子將没之徵。」（孔叢伯公羊通義曰：「子路死事在哀公十五年。顏淵死年，諸書乖互。推泗水侯之没，先聖年七十，而論語有『有棺無椁』之言，則淵卒又少在後，蓋亦當哀十二三年間也。」）又史記孔子世家：「河不出圖，雒不出書，吾已矣夫。顏淵死云云。」夫子曰「天喪予」，曰「天祝予」，曰「吾道窮」，曰「吾已矣」者，是皆孔子將没之年所言，故公羊春秋及弟子傳皆連言之。則顏子之死必與獲麟、子路死、夫子卒相後先。孔子年七十一獲麟，七十二子路死，七十三孔子卒。顏子少孔子三十歲，孔子七十，顏子已四十也。又史記世家云：「伯魚年五十，先孔子卒。」以核家語孔子年二十而生伯魚之説，尚不甚遠。則伯魚卒時，孔子年六十九。據論語顏子死在伯魚之後，則孔子年七十時，顏子正四十也。魯哀、季康之問，皆在哀十一年，孔子反魯之後，（反魯時年六十八。）時顏子新卒，故聖人述之有餘痛焉。論語先進篇疊書顏子死者四，而首冠以季康子問，明其爲一時事也。若王肅説孔子年六十一顏子死，此正孔子自陳還蔡之年，猶未反魯，哀公、康子何從問詢？且此時去困阨陳、蔡首尾三載（孔子六十三阨陳、蔡），如六十一顏子已死，孔子思從難諸賢，何以首及顏子？展轉究覈，便可知王肅家語削奪先賢年齒以求勝其私說，死不容誅矣。

劉氏正義：史記仲尼弟子傳：「顏回少孔子三十歲。年二十九，髮盡白，蚤死。」未著卒之歲年。家語弟子解始云「三十二而死」，王肅注：「校其年，則顏回死時孔子年六十一。」李氏鍇尚史辨之云：「顏子卒於伯魚之後。按譜孔子七十而伯魚卒。是顏子之卒，當在孔子七十一之年。顏子少孔子三十歲，是享年四十有一矣。」江氏永鄉黨圖考、毛氏奇齡稽求篇、孔氏廣森公羊通義並略同，但與李鍇說差少一年，今更無文定之也。

論語稽：家語有定公弔顏回事，則顏子似死於定公時，特年紀不合耳。清按史記「顏子少孔子三十歲」，則生於昭公二十一年庚辰。其卒後於伯魚，則在哀公十二年戊午歲以後，年在四十左右，此爲確據。若死於定公時，則在定末年丙午之先，不惟無三十二，且未滿二十七矣，不足據。又按顏子生於庚辰，則三十二歲辛亥，乃魯哀公五年。先進篇記陳、蔡之從，顏子居首；又匡之畏，顏子在後；則孔子周遊，顏子實從。考孔子甲辰去魯，丁巳返魯，而辛亥去庚戌陳、蔡之厄只一年，顏子若死於此時，是道路死矣，何顏路請車不曰以爲輴車，而曰以爲椁乎？今攷以車爲椁，確爲殯棺之椁，且子史別傳亦無顏子道死之文，則是從孔子返魯而後死，所謂年在四十左右者益屬有徵矣。顏子三月不違仁，仁者宜壽，而四十不得爲壽，故曰短命。

論語訓：高誘說顏淵卅八而卒，其卒年蓋在獲麟前。獲麟孔子年七十，淵年四十也。三十八之說是矣。

【集解】凡人任情，喜怒違理，顏淵任道，怒不過分。遷者，移也。怒當其理，不移易也。不貳過者，有不善未嘗復行也。

【唐以前古注】皇疏：學至庶幾，其美非一。今獨舉怒過二條者，蓋有以也。爲當時哀公濫怒貳過，欲因答寄箴者也。

【集注】遷，移也。貳，復也。怒於甲者不移於乙，過於前者不復於後。顏子克己之功至於如此，可謂真好學矣。短命者，顏子三十二而卒也。既云今也則亡，又言未聞好學者，蓋深惜之，又以見真好學者之難得也。程子曰：「喜怒在事，則理之當喜怒也。不在血氣，則不遷。若舜之誅四凶也，可怒在彼，己何與焉？如鑑之照物，妍媸在彼，隨物應之而已，何遷之有？」

【別解】論衡問孔篇：哀公問弟子孰爲好學？孔子對曰：「有顏回者好學，今也則亡，不遷怒，不貳過。」何也？曰：并攻哀公之性遷怒貳過故也。因以問，則並以對之，兼以攻上之短，不犯其罰。邢疏：一曰：以哀公遷怒貳過，而孔子因以諷諫。論語稽：哀公問政。子曰：「文、武之政在方策。」問民服。子曰：「舉直錯枉。」則哀亦必可以有爲之君。觀其後欲以越伐魯而去三家，則此時弟子好學一問，殆有求賢自輔之意乎？顏子問爲邦，夫子告以取法四代，蓋帝王之佐也。使哀公得之爲輔，斷不至輕舉妄動，不沒於魯。觀夫子卒，公誄之曰：「天不遺一老，莫相予位焉。」正有無限含意未伸者在。

【餘論】讀四書大全說：朱子既云不遷怒貳過是顏子好學之符驗，又云不是功夫未到，而遷怒貳過，只且聽之。此處極不易分曉。蓋不遷怒者，因怒而見其不遷也。不貳過者，因過而見其不貳也。若無怒無過時，豈便一無所學？且舍本以治末，則欲得不遷而反遷，欲得不貳而又貳矣。故曰非只學此二事，不遷不貳是其成效。然無怒無過時即有學在，則方怒方過時豈反不學？此扼要處放鬆，更不得力。故又曰但克己功夫未到時，亦須照管總原，要看出顏子心地純粹謹嚴無間斷處。故兩説相異，其實一揆。易云「有不善未嘗不知」，此是克己之符驗。知之未嘗復行，是當有過時功夫。可見亦效亦功，並行不廢。以此推之，則不遷怒亦是兩層賅括作一句説。若無故妄怒於所不當怒者，則不復論其遷不遷矣。怒待遷而後見其不可，則其以不遷言者必其當怒者也。怒但不遷，即無害於怒效也。於怒而不遷焉，功也，則亦功效雙顯之語也。

後案：不遷怒者，惡惡如其分，不因一人之怒濫及無辜，不以一事之怒留爲宿怨也。天地有雨寒，不害暘燠之氣；帝王有刑罰，不妨慶賞之心，顏子不遷怒猶是矣。不貳過有二説，唐韓子云：「不貳者能止之於始萌，絶之於未形，不貳之於言行也。」此援易「不遠復」之義而本何解也。程子説同。朱子云：「不必問是念慮之過、形顯之過，但過不可貳耳。」漢書谷永傳「毋貳微行出飲之過」，顏引注此經爲證云：「貳，謂重爲之也。」此朱子説所本。語録稱朱子説云：「聖人無怒，何待不遷。」必非朱子之言也。何晏用列、莊之説，以爲聖人無喜怒哀樂。王輔嗣非之，以爲聖人之情應物而無累於物者也。今以其無累，遂謂不復應物，失之遠矣。

【發明】陸桴亭思辨録：不遷怒正顏子正心功夫到處。凡心最忌有所，有所便不正。遷怒即所謂有所忿懥也。喜怒哀樂四者，惟怒最易有所。故顏子不遷怒，孔子稱之以爲難。反身録：學所以約情而復性也。後世則以記誦聞見爲學，以誦習勤、聞見博爲好學。若然，則孔子承哀公之問，便當以博學篤志之子夏、多聞多識之子貢對。夫何舍二子而推靜默如愚之顏氏爲也？即推顏氏，何不推其誦習如何勤劬，聞見如何淵博，而乃以不遷不貳爲好學之實？可見學苟不在性情上用功，則學非其學。性情上苟不得力，縱夙夜孜孜，博極羣籍，多材多藝，兼有衆長，終不可謂之好學。又曰：顏、孟而後，學能涵養本原，性情得力，莫如明道先生。蓋資秉既異，而充養有道，純粹如精金，温潤如良玉，寬而有制，和而不流。其言曰：「七情之發，惟怒爲甚。能於怒時遽忘其怒，其於道思過半矣。」薛敬軒亦云：「氣直是難養。余克治用力久矣，而忽有暴發者，可不勉哉！」二十年治一怒字，尚未消磨得盡，以是知克己最難。吳康齋所著日録則專以戒怒懲忿爲言。有曰：「去歲童子失鴨，不覺怒甚。今歲復失鴨，雖當下不能無怒，然較之去歲則微，旋即忘懷。」此必又透一關矣。謝上蔡患喜怒，日消磨令盡，而内自省，大患乃在矜，痛克之。與程子别一年來見，問所學。對曰：「惟去得一矜字。」曰：「何謂也？」上蔡曰：「懷固蔽自欺之心，長虚驕自大之氣，皆此之由。」以上四先生皆實實在性情上用功，此方是學，此方是好學。雖中間用功有難易，得力有淺深，而好其所當好，學其所當學則一也。

按：問好學而答以不遷怒不貳過，則古人所謂學，凡切身之用皆是也。古人之學，在學爲人。今人之學，在求知識。語云：「士先器識而後文藝。」不揣其本，而惟務其末，嗚呼！此後世之所以少治而多亂，而古今之人之所以不相及歟？

○子華使於齊，冉子爲其母請粟。子曰：「與之釜。」請益。曰：「與之庾。」冉子與之粟五秉。

【考異】史記弟子傳「冉子」作「冉有」。

【考證】潘氏集箋：冉子或以爲伯牛。蓋以尸子數孔門六侍曰「節小物，伯牛侍」爲證。經史問答謂檀弓「伯高之喪，孔氏使者未至，冉求束帛乘馬而將之」，亦足爲是事之證。則無以定其爲伯牛矣。論語稱子者，自曾、閔、有三子外，惟冉求，則以稱子之例校之，終未必是伯牛也。

劉氏正義：「使」者，夫子使之也。此與原思爲宰，不必同在一時。弟子類記之，以見聖人取予之際各有所宜爾。冉子，據鄭注即冉有。稱子者，冉有門人所記也。陳瑑六九齋撰述稿（集箋引）：釋量曰：「考工記㮚氏：『爲量，深尺，内方尺，而圓其外，其實一鬴。』案圓内容方，方之對角斜弦即圓徑也。率以方五斜七，則量之圓其外者，其徑爲尺有四寸矣。以徑求周，則量之周於舊率爲四尺二寸，於密率爲四尺二寸九分有奇。若求量積，不必於圓周求之，當以方尺深尺者積千寸率之。特千寸之積，不足六斗四升也，何言乎其實一鬴也？蓋鬴之爲言，斧也。斧之形背廣而刃狹。鬴名取義於斧，其器則底弇而口侈，方尺者其底面，漸侈而至于口，則不止方尺矣。然則上方之微侈者亦可以算測之乎？曰此當以方亭之法求之。上方蓋尺四寸五分也，自乘得二千一百寸有二寸五分，又以下方之尺自乘得數相并，又以高乘之，乃如方亭之法三而一，得一千有三十三寸之積。乃以斛率之，一六二除之，適得六斗四升稍不足也。不然，置千寸之積，而以斛率之三等求之，皆不合一鬴之實。夫斛率有二千七百寸者矣，則量實止三斗七升也。斛率有千六百二十寸者矣，則量實止六斗一升九也。斛率有二千五百寸者矣，則量實四斗也。皆不合於六斗四升之爲鬴也。」 戴震論語補註：二斗四升曰庾，十六斗曰籔。庾與籔音聲相通，傳注往往譌溷。論語「與之庾」，謂於釜外更益二斗四升。蓋與之釜已當，所益不得過乎始與？ 潘氏集箋：丹陽姜兆錫儀禮補注據考工記注「觳受斗二升」，謂庾實二斗四升。初非聘禮記十六斗之籔，自包注論語以庾爲逾，而晉杜氏之注左傳，唐賈氏之疏聘禮記與考工，及宋邢昺之疏論語，遂展轉成誤。小爾雅義證非之，謂考工記㮚氏爲量，煎金錫以爲之。而陶人之庾與甗甑盆鬲皆瓦器，或者用之以盛，未必即以爲量。況陶人注云：「庾讀如『請益，與之庾』之庾。」云「讀如」，則陶人之庾非即論語之庾明甚。故賈公彥謂庾本有二法，而孔穎達左傳疏亦云：「彼陶人所作庾自瓦器，今甕之類，非量器也。」與此名同實異。論語後録謂鄭康成讀考工之庾與此庾同，是鄭以此爲二斗四升之庾矣。庾，説文解字作「斞」。論語竢質引錢坫説而云：「與之庾者，益之以庾，非以庾易釜也。」豈容沾益之數反多於初與，倍而又半，殊不近理。蔵厓考古録亦駁包義，又云：「説文：『斞，量也。』玉篇今作『庾』，弓人『絲三邸，漆三斞』，注疏無明文。據字書，當爲『庾』之本字。」 王念孫廣雅疏證：秉之言方也，方者，大也，量之最大者也。

按：周禮稾人職：「人四鬴者，上也。（鬴即釜，古今字。鄭康成曰：「六斗四升曰鬴。」此皆謂一月所食之米也。）人三鬴，中也。人二鬴，下也。若食不能人二鬴，則令移民就穀。」是與之釜者，僅足一人終月之食耳。（蓋一釜六斗四升，合清户部定制，約減其數之半，不過三斗二升。）請益而與之庾，依瓬人、陶人爲二斗四升。蓋六斗四升之外，又益以二斗四升也。聘禮記「十六斗曰籔」，鄭注：「今文籔爲逾。」疏：「逾即庾。」然逾、庾字異，籔而逾，逾而庾，疏何得以意斷之耶？周柄中謂：「魯申豐爲季氏行賄於齊梁丘據，而因高齮以通之，賄據錦百匹，賄齮粟五千庾。以庾二斗四升言之，爲千二百斛，視百錦不相遠。若庾十六斗，則爲八千斛，視百錦且數倍，必無是理。」據此，則庾實二斗四升。朱注從包氏，以庾爲十六斗，蓋以益字之義，疑庾多於釜耳。不知子華不合與粟，子故少與之。及冉子請益，而釜之外又加以二觳之庾，於益之義固無不合也。集注失之。

【集解】馬曰：「子華，弟子公西赤之字也。六斗四升曰釜。」包曰：「十六斗曰庾。」馬曰：「十六斛爲秉，五秉合八十斛也。」

【唐以前古注】皇疏：子華有容儀，故爲使往齊國也。但不知時爲魯君之使爲孔子之使耳。

【集注】子華，公西赤也。使爲孔子使也。釜，六斗四升。庾，十六斗。秉，十六斛。

子曰：「赤之適齊也，乘肥馬，衣輕裘。吾聞之也：君子周急不繼富。」

【集解】鄭曰：「非冉有與之太多。」

【唐以前古注】皇疏：子華之母爲當定乏，爲當定不乏。若實乏，而子華肥輕，則爲不孝；孔子不多與，是爲不仁。若不乏，而冉求與之，則爲不智。誰爲得失。舊通者云：三人皆得宜也。子華中人，豈容己乘肥馬衣輕裘，而令母乏？必不能然矣。且夫子明言不繼富，則知其家富也。實富而冉求爲請與多者，明朋友之親，有同己親；既一人不在，則一人宜相共恤故也。今不先直以己粟與之，而先請於孔子者，己若直與，則人嫌子華母有乏，故先請孔子。孔子再與，猶不至多，明不繼富也。己故多與，欲招不繼富之責，是知華母不乏也。華母不乏而己與之，爲於朋友之義故也。不乏尚與，况乏者乎？

【集注】乘肥馬衣輕裘，言其富也。急，窮迫也。周者，補不足。繼者，續有餘。

○原思爲之宰，與之粟九百，辭。

【考異】晉語「官宰食加」，韋注引論語曰：「原憲爲家邑宰。」　論語稽：何晏集解本分此爲兩章，朱子合爲一章，今從朱子。

【考證】集注考證：二事前後記不同時，使齊是使齊君，必夫子閒居時也。爲宰則夫子爲魯司寇時也。以「爲之宰」三字推之，二事舊必有上文焉。其文當曰：「子在某，子華使於齊。」「子爲魯司寇，原思爲之宰。」語意爲順。　劉氏正義：史記弟子列傳：「原憲字子思。」鄭目録云：「魯人。」司馬貞索隱：「家語云：『宋人，少孔子三十六歲。』」金氏鶚禮説：「依家語，則夫子仕魯時子思方十七八歲，未任爲宰。家語三字當是二字之譌。」鄭此注云：「孔子初仕魯爲中都宰，從中都宰爲司空，從司空爲司寇也。」案孔子五十二歲始仕魯爲中都宰，五十三歲進位爲司空司寇，五十六歲去位。則此原思爲宰，蓋在孔子爲司空司寇時也。包氏止就司寇言，舉最後之官，意中兼有司空，與鄭意同。云原憲爲家邑宰者，晉語云「官宰食加」，韋昭注：「官宰，家臣也。加，大夫之加田也。」論語曰：『原憲爲家邑宰。』」與包此注合。加田當謂采地，原憲爲家邑宰，明此與粟爲食加矣。儀禮喪服斬衰章疏：「孤卿大夫有采邑者，其邑既有邑宰，又有家相。若魯三卿，公山弗擾爲季氏費宰，子羔爲孟氏郈宰之類，皆爲邑宰也。陽貨、冉有、子路之等爲季氏家相，亦名家宰。若無地卿大夫則無邑宰，直有家相者也。」賈氏此言最晰。諸書言孔子仕魯，不言采地，則止有家相，不得有邑宰。包、韋之說，未可據矣。沈彤周官禄田考：粟米對文，則粟有甲，米無甲。粟一斛爲米五斗。禹貢之「四百里粟」、「五百里米」是也。散文粟即爲米，漢食貨志述魏李悝云「治田百畝，歲收畝一石半，爲粟百五十石」是也。又曰：大夫之宰當上士。又曰：在外諸侯、上公之孤食都，卿食縣，下大夫食甸，上士食丘，中士食邑，下士與庶人在官者食井，侯伯之卿大夫士食亦如之。潘氏集箋：魯，侯國也。夫子爲司寇，下大夫也。原思爲夫子家宰，上士也。法當食丘。小司徒職謂「四井爲邑，四邑爲丘」，則丘者十六井也。十六井中有公田一千六百畝，禄田考謂公田通率二而當一，則八百畝也。禄田考又謂凡食公田百畝者實八十畝，則八百畝者實六百四十畝也。以百畝百五十石計之，六百畝當得粟九百石，四十畝當得粟六十石。而此但言九百者，舉其大數也。胡紹勳四書拾義（劉氏正義引）：世家「孔子居魯，奉粟六萬」，索隱云：「當是六萬斗。」正義云：「六萬小斗，當今二千石也。」據此，知孔子時三斗當唐時一斗。宋沈括筆談云：「予求秦、漢以來度量，計六斗當今之一斗七升九合。」是宋斗又大於唐斗。元史言世祖取江南，命輸粟者止用宋斗斛。以宋一石當今七斗。是元斗又大於宋斗。然則周時九百斗，合元時僅得一百八十九斗也。江氏永羣經補義云：「古者百畝當今二十三畝四分三釐有奇，就整爲二十三畝半。今稻田自佃一畝約收穀二石四斗，二十三畝半收穀五十六石四斗，折半爲米二十八石二斗。人一歲約食米三石六斗，可食八人。」據江氏説，古農夫百畝，合今斗且得米二百八十二斗。如孔注以九百爲九百斗，止合元斗一百八十九斗，反不及農夫所收之數，原思何又嫌多而辭之？或九百爲九百石，則又不若是多。古制計粟以五量，量莫大於斛，十斗爲一斛。粟多至九百，必以量之最大者計之，則九百當爲九百斛。何以知爲九百斛也？當時孔子爲小司寇，即下大夫，其家宰可用上士爲之。孟子曰：「上士倍中士，當得四百畝之粟。」又曰：「卿以下必有圭田，圭田五十畝。」明士亦有圭田，以五十畝合四百畝，爲四百五十畝。以漢制畝收粟一石半計之，當得六百七十五石。若以石合斛，一石爲百二十斤。古無大斗，一斛粟不足百斤，二斛約重一石有半，是百畝收百五十石，合得二百斛。四百畝爲八百斛，加圭田五十畝爲一百斛，共得九百斛。

【集解】包曰：「弟子原憲，思字也。孔子爲魯司寇，以原憲爲家邑宰。」孔曰：「九百，九百斗也。辭，讓不受也。」

【唐以前古注】皇疏引鄭注：孔子初仕魯爲中都宰，從中都宰爲司空，從司空爲司寇也。

【集注】原思，孔子弟子，名憲。孔子爲魯司寇時，以思爲宰。粟，宰之禄也。九百不言其量，不可考。

按：古者班禄以粟，周禮凡庶人在官，禄足代耕。宰，士也。以上者人四鬴計之，則得二十五斗六升。以上農食九人計之，爲粟二百三十斗有奇。此下士之禄，視上農者也。中士倍之，爲粟當四百六十斗零。上士又倍之，得九百二十一斗零。云九百者，舉成數也。

子曰：「毋！以與爾鄰里鄉黨乎！」

【音讀】經讀考異：「毋」通作「無」，「以」通作「已」，是「無以」亦可連下讀，如孟子「無以則王乎」句，亦通。　經傳釋詞：「毋」與「無」通。無訓爲不，連下讀。　經義述聞：毋，不也。言九百之粟，爾雖不欲，然可分於鄰里鄉黨，爾不以與之乎？

按：此節讀法朱子以「毋」字斷句，武億以「毋以」斷句，王伯申作一句讀，仍以集注義較長。

【考證】周禮大司徒：令五家爲比，五比爲閭，四閭爲族，五族爲黨，五黨爲州，五州爲鄉。又遂人：「掌邦之野，以土地之圖經田野。五家爲鄰，五鄰爲里，四里爲酇，五酇爲鄙，五鄙爲縣，五縣爲遂。」注「鄭司農云：『田野之居，其比伍之名與國中異制，故五家爲鄰。』玄謂異其名者，示相變耳。」

按：此則鄰里鄉黨實兼鄉遂之制，各舉二者以概其餘。

家爲黨。」

【集解】孔曰：「禄法所當受，無以讓也。」鄭曰：「五家爲鄰，五鄰爲里，萬二千五百家爲鄉，五百家爲黨。」

【唐以前古注】檀弓正義引鄭注：毋，止其辭讓也。詩采菽正義引鄭注：士辭位不辭禄。

【集注】毋，禁止辭。五家爲鄰，二十五家爲里，萬二千五百家爲鄉，五百家爲黨。言常禄不當辭，有餘自可推之以周貧乏，蓋鄰里鄉黨有相周之義。

【發明】蔡模論語集疏：楊氏謂：「君子之於辭受取與之際，苟非其義，一介不以與人。苟以其道，舜受堯之天下亦不爲泰。而士或以嗇與爲吝，寡取爲廉。以冉有、原思之賢，猶不免是，況世之紛紛者乎？」朱子曰：「此説固然，然夫子雖以富爲不當繼，而不直距冉子之請。雖以禄爲當受，而不責原憲之辭，且教以及人而不爲私積。蓋聖人以義制事，固極謹嚴，而其宏裕寬大崇獎廉遏之意，亦略可見矣。然則學者未得中行，不幸而過，寧與毋吝，寧廉毋貪，又不可不知也。」模案朱子廣楊氏未盡之意，深有補於世教。且使世之吝者不得託於一介不與之説以蓋其陋，貪者不得託於舜受堯之天下之説以便其私，而輕財重義清苦廉遜之人，亦將得以自見。故並録之，學者所宜深玩也。論語稽：記者類記此二事，蓋以多寡貧富辭受取予互見其義。子華富，原思貧。論師友故舊之情，原思在所宜卹，子華無庸代謀。論受禄頒糈之經，原思爲宰，宰有常禄，多寡皆本定制，九百所不必辭；子華爲使，使雖不可無俸，而無定制，貧則不妨多與，富則不妨少與。冉子出而代子華謀，且以其母爲請，夫子若恝然置之，不惟失禄養之義，亦殊非錫類之心。與之釜庾者，聊示養老之意而已。冉子不達，一請再請，反疑夫子之吝，而與之至五秉之多，豈知傷惠之失，亦等於傷廉哉！子故以周急不繼富曉之。記者蓋因與粟之事，遂記昔者原思辭禄之事，兩兩相形，以見冉子之失也。

○子謂仲弓，曰：「犂牛之子騂且角，雖欲勿用，山川其舍諸？」

【音讀】二程全書：伊川子經説曰：「疑多曰字。」朱子語録：此「曰」字留亦何害。如子謂顔子，曰：「吾見其進也。」不成是與顔淵説。況此一篇大率是論他人，不必是與仲弓説也。

集注考證：「子謂仲弓」句絶，與第九篇「子謂顔淵」句同。翟氏考異：朱子答江德功曰：「此意甚佳，但不必以『仲弓』爲句絶。」據此，則江氏先有分句之説，而朱子不取。

【考證】黄氏後案：後儒據漢書食貨志以牛耕始於趙過。考志言民或苦少牛，平都令光教過以人挽犂。以人挽犂，法始於趙過爲代田之時，非牛耕始於此也。山海經海内經曰：「后稷之孫曰叔均，始作牛耕。」郭傳：「始用牛犂也。」晉語曰：「中行、范氏子孫將耕於齊，宗廟之犧，爲畎畝之勤。」晉語此文，以耕牛與犧牛比喻，與此章合。則以犂牛爲耕牛是也。周禮用騂牲者三事：祭天南郊一也，宗廟二也，望祀四方山川三也。郊廟，大祀也。山川，次祀也。耕牛之犢而有騂角之材，縱不用諸上帝，山川次祀亦豈得而舍之？不得已而思其次之辭也。三代以來，世及爲禮，未有起畎畝之中，膺天子之薦者。論匹夫之遭際，至於得國而止，五嶽視三公，四瀆視諸侯，故有山川之喻。末學緣文生義，誣及所生。史記稱仲弓父賤人，殆由傅合耕犂之指。王肅家語謂生於不肖之父，則又緣雜文之訓而遷就其說。雜文之訓始於揚雄，高誘解淮南，王肅撰家語，一皆承用。小爾雅爲王肅輩所僞託，故亦云然。式三案淮南子説山訓云：「髡屯犂牛，既犐以犙。決鼻而羈，生子而犧，尸祝齋戒，以沈諸河。河伯豈羞其所從出，辭而不享哉？」此文借用經文，原未指斥仲弓，而注説之誤實因此。論衡云：「鯀惡禹聖，叟頑舜神。伯牛寢疾，仲弓潔全。顔路庸固，回傑超倫。」彼以仲弓爲伯牛之子。伯牛名耕，因以耕牛設諭，説近是。而單文無證，不敢輒信。然亦可見仲弓父惡之説，仲任有不敢誣者矣。黄繼道曰：「斥父稱子，豈聖人之意？此言才德之不繫於世類耳。」胡仁仲取黄説，則以取才廣言之，亦一義。四書賸言：仲弓，冉雍之字。家語謂是伯牛之族人，而其父行賤，故云。史記弟子傳亦同。獨王充論衡謂：「母犂犢騂，無害犧牲。祖濁裔清，不妨奇人。鯀惡禹聖，叟頑舜神。伯牛寢疾，仲弓潔全。顔路庸固，回傑超倫。孔、墨祖愚，丘、翟聖賢。」竟以犂牛指伯牛，仲弓者，伯牛之子。殊爲可怪。但王充漢人近古，且其人博通墳典，必非漫然無據而爲是言者。先仲氏曰：「伯牛名耕。耕與犂通，如司馬牛本名耕，而孔安國謂名犂，字子牛，以耕即犂也。則伯牛本名犂，其曰犂牛之子者，但言耕牛以暗刺其名，與氏所云色雜旁見也。」若然，則仲任此言，似亦真可信者。通人多怪語，以世之聞者或寡耳。

按：仲弓父賤行惡之説，承用雖始於高誘，而其誤實始於史記。後儒因犂牛之喻，遂以伯牛爲仲弓父。然農耕非賤者業，癩疾亦非行惡，輾轉附會，至使先賢蒙不白之冤。黄氏本劉台拱論語駢枝之説，考其致誤之由，頗爲詳盡，故特著之。

【集解】犂，雜文也。騂，赤色也。角者，角周正中犧牲也。雖欲勿用，以其所生，犂而勿用。山川寧肯舍之乎，言父雖不善，不害於子之美也。

【唐以前古注】皇疏引范甯曰：謂，非必對言也。

【集注】犂，雜文。騂，赤色。周人尚赤，牲用騂。角，角周正中犧牲也。用，用以祭也。山川，山川之神也。言人雖不用，神必不舍也。仲弓父賤而行惡，故夫子以此譬之。言父之惡不能廢其子之善，如仲弓之賢，自當見用於世也。然此論仲弓云爾，非與仲弓言也。

【別解】四書翼注論文：左傳所載列國卿大夫，炳炳麟麟，皆公族世家，其自菰蘆中拔萃者少矣。夫子既告仲弓以爾所不知，人其舍諸，他日又更端語之曰：爾爲宰有取士之責。凡鄉舉里選，惟才是視，勿拘於世類，俾秀民之能爲士者仍困於農。犂牛之子，此其義也。若比其父爲牛，夫子豈肯出此言？仲弓豈能樂聞此言？況仲弓並非不用之人，此語又從何而來乎？　四書恒解：朱子沿何晏、邢昺舊説，謂仲弓父賤行惡，子故喻之，非也。張惕菴謂仲弓爲宰時，子告以官人之道。其識甚卓，從之。蓋周家鄉舉里選，至春秋而法弊，取人惟以名望，寒微類多屈抑，子故曉之。程伊川亦言，聖人必不肯對人子説人父不善，因仲弓父賤行惡，古注遂誤解。又張氏以家語爲不足信，亦誤。仲弓父即賤而行惡，子豈有斥擬犂牛之理！　論語偶談：爾所不知，人其舍諸，用人不必皆出於己也。雖欲勿用，山川其舍諸，賢才更非人之所能抑也。仲弓平日留意人才，故夫子廣之，不必定著本身說。論語稽：論語篇中記「子謂」者多矣，如顏淵、子貢、冉有、伯魚、子夏，大抵皆與之言之辭。若論之之辭，則子謂子賤章無曰字，非此例。惟於惜乎吾見其進未見其止章一見之。此章朱注「論仲弓云爾」，蓋以與子言父之惡，聖人必不出此，理或宜然。然論仲弓之美而至比其父爲犂牛，即非與仲弓言，亦復擬於不倫。且仲弓父史記言其賤，家語言其不肖，皆未言其所以賤與不肖之故，安知非誤會此章之意而附會之乎？然則犂牛之子乃泛論古今之人，而與仲弓言之，不必即指仲弓也。子謂仲弓可使南面，仲弓爲季氏宰，問「焉知賢才而舉之」，意仲弓之爲人，有臨民之度，而於選賢舉才，取擇太嚴，故夫子以此曉之歟？

○子曰：「回也，其心三月不違仁，其餘則日月至焉而已矣。」

【集解】餘人暫有至仁時，惟回移時而不變。

【唐以前古注】皇疏：既不違，則應終身。而止舉三月者，三月一時爲天氣一變，一變尚能行之，則他時能可知也。亦欲引汲，故不言多時也。故包述云：「顏子不違仁，豈但一時？將以勗羣子之志，故不絕其階耳。」

按：此條玉函山房論語包氏章句輯本未採列，故特録之。

【集注】三月言其久。仁者，心之德。心不違仁者，無私欲而有其德也。日月至焉者，或日一至焉，或月一至焉，能造其域而不能久也。

【餘論】四書辨疑：三月之下既有日月至焉之餘人，三月之上又有過此之聖人，顏子於仁必須九十日一次違之也，過此至九十一二日便爲聖人。恐無此理。王滹南曰：「豈有恰限三月輒一次違之之理？若三月之後，不復可保，何足爲顏子乎？」東坡云：「夫子默而察之，閱三月之久，而造次顛沛無一不出於仁，知其終身弗畔也。」王滹南謂此説爲是，今從之。四書集編：集注之意，謂自餘門弟子有一日全不違仁，有一月全不違仁者，語録則以爲或一日中一次不違仁，或一月中一次不違仁。二説不同。當以集注爲正。

【發明】朱子語類：問：橫渠云：「始學之要，當知三月不違與日月至焉内外賓主之辨，使心意勉勉循循而不能已，過此幾非在我者。」竊謂三月不違者，天理爲主，人欲爲賓。日月至焉者，人欲爲主，天理爲賓。學者當勉勉循循，以克人欲存天理爲事。其成與不成，至與不至，則非我可必矣。曰：是如此。又云：且以屋喻之，三月不違者，心常在内，雖間有出時，終在外不穩，纔出即入。蓋心安於内，所以爲主。日月至焉者，心常在外，雖間有入時，終在内不安，纔入即出。蓋心安於外，所以爲賓。日至者一日一至此，月至者一月一至此，自外而至也。不違者心常存，日月至者有時而存。此無他，知有至未至，意有誠未誠。知至矣，雖驅使爲不善亦不爲。知未至，雖軋勒使不爲，此意終迸出。故貴於見得透，則心意勉勉循循，自不能已矣。過此幾非在我者，猶言過此以往，未之或知，言過此則著力不得，待其自長進去。張履祥備忘録：問：三月不違與日月至焉内外賓主之辨。曰：仁本固有本是主，但有生以後，天理人欲互爲消長。顔子天理常存，而人欲間發，則理爲主而欲爲賓。其餘天理未能勝乎人欲，則似人欲反爲主，而天理偶然來復，却似賓也。松陽講義：心藏於内，夫子從何處窺之，亦只在動静語默間見之而已。大凡其心如是，其氣象亦必如是，但人不能盡識耳。朱子謂三月不違，不是閉門合眼静坐，此不可不知。四書恒解：後人見孔子未言養氣，而孟子言之，雖不敢謂孟子爲非，却不知養氣之即所以求仁也。且其言曰：「我四十不動心。」「我善養吾浩然之氣。」知心與氣之所以相關。此章言「回也，其心三月不違仁」，則言其養氣功夫，有諸己而天理漸多，私欲漸少。每静存之時，此心虚明無物欲之擾，所謂屢空也。天道三月而春夏秋冬各成一季，丕著功用。三月不違仁，形容其卓立之心體，居然天理穩固，正是三十而立實境。因隱微難名，藉三月狀之。不然三月從何算起？日月至焉者，倏得而倏失。一日之内，心有渾然之一候；一月之内，心有渾含之大致。其功亦非易至，子即顔子以勵門人。此章仁字蓋以全體之仁而言也，若一端之仁，則雖常人一日之内亦有數事，而諸賢乃日月至，於理爲不通矣。

○季康子問：「仲由可使從政也與？」子曰：「由也果，於從政乎何有？」曰：「賜也可使從政也與？」曰：「賜也達，於從政乎何有？」曰：「求也可使從政也與？」曰：「求也藝，於從政乎何有？」

【考異】皇本「曰賜也達」、「曰求也藝」，兩「曰」上有「子」字。天文本論語校勘記：古本、足利本、唐本、津藩本、正平本「曰賜也達」、「曰求也藝」上均有「子」字。

【考證】四書大全辨：爲政者君，執政者卿，從政者大夫也。當孔子自衛反魯，正季康子執政之日，子路、冉有已爲季氏宰，子貢已用於魯，獨未從政爲大夫耳。康子此問，其亦有同升諸公之意乎？然三子惟子貢爲大夫，從政於魯、衛之間，而二子並以家宰終，要皆未究其用，惜哉！

按：胡氏泳曰：「由、求仕於季氏久矣，若爲家臣，豈至此方問其可不可耶？以『冉子退朝』節參之，知其謂爲大夫也必矣。」劉氏寶楠曰：「魯人使使召冉求，冉求先歸。至此康子始問三子從政，則由、求之仕季氏，並在夫子歸魯之後。」

【集解】包曰：「果，謂果敢決斷。」孔曰：「達，謂通於物理。藝，謂多才藝。」

【唐以前古注】皇疏引衛瓘云：何有者，有餘力也。

【集注】從政，謂爲大夫。果，有決斷。達，通事理。藝，多才能。

【餘論】論語稽：孟武伯問由、求、赤，視之過重。季康子問由、賜、求，視之若甚輕。蓋武伯少年紈絝，康子侈肆權臣，故問同而所問之心不同，而夫子答之語氣亦因之各異。姚惜抱經說：當定公之時，孔子有東周之志，將廣魯於天下。惜乎説行於桓子，而小人間之，不獲終焉，此道之將廢也。若夫哀公之時，無論道不復行於天下也，而魯且日危；魯固不能用孔子矣，第使由、求、賜三人者一居當國之任，治一國而保之，固皆有餘力，以比孔子三月之事則不能，以比子産之全鄭則可，故曰「於從政乎何有」。

○季氏使閔子騫爲費宰。閔子騫曰：「善爲我辭焉！如有復我者，則吾必在汶上矣。」

【考異】釋文：一本「則吾必在汶上矣」，無「吾」字。鄭本無「則吾」二字。阮氏元校勘記：史記無「則吾」二字，與鄭本同。樂史太平寰宇記引傳云：若有復吾者，則吾必在汶上矣。

【考證】翟氏考異：今家語載「閔子騫爲費宰，問政。夫子告以馭民猶馭馬」。學者將信家語耶？抑信論語耶？家語非復孔氏之舊，此等處尤顯然。四書大全辨：家語閔子騫爲費宰，問政於孔子。在孔子爲魯司寇之時，桓子未墮費前宰也。孔子去魯，十有四年而反乎魯，魯不能用孔子。於時季康子使閔子騫爲費宰，閔子辭而不就者，樂夫子之道，視夫子進退爲行藏。蓋辭就兩費宰，相越且十五六年矣。然則復我云者，明乎前爲費宰，今殆不可復也。蔣廷錫尚書地理今釋：季氏費邑，今山東兗州府費縣西北二十里有故城。汶水出今山東濟南府萊蕪縣，其源非一，合流於泰安州之静安鎮，謂之大汶。汶水舊由安民亭合濟水，東北入海。自明永樂九年於東平州東六十里築戴村壩，盡遏汶水出南旺，南北分流，南流達濟甯州，會沂、泗諸水，入淮者十之四；北流達於臨清州，會漳、衞諸水，入海者十之六矣。顧棟高春秋大事表：費邑有二：魯大夫費庈人之邑在今兗州府魚臺縣西南，季氏之費邑在今涿州府費縣治西南七十里。江永春秋地理考實：費伯帥師城郎，郎亦在魚臺縣。故城在今費縣西北二十里，今之費縣治祊城。于欽齊乘謂：「伯國姬姓，魯懿公之孫，後爲季氏之邑。」以費伯之費與季氏之費合爲一，非也。四書釋地：曾氏曰：「汶有青州之汶，有徐州之汶。論語在汶指徐州言，以魯事也。汶出泰山萊蕪縣原山，西南入泲，與出瑯邪朱虛縣東泰山至安丘入濰者別。四書釋地續云：汶水在齊之南、魯之北，二國之境以汶分，諸汶水惟此爲最大。札樸：水以北爲陽，凡言某水上者，皆謂水北。

【集解】孔曰：「費，季氏邑。季氏不臣，而其邑宰數叛。聞子騫賢，故欲用之。不欲爲季氏宰，語使者曰：『善爲我作辭説，令不復召我也。』復我者，重來召我也。去之汶水上，欲北如齊也。」

【唐以前古注】皇疏：其邑宰即公山弗擾也，亦賢人也，見季氏惡，故叛也。所以後引云「公山弗擾以費叛。召，子欲往」是也。

【集注】閔子騫，孔子弟子，名損。費，季氏邑。汶，水名，在齊南魯北境上。閔子不欲臣季氏，令使者善爲己辭，言若再來召我，則當去之齊。謝氏曰：「學者能少知内外之分，皆可以樂道而忘人之勢。況閔子得聖人爲之依歸，彼其視季氏不義之富貴不啻犬彘。又從而臣之，豈其心哉？在聖人則有不然者，蓋居亂邦見惡人，在聖人則可。自聖人以下，剛則必取禍，柔則必取辱。閔子豈不能蚤見而豫待之乎？如由也不得其死，求也爲季氏附益，夫豈其本心哉？蓋既無先見之知，又無克亂之才故也。然則閔子其賢乎？」

【餘論】黄氏後案：季氏未知桓子、康子，與仲弓及季路、冉有所仕之時同不同，未可知也。聖門季路諸賢之仕於魯，正程伯子所謂「一命之士，存心愛物，於人必有所濟」者。韓詩外傳曰：「大夫有争臣三人，雖無道不失其家。」季氏爲無道，然不亡者，以冉有、季路爲宰臣也。仲弓爲季氏宰，意在救季氏之失，撥亂而反之正。觀問政及夫子所答可見矣。閔子辭費宰，以季氏爲不可救之人，持危扶顛之無術也。謝顯道説既以季氏爲犬彘，又謂聖人可以臣其下，説已悖謬。後儒泥於謝説，因以仲弓爲宰在少年始仕之時，或又謂仲弓不知季氏之不可救是少剛斷。式三謂以此論大賢，猶尹士之論孟子也。四書改錯：夫子一門多仕季氏，即夫子已先爲季氏司職吏，如孟子所云爲委吏爲乘田者。而概以事犬彘詬之，輕薄極矣。然且挽回聖人則可一語，則聖人應事犬彘矣。儒者不明理並不讀書，閔子幾曾好石隱恥事叛，如王蠋之謝燕師，龔勝之拒新莽？祇以費本巖邑，而其先又經叛臣竊據，實恐難任，故辭之頗堅。觀其即出事夫子，居喪未終，遽要經從政，則非仲尼之門不肯仕大夫之家，已可知也。且亦知季氏何以使閔子騫乎？夫子爲司寇，使仲由墮三都。而費則季氏之邑，三都之一也。季氏以南蒯、公山弗擾歷叛此地，與郕、郈相脣齒，必得一仁厚者爲宰，故使及子騫。及子騫不從，而然後子路以己意使子羔爲之。則子騫之使，夫子未必不與聞，非可謂聖門必恥事季氏也。況投鼠當忌器，祇借一子騫，而陰唾聖躬，顯詬諸賢，已寒心矣。乃諸賢爲宰不能指舉，而明見論語者且有仲弓爲季氏宰一人。夫冉牛、顔淵、仲弓、子騫，此德行中人。仲弓與閔子何優何劣，何升何降，而臣事犬彘？予嘗曰：使注論語而不知仲弓之爲季宰，是爲蔑經。既知仲弓爲季宰而故作此言，是謂侮聖。蔑經與侮聖，惟擇處之。遠宗曰：「由、求事季氏，不特夫子許之，且欲倚以行道。觀公伯寮愬子路於季孫，而夫子以道之將行、道之將廢陰折伯寮，此明明見之論語大文，非僞造僻書也。若季氏再召冉求，則夫子且曰非小用之，將大用之。何嘗以臣事犬彘，失先鑒之知，爲冉求恥耶？」四書恒解：此章閔子之不爲者，費宰耳。費爲季氏私邑，家臣屢叛，欲以閔子强其私家，故力辭之。先儒因閔子之言，遂非由、求，亦未達於當時之事理矣。不然，諸賢爲非，夫子豈弗禁之？仲弓德行與顔、閔同科，何以亦爲季氏宰？即夫子爲中都宰、司空、司寇攝相，亦由季桓子薦之。謝氏謂聖人可仕，聖人以下不可，其説不太支離乎？

○伯牛有疾，子問之，自牖執其手，曰：「亡之，命矣夫！斯人也而有斯疾也！斯人也而有斯疾也！」

【考異】史記弟子傳作「有惡疾」。集注考證：「牖」字誤，當作「墉」也。蓋室中北墉而南牖。墉，牆也。古人室北牆上起柱爲壁，雖壁間西北角有小圓窗，名扉謂之屋漏，然無北牖之名也。漢書宣六王傳：成帝詔曰：「夫子所痛，曰：『蔑之命矣夫！』」義門讀書記：楚王囂傳詔書引此作「蔑之」，是亡字當讀爲無也。釋文闕音。亡之者，言無可以致此疾之道。七經考文補遺：古本「之」作「也」。史記弟子傳述文「命也夫！斯人也而有斯疾！命也夫！」

【音讀】資暇録：亡讀無是正音。今點書者每遇亡字，必以朱發其聲，不知亡與亾字各有區分。經讀考異：案何氏集解孔曰：「亡，喪也。疾甚，故持其手曰喪之。」是以「亡之」絶句，近讀本此。漢書宣五王傳：「夫子所痛，曰：『蔑之命矣夫！』」師古注引論語云云。「蔑，無也，

亦命之所遭，無有善惡。」是又以亡作無，連命矣夫爲一句。新序亦言：「君子聞之，曰：『末之

命矣夫！』」末亦與蔑同用，此又可舉證。

【考證】四書賸言：論語「伯牛有疾」，包注：「牛有惡疾。」按古以惡疾爲癩。禮，婦人有惡疾去，以其癩也。故韓詩解芣苡之詩，謂蔡人之妻傷夫惡疾，雖遇癩而不忍絶。而劉孝標作辨命論，遂謂「冉耕歌其芣苡」，正指是也。又淮南子曰：「伯牛癩。」又芣苡草可療癩，見列子「生于陵屯則爲陵舄」及「鼃蠙之衣」注。劉氏正義：史記弟子列傳：「冉耕字伯牛。」鄭目録云：「魯人。」聖門志闕里廣志稱伯牛少孔子七歲，不審何據。潘氏集箋：淮南子精神訓云：「冉伯牛爲厲。」羣經義證曰：「厲、癩聲相近。史記豫讓傳『漆身爲厲』，注：『音賴。』索隱曰：『賴，惡瘡病也。』又論衡命義篇：『伯牛空居而遭惡疾。』是致病之由，疏家皆不及之。」

按：伯牛患癩，漢儒舊説如此。然余不能無疑者。癩惟熱帶之地有之，今閩、廣多患此者。冉牛魯人，地居北方，不應得此疾，一可疑也。患癩不過殘廢，不必致死。今曰亡之，有當時即死之意。此必患暴病，卒不可救，故作此言。此以語氣上觀之，而知其決非癩也，二可疑也。癩係一種傳染病，患者腥穢觸鼻，斷無與病人執手之理，三可疑也。然則冉牛究患何疾乎？考癩疾之説，本於淮南。淮南子精神訓曰：「子夏失明，伯牛爲厲。」厲、癘通，漢儒多釋爲癩。如尸子「胥餘漆身爲厲」，史記刺客傳「豫讓漆身爲厲」，范雎傳「箕子、接輿漆身爲厲」，索隱曰：「厲俱音賴。癩，瘡也。」邢疏引淮南子，厲直作癩。孟子「順受其正」，孫疏引淮南

同。余謂伯牛爲厲之説，漢儒必有所本。考内經、素問，風熱客於脈不去名曰厲，或名寒熱。是厲爲熱病之名。凡熱病，在春曰瘟，在夏曰暑，在秋曰疫，在冬曰厲。伯牛之疾，即冬厲也。漢人以癩釋之，失其旨矣。

【集解】馬曰：「伯牛，弟子冉耕。」包曰：「牛有惡疾，不欲見人，故孔子從牖執其手也。」孔曰：「亡，喪也。疾甚，故持其手曰喪之。」

【集注】伯牛，孔子弟子，姓冉，名耕。有疾，先儒以爲癩也。牖，南牖也。禮，病者居北墉下，君視之，則遷於南牖下，使君得以南面視己。時伯牛家以此禮尊孔子，孔子不敢當，故不入其室而自牖執其手，蓋與之永訣也。命，謂天命。

【餘論】四書辨疑：注文既言「當時伯牛家曾以此禮尊孔子」，必有所據，今不可考。然以人情推之，伯牛純正之士，必不如此輕率，妄使家人僭以人君之禮過尊孔子也。縱使有之，孔子必正其失，使之更改其位，亦不難爲。心知其非，隱而不言，但不入其室，師弟之間，豈宜如此？子路使門人爲臣，夫子固已明其爲詐，切責之矣。況夫子未嘗爲君，而伯牛輒以人君之禮尊之，其詐不又甚歟？然夫子於子路則諄諄然以正其非，於伯牛則略無一言以正之何也？伯牛見夫子不敢當而不入，亦竟不改其位，儘從夫子在外，但自牖中出其手與之永訣，又無此理。舊説牛有惡疾，不欲見人，故孔子從牖執其手也。注言「先儒以爲癩疾」者，蓋謂此也。向亦屢嘗見有此疾者，往往不欲與人相近，於其所當尊敬者尤欲避之，蓋自慚其醜惡腥穢，恐爲其所惡也。由此推之，只舊注「牛以惡疾，不欲見人」之説爲是。嶺雲軒瑣記：朱子所讀書，後人亦皆見之，未嘗有此禮之文。特因「自牖執其手」五字生撰出來，以爲欲使南面視疾，則必從北牖下而遷南牖下，以示尊異也。夫以尊君之禮待夫子，是使夫子居於僭禮也。且人君南面聽治，何必視疾亦皆南面也？自牖執其手，蓋偶然之事，奈何若斯之穿鑿耶？室之北有墉而無牖，亦未經考明而臆説者。論語竢質：孔子聖無不通，焉有不知醫者？執其手者，切其脈也。既切脈而知其疾不治，故曰：「亡之，命矣夫！」

按：鄉黨篇云：「康子饋藥，拜而受之，曰：『丘未達，不敢嘗。』」是夫子知醫之證。江氏切脈之説是也。

【發明】四書訓義：由夫子之言觀之，則伯牛之賢可知，而君子之言命者亦可見矣。人盡而後歸之天，性盡而後安之命。自非伯牛，則疾病夭折之至，方當以之自省，而豈可徒諉之命哉？修身以俟命，身之不修而言俟命，自棄而已矣。讀四書大全説：朱子以有生之初，氣稟一定而不可易者言命。自他處語，修大全者誤編此。夫莫之致而至者，命也，則無時無鄉，非可執有生之初以限之矣。氣稟定於有生之初，則定於有生之初者，亦氣稟耳，而豈命哉？先儒言有氣稟之性，性凝於人，可以氣稟言；命行於天，不可以氣稟言也。如稻之在畝，忽被風所射，便不成實，豈禾之氣稟有以致之乎？氣有相召之機，氣實召實，氣虛召虛。稟有相受之量，稟大受大，稟小受小。此如稻之或早或遲，得粟或多或少，與疾原不相爲類。風不時而粟虛於穗，氣不淑而病中於身，此天之所被，人莫之致而自至，故謂之命，其於氣稟何與哉？謂有生之初，便裁定伯牛必有此疾，必有此不可起之疾，惟相命之說爲然，要歸於妄而已矣。聖人說命，皆就在天之氣化無心而及物者言之。天無一日而息其命，人無一日而不承命於天，故曰凝命，曰受命。若在有生之初，則亦知識未開，人事未起，誰爲凝之？而又何大德之必受哉？祇此陰變陽合，推盪兩間，自然於易簡之中，有許多險阻。化在天，受在人，其德則及爾出王，游衍而爲性。其福則化亭生殺，而始終爲命。此有生以後之命功埒生初，而有生以後之所造爲尤倍也。論語稽：人生窮通壽夭在可知不可知之間，君子惟修其在我，而一切聽之命而已。命雖聖人亦有不能挽者，故至親如伯魚，至愛如顏子，亦至早夭，此古人保身唯慎言語節飲食而更無餘法也。

○子曰：「賢哉，回也！一簞食，一瓢飲，在陋巷，人不堪其憂，回也不改其樂。賢哉，回也！」

【考異】鹽鐵論地廣章引文「在」下有「於」字。陸賈新語慎微篇述文「巷」下有「之中」二字。後漢書樊英傳注：「論語曰：『顏回在陋巷之中，一簞食，一瓢飲。』」亦有「之中」二字，又上下易置。

【考證】韓詩外傳：孔子嘗謂回曰：「家窮居卑，何不仕乎？」對曰：「有郭外之田五十畝，足以給饘粥。郭內之田四十畝，足以爲絲麻。鼓琴足以自娛，所學於夫子者足以自樂，回不願仕也。回顧貧如富，賤如貴，無勇而威，與士交通，終身無患難，亦且可乎？」孔子曰：「善哉，回也！

夫貧而如富，其知足而無欲也；賤而如貴，其讓而好禮也；無勇而威，其恭敬而不失於人也；終身無患難，其擇言而出之也。若回者，其至乎！」

【集解】孔曰：「簞，笥也。顔淵樂道，雖簞食在陋巷，不改其所樂。」

【集注】簞，竹器。食，飯也。瓢，瓠也。顔子之貧如此，而處之泰然不以害其樂，故夫子再言「賢哉回也」，以深歎美之。程子曰：「昔受學於周茂叔，每令尋仲尼、顔子樂處，所樂何事。」愚按程子之言，引而不發，蓋欲學者深思而自得之。今亦不敢妄爲之説，學者但當從事於博文約禮之誨，以至於欲罷不能而竭其才，則庶乎有以得之矣。

【餘論】黄氏後案：一簞一瓢，皇疏謂「食不重餚，及無雕鏤之器」也。在陋巷者，不願爽塏而居處之，在窮陋之巷中也。不改其樂，孔云「樂道」是也。史記弟子列傳引此經，裴注引衛瓘曰：「非大賢樂道，不能如此。」周茂叔曰：「顔子見其大而忘其小焉爾。見其大則心泰，心泰則無不足。」又曰：「君子以道充爲貴，身安爲富。故常泰無不足。」皆言顔子樂道也。程叔子曰：「使顔子以道爲可樂而樂之，則非顔子矣。」此語太高。莊子言「顔子初忘禮樂，繼忘仁義，終以坐忘，夫子稱其賢」，申程叔子之説，必用莊子之意。朱子於或問曲護程説，注以「博文約禮」言則得之。語録云：「世之談經者，本卑也，抗之使高；本淺也，鑿之使深；本近也，推之使遠；本明也，必使之晦。」如伊尹耕有莘而樂堯、舜之道，未嘗以樂道爲淺也。直謂顔子爲樂道，有何不可？

【發明】楊慎談苑醍醐：有問予顏子不改其樂，所樂者何事？予曰：且問子人不堪其憂，所憂者何事？知世人之所憂，則知顏子之所樂矣。傳云：「古有居巖穴而神不遺，末世有爲萬乘而日憂悲。」此我輩文字禪，不須更下一轉語也。讀四書大全説：要知顏子如何不改其樂，須看人不堪其憂是如何。或問朱子：「顏路甘旨有闕時如何？」此處正好著眼。道之未有諸己，仁之未復於禮，一事亦發付不下，休説簞瓢陋巷，便有天下，亦是憔悴。天理爛孰，則千條萬歧，皆以不昧於當然，休説簞瓢陋巷，便白刃臨頭，正復優游自適。樂者，意得之謂。於天理上意無不得，豈但如黄勉齋所云「凡可憂可戚之事，舉不足以累其心」哉？直有以得之矣。四書恆解：若論孔、顏如何樂法，真有説不出處。若謂孔、顏所樂非道，則非也。程子之意，以爲言樂道，則猶道自道，回自回，故曰非樂道也。此亦妙義，但未免令後學無從下手。道乃義理之統名，其實一性而已。性原於天，而具於身，散見於萬事萬物，動静交養，知行交盡。行之既久，得之於身，自覺心曠神怡，天與人非遠，而外物不足爲加損，所謂樂也。樂之實惟自喻之，而自亦不能言之。其妙無窮，須一步步實踐，則其樂之淺深自知。

○冉求曰：「非不説子之道，力不足也。」子曰：「力不足者，中道而廢。今女畫。」

【考異】後漢紀光武帝紀：太子報桓榮，引冉求曰：「非不悦子之道，力不足者。」

【考證】劉氏正義：説文：「畫，界也。象田四界，聿所以畫之。」引申之，凡有所界限而不能前進者亦爲畫，故此注訓止。法言學行篇：「是故惡夫畫者。」李軌注同。凡人志道，皆必力學，人不可一日勿學，故於學自有不已之功。聖門弟子若顔子大賢，猶言欲罷不能。既竭吾才，欲從末由。其於夫子之道，蓋亦勉力之至。然循序漸進，自能入德，奚至以力不足自諉？里仁篇夫子云：「有能用其力於仁矣乎？我未見力不足者。」若此言力不足者中道而廢，蓋特就冉求之言，指出真力不足之人以曉之。張栻論語解：「爲仁未有力不足者，故仁以爲己任者，死而後已焉。今冉求患力之不足，非力之不足也，乃自畫耳。所謂中道而廢者，如行半塗而足廢者也。士之學聖人，不幸而死則已矣，此則可言力不足也。不然，而或止焉，則皆爲自畫耳。畫者，非有以止之，而自不肯前也。」南軒説即此注義。

【集解】孔曰：「畫，止也，力不足者，當中道而廢。今女自止耳，非力極也。」

【集注】力不足者，欲進而不能。畫者，能進而不欲。謂之畫者，如畫地以自限也。胡氏曰：「夫子稱顔回不改其樂，冉求聞之，故有是言。然使求説夫子之道，誠如口之説芻豢，則必盡力以求之，何患力之不足哉？畫而不進，則日退而已矣，此冉求之所以局於藝也。」

【餘論】四書翼注：此章有頂真見解，前人皆未説着。冉有乃有才人，何至作小兒逃學之語？子之道聖學之全體大用也，言求非不從事於博文，而天地民物之故，禮樂器數之繁，實不足以會其通。非不欲從事於約禮，而視聽言動之則，經權變化之交，學不足以協其矩。此之謂力不足也。夫子言力不足之人，誠亦有之，必其識至愚，氣至弱，勉强不來，至於中道而廢。資質所限，無可奈何。今汝厭致知之繁賾，僅得半而止，畏力行之拘苦，以小就自安，是畫而已矣。奈何自誣以爲力不足哉？須將「子之道」三字抬高，則冉子之退託不爲作僞，夫子之責備亦非苛求。此力不足是真有此學業無成之人，冉子何可以之自比哉？　黄氏後案：中，半也。廢，古通置。置於半途，暫息之，俟有力而肩之也。表記：「鄉道而行，中道而廢，忘身之老也，俛焉日有孳孳，斃而後已。」則中道而廢，是力極休息，復蓄聚其力也。畫，止於半途而不進也。學無止境，死而後已，一息尚存，此志不懈，安得畫？

○子謂子夏曰：「女爲君子儒，無爲小人儒。」

【考證】論語集注旁證：周禮太宰：「儒以道得民。」揚子法言：「通天地人曰儒。」韓非子：「孔子之後，儒分爲八，有子張氏、子思氏、顔氏、孟氏、漆雕氏、仲良氏、公孫氏、樂正氏之儒。」論語述何：君子儒，所謂「賢者識其大」者。小人儒，所謂「不賢者識其小」者。識大者方能明道，識小者易於矜名。子游譏子夏之門人小子是也。孫卿亦以爲子夏氏之陋儒矣。　論語補疏：儒，猶士也。「言必信，行必果，硜硜然小人哉！」小人儒正指此爾。孔注未是。　趙佑温故録：此小人當以「言必信，行必果，硜硜然小人哉」語爲之注脚。彼不失爲士之次，此言儒一也。子夏規模狹隘，蓋未免過於拘謹，故聖人進之以遠大。

【集解】孔曰：「君子爲儒，將以明道。小人爲儒，則矜其名。」

按：劉寶楠云：「小人儒不必是矜名，注説誤也。皇本作馬曰，弟子傳集解引作何曰，足利本不載姓名，則亦以爲何曰矣。北堂書鈔九十六引何休注文同，當是何晏之誤。」

【唐以前古注】皇疏：儒者，濡也。夫習學事久，則濡潤身中，故謂久習者爲儒也。

【集注】儒，學者之稱。程子曰：「君子儒爲己，小人儒爲人。」

【别解】羣經平議：以人品分君子小人，則君子有儒，小人無儒矣。非古義也。君子儒小人儒，疑當時有此名目。所謂小人儒者，猶云「先進於禮樂，野人也」。所謂君子儒者，猶云「後進於禮樂，君子也」。古人之辭，凡都邑之士謂之君子。昭二十七年左傳「左司馬沈尹戌帥都君子」，杜注曰：「都君子，在都邑之士。」是其證也。都人謂之君子，故野人謂之小人。孔子責子路曰：「野哉，由也！」責樊遲曰：「小人哉，樊須也！」一責其野，一責其小人，語異而意同。

【餘論】焦袁熹此木軒四書説：注云「君子儒爲己」，又云「遠者大者」，非各爲一義不相統貫。蓋惟爲己乃所以爲遠大，中庸末章以尚絅闇然爲入德根基，以馴致乎篤恭而天下平之盛，何遠大如之。爲人而學者，自私自利，雖能立功業致聲譽，而其爲卑暗淺小甚矣。黄氏後案：謝顯道謂子夏「於遠者大者或昧」，金氏考證亦據王會之説，謂子夏「細密謹嚴，病於促狹」，此君子小人以度量規模言，其言小人對大人君子而言，特有大小之分耳。李安溪曰：「此小人猶言硜硜然小人哉，褊陋之稱也。」

按：孔注以矜名爲小人，程子注以徇外爲小人，二説過貶子夏。周禮大司徒「四曰聯師儒」，注：「師儒，鄉里教以道藝者。」是儒爲教民者之稱。子夏於時設教西河，傳詩傳禮，以文學著於聖門，謂之儒則誠儒矣。然苟專務章句訓詁之學，則褊淺卑狹，成就者小。夫子教之爲君子儒，蓋勉其進於廣大高明之域也。此君子小人以度量規模之大小言。小人，如「硜硜然小人哉」、「小人哉樊須也」之類，非指矜名徇利者言也。孔、程二注蓋均失之。

【發明】反身録：儒字從人，從需，言爲人所需也。道德爲人所需，則式其儀範，振聾覺瞶，朗人心之長夜。經濟爲人所需，則賴其匡定，拯溺亨屯，翊世運於熙隆。二者爲宇宙之元氣，生人之命脈，乃所必需而一日不可無焉者也。然道德而不見之經濟，則有體無用，迂闊而遠於事情；經濟而不本於道德，則有用無體，苟且而雜夫功利。各居一偏，終非全儒，故必或窮或達，均有補於世道，爲斯人所必需。夫是之謂儒，夫是之謂君子。

○子游爲武城宰。子曰：「女得人焉爾乎？」曰：「有澹臺滅明者，行不由徑，非公事，未嘗至於偃之室也。」

【考異】皇本作「汝得人焉耳乎哉」，所載孔氏注亦曰「焉耳乎哉」，皆辭也。張栻論語解、吕祖謙論語説、真德秀論語集編暨四書纂疏、四書通、四書纂箋諸本「耳」俱作「爾」。明初監本亦作「爾」。太平御覽職官、居處二部述作「爾」。集注考證：三語助辭氣似繁，字義如是爲爾，其辭必有所指，謂女得人焉，有如是者乎。翟氏考異：舊經文原爲「耳」字，玉篇引此語注，于「耳」字之下，唐石經、宋石經均書「耳」字。後漢書章帝紀注亦引爲「耳」。太平御覽作「爾」者二，而其人事部仍述爲「耳」。統是觀之，則自唐以前，大率皆依舊文，至五季後，乃始有别本作「爾」。其初尚兩文並行，久而習訛者多，正文漸晦，故仁山金氏欲以「爾」爲實解，而應城周氏且以「耳」爲異文也。今集解、集注二本已俱復舊爲「耳」，或者反以傳訛疑之，爲溯其輾轉大略如此。

按：焉耳乎三語助連用，已屬不辭，又增「哉」字，更不成文。孔注焉耳乎皆辭，是無「哉」字確證也。今張栻論語解、吕祖謙論語説、真德秀四書集編、趙順孫四書纂疏諸本皆作「爾」，太平御覽職官、居處二部亦引作「爾」，故集注同之。阮先生曰：「焉爾者，猶於此也。言女得人於此乎哉。此者，此武城也。若書作耳，則其義不可通矣。」

【音讀】經讀考異：案近讀多以「有」字連下爲句，考此宜以「有」字爲讀，蓋對師問而應曰有也，與孟子「不動心有道乎？曰有，北宫黝之養勇也」，亦以「有」字句絶，「北宫黝」屬下，語勢正同。是「澹臺滅明者」連下讀，義亦得通。

【考證】史記弟子列傳：澹臺滅明字子羽，少孔子三十九歲。潘氏集箋：顧祖禹方輿紀要云：「南武城故城在沂州費縣西南九十里。」通志云：「八十里。」日知録曰：「史記仲尼弟子傳，曾參南武城人，澹臺滅明武城人。同一武城，而曾子獨加南字。南武城故城在今費縣西南八十里石門山下。正義曰：『地理志定襄有武城，清河有武城，故此云南武城。』春秋襄公十九年『城武城』，左氏注云：『泰山南武城縣。』然漢書泰山郡無南武城，而有南成縣，屬東海郡。後漢書作南城，屬泰山郡，至晉始爲南武城。此後人之所以疑也。宋程大昌澹臺祠友教堂記曰：『武城有四：左馮翊、泰山、清河、定襄，皆以名縣。』而清河特曰東武城者，以其與定襄皆隸趙，且定襄在西故也。若子游之所宰，其實魯邑，而東武城者，魯之北也，故漢儒又加南以别之。史遷之傳曾參曰南武城人者，翔加也。子羽傳次曾子省文，但曰武城，而水經注引京相璠曰：『今泰山南武城縣有澹臺子羽冢，縣人也。』可見武城即南武城也。孟子言『曾子居武城，有越寇』，新序云『魯人攻鄪，曾子辭於鄪君』，戰國策甘茂亦云『曾子處費』，則曾子所居之武城，費邑也。哀八年傳：『吴伐我，子洩率。故道險，從武城。』又曰：『吴師克東陽而進，舍於五梧。』後漢志：『南城有東陽城。』引此爲證，又可見南城即武城也。南城之名見於史記，齊威王曰：『吾臣有檀子者，使守南城。』漢書但作南成。孝武封城陽共王子貞爲南城侯，而後漢王符潛夫論云『鄗畢之山，南城之冢』，章懷太子注：『南城，曾子父所葬。在今沂州費縣西南。』此又南成之即南城而在費之證也。」論語後録曰：「武城與南武城俱以武水得名。左傳城武城爲懼齊故，然則武城，近齊之邑也。地理志言南成，郡國志言南城，成與城同。不言武者，漢代郡縣名之省歟？四書釋地曰：『南武城，魯邊邑也，在今費縣西南八十里石門山下。吴未滅，與吴鄰。吴既滅，與越鄰。』據此，則南武城者，近齊而又近吴之邑也。左傳杜注以爲一地，此却不誤。」高士奇春秋地名考略從之，且謂子之武城，曾子居武城，俱是此地，與程大昌説合。惟顧氏春秋大事表列國地名考異據程啓生説，謂襄十九年之武城在濟寧州嘉祥縣界。昭二十三年傳「邾人城翼，還自離姑，武城人塞其前」，併哀八年之武城爲費縣之武城。費與邾、吴接界，非所當備齊之處。并申之云：「余嘗至嘉祥縣，有絃歌臺，此地與齊界相接，去費縣尚遠。啓生説是也。」維城案：如顧說，則子游所宰之武城近齊，非近吳者。然哀八年「吳伐我，道險，從武城之役」，傳云：「王犯常爲之宰，澹臺子羽之父好焉。國人懼。」是滅明爲近吳之武城人，確有明徵。夫子問子游以得人，正指所宰地言之，故子游對以有滅明，安得謂子游所宰之武城非滅明所居之武城耶？絃歌臺之說，地志傅會，不足信也。

焦氏筆乘：古井田之制，道路在溝洫之上方，真如棊枰，行必遵之，毋得斜冒取疾。野廬氏禁野之橫行徑踰者，修閭氏禁徑踰者，皆其證也。晚周此禁雖存，人往往棄蔑不守，獨澹臺滅明不肯踰逸自便，則其平日趣操可知。子游舉此以答聖人，正舉末明本，豈可謂爲末節而不足以見人也哉？後世形容霍光者亦曰「道止皆有常處，郎僕射竊識視之，不失尺寸」，以見其端審之極，跬步無失也。

惠士奇禮說：徑謂之蹊，釋名：「蹊，系也。射疾則用之，故還系於正道。」康成亦云：「徑踰，射邪趨疾，禁之所以妨姦。」謂不由正道，昌翔觀伺，將開寇盜之端，故橫行徑踰者禁之，有相翔者誅之，則寇盜之端絕矣。君子絶惡於其細，禁奸於其微。射邪趨疾，未必遂爲盜也。而昌翔觀伺，爲盜之端，遂萌於此。野廬氏掌凡道徑塞其塗弇其迹，則形勢不得爲非，使民無由接於姦邪之地，故晏嬰治阿而築蹊徑者以此也。

趙佑溫故録：飲酒於序，射於州序，自有公所。以時而集，成禮而退，何必遂至宰室。蓋邑大於鄉，宰之下分理之人尚多，滅明蓋亦有執事於武城，得與宰習。觀左傳紀「王犯嘗爲之宰，子羽之父好焉」，則是世負民望，爲宰所重。宰必樂開府待之，而獨非公不至，所以爲高也。

論語後録：說文解字「由徑」之「由」當作「繇」。公，說文云：「平分也，从八，从厶，音司。八，猶背也。韓非曰：『背厶爲公。』」又云：「厶，姦衺也。韓非曰：『蒼頡作字，自營爲厶。』」「非公事不至偃室」，蓋謂未嘗私謁也。偃，說文云：「㫃讀若偃，古人名㫃字子游。」則知子游名當作「㫃」，「偃」其借字也。翟氏考異：古人名偃字游者，言子外更有鄭公子偃、駟偃字子游，中行偃字伯游，皆見左傳注。籍偃字游，見國語注。顏偃字子游，見莊子注。說文所云，未定誰指。然不明乎此，則不知言子所以取字之義。

【集解】包曰：「武城，魯下邑。」孔曰：「焉爾乎，皆辭。」包曰：「澹臺姓，滅明名，字子羽，言其公且方。」

【唐以前古注】史記高祖紀索隱引鄭注：步道曰徑。皇疏引袁氏云：謂得其邦之賢才不也。

【集注】武城，魯下邑。澹臺姓，滅明名，字子羽。徑，路之小而捷者。公事，如飲射讀法之類。不由徑，則動必以正，而無見小欲速之意可知。非公事不見邑宰，則其有以自守，而無枉己徇人之私可見矣。

【發明】反身録：滅明之賢，惟子游識得。得此一人，尊禮推重，奬一勵百，以端一方之風化，此致治之機也。昔陸象山至臨川訪湯思謙，思謙因言風俗不美。象山曰：「監司守令是風俗之宗主，只如判院在此，無只惟位高爵重、旗旄導前、騶卒擁後者是崇是敬，陋巷茅茨之間，有忠信篤敬好學之士，不以其微賤而知崇敬之，則風俗庶幾可回矣。」姚善守蘇州，聞郡人王賓狷介有守，敦延不至，乃屏騶從，微服造見。賓次日詣府，望大門致謝而去，終不進大門。善又聞韓奕名，欲因賓致奕，奕終不往。一日，善詢知奕在楞伽山，亟往訪之，奕遽泛小舟入太湖去。善嘆曰：「韓先生名可得而聞，身不可得而見也。」論語稽：子游以文學著稱者，大抵文人積習，無不愛才。而有文無行之士，或藉以要結長吏，魚肉鄉里。夫子問得人，正欲觀子游平日所賞識者若何。而子游以滅明對，邑有君子長吏，當以爲表率而伸式廬之敬者也。今之紳衿，昏夜干求，造門請託，方且借邑宰之威以驕鄉黨，而爲長吏者亦借其聲氣相通，要虛譽而虐良民，以濟其貪酷之私，觀此可以媿矣。四書集編：二者雖若細行，因而推之，行且不由徑，其行己也肯枉道而欲速乎？非公事且不至其室，其事上也肯阿意以來説乎？子游以一邑之宰，其取人猶若是。等而上之，宰相爲天子擇百僚，人主爲天下擇宰相，必以是觀焉可也。故王素之論命相，欲求宦官宫妾不知名之人；而司馬光之用諫官，亦取不通書問者爲之。必如是，然後剛方正大之士進，而奔競諂諛之風息矣。黄氏後案：得人與舉賢異，得之未必遽舉之也。朱子與劉其父書曰：「今於天下之士，漠然不以爲意，至於臨事倉猝，而所蓄之材不足以待用，乃始欲泛然求己所未知之賢而用之，不亦難哉！」朱子之言，正合得人之恉。

# 論語集釋卷十二

## 雍也下

○子曰：「孟之反不伐，奔而殿，將入門，策其馬，曰：『非敢後也，馬不進也。』」

【考異】左傳哀公十一年杜注曰：「孟之側字反。」邢疏文不同者，各據所聞而記之也。翟氏考異：莊子稱孟之反爲子反，閣本注疏遂誤之爲子反爲之側之字。古人字上例以子爲挈，則亦似可通。

【考證】莊子大宗師篇云：子桑户、孟子反、琴張相與友。四書或問：孟之反即莊子所謂孟子反，蓋聞老氏儒弱謙下之風而悦之者也。劉氏正義：「之反」，毛本誤「子反」。鄭注云：「姓孟名之側，字之反也。」案古人名多用之爲語助，若舟之僑、宫之奇、介之推、公罔之裘、庾公之斯、尹公之他與此孟之反皆是。杜預左傳注：「之側，孟氏族也。」錢大昕潛研堂文集：古文屍臀字本作「屍」，殿從屍得聲，臀又從殿取聲，人之一身臀居其後，軍後曰殿，亦取斯義。漢時課吏有殿最之法，亦以居後爲殿也。

【集解】孔曰：「魯大夫孟之側與齊戰，軍大敗。不伐者，不自伐其功。」馬曰：「殿，在軍後。前曰啓，後曰殿。孟之反賢而有勇，軍大奔，獨在後爲殿。人迎爲功之，不欲獨有其名，曰：我非敢在後距敵也，馬不能前進耳。」

【唐以前古注】皇疏：六籍惟用馬乘車，無騎馬之文。唯曲禮云：「前有車騎。」是騎馬耳。今云策其馬，不知爲騎馬爲乘車也。

【集注】孟之反，魯大夫，名側。胡氏曰：「反即莊周所稱孟子反是也。」伐，誇功也。奔，敗走也。軍後曰殿。策，鞭也。戰敗而還，以後爲功，反奔而殿，故以此言自揜其功也。事見哀公十一年。

【別解】四書翼注：魯國之法，有鄰寇，一子守，二子率師從君禦諸境。清之役，齊以息故伐魯。政在季氏，孟氏、叔孫氏不肯出師。冉求方爲季氏宰，專家政，力贊使季氏出師。孟氏不得已亦退而蒐乘。季氏出師次於雩門，待右師，五日而後至。齊師從右師，右師奔，左師入齊師，齊人宵遁。則樊遲請三刻而踰溝，冉求以武城人三百爲私屬，用矛入齊師，二人之功也。微二子，魯幾爲城下之盟矣。夫子恐二子以有功自足，故亟稱孟之反以進二子。是亦一説也。

【發明】朱子語類：問：人之伐心固難克，然非先知是合當做之事，臨事時必消磨不去。諸葛孔明所謂「此臣所以報先帝而忠陛下之職分也」。若知凡事皆職分之所當爲，自然無伐心矣。曰：祇得一心地平之人，故能如此。若使其心地不平，有矜伐之心，則雖知是職分之所當爲，少間自走從伐去，遏捺不下。孟之反祇是心地平，所以消磨容得去。反身録：馮異戰勝有功，他將皆爭自言功，異獨屏身樹下，寂無所言。曹彬平江南，得一國境土，闢地數千里。使在他將必露布以聞，盛敘戰績，彬惟進奏通報於朝曰：「奉勅勾當江南公事回。」此皆不自矜伐，與之反可謂異世而同風矣。彼武夫且然，矧學者乎？故道德、經濟、文章、氣節，或四者有一，或兼有其長，而胷中道德、文章、經濟、氣節之見苟一毫銷鎔未盡，便是伐。伐則有累湛然虛明之體，其爲心害不淺。

○子曰：「不有祝鮀之佞，而有宋朝之美，難乎免於今之世矣。」

【考異】朱子或問：侯氏曰：「而字疑爲不字。」　集注考證：而字猶與字，古書兩事相兼者，每以而字中分之。

【考證】經義述聞：而，猶與也。言有祝鮀之佞與有宋朝之美也。　劉氏正義：王引之經傳釋詞訓而爲與，引墨子尚同「聞善而不善，皆以告其上」，韓子説林「以管子之聖，而隰朋之智」，而皆與也。而、與聲之轉。説與注異，亦通。他家疑而爲不誤，或謂而、如通用，如，或也。皆未是。　四書釋地三續補：而字固發端之辭，又因辭抑辭。「學而時習之」，因又之辭也。「其爲人也孝弟，而好犯上者，鮮矣」，反上之辭也。此章而字則因又之辭，言不有佞又不有色也。或曰：鄭康成箋詩「予豈不知而作」云：「而，猶與也。」作與字解，辭尤顯。此蓋孔子在衛日久，見衛之風俗好尚如是，故爲是歎。與「吾未見好德如好色者也」一般。宋兩公子朝，皆曰宋朝。一爲司寇，乃桓公弟；一出奔衛，「宋朝之美」是也。　黄氏日鈔曰：「范氏説無鮀之佞而獨有宋朝之美，協于經文。晦庵以巧言令色不得分輕重而去其説，且以『無虐煢獨而畏高明』比此句之句法。然書是一句而平下兩事，兩事相比也。此二句而兼下兩事，兩事相反也。句法似亦不類。」按金仁山謂而字猶與字，古書兩事相兼者每以而字中遞之，正與詩箋合。論語稽：兩人皆衛人，此論殆發於居衛時。

【集解】孔曰：「佞，口才也。祝鮀，衛大夫子魚也，時世貴之。宋朝，宋之美人而善淫。言當如祝鮀之佞，而反如宋朝之美，難乎免於今之世害也。」

按：義疏云：「及如宋朝之美者。一本云反如宋朝之美也。通者云佞與淫異，故云反也。」未知孰是。

【唐以前古注】書微子正義引鄭注：不有，言無也。皇疏引范甯云：祝鮀以佞諂被寵於靈公，宋朝以美色見愛於南子。無道之世，並以取容。孔子惡時民濁亂，唯佞色是尚，忠正之人不容其身，故發難乎之談，將以激亂俗，亦欲發明君子全身遠害也。

【集注】祝，宗廟之官。鮀，衛大夫，字子魚，有口才。朝，宋公子，有美色。言衰世好諛悦色，非此難免，蓋傷之也。

【別解一】論語意原：此言專爲衛靈公發，其事可考也。定之四年，劉文公合諸侯，欲以蔡先衛。鮀説萇宏，凡數百言，卒先衛侯。其維持衛國，鮀實有力焉。靈公爲南子召宋朝，太子蒯聵聞野人之歌，羞之，將殺南子，不克，出奔。然則靈公之無道，不得祝鮀之佞才而有宋朝之美色，安能自免於斯世也？　論語稽求篇：施愚山嘗曰：「是書有三疑，而有畢竟不是不有，兩作不有，一疑也。然謂一有一不有，世人重佞而輕色，則于夫子屢嘆未見好德如好色之説自矛盾矣，二疑也。且難免者，謂罹害也，故舊注皆以難免爲害。如所云懼不免幾不免者，世有幾鮀、朝，謂無即不免，則六合之外、八荒之内有誰得免者？恐夫子無是説也，三疑也。」先仲氏曰：「此寓言也，言無希世之資，而徒抱美質，以游于人，鮮有不爲世害者。以佞比阿世，美比善質，直捷明白。蓋美而善淫，人未有不思疾害之者，此與懷美質以希世用正同，故曰難免。邢氏疏曰：『宋朝美而淫，時世疾之。』正此義。」　劉氏正義：先兄五河君經義説略：「美必兼佞，方可見容。美而不佞，衰世猶嫉之。故九侯女不喜淫，商辛惡之。褒姒不好笑，周幽惡之。莊姜之美，衞人爲之賦碩人，而衞莊亦惡之。美而不佞，豈容於衰世乎？蓋美者，色也。所以説其美者，情也。如不必有可説之情，胡然而天，胡然而帝，祇見其尊嚴而已，何説之有？故夫子嘆時世不佞之人，雖美難免。夫子非不惡宋朝也，所以甚言時之好佞耳。」先兄此説即注義也。

按：此即用集解反字之義，可備一説。

【别解二】四書辨疑：衰世悦色乃是悦婦人之色，宋朝美色意不相關。又非此難免一句意亦不明，不知免爲免甚也。若言免己之患，而爲佞爲淫，適所以致患，未聞可以免患也。蓋夫子疾衰世之風習口舌之佞而爲諂諛，飾容貌之美以爲淫亂。不爲祝鮀之佞，必爲宋朝之美；不爲宋朝之美，必爲祝鮀之佞。二者爲世之患不能免除，故曰「難乎免於今之世矣」。

○子曰：「誰能出不由户？何莫由斯道也？」

【考異】皇本「户」下有「者」字。天文本論語校勘記：古本、足利本、唐本、津藩本、正平本「户」下有「者」字。

【考證】春秋繁露身之養重於義篇：故曰：聖人天地動四時化者，非有他也，其見義大，故能動；動，故能化；化，故能大行；化大行，故法不犯；法不犯，故刑不用；刑不用，則堯、舜之功德，此大治之道也，先聖傳授而復也。故孔子曰：「誰能出不由户？何莫由斯道也？」

按：此先漢解經遺義，附載於此。

劉氏正義：宫室之制，外半爲堂，内半爲室。室有南壁，東開户以至堂。説文：「户，護也。半門曰户，象形。」一切經音義十四引字書云：「一扇曰户，兩扇曰門。」「何莫由斯道」者，莫猶非也。説文：「道，所行道也。」言人日用行習無非是道，特人或終身由之而不知耳。禮記禮器云：「禮有大有小，有顯有微。大者不可損，小者不可益。顯者不可揜，微者不可大也。故經禮三百，曲禮三千，其致一也。未有入室而不由户者。」彼文言人行事必由禮，如入室不能不由户。故此文亦言出當由户，何莫由斯道。意與禮器同。

【集解】孔曰：「言人立身成功當由道，譬猶人出入要當從户。」

【唐以前古注】皇疏引范甯云：人咸知由户而行，莫知由學而成也。

【集注】言人不能出不由户，何故乃不由此道耶？怪而歎之之辭。洪氏曰：「人知出必由户,而不知行必由道。非道遠人,人自遠爾。」

【發明】王樵四書紹聞編:夫子之意,蓋謂若以道爲高妙峻絶而不可由耶,則道之得名,正以日用當然之理,猶户爲出入之所必由。若以道爲虚無寂滅,無與於人,而不必由耶,則自君臣父子之際以至起居動息之微,皆有一定之明法,不可頃刻舍之而不由,猶此身出入必由於户也。何乃莫之由耶?

○子曰:「質勝文則野,文勝質則史。文質彬彬,然後君子。」

【考異】説文解字引論語「文質份份」。玉篇「份」字下引論語「文質份份」,「彬」字下又引論語「文質彬彬」。

【考證】潘氏集箋:儀禮聘禮記「辭多則史」注:「史謂策祝。」賈疏:「大史内史皆掌策書。」尚書金縢云:『史乃策祝。』是策書祝辭,故辭多爲文史。」周禮宰夫:「掌百官府之徵令,辨其八職。六曰史,掌官書以贊治。」注:「贊治,若今起文書草也。」是史爲專掌官府文書者,兩義皆可通。許君論語後録:「依字當作份。」蓋以説文於「份」下引此文也。疑古文論語不必盡從古文字,故許君不於「彬」下引之歟?況包、鄭並作「彬」,則作「彬」者反爲今文矣。四書駁異:史乃祝史之史,知其文而不知其文之實,郊特牲所謂「失其義,陳其數,祝史之事也」。黄氏後案:此爲修辭者發也。韓非子難言篇云:「繁於文采則見以爲史,以質信言則見以爲鄙。」蓋本諸此。論語述金氏考證引張文潛云:「今之儒者務博記,尚文辭,乃古之所謂史。」其意蓋同。

何：文質相復，猶寒暑也。殷革夏，救文以質，其敝也野。周革殷，救野以文，其敝也史。殷、周之始，皆文質彬彬者也。春秋救周之敝，當復反殷之質，而馴致乎君子之道。故夫子又曰：「如用之，則吾從先進。」先野人，而後君子也。

【集解】包曰：「野如野人，言鄙略也。史者，文多而質少。彬彬，文質相半之貌。」

【集注】野，野人，言鄙略也。史掌文書，多聞習事，而誠或不足也。彬彬，猶班班，物相雜而適均之貌，言學者當損有餘補不足，至於成德則不期然而然矣。

【發明】論語稽：禮表記篇：「子曰：『虞、夏之質，殷、周之文，至矣。虞、夏之文不勝其質，殷、周之質不勝其文。』」文質得中，豈易言哉！後儒語録每用俗語，野也。漢、魏碑記不載事實，而濫用陳言，史也。皆不得其中者也。

○子曰：「人之生也直，罔之生也幸而免。」

【考異】皇本無「之」字。七經考文補遺：一本作「人生之直」，所主本作「人之生直」。

【音讀】經讀考異：近讀以「幸而免」爲句，論衡引作「罔之生也幸」，或疑「而免」無此句法。愚謂康成讀論語「揖讓而升下」，以「而飲」另爲句，正可舉例。

【集解】馬曰：「言人之所以生於世而自終者，以其正直也。」包曰：「誣罔正直之道而亦生，是幸而免。」

【唐以前古注】詩萇楚正義引鄭注：始生之人皆正直。皇疏引李充云：人生之道，唯其身直乎？失平生之道者，則動之死地矣。必或免之，蓋由於幸耳。故君子無幸而有不幸，小人有幸而無不幸也。

按：韓李筆解以「直」當爲「悳」字之誤，開後人竄亂經文之習，兹不録。

【集注】程子曰：「生理本直。罔，不直也。而亦生者，幸而免爾。」

【餘論】四書或問：上「生」字爲始生之生，下「生」字爲生存之生。雖若不同，而義實相足。蓋曰天之生是人也，實理自然，初無委曲。彼乃不能順是，而猶能保其生焉，是其免特幸而已爾。

四書訓義：兩「生」字義無不同，不但本文兩句連類相形，夫子之意，原以警人直道而行，則上句固自有責成意，非但推原所以不可罔之故，而意全歸下句也。二句之中，原有不直則不足以生之意。細玩本文，此意寓於上句之中，其又生罔之生也幸而免，則以天下之罔者亦且得生而斷之以理，用解天下之疑耳。聖人之言此，原以吉凶得失之常理，惠廸從逆之恒數，括之於直罔之分，徹上智下愚而爲之戒，非專爲盡性知天之君子言也。論語稽求篇：此「生」字只作孟子曰「生斯世也」解，謂人之生于斯世，與世相接，以直道故也。若誣罔無直道而猶偃然在人世，是倖免耳。子曰「三代直道而行」，直道者，生人之事。舊注以生爲壽終不横夭，雖對幸免言，然幸免亦祇免得死耳，短長順逆何足知之？

按：朱子從程明道説，以上「生」字爲始生之生，下「生」字爲生存之生。或問、語類中論之詳矣。而精義載横渠、伊川暨吕、謝諸説，皆以二生字一義，爲生存之生，如王船山、毛西河皆主之。竊謂明道之説本於康成，其理至精。且惟始生本直而後生存當直，朱子固云於義亦可通也。

四書辨疑：程子之説語意不明，不知生爲如何生。幸而免耳，亦不知幸免何事也。蓋生者，全其生理善終之謂也。人之不遭横夭，得全生理，壽盡天年而善終者，由其不爲非道之事，所行者直而無罔曲故也。罔曲之人亦得全其生理，不遭横夭以終其身，此特幸而免耳。幸免者免其横夭之死也。夫子所言，乃其天理之常，人事大概不出於此。至於君子不幸偶值遭命者，間亦有之，然不可以常理論也。潘氏集箋：論語後録：「罔讀如易通卦驗『俱陽曰罔，俱陰曰罔』之罔。」維城案：詩鄭風羔裘「三英」箋：「三德：剛克、柔克、正直也。」孔疏：「克，能也。剛能、柔能，謂寬猛相濟以成治立功。剛則强，柔則弱，此陷於滅亡之道，非能也。」是則剛不能濟以柔，柔不能濟以剛，皆所謂俱陽俱陰而陷於滅亡之道者，故謂其生爲幸免也。

【發明】劉氏正義：直者，誠也。誠者内不自以欺，外不以欺人。中庸云：「天地之道，可一言而盡也。其爲物不貳，則其生物不測。」不貳者，誠也，即直也。天地以至誠生物，故繫辭傳言乾之大生，静專動直。專直皆誠也。不誠則無物，故誠爲生物之本。人能存誠，則行主忠信，而天且助順，人且助信，故能生也。若夫罔者，專務自欺以欺人，所謂自作孽不可活者。非有上罰，必有天殃，其能免此者幸爾。黄氏後案：人受生於天，全生於世，以直道爲之主。失此直道，天威所必譴，王法所必誅，衆怒所必加，免者幸而已，言其僥也。左氏宣公十六年傳：「民之多幸，國之不幸也。」論衡幸偶篇：「孔子曰：『君子無幸而有不幸，小人有幸而無不幸。』」（據蔡邕獨斷所引校改。）唐韓子曰：「惟君子得禍爲不幸，小人得禍爲恒。君子得福爲恒，而小人得福爲幸。」

按：皇疏引李充云：「人生之道惟其身直。」蓋人皆直立，與禽獸異，故人性直無僞，自生時已然。馬云「始生之性皆正直」，即孟子性善之旨也。所謂罔之生者，謂習於爲惡，不關性事。人以善終爲原則，横死爲例外，禽獸則否。聖人教人以爲人之道，惟正直得全其生，亦即率性謂道之理。其至於遭横夭不得盡其天年者，皆不正直之人也。然此特言其常理耳，不直之人間亦有善終者，此在佛家通三世以言因果，固不難説明之，而夫子向不語怪，故不及也。

○子曰：「知之者不如好之者，好之者不如樂之者。」

【集解】包曰：「學問知之者不如好之者篤，好之者不如樂之者深。」

【唐以前古注】皇疏：謂學有深淺也。知之，謂知學問有益者也。好之，謂欲好學之以爲好者也。樂，謂歡樂之也。又引李充云：雖知學之爲益，或有計而後知學，利在其中，故不如好之者篤也。好有盛衰，不如樂之者深也。

【集注】尹氏曰：「知之者，知有此道也。好之者，好而未得也。樂之者，有所得而樂之也。」張敬夫曰：「譬之五穀，知者，知其可食者也。好者，食而嗜之者也。樂者，嗜之而飽者也。知而不能好，則是知之未至也。好之而未及於樂，則是好之未至也。此古之學者所以自强而不息者與？」

按：此章指學問而言，與道無涉。朱子語類：「人之生便有此理，被物欲昏蔽，故知此理者少。好之者是知之已至，分明見此理可愛可求，故心誠好之。樂之者是好之已至，此理已得之於己。凡天地萬物之理，皆具足於吾身，則樂莫大焉。」據此，其所謂道者，則理而已。朱子注四書，遇有之、斯、此等字皆以理字填實之。昔人謂大學經朱子補傳後，已爲宋儒之書，而非孔氏之書，誠有慨乎其言之也。其後饒雙峰以格物致知爲知，誠意爲好，意誠心正身修爲樂。强事分派，令人失笑，豈特船山所謂誣聖已哉！皇疏所詮明白曉暢，爲此章正解，故特著之。

○子曰：「中人以上，可以語上也；中人以下，不可以語上也。」

【考證】劉氏正義：漢書古今人表列知仁之目，亦引此文説之。穀梁僖元年傳有「中知以上，中知以下」之文，然則此兩言中人謂中知矣。中人爲中知，則上謂上知，下謂愚也。顔師古人表注解此文以中人爲中庸，失之。

【集解】王曰：「上，謂上智之所知也。兩舉中人，以其可上可下也。」

【唐以前古注】皇疏：此謂爲教化法也。師説云：就人之品識大判有三，謂上中下也。細而分之則有九也，有上上、上中、上下也，又有中上、中中、中下也，又有下上、下中、下下也。凡有九品，上上則是聖人，聖人不須教也。下下則是愚人，愚人不移，亦不須教也。而可教者，上中以下，下中以上，凡七品之人也。今云「中人以上可以語上」，即以上道語於上分也。「中人以下不可以語上」，雖不可語上，猶可語之以中，及語之以下。何者？夫教之爲法，恒導引分前也。聖人無須於教，故以聖人之道可以教顔，以顔之道可以教閔，斯則中人以上可以語上也。又以閔道可以教中品之上，此則中人亦可語上也。又以中品之上道教中品之中，又以中品之中道教中品之下，斯即中人亦有可以語之以中也。又以中品之下道教下品之上，斯即中人以下可以語中。又以下品之上道教下品之中，斯即中人以下可以語下也。此云中人以上、中人以下，大略言之耳。既有九品，則第五爲正中人也，以下即六七八也，以上即四三二也。

【集注】語，告也。言教人者當隨其高下而告語之，則其言易入而無躐等之弊也。張敬夫曰：「聖人之道精粗雖無二致，但其施教則必因其材而篤焉。蓋中人以下之質，驟而語之，太高，非惟不能以入，且將妄意躐等而有不切於身之弊，亦終於下而已矣。故就其所及而語之，是乃所以使之切問近思而漸進於高遠也。」

【餘論】黄氏後案：王注言可上可下，甚分明。釋文：「『以上』之上時掌反，注『可上』同。」是申王意以定讀也。中人以上，是中人而能上進者。中人以下，是中人而下流者。以之訓而，詳見王氏釋詞也。劉氏正義：孔子罕言利、命、仁、性與天道，弟子不可得聞，則是不可語上。觀所答弟子諸時人語各有不同，正是因人才知量爲語之，可知夫子循循善誘之法。劉開論語補注：天下無生而可以語上之人，以夫子之聖，猶必下學而上達，況賢人乎？故即有中人以上之資，必學造乎中人以上，而後可與聞斯道焉。子曰：「我非生而知之者，好古敏以求之也。」故今之所謂中人以上，即昔之不安於中人者也。今之所謂中人以下，即昔之自安於中人者也。然則可以語上者無常，中人能不力乎？不可語上者皆是，中人敢自恃乎？吾故爲之説曰：凡上焉者皆無不可語者也，凡下焉者皆無一可語者也。唯有中人介乎可語不可語之間，力能上則吾以是啓之，甘於下則吾不能以是教之矣。如是而後聖人之意昭若發蒙。讀書貴善會，然哉！

**○樊遲問知。子曰：「務民之義，敬鬼神而遠之，可謂知矣。」問仁。曰：「仁者先難而後獲，可謂仁矣。」**

【考異】皇本「問仁」，「曰」上有「子」字。

【考證】劉氏正義：「民之義」者，禮運曰「何謂人義？父慈、子孝、兄良、弟弟、夫義、婦聽、長惠、幼順、君仁、臣忠十者謂之人義」是也。「敬鬼神而遠之」者，謂以禮敬事鬼神也。表記子曰：「夏道尊命，事鬼敬神而遠之，近人而忠焉。殷人尊神，率民以事神，先鬼而後禮。周人尊禮尚施，事鬼敬神而遠之，近人而忠焉。」鄭注：「遠鬼神近人，謂外宗廟内朝廷。」案尊命、尊禮、尚施，皆近人之事，周道與夏道略相似也。近人而忠，即是務民之義。於鬼稱事神稱敬者，禮數故言事，禮疏故言遠也。但事亦是敬，故論語此文統言敬鬼神。夫子所以告樊遲者，正是教之從周道。左氏傳季梁曰：「民，神之主也。是以聖王先成民而後致力于神。」亦是舉夏、周道言之矣。難謂事難也。獲，得也，謂得禄也。春秋繁露仁義法篇：「孔子謂冉子曰：『治民者，先富之而後加教。』語樊遲曰：『治身者，先難後獲。』以此之謂治身之與治民所先後者不同焉矣。詩云：『飲之食之，教之誨之。』先飲食而後教誨，謂治人也。又曰：『坎坎伐輻，彼君子兮，不素餐兮。』先其事後其食，謂治身也。」董子說此義至明。下篇言：「事君，敬其事而後其食。」義同。竊以夫子此文論仁知，皆居位臨民之事，意樊遲時或出仕故也。翟氏考異：樊遲凡三問仁，兩兼問知，夫子答之絕不同。夫子固因材施教，而一人一問，時或有先後之殊，材未必變易之速。三答均可終身由之，遲尤不應見少而屢黷也。大約遲之進問，猶有餘辭，而其辭有別，夫子乃各就其問辭答之。纂語者重在夫子之答，略其問辭，但渾括之曰問仁問知焉耳。各篇中凡諸弟子同所問而夫子異答，宜兼以此意隅反之。

按：劉氏之說是也。此章必係樊遲出仕時問答，故曰「務民之義」。集注「民亦人也」，失其旨矣。

【集解】王曰：「務民之義，務所以化道民之義也。」包曰：「敬鬼神而遠之，敬鬼神而不黷也。」孔曰：「先難後獲，先勞苦而後得功，所以爲仁也。」

【唐以前古注】皇疏引范甯云：艱難之事則爲物先，獲功之事而處物後，則爲仁矣。

【集注】民亦人也。獲，謂得也。專用力於人道之所宜，而不惑於鬼神之不可知，知者之事也。先其事之所難，而後其效之所得，仁者之心也。此必因樊遲之失而告之。程子曰：「人多信鬼神，惑也。而不信者，又不能敬。能敬能遠，可謂知矣。」又曰：「先難，克己也。以所難爲先而不計所獲，仁也。」呂氏曰：「當務爲急，不求所難，知力行所知，不憚所難爲。」

【餘論】朱子文集：本欲只用呂說，後見其後獲意未備，故別下語。又惜其語非他說所及，故存之於後。論語訓：此問爲政之知仁，故以務民不惑爲知，言不以姑息爲仁。先令民爲其難，乃後得其效。董仲舒言治身，非也。

【發明】四書恒解：至於鬼神，似屬幽渺。然天命之性，流行於事物之間，而一念之微，可通乎於穆之表，必懍鑒觀而嚴指視，然後衾影不敢忽，旦明不忍欺，而民義乃能誠敬以赴。君子畏天命，聖人如事親，職此其義也。若不敬鬼神，即不知天命而不畏，任其心之所之，無惡不作，曰「吾遠鬼神也」，小人而無忌憚，其禍己禍人曷有窮哉？然敬鬼神者，畏獲罪於天，糾其邪慝耳，非謂媚禱求福。蓋鬼神司天地之功化，以天地之心爲心，以天地之道賞罰人，民義所在即是天理，順天理而行，天自與之相合。不務民義，即失天理，去天日遠，安有福之理？故務民義者，自能敬鬼神，亦能遠鬼神。先儒諱言禍福並吉凶休咎之理，周易、洪範，聖人垂教，誘民之道，均等於虛渺，其弊由視鬼神在民義之外，天人相感爲至難。不知祇此天理，全則爲人，失則爲物，一念合理，即一念合天，否則違天。合天則逢吉，理之自然，非天有心徇之。違天而逢凶，亦理之自然，非天有心棄之。因福善禍淫之理定於天，而人事淑慝與之相應，原其氣數於理，歸其權於大造，則以爲天禍福之而已。夫子曰：「言行，君子之所以動天地也。」可不慎乎！夫一言一行至微，何遂動天？祇緣人在天地殼子中，獨得天命理氣之全，故一念之動而天地知之。鬼神者，陰陽之靈。夫子曰：「一陰一陽之謂道。」無處非道，即無處無鬼神，所以爲體物而不可遺。不知天人合一之故，即不知吉凶悔吝生乎動之義，又安能務民義而合天心乎？因世俗渺視鬼神，任心悖理，否則諂事鬼神，妄希福利，楚失齊非得，故特辨之。黄氏後案：鬼神之禍福，依民義之從違。明乎天人感通之故，爾室屋漏不敢欺焉，不特祭享時也。而又遠之者，祭祀非嫥爲祈禳而設，禍福必不因祈禳而移，神聰明正直而壹，不加福於諂黷之小人，加禍於守正之君子。知者見之定焉。先難後獲，集注引程子説云：「不計所獲。」蓋本夫子欲仁得仁又焉貪之訓，亦以效言。近解或説仁者不求獲仁，陸子静曰：「惡能害心，善亦能害心。」王伯安曰：「無善無惡心之體，有善有惡意之動。」後人援之以釋經，與釋氏以無念爲宗、不存得果之意極似，非儒者之道也。

按：此章仁知本對臨民而言，但即以治身言之，義亦可通。宋儒諱言休咎，不計功效，陳義雖高，無裨實用。聖人立言之旨，絶不如此，二氏所言皆以深著宋儒之失也。

○子曰：「知者樂水，仁者樂山。知者動，仁者静。知者樂，仁者壽。」

【音讀】釋文：樂音岳，又五孝反。下同。慈湖家記：音釋家樂水樂山並五教反，尤爲害道。夫五教反者，好樂切著之謂也。孔子無得而形容，姑託喻于山水而已。聖人尚不得言，豈好樂切著之可言哉？翟氏考異：此樂字或言不應音岳，恐釋文有訛。然禮記「樂不可極」、「敬業樂羣」、「有所好樂」，俱一音岳，則先儒自有此音訓。下「知者樂」，樂字釋文亦五孝反，却屬可疑。

【考證】韓詩外傳：夫知者何以樂於水也？夫水者緣理而行，不遺小間，似有智者；動而下之，似有禮者；蹈深不疑，似有勇者；漳汸而清，似致命者；歷險致遠，卒成不毁，似有德者。天地以成，羣物以生，國家以寧，萬物以平，品物以正，此智者所以樂於水也。夫仁者何以樂於山也？夫山者萬民之所瞻仰也，草木生焉，萬物植焉，飛鳥集焉，走獸休焉，四方益取與焉。出雲道風，㠉乎天地之間，天地以成，國家以寧，此仁者所以樂於山也。中論夭壽篇：或問孔子稱仁者壽而顏淵早夭，豈聖人之言不信而欺後人耶？潁川荀爽以爲「古人有言，死而不朽。其身殁矣，其道猶存，故謂之不朽。夫形體固有朽弊消亡之物，壽與不壽，不過數十歲；德義立與不立，差數千歲，豈可同日言也哉？詩云『萬有千歲，眉壽無有害』，人豈有萬歲千歲者？皆令德之謂也」。北海孫翺以爲「死生有命，非他人之所致也。若積善有慶，行仁得壽，乃教化之義，誘人而納於善之理也」。幹以爲二論皆非其理也。夫壽有三：有王澤之壽，有聲聞之壽，有行仁之壽。書曰五福，一曰壽，此王澤之壽也。詩云「其德不爽，壽考不忘」，此聲聞之壽也。孔子曰「仁者壽」，此行仁之壽也。孔子云爾者，以仁者利養萬物，萬物亦受利矣，故必壽也。聞自堯至於武王，自稷至於周、召，皆仁人也，君臣之數不爲少矣，此非仁者壽之驗耶？又七十子豈殘酷者哉？顧其仁有優劣耳。其夭者惟顏回。據一顏回而多疑其餘，無異以一鉤之金權於一車之羽，云金輕於羽也。春秋繁露循天之道篇：故仁人之所以多壽者，外無貪而内清浄，心平和而不失中正，取天地之美以養其身，是其且多且治。中鑒俗嫌篇：仁者內不傷性，外不傷物，上不違天，下不違人，處正居中，形神以和，故咎徵不至而休嘉集之，壽之術也。

【集解】包曰：「知者樂運其才智以治世，如水流而不知已也。仁者樂如山之安固，自然不動而萬物生焉。日進故動。」孔曰：「無欲故靜。」鄭曰：「知者自役得其志故樂。」包曰：「性靜者多壽考。」

【唐以前古注】皇疏引陸特進曰：此章極辨智仁之分，凡分爲三段。自「智者樂水，仁者樂山」爲第一，明智仁之性。又「智者動，仁者静」爲第二，明智仁之用。先既有性，性必有用也。又「智者樂，仁者壽」爲第三，明智仁之功已有用，用宜有功也。

按：南朝陸姓而位至特進者只一陸杲，其人仕梁武帝，與皇侃同時。然南史稱其素信佛法，嘗著沙門傳三十卷，不云嘗注論語，隋、唐志亦未及之。陸澄雖深於經術，然未至特進也。當再考。

【集注】樂，喜好也。知者達於事理而周流無滯，有似於水，故樂水。仁者安於義理，而厚重不遷，有似於山，故樂山。動静以體言，樂壽以效言也。動而不括故樂，静而有常故壽。

【餘論】論語後録：仁，木也，木勝土故樂山。智，土也，土勝水故樂水。於易，艮爲山，兑爲澤。山，土也，坎水半見於兑，故澤即爲水。山澤通氣，仁智用之矣。四書翼注：壽是實在有壽，不可將名垂後世死而不朽語混入。

【發明】孫奇逢四書近指：山水無情之物也，而仁知登臨則欣然向之。蓋活潑寧謐之體，觸目會心，故其受享無窮，此深造自得之學。黄氏後案：儒者言心之虚壹而静，本於荀子。彼文云：「不以所已藏害所將受謂之虚，不以夫一害此一謂之壹，不以夢劇亂知謂之静。」孔注「無欲故静」如此，朱子屢言虚静，其意亦多如此。薛氏讀書録詳言静以養心之法，亦不外持志養氣二端。其言養氣也，云言語動作皆氣也，有過處皆足以動志。其論持志也，務教人之遏妄念去邪念。思慮不可必得之事爲妄念，思慮悖禮違義之事爲邪念，遏絶此念，使念念皆出於仁義禮智，方爲收斂此心。諸言静者，與經嫥言仁者之静微有異而大恉同也，與釋氏言無眼耳鼻舌身意則迥然異矣。近儒言仁，空論本心，因以瞑目静坐心無所著爲仁，是老僧面壁多年，有一片慈悲心即可畢仁之事，尤謬也。阮雲臺作仁論以破之。又曰：武王之銘云：「火滅修容，戒慎必恭，恭則壽。」中庸云：「大德者必得其壽。」此經以静言壽，異於方士長生之術矣。方士以寂滅養生，未必果壽，即幸而壽，亦揚子法言所謂名生而實死。柳子厚所謂深山木石大澤龜蛇皆老而久，於道無所益也。或曰：仁者必壽，則顔、冉何？曰：壽夭有在天在人，在天者修短定於生初，非必盡可轉移；在人者盡性至命，克終天年，是爲壽。否則戕其生，是不壽也。史言龔勝死年七十九，弔之者云竟夭天年，可知壽夭不徒以年之長短論也。

○子曰：「齊一變，至於魯；魯一變，至於道。」

【考證】新序：伯禽、太公俱受封而各之國。三年，太公來朝。周公問曰：「何治之疾也？」對曰：「尊賢者先疏後親，先義後仁也，此霸者之迹也。」周公曰：「太公之澤及五世。」五年，伯禽來朝。周公問曰：「何治之難？」對曰：「親親者先内後外，先仁後義也，此王者之迹也。」周公曰：「魯之澤及十世。」故魯有王迹者，仁厚也。齊有霸迹者，武政也。齊之所以不如魯，太公之賢不如伯禽也。漢書地理志：初，太公治齊，修道術，尊賢智，賞有功。故至今其士多好經術，矜功名，舒緩闊達而足智。其失夸奢朋黨，言與行繆，虚詐不情，急之則離散，緩之則放縱。又云：「周興，以少昊之虚曲阜封周公子伯禽爲魯侯，以爲周公主其民，有聖人之教化，故孔子曰：『齊一變至於魯，魯一變至於道。』言近正也。瀕洙、泗之水，其民涉度，幼者扶老而代其任。俗既益薄，長老不自安，與幼少相讓，故曰：『魯道衰，洙、泗之間齗齗如也。』孔子閔王道將廢，迺修六經以述唐、虞、三代之道，弟子受業而通者七十有七人。是以其民好學，上禮義，重廉恥。」顔師古注：「魯庶幾至道，齊人不如魯也。」四書釋地又續補：王文憲曰：「齊之盛時，已不如魯。魯之衰時，尚勝於齊。變齊先革功利，變魯先振紀綱。」金仁山曰：「齊自夫子以後，亦嘗一變。蓋登夫子之門者多，其後諸儒與魯相埒。如語有齊論，詩有齊詩。漢時嘗以齊、魯並稱。」

【集解】包曰：「言齊、魯有周公、太公之餘化也。太公大賢，周公聖人。今其政教雖衰，若有明君興之者，齊可使如魯，魯可使如大道行之時也。」

【唐以前古注】論語筆解：韓曰：「道，謂王道，非大道之謂。」李曰：「有王道焉，『吾從周』是也。

有霸道焉，『正而不譎』是也。」

按：此說較集解爲勝，似可從。

【集注】孔子之時，齊俗急功利，喜夸詐，乃霸政之餘習。魯則重禮教，崇信義，猶有先王之遺風焉。但人亡政息，不能無廢墮爾。道則先王之道也。言二國之政俗有美惡，故其變而之道有難易。

【餘論】日知録：變魯而至於道者，道之以德，齊之以禮。變齊而至於魯者，道之以政，齊之以刑。

四書翼注：此不是爲魯争氣，全是言齊可危。魯昭公没於外，魯再世仍無恙，而三桓之子孫微，民心知義故也。齊景公有馬千駟，顯名於諸侯，身死之後，國爲陳氏，民不知義故也。孟子言「君臣父子兄弟，終去仁義，懷利以相接，未或不亡」，此之謂也。

○子曰：「觚不觚，觚哉！觚哉！」

【考證】丹鉛録：古者獻以爵而酬以觚，説文所謂「鄉飲酒之爵」也。後世木簡謂之觚，削木爲之，或六面，或八面，可書，以爲簡牘。陸士衡文賦「或操觚而率爾」是也。孔子所歎，則酒器，非木簡。蓋以觚之簡起於秦、漢，孔子未嘗見也。此則孔子何以歎也？古人制器尚象，以一觚言之，上圓象天，下方象地，且取其置頓之安穩焉。春秋之世，已有破觚爲圓者。孔子於獻酬之際，見而歎之，其事雖小而輕變古制，已有秦人開阡陌、廢井田、焚詩書、尚法律之漸矣。與春秋大復古而譏變法同一旨與。

論語稽求篇：觚不觚者，戒酗也。觚，酒器名。量可容二升者，其義寡也。古量酒以三升爲當，五升爲過，二升爲寡，而制器者即因之。故凡設器命名，義各有取。君子顧其名當思其義，所謂名以實稱也。今名雖爲觚，而飲常不寡。實則不副，何以稱名？故曰「觚哉觚哉」。按禮器有爵、散、觶、角諸酒器名，而皆有取義。故韓嬰作詩說有云：「一升曰爵，爵，盡也。二升曰觚，觚者，少也，飲常寡少也。三升曰觶，觶，適也，飲之體適適然也。四升曰角，角，觸也，不能自適，但觸罪過也。五升曰散，散者，訕也，飲不知節，徒爲人謗訕也。」若觴亦五升，所以爲餉。觥亦五升，所以明罰。雖同是五升，而觥觴異稱，是禮器稱名，其必以義起如此。今淫酗之家，飲常過多，雖復持觚，亦不寡少，故夫子借觚以歎之。

按：毛氏之言深合經旨。韓詩外傳：「觚，寡也，飲當寡少也。」即王肅戒沈湎之義，蓋本漢儒舊說。論語偶談曰：「今名爲觚而其所受乃如三升之觶，四升之角，於義全失矣。」亦此義也。

趙佑溫故録：明劉績三禮圖云：「觚高尺一寸，口徑五寸有半，深六寸有半，足徑三寸，深三寸，口容六合，足半之。」李氏録云：「此器口可容二爵，足容一爵，禮圖所謂二升曰觚也。腹作四棱，削之可爲圜，故曰破觚爲圜也。足之四棱，漢宫鳳闕取以爲角隅，故曰上觚棱而棲金爵也。」

【集解】馬曰：「觚，禮器也。一升曰爵，二升曰觚。」何曰：「觚哉觚哉，言非觚也。以喻爲政不得其道則不成。」

【唐以前古注】皇疏引王肅云：當時沈湎於酒，故曰「觚不觚」，言不知禮也。又引蔡謨云：酒之亂德，自古所患，故禮説三爵之制，尚書著明酒誥之篇，易有濡首之戒，詩列賓筵之刺，皆所以防沈湎。王氏之説是也。觚失其禮，故曰「觚不觚」，猶言君臣不君臣耳。又引褚仲都云：作觚而不用觚法，觚終不成，猶爲政而不用政法，豈成哉。疾世爲政不用政法，故再言焉。按：隋志有褚仲都論語義疏十卷，唐志作講疏十卷。考蕭梁之代，作義疏者褚、皇二家。皇疏宋世猶存，故邢昺作正義本之，邢疏行而皇疏稍隱。今得日本人傳之，皇疏晦而復顯，而褚注則湮絶無聞。書之傳否，固有幸有不幸也。梁書孝行傳：「褚修，吴郡錢唐人也。父仲都善周易，爲當時最。天監中，歷官五經博士，所著尚有周易講疏十六卷云。」

【集注】觚，棱也，或曰酒器，或曰木簡，皆器之有棱者也。不觚者，蓋當時失其制而不爲棱也。觚哉觚哉，言不得爲觚也。

【别解】劉氏正義：舊有注云：「孔子曰：『削觚而志有所念，觚不時成，故曰觚哉觚哉。觚，小器耳。心不專一，尚不時成，況于大事也？』」此説觚爲木簡，與馬異。宋氏翔鳳謂是徐氏論語隱義語，義當本鄭，亦是意爲之辭。説文：「柧，棱棱柧也。」史游急就章「急就奇觚與衆異」，顔師古注：「觚者，學書之牘。或以記事，削木爲之，蓋簡屬也。孔子歎觚，即此之謂。其形或六面或八面，皆可書。觚者，棱也。以有棱角，故謂之觚。班固西都賦曰：『上觚棱而棲金爵。』今俗猶呼小兒削書簡爲木觚章，蓋古之遺語也。」王應麟補注：「史記『破觚爲圜』，應劭曰：『觚，八棱有隅者。』説文通釋：『觚，八棱木。於其上學書。』又引説文云：『幡，書兒拭觚布也。』據此，則柧亦作觚。」廣雅釋器：「箬、籥、箕、篺、笘、籙，箛也。」竹木本一類，故柧亦作箛。漢書所云「操觚之士」，西京雜記「傅介子好學書，嘗棄觚而歎」，即此柧也。柧有四棱八棱之異。通俗文曰：「木四方爲棱，八棱爲柧。」此析言之，若散文亦通稱。故師古以觚有六面，則六棱亦名柧矣。孔子歎觚，師古之説與舊注同異不可知。或謂觚當有棱，其後無棱亦名觚，如史記所云「破觚爲圜」之比。此亦名實相乖，於義得通者也。

按：馮氏椅（四書大全引）曰：「顔師古云：『學書之牘，或以記事，削木爲之，其形或六面或八面，皆可書。孔子歎即此也。』竊謂觚爲酒器，見於禮經。爲木簡，見於漢急就章。則謂爲簡屬者，秦、漢之後之稱，非孔子所謂也。」論語釋故亦謂木簡爲觚之名起於秦、漢，孔子所謂觚當是酒器。姑録之以備一義。

【餘論】黄氏後案：集注有木簡名觚之説，先儒謂以簡爲觚，起於秦、漢以後，當以觚爲酒器也。不觚之歎有數説，鹽鐵論殊路篇引此經而申之曰：「故人事加則爲宗廟器，否則厮養之爨材。」潛夫論相列篇云：「觚而弗琢不成於器。」是勉人自砥礪也。皇疏引王肅云：「當時沈湎於酒，故曰不觚。」王意蓋謂古器各有取義，觚之爲言寡，不寡則謂之不觚也。皇疏又引褚仲都曰：「作觚而不用觚法，觚終不成；猶爲政而不用政法，豈成哉？」此同何注。陳用之謂夫子歎其名存而實亡也，注中程、范説同。趙鹿泉謂觚體本方，比人之耿介，夫子之歎不觚，亦世道喜圓惡方之一端也。此木軒四書説：洪慶善云：「古者獻以爵，酬以觚，此夫子因獻酬之際有所感也。」此言得之。蓋不必正當獻酬時發此歎，必目擊此器，人皆名曰觚，實乃非觚，故因而歎之。論語所記夫子之言，在當時皆有根因，今雖不可得知，要當默識之爾。

**○宰我問曰：「仁者，雖告之曰『井有仁焉』，其從之也？」子曰：「何爲其然也？君子可逝也，不可陷也；可欺也，不可罔也。」**

【考異】七經考文補遺：古本「雖」作「縱」。皇本作「井有仁者焉其從之也」，「也」作「與」。張南軒本改正文爲「人」字。四書辨證：陸采冶城客論：「『井有仁焉』之『仁』是『人』字，以字音致誤。」陳善捫蝨新語：「古人多假借用字，『井有仁焉』，竊謂當作『人』。」四書駁異曰：「大是確論，與集注劉聘君語相符。」黄氏後案：皇本作「井有仁者焉」，晉語「善人在患，不救不祥」，此意可通。校勘記曰：「案孔注云『有仁人墮井』，則『仁』下當有『者』字。」朱子從邢本而用劉説。仁、人二字古多互用，如詩「先祖匪人」，「人」當作「仁」。本草杏仁、桃仁等字，古本作「人」也。天文本論語校勘記：古本、足利本、唐本、津藩本、正平本「仁」下有「者」字。

按：論語述要言：「仁者志在救人，今有一救人機會在井中，即井有仁也。不言有人，人自在其中。」此説最爲得之。有人墮井，常事也。若必分別仁人惡人，則義太迂僻，故集注不從。

【集解】孔曰：「宰我以爲仁者必濟人於患難，故問有仁人墮井，將自投下從而出之不乎。欲極觀仁者憂樂之所至也。逝，往也。言君子可使之往視耳，不肯自投從之也。」馬曰：「可欺者，可使往也。不可罔者，不可得誣罔，令自投下也。」

【唐以前古注】皇疏：或問曰：「仁人救物，一切無偏，何不但云井中有人，而必云有仁者耶？若唯救仁者，則非仁人墮井，則仁人所不救乎？」答曰：「仁者能好人能惡人，其雖惻隱濟物，若聞惡人墮井亦不往也。」又引李充云：欲極言仁，設云救井爲仁便當從不耶。故夫子答曰：「何爲其然也？」言何至如此。是君子之人，若於道理宜爾，身猶可亡，故云可逝。逝，往也。若理有不可，不宜陷於不知，故云不可誣罔令投下也。君子不逆詐，故可以闇昧欺。大德居正，故不可以非道罔也。

【集注】劉聘君曰：「有仁之仁當作人。」今從之。從，謂隨之於井而救之也。宰我信道不篤，而憂爲仁之陷害，故有此問。逝，謂使之往救。陷，謂陷之於井。欺，謂誑之以理之所有。罔，謂昧之以理之所無。蓋身在井上乃可以救井中之人，若從之於井，則不復能救之矣。此理甚明，人所易曉。仁者雖切於救人，而不私其身，然不應如此之愚也。

【別解】羣經平議：宰我之意，蓋謂仁者勇於爲仁。設也於井之中而有仁焉，其亦從之否乎。孔注仁人墮井之説，殊有未安。「出」字經文所無，且投下從之又安能出之？宰我居言語之科，不應失言如是。皇侃因孔云「仁人墮井」，遂於經文「仁」下增「者」字，未足據也。孔以可逝爲可使往視，其義迂曲。逝當讀爲折。周易大有釋文曰：「晢，陸本作逝，虞作折。」是逝與折古通用。君子殺身成仁則有之矣，故可得而摧折，然不可以非理陷害之，故可折不可陷。

【餘論】黄氏後案：宰我爲此問者，以井中人喻罹於憂危之人，見仁人之所宜救者在此。天下事固有不救而疑於忍，欲盡力救之而一身之陷害有不可知者。喻言從井，欲觀仁者之何以處此也。或謂從井不復能救，聖門言語才胡昧此而有問乎？式三謂從井救人是喻辭。古今任俠之士，輕身患難，或瀕危而得幸，或人得全而己已殞，或人己俱殞而無益，是從井救人之類也。

【發明】論語或問：問：往視而井實有人，則如之何？曰：蘇氏之説，所以處於輕重緩急之間者密矣。蘇氏云：「拯溺，仁者之所必爲也。殺其身無益於人，仁者之所必不爲也。惟君父在險，則臣子有從之之道，然猶挾其具，不徒從也。事迫而無具，雖徒從可也。其餘則使人拯之，要以窮力所至。」

〇子曰：「君子博學於文，約之以禮，亦可以弗畔矣夫。」

【考異】釋文：一本無「君子」字，兩得。馮登府異文考證引後漢范升傳亦無「君子」字。

【音讀】義門讀書記：約，漢人讀曰要。

【考證】經義雜記：既言君子不嫌其違畔於道，後顏淵篇此章再見，正本皆無「君子」字，據釋文知此處係衍文。後漢書范升傳：孔子曰：「博學約之，弗叛矣夫。」夫學而不約，必叛道也。顏淵曰：「博我以文，約我以禮。」孔子可謂知教，顏淵可謂善學矣。論語述何：文，六藝之文。禮貫乎六藝，故董生云：「春秋者，禮義之大宗也。其事則齊桓、晉文，其文則史，可謂博矣。君子約之以禮義，繼周以俟百世，非畔也。」論語稽求篇：博、約是兩事，文、禮是兩物，然與「博我以文，約我以禮」不同，何也？彼之博約，是以文禮博約回；此之博約，是以禮約文，以約約博也。博在文，約文又在禮也。先教諭嘗曰：「解經須識字。」於文，於此文也。約之，即約此文也。之者，此也。以禮，則謂用禮來約之。以也者，用也。故後漢范升傳引孔子曰：「博而約之，弗叛矣夫。」又曰：「夫學而不約，必叛道也。」以博而約作一句，又以博而不約反一句，知夫子語意原自如此，即從來説書者亦只如此。劉氏正義：「畔」即「叛」字，唐石經初刻作「叛」，後磨改。説文：「叛，反也。畔，田界也。」義異。經典多叚「畔」爲「叛」。左昭二十一年經：「宋華亥、向寧、華定自陳入于宋南里以叛。」公羊經作「畔」。

【集解】鄭曰：「弗畔，不違道也。」

【唐以前古注】論語筆解：韓曰：「畔，當讀如偏畔之畔。弗偏，則得中道。」

【集注】約，要也。畔，背也。君子學欲其博，故於文無不考；守欲其要，故其動必以禮。如此，則可以不背於道矣。

【别解】羣經平議：畔者，言畔喭也。博學於文，約之以禮，則自無畔喭之患矣。先進篇「由也喭」，鄭注曰：「子路之行失於畔喭。」正義曰：「舊注作『吸喭』。字書：『吸喭，失容也。』言子路性剛，常吸喭失於禮容也。今本『吸』作『畔』。王弼云：『剛猛也。』」據此，則畔喭爲剛猛而無禮容，合言之曰畔喭，分言之則或曰畔，或曰喭矣。

【餘論】日知録：君子博學於文，自身而至於家國天下，制之爲度數，發之爲音容，莫非文也。品節斯斯之謂禮。孔子曰：「伯母叔母疏衰，踊不絶地。姑姊妹之大功，踊絶於地。知此者，由文矣哉！由文矣哉！」記曰：「三年之喪，人道之至文者也。」又曰：「禮減而進，以進爲文。樂盈而反，以反爲文。」傳曰：「文明以止，人文也。」觀乎人文以化成天下，故曰：「文王既没，文不在兹乎？」而謚法：「經緯天地曰文。」與弟子之學詩、書、六藝之文有深淺之不同矣。朱子文集（答張仁叔）：約之以禮，禮字作理字看不得，正是持守有節文處。

按：孔子一生言禮不言理，後來理學家凡論語中禮字均硬作理字解，不知朱子已早見及此，故特著之。

此木軒四書説：約之以禮，謂視聽言動皆收束入規矩準繩，一於禮則約矣。約非大本大原，渾然一理之謂也。博文約禮，皆下學事，故曰可以弗畔。論語經正録：約、要均有結束義，亦均有儉少義，故二字可轉相訓。「久要不忘平生之言。」孔注：「久要，舊約也。」書禹貢「五百里要服」，疏：「要者，約束之義。」以約訓要，故朱子解此章亦以要訓約。皇侃疏：「約，束也。言君子廣學六籍之文，又用禮自約束，能如此者，亦可得不違背於道理。」朱子語類：「幹録：此約字與顔子所言約字皆合作約束之意耳。」或問云：「二者之訓不異，其義亦同，皆爲約束之意。」據此，則朱子從古訓，以要訓約，作平聲讀，爲束義。而作去聲讀者，非朱子之意明矣。又案之字指君子之身言，亦本朱子。語類幹録云「顔子『博我以文，約我以禮』，既連著兩我字，而此章之字亦但指其人而言，非指所學之文而言」是也。

按：王船山云：「博文約禮是一齊事，原不可分今昔，如讀書時正襟危坐不散不亂，即此博文，即此便是約禮。而孝弟謹信，汎愛親仁，行有餘力，則以學文，緩急之序，尤自不誣，原不待前已博而今始約也。」黄式三亦云：「約之以禮，謂行其所學，必節之以禮也。君子多識前言往行，非以爲口耳之資，固孜孜然欲法古人之所爲也。讀諸子雜説，衡以先王之禮，可否定而始行，即詩、書所載，必以禮準之，知其淺深醇駁之殊，始可以力行不惑，於道乃不背也。」並引曲禮「道德仁義，非禮不成」，荀子「學始乎誦經，終乎讀禮」爲證，均以之字指文言，與毛西河之説相同。今以爲指君子之身，似誤，不得以其語出朱子而必爲之迴護也。

○子見南子，子路不説。夫子矢之曰：「予所否者，天厭之！天厭之！」

【音讀】釋文：否，鄭玄、繆播方有反，不也。王弼、李克備鄙反。厭，於琰反，又於艷反。史記孔子世家作「予所不者」。論衡問孔篇作「予所鄙者」，説文：「我所爲鄙陋者，天厭殺我。有卧厭不悟者，謂此爲天所厭耶？案諸卧厭不悟，未必皆鄙陋也。」讀厭爲魘。羣經音辨：「厭，一音於頰切，塞也。」引論語此語爲證。七經考文：古本「厭」作「壓」。張横渠論語説與欒氏略同。

按：否有不及否泰之二訓，厭有厭棄及壓魘之三音。孔云：「我見南子，所不爲求行治道者，願天厭棄我。」此一義也。鄭氏汝諧亦作不解，云：「靈公、南子相與爲無道，而天未厭絶之，予其厭絶之乎？予之所不可者，與天同心也。」此又一義也。邢疏從備鄙音，引欒肇曰：「見南子者，時不獲已，猶文王之拘羑里也。天厭之者，言我之否屈乃天命所厭也。」韓李筆解亦云：「否當爲否泰之否，厭當爲厭亂之亂，言天將厭此亂世而終豈泰吾道乎。」至論衡問孔篇直作「予所鄙者」，言我所爲鄙陋者，天厭殺我，語尤粗率不近事理。惟欒肇説稍可，然於子路不説意不能針對，故集注皆不取之。論語稽求篇據史記世家以「否」字作「不」字，蓋不者，不見也。此詞例與項羽傳「不者，吾屬將爲所虜」正同。論語稽謂厭如「叔孫豹夢天厭」之厭，讀爲壓，比較有據。此等處止可闕疑，孔説是也。

【考證】史記孔子世家：南子使人謂孔子曰：「四方之君不辱，欲與寡君爲兄弟者，必見寡小君。寡小君願見。」孔子辭謝，不得已而見之。夫人在絺帷中。孔子入門，北面稽首。夫人自帷中再拜，環珮玉聲璆然。孔子曰：「吾鄉爲弗見，見之禮答焉。」子路不説。孔子矢之曰：「予所不者，天厭之！天厭之！」家語：靈公與南子同載，孔子載副車，招摇過市。衛人歌之曰：「同車者色耶，從車者德耶。」法言五百篇：或問：「聖人有詘乎？」曰：「有。」曰：「焉詘乎？」曰：「仲尼於南子，所不欲見也。於陽虎，所不欲敬也。見所不見，敬所不敬，不詘如何？」論語後録：坊記曰：「陽侯殺繆侯而竊其夫人，故大饗廢夫人之禮。」孔叢子：「平原君問子高曰：『吾聞子之先君親見衛夫人南子，信有之乎？』答曰：『先君在衛，衛君問軍旅焉，拒而不答。問不已，攝駕而去。衛君請見，猶不能終，何夫人之能覿乎？』古者大享，夫人與焉，於時禮義雖廢，猶有行之者，意衛君夫人享夫子，夫子亦弗獲已矣。」此孔叢子之説，必有所據，不得以後世依託之書廢之也。

按：據此，孔子實有見南子事。孫奕示兒編以南子爲南蒯者誤也。晉書夏統傳：「子路見夏南，憤恚而忼愾。」是其誤不始於孫奕也。甚後何孟春餘冬序、陳絳金罍子、焦氏筆乘、顧起元說略皆宗其說，近人魏晉之椒園文輯更暢言之，以本書之崔子及孟子、楊子、墨子，證南蒯亦可稱子。惟以傳考之，昭公十二年蒯叛，孔子年方二十有二；子路小孔子九歲，年方十三，於情事皆不可通矣。茲不取。

四書釋地三續：集注：「所，誓辭也，如云『所不與崔慶』者之類。」因思僖二十四年「所不與舅氏同心者，有如白水」，文十三年「所不歸爾帑者，有如河」，宣十七年「所不此報，無能涉河」，襄十九年「所不嗣事於齊者，有如河」，二十三年「所不請於君焚丹書者，有如日」，二十五年「嬰所不唯忠於君利社稷者是與，有如上帝」，昭三十一年「己所能見夫人者，有如河」，定三年「余所有濟漢而南者，有若大川」，六年「所不以爲中軍司馬者，有如先君」，哀十四年「所不殺子者，有如陳宗」，又「所難子者，上有天，下有先君」，皆有所字，足徵其確。但何以用所字未解，曰所指物之辭。余欲易此注曰：所指物之辭，凡誓辭皆有。　經義雜記：太史公自言，弟子籍出孔氏古文，則所采論語當是古論作「不」，或通借爲「否」，鄭康成、繆播訓爲不，與世家文合。凡古人誓多云「所不」，左傳僖二十四年：「重耳曰：『所不與舅氏同心者，有如白水。』」可證。子云予所不者，此記者約略之辭，「所不」下當日更有誓辭。　論語稽求篇：夫子矢之，舊多不解，孔安國亦以爲此是疑文。即舊注解矢作誓，此必無之理。天下原無暗曖之事，況聖人所行，無不可以告人者，又況與門弟子語，何所不易白，而必出于是。且矢之訓誓，別無考據，惟盤庚有「出矢言」句，是直言非誓言也。正義引蔡謨曰：「矢，陳也。」夫子爲子路陳天命也。此即詩「矢歌」，左傳「矢魚」之訓。祇陳者，下告上之詞，如臯陶「陳謨」，離騷「叩重華陳詞」，皆鋪張言之，謂之布告。見南子何事，夫子與弟子語何等，乃用此告體？且先煩記者鄭重記一句，大不合。按釋名云：「矢，指也。」説文云：「否者，不也。」當其時夫子以手指天而曰吾敢不見哉，不則天將厭我矣。言南子方得天也。故史記世家記此事，于「夫子矢之」下，直曰「予所不者」，竟以否字作不字，不必訓詁。蓋不者，不見也。此詞例與項羽傳「不者，吾屬將爲所虜」正同，是明明白文，並無拗曲，千古疑義皆可豁然。陔餘叢考：論語惟「子見南子」一章最不可解。聖賢師弟之間，相知有素，子路豈以夫子見此淫亂之人爲足以相浼而愠於心？即以此相疑，夫子亦何必設誓以自表白，類乎兒女之詛呪者。楊用修謂：「矢者，直告之也。否者，否塞也。謂子之道不行，乃天棄之也。」其説似較勝。按此説本史記索隱，謂天厭之者，言我之屈否乃天命所厭也。則固不自用修始矣。然用修謂子路以孔子既不仕衛，不當又見其小君，是以不悦，則夫子之以否塞曉之者，又覺針鋒不接。竊意子路之不悦與「在陳愠見，君子亦有窮乎」之意正同，以爲吾夫子不見用於世，至不得已作如此委曲遷就，以冀萬一之遇，不覺憤悒侘傺，形於辭色。子乃直告之曰：予之否塞於遇，實是天棄之而無可如何矣。如此解似覺神氣相貫。

按：爾雅釋言：「矢，誓也。」周易虞翻注：「矢，誓也。」矢古誓字，集注不誤。邢疏引蔡謨云：「矢，陳也。」曹之升四書摭餘説據釋名云：「矢，指也。」皆不可從。

【集解】孔安國等以爲南子者，衛靈公夫人，淫亂，而靈公惑之。孔子見之者，欲因而説靈公使行治道。矢，誓也。子路不説，故夫子誓之。行道既非婦人之事，而弟子不説，與之祝誓，義可疑焉。

按：劉氏正義云：「皇本作『孔安國曰：舊以南子者』，邢本同。釋文載集解本皆作『等以爲南子者』是舊爲等之譌。臧氏庸拜經日記謂『孔安國』下不當有曰字。孔安國等以爲者，首舉孔以該馬、鄭、包、周諸儒之義。行道以下四句，乃何氏語。以道國章集解引包、馬説，又云『義疑，故兩存』證之，可見此校極確，今依以訂正。」

邢疏：此誓辭也。予，我也。否，不也。厭，棄也。言我見南子，所不爲求行治道者，願天厭棄我。再言之者，重其誓，欲使信之也。

按：皇疏云：「若有不善之事，則天當厭塞我道也。」邢疏多本皇疏，獨此條與之立異。其訓否作不，本史記。改不善之事爲求行治道，最合夫子口氣。惟「厭」與「壓」同，考文引古本正作「壓」。説文：「壓，笮也。」禮記「畏厭溺」，左氏傳「將以厭衆」，皆壓字。天厭之，或當時有此語。邢疏訓爲棄，失之。

【唐以前古注】釋文引鄭注：矢，誓也。否，不也。裴駰史記集解及邢疏引欒肇云：見南子者，時不獲已，猶文王之拘羑里也。天厭之者，言我之否屈乃天命所厭也。皇疏引繆播云：應物而不擇者，道也。兼濟而不辭者，聖也。靈公無道，蒸庶困窮，鍾救於夫子。物困不可以不救，理鍾不可以不應，應救之道，必明有路，路由南子，故尼父見之。涅而不緇，則處污不辱；無可無不可，故兼濟而不辭，以道觀之，未有可猜也。賢者守節，怪之宜也。或以亦發孔子之答以曉衆也。否，不也。言體聖而不爲聖者之事，天其厭塞此道耶。　又引蔡謨云：矢，陳也。尚書叙曰：「臯陶矢厥謨也。」春秋經曰：「公矢魚于棠。」皆是也。夫子爲子路矢陳天命，非誓也。　又引李充云：男女之別，國之大節。聖人，明義教正内外者也，而乃廢常違禮，見淫亂之婦人者，必以權道有由而然。子路不悦，固其宜也。夫道消運否，則聖人亦否。故曰：「予所否者，天厭之！天厭之！」厭亦否也。明聖人與天地同其否泰耳，豈區區自明於子路而已。　又引王弼云：案本傳孔子不得已而見南子，猶文王拘羑里，蓋天命之窮會也。子路以君子宜防患辱，是以不悦也。否泰有命，我之所屈不用於世者，乃天命厭之，非人事所免也。重言之者，所以誓其言也。　論語筆解：韓曰：「矢，陳也。否當爲否泰之否，厭當爲厭亂之亂，孔失之矣。爲誓，非也。後儒因以爲誓，又以厭爲擫，益失之矣。吾謂仲尼見衛君任南子之用事，乃陳衛之政理。告子路云：予道否不得行，汝不須不悦也。天將厭此亂世而終，豈泰吾道乎？」

【集注】南子，衛靈公之夫人，有淫行。孔子至衛，南子請見，孔子辭謝，不得已而見之。蓋古者仕於其國，有見其小君之禮。而子路以見此淫亂之人爲辱，故不説。矢，誓也，所誓辭也。如云

「所不與崔慶」者之類。否，謂不合於禮，不由於道也。厭，棄絶也。聖人道大德全，無可不可，其見惡人固謂在我有可見之禮，則彼之不善，我何與焉？然此豈子路所能測哉，故重言以誓之，欲其姑信此而深思以得之也。

【別解】王崧説緯謂：當在出公輒時。輒之立，南子主之。趙鞅納蒯聵于戚，與之争國，恐其位不固，欲用孔子以鎮服人心，故子路有衛君待子爲政之言。南子知孔子無爲輒意，乃以聘饗之禮請見，意欲孔子爲輒也。子路以與前言正名之旨相反，故不悦。夫子則怒而矢之，謂予如不正名，必獲天誅。

按：史記叙此文下即云：「居衛月餘，靈公與夫人同車，使孔子爲次乘，招摇過市。孔子醜之，去衛。」則此見明在靈公時。潘維城謂此夫子自陳反乎衛，二至衛事也，在定公十四年。江氏永鄉黨圖考繫此事在孔子五十七歲，其非衛輒時可知，王氏説甚誕，不足據。

【餘論】論語意原：有道則存，無道則亡，天之道也。靈公、南子相與爲無道，而天未厭絶之，予其敢厭絶之乎？予之所不可者，與天同心也。四書釋地：見南子，禮之所有，故可以久則久；爲次乘，禮之所無，故可以速則速。雖然，孔子去魯，爲女樂也，而以膰肉去。孔子去衛，爲次乘也，而以問陳行。皆不欲昭其君之惡，而以微罪行，義之盡仁之至也。劉氏正義：南子雖淫亂，然有知人之明，故於蘧伯玉、孔子皆特致敬。其請見孔子，非無欲用孔子之意，子路亦疑夫子此見爲將詘身行道，而於心不説。正猶公山弗擾、佛肸召，子欲往，子路皆不説之比。

非因南子淫亂而有此疑也。夫子知子路不説，故告以予若固執不見，則必觸南子之怒而厭我矣。天即指南子。夫子言人而不仁，疾之已甚爲亂。孟子亦言仲尼不爲已甚。可知聖人達節，非俗情所能測矣。吕氏春秋貴因篇：「孔子道彌子瑕見釐夫人，因也。」釐夫人即南子。淮南子泰族訓：「孔子欲行王道，東西南北，七十説而無所偶，故因衛夫人彌子瑕而欲通其道。」鹽鐵論論儒篇：「孔子適衛，因嬖臣彌子瑕以見衛夫人。」此皆當時所傳陋説，以夫子爲詭道求仕。不經之談，敢於侮聖矣。四書改錯：古並無仕于其國見其小君之禮，遍考諸禮文及漢、晉、唐諸儒言禮者，亦並無此説，驚怪甚久。及觀大全載朱氏或問，竟自言是於禮無所見，則明白杜撰矣。然且曰：「穀梁子以爲大夫不見其夫人，而何休獨有郊迎執贄之説，不知何所考也。」按此是莊二十四年「哀姜始至，大夫宗婦入覿」之傳，係初迎夫人，大夫宗婦行覿至禮，與見禮無涉。士有相見禮，而諸侯大夫見禮則絶無可考，又且宗婦覿至，大夫不覿至，諸儒聚訟，三傳尚不合。今以覿禮爲見禮，以大夫之婦入覿爲大夫入覿，則覿禮見禮總亂矣。乃又曰：「記云『陽侯殺繆侯而竊其夫人，故大饗廢夫人之禮』，疑大夫見夫人之禮亦已久矣，靈公、南子特舉行耳。」考古無男女相見之禮，惟祭則主婦獻尸，尸酢主婦，謂之交爵。非祭則否。故坊記云：「非祭，男女不交爵。」且交爵亦並非相見，即助祭卿大夫亦並不因此妄行見禮。若夫人初至，則娶婦迎婦，大夫職掌，然亦不見。即至日行覿禮，大夫之婦名宗婦，捧贄入覿，而大夫終不與。春秋經稱大夫宗婦覿用幣，謂大夫之宗婦以覿禮入，非謂大夫亦同入也。至諸侯大饗，夫人出行祼獻禮，亦同姓諸侯有之，異姓即否。故禮正義謂「王饗諸侯及諸侯自相饗，必同姓則后夫人親獻，異姓則使人攝獻。自繆侯、陽侯以同姓而遭此變後，凡同姓亦攝獻。」是男女無相見禮，無覿禮，祇有交爵饗獻二禮。又張文麓曰：「史記南子使告孔子，謂『四方君子不辱，欲與寡君爲兄弟者，必見寡小君』，此與儀封人請見何異？正以無典禮可引據也；有則據禮以要之，子路、夫子俱無辭矣。至大夫覿幣，惟何休、杜預皆有是説，孔仲達即非之，謂禮無此文。況穀梁傳原云『大夫不見其夫人』，後世儒説又何如傳文之足據乎？」

【發明】四書集編：居亂國見惡人，惟聖人爲可。蓋聖人道大德宏，可以轉亂而爲治，化惡而爲善。孔子於南子則見之，於陽貨亦見之，而公山弗擾、佛肸之召皆欲往焉。若大賢以下，則危邦不入，亂邦不居，小人則遠之，蓋就之未必能有濟，或以自污焉。故子路仕孔悝，不得其死；冉求仕季氏，無能改於其德；顔子、閔子終身不仕，蓋以此也。子路不説者，蓋以己之力量觀聖人也。

〇子曰：「中庸之爲德也，其至矣乎！民鮮久矣。」

【考異】風俗通義過譽：孔子稱：「大哉！中庸之爲德。其至矣乎！」周禮師氏注引文亦無「也」字。

【考證】黄氏後案：禮中庸正義曰：按鄭目録云：「名曰中庸者，以其記中和之爲用也。庸，用也。」此一解也。鄭君於「君子中庸」注云：「庸，常也。」何解亦同。庸爲經常之義，程子不易之訓本此，又一解也。朱子有平常之訓，許益之云：「平是平正，常是常久。後漢書胡廣傳：『天下中庸有胡公。贊曰：胡公庸庸。』」與朱子義蓋不同也。宋季諸儒誤認中爲含胡苟且不分善惡之意，詳見朱子皇極辨。劉氏正義：說文：「庸，用也。」凡事所可常用，故庸又爲常。洪氏震煊中庸說：「鄭君目録云：『名曰中庸者，以其記中和之爲用也。庸，用也。』注『君子中庸』云：『庸，常也。用中爲常道也。』二説相輔而成。不得過不及謂之中，所常行謂之庸。常行者即常用是也。故讚舜之大智曰：『執其兩端，用其中於民。』用中即中庸之義是也。古訓以庸爲常，非平常之謂也。庸德之行，庸言之謹。鄭君亦注云：『庸猶常也。言德常行也，言常謹也。』證諸易文言曰『庸言之信，庸行之謹』，九家注云：『庸，常也。謂言常以信，行常以謹。』荀子不苟篇曰：『庸言必信之，庸行必慎之。』楊倞注云：『庸，常也。謂言常信，行常慎。』故下文反之曰：『言無常信，行無常貞，惟利所在，無所不傾者，是則可謂小人矣。』此皆以常訓庸者也。爾雅釋詁曰：『典、彝、法、則、刑、範、矩、庸、恒、律、戛、職、秩，常也。』書篇或以典名，或以範名。禮篇或以法名，或以庸名，其義一也。」案執中始於堯之咨舜，舜亦以命禹。其後湯執中，立賢無方。至周官大司樂以「中、和、祇、庸、孝、友」爲六德，知用中之道，百王所同矣。夫子言中庸之旨，多箸易傳。所謂中行，行即庸也。所謂時，即時中也。時中則能和，和乃爲人所可常行，故有子言禮之用，和爲貴。而子思作中庸，益發明其説曰：「喜怒哀樂之未發謂之中，發而皆中節謂之和。中也者，天下之大本也。和也者，天下之達道也。致中和，天地位焉，萬物育焉。」明中庸之爲德，皆人所可常用。而極其功能，至於位育。蓋盡己之性以盡人之性，盡人之性以盡物之性，盡物之性，則可以贊天地之化育，所謂成己以成物者。如此，故夫子贊爲至德。周官師氏「一曰至德」，鄭注：「至德，中和之德，覆燾持載含宏者也。」下引論語此文。四書翼注：子思之所引，即夫子此章之言。但彼是自著一書，闡明道術，意在過不及氣禀習俗之偏。此則夫子衝口而出，專重世教衰，民不興行，言凡人日用常行之事，如孝弟忠信之類，行得恰好謂之中庸之德。至字只言其至當不易，若説到至高至精，無以復加，則民鮮能之固其宜也，又何用慨歎哉？孫奕示兒篇：「民鮮久矣」，言中庸之德非極至難能之事，斯民之所日用常行者也。然行之者能暫而不能久，故曰「民鮮久矣」。舊注以「久矣」連讀，訓爲非適今，不如此之有味也。

按：中庸「人皆曰予智，擇乎中庸，而不能朞月守也」，即「民鮮久矣」注脚。中庸篇：「子曰：『中庸其至矣乎！民鮮能久矣。』」鄭注：「鮮，罕也。言中庸爲道至美，顧人罕能久行。」鄭意謂當時民亦能行，但不能久行，與此注異。

【集解】庸，常也。中和可常行之德也。世亂，先王之道廢，民鮮能行此道久矣，非適今也。

【集注】中者，無過不及之名也。庸，平常也。至，極也。鮮，少也。言民鮮此德，今已久矣。

【發明】汪烜四書詮義：大抵叔季之民不及中者恒多，而過中者蓋寡。然教衰澤斬之後，處士横議，每過爲詭異以震驚流俗，而欺世盜名。則異端邪詖之説，又必過中者之所爲。過中之害，其視不及者爲尤甚也。夫子言此，其亦有憂患也夫。

○子貢曰：「如有博施於民而能濟衆，何如？可謂仁乎？」子曰：「何事於仁！必也聖乎！堯舜其猶病諸！

【考異】皇本「如有博施於民」，「有」作「能」，「濟衆」下有「者」字。三國志鍾繇傳：子貢問：「能濟民，可謂仁乎？」

【音讀】白虎通聖人篇引論語曰：「聖乎堯、舜其猶病諸。」以「聖乎」連「堯舜」爲句，恐非。

【考證】四書改錯：鄉飲酒義曰：「東方者春，春之爲言，蠢也。產萬物者，聖也。南方者夏，夏之爲言，假也。假者，大也，養而大之，仁也。」則内聖外王總以仁及萬物爲言，禮所云「天子之立也，嚮仁而左聖」，以是也。然則仁與聖皆推心之恕以長養萬物，淺深一體。祇春爲生之本而夏爲養之本，養祇遂生，而春爲資生之源，長養不窮，故聖進於仁。劉氏正義：仁訓愛，聖訓通。並見説文，爲最初之誼。通之爲言，無疑滯也，無阻礙也。是故通乎天地陰陽柔剛之道，而後可以事天察地。通乎人仁義之道，而後可以成己以成物。若我於理義有未能明曉，我於人有未能格被，是即我之疑滯阻礙而有所不通矣。如此者，以之自治則行事乖戾，以之治人則多所拂逆。桀、紂、盜跖之行無惡不作，然推究其失，祇是不通已極耳。

【集解】孔曰：「君能廣施恩惠濟民於患難，堯、舜至聖，猶病其難也。」

【集注】博，廣也。仁以理言，通乎上下。聖以地言，則造其極之名也。乎者，疑而未定之辭。病，心有所不足也。言此何止於仁，必也聖人能之乎。則雖堯、舜之聖，其心猶有所不足於此也。以是求仁，愈難而愈遠矣。

夫仁者，己欲立而立人，己欲達而達人。能近取譬，可謂仁之方也已。」

【考異】唐書張玄素傳引末句無「也」字。

【考證】孿經室集論仁篇：孔子論人，以聖爲第一，仁即次之。仁固甚難能矣，聖仁孔子皆謙不敢當。子貢視仁過高，誤入聖域，故孔子分別聖字，將仁字論之曰：所謂仁者，己之身欲立孝道，亦必使人立孝道，所謂「不匱錫類」也。己欲達德行，亦必使人達德行，所謂「愛人以德」也。又曰：爲之不厭，己立己達也。誨人不倦，立人達人也。立者，如「三十而立」之立。達者，如「在邦必達，在家必達」之達。

【集解】孔曰：「更爲子貢說仁者之行。方，道也。但能近取譬於己，皆恕己所欲而施之於人。」

【唐以前古注】後漢班彪傳注引鄭注：方，猶道也。

【集注】以己及人，仁者之心也。於此觀之，可以見天理之周流而無間矣。狀仁之體，莫切於此。譬，諭也。方，術也。近取諸身，以己所欲，譬之他人，知其所欲亦猶是也。然後推其所欲以及乎人，則恕之事而仁之術也。於此勉焉，則有以勝其人欲之私，而全其天理之公矣。程子曰：「醫書以手足痿痺爲不仁，此言最善名狀。仁者以天地萬物爲一體，莫非己也。認得爲己，何所不至；若不屬己，自與己不相干，如手足之不仁，氣已不貫，皆不屬己。故博施濟衆，乃聖人之功用。仁至難言，故止曰：『己欲立而立人，己欲達而達人，能近取譬，可謂仁之方也已。』欲令如是觀仁，可以得仁之體。」又曰：「論語言堯、舜其猶病諸者二，夫博施者，豈非聖人之所欲？然必五十乃衣帛，七十乃食肉，聖人之心非不欲少者亦衣帛食肉也，顧其養有所不贍爾。此病其施之不博也。濟衆者，豈非聖人之所欲？然治不過九州，聖人非不欲四海之外亦兼濟也，顧其治有所不及爾。此病其濟之不衆也。推此以求修己以安百姓，則爲病可知。苟以吾治已足，則便不是聖人。」吕氏曰：「子貢有志於仁，徒事高遠，未知其方。孔子教以於己取之，庶近而可入。是乃爲仁之方，雖博施濟衆亦由此進。」

【餘論】四書改錯：博施濟衆不是馳騖高遠，即此聖道仁道一貫忠恕之極至處。祇聖道該忠恕，而由仁達聖，則必從强恕求仁，以馴至乎聖。此即子貢終身行恕之終事也。大凡聖道貴博濟，必由盡己性盡人性以至於位天地育萬物，並非馳騖，故大學明德必至親民，中庸成己必至成物，論語修己必至安人安百姓，孟子獨善其身必至兼善天下，即學記記學自九年大成後，忽接曰：「夫然後足以化民易俗，近者悦服，而遠者懷之。」夫聖道未成，亦必先力推忠恕，而後可以成聖學。而乃以子貢爲徒事高遠，此可謂知道知學者乎？取譬非借境，即大學絜矩，中庸不願勿施，孟子强恕而行中事。此聖道一貫，聖學一言，而終身行實地指出。子貢之繼曾子而聞道，全在此也。朱氏於忠恕一貫，則曰借盡己推己之目以著明之。而於此則又引吕氏説，謂徒事高遠，不知近取。則視施濟求仁爲兩截事矣。又謂雖博施濟衆亦由此進，則視施濟近取爲各一邊事矣。然且自爲説曰：「能近取譬，如釋氏説，如標月指月，雖不在指上，亦欲隨指見月，須恁地始得。」是仍作借境觀矣。夫忠恕是借，此又借乎？是於聖道一貫、聖學之一言而終身行全未曉也，宜乎以施濟爲高遠也。

【發明】王船山讀四書大全説：子貢説博施濟衆太輕易，夫子知其實不稱名。不知所謂博衆者，有量耶？無量耶？子貢大端以有量言博衆，亦非果如程子所謂不五十而帛，不七十而肉，九州四海之外皆兼濟之。但既云博云衆，則自是無有涯量，浸令能濟萬人，可謂衆矣。而萬人之外，豈便不如此萬人者之當濟，則子貢所謂博者非博，衆者非衆，徒侈其名而無實矣。故夫子正其名實，以實子貢之所虚，而極其量曰「必也聖乎！堯、舜其猶病諸」，則所謂博施濟衆者，必聖人之或能與堯、舜之猶病而後足以當此。儻非堯、舜之所猶病，則亦不足以爲博施濟衆矣。

李光地論語劄記：子貢以仁之用言此必有德有位者，故雖堯、舜猶病。若學者坐而言此，則非切己功夫，故夫子以仁者之心求仁之方告之。然亦非全無用處，老吾老以及人之老，幼吾幼以及人之幼，舉斯心而加彼，老者安之，少者懷之，隨其分以及人，此自崇高富貴至士庶皆可行者，顧不取必於其博與衆耳。

黄氏後案：夫子以行仁之方，不論大小廣陿。天子之仁，厚諸夏而薄四裔；諸侯之仁，厚境内而薄諸夏；遞而推於卿大夫之仁，一介士之仁，凡己之所不得辭者，即施濟之所及。仁者之於人，分有所不得辭，情有所不容遏，相感以欲而嫥責於己焉，所謂能近取譬也。

論語稽：子貢從廣遠處言仁，夫子從切近處言仁。子貢之言願大難償，故堯、舜猶病。夫子之言則推己及人，只在盡己之心，由近及遠，能立達一人則仁及一人，能立達千萬人則仁及千萬人，何病之有？「能近」二句指出下手所在。方如治病之方，言近取諸己以譬人，即爲仁之方也。

按：儒家之所謂仁，即佛氏之慈悲。特彼教之布施往往過中，至有捨身以餧虎者。儒家則否，但就耳目之所聞見、心力之所能及者爲之，最爲淺近易行，與上章中庸鮮能之旨相應。朱子以圓覺經隨指見月之理解能取譬，是朱子並不諱談禪。後來紛紛闢佛者，皆坐門户之見太深而信道不篤故也。程伯子以立達與近取作一統説，朱子舊亦依程子，後以立人達人與近取分作兩段，似不如從舊爲安。

# 論語集釋卷十三

## 述而上

○子曰：「述而不作，信而好古，竊比於我老彭。」

【音讀】履齋示兒編：大有卦「匪其彭」，陸音步郎反，子夏作旁。老彭，當讀「匪其彭」之彭，音旁，側也。欲自比於老子之側，蓋謙詞也。翟氏考異：大戴虞戴德篇記孔子之言曰：「昔商老彭及仲傀政之教，大夫官之教，士技之教，庶人揚則抑，抑則揚，綴以德行，不任以言。」此最足明聖人竊比之意，故朱子云「老彭見大戴禮」，孫氏强生異端，穿鑿無理。

【考證】四書稗疏：先儒謂老彭爲二人。老，老聃。彭，彭鏗。乃彭鏗他不經見，唯漢藝文志有彭祖御女術，則一淫邪之方士耳。集注據大戴禮商彭祖、仲傀之教，人謂爲殷之賢者。考仲傀即仲虺，萊朱也。老彭在其前，皆成湯時人。而子曰我老彭，親之之詞，必覿面相授受者矣。按老聃亦曰太史儋，聃、儋、彭音蓋相近，古人質樸，命名或有音而無字，後人傳聞，隨以字加之，則老彭即問禮之老子矣。禮記稱「吾聞諸老聃」，聃蓋多識前言往行以立教者。五千言中稱古不一，而曰「執古之道，御今之有」，則其好古而善述可見矣。特其志意有偏，故莊、列之徒得緣飾而爲異端。當夫子之時，固未汎濫，以親相質問，而稱道之，又何疑焉。趙翼陔餘叢考：論語「竊比老彭」，諸家注釋不一。包咸曰：「老彭，商賢大夫。」正義謂「即莊子所謂彭祖也」。王弼曰：「老，老聃。彭，彭祖也。」按彭祖封於彭城，以久壽見稱，則老彭即彭祖明矣。邢昺疏：「一云即老子也。」此其說蓋據世本、史記。世本云：「彭祖姓籛名鏗，在商爲守藏史，在周爲柱下史。」而史記老子傳曰：「周守藏室之史也。」又張湯傳：「老子爲柱下史。」以是參證，知其爲一人也。按彭祖之述古不經見，而孔子嘗問禮於老聃。又孔子答曾子問，動云「聞諸老聃」，可見論語述古之老彭，即禮記問禮之老聃。而或者謂彭祖在殷已極老壽，何由復至春秋時？彭則籛鏗，聃則李耳，既爲一人，何以兩稱？且彭國滅於殷末，聃名見於周末，若果一人，則相距數百年中，何以不經見？殊不知彭祖爲顓頊玄孫陸終第三子，事見風俗通。而屈原天問云：「彭鏗斟雉帝何饗？」王逸注：「謂彭祖以雉羹進堯而堯饗之也。」又論語疏亦謂堯時封於彭城，是堯時已在禹、皋之列，彼可以自唐歷虞、夏而至殷，獨不可自殷歷周乎？若以鏗、耳名各不同爲疑，古人原有一人數名而錯見者。虞翻云：「彭祖名翦。」則又不特名鏗也。太史儋見秦獻公言周、秦離合之說，史遷謂儋即老子也，則又不特名耳矣，安在籛不可李而鏗不可耳乎？且史記索隱引商容以舌視老子，老子悟舌以虚存，齒以剛亡。商容殷紂時人，而以舌悟老子，是殷末已稱老子也。老子内傳云：「武王時爲柱下史。」是周初已爲史官也。臨海廟有周成王饗彭祖三事鼎，鼎足篆東澗二字，是成王時或猶稱彭祖也。幽王時三川震，伯陽甫曰周將亡。唐固謂伯陽甫即柱下史老子，王弼亦謂伯陽甫姓李名耳謚聃，周守藏室之史也。是又見於西周之末矣。玉清經云：「老子以周平王時見衰，遂去。」是又見於東周之初矣。又安在數百年中絕不經見乎？然則合諸書以觀，彭、聃一人確有明證，此公直自陶唐時迄於周末入關，爲關令尹喜著道德五千言而去，莫知所終。史記所稱百六十餘歲，或二百餘歲，神仙傳所稱七百六十七歲，八百三十八年，及張守節所稱歷十二王歷三十一王，論語疏所云壽七百歲者，猶第各就所傳而分記之，實未嘗統計其年壽也。或又曰：唐荆川云：「莊生以吐故納新、熊經鳥伸歸之彭祖，而不及老子。其論老子聞風於古之道術，又絕不及長生吐納事，明其各自爲一家也。今云一人，何以操術之不同乎？」曰：不然，方其爲彭祖也，精意於養生治身，服水精，餐雲母。神仙傳述其言曰：「服藥百裹，不如獨卧。」近世道家修煉，實本於此。人徒以五千言中無此術，遂謂道家者流僞托於老子，而不知正其始之所有事也。及爲老子，則涵茹道德，淹貫典禮，「猶龍」之歎，且駸駸乎有儒者氣象矣。不寧惟是，後漢書襄楷傳：「老子入西域爲浮屠，天神遺以好女，堅却不受。曰：『此但革囊盛血耳。』」又齊書顧歡傳記「老子入關之天竺維衛國，乘日精入國王夫人淨妙口中，已而降生，佛道由是具焉。」是又開佛氏法門矣。然則此公方且神奇變化出没於三教之間，迭遷屢變而未有已也。曰：史傳所載彭、聃各著誕生之異，豈有一人而數生者？曰：吾正以其誕生而證之也。風俗通云：「陸終娶鬼方氏女嬇，久孕不育，啓左脅，三人出焉；啓右脅，三人出焉。」彭祖則左脅所出也。而玄妙内篇記老子亦割左腋而生，又顧歡傳所記淨妙之孕亦剖左腋，夫安知非即女嬇剖生一事，而記載者各繫諸傳首，遂分見若三降生耶？書之以俟博雅者。

吴昌宗經注集證：注言老彭不一。包咸曰：「商賢大夫即彭祖也。」王肅曰：「老，老聃。彭，彭祖也。」邢昺曰：「一云即老子。」所據者，世本、史記也。世本云：「姓籛名鏗，在商爲守藏史，在周爲柱下史。」史記云：「周守藏室之史也。」又曰：「老子爲柱下史。」老彭、老子，非一人而何？考諸經傳無彭祖述古之文，而夫子答曾子問，一曰「吾聞諸老聃」，再曰「吾聞諸老聃」，論語竊比之老彭，即禮記問禮之老聃，初非二人，斷可知矣。然而應世之跡，忽然殊異，在堯時則爲顓頊之玄孫，歷虞、夏至商末而往流沙，年八百而壽未終，史所謂「受封彭城，商末世而滅」者是也。既而復出於周世爲柱下史，見周之衰，復出關往流沙，史記云百有六十歲，或二百歲者是也。吾夫子於述古則曰老彭，於問禮則曰老聃，一人而兩稱之，所以志也。此文之互見者也。

黄氏後案：作者，剏人所未知。述者，昔有之而今晦之，爲之祖述以明之也。包注「祖述」，邢本作「但述」，宜從皇本。我，注云「親之之詞」，申之者云：「夫子殷後，故稱殷大夫爲我。此學殷禮時言也。」或曰：「竊比於我者，老彭也。我，孔子自謂我竊比於老彭，倒其文耳。」或曰：「中説魏相篇有『竊比我於仲舒』之語，或王仲淹所據本於、我二字互倒也。」老彭或曰一人，或曰二人，漢書古今人表有老彭，吕氏春秋執一篇「彭祖以壽終」，高注：「彭祖，殷賢大夫。」又引此經以證，是亦指爲一人是也。釋文引鄭君注：「老，老聃。彭，彭祖。」禮曾子問「古者師行節」，正義引鄭君此注云：「老聃，周之太史。」則以老聃周史，彭祖商史，是二人也。漢書敍傳：「幽通賦：『若允彭而偕老兮，訴來哲以通情。』」是亦以老、彭爲二人。邢疏引王輔嗣說，亦云二人。則老爲老聃無疑，彭祖無所考。潛夫論讚學篇：「顓頊師老彭，孔子師老聃。」是以老彭爲顓頊時人。嚴鐵橋引鄭語注、史記楚世家索隱，謂彭祖國名，即大彭，夏、商爲方伯，唐、虞封國，傳數十世，八百歲而滅於商。論語之老彭不知何人。樸學齋札記：案史記云：「老子，周守藏室之史也。」索隱曰：「周藏書室之史。」蓋老、彭二人爲商、周之史官，而老在彭前者，孔子於老子有親炙之義，且以尊周史也。世本以爲一人，傳聞之誕耳。太史主傳述舊聞，此言當爲修春秋而發。故孟子云：「其文則史，其義則丘竊取之矣。」即竊比之義。班固幽通賦「若允彭而偕老兮」，顏注：「謂彭祖、老聃。」同鄭義也。論語集注補正述疏：或曰漢博陵太守孔彪碑云：「述而不作，彭祖賦詩。」由彼言，「述而不作，信而好古」，斯彭祖所賦之詩也，孔子述焉。果爲詩乎？今無由稽也。雖漢碑，敢信之歟？

按：老彭有二人一人之二說，以主一人者較爲多數。然彭祖雖壽，斷無歷唐、虞、夏、商尚存之理，此如堯時有善射者曰羿，而夏有窮之君亦名羿；黄帝時有巫咸，而夏、商均有巫咸。蓋古人不嫌重名，壽必稱彭，猶之射必稱羿，巫必稱咸也。包咸注：「老彭，殷賢大夫。」蓋即本之大戴禮，最爲有據，故集注取之。後來彭祖、老聃諸說解釋愈詳，愈多窒礙，此集注之所以不可輕議也。

【集解】包曰：「老彭，殷賢大夫，好述古事。我若老彭，祖述之耳。」

【唐以前古注】釋文引鄭注：老，老聃。彭，彭祖。　曾子問正義引鄭注：老聃，周之大史，未知所出。　邢疏引王弼云：老是老聃，彭是彭祖。　老子者，楚苦縣屬鄉曲仁里人也，姓老氏，名耳，字伯陽，謚曰聃，周守藏之史也。　皇疏：述者，傳於舊章也。作者，新制作禮樂也。孔子曰：言我但傳述舊章而不新制禮樂也。夫得制禮樂者，必須德位兼並，德爲聖人，尊爲天子者也。所以然者，制作禮樂必使天下行之。若有德無位，既非天下之主，而天下不畏，則禮樂不行；若有位無德，雖爲天下之主而天下不服，則禮樂不行，故必須並兼者也。孔子是有德無位，故述而不作也。老彭，彭祖也，年八百歲，故曰老彭也。老彭亦有德無位，但述而不作，信而好古。孔子欲自比之而謙不敢灼然，故曰竊比也。　筆解：李曰：「下文子曰：『甚矣吾衰也，久矣吾不復夢見周公。』是制禮作樂，慕周公所爲，豈若老彭述古事而已。顯非謙詞，蓋歎當世鄙俗，竊以我比老彭，無足稱爾。」

【集注】述，傳舊而已。作，則創始也。故作非聖人不能，而述則賢者可及。竊比，尊之之辭。我，親之之辭。老彭，商賢大夫，見大戴禮，蓋信古而傳述者也。孔子刪詩、書，定禮、樂，贊周易，修春秋，皆傳先王之舊而未嘗有所作也，故其自言如此。蓋不惟不敢當作者之聖，而亦不敢顯然自附於古之賢人，蓋其德愈盛而心愈下，不自知其詞之謙也。然當是時作者略備，夫子蓋集羣聖之大成而折衷之，其事雖述，而功則倍於作矣。此又不可不知也。

【餘論】吕希哲雜記（困學紀聞注引）：老子曰：「古之善爲道者，非以明民，將以愚之。」記曰：

「明明德於天下。」老子曰：「報怨以德。」孔子曰：「以直報怨，以德報德。」老子曰：「知不知上，不知知病。」孔子曰：「知之爲知之，不知爲不知。」蓋孔子未嘗師老子也。困學紀聞：龜山曰：「老氏以自然爲宗，謂之不作可也。」朱文公曰：「以曾子問言禮證之，述而不作，信而好古，皆可見。」蓋聃周之史官，掌國之典籍，三皇五帝之書，故能述古事而信好之，如五千言。或古有是語而傳之，列子引黄帝書，即谷神不死章也。聃雖知禮，謂行之反以多事，故欲滅絶之。禮運「謀用是作，兵由是起」，亦有此意。致堂曰：「仲尼問禮，或以證舊聞；或以絶滅禮樂之故，振而作之，使於問答之際有啓發，非以爲師也。」丹鉛總録：慎案佛經三教論曰：「五千文者，容成所說，老子爲尹談，蓋述而不作。」又按莊子引容成氏曰：「除日無歲，無外無内。」則容成氏固有書矣，老子述而不作，此其明證。焦氏筆乘：邵堯夫曰：「孔子贊易自伏羲，祖三皇也。序書自堯、舜，宗五帝也。删詩自商湯，子三王也。修春秋自魯隱，孫五霸也。蓋六籍雖舊，而一經刊定，萬世與日月並懸，其事雖述，而功倍於作，豈虚言哉！老彭，王輔嗣、楊中立皆以爲老聃也。三教論云：「五千文容成所說，老爲尹談，述而不作。」則老彭之爲老子，其說古矣。宋翔鳳論語發微：老子曰：「聖人處無爲之事，行不言之教。」無爲而有事，不言而有教，非居敬而何？又曰：「聖人抱一爲天下式。」一者，誠也。誠爲敬，故抱一即居敬。又曰：「兵者不祥之器，非君子之器。」即「軍旅之事，未之學也」。又曰：「聖人無常心，以百姓心爲心。」又曰：「善建者不拔，善包者不脱。子孫祭祀不輟，修之於身，其德乃真。修之於家，其德乃餘。修之於鄉，其德乃長。修之於國，其德乃豐。修之於天下，其德乃普。」即「修己以安百姓」，非獨任清虚者之所及也。其書二篇，屢稱聖人，即「述而不作」也。又曰：「執古之道，以御今之有，能知古始，是謂道紀。」此「信而好古」也。又曰：「象帝之先。」又曰：「大上下知有之。」曰帝之先，曰大上，此推乎古而益遠者也。又曰：論語不曰彭老而曰老彭者，以老子有親炙之義，且尊周史也。至三朝記稱商老彭者，以老子雖生周代，而所傳之學則歸藏之學，故歸之於商，尤信而好古之明徵也。

按：宋氏發明老子之學是也。惟其論孔子贊易多取歸藏，小戴所録七十子之記，皆爲殷禮，則語涉臆斷，故無取焉。

【發明】陳櫟四書發明：信而好古乃述而不作之本。夫子自謂好古敏以求之，又謂不如某之好學。惟能篤於信道，所以深好古道；惟篤信好古，所以惟述古而不敢自我作古焉。芮長恤匏瓜録：今人性分與古人同，古人所能爲，皆我之所當爲者也。不好古，則聾於前言，昧於往行，師心而已。好而不信，慕其人，難其事，不惟以古人爲不可幾及，且將曰古之人亦未必果若是其神奇敻絶也。信不及，故行不盡，此今人所以遠遜於古人也。

○子曰：「默而識之，學而不厭，誨人不倦，何有於我哉？」

【考異】釋文：「默」俗作「嘿」。五經文字：「默」與「嘿」同，經典通爲語默字。

【集解】鄭曰：「人無有是行於我，我獨有之也。」

按：劉氏正義云：「注有譌文，當以『行』字句絶，『我』字重衍。鄭謂他人無是行，夫子乃獨有之。與上篇『爲國乎何有』、『於從政乎何有』，何有皆爲不難也。」

【唐以前古注】皇疏引李充云：言人若有此三行者，復何有貴於我乎。斯勸學敦誨誘之辭也。

【集注】識，記也。默識，謂不言而存諸心也。一説識，知也，不言而心解也。前説近是。何有於我，言何者能有於我也。三者已非聖人之極至，而猶不敢當，則謙而又謙之辭也。

【别解一】四書辨疑：以此章爲夫子之謙，義無可取。謙其學而不厭，以爲已所不能，則是自謂厭於學矣。謙其誨人不倦，以爲己所不能，則是自謂倦於誨矣。既言厭學，又言倦誨，則是聖人不以勉進後學爲心，而無憂世之念也。下章却便説「學之不講，是吾憂也」，語意翻覆，何其如此之速耶？夫子屢曾自言「好古敏以求之者」，「不如丘之好學也」，「我叩其兩端而竭焉」，「吾無隱乎爾」，若此類者，皆以學與誨爲己任，未嘗謙而不居也。況又有若聖與仁章「抑爲之不厭，誨人不倦，則可謂云爾已矣」之一段，足爲明證。彼以學誨爲己之所有，此以學誨爲己之所無，聖人之言必不自相乖戾以至於此。於，猶如也。蓋言能此三事，何有如我者哉。此與「不如丘之好學也」意最相類，皆所以勉人進學也。伊川曰：「何有於我哉，勉學者當如是也。」此説意是。

【别解二】論語竢質：孔子嘗曰：「多見而識之，知之次。」又嘗曰：「若聖與仁，則吾豈敢？抑爲之不厭，誨人不倦，則可謂云爾已矣。」此言「何有於我」，蓋謂此三者夫人能之，何足云有於我哉。子罕篇亦有是言，誼同此。

【別解三】梁氏旁證：翁覃溪曰：「上論中兩『何有於我』，蓋因時人推尊夫子，以爲道德高深，不可窺測，故夫子自言我之爲人不過如是，有何道德於我哉。朱子謂『何者能有於我』，乃用劉原父說，其義亦可通。惟夫子以不厭不倦自居，與門弟子言之屢矣，至是又忽辭而不居；且喪事不敢不勉，乃承當之辭，亦非可遜謝也，殊不可解耳。」論語稽：孟子引夫子與子貢言「我學不厭而教不倦」，此篇若聖與仁章「抑爲之不厭，誨人不倦」，是夫子固以學不厭誨不倦自任者，而何至無因爲是謙而又謙之辭乎？然謂人無是行，惟我獨有，則又近誇大，尤非聖人語氣。此蓋當時不知聖人，謂必有人之所不能有，故夫子言我生平不過默而識之，學而不厭，誨人不倦耳，此外亦何有於我哉。似爲得之。

按：宦氏之說本於袁枚，與翁覃溪說同，比較合理。蓋如集解則近於誇大，如集注則近於作僞，二者均不可從。以上諸說皆爲救濟此失，而於經文仍不免增改之處，仍覺未安。朱子語類云：「此必因人稱聖人有此，聖人以謙辭承之，後來記者却失上面一節，只做聖人自話記耳。」孟子公孫丑篇：「子貢問於孔子曰：『夫子聖矣乎？』孔子曰：『聖則吾不能，我學不厭而教不倦也。』子貢曰：『學不厭，知也。教不倦，仁也。仁且知，夫子既聖矣。』」觀彼文，則學不厭教不倦乃夫子所自任。何有於我，乃辭聖仁不敢居之也。何有於我，言二者之外我無所有也。此解最爲得之。黄氏後案云：「何有，不難詞。全經通例，經中所言『何有』皆不難之詞。」果爾，殊令人難於索解耳。此等處止宜闕疑。

【發明】讀四書大全説：聖學説識，釋氏亦説識。達磨九年面壁，亦是知識後存識事。故默而識之，聖人亦然，釋氏亦然，朱子亦然，象山亦然，分别不盡在此。魯岡或問：天體本默，不默必不能識，爲人之學，如何理會得天理？大知如孔子，志學時便見得大段如此，故先從默入，默則稽諸古，問諸人，慎諸思，體諸事，皆默也。本體無聲無臭，故孔子始終惟默。子思之闇，得夫子之默也。

按：困學紀聞：「默而識之，朱子謂不言而存諸心，恐學者流於異端也。」船山謂祇於識不識争生孰，不於默不默争淺深。稼書亦重言識而不言默，皆懲明季講學之失。讀古人書，胸中先横有防異端流弊之見，其得古人之意亦僅矣。況此章識字非知識之識，乃博聞强識之識，應讀志音，當然重在默不在識。魯岡先從默入之言，最爲得之。

焦氏筆乘：孔子言默而識之，非默於口也，默於心也。默於心者，言思路斷，心行處滅，而豁然有契焉，以無情契之也。以無情契之，猶其以無言契之也，故命之曰默。夫有所學則厭，默識以爲學，學不厭矣。有所誨則倦，默識以爲誨，誨不倦矣。有非默也，故曰「何有於我哉」。雖然，真能默識者，即有亦未嘗不無，此又未易以有無論也。又云：孔子言：「默而識之，學而不厭，誨人不倦，何有於我哉？」又言：「出則事公卿，入則事父兄，喪事不敢不勉，不爲酒困，何有於我哉？」學也，誨人也，事父兄公卿與勉喪事謹酒德也，皆聖人日用之常，因物付物之應迹耳，而其心則一無有也。古先生書云：「乃至無有少法可得，是名菩提。」令孔子而有少法可得，何以爲默識耶？反身録：默識是入道第一義。默則不尚言説，識則體認本面。認得本面，原無聲無臭，原於穆不已，自然無容擬議，自然終日乾乾，操存罔懈，何厭之有？以此自勵，即以此勵人，視人猶己，何倦之有？此方是鞭辟著裏，盡性至命之聖學。又云：默而識之，謂沈潛自認識，得天命本體，自己真面目，即天然一念，不由人力安排，湛定澄寂，能爲形體主宰者是也。識得此，便是先立其大，便是識仁。孔門之學以仁爲宗，及門諸子終日孜孜，惟務求仁。程伯子謂學者先須識仁，識得此理，以誠敬存之，即學而不厭也。羅豫章令李延平静中看喜怒哀樂未發氣象，而延平教學者默坐澄心，體認天理。陳白沙亦言静中養出端倪。皆本於此，乃聖學真脈也。又云：問：學所以求識，本體則當下便是，如何還説學，還説不厭？曰：識得本體，若不繼之以操存，則本體自本體。夫惟繼之學，斯緝熙無已，所謂識得本體好做工夫，做得工夫方纔不失本體，夫是之謂仁。

○子曰：「德之不修，學之不講，聞義不能徙，不善不能改，是吾憂也。」

【考異】皇本修、講、徙、改下各有「也」字。七經考文補遺：一本作「聞義不能從」。天文本論語校勘記：唐本、津藩本、正平本「徙」作「從」，每句末均有「也」字。

【音讀】汪中經義知新記：講字古音媾，修、講一韻，徙、改一韻。

【集解】孔曰：「夫子常以此四者爲憂。」

【唐以前古注】北堂書鈔藝文部四引鄭注云：夫子常以爲憂也。

按：此孔所襲。

【集注】尹氏曰：「德必修而後成，學必講而後明，見善能徙，改過不吝，此四者，日新之要也。苟未能之，聖人猶憂，況學者乎？」

【餘論】朱子語類：修德是本，爲要修德，故講學，徙義、改過即修德之目。又云：須先理會孝弟忠信等事，然後就此講學。述學：講，習也。習，肄也。古之爲教也以四術，書則讀之，詩、樂同物，誦之歌之，弦之舞之，揖讓周旋，是以行禮。故其習之也，恒與人共之。學而時習之，有朋自遠方來，所謂君子以朋友講習也。學人習之，其師則從而告之。記曰：「小學正學干，大胥贊之。籥師學戈，籥師丞贊之。春誦夏弦，大師詔之。瞽宗秋學禮，執禮者詔之。冬讀書，典書者詔之。」曰學曰贊曰詔，必皆有言，故於文講從言。孔子適宋，與弟子習禮大樹下。魯諸儒講禮鄉飲大射于孔子冢，皆講學也。禮樂不可斯須去身，故孔子憂學之不講。

【發明】此木軒四書說：「樂以忘憂」，憂字與「不堪其憂」、「仁者不憂」、「君子不憂不懼」之憂同，乃人心之私憂也。此憂字與「君子有終身之憂」同，即「君子存之」注所謂「戰兢惕厲」。聖賢之所以爲聖賢者，全在乎此。

○子之燕居，申申如也，夭夭如也。

【考異】釋文：「『燕』，鄭本作『宴』。」後漢書仇覽傳注引論語「子之宴居」。論語古訓：一切經音義云：「宴，石經爲古文『燕』。」是「燕」爲古文，「宴」爲今文。臧在東曰：「鄭所注魯論是今文，故作『宴』。」漢書叙傳：「夭夭伸伸」，師古注曰：「論語稱『孔子燕居，伸伸如也，夭夭如也』。」　張揖廣雅：妖妖、申申，容也。

【考證】胡紹勳四書拾義（論語正義引）：漢書萬石君傳「子孫勝冠者在側，雖燕必冠，申申如也」。　師古注云：「申申，整勑之貌。」此經記者先言申申，後言夭夭，猶鄉黨先言踧踖，後言與與也。申申言其敬，夭夭言其和。馬注申申亦訓和舒，失之矣。　讀書叢録：申，古作「伸」。儀禮士相見禮「君子欠伸」，鄭注：「志倦則欠，體倦則伸。」説文：「夭，屈也。」言燕居之時，其容體屈伸如意。　論語述何：燕居，謂不仕之時。申申，謂施教也。夭夭如，謂弟子昭若發矇，有如時雨化之也。　禮仲尼燕居篇其一端矣。　黄氏後案：燕，猶閒也。居，坐也。禮仲尼燕居：「子張、子貢、言游侍。子曰：『居。』」居亦言坐也。今蹲踞字古衹用居，居有坐義也。詳見十七篇。申申如狀其躬之直，夭夭如狀其躬之稍俯也。此記聖人徒坐之容，合伸屈觀之而見其得中也。説文：「夭，屈也。」段氏以詩隰有萇楚傳、桃夭傳皆謂「物初長可觀也」。物初長者尚屈而未申，此文上句謂其申，下句謂其屈。洪筠軒曰：「燕居之時，其容體可以屈伸如意。」式三以此言坐容。

【集解】馬曰：「申申、夭夭，和舒之貌。」

【唐以前古注】皇疏引孫綽云：燕居無事，故云心内夷和外舒暢者也。

【集注】燕居，閒暇無事之時。楊氏曰：「申申，其容舒也。夭夭，其色愉也。」

○子曰：「甚矣吾衰也！久矣吾不復夢見周公！」

【考異】釋文：本或無「復」字，非。　經義雜記：集解載孔注云：「孔子衰老，不復夢見周公。」據陸氏所見本，知經無「復」字，乃後人援注所增，以經云「久矣吾不夢見」，明先時曾夢見，故注云「不復夢見」，復字正釋「久矣」字。陸氏反以無「復」字爲非，不審之至。　讀書叢録：文選劉琨重贈盧諶詩：「吾衰久矣夫，何其不夢周？」劉所見本亦當無「復」字。

【音讀】經讀考異：近讀從「吾衰也」爲句，「久矣」連下讀爲一句。考此「甚矣」作一讀，「吾衰也久矣」作一讀，「吾不復夢見周公」作一讀。　吕氏春秋博志篇注引論語曰：「吾衰久矣，吾不復夢見周公。」「吾衰」下較今文少「也」字，實以「吾衰」作句首，不連「甚矣」爲讀。　黄山谷答王彦周書引孔子曰：「吾不復夢見周公。」不以「久矣」連此句讀，亦可爲證。　翟氏考異：劉越石重贈盧諶詩：「吾衰久矣夫，何其不夢周？」吕覽不苟論高注引論語「吾衰久矣」，張子正蒙亦引語「吾衰也久矣」，楊龜山作資聖院記亦云「甚矣夫吾衰久矣」，至李絳論朋黨、李善注西征賦、陳襄與孫運使書引「吾不復夢見周公」，則皆無「久矣」二字。「久矣」字連上爲句，舊人讀多如是。朱子以二字改屬下，其讀蓋本于致堂胡氏。　朱子語類：據文勢，「甚矣吾衰也」是一句，「久矣吾不復夢見周公」是一句。

【考證】吕氏春秋博志篇：蓋聞孔子、墨翟晝日諷誦習業，夜親見文王、周公旦而問焉。用志如此其精也，何事而不達？何爲而不成？故曰精而熟之，鬼將告之。非鬼告之也，精而熟之也。

潛夫論夢列篇：凡夢有直有象，有精有想，有人有感，有時有反，有病有性。孔子生於亂世，日思周公之德，夜即夢之，此謂意精之夢也。論語稽：周禮夢有六：一正夢，二噩夢，三思夢，四寤夢，五喜夢，六懼夢。列子云：「六者，神所交也。」王昭禹云：「思夢若孔子之夢見周公。」則是孔子往者思爲東周，故夢寐之間得見周公。及道久不行而行年已老，無復此志，其平日既樂天知命，淡然無欲，故寢時亦心神安泰，無復有夢。此亦一身昔盛今衰之驗也。

【集解】孔曰：「孔子老衰，不復夢見周公，明盛時夢見周公，欲行其道也。」

【唐以前古注】皇疏：夫聖人行教，既須得德位兼並，若不爲人主，則必爲佐相。聖而君相者，周公是也，雖不九五而得制禮作樂，道化流行。孔子乃不敢期於天位，亦猶願放乎周公，故年少之日，恆存慕發夢；及至年齒衰朽，非唯道教不行，抑亦不復夢見，所以知己德衰，而發衰久矣，即歎不夢之徵也。又引李充云：聖人無想，何夢之有？蓋傷周德之日衰，哀道教之不行，故寄慨於不夢，發歎於鳳鳥也。

【集注】孔子盛時志欲行周公之道，故夢寐之間如或見之。至其老而不能行也，則無復是心而亦無復是夢矣，故因此而自歎其衰之甚也。

【餘論】朱子語類：問：夢恐涉於心動否？曰：夜之夢，猶寢之思也。思亦心之動處，但無邪思可矣。夢得其正何害？此木軒四書說：孔穎達云：「莊子意在無爲，欲令靜寂無事，不有思慮，故云聖人無夢。但聖人雖異人者神明，同人者五情。五情既同，焉得無夢？故禮記文

事，日月象形，江河形聲，武信會意，四者爲古昔字體所由製，聲音所由分；考老轉注，令長假借，二者爲古昔用字同異之辨，而包括詁訓之全。學者不留心於此，臧氏玉林所謂「不識字何以讀書，不通詁訓何以明經」也。古之識字者曰：「反正爲乏，皿蟲爲蠱，止戈爲武。」理義莫精於是。後人以冥悟爲仁，以虚無爲道，以清浄爲德，離訓詁文字而言理義，弊遂至於此。君子博學無方，六藝之學皆宜徧歷以知之，故曰游於藝。　論語經正録：慶源以下解先後之序皆以全章四項言，以爲遊藝在依仁之後。船山據總注辨之，謂志道、據德、依仁，有先後而無輕重。志道、據德、依仁之與游藝，有輕重而無先後。詳繹内注，據德依仁皆承上節説，下「游藝」注則云「日用之不可缺者」，獨無承上依仁之意，船山可謂善於讀注矣。依仁而後藝可游，或問中已有此説，固非始於慶源。案之事實，不如集注之精塙也。許白雲曰：「游藝即志道據德之方，而防其違仁之隙。」又曰：「游藝與上三者不可全然作兩段看。」已先船山而言之矣。

【發明】反身録：志道則爲道德之士，志藝則爲技藝之人，故志不可不慎也，是以學莫先於辨志。古之所謂藝，如禮樂射御書數，皆日用而不可缺者，然古人不以是爲志，必體立而後用行。今之所謂藝，詩文字畫而已，究何關於日用耶？或問楓山何不爲詩文？楓山笑曰：「末技耳，予弗暇也。」莊渠先生答唐應德書曰：「聞開門授徒，無乃省事中又添却一事。誰始爲舉業作俑，不知耗了人多少精神，心中添了多少葛藤蔓説，縱斬絶之，猶恐牽纏，況可引惹乎？朱子謂舉業是一厄，詩文是一厄，簿書是一厄。只此三厄，埋没了天下多少人才，願應德卓乎萬物之表，莫以此等攖心。若謂此是正業，是指尋花問柳與力穡同也。」按先生此書言言警切，辨志者不可不知。

○子曰：「自行束脩以上，吾未嘗無誨焉。」

【考異】釋文：魯讀誨爲悔，今從古。

【考證】四書賸言：束脩是贄見薄物，其見於經傳者甚衆，皆泛以大夫士出境聘問之禮爲言。若孔叢子言「子思居貧，或致樽酒束脩」，此猶是偶然餽遺之節。至北史儒林傳「馮偉門徒束脩，一毫不受」，則直指教學事矣。又隋書劉炫傳「後進質疑受業，不遠千里，然嗇于財不行束脩者，未嘗有所教誨，時人以此少之」，則直與論語「未嘗無誨」作相反語。又唐六典「國子生初入學，置束帛一篚、酒一壺、脩一案爲束脩之禮」，則分束帛與脩爲二，然亦是教學贄物。近儒以漢後史書多有束修字，作約束修飭解，如鹽鐵論桑弘羊曰「臣結髮束修」，元和詔鄭均「束修安貧」，三國魏桓範薦管寧「束修其躬」類，遂謂束修不是物，歷引諸束修詞以爲辨。夫天下詞字相同者多有，龍星不必是龍，王良又不必是星，必欲强同之，謬矣。試誦本文有「行」字，又有「以上」字，若束脩其躬，何必又行？躬自束脩，何能將之而上乎？羣經義證：後漢書延篤傳注引鄭此注，伏湛傳注同，此以年計之，一解也。後漢書和帝紀「束脩良吏」，胡廣傳「使束脩守善，有所勸仰」，劉般傳「太守薦般束脩至行，爲諸侯師」，注：「束脩，謂謹束脩潔也。」鄭均、馮衍傳云云。此以行義計之，一解也。曲禮正義、檀弓、少儀、穀梁傳云云。漢書朱邑傳「束脩之餽」，論語筆解引説者謂束爲束帛，脩爲脩脯。此以贄言之，又一解也。黄氏後案：自行束脩以上，謂年十五以上能行束帶脩飾之禮。鄭君注如此，漢時相傳之師說也。後漢伏湛傳「杜詩薦湛自行束脩，訖無毁玷」，注：「自行束脩，謂年十五以上。」延篤傳曰「吾自束脩以來」，注：「束脩，謂束帶修飾。鄭玄注論語曰：『謂年十五以上也。』」今疏本申孔注，異於鄭君。然書秦誓孔疏引孔注論語，以束脩爲束帶脩飾，爲某傳束脩一介臣之證，是孔、鄭注同。蓋年十五以上，束帶脩飾以就外傅，鄭君與孔義可合也。曲禮「童子委摯而退」，疏曰：「童子之摯悉用束脩。故論語孔子云：『自行束脩以上，則吾未嘗無誨焉。』是謂童子也。」此又一説。後漢和帝紀「詔曰束脩良吏」，鄧后紀云「故能束脩不觸羅網」，鄭均傳「均束脩安貧」，馮衍傳「圭璧其行，束脩其心」，劉般傳「束脩至行，爲諸侯師」，李注訓爲「謹束脩潔」，孔氏示兒編據之爲潔己以進之義，此又一説。經學卮言：漢書王莽傳「自初束脩」，伏湛傳「自行束脩，迄無毁玷」，延篤傳云云，蓋並同鄭解，是言成童以上皆教誨之也。若馮衍傳「圭璧其行，束脩其心」，鄭均傳「束脩安貧」，則爲約束脩飾之意，與魯論悔字得相合，是子言從能束脩以來，内省常若不足，故所行未嘗無悔也。然既定依古文作誨，自當以十脡脯爲正解，疏引少儀、穀梁傳文乃明證矣。

【集解】孔曰：「言人能奉禮，自行束脩以上，則皆教誨之。」

【唐以前古注】後漢書延篤傳注引鄭注：「束脩，謂年十五以上也。」皇疏引江熙云：見其翘然向善思益也。古以贄見，脩，脯也。孔注雖不云脩是脯，而意亦不得離脯也。筆解：韓曰：「説者謂束爲束帛，脩爲羞脯。人能奉束脩於吾，則皆教誨之。此義失也。吾謂以束脩爲束羞則然矣，行吾而教之，非也。仲尼言小子洒掃進退束脩末事，但能勤行此小者，則吾必教誨其大者。」

【集注】脩，脯也。十脡爲束。古者相見必執贄以爲禮，束脩其至薄者。蓋人之有生，同具此理，故聖人之於人，無不欲其入於善。但不知來學則無往教之禮，苟以禮來，則無不有以教之也。

【別解一】包慎言温故録：案魯論則束脩不謂脯脡。易曰：「悔吝者，言乎其小疵也。」又曰：「震无咎者，存乎悔。」聖人戒慎恐懼，省察維嚴，故時覺其有悔。自行束脩以上，謂自知謹飭砥礪而學日以漸進也。恐人以束脩即可無悔，故言未嘗無悔以曉之。

按：劉寶楠云：「魯論義不著，包説但以意測。易繫辭傳『慢藏誨盗』，釋文引虞作『悔』，二字同音叚借，疑魯論義與古同，叚悔字爲之。鄭以古論義明，故定從誨也。」

【別解二】陔餘叢考：漢書光武詔卓茂曰：「前密令卓茂束身自脩，執節誠固。」鄧后紀有云：「故能束脩不觸羅網。」注以「約束脩整」釋之。又鄭均「束脩安貧，恭儉節整」，馮衍傳「圭璧其行，束脩其心」，劉般傳「太守薦般束脩至行」，皆以整束修飭爲訓。即以之釋論語「自行束脩以上」，謂能飭躬者皆可教也，於義亦通。

【別解三】論語偶記：邢疏引檀弓、少儀、穀梁傳所云束脩，但言賜人問人，不言爲贄。脯脩是婦人相見之物，男子無之。嘗以爲疑，及見鄭注，謂「年十五以上」，恍悟邢疏之謬。蓋古人稱束脩有指束身修行言者，列女傳秋胡婦云「束髮脩身」，鹽鐵論桑弘羊曰「臣結髮束脩，得宿衞」，後漢延篤傳曰「且吾自束脩以來」，馬援、杜詩二傳又並以束脩爲年十五，俱是鄭注佐證。書傳云「十五入小學」，殆行束脩時矣。

【別解四】樸學齋札記：禮曲禮云「童子委摯而退」者，童子見先生或尋朋友，既未成人，不敢與主人相授，受拜抗之儀，但奠委其摯於地而自退避之，然童子之摯悉用束脩也。故論語「自行束脩以上，吾未嘗無誨」，是謂童子也。

【餘論】四書詮義：大道爲公，夫子豈不欲盡天下人而誨之？而不知來學，則聖人亦不能强也。自行束脩以上，未嘗無誨焉，公之至也。

○子曰：「不憤不啓，不悱不發。舉一隅不以三隅反，則不復也。」

【考異】史記世家述此章文無「不悱不發」四字。　何異孫十一經問對：此宜合上爲一章，「不憤」上「子曰」字當是衍文。　蜀石經「舉一隅」下有「而示之」三字。　皇本有「而示之」三字，「不復」上有「吾」字。　七經考文：足利本作「示之」，少「而」字。　文選西京賦注引論語曰「舉一隅而示之」。　天文本論語校勘記：古本、唐本、津藩本、正平本「隅」下有「而示之」三字，唯天文本作「舉一隅示之」。　讀書叢録：集解鄭注「說則舉一隅以語之」，似鄭本亦有「而示之」三字。　論語古訓：文選西京賦李注引亦有「而示之」三字，可見古本皆然也。

按：「舉一隅下」應有「而示之」三字，後來傳寫錯落，似應加入。

【考證】論語後録：說文解字無「悱」字，鄭康成言口悱悱，疑即怫字。玉篇云：「怫，意不舒治也。」義近。劉氏正義：方言：「憤，盈也。」說文：「憤，懣也。」二訓義同。人於學有所不知不明，而仰而思之，則必興其志氣，作其精神，故其心憤憤然也。下篇夫子言「發憤忘食」，謂憤於心也。文選嘯賦注引字書曰：「悱，心誦也。」「誦」疑作「痛」。方言：「菲，惄悵也。」「菲」與「悱」同，廣雅釋詁作「悲」。說文無「悱」字，新附據鄭注補。或疑「悱」字即說文「悲」字，當得之。玉篇：「悱，口悱悱。」此本鄭訓。學記曰「時觀而弗語，存其心也」，注云：「使之悱悱憤憤，然後啓發也。」記又云：「力不能問，然後語之。」力不能問，故口悱悱也。當心憤憤口悱悱時，已是用力於思而未得其義，乃後啓發爲說之，使人知思之宜深，不敢不專心致志也。

【集解】鄭曰：「孔子與人言，必待其人心憤憤，口悱悱，乃後啓發爲説之，如此則識思之深也。説則舉一隅以語之，其人不思其類，則不復重教之。」

【集注】憤者，心求通而未得之意。悱者，口欲言而未能之貌。啓，謂開其意。發，謂達其辭。物之有四隅者，舉一可知其三。反者，還以相證之義。復，再告也。上章已言聖人誨人不倦之意，因并記此，欲學者勉於用力以爲受教之地也。

○子食於有喪者之側，未嘗飽也。

【考異】禮記檀弓記此文無「子」字「有」字。馮椅論語解曰：檀弓記此，蓋古禮然也。是書所記禮儀多合禮經，當時不行而夫子舉行之，故門人以度之耳。

【集解】喪者哀戚，飽食於其側，是無惻隱之心。

【集注】臨喪哀，不能甘也。

○子於是日哭，則不歌。

【考異】釋文：舊以爲别章，今宜合前章。　皇本「是日」下有「也」字。　論衡感類篇引有「也」字。　禮記曲禮上篇：哭日不歌。　又檀弓篇：弔於人，是日不樂。

【音讀】經讀考異：舊讀「哭」字屬上「是日」爲句，據鄭志，臨碩難曰：「孔子哭則不歌，是出何經？」「論語曰：『子於是日，哭則不歌。』謂一日之中云云。」玩鄭所答，明以「是日」絶句。又臨碩問亦言哭則不歌，益可爲證。　翟氏考異：據義疏本、論衡感類篇引「是日」下有「也」字，則「哭」字當連下讀，與曲禮正合。

【考證】論語稽求篇：二節皆見檀弓，一曰：「食於喪者之側，未嘗飽也。」一曰：「弔於人，是日不樂。」皆與論語文同。　雖不實署夫子名，但禮經出于七十子之徒，多引夫子事，此即以夫子之事爲禮者，特「不樂」樂字即作樂之樂，與歌字同，不音洛字。若云餘哀未忘，則音洛矣。然餘哀未忘，猶是注不歌之由，固是無礙。

【集解】一日之中，或歌或哭，是褻於禮容。

按：皇本脱此注，以此章連上章，而以上章之注繫於後，與釋文所見本不合。

【集注】哭，謂弔哭。一日之内餘哀未忘，自不能歌也。

【餘論】四書近指：哀樂皆情也，聖人中節焉而已。然樂可以驟哀，哀不可以驟樂，故不能歌，此中有天則焉。黄氏後案：哭則不歌，非歌則不哭，注言「餘哀未忘」是。

○子謂顏淵曰：「用之則行，舍之則藏，惟我與爾有是夫。」

【考異】史記弟子傳「舍」字作「捨」。唐、宋石經「惟」皆作「唯」。後漢書蔡邕傳「用之則行聖訓也，舍之則藏至順也」，注曰：「論語孔子曰：『用則行，舍則藏。』」翟氏考異：按史文本與經合，注者引經，反略去兩字，此等處不解前人之意，或者所據他論別歟？

【集解】孔曰：「言可行則行，可止則止，惟我與顏淵同耳。」

【唐以前古注】皇疏引孫綽云：聖人德合於天地，用契於四時，不自昬於聖明，不獨曜於幽夜。顏齊其度，故動止無違，所以影附日月，絶塵於游、賜也。又引江熙云：聖作則賢人佐，天地閉則聖人隱，用則行舍則藏也。唯我與爾有是分者，非聖無以盡賢也。

【集注】尹氏曰：「用舍無與於己，行藏安於所遇，命不足道也。顏子幾於聖人，故亦能之。」

【餘論】黄氏後案：易言知進退存亡者惟聖人，自非樂天知命者，未能及此矣。而顏子獨見許焉，其學足以達天也。尹彦明言中人以下宜爲之説命，聖人衹有義理。程叔子大賞之。朱子中尹説，謂中人之情，俟事之不得成，方委之於命，所謂不得已而委之命也。聖人不問命，衹看理義何如。注引尹説即此意。式三謂庸俗之言命，與聖賢之言命迥然不同。庸人以智術之不能挽者爲命，聖賢以禮義之可得不可得爲命，而以智力挽之者謂之不受命。以禮義之順逆卜世運之盛衰，此正夫子之樂天知命而爲聖之時者。以數命與性命分爲二，而有命不足道之說，是淺言命也。朱子於「子罕言」注云「命之理微」，與此注異。故語録正淳問尹氏子罕言章說，亦曰尹氏命字之說誤。

子路曰：「子行三軍，則誰與？」

【音讀】釋文：「與」如字，皇音餘。　翟氏考異：集解孔氏曰：「爲當唯與己俱。」此讀與如字也。皇氏義疏曰：「子路意必當與己，己有勇故也。故問則誰與之。」是亦以與字解義爲俱。別附許居士一說，别解與爲許，均未嘗讀作餘音。陸氏謂皇音餘，豈皇氏又有别著異讀耶？義疏久淪海國，近方從市舶購到，其中或有被竄，亦未可知。　東塾讀書記：今世所傳皇疏不盡真也。「子行三軍則誰與」，釋文云：「誰與，皇音餘。」今本皇疏云：「若行三軍必當與己，己有勇故也，故問則誰與之。」此則讀與字上聲，不合於釋文，蓋皇疏殘闕，而足利本妄補之也。

按：此條孫頤谷讀書脞録已疑之。

【集解】孔曰：「大國三軍。子路見孔子獨美顏淵，以爲己勇，至於夫子爲三軍將，亦當唯與己俱，故發此問。」

【唐以前古注】皇疏引繆播云：聖教軌物，各應其求，隨長短以抑引，隨志分以誘導，使歸於會通，合乎道中，以故剛勇者屈以優柔，儉弱者厲以求及。由之性也，以勇爲累，常恐有失其分，覓功衒世，故因題目於回，舉三軍以倒問，將以叩道訓，陶染情性。故夫子應以篤誨，以示厥中也。又引沈居士云：若子路不平，與顔淵而尚其勇，鄙昧也已甚。孔子以之比暴虎馮河，陷之於惡，實爲太深。余以爲子路聞孔子許顔之遠，悦而慕之，自恨己才之近，惟强而已，故問子行三軍則誰與，言必與許己也，言許己以麤近也。故夫子因慰而廣之，言若在軍如暴虎馮河，則可賤而不取，謂世之麤勇也。若懼而能謀，抑亦在賢之次流，謂子路也。如此三軍，則不獨麤近也。

【集注】萬二千五百人爲軍，大國三軍。子路見孔子獨美顔淵，自負其勇，意夫子若行三軍，必與己同。

【發明】周宗建論語商（四書困勉録引）：大抵聖賢經世之學與心性之學不作兩橛，故以此出處則舒卷無心，絶不著些豪意見。以此任事，則鋒穎消除，絶不露一豪意氣。子路三軍一問，色相熾然，故夫子把經世大機局點化之，亦正欲其體認到裏面去也。臨事二語，此是千古聖人兢兢業業之心腸。

子曰："暴虎馮河，死而無悔者，吾不與也。必也臨事而懼，好謀而成者也。"

【考異】釋文："馮"，字亦作"憑"。皇本作"憑"。

【考證】論語後録：古淜與仌同音，馮字从仌，淜字从朋，皆古音正，故通之。暴虎馮河，蓋當時有此語。詩云"不敢暴虎，不敢馮河"，又曰"祖裼暴虎"，易曰"用馮河"，皆是。文穎説："冀州人凡水大小皆謂之河。夫子兖人也，兖、冀人聲相近。"戴望論語注：王者行師，以全取勝，不以輕敵爲上。傳曰：「善爲國者不師，善師者不陳，善陳者不戰，善戰者不死，善死者不亡。」論語補疏：此文無注，邢疏以成爲成功，義殊不了。成，猶定也，定即決也。三國志郭嘉傳：「嘉北見袁紹，謂紹謀臣辛評、郭圖曰：『袁公多端寡要，好謀無決，欲與共濟天下，大難矣。』」好謀無決即是好謀無成。好謀而成，即是好謀而能決也。羣經平議：成當讀爲誠，詩我行其野篇「成不以富」，論語顏淵篇引作「誠不以富」，是成與誠古通用也。行軍之事固不可無謀，然陰謀詭計又非聖人所與也，故曰「好謀而誠」。懼與誠，行軍之要矣。

【集解】孔曰：「暴虎，徒搏。馮河，徒涉。」

【集注】暴虎，徒搏。馮河，徒涉。懼，謂敬其事。成，謂成其謀。言此皆以抑其勇而教之，然行師之要實不外此，子路蓋不知也。

【餘論】四書改錯：行三軍非細事，自神農伐補遂，黄帝伐蚩尤而後，行軍皆聖帝明王之所不免。故易於師卦曰：「開國承家。」又曰：「可以王矣。」未嘗卑也。況臨事而懼，正夫子慎戰之意。好謀而成，正夫子我戰則克之意。是夫子明白告語，並不貶抑，而讀其書者反從而鄙夷之，可乎？

【發明】黄氏後案：趙充國攻羌，以遠斥候爲務，行必爲戰備，止必堅營壁，尤能持重愛士卒，先計而後戰，此所謂臨事而懼者。嘗謂李廣之不擊刁斗，程不識之行伍整嚴，孰得孰失，於懼不懼判之矣。

○子曰：「富而可求也，雖執鞭之士，吾亦爲之。如不可求，從吾所好。」

【考異】史記伯夷傳引作「富貴如可求」。　韓詩外傳一卷、説苑立節篇、周禮條狼氏注、後漢書蔡邕傳注、郭京周易舉正、徐堅初學記引此皆無「也」字。　文選注引凡數處，亦皆無「也」字。　釋文：「鞭」，或作硬，音吾孟反，非也。「吾亦爲之」，一本作「吾爲之矣」。　鹽鐵論貧富章引作「雖執鞭之事」。　説苑立節篇引作「富而不可求」，皇本「如不可求」，「求」下有「者」字。

按：鄭注「富貴不可求而得之」，恐「富」下當有「貴」字，故史記直引作「富貴如可求」，蓋出古論。「而」與「如」義通。

【考證】論語後録：執鞭有二義，周禮秋官「條狼氏下士八人」，其職云：「掌執鞭以趨辟，王出入則八人夾道，公六人，侯伯四人，子男二人。」此一義也。　地官司市「入則胥執鞭度守門」，此一義也。以求富之言例之，或從地官爲長。

【集解】鄭曰：「富貴不可求而得者也，當修德以得之。　若於道可求者，雖執鞭之賤職，我亦爲之。」孔曰：「所好者，古人之道。」

【唐以前古注】皇疏引繆協云：袁氏曰：「執鞭，君之御士，亦有禄位於朝也。」

【集注】執鞭賤者之事，設言富若可求，則雖身爲賤役以求之，亦所不辭。然有命焉，非求之可得也，則安於義理而已矣，何必徒取辱哉。　蘇氏曰：「聖人未嘗有意於求富也，豈問其可不可哉。

爲此語者，特以明其決不可求爾。」楊氏曰：「君子非惡富貴而不求，以其在天，無可求之道也。」

【別解一】四書辨疑：蘇氏過高之論，不近人情。富與貴人皆欲之，聖人但無固求之意，正在論其可與不可，擇而處之也。不義而富且貴，君子惡之，非惡富貴也，惡其取之不以其道也。古之所謂富貴者，禄與位而已。貴以位言，富以禄言。富而可求，以禄言也。執鞭，謂下位也。蓋言君子出處當審度事宜，穀禄之富，於己合義，雖其職位卑下，亦必爲之。故夫子之於乘田委吏亦所不鄙。苟不合義，雖其爵位高大，亦必不爲。故夫子之於季、孟之間亦所不顧也。伊川曰：「富貴人之所欲也，苟於義可求，雖屈己可也；如義不可求，寧貧賤以守其志也。」論語補疏：易傳稱「崇高莫大乎富貴」，富貴非聖人所諱言也，但有可求不可求耳。不可求，所謂「不以其道得之」也。苟以其道得之，何不可求之有？孟子言：「非其道，一簞食不可受於人。如以道，則舜受堯之天下不以爲泰。」正與此章之指相發明。非道以求富貴，鄙夫也。必屏富貴不言，並其可求者而亦諱之，此堅瓠之謂，聖人所不取也。「而」與「如」通，而可求即如可求。如可求則爲之，如不可求則不爲，聖人之言明白誠實如此。若以富而可求爲設言之虛語，此滑稽者所爲，曾以是擬孔子乎？

【別解二】論語發微：周官太宰：「禄以馭其富。」三代以上，未有不仕而能富者，故官愈尊則禄愈厚，求富即干禄也。富而可求，謂其時可仕，則出而求禄。孔子爲委吏乘田，其職與執鞭之仕同也。不可求，爲時不可仕。孔子世家言：「定公五年，陽虎囚季桓子。季氏亦僭於公室，陪臣執國政。是以魯自大夫以下皆僭離於正道，故孔子不仕，退而修詩、書、禮、樂。弟子彌衆，至自遠方，莫不受業焉。」此孔子不仕，謂不可求。修詩、書、禮、樂，爲從吾所好。孔子自述出處之際，故以兩吾字明之。黄氏後案：此辨道之可不可也。道苟不枉，身屈何傷？若求富而必有害於道，是不可求矣。所以自遂其好道之心，而不以彼易此也。

【餘論】論語或問：程子可求不可求，皆決於義。謝、楊可求不可求，皆決於命。至於張子、尹、吕則以可求者爲義，而不可求者爲命。三説不同。然愚意以謝、楊之説爲未安也。蓋此本設言以明富之不可求，故有執鞭之説。若曰命可求，則寧屈己以求之，則是實有此意矣，豈聖人之心哉？曰聖人言義而不言命，則奈何其言此也？曰言義而不言命者，聖賢之事也；其或爲人言，則隨其高下而設教有不同者，如曰「死生有命，富貴在天」，「求之有道，得之有命」者，夫豈皆不言命乎？魏國韓忠獻公有言「貴賤貧富自有定分，枉道以求，徒喪所守」，蓋得此章之意。中人以下，其於義理有未能安者，以是曉之，庶其易知而有信耳。

【發明】顔氏家訓：君子當守道崇德，蓄價待時。爵禄不登，信由天命。須求趨競，不顧羞慙，比較材能，斟量功伐，厲色揚聲，東怨西怒，或有劫持宰相瑕疵而獲酬謝，或有喧聒時人視聽求見發遣，以此得官，謂爲才力，何異盗食致飽，竊衣取温哉？世見躁競得官者，便爲弗索何獲。不知時運之來，不索亦至也。見静退未遇者，便爲弗爲胡成。不知風雲不與，徒求無益也。凡不求而自得，求而不得者，焉可勝算乎？嶺雲軒瑣記：無聖賢欲仕之心，而徒求青紫之榮、鼎鐘之奉者，古今來項背相望也。余閒居每嘗誦孟子書「欲貴者，人之同心也」一章而三復之，覺如置身千仞，天風泠泠，翛然自得之樂有不可思議者。

○子之所慎：齊、戰、疾。

【集解】孔曰：「此三者，人所不能慎，而夫子獨能慎之。」

【集注】齊之爲言，齊也。將祭而齊其思慮之不齊者，以交於神明也。誠之至與不至，神之饗與不饗，皆決於此。戰則衆之死生、國之存亡繫焉，疾又吾身之所以死生存亡者，皆不可以不謹也。

【餘論】論語集注補正述疏：今日治疾者必原乎內經，其書雖秦、漢間人成之也，而所稱黄帝與歧伯言者，其義通微，必有傳之先秦古書者矣。神農本草經亦然也。周官云「外史掌三皇、五帝之書」，斯古書所傳也。孔子好古，必博求之矣。經云「多識於鳥獸草木之名」，亦學詩之餘也。而孔子不敢言知醫也，經云：「康子饋藥，拜而受之，曰：『丘未達，不敢嘗。』」其慎疾之道歟？劉氏正義：韓詩外傳八：「傳曰：『居處齊則色姝，食飲齊則氣珍，言語齊則信聽，思齊則成，志齊則盈。五者齊，斯神居之。』」並言慎齊之事也。説文云：「戰，鬥也。」慎戰，謂臨事而懼，好謀而成也。禮器云：「子曰：『我戰則克，祭則受福，蓋得其道。』」此之謂也。慎疾者，所以守身也。金匱要略言：「人有疾當慎養，苦酸辛甘不遺，形體有衰，雖在經絡，無由入其腠理。」即此義也。潘氏集箋：鄉黨篇：「齊必有明衣布。齊必變食，居必遷坐。」慎齊也。本篇子路曰：「子行三軍則誰與？」子曰：「暴虎馮河，死而無悔者，吾不與也。必也臨事而懼，好謀而成者也。」愼戰也。鄉黨篇：「康子饋藥，拜而受之，曰：『丘未達，不敢嘗。』」愼疾也。

○子在齊聞韶，三月不知肉味，曰：「不圖爲樂之至於斯也。」

【考異】史記世家：與齊太史語樂，聞韶音，學之，三月不知肉味。皇本「聞韶」下有「樂」字。程子遺書：聖人不凝滯于物，安有韶樂雖美，直至三月不知肉味者乎？「三月」字誤，當是「音」字。又説曰：「三月」乃「音」字誤分爲二也。朱子或問：問：程子改「三月」爲「音」字如何？曰：以史記考之，則習之三月而忘肉味也。既有「音」字，又自有「三月」字，則非文之誤矣。又語録曰：史記「三月」上有「學之」二字，「三月」當點句，蓋是學韶樂三月，非三月之久不知肉味也。十一經問對：史記上有「音」字，下有「學之」二字，一説「三月」是「音」字，此義爲長，「學之」二字可無也。史記辨惑：司馬遷意其太久，遂加「學之」二字。經有疑義，闕之可也，以意增損可乎？四書辨疑：以「三月」二字併一，却爲牽强。「聞韶」下亦不須更有「音」字。王滹南曰：「或言月爲日字之誤。」皆可不必，當姑闕之。四書改錯：大全載程子謂「三月」是「音」字之誤，則「音」字亦本史記「聞韶音」語。然史記下文仍云「學之三月」，則「三月」與「音」字各出，非形誤矣。釋文：「爲」，本或爲「嬀」，音居危反，非。翟氏考異：王肅似讀爲爲嬀，因謂嬀氏樂宜在陳而不圖至齊。天文本論語校勘記：古本、足利本、唐本、正平本「韶」下有「樂」字。

按：四書考異云：「三月謂音字誤本韓退之説，程子遵之。今檢韓公本書未見此條。」考邵博聞見後録述韓李筆解「三月」字作「音」，趙希弁讀書附志亦云韓公筆解以「三月」爲「音」，是筆解原有此條，今本缺佚。史記儒林傳「孔子適齊聞韶，三月不知肉味」，説苑修文篇文正與此同。古人説時久遠稱三年，近稱三月，其例甚多，如「回也三月不違仁」，亦安得謂真九十日乎？（説見汪中述學）增改字句反屬多事。

【音讀】經讀考異：近讀從「韶」字絶句，考此宜以「子在齊」爲讀，與「子在陳」同例。下文「聞韶三月」當作一句，史記孔子世家「聞韶音，學之三月」，正以聞韶屬三月爲義。湛淵静語：此章諸家説不一，皆不若以「子在齊」爲一句，「聞韶三月」爲一句，「不知肉味」爲一句，義自明白。張達善點本：「在齊」句，「聞韶」句，「三月」一讀。

【考證】漢書禮樂志：春秋時，陳公子完奔齊。陳，舜之後，招樂存焉，故孔子適齊聞招。江氏孔子年譜：昭公二十五年奔齊，魯亂。孔子三十六歲適齊，則聞韶當在是時也。説苑修文篇：孔子至齊郭門之外，遇一嬰兒挈一壺，相與俱行，其視精，其心正，其行端。孔子謂御曰：「趣驅之！趣驅之！」韶音方作。孔子至彼，聞韶，三月不知肉味。故樂非獨以自樂也，又以樂人；非獨以自正也，又以正人。大矣哉！爲此樂者，不圖爲樂至於此。黄氏後案：「子在齊」句與「子在陳」同例，見武氏經讀考異。「聞韶」句，「三月」句，夫子以魯亂適齊，力不能請觀古樂，即請觀之而未能久。三月者，古人習樂之常期也。文王世子云：「春誦夏弦。」誦以樂語，弦以樂音，必經時而畢。漢博士爲文帝作王制云：「春秋教以禮、樂，冬夏教以詩、書。」唐書選舉志：「諸生治經皆限以歲月，未終經者無易業。」皆存遺意。則齊人習韶之久，夫子與聞之，遂學之，周注是也。史記言夫子學琴師襄，頻請益。夫子始告以習其曲未得其數，繼告以未得其志，終告以未得其人。當聞韶之候，契虞帝九成之功，訂有司數傳之失，必有同於此者。好古敏求，學而不厭，俱於忘肉味中見之矣。斯，斯韶也。不圖爲樂至於如斯，韶之美，前此未得其美也。尚書言簫韶九成，獸舞鳳儀。季札論韶天幬地載。夫子契之已久，然事非親習焉，徒以考尋典故想象髣髴，自爲有得，雖聖人不能，故歎不圖至斯於三月後也。梁氏旁證：王注似即因爲嬀樂宜在陳而不圖至齊，蔡仲覺論語集説、鄭汝諧論語意原皆據此謂舜後爲陳，自敬仲奔齊，久專齊政，以揖遜之樂而作於僭竊之國，故聞而憂感之深，至於三月不知肉味。孫氏示兒編意亦略同。然史記明云「學之三月」，邢疏亦云：「不圖爲樂之至於斯，美之甚也。」故集注據之。劉氏正義：史記孔子世家言：「孔子年三十五，昭公奔於齊，魯亂。孔子適齊，與齊太師語樂，聞韶音云云。」江氏永鄉黨圖考敘此適齊爲孔子三十六歲，三十七歲自齊反魯。漢書禮樂志：「夫樂本情性，浹肌膚而藏骨髓。雖經乎千載，其遺風餘烈，尚猶不絕。至春秋時，陳公子完奔齊。陳，舜之後，招樂存焉。故孔子適齊聞招，三月不知肉味，曰：『不圖爲樂之至於斯。』美之甚也。」以「不圖」句爲美，義勝此注。

【集解】周生曰：「孔子在齊，聞習韶樂之盛美，故忽忘於肉味。」王曰：「爲，作也。不圖作韶樂至於此。此，齊也。」

【唐以前古注】皇疏引范甯云：夫韶乃大舜盡善之樂，齊，諸侯也，何得有之乎？曰陳，舜之後也，樂在陳，陳敬仲竊以奔齊，故得僭之也。又引江熙云：和璧與瓦礫齊貫，卞子所以惆悵。虞韶與鄭、衛比響，仲尼所以永歎。彌時忘味，何性情之深也？

【集注】史記「三月」上有「學之」二字。不知肉味，蓋心一於是而不及乎他也。曰不意舜之作樂至於如此之美，則有以極其情文之備而不覺其歎息之深也。蓋非聖人不足以及此。

【別解】論語集說：韶，舜樂也。三月，言其久也。舜之後爲陳，自陳敬仲奔齊，其後久專齊政。至景公時，陳氏代齊之形已成矣。夫子在齊聞韶，三月不知肉味，蓋憂感之深也。曰「不圖爲樂之至於斯」，斯者，指齊而言也。韶本揖遜之樂，今乃至於齊之國，其殆傷今思古，故發爲此歎與？

升菴全集：古注相傳謂不意齊之作樂至此耳，蓋舜爲君，夔典樂，則其盛宜也。君非舜，工非夔，而忽見於齊廷，詫齊也，非詫舜也。此一說也。或曰齊之田氏乃舜裔，舜以揖遜有天下，而田恒乃弒其君，故孔子聞韶而歎曰：不意盛德之後而乃篡弒乎？有所感也。此又一說也。

包慎言溫故録：嬀，陳姓。夫子蓋知齊之將爲陳氏，故聞樂而深痛太公、丁公之不血食也。

【餘論】朱子語類：三月，蓋學韶樂三月耳，非三月之久不知肉味也。又問：心不在焉，食而不知其味，是心不得其正也。夫子聞韶，何故三月不知肉味？曰：所思之事大，而飲食不足以奪其志也。且如「發憤忘食」，「吾嘗終日不食」，皆非常事，以其所憤所思之大，自不能忘也。論語述何：此章述樂而獨取韶樂，則韶舞之意也。樂經雖亡，修堯、舜、三代之禮，則有以致太平之瑞應。不然，韶樂雖存，何足救齊之亂哉？論語劄記：爲樂未是指韶，斯字乃指韶，蓋曰爲樂者多矣，不意至於斯之盡善又盡美，似較得神吻。不是夫子平日全然不知舜樂，而至此駭歎之深也。

○冉有曰：「夫子爲衛君乎？」子貢曰：「諾，吾將問之。」

【考異】釋文：一本無「將」字。

【考證】論語偶談：春秋諱内不諱外，許止、趙盾猶顯加以弑逆，豈有輒拒父而不大書爲天下後世戒者？哀三年經書「齊國夏、衛石曼姑帥師圍戚」，是時蒯聵在戚，而曼姑固輒所遣，乃書法轉以齊主兵，而於輒無專辭。推尋其故，以晉失德而虐，諸侯因之，衛靈、齊景、魯定三國同謀叛晉，趙鞅又遷衛貢實晉陽以絶彼往來，於是衛亦合二國援朝歌以抗鞅。是則晉、衛爲仇，幾於勢不兩立，而蒯聵乃背父而奔依之，會靈死，鞅遂借納聵以潛師伐喪。蓋聵惑於納己之言，不悟鞅之意在襲衛。衛之拒固靈公之志，亦宗社之計，不得不然，雖聵在軍，而其爲拒晉非拒父，不惟當時諒之，即聖人亦諒之。特不能去位自全，此則輒之自陷於逆耳。四書賸言：夫子爲衛君，不知如何爲法。據公羊傳，衛輒之立，受命靈公。古立國典禮不以父命廢王父命，輒之拒聵，遵王父命也，可爲也。據左傳，則衛靈、齊景、魯定同盟伐晉，而晉乘衛靈初死，用陽貨計挾蒯聵以伐衛喪。則伐喪當拒，借納君以報宿怨，其意叵測，又當拒。且晉所怨者，靈也，靈甫在殯，而報怨者已在境，雖非蒯聵，亦定無拱手而聽之者，是不可不拒。況晉爲齊、魯、衛三國所共仇，衛雖欲平，齊、魯安得而平之？則又不得不拒。故當時衛人無有不以拒晉爲能事者，此又可爲也。據此二義，而夫子在衛原有似乎爲衛君者，然但爲其拒晉，不爲其拒父也。何以見其爲拒晉？觀夫子春秋書「晉趙鞅帥師納衛世子蒯聵于戚」，又書「齊國夏、衛石曼姑帥師圍戚」，以爲晉伐衛而齊、衛拒之，並不及衛君，此爲其拒晉也。何以知不爲拒父？夷、齊兄弟尚求仁，而謂父可與抗乎？此不爲拒父也。然則爲公輒者，可以知所自處矣。若公羊之說，則輒並不受祖命，靈命子郢，未嘗命公輒，夫子爲衛君全不在此。劉氏正義：左定十四年傳言衛靈公太子蒯聵得罪君夫人南子，出奔宋。哀二年夏，靈公卒。夫人曰：「命公子郢爲太子，君命也。」對曰：「郢異於他子。且君没於吾手，若有之，郢必聞之。且亡人之子輒在。」乃立輒。又經書：「六月乙亥，晉趙鞅帥師納衛世子蒯聵于戚。」三年春，齊國夏、衛石曼姑帥師圍戚。」此蒯聵出奔及輒立拒父始末也。公羊傳：「晉趙鞅帥師納衛世子蒯聵于戚。戚者何？衛之邑也。曷爲不言入于衛？父有子，子不得有父也。齊國夏曷爲與衛石曼姑帥師圍戚？伯討也。此其爲伯討奈何？曼姑受命乎靈公而立輒，以曼姑之義，爲固可以拒之也。輒者曷爲者也？蒯聵之子也。然則曷爲不立蒯聵而立輒？蒯聵爲無道，靈公逐蒯聵而立輒。然則輒之義可以立乎？曰可。其可奈何？不以父命辭王父命，以王父命辭父命，是父之行乎子也。不以家事辭王事，以王事辭家事，是上之行乎下也。」穀梁傳：「晉趙鞅帥師納衛世子蒯聵于戚。納者，内弗受也。何用弗受也？以輒不受也，以輒不受父之命，受之王父也。信父而辭王父，則是不尊王父也。其弗受，以尊王父也。」二傳所言，自是衛人當日所據之義。鄭依爲説，故此注言靈公逐蒯聵，又言立孫輒也。周人之法，無適子者立適孫。聵負罪出亡，已絶於衛，故輒得申王父之命。當時臣民安之，大國助之，而夫子亦且爲公養之仕，故冉有疑夫子爲衛君也。夫子於哀六年自楚反衛，爲衛輒四年，此問當在其時。

【集解】鄭曰：「爲猶助也。衛君者，謂輒也。衛靈公逐太子蒯聵，公薨而立孫輒。後晉趙鞅納蒯聵於戚，衛石曼姑帥師圍之。故問其意助輒不乎。」

【唐以前古注】皇疏引江熙云：夫子在衛受輒賓主，悠悠者或疑爲之，故問也。

【集注】爲，猶助也。衛君，出公輒也。靈公逐其世子蒯聵，公薨，而國人立蒯聵之子輒，於是晉納蒯聵而輒拒之。時孔子居衛，衛人以蒯聵得罪於父，而輒嫡孫當立，故冉有疑而問之。諾，應辭也。

【餘論】論語述何：春秋絶蒯聵之出奔，又不與其入衛，而與石曼姑、齊國夏以伯討。辭於靈公曰「卒月葬」，無危文，於輒無立文，似得爲衛輒，故冉有、子貢、子路皆疑焉。輒於王法得立，不得拒父，爲輒之義，當不爲喪主而奉以避位。蒯聵之罪已成於出奔，又挾晉亂臣而欲篡衛，天子不能討，齊、衛不能拒，輒之勢求仁而不得仁矣。其禍啟於靈公，故夫子不爲也。時夫子居衛，有公養之仕，故冉子疑焉，子貢曰「夫子不爲」，二賢謀爲夫子反魯地矣。　黃氏後案：蒯聵得罪，集注爲是。近儒從劉原父説，云蒯聵無殺母事，左傳所言由南子之黨成其獄，故經兩書衞世子蒯聵。信如是，聖門高弟復何待疑？

入，曰：「伯夷、叔齊何人也？」曰：「古之賢人也。」曰：「怨乎？」曰：「求仁而得仁，又何怨？」出，曰：「夫子不爲也。」

【考異】皇本、高麗本作「子曰古之賢人也」，又「何怨」下有「乎」字。　九經古義：「古之賢人也」，古本作「賢仁」，故鄭注云：「孔子以伯夷、叔齊爲賢且仁。」徐彥云：「古之賢仁也，言古之賢士且有仁行。」若作「仁」字，如此解之。若作「人」字，不勞解也。　經學卮言：本作「仁」者，似誤會鄭注句意而妄改。鄭則統「求仁而得仁」兩句言之耳。　韓非子曰：「伯夷之賢與其稱仁。」亦同此意。　劉氏正義：鄭注乃隱括「古之賢人也」、「求仁而得仁」二句義，非本作「賢仁」。　阮元論語校勘記：左氏哀三年傳正義、史記伯夷列傳索隱、文選江淹雜體詩注引並有「乎」字，疑古本如此。　天文本論語校勘記：古本、足利本、唐本、津藩本、正平本「曰」上有「子」字，「怨」下有「乎」字。

【考證】羣經識小：公羊傳：「不以父命辭王父命，以王父命辭父命，是父之行乎子也。」至漢雋不疑猶引此以斷衞太子之事，則在春秋時可知。然蒯聵之廢宜也，輒之立亦宜也。以靈公而廢蒯聵，蒯聵無辭；以輒而拒蒯聵，則輒將何以爲心矣？此「怨乎」一問最爲深切也。

【集解】孔曰：「夷、齊讓國遠去，終於餓死，故問怨乎。以讓爲仁，豈怨乎？」鄭曰：「父子争國，惡行也。孔子以伯夷、叔齊爲賢且仁，故知不助衛君明矣。」

【唐以前古注】筆解：韓曰：「上篇云『伯夷、叔齊不念舊惡，怨是用希。』此言君子雖惡不怨也。又下篇云：『不降其志，不辱其身，伯夷、叔齊歟？我則異於是，無可無不可。』吾嘗疑三處言夷、齊各不同，吾謂此段義稱賢且仁者，蓋欲止冉有爲衛君而已。」李曰：「聖人之言無定體，臨事制宜，孟軻論之最詳，曰：『伯夷，聖之清者也。伊尹，聖之任者也。柳下惠，聖之和者也。孔子，聖之時者也。時行則行，時止則止。』大抵仲尼與時偕行，與時偕極，無可無不可，是其旨也。其餘稱賢且仁，誠非定論。」

【集注】伯夷、叔齊，孤竹君之二子。其父將死，遺命立叔齊。父卒，叔齊遜伯夷，伯夷曰：「父命也。」遂逃去。叔齊亦不立而逃之，國人立其中子。其後武王伐紂，夷、齊扣馬而諫。武王滅商，夷、齊恥食周粟，去隱於首陽山，遂餓而死。怨，猶悔也。君子居是邦不非其大夫，況其君乎？故子貢不斥衛君，而以夷、齊爲問。夫子告之如此，則其不爲衛君可知矣。蓋伯夷以父命爲尊，叔齊以天倫爲重，其遜國也，皆求所以合乎天理之正，而即乎人心之安，既而各得其志焉。則視棄其國猶敝蹝爾，何怨之有？若衛輒之據國拒父而唯恐失之，其不可同年而語明矣。

【餘論】論語意原：輒之立，非靈公命也。有公子郢在，足以君其國，輒當委國而逃。而乃據其國以抗其父，其得罪於夷、齊也大矣。以夷、齊之窮猶不怨，輒之去國，非至於夷、齊之窮也，何爲而不去哉？

論語稽求篇：從來但以父子爭國與兄弟讓國相比較，雖常人猶知之，何待由、賜？蓋齊受父命，輒受王父命，輒未嘗異齊也。夷遵父命，聵不遵父命，是聵實異於夷也。夷讓齊亦讓，是讓當在聵也。聵爭輒亦爭，是爭不先在輒也。況叔齊之讓，祇重私親；衞君之爭，實爲國事。親不敵王，家不廢國，萬一夷、齊並去而二人相對，惟恐國事之或誤，而稍有怨心，則必爲衞君，而不謂其並無怨也。如此，則二賢之問耑鋒對而解悟捷，然且二賢終不去衞，一爲之使而一爲之殉，則當時之爲輒而拒聵爲何如者，況衞人也？

四書翼注：此章惟古注疏得其實解，而意不明暢，特申明之。按何晏集解據鄭康成説云：「爲，助也。衞靈公逐世子蒯聵。公薨，立孫輒。晉趙鞅納蒯聵於戚，衞石曼姑帥師圍戚，故問其意助輒否乎？」又據孔安國云：「夷、齊讓國遠去，終於餓死，故問怨耶。以讓爲仁，豈有怨乎？」合孔、鄭二家，得其要領矣。蓋晉定公時世卿擅國，厚責賄於衞，衞靈叛之，從齊景公伐晉，晉趙鞅忿甚，遂伐衞，與盟於鄟澤，使成何、涉佗辱衞公，捘手及腕，衞遂與晉絶。後雖殺涉佗以謝過，衞不顧也。魯哀二年四月丙子，衞靈公薨。六月乙酉，趙鞅納蒯聵入于戚，相拒止六十日，刦蒯聵爲質，將滅衞以報夙憤也。此時公子郢當立，此人賢且智，逆覩此事決不肯立。此時則衞不得不立輒矣，立輒則蒯聵知衞之國即其國，不肯爲趙鞅所愚，既入戚，即居戚，不復入於衞矣。此時衞人皆以立輒可以安蒯聵而拒趙鞅爲得策，輒亦得以柴立中央，俾南子、蒯聵不互相戕害，以爲詬病於諸侯，故國人多爲之。春秋之時，晉惠居秦，子圉在國；鄭成居晉，子髡頑在國；邾子居吴，子革在國，往往有之。蒯聵居戚，衛輒在國，即其事，非其子拒父也。是年八月，趙鞅移圍戚之師與鄭人戰于鐵，獲勝而歸矣。齊景公挾其争霸舊憾，使卿國夏與衛大夫石曼姑圍戚，其意欲逐蒯聵以取勝於趙鞅，陷蒯聵父子於不義者，皆此人也。是爲魯哀公之三年春。此時子貢、冉有正在衛，迨秋則季桓子卒，季康子召冉有歸魯矣。二子之問，正在石曼姑圍戚時，故曰古注得其實也。夫以齊之强，率二國之師圍戚，不能有加於蒯聵，得安然居戚者十餘年，自是輒爲戚禦侮，齊景所以廢然而返，不再興兵。此時蒯聵與輒本無嫌隙，但所處各非其地，名不正耳。以恒情論之，相忍可以爲國，若以伯夷、叔齊之賢處之，則固有道矣。乃貪國而懼禍，徘徊於騎虎不得中下之勢，違心害理，律以不仁，何所逃罪耶？惟必罪其據國拒父，則事蹟不符。南子未死，蒯聵本不敢歸，觀其魯哀十六年反國告於天王，猶曰蒯聵得罪於君父君母，是則蒯聵本以南子爲母，有所顧忌，既不敢殺南子被弑母之名，則居戚不入衛，乃其隱情。至魯哀十六年，距衛靈公之死已十七年，南子必老且死矣，所以通孔妃入國，輒亦速駕而奔魯，乃不數月蒯聵仍召輒爲太子，是輒於蒯聵並無有西内刼遷、南城禁錮之事。父子如初，兩無慚色，可知保國立輒之舉，以理以勢，不得不然。公羊傳云：「父可有子，子不得有父。」穀梁傳云：「得以王父命辭父命。」老儒冒昧附會之詞。雋不疑爲京兆尹，收捕僞衛太子，恐衆心不同，乃云蒯聵出奔，衛輒不納，春秋是之。春秋何嘗有此一筆？權詞以安衆耳。後儒不察事蹟本末，以子路食其禄爲不知義。夫子路果不知義。夫子何不教之，乃立視其陷於不義而且哭之慟哉？

【發明】楊名時論語劄記：太史公以伯夷之窮餓疑天道，不知伯夷之饑乃其所以求仁，正見世變而道不變。當其時伯夷若肯歸周，周固將高爵厚禄以待之矣。伯夷求仁而棄爵禄，此正忠孝天性之所以常存，人心所賴以不死耳。論語經正録：齊節初曰：「父子也兄弟也君臣也，人之倫也，而三才之所以立也。」二子之交讓也，所失者國，而所得者父子兄弟之紀。其非武王而餓以死也，所失者身，而所得者君臣之義。是皆脱然有見於富貴貧賤死生之外，而一毫私己不與焉，謂非仁乎？冉求有見於伯夷之仁，必有見夫輒之不仁；知夷、齊於人紀爲有功，必知輒爲名教之所不容。

○子曰：「飯疏食飲水，曲肱而枕之，樂亦在其中矣。不義而富且貴，於我如浮雲。」

【考異】釋文：「疏」，本或作「蔬」。食如字，一音嗣。皇本作「蔬」。太平御覽述亦作「蔬」。翟氏考異：詩「彼疏斯粺」箋云：「疏，麤也，謂糲米也。」禮「主人辭以疏」，一訓菜食。周禮「聚斂疏材」，釋文但云「菜也」。疏兼有麤菜二義，故孔氏解此爲菜食，朱子注爲麤飯。憲問篇「飯疏食」亦二義得兼，其字皆可通作「蔬」也。若鄉黨與孟子萬章所云「雖疏食菜羹」，疏與菜既對舉，則似難加草矣。而本仍多作「蔬」字，得非傳寫訛耶？後漢書劉般傳注：引孔子曰：「不義而富，於我如浮雲。」無「且貴」二字。

【音讀】四書辨證：枕字，字書有上去二聲，皆訓薦首物。左傳「晏子枕尸而哭」，枕，音義之鴆反。易坎卦「險且枕」，本義：「枕，倚着之意。針甚反。」皆讀去聲，此章與同。黄陶菴文，閻百詩譏其錯認上聲。而南史劉遴之嘗墮車折臂，周捨戲之曰：「雖復並坐可橫，正恐陋巷無枕。」則誤讀已久矣。

【考證】論語後録：疏食，粗糲之食也。儀禮喪服傳云：「既虞，食疏食飲水。既練，食菜果，飯素食。」注：「疏，猶麤也。」麤即粗字。説文解字云：「粗，疏也。」鄭以粗釋疏，許以疏訓粗，明疏即粗矣。粗字从米，米之疏者曰粗。既虞疏食，既練素食，虞深而練淺，是疏食深而素食淺矣。詩召旻「彼疏斯粺」，箋云：「疏，麤，謂糲米也。」米之率，糲十，粺九，鑿八，侍御七。九章算術：「粟一石，糲米六斗。舂米一斗，爲粺九升，又去爲鑿八升，又爲侍御七升。」故疏爲最粗。

程瑶田九穀考：凡經言疏食者，稷食也。稷形大，故得疏稱。論語「疏食菜羹」，玉藻「稷食菜羹」，二經皆與菜羹並舉，則疏、稷一物可知。疏言其形，稷舉其名也。故玉藻曰：「朔月四簋，子卯稷食。」四簋者，黍稷稻粱也。稷食者，不食稻粱黍也。諸侯日食粱稻各一簋，食其美者也。朔月四簋，增以黍稷，豐之也。忌日食稷者，貶之，飯疏食也。是故居喪者疏食，蓋不食稻粱黍。論語曰：「食夫稻，於女安乎？」是居喪者不食稻也。喪大記曰：「君食之，大夫父之友食之，不辟粱肉。」是居喪者不食粱也。檀弓：「知悼子在堂，斯其爲子卯也大矣。」子卯稷食，是居喪者黍亦不食也。不食稻粱黍，則所食者稷而已，故曰疏食者，稷食也。又云：左氏內、外傳之麤即疏食之疏。一日，有冀州人在武邑坐言其鄉俗食以棗爲主，輔之以麥，其賤者則輔之以高粱，去是而又北，則以高粱爲主矣。余曰：「高粱賤乎？」曰：「此吾北方之粗糧也。諸穀去皮皆云細，至高粱雖舂之揚之，止謂之麤糧耳。」此足證余考定之不繆。劉氏正義：説文云：「飯，食也。疏，粗也。粗，疏也。」詩召旻「彼疏斯粺」，鄭箋：「疏，麤也，謂糲米也。」段氏玉裁説文注云：「糲米與粺米校則糲爲粗，國語『食粗衣惡』是也。稷與黍稻粱校，則稷爲粗，喪服傳『食疏食』，注『疏猶麤也』是也。」案論語一二言疏食，皆謂糲米，亦當兼稷言之。稷，今之高粱。北方用爲常食，比粱黍爲賤也。釋文云：「疏，本又作蔬。」皇本作「蔬」，因孔注致誤。説文云：「枕，卧所薦首者。」樂亦在其中者，言貧賤中自有樂也。吕氏春秋慎人篇：「古之得道者，窮亦樂，達亦樂，所樂非窮達也，道得於此，則窮達一也。爲寒暑風雨之序矣。」斯其義也。

【集解】孔曰：「疏食，菜食。肱，臂也。孔子以此爲樂。」鄭曰：「富貴而不以義者，於我如浮雲，非己之有也。」

按：説文無「蔬」字，疑古菜食之字亦作「疏」。禮記月令云「有能取疏食」，注「菜曰疏」是也。疏爲菜之通名，然凡言疏食似應就米説。鄉黨與孟子萬章皆云「雖疏食菜羹」，疏與菜對舉，豈得又言菜食乎？故集注定以爲麤飯也。孔注當誤。

【唐以前古注】皇疏：此明孔子食無求飽，居無求安也。孔子食於菜食而飲水，無重肴方丈。肘前曰臂，肘後曰肱，通亦曰臂。言孔子眠曲臂而枕之，不錦衾角枕也。富與貴是人之所欲，不以其道得之，不處也。不義而富貴，於我如天之浮雲也。所以然者，言浮雲自在天，與我何相關；如不義之富貴，與我亦不相關也。

【集注】飯，食之也。疏食，粗飯也。聖人之心渾然天理，雖處困極而樂亦無不在焉。其視不義之富貴，如浮雲之無有，漠然無所動於其中也。

【餘論】論語或問：夫子言此蓋即當時所處，以明其樂之未嘗不在乎此而無所慕於彼耳。且曰亦在其中，則與顏子之不改者又有間矣。必曰不義而富貴視如浮雲，則是以義得之者，視之亦無以異於疏食飲水，而其樂亦無以加爾。記者列此以繼衞君之事，其亦不無意乎？讀四書大全說：聖人所以安於疏水曲肱者，以樂爲之骨子，此非蕩然一無罣礙可知已。使但無欲則無得，無得則無喪，如是以爲樂，則貧賤之得此也易，富貴之得此也難。必將如莊子所稱王倪、支父之流，雖義富義貴亦辭之惟恐不夙矣。此是聖學極至處，亦是聖學異端皂白溝分處。又曰：朱子「即當時所處」一語諦當精切，讀者須先從此著眼，則更不差謬。雙峯云：「樂在富貴中見得不分曉，在貧賤方別出。」語亦近似。然要似夫子設爲此貧境以驗樂，則於聖人於土皆安之道不合矣。夫子此章自是蚤年語，到後爲大夫而不復徒行，則居食亦必相稱，既非虛設一貧以驗樂，亦無事追昔日之貧而憶其曾樂於彼，作在富貴而思貧賤願外之想也。樂不逐物，不因事，然必與事物相麗。事物未接，則所謂喜怒哀樂之未發，豈但以月好風清日長山靜身心泰順而爲之欣暢也乎？既以左宜右有逢源而不踰矩爲樂，則所用者廣而所藏者益舒，是樂者，固君子處義富義貴之恒也，故曰「樂亦在其中」。言亦則當富貴而樂亦審矣。聖人之於土皆安者，於我皆真，富貴貧賤兩無礙其發生流行之大用，故曰樂亦在中，貧賤無殊於富貴也。此雙峰之

新編諸子集成

# 論語集釋

中

程樹德 撰

程俊英 蔣見元 點校

中華書局

時」，乾鑿度謂「五十正夫子受圖之年」，此皆過鑿無理。史記「孔子六十八贊易」，漢儒林傳「孔子晚年好易」，不知好易、贊易非學易時也。幼習六藝，便當學易，何況五十？五十先學易而七十復好易贊易，未爲不可。不然，夫子序書刪詩定禮皆在六十八時，謂前此于詩、書、禮並未嘗學可乎？按六藝之名自昔有之，不始夫子，故劉氏七略中有六藝略，即古六經也。六經以禮、樂、詩、書、春秋爲五學，而易則總該六藝之首，無時不學，故漢儒以易比天地，五經比五行。藝文志所云「易與天地爲終始，五學猶五行之更遞用事」是也。但古之學者自十五入大學後，三年而通一藝，三五十五年，至三十而五經已立。五經立則五學已具，嗣此可以仕矣。故四十五十爲强仕服官之時，非爲學時也。夫子三十五即游仕齊、魯間，五十而爲中都宰。未至五十，則游仕之餘猶思學易，所謂易則無時不學者，蓋思借此入官之年爲窮經之年，故曰假，曰借，曰五十，此鑿鑿不可易者。若六十以後，則夫子是時將五學六藝俱自爲刪定，繼往聖以開來哲，何止于學？古者五十以後不復親學，故養老之禮以五十始，如五十養鄉，六十養國；五十異粻，六十宿肉；五十杖家，六十杖鄉；五十不從力政，六十不與服戎；五十而爵，六十不親學；是四十五十本親學與養老一大界限，故曰：「四十五十而無聞焉，斯亦不足畏也已。」蓋五十以前尚可爲學，五十以後無復學理，所謂「六十不親學」，明明指定也。

劉氏正義：孔子世家：「孔子晚而喜易，序彖、繫、象、説卦、文言。讀易，韋編三絶。曰：『假我數年，若是，我於易則彬彬矣。』」彼文作「假」，風俗通義窮通篇引論語亦作「假」。春秋桓元年「鄭伯以璧假許田」，史記十二諸侯年表作「以璧加魯易許田」，是加、假通也。夫子五十前得易，冀以五十時學之，明易廣大悉備，未可遽學之也。及晚年贊易既竟，復述從前假我數年之言，故曰：「假我數年，若是，我於易則彬彬矣。」若是者，竟事之辭，言惟假年乃彬彬也。世家與論語所述不在一時，解者多失之。

按：論語除魯論、齊論、古論三家之外並無別本，安得復有異字爲劉元城所見者？好改經傳，此宋儒通病，不可爲訓。然朱子所以有此疑者，亦自有故。考史記假年學易，世家叙於哀公十一年孔子歸魯之後，是時孔子年已六十有八。後人求其説而不得，不得已止有改經以遷就事實。除朱子改「五十」作「卒」之外，尚有數説。一、羣經平議「五十」疑「吾」字之誤。蓋吾字漫漶，僅存其上半，則成五字，後人乃又加十字以補之耳。二、十一經問對有先儒以「五十」字誤，欲從史記九十以學易之語，改「五十」爲「九十」者。三、惠棟論語古義據王肅詩傳云：古五字如七，改「五十」爲「七十」者。之數説者，雖皆有一得之長，而仍不免竄亂經文之病。竊以爲五十以學者，即「蘧伯玉行年五十，而知四十九年之非」意也。「亦可以無大過矣」者，即「欲寡其過」意也。世家將論語隨意編入，其先後不足爲據。宦氏論語稽以孔子此言當在四十二歲以後，自齊返魯，退修詩、書、禮、樂時語，最爲得之。實無改「五十」作「卒」之必要也。觀次章詩、書、執禮及門類記，益信斯説之有徵矣。

論語足徵記：史記世家：「孔子年四十三，而季氏强僭，其臣陽貨作亂專政，故孔子不仕，而退修詩、書、禮、樂。弟子彌衆。」其言正足與此章及下雅言章相證明。口授弟子，故須言；修而理之，故其言須雅。方以詩、書、執禮爲事，故未暇學易，而學易必俟之年五十也。人之壽數不可豫知，故言「加我數年」。數年者，自四十三至五十也。集解曰：「易窮理盡性以至於命，年五十而知天命，以知命之年讀至命之書，故可以無大過。」此言甚爲膠固。五十而知天命乃孔子七十後追述之辭，窮理盡性以至於命亦晚年贊易之辭，未至五十，焉知是年知命？又焉知他年贊易有至命之言耶？集注言劉聘君見元城劉忠定公自言嘗讀他論，「加」作「假」，「五十」作「卒」。「卒」與「五十」字相似而誤分。信北宋之異本，而改自唐以前相傳之古經，所謂郢書燕説矣。其云是時孔子年已幾七十矣，特據世家，贊易在六十八歲之後耳。毛奇齡稽求篇曰：「經曰學易，而注以贊易當之，將謂贊易以前夫子必不當學易耶？」此言是也。論語稽：此孔子四十二歲以後，自齊返魯，退修詩、書、禮、樂時語也。蓋詩、書、禮、樂之修，非數年之功不可。因詩、書、禮、樂而思及易，情之常也。方修詩、書、禮、樂而未暇及易，理之常也。彼曰修而此曰學，自人言之則曰修，自夫子自言則謙之曰學也。或難之曰：四十以後未爲老，乃言加我數年，若唯恐年盡然，何也？曰：「加」作「假」，則似乎恐年之盡矣。今依本義解之。若曰加數年之期至五十歲，我於詩、書、禮、樂已卒業，於以學易，則更有以明乎吉凶消長之理，而可以無大過矣云云。何疑之有？此解皇疏有之，惟曰爾時孔子四十五六；正義亦有之，惟曰四十七；而皆未能引證。即毛氏亦此意，惟所引所解均未的當耳。論語訓：四十不惑，知聖人有可成之道，但恐年促，故未至五十而皇皇也。時陽虎亂，孔子年四十三，始不欲仕，其後作春秋擬易象爲之。

【集解】易窮理盡性，以至於命。年五十而知天命，以知命之年讀至命之書，故可以無大過矣。

【唐以前古注】皇疏：當孔子爾時年已四十五六，故云「加我數年，五十而學易」也。所以必五十而學易者，人年五十，是知命之年也。易有大演之數五十，是窮理盡命之書，故五十而學易也。又引王弼云：易以幾神爲教，顏淵庶幾有過而改，然則窮神研幾可以無過，明易道深妙，戒過明訓，微言精粹，熟習然後存義也。又引王朗云：鄙意以爲易蓋先聖之精義，後聖無間然者也。是以孔子即而因之，少而誦習，恒以爲務。稱五十而學者，明重易之至，故令學者專精於此書，雖老不可以廢倦也。

按：皇疏此釋語最精諦，爲本章正解，故特著之。

【集注】劉聘君見元城劉忠定公，自言嘗讀他論，「加」作「假」，「五十」作「卒」。蓋加、假聲相近而誤讀，卒與五十字相似而誤分也。愚按此章之言史記作「假我數年，若是，我於易則彬彬矣」，「加」正作「假」，而無「五十」字。蓋是時孔子年已幾七十矣，五十字誤無疑也。學易則明乎吉凶消長之理、進退存亡之道，故可以無大過。蓋聖人深見易道之無窮，而言此以教人，使知其不可不學，而又不可以易而學也。

【別解一】田藝蘅留青日札：易乾鑿度云：「孔子占易得旅，息志停讀，五十究作十翼。」此言五十，即乾鑿度之五十也。孫淮海近語：非以五十之年學易，是以五十之理數學易也。大衍之數五十，河圖中之所虚也。惟五與十，參天兩地而倚數，合參與兩成五，衍之成十。五者，十其五。十者，五其十。參伍錯綜而易之理數盡於此矣。戴望論語注：「加」當言「假」，假之言暇。時子尚周流四方，故言暇我數年也。五十者，天地之數，大衍所從生。用五用十以學易，謂錯綜變化以求之也。易説曰：「易一陰一陽，合而爲十五之謂道。陽變七之九，陰變八之六，亦合於十五。則彖變之數若一。陽動而進變七之九，象其氣之息也。陰動而退變八之六，象其氣之消也。故大一取其數以行，九宫、四正、四維皆合於十五，五音、六律、七宿由此作焉。大過於消息爲十月卦，陽伏陰中，上下皆陰。故雜卦曰：『大過，顛也。』顛則陽息，萬物死。聖人使陽升陰降，由復出震，自臨而泰，盈乾生井，終既濟，定六位，正王度，見可不遇大過之世也。」

【别解二】九經古義：魯論「易」爲「亦」，君子愛日以學，及時而成，五十以學，斯爲晚矣。然秉燭之明，尚可寡過，此聖人之謙辭也。惠棟經典釋文校語：外黄令高彪碑「恬虚守約，五十以斅」，此從魯論「亦」字連下讀也。學音效，約音要。

按：魯讀不謂學易，與世家不合。陳鱣曰：「世家云孔子晚而喜易云云，是作『學易』爲得，故鄭定從古也。」近人多有主此説者，皆好奇之過。

【别解三】龔元玠十三經客難：先儒句讀未明，當五一讀，十一讀，言或五或十，以所加年言。

【别解四】黄氏後案：可無大過，依史記説指贊易之無差，何解同。程叔子曰：「孔子時學易者支離，易道不明，故期之五十然後贊易，則學易者可以無大過。」意亦同。贊易不能不寬其期也，以下「雅言」例之，此爲正義。

按：邢疏云：「漢書儒林傳云：『孔子蓋晚而好易，讀之韋編三絶，而爲之傳。』是孔子讀易之事也。言孔子以知天命終始之年，讀窮理盡性以至於命之書，則能避凶之吉而無過咎。」仍解爲一身之過。皇疏亦同。是否何平叔原意，不可知也。黄氏之意以易理至深，非有數年之功，且須在五十以後，方可下筆纂述，始無差錯，蓋即五十以前不可輕言著述之意也。與一己之寡過無涉，説頗新穎。可備一義。

【餘論】論語集説：加，增也。夫子時未五十也，學易則窮理盡性以至於命，故可以無過。然夫子豈必至是而始學易，亦豈必至是而始無大過耶？觀五十而知天命之語，則曰學易，曰無大過，皆謙辭耳。　四書辨疑：以五十爲卒，卒以學易，不成文理。注文準史記爲斷，謂無五十字，是時孔子年幾七十。語録言孔子欲贊易，故發此語。王滹南曰：「經無贊易之文，何爲而知爲是時語乎？」此言甚當。注又言：「學易則明乎消長吉凶之理、進退存亡之道，故可以無大過。」予謂若以此章爲孔子七十時所言，假我數年以學易，則又期在七十以後。然孔子七十三而卒，直有大過一世矣。只從五十字説，亦有五十年大過，小過則又不論也，何足爲聖人乎？孔子天縱生知，不應晚年方始學易也。五十、七十義皆不通。又有説學易爲修易，過爲易書散亂者。復有説學易而失之無所不至，孔子憂之，故託以戒人者。皆爲曲説。此章之義，本不易知，姑當置之以待後之君子。　姚配中周易學（劉氏正義引）：文王爻辭惟九三言人事，傳則言行言學言進修，无在非學也。象曰：「君子以自强不息。」子蓋三致意焉。子曰：「五十以學易。」而於每卦象傳必曰以。以者，學之謂也。又曰：學易，學爲聖也。非徒趨吉避凶已也。有天地即有易，既作易而天地之道著，天下之理得，聖之所以爲聖，求諸易而可知矣。

【發明】四書通：易占辭於吉凶悔吝之外，屢以无咎言之，大要祇欲人無過，故曰无咎者，善補過也。悔則過能改而至於吉，吝則過不改而至於凶。使人皆知學易，則可以無大過，此夫子教人之深意也。

方東樹儀衞軒遺書：夫子自言學易可以無過，過對中言，非對正言。文言所稱「不失其正」，此正即中也，即此無過之義。嘗論君子未有不正者，但儒者學聖人之道，徒正不及中，中又或不能純粹以精，必在於明辨晳。明辨晳非極深研幾不能，故欲假年學易以研之也。大凡有過皆偏於分數有餘言，若不及則不可名爲過。大賢以上不患不及，恒患其過，故孔子學易，欲明於吉凶消長之理，進退存亡之道，而不失其中正耳。吉凶消長之理，天運也。進退存亡之道，人事也。明乎此，是爲知天知人，合天人而察其幾，以允協於中而無過，是乃聖人所蘄無過之精微也。然非平日學易，究時位之異，知變化之情，其孰能與於斯？

○子所雅言，詩、書、執禮，皆雅言也。

【音讀】羣經平議：論語文法簡質，此章既云「子所雅言」，又云「皆雅言也」，於文似複，蓋由經師失其讀矣。此當以「詩、書」斷句，言孔子誦詩讀書無不正言其音也。「執禮」二字自爲句，屬下讀。執禮，謂執禮事也。周官大史曰：「凡射事，執其禮事。」禮記雜記曰：「女雖未許嫁，年二十而笄禮之，婦人執其禮。」皆執禮之證也。孔子執禮之時，苟有所言，如鄉黨所記「賓不顧矣」之類，皆正言其音，不雜以方言俗語。故曰「執禮皆雅言也」。詩、書或誦讀或教授，弟子若執禮，自爲一事，故别言之耳。

【考證】困學紀聞：石林解「執禮」云：「猶執射執御之執。」記曰：「秋學禮，執禮者詔之。」蓋古者謂持禮書以治人者，皆曰執。周官太史：「大祭祀，宿之日，讀禮書。祭之日，執書以次位常。凡射事，執其禮事。」此禮之見於書者也。

按：宋史藝文志「葉夢得論語釋言」，朱氏經義考云「未見」，而附載前釋以宅爲擇及此條於後，蓋其説之僅存者。

論語駢枝：雅言，正言也。鄭謂正言其音，得之。但以爲詩、書不諱，臨文不諱，則非是。執，猶掌也。執禮，謂詔相禮事。文王世子曰「秋學禮，執禮者詔之」，雜記曰「女雖未許嫁，年二十而笄禮之，婦人執其禮」是也。夫子生長於魯，不能不魯語，惟誦詩讀書執禮三者，必正言其音。昔周公著爾雅一篇，釋古今之異言，通方俗之殊語。劉熙釋名曰：「爾，昵也。昵，近也。雅，義也。義，正也。」五方之言不同，皆以近正爲主也。張晏漢書注亦云：「爾，近也。雅，正也。」後人解近正，云或以近而取正，或以爲近於正道，皆非也。上古聖人正名百物，以顯法象，别品類，統人情，壹道術。名定而實辨，言協而志通。其後事爲踵起，象數滋生，積漸增加，隨時遷變。王者就一世之所宜而斟酌損益之，以爲憲法，所謂雅也。然而五方之俗，不能强同。或意同而言異，或言同而聲異。綜集謠俗，釋以雅言，比物連類，使相附近，故曰爾雅。詩之有風、雅也亦然。王都之音最正，故以雅名。列國之音不盡正，故以風名。先邶、鄘、衛者，殷之舊都也。次王者，東都也。其餘或先封而次在後，或後封而次在前，或國小而有詩，或國大而無詩，大抵皆以聲音之遠近離合爲之甄敍矣。王之所以撫邦國諸侯者，七歲屬象胥，諭言語，協辭命，九歲屬瞽史，諭書名，聽聲音。正於王朝，達於諸侯之國，是爲雅言。雅之爲言，夏也。孫卿榮辱篇云：「越人安越，楚人安楚，君子安雅，非知能材性然也。是注錯習俗之節異也。」又儒效篇云：「居楚而楚，居越而越，居夏而夏，是非天性也，積靡使然也。」然則雅、夏古字通。論語發微：記曰：「爾雅以觀於古，足以辨言矣。」詁者，古言，詩、書、禮皆有古言。爾雅二十篇首以釋詁、釋言、釋訓三篇，其餘皆由是推之，所謂雅言也。此爾雅出於周公、孔子之明證也。六書之次，指事、象形、會意，文字之本體明著而易曉；諧聲、轉注、假借，文字之施用萬變而不窮者也。故有諧聲，則詩、書、禮可習其讀；轉注，則詩、書、禮可陳其義；假借，則詩、書、禮可筆之書，而一以雅言爲斷。蓋詩、書爲古人之言與事，固必以雅言。若禮則行於當時，宜可通乎流俗者。而孔子皆以雅言陳之，故曰「執禮皆雅言也」。是三者爲夫子之文章，弟子所共聞，故必以雅言明，若易、春秋則性與天道不可得聞，故爾雅亦不釋也。

翟氏考異：文王世子「執禮者詔之」，此執禮文之再見者也。周禮、太史「大祭祀，戒宿之日讀禮書，祭之日執書以次位常。大會同朝覲，以書協禮事，將幣之日執書以詔王」，此執禮事之詳著於經者也。古者學禮行禮皆有詔贊者爲之宣導，使無失錯，若今之贊禮官，其書若今之儀注。於此而不正其言，恐事亦失正，故子必雅言也。曲禮「臨文不諱」，正義：「臨文，謂執禮文行事時也。」文者，禮節文。執文即是執禮，所云不諱，亦猶雅言意也。蓋不諱者，如區有去求、羌于二音，臨文時當唱去求，不以諱丘而唱羌于也。雅言者，如齊謂得爲登，吴謂善爲伊。燕閒晤語，不妨各操土風，執禮則必合中夏雅音也。

劉氏正義：周室西都，當以西都音爲正。平王東遷，下同列國，不能以其音正乎天下，故降而稱「風」，而西都之雅音固未盡廢也。夫子凡讀易及詩、書、執禮，皆用雅言，然後辭義明達，故鄭以爲「義全」也。後世人作詩用官韻，又居官臨民必説官話，即雅言矣。

【集解】孔曰：「雅言，正言也。」鄭曰：「讀先王典法，必正言其音，然後義全，故不可有所諱也。禮不誦，故言執也。」

【唐以前古注】皇疏引顧歡云：夫引網尋綱，振裘提領，正言此三則靡典不統矣。　筆解：韓曰：「音作言，字之誤也。傳寫因注云雅音正言，遂誤爾。」

【集注】雅，常也。執，守也。詩以理情性，書以道政事，禮以謹節文，皆切於日用之實，故常言之。禮獨言執者，以人所執守而言，非徒誦説而已也。

按：雅者，俗之反，無訓常者。經有爾雅，詩有小雅、大雅，皆訓正言。程子經説：「世俗之言，失正者多矣。如吴、楚失於輕，韓、魏失於重，既通于衆，君子正其甚者，不能盡違也。」是程子亦依古注。朱子解論語多從師説，獨此條與之相背，何也？

【別解】陸深傳疑録：「埶」本「執」字，執、藝古字通。執禮之文無再見，況子不語怪力亂神，與此章互相發，各是四字。古稱六經謂之六藝，此之雅言，或是詩、書、禮、樂，蓋樂亦一藝也。

按：翟氏考異：「陸深謂執、藝古通，雖本自徐氏新修字義，而古文執作㙯，藝作埶，或省作秇，兩形頗不同。」陸氏之説非也。

【餘論】論語稽求篇：孔安國曰：「雅言，正言也。」正言者，謂端其音聲，審其句讀，莊重而出之。與恒俗迥别。謂之莊語，亦謂之雅語，詩、書固如是，即所執之禮文亦如是。此與祭遵雅歌、卜式雅行、袁粲雅步、何武傳雅拜一類。鄭康成謂「讀先王典法，必正言其音，然後義全，故不可有所避諱」，此第舉雅言中字音一節耳。若孔氏所云正言，不止于是。又正義謂舉此三者則六藝可知，此又轉推之言。論語補疏：此與上「五十學易」當是一章，如「子路無宿諾」之例。記者因孔子有學易無大過之言，以此申明之，子所雅言，四字指易，乃不獨易也，於詩於書於執禮皆雅言也。論語之文最爲簡妙，上既言子所雅言，下不必又贅複一語。玩「皆」字正從易連類之詞，雅即爾雅之雅，文王、周公繫易多用假借轉注以爲引申，孔子以聲音訓詁贊之，故爲雅言。孔子贊易，似不同於説詩説書説禮。不知同一聲音訓詁之所發明，贊易與説詩、書、禮同是雅言，非有異也。論語偶記：子所雅言不及樂何也？蓋樂在詩、禮之中矣。其不及易、春秋何也？學記曰：「大學之教也，時教必有正業。」朱子謂古者惟習詩、書、禮、樂，如易則掌於太卜，春秋則掌於史官，學者兼通之，不是正業。又考孔子世家：「孔子以詩、書、禮、樂教，弟子蓋三千焉。」此遵樂正四術之常法。至及門高業弟子，方授以易、春秋，故身通六蓺者僅七十二人，則易象、春秋，孔子不輕以教人，若外此雜説，更所不語矣。

**○葉公問孔子於子路，子路不對。**

【考異】唐石經「葉」字變體作「⿱艹⿱云木」。第十三篇問政、直躬兩章倣此。張世南游宦紀聞：「今牒葉、棄字皆去世而從云，因唐太宗諱也。世之與云形相近。」

【考證】漢書地理志：南陽郡葉，楚葉公邑，有長城號方城。水經汝水注：醴泉逕葉縣故城北。春秋成十五年許遷于葉者也。楚盛周衰，控霸南土，欲争强中國，多築列城於北方，以逼華夏，故號此城爲萬城。「萬」或作「方」字。四書釋地續：葉故城距今南陽府葉縣二十里，中有沈諸梁祠，有方城山。春秋大事表：楚遷許于葉。王子勝曰：「葉在楚方城外之蔽也。」楚子乃使遷許于析，而更以葉封沈諸梁，號曰葉公。今河南南陽府葉縣南三十里有古葉城。日知録：左傳自王卿以下無稱公者，惟楚有之。其君已僭爲王，則臣亦僭爲公。孔聖年譜：如葉時年六十二。

【集解】孔曰：「葉公名諸梁，楚大夫。食采于葉，僭稱公。不對者，未知所以答也。」

【唐以前古注】皇疏引江熙云：葉公見夫子數應聘而不遇，尚以其問近，故不答也。葉公唯知執政之貴，不識天下復有遠勝，故欲令子路抗明素業，無嫌於時，得以清波濯彼穢心也。

【集注】葉公，楚葉縣尹沈諸梁，字子高，僭稱公也。葉公不知孔子必有非所問而問者，故子路不對，抑亦以聖人之德實有未易名言者與？

【餘論】羣經識小：葉公是楚國第一流人物，賢智素著，觀其定白公之亂，已得大凡。此問孔子於子路，斷不可唐突葉公爲門外漢也。集注後一説最是，觀夫子之言自見。四書翼注：葉公問孔子，問中自有言語。此人楚之良臣，必知敬孔子。但聖道高妙，子路特難措詞耳。亦集注後一説意也。

子曰：「女奚不曰：『其爲人也，發憤忘食，樂以忘憂，不知老之將至云爾。』」

【考異】皇本、高麗本「至」下有「也」字。史記孔子世家引作「孔子聞之曰由何不對曰」，「其爲人也」下有「學道不厭誨人不倦」句。

【唐以前古注】皇疏引李充云：凡觀諸問聖師於弟子者，諮道也則稱而近之，誣德也必揚而抑之，未有默然而不答者也。疑葉公問之，欲致之爲政，子路知夫子之不可屈，故未詳其説耳。夫子乃抗論儒業，大明其志，使如此之徒絶望於覬覦，不亦宏而廣乎。

【集注】未得則發憤而忘食，已得則樂之而忘憂，以是二者俛焉日有孳孳而不知年數之不足，但自言其好學之篤耳。然深味之，則見其全體至極純亦不已之妙，有非聖人不能及者。蓋凡夫子之自言類如此，學者宜致思焉。

【餘論】論語述何：上章言易、詩、書、禮，此謂作春秋也。吴、楚猾夏，亂賊接踵，所以憤也。春秋成而樂堯、舜之知我，蓋又在莫年矣。

【發明】焦氏筆乘：楊敬仲曰：「孔子但言憤，不言所憤者何。但言樂，不言所樂者何。而繼之曰不知老之將至，嗚呼至矣！子曰：『吾有知乎哉？無知也。』令孔子而有知，其憤樂當不能以終日，況老其身乎？人心即道，無體無方，其變化云爲，如水鏡之畢照而非動也，如四時之錯行而非爲也。世以其無不覺也，名曰心而實非有可指可執之物也。以其無不通也，名曰道而實非有可指可執之象也。肫肫浩浩，非思非爲，無始終，無生死，無古今，故不知老之將至，嗚呼至矣！文王之不識不知，顔子之如愚，子思之無聲無臭，孟子之聖不可知，皆一轍耳。」反身録：常人之發憤不過爲功名富貴而已，未得則發憤以圖，既得則意遂而樂，憤樂無異而所以憤樂則異，能於所以處自奮自拔，其庶乎？

○子曰：「我非生而知之者，好古，敏以求之者也。」

【考異】皇本「以」上有「而」字。天文本論語校勘記：古本、足利本、唐本、津藩本、正平本「以」作「而」。

【集解】鄭曰：「言此者，勸人學。」

【集注】生而知之者，氣質清明，義理昭著，不待學而知也。敏，速也，謂汲汲也。尹氏曰：「孔子以生知之聖，每云好學者，非惟勉人也。蓋生而可知者，義理爾。若夫禮樂名物古今事變，亦必待學而後有以驗其實也。」

【餘論】論語稽：夫子當日即有聖人之稱，然時人所謂聖者，第在多聞多知、博物强識、不待師學傳授而無所不知，故震驚之也。不知夫子雖生知之聖，而亦未嘗不藉學以成之。其不居生知者，謙辭。其言好古敏求者，亦自明其功力之實也。

○子不語怪、力、亂、神。

【考異】漢書郊祀志引論語説曰：「子不語怪、神。」

【考證】七經小傳：語讀如「吾語女」之語，人有挾怪力亂神來問者，皆不語之。黄氏後案：詩公劉傳：「論難曰語。」禮雜記「言而不語」，注：「言，言己事也。爲人説曰語。」此不語謂不與人辨詰也。

【集解】王曰：「怪，怪異也。力，謂若奡盪舟，烏獲舉千鈞之屬。亂，謂臣弒君，子弒父。神，謂鬼神之事。或無益於教化，或所不忍言。」

【唐以前古注】皇疏：發端曰言，答述曰語。此云不語，謂不通答耳，非云不言也。或通云：「怪力是一事，亂神是一事，都不言此二事也。」故李充曰：「力不由理，斯怪力也。神不由正，斯亂神也。怪力亂神，有興於邪，無益於教，故不言也。」

【集注】怪異勇力悖亂之事，非理之正，固聖人所不語。鬼神造化之迹，雖非不正，然非窮理之至，有未易明者，故亦不輕以語人也。謝氏曰：「聖人語常而不語怪，語德而不語力，語治而不語亂，語人而不語神。」

按：困學紀聞：「上蔡此四語本王无咎之説。」无咎，嘉祐二年進士，曾鞏之妹夫，從王安石游最久。書録解題别集類：「王直講集十五卷，天台縣令南城王无咎補之撰。」即其人也。

【餘論】顧況廣異記序曰：欲觀天人之際、變化之兆、吉凶之源，聖不可知，神不可測，其有干元氣，汩五行，聖人所以示怪力亂神禮樂刑政，著明大道以糾之。古文示字如今文不字，儒者不本其意，云子不語，非觀象設教之本也。

按：改「不」爲「示」，已開後儒竄亂經文强經就我風氣，故特著之。

四書辨證：孔子於春秋記災異戰伐篡弑之事，其不得已而及之者，必有訓戒焉。於易、禮言鬼神者亦詳，蓋論其理以曉當世之惑，非若世人之侈談而反以惑人也。凡答述曰語，此謂尋常時人雖論及，子亦不語之。如南宫适問羿、奡而不答，衛靈公問陳，孔文子訪攻，太叔疾皆不對之類是。吕氏春秋慎大覽：「孔子之勁舉國門之關而不肯以力聞。」顔氏家訓戒武篇同，此亦子不語力之一證。

【發明】陳埴木鐘集：問：孔子所不語，而春秋所紀皆悖亂非常之事。曰：春秋經世之大法，所以懼亂臣賊子，當以實書。論語講學之格言，所以正天典民彝，故所不語。劉氏正義：書傳言夫子辨木石水土諸怪及防風氏骨節、專車之屬，皆是因人問答之，非自爲語之也。至日食地震山崩之類，皆是災變，與怪不同，故春秋紀之獨詳，欲以深戒人君當修德力政，不諱言之矣。

○子曰：「三人行，必有我師焉：擇其善者而從之，其不善者而改之。」集解何晏解文

【考異】釋文：「我三人行」，一本無「我」字。「必得我師」，本或作「必有」。

「三人」上有「我」字。皇本、唐石經本皆作「我三人行必得我師焉」。晁公武郡齋讀書志：蜀石經「三人行必有我師焉」上又有「我師」。翟氏考異：唐石經及義疏皆與釋文正合，蜀石經又有「我師」，疑晁氏但言又有「我」字，傳寫者譌「字」字爲「師」。若云「我師三人行」，則于文義不通。天文本論語校勘記：古本、足利本、唐本、津藩本、正平本「三人行」上有「我」字。史記世家「有」作「得」。穀梁傳僖公二十七年，范甯注曰：我三人行，必有我師。漢書武帝紀元朔二年詔曰：三人並行，厥有我師。晉書禮志、潛夫論引文與今本同。馮登府異文考證：案何注、邢疏並云言「我三人行」，穀梁范注亦云「我三人行」。至「有」作「得」，史記世家亦如此。阮氏論語校勘記：觀何晏自注及邢昺疏並云「言我三人行」，即朱子集注亦云「三人同行，其一我也」，當以皇本爲是。

【集解】言我三人行，本無賢德，擇善從之，不善改之，故無常師。

按：劉寶楠云：「注似以行爲言行之行。三人之行，本無賢愚，其有善有不善者，皆隨事所見，擇而從之改之，非謂一人善一人不善也。既從其善，即是我師，於義亦可通也。」

【唐以前古注】皇疏：此明人生處世則宜更相進益，雖三人同行，必推勝而引劣，故必有師也。有勝者則諮受自益，故云擇善而從之也。有劣者則以善引之，故云其不善者而改之。然善與不善，既就一人上爲語也。人不圓足，故取善改惡亦更相師改之義也。又引王朗云：於時道消俗薄，鮮能崇賢尚勝，故託斯言以厲之。夫三人之行，猶或有師，况四海之内，何求而不應哉？縱能尚賢而或滯於一方者，又未盡善也。故曰：「擇其善者而從之，其不善者而改之。」或問：何不二人，必云三人也？答曰：二人則彼此自好，各言我是。若有三人，則恒一人見二人之有是非明也。

【集注】三人同行，其一我也。彼二人者一善一惡，則我從其善而改其惡焉，是二人者皆我師也。

【別解】論語後録：子産曰：「其所善者，吾則行之；其所惡者，吾則改之；是吾師也。」此云善不善當作是解，非謂三人中有善不善也。

按：子産語見左襄三十一年傳，如錢説，是善與不善謂人以我爲善不善也。我並彼爲三人，若彼二人以我爲善我則從之，二人以我爲不善我則改之。是彼二人皆爲吾師。書洪範云：「三人占，則從二人之言。」此之謂也。亦通。

【餘論】四書辨疑：師者，人之尊稱。惟其善堪爲人軌範者，可以此名歸之。惡如惡臭之可惡者亦謂之師。善亦吾師，惡亦吾師，此黄冠衲子之言，聖人談話中豈容有此？唐明皇問韓幹畫馬以誰爲師？對曰：「廐中之馬皆臣師也。」林氏引之以證此説。其所諭者甚似，究其實則不然。馬之壯健老弱肥瘦黑白，畫之者皆從本真依倣模寫，無論美惡，期皆似之，故言廐中之馬皆師也。經所言者，擇其善者從，其不善者改而不從，與其依樣畫馬豈可同論也哉？果言善惡皆我師，則天下之人皆爲師矣，何必專指三人？亦不須臾言必有也。三人取其數少而言，必有二字於三人中又有所擇也。三人行必有我師焉者，言其只三人行其間，亦必有可爲師法者，擇其善者而從之，其不善者而改之者，非謂擇其一人全善者從之，一人全惡者改之也。但就各人行事中擇其事之善處從之，其不善處改之，不求備於一人也。全德之人世不常有，若直須擇定事事全善之人然後從之，於普天下終身求之未必可得，三人中豈能必有也？止當隨其各有之善從而師之，甲有一善則從甲之一善，乙有一善則從乙之一善，舜取諸人以爲善，亦此道也。由是言之，三人行必有我師，信不誣矣。

按：此章三説各不相同，當以集解爲正，錢氏解次之，集注爲下。

○子曰：「天生德於予，桓魋其如予何？」

【考證】史記世家：孔子與弟子習禮大樹下，桓魋欲殺孔子，拔其樹。弟子曰：「可以速矣。」孔子云云。十二諸侯年表：「魯哀公三年，孔子過宋，桓魋惡之。」宋世家與表同。論語後録：説文無「魋」字，漢書西南夷西粤朝鮮傳有「椎結」，史記作「魋結」，是「椎」正字，「魋」別字。

按：世家云：「是歲魯定公卒。」爲定十五年。宋世家則以孔子過宋在宋景二十五年，當魯哀三年，與十二諸侯年表同。陳世家以孔子至陳在湣公六年，當魯定十四年。傳聞異辭，未知孰是。江氏年譜繫於定公十四年，時孔子五十七歲。

【集解】包曰：「桓魋，宋司馬黎也。天生德於予者，謂授我以聖性也。德合天地，吉而無不利，故曰其如予何也。」

【唐以前古注】皇疏引江熙云：小人爲惡，以理喻之則愈凶强，晏待之則更自處，亦猶匡人聞文王之德而兵解也。

【集注】桓魋，宋司馬向魋也，出於桓公，故又稱桓氏。魋欲害孔子，孔子言天既賦我以如是之德，則桓魋其奈我何。言必不能違天害己。

【發明】論語或問：聖賢之臨患難，有爲不自必之辭者，有爲自必之辭者，隨事而發，固有所不同也。爲不自必之辭，孔子之於公伯寮，孟子之於臧倉是也。其爲自必之辭，則孔子於桓魋、匡人是也。以文考之，則彼曰「其如命何」，此曰「其如予何」，固不同矣。以事考之，則寮、倉之爲譖愬，利害不過廢興行止之間，其説之行世固有是理矣，聖賢豈得而自必哉？至於桓魋、匡人，直欲加害於孔子，則聖人固有以知其決無是理也。故孔子皆以自必之辭處之，言各有當，不可以此而廢彼也。曰：聖人之自必如此，而又微服以過宋，何也？曰：程子論之詳矣。然案史記：「孔子過宋，與弟子習禮大樹之下，桓魋伐其樹，孔子去之。弟子曰：『可以速矣。』子曰：『天生德於予，桓魋其如予何？』遂之鄭。」疑孔子即遭伐樹之厄，遂微服而去之，弟子欲其速行，而孔子告以此語也。蓋聖人雖知其不能害己，然避患亦未嘗不深，避患雖深，而處之未嘗不閒暇也。所謂竝行而不悖者，學者宜深玩於斯焉。

○子曰：「二三子以我爲隱乎？吾無隱乎爾。吾無行而不與二三子者，是丘也。」

【考異】皇本「以我爲隱乎」，「隱」下有「子」字，「吾無行」，「行」上有「所」字。

【考證】趙佑温故録：乎爾，與詩之「俟我於著乎而」、孟子「然而無有乎爾」、「則亦無有乎爾」俱齊、魯問語辭。四書約旨：爾是虚字，若作實字，指二三子，反侵無不與二三子意。羣經平議：包注於「丘」下增「心」字，非經旨也。「吾無行而不與二三子者是丘也」，十三字作一句讀。「是」當爲「視」，釋名釋姿容曰：「視，是也。」視與是義本相通，故古書或叚「是」爲「視」。荀子解蔽篇「是其庭可以搏鼠」，楊倞注曰：「是蓋當爲視。」此其證也。孔子言「吾無行而不與二三子者視丘也」，正申明「吾無隱乎爾」之意。

【集解】包曰：「二三子，謂諸弟子。聖人智廣道深，弟子學之不能及，以爲有所隱匿，故解之也，我所爲無不與爾共之者，是某之心也。」

【集注】諸弟子以夫子之道高深不可幾及，故疑其有隱，而不知聖人作止語默無非教也，故夫子以此言曉之。與，猶示也。

【餘論】論語述何：易本隱以之顯，春秋推見至隱，不足以至隱者不著也。其事與文則衆著其義，二三子皆身通之，故曰無行不與。四書辨證：集注言無往不與，行字本虚看。而包注則曰我之所爲無不與爾共之，行字則實看。駁異曰：「答問引解醒編云：『無隱章獨提出一行字，蓋以躬行望二三子也。若言語上求，只是口耳之末。此與天何言哉時行物生之意同。』」又約旨曰：「吕云二三子疑團從過求高遠來，過求高遠從實地少工夫來，着一行字，正從實地指出他可學處。人知與字對針隱字，而不知向行字討取着實處，則與字尚涉虚无。」

【發明】高攀龍高子遺書：門人非疑聖人有隱而不以誨人，是認聖人人倫日用是一事，神化性命是一事，謂聖人所可見者非其至也，其至處則隱而不可見也。如是則忽略現前，懸慕高遠，故聖人提醒之如此。

反身録：夫子以行示範，而門人惟言是求，故自明其無隱之實以警之，與「天何言哉」之意同。又曰：師之於及門，有言教有身教，言教固所以教其行，然不若身教之得於觀感者尤深。夫子而後，若曾子之於公明宣，亦其次也。公明宣及曾子之門，見曾子居庭，親在，叱咤之聲未嘗至於犬馬。説之而學。見曾子之應賓客，恭儉而不懈惰。説之而學。見曾子之居朝廷嚴，臨下而不毁傷。説之而學。故不言之教，不從耳入而從心受，根於心，斯見於行矣。

○子以四教：文、行、忠、信。

【考證】義門讀書記：小學先行而後文，弟子章是也。大學先文而後行，此章是也。劉攽公是弟子記：文，所謂文學也。行，所謂德行也。政事主忠，言語主信。

【集解】四者有形質，可舉以教。

【唐以前古注】皇疏引李充曰：其典籍辭義謂之文，孝悌恭睦謂之行，爲人臣則忠，與朋友則信，此四者，教之所先也。故以文發其蒙，行以積其德，忠以立其節，信以全其終也。

【集注】程子曰：「教人以學文修行而存忠信也。忠信，本也。」

【餘論】四書辨疑：行爲所行諸善之總稱，忠與信特行中之兩事。存忠信便是修行，修行則存忠信在其中矣。既言修行，又言而存忠信，義不可解。古今諸儒解之者多矣，皆未免爲牽强。王滹南曰：「夫文之與行固爲二物，至於忠信特行中之兩端耳，又何別爲二教乎？讀論語者聖人本意固須詳味，疑則闕之。若夫弟子之所誌，雖指稱聖人，亦當慎取，不必盡信也。」此蓋謂弟子不善記也，所論極當，可以決千古之疑。或曰：「若作行言政文，對四科而言，似爲有理，恐傳寫有差。」今不可考。

【發明】論語集注考證：文行忠信，此夫子教人先後淺深之序也。文者，詩、書、六藝之文，所以考聖賢之成法，識事理之當然，蓋先教以知之也。知而後能行，知之固將以行之也，故進之於行。既知之又能行之矣，然存心之未實，則知或務於誇博而行或出於矯僞，故又進之以忠信。忠發於心而信周於外，程子謂發己自盡爲忠，循物無違謂信。天下固有存心忠實，而於事物未能盡循而無違者，故又以信終之。至於信，則事事皆得其實而用無不當矣。此夫子教人先後淺深之序，有此四節也。困學紀聞：四教以文爲先，自博而約。四科以文爲後，自本而末。四書訓義：聖教不明，而務實者固陋而爲鄉黨自好之士，務博者浮薄而爲記誦辭章之儒。舍其心而求之文行，則無本而日流於僞；略文行而專求之心，則虚寂而不適於用。然後信聖人之教大中至正，不可得而損益也。

○子曰：「聖人，吾不得而見之矣；得見君子者，斯可矣。」

【集解】疾世無明君。

【唐以前古注】皇疏：孔子歎世無賢聖也。言吾已不能見世有聖人，若得見有君子之行，則亦可矣，言世亦無此也。然君子之稱，上通聖人，下至片善。今此上云不見聖，下云得見君子，則知此之君子，賢人以下也。又引王弼云：此爲聖人與君子異也。然德足君物，皆稱君子，亦有德者之通稱也。

【集注】聖人，神明不測之號。君子，才德出衆之名。

【餘論】劉氏正義：大戴禮五義篇：「所謂聖人者，知通乎大道，應變而不窮，能測萬物之情性者也。」是言聖人無所不通，能成己成物也。禮記哀公問篇：「子曰：『君子者，人之成名也。』」韓詩外傳：「言行多當，未安愉也。知慮多當，未周密也。是篤厚君子未及聖人也。」此聖人、君子之分也。

子曰：「善人，吾不得而見之矣；得見有恒者，斯可矣。」

【考異】毛詩賓之初筵正義：論語曰：「聖人，吾不得而見之；得見君子者，斯可矣。」又曰：「善人，吾不得而見之；得見有恒者，斯可矣。」

按：據此，知「善人」以下古本别爲一章，故加「又曰」二字以别之。或曰：兩加「子曰」者，言非一時也。

【考證】困學紀聞：善人，周公所謂吉士也。有恒，周公所謂常人也。論語訓：上言君，此言師，故更端言之。

【唐以前古注】皇疏：此所言指賢人以下也。言世道流喪，吾復不得善人也。有恒，謂雖不能作善而守常不爲惡者也。言爾時非唯無作片善者，亦無直置不爲惡者，故亦不得見也。

【集注】「子曰」字疑衍文。恒，常久之意。張子曰：「有恒者不貳其心，善人者志於仁而無惡。」

按：此章聖人、君子、善人、有恒，何平叔指當時天子諸侯言之，所謂「上無明天子，下無賢方伯」也。自皇侃作義疏，即已不用其説，不獨集注爲然。然如「善人爲邦百年」之類，仍當以地位言之，舊説究不可廢也。

亡而爲有，虚而爲盈，約而爲泰，難乎有恒矣。」

【考異】釋文：亡如字，一音無。此舊爲別章，今宜與前章合。後漢紀引作「無」。

按：盧氏文弨考證謂釋文所云爲後人校語。

【集解】孔曰：「難可名之爲有常。」

【唐以前古注】皇疏：此目不恒之人也。亡，無也。當時澆亂，人皆誇張，指無爲有，説虚作盈，家貧約而外詐奢泰，皆與恒反，故云難乎有恒矣。又引江熙云：言世人負情反實，逐波流遷，若影無持係索，此有恒難也。

【集注】三者皆虚夸之事。凡若此者，必不能守其常也。

【發明】張伯行困學録：爲泰爲盈爲有，不過外面矯飾於一時，豈有能常泰常盈常有之理。此聞人之取而違，鄉愿之似而非，又何恒之足云，故曰「難乎有恒」。嶺雲軒瑣記：世人事事止圖好看，曾不旋踵而不好看者來，並前之好看授人以口實。不若未經好看者之不覺其有不好看也。即時至而不能自悔，亦勿庸過費心力以張之可矣。

按：圖好看俗語謂顧面子，「亡而爲有」三句即所謂顧面子也。凡顧面子之人其始不過爲喜作僞之僞君子，其終必流爲無忌憚之真小人，烏能有恒？

○子釣而不綱，弋不射宿。

【考異】十一經問對：問：「綱」字不是「網」字乎？對曰：朱子之説正作「綱」字解，知當來不是「綱」字乎？　太平御覽述論語上題「子曰」字。

【考證】經義述聞：「綱」乃「網」之譌，謂不用網罟也。　劉氏正義：王氏引之謂「綱」爲「網」譌，此不解綱制，欲改經字也。釋文：「綱音剛，鄭本同。」綱字本可不音，陸氏之意，亦恐人誤作「網」矣。　黄氏後案：綱有二説，皇疏：「釣一竿屬一鉤而取魚也。綱者作大綱横遮于廣水而羅列多鉤，著之以取魚也。」皇疏申孔注，是。據邢疏，細網爲羅，以繩爲大綱，以羅屬著綱，横絶流而取魚。集注本之。弋有三説，見皇疏。一云古人以細繩係丸而彈，謂爲繳射也。一云取一杖，長一二尺許，以長繩係此杖而横颺以取鳥，謂爲繳射也。其一鄭君注周禮司弓矢云：「結繳于矢謂之矰。」司弓矢又云：「田弋充籠箙，矢其矰矢。」注云：「籠，竹箙也。矰矢不在箙，爲其相繞亂，將用乃共之也。」集注從鄭君説。　物茂卿論語徵：天子諸侯爲祭及賓客則狩，豈無虞人之供，而躬自爲之，所以敬也。狩之事大，而非士所得爲，故爲祭及賓客則釣弋，蓋在禮所必然焉。古者貴禮不貴財，不欲必獲，故在天子諸侯則三驅，在士則不綱不射宿。

【集解】孔曰：「釣者，一竿釣也。綱者，爲大綱以横絶流，以繳繫釣羅屬著綱也。弋，繳射也。宿，宿鳥也。」

【唐以前古注】皇疏：或云不取老宿之鳥也。宿鳥能生伏，故不取也。此通不及夜也。又引孫綽云：殺理不可頓去，故禁綱而存釣也。又引繆協云：將令物生有路，人殺有節，所以易其生而難其殺也。　御覽八百三十四引鄭注云：綱，謂爲大索横流屬釣。

【集注】綱，以大繩屬網，絶流而漁者也。弋，以生絲繫矢而射也。宿，宿鳥。　洪氏曰：「孔子少貧賤，爲養與祭或不得已而釣弋，如獵較是也。然盡物取之，出其不意，亦不爲也。此可見仁人之本心矣。待物如此，待人可知。小者如此，大者可知。」

【發明】四書訓義：以萬物養人者，天地自然之利，故釣也弋也不廢也。釣不必得而綱則竭取，弋勞於得而射宿可以命中。不盡取者，不傷吾仁。不貪於多得而棄其易獲者，不損吾義。曲全萬物而無必得之心，豈非理之不遺於微而心之無往不安者乎？　黄氏後案：後儒求深者，謂夫子仁心非不欲不釣弋，特以賓祭爲之。此儒釋參合之言也。諸横生盡以養從生，文王之言也。羊豕之類養而不愛，孟子之言也。魚鳥本可取之物，不綱不射宿，取物以節而已。取物以節，遂其生即遂其性矣，此至誠之所以盡物性也。

○子曰：「蓋有不知而作之者，我無是也。多聞，擇其善者而從之；多見而識之；

知之次也。」

【考異】馮氏論語解：桑柔詩「予豈不知而作」，古有此成語。七經考文補遺：「而作之者」，無「而」字。高麗本「知之次也」無「之」字。白虎通禮樂篇：孔子有言：「吾聞擇其善者而從之，多見而識之也。」漢書溝洫志贊：孔子曰：「多聞而志之，知之次也。」

【考證】劉氏正義：公羊哀十四年傳：「春秋何以始乎隱？祖之所逮聞也。所見異辭，所聞異辭，所傳聞異辭。」春秋繁露楚莊王篇：「春秋分十二世以爲三等，有見，有聞，有傳聞。有見三世，有聞四世，有傳聞五世。故哀、定、昭，君子之所見也。襄、成、宣、文，君子之所聞也。僖、閔、莊、桓、隱，君子之所傳聞也。」此夫子修春秋，證之於所聞所見者也。又夫子言夏、殷之禮皆能言之，但以文獻不足，不敢徵之。此可見聖人慎審之意。漢書朱雲傳贊：「世傳朱雲言過其實，蓋有不知而作之者，我無是也。」謂世人傳述雲事多失實，則爲不知而作。作是作述，解者或爲作事，誤也。

【集解】包曰：「時人多有穿鑿妄作篇籍者，故云然也。」孔曰：「如此者，次於生知之者也。」

【唐以前古注】皇疏：不知而作，謂妄作穿鑿爲異端也。時蓋多有爲此者，故孔子曰：我無是不知而作之事也。人居世間，若有耳多所聞，則擇善者從之者也；若目多所見，則識録也。多見不云擇善者，與上互文，亦從可知也。若多聞擇善，多見録善，此雖非生知，亦是生知之者次也。

【集注】不知而作，不知其理而妄作也。孔子自言未嘗妄作，蓋亦謙辭，然亦可見其無所不知也。

知之者也。

識，記也。所從不可不擇記，則善惡皆當存之以備參考。如此者雖未能實知其理，亦可以次於

按：集注此解本極明白，因塞進二理字，遂多語病。李威嘗言腐説、偏見、勝心、大言四者，乃道學家之通病。信然！

【餘論】朱子語類：問：「作是述作，或是凡所作事？」曰：「衹是作事。」四書改錯：包咸注此，謂時人有穿鑿妄作篇籍者，故云，然則指定是作文。且又春秋時異學争出，著書滿天下，各行其説，故言此示戒，正與篇首「述而不作」作字相爲發明。若作事，則尚幹辦，崇有爲，與知慮聞見不合。此作字從來無解作事者，觀漢朱雲傳贊云：「世傳朱雲言過其實，蓋有不知而作之者，我無是也。」則實指作文矣。

四書辨疑：不知其理而妄作，此説誠是。楊、墨之徒皆其妄作者也，已於述而不作章備論之矣。兩章可以互相發明。但注文以孔子自言未嘗妄作爲謙辭，未曉其説。「躬行君子，則吾未之有得」，「若聖與仁，則吾豈敢」，此誠孔子之謙辭，謙其美而不居也。妄作非美事也，孔子自言我無是也，正是鄙其妄作而以不妄作自居，何謙之有？

黄氏後案：言知之次者，次於作者之聖也。作者創人所未知，擇之識之者述古今人之所已知。不知而作者，不能擇多識多，臆創之而害於理者也。集注以知之次爲未能實知其理，未知其理，安可謂能擇能識？此注之誤也。

【發明】焦氏筆乘：子曰：「知之爲知之，不知爲不知，是知也。」又曰：「多聞，擇其善者而從

之；多見而識之，知之次也。」即其言而並觀之，則學之所重輕見矣。奈何文滅質博，溺心者衆也？淮南子曰：「精神已越於外而事復返之，是失之於本而求之於末也。蔽其元光而求知於耳目，是釋其昭昭而道其冥冥也。」噫！世之言學而不蹈此者幾希。反身録：多聞善言，多見善行，藉聞見以爲知，亦可以助我之鑑衡，而動作不至於妄。然去真知則有間矣，故曰知之次也。知聞見擇識爲知之次，則知真知矣。真知非從外來，人所自具，寂而能照，感而遂通，廓然大公，物來順應，心思言動，莫非天則，未嘗自私用智，雖作非作，夫所謂真知非他，即吾心一念靈明是也。天之所以與我，與之以此也。耳非此無以聞，目非此無以見，所聞所見非此無以擇，無以識，此實聞見擇識之主，而司乎聞見擇識者也。即多聞多見擇之識之，亦惟藉以致此，非便以多聞多見擇之識之爲主也。知此則知真知，真則動不妄，即妄亦易覺。所貴乎知者，在知其不善之動而已，此作聖之真脈也。

○互鄉難與言，童子見，門人惑。

【音讀】梁氏旁證：邢疏引琳公云：「此『互鄉難與言童子見』八字通爲一句，言此鄉有一童子難與言，是非一鄉皆難與言也。」梁玉繩曰：「此解似勝鄭注。十室之邑必有忠信，豈有一鄉之人皆難與言者？」

【考證】困學紀聞：王無咎云：「鹿邑之外有互鄉城，邑人相傳謂互鄉童子見孔子者，此處也。前代因立互鄉縣，其城猶存。」四書釋地續補云：互鄉所在者頗多，獨王伯厚引王無咎云云，其城猶存。余謂州縣建置，事關朝廷，名雖或革，跡猶可尋。因檢新、舊唐書、杜氏通典、隋地理志，鹿邑名縣始隋開皇十八年，此後未見有析置互鄉事。雖伯厚語，恐未足憑。金仁山曰：「寰宇記徐州沛縣合鄉故城，古互鄉之地。蓋孔子云難與言者。」按徐州距魯近，論語互鄉應指此。若今河南鹿邑縣，則遠矣。陳士元論語類考：寰宇記載徐州沛縣合鄉故城，互鄉之地。一統志謂互鄉在河南陳州商水縣。二説不同。沛在春秋時爲宋地，商水乃陳地，夫子嘗過陳、宋，未知孰是。劉氏正義：互鄉不知所在。元和郡縣志謂滕縣東二十三里有合鄉故城，即互鄉。顧氏祖禹方輿紀要謂在今嶧縣西北，當即滕縣東之合鄉。又太平寰宇記：「徐州沛縣：陳州項城縣北一里並有互鄉。」又明一統志謂在陳州商水縣。方氏以智通雅謂：「互，鄉名，古嗇里，今在睢州。」諸説不同。瞥記：王伯厚引王無咎，謂互鄉在亳州鹿邑縣。閻百詩四書釋地續以爲未足憑。案寰宇記引劉芳徐州記云：「合鄉即古互鄉，孔子所謂難與言者。」考漢志合鄉縣屬東海，顧氏方輿紀要曰：「合鄉城在嶧縣西北，古之互鄉也。」寰宇記又謂互鄉在陳州項城縣北一里，恐非。四書辨證：寰宇記：「隋開皇十八年改武平爲鹿邑，取故鹿邑城爲名，春秋時鳴鹿地。」亦無互鄉之説。水經注曰：「渦水東逕鹿邑城北，世謂之虎鄉城。」或因互、虎聲近而誤耳。又寰宇記：「彭城沛縣有合鄉故城，古牙鄉之地。劉芳徐州記以爲即古之互鄉，論語言難與言者。又陳州項城縣互鄉城在縣城北一里，古老傳云互鄉地，論語童子見即此。」樂史兩存其説。觀下司敗與言恐一時事，陳州互鄉較確。論語後録：互之言午，午者，牾也。互鄉猶寢丘耳。論語竢質：「互讀與午同。午，牾也。互鄉之人性多牾，難與之言，故鄉得互名。」

【集解】鄭曰：「互鄉，鄉名也。其鄉人言語自專，不達時宜。而有童子來見孔子，門人怪孔子見之。」

【集注】互鄉，鄉名。其人習於不善，難與言善。惑者，疑夫子不當見之也。

子曰：「與其進也，不與其退也，唯何甚？人潔己以進，與其潔也，不保其往也。」

【考異】唐石經、宋石經兩「潔」字皆作「絜」。託名黄憲天禄閣外史適晉篇引文「不保」作「焉保」。後漢書郭太等傳注引孔子曰：人潔己以進，與其進，不保其往。南軒論語解：「子謂其進之志則善，與其進而志善，不與其退而不善也。若於志善之時，以其退而不善而拒之，則何甚也。又反覆言之，謂凡人潔己以進，則當與其潔耳，固不可保其往也。」林希元四書存疑曰：「依南軒説之，則非錯簡。」四書駁異：學殖解曰：「吾與其進而來見，不與退而爲不善也，吾何爲已甚也？人能潔己以進，吾與其潔也，安保往日之不善也？」十四字自不錯。

【集解】孔曰：「教誨之道，與其進，不與其退。怪我見此童子，惡惡一何甚也。」鄭曰：「往，猶去也。人虚己自潔而來，當與之進，亦何能保其去後之行也。」

【唐以前古注】皇疏引顧歡云：往，謂前日之行也。夫人之爲行，未必可一，或有始無終，或先迷後得。故教誨之道，潔則與之，往日行非我所保也。

【集注】疑此章有錯簡。「人潔」至「往也」十四字當在「與其進也」之前。潔，修治也。與，許也。往，前日也。言人潔己而來，但許其能自潔耳，固不能保其前日所爲之善惡也。但許其進而來見耳，非許其既退而爲不善也。蓋不追其既往，不逆其將來，以是心至斯受之耳。「唯」字上下疑又有闕文，大抵亦不爲已甚之意。

【餘論】困學紀聞：闕黨之童，游聖門者也。夫子抑其躁，是以知心之易放。互鄉之童，難與言者也，夫子與其進，是以知習之可移。論語述何：春秋，列國進乎禮義者與之，退則因而貶之。此其義也。諸侯卿大夫所行多過惡，而有一節可以立法，聖人所不遺，亦其義也。

○子曰：「仁遠乎哉？我欲仁，斯仁至矣。」

【考異】後漢書列女傳：班昭女誡曰：「古人有言：『仁遠乎哉？我欲仁，而仁斯至矣。』」潛夫論德化篇亦作「仁斯至矣。」

【集解】包曰：「仁道不遠，行之則至是也。」

【唐以前古注】皇疏引江熙云：復禮一日，天下歸仁，是仁至近也。

【集注】仁者，心之德，非在外也。放而不求，故有以爲遠者。反而求之，則即此而在矣，夫豈遠哉？

【發明】筆乘：「仁遠乎哉？我欲仁，斯仁至矣。」此孔氏頓門也。欲即是仁，非欲外更有仁。欲即是至，非欲外更有至。當體而空，觸事成覺，非頓門而何？

○陳司敗問：「昭公知禮乎？」孔子曰：「知禮。」

【考異】皇本「曰」上有「對」字。

【考證】左傳：「楚子西曰：『臣歸死於司敗。』」又宣四年傳：「楚箴尹克黄自拘於司敗」，杜注云：「陳、楚名司寇爲司敗也。」四書稗疏：集注云：「司敗，司寇。」然敗之爲言，伐也，則主征伐，蓋司馬之職也。乃陳爲虞後，修天子之事守，世用虞禮，官仍舜典。舜命臯陶作士，而以蠻夷猾夏寇賊姦宄屬之。九官别無典兵者，則虞制司馬、司寇合爲一官，而陳因之。猶宋之有司城，一用殷禮而非周官耳。九經古義：古陳、田字通，故以爲齊大夫。按：司敗或以爲人名，或以爲官名，或以爲齊人，或以爲陳人。集注從孔不從鄭是也。主齊人説者，以爲陳是時已滅於楚，雖復封之，夷於九縣，所謂「陳、蔡不羹」也，安能自通上國爲楚所使？余考孔子於定公十四年自鄭至陳，居三歲，復於哀二年自衛如陳，皆在陳侯稠時，屢主司城貞子家。司敗之問，蓋孔子在陳時也。司敗之官惟陳、楚有之，其爲陳人無疑。

【集解】孔曰：「司敗，官名。陳大夫。昭公，魯昭公。」

【唐以前古注】釋文引鄭注云：司敗，人名，齊大夫。

【集注】陳，國名。司敗，官名，即司寇也。昭公，魯君，名稠。習於威儀之節，當時以爲知禮，故司敗以爲問，而孔子答之如此。

孔子退，揖巫馬期而進之，曰：「吾聞君子不黨，君子亦黨乎？君取於吴，爲同姓，謂之吴孟子。君而知禮，孰不知禮？」

【考異】皇本「取」作「娶」，「進之」作「進也」。　釋文亦作「娶」。　史記弟子傳、吕氏春秋「期」皆作「旗」。　翟氏考異：巫馬子名施。説文云：「施，旗貌。」齊欒施、鄭豐施皆字子旗。古人爲字，使人聞其字而知其名，率多如此。此當以「旗」爲正，「期」字通借。　天文本論語校勘記：正平本無「君子亦黨乎」句。

【考證】九經古義：仲尼弟子列傳云：「巫馬施字子旗。」吕氏春秋亦云「巫馬旗」，今論語作「期」，孔安國注云：「弟子名施。」案説文云：「施，旗貌。齊欒施字子旗，知施者旗也。」古人名字相配，故白虎通云：「聞名即知其字，聞字即知其名。」古旌旗字無作期者，當从史記作旗。　劉氏正義：巫馬者，以官爲氏。周官有巫馬，掌養疾馬而乘治之是也。仲尼弟子列傳：「巫馬施字子旗，少孔子三十歲。」漢書古今人表及吕氏春秋具備覽亦作巫馬旗。此文作「期」者，梁氏玉繩人表考云：「説文：『施，旗也。』故齊欒施字子旗。」而期與旗古通。左昭十三年『令尹子旗』，楚語下作『子期』。定四年『子期』，吕覽高誘注作『子旗』。戰國策『中期推琴』，史魏世家作『中旗』，皆其驗也。」案鄭豐施亦字子旗，見左昭十六年傳注。「旗」本字，凡作「期」皆叚借也。鄭目録云：「魯人。」家語弟子解則云陳人。　論語竢質：巫馬，官名，於周官屬夏官。先世居是官，因以爲氏也。「君取於吴，爲同姓，謂之吴孟子」者，禮記坊記：「子云：『取妻不取同姓，以厚别也。故買妾不知其姓則卜之，以此坊民，魯春秋猶去夫人之姓曰吴，其死曰孟子卒。』」注：「吳，大伯之後，魯同姓也。昭公取焉，去姬曰吳而已，至其死亦略云孟子卒，不書夫人某氏薨。孟子蓋其字。」論語後録：此所云春秋，即不修春秋也。司敗蓋據此而言。周之制，同姓百世婚姻不通。昭公取吳不告于天子，天子亦不命之，故雜記曰：「夫人之不命於天子，自魯昭公始也。」

【集解】孔曰：「巫馬期，弟子，名施。相助匿非曰黨。魯、吳俱姬姓，禮，同姓不婚，而君取之，當稱吳姬，諱曰孟子。」

【集注】巫馬姓，期字，孔子弟子，名施。司敗揖而進之也。相助匿非曰黨。禮不娶同姓，而魯與吳皆姬姓，謂之吳孟子者，諱之，使若宋女子姓者然。

**巫馬期以告。子曰：「丘也幸，苟有過，人必知之。」**

【集解】孔曰：「以司敗之言告也。諱國惡，禮也。聖人道閎，故受以爲過。」

【唐以前古注】皇疏引繆協云：諱則非諱，斯誠然矣。若受以爲過，則所以諱者又以明矣，亦非諱也。向司敗之問則詭言以爲諱，今巫馬師徒將明其義，故向之言爲合禮也。苟曰合禮則不爲黨矣，今若不受爲過，則何禮之有乎？

【集注】孔子不可自謂諱君之惡，又不可以娶同姓爲知禮，故受以爲過而不辭。

【餘論】論語述何：春秋於孟子不書逆女，不書薨葬，於卒也不書吳孟子，諱文也。陳司敗若問昭公取同姓可爲知禮乎？則夫子不答也。四書釋地又續補：少讀陳大士「君取於吳」二句文云：「於是一國之中有吳孟子號矣。孟子，昭公所自爲稱也。吳則非昭公所自爲稱也。」後讀孔穎達疏左傳：「論語謂之吳孟子，蓋時人常言。」疏坊記：「謂之吳孟子，是當時之言有稱吳也。」乃知陳大士文本此。予尤愛疏「魯春秋猶去夫人之姓曰吳」，云：「春秋無此文。坊記云然者，禮，夫人初至必書於策。若娶齊女，則曰夫人姜氏至自齊；娶宋女，則曰夫人子氏至自宋。此孟子初至時，亦當書曰夫人姬氏至自吳。同姓不得稱姬，舊史所書，蓋直云夫人至自吳，是去夫人之姓，直書曰吳而已。仲尼修春秋，以犯禮明著，全削其文，故經今無其事。」加以死但書曰孟子卒，則吳之二字當日不出自昭公口決矣。　又云：同姓之婚，如周語鄶由叔妘、聃由鄭姬，及左傳襄二十三年晉嫁女於吳，二十五年崔武子取棠姜，二十八年慶舍妻盧蒲癸，昭元年晉有四姬皆是。春秋于孟子以隱辭書之，豈所以深責秉禮之魯歟？按毛西河亦謂魯止稱孟子，當時故加以吳字，其曰謂之者，謂魯人謂之也。此與坊記所云「猶去其姓而曰吳」同意。若謂昭公自諱使若宋女，則昭公未嘗加吳字，正與閻氏說合。　四書翼注：魯昭公娶吳之事不見於春秋，或襄公在時已結婚，或即位後憚季氏之强，遠娶於吳以求繫援，皆不可知。至魯哀公十二年，春秋書「孟子卒」。左傳言：「昭公娶吳，故不書姓。死不赴，若不稱夫人。不反哭，故不言葬小君。」陳是時已滅於楚，雖復封之，夷於九縣，所謂「陳、蔡不羹」也，安能自通上國，爲楚所使？特時值是事，故意暴昭公之短以諂季氏，無行之尤者也。臣不可貶君，自無答不知禮之理，然使不答，即墜其局矣。亟答之曰知禮，挫其氣也。陳司敗知夫子見其肺肝，不敢措辭，揖巫馬期以洩其忿。使夫子别致一辭以自表其失言，又墜其局矣。惟欣然曰「丘也幸」，則司敗之技窮。使知君臣大倫根於天性，昭公失國，一再傳矣，孔子猶樂爲之任過，則季氏恐鷹鸇之逐鳥雀，不敢動於惡矣。

○子與人歌而善，必使反之，而後和之。

【考異】史記世家：使人歌善，則使復之，然後和之。

【集解】樂其善，故使重歌而後自和之。

【唐以前古注】皇疏引衞瓘云：禮無不答，歌以和，相答也。其善乃當和，音不相反，故今更爲歌，然後和也。

【集注】反，復也。必使復歌者，欲得其詳而取其善也。而後和之者，喜得其詳而與其善也。此見聖人氣象從容，誠意懇至，而其謙遜審密不掩人善又如此。

【餘論】四書近指：聲比於琴瑟謂之歌。史記云：「詩三百篇，夫子皆絃歌之，以求合韶、武、雅、頌之音。」　劉氏正義：如孫此説，是與人歌爲教弟子樂也。合韶、武、雅、頌，則善矣。

○子曰：「文莫吾猶人也，躬行君子，則吾未之有得。」

【考異】皇本、高麗本「得」下有「也」字。

【音讀】論語詳解：「文」字斷句。

【集解】莫，無也。文無者，猶俗言文不也。文不吾猶人者，言凡文皆不勝於人也。孔曰：「身爲君子，己未能也。」

【唐以前古注】楊慎丹鉛總録引欒肇論語駁云：燕、齊謂勉强爲文莫。

【集注】莫，疑辭。猶人言不能過人而尚可以及人。未之有得，則全未有得。皆自謙之辭。而足以見言行之難易緩急，欲人之勉其實也。

【别解一】論語駢枝：丹鉛録引晉欒肇論語駁曰：「燕、齊謂勉强爲文莫。」又方言曰：「侔莫，强也。北燕之外郊凡勞而相勉，若言努力者，謂之侔莫。」案説文：「忞，强也。慔，勉也。」忞讀若旻，「文莫」即「忞慔」假借字也。廣雅亦云：「文，勉也。」黽勉、密勿、蠠没、文莫皆一聲之轉。文莫行仁義也，躬行君子由仁義行也。劉氏正義：案淮南子繆稱訓「猶未之莫與」，高誘注：「莫，勉之也。」亦是借「莫」爲「慔」。夫子謙不敢居安行，而以勉强而行自承，猶之言學不敢居生知，而以學知自承也。

【别解二】胡紹勳四書拾義以莫訓定，屬下「吾猶人也」爲句，引詩「求民之莫」爲據。

【别解三】經義述聞：「莫」蓋「其」之誤，言文辭吾其猶人也，上下相應。猶左傳「其將積聚也」，其與也相應也。

○子曰：「若聖與仁，則吾豈敢？抑爲之不厭，誨人不倦，則可謂云爾已矣。」公西華曰：「正唯弟子不能學也。」

【考異】釋文：魯讀正爲誠，今從古。湛淵静語：子曰：「文莫吾猶人也，躬行君子，則吾未之有得。」此夫子謙辭，至「若聖與仁，則吾豈敢」，亦夫子謙辭。上有「若」字，下有兩「則吾」，似是一章，蓋多一「子曰」爾。　四書辨疑：章首疑有闕文。晁氏謂當時有稱夫子聖且仁者，其説良是。

【考證】論語補疏：聖者，通也。　大戴禮四代篇云：「聖知之華也。」聖與仁即知與仁。羣經平議：聖與仁，猶言智與仁也。子貢曰：「學不厭，智也。教不倦，仁也。」蓋諸弟子之稱夫子如此。孔子聞之而不敢居仁智之名，故曰：「若聖與仁，則吾豈敢？抑爲之不厭，誨人不倦，則可謂云爾已矣。」聖與智古通稱，故臧武仲多智，時人謂之聖人。禮記鄉飲酒義曰：「仁義接，賓主有事，俎豆有數，曰聖。聖立而將之以敬，曰禮。」大戴記盛德篇曰：「宗伯之官以成仁，司馬之官以成聖，司寇之官以成義，司空之官以成禮。」其所謂聖即智也，故與仁義禮並列，猶言仁義禮智也。後世但知大而化之之謂聖，而古義湮矣。　胡紹勳四書拾義：「爾」當作「尒」。説文云：「尒，詞之必然也。」經傳「尒」字後人皆改作「爾」。廣雅釋詁訓云爲有，正此經確詁。云爾即有此之詞。若孟子「是何足與言仁義也云爾」，趙注以爲絶語之辭，爾當讀如字，與論語異。「薄乎云爾」亦然。

【集解】孔曰：「孔子謙不敢自名仁聖也。」馬曰：「正如所言，弟子猶不能學，況仁聖乎？」

【集注】此亦夫子之謙辭也。聖者，大而化之。仁則心德之全而人道之備也。爲之，謂爲仁聖之道。誨人，亦謂以此教人也。然不厭不倦，非己有之則不能，所以弟子不能學也。　晁氏曰：當時有稱夫子聖且仁者，以故夫子辭之。苟辭之而已焉，則無以進天下之材，率天下之善，將使聖與仁爲虚器，而人終莫能至矣。故夫子雖不居仁聖，而必以爲之不厭、誨人不倦自處也。可謂云爾已矣者，無他之辭也。公西華仰而歎之，其亦深知夫子之意矣。

按：四書纂疏：「晁氏名説之，清豐人。」考宋史列傳，字以道，濟州鉅野人，晁補之之從弟也。

【餘論】論語集注考證：王文憲云：「學不厭，誨不倦，前章方言何有於我，此章乃曰則可謂云爾，學者當思。」履祥案：前章自省之辭，此章必因人之問。子貢問夫子聖矣乎，其下答辭與此章類。故晁氏之説以爲有稱夫子聖且仁者，而夫子辭之如此。

四書賸言：「若聖與仁」，予以六經解之。鄉飲酒義曰：「東方者春，春之爲言，蠢也，産萬物者也，聖也。南方者夏，夏之爲言，假也，假者，大也，養而大之，仁也。」則内聖外王，總以仁及萬物爲言。聖仁者，明德而新民，成己而成物者也。禮所云「天子之立也，嚮仁而左聖」，正以是也。然則學不厭、教不倦，亦學爲聖仁，教爲聖仁，以仁心及物而進于聖已矣，何二詣焉？博施濟衆，子貢以爲仁人之事，而夫子以爲聖人之事，亦謂仁與聖皆推心之恕以長養萬物，淺與深總一體者。蓋春爲養之本，故以聖當之。夏爲養之末，故反以仁當之。六經解聖仁無兩義，人之學聖仁、教聖仁亦無兩事，所謂一貫在忠恕，如此而已。

○子疾病，子路請禱。子曰：「有諸？」子路對曰：「有之；誄曰：『禱爾于上下神祇。』」子曰：「丘之禱久矣。」

【考異】舊無「病」字。釋文曰：「『子疾』，一本云『子疾病』，皇本同，鄭本無『病』字。」周禮大祝疏引作「孔子病」。皇本「禱久矣」，「禱」下有「之」字。翟氏考異：集解於子罕篇始釋病，則此有「病」字非。又按孔注云：「某禱之久矣。」繹文則舊本宜有下「之」字。

【考證】說文：讄，禱也。論語云：「讄曰：『禱爾於上下神祇。』」或不省作「讄」。周禮小宗伯「禱于上下神示」，鄭康成注引「讄曰：『禱爾于上下神祇』」。又大祝「作六辭，其六曰誄」，鄭注曰：「誄，謂積纍生時德行以錫之命。」論語集注考證：古本論語元作「讄」，說文所引是也。其作「誄」者，則哀死而述行以謚之之辭。同是力軌反，而義不同。必開元、長興史書之誤，集注偶未之考爾。其稱「讄曰」，必自有一書，如大祝所掌六祝六辭之類。翟氏考異：按說文及玉篇、廣韻等書誄、讄皆各爲訓，至毛晃增修韻略始言讄與誄同。據周禮小宗伯、大祝二注不同，大祝注直以論語所稱爲誄，是當鄭氏時已兩文並傳。考證謂必開元、長興時誤，誣之矣。論語後案：誄，說文引此作「讄」，或作「讄」，累功德以求福也。段氏注曰：「讄，施于生者以求福。誄，施于死者以作謚。」論語之「誄」字當作「讄」，集注誤也。

按：論語述要云：「時夫子方生，子路斷不引哀死之誄以答，『誄』當作『讄』無疑也。」蓋宋人不講六書，王伯厚引慈湖、蒙齋說古「孝」字只是「學」字，錢大昕以爲：「古文學从爻，孝从老，判然兩字，豈可傅會爲一？宋人不講六書，故有此謬說。淹貫如伯厚且然，何況朱子？」考春秋傳「孔子卒，哀公誄之」，或曰：誄，論語所「誄曰禱爾於上下神祇」。賈疏曰：「生人有疾，亦累列其德行而爲辭，故引論語文以相續。」以六辭之誄讀如論語之誄，是溷譌於誄之始歟？其誤不始於朱子也。劉寶楠以爲當是古魯文異，亦可備一說。

太平御覽引莊子（困學紀聞引）：孔子病，子貢出卜。孔子曰：「吾坐席不敢先，居處若齋，飲食若祭，吾卜之久矣。」翟氏考異：此條爲今本莊子所無，蓋即論語事，而易子路爲子貢，易禱爲卜耳。莊周所傳孔子言行已不得其真，此更未知果周言否。論衡感虛篇引此云：聖人修身正行，素禱之日久，天地鬼神知其無罪，故曰禱久矣。

【集解】包曰：「禱，禱請於鬼神也。」周曰：「有諸，言有此禱請於鬼神之事乎。」孔曰：「子路失指也。誄，禱篇名。孔子素行合於神明，故曰某之禱久矣。」

【唐以前古注】皇疏引欒肇云：案説者徒謂無過可謝，故止子路之請，不謂上下神祇非所宜禱也。在禮天子祭天地，諸侯祈山川，大夫奉宗廟，此禮祀典之常也。然則禱爾于上下神祇，乃天子禱天地之辭也，子路以聖人動應天命，欲假禮祈福二靈。孔子不許，直言絶之也。曰「丘禱久矣」，此豈其辭乎？欲卒舊之辭也。自知無過可謝而云「丘之禱久矣」，豈其辭乎？在聖行無違，凡庸所知也。子路豈誣夫子於神明哉？以爲祈福自不主以謝過爲名也。若以行合神明無所禱請，是聖人無禱請之禮，夫如是，知禮典之言棄，金縢之義廢矣。

【集注】禱，謂禱於鬼神。有諸，問有此理否。誄者，哀死而述其行之辭也。上下謂天地，天曰神，地曰祇。禱者，悔過遷善以祈神之佑也。無其理則不必禱。既曰有之，則聖人未嘗有過，無善可遷，其素行固已合於神明，故曰某之禱久矣。又士喪禮「疾病行禱五祀」，蓋臣子迫切之至情有不能自已者，初不請於病者而後禱也。故孔子之於子路不直拒之，而但告以無所事禱之意。

【餘論】吴嘉賓論語説（劉氏正義引）：父兄病而子弟禱，此不當使病者知也。周公之册祝自以爲功，雖祝史皆命之使勿敢言，况請之乎？子路之請禱，欲聖人之致齊，以取必於鬼神也。

【發明】論語或問：或問：行禱五祀，著於禮經，今子路請之而夫子不從，何也？曰：以理言之，則聖人之言盡矣。以事言之，則禱者臣子至情迫切之所爲，非病者之所與聞也。病而與聞於禱，則是不安其死而諂於鬼神，以苟須臾之生，君子豈爲是哉？曰：然則聖言乃不及此，而直以爲無事於禱，何也？曰：是蓋有難言者。然以理言，則既兼舉之矣。蓋祈禱卜筮之屬，皆聖人之所作。至於夫子，而後教人一決諸理，而不屑屑於冥漠不可知之間。其所以建立人極之功，於是爲備，觀諸易之十翼亦可見矣。尹會一讀書筆記：天地神明，臨之在上，質之在旁。身心、性情、作止、語默，無時無處而不悔過遷善，是乃平時之所以爲禱，不待疾病而後然也。聖人之言，至爲切實，勿徒作拒子路之辭觀。論語稽：子路嘗問生死鬼神，蓋有以見生死之理，天人一致。故夫子問「有諸」，而直對曰「有之」也。其述誄詞，上曰神屬天，下曰祇屬地，上下之中有人，人戴天履地，豈有不能感通者？然不知感通在平日，不在臨時。若平日德不足以感通，有疾乃求神祇，則不惟誣神祇，且自誣矣。夫子自言禱久，固以素行之合於神明，亦可見禱祠之不必事矣。

○子曰：「奢則不孫，儉則固。與其不孫也，寧固。」

【考異】皇本「孫」作「遜」，下同。漢書董仲舒傳、後漢書馬融傳、又王暢傳注、説苑權謀篇、顔氏家訓治家篇、太平御覽人事部皆引文「孫」字作「遜」。翟氏考異：憲問篇「危行言孫」，「幼而不孫弟」，衛靈公「孫以出之」，陽貨「不孫爲勇」，「近之不孫」，皇本皆作「遜」。據書「五品不遜」，及遜志、遜荒，並是「遜」字，則「遜」亦經典所用。

【集解】孔曰：「俱失之，奢不如儉。奢則僭上，儉不及禮。固，陋也。」

【唐以前古注】皇疏：二事乃俱爲失。若不遜陵物，物必害之，頃覆之期，俄頃可待。若止復固陋，誠爲不逮，而物所不侵。故與其不遜，寧爲固陋也。

【集注】孫，順也。固，陋也。奢儉俱失中，而奢之害大。晁氏曰：「不得已而救時之弊也。」

【發明】此木軒四書説：聖人意在惡不孫，注言救時之弊者，當時如舞佾歌雝皆不孫之事也。其實奢之害大，自是一定之理，不論風尚如何。故曰「國儉示之禮」，不言國儉示之奢也。

○子曰：「君子坦蕩蕩，小人長戚戚。」

【考異】釋文曰：魯讀蕩爲湯，今從古。

按：劉氏正義：「詩宛丘『子之湯兮』，毛傳：『湯，蕩也。』王逸楚辭章句引作『蕩』。二字音義本同，故鄭仍從古。」陳氏啓源曰：「『蕩蕩』當作『潒潒』。説文平坦義當作惕，狂放義當作愓，廣大義當作潒。蕩本水名，與此之義俱無涉。今愓、惕、潒三字俱不用，以一蕩字總其義，此俗之譌也。」

【考證】論語後案：「戚戚」即詩之「蹙蹙」，爲縮小之貌。說文無「蹙」字，凡經典戚與蹙訓憂者，皆以「慽」爲正字。訓迫促者，以「戚」爲正字，即戚近義之引申。此戚戚當訓迫縮，與蕩蕩反對也。

按：戚戚訓迫縮自是的訓。宋儒不明訓詁，故有此誤。然古注已云「長戚戚，多憂懼貌也」，是其誤亦不始於集注也。

【集解】鄭曰：「坦蕩蕩，寬廣貌。長戚戚，多憂懼貌。」

【唐以前古注】皇疏引江熙云：君子坦爾夷任，蕩然無私。小人馳兢於榮利，耿介於得失，故長爲愁府也。

【集注】坦，平也。蕩蕩，寬廣貌。程子曰：「君子循理，故常舒泰。小人役於物，故多憂戚。」

【發明】反身録：問：君子坦蕩蕩。曰：能俯仰無愧，便是坦蕩蕩。能持敬謹獨，方能俯仰無愧。問：持敬以謹其獨，固致坦之要，而獨之當謹者，其詳亦可聞乎？曰：獨之當謹者非一，而名利之念尤爲喫緊。千病萬病，咸從此起，只不爲名牽，不爲利役，便俯仰無愧，便坦蕩自得。小人不爲名牽，便爲利役，未得患得，既得患失，便是長戚戚。魯岡或問：君子處窮通得喪，何以獨蕩蕩而不戚戚？曰：窮通得喪可以大言，可以小言。小處沾滯，大處可知。一絲未忘，難言蕩蕩。其所以異於二氏之空幻者，仁智也。如用一物，非不珍重愛惜，却又成敗聽之。如受一託，非不盡心竭力，却又離合聽之。唯得時不喜，故喪時不憂。張伯行困學録：君子坦蕩蕩，祇是樂天知命而已。此木軒四書説：小人長戚戚，何必王巨君、李林甫一輩，受此極惡，謂當懲創乎？惡惡不如惡臭，好善不如好色，難終身行善亦近名目，彼其戚戚之根故自在。聖人發言之旨，似應在此也。

○子温而厲，威而不猛，恭而安。

【考異】釋文説：一本「子」作「子曰」，「厲」作「例」。皇本作「君子」，「威」下無「而」字。翟氏考異：依釋文，則皇本作「君子温而厲」，今所見侃義疏但與監本同文，未有「君」字，此是海國中傳寫脱漏。後子張篇君子有三變章，義疏曰：「所以前卷云『君子温而厲』也。」可爲其脱漏之確證。三國吴志步騭傳引論語「恭」句處「威」句前。

按：此章依皇疏原本（非今皇本），當作「子曰君子温而厲威而不猛恭而安」，然不如今文義長。

【唐以前古注】皇疏引王弼云：温者不厲，厲者不温，威者必猛，不猛者不威，恭則不安，安者不恭，此對反之常名也。若夫温而能厲，威而不猛，恭而能安，斯不可名之理全矣。故至和之調，五味不形；大成之樂，五聲不分；中和備質，五材無名也。

【集注】厲，嚴肅也。人之德行本無不備，而氣質所賦鮮有不偏。惟聖人全體渾然，陰陽合德，故其中和之氣見於容貌之間者如此。門人熟察而詳記之，亦可見其用心之密矣。抑非知足以知聖人而善言德行者不能記，故程子以爲曾子之言，學者所宜反復而玩味也。

【發明】嶺雲軒瑣記：讀古人書，執着印板説話，如何是仁，如何是義，全無是處。又曰：存誠主敬，久成道學家套語矣。須知二者不可作意以求。心苟常存，不期誠而自誠。心果有主，不期敬而自敬。宋儒有十年後纔去得一矜字者，有十五年學個恭而安不成者，皆悞甚。朱子曰：「但得心存便是敬，勿於存外更加功。」是爲得之。李光地論語劄記：温者，春生之氣。威者，秋肅之氣。恭者，内温外肅，陰陽合德之氣也。三句就一時想像亦可，然亦有迭見者。蓋喜怒哀樂，聖與人同，當其喜則温之氣形，當其怒則威之氣形，及乎喜怒未發，則恭之意常在也。又推出一安字，則見其一出乎至誠而無勉彊，深體而默識之，則知聖人與天地相似。

# 論語集釋卷十五

## 泰伯上

○子曰：「泰伯，其可謂至德也已矣。三以天下讓，民無得而稱焉。」

【考異】史記吴太伯世家贊：「孔子言太伯可謂至德矣。」「泰」字作「太」。漢書地理志引文「泰」亦作「太」，「德」字作「惠」。論語釋文：「得」，本亦作「德」。後漢書丁鴻傳論：「孔子曰：『泰伯三以天下讓，民無德而稱之焉。』」有「之」字。論語後録：易小畜「尚德載」，虞仲翔本作「尚得載」。周禮大卜「三曰咸陟」，注：「陟之言得，讀若王德狄人之德。」史記項羽本紀「吾爲若德」，漢書作「吾爲公得」，是「得」與「德」古字通也。經義雜記：集解引王肅云「無得而稱」，是王本作「得」，後漢書丁鴻傳論引作「無德」，李注云：「論語載孔子之言也。」又引鄭注「無德而稱焉」，是鄭本作「德」，釋文所見，蓋即鄭本。王肅好與鄭難，故改其義。按：據以上所引諸書，知得、德古通。然論語後録引延篤云：「泰伯三讓，人無德而稱。」是又古本作「德」之一證。蓋古人「得」與「德」通用，猶之「仁」與「人」通，此古書常見之例，不足異也。

【考證】韓詩外傳：大王亶甫有子曰太伯、仲雍、季歷。歷有子曰昌。太伯知大王賢昌而欲季爲後也，太伯去之吴。大王將死，謂曰：「我死，汝往讓兩兄。彼即不來，汝有義而安。」大王薨，季之吴告伯仲，伯仲從季而歸。羣臣欲伯之立季，季又讓。伯謂仲曰：「今羣臣欲我立季，季又讓，何以處之？」仲曰：「刑有所謂矣，要於扶微者，可以立季。」季遂立，而養文王，文王果受命而王。孔子曰：「太伯獨見，王季獨知。伯見父志，季知父心。故大王、太伯、王季可謂見始知終而能承志矣。」　吴越春秋：古公病將卒，令季歷三讓國於泰伯，而三讓不受，故云「泰伯三以天下讓」。　又云：古公卒，泰伯、仲雍歸。赴喪畢，還荆蠻，國民君而事之，自號爲句吴。　論衡四諱篇：昔太伯見王季有聖子文王，知大王意欲立之，入吴采藥，斷髮文身，以隨吴俗。大王薨，太伯還，王季避主，太伯再讓，王季不聽。三讓，曰：「吾之吴、越，吴、越之俗斷髮文身。吾刑餘之人，不可爲宗廟社稷之主。」王季知不可，權而受之。　公是弟子記：深甫曰：「泰伯讓一國而曰讓天下，何也？」劉子曰：「唯至德者能以百里王天下，是亦讓天下矣。」　讀四書叢説：詩言太王「實始翦商」，其意以爲周之所以滅商者，自此基之爾，非必謂太王即有翦商之謀也。蓋古公之遷邠，人從之如歸市。而吴越春秋云：「古公居三月，成城郭。一年，成邑。二年，成都。而民五倍其初，彷彿帝舜氣象。」則德化及於民，其勢有不可遏者。但古公遷岐在殷王小乙之末年，不久而高宗立，傅説爲相，中興，在位五十九年。次祖庚立，七祀。次祖甲，二十八祀，文王生。書稱祖甲之享國三十有三年，自遷岐至文王生之年已九十七年，古公壽百二十歲，後不知的於何年卒，計在文王生一二年之後。則古公始終正居商令王有道之世，翦商之志何自而生邪？文王生有聖瑞，故古公曰：「我後世當有興者，其在昌乎？」泰伯知欲立季歷以傳昌，乃亡。史之可見者如此。蓋古公但言興者其在昌，未見有翦商之意。觀知欲立季歷之言，則亦未嘗明言立季歷。所謂知，正於「其在昌乎」一言知其意爾。其讓國也固爲至德，而季歷之後世遂有天下，天命既欲興周，其始也非季歷，則國固泰伯之國，而泰伯之後有周矣，故曰以天下讓。夫子就成事上論其讓也。止讓國而非天下，故民無得而稱。惟太王始不明言立季歷，乃泰伯因其在昌一言，暗知太王之意，託採藥而去，亦無讓國之迹，所以民尤無得而稱，所以爲德之至也。崔東壁考信録：集注「太王欲傳季歷以及昌」，其説本之史記。史記但載太王云「我世當有興者，其在昌乎」，未嘗有太王欲翦商之説也。朱子從而增之，金仁山駁之是也。而後儒猶云云者，無他，震於孔子至德之稱，以爲避弟之節小，存商之義大，故不肯舍彼而就此耳。夫太王之事，詩、孟子言之詳矣。詩云：「古公亶父，來朝走馬。率西水滸，至於岐下。」孟子曰：「太王居邠，狄人侵之，去之岐山之下居焉。」太王流離播遷之不暇，而暇謀商乎？詩云：「天作高山，太王荒之。」又云：「帝省其山，柞棫斯拔，松柏斯兑。帝作邦作對，自太伯、王季。」孟子曰：「文王以百里。」是太王雖遷岐，而生聚猶未衆，田野猶未闢。至於王季，始啓山林。文王然後蕃盛，而疆宇猶僅百里也。太王之世，周安得曰彊大哉？且使太王如果彊大，則何不恢復故土，逐獯鬻於塞外，以雪社稷之恥，乃反晏然不以爲事，而欲伐天下之共主，是司馬錯之所不爲也，太王豈爲之乎？記曰：「君子素其位而行，不願乎其外。」古之帝王皆非有心於得天下者也，天與之，人歸之，不得已而受之耳。南河、陽城之避，不待言矣。即鳴條、牧野，亦如是而已。受球受共以後，三分有二之餘，但使桀、紂之惡未甚，猶不肯伐之也。况太王新造之邦，蕞爾之土乎？且太王天下之仁主也，當其在邠也，獯鬻無故侵之而猶不與之角，事之不免而遂去之，太王之心亦可見矣。烏有喘息甫定，而欲翦商者哉？今論者但欲表泰伯之忠貞，遂不惜誣太王以覬覦；但取其論之正大，遂不復顧其事之渺茫，過矣。凡己所有而以與人曰讓，人以所有與己而己不受則不曰讓，而猶或謂之讓，未有以不肯無故奪人所有而亦謂之讓者。天下，商素有之天下也，於周何與焉？而泰伯得以讓之乎？然則非但時勢之不符也，即文理以難通矣。由是言之，泰伯自讓王季耳，與商初無涉也。曰然則詩何以稱太王翦商，傳何以言泰伯不從，論語何以與文王皆謂之至德也？曰：孟子曰：「說詩者不以文害辭，不以辭害意。」况閟宫一詩，語尤夸誕。僖公乞師於楚以伐齊，爲楚戍衛，又會楚於薄於宋。而此篇反謂之「荆、舒是懲，則莫我敢承」，其敍現在之事，猶誣如此，况追敍數百年以前之事，烏在可信以爲實邪？左傳之文，史記嘗采之矣。晉世家云：「泰伯亡去，是以不嗣。」以不從爲亡去，是所謂不從者，謂不從太王在岐耳，非有他也。杜氏始有不從父命之言，然云不從父命，俱讓適吳，未見其爲翦商之命也。微子去之，箕子爲之奴，比干諫而死，三人之行不同也，而孔子曰「殷有三仁焉」。泰伯之與文王，何必同爲一事，然後同謂之至德乎？

按：二程、謝、楊諸家皆主讓周，朱子初亦從之，乃於集注歷改而主讓商何也？蓋此章癥結在天下二字，主讓周者，其説可分爲三種，一、龜山謂泰伯亡如荆蠻，以讓季歷，是時周未有天下也。然文王之興，本由太王，謂泰伯以天下讓者，蓋推本言之。二、伊川以爲立文王則道被天下，故泰伯以天下之故而讓之。三、歸熙甫則以爲國與天下，常言之通稱。近人鄭浩所著論語述要力伸朱説，謂：「孔子不輕以至德許人，此章之外，僅見於文之服事殷。書始唐、虞，堯、舜禪讓者也。春秋始隱公，隱志在讓桓者也。夫子大義微言，歷歷可見。立千古之大坊，防後世之篡亂，至明顯也。」所論不爲無見。惟左傳所云泰伯不從，史公以亡去爲不從，其義甚明。杜氏誤以不從父命爲解，而後儒遂傅會魯頌之文，謂太王有翦商之志，泰伯不從。此則宋儒師心自用之失，不能曲爲諱也。

【集解】王曰：「泰伯，周太王之長子，次弟仲雍，少弟季歷。季歷賢，又生聖子文王昌。昌必有天下，故泰伯以天下三讓於王季。其讓隱，故無得而稱言之者，所以爲至德也。」

【唐以前古注】論語正義引鄭注云：泰伯，周太王之長子，次子仲雍，次子季歷。太王見季歷賢，又生文王，有聖人表，故欲立之，而未有命。太王疾，泰伯因適吴、越采藥，太王没而不返，季歷爲喪主，一讓也。季歷赴之，不來奔喪，二讓也。免喪之後，遂斷髮文身，三讓也。三讓之美，皆隱蔽不著，故人無得而稱焉。皇疏：少弟季歷，生子文王昌。昌有聖人德。泰伯知昌必有天位，但升天位者必須階漸，若從庶人而起，則爲不易。太王是諸侯，己是太王長子，長子後應傳國。今欲令昌取王位有漸，故讓國而去，令季歷傳之也。或問曰：泰伯若堪有天下，則不應讓人；若人有天下，則泰伯復無天下可讓。今云三以天下讓，其事如何？或通云：泰伯實應傳諸侯，今讓者，諸侯位耳。而云讓天下者，是爲天下而讓，今即之有階，故云天下也。然仲雍亦隨泰伯而隱，不稱仲雍者，國位在泰伯，泰伯讓，是導仁軌也；仲雍隨，是揚其波也。又引范甯云：泰，重大之稱也。伯，長也。泰伯，周太王之元子，故號泰伯。其德宏遠，故曰至也。三以天下讓有二釋，一曰：泰伯少弟季歷，生子文王昌。昌有聖德。泰伯知其必有天下，故欲必傳國於季歷，以及文王。因太王病，託採藥於吴、越不返。太王薨而季歷立，一讓也。季歷薨而文王立，二讓也。文王薨而武王立，於此遂有天下，是爲三讓也。又一云：太王病，而託採藥出，生不事之以禮，一讓也。太王薨，而不返，使季歷主喪，死不葬之以禮，二讓也。斷髮文身，示不可用，使季歷主祭禮，不祭之以禮，三讓也。詭道合權，隱而不彰，故民無得而稱，乃大德也。又引繆協云：泰伯三讓之，所爲者季歷、文、武三人，而王道成，是三以天下讓也。其讓之跡詭，當時莫能知，故無以稱焉，可謂至德也。

【集注】泰伯，周太王之長子。至德，謂德之至極無以復加者也。三讓，謂固遜也。無得而稱，其遜隱微，無迹可見也。蓋太王三子：長泰伯，次仲雍，次季歷。太王之時，商道寖衰，而周日彊大。季歷又生子昌，有聖德。太王因有翦商之志，而泰伯不從，太王遂欲傳位季歷以及昌。泰伯知之，即與仲雍逃之荆蠻，於是太王乃立季歷，傳國至昌，而三分天下有其二，是爲文王。文王崩，子發立，遂克商而有天下，是謂武王。夫以泰伯之德，當商、周之際，固足以朝諸侯有天下矣。乃棄不取而又泯其迹焉，則其德之至極爲何如哉。蓋其心即夷、齊扣馬之心，而事之難處有甚焉者，宜夫子之歎息而贊美之也。泰伯不從事見春秋傳。

按：論語經正録評之云：「朱子一生精力在四書章句，至於文義偶有未協處，固不必過爲迴護，致成門户之見。此章集注，金仁山辨之，先戇思先生亦云：『集注特沿史記之文，洗刷未浄，其病尤在添一志字，有似處心積慮陰謀人國者之所爲。』黄勉齋云：『朱子晚年改論語集注，至關雎章而止。則此章之注，固亦未爲定論也。』」

【餘論】論語或問：或問：何以言三讓之爲固讓也？曰：古人辭讓，以三爲節。一辭爲禮辭，再辭爲固辭，三辭爲終辭。故古注至是但言三讓而不解其目也。今必求其事以實之，則亦無所據矣。曰：何以言其讓於隱微之中也？曰：泰伯之讓，無揖遜授受之迹，人但見其逃去不返而已，不知其讓也。知其讓者，見其讓國而已，而不知所以使文武有天下者實由於此，則是以天下讓也。曰：其爲至德何也？曰：讓之爲德既美矣，至於三，則其讓誠矣。以天下讓，則其所讓大矣。而又能隱晦其迹，使民無得而稱焉，則其讓也非有爲名之累矣。此其德所以爲至極而不可以有加也。曰：太王有廢長立少之意，非禮也。泰伯又探其邪志而成之，至於父死不赴，傷毁髮膚，皆非賢者之事。就使必於讓國而爲之，則亦過而不合於中庸之德矣，其爲至德何邪？曰：太王之欲立賢子聖孫，爲其道足以濟天下，而非有愛憎之間利欲之私也。是以泰伯去之而不爲狷，王季受之而不爲貪。父死不赴，傷毁髮膚，而不爲不孝。蓋處君臣父子之變，而不失乎中庸。此所以爲至德也。其與魯隱公、吴季子之事蓋不同矣。日知録：今將稱泰伯之德，而先以莽、操之志加諸太王，豈夫子立言之意哉？朱子作論語或問，不取翦商之説，而蔡仲默傳書武成曰：「太王雖未始有翦商之志，而始得民心，王業之成，實基於此。」仲默，朱子之門人，可謂善於匡朱子之失者矣。四書釋地：集注莫不善於太王有翦商之志，而泰伯不從，讓主君臣立説者。余取歸熙甫泰伯論，爲之删竄，以正之曰：辭取之際，惟聖人爲能盡乎天下之至情。何也？伯夷、叔齊，天下之義士也。伯夷順其父之志而以國與其弟，然終於叔齊之不敢受，則是其父之志終不遂矣。夫家人父子之間，豈無幾微見於顔色，必待君終無適嗣之日，相與蹇裳去之，民將得因而稱之，故聖人以爲賢人而已。至泰伯則不然，不讓於傳位之日，而於採藥之時，是蓋有伯夷之心，而無其迹，然後可以行伯夷之事，遂伯夷之心。古今之讓，從未有曲而盡如此焉者，此夫子所以深歎其不可及也。蓋太王之欲傳歷及昌也，非如晉獻、漢高徒少子之是愛也，亦非爲昌之終必翦商，爲數世後伏革除之謀也。不過曰代有殊德，天下將長享其福云爾。是固爲天下之公心也。使泰伯知其意而猶與之並立於此，太王賢者，即心爲天下，而終以長幼之節不忍言，吾即明言而公讓之，弟亦將終爲叔齊而不忍受，是亦夷之終不獲遂其父志而已矣。夫父有志而吾順而成之，且如是其曲而盡也。世之説者不深晰其父子之情，而彊謂其全君臣之義。夫弟於商獨非君臣，而乃以蔑義之事推而付之也乎？且又何以爲傳之者地乎？而子乃曰至德乎？夫德莫先於孝，先意承志，孝子之事也。故泰伯之所爲，乃匹夫匹婦之爲當然者。夫惟匹夫匹婦以爲當然，是天下之至情也，而非聖人則固不能盡也。四書辨疑：太王之時，商猶未有罪惡貫盈如紂之君。太王不問有無可伐之理，但因己之國勢彊大，及其孫有聖德，遽欲翦滅天下之主，非仁人也。又爲世子不從，即欲奪其位與餘者，雖中才之人亦所不爲，而謂太王爲之乎？況文王猶方百里起，則文王以前，周亦未嘗彊大也。太王爲狄人所侵，遷之於岐山之下，以小避大，免患而已，而又容有翦商之志乎？詩稱「實始翦商」者，本言周之興起，以至斷商而有天下，原其所致之由，實自太王修德保民爲始。蓋以王業所自而言，非謂太王實始親爲翦商之計也。且更置此勿論，就如注文所言，纔有其志，事猶未行，父子之間，何遽相違以至於此？太王果爲此事欲廢其子，泰伯果爲此事棄父而去，可謂父不父子不子，何至德之有哉？推其事情，只是泰伯見商道寖衰，憫生民之困，知文王聖德，足使天下被其澤，故欲讓其位於王季，以及文王。太王却是重長幼之序，不許泰伯之請，如此則泰伯之逃爲有理矣。纂疏引語録之説曰：「泰伯只見太王有翦商之志，自是不合他意，便掉了去。」又言：「到此顧䘏不得父子之情。」嗚呼！人倫所重，莫重於父。以子事父，不合他意，便掉了去，是無父子。以此爲教，將如後世何？楊名時論語劄記：讓商之説，謂泰伯一立，則天下即歸泰伯，將欲辭之而不能。故早見及此，而讓而不居，是延商祚及百年者，皆泰伯忠貞之所留。夫懼己之德澤及民，恐天與人歸，致失臣節，似揆之舜、禹、文王之事，有未必然者。且既即侯位，而盡其忠貞，如文王之事殷，豈害臣節？此讓商之説或有未安也。至讓周之説，則曰泰伯欲遂父志，再傳可成王業。泥天下二字取解。以當日之事勢及聖人之立心推之，尤多未合。玩夫子本意，衹稱其能讓國於弟，以成父志，而其遜隱微，無迹可見。上以全其父之慈，下以成其弟之友，視伯夷之讓，尤爲盡善，故稱之爲至德，見其能全天倫而不傷耳。因周後有天下，故云以天下讓，特據已然而言，非泰伯知文王將有天下而讓以成之也。

【發明】反身録：爲善不近名，方是真善。否則縱善蓋天下，可法可傳，有爲之爲，君子弗貴，以其非真也。或曰：人只要力行好事，一時雖不求人知，天下後世終有知之者。曰：力行好事，亦惟行其心之所安，當然而然耳。後世之知與不知，非所望也。若爲天下後世終必知之而力行，終是有爲而爲，非當然而然也。而身後之名果足以潤枯骨乎？泰伯惟行其心之所安，是以不存形迹。其後季札之避位辭封，安於延陵，高風偉節，儀表千古，淵源遠矣。劉氏正義：古之以天下讓者，莫大於堯、舜，莫難於泰伯，及周之服事。若禹雖傳世，而其始亦是讓，故弟子記此篇以論泰伯始，以論堯、舜、文王及禹終也。

○子曰：「恭而無禮則勞，慎而無禮則葸，勇而無禮則亂，直而無禮則絞。

【考異】文選魏都賦「誰勁捷而無愢」，注引論語此文爲證，云：「愢與葸同。」

【考證】禮記仲尼燕居：子曰：「敬而不中禮謂之野，恭而不中禮謂之給，勇而不中禮謂之逆。」　黄氏後案：「葸」作「諰」爲正，鰓、葸、愢，經及子史通用字，説文所無。荀子曰：「諰諰然常恐天下之一合而軋己也。」漢書引荀子「諰」作「鰓」，注：「蘇林曰：『讀如慎而無禮則葸之葸，懼貌也。』」　劉氏正義：廣雅釋言：「葸，慎也。」王氏念孫疏證：「大戴禮曾子立事云：『人言善而色葸焉，近於不說其言。』荀子議兵篇：『諰諰然常恐天下之一合而軋己也。』漢書刑法志作『鰓』，蘇林注云：『鰓音慎而無禮則葸之葸。　鰓鰓，懼貌也。』王延壽魯靈光殿賦云：『心⿰犭思⿰犭思而發悸。』並字異而義同。」

【集解】葸，畏懼之貌，言慎而不以禮節之，則常畏懼。　馬曰：「絞，絞刺也。」

【唐以前古注】釋文引鄭注云：葸，慤質貌。　絞，急也。　筆解：韓曰：「王注云：『不以禮節之。』吾謂禮者，制中者也。不及，則爲勞爲葸。過，則爲亂爲絞。絞，確也。」李曰：「上篇云『禮之用和爲貴』，『不以禮節之，亦不可行』，此言發而皆中節，謂之和也。今言恭必企而近禮，不可太過，大抵取其制中而已乎。」

【集注】葸，畏懼貌。絞，急切也。　無禮則無節文，故有四者之弊。

【別解】論語訓：言治民在端本也。恭，供給敬事也，若課農桑興水利之事，無禮節之，則勞民也。慎，謂卑約省事。「葸」一作「⿰犭思」，「獡」之異文，驚不附人也。勇於行則民亦好勇，故易亂。好直繩則民不堪，如束繩爲絞也。

按：此章就治民說，與下章方有連絡，亦備一義。

君子篤於親，則民興於仁；故舊不遺，則民不偷。」

【考異】吴棫論語續解：以下乃曾子之言也。論語集説：此章與上文不相蒙，今從武夷吴氏説自爲一章。君子，謂在上之人也。篤，厚也。興，起也。偷，薄也。篤於親，不遺故舊，盡吾人道之當然耳，非爲欲動民而若此也。仁義之心，人皆有之，上行而下傚，自然民化而德厚矣。四書辨疑：兩節文勢事理皆不相類，分此自作一章，實爲愜當。而以爲曾子之言，却是過慮。此無言者姓名，蓋闕文耳。漢書平帝紀元始五年詔引上二句，師古注曰：「此論語載孔子之辭也。」禮記少儀注、齊語正月之朝篇注俱引下二句，題「孔子曰」字。翟氏考異：鄭康成、韋宏嗣、顔師古皆指實此爲孔子辭，吴氏以屬曾子，出自臆斷，恐不足據。梁氏旁證：吴説見吴棫論語續解。此兩節文勢事理皆不相類，張子「人道知所先後」，解亦未明實，不如分作兩章爲愜。但吴氏必以爲曾子之言，亦似臆斷。漢書平帝紀元始五年詔引上二句，顔注云：「此論語載孔子之辭。」禮記少儀注、齊語正月之朝篇注俱引下二句，題「孔子曰」，皆有明證，不應憑空斷爲曾子之言也。

【集解】包曰：「興，起也。君能厚於親屬，不忘遺其故舊，行之美者也，則民皆化之，起爲仁厚之行，不偷薄也。」

【集注】君子，謂在上之人也。興，起也。偷，薄也。張子曰：「人道知所先後，則恭不勞，慎不葸，勇不亂，直不絞，民化而德厚矣。」吴氏曰：「『君子』以下當自爲一章，乃曾子之言也。」愚按此一節與上文不相蒙，而與首篇慎終追遠之意相類，吴説近是。

【餘論】論語集注補正述疏：此當自爲一章，其言則者二，與上文言則者四，蓋文似同而實不同。其言君子者，尤明其别也。吴氏以爲曾子之言，則因下章記曾子云爾，無徵文也。禮少儀鄭注、齊語韋注引下二句者，皆稱「孔子曰」而引之，然疑則傳疑，今不質言矣。釋詁云：「篤，厚也。」釋言云：「興，起也。」大學云：「一家仁，一國興仁。」故曰：「孝者，所以事君也。弟者，所以事長也。慈者，所以使衆也。」蓋孝弟慈皆篤於親之仁也。禮緇衣云：「上好仁，則下之爲仁争先人。」蓋皆以是興也。包氏云：「君能厚於親屬，不遺忘其故舊，則民起爲仁厚之行，不偷薄也。」「偷」與「媮」通。説文云：「媮，薄也。」荀子云：「去其故鄉，事君而達，卒遇故人，曾無舊言，吾鄙之。」鄙其非君子表民也。詩谷風云：「將恐將懼，寘予于懷。將安將樂，棄予如遺。」明民之偷也。故谷風序云：「天下俗薄，朋友道絶也。」詩伐木云：「民之失德，乾餱以愆。」明今有酒，則宜燕朋友故舊也。故伐木序云：「不遺故舊，則民德歸厚矣。」由是言之，三代而下，東漢民俗其興於仁而不偷者乎？非漢君子爲之先乎？光武帝初起時，兄伯升爲更始所害。光武懼更始，不敢顯其悲戚，每獨居，輒不御酒肉，枕席有涕泣處，此其篤於親也。嚴光少與光武同遊學，及光武即位，引光論舊，因共偃卧，光以足加帝腹上。明日，太史奏客星犯御座甚急。帝笑曰：「朕故人嚴子陵共卧耳。」此其故舊不遺也。漢君子於是乎可風，此東漢民俗所由美也，今漢書可考也。

按：此宜别爲一章，簡氏之説是也。

○曾子有疾，召門弟子曰：「啓予足！啓予手！詩云：『戰戰兢兢，如臨深淵，如履薄冰。』而今而後，吾知免夫！小子！」

【考異】說文解字引論語曰：跢予之足。論衡四諱篇引作「開予足開予手。」文選嘆逝賦注引作「起予足起予手。」魏書崔光傳：「曾子有云：『人之將死，其言也善。啓予手！啓予足！而今而後，吾知免夫！』」兩章辭相雜爲一，又以「啓手」句置「啓足」上。王氏詩考曰：左傳引詩「戰戰矜矜」。呂氏慎大覽引周書曰：若臨深淵，若履薄冰。大戴禮曾子疾病篇：曾子曰：「與小人處，如履薄冰，每履而下，幾何而不陷乎哉？」陳龍川集與應仲實書引文，「今」上無「而」字。翟氏考異：嘆逝賦「啓四體而深悼」，本屬「啓」字，注引經文作「起」，疑誤。說文所引，據序說蓋古壁文。論衡則避漢景帝諱也。又僖公二十二年，臧文仲引此；宣公十六年，羊舌職引此，均同詩文作「兢兢」，王氏或所見別，今不可知。又云：呂覽以小旻詩爲周書，若誤謬甚。前人指摘此等，謂可據以提咸陽市金，然恐未能也。說苑政理篇：「成王問政於尹逸。逸對曰：『如臨深淵，如履薄冰。』王曰：『懼哉？』對曰：『四海之内，善之則畜也，不善則讎也，若何其無懼也。』」呂氏離俗覽别引「善之則畜」二語，亦云周書，是說苑所録尹逸一節乃全本周書文矣。漢志，周書有七十一篇，云「是孔子所論百篇之餘」，今傳孔晁注本惟六十篇，篇中復多脱誤。當七十一篇完具時，其中自有尹逸對成王語，而呂氏兩引之耳。

【考證】劉氏正義：説文：「𥊘，視也。」廣雅釋詁同。王氏念孫疏證引此文，謂「啓」與「𥊘」同，此亦得備一解。蓋恐以疾致有毁傷，故使視之也。戴禮曾子大孝篇：「樂正子春下堂而傷其足，傷瘳，數月不出，猶有憂色。門弟子問曰：『夫子傷足，瘳矣，數月不出，猶有憂色，何也？』樂正子春曰：『吾聞之曾子，曾子聞諸夫子曰：「天之所生，地之所養，人爲大矣。父母全而生之，子全而歸之，可謂孝矣。不虧其體，可謂全矣。」故君子頃步之不敢忘也。今予忘夫孝之道矣，予是以有憂色。』又曰：『一舉足不敢忘父母故道而不徑，舟而不游，不敢以先父母之遺體行殆也。』」皆言不敢毁傷也。潘氏集箋：禮記檀弓云：「曾子寢疾病，樂正子春坐于堂下，曾元、曾申坐于足，童子隅坐而執燭。」下即記曾子易簀而没事。鄭注：「樂正子春，曾參弟子。」則在召門弟子後明矣，子春其即所召之一人乎？維城案：曾子弟子，子張篇有陽膚，孟子離婁篇有沈猶行，萬章篇有公明高，禮記祭義篇有公明儀，注皆以爲曾子弟子。漢書藝文志：「曾子十八篇。」王應麟考證云：「隋、唐志二卷。參與弟子公明儀、樂正子春、單居離、曾元、曾華之徒，論述立身孝行之要，天地萬物之理。」則曾子弟子又有單居離矣。而史記吴起傳云：「吴起者，衛人也。好用兵，嘗學於曾子。」陸德明經典釋文注解傳述人，於春秋云：「左丘明作傳以授曾申，申傳衛人吴起。」蓋本劉向别録，當屬經師舊説，則起乃曾申弟子，非曾參弟子也。檀弓：「穆公之母卒，使人問於曾子曰：『如之何？』對曰：『申也問諸申之父曰：哭泣之哀，齊斬之情，饘粥之食，自天子達。』」故鄭注以此曾子爲曾參之子名申，亦曾申稱曾子之一證，不得以史記云起學於曾子，謂起亦在此門弟子中也。梁氏旁證：曾子立事篇云：「君子見利思辱，見惡思詬，嗜欲思恥，忿怒思患，君子終身守此戰戰也。」又曰：「君子出言鄂鄂，行身戰戰。」又曰：「昔者天子日旦思其四海之内，戰戰惟恐不能乂也。諸侯日旦思其四封之内，戰戰惟恐失損之也。大夫士日旦思其官，戰戰惟恐不能勝也。庶人日旦思其事，戰戰惟恐刑罰之至也。是故臨事而栗者，鮮不濟矣。」又疾病篇云：「與小人處，如履薄冰，每履而下，幾何而不陷乎哉。」蓋曾子之學，終身皆主戒懼，故曾子十篇與論語、孝經皆可相爲表裏也。

【集解】鄭曰：「啓，開也。曾子以爲受身體於父母，不敢毁傷，故使弟子開衾而視之也。」孔曰：「言此詩者，喻己常誠慎，恐有所毁傷也。」周曰：「乃今日後，我自知免於患難矣。小子，弟子也。呼之者欲使聽識其言。」

按：後漢書崔駰傳注引鄭此注有「父母全而生之，亦當全而歸之」二句。就義測之，當在「受身體於父母」句下。

【集注】啓，開也。曾子平日以爲身體受於父母，不敢毁傷，故於此使弟子開其衾而視之。詩，小旻之篇。戰戰，恐懼。兢兢，戒謹。臨淵恐墜，履冰恐陷也。曾子以其所保之全示門人，而言其所以保之之難如此，至於將死而後知其得免於毁傷也。小子，門人也。語畢而又呼之，以致反復丁寧之意，其警之也深矣。程子曰：「君子曰終，小人曰死。君子保其身，以没爲終其事也。故曾子以全歸爲免矣。」

【餘論】四書辨疑：君子曰終，小人曰死。此檀弓所記子張臨終語申祥之言，而程子取之，注文又引用之，恐皆未當也。死乃生之對，死生人所常言，凡言死者，豈皆小人邪？書言「舜陟方乃死」，孔子謂顔淵「不幸短命死矣」，若謂小人曰死，則舜與顔淵皆爲小人矣。「朝聞道，夕死可矣」，可以死，可以無死，若皆以爲小人之事可乎？子張之言非定論也。

【發明】反身録：孝以保身爲本。身體髮膚受之父母，不敢毁傷，故曾子啓手足以免於毁傷爲幸。然修身乃所以保身，手不舉非義，足不蹈非禮，循理盡道，方是不毁傷之實。平日戰兢恪守，固是不毁傷，即不幸而遇大難臨大節，如伯奇、孝己、伯邑考、申生死於孝，關龍逢、文天祥之身首異處，比干剖心，孫揆鋸身，方孝孺、鐵鉉、景清、黄子澄、練子寧諸公寸寸磔裂，死於忠，亦是保身不毁傷。若舍修身而言不毁傷，則孔光、胡廣、蘇味道之模棱取容，褚淵、馮道及明末諸臣之臨難苟免，亦可謂保身矣。虧體辱親，其爲毁傷，孰大於是？又曰：保身全在修身，而修身須是存心。心存則不亂，臨大事而不亂，方足以任大事；臨生死而不亂，方足以了生死。

○曾子有疾，孟敬子問之。

【考異】宋石經作「孟欽子」。

【考證】檀弓：「悼公之喪，季昭子問孟敬子：『爲君何食？』敬子曰：『食粥，天下之達禮。然吾三臣不能居公室，四方畢聞，若勉而爲瘠，則吾能之而不欲也，我則食食。』」鄭注：「敬子，武伯之子，名捷。」

【集解】馬曰：「孟敬子，魯大夫仲孫捷。」

【集注】孟敬子，魯大夫仲孫氏，名捷。問之者，問其疾也。

**曾子言曰：「鳥之將死，其鳴也哀。人之將死，其言也善。**

【考證】四書釋地又續：毛傳：「直言曰言，論難曰語。」穎達疏：「直言曰言，謂一人自言。答難曰語，謂二人相對。」以知論語注兩改「直」爲「自」亦有本。但宜注于「寢不言」之下，不宜注于「曾子言曰」下。注曾子言爲自言，似孟敬子來問疾，曾子曾不照顧之矣。曾子以捷，魯卿也，徑告以君子修身爲政之道，不及病勢云何。其實人將死，言也善，已疾之不可爲亦具見焉，言之無不周徧如此。

【集解】包曰：「欲戒敬子，言我將死，言善可用。」

【唐以前古注】皇疏引李充云：人之所以貴於禽獸者，以其慎終始在困不撓也。禽獸之將死，不遑擇音，唯吐窘急之聲。人若將死，而不思令終之言，唯哀懼而已者，何以別於禽獸乎？是以君子之將終也，必正存道，不忘格言，臨死易簀，困不違禮。辨禮三德，大加明訓，斯可謂善言也。或問曰：不直云曾子而云言曰，何也？答曰：欲重曾子臨終言善之可録，故特云言也。

【集注】言，自言也。鳥畏死，故鳴哀。人窮反本，故言善。此曾子之謙辭，欲敬子知其所言之善而識之也。

君子所貴乎道者三：動容貌，斯遠暴慢矣；正顏色，斯近信矣；出辭氣，斯遠鄙倍矣。籩豆之事，則有司存。」

【考異】說苑修文篇：曾子有疾，孟儀往問之。曾子曰：「鳥之將死，必有悲聲。君子集大辟，必有順辭。禮有三，儀知之乎？君子修禮以立志，則貪欲之心不來；思禮以修身，則怠惰慢易之節不至；修禮以仁義，則忿爭暴亂之辭遠。若夫置樽俎列豆籩，此有司之事也，君子雖不能可也。」

按：此即論語事而傳述異辭，不若聖門載筆之簡易。

鹽鐵論鍼石篇：丞相史曰：「聞諸鄭長孫曰：『正君子顏色，則遠暴嫚；出辭氣，則遠鄙倍矣。』」翟氏考異：漢藝文志道家有鄭長者一篇，六國時人，其書中或嘗述曾子此語，丞相史就彼稱引，不更究語之源，故云聞諸鄭耳。長孫、長者當有一差。

【考證】劉氏正義：古有容禮，晉羊舌大夫爲和容，漢天下郡國有容史，又魯徐生善爲頌，後有張氏亦善焉。頌即容也，亦散文兼貌言之也。顏色者，說文以顏謂眉目之間，色謂凡見於面也。辭氣者，辭謂言語，氣謂鼻息出入，若「聲容静，氣容肅」是也。卿大夫容貌顏色辭氣之禮，曲禮、玉藻及賈子容經言之詳矣。邢疏云：「人之相接，先見容貌，次觀顏色，次交言語，故三者相次而言也。」案禮記冠義云：「禮義之始，在於正容體，齊顏色，順辭令。容體正，顏色齊，辭令順，而後禮義備。」表記云：「是故君子貌足畏也，色足憚也，言足信也。」大戴禮四代云：「蓋人有可知者焉，貌色聲衆有美焉，必有美質在其中者矣；貌色聲衆有惡焉，必有惡質在其中者矣。」是容貌顔色辭氣皆道所發見之處，故君子謹之。子夏言君子三變，望之儼然，謂容貌也；即之也温，謂顔色也；聽其言也厲，謂辭氣也。又韓詩外傳：「故望而宜爲人君者，容也。近而可信者，色也。發而安中者，言也。久而可觀者，行也。故君子容色天下儀象而望之，不假言而知宜爲人君者。」並與此文義相發。

【集解】鄭曰：「此道，謂禮也。動容貌，能濟濟蹌蹌，則人不敢暴慢之也。正顔色，能矜莊嚴栗，則人不敢欺詐之也。出辭氣，能順而説，則無惡戾之言入於耳也。」包曰：「籩豆之事，則有司存。敬子忽大務小，故又戒之以此也。籩豆，禮器。」

【唐以前古注】皇疏引顔延之云：動容則人敬其儀，故暴慢息也。正色則人達其誠，信者立也。出辭則人樂其義，故鄙倍絶也。又引繆協云：曾子謙，不以遠理自喻。且敬子近人，故以常言語悟之，冀其必悟也。別通曰：「籩豆，禮器，可以致敬於宗廟者。言人能如上三貴，則祝史陳信無愧辭，故有司所存，籩豆而已。」

【集注】貴，猶重也。容貌，舉一身而言。暴，粗厲也。慢，放肆也。信，實也。正顔色而近信，則非色莊也。辭，言語。氣，聲氣也。鄙，凡陋也。「倍」與「背」同，謂背理也。籩，竹豆。豆，木豆。言道雖無所不在，然君子所重者在此三事而已，是皆修身之要，爲政之本，學者所當操存省察，而不可有造次顛沛之違者也。若夫籩豆之事，器數之末，道之全體固無不晐，然其分則有司之守，而非君子之所重矣。

【別解】讀書脞録：蕭山徐鯤云：「後漢書崔琦傳：『百官外内，各有司存。』文選頭陀寺碑文：『庀徒揆日，各有司存。』翫其文義，皆當以司存二字連讀。故晉書職官志序云：『咸樹司存，各題標準。』又桓沖傳云：『臣司存閫外，輒隨宜處分。』北齊儒林傳敘云：『齊氏司存，或失其守。』益可以證矣。」

按：劉寶楠曰：「此訓在爲察，故司存二字連讀。自漢後儒者孳生之義，非其朔也。」下子路篇「先有司」，堯曰篇「謂之有司」，則「有司」兩字連讀無疑，孫説非也。

【餘論】朱子語類：問先生舊解以三者爲修身之驗，爲政之本，非其平日莊敬誠實，存省之功積之有素，則不能也。專做效驗説。後改本以驗爲要，「非其」以下改爲「學者所當操存省察，而不可有造次頃刻之違者也」，如此則功夫在動、正、出三字，而不可以效驗言矣。疑動、正、出三字不可以爲做功夫。曰：此三字雖非做功夫，然便是做功夫處。如著衣喫飯，雖非做功夫，然便是做功夫處。此意所争，祇是絲髮之間，要人自認得。　黄氏後案：遠暴慢、近信、遠鄙倍，據鄭君注指民言。在上者能重禮，則一動一正一出民必以禮應也。據朱子注，則身自遠之自近之也。近信者，喜怒無所矯飾也。注云「操存省察」，申之者云：「静則操存，動則省察。」據金吉甫説，孔門論學，未嘗懸空説，存養容貌言色無時不然，故此動正出即存養之地，暴慢信鄙倍即省察之目，遠與近即所貴乎道之功。學者正當察其孰暴孰慢孰信孰鄙孰倍，而即遠之近之。若夫從容中禮，則異時成德之事也。

【發明】朱公遷四書通旨：此持敬之功，貫乎動静而言之。孔子言出門使民，存養之意多。曾子言所貴者三，省察之意多。二章皆即其氣象之中，而見其功夫之所在。若正其衣冠，尊其瞻視，中庸之「齊明盛服，非禮不動」，則又專以功夫言，而氣象因可見也。讀四書大全説：三斯字作現成説，而以爲存省之驗者，朱子蓋嘗作此解矣。然而集注不爾者，以謂作現成説，則是動容周旋中禮，自然發現之光輝，既非曾子言所貴乎道言遠言近之義。若謂三者爲化迹，而道之所貴，别有存主之地，則所謂存主者，豈離鈎三寸，别有金鱗邪？此正聖學異端一大界限。聖賢學問，縱教聖不可知，亦只是一實。舍吾耳目口體動静語默而别求根本，抑踐此形形色色而别立一至貴者，此惟釋氏爲然爾。

按：敬子爲人，證之檀弓，其舉動任情，出言鄙倍。曾子亦知其不可教，特因其問疾而來，尚有一綫好賢之誠，故以將死之言先明己意，而後正言以告之，仁之至，義之盡也。所言必係對症下藥，蓋敬子承屢朝奢僭之後，容貌顔色辭氣之間多不中禮，且察察爲明，近於苛細，故以此教之，即孟子所謂不屑之教誨也。後儒乃以爲修身之要，爲政之本，失其旨矣。宋儒解經，每有過深之弊，此又不可不知也。

○曾子曰：「以能問於不能，以多問於寡；有若無，實若虚，犯而不校，昔者吾友嘗從事於斯矣。」

【考異】開成石經「校」作「挍」。　論語後録：作「挍」是俗誤從手旁。　史通序傳篇引作「吾之先友」。　唐書孔穎達傳：「帝問：『孔子稱以能問於不能，以多問於寡；有若無，實若虚。何謂也？』」以曾子爲孔子。　周必大二老堂雜誌：此曾子之言也，唐太宗乃謂孔子所稱，以問孔穎達。對曰：「此聖人教人謙耳。」一時君臣之問對，史氏之筆削，皆不正之，而直以曾子爲聖人何也？　翟氏考異：舊唐書太宗問穎達但云論語，顥達之對則曰：「聖人設教，欲人謙光。」並問辭云孔子，乃新書改文之失。

【音讀】何邵公論語義：「隱十年春王二月，公會齊侯、鄭伯于中丘。」解詁曰：「月者，隱前爲鄭所獲，今始與相見，故危録内，明君子當犯而不校也。」樾謹案徐彦疏曰：「謂校接之交，不謂爲報也。」然則何氏讀校爲交，與包注異。

【集解】包曰：「校，報也。言見侵犯而不報也。」馬曰：「友謂顔淵。」

【唐以前古注】皇疏引殷仲堪云：能問不能，多問於寡，或疑其負實德之跡，似乎爲教而然。余以爲外假謙虚黄中之道，沖而用之，每事必然。夫推情在於忘賢，故自處若不足。處物以賢善，故期善於不能。因斯而言，乃虚中之素懷，處物之誠心，何言於爲教哉？　犯而不校者，其亦居物以非乎，推誠之理然也。非不争事也，應物之跡異矣，其爲中虚一也。　又引江熙云：稱吾友，言己所未能也。

【集注】校，計校也。友，馬氏以爲顔淵是也。顔子之心，惟知義理之無窮，不見物我之有間，故能如此。　　謝氏曰：「不知有餘在己，不足在人，不必得爲在己，失爲在人，非幾於無我者不能也。」

【餘論】困學紀聞：以能問於不能，以多問於寡，有若無，實若虚，犯而不校：顔子和風慶雲之氣象也。富貴不能淫，貧賤不能移，威武不能屈，孟子泰山巖巖之氣象也。

【發明】王龍溪全集（困勉録引）：顔子嘗自立於無過之地，未嘗獲罪於人。人自犯之，始可言不校。今人以非理加人，人以非理答我，此乃報施之恒，烏得謂之犯？正須自反以求其所未至，故有孟子之自反，然後可進於顔子之不校。　　反身録：顔子以能問不能，若無若虚，與物無競，非其心同太虚，安能如是？在顔子實不自知，而曾子以是稱之，則曾子所養可知矣。今學者居恒動言人當學顔子之所學，試切己自反，果若無若虚，物我無間，惟善是咨，怡然不校乎？　　張伯行困學録：問：程子言孟子才高，學之無可依據，人須學顔子之學，則入聖人爲近，有用力處，是如何？曰：夫子告以視聽言動，則請事斯語；誘以博文約禮，則欲罷不能，是何等力量？得一善則拳拳服膺，是何等持守？不遷怒不貳過，是何等克治？以能問於不能，以多問於寡，有若無，實若虚，犯而不校，是何等氣度？學者能於此處求之，則顔子之學可得矣，亦可以學顔子之所學矣。　　嶺雲軒瑣記：唐一菴先生與門人講「犯而不校」云：「今人但知顔子不校難及，不知一犯字學他不來。」問：「何説？」曰：「顔子持己應物，決不得罪於人，故人有不是加他，方説得是犯。若我輩人有不是加來，必是自取，何曾是犯。」以此知先生克己工夫不可及，而能如此講書者鮮矣。　又云：犯而不校，非但以待同儕，於我下之人亦當如此。蓋校心生於客氣，惟平情以正之可也。

○曾子曰：「可以託六尺之孤，可以寄百里之命，臨大節而不可奪也：君子人與？君子人也。」

【考異】潘氏集箋：託，玉篇人部：「侂，恥各切。侂，寄也。」下引此文作「侂」。經義雜記：説文人部：「侂，寄也。从人，厇聲。厇，古文宅。」言部：「託，寄也。从言，乇聲。」二字音義本同。然據玉篇所引，則論語舊是「侂」字，蓋从言者以言託寄之，从人者以人侂寄之，義各不同。今从言，蓋通借字。顧野王所見古本作「侂」，與説文合。　舊文無「人」字，釋文曰：「君子也，一本作『君子人』也。」　論語古訓：皇、邢本皆有「人」字。　潘氏集箋：拜經日記曰：「皇疏言爲臣能受託幼寄命，又臨大節不回，此是君子人與也。再言君子，美之深也。案此釋經上句作『君子人與』，下句作『君子也』，無『人』字。又引繆協，讀『君子人與君子也』七字爲句，君子人者，言此爲君子一流人，所謂齊同乎君子之道者也。君子也者，有德者之定名，毅然稱之爲君子而無疑也。亦上有『人』字，下無『人』字。今本下文亦衍，皇疏標起止同。又釋文大書『人與』二字，注云：『音餘。』又大書『君子也』三字，注云：『一本作君子人也。』然則陸德明本上有『人』字，下無『人』字，其所見本已同今本矣。」

【考證】吴昌宗四書經注集證：周禮地官鄉大夫之職：「國中自七尺以及六十，野自六尺以及六十有五，皆征之。」韓詩外傳云：「國中二十行役。」則七尺者二十也。其升降皆五年，則六尺者十五也。孟子五尺之童乃十歲也。四書釋地三續：周禮鄉大夫之職有「六尺」字，賈疏謂年十五，而鄭注論語增「以下」二字妙。蓋寄託者何必定十五歲？即十四十三亦可。春風堂隨筆：古以二歲半爲一尺，五尺是十二歲以上，十五歲則稱六尺。

【集解】孔曰：「六尺之孤，幼少之君也。寄命，攝君之政令也。」何曰：「大節者，安國家定社稷也。不可奪者，不可傾奪之也。」

【唐以前古注】邢疏引鄭注云：六尺之孤，年十五已下。皇疏引繆協云：夫能託六尺於其臣，寄顧命於其下，而我無二心，彼無二節，授任而不失人，受任而不可奪，故必齊同乎君子之道，審契而要終者也。非君子之人與君子者，孰能要其終而均其致乎？

【集注】其才可以輔幼君，攝國政，其節至於死生之際而不可奪，可謂君子矣。與，疑辭。也，決辭。設爲問答，所以深著其必然也。

【餘論】朱子語類：才節兼全，方謂之君子。無其才而徒有其節，雖死何益。如受託孤之責，己雖無欺之之心，却被人欺。受百里之寄，己雖無竊之之心，却被人竊。亦是己不能受人之託受人之寄矣。伊川說：「君子者，才德出衆之名。孔子曰：『君子不器。』既曰君子，須事事理會得方可。」

按：託孤寄命，大節不奪，古惟伊尹、周公、諸葛亮之流足以當之。若文天祥、史可法諸君，雖心竭力盡，繼之以死，而終於君亡國破。則雖時數之不齊，而究於可託可寄之義有間矣。聖門論人未嘗不才德並重，朱子非不知之，而其後議論乃偏重德行而薄事功何也？

【發明】反身録：不遇盤根錯節，無以别利器。不遇重大關節，無以别操守。居恒談節義，論成敗，人孰不能？一遇小小利害，神移色沮，隕其生平者多矣？惟遺大投艱，百折不回，既濟厥事，又全所守，非才品兼優之君子其孰能之？

○曾子曰：「士不可以不弘毅，任重而道遠。仁以爲己任，不亦重乎？死而後已，不亦遠乎？」

【考異】後漢書祭遵傳注引孔子曰：「仁以爲己任，不亦重乎？死而後已，不亦遠乎？」又張衡傳注引論語：「孔子曰：『死而後已，不亦遠乎？』」俱以曾子爲孔子。文選思玄賦注引「死而後已，不亦遠乎」，亦題「子曰」字。晁補之雞肋集：楊景芬墓志引「任重而道遠」至「不亦遠乎」，亦題「孔子曰」字。

按：古人著書，全憑記憶，引書出論語，則以爲孔子，而不知其誤也。此類甚多，附識於此。或曰論語古亦稱孔子，如今人稱道德經爲老子，南華真經爲莊子之類，亦可備一説。

【集解】包曰：「弘，大也。毅，强而能決斷也。士弘毅，然後能負重任致遠路也。」孔曰：「以仁爲己任，重莫重焉。死而後已，遠莫遠焉。」

【集注】弘，寬廣也。毅，强忍也。非弘不能勝其重，非毅無以致其遠。仁者人心之全德，而必欲以身體而力行之，可謂重矣。一息尚存，此志不容少懈，可謂遠矣。

【餘論】李光地論語劄記：前文連記曾子數章，以盡於此。合而觀之，以能問於不能章是弘，可以託六尺之孤章是毅，但其根本則在戰戰兢兢以存心，而用力於容貌顔色辭氣之際而已。蓋心彌小則德彌宏，行彌謹則守彌固。易之大過，任天下之重者也，而以藉用白茅爲基。大壯，極君子之剛者也，而以非禮弗履自勝。故朱子之告陳同甫曰：「臨深履薄，斂然於規矩準繩之中，而其自任以天下之重者，雖賁、育不能奪也。」可謂得曾子之傳者矣。楊名時論語劄記：傳聖人之道者，顔、曾二子。「有疾」五章記曾子語而舉其稱述顔子者，則希賢以希聖之塗徑在兹矣。首記曾子臨殁所示戰兢危懼之旨，次及病革所舉容貌顔色辭氣之重，所謂戰兢危懼者，即在此三貴間而已。籩豆之事，凡涉於文具法制之末者，皆其類也。此即君子不多之旨。孟子「諸侯之禮未學，班爵禄之類，祇聞其略」，不害爲傳道之大賢也。虚受者進學之不已，忘怒者己私之凈盡，驗之於日用容止之際，察之於性情度量之間，而所謂於聖道庶乎者可得矣。輔主庇民扶危定傾之業，豈有外於此邪？皆一敬之所操存涵養，使無虧其天德之純者，非以仁爲己任者能之乎？約之於方寸者此仁，布之於民物者亦此仁，與静虚寂滅能敬而無義者懸殊矣。死而後已，而全而受者，至此乃全而歸矣。故學之節次，知恥近勇其始也，莊敬日彊其中也，存順殁寧其終也。是在善法曾子者。抑論君子者，定之於託孤寄命，臨大節而不可奪之時，而其平日所從事，乃在於去暴慢，消鄙倍，根心生色，不驕不争，有以養而成之。雖欲頃刻之不戰兢惕厲而可得乎？暴慢鄙倍不信之盡蠲，驕吝忿争之盡去，則於夫子之温良恭儉讓者幾矣。

【發明】黄氏後案：蘇子由臣事策引此經而申之曰：「天下之不公，足以敗天下之至剛。而天下之不剛，亦足以破天下之至公。二者相與並行。」蘇説亦是毅非强忍。見後篇勝重致遠，名兼宏毅，以毅爲致遠，亦失也。仁以爲己任，猶孟子所謂「自任以天下之重」也。後漢書荀彧傳論曰：「誠仁爲己任，期紓民於倉卒也。」三國志邴原傳注：「孔融以書喻原，云：『仁爲己任，授手援溺，振民於難。』」古人言仁兼德業，不輕事功也。論語稽：弘毅以器識言，重遠以事功言。蓋必有此器識，而後能建此事功也。士之義推十合一，通古今而任事者也。由士而大夫，由大夫而卿相，而君，皆由士推而上之。禮表記篇：「子曰：『仁之爲器重，其爲道遠。舉者莫能勝也，行者莫能致也。』」在常人視天下事無與於己，而士則任天下事如己事，倘非弘毅，何以勝之？

○子曰：「興於詩，

【集解】包曰：「興，起也，言修身當先學詩也。」

【唐以前古注】皇疏引江熙云：覽古人之志，可起發其志也。

【集注】興，起也。詩本性情，有邪有正，其爲言既易知，而吟詠之間，抑揚反覆，其感人又易入。故學者之初，所以興起其好善惡惡之心而不能自已者，必如此而得之。

【餘論】論語集注述要：「興於詩」句，集注曰：「詩有邪有正。」曰：「興起其好善惡惡之心。」嘗竊疑之，古人歌詩舞蹈，自初學即以習之，春秋教以禮、樂，冬夏教以詩、書，固自周初遠古而來也。集注所謂詩有善有惡者，當指國風諸淫詩言。此等詩考其年代，不過入春秋後始有之，古人列於學宮，原無此等之詩。以先王所以不教之淫詩而爲加入學課，曰恐學者知勸善不知懲惡，知夫子必不然矣。然而三百篇中明明有淫詩何也？曰淫詩惟風有之。風者，天子命輶軒之所採，欲以知其國政俗之善惡而加奬懲者，故善惡並陳，而備存於册府。其不善者流於民間誠有之，頒之學宮則未聞。孟子曰：「王者之迹熄而詩亡，詩亡然後春秋作。」是入春秋後已爲詩亡之時，則并存於册府而無有也。故知論語所謂學詩，所謂興於詩，必除諸淫詩外指其正者而言。其諸淫詩，當如天子採録，備以知其美惡得失，非即以其宣淫之語，端人正士所不樂聞者，令諸學者朝夕諷誦，嗓聒於先生長者之前也。其學詩而有所興，乃詩之教孝者可以興於孝，教貞者可以興於貞，興於善則惡不期遠而自遠，非必學淫詩始可以懲淫也。學淫詩而懲淫，學之成者或能之。初學知識初開，血氣未定，導以淫詩，直如教猱升木，勸之云耳，何懲之有？大學之「上老老則民興孝，上長長則民興弟。一家仁，一國興仁。一家讓，一國興讓」，皆言以此感者以此應，無有言以邪感以正應者。興之爲義，因感發力之大，沁入於不自知，奮起於不自已之謂，是惟詩歌爲最宜，教者宜如何慎重選擇。因世多誤解，特詳辨之。黄氏後案：以聖門之學詩言之，於邱隅黄鳥之緜蠻而惕人之知止，於妻子兄弟之和合而喜親之能順，於高山景行而思好仁之心，於諸姑伯姊而思尊親之序者，夫子也。於倩盼素絢而知禮之後，於切磋琢磨而知學之進，卜氏、端木氏也。於鳶飛魚躍而知化之及於物，於衣錦尚絅而知文之惡其箸者，子思也。推之坊記言睦族讓貴齒，大學言治國平天下，皆引詩以爲證，亦夫子之教也。

立於禮，

【考證】潘氏集箋：季氏篇「不學禮，無以立」，堯曰篇「不知禮，無以立也」，則立必於禮也。

【集解】包曰：「禮者，所以立身也。」

【集注】禮以恭敬辭遜爲本，而有節文度數之詳，可以固人肌膚之會、筋骸之束，故學者之中，所以能卓然自立而不爲事物之所摇奪者，必於此而得之。

成於樂。」

【集解】包曰：「樂所以成性。」

【唐以前古注】皇疏引王弼云：言有爲政之次序也。夫喜懼哀樂，民之自然，感應而動，則發乎聲歌，所以陳詩採謡，以知民志。風既見其風，則損益基焉，故因俗立制，以達其禮也。矯俗檢刑，民心未化，故必感以聲樂，以和神也。若不採民詩，則無以觀風；風乖俗異，則禮無所立；禮若不設，則樂無所樂；樂非則禮，則功無所濟，故三體相扶而用有先後也。筆解：韓曰：「三者皆起於詩而已，先儒略之，遂惑於二矣。」李曰：「詩者，起於吟咏性情者也。發乎情，是起於詩也。止乎禮義，是立於禮也。删詩而樂正雅、頌，是成於樂也。三經一原也，退之得之矣。」

【集注】樂有五聲十二律，更唱迭和，以爲歌舞。八音之節，可以養人之性情，而蕩滌其邪穢，消融其渣滓，故學者之終，所以至於義精仁熟而自和順於道德者，必於此而得之，是學之成也。

【餘論】四書翼注：興詩立禮易曉，成於樂之理甚微。蓋古人之教，以樂爲第一大事。舜教胄子，欲其直温寬簡，不過取必於依永和聲數語。太史公樂書謂：「聞宮音使人温舒而廣大，聞商音使人方正而好義，聞角聲使人惻隱而愛人，聞徵聲使人好善而樂施，聞羽聲使人整齊而好禮。」此自古相傳之語。周官大司樂教國中子弟，一曰樂德，中、和、祇、庸、孝、友。一曰樂語，興、道、諷、誦、言、語。一曰樂舞，即六代之樂。樂師、小胥分掌之。俾學其俯仰疾徐周旋進退起訖之節，勞其筋骨，使不至怠惰廢弛；束其血脈，使不至猛厲憤起。今人不習其事，與之語亦莫能知也。集注「蕩滌其邪穢」，指淫心不生，此句亦易曉。「消融其渣滓」，指傲氣不作，此養到事，非得力於樂不能矣。論語傳注：詩之爲義，有興而感觸，有比而肖似，有賦而直陳，有風而曲寫人情，有雅而正陳道義，有頌而形容功德。説之故言之，言之不足，故長言之；長言之不足，故嗟嘆之，學之而振奮之心、勉進之行油然興矣，是興於詩。恭敬辭讓，禮之實也。動容周旋，禮之文也。朝廟、家庭、車輿、衣服、宮室、飲食、冠昏、喪祭，禮之事也。事有宜適，物有節文，學之而德性以定，身世有準，可執可行，無所摇奪，是立於禮。論倫無患，樂之情也；欣喜歡愛，樂之官也；手之舞之，足之蹈之，天地之命，中和之紀，學之則易直子諒之心生，易直子諒之心生，則樂；樂則安，安則久，久則天，天則神，是成於樂。

○子曰：「民可使由之，不可使知之。」

【考異】經義雜記：書堯典正義引六藝論云：「若堯知命在舜，舜知命在禹，猶求於羣臣，舉於側陋，上下交讓，務在服人。孔子曰：『人可使由之，不可使知之。』此之謂也。」與此注義同，皆言愚者不可使盡知本末也。疑鄭注魯論本作「人可使由之」，六藝論引同，故注云「務使人從之」，不作「民」字。　潘氏集箋：「民」之作「人」，當是仲達避唐諱，非必魯論異文也。春秋繁露深察名號篇云：「民者，瞑也。」民之號取之瞑也。書多士序「遷頑民」，鄭注：「民，無知之稱。」荀子禮論「外是民也」，楊倞注：「民，泯無知者。」皆足證不可使知之義。

【集解】由，用也。可使用而不可使知者，百姓能日用而不能知。

【唐以前古注】禮記喪服傳疏引鄭注：民，冥也，其見人道遠。後漢書方術傳注引鄭注：由，從也。言王者設教，務使人從之。若皆知其本末，則愚者或輕而不行。皇疏引張憑云：爲政以德，則各得其性，天下日用而不知，故曰可使由之。若爲政以刑，則防民之爲奸，民知有防而爲奸彌巧，故曰不可使知之。言爲政當以德，民由之而已；不可用刑，民知其術也。

【集注】民可使之由於是理之當然，而不能使之知其所以然也。程子曰：「聖人設教，非不欲家喻而户曉也。然不能使之知，但能使之由之爾。若曰聖人不使民知，則是後世朝四暮三之術也。豈聖人之心乎？」

【別解一】淩鳴喈論語解義：此章承上章「詩禮樂」言，謂詩禮樂可使民由之，不可使知之。

劉氏正義：上章是夫子教弟子之法，此民亦指弟子。孔子世家言：「孔子以詩、書、禮、樂教，弟子蓋三千焉，身通六藝者七十有二人。」身通六藝，則能興能立能成者也。其能興能立能成，是由夫子教之，故大戴禮言其事云：「説之以義而視諸體也。」此則可使知之者也。自七十二人之外，凡未能通六藝者，夫子亦以詩、書、禮、樂教之，則此所謂可使由之，不可使知之之民也。謂之民者，荀子王制篇：「雖王公士大夫之子孫，不能屬於禮義，則歸之庶人。」庶人即民也。

按：此説以民指弟子，終覺未安。愚謂孟子盡心篇：「孟子曰：『行之而不著焉，習矣而不察焉，終身由之而不知其道者，衆也。』」衆謂庸凡之衆，即此所謂民也，可謂此章確詁。紛紛異説，俱可不必。

【別解二】論語稽：對於民，其可者使其自由之，而所不可者亦使知之。或曰：輿論所可者，則使共由之。其不可者，亦使共知之。均可備一説。

按：趙佑温故録云：「民性皆善，故可使由之。民性本愚，故不可使知之。王者爲治但在議道自己，制法宜民，則自無不順。若必事事家喻户曉，日事其語言文字之力，非惟勢有所不給，而天下且於是多故矣，故曰不可。」其言至爲明顯，毫無流弊。集注將「不可」改爲「不能」，本煞費苦心。而程子之言，意在爲聖人迴護。殊不知聖言俟諸百世而不惑，刻意周旋，反爲多事也。

【餘論】論語傳注：顔習齋先生曰：「此治民之定法也。修道立教，使民率由乎三綱五常之路，則會其有極，歸其有極，此可使者也。至於三綱五常之具於心性，原於天命，使家喻而户曉之，則離析其耳目，惑蕩其心思，此不可使知也。後儒聖學失傳，乃謂不能使之知，非不使之知，於是争尋使知之術，而學術治道俱壞矣。」劉開論語補注：非常之原，黎民懼焉。及臻厥成，天下晏如也。聖人利物濟世，其創法制宜，用權行道，要使吾民行之有裨而已，固不能使之曉吾意也。易曰：「通其變，使民不倦。神而化之，使民宜之。」當其時，民無有不由者也，然豈能識其故乎？盤庚遷殷，民皆不欲，盤庚決意行之，誥諭再三，而民始勉强以從其後，卒相與安之。此可由不可知之明驗也。子産治鄭，都鄙有章，鄭民始怨而後德之。故使之行其事可也，而欲使明其事則勢有不能。是不可知者，即其所可由者也。若如集注以可由爲理之當然，語類以使之由之爲教以人倫之事，則大不然。人倫日用之道，豈唯使民由之，並當使民知之。古者飲射讀法原使民習其事而知其理，孟子云：「謹庠序之教，申之以孝弟之義。」故民出則負耒，入則横經。由之則欲使知之，知之悉，則由之豈不更善？先王之時，婦人孺子皆知禮義，教使然也。以此爲由，何不可知之有？至於以理之所以然爲不可使之知，則是學者且不得聞，何況於民？其不可使亦不待言矣。

○子曰：「好勇疾貧，亂也。人而不仁，疾之已甚，亂也。」

【考異】論衡問孔篇「而」作「之」。

【集解】包曰：「好勇之人而患疾己貧賤者，必將爲亂。」孔曰：「疾惡太甚，亦使其爲亂。」

【唐以前古注】後漢書郭泰傳注引鄭注：不仁之人，當以風化之。若疾之甚，是益使爲亂也。

皇疏引繆協云：好勇則剛武，疾貧則多怨，以多怨之人習於武事，是使之爲亂也。

【集注】好勇而不安分，則必作亂。惡不仁之人而使之無所容，則必致亂。二者之心善惡雖殊，然其生亂則一也。

【餘論】黄氏後案：張思叔以亂爲自亂其心，亦備一説。後漢書張儉傳論云：「終嬰疾甚之亂。」范蔚宗以後漢黨錮之禍起于疾惡之已甚也，是古説亦指世亂言，欲治世者平其心。論語述何：春秋於畔盜則誅之，於吴、楚則先治小惡，不爲已甚，此其義也。此木軒四書説：知好勇疾貧者之易於作亂，則亟當思所以處之。知疾不仁已甚者之必將致亂，則亦當思所以處之。立言之意，皆爲主持世道之人而發。

【發明】讀四書叢説：人而不仁，疾之已甚，而致亂，蓋教君子當知時審勢也。不仁者固所當惡，大學所謂「迸諸四夷，不與同中國」，可謂甚矣，理之正也，蓋時可爲而勢足以制之，何憂其生亂。若處非其時，而勢不能誅討，徒疾惡之，則鮮有不致亂者，漢之宦者是已。君子非不惡之，不得時與勢，禍徧及於君子之身，而國竝以亡，唐之末路亦類是也。聖人之言，其旨遠哉！

# 論語集釋卷十六

## 泰伯下

○子曰：「如有周公之才之美，使驕且吝，其餘不足觀也已。」

【考異】顏氏家訓治家篇引文「如有」作「雖有」。皇本「使」上有「設」字，「已」下有「矣」字。

【考證】韓詩外傳：周公踐天子之位七年，布衣之士所贄而師者十人，所友見者十二人，窮巷白屋所先見者四十九人，時進善百人，教士千人，官朝者萬人。當此之時，誠使周公驕而且吝，則天下賢士至者寡矣。成王封伯禽於魯，周公誡之曰：「往矣！子無以魯國驕士。吾，文王之子，武王之弟，成王之叔父也。又相天子，吾於天下亦不輕矣。然一沐三握髮，一飯三吐哺，猶恐失天下之士。吾聞德行寬裕，守之以恭者榮；土地廣大，守之以儉者安；禄位尊盛，守之以卑者貴；人衆兵强，守之以畏者勝；聰明睿智，守之以愚者善；博聞强記，守之以淺者智。夫此六者，皆謙德也。」九經古義：周書寤敬篇：「周公曰：『不驕不悋，時乃無敵。』」此周公生平之學，所以裕制作之原也。夫子因反其語，以誡後世之爲人臣者。論語偶談：周書寤敬篇：「周公曰：『不驕不悋，時乃無敵。』悋即吝也。緣公平日有此言，故特現公身爲恃才者説法。

【集解】孔曰：「周公者，周公旦。」

【唐以前古注】皇疏引王弼云：人之才美如周公，設使驕恡，其餘無可觀者，言才美以驕恡棄也。況驕恡者必無周公才美乎？設無設有，以其驕恡之鄙也。

【集注】才美，謂智能技藝之美。驕，矜夸。吝，鄙嗇也。程子曰：「此甚言驕吝之不可也。蓋有周公之德，則自無驕吝。若但有周公之才而驕吝焉，亦不足觀矣。」又曰：「驕氣盈，吝氣歉。」愚謂驕吝雖有盈歉之殊，然其勢常相因。蓋驕者吝之枝葉，吝者驕之本根，故嘗驗之天下之人，未有驕而不吝，吝而不驕者也。

【餘論】四書辨疑：程子説「驕氣盈，吝氣歉」，其説誠是。盈與歉勢正相反，無遞互相因之理。而注文以爲雖有盈歉之殊，然其勢常相因。又謂驕爲枝葉，吝爲本根。皆是硬説，誠未見有自然之理也。驕與吝元是兩種，實非同體之物。今以吝鄙慳嗇爲本根，却生驕矜奢侈之枝葉，豈通論乎？吝與「出納之吝」之吝字義同。蓋矜己傲物謂之驕，慳利嗇財謂之吝。驕則從於奢，吝則從於儉，此皆眼前事，不難辨也。注言驗之天下之人，未有驕而不吝、吝而不驕者，此言正是未嘗真實驗之於人也。石崇、王愷之驕矜，未嘗聞其有吝也。王戎、和嶠之吝嗇，未嘗聞其有驕也。雖然，人之氣禀，萬有不同，驕吝之中，又有差等，非可一例言之也。試於天下人中以實驗之，大抵驕而不吝、吝而不驕者多，驕吝兼有者少。既已矜己傲物，而又慳利嗇財，此之謂使驕且吝，比之一於驕一於吝者尤爲可鄙。其餘雖有才美，皆不足觀也已。劉開論語補注：周公之才即書所謂「能多才多藝」之才，其美自不待言。使有其才之美而既驕且吝，則才不足有爲，大本已失，其餘所行之事，雖有小善，亦不足觀矣。天下才美之人，豈無一端之稍善，但驕吝則不能進德，德既無見，餘行何足觀焉？如此而其餘之義始有着落也。程子云：「但有周公之才而驕吝焉，亦不足觀。」是其餘二字可以無用，反不如後儒謂「才美驕吝，其才即無可觀」更爲直捷矣，而聖人之言不成贅文哉？若以驕吝則才爲其餘事，故不足觀，尤爲無理。聖人以德爲主，材藝本其餘者，何待驕吝之後，而始爲餘事乎？黄氏後案：古有以德稱才者，如易天地人爲三才；左傳「高陽氏才子齊聖廣淵，明允篤誠，高辛氏才子忠肅共懿，宣慈惠和」是也。有才德分言者，如左傳「酆舒有三儁才。怙其儁才，而不以茂德，兹益罪也」是也。周公之才，依書金縢篇，周公自稱多材多藝，才亦不甚重，與此經合。范氏淳夫必謂此才即德，非也。

○子曰：「三年學，不至於穀，不易得也。」

【考異】皇本「也」下有「已」字。天文本論語校勘記：古本、足利本、唐本、津藩本、正平本「不易得也」下有「已」字。

【音讀】釋文：穀，公豆反。孔云：「善也。」易，孫音亦，鄭音以豉反。集解孔氏讀穀如爾雅釋詁「穀緌」之穀。胡寅論語詳説：以「至」爲「志」，則其義益精，或聲同而字誤也。朱子或問：此處解不一，作「志」稍通耳。集注考證：或疑「至」當訓及，朱子不與其説。然圈外取楊氏之説，似亦不及於禄之意。

按：舊注訓穀爲善，義極費解，不如朱注之善。惟改「至」作「志」，乃宋儒好竄亂古經之惡習，不可爲訓。解釋此章當推李塨論語傳注最爲簡明，録之如左：

「學，入大學也。學記『比年入學』，謂每年皆有入學之人也。『中年考校』，謂間一年而考校其道藝也，是三年矣。學古入官之念於兹動矣。乃心專在於學，並不至於穀禄，此其人豈易得哉？至，猶到也。」

論語稽之説稍異，附載於下：「三年言久，非三期也。凡比及三年、宦三年意皆同。穀訓禄，本之爾雅釋言，即憲問章『邦有道穀，邦無道穀』之穀。至，到也。不至於穀，言其心在學不在禄也。」

【考證】胡紹勳四書拾義：周禮鄉大夫職：「三年則大比，考其德行道藝，而興賢者能者。」又：「使民興賢，出使長之。使民興能，入使治之。」州長職：「三年大比，則大考州里。」遂大夫職：「三歲大比，則帥其吏而興甿。」據此，知古者賓興，出使長，入使治，皆用爲鄉遂之吏，可以得禄。此三年，定期也。若有不願小成者，則由司徒升國學。王制：「命鄉論秀士升之司徒，曰選士。司徒論選士之秀者而升之學，曰俊士，升於司徒者不征於鄉，升於學者不征於司徒，曰造士。大樂正論造士之秀者，以告於王，而升諸司馬，曰進士。司馬辨論官材，論進士之賢者以告於王，而定其論。論定然後官之，任官。然後爵之，位定然後禄之。」此爲王朝之官，而當鄉遂大比，志不及此。蓋庶人仕進有二道，可爲選士者，司徒試用之；可爲進士者，司馬能定之。司徒升之國學，其選舉與國子同，小成七年，大成九年，如學記：「比年入學，中年考校。一年視離經辨志，三年視敬業樂羣，五年視博習親師，七年視論學取友，謂之小成。九年知類通達，彊立而不反，謂之大成。」若侯國取士，亦三年一行。射義：「諸侯歲獻貢士於天子」，注云：「三歲而貢士。」據此，知侯國亦三年一取士也。後人躁於仕進，志在干禄，鮮有不安小成者，故曰「不易得」。

四書辨證：三年是考課之期，士苟自課有得，亦易有動於中者。若概言學之久，尚欠分曉。至字不改亦可。君子爲學，義是學境，利非學境，界限最易訛亂。或心下見不真，即自認以爲學境，而渾身全在利鄉。謂之至者，不但身履其地，即心到其鄉，或念頭點點打此經過，亦是至也。孔注：「穀，善也。不可得，言必無也。」論語解曰：「學之久而不至於善，則亦難乎其得之矣。」按二説費解。鄭注周禮司禄云：「禄之言穀。年穀豐乃制禄，亦代耕之義也。」惟此説是。

按：荀子正論：「其至意至闇也。」又云：「是王者之至也。」楊倞注並云：「至當爲志。」古志、至二文通，惟此章「至」字不改亦得，辨證之説是也。

【集解】孔曰：「穀，善也。言人三歲學，不至於善，不可得，言必無也，所以勸人學也。」

【唐以前古注】釋文引鄭注：穀，禄也。皇疏引孫綽云：穀，禄也。云三年學足以通業，可以得禄，雖時不禄，得禄之道也。不易得己者，猶云不易己得也，教勸中人已下也。

按：隸釋漢孔彪碑：「龍德而學，不至於穀。浮游塵埃之外，皭焉汜而不俗。郡將嘉其所履，前後聘召，蓋不得已，乃翻爾束帶。」是訓穀爲禄，本漢儒舊説，而邢疏了不兼採，以廣其書，甚矣其陋也。

【集注】穀，禄也。「至」疑當作「志」。爲學之久而不求禄，如此之人不易得也。

【别解一】南軒論語解：穀者，取其成實之意，故以訓善焉。善者，實也。三年學矣，而不至於善，善之難得也如此。論語集説：穀者，善之實也。學之三年之久，而不至於善，則亦難乎其得之矣。若苟知所以用其力，必有月異而歲不同者。

按：集説之例，凡朱注有改經文者則從南軒，然義實紆曲，仍不可從。

趙佑温故録：三年猶不至善，是至善之難。經言至之不易，所以勉人之遜志時敏也。

按：此説雖與前稍異，然以論語用語例推之，如「邦有道穀，邦無道穀」之類，均作穀禄解，無訓爲善者，故知其誤也。

【别解二】論語訓：三年者，國學考校之期。至，謂入學也。世卿多不恒肄業，故三年不至。世禄世爵，穀易得矣。而無學終敗，仍不易得也。

按：此解以「不至」斷句，亦備一義。

【發明】朱子語類：問：三年學而不至於穀，是無所爲而爲學否？曰：然。馮從吾四書疑思録：祇爲志穀一念，不知忙壞古今多少人。且無論聖學無所爲而爲，即穀之得與不得，豈係於志？人第不思耳。康有爲論語注：蓋學者之大患，在志於利禄。一有此心，即終身務外欲速，其志趣卑污，德心不廣，舉念皆温飽，縈情皆富貴，成就抑可知矣。而人情多爲禄而學，此聖人所由歎也。

○子曰：「篤信好學，守死善道。

【考證】羣經平議：「善道」與「好學」對文，善亦好也。吕氏春秋長攻篇曰「所以善代者乃萬故」，高誘注曰：「善，好也。」然則守死善道，言守之至死而好道不厭也。正義以「善道」連文，增不離二字以成其義，非經旨矣。

【集解】包曰：「言行當常然也。」

【唐以前古注】皇疏：此章教人立身法也。寧爲善而死，不爲惡而生，故云守死善道。

【集注】篤，厚而力也。不篤信則不能好學，然篤信而不好學，則所信或非其正。不守死則不能以善其道，然守死而不足以善其道，則亦徒死而已。蓋守死者，篤信之效；善道者，好學之功。

危邦不入，亂邦不居。天下有道則見，無道則隱。

【考異】後漢書獨行傳：李業嘆曰：「危國不入，亂國不居。」

【集解】包曰：「危邦不入，謂始欲往也。亂邦不居，今欲去也。臣弑君、子弑父，亂也。危者，將亂之兆也。」

【唐以前古注】皇疏：見彼國將危，則不須入仕也。我國已亂，則宜避之不居住也。然亂時不居，則始危時猶居也。危者不入，則亂故宜不入也。

【集注】君子見危授命，則仕危邦者無可去之義，在外則不入可也。亂邦易危，而刑政綱紀紊矣，故潔其身而去之。天下舉一世而言，無道則隱其身而不見也。此惟篤信好學，守死善道者能之。

【發明】反身録：問：列國之時，邦域各别，遇邦危固可以不入，邦亂可以不居。若在一統之世，際危亂奈何？曰：小而郡縣，大而省直，亦邦也。中間豈無彼善於此者乎？故處蜀而罹矰，李巨游之往禍足鑒。入關而獲免，管幼安之見幾可欽。此木軒四書説：危亂之邦，其君相不能用人聽言，雖有扶危定亂之術，無所復施其力，故不入不居，非特爲避禍而已。

**邦有道，貧且賤焉，恥也。邦無道，富且貴焉，恥也。」**

【考異】潛夫論本政篇引文兩「邦」字俱作「國」。列女傳：柳下惠妻曰：「君子有二恥，國無道而貴，恥也；國有道而賤，恥也。」

【考證】中論爵禄篇：或問：「古之君子貴爵禄與？」曰：「然。」「諸子之書稱爵禄非貴也，資財非富也，何謂乎？」曰：「彼遭世之亂，見貴而有是言，非古也。古之制爵禄也，爵以居有德，禄以養有功。功大者禄厚，德遠者爵尊。功小者其禄薄，德近者其爵卑。是故觀其爵，則别其人之德也；見其禄，則知其人之功也。古之君子貴爵禄者蓋以此也。孔子曰：『邦有道，貧且賤焉，恥也。』文、武之教衰，黜陟之道廢，諸侯僭恣，大夫世禄，爵人不以德，禄人不以功，竊國而貴者有之，竊地而富者有之，姦邪得願，仁賢失志，於是則以富貴相詬病矣。故孔子曰：『邦無道，富且貴焉，恥也。』」

【唐以前古注】皇疏引江熙云：不枉道而事人，何以致無道之寵，所以恥也。夫山林之士，笑朝廷之人束帶立朝，不獲逍遥也。在朝者亦謗山林之士褊厄也。各是其所是，而非其所非。是以夫子兼宏出處之義，明屈伸於當時也。

【集注】世治而無可行之道，世亂而無能守之節，碌碌庸人，不足以爲士矣，可恥之甚也。

【餘論】李光地論語劄記：危邦不入，亂邦不居，是猶有邦之可擇也。若夫天下無邦，則惟有隱遯不出而已，故又言：「天下有道則見，無道則隱。」然可以隱則隱矣，萬一姓名既著，鄉國既知，舉世混濁，莫適之也；父母之邦，不可去也；則惟有固守貧賤，以終其身而已，故又言：「邦有道，貧且賤焉，恥也。邦無道，富且貴焉，恥也。」反覆説來，究歸於安守貧賤而止，故曰「守死善道」也。三段重疊複説，所謂「邦」字、「天下」字皆有意指，不然末段却成贅語。

○子曰：「不在其位，不謀其政。」

【考異】皇本「政」下有「也」字。

【集解】孔曰：「欲各專一於其職也。」

【集注】程子曰：「不在其位，則不任其事也。若君大夫問而告者則有矣。」

【餘論】四書辨疑：南軒曰：「謀政云者，己往謀之也。若有從吾謀者，則亦有時而可以告之矣。」此與程子之説，於事理皆通。然與經文却不相合，經中本無分别君大夫已往從吾之文。王滹南曰：「又有不待從吾謀，不必君大夫之問，而亦可以謀者，蓋難以言盡也。然則聖人之意果何如？曰：此必有爲之言。豈當世之人有侵官犯成而不知止者，故聖人譏之。或身欲有爲而世不用，因以自解與？是皆不可知。要之非決定之論也。」此説盡之矣，不須别論。此木軒四書説：孔子對哀公衹云舉直錯枉，不説某某當舉，某某當錯，三桓當如何。對景公衹云君君臣臣，父父子子，不説陳氏當如何，公子陽生等當如何。此「不在其位，不謀其政」之義。

【發明】林希元四書存疑：此衹是不相侵越職分之意。謀是謀欲爲之也，故不可。若窮居而思天下之事，艸茅言當世之務，亦可爲出位乎？論語稽：易曰「君子思不出其位」，況謀政乎？非惟無補，且以招禍，此漢、唐、宋、明黨禍之所以爲世戒也。孟子：「位卑而言高，罪也。」中庸：「君子素其位而行，不願乎其外。」又云：「在上位不陵下，在下位不援上。」皆此意也。

○子曰：「師摯之始，關雎之亂，洋洋乎盈耳哉！」

【音讀】黄氏後案：鄭君訓始爲首，而云「首理其亂」，是鄭君以理亂爲亂，八字爲句。劉氏正義：據注義，則「師摯之始關雎之亂」八字爲一句。言正聲既失，師摯獨能識之，而首理其亂。云首理，則他詩亦依次理之可知。今知鄭義不然者，關雎諸詩列於鄉樂，夫子言觀於鄉而知王道之易易，明其時鄉樂尚未失正，不得有鄭、衛亂之，故知鄭義有未合也。

【考證】論語駢枝：始者，樂之始。亂者，樂之終。樂記曰：「始奏以文，復亂以武。」又曰：「再始以著往，復亂以飭歸。」皆以始亂對舉，其義可見。凡樂之大節，有歌有笙，有閒有合，是爲一成。始於升歌，終於合樂，是故升歌謂之始，合樂謂之亂。周禮太師職：「大祭祀，帥瞽登歌。」儀禮燕及大射皆太師升歌。摯爲太師，是以云「師摯之始」也。合樂，周南關雎、葛覃、卷耳、召南鵲巢、采蘩、采蘋凡六篇。而謂之「關雎之亂」者，舉上以該下，猶之言文王之三、鹿鳴之三云爾。升歌言人，合樂言詩，互相備也。洋洋盈耳，總歎之也。自始至終，咸得其條理，而後聲之美盛可見。言始亂，則笙閒在其中矣。孔子反魯正樂，其效如此。趙德四書箋義纂要：儀禮鄉飲酒禮，工鼓瑟而歌鹿鳴、四牡、皇皇者華，然後笙入堂下，磬南北面立，樂南陔、白華、華黍。又閒歌魚麗，笙由庚，歌南有嘉魚，笙崇邱，歌南山有臺，笙由儀，乃合樂，周南關雎、葛覃、卷耳、召南鵲巢、采蘩、采蘋。合樂者，謂堂上有歌瑟，堂下有笙磬，合奏此詩也。邦國燕禮則不歌，笙閒之後，即合鄉樂周南、召南關雎、鵲巢以下六詩。鄉射禮則不歌笙不閒，惟合此六詩而已。蓋以二南者，夫婦之道，生民之本，王化之端。此六篇者，其教之原也，故用之鄉人，用之邦國，必以此而合樂焉，此所謂亂也。而所謂關雎之亂以爲風始者，關雎爲國風之始也。顧夢麟四書說約：案儀禮鄉飲酒禮、鄉射禮、燕禮，樂凡四節，工歌鹿鳴、四牡、皇皇者華，所謂升歌三終也，比歌止瑟，此第一節。笙入堂下，磬南北面立，樂南陔、白華、華黍，所謂笙入三終也，輔笙止磬，此第二節。笙入三終之後，閒歌魚麗，笙由庚，歌南有嘉魚，笙崇邱，歌南山有臺，笙由儀，歌笙相禪，故曰閒，所謂閒歌三終也，此第三節。乃合樂，周南關雎、葛覃、卷耳，召南鵲巢、采蘩、采蘋，則堂上下歌瑟及笙並作，所謂合樂三終也，此第四節。味合樂並作語，似其樂既正之後，至第四節歌關雎始盛，非謂至此猶盛，以終該始之謂也。解亂爲卒，則此第四節處三節之後，是其義矣。韋昭云：「曲終乃更變章亂節，故謂之亂。」則關雎爲四節變更之首，亦可通也。

黄氏後案：史記孔子世家「關雎之亂，以爲風始」，正義曰：「亂，理也。」王氏離騷「亂曰」注亦云：「亂，理也。」孔氏樂記「復亂以飭歸」疏曰：「亂，治也。復，謂舞曲終，舞者復其行位而整治。」又「復亂以武」疏曰：「舞畢反復亂理。欲退之時，擊金鐃而退。」「治亂以相」疏曰：「亂，理也。言治理奏樂之時先擊相。」諸説以理亂曰亂，訓詁無異。國語魯語：「閔馬父曰：『昔正考父校商之名頌十二篇於周太師，以那爲首，其輯之亂曰：自古在昔，先民有作。温恭朝夕，執事有恪。』」韋注：「凡作篇章，義既成，撮其大要以爲亂辭。詩者，歌也，所以節舞者也。如今三節舞矣。曲終乃更變章亂節，故謂之亂。」是韋注亂訓變亂，而爲曲終之名。劉彦和文心雕龍詮賦篇曰：「既履端于倡始，亦歸餘于總亂。序以建言，亂以理篇。那之卒章，閔馬稱亂。故知殷人輯頌，楚人理賦，斯並鴻裁之寰域，雅文之樞轄也。」劉意亂訓理亂，而爲終篇之名。顔氏漢書揚雄傳甘泉賦「亂曰」注與劉正同。集注「亂，樂之卒章」，正本諸説。亂既曲終之名，關雎自成一曲，何以總名曰亂？朱子究無定説。金吉甫考證云：「辭以卒章爲亂，樂以終爲亂。此統言周南之樂，自關雎而終於麟趾也。」此别一義。近解以合樂爲亂，趙鐵峰、顧麟士有此説，亦非朱子本解。

按：「亂」字之説不一。史記云：「關雎之亂，以爲風始。」此訓治亂之亂。史遷以關雎爲刺亂之詩，故曰：「周道缺，詩人本之衽席，關雎作。」又曰：「周室衰而關雎作。」魯詩、韓詩説皆同。然「洋洋盈耳」乃贊歎之辭，若云刺亂，何洋洋之有？此説非也。朱注訓樂之卒章，毛奇齡引張文虪曰：「春秋傳，那詩以末章『自古在昔』六句爲亂，爲卒章，武詩以末『耆定爾功』一句四字爲卒章，則關雎當以末四句爲卒章。」此一説也，於義較合。然關雎一詩僅二十句，以云洋洋盈耳之盛，似猶未協。清代學者多主合樂之説，而莫詳於淩氏廷堪之禮經釋例。程氏廷祚論語説亦主之，固不獨劉氏台拱及趙鐵峰、顧麟士諸人也。

【集解】鄭曰：「師摯，魯太師之名。始，猶首也。周道衰微，鄭、衛之音作，正樂廢而失節。魯太師摯識關雎之聲而首理其亂者，洋洋盈耳，聽而美之。」

【集注】師摯，魯樂師名摯也。亂，樂之卒章也。史記曰：「關雎之亂，以爲風始。」洋洋，美盛意。孔子自衛反魯而正樂，適師摯在官之初，故樂之美盛如此。

【别解一】經學卮言：始者，師摯在官之時，雅、頌尚未失所，自初奏迄以終亂，合樂關雎，洋洋盡美。今自師摯適齊，此音不可得聞矣，故追而歎之。

【别解二】羣經義證：魯、齊、韓三家皆以關雎爲康王政衰之詩。揚子：「周康王之時，頌聲作乎下，關雎作乎上，習治也。習治則傷始亂也。」論衡謝短篇：「周衰而詩作，蓋康王時也。康王德缺于房，大臣刺晏，故詩作。」晉書司馬彪傳云：「春秋不修，則孔子理之。關雎之亂，則師摯修之。」是春秋託始惠、隱，詩託始康王，其義一也。

按：以關雎之亂爲傷始亂，與夫子歎美之意不甚相合，以本古義，故存之。

○子曰：「狂而不直，侗而不愿，悾悾而不信，吾不知之矣。」

【考證】劉氏正義：書顧命「在後之侗」，某氏傳：「在文王後之侗稚。」焦氏循補疏以爲「僮」字之叚借。莊子山木篇「侗乎其無識」，釋文：「侗，無知貌。」庚桑楚篇「能侗然乎」，釋文：「三蒼云：『殼直貌。』」「殼」即「愨」省。廣雅釋言：「愿，愨也。」愨，謹義近。後漢書劉瑜傳「臣悾悾推情」，李賢注：「悾悾，誠愨之貌。」廣雅釋訓：「悾悾，誠也。」呂氏春秋下賢篇「空空乎其不爲巧故也」，高誘注：「空空，愨也。巧故，僞詐。」「空空」與「悾悾」同。荀子不苟篇：「君子愚則端愨而法，小人愚則毒賊而亂。」又云：「端愨生通，詐僞生塞，誠信生神，夸誕生惑。」

【集解】孔曰：「狂者進取，宜直也。侗，未成器之人，宜謹愿也。悾悾，愨愨也，宜可信也。言皆與常度反，我不知之。」

【唐以前古注】釋文引鄭注：愿，善也。文選勸進箋注引鄭注：悾悾，誠愨也。皇疏引王弼云：夫推誠訓俗，則民俗自化。求其情僞，則儉心兹應。是以聖人務使民皆歸厚，不以探幽爲明；務使姦僞不興，不以先覺爲賢。故雖明竝日月，猶曰不知也。

【集注】侗，無知貌。愿，謹厚也。悾悾，無能貌。吾不知之者，甚絶之之辭，亦不屑之教誨也。

蘇氏曰：「天之生物，氣質不齊，其中材以下，有是德必有是病，有是病必有是德，故馬之蹏齧者必善走，其不善走者必馴。有是病而無是德，則天下之棄才也。」

【發明】四書近指：中人之資，最懼不自安其本分，而多一作爲，却是自喪其本心。不直、不愿、不信，正坐此病。

○子曰：「學如不及，猶恐失之。」

【集解】學自外入，至熟乃可長久。如不及，猶恐失之耳。

【唐以前古注】皇疏引李充云：學有交勞而無交利，自非天然好樂者，則易爲懈矣。故如懼不及，猶恐失之，況可怠乎？又引繆協云：中正曰學自外來，非夫內足，恒不懈惰，乃得其用。如不及者，已及之。猶恐失者，未失也。言能恐失之，則不失；如不及，則能及也。

【集注】言人之爲學，既如有所不及矣，而其心猶竦然惟恐其或失之，警學者當如是也。程子曰：「學如不及，猶恐失之，不得放過，纔説姑待明日，便不可也。」

【餘論】讀四書大全説：猶恐失之，朱子合上句一氣讀下，意味新巧。二句之義，用心共在一時，而致力則各有方，不可作夾帶解。失者，必其曾得而復失之謂，若心有所期得而不能獲，則可謂之不得，而不可謂之失。且有所期而不能獲，即不及之謂爾。云如不及矣，而猶恐不能得，則文句復而無義。且既以如不及之心力爲學，而猶以不得爲恐，則勢必出於助長而先獲。此二句顯分兩段，如不及者以進其所未得，猶恐失者以保其所已得也。未得者在前而不我親，如追前人而不之及也。已得者執之不固則遺忘之，如已所有而失之也。四書辨疑：一章之義，注文渾説在學之既得之後，程子渾説在學之未得之前。注文專主於温故，程子專主於知新。二家之説義皆不備。黄氏曰：「爲學之勤，若有追逐然，惟恐其不及。用心如此，猶恐果不可及而竟失之也，況可緩乎？」大意與程子之説無異。惟其言頗明白易曉爲優，然亦止是施功於未得之前，專務知新而已。舊疏云：「言學自外入，至熟乃可久長。勤學汲汲如不及，猶恐失之也，何況怠惰而不汲汲者乎？」此説解學如不及在未得之先，解猶恐失之在既得之後，上下兩句相須爲義，知新温故不偏廢也。但其言辭不甚順快，宜與黄氏之文相配爲説。蓋爲學之勤，汲汲然常如有所不及，用心如此，猶恐他日怠於温習而或失之，況其學先怠惰而不汲汲者乎？

按：此章即「日知所無，月無亡所能」之義，朱注既偏於温故，程注又偏於知新，二者蓋兩失之。

【發明】反身録：爲身心性命而學，則學如不及，猶恐失之，君子自强不息之心也。爲富貴利達而學，則學如不及，猶恐失之，鄙夫患得患失之心也。同行異情，人品霄壤。

○子曰：「巍巍乎！舜、禹之有天下也而不與焉。」

【考異】白虎通聖人篇引論語：「巍巍乎！舜、禹之有天下而不與焉。」無「也」字。漢書王莽傳、晉書劉寔傳、論衡語增篇引文，俱無「也」字。

【音讀】汪沆論語集注剩義曰：王莽傳引孔子云云，師古注曰：「舜、禹治天下，委任賢臣，以成其功，而不身親其事也。」此讀與爲預，與集注不同。

【考證】論語稽求篇：言任人致治，不必身預，所謂無爲而治是也。若謂視之若無有，則是老氏無爲之學，非聖治矣。袗衣鼓琴可藐視，天下可藐視耶？漢書王莽傳，太后詔曰：「選忠賢，立四輔，羣下勸職。孔子曰：『舜、禹之有天下也而不與焉。』」晉劉寔作崇讓論有云：「舜、禹有天下不與，謂賢人讓于朝，小人不爭于野。以賢才化無事，至道興矣。己仰其成，何與之有？」王充論衡云：「經云上帝引逸，謂虞舜也。舜承安繼治，任賢使能，恭己無爲而天下治。故孔子曰：『巍巍乎！舜、禹之有天下也而不與焉。』」是漢後儒者皆如此說。且此直指任賢使能爲無爲而治之本，正可破王、何西晉老氏虛無之學，觀者審之。黄氏後案：孟子答陳相，上言以不得人爲憂，下言非無所用心，中引此經及下章爲證。而此經下章「舜有臣五人而天下治」，復騈章類敍，則不與者，得人善任，不身親其事也。漢書王莽傳，太后詔曰：「選忠賢，立四輔，羣下勸職。孔子曰：『巍巍乎！舜、禹之有天下而不與焉。』」顔注：「言委任賢臣，以成其功，而不身親其事也。與讀曰豫。」王充論衡語增篇云：「舜承安繼治，任賢使能，恭己無爲而天下治。故孔子曰：『巍巍乎！舜、禹之有天下而不與焉。』」晉劉寔崇讓論曰：「舜、禹有天下而不與，謂賢人讓於朝，小人不爭於野，己仰其成，何與之有？」

按：黄式三、毛奇齡據孟子及漢、晉諸家説，以爲不與即無爲之意，言得人善任，不身親其事也。味本文語氣，及下章堯之則天無名、舜、武之五臣十臣類推之，其義較長。集注失之。

【集解】美舜、禹己不與求天下而得之也。巍巍者，高大之稱。

按：劉氏正義云：「魏篡漢得國，託於舜、禹之受禪，故平叔等解此文以不與爲不與求也。魏志明帝紀注引獻帝傳云：『仲尼盛稱堯、舜巍巍蕩蕩之功者，以爲禪代乃大聖之懿事也。』又文帝紀注引魏氏春秋云：『帝升壇禮畢，顧謂羣臣曰：「舜、禹之事，吾知之矣。」』當時援舜、禹以文其奸逆，大約皆以爲不求得之矣。」

【唐以前古注】皇疏：一云：孔子歎己不預見舜、禹之時也。又引王弼云：逢時遇世，莫如舜、禹也。又引江熙云：舜、禹皆禪，有天下之極，故樂盡其善，歎不與並時。蓋感道契在昔，而理屈當今也。

【集注】巍巍，高大之貌。不與，猶言不相關，言其不以位爲樂也。

【別解】論語訓：舜、禹皆不當有天下而有之，既有，亦若無與於舜、禹，言皆堯功也。

【餘論】四書翼注：舜、禹之不與富貴，猶孔、顏之不與疏食簞瓢，心有所在，不暇及也。必兼此義乃備。魯岡或問：巢許見有富貴，恐其沾染，故謝而逃之，潔己而已，未聞君子之大道也。聖人不見有富貴，故入其中而不染，惟藉是盡吾職分所當爲，使天下無不治，而富與貴不與焉。且凡有天下時，平成教養，萬世仰賴之功，亦不過職分内事，又何與焉？所以巍巍也。

【發明】蔡清四書蒙引：一命一爵之榮，猶能盛人之氣，奪人之志。舜、禹以匹夫之身，一旦而享天下之貴，而能處之超然，不以爲樂，若無所與於天下者，此其氣象視尋常人何啻萬倍。巍巍，言其大過人也。若以有其位而遂盛其氣，則自卑小矣。舜、禹亦祇是内重而見外之輕。反身録：人若見得透時，則知有天下原不足與。天下尚然，況區區尋常所有乎？一或縈懷，便爲心累。省身録：凡讀一章書，即宜考驗自己能否。如讀舜、禹有天下而不與，不必驗之天下也，但看目前小名微利，能不動心否；小技小能，能不自恃否。小者不與，則大者可望擴充。如小者不能不與，而曰我異日處富貴不動心，其誰信之乎？

按：省身録，鄢陵蘇源生著。其人與方宗誠同時，純然主敬派理學也。書凡十卷，多門面語，且門户之見甚深。世少傳本。獨此條頗有精采，特録之以存其書。

〇子曰：「大哉堯之爲君也！巍巍乎！唯天爲大，唯堯則之。蕩蕩乎！民無能名焉。

【考異】韓李筆解本兩「唯」字皆作「惟」。説苑至公篇、後漢書班固傳注、文選公讌詩注引皆作「惟」。翟氏考異：舊本論語例用「唯」字，孟子用「惟」字。此自當以「唯」爲正。明末刻注疏，上惟从心，下唯从口。今坊本又或上唯从口，下唯从心。兩文並施，誤謬尤甚。

【考證】書堯典曰：「若稽古帝堯」，正義引鄭注：「稽，同。古，天也。言堯能順天而行之，與之同功。」論衡自然篇：堯則天而行，不作功邀名，無爲之化自成。故曰：「蕩蕩乎！民無能名焉。」年五十者擊壤於塗，不能知堯之德，蓋自然之化也。藝文類聚人部四載孔融聖人優劣篇曰：荀愔等以爲聖人俱受乾坤之醇靈，稟天地之和氣，該百王之高善，備九德之淑懿，極鴻源之深閒，窮品物之情曠，蕩出於無根，沈微淪於無内，器不是周，不充聖極。荀以爲孔子稱「大哉堯之爲君！惟天爲大，唯堯則之」，是爲覆蓋衆聖，最優之明文也。孔以堯作天子九十餘年，政化治於人心，雅頌流於衆聽，是以聲德發聞，遂爲稱首。則易所謂久於其道，而天下化成，百年然後勝殘去殺，必世而後仁者也。故曰「大哉堯之爲君」也。堯之爲聖也，明其聖與衆聖，但以人見稱爲君爾。

日知録：堯、舜、禹皆名也，古未有號，故帝王皆以名紀，臨文不諱也。考之尚書，帝曰「格汝舜」，「格汝禹」，名其臣也。堯崩之後，舜與臣言則曰帝。禹崩之後，五子之歌則曰皇祖。無言堯、舜、禹者，不敢名其君也。

【集解】孔曰：「則，法也。美堯法天而行化也。」包曰：「蕩蕩，廣遠之稱也。言其布德廣遠，民無能識其名焉。」

【唐以前古注】皇疏引王弼云：聖人有則天之德，所以稱「唯堯則之」者，唯堯於時全則天之道也。蕩蕩，無形無名之稱也。夫名所名者，於善有所章，而惠有所存，善惡相須，而名分形焉。若夫大愛無私，惠將安在？至美無偏，名將何生？故則天成化，道同自然，不私其子，而君其臣，惡者自罰，善者自功，功成而不立其譽，罰加而不任其刑，百姓日用而不知所以然，夫又何可名也？

筆解：韓曰：「堯仁如天，不可名狀其高遠，非不識其名也。」

【集注】唯，猶獨也。則，猶準也。蕩蕩，廣遠之稱也。言物之高大莫有過於天者，而獨堯之德能與之準，故其德之廣遠亦如天之不可以言語形容也。

【餘論】論語補疏：謚法「民無能名曰神」，孟子言「聖而不可知之之謂神」。殺之而不怨，利之而不庸，民日遷善而不知爲之者，故君子所過者化，所存者神。不可知，故無能名。無爲而治，故不可知。繫辭傳云：「黄帝、堯、舜氏作，通其變，使民不倦。神而化之，使民宜之。」孔子稱黄帝，「民得其利百年，畏其神百年，用其教百年」。神而化之，故畏其神。堯之無能名，舜之無爲而治，皆神也。「爲政以德，譬如北辰居其所而衆星共之」，包云：「德者無爲。」易之四德爲元亨利貞，天以寒暑日月運行爲道，聖人以元亨利貞運行爲德，用中而不執一，故無爲。無爲，故不可知。不可知，故民無能名。民運行於聖人之元亨利貞，猶衆星運行於天之寒暑日月。民可使由之，不可使知之，故黄帝、堯、舜承伏羲、神農之後，以通變神化，立萬世治天下之法。論語凡言堯、舜，皆發明之也。曰「爲政以德」，曰「恭己正南面」，曰「修己以敬」，此堯、舜所以神通其變，使民不倦，神而化之，使民宜之。此堯、舜所以爲德，即德即神，即神即德。故云「顯道，神德行」，又云「神而明之，存乎其人，默而成之，不言而信，存乎德行」，皆化裁推行之至用也。「民無能名」四字，爲成功文章之本，爲則天之實也。包注尚未詳。

**巍巍乎其有成功也，焕乎其有文章！」**

【考異】詩大雅卷阿「伴奂爾游矣」，正義曰：「奂爲文章。故孔晁引孔子曰：『奂乎其有文章。』」魏書李崇請修世室明堂表曰：孔子稱「巍巍乎其有成功，郁郁乎其有文章」。漢書儒林傳、敍傳、論衡齊世篇、陳書文學傳序、唐文粹柳冕答孟判官書引文，「文章」下俱有「也」字。七經考文：一本「章」下有「也」字。後漢書馬融傳注引論語：「堯之爲君，焕乎其有文章，巍巍乎其有成功。」上下易置。又馮衍傳注引論語：「惟天爲大，唯堯則之。焕乎其有文章，蕩蕩乎人無能名焉。」牽此語入上節。翟氏考異：别雅云：「劉熊碑『涣乎成功』，論語作『焕』。碑用語文而變火作水。」此説非也。論語「焕乎」乃言文章，彼屬成功。上易涣卦正義云：「大德之人，建功立業，散難釋險，故謂之涣。」則彼自用涣卦之涣，何關於論語乎？

【考證】説文無「焕」字。論語後録：詩「伴奂爾游矣」，傳：「伴奂，廣大有文章也。」毛蓋以廣大釋伴，文章釋奂。是奂與焕同。潘氏集箋：檀弓「美哉奂焉」，正義引王云：「奂，言其文章之貌也。」孔晁亦引孔子云：『奂乎有文章。』」皆用此文。是古本皆作「奂」，不作「焕」，作「焕」非也。劉熊碑「涣乎成功」，「涣」亦借字。劉氏正義：上世人質，歷聖治之，漸知禮義，至堯、舜而後文治以盛。又載籍尚存，故尚書獨載堯以來，自授時外，若親睦平章，作大章之樂。又大戴禮五帝德言堯事云：「黄黼黻衣，丹車白馬，伯夷主禮，龍夔教舞。」皆是立文垂制之略，可考見也。

【集解】功成化隆，高大巍巍也。焕，明也。其立文垂制復著明也。

【集注】成功，事業也。焕，光明之貌。文章，禮樂法度也。堯之德不可名，其可見者此爾。

【餘論】讀四書大全説：成功非巍巍則可名，湯之割正，武之清明是也，有推與也。文章非焕乎則可名，禹貢之敷錫，周官之法度是也，有斷續也。乃凡此者無不在堯所有之中，而終不足以盡堯之所有，意黄、頊以上之天下别有一風氣，而虞、夏、商、周之所以爲君者一皆祖用。堯之成功文章，古必有傳，而今不可考耳。

○舜有臣五人而天下治。

【考異】後漢書曹節傳審忠上書述文「治」作「理」。

【考證】四書釋地又續：益爲皋陶之子，見孔穎達書疏，陸德明音義、邢昺論語疏、張守節秦本紀注並同，不獨曹大家、高誘、鄭康成而已。而集注、書集傳反闕。金仁山曰：「果如是，則當楚滅六與蓼時。伯翳之後嬴姓，若秦若徐若趙見存，何得臧文仲曰『皋陶不祀』乎？明非屬父子。」非也。臧文仲自傷楚强盛，日薦食上國，而爲上國之祖者祀亦廢，非謂皋陶盡無後。何以驗之？皋陶偃姓，羣舒皆偃姓，則自出于皋陶。滅六與蓼，見文五年傳矣，而文十二年不猶有羣舒叛楚乎？或曰：「皋陶偃姓，伯翳嬴姓，將父子異姓乎？」余曰：古者天子建德，因生以賜姓。堯祁姓，丹朱爲其允子，郤貍姓，何父子同姓之有？余因又悟舜五臣功皆高德皆盛，當禹讓于稷、契暨皋陶而不及益，實以益爲皋陶之子也。又云：人皆知堯有壻，不知舜亦有壻。舜謂栢翳曰：「咨爾費，贊禹功。」爾後嗣將大出，乃妻之姚姓之玉女。姚，舜所受姓。玉女見祭統。言玉女者，美言之，君子於玉比德焉，豈他庶姓女所可稱？是益爲舜壻，皋陶與舜爲婚姻，此亦古今所未經拈出者。　陔餘叢考：史記伯益佐禹，而秦本紀：「秦之先大業娶女華，生大費，大費佐禹平水土，輔舜馴鳥獸，舜妻以姚之玉女，是曰栢翳。」而不言伯益。是以後人皆以栢翳、伯益爲二人。然使佐大禹平水土者另有栢翳一人，則尚書載之，當與稷、契、皋陶同列。乃尚書所載有伯益無栢翳，而伯益作虞，其職在若上下草木鳥獸，與史記所云馴鳥獸者適相脗合，則史記平水土、馴鳥獸之栢翳即尚書若上下草木鳥獸之伯益無疑。惟史記之大費不見於尚書，胡應麟據汲冢書有費侯伯益之語，則大費乃伯益之封國。史記既云大費即栢翳，而伯益實封於費，可見栢翳即伯益也。又按國語「嬴，栢翳之後也」，韋昭注：「即伯益也。」漢書地理志又曰：「秦之先爲伯益，佐禹治水，爲舜虞官。」則栢翳、伯益之爲一人尤明白可證，蓋「翳」與「益」聲相近之訛也。路史以栢翳、伯益爲二人，謂翳乃少昊後，皋陶之子；益乃高陽之第三子隤敳。金仁山則云：「伯翳即伯益，秦聲以入爲去，故謂益爲翳也。若以栢翳爲皋陶之子，則楚人滅蓼之時，秦方盛於西，臧文仲安得云『皋陶庭堅，不祀忽諸』乎？又以益爲高陽之子，則夏啓時應二百餘歲，禹又何從薦之？」是仁山亦以翳、益爲一人也。

按：益爲皋陶之子與否，二說不同，未知孰是。榕村語録曰：「舜有臣二句亦是夫子語，如微子篇『逸民』節亦然，記者提起作案。不然，此語何來？如今史中論贊尚是此體。」

【集解】孔曰：「禹、稷、契、皋陶、伯益也。」

【集注】五人，禹、稷、契、皋陶、伯益也。

**武王曰：「予有亂臣十人。」**

【考異】舊文無「臣」字，釋文曰：「『予有亂十人』，本或作『亂臣十人』，非。」唐石經「予有亂十人」，「亂」下後人旁增「臣」字。困學紀聞：論語釋文「予有亂十人」，左傳叔孫穆子亦曰：「武王有亂十人。」劉原父謂子無臣母之理。然本無「臣」字，舊説不必改。四書拾遺：唐石經作「予有亂十人」，而「亂」下旁注「臣」字。陸氏釋文亦作「予有亂十人」，云：「或作『亂臣十人』，非。」又書泰誓中、左昭二十四年劉子引太誓，唐石經並作「予有亂十人」，而旁注「臣」字。惟襄二十八年叔孫穆子曰：「武王有亂十人。」不旁注。羣經義證：三國志注引劉廙別傳廙表論治道、魏略文帝詔、爾雅郭注引並有「臣」字。陳鱣又引中論亡國篇「周有亂臣十人，而四海服」，謂其誤已久。蛾術編：旁注皆後世妄人所添，非唐人之舊。不然，何以論語、尚書並左傳共四處皆同，竟如有意脱落，故爲旁添，弄此狡獪，有是理乎？且鄭玄注十人首文母，緣十亂本無「臣」字，故文母無嫌。劉原父不通經，妄據俗本生疑，改文母爲邑姜，遂有妄人取唐石經四處皆爲填補「臣」字。然尚留襄二十八年一罅，以穆子約太誓文，非引書，故未遭妄人硬攙「臣」字。明古義盡廢，於是汲古閣刻五處皆直作「亂臣」矣。九經古義：釋文及唐石經無「臣」字。陸氏云：「或作『亂臣十人』，非。」後世因晉時所出太誓以益之邪？劉原父遂闢馬、鄭之説，以邑姜易文母，真臆説也。原父又云：「或云古文無『臣』字，如此則不成文。」尤謬，王伯厚已辨之。

【考證】羣經義證：晉語云：「文王度於閎夭而謀於南宮。」韋昭注：「南宮适。」又云：「重之以周、邵、畢、榮。」韋注：「周，周文公。邵，邵康公。畢，畢公。榮，榮公。」閎夭、南宮适又與太顛、散宜生並見書君奭篇，云「有若閎夭，有若散宜生，有若泰顛，有若南宮括。」兩漢刊誤補遺謂太顛、閎夭、散宜生、南宮适，師古謂文王之四友，表於四友後。又謂「師尚父，此誤也，太顛與師尚父豈異人哉？」書大傳曰：「散宜生、南宮适、閎夭學於太公望，遂見西伯昌於羑里。故孔子曰：『文王得四臣，某亦得四友』。」鄭康成謂周公作君奭，舉虢叔以下五人而不及太公者，太師教文王以大德，周公謙不可以自比。誤與表同，蓋以太顛、太公望爲一人。四書改錯：朱注亂臣十人，本馬融注，此當據陶潛羣輔録所載武王十亂有毛公無榮公者爲正。張文檒曰：「榮公不見經傳，惟國語胥臣云『重之以周、邵、畢、榮』始一及之，然言文王時，非武王時也。若毛公，則武王伐紂時已有毛叔奉明水，及成王顧命，尚與畢公、召公同在卿列。此即左傳所稱魯、衞、毛、聃者，其名視榮公爲大著矣，且淮南鴻烈解有『武王之佐五人』語，高誘注：『五人謂周、召、呂、畢、毛也。』此正割十人之半以爲言者，是五臣尚及毛，豈十臣而反遺之？」潘氏集箋：史記齊世家：「太公望，呂尚也。」或謂尚其名，或謂望其名。又孫子兵法云：「周之興也，呂牙在殷。」則牙亦或是其名，而從未有言太公名顛，安得以書大傳之四臣太公適與太顛相當，遽定爲一人邪？班表、鄭説是也。文母，太姒也。詩卷耳序云：「后妃之志也，又當輔佐君子，求賢審官，知臣下之勤勞。內有進賢之志，而無險詖私謁之心，朝夕思念，至於憂勤也。」論語發微據此，謂：「此言后妃佐文王之事，至武王時，以佐夫者佐其子。然依文王世子言，文王九十七而終，武王九十三而終，則武王作太誓時年已八十有五，以二十而嫁計之，太姒當已百餘歲。」按文王世子所記，今文家說也。周書度邑曰：「自發未生，于今六十年。」周本紀同。自武王未生，至克殷僅六十年，則年五十餘耳。周書古文，史記多古文說，故與今文家不同。揆之事理，古文說是。馬、鄭說論語亦古文，故於十亂並數文母。羣經平議：劉原父七經小傳以子無臣母之理，改爲邑姜。王氏困學紀聞據釋文「予有亂十人」，本無「臣」字，謂舊說不必改。竊謂武王誓師，數其佐治之人而並及其母，稱爲予有，縱無「臣」字，於義亦不可通。疑舊說所謂文母者，亦即邑姜也。文母之稱見於周頌雝篇，曰：「既右烈考，亦右文母。」毛傳曰：「烈考，武王也。文母，太姒也。」以子先母，義殊未安。鄭意不以文母爲太姒，馬融毛詩注不傳，疑其解烈考、文母正爲武王、邑姜。後人習于毛詩之說，但知文母之爲太姒，故於此注文母亦以大姒當之。不知馬融於詩自有注，未必其同於毛傳也。

按：解文母爲太姒，不特子無臣母之義，且年齡恐不相及。俞氏諸說是也。北史齊后妃傳論：「神武肇興，齊業武明，追蹤周亂。」武明即神武妻婁氏。似以十亂有邑姜，六朝時已有此說，亦不始於劉原父也。

羣經音辨：孔安國訓亂曰治，說文解亂亦曰治，从乙。乙治之也。經典大抵以亂爲不理。夫理亂之義，善亂相反，而以治訓亂，可惑焉。若以古文尚書考之，以𠃨、亂字別而近，豈隸古之初傳寫誤合爲一字，而作治亂二訓，後之諸儒遂不復辨與？　集注考證：古文尚書「德惟𠃨否」，德、𠃨二字正與集注合。𠃨字從爪，從糸，從乙。取以手理絲而有條理也。後人𠃨字加乙，與亂相似，故遂誤以「亂」爲「亂」。

【集解】馬曰：「亂，治也。治官者十人，謂周公旦、召公奭、太公望、畢公、榮公、太顛、閎夭、散宜生、南宮适，其一人謂文母。」

按：論語補疏：「官，小臣也。十人，治官者也。馬以官字解臣字，邢疏解作治官之臣，非是。」

【唐以前古注】書太誓正義引鄭注：十人，謂文母、周公、太公、召公、畢公、榮公、太顛、閎夭、散宜生、南宮适也。

【集注】書泰誓之辭。馬氏曰：「亂，治也。十人，謂周公旦、召公奭、太公望、畢公、榮公、太顛、閎夭、散宜生、南宮适，其一人謂文母。劉侍讀以爲子無臣母之義，蓋邑姜也。九人治外，邑姜治内。或曰：「亂本作亂，古治字也。」

**孔子曰：「才難，不其然乎？唐、虞之際，於斯爲盛。有婦人焉，九人而已。**

【考異】漢書王嘉傳引孔子曰：「材難，不其然與？」又劉向傳贊曰：仲尼稱「材難，不其然與？」北史文苑傳：孔子曰：「才難，不其然也？」程復心四書章圖：此處必有缺誤。看「三分有二」一節，突起無頭，缺文可見。日知録：「予有亂臣十人，同心同德」，陳師誓衆之言，所謂十人，皆身在戎行者。太姒、邑姜自在宫壼之内，必不與軍旅之事，亦不必並數之以足十人之數也。牝雞之晨，惟家之索。方且以用婦人爲紂罪矣，乃周之功業必藉於婦人乎？

此理之不可通。或文字傳寫之誤，闕疑可也。螺江日記續編：餘姚邵在𨛍云：「衛氏古文作『有殷人焉』，而韓退之直指爲膠鬲，似可從者。但衛氏古文不知見何書，韓退之説論語筆解亦無之。」翟氏考異：陽羨任氏啓運著四書約旨，又謂漢石經作「有殷人焉」，朱子未見石經，故從邢疏本。漢石經文之略見於今者，前四篇與後四篇耳。泰伯篇久悉湮没，任氏獨何從見之耶？此言亦顯無憑據。潘氏集箋：漢石經爲魯論，有經無注，而以爲注殷人謂膠鬲，其謬甚明。雖馬氏所注爲古文，以婦人爲文母，魯論爲今文，古今文不同，似屬可信。然鄭君兼通今文，石經果爲殷人，豈不知婦人之不可通，而必從其師説乎？釋文序録謂鄭就魯論張、包、周之篇章，考之齊、古，爲之注，是經文先當作「殷人」，即從師説爲「婦人」，亦當如釋文所載「傳不習乎」鄭注「魯讀傳爲專，今從古」，「崔子弑齊君」鄭注「魯讀崔爲高，今從古」之例，云：「魯讀婦爲殷，今從古。」今釋文無此文，則漢石經作「殷人」之説不足辨也。

【音讀】經義述聞：自古人才，惟唐、虞之際與此周爲極盛也，八字作一句讀。四書通考：吴氏程曰：「『唐、虞』至『爲盛』當作一句。」

【考證】黄氏後案：古注謂周才盛於唐、虞。唐、虞兩代五人，周一代十人，是周盛也。申朱子注者云：唐、虞盛於周，而夏、商不能及，難也。十人取足於婦人，難也。周十人而以五人爲盛者，蔡介夫謂不計多寡，顧其人物地位何如也。王伯申訓於爲與，言唐、虞與周爲盛也。劉氏正義：唐、虞之際者，際，猶下也，後也。淮南子修務訓「湯旱，以身禱於桑林之際」，太平御覽皇王部七、禮儀部八引作「桑林之下」。又潛夫論遏利篇：「信立於千載之上，而名傳乎百世之際。」是際有下後之義。夫子此言唐、虞之下，至周乃爲盛也。

按：唐、虞之際猶云唐、虞之後，如此則涣然冰釋矣。集注之説非也。

四書辨證：孔注：「唐者，堯號。虞者，舜號。」邢疏：「書傳云：『堯年十六，以唐侯升爲天子，遂以爲號。或謂之陶唐氏。』書曰：『惟彼陶唐。』世本云：『堯爲陶唐氏。』韋昭云：『陶唐皆國名，猶湯稱殷商。』歷檢書傳，未聞帝堯居陶，以陶冠唐，蓋以二字爲名，所謂或單或複也。舜之爲虞，猶禹之爲夏。外傳稱禹氏曰有夏，則如舜氏曰有虞。顓頊以來地爲國號，而舜有天下，號曰有虞，是地名也。王肅云：『虞，地也。』皇甫謐曰：『堯以二女妻舜，封之於虞。今河東太陽山西虞地是也。』則知舜居虞地，以虞爲氏。堯封之虞爲諸侯，及有天下，遂以爲天子之號。」又云：膠鬲，文王舉而薦之殷。武王伐紂，膠鬲至鮪水，謂「西伯之師焉往」，其不在十亂之數可知。况箕子、膠鬲並稱爲紂臣，孟子業有明文耶？呂氏春秋，桓公謂管仲曰：「仲父治外，夫人治内，寡人知終不爲諸侯笑。」唐書，長孫皇后薨。太宗與羣臣曰：「入宮不聞諫戒之聲，朕亡一良輔矣。」足徵「婦」字非訛，邑姜可足十人數也，不得以身在戎行律之。

【集解】孔曰：「唐者，堯號。虞者，舜號。際者，堯、舜交會之間。斯，此也。於此，於周也。言堯、舜交會之間，比於此周，周最盛，多賢才，然尚有一婦人，其餘九人而已。人才難得，豈不然乎？」

【唐以前古注】皇疏：此是才難之證也。唐、虞，堯、舜有天下之號也。際者，謂堯、舜交代之間也。斯，此也，此謂周也。言唐、虞二代交際，共有此五臣，若比於此周，周最爲盛。雖爲盛，尚不滿十人，十人之中，有文母一婦人，爲十人之數，所以是才難也。季彪難曰：「舜之五臣，一聖四賢。八元八凱，十有六人。據左氏明文，或稱齊聖，或云明哲，雖非聖人，抑亦其次也。周公一人可與禹爲對，太公、召公是當稷、契，自畢公以下，恐不及元凱。就復强相攀繼，而數較少，何故唐、虞人士反不如周朝之盛也耶？彪以爲斯，此也，蓋周也。今云『唐、虞之際於此爲盛』，言唐、虞之朝盛於周室。周室雖隆，不及唐、虞，由來尚矣。故曰巍巍蕩蕩，莫之能名。今更謂唐、虞人士不如周室，反易舊義，更生殊説，無乃攻乎異端，有害於正訓乎？」侃案師説曰：「季氏之意極自允會。春秋傳合當堯、舜，但既多才勝周，而孔子唯云兩代有五人者，别有以也。欲盛美周德隆於唐、虞，賢才多乎堯、舜，而猶事殷紂，故特云唐、虞五而周代十也。又明言有婦人者，明周代之盛，匪唯丈夫之才，抑婦人之能匡弼於政化也。」

【集注】稱孔子者，上係武王君臣之際，記者謹之。才難蓋古語，而孔子然之也。才者，德之用也。唐、虞，堯、舜有天下之號。際，交會之間。言周室人才之多，惟唐、虞之際乃盛於此。降自夏、商，皆不能及。然猶但有此數人爾，是才之難得也。

【餘論】四書辨疑：林少穎破此説曰：「子不可臣母，其理誠是。至以邑姜爲臣，又恐未必也。蓋經既無文，年代久遠，不復可知。而九人者，雖不出周、召之徒，亦不可一一如漢儒所定。要之孔子之意，惟論其才難而已。舜臣五人亦然。」王滹南曰：「少穎之論當矣。晦菴於作者七人，知指名者爲鑿，而復惑於此何也？」又曰：「引注以對經文，上言唐、虞之世人才之盛，其下所指人數却是周之人才，上下語意不相承接。蓋際謂唐、虞之邊際，猶言唐、虞之末也。自唐、虞之末，至於斯爲最盛，然有婦人焉，九人而已。」論語刪正（辨證引）：斯，此也，指今時而言。謂唐、虞交會之際，止得五人，而周有十人，是於周爲盛矣。然十人中止得九人，信乎才之難也。説者謂才不論多寡，故謂舜五人盛於周之十人。而下云九人而已，分明論多寡矣，其謬顯然。四書駁異：似不過謂唐、虞際會以來惟此爲最盛，非較之而言唐、虞盛於周，亦非謂周盛於唐、虞也。四書賸言：舊儒謂唐、虞兩代不如一周。於斯爲盛，猶曰於斯爲美。劉開論語補注：人才莫踰乎唐、虞，而實盛於唐、虞之際。五臣之舉，皆堯在位而舜攝政，其時正當唐、虞之交，故子稱之曰際，非有意合而一之以比周也。自唐、虞之際以後，人才於周爲盛，則非夏、商所及。而注以爲周室人才之多，唯唐、虞之際乃盛於此，是有意合唐、虞以比周室，不知唐、虞之才在乎際，不能分之，而又何須合之也。

**三分天下有其二，以服事殷。周之德，其可謂至德也已矣？」**

【考異】舊文「三」爲「參」。釋文曰：「參，七南反，一音三。本又作『三』。」皇本爲「參」，「周」下無「之」字。天文本論語校勘記：古本、足利本、唐本、津藩本、正平本「周」下無「之」字。後漢書伏湛諫親征疏：參分天下而有其二。文選典引注引論語曰：參分天下有其二。干寶晉紀總論：不暇待參分八百之會用此。後漢書隗囂傳：「昔文王三分，猶服事殷。」又袁術傳：「文王三分天下，猶服事殷。」注引論語亦作「猶服」。後漢紀何進述文亦作「猶服」。史通疑古篇引論語：大哉周之德也。三分天下有其二，猶服事殷。翟氏考異：逸周書太子晉解：「太子言文王三分天下而有其二，服事於商。」知二語非孔子創言之矣。或謂此節宜自爲一章，由周書觀之，疑亦如上例，先舉古書成文，而後記孔子論贊之語，欲別加「孔子曰」字，似宜加于「事殷」下。文王率殷叛國以事紂，乃左傳襄公四年文，應氏誤紏爲一。拜經日記：皇疏本作「參」，云：「參，三也。」後漢書伏湛傳、文選班孟堅典引注並引作「參」，謂唐以前六朝舊本皆作「參」是也。

【考證】四書稗疏：集注謂荆、梁、雍、豫、徐、揚，熊氏謂徐、揚無考。然文王質成虞、芮，虞、芮國在河中，今平陽府境。西伯戡黎，黎今潞安府黎城縣。皆冀州之域。而孟津、牧野固屬豫州，至武王時猶爲殷有，則文王已兼有冀土，而豫州尚多屬紂，則三分者約略言之，非專言六州明矣。九州之域，青、兖、徐、豫小，雍、梁、荆、揚大，非可合三州爲一而三之也。劉氏正義：左襄四年傳：文王帥殷之叛國以事紂，周書程典解：「維三月既生魄，文王率諸侯，撫叛國，而朝聘乎紂。」姚氏配中周易學云：「三分有二，以服事殷。即欲殷有以撫之，此文王之憂患所以獨深也。」

【集解】包曰：「殷紂淫亂，文王爲西伯而有聖德，天下歸周者三分有二，而猶以服事殷，故謂之至德。」

【集注】春秋傳曰：「文王率商之叛國以事紂。」蓋天下歸文王者六州，荆、梁、雍、豫、徐、揚也。惟青、兗、冀尚屬紂耳。范氏曰：「文王之德足以代商，天與之，人歸之，乃不取而服事焉，所以爲至德也。孔子因武王之言而及文王之德，且與泰伯皆以至德稱之，其旨微矣。」或曰：「宜斷『三分』以下，别以『孔子曰』起之，而自爲一章。」

【餘論】四書辨疑：注文與范氏之説，蓋皆以至德爲文王之事。范氏又言「且與泰伯皆以至德稱之，其旨微矣」者，意謂泰伯不欲翦商，文王以服事殷，亦無伐紂之心，故皆稱至德也。此蓋祖襲東坡之説也。東坡曰：「以文王事殷爲至德，則武王非至德明矣。」三説皆有少武王之意，而東坡爲甚。然經中止言周德，本無專稱文王之文，何以知孔子謂武王非至德也？文、武之事殷伐殷，蓋其時有不同，非其心有不同也。南軒曰：「三分天下有其二，以服事殷。非特文王，武王亦然。故統言周之至德，不但曰文王也。蓋紂未爲獨夫，文、武固率天下以事之也。」横渠曰：「使文王未崩，伐紂之事亦不可不爲。」二公所言皆正大之論，不可易也。或曰：「一説斷『三分』以下自作一章。」其説誠是。

【發明】論語集説：論語一書以至德稱者，唯泰伯、文王二人，其旨微矣。泰伯知天下必去商而歸周，故逃之荆蠻而避之。文王三分天下有其二，以服事殷。泰伯、文王均此一心也，此其所以爲至德。四書訓義：建一代之治以定天下者，存乎才。而立遠大之基，以合天心而爲臣民之所咸服者，存乎德。人才難得，故人君不可不以育才爲急。而德未極其至，不可以言德，故君子尤不可不慎修其德也。夫子兩論周事，而知周之所以建卜世之長非偶然矣。

○子曰：「禹，吾無閒然矣。菲飲食而致孝乎鬼神，惡衣服而致美乎黻冕，卑宫室而盡力乎溝洫。禹，吾無閒然矣。」

【考異】七經考文：足利本首句無「矣」字。

【音讀】翟氏考異：古注謂此爲間厠之間，當讀去聲。集注謂無罅隙，似不當更依古讀。

【考證】江永鄉黨圖考：按黻與韍不同，黻是裳上之章，以青與黑之文繡作兩己相背之形。韍是韋蔽膝，左傳「袞冕黻珽」，當作「韍」，乃與下「火龍黼黻」之黻同，作「黻」蓋轉寫之誤耳。若論語「致美乎黻冕」，左傳「晉侯以黻冕命士會」，與冕連文，皆當爲黼黻之黻。故鄭注論語云：「黻是冕服之衣，冕其冠也。」明黻是冕服之章，舉後一章以該他章耳。邢疏既引鄭注，乃解黻爲蔽膝，誤。今集注亦承其誤。論語後録：黻，冕服之章也。古天子十二章，黻最在後。專言黻者，所以該衆章也。春秋左傳曰：「晉侯以黻冕命士會。」士會，卿也。亦言黻者，古黻上下通之。論語發微曰：説文：「市，韠也。」上古衣蔽前而已，市以象之。天子朱市，諸侯赤市，大夫蔥衡，从巾，象連帶之形。韍，篆文市，从韋，从犮。説文又曰：「黻，黑與青相次文。从黹犮聲。」按蔽膝之市，當以「市」爲本字，蓋古文如此，篆文改爲「韍」。此及宣十六年左傳假「黻」爲之，毛詩假爲「芾」，白虎通假爲「紼」。故明堂位「有虞氏服韍」，鄭注云：「韍，或作黻。」此黻冕假「黻」爲「韍」，當訓爲蔽膝。詩「赤芾在股」，箋云：「大古蔽膝之象也。冕服謂之芾，其他服謂之韠，以韋爲之。其制上廣一尺，下廣二尺，長三寸，其頸五寸，肩革帶博二寸。」據箋意，知芾專繫冕服言之，故亦言黻冕。宣十六年左傳「以黻冕命士會」，當是希冕而赤韍蔥衡。白虎通有紼冕篇，明堂位「有虞氏服黻，夏后氏山，殷火，周龍章」，注云：「黻，冕服之韠也，舜始作之，以尊祭服，禹、湯至周增以畫文，後王彌飾也。」彌飾即致美之意。舜作韍以尊祭服，故祭服稱韍冕。至十二章之黻，罕與冕並舉。左傳「袞冕韍珽」，亦以冕與韍連言。下又云「火龍黼黻」，則言裳之一章，特「韍」字不假作「黻」耳。鄭云「祭服之衣」，正以黻爲衣蔽前之制，又惟祭名黻，故云然。劉氏正義：列子楊朱篇：「禹卑宮室，美紱冕。」「紱」與「韍」當是一字。易困九二「朱紱方來」，鄭注：「天子制用朱韍。」是紱即韍無疑也。周官弁師「掌王之五冕」，五冕者，袞冕、鷩冕、毳冕、希冕、玄冕也。諸侯及孤卿大夫之冕，各以其等爲之，而掌其禁令，則大夫以上冠通得稱冕。故說文云：「冕，大夫以上冠也。从冃，免聲。」冃象其上覆。免與俛同。管子小稱篇言禾云：「及其成也，由由乎茲免。」謂禾至成熟下垂，滋益俛也。此免爲俛之義。范甯穀梁傳解云：「冕，謂以木爲幹，衣之以布，上玄下纁，垂旒者也。」白虎通紼冕篇「前俛而後仰，故謂之冕也。」大、小夏侯說，前垂四寸，後垂三寸，則前低於後一寸也。周官弁師疏以爲前低一寸餘，蓋約略言之，未細核耳。叔孫通漢禮器制度云：「冕制皆長尺六寸，廣八寸。天子以下皆同。」應劭漢官儀云：「廣七寸，長八寸。」董巴輿服志云：「廣七寸，長尺二寸。」言人人殊，不知竟孰是也。王制「有虞氏皇而祭，夏后氏收而祭，殷人冔而祭，周人冕而祭」，注云：「皇，冕屬也。」鄭君以皇爲冕，則冔、收亦是冕。毛詩文王傳：「冔，殷冕也。夏后氏曰收，周曰冕。」世本云「胡曹作冕」，注：「胡曹，黄帝臣。」則自古冠通名冕，至夏又别稱收。此文云黻冕者，從舊名之爾。説文：「冠，絭也，所絭髮，弁冕之總名也。」是冠爲首服之大名，冕亦是冠，故注云「冕其冠」也。其字承上句祭服言之，明黻是祭服之衣，冕是祭服之冠也。周官司服云：「王之吉服，祀昊天上帝。」則服大裘而冕，祀五帝亦如之。享先王則衮冕，享先公饗射則鷩冕，祀四望山川則毳冕，祭社稷五祀則希冕，祭羣小祀則玄冕，是冕皆祭服。禹時雖未備有衆制，要冕爲祭服所用矣。弁師云：「掌王之五冕。皆玄冕，朱裏，延紐，五采繅十有二就，皆五采玉十有二，玉笄，朱紘。」此周人之制，當亦依仿古禮爲之。禹之致美，指此類也。義門讀書記：溝洫二字，即班固溝洫志所本，乃治天下之小水，非指行井田也。潘氏集箋：説文「洫」下引「乎」作「于」，史記禹本紀引作「致費于溝淢」，案淢、洫古通。詩文王有聲傳：「淢，成溝也。」是其證。盡力作致費，與上致孝、致美一律，疑史公時古文論語有此異本也。

按：溝洫，周禮遂人、匠人之法不同也，包注本匠人。詳見程瑶田遂人匠人溝洫不同考及井田溝洫名義記，以文繁不録。

集箋又云：説文：「閒，隙也。从門月。」段注：「會意也。門開而月入，門有縫而月光可入，皆其意也。」故凡罅隙皆曰閒，小爾雅亦訓隙，又曰非也。方言同後一解。經傳釋詞：然，猶焉也。檀弓曰：「穆公召縣子而問然。」鄭注：「然之言焉也。」論語「禹，吾無閒然矣」，「若由也，不得其死然」，然字並與焉同義。

【集解】孔曰：「孔子推禹功德之盛美，言己不能復閒厠其閒。」馬曰：「菲，薄也。致孝鬼神，祭祀豐潔也。」孔曰：「損其常服，以盛祭服。」包曰：「方里爲井，井閒有溝，溝廣深四尺。十里爲成，成閒有洫，洫廣深八尺。」

【唐以前古注】邢疏引鄭注：黻，祭服之衣。冕其冠也。皇疏引李充云：夫聖德純粹，無往不備，故堯有則天之號，舜稱無爲而治。又曰：巍巍乎！舜、禹之有天下也而弗與焉。斯則美聖之極名，窮理之高詠矣。至於此章，方復以事跡歎禹者，而豈徒哉？蓋以季主僻王，肆情縱欲，窮奢極侈麗，厚珍膳而簡僞乎享祀，盛纖靡而闕慢乎祭服，崇臺榭而不恤乎農政，是以亡國喪身，莫不由乎此矣。於有國有家者，觀夫禹之所以興也，覽三季之所以亡，可不慎與？

【集注】閒，罅隙也，謂指其罅隙而非議之也。菲，薄也。致孝鬼神，謂享祀豐潔。衣服，常服。黻，蔽膝也，以韋爲之。冕，冠也。皆祭服也。溝洫，田間水道，以正疆界備旱潦者也。或豐或儉，各適其宜，所以無罅隙之可議也。故再言以深美之。楊氏曰：「薄於自奉，而所勤者民之事，所致飾者宗廟朝廷之禮，所謂有天下而不與也，夫何閒然之有？」

【餘論】李氏論語劄記：致孝鬼神，與菲飲食對。致美黻冕，與惡衣服對。盡力溝洫，須知亦是與卑宮室對。當洪水未平，下巢上窟，民不得平土而居之。禹決九川，距四海，使大水有所歸。

然經理終未詳密也，乃復濬畎澮距川，則小水皆有所入，然後四隩既宅，民得安居，是則卑宮室而盡力乎溝洫者。居無求安，而奠萬姓之居是急也。今説此句俱差到爲民謀食上去，不是此章比類文義。

論語述何：禹之治水，因鯀之功，致孝之大者也。不自大其事，不自尚其功，故無閒然。

黄氏後案：此贊夏后之豐儉合宜，以諷世也。周末衣食宫室俱踰禮制，既失之奢。魯惠公時，史角至魯，其後爲晏嬰、墨翟尚儉之學，而自謂宗師大禹，此又異端之漸啓矣。史記曰：「墨者儉而難遵，要其彊本節用，則人給家足之道也。」

【發明】反身録：學者居處食用，儉約方好。禹之無閒然處，只是菲飲食，惡衣服，卑宫室，功在萬世，居臨天下者且然，況常人乎？故養德當自儉始。近代章楓山先生，官至八座，致仕在家，僅小屋三間，前面待客，後面自居。蔬食粗衣，人所不堪，先生處之裕如。門人化之，莫敢華侈。

# 論語集釋卷十七

## 子罕上

○子罕言利與命與仁。

【考異】史記孔子世家引作「子罕與利與命與仁」。　史記辨惑：馬遷併以此言爲「與」字，豈傳寫之訛歟？

【集解】罕者，希也。利者，義之和也。命者，天之命也。仁者，行之盛也。寡能及之，故希言也。

【唐以前古注】皇疏：言者，説也。利者，天道元亨，利萬物者也。與者，言語許與之也。命，天命，窮通夭壽之目也。仁者惻隱濟衆，行之盛者也。弟子記孔子爲教化所希言，及所希許與人者也。所以然者，利是元亨利貞之道也，百姓日用而不知，其理玄絶，故孔子希言也。命是人稟天而生，其道難測，又好惡不同，若逆向人説，則傷動人情，故孔子希説與人也。仁是行盛，非中人所能，故亦希説與人也。然希者非都絶之稱，亦有時而言與人也。周易文言是説利之時也。謂伯牛「亡之，命矣夫」，及云「若由也，不得其死然」，是説與人命也。又孟武伯問子路、冉求之屬仁乎，子曰「不知」；及云楚令尹、陳文子「焉得仁」，並是不與人仁也。而云顔回「三月不違仁」，及云管仲「如其仁」，則是説與人仁時也。　筆解：韓曰：「仲尼罕言此三者之人焉，非謂罕言此三者之道也。」

【集注】罕，少也。程子曰：「計利則害義，命之理微，仁之道大，皆夫子所罕言也。」

【別解一】四書辨疑：若以理微道大則罕言，夫子所常言者，豈皆理淺之小道乎？聖人於三者之中所罕言者，惟利耳，命與仁乃所常言。命猶言之有數，至於言仁，寧可數邪？聖人捨仁義而不言，則其所以爲教爲道，化育斯民，洪濟萬物者，果何事也？王滹南曰：「子罕言利一章，説者雖多，皆牽强不通。利者聖人之所言，仁者聖人之所常言，所罕言者，唯命耳。」此亦有識之論。然以命爲罕言，却似未當。如云「五十而知天命」，「匡人其如予何」，「公伯寮其如命何」，「不知命，無以爲君子也」，如此之類，亦豈罕言哉？説者當以子罕言利爲句。與，從也。蓋言夫子罕曾言利，從命從仁而已。史繩祖學齋佔畢：子罕言者，獨利而已。當以此四字爲句作一義。曰命曰仁，皆平日所深與，此當別作一義。與，如「吾與點也」、「吾不與也」等字之義。康有爲論語注：考之論語，孔子言命仁至多，曰「五十而知天命」，曰「死生有命」，曰「賜不受命」，曰「道之將行也與，命也；道之將廢也與，命也，公伯寮其如命何」，其卒章更大聲疾呼曰：「不知命，無以爲君子。」易言樂天知命，故不憂。窮理盡性，以至于命。子思述之曰：「居易俟命，大德必受命。」孟子述之曰：「得之不得曰有命」，「莫非命也，順受其正」，「知命者不立巖牆之下」，「得之有命，性也有命」。莊子述之曰：「父母豈欲我如是哉？天地豈欲我如是哉？然而至此者，命也夫。」楊子述之爲力命篇，孝經緯述三命曰：「善惡報也。」此爲孔子大義。以令人安處善，樂循理，足以自得，安分無求。常教人者，徵羣經傳，難以悉數。墨子，攻孔子者也，特著非命篇以攻儒。其非儒篇曰：「强執有命以説議曰：壽夭貧富，安危治亂，固有天命，不可損益，窮達賞罰幸否，有極人之知力不能爲焉。羣吏信之，則怠於分職。庶人信之，則怠於從事。不治則亂，農事緩則貧。貧且亂，而儒者以爲道教，是賤天下之人者也。」又曰：「立命緩貧而高浩居，是若人氣鼸鼠藏，而羝羊視，賁彘起，君子笑之，怒曰散人。」公孟篇攻儒亦曰：「貧富壽夭，齰然在天，不可損益。」又曰：「君子必學。」子墨子曰：『教人學而託有命，是猶命人葆而去其冠也。』子墨子謂程子曰：『儒之道足以喪天下四政焉。以命爲有貧富壽夭，治亂安危有極矣，不可損益也。爲上者行之，必不聽治矣。爲下者行之，必不從事矣。此足以喪天下。』程子曰：『甚矣先生之毁儒也。』」儒墨相反相攻，而墨子之攻孔子，以命爲儒者四義之一，則命爲孔子特立第一大義至明矣。若仁，則尤爲孔子特立之義，無往而非言仁者。即論語言仁已四十二章，若以爲罕言，則孔子所多言者爲何也？其説益不可通矣。孔子命仁兩義，千載爲之不明。仁之義尚不可掩，命之義則宋賢怵于此章之義，遂永没孔、孟之大道，今特疏通證明于此。

【别解二】論語補疏：古所謂利，皆以及物言。至春秋時，人第知利己，其能及物遂别爲之義，故孔子贊易，以義釋利，謂古所謂利，今所謂義也。孔子言義，不多言利，故云子罕言利。若言利則必與命並言之，與仁並言之。利與命並言，與仁並言，則利即是義。「子罕言」三字呼應兩「與」字，味其詞意甚明。注以「義之和」釋「利」字，此正是與命與仁之利，爲孔子所言。至以命仁亦子所罕言，孔子固不罕言命、罕言仁矣。徒以利命仁三者不類，乃高置利字以配命仁，不知義之和正子所不罕言者也。論語稱子以四教，子之所慎，子不語，子絶四，下目俱平列。此「子罕言利」爲句，下用兩「與」字，明與諸例爲異。史繩祖學齋佔畢讀兩「與」字爲「吾與點也」之與，謂子所罕言者惟利而已，曰命曰仁，皆平日所深與。此似知注疏之未合，然與點指人之可與，用以指仁，辭不協；用以指命，尤不協也。

【別解三】黄氏後案：説文罕訓䍐，漢書注罕訓畢者，本義也。經傳中罕訓少者，借字也。罕言之「罕」，借爲軒豁之「軒」，古罕、旰二字通用。左氏春秋經昭公元年「鄭罕虎」，定公十五年「鄭罕達」，公羊經作「軒」。軒有顯豁之義，亦曰軒豁，經史中凡言軒輊、軒昂、軒渠、軒翥，與軒豁之義一也。樂記「致右憲左」，注讀憲爲軒。内則「皆有軒」，注讀軒爲憲。禮中庸「憲憲令德」，詩本作「顯」，罕、軒、憲、顯同桓部，音且同母，此音義所以相通。則罕言者，表顯言之也。自史記外戚世家引「罕言命」，孟子列傳引「罕言利」，解罕爲希，何晏因之。然以利爲希言，於是義利之辨不明。迂腐者斥成敗利鈍之計爲人欲，狂妄者臆倡王霸互用之論矣。以命爲希言，於是理數判爲二。儒者以性命爲不傳之秘，又有命不足道之説，且有以術數言命與頹心聽命之説矣。以仁爲希言，於是儒者謂夫子告諸弟子以爲仁，而本體未嘗言。求其本體，須總核諸書之言仁，讀之數年而悟，而説仁者遂玄之又玄。朱子答吕伯恭書云：「俾學者枉費精神，胡亂揣模，雖有志於求仁，而無以用其力於不可識之物，可慨也。」或曰：「訓罕爲希，先儒有非之者歟？」曰：集解不録孔、包、鄭君諸説，則何氏以前諸説未必盡同何氏。今諸説散亡，獨存何解，罕希之訓，學者無所考證，然疑此者固有之矣。李氏筆解云：「孔子罕言此三者之人，非謂罕言此三者之道。」史長慶學齋佔畢謂子所罕言者利，而許言命，許言仁。焦里堂曰：「子罕言利，若言利則必與命竝言之，與仁竝言之，孔子固不罕言命言仁矣。」武虚谷從皇疏，云：「與者，言語許與人也。以子罕貫下三事。」凡此諸説，皆善啓人疑，而意在求實是者歟？然以諸説攷之，不如訓罕爲軒之明瞭也。

按以上三説，以第一説爲最有力。竊謂解此章者多未了解言字之義。蓋言者，自言也。記者旁窺已久，知夫子於此三者皆罕自言，非謂以此立教也。説者徒見弟子問答多問仁，遂疑命仁爲夫子所常言，實則皆非此章之義也。論語中如「小人喻於利」、「放於利而行」、「君子畏天命」、「不知命無以爲君子」、「我欲仁而仁至」、「當仁不讓於師」之類，出於夫子自言者實屬無幾。大抵言仁稍多，言命次之，言利最少，故以利承罕言之文，而於命於仁則以兩「與」字次第之。阮元論語論仁篇：「孔子言仁者詳矣，曷爲曰罕言也？所謂罕言者，孔子每謙不敢自居於仁，亦不輕以仁許人也。」今案夫子晚始得易，易多言利，而贊易又多言命。中人以下，不可語上，故弟子於易獨無問答之辭。今論語夫子言仁甚多，則又羣弟子記載之力，凡言仁皆詳書之，故未覺其罕言爾。龔元玠十三經客難以從訓與，謂罕言者利，而所從者命仁。皆坐不知自言之非問答，故有此疑耳。

○達巷黨人曰：「大哉孔子！博學而無所成名。」

【考異】史記世家「黨人」下有「童子」二字。

【考證】論語後録：達者，巷黨名。「巷黨」二字連讀。雜記「余從老聃助葬於巷黨」是也。人，孟康謂即項槖。史記作「達巷黨人童子曰」。國策曰：「項槖生七歲，爲孔子師。」康蓋據此。「槖」，淮南子説林訓作「託」。一統志：達巷在滋陽縣西北五里，相傳即達巷黨人所居。翟氏考異：禮曾子問篇：「孔子曰：『昔吾從老聃助葬于巷黨。』」注謂：「巷黨，黨名。」此所云達巷黨或即一地。不然，既云巷，又云黨，不綦詞複乎？史遷謂黨人即項槖，七歲而爲孔子師，故意加童子二字，然不本自正典，不足信。潘氏集箋：淮南子脩務訓、論衡實知篇同。隸釋逢盛碑作「后槖」。新序雜事篇：「齊閭邱卬曰：『秦項槖七歲爲聖人師。』」以項槖爲秦人，此當由甘羅嘗言之，故以爲秦人。漢書董仲舒對策：「臣聞良玉不瑑，資質潤美，不待刻瑑，此亡異於達巷黨人不學而自知也。」孟康注：「人，項槖也。」論語偶記曰：「史記孔子世家稱達巷童子。童子而知聖學之博，正不學自知者。四書考異以爲不本正典不足信，然漢人相傳如此，當必有據。」

按：秦策：「甘羅曰：『項槖七歲爲孔子師。』」新序、淮南子修務訓、論衡實知篇皆同。漢書董仲舒傳：「此亡異於達巷黨人不學而自知。」孟康注：「人，項橐也。」王厚齋謂孟康之説不知所出。論語注疏無之。釋隸載逢盛碑以爲后橐。皇甫謐高士傳亦稱達巷黨人姓項名橐。顔氏家訓以項橐與顔回同爲短折。弘明集亦云：「顔、項夙夭。」故世傳其十歲即亡，然經傳所未見，故集註置之。禮記曾子問：「子曰：『昔者吾從老聃助葬於巷黨。』」其地當在王畿，滋陽今屬兖州府。此出方志附會，未敢信也。文選顔延之皇太子釋奠詩注引嵇康高士傳：「孔子問項橐曰：『居何在？』曰：『萬流屋。』」注曰：「言與萬物同流匹也。」未知何據。

【集解】鄭曰：「達巷者，黨名也。五百家爲黨。此黨人之美孔子博學道藝，不成一名也。」

【唐以前古注】皇疏引王弼云：譬猶和樂出乎八音乎，然八音非其名也。又引江熙云：言其彌貫六流，不可以一藝取名焉，故曰大也。

【集注】達巷，黨名。其人姓名不傳。博學無所成名，蓋美其學之博，而惜其不成一藝之名也。

【餘論】論語補疏：無所成名，即民無能名，所謂「焉不學，無常師」、「無可無不可」也。孔子以民無能名贊堯之則天，故門人援達巷黨人之言以明孔子與堯、舜同。大哉孔子，即大哉堯之爲君。博學無所成名，即蕩蕩乎民無能名。孔子之學即堯、舜之學也。孔子云「吾何執」，篇末云「未可與權」，惟其權所以不執一，而民無能名無閒然也。雖別爲一篇，實與上相承接。論語稽求篇：博學而無所成名，鄭康成謂此邦人之美孔子博學不成一名，故夫子以謙承之，所謂不成一名者，非一技之可名也。故正義曰：「言不以一名止也。」惟不以一名止，則欲執一名無如射御，故夫子謙言執御。其説自明。南史王僧辯爲梁元帝作勸進表，有云：「博學則大哉無所成名。」博學即大，大即無所成名，上下一貫，全無委屈，六季時儒者其説經明晰類如此。

子聞之，謂門弟子曰：「吾何執？執御乎？執射乎？吾執御矣。」

【考異】七經考文補遺：古本作「吾執射乎吾執御」。

【集解】鄭曰：「聞人美之，承以謙也。吾執御者，欲名六藝之卑也。」

【集注】執，專執也。射御皆一藝，而御爲人僕，所執尤卑。言欲使我何所執以成名乎，然則吾將執御矣。聞人譽己，承之以謙也。

【別解】論語訓：曾子問記孔子與老聃助葬於巷黨。彼周京之地，此達巷蓋里名。黨人，黨正下士，稱人也。主鄉飲之禮。孔子歸老爲撰者，因公會相見。稱孔子，知已爲大夫也。惜其不仕，僅傳博學名。門弟子，門人弟子也。弟子受學者，門人在其家執事者，家臣之類。歸老教授，故有門弟子。門弟子別於國子及里塾者。吾何執，言人不用吾，非吾不仕。大夫有馬，其子曰能御未能御。執御，言復仕也。黨正以射選士，孔子已仕，不能復選也。言曾爲大夫，非黨正所能用也。

【發明】李氏論語劄記：聖人之或默或語，無非教者。如此章答語，非姑以謙辭塞黨人之言。蓋汎濫而不精於一，誠學者大病。聖人雖不然，然黨人既有是言，則直受之而已。六藝莫麤於射御，而御較射又麤，學無精麤，而必由麤者始。人之爲學，往往馳心高妙，而有不屑卑近之過，此子游所以薄灑掃應對爲末節，而見譏於子夏也。聞人言而思所執，一則虚受反己，二則教弟子守約務近，非苟爲謙而已也。

○子曰：「麻冕，禮也。今也純，儉，吾從衆。

【音讀】釋文：純，順倫反。絲也。鄭作側基反。黑繒也。　禮記玉藻「大夫純組綬」，鄭注曰：「純當爲緇字，或糸旁才。」正義曰：「鄭讀純爲緇，其例有異。若純文純帛，分明而色不見者，以黑色解之，即讀爲緇。如論語云：『麻冕，禮也。今也純，儉。』稱古用麻，今用純，則絲可知也。以色不見，故讀純爲緇。若色見而絲不見，則不破純字，以義爲絲。昏禮『女次純衣』，注云：『純衣，絲衣。』如此之類是也。」　周禮媒氏「純帛無過五兩」，鄭注曰：「純實緇字也。古緇以才爲聲。」疏曰：「緇以絲爲形，才爲聲，故誤爲純字。但古之緇有二種，其緇布之緇糸旁甾，後不誤，故禮有緇布冠、緇布衣，存古字。若以絲帛之緇，則系旁才，此字諸處不同。絲理明者即破爲色，此純帛文。祭統『蠶事以爲純服』，論語『麻冕，禮也。今也純，儉』，如此之類，皆絲理自明。」　儀禮士冠禮疏曰：古緇、紎二字並行，若據布爲色者，則爲緇字。據帛爲色者，則爲紎字。但緇布之「緇」多在，本字不誤。紎帛之「紎」如媒氏「純帛」，祭統「純服」，論語「今也純」，俗則多誤爲「純」。　困學紀聞：釋文以鄭爲下音，今讀者乃從上音如字，非也。　經讀考異：近讀「今也純」句，「儉」句，與下文「今拜乎上」句，「泰也」句相對。　後漢書陳元傳引孔子曰：「純儉，吾從衆。」以「純儉」字連讀。　梁氏旁證：禮記玉藻正義、儀禮士冠禮正義並引論語「今也純儉」，後漢書陳元上疏亦引作「純儉」，與邢疏同，似皆以「純儉」連讀。而集注改讀，其義益明。

【考證】論語古訓：祭統正義云：「鄭氏之意，凡言純者，其義有二：一絲旁才，是古之緇字。二絲旁屯，是純字。但書文相亂，雖是『緇』字，竝皆作『純』。鄭氏所注，於絲理可知於色不明者即讀爲緇，即論語云『今也純儉』，及此『純服』皆讀爲黑色。若衣色見絲文不明者讀純，以爲絲也。」又按説文：「純，絲也。从糸，屯聲。論語曰：『今也純儉。』」鄭不同許也。潘氏集箋：鄭許不同者，許稱論語古文，鄭讀或從今文耳。儀禮士冠禮疏云：「古緇、紂二字並行。若據布爲色者則爲緇字，據帛爲色者則爲紂字。但緇布之『緇』多在，本字不誤。紂帛之『紂』則多誤爲『純』。」以此爲其一。然説文糸部無「紂」字，祇云：「緇，帛黑色也。」則緇亦何必不指帛者。故鄭讀爲緇，不讀爲紂，而猶恐其溷於緇布之緇，故又云黑繒也。劉氏正義：説文：「緇，帛黑色也。」緇本謂黑帛，其後布之黑色者亦得名之。緇、紂爲古今字。鄭此注訓黑繒而破讀，止云純當爲緇，是緇可爲帛色，而賈以緇但爲布色，非矣。緣鄭之意，實以「純」字與「紂」相似，故讀之。但「紂」爲古文，人不經見，故先讀從今字而爲「緇」也。且言緇則爲紂已明。祭統「純服」，昏禮及士冠禮「純衣」，注以絲衣解之。雖不破字，亦是讀紂，以與他處注文可互見也。宋氏翔鳳發微謂鄭讀緇即緇布冠。然鄭以緇爲黑繒，並無緇布冠之文。且以緇布冠代麻冕，而冕直廢棄不用，豈可通乎？不知宋君何以如此説。又曰：詩都人士云「臺笠緇撮」，毛傳：

「緇撮，緇布冠。」鄭箋：「都人之士，以臺皮爲笠，緇布爲冠。古明王之時，儉且節也。」則緇布冠是冠之儉者。今易之以純，純是黑繒，斷無儉於緇布冠之理。且冕與緇布冠，禮經所載，判然各別，而混而一之，可知作僞者之陋矣。

【集解】孔曰：「冕，緇布冠也。古者績麻三十升布以爲之。純，絲也。絲易成，故從儉。」

【唐以前古注】詩葛覃正義引鄭注：積麻三十升以爲冕。詩都人士正義引鄭注：純讀爲緇。

釋文引鄭注：黑繒也。

【集注】麻冕，緇布冠也。純，絲也。儉，謂省約。緇布冠以三十升布爲之，升八十縷，則其經二千四百縷矣。細密難成，不如用絲之省約。

拜下，禮也。今拜乎上，泰也。雖違衆，吾從下。」

【考證】四書釋地又續：拜而受之，如今之一揖折腰而已。再拜而送之，則兩揖。至拜下之拜，乃再拜稽首也。古者臣與君行禮，再拜稽首于堂下，君辭之，然后升堂，復再拜稽首，故曰升成拜。見燕禮、大射儀、聘禮、公食大夫禮、覲禮及禮記燕義。僖九年，王使宰孔賜齊侯胙。齊侯將下拜。孔曰：「且有後命。天子使孔曰：『以伯舅耋老，加勞，賜一級，無下拜。』」對曰：「天威不違顏咫尺，敢不下拜。」下拜登受。下拜，再拜稽首于堂下也。登，升成拜也。受，受胙也。即其事也。因思此距襄二十二年孔子生僅一百有一年，而以桓公之强，重以天子之寵命，猶且不敢越焉，何一變而徑自拜乎上？冠履倒置，江河日下，可不爲之寒心哉！

按：拜下之禮，見於覲禮、燕禮、大射儀、公食大夫禮、聘禮諸篇，而莫詳於淩次仲之禮經釋例。以文繁不録。

【集解】王曰：「臣之與君行禮者，下拜然後升成禮。時臣驕泰，故於上拜也。今從下，禮之恭也。」

【集注】臣與君行禮，當拜於堂下，君辭之，乃升成拜。泰，驕慢也。

○子絶四：毋意，毋必，毋固，毋我。

【考異】釋文：意如字。或於力反，非。儀禮士昏禮疏引論語「無必」，又鄉射禮疏引論語孔子云：「君子無必，無固，無我。」既以記者詞爲孔子言，復加「君子」二字，略「毋意」二字。又既夕疏：「君子不必人，意者義取孔子云『無必，無固』之言也。」亦以爲孔子言。其「毋」字三疏皆作「無」。說文繫傳引孔子曰：「毋固，毋必。」亦謂孔子言，而上下易置。朱子文集答吴晦叔曰：孔子自無此四者。「毋」即「無」字，古書通用耳。史記孔子世家正作「無」字也。今本史記與論語同爲「毋」。

【考證】經義述聞：少儀「毋測未至」，注曰：「測，意度也。」毋意，即毋測未至也。說文段注：意之訓爲測度，爲記。訓測度者，如論語「毋意，毋必」，「不億不信」，「億則屢中」，其字俗作「億」。訓記者，如今云記憶是也，其字俗作「憶」。劉氏正義：案段、王說同。公羊傳：「伯于陽者何？公子陽生也。子曰：『我乃知之矣。』在側者曰：『子苟知之，何以不革？』曰：『如爾所不知何。』」何休注：「此夫子欲爲後人法，不欲令人妄億錯。」下引此文云云，即是以意爲億度也。釋文：「意如字。或於力反，非。」於力之音，亦是讀億，陸不當以爲非也。論語足徵記：集注：「意，私意也。我，私己也。」案私意必由己，私己即是意，二義有何分別？意當讀爲「不億不信」之億。呂氏春秋任數篇：「孔子曰：『所信者，目也，而目猶不可信。所恃者，心也，而心猶不足恃。』」此毋億之義也。史記孔子世家：「孔子在位聽訟，文辭有可與人共者，弗獨有也。」春秋繁露：「孔子爲魯司寇，斷獄，屯屯與衆共之，不敢自專。」此毋我之義也。以孔子之事證孔子之義，異乎以空言説經也。論語後録：「不億不信」，是謂毋意。「言必信，行必果，硜硜然小人哉」，是謂毋必。「疾固也」，是謂毋固。「何有於我哉」，「則我豈敢」，是謂毋我。

【集解】以道爲度，故不任意也。用之則行，舍之則藏，故無專必也。無可無不可，故無固行也。述古而不自作，處羣萃而不自異，惟道是從，故不有其身也。

【唐以前古注】皇疏引顏延之云：謂絶人四者也。皇疏：或問曰：「孔子或拒孺悲，或天生德於予，何得云無必無我乎？」答曰：「聖人作教應幾，不可一準。今爲其跡涉茲地，爲物所嫌，恐心實如此，故正明絶此四以見本地也。」筆解：韓曰：「此非仲尼自言，蓋弟子記師行事。其實子絶二而已，吾謂無任意即是無專必也，無固行即是無有己身也。」

【集注】絶，無之盡者。「毋」，史記作「無」是也。意，私意也。必，期必也。固，執滯也。我，私己也。四者相爲終始，起於意，遂於必，留於固，而成於我也。蓋意必常在事前，固我常在事後，至於我又生意，則物欲牽引，循環不窮矣。

【別解一】論語意原：子之所絶者，非意必固我也，絶其毋也。禁止之心絶，則化矣。

按：此解最勝，恰合聖人地位。蓋僅絶意必固我，此賢者能之。惟聖人乃能并絶其毋。姑以佛學明之，能不起念固是上乘功夫，然以念遣念之念亦念也，并此無之，乃爲無上上乘。程子以此「毋」字非禁止辭。四書或問云：「絶非屏絶之絶，蓋曰無之盡云爾。」朱子文集答吴晦叔書曰：「絶四有兩說：一說孔子自無此四者，一說孔子禁絶學者毋得有此四者。然不若前說之明白平易也。」楊敬仲作絶四說云：「『毋』改爲『無』，不以爲止絶學者之病，遂塞萬世入道之門。」楊氏以不起意爲教學者宗旨，故云然也，然尚不若鄭說之鞭辟入裏。

【別解二】羣經平議：上文「毋必」言無專必也，此文「毋固」又言無固行，然則必之與固，其義則無別矣。固當讀爲故，詩昊天有成命篇鄭箋云：「『固』當作『故』。」史記魯周公世家「洛於固實」，徐廣曰：「『固』，一作『故』。」是「固」與「故」通。毋故者，不泥其故也。用之則行，舍之則藏，是謂毋必。彼一時，此一時，是謂毋故。

【餘論】魯岡或問：司馬文正云：「在我爲固，在人爲必。聖人出處語默，唯義所在，無可無不可，奚其固？成敗禍福，繫命所遭，誰得而知之，奚其必？」此解極合。莊存與論語說（劉氏正義引）：以億逆爲意而去之，是也。以擬議爲意而去之，非也。以適莫爲必而去之，是也。以果斷爲必而去之，非也。以窮固爲固而去之，是也。以貞固爲固而去之，非也。以足己爲我而去之，是也。以修己爲我而去之，非也。

【發明】焦氏筆乘：意者，七情之根，情之澆，性之離也。故欲滌情歸性，必先伐其意，意亡而必固我皆無所傅，此聖人洗心退藏於密之學也。

按：此章之意，即「不億不信」、「億則屢中」之億，乃測度之義。朱子釋爲私意，以伸其天理流行之説，已屬不合。陸、王派直將意字解爲意念之意，以無意爲不起念，更爲强經就我。惟二者較之，終以陸、王派所説尚有心得，故捨彼録此。是故不先通訓詁，不足與言經。

反身録：四者之累，咸本於意，所謂意慮微起，天地懸隔是也。意若不起，三累自絶，不識不知，順帝之則。

## ○子畏於匡。

【考證】崔述洙泗考信録：此必孔子聞匡人之將殺己而有戒心，或改道而行，或易服而去，倉卒避難，故與顔淵相失，故不曰圍於匡，而曰畏於匡。若已爲所圍，生死係於其手，而猶曰「其如予何」，聖人之言，不近迂乎？然則此事當與微服過宋之事相類，不得如世家、家語之説也。又按定公六年傳云：「侵鄭取匡，往不假道於衛。」是匡在鄭東也。「及還，陽虎使季孟自南門入。」是匡在衛南也。魯雖取匡，勢不能有。杜氏疑爲歸之於晉。莊子、荀子皆以匡爲宋邑。鄭東衛南，則去宋爲近，去晉爲遠。晉之滅偪陽也，以予宋公。取匡之時，宋方事晉，匡歸於宋，理或然也。此事既與過宋之事相類，又與其時相同。若匡又宋地，則似畏匡過宋實本一事者，吾烏知非魋聞孔子適陳，將出於匡，故使匡人要之，而後人誤分之爲二事也？「天之未喪斯文也，匡人其如予何」，與「天生德於予，桓魋其如予何」，二章語意正同，亦似一時之言，而記者各記所聞，是以其辭小異，未必孔子每遇患難即爲是言也。然則畏匡之與過宋，絶似一事，恐不得分而爲二也。

戚學標四書偶談：史記謂匡是衛地，莊子謂畏匡在宋，或又誤作陳，此見左傳，明鄭地也。定六年公侵鄭取匡，陽虎假道於衛，而穿城過之。時虎帥師，故得暴匡。潘氏集箋：郡國志「長垣有匡城」，注：「孔子囚此。」四書釋地：「左傳僖十五年：『會牡丘，次于匡。』今大名府長垣縣西南一十五里有匡城。」是以匡爲衛地矣。沈欽韓左傳補注據山東通志，謂匡城在兖州府魚臺縣東十五里鳳凰山北。兩城相對，各周四五里。僖公十三年「次于匡」即此，非「子畏於匡」之匡也。毛奇齡據左傳定六年「公侵鄭取匡，爲晉討鄭之伐胥靡也。往不假道於衛，及還，陽虎使季孟自南門入，出自東門」，謂：「是時虎實帥師，令皆由虎出，故得暴匡。其後夫子過匡，時顏刻爲僕，以策指之曰：『昔吾入此，由彼缺也。』故匡人圍之。」以匡爲鄭地，於情事爲近。畏匡在定十三年，距虎暴匡纔六年耳。方輿紀要「匡城在開封府洧川縣東北者」是也。

羣經平議：荀子賦篇：「比干見刳，孔子拘匡。」史記孔子世家亦云：「匡人於是遂止孔子，拘焉五日。」然則畏於匡者，拘於匡也。禮記檀弓篇：「死而不弔者三：畏、厭、溺。」鄭注即以孔子畏於匡爲證。而通典引王肅注曰：「犯法獄死謂之畏。」是畏爲拘囚之名，後人不達古義，曲爲之説，蓋皆失之。

四書賸言：論語「子畏于匡」，考魯有匡邑，但此時夫子去司寇出走，至哀八年始反魯，其非魯邑可知矣。若莊子謂是宋地，則宋無匡邑，且未有一過宋而桓魋、匡人遭兩難者。或據史記謂必當是衞邑，然舊説謂陽虎曾暴匡人，而夫子貌與虎類，因有此難，則陽虎不得暴衞邑。按春秋傳「公侵鄭取匡」，在定公六年，是時季氏雖在軍，不得專制，凡過衞不假道，反穿城而躪其地，其令皆出自陽虎，是虎實帥師。當侵鄭時，匡本鄭鄙邑，必欲爲晉伐取以釋憾，而匡城適缺，虎與僕顔剋就其穿垣而入之，虎之暴匡以是也。至十五年，夫子過匡，適顔剋爲僕，匡遂以爲虎而圍之。則匡是鄭邑。世家：「孔子過匡，顔剋爲僕，以其策指之曰：『昔吾入此，由彼缺也。』」琴操：「孔子到匡郭外，顔剋舉策指匡穿垣曰：『往與陽貨正從此入。』」此即圍師入城之事。

劉氏正義：史記孔子世家：「孔子去衞，將適陳，過匡。陽虎嘗暴匡人，匡人於是遂止孔子。孔子狀類陽虎，拘焉五日。顔淵後，子曰：『吾以汝爲死矣。』顔淵曰：『子在，回何敢死。』匡人拘孔子益急，弟子懼。孔子曰」云云。是孔子此語爲解慰弟子之辭。江氏永先聖圖譜載此事於魯定十三年，時孔子年五十六也。文、武之道，皆存方策。夫子周遊，以所得典籍自隨，故此指而言之。又云：匡邑見左氏傳，凡有數處。左僖十五年：「諸侯盟于牡丘，遂次于匡。」杜注：「匡在陳留長垣縣西南。」此匡爲衞邑也。文元年：「衞孔達侵鄭，取綿、訾及匡。」杜注：「匡在潁川新汲縣東北。」此匡爲鄭邑，衞取之也。又十一年：「叔仲彭生會晉郤缺于承匡。」杜注：「宋地，在陳留襄邑縣西。」此匡爲宋邑也。「子畏於匡」之匡，舊説不一。莊子秋水篇：「孔子遊於匡，宋人圍之。」釋文引司馬彪曰：『宋』當作『衞』。匡，衞邑也。」案莊子以匡爲宋邑，宋人即匡人，不必改「宋」作「衛」。説苑雜言篇言：「孔子之宋。匡簡子將殺陽虎，孔子似之，因圍孔子。」亦以匡爲宋邑。史記世家言：「匡人圍孔子，孔子使從者爲甯武子臣於衛，然後得去。」則以匡爲衛邑。寰宇記謂長垣西十里有匡邑城，又襄邑西三十里有古匡城，皆爲夫子畏於匡地。蓋兩説並存。閻氏若璩釋地、顧氏棟高春秋大事表專主長垣，然以陽虎暴匡之事，求之衛、宋，皆無可考，毛説甚近理。此匡在文元年已爲衛所取，而不能得其田，故文八年晉侯使解揚歸匡、戚之田于衛，其後復屬鄭，至定六年乃爲魯所取，然恐魯終不能有，則仍屬鄭耳。「顔尅」，世家作「顔刻」，弟子列傳無尅、刻名，但有顔高字子驕。惠氏棟九經古義疑高即尅。王氏引之春秋名字解詁：「高乃亭之譌，亭、刻同聲，古字通用。」其説並是。

【集解】包曰：「匡人誤圍夫子，以爲陽虎。陽虎嘗暴于匡，夫子弟子顔尅時又與虎俱往。後尅爲夫子御，至匡，匡人相與共識尅，又夫子容貌與虎相似，故匡人以兵圍之。」

【唐以前古注】檀弓正義引鄭注：微服而去。皇疏引孫綽云：畏匡之説，皆衆家之言，而不釋畏名，解書之理爲漫。夫體神知幾，元定安危者，雖兵圍百重，安若泰山，豈有畏哉？雖然，兵事阻險，常情所畏，聖人無心，故即以物畏爲畏也。

【集注】畏者，有戒心之謂。匡，地名。史記云：「陽虎曾暴于匡，夫子貌似陽虎，故匡人圍之。」

**曰：「文王既没，文不在兹乎？**

【考異】穀梁傳哀公十四年疏引論語云：文、武之道，未墜於地，在人。文王既没，其爲文之道，實不在我身乎？　翟氏考異：白虎通引孔子言：「文、武之道，未墜於地。天之將喪斯文也，樂亦在其中矣。」亦以「文、武之道」二句與此章文雜出，豈其所見他論曾有然耶？

【集解】孔曰：「茲，此也。言文王雖已没，其文見在此。此，自謂其身也。」

【集注】道之顯者謂之文，蓋禮樂制度之謂。不曰道而曰文，亦謙辭也。茲，此也。孔子自謂。

**天之將喪斯文也，後死者不得與於斯文也。天之未喪斯文也，匡人其如予何？」**

【考異】後漢書儒林傳贊注引論語「天」上有「不知」二字。

【考證】論語後録：書湯誓「夏罪其如台」，高宗肜日「乃曰其如台」，西伯戡黎「今王其如台」，「如台」，史記皆作「奈何」。奈何，言奈我何也。爾雅：「台，我也。」如之言奈，台之言我，書曰如台，論語曰如予，其義一也。

【集解】孔曰：「文王既没，故孔子自謂後死者。言天將喪斯文也，本不當使我知之。今使我知之，未欲喪也。」馬曰：「如予何者，猶言奈我何也。天之未喪斯文也，則我當傳之，匡人欲奈我何，言其不能違天以害己也。」

【唐以前古注】皇疏引衛瓘云：若孔子自明非陽虎，必謂之詐，晏然而言若是，匡人是知非陽虎而懼害賢，所以免也。　又引江熙云：言文王之道爲後代之軌，已未得述，上天之明，必不使没也。

【集注】馬氏曰：「文王既没，故孔子自謂後死者。言天若欲喪此文，則必不使我得與於此文。

今我既得與於此文，則是天未欲喪此文也。天既未欲喪此文，則匡人其奈我何，言必不能違天害己也。」

【餘論】集注考證引何北山曰：所謂文者，正指典章文物之顯然可見者。蓋當周之末，文王、周公之禮樂悉已崩壞，紀綱文章亦皆蕩然無有，夫子收入散亡，序詩、書，正禮樂，集羣聖之大成，以詔來世，又作春秋，立一王之法，是所謂得與斯文者也。

○太宰問於子貢曰：「夫子聖者與？何其多能也？」

【考異】白虎通聖人篇引論語「問」下無「於」字。

【考證】列子仲尼篇：商太宰見孔子曰：「某聖者歟？」孔子曰：「聖則某何敢，然則某博學多識者也。」說苑善說篇：子貢見太宰嚭。太宰嚭問曰：「孔子何如？」對曰：「臣不足以知之。」太宰嚭曰：「子不知，何以事之？」對曰：「惟不知，故事之。夫子其猶大山林也，百姓足其材焉。」太宰嚭曰：「子增夫子乎？」對曰：「夫子不可增也。夫賜，其猶一累壤，以增大山。不益其高，且爲不知。」論語稽求篇：太宰是吴太宰。史記：「哀三年，孔子過宋，遭桓魋之難。」是時焉得有太宰往來之事？惟吴太宰，則哀六年，公會吴于鄫，與子貢語；十二年，公會吴于槖皋，與子貢語；其秋，公會衛侯、宋皇瑗于鄖，與子貢語，則爲吴太宰嚭可知。或曰：哀六年，吴侵陳，陳亦有太宰嚭，與夫差問答，見檀弓。是年夫子正在陳而子貢隨之，所謂從我陳、蔡是也，則或此是陳太宰亦未可知。第吴太宰名嚭，而檀弓陳太宰亦名嚭，似乎此中有誤者。

若後此哀公如越，季孫因太宰嚭而納賂，則越亦有太宰嚭，且仍是此人。但此時子貢不往，則此太宰應在吴不在越可知。

論語偶記：鄭以爲吴太宰，蓋以夫子雖兩居宋，但一則年十九娶于幵官氏之女，時子貢猶未生。一則年五十六去衛後過曹適宋，於時有桓魋拔樹之難，宜無家卿向子貢私論夫子之聖。惟吴太宰，則左氏傳哀七年公會吴于鄫時，與子貢語；二年，公會吴于槖皐時，與子貢語；其秋，公會衛侯、宋皇瑗于鄖時，又與子貢語，故定爲吴太宰。史記孔子世家：「吴客聞夫子防風氏骨節專車及僬僥氏三尺之語，於是曰：『善哉聖人！』」是前此固有以夫子之多能爲聖者，亦吴人也。四書釋地續：檀弓：「吴夫差侵陳，陳太宰嚭使於師。」孔疏謂此太宰嚭與吴太宰嚭名號同而人異。孔子先後兩居陳，識防風氏之骨，辨肅慎氏之矢，測桓、僖廟之災，當日所謂多聞而震驚之者，皆在陳時事，故陳太宰以爲問。屬吴尤不若屬陳。四書考異：列子太宰親問孔子，不若説苑云問子貢者爲與經合。然其問答之辭，列子又較近之。韓非説林亦云：「子圉見孔子于商太宰。」朱子或問引洪氏曰：「宋太宰也。列子稱商太宰是也。」而集注仍依漢孔氏，云：「或吴或宋，未可知也。」蓋百家似是之言，均難信以爲實。皇氏以春秋傳證定屬吴，所據者正，應可採從。梁氏旁證：鄭先生曰：「陳司敗繫官以國，今直云太宰，或竟作魯太宰，於論語書法亦合也。」

按：太宰有吴、宋、魯、陳之四説，以書法言之，當以魯太宰爲正。左傳隱十年：「羽父求太宰。」正義謂：「以後更無太宰，魯竟不立。」未知其説何據。此等處止宜闕疑。

【集解】孔曰：「大宰，大夫官名也。或吴或宋，未可分也。何其多能，疑孔子多能於小藝也。」

【唐以前古注】釋文引鄭注：太宰，是吴太宰嚭也。皇疏：此應是吴臣。何以知之？魯哀公七年，公會吴于鄫。吴人徵百牢，使子貢辭太宰嚭。十二年，公會吴師于橐皋。吴子使太宰嚭請尋盟，公不欲，使子貢對。將恐此時太宰嚭問子貢也。

【集注】孔氏曰：「太宰，官名。或吴或宋，未可知也。」與者，疑辭。太宰蓋以多能爲聖也。

【餘論】黄氏後案：洪範言五事，聖與肅乂哲謀並列。言庶徵則聖與蒙對。多方作聖與作狂對。秦誓「人之彦聖」，周禮「六德：知、仁、聖、義、忠、和，以教萬民」，皆竝列諸文中。詩曰「母氏聖善」，又曰「人之齊聖，飲酒温克」，又曰「或聖或否」，春秋傳稱八愷曰「齊聖廣淵」，又稱臧武仲爲聖，鄉飲酒義曰「俎豆有數曰聖，聖立而將之以敬曰禮」，此類皆是也。聖之名，自夫子贊易，以暨論語之文別加推闡，後儒始知聖義獨大。孟子亦尊言聖，然以伯夷爲隘而曰聖之清，以柳下惠爲不恭而曰聖之和，此以偏造其極者爲聖。後世有草聖、書聖、棊聖、木聖，凡曲藝中亦有聖名，此以一藝造極稱之爲聖也。詳見王氏學林、洪氏容齋三筆、王氏尚書後案、段氏文集與説文注。然則注家謂太宰以多能爲聖，於義亦通。特未得盡夫子之聖耳。

子貢曰：「固天縱之將聖，又多能也。」

【考異】論衡知實篇引文「固」作「故」。

【音讀】黄氏後案：孔訓將爲大，以「固公縱之將聖」爲句。集注訓將爲殆，先儒謂當讀「固天縱之」爲句，「將聖又多能也」爲句。經史問答：「固天縱之」當斷句。風俗通義窮通卷引作「固天縱之，莫盛於聖」，此可據也。蓋多能本不足道聖，亦有聖而不多能者。太宰不足以知聖，故有此言。子貢則本末俱到，故曰固天縱之，兼該一切，則將聖而又多能也。將字、又字俱圓融矣。

【考證】論衡知實篇引此云：將者，且也。不言已聖言且聖者，以孔子聖未就也。孔子從知天命，學就知明，成聖之驗也。未五十六十之時，未能知天命至耳順也，則謂之且也。當子貢答太宰時，殆三十四十之時也。

按：劉氏正義云：「子貢初與太宰嚭語在哀七年，夫子年六十五；至哀十二年，則已七十。而云在三十四十之時，誤矣。」

郝敬論語詳解：將音匠，猶將帥也，謂爲羣聖之統帥。潛研堂答問：集注訓將爲殆，頗難曉，當從孔注。釋詁云：「將，大也。」詩「有娀方將」、「我受命溥將」之將並訓爲大，然則將聖者，大聖也。孔安國云：「天固縱大聖之德。」此以大訓將之明證也。子貢之稱孔子也，或擬諸日月，或擬諸天之不可階而升，又云「自生民以來未有夫子」，此豈猶有疑於夫子之聖而不敢質言之乎？且智足以知聖人，亦無庸謙也。

按：爾雅：「將，大也。」荀子堯問篇：「然則孫卿懷將聖之心。」亦謂大聖也。集注訓將爲殆，與論衡訓且相類，皆望文生義，非古訓也。郝氏將帥之訓，尤穿鑿不可從。

【集解】孔曰：「言天固縱之大聖之德，又使多能也。」

【集注】縱，猶肆也，言不爲限量也。將，殆也，謙若不敢知之辭。聖無不通，多能乃其餘事，故言又以兼之。

【餘論】黄氏後案：自古聖人得天最厚，生是使獨，其精明神化固不易及；即一事一物，刑建以貽後世，皆非凡人意計所及者，天爲之也。夫子之多能與衆迥異，亦天縱使然矣。太宰之問，以多能爲聖歟？抑謂聖之不必多能歟？端木氏答之以聖又多能，皆由天縱，不待駁斥太宰，而多能與聖之分與合憭然分明，此爲聖門言語之選。

子聞之，曰：「太宰知我乎！吾少也賤，故多能鄙事。君子多乎哉？不多也。」

【考異】皇本「我」下有「者」字。天文本論語校勘記：古本、足利本、唐本、津藩本、正平本「知我」下有「者」字。

【集解】包曰：「我少小貧賤，常自執事，故多能爲鄙人之事。君子固不當多能也。」

【唐以前古注】皇疏引繆協云：我信多能，故曰知我。君子從物應物，道達則務簡，務簡則不多能也。又引江熙云：言君子所存遠者大者，不應多能。又引欒肇云：周禮百工之事，皆聖人之作也，明聖人兼材備藝過人也。是以太宰見其多能，固疑夫子聖也。子貢曰：「固天縱之將聖，又多能。」故承以謙也，且抑排務言不以多能爲君子也。謂君子不當多能也，明兼材自然多能，多能者非所學，所以先道德後伎藝耳，非謂多能必不聖也。據孔子聖人而多能，斯伐柯之近鑒也。

【集注】言由少賤，故多能，而所能者鄙事爾，非以聖而無不通也。且多能非所以率人，故又言君子不必多能以曉之。

【發明】反身録：元人謂宋徽宗詩文字畫諸事皆能，但不能爲君耳。今聰明人詩文字畫諸事皆能，但不能爲人耳。能爲人，則無爲其所不爲，無欲其所不欲，俯仰無愧，不負乎爲人之實，詩文字畫愈以人重。苟爲不然，詩文字畫縱極其精妙，亦不過爲詩人文人工於臨池而已。

○牢曰：「子云：『吾不試，故藝。』」

【考異】梁氏旁證：注疏本此另爲一章。邢疏：「此章論孔子多技藝之由，但與前章異時而語，故分之。」今集注既主吴氏説，故合爲一章。

【考證】經義述聞：左傳：「琴張聞宗魯死，將往弔之。」杜注：「琴張，孔子弟子，字子開，名牢。」正義云：「家語：『孔子弟子琴張與宗魯友。』七十子篇之琴牢衛人，字子開，一字子張。則以字配姓爲琴張，即『牢曰子云』是也。賈逵、鄭衆皆以爲子張即顓孫師。服虔云：『按七十子傳云：子張少孔子四十餘歲。孔子是時四十，知未有子張。』」按賈、鄭二家之説固無明徵，王肅家語亦不足信。家語序曰：「語云：『牢曰子云：吾不試，故藝。』談者不知爲誰，多妄爲之説。孔子家語弟子有琴張，一名牢，字子開，亦字子張，衛人也。」是琴張名牢，乃王肅之臆説，僞託於家語者。杜氏不察而用之，疏矣。此及孟子盡心篇作琴張，莊子大宗師篇作子琴張，無作琴牢者，論語之「牢曰」，鄭注以牢爲子牢，蓋據莊子則陽篇「長梧封人問子牢」之文，然亦不以爲琴張，牢與琴張不得合而爲一也。漢書古今人表有琴牢，亦當作琴張，後人據家語改之也。蓋王肅家語未出以前，不得有琴張名牢之説也。劉氏正義：漢書古今人表有琴牢，王氏念孫讀書雜志以琴牢爲琴張之誤，云人表所載，皆經傳所有，左傳及孟子皆作琴張，莊子作子琴張，無作琴牢者。琴牢字張，始見家語，乃王肅僞撰，後人據家語以改漢書。其説良然。白水碑琴張、琴牢並列，此及左傳杜注皆爲家語所惑，不足憑也。自家語琴牢之名出，唐贈琴牢南陵伯，宋贈頓丘侯，改贈陽平侯，則皆由家語之説誤之矣。竊謂琴張非子張，服氏之辨最確。而子牢非琴張，則鄭此注最當。莊子則陽釋文引司馬彪云：「即琴牢，孔子弟子。」與杜預同誤。史記仲尼弟子列傳無牢名，當是偶闕云。

【集解】鄭曰：「牢，弟子子牢也。試，用也。言孔子自云，我不見用，故多技藝。」

【唐以前古注】皇疏引繆協云：此蓋所以多能之義也。言我若見用，將崇本息末，歸純反素，兼愛以忘仁，遊藝以去藝，豈唯不多能鄙事而已。

【集注】牢，孔子弟子，姓琴字子開，一字子張。試，用也。言由不爲世用，故得以習於藝而通之。吴氏曰：「弟子記夫子此言之時，子牢因言昔之所聞有如此者，其意相近，故並記之。」

【餘論】日知録：注疏家凡引書下一「曰」字，引書之中又引書則下「云」字，云、曰一義，變文以便讀也。此出論語「牢曰子云」。四書翼注：「牢曰子云」有二説，一説夫子爲此言時，牢在旁舉所聞，與夫子此日之言相發明。按此即集注所引吴氏説。一説是門弟子記夫子此言時，又憶及牢平日所述之言，與此言相印證。二義皆可通，然後説不知所本也。

○子曰：「吾有知乎哉？無知也。有鄙夫問於我，空空如也。我叩其兩端而竭焉。」

【考異】皇本「問」上有「來」字。釋文：「空空」，鄭或作「悾悾」，同，音空。梁氏旁證：上篇「悾悾而不信」，包注：「空空，慤也。」呂氏春秋下賢篇「空空乎其爲可巧故也」，高誘注：「空空，慤也。」大戴禮王言篇「工璞，商慤，女憧，婦空空」，空空亦慤也，皆與「悾悾」字通用。朱氏彬曰：「廣雅：『悾悾，誠也。』空空如也，亦謂其求教之誠云爾。」

【考證】論語後録：端即耑，物初生之題也。物之鋭者謂之耑，亦謂之末。叩其兩端，揣其本而齊其末之説歟？論語竢質「叩」作「扣」，「兩端」作「兩耑」，「竭」作「渴」，云：扣，扣也，讀如公羊「吾爲子扣隱」之扣。兩耑，始末也。渴，盡也。言我於問者，必扣我事之兩耑，而渴吾所知以告之，明無隱也。論語補疏：此兩端即中庸「舜執其兩端，用其中於民」之兩端也。鄙夫來問，必有所疑，惟有兩端，斯有疑也。故先叩發其兩端，謂先還問其所疑，而後即其所疑之兩端而窮盡其意，使知所向焉。蓋凡事皆有兩端，如楊朱爲我，無君也，乃曾子居武城，寇至則去。墨子兼愛，無父也，乃禹手足胼胝，至於偏枯。是故一旌善也，行之則詐僞之風起，不行又無以使民知勸。一伸枉也，行之則刁訴之俗甚，不行又無以使民知懲。一理財也，行之則頭會箕歛之流出，不行則度支或不足。一議兵也，行之則生事無功之説進，不行則國威將不振。凡若是皆兩端也，而皆有所宜，得所宜則爲中。孔子叩之，叩此也；竭之，竭此也；舜執之，執此也；用之，用此也。處則以此爲學，出則以此爲治，通變神化之妙，皆自此兩端而宜之也。

【集解】知者，知意之知也。言知者言未必盡，今我誠盡也。孔曰：「有鄙夫來問於我，其意空空然，我則發事之終始兩端以語之，竭盡所知，不爲有愛也。」

【唐以前古注】皇疏引李充云：日月照臨，不爲愚智易光。聖人善誘，不爲賢鄙異教。雖復鄙夫寡識，而率其疑誠，諮疑於聖，必示之以善惡兩端，己竭心以誨之也。又引繆協云：夫名由跡生，故知從事顯，無爲寂然，何知之有？唯其無也，故能無所不應。雖鄙夫誠問，必爲盡其本末也。

釋文引鄭注：兩端，本末也。

【集注】孔子謙言己無知識，但其告人，雖於至愚，不敢不盡耳。叩，發動也。兩端，猶言兩頭。言終始本末上下精粗無所不盡。

【餘論】四書纂箋：就己而言則曰吾，因人而言則曰我。如「太宰知我乎」、「吾少也賤」、「吾有知乎哉」、「有鄙夫問於我」、「如有用我者，吾其爲東周」，此類宜辨。四書辨疑：以叩爲發動，則是發動其兩端而竭焉也。孟子言「昏夜叩人之門户求水火」，則是昏夜發動人之門户也。史記言「伯夷、叔齊叩馬以諫」，則是發動馬以諫也。似此難説。南軒以爲就其兩端無不盡者焉。就字爲近，然亦終有未盡。叩只是至到之意，惟以及字爲説，似最親切字義本訓。叩頭，蓋亦頭與物相及之謂也。如俗言叩門、叩期，皆謂及門、及期也。答所問之事，及首及尾而盡之，是之謂叩其兩端而竭焉也。

【發明】焦氏筆乘：孔子言己空空無所知，唯叩問者是非之兩端而盡言之，舍此不能有所加也。蓋孔子自得其本心，見聞識知泯絶無寄，故謂之空空，然非離鄙夫問答間也。淨名云：「言語文字，皆解脱相，所以者何？解脱者，不内不外，不在兩間。文字亦不内不外，不在兩間。是故無離文字説解脱相。世人作無著任緣之解，既墮邪觀，起寂然冥合之心，亦存意地，於本地風光，有何交涉？昔有學者問於師曰：『不作意時，還得寂然否？』答曰：『若見寂然，即爲作意。』噫！此空空之妙詮也。」祝世禄環碧齋小言：禪那纔下一語，便恐下語爲塵，連忙又下一語掃之，又恐掃塵一語復爲塵，連忙又下一語掃掃塵語。宗門尤爲陡絶，弩之機，劍之鋒，無容擬議。六經原自無塵，而自爲掃塵語亦不少。既已曰識曰知，又曰不識不知；既已曰再思曰九思，曰千慮曰百慮，又曰何思何慮，至「吾有知乎哉？無知也」應口即掃，何其迅速。自訓詁之學興，引葫蘆之纏，鑿混沌之竅，起人種種見解，而聖人當下旨趣反爲晦蝕。快句以鈍，空句以填，於是高明者爲之攢眉扼腕，不難叛孔氏而皈依佛氏矣。反身録：夫子自謂無知，此正知識盡捐，心同太虚處。有叩斯竭，如谷應聲。未叩不先，起念既竭，依舊忘知。雖曰誨人不倦，總是物來順應。又曰：問：「空空如也，先儒有作夫子説者，有作鄙夫説者，果孰是而孰非？」曰：「夫子空空，亦何待言？此則專就鄙夫説。蓋匹夫惟其空空，素無意見横於胷中，斯傾懷惟夫子之言是聽。若先有所見，必不向夫子問，即問亦必自以與夫子所見不合，必不能虚懷以受。」曰：「若謂夫子亦空空，議者以爲近禪何也？」曰：「言夫子空空，而便疑其近禪，則是鄙夫胸無意見，而夫子反有意見。多聞多識，物而不化，與後世書生之學富二酉、胸記五車何異？夫子惟其空空，是以大而能化，心同太虚。後儒見不及此，因釋氏談空，遂諱言空，并論語之明明言及於空者，亦必曲爲訓解，以避其嫌。是釋能空其五藴，儒不能空其所知；釋能上達，而儒僅下學也。本以闢釋，而反尊釋，崇儒而反卑儒，弗思甚矣。夫空字之出於釋者固可避，而出於夫子之口者則不可避。空苦、空幻、真空、無相空、無所空之説可闢，而空空之説不可闢。彼釋氏空其心而并空其理，吾儒則空其心而未嘗空其理。釋氏綱紀倫常一切皆空，吾儒則綱紀倫常一切皆實。得失判若霄壤，豈可因噎廢食乎？」又曰：吾人學無歸宿，正坐不能空其所知。比之鄙夫，反多了一番知識，反增了一番心障，以致下不能如鄙夫，是以上不能希往聖。

○子曰：「鳳鳥不至，河不出圖，吾已矣夫！」

【考異】史記世家：子曰：「河不出圖，雒不出書，吾已矣夫！」　沈約辨聖論亦引孔子曰：河不出圖，雒不出書。

【考證】漢書董仲舒傳對策曰：故爲人君者，正心以正朝廷，正朝廷以正百官，正百官以正萬民，正萬民以正四方。四方正，遠近莫敢不壹於正，而亡有邪氣奸其間者，是以陰陽調而風雨時，羣生和而萬物殖，五穀熟而屮木茂。天地之間，將潤澤而大豐美。四海之内，聞盛德而皆徠臣。

諸福之物，可致之祥，莫不畢至，而王道終矣。孔子曰：「鳳鳥不至，河不出圖，吾已矣夫！」自悲可致此物，而身卑賤不得致也。論語偶記：四書釋地謂河圖不必定宓羲時出，黄帝時亦出，堯、舜、禹時疊出，成王、周公時又出，載諸史志。愚竊謂鳳鳥亦不獨舜時來儀，文王時鳴於岐山，黄帝時亦至，見韓詩外傳、禮瑞命記。少皞時亦至，見春秋左氏傳。周成王時亦至，見尚書君奭、詩卷阿及竹書紀年。集注却俱略。翟氏考異：易坤鑿度載：「仲尼偶筮其命，得旅，泣曰：『天也！命也！鳳鳥不來，河無圖至，嗚呼！天命之也！』嘆訖而後息志。」王嘉拾遺記云：「孔子相魯之時，有神鳳游集。至哀公之末不復至。」又文選注引論語素王受命讖云：「河授圖，天下歸心。」似孔子時不特鳳鳥至，河亦嘗出圖。然孔子之尊隆萬古，全不在斯，傅會之言，儘可不必也。潘氏集箋：論衡問孔篇引此文云：「夫子自傷不王也。己王，致太平；太平則鳳凰至，河出圖矣。今不得王，故瑞應不至，悲心自傷，故曰『吾已矣夫』。」或曰：「孔子不自傷不得王也，傷時無明王，故己不用也。鳳鳥河圖，明王之瑞也。瑞應不至，時無明王。明王不存，己遂不用矣。」案後説近是。墨子非攻篇云：「天命文王，伐殷有國。泰顛來賓，河出録圖。」是周盛時，鳳鳥嘗至，河嘗出圖矣。夫子此言，蓋歎周衰而已不見用也。論語後録：墨子：「禽滑釐問於子墨子曰：『由聖人之言，鳳鳥不至，諸侯叛。』」據此，則夫子此歎蓋爲諸侯叛周而發也。劉氏正義：淮南子繆稱訓：「昔二皇鳳凰至於庭，三代至乎門，周室至乎澤。德彌麤，所至彌遠。德彌精，所至彌近。」是鳳鳥至爲聖瑞也。易稽覽圖：「孔子曰：

『天之將降嘉瑞，應河水青三日，青四日，青變爲赤，赤變爲黑，黑變爲黄，各各三日。河中水安井，天乃清明，圖乃見。』」又云：「夜不可見，水中赤煌煌如火英，圖書虵皆然也。」又坤靈圖：「聖人受命，瑞應先見于河。」是河出圖爲聖瑞也。書顧命有河圖，與大玉、夷玉、天球並列東序，當是玉石之類，自然成文。此元俞炎之説，最近事理者也。云河圖八卦者，書顧命某氏傳：「河圖八卦，伏羲王天下，龍馬出河，遂則其文，以畫八卦，謂之河圖。」孔疏：「漢書五行志：『劉歆以爲伏羲氏繼天而王，受河圖，則而畫之，八卦是也。』易繫辭云：『伏羲氏仰則觀象于天，俯則觀法于地，觀鳥獸之文與地之宜，近取諸身，遠取諸物，于是始作八卦。』都不言法河圖。此言河圖者，蓋易理寬宏，無所不法，直如繫辭之言，取法已自多矣，亦何妨更法河圖也？且繫辭又云：『河出圖，洛出書，聖人則之。』若八卦不則河圖，餘復何所取也？」王氏鳴盛尚書後案：「蓋八卦是伏羲所受河圖，而河圖不止是八卦。書傳所載，古帝王如黄帝、堯、舜、禹、湯皆受河圖，亦不獨一伏羲。」由書疏、後案説推之，河圖文不皆具八卦，此特假伏羲事言之耳。姚信易注：「連山氏得河圖，夏人因之曰連山。歸藏氏得河圖，商人因之曰歸藏。伏羲氏得河圖，周人因之曰周易。」此略本山海經，足知三易多法河圖矣。又曰：漢書儒林傳：「周道既衰，壞於幽、厲，禮樂征伐自諸侯出。陵夷二百餘年，而孔子興，以聖德遭季世，知言之不用而道不行，迺歎曰：『鳳鳥不至云云。』」此以「吾已矣夫」爲已不逢明君，與董氏異，當由古、魯不同。故論衡問孔篇解此文即備二義，其實後一義勝也。孔子世家載此文於西狩獲麟後。論語述何：此言蓋在獲麟之後。獲麟而死，天告夫子以將没之徵，周室將亡，聖人不作，故曰「孰爲來哉」，又曰「吾道窮矣」，義雖不同，亦可爲周衰已不見用之證。

【集解】孔曰：「聖人受命，則鳳鳥至，河出圖。今天無此瑞。吾已矣夫者，傷不得見也。河圖，八卦是也。」

【唐以前古注】皇疏引繆協云：夫聖人達命不復俟，此乃知也。方遺知任事，故理至乃言，所以言者，將釋衆庶之望也。又引孫綽云：孔子所以乃發此言者，以體大聖之德。弟子皆禀絶異之質，壘落殊材，英偉命世之才。蓋王德光于上，將相備乎下，當世之君咸有忌難之心，故稱此以徵己之不王，絶不達者之疑望也。筆解：李曰：「易曰：『河出圖，洛出書，聖人則之。』書云：『簫韶九成，鳳凰來儀。』皆言王道太和及此矣。聖人傷己之不得見，非受命祥瑞爾。」

【集注】鳳，靈鳥，舜時來儀，文王時鳴於岐山。河圖，河中龍馬負圖，伏羲時出。皆聖王之瑞也。已，止也。

【餘論】黄氏後案：據漢書，董子引此經而申之曰：「自悲可致此物，而身卑賤不得致也。」後漢梁冀傳，袁著奏冀亦引經云：「自傷卑賤，不能致也。」徐楚金説文繫傳「瑞」字下以慶星麟鳳非佳瑞。歐陽五代史以王建據蜀，龜龍鳳麟騶虞畢出於其國，故其世家論亦以鳳凰之至，或出於庸君繆政之時，不足爲瑞。二説不信符瑞，矯枉過正。式三謂鳳爲神鳥，見於經傳者甚顯。史書記亂世之有鳳，猶亂世之生聖賢，而此經所言自指國興之祥，語不相害也。河圖，孔以爲八卦者，易繫辭傳：「河出圖，洛出書，聖人則之。」後儒以圖書竝言符瑞，本此也。漢書五行志載劉歆之言曰：「虙犧氏繼天而王，受河圖，則而畫之，八卦是也。禹治洪水，賜洛書，法而陳之，洪範是也。」劉歆以圖爲八卦，與孔同。李鼎祚集解引鄭君注：「河圖有九篇，洛書有六篇。」曰六篇，則不止九疇。曰九篇，自不止八卦。意八卦九疇圖書之本文，九篇六篇圖書之説義邪？書傳所載，古帝王如黄帝、堯、舜、禹、湯皆受河圖。據墨子非攻篇，周文王時，河出籙圖。沈約宋書符瑞志：「周公攝政，青龍銜元甲之圖。」則周家世受河圖，不止虙犧畫卦之圖。後儒圖書之論，紕謬既多，而矯之者，如歐陽永叔以圖書之疑，并繫辭傳不信矣。是以曾子固洪範傳論駁歐陽説也。

湖樓筆談：繫辭傳：「河出圖，洛出書，聖人則之。」乃古有此言，姑存其説耳。其實當文王時已無洛書矣。何以明之？成王之崩也，東序西序，天府之寶備列無遺，乃河圖存而洛書無聞焉。使文王時而有洛書，則傳武王以至成王，歷年未久，不應遺亡，必與河圖同陳西序矣。故知文王時無洛書也。若孔子時，則並無河圖矣。孔子曰：「鳳鳥不至，河不出圖，吾已矣夫！」使其時河圖尚在，必無此言。故知孔子時無河圖也。夫河圖、洛書自作易之聖人，文王、孔子有不及見。儒者於千百年後，隨意造作，轉相傳授，曰此河圖，此洛書，吾誰欺？欺天乎？

○子見齊衰者、冕衣裳者與瞽者，見之，雖少，必作；過之，必趨。

【考異】十一經問對：此一章合記於鄉黨，此爲脱簡。釋文：「冕」，鄭本作「弁」，云：「魯讀弁爲絻，今從古。鄉黨篇亦然。」皇本「少」下有「者」字。宋高宗石經「趨」字作「趍」。

【音讀】皇疏：雖復年少，見之必起。　邢疏：見此三種人，雖少，坐則必起。　集注：或曰：「少當作坐。」　史記世家：見齊衰、瞽者，雖童子，必變。　問辨録：雖夜必興，不言寢而寢可知也。變色而作，不言坐而坐可知也。今既謂之作，則坐何待言？還是「雖少必作」于理爲得。　鄉黨亦記此曰：「雖狎，必變。雖褻，必以貌。」其義一也。　翟氏考異：邢氏讀少爲上聲，嫌文未足，乃以意增「坐」字解之。據皇本作「少」者，而史記以「童子」代「少」字，則少當去聲無疑。　高氏即鄉黨篇狎、褻二字爲證，亦甚顯確。

【考證】喪服義疏：斬衰專於三綱，齊衰自三年遞減以至三月，而皆於至親及正尊用之。　論語兩見齊衰者，舉輕以包重也。　九經古義：大戴禮孔子曰：「古者絻而前旒，所以蔽明也。」説文曰：「冕或作絻，从糸。」李善曰：「絻，古冕字。」今論語作「冕」，蓋從魯論。又説文「弁」作「覍」，「覍」與「冕」字相似，包咸以冕爲冠，或「覍」字之誤。　劉氏正義：古論作「覍」，魯論作「冕」，字本相似也。案周官司服：「卿大夫之服，自玄冕而下，如孤之服。士之服，自皮弁而下，如大夫之服。」此上下通制，故侯國同之。冕、弁各異，説文以冕訓覍者，散文或通稱也。鄭依古論作「弁」者，冕、弁義雖兩通，但言弁可以該冕，言冕不可以該弁。猶之齊衰，言齊可該斬，若言斬則不得該齊也。　白虎通紼冕篇：「弁之爲言，攀也，所以攀持其髮也。」鄭注士冠禮云：「弁名出於槃。槃，大也，言所以自光大也。」任氏大椿弁服釋例：「士冠禮疏：『冕者，俛也。低前一寸二分，故得冕稱。其爵弁則前後平，故不得冕名。』案爵弁既以弁名，則其狀當似弁，不特弁下無旒及前後延平異於冕也。考釋名：『弁，如兩手相合抃時也。以爵韋爲之，謂之爵弁。以鹿皮爲之，謂之皮弁。以韎韋爲之，謂之韋弁也。』然則此三弁皆作合手狀矣，其延下當上鋭下圜。案雜記：『大夫冕而祭於公，士弁而祭於公。』又禮運：『冕弁兵革藏於私家，非禮也。』是冕弁皆藏公所，大夫士行禮時於公所取服之，故孟子以夫子去魯，不稅冕而行爲微罪，明助祭後當稅冕，仍藏公所也。曾子問：『尸弁冕而出，卿大夫士皆下之，尸必式。』出，謂出廟門，非謂出大門在道上也。」若然，夫子得見冕衣裳者，意即在公時所見。其過之，謂行出其前也。閻氏若璩釋地三續、汪氏中經義知新記並謂夫子見冕衣裳，是見其人當服此者，不必真見其服，非也。

【集解】包曰：「冕者，冠也，大夫之服也。瞽，盲也。作，起也。趨，疾行也。此夫子哀有喪，尊在位，恤不成人也。」

【唐以前古注】皇疏：言孔子見此三種人，雖復年少，孔子改坐而見之，必爲之起也。趨，疾行也。又明孔子若行過此三種人，必爲之疾速，不敢自修容也。又引范甯云：趨，就之也。

【集注】齊衰，喪服。冕，冠也。衣，上服。裳，下服。冕而衣裳，貴者之盛服也。瞽，無目者。作，起也。趨，疾行也。或曰：「少當作坐。」范氏曰：「聖人之心，哀有喪，尊有爵，矜不成人，其作與趨蓋不期然而然者。」

【別解】潛研堂文集：魯論「冕」皆作「絻」。按士喪禮：「衆主人免於房。」喪服記：「朋友皆在他邦袒免。」先儒以爲免象冠，廣一寸，用麻布爲之。「免」亦作「絻」。齊衰，服之重者。絻，服之輕者。舉其至重與至輕者，而五服統之矣。先言齊衰，後言絻，言之序也。古者冕、絻二字多相亂。説文「冕」或作「絻」。管子「衣服緷絻，盡有法度」，荀子「乘軒戴絻，卑絻黼黻」，史記禮書「郊之麻絻」，文選注引大戴禮「絻而前旒，所以蔽明也」，是「冕」之訛爲「絻」也。論語「冕衣裳者」，是「絻」之訛爲「冕」也。包咸乃以冕爲大夫之服，大夫冕而祭於公，弁而祭於己。非助祭於公，無服冕之時。且不獨大夫也，天子視朝以皮弁，田獵以冠弁，諸侯視朝以玄冠，非朝覲會同不冕也。夫子不助祭於公，何爲見冕衣裳者乎？經以冕衣裳與齊衰與瞽並舉，則冕之爲絻審矣。古論又作「弁」，弁亦士大夫之祭服，非燕居之服。惟周禮司服職云「凡弔事，弁絰服」，注：「弁絰者，如爵弁而素，加環絰。」此以是衣裳與齊衰同言，意者其弁絰乎？弁之與絻，制雖不同，其爲凶服一也。

按：釋冕爲凶服，雖有依據，與上句意重複，不可從。

【餘論】四書釋地三續：有齊衰服之人，或三年，或期年，或三月，服不暫釋於其身。此見之，是真見其服此者。冕，孤卿大夫之冠也，或希或玄，惟朝聘天子及助祭於公始服，豈孔子所得燕見哉？此見之不必真見其服，但當服此者。故邢昺以「見大夫」三字疏見冕者，得之矣。羣經平議：此見字當讀如「從者見之」之見。見之、過之，相對成文，見之者，謂其人見於夫子。過之者，謂夫子過其人之前也。故於見之曰「雖少，必作」，言作則坐可知，明是夫子方坐而其人來見也。上文曰「子見齊衰者、冕衣裳者與瞽者」，一見字之中，含此兩義。有其人見夫子，有夫子見其人，故以見之，過之兩承之。學者不得其義，則既云子見，又云見之，於文複矣。四書困勉録：謝顯道嘗令朱子發聽説論語，首舉此章及師冕章，曰：「聖人之道，無微顯，無内外，由灑掃應對而上達天道，本末一以貫之。一部論語祇如此看。」

○顏淵喟然歎曰：「仰之彌高，鑽之彌堅。瞻之在前，忽焉在後。

【考異】七經考文：古本「然」作「焉」。七修類稿：「忽然」是「忽焉」也，本朝頒書及史記、石經皆作「焉」字。

按：列子仲尼篇、後漢書黄憲傳、漢李尤蘭臺集撓銘、世説新語注皆述文作「忽焉」。南軒論語解、四書集編、四書纂疏、論語集説、四書通諸本、日本天文本、足利本、皇本、唐本、正平本「然」皆作「焉」。惟陳氏本拾遺曰：「瞻之在前，過也。忽然在後，不及也。」作「忽然」。余所見本無作「忽然」者，而翟灝四書考異乃廣引以正其誤，是無病而呻，蓋必誤讀坊間誤印之本也。是以讀書當求善本。

【考證】潘氏集箋：仰，説文云：「舉也。」高，崇也。鑽，所以穿也。堅，剛也。論衡恢國篇引此文云：「此言顏淵積累歲月，見道彌深也。」瞻，臨視也。彌，虞翻繫辭注：「大也。」荀爽注：「終也。」隸續嚴發碑：「鑴堅仰高。」「鑽」作「鑴」，疑當時論語有此異文。

【集解】喟，歎聲。彌高彌堅，言不可窮盡也。在前在後，言恍惚不可爲形象也。

【唐以前古注】皇疏引孫綽云：夫有限之高，雖嵩、岱可陵。有形之堅，雖金石可鑽。若乃彌高彌堅，鑽仰不逮，故知絶域之高堅，未可以力至也。馳而不及，待而不至，不行不動，孰焉測其所妙哉？　又引江熙云：慕聖之道，其殆庶幾。是以欲齊其高，而仰之愈邈；思等其深，而鑽鑿愈堅；尚並其前，而俛仰塵絶，此其所以喟然者也。

【集注】喟，歎聲。仰彌高，不可及。鑽彌堅，不可入。在前在後，恍惚不可爲象。此顔淵深知夫子之道無窮盡、無方體而歎之也。

【餘論】石渠意見：顔子領夫子博約之教，有得之後，追述在前未領聖教之時，以聖道爲高也。仰之則彌高，而不可見，以爲堅也。鑽之則彌堅，而不可入。瞻之若在前，忽焉若在後，蓋言己無定見，非聖道之有高堅前後也。　讀四書大全説：顔子既非懸空擬一道之形影而言之，又實爲有指思及此，然後知朱子之言真授瞽者以目也。朱子云「不是别有物事」，則既足以破懸空擬道形影者之妄。又云「祇是做來做去，不到聖人處」，則現前將聖人立一法則而非無所指矣。要此章是顔子自言其學聖之功，而非以論道。顔子親承夫子無行不與之教，故專壹以學聖爲己事。朱子深知顔子之學，而直以學聖言之，可謂深切著明矣。彼汎言道而億道之如此其高堅無定者，真釀蜜以爲毒也。

按：二王均反對集注引胡氏「高堅前後，語道體也」之説。

**夫子循循然善誘人，博我以文，約我以禮，欲罷不能。既竭吾才，如有所立卓爾。雖欲從之，末由也已。」**

【考異】三國志步騭傳：論語言「夫子恂恂然善誘人」。孟子章句明堂章章指：夫子恂恂然善誘人。後漢書趙壹傳壹報皇甫規書「失恂恂善誘之德」，注引論語「夫子恂恂然善爲誘人」。李膺傳荀爽貽膺書「久廢過庭，不聞善誘」，注亦引論語「孔子恂恂然善誘人」。景祐集韻：恂亦音句。恂恂善誘也。翟氏考異：後漢郭泰傳論曰：「林宗恂恂善導。」宋禮志載晉袁瓌疏曰：「孔子恂恂，道化洙、泗。」北魏書賈思伯傳曰：「接誘恂恂，曾無倦色。」悉用論語「恂恂善誘」文。劉氏正義：蔡邕姜伯淮碑、後漢郭泰傳論、宋書禮志載晉袁瓌疏、南史王琳傳、魏書高允傳、賈思伯傳、隋書煬帝紀用此文亦作「恂恂」。其趙壹傳注先引論語，復云「恂恂，恭順貌」，與鄭注鄉黨「恂恂，恭慎貌」同。故翟氏考異、馮氏登府異文考證、臧氏庸鄭注輯本並以恭順之訓亦本鄭氏，則謂鄭本作「恂恂」矣。史記世家作「蔑繇也已」。論語後録：左傳「公及邾儀父盟于蔑」，公羊傳「蔑」作「眛」。眛字从未，是「未」與「蔑」通。

【音讀】經讀考異：近讀連六字爲句，本朱子。集注云：「卓，立貌。此顔子自言其學之所至也。」據何氏集解：「其有所立，則又卓然不可及。」疏：「其夫子更有所創立，則又卓然絶異。」以立指夫子，是「立」字斷句，「卓爾」又爲句。黄氏後案：如有所立卓爾，近儒因注云所見益親，遂謂借「卓」爲「焯」，卓爾者，灼見之詞。依古注「所立卓爾」四字連讀，猶言卓然獨立也。如者，轉語詞，而也，若也。卓爾，高貌。鄭君注以爲絶望之詞，言我既竭力於博約矣，若聖道之卓然獨立者，猶欲從末由也。皇、邢二疏略同，於文爲順。且書中凡言卓犖、卓躒，皆是殊絶之稱。

揚子法言學行篇曰：「顔苦孔之卓之至也。」繹揚子意，亦以卓爾爲殊絶之稱。注引程子曰：「直是峻絶。」此本古注也。

【考證】潘氏集箋：陳鱣曰：「趙壹傳注引作『恂恂』，與集解異，爲鄭可知。李膺傳注、吴志步騭傳、孟子章指引並與鄭同，蓋鄭注魯論『循循』作『恂恂』也。」論語後録云：「恂與徇同。」罷，説文云：「遣有辠也。」段注引申之爲止也，休也。下引論語此文以證止休之義是也。卓，説文云：「高也。」經義述聞曰：「儀禮覲禮『匹馬卓上』，解曰：『卓之言超也，絶也，獨也。』廣雅：『趠，絶也。』李善西都賦注：『逴躒，猶超絶也。』匡謬正俗曰：『逴逴與卓古並同聲，其義一也。』漢書河間獻王傳：『卓爾不羣。』説苑君道篇：『踔然獨立。』説文：『稺，特止也。』徐鍇傳曰：『特止，卓立也。』踔與稺、卓古亦同聲，皆獨貌也。」劉氏正義：漢韓勑修孔廟禮器碑「逴彌之思」，錢氏大昕養心録謂即論語「卓爾」，此亦齊、古異文。鄭注云：「卓爾，絶望之辭。」絶望者，言絶於瞻望也。此探下文「欲從末由」爲義。法言學行篇：「顔不孔，雖得天下，不足以爲樂，然亦有苦乎？曰：『顔苦孔之卓之至也。』或人瞿然曰：『茲苦也，祇其所以爲樂也與？』」是卓爾乃言夫子之道極精微者，不敢必知，不可灼見，故以如有形之。韓詩外傳：「孔子與子夏論書云：『丘嘗悉心盡志，已入其中，前有高岸，後有深谷，泠泠然如此。既立而已矣，不能見其裏。』蓋謂精微者也。」外傳所云「既立」，與此文所言「立」同。

【集解】循循，次序貌。誘，進也。言夫子以此道勸進人，有次序也。孔曰：「言夫子既以文章開博我，又以禮節節約我，使我欲罷而不能，已竭我才矣。其有所立，則又卓然不可及，言己雖蒙夫子之善誘，猶不能及夫子之所立也。」

【唐以前古注】後漢書趙壹傳注引鄭注：恂恂，恭順貌。　釋文引鄭注：卓爾，絶望之辭。　皇疏引孫綽云：既以文章博我視聽，又以禮節約我以中，俯仰動止，莫不景行，才力已竭，猶不能已。罷，猶罷息也。常事皆循而行之，若有所興立，卓然出視聽之表，猶天之不可階而升，從之將何由也。此顔、孔所絶處也。　筆解：韓曰：「既竭吾才，如有所立卓爾。此回首自謂，雖卓立，未能及夫子高遠爾。」李曰：「退之深得之矣。吾觀下篇云：『可與共學，未可與適道。可與立，未可與權。』是知所立卓爾尚未可權，是顔回自謂明矣。孔義失其旨。」

【集注】循循，有次序貌。誘，引進也。博文約禮，教之序也。言夫子道雖高妙，而教人有序也。侯氏曰：「博我以文，致知格物也。約我以禮，克己復禮也。」程子曰：「此顔子稱聖人最切當處，聖人教人惟此二事而已。卓，立貌。末，無也。此顔子自言其學之所至也。蓋悦之深而力之盡，所見益親，而又無所用其力也。」吳氏曰：「所謂卓爾，亦在乎日用行事之間，非所謂窈冥昏默者。」程子曰：「到此地位功夫尤難，直是峻絶，又大段著力不得。」楊氏曰：「自可欲之謂善，充而至于大，力行之積也；大而化之，則非力行所及矣。此顔子所以未達一間也。」程子曰：「此顔子所以爲深知孔子而善學之者也。」胡氏曰：「無上事而喟然歎，此顔子學既有得，故述其先難之故，後得之由，而歸功於聖人也。高堅前後，語道體也。仰鑽瞻忽，未領其要也。

惟夫子循循善誘，先博我以文，使我知古今，達事變；然後約我以禮，使我尊所聞，行所知，如行者之赴家，食者之求飽，是以欲罷而不能，盡心盡力，不少休廢，然後見夫子所立之卓然，雖欲從之，末由也已。是蓋不怠所從，必求至乎卓立之地也。抑斯歎也，其在請事斯語之後，三月不違之時乎？」

【餘論】黄幹論語注義問答通釋：顔子之見，固非後學所可窺測。然以其不可窺測也，故言之者往往流於恍惚無所據依之地。敢於爲言者反借佛老之説以議聖人。其不敢者，則委之於虚無不可測論之域。惟吴氏以爲亦在日用行事之間者最爲切實。夫聖人之道，固高明廣大不可幾及，然亦不過情性之間，動容之際，飲食起居交際應酬之務，君臣父子兄弟夫婦之常，出處去就辭受取舍，以至政事設施之間，無非道之寓。其所謂高堅前後者，他人於此，或未能無纖毫之私，或未能達義理之正，或未能通權變之宜，或未能及從容之妙，故仰之但見其高，鑽之但見其堅，或前或後而無定所也。顔子用力，亦不過於博文約禮之間而竭其力，則見益精，行益熟，而於聖人性情動容，以至政事設施之類，皆有以見其當然之則，卓然立乎其間耳，初非有深遠不可窮詰之事也。

【發明】反身録：問：穎悟如顔子，學夫子之道，猶仰鑽瞻忽，歎其高堅前後之難入，今學者既無顔子之穎悟，而欲學夫子，其難尤將何如耶？曰：謂顔子從夫子學道則可，謂爲學夫子之道，非惟不知道，並不知顔子矣。夫道爲人人當由之道，存心盡性之謂也。顔子存己心，盡己性，而由己所當由之道。由之而初未得其方，不是過便是不及，出入無時，莫知其鄉，潛天而天，潛地而地，是以有高堅前後之疑。若謂學夫子之道，是舍己而學人，乃後世徇迹摹倣者之所爲。即一學而成，不高不堅，不前不後，亦與自己心性有何干涉？而循循之誘，則是夫子誘其博文約禮以學夫子。他日顔子問仁，夫子答以爲仁由己。而顔子之請事不待、請事四勿，惟直請事夫子便爲仁矣。顔子幸親炙夫子，得以學夫子。而夫子之前，未有夫子；夫子之後，再無夫子，學者抑將學誰耶？曰：顔子非學夫子，胡爲而依依夫子耶？曰：依依夫子，正所以親承指點入道之方，博文約禮是也。問：博我以文，説者以爲使我知古今達事變，然歟？曰：以博文爲知古今達事變，則稍知讀書者皆可能，顔子乃反見不及此，必待夫子之誘而始知從事於此，何以爲顔子？夫博文而止於知古今達事變，亦何關於身心性命之急，乃欲罷不能，博之約之，而至於如有所立卓爾耶？然則所謂文者，果何所指？必何如而後爲博文爲約禮耶？曰：身心性命之道，燦然見於語默動作人倫日用之常，及先覺之所發明，皆文也；莫不有當然之則焉，皆禮也。從而潛心默會，一一晰其當然之謂博；隨所博而反躬實踐之謂約。博即虞廷之惟精，大學之格物。約即虞廷之惟一，大學之誠正修。知行並進，無非在身心性命上做工夫，豈區區知古今達事變者所可同日而語耶？又云：顔子惟其知性，是以藉博約工夫盡性分之當然，進不能自已。用力之久，至於聰明才智俱無可用，不覺恍然有會，躍如在前，實非畔援歆羨之私所可擬議。雖欲從之，果何所從，有從則有二矣，有二便非道。陳白沙先生亦謂，静坐久之，見此心之體隱然呈露，常若有物。日用間種種應酬，隨吾所欲，如馬之御銜勒，水之有源委。於是涣然自信曰：「作聖之功，其在兹乎？」今吾人爲學，自書册之外，多玩愒因循，實未嘗鞭辟著裏，竭才以進；而欲其有所見，難矣。即或自謂有見，亦無異漢武帝之見李夫人，非惑即妄。

# 論語集釋卷十八

## 子罕下

○子疾病，子路使門人爲臣。

【考異】論衡感類篇引文「使」作「遣」。

【考證】四書稗疏：集注云：「臣，家臣。」按家臣之屬，有家宰，有邑宰，有家司馬，有家宗人，有家士，但云家臣，不知何職。且此諸臣皆非緣喪而設。按周禮司馬、太僕之屬，有小臣二人，掌士大夫之弔勞。又喪大記云「小臣復」，又云「小臣楔齒用角柶，綴足用燕几」，又云「浴，小臣四人抗衾」，又云「小臣爪足」，又云「小臣爪手翦須」，皆與死者親，故曰死於臣之手。然唯諸侯之喪爲然，天子則用夏采喪祝。若大夫士之喪，則抗衾爪揃皆用外御，賓客哭弔，以擯者掌之，以本無小臣故也。春秋之世，大夫而僭侯禮，於是乎本無小臣，因喪事而立之，故曰「無臣而爲有臣」。子路沿俗私置，故夫子深斥之。若家臣，則夫子已爲大夫，受田禄於鄹邑，固得有之，而何以云無臣哉？

【集解】包曰：「疾甚曰病。」鄭曰：「孔子嘗爲大夫，故子路欲使弟子行其臣之禮。」

【唐以前古注】春秋左傳桓五年正義引鄭注：病，謂疾益困也。皇疏引江熙云：子路以聖人君道足宜臣，猶禱上下神祇也。筆解：韓曰：「先儒多惑此説以謂素王素臣，後學由是責子路欺天。吾謂子路剛直無諂，必不以王臣之臣欺天爾。本謂家臣之臣以事孔子也。」李曰：「卿大夫稱家，各有家臣，若輿臣隸、隸臣臺、臺臣僕之類，皆家臣通名。仲尼是時患三家專魯而家臣用事，故責子路，以謂不可效三家欺天爾。」

【集注】夫子時已去位，無家臣。子路欲以家臣治其喪，其意實尊聖人，而未知所以尊也。

**病閒，曰：「久矣哉，由之行詐也！無臣而爲有臣。吾誰欺？欺天乎！**

【音讀】集注考證：集注「閒」如字，讀在安閒之閒，王文憲讀作去聲。翟氏考異：孔氏注曰：「少差曰閒。」皇疏曰：「少差則病勢斷絶有閒隙也。」閒隙字本平聲，説文閒專訓隙。古閑切。釋文、集注並云閒如字，乃謂閒隙之閒，非安閒之閒也。訓安閒則非此字正聲，故詩關雎傳「幽閒貞專」，陸氏釋曰：「閒音閑。」史記相如傳「雍容閒雅」，韋氏注曰：「閒讀曰閑。」餘若周禮「閒民」，禮記「閒田」，悉無云如字者。若讀去聲，爲古莧切，則其義爲代，爲迭，爲厠，與此少差，相去皆遠。

按：文十六年傳「請俟君閒」，杜注：「閒如字。病瘳。」襄十年傳「晉侯有閒」，杜注：「閒，病差也。」文王世子「旬有二日乃閒」，鄭注：「閒，猶瘳也。」孔疏：「病重之時，病恒在身，無少閒空隙，至瘳乃有空隙。」據此，則閒字讀爲去聲固非，讀爲安閒之閒亦誤，仍當讀如字。

【考證】方言：南楚病愈者謂之差，或謂之閒。宋翔鳳鄭注輯本：按此爲孔子未反魯事，故有死於道路之語，蓋孔子自知必反魯也。

按：此當是魯以幣召孔子，孔子將反魯，適於道路中得疾也。王制云：「大夫廢其事，終身不仕，死，以士禮葬之。」夫子去魯是退，當以士禮葬。今子路用大夫之禮，故夫子責之。

【集解】孔曰：「病少差曰閒。久矣行詐，言子路有是心非惟今日也。」

【集注】病閒，少差也。病時不知，既差，乃知其事，故言我之不當有家臣，人皆知之，不可欺也；而爲有臣，則是欺天而已。人而欺天，莫大之罪，引以自歸，其責子路深矣。

**且予與其死於臣之手也，無寧死於二三子之手乎！且予縱不得大葬，予死於道路乎？」**

【集解】馬曰：「無寧，寧也。二三子，門人也。就使我有臣而死其手，我寧死於弟子之手乎。」孔曰：「大葬，君臣禮葬也。」馬曰：「就使我不得以君臣之禮葬，有二三子在，我寧當憂棄於道路乎。」

【唐以前古注】王制正義引鄭注：大夫退，葬以士禮。致仕，以大夫禮葬。

【集注】無寧，寧也。大葬，謂君臣禮葬。死於道路，謂棄而不葬。又曉之以不必然之故。

【餘論】黄氏後案：使門人爲臣，欲使門人治喪制服，依君臣禮也。禮，師弟之服，心喪三年。君臣之服，斬衰三年。此所以使爲臣始得伸其情也。禮喪服斬衰章既言諸侯爲天子，又言君，是家相邑宰之於大夫，及大夫之衆臣皆斬衰三年。經又曰：「公士大夫之衆臣，爲其君布帶繩屨。」經明諸臣之斬衰三年同，其帶屨異也。既非貴臣，帶屨有異，故特明之也。然此行君臣禮者，皆有地而稱君也。傳曰：「君，謂有地者也。」傳明大夫之無采地者猶不得用君臣禮也。夫子爲魯大夫，門人嘗爲之臣。夫子自言無臣者，非有地稱君之例。而使之有臣，是無臣而爲有臣也。欺天，謂逆天之命也。

【發明】葉味道四書説（四書通引）：大夫之簀，曾子不敢以死。無臣而爲有臣，夫子不敢以葬。

**○子貢曰：「有美玉於斯，韞匵而藏諸？求善賈而沽諸？」子曰：「沽之哉！沽之哉！我待賈者也。」**

【考異】釋文：「匵」，本又作「櫝」。後漢書張衡傳：「且韞櫝以待價。」崔駰傳：「韞櫝六經。」兩注皆引論語「韞櫝而藏諸」。又逸民傳注引作「藴櫝」。文選左太沖吴都賦、顔延年直東宫詩、陳孔璋答東阿王牋、范蔚宗逸民傳論四注皆引作「櫝」。文選顔延年詩、范蔚宗論二注皆作「求善價」。後漢書注、太平御覽、藝文類聚亦皆作「善價」。白虎通商賈篇、後漢書張衡傳、逸民傳兩注、文選琴賦注引「我待賈者也」，「賈」作「價」。

【音讀】釋文：賈音嫁，一音古。漢石經「沽諸」、「沽之哉」，「沽」俱作「賈」。羣經音辨：沽，古乎切。論語「沽之哉」，鄭康成亦音故。玉篇：夃，公乎切。論語「求善價而夃諸」，今作「沽」。許謙讀四書叢説：沽，去聲，訓賣。若平聲，則訓買。于此義不相當。物茂卿論語徵：善賈者，賈人之善者也。賈音古。論語詳解：善賈，猶言良賈。四書湖南講曰：「賈如字讀，即商賈之賈，俱從釋文下音。」段氏說文注：賈者，凡買賣之稱也。酒誥曰：「遠服賈。」漢石經論語曰：「求善賈而賈諸。」今論語作「沽」者，叚借字也。引伸之，凡賣者之所出，買者之所得，皆曰賈。俗又別其字作「價」，入禡韻，古無是也。劉氏正義：下句待賈亦謂待賈人。白虎通商賈篇：「商之爲言，商也。商其遠近，度其有無，通四方之物，故謂之商也。賈之爲言，固也。固其有用之物，以待民來，以求其利者也。行曰商，止曰賈。易曰：『先王以至日閉關，商旅不行。』論語曰：『沽之哉！我待價者也。』」白虎通引論語以證「止賈」亦當作「待賈」。今作「待價」，明爲後人所改矣。

【考證】秋槎雜記：儀禮聘禮「賈人西面坐，啓櫝取圭」，注：「賈人，在官知物價者。」古人重玉，凡用玉必經賈人，況鬻之乎？昭十六年左傳：「宣子有環，其一在鄭商。韓子買諸賈人，既成賈矣。」此沽玉必經賈人之證。黃氏後案：鄭君注：「韞，裹也。謂包裹納匵也。」詩小苑孔疏引舒瑗曰：「包裹曰蘊。」蘊與韞同。既韞且匵，猶弓之有韣，劍之有衣，皆在匵之内也。求，擇也，非衒賣之謂也。姚秋農謂端木氏安得有貶道干時之請，以夫子之不仕迹疑於藏，故以爲請耳。

【集解】馬曰：「韞，藏也。匵，匱也。謂藏諸匱中也。沽，賣也。得善賈，寧肯賣之邪。」包曰：「沽之哉，不衒賣之辭也。我居而待賈者也。」

【唐以前古注】釋文引鄭注：韞，裹也。匵，匱也。　皇疏引王弼云：重言沽之哉，賣之不疑也。故孔子乃聘諸侯以急行其道也。

【集注】韞，藏也。匵，匱也。沽，賣也。子貢以孔子有道不仕，故設此二端以問也。孔子言固當賣之，但當待賈而不當求之耳。范氏曰：「君子未嘗不欲仕也，又惡不由其道。士之待禮，猶玉之待賈也。若伊尹之耕於野，伯夷、太公之居於海濱，世無成湯、文王，則終焉而已，必不枉道以從人，衒玉而求售也。」

【餘論】四書辨疑：舊説「沽之哉，不衒賣之辭。」準此以解，上句「沽」字亦衒賣也。子貢以衒賣爲問，可謂輕鄙之甚，注文不取是矣。然解沽之哉爲固當賣之，連許賣之賣之，則夫子之言却不雅重。「沽」字固當訓賣，然賣者出物於市，鋪張示衆以求售，與衒意亦相鄰，但不以語言夸張，此爲異耳。玉在匵中，待其知者以賈自來而售，與其出之於市肆，鋪張示衆以求售者，蓋懸殊矣。夫子之道，用之則行，舍之則藏，誠無張示於人邀求善賈賣之之理。沽之哉，沽之哉，乃是彼子貢言賣之辭。蓋言我何賣之哉，我但待其自然賈至然後售之。重言沽之哉，深彼賣之之意也。　四書詮義：子貢病在求字，然子貢非枉求者，第覺出於有心耳。夫子待賈，即是用之則行，舍之則藏。其用世之心，與樂道之常，自並行而不背也。

【發明】反身録：士患立身有瑕，果是美玉，售與不售，於玉何損？求固成玷，藏亦有心，待價二字，夫子特爲求者下鍼砭耳。其實待亦無心。有心以待，固遠勝於衒玉求售，然一有待心，便非囂囂。用舍安於所遇，行藏一出無心，斯善矣。伊尹、太公，耕莘釣渭，咸囂囂自得，初曷嘗有心待賈，而成湯、西伯並重賈以售。其次若孔明之高卧隆中，不求聞達；康齋之身世兩忘，惟道是資。一則三顧躬邀，一則行人敦迎。王仲淹生乎漢、晉聖道陵彝之後，毅然以周、孔自任，豈非一時之傑，間世之玉乎？乃詣闕自衒，遂成大瑕。其他隨時奔競之徒，本自不玉，本自無價，故人亦不以玉待之，多不言價。昔人謂周之士貴，士自貴也；秦之士賤，士自賤也。士亦奈何不自玉而甘自賤也哉！

## ○子欲居九夷。

【考證】説文：夷从大，大人也。夷俗仁，仁者壽，有君子不死之國。羅泌國名紀引逸論語：子欲居九夷，從鳳嬉。白虎通禮樂篇：明堂記曰：「九夷之國。東方爲九夷。」東所以九何？蓋來通者九。九之爲言，究也。四書稗疏：周衰典廢，小國諸侯國介邊徼，憚於盟會征伐之重賦，不能備禮，自降而從夷，則人亦以夷目之。而魯東海澨本有夷屬，故尚書稱萊夷、島夷。萊夷今登萊地。孔子郤萊人，言裔不謀夏是已。島夷卉服，亦沿海之地，濕不宜蠶，恃苧爲衣者。又左傳陳轅濤塗曰「觀兵於東夷」，杜預解曰：「郯、莒、徐夷也。」又隱公元年「紀人伐夷」，杜預曰：「夷國在城陽壯武縣。」又魯稱晉聽蠻夷之訴，謂邾、莒也。凡此之屬，皆謂之夷，則九夷者，東方九小國耳。以其僻小儉鄙，降從夷禮，故曰陋。梁氏旁證：皇疏：「東有九夷：一元菟、二樂浪、三高麗、四滿飾、五鳧臾、六索家、七東屠、八倭人、九天鄙。此海中之夷。」邢疏：「東夷傳，夷有九種：曰畎夷、于夷、方夷、黄夷、白夷、赤夷、元夷、風夷、陽夷。」按此後漢書東夷傳文，下云「故孔子欲居九夷」，故邢疏據之。惟皇疏又以九夷在唐虞爲嵎夷，在周爲淮夷。又東漢傳論以朝鮮當孔子所居之九夷，徒以朝鮮有美俗，則與傳文顯背，恐非。又按秦策言：「楚包九夷。」魏策言：「楚破南陽九夷。」史記李斯傳亦云：「惠王用張儀之計，南取漢中，包九夷，制鄢、郢。」索隱：「九夷即屬楚之夷也。」吕氏大事記據之，謂方孔子在陳、蔡，相去不遠，所以有欲居九夷之言。此説近之。劉氏正義：子欲居九夷，與乘桴浮海，皆謂朝鮮。夫子不見用於中夏，乃欲行道於外域，則以其國有仁賢之化故也。後漢書東夷列傳：「昔箕子違衰殷之運，避地朝鮮。始其國俗未有聞也，及施八條之約，使人知禁，遂乃邑無淫盜，門不夜扃，回頑薄之俗，就寬略之法。行數百千年，故東夷通以柔謹爲風，異乎三方者也。苟政之所暢，則道義存焉。仲尼懷憤，以爲九夷可居。或疑其陋。子曰：『君子居之，何陋之有？』亦徒有以焉爾。」此本前漢地理志，而意更顯。九夷者，夷有九種，朝鮮特九夷之一。淮南齊俗訓謂泗上十二諸侯，率九夷以朝越王勾踐。惟九夷在東，故泗上諸侯得以率之。戰國秦策：「楚包九夷。」魏策：「楚破南陽九夷，内沛、許，鄢陵危。」史記李斯傳：「惠王用張儀之計，南取漢中，包九夷，制鄢、郢。」索隱曰：「九夷即屬楚之夷也。」吕氏祖謙大事記據索隱説，以爲孔子在陳、蔡，相去不遠，所以有欲居九夷之言。案吕氏誤也。南方曰蠻，其稱夷稱九夷者，皆叚借稱之。況楚地之夷，其風俗獷悍，至今猶然，則正或人所譏，夫子不應欲居之矣。

【集解】馬曰：「九夷，東方之夷有九種。」

【集注】東方之夷有九種。欲居之者，亦乘桴浮海之意。

【餘論】黄氏後案：張横渠易説曰：「否之時，天下无邦也。子欲居九夷，未敢必天下之无邦。或夷狄有道，於今海上之國，儘有仁厚之治者。」張子説見聖人之量大，其以九夷爲海上之國，亦非無據。説文羊部「羌」字下云：「南方蠻閩从蟲。北方狄从犬。東方貉从豸。西方羌从羊。此異種也。西南夷人僬僥从人，蓋在坤地，頗有順理之性。惟東夷从大，大人也。夷俗仁，仁者壽，有君子不死之國。孔子道不行，欲之九夷，乘桴浮於海，有以也。」許説東夷之風俗如此。漢書地理志曰：「東夷天性柔順，異於三方之外，故孔子悼道不行，設桴於海，欲居九夷。」又後漢書東夷傳曰：「仁而好生，天性柔順，易以道御，有君子不死之國。夷有九種：曰畎夷、于夷、方夷、黄夷、白夷、赤夷、元夷、風夷、陽夷。故孔子欲居九夷也。」諸説皆符。劉原父云：「九夷在徐州、莒、魯之間。」吕伯恭又引史記「惠王用張儀，南取漢中，包九夷，制鄢、郢」，戰國策「張儀曰：『楚破南陽九夷，内沛，許，鄢陵危』」謂，孔子嘗至陳、蔡，去九夷不遠。此别一説。

或曰：「陋，如之何？」子曰：「君子居之，何陋之有？」

【集解】馬曰：「君子所居則化。」

【唐以前古注】皇疏引孫綽云：九夷所以爲陋者，以無禮義也。君子所居者化，則陋有泰也。

【集注】君子所居則化，何陋之有。

【別解一】翟氏考異：山海經云：「海外東方有君子國，其人皆衣冠帶劍，好讓不争。」子乃謂東方所居，能有如是之國，何可概謂其陋。此亦如桴材匏瓜之荅，不必以化夷爲夏泥言。

按：以君子指九夷，雖與舊注不合，然亦可備一説。

【別解二】何異孫十一經問對：箕子受封於朝鮮，能推道訓俗，教民禮義田蠶，至今民飲食以籩豆爲貴，衣冠禮樂與中州同，以箕子之化也。君子居之，指箕子言，非孔子自稱爲君子。

○子曰：「吾自衞反魯，然後樂正，雅、頌各得其所。」

【考異】皇本、高麗本「反」下有「於」字。

【考證】經史問答：大戴禮投壺曰：「雅詩二十六篇，八篇可歌：鹿鳴、貍首、鵲巢、采蘩、采蘋、伐檀、白駒、騶虞。八篇廢不可歌。其七篇商、齊可歌也，三篇閒歌。」按二雅之材一百五，而以爲二十六，不解者一。鹿鳴、白駒在雅，貍首則成、康謂即曾孫侯氏之詩，亦在雅。而鵲巢四詩在南，伐檀在風，何以均謂之雅？此自漢、晉以後，雖經孔子釐正，而仍前之謬，不解者二。商、齊，據樂記，明是雅、頌以前之書，何以七篇亦入於雅？投壺之言甚古，以是知孔子時雅之不得其所者多也。穆叔於四夏謂晉人不當享大夫，而不知亦非天子所以享元侯。馬氏通考始發之，不知此魯人向來以禘樂享賓，故穆叔亦不覺其非，以是知頌不得其所者多也。困學紀聞：石林解「雅、頌各得其所」云：「季札觀魯樂，以小雅爲周德之衰，大雅爲文王之德。小雅皆變雅，大雅皆正雅。楚莊王言武王克商作頌，以時邁爲首，而武次之，賚爲第三，桓爲第六，以所作爲先後。以此考之，雅以正變爲大小，頌以所作爲先後者，詩未删之序也。論政事之廢興，而以所陳者爲大小；推功德之形容，而以所告者爲先後者，删詩之序也。」其説可以補注義之遺。包慎言敏甫文鈔：論語雅頌以音言，非以詩言也。樂正而律與度協，聲與律諧，鄭、衛不得而亂之，故曰得所。詩有六義：曰風，曰賦，曰比，曰興，曰雅，曰頌。而其被之於樂，則雅中有頌，頌中有雅，風中亦有雅、頌。詩之風、雅、頌以體別，樂之風、雅、頌以律同，本之性情，稽之度數，協之音律，其中正和平者則俱曰雅、頌焉云爾。揚雄法言曰：「或問：五聲十二律也，或雅或鄭何也？曰：中正爲雅，多哇爲鄭。請問本。曰：黄鍾以生之，中正以平之，確乎鄭、衛不能入也。」由是言之，樂有樂之雅、頌，詩有詩之雅、頌，二者固不可比而同也。七月，邠風也，而籥章吹以養老息物則曰雅，吹以迎送寒暑則曰頌。一詩而可雅可頌，邠風然，知十五國亦皆然也。大戴禮投壺云：「凡雅二十六篇，鹿鳴、貍首、鵲巢、采蘩、采蘋、白駒、伐檀、騶虞八篇可歌。」鵲巢、采蘩、采蘋、伐檀、騶虞，此五篇皆風也，而名之爲雅者，其音雅也。投壺又云：「八篇廢不可歌，七篇商、齊可歌。」商，頌也。齊，風也。而皆曰雅。由是言之，雅、頌者，通名也。漢杜夔傳雅樂四曲，有鹿鳴、伐檀、騶虞、文王。墨子謂騶虞爲文王之樂，與武、勺並稱，則風詩之在樂，可名雅而又可名頌矣。淮南泰族訓曰：「雅、頌之聲，皆發於辭，本於情，故君臣以睦，父子以親。故韶、夏之樂也，聲乎金石，潤乎草木。」然則韶、夏亦云雅、頌，豈第二雅、三頌之謂哉？」又曰：「言不合乎先王者不可以爲道，音不調乎雅、頌者不可以爲樂。」然則雅、頌自有雅、頌之律。性情正，音律調，雖風亦曰雅、頌；性情不正，音律不調，即雅、頌亦不得爲雅、頌。後世非無雅、頌之詩，而不能與雅、頌並稱者，情乖而律不調也。太史公樂書曰：「凡作樂者，所以節樂。君子以謙退爲禮，減損爲樂，樂其如此也。以爲州異國殊，情習不同，故博采風俗，協比聲律，以補短移化，助流政教。天子躬於明堂臨觀，而萬民咸滌蕩邪穢，斟酌飽滿，以飾厥性。故云雅、頌之音理而民正。」夫州異國殊，風也。天子博采而協比以音律，則俱曰雅、頌。樂之雅、頌，其果以詩分乎？不以詩分乎？樂書又言：「天子諸侯聽鐘磬未嘗離於庭，卿大夫聽琴瑟之音未嘗離於前，所以養仁義防淫佚也。夫淫佚生於無禮，故聖人使耳聞雅、頌之音，目視威儀之禮。」由是言之，樂之雅、頌，猶禮之威儀。威儀以養身，雅、頌以養心。聲應相保，細大不踰，使人聽之而志意得廣，心氣和平者，皆雅、頌也。以詩之雅、頌爲樂之雅、頌，則經傳多格而不通矣。樂記曰：「故人不能無樂，樂不能無形，形而不爲道，不能無亂，故制雅、頌之聲以道之。」周南、召南莫非先王所制，則莫非雅、頌也。非先王所制，而本之性情，稽之度數，協之聲律，不悖於先王者，聖人有取焉。史記儒林傳言：「詩三百五篇，孔子皆弦歌之，以求合乎韶、武雅、頌之音。」三百篇之於雅、頌，不必盡合也。其合乎雅、頌者，即謂之雅、頌，故伐檀也、齊也亦曰雅。大戴所言，杜夔所傳，豈其謬哉？漢書禮樂志云：「周衰，王官失業，雅、頌相錯，孔子論而定之，故曰：『吾自衛反魯，然後樂正，雅、頌各得其所。』」班氏所謂「雅、頌相錯」者，謂聲律之錯，非謂篇章錯亂也。所謂「孔子論而定之」者，謂定其聲律，非謂整齊其篇次也。子曰：「師摯之始，關雎之亂，洋洋乎盈耳哉！」關雎篇次非有所錯，然洋洋之盛，必待孔子正樂之後。蓋自新聲既起，音律以乖，先王雅、頌皆因之以亂，詩則是也，聲則非也，故曰「惡鄭聲之亂雅樂」也。淮南曰：「先王之制法也，因民之所欲而爲之節文者也。因其好色而制婚姻之禮，故男女有別。因其好音而正雅、頌之聲，故風不流。」關雎、葛覃、卷耳，正所謂節而不使流者也。然使以鄭聲弦之歌之，則樂者淫，哀者傷矣。明乎此，而雅、頌之不係乎詩可知，得所之非整理其篇章亦可知。

按：正樂之説不一。或曰正樂章，毛西河主之。（詳見四書改錯，以文繁不録。）或曰正樂音，包慎言主之。玩「各」字之義，則雅自雅，頌自頌。玩「樂」字之義，實指雅、頌之奏入樂章而言。春秋時用樂僭亂，雅、頌爲甚。正之者，如引「相維辟公，天子穆穆」以正雍詩；論聲淫及商，致右憲左，以正大武；惡鄭聲而放之，以正雅；删詩而序武、桓、賚之次第，訂正雅、大雅、小雅、變雅之篇次，語魯太師翕純皦繹之類皆是也。其詳今不可考。朱子語類於此章無何辨論：蓋以樂經久已失傳，而禮記又孔門及秦、漢人雜輯，時相矛盾，不能强爲之解也。

【集解】鄭曰：「反魯，魯哀公十一年冬也。是時道衰樂廢，孔子來還，乃正之，故曰『雅、頌各得其所』。」

【唐以前古注】皇疏：孔子去魯後，而魯禮樂崩壞。孔子以魯哀公十一年從衛還魯，而删詩、書，定禮、樂，故樂音得正。樂音得正，所以雅、頌之詩各得其本所也。雅、頌是詩義之美者，美者既正，則餘者正亦可知也。

按：此章皇疏雖寥寥數語，而字字中肯，勝集注遠甚，故特著之。

【集注】魯哀公十一年冬，孔子自衛反魯。是時周禮在魯，然詩樂亦頗殘缺失次。孔子周流四方，參互考證，以知其說。晚知道終不行，故歸而正之。

○子曰：「出則事公卿，入則事父兄，喪事不敢不勉，不爲酒困，何有於我哉？」

【考異】陶潛孝傳述文以「入」句處「出」句上。

【集解】馬曰：「困，亂也。」

【唐以前古注】皇疏引衛瓘云：「三事爲酒興也。」侃案如衛意，言朝廷閨門及有喪者並不爲酒所困，故云「三事爲酒興」也。言我何能行此三事，故云「何有於我哉」。又一云：人若能如此，則何復須我，故云「何有於我哉」也。緣人不能，故有我應世耳。

【集注】說見第七篇。然此則其事愈卑，而意愈切矣。

【餘論】四書翼注：當時必有賤不肯事貴，少不肯事長，不肖不肯事賢，而又忽略喪紀，沉湎於酒者。夫子反言以儆之，不然雖曰德盛禮恭，不應況而愈下也。

【發明】論語述何：何有於我哉，言無我也，人皆有之。

按：此章之義本不可解。袁枚云：「何有於我，言我只有此而他無所有也。」意極紆曲。劉氏以無我釋之，似尚不失聖人立言之旨。

○子在川上，曰：「逝者如斯夫！不舍晝夜。」

【考異】孟子徐子章章指引論語此文，「子」作「仲尼」，「斯」下無「夫」字。文選郭璞遊仙、司馬彪贈山濤、張協雜詩三注皆引「逝者如斯」，不連「夫」字。

【音讀】困學紀聞：釋文：「舍音捨。」集注亦云上聲。而楚辭辨證云：「洪氏引顏師古：『舍，止息也。』屋舍、次舍皆此義。論語『不舍晝夜』，謂曉夕不息耳。今人或音捨者非是。」辨證乃朱子晚年之書，當從之。四書纂箋：楚辭辨證，文公著於慶元己未，明年，公易簀矣。集注舍上聲者，舊音讀如赦者，定論也。

按：文選勵志詩、褚淵碑文兩注引論語，「舍」字皆作「捨」，是唐以前皆讀上聲，不始於朱子，然終以晚年定說爲長。

【考證】四書釋地：相傳泗水發源處，今之泉林寺，在泗水縣東五十里陪尾山下。四源並發寺之左右，大泉十數，泓渟澄徹，互相灌輸，會而成溪，是謂泗水。茂樹深樾，蔽虧曦景。余曾往遊，惟有詠郭景純詩，林無靜樹，川無停流，覺神超形越，猶未足以況爾時矣。劉氏正義：法言學問篇：「或問進，曰水。或曰：『爲其不舍晝夜與？』曰：『有是哉！滿而後漸者，其水乎？』」法言所謂進，與夫子言逝義同。逝者，往也，言往進也。春秋繁露山川頌篇：「水則源泉混混沄沄，晝夜不竭，既似力者。盈科後行，既似持平者。循微赴下，不遺小間，既似察者。循溪谷不迷，或奏萬里而必至，既似知者。障防山而能清淨，既似知命者。不清而入，潔清而出，既似善化者。赴千仞之壑，入而不疑，既似勇者。物皆困於火，而水獨勝之，既似武者。咸得之生，失之而死，既似有德者。孔子在川上，曰：『逝者如斯夫！不舍晝夜。』此之謂也。」董引論語以證似力一節，非以論全德也。至法言所謂滿而後漸，則又一意。孟子離婁篇：「徐子曰：『仲尼亟稱於水曰：水哉水哉。何取於水也？』孟子曰：『源泉混混，不舍晝夜，盈科而後進，放乎四海，有本者如是，是之取爾。』」此即滿而後漸之義，亦前意之引申，故趙岐孟子章指云：「言有本不竭，無本則涸，虛聲過實，君子恥諸。是以仲尼在川上，曰『逝者如斯』。」明夫子此語既贊其不息，且知其有本也。

【集解】鄭曰：「逝，往也，言凡往者如川之流也。」

【唐以前古注】皇疏：孔子在川水之上，見川流迅邁，未嘗停止，故歎人年往去，亦復如此。向我非今我，故云「逝者如斯夫」者也。斯，此也。夫，語助也。日月不居，有如流水，故云「不舍晝夜」也。　又引孫綽云：川流不舍，年逝不停，時已晏矣，而道猶不興，所以憂歎。　又引江熙云：言人非南山，立德立功，俛仰時邁，臨流興懷，能不慨然。聖人以百姓心爲心也。

【集注】天地之化，往者過，來者續，無一息之停，乃道體之本然也。然其可指而易見者莫如川流，故於此發以示人，欲學者時時省察而無毫髮之間斷也。

【餘論】論語述要：此章似只言歲月如流，欲學者愛惜景光之意。皇疏引孫綽云：「川流不息，年逝不停，時已晏矣，而道不興。」本文意即如此，更合以下各章，皆勉人以及時爲學之語，意更可見。道體不息，雖有此理，然另是一義，夫子言下恐未必然。集注云：「自漢以來儒者皆不識此義。」而宋儒解經，每有過深之弊，又不可不知也。

○子曰：「吾未見好德如好色者也。」

【考證】史記孔子世家：孔子居衛，靈公與夫人同車，使孔子爲次乘，招摇市過之。孔子醜之，故發此歎。　黄氏後案：史記世家録此事，先儒以爲誣聖辱聖。然聖人此言必有爲而言，舊説指衛靈，或有所傳。　劉氏正義：坊記注解此文云：「疾時人厚於色之甚而薄於德也。」即此注文所本。毛詩序：「女曰雞鳴，刺不好德也。陳古義以刺今不説德而好色也。」鄭注：「德，謂賢士大夫有德者。」史記「是歲魯定公卒」，則此語在定十四年。

按：好德即好賢之義，非泛言道德也。集注誤。

【集解】疾時人薄於德而厚於色，故發此言。

【唐以前古注】史記集解引李充云：使好德如好色，則棄邪而反正矣。

按：此條馬國翰玉函山房輯本漏未列入。

【集注】謝氏曰：「好好色，惡惡臭，誠也。好德如好色，斯誠好德矣，然民鮮能之。」

【餘論】鹿氏四書説約：此書揭人肺腑隱微之病，體驗之，乃見其言之至。

○子曰：「譬如爲山，未成一簣，止，吾止也。譬如平地，雖覆一簣，進，吾往也。」

【考異】漢書禮樂志引文，「譬」字作「辟」，「簣」字作「匱」。　又王莽傳「成在一匱」，匱亦從匚。

【考證】論語竢質：說文無「簣」字，今論語「匱」字去匚而上加竹，非。論語後録：說文解字：「簣，草器。古文作臾，象形。」蓋草作之所以盛土者也。劉氏正義：達摩多羅禪經上注引此文並作「匱」，唐化度寺碑「資覆匱以成山」，亦用此文，蓋叚借也。荀子宥坐篇：「孔子曰：『如垤而進，吾與之。如丘而止，吾已矣。』」即此章異文。羣經平議：馬讀雖如本字，斯其義曲矣。雖當讀爲唯，禮記少儀篇「雖有君賜」，雜記篇「雖三年之喪可也」，鄭注竝曰：「雖或爲唯。」表記篇「唯天子受命於天」，注曰：「唯當爲雖。」蓋雖本從唯聲，故二字古得通用。說見王氏引之經傳釋詞。

【集解】包曰：「簣，土籠也。此勸人進於道德也。爲山者其功雖已多，未成一籠而中道止者，我不以其前功多而善之也。見其志不遂，故不與也。」馬曰：「平地者將進加功，雖始覆一簣，我不以其見功少而薄之也。據其欲進而與之也。」

【唐以前古注】書旅獒正義引鄭注：簣，盛土籠也。

【集注】簣，土籠也。書曰：「爲山九仞，功虧一簣。」夫子之言，蓋出於此。言山成而但少一簣，其止者，吾自止耳。平地而方覆一簣，其進者，吾自往耳。蓋學者自彊不息，則積少成多；中道而止，則前功盡棄。其止其往，皆在我而不在人也。

【餘論】四書說約：數章似相貫串，大概當進不當止之義。

○子曰：「語之而不惰者，其回也與？」

【集解】顏淵解，故語之而不惰。餘人不解，故有惰語之時。

按：論語補疏云：「惰語，謂惰於語。此何氏義也。正義謂餘人不能盡解，故乃懈惰於夫子之語。時如此說，則惰語兩字不辭。」論語集注旁證云：「皇疏言餘人不能盡解，故聞孔子語而有疲懈。與邢疏同。何訓惰字就語之者說，皇、邢訓惰字就聽語者說，注疏兩歧。朱注沿邢疏之舊，不惰指顏子說。然細玩語意，仍以就夫子方面說於義較長，古注究不可廢也。」

【集注】惰，懈怠也。范氏曰：「顏子聞夫子之言而心解力行，造次顛沛，未嘗違之，如萬物得時雨之潤，發榮滋長，何有於惰？此羣弟子所不及也。」

【餘論】劉開論語補注：記曰：「力不能問，然後語之。」語者，不待問而告者也。聖門之中，有達問者，有達材者，蓋材美則不必待其問，而或啓之以言，或引之以事，或教之以善，皆所以語之者也。答問則因其所疑，而其辭易解。語之則教其未至，而其理或難知，不得於心，所以易於惰也。唯顏子於夫子之言觸類皆通，非有所問而無不達，即與言終日，莫不相說以解，所謂「有如時雨化之者」是也，何惰之有哉？蓋唯顏子而後無不可語，唯語顏子而後無不可盡。所語之中必有最上之理，至善之事，他人所不得知者，而顏子皆悅之不倦，因心以達於行，此其所以獨絶而非曾、閔諸賢之所能也。說者多重視「不惰」，而輕視「語之」二字，則不惰之身分不見，而顏子之造詣何以難及哉？注疏以不惰爲解，義雖淺而可通。集注則兼心解力行言之，若如語類專以力行不懈爲主，則於語意稍偏，而與下章有進無止之義相似矣。劉氏正義：顏子與夫子言，無所不説。説者，解也。夫子與顔子言終日，是語之不惰也。

○子謂顔淵，曰：「惜乎！吾見其進也，未見其止也。」

【音讀】張師曾校張達善點本曰：「子謂顔淵」凡二見，前用舍行藏，乃子面命，通爲一句，如「子謂子夏曰」，亦通爲一句是。此非面命，「淵」字句絶，「曰」字自爲一句，如「子謂仲弓」亦句絶，「曰」字亦自爲一句是。

【考證】此木軒四書説：潘岳楊仲武誄曰：「吾見其進，未見其已也。」以「止」爲「已」，是知進止與前爲山章同義，不云止於極至之地。

【集解】馬曰：「孔子謂顔淵進益未止，痛惜之甚。」

【唐以前古注】皇疏引殷仲堪云：夫賢之所假，一語而盡，豈有彌進勖實乎？蓋其軌物之行，日見於跡，夫子從而咨嗟以盛德之業也。

【集注】進、止二字説見上章。顔子既死，而孔子惜之，言其方進而未已也。

【餘論】四書通：大抵上章「語之而不惰」，是顔子之心，如川流不舍晝夜。此章「見其進，未見其止」，是顔子之用力，不肯如爲山之未成一簣而止也。

○子曰：「苗而不秀者有矣夫！秀而不實者有矣夫！」

【考證】江永羣經補義：説文於「秀」字無釋，避光武諱也。釋「穗」字云：「禾成秀也。」蓋以穗爲秀，較吐花曰秀之義爲長。禾成穗俗謂之出穡，詩「實發實秀，實堅實好」，禾出穡而後堅好也。論語稽求篇：苗是草之始生者，説文：「草生曰苗。」以始生作苗字解，與秀實一類。劉昭曰：「論語『苗而不秀』，苗爲早夭，秀謂成長。」其以苗爲早夭者，以止于苗也。范氏作章八王傳贊曰：「振振子孫，或秀或苗。」翟氏考異：此與上章未有通合之本，章首別無「謂顏淵」字，邢氏説恐由臆測。然前人之同是説者多矣。牟融理惑論云：「顏淵有不幸短命之記，苗而不秀之喻。」禰衡顏子碑云：「亞聖德，蹈高縱，秀不實，振芳風。」李軌法言注云：「仲尼悼顏淵苗而不秀，子雲傷童烏育而不苗。」文心雕龍云：「苗而不秀，千古斯慟。」皆以此爲惜顏子。而世説新語謂：「王戎之子萬子有大成之風，苗而不秀。」梁書徐勉悼子悱云：「秀而不實，尼父爲之歎息。」亦皆借顏子之事以言短折。自漢迄齊、梁，相沿如此，當時必自有依據也。劉氏正義：案漢沛相范君墓碣：「茂而不實，顏氏暴顛。」茂、秀義同。唐玄宗顏子贊：「秀而不實，得無慟焉。」漢、唐人説皆如此。法言問神篇：「育而不苗者，吾家之童烏乎？」後漢書章帝八王傳贊：「振振子孫，或秀或苗。」皆以此章喻人早夭也。黄氏後案：顏氏家訓云：「學者猶種樹也，春玩其華，秋登其實。講論文章，春華也。修身利行，秋實也。」顏氏戒浮士無行。亦一義。邢疏云：「此亦以痛惜顏子而發。」近翟晴江廣爲引證，云此説自漢迄齊、梁相沿已然，以喻短折之可惜也。式三謂擬顏子爲不實，未免不倫，然以此爲痛惜之辭，亦備一義也。葉正則曰：「苗而秀，秀而實，則民命當永矣，天也。雖然，其不秀者固嘉種，非稂秀也；其不實者固良稼，非稊稗也。敗之以水旱而不使至於穀，亦天也。」

【集解】孔曰：「言萬物有生而不育成者，喻人亦然也。」

【唐以前古注】皇疏：萬物草木有苗稼蔚茂，不經秀穗，遭風霜而死者；又亦有雖能秀穗，而值沴焊氣，不能有粒實者，故並云「有矣夫」也。物既有然，故人亦如此，所以顔淵摧芳蘭於早年矣。

【集注】穀之始生曰苗，吐華曰秀，成穀曰實。蓋學而不至於成有如此者，是以君子貴自勉也。

【餘論】論語稽：此蓋舉事理之變者言之也。有矣夫者，見不恒有也。喻人於苗，若揠而助長，是自作之孽，而不可活。然天下之事，萬有不齊，亦有順生理之常，而不秀不實，不能以常理測者。蓋承上章論顔子而言也。朱注屬之於學，蓋所以策勵後生也。説與下章義連屬，亦通。

○子曰：「後生可畏，焉知來者之不如今也？四十、五十而無聞焉，斯亦不足畏也已。」

【考異】皇本「可畏」下有「也」字，「已」下有「矣」字。天文本論語校勘記：古本、唐本、津藩本、正平本「已」下有「矣」字。

【考證】大戴禮曾子立事篇：三十、四十之間而無藝，即無藝矣。五十而不以善聞，則不聞矣。法言修身篇引曾子語同。胡紹勳四書拾義：人至五十爲老年，是以養老自五十始。曲禮云：「五十曰艾。」王制云：「五十始衰。」縱能加功，進境有限。況王制又云：「六十不親學。」五十無聞，更無望於六十矣。據内則，二十博學不教，三十博學無方。學至有聞，早則定於四十以前，遲則定於五十以前，斷不定於五十以後，因直決之曰「斯亦不足畏也已」。

【集解】後生，謂年少。

【唐以前古注】皇疏：後生雖可畏，若年四十、五十而無聲譽聞達於世者，則此人亦不足可畏也。又引孫綽云：年在知命，蔑然無聞，不足畏也。

【集注】孔子以後生年富力强，足以積學而有待，其勢可畏，安知其將來不如我之今日乎？然或不能自勉，至於老而無聞，則不足畏矣。言此以警人，使及時勉學也。曾子曰：「五十而不以善聞，則不聞矣。」蓋述此意。

【別解】四書拾遺：王陽明曰：「無聞是不聞道，非無聲聞也。孔子曰：『是聞也，非達也。』安肯以此望人？」黄氏後案：無聞，不能聞道也。言後生之可畏，誠以來日之富矣。不知日復一日，來日不長爲後生也。四十、五十而於道卒未有聞，斯復無來日之可俟，復誰畏之？

按：此解似是而實非。皇、邢兩疏並以聲譽令名爲言，亦謂名聞於世也。孔子疾没世無稱，何常以令聞爲戒哉？與告子張之是聞非達，係各明一義，所謂「言各有當」也。

【餘論】論語述何：焉知來者之不如今也，言來日雖多，不如今日之可恃。後生不知愛日，故卒於無聞也。松陽講義：明季講家皆云：來對今，只就後生言，將來必强如今日也，不必添我字。此説與注背。注明云「焉知其將來不如我之今日乎」，刁蒙吉曰：「我，孔子自我也。」最是。若只就後生言，謂將來强如今日，則不見得可畏。黄氏後案：來者，後日也。今，即可畏之今日也。焉知來者之不如今，儆其不豫知也。皇疏今指我今日之師徒，邢疏指我之今日，皆未是。

論語傳注：後生年富力强，安知其將來成就不如今日之期許乎，言當及時自勉也。

○子曰：「法語之言，能無從乎？改之爲貴。巽與之言，能無説乎？繹之爲貴。説而不繹，從而不改，吾末如之何也已矣。」

【音讀】羣經平議：「法語之言」，一句中「語」字「言」字疊用，甚爲不辭，殆經師失其讀也。此當以「法語之」爲句，「巽與之」爲句。皇疏解與命、與仁曰：「與者，以言語許與之也。」此云「巽與之」，其義與彼同。兩「言」字並屬下讀，皆語辭也。詩大東篇「睠言顧之」，荀子宥坐篇作「眷焉」，後漢書劉陶傳作「睠然」。「焉」與「然」皆語辭，則「言」亦語辭。凡詩所云，如「薄言采之」、「静言思之」、「願言則嚏」、「駕言出遊」之類皆是。僖九年左傳「言歸於好」，周易繫辭傳「德言盛，禮言恭」，言亦語辭也。説詳王氏引之經傳釋詞。此文曰「言能無從乎」、「言能無説乎」，謂以法度語之則必從，以巽順與之則必説也。學者誤以爲言語之言，失其義，因失其讀矣。

經讀考異：舊讀多從一句，考此以「也」字斷句，「已矣」另爲句。已，止也，言止于斯而不可復挽。語更痛惜，義亦得通。鳳鳥不至章「吾已矣夫」，不曰如之何章「已矣」，並同此解。

【集解】孔曰：「人有過，以正道告之，口無不順從之，必能自改之乃爲貴也。」馬曰：「巽，恭也。謂恭孫謹敬之言，聞之無不説者，能尋繹行之乃爲貴也。」

【唐以前古注】釋文引鄭注：繹，陳也。皇疏引孫綽云：疾夫形服心不化也。

【集注】法語者，正言之也。巽言者，婉而導之也。繹，尋其緒也。法言人所敬憚，故必從，然不改，則面從而已。巽言無所乖忤，故必説，然不繹，則又不足以知其微意之所在也。

【餘論】湛若水四書訓測（困勉録引）：説而不繹，猶不説也，而甚於不説。從而不改，猶不從也，而甚於不從。何也？不説不從者，即錮蔽日甚，然此念一轉，其奮發猶可望。亦從亦説，祇是不繹不改，全是頑皮心性，如何著手？

○子曰：「主忠信，毋友不如己者，過則勿憚改。」

【集解】愼其所主所友，有過務改，皆所以爲益者也。

按：黄氏後案云：「主友俱以交際言，古義如是，故集解云然。」

【唐以前古注】皇疏引范甯云：聖人應於物作教，一事時或再言。弟子重師之訓，故又書而存焉。

【集注】重出而逸其半。

按：論語之書非出一手，故文有重出，不止前後文體不類已也。

○子曰：「三軍可奪帥也，匹夫不可奪志也。」

【考證】書堯典疏：士大夫已上則有妾媵，庶人無妾媵，惟夫妻相匹。其名既定，雖單亦通謂之匹夫匹婦。孫子軍爭篇：三軍可奪帥，將軍可奪心。淮南天文訓：音之數五，以五乘八，五八四十，故四丈而爲匹。　黄氏後案：匹夫，皇、邢二疏以夫婦相匹言。説文「匹」字，段注曰：「束帛之制，二端爲兩，每一兩爲一匹。凡言匹敵匹耦，皆於二端成匹取義。凡言匹夫匹婦，於一兩爲匹取義。」段説是也。「奪」，即今之「脱」字也，正字作「敓」。帥，佩巾也，正字作「衛」。皆見説文注，亦字義之當考者。

【集解】孔曰：「三軍雖衆，人心不一，則其將帥可奪而取之。匹夫雖微，苟守其志，不可得而奪也。」

【唐以前古注】後漢李陳龐陳橋傳論注引鄭注：匹夫之守志，重於三軍之死將者也。　皇疏：謂爲匹夫者，言其賤，但夫婦相配匹而已也。　又云：古人質，衣服短狹，二人衣裳唯共用一匹，故曰匹夫匹婦也。

【集注】侯氏曰：「三軍之勇在人，匹夫之志在己，故帥可奪而志不可奪。如可奪，則亦不足謂之志矣。」

【餘論】論語意原：可奪者所主在人，不可奪者所主在我。　四書通：自「逝川」而下，至此凡十章，皆勉人爲學。然學莫先於立志，有志則進，必如川流之不已；無志則止，必如爲山而弗成，故凡學而卒爲外物所奪者，無志者也。

【發明】四書發明：志公而意私，志摇奪於私意，祇可言意耳。　李密云：「舅奪母志。」非也，若其志如共姜，可奪乎？

○子曰：「衣敝緼袍，與衣狐貉者立，而不恥者，其由也與？

【考異】舊文「敝」爲「弊」。釋文：「弊，本今作『敝』，貉，依字當作『貈』。」皇本「敝」作「弊」。說文解字引論語「衣弊緼袍」。「貉」作「貈」云：「似狐，善睡獸。從豸，舟聲。論語曰：『狐貈之厚以居。』」汗簡引古論語同。七經考文：古本「貉」作「狢」。史記弟子傳作「狢」。按：阮氏論語校勘記：「弊者，『敝』之俗，說文所無，作『弊』者後人妄改。」又云：「『貈』正字，『貉』假借字，史記弟子列傳又作『狢』，則俗字也。」其說良是。

【考證】潘氏集箋：緼，說文云：「紼也。」袍，說文云：「襺也。」論語補疏曰：「玉藻『纊爲繭，緼爲袍』，鄭注：『衣有著之稱。纊，今之新綿。緼，今之纊及舊絮。』疏云：『好者爲綿，惡者爲絮。』案爾雅，襺即袍也。蓋有表有裏又有著之衣，若今人之棉袍也。但古無木棉，著皆以絮爲之。絮，絲餘也，蓋絲之亂者，如今之絲綿是也。鄭謂纊『爲今之新綿，緼爲今之纊及舊絮』者，指漢末而言。古以新綿爲纊，舊絮爲緼。漢則以精者爲綿，而麤者爲纊。古今語異也。」論語後録亦云：「說文解字曰：『袍，襺也。襺，袍衣也。以絮曰襺，以緼曰袍。』緼，紼也。紼，亂絲也。」然則緼袍以亂絲爲之者。」四書摭餘說：據喪大記，衣有三名：一單衣名襌衣，一夾衣名褶衣，一絮衣名複衣。複即袍也。袍必有絮實其中，古無木棉，祇取繭纊與縈枲之亂者摶而爲絮。以纊爲絮，即謂之繭袍。以縈枲爲絮，即謂之緼袍。緼者，亂麻之名。蒯通傳「束緼請火」是也。毛西河謂「枲著者以枲爲著，緼袍者以緼入袍，但分貧富，不分貴賤」，而以朱注賤服爲疑。不知邢昺論語疏明云：「緼袍，衣之賤者。狐貉，裘之貴者。」是貴賤貼衣説，並不貼人説，故朱注下即云「能不以貧富動其心」，不更作貴賤解，西河自誤耳。劉氏正義：韓詩外傳：「士褐衣緼著，未嘗完也。」又云：「曾子褐衣緼絮，未嘗完也。」漢書東方朔傳「衣緼無文」，師古注：「緼，亂絮也。」皆以緼爲絮。説文：「絮，敝緜也。」袍者，説文：「袍，襺也。」爾雅釋言：「襺，袍也。」互相訓。釋名釋衣服云：「袍，丈夫著下至跗者也。袍，包也，包内衣也。」任氏大椿深衣釋例：「喪大記『袍必有表，謂之一稱』，注：『袍，褻衣。』蓋袍爲深衣之制，特燕居便服耳，故云褻衣。周官玉府注云：『燕衣服者，巾絮寢衣袍襗之屬。』論語『紅紫不以爲褻服』，鄭注云：『褻服，袍襗。』此袍爲褻衣之明證也。」案袍是春秋二時之服，若袷褶之類。於時人已服裘，子路猶衣敝袍也。詩七月：「一之日于貉，取彼狐貍，爲公子裘。」貉狐貍皆公子之裘，詩文參互，鄭箋以于貉爲邠民自取，非也。春秋繁露服制篇：「百工商賈不敢服狐貉。」則狐貉並貴者所服。江氏永鄉黨圖考謂狐貉之裘爲褻裘，則此文狐貉與緼袍並爲燕居之服矣。

【集解】孔曰：「緼，枲著也。」

【唐以前古注】釋文引鄭注：緼，絮也。皇疏引顔延之云：狐貉緼袍，誠不足以策恥，然自非勇於見義者，或心戰不能素泰也。

【集注】敝，壞也。緼，枲著也。袍，衣有著者也，蓋衣之賤者。狐貉，以狐貉之皮爲裘，衣之貴者。子路之志如此，則能不以貧富動其心，而可以進於道矣，故夫子稱之。

【餘論】朱子論語或問：曾氏以爲子路尚志而忘物，惟其不恥敝衣，故能車馬輕裘與朋友共敝之而無憾，此意亦善。　論語稽：緼袍之敝與狐貉之盛并立，貧富之念動則恥心生。　子路平日，與朋友共車馬衣裘敝之無憾者也，故能不恥。

【發明】朱柏廬毋欺録：君子所性，大行不加，窮居不損，而況狐貉敝袍。　貧則敝緼，富則狐貉，敝緼非損，狐貉非加，此正事物當然之理，故由也不恥，可進於道。

## 『不忮不求，何用不臧？』

【考異】經學卮言：「不忮不求」兩節，當别爲一章，言子路終身常誦「不忮不求，何用不臧」二言，亦猶南容一日三復白圭之玷。夫子以其所取於詩者小，故語之曰：不忮不求，是或一道也，然止於是而已，則亦何足以臧哉。　尋省舊注，絶不與上「衣敝緼袍」相蒙。　集注子罕篇三十章，注疏本「唐棣之華」合於「未可與權」，而「牢曰」自爲章，故亦三十章。　唯釋文則云三十一章。　竊疑陸所見古本多一章者，正分「不忮不求」以下矣。　若以引詩爲美子路，又以終身誦之爲聞譽自足，既重誣賢者，且夫子既取詩辭「何用不臧」，而復頓抑之，謂「何足以臧」，是自異其枘鑿，不可通也。　劉氏正義：仲尼弟子列傳載「衣敝緼袍」一節，無「不忮不求」二句，亦一證。　論語稽：「不忮不求」六句，蓋記者因子路之事而類記之，如子華、原思一章，及子曰聽訟章下記「子路無宿諾」，皆此例也。

【考證】劉氏正義：韓詩外傳：「夫利爲害本，而福爲禍先，唯不求利者爲無害，不求福者爲無禍。」　又云：「故非道而行之，雖勞不至。非其有而求之，雖强不得。故智者不爲非其事，廉者不求非其有，是以害遠而名彰也。」　又云：「安命養性者，不待積委而富；名號傳乎世者，不待勢位而顯，德義暢乎中而無外求也。」三節皆引詩「不忮不求，何用不臧」，揆韓之意，似以不害由於不求也。害謂己有禍患，不謂傷害人也。此義與馬不同，並得通也。鄭詩箋云：「言君子之行，不忮害，不求備於一人。」解不忮與馬同，不求與韓、馬異，或本齊、魯説。

【集解】馬曰：「忮，害也。臧，善也。言不忮害、不貪求，何用爲不善。疾貪惡忮害之詩也。」

【唐以前古注】皇疏：孔子更引疾貪惡之詩證子路德美也。忮，害也。求，貪也。臧，善也。言子路之爲人，身不害物，不貪求，德行如此，何用不謂之爲善乎。言其善也。

【集注】忮，害也。求，貪也。臧，善也。言能不忮不求，則何爲不善乎。此衛風雄雉之詩，孔子引之以美子路也。呂氏曰：「貧與富交，强者必忮，弱者必求。」

【餘論】四書纂疏：忮者，嫉人之有而欲害之也。求者，恥己之無而欲取之也。是皆爲外物之所累者也。能於外物一無所累焉，則何往而不善哉。論語傳注：夫恥己之無而恨人之有則忮，恥己之無而羨人之有則求，天下祇此兩類矣。而苟不之，何所爲而不善。邶風雄雉之篇可爲子路美也。

**子路終身誦之。子曰：「是道也，何足以臧？」**

【考異】七經考文補遺：古本「是道也」，「也」作「之」。

【集解】馬曰：「尚復有美於是者，何足以爲善。」

【唐以前古注】皇疏引顏延之云：「懼其伐善也。」

【集注】終身誦之，則自喜其能而不復求進於道矣，故夫子復言此以警之。

【餘論】論語述何：「是道也」兩句與子貢言無諂無驕未若樂道好禮同義。黄氏後案：終身誦之，佩服古訓，惟恐忮求之偶起於心也。「是道也」句法與「是禮也」同，言此固道也。道則臧矣，曰「何足以臧」，儆其不可以此自足也。經中言「何足」有何可、何竟二義，竟亦終盡之義。此嚴鐵橋説，是也。

【發明】陳埴木鐘集：問：衣敝緼袍章子路不以貧富動其心，而可以進道如此，至於在陳絶糧，如何便愠見？曰：子路與朋友共，不忮不求，於名利得失事已豁除矣。子路終身誦之，而子曰：「是道也，何足以臧？」便見聖人會煆煉人。子曰：「富與貴，是人所欲也。」上段審富貴安貧賤，是取舍之分明；下段造次顛沛必於是，是存養之功密。子路不以富貴動其心，雖是明得取舍，至於絶糧是逆境事，非樂天者不能處此，子路存養之功未密，顛沛處却又違仁。

○子曰：「歲寒，然後知松柏之後彫也。」

【考異】釋文：「彫」，依字當作「凋」。五經文字：凋，傷也。論語及釋文皆作「彫」。皇本「彫」作「凋」。史記伯夷傳、漢書傅喜傳、後漢書盧植傳注、高誘吕覽注、潛夫論交際篇、郭氏周易舉正、宋史范如圭等傳論、又劉珙等傳論、説文繫傳、字鑑、藝文類聚、事文類聚、猗覺寮雜記、學齋佔畢皆引文「彫」字作「凋」。文選西征賦、金谷集詩、南州九井詩三注皆引作「凋」。又末句皆無「也」字。七經考文：古本「後」作「后」。

按：邢本作「彫」，兹從皇本改正。

【考證】莊子讓王篇：天寒既至，霜雪既降，吾是以知松柏之茂也。陳、蔡之隘，於丘其幸乎？

按：據此，乃子厄陳、蔡時謂子路之言。

【集解】大寒之歲，衆木皆死，然後知松柏之少凋傷。平歲，則衆木亦有不死者，故須歲寒而後別之。喻凡人處治世，亦能自修整，與君子同，在濁世，然後知君子之正，不苟容也。

【唐以前古注】皇疏：此欲明君子德性與小人異也，故以松柏匹於君子，衆木偶乎小人矣。言君子小人若同居聖世，君子性本自善，小人服從教化，是君子小人並不爲惡，故堯、舜之民，比屋可封，如松柏與衆木同處春夏，松柏有心，故木蓊鬱，衆木從時，亦盡其茂美者也。若至無道之主，君子秉性無回，故不爲惡，而小人無復忌憚，即隨世變改，桀、紂之民，比屋可誅，譬如松柏衆木同在秋冬，松柏不改柯易葉，衆木枯零先盡。而此云「歲寒然後知松柏後凋」者，就如平叔之注，意若如平歲之寒，衆木猶有不死，不足致別，如平世之小人，亦有修飾而不變者；唯大寒歲，則衆木皆死，大亂，則小人悉惡，故云歲寒也。又云：然後知松柏後凋者，後非俱時之目，凋非枯死之名。言大寒之後，松柏形小凋衰，而心性猶存，如君子之人，遭值積惡，外逼闇世，不得不遜跡隨時，是小凋矣；而性猶不變，如松柏也。又引琳公云：夫歲寒別木，遭困別士。

寒嚴霜降，知松柏之後凋，謂異凡木也。遭亂世，小人自變，君子不改其操也。

【集注】范氏曰：「小人之在治世，或與君子無異，惟臨利害遇事變，然後君子之所守可見也。」謝氏曰：「士窮見節義，世亂識忠臣，欲學者必周於德。」

【餘論】四書訓義：夫子此言，可以表志士仁人之節，可以示知人任重之方，可以著君子畜德立本之學，可以通天下吉凶險阻之故，一感物而衆理具焉，在乎人之善體之而已。李氏論語劄記：此章比喻者廣，不曰不彫而後彫云者，蓋松柏未嘗不彫，但其彫也後，舊葉未謝，而新枝已繼，詩所謂「無不爾或承」者是也。道之將廢，自聖賢之生，不能回天而易命，但能守道而不與時俗同流，則其緒有傳，而其風有繼。易曰：「枯楊生稊，老夫得其女妻。」蓋有傳有繼之義，而先儒以遯世无悶之君子處大過之時者當之也。

【發明】反身録：問：歲寒然後知松柏固矣，當其未寒時，亦可以先知其爲松柏乎？曰：居鄉不苟同流俗，立朝則清正不阿，亭亭物表者是也。知而重之培之，可賴其用。若必待歲寒然後知之，亦惟知其不彫之節而已，不究於用，雖知何益。又曰：漢、唐、宋、明之末，非無松柏正人，在野則逸遺而不知收用，致其老於窮途；在朝則建白不采，多所擯斥，乃值變故，徒成就了忠臣義士之節。至此雖知某也義、某也忠，亦已晚矣，嗟何及矣。故士而以節義見，臣而以忠烈顯，非有國者之幸也。興言及此，於焉三歎。論語稽：治平之世，小人禄位或過君子。及國家多事，内憂外患。交乘疊起，小人非畏禍規避，即臨事失宜；唯君子能守正不阿，鞠躬盡瘁，其節操乃見。譬之春夏之交，桃穠李郁，較松柏之堅勁者，尤足悦目賞心；及至霜雪交加，百卉枯落，而所謂穠郁者不知何往，惟有此堅心勁節，足以支持殘局，重待陽和，然後知其秉性固自不同也。

○子曰：「知者不惑，仁者不憂，勇者不懼。」

【集解】包曰：「不惑，不惑亂也。不憂，不憂患也。」

按：阮氏論語校勘記云：「考文古本『勇者不懼』下有『孔安國曰無畏懼也』八字。皇本、閩本、北監本、毛本並脱。」

【唐以前古注】皇疏引孫綽云：智能辨物，故不惑也。安於仁，不改其樂，故無憂也。又引繆協云：見義而爲，不畏强禦，故不懼也。

【集注】明足以燭理，故不惑。理足以勝私，故不憂。氣足以配道義，故不懼。此學之序也。

【發明】朱子文集（答石子重）：問：知以明之，仁以守之，勇以行之，其要在致知。知之明，非仁以守之，則不可；以仁守之，非勇而行之，亦不可。三者不可闕一，而知爲先。曰：此説甚善，正吾人所當自力也。黄氏後案：語録又言：「知不惑、勇不懼，易明也，仁者如何不憂，須思之。」式三謂仁者克己愛人，於一己化侮奪之心，爲一世消忌欺之術，道路皆蕩平，自無崎嶇偪側之憂也。董子繁露曰：仁者憯怛愛人，謹翕不争，好惡敦倫，無傷惡之心，無隱忌之志，無嫉妒之氣，無感愁之欲，無險詖之事，無辟違之行，故其心舒，其志平，其氣和，其欲節，其事易，其行道。」董説是也。然不憂不懼，非謂當憂懼者亦淡然置之也。聖人無惑，聖人未嘗絶憂懼。或於此有心迹之判，説本文中子，非也。

按：皇疏云：「仁人常救濟爲務，不嘗侵物，故不憂物之見侵患也。」較集注「理足以勝私」之説爲勝。

○子曰：「可與共學，未可與適道；可與適道，未可與立；可與立，未可與權。」

【考異】毛詩綿篇正義引論語曰：可與適道，未可與權。　説苑權謀篇、牟子理惑論皆引孔子曰：可與適道，未可與權。　三國志魏武帝紀注引虞溥江表傳：孔融曰：「可與適道，未可與權。」　北周書宇文護傳論曰：仲尼有言：「可與適道，未可與權。」　唐文粹：馮用之權論引孔子曰：可與共學，未可與立；可與立，未可與適道；可與適道，未可與權。　阮氏論語校勘記：筆解云：正文傳寫錯倒，當云：『可與共學，未可與立；可與適道，未可與權。』」案詩緜正義及説苑權謀篇、三國志魏武帝紀注、北周書宇文護傳論竝引「可與適道，未可與權」，與筆解説合。

按：韓李筆解以此章爲錯簡，證之説苑及唐文粹所引，皆與之暗合，似可從。然余考淮南子氾論訓引孔子曰：「『可以共學矣，而未可以適道也；可與適道，未可以立也；可以立，未可與權。』權者，聖人之所獨見也，故忤而後合者謂之知權，合而後舛者謂之不知權。不知權者，善反醜矣。」高誘注云：「適，之也。道，仁義之善道。立，立德、立功、立言。權，因事制宜。

權量輕重，無常形勢，能合醜反善，合於宜適，故聖人獨見之也。」此漢儒相傳經訓如此，筆解之説，不足據也。或曰：然則説苑、周書等所引非耶？曰：否。古人引書，常隱括大意，不必盡係原文。且唐以前書無刻版，著書全憑記憶，時或顛倒錯誤。如文選王元長策秀才文「將以既道而權」，鹽鐵論遵道章「孔子曰：『可與共學，未可與權』」亦屬此例，豈可據此而改經文耶？本章文理固自可通，韓、李此條已開宋儒輕改經文之風，更不足爲訓也。

【考證】公羊桓十一年傳：權者，反乎經者也。反乎經，然後有善也。後漢周章傳：孔子稱「可與立，未可與權」，權也者，反經者也。戴震孟子字義疏證：蓋同一所學之事，試問何爲而學，其志有去道甚遠者矣，求利禄聲名者是也。道責於身，不使差謬，而觀其守道能不見奪者寡矣，故未可與立。守道卓然，知常而不知變，由精義未深，所以增益其心志之明，使全乎聖智者未之盡也，故未可與權。黄氏後案：經傳言權有二義。孟子言「權然後知輕重」，言「執中無權」，此權賅常變言也。言嫂溺援手，以權對經言也。此以權對立，亦以權衡事變而言。凡事勢至於不能兩全，審其至重者而爲之，是謂之權。立者，事有一是一非，而能固守其一是也。權則審度於兩是不竝存之時，而取其至重者也。孟子言執一無權之舉一廢百，謂舉輕而舍其重者。能權則舉百而廢一，其廢者迫於不得已，而舉者重矣。論語補疏：法言問道篇云：「或問道。曰：道也者，通也，無不通也。或曰：可以適他與？曰：適堯、舜、文王者爲正道，非堯、舜、文王者爲他道。君子正而不他，塗雖曲而通諸夏則由諸，川雖曲而通諸海則由諸。」宋咸注云：「他，異端也。諸子之異端若能自通於聖人之道亦可也。」此注云「雖學或得異端」，用適他之義。四書翼注：反經合道爲權，此公羊氏説以祭仲廢鄭伯忽立突爲行權。齊東謬語，流爲丹青，自是以權爲權變、權術字樣。至陸宣公乃云權之爲義，取類權衡，乃隨時以處中，非遷移以適便。此程、朱之所本。

【集解】適，之也。雖學或得異端，未必能之道也；雖能之道，未必能有所成立也；雖能有所立，未必能權量其輕重之極也。

【唐以前古注】皇疏引張憑云：此言學者漸進階級之次耳。始志於學，求發其蒙而未審所適也；既向方矣，而信道未篤，則所立未固也；又既固，又未達變通之權也。明知反而合道者，則日勸之業，亹亹之功，其幾乎此矣。又引王弼云：權者，道之變。變無常體，神而明之，存乎其人，不可豫設，尤至難者也。

【集注】可與者，言其可與共爲此事也。程子曰：「可與共學，知所以求之也。可與適道，知所往也。可與立者，篤志固執而不變也。權，稱錘也，所以稱物而知輕重者也。可與權，謂能權輕重，使合義也。」楊氏曰：「知爲己，則可與共學矣。學足以明善，然後可與適道。信道篤，然後可與立。知時錯之宜，然後可與權。」洪氏曰：「易九卦終於巽以行權，權者，聖人之大用。未能立而言權，猶人未能立而欲行，鮮不仆矣。」程子曰：「漢儒以反經合道爲權，故有權變、權術之論，皆非也。權只是經也，自漢以下無人識權字。」愚按先儒誤以此章連下文「偏其反而」爲一章，故有反經合道之説。程子非之，是矣。然以孟子「嫂溺，援之以手」之義推之，則權與經亦當有辨。

【餘論】四書辨疑：漢儒以反經合道爲權，近世解經者多以爲非，蓋皆祖述程子「權只是經」之説也。注文雖不與之同，僅能有「權與經亦當有辨」之一語。又解孟子「嫂溺，援之以手」，及語録所論，皆是持兩端爲説，終無仔細明白指定真是真非之論，故後人得以遷改其意，往往爲之訛説，却使與程子之説混而爲一，良可惜也。聖人説權，象其稱錘之行運往來，活無定體，本取應變適宜爲義。應變適宜，便有反經合道之意在其中矣。惟其事有輕重不同，權則亦有淺深之異。凡於尋常用處，各隨其事，稱量可否，務要合宜，謂此爲經，似猶有説。若遇非常之事，則有内外之分，内則守正，外須反經，然後能成濟物之功，豈可一概通論哉？若言權只是經，則嫂溺援之以手亦當爲經，而孟子使與授受不親之常禮分之爲二，一以爲禮，一以爲權，則權與經爲兩意，豈不甚明？彼所謂權變、權術者，專執反經，不知合道，乃陋俗無稽之説。漢儒所論，正不如此，雖曰反經，本欲合道。南軒以爲既曰反經，惡能合道，蓋不知非常之事固有必須反經然後可以合道者，如湯征桀，武王伐紂，伊尹放太甲，周公誅管叔，皆非君臣兄弟之常理，聖人於此不得已而爲之，然後家國治而天下平，未聞不能合道也。只如嫂溺援之之事，視其所以，乃是以手援嫂，誠爲反其授受不親之經；察其所安，乃是以仁存心，期在救其逡巡溺者之死，斯豈不能合道哉？南軒又曰：「若此論一行，而後世竊權之名以自立，甚至於君臣父子之大倫，蕩棄而不顧。曰吾用權也，不亦悲夫！」此正世俗所謂權變、權術，專執反經不知合道之説也。先儒之所謂權者，何嘗謬至於此哉？夫竊權之名以自利，其罪在於竊者，歸罪先儒，非通論也。自曹丕而下，竊禪讓之名而爲篡逆者踵相接也，豈唐、虞之禪亦皆非與？南軒之説，斷不可取。

焦循説權：説者疑於經不可反。夫經者，法也。法久不變則弊生，故反其法以通之。不變則不善，故反而後有善；不變則道不順，故反而後至於大順。故反寒爲暑，反暑爲寒，日月運行，一寒一暑，乃爲順行，恒寒恒燠，則爲咎徵，禮減而不進則消，樂盈而不反則放，禮有報而樂有反，此反經所以爲權。又曰：權之於稱也，隨物之輕重以轉移之，得其平而止。物增損而稱則長平，轉移之力也。不轉移則隨物爲低昂，而不得其平。故變而不失常，權而後經正。論語經正録：反經之語，先儒多辨之者，以易爲權術權詐者所藉口，反經而不合於道也。若反經而能合道，又何惡乎反經，故朱子猶取之。

【發明】反身録：問權。曰：且先學立，能立而後可以言權也。問立。曰：道明而後能立，然必平日學無他岐，惟道是適，務使心之所存，念之所發，一言一動，必合乎道，造次顛沛不變所守，始也勉强，久則自然，富貴貧賤一視，生死患難如常，便是立。學至於能立，斯意定理明而可與權矣。蓋天下有一定不易之理，而無一定不易之事，惟意定理明之人，始能就事審幾，惟理是從。孟子謂「權然後知輕重」，夫輕重靡定，從而權之，則必有極重者，吾從其極重者之謂權，是權之所在，即道之所在也。易傳序謂「隨時變易以從道」，中庸謂「君子而時中」，皆能權之謂也，則權非義精仁熟者不能。彼藉口識時達變而行權者，皆小人而無忌憚者也。喪心失身，莫此爲甚，可惜也夫！可戒也夫！四書詮義：權最難言，未能有守而言權，鮮有不背道者。孔子曰「未可與權」，誠難之也。但權有大小，小事之權，或人人能與，如「嫂溺，援之以手」之類，大者則非化之不能。大抵天下之事，事事有經，既有定經，不必言權，學者守之而已。經至兩窮處，或先王制禮所不及到處，然後不得不權以通之，能權須是精義入神，權所以善其經也。四書近指：權即聖之時字，非專以伊、周放君，復辟爲等例也。事事有權，時時有權，惟聖人信手拈來，恰好爲難耳。陸世儀思辨録：權衹是中字。權，稱錘也。古人遇事必量度以取中，故借權以爲言。孟子云「權然後知輕重」是也。既知輕重，則中自出，故曰權而得中，是乃禮也。

「『唐棣之華，偏其反而。豈不爾思？室是遠而』。」

【考異】朱子文集與張敬夫論癸巳論語説曰：論語及詩召南作「唐棣」，小雅作「常棣」，無作「棠」者，而小雅「常」字亦無「唐」音。爾雅又云：「唐棣，棣。常棣，栘。」則唐棣、常棣自是兩物，而夫子所引非小雅之常棣矣。今小雅常棣之詩，章句聯屬，不應別立一章，如此蓋逸詩爾。論語此下別爲一章，不連上文，范氏、蘇氏已如此説，但以爲思賢之詩則未必然。朱子語録：「唐棣」以下，初不與上面説權處合，緣漢儒合上文爲一章，誤認「偏其反而」爲反經合道，所以錯了。

按：春秋繁露竹林篇云：「春秋之常辭也，不予夷狄而予中國爲禮。至邲之戰偏然反之何也？曰：春秋無通辭，從變而移，不義之中有義，義之中有不義，辭不能及，皆在於指，非精心達思者，其孰能知之？詩云：『棠棣之華，偏其反而。豈不爾思？室是遠而。』子曰：『未之思也，夫何遠之有？』由是觀之，見其指，不任其辭，然後可與適道矣。」是漢人舊說如此。然終覺牽强傅會。朱注别爲一章，於義較長。十一經問對：「問：言鄉黨有闕文者何？對曰：上下文義不接，不可强解，謂之闕文，或者脱簡，在他篇又無可考，如『唐棣之華，偏其反而』是也。」何氏意蓋謂此唐棣章與鄉黨末「色斯舉」節文勢相類，宜以次從，而今脱誤在子罕末也。誠如其言，則「色斯」二句亦當爲逸詩矣。説甚新巧，附此質宏通者云云。此真讀書得間之言，存之以備一説。

【考證】困學紀聞：唐棣與常棣不同，致堂謂「偏其反而」即詩常棣篇，孔子删而不取，恐誤。李時珍本草綱目：陸璣以唐棣爲郁李，誤也。郁李乃常棣，非唐棣也。四書稗疏：詩傳：「唐棣，思賢也。」既删之後，詩尚未逸，唯毛傳失傳耳。既爲思賢之詩，則子曰「未之思也」，亦言其好賢之未誠。「夫何遠之有」，言思之誠而賢者自至耳。義既大明，則漢人以偏反爲反經合權之邪説不攻而破矣。劉氏正義：陳奂毛詩疏謂爾雅當作「唐棣，棣。常棣，栘」，以棣之名專屬唐棣，而以常棣爲棣之類。若然，則此注所云「唐棣，栘」，「栘」字亦「棣」之誤矣。陳疏又云：「説文：『栘，棠棣也。棣，白棣也。』『棠』當作『常』。爾雅邢疏引陸機義疏云：『許慎曰：白棣樹也，如李而小，如櫻桃正白，今宮園種之。又有赤棣樹，亦似白棣，葉如刺榆葉而微圜，子正赤，如郁李而小，五月始熟，自關西、天水、隴西多有之。』案元恪謂白棣以實白而得名，赤棣如郁李，其實正赤，郁李一名奧李，一名雀李，一名車下李，爲棣之屬。乃論語邢疏引義疏云：『唐棣，奧李也，一名雀李，亦曰車下李，所在山皆有，其華或白或赤，六月中熟，大如李子，可食。』此與齊民要術引豳風七月篇義疏『鬱樹高五六尺，實大如李，赤色，食之甜』正同。則論語疏引『唐棣』必是『常棣』之誤。小雅之常棣、七月之鬱皆即赤棣歟，而非此唐棣也。」案陳説是也。郭注爾雅，以唐棣似白楊。郝氏懿行義疏引牟願相説：「即今小桃白，其樹高七八尺，其華初開反背，終乃合并，但其樹皮色紫赤，不似白楊耳。」牟氏此説得之目驗，與許慎所稱白棣當無異矣。

【集解】逸詩也。唐棣，移也，華反而後合。賦此詩者，以言權道反而後至於大順也。思其人而不得見者，其室遠也，以言思權而不得見者，其道遠也。

按：集解此合上章爲一章，朱子分之，今從朱子。

【集注】唐棣，郁李也。「偏」，晉書作「翩」，然則「反」亦當與「翻」同，言華之搖動也。而，語助也。此逸詩也，於六義屬興，上兩句無意義，但以起下兩句之辭耳。其所謂爾，亦不知其何所指也。

【餘論】黄氏後案：何解以此連上爲一章，北宋諸儒多從之。蘇子瞻以詩爲思賢不得之辭，別分一章。據潛夫論實貢篇：「孔子曰：『未之思也，夫何遠之有？』忠良之吏，誠易得也，顧聖王欲之不爾。」是王節信之意，以此詩傷賢人之難見也。唐棣之華，先開後合，偏與凡華相反，比賢者之先散處，與衆不同。與上當別爲一章也，朱子分此別爲一章固是，而謂上兩句無意義，則作詩必無此體例，且作論語者何故引此無意義之句乎？近時申注者謂華容翩翩摇動，以無情之物而有情，以比人之有思，兩句非全無意義。但既從朱子之解，謂夫子借詩語而反之，則引下二句詩已足矣，而上二句究成贅語。　論語稽：詩之逸者散見於大戴禮記、韓詩外傳與荀子諸篇，又諸子之書皆有之，乃孔子後逸之，非孔子删之也。

子曰：「未之思也，夫何遠之有？」

【考異】釋文：「未」，或作「末」者非。　惠棟校謂與檀弓「末之卜也」句法同。　皇本「有」下有「哉」字。　天文本論語校勘記：古本、足利本、唐本、津藩本、正平本「夫何遠之有」下有「哉」字。

【音讀】經讀考異：近讀「未之思也」句絶，釋文：「一讀以『夫』字屬上句。」據古人釋詩之詞，多以「夫」字屬句末。左傳僖二十四年：「詩曰：『彼己之子，不稱其服。』子臧之服，不稱也夫。」宣十二年：「詩曰：『亂離瘼矣，爰其適歸。』歸於怙亂者也夫。」成八年：「詩曰：『愷悌君子，遐不作人。』求善也夫。」襄二十四年：「詩云：『樂只君子，邦家之基。』有德也夫。『上帝臨女，無貳爾心。』有令名也夫。」中庸：「詩曰：『神之格思，不可度思，矧可射思，夫微之顯。』誠之不可揜如此夫。」皆是。則釋文當以後一讀爲是。

按：晉書王祥傳云：「祥疾篤，遺令訓子孫，終之曰：『未之思也，夫何遠之有？』」是此種讀法自晉已然，其來已久。經云「未之學也」，又云「夫何憂何懼」，不乏文例，似無更改之必要也。

【集解】夫思者當思其反，反是不思，所以爲遠也。能思其反，何遠之有，言權可知，惟不知思耳，思之有次序，斯可知矣。

【集注】夫子借其言而反之，蓋前篇「仁遠乎哉」之意。程子曰：「聖人未嘗言易以驕人之志，亦未嘗言難以阻人之進，但曰：『未之思也，夫何遠之有？』此言極有涵蓄，意思深遠。」

【餘論】論語稽求篇：「唐棣」二節，舊本與「可與共學」節合作一章，其又加「子曰」者，所以別詩文也。但其義則兩下不接，惟何平叔謂偏反喻權，言行權似反而實出於正，説頗近理，然語尚未達。予嘗疏之云：夫可立而未可權者，以未能反經也。彼唐棣偏反，有似行權，然而思偏反而不得見者，慮室遠也。思行權而終不行者，慮其與道遠也。不知無慮也，夫思者當思其反，反是不思，所以爲遠，能思其反，何遠之有。蓋行權即所以自立，而反經正所以合道，權進于立，非權不可立也。嘗讀王祥傳，知祥以漢、魏遺老，身爲三公，而卒預晉禪，心嘗愧恨，雖不奉朝請，不立殿陛，而終不自安。故于臨歿時遺言囑後，使不澣濯，不含斂，不沐棺槨，不起墳塋，家人不送喪，祥禫不饗祀。雖不用古法，而反經行權，期合于道，故既以孝弟信讓通囑之，而終之曰：「未之思也，夫何遠之有？」此正取唐棣是篇以反作正之一證也。漢尚經學，即休徵盛德不以學見，然猶能引經酌古，一準師説如此。今人德不及休徵，而言學則鹵莽自用，動失古意，盍亦取是文一再思之？漢儒以反經合道爲權，此正本夫子偏反喻權之意，且亦非漢後私説，在前此已有之。公羊傳曰：「權者何？權者，反乎經者也。反乎經然後有善也。」反經之語實始于此。其後相習成説，著爲師傳，然皆本夫子是語。如後漢周章傳云：「孔子稱『可與立，未可與權』，權也者，反經者也。」北周宇文護論云：「孔子云：『可與適道，未可與權。』夫道者，率禮之謂也。權者，反經之謂也。」六季儒説相似不改，惟唐陸贄論替换李楚琳狀有云：「權之爲義，取類權衡。衡者，秤也。權者，錘也。故權在于衡，則物之多少可準。權施于事，則義之輕重不差。若以反道爲權，以任數爲智，歷代之所以多喪亂而長姦邪，由此誤也。」此不過一時一人有爲之言。據贄本論以權衡立義，亦正是相反之物。衡者，平也。錘者，垂重之器也。然不垂重，則衡不得平。衡者，正也。錘者，偏倚之物也。然不偏倚，則衡不得正。謂垂重偏倚所以求平正則可也，謂錘即平正，非垂重偏倚之物則不可也。若謂權即是經，是錘即衡矣。故淮南子曰：「溺則捽父，祝則名君，勢不得不然也。」此權之所設也。故孔子曰：「可與立，未可與權。」夫惟以捽父名君爲非常之事，故惟于溺與祝時一偶施之。毛詩：「不思其反，反是不思。」陽固嫉邪詩：「反是不思，維塵及矣。」皆「未之思也」之注。若相反之思，則王符潛夫論有云：「夫長短大小，清濁疾徐，必相應也。」然攻玉以石，洗金以鹽，濯錦以魚，浣布以灰，夫物固有以賤理貴、以醜化好者矣。智者棄短而取長，則才可致。賢者激濁以見清，則士可用。孔子曰：『未之思也，夫何遠之有？』」此正以貴賤、好醜、長短、清濁相反而實相成處見思反之意。四書辨疑：注言上兩句無意義，而於下兩句亦無明説，非特「爾」不知何所指，「室」亦不可知也。又解下文「未之思也」之一節，以爲夫子借其言而反之，蓋前篇「仁遠乎哉」之意。若以此意與前後通説，義益難明。自漢、魏以來，解論語者多矣，此章之説，皆莫能明，然亦未有言其可疑而不説者。惟王滹南直謂必不可通，予意亦然。

按：此章文極費解。誠如王氏滹南之説，北宋以前多從何解，以此連上爲一章。清初毛西河、劉寶楠仍主之。自東坡始以爲思賢不得之辭，别分一章，朱子從之，而不用其思賢之説。馮氏厚齋曰：「古人説詩不必其本指也。詩人之指，謂思其人室邇人遠爾，夫子謂道不遠人，思則得之，故反詩人之言以明之也。」蓋即本集注之旨。竊謂此章止是發明思之作用，與反經合權無涉。孟子深得夫子之意，故提出此一字曰：「心之官則思，思則得之，不思則不得也。」自宜别爲一章，後儒紛紛曲説無當也。

# 論語集釋卷十九

## 鄉黨上

○孔子於鄉黨，恂恂如也，似不能言者。

【考異】黄庭堅涪翁雜説：孔子於鄉郮，恂恂如也。漢碑今在者多書「黨」作「郮」。洪頤煊讀書叢録：史記孔子世家：「其於鄉黨，恂恂似不能言者。」索隱：「有本作『逡逡』。」隸釋祝睦後碑：「鄉黨逡逡，朝廷便便。」與索隱所見本同。劉修碑：「其於鄉黨，逐逐如也。」史記李將軍列傳：「李將軍悛悛如鄙人。」漢書作「恂恂」，並字異而義同。

【考證】江永鄉黨圖考：陬邑者，孔子父所治邑，論語作「鄹」，左傳作「郰」，後或作「鄒」。一統志：「故鄒城在鄒縣界内。」非鄒國之鄒也。史記正義引括地志：「故鄒城在兗州泗水縣東南六十里，昌平山在縣南六十里，鄉以山爲名，故闕里在縣南五十里，而兗州曲阜縣魯城西南三里有闕里，中有孔子宅。」正義云：「夫子生在鄒，長徙曲阜，仍號闕里也。」王瑬鄉黨正義説：孔子生於陬邑，遷於闕黨而設教焉。故新序云：「孔子在州里篤行孝道，居於闕黨，闕黨之子弟畋漁分有，親者得多，孝以化之也。」可知此文鄉黨兼彼二地矣。

【集解】王曰：「恂恂，温恭之貌。」

【唐以前古注】後漢文苑傳注引鄭注：恂恂，恭順貌。　皇疏：此一篇至末並記孔子平生德行也。於鄉黨，謂孔子還家教化於鄉黨中時也。天子郊内有鄉黨，郊外有遂鄙。孔子居魯，魯是諸侯，今云鄉黨，當知諸侯亦郊内爲鄉、郊外爲遂也。孔子家當在魯郊内，故云於鄉黨也。

【集注】恂恂，信實之貌。似不能言者，謙卑遜順，不以賢知先人也。鄉黨，父兄宗族之所在，故孔子居之其容貌辭氣如此。

【餘論】蘇軾論語解：此篇雜記曲禮，非特孔子事也。　四書辨證：吕大臨曰：「『孔子於鄉黨』至『誾誾如也』，言孔子言語之變。自『君在踧踖如也』至『私覿愉愉如也』，言孔子容貌之變。自『君子不以紺緅』至『必有明衣』，言孔子衣服之變。自『齊必變食』至『必齊如也』，言孔子飲食之變。自『席不正不坐』至『不親指』，言孔子應事接物之變。按此皆聖人之時，故末借孔子言點出時字作結。」　翟氏考異：鄭氏引此篇文屢題「孔子曰」字。玉藻鄭氏注引「孔子曰素衣麛裘，孔子曰緇衣羔裘，孔子曰黄衣狐裘」，王充、顧憲之引「菜羹瓜祭」，李善引「君召使擯，狐貉之厚」，羅願引「不得其醬」，陸佃引「膾不厭細」，陳襄引「不時不食」，祝穆引「魚餒肉敗」，亦均以爲孔子言。或者謂論語之書當時似亦别稱孔子，如孟子書之稱孟子者然。

**其在宗廟朝廷，便便言，唯謹爾。**

【考異】史記世家作「辯辯言」。　南軒論語解本「唯」字作「惟」。　繆誤雜辨：論語稱夫子

「言唯謹爾」。唯，語辭也。史記石奮傳遂用「唯謹」字，而後世史傳凡言人性行謹者往往以此爲成言，豈非習遷之誤耶？

【音讀】羣經平議：此當以「便便」爲句。詩采菽篇「平平左右」，釋文引韓詩作「便便，閑雅之貌」，是便便以貌言，正與上文「恂恂如也」，王注曰「恂恂，温恭之貌」其義一律，但省「如也」兩字耳。「言唯謹爾」四字爲句，凡有所言無不謹慎，故曰「言唯謹爾」。此與上文「似不能言者」相對。蓋此兩節皆上一句説孔子之容，下一句説孔子之言，鄭注失之。

【考證】鄉黨圖考：治朝、外朝皆是平地，無堂階，故謂之朝廷。廷者，平地也。金鶚禮説：凡言庭者，皆廟寢堂下也。若治朝、外朝皆無堂，則亦無庭，而名之曰廷，所謂朝廷也。「庭」與「廷」字有別。説文云：「庭，宫中也。廷，朝中也。」庭有堂，故其文從广。廷無堂而但爲平地，故其文從廴。潘氏集箋：左桓二年傳正義引白虎通云：「宗者，尊也。廟者，貌也，象先祖之尊貌也。」禮記王制曰：「天子七廟，三昭三穆，與大祖之廟而七。諸侯五廟，二昭二穆，與大祖之廟而五。」據此，魯當五廟。公羊傳、穀梁傳、禮記明堂位並以周公之廟爲大廟，所謂大祖之廟也。其二昭二穆，當夫子仕定公時爲宣、成、襄、昭也。魯公廟，公羊春秋謂之世室，左氏、穀梁春秋謂之大室，皆不謂之廟。至明堂位始云「魯公之廟，文世室也。武公之廟，武世室也」，注謂：「世室者，不毁之名也。」則皆不在五廟之數者也。魯公即伯禽，爲魯始封之君，其廟自當不祧。而武公之廟，則春秋書立武宫，與煬宫、桓宫、僖宫一例，何嘗有不毁之廟者？明堂位之言不足信也。劉氏正義：白虎通朝覲云：「朝者，見也。」周官大宗伯注：「朝猶早也。欲其來之早。」此説朝即朝夕，以朝時見君謂之朝，因而見君之地亦稱朝。舊説：諸侯三朝：在庫門外者曰外朝，在雉門内者曰治朝，在路門内者曰燕朝，又曰射朝。若以治朝、燕朝對外朝，亦稱内朝。玉藻「諸侯朝服以日視朝於内朝」，則治朝也。文王世子「公族朝于内朝」，則燕射之朝也。若以治朝對燕朝，則治朝亦稱外朝。文王世子「其在外朝」，據注即治朝也。王瑬鄉黨正義引楊隨安説：「諸侯之堂七雉，三分其廣，以其二爲之内庭。三堂之深當爲七十步。」此義或得之。外朝人君不常至，治朝禮略，君臣不能多言。凡議政事皆於燕朝，或於路寢。夫子便便言，當在燕朝。

【集解】鄭曰：「便便，辯貌。雖辯而謹敬。」

【集注】便便，辯也。宗廟禮法之所在，朝廷政事之所出，言不可以不明辨，故必詳問而極言之，但謹而不放爾。此一節記孔子在鄉黨、宗廟、朝廷言貌之不同。

【發明】四書近指：鄉黨是做人第一步，他日立朝廷、交鄰國、事上接下，俱在此植基，故記者以鄉黨先之。

○朝，與下大夫言，侃侃如也；與上大夫言，誾誾如也。

【考異】史記世家「與上大夫」二句處「與下大夫」二句前。後漢書袁安傳：誾誾衎衎。漢碑唐扶頌：衎衎誾誾。讀書通曰：後漢樊準每讌會，則論難衎衎。袁安誾誾衎衎，得禮之容。蜀志楊戲贊：「費賓伯當官理任，衎衎辨舉。」並與「侃侃」同。

按：世家此文先上大夫後下大夫，聘禮注引同。馮氏登府異文考證以爲此古論。胡氏薰鄉黨義考：「據魯論，謂貴者未至而賤者先盈，故先與下大夫相見，進而與上大夫相見。」則是魯論據與言爲先後，古論則據爵之秩次書之。

【考證】論語釋故：周禮大宰疏：「諸侯三卿：司徒、司馬、司空。司徒下二大夫：一小司徒，一小宰。司空下二大夫：一小司空，一小司寇。司馬之下惟一大夫，小司馬也。」卿與大夫，春秋皆謂之大夫。分言之，則卿爲上大夫，其大夫皆爲下大夫。魯之上大夫，季氏爲司徒，叔孫爲司馬，孟孫爲司空。孔子爲司寇時，季桓子、叔孫武叔、孟懿子也。然魯自成、襄以來有四卿，宣公弟叔肸之後爲叔氏，有叔老、叔弓、叔鞅、叔詣、叔還，皆書於經，則亦上大夫。孔子時爲叔還也。下大夫則孔子而外當爲四人，臧氏世爲大夫，其時則臧會、子服景伯、公父文伯皆爲大夫，與夫子同列者也。鄉黨圖考：孔子爲司寇下大夫，當時與上大夫言、與卿言、與下大夫言者，與其同列言也。三卿則季桓子斯、叔孫武叔州仇、孟懿子何忌也。後反魯時，季康子肥、孟武伯彘也。然魯自成、襄以來有四卿，宣公弟叔肸之後爲叔氏，有叔老、叔弓、叔鞅、叔詣、叔還，皆書於經，蓋三卿之外又有小卿，亦上大夫，孔子時爲叔還也。五禮通考：古者視朝之禮甚簡。既朝而退，君適路寢聽政，臣適諸曹治事。諸臣治事之所，即匠人所謂「外九室」是也。其室在治朝之左右，如今午門朝房矣。康成箋詩，以治事之所爲私朝，蓋以卿大夫議朝政於此，故亦得名朝。曲禮「在朝言朝」、論語「朝，與下大夫言，與上大夫言」，皆指治事之朝。劉氏正義：夫子仕魯爲小司空、小司寇，是下大夫。而孔子世家及趙岐孟子注皆謂孔子爲大司寇。案司寇爲司空兼官，孟孫居之，其小司寇則臧孫世爲此官。定公時，臧氏不見經傳，意其時臧氏式微，司寇職虚，故孔子得爲之。傳者虚張聖功，以爲孔子實爲大司寇矣。上大夫職尊，孔子所事，下大夫則與孔子同列者也。不及上士以下者，統於下大夫也。

【集解】孔曰：「侃侃，和樂之貌。誾誾，中正之貌。」

【集注】此君未視朝時也。王制：「諸侯上大夫卿，下大夫五人。」許氏說文：「侃侃，剛直也。誾誾，和說而諍也。」

按：今本說文只有「誾，和悅而諍也」，「侃」字說文無之，不知朱子所據何本。集韻：「侃，剛直也。」亦不引說文。

【餘論】四書辨疑：侃、誾二字各有兩訓，玉篇諸韻皆同。「侃」字一訓和樂貌，又訓彊直。「誾」字一訓中正之貌，又訓和。然須觀其用處，各有所宜。朝廷官府之間，待下宜寬容，事上宜嚴謹。以彊直待下，則幾於不容；以和樂事上，則幾於不謹。今與下大夫言則用剛直，與上大夫言則用和悅，於上下之交誠爲未順。又諍之爲義，乃極諫也，必須遇有違理害義之重事，不得已而用之，尋常語話間豈容有諍邪？若從此說，閔子侍側誾誾如也，亦是有諍於孔子也；冉有、子貢侃侃如也，亦是以剛直待孔子也，是豈聖門弟子尊師之道哉？舊說：「侃侃，和樂之貌。

誾誾，中正之貌。」南軒引侯氏之説曰：「誾誾，中正而敬也。侃侃，和樂而敬也。」二説意同，今從之。劉氏正義：方氏東樹説：「此注本以中正詁侃侃，和樂詁誾誾，傳寫倒誤。」案「侃」通作「衎」，故訓和樂。誾有諍義，故訓中正。蓋事上不難於和樂，而中正爲難；接寮屬不難於中正，而和樂爲難。方説非是。

君在，踧踖如也，與與如也。

【考證】潘氏集箋：踧，説文云：「行平易也。踖，長脛行也。」踧踖，廣雅云：「敬畏也。」論語後録曰：「踧踖與下『與與』同義。詩『授几有緝御』，傳以緝御爲踧踖之容。雖敬而舒，謂之踧踖歟？踧讀若『踧踧周道』，踖讀若『衛大夫石踖』。與與，説文解字：『懙，趣步懙懙也。从心，與聲。』班固漢書叙傳曰『長倩懙懙』，蘇林曰：『懙懙，行步安舒也。』『懙懙』應即此『與與』字。説文解字又有『趣』字，云：『安行。』據此，則懙、趣並訓行步，而漢書有『懙懙』字，『與與』當爲『懙懙』之省文。」黄氏後案：上記大夫與言，君尚未視朝，此言君視朝也。陳氏禮書曰：「朝辨色始入，所以防微。日出而視，所以優尊。詩曰『夜鄉晨，言觀其旂』，臣辨色始入之時也。又曰『東方明矣，朝既昌矣』，君日出視朝之時也。尊者體盤，卑者體蹙。體蹙者常先，體盤者常後。」陳説是也。與與，皇疏云：「猶徐徐。雖踧踖又不得急速。」此申注「中適」之義。説文：「惥，趣步惥惥也。」許意趣走而仍安舒也。漢書「長倩懙懙」，蘇林曰：「懙懙，行步安舒。」此「與與」即彼「惥惥」，古字从省。

【集解】馬曰：「君在，視朝也。踧踖，恭敬之貌。與與，威儀中適之貌。」

【集注】君在，視朝也。踧踖，恭敬不寧之貌。與與，威儀中適之貌。張子曰：「與與，不忘向君也。」亦通。此一節記孔子在朝廷事上接下之不同也。

## ○君召使擯，色勃如也，足躩如也。

【考異】釋文：「擯」，本又作「儐」，亦作「賓」，皆同。史記世家：君召使儐。翟氏考異：説文「儐」或从手作「擯」。禮記文王世子「退儐于東序」，陸氏釋文曰：「『儐』，本亦作『擯』。」説文解字「孛」字下引論語「色孛如也」。又「艴」字下引論語「色艴如也」。按此兩文並傳，或召擯、過位兩科有殊，或齊、魯、古文三家各異。

【考證】經注集證：考孔子仕魯時無諸侯來朝及卿聘事，此章所謂賓者，或有他國大夫來行小聘，魯亦以交擯待之與？又按交擯傳辭惟承擯在中間，上擯當其右，紹擯當其左，故有揖左人、揖右人之事。揖左人者，揖紹擯以傳命出也。揖右人者，揖上擯以傳命入也。孔子仕魯爲大夫，故應在承擯之列。論語後録：作「儐」是也。書「賓于四門」，鄭注：「賓讀爲儐。舜爲上儐以迎諸侯。」潘氏集箋：讀賓爲儐，故釋文云：「亦作『賓』，皆同也。」君召使擯者，聘禮曰：「卿爲上擯，大夫爲承擯，士爲紹擯。」鄭注：「擯，謂主國之君所使出接賓者。」周官大行人云：「上公擯者五人，侯伯四人，子男三人。」魯爲侯國，當用四人。夫子爲大夫，當爲承擯也。羣經補義：孔子仕魯時，君大夫無朝聘往來之事，而鄉黨有使擯、執圭兩章何也？凡卿有事出境，及他國之卿來，則書於春秋，大夫則不書。晏子嘗聘魯而春秋不書，晏子未爲卿也。孔子爲司寇亦是大夫，故出聘亦不書。使擯章之賓非君來，當亦是大夫。其傳辭，君用交擯，臣用旅擯，而言左右手，則夫子爲承擯，兼傳出入之命，是用交擯矣。大夫聘爲小聘，不享，而執圭章有享，則似大聘矣。蓋春秋時，事大國尚侈靡，不能如禮制也。又曰：史記謂孔子爲魯司寇，攝行相事，非相國之事也。當時魯政季桓子專之，孔子言之而季孫不違焉耳。所謂攝行相事者，攝相禮之事，若「夾谷之會，孔子相」是也。君召使擯，是有賓客來，重孔子知禮，特使爲擯而兼相。大夫當爲承擯，何待於召？所以特召者，承擯而兼攝上擯之事也。揖所與立，擯事也；趨進及賓退復命，攝相事，皆上擯事也。上擯當季孫爲之，而使孔子，故曰攝也。禮經釋例引敖繼公説：諸侯禮賓，擯當用三人。猶以諸侯同天子之制爲疑。而先鄭注司儀謂主擯九人，後鄭謂七人，則反踰於天子之數，其不然也明矣。至兩君相見交擯之數，先鄭注無明文，後鄭謂亦用九人，其賓介則交擯旅擯同用九人。論語駢枝：叔孫通傳：「大行設九賓，臚句傳。」「賓」與「擯」，「臚」與「旅」，古今字也。蘇林曰：「上傳語告下爲臚，下告上爲句。」莊周曰：『大儒臚傳。』」然則臚擯猶傳擯也。聘義曰：「介紹而傳命，君子於其所尊弗敢質，敬之至也。」又曰：「三讓而後傳命。」安在其不傳辭哉？康成讀旅爲鴻臚之臚是矣。而訓爲臚陳，故有但陳擯位不傳辭之説，蓋不然也。

【集解】鄭曰：「君召使擯者，有賓客使迎之。」孔曰：「勃如，必變色也。」包曰：「足躩，盤辟貌。」

【唐以前古注】北堂書鈔禮儀部七引鄭注：勃，矜莊貌也。皇疏引江熙云：不暇閒步。躩，速貌也。

【集注】擯，主國之君所使出接賓者。勃，變色貌。躩，盤辟貌。皆敬君命故也。

**揖所與立，左右手，衣前後，襜如也。**

【考異】皇本作「左右其手」。

【考證】經學巵言：周禮，諸侯相爲賓交擯，諸侯之臣相爲國客旅擯。旅擯者，臚陳賓位，不傳辭也。經言與左右人揖，乃交擯之事，則兩君相見而非聘使矣。此所記，其即夾谷之會攝上相時歟？劉氏正義：夫子時爲承擯，左立者是紹擯，右立者是上擯，每一傳辭，則宜揖也。司儀云：「凡行人之儀，不朝不夕，不正其主面，亦不背客。」注：「謂擯相傳辭時也，不正東鄉，不正西鄉，常視賓主之前，却得兩鄉之而已。」據此，則擯介雖東西平列，而面之所鄉不能咸正。則自上擯望承擯，稍在後爲東南也。推之紹擯，亦在承擯東南。而承介在上介西北，末介又在承介西北。故聘禮疏謂「上擯位次宜稍在承擯西，得以轉身望承擯在東南」也。江氏永圖考：「擯者雁行立於東方，西面北上，是以南北爲左右，東西爲前後。其傳主命達於賓，當左其手，則左臂縮而右臂伸，右者隨之而左。其傳賓命達主，當右其手，右肱短而左肱長，則左者亦緣之而右矣。至傳辭之法，在朝禮，則上擯奉主君之命問賓所以來之意，恐其以他事至，不欲自承以人來詣己也。上擯揖而傳與承擯，承擯復揖而傳與末擯，末擯與末介東西相直，則向末介揖而傳問之也。末介揖而傳與承介，承介揖而傳與上介，上介乃傳以告於賓。賓稱己所以來之意以告於上介，復遞傳以至於上擯，上擯以告於君。君辭不敢當，而命上擯復傳於承擯，遞傳至賓，賓對，主君又辭，賓終請不獲辭，是爲三辭。主君乃進車迎賓也。其聘禮，則上擯述君命請事，遞傳至賓，賓辭，遞傳至上擯，上擯述君命辭之，至不獲已，始命紹擯入復於君，而君出迎賓也。當擯者揖時，必俛其首，及揖畢而仍仰立，故曰一俛一仰。揖分左右，故衣之前後亦與爲轉移也。」

【集解】鄭曰：「揖左人，左其手。揖右人，右其手。一俛一仰，故衣前後，則襜如也。」

【唐以前古注】皇疏引江熙云：揖兩手，衣裳襜如動也。

【集注】所與立，謂同爲擯者也。擯用命數之半，如上公九命則用五人，以次傳命，揖左人則左其手，揖右人則右其手。襜，整貌。

【別解】羣經平議：舊説皆以是時夫子爲承擯，故上擯是右人，末擯是左人。然下文「賓退，必復命曰：賓不顧矣」，據聘禮鄭注，是上擯之事。即「趨進」一節，江氏永鄉黨圖考謂是賓致命後，擯者趨進相公拜，則亦是上擯事也。凡擯之次第，君召之時自應先定，豈有交擯之時尚是承擯，交擯之後無端改易乎？且公與賓每門每曲揖，擯介皆在後雁行。夫子始爲承擯，將於何時淩躐而前乎？竊疑上擯本以卿爲之，魯人重夫子知禮，故使以大夫攝上擯事。君召使擯者，使爲上擯也。夫子爲上擯，則所與立者但有左人無右人矣，而云「揖所與立，左右手」者，謂左其右手也。蓋承擯在上擯之左，夫子與之揖時足不移易，惟引其右手鄉左而已，故其衣之前後襜如也。他人於此，所與揖者在左，則必側身左鄉，非「君子立不易方」之義矣。自鄭君誤解「左右手」句，遂并夫子之爲上擯而亦不著，且揖左人則左其手，揖右人則右其手，此在常人亦然，何足爲夫子異乎？

按：此説於義爲長，似可從。

## 趨進，翼如也。

【考異】説文解字「趩」字下云：「趨進，趩如也。」徐鍇繫傳曰：「今論語作『翼』字，假借也。」宋高宗石經「趨」字作「趍」，下「没階趨」倣此。

按：劉寶楠云：「『翼如』，説文引作『趩如』，此出古論語。」

【考證】鄉黨圖考：擯者從中庭進至阼階西有數十步，不宜紓緩，故必當趨。趨則急遽，或至垂手掉臂，難其容，故特記容。趨進必有辭，辭無常者不能記，辭有常者不必記也。羣經補義：趨進謂廟中相禮時，非迎賓入門時。入門不謂之進。進者，行步而前，左傳所謂「公孫傁趨進」、「王孫賈趨進」是也。聘禮云：「納賓，賓入門左，三揖，至於階，三讓，公升二等，賓升西楹西，東面，擯者退中庭，賓致命。公左還北鄉，擯者進，公當楣再拜。」所謂趨進在此時，謂從中庭進至阼階，而釋辭于賓，以相公拜也。所釋之辭云「子以君命在寡君，寡君拜君命之辱」是也。是時急遽，行步必趨，禮不言趨，省文也。四書典故覈：凡趨有二法，一曰徐趨，君之徐趨接武，大夫徐趨繼武，士徐趨中武，其行皆足不離地，舉前曳踵，謂之圈豚行。一曰疾趨，其步不繼武中武，但身須小折，而頭直手足正。玉藻曰：「疾趨則欲發而手足無移。」又曰：「端行頤霤如矢，弁行剡剡起屨。」此趨進是疾趨也。　黄氏後案：趨進之見左傳者，成公三年，齊侯朝於晉。將授玉，郤克趨進。襄公七年，衛孫文子來聘，公登亦登。叔孫穆子相，趨進。是從中庭趨進阼階之事。凡發足向前爲進，俗解趨進指入門。入門時君與賓雁行，擯介皆隨後雁行，趨則在君前矣，且經傳未有以入門爲進門者。

【集解】孔曰：「言端好。」

【集注】疾趨而進，張拱端好，如鳥舒翼。

**賓退，必復命曰：「賓不顧矣。」**

【考證】禮經釋例：聘：「賓問卿面卿及介面卿畢，賓出，大夫送于門外再拜。」注：「賓不顧言去。」公食大夫：「禮畢賓出，公送于大門内，再拜，賓不顧。」注：「初來揖讓而退，不顧，退禮略也。示難進易退之義。擯者以賓不顧告公，公乃還也。」　鄉黨圖考：鄉黨記復命。若非君有命，何以謂之復命乎？經但言賓不顧，無命上擯送賓及擯者復命之文者，文不具耳。又云：聘禮云：「賓請有事於大夫，公禮辭，許。」注謂：「上擯送賓出，賓東面而請之，擯者反命，因告之。」是復命時有二事：一告賓不顧，一告賓請明日有事于大夫也。當時有無未可知，惟孔子是攝上擯，則召是特召，君命爲尤重矣。　論語駢枝：此節記爲擯之禮，舊説或以爲朝，或以爲聘，各據一邊，殊爲拘執。此通論擯相之事，何分朝聘哉？其以爲朝者，蓋據周禮有交擯，有旅擯。諸侯來朝，主國以交擯接之。卿大夫來聘，以旅擯接之。問曰：鄭氏謂交擯傳辭，旅擯不傳辭，故皇、邢二疏釋「揖所與立」，皆以爲擯來朝之諸侯，子獨以爲擯聘客何也？曰：聘禮畢，君命上擯送賓出，反告：「賓不顧矣。」

【集解】孔曰：「復命，白賓已去也。」

【集注】紓君敬也。此一節記孔子爲君擯相之容。

○入公門，鞠躬如也，如不容。

【考證】論語竢質：公門，庫門也。自外來入，必先庫門。

按：此以庫門爲公門。

羣經識小：天子五門：皋、庫、雉、應、路也。諸侯無皋、應二門，其庫門即郭門也，路門以內即路寢，雉門居其中，縣象魏於此，奇服怪民不得入。此云入公門，謂雉門也。

按：此以雉門爲公門。

論語後録：此言路寢朝，具古内朝之制。門，路寢門也，位路寢廷左右也。堂，路寢堂也。古者路寢與明堂同制，故寢亦有堂。鄭注月令云：「大寢東堂、南堂、西堂、北堂。」是階，堂階也。

按：此以路門爲公門。

戴震天子諸侯三朝三門考曰：天子有皋、應，無庫、雉。諸侯有庫、雉，無皋、應。陳奂詩疏：據鄭司農周禮閽人、朝士注：「王有五門：一曰皋門，二曰雉門，三曰庫門，四曰應門，五曰路門。路門一曰畢門。」廣援經傳以證天子之有庫、雉，而諸侯之有皋、應未及也。案聘禮云「賓皮弁聘至于朝」，朝在庫門外。又云「公皮弁迎賓于大門內，大夫納賓，賓入門左」，則賓由外朝至庫門內，復入雉門也。二者皆爲公門。公者，君也。曲禮「大夫士出入公門」，彼據己國，此稱所聘之國，辭亦同也。

按：此以庫門、雉門二者皆爲公門。

洪頤煊禮經宮室答問：問：近人又謂天子諸侯皆三門何也？曰：戴東原説天子諸侯皆三朝，則天子諸侯皆三門。天子之宮有皋門，有應門，有路門，不聞天子庫門、雉門也。諸侯之宮有庫門，有雉門，有路門，不聞諸侯皋門、應門也。皋門，天子之外門。庫門，諸侯之外門。應門，天子之中門。雉門，諸侯之中門。然證以經文，大雅：「迺立皋門，皋門有伉。迺立應門，應門將將。」太王，殷之諸侯，本有庫、雉、路三門。至是增立皋門、應門，後世遂定爲天子五門之制，非謂其正者皋門、應門也。明堂位：「庫門，天子皋門。雉門，天子應門。」言魯之庫門兼天子之皋門，魯之雉門兼天子之應門，其實天子五門，諸侯三門，庫、雉、路三門天子與諸侯同。

按：此以庫、雉、路三門皆爲公門。

盧文弨龍城札記：鞠躬，鄉黨篇凡三見，舊皆以曲斂其身解之。夫信爲曲身，何必言如？案廣雅：「𥷚𥷚，謹敬也。」曹憲𥷚音邱六反，𥷚音邱弓反。儀禮、禮記康成注引孔子之「執圭，鞠窮如也」。曹氏之音與鄭注合，是「鞠躬」當讀爲「鞠窮」，乃形容畏謹之狀，故可言如，不當因「躬」字而即訓爲身。今𥷚、𥷚二字廣雅皆譌寫，賴有曹氏音猶可考其本字。即儀禮注今亦多作「鞠躬」，亦賴有陸氏釋文、張淳辨誤尚皆作「鞠窮」。陸止載劉氏音弓，則非劉氏皆讀如字。張云：「爾雅：『鞠、究，窮也。』鞠窮蓋複語，非踧踖之謂乎？」鞠窮、踧踖皆雙聲，正相類。說文惟「匑」字訓曲脊，不云匑躬，亦不引論語。若「鞠」字實義，蹋鞠也，推窮也，養也，告也，盈也，並未有曲也一訓。至史記魯世家「匔匔如畏然」，徐廣音爲窮。窮字少異而義未嘗不近也。論語此三句下，一則曰「如不容」，一則曰「氣似不息」，一則曰「如不勝」，使上文是曲身，亦不用如此覆解。或云攝齊升堂，鞠躬豈非曲身乎？曰言攝齊則曲身自見，正不必復贅言曲身。且曲身乃實事，而云曲身如，更無此文法。

羣經補義：檢朱子語類，因說周禮師氏：「居虎門，司王朝。」蔚問：「正義謂路寢庭朝，庫門外朝非常朝。此如何不是常朝？」朱子曰：「路寢庭在路門之內，議政事則在此朝。庫門外是國有大事詢及衆庶則在此朝，非每日常朝之所。若每日常朝，王但立於寢門外，與羣臣相揖而已。然王却先揖，揖羣臣就位，王便入。胡明仲嘗云：『近世朝禮每日拜跪，乃是秦法，周人之制不如此。』」案此條言朝制分明。路門内之朝君臣於此議政事，鄭注太僕「燕朝，王圖宗人嘉事」者，舉一隅耳，非謂唯宗人得入，異姓之臣不得入也。玉藻言「退適路寢聽政，使人視大夫」者，每日常朝既畢，君自治文書於路寢，臣自治文書於官府，無所議者也。若有所議，則入内朝。成六年，晉人謀去故絳。諸大夫皆曰：「必居郇瑕氏之地。」韓獻子將新中軍，公揖之入，獻子從公立於寢庭。問獻子曰：「何如？」對曰：「不可。不如新田。」此内朝議政事之一證。鄉黨記過位升堂，正是内朝議政事時。位者，君立寢門外揖羣臣之處也。既揖入寢門，則此位虚矣。過位時宜無言，而云「其言似不足者」，謂諸大夫同入，或與夫子言，夫子不得不應對也。路寢庭無事亦不升堂，或君有命，或臣有言，乃升堂，亦無拜跪之禮。其有時當拜堂下，君辭乃升成拜者，或拜受命，拜受命必有故而後拜也。下階復位，復其堂下之位。俟諸大夫皆退，然後退。若治朝之位，諸臣皆不在，無至治朝復位之理也。其言出降一等，退而下堂，即謂之出，非出門之出也。觀朱子言路門内議政事在此朝，則知同異姓之臣皆得入矣。庫門外非每日常朝之所，則知過位不在此，且外朝在庫門外，非雉門外也。每日常朝但立寢門外，與羣臣相揖，揖羣臣就位，王便入，可知過位是此虚位。又引胡明仲之言，可知後世拜跪之儀是沿秦制，不得以此説周制。今人不考古人宫室之制，又不善讀周禮太僕注，泥其言，一若路門是禁地，異姓之臣不得入，於是以過位爲外朝，以在庫門外者移之雉門外，以升堂爲在治朝，使路門外平地忽然而有堂有階。一知半解，貽誤後學。因補朱子此條，詳言以解惑。黄氏後案：以禮考之，臣入雉門行朝禮，上記君在正是入雉門之事，自過位升堂則入路門之事。此首記入公門指庫門而言，魯庫門依天子皋門而爲之者。皋之爲言高也。詩曰「皋門有伉」，高大可知。夫子敬之而如不容者，重公門也。庫門爲君涖外朝之處，重公門即重外朝也。經義述聞以入門爲廟門，云：公，衍字也。聘禮記：「執圭入門，鞠躬如也。」正與此同。

按：公門凡有五説。黄氏式三主庫門説，江氏慎修主路門説，未知孰是。王氏引之以「公」字爲衍文，劉氏寶楠駁之曰：「案聘記雖雜説孔子行事，其文不必與論語悉同。彼於『執圭』下言『入門』，自指廟門。論語『公門』，則以朝門賅廟門也。且以詩言『公庭萬舞』觀之，廟庭稱公，即此公門爲廟門，奚不可者？而王氏以『公』爲衍字，非也。」

【集解】孔曰：「斂身也。」

【唐以前古注】書鈔禮儀部七引鄭注：鞠躬，自歙斂之貌也。

【集注】鞠躬，曲身也。公門高大而若不容，敬之至也。

立不中門，行不履閾。

【考證】禮記曲禮：大夫士出入君門，由闑右，不踐閾。又玉藻「賓入不中門，不履閾」，注云：「此謂聘客也。」劉氏正義：立即位也，下文「復其位」承此言之。聘禮言：「賓及廟門，公揖入，立于中庭，賓立接西塾。」注云：「接，近也。」西塾在廟門之外，所謂「門側之堂謂之塾」也。賓與主人同至廟門，而君先入以省內事，故賓在門外闑西近西塾之地立少俟，此立不知何面。胡氏培翬正義引蔡説：「『賓是東面。』案雜記：『弔者即位于門西，東面。其介在其東南西上，西於門。』注：『賓立門外不當門。』以此例之，知聘賓亦東面。曲禮云『爲人子者立不中門』，可知中門爲尊者之迹，人臣人子皆當辟之。」論語釋故：凡門兩邊立長木謂之棖，中央竪短木謂之闑。門以向堂爲中，東爲闑右，西爲闑左，東西各有中。出入之法，賓由闑右，主由闑左，臣統于君。故禮曰「大夫士出入君門由闑右」也。又曰「聘賓公事自闑西」，賓禮也。「私事自闑東」，自比於臣也。此中謂闑右之中，謂凡尊者出入皆中門，非尊者皆稍偏近闑，故玉藻「賓入不中門」，謂聘賓，注云：「辟尊者所從也。」疏云：「稍東近闑。」由此可見出入者並不得中門，則立可類推。曲禮「爲人子者立不中門」，疏云：「棖闑之間尊者所行，故不得當之。」然則不中門者，辟尊者所行。

【集解】孔曰：「閾，門限。」

【唐以前古注】皇疏：履，踐也。閾，限也。若出入時則不得踐君之門限也。所以然者，其義有二：一則忽上升限似自高矜，二則人行跨限，已若履之則汚限，汚限則汚跨者之衣也。

【集注】中門，中於門也，謂當棖闑之間君出入處也。閾，門限也。禮，士大夫出入君門由闑右，不踐閾。謝氏曰：「立中門則當尊行，履閾則不恪。」

過位，色勃如也，足躩如也，其言似不足者。

【音讀】書齋夜話：此與楚狂接輿歌而過孔子，皆經過之過，當作平聲。

【考證】羣經補義：人君每日視朝，在治朝惟與羣臣揖見而已，議論政事皆在路寢之朝，故視朝退適路寢，則治朝之位虛。如君不視内朝，則羣臣各就官府治事，無過位之事。玉藻所謂「使人視大夫，大夫退然後適小寢釋服」者也。如有政事當議而視内朝，則羣臣皆入路門而朝於内朝，於是有過位升堂之事，玉藻所謂「君聽政於路寢，不視内朝」者也。鄉黨所記，先視治朝，後視内朝者也。視治朝何以不言其儀？上章「君在，踧踖如也」已言之，故不復言也。黄氏後案：此言治朝之位也。曰過者，其正朝之禮。上文所記「君在」，是朝畢而位虛也。五禮通考曰：「過位升堂，皆既朝以後事。入雉門遂行朝禮，君三揖禮畢，退適路寢聽政，諸大夫不得從入，有宰夫小臣掌諸臣復逆，諸大夫有所啓奏，乃得因之以入，於是有過位升堂也。」甬上萬氏曰：「禮器云『天子諸侯臺門』，足知君門崇廣，可即此朝見臣民。又玉藻云『闔門左扉立於其中』，益足證君門可以涖衆，不必更有朝堂。又曰『天子五門，諸侯三門』，門皆直入，無堂室相間，治朝外朝就門而立。左傳『郲子在門臺臨廷』，即視朝時也。」江慎修曰：「治朝無堂觀，司士路門左、路門右之位可見。聘禮使者夕幣於朝之時，管人布幕於寢門外，君朝服出門左，亦可見路門外是平庭無堂也。」戴東原曰：「朝有門而不屋，故雨霑衣失容則輟朝。」觀此諸説，知下文升堂爲路寢之堂，而此過位爲治朝可知矣。

【集解】包曰：「過君之空位。」

【唐以前古注】書鈔禮儀部七引鄭注：過位，謂入門右北面君揖之位。皇疏：位，君常所在外之位也，謂在宁屏之間揖賓之處也。即君雖不在此位，此位可尊，故臣行入，從位之邊過，而色勃然足躩爲敬也。

【集注】位，君之虚位，謂門屏之間，人君宁立之處，所謂宁也。君雖不在，過之必敬，不敢以虚位而慢之也。言似不足，不敢肆也。

【别解一】論語後録：凡朝者必於廷，位在廷左右。爾雅曰：「中廷之左右謂之位。」又曲禮「下卿位」注云云，君過且然，況臣自過之乎？金榜書古文論語後：曲禮曰「下卿位」，注云：

「卿位，卿之朝位也。君出過之而上車，入未至而下車。」正義曰：「卿位，路門之内門東北面位，故論語鄉黨云『入公門』，又云『過位』。注謂入門右北面君揖之位，故燕禮、大射『卿大夫門右北面，公降阼階南鄉爾卿』是也。」鄭氏釋鄉黨過位爲卿大夫朝位，在路寢庭，正與下經没階復位文義相屬。

按：此以過位爲卿大夫之位。考爾雅「門屏之間謂之宁，中庭之左右謂之位」，是君所立者名宁不名位。說文亦以中庭之左右爲位，其說不爲無據，且與下文復位文義相屬，可備一說。

【別解二】論語駢枝：過位者，過主君之位，廟門之内，中庭之位也。主君先入門右，即中庭之位俟賓，賓後入門左，及中庭，乃與主君並行，故以過位爲節，而色勃如，足躩如，事彌至，容彌蹙也。

王氏鄉黨正義（劉氏正義引）引胡縉曰：聘禮：「賓入門左，介皆入門左，北面西上，三揖，至於階。」注：「君與賓也，入門將曲揖，既曲，北面揖。」此即論語注所云「北面君揖之位」也。中庭，據鄭注昏禮及賈疏所釋，則中庭，南北之中也。三分庭，一在北，設碑，是聘禮所云「公揖入，立於中庭」者，其位在碑南，當庭之中。行聘之時，公入門而右，賓入門而左，則鄭注「過位」所云「入門右」者，據君言之。賓入門左，北面西上，既曲，則賓主俱北面揖，當碑又揖，揖時賓在左，君位在中庭之右。由是三讓升階，則過君所立之位，故云「入門右北面君揖之位」也。聘禮，君行一，臣行二。賓主三揖時，君位在右而居前，賓在左而稍退居後，故揖之後必過君揖之位也。

按：此說以過位爲在行聘之時。劉氏正義駁之曰：「胡說即本駢枝而義加詳，但引申鄭注則未然。蓋統鄭注全觀之，知以爲臣朝君也。其曰『入門右』者，謂入雉門之右，所謂『大夫士出入君門由闑右』者也。由是北面行至治朝之廷，君視朝，揖羣臣畢，退適路寢，臣適私朝治事。若有政事當議者，君命臣隨至路寢之庭，或升路寢之堂議之。其由治朝入路門，過君治朝揖羣臣之位，故曰君揖之位。此則鄭義在朝，非在廟；在己國朝君，非在他國行聘也。必知鄭說不然者，鄉黨言禮雖不盡爲周禮所有，然若此節及下『執圭』節皆見聘記，尚不足爲據耶？」

**攝齊升堂，鞠躬如也，屏氣似不息者。**

【考異】七經考文：古本「齊」作「齋」。唐貞觀孔子廟堂碑亦作「攝齋」。

【考證】論語補疏：「升堂」上加「攝齊」二字，所以別於執圭之升堂也。同一鞠躬如也，在執圭則手不能摳衣，故足縮縮如有循。玉藻云「執圭玉，舉前曳踵」，又云「圈豚行，不舉足，齊如流」是也。手不暇攝齊，齊曳於地，故如流矣。在本國升堂，手不執圭，則攝齊。齊既攝，則不曳於地，行不必如有循，但見屏氣似不息而已。攝齊與下鞠躬相貫，鞠躬雙聲字。孔曰：「斂身也。」斂身則身俯而前，齊必曳地也。說苑：「子路持劍。孔子問曰：『由，安用此乎？』子路曰：『善古者固以善之，不善古者固以自衛。』孔子曰：『君子以忠爲質，以仁爲衛，不出環堵之內，而聞千里之外。不善以忠化，寇暴以仁圍，何必持劍乎？』子路曰：『由也請攝齊以事先生矣。』」方其持劍，意氣自雄，身必仰，既聞言而起敬，則屈俯其身，前衣必委地，故攝齊，攝齊則棄劍不持可知。云攝齊以事先生，當時以屈身必攝齊，即以屈身爲攝齊，猶云屈身以事先生也。韓詩外傳

「孔子燕居，子貢攝齊而前」，謂屈身而前也。鹽鐵論刺議篇：「丞相史曰：『僕雖不敏，亦當傾耳下風，攝齊句指，受業經於君子之塗矣。』」漢書朱雲傳：「少府五鹿充宗與易家論，諸儒莫能與抗，皆稱疾不敢會。有薦雲者，召入，攝齊升堂，抗首而請，音動左右。」此特用攝齊二字寫其倜儻之狀，摳衣而登，不欲緩行，與屈身者意殊而攝則同也。素問五藏生成篇云：「足受血而能步，掌受血而能握，指受血而能攝。」攝屬於指，非提之而何？攝齊與攝衣同爲斂而各不同。管子弟子職：「少者之事，夜寐蚤作，既拚盥漱，執事有恪，攝衣共盥，先生乃作。」蚤起盥漱，衣未整齊，故整齊其衣而後共盥。史記酈生傳稱酈生入謁，沛公方倨床使兩女子洗足，既聞酈生語，於是輟洗起攝衣，延酈生上坐謝之。方倨床洗足，衣必不整齊，此時輟洗起敬，故整衣，與弟子職盥漱後攝衣同。孔子升堂時，非倨床洗足可比，豈前此不衣，至此始衣，故以攝衣證攝齊者非也。聘禮記「賓入門皇，升堂讓」，鄭氏引孔子升堂云云。鄭引此文，以明「發氣怡焉」與「逞顏色怡怡」同。論語於「升堂」之上加「攝齊」二字，兩手摳衣則不得更執圭，此節爲攝齊升堂，明下節爲執圭升堂。於升堂而增攝齊，於執圭而省升堂，此古人屬文之法。孔氏以摳衣解之，精不可言。若攝齊不是摳衣，但爲整齊其衣，如漢帝之攝衣，不知攝齊用手，攝衣亦必用手，攝齊不過手提之，整衣則用手益加勞矣，尤非執圭時情事。如不用手而空言，則「升堂」上著「攝齊」二字爲無謂矣。且新序言「昭奚恤攝衣而去」，恤是時居西面壇上，自壇而下故攝衣，此攝衣正是摳衣。揚雄逐貧賦云「攝齊而興，降階下堂」，則攝齊亦可云攝衣，攝衣而下，則攝衣而上可知矣；

攝齊而升，則攝齊而降可知矣。戰國策趙策：「魯仲連云：『天子巡狩，諸侯避舍，納筦鍵，攝衽抱几。』」此衽與几並舉，謂衽席之衽。衽爲卧所薦，几爲坐所憑，諸侯親提之親抱之，爲天子設也。既攝衽又抱几者，不必一時兼爲之，猶弟子攝衣在先，共盥在後，屬文者疊言之爾。凡持兵曰攝兵，提榼曰攝飲，未有不用手空言攝者。

【集解】孔曰：「皆重慎也。衣下曰齊。攝齊者，摳衣也。」

【唐以前古注】士相見禮疏引鄉黨云：孔子與君圖事於廷，圖事於堂。書鈔禮儀部七引鄭注：屏氣自静，以俟君言也。

按：論語古訓云：「疏引鄉黨云云，今經無此文，集解無此注，必是鄭義。古人引經與注，往往不爲區别。」劉氏正義云：「圖事於庭，庭即路寢之庭。疑鄭此文釋『其言似不足』之義。圖事於堂，則此升堂是也。俟君言，謂所圖事之言。此則鄭義以爲常朝也。陳氏壽祺左海經辨謂鄭云圖事即是謀聘，似是臆測。」

【集注】攝，摳也。齊，衣下縫也。禮，將升堂，兩手摳衣，使去地尺，恐躡之而傾跌失容也。屏，藏也。息，鼻息出入者也。近至尊，氣容肅也。

【别解】論語駢枝：攝，斂也，整也。舉足登階，齊易發揚，故以收斂整飭爲難。士冠禮「攝酒」，注云：「攝猶整也。」詩既醉「朋友攸攝」，正義云：「攝者，收斂之言。」史記酈生陸賈列傳「沛公輟洗起攝衣」，正義云：「斂著也。」其他傳記言攝衣攝衽者非一，未有解爲摳衣者。戰國策曰

「攝衽抱几」，既抱几，能復摳衣乎？　弟子職曰「攝衣共盥」，既兩手奉盥器，不容又有兩手摳衣。管晏列傳「晏子懼然攝衣冠」，若攝爲摳者，何乃并及冠乎？　略舉數事亦足以見之矣。　又曰：曲禮「兩手摳衣去齊尺」，謂即席也。　即席必摳衣，以將就坐。　升堂則未有言摳衣者，拾級聚足，連步以上，自不至有傾跌失容之患，不必摳衣也。　摳謂之攐，攐謂之揭，揭謂之撅。　子事父母不涉不撅，侍坐於君子，暑無褰裳，避不敬也，獨奈何升堂見君而反以摳衣爲敬乎？　此可知其不然也。

【餘論】四書或問：或疑升堂攝齊則手無所執歟？　曰：古者君臣所執五玉、三帛、二生、一死，皆以爲贄而已。　笏則搢之，用以記事而已，不執之以爲儀也。　宇文周復古，乃不修贄而執笏，攝齊鞠躬之禮廢，升堂而蹴齊者多矣。　潘氏集箋：息，説文云：「喘也。喘，疾息也。」喘从口，當爲氣之从口出者。　息从自，説文云：「自，鼻也。」當爲氣之从鼻出者。　天香樓偶得：胡安定謂天之行一晝夜九十餘萬里。　人一呼一吸爲一息，一息之間天行已八十餘里。　人一晝一夜有萬三千六百餘息，故天行九十餘萬里。　朱紫陽以其説本於丹書。

**出，降一等，逞顏色，怡怡如也。　没階，趨進，翼如也。　復其位，踧踖如也。**

【考異】釋文：「没階趨」，一本作「没階趨進」，誤也。　聘禮記注引有「進」字。　唐石經有「進」字。　太平御覽居處、人事二部、張子正蒙引文皆有「進」字。　朱子或問：問：何以知無進字？曰：降而進階，則爲趨而退矣，不得復有「進」字也。　論語集説：「進」疑是

「退」字。翟氏考異：子華子孔子贈篇云：「以爵執圭，子華子没階而進，再拜而言。」似可證此「進」字之非衍誤。特其書爲後人擬托，恐即依倣論語言之。禮經釋例：聘禮記注引論語作「没階趨進」，則鄭氏所見本已有「進」字，陸説不可從。四書辨證：鄉射記「司射挾一个以進」，注云：「進，前也。」敖曰：「進退之文無常，大抵有事於彼爲進。」士相見禮疏曰：「論語『趨進，翼如也』，謂孔子與君圖事於堂訖，降堂經向時揖處，至君前横過向門，特加肅敬。」然則横過堂下向路門面前，正所謂有事於彼也，「進」字疑非誤。

按：臧氏琳經義雜記曰：「按史記孔子世家作『没階趨進』，儀禮聘禮注引論語同。曲禮『帷薄之外不趨』，正義引論語、儀禮士相見禮疏引論語並有『進』字，然則自兩漢以至唐初皆作『没階趨進』。趨進者，趨前之謂也。進字不作入字解，舊有此字，非誤矣。」

【考證】論語駢枝：聘享每訖，即出廟門以俟命。出字爲下文之目。等者，階之級也。曲禮「拾級」，注「級，等也」是也。士冠禮「降三等」，注云：「下至地。」疏引賈、馬説：「天子堂九尺，階九等。諸侯堂七尺，階七等。大夫堂五尺，階五等。士堂三尺，階三等。」胡培翬正義引程瑶田云：階三等者，連堂廉而言，若除堂廉言，則九尺之堂，其階止八等，七尺者六等，五尺者四等，三尺者二等也。所謂盡等不升堂者，當是盡其廉下之等，而不踐廉以升堂也。洪頤煊禮經宫室答問：鄉射禮：「賓降，立于西階西，當西序。」又云：「賓降，立于堦西當序。」西階在西序之東，東階當在東序之西。聘禮：「賓升西楹西，東面，公當楣再拜，賓三退，負序。」西楹西已當階，又三退，然後負序，則階必當楹序之中。階上北直房户，其兩階相去亦東西四筵之地。

經學卮言：此君視燕朝卿大夫所立之位，故稱其位。論語釋故：入必先居門右北面之位，故出必復門右北面之位，俟羣臣出，乃出，降由西階至中庭，乃東向復位。進者，進於位也。其時君在阼階上，東向則面君，故又曰進而不敢不趨也。黃氏後案：皇疏：「位，謂初入時所過君之空位也。今出至此位，而更踧踖爲敬也。」疏申孔注是也。後儒或以過位在外朝，即以復位爲外朝之位，固非。何義門以治朝堂下諸曹治事處爲此所復之位，則踧踖之義何解？且過位復位上下相應，何得別生異解乎？鄭君以上節過位謂入路門内門右北面君揖之位，見曲禮正義。説者據此，謂上言過、下言復，皆中庭左右臣立之位，此言其位，益見位爲孔子所立而見君之位也。又一義。論語補疏：包氏注過位爲君之空位，邢疏云：「謂門屏之間人君宁立之處，君雖不在此位，人臣過之宜敬。」此復其位，孔氏以爲即來時所過之位，邢疏云：「復至其來時所過之位。」則此所復之位仍即君之空位，乃曰其位則不可指君，曰復則不可指君所立之處，於復其中增入「至」字，非經文所有。爾雅釋宫：「中庭之左右謂之位，門屏之間謂之宁。」郭璞以位爲羣臣之列位，宁爲人君視朝所宁立處。説文亦以中庭左右爲位。位之名屬之臣，與宁有別。惟天官「宰夫掌治朝之法，以正王及三公六卿大夫羣吏之位」，此位通宁而言，似爲包氏所本。然此統言之，不必分云王之宁、公卿大夫羣吏之位。論語與門闕堂階並言，則指中庭左右之定名，非泛指矣。曲禮「下卿位」，鄭注云：「卿位，卿之朝位也。」正義引鄉黨「過位」，鄭氏注云：「過位，謂入門右北面君揖之位。」言入門右北面，正是卿大夫之位。過位之位，鄭氏指中庭左右之臣位。君方下車而過，孔子過之，色勃足躩，夫又何疑？鄭氏與孔同，與包異也。

四書改錯：舊注以此位爲即「過位」之位，此本孔安國注，原可信者，不知何據又改作已之朝位。夫朝位有三：一在門屏之外，公門之內，則外朝位也。一在門屏之內，堂階之下，則內朝位也。一在堂階之上，寢庭之下，則朝端位也。此與三位俱不合。且下階已怡怡，焉得復位反踧踖？

【集解】孔曰：「先屏氣下階舒氣，故怡怡如也。没，盡也，下盡階也。來時所過位也。」

【唐以前古注】皇疏：降，下也。逞，申也。出降一等，謂見君已竟，而下堂至階第一級時也。初對君時既屏氣，故出降一等而申氣，氣申則顔色亦申，故顔容怡怡也。没，猶盡也。盡階，謂下諸級盡至平地時也。既去君遠，故又徐趨而翼如也。位，謂初入時所過君之空位也。今出至此位而更踧踖爲敬也。

【集注】等，階之級也。逞，放也。漸遠所尊，舒氣解顔，怡怡和悦也。没階，下盡階也。趨，走就位也。復位踧踖，敬之餘也。此一節記孔子在朝之容。

按：此節朱子以爲記孔子在朝之容，由外朝而治朝而燕朝，通記之也。外朝在庫門内，由是入雉門而治朝，入路門而燕朝。故先記入公門之容，入治朝則雉門外有君位，入燕朝則路門外有君位，故次記過位之容。外朝以詢萬民，惟治朝、燕朝君與大夫發令謀政，故次記言容。

燕朝在路寢，有階有堂，玉藻君聽政於此，則臣有告君之政可知，故次記升堂之容。告畢還位治事，故次記復位之容。惟清代學者對此頗多異説，有以爲記擯禮者，宋氏翔鳳論語發微是也。有以爲指聘禮者，劉氏台拱論語騈枝是也。有以爲謀聘之禮者，陳氏壽祺左海經辨是也。其原因皆以上節已説趨朝之事，不應中隔以爲擯而復言趨朝也。聘禮説最爲有力，淩氏廷堪禮經釋例、王氏引之經義述聞、劉氏寶楠論語正義均主之，惜於公門字説不過去，蓋聘於鄰國，不得云公門也。兹備載餘論中以資參考。

【餘論】論語發微：鄭康成注：「過位，謂入門右北面君揖之位。」本此法意推之，知「入公門」以下並承「君召使擯」來。禮：「公皮弁迎賓于大門内，大夫納賓，賓入門左。」鄭注云：「内賓位也。衆介隨入，北面西上，少退。擯者亦入門而右，北面東上。上擯進相君。」按此知「入門右」正指擯者，論語「入公門」即禮「大門」也。聘禮又云：「公再拜，賓辟不答拜。公揖，入每門，每曲揖。」鄭注云：「凡君與賓入門，賓必後君，介及擯者隨之並而雁行。既入，則或左或右，相去如初。」玉藻曰：「君入門，介拂闑，大夫中棖與闑之間，士介拂棖。賓入不中門，不履閾。」門中，門之正也。不敢與君並由之，敬也。介與擯者雁行，卑不踰尊者之迹，亦敬也。按論語「立不中門」指此。公迎賓不出大門，則入公門時無尊者之迹，無庸立不中門也，知此門在大門以内。聘禮又云：「及廟門，公揖入，立于中庭。賓接立西塾。几筵既設，擯者出請命，賓襲執圭，擯者入告，出辭玉，納賓，賓入門左，介皆入門左，北面西上三揖。」鄭注云：「入門將曲揖，既曲，北面又揖，當碑揖。」按此皆君揖之位也。當公入立中庭，賓立西塾，君揖尚虚而擯者出入其間，即論語過位之時。又有請命辭玉之事，擯者乃有言，故論語於此云：「其言似不足者。」聘禮又云：「至于階，三讓，公升二等，賓升西楹西東面，擯者退中庭。」鄭注云：「向公所立處。退者，以公宜親受賓命，不用擯相也。」按此知聘禮擯者不升至堂上，論語攝齊升堂謂堂階。春秋時列國多事，朝聘會盟不無意外之虞。孔子世家夾谷之會，孔子趨而進，歷階而登，不盡一等，則聘禮亦容或有此，故記此一節文。言攝齊，正言堂階之等而不更言堂上之容，知擯未升堂也。下云：「出，降一等，逞顔色，怡怡如也，没階。」當讀「没階」絶句。蓋擯者升堂則不盡一等，兹則又降一等，由是而降至階下也。聘禮又云：「賓致命，公左還北鄉，擯者進。」鄭注云：「進阼階西，釋辭於賓，相公拜也。」按此即論語趨進一事。以上皆相公，隨公而入，至此擯者單進，故有趨，與論語上文記「趨進，翼如也」同事，惟擯者有此一節也。聘禮又云：「公當楣再拜，賓三退負序，公側襲受玉于中堂與東楹之間，擯者退負東塾而立。」鄭注云：「反其等位無事。」按此即論語「復其位」一節也，則「入公門」以下至此並記擯者之事。上文既述「君召使擯」一段，此又述者，弟子各述所聞，遂類聚之以廣異説也。惟聘禮於擯者不記升堂一事，蓋儀禮言禮之常，論語參言其變也。後之説論語者，謂記孔子常朝之事，或又據聘禮記云：「賓入門皇，升堂讓，將授志趨。授如争承，下如送。君還而後退。下階，發氣怡焉。再三舉足，又趨，及門正焉。」以論語「入公門」之文亦是爲賓出聘事。按賓升堂時方執玉，手不能下摳衣，知攝齊升堂正是擯者。又趨進一事，亦賓所無，以爲記聘亦不得實。鄭注聘禮記有「孔子之升堂」云云，亦引爲旁證，非竟以論語爲孔子爲賓之事。劉氏正義：此節自入公門至私覿，皆説聘問之事。而分言者，一記所歷門位堂階之容，一記執圭之容也。聘禮記：「賓入門皇，升堂讓，將授志趨。下階，發氣怡焉。再三舉足，又趨，及門正焉。」注云：「皇，自莊盛也。讓，謂舉手平衡也。志，猶念也，念趨，謂審行步也。孔子之執圭，鞠躬如也云云。再三舉足，自安定乃復趨也。孔子之升堂，鞠躬如也云云。」又注「及門正焉」句云：「容色復故，此皆心變見於威儀。」是此節爲聘禮明明載之記中，而鄭君即以論語文釋之，惜其先注論語時未能據之也。古義湮晦，至駢枝而始明，此可無疑者矣。鄭君及包、孔注皆以此節爲趨朝，然上節言朝及君在，已説趨朝之事，不應中隔以以爲擯而復言趨朝也。陳氏壽祺左海經辨據鄭注圖事於庭於堂之言，謂是孔子於己國與君謀聘，則與平時議政事何異？且孔子在本國圖事，與聘記言賓入門升堂亦不合，則知陳説非也。宋氏翔鳳發微以爲擯禮，不知擯者本不升堂，且上節已言趨進，此不必復記矣。左海經辨：鄉黨記「入公門」訖「復其位，踧踖如也」，文次君召使擯章之後，執圭章之前，此謂將聘圖事之禮也。公門據己國。過位，謂路門内臣之朝位。升堂，謂與君圖事於堂也。何以明之？曲禮曰「下卿位」，鄭注：「卿位，卿之朝位也。君出過之而上車，入未至而下車。」正義曰：「卿位，路門之内門東北面位。故論語鄉黨云『入公門』，又云『過位，色勃如也』，注：『過位，謂入門右北面君揖之位。』」案正義引注者，鄭氏論語注文。爾雅釋宫曰：「門屏之間謂之宁，中庭之左右謂之位。」説文第八人部「位」解曰：「列中庭之左右謂之位。从人立。」鄭據古訓，釋過位之位爲入門右北面君揖之位，至精不可易也。所以知在路門内者，燕禮、大射儀：「卿大夫皆入門右北面東上，公降立阼階東面，南鄉揖卿大夫。卿西面北上，大夫皆少進。」賈氏燕禮疏曰：「卿大夫入門右北面東上。此是擬君揖位，君爾之，始就庭位。」是路門内有此面位也。觀曲禮「下卿位」，知君出入過之猶敬，而況臣乎？所以知此經過位升堂爲圖事時者，聘禮「君與卿圖事」，鄭注：「謀事者必因朝，其位君南面，卿西面，大夫北面，士東面。」疏以爲在路門外正朝。江永鄉黨圖考以爲下經既受行出，遂見宰問幾月之資，注云：「古者君臣謀密草刱，未知所之遠近。」則圖事命使當在路寢之朝，後夕幣乃在路門外正朝。士相見禮：「凡燕見于君，必辯君之南面，若不得，則正方不疑君。」鄭注：「君南面，則臣見正北面。君或時不然，當正東面，若正西面，不得疑君所處邪嚮之。此謂特見圖事，非立賓主之燕也。」士相見禮又曰：「君在堂，升見無方階，辯君所在。」鄭注：「升見，升堂見于君也。君近東則升東階，君近西則升西階。」賈疏曰：「亦謂及燕及圖事之法。」疏又曰：「知有圖事者，論語鄉黨云：『孔子與君圖事於庭，圖事於堂。』聘禮亦云：『君與卿圖事之時，有此面位，無常法也。』」案疏稱聘禮云者，約鄭聘禮注文。稱鄉黨者，約鄭論語鄉黨注文。是鄭以圖事解鄉黨，與聘禮合也。圖事之法，面位無常，故有過位之事。過位則圖事於庭也，升堂則圖事於堂也。聘禮又曰：「遂命使者，使者再拜稽首辭，君不許，乃退。」鄭注：「反位也。」此論語「復其位」之事。士相見禮疏曰：「此庶人見君不趨翔。論語是孔子行事，而云『趨進，翼如也』。彼謂孔子與君圖事於堂，圖事訖，降堂向時揖處，至君前横過，向門，特加肅敬。」此賈氏本鄭義説論語出降階趨進之事也。然則過位升堂審爲將聘圖事，故下章承之，遂言行聘執圭之儀。服虔左氏傳解誼所謂「孔氏聘禮」即此類矣。或見聘禮記注引孔子之升堂，至没階，趨進，翼如也。上下又引孔子之於執圭，孔子於享禮爲證。玉藻「賓入，不中門，不履閾」，其文亦與鄉黨合。因以論語「入公門」訖「復其位」爲即行聘時事。然公門之名非所施於他國，聘禮賓入自大門，而廟門非路門。且入門左，非門右。公揖，入每門，每曲揖，則無專位。惟私覿入門右，於此豫見則乖其事。次執圭升西楹西，則未暇攝齊。義皆不與鄉黨相應。聘禮注錯引此經，乃舉事以見例，不得溷而一之。學者守鄭論語本注爲宗可也。

○執圭，鞠躬如也，如不勝。上如揖，下如授。勃如戰色，足縮縮如有循。

【考異】釋文：魯論「下」爲「趨」，今從古。

【考證】羣經補義：人臣所執之圭謂之瑑圭，其度用偶數，大國之臣八寸，次國六寸。若桓圭九寸，信圭、躬圭七寸，謂之命圭，臣不得而執也。論語後録：大夫聘執瑑圭。考工記玉人：「瑑圭璋八寸，璧琮八寸，以頫聘。」聘禮記曰：「凡四器者，惟其所寶，以聘可也。」是瑑圭減命圭一寸（命圭九寸），命圭繅三采三就，瑑圭二采一就，命圭以朝，瑑圭以聘，二者皆君之圭也，故包以爲執持君之圭。惠士奇禮説：瑑者，頫問之圭璧。六瑞則不瑑也，故曰大圭不瑑，美其質也。康成依漢禮而言，遂謂六瑞皆瑑。如其説，則與頫聘之圭何以異乎？説者又謂頫聘之圭璧有圻鄂瑑起，無桓信躬穀蒲之文也。不知桓信躬穀蒲乃玉之形體與其彩，非瑑飾之文，故曰：「和氏之璧，不飾以五彩。隨侯之珠，不飾以銀黄。其質至美，物不足以飾之。」六瑞無瑑飾者以此。山海經：「圭璧十五，五彩惠之。」惠猶飾也。祀山川，造賓客，皆曰素功。素功者，設色之工畫繢之事，是爲瑑。書之八體，大篆小篆亦以此取名焉。説者謂素功無飾，其不然乎？

鄉黨圖考：孔子執圭，上如揖，與天揖推手小舉者相似，此仍不過平衡也。如授者，説文云：「授，與也。」凡獻物於人，有不敢受者，奠之於地，臣奠圭、壻奠雁是也。其有當授受者，如几杖弓劍禽鳥之類，體敵者同面並受，不敵者對面訝受，其時身稍俯而手微下。曲禮記授弓之儀云「尊卑垂帨」，注：「帨，佩巾也。磬折則佩垂。授受之儀尊卑一。」孔子執圭，手有稍下時如之，即行聘時，上介執圭，如重，授賓，升堂授玉於中堂與東楹之間，皆有授時，執圭亦如之耳。

【集解】包曰：「爲君使聘問鄰國，執持君之圭。鞠躬者，敬慎之至。」鄭曰：「上如揖，授玉宜敬也。下如授，不敢忘禮也。戰色，敬也。足縮縮如有循，舉前曳踵行也。」

【唐以前古注】書鈔禮儀部七引鄭注：執圭，謂以君命聘於鄰國。如不勝者，敬之至也。上如揖，授玉宜敬也。下如授，不敢忘禮也。勃如戰色，恐辱君命也。如有循，舉前曳踵，行之慎也。

皇疏：周禮，五等諸侯各受王者之玉以爲瑞信。公桓圭九寸，侯信圭七寸，伯弓圭七寸，子穀璧五寸，男蒲璧五寸。五等，若自執朝王，則各如其寸數；若使其臣出聘鄰國，乃各執其君之玉而減其君一寸也。今云執圭，魯是侯，侯執信圭，則孔子所執，執君之信圭也。初在國及至他國，執圭皆爲敬慎。圭雖輕而已執之恒如圭重，似已不能勝，故曲身如不勝也。

【集注】圭，諸侯命圭。聘問鄰國，則使大夫執以通信。如不勝，執主器執輕如不克，敬謹之至也。上如揖下如授，謂執圭平衡，手與心齊，高不過揖，卑不過授也。戰色，戰而色懼也。縮縮，舉足促狹也。如有循，記所謂「舉前曳踵」，言行不離地，如緣物也。

【别解】論語後録：此言執圭上而揖、趨而授也。魯讀「下」爲「趨」，古而、如通。「賈人啓櫝，取圭授介。介授賓，執圭入門左，三揖，至于階。三讓，升西楹東面。」注：「三揖，入門將曲揖。既曲，北面又揖，當碑揖也。」記：「上介執圭，如重，授賓。賓入門皇，升堂讓，將授志趨。」注：「志，猶念也。念趨，謂審行步。」賓自入門至于階，所謂上有三揖，既升堂，將授志趨，即趨而授歟？此解魯論爲長。鄭君用古文而不從魯論，恐未是。坫又案賓自執圭將事，由闑西入門至致命，止三揖三讓。禮無煩重。古禮損可兼讓，論語不言及讓是已。又曲禮「執天子之器則上衡，國君則平衡。」衡者，衡於心也。天子高於心，君則與心齊。不言有二度以上下爲執玉高卑，殆未讀聘禮及記歟？

按：此説與下兩「如」字别自爲義，殆不可從。

享禮，有容色。

【考證】黄氏後案：近儒以禮爲醴賓者，聘禮小聘曰問，不享，主人不筵几，不禮。記又云：「若君不見使大夫受不禮。」是其所據也。然記云：「執圭鞠躬焉，如恐失之。及享，發氣焉盈容。

私覿，愉愉焉。」記分執圭、享、覿三節，見禮之大在此三者，與此經正符。以三者言之，則執圭正聘與享爲尤重。儀禮言使者之始受命也，「賈人西面坐，啓櫝，取圭垂繅而授宰，宰執圭屈繅授使者。使者受圭，垂繅以受命。既述命，授上介。上介受圭屈繅，出授賈人。受享束帛加璧。受夫人之聘璋，享玄纁，束帛加琮，如初」，是聘享之初受如此其重矣。禮言未入竟之習儀也，「壹肄，爲壝，不執圭。習享，士執庭實。習夫人之聘享亦如之。習公事，不習私事」，此聘享之肄習甚重，而私覿則不習矣。禮言入竟之展幣也，「布幕，賈人拭圭，遂執展之，上介視之。退圭，又拭璧，展之，會諸其幣。展夫人之聘享亦如之。及郊，又展如初。及館，展幣于賈人之館亦如之」，此入竟三展幣之甚重矣。凡此皆未行聘享之前，而見聘享之重如此。其後有還玉之禮焉，「君使卿皮弁還玉于館，賓皮弁襲，迎于外門外，升自西階，南面受圭，還璋如初」。有報享之禮焉，「賓裼，迎大夫賄，用束紡。禮，玉束帛乘皮，皆如還玉禮」。二禮或言報，或言還，還則不受重禮而以來物還之。聘義云：「以圭璋聘，重禮也。已聘還圭璋，此輕財而重禮之義。」享則各隨其土宜之所有，此所謂「不以貨傷德，不以幣没禮」者，受而報之可也。此聘享之終也。　鄉黨圖考：聘執圭，享執璧，嚴與和微異。享禮有容色，正對勃如戰色，謂身容、手容、足容如初，惟發氣盈容，不若初之變色耳。

【集解】鄭曰：「享，獻也。聘禮：既聘而享，享用圭璧，有庭實也。」

【唐以前古注】書鈔禮儀部七引鄭注：享，獻也。既聘而享，用圭璧，有庭實，皮馬相間也。

皇疏：享者，聘後之禮也。夫諸侯朝天子，及五等更相朝聘禮，初至皆先單執玉行禮，禮王，謂之爲朝。使臣禮主國之君，謂之爲聘。聘，問也，政言久不相見，使臣來問於安否也。既是初至，其禮質敬，故無他物，唯有瑞玉，表至誠而已。行朝聘既竟，次行享禮。享者，獻物也。亦各有玉，玉不與聘玉同也。又皆有物將之，或用皮馬，或用錦繡，又獻土地所生，羅列滿庭，謂之庭實，其中差異，不復曲論。但既是次後行禮，以多爲貴，則質敬之事猶稍輕，故有容貌采章及裼以行事，故云「有容色」也。

【集注】享，獻也。既聘而享，用圭璧，有庭實。有容色，和也。儀禮曰：「發氣滿容。」

【別解】經學卮言：禮與享爲二事。禮者，謂主人以醴禮賓也。聘儀，既聘乃享，既享乃禮，既禮乃私覿。

私覿，愉愉如也。

【考異】通雅：説文：「愉，薄也。」引論語「私覿，愉愉如也」，則誤以媮薄之「媮」作「愉」矣。翟氏考異：舊注引儀禮「發氣滿容」，乃漢人避惠帝諱，變「盈」爲「滿」也。今注襲其文，非所謂「無喪而右袒」者乎？小雅「視民不恌」，毛傳云：「恌，愉也。」古字「愉」與「媮」通，故説文解之曰薄。續引論語，則更廣明他義，非相承也。説文無「覿」字。論語後録：覿字从賣，賣字从𡍬，「𡍬」即「睦」之古文，或「覿」即「𡍬」字歟？但無可據證耳。論語竢質作「儥」，曰：説文解字云：「儥，見也。从人，賣聲。」

按：説文雖無「覿」字，然「愉」字下引論語曰：「私覿，愉愉如也。」可爲説文有「覿」字之證。且「覿」見爾雅釋詁，左傳亦有「宗婦覿」之文，經典中用此字多矣。今因説文偶爾闕佚之故，乃多方遷就，改經以從説文，此漢學家之蔽也。

【考證】郊特牲：朝覲大夫之私覿，非禮也。大夫執圭而使，所以申信也。不敢私覿，所以致敬也。而庭實私覿，何爲乎諸侯之庭？爲人臣者無外交，不敢貳君也。

按：此周時儒者議禮之言。鄭注云：「其君親來，其臣不敢私見於主國君也。以君命聘，則有私見。」是鄭據周禮，以臣聘得行私覿，未爲失禮也。儀禮所謂「奉束錦乘馬」，左傳所記「楚公子棄疾以錦八束、馬四匹私覿於鄭伯」是也。又云「以錦四束、馬二匹見子産」，則卿大夫亦有私覿。故朱子語録云：「聘使亦有私禮物與所聘之國君及其大臣也。」

【集解】鄭曰：「覿，見也。既享，乃以私禮見。愉愉，顔色和也。」

【唐以前古注】書鈔禮儀部七引鄭注：覿，見也。既享，乃以私禮見，用束帛乘馬者也。皇疏：謂行聘享公禮已竟，别日使臣私齎己物以見於主君，故謂爲私覿也。既私見非公，故容儀轉以自若，故顔色容貌有和悦之色，無復勃戰之容者也。

【集注】私覿，以私禮見也。愉愉則又和矣。此一節記孔子爲君聘於鄰國之禮也。晁氏曰：「孔子定公九年仕魯，至十三年適齊，其間絶無朝聘往來之事。疑使擯執圭兩條，但孔子嘗言其禮當如此耳。」

# 論語集釋卷二十

## 鄉黨中

○君子不以紺緅飾。

【考證】困學紀聞：孔氏注：「一入曰緅。」石林云：「考工記『三入爲纁，五入爲緅，七入爲緇』，緅在纁緇之間。」爾雅「一入爲縓」，禮「練衣黄裏縓緣，練冠麻衣縓緣」，蓋孔氏誤以緅爲縓，則緅不可爲近喪服。集注謂：「緅，絳色，以飾練服。」亦用孔注。四書典故辨正：爾雅「一染爲縓，再染爲赬，三染爲纁」，以纁入黑則爲紺，是紺爲四入之色，説文所謂「深青揚赤」者也。紺又入黑則爲緅，是緅爲五入之色，又黑於紺也。緅又入黑爲玄，玄又入黑爲緇，則純乎黑矣。齊服玄冠玄端，不用紺，練服縓緣不用緅，集注皆因孔注而誤。又曰：深衣篇云：「具父母大父母衣純以繢，具父母衣純以青，如孤子衣純以素。」純即緣也。紺緅非繢，又非青素，於盡飾無飾之義，兩無所取，故不用。趙佑温故録：孔注：「飾，領袖緣也。」以禮記「父母存，冠衣不純素」，詩「羔裘豹飾」二疏合參之，則古以領緣謂之純，讀若準，而飾自謂袖緣也。

【集解】孔曰：「一入曰緅。不飾者，不以爲領袖緣也。紺者，齋服盛色，以爲飾，似衣齋服也。

緅者，『三年練以緅飾衣，爲其似衣喪服，故皆不以飾衣也。』

【唐以前古注】皇疏引鄭注：紺緅紫，玄之類也。紅，纁之類也。玄纁所以爲祭服，等其類也。紺緅木染，不可以爲衣飾。紅紫草染，不可爲褻服而已。飾謂純緣也。皇疏：案孔以紺爲齋服盛色，或可言紺深於玄，爲似齋服，故不用也。而禮家三年練，以縓爲深衣領緣，不云用緅。且檢考工記：「三入爲纁，五入爲緅，七入爲緇。」則緅非復淺絳明矣。故解者相承，皆云孔此注誤也。

【集注】君子，謂孔子。紺，深青揚赤色。齋服也。緅，絳色。三年之喪，以飾練服也。飾，領緣也。

【別解】潛研堂答問：孔注「一入曰緅，三年練以緅飾衣」，爲其似衣喪服，故不以爲飾衣。邢疏以緅爲淺絳色，據周禮，五入爲緅，則緅非淺絳，且練衣不以緅飾緣。按孔氏經文當是「縓」字。爾雅云「一染謂之縓」，即孔所云「一入」。檀弓云「練衣黃裏縓緣」，注云：「小祥練冠，練中衣，以黃爲内，縓爲飾。」即孔所云「三年練以飾衣」者也。然則孔本經注皆當作「縓」，不作「緅」矣。考工記鍾氏「三入爲纁，五入爲緅」，注：「緅，謂染纁者三入而成，又再染以黑，則爲緅。『緅』，今禮俗文作『爵』，言如爵頭色也。」先鄭司農以論語「君子不以紺緅飾」證「五入爲緅」之文，則先鄭所受論語本作「緅」，與孔本異也。士冠禮「爵弁服」，注：「爵弁色赤而微黑，如爵頭然，或謂之緅。」許氏説文無「緅」字，而有「纔」字，云：「帛雀頭色。」又云：「微黑色如紺纔淺也。」古人

「纔」與「才」通，亦讀爲哉，與「爵」聲近，則緅、纔、爵三者同物。賈公彦云：「三入之纁，入赤汁則爲朱，若不入赤而入黑汁則爲紺。」更以此紺入黑則爲緅。紺緅相類之物，故連文云『君子不以紺緅飾』也。」今文論語作「緅」，古文作「緅」。微黑爲緅，淺絳爲緅，不能混而一之明矣。自何平叔集解注采孔氏説，而經文仍從「緅」字，又改注文之「緅」亦爲「緅」，而二文相亂。邢疏知讀「緅」爲「緅」，又云：「一入曰緅，未知出何書。」是知二五而不知十也。論語後録：論語此有兩本。古文作「紺緅」，今文作「紺緅」。孔本古文，鄭本今文也。今集解乃後人妄改。

按：劉寶楠云：「孔本非真古文，此説稍誤。」潘維城亦曰：「案孔本果作『緅』，則説文『緅』字注何以但云『帛赤黄色。一染謂之緅，再染謂之䞓，三染謂之纁』，不引論語此文邪？雖説文無『緅』字，似屬可疑，然攷工記鍾氏『五入爲緅』，注鄭司農明引論語此文作『緅』。鄭司農即鄭衆，傳費氏易、毛詩、周禮、左氏春秋者，其所傳皆古文，則所引論語亦必古文。諸家皆惑於僞孔，而以作『緅』者爲今文，非也。」

【餘論】論語稽：君子以孔子言之。曰君子者，見非孔子私意爲之，而君子之事也。孟子曰：「君子之厄於陳、蔡之間，無上下之交也。」此不曰孔子而曰君子，亦是類也。蘇氏以爲雜記曲禮，非特孔子事。陳新安曰：「吉月之朝，豈亦雜記曲禮耶？」按此君子自以指孔子爲是，然變例言君子者，其意蓋謂上容貌乃子一人之事，冠服則君子禮制之當然，非孔子一人之私也。飾，領袖緣也。紺，以纁入黑也。緅，色五入，以紺入黑也。紺非玄，即非齊服。緅非一入之緅，即非練飾。緅色亦非絳。古者尚玄，紺緅皆足奪玄，故不以飾。且飾或繢或采或青或素，不用紺緅。

## 紅紫不以爲褻服。

【考證】鄉黨圖考：孔子言惡紫之奪朱，當時尚紫亦有漸。玄冠紫緌自魯桓公始，戰國策曰：「齊紫，敗素也，而賈十倍。」蓋齊桓公有敗素，染以爲紫，下令貴紫，人争買之，賈十倍。其貴紫有由來矣。哀十七年，衛渾良夫紫衣狐裘，太子數其三罪殺之，紫衣居一。杜注：「紫衣，僭君服。」可見當時君服紫。

【集解】王曰：「褻服，私居服，非公會之服。紅紫皆不正，褻尚不衣，正服無所施。」

【唐以前古注】詩無衣正義引鄭注：褻衣，袍襗也。皇疏：紅紫非正色也。褻服，私褻之服，非正衣也。褻尚不衣，則正服故宜不用也。所以言此者，爲時多重紅紫，棄正色，故孔子不衣之也。故後卷云「惡紫之奪朱也」，鄭玄注云：「紺緅紫，玄之類也。紅，纁之類也。玄纁所以爲祭服，等其類也。紺緅木染，不可爲衣飾。紅紫草染，不可爲褻服而已。飾，謂純緣也。」侃案五方正色，青赤白黑黄。五方間色，緑爲青之間，紅爲赤之間，碧爲白之間，紫爲黑之間，緇爲黄之間也。故不用紅紫，言是間色也。又引穎子嚴云：東方木，木色青，木剋於土，土色黄，以青加黄，故爲緑，緑爲東方之間也。又南方火，火色赤，火剋金，金色白，以赤加白，故爲紅，紅爲南方間也。又西方金，金色白，金剋木，木色青，以白加青，故爲碧，碧爲西方間也。又北方水，水色黑，水剋火，火色赤，以黑加赤，故爲紫，紫爲北方間也。又中央土，土色黄，土剋水，水色黑，以黄加黑，故爲緇黄，緇黄爲中央間也。緇黄，黄黑之色也。又一注云：東甲乙木，南丙丁火，中央戊己土，西庚辛金，北壬癸水。以木剋土，戊以妹己嫁於木甲，是黄入於青，故爲緑也。又火剋金，庚以妹辛嫁於丙，是白入於赤，故爲紅也。又金剋木，甲以妹乙嫁於庚，是青入於白，故爲碧也。又水剋火，丙以妹丁嫁於壬，是赤入於黑，故爲紫也。又土剋水，壬以妹癸嫁於戊，是黑入黄，故爲緇黄者也。

按：穎子嚴不知何許人，其注論語，隋、唐志均未著録，玉函山房輯本亦無之。

【集注】紅紫，間色不正，且近於婦人女子之服也。褻服，私居服也。言此則不以爲朝祭之服可知。

**當暑，袗絺綌，必表而出之。**

【考異】五經文字：袗，之忍切。論語作「袗」。釋文：「袗」，本又作「袗」。唐石經：袗絺綌。文選聖主得賢臣頌注引論語「袗絺綌」。曲禮：「袗絺綌不入公門。」鄭注引文「當暑」上題「孔子曰」三字。玉藻「振絺綌不入公門」，鄭注曰：「振讀爲袗。」皇本「袗」作「縝」。七經考文：足利本同，古本作「縝」。按字書惟音同耳，未聞其通。釋常談引論語曰：「當暑縝絺綌。」翟氏考異：廣韻云：「袗，單衣。或作縝，同。」又云：「縝，單也。」是「袗」與「縝」不僅音同，古實通用。若今本「袗」字説解爲玄服，玉篇訓「緣也」。儀禮「兄弟畢袗玄」，鄭注云：「同也。」孟子「被袗衣」，趙注云：「畫衣也。」古並未有訓爲單者。雖有唐以來傳文已然，反不若作「縝」較得。　又曰：依皇氏説，句末應無「之」字。且如是説之，則袗亦褻服，而所表猶裼衣，與上下所記尤成類。　黄氏後案：皇本無「之」字。依禮注校，「之」字當在「而」字上。

天文本論語校勘記：古本、足利本、唐本、津藩本、正平本「必表而出之」，「出」下無「之」字。

【考證】劉履恂秋槎雜記：士冠禮「兄弟畢袗玄」，注：「袗，同也。玄者，玄衣玄裳也。古文『袗』爲『均』。」士昏禮「女從者畢袗玄」，注：「袗，同也。上下皆玄也。」據此，則袗絺綌亦謂衣裳同絺綌也。絺綌無有不禪者，不必以袗爲禪也。　敔庢考古録：袗有數義。説文：「玄服也。」孟子「被袗衣」，注：「畫衣也。」儀禮士冠禮「兄弟畢袗玄」，注：「古文『袗』爲『均』。」此當兼均義，疏所謂「暑同單服」是也。　劉氏正義：釋名釋天：「暑，煑也，熟如煑物也。」「袗」，釋文及唐石經、五經文字皆作「紾」，皇本作「縝」，邢本作「袗」。段氏玉裁説文注以「袗」爲正，「紾」爲叚借，「縝」爲俗。　玉藻「振絺綌不入公門」，注云：「振讀爲袗。袗，單也。」單謂衣無裏，對袷褶之有裏者言之也。」單衣即裼衣，裼衣在絺綌外，故稱表。　其衣亦是單衣無裏，鄭據目見，故以今明之。　喪大記「袍必有表，不禪」，注云：「袍，褻衣。必有以表之，乃成稱也。」「禪」與「單」同。古人之服，先著親身之衣，次則春秋加袷褶，夏加絺綌，冬加裘，又次各加裼衣，又次上加禮服。此文「必表而出」與下文緇衣、素衣、黄衣皆論裼衣。　裼者所以充美。燕居不裼，故可單衣葛也。

玉藻「振絺綌」與「表裘」連文，注云：「二者形且褻，皆當表之乃出。」是鄭以出爲出門。皇疏云：「在家無別加衣，若出行接賓，皆加上衣。當暑絺綌可單，出則不可單，必加上衣。故云『必表而出』也。」即鄭義也。　羣經平議：加上表衣，然後出之，則非如近解所謂表絺綌而出之於外也。「出之」二字連文。之，往也。出之者，出往他所也。居家可單衣絺綌，若其出而他往，必加表衣，故曰「必表而出之」。

按：俞氏之説是也。古人裘葛之上，若在家無別加衣，若出行接賓客，皆加上衣。當暑袗絺綌可單，出則不可單，必加上衣，故云「必表而出」也。記所謂「不入公門」者，亦不可出往人家，嫌似褻衣也。出，謂出門也。集注失之。

【集解】孔曰：「暑則單服。絺綌，葛也。必表而出，加上衣也。」

【唐以前古注】御覽八百十九引鄭注：縝，單也。暑月單衣葛，爲其形褻也。必表而出之，若今單衣也。　皇疏：表，謂加上衣也。古人冬則衣裘，夏則衣葛也。若在家，則裘葛之上，亦無別加衣。若出行接賓，皆加上衣。當暑難熱，絺綌可單，若出不可單，則必加上衣也，故云「必表而出」也。然裘上出亦必加衣，而獨云當暑絺綌者，嫌暑熱不加，故特明之也。然又衣裏之裘，必隨上衣之色，使衣裘相稱，則葛之爲衣，亦未必隨上服色也。

【集注】袗，單也。葛之精者曰絺，粗者曰綌。表而出之，謂先著裏衣，表絺綌而出之於外，欲其不見體也，詩所謂「蒙彼縐絺」是也。

緇衣，羔裘；素衣，麑裘；黄衣，狐裘。

【考異】玉藻：「君子狐青裘豹褎，玄綃衣以裼之。麛裘青豻褎，絞衣以裼之。羔裘豹飾，緇衣以裼之。狐裘，黄衣以裼之。」鄭氏注引孔子曰：「素衣麛裘。」孔子曰：「緇衣羔裘。」孔子曰：「黄衣狐裘。」　儀禮聘禮注引論語「素衣麛裘」，亦以「麑」作「麛」。　又既夕疏引鄉黨「素衣麑裘」，亦題「孔子云」三字。　翟氏考異：鄭氏引此篇文，屢題「孔子曰」字。　王充、顧憲之引「菜羹瓜祭」，李善引「君召使擯」、「狐貉之厚」，羅願引「不得其醬」，陸佃引「膾不厭細」，陳襄引「不時不食」，祝穆引「魚餒肉敗」，亦均以爲孔子言。

【考證】史佑經義雜記：緇衣爲朝服，素衣爲皮弁，黄衣未有知爲弁服中何服者。據詩疏定爲韋弁服，似較舊説爲確。韋弁用於兵事，左傳「臧之狐裘，敗我於狐駘」，故知用狐裘也。注疏據郊特牲息民之祭有黄衣黄冠之文，定爲蜡臘之服。然彼明言野夫草服，何得與禮服並言乎？　劉氏正義：士冠禮「玄冠朝服」，注云：「諸侯與其臣朝服以日視朝。」玄冠是黑色，其上衣及中衣皆用緇布爲之。緇亦黑色，所謂衣與冠同色也。説文：「緇，帛黑色也。」釋名釋采帛「緇，滓也，泥之黑者曰滓，此色然也」是也。詩羔羊傳：「小曰羔，大曰羊。」説文：「羔，羊子也。」經傳凡言羔裘，皆謂黑裘，若今稱紫羔矣。又曰：爾雅釋獸：「鹿，牡麚，牝麀，其子麛。」説文：「麛，鹿子也。」論語字當作「麛」，叚「麑」字爲之。説文云：「麑，狻麑獸也。」别一義。鄭君玉藻、聘禮注引論語俱作「麛」，此注出詩羔裘疏，引作「麑」，或後人據今本改之也。江氏永圖考謂「夫子無麑裘，記者廣言諸侯禮」，則與鄭義不合。玉藻疏引皇氏云：「素衣爲正，記者亂言絞耳。」任氏大椿弁服釋例謂「絞衣經不多見，記者不應亂言絞。疑絞衣或爲春秋時制，不能如古，故夫子仍用素衣爲裼」，其説視皇爲勝。若然，則論語「素衣麑裘」實爲夫子之服。其用素衣，正以矯時人絞衣之失耳。又曰：金氏鶚禮説：「緇衣羔裘，素衣麑裘，其用皆最廣，又多係大禮。而黄衣狐裘，止有息民之祭一用，而其禮又甚輕，何得與緇衣、素衣等服並列乎？竊謂黄衣狐裘，韋弁服也。兵事象火，故其服上下皆赤。上服赤黄，其内之裘宜用狐黄，裼之宜黄衣。詩羔羊疏云：『兵事韎韋，衣則用黄衣狐裘，象衣色故也。襄四年傳云「臧之狐裘，敗我於狐駘」，是也。』然則韋弁以黄衣狐裘有確證矣。聘禮『君使卿韋弁歸饔餼』，鄭注：『韋弁，兵服也。而服之者，皮韋同類，取相近耳。其服蓋韋布以爲衣而素裳。』是聘禮亦用黄衣狐裘也。」今案以黄衣狐裘爲韋弁服，淩氏廷堪禮經釋例先有此説。但止言兵服，未言聘事，則夫子却未主兵，鄉黨無爲記之，然則金氏之據聘禮，實較淩説爲確。但鄭氏主蜡祭之服，宜亦兼存。蓋此言夫子雜服，不必以輕重相衡，又且與於蜡賓，明見禮運，則謂爲息民之服，非無據也。

按：此三句考證最詳者，當推論語古注集箋，以文長不録。

【集解】孔曰：「服皆中外之色相稱也。」

【唐以前古注】詩羔羊正義引鄭注：緇衣羔裘，諸侯視朝之服。卿大夫朝服亦羔裘，唯豹袪與君異耳。素衣麑裘，諸侯視朝之服。其臣則青豻褎，絞衣爲裼。緇衣正義引鄭注：狐裘取温裕而已。皇疏：裘色既隨衣，故此仍明裘上之衣也。緇，染黑七入者也。玄則六入色也。羔者，烏羊也。裘與上衣相稱，則緇衣之内故曰羔裘也，此是諸侯日視朝服也。諸侯視朝與羣臣同服，孔子是魯臣，故亦服此服，以日朝君也。素衣，謂衣裳竝用素也。麑，鹿子也。鹿子色近白，與素微相稱也。謂國有凶荒，君素服，則羣臣從之，故孔子魯臣，亦服之也。歲終大蜡報功，象物色黄落，故著黄衣黄冠也。而狐貉亦黄，故特爲裘以相稱也。孔子爲臣，助蜡祭，亦隨君著之黄衣也。故禮運云「昔者仲尼預於蜡賓」是也。

按：皇氏此釋最爲明顯，較集注爲勝。

【集注】緇，黑色。羔裘用黑羊皮。麑，鹿子，色白。狐色黄，衣以裼裘，欲其相稱。

**褻裘長，短右袂。**

【考異】説文解字引論語曰：紲衣長，短右袂。楊桓六書統謂「紲」爲古文「褻」字。潘氏集箋：許君所稱爲古文論語。此「褻裘」當从古文作「紲衣」，與下寢衣爲一類。説文「紲」下無釋義，疑古通用「褻」。禮記檀弓注：「褻衣非上服。」足利本「上」作「正」，見山井鼎七經考文。譚經菀曰：一説「右」當作「有」，古字通用。

按：此節文極可疑，兩袖一長一短，絶無此理。作「有」義爲長，且與上下節「必有寢衣」文亦一律。

【考證】胡紹勳四書拾義：説文口部：「右，助也。从又口。」又部亦有「右」字，解義略同。古有

「右」字，無「佑」字。右手之右，古止作「又」，猶左手之左，古止作「ナ」也。言又可兼ナ。説文：「又，手也。象形。」單言手不言右手者，明又爲兩手之統詞，不分ナ又。即以又部他字證之，如「秉，禾束也。從手持禾。」「叔，拾也。從又，尗聲。汝南名收芋爲叔。」「取，捕取也。從又耳。」不分ナ又矣。竊意右袂之右，當讀爲又，右本從又聲。右袂之右，即又之同音借字。袂獨短者，或較禮服之裘稍短，或因褻裘之長而適形其短。孔注泥於右字立説，遂使後人疑夫子衣不中度。夏炘景紫堂文集極取胡説，又申其義云：右袂即世俗所謂手褏也。褻裘即深衣之裘，短右袂，對長中繼揜尺與禮服之褏而言。玉藻注云：「長衣中衣繼袂揜一尺，若今褏矣。深衣則緣而已。」然後知古人之褏繼袂之末，揜餘一尺，另用裘與布爲之，若今袍之有褏頭也。惟深衣有緣無褏，若今人之齊褏袍。故褻裘亦無褏，其制較有褏之裘爲短，故曰短右袂。

按：孔注以短右袂爲便作事。夫人之作事，兩手皆欲其便，豈有單用右手之理？或又謂卷右袂使短，案弟子職「凡拚之道，攘袂及肘」，即謂卷袂使短，然無事時必仍舒之，人作事皆是如此，論語不應記之。緣情測義，胡、夏爲長。

【集解】孔曰：「私家裘長，主温也。短右袂，便作事也。」

【集注】長欲其温，短右袂所以便作事。

【別解】羣經平議：左右兩袂，必無一長一短之理。短右袂者，卷之使短也。褻裘長則袂亦長，於作事不便，故卷右袂使短，是謂短右袂。

按：此可備一義。

必有寢衣，長一身有半。

【考異】説文解字：被，寢衣也，長一身有半。程子經説：疑此當連下文齋而言，故曰必有。

按：寢衣即今之被，人斷無平日不用被，齋時始用被之理，兹仍從舊注。

【考證】論語稽求篇：寢衣者，寢時所衣，即被也。孔安國曰：「寢衣，今之被也。」説文曰：「被，寢衣名。」則是寢衣即被，彼此互見。然則誰無寢衣，曰「必有」何也？曰必有寢衣之長一身而又半者，寢衣所同，長身而過半，則子所獨也。此猶上文「褻裘長，短右袂」，褻裘所同，褻裘而短其右袂，則子所獨也。短袂適用，長袂適體，一短一長，皆屬異事，故兩節連記之。或曰既是衣字，必有衣形，則大不然。古「衣」字即是「被」字。康誥「紹聞衣德言」，即是被德言。繫辭「古之葬者厚衣之以薪」，即是被之以薪。不觀説文釋「衣」字乎，「衣者，依也，象覆二人之形」。夫世有一衣而可覆二人者乎？一衣覆二人，非被乎？然則衣被何以分？曰：衣者，晝之被。被者，夜之衣也。惟晝被專稱衣，故夜之所衣必加「寢」字以别之，此則釋名之顯然者。劉氏正義：此處寢衣之制，解者多端，惟許、鄭義得之。古人衣不連裳，夫子製此寢衣，較平時所服之衣稍長，寢時著之以卧。周官玉府「掌王之燕衣服」，注：「燕衣服者，巾絮寢衣袍襗之屬。」鄭解燕衣服爲近身之衣。巾絮袍襗晝所服，寢衣夜所服，故此注以寢衣爲小卧被也。小卧被者，對衾爲大被言之。凡衣可曰被，如左傳「被組練三千」、「楚靈王翠被」、孟子「被袗衣」皆是。鄭以衣被通稱，恐人不曉，故言卧被以明之。

【集解】孔曰：「今之被也。」

【唐以前古注】周禮春官玉府疏引鄭注：今小卧被。

【集注】齊主於敬，不可解衣而寢，又不可著明衣而寢，故别有寢衣，其半蓋以覆足。程子曰：「此錯簡，當在『齊，必有明衣，布』之下。」愚謂如此則此條與明衣變食既得以類相從，而褻裘狐貉亦得以類相從矣。

【别解一】經義述聞：經言褻裘而及寢衣，則寢衣褻裘之衣也。褻裘之有寢衣，猶羔裘之有緇衣，麛裘之有素衣，狐裘之有黄衣也。謂之寢衣者，寢室所著之衣，猶言燕衣褻衣耳。身，體中也，謂頸以下股以上也。古人自頂以下踵以上謂之身，頸以下股以上亦謂之身。艮六四「艮其身」，在艮趾艮腓之上，艮輔之下，則舉中而言矣。以今尺度之，中人頸以下股以上約有一尺八寸，一身之長。再加九寸，爲一身之半，則二尺七寸矣。以古六寸爲尺計之，得四尺又五寸，一身又半之長纔至膝上耳。解者誤以頂以下踵以上之身當之，衣長一身又半，則下幅被土，非復人情，於是不得已而以被當之，皆誤也。寢衣在褻裘之上，不著則無以覆裘，故曰必有寢衣，言不可有裘而無衣也。若訓寢衣爲被，則人卧時孰不有被，何須言必有乎？況上言褻裘，下言狐貉，中間何得雜一與裘無涉之被乎？況遍考經傳，被皆謂之衾，無曰寢衣者。或曰：「寢」者，「蔓」之借字。説文：「蔓，覆也。」玉篇：「蔓音寢。衣以覆裘，故謂之寢衣也。」黄氏後案：

寢衣，謂寢時之衣，長一身有半，衣及膝也。人之股半於身，寢衣所覆及膝，冬藉以温，當暑以蔽形。言必有者，承上言冬夏之服也。

按：説文解字：「被，寢衣也。」廣雅釋器：「寢衣，寢被也。」是古人皆以被解釋寢衣。今日本之被，有領有袖，惟長較常服之衣倍其半，蓋即古寢衣之制。其式如衣，故曰寢衣。且古「衣」「被」字通用，康誥「衣德言」，繫辭「厚衣之以薪」，皆以「衣」字作「被」字用。孟子「被袗衣」，左傳「楚靈王翠被」，漢書「被服擬於儒者」，是「被」字亦可作「衣」字用。然則衣者，晝之被。被者，夜之衣。固可通用者也。「有」字古例皆作「又」解，是長一身而又半之，非視一身而僅得半也。毛西河最好攻朱，然其稽求篇於此節未置異議，誠慎之也。伯申乃欲以後代之制推測古人，豈不謬哉？孔注「寢衣即今之被」，周禮玉府疏引論語鄭注曰「今小卧被」是也。漢去古未遠，其解經尚有家法，斷非後儒師心自用者所及，觀於此益信云。

【別解二】求古録：此當在「必表而出之」之下，皆當暑之事也。常人當暑，寢多不用被，非謹疾之道。惟君子必有寢衣，其長一身有半。説文云：「衾，大被。」則寢衣當爲小被。小星詩云：「抱衾與裯」，毛傳云：「裯，襌被也。」裯爲襌被，則衾爲複被可知。蓋襌而小者曰被，曰寢衣，其複而大者曰衾，惟爲當暑所用，故不言衾而言寢衣也。若非言當暑之事，則被者人人所有也，而曰君子必有之，不可通矣。鄉黨一篇，叙事皆有次第，各從其類而不紊。今於褻裘長、狐貉之厚中間，忽插入寢衣，殊爲不倫。若移此二句於「當暑」三句下，則絺綌寢衣皆爲當暑所用，既以類相從，而褻裘狐貉皆爲私居之服，厚與長義又相承，各得其序而不亂矣。

按：此節並無錯簡，歷來注疏家皆誤以下節「狐貉之厚以居」作狐裘解，故覺上下均言裘服，中間不應插入寢衣，頗爲不倫。種種錯簡之説，由此而生。殊不知此二節係言孔子被褥之制，古人謂坐曰居，閻百詩之説，確不可易。否則孔子之衣狐裘，上文已言之矣，何必詞費耶？故知此二節連文，亦屬以類相從，並無錯簡也。

【餘論】四書稗疏：博雅曰：「寢衣，衾也。」孔氏注云：「今之被也。」唯其爲被，故可長一身有半，足以摺疊覆足而無冗長之累。如其爲衣，而長過於身，則卧起兩困矣。猝有水火盜賊疾病之暴至，其能無狼狽顛仆乎？如云非常時所衣，但爲齊設，乃散齊亦有七日，變起不測，故曾子問有當祭而太廟火之禮。古人制禮必可行，慮如此其周，而獨於一衣作此迂拙以自困乎？且此衣衣之而後寢乎？寢而後衣之乎？寢則必不能衣之，衣之則曳地傾踣，何以就席邪？若有此衣，真怪服矣。是寢衣之爲衾必矣。必有云者，謂雖當暑必覆衾而淺，不露形體，非但爲齊言也。次序自當在「短右袂」之下。四書改錯：此以改經而兼改禮，並改章節，尤當急正者。考禮並無齋不可解衣之文，且古禮文並列代禮志又並無寢衣一名在祭典之内。又且從來衣製並無有長半於身之衣。據古禮，衣長無被土，且連裳爲之，續衽而鉤邊，今不知有裳與否，乃以身半之衣，繚戾足下，既不能衣之就寢，又不能寢而衣之。於是無可如何，有强解者曰，長祇半身，是半截之衣。則不特壞經壞禮，并古文詞例亦一併壞盡。古詞例「有」字俱作「又」字，如泰誓「十有三年」，伊訓「十有二月」類。一身有半，是長身而又半之，非半身已也。今錯解寢衣，反以爲前後不接，竟改移此節於「齊，必有明衣，布」之下，且云「明衣變食以類相從」，則紅紫褻服何以與褻裘不相從耶？

## 狐貉之厚以居。

【考異】説文解字引論語：「狐貈之厚以居。」繫傳曰：「貈音下各切，而云从舟聲，此古音當有異也。」　羅願爾雅翼：貉子曰貊，貊形狀與貉各異。貉之爲貉，義取於此。説文狐貈从舟，而謂貉北方豸種，爲蠻貉之貉，此但據論語之説耳。　七經考文：古本「貉」作「狢」。　文選辨命論注引文，上題「子曰」二字。

【考證】鳳韶經説：論語「居，吾語女」，孝經「坐，吾語女」，孟子「坐，吾明語子」，居、坐互出，則「居」字有坐義。　四書釋地又續：説者必以「一之日于貉」，謂自爲裘。「取彼狐狸，爲公子裘」，以共尊者。孔穎達遂有禮無貉裘之文，唯孔子賤，故服以居。不知「衣敝緼袍與衣狐貉者立」，此豈賤者之服？非禮之制，而聖人盛言之耶？讀書不深，説多泥。獨「狐貉之厚以居」，滿巽元解，若作裘，與上狐裘複；作燕居，又與褻裘複。蓋居即「居吾語女」之居。詩秦風「文茵暢轂」，文茵，車中所坐虎皮褥也。夫子亦取此二獸皮爲坐褥，以其温厚可適體耳。　潘氏集箋：余廣其説曰：「居必遷坐」之居亦坐也。遷坐之坐，乃坐之處耳。「寢不尸，居不容」，以玉藻「居恒當户，寢恒東首」例之，居亦謂坐。檀弓「當户而坐」，當户爲對户，謂坐室中東北隅而對西南之户，與「居恒當户」同義。劉氏正義：案鳳說是也。古人加席於地而坐其上，大夫再重。至冬時氣寒，故夫子於所居處用狐貉之厚者爲之藉也。

按：毛傳、說文、文選雪賦、聖主得賢臣頌注及淵鑑類函服飾部、駢字類編鳥獸門，凡引論語文者，狐貉主裘，不主褥；居主燕居，不主居坐。余考焦延壽易林泰之井曰：「狐貉載剥，徙温厚蓐。」似即用此，而以蓐代居，是漢儒已有此義。閻氏之說，確不可易。鄭注云「在家以接賓客」，本不誤。疏謂「在家接賓客之裘」則誤矣。集注又沿舊說而誤者也。

【集解】鄭曰：「在家以接賓客也。」

【集注】狐貉毛深温厚，私居取其適體。

## 去喪，無所不佩。

【考異】釋文：「佩」字或從王旁，非。蔡謨毛詩疑字議：佩者，服用之稱。珮者，玉器之名。稱其服用則字從人，名其器則字從玉。

【考證】劉氏正義：說文云：「佩，大帶佩也。從人凡巾。佩必有巾，故從巾。」段氏玉裁注：「大帶佩者，謂佩必系於大帶也。從人者，人所利用。從凡者，無所不佩。從巾者，其一端也。」案釋名釋衣服：「佩，陪也，言其非一物，有陪貳也。」此以音求義，亦是也。玉藻云：「凡帶必有佩玉，唯喪否。」注云：「喪主於哀，去飾也。凡，謂天子以至士。」又云：「君子無故玉不去身，君子於玉比德焉。」注云：「故，謂喪與災眚。」則凶荒亦去飾，舉其至重，則止言喪矣。間傳曰：「期而小祥，又期而大祥，中月而禫，無所不佩。」禫者，除喪之祭，在二十七月。於此月喪竟，得用佩也。　玉藻：「孔子佩象環五寸而綦組授。」注：「謙不比德，亦不事也。象，有文理者也。環取可循而無窮。」疏：「孔子以象牙爲環，廣五寸，以綦組爲授也。所以然者，失魯司寇，故謙不復佩德佩及事佩，示已無德事也。」

【集解】孔曰：「去，除也。非喪則備佩所宜佩也。」

【集注】君子無故，玉不去身。觿礪之屬，亦皆佩也。

## 非帷裳，必殺之。

【考證】困學紀聞：鄭康成云：「帷裳，謂朝祭之服，其制正幅如帷。非帷裳者，謂深衣削其幅，縫齊倍要。」見春秋正義。　羣經補義：疏説誤。　玉藻云「衽當旁」，是當裳之兩旁者名爲衽。故鄭注云「衽爲裳幅所交裂」也，明非衽則不交裂，是用布六幅，以四幅正裁爲八幅，當裳之前後；以二幅斜裁爲四幅，寬頭向下，狹頭向上，謂之衽，當裳之前後兩旁，左邊縫之，以合前後，右邊則別有鉤邊一幅，以掩裳際也。若帷裳之衽，屬於衣垂而放之者也。非帷裳必殺之，似當時深衣裳有用辟積不用斜裁者，夫子必用斜裁爲衽，不用辟積也。　鄉黨圖考：深衣裳無襞積，必有兩旁斜裁倒縫之衽，方能上狹下廣。意當時或有不用斜裁而作襞積於裳者，故特記非帷裳必殺之，明夫子深衣必用古制也。

【集解】王曰：「衣必有殺縫，唯帷裳無殺也。」

【唐以前古注】皇疏引鄭注：帷裳，謂朝祭之服，其制正幅如帷也。非帷裳者，謂餘衣也。殺之者，削其幅，使縫齊倍要者也。皇疏：帷裳，謂帷幔之屬也。殺，謂縫之也。若非帷幔裳，則必縫殺之，以殺縫之面置裏，不殺之面在外。而帷裳但刺連之，如今服帊不有裏外殺縫之異也。所以然者，帷幔内外竝爲人所見，必須飾，故刺連之而已也。

【集注】朝祭之服，裳用正幅如帷，要有襞積，而旁無殺縫。其餘若深衣要半，下齊倍要，則無襞積而有殺縫矣。

羔裘玄冠不以弔。

【考異】禮記檀弓：「羔裘玄冠，夫子不以弔。」正義曰：「此記人引論語鄉黨孔子身行之禮，以識當時之事。」家語子夏問篇：季桓子死，魯大夫朝服以弔。子游問于孔子。孔子曰：「始死則羔裘玄冠者，易之而已。」

【考證】任大椿弁服釋例：玄冠一曰委貌，廣二寸，以繒爲之，璪飾與韋弁皮弁同。衡縫内畢緣邊。居冠屬武，非燕居則冠與武别。冠武異材，冠纓異材。天子朱組纓，諸侯丹組纓，大夫士綦組纓。纓之有飾者曰緌。有安髻之笄，無固冠之笄。有纚有總有髦，此其制也。又曰：弔服凡四變。始死及小斂以前，朝服玄冠裼裘，小斂則改襲裘而絰帶，其辭具見檀弓。至大斂以後，變朝服爲皮弁服，變玄冠爲弁絰或皮弁。若成服以後，則變皮弁服爲衰麻矣。士喪禮注「君視大斂，皮弁服襲裘。主人成服之後，往則錫衰」是也。司服「凡弔事弁絰服」，雜記「凡弁絰其衰侈袂」，注：「弁絰服者，弔服也。」均據大斂以後言之也。論語「羔裘玄冠不以弔」，亦據大斂以後言之也。其實小斂以前，則不弁絰而玄冠朝服。賈喪服記疏：「天子常弁絰，諸侯卿大夫當事大斂小斂及殯時乃弁絰。」并以弁絰爲小斂時弔服，誤矣。喪大記「君大夫士小斂」之節云「弔者襲裘加武」，注云：「始死，弔者朝服裼裘如吉時也。小斂則改襲而加武與帶絰矣。」又云：「武，吉冠之卷也。吉冠，玄冠。」此弔者統舉大夫士，當小斂而玄冠朝服，通大夫士一也。賈喪服記疏謂「諸侯卿大夫小斂弁絰」，既與喪大記經注不合。又檀弓「主人既小斂，袒括髮。子游趨而出，襲裘帶絰而入」。所謂襲裘，襲朝服之裘也。所謂絰，加絰於玄冠也，非弁絰也。如喪服記疏謂小斂已當弁絰，則子游於小斂時玄冠加絰不弁絰，即爲非禮，曾子又安得云夫夫是也？舉此二條，可證賈疏之誤。

【集解】孔曰：「喪主素，吉主玄，吉凶異服。」

【唐以前古注】穀梁僖三年傳疏引鄭注：玄冠，委貌，諸侯視朝之服。

【集注】喪主素，吉主玄。弔必變服，所以哀死。

## 吉月，必朝服而朝。

【考證】家語子夏問篇：季康子朝服以縞。曾子問於孔子曰：「禮乎？」孔子曰：「諸侯皮弁以告朔，然後服之視朝，若此者，禮也。」論語駢枝：鄉黨，記禮之書也。吉月，必朝服而朝，禮也。孔子述之，而七十子之徒記之也。玉藻曰：「諸侯皮弁以聽朔於太廟，朝服以日視朝於内朝。」聽朔亦謂之視朔，視朝亦謂之聽朝，雖有在朝在廟之異，其爲君臣相見聽治國政則同。既視朔，則疑於不復視朝也。故曰「吉月，必朝服而朝」，明不以一廢一也。朝正者，一年之禮也。視朔者，一月之禮也。視朝者，一日之禮也。不以月廢日，不以大禮廢小禮也。玉藻記孔子之言曰：「朝服而朝，卒朔然後服之。」是其義也。曰：卒朔然後朝，不已晏乎？曰：周以夜半爲朔，其時早矣。卒朔而朝無妨也。其曰朝服而朝何也？曰：告朔則朝於廟。春秋書閏月不告月，猶朝於廟是也。但言朝，則未知朝於廟與？朝於内朝與？故以其服別之也。朝服對皮弁而言之也。

夏炘學禮管釋：周禮太宰、大司徒、鄉大夫、州長、大司馬、大司寇、布憲皆言「正月之吉」，鄭君以周正朔日解之。族師「月吉」，鄭君以每月朔日解之。詩小明「二月初吉」，毛公亦以朔日解之。論語「吉月」，孔安國亦以月朔解之。此自來相傳之古訓也。吉訓善，不訓始，然亦有始義。爾雅：「元，始也。」元又訓善，故天子之善士名元士。賈逵左傳八年注：「元，善也。」元訓始，亦訓善。則吉訓善，亦可訓始。故凡始月始日皆以吉名之，所謂「吉人爲善，惟日不足」。此履端於始，尤其爲善之初。先王以善勖人之意蓋如此。

按：此節異説紛紛，惟夏心伯之説爲允。所謂吉月者，謂正月也。從前解吉月爲月朔，斷無致仕官每月月朔朝君之禮，毛西河駁之是也。即曰爲孔子仕魯時事，而魯自文公四不視朔，至定、哀間，此禮之廢已久，夫子猶必每月月朔朝服而朝，亦與事理不合。今人雖致仕官，元旦尚可隨班朝賀，古猶是也。至此而吉月必朝之義乃始涣然冰釋矣。

【集解】孔曰：「吉月，月朔也。朝服，皮弁服。」

【唐以前古注】皇疏：魯自文公不視朔，故子貢欲去告朔之餼羊。而孔子是哀公之臣，應無隨君視朔之事，而云必服之者，當是君雖不視朔，而孔子月朔必服而以朝，是「我愛其禮」也。筆解：韓曰：「吉禮所行月日，因而謂之吉月吉日，非正朔而已。」李曰：「周禮云『正月之吉』，又云『月吉讀邦法』，今究其義，皆因吉禮以別下文凶賓嘉爾。」

【集注】吉月，月朔也。孔子在魯致仕時如此。此一節記孔子衣服之制。蘇氏曰：「此孔氏遺書，雜記曲禮，非特孔子事也。」

按：吕大臨論語解云：「自『君子不以紺緅飾』至『必有明衣布』，言孔子衣服之變。何晏集解本同。今雖不取，朱子移『必有寢衣』二句在『明衣布』下，將下二節記孔子謹齊事之説，而『齊必有明衣布』一節仍應歸入下段，以此皆齊時事，至『席不正不坐』止，以類相從也。」

【別解】經義述聞：「吉月」當爲「告月」之譌。緇衣引「尹吉曰」，鄭注：「吉當爲告。」案「告」字从牛，隸書「牛」字或作𠂇，故「告」字或作「吉」，與「𠮷」相似而譌。吉月與齊對舉，皆古禮也。春秋文公六年：「閏月不告月，猶朝于廟。」公羊傳曰：「不告月者，不告朔也。」何注曰：「禮，諸侯受十二月朔政于天子，藏於太祖廟。每月朔朝廟，使大夫南面奉天子命，君北面而受之。比時使有司先告朔，謹之至也。」蓋魯君告月之日，皮弁而朝于廟，又朝服以日視朝於内朝，羣臣亦如其服也。注當云：「告月，月朔告廟也。」乃得經義。孔注曰：「吉月，月朔也。」則所據本已誤作

「吉」。古無稱朔日爲吉月者。士冠禮曰「令月吉日」，又曰「吉月令辰」，吉月與令月同義，令吉皆善也。吉月乃月之善者，非謂朔日也。知吉月之非朔日，則知論語「吉月」之譌矣。羣經平議：禮記玉藻篇：「皮弁以聽朔於太廟，朝服以日視朝於内朝。」孔意月朔所服必是皮弁服，故其説如此。然朝服、皮弁服二者不同，安得混而一之？疑此所服者仍是每日視朝之服，「吉月」乃「告月」之譌。緇衣篇「尹吉曰」，鄭注：「吉當爲告。」是其例也。説本王氏引之經義述聞。惟王氏以告月爲即朝廟，則猶沿舊説之謬。春秋文公六年：「閏月不告月，猶朝于廟。」公羊傳曰：「不告月者，不告朔也。」何休解詁曰：「禮，諸侯受十二月朔政于天子，藏於太祖廟。每月朔朝廟，使大夫南面奉天子命，君北面而受之。比時使有司先告朔，謹之至也。」是告月與朝廟本是二事。朝廟者，每月之朔，諸侯朝于太祖廟，北面受朔也。告月者，每月之末，有司先以月朔告君也。月有大小盡，不定是三十日，故有司必先期以告，然後君得以朔日行朝廟之禮。月令：「凡立春、立夏、立秋、立冬，皆先期三日，太史告于天子。」然則告月亦猶告立春、告立夏之比矣。閏月君不朝廟，則有司亦不告月。乃文公於閏月朔日行朝廟之禮，故春秋書以示譏。至文公十有六年夏五月，公四不視朔。傳曰：「自是公無疾不視朔也。」然則魯之不視朔自文公始，至定、哀閒，此禮之廢久矣。而有司告月，則猶循舊典，每月皆然，未之敢廢。夫子於有司告月之日，必朝服而朝焉。記者以夫子之必然，見他人之不必然，而我愛其禮之思於此寓矣。朝服者，冠則委貌，衣則緇衣，每日視朝之服也。自「告月」誤爲「吉月」，而孔氏以月朔釋之，因以朝服爲皮弁服。夫魯君不皮弁，夫子安得而皮弁？可知其説之未安矣。又按此經言告月，八佾篇言告朔，告月之與告朔，亦當有别。公羊以告月爲告朔，殆非也。告月者，每月之末，有司以月朔告君也。春秋所書，鄉黨所記，皆是也。告朔者，每歲之終，天子頒來歲十二月之朔政於諸侯也。大戴禮虞戴德篇曰：「天子告朔於諸侯，率天道而敬行之，以示威於天下也。」是其事也。八佾篇：「子貢欲去告朔之餼羊。」劉氏台拱論語駢枝謂以特羊餼天子告朔之使，是爲告朔之餼羊。此最得之。周初之制，每歲之末，天子遣使以來歲十二月之朔頒告諸侯，是曰告朔。每月之末，有司以月朔告于君，是曰告月。諸侯乃於朔日服皮弁服朝于太廟，使大夫奉天子命而北面受之，是曰聽朔，亦曰視朔。視、聽一也。周自平王以後，告朔之使不行矣，而魯有司每歲以餼羊供則猶如故也。魯自文公以後，視朔之禮亦久廢矣，而魯有司每月以月朔告則猶如故也。豈非魯秉周禮之明驗歟？公羊子固傳春秋者，而猶不知告月、告朔之有辨，左、穀之徒復何譏焉？於是告朔也、告月也、視朔聽朔也，三者混而爲一，學者不復致詳，而古制之湮，古義之晦，由來久矣。愚因此經朝服非皮弁服，而知告月之非聽朔。又因此經言告月，八佾篇言告朔，而知告朔之非告月。反覆推求，於古制得其大概。好古之士，儻有取乎？

【餘論】四書改錯：古無致仕官月朔朝君之禮，況夫子致仕，即已去魯，及還魯，而所仕之舊君已亡矣。未有舊君不曾朝，而無事而朝後君者。陳恒弑君，入朝請討，非月朔常朝也。故此節大意謂夫子僅月朔，必先服聽朔之服，於以入朝，而君不聽朔，夫然後易朝服而朝於君，所謂必朝服而朝者，謂必以朝服行之朝時，不先服也。此其說在夫子自注明之。玉藻：「孔子曰：『朝服而朝，卒朔然後服之。』」謂朝服而朝於君，此必用朝時服者，然特服耳。必卒此告朔、視朔、聽朔之朔事，乃始易聽朔之服，而服朝服，此即有司供餼羊意也。徐仲山曰：「此明記夫子仕魯時事，而朱注臆作致仕者，以爲仕則何慮不朝，何慮不朝服，而曰必，不知必在朝不在朝服耳。」此真解人之言。

四書通：此以前紀夫子之容貌，以後紀夫子之衣服飲食。容貌無一定之象，故以如字、似字形容之，而不字僅二見焉。衣服飲食有一定之則，故但以必字、不字直言之，而如字僅一見焉。

【發明】論語稽：按讀此節宜先明古冠服之制。古者冕爲尊，弁次之，冠又次之，而統名曰冠。端服上曰衣，下曰裳，深衣則裳與衣連，而統名曰服。服各從其冠之制，天子祭用六冕，其服十二章，玄冕以視朔，冕十二旒。玄衣𫄧裳皮弁以視朝，繢五采，結十二玉瑧象邸玉笄。白衣素裳玄端而居。玄冠朱組纓，玄端衣朱裳。諸侯玄冕以祭，冕旒如命數。玄衣𫄧裳裨冕以朝天子，服從其冕。皮弁以聽朔，繢三采，玉瑧如命數。白衣素裳朝服以視朝，玄冠繢綏緇衣朱裳朝玄端，玄冠繢綏玄衣朱裳夕深衣。大夫玄冕而祭於公，冕旒如其命數。玄衣𫄧裳皮弁而朝朔於太廟，繢二采，玉瑧如其命數。白衣素裳，冬則麑裘青豻袖，朝服而朝。玄冠緇衣素裳，冬則羔裘豹飾皮弁而祭於己，服從其弁。朝玄端玄冠無纓，玄衣素裳夕深衣。士爵弁而祭於公，玄純衣纁裳緇帶韎韐，皮弁而朝朔於廟。素積緇帶素韠，其弁無飾。玄端而朝，亦以祭於己。玄冠無纓，爵韋齊則綦組纓。此等差之大較也。又軍事則韋弁，冬則黄衣狐裘。又弔則弁絰。又交擯旅擯，賓主君臣皆皮弁服。凡端衣，其裳帷。私居之服，除玄端外，其餘若袗絺綌，若褻裘、若藺袍絅褶皆在褻服之列，皆同深衣之右襟右衽。（深衣如今衫袍，衣與裳連，其襟右，其衽左，續而連之右，鉤邊而不連，以便解着。按襟衽即今大襟，古分其上爲襟，其下邊角弔褊處爲衽。夷狄則鉤邊在左，故曰左衽。）朝祭有正服，古用布，後世用帛。有裼服，（禮，表裘不入公門，襲裘不入公門，袗絺綌不入公門，蓋裘葛之上須加裼衣。裼者禮，當裼時，開正服之前左衿，而袒出左袖，由肩後繞脇下而插諸正服前右衿之内，露其裼衣。玉藻：「裘之裼也，見美也。君在則裼，盡飾也。無事則裼，弗敢充也。」弗敢充者，不敢掩塞其美也。裼與袒異言，袒裼則仍是裼，若單言袒，則肉袒露臂肉矣。）亦如之。（玉藻：「狐青裘，玄綃衣以裼之。麛裘，絞衣以裼之。狐白裘，錦衣以裼之。」皆用帛之證。）不裼則襲。（襲非别有襲衣，即取裼時之左袖，仍着而掩其裼衣是也。玉藻：「弔則襲，不盡飾也。」尸襲，執玉圭襲。」射禮則或裼或襲。又裘服若狐白裘、虎裘、狼裘、狐青裘、麛裘、羔裘之類，皆見玉藻。又狐色多黄，故單言狐裘則爲黄色。又犬羊之裘不裼，庶人之服也，單言則老羊裘也，見玉藻。）

按：自清初改衣胡服後，大漢衣冠，後人不但不知其名，甚至不識其字，況三代冠服之制乎？故録此，後之言服制者得參考焉。

**○齊，必有明衣，布。**

【考異】七經考文：一本「布」下有「也」字。　釋文：「齊」，或作「齋」。

【考證】黄氏後案：明衣之制，於禮無見。說者多據喪禮言之，未必是。蔡宸錫曰：「古人衣服，以布爲襯身單衫，於祭服謂之明衣。但行禮皆當服明衣，不特祭爲然，故皇氏謂朝服必先以明衣襯身。於燕居謂之澤，秦風『與子同澤』，朱傳：『澤，裏衣，以其親膚，近於垢澤，故謂之澤。』」據蔡氏說推之，則齋時親身之衣尊稱曰明，亦明水明火取諸潔之義也。

【集解】孔曰：「以布爲沐浴衣。」

【唐以前古注】御覽五百三十引鄭注：明衣，親身衣，所以自潔清也，以布爲之。皇疏：謂齋浴時所著之衣也。浴竟，身未燥，未堪著好衣，又不可露肉，故用布爲衣，如衫而長身也，著之以待身燥。故玉藻云「君衣布，晞身」是也。

【集注】齋必沐浴，浴竟即著明衣，所以明潔其體也，以布爲之（此下脱前章寢衣一簡）。

按：集解、集注均以明衣爲浴衣，而皇疏尤爲明顯。今日本國俗，浴時例有浴衣，猶古制也。清初學者不知浴衣之制，於是種種曲說由此而生。如論語竢質則以爲父母之遺衣，劉氏正義則以爲浴衣外別有明衣，反以不誤者爲誤，皆因目不睹浴衣之制，故有此疑也。

【別解一】羣經平議：孔注云「以布爲沐浴衣」者，猶云以布爲齋衣耳。齊必沐浴，故古語即謂齊爲沐浴。哀十四年左傳：「陳恒弑其君壬於舒州。孔丘三日齊而請伐齊。」論語作「孔子沐浴而朝」，是沐浴即齊也。邢氏誤會注意，遂以明衣爲親身之衣，而有明潔其體之說。按儀禮士昏禮

「姆加景」，鄭注曰：「景之制蓋如明衣，加之以爲行道禦塵，令衣鮮明也。景亦明也。」是鄭意以明衣爲加之於外者，非親身之衣也。士喪禮「明衣裳用布」，鄭注曰：「所以親身爲圭絜者。」此乃死者所用，其制迥異於生。邢氏以士喪禮之明衣爲齊之明衣，殆不可從也。

【別解二】論語訓：記曰「衣布晞身」，凡布十五升曰衣布，明衣布，齋浴布也，言不用常浴布。

按：王氏以「明衣布」三字連文，釋爲浴布，可謂創解，惜無確證耳。

【餘論】四書稗疏：古之言布者，兼絲麻枲葛而言之。練絲爲帛，未練爲布，蓋今之生絲絹也。清商曲有云「絲布澀難縫」，則晉、宋間猶有絲布之名。唯孔叢子謂麻苧葛曰布，當亦一隅之論。明衣之以布別者，異於纖縞靡麗之服耳。　陔餘叢考：古時未有棉布，凡布皆麻爲之。記曰「治其麻絲，以爲布帛」是也。木棉作布，邱文莊謂元時始入中國，而張七澤潯梧雜佩引通鑑梁武帝送木棉皂帳事，則梁武時已有此布矣。然則棉花布自古有之，何以邱文莊謂元初始入中國？　蓋昔時棉花布惟交趾有之，其種其法俱未入中土，觀姚察門生所送祇一端，白樂天以此送人，並形之歌詠，則其爲罕而珍重可知。迨宋末元初，其種傳入江南，而布之利遂衣被天下耳。

**齊必變食，居必遷坐。**

【考證】論語後録：周禮膳夫「王日一舉」，注：「王日一舉，以朝食也。鄭司農曰：『齊必變食。』」按古者一日之中三時食，朝、日中、夕也。日一舉者，謂朝也。殺牲盛饌曰舉，朝舉，則日中及夕餕其餘矣。唯齊日三舉，改常饌更而新之。齊者，潔清之義也，所謂變食是。後儒以爲變其所常食，取莊子「不飲酒，不茹葷」當之，失古制矣。四書典故辨正：說文：「葷，臭菜也。」通謂芸臺椿韭蒜葱之屬，其氣不潔，故不茹之，非不食肉之謂。國語：「先耕耤三日，王即齊宮，乃淳濯饗，及期饗醴乃行。」是齊亦非不飲酒。朱子於家禮云：「食肉不得茹葷，飲酒不得致亂。」仍未嘗以莊子爲據也。論語竢質：自此以下至「不多食」，皆記齊時之飲食也。四書典故覈：變食者，謂盛饌也。君子敬其事，則盛其禮，故不餕餘也。國語曰：「大夫舉以特牲，士食魚炙。」然則夫子之變食，或特牲而不餕餘焉。劉氏正義：莊子人間世：「顔回曰：『回之家貧，惟不飲酒不茹葷者數月矣。若此則可以爲齊乎？』曰：『是祭祀之齊，非心齊也。』」據周語言，耕籍前五日，王入齊宮飲醴。醴味醇淡，與酒不同，故莊子言不飲酒也。不茹葷者，禮玉藻注：「葷者，薑及辛菜也。」荀子哀公篇：「夫端衣玄裳，絻而乘路者，志不在於食葷。」端衣玄裳即是齊服。楊倞注：「葷，葱薤之屬也。」不飲酒，不茹葷，是異常饌。解者誤以葷爲肉食，而凡齊皆禁用之，與禮意悖矣。士喪禮記言「人子養疾皆齊」，而曲禮言「父母有疾，食肉不至變味，飲酒不至變貌」。齊時或可飲酒，則謂齊禁肉食，於古無徵矣。

按：朱竹垞有釋齋一文，大旨與錢氏所說略同，皆主加常饌之說。觀下文有「肉雖多」、「惟酒無量」數語，其說確不可易。周禮或不足信，然國語非僞書也。集注以不飲酒、不茹葷釋齋，雖出莊子，然因此不得不變更古注章節，而於下文「割不正不食」及「沽酒市脯不食」兩節，於義均不可通。朱子於家禮已不用莊子，而集注仍沿其誤，不及改正，何也？

論語釋故：祭義曰：「致齊於内，散齊於外。内者内寢，外者外寢。」檀弓曰：「君子非致齊也，非疾也，不晝夜居於内。」此齊之所居也，凡居於室，尊不恒居奧。爲人子者，居不主奧，不敢當尊也。遷坐者，蓋不居奧，如侍親也。胡培翬燕寢考：既夕記「士處適寢」，又云「有疾，疾者齊」，注云：「適寢者不齊不居其室。」玉藻云：「將適公所，宿齊戒，居外寢。」外寢，正寢也。穀梁傳云：「公薨於路寢。」路寢，正寢也。寢疾居正寢，正也。大戴禮盛德篇云：「此天子之路寢也，不齊不居其室。」古者自天子以至於士，常居皆在燕寢，惟齊及疾乃居於正寢。鄉黨所云「齊居必遷坐」以此。孔注云「易常處」，蓋常處在燕寢，至齊必遷居正寢。

按：唐律，大祀散齊，不宿正寢者，一宿笞五十。蓋猶沿古制。

【集解】孔曰：「改常饌，易常處。」

【唐以前古注】皇疏引范甯云：齊以敬潔爲主，以期神明之享，故改常之食，遷居齊室也。

【集注】變食，謂不飲酒，不茹葷。遷坐，易常處也。此一節記孔子謹齋之事。

【餘論】黄氏後案：莊子曰：「不飲酒，不茹葷。」此祭祀之齋，非心齋也。朱注引之。葷者，臭菜之屬。李氏本草曰：「五葷即五辛，謂其辛臭昏神伐性也。鍊形家以小蒜、大蒜、韭、芸臺、胡荽爲五葷，道家以韭、薤、蒜、芸臺、胡荽爲五葷，佛家以大蒜、小蒜、興渠、慈葱、茖葱爲五葷。」然則以齋爲不茹葷者，亦變食之一説。其以不茹葷爲不食肉者則謬耳。國語：「先耕藉三日，王即齋宫，乃淳濯饗醴。及期，鬱人薦鬯，犧人薦醴，王祼鬯饗醴乃行。」則據注者以齋爲不飲酒，亦非也。金鶚求古録禮説：古人將祭必齋。齋者，致精明以交鬼神也。故君子之齋，沐浴以潔其身，嚴肅以澄其心，不御内，不聽樂，居必遷於外寢，服必明衣玄端，皆所以致其精明。而味之濁者足以亂我清明之氣，亦必戒之，故論語云「齋必變食」也。莊子人間世云：「齋者不飲酒，不茹葷。」（葷，謂葱韭薤蒜之屬。）酒與葷，其氣味最昏濁，齋者所必嚴禁，故特言之。而變食猶不止此，周官膳夫云：「王齋則不舉。」舉者，殺牲盛饌也。三牲之肉，（三牲，牛羊豕也。）氣味亦濁，故並戒之。自王莽竄易周官經文，謂王齋日一舉，邢昺論語疏因謂「食不厭精」至「不多食」皆蒙齋文。近朱竹垞據周官及邢疏，極辨不飲酒食肉之非，學者惑之。案王制云：「八十，齋喪之事勿及也。」齋與喪並舉，其不得飲酒食肉可知。月令云：「仲夏之月，君子齊戒，止聲色，毋或進，薄滋味，毋致和。」夫曰薄滋味，則不飲酒食肉矣。二至之齊猶且如此，況祭祀之齊乎？此其證也。且論語經文明言變食，變者必易其常，若仍飲酒食肉，特加厚於平時，安得謂之變乎？朱竹垞謂：「王日食一大牢，遇朔當兩大牢，齊則加至三大牢。」此沿舊説，不知王日一舉者，舉少牢也，惟朔日則大牢。若日一大牢，亦已侈矣。乃加至三大牢，其侈不已甚乎？朔爲一月之首，其牲體宜加於常日。齊則爲祭而設，別是一義，何必加於朔月乎？先儒謂齊不食餕餘，故三大牢。然凡物皆可新治爲饌，何必大牢乎？至於齊而飲酒，周官亦無此説，於經無據。惟周語云：「王即齊宫，淳濯饗醴。」韋注謂王飲醴酒，或引以爲齊當飲酒之證，不知醴爲六飲之一，一宿而成，非酒也。況周語所言，是耕耤之齊，與祭祀之齊不同，未可援以爲證也。

按：誠齋恐人惑於王日三舉之説，恣行殺生，故有此論。葷字从草，絶非不食肉之謂，然其意則固仁人君子之用心也。漢學家能知此義者鮮矣，故録而並存之。

## ○食不厭精，膾不厭細。

【音讀】南軒論語解：厭當作平聲，言不待精細者而後屬厭也。蓋聖人於飲食非有所擇也，苟非如下所云不食之類，則食無精粗，皆可以飽耳。孫奕示兒編：讀如厭飫之厭，言食與膾雖精細，亦不厭飫而食之。蓋夫子嘗言「食不求飽」，又曰「謀道不謀食」。論語意原：凡人之情，麄糲則少食，精細則屬厭。夫子無間於此，食之精，膾之細，未嘗屬厭焉。論語竢質：齊時食必有節，食雖精，膾雖細，不因精細而厭足也。四書改錯：張文彬曰：「不厭即不飽。史記遊俠傳『季次、原憲褐衣疏食不厭』，平原君傳『褐衣不完，糟糠不厭』，伯夷傳『回也屢空，糟糠不厭』，皆解作不飽，並無作不惡解者。故周興嗣千字文『饑厭糟糠』，厭即飽也。若謂不厭惡，則凡物之粗惡者可加厭惡，既已精細，便不應下此字矣。」

按：厭，説文作「猒」，云：「飽也。」集韻舊本引論語文皆作「食不饜精，膾不饜細」，可見唐以前人皆讀平聲，無作嫌惡解者，集注失之。然張南軒、孫奕、鄭汝諧已不讀去聲，誰謂宋人多不通訓詁耶？

【考證】劉氏正義：周語「不可厭也」，韋注：「厭，足也。」晉語「民志無厭」，韋注：「厭，極也。」夫子疏食飲水，樂在其中；又以士恥惡食爲不足與議，故於食膾皆不厭精細也。

按：論語稽云：「厭如左氏傳『屬厭』之厭，饜也，飽足也。不厭者，不求精細而屬厭也。」毛氏之說，本於張栻，而劉氏正義之說，尤爲圓足，故從之。

【集注】食，飯也。精，鑿也。牛羊與魚之腥，聶而切之爲膾，食精則能養人，膾粗則能害人。不厭，言以是爲善，非謂必欲如是也。

按：此二句集解無注，朱子所言，蓋本於皇、邢二疏，是其誤不始於朱注也。

**食饐而餲，魚餒而肉敗，不食。色惡，不食。臭惡，不食。失飪，不食。不時，不食。**

【考異】史記世家「餒」作「餧」。　事文類聚續集引「魚餒而肉敗」以下一段，上題「孔子曰」三字。　皇本「臭」字作「臰」。　翟氏考異：按玉篇云：「臰，俗臭字。」今惟釋藏用之。

【考證】四書稗疏：集注云：「饐，飯傷熱濕也。」今按飯之傷熱而濕氣未斂者，俟之俄頃，則熱者清，濕者燥，何不姑少待之，而遽斥之不食耶？且粒食之以飯名者，非但稻麥稷之淅煑而攤蒸者也。凡穀食之熟而無汁可啜者皆名爲食，則今俗所謂麪餈餅餌餺飥之類，皆飯也食也，皆非有熱濕之傷者也。許慎說：「饐，傷濕也。」或謂爲濕氣所薰腐耳。集注增一熱字，愈入於誤矣。　黃氏後案：說文：「饐，飯傷濕也。」段注引葛洪曰：「饐，餿臭也。」釋文及邢疏引字林曰：「飯傷熱濕也。」諸說似歧異。式三謂飯因熱濕而傷腐臭謂之饐，飯因久鬱而味不甘者謂之餲。餲，猶鬱蒸之暍。說文：「餲，飯餲也。」「飯餲」疑「飯暍」之譌。暍，鬱也。釋文：「餲，烏邁反。一音遏。」諸說正互相備。惟爾雅云：「食饐謂之餲。」此必有奪字誤字。　鄉黨圖考：

米之紅朽，國語所謂赤米。詩「魴魚赬尾」，魚勞則尾赤，爲色惡。周禮內饔：「辨腥臊羶香之不可食者，牛夜鳴則庮，羊泠毛而毳，羶；犬赤股而躁，臊；鳥皫色而沙鳴，貍；豕盲眡而交睫，腥；馬黑脊而般臂，螻。」注：「庮，朽木臭也。螻，螻蛄臭也。」內則注：「庮，惡臭也。」貍作鬱，腐臭也。爲臭惡是也。　又曰：按爾雅惟言飯之失飪，肉物亦有之。肉之過熟者亦爲糜爛，半熟半腥者謂之爓。祭法，腥法上古，爓法中古，熟之爲腍，進後世之食。若生人之食，不可不熟也。

論語後録：色惡，謂如鳥皫色。臭惡，亦舉庮羶爲説。而云蜀人作羊腊，以臭爲美，鄙遠之俗則然，然非至道。是二者皆不可食，故夫子不食也。　論語偶記：左傳卜楚丘云：「食日爲二。」是一日之中，食有常時也。閻没、女寬曰：「或賜二小人酒，不夕食。」謂不及待夕之時而食也。禮內則云「孺子食無時」，則成人以上，食必有時也。詩蝃蝀傳云：「從旦至食時爲終朝。」孟子云：「朝不食，夕不食。」淮南子：「臨於曾泉，是謂蚤食。次於桑野，是謂晏食。」並是食時之證。又曰：鄭以朝、夕、日中爲三時，亦大略言之。其實貴賤有別，天子食則四時，諸侯三時，大夫以下，惟朝夕二時。　論語稽求篇：漢召信臣傳云：「不時之物，有傷于人，不宜以供奉養。」後漢鄧皇后詔引論語「不時不食」，謂穿掘萌芽，鬱蒸强熟，味無所至，而夭折生長。此單指蓏蔬之類，如冬月生瓜，方春薦蓼，今北方人皆能之，並無五穀菓實可令强熟者。且强熟即熟，亦非不熟也。予謂此節以經解經，當如禮運曰「飲食必時」，指春秋朝暮，又各有所宜之物，故舊注以朝夕日中爲三時，而由此推之，則如內則「春多酸，夏多苦，秋多辛，冬多鹹」類。

又如「食齊視春時，羹齊視夏時，醬齊視秋時，飲齊視冬時」類。又如「春宜羔豚膳膏薌，夏宜腒鱐膳膏臊，秋宜犢麛膳膏腥，冬宜鮮羽膳膏羶」類。又如「膾，春用葱，秋用芥。豚，春用韭，秋用蓼」類。此爲正解。蓋飲食之節，原是禮經。以禮解經，以經解經，庶幾無誤。

【集解】孔曰：「饐、餲，臭。味變也。魚敗曰餒。失飪，失生熟之節也。」鄭曰：「不時，非朝夕日中時也。」

按：以皇疏證之，孔注本作「饐臭餲味變」，今本誤倒。不時，鄭氏此注謂「非朝夕日中時」，其注禮運「飲食必時」，則引內則「食齊視春」之屬，其注仲尼燕居，味得其時。又據周禮食醫「春多酸」，獸人「冬獻狼」之屬，則未知所折衷也。後漢書鄧皇后紀：「傳曰：『非其時不食。』」章懷注云：「論語曰：『不時不食。』言非其時物，則不食之。」集注據此，與上數事爲一類，蓋亦漢人舊說，似勝鄭注。

【唐以前古注】皇疏：饐，謂飲食經久而腐臰也。餲，謂經久而味惡也，如乾魚乾肉久而味惡也。餒，謂魚臰壞也。爾雅云：「肉謂之敗，魚謂之餒。」食失常色，是爲色惡。臰惡，謂饌臰不宜食，故不食也。失飪，謂失生熟節也。煑食或未熟，或已過熟，並不食也。又引李充云：皆飲食壞敗之名也。又引江熙云：不時，謂生非其時，若冬梅李實也。又引李巡云：肉敗久則臰，魚餒肉爛。

按：李巡不知何許人，玉函山房輯本亦未之及，當考。

【集注】饐，飯傷熱濕也。餲，味變也。魚爛曰餒，肉腐曰敗。色惡，臭惡未敗而色臭變也。飪，烹調生熟之節也。不時，五穀不成果實未熟之類。此數者皆足以傷人，故不食。

**割不正，不食。不得其醬，不食。**

【考證】四書叢説：古者燕饗有大臠曰胾，其餘牲體脊骨及腸胃肺心，割截皆有一定，所謂不正，則不合乎度者。　四書稗疏：集注云切肉必方正，不知割非切，切非割，方非正，正非方也。古者大臠載俎，食則自斷，故曲禮曰：「濡肉齒決，乾肉不齒決。」非若後世既割之復切之，令大小稱口所容，如陸績之母能必其方也。則割切之别也，方者對圓長橢斜纖曲而言也。正者，正當其處也。古之割肉，既皆大臠，而各有分理。骨有貴賤，髀不登於俎，君子不食圂腴。在殺，則有上殺中殺下殺。在登之俎，則有肩、有臂、有臑、有肫、有胳、有正脊、有横脊、有長脅、有短脅、有倫膚、有觳折，或左或右。肺則有離肺、有刌肺。心舌則去本末，皆所謂割之正也。若其腠理之常，隨手劃斷，則非體之正，是曰不正。抑或賓如主俎，則爲慢；主如賓俎，則爲汰。燕如祭，祭如燕，祭燕如常食，常食如燕祭，皆不正也，則皆以失禮而不食矣。倘必如陸績之母所切，四維端匀而後食，則離肺之小而長，脯之長尺有二寸，皆非君子之食矣。脊脅之間，必求其方，將雜用體骨以就之，是求方而適得不正也。　集注以漢後切肉之法，爲三代割肉之制，而未求之禮，其失宜矣。　黄氏後案：皇、邢二疏説異，皇疏爲集注所本。少牢禮：「牢心舌載於肵俎，心皆安下切上，午割，勿没。舌皆切本末，亦午割，勿没。」賈疏引此經證之，正與皇疏合。邢疏則以豚解體解言也。秦氏通考曰：「豚解者，解牲爲七體，一脊、兩脅、兩肱、兩股也。脅者，肋骨，亦謂之胉。肱者，前脛骨，謂之肩。股者，後脛骨，謂之髀。至四蹏則以其踐蹈穢惡而棄之。蓋髀肩胉各兩通一脊爲七體，此豚解之制也。體解者，即豚解之七體，而析解之，爲二十一。析脊骨爲三，前正脊、中脡脊、後橫脊也。脅骨三，前代脅、中長脅、後短脅，合左右兩脅爲六也。肱骨三，上爲肩，中爲臂，下爲臑，合左右兩肱爲六也。股骨三，上爲髀，中爲肫，下爲胳，合左右兩股爲六也。至正脊之前，肩之上，當頸處謂之脰，亦謂之膉。胳之下，後足之末，近蹏者謂之觳。膉一而觳兩，皆不在正體之數。」據秦氏説，豚解則四蹏爲不正，以其踐蹈穢惡而棄之，凡七體皆正也。體解則析爲二十四，一膉兩觳亦不在正體之數，凡二十一體皆正也。少牢饋食禮之升載於俎，兩髀以近竅之故，賤之而不升，凡十八體爲正也。

按：割肉不方正者不食，天下豈有此不近人情事耶？使後世視孔子爲迂腐不通世故之人者，宋儒之罪也。又論語竢質以此爲齊時飲食之節是也。集注蓋兩失之。

【集解】馬曰：「魚膾非芥醬不食。」

【唐以前古注】皇疏引江熙云：殺不以道，爲不正也。

按：此説雖非古義，而較集注爲勝。

【集注】割肉不方正者不食，造次不離於正也。漢陸績之母切肉未嘗不方，斷葱以寸爲度，蓋其質美，與此暗合也。食肉用醬，各有所宜，不得則不食，惡其不備也。此二者無害於人，但不以嗜味而苟食耳。

按：集注此條本於皇疏，然皇疏兼採衆説，故無妨礙，邢疏已知其不通，他條多沿皇疏之舊，獨此與之立異者，誠知割肉不正不食不可能也。張南軒解此二句曰：「割不正，解牲之不以其制也。不得其醬，調味之不以其宜也。」得之矣。

【餘論】羣經補義：食肉惟取其方正者，則不正之割自不來前矣。配食之醬，如醓醢皆不設，此家人進食者之小過，夫子偶一不食，微示其意，後自知設醬得宜矣。凡此皆未嘗形於言怒於色，庶幾不失聖人氣象。

**肉雖多，不使勝食氣。惟酒無量，不及亂。**

【考異】釋文：氣，説文作「既」。説文解字：既，小食也。論語曰：「不使勝食既。」集注考證：氣當讀作餼，猶云飯料也。聘禮「後餼大夫黍粱稷食氣」，正黍粱稷之謂也。又古「餼」字今作「氣」，古「氣」字今作「餼」。九經古義：「氣」，本古「餼」字，詳見左傳補注。「餼」又與「既」通。禮記中庸云「既廩稱事」，鄭注云：「既讀爲餼。」是「既」與「氣」同。唐石經「惟」字作「唯」，皇本、集説本、纂箋本皆作「唯」。

【考證】劉氏正義：氣猶性也。周官瘍醫：「以五氣養之。」五氣即五穀之氣。人食肉多，則食氣爲肉所勝，而或以傷人。説文：「既，小食也。論語云：『不使勝食既。』」段氏玉裁説：「魯論作氣，古論作既，用假借。」或援許氏小食之訓解論語，非也。呂氏春秋孝行覽：「節飲食，肉雖多，不使勝食氣。」正用魯論此文。鄭注中庸云：「既讀爲餼。」注聘禮云：「古文既爲餼。」是既、氣通用。量猶度也。凌廷堪説：「『肉雖多，不使勝食氣』，爲食禮言之也。『惟酒無量，不及亂』，爲燕禮言之也。」胡培翬研六室文鈔亟稱凌説，爲之明其義云：「以公食禮考之，初設正饌，次設加饌。正饌有牛俎、羊俎、豕俎、魚俎、腊俎、腸胃俎、膚俎，醓醢、麋臡、鹿臡三者盛於豆，此下大夫六豆也。加饌有牛臐、牛炙、牛胾、牛鮨，羊臐、羊炙、羊胾，豕膮、豕炙、豕胾、魚膾，肉可不謂多與？然而黍稷六簋，宰夫設之。稻粱二簋，公親設之。賓初食稻粱，三飯即止。卒食黍稷，不以醬湆。是所謂以穀爲主，不使肉勝食氣也。又以燕禮考之，尊於堂上東楹之西者兩方壺，尊於堂下門西者兩圜壺。初時獻賓，賓酢主人，主人自酢，主人酬賓，二大夫媵爵于公，公取媵爵酬賓，禮亦盛矣。而獻卿獻大夫後，復作樂以樂賓，立司正以安賓，脱屨升席，晏坐盡歡，至於爵行無算，真所謂無量矣。然而君曰無不醉，有命徹幕，則必降階下拜，明雖醉正臣禮也。賓醉而出，鐘人爲之奏陔，則以所執脯賜鐘人，明雖醉不忘禮也。此非所謂以醉爲節而不及亂乎？然則此節或夫子嘗言其禮如此，或出聘鄰國，鄰國食之燕之，夫子一守禮經，記者因爲記之，俱未可知。」案凌氏此説甚核。然凌主禮食，不兼常食，於義稍隘。蓋常食如賓朋燕飲，亦得備物盡歡也。

【唐以前古注】皇疏：勝，猶多也。食，謂他饌也。食氣多肉少則肉美，若肉多他食少則肉不美，故不使肉勝食氣也，亦因殺止多殺也。酒雖多無有限量，而人宜隨己能而飲，不得及至於醉亂也。一云：不格人爲量，而隨人所能，而莫亂也。

【集注】食以穀爲主，故不使肉勝食氣。酒以爲人合歡，故不爲量，但以醉爲節而不及亂耳。程子曰：「不及亂者，非特不使亂志，雖血氣亦可使亂，但浹洽而已可也。」

【餘論】論語或問：胡氏曰：亂者，内昏其心志，外喪其威儀，甚則班伯所謂淫亂之原，皆在於酒。聖人飲無定量，亦無亂態，蓋從心所欲，而不踰矩，是以如此。學者未能然，則如晉元帝永嘉初鎮江東，以酒廢事，王導以爲言。帝命酌，引觴而覆之，於此遂絶。四書辨疑：酒之本性無他，惟能使人神志迷亂而已，飲之至於迷亂失常，然後爲醉。今言以醉爲節，而不及於亂，豈有不亂而醉者乎？聖人亦無以醉爲節之理，程子説是。疑辨録（論語稽引）：亂者，醉所爲也。欲不及亂，惟不醉而後能之。此文王毖酒之訓所以言德將無醉也。至若詩天子之燕諸侯，曰「不醉無歸」，此不過勸飲之意。而下文即曰：「顯允君子，莫不令儀。豈弟君子，莫不令儀。」鄉飲酒「修爵無算」，此不過表合歡之意，故下文即曰：「朝不廢朝，暮不廢暮。」若醉則安見令儀與不廢耶？

## 沽酒市脯不食。

【考異】太平御覽資産部述文，「沽」亦作「酤」。

【考證】漢書食貨志：詩曰：「無酒酤我。」而論語曰：「酤酒不食。」（師古注：「鄉黨所記孔齋之時也。」）二者非相反也。夫詩據承平之世，酒酤在官，和旨便人，可以相御也。夫子當周衰亂，酒酤在民，惡薄不誠，是以疑而弗食。 四書典故辨正：詩「無酒酤我」，毛傳謂：「一宿酒曰酤。」鄭康成訓酤爲榷酤之酤。集注云：「沽、市皆買也。」蓋從鄭注。聽雨紀談云：「三代無酤酒者，至漢方有榷酤，則沽酒似以一宿酒爲是。」愚按酒誥戒羣飲，周禮司虣禁市飲。飲而於市，則有沽酒明矣。 翟氏考異：凡消納于腹，古通以食言之，如食德食言不一。漢書于定國傳：「食酒至數石不醉。」柳宗元序飲亦云：「吾病痞，不能食酒，至是醉焉。」不必因脯而始得并言也。皇、邢兩疏本俱以「齊必變食」屬此一節首，故顔氏亦說此事爲孔子齋時，而其說實優。按：孔子爲大夫，家中自當有釀酒，但必謂一生從不沽酒市脯，則商賈之以此爲業者，人皆嫌其不潔，無人敢買，寧有此理？苟沽市不食，限於齋時，自無酒必自作之，疑矣。翟氏之說是也。

【唐以前古注】皇疏：酒不自作，則未必清淨。脯不自作，則不知何物之肉。故沽市所得，並所不食也。或問曰：沽酒不飲，則詩那云「無酒沽我」乎？答曰：論所明是祭神不用，詩所明是人得用也。

【集注】沽市皆買也，恐不精潔，皆傷人也。與不嘗康子之藥同意。

【別解】黄氏後案：詩「無酒酤我」，毛傳：「一宿酒謂之酤。」酤、沽通，是沽酒非酒之美者，沽如粗沽之沽也。鄭君於周官酒正注云：「作酒既有米麴之數，又有功沽。」於禮檀弓「以爲沽也」，注云：「沽，猶略也。」皆可證。以沽訓買，本漢書食貨志。志言詩據太平之世，酒酤在官，曰「無酒酤我」。孔子言周衰亂，酒酤在民，而酤酒不食。此王莽欺世之論，不足以説經也。「市脯」，古本當作「𠂔脯」。有骨之胏，不可齧也。易「噬乾𠂔」，鄭君讀𠂔爲第，訓簀。馬氏讀𠂔爲胏，訓有骨之肉。此𠂔脯當讀胏脯，肉有骨之脯也。今字柹果譌柿果，蓋古書之待校正者多矣。

梁玉繩瞥記：周禮酒正注「酒有功沽之巧」，疏云：「功沽，謂善惡也。」夏官司兵注「功沽上下」，義同。因思論語「沽酒」當是酒之惡者。若訓沽爲買，安得飲酒必皆自作乎？四書大全辨：鄭康成訓沽爲榷沽之沽，然注酒正職云：「既有米麴之數，又有功沽之巧。」孔疏云：「功沽，謂善惡。」則凡酒之善者爲功，惡者爲沽也。又酒以久爲貴，周禮：「昔酒取其久也，一宿曰宿，再宿曰沽。」沽酒即再宿之酒耳。

按：此雖可備一説，然沽與下市脯對文，仍當以訓買爲長。所以有此曲説者，皆以酒脯必自作，常人非極富之家不辦，聖人斷不拘執如此。今從古注，以此爲齋時事，種種疑團，皆可一言而決，乃知注疏終不可廢也。

## 不撤薑食，不多食。

【考異】宋刻九經本「撤」作「徹」。讀四書叢説：古注：「齋禁葷物，薑辛而不臭，故不去。」此説頗長。古注自此上皆作齋戒意説，固未穩，然此句安知不是齋一類錯簡在此。

【考證】四書稗疏：言撤則必既設之而後撤也，言不撤則必他有所撤而此不撤也。按士相見禮「夜侍坐視夜膳葷，請退可也」，注云：「葷，辛菜。」薑亦辛菜也，則此言燕居講説而即席以食者，食已，飯羹醢胾之屬皆撤，而薑之在豆者獨留，倦則食之，以却眠也。古之人類然，君子亦以爲宜，不待夜倦欲食辛而更索之。集注未悉。　潘氏集箋：説文無「撤」字，當作「徹」，云「去也」。薑，説文作「蔃」，云：「禦溼之菜也。」　論語竢質：彊食，食物中有薑者。薑與葱蒜韭䪥，皆用以調和食物，殺肉之腥臭者。齊忌葷，菜葱蒜韭䪥皆葷，食物中有之，必徹之矣。薑辛而不葷，故不徹。　惜抱軒經説：古者有庋食之閣，天子左達五、右達五，公侯伯于房中五，大夫于閣三，士于坫一。大夫七十而有閣，則未知孔子之已有閣與？其坫也？禮，凡食畢，鼎食則撤，于造脯醢葷菜則不撤，庋以備時食。所以優尊者。禮，夜侍坐于君子，君子問夜膳葷，請退可也。故不撤葷者，禮也。薑亦葷也，孔子以葱䪥之類氣皆濁，不若薑之清，則所庋薑而已。雖常庋而以辛善散氣，故不多食，以衞生也。儒者或讀不多食，與上文不屬，則説非矣。聖人不惏於食，尚何待記而後明乎？

【集解】孔曰：「撤，去也。齋禁葷物，薑辛而不葷，故不去。不多食，不過飽。」

【唐以前古注】皇疏引江熙云：少所啖也。

【集注】薑通神明，去穢惡，故不撤。適可而止，無貪心也。

【別解】論語意原：不多食，指薑言之。　四書釋地：不多食，諸家俱不承薑説。余謂「不撤薑食，不多食」，正與「惟酒無量，不及亂」一例語耳。通章不食俱專指一物，何獨此而忽泛及邪，亦不倫矣。　魏晉鄉黨典義：肉不勝食氣，酒不及亂，已藏不多意在內。惟薑朝夕在御，或且疑其少過，故以不多食申足之。李詡戒菴漫筆：事文類聚蔬菜門引「孔子不撤薑食，不多食」，而題云：「薑不多食。」連文言之，謬矣。

按：梁陶弘景本草經注曰：「今之人噉辛辣物，惟此最常。故論語云『每食不撤薑』，言可常食，但不可多耳。」是舊有此說，較集注義爲長，似可從。

【餘論】邢疏：自此已上，皆蒙齊文，其凡常不必然。

按：朱子集注以明衣變食遷坐爲齊禮，「食不厭精」以下爲禮食常食之節，不但上文「割不正，不食。沽酒市脯不食」說不通，並「不撤薑食」亦說不過去。薑性熱，非可常食之物，遇夏令能不撤乎？又皆事理所必無者。邢疏義爲長，當從之。

○祭於公，不宿肉。祭肉不出三日。出三日，不食之矣。

【考異】太平御覽述作「祭於君」。義門讀書記：「祭於公」以下文勢若自爲一節。

【考證】劉氏正義：雜記「大夫冕而祭於公，士弁而祭於公」，注：「助君祭也。」是大夫士有助祭之禮。禮運「仲尼與於蜡賓」，史記世家「魯今且郊，如致膰於大夫，則吾猶可以止」，本篇云「入太廟」，皆夫子助祭之徵。周官大宗伯：「於兄弟有脤膰，異姓有賀慶。」此互文，明兼有之也。穀梁定十四年傳：「脤者何也？俎實也，祭肉也。生曰脤，熟曰膰。」說文：「䐲，宗廟火孰肉。春秋傳曰：『天子有事䐲焉。』」今或作「燔」，作「膰」。又說文：「胙，祭福肉也。」左僖九年傳：「王使宰孔賜齊侯胙。」脤、膰、胙皆祭肉名。天子諸侯祭畢，助祭之臣皆班賜之，以均神惠，即此注所云「牲體」也。凡殺牲皆於祭日旦明行事，至天子諸侯祭之明日又祭，謂之繹祭。祭畢，乃頒所賜肉及歸賓客之俎。則胙肉之來，或已三日，故不可再宿。四書偶談：曲禮「凡祭於公者，必自徹其俎」，疏：「此謂士助君祭。若大夫以上，則君使人歸之。」按徹俎歸俎不同。當祭未撤俎時，尸與主人主婦俎，有司徹之。臣所獻之俎，自徹之，置於堂下，及祭畢，士自持歸。大夫以上，君使人歸之。然則此不宿之肉，即君使歸之俎，而郊膰不致，亦指不歸俎言也。時説直謂君所頒祭肉，不知臣助君祭，自有所獻之俎肉，即所云賓俎也。韋昭國語注：「天子諸侯祭之明日有繹，卿大夫曰賓尸。」故本日無暇致胙。禮，賜君子小人不同日，頒肉時，自諸父昆弟逮輝庖翟閽須有先後，故必得三日而徧。

【集解】周生曰：「助祭於君，所得牲體，歸則頒賜，不留神惠。」鄭曰：「自其家祭肉，過三日不食，是褻鬼神之餘。」

【集注】助祭於公，所得胙肉，歸即頒賜，不俟經宿者，不留神惠也。家之祭肉，則不過三日皆以分賜，蓋過三日，則肉必敗而人不食之，是褻鬼神之餘也。但比君所賜胙可少緩耳。

○食不語，寢不言。

【考證】梁氏旁證：説文：「直言曰言，論難曰語。」詩大雅「于時言言，于時語語」，疏：「直言曰言，謂一人自言。答難曰語，謂二人相對。」禮雜記「三年之喪，言而不語」，注：「言，自言己事也。語，爲人論説也。」四書約旨：當食時心在於食，自不他及，日常如此，故記之。若禮食相會，豈無應對辭讓之文。祭與養老，更有合語乞言之禮。但行禮時則語，食時自不語也。

【唐以前古注】書鈔禮儀部七引鄭注：爲其不敬，明當食寢非言語時也。

【集注】答述曰語，自言曰言。范氏曰：「聖人存心不他，當食而食，當寢而寢，言語非其時也。」楊氏曰：「肺爲氣主，而聲出焉。寢食則氣窒而不通，語言恐傷之也。」亦通。

【餘論】四書辨疑：若從注文之説，語與言既分兩等，則食寢所慎，亦各不同，食則止是不語，却合有言；寢則止是不言，却合有語。若以答述自言一通論之，當食之時，人問則不與酬答，不問則却當自言；當寢之時，不問則不先自言，須問則乃與酬答，然其先問者却是自言。邢昺疏：「直言曰言，答述曰語。」許氏説文：「直言曰言，論難曰語。」注文與二説言雖相倣，意各有差。自言直言已不同，答述論難亦不同。廣韻訓「語」字雖引説文，亦不全用其説，止訓爲論。訓「言」字則曰「言語也」。玉篇訓言曰「言辭也」，訓語曰「言説也」。舊韻略雜取諸説，毛晃韻略專以説文爲據，本分言之，惟廣韻、玉篇以言爲言辭，以語爲言説者，最不穿鑿，當取爲正。此章本無深意，食不語，止是口中有物，故不多語。寢不言，止是心欲安静，故不多言。語即是言，言即是語，不可强有分别也。王滹南曰：「此何可分，但是變文耳。」

○**雖疏食菜羹，必祭，必齊如也。**

【考異】釋文：食音嗣，又如字。魯讀瓜爲必，今從古。注疏本「疏」作「蔬」。皇本「疏」亦作「蔬」，「瓜」作「苽」。羣經識小：必字從八弋，篆文作𠨍，與「瓜」相近而誤。潘氏集箋：公羊襄二十九年傳「飲食必祝」注、論衡祭意篇並引作「瓜」。何休通今文，充書所引亦多今文，魯論爲今文，並作「瓜」，不作「必」，則知魯論直讀瓜爲必，非誤字也。鄭所以不從者，以下文又有「必」字，故從古讀如字也。四書或問：既曰疏食菜羹，而又以瓜繼之，則不辭矣。曰必祭，則明無不祭之食也。

按：集注讀瓜爲必是也。禮雜記：「孔子言少施氏食我以禮，吾祭，作而辭曰：『疏食不足祭也。』」然食羹皆火食，其祭宜也。瓜既果實，何必祭？且祭瓜何不祭他果？均屬疑問。四書蒙引云：「若作瓜字，則在菜羹之内矣。竊謂瓜祭上環，當別爲一事，與此無涉。蓋瓜如作羹，則在菜羹内。如生祭，則與祭先代始爲飲食之人無關，故知應讀爲必也。何孟春餘冬序録謂當以瓜字絶句，由未知今文家本讀瓜爲必也。」

【考證】論語足徵記：釋文：「鄭云魯讀瓜爲必。」案先有魯論，後有古論。此古改「必」爲「瓜」，非古改「瓜」爲「必」也。其改爲瓜祭，正以玉藻有此文，謂可附會也，好贋鼎者正墮其彀中耳。案羹食大名，瓜則小名，三者並列，義頗不倫。且均薄物，既有瓜，何無果？而曲禮所載，醯醬葱瓜之屬，亦在祭品，此經何不及之？但舉一瓜，轉嫌挂漏，何如舉疏食菜羹，已足包括其餘耶？若疏食也、菜羹也、瓜也三者並舉，於義理爲不倫，於文章爲不順。顔黄門曰：「吾嘗笑許純儒不達文章之體。」愚謂此訓詁家通病，古論此條亦是也。且玉藻云：「子卯稷食菜羹。」程瑶田九穀考曰：「凡經言稷食者，疏食也。稷形大，故得疏稱。」然則此云「疏食菜羹」，即玉藻之

「稷食菜羹」也。彼「菜羹」下不連「瓜」字，此亦當然。證瓜可連祭於玉藻，何不證菜羹不連瓜於玉藻乎？朱子從魯，毛奇齡意主駁朱，故以玉藻爲證，今仍據玉藻破之。四書典故辨正：疏食有三説：朱子以爲粗食，一也。孔安國以爲菜食，二也。月令鄭注云：「草木之實爲疏食。」三也。何燕泉主孔説，謂疏食乃乏米而以蔬代食，引東觀漢記「趙常蔬食而以穀食陰讓弟」爲證。愚按此疏食對下菜羹，自是粗飯。若述而篇之飯疏食，或可如孔説耳。劉氏正義：菜羹者，以菜爲羹也。爾雅釋器：「肉謂之羹。」言肴肉之有汁者也。凡肉汁和以鹽菜爲鉶羹，不和鹽菜爲大羹。其常食之羹如雞犬兔及菜羹，皆和米屑作之。吕覽慎人云：「孔子窮於陳、蔡之間，藜羹不糝。」糝即米屑也。内則别有芼羹、堇荁、葵薇之類。彼是禮食，此文菜羹與疏食相儷，則但謂藜藿之類耳。食所以有祭者，禮運曰：「昔者先王未有火化，食草木之實、鳥獸之肉，飲其血，茹其毛。後聖有作，然後修火之利，范金合土，以炮以燔，以亨以炙，以爲醴酪，以養生送死，以事鬼神上帝，皆從其朔。此以祭之所以報功，不忘本也。」春官大祝：「辨九祭：一曰命祭，二曰衍祭，三曰炮祭，四曰周祭，五曰振祭，六曰擩祭，七曰絶祭，八曰繚祭，九曰共祭。」此通言祭食之禮，義具彼注。凡祭，皆出少許置之籩豆之間，或上豆或醬湆之間。凌氏廷堪禮經釋例言之詳矣。公食大夫禮「魚腊醬湆不祭」，注云：「不祭者，非食物之盛者。」疏云：「以其有三牲之醴，魚腊醬湆非盛者，故不祭也。」玉藻云：「唯水漿不祭，若祭爲已傛卑。」注云：「水漿非盛饌也。」據此，是盛物方祭，非盛物或可不祭。夫子家居所食，雖極之疏食菜羹，亦必祭之，又必致其肅敬之容，所謂不敢以菲薄廢禮者也。

【集解】孔曰：「齊，嚴敬貌。三物雖薄，祭之必敬。」邢疏：「蔬食也，菜羹也，瓜也，三物雖薄，將食祭先之時，亦必嚴敬。玉藻云：『惟水漿不祭。』又云：『瓜祭上環。』」

【集注】古人飲食，每種各出少許，置之豆間之地，以祭先代始爲飲食之人，不忘本也。齊，嚴敬貌。孔子雖薄物必祭，其祭必敬，聖人之誠也。（此一節記孔子飲食之節。）

○席不正，不坐。

【考異】史記世家述此句在「割不正，不食」下。墨子非儒篇：孔某席不端弗坐，割不正不食。新序節士篇：孔子席不正不坐，割不正不食。說文解字同。韓詩外傳卷九：孟子母曰：「吾妊是子，席不正不坐，割不正不食。」朱子或問曰：列女傳亦言之，蓋即孔子意。翟氏考異：上雖記飲食之節，而如「寢不言」即以「食不語」連類並及，此句據史記、墨子、韓詩外傳、新序、說文五書，俱與「割不正」相儷。今析兩處，致此句孤出，于上下文莫得其類，疑錯簡也。事文類聚述上段「不時不食，不得其醬不食」，中間無「割不正」句，或其時流傳本尚有如是者耶。

按：此句應在「割不正不食」之下，係屬錯簡，翟氏之說是也。且當是記孔子齋時飲食起居之節，舊說不可廢也。

【考證】劉氏正義：凡席之名，司几筵有莞、繅、次、蒲、熊，又有葦、柏。莞者，蒲類。繅者，削蒲蒻展之，編以五采。次者桃枝席，有次列成文。柏者，鄭司農謂「迫地之席」，康成謂「椁字磨滅，藏中神坐之席」，不言席身所用。又禮器有越席，郊特牲有蒲越、槀鞂，玉藻有蒯席，尚書有篾席、底席、豐席、筍席，玉府有衽席。越即蒲越。槀鞂者，用禾穰爲之。蒯者，草名。篾者，析竹之次青爲之。底席即蒲席。豐者，刮涑竹席。筍者，析竹青皮。衽者，卧席，其字從衣，疑以布爲之，加於席上。凡皆諸席異稱也。不正者，謂設席有所移動偏斜也。下文云：「君賜食，必正席先嘗之。」曲禮云：「主人跪正席，客跪撫席而辭。」可知凡坐時皆有正席之禮。夫子於席之不正者，必正之而後坐也。

【唐以前古注】皇疏引范甯云：正席所以恭敬也。或云如禮所言，諸侯之席三重，大夫再重，是各有其正者也。

【集注】謝氏曰：「聖人心安於正，故於位之不正者，雖小不處。」

【發明】此木軒四書説：許叔重云：「席不正不坐，割不正不食，不飲盜泉，積正也。」案積正猶孟子言「集義」。賢人勉力，聖人從心，其合小爲大一也。

# 論語集釋卷二十一

## 鄉黨下

○鄉人飲酒，杖者出，斯出矣。

【考異】七經考文：一本「斯」作「則」。

【考證】潘氏集箋：禮記鄉飲酒義正義曰：「凡有四事：一則三年賓賢能，二則鄉大夫飲國中賢者，三則州長習射飲酒也，四則黨正蜡祭飲酒。總而言之，皆謂之鄉飲酒。」儀禮鄉飲酒禮疏略同。論語偶記云：「此鄉人飲酒，謂黨正蜡祭飲酒也。所以知然者，經云『杖者出，斯出矣』，是主於敬長。周官黨正職云：『國索鬼神而祭祀，則以禮屬民，而飲酒于序，以正齒位。』鄉飲酒義第五節云：『六十者坐，五十者立侍以聽政役，所以明尊長也。六十者三豆，七十者四豆，八十者五豆，九十者六豆，所以明養老也。』注以黨正正齒位之禮解之，與此經有杖者同是敬老之事，故知此鄉人飲酒爲黨正蜡祭飲酒也。若鄉大夫飲國中賢者，與州長習射飲酒，無關養老。其賓賢能之鄉飲酒，則以鄉學之士將升者賢者爲賓，其次爲介，其次爲衆賓，皆是年少者爲之，不得有杖者也。禮，六十杖於鄉，夫子與鄉人飲酒而出後杖者，則時爲立侍之衆賓可知，所謂『仲尼與于蜡賓』也。黨中飲酒亦稱鄉者，黨，鄉之細，與州長以禮會民而射于州序之飲，同得爲鄉飲酒。康成云：『謂之鄉者，州黨鄉之屬也。』又有別解云：『或則鄉之所居州黨，鄉大夫親爲主人焉是也。』蜡祭飲酒初雖正齒位，及其禮末，皆以醉爲度。雜記云：『子貢觀于蜡，曰：「一國之人皆若狂。」』是既醉而出之時，不復有先後之次。此夫子杖者出斯出矣，所以爲異於人。」羣經室集據鄉飲酒義「鄉人士君子尊于房户之間」，鄭注：「鄉人，鄉大夫也。」謂此鄉人飲酒，即儀禮之三年大比主賓賢能，説與方説不同。禮學卮言云：「子位至大夫，於鄉飲酒當爲僎者。儀禮記僎大夫後出，主人送於門外，鄭君以爲不干其賓主之禮。然則僎者唯後賓耳，賓出斯出矣。子特於鄉尚齒教敬，故復俟鄉人之杖者出，然後出也。」三説皆可從。論語釋故：鄉飲酒之禮，賓出奏陔，主人送于門外再拜，則賓出而皆出，無容先後。此云夫子「杖者出，斯出矣」，則他人有不出者，故知非禮飲。禮器「周禮其猶醵與」，注：「合錢飲酒爲醵。王居明堂之禮，仲秋乃命國醵。」周禮族師注云：「族長無飲酒之禮，因祭酺而與其民以長幼相獻酬焉。」疏引醵爲説，亦醵之類。又詩瓠葉箋云：「此君子，謂庶人之有賢行者也。其農功畢，乃爲酒漿，以合朋友，習禮講道義也。酒既成，先與父兄室人烹匏葉而飲之，乃依士禮立賓主獻酬。」此鄉人飲酒之屬。

按：此節劉氏正義、黄氏後案均主方氏偶記之説，當屬正解。江氏圖考謂此所記爲鄉人有時會聚飲酒，與釋故同。竊謂鄉飲，凡鄉大夫賓賢能，飲國中賢者（錢坫論語後録即主此説），州長習射，黨正蜡祭飲賓，族師祭脯，及冠昏祭祀，與夫尋常酬酢之類，皆包含之。

【集解】孔曰：「杖者，老人也。鄉人飲酒之禮主於老者。老者禮畢出，孔子從而後出。」

【唐以前古注】皇疏：鄉人飲酒，謂鄉飲酒之禮也。禮，五十杖於家，六十杖於鄉，故呼老人爲杖者也。鄉人飲酒者貴齡崇年，故出入以老人者爲節也。

【集注】杖者，老人也。六十杖於鄉，未出不敢先，既出不敢後。

【別解】讀書證疑：說文：「饗，鄉人飲酒也。从食从鄉，鄉亦聲。」疑解中「鄉」字當讀上聲，即「饗」字，饗、鄉字通。漢書文帝紀「專饗獨美其福」，注：「饗，亦作鄉。」鄭注儀禮少牢饋食「饗辭」云：「饗，勸强之也。」則鄉人者，謂勸强人飲酒也。此「鄉人」或亦當讀作「饗人」，禮有鄉飲酒，無鄉人飲酒，論者以族師祭酺飲酒當之，正泥於下文「鄉人儺」一例，故別施議論耳，此當與上文飲食一例。

按：此說非也。段氏玉裁經韻樓集說：「鄉飲酒禮古謂之饗。說文：『饗，鄉人飲酒。』從鄉食會意。其禮主於養老，賓興賢能之文見於鄉飲酒義者，乃用尚齒之禮以禮賢能，鄉大夫之職所謂『以禮禮賓之』者也。」

○鄉人儺，朝服而立於阼階。

【考異】釋文：儺，魯讀爲獻，今從古。「於阼」，本或作「於阼階」。禮記郊特牲：「鄉人禓，孔子朝服立于阼，存室神也。」鄭注曰：「禓或爲獻，或爲儺。」經義雜記：郊特牲：「孔子朝服立於阼。」知禮記文與古本論語同。則或本有「階」字者非。

【考證】論語後録：郊特牲「鄉人禓」注蓋合古、今文論語。古者「儺」與「獻」聲同，「儺」亦作「難」。周禮占夢注「古書難或爲儺。杜子春讀難問之難，其字當爲儺」是也。讀「儺」同「那」，又因讀「獻」爲「莎」。獻可爲莎，則儺可爲獻矣。是古儺、獻同字。論語古訓：郊特牲云「汁獻涚於醆酒」，注：「獻，讀當爲莎，齊人語聲之誤也。」是魯論「獻」爲「儺」字聲近之誤，故鄭從古作「儺」也。劉氏正義：周官占夢云「季冬，遂令始難毆疫」，注：「難，謂執兵以有難却也。故書難或爲儺。杜子春儺讀爲難問之難，其字當作難。」月令：「季春之月，命國難，九門磔攘，以畢春氣。仲秋之月，天子乃難，以達秋氣。季冬之月，命有司，大難旁磔，出土牛，以送寒氣。」段玉裁周禮漢讀考：「案儺，杜子春讀爲難問之難，而鄭從之，故占夢、方相氏注皆云難却。於月令季春、季秋、季冬注云：『此難，難陰氣也。』『此難，難陽氣也。』難皆當讀乃旦反。」案淮南時則訓高誘注：「儺猶除也。儺讀躁難之難。」譙周論語注：「儺，却之也。」並同杜、鄭之義。舜典「而難任人」，難亦謂屏却之。鄭此注云：「儺，魯讀爲獻，今從古。十二月，命方相氏索室中，逐疫鬼。」段玉裁周禮漢讀考謂：「鄭從古論作難，後人改之，加偏旁耳。方相氏疏引論語正作難。劉昌宗依杜，難音乃旦反是也。戚袞音乃多反，乃詩竹竿儺字之音。陸氏無識，於方相氏、月令、郊特牲、鄉黨皆音乃多反。淺人反以儺爲毆疫正字，改易淆譌，音形俱失。」案乃旦、乃多，一音之轉。若以古正音，則當是乃多。故隰桑以阿、難、何爲韻，而魯讀「儺」亦爲「獻」也。阮氏元校勘記：「郊特牲『汁獻涚於醆酒』，注：『獻讀當爲莎，齊人語聲之誤也。』此讀儺爲獻，亦聲近之誤。」案儺、獻既由聲近，「獻」字或用叚借，未必爲誤字矣。菣厓考古録：此即月令「季冬之月，命有司大難旁磔，出土牛，以送寒氣」也。凡難有三。季春國難，畢春氣，諸侯以下不得難。仲秋天子難，達秋氣，天子以下不得難。惟季冬難，貴賤皆得爲，故謂之大。周禮序官方相氏祇曰「狂夫四人」，不名其職，要亦胥徒之屬。其曰「命有司」者，大難通于天下，必有董其事者。鄉大夫之職，各掌其鄉之政教禁令，此難亦其一事。如今時出土牛，各郡太守必盛儀以隨其後，謂之押春，可見特古禮以大難出土牛爲一令，今禮以出土牛迎春于東郊爲一令，微有不同。郊特牲字或以裼，文異義同。謂之存室神者，方相氏索室毆疫，比户爲之，至孔子家，則孔子行朝服立阼階之禮，故謂之存室神。皇疏以爲季春之儺，失之。任大椿弁服釋例：匡謬正俗云：鄉人裼，孔子朝服立于阼階。鄭注云云。徐仙民音裼爲儺，今讀遂不可言裼，亦失之也。考郊特牲注既云：「裼，强鬼也。」則裼自爲强鬼之名。論語「鄉人儺」，注云：「毆逐疫鬼。即月令所謂『難陰氣』也。」則儺自爲攘祭之名。郊特牲言鄉人裼，言於儺時毆逐疫鬼，又兼毆逐裼鬼，故即以裼名祭也。説文：「裼，道上祭也。」考急就篇「謁裼塞禱鬼神寵」，顔師古注：「裼，道上之祭也。」王伯厚補注：「一曰道神。周禮注：『衍祭羨之道中，如今祭殤。』司巫注：『就巫下，裼音傷。』郊特牲『鄉人裼』，注：『裼，强鬼。』」據伯厚此注，則郊特牲注所云「裼强鬼」，與説文所云「道上祭」同，蓋毆逐强鬼而祭之於道上也。九歌國殤王逸注：「謂死於國事者。」又引小爾雅曰：「無主之鬼謂之殤。」「殤」與「禓」通。鬼無主則爲厲，故曰强鬼。國殤之辭曰：「帶長劍兮挾秦弓，首身離兮心不懲。」蓋言其厲也。鄉人禓此强鬼凶厲之氣，隨感而發，恐其震驚先祖，而朝服臨廟，固其宜也。鄉黨之儺，主於儺陰氣。張平子東京賦：「煌火馳而星流，逐赤疫於四裔。」注引續漢書曰：「儺，持火炬送疫出端門外，騶騎傳炬出宫，五營騎士傳火棄洛水中。」云出端門，棄洛水，則亦儺之於道上矣。與郊特牲之禓名義雖殊，而毆强鬼與毆疫鬼則一也。郊特牲但云「存室神」，不云於寢於廟，孔論語注則云「立於廟之阼階」，蓋廟有寢室，先祖之神在寢室中，故云「存室神」也。室神，猶云廟神也。士入廟玄端，大夫入廟朝服。孔子爲少司寇，故得以大夫之服入廟也。

【集解】孔曰：「儺，驅逐疫鬼。恐驚先祖，故朝服而立於廟之阼階。」

【唐以前古注】月令正義引鄭注：十二月，命方相氏索室中，逐疫鬼。皇疏：儺者，逐疫鬼也。爲陰陽之氣不即時退，疫鬼隨而爲人作禍，故天子使方相氏，黄金四目，蒙熊皮，執戈揚楯，玄衣朱裳，口作儺儺之聲，以毆疫鬼也。一年三過爲之，三月、八月、十二月也。故月令季春云「命國儺」，鄭玄云：「此儺，儺陰氣也。陰寒至此不止，害將及人，厲鬼隨之而出行。」至仲秋又云「天子乃儺」，鄭玄云：「此儺，儺陽氣也。陽暑至此不衰，害亦將及人，厲鬼亦隨之而出行。」至季冬又云「命有司大儺」，鄭云：「此儺，儺陰氣也。厲鬼將隨强陰出害人也。」侃案三儺，二是儺陰，一是儺陽。陰陽乃異，俱是天子所命。春是一年之始，彌畏災害，故命國民家家悉儺。八月儺陽。陽是君法，臣民不可儺君，故稱天子乃儺也。十二月儺雖是陰，既非一年之急，故民亦不得同儺也。今云「鄉人儺」，是三月也。

按：鄭注論語明云「十二月鄉人儺」，皇氏解季冬儺，不及鄉人，有違鄭義，未知何據。黄氏後案、張氏四書辨證均疑之。

【集注】儺所以逐疫，周禮方相氏掌之。阼階，東階也。儺雖古禮，而近於戲，亦必朝服而臨之者，無所不用其誠敬也。或曰：「恐其驚先祖五祀之神，欲其依己而安也。」此一節記孔子居鄉之事。

【發明】四書訓義：以君子而與鄉人處，非易易也。非予之以近情，則無以導其和，而非示之以節，而不與同流，則無以作其肅。觀於聖人而得其妙用焉。鄉人之有飲酒與儺，則先王以一張一弛而爲近情之事以和之者也。然此二者之必至於狎亂而若狂，先王亦無以禁之。乃夫子於鄉人之飲酒，則惟修敬長之禮，視杖者以爲度。杖者未出而不出，無妨於同樂，而吾以敬老故留也。杖者出而斯出，不與子弟同其狎，則自此以後，皆付之不見不聞。鄉人之情得，而君子之威亦全矣。於儺也，則示以國典之當敬，朝服以自飾其容，立於阼階，以示神人之有主，則儺者雖有擾雜狎戲之爲，而懔然於國家之大典，以有所憚於君子之前，而不至於亂。夫然則鄉人謂我以賢智臨之而不合於俗不可也，謂君子之可與俗諧，而無忌憚之情形不妨令君子見之，而抑不能也。既以自處者盡善，而移風易俗之妙用亦在焉。嗚呼！不可及已。反身録：居鄉而或以賢知先人，或以門閥先人，或以富貴先人，或以族大先人，或以事業聞望先人，或以學問文章先人，有一於斯，其人可知。聖如孔子，居鄉恭謹，固無論矣。下此如漢之張湛，官至太守，歸鄉必望里門而步。主簿進曰：「明府位尊德重，不宜自輕。」湛曰：「禮，下公門，式路馬。孔子於鄉黨，恂恂如也。父母之國當盡禮，豈爲自輕哉！」明太宰漁石唐公致政家居時，出入惟徒步。或曰：「公官居八座，年邁七旬，故天下大老也。孔子謂從大夫之後，不可徒行。公學孔子者，而顧欲過之耶？」公曰：「固然。第吾楓山先師致政歸，衹是徒行，未嘗乘轎。姪朴菴章侍郎及竹簡潘侍郎俱守此禮，吾安敢違也。」松江張莊簡公與莊懿公皆以尚書同居東南城河外，中門隔數十武，兩公歲時入城祝釐，則皆出而往朱待詔家拜節。待詔者，櫛公之稱也。兩公與朱爲老鄰，即賤必肅章服拜之，櫛公則戴老人頭巾接兩尚書，具茶送之而出。此皆居鄉而不以名位先人者也。

## ○問人於他邦，再拜而送之。

【考異】七經考文：足利本無「而」字。天文本論語校勘記：足利本、唐本、津藩本、正平本「再拜而送之」，「之」上無「而」字。

【考證】四書釋地：拜而受之，如今之一揖折腰而已。再拜而送之，則兩揖。至拜下之拜，乃再拜稽首也。蔵厓考古録：詩「雜佩以問之」，曲禮所云「苞苴盛魚肉，簞笥盛飯食」，二者祇可施之同國。若珩璜琚瑀及弓劍之屬，皆可遠及。故左傳哀公十一年：「東郭書使問弦多以琴。」又二十六年：「衛出公使以弓問子貢。」一由齊至魯，一由衛至魯，問人於他邦蓋指此。　論語稽：孔子周游列國，所交皆名卿大夫，如蘧瑗、老聃、師襄、顔讎由、司城貞子，與夫晏嬰、沈諸梁之屬，皆一時賢俊。其往也有饋，其返也有贐，皆可以意得之。邢疏：「問，猶遺也。」武億曰：「以物將誠曰問。」朱亦棟曰：「曲禮『以弓劍苞苴簞笥問人』，鄭風『雜佩以問之』。左傳成十六年『楚子使工尹襄問郤至以弓』，哀十一年『東郭書使問弦多以琴』，二十六年『衛出公使以弓問子貢』，檀弓『束脩之問不出竟』，皆問人必以物之證也。其異地相問，如子華使齊，子貢、冉有至楚之類，其事必多，特經傳未記，故不可考。再拜送者，士相見當再拜。今拜使者，如拜所問之人，此當時使命之通禮。」　鄉黨圖考：其時使者不答拜。鄭注儀禮云「凡爲人使，不當其禮」是也。

【集解】孔曰：「拜送使者，敬也。」

【唐以前古注】皇疏：問者，謂更相聘問也。他邦，謂鄰國之君也。謂孔子與鄰國交遊，而遣使往彼聘問時也。既敬彼君，故遣使；使者去，則再拜送之也。爲人臣禮乃無外交，而孔子聖人，應聘東西無疑也。

按：邢疏此條不用皇説，謂：「此記孔子遺人之禮也。問，猶遺也，謂因問有物遺之也。問者，或自有事問人，或聞彼有事而問之，悉有物表其意。故曲禮云：『凡以弓劍苞苴簞笥問人者，操以受命，如使之容。』此孔子凡以物問遺人於他邦者，必再拜而送其使者，所以示敬也。」

羣經義證深然其説，又以爲「人亦非邦君之謂，皇疏義曲」是也。故特著之。

【集注】拜送使者如親見之，敬也。

【餘論】劉氏正義：再拜即禮之空首。鄭注大祝，以空首爲拜頭至手。段氏玉裁釋拜以空首爲跪而拱手，首俯至手，故對稽首之頭著地，而以不著地者爲空首。王氏鎏正義以空首爲首俯而不至手，首與尻平，故荀卿言平衡曰拜。但以手據地，故曰拜手。其首空懸，故曰空首。三説不同，以王爲允。王又云：「經中不見有空首之文，以或言拜，或言拜手，皆空首也。」據王説，則此文再拜當爲空首之再拜矣。大祝：「七曰奇拜，八曰褒拜。」鄭大夫云「奇拜，謂一拜也。褒讀爲報，報拜，再拜」是也。凡拜有奇有耦，耦者尤爲敬也。段玉裁經韵樓集釋拜云：凡禮經言拜不言再者，皆謂一拜也。注即引下文爲證。下文「康子饋藥，拜而受之」，則一拜。

○康子饋藥，拜而受之。曰：「丘未達，不敢嘗。」

【考異】釋文：一本或無「而之」二字。七經考文補遺：古本「嘗」下有「之」字。翟氏考異：按「嘗」或作「甞」，今本與下「正席先嘗」俱兩文並行。據説文有「嘗」無「甞」，「甞」蓋續作字，當以「嘗」爲正。

【考證】潘氏集箋：説文：「饋，餉也。藥，治病草。嘗，口味之也。」周禮醫師「聚毒藥以共醫事」，鄭注：「毒藥，藥之辛苦者。藥之物恒多毒。」疏謂：「藥中有毒者，謂巴豆、狼牙之類是也。藥中有無毒者，謂人參、芎藭之類是也。」案藥得其當，則毒者亦能療病。不得其當，則不毒者亦能害人。此非深於醫理、達於藥性者不能知，故夫子云「丘未達，不敢嘗」也。黄氏後案：夫子既能拜受而答，藥非饋於疾急之時，正如今日一種丸散補劑通用。子云未達者，凡藥加減必應病而後有益，不能以一藥通治諸人之疾。皇疏謂「未曉此藥治何疾，故不敢嘗之」是也。

【集解】包曰：「饋孔子藥也。」孔曰：「未知其故，故不嘗，禮也。」

【集注】范氏曰：「凡賜食必嘗以拜，藥未達則不敢嘗，受而不飲，則虚人之賜，故告之如此。然則可飲而飲，不可飲而不飲，皆在其中矣。」楊氏曰：「大夫有賜，拜而受之，禮也。未達不敢嘗，謹疾也。必告之，直也。」此一節記孔子與人交之誠意。

按：何晏集解本分兩節，朱子合爲一節，今從朱子。

【餘論】四書辨疑：君賜食，蓋熟食也，故可先嘗。賜腥則亦不嘗矣。夫藥性有萬殊，服食之法，製造不一，尤無未熟先嘗之理。又無迫使面嘗之命，何必告之如是邪？且康子以善意饋藥，既已受之，亦當善其辭意以答之，今乃自以曲防疑人之心，告其來使，阻定不服其藥，虚人之賜，孰甚於此？康子聞之，非慚即怒。便如康子寬厚能容，而己之爲人，是何道理？楊氏以必告爲直，聖人之直，恐不如此。王滹南曰：「當是退而謂人之辭，記者簡其文，故一曰字而足耳。」此説理當。學者往往疑其稱名，謂非所以告門人者，抑亦未之思也，如云「吾無行而不與二三子者，是丘也」，「由之瑟，奚爲於丘之門」，「丘也幸，苟有過，人必知之」，對門人稱名，若是者多矣，何獨疑於此哉？惟從滹南之説爲是。

○廄焚。子退朝，曰："傷人乎？"不問馬。

【考異】李治論語刊誤：五十年來，馬廄字皆書"廐"字。廄字從殳，廐字從旡，經史中且無此"廐"字。殳者，戈戟之屬。馬亦武事，故曰廄庫。若從旡，即失武事之意。

【音讀】釋文："'傷人乎'絶句，一讀至'不'字絶句。"李氏刊誤：或有論者曰："『傷人乎否？問馬。』言先問人，後問馬也。"夫此乃人之常情，何足紀述？本以不問馬惟問人，弟子慕聖人推心，足以垂範。且"傷人乎"即是問之之辭。資暇録：今有謂韓文公讀"不"爲"否"，云聖人豈仁於人，不仁於馬。故貴人所以先問，賤畜所以後問。然"乎"字下豈更有助詞。考陸氏釋文已云"一讀至『不』字句絶"，則知以不爲否，其來尚矣。若以不爲否，則宜至"乎"字句絶，不字自爲一句。何者？夫子問傷人乎，乃對曰否。既不傷人，然後問馬，又別爲一讀。豈不愈於陸氏云乎？經讀考異：楊雄太僕箴："廄焚問人，仲尼深醜。"箴言問人爲醜，則不徒問人矣。漢時近古，授讀必有所自，是"不"宜作一讀，"問馬"又作一讀，依文推義，尤於聖人仁民愛物義得兩盡。翟氏考異：按鹽鐵論刑德章："魯廄焚。孔子罷朝，問人不問馬。"可知漢人亦但以"不"字下屬，未嘗作否音。

按：邢疏云："不問馬，記者之言。"胡炳文四書通曰："不問馬與指其掌同，皆門人因夫子之言而申明之。"是諸説者雖較舊注義爲圓滿，然終不如武氏説之合於聖人仁民愛物心理也。或曰："一不字單綴，恐不成辭。"余讀史記范雎傳："范叔有説於秦耶？曰不也。"此例極多，未嘗讀作「否」字也，陸氏後一讀不可從。

【考證】家語子貢問篇：孔子爲大司寇，國廄焚，子退而之火所，鄉人有自爲火來者則拜之，士一，大夫再。子貢問曰：「是何也？」子曰：「是亦相弔之道也。」雜記：廄焚，孔子拜鄉人爲火來者，拜之，士一，大夫再，亦相弔之道也。四書大全辨：家語與論語及禮記所載廄焚本一事，而論語、雜記去「國」字，非脱也。周禮：「六繫成廄，諸侯也。六廄成校，天子也。」大夫止稱皂，稱繫，稱閑，不得稱廄。周禮之文甚明，故言廄可不煩言國廄也。或曰：國馬何以不問？曰：國馬則有圉人、皂人、趣馬、馭夫、僕夫、校人主之，是以不問也。魯廄大火，孔子非退朝始聞，蓋退朝而始至火所。時爲司寇，周禮秋官司民：「司寇，司傷人者也。」非無事而空問也。故問傷人者，司寇之火政。不問馬者，圉師輩之職掌也。論語偶記：詩云「自公退食」，禮云「朝廷曰退」，則退朝明是退至於家。果屬公廄，出朝時便可致問。且公廄被焚，去朝不遠，宜從救火，何待朝罷委蛇而出？且路馬亦非可輕記者，安得大書曰不問？王説非是。梁氏旁證：釋文云：「廐，夫子家廐也。王弼曰：『公廐也。』」按禮記雜記正義云：「孔子馬廄被焚。」與此記所爲一事，明是夫子家廄。故鄭注云：「自君之朝來歸。」邢疏亦直據之。至王弼之説，蓋本於桓寬鹽鐵論刑德篇，與鄭義不合。而王肅又竄改禮記，作僞家語，以與鄭氏爲難。不知既爲國廄，則人皆以國事而來者，必不僅孔子之鄉人。即有孔子之鄉人，亦必非專來弔孔子者。而孔子獨私拜其鄉人，於事理全不協矣。四書經注集證：若是國廄，則路馬亦重矣。問人之後，獨不當問馬乎？

按：廄焚事，據家語爲公廄，據雜記及此章退朝之文爲家廄。然公廄則春秋宜書，今不書，知當爲孔子之家廄。錢坫、陳鱣、劉寶楠並從鄭説，王肅據鹽鐵論竄改禮記，以與鄭氏相難，不足信也。

【集解】鄭曰：「重人賤畜也。退朝者，自魯之朝來歸也。」

【唐以前古注】皇疏：廄，養馬之處也。焚，燒也。孔子家養馬處被燒也。孔子早上朝，朝竟而退還家也。少儀云：「朝廷曰退也。」從朝還退，見廄遭火，廄是養馬處，而孔子不問傷馬，唯問傷人乎，是重人賤馬，故云不問馬也。　又引王弼云：孔子時爲魯司寇，自公朝退，而之火所。不問馬者，矯時重馬者也。

【集注】非不愛馬，然恐傷人之意多，故未暇問。蓋貴人賤畜，理當如此。

【餘論】王滹南論語辨惑：蓋其已見，故不必問，初豈有深意哉？特弟子私疑而記之耳，本不須着此三字。　四書辨疑：未暇問，乃是心欲問而無暇以及之也。理當如此，却是理不當問也。一説而分兩意，理皆不通。問人之言止是「傷人乎」三字而已，言訖問馬，有何未暇？雖曰貴人賤畜，馬亦有生之物，焚燒之苦，亦當愍之。今曰「貴人賤畜，理當如此」，其實豈有如此之理。　反身録：「傷人乎？不問馬」，蓋倉卒之間，以人爲急，偶未遑問馬耳，非真賤畜，置馬於度外，以爲不足恤而不問也。畜固賤物，然亦有性命，聖人仁民愛物，無所不至，見一物之摧傷，猶惻然傷感，况馬乎？必不然也。學者慎勿泥貴人賤畜之句，遂輕視物命而不慈夫物。必物物咸慈而後心無不仁，庶不輕傷物命。

按：王、陳二家專攻集注，然貴人賤畜，語本鹽鐵論，鄭注亦用之，不足爲病。今忽無故塞進理字，謂理當如此，遂成語病耳。考列子：「齊田氏祖於庭，有獻魚雁者。田氏歎曰：『天之於民厚矣，生魚鳥以爲之用。』衆客和之如響。鮑氏之子年十二，預於次，進曰：『不如君言。天地萬物與我並生類也，類無貴賤，徒以大小智力而相制。且蚊蚋噆膚，虎狼食肉，非天本爲蚊蚋生人虎狼生肉者哉。』」據此，知聖人仁民愛物，雖有先後親疏之别，而無貴賤之分。若從武億之説，以「不」字爲一句，則此疑涣然冰釋矣。

【發明】四書訓義：夫馬有死者，則皂人必以告，而可無待問。至於人之或傷與否，雖必知之，而怵惕之仁，不能自已。唯貨利之心澹泊而不擾其寧静，惻隱之情肫摯而無所旁分，故如此。

按：此節本當以武億之説爲正解，假定退一步言之，果如集注所説，孔子所以不問馬者，蓋重人命而輕財産。大學：「孟獻子曰：『畜馬乘不察於雞豚。』」曲禮：「問庶人之富，數畜以對。」孔子係大夫，家中當有養馬。（論語稽云：「大夫不徒行，故有車，有車則有馬。諸侯二車七乘，上大夫五乘，下大夫三乘，士有二車，庶人牛車。又按車一乘四馬，孔子上大夫，馬數不下二十四。」）不問者，世人多重視財産，聖人獨否，故弟子特記之。若貴人賤畜，庸夫俗子皆知之，何必聖人？王氏之説是也。

○君賜食，必正席先嘗之。君賜腥，必熟而薦之。君賜生，必畜之。

【考異】釋文：「腥」，説文、字林並作「胜」。魯讀「生」爲「牲」，今從古。論語後録：「胜」與「腥」通。胜本雞犬膏，借書腥字。腥本星見食豕，借以爲胜。故經凡「胜」皆作「腥」。潘氏集箋：胜，説文云：「从肉，生聲。」月即肉也。是合生、肉二字爲文，不熟之義顯然。自經典借「腥」爲「胜」，後世遂不知「腥」爲借字，其誤甚矣。天文本論語校勘記：足利本、唐本、津藩本、正平本「嘗」下無「之」字。

【考證】禮經釋例：君賜食，即聘禮所謂飪也。君賜腥，即聘禮所謂腥也。君賜生，即聘禮所謂餼也。凡牲殺曰饔，生曰餼。聘禮歸賓饔餼，「飪一牢，鼎九，設於西階前，陪鼎當内廉東面北上，上當碑南陳，牛羊豕魚腊腸胃同鼎，膚鮮魚鮮腊，設扃鼏膷臐膮，蓋陪牛羊豕」。牲之已亨者謂之飪。「腥二牢，鼎二七，無鮮魚鮮腊，設于阼階前西面南陳，如飪鼎二列。」牲之未亨者謂之腥。飪與腥皆饔也，是牲之殺者曰饔也。又歸聘賓，「餼二牢陳于門西，北面東上，牛以西羊豕，豕西牛羊豕」。注：「餼，生也。」是牲之生者曰餼也。王塗鄉黨正義：按淩氏以君賜當聘禮，似精而未核。聘禮記：「賜饔，惟羹飪，筮一尸。如饋食之禮，假器於大夫。」注：「腥餼不祭。」則明與此篇腥異矣。蓋彼爲大禮，三者一時俱致，則獨薦飪耳。意者此爲尋常小賜之禮，在歸饔餼後，所謂燕與時賜無數也。然以君賜屬聘禮，第爲鄰國君之所賜，其義未晐。若本國之君有所賜予，其儀亦當準此。證之以孔子賜鯉事，及穆公饋子思鼎肉事，則聘禮外君賜亦恬其中也。潘氏集箋：聘禮注：「牲殺曰饔，生曰餼。」又「饔」，注云：「謂飪與腥。」則無論已亨未亨，凡已殺者統謂之饔矣。是記所謂「賜饔」，實統鄉黨之賜食賜腥，而注以羹飪爲飪一牢，又云腥餼不祭。餼爲生牲，則不祭。或如夫子之必畜未可知，而祭飪不祭腥，則正與此文相反。疑羹飪指腥者言，羹之飪之，熟而後薦也。士介不祭，以初行不釋幣于禰，非謂無飪也。方與此文相合。釋例意當如此，否則淩氏深於禮經，豈其忘却聘禮記「賜饔」一節，鄭義與此文相反乎？當不然矣。劉氏正義：王氏是也。天官膳夫：「凡肉脩之頒賜皆掌之。」内饔：「凡王之好賜肉脩，則饔人共之。」注云：「好賜，王所善而賜之。」玉藻：「酒肉之賜，弗再拜。」並謂平時所賜。論語此文當得兼之。

【集解】孔曰：「正席先嘗，敬君惠也。既嘗之，乃以頒賜也。薦，薦其先祖也。」

【集注】食恐或餕餘，故不以薦。正席先嘗，如對君也。言先嘗，則餘當以頒賜矣。腥，生肉，熟而薦之祖考，榮君賜也。畜之者，仁君之惠，無故不敢殺也。

## 侍食於君，君祭，先飯。

【考證】儀禮士相見禮：君賜之食，則君祭，先飯。禮記玉藻：賜之食，而君客之，則命之祭，然後祭。先飯，辯嘗羞。朱子語類：近世有以爲君祭必先黍稷者，若然，則其音自不同。蓋如先儒之説，則飯音上聲，而爲食之之義。如近世之説，則飯爲去聲，而指所食之物。二説雖若皆通，細推之，則恐先儒之説爲長。路史蘇子由曰：「禮，食必祭，祭先飯，祭乎其始食者也。古者將田祭貉，將射祭侯，用火祭爟，用師祭禡，食必祭先倉，爨必祭先炊，養老則祭先老，不忘本也。先衣、先虞、先蠶、先卜、先馬、先牧、先農、先嗇、先食、先酒，皆其類矣。先王之制禮，無非教也。」

羣經識小：玉藻：「若賜之食，而君客之，則命之祭，然後祭。先飯，辯嘗羞，飲而俟。」此謂君命之祭，必先飯，以示不敢當客禮也。又云：「若有嘗羞者，則俟君之食，然後食。飯飲而俟。」此謂君但賜之食而非客之者，則膳宰自當嘗羞，臣既不祭，則不必嘗，俟君食然後食也。此節既言君祭，是不以客禮待臣，於禮不必先飯，而夫子亦先飯者，敬謹之至，所謂「亡於禮者之禮」也。

學禮管釋：君前侍食之法，散見於士相見禮、玉藻、論語諸篇。侍食與禮食不同，禮食則公食大夫禮是也，侍食即與君燕食，三經所記是也。侍食又有客不客之分，客之近於禮食，則膳宰不嘗食；不客則純是燕食，有膳宰嘗食，以是爲別。周禮膳夫職云：「王日一舉，鼎十有二物，皆有俎，以樂侑食。膳夫授祭品嘗食，王乃食。」是王平常燕食必有膳夫嘗食也。又云：「凡王祭祀，賓客食則徹王之作俎。」不言嘗食，是與賓客禮食，膳夫不嘗食也。士相見禮云：「若君賜之食，則君祭先飯，徧嘗膳飲而俟。君命之食，然後食。」注云：「臣先飯，示爲君嘗食也。」此謂君與之禮食。玉藻云：「若賜之食，而君客之，則命之祭，然後祭。先飯，辯嘗羞，飲而俟。」論語云：「君祭，先飯。」以上三經，皆君賜食而客之之禮也。凡君賜食，臣皆不祭，客之則有祭法，然必君命之祭，然後祭。士相見、論語不言者，文不具也。「君祭，先飯，徧嘗膳」者，謂無膳宰嘗膳，則臣先嘗之。注所謂「示爲君嘗食」也。先飯者，飯黍稷也。徧嘗膳者，嘗庶羞也。飯嘗畢，則以酒漱口而飯，俟君之食也。又必君命之食然後食者，黍稷庶羞已飯嘗畢，若已食然，故必君命之食，然後食也。此食亦謂黍稷，不及庶羞也。是皆君客之之禮也。士相見又云：「若有將食者，則俟君之食，然後食。」玉藻又云：「若有嘗羞者，則俟君之食，然後食，飯飲而俟。」以上三經皆君不客之之禮也。君不客，則有膳宰嘗食，故已不嘗食，俟君之食，然後食。不待命者，未嘗嘗食，君賜食之意未終，故不待命，俟君食即食也。此食亦謂黍稷，不及庶羞，但食黍稷畢，即飲而俟也。玉藻又云：「君命之羞，羞近者，命之品嘗之，然後唯所欲。」則食庶羞矣。又云：「君未覆手，不敢飧。既食，又飯飧。飯飧者，三飯也。君既徹，執飯與醬，乃出授從者。」皆士相見所不具，必合考之，而君賜食之禮始全矣。黄氏後案：此章紛紛異論。以經考之，公食大夫禮是正禮食，賈疏云：「彼君前無食，與君臣俱有食者異矣。」玉藻：「若賜之食而君客之，則命之祭，然後祭。先飯，辯嘗羞，飲而俟。若有嘗羞者，則俟君之食然後食。」此客禮，與公食不同。然君命之祭，正待以客禮之次，時或膳宰不存，先飯爲君嘗羞，不敢以客禮自居。若膳宰存，不先飯。則既以客待，不先飯爲正也。經文本直截，此章所記，不言命祭，是不以客禮待之，無論膳宰之在與不在，而以先飯爲合禮也。自玉藻孔疏分「若有嘗羞」以下爲不以客禮待之，説論語者遂不可通。舊説謂不以客待之，禮不必先飯，而夫子於常禮外有加謹，是過於禮也。江慎修疑爲客禮待之而先飯，則經何以不言君命之祭也？秦氏通考云：「君不以客禮待之，故君祭而臣不祭。君側無嘗羞者，故先飯辯嘗。」然無嘗羞者句，於論語中未免添説，未是也。今以公食禮爲正客禮，以玉藻所言爲客禮之次，以論語所記爲不以客禮，説經始無膠葛，非好翻案也。

論語稽：此節説者不一。朱注從鄭説，有若爲嘗食之文，本無語病，或據鄭氏玉藻注，臣禮有膳夫，君祭臣不祭。客禮無膳夫，君命之祭而祭。謂此節是宰夫設饌未畢，或監視加饌，有故不在側，則旁近之臣代嘗食云云。江永曰：「此君以客禮待之，故代宰夫嘗食。客之則已當祭，其不言已祭者，或君未命，或記者略之。若非客禮，則有宰夫嘗食，夫子不得先飯矣。」吴英曰：「惟孔子爲君所客，故無嘗羞者。無嘗羞者，則君將命祭，孔子謙不敢當，故不俟君命而先飯，以自同於不客之禮。」邢昺曰：「此不言命祭，非客禮也。」羣經識小曰：「此非以客禮待之，於禮不必先飯，而夫子先飯，敬之至也，無於禮者之禮也。」又云：「君與臣正食禮，公食大夫禮是也。公退於箱不共食，其小禮食則君賜之食而君客之，其非禮食則不客。」黄式三曰：「公食大夫禮爲正，玉藻所言爲客禮之次，此節所記爲不客禮。」清按：諸説紛紜，皆未即士相見、玉藻、膳夫之經文而熟思之耳。士相見、玉藻詳略互見，當會而通之。膳夫之文，乃人君自食之禮，非侍食之禮，不必强爲牽合。説經家必以膳夫之有無在側言之，蓋泥於鄭注之誤也。至云不以客禮則不先飯，是又以若有進食嘗羞者，專指宰夫，且分禮經上下文爲兩橛而誤之也。其云公食大夫爲正禮，是則更以待外臣之禮牽混爲待食之禮矣。

【集解】鄭曰：「於君祭，則先飯矣，若爲君嘗食然。」

【唐以前古注】皇疏：祭，謂祭食之先也。夫禮食必先取食，種種出片子，置俎豆邊地，名爲祭。

祭者，報昔初造此食者也。君子得惠不忘報，故將食而先出報也。當君正祭食之時，而臣先取飯食之，故云先飯。飯，食也。所以然者，示爲君先嘗食，先知調和之是非者也。

【集注】周禮：「王日一舉，膳夫授祭品嘗食，王乃食。」故侍食者，君祭，則己不祭而先飯，若爲君嘗食然，不敢當客禮也。

○疾，君視之，東首，加朝服，拖紳。

【考異】舊文「拖」爲「扡」。釋文：扡，徒我反，又勑佐反。本或作「拖」。說文解字引論語曰：加朝服袉紳衣居也。湛淵靜語：鄉黨「朝服拖紳」，說文作「袉」，許慎東漢時所見論語本如此。唐石經「拖」字作「扡」。增修韻略引論語亦作「扡」。漢書龔勝傳：東首加朝服拕紳。潘氏集箋：拖，陸本作「扡」，說文作「袉」，云：「裾也。」龔勝傳作「拕」，說文云：「曳也。」是「拕」當爲正字，「袉」疑通借字，拖、扡皆俗字也。

【考證】四書稗疏：集注謂受生氣，自疾言之，非自君視疾言之矣。東首，首東嚮也。按禮，天子適諸侯，升自阼階。天子主天下，諸侯不敢爲主也。諸侯適其臣，亦升自阼階。諸侯主其國，大夫不敢爲主也。疾不能興，寢於南牖下之西，而東首以延君。君升自阼，立於户東，使首戴君，存臣禮也。與朝服拖紳同義。論語稽求篇：按玉藻：「君子之居恒當户，寢恒東首。」是平時卧寢無不東首者。惟大禮易衽，如昏禮御衽于奥，則北趾而南首是也。老者更卧，如曲禮少事長上，請衽何趾；内則子婦事舅姑，亦請衽何趾是也。若君來視疾，則論語與儀禮及喪大記皆云寢東首，是不問遷卧與否，必令東首者，以室制尊西，君苟入室，則必在奧與屋漏之間，負西而向東，故當東首以示面君之意。加朝服拖紳，喪大記云「徹褻衣，加新衣」，舊注：「徹去褻衣，而加新朝服于其上。」正指君來視疾一節，則是禮固有之。故鄉黨雖記夫子禮儀，而通禮亦然。如曲禮「立不中門，不踐閾」。車上不妄指。袗絺綌不入公門」，檀弓：「羔裘玄冠，夫子不以弔。朋友死，於我乎殯」，玉藻「有疾風迅雷大雨，則必變。瓜祭上環。君賜之食，命祭，然後祭。先飯，辯羞。羔裘豹飾，緇衣以裼之。狐裘，黄衣以裼之。凡帶必有佩玉，惟喪否。執龜玉，舉前曳踵，蹜蹜如也」，郊特牲「鄉人裼，孔子朝服立於阼」，士喪禮「寢東首于北墉下」類。

【集解】包曰：「夫子疾，處南牖之下，東首，加其朝服，拖紳。紳，大帶也。不敢不衣朝服見君也。」

【唐以前古注】皇疏：疾，謂孔子疾病時也。孔子病而魯君來視之也。此君是哀公也。病者欲生，東是生陽之氣，故眠頭首東也。故玉藻云「君子之居恒當于户，寢恒東首」者是也。加，覆也。朝服，謂健時從君日視朝之服也。拖，猶牽也。紳，大帶也。孔子既病，不能復著衣，而見君不宜私服，故加朝服覆于體上，而牽引大帶於心下，至是如健時著衣之爲。

【集注】東首以受生氣也。卧病不能著衣束帶，又不可以褻服見君，故加朝服於身，又引大帶於上也。

【别解】論語後録：鄭意未了，言恒居北牖下，則其移南牖下可知矣。漢書龔勝傳：「莽遣使者奉璽書，安車駟馬迎勝。勝稱疾篤，爲牀室中户西南牖下，東首加朝服拖紳。使者入户西行，南面立致詔。」

按：劉氏正義云：「此説穿鑿非理。」論語稽亦云：「漢人説經，不無謬誤附會。」則勝此舉未必即前聖之定禮，不可引以證經也。

○君命召，不俟駕行矣。

【考證】王肯堂論語義府：荀子曰：「諸侯召其臣，臣不俟駕，顛倒衣裳而走，禮也。詩云：『顛之倒之，自公召之。』」以此看禮字最活。尋常大夫不可以徒行，及至趨召，則徒行乃更爲禮，而至於顛倒衣裳不爲過。儀文逐敬而移，因心而制，豈有常乎？論語後録：玉藻云：「凡君召以三節，二節以走，一節以趨。在官不俟屨，在外不俟車。」駕者，車也，言駕是在外。官，猶九室，在路門之表。言外則不在官所矣。

【集解】鄭曰：「急趨君命，行出而車駕隨之。」

【唐以前古注】皇疏：謂君有命召見孔子時也。君尊命重，故得召，不俟駕車而即徒趨而往也。大夫不可徒行，故後人駕車而隨之使乘之也。

【集注】急趨君命，行出而駕車隨之。此一節記孔子事君之禮。

按：自「席不正不坐」至此合下「入太廟」，注疏本皆自爲一節，今從朱子。

○入太廟，每事問。

【集解】鄭曰：「爲君助祭也。太廟，周公廟也。」

【唐以前古注】皇疏：前是記孔子對或人之時，此是録平生常行之事，故兩出也。

【集注】重出。

○朋友死，無所歸，曰：「於我殯。」

【考證】禮記檀弓：「賓客至，無所館，夫子曰：『生于我乎館，死于我乎殯。』」方慤解義曰：「此言賓客，論語言朋友，互相備也。」家語子夏問篇曰：客至無所舍，而夫子曰：「生于我乎館。」客死無所殯，夫子曰：「于我乎殯。」禮歟？仁者之心歟？白虎通三綱六紀篇引論語曰：朋友無所歸，生於我乎館，死於我乎殯。通典引鄭志（孫氏問經堂輯本）：劉德問：「朋友無所歸，于我殯。若此者迎彼還己館，皆停柩于何所？」答曰：「朋友無所歸，故呼而殯之，不謂已殯迎之也。于己館而殯之者，殯之而不于西階也。」

按：劉寶楠釋此文云：「呼而殯之者，此釋經曰字。其殯資皆出自夫子，就其所在殯之，不迎於家也。若館而殯之，不於西階，則但殯之於館也。」胡氏泳曰：「此節獨記一『曰』字，必嘗有是事，人莫知所處，而夫子有是言也。」

【集解】孔曰：「重朋友之恩也。無所歸，無親昵也。」

【集注】朋友以義合，死無所歸，不得不殯。

【發明】此木軒四書説：無所歸，曰於我殯，不特仁之至，亦見義之盡。蓋使其有所歸，其人恩分不得辭，而我乃代任其事，是使彼不得自盡，而我之爲義乃所以爲非義也。故無所歸則曰於我殯，與好行其德者異矣。

○朋友之饋，雖車馬，非祭肉，不拜。

【考異】禮記玉藻正義引論語：「朋友之饋，非祭肉，雖車馬，不拜也。」中六字上下易置。周禮玉府疏但云「雖車馬不拜」，略「非祭肉」三字。

【考證】禮記坊記「父母在，饋獻不及車馬」，注：「車馬，家物之重者。」少儀：「爲人祭曰致福，爲己祭而致膳於君子曰膳，祔練曰告。凡膳告於君子，主人展之以授使者於阼階之南，南面再拜稽首送，反命，主人又再拜稽首。其禮，太牢云云。」注：「此皆致祭祀之餘於君子。」鄉黨圖考：饋祭肉，古人重其禮如此。孔子所以必拜受，言再拜稽首者，饋尊者之辭。平敵當再拜，不稽首。

【集解】孔曰：「不拜者，有通財之義也。」

【集注】朋友有通財之義，故雖車馬之重不拜。祭肉則拜者，敬其祖考，同於己親也。此一節記孔子交朋友之義。

【餘論】朱子語類：後世同志者少，而泛然交處者多，祇得隨其淺深厚薄，度吾力量爲之，寧可過厚，不可過薄。曰朋友交遊，固有淺深，若泛然之交，一一要周旋亦不可，須是情文相稱。若泛泛施之，却是曲意徇物。古人於此自分明，如交友稱其信也，執友稱其仁也，又如師吾哭諸寢，朋友哭諸寢門之外，所知哭於野，恩義自有許多節。

【發明】李沛霖四書異同條辨：人惟重財，乃重車馬。聖人祇見通財爲朋友之當然，無可拜處。若祭肉雖微，聖人見祭肉如見其所祭之祖考，安得不拜？蔡清四書蒙引：朱子於此章曰「朋友以義合」，曰「朋友有通財之義」，惟平日於朋友之饋，雖車馬受之，不至於感激無地者，方於朋友死無所歸之時，可望其爲殯也。何則？祇是於義字看得透也。此亦觀人之法，蓋能以義處己，方能以義處人，惟能以義處人，必能以義自處。

○寢不尸，居不客。（今本作「容」，茲從集解、釋文。）

【考異】釋文作「居不客」，云：苦百反。本或作「容」。唐石經依舊文爲「居不客」。讀書叢録：大戴禮衛將軍文子篇：「在貧如客。」説文：「窓，敬也。」皆謂客爲敬，則作「客」本是。論語補疏：武進臧氏玉琳云：「居不客，言居家不以客禮自處。是當從釋文作『客』，開成石經亦作『居不客』。」臧氏説是也。後漢書周燮傳注引謝承書云：「燮居家清處，非法不言，兄弟父子室家相待如賓。」此正所謂客也。論語足徵記：皇本、邢本皆作「居不容」，校勘記曰：「唐石經作『客』。釋文出『居不客』，云：『苦百反。本或作容。羊凶反。』」案何平叔作集解時，經文亦作「客」，故引孔安國曰：「爲室家之敬難久。」此注「經」字釋經「客」字，「難久」二字釋經「不」字。不客，謂不莊敬似客。猶不尸，謂不偃卧似尸也。六朝以後，乃有作「容」之本，與「客」形近而誤也。邢疏曰：「其居家之時，則不爲容儀，爲室家之敬難久，當和舒也。」是據作

「容」之經，以申作「客」之注，是猶賣牛肉而舉馬首矣。皇、邢二疏及朱注皆以爲居家。案居家有坐有立，有行有寢，寢特居家之一端。居家統坐立行寢等事，寢與居家義不相當。居當訓坐，禮記樂記、此經陽貨篇「居，吾語女」，皇疏皆訓爲坐可證。段注說文曰：「古人之坐，有跪有坐，有蹲踞，有箕踞。跪與坐皆膝著於席，而跪聳其體，坐下其尻。蹲踞則足底着地而下其尻，聳其膝。箕踞則尻著席而横肱於前。跪坐皆敬，踞則不敬，而較安舒。」以此言之，執禮之士，雖毋不敬，或跪或坐，惟見客與作客爲然。

按：段氏玉裁曰：「寢不尸，惡生之同於死也。居不客，嫌主之類於賓也。」作「容」雖亦可通，「客」字既係舊文，仍以作「客」爲是。

【集解】包曰：「不偃卧四體，布展手足，似死人也。」孔曰：「不客，爲室家之敬難久也。」

【唐以前古注】書鈔禮儀部七引鄭注：寢不尸，惡其死也。居不客，爲室家之敬難久也。

【集注】尸，謂偃卧似死人也。居，居家。容，容儀。范氏曰：「寢不尸，非惡其類於死也，惰慢之氣不設於身體，雖舒布其四體，而亦未嘗肆耳。居不容，非惰也，但不若奉祭祀見賓客而已，申申夭夭是也。」

按：尸當爲「坐如尸」之尸，非死屍也。包、鄭均訓爲死人，是其誤不始於朱子。容、客形近易譌。莊子天地篇「此謂德人之容」，釋文：「依注當作客。」此其證也。朱子沿皇、邢二疏之誤，不加改正。又居，坐也，亦非居家之義。

【别解】經義雜記：尸當作「弟爲尸」之尸，與「客」字正相對文。夫坐如尸，既寢則不當執是禮。「容」，當從陸氏作「客」。孔注「爲室家之敬難久」，因爲一家之人難久以客禮敬己也。邢疏謂「不爲容儀」，夫君子物各有儀，豈因私居廢哉。論語訓：尸，祭尸也。尸必宿齋居内寢，故在寢不爲齋敬容，同居人家則不爲客，亦不以客禮待人也。

按：曲禮「坐如尸，寢不尸」言寢則向晦入息之時，屈伸輾轉儘可自如，不如此也。集注作不似死人，蓋沿包注之誤，不可從。不似死人，何待聖人能之耶？

【餘論】劉氏正義：説文云：「尸，陳也。象卧之形。屍，終主也。從尸死。」義同。段氏玉裁注云：「方死無所主，以是爲主，故曰終主。」即此注所謂死人也。偃卧者，説文：「偃，僵也。」左傳：「偃且射子鉏。」凡仰仆皆曰偃。四體，謂二手二足也。皇疏言人卧法云：「眠當欹而小屈。」謂足小屈也。夫子曲肱而枕，則側卧可知。今養生家亦如此説。

○見齊衰者，雖狎必變。見冕者與瞽者，雖褻必以貌。

【考異】皇本「見」上有「子」字。釋文：「冕」，鄭本作「弁」。

【考證】四書釋地：孤卿大夫之冠也，或希或玄，惟朝聘天子及助祭於公始服，豈孔子所得燕見哉？此不必真見，但當服此者。邢昺以「見大夫」疏「見冕者」，得之。汪中經義知新録：冕者無無故行於道路之事，此謂位爲大夫，得服玄冕者也，猶所謂食肉之禄、伐冰之家耳。

【集解】孔曰：「狎者，素親狎。」周曰：「褻，謂數相見，必當以禮貌也。」

【唐以前古注】釋文引鄭注：魯讀「弁」爲「絻」，今從古。

按：陳鱣云：「子罕篇釋文云：『鄉黨篇亦然。』是鄭注同前也。」劉寶楠云：「『鄉黨篇亦然』五字，疑亦鄭注。冕與絻同，亦是喪服，説見前子罕篇。」

皇疏：褻，謂無親而卑數者也。尊在位，恤不成人，故必以貌，以貌變色對之也。變重貌輕，親狎重，故言變。卑褻輕，故以貌也。然前篇必作、必趨，謂見疏者也。

【集注】狎，謂素親狎。褻，謂燕見。貌，謂禮貌。餘見前篇。

## 凶服者式之。式負版者。

【考異】七經考文：古本「版」作「板」。

【集解】孔曰：「凶服，送死之衣物。負版者，持邦國之圖籍。」

【唐以前古注】世説文學篇注引鄭注：版，謂邦國圖籍也。負之者，賤隸人也。

【集注】式，車前横木，有所敬則俯而凭之。負版，持邦國圖籍者。式此二者，哀有喪，重民數也。人惟萬物之靈，而王者之所天也，故周禮獻民數於王，王拜受之。況其下者，敢不敬乎？

【别解一】朱彬經傳考證：周官之書版甚多，凡在書契版圖者之貳，王宫之士庶子爲之版以待。生齒之書於版，特其一端耳。未見版所書，何由知爲民數？且聖人繫心天下，不忘斯民，不在道塗之式否。反覆思之，負版當讀如曲禮「雖負販者必有尊也」之販。蓋承「凶服者式之」而言，方與「雖狎必變，雖褻必以貌」文勢一貫。

羣經平議：負版之文，他書未見，孔亦望文爲説耳。「負版」疑「負販」之誤，或版、販同聲，古文通用也。式負販者，與上句「凶服者式之」共爲一事，言子見凶服者必式，雖負販者亦式之也。禮記曲禮篇：「夫禮者自卑而尊人，雖負販者必有尊也，而況富貴乎？」即可以説此經矣。孔以凶服爲一事，負版爲一事，然經文不曰「式凶服者，式負版者」，是二句本不平列，舊説殆未得也。爾雅釋蟲傳：「負版亦即負販也。此蟲喜負重，故以人之負販者爲比耳。」

【別解二】四書典故辨正：葉少蘊云：「喪服有負版。翟公巽謂式負版者，非版籍之版，乃喪服之版。」愚按上既有凶服者式之，何得又以負版爲喪服？翟説甚謬，不解石林何以取之者。

四書辨證：喪服記「負廣出於適寸」，鄭云：「負，在背上者。適，辟領。負出於辟領外旁一寸。」「衰長六寸，博四寸」，「廣袤當心，前有衰，後有負版，左右有辟領，孝子哀戚，無所不在」，孔子式負版者，以其服最重故耳。論語訓：負版，衰之領也。記曰負版出於適，適出於衰。三年喪，衰乃有之，卒哭，受齊衰，則除矣。上言變齊衰，嫌式凶服式齊衰以下，故特明負版乃爲凶服。

按：負版，孔亦望文生義，集注沿其誤也。二句實指一事，觀語法參差遞下可見。即謂式凶服之負版者耳。兩説均較舊注爲勝，後一説尤長，似可從。

**有盛饌，必變色而作。**

【考證】劉氏正義：曲禮云「食至起」，注云：「爲饌變。」此侍長者食禮，若食於同等者，雖盛饌或不起。夫子必變色而起，所以敬主人也。注言主人親饋者，曲禮疏云：「饋，謂進饌也。有盛饌，當兼親饋。若不親饋，雖盛饌亦不起矣。」曲禮云：「侍食於長者，主人親饋，則拜而食。主人不親饋，則不拜而食。」坊記云：「故食禮，主人親饋則客祭，主人不親饋則客不祭。故君子苟無禮，雖美不食焉。」據此，則親饋乃爲禮盛，不祇在食品之多備矣。玉藻云：「孔子食於季氏，不辭，不食肉而飧。」注云：「以其待己及饌非禮也。」雜記：「孔子曰：『吾食於少施氏而飽，少施氏食我以禮。吾祭，作而辭曰：「疏食不足祭也。」吾飧，作而辭曰：「疏食不敢以傷吾子。」』」此即少施氏親饋爲禮盛。論語訓：盛饌，謂士食於大夫，大夫食於君，非己所得食之牲牢也。常食禮有常饌，此燕食，故更變作，或者特殺亦盛之。

【集解】孔曰：「作，起也。敬主人之親饋也。」

【集注】敬主人之禮，非以其饌也。

【餘論】梁氏旁證：袁氏枚每譏集注以私意窺聖人，如「敬主人之禮足矣，何必又增『非以其饌』一語」。此袁氏未嘗並稽舊注，而於集注所謂禮者亦未分明也。周氏柄中曰：集注所謂禮，即舊注所謂親饋也。蓋饌不爲己設，則主人不親饋。曲禮：「侍食於長者，主人不親饋，則不拜而食。」亦有失禮而不親饋者。玉藻：「孔子食於季氏，不辭，不食肉而飧。」以季氏進食不合禮故也。坊記云：「君子不以非廢禮，不以美没禮。」故食禮，主人親饋則拜而食，主人不親饋則不拜而食。此盛饌爲己設而主人親饋，故改容而起以辭謝之。若指盛饌爲禮，則仍是以其饌矣。

迅雷風烈必變。

【考證】玉藻：若有疾風迅雷甚雨則必變，雖夜必興，衣服冠而坐。論語補疏：雷風之來，既疾急而至於猛烈。「迅雷風」三字連讀，鄭以疾屬風，以烈屬雷，互明之也。論語訓：不言烈風者，欲明二者有一皆變。

【集解】鄭曰：「敬天之怒也。風疾雷爲烈。」

【集注】迅，疾也。烈，猛也。必變者，所以敬天之怒。記曰：「若有疾風迅雷甚雨則必變，雖夜必興，衣服冠而坐。」此一節記孔子容貌之變。

○升車，必正立，執綏。

【考異】徐鉉説文注引文上題「禮曰」。

【考證】論語釋故：君升有二綏：一曰良綏，君升所用。一曰散綏，亦曰貳綏，僕右升所用。皆繫於車。少儀：「執君之乘車則坐，僕者右帶劍，負良綏，申之面，拖諸幦，於散綏升，執轡然後步。」曲禮：「君車已駕，僕取貳綏跪乘。大夫以下則惟一綏，升車則僕人授。」少儀：「僕於君子，升下則授綏。」曲禮：「凡僕人之禮，必授人綏。若僕者降等則受，不然則否？若僕者降等，則撫僕之手，不然則自下拘之。」是則正立執綏蓋謂僕人方授時耳。潘氏集箋：「升車王履乘石，尸乘以几」，注：「謂尊者慎也。」而大夫士所履以乘者不見於經。鄉黨圖考謂：「孔子升車必正立執綏，則是履地而升，蓋不敢同於尊者也。」

【集解】周曰：「必正立執綏，所以爲安也。」

【唐以前古注】皇疏：謂孔子升車禮也。綏，牽以上車之繩也。若升車時，則正立而執綏以上，所以爲安也。

【集注】綏，挽以上車之索也。范氏曰：「正立執綏，則心體無不正而誠意肅恭矣。蓋君子莊敬，無所不在，升車則見於此也。」

**車中不内顧，不疾言，不親指。**

【考異】釋文：魯讀「車中内顧」，今從古也。盧文弨鍾山札記：張衡東京賦：「夫君人者，黈纊塞耳，車中不内顧。」薛綜注：「内顧，謂不外視臣下之私也。」李善注：「魯論語曰：『車中不内顧。』」按魯論作「内顧」，無「不」字，乃刻本於賦及注俱增「不」字，此但知今本而不知魯論本也。賦之「車中内顧」與「黈纊塞耳」皆四字爲句，加一字則參差不齊矣。崔駰銘今載古文苑，有三章。車左銘曰：「正位授綏，車中不顧。」其車右銘云：「箴闕旅賁，内顧自勅。」車後銘云：「望衡顧轂，允慎於容。」段若膺云：「觀此二章，益可證車左銘之爲内顧矣。」崔銘中之「正位」即「正立」，古位、立通。論語古訓：漢書成紀贊「升車正立，不内顧」，師古曰：「不内顧者，謂儼然端嚴不回顧也。此本論語鄉黨篇。今論語云『車中内顧』，説者以爲前視不過衡軛，旁視不過輢轂，與此不同。」文選東京賦云「車中内顧」，薛注：「内顧，謂不外視。」李注：「魯論語曰：『車中内顧。』」臧在東曰：「何既從鄭作『不内顧』，乃不采鄭校之言，而反取魯論内顧之説。後人於包注『内顧』上加『不』字，致漢書、文選竝爲增易誤矣。幸薛注尚未誤，師古説亦分明，今宜據正之。」包慎言温故録：風俗通過譽云：「升車必正立執綏内顧，不掩不備，不見人短。」太平御覽色類述論語：車中不内顧，不疾言，不親指，色斯舉矣。亦魯論説。今本亦多「不」字。翟氏考異：魯論「内顧」上無「不」字，鄭以古論就校增之。文選東京賦注引魯論語「車中不内顧」，特題魯曰，而仍有「不」字，題非率意歟？御覽取「色斯舉」句而連及於此節，見解似獨别。郝氏論語詳解分鄉黨章節，以「車中」至末爲一章，其觸發于御覽也夫。黄氏後案：「親指」當作「新指」。

【集解】包曰：「輿中内顧者，前視不過衡軛，旁視不過輢轂也。」

【唐以前古注】皇疏：内，猶後也。顧，迴頭也。升在車上，不迴頭後顧也。所以然者，後人從己者不能常正，若轉顧見之，則掩人私不備，非大德之所爲，故不爲也。疾，高急也。在車上言易高，故不疾言，爲驚於人也。車上既高，亦不得手有所親指點，爲惑下人也。又引衛瓘云：不掩人之不備也。又引繆協云：車行則言傷疾也。

【集注】内顧，回視也。禮曰：「顧不過轂。」三者皆失容且惑人。此一節記孔子升車之容。

○**色斯舉矣，翔而後集。曰：「山梁雌雉，時哉時哉！」子路共之，三嗅而作。**

【考異】談經苑引講録：此文前後倒置。夫子見山梁雌雉，時哉時哉。子路去共之，雉三嗅而作，故嘆曰：「色斯舉矣，翔而後集。」論衡定賢篇：大賢之涉世也，翔而後集，色斯而舉。古史孔子弟子傳：山梁雌雉，子路拱之。孔子嘆之也，時哉時哉。三嗅而作，以有好鬬而死，自取之也，而豈其時哉。然子路終不悟也。義門讀書記：「色斯」二句，集解中本不與下雌雉相屬，朱子亦據胡氏，謂雉之飛也決起，其止也下投，無翔集之狀。故雖與下通爲一節，注中仍謂二句上下必有闕文。其謂色舉翔集即雉，移「山梁雌雉」一句冠于首，則辭意尤明者，始于陳定宇也。黄氏後案：色，謂人物色之也。韓詩外傳二引經義如此。王伯申曰：「漢人多以色斯二字連讀。色斯者，狀鳥舉之疾也。」引論衡定賢篇及漢碑文爲證，亦一義也。注云：「有闕文。」李安溪、姚秋農云：「弟子欲記夫子贊雉之言，而先記此以明時之義。經中記事如此者甚多，無闕文。」文選七發注引題「子曰」字，並引鄭注云：「孔子山行，見一雌雉食其粱粟。」似通「粱」爲「梁」。韓李筆解引文「曰」上有「子」字。論語後録：依義當作「粱」。三蒼曰：「好粟曰粱。」字从米，不从木，與浮梁之梁異。釋文：「時哉」，一本作「時哉時哉」。義疏引虞氏贊曰：「山梁雌雉時哉。」以此解上義也，無重文。「共」作「供」。後漢書班固傳注、太平御覽羽族部引論語：「山梁雌雉時哉。」皆無重文。藝文類聚、太平御覽述論語，作「子路拱之」。天文本論語校勘記：古本、唐本、津藩本、正平本「共」作「供」。五經文字：説文「齅」字，經典相承作「嗅」，論語借「臭」字爲之。玉篇引論語：三齅而作。論語集説：「嗅」疑作「嘆」。節孝語録、書齋夜話俱曰：「三嗅」當作「三嘆」。釋雅：或云「三噫」之訛。司馬光類篇「迲」字下引論語「三嗅而迲」。

翟氏考異：呂氏春秋季秋紀云：「子路揜雉，得而復釋之。」似先秦人已解此「共」爲「拱執」之義。集注所云石經，蜀石經也。晁氏有石經考異，此引其說：「劉氏云『見爾雅』者，須屬文鳥曰狊是也。狊古闃反，从目，不从自，與臭字形聲俱别。舊本嗅或無口，五經文字言之，故其形得與夏臭相似。荀卿禮論言祭祀處有「三臭不食」之文，恐此三嗅亦謂以雉共祭。特殘脱之餘，難以鑿説之耳。」

【考證】四書稗疏：古無「嗅」字，許救切者从鼻，从臭。鼻吸氣也，施於雌雉之作固必不可。按此「三嗅」當作「狊」，音古闃切。狊从目，从犬。犬之瞻視，頭伏而左右顧，鳥之驚視也亦然，故郭璞謂「張兩翅狊狊然」，謂左右屢顧而張翅欲飛也。若謂張翅爲狊，則鳥之將飛，一張翅而即翀舉，奚待三哉？　論語補疏：荀子禮論云：「利爵之不醮也，成事之俎不嘗也，三臭之不食也，一也。」何注本此。　劉氏正義：「共」，本又作「供」，皇本作「供」。藝文類聚鳥部上、太平御覽羽族部並引作「拱」。案作「拱」是也。呂氏春秋審己篇：「故子路揜雉而復釋之。」高誘注：「所得者小，不欲夭物，故復釋之。」揜即是拱。爾雅釋詁：「拱，執也。」意者雉正倦飛，子路揜而執之，此亦隨意之樂趣，而旋即釋之，於是雌雉駭然驚顧，遂振迅而起也。集注云：「劉聘君曰：『嗅當作狊，古闃反，張兩翅也。見爾雅。』」考爾雅釋獸云：「獸曰釁，人曰撟，魚曰須，鳥曰狊。」並動走之名。狊字從目，從犬。説文訓犬視，亦驚顧之意。其字與「臭」相似，故相沿譌爲臭。唐石經「臭」字左旁加口作「嗅」，則後人所改。五經文字此字尚作「臭」也。然玉篇已引作「齅」。「齅」即「嗅」正字。集注引石經又作「戞」。錢氏大昕養新録以爲孟蜀刻字經三寫，不能無誤，其信然矣。

【集解】馬曰：「見顔色不善則去之。」周曰：「回翔審觀而後下止也。」何曰：「言山梁雌雉得其時，而人不得其時，故歎之。子路以其時物，故共具之。非本意，不苟食，故三嗅而作。作，起也。」

【唐以前古注】釋文引鄭注：孔子山行，見一雉食梁粟也。皇疏：謂孔子在處觀人顔色而舉動也。謂孔子所至之處也，必迴翔審觀之後乃下集也。此記者記孔子因所見而有歎也。梁者，以木架水上，可踐渡水之處也。孔子從山梁間過，見山梁間有此雌雉也。時哉者，言雉逍遥得時所也。所以有歎者，言人遭亂世，翔集不得其所，是失時矣。而不如山梁間之雉，十步一啄，百步一飲，是得其時，故歎之也。獨云雌者，因所見而言也。又引繆協云：自「親指」以上，鄉黨拘拘之禮，應事適用之跡詳矣。有其禮而無其時，蓋天運之極也。將有遠感高興，故色斯舉矣。又引顧歡云：夫栖遲一丘，雉之道適也。不以剛武傷性，雌之德也。故於翔集之下，繼以斯歎，而仲由之獻偶與歎不諧。若即饗之，則事與情反；若棄而弗御，則似由也有失。故三嗅而起，則心事雙合。又引虞氏云：色斯舉矣，翔而後集，此以人事喻於雉也。雉之爲物，精儆難狎，譬人在亂世，去危就安，當如雉也。曰「山梁雌雉，時哉時哉」，以此解上義也。時者，是也。供，猶設也。言子路見雉在山梁，因設食物以張之。雉性明儆，知其非常，三嗅而作，不食其供也。正言雌者，記子路所見也。　筆解：韓曰：「以爲食具，非其旨。吾謂嗅當作鳴鳴之鳴，雉之聲也。」李曰：「子路拱之，雉嗅而起，記者終其事爾。俗儒妄加異義，不可不辯也。」

【集注】言鳥見人之顔色不善則飛去，回翔審視而後下止。人之見幾而作，審擇所處，亦當如此。然此上下必有闕文。邢氏曰：「梁，橋也。時哉，言雉之飲啄得其時。子路不達，以其時物而共具之。孔子不食，三嗅其氣而起。」晁氏曰：「石經『嗅』作『戛』，謂雉鳴也。劉聘君曰：嗅古作狊，古闃反，張兩翅也。見爾雅。」愚按如後兩説，則「共」字當爲拱執之義。然此必有闕文，不可彊爲之説。姑紀所聞，以俟知者。

【别解一】四書辨證：論語集説謂「嗅」當作「歎」，節孝語録、書齋夜話俱曰「三嗅」作「三嘆」，釋雅或云「三嗅」是「三噫」之訛，皆主夫子言也。今考揚子五百篇有「孔子雉噫」之句。楊升菴丹鉛録申其説曰：「揚子論孔子因女樂去魯不聽政，諫不用，雉噫。注云：雉噫，猶歌歎之聲。梁鴻五噫之類也。衢波傳云：『孔子相魯，齊人歸女樂沮之，孔子乃行。覩雉之飛，歎曰：「山梁雌雉，時哉時哉！色斯舉矣，翔而後集。」因爲雉噫之歌曰：「彼婦之口，可以出奏。彼婦之謁，可以死北。優哉游哉，聊以卒歲。」』揚子所云雉噫者指此。唐人學宫碑云：『聆鳳衰於南楚，歌雉噫於東魯。』亦用揚子之語也。或云『三嗅』爲『三噫』，蓋因『雉噫』二字而意之耳。又以梁鴻有五噫，此文想是三噫。三嘆與三噫義同，大約以子路不達夫子之意而共之，子故三嘆息而起。」

【别解二】攷厓考古録：子路從而執之，雌雉方食，遂三嗅其梁粟而作。

【别解三】論語竢質：子路以夫子歎雉之得時，肅然改容，竦手上收。雌雉注之，疑將篡己，遂三振翅而起。

按：以上諸説均勝舊注。「共」與「拱」同。經學卮言、論語後録、攷厓考古録並據吕氏春秋季春紀「子路揜雉而復釋之」，謂爲執取。然以爲執之，不如竢質但云竦手上收，尤合上文「色斯舉矣」意也。説文口部無「嗅」字。鼻部有「齅」字，云：「以鼻就臭也。从鼻，从臭，臭亦聲。」疑「嗅」爲「齅」之訛，故玉篇引論語作「齅」也。荀子榮辱篇云「三臭之不食也」，楊注：「臭，謂歆其氣。」則又省作「臭」。爾雅云「鳥曰狊」，郭注：「張兩翅。」湛園札記、論語竢質、論語後録據此並云「嗅」當作「狊」。三説中當以江氏竢質説最長。

【餘論】論語述何：孟子曰：「可以仕則仕，可以止則止，可以久則久，可以速則速，聖之時者也。」鄉黨篇記夫子言行皆中乎禮，而歸之時，中禮以時爲大也。讀四書大全説：爾雅言「鵲鶪醜其飛翪」，謂竦翅上下，一收一張也。「鳶烏醜其飛翔」，謂運翅廻翔也。「鷹隼醜其飛翬」，謂布翅翬翬然疾也。今觀雉之飛，但忽然竦翅，一直衝過隴間，便落草中，差可謂翪，而何嘗有所謂運翅廻翔而後集者哉？雌雉之在山梁，夫子、子路交至乎其側而猶不去，則又豈「色斯舉矣」之謂？新安云：「色舉翔集即謂雉也。」亦不審之甚矣。時哉云者，非贊雉也，以警雉也。鳥之知時者，色斯舉矣，翔而後集。今兩人至乎其前，而猶立乎山梁，時已迫矣，過此則成禽矣。古稱雉爲耿介之禽，守死不移，知常而不知變，故夫子以翔鳥之義警之，徒然介立而不知幾，難乎免矣。人之拱己，而始三嗅以作，何其鈍也。然此亦聖人觀物之一意而已，非謂色舉翔集便可與聖人之時中同一作用。西山以孔子去魯衛、伯夷就養文王比之，則大悖矣。經正録：此章朱子闕疑，不彊爲説。後儒以時字解之。孫夏峰曰：「夫子聖之時，故記者以此終焉。時止則止也，山梁雌雉見非鳳儀之時。」船山又云：「考荀子禮論曰『三臭之不食也』，史記引作『三侑』，則侑、臭古字蓋通。夫子歎鳥之舉止得時，隱以譬君子之去留知幾。蓋夫子周流列國，託於君及士大夫，有所爲而言。子路聞言即悟，促爲夫子供張作食。夫子喜子路之解己意，爲之三侑成禮，不待飽而與子路同去。記者以此明夫子之可速則速，而子路得與之也。」亦一義也。

【發明】反身録：時哉時哉，即經所謂「鳥獸咸若」也。子路一共遂三嗅而作，鳥固知幾，緣人機動，人無機心，鳥則自若。可見人心一動，斯邪正誠僞終難自掩，鳥微物且然，況人至靈而神乎？物猶不可欺，人豈可欺乎？是故君子慎動，動而無妄，可以孚人物感幽明，一以貫之矣。

# 論語集釋卷二十二

## 先進上

○子曰：「先進於禮樂，野人也；後進於禮樂，君子也。如用之，則吾從先進。」

【考異】集解：「孔安國曰：『後進與禮樂俱得時之中，斯君子矣。』」似所據古論語「於」字爲「與」。邢疏亦述作「後進與禮樂」，云：「後進與時消息。」

【考證】孫奕示兒編：先進，指三代而上。後進，指三代而下。謂三代以上，教行俗美，而禮樂達天下，雖野人亦能之，況君子乎？三代而下，政異俗殊，而禮樂有壞闕，惟君子能之，野人則莫之能力也。所以夫子欲從三代之盛時。論語補疏：皇侃上節注仕作士，謂「先輩五帝以上，後輩三王以還」是也。五帝時淳素，質勝於文。三王時文質彬彬，益野人而爲君子。自時厥後，文益盛，文又勝於質，遽欲其彬彬還爲君子不易得，宜以上古之淳素和之。用，謂變化之。「移風易俗」四字解「用」字最切。孔子時文勝質，既非先進，亦非後進，欲其仍還後進之君子，必先移易以先進之野人也。譬如陰陽宜和，病陰盛者宜以純陽制之，然後乃得其和。孔子從先進，非重野人輕君子，正將由野人而至君子也。注云「因世損益」，得之。因質勝而益之爲君子，因文勝而損之爲君子，損文勝莫如從先進，此聖人裁成輔相之妙也。羣經補義：時人所謂先進之禮樂爲野人，後進之禮樂爲君子，意其指殷以前爲野人，周以後爲君子。孔子從先進，正欲去繁文而尚本質耳。當用文者從周，當用質者從殷，殷輅、周冕及已慤、已戚之類，是其凡例。而室事交户，堂事交階，許子路爲知禮，亦是欲去繁文之意也。是説也，朱子屢言之。朱子曰：「禮時爲大，有聖人者作，必將因今之禮而裁酌其中，令其簡易易曉而可行，必不至復取古人繁縟之禮而施之於今也。孔子從先進已有此意。」又曰：「聖賢有作，祇是以古禮減殺，從今世俗之禮，令有防範節文，不至太簡而已。觀孔子欲從先進。」又曰：「行夏之時，乘殷之輅，便是有意損周之文，從古之樸矣。」然則從先進非從周初之先進。惜抱軒經説：孔子處周文盛之時，守爲下不悖之誼，奉先王之禮而不敢易。故曰今用之，吾從周。此與弟子常言者也。然而周之文固美矣，而其過盛則足以傷質，殆有不及乎夏、商以上者。如用之，則吾從先進。此非與弟子常言而閒言之者也。顔淵問爲邦，子告以兼用四代之法，如用之者，亦得邦家而爲一代之制之謂，非尚爲周守法之謂。言豈一端而已，夫各有所當也。嘗謂禮運稱「大道之行，越三代之英」，乃表記所言四代優劣之説，本皆七十子聞於孔子，轉授其徒而後記述。其辭氣抑揚之甚，蓋屢傳而失其本真，然而不可謂全非聖人之旨。要不若論語不明指四代之異，第言先進後進，雖示所願從，而未嘗有所譏議。此固聖人語言之至善，而記之最得真者也。儒者乃解後進爲周末之事，則不然。周之末豈有謂盛周爲野人者？且周末如鄭、衞俗樂固不足言，而舍是又安有所謂樂者哉？樂從先進，固即「樂則韶舞」之謂乎？　黄氏後案：皇疏申何，指先進爲五帝以上，後進爲三王以還，卑三王，高五帝，列子、莊子家之言也。北宋諸儒猶沿其謬。近江慎修以先進指殷，後進指周，亦乖孔聖從周之意。　論語稽：皇疏以五帝以上爲先進，三王以還爲後進。江永、姚鼐謂殷以前爲先進，三王以還爲後進，殷輅、韶舞即從先進之證。不知夏、殷之禮，杞、宋無徵，况上古乎？周監二代，其文郁郁，孔子所從，著在聖經。若殷輅、韶舞，則猶王者禮樂兼取四代意也。執爲從古之證，抑豈其然？邢昺以襄、昭爲先進，定、哀爲後進，不知惠則請郊，閔、僖僭禘，襄、昭以前，詎爲樸質？潘維城謂周以後僭越禮樂，不得爲君子，君子當指周初言之。流弊已久，非文質彬彬之君子所能救，夫子欲矯其弊，故從先進。然詳讀經文，語殊不類。按先進謂武王、周公之時，後進謂春秋之世。春秋奢僭，以禮樂之重且大者爲觀美，名物度數，因仍加減。夷王下堂而見諸侯，魯侯受三桓之饗，則君以過謙而卑矣。諸侯宮縣而祭以白牡，擊玉磬朱干，設錫冕，而舞大武，乘大路，大夫臺門旅樹反坫，繡黼丹朱中衣，管仲鏤簋朱紘，山節藻棁，塞門反坫，新築人仲叔于奚曲縣繁纓以朝之類，則臣以侈肆而僭矣。相習既久，自以爲文，而鄙前輩之樸，乃有野人君子之言。程子以此二句爲時人之言，最合口吻。後世如劉宋懸微時葛布燈籠示子孫，而少帝觀之，乃以爲田舍翁未見識面，亦其類也。

【集解】包曰：「先進後進，謂士先後輩也。禮樂因世損益，後進與禮樂俱得時之中，斯君子矣。先進有古風，斯野人也。將移風易俗，歸之淳素，先進猶近古風，故從之。」

按：校勘記：「皇本『仕』作『士』。釋文：『包云謂仕也。』是陸又以此注爲包注。」今從之。

【唐以前古注】釋文引鄭注：先進後進，謂學也。　喪服傳疏引鄭注：野人，粗略也。　皇疏：此孔子將欲還淳反素，重古賤今，故稱禮樂有君子野人之異也。先進後進者，謂先後輩人也。先輩，謂五帝以上也。後輩，謂三王以還也。

【集注】先進後進，猶言前輩後輩。野人，謂郊外之民。君子，謂賢士大夫也。程子曰：「先進於禮樂，文質得宜，今反謂之質樸而以爲野人。後進之於禮樂，文過其質，今反謂之彬彬而以爲君子。蓋周末文勝，故時人之言如此，不自知其過於文也。用之，謂用禮樂。孔子既述時人之言，又自言其如此，蓋欲損過以就中也。」

【別解一】邢疏：此章孔子評其弟子之中仕進先後之輩也。「先進於禮樂野人也」者，先進謂先輩仕進之人，準於禮樂，不能因世損益，而有古風，故曰朴野之人也。「後進於禮樂君子也」者，後進謂後輩仕進之人也，準於禮樂，能因時損益，與禮樂俱得時之中，故曰君子之人也。「如用之則吾從先進」者，言如其用之以爲治，則吾從先輩朴野之人。夫子之意，將移風易俗，歸之淳素。先進猶近古風，故從之也。　傅慎微宗城縣新修宣聖廟記引論語「先進於禮樂」，釋云：孔子所謂先進者，堯、舜、禹、湯、文、武、周公之時仕進者也。所謂後進者，孔子之時仕進者也。先進之於禮樂，並田野之人教之。後進之於禮樂，止教好善君子而已。

【別解二】劉氏正義：此篇皆說弟子言行，先進、後進即指弟子。大戴禮衞將軍文子篇：

「吾聞夫子之施教也，先以詩世。」盧辯注引此文，則先進後進皆謂弟子受夫子所施之教，進學於此也。禮王制云：「樂正崇四術，立四教，順先王詩、書、禮、樂以造士。春秋教以禮、樂，冬夏教以詩、書，王大子、王子、羣后之大子、卿大夫元士之適子、國之俊選皆造焉。凡入學以齒，大樂正論造士之秀者以告于王，而升諸司馬，曰進士。司馬辨論官材，論進士之賢者以告於王，而定其論。論定然後官之，任官然後爵之，位定然後禄之。」尚書大傳：「古之帝王者必立大學小學，使王大子、王子羣后之子，以至公卿大夫元士之適子，十有三年，使入小學，見小節焉，踐小義焉。年二十入大學，見大節焉，踐大義焉。小師取小學之賢者登之大學，大師取大學之賢者登之天子，天子以爲左右。」是古用人之法皆令先習禮樂，而後出仕，子産所云「學而後入政」者也。其國之俊選不嫌有卑賤，故王大子等入學皆以齒，所謂天子元子視士者也。夫子以先進於禮樂爲野人，野人者，凡民未有爵禄之稱也。春秋時，選舉之法廢，卿大夫皆世爵禄，皆未嘗學問。及服官之後，其賢者則思爲禮樂之事，故其時後進於禮樂爲君子。君子者，卿大夫之稱也。觀子路問成人，夫子答以臧武仲、孟公綽、卞莊子、冉求諸人。又云：「文之以禮樂，可爲成人。」此四人先已出仕，若文以禮樂，則亦後進於禮樂之君子也。夫子弟子多是未學，故亟亟以禮樂教之。所云興於詩，立於禮，成於樂，即是從先進。而冉求則以禮樂願俟君子。子路且以有民人社稷，何必讀書乃爲學。讀書者，讀禮樂之書也。當時子路、冉有皆已仕，未遑禮樂，而夫子以禮樂爲重，故欲從先進，變當時世爵禄之法，從古選舉正制也。用之，謂用其人也。後進於禮樂雖亦賢者，然朝廷用人當依正制，且慮有不肖濫入仕途也。此章之義沉薶千載，自盧辯戴記注發之，而後人莫之能省。至邢疏但知先進後進指弟子，而以進爲仕進，以從先進爲歸淳素，猶依注說爲之。宋氏翔鳳發微謂先進爲士民有德者登進爲卿大夫，自野升朝之人，後進謂諸侯卿大夫皆世爵禄，生而富貴，以爲民上，是謂君子。說皆得之。但以進爲仕進，先進爲殷法，先進後進俱不兼弟子，尚未爲是。故略本諸義，別爲釋之。

按：以上二説均可各備一義。

【別解三】論語述何：此章類記弟子之言行夫子所裁正者。先進謂先及門，如子路諸人，志於撥亂世者。後進謂子游、公西華諸人，志於致太平者。

【餘論】論語意原：夫子之從先進，非從其野也，當時之人以爲野也。不從後進，非不從君子也，當時之人自以爲君子也。石渠意見：商尚質，周雖尚文，其初猶因商之舊。「如用之，則吾從先進」，蓋欲從質以矯其文之過也。觀「與其奢也寧儉，與其不遜也寧固」，可以知聖人之意矣。

【發明】反身録：問：在今日必如何方是從先進？曰：只不隨時套，便是從先進。

○子曰：「從我於陳、蔡者，皆不及門也。」

【考異】皇本「門」下有「者」字。天文本論語校勘記：古本、足利本、唐本、津藩本、正平本「也」上有「者」字。

【考證】鄉黨圖考：孟子云：「君子之厄於陳、蔡之間。」言間者，兩地相接之處。陳即今陳州府。蔡始封在今汝寧之上蔡縣，其後平侯徙汝寧之新蔡縣，皆與陳相近。新蔡在陳南，夫子哀二年至陳，若非適蔡，則不得至陳、蔡之間。哀二年十二月，蔡昭侯畏楚，遷於吴之州來之蔡城，今在鳳陽府壽州北三十里，與陳相距數百里，中間隔絶，亦不得言陳、蔡之間也。然則絶糧陳、蔡之時，當在自陳還蔡時，指故地上蔡言之耳。蔡既遷，則故蔡地皆屬於楚。是時楚昭王賢，葉公亦賢。夫子欲用楚，故如蔡如葉。按哀四年傳云：「左司馬眅、申公壽餘、葉公諸梁致蔡於負函。」十六年傳云：「蔡葉公在蔡。」蓋故蔡邑，葉公兼治之。夫子自陳如蔡，就葉公耳，與蔡國無涉也。蓋以爲哀四年事，故年譜云：「哀公四年，孔子六十二歲自陳還蔡，絶糧於陳、蔡之間。」　經傳小記（劉氏正義引）：爾雅「淮南有州黎丘」，注：「今在壽春縣。」案鹽鐵論：「孔子能方不能圜，故飢於黎丘。」哀公二年，蔡遷於州來。四年，孔子自陳適蔡。三歲，吴伐陳，楚救陳。軍於城父，使人聘孔子，於是絶糧陳、蔡之間。鹽鐵論所謂黎丘，蓋即州黎之丘也。此直從史記在六年，而陳、蔡之間，據新遷之蔡言，蓋其地距陳雖遠，然中間無他國相隔，則亦爲陳、蔡之間矣。　劉氏正義：孔門弟子無仕陳、蔡者，故注以爲不及仕進之門。孟子云：「君子之厄於陳、蔡之間，無上下之交也。」無上下之交，即此所云不及門也。孔子世家言匡人拘孔子，孔子使從者爲甯武子臣於衛，然後得去。雖甯武子非孔子同時人，然必有從者臣衛之事，誤以屬之甯武子耳。及陳、蔡之厄，孔子亦使子貢如楚，楚昭王興師迎孔子，然後免。又檀弓「夫子將之荆，先之以子夏，申之以冉有」，可知夫子周游，亦賴羣弟子仕進得以維護之。今未有弟子仕陳、蔡，故致此困厄也。

論語補疏：堯典「詢于四岳，闢四門」，鄭氏注云：「卿士之職，使爲己出政教於天下。言四門者，亦因卿士之私朝在國門。魯有東門襄仲，宋有桐門右師，是後之取法於前也。」孔穎達用孔傳，而正義引此文云：「論語云：『從我於陳、蔡者，皆不及門也。』門者，行之所由，故以門言仕路。」孔以闢門爲求賢之路，與鄭異。鄭以門爲卿士之家，則及門者謂仕於卿大夫之私朝也。周禮大司馬「辨名號之用，帥以門名」，注云：「帥，謂軍將。以門名者，所被徽識，如其在門所樹者也。軍將皆命卿。古者軍將，蓋爲營治於國門。魯有東門襄仲，宋有桐門右師，皆上卿爲軍將者也。」春官小宗伯：「掌三族之別，以辨親疏。其正室皆謂之門子，掌其政令。」注云：「正室，適子也。將代父當門者也。」襄九年戲之盟，「鄭六卿公子騑、公子發、公子嘉、公孫輒、公孫蠆、公孫舍之及其大夫、門子皆從鄭伯」。注云：「門子，卿之適子。」卿之子稱門子，是卿以門名。卿當門以門名，適子代父當門則稱門子，其仕於卿大夫之門謂之及門矣。

按：此章自集注解及門爲及孔氏之門，且合下「德行」爲一章，後人多左袒其說。余對此有數疑焉。尤氏侗艮齋雜説引陳善辨曰：「陳、蔡從者，豈止十人？患難之時，何必分列四科乎？斯知鄭説未敢從也。」此可疑者一。從陳、蔡者，據世家有顔淵、子貢、子路，呂氏春秋慎人篇有宰予，他皆無考。然弟子列傳尚有子張，何以不列？墨子非儒篇有子張氏之儒，在孔門自成一派，並非碌碌無所表見，不應漏未列入。此可疑者二。毛西河指出冉有於魯哀三年爲季康子所召，不應於此年復有一冉有從夫子於陳、蔡，此可疑者三。論語稽云：「陳、蔡之厄在哀四年庚戌，孔子時年六十一，子游十六，子夏十七。子夏詩有序，書有説，易與喪服有傳，其傳聖道之功甚大。檀弓所記凡十四事，皆以子游一言而決，蓋以習禮列於文學，三代典章之遺，賴子游而存。惟當從陳、蔡時尚在童稚之年，似稍嫌言之過早。此可疑者四。竊謂以經解經，當以孟子「君子之厄於陳、蔡之間，無上下之交也」爲此章確解。所謂不及門者，即無上下之交之義。謂弟子中無仕陳、蔡者，故致斯厄。鄭注不及仕進之門，意欠明瞭，故後儒别爲之説。今得劉氏寶楠爲之疏解，則終以古義爲安也。俞氏平議亦以門爲仕進之門，爲不及正義所説之精確，以諸賢多仕於季氏，而夫子以爲不及門，蓋其時猶未仕也，則失之矣。

【集解】鄭曰：「言弟子從我而厄於陳、蔡者，皆不及仕進之門而失其所也。」

【唐以前古注】皇疏引張憑云：道之不行，命也。唯聖人安時而處順，故不期於通塞。然從我於陳、蔡者，何能不以窮達爲心耶？故感於天地將閉，君子道消，而恨二三子不及開泰之門也。

筆解：韓曰：「門，謂聖人之門。言弟子學道，由門以及堂，由堂以及室，分等降之差，非謂言仕進而已。」李曰：「如由也升堂未入於室，此等降差别。不及門，猶在下列者也。」

【集注】孔子嘗厄陳、蔡之間，弟子多從之者。此時皆不在門，故孔子思之，蓋不忘其相從於患難之中也。

○德行：顏淵、閔子騫、冉伯牛、仲弓。言語：宰我、子貢。政事：冉有、季路。文學：子游、子夏。

【考異】七經考文補遺：古本「德行」上有「子曰」二字。論語稽求篇：舊有「子曰」字，故史記冉伯牛傳云：「孔子稱之爲德行。」史記弟子傳政事二人列前，言語二人列後。索隱曰：「論語一曰德行，二曰言語，三曰政事，四曰文學。今此文政事在言語上，是其記有異也。」鹽鐵論殊路章：「七十子皆諸侯卿相之才。政事：冉有、季路。言語：宰我、子貢。」亦以政事處言語上。後漢書文苑傳：「安得孔仲尼，爲世陳四科。」注曰：「謂德行、政事、文學、言語也。」以言語處文學下。范仲淹推委臣下論：「孔子之辨門人，標以四科：一曰德行，二曰政事，三曰言語，四曰文學。」蘇轍上范資政書：「孔子之稱其門人，曰德行、文學、政事、言語，亦各殊科。」劉弇論語講義序：「德行、文學、政事、言語，科雖不同，而同謂之才。」次列俱與論語不同。新序雜事篇：「孔子曰：『言語：宰我、子貢。』」以此爲孔子言。翟氏考異：按考文補遺每云古本，皆以證其與皇本同也。今檢皇氏本惟別分此爲章，「子曰」字未嘗有。其疏則云：「此章無子曰者，是記者所書，並從孔子印可而録在論中也。」二字之無尤確鑿。物氏以彼國別藏寫本謬稱古本，未可援之實史記矣。孔子呼弟子皆名，此書字不名，亦可知非孔子語，而史記固不獨于伯牛云然也。弟子傳又云：「孔子以仲弓爲有德行。孔子以爲子游習于文學。」蓋漢時人以上節連此爲一辭，因皆誤指爲孔子語耳。

【考證】論語稽求篇：史記弟子列傳于「受業身通者七十有七人，皆異能之士」下，即接「德行顔淵」至「子游子夏」三十字，則此一節本統記七十二人中之最異能者，非從陳、蔡人也。從陳、蔡一時顛沛，焉得奇才異能皆與其間，可分門列部如此？況此時伯牛、閔子騫輩俱不可考。即冉求一人，明明于哀公三年爲季康子所召，又三年而後及陳、蔡之難，其實冉求正仕魯，至哀公十一年尚爲季氏帥師戰清，見于左傳，則此一人顯然不從陳、蔡者，故康成以爲此節與前節不連爲一章，而皇氏亦云各爲一章。所爲皇氏者，隋、周之間，江右傳古學者有賀循、賀瑒、崔靈光、皇甫侃等。唐儒引經多稱皇氏，此其言必有據者。劉氏正義：史記仲尼弟子列傳：「孔子曰：『受業身通者七十有七人，皆異能之士也。德行：顔淵、閔子騫、冉伯牛、仲弓。政事：冉有、季路。言語：宰我、子貢。文學：子游、子夏。』」是此四科爲夫子平時所論列，不必在從陳、蔡時。弟子傳先政事於言語，當出古論。周官師氏注云：德行，内外之稱。在心爲德，施之爲行。顔子好學，於聖道未達一間。閔子騫孝格其親，不仕大夫，不食污君之禄。仲弓可使南面，荀子以與孔子並稱。冉伯牛事無考，觀其有疾，夫子深歎惜之。此四子爲德行之選也。孟子公孫丑篇：「宰我、子貢善爲説辭，冉伯牛、閔子善言德行，孔子兼之，曰：『我於辭命則不能也。』」是言語以辭命爲重。毛詩定之方中傳：「故建邦能命龜，田能施命，作器能銘，使能造命，升高能賦，師旅能誓，山川能説，喪紀能誄，祭祀能語。」此九者皆是辭命，亦皆是言語。弟子列傳：「宰予利口辨辭，子貢利口巧辭。」是宰我、子貢爲言語之選也。夫子言「求也藝，由也果，可使從政」，是冉有、季路爲政事之選也。沈氏德潛吳公祠堂記曰：「子游之文學以習禮自見。今讀檀弓上下二篇，當時公卿大夫士庶凡議禮弗決者，必得子游之言以爲重輕。故自論小斂户内，大斂東階，以暨陶詠猶無諸節，其間共一十有四，而其不足於人者，惟縣子『汰哉叔氏』一言，則其畢生之合禮可知矣。」朱氏彝尊文水縣十子祠堂記曰：「徐防之言『詩、書、禮、樂定自孔子，發明章句始于子夏』。蓋自六經删述之後，詩、易俱傳自子夏，夫子又稱其可與言詩，儀禮則有喪服傳一篇，又嘗與魏文侯言樂。鄭康成謂論語爲仲弓、子夏所撰，特春秋之作不贊一辭。夫子則曰：『春秋屬商。』其後公羊、穀梁二子皆子夏之門人。蓋文章可得而聞者，子夏無不傳之。文章傳，性與天道亦傳，是則子夏之功大矣。」由沈、朱二文觀之，是子游、子夏爲文學之選也。徐幹中論智行篇：「人之行莫大於孝，莫顯於清。曾參之孝，有虞不能易。原憲之清，伯夷不能間。然不得與游、夏列在四行之科，以其才不如也。」此則故爲苛論，不免以辭害義矣。論語竢質：聖門弟子多矣，分爲四科，而惟記此十人者，各就其所長之尤專目之爾。釋文云：「鄭以合前章。」則以此十人爲從陳、蔡。案太史公書孔子厄於陳、蔡，惟子路、子貢、顔子三人從，餘皆不在，則此與前章不宜合也。

按：先進一篇皆記弟子言行。此章依史記爲夫子平時所論列，而記者記之，不必在從陳、蔡時。清初學者多持此種見解，茲從之。

【唐以前古注】皇疏引范甯云：德行，百行之美也。四子俱雖在德行之目，而顔子爲其冠。言語，謂賓主相對之辭也。政事，謂治國之政也。文學，謂善先王典文。又引王弼云：此四科者，各舉其才者也。顏淵德之俊，尤兼之矣。弟子才不徒十，蓋舉其美者以表業分名，其餘則各以所長從四科之品也。筆解引説者曰：字而不名，非夫子云。韓曰：「論語稱字不稱名者多矣，仲尼既立此四品，諸弟子記其字而不名焉，别無異旨。德行科最高者，易所謂『默而識之，故存乎德行』，蓋不假乎言也。言語科次之者，易所謂『擬之而後言，議之而後動』，擬議以成其變化，不可爲典要，此則非政法所拘焉。政事科次之者，所謂『雖無老成人，尚有典刑』，言非事文辭而已。文學科爲下者，記所謂離經辨志，論學取友，小成大成，自下而上升者也。」李曰：「仲尼設四品以明學者，不問科使自下升高，自門升堂，自學以格於聖也，其義尤深，但俗儒莫能循此品第而窺聖奧焉。凡學聖人之道始於文，文通而後正人事，人事明而後自得於言，言忘矣而後默識己之所行，是名德行，斯入聖人之奧也。四科如有序，但注釋不明所以然。」

按：陳鱣古訓云：「筆解皆依集解，獨此注今本集解皆無之，不知出自誰氏。」

【集注】弟子因孔子之言，記此十人，而并目其所長，分爲四科。孔子教人各因其材，於此可見。程子曰：「四科乃從夫子於陳、蔡者耳。門人之賢者固不止此，曾子傳道而不與焉。故知十哲，世俗論也。」

按：唐以前人於此章分合雖有異論，從無以十人爲從陳、蔡者。開元時至據此立十哲之名。以四科爲從夫子於陳、蔡，其論實自宋儒發之，可謂創解。雖可備一説，然終覺於義未安者，則以從陳、蔡決不止此十人，而十人中又有未從陳、蔡者。程子以曾子不與爲疑，因而武斷爲限於從陳、蔡者，然何以解於子張明明與陳、蔡之厄而四科乃不列其名耶？故余終以古注爲安，而不敢曲從也。

【餘論】王樵四書紹聞編：四科者，弟子所目，夫子未嘗以是設科也。聖人教人，各因其材，使入於道後各有所成。言其所長，則有是四者之目耳。如子貢長於言語，其學豈必不以德行爲本？

【發明】反身録：孔門以德行爲本，文學爲末，後世則專以文學爲事，可以觀世變矣。自後世專重文學，上以此律下，下以此應上，父師以此爲教，子弟以此爲學，朋友以此切磋，當事以此觀風，身非此無以發，家非此無以肥，咸知藉此梯榮，誰知道德爲重？或偶語及，便目爲迂，根本由此壞矣。根本既壞，縱下筆立就千篇，字字清新警拔，徒增口耳之虚談，紙上之贅疣，究何益於身心，何補於世道耶？然則文不可學乎？曰亦看是何等之文。夫開來繼往，非文不傳，黼黻皇猷，非文不著，若斯之文，何可以不學。顧學之自有先後，必本立而後可從事也。否則，即文古如班、馬，詩高如李、杜，亦不過爲文人詩人而已。昔人謂大丈夫一號爲文人，斯無足觀，有味乎其言之也。

東塾讀書記：德行、言語、政事、文學，皆聖人之學也，惟聖人能兼備之。諸賢則各爲一科，所謂「學焉而得其性之所近」也。惟諸賢各爲一科，故合之而聖人之學乃全。後世或講道學，或擅辭章，或優幹濟，或通經史，即四科之學也。然而後世各立門户，相輕相詆，惟欲人之同乎己，而不知性各有所近，豈能同出於一途？徒費筆舌而已。若果同出一途，則四科有其一而亡其三矣，豈聖人之教乎？　又云：世説新語有德行、言語、政事、文學四門。隋崔賾撰八代四科志三十卷，蓋爲八代人作傳而分爲四科也。自古以來，可傳之人無出於四科之外者也。　又云：四科之學非但不可相詆，抑且不可妄談。講道學者談詞章，辨政事者論經學，皆多乖謬，詞章經學兩家亦然。幸而其説不行，但爲識者所嗤而已，不幸而其説行，則更誤人矣。凡非己之所長者，不必置喙也。

○子曰：「回也非助我者也，於吾言無所不説。」

【考證】徐幹中論智行篇：仲尼亦奇顏淵之有盛才也，故曰：「回也非助我者也，於吾言無所不説。」顏淵達於聖人之情，故無窮難之辭，是以能獨獲亹亹之譽，爲七十子之冠。

【集解】孔曰：「助猶益也。言回聞言即解，無發起增益於己也。」

【唐以前古注】皇疏：聖人爲教，須賢啓發。游、參之徒，聞言輒問，是助益於我，以增曉導。而顏淵嘿識，聞言説解，不嘗口諮，於我教化無益，故云「非助我者，於吾言無所不説」也。　又引孫綽云：所以每説吾言，理自玄同耳，非爲助我也。言此欲以曉衆且明理也。

【集注】助我，若子夏之起予，因疑問而有以相長也。顏子於聖人之言默識心通，無所疑問，故夫子云然。其辭若有憾焉，其實乃深喜之。

【餘論】陽明全集：道本無窮盡，問難愈多，則精微愈顯。聖人之言，本自周徧，但有問難之人，胷中窒礙，聖人被其一難，發揮愈加精神。若顏子聞一知十，胷中了然，如何得問難？故聖人亦寂然不動，無所發揮，故曰非助。鹿善繼四書説約：言下求解，即聰明者亦有時不說。無所不說，蓋有得於言之外者矣。踏其實地，故即語言文字而無不真有得於言之先者矣。會其本原，故雖枝分派異而無不合。

○子曰：「孝哉閔子騫！人不間於其父母昆弟之言。」

【考證】太平御覽四百一十三引師覺授孝子傳云：閔損字子騫，以德行稱。早失母，後母遇之甚酷，損事之彌謹。損衣皆槁枲爲絮，其子則綿纊重厚。父使損御，冬寒失轡，後母子御則不然。父怒詰之，損默然而已。後視二子衣，乃知其故，將欲遣妻。損諫曰：「大人有一寒子，猶上垂心。若遣母，有二寒子也。」父感其言，乃止不遣。藝文類聚孝部引説苑云：閔子騫兄弟二人，母死，其父更娶，復有二子。子騫爲其父御車失轡，父持其手，衣甚單。父則歸呼其後母兒，持其手，衣甚厚温。即謂其母曰：「吾所以娶汝，乃爲吾子。今汝欺我，去無留！」子騫前曰：「母在一子單，母去三子寒。」其父默然。故曰：「孝哉閔子騫！一言其母還，再言三子温。」韓詩外傳：子騫早喪母，父娶後妻，生二子。疾惡子騫，以蘆花衣之。父察之，欲逐後母。子騫曰：「母有一子寒，母去三子單。」父善之而止。母悔改之，遂成慈母。亢倉子順道篇：閔子騫問孝於仲尼，退而事之于家，三年人無間于父母兄弟之言。論衡知實篇：孔子曰：「孝哉閔子騫！人不間于其父母昆弟之言。」虞舜大賢，隱藏骨肉之道，宜愈子騫。瞽叟與象使舜治廪浚井，意欲殺舜。舜當見殺己之情，早諫豫止。既無如何，宜避不行，何故使父與弟得成殺己之惡，使人間非父弟，萬世不滅？ 毛詩素冠傳：閔子騫三年喪畢，見於夫子，援琴而絃切切而哀。作而曰：「先王制禮，不敢過也。」

按：父母慈而子孝，此事之常，不足道也。閔子之孝，古書所記略同。夫子於七十子中獨稱閔子孝，殆非無故。闕里志孔庭記亦云：「閔子後母以蘆花衣之，父欲逐母，閔子曰：『母在一子寒，母去三子單。』母聞之，遂成慈母。」與上所載大同小異，當屬可信。

【集解】陳（羣）曰：「言閔子騫爲人，上事父母，下順兄弟，動静盡善，故人不得有非間之言也。」

按：羣字長文，潁川許昌人，官至司空，魏志有傳。何晏集解採魏代説論語者，羣及王肅、周生烈凡三家，以附漢儒之後。取陳説僅三節。其説季路問事鬼神章，與世説新語注引馬融正同，蓋羣説多述前人，故何氏已引包、孔、馬、鄭，不復再標陳曰也。

【唐以前古注】皇疏：子騫至孝，事父母兄弟盡於美善，故凡人物論，無有非間之言於子騫者也。　又引顔延之云：言之無間，謂盡善也。

【集注】胡氏曰：「父母兄弟稱其孝友，人皆信之無異詞者，蓋其孝友之實，有以積於中而著於外，故夫子歎而美之。」

【別解】九經古義：後漢書：「范升奏記王邑曰：『升聞子以人不間於其父母爲孝，臣以下不非其君上爲忠。』」注：「論語云云。間，非也。言子騫之孝，化其父母兄弟，言人無非之者。忠臣事君，有過即諫，在下無有非君者，是忠臣也。」　潛研堂答問：漢書杜鄴對策言：「孔子善閔子騫守禮，不苟從親，所行無非禮者，故無可間也。」此即陳義所本。論語補疏：漢書杜鄴傳：舉方正，對曰：昔曾子問從令之義。孔子曰是何言與云云。後漢范升傳：「升奏記王邑云云。」又云：「知而從令，則過大矣。」二者皆引以爲從令之證。蓋以從令而致親於不義，則人必有非間其父母昆弟之言。唯不苟於從令，務使親所行均合於義，人乃無非間其親之言，是乃得爲孝。然則閔子之孝，在人無間於其父母昆弟之言。人所以無間於其父母昆弟之言者，以其不苟從親令也。陳注「動静盡善」，或即指此。依類聚引説苑，御覽引孝子傳云云，閔子不從父令，則後母不遣，是其上事父母。兩弟温暖無愠心，而恐母遣而兩弟寒，是下順兄弟。於是父感之，其後母及兩弟亦感之。可知則此一不從父令而諫，一家孝友克全，尤非尋常不苟從令可比。孔子稱其孝，兼言兄弟，正指此事，是所謂「動静盡善」也。後母之酷可間，二子獨緜纊可間，父不能察後妻可間。一諫而全家感化，父母不失其慈，二子不失其悌，使可間化而爲無可間，閔子之孝，不啻大舜之「乂不格姦」。若恭世子不肯傷公之心，不言志而死，非可言孝也。不字作無字解自明。人無非間之言，不是無非間閔子之言，乃無非間其父母昆弟之言也。

按：亢倉子順道篇：「閔子人無間其於父母昆弟之言。」是以間作非間解，其源甚古。近人如錢坫、黄式三亦主是説，大抵即陳羣説而申之者。於理雖通，然如此解則「孝哉閔子騫」句當作夫子言之，「不」字改作「無」，方合口吻。今考魯論既無稱弟子字之例，而「不」與「無」明明有别，又不可改竄經文，似當仍從朱注爲是。

【餘論】湛園未定藁（釋地引）：夫子作春秋，賢之書字僅十二人，弟子無有以字稱者，稱閔子騫直是述時人之言。當時其父母昆弟皆謂之孝矣，而時人亦同稱之曰孝哉閔子騫，此所以無間於父母昆弟之言也。趙佑温故録：五字是直述時人之辭，故稱氏稱字，與「賢哉回也」殊。人言即從其父母昆弟之言來，故曰不間。四書典故辨正引方文輈曰：孔子嘗言：「以貌取人，失之子羽。」史記孔子曰：「天下無行，仕於家臣。惟季次未嘗仕。」季次者，公晳哀之字也。又曰：「孔子以爲子游習於文學。」皆稱字之證。然魯論無此例，不當據子史以亂經也。論語稽求篇：子騫，閔損字，夫子似不宜以字呼弟子，故近説書家有謂「孝哉閔子騫」一句，正是人言而夫子述之。謂孝哉一言，人與其父母昆弟俱無間然。初聞之甚以爲當，且呼字亦有謂。按不間句有二説。後漢陳羣係陳仲弓之孫，其釋此有云：「閔子行孝，動静盡善，人于其父母昆弟間所言，無可非間。」此言閔子言善，人自服之。此一説也。又范升九歲能通論語，其奏記王邑有曰：「升聞子以人不間於其父母兄弟爲孝，臣以下不非其君上爲忠。」劉昭注：「此謂閔子行孝，父母昆弟皆化之，故人無毁言。」此又一説也。據韓詩外傳稱，閔子後母曾虐視閔子，父欲出母，而閔子留之。其於父母昆弟間不無可議，故舊解如此。陳氏數世孝友，范升一代儒術，其兩説雖不盡同，然俱有義理。從來人無間言皆作非間解。容齋三筆：昔謂論語出於有子、曾子之門人，予意亦出於閔氏門人。論語所記孔子與門人語，及門弟子問答，皆斥其名，未有稱字者。至閔氏獨云子騫，終此書無名者。論語足徵記：此章經文當作「子言孝哉閔子騫」，與

「子言衛靈公之無道也」句法相同。彼章校勘記曰：「皇本、高麗本作『子曰衛靈公之無道久也』。釋文『子曰衛靈公之無道』，云：『一本作子言，鄭本同。』」然則彼章有作「曰」作「言」之異本，此章「子曰」亦當作「子言」矣。孝哉也，人不間於其父母昆弟之言也，皆夫子之辭。閔子騫乃記者語，猶子謂顏淵曰、子謂子夏曰之比。且如史記仲尼弟子列傳「孔子以仲弓爲有德行。孔子以爲子游習於文學」。皆以記者之言代述夫子之意，與此文同。

按：崔氏此論，變動經文，未敢苟同。惟以孝哉五字爲夫子語，則余頗然其説。古人中多有以字行者，不止周氏柄中所舉各例。容齋所論及湛園、趙佑之説，不足據也。

○南容三復白圭，孔子以其兄之子妻之。

【考異】史記弟子傳：「容三復『白圭之玷。』」「圭」字作「珪」。　太平御覽珍寶部述此文，題作論語雍也篇。

按：劉寶楠以仲尼弟子列傳引多「之玷」二字，當出古論。

【考證】大戴禮衛將軍文子篇：「獨居思仁，公言言義。其聞詩也，一日三復『白圭之玷』，是南宫縚之行也。夫子信其仁，以爲異姓。」盧辯注：「謂以兄之子妻之也。言一日三復者，猶『子路終身誦之』也。」

【集解】孔曰：「詩云：『白圭之玷，尚可磨也。斯言之玷，不可爲也。』南容讀詩至此，三反覆之，是其心慎言也。」

【唐以前古注】皇疏引包述云：南容深味白圭，擬志無玷，豈與縲紲非罪同其流致。猶夫子之情實深天屬，崇義弘教，必自親始，觀二女攸歸，見夫子之讓心也。

按：此條玉函山房論語包氏章句輯本漏列，兹特補入。

【集注】詩大雅抑之篇曰：「白圭之玷，尚可磨也。斯言之玷，不可爲也。」南容一日三復此言，事見家語，蓋深有意於謹言也。此邦有道所以不廢，邦無道所以免禍，故孔子以兄子妻之。范氏曰：「言者行之表，行者言之實，未有易其言而能謹於行者。南容欲謹其言如此，則必能謹其行矣。」

【發明】四書訓義：嫁子者必擇能齊其家者而使之觀刑，聖人之所以爲法於天下也。家人之象曰：「君子以言有物而行有恒。」行固在所謹，而言尤要焉。人之爲言，或致慎於人情險阻之地，而以門内爲便安之所，可以唯吾言而無關於利害。不知一家之内，言之不謹，則喜怒溢而好惡不平，恩威褻而教戒不嚴。惟君子知言爲吾心之聲，非但以隱忍求免於世，實恐一發而成吾身之玷。惟言無玷，則家人之聞見不僻，而從違以壹，此修身齊家一致之理也。

○季康子問：「弟子孰爲好學？」孔子對曰：「有顔回者好學，不幸短命死矣，今也則亡。」

【考異】皇本「亡」下有「未聞好學者」五字。釋文：「『康子問弟子』，一本作『季康子』，鄭本同。」是定本無「季」字。王氏柏論語通義：前有季康子兩問，無「對」字，此「對」字疑誤矣。四書辨證：後有季康子三問，皆有「對」字，則此「對」字非誤明矣。

【音讀】湛淵静語：「季康子問：弟子孰爲好學」，與下「季子然問：仲由、冉求可謂大臣與」，「問」字皆當讀斷。

【唐以前古注】皇疏：此與哀公問同而答異者，舊有二通。一云：緣哀公有遷怒貳過之事，故孔子因答而箴之也。康子無此事，故不煩言也。又一云：哀公是君之尊，故須具答。而康子是臣爲卑，故略以相酬也。　又引江熙云：此與哀公問同。哀公雖無以賞，要以極對。至於康子，則可量其所及而答也。

又引孫綽云：不應生而生曰幸，不應死而死曰不幸。

【集注】范氏曰：「哀公、康子問同而對有詳略者，臣之告君不可不盡，若康子者，必待其能問乃告之，此教誨之道也。」

【餘論】論語稽：按哀公、康子問同，而孔子之答不同，不但君臣之分也。哀公有爲之君，得賢可以自輔，故以顔子之學詳告之。康子權臣，其延覽賢才，蓋欲爲强私弱公之助。且季氏嘗用冉有、季路矣，又欲用閔子騫、高柴矣，而卒無可匡救，故夫子只惜顔子之死，而更無餘辭。

【發明】四書訓義：顔子好學之實詳於告哀公之辭，乃終始惟稱顔子而歎嗣者之無人，則非顔子之潛心以治其性情，雖通六藝者繁有其人，而不足以言學，不足以言好，姝姝暖暖守一先生之言而竊其華，亦奚足尚哉？

○顔淵死，顔路請子之車以爲之椁。

【考異】皇本「椁」字作「槨」，下同。七經考文：足利本脱「以爲之椁」四字。論衡問孔篇述此，「椁」字作「槨」。

【考證】論語稽：請車爲椁，朱注從孔説，以爲賣車買椁，箋注家皆無以正其誤。按賣車買椁之説有八不可解。喪大記：「士棺六寸，棺椁之間容甒。」甒，酒器也。則椁大於棺無幾，其值要亦不多。顔氏貧不能辦，容或有之，孔子何不能爲辦？一也。孔子制於中都，四寸之棺，五寸之椁，其葬鯉也固當以士禮，然與其有棺無椁，何不從庶人之禮，爲俱四寸棺五寸椁乎？二也。孔子未聞甚貧，顔路但請助一椁可也，安見遂無一帛一粟而獨以車請？三也。孔子有羔麛狐之裘皆貴服，且亦當有他器物，何於回、鯉之椁皆以不徒行爲辭，若車外更無長物可賣？四也。王制：「命車不粥於市。」孔子爲大夫，其車當亦命車，顔路何敢請賣？五也。即謂路非真欲請車，特以探厚葬之可否，然必以車爲指名何也？六也。孔子在衛，脱驂以贈館人之喪，必更買驂而反魯，路何不以驂爲請？七也。且經本文曰請車，曰爲椁，絶無買賣意義。八也。今考禮經，乃知以車爲殯棺之椁。檀弓：「天子之殯也，菆塗龍輴以椁，加斧於椁上，畢塗屋。」又曰：「天子龍輴而椁幬，諸侯輴而設幬。」喪大記：「君殯用輴欑，至於上畢塗屋。大夫殯以幬欑，至於西序，塗不暨于棺。士殯見衽塗上帷之。」士喪禮：「士殯掘肂見衽。」按輴，車也。天子畫龍，故曰龍輴。菆欑訓叢，叢木也。爲殯也以椁者，非葬時之椁，乃塗所叢之木如椁也。曰加斧於椁上，則此亦名椁矣。斧者，畫覆棺之衣爲斧文，即幬也。肂者，埋棺之坎也。衽者，古人棺不釘，於棺蓋之縫加衽而以皮束之。君三衽三束，大夫士皆二也。王制：「大夫士庶人三日而殯，三月而葬。」顔子，士也。三日之後，三月未葬之前，當殯於西序。其殯也，當掘肂見衽，帷其上而塗之，不當用車。顔路請車爲椁，蓋欲殯時以孔子之車菆塗爲椁，非葬時之椁也。

按：此解發前人未發，確不可易。

論語後録：日伍緝之從西征記曰：魯人藏夫子所乘車於廟中，是顔路所請者也。獻帝時廟遇火燒之。

【集解】孔曰：「路，淵父也。家貧，欲請孔子之車，賣以作椁。」

【唐以前古注】皇疏引繆協云：顔路之家貧無以備禮，而顔淵之德美稱於聖師，喪予之感，痛之愈深，二三子之徒將厚其禮，路率情而行，恐有未允，而未審制義之輕重，故託請車以求聖教也。

【集注】顔路，淵之父，名無繇，少孔子六歲，孔子始教而受學焉。椁，外棺也。請爲椁，欲賣車以買椁也。

子曰：「才不才，亦各言其子也。鯉也死，有棺而無椁。吾不徒行以爲之椁。以吾從大夫之後，不可徒行也。」

【考異】史記弟子傳作「材不材」。高麗本「鯉」下無「也」字，「吾不」下有「可」字，「不可徒行也」，作「吾以不可徒行」。論衡問孔篇引「可」下有「以」字。

【考證】邢疏：據年譜，則顔淵先伯魚卒，而此云「鯉也死」，又似伯魚先死者。王肅家語注云：

「此書久遠，年數錯誤，未可詳也。或以爲假設之辭也。」禮記曲禮正義：許慎以爲論語稱「鯉也死」，時實未死，假言死耳。鄭康成以論語云「有棺無椁」，是實死未葬已前也。故鄭駁許慎云：「設言死，凡人于恩猶不然，況聖人乎？」四書釋地又續：仲尼弟子列傳：顏回少孔子三十歲，余謂「三十」下脱「七」字。蓋生於魯昭公二十八年丁亥，卒于哀公十二年戊午，方合三十二歲之數。是年伯魚亦卒在前，不然則如王肅注「鯉也死，有棺而無槨」爲設事之辭，豈不笑滚了人！翟氏考異：按史記云：「顏子年二十九髮盡白，蚤死。」其死年無所記，但云早耳。旁考之，則顏子之死乃在哀公十四年獲麟之後，其次年子路亦死，故公羊傳連識之曰：「有以麟告者，孔子反袂拭面，涕沾袍。顏淵死，子曰：『噫！天喪予！』子路死，子曰：『噫！天祝予！』」公羊氏去聖較近，所傳述定得本真。顏子實後伯魚死二年，時年當四十一。而孔子言其短命者，仁者宜壽，雖四十亦短命耳。王肅僞造家語，摭拾史文，於「蚤死」上妄增「三十一」三字，而邢氏復轉取之以疏此論語。甚矣王肅僞家語之害於經者大也！論語稽求篇：孔氏謂孔子時爲大夫，言從大夫後不可徒行，謙辭。而正義謂孔子五十六爲司寇，顏淵之卒，孔子年六十一，是時已去位。杜預所謂「嘗爲大夫而去故言後」是也。孔氏注「時爲大夫」，不知所據。獨先仲氏謂「從大夫後」與「爲大夫後」不同，不問在位不在位。即陳恒弑君章，子曰「以吾從大夫之後」，明明在哀公十四年夫子去位之後，亦不是爲大夫後。蓋從者，隨也，與「爲」字迥別。隨大夫解作做大夫，謬矣。此因夫子謙德，不欲明言爲大夫，故曰曾隨大夫後。大夫有車，則前乘車後徒行不可。此與陳恒章曰「曾隨大夫後，不敢不告」，統是一義。不然哀公三子豈不知子是大夫，必曰吾曾作大夫耶？顔淵死時在孔子去位之後，此不必言。但伯魚之死亦有言在顔淵後者，據史記，顔淵少孔子三十歲，至二十九歲髮盡白，早死。家語亦云：「顔淵少孔子三十歲，二十九歲而髮白，三十一歲早死。」據史記，則三十加二十九，在夫子當五十九歲。據家語，則三十加三十一，在夫子當六十一歲。夫子五十六爲司寇，行攝相事，是年即去位，則五十九與六十一總在夫子去位之後，所云不必言者此也。獨是伯魚之死，據史記當在夫子七十歲時，距顔淵之死已九年所矣，與論語所記鯉死在前不合。予嘗參校諸書，知其間原有誤者，顔淵之死斷不在夫子六十一時。何也？夫子五十六仕魯，在定公十四年，然仕魯去魯亦總在一年之間。自此適衛適陳，凡兩往返而復至于衛，實爲哀公之三年，是年夫子已六十歲矣。明年自陳適蔡爲六十一，又明年自蔡遷葉爲六十二，又明年去葉返蔡爲六十三，然而是年當陳、蔡之厄，爾時子路愠見，子貢色作，匪兕之歌獨顔淵能解之，則是夫子六十三時顔子依然在也。即自是以後，自楚返衛，自衛返魯，凡論語所記顔子言行可與世家參考者，則多在夫子六十以後，七十以前，豈有其人已死而尚見行事且載其語言者？嘗考顔淵之死，公羊傳及史記世家所載年月則實在哀公十四年春狩獲麟之際，夫子是時已泣麟矣，而顔淵、子路同時俱死，因連呼喪予、祝予，而有道窮之嘆，則是顔淵之死在夫子七十一歲，非六十一歲；在哀公十四年，非四年。其間舛錯所争，確確以十年爲斷，則必弟子列傳所云少孔子三十歲者，原是四十之誤，而史記一傳寫，家語又一傳寫，遂不能辨。向使改三爲四，則顔淵前後蹤蹟俱無所誤，而以此考伯魚之死，則剛在淵死之前。按家語夫子年十九娶宋之幵官氏，又一年而生伯魚，則伯魚之生，在夫子已二十歲矣。史記云：「伯魚年五十，先孔子死。」以二十加五十，正當夫子七十歲，爲哀公之十三年，是魚死在七十歲，淵死在七十一歲，先後相距剛值一年。鯉死之諭，引痛正切，如此則論語可讀，史記、家語諸書可據，孔氏不必誤，王肅不必疑矣。若闕里志載孔子六十九歲伯魚卒，時哀公十二年，則考究不精，誤遲一年。而明儒薛應旂作甲子會記，載戊午年孔子六十九歲，伯魚卒，顔回卒，則欲記魚死在回前而無所考證，妄爲溷載，且沿闕里志並孔子年譜之誤，如此又何足記也。

三餘續筆（集箋引）：史記孔子世家：「魯襄公二十二年孔子生，年七十三，以魯哀公十六年四月己丑卒。」仲尼弟子傳：「顔回少孔子三十歲，年二十九髮盡白，早死。」是顔子卒時，孔子年五十九也。世家又云：「伯魚年五十，先孔子卒。」按孔子以二十歲生伯魚，伯魚卒時孔子年六十九，觀此夫子所言，則是顔子之卒在伯魚後。邢疏亦無能爲之説，而引王肅家語注：「此書久遠，年數錯誤，或以爲假設之辭。」則非情也。今詳考孔子世家於孔子去魯十四歲反魯後，述顔淵喟然嘆曰「仰之彌高」云云。繼云：「魯哀公十四年春狩大野，叔孫氏車子鉏商獲獸，以爲不祥。仲尼視之，曰：『麟也。』取之，曰：『河不出圖，雒不出書，吾已矣夫！』顔淵死。孔子曰：『天喪予！』及西狩獲麟，孔子曰：『吾道窮矣。』」哀公十四年，夫子年七十二。顔子卒年，列傳謂二十九，非是，當從家語作三十一。世家於哀公十四年西狩獲麟，敍及顔子之卒，則是顏子少夫子四十歲，列傳「三」字是「四」字之訛。又考世家，哀公十一年，孔子年六十九，魯以幣召孔子，孔子歸魯，是年鯉卒。若以顏子少孔子三十歲，則顏子卒時孔子年六十二，正當哀公之四年，孔子方與顏子同厄於陳、蔡之間，顏路何緣於道途中請子之車以爲椁？以此推之，則顏子之卒必在哀十一年孔子歸魯後可知。而孔子因是有「以吾從大夫之後，不可徒行」之語。世家繫顏子之卒於西狩獲麟之歲，是顏子之卒後伯魚之卒三年，故夫子云鯉亦有棺無椁，不然，夫子何以出此不倫之語哉？又按白虎通曰：「臣七十懸車致仕。臣以執事趨走爲職，七十退去避賢者，所以長廉恥也。懸車，示不用也。」顏子卒時孔子七十二，正在縣車致仕之年，故顏路請子之車以爲椁，而夫子曉之以從大夫之後不可徒行。是年夏請討陳恒，曾沐浴而朝，告於哀公，亦以從大夫之後故耳。以此推論當日情事，則顏路之請不爲無因，而夫子第示以義之所不可而亦非有所靳也。此皆可以意揣而得之者也。

潘氏集箋：顏子卒年經無明文，史記繫「蚤卒」於「年二十九，髮盡白」之後，則不以二十九爲卒年矣。三十一之說出自王肅家語，不足信。而三餘續筆又引作三十二，未知何本。而與後録必以少孔子三十歲爲「三（籀文四）十」之訛，恐亦未確。蓋既未確知卒年，則安知其必非三十邪？考異謂在哀公十四年，年譜謂在十三年，悉屬臆斷。雍也篇「短命」條下可互參。總之在伯魚後，不必定其爲何年也。顏路請車，續筆謂當夫子懸車致仕之時，夫子故答以以吾從大夫之後云云，於情事爲合。

論語足徵記：近儒臧氏拜經日記、翟氏四書考異、潘氏古注集箋、劉氏正義皆謂顏淵卒年惟見於家語，家語王肅僞造，不足信，定爲年四十一。此説亦非也。顔淵實少孔子四十歲，誤在史記之「三」字。家語雖僞，其言顔淵壽數非無據也。列子力命篇曰：「顔淵之才不出衆人之下，而壽四八。」案四八者，三十二也，與家語之三十一止差一歲，當時列子舉成數耳。三國志吴孫登傳：「權立登爲太子，年三十三卒。臨終上疏曰：『周晉、顔回有上智之才，而尚夭折，況臣年過其壽。』」是時王肅之家語未出，而其言如此，與列子意同，則顔淵之壽安得踰此？家語之言信而有徵也。春秋繁露隨本消息篇：「顔淵死。子曰：『天喪予！』子路死。子曰：『天祝予！』西狩獲麟。子曰：『吾道窮！吾道窮！』三年，身隨而卒。」史記孔子世家孔子年七十三卒，然則顔淵死時孔子年七十一，顔淵壽三十一，少孔子四十歲，後伯魚三年死也。

【集解】孔曰：「鯉，孔子之子伯魚也。孔子時爲大夫，言從大夫之後不可徒行，謙辭。」

按：劉寶楠評此注云：「鄭注：『鯉，孔子之子伯魚也。』此僞孔所襲。顔子卒時，夫子久不居位。而注云時爲大夫，謙言從大夫之後，顯然謬誤，其爲僞託無疑。」

【唐以前古注】皇疏引繆協云：子雖才，不可貧求備；雖不才，而豐儉亦各有禮。制之由父，故鯉死也而無槨也。又引江熙云：不可徒行，距之辭也。可則與，故仍脱左驂賻舊館人；不可則距，故不許路請也。鯉也無槨，將以之且塞厚葬也。

【集注】鯉，孔子之子伯魚也，先孔子卒。言鯉之才雖不及顔淵，然已與顔路以父視之，則皆子也。孔子時已致仕，尚從大夫之列，言後，謙辭。

【餘論】論語集注考證：顔路他無所請而至於請車，夫子亦他無可予而至於拒之，則顔路疑於求而夫子幾於吝。今考其時，則顔淵之死且葬，適當厄陳、蔡之後，自楚反陳之餘，此正夫子之窮也。夫喪事稱家之有無，夫子既以此處其子，安得不以處顔子乎？夫子遇舊館人之喪，嘗脱驂以致賻矣，而不能爲顔子之椁，彼一時此一時，貧富不同也。

○顔淵死。子曰：「噫！天喪予！天喪予！」

【考證】劉氏正義：漢書董仲舒傳贊：「劉歆以爲伊、吕乃聖人之耦，王者不得則不興。故顔淵死，孔子曰：『噫！天喪余！』唯此一人爲能當之，自宰我、子貢、子游、子夏不與焉。」顔師古注：「言失其輔佐也。」蓋天生聖人，必有賢才爲之輔佐。今天生德於夫子，復生顔子爲聖人之耦，並不見用於世，而顔子不幸短命死矣，此亦天亡夫子之徵，故曰「天喪予」。潘氏集箋：喪，説文云：「亡也。」公羊哀十四年傳注：「予，我。天生顔淵爲夫子輔佐，死者，天將亡夫子之證。」是則天喪予者，猶云天亡我也。

【集解】包曰：「噫，痛傷之聲。」何曰：「天喪予者，若喪己也。再言之者，痛惜之甚也。」

【唐以前古注】皇疏：夫聖人出世，必須賢輔，如天將降雨，必先山澤出雲。淵未死則孔道猶可冀，縱不爲君，則亦得爲教化。今淵既死，是孔道亦亡，故云天喪我也。又引繆播云：夫投竿測深，安知江海之有懸也，何者？俱不究其極也。是以西河之人疑子夏爲夫子，武叔賢子貢於仲尼，斯非其類耶？顔回盡形，形外者神，故知孔子理在回，知淵亦唯孔子也。又引劉歆云：顔是亞聖之偶，然則顔、孔自然之對物，一氣之别形，玄妙所以藏寄，既道旨所由讚明，敍顔淵死則夫子體缺，故曰：「噫！天喪予！」諒卒實之情，非過痛之辭，將求聖賢之域，宜自此覺之也。

按：歆，劉向少子，漢書附見向傳。其注論語不見於本傳，漢書藝文志及隋、唐二志均未著録，蓋佚已久，録之以備一家。

【集注】噫，傷痛聲。悼道無傳，若天喪己也。

【餘論】讀四書叢説：顔淵死，四章以次第言之，當是天喪第一，哭之慟第二，請車第三，厚葬第四。蓋門人雜記夫子之言，故不計前後也。齊夢龍語解（經正録引）：孔子嘗曰：「文王既没，文不在兹乎？」羲、黄、堯、舜、禹、湯之傳於文王，孔子固已任之已矣，猶覬其或可以傳之回也。回存，則己雖死而道不亡；回死，則其繫己以不亡者幾何時哉？

○**顔淵死，子哭之慟。從者曰：「子慟矣！」曰：「有慟乎？非夫人之爲慟而誰爲？」**

【考異】皇本、高麗本「爲」下有「慟」字。論語古訓：文選夏侯常侍誄曰：「非子爲慟，吾慟爲誰。」是古本有「慟」字。論衡問孔篇引作「吾非斯人之慟而誰爲」。

【考證】論語古訓：「慟」字説文所無，漢景君碑云「驚㦗傷裹」，武榮碑云「感哀悲㦗」，郭仲奇碑云「悲㦗剥裂」，李翊夫人碑云「㦗切剥兮年不榮」，皆作「㦗」。㦗从心，重聲。鄭云：「變動容貌。」動亦从重聲。下「從者曰子慟矣」，亦是見夫子容貌變動而言也。

【集解】馬曰：「慟，哀過也。」孔曰：「不自知己之悲哀過也。」

【唐以前古注】釋文引鄭注：慟，變動容貌。　皇疏：謂顏淵死，子往顏家哭之也。慟，謂哀甚也。既如喪己，所以慟也。從者，謂諸弟子也。隨孔子往顏淵家，有見孔子哀甚，故云：「子慟矣。」初既不自知，又向諸弟子明所以慟意也。夫人，指顏淵也。　又引繆協云：聖人體無哀樂，而能以哀樂爲體，不失過也。　又引郭象云：人哭亦哭，人慟亦慟，蓋無情者與物化也。

按：郭氏援老、莊釋經，未必即聖人之意。論語稽云：「聖人哀樂不過乎中，哭淵而慟，從者猶覺之，而孔子不自覺，所謂『觀過知仁』也。孔子云：『五十以學易，可以無大過矣。』此則小過未能免。然有爲而爲，慟所當慟，則亦不得爲過矣。」

【集注】慟，哀過也。哀傷之至，不自知也。夫人，謂顏淵。言其死可惜，哭之宜慟，非他人之比也。

○顏淵死，門人欲厚葬之。子曰：「不可。」門人厚葬之。子曰：「回也視予猶父也，予不得視猶子也，非我也，夫二三子也。」

【考異】唐石經初刻「猶子」下「也」字作「曰」。

【考證】論語稽：檀弓：「夫子之喪顏淵、子路，皆若喪子而無服。」然則減膳徹樂，宜如卿大夫喪衆子之禮，降於適子而隆於殤子，但不爲服而已，心喪是也。夫子言回以父事我，我不得以子遇回，蓋深惜之。且顔路於夫子，外兄弟也。禮，兄弟之子猶子，蓋引而近之也，故夫子云然。

【集解】禮，貧富有宜。顔淵貧而門人欲厚葬之，故不聽。馬曰：「言回自有父，父意欲聽門人厚葬，我不得制止，非其厚葬故云爾。」

【唐以前古注】皇疏引王弼云：有財，死則有禮；無財則已焉。既而備禮，則近厚葬矣，故云孔子不聽也。又引范甯云：厚葬非禮，故不許也。門人欲厚葬何也？緣回父有厚葬之意，故欲遂門人之深情也。言回雖以父視我，我不得以子遇回，雖曰師徒，義輕天屬，今父欲厚葬，豈得制止。言厚葬非我之教，出乎門人之意耳。此以抑門人而救世弊也。

【集注】喪具稱家之有無，貧而厚葬，不循理也，故夫子止之。蓋顔路聽之，歎不得如葬鯉之得宜，以責門人也。

○**季路問事鬼神。子曰：「未能事人，焉能事鬼？」曰：「敢問死。」曰：「未知生，焉知死？」**

【考異】七經考文：一本作「子路敢問死」，古本「死」上有「事」字。鹽鐵論論鄒章引孔子曰：未得事人，焉能事鬼神？皇、邢本、唐石經「敢問」上並有「曰」字，匡謬正俗引同。南軒解本有「曰」字。

【集解】陳曰：「鬼神及死事難明，語之無益，故不答也。」

按：世説簡傲篇注引馬曰：「死事難明，語之無益，故不答。」此陳所襲。

【唐以前古注】皇疏：外教無三世之義，見乎此句也。周、孔之教唯説現在，不明過去未來。而子路此問事鬼神，政言鬼神在幽冥之中，其法云何也。此是問過去也。孔子言人事易，汝尚未能，則何敢問幽冥之中乎？故曰：「焉能事鬼？」此又問當來之事也，言問今日以後死事復云何也。亦不答之也，言汝尚未知，即見生之事難明，又焉能豫問知死没也？又引顧歡云：夫從生可以善死，盡人可以應神，雖幽顯路殊，而誠恒一。苟未能此，問之無益，何處問彼耶？

【集注】問事鬼神，蓋求所以奉祭祀之意。而死者人之所必有，不可不知，皆切問也。然非誠敬足以事人，則必不能事神。非原始而知所以生，則必不能反終而知所以死。蓋幽明始終初無二理，但學之有序，不可躐等，故夫子告之如此。程子曰：「晝夜者，死生之道也。知生之道，則知死之道。盡事人之道，則盡事鬼之道。死生人鬼，一而二，二而一者也。或言夫子不告子路，不知此乃所以深告之也。」

【餘論】四書辨疑：注文本宗程子之説而又推而廣之也。程子以晝夜諭生死，晝諭生，夜諭死，此乃生死常理，人人之所共知者。注言原始而知所以生，却是説受胎成形初爲父母所生之生；反終而知所以死，又是説預知所死之由也。不惟所論過深，與程子之説亦自不同。所謂「死者人之所必有，不可不知，皆切問也」，又言「幽明無二理，但學之有序，不可躐等」，此又迂遠之甚也。夫二帝、三王、周公、仲尼之道切於生民日用須臾不可離者，載之經典，詳且備矣，而皆不出於三綱五常人倫彝則之間而已，未聞教人幽明次序必須知死也。必欲於常行日用人道之外，推窮幽明之中不急之務，求知所以死者之由。縱能知之，亦何所用？今以季路爲切問，誠未見其爲切也。夫子正爲所問迂闊不切於實用，故言：「未能事人，焉能事鬼？未知生，焉知死？」知生，謂知處生之道，非謂徒知其生，如原始知所以生，晝夜如生死之生也。蓋言事人之道尚且未能，又焉能務事鬼神乎？生當爲者且未知，又焉用求知其死乎？此正教之使盡人事所當爲者，非所以教事鬼神告其知死也。趙佑温故録：禮有五經，莫重於祭。古之所爲事鬼神者，當無不至，則子路之問不爲不切。夫先王之事鬼神，莫非由事人而推之，故生則盡養，死則盡享。惟聖人爲能饗帝，惟孝子爲能享親。云事鬼也，莫非教天下之事人也。吾未見孝友不敦於父兄，而愛敬能達乎宗廟者也。則盡乎事鬼神之義矣。進而問死，欲知處死之道也。人有所當死，有所不當死。死非季路所難，莫難乎其知之明，處之當。然而死非可預期之事，故爲反其所自生。君子之窮理盡性以至於命，歸於得正而斃。其不敢以父母之身行殆，不敢以匹夫之諒爲名者，皆惟其知生。敬吾生，故重吾死也。否則生無以立命，死適爲大愚而已。則盡乎知死之義矣。子嘗言之矣，務民之義，即所以事人；敬鬼神而遠之，即所以事鬼也。夫孝者善繼人之志，善述人之事。事死如事生，事亡如事存，孝之至也。所謂能事人能事鬼也。「人之生也直，罔之生也幸而免」，所以教知生。「志士仁人，無求生以害仁，有殺身以成仁」，所以教知死也。孟子曰：「知命者不立乎巖牆之下。」盡其道而死者，正命也。桎梏死者，非正命也。所謂知生知死也。論語稽：神從申從示，乃天地流行之氣之發舒者也。鬼從由從人從厶，乃天地陰私之氣之反而歸者也。易曰：「精氣爲物，遊魂爲變。」蓋鬼神者，二氣之良能。天地無氣，不能成物。秉此氣而生則爲人，反此氣而歸太虚則爲鬼神。知人之所以爲人，則知鬼神之所以爲鬼神矣。死從歹從匕。生象草木茁發之形。氣積則生，氣散則死，一而二，二而一者也。子路之問，求之虚。夫子教之，徵諸實。

【發明】反身録：問：先儒謂生死乃氣之聚散，氣聚而生，一死便都散了，無復有形象尚留於冥漠之内，然歟？曰：氣一散而便都與之俱散者，草木是也。蓋草木本無知覺，故氣散而與之俱散。人爲萬物之靈，若一死而亦與之俱散，是人與草木無殊。靈隨氣滅，無鬼無神，則季路事鬼神之問，夫子宜答以無鬼，何以曰焉能事鬼？而古今郊社之禮，六宗之禋，五祀之修，王者之禘祫，士庶之蒸嘗，一切崇德報功之典，追遠之舉，皆虚費妄作，爲不善於幽者當無所忌矣。生死一理，知生則知死矣。氣變而有形，形變而有生。生者造物之所始，死者造物之所終，故生之必有死，猶晝之必有夜。自古及今，無一獲免。而所以生所以死之實，則不因生死爲存亡，不隨氣機爲聚散也。氣有聚散，理無聚散。形有生死，性無加損。知此，則知生知死。學至於知生知死，學其至矣。夫誠知性無加損，則知所以盡性，終日乾乾，攝情歸性，湛定純一，不隨境遷，晝如此，夜如此，生如此，自然死亦如此矣。一念萬年，死猶不死，此堯、舜、孔、孟及歷代盡性至命者知生知死之實際也。苟爲不然，徒知何益。問：斯説蓋就性功純一者言，若在未嘗從事性功之人，其知生知死奈何？曰：此在各人心術何如耳。誠知人之生也本直，生而不罔，斯死而無歉。生能俯仰無愧，死則浩然天壤。生時正大光明於天下，死自正大光明於後世。若關壯繆、司馬光、文天祥、海剛峰諸人是也。問：此就心術正大行履無咎者言，下此則奈何？曰：下此則蚩蚩而生，昧昧而死。生而茫然，死而惘然。生既不能俯仰無愧浩然坦蕩於世上，屬纊之時，檢點生平，黯然消沮，自貽伊戚於地下，存不順而没不寧，何痛如之。蚤知如此，何至於此。此季路之所以問死，而學者之所以不可不知也。蓋知終方肯善始，知死方肯善生，知死期不可預定，則必兢兢思所以自治。惟恐今日心思言動違理，而無以善始善生，便非他日所以善終而善死。生時慎了又慎，免得死時悔了又悔。昔人謂少壯不努力，老大徒傷悲。余則謂生時不努力，死時徒傷悲。

康有爲論語注：易曰：「原始反終，故知死生之説。精氣爲物，游魂爲變，故知鬼神之情狀。」又曰：「通乎晝夜之道，而知原始反終。」通乎晝夜，言輪迴也，死於此者復生於彼，人死爲鬼，復生爲人，皆輪迴爲之。若能知生所自來，即知死所歸去。若能盡人事，即能盡鬼事。孔子發輪迴游變之理至精，語至玄妙超脱。或言孔子不言死後者，大愚也。蓋萬千輪迴，無時可免，以爲人故只盡人事，既身超度，自證自悟，而後可從事魂靈。知生者能知生所自來，即已聞道不死，故朝聞道，夕死可也。孔子之道，無不有死生鬼神，易理至詳，而後人以佛言即避去，必大割孔地而後止，千古大愚，無有如此，今附正之。

黄氏後案：易傳曰：「原始反終，故知死生之説。精氣爲物，游魂爲變，是故知鬼神之情狀。」知死知鬼神，非夫子五十知天命不能及此。夫子不答，猶是不語怪神之意也。下章類記子路之死，一以見知死之難，一以見夫子之獨知此也。

按：鬼神生死之理，聖如孔子，寧有不知？此正所以告子路也。昔有舉輪迴之説問伊川者，伊川不答。所以不答者，以輪迴爲無耶？生死循環之理不可誣也。以爲有耶？與平日闢佛言論相違也。此宋儒作僞之常態。至康氏乃發其覆，此如大地中突聞獅子吼，心爲爽然，洵孔氏之功臣也。

○閔子侍側，誾誾如也；子路，行行如也；冉有、子貢，侃侃如也。子樂。「若由也，不得其死然。」

【考異】皇本「閔子」下有「騫」字，「若」上有「曰」字。天文本論語校勘記：古本、足利本、唐本、津藩本、正平本「閔子」下有「騫」字，唐本、津藩本、正平本「冉有」作「冉子」，古本、唐本「樂」下有「曰」字。漢書敘傳「幽通賦『固行行其必凶』」，顔師古注曰：「論語稱閔子云云。子樂，曰：『若由也，不得其死然。』」文選幽通賦及崔子玉座右銘兩注皆引論語「子路行行如也。子曰：『若由也，不得其死然。』」論語集説：此「子樂」下脱「子曰」二字。輔廣論語答問：「子樂」不若「子曰」之協于文勢也。示兒編：「子樂」必當作「子曰」，聲之誤也。始以聲相近而轉「曰」爲「悦」，繼又以義相近而轉「悦」爲「樂」。知由也不得其死，則何樂之有？論語竢質：此書之例，記者稱諸弟子輒字而不名，在夫子口中皆名而不字。此稱「由也」，自是孔子之言，今奪去「曰」字非也。翟氏考異：漢書無引此文處，集注仍洪氏爲説，洪當誤憶師古漢書注爲漢書耳。然皇氏義疏本自有「曰」字，何宋代諸儒竟無見者，致煩紛紛擬議，不得已取證及史注耶？此可知皇氏疏自宋南渡時已佚。讀書叢録：此句本别爲一章，「曰」上脱「子」字。文選注引皆作「子曰」。或謂「樂」即「曰」字之僞，非也。淮南子精神訓注：季路仕于衛，衛君父子争國，季路死。孔子曰：「若由也，不得其死然。」言不得以壽命終也，故曰然。

按：此節應從皇本增「曰」字，翟氏説是也。説文解字「侃」字下引論語：「子路侃侃如也。」説文繫傳「誾」字下引論語曰：「冉有誾誾如也。」蓋由許君誤記，不足爲據。

【考證】宋翔鳳過庭録：説文解字：「侃，剛直也。從㐰。㐰，古文信。從川，取其不舍晝夜。論語曰：『子路侃侃如也。』」此引作「侃侃」，是正字。鄉黨篇之「侃侃」，及此下文「冉有、子貢侃侃如也」，並當爲「衎衎」，假借作「侃侃」，故並訓爲和樂也。鄭注論語：「行行，剛强之貌。」與許君解侃爲剛直義同。「行行」疑涉下文「衎衎」而誤。蓋古文論語「冉有、子貢侃侃如也」，本作「衎衎」。　潘氏集箋：案冉有、子貢氣象皆非侃侃者，則「侃侃」或爲「衎衎」之通借，必謂古文論語作「衎衎」，究無確證；而謂「行行」涉下文「衎衎」而誤，尤不可信。蓋鄭注已作「行行」，當非誤字，不可以不見他經傳而疑之也。　羣經識小：行字古讀平聲，入陽韻，去聲便當入漾韻，其轉入庚敬韻者，後世之音也。　黄氏後案：皇本作閔子騫，以上下文參玩之，是也。誾，斷之借字。閔子在德行科，如不屈於季氏，是斷斷守正之貌。鹽鐵論「諸生誾誾争」，鹽鐵彼文亦以誾誾爲持正貌。「侃侃」者，「衎衎」之借字。隸釋漢碑唐扶頌：「衎衎誾誾，尼父授魯，曷以復加。」碑語正用此文。冉有、子貢才智有餘，得動而樂之象，故曰衎衎。三國志蜀郤正傳曰：「侃侃庶政，冉季之治也。」亦言庶事康熙之意也。韓子文集韓宏碑云：「事親孝謹，侃侃自將。」亦以侃侃爲和樂之義也。朱子文集等書以冉子、端木子爲剛直有餘，説皆未瑩。夫子既云不得其死，上文何以云樂？注以「樂」即「曰」字之誤，以漢書敍傳幽通賦注、文選幽通賦注及崔子玉座右銘注考之，「樂」當爲「曰」。注引洪説，「漢書」下奪一「注」字。此篇類記諸弟子之事，上章言事人事鬼，與厚葬節爲一類；言知生知死，與此章爲一類。以子路之賢而猶未免禍，知死所以難也。雖然，未死而言此，危之正愛之也。其死也，夫子哭之曰：「噫！天祝予！」豈非賢者之難遘也邪？幽通賦「固行行其必凶兮，免盜亂爲頼道」，注：「應劭曰：『子路得免盜與亂，聞道於仲尼也。』」

【集解】鄭曰：「樂各盡其性也。行行，剛强之貌。」孔曰：「不得以壽終也。」

【唐以前古注】皇疏：卑者在尊者之側曰侍，此明子騫侍於孔子座側也。誾誾，中正也。子騫性中正也，亦侍孔子座側也。行行，剛强貌也。子路性剛强也，此二人亦侍側也。侃侃，和樂也，二子竝和樂也。孔子見四子之各極其性，無所隱情，故我亦懽樂也。孔子見子路獨剛强，故發此言也。由，子路名也。不得其死然，謂必不得壽終也，後果死衛亂也。又引袁氏云：道直時邪，自然速禍也。論語隱義（御覽卷三百六十六引）：衛蒯聵亂，子路與師往。有狐黯當師曰：「子欲入邪？」曰：「然。」黯從城上下麻繩鉤子路，半城，問曰：「爲師邪？爲君邪？」曰：「在君爲君，在師爲師。」黯因投之，折其左股，不死。黯開城欲殺之，子路目如明星之光曜，黯不能前，謂：「畏子之目，願覆之。」子路以衣袂覆目，黯遂殺之。」

按：隋志有論語隱一卷，郭象撰。又有論語隱義注三卷，並云亡。朱彝尊經義考於論語隱、論語隱義注外別出隱義，云：「隋志不載，但有其注載七録，未審即郭象論語隱否。」案郭書以隱名，兹云隱義注者，疑是後人衍象義而注之。白帖、御覽引凡二節，或題隱義，或題隱義注。其語鄙俚似小説，與郭氏體略不類，應皆是注者以異聞附益之。此條據余氏蕭客古經解鉤沉屬此句下，今從之。

【集注】行行，剛强之貌。子樂者，樂得英才而教育之。尹氏曰：「子路剛强，有不得其死之理，故因以戒之。其後子路卒死於衛孔悝之難。」洪氏曰：「漢書引此句上有『曰』字。」或云：「上文『樂』字即『曰』字之誤。」

按：漢書無引此事處。漢書敍傳幽通賦云：「游聖門而靡救兮，顧覆醢其何補。固行行其必凶兮，免盗亂爲賴道。」顔注：「論語稱：『子路行行如也。子樂，曰：若由也，不得其死然。』」洪氏殆引此注而誤記爲漢書。然皇疏本自有「曰」字，何宋代諸儒竟無一見者。可知皇疏本在宋南渡時已失傳也。

【餘論】四書詮義：祇就氣象上看，皆是英才，已自可樂。蓋誾誾、行行、侃侃，自與俗情世態天地懸隔。次節因其過剛而戒之，欲其有以變化氣質也。

【發明】四書訓義：剛柔皆道之用也。剛之過或不足以通吉凶之故，而柔之過則人欲易溺而天理不能自持，故聖人之所嘉予者惟剛，而聖教之裁成，必使卓然自拔於流俗。以直方而不屈，雖憂患之不免，而聖人終有取焉。志正則氣伸，氣不餒則神傳於容貌之間，故諸子侍側，夫子目擊而知其所養也。夫剛者可以自持而不可以加物，決於任道而非決於任志，志之任，其何以盡屈伸進退之理？剛加於物，而能不忤於物乎？夫喜其剛而又爲之憂，蓋欲有以善剛之用，乃雖爲之憂而不易其喜，則以靡靡者之生固不如行行者之死也。見利而歆，遇難而餒，闇然求媚於世，誠不如死之久矣。

○魯人爲長府。閔子騫曰：「仍舊貫，如之何？何必改作？」

【考異】九經古義：釋文云：「魯讀仍爲仁，今从古。」揚雄將作大匠箴曰：「或作長府，而閔子不仁。」用魯論也。拜經文集：魯讀「仁」字爲句，言仁在舊貫，改作是不仁也。陳讀義雖通而稍迂，古作「仍」字，義益明，故鄭從之。仍、仁音相近也。

【音讀】甕牖閒評：洪慶善解論語云：「長如字，今人多作上聲。左氏傳長府，長字無音，則論語當作如字無疑。」

【考證】四書釋地：左傳昭二十五年「公居於長府」，杜注：「長府，官府名。」九月戊戌，伐季氏，遂入其門。長府今不知所在，意其與季氏家實近。公居焉，出不意而攻之。論語鄭注：「長府，藏名也。藏財貨曰府。」又意公微弱，將攻權臣，必先據藏貨財之府，庶可結士心。亦一解。後反覆尋究始得之。蓋應劭曰：「曲阜在魯城中，委曲長七八里。」酈道元曰：「阜上有季氏宅，宅有武子臺，臺西北二里爲周公臺，周公臺南四里許爲孔廟，即夫子之故宅也。」然則今知得孔廟所在，則可以知季氏宮，由季氏宮又可想像而得長府地矣。

翟氏考異：魯人改作長府，因季氏惡昭公也。左傳昭公二十五年：「公居長府，伐季氏，入之。孟氏、叔孫氏共逐公徒，公遜于齊。」長府，蓋魯君別館，稍有畜積扞禦，可備騷驚之所。季氏惡公恃此伐己，故于已事後率魯人卑其閈閎，俾後此之爲魯君者不復有所憑恃，其居心寧可問乎？閔子無諫諍之責，能爲婉言諷之，則自與聖人强公弱私之心深有契矣。如是說經，似尤覺聖賢見義之大，含旨之深。羅氏路史禪通紀曾旁論及是，而語焉未詳，竊申而備之。

凌鳴喈論語解義（劉氏正義引）：嚮昔昭公嘗居是伐季氏矣。定、哀之間，三家因欲改爲之，將以弱所恃也。稱魯人，衆也。是時三家皆欲之。

包慎言温故録：案長府，宮館之屬，非藏名也。漢書元帝紀詔曰：「惟德薄不足以充入舊貫之居，其令諸宮館希幸御者勿繕治。」注：「應劭曰：『舊貫者，常居也。』」此足爲證。昭公欲伐季氏，而先居長府，必其地爲君常所臨幸，故人不以爲疑。魯人爲長府，蓋欲擴其舊居以壯觀瞻。魯君失民數世矣，隱民皆取食於季氏，復爲長府以重勞之，是爲淵驅魚也。閔子故婉言以諷之。後漢書郎顗傳顗上書曰：「夏禹卑室，盡力致美。又魯人爲長府，閔子騫曰：『仍舊貫，何必改作。』臣以爲諸所繕修，事可減省。」郎顗引經，亦以長府爲宮館，義與元帝詔若合符契，不可易也。　劉氏正義：諸説略有異同，惟閻氏得之，而義亦未盡。蓋府自是藏名，周官玉府職云：「掌王之金玉玩好兵器。凡王之獻金玉兵器文織良貨賄之物，受而藏之。」内府職云：「掌受九貢九賦九功之貨財良兵良器，以待邦之大用。凡四方之幣獻之金玉齒革兵器，凡良貨財入焉。」又外府掌邦布及王后世子祭服，是兵器藏内府，不藏外府。然則玉府掌兵器亦當在内。魯之長府自是在内，而爲兵器貨賄所藏。魯君左右多爲季氏耳目，公欲伐季氏而不敢發，故居於長府，欲藉其用以伐季氏，且以使之不疑耳。昭公伐季氏在二十五年，孔子時正居魯，則知魯人爲長府正是昭公居之，因其毁壞而欲有所改作，以爲不虞之備。但季氏得民已久，非可以力相制。故子家羈力阻其謀，宋樂祁知魯君必不能逞，而閔子亦言仍舊貫，言但仍舊事，略加繕治，何必改作，以諷使公無妄動也。論語書之曰「魯人」，明爲公諱，且非公意也。若如翟説，季之謀，路人皆知，閔子所言，正指其事，然其辭微而婉，故夫子稱其「言必有中」也。當時伐魯人指季平子。淩説，魯人指三家在定、哀時爲長府者，欲改爲之以奪魯君之所恃。夫昭公居長府以伐季氏，其事已無成，定、哀即欲伐季氏，亦斷無仍居長府，蹈此覆轍，而煩三家之重慮之也。且既患公復居長府，何不毁壞之，而反從而修治也？即如包説長府是别宫，非藏名，則昭公居長府以伐季氏，將何所取意耶？諸説於情事多未能合。若閻氏以長府去季氏家近，亦非是。長府自在公宫内也。　湖樓筆談：「魯人爲長府」，鄭注曰：「長府，藏名也。藏財貨曰府。」夫藏財貨之府，非如苑囿之可爲游觀，如其未壞，必不改作，壞而改作，則無可議。竊謂魯人之爲長府，季氏意也。考之左傳，昭公之攻季氏，實居於長府。然則季氏之改作長府，猶趙簡子之欲毁晉陽之壘也。趙簡子不云乎：「吾見壘培，如見寅與吉射也。」季氏之見長府，不亦如見昭公乎？且非特此而已，魯一國之衆過長府之下，皆指而目之曰：「此昔吾君昭公所居以攻季氏者也。」忠義之士必有太息流涕者，而季氏子孫不得安枕矣。此季氏之所以必欲改作也。閔子曰：「仍舊貫，如之何？何必改作？」子曰：「夫人不言，言必有中。」魯論讀「仍」爲「仁」，夫舊貫何以言仁？蓋動其不忍之心也。舊貫可愛，舊君獨不可思乎？此孔門之微言，而魯人傳其舊讀，惜乎鄭君之不知從也。其後季氏使閔子騫爲費宰，閔子騫曰：「如有復我者，則我必在汶上矣。」夫孔子之聖而躬爲季氏吏，由、賜之徒仕季氏者多矣，豈閔子而以仕季氏爲恥？且辭之則已耳，何必有汶上之言？疑此事亦在昭公遜齊之年，汶上自魯適齊之道，示將從故君於齊耳。

按：以上諸説，當以劉氏正義所説爲允。

【集解】鄭曰：「長府，藏名也。藏貨財曰府。仍，因也。貫，事也。因舊事則可也，何乃復更改作。」

【集注】長府，藏名，藏貨財曰府。爲，蓋改作之。仍，因也。貫，事也。王氏曰：「改作勞民傷財，在於得已，則不如仍舊貫之善。」

【别解】四書稗疏：集注云「藏貨財曰府」，然則府頽敝而改爲之亦奚不可，而必仍其舊哉？若謂别作一府以斂財多積，則魯於是時四分公室，民食於家，亦惡從得貨財而多積之，如後世瓊林左藏封椿之厚儲以供君用邪？按太公爲九府，府者，泉布金刀之統名也。其曰長者，改短而長，輕而重也。圜曰泉，方而長曰幣。冠圜泉於首下作刀形曰金刀，皆楕長而不圜。錢譜有漢鑄厭勝錢，漓心錢，皆其遺制。五銖興，而始無不圜者矣。改作長府者，改其形模，視舊加長也。加長則所值倍增，用銅少而鑄作簡，乃近代直十當五當兩之法，一旦驟改，則民間舊幣與銅同價，而官驟收其利，此三家所以亂舊典而富私門也，故閔子以仍舊貫折之。貫，錢繫也，或曰緡，或曰貫，皆以繫計多寡之稱。府改價增，則貫減而少，仍舊者，使以舊府取足貫也。

按：此説從「貫」字著想，頗有意義，可備一説。

【餘論】論語經正録引王船山曰：案春秋「新延廄」，穀梁傳曰：「其言新，有故也。」公羊傳曰：「新延廄者何？修舊也。」「新作南門」，穀梁傳曰：「作，爲也。有加其度也。言新有故也，非作也。」又「新作雉門及兩觀」，穀梁傳曰：「言新有舊也。作，爲也，有加其度也。」審是則修舊曰新，有加其度曰作曰爲。度，王者之法制也，有加其度，則僭擬矣。故曰作曰爲，皆臣子不忍斥君父之僭擬而諱之之辭也。記者曰爲，閔子曰何必改作，則魯人僭爲王者之府明矣。言魯人則見非魯君之意，而魯之士大夫慫恿之又明矣。閔子諫以仍舊貫，欲魯人之以善導君而修舊耳。公羊傳曰：「修舊不書。」春秋無作長府之文，蓋從閔子之諫而僅修舊耳。閔子一言而有數善，故夫子亟偁之。四書翼注論文：春秋於定、哀之世，作雉門兩觀則書，築蛇淵囿則書，城西郛、城毗、城郲瑕則書，獨不書爲長府，蓋以閔子之言而止歟？

子曰：「夫人不言，言必有中。」

【考證】經傳釋詞：夫，猶此也。禮記檀弓「夫夫也」，鄭注：「夫夫，猶言此丈夫也。」趙佑温故録：夫人不言，反逗語，此例見於經者，如中庸「有弗學」，孟子「故君子有不戰」，檀弓「伯氏不出而圖吾君」皆是。

【集解】王曰：「言必有中，善其不欲勞民更改作也。」

【集注】言不妄發，發必當理，惟有德者能之。

○子曰：「由之瑟奚爲於丘之門？」

【考異】皇本作「由之鼓瑟。」七經考文：古本有「鼓」字。天文本論語校勘記：古本、足利本、唐本、津藩本、正平本「由之」下有「鼓」字。

按：馬注言「子路鼓瑟」，皇、邢二疏並同，是唐人所見本皆有「鼓」字。

【考證】家語辨樂解：子路鼓琴，孔子聞之，謂冉有曰：「甚矣由之不才也！夫先王之制音也，奏中聲以爲節，入於南，不歸於北。南者，生育之鄉。北者，殺伐之域。故君子之音温柔居中，以象生育之氣，憂愁之戚不加於心也，暴厲之動不在於體也，夫然者乃所謂治安之風也。小人之風則不然，亢厲微末以象殺伐之氣，中和之感不載於心，温和之動不存於體，夫然者乃所以爲亂之風。今由也匹夫之徒，曾無意於先王之制，而習亡國之聲，烏能保其六七尺之體也哉？」冉有以告子路，子路懼而自悔，静思不食，以至骨立。夫子曰：「過而能改，其進矣乎。」説苑：子路鼓瑟，有北鄙之聲。子曰：「南者，生育之鄉。北者，殺伐之域。故舜造南風之聲，其興也勃焉。紂爲北鄙之聲，其亡也忽焉。」　翟氏考異：説苑載此事原作「鼓瑟」，家語爲「鼓琴」，明正德時，何氏孟春校注家語，從説苑改「瑟」，而毛氏汲古閣依北宋板仍刊作「琴」，集注引家語「子路鼓瑟，有北鄙殺伐之聲」，則當時朱子所見却是「瑟」字。

【集解】馬曰：「子路鼓瑟不合雅、頌。」

【唐以前古注】皇疏：子路性剛，其鼓琴瑟亦有壯氣。孔子知其必不得以壽終，故每抑之。汝鼓瑟得在於我門，我門文雅，非用武之處也，故自稱名以抑之也。奚，何也。侃謂此門，非謂孔子所住之門，故是聖德深奥之門也，故子貢答武叔曰：「得其門者或寡也。」

【集注】程子曰：「言其聲之不和，與己不同也。」家語云：「子路鼓瑟，有北鄙殺伐之聲。」蓋其氣質剛勇而不足於中和，故其發於聲者如此。

【餘論】劉氏正義：白虎通禮樂篇：「瑟者，嗇也，閑也。所以懲忿窒欲，正人之德也。」郭璞注爾雅云：「長八尺一寸，廣一尺八寸，二十七弦。」邵氏晉涵正義引禮圖，雅瑟廣長與郭注同，惟二十三弦與郭異。頌瑟長七尺二寸，廣一尺八寸，二十五弦。而風俗通又言今瑟長五尺五寸，皆是依仿古制，不能畫一。

門人不敬子路。子曰：「由也升堂矣，未入於室也。」

【集解】馬曰：「升我堂矣，未入室耳。門人不解，謂孔子言爲賤子路，故復解之。」

【集注】門人以夫子之言，遂不敬子路，故夫子釋之。升堂入室，諭入道之次第，言子路之學已造乎正大高明之域，特未深入精微之奧耳，未可以一事之失而遽忽之也。

【餘論】黄氏後案：升堂豈易許哉？喜告過則改之，誠恐有聞則勉之；力辭叛者之要言，必成其信；贈處者之求益，堪知其謙；墮費未盡大猷，治蒲亦祇小試；勇足以立千乘之功而不流於霸，明足以斷單辭之獄而不入于偏，此仲子之所以不可及也。　論語稽：門堂室皆所謂造聖賢之域也。夫子教人和平中正，造其域者氣質悉化。子路陶淑雖久，其生性不近春温而近秋殺，故於鼓瑟之頃偶流露焉，而夫子戒之。

按：子路之死，夫子蓋預知之，故戒之不止一次，而卒之無救於其死者，故曰「死生有命」。

**○子貢問：「師與商也孰賢？」子曰：「師也過，商也不及。」曰：「然則師愈與？」子曰：「過猶不及。」**

【考異】皇本「問」下有「曰」字，「賢」下有「乎」字，「不及」下有「也」字。

【考證】禮記仲尼燕居云：「子曰：『師，爾過，而商也不及。』子貢越席而對曰：『敢問將何以爲此中者也？』子曰：『禮乎禮。夫禮所以制中也。』」鄭注：「過與不及，言敏鈍不同，俱違理也。」　家語弟子行篇：子貢語衞將軍文子曰：「美功不伐，貴位不喜，不侮不佚，不傲無告，是顓孫師之行也。學之深，送迎必敬，上交下接若截焉，是卜商之行也。」

【集解】孔曰：「言俱不得中。」何曰：「愈猶勝也。」

【唐以前古注】皇疏：師，子張。商，子夏也。孰，誰也。子貢問孔子欲辨師、商誰爲賢勝也。過，謂子張性繁冗，爲事好在避過而不止也。言子夏性疎闊，行事好不及而止也。愈，勝也。子貢又問若師爲事好過，好過則爲勝耶？答言既俱不得中，則過與不及無異也，故云「過猶不及」也。又引江熙云：聖人動爲物軌，人之勝否未易輕言。兩既俱未得中，是不明其優劣以貽於來者也。

【集注】子張才高意廣而好爲苟難，故常過中。子夏篤信謹守而規模陿隘，故常不及。愈，猶勝也。道以中庸爲至，賢智之過雖若勝於愚不肖之不及，然其失中則一也。

【餘論】四書改錯：子張賢智固有之，若子夏愚不肖，則夫子口中定無有此。按中庸過不及以道教言，道教屬君子，而過與不及則屬之鮮能之民，如後所云夫婦之愚、夫婦之不肖者。若此過不及則專以氣質言，謂氣質不齊，有此二等，然互相勝負，無可優劣，有時過勝不及，有時不及亦勝過，故曰猶。猶者，等也，齊一也。嘗讀禮記，子張與子夏各除喪而見孔子，張則哀痛已竭，彈琴不成聲，曰：「不敢不及也。」夏則哀痛未忘，彈琴不成聲，曰：「不敢過也。」即此一節，亦一過一不及之證。然而喪尚哀戚，一則哀不足而禮有餘，一則禮不足而哀有餘，子夏之不及較勝於子張之過有顯然者。故此苟引經，當引洪範三德證此猶字。三德者，正直、剛克、柔克也。正直以無偏無側據作首德，而高明剛克、沈潛柔克即過不及也，皆氣質也。然而正直，德也，高明、沈潛，亦德也。三德並列，有何勝負，其解「猶」字當如此。

# 論語集釋卷二十三

## 先進下

○季氏富於周公，而求也爲之聚斂而附益之。子曰：「非吾徒也。小子鳴鼓而攻之，可也。」

【考異】皇本作「附益也」，「而攻之」無「而」字。七經考文：一本「求」下無「也」字，「益」下無「之」字。論衡順鼓篇引此章作「小子鳴鼓攻之」。黄氏後案：經文求也之稱，記者無此體。下「子曰」宜移在「季氏」之上。禮大學篇鄭君注引此章文，「非吾徒也」上無「子曰」二字。漢書諸侯王表注、後漢書楊秉傳注引此文皆以爲孔子之言，可證也。

【考證】左傳哀公十一年：季氏欲以田賦，使冉有訪諸仲尼。曰：「丘不識也。」三發，卒曰：「子爲國老，待子而行，若之何子之不言也？」仲尼不對，而私於冉有曰：「君子之行也，度於禮，施取其厚，事舉其中，斂從其薄，如是則以丘亦足矣。若不度於禮而貪冒無厭，則雖以田賦，將又不足。且子季孫若欲行而法，則周公之典在。若欲苟而行，又何訪焉？」弗聽。十二年春王正月，用田賦。魯語：仲尼私於冉有曰：「汝不聞乎？先王制土，藉田以力，而砥其遠邇；

賦里以入，而量其有無；任力以夫，而議其老幼。於是乎有鰥寡孤疾，有軍旅之出，則徵之；無則已。其歲收，田一井出稯禾秉芻缶米，不是過也。先王以爲足。若子季孫欲其法也，則有周公之藉矣。若欲犯法，則苟而賦，又何訪焉？」　翟氏考異：說文：「富，備也。一曰厚也。」此富祇合訓厚，以與薄税斂之薄反對。季氏之用賦厚於周公，典籍故云「富於周公」也。魯自宣公税畝而田賦倍，已富厚於周公矣。及此而冉有復爲季氏訪問田賦，即所謂「爲之聚斂而附益」也。夫子既以正告，冉有仍不勸救季氏，卒用田賦，夫子所以欲絶之也。此事又詳著於外傳魯語，以證論語，似最允協。若依舊說，則周公勳貴有之，曷嘗以之致富，而乃與富人相衡量哉？　論語發微：春秋繁露曰：「大旱者，陽滅陰也。陽滅陰者，尊壓卑也。固其義也，雖大甚，拜請之而已，無敢有加也。大水者，陰滅陽也。陰滅陽者，卑勝尊也。日食亦然，皆下犯上，以賤傷貴，逆節也。故鳴鼓而攻之，朱絲而脅之，爲其不義也。此亦春秋之不畏强禦也。」按董生之言，知魯有季氏，世卿專政，禄去公室，攘奪克剥，而有用田賦之事。是亦卑勝尊，賤傷貴，不義之至者。與季氏不能聽，冉有不能救，厥罪惟均，故鳴鼓而攻。若深疾冉有，實正季氏之惡。　楊豫孫西堂日記：周公不之魯，次子世爲周公於畿内共和是也。周、召世爲三公，猶魯之有三桓，世爲卿也。故曰季氏富於周公，非謂文公旦也。　論語竢質：左傳桓十八年有周公黑肩，當周莊王時。莊十六年有周公忌父，當周莊王時出奔虢，惠王立而復之。又僖九年有宰周公孔，皆周文公之子孫世食采于周者。此周公又其後也。富，謂采地所入多也。諸侯之卿不得侔於天子之卿，乃季氏四分魯國有其二，采地多於王朝卿士，故曰富於周公。稱天子之卿相形，明其踰侈無度爾，非封於魯之周公也。羣經平議：此周公非周公旦也。擬人必以其倫，以季氏而擬周公，非其倫也。所謂周公，乃春秋時之周公，如周公黑肩、周公閱是也。蓋欲言季氏之富，而但舉晉、韓、魏、齊陳氏之屬與之比較，則本爲同列，即富過之，亦不足深罪，故必曰富於周公，以見季氏以侯國之卿而富過於王朝之宰也。泰伯篇「如有周公之才之美」，孔注曰：「周公者，周公旦。」正義曰：「以春秋之世，别有周公。恐與彼相嫌，故注者明之。」然則孔注於此章不曰周公旦，明是春秋時之周公，正義乃曰「魯其後也」，失經意，且失注意矣。

按：俞氏之説是也。孔注止云「周公，天子之宰，卿士」，並不云周公旦。皇疏所解極爲明晰，其以爲周公旦者，蓋宋儒不學之過也。

【集解】孔曰：「周公，天子之宰卿士也。冉求爲季氏宰，爲之急賦税也。」鄭曰：「小子，門人也。鳴鼓，聲其罪以責之。」

【唐以前古注】皇疏：季氏，魯臣也。周公，天子臣。食采於周，爵爲公，故謂爲周公也，蓋周公旦之後也。天子之臣地廣禄大，故周公宜富。諸侯之臣地狹禄小，季氏宜貧。而今僭濫，遂勝天子臣，故云「季氏富於周公」也。又引繆協云：季氏不能納諫，故求也莫得匡救。匡救不存其義屈，故曰「非吾徒也」。攻譏於求，所以深疾季氏。子然問，明其義也。

【集注】周公以王室至親，有大功，位冢宰，其富宜矣。季氏以諸侯之卿而富過之，非攘奪其君、刻剥其民，何以得此？冉有爲季氏宰，又爲之急賦稅以益其富。非吾徒，絶之也。小子鳴鼓而攻之，使門人聲其罪以責之也。聖人之惡黨惡而害民也如此。然師嚴而友親，故已絶之而猶使門人正之，又見其愛人之無已也。范氏曰：「冉有以政事之才施於季氏，故爲不善至於如此，由其心術不明，不能反求諸身而以仕爲急故也。」

【餘論】論語或問：或問：冉求學夫子，於門弟子中亦可謂明達者，今乃爲季氏聚斂何耶？曰：冉求之失不待於聚斂而後見，自其仕於季氏，則已失之矣。蓋當是之時，達官重任皆爲公族之世官，其下則尺地一民皆非國君之有，士唯不仕則已，仕則未有不仕於大夫者。冉求於此，豈亦習於衰世之風而不自知其非歟？然使其仕於季氏而能勸之，黜其彊僭而忠於公室，則庶乎小貞之吉矣。今乃反爲之聚斂，是使權臣愈彊，公室愈弱也，故孟子以「無能改於其德而賦粟倍他日」言之。蓋不自知其學之未至，而謂從仕爲士之常，是以漸靡以至此耳。曰：然則夫子曷爲不於其仕季氏而責之也？曰：聖人以不仕爲無義，而猶望之以小貞之吉也。朱子語類：人最患資質弱，剛如子路，雖不得其死，百世之下，其勇氣英風尚足以起頑立懦。若冉有之徒，都自扶不起。如云可使足民，豈不知愛民而反爲季氏聚斂。范氏云：「其心術不明。」惟是心術不明，到此都不自知。又云：「以仕爲急。」惟以仕爲急，故從季氏之惡。四書改錯：此聖門敗闕既已顯著，則從而盡情唾駡應所不免。但「自扶不起」四字恰似擡舉不成人者，雖夫子師長亦不忍出口，况直呼其名曰求之徒，又三稱曰他，其鄙棄不屑如是，則忝作學生恐亦非所應有矣。乃歷陳罪狀，則又並無一當者。聖門仕季氏，有何不是？夫子初作季氏小吏，繼作孟氏五屬臣，及進爲司寇，而後由、賜之徒得以入仕，是聖門雖不反身，亦求仕不得，此亦何處可急，而反復以急仕責之？況求不急仕，而夫子之急反過於求。觀其失位，將之荆即先冉有，在陳聞季氏復召冉有，即期以大用，則急仕固無害。然且期大用，不必小貞之吉也。人讀書論世，思進退古今人物，而於春秋事實未嘗窺見。周制重世官，然自公族食采外，亦何嘗一民尺地皆非君有？國有民有地，民出徒役，地出賦税，皆公家主之。即軍賦軍役，舊制所云大國三軍者，亦征自公家，而第於行軍時使三卿受役並受賦已耳。惟三家爲三卿，則以改車爲行之際極重徒衆，因之自征徒役，而祇以邑税仍還之公，此襄十一年作三軍，所云三分公室，昭五年舍中軍，所云四分公室者，是徒役，不是賦税。況三軍而外，其爲役爲税者何限。故宣公税畝，見於春秋。哀公問年饑而用田賦，則不惟見春秋，而並見論語。是什一什二皆君自爲政，未可謂一民尺地非君有也。特用田賦時，雖哀公親問有若，而有若不許；及季康子使冉有親問夫子，而夫子以苟行絶之，乃卒用田賦，則冉子不能無過矣。冉兩仕季氏，桓子不用冉而康子用之。且聚斂與田賦一事又適相合，夫子之責之當在此時。其曰「富於周公」者，正以周公指公家，謂公苦年饑而季氏頗富，此非救饑，實附富也。以公邑加斂，季所共也。此並責康子也，注者全不曉也。

**○柴也愚，參也魯，師也辟，由也喭。**

【考異】四書湖南講：此必夫子平時零碎議論，門人彙記於此，故不用「子曰」字冠首。史記弟子傳：「師也僻，參也魯，柴也愚，由也喭。」次序不同，「辟」字作「僻」。皇本「辟」作「僻」。

尚書無逸篇正義引論語：「由也諺。」以「喭」作「諺」。 翟氏考異：楊慎升菴外集曰：「論語『由也諺』，或作『喭』，見文選注。」董斯張吹景集亦言：「『由也諺』之諺史記作『喭』。」蓋前明所刊論語多爲「諺」者。 集注考證謂：「凡傳稱『喭曰』者皆从言。古文篆字之从言者皆作口。」則兩文通用。 阮元校勘記：說文有「諺」無「喭」，「喭」乃「諺」之俗字。

【考證】劉氏正義：弟子列傳：「高柴字子羔。少孔子三十歲。子羔長不盈五尺，受業孔子，孔子以爲愚。」集解引鄭玄曰：「衛人。」子羔亦稱季羔，見左傳。檀弓作子臯，「臯」與「羔」同。家語作子高，齊人，少孔子四十歲。高既爲氏，不當又爲字。三十、四十積畫相亂，衛、齊二說亦異，當以鄭氏爲是。 釋文云「畔喭」，皇本、釋文所見本並作「呟喭」。 書無逸云：「乃逸乃喭。」僞孔傳：「叛諺不恭。」叛諺與畔喭同。 焦氏循論語補疏：「大雅皇矣『無然畔援』，箋云：『畔援，跋扈也。』韓詩云：『武强也。』漢書敘傳注作『無然畔換』。文選魏都賦云『雲撤叛換』，劉淵林注：『叛換猶恣睢也。』換、援、諺聲近相通。」 黃氏後案：辟，讀若左傳「闕西辟」之辟，偏也，以其志過高，而流於一偏也。馬注以辟爲邪僻文過，固非。 禮五帝德篇有「容貌取人，於師改之」之言。 荀子非十二子曰：「禹行而舜趨，子張氏之賤儒也。」此朱子訓辟爲便辟之所本。 愚、魯、辟、喭以生質言，非言習也。 諸經言便辟者，謂便習。 其盤旋退避之容，不可以訓辟。 戴禮所言或謂指堂堂寬大之貌，或謂聖人不以顏貌取人，禮記亦後人所坿益。 若荀子譏末流之弊，尤不可援以注此經也。喭，剛猛失容也。皇疏：王弼云：「喭，剛猛也。」説與鄭君義同。邢本「㕮喭」作「畔諺」，沿俗改字。而疏云：「舊注作㕮喭。字書：『㕮喭，失容也。』言子路性行剛强，常㕮喭失於禮容也。」疏義猶本舊説不誤。朱子以「喭」同「諺」，訓粗俗。子路篇云：「野哉由也。」是朱子注所據。然彼以一事言之耳。段氏尚書撰異曰：「仲氏子可謂之粗，不可謂之俗。豈有見義必爲，緼袍不恥，車裘不私，如仲氏子而或以爲俗者？古書所引諺皆老成典型之言。説文：『諺，傳言也。』」

【集解】弟子高柴字子羔。愚，愚直之愚。孔曰：「魯，鈍也。曾子性遲鈍。」馬曰：「子張才過人，失在邪僻文過。」鄭曰：「子路之行失於㕮喭。」

【唐以前古注】皇疏引王弼云：愚，好仁過也。魯，質勝文也。僻，飾過差也。喭，剛猛也。

【集注】柴，孔子弟子，姓高，字子羔。愚者，知不足而厚有餘。家語記其「足不履影，啓蟄不殺，方長不折。執親之喪，泣血三年，未嘗見齒。避難而行不徑不竇」，可以見其爲人矣。魯，鈍也。程子曰：「參也竟以魯得之。」又曰：「曾子之學誠篤而已。聖門學者聰明才辨不爲不多，而卒傳其道乃質魯之人爾，故學以誠實爲貴也。」辟，便辟也，謂習於容止，少誠實也。喭，粗俗也。傳稱喭者，謂俗論也。楊氏曰：「四者性之偏，語之使知自勵也。」吴氏曰：「此章之首脱『子曰』二字，或疑下章『子曰』當在此章之首，而通爲一章。」

按：集解本此合下章爲一章，朱子分兩章，今從朱子。

【餘論】經正録：辟喭字義，集注蓋從呂與叔「辟謂便而少誠，喭謂俗而少學」爲説，不如古説爲長。四書詮義：有其病則有其善，愚者必厚重，魯者必誠樸，辟者才必高，喭者性必直，此皆聖門氣質有偏而未爲習染所壞者。愚者充以學問，魯者勵以敏求，辟者斂以忠信，喭者文以禮樂，祇因其好處，克去其偏處，便可至於中庸，故語之使知自勵也。

○子曰：「回也其庶乎，屢空。賜不受命，而貨殖焉，億則屢中。」

【考異】説文注：今之「婁」字本是屢空字，「屢」字乃後人所加。漢書貨殖傳：「孔子譏子貢曰：『賜不受命，而貨殖焉，意則屢中。』」師古注曰：「意讀曰億。」隸續録漢陳度梅碑曰：「貨殖孔曰，意則屢中。」李覯集陳公燮字序「夫子謂賜也意則屢中」，本史記作「億」。皇本「億」作「憶」。

【音讀】論語詳解：「其庶乎屢空」當作一句讀。翟氏考異：何氏「空」凡二解：一云空匱，一云虚中。據説文空祇一音，蓋俱宜如字讀苦紅反。如孟子「空乏其身」，小雅「杼軸其空」，亦惟如字是也。近人以空匱別讀去聲，據小雅「不宜空我師」，空訓窮，音苦貢反。意猶可通。陸氏釋文既不用苦貢，亦不用苦紅，而云力從反，未詳。經讀考異：此凡兩讀，何氏集解言：「回庶幾聖道，雖屢空匱而樂在其中。」是以「乎」字絶句，近讀從之。又云：「屢，猶每也。空，猶虚中也。言其于庶幾每能虚中者，是以屢空。」連上「庶幾」爲句。

【考證】論語後録：讀與易「其殆庶幾乎」同。繫辭：「子曰：『顔氏之子，其殆庶幾乎？有不善未嘗不知，知之未嘗復行也。』」虞翻注：「幾，神眇也。」翻説幾，以上「知幾其神」故云爾。侯果訓庶爲冀，然則庶幾猶云冀近於知幾也。知幾者唯聖人，顔子亞聖但近之，然與億則屢中者又相去遠矣。左傳：「仲尼曰：『賜不幸言而中，是使賜多言者也。』」夫子懼其多言，故每抑之。

論語稽求篇：空者，窮也。詩節南山「不宜空我師」，作不宜窮我師解。古貧、窮本二義，而時俗通語即呼貧爲窮，此正本空字而兼其義者。蓋家有虧匱，身有缺乏，歉也，亦貧也。生計無去路，窮也。家歉無日贏，生計有時絶，故曰屢空。後漢賈逵傳：「帝謂馬防曰：『賈逵母病，此子無人事於外，屢空，將從孤竹之子於首陽山矣。』」觀其用「屢空」二字，而加「無人事於外」一句，正窮乏之義。劉氏正義：爾雅釋言：「庶幾，尚也。」又云：「庶，幸也。」史記伯夷列傳：「然回也屢空，糟糠不厭。」鹽鐵論地廣云：「夫賤不周知，貧不妨行。顔淵屢空，不爲不賢。孔子不容，不爲不聖。」是漢人解屢空皆爲空匱。廣雅釋詁：「殖，積也。」周語「財蕃殖」，韋昭解：「殖，長也。」子貢貨殖，謂居貨財以生殖也。億，度也。貨殖傳云：「子贛既學於仲尼，退而仕衛。發貯鬻財曹、魯之間，七十子之徒最爲饒。而顔淵簞食瓢飲，在於陋巷。子贛結駟連騎，束帛之幣，聘享諸侯，所至，國君無不分庭與之抗禮。然孔子賢顔淵而譏子贛曰：『回也其庶乎，屢空。賜不受命而貨殖焉，意則屢中。』」班傳全引此文，而以「賜不受命」二句爲孔子所譏，是「意則屢中」即承上貨殖言。論衡知實篇：「賜不受命而貨殖焉，億則屢中。罪子貢善居積。意貴賤之期，數得其時，故貨殖多，富比陶朱。」又云：「子貢善意，以得貨利。」蓋論衡以「意貴賤之期」解億字。「數得其時」，數解屢字，得其時解中字。此漢人解誼之最顯然可據者。

【集解】言回庶幾聖道，雖數空匱而樂在其中矣。賜不受教命，惟財貨是殖，億度是非。蓋美回所以勵賜也。一曰：「屢，猶每也。空，猶虛中也。以聖人之善道，教數子之庶幾，猶不至於知道者，各内有此害。其於庶幾每能虛中者，惟回懷道深遠。不虛心不能知道，子貢雖無數子之病，然亦不知道者，雖不窮理而幸中，雖非天命而偶富，亦所以不虛心也。」

【唐以前古注】皇疏：解此義者凡有二通。一云：庶，庶幾也。屢，每也。空，窮匱也。顏子庶慕於幾，故遺忽財利，所以家每空貧而簞瓢陋巷也。又一通云：空，猶虛也。言聖人體寂而心恒虛無累，故幾動即見。而賢人不能體無，故不見幾，但庶幾慕聖而心或時而虛，故曰屢空。其虛非一，故屢名生焉。云「賜不受命而貨殖焉」者，此孔子又評子貢累也。亦有二通。一云：不受命者，謂子貢性動，不能信天任命，是不受命也。而貨殖者，財物曰貨，種藝曰殖。子貢家富，不能清素，所以爲惡也。又一通云：殷仲堪云：「不受矯君命。」江熙云：「賜不榮濁世之禄，亦幾庶道者也。雖然有貨殖之業，恬愉不足，所以不敢望回耳。」亦曰不受命者，謂子貢不受孔子教命，故云不受命也。云「億則屢中」者，此亦有二通。一云：億，謂心億度事宜也。言子貢性好億度是非而屢幸中，亦是失也，故君子不億不幸也。又一通云：雖不虛心如顏，而億度事理必亦能屢中也。又引王弼云：其庶乎屢空，庶幾慕聖，忽忘財業，而數空匱也。命，爵命也。億，億度也。子貢雖不受爵而能富，雖不窮理而幸中，蓋不逮顏之庶幾，輕四子所病，故稱

「子曰」以異之也。又引顧歡云：夫無欲於無欲者，聖人之常也。有欲於無欲者，聖人之分也。二欲同無，故全空以目聖。一有一無，故每虛以稱賢。賢人自有觀之，則無欲於有欲；自無觀之，則有欲於無欲。虛而未盡，非屢如何。又引太史叔明云：顏子上賢，體具而微則精也，故無進退之事，就義上以立屢名。按其遺仁義，忘禮樂，隳支體，黜聰明，坐忘大通，此忘有之義也。忘有頓盡，非空如何。若以聖人驗之，聖人忘忘，大賢不能忘忘，不能忘忘，復爲未盡，一未一空，故屢名生也焉。筆解：韓曰：「一説：屢，猶每也。空，猶虛中也。此近之矣。謂富不虛心，此説非也。吾謂回則坐忘遺照，是其空也。賜未若回每空，而能中其空也。『貨』當爲『資』，『植』當爲『權』，字之誤也。子貢資於權變，未受性命之理，此蓋明賜之所以亞回也。」

【集注】庶，近也，言近道也。屢空，數至空匱也。不以貧窶動心而求富，故屢至於空匱也。言其近道，又能安貧也。命，謂天命。貨殖，貨財生殖也。億，意度也。言子貢不如顏子之安貧樂道，然其才識之明亦能料事而多中也。程子曰：「子貢之貨殖，非若後人之豐財，但此心未忘耳。然此亦子貢少時事，至聞性與天道，則不爲此矣。」

【別解一】論語補疏：此章宜以「不受命」三字爲之樞。皇疏引殷仲堪云：「不受矯君命。」江熙云：「賜不榮濁世之禄，亦庶幾道者也。雖然有貨殖之業，恬愉不足，所以不敢望回耳。」兩説於受命爲合。揆論語此文，謂顏子不受禄命，則貧而至於屢空。子貢不受禄命，則貨殖而屢中。相較回也，其庶幾乎。「貨殖」上用一「而」字，明從「屢空」作轉。同一不受禄命，回不貨殖故屢空，賜貨殖而屢中，故不屢空。兩「屢」字亦相呼應。不善貨殖者，損折亦能屢空，賜則能屢中，謂如其所億度而得贏餘也。回非不能貨殖屢中，其至於屢空，本不貨殖以得贏餘，故空乏也。先提起「其庶乎」三字，下文倒裝互發，周、秦之文，往往如此，而此文尤其靈妙者也。何氏以不受命爲不受教命，辭義遂不可達。

【别解二】羣經平議：不受命而貨殖自是一事。古者商賈皆官主之，故吕氏春秋上農篇曰：「凡民自七尺以上屬諸三官，農攻粟，工攻器，賈攻貨。」高誘注曰：「三官，農、工、賈也。」以周禮考之，質劑掌於官，度量純制掌於官，貨賄之璽節掌於官。下至春秋之世，晉則絳之富商韋藩木楗以過於朝，鄭則商人之一環必以告君大夫，蓋猶皆受命於官也。若夫不受命於官，而自以其財市賤鬻貴，逐什一之利，是謂不受命而貨殖。管子乘馬篇曰：「賈知賈之貴賤，日至於市而不爲官賈。」此其濫觴歟？蓋不屬於官，即不得列於太宰之九職，故不曰商賈，而曰貨殖。子貢以聖門高第，亦復爲之，陶朱、白圭之徒由此起也。太史公以貨殖立傳而首列子貢，有開必先，在子貢固不得而辭矣。

按：此章之義仍以朱注爲長。以爲教命固非，以爲禄命、官命者亦未是也。蘇氏秉國四書求是云：「其庶乎，未明指其所庶若何。以下文『不受命』對觀之，蓋即指受命而言。」其説良確。左傳：「仲尼曰：『賜不幸而言中，是使賜多言者也。』」意其人足智多謀，且善於治生。太史公貨殖列傳以子貢居首，非無因也。或據吴越春秋，以爲子貢精六壬之學，故料事多中，億字非泛泛意度之詞，則失之鑿矣。

【別解三】論語集説：空者，意必固我不留於中也。顏子之庶幾於聖人者，以其屢空也。言屢，則有時而不空矣，未若聖人之純也。反身録：問：屢空果室之空匱耶？抑心之空虚也？曰：簞瓢陋巷，室之空匱何待言。屢空還是説心之空虚。心惟空虚，是以近道，惟其近道，故不以空匱動其心。亦惟屢空而未至於常空，如夫子之空空，是以未達一間。若以屢空爲空匱，不但同門如曾子之七日不火食，歌聲若金石；原憲之踵決，子夏之肘露，可以稱屢空，稱庶乎。後世狷介之士，亦有居無卓錐，食無隔宿，而恬坦自若者，亦可以稱屢空，稱庶乎矣。先儒所以解空爲空匱，深駁空虚無物之説者，蓋恐學人墮於禪寂，不得不爲之防。誠能明物察倫，深造自得，空豁其心，内外兩忘，而惺惺不昧，有體有用，不至操失其柄，體用俱空，庶不負先儒防微苦心。四書恒解：屢空，空字前人恐流於佛之言空，故訓爲空匱。然佛之言空，亦謂性體空明，私欲净盡耳，非謂人倫日用皆屬空幻也。人心易動而難盡，易雜而難純。雖聖人德已大成，猶必精一執中。常人憧憧朋從，無一息之安止。聖人以存養教人，收視返聽，敬止執中，收有覺之放心，復虚明之天性，始於操存，終於神化，孟子所謂「養氣而不動心」也。夫子教人爲仁，即是此理。

按：解空爲空虚，前人久有此説。劉氏本其心得以著書，非空談可比。其特點在不闢佛老，異於宋儒之作僞。原書俱在，兹特發其凡如此。

【餘論】朱子文集（答潘恭叔）：屢空祇是空乏之空，古人有簞瓢屢空之語是也。但言顏子數數空匱而不改其樂耳。下文子貢貨殖，正對此相反而言，以深明顏子之賢也。若曰心空，則聖人平日之言無若此者，且數數而空，亦不勝其間斷矣。此本何晏祖述老、莊之言，諸先生蓋失不之正耳。

按：此章之義當然以集解第一説爲正，朱子之説是也。惟自何晏以來，即已兩説並存，皇侃義疏亦同。陸、王一派學者尤多祖此説，是書以兼收並蓄爲宗旨，故仍存其説，附於別解之後。

【發明】康有爲論語注：孔子立命爲大義，以人之富貴貧賤皆有命在。故爲陶、猗之子，黄白坐擁。黔婁之兒，儋石不可得。命宜富者，不求亦富。命當貧者，求之亦貧。故舉世滔滔，皆爲求富，而富終不可得。且才智明達工於殖貨者，人以爲才能所致，不知亦其命所固有也。鄙人孤生，未嘗貨殖，而未嘗無財。又時遭大難，而未嘗中絶。累驗於人，無有錯反。人之顛倒於財富中而欲以力求之者，亦愚而不知命也。孝經緯曰：「善惡報也。」命有造之者，今之貧富乃其受報。故人宜早積功德以造將來之命，若日營瑣瑣之務，而荒累世之功，則非智者也。孔子故因顏子、子贛二人以明之。以顏子之才明，假而殖貨，豈止億中。然命終短夭，則亦不能富也。

黄氏後案：顏子苟有心求富，何至任其屢空。朱子注言其不求富是也。不求富，乃受命也。貨殖者，發貯鬻財之商賈也。馬、班、范、陳四史皆以貨殖爲商賈。韓詩外傳曰：「子貢，衛之賈人，學於孔子，遂爲天下顯士。」則其初年嘗爲此也。古之人如舜則耕稼而陶而魚，而賣貴頓邱，買賤傅虚也。膠鬲則魚鹽也。經之所規，不在貨殖，而在不受命。「不受命而貨殖焉」爲一句，言其以智力挽之，而意在取富也。億則屢中者，能適時用而取世資也。論衡實知篇引此而申之曰：「罪子貢善居積，意貴賤之期，數得其時，故貨殖多，富比陶朱。」仲任之言，漢師相傳舊説也。或曰：以億中取富，異於污下之術矣。而猶嫌不受命乎？曰：理財之事，當順天之自然，不可違命以求富。故貨殖致富，莫非命也，而惟順受之者爲正命。論語稽：人生貧富雖由天命，而治人謀食亦吾人立身之大端。顔子安命，子貢不安命。顔子安命，卒未嘗爲命所困。子貢不安命，而其實窮通貧富仍在命中。任智而行，徒多憧擾，何如任天而動，較爲坦蕩也。

○子張問善人之道。子曰：「不踐迹，亦不入於室。」

【考異】釋文：「迹」，本亦作「跡」。説文繫傳「衟」字下引論語「不衟迹」。四書釋地三續：「之道」二字宜衍。以答不貼「道」字故。翟氏考異：善人生質雖美，不由實踐，則亦不能造於深奥。若以答辭作如是解，庶於「道」字貼合。

【集解】孔曰：「踐，循也。言善人不但循追舊迹而已，亦少能創業，然亦不入於聖人之奥室。」

【唐以前古注】皇疏：問其道云何而可謂爲善人也。踐，循也。迹，舊迹也。言善人之道亦當别宜創建善事，不得唯依循前人舊迹而已。又雖有創立，而未必使能入聖人奥室也。

【集注】善人，質美而未學者也。程子曰：「踐迹，如言循途守轍。善人雖不必踐舊迹，而自不爲惡，然亦不能入聖人之室也。」

【别解一】經學卮言：言問善人之道，則非問何如而可以爲善人，乃問善人當何道以自處也。故子告以當效前言往行以成其德。譬諸入室，必踐陳除堂户之迹，而後可循循然至也。蓋有不踐迹而自入於室者，唯聖人能之。堯、舜禪而禹繼，唐、虞讓而殷、周誅是也。亦有踐迹而終不入於室者，七十子之學孔子是也。若善人上不及聖，而又非中賢以下所及，故苟踐迹，斯必入於室；若其不踐迹，則亦不能入於室耳。

【别解二】劉氏正義：漢書刑法志：「孔子曰：『如有王者，必世而後仁。善人爲國百年，可以勝殘去殺矣。』言聖王承衰撥亂而起，被民以德教，變而化之，必世然後仁道成焉。至於善人，不入於室，然猶百年勝殘去殺矣。」據志此言，以善人指諸侯言。上篇言「聖人善人吾不得見之」。彼言善人，義亦同也。王者以德教化民，制禮作樂，功致太平。若善人爲邦百年，仍不能興禮樂之事，故僅可勝殘去殺。若仁道猶未能成，所謂不入於室也。漢志所云，於義亦通。

【别解三】東塾讀書記：有何注、皇疏、邢疏、朱注皆非者。子張問善人之道章，謂善人不能入室，然則何謂道乎？（閻百詩四書釋地三續已疑之。）陳厚甫先生云：「此言善人之道，當踐迹乃能入聖人之室。如不踐迹，亦不能入室。言質美未可恃也。」澧謂此章必如此解乃通。王無功答陳道士書云：「君子相期於事外，豈可以言語詰之哉？仲尼曰：『善人之道，不踐迹。』老子曰：『夫無爲者，無不爲也。』釋迦曰：『三災彌綸，行業湛然。』」此誤解「不踐迹」三字，遂混於老、釋之説，故説經不可不慎。

按：此章以第二説、第三説較爲可信。

○子曰：「論篤是與，君子者乎？色莊者乎？」

【考異】論語集注旁證：按注疏本皆以此節合上節爲一章，故以與讀平聲，與兩「者乎」爲一例。然以此爲善人之證，解近鑿，故集注不從。

按：潘維城集箋云：「集解以此合前章。皇疏謂：『子曰云云者，此亦答善人之道也，常是異時之問，故更稱子曰；俱是答善，故共在一章也。』案節首别著『子曰』字，又其語氣非似答問者，疑當别爲一章。」余謂章首明有「子曰」字，其爲别一章無疑。今從朱子。

【音讀】釋文：與音餘。七經小傳：與，讀如黨與之與。

【集解】論篤者，謂口無擇言。君子者，謂身無鄙行。色莊者，不惡而嚴，以遠小人。言此三者皆可以爲善人。

【唐以前古注】皇疏引殷仲堪云：夫善者淳穆之性，體之自然，雖不擬步往迹，不能入闕奥室，論篤質正，君子之一致焉。

按：上章及此章韓、李均有筆解，義無可取，而此章尤不知所謂，恐係後人僞託，茲不録。

【集注】言但以其言論篤實而與之，則未知其爲君子者乎，爲色莊者乎，言不可以言貌取人也。

【別解】論語意原：色莊者，不踐履其實也。君子者，躬行而不務外也。論其篤實而與之，抑與君子乎？抑與色莊乎？言必與君子。此又因子張而言也。

【餘論】四書辨疑：君子不以言舉人，謂不專信其言，聽言未得其實，而又必觀其行也。不知言，無以知人也，正患不能辨其言之真僞耳。果知其言虛僞不情，則當待爲小人而不取。果知其言篤實無妄，則當待爲君子而取之。今既明知言論篤實，而乃又有色莊之疑，語言虛僞者既不取，言論篤實者亦不取，則天下之言皆不足信。聖人教人以知言，亦爲無用之虛語矣。況言論出於口，顔色在於面，言色兩處，各不相關，今疑口中言論篤實，恐是面上顔色莊嚴，亦不可曉。此與上章「不踐迹」文皆未詳，不敢妄説。

○子路問：「聞斯行諸？」子曰：「有父兄在，如之何其聞斯行之？」冉有問：「聞斯行諸？」子曰：「聞斯行之。」公西華曰：「由也問聞斯行諸，子曰『有父兄在』；求也問聞斯行諸，子曰『聞斯行之』。赤也惑，敢問。」子曰：「求也退，故進之。由也兼人，故退之。」

【考異】皇本「如之何其聞斯行之」下有「也」字。

【音讀】經讀考異：舊讀連文爲句，或有獻疑者，引書微子云「若之何其」，詩「夜如何其」，並以「其」字爲助詞絶句，似此「如之何其」亦當爲一句。愚謂不然。若「如之何其徹也」，「如之何其廢之」，孟子「如之何其受之」，「如之何其可也」，又豈可以「其」字絶句？從舊讀爲是。

【考證】潛研堂答問：曲禮：「父母存，不許友以死，不有私財。」檀弓：「未仕者不敢税人，如税人則以父兄之命。」注云：「不專家財也。」白虎通云：「朋友之道，親存不得行者二：不得許友以其身，不得專通財之恩。友饑則白之於父兄，父兄許之，乃稱父兄與之，不聽即止。故論語曰『有父兄在，如之何其聞斯行之』也。」包咸之説蓋出於此。吴志：「全琮以父命齎米數千斛到吴市易。琮悉以賑贍士大夫，空船而還。」裴松之引論語「有父兄在」之文，謂琮輒散父財，誠非子道。亦用包説。

【集解】包曰：「振窮救乏之事。」孔曰：「當白父兄，不得自專。惑其問同而答異。」鄭曰：「言冉有性謙退，子路務在勝尚人，各因其人之失而正之。」

【唐以前古注】皇疏：或問曰：禮若必諮父兄，則子路非抑；若必不諮，則冉求非引。今夫子云進退，請問其旨。或答曰：夫賑施之理，事有大小，大者車馬，小或一餐。若其大者必諮，小可專行。而由施無大小，悉竝不諮。求大小悉諮。今故抑由之不諮，欲令其竝諮；引冉之必諮，令其竝不諮也。但子路性進，雖抑而不患其退；冉求性退，雖引不嫌其過也。

【集注】兼人，謂勝人也。張敬夫曰：「聞義固當勇爲，然有父兄在，則有不可得而專者。若不禀命而行，則反傷於義矣。『子路有聞，未之能行，惟恐有聞』。則於所當爲不患其不能爲矣，特患爲之之意或過，而於所當禀命者有闕耳。若冉求之資禀失之弱，不患其不禀命也，患其於所當爲者，逡巡畏縮而爲之不勇耳。聖人一進之一退之，所以約之於義理之中，而使之無過不及之患也。」

【發明】張履祥備忘録：聞斯行之，以之策勵懦弱，則可補其不及。若「有父兄在」一語，人人可以遵守，本此行之，永可無弊。凡事不可告語父兄質之師友者，終是不可行也。

○子畏於匡，顔淵後。子曰：「吾以女爲死矣。」曰：「子在，回何敢死？」

【考證】論語補疏：毛西河説最精善。吕氏春秋孟夏紀勸學篇云：「曾點使曾參，過期而不至。人皆見曾點曰：『無乃畏耶？』曾點曰：『彼雖畏，我存，夫安敢畏？』孔子畏於匡，顔淵後。孔子曰：『吾以汝爲死矣。』顔淵曰：『子在，回何敢死？』」兩事相比，然則回何敢死，正是回何敢畏。高誘注訓畏爲死，謂由畏而死，即檀弓「死而不弔」之畏矣。以畏而死，則子必不死，故知子在。以畏而死，則不可死，故顔子不敢死，即曾子安敢畏。以曾證顔，義本明白。何從來未見及此，而待西河之雄辨也？西河之辨善矣，何亦不引證及此也？檀弓：「死而不弔者三：畏、厭、溺。」鄭注「畏」字云：「人或時以非罪攻己，不能有以説之死之者，孔子畏於匡。」鄭氏引「子畏於匡」之畏，證「死而不弔」之畏，且以死而不弔爲輕身忘死，豈孔、顔而輕身忘孝以畏而死乎？是回所以不敢死，鄭已明之。惜鄭氏論語此注，何氏不採也。孟子云：「莫非命也，順受其正，是故知命者不立乎巖牆之下。」立巖牆之下，則恐其厭。厭而死，猶畏而死，俱爲非命。莫者，無也，不可非命而死，乃爲知命。孟子此文與「子在，回何敢死」相發明。子在者，聖人知命，不死於非命也。回何敢死者，大賢知命，不死於非命也。論語此文明聖賢知命之學，其所以能不死者。史記孔子世家言：「孔子使從者爲甯武子臣於衛，然後得去。」索隱云：「家語子路彈劍而歌，孔子和之。曲三終，匡人解圍而去。」今此取論語「文王既没」之文，及從者臣甯武子然後得去，蓋夫子再厄匡人，或設辭以解圍，或彈劍而釋難。檀弓正義引世家云：「陽虎嘗侵暴於匡，時又孔子弟子顔刻爲陽虎御車。後孔子亦使刻御車從匡過，孔子與陽虎相似，故匡人謂孔子爲陽虎，因圍欲殺之。孔子自説，故匡人解圍也。自説者，謂卑辭遜禮。論語注云『微服而去』，謂身著微服，潛行而去，不敢與匡人鬭，以媚悦之也。」此所引與今史記不同，而微服爲遭宋桓司馬事，見孟子。此時以貌似陽虎被圍，但明其非虎，則圍可解，不必微服，不必使從者爲甯武子臣也。琴操云：「匡人告匡君曰：『往者陽虎今復來至。』乃率衆圍孔子，數日不解。子路悲感，悖然大怒，張目奮劍，聲如鐘鼓。孔子曰：『由來，今汝欲鬭名，爲戮我於天下。爲汝悲歌而感之，汝皆和我。』孔子乃引琴而歌，音曲甚哀。有暴風擊拒，軍士僵仆，於是匡人乃知孔子聖人，瓦解而去。」蓋微服所以脱桓魋，彈琴所以解匡人。魋惡其習禮，故微服自廢於禮，以柔魋之怒。匡人憾虎暴，故彈琴以明其非虎。各有所當，可想見聖人解難之妙用。若鬭，必死於畏矣，故琴操戒子路之欲鬭，而禮疏稱其不敢與匡人鬭。不鬭所以不死，不死所以爲知命。皇疏引李充言「輕死非明節」是也。邢疏云：「孔子謂顔淵曰：『吾以汝爲以死與匡人鬭也。』」謂鬭則致死，然則回不敢死，正回之不敢鬭也。史記集解引包注作「已無所致死」，邢疏一則云「回必致死」，再則云「言不敢致死」，包注「敢死」宜作「致死」。

【集解】孔曰：「言與孔子相失，故在後。」包曰：「言夫子在，己無所敢死。」

【唐以前古注】皇疏引李充云：聖無虚慮之悔，賢無失理之患，而斯言何興乎？將以世道交喪，利義相蒙，或殉名以輕死，或昧利以苟生，苟生非存理，輕死非明節，故發顔子之死對以定死生之命也。又引庾翼云：顔子未能盡窮理之妙，妙有未盡，則不可以涉險津；理有未窮，則不可以冒屯路。故賢不遭聖，運否則必隱；聖不值賢，微言不顯。是以夫子因畏匡而發問，顔子體其旨而仰酬。稱入室爲指南，啓門徒以出處，豈非聖賢之誠言，互相與起予者也？

按：翼字稚恭，鄢陵人，亮弟，官至大都督，鎮武昌、襄陽。晉書有傳。阮孝緒七録有庾翼論語釋一卷。隋書經籍云：「梁有一卷，亡。」僅皇疏引其釋「子畏於匡」一節而已。馬國翰譏其似後世制義，非解經之體，宜其泯没無傳也。

筆解：韓曰：「『死』當爲『先』字之誤也。上文云『顔淵後』，下文云『回何敢先』，其義自明，無死理也。」

按：改「死」爲「先」，不特竄亂經文，且意極粗淺。退之雖陋，疑不至此，必係後人僞託。觀程子外書亦云「先」字之誤，恐出伊川之手，但無確據耳。

【集注】後，謂相失在後。何敢死，謂不赴鬬而必死也。胡氏曰：「先王之制，民生於三，事之如一，惟其所在，則致死焉。況顔淵之於孔子，恩義兼盡，又非他人之爲師弟子者而已。即夫子不幸而遇難，回必捐生以赴之矣。捐生以赴之，幸而不死，則必上告天子，下告方伯，請討以復讎，不但已也。夫子而在，則回何爲不愛其死以犯匡人之鋒乎？」

【餘論】四書纂疏：死生亦大矣，以爲何敢死，則不以死爲重，而以輕於死爲重也。當問答之時，爲師者知弟子必能赴義，而已不疑其重死以求生；爲弟子者亦不以死爲難，但以死而合於義爲難。於死生猶然，他可知已。　劉氏正義：曲禮云：「父母在，不許友以死。」顏子事夫子猶父，故云：「子在，回何敢死？」呂氏春秋勸學篇：「曾子曰：『君子行於道路，其有父者可知也，其有師者可知也。』曾點使曾參，過期而不至。人見曾點曰：『無乃畏耶？』曾點曰：『彼雖畏，我存，夫安敢畏？』孔子畏於匡，顏淵後，孔子曰：『吾以汝爲死矣。』顏淵曰：『子在，回何敢死？』顏回之於孔子也，猶曾參之於父也。」此周、秦人解誼之最古者。蓋顏子隨夫子行，忽遇匡人之難，相失在後。夫子必心焉望之，望之而不至，則疑其爲匡人所殺。雖在顏子必不輕身赴鬭，如子路之慍怒奮戟，然亂離之時，或不幸而死於非命，此亦人事所恒有。及後顏子來見，夫子喜出望外，故直道心之所疑，初不料顏子之未死也。至顏子之對夫子曰：「子在，回何敢死？」夫夫子遇難而曰「子在」何也？蓋以夫子狀類陽虎，匡人疑爲陽虎而誤圍之，非真欲殺夫子。此直俟其細詢踪跡，審其動静，自足知之。書傳言夫子絃歌不輟，曲三終而匡人解甲。忠信篤敬，蠻貊可行，此豈陽虎之所能爲者。蓋不待夫子自辨，而聖德光著，匡人已知決非陽虎矣。夫子之不輕於一死，顏子蓋真知之，故曰子在。而因子在不敢就死，自必潛身遠害，或從他道迂行，此其所以相失在後也。惟知子在，故顏子獨後。惟顏子獨後，而夫子又疑爲死，聖賢往迹及其心事可按文而得之。他説以「死」爲「先」字之誤；或以子在爲在圍中，死爲赴鬭，皆不合。論語稽：胡氏説以意爲之，無所依據。且其時天子賞罰不行，晉爲方伯，正三家分據之時，顔子即告之，亦復何補？況云捐生以赴之，又安有不死者乎？竊謂當準父仇之説，顔子以父視夫子而無服，則復夫子之仇，亦當準不共戴天之義，而執兵以從主人之後爲正。

【發明】四書摭餘説：生人最重守身，不獲已而死，必得死所，如死君父，死社稷，死軍國重事，未有無名而死者。無名而死，即謂之死於非命。桓魋欲殺夫子，夫子且微服避之，豈有匡人因夫子貌類陽貨，欲以殺貨者殺子，而子反肯俛首就戮爲貨代死，是死輕於鴻毛也。禮有死而不弔者三，其一曰畏。鄭康成曰：「畏，謂人或以非罪攻己，不能有以説之而死者。」王肅謂孔子畏匡，德能自全也。子知其不可死而不死，而惟恐回不知而誤死之也。故見回而即曰以女爲死，是喜其不死之辭也。回固知子之必不死，而遂亦不死，而子果在也，則直應之曰：「子在，回何敢死？」是在則回之所能料子者，敢則回之所能自定者，一聖一賢，答問俱有精義，豈若匹夫匹婦之自擲其軀者哉？春秋終獲麟，孔子同時有喪予、祝予之歎。他日聞衛難而料仲由之必死，此日被匡圍而幸顔淵之不死，無他，所遇不同也。

○季子然問：「仲由、冉求可謂大臣與？」子曰：「吾以子爲異之問，曾由與求之問。所謂大臣者，以道事君，不可則止。今由與求也，可謂具臣矣。」曰：「然則從之者與？」子曰：「弑父與君，亦不從也。」

【考異】舊文「臣」爲「𢘑」。　釋文：「『𢘑』，古文『臣』字，今本作『臣』。」　論語旁證：唐武后以𠁈、𢘑等字代君、臣等字，而不知古本論語已有「𢘑」字，則非盡出臆造也。　史記弟子傳：子路爲季氏宰。季孫問曰：「子路可謂大臣與？」文選從軍詩注作「孔子對曰」。

【考證】世族譜：子然，平子，意如之子。　潘氏集箋：史記弟子傳：「子路爲季氏宰。季孫問曰：『子路可謂大臣與？』」不言冉求，又以季子然爲季孫，與此微異。　論語發微：文選注四十七引論語摘輔象曰：「子然公順多略。」知季子然亦弟子之一。　戴望論語注：子然疑即季襄。　包慎言溫故録：韓詩外傳云：「大夫有諍臣三人，雖無道不失其家。季氏爲無道，僭天子，舞八佾，旅泰山，以雍徹，然而不亡者，以有冉求、季路爲宰臣也。故曰：『有諤諤諍臣者其國昌。』」

【集解】孔曰：「季子然，季氏子弟。自多得臣此二子，故問之。謂子問異事耳。則此二人之問，安足大乎。言備臣數而已。問爲臣皆當從君所欲邪，二子雖從其主，亦不與爲大逆。」

【唐以前古注】皇疏引孫綽云：二子者，皆政事之良也，而不出具臣之流，所免者唯弑之事，其罪亦豈小哉？夫抑揚之教，不由乎理，將以深激子然，以重季氏之責也。　又引繆協云：中正曰：「所以假言二子之不能盡諫者，以説季氏雖知貴其人而不能敬其言也。」

【集注】子然，季氏子弟。自多其家得臣二子，故問之。異，非常也。曾，猶乃也。輕二子以抑季然也。以道事君者，不從君之欲。不可則止者，必行己之志。具臣，謂備臣數而已。意二子既非大臣，則從季氏之所爲而已。言二子雖不足於大臣之道，然君臣之義則聞之熟矣，弑逆大故，必不從之。蓋深許二子以死難不可奪之節，而又以陰折季氏不臣之心也。

【餘論】南軒論語解：或曰：「弑父與君亦不從，何必由、求而能之？」曾不知順從之臣，其始也惟利害之是徇而已。履霜堅冰之不戒，馴至蹉跌，以至於從人弑父與君者，蓋多矣。如荀彧、劉穆之之徒，其始從曹操、劉裕之時，亦豈遂欲弑父與君哉？惟其漸浸順長，而勢卒至此耳。四書辨疑：注文中既言子然季氏子弟，其人豈肯自以季氏之所爲爲問？夫子亦無指説季氏之惡以答季氏子弟之理。蓋子然聞夫子具臣之言，意謂具臣爲旅進旅退隨衆之人，故以從之者與爲問。「者」字須當細看。從之者，謂是從人之人，非謂專從季氏也。夫子弑父與君之言，亦是汎言。或有欲爲如此之惡者，仲由、冉求亦不肯從。子然所問，夫子所答，皆非專指季氏而言也。四書通引胡泳曰：方子然欲假由、求以誇人，故夫子極言其失大臣之道。及其欲資由、求以助己，又言其有人臣之節。應答之頃，可以存宗國衰微之緒，沮季氏彊僭之心，脱由、求不得其死之禍，所以爲聖人之言也。梁氏旁證：不可則止，漢儒無注。皇疏始以諫不從則去釋之。孫氏奕曰：「大臣以道格君心之非，則無復有發於政害於事者，此所謂不可則止。」此説甚新。然子貢問友章亦言「不可則止」，句法正同，仍從皇疏爲是。劉氏正義：「以道事君，不可則止」者，謂事君當以正道。若君所行有過失，即以道諫正之。止，謂去位不仕也。曲禮云：「爲人臣之禮不顯諫，三諫而不聽則逃之。」白虎通諫諍篇：「諸侯之臣諍不從得去何？以屈尊伸卑，孤惡君也。」並言大臣事君之法。劉敞春秋意林：「具臣者，其位下，其責薄，小從可也，大從罪也。大臣者，其任重，其責厚，小從罪也，大從惡也。」公羊莊二十四年「曹羈」下傳云：「三諫不從，遂去之，君子以爲得君臣之義也。」注云：「孔子曰：『所謂大臣者，以道事君，不可則止。』此之謂也。不從得去者，仕爲行道，道不行，義不可素餐，所以申賢者之志，孤惡君也。」夫二子非黨惡之臣，然不能直伸己志，折奸人僭竊之萌，故曰具臣。

【發明】論語稽：季氏歌雍舞佾，竊魯政，直與其家混而爲一。子然爲其子弟，豈知魯之尚有君哉？其以由、求爲大臣，蓋儼然視季之家爲魯之國矣。夫子顯揭大臣之義以示之曰：「以道事君，不可則止。」而抑由、求以僅備臣數，正所以抑季氏也。乃子然誤會其意，以爲二子受吾豢養，將如鷹犬之從吾指使，吾將得其死力，中情叵測，流露口吻。故夫子又揭君父大義以折之，其維持綱常名教之意亦深切矣。

按：專制之世，其權臣常欲化家爲國，此視國爲一姓之私物之弊也。

## ○子路使子羔爲費宰。

【考異】釋文：左傳作「子羔」，家語作「子高」，禮記作「子皐」，三字不同，其實一也。史記弟子傳作「使子羔爲費、郈宰」。論衡藝增篇：子路使子羔爲郈宰，孔子以爲不可。後漢書劉梁傳注引文「使」上有「將」字。劉氏正義：戴氏望説：「史記『費』字後人所增。」張守節正義引括地志，釋郈在鄆城宿縣，未言費所在，知所見本無費字。漢地理志東平國無鹽縣有郈鄉，今山東東平州東境也。子路以墮郈後不可無良宰，故欲任子羔治之。」案戴説頗近理。然論語集解亦不釋郈，則包、周、馬、鄭諸家所據本皆作「費」，豈當時已文誤，莫之能正耶？

【考證】潘氏集箋：史記弟子傳作「費、郈宰」，論衡藝增篇作「郈宰」，無單言「費」者，與此不同。讀書叢録：左氏定十二年傳：「仲由爲季氏宰，將墮三都。於是叔孫氏墮郈，季氏墮費。」子路之使子羔當在此時，或費或郈，擇一使之。四書典故辨正：費自南遺爲宰，其子南蒯繼之。昭十二年，南蒯以費叛，奔齊，公不狃爲費宰。定十二年，子路爲季氏宰，墮費，不狃奔齊。使子羔當在不狃出奔之後。史記作「爲費、郈宰」，蓋是時費、郈俱墮，故欲以子羔鎮撫之。

【集注】子路爲季氏宰而舉之也。

子曰：「賊夫人之子。」

【集解】包曰：「子羔學未熟習而使爲政，所以爲賊害也。」

【唐以前古注】皇疏引張憑云：季氏不臣，由不能正，而使子羔爲其邑宰。直道而事人，焉往不致弊；枉道而事人，不亦賊夫人之子乎？

【集注】賊，害也。言子羔質美而未學，遽使治民，適以害之。

子路曰：「有民人焉，有社稷焉，何必讀書，然後爲學？」

【考異】論衡問孔篇述此「有社稷焉」在「有民人焉」上。

【考證】四書稗疏：天子爲天下立社曰大社，自立社曰王社；諸侯爲百姓立社曰國社，自立社曰侯社；皆與稷同宮而別壇。大夫士食於君，義無私報，以有稼穡之事焉，故祭法曰：「大夫言社而不言稷。」則有社而無稷矣。稷之臣爲厲山氏，爲周祖棄大夫卑，不敢與爲禮也。費之有社稷，僭也。古者有分土無分民，大夫且不得有民人，而況社稷乎？子路習於僭而不知，故夫子重斥之。論語後録：人讀如「女得人焉」之人，謂賢才也。劉氏正義：於時世卿持禄，不由學進，故子路言仕宦亦不以讀書爲重也。韓詩外傳：「哀公問於子夏曰：『必學然後可以安國保民乎？』子夏曰：『不學而能安國保民者，未之有也。』」即夫子此言之旨。左氏傳：「子皮欲使尹何爲邑，子産曰：『未知可否。』子皮曰：『愿，吾愛之，不吾叛也。使夫往而學焉，夫亦愈知治矣。』子産曰：『不可。人之愛人，求利之也。今吾子愛人則以政，猶未能操刀而使割也，其傷實多。子之愛人，傷之而已，其誰敢求愛於子？僑聞學而後入政，未聞以政學者也。若果行此，必有所害。』」與夫子此語意同。

【集解】孔曰：「言治民事神，於是而習之，亦學也。」

【集注】言治民事神皆所以爲學。

【餘論】學禮管釋：社稷皆祀土神也。土爰稼穡，社與稷不能分而爲二，言稷必兼言社，言社不必言稷，而稷在其中。鄭氏所謂「稷者，社之細」是也。社稷共祀於一壇，歷考諸經傳，只有社壇，並無稷壇。自王莽官社之外，復增官稷，光武州治之社無稷，而後世遂社稷分壇，失古義矣。

子曰：「是故惡夫佞者。」

【集解】孔曰：「疾其以口給應，遂己非而不知窮者也。」

【唐以前古注】皇疏引繆協云：子路以子羔爲學藝可仕矣，而孔子猶曰不可者，欲令愈精愈究也。而於時有以佞才惑世，竊位要名，交不以道，仕不由學，以之宰牧，徒有民人社稷，比之子羔，則長短相形。子路舉茲以對者，所以深疾當時，非美之也。夫子善其來旨，故曰「是故惡夫佞者」，此乃斥時，豈譏由乎？

【集注】治民事神固學者事，然必學之已成，然後可仕，以行其學。若初未嘗學，而使之即仕以爲學，其不至於慢神而虐民者幾希矣。子路之言，非其本意，但理屈詞窮，而取辨於口以禦人耳。故夫子不斥其非，而特惡其佞也。范氏曰：「古者學而後入政，未聞以政學者也。蓋道之本在於修身，而後及於治人。其説具於方册，讀而知之，然後能行，何可以不讀書也？子路乃欲使子羔以政爲學，失先後本末之序矣。不知其過而以口給禦人，故夫子惡其佞也。」

【餘論】朱子文集（答陳明仲）：子路非謂不學而可以爲政，但謂爲學不必讀書耳。上古未有文字之時，學者固無書可讀，而中人以上，固有不待讀書而自得者。但自聖賢有作，則道之載於經者詳矣，雖孔子之聖，不能離是以爲學也。捨是不求而欲以政學，既失之矣，況又責之中材之人乎？然子路使子羔爲宰本意，未必及此，但因夫子之言而託此以自解耳，故夫子以爲佞而惡之。四書翼注論文：何必讀書，並非廢學之説。古人爲學，果然不單指讀書一樣，皐、夔、稷、契無書可讀，左史倚相能讀三墳、五典、八索、九丘，亦不聞施有政也。子路言人民社稷，何必讀書，是言學之途不止讀書，非廢學也。但子路使子羔本意，不過欲爲季氏得一良宰，又使子羔得禄仕。此一副議論，乃隨口撰出，故夫子不斥其非而惡其佞，以其言本不乖謬也。

○子路、曾晳、冉有、公西華侍坐。

【考證】黄公紹古今韻會：晳本从白，論語、孟子、史記却俱从日。五經文字：晳多相承從日，非。史記弟子傳：曾𪒠字晳。論語竢質：説文解字曰：「𪒠，雖晳而黑也。从黑，箴聲。古人名𪒠字晳。」然則下文「點爾何如」、「吾與點也」之「點」皆誤也，當作「𪒠」，音如緘。讀書證疑：史記弟子傳：「曾蒧字子晳。」古人名字相配。説文：「晳，人色黑也。𪒠，雖晳而黑也。古人名𪒠字晳。」是「箴」乃「𪒠」之省。今曾蒧作「點」，説文：「點，小黑也。」義與「𪒠」同。劉氏正義：侍坐者，謂四子侍於夫子坐側也。上篇或言侍，或言侍側，此獨言侍坐，明四子亦坐也。子路少孔子九歲，冉有少孔子二十九歲，公西華少孔子四十二歲。惟曾晳年無考，其坐次在子路下，是視子路年稍後。

【集解】孔曰：「晳，曾參父，名點。」

【集注】晳，曾參父，名點。

子曰：「以吾一日長乎爾，毋吾以也。

【考異】釋文：「以」，鄭本作「已」。皇本「毋」作「無」。蘇濂石渠意見補缺：以、已通用。已，止也，謂毋以我年長，止而不言。論語後録：説文：「已，以也。以，用也。」二字義同。檀弓「般爾以人之母嘗巧，則豈不得以」，注：「以與已字本同。」是以、已古字通用。

【音讀】經讀考異：集注云：「以吾一日長乎汝」，讀從「爾」字絶句。考此「乎」字宜斷爲句，「爾」字屬下連讀。當時師弟情事，皆以吾與爾爲詞。又「乎」字爲句，此正誘之盡言，神理如見。何氏集解：「孔曰：『言我問女，女毋以我長故難對。』」玩注「女毋以我長」句，明是「爾」字屬下讀。

【集解】孔曰：「言我問女，女無以吾長故難對也。」

【唐以前古注】皇疏：孔子將欲令四子言志，故先説此言以勸引之也。爾，汝也。言吾今一日年齒長大於汝耳，汝等無以吾年長而不敢言己志也。

【集注】言我雖年少長於女，然女勿以我長而難言。蓋誘之盡言，以觀其志，而聖人和氣謙德於此亦可見矣。

【別解】丹鉛録：王符云：「以吾一日長乎爾，長，老也。無吾以也，以，用也。孔子言老矣不能用也，而付用於四子也。」論語駁異：謂毋吾以爲不我用，甚徑捷，且有「雖不吾以」可證。劉氏正義：「毋吾以」者，「毋」與「無」同，皇本作「無」。以，用也。言此身既差長，已衰老，無人用我也。釋文云：「吾以，鄭本作『已』。」鄭謂「毋以我長之故，已而不言。已，止也」，義似紆曲。論語訓：毋，無。以，用也。言已老矣，明王不興，終不見用，已無當世之志也。

按：以釋爲用，與下「則何以哉」以字相應，於義爲長，較舊義似勝。

居則曰：『不吾知也！』如或知爾，則何以哉？」

【集解】孔曰：「女常居云：人不知己，如有用女者，則何以爲治乎。」

【唐以前古注】皇疏：居，謂弟子常居時也。吾，弟子自謂也。言汝等常居之日，則皆自云無知吾者也，言如或有人欲知用汝等，汝等則志各欲何爲治哉。

【集注】言女平居則言人不知我，如或有人知女，則女將何以爲用也。

【發明】反身録：古人務實，平居不望人知，如或知之，即有以副其知。今人務名，平居多望人知，及其知之，不過知其章句文藝耳。若求實用，則何以哉？束手而已。雖未必人人如是，而習俗移人，蓋亦多矣，吾人可不勉哉！

子路率爾而對曰：「千乘之國，攝乎大國之間，加之以師旅，因之以饑饉；由也爲之，比及三年，可使有勇，且知方也。」夫子哂之。

【考異】皇本「率」作「卒」，所載何氏注亦作「卒」，「饑」作「飢」。翟氏考異：「率」字諸字書訓義頗多，獨未有以輕遽爲訓。若卒之讀倉末切者，廣韻却訓急遽。皇本作「卒爾」，與孟子梁惠王「卒然」義正相合。今之作「率」，似因形近致訛。劉氏正義：皇侃本作「卒爾」。莊子人間世篇「率然附之」，釋文：「率，又作『卒』。」是率、卒二字通用。孟子梁惠王篇「卒然問曰」，其義正同。曲禮：「侍於君子，不顧望而對，非禮也。」注曰：「禮尚讓。不顧望，若子路率爾而對。」疏曰：「若問多人，則侍者當先顧望，坐中有勝己者宜先，而己不得率爾先對。」吕大臨曰：「如恐人之先己，若有所争然。」

按：率爾，當如曲禮注疏所引，方與下文「其言不讓」針對。子路年長，固當先對，何至見哂？何注失之。

七經考文：一本「可使」下有「民」字。　釋文：「饑」，鄭本作「飢」。

按：説文：「饑，穀不熟爲饑。從食，幾聲。飢，餓也。從食，几聲。」此作「饑」爲是。

【考證】爾雅釋天：「穀不熟爲饑，疏不熟爲饉。」郭注：「疏、蔬同，草果可食者之通名。」穀梁襄二十四年傳：一穀不升謂之嗛，二穀不升謂之饑，三穀不升謂之饉，四穀不升謂之康，五穀不升謂之大侵。　墨子七患篇：一穀不收謂之饉，二穀不收謂之饑。

按：三説各具一義，録存備考。許氏説文同爾雅，故集注從之。

羣經平議：攝，猶籋也。説文竹部：「籋，箝也。」徐鍇繫傳曰：「今俗作鑷。」然則「攝」之通作「籋」，猶「籋」之俗作「鑷」也。周官司弓矢職鄭注曰：「并夾，矢籋也。」是籋有夾義。籋乎大國之間，猶云夾乎大國之間，包注未得。　論語補疏：荀子禮論云：「其立哭泣哀戚也，不至於隘攝傷生。」楊倞注：「隘，窮也。攝猶戚也。」此戚即蹙字，窮蹙與迫同。楚辭哀時命「衣攝葉以儲與兮」，王逸章句云：「攝葉，不舒貌。迫蹙，故不舒。」

按：俞説義長，可從。

【集解】率爾，先三人對也。方，義方也。包曰：「攝，迫也。迫於大國之間也。」馬曰：「哂，笑也。」

【集注】率爾，輕遽之貌。攝，管束也。二千五百人爲師，五百人爲旅。因，仍也。穀不熟曰饑，菜不熟曰饉。方，向也，謂向義也。民向義則能親其上，死其長矣。哂，微笑也。

**「求！爾何如？」對曰：「方六七十，如五六十，求也爲之，比及三年，可使足民。如其禮樂，以俟君子。」**

【考異】皇本「民」下有「也」字。

【音讀】湛淵静語：「求，爾何如」、「赤，爾何如」，皆夫子呼其名而問。「求」、「赤」之下皆當讀斷。　焦竑筆乘續集：余童子時聞部使者臨學官，諸生誦「點，爾何如」，至「點」字作一讀，使者動色嘉歎，蓋人多忽此故耳。

【考證】經義述聞：廣雅：「與，如也。」與可訓如，如亦可訓與。鄉飲酒禮：「公如大夫入。」言公與大夫入也。此如字當訓爲與。下「如會同」之如同。　經傳釋詞：如猶與也，及也。「方六七十，如五六十」、「宗廟之事如會同」，如字並與與同義。書堯典曰：「修五禮、五玉、三帛、二生一死贄，如五器。」史記虞卿傳：「趙王問樓緩曰：『予秦地如毋予孰吉？』」新序善謀篇「如」作「與」，是其證。如、與聲相近，故如訓爲與，與亦可訓爲如。　劉氏正義：王制、孟子皆言公侯方百里，伯七十里，子男五十里。周官大司徒云：「公五百里，侯四百里，伯三百里，子二百里，男百里。」與王制、孟子不同。蓋周官言封域，王制、孟子專就出税之田言耳。春秋時列國兼併，小國見侵削，不能如制，故有此六十里之國。

【集解】求性謙退，言欲得方六七十如五六十里小國治之而已也。孔曰：「求自云能足民而已，謂衣食足也。若禮樂之化，當以待君子，謙也。」

【集注】「求！爾何如」，孔子問也。下放此。方六七十里，小國也。如，猶或也。五六十里，則又小矣。足，富足也。俟君子，言非己所能。冉有謙退，又以子路見哂，故其辭益遜。

【發明】黄氏後案：足民之術，朱子於後篇注以制田里、薄稅斂言之。先君子嘗呼式三告之曰：「大學言生衆、食寡、爲疾、用舒，治家以此而家富，治國以此而國富，使民之家皆如是，則足民之道也。」又告式三曰：「用之者舒，近解渾言節儉，未得其確。試以一家言之，宫室衣服之備，嫁子娶妻之資，一無可省，而當循次爲之，不可遽迫，治國者大役不可頻興，不可存迫欲立功之心而輕議更張也。」式三自聆庭訓，求之周官理財之法，禮記量入爲出之言，無不符合。於以知斯道粲然於經訓之中，而外此所言皆歧説也。漢書循吏傳所言富民之道曰躬率儉約，勸民農桑畜牧種樹；曰開通溝瀆，起水門提閼；曰禁止嫁娶送終奢靡，務出於儉約。其富國之道，奏省上林繕治供張，及樂府諸戲，及太官園冬種蔥韭之類。其術亦如此，而止於此。歎班史之慎。

「赤！爾何如？」對曰：「非曰能之，願學焉。宗廟之事，如會同，端章甫，願爲小相焉。」

【考異】七經考文：一本「曰」上有「敢」字。考文補遺：古本「非」下有「敢」字。

【考證】姚旅露書：禮記：「諸侯玄端以祭。」「端」古「冕」字，此「端章甫」之端未必與禮記異。　翟氏考異：玉藻：「天子玄端以朝日聽朔，諸侯玄端以祭。」鄭氏俱云：「端當爲冕字之誤。」蓋以服之尊卑，玄端卑于皮弁，諸侯皮弁聽朔，不應天子轉服其卑，故知其字誤。若天子卒食玄端以居，大夫士朝玄端夕深衣，義無可疑，遂各如字，則「端」與「冕」古未嘗通以也。周禮司服「齊服有玄端素端」，先鄭云：「衣有襦裳爲端。」後鄭云：「端者，取其正也。衣袂屬幅廣袤等也。」端本端正爲義，音亦何容通變。樂記云：「端冕而聽古樂。」表記云：「端冕則有敬色。」若云「端」古「冕」字，何以言端更言冕乎？姚氏偶爾管闚，造次立說，不足爲據。　論語稽：鄭注以端章甫爲諸侯日視朝之服，而以宗廟之事爲祭祀，會同爲朝見天子，是三事也。朱子以章甫爲禮冠，而上二句從鄭說，是二事也。禮經於大夫士朝服、朝朔、助祭、朝聘、燕享諸冠服，皆有可考。而祭祀有贊者，見特牲饋食禮。享燕有贊者，見公食大夫禮。朝聘有擯者，見聘禮。會盟有相，見左氏傳。皆相也，而皆未言其冠服。今公西華云云，宜即端章甫矣。郊特牲、士冠記並云：「委貌，周道也。章甫，殷道也。毋追，夏后氏之道也。」又魯人誦孔子曰：「章甫衮衣。」禮儒行曰：「孔子少居魯，衣逢掖之衣。長居宋，冠章甫之冠。」荀子哀公問儒者服「章甫絢屨」。則章甫者，殷冠也，儒者之冠也。相者，相禮必用儒者，此殆周用四代禮樂，故以殷冠爲相者之服歟？不然，則孔子與赤當從時王之制，何得冠章甫？即謂孔子殷人，居宋可冠之，然何得冠於仕魯時？且公西華與哀公何亦爲是言乎？是章甫當以相者之禮冠爲斷，而祭祀、燕享、朝聘、會同之相皆冠之矣。又按相者，如滿清內之禮部鴻臚等官，外之禮生。特古人不設專官，行禮時以士大夫之賢者爲之耳。四書拾義：宗廟之事，祭祀在其中，獨此經不得指祭祀，宜主朝聘而言。下言「如會同」者，會同不在廟而在壇，舉宗廟不言朝聘，舉會同不言壇坫，皆互文見義。如「不見宗廟之美、百官之富」，言宗廟可該禮器，言百官可該朝廷也。趙佑溫故録：會同，周禮謂之大朝覲，或在京師，或不在京師，有大會同、小會同。注疏皆以朝，受贄於朝，享於廟。覲，贄享皆於廟。會同則爲壇於國外，在既朝覲後。朝覲有常期，會同無常期。諸侯有不順服者，王將有征討之事，則爲壇於國外，合來朝之諸侯而命事焉，所謂「時會以發四方之禁」也。十二歲王如不巡狩，則六服盡朝。朝禮即畢，王亦爲壇合諸侯而命政焉，所謂「殷同以施天下之政」也，皆會同於京師也。其因巡狩征討與田獵所至而行會同，如啓有鈞臺之享，成有岐陽之蒐，穆有塗山之會，宣王之會同有繹，晉文之築王宮於踐土，皆各在其當方之國，所謂大會同也。若諸侯遣使來聘，天子使卿大夫與之行會同之禮，則曰小會同。按朝覲於廟，已統在宗廟之事中，故獨言會同。時已久廢，故言如。金鶚禮說：爾雅釋詁：「會，合也。」又云：「會，對也。」說文云：「同，合會也。」是會、同二字本義原止二人相合。曲禮云：「諸侯相見於郤地曰會。」春秋所書公會某君於某，皆兩君相見也。相見於郤地可謂之會，則相見於宗廟之中亦可謂之會矣。至於數君十餘君聚會，不於廟而於壇。左定四年經云：「公會劉子、晉侯、宋公、蔡侯、衛侯、陳子、鄭伯、許男、曹伯、莒子、邾子、頓子、胡子、滕子、薛伯、杞伯、小邾子、齊國夏于召陵。五月，公及諸侯盟於皋鼬。」傳云：「衛子行敬子言於靈公曰：『會同難，嘖有煩言，莫之治也。其使祝佗從。』」此十餘君聚會稱會同之證。十餘國聚會，所謂嘖有煩言者，必貴有言語之才以爲相。若兩君相見，則長於禮樂者可爲相也。公西華志於禮樂，則其所謂會同者，必指兩君相見言之。又云：兩君相見，自在宗廟之中，爲諸侯之事，故曰宗廟會同，非諸侯而何？自注：「宗廟之事不一，而會同其一事也。故曰宗廟之事如會同。如字乃指點詞，非更端詞。」劉氏正義：朝聘會同擯相之服，經無明文。舊説謂君臣同服。聘禮賓主既同用皮弁，則擯介亦當用皮弁，而朝與會同皆爲皮弁可知。此於經無徵，直以意爲之説。案士冠禮：「主人玄端爵韠，擯者玄端，賓如主人服，贊者玄端從之。」賈疏云：「擯者不言如主人服，别言玄端，則與主人不同可知。」然則主人玄端爲士之正服，擯者玄端爲朝服。合之論語此文有朝聘會同，則凡士之爲擯者，自助祭外，皆用朝服而非皮弁可知。然朝服當云委貌，今云章甫者，以章甫與委貌同爲玄冠也。郊特牲、士冠記並云：「委貌，周道也。章甫，殷道也。毋追，夏后氏之道也。」鄭注士冠記云：「委猶安也，言所以安正容貌。章，明也。殷質，言以表明大夫也。甫或爲父。毋，發聲也。追猶堆也。夏后氏質，以其形明之。三冠皆所服以行道也。其制之異同未之聞。」白虎通紼冕云：「所以謂之委貌何？周統十一月爲正，萬物始萌小，故爲冠飾最小，故曰委貌。委貌者，言委曲有貌也。殷統十二月爲正，其飾微大，故曰章甫。章甫者，尚未與極其本相當也。夏統十三月爲正，其飾最大，故曰毋追。毋追者，言其追大也。」案此則三代冠制稍有大小之差。班言其形，鄭君兼釋其義，互相備耳。周用六代禮樂，當時本有章甫，爲大夫士之冠。故夫子冠章甫之冠，魯人誦孔子亦云「衮衣章甫」，及此子華又言「端章甫」，皆當時禮冠用章甫之證。若當時未有此制，而夫子與子華乃舍周之委貌而服殷冠，是畔民也。乃解者疑其與禮不合，又以子華爲謙。夫子華能爲大相而謙言小相可也，未有舉其禮服而亦謙不敢用，且未聞以前代之制而用爲謙言，此亦理之未可達矣。

【集解】鄭曰：「我非自言能也，願學爲之，宗廟之事，謂祭祀也。諸侯時見曰會。殷頫曰同。端，玄端也。衣玄端，冠章甫，諸侯日視朝服也。小相，謂相君禮者。」

【唐以前古注】皇疏：周禮六服各隨服而來，是正朝有數也。而時見曰會，此無常期。諸侯有不庭服者，王將有征討之事，則因朝竟，王命爲壇於外，合諸侯而發禁，亦隨其方。若東方不服，則命與東方諸侯共征之，此是時見曰會也。又王十二年一巡狩，若王有事故，則六服諸侯並來京師，朝王受法，此是殷頫曰同也。而鄭玄注云「殷頫曰同」者，周禮又有時聘曰問，殷頫曰視，並是諸侯遣臣來京師也。王有事故，諸侯不得自來而遣臣來聘王，此亦無定時，是時聘曰問也。又元年，六服唯侯服獨來朝京師，人少，故諸侯並遣臣來京師視王，是殷頫曰視也。鄭玄云「殷見曰同」者，廣頫見之言通也。章甫，殷冠也。然周家諸侯日視朝之服，服緇布衣、素積裳、冠委貌，此云玄端日視朝者，容是周末禮亂者也。

【集注】公西華志於禮樂之事，嫌以君子自居，故將言己志而先爲遜辭，言未能而願學也。宗廟之事謂祭祀，諸侯時見曰會，衆頫曰同。端，玄端服。章甫，禮冠。相，贊君之禮者。言小，亦謙辭。

按：四庫提要：「此與周禮文異者，宋代諱殷，故改殷爲衆。」張存中通證知引周禮而不能辨其何以不同。

「點！爾何如？」鼓瑟希，鏗爾，舍瑟而作，對曰：「異乎三子者之撰。」

【考異】説文解字引論語此文曰：鏗，苦閑切。一讀若掔。　玉篇「搷」字下曰：「口耕切。論語曰『搷爾，捨瑟而作』。」與「鏗」同。　類篇、集韻並引論語「搷爾」，云：「或作揁。」　王氏漢志考證：集韻引論語「愌爾捨瑟而作」。　釋雅：「愌」與「鏗」轉假無因，恐是誤也。　集韻「鏗」字下今無引「愌爾」之言，王伯厚藝文志注引之，必别見一本。　潘氏集箋：禮記樂記云「鐘聲鏗」，周禮典同「高聲硍」，注：「杜子春云：『高，謂鐘形容高也。』玄謂高，鐘形大上上大也。高則聲上藏衮然旋如裏。」蓋皆指鐘聲言之。以「鏗」雖不見説文，而注中三引皆從金，從堅，似非所以狀瑟聲者。竊疑此「鏗」字亦當讀爲衮，以象舍瑟聲之旋如裏也。

按：説文無「鏗」字，而注凡三見。「臤，堅也。讀若鏗鏘之鏗。」手部：「摼，擣頭也。讀若『鏗爾舍瑟而作』。」車部：「䡩，車䡩鈏也。讀若論語『鏗爾舍瑟而作』。」吳氏遺著據此，謂許書原本當有「鏗」字，轉寫脱之。

釋文：「撰」，鄭作「僎」。　論語古訓：鄉飲酒禮云：「遵者降席，席東南面。」注：「今文遵爲僎，或爲全。」是全、僎本通，故讀「僎」爲「詮」，非改字也。臧在東曰：「異乎三子者之僎，言不能如三子之善。一似有不足言者，故子曰『何傷，各言其志』，誘之言也。孔訓撰爲爲政之具，是已未言而先輕視三子之長以自取異，較之率爾之形益甚矣。」

按：鄭以點爲謙言，故夫子云「何傷」以解之。若僞孔訓爲爲政之具，是正點自負，有異三子，視子路之率爾更有甚矣。以此知鄭義精審，多若此也。

【音讀】四書蒙引：「鏗爾」帶下句讀，是以手推瑟而起，其音鏗爾也。

【考證】論語偶記：爾雅釋樂云：「徒鼓瑟謂之部。」注謂獨作之。曾點但鼓瑟，未有口歌。又云：少儀云：「侍坐弗使，不執琴瑟。」則點之侍坐鼓瑟，必由夫子使之。論語後録：說文解字：「僎，具也。詮亦具也。」是僎、詮同義。詮字從全，古「全」與「僎」通。

【集解】孔曰：「思所以對，故其音希也。鏗爾者，投瑟之聲也。舍瑟而作，置瑟起對也。撰，具也，爲政之具也。」

【唐以前古注】釋文引鄭注云：僎讀曰詮，詮之言善也。

【集注】四子侍坐，以齒爲序，則點當次對，以方鼓瑟，故孔子先問求、赤而後及點也。希，間歇也。作，起也。撰，具也。

子曰：「何傷乎？亦各言其志也。」曰：「莫春者，春服既成，冠者五六人，童子六七人，浴乎沂，風乎舞雩，詠而歸。」

【考異】釋文：「莫」，本亦作「暮」。　徐鉉新修字義：「暮」譌謬，本作「莫」，日在茻中也。　皇本「冠者」上有「得」字。　周禮司巫疏引論語「童子六七人」在「冠者」句上。　天文本論語校勘記：古本、足利本、唐本、津藩本、正平本「冠者」上有得字。

【考證】家語弟子解：曾點疾時禮教不行，欲修之，孔子善焉。論語所謂「浴乎沂，風乎舞雩之下」。　論衡明雩篇：曾晳言風乎舞雩，風，歌也。讀「風」如「諷」。　困學紀聞：王充云：「風，歌也。」仲長統云：「諷於舞雩之下。」愚謂以風爲諷，則與「詠而歸」一意矣，還當從舊說。　翟氏考異：仲氏惟樂志論云：「風於舞雩之下，詠歸高堂之上。」今後漢書本傳自爲「風」字，王氏云云，不可具悉。　四書釋地：沂有徐州之沂，有青州之沂，此指徐州言，出魯魯縣尼丘山西北，逕魯之雩門，注於泗水；與出泰山蓋縣艾山南，至下邳入泗，杜預所謂大沂水者別。　水經注：沂水北對稷門，一名高門，一名雩門。南隔水有雩壇，壇高三丈，即曾點所欲風處也。　齊召南水道提綱：雩河即浴沂之沂水，源出曲阜縣東南之尼山下，北流數十里，折而西北六十里，又西流經曲阜南，又西南至兗州府城東，南注泗水。其大沂水出沂州府沂水縣西北之東鎮沂山，經沂州府城東南，又西南入江南邳州界，經邳州城南，西入運河。　寰宇記：舞雩壇在沂水南，當縣南六里臨沂。　方輿紀要：舞雩壇在曲阜城東南二里，引龜山水爲池，至壇西曰雩水。　水經泗水注：「沂水北對稷門，稷門亦曰雩門。左傳莊十年，公子偃請擊宋師，竊從雩門蒙皐比而出者也。門南隔水有雩壇，壇高三丈，曾點所欲風舞處也。」　顧棟高春秋大事表：沂水在今曲阜縣南二里，西入滋陽縣境，合於泗水，論語所謂「浴乎沂」即此。齊亦有沂水，今沂州府沂水縣西北一百七十里。雕崖山接蒙陰縣界，南流至江南宿遷縣北，匯爲駱馬湖，又南入運河，書「淮、沂其乂」是也。又出武陽之冠石山者亦謂之沂水，在今兗州府費縣，俗呼小沂水，哀二年「取沂西田」是也。

【集解】孔曰：「各言己志，於義無傷。」包曰：「莫春者，季春三月也。春服既成，衣單袷之時。我欲得冠者五六人，童子六七人，浴乎沂水之上，風涼於舞雩之下，歌詠先王之道，歸夫子之門也。」

【唐以前古注】水經沂水注引鄭注：沂水出沂山。郊特牲正義引鄭注：沂水在魯城南，雩壇在其上。釋文引鄭注：饋，饋酒食也。魯讀饋爲歸，今從古。皇疏引王弼云：沂水近孔子宅，舞雩壇在其上，壇有樹木，遊者託焉也。皇疏：暮春，謂建辰夏之三月也。年有四時，時有三月，初月爲孟，次者爲仲，後者爲季。季春是三月也。不云季春而云暮春者，近月末也。月末其時已暖也，春服成者，天時暖而衣服單袷者成也。已加冠，成人者也。五六者，趣舉其數也。童子，未冠之稱也。又有未冠者六七人也。或云：冠者五六，五六三十人也。童子六七，六七四十二人也。四十二就三十合爲七十二人也。孔子升堂者，七十二人也。沂，水名也。暮春者，既暖，故與諸朋友相隨往沂水而浴也。風，風涼也。舞雩，請雨之壇處也。請雨祭謂之雩。雩，吁也，民不得雨故吁嗟也。祭而巫舞，故謂爲舞雩也。沂水之上有請雨之壇，壇上有樹木，故入沂浴，出登壇，庇於樹下逐風涼也。筆解：韓曰：「『浴』當爲『沿』字之誤也。周三月，夏之正月，安有浴之理？」

【集注】莫春和煦之時。春服，單袷之衣。浴，盥濯也，今上巳祓除是也。沂，水名，在魯城南，地志以爲有温泉焉，理或然也。風，乘涼也。舞雩，祭天禱雨之處，有壇墠樹木也。詠，歌也。

【別解一】公羊傳：「桓公五年，大雩。」注：「使童男女各八人，舞而呼雩。」疏曰：「論語云『冠者五六人，童子六七人』，乃魯人正雩，故其數少。此見書於經，非正雩，故其數多，又兼男女矣。春秋説云『冠者七八人，童子八九人』者，蓋又天子雩也。」論衡明雩篇：魯設雩祭於沂水之上。暮者，晚也。春，謂四月也。春服既成，謂四月之服成也。冠者，童子，雩祭樂人也。浴乎沂，涉沂水也。象龍之從水中出也。風乎舞雩，風，歌也。詠而饋，詠，歌；饋，祭也。歌詠而祭也。説論之家以爲浴者，浴沂水中也。風，乾身也。周之四月，正歲二月也。尚寒，安得浴而風乾身？由此言之，涉水不浴，雩祭審矣。春秋左氏傳曰：「啓蟄而雩。」又曰：「龍見而雩。」啓蟄、龍見皆二月也。春二月雩，秋八月亦雩。春祈穀雨，秋祈穀實。當今靈星，秋之雩也。春雩廢，秋雩在，故靈星之祀歲雩祭也。孔子曰：「吾與點也。」善點之言，欲以雩祭調和陰陽，故與之也。論語發微：王仲任説論語此條最當。其云説論之家，當指魯論，當時今文魯論最盛也。其以雩在正歲二月則非。蒼龍昏見東方，在正歲四月，始舉雩祭。故左傳「龍見而雩」，杜注以爲建巳。若啓蟄則夏正郊天而非雩。論語暮春，春盡爲暮，已將四月。故云春服既成，言時已暖也。然建巳之月，亦不可浴水中而風乾身。浴沂，言祓濯於沂水而後行雩祭。蓋三子者之僎，禮節民心也。點之志由鼓瑟以至風舞詠饋，樂和民聲也。樂由中出，禮自外作，故孔子獨與點相契。唯樂不可以僞爲，故曾皙託志於此。孔子問：「如或知爾，則何以哉？」何以言何以爲治，若以魯論所説，則點有遺世之意，不特異三子，並與孔子問意反矣。劉氏正義：今案宋説雩在正歲四月，非二月，甚是。又以浴爲祓濯，亦較論衡涉水之訓爲確。予友柳氏興恩解此文亦從論衡，云：「春服既成，謂雩時所服也。國語楚語：『在男曰覡，在女曰巫。是使制神之處位次主，而爲之牲器時服。』韋昭解：『時服，四時服色所宜。』又春秋繁露求雨篇言『春雩之制，祝服蒼衣，小童八人，服青衣而舞之』是也。」今案由繁露文觀之，此冠者疑即祝類，童子即雩舞童子也。五六人者，或五人或六人也。六七人者，或六人或七人也。太平御覽禮儀部漢舊儀曰：「禮后稷於東南，常以八月祭。舞者七十二人，冠者五六三十人，童子六七四十二人，爲民祈農報功。」然則冠者童子皆是舞人，而五六、六七則合七十二人之數。又晉張協洛禊賦「童冠八九」，八九亦合七十二人。疑漢、晉時雩禊之制本用七十二人，而遂以論語所云五六、六七以巧合之也。又漢唐扶頌：「四遠童冠，摳衣受業。五六六七，化導若神。」此以童冠爲曾點弟子，是魯論之説。而隸釋載員興宗答洪丞相書指七十二子，失之遠矣。竊以古論解此節爲雩祀，自是勤恤愛民之意。其時或值天旱，未行雩禮，故點即時言志，以諷當時之不勤民者。

【別解二】四書稗疏：朱子謂韓愈、李翺疑裸身出浴之非禮，而不知漢上巳祓除官民潔於東流之制，故改「浴」爲「沿」。不知改「浴」爲「沿」者乃王充之定論，非退之筆解之創説也。暮春非必上巳之期，潔身亦非有周之禮。束皙引周公營雒之事以徵上巳之禮，其詩曰「羽觴隨波」，此言流觴以飲，未言浴也。浴者，溱、洧秉蕳之淫風耳。莫春之初，正寒食風雨之候，北方冰凍初釋，安能就水中而裸戲？或謂沂有温泉，而褫衣於未浴之先，拭體於出浴之際，風寒慘肌，亦非人所可堪也。且温泉必出山谷石磵之中，其下有硫黄礬石，水之平流者不得有之。朱子云地志以爲沂有温泉者，乃出自泰山蓋縣之沂水，東南逕齊、莒之境，南至下邳入泗者也。水經注言彼沂水至陽都縣南合温水，上承温泉陂，西南入沂水，則温、沂之合在今沂州境内，去魯數百里而遥，曾皙何事跋涉以往浴乎？此之沂水與彼沂水，名同實異，出魯城東南尼丘山，平地發泉，繞魯城東門，北對雩門，門南隔水有雩壇。酈道元云：「曾點所欲風舞處也。」稍西即與泗水合於魯城西南，兩沂水相去懸絶，惡得以齊地温水之沂爲魯舞雩側石之流乎？此尤朱子所未悉也。

羣經平議：世傳韓昌黎論語筆解皆不足采，惟此經「浴」字謂是「沿」字之誤，則似較舊説爲安。風之言放也。詩北山篇「或出入風議」，鄭箋云：「風，放也。」僖四年左傳：「唯是風馬牛不相及也。」尚書粊誓正義引賈逵注曰：「風，放也。」「風」與「放」一聲之轉。風乎舞雩者，放乎舞雩也。沿乎沂，放乎舞雩，猶孟子曰「遵海而南，放乎琅邪矣」。沈濤十經齋文集：考祓禊之禮，於古無徵。晉書束皙傳言周公卜成洛邑，因流水以泛酒。秦昭王三月上巳置酒河曲。出吳均續齊諧記，不足爲據。宋書禮志、續漢志注補引韓詩曰：「鄭國之俗，三月上巳，之溱、洧兩水之上，招魂續魄，秉蘭草祓除不祥。」則亦以爲溱、洧之淫俗，非鄗、洛之盛典。周禮女巫「掌歲時祓除釁浴」，注：「歲時祓除，如今三月上巳如水上之類。」蓋鄭舉漢法以況周制。西京雜記載：「戚夫人正月上辰出池邊盥濯，食蓬餌以祓妖邪，三月上巳張樂於流水。」續漢禮儀志：「是月上巳，官民皆絜於東流水上，曰洗濯祓除，去宿垢爲大絜。」是西漢始於宮闈，東京則沿爲民俗。古祓除皆除惡之祭，女巫之祓除即女祝之禬禳。禮月令「九門磔禳以畢春氣」，注謂：「昂有積尸大陵之氣，佚則厲隨而出，行磔牲以禳於四方之神，所以畢止其災。」周禮男巫「春招弭以除疾病」，注：「招，招福也。弭讀爲敉。敉，安也，安凶禍也。招弭皆有祀衍之禮。」杜篤祓禊賦謂：「巫咸之徒，秉火祈福。」猶存古制。魏、晉以後，但以絲竹觴詠爲樂，而蔡邕、張協之徒且以論語舞雩當之，匪特義異古訓，抑更事乖前典。

按：以上二說，第一說主張雩祭。陔餘叢考云：「果如其說，以雩祭調和陰陽，則亦爲邦者之事也。又何必問求、赤非爲邦歟？」第二說反對修禊。考月令「季春，天子始乘舟」，蔡邕章句：「乘舟，禊於名川也。論語『暮春者浴乎沂』，今三月上巳祓禊於水濱，蓋出於此。」張協洛禊賦：「顧新服之既成，將祓除於水濱。」又云：「攜朋接黨，童冠八九。」亦同蔡氏章句之說。又賈公彥疏周禮「歲時祓除」曰：「見今三月三日水上戒浴是也。」說最近理。漢學家因攻朱之故，務事事與之相左，如此節朱注用上巳祓除説，本出古注，何等文從字順。今必改爲雩祭，止爲一「饋」字，生出許多曲說。殊不知歸、饋古本通用。至昌黎喜改古書，尤爲無取。故雖存其說而闕其誤謬如右。

夫子喟然歎曰：「吾與點也！」

【音讀】史記弟子傳：孔子喟爾嘆曰：「吾與葴也！」翟氏考異：說文「黬」字下云：「古人名黬字子皙。」彼不云曾黬，又音古咸切。六書故謂黬即點，似未可信。然集韻二十四鹽有「點」字，音之廉切。注云：「人名。魯有曾點。」則曾皙名實可讀平聲矣。詳審其意，恐即因緣說文。按：王氏論語訓：「史記弟子列傳不言皙、參一家，此別一曾點也。」未知何據。考孟子：「琴張、曾皙、牧皮者，孔子所謂狂矣。」其人蓋習於道家言者，未必即曾子父也。

【集解】周曰：「善點之獨知時也。」

【唐以前古注】皇疏：孔子聞點之願，是以喟然而歎也。既歎而云吾與點也，言我志與點同也。所以與同者，當時道消世亂，馳競者衆，故諸弟子皆以仕進爲心，唯點獨識時變，故與之也。又引李充云：善其能樂道知時，逍遥游詠之至也。夫人各有能，性各有尚，鮮能舍其所長而爲其所短。彼三子者之云，誠可各言其志矣。然此諸賢既以漸染風流，飡服道化，親仰聖師，誨之無倦，先生之門，豈執政之所先乎？嗚呼！遽不能一忘鄙願而暫同於雅好哉！諒知情從中來，不可假已，唯曾生超然，獨對揚德音，起予風儀，其辭清而遠，其指高而適，亹亹乎固聖德之所同也。三子之談，於兹陋矣。　筆解：李曰：「仲尼與點，蓋美其樂王道也。餘人則志在諸侯，故仲尼不取。」

【集注】曾點之學，蓋有以見夫人欲盡處，天理流行，隨處充滿，無少欠闕。故其動静之際，從容如此。而其言志，則又不過即其所居之位，樂其日用之常，初無舍己爲人之意。而其胸次悠然，直與天地萬物上下同流，各得其所之妙，隱然自見於言外。視三子之規規於事爲之末者，其氣象不侔矣。故夫子歎息而深許之，而門人記其本末獨加詳焉，蓋亦有以識此矣。

按：丹鉛録云：「朱子易簀之前，悔不改此節注，留後學病根。」張氏甄陶曰：「或疑朱子之書，舉世遵守，今子何忽另翻窠臼？」曰：不然。朱注無不可從，但一百條中，亦有二三條錯處。君子之過如日月之食，不希罕後學汙下阿好，此纔是真知篤信。若一味違心强附其説，則朱注徒取信於不分黑白面牆而立之人，亦不足貴矣。蓋曾皙在孔門中不過一狂士，孔子不應輕許引爲同志，一可疑也。既許之矣，何不莞爾而笑，而乃喟然而歎？二可疑也。果係夫子與之，何以後來又被訓斥？三可疑也。可見夫子之意，完全感慨身世，自傷不遇。所謂與點者，不過與汝偕隱之意。而以爲人欲净盡，天理流行，已屬隔膜之談。況又以爲具備堯、舜氣象，豈非癡人説夢哉！

【餘論】蘇子由古史：四子之言，皆其志也。夫子之哂由也以其不讓，而其與點也以其自知之明與？如曾皙之狂，其必有不可施於世者矣。苟不自知而强從事焉，禍必隨之。其欲從弟子風乎舞雩，樂以忘老，則其處己也審矣。不然，孔子豈以不仕爲貴者哉！黄氏日鈔：四子侍坐，而夫子啓以「如或知爾則何以哉」，蓋試言其用於世當如何也。三子言爲國之事，皆答問之正也。曾皙，孔門之狂者也，無意於世者也，故自言其瀟灑之趣，此非答問之正也。夫子以行道救世爲心，而時不我與。方與二三子私相講明於寂寞之濱，乃忽聞曾皙浴沂歸詠之言，若有得其浮海居夷之意，故不覺喟然而歎，蓋其所感者深矣。所與雖點，而所以歎者豈惟與點哉！繼答曾皙之問，則力道三子之美，夫子豈以忘世自樂爲賢，獨與點而不與三子者哉？升庵全集：夫子以行道救世爲心，而時不我與。方與二三子私相講明於寂寞之濱，而忽聞曾皙浴沂之言，若有獨契於浮海居夷之志，曲肱飲水之樂，故不覺喟然而歎，蓋其意之所感者深矣。所與雖點，而所以歎者豈惟與點哉！至於三子出而曾點後，蓋亦自知答問之非正，而蒙夫子之獨與，故歷問之。而夫子歷道三子之美，夫子豈以忘世自樂爲賢，獨與點而不與二三子哉？後世談虛好高之習勝，不原夫子喟歎之本旨，不詳本章所載之始末，單摭與點數語而張皇之，遺落世事，指爲道妙，但欲推之過高，而不知陷於談禪，其失豈小哉！程子曰：「子路、冉有、公西華言志自是實事。」此至論也。又曰：「夫子與點，蓋與聖人之志同，便是堯、舜氣象。」又曰：「上下與天地同流。」且天地同流，惟堯、舜可以當之，曾點何如人，而與天地同流，有堯、舜氣象乎？朱子晚年，有門人問與曾點之意。朱子曰：「某平生不喜人說此語，論語自學而至堯曰，皆是工夫。」又易簀之前，悔不改浴沂注一章，留爲後學病根，此可謂正論矣。東塾讀書記：朱注云：「三子規規於事爲之末。」又采程子云：「子路等所見者小，孔子不取。」王氏復禮四書集注補云：「夫子問如或知爾則何以哉，三子以抱負對，正遵師命，豈可云規規於事爲之末乎？孔子既言赤也爲之小，孰能爲之大，而乃云所見者小，明與聖經相反。」此則程、朱之説亦有未安，王氏辯之是也。　羣經識小：三子承知爾之問，兵農禮樂，言志之正也。點之别調，夫子獨許之者，亦以見眼前真樂在己者可憑，事業功名在人者難必。喟然一歎，正不勝身世之感也。　四書翼注論文：注中只有「即其所居之位，樂其日用之常」是正解，其餘俱錯，不可附會。夫子與點，不是驚喜其堯、舜氣象，如獲異寶。堯、舜氣象曷嘗有春風沂水來？　魯岡或問：夫子聽諸子説事功時，點忽説眼前樂事，正動夫子與時偕止之意，故喟然一歎而偁許之。點疑夫子所與在此不在彼，幾落巢、許窠臼，此狂者之過也。　夫子兼與之進之以與時偕行，事功亦何可少也。　聖門必如顔子方是中行，故曰「惟我與爾有是夫」。　小倉山房文集：聖人無一日忘天下，子路能兵，冉有能足民，公西華能禮樂，倘明王復作，天下宗予，與二三子各行其志，則東周之復，期月而已可也。　無如轍環天下，終於吾道之不行，不如沂水春風，一歌一浴，較浮海居夷，其樂殊勝。　蓋三子之言畢，而夫子之心傷矣。　適曾點曠達之言泠然入耳，遂不覺歎而與之，非果與聖心契合也。　如果與聖心契合，在夫子當莞爾而笑，不當喟然而歎。　在曾點當聲入心通，不違如愚，不當愈問而愈遠，且受嗔斥也。　論語集注述要：自「曾點之學」以下至「氣象不侔矣」各語，自是朱子體會有得之言。　然以爲曾點言志時本意如此，則未敢必。

三子者出，曾晳後。曾晳曰：「夫三子者之言何如？」子曰：「亦各言其志也已矣。」

曰：「夫子何哂由也？」曰：「爲國以禮，其言不讓，是故哂之。」

【考異】皇本「夫子何哂由也」作「吾子」，「曰爲國以禮」，「曰」上有「子」字。　七經考文：案義疏云：「曾點呼孔子爲吾子也。」「吾」字不誤。

【集解】包曰：「爲國以禮，禮貴讓。子路言不讓，故笑之。」

【集注】點以子路之志乃所優爲，而夫子哂之，故請其説。夫子蓋許其能，特哂其不遜。

**「唯求則非邦也與？」「安見方六七十如五六十而非邦也者？」「惟赤則非邦也與？」「宗廟會同，非諸侯而何？赤也爲之小，孰能爲之大？」**

【考異】皇本作「宗廟之事如會同，非諸侯如之何」，「小」下「大」下各有「相」字。　釋文：「宗廟會同」，本或作「宗廟之事如會同」，「非諸侯而何」，一本作「非諸侯如之何」。　舊文「非邦」上有「焉」字。　釋文曰：「焉，於虔反。本今無此字。」　天文本論語校勘記：足利本、唐本、津藩本、正平本作「宗廟之事如會同非諸侯如之何」。　翟氏考異：邢疏謂二節皆夫子自爲問答，而非曾晳問，夫子答也。觀此句舊有「焉」字，則其自爲問答益明。

【集解】孔曰：「明皆諸侯之事，與子路同，徒笑子路不讓也。赤謙言小相耳，孰能爲大相者也。」

【唐以前古注】皇疏：孔子更證我笑非笑子路之志也。若笑子路有爲國之志，則冉求亦是志於爲國，吾何獨不笑耶？既不笑求，豈獨笑子路乎？故云「唯求非邦也與」，言是邦也。「安見方六七十如五六十非邦也」者，亦云是邦也。又引赤證我不笑子路志也。赤云宗廟會同，會同即是諸侯之事，豈曰非邦，而我何獨不笑乎？又明笑非笑志也。

【集注】曾點以冉求亦欲爲國而不見哂，故微問之。而夫子之答無貶辭，蓋亦許之。此亦曾晳問而夫子答也。孰能爲之大，言無能其右者，亦許之之辭。

按：經傳考證謂：「此皆孔子之言，所以申明子路見哂之故。方六七十如五六十，與宗廟會同，莫非爲邦之事，特詞意謙巽，使人不覺耳。非曾晳問而夫子答也。邢疏辭不別白，皇疏得之。集注以爲曾晳問夫子答，於義爲短。」

【餘論】黄氏後案：經兩言「非邦也與」，猶言皆國之事也，安見非邦之事，反詰之辭。「非諸侯之事而何」，意同。孔注云：「明皆諸侯之事。」説經簡而晐。後儒或以千乘及六七十五六十俱是諸侯，赤云相是相天子亦諸侯，非也。閻氏釋地、凌氏禮經釋例斥其謬。又云：皇疏以兩節係夫子自爲問答之言是也。夫子言此者，正以樂天知命之心，與憂民濟世之志，兩者竝行不悖，三子之撰皆可嘉許，欲曾氏知此而勉於實事也。融貫全章，想見聖門教育英材，獎勵無方，令讀書者味長意永。若因一哂而疑爲邦之非，且再問而不悟，曾氏如此愚乎？讀之少味。義門讀書記：曾點非自喜見許，真以夫子爲必薄三子而復問也。蓋狂者平日心胸灑落，或不暇於細務。一聞三子之言，未嘗不以爲實事切務，必不可少。異撰之言，仍寓謙退在其間也，正狂者進取處，未可以他日行不掩言，疑其夷然不屑，一往放曠爲樂也。

【發明】反身録：孔門諸賢，兵農禮樂，大以成大，小以成小，平居各有以自信。今吾人平居其所自信者何在？兵耶？農耶？禮樂耶？三者咸兼耶？僅有其一耶？抑超然於世務之外，瀟灑自得，志在石隱耶？　如志非石隱，便應將經世事宜實實體究，務求有用。　一旦見知於世，庶有以自效，使斯世見儒者作用，斯民被儒者膏澤，方不枉讀書一場。　若只尋章摘句，以文字求知，章句之外，凡生民之休戚，兵賦之機宜，禮樂之修廢，風化之淳漓，漠不關心，一登仕途，所學非所用，所用非所學，無惑乎國家不得收養士之效，生民不得蒙至治之澤也。　經世之業，平居儘學之有素，及一當事任，猶多不能中窾中會，盡協機宜。　苟未嘗學之有素，而欲望其臨時有所建樹，不亦謬乎？　殷浩以蒼生自負，房琯以將略知名，一出猶成敗局，況平居諳練不及二人乎？

張履祥備忘録：　四子侍坐，固各言其志，然於治道亦有次第。　禍亂戡定，而後可施政教。　初時師旅饑饉，子路之使有勇知方，所以戡定禍亂也。　亂之既定，則宜阜俗，冉有之足民，所以阜俗也。　俗之既阜，則宜繼以教化，子華之宗廟會同，所以化民成俗也。　化行俗美，民生和樂，熙熙然遊於唐、虞、三代之世矣，曾皙之春風沂水，有其象矣。　夫子志乎三代之英，能不喟然興歎。　又曰：　聖賢教人，必不使但爲空言。　今人好言吾與點也，而於子路、冉有、公西華之志則鄙而不屑。　何不反己自量，果能爲國三年，可使有勇知方否？　能使足民否？　宗廟會同能爲相否？　無一能之，徒爲大言，不知窮經稽古，隱居求志，誠爲何義也？

按：　曾點在孔門無所表見，其學其才均在三子之下。　朱子語類中關於此章論述不少，惜皆沿其師堯、舜氣象謬説，並天理流行一派套語，多隔靴搔癢之談，玆故不録。

# 論語集釋卷二十四

## 顔淵上

○顔淵問仁。子曰：「克己復禮爲仁。一日克己復禮，天下歸仁焉。爲仁由己，而由人乎哉？」

【考異】孟子萬章上篇章句引論語作「問爲仁」。皇本「克」字作「剋」。

【音讀】羣經平議：此當以「己復禮」三字連文。己復禮者，身復禮也，謂身歸復於禮也。能身復禮，即爲仁矣，故曰克己復禮爲仁。下文曰：「一日克己復禮，天下歸仁焉。爲仁由己，而由人乎哉？」必如孔注，然後文義一貫。孔子之意，以己與人對，不以己與禮對也。正義不能申明孔注，而漫引劉説以申馬注約身之義，而經意遂晦矣。

【考證】左傳昭公十二年：仲尼聞楚靈王事，曰：「古也有志，克己復禮，仁也。信善哉！」困學紀聞：或謂克己復禮，古人所傳，非出於仲尼，故左傳云云。胥臣又曰：「出門如賓，承事如祭，仁之則也。」蓋左氏粗聞闕里緒言，每每引用，而輒有更易。又曰：孔門獨顔子爲好學，所問曰爲仁，曰爲邦，成己成物，體用本末備矣。翟氏考異：後漢書郎顗薦李固云：

「顔淵十八，天下歸仁。」未知其本出何書。儻緣論語敷演，不免於僞濫矣。歲歷綿遠，篇籍放逸者多。即同顔淵事，新論言其不以夜浴改容，今亦不見所出。凡此類當且闕疑。惠士奇禮説：克爲敏德，以己承之。孔子曰克己，曾子曰己任，一也。己之欲非己，猶身之垢非身。爲仁由己，是謂當仁。仁以成己，惟敏乃成。訓己爲私，濫於王肅，浸於劉炫，異乎吾所聞。論語稽求篇：馬融以約身爲克己，從來説如此。夫子是語本引成語。春秋昭十二年，楚靈王聞祈招之詩，不能自克，以及於難。夫子聞之，歎曰：「古也有志，克己復禮，仁也。楚靈王若能如此，豈其辱於乾谿！」據此，則克己復禮本屬成語，夫子一引之以歎楚靈王，一引之以告顔子。此問無解，而在左傳則明有不能自克，作克己對解。克者，約也，抑也。己者，自也。故春秋莊八年書「師還」，杜預以爲善公克己復禮。而後漢元和五年，平望侯劉毅上書云：「克己引愆，顯揚側陋。」謂能抑己以用人，即北史稱馮元興「卑身克己，人無恨者」。唐韓愈與馮宿書：「故至此以來，克己自下。」直作卑身、作自下解。若後漢陳仲弓誨盜曰：「觀君狀貌不似惡人，宜深尅己反善。」別以「克」字作「尅」字，正以掊尅損削皆深自貶抑之義。歸仁即稱仁，與上句「爲仁」爲字同。禮記哀公問：「君子也者，人之成名也。百姓歸之，名謂之。」則百姓之歸亦祇是名謂之義，此真善於釋歸者。揅經室集論語孟子仁説：顔子克己，己字即是自己之己，與下文「爲仁由己」相同。若以克己己字解爲私欲，則下文「爲仁由己」之己斷不能再解爲私，與上文辭氣不相屬矣。且克己不是勝己私也，克己復禮本是成語，夫子既引此語以論楚子，今又引以告顔子，雖其間無解，而在左傳則明有不能自克，作克己對解。克者，約也，抑也。己者，自也。何嘗有己身私欲重煩戰勝之説？後漢元和五年，平望侯劉毅上書云：「克己引愆，顯揚仄陋。」謂能抑己以用人，即北史稱馮元興「卑身約己，人無恨者」。唐韓愈與馮宿書：「故至此以來，克己自下。」直作卑身自下解。若陳仲弓誨盜曰：「觀君貌不似惡人，宜深尅己反善。」別以「克」字作「尅」字，正以掊尅損削皆深自貶抑之義故云。則是約己自尅，不必戰勝，況可詁私字也？

按：此章爲漢學宋學之爭點，詳見漢學商兑，兹不具述。平心論之，同一「己」字而解釋不同，終覺於義未安，阮氏之説是也。朱注爲短，蓋欲伸其天理人欲之説，而不知孔氏言禮不言理也。

【集解】馬曰：「克己，約身也。」孔曰：「復，反也。身能反禮，則爲仁矣。」馬曰：「一日猶見歸，況終身乎？」孔曰：「行善在己，不在人也。」

【唐以前古注】皇疏：尅，猶約也。復，猶反也。言若能自約儉己身，返反於禮中，則爲仁也。于時爲奢泰過禮，故云禮也。一云：身能使禮反返身中，則爲仁也。又引范甯云：克，責也。復禮，謂責克己失禮也。非仁者則不能責己復禮，故能自責己復禮則爲仁矣。亂世之主不能一日克己，故言一日也。「爲仁由己，而由人乎哉」，言爲仁在我，豈俟彼爲仁耶？　筆解：韓曰：「孔、馬得其皮膚，未見其心焉。吾謂回問仁，仲尼答以禮，蓋舉五常之二以明其端焉。故下文云：『非禮勿視，非禮勿聽，非禮勿言，非禮勿動。』又舉五常之四以終其義。」李曰：「仁者，五常之首也。視聽言貌思，五常之具也。今終之以動者，貌也。貌木爲仁。此問非顔回身體，安能究仲尼之心？」

【集注】仁者，本心之全德。克，勝也。己，謂身之私欲也。復，反也。禮者，天理之節文也。爲仁者所以全其心之德也。蓋心之全德莫非天理，而亦不能不壞於人欲。故爲人者必有以勝私欲而復於禮，則事皆天理，而本心之德復全於我矣。歸，猶與也。又言一日克己復禮，則天下之人皆與其仁。極言其效之甚速而至大也。又言爲仁由己，而非他人所能預，又見其機之在我而無難也。日日克之，不以爲難，則私欲淨盡，天理流行，而仁不可勝用矣。

按：解經與作文不同，作文須有主意，方能以我御題；解經則否，不可先有成見。集注之失，即在先有成見。如此章孔子明言復禮，並未言理。止言克己，並未言私欲。今硬將天理人欲四字塞入其内，便失聖人立言之旨。或曰：即將克己復禮解爲克私欲復天理，有何害處（方東樹之言）？余曰不然。解經須按古人時代立言，孔子一生言禮不言理，全部論語並無一個理字。且同一「己」字，前後解釋不同，其非經旨甚明。其病總在先有成見，此端一開，後來解經者莫不挾其私見，假託聖言，以伸其説。如李剛主論語傳注，則用其師顔習齋之説。康有爲論語注，則用其張三世之説。皆襲此故智者也。阮氏元曰：「朱子中年講理，晚年講禮，蓋理虚而禮實也。」是朱子已自悔其説之非矣，後人何必代古人文過耶？

【餘論】漢學商兑引淩廷堪曰：「爲仁由己，而由人乎哉」，人己對稱，正是鄭氏「相人偶」之説。

又引焦循曰：劉光伯嗜欲與禮義交戰之言，意主楚靈王，因上文有「不能自克」語望文生義耳，與論語何涉？邢叔明剿襲之以釋論語，遂開集注訓己爲私欲之論，與全部論語人己對舉之文枘鑿不入矣。劉氏正義：爾雅釋詁：「克，勝也。」又：「勝，克也。」轉相訓。此訓約者，引申之義。顏子言「夫子博我以文，約我以禮」，約如約束之約，約身猶言修身也。後漢書安帝紀「夙夜克己，憂心京京」，鄧皇后紀「接撫同列，常克己以下之」，祭遵傳「克己奉公」，何敞傳「宜當克己以醻四海之心」，凡言克己，皆如約身之訓。法言謂「勝己之私之謂克」，此又一義。劉炫援以解左傳「克己復禮」之文，意指楚靈王多嗜慾、誇功伐而言。乃邢疏即援以解論語，朱子集注又直訓己爲私，並失之矣。東塾讀書記：克己復禮，朱子解爲勝私欲。爲仁由己，朱子解爲在我。兩「己」字不同解。戴東原孟子字義疏證駁之，澧謂朱注實有未安，不如馬注解克己爲約身也。或疑如此則論語無勝私欲全天理之説，斯不然也。勝私欲之説，論語二十篇中固多有之。「富與貴，是人之所欲也，不以其道得之，不處也。」不處者，勝之也。原憲問「克伐怨欲不行焉」，不行者，勝之也。「棖也慾，焉得剛？」慾者，多嗜欲。剛者，能勝之也。又有不明言欲者。君子有三戒：戒色，戒得。色與得者，欲也。戒者，勝之也。樂驕樂，樂佚遊，樂宴樂，皆欲也。明其爲損，則當勝之也。四書改錯：馬融以約身爲克己，從來説如此。惟劉炫曰：「克者，勝也。」此本揚子雲「勝己之私之謂克」語，然己不是私，必從「己」字下添「之私」二字，原是不安。至程氏直以己爲私，稱曰己私，致朱注謂身之私欲，别以「己」上添「身」字，而專以「己」字屬私欲。於是宋後字書皆注己作私，引論語「克己復禮」爲證，則誣甚矣。毋論字義無此，即以本文言，現有「爲仁由己」己字在下，而一作身解，一作私解，其可通乎？論語竢質：説文解字曰：「克，肩也。」詩「佛時仔肩」，毛傳云：「仔肩，克也。」鄭箋云：「仔肩，任也。」蓋肩所以儋荷重任，克訓肩，則亦訓任矣。克己復禮，以己身肩任禮也。言復者，有不善未嘗不知，知之未嘗復行，周易所謂「不遠復」也。克己復禮，仁以爲己任矣，故爲仁也。孟子曰：「湯、武身之也」，克己之謂也。又曰「湯、武反之也」，復禮之謂也。黄氏後案：樊遲問仁問知章明智以成仁之道，此言禮以成仁之道。五德之相爲用，猶六律六吕之旋相爲宫也。馬注訓克己爲約身，謂約非禮之身以反於禮。式三謂克己，猶言深自克責也。皇疏引范甯説「克訓責」是也。克己復禮，克責己之失禮以復之也。後漢書臧洪傳「去者克己」，李注云：「自責不責人也。」彼李注必本此經古注，語甚明憭。三國志魏書楊阜傳云：「克己内訟，聖人所記。」又公孫瓚傳注引袁紹與瓚書云：「曾不尋討禍源，克心罪己。」吴書諸葛恪傳云：「士大夫如許子將輩，所以更相謗訕，或至於禍。惟坐克己不能盡如禮，而責人專以正義。」諸書所言克己語意正同。如此則下言天下歸仁，言由己不由人，語意一貫。揚子法言問神篇：「勝己之私之謂克。」是解克爲勝私，非訓己爲私。且以克己訓責己，而去私之學在其中也。注言本心全德，申之者語多虚障。朱子仁説言仁者温然愛人利物之心，則此注當指愛利之本心。申注者渾言本心，援引釋氏言「認識未生前本來面目」者尤謬也。

顔淵曰：「請問其目。」子曰：「非禮勿視，非禮勿聽，非禮勿言，非禮勿動。」顔淵曰：「回雖不敏，請事斯語矣。」

【考異】禮記曲禮正義：「論語孔子謂顔回曰：『非禮勿動，非禮勿言，非禮勿視，非禮勿聽。』」前後易置。

【考證】經義述聞：動與視聽言並列，則動當爲動容貌。疏訓動爲行事，以爲身無擇行，則文義不倫矣。潘氏集箋：洪範五事：一曰貌，二曰言，三曰視，四曰聽。論語季氏篇：「君子九思：視思明，聽思聰，貌思恭，言思忠。」皆以視聽言與貌並列。而此獨言動不言貌者，以言貌則文不成義，述聞説是也。劉氏正義：目者，如人目有所識別也。凡行事撮舉總要謂之目。注言條目者，非止一目，當有細數，若木枝條也。鄭注云：「欲知其要。顔回意以禮有三百三千，卒難周備，故請問其目。」是目爲事之要。周官簭人「四曰巫目」，注云：「目，謂事衆筮其要所當也。」亦訓目爲要。視聽言動，皆在己不在人，故爲仁由己不由人也。禮中庸云：「齊明盛服，非禮不動，所以修身也。」蓋視聽言動，古人皆有禮以制之。若曲禮、少儀、内則諸篇，及賈子容經所載，皆是其禮。惟能克己復禮，凡非禮之事所接於吾者，自能有以制吾之目而勿視，制吾之耳而勿聽，制吾之口而勿言，制吾之心而勿行，所謂克己復禮者如此。春秋繁露天道施篇：「夫禮，體情而防亂者也。民之情不能制其欲，使之度禮，目視正色，耳聽正聲，口食正味，身行正道，非奪之情，所以安其情也。」周語單子論晉侯事曰：「步言視聽，必皆無謫，則可以知德矣。

視遠曰絶其義，足高曰棄其德，言爽曰反其信，聽淫曰離其名。夫目以處義，足以踐德，口以庇信，耳以聽名，故不可不慎也。」然則視聽言動，古人皆致慎之，所以勉成德行，而不使不仁者加乎其身也。

【集解】包曰：「知其必有條目，故請問之。」鄭曰：「此四者，克己復禮之目。」王曰：「敬事斯語，必行之也。」

【唐以前古注】周官春官簭人疏引鄭注：欲知其要。顔回意以禮有三百三千，卒難周知，故請問其目。

【集注】目，條件也。顔淵聞夫子之言，則於天理人欲之際已判然矣，故不復有所疑問而直請其條目也。非禮者，己之私也。勿者，禁止之辭。是人心之所以爲主，而勝私復禮之機也。私勝則動容周旋無不中禮，而日用之間莫非天理之流行矣。事如事事之事，請事斯語，顔子默識其理，又自知其力有以勝之，故直以爲己任而不疑也。

【餘論】論語集注考證：自古聖賢相傳，至夫子教人爲學則曰爲仁。然而仁爲何理，孔門初無明言，前人未有正訓。蓋古者義理素明，不待訓説。自制文字之初，此理已分明，仁字從人從二，古篆凡重字則於本字之下從二，仁字從人而旁從二，是人人字，言人之所以爲人也。又科斗古文仁從人一心，或作千心，謂仁即人一心之理，千人所共之心也。故孔門論學，但曰爲仁，集注所謂「全其心之德」也。至子思、孟子時，異端之言仁者漸差，故子思、孟子正言其名義。子思曰：「仁者，人也。」孟子曰：「仁，人心也。」又曰：「仁也者，人也。」合而言之，道也。又曰：「不仁不智，無禮無義。」推而爲四端之説。然自此以來，異端日多，義理日晦，諸儒不察，更無定論。韓子獨以博愛名仁，程子非之，以爲仁是性，愛是情，然亦以爲仁無正訓，言愛言覺皆非也。但合孔、孟言仁處觀之，一二歲得之未晚。如曰：「公而以人體之則爲仁。」又曰：「四德之元，猶五常之仁。」偏言則一事，專言則包四者，仁之正訓，可謂「引而不發躍如也」。至朱子言之始明備，曰：「仁者，天地生物之心，而人得之以爲心者也。」此即程子所謂「四德之元」也，孟子所謂「仁，人心也」。曰「仁者，心之德，愛之理」，心之德者，專言之也。愛之理者，又偏言之也。而此章正名之曰「心之全德」，可謂盡矣。凡集注言仁帶及人處，則曰心之德，愛之理。獨説心處與爲學處，則曰「心之全德」。曰心德之全，是於專言偏言處，又分別明辨矣。然此章帶禮説，孟子對義説，又兼四性説，程子又兼五常説，學者不可不思。蓋心之全德，天理渾然，其中自是無所不備。聖賢切於明道教人，故就中又指出其間體段子目，以此仁之中，又自有裁制各當處謂之義，又各有節文處謂之禮，藏在中而有分辨謂之智，無非著實謂之信。既備諸體段，故見諸發見，謂之四端五常，而不害其爲仁之渾然也。而語録又有梅仁杏仁之喻，人之心德謂之仁，故梅杏之心亦謂之仁，正取此義。古人既以人心之仁名梅杏之仁，學者試以梅杏之仁反觀吾心之仁，梅杏有此仁，故種之即生；人心有此仁，故感之即動而愛。然梅杏之仁，種之而生，生而長，長而花，花而實，如此則梅杏仁中專是生之性，已具此長成收藏之性在其中矣。使仁之中不具此生長收藏之性，則何以生之後有幹枝花實長成收藏之節哉？又梅杏之實有此仁，是元初之種有此仁，故生而爲梅杏之實無不有此仁，此所謂天地生物之心而人得之以爲心者。論仁者至朱子人心全德之訓，可謂明備。今推明會粹其説，以俟學者。東塾讀書記：孔子答諸賢之問，朱注多以爲因其失而告之，此未可悉信也，昔人駁難者多矣。澧謂非禮勿視四語，若以告他人，則亦可謂其人視聽言動多非禮，故夫子戒之矣。夫子以此告顔淵，可見告諸賢者，非必因其有失也。

【發明】困學紀聞：過則勿憚改，非禮勿視，非禮勿聽，非禮勿言，非禮勿動，己所不欲，勿施於人，勿欺也，皆斷以勿。蓋去惡不力，則爲善不勇。又曰四勿九思，皆以視爲先。見弓以爲蛇，見寢石以爲伏虎，視汩其心也。閔周者黍稷不分，念親者莪蒿莫辨，心惑其視也。吴筠心目論：「以動神者心，亂心者目。」陰符經：「心生於物，死於物，機在目。」蔡季通釋其義曰：「老子曰：『不見可欲，使心不亂。』西方論六根六識，必先曰眼曰色，均是意也。」

按：般若經：六根者，謂眼、耳、鼻、舌、身、意。六塵者，謂色、聲、香、味、觸、法也。眼見爲色塵，耳聞爲聲塵，鼻齅爲香塵，舌嘗爲味塵，身染爲觸塵，意著爲法塵，合爲十二處也。復次六識者，本自一心，遍由六根門頭而成。六識，謂從見爲眼識，從聞爲耳識，從齅爲鼻識，從嘗爲舌識，從染爲身識，從分别爲意識。如是根塵識三事，合爲十八界。若如實知自性皆空，是爲能學六根六塵六識。葉知道曰：「目者，一身之照鑒，五行精華之所聚，於心尤切。目動心必隨，心動目必注。心之虛靈，千變萬化，欲加檢防，先以視爲則。」蓋亦深明此理者。故必如王伯厚之讀論語，而後可謂之發明。

○仲弓問仁。子曰：「出門如見大賓，使民如承大祭。己所不欲，勿施於人。在邦無怨，在家無怨。」仲弓曰：「雍雖不敏，請事斯語矣。」

【考異】史記弟子傳：仲弓問政。孔子曰：「出門如見大賓云云。」劉氏正義：史記弟子傳作「仲弓問政」，馮氏登府異文考證以爲古論。然前後章皆是「問仁」，不應此爲「問政」，史記誤也。

【考證】左傳僖公三十三年：胥臼季曰：「臣聞之，出門如賓，承事如祭，仁之則也。」馮氏論語解：左傳仲尼曰：「古也有志，克己復禮，仁也。」蓋古有此語，惟顏子可以從事於此。又曰：「出門如賓，承事如祭，仁之則也。」古有此語，惟仲弓可以從事於此。論語稽：二語又見子貢問一言章，以定公問興邦喪邦章推之，則亦古語也。又子貢曰：「我不欲人之加諸我也，吾亦欲無加諸人。」又中庸：「施諸己而不願，亦勿施於人。」皆大同小異，則二語爲古之常語可知。又管子小問篇引語曰：「非其所欲，勿施於人，仁也。」亦其證也。羣經室集：孔子惟與顏子、仲弓論南面爲邦之道，此章大賓大祭專指天子而言。周禮凡言大賓客，皆諸侯朝覲之禮。爾雅曰：「禘，大祭也。」可見非朝覲禘祫不得稱大賓大祭，此與夏時、殷輅之例同。劉氏正義：在邦，謂仕於諸侯之邦。在家，謂仕於卿大夫家也。觀下篇子張問士，夫子告以在邦在家可證。包注以在邦指諸侯，在家指卿大夫，失之矣。

【集解】孔曰：「爲仁之道莫尚乎敬。」包曰：「在邦爲諸侯，在家爲卿大夫。」

【唐以前古注】皇疏：恕己及物，則爲仁也。先二事明敬，後一事明恕，恕敬二事乃爲仁也。又引范甯云：大賓，君臣嘉會也。大祭，國祭也。仁者舉動使民事如此也。傳稱臼季言：「出門如賓，承事如祭，仁之則也。」

【集注】敬以持己，恕以及物，則私意無所容而心德全矣。内外無怨，亦以其效言之，使以自考也。

【别解】論語補疏：皇侃以敬恕爲二事，非也。克己復禮，仁也。古志之言也，孔子引以答顔淵。非禮勿視，非禮勿聽，非禮勿言，非禮勿動，孔子所以解克己復禮也。出門如賓，承事如祭，仁之則也。晉臼季之言也，孔子引以答仲弓。己所不欲，勿施於人，在邦無怨，在家無怨，孔子所以解「出門如見大賓，使民如承大祭」也。非禮勿視，非禮勿聽，非禮勿言，非禮勿動，爲克己復禮之目。出門如見大賓，使民如承大祭，爲己所不欲勿施於人之目。非禮勿視，非禮勿聽，非禮勿言，非禮勿動，則出門如見大賓，使民如承大祭矣。在家無怨，仁及乎一家矣。在邦無怨，仁及乎一國矣。天下歸仁，仁及乎天下矣。仁及家國天下，不過己所不欲，勿施於人。故爲人由己而不由人，由己有所欲而推之，則能好天下之所好，由己所不欲而推之，則能惡天下之所惡。人以非禮加己，己所不欲也，即勿視、勿聽、勿言、勿動，勿施於人也。勿施於人即是克己，克己而不以非禮施人，即復禮也。克己復禮，未詳其目，故顏淵請問之。出門如見大賓，使民如承大祭，先已詳其目，而後反復明之，不煩更問。此兩章問仁，互相發明，文亦錯綜入妙。後漢臧洪傳云：「使主人少垂忠恕之情，來者側席，去者克己。」以克己爲忠恕，是克己復禮者，即己所不欲，勿施於人也。

【餘論】四書近指：聖人論仁，俱從應用處操存此心，出門使民以至人己家邦，處處與天下相操。人情物理上透不過，畢竟功夫有漏。六句非一片小心，是一片真心，能行於天下爲仁。

○司馬牛問仁。子曰：「仁者其言也訒。」

【考異】釋文「訒」字作「仞」，下同。

【考證】說文：訒，頓也。從言，刃聲。論語後録：刃頓爲頓，言頓爲訒。其言也訒，言之頓矣。故夫子曰：「君子欲訥於言。」論語古訓：蓋人有所不忍言者，其詞必頓。忍亦從刃聲，義相反而成也。包慎言溫故録：公羊宣八年：「冬十月己丑，葬我小君頃熊，雨，不克葬。庚寅，日中而克葬。」傳：「而者何？難也。乃者何？難也。曷爲或言而，或言乃？乃難乎而也。」注：「孔子曰：『其爲之也難，言之得無訒乎？』皆所以起孝子之情也。」案依何氏意，似訒者謂其辭之委曲煩重，心有所不忍而不能徑遂其情，故言之亦多重難。鄭注云：「訒，不忍言也。」説與何氏同。牛之兄桓魋有寵於宋景公，而爲害於公。牛憂之，情見乎辭，兄弟怡怡，不以義傷恩也。而魋之不共，上則禍國，下致絶族，爲之弟者必須涕泣而道。徐遵明公羊疏申解論語云：「言難言之事，必須訒而言之。」蓋訒而言正所以致其不忍之情，故夫子以爲仁。潘氏集箋：頓，當讀爲利鈍之鈍。頓、鈍古字通。

【集解】孔曰：「訒，難也。牛，宋人，弟子司馬犂。」

按：史記仲尼弟子傳：「司馬耕字子牛。」是牛名耕，不名犂。此注不知何本。

【唐以前古注】釋文引鄭注：訒，不忍言也。皇疏：古者言之不出，恐行之不逮，故仁者必不易出言，故云其言也訒。一云：仁道既深，不得輕說，故言於人仁事必爲難也。又引王弼云：情發於言，志成則言疎，思深則言訒也。又引江熙云：禮記云：「仁之爲器重，其爲道遠。舉者莫能勝也，行者莫能致也。勉於仁者，不亦難乎？」夫易言仁者，不行之者也。行仁然後知勉仁爲難，故不敢輕言也

【集注】司馬牛，孔子弟子，名犂，向魋之弟。訒，忍也，難也。仁者心存而不放，故其言若有所忍而不易發，蓋其德之一端也。夫子以牛多言而躁，故告之以此，使其於此而謹之，則所以爲仁之方，不外是矣。

曰：「其言也訒，斯謂之仁已乎？」子曰：「爲之難，言之得無訒乎？」

【考異】皇本「斯」下有「可」字，「已」下有「矣」字。史記弟子傳：斯可謂之仁乎？纂疏、纂箋俱作「矣乎」。公羊傳宣公八年何休注引孔子曰：其爲之也難，言之得無訒乎？

【集解】孔曰：「行仁難，言仁亦不得不難矣。」

【唐以前古注】皇疏：牛又疑云：「言語之難，便可謂此爲仁乎？」一云：不輕易言於仁事，此便可謂爲仁乎？凡行事不易，則言語豈得妄出而不難乎？又一云：行仁既難，言仁豈得易？

【集注】牛意仁道至大，不但如夫子之所言，故夫子又告之以此。蓋心常存，故事不苟。事不苟，故其言自有不得而易者，非强閉之而不出也。楊氏曰：「觀此及下章再問之語，牛之易其言可知。」

【餘論】黄氏後案：朱子注云「心常存，事不苟」，爲仁之心常存，爲仁之事不苟也。最可怪者，近解襲用孟子求其放心、失其本心及存心之言，混謂精神内斂，此心自存，而遂以瞑目静坐爲存心，爲求放心，以認本來面目爲認本心。異説所由起也。

○司馬牛問君子。子曰：「君子不憂不懼。」曰：「不憂不懼，斯謂之君子已乎？」子曰：「内省不疚，夫何憂何懼？」

【考異】皇本作「斯可謂君子已乎」。七經考文：足利本作「斯可謂之君子已乎」，集注本或作「矣乎」。史記弟子傳作「斯可謂之君子乎」。天文本論語校勘記：古本、唐本、津藩本、正平本作「斯可謂君子已乎」，足利本「謂」下有「之」字。

【集解】孔曰：「牛兄桓魋將爲亂。牛自宋來學，常憂懼，故孔子解之。」包曰：「疚，病也。自省無罪惡，無可憂懼。」

【集注】向魋作亂，牛常憂懼，故夫子告之以此。牛之再問，猶前章之意，故復告之以此。疚，病也。言由其平日所爲無愧於心，故能内省不疚，而自無憂懼，未可遽以爲易而忽之也。

【餘論】論語意原：夫子之言雖爲牛設，然不憂，仁也；不懼，勇也。仁且勇，雖死生之變，怡然處之，非君子而何？劉氏正義：不憂不懼，即「仁者不憂，勇者不懼」之義。注謂牛憂懼，夫子以不憂不懼解之。夫桓魋謀亂，有覆宗絶世之禍，牛爲之弟，豈得漠然無動於心？孟子謂：「越人關弓射我，我談笑而道之。其兄關弓而射我，則己垂涕泣而道之。」如此乃爲親親，乃爲仁。今牛因兄爲亂，常致憂懼，乃人倫之變，人情之所萬不能已者。而夫子解以不憂不懼，是教牛以待越人者待兄也。悖義傷教，遠失此經之旨。云「自宋來學」者，據桓魋未作亂，司馬牛來學於夫子時也。

按：劉氏之説非也。不憂不懼，即孟子所謂不動心。蓋待兄關切是一事，不動心又是一事，各不相蒙。内典以憂即煩惱，爲惡心所之一，無論何時，均不應有。蓋樂雖未必爲善，而憂則無不爲惡者，孔子所以言「君子坦蕩蕩，小人長戚戚」也。

論語稽：君子之不憂懼，所謂坦蕩蕩也。然如北宫黝、孟施舍之徒，秉天地剛强之氣，白刃可蹈，衽金革死而不厭，亦近似之。故司馬牛以爲疑。夫子言内省不疚，與孟子之言「集義所生」者同。

【發明】四書近指：憂從中來，懼自外至，總之皆因有疚。即彊爲鎮定，而神不恬，氣先靡矣。内省不疚者，中庸之無惡也，大學之自慊也，此是聖學。松陽講義：君子所以異於人者，以其心常泰然。世間可憂可懼之事最多，而不能以累君子之心。處平常之時，有得失之可憂懼也，君子則得失當前，不憂不懼。處變故之時，有利害之可憂懼也，君子則利害當前，不憂不懼。或以不憂懼而聽天下之紛紜，或更以不憂懼而消天下之禍變，故恒人終身擾擾於憂懼中者，君子止見其坦蕩蕩而已。君子這箇地位豈是可容易到得的？此夫子知牛在憂患中，而示以處憂患之道。雖未指其事而言之，而其教之也至矣。「内省不疚」一語，意味深長。朱子以「平日所爲無媿於心」補夫子言外之意。又當思平日所爲何以能無媿於心，必也如顔子之克己，孟子之集義，真積力久，一私不存，事事合義，其庶幾乎。想此時司馬牛事勢已危急，然祇是自反，事事從天理上行，尚可救得。即不然，亦於心無媿。若爲憂懼所擾，不但累心，勢必立脚不住，病痛不可言矣。古人處事變祇有此一條路，並無別法。淮海近語：中庸「君子戒謹恐懼」，此曰「不憂不懼」何也？惟戒謹恐懼，所以不憂不懼。戒謹恐懼便是内省不疚實功。反身録：余生平多疚，初冥然莫知自省，終日意氣自若，自謂無憂無慮。後稍知所向，每一内省，輒愳汗無以自容，時憂時懼，食息不寧，夢魂之間，未嘗不㦛然如有所失，甚矣無憂無懼之難也。省之不蚤，以至於此，噬臍何及！願我同仁，鑒我覆車，及早内省，淬厲身心，不至有疚，夫何憂何懼。

〇司馬牛憂曰：「人皆有兄弟，我獨亡。」

【考證】論語偶記：牛之兄弟不獨向魋。左氏哀十四年傳：「宋景公將討桓魋。司馬子仲曰：

『不得左師不可。』」注：「左師，向魋兄向巢也。」又「子頎騁而告桓司馬。」注：「頎，桓魋弟。」又「司馬欲入，子車止之。」注：「車亦魋弟。」又「司馬牛致其邑與珪焉而適齊。」注：「牛，桓魋弟也。」據此，則向巢諸人並是牛之兄弟。觀傳記左師每食擊鐘，汰侈可見。迨受命伐魋不克，遂欲質大夫以入，而卒入曹與魋合，子頎、子車蚤與魋爲黨，一族之中，戾氣幾徧，惟牛淒然孤立。牛獨亡兄弟之憂，似發於向巢、向魋出奔之後。蓋魋等叛迹未彰，牛亦未能不以之爲兄弟，隱憂雖深，何能舉以告人？即子夏慰解之辭，斷不當其兄弟無故之日，而反泛引四海皆兄弟之語以相曉。因悟夫子卒於向魋作亂之後二年，「商聞之矣」之言，亦是夫子没後語，如檀弓「曾子曰聞之矣」之類。黄氏後案：依舊説，是豫憂兄弟之不可依託，將有禍也。式三謂左傳哀公十四年載司馬牛之適齊適吳，至魯而卒，是總記其數年之事。司馬牛言此，是魋、巢等或奔或死，而身棲於異國之時耳，觀下子夏之言可知。

【集解】鄭曰：「牛兄桓魋行惡，死亡無日，我爲無兄弟也。」

【唐以前古注】皇疏：爲其兄桓魋有罪，故己恒憂也，所以孔子前答云君子不憂也，此所憂之事也。亡，無也。牛兄行惡，必致殘滅，不旦則夕，即今雖暫在，與無何異，故云我獨亡也。

【集注】牛有兄弟而云然者，憂其爲亂而將死也。

**子夏曰：「商聞之矣：死生有命，富貴在天。君子敬而無失，與人恭而有禮。四海之内，皆兄弟也。君子何患乎無兄弟也？」**

【考異】文選運命論注引無「矣」字。論衡命禄篇、辨祟篇皆引孔子曰：「死生有命，富貴在天。」又問孔篇説「天厭之」及「賜不受命」，亦皆引二句爲孔子語。鹽鐵論和親章引作「皆爲兄弟也」，下接以「内省不疚」二語。皇本「皆」下有「爲」字。文選蘇子卿古詩註引論語有「爲」字，無「也」字。天文本論語校勘記：古本、足利本、唐本、津藩本、正平本「皆」下有「爲」字。

【音讀】羣經平議：「失」當讀爲「佚」。周官大宗伯鄭注「以防其淫失」，釋文曰：「『失』，本作『佚』。」莊子徐無鬼篇「若卹若失」，釋文曰：「『失』，司馬本作『佚』。」是「失」與「佚」通，言君子敬而無敢佚樂也。「敬而無佚」與「恭而有禮」對文，無佚申言敬，有禮申言恭也。若過失則敬與恭皆不可有，不得專屬之敬矣。程子遺書：或問：人有以「君子敬而無失與人」爲一句，是否？伊川曰：「不可。」

【考證】大戴禮曾子制言上：曾子門弟子或將之晉，曰：「吾無知焉。」曾子曰：「何必然？往矣。有知焉謂之友，無知焉謂之主。且夫君子執仁立志，先行後言。千里之外，皆爲兄弟。苟是之不爲，則雖汝親，庸孰能親汝乎？」説苑雜言篇：夫子曰：「敏其行，修其禮，千里之外，親如兄弟。若行不敏，禮不合，對門不通矣。」羣經識小：魋奔齊，牛復適吴。吴人惡之而反，趙簡子召之，陳成子亦召之，因過魯而卒於魯郭門之外，此憂想當其時。故死生富貴，子夏以解其意，未幾而卒，則或以憂而死矣。四書典故辨正：牛以無兄弟爲憂，而子夏語以

「四海之内皆兄弟」者，欲其之他國以避禍也。魋嘗欲弑宋公，殺孔子，凶惡素著，滅亡無日矣。爲之弟者，諫之不從，去之不能，惟有見幾而作，不與其亂焉可耳。但牛本宋公族，爵禄有列於朝，決然舍去，人情所難。故子夏不便顯言而微辭以諭之曰「死生有命，富貴在天」，是破其繫戀之私。曰「敬而無失，恭而有禮」，則示以涉世之道。曰「四海之内皆兄弟」，若謂天壤甚大，唯吾所之，何必懷此都也。牛不能從，至禍亂既作，而後出奔，匆匆不暇擇國，卒至安身無地，客死道途，豈非其自致哉！　戴望論語注：牛以魋故，喪其世禄，出奔他國，故稱天言命以寬牛之憂。明有命當順受其正，在天，非人所能爲。

【集解】包曰：「君子疏惡而友賢，九州之人皆可以禮親也。」

【唐以前古注】皇疏引繆播云：死生者，所稟之性分。富貴者，所遇之通塞。人能令善之以福，不能令所稟異分，分不可易，命也。能修道以待賈，不能遭時必泰，泰不可必，天也。天之爲言，自然之勢運，不爲主人之貴賤也。

【集注】蓋聞之夫子。命稟於有生之初，非今所能移；天莫之爲而爲，非我所能必，但當順受而已。既安於命，又當修其在己者，故又言苟能持己以敬而不間斷，接人以恭而有節文，則天下之人皆愛敬之如兄弟矣。蓋子夏欲以寬牛之憂，故爲是不得已之辭，讀者不以辭害意可也。胡氏曰：「子夏四海皆兄弟之言，特以廣司馬牛之意，意圓而語滯者也，唯聖人則無此病矣。且子夏知此，而以哭子喪明，則以蔽於愛而昧於理，是以不能踐其言爾。」

【餘論】四書辨疑：兄弟同本連枝，天倫至親，無他人相混之理。然既以其言爲有病矣，而又譏其不能踐其言，必使子夏絶父子之情，而以寬牛之言自寬曰：「四海之内皆父子也。君子何患乎無父子？」以此自處，然後爲能踐其言也？比之前病，不又甚歟？　潛研堂文集：宋儒説論語者，於諸弟子之言，往往有意貶抑。然細紬繹此文，自「死生有命」至「四海之内皆兄弟也」，皆子夏述所聞之言，初無一語自造。蓋牛以無兄弟爲憂，故以「四海皆兄弟」之文爲證，乃以「何患無兄弟」足成之。若但云「死生有命，富貴在天」，則與無兄弟之憂何與焉？孔子曰：「大道之行，不獨親其親，不獨子其子。」又曰：「聖人能以天下爲一家。」横渠張氏西銘云「民吾同胞」，即四海皆兄弟之説也。子夏所聞，即孔子之緒論，又何語病之有？　四書改錯：四書集注補曰：「夫子曰：『效其行，修其禮，千里之外，親如兄弟。』」子夏之言正出自夫子。而謂意圓而語滯，且謂聖人無此病，已瞎詬矣，乃猶憎其蔽於愛而昧於理。夫宋人動輒言理，吾不知夫子千里兄弟之言果蔽愛昧理與否。但就經論經，祇解牛憂，不得又牽他日喪明之事以并責之。朱子自云：「讀書且就本文看，不必又生枝節。」又云：「龜山解經常有牽纏的病，如解苗而不秀，就牽引揠苗。其於本文無所發明，却又去生此議論。」又門人問「惟恐有聞」，因舉子路數事以明之。朱氏便云：「今只當就子路有聞上考究，不須如此牽二三説。若牽二三説，不知尊意要從此處學子路，還只要求子路不是處。」其言之淩厲如此。今但論四海兄弟，而忽及喪明，是曲求子夏不是也，是不考究本文也，是枝節也。吾不意責人蔽愛而自坐蔽愛又如此。　論語集注補正述疏：史記稱子夏爲魏文侯師，是自春秋時而戰國也。其年當百有數十焉，其爲師時必非喪明也。如其衰老喪明，安必以哭子故乎？曾子之年未聞踰百也，豈逮子夏喪明之年而罪之乎？且子夏爲喪服傳，論語稱其問孝，則深於禮而必哀者也。而檀弓云：「曾子怒曰：『商！女何無罪也？』」乃云：「喪爾親，使民未有聞焉。喪爾子，喪爾明。」蓋怒而呼其名而罪之也。執喪豈因使人有聞乎？皆檀弓傳聞之失也，論衡禍虚篇固疑之矣。論語集注述要：四海皆兄弟，原有此理。張子西銘曰：「民吾同胞物吾與。」曰：「凡天下疲癃殘疾惸寡孤獨，皆吾兄弟之顛連而無告者。」豈非廣兄弟之義於天下？子夏非有兼愛之意，何以有疾？論語所録諸子之言，原皆擇其精者，未可以一出諸子，即刻意求病也。

按：玩此節語氣，自「死生有命」至「皆兄弟也」皆孔子語，惟「君子何患乎」一句乃子夏語。胡氏句讀之不知，敢於輕議前賢，可謂妄已。是書力矯前人攻朱之習，然貶抑聖門之罪亦決不輕恕。故列舉先儒之説，並糾其誤謬如右。

【發明】潘氏集箋：論衡命義篇引此云：「不曰『死生在天，富貴有命』者何則？死生者以性爲主，無象在天。禀得堅强之性，則氣渥厚而體堅强，堅强則壽命長，壽命長則不夭死。禀性軟弱者，氣少泊而性羸窳，羸窳則壽命短，短則蚤死。故言有命，命則性也。至於富貴所禀，猶性所禀之氣，得衆星之精。衆星在天，天有其象，得富貴象則富貴，得貧賤象則貧賤，故曰在天。在天如何？天有百官，有衆星，天施氣而衆星布精，天所施氣，衆星之氣在其中矣。人禀氣而生，含氣而長，得貴則貴，得賤則賤。貴或秩有高下，富或貲有多少，皆星位尊卑小大之所授也。」

○子張問明。子曰：「浸潤之譖，膚受之愬，不行焉，可謂明也已矣。浸潤之譖，膚受之愬，不行焉，可謂遠也已矣。」

【考異】漢書五行志引文「愬」字作「訴」。後漢書儒林傳注引論語亦作「訴」。漢書五行志、王尊傳、晉書五行志俱引作「可謂明矣」。

【考證】周書謚法解：「譖訴不行曰明。」漢書五行志注：師古曰：「膚受，謂初入皮膚以至骨髓也。」文選東京賦「末學膚受」，注：「末學，謂不經根本。膚受，謂皮膚之不經於心匈。」劉氏正義：説文「濅」本水名，此作「浸」即「濅」之省。廣雅釋詁：「濅，漬也。濅，積也。潤，益也，漬也。」漢書高五王傳「事浸淫聞於上」，顔師古注：「浸淫，猶言漸染也。」此言譖者徐徐用言來説己，如水漸漬，久之生潤濕，令人常不覺也。「皮膚外語非其内實」者，説文：「臚，皮也。膚，籀文臚。」釋名釋形體：「膚，布也，布在表也。」愬者本無情實，而徒爲皮膚外語，故曰膚受。以其在外所受，非内實如此。文選東京賦「末學膚受」，注：「膚受，謂皮傅之不經於心匈。」即馬義也。

【集解】鄭曰：「譖人之言，如水之浸潤，漸以成之。」馬曰：「膚受之愬，皮膚外語，非其内實也。無此二者，非但爲明，其德行高遠，人莫能及。」

【唐以前古注】後漢戴憑傳注引鄭注：膚受之愬，謂受人之訴辭皮膚之，不深知其情核也。

按：論語古訓：「此與馬説小異，似是鄭注。穀梁傳敍云『膚淺末學』。漢書五行志云『膚受之訴』，師古曰：『膚受，謂初入皮膚以至骨髓也。』後漢張衡傳云『後人皮傅』，注：『傅音附。方言：「秦、晉之言，非其事謂之皮傅。」謂不深得其情核，皮膚强相傅會也。』文選東京賦云『末學膚受』，注：『末學，謂不經根本。膚受，謂皮膚之不經于心匈。』皆與此合。」劉寶楠云：「皇疏亦謂馬此注與鄭不類，而未引鄭注之文。今戴憑傳注以受爲聽者所受。後漢張法滕馮度楊傳論『膚受之言互及』，李賢注：『謂彼皮膚之言而受之，不知其情核者也。』正戴憑傳注所引論語注之義。此與馬注膚受爲喻言不同，故皇氏、陳氏皆各辨之。然聽者既以受之，奚有不行之明？終是馬義勝也。」

皇疏引孫綽云：問明而及遠者，其有高旨乎？夫賴明察以勝讒，猶火發滅之以水，雖消災有方，亦已殆矣。若遠而絶之，則佞根元拔，鑑巧無跡，而遠體默全。故知二辭雖同，而後喻彌深。微顯之義，其在兹乎？　又引顔延之云：譖愬不行，雖由於明，明見之深，乃出於體遠。體遠不對於情僞，故功歸於明見。斥言其功故曰明，極言其本故曰遠也。

【集注】浸潤，如水之浸灌滋潤漸漬而不驟也。譖，毁人之行也。膚受，謂肌膚所受，利害切身，如易所謂「剥牀以膚」，切近災者也。愬，愬己之冤也。毁人者漸漬而不驟，則聽者不覺其入而信之深矣。愬冤者急迫而切身，則聽者不及致詳而發之暴矣。二者難察，而能察之，則可見其心之明而不蔽於近矣。此亦必因子張之失而告之，故其辭繁而不殺，以致丁寧之意云。

【餘論】論語意原：形容小人之形狀，無若聖人之言。凡譖愬者，使其正言之，人人皆識之矣。惟如水之浸潤不暴而易深，膚之受垢無形而易入，於此不行焉，可謂明矣。明不足言也，可謂遠矣。害正殖邪，召禍産亂，皆譖愬者之爲也。消之於未萌，折之於方來，非遠而何？　黄氏後案：前漢書屢引「膚受之愬」，顔氏於五行志注云：「膚受，謂初入皮膚以至骨髓也。」顔氏訓受爲入，以狀其愬之深，謂肌膚深入，語之刺骨者也。皇氏疏云：「膚者，人肉皮上之薄皬也。拙相訴者，亦易覺也。若巧相訴者，亦日日積漸稍進，如人膚皮之受塵垢，當時不覺，久久方覩不净。」皇氏疏既駁馬注與鄭君不類，此説或本鄭君。韓子文集送齊曎下第序，孫注曰：「膚受者，如膚受塵垢，久之乃見。」意與皇合，又一説也。經既言明，又言遠，知言徹任善事，明自遠也。　論語稽：子張才高意廣，好爲苟難，其以明問，已有無遠不燭之意。然讒惑之禍，其所蔽者正在近不及防之地，苟能不蔽於近，則遠者自不能蔽矣。兩曰不行，正除蔽之要旨也。

按：集注以遠即指明之遠而言，古注則明是明，遠是遠。考皇疏所引孫焯、顔延之之説，均與集注合，兹從集注。

【發明】松陽講義：此章與子張論明，謂衹在人情物理上能精細便是明，便是明之遠，不必遠求。大抵好高之人，往往窮極於天地古今之遠，而失之於人情物理之近，自以爲明，其暗已甚。不知明者是非邪正不惑而已，而是非邪正之淆於譖愬者最多，二者行，天下日以多事，究竟非二者之過，而使之行者之過。我胸中未有主張，故投之而易入，激之而易動。果能養得定見得透，是非邪正，洞然於我心，彼二者之術雖工，自無間而可入，無隙而可乘，此所謂不逆詐、不億不信、而先覺者也。若於此看不破立不定，任其顛倒，縱使明乎天地之理，達於古今之故，非徒無益，而我之才識皆爲彼之所用。才愈高，識愈多，爲病愈甚。不可謂明，何論遠乎？劉氏正義：漢書劉向傳：「讒邪之所以並進者，由上多疑心。既已用賢人而行善政，如或譖之，則賢人退而善政還。夫執狐疑之心者，來讒賊之口。持不斷之意者，開羣枉之門。讒邪進則衆賢退，羣枉盛則正士消。」由向此言觀之，凡人君信譖愬之言，皆由君心多疑所致。多疑即是不明也。荀子致士篇：「衡聽、顯幽、重明、退奸、進良之術，朋黨比周之譽，君子不聽；殘賊加累之譖，君子不用；隱忌雍蔽之人，君子不近；貨財禽犢之請，君子不許。凡流言、流説、流事、流謀、流譽、流愬，不官而衡至者，君子慎之。」是衡聽顯幽，乃絶譖愬之萌。漢書梅福傳：「博覽兼聽，謀及疏賤。令深者不隱，遠者不塞，所謂辟四門、明四目也。如此則讒賊奚由而至？即有一二宵小妄施譖愬，而人君知人之明，終不可欺掩之也。」

○子貢問政。子曰：「足食，足兵，民信之矣。」

【考異】高麗本「民信」上有「使」字。皇本「民信」上有「令」字。天文本論語校勘記：足利本、唐本、正平本「民信」上有「使」字，古本「使」作「令」。

【考證】日知録：古之言兵，謂五兵也。故曰「天生五材，誰能去兵」。世本：「蚩尤以金作兵，一弓、二殳、三矛、四戈、五戟。」周禮司右「五兵」，注引司馬法曰「弓矢圍，殳矛守，戈戟助」是也。

「詰爾戎兵」，詰此兵。「踊躍用兵」，用此兵。「無以鑄兵」，鑄此兵也。秦、漢以下始謂執兵之人爲兵，如信陵君得選兵八萬人，項羽將諸侯之兵三十餘萬，見於太史公之書，而五經無此語也。四書釋地三續：日知録謂古人言兵皆指器，余證以四書，知足兵去兵及孟子所言兵果皆器也。

按：古者兵出於農，上地可任者家三人，中地可任者二家五人，成數具存，何以去得？去兵是去民也。故邢疏以凶器釋兵，而顧氏亦以兵爲五兵也。趙佑温故録：「莊八年公羊書『祠兵』，注：『殺牲饗士卒。』隱四年左傳：『諸侯之師敗鄭徒兵。』尤步卒稱兵之明文，則足兵還當兼人與器也。」恐非。

【集注】言倉廩實而武備修，然後教化行而民信於我，不離叛也。

子貢曰：「必不得已而去，於斯三者何先？」曰：「去兵。」

【音讀】釋文：一讀「而去於斯」爲絶句。黄氏後案：「必不得已」句略逗，「而去於斯三者」連讀爲一句。經讀考異：近讀從「去」字絶句。據釋文云：「一讀『而去於斯』爲絶句。」則「三者何先」另爲一句。子貢所問「有美玉於斯」，即如此例。

【考證】黄氏後案：孟子言：「制梃可以撻秦、楚之堅甲利兵。」賈子言：「鉏耰棘矜不敵於鉤戟長鎩，而斬木爲兵，揭竿爲旗，陳涉以此敵强秦之勢。」今有爲政者於此，糧可供給，民無叛志，豈以矢亡兵盡爲不足守乎？故夫子之言不得已而去兵，猶可守也。

【集注】言食足而信孚，則無兵而守固矣。

子貢曰：「必不得已而去，於斯二者何先？」曰：「去食。自古皆有死，民無信不立。」

【考異】皇本無「子貢」二字，「無信」作「不信」。風俗通義正失篇引作「古皆没」。吕氏春秋季秋紀注引作「非信不立」。

【考證】周書于謹傳：古人云：「去食去兵，信不可失。」四書賸言：子貢所問，原是問政，故夫子以政答之。即足兵一政，其平時行政時早立一足之之法，如司徒諸職，凡族師遂人各校夫家之衆寡可任役者，而丘甸諸長則又簡井邑之車乘牛馬可供賦者；及有事，而司徒征徒庶以旗致萬民，小司徒即會萬民之卒伍以赴軍旅；其閒鄉師以下，各帥其夫役，簡其兵器，治其馬牛車輦，以受法於司馬；即天官宫伯各官各守者，亦且作宫衆以佐戎行。此兵政也，此無時不足者也。乃一旦有荒札之事，則當行荒政。又或有軍旅之事，則當行軍政。此皆不得已也。然而遇荒政則急食，遇軍政則急兵，其宜足宜去，又不必問所先也。乃萬一凶而又荒，如中庸所云「菑害並至」，子路所云「加之以師旅，因之以饑饉」者，則在荒札時固當大弛力征，凡虞衡場圃皆不興地守地職諸役。即使强敵在境，惟移民通財，庶冀補救。故食政不去，而至於族師起徒，遂人較役，丘甸治車輦牛馬，凡會司徒而致司馬者，皆一概屏去。蓋食不足以養衆，則析骸易子，聚益多累，反不若因民以守，所稱相保相比者之足以自固，故曰去兵。此去兵之政，而未嘗於兵有去留也，兵不可去也。又非曰使不足便是去也，兵無不足時也。嘗推其實政，知夫子此言正老實經濟，非虚誣者。考古制軍法，天子六軍，其所征之數祇不過七萬五千人。而王畿千里，實有五百十萬餘家。以一家三口約計之，其爲民而不爲兵者約數百倍於爲兵之數。則民果能信，是以一千五百數十萬之民而去此七萬五千之兵，何不可也？若去食，則并荒政之薄征亦去之，此易曉者耳。黄氏後案：子貢以食信二者必不得兼，直是困守孤城，糧食已絶，以創殘餓羸之民，别無補苴經營之術，欲全活民生，計惟率衆降敵，不則將死鼓，馭死轡，百吏死職，士大夫死行列，俾斯民亦共安於義命所當然，庶於上下相孚之心可謂不負，夫子故示之以守信而死也。或疑一死報國，與民共盡，其信終歸無益，曷若保全生靈，如魏咎之約衆降敵而自殺乎？曰信義不敢負，所益大矣。有益於將亡者，張巡、許遠守睢陽而死節，韓子謂其以一城捍天下，以千百就盡之卒，戰百萬日滋之師，蔽遮江、淮，沮遏其勢，天下賴以不亡也。有益於既亡後者，如王蠋以布衣盡節，而齊立襄王，鼓勵忠勇之氣，國轉亡而爲存也。有益在萬世者，身與民共守其信，綱常賴以不墜也。

【集解】孔曰：「死者古今常道，人皆有之，治邦不可失信。」

【唐以前古注】皇疏：子貢又諮云：「已奉知治國必須食兵信三事，若假令被逼，必使除三事之一而辭不得止，則三事先去何者耶？」答曰：「兵比二者爲劣，若事不獲，則先可去兵也。」子貢又問：「雖餘食信二事，若假令又被逼使去二事之一，則先去何者也？」孔子又答云：「若復被逼去二中之一，則先去食。」孔子既答云去食，又恐子貢致嫌，故更此爲解之也，言：「人若不食，乃必致死。雖然，自古迄今，雖復食亦未有一人不死者，是食與不食俱是有死也。而自古迄今，未有一國無信而國安立者。今推其二事，有死自古而有，無信國立自古而無，今寧從其有者，故我云去食也。」又引李充云：朝聞道夕死，孔子之所貴。捨生取義，孟軻之所尚。自古有不亡之道，而無有不死之人，故有殺身非喪己，苟存非不亡己也。

【集注】民無食必死，然死者人之所必不免，無信則雖生而無以自立，不若死之爲安。故寧死而不失信於民，使民亦寧死而不失信於我也。

【餘論】四書釋地：陳幾亭謂由也果，於天下事無一不喜其大全，故問君子則以爲未盡於修己，問政則以爲未盡於先勞。賜也達，於天下事無一不思其究竟，故問士則必窮其次，問政則必窮其所去。似子貢之志卑矣，然實不卑。四書辨疑：一章中兩「信」字本是一意，注文解「民信之矣」則云「民信於我」，此以信爲國家之信也。解「民無信不立」則云「民無食必死，然死者人之所不免，無信則雖生而無以自立」，此却説信爲民之信，立亦民之自立也。又曰「寧死而不失信於民，使民亦寧死而不失信於我」，前一句信在國，後一句信在民。後又分人情民德二説。云「以人情而言，則兵食足而後吾之信可以孚於民」，此説信亦在國也。繼云「以民德而言，則信本人之所固有，非兵食所得而先」，此説信又在民矣。不惟信字交互無定，而兵食與信先後之説自亦不一，聖人本旨，果安在哉？王滹南曰：「民信之者，爲民所信也。民無信者，不爲民信也。

爲政至於不爲民信，則號令日輕，紀綱日弛，賞不足以勸，罰不足以懲，委靡頽墮，每事不立矣。故寧去食，不可失信。」此説二信字皆爲國家之信，立亦國事之立也，文直理明，無可疑矣。

李光地論語劄記：古者兵寓於民，非如後世别有兵之目也。然則所謂去兵者，馬牛車甲器械之不備，戰陣之未講焉爾。如新造之邦，凶荒之歲，所急在生聚儲蓄安集勞來，何暇於厲戎講武，此不得已而去兵之説也。去食與無食不同，如傳載「易子析骸」，是窘於不得食耳，非去之也。去之者，若遇凶災，則損經用薄禄廩，而不一毫多取於民之類，此不得已而去食之説也。自古皆有死，是説到義理盡處，言極去食之禍不過至於死耳。雖死，信猶不可棄也，況未必至於死乎？

【發明】反身録：人心一失，餘何足恃，雖有粟，烏得而食諸？兵雖多，適足以階亂。隋洛口倉、唐瓊林庫，財貨充盈，米積如山，戰將林立，甲騎雲屯，不免國亡家破者，人心不屬故也。善爲政者，尚念之哉！　又曰：自古皆有死，乃貪生怕死之徒，往往臨難苟免，雖偷生得幾日，生則抱慚氣短，究竟終歸於死，死則遺臭無窮，何如死孝、死忠、死節、死義，死而無愧，照耀千古之爲得耶？等死耳，而死有重於泰山，有輕於鴻毛者此也。

松陽講義：學者讀這章書，要知聖賢立身行政，只是一箇正其誼不謀其利，明其道不計其功。平居籌畫兵食，原都是道義作用，到生死關頭，亦決不肯離道義而談兵食。程子所謂「餓死事小，失節事大」，就是這箇意思。今人遇小利害，輒思苟且，看聖人此等議論，豈不愧死。

論語傳注：如韓信驅市人以戰，非素拊循士卒，是謂去兵。時勢窮促，食信不可並得，如張巡枵腹致死，而守睢陽，是謂去食。蓋食足信乎，雖空拳持梃，可使撻堅；君民一心，雖羅雀掘鼠，可與圖存。如其無信，則子棄其父，臣背其君，喪無日矣，何立之有？

○棘子成曰：「君子質而已矣，何以文爲？」

【考異】皇本「成」作「城」。七經考文：一本「文爲」作「爲文」。天文本論語校勘記：古本、足利本、唐本、津藩本、正平本「成」作「城」。

【考證】潘氏集箋：漢書古今人表、蜀志秦宓傳作「革子成」。論語後録、羣經義證、拜經日記並據詩「匪棘其欲」，禮記引作「匪革其猶」，謂棘、革古通。拜經日記又謂：「古論語作『棘』，今論語作『革』，即毛詩爲古文，禮記爲今文可證。」史記索隱「高祖功臣侯者棘朱」，漢表作「革朱」，革音棘，棘姓蓋子成之後也。太史公親見孔氏古文有棘子成，故年表定從「棘」字。至孟堅時魯論盛行，故隨之作「革」，所據各異也。漢人蓋讀棘如革，又鄧名世姓氏辨證書云：「春秋齊、楚皆有棘，齊邑在西安縣東戟里亭，楚邑在譙縣東北棘亭。」然則子成之先必齊或楚人仕衛者。過庭録曰：「鹽鐵論相刺篇云：『紂之時，内有微、箕二子，外有膠鬲、棘子。』按『棘』與『鬲』通。史記楚世家『三翮六翼』，墨子耕柱篇作『三棘六異』，蓋膠鬲亦稱棘子，故其後以棘子爲氏。膠鬲仕殷，衛是殷都，故子孫在衛也。方輿紀要：『棘亭在歸德府永城縣西南，故酇縣東北。』或是子成采邑。」劉氏正義：列子湯問篇：「殷湯問於夏革。」莊子逍遥游「湯之問棘也」，莊子釋文引李云：「湯時賢人。」又云：「是棘子。」鹽鐵論相刺篇：「紂之時，内有微、箕二子，外有膠鬲、棘子。」疑棘子本殷人，衛居殷都，棘子成即棘子後也。知爲大夫者，以子夏云夫子，當時稱大夫皆爲夫子也。

【集解】鄭曰：「舊説云：棘子成，衛大夫。」

【集注】棘子成，衛大夫。疾時人文勝，故爲此言。

【餘論】經傳釋詞：以，用也。爲，語助辭。下篇「雖多，亦奚以爲」，「何以伐爲」，「無以爲也」，訓義並同。

子貢曰：「惜乎夫子之説君子也。駟不及舌。

【音讀】語類：問：「『惜乎』九字古注衹作一句説，先生作兩句説，如何？」曰：「若作一句説，則『惜乎』二字無着落。」

黄氏日鈔：注謂棘子成之言乃君子之意。竊案上文棘子成曰「君子質而已矣」，故子貢惜其説君子有未是，恐其所言非別有君子之意也。　經讀考異：此凡兩讀，集注言子成之言乃君子之意，是以「説」字斷句。張惟適曰：「『惜乎夫子之説君子也』二句，十三字作一氣讀。君子即上文君子，説字即指上二句，謂其論君子專主質，不合文質不可相無道理，總是惜其失言，無兩層意。」（引見四書釋地）是又以「君子也」屬上作一句讀。　四書辨證：張惟適曰：「『惜乎夫子之説君子也』十三字作一氣讀，君子即上文君子，説即指上二句，謂其論君子專主質，不合文質不能相無道理，總是惜其失言，無兩層意。」

按：皇疏：「夫子，謂呼子成爲夫子，言汝所説君子，用質不用文，爲過失之甚。」所謂君子，即上文之君子。是舊説如是，應九字作一句讀，集注失之。

【考證】鄧析子轉辭篇云：一聲而非，駟馬難追。一言而急，駟馬不及。潘氏集箋：左定九年傳：「鄭駟歂殺鄧析而用其竹刑。」則鄧析在子貢之前。今子貢之言，辭意略同，疑古有此語。

【集解】鄭曰：「惜乎夫子之説君子也。過言一出，駟馬追之不及。」

【唐以前古注】皇疏：子貢聞子城之言而譏之也。夫子，謂呼子城爲夫子也。言汝所説君子，用質不用文，爲過失之甚。故云「惜乎夫子説君子」，此所惜之事也。駟，四馬也。古用四馬共牽一車，故呼四馬爲駟也。人生過言一出口，則雖四馬駿足追之，亦所不及。

【集注】言子成之言，乃君子之意。然言出於舌，則駟馬不能追之，又惜其失言也。

【餘論】四書辨疑：注文本謂棘子成疾時人文勝，故以君子之意稱之，此可謂不察人之瞋喜也。「君子質而已矣，何以文爲」，正與史弘肇所謂「安用毛錐子」語意無異，故對子貢發如此之言，非疾時人文勝，乃是疾孔子所教子貢之徒文勝也。子貢正謂妄意譏毀聖人之教，故傷歎而警之也。惜乎乃傷歎之辭。説，猶論也。蓋言可惜乎子之所以論君子也，此言既出，駟馬不能追及其舌而返之也。此與「一言以爲知，一言以爲不知」之意同。蓋所以深警其非，未嘗稱有君子之意也。

按：陳氏以子成之言乃譏孔子，可謂發前人未發，其論確不可易。

文猶質也，質猶文也。虎豹之鞹猶犬羊之鞹。」

【考異】皇本「鞟」字作「鞹」，「犬羊之鞹」下有「也」字。　説文解字引論語「虎豹之鞹」。　太平御覽引此節文，上題「子曰」二字。　翟氏考異：法言修身篇：「犂牛之鞹與玄騂之鞹，有以異乎？」小變論語之文，亦不省「邑」作「鞹」。

【考證】潘氏集箋：易革九五象辭云：「大人虎變，其文炳也。」上六象辭云：「君子豹變，其文蔚也。」是虎豹之皮，本皆有文者也。「鞟」，説文作「鞹」，云：「去毛皮也。論語：『虎豹之鞹。』从革，郭聲。」陳鱣曰：「今作鞟，俗省。」詩載驅正義引説文云：「鞟，革也。」與今本説文不同，鄭此注合，疑唐時説文有此異本。然按説文「革」訓云：「獸皮治去其毛曰革。」則文不同而義同也。韓詩外傳四：「南苗異獸之鞟猶犬羊也。」作「鞟」。　論語後録：夫子曰：「質勝文則野，文勝質則史。文質彬彬，然後君子。」子貢之言，蓋出於此。

按：「鞹」，邢本作「鞟」，今从皇本作「鞹」，與説文合也。

【集解】孔曰：「皮去毛曰鞹。虎豹與犬羊別者，正以毛文異耳。今使文質同者，何以別虎豹於犬羊耶？」

【唐以前古注】釋文引鄭注：鞟，革也。　皇疏：更爲子城解汝所説君子用質不用文所以可惜之理也。將欲解之，故此先述其意也。言汝意云文猶質，質猶文，故曰「何用文爲」者耳。述子城意竟，故此又譬之不可也。鞹者，皮去毛之稱也。虎豹所以貴於犬羊者，政以毛文炳蔚爲異耳。若今取虎豹及犬羊皮，俱滅其毛，唯餘皮在，則誰復識其貴賤，别於虎豹與犬羊乎？譬於君子，所以貴者，政以文華爲别，今遂若使質而不文，則何以别於君子與衆人乎？

【集注】鞟，皮去毛者也。言文質等耳，不可相無，若必盡去其文而獨存其質，則君子小人無以辨矣。夫棘子成矯當時之弊，又無本末輕重之差，胥失之矣。

【餘論】四書辨疑：單讀此注，辭與義皆通，然與經文不能相合。若以猶爲須，文須質也，質須文也，此之謂不可相無，而猶字未嘗訓須也。所謂「若必盡去其文而獨存其質」者，此亦經中所無。正爲經文無此一節，所以不能通也。此段疑有闕誤，不可强説。四書改錯：此貶抑聖門之尤無理者。禮凡言文質，只是質朴與文飾兩相對待之辭，並無曰質是本、文是末者。自楊氏誤解質文，引禮器以「甘受和，白受采，忠信之人可以學禮」爲證，遂疑質是忠信，文是禮，誤以本質之質作質文之質。向使質是忠信，則文不當勝忠信；文是禮，則質又不當勝禮。相勝且不可，何況相去？朱氏既引楊説，於質勝章疑爲質是本，文是末，此原是錯，而此竟直稱質爲本，文爲末，則錯認假逢丑父爲真齊頃公矣。論語集注述要：「文猶質也」二句，與下二句意不相接，故集注須補「若必盡去其文而存其質」二句，下文方有着落。鄭氏汝諧至謂「虎豹」句上疑有闕文，即疑本文上下不接也。及讀古注曰：「虎豹與犬羊别者，正以毛文異耳。今使文質同者，何以别虎豹與犬羊耶云云。」遂恍然知「文猶質也」二語乃承子成語意而來。兩「猶」字非同等不可相無之意，乃不能分别之意，謂既去文存質，則質外無文，即質即文，是文與質無所分别，一如虎豹犬羊無毛文之分別。作如此解，則上下四句一正一喻，一氣相承，中間自不須費力添補矣。

○哀公問於有若曰：「年饑，用不足，如之何？」

【考異】釋文：「饑」，鄭本作「飢」。皇本亦作「飢」。

【考證】翟氏考異：説苑政理篇：「魯哀公問政於孔子。對曰：『政有使民富。』哀公曰：『何謂也？』孔子曰：『薄賦斂，則民富矣。』公曰：『若是，則寡人貧。』孔子曰：『詩云「凱悌君子，民之父母」，未見其子富而父母貧者也。』」按右與論語義相近，似即一事而傳之不得其真也。四書經注集證：春秋哀公十二年春，用田賦。其冬十二月，有螽。十三年九月，有螽。十二月，又有螽。又連年用兵於邾，又有此災，所謂「年饑，用不足」也。有若之問，當在此時，蓋其情亦迫矣。

【集注】稱有若者，君臣之辭。用，謂國用。公意蓋欲加賦以足用也。

有若對曰：「盍徹乎？」

【考異】考工記匠人注引作「盍徹與」。

【考證】四書稗疏：集注之言徹法，在論語則曰：「同溝共井之人，通力合作，計畝均收。」在孟子則以「都鄙用助，鄉遂用貢」，謂周之徹法如此。集注之自相牴牾，唯此最爲可訝。意朱子必有成論，而門人所記録，或因朱子前後立説之未定而各傳之，以成乎差也。以實求之，則孟子集注之説較長，而論語注合作均收之説則事理之所必無者也。後世而欲知三代之制，既經秦火，已無可考。若周之徹法，自詩稱「徹田爲糧」而外，他不經見。徹田爲糧者，言賦税之法，非言民間之農政也。作之與收，無與於賦税，民自耕而自入，原不待於君之區畫，君而强爲之制，祇以亂民之心目，民亦未有能從者也。以周禮考之，遂人則曰：「以興鋤利民。」杜子春讀鋤爲助，謂「起人民令相佐助」，是明各治其田，而時有早遲，力有羸縮，故令彼此易工以相佐助也。遂師則曰：「巡其稼穡，而移用其民以救其時事。」是亦各治其田，唯有水旱之急，則移易民力以相救也。里宰則曰：「以歲時合耦於耡，以治稼穡。」緣北方土燥水深，耒耜重大，必須兩人合耦而後可耕，本家不足，則與鄰近相得者爲耦，彼此互耕。然耦止兩人，不及八家，而唯耕有耦，播擾芸獲固不爾也。故詩言「侯彊侯以」，緣一夫自耕之不給，故須彊以相佐，如通八口以合作。則乘時有人，亦無資於彊以矣，此耕不合作之明徵也。抑遂人掌治野之事，夫間有遂，遂上有徑，十夫有溝，溝上有畛，藉令八家之夫，共耕九百畝，而田無適主，則九百猶百畝，八家猶一家，遂與徑又何用曲分町畦乎？且云十夫有溝，則與一井九夫之制犬牙互入，而集注云「同溝共井之人，通力合作」，則同溝者不但共井，而移彼就此，共井者不必同溝，而又奚以爲之通耶？此以周禮、周頌參訂求實，知八家之自耕其夫田，而無通力合作之事矣。乃抑以事理推之，亦有必不然者。人之有彊羸之不齊，勤惰之不等，愿詐之不一，天定之矣。雖聖人在上，亦惡能取而壹之乎？如使聖人能使其民人己心力之大同而無間，則並此井田疆界可以不設，而任其交相養矣。王者制法，經久行遠，必不取姦頑疲懦不齊之數而使之自激於不容。已以厚生興行，未有遽以君子長者之行望愚氓，而冀後世子孫皆比屋可封之俗也。今使通力合作，則惰者得以因人而成事；計畝均收，則姦者得以欺冒而多取；究不至於彼此相推，田卒污萊，虞詐相仍，鬭訟蠭起而不止，立法之不臧，未有如此之甚者也。且一夫之田雖曰百畝，而一易再易，迭相倍加。百畝之田雖曰一夫，而老幼婦子，多寡不齊，十六而爲餘夫，未十六以前未嘗不可任穡事也。今使一夫之家，老幼食者八九人，而可勝耕者一人而已。又一夫之家食者四五人，而可耕者二三人。自合作者言之，則必計畝出夫，而人少者不足，人衆者有餘。自均收言之，則但因畝以分，而此有餘，彼且不飽。使耕盡人力，而收必計口，則彼爲此耕，而此受彼養，恐一父之子不能得此，而況悠悠之鄰里乎？孟子言：「百畝之糞，上農夫食九人」，乃至「下食五人」。則强弱勤惰之不同，而食者多，佐耕者衆，則所獲亦必豐也。今通八家而合爲一，上農亦此耕，下農亦此耕也，何所分五等之上下？而上農亦此收，下農亦此收也，又何有九八七六五人之異哉？則合作均收，事所必無，理所必不可，亦不待辯而自明矣。故鄭氏考工記注云：「以載師職及司馬法論之，周制畿內之田用夏之貢法。以詩、春秋、論語、孟子論之，周制邦國用殷之助法。」蓋通貢助而謂之徹，而孟子欲以專行之一國耳，則孟子集注之説確有所本，而論語注則朱子以意推測，見爲盛世大同之風，而喜其説之矜異，不能自廢。門人之所以兩存而成乎盭蹠，職此繇也。要之人各自治其田而自收之，此自有粒食以來，上通千古，下通萬年，必不容以私意矯拂之者。而徹者，賦法也，非農政也，亦不可混而無別也，盡之矣。

論語稽求篇：徹與助無別，皆什一法。其改

名徹者，以其通貢助而言也。按春秋宣十五年傳云：「穀出不過藉。」所云藉者，正是助法。杜預所謂「借民力以耕公田」。穀禄所出，不踰此數，故曰不過，此正孟子所云「助者藉也」之藉。則徹仍是助，故當時亦即以藉名徹，即公羊、穀梁亦俱曰「什一而藉」，並無他義。若其名徹之意，則後漢陸康傳曰：「徹者，通也，言其法度可通萬世而行也。」故舊注引鄭康成説亦祇云：「徹，通也，爲天下之通法。」惟周禮匠人注引孟子「請野九一而助，國中什一使自賦」語，謂「畿内用夏之貢法，邦國用殷之助法」。又云「合郊内郊外而通其率爲十取其一」，則徹之爲通，亦祇是通貢助通内外，與通行天下諸通字立義已耳。穀梁傳云：「古者什一，藉而不税。私田稼不善則非吏，公田稼不善則非民。」所云非者，謂責而罪之。夫惟公自公，私自私，不通耕作，故公稼不善，得以罪民；私稼不善，得以罪吏。且春秋左氏、公、穀與孟子則皆周人，況孟子即經也。孟子云：「春省耕而補不足，秋省斂而助不給。」又云：「上農夫食九人，上次食八人，中食七人，中次食六人，下食五人。」亦惟耕力有不齊，收獲有差等，故云。（趙岐注孟子云：「民耕五十畝者，貢上五畝，曰貢。耕七十畝者，以七畝作，助公家之耕，曰助。耕百畝者徹，通十畝以爲賦，曰徹。」則貢、助、徹但異名而實則一法，此與春秋傳、孟子及諸儒之説又不同。）崔述三代經界考：公田、私田之名，惟助有之，徹未嘗有也。如以爲本助而今税畝，則有若不當對以盍徹，孟子不當云「周人百畝而徹」也。如以爲本徹而今税畝，安得復有所謂公田、所謂餘畝者乎？玩有若之對，似徹法已廢而欲復之者。徹者，通也，通衆夫共耕之，不以畝别，而但通計其粟多寡而取之也。今曰税畝，則是不復以粟多寡爲程，而但計畝之多寡爲粟之程也。既各計其畝之多寡爲程，則是亦無待於通衆夫而共耕之也。然則非但加一爲二，與徹之數不符，而履畝定税，亦必與徹之制不同矣。大抵徹之取民名爲少，而君與民一體，貧富同之，是以人咸盡力，田疇闢，家室盈，而財亦無中飽旁漏，故國用常寬然有餘。税畝之取民名爲多，而君與民不一體，始則取必於田而不問民，繼且取必於粟而亦不深問田，久之君與民遂不相知，君務自足而不恤民，民亦各務自足而莫肯盡力以奉君，是以君民交困，利歸私室，三桓得以乘其隙而竊之，甚至兼并之豪、居奇之賈皆得藉以自潤，而公室常苦貧，無以待凶荒也。

論語釋故：周禮不言徹，故鄭云：「諸侯謂之徹。」又鄭釋徹義，以爲通貢助之法，通内外之地，故曰通。其率以什一爲正。又曰「爲天下之通法」，其説足以彌縫遂人、匠人之異，又以傅合孟子，可謂善於持論。張南軒、袁明善本其説，謂兼貢助爲徹。竊意既别法爲徹，當自有制度。假仍用貢助，何取空立徹名？又周禮雖有井授，不聞公田，乃知鄭所謂通是通貢税兩法之意，非通貢徹兩法之制。稼人職曰：「巡野觀稼，以年之上下出斂法。」所謂斂法，蓋即徹法矣。貢校數歲之中以爲常，此則通豐凶計之。助分公私，此則通君民計之也。

論語述何：徹無公田，近於貢法。公劉所著，以年之上下出斂法，與貢校數歲之中以爲常者異也。宣公税畝，於公田之外，復加用徹法，春秋譏之。後乃復古，書大有年，見天人相與之際。今哀公因年饑而欲用田賦，是敺民而歸之三家也，故有若以公劉之法開之。

【集解】鄭曰：「盍，何不也。周法，什一而稅謂之徹。徹，通也，爲天下之通法也。」

【唐以前古注】皇疏：古者公田藉而不稅。鄭玄曰：「藉之言借也。」借民力治公田，美惡取於此，不稅民之所自治也。孟子曰：「夏后氏五十而貢，殷人七十而助，周人百畝而徹。」則所云古者，謂殷時也。其實皆十一也。侃案如記注夏家民人盛大，則一夫受田五十畝。殷承夏末，民人稍少，故一夫受田七十畝。周承於紂，人民凋盡，故一夫受田百畝。三代雖異，同十分徹一，故徹一爲通法也。夏云貢者，是分畝與民作之，所獲隨豐儉，十分貢一，以上於王也。夏民猶淳，少於欺詐，故云貢也。殷人漸澆，不復所可信，故分田與民，十分取一爲君，借民力以耕作，於一年豐儉，隨其所得還君，不復稅民私作者也。至周大文，而王畿內用夏之貢法。所以然者，爲去王近，爲王視聽所知，兼鄉遂公邑之吏旦夕從民事，爲其役之以公，使不得恤其私也。若王畿外邦國諸侯，悉用殷之助法。所以然者，爲諸侯專一國之政，貪暴稅民無法故也。詩有「雨我公田，遂及我私」。又宣公十五年「初稅畝」，傳曰：「非禮也。穀出不過藉，以豐財也。」案此二文說既有公私稅，又云不過藉，則知諸侯助法也。又以周禮載師論之，則畿內用夏之貢法，其中有輕重。輕重不同，自各有意，此不復具言也。

【集注】徹，通也，均也。周制一夫受田百畝，而與同溝共井之人，通力合作，計畝均收。大率民得其九，公取其一，故謂之徹。魯自宣公稅畝，又逐畝什取其一，則爲什而取二矣。故有若請但專行徹法，欲公節用以厚民也。

【餘論】黄氏後案：皇、邢二疏以畿内用貢，而税有重輕，什一爲邦國法，又以諸侯郊外郊内其法不同，據考工記匠人注也。匠人注以畿内亦有貢有助，鄉遂及采邑用貢，都鄙用助。皇、邢二疏未及引此。式三總核鄭君之注，當云畿内邦國各兼貢助二法以通之而均之，十一而税，是爲徹也。詩云：「雨我公田。」春秋「宣公十五年，初税畝」，左傳云：「穀出不過藉。」穀梁傳：「古者什一，藉而不税。私田稼不善則非吏，公田稼不善則非民。」孟子言：「井九百畝，中爲公田。」諸言藉，言公田，謂借民力以耕公畝，是周用助法。助本八家同井，而先王量地制宜，凡不可井者不立公畝之法。其取民之制，近於夏時之貢。周之制可畫井爲助法，不可畫井者用貢法。助者取諸公田，豐儉隨年。貢者有司稼巡觀，以年之上下出斂法，亦非校數歲之中以爲常。貢者耕百畝，除十畝之税，而得九十畝之穫。助者得百畝之穫，而出合耕公田十二畝半之資力，凡耕田百十二畝有畸。民之贏縮，本自無多，當時貢助合行，立法以變通之，俾無多寡之分，所取均是十一。如周官鄉大夫國中與野征役復除之分早晚，亦有變通法以均之也。蓋徹法本如此。後漢書陸康傳曰：「徹者，通也，言其法度可通萬世而行也。」朱子於孟子注既以貢助並行爲徹，復以通方合作爲徹。朱子謂助則各私己田，但合作於公田；徹則統九百畝而合作之也，前儒多以爲非。徐養原頑石廬經説：徹無公畝，於私田之中，十取其一，是私田即公田也，故謂之徹。徹者，通也，言無公私之别也。助有公田，藉民力以耕之，故謂之助。助者，藉也。藉則有公私之别矣。三代之取於民也，其名有三，而其制惟二，曰井田、曰溝洫而已。井田有公田，溝洫無公田，何則？九夫爲井，一井之中，有居中者，有在外者。有中外即有尊卑，此井田之所以有公田也。若溝洫則十夫並列，無尊卑之殊，雖欲爲公田而不可得。孟子曰：「惟助爲有公田。」然則助者，井田之法也。貢與徹，溝洫之法也。夫井田始於黃帝，三代相繼，井田與溝洫蓋各因其制之所宜而並行之，未嘗偏廢。但一王之興，必有所改易，以示不相沿襲。曰貢、曰助、曰徹，或主井田，或主溝洫，聊異其名，以成一代之制而已。　四書改錯：此自造典文之最錯者。周官匠人注與孟子郊遂通貢，都鄙通助，正是徹法。朱子于論語、孟子兩注，堅執「通力合作計畝均分」八字，似乎從來典制原有此文。及或疑而問，而朱子乃云：「曾記洛陽議中如是。」故以意推之，則直杜撰矣。省耕省斂，顯有明文。使通力計畝，則耕何不足？收何不給？春秋補助，皆屬誕妄。又其大者，井田與封建相表裏，孟子所云分田制禄，同一規畫，乃王制、孟子皆以上農、中農、下農及上次、中次農分作五等，爲官師大小、卿大夫受禄厚薄之準。而一合作則上中下何別？一均收則食九食八食七六五何所分辨？將士禄無所憑，官師庶人之禄無所考，自此言出，而害井法，害班禄之制，即王制、周官、孟子諸書俱可廢絶，洛陽有議論亦奈之何！

曰：「二，吾猶不足，如之何其徹也？」

【考證】四書典故辨正：稅畝之說，杜注與穀梁傳不同。如穀梁之說，徹原是助法，而宣公廢之，則孟子言雖周亦助，何不以春秋「稅畝」爲據，而但以大田之詩爲證乎？如杜注之說，則甫變法而遽加一倍，民何以堪？恐無是理。大抵後世民心漸狡，百畝之内，名以十畝與君，而取其豐饒，上其瘠薄，君之所入日少，於是躬行田畝，而踏取其十畝之最上者以爲例，故曰履田而税耳。按任氏啓運説亦同此。然於履畝之事説得分明，究無以解論語取二之義，則仍當闕疑也。

四書翼注：什而取二，此杜預注左傳之説，誤也。左傳祇言「古者穀出不過藉」，公羊傳祇言「重於什一者大桀小桀」，何嘗有什二字面？「二，吾猶不足」，言公田之外又收其一，非私田之内各取其二也。穀梁傳云：「非公之去公田而履畝十取一也。」是仍十一也。蓋古者井田之法九百畝，公田居其一，井竈葱韭盡取之，所謂以二十畝爲民廬舍，君祇有八十畝也。一井之中，通力合作，私田稼不善則非吏，公田稼不善則非民，法至善也。宣公自六年至十五年，九年之内，三遇旱災，民救死不贍，祇耕私田，公田鹵莽滅裂，所收實不供用，於是另設一法，將此公田攤匀入私田之内計算，一井九百八十畝，公祇收九十八畝之租。名色仍是十一，而已多收十八畝，舉成數爲二十畝。所謂二猶不足者，言一井之田已多收二十畝也。按此説雖巧，然亦是以意爲之。井九百畝似不得憑空爲九百八十之數，且於古無據也。

【集解】孔曰：「二，謂什二而税。」

按：考工記匠人疏引此作鄭注。

【集注】二，即所謂什二也。公以有若不喻其意，故言此以示加賦之意。

對曰：「百姓足，君孰與不足？百姓不足，君孰與足？」

【考異】鹽鐵論未通章引論語「不足」下有「乎」字。漢書谷永傳引文「與」作「予」。後漢書楊震傳引文「孰」作「誰」。舊唐書韋思謙諫太子、文選藉田賦注引此四句，並以爲孔子語。

【集解】孔曰：「孰，誰也。」

【唐以前古注】皇疏引江熙云：爲家者與一家俱足，乃可謂足，豈可足一己而謂之足也？夫儉以足用，寬以愛民，日計之可不足，而歲計之則有餘。十二而行，日計可有餘，歲計則不足。行十二而不足，不思損而益，是揚湯止沸，疾行遁影，有子之所以發德音者也。

【集注】民富則君不至獨貧，民貧則君不至獨富。有若深言君民一體之意，以止公之厚斂，爲人上者所宜深念也。

【餘論】惜抱軒經說：孔子之告哀公曰：「古之君子，即安其居節，醜其衣服，卑其宫室，車不雕幾，器不刻鏤，食不貳味，以與民同利。」又曰：「仁人不過乎物。」以孔子所諷推之，哀公者，多欲奢縱而不恤民之君也。故曰：「今之君子，求實無厭。」夫人君之德，必在恭儉愛人，而況其於饑歲乎？公曰：「年饑，用不足。」有若曰：「盍徹乎？」言人主之職，求足民而已。足民必薄征，薄征必先儉己。苟第欲足己而已，則求實無厭，二猶不足，雖過二，終無足時也。苟欲足民而已，菲飲食，惡衣服，卑宫室，夫何不足之有？故曰：「百姓足，君孰與不足？」與，猶謂也。周人語多如此。國語召穆公曰：「其與能幾何？」言王自謂能弭謗，然可謂能幾何邪。襄二十九年傳：「裨諶曰：『是盟也，其與幾何？』」昭十七年傳：「梓慎曰：『其與不然乎？』」解並同之。有若言百姓足即當謂之君足，君用小乏，亦不害其可謂足也。故注云「君民一體」也。李氏論語劄記：抑哀公斯問也，其將喪邦乎？年饑，不憂民之餓莩，而憂己之不足，此豈君道哉？有若若爲不喻其意而憂民用之不足者，故對之曰「盍徹乎」，及公明言其意，然後以當使百姓足者告之。雖違其本意以諷君，實亦切乎時務而忠告也。

# 論語集釋卷二十五

## 顔淵下

○子張問崇德辨惑。子曰：「主忠信，徙義，崇德也。

【考異】釋文：「惑」，本亦作「或」。皇本無「也」字。

【考證】吴嘉賓論語説（劉氏正義引）：克己復禮，崇德辨惑，皆古之言也。古訓多協韻，以便蒙誦。

【集解】孔曰：「辨，别也。」包曰：「徙義，見義則徙意而從之。」

【唐以前古注】皇疏：此答崇德義也。言若能復以忠信爲主，又若見有義事則徙意從之，此二條是崇德之法也。

【集注】主忠信則本立，徙義則日新。

愛之欲其生，惡之欲其死。既欲其生，又欲其死，是惑也。

【考異】皇本「欲其生」、「欲其死」、「既欲其生」下各有「也」字。七經考文補遺：古本「是惑」作「其惑」。

【考證】論語駢枝：按愛之欲其生，惡之欲其死，猶言進人若將加諸膝，退人若將墮諸淵，皆形容譬況之辭。朱注謂死生有命，不可欲而欲之，是爲惑，未免誤以借言爲正論。人情於親戚骨肉，未有不欲其生者；仇讐怨毒，未有不欲其死者。壽考之祝，偕亡之誓，於古有之，豈可概指爲惑？此説恐非也。愛之欲其生，惡之欲其死，言愛惡反復無常。「既欲其生，又欲其死」，覆舉上文，而迫窄其辭，以起惑字，非兩意也。凡言惑者，謂其顛倒瞀亂，若人有惑疾者然。故不直曰好惡無常，而曰「既欲其生，又欲其死」。不直曰忿懥無節，而曰「一朝之忿，忘其身以及其親」。皆爲惑字造端置辭，聖人之言所以爲曲而中也。人性之偏，愛惡爲甚。内無知人之明，外有毁譽之蔽，鮮有至當而不易者。子張之爲人，高遠闊疏。知人聽言，蓋其所短，故夫子以是箴之。觀於譖愬之荅，可以見矣。公乘興訟王尊曰：「尊以京師廢亂，羣盜並興，選賢徵用，起家爲卿。賊亂既除，豪猾服辜，即以佞巧廢黜。一尊之身，三期之間，乍賢乍佞，豈不甚哉？孔子曰：『愛之欲其生，惡之欲其死，是惑也。』」應仲遠爲泰山太守。舉一孝廉，旬月之間而殺之。邴原曰：「孝廉，國之俊選也。舉之若是，則殺之非也。若殺之是，則舉之非也。語云：『愛之欲其生，惡之欲其死。既欲其生，又欲其死，是惑也。』仲遠之惑甚矣。」漢人引此言，皆不失夫子本意。

按：集注之愛惡似就兩人説，邢疏之愛惡似就一人説，劉説則用邢疏也。

【集解】包曰：「愛惡當有常。一欲生之，一欲死之，是心惑也。」

【唐以前古注】皇疏：中人之情，不能忘於愛惡。若有人從己，己則愛之，當愛此人時，必願其生活於世也。猶是前所愛者，而彼忽違己，己便憎惡，憎惡之既深，便願其死也。猶是一人，而愛憎生死，起於我心，我心不定，故爲惑矣。

【集注】愛惡，人之常情也。然人之生死有命，非可得而欲也。以愛惡而欲其生死，則惑矣。既欲其生，又欲其死，則惑之甚也。

## 『誠不以富，亦祇以異』。」

【考異】詩小雅「誠」作「成」。顧炎武九經誤字：詩箋云：「不以禮爲室家成事，不足以得富也。」宋蘇氏謂「成」當依論語作「誠」，今本詩經竟改作「誠」，非。程子遺書：伊川曰：「二句本不在『是惑也』之後，乃在『齊景公有馬千駟』之上，文誤也。」朱子語類：伊川言後之傳者因下「齊景公問政」而誤耳。如舊説，則是牽合。如伊川説，則是以富言千駟，異言夷、齊也。今只得如此説。

按：此節如舊説不甚可解，依程注作錯簡論，則兩章均有着落，最爲得之。蔡節集説云：「明其愛惡如此，誠不爲有益，亦祇以自取異而已。」即鄭氏舊注意而申較明暢，然究屬牽强附會，今無取。胡氏泳曰：「集注之例，以前説爲長。然此以舊説而姑存之，又非兩説並存之比也。」是朱子亦主錯簡説也。

【集解】鄭曰：「此詩小雅也。祇，適也。言此行誠不可以富致，適足以爲異耳。取此詩之異義以非之。」

【集注】此詩小雅我行其野之辭也。舊説，夫子引之，以明欲其生死者不能使之生死，如此詩所言，不足以致富，而適足以取異也。程子曰：「此錯簡，當在第十六篇『齊景公有馬千駟』之上，因此下文亦有『齊景公』字而誤也。」楊氏曰：「堂堂乎張也，難與並爲仁矣，則非誠善補過不蔽於私者，故告之如此。」

按：黄氏後案云：「楊氏輕疑先賢，説當删。」兹特存之，以示叢謗之由，所以垂戒也。

○齊景公問政於孔子。孔子對曰：「君君，臣臣，父父，子子。」

【考證】國語：晉勃鞮曰：「君君臣臣，是謂明訓。」論語後録：夫子以昭公之二十五年至齊，當景公三十年。是時陳僖子乞專政，行陰德於民，景公弗能禁，是不能君君臣臣也。論語述何：時景公寵少子舍而逐陽生，後陽生因陳乞弑舍而立，大亂數世，國移陳氏，是不能父父子子，以致臣得篡國也。夫子早見及此，故其對深切如此。劉氏正義：白虎通三綱六紀篇：「君臣者何謂也？君，羣也，下之所歸心。臣者，纏堅也，屬志自堅固。父子者何謂也？父者，矩也，以法度教子。子者，孳孳無已也。故孝經曰：『父有争子，則身不陷於不義。』」此君臣父子稱名之實也。吕氏春秋處方篇：「凡爲治必先定分。君臣父子夫婦六者當位，則下不踰節，而上不苟爲矣。少不悍辟，而長不簡慢矣。」又云：「同異之分，貴賤之别，長幼之義，此先王之所慎，而治亂之紀也。」左昭二十六年傳：「齊侯與晏子坐於路寢。公歎曰：『美哉室！其誰有此乎？』對曰：『其陳氏乎？陳氏雖無大德，而有施於民。後世若少惰，陳氏而不亡，則國其國也已。』公曰：『善哉！是可若何？』對曰：『唯禮可以已之。在禮，家施不及國。』」又曰：「君令臣共，父慈子孝，兄愛弟敬，夫和妻柔，姑慈婦聽，禮也。君令而不違，臣共而不貳，父慈而敬，子孝而箴，兄愛而友，弟敬而順，夫和而義，妻柔而正，姑慈而從，婦聽而婉，禮之善物也。」晏子所言，正與夫子答齊侯意同。

【集解】孔曰：「當此之時，陳恒制齊。君不君，臣不臣，父不父，子不子，故以此對。」

按：論語偶記云：「左傳哀公五年，齊景公卒。六年，陳僖子使召公子陽生立之。至十四年，陳恒始以執君見於經傳。時爲簡公，即恒所弒。則陳恒制齊，在景公卒後七八年。景公時厚施於民者，則是僖子乞。」

【集注】齊景公名杵臼，魯昭公末年，孔子適齊。此人道之大經、政事之根本也。是時景公失政，而大夫陳氏厚施於國，景公又多内嬖而不立太子。其君臣父子之間，皆失其道，故夫子告之以此。

**公曰：「善哉！信如君不君，臣不臣，父不父，子不子，雖有粟，吾得而食諸？」**

【考異】舊文「吾」下有「焉」字。釋文曰：「『吾焉得而食諸』，本亦作『焉得而食諸』，今本作『吾得而食諸』。」四書辨證：皇氏義疏本「吾」下有「豈」字。孔子世家同。又漢書武五子傳：「壺關三老上書：『父不父則子不子，君不君則臣不臣，雖有粟，吾豈得而食諸？』」師古注引文亦有

「豈」字。而釋文則曰：「舊本『吾焉得而食諸』，今本作『吾得而食諸』。」竊謂此猶桑扈詩「不戢不難，受福不那」。朱子曰：「蓋言豈不戢乎，豈不慎乎，豈不多乎。古語聲急而然也。」日知録曰：「古人多以語急而省其文，吾不惴焉上省一豈字，此亦當然。」阮氏校勘記：皇本、高麗本「吾」下有「豈」字。釋文出「吾焉得而食諸」，云：「本亦作『焉得而食諸』。焉，於虔反。今本作『吾得而食諸』。」案史記仲尼世家及漢書武五子傳並作「豈」，與皇本合。太平御覽二十二引「吾惡得而食諸」。豈、焉、惡三字，義皆相近。疑今本「吾」下有脱字。天文本論語校勘記：古本、足利本、唐本、津藩本、正平本「吾」下有「豈」字。

【考證】管子形勢篇：君不君則臣不臣，父不父則子不子。翟氏考異：玩「信如」二字，知景公所稱自屬成語。景公，齊君也，知管仲之説而已。四書辨證：説苑復恩篇：「公子夏曰：『春秋記君不君，臣不臣，父不父，子不子者，此非一日之事，有漸以至也。』」又管子形勢篇：「君不君則臣不臣，父不父則子不子。」今玩「信如」二字，或因夫子之言，感國家之事，舉先大夫之語實之乎？無二則字者，夫子平言之，故亦平答之，且又不肯任過，此國所以終亂與？

【集解】孔曰：「言將危也。陳氏果滅齊。」

【唐以前古注】皇疏引江熙云：景公喻旨，故復遠述四弊，不食粟之憂，善其誠言也。

【集注】景公善孔子之言而不能用，其後果以繼嗣不定，啓陳氏弑君簒國之禍。

○子曰：「片言可以折獄者，其由也與？」

【考異】釋文：魯讀「折」爲「制」，今從古。論語古訓：吕刑云：「苗民弗用靈，制以刑。」墨子尚同中篇引作「苗民否用練，折則刑」。折、制本通，故古、魯異也。臧在東曰：「鄭以折訓爲斷，義益明，是以從古。」

【音讀】太平御覽注：「片」讀爲「半」。翟氏考異：片有判音，而訓半則讀如字。故陸氏釋此云：「片如字，鄭云半也。」是義爲半，音不爲半。御覽注傳之失真。

【考證】論語補疏：吕刑：「今天相民，作配在下，明清于單辭。」正義云：「單辭，謂一人獨言，未有與對之人。訟者多直己以曲彼，搆辭以誣人，孔子美子路云：『片言可以折獄者，其由也與？』片言即單辭也。子路行直，聞於天下，不肯自道己長，妄稱彼短。得其單辭，即可以斷獄者，惟子路耳。凡人少能然，故難聽也。」此說甚明，與下「子路無宿諾」一貫。無宿諾者，不輕諾也。子路篤信不欺，故其單辭必無誣妄，孔子假訟辭之不信，以明子路之信，非謂子路有與人訟之事也。若子路聽訟，雖極明決，亦必兩造至然後聽之。不待兩造至，據單辭以爲明決，恐無是理。且與無宿諾何涉？無宿諾自爲不欺，單辭折獄自爲明決，明決者不必不欺，不欺者不必明決也。皇疏引孫綽云：「謂子路心高而言信，未嘗文過以自衞。聽訟者便宜以子路單辭爲正，不待對驗而後分明也，非謂子路聞人片言便能斷獄也。」孔云「聽訟必須兩辭以定是非」，必須兩辭，則必無單辭可折之理。又云「偏信一言以折獄者，唯子路可」者，謂若偏信一辭，則惟此一辭出諸子路乃可也。子路固必不訟，訟者必非子路，然則聽訟者何得偏信一言以爲曲直？孔子美子路之不欺，亦所以爲聽訟者砭也。當時或有信一言以爲曲直者，故孔子發之，觀下章言「聽訟吾猶人也」，則此章論聽訟不論子路明矣。劉氏正義：書呂刑云：「明清于單辭，民之亂，罔不中聽獄之兩辭。」是獄辭有單有兩。兩者，兩造具備也。單則一人具辭。後漢光武紀「永平三年詔曰『明察單辭』」，朱浮傳「有人單辭告浮事者」，單辭皆謂片言也。「折斷」者，説文：「𣂚，斷也。从斤𢇍艸。譚長説。折，篆文折从手。」魯讀「折」爲「制」，今從古者，呂刑「制以刑」，墨子尚同中篇引作「折則刑」，是折、制字通。説文：「制，裁也。从刀未。制，古文制如此。」此與折斷音訓相近。廣雅釋詁：「制，折也。」大戴禮保傅篇「不中于制獄」，即折獄也。鄭以作折作制義同，而古論出自壁中，無煩改讀，故定從古也。惟子路能取信者，言子路忠信，能取信於人也。所言必直，故可令斷獄者，言人既信子路，自不敢欺，故雖片言，必是直理，即可令依此斷獄也。説文：「獄，确也。从犾，从言。二犬所以守也。」鄭異義駁云：「獄者，埆也。因證於角核之處。周禮謂之圜土。」此云斷獄，謂決斷獄中所訟事也。毛奇齡四書改錯：「古折民獄訟，必用兩辭。故周官司寇『以兩劑禁民獄』，先取兩券而合之，使兩造獄詞各書其半，即今告牒與訴牒也。及聽獄後，復具一書契而兩分之，使各録其辨答之辭于其中，即今兩造兩口供也。是折獄之法，前券後契，必得兩具券。不兩具即謂之單詞，單詞不治。如司寇禁不賫券，即自坐不直，不俟上于朝而遽斥之是也。契不兩具，則謂之不能舉契，亦不治。如春秋晉聽王訟，『王叔氏不能舉其契，王叔奔晉』是也。是半券半契，總無折理。惟子路明決，單辭可斷，在他人豈能之？」案毛説與鄭義略同。然鄭言子路能取信，故所言必直。本非誣控，故無須對質。如此乃可令斷獄。明子路以忠信感人，不止如毛氏所云明決已也。原鄭之意，亦以片言折獄不可爲法，故若所言必直，方可令斷獄；否則仍須兩辭矣。僞孔注亦與鄭同。孔穎達書吕刑疏引此文説之云：「子路行直聞於天下，不敢自道其長，妄稱彼短。得其單辭即可斷獄者，惟子路爾，凡人少能然也。」此與論語皇疏所載孫綽説同。焦氏循補疏即依爲説，義涉迂曲，所不敢從。

【集解】孔曰：「片猶偏也。聽訟必須兩辭以定是非，偏信一言以折獄者，惟子路可也。」

【唐以前古注】御覽六百三十九引鄭注：「片」讀爲「半」。半言爲單辭。折，斷也。惟子路能取信，所言必直，故可令斷獄也。皇疏：夫判辨獄訟，必須二家對辭。子路既能果斷，故偏聽一辭而能折獄也。一云：子路性直，情無所隱者。若聽子路之辭，則一辭亦足也。又引孫綽云：謂子路心高而言信，未嘗文過以自衞，聽訟者便宜以子路單辭爲正，不待對驗而後分明也，非謂子路聞人片言而便能斷獄也。

【集注】片言，半言。折，斷也。子路忠信明決，故言出而人信服之，不待其辭之畢也。

【餘論】四書辨疑：明決二字是，忠信二字非。忠信固能令人信服，然非可以折獄也。舜與周公忠信至矣，猶不能使四凶、管、蔡聞半言而自服其罪。子路雖賢，豈能過於舜與周公哉？凡其所謂片言隻字者，皆其言辭簡少之稱。折，猶挫折也。如云折其鋭氣、面折其非是也。折之使服，非信服也。「片言可以折獄者，其由也與」，蓋言能以一二言折其罪人虛僞之辭，使之無所逃其情，惟子路爲然也。尹材曰：「子路言簡而中理，故片言可使罪人服。」此説爲是。

# 子路無宿諾。

【考異】釋文：或分此爲别章。　文選江淹雜詩注引文，上題「子曰」字。

按：夫子口中不應稱子路，或本非。

【考證】墐户録：人知子路無宿諾，不知宰我無宿問。　四書辨證：説苑政理篇稱「文王無宿善」。商子云：「王者無宿治，則邪官不能爲私。」大戴禮五帝德篇言「宰我無宿問」，總是不遲滯意。又曲禮「君言不宿於家」，尚是迫於命。子路自有不迫而迫者。　四書改錯：不宿諾，集解云「不預諾」，謂不先許也，正所謂然諾不苟者，急則輕諾矣。若謂急於踐言，則踐言亦何容急，久要謂何。如以不宿怨爲證，則不宿怨者，消怨也，消諾可乎？況子路已事，正不先諾者。注但引小邾事而不引全文。據傳，小邾射要子路盟，而子路辭之，是不論諾也。及季康子使冉有謂曰：「千乘之國，不信其盟，而信子之言，子何辱焉？」對曰：「魯有事于小邾，不敢問故，死其城下可也。彼不臣而濟其言，是義之也，由弗能。」是終不許諾也。此正不預諾之證，而以證急踐何爲。

【集解】宿，猶豫也。子路篤信，恐臨時多故，故不豫諾。

【唐以前古注】皇疏：宿，猶逆也。諾，猶許也。子路性篤信，恐臨時多故，曉有言不得行，故不逆言許人也。

【集注】宿，留也，猶宿怨之宿。急於踐言，不留其諾也。記者因夫子之言而記此，以見子路之所以取信於人者，由其養之有素也。

按：此章解釋，集解與集注不同，然當以集解所説爲正。皇疏兩説並存，最爲良法。蓋二説均可通，難以軒輊故也。

【餘論】四書詮義：此稱子路有服人之德，非稱子路有斷獄之才也。鉤距以致民隱，則非聖門所尚矣。無宿諾，亦平日忠信明決之一端也。論語稽：此由子路平日不輕然諾，積久而人信服之，故記者記子路無宿諾，所謂後經以終事者也。

○子曰：「聽訟，吾猶人也。必也使無訟乎！」

【考證】劉氏正義：聽訟者，言聽其所訟之辭以判曲直也。周官小司寇云：「以五聲聽獄訟，求民情。一曰辭聽，二曰色聽，三曰氣聽，四曰耳聽，五曰目聽。」此皆聽訟之法。「吾猶人」者，言己與人同，但能聽訟，不能使無訟也。禮記大學云：「子曰：『聽訟，吾猶人也。必也使無訟乎？』無情者不得盡其辭，大畏民志。」鄭注：「情猶實也。無實者多虚誕之辭。聖人之聽訟與人同耳，必使民無實者不敢盡其辭，大畏其心志，使誠其意，不敢訟。」大戴禮禮察篇：「凡人之知，能見已然，不能見將然。禮者禁於將然之前，而法者禁於已然之後。是故法之用易見，而禮之所爲至難知也。若夫慶賞以勸善，刑罰以懲惡，先王執此之正，堅如金石；行此之信，順如四時；處此之功，無私如天地爾。豈顧不用哉？然如曰禮云禮云，貴絶惡於未萌，而起敬於微眇，使人日徙善遠罪而不自知也。孔子曰：『聽訟，吾猶人也。必也使無訟乎？』此之謂也。」潛夫論德化篇：「是故上聖故不務治民事，而務治民心。故曰：『聽訟，吾猶人也。必也使無訟乎？』導之以德，齊之以禮，務厚其情而明則務義，民親愛則無相害傷之意，動思義則無姦邪之心。夫若此者，非律之所使也，非威刑之所彊也，此乃教化之所致。」二文並言無訟由於德教，此最是難能。正如勝殘去殺，必俟百年；王者必世而後仁，皆須以歲年，非可一朝能者。故祇言「必也」以期之。顔師古漢書賈誼傳注：「言使吾聽訟，與衆人等。然能先以德義化之，使其無訟。」又酷吏傳注：「言使我獄訟，猶凡人耳。然而立政施德，則能使其絶於争訟。」並以無訟爲夫子自許，失聖意矣。

【集解】包曰：「猶人，與人等。」王曰：「使無訟，化之在前。」

【唐以前古注】皇疏引孫綽云：夫訟之所生，先明其契，而後訟不起耳。若訟至後察，則不異於凡人也，此言防其本也。

【集注】范氏曰：「聽訟者，治其末，塞其流也。正其本，清其源，則無訟矣。」楊氏曰：「子路片言可以折獄，而不知以禮遜爲國，則未能使民無訟者也。故又記孔子之言，以見聖人不以聽訟爲難，而以使民無訟爲貴。」

【餘論】論語意原：子路囿於夫子之言者三，夫子皆隨其失誨之。乘桴浮於海，一也。衣敝緼袍，二也。片言可以折獄，子路聞之而不敢宿諾，夫子誨之曰「必也使無訟乎」，三也。四書改錯：

此有意苟求矣。片言宿諸原是一章，故連類記及，此節何與乎？况子路生平，夫子稱之甚至，如曰：「由也果，於從政何有？」又曰：「千乘之國，可使治賦。」故四科之列，直以政事許之。若其蒲治，則駸駸有無訟之意，如曰恭敬以信，故其民盡力；忠信而寬，故其民不偷；明察以斷，故其政不擾。此於無訟何減？而乃以一時率爾之對，稍失遜讓，遂定其終身耶？

〇子張問政。子曰：「居之無倦，行之以忠。」

【考異】九經古義：釋文云：「『倦』亦作『卷』。」棟案「卷」當作「券」。説文曰：「券，勞也。」漢涼州刺史魏君碑云：「施舍不券。」鄭氏考工記注：「『券』，今『倦』字也。」唐文粹常仲儒河中府新修文宣王廟碑引語曰：「學之無倦，行之以忠。」

【考證】大戴禮子張問入官云：故不先以身，雖行必鄰也。不以道御之，雖服必强矣。故非忠信，則無可以取親於百姓矣。外内不相應，則無可取信者矣。

【集解】王曰：「言爲政之道，居之於身，無得解倦；行之於民，必以忠信。」

【唐以前古注】北堂書鈔三十六引鄭注：身居正位，不可懈卷。

按：鄭以居爲居位。「卷」即「倦」之省。劉寶楠云：「釋文云：『倦亦作券。』鄭君考工記注：『券，今倦字也。』疑書鈔所引鄭注本是『懈券』，轉寫作『懈卷』也。」

【集注】居，謂存諸心，無倦則始終如一。行，謂發於事，以忠則表裏如一。程子曰：「子張少仁無誠心，愛民則必倦而不盡心，故告之以此。」

【餘論】四書改錯：聖人答問，必答其所問之事，所問之義，未嘗答其人也。如必因病發藥，則告顔淵「鄭聲淫、佞人殆」，淵必喜淫好佞矣。乃只此無倦一答，程氏譏其無誠心，楊氏謂其難能故難繼，范祖禹謂其外有餘而内不足，朱氏又謂其做到下梢無殺合。龐涓至樹下，萬弩齊發，爲之駭然。

○子曰：「博學於文，約之以禮，亦可以弗畔矣夫。」

【考異】釋文：一本作「君子博學於文」。皇本有「君子」二字。邢疏：或本亦有「君子」。翟氏考異：雍也篇今本有「君子」字，而此篇無。荀悦漢成帝紀論引「博學以文」三句，無「君子」，應引自此。

【集解】鄭曰：「弗畔，不違道。」

【唐以前古注】筆解：韓曰：「簡編重錯。雍也篇中已有『君子博學於文，約之以禮，可以弗畔矣夫』。今削去此段可也。」

【集注】重出。

【餘論】黄氏後案：博文約禮，經中重出，聖教之諄復也。後儒重言理，輕言禮，王伯安以博文爲支離，因言博其顯而可見之禮文，以約於微而難見之理，緟貤牸謬如此。

○子曰：「君子成人之美，不成人之惡。小人反是。」

【考證】穀梁隱公元年傳曰：春秋成人之美，不成人之惡。説苑君道篇：哀公曰：「善哉！

君子成人之美，不成人之惡。微孔子，吾焉得聞斯言哉？」

按：此本古人成語。

【集注】成者，誘掖獎勸以成其事也。君子小人所存既有厚薄之殊，而其所好又有善惡之異，故其用心不同如此。

【餘論】四書近指：君子常欲以有餘者及人，小人每至以不足者忌物，故美者君子所有，而小人所無也。一成一不成，各自肖其本心。孔廣森論語補注（劉氏正義引）：大戴禮曾子立事篇：「君子己善，亦樂人之善也。己能，亦樂人之能也。君子不說人之過，成人之美。存往者，在來者。朝有過，夕改則與之；夕有過，朝改則與之。」彼有過者，方畏人非議，我從而爲之辭說，則彼將無意於改，是成人之惡矣。故君子不爲也。

○季康子問政於孔子。孔子對曰：「政者，正也。子帥以正，孰敢不正？」

【考異】釋文：「帥」與「率」同。皇本「以」作「而」。儀禮鄉飲酒注：「己帥而正，孰敢不正。」疏曰：「此論語孔子言。彼言子帥，指季康子爲子。此言己帥，指司正爲己。」孝經聖治章疏引文「帥」字作「率」。禮記哀公問篇：公曰：「敢問何謂爲政？」孔子對曰：「政者，正也。君爲正，則百姓從政矣。」翟氏考異：書君牙篇：「爾身克正，罔敢弗正。」孔子本書文告康子也。上文「政者，正也」，别見孝經緯及管子法法篇，蓋亦古之成語。此篇中舉成語甚多，觀周書及説苑哀公言，則知譖愬不行，成人之美，皆不仿自孔子。

【集解】鄭曰：「季康子，魯上卿，諸臣之帥也。」

【唐以前古注】皇疏引李充云：我好静，而民自正也。

【集注】范氏曰：「未有己不正而能正人者。」

【發明】論語稽：惟孔子言字義最切，以正訓政，不待別詁，祇一言而政之名已定矣。正即大學修身之義。一身正而後一家正，一家正而九族之喪祭冠昏皆正，由是而百官以正，吉凶軍賓嘉官守言責亦正，而萬民亦無不正矣。

○季康子患盜，問於孔子。孔子對曰：「苟子之不欲，雖賞之不竊。」

【考異】皇本、高麗本上句無「之」字。文選西征賦注引文「竊」下有「也」字。

【考證】汲冢瑣語：魯國多盜，季康治之，獲一人焉。詰之曰：「汝何以盜？」對曰：「子大夫爲政不能不盜，何以詰吾盜？」翟氏考異：左傳襄公二十一年：「魯多盜，季孫謂臧武仲曰：『子盍詰盜？』武仲曰：『子召外盜而大禮焉，何以止吾盜？』」汲冢所云，似以論語及左氏傳文綜織，不知襄公時季孫乃武子，非康子也。潘氏集箋：説文：「盜，私利物也。」則凡存私利物之心者，皆得謂之盜。故左氏定八年傳：「陽虎取寶玉大弓。」春秋書之曰「盜竊寶玉大弓」。説文：「盜自中出曰竊。」蓋竊人之財猶謂之盜，而竊邑者可推也。定公時家臣公山不狃以費叛，侯犯以郈叛。夫子爲政，叔孫氏墮郈，季氏墮費，惟成宰公斂處父不肯墮。康子此問，其猶有大都耦國之憂乎？夫子以不欲對之，蓋隱以强公室弱私家諷之也。

【集解】孔曰：「欲，多情慾也。言民化於上，不從其令，從其所好。」

【唐以前古注】皇疏引李充云：我無欲而民自樸者也。

【集注】言子不貪欲，則雖賞民使之爲盜，民亦知恥而不竊。

【餘論】四書約旨：盜生於欲。不直曰苟子之不盜，辭婉而意深。論語集注述要：夫子即不婉辭，亦無對卿大夫面折爲盜之理。其曰「苟子之不欲」，已極切直。時夫子齒德兼優，負時重望，康子爵位雖隆，尚屬後進，觀其屢嘗請問，其於夫子已不在以尊臨卑之列，故夫子得盡言之。

【發明】反身録：苟子之不欲，雖賞之不竊，此撥亂返治之大機，救時定世之急著也。蓋上不欲則源清，本源一清，斯流無不清，在在皆清，則在在不復妄取。敲骨吸髓之風既息，疲敝凋瘵之民獲蘇，各安其居，誰復思亂？左傳曰：「國家之敗，由官邪也。官之失德，寵賂章也。」而近代辛復元亦云：「仕途賄賂公行，所以民間盜賊蜂起。」從古如斯，三復二説，曷勝太息！岳武穆有言：「文官不愛錢，武官不怕死，天下自然太平矣。」確哉言乎！圖治者尚其鑒於斯。

○季康子問政於孔子曰：「如殺無道，以就有道，何如？」孔子對曰：「子爲政，焉用殺？子欲善而民善矣。君子之德風，小人之德草，草上之風，必偃。」

【考異】皇本「風」下「草」下並有「也」字，「草上」作「尚」。漢書董仲舒傳引孔子云云，「風」、「草」下各有「也」字，「草上」引作「屮上」。説苑政理篇述此章文亦各有「也」字。舊文

「上」爲「尚」，釋文曰：「『尚』，本或作『上』。」　翟氏考異：宋書王郁子絢幼讀論語，至「周監於二代」，外祖何尚之戲之曰：「耶耶乎文哉！」絢即答曰：「草翁風必偃。」亦舊本論語「上」字作「尚」之一證。　天文本論語校勘記：古本、唐本、正平本「君子之德風」、「小人之德草」下均有「也」字。

【考證】韓詩外傳三引傳曰：魯有父子訟者，康子欲殺之。孔子曰：「未可殺也。夫民爲不義，則是上其失道。上陳之教而先服之，則百姓從風矣。」　説苑君道篇：上之化下，猶風靡草。東風則草靡而西，西風則草靡而東，在風所由，而草爲之靡，是故人君之動不可不慎也。　書君陳：「爾惟風，下民惟草。」王氏鳴盛尚書後案云：「論語有『草上之風必偃』，意方明白。今但云風草，若猜謎者，豈非胸中先有論語，方撰出此文耶？」

按：韓詩外傳所謂父子訟，疑即此康子所指無道之事。然據荀子宥坐，則在夫子爲司寇時，蓋傳聞異辭也。

【集解】孔曰：「就，成也。欲多殺以止姦，亦欲令康子先自正也。偃，仆也。加草以風，無不仆者，猶民之化於上。」

【集注】爲政者民所視效，何以殺爲？欲善，則民善矣。「上」，一作「尚」，加也。偃，仆也。　尹氏曰：「殺之爲言，豈爲人上之語哉？以身教者從，以言教者訟，而况於殺乎？」

【餘論】黄氏後案：鹽鐵論疾貪篇曰：「百姓不治，有司之罪也。春秋刺譏不及庶人，責其率也。

故古者大夫將臨刑，聲色不御。刑已當矣，猶三巡而嗟歎之，恥其不能以化而傷其不全也。政教闇而不著，百姓顛蹶而不扶，猶赤子臨井焉，聽其入也。若此，則何以爲民父母？故君子急於教，緩於刑。」又刑德篇曰：「方今律令百有餘篇，自吏明習者不知所處，而况愚民乎？此獄訟所以滋衆而民犯禁也。詩云：『宜岸宜獄，握粟出卜，自何能穀。』刺刑法繁也。故治民之道，務篤其教而已。」又申韓篇曰：「所貴良吏者，貴其絶惡於未萌，使之不爲非，非貴其拘之囹圄而刑殺之也。」

○子張問：「士何如斯可謂之達矣？」

【考異】七經考文：古本無「斯」字，無「矣」字，一本「矣」作「也」。

【集注】達者，德孚於人而行無不得之謂。

按：阮氏集一有釋達篇，文長不録。

子曰：「何哉，爾所謂達者？」

【集注】子張務外，夫子蓋已知其發問之意，故反詰之，將以發其病而藥之也。

子張對曰：「在邦必聞，在家必聞。」

【考異】史記弟子傳「邦」作「國」。

【集解】鄭曰：「言士之所在，皆能有名譽。」

【唐以前古注】皇疏：在邦，謂仕諸侯也。在家，謂仕卿大夫也。子張答云：「己所謂達者，言若仕爲諸侯及卿大夫者，必並使有聲譽遠聞者，是爲達也。」

【集注】言名譽著聞也。

子曰：「是聞也，非達也。

【唐以前古注】皇疏引繆協云：聞者，達之名。達者，聞之實。而殉爲名者衆，體實者寡，故利名者飾僞，敦實者歸真，是以名分於聞，而道隔於達也。

【集注】聞與達相似而不同，乃誠僞之所以分，學者不可不審也。故夫子既明辨之，下文又詳言之。

夫達也者，質直而好義，察言而觀色，慮以下人。在邦必達，在家必達。

【考異】皇本「夫達者」、「夫聞者」，各無「也」字。說文繫傳「詧」字下引論語：「詧言而觀色。」史記引作「在國及家必達」。

【考證】大戴禮曾子制言上：弟子問於曾子曰：「夫士何如則可以爲達矣？」曾子曰：「不能則學，疑則問，欲行則比賢，雖有險道，循行達矣。今之弟子病下人，不知事賢，恥不知而又不問，欲作則其知不足，是以惑闇終其世而已矣，是謂窮民也。」顏氏家訓：人足所履不過數寸，而咫尺之途必顛蹶於岸崖，拱把之梁每沉溺於川谷者，何哉？爲其傍無餘地故也。君子之立己，抑亦如之。至誠之言，人未能信；至潔之行，物或致疑，皆由言行聲名無餘地也。若能開方軌之路，廣造舟之航，則仲由之言信，重於登壇之盟；趙熹之降城，賢於折衝之將矣。羣經平議：廣雅釋訓曰：「無慮，都凡也。」漢書食貨志曰：「天下大氐無慮皆鑄金錢矣。」「無慮」與「大氐」同，古人自有複語耳。亦或止言慮，賈誼傳「慮亡不帝制而天子自爲者」，慮即無慮，亦猶大氐也。「慮以下人」之慮，乃無慮之慮。言察言觀色，大氐以下人也。馬以志慮說之，非是。太玄玄瑩篇：「故君子内正而外馴，每以下人。」其句法即本之此。

按：俞說甚是。然馬注亦未誤，此當並存。

【集解】馬曰：「常有謙退之志，察言語，觀顔色，知其所欲，其志慮常欲以下人也。必達，謙尊而光，卑而不可踰也。」

按：「謙尊而光，卑而不可踰」，易謙卦彖辭。經義述聞曰：「尊讀撙節退讓之撙。尊之言損也，小也。光之言廣也，大也。尊而光者，小而大。卑而不可踰者，卑而高也。劉晝新論誡盈篇：『未有謙尊而不光，驕盈而不斃者也。』以謙尊對驕盈，則讀尊爲撙可知。蓋當時易說有如是解者，故劉氏用之。」

【唐以前古注】皇疏：夫達者質性正直，而所好者義也。達者又能察人言語，觀人容色者也。既察於言色，又須懷於謙退，思以下人也。

【集注】内主忠信，而所行合宜；審於接物，而卑以自牧，皆自修於内，不求人知之事。然德修於己而人信之，則所行自無窒礙矣。

**夫聞也者，色取仁而行違，居之不疑。在邦必聞，在家必聞。」**

【考異】漢書王莽傳贊曰：「所謂『在家必聞，在國必聞』，『色取仁而行違』者耶？」「邦」亦作「國」。

【考證】顏氏家訓：厚貌深姦，干浮華之虛稱，非所以得名也。　又曰：人之虛實真僞在乎心，無不見乎迹，但察之未熟爾。一爲察之所鑒，巧僞不如拙誠，承之以羞大矣。伯石讓卿，王莽辭政，當於爾時，自謂巧密。後人書之，留傳萬代，可爲骨寒毛竪也。　劉氏正義：荀子宥坐篇：「孔子爲魯攝相，朝七日而誅少正卯。門人進問曰：『夫少正卯，魯之聞人也。夫子爲政而始誅之，得無失乎？』孔子曰：『人有惡者五，而盜竊不與焉：一曰心達而險，二曰行辟而堅，三曰言僞而辨，四曰記醜而博，五曰順非而澤。此五者有一於人，則不得免於君子之誅，而少正卯兼有之，故居處足以聚徒成羣，言談足以飾邪營衆，强足以反是獨立。此小人之桀雄也，不可不誅也。』」觀此，則聞乃聖人所深惡。漢書王莽傳贊：「王莽始起外戚，折節力行，以要名譽。宗族稱孝，師友歸仁。及其居位輔政，成、哀之際，勤勞國家，直道而行，動見稱述，豈所謂『在家必聞，在國必聞』、『色取仁而行違』者耶？」以莽之姦邪，亦是好爲聞人，故讒説殄行，不免震驚朕師也。」

【集解】馬曰：「此言佞人假仁者之色，行之則違，安居其僞而不自疑。必聞，佞人黨多也。」

【唐以前古注】皇疏引繆協云：世亂則佞人多，黨盛則多聞，斯所謂歎衰運，疾弊俗。　又引沈居士云：夫聞之與達，爲理自異。達者德立行成，聞者有名而已。夫君子深淵隱默，若長沮、桀溺、石門晨門，有德如此，始都不聞於世。近世巍巍蕩蕩，有實如此，而人都不知，是不聞世，並終然顯稱名，則是達也。漢書稱王莽始折節下士，鄉黨稱孝，州閭稱悌，至終然豺狼迹著，而母死不臨。班固云：「此所謂『在邦必聞，在家必聞』，『色取仁而行違』者也。」聞者，達之名。達者，聞之實。有實者必有名，有名者不必有實。實深於本，聞浮於末也。筆解：韓曰：「此與上篇『色莊者乎』一義也。皆斥言子張質直莊謹，下於人，則爲達士矣。」李曰：「下文云：『夫聞也者，色取仁而行違，居之不疑。』此並戒堂堂乎張，不貴必聞，在乎必達。」

【集注】善其顏色以取於仁，而行實背之，又自以爲是而無所忌憚，此不務實而專務求名者，故虛譽雖隆，而實德則病矣。程子曰：「學者須是務實，不要近名。有意近名，大本已失，更學何事？爲名而學，則是僞也。今之學者，大抵爲名，爲名與爲利，雖清濁不同，然其利心則一也。」尹氏曰：「子張之學，病在乎不務實。故孔子告之，皆篤實之事，充乎内而發乎外者也。當時門人，親受聖人之教，而差失有如此者，況後世乎？」

按：子張之學，在孔門獨成一派。因記論語者爲曾子門人，近於保守派，故對於進取派之子張，恒多微詞。吾人生千載後，書經秦火，三代之事，若存若亡，況對於孔門弟子，豈可任意軒輕乎？康南海論語注極爲子張張目，而以南宋之積弱不振，歸咎於朱子之偏信曾子。所謂彼亦一是非，此亦一是非也。

○樊遲從遊於舞雩之下，曰：「敢問崇德、修慝、辨惑。」

【音讀】釋文：從，才用反。翟氏考異：微子篇「子路從而後」，釋文：「從亦才用反。」今讀者二處俱如字，然從遊兩得，從而後還宜著音。

【考證】論語述何：此章蓋在昭公孫齊之年。春秋書「上辛大雩，季辛又雩」，傳曰：「又雩者，非雩也，聚衆以逐季氏也。」樊遲欲究昭公喪亂之由，而言不迫切，故夫子特善之。先盡君道而臣道自正，昭之失民失政久矣，驟欲得之可乎？子家駒言，諸侯僭天子，大夫僭諸侯。公曰：吾何僭？是知人之惡而不知己之惡也。至不忍一朝之忿，而身不容於齊、晉，辱及宗廟，則惑之甚矣。夫子將適齊而樊遲從遊，特誌舞雩之下，聖賢之傷國事而不正言如此。宋翔鳳四書纂言：此當是孔子自衛反魯，由後追前之言。時哀公亦欲去季氏，故舉昭公前事以危之。考孔子世家，孔子三十五歲，昭公孫齊。弟子傳，樊遲少孔子三十六歲。則劉氏謂在是年，又謂孔子將適齊而遲從遊，並誤。

按：戴氏望論語注與劉逢禄説同，可備一説。

劉氏正義：「崇德修慝辨惑」者，此當是雩禱之辭，以德、慝、惑爲韻。如湯禱桑林，以六事自責也。春秋繁露仁義法篇解此文謂君子以仁造人，義造我，所謂躬自厚而薄責於外也。忿者，廣雅釋詁云：「怒也。」以及其親者，春秋桓二年：「宋督弑其君與夷，及其大夫孔父。」公羊傳云：「及者何？累也。」論衡明雩篇：「樊遲從遊，感雩而問，刺魯不能崇德而徒雩也。」

【集解】包曰：「舞雩之處有壇墠樹木，故其下可遊焉。」孔曰：「慝，惡也。修，治也。治惡爲善。」

【唐以前古注】皇疏：此舞雩之處近孔子家，故孔子往遊其壇樹之下，而弟子樊遲從之，既從遊而問此三事也。

【集注】胡氏曰：「慝之字從心，從匿。蓋惡之匿於心者，修者治而去之。」

**子曰：「善哉問！先事後得，非崇德與？攻其惡，無攻人之惡，非修慝與？一朝之忿，忘其身，以及其親，非惑與？」**

【考異】皇本、高麗本「無」作「毋」。

【考證】九經古義：荀子不苟篇曰：「鬬者，忘其身者也，忘其親者也。行其少頃之怒，而喪終身之軀，然且爲之，是忘其身也。室家立殘，親戚不免乎刑戮，然且爲之，是忘其親也。」楊倞曰：「蓋當時禁鬬，殺人之法，戮及親戚。」尸子曰：「非人君之用兵也，以爲民傷，鬬則以親戚殉，一言而不改之也。」論語稽：子張問崇德辨惑，樊遲多一修慝，然問同而答異者，蓋因病而藥之也。子張才高意廣，好爲苟難，故夫子針對崇字辨字以答之。樊遲勇而志於學，質樸而狹隘，意其爲人，必預事而計得，恕己而嚴人，忿而不思難者也。夫子以崇德修慝辨惑皆切己之事，故既善之，而非與云者，又若誘掖獎勸之，情見於言外。先事後得者，正其誼不謀其利，明其道不計其功也。攻其惡不攻人惡者，以責人之心責己，則寡悔；以恕己之心恕人，則寡尤也。一朝之忿亡身及親者，有終身憂，無一朝患也。

【集解】孔曰：「先勞於事，然後得報也。」

【集注】善其切於爲己。先事後得，猶言先難後獲也。爲所當爲，而不計其功，則德日積而不自知矣。專於治己而不責人，則己之惡無所匿矣。知一朝之忿爲甚微，而禍及其親爲甚大，則有以辨惑而懲其忿矣。樊遲粗鄙近利，故告之以此三者，皆所以救其失也。范氏曰：「先事後得，上義而下利也。人惟有欲利之心，故德不崇。惟不自省己過，而知人之過，故慝不修。感物而易動者莫如忿，忘其身以及其親，惑之甚者也。惑之甚者，必起於細微，能辨之於早，則不至於大惑矣，故懲忿所以辨惑也。」

【餘論】四書改錯：李塨曰：「樊遲在聖門最有名字，其見於魯論者亦甚精密。且儒者難於事功，遲獨能用命以退齊師，三刻踰溝，從容成事，有何粗暴，而横加此字？况義利之辨，直君子小人所分途，曾聖門諸賢了無實據，而可以近利二字鑿指之耶？」

【發明】朱子語類：人衹有此一心，若一心做事，又有一求得之心，便於此事不專，如何有積累之功？此條心路，衹一直去，更無他歧，分兩邊便不得。又曰：有計較功效之心，便是專爲利，不復知事之當爲矣。德者，理之得於吾心者也。能知所當爲，而無爲利之心，此意思便高遠。爲小利害，討小便宜，此意思便卑下。所謂崇者，謂德自此而愈高起也。

○樊遲問仁。子曰：「愛人。」問知。子曰：「知人。」樊遲未達。子曰：「舉直錯諸枉，能使枉者直。」

【考異】皇本「問知」之「知」作「智」。釋文：「錯」，或作「措」，同。七經考文補遺：古本「諸」作「於」。

【考證】劉氏正義：大戴禮王言篇：「孔子曰：『仁者莫大於愛人，知者莫大於知賢。』」荀子君道篇：「子貢對夫子問曰：『知者知人，仁者愛人。』」是愛人知人爲仁知之大用。樊遲未達者，宋氏翔鳳發微云：「書曰：『知人則哲，能官人。』自世卿專國，其君雖知人而不能官人，遲之未達，職此之由。」

【集解】包曰：「舉正直之人用之，廢置邪枉之人，則皆化爲直。」

【唐以前古注】皇疏：達，猶曉也。已曉愛人之言，而未曉知人之旨也。錯，廢也。枉，邪也。樊遲既未曉知人之旨，故孔子又爲説之也。言若舉正直之人，在位用之，而廢置邪枉之人不用，則邪枉之人皆改枉爲直，以求舉也。

【集注】愛人，仁之施。知人，知之務。曾氏曰：「遲之意，蓋以愛欲其周，而知有所擇，故疑二者之相悖爾。舉直錯枉者，知也。使枉者直，則仁矣。如此，則二者不惟不相悖，而反相爲用矣。」

樊遲退，見子夏曰：「鄉也吾見於夫子而問知。子曰：『舉直錯諸枉，能使枉者直。』何謂也？」

【考異】釋文：「鄉」，又作「曏」。皇本、高麗本作「嚮」，言止有是字。翟氏考異：易云嚮晦，書云嚮邇，嚮俱臨對之義。嚮用五福，作嚮望解。義疏本以當曩昔字，古無是訓也。此似傳寫有差，或亦如釋文作「鄉」。　論語校勘記：「鄉」正字，「嚮」俗字，「鄉」假借字。天文本論語校勘記：古本、唐本、正平本作「嚮也」。

【唐以前古注】皇疏：樊遲猶未曉舉直錯諸枉之言，故退而往見子夏，欲問之。樊遲既見於子夏，而述夫子之言問之何謂也。

【集注】遲以夫子之言專爲知者之事，又未達所以能使枉者直之理。

【餘論】四書辨疑：惟仁者能好人，能惡人，仁則亦有愛惡之擇也。樊遲問仁，孔子答以愛人，非謂不擇善惡，普皆愛之也。蓋仁者以愛人爲本耳。至於遇有一直一枉亦不直，須枉直皆舉，然後爲愛也。由是觀之，愛人知人，本不相悖，樊遲何爲而疑之哉？曾氏意謂仁智二事，遲皆未達。然下文質之於子夏，但言問智之事，而不及於問仁，則所謂未達者，止是未達知人之理耳，與愛人本不相干。舊疏云：「樊遲未曉達知人之意，故孔子復解之。」此說本是。下文南軒、滹南之說，與此意同。舉直錯諸枉，此是智之用。能使枉者直，此是智之功。注文以上句爲智，分下句爲仁，誤矣。須是自己行仁，然後可爲仁人。若但能審其舉錯，爲之激勸，使他人改枉爲直，止可爲智，未足爲仁。王滹南曰：「此一段皆論知人之智耳，與問仁之意全不相關。故南軒解能使枉者直則曰：『知人之功用如此。』解不仁者遠則曰：『此可見知人之爲大。』文理甚明。而龜山、晦菴、無垢之徒，皆以爲兼仁智而言，其意含糊，了不可曉。豈以樊遲屢疑，子夏深歎，且有遠不仁之說，故委曲求之，而至於是與？竊所不取。」此說參考詳備，無有不當，學者宜從之。

子夏曰：「富哉言乎！舜有天下，選於衆，舉皋陶，不仁者遠矣。湯有天下，選於衆，舉伊尹，不仁者遠矣。」

【考異】皇本「言」上有「是」字。舊唐書王志愔著應正論引「舜舉咎繇，不仁者遠」爲孔子語。

【考證】左傳宣公十六年：「羊舌職曰：『吾聞之，禹稱善人，不善人遠。』」杜注云：「稱，舉也。」羣經義證：漢書王吉傳：「舜、湯不用三公九卿之世，而用皋陶、伊尹，不仁者遠。」此不用三公九卿之世，即選於衆也。皋、伊皆非出自世胄，舜之揚仄陋，湯之立賢無方，率是道也。論語發微：子夏知孔子之意，必堯、舜、禹、湯之爲君，而後能盡用人之道，以垂百世之法。故言選舉之事曰云云。公羊隱元年何休說：「當春秋時，廢選舉之務，置不肖於位，輒退絶之以生過失。至於君臣忿争出奔，國家之所以昏亂，社稷之所以危亡，故皆録之。」隱三年何休說：「禮，公卿大夫士皆選賢而用之。卿大夫任重職大，不當世，爲其秉政久，恩德廣大，小人居之，必奪君子威權。故尹氏世立王子朝，齊崔氏世弑其君光。君子疾其末則正其本，見譏於卒者，亦不可造次無故驅逐，必因其過卒絶之。明君案見勞授賞，則衆譽不能進無功；案見惡行誅，則衆讒不能退無罪。」此春秋譏世卿之義。蓋卿大夫世，則舉直錯枉之法不行。有國者宜以不知人爲患，故子夏述舜舉皋陶，湯舉伊尹，皆不以世而以賢，以明大法。潘氏集箋：書皋陶謨云：「能哲而惠，何憂乎驩兜？何遷乎有苗？何畏乎巧言令色孔壬？」孫星衍疏言：「能聖且仁，則不仁者遠。」

【集解】孔曰：「富，盛也。言舜、湯有天下，選擇於衆，舉皋陶、伊尹，則不仁者遠矣，仁者至矣。」

【唐以前古注】左文十八年傳正義引鄭注：皋陶爲士師，號曰庭堅。

按：書舜典：「命皋陶曰：『汝作士。』」孟子萬章篇亦云：「皋陶不名士師也。」疑「師」字誤衍。

皇疏引蔡謨云：何謂不仁者遠？遠，去也。若孔子言能使枉者去，則是智也。今之能使枉者直，是化之也。孔子言其化，子夏謂之去者，亦爲商之未達乃甚於樊遲也。子夏言此者，美舜、湯之知人，皋陶、伊尹之致治也，無緣説其道化之美，但言不仁者去。夫言遠者，豈必足陟遐路，身適異邦，賢愚相殊，是以遠矣。故曰性相近也，習相遠也。不仁之人，感化遷善，去邪枉，正直是與，故謂遠也。

【集注】歎其所包者廣，不止言知。伊尹，湯之相也。不仁者遠，言人皆化而爲仁，不見有不仁者，若其遠去爾，所謂使枉者直也。子夏蓋有以知夫子之兼仁知而言矣。

【餘論】讀四書大全説：仁知合一之説始於曾吉甫，而朱子取之。乃程子及和靖所云，則不添入此一重意。尹氏之言特發程子之意，而分貼經文，尤爲清切。其云「不獨欲聞其説」者，知人愛人之説也。云「又必欲知其方」者，舉直錯枉之方也。云「又必欲爲其事」者，選衆而舉之事也。子曰愛人，曰知人，二語極大極簡。大則疑淺，簡則疑疏，太易理會，則太難證入，故曰「有其説而未有其方」也。今言仁知，孰不知仁爲愛人，而知爲知人者。乃愛人而何以愛之，知人而何以知之，未得其方，則雖日念愛人，而人終不被其澤；日求知人，而人終相惑以相欺。此遲所爲疑其但有言説而無方趣，闊大簡略而迷所向也。乃愛人則權在我，而知人則權在人，故曰「知人則哲，惟帝其難之」。是以遲之未達，於知人而更甚。罔然無措之情，遂形於色。而子乃授之以方曰「舉直錯諸枉，能使枉者直」。苟知是，不患知人之無方矣。蓋人之難知，不在於賢不肖，而在於枉直。有枉者起，飾惡爲善，矯非爲是，於是乎欲與辨之而愈爲所惑。今且不問其善惡是非之迹，而一以直枉爲斷。其直也，非可正之以是也，陷於惡，可使向於善也，則舉之也。其枉也，則雖若是焉、若善焉而錯之。必也如此，而人不相飾以善，不相争於是，不相掩於惡，不相匿於非，而但相戒以枉。枉者直，則善者著其善，不善者服其不善，是者顯其是，非者不護其非，於以分别善惡是非而不惑，又何難哉？此所謂知人之方也。以此通乎仁之愛人，近譬諸己以爲施濟，先篤其親以及於民物，亦不患愛之無方矣。乃方者，事所從入之始功也。始之爲方者約，而繼之爲事也博。故方有未可以該事者，以方該事，而或流於術，此遲之所爲再疑也。今使規規然舍賢不肖之迹，而一從直與不直以求之，則是操術以深其察察之明，而於御世之大權，或以纖用而不給於行遠，則能使枉者直之效，亦未必其不爽。而子夏之以事徵其必然者，既可以證聖言之不虚，且舜、湯之以治天下，道不外是，則非一曲之方術。而知人之大用與其大功，通始終，包遐邇，無不富有於兩言之内，則方者即事而非僅其從入之徑，故曰然後有以知之。則施爲之次第條理，爲要爲詳，統無不喻，故曰包含無所不盡也。曰直曰枉，非盡乎賢不肖之辭也。枉者固不肖，而不肖者固不盡於枉，賢者必直，而直非賢之極致。乃極而論之，則極乎賢者，亦但極乎直，故皋陶、伊尹德亦盛矣，而要其所備之德，總以無所掩冒者爲盛。故舉直者必若舉皋陶、伊尹而後爲極致。則始以爲方，或可於不能賢之中，姑取其直。而終以大其事，則極直之致，於無不賢之中，得其無不直。要不可謂於舉直之外，别有知人之法也。此所謂「語近不遺遠，語遠不舍近」者也。而後知人之事，洵無異量，則可無憂人之不易知。以此例之，亦可知人之無難愛矣。

【發明】松陽講義：觀於後世，因舉錯而紛紛多事者，不可勝數。漢之黨錮，宋之元祐，皆由小人不肯俯首屈服於君子，以至激成禍變。樊遲此語，亦切問也。然不知此要看舉錯何如耳。舉錯而稍涉於意氣，則不惟不能化人，而或至於生變。舉錯而一出於大公，則不但不憂其不服，而且可立見其革心。

○子貢問友。子曰：「忠告而善道之，不可則止，毋自辱焉。」

【考異】皇本、高麗本「而」下有「以」字，「不可」作「否」，「毋」作「無」。論語古訓：義疏云：「否，謂彼不見從也。」可知古本經文作「否」。

按：後漢書注引蔡邕正交論曰：「惡則忠告善誨之，否則止，無自辱焉。」即用此文，而以「不可」作「否」，知漢人所見本亦作「否」字。

【集解】包曰：「忠告，以是非告之也。以善道導之，不見從則止。必言之，或見辱。」

【集注】友所以輔仁，故盡其心以告之，善其説以道之。然以義合者也，故不可則止。若以數而見疏，則自辱矣。

【餘論】四書辨疑：「善其説以道之」，語意不明，不知如何是善其説，道是如何道。語録曰：「須又教道得善始得。」以此知注文「道」字乃教道也。朋友有過，既盡心以告之，而又加之以教道，須至於善而後已，此正犯「數斯疏矣」之戒，施之於朋友之間，必不能行。蓋道猶言也，善道之者，善其辭色以言之也。朋友有過，固當盡心無隱，竭忠以告之，然其告之之際，須當心平氣和，善其辭色以爲言，不從則止，無得峻數，以取自辱也。

○曾子曰：「君子以文會友，以友輔仁。」

【考異】詩鄭風子衿箋曰：「君子之學，以文會友，以友輔仁。」正義曰：「論語文。」方慤禮記解義引「以友輔仁」爲孔子語。

【考證】禮學記：「大學之教也，時教必有正業，退息必有居學。故君子之於學也，藏焉，修焉，息焉，遊焉。夫然，故安其學而親其師，樂其友而信其道，是以雖離師輔而不反也。」説苑説叢篇：賢師良友在其側，詩、書、禮、樂陳於前，棄而爲不善者鮮矣。潘氏集箋：説文：「輔，人頰車也。」左僖五年傳，宫之奇設「輔車相依，唇亡齒寒」兩喻。吕覽權勳篇：「虞之與虢也，若車之有輔也。車依輔，輔亦依車，虞、虢之勢是也。先人有言曰：『唇竭而齒寒。』」陳奐詩正月疏云：「車之有輔，猶齒之有脣，最相切近。人之兩頰曰車，口輔亦曰牙車，其命名即取車輔之義也。」然則輔仁者，猶云相依爲仁也。

【集解】孔曰：「友以文德合也。友有相切磋之道，所以輔成己之仁。」

【集注】講學以會友，則道益明。取善以輔仁，則德日進。

【餘論】劉源淥冷語（經正録引）：文者，禮樂法度刑政綱紀之文。當時文、武之道未墜於地，識大識小，莫不有文、武之道焉。夫子憲章文、武，教門弟子，以此講學，以此修德，如所謂兩君相會，揖讓而入門，入門而縣興，揖讓而升堂，升堂而樂闋，君子於是知仁焉。故曰：「人而不仁如禮何？人而不仁如樂何？」張子曰：「『禮儀三百，威儀三千』，無一事之非仁也。」若如近世之文，浮靡放漫，可爲輔仁之具哉？

【發明】反身録：問：君子以文會友，可見古人會友亦必以文，舍文則無以會友。曰：文乃斯文之文，在兹之文，布帛菽粟之文，非古文之文，時文之文，雕蟲藻麗之文。會友以收攝身心，此學人第一切務。前代理學諸儒，莫不立會聯友，以資麗澤之益。近代先輩則所在有會，每年春秋仲月，月凡三舉，爲大會。大會之外，退而又各就近集三五同志，每月三六九相與摩切，爲小會。總圖打點身心，非是求通聲氣。六十年來，斯事寥寥，可勝嘆哉！學人不爲身心性命則已，如爲身心性命，則不可不會友，會則不可無會約。先儒會約雖多，唯顧涇陽先生東林會約醇正儆切，吾有取焉。每一晤對，不覺心形俱肅。會友者酌奪古人之宜，倣而行之可也。

# 論語集釋卷二十六

## 子路上

○子路問政。子曰：「先之勞之。」

【音讀】翟氏考異：孔氏舊解云：「先導之以德，使民信之，然後勞之。」則先如字。今集注用蘇氏以身先説，故先當去聲。朱子文集：程允夫引「堯曰勞之來之」爲證，讀勞去聲。梁氏旁證：孔注「先導之以德，使民信之，然後勞之」，與集注引蘇氏「凡民之行，以身先之；凡民之事，以身勞之」義無二致，則先、勞皆可如字讀。金氏履祥又以先字當讀去聲，亦可不必也。

【考證】劉氏正義：禮月令云：「以道教民，必躬親之。」大戴禮子張問入官篇：「故躬行者，政之始也。」又云：「君子欲政之速行也者，莫若以身先之也。欲民之速服也者，莫若以道御之也。」皆言政貴身先行之，所謂「其身正，不令而行」是也。下篇子夏曰：「君子信而後勞其民。」子張問政，夫子告以「擇可勞而勞之」，即此注所云「勞之」也。魯語敬姜曰：「昔聖王之處民也，擇瘠土而處之，勞其民而用之，故長王天下。夫民勞則思，思則善心生。逸則淫，淫則忘善，忘善則惡心生。沃土之民不材，淫也。瘠土之民莫不嚮義，勞也。」又曰：「君子勞心，小人勞力，先王之訓也。自上以下，誰敢淫心舍力？」並言政尚勞民之誼。孔注此文雖與鄭異，亦得通也。

【集解】孔曰：「先導之以德，使民信之，然後勞之。易曰：『説以使民，民忘其勞。』」

【集注】蘇氏曰：「凡民之行，以身先之，則不令而行。凡民之事，以身勞之，則雖勤不怨。」

【别解】羣經平議：「先之勞之」四字作一句讀，猶陽貨篇曰「使之聞之」，不得因有兩「之」字而分爲二事也。詩緜蠻篇「爲之載之」，孟子滕文公篇「與之食之」，句法皆與此同。先之勞之，謂先民而任其勞也。天子親耕，后親蠶之類，皆其事矣。孔謂先導之以德，然後勞之，似於文義未合。下文子路請益，而告以無倦，蓋先任其勞則易倦，故戒之也。

【餘論】四書辨疑：解先之爲凡民之行以身先之，而「先之」兩字之間，無該民行之意，義不可通。解勞之爲凡民之事以身勞之，亦不知事爲何事。説者往往以爲爲政治民之事。語録曰：「勞是爲他勤勞。」纂疏引輔氏「古人戴星而出，戴星而入，與夫以時循行阡陌，躬行講武」之説爲證，本以佐蘇氏之説，其實意不相合。蘇氏以凡民之事與凡民之行對説，行既爲民之行，則事亦是民爲之事，非爲政治民之事也。然民爲之事，如耕種耘穫築場爲圃剥棗條桑，何所不有？爲政者豈能皆以己身親勞之哉。況以身勞之，亦只是先之之意，與上文以身先之蓋重複也。觀其文勢，「先之勞之」四字之間，惟勞字是其主意，通貫上下之文。先之謂先己之勞，勞之謂後勞其民也。如古人戴星而出，戴星而入，此正先之之義，所謂「先己之勞」是也。己先有此勤政之勞，然後以政勤勞其民，民雖勞而不怨也。論語稽求篇：先之，先民也，勞則勞誰乎？先仲氏曰：「經凡之字俱有所指，孔安國解此謂先導民以德，使民信之，夫然後從而勞之。則兩之字俱屬民解。且此是聖門習語，如夫子贊易曰『説以先民，民忘其勞』，子夏曰『君子信而後勞其民』是也。若無倦另是一意，先勞是不迫于始，無倦是不懈于終。一不鋭往，一不惰歸，一不苛于民，一不恕于己，更不必兩作粘合。」説亦甚妥。如晉武帝耕藉詔有云：「先之勞之，在于不倦。」可驗。

【發明】朱子語類：欲民之親其親，我必先之以孝。欲民之事其長，我必先之以弟。又曰：「凡以勞苦之事役使人，己須一面與之做，方可率之。如勸課農桑等事，須是己不憚勤勞，親履畎畝，與其句當，方得。」

請益。曰：「無倦。」

【考異】舊文「無」爲「毋」。釋文曰：「『毋』，本今作『無』。」

【考證】四書通：子張堂堂，子路行行，皆易鋭於始而怠於終，故答其問政，皆以無倦告之。

【集解】孔曰：「子路嫌其少，故請益。曰無倦者，行此上事，無倦則可。」

【集注】吴氏曰：「勇者喜於有爲而不能持久，故以此告之。」

【餘論】黄氏後案：先之勞之，所晐者廣，何以嫌少請多？何解引孔，開吴才老訾前賢之漸，非也。曲禮「請益則起」，注：「益，謂受説不了，欲師更明説之。」下即引此經以證。然則請益者，請申説其所以能如此也。答以無倦者，謂導先之慰勞之，惟不倦者能如此也。鄭君義如此。

【發明】四書通引饒雙峰曰：大凡事使人爲之則易，身親爲之則憚其難。先之勞之，皆不便於己之事，所以易倦。四書近指：聖人非因子路所長，迪以先勞，是萬古治亂盛衰之所繫。非因子路所短，益以無倦，是萬古自治而亂、自盛而衰之所繫。

○仲弓爲季氏宰，問政。子曰：「先有司，赦小過，舉賢才。」

【考異】太平御覽刑法部述論語曰：子路問政。子曰：「先有司，赦小過，舉賢才。」皇疏：仲弓將往費爲季氏采邑之宰。漢書平帝紀詔引文，「才」字作「材」。

【考證】劉氏正義：吕氏春秋審分覽：「凡爲善難，任善易。奚以知之？人與驥俱走，則人不勝驥矣。居於車上而任驥，則驥不勝人矣。人主好治人官之事，則是與驥俱走也，必多所不及矣。」又云：「人主之車，所以乘物也。察乘物之理，則四極可有。不知乘物而自怙恃，奪其智能，多其教詔，而好自以，若此，則百官恫擾，少長相越，萬邪並起，權威分移，不可以卒，不可以教，此亡國之風也。」觀此，是凡爲政者，宜先任有司治之，不獨邑宰然矣。「赦小過」者，爾雅釋詁：「赦，舍也。」説文：「赦，置也。」有司或有小過，所犯罪至輕，當宥赦之，以勸功褒化也。言小過赦，明大過亦不赦可知。賢才，謂才之賢者。有賢才可自辟舉，爲己輔佐。若有盛德之士，更升進之，不敢私蔽之也。宋氏翔鳳發微云：「自世卿世大夫，而舉賢之政不行。故仲弓獨質其疑，以求其信。皋陶曰『在知人』，禹曰『惟帝其難之』，此『焉知賢才』之慮也。如舜舉皋陶，湯舉伊尹，皆舉爾所知也。不仁者遠，則仁者咸進。易曰：『拔茅茹，以其彙征。』此『爾所不知，人其舍諸』之説也。」

【集解】王曰：「先有司，言爲政當先任有司，而後責其事。」

【集注】有司，衆職也。宰兼衆職，然事必先之於彼，而後考其成功，則己不勞而事畢舉矣。過，失誤也。大者於事或有所害，不得不懲，小者赦之，則刑不濫而人心悦矣。賢有德者，才有能者，舉而用之，則有司皆得其人而政益修矣。

【别解】趙佑温故録：四書近指載蘇氏曰：「有司既立，則責有所歸。然當赦其小過，則賢才可得而舉。惟庸人與姦人無小過，張禹、胡廣、李林甫、盧杞輩是也。若小過不赦，則賢者避過不暇，而此輩人出矣。」按此以三者串説有理。集注「有司皆得其人」，亦謂舉賢才爲有司也。

曰：「焉知賢才而舉之？」子曰：「舉爾所知；爾所不知，人其舍諸？」

【集解】孔曰：「女所不知者，人將自舉其所知，則賢才無遺。」

【唐以前古注】皇疏引范甯云：仲弓亦非不欲舉才，識昧不知人也。孔子以所知者則舉之，爾不知者，他人自舉之，各舉所知，則賢才豈棄乎。

【集注】仲弓慮無以盡知一時之賢才，故孔子告之以此。程子曰：「人各親其親，然後不獨親其親。仲弓曰：『焉知賢才而舉之？』子曰：『舉爾所知；爾所不知，人其舍諸？』便見仲弓與聖人用心之大小。推此義則一心可以興邦，一心可以喪邦，只在公私之間爾。」

【餘論】四書改錯：此則貶抑聖門之大無理者。夫子云舉賢才，此重在舉者，而仲弓謂不知何舉，蓋稍疑乎子言之不及知也。而夫子則仍重在舉，故曰爾豈無一知者，苟能舉，則無不知矣。此在本文順讀便明，一在知舉，一在舉知，何公何私？何大何小？而程氏無端吹索，必求有弊。然其説難通。朱氏將本文「知」字上加一「盡」字，曰盡知，使先坐以隙，而然後程説可入，於是直接程説以責之（此非圈外注）。夫人有良心。仲弓據德行之列，夫子稱其可使南面，山川勿舍，或妄語不足信，然焉知一語亦非喪良心之言，乃直誅其心，謂可喪邦，則竟從無可詬詈處，必憑空造揑，使其無所容於天地間而後已。試問此東魯一邦，在魯先諸大夫曾下展禽，逐公孫子家，猶苟且圖存，歷東周七國，延至吕秦而後亡，而仲氏一語，乃遂舉是邦而盡喪之，人有良心，何可作此言？

按：程氏對於先賢，吹毛求疵至此，殊屬有傷忠厚。毛氏喪盡天良之詈，非無因也。

【發明】崔東壁論語餘説：人之才不必皆長，而事亦往往有棘手者。法太密則人皆有慮患避事之心，以因循爲得計，而事之廢弛者多，故小過不可不赦也。庶官不得其人，則雖先之赦之，而亦無益於事，故所重尤在舉賢才。有一官，即擇一能治此官者而付之理，則身不勞而政畢舉，周公立政之篇所以必以三宅、三俊爲要務也。此雖爲爲宰者言之，其實治國治天下皆若是而已矣。

四書近指：以天下之治，付之天下之人，至用天下之人，亦仍付之天下之人，總是持寬大，尚體要，我與天下俱遊於簡易之中。

按：後漢書章帝紀詔曰：「昔仲弓季氏之家臣，子游武城之小宰，孔子猶誨以賢才，問以得人。明政無大小，以得人爲本。」陸敬輿奏議曰：「知人之難，聖哲所病。聽其言則未保其行，求其行則或遺其才。校勞考則巧僞繁興，而貞方之人罕覯；殉聲華則趨競彌長，而沈退之士莫升。是必素與交親，備詳本末，探其志行，閲其器能，然後守道藏器者可得而知，沽名飾貌者不容其僞。是以前代有鄉舉里選之法，長吏辟舉之制，所以明麻試、廣旁求、敦行能、息馳騖也。」又曰：「廣求才之路，使賢者各以彙征。啓至公之門，令職司皆得自達。」皆與夫子之言互相發明，附識於此。

**○子路曰：「衛君待子而爲政，子將奚先？」**

【考證】史記孔子世家：是時，衛公輒父不得立，在外，諸侯數以爲讓。而孔子弟子多仕于衛，衛君欲得孔子爲政。子路曰：「衛君待子而爲政云云。」四書翼注：集注此筆鄭重分明之至。蓋衛輒之據國，至是已九年矣。前此名之不正，有所不得已，故子路仕於衛，孔子不以爲非。衛孝公致粟六萬，孔子受之，謂之公養之仕而不傷廉，以義有可通也。至是則名宜亟正，不正則於義更無可通。輒之君國九年，以事理揆之，距衛靈即位已五十年，南子當亦老且死矣。即不死，輒據位日久，恩信足以結臣民，威刑足以馭奄宦，可以行正名之説，莫如此時。使子路能信孔子之説，以達於輒，洗心悔罪，涕泣郊迎，復爲父子如初。瞶自君衛，輒自爲世子，誰曰不宜？無如人情破不得，總爲此利字。菟裘將老，不過空言。西内刧遷，却是實事。流連觀望，有識之士，始有伯夷、叔齊之問。正名之論，非廢輒也，教之讓也。彼待我而爲政，我教之讓於父，夫子之論，明明可行，又何煩後儒之聚訟哉？　黄氏後案：史記世家：「衛君輒父不得立，在外，諸侯數以爲讓。而孔子弟子多仕於衛，衛君欲得孔子爲政。子路有往將何以先行之言。」朱子注本此。然世家云：「魯哀公六年，孔子自楚反衛。十一年，歸魯。」與注所言年數不合。據十二諸侯年表，又與注自楚不合。狄惺庵作孔子編年云：「哀公六年歸魯，十年自魯如衛。」

【集解】包曰：「問往將何所先行也。」

【集注】衛君，謂出公輒也。是時魯哀公之十年，孔子自楚反乎衛。

子曰：「必也正名乎！」

【考證】全祖望鮚埼亭集正名論曰：孔子以世子稱蒯聵，則其嘗爲靈公所立無疑矣。觀左傳累稱爲太子，固有明文矣。不特此也，其出亡之後，靈公雖怒，而未嘗廢之也。靈公欲立公子郢，而郢辭，則靈公有廢之意而不果，又有明文矣。惟蒯聵未嘗爲靈公所廢，特以得罪而出亡，則聞喪而奔赴，衛人所不可拒也。蒯聵之歸有名，而衛人之拒無名也。況諸侯之子，得罪於父而仍歸者，亦不一矣。晉之亂也，夷吾奔屈，重耳奔蒲。及奚齊、卓子之死，夷吾兄弟相繼而歸，不聞以得罪而晉人拒之也。然則於蒯聵何尤焉？故孔子之正名也，但正其世子之名而已。既爲世子，則衛人所不可拒也。　劉氏正義：正名者何？正世子之名也。春秋哀二年：「夏，晉趙鞅帥師納衛世子蒯聵于戚。」孔疏：「世子者，父在之名。蒯聵父既死矣，而稱世子者，晉人納之，世子告之，是正世子以示宜爲君也。春秋以其本是世子，未得衛國，無可褒貶，故固而書世子耳。」據此，是世子之稱，春秋不以爲非而存之。愚謂春秋之義，世子繼體以爲君。爲輒計者，内迫於南子，不能迎立蒯聵，則惟如叔齊及公子郢之所爲，遜避弗居斯已耳。乃輒儼然自立，當時必援無適子立適孫之義，以王父命爲辭，是輒不以世子予蒯聵。觀於公子郢之言「有亡人之子輒在」，忠貞如子郢，在輒未立時，已不敢以世子稱蒯聵，則輒既立後，假以王父之命，其誰敢有稱蒯聵爲世子者？所以蒯聵入戚，衛命石曼姑同齊國夏帥師圍戚，明是待蒯聵以寇仇，其不以世子稱蒯聵審矣。太史公自序云：「南子惡蒯聵，子父易名。」謂不以蒯聵爲世子，而輒繼立也，名之顛倒，未有甚於此者。夫子亟欲正之，而輒之不當立，不當與蒯聵争國，顧名思義，自可得之言外矣。

惲敬先賢仲子廟立石文（劉氏正義引）：衛出公未嘗拒父也。衛靈公生於魯昭公二年，其卒年四十七，而蒯聵爲其子，出公爲其子之子。蒯聵先有姊衛姬。度出公之即位也，内外十歲耳。二年，蒯聵入戚。三年春，圍戚。衛之臣石曼姑等爲之，非出公也。夏氏炘衛出公輒論亦云：靈公薨時，輒至長亦年十餘歲耳。以十餘歲之童子即位，則拒蒯聵者非輒也。蒯聵有殺母之罪，斯時南子在堂，其不使之入明矣。輒不得自專也。及輒漸長，而君位之定已久，勢不可爲矣。考蒯聵於靈公四十二年入居於戚，及至出公十四年始與渾良夫謀入，凡在戚者十五年。此十五年中，絶無動静，則輒之以國養可知。孔子於輒之六年自楚至衛，輒年可十七八歲，有欲用孔子之意。故子路曰：「衛君待子而爲政。」孔子以父居於外，子居於内，名之不正，莫甚於此，故有正名之論。而子路意輒定位已久，且以國養父，未爲不可，故以子言爲迂。其後孔子去衛，而果有孔悝之難。甚矣聖人之大居正，爲萬世人倫之至也。孟子曰：「孔子於衛孝公公養之仕。」先儒謂孝公即出公輒。孔子在衛凡六七年，輒能盡其公養，則此六七年中必有不忍其父之心。孔子以爲尚可與爲善，而欲進之以正名。惜乎優柔不斷，終不能用孔子耳。設也輒果稱兵拒父，而孔子猶至衛，且處之六七年，何以爲孔子？論語稽求篇：不父其父，而禰其祖，竊謂其事可疑，有未易遽論定者。左傳靈公謂公子郢曰：「余無子。」是靈不以蒯聵爲子也。然而國語稱納蒯聵時，聵禱於軍中曰：「文祖襄公，昭考靈公。」則蒯聵未嘗不父靈也。然且哀十六年聵甫返國，即告于周曰：「蒯聵得罪於君父君母。」則不特父靈，且并南子亦母之。若聵之子輒，則渾良夫謂聵曰：「疾與亡君皆君之子也。」是子輒也。輒之父聵，則藉圃之難，輒將出奔，時蒯聵已死，拳彌勸輒曰：「不見先君乎？」是父聵也。然且哀十六年蒯聵入衛，而旋見弑於己氏。至般師子起，兩經篡立。夫然後輒復返國，謚聵莊公，奉聵於禰廟而祇事之。越七八年，乃又復出奔而客死於越，是輒固嘗禰父者。其前此禰祖，以父未立也。父未立，則父也，非禰也，名有然也。後之禰父，以般與起未成君，而父成君也。父成君則君也，禰也，而實考也，名有然也。故輒之得罪在拒父，不在禰祖。而人之罪之，當責實，不當正名。自正名之説起，世遂有以祖禰爲可易者。先禰而後祖，躋僖而降閔。漸有攙未立之君而入太廟，如明世之祀興獻稱睿宗者，此不可不察也。正名之説起，世遂有以父子之名爲可易者。襄仲之子繼襄仲之長子，而稱兄爲父，稱父爲祖。致宋濮王、明興獻皆請改皇考之稱，而稱皇叔父，以致大禮決裂，千載長夜者，此不可不察也。然則正名何居？舊注引馬融曰：「正百事之名也。」考祭法：「黄帝正名百物，以明民共財。」而漢藝文志謂：「名家者流，蓋出於禮官。古者名位不同，禮亦異數。孔子曰：『必也正名乎！』」凡辨名所在，不可苟爲鈲析。且從來有名家書，如鄧析、尹文子、公孫龍、毛公諸篇。尹文子與宋鈃游齊稷下，毛公、公孫龍同游於趙平原君家，俱以堅白同異辨名義爲辭。此則名家之説之所由著也。若漢後儒者，猶尚名説，曰名物，曰名義，曰名象，而浸尋失真。至晉時魯勝注墨辨一書，深論名理，謂：「名者所以別同異明是非，道義之門，政化之準繩也。孔子曰：『必也正名。』『名不正則事不成。』墨子著辨經以立名本，而荀卿、莊周輩皆非之，然終不能易其論也。」其序尚存晉史，約四五百言，極言隱顯虛實同異真似之辨，毫釐纖悉，皆有分剖，其文甚著。則是稱名之名，祇是一節，而百凡事爲，無非是名。如禮人名不以國，以國則廢名，是名不可言。王莽傳云：「臨有兄而稱太子，其名不正。宣尼公曰：『名不正則言不順。』」此稱名之名也。若百事之名，熊氏謂曾子有母之喪，水漿不入於口者七日，是過禮也。雖名爲孝，而不可明言以爲法，故禮不與。後漢薛宣子況爲博士所毁，而廷尉與御史中丞議罪不確，有云：「孔子云：『必也正名。』『名不正，則刑罰不中。』」此則事名之見乎禮樂與刑罰者。況春秋以義正名，凡列國興師，如討貳服叛收奪報怨之事，皆須有名。故宣二年秦師伐晉，報其無名之侵。僖四年齊侵蔡伐楚，當時稱其有名。而檀弓：「吴侵陳，夫差謂行人儀曰：『師必有名。人之稱斯師也，其謂之何？』」是兵戎大事，其關於正名者尤急。意者夫子返衛，則適當衛人拒輒，彼此搆兵之際。而案以春秋大法，正名定義，謂之拒父，不謂之拒父，此固考辨所最急者，故曰正名。若名不正以下，則又汎言百事之名以折之。蓋拒父一事，第使隱悟，不可明言耳。或謂拒父興師，其不正之名，顯然在人，有何疑議，而猶待爲之正之。不知此時拒父實有名，言之未易定者。當哀之二年，出公既立，而是年是月，晉即以趙鞅率師納蒯聵于戚。衛人以爲蒯聵不子，既得罪先君，而又乘先君未葬，興師入寇，義不可納，故奮然拒之。而春秋書法，亦復以爲輒不當私順親心，納父不拒。蓋古有孫從祖之文，且廟制昭自爲昭，穆自爲穆，不當從父命而廢王父之命。故穀梁於「蒯聵納戚」，傳曰：「納者，內勿受也。勿受者，輒勿受也。以輒不受父之命，受之王父也。信父而辭王父，則是不尊王父也。其勿受，以尊王父也。」公羊於「齊國夏、衛石曼姑圍戚」，傳曰：「曼姑受命于靈公而立輒，以曼姑之義，爲固可以拒之也。蒯聵無道。靈公逐蒯聵而立輒。輒可以立乎？曰可。其可奈何？不以父命辭王父命，以王父命辭父命，是父之行於子也。不以家事辭王事，以王事辭家事，是上之行乎下也。」故當時衛人羣然以拒聵爲能事，其拒聵也，並不曰爲輒拒父，而曰爲靈公拒逆。雖聖門弟子，皆以爲然。子貢使吴，子路結纓，恬不爲怪，故子路、子貢並有爲衛君之問。惟夫子隱以爲非，在爲衛君章風其退讓，在此章則示以正名。所謂正名者，正欲辨其受命之名、拒父之名也。何也？蓋輒固未嘗受命於靈公者也。據春秋，靈死之歲，曾謂子郢曰：「將立汝。」郢不對。他日，又謂之。郢曰：「郢不足以辱社稷，君其改圖。」然其時又曰：「君夫人在堂，三揖在下，君命祇辱。」此言君立後當以禮，與夫人卿士同之。今君命，私命耳，祇取辱也。是當時立郢之説尚是私命，更無他命命輒可知。及靈卒，而夫人曰：「君命郢爲太子。」郢不受，曰：「君没於吾手。若有命，郢必聞之。」是靈雖命郢，終是私命，故郢直得以不聞命辭之。既不命郢，則更無他命又可知。于是郢以己意讓瞶子曰：「且亡人之子輒在。」然後立輒，則所謂輒之立受之王父者，毋亦有未然者耶？則所謂輒受王父命，不當受父命者，毋亦有未確者耶？則夫爲先君拒逆王，可廢親國，亦可廢家者，毋亦有可疑而不可盡信者耶？夫如是，則師出以名拒父與？其不可謂之拒父之師與？此皆夫子所急欲正之而不敢明言者。若夫公羊所云石曼姑受命于靈公而立之，則夫人三揖，皆未與聞，豈有南子不受顧，而曼姑反受顧者？此因春秋記曼姑之名，而故爲飾之，非實録也。蓋衛自哀公二年至十四年，蒯瞶入戚，而衛人拒之，其相持之久至十二年。而夫子以哀公六年返衛，則此時名義未決，正須辨定，故夫子以正名爲先，誠是要事。此則度之時，審之勢，質之義理，證之諸經傳，而斷斷不爽者。夫子爲衛君章從來亦不得解，但以父子争國與兄弟讓國相比較，雖常人猶知之，何待由、賜？正以王父命與父命比較，王事與家事比較，則急難明耳。蓋齊受父命，輒受王父命，輒未嘗異齊也。夷遵父命，瞶不遵父命，是瞶實異於夷也。夷讓，齊亦讓，是讓當在瞶也。瞶争，輒亦争，是争不先在輒也。況叔齊之讓，祇重親私；衛君之争，實爲國事。蓋親不敵王，家不廢國。萬一夷、齊並去，而二人相對，惟恐國事之或誤，而稍有怨心，則必爲衛君，而不謂其並無怨也。如此則二賢之問，專鋒對而解悟捷，主客隱顯，極爲可思。然且二賢終不去衛，一爲之使，而一爲之殉，則當時之爲輒而拒蒯爲何如者，況衛人也？

【集解】馬曰：「正百事之名。」

【唐以前古注】皇疏：所以先須正名者，爲時昏禮亂，言語翻雜，名物失其本號，故爲政必以正名爲先也。所以下卷云「邦君之妻，君稱之曰夫人」之屬，是正名之類也。韓詩外傳云：「孔子侍坐季孫。季孫之宰通曰：『君使人假馬，其與之不乎？』孔子曰：『君取臣謂之取，不謂之假。』季孫悟，告宰通曰：『今日以來，云君有取，謂之取，無曰假也。』故孔子正假馬之名，而君臣之義定也。」又引鄭注云：正名，謂正書字也。古者曰名，今世曰字。禮記曰：「百名已上，則書之於策。」孔子見時教不行，故欲正其文字之誤。

【集注】是時出公不父其父而禰其祖，名實紊矣，故孔子以正名爲先。

【別解】經義雜記：周禮外史「掌達書名於四方」，注：「古曰名，今曰字。使四方知書之文字，得能讀之。」又儀禮聘禮記「百名以上書於策，不及百名書於方」，注：「名，書文也，今謂之字。」又許氏説文解字敘云：「今敘篆文，合以古籀，博采通人，至於小大，信而有證。稽譔其説，將以理羣類，解謬誤，曉學者，達神恉，分別部居，不相雜厠也。萬物咸覩，靡不兼載，厥誼不昭，爰明以諭。於其所不知，蓋闕如也。」觀許引「君子於其所不知」二句，是亦以正名爲正書字。此鄭説所本。

潛研堂答問：禮記祭法云：「黃帝正名百物。」而蒼頡制文字即於其時。名即文也，物即事也，文不正則言不順而事不成。馬、鄭本無二義，故唐以前說論語者皆因之。春秋之世，方競戰爭，而孔子以正名爲先，故子路以爲迂也。拜經文集：孔子書字必從保氏所掌古文爲正，病時不行，故衞君待子以爲政，而子以是爲先也。子路以非急務，不必盡正，故子斥以爲野。又云：「君子於其所不知，蓋闕如也。」即史闕文之意。說文解字敍亦引此二句，是許君同以爲正字。又云：「名不正，則言不順。」言者，句也。文字不正，則書句皆不順，顛倒是非，故事不成，而禮樂刑罰皆失，其弊至於民無所措手足。故君子名之必可言，言之必可行，於書無所苟。正名乃爲政之本，與刪詩書、定禮樂同一垂教萬世，不可以空言視之也。隋經籍志小學類正名一卷，敍云：「孔子曰：『必也正名乎。』名謂書字云云。」釋文敍同，是隋以前俱鄭學。要之子路高弟，豈以名分爲不當正。孔子世家以此章列衞輒父不得立之下，當是孔氏古文之誤，鄭君不取也。論語古訓：周禮外史「掌達書名於四方」，注：「古曰名，今曰字。使四方知書之文字，得能讀之。」賈疏：「古者文字少，直曰名。後代文字多，則曰字。字者，滋也。滋益而生，故更稱曰字。正其名字，使四方知而讀之也。」大行人「九歲屬瞽史諭書名」，注：「書名，書之字也。古曰名。聘禮曰：『百名以上。』」此注引禮記者，聘禮記文。彼云：「百名以上書於策，不及百名書於方。」注：「名，書文也。今謂之字。」賈疏引此注以證，是文字通謂之名，故鄭云云也。

按：「名」字，馬、鄭、朱三說互異，當以馬注爲正，即今所謂論理學也。朱注根據史記，指名分言，說可並存。左成二年傳：「仲尼曰：『惟器與名，不可以假人。』則即以爲正名分，亦奚不可者？且史公在馬、鄭之先也。鄭注最爲迂遠，何平叔不採之，未爲無見。陳鱣、臧在東、潘維城輩，堅主鄭義，反以史記爲誤，不免漢學家門户之見。梁氏玉繩瞥記則主調停之說，以爲不父其父而禰其祖，必衛輒當日於稱名之間，直以靈公爲父，如後世取孫作子，與父並行之類。族系亂而昭穆乖，自宜亟正之。漢書藝文志名家序：「古者名位不同，禮亦異數。」又王莽傳：「臨有兄而稱太子，名不正。」兩處皆引論語以證之，可知漢人舊訓如此。馬氏推廣言之，鄭氏質實言之，皆可通也。

子路曰：「有是哉，子之迂也！奚其正？」

【考異】釋文：「迂」，鄭本作「于」，云于，往也。史記世家作「何其正」也。七經考文補遺：古本「正」下有「名」字。

【集解】包曰：「迂猶遠也。言孔子之言遠於事。」

【集注】迂，謂遠於事情，言非今日之急務也。

子曰：「野哉，由也！君子於其所不知，蓋闕如也。

【集解】孔曰：「野猶不達也。」包曰：「君子於其所不知，當闕而勿據。今由不知正名之義，而謂之迂遠。」

【集注】野，謂鄙俗。責其不能闕疑而率爾妄對也。

【別解】過庭録：荀子大略篇：「言之信者，在乎區蓋之間。疑則不言，未問則不立。」漢書儒林傳：「疑者丘蓋不言。」蘇林曰：「丘蓋不言，不知之意。」如淳曰：「齊俗以不知爲丘。」按丘古音同區，丘蓋即區蓋（楊倞荀子注）。區、闕聲之轉。論語之蓋闕，即荀子之區蓋，爲未見闕疑之意，故曰「蓋闕如也」，與「踧踖如也」同詞。讀「闕如」連文者非。

**名不正，則言不順；言不順，則事不成；事不成，則禮樂不興；禮樂不興，則刑罰不中；刑罰不中，則民無所措手足。**

【考異】舊文「措」字爲「錯」。釋文曰：「『錯』，本又作『措』。」梁統傳引孔子曰：「刑罰不衷，則人無所厝手足。」又張奮上疏，引文「措」亦作「厝」，「厝」下有「其」字。

【音讀】釋文：不中，丁仲反。下同。孫志祖讀書脞録：刑罰不中，中當如字讀。刑罰之所重者中，呂刑一篇言中者十。周禮鄉士「獄訟成，士師受中」，鄭司農云：「中者，刑罰之中也。」潘氏集箋：論語後録：「夫子此言本呂刑、周官。後漢梁統疏引中作衷，中與衷古字同。」據此，則讀丁仲反者非。

【集解】孔曰：「禮以安上，樂以移風。二者不行，則淫刑濫罰。」

【集注】楊氏曰：「名不當其實，則言不順；言不順，則無以考實而事不成。」范氏曰：「事得其序之謂禮，物得其和之謂樂。事不成則無序而不和，故禮樂不興；禮樂不興，則施之政事皆失其道，故刑罰不中。」

故君子名之必可言也，言之必可行也。君子於其言，無所苟而已矣。」

【考異】史記世家作「夫君子爲之必可名也，言之必可行也」。穀梁傳僖公十六年論五石六鷁事曰：君子之于物，無所苟而已。

【集解】王曰：「所名之事必可得而明言，所言之事必可得而遵行。」

【集注】程子曰：「名實相須，一事苟，則其餘皆苟矣。」胡氏曰：「衞世子蒯聵恥其母南子之淫亂，欲殺之，不果而出奔。靈公欲立公子郢，郢辭。公卒，夫人立之，又辭。乃立蒯聵之子輒，以拒蒯聵。夫蒯聵欲殺母，得罪於父，而輒據國以拒父，皆無父之人也，其不可有國也明矣。夫子爲政而以正名爲先，必將具其事之本末，告諸天子，請於方伯，命公子郢而立之，則人倫正，天理得，名正言順，而事成矣。夫子告之之詳如此，而子路終不喻也。故事輒不去，卒死其難。徒知食焉不避其難之爲義，而不知食輒之食爲非義也。」

【餘論】王陽明傳習録：問：孔子正名，先儒説上告天子，下告方伯，廢輒立郢，此意如何？先生曰：恐難如此。豈有一人致敬盡禮待我而爲政，我就先去廢他？豈人情天理？孔子既肯與輒爲政，必已是他能傾心委國而聽。聖人盛德至誠，必已感化衞輒，使知無父之不可以爲人，必將痛哭奔走，往迎其父。父子之愛，本於天性，輒能悔痛真切如此，蒯聵豈不感動底豫？蒯聵既還，輒乃致國請戮，輒已見化於子，又有夫子至誠調和其間，當亦決不肯受，仍以命輒，羣臣百姓又必欲得輒爲君。輒乃自暴其罪惡，請於天子，告於方伯諸侯，而必欲致國於父。聵與羣臣百姓亦皆表輒悔悟仁孝之美，請於天子，告於方伯諸侯，必欲得輒而爲之君。於是集命於輒，使之復君衛國。輒不得已，乃如後世上皇故事，率羣臣百姓，尊聵爲太公，備物致養，而始退復其位焉。則君君臣臣父父子子，名正言順，一舉而可爲政於天下矣。孔子正名，或是如此。

讀四書大全說：胡氏立郢之論，雙峰辨其非是，甚當。孟子所言易位者，唯貴戚之卿可耳。據馮厚齋所考，子路此問在輒立十二年之後，雖貴戚之卿，爲之已晚矣。春秋書「齊弒其君商人」，商人，弒君之賊，齊人君之而又殺之，則書弒。豈有十二年之後，業已爲之臣，而敢行廢置者乎？子路曰：「衛君待子而爲政。」夫子不拒，而但言正名，則固許委贄於衛輒之廷矣。聖人因時措宜，視天下無不可爲之事，豈介介焉必立郢而後可哉？　黄氏後案：春秋定公十四年書：「衛世子蒯聵出奔宋。」所以罪致亂之靈公。哀公二年書：「納衛世子于戚。」所以罪滅倫之輒。而蒯聵無幾諫號泣之誠，以刃剚母，苟其力之能爲，既殺母遂脅父，孰不可忍？迨其父執母手以登臺，力窮而出奔，以後其父若母必懲成其平日之不孝，而罪愈彰。靈公受晉趙鞅捘手之辱，誓不服晉，民亦公憤而願受五伐之苦。蒯聵奔晉主鞅，既失子道，復授敵以覬覦之謀，尤衛人所心斥者。靈公既卒，國人以嫡孫當立而立之，蒯聵於父喪未葬，以讎師襲國，父死之謂何，又因以爲利。且趙鞅有積忿於衛，因借之以誅滅，蒯聵決不能止之，衛人於是欲拒鞅，不能不拒聵。公、穀二傳有「以王父命辭父命」之文，此衛人拒敵之說，不得已而出此也。厥後蒯聵返國，周之命辭有曰「弗敬弗休」，曰「悔其可追」，益見聵之立非周天子意矣。冉有、子貢、子路皆聖門高弟，疑夫子之爲衛君，疑讓國將貽後怨，而以名爲難正，豈不謂使輒讓國，犯其所難，而事未必行。即使輒能讓國，而告之天王，詢之衆議，得國決非蒯聵，此子路所以言奚正，子貢所以直窮其怨與？然則夫子以求仁責輒何也？蓋聵之不宜得國，公論也，非輒之所得言也。輒苟悔拒父之非，心所安惟有讓國而已。讓國非己所得專，告之天王，詢之衆議，而父之能得國或不能得國，付之公論而已。輒所爲求仁得仁而無怨者，其立心必如是，不可有利國之心也。若夫子之籌畫衛事，必有進於是。先儒謂夫子必使輒讓國於公子郢；或謂輒不得棄父讓郢，祇可逃而去之；或又謂公子郢決不肯立，惟别立一人，而輒以身從父；或又謂春秋經既書世子，則國爲世子之國；或又謂當日之名必不能正，而必也正名，是教子路之不仕衛，俱於事情未核。式三謂蒯聵不諫母而忍於殺，忘父之讎，倖父之死，乃依其强大以求入，此罪之彰明較著，凡人不得欺者。則輒縱讓國，而聵之不宜得國可知。聵不宜得國，則宜得國者非輒而誰？當是時奉周天子之命，以平定衛難，明告聵以不得立之義，聵不能不服。且輒苟有讓國之誠，聵之怒必解；聵怒既解，而知已復無得國之勢，將有改圖。爲聵計者，必謂國立他君，不如立子，而安享於迎養之日，輒於是可立矣。夫輒以讓國爲正，使輒與蒯聵俱不得立，而别立一君，輒盡其仁心而已，所答子貢之問是也。若聖人以至誠相感，善處人骨肉之間，使蒯聵就養而輒得立，聵不欺已死之父以爭國，輒不拒出亡之父而得位，此名之正，所以可言可行也。

四書改錯：胡氏注春秋無一不錯，而注偏引之。既注四書，則於春秋中四書故事，亦宜略一繙閱。當時有何方伯？惟晉最强惡，自文、襄以後，遽以方伯自居，貶齊、魯、衛三國爲屬國，特定朝聘之期，貢賦之等，奔走悉索者已閲百年。至衛靈、齊景發憤不平，邀魯叛晉，與趙鞅抗兵，非一日矣。會蒯聵以得罪國母，奔事趙鞅，藉鞅師以攻齊攻衛，與父爲讎，以致衛靈身死，屍尚未葬，而趙鞅用陽貨計，借蒯聵奔喪爲名，於以襲國，竟納聵據戚邑，而衛不敢拒。至次年之春，齊景公遣師圍戚，而然後衛亦遣卿石曼姑帥師從之，此即宋儒所稱拒父之師者。向使當是時夫子欲下請方伯，討拒父以立子郢，而其所請者，則正衛靈所累戰累伐、假納聵以據戚邑之晉午、趙鞅。昏頭暈腦，吾不意講道論世注經立教者，而一致於此！若夫仕衛食禄，果屬非義，則夫子何難一言沮之？師弟貴告誡，未聞旁觀袖手，一任孺子入井者。孔子於衛靈爲際可之仕，衛輒爲公養之仕，是待子爲政，則子未嘗不仕也，陋儒妄言也。

按：夫子僅曰正名，究用何法可正，雖未嘗明言，然若外注胡氏之説，則恐不然。以羈旅之臣，一旦出公用之，而遂謀逐出公，此豈近於人情者？論語述要論之曰：「蒯聵當日是否真有欲殺南子事，抑出南子讒害，尚未可知。論者嘗以南子宋人，蒯出奔即如宋，疑無此事。縱嘗得罪，而具其事之本末，告諸天子，請於方伯，則是以子而播其父之惡，挾天子方伯之命以討之也，逆孰甚焉？輒不自請，夫子因輒待之爲政而爲之請，則是夫子食輒之食，而處輒於逆也。且即不計義理，事亦絶不得行。當日天子號令不出國門，若方伯則晉是也，趙鞅方帥師納蒯聵，何異與虎謀皮？是無天子方伯之可告可請也。公子郢辭靈公、南子之命於無事之時，又安肯出任於輒、蒯父子紛争之日？是請告之後，仍無可立之人，徒使繼嗣不定，争立之亂未知延至何時也。一出與人家國而釀亂至此，夫子爲之乎？」可謂洞見本源之論。胡氏立郢之議，迂謬而不近人情，朱子不察而誤採之，未免自穢其書矣。

惜抱軒經説：朱子謂孔子雖有正名之説告子路，然終不分曉痛説與他，使不仕孔悝，此事不可曉。考孔子在衛與子路論爲政時，其時孔氏乃悝之父文子，蓋子路尚未仕孔氏，故得從子反魯，仕於季氏。及以不肯要言於小邾叛臣，始與季氏不合而去，檀弓子路去魯章正此時事。意至於衛，爲孔悝所招而入其家，此孔子所未及料者，無由預告以事悝之不可也。若在衛時，居其國不非其君大夫，但言正名，義亦分明。惜子路迂之，終不悟耳。其情事曲折，意是如此。

○樊遲請學稼。子曰：「吾不如老農。」請學爲圃。曰：「吾不如老圃。」樊遲出。子曰：「小人哉，樊須也！

【考異】史記弟子傳「請學圃」，無「爲」字。皇本「吾不如老圃」，「曰」上有「子」字。七經考文：「樊須也」，古本無「也」字。天文本論語校勘記：古本、足利本、唐本、津藩本、正平本「曰」上有「子」字。

【考證】四書賸言：樊遲請學稼。朱鹿田曰：「莫是如后稷教民稼穡，思以稼穡治民否？」及觀包咸舊注，則直曰遲將用稼以教民，則世亦原有見及者。遲以爲世好文治，民不信從，不如以本治治之，此亦時近戰國，幾幾有後此神農之言之意，特非並耕耳，然而小人之用矣。古凡習稼事者皆稱小人。尚書無逸篇：「知稼穡艱難，則知小人之依。」又祖甲逃民間，曰：「舊爲小人。」高宗與農人習處，曰：「爰暨小人。」孟子曰：「並耕者，小人之事。」此從來稱名如是，故子曰用稼非不善，然而身已爲小人而不自知矣。因以君民相感三大端教之，蓋好禮義信則用大，學稼則用小也。古「學」字即「教」字，爲教而學，故教亦名學。周禮：「大宰九職：一曰三農，生九穀。二曰園圃，毓草木。」注：「圃，即載師所云場圃，可樹菜蔬果蓏。」亦治民之事。論語發微：此商治道也。稼圃者，井田之法，一夫百畝，所以爲稼；五畝之宅，所以爲圃。樊遲欲以井田之法行於天下，後世學者當深究其理，農家者流，即出於此。孟子所謂有大人之事，有小人之事。小人哉者，使遲知稼圃爲小人之事也。

按：遲問稼圃，夫子即以上好禮等詞爲教，何其針鋒之不相對，所答非所問。自古注以來，均不得其解。皇疏引而不發，元朱公遷四書通旨列樊遲請學稼於異端門，與許行同譏，紀昀四庫提要深議其非，是元人已有此見解。竊疑漢書藝文志所載農家之書，有神農二十篇，野老十七篇，宰氏十七篇，尹都尉十四篇，趙氏五篇，王氏六篇，均不知爲何代人所作。班氏並敍其源流曰：「農家者流，出於農稷之官。及鄙者爲之，以爲無所事聖王，欲使君臣並耕，誖上下之序云云。」當孔子時，此等書籍必尚現存，學稼之請，即欲習其書也。孔子告以止須用禮治則民自服，不必採用農家之說。如此一問一答，方可銜接。朱公遷列之異端固非，若如朱注斥爲粗鄙近利，尤欠論古知人之識，不特貶抑聖門，爲毛西河所譏也。

【集解】馬曰：「樹五穀曰稼，樹菜蔬曰圃。」

【集注】種五穀曰稼，種菜蔬曰圃。小人，謂細民，孟子所謂小人之事者也。

上好禮，則民莫敢不敬；上好義，則民莫敢不服；上好信，則民莫敢不用情。夫如是，則四方之民襁負其子而至矣，焉用稼？」

【考異】文選西征賦注引文「民」諱作「人」。舊文「襁」爲「繈」。釋文曰：「『繈』，又作『襁』，同。」

【考證】翟氏考異：說文：「繈，觕類也。襁，負兒衣也。」繈負正當作「襁」。史記用字各不同，弟子傳「襁負其子」，與今本論語同作「襁」字。三王世家「皇子或作繈緥」，作「繈」。魯世家「成王在强葆之中」，又借作「强」。他如漢封禪書「業隆於繈緥」，曹全碑「百姓繈負」，大概從糸爲「繈」者多。程大中四書逸箋：博物志云：「襁，織縷爲之，廣八寸，長尺二寸，以約小兒於背，負之而行。」見三國志涼茂傳注。

【集解】孔曰：「情，情實也。言民化其上，各以情實應也。」包曰：「禮義與信，足以成德，何用學稼以教民乎？負者以器曰襁。」

【唐以前古注】皇疏引李充云：用情，猶盡忠也。行禮不以求敬，而民自敬；好義不以服民，而民自服；施信不以結心，而民自盡信，言民之行上，猶影之隨形也。負子以器，言化之所感，不召而自來。又曰余謂樊遲雖非入室之流，然亦從遊侍側，對揚崇德辨惑之義。且聖教殷勤，唯學爲先，故言「君子謀道不謀食」。又曰：耕也，餒在其中矣。學也，禄在其中矣。而遲親稟明誨，乃諮圃稼，何頑固之甚哉！縱使欲舍學營生，猶足知非聖師之謀矣。將恐三千之徒，雖同學聖門，而未能皆忘榮禄，道教之益，奢情之患切，簞食不改其樂者，唯顔回堪之耳。遲之斯問，將必有由，亦如宰我問喪之謂也。

按：李氏説引而不發。金仁山論語集注考證云：「所貴學於聖人者，以大學明德新民之道，修己治人之方也。而樊遲以學稼圃爲問，故夫子以不如老農老圃拒之，責之至矣。而又以小人名之，繼以大人之事言之，可謂明盡。然觀『四方之民』至『焉用稼』之語，則樊須所欲學，蓋欲如許行爲神農之言者，孟子闢許行章又此章之注疏也。農圃同一事，秦所謂種樹之書，漢所謂農家者流是也。」

【集注】禮義信，大人之事也，好義則事合宜。情，誠實也，敬服用情，蓋各以其類而應也。襁，織縷爲之，以約小兒於背者。楊氏曰：「樊遲遊聖人之門，而問稼圃，志則陋矣。詞而闢之可也，待其出而後言其非何也？蓋於其問也，自謂農圃之不如，則拒之者至矣。須之學疑不及此，而不能問，不能以三隅反矣，故不復。及其既出，則懼其終不喻也，求老農老圃而學焉，則其失愈遠矣，故復言之，使知前所言者意有在也。」

【别解】劉氏正義：當春秋時，世卿持禄，廢選舉之務，賢者多不在位，無所得禄，故樊遲請夫子學稼學圃。蓋諷子以隱也。書無逸云：「知稼穡艱難，則知小人之依。」又云：「舊爲小人。爰暨小人。」是小人即老農、老圃之稱。孟子滕文公篇「有大人之事，有小人之事」，與此同也。古者四民各有恒業，非可見異而遷。若士之爲學，則由成己以及成物，己欲立而立人，己欲達而達人。但當志於大人之事，而行義達道，以禮義信自治其身，而民亦嚮化而至，安用此學稼圃之事，徒潔身而廢義哉！

【餘論】四書改錯：聖門樊遲亦由、賜後一人，乃纔一啓口，非受謾駡，即被譏訕。而究其駡之訕之者，仍自坐不能解經，厚誣聖賢。如此樊遲之請，既駡以志陋，决當斥闢，又謂夫子後言，惟恐其不能喻夫子之意，真向老農老圃而就學，故使之知之，則直視遲爲下愚木石無人理者矣。亦思如此陋志，且將辭聖門而入田舍，則遲身爲民，乃反告之以民之必從，一似遲之學稼欲使民從己者。然且不止從己，既三告以民不敢不用情，又申之曰四方之民亦襁負俱至，一似遲之學稼，將欲近招遠來，不使一民不歸己者。如此而不憬然省，豁然悟，則真下愚木石，所謂不以三隅反者，不在樊遲，在楊氏矣。且遲請學稼，非用稼也，夫子曰焉用，又一似四方民至，但用彼而不用此者。苟非陋志，則即此一字，亦當有三隅之反。況遲在聖門，夫子親許其善問，即孟孫問孝，夫子藉遲導其意；而謂遲疑不及此，又謂遲不能問，歷呼其名而謾駡之，又譏訕之，此何説乎？漢儒原云遲思以學稼教民，蓋懼末治文勝，直欲以本治天下，一返后稷教民之始，其志甚大，惜其身淪於小民而不知也。此遲有大志而夫子抑之，且仍以大者告之。四方之至，非大夫以下事也，陋儒不解也。四書紹聞編：如晉文公以民未知義，出定襄王以示之義，又伐原以示之信，大蒐以示之禮，便見禮義信不出於平素，而以力假之，非其誠也。謂之曰好，正見禮義信出於中心而積累有素，非以聲音笑貌襲取一時。敬服用情，蓋有不期然而然者，在君子惟知爲吾道之所當然而已，非有心於其敬服用情也，然人自歸之，此可見大人以道德風教爲主，爲斯世主禮義之責，則自有爲之耕稼者，豈必自耕稼哉？

**○子曰：「誦詩三百，授之以政，不達；使於四方，不能專對；雖多，亦奚以爲？」**

【考異】漢書藝文志引作「顓對」。　高麗本「爲」下有「哉」字。　七經考文補遺：古本「爲」下有「哉」字。　天文本論語校勘記：考文補遺引古本、一本、正平本「以爲」下有「哉」字。

【考證】梁氏旁證：史記孔子世家云：「古詩三千篇，孔子去其重，取其可施禮義者三百五篇。」此謬說也。詩只有三百十一篇，故以誦詩三百爲多。古人以竹簡寫書，至三百篇可謂多矣，非若後人以竹紙刷印，連篇累牘，猶以爲少也。　釋地又續：專，擅也。公羊傳：「聘禮，大夫受命不受辭，出竟，有可以安社稷利國家者，則專之可也。」　劉氏正義：漢書王莽傳「選儒生能顓對者」，注曰：「顓與專同。專對，謂應對無方，能專其事。」聘記云「辭無常，孫而說」，注云：「孫，順也。大夫使，受命不受辭，辭必順且說。」疏云：「謂受君命聘於鄰國，不受賓主對答之辭。必不受辭者，以其口及則言辭無定準，故不受之也。」此即專對之義。孫而說，亦所習於詩教然也。韓詩外傳：「齊景公使人於楚。楚王與之上九重之臺，顧使者曰：『齊有臺若此乎？』使者曰：『吾君有治位之坐，土階三等，茅茨不翦，樸椽不斲者，猶以謂爲之者勞，居之者泰。吾君惡有臺若此者。』使者可謂不辱君命，其能專對矣。」此事正可舉證。論語稽：春秋專對之才，如甯俞不答彤弓、湛露，穆叔不拜肆夏、文王，叔弓之辭郊勞致館，韓獻子之稱易象、春秋，范宣子追念襄王，謹其官守；西乞術徼福周公，致其瑞節；國莊子將事克敏，見稱於臧孫；叔孫豹式禮無愆，受賜於周室；他如七子言志，六卿餞客，子犯之讓趙衰，叔向之屈子木，皆其最著者也。若高厚歌詩之不類，伯有賦鶉奔之失倫，華定不解蓼蕭，慶封不知相鼠，適足以辱國而召釁耳。

【集解】專，猶獨也。

【唐以前古注】皇疏引袁氏云：詩有三百，是以爲政者也。古人使賦詩而答對。

【集注】專，獨也。詩本人情，該物理，可以驗風俗之盛衰，見政治之得失，其言温厚和平，長於風諭，故誦之者必達於政而能言也。

○子曰：「其身正，不令而行；其身不正，雖令不從。」

【考異】後漢書第五倫傳引作「雖令不行」。

【考證】淮南子主術訓：是故有諸己，不非諸人；無諸己，不求諸人。所立於下者，不廢於上；所禁於民者，不行於身。所謂亡國，非無君也，無法也。變法者，非無法也，有法者而不用，與無法等。是故人主之立法，先自爲檢式儀表，故令行於天下。孔子曰云云。故禁勝於身，則令行於民矣。繆稱訓：無諸己，求諸人，古今未之聞也。同言而民信，信在言前也。同令而民化，誠在令外也。聖人在上，民遷而化，情以先之也。動於上不應於下者，情與令殊也。新序雜事四：唱而不和，動而不隨，中必有不全者矣。夫不降席而匡天下者，求之己也。孔子曰云云。先王之所以拱揖指揮而四海賓者，誠德之治，已形於外。故詩曰：「王猶允塞，徐方既來。」此之謂也。

【集解】令，教令也。

【唐以前古注】皇疏引范甯云：上能正己以率物，則下不令而自從也。上行理僻，制下使正，猶立邪表責直影，猶東行求郢，而此終年不得也。

【發明】論語稽：表記：「下之事上也，不從其所令，從其所好。上好是物，下必有甚焉者。」中庸：「堯、舜帥天下以仁，而民從之；桀、紂帥天下以暴，而民從之。其所令反其所好，而民不從。」皆與此章相發明。

按：陸氏隴其曰：「此章之意，夫子蓋屢言之，門弟子亦不憚煩而屢記之，總見得既爲人上，則此身無可寬假處。古語云：『以身教者從，以言教者訟。』訟者，退有後言也。」

○子曰：「魯、衛之政，兄弟也。」

【考異】皇本無「也」字。

【考證】蘇軾論語解：是時魯哀公七年、衛出公五年也。衛之政，父不父，子不子；魯之政，君不君，臣不臣。卒之哀公孫邾而死於越，出公奔宋而亦死於越，其不相遠如此。

按：此集注之説所本。

【集解】包曰：「魯，周公之封。衛，康叔之封。周公、康叔既爲兄弟，康叔睦於周公，其國之政亦如兄弟。」

【唐以前古注】皇疏引衛瓘云：言治亂略同也。

【集注】魯，周公之後；衛，康叔之後，本兄弟之國。而是時衰亂，政亦相似，故夫子歎之。

【別解】論語偶記：包注不就衰亂言。案左氏定四年傳「皆啓以商政」，注：「皆，魯、衛也。」又夫子嘗言「魯一變至於道」而五至衛國，則有「三年有成」之語。又論子賤，而以魯爲多君子，與季札稱衛多君子辭若一轍。齊大陸子方曰：「何以見魯、衛之士？」並見二國之政俗，末世猶賢於他國。更證之漢書馮奉世傳：「人歌立與野王曰：『大馮君、小馮君，兄弟繼踵相因循，聰明賢知惠吏民，政如魯、衛德化鈞，周公、康叔猶二君。』」「政如魯、衛」二句，正用魯論語，漢世之解如此。羣經義證：漢書馮野王傳：「野王、立相代爲太守，歌之曰：『政如魯、衛德化鈞，周公、康叔猶二君。』」師古引論語，言：「周公、康叔，親則兄弟，治國之政又相似。」隸釋桂陽太守周憬功勳銘：「乃宣魯、衛之政，敷二南之澤。」漢經師所授宜可據。

按：劉氏正義云：「方説深得經注之意。朱子集注就衰世言，則語涉詼謔，非其理矣。」此祖集解者也。論語述何則云：「魯之君臣不正，衛之父子不正，政本皆失，故發此歎。」此祖集注者也。陸氏隴其曰：「魯秉周禮，衛多君子，儘有好處，可惜無人振起。有望之之意，有惜之之意。」張氏甄陶曰：「左傳言太姒之子九人，周公、康叔爲相睦也。夫子此語，大有來歷。伯禽之政，親親尊尊；康叔之政，明德慎罰。政之兄弟，須先從此説，再引到衰亂時，則兩面俱到矣。」蓋主調停説者。惟余終以集注之説爲長。

○子謂衛公子荆：「善居室。始有，曰：『苟合矣。』少有，曰：『苟完矣。』富有，曰：『苟美矣。』」

【考證】蛾術篇：春秋末，魯亦有公子荆，哀公庶子。其人無足取，特加「衛」字别白之。世族譜：荆字南楚，獻公子。戚學標四書偶談：古者五十命爲大夫，春秋則世族父子相繼，保有厥家，何有始有、少有之事？緣荆係公子，少長宫中，及壯而授室，與之采邑，而爵之爲大夫，此爲有家之始。須有一番經理，居室是少不得事，而能循序有節如此，所以可貴。羣經平議：論語「苟」字，如「苟有用我者」、「苟正其身矣」，正義並曰：「苟，誠也。」此「苟」字義亦當同。始有之時，未必合也，荆則曰誠合矣。少有之時，未必完也，荆則曰誠完矣。富有之時，未必美也，荆則曰誠美矣。故曰善居室。正義不得其旨，誤以苟且釋之。苟且富美，義不可通，因又加「有此」二字，亦可見其説之未安矣。又按正義以合爲聚合，非是。合，猶足也。孟子梁惠王篇「是心足以王矣」，下文曰「此心之所以合於王者何也」，上言足，下言合，文異而義同，蓋「合」與「給」通。説文糸部：「給，相足也。」始有之時，或時匱乏，未能給足，而荆之意已以爲足也。邢氏但知合之訓聚，而不知合有足義，由未達叚借之旨耳。

按：論語於子謂子産，不加「鄭」字。子謂晏平仲，不加「齊」字。獨公子荆加「衛」字者，蓋因魯哀公之子亦爲公子荆，故以示别云爾，古人用字之不苟如此。此猶魯有成大夫公孫朝（昭二十六年傳），楚有武城尹公孫朝（哀十七年傳），子産有弟曰公孫朝（列子楊朱篇），記者故於公孫朝上加「衛」字以别之。

【集解】王曰：「荆與蘧瑗、史鰌並爲君子。」

【集注】公子荆，衛大夫。苟，聊且粗略之意。合，聚也。完，備也。言其循序而有節，不以欲速盡美累其心。楊氏曰：「務爲全美，則累物而驕吝之心生。公子荆皆曰苟而已，則不以外物爲心，其欲易足故也。」

【餘論】王肯堂論語義府：顔氏家訓曰：「禮云：『欲不可縱，志不可滿。』宇宙可臻其極，情性不知其窮，惟在少欲知止爲立涯限耳。」公子荆始有時便曰苟合，於心已足，更不求完美。特其世禄之家，又能撙節，日引月長，自然富有，而公子荆始願不及此也。知足由於少欲，少欲易於入道，故夫子稱之，且以風當時之世禄怙侈成風者。

【發明】反身録：公子荆以世家豪胄，居室不求華美，其居心平淡可知，真翩翩濁世之佳公子也。世有甫入仕而宅舍一新，宦遊歸而土木未已，以視子荆，其賢不肖爲何如耶？人於居室，足以蔽身足矣。乃輪奂其居，甲第連雲，以鳴得意，噫！以此爲得意，其人可知。又曰：人無百年不壞之身，世無數百年不壞之屋，轉盼成空，究竟何有？昔之畫閣樓臺，今爲荒丘礫墟者何限？當其金碧輝煌，未嘗不左顧右盼，暢然自快，而今竟安在哉！千古如斯，良足慨矣。古今來往往作者不居，居者不作。近世一顯宦，致仕家居，大興土木，躬自督工，椎基砌壁，務極其堅，一椎工未力，即震呵不已。其工且椎且對曰：「邑中某宦所修某宅，皆小人充役。當時只嫌不堅，今雖堅完如故，而宅已三易其主，雖堅亦徒然耳。」某宦聞之，心灰意沮，遂寢其工。人若見得透，形骸尚可以自外，況區區形骸以外之物乎？若謂貽厥孫謀，與其貽之以豐業，何如貽之以積善之爲得耶？即以貽業論，蕭何爲屋不治垣，置田不求膏腴，曰：「後世賢，師吾儉；不賢，毋爲勢家所奪。」故貽業而見及此，始可謂善貽。

按：墨子親士曰：「非無安居也，我無安心也。非無足財也，我無足心也。」韓詩外傳五曰：「知足然後富從之。食物而不知止者，雖有天下不富矣。」皮襲美座右銘曰：「藿食念饑夫，其食即飽矣。粗衣思凍民，其衣即温矣。」説苑：「智襄子爲室美，士茁夕焉。智伯曰：『室美矣夫！』對曰：『美則美矣，抑臣亦有懼也。』智伯曰：『何懼？』對曰：『臣以秉筆事君。記有之曰：高山浚源，不生草木。松柏之地，其土不肥。今土木勝，臣懼其不安人也。』室成三年而智氏亡。」宋稗類抄：「李文靖公沆秉鈞日，所居陋巷，廳事無重門，頹垣敗壁，不以屑慮。堂前藥欄壞，夫人戒守舍弗葺，以試公。公經月終不言，夫人以語公，公笑謂其弟維曰：『内典以此世界爲缺陷，安得圓滿如意？人生朝暮不保，豈可以此動吾心哉？』」今之士大夫知此者鮮矣。老子云：「知足不辱。」此老學之通於儒者。曾文正名其齋曰求闕，蓋深有得於老氏之旨者也。

○子適衛，冉有僕。

【考異】皇本「冉有」作「冉子」。風俗通義十反篇引論語曰：子適衛，冉子僕。論衡問孔篇述文亦作「冉子僕」。

【集解】孔曰：「孔子之衛，冉有御。」

【集注】僕，御車也。

子曰：「庶矣哉！」冉有曰：「既庶矣，又何加焉？」曰：「富之。」曰：「既富矣，又何加焉？」曰：「教之。」

【考異】春秋繁露仁義法篇曰：「孔子謂冉子，治民者先富之而後加教。」亦稱冉子。說苑建本篇：子貢問爲政。孔子曰：「富之。既富，乃教之也。」鹽鐵論授時章引語曰：「既富矣，又何加焉？」曰：「教之以德，齊之以禮。」

【考證】管子治國篇：凡治國之道，必先富民。民富則易治也，民貧則難治也。奚以知其然也？民富則安鄉重家，安鄉重家則敬上畏罪，敬上畏罪則易治也。民貧則危鄉輕家，危鄉輕家則敢陵上犯禁，陵上犯禁則難治也。

按：據此，知法家治國亦以富民爲先，與儒家同。

【集解】孔曰：「庶，衆也。言衛人衆多。」

【唐以前古注】皇疏引范甯云：衣食足，當訓義方也。

【集注】庶，衆也。庶而不富，則民生不遂，故制田里薄賦斂以富之。富而不教，則近於禽獸，故必立學校明禮義以教之。

【餘論】論語集注補正述疏：自漢以來，曰限田，曰均田，卒無效焉，今三通之書可考也。夫田主於民而鬻之，久矣。限之均之，則不能無奪之，其不争乎，而況人滿則其田不給也。孟子云：「易其田疇，薄其税斂，民可使富也。」由今言之，田主於民，上之賦薄焉，下之租厚焉，將益豪民而非益貧民也。今酌其制，既薄於賦，必亦薄於租，斯富民之道通矣。又曰：秦燔書，以滅學亡。漢興，得獻書，立五經之學，自先漢而後漢，表章漸備，斯教惟經，民風以美。故三國雖争，季漢知大義而謀誅漢賊。自魏而晉，清譚亂經，則五胡亂矣。迄乎六朝，其經學微，其國命無不微也。唐爲五經正義，國教趨明。陸宣公奏議，韓文公諫表，皆以經術救民生之禍。五季而後，宋程子、朱子諸賢，發經義而昌國教，宋多君子焉。雖及國亡，而陸秀夫、文天祥羣死節者，皆邦家教士之光也。以視五季之衰，若馮道爲將相三公，歷五朝八姓，自著長樂老敘以爲榮，其相越何如哉？迨元主中夏，以許衡掌國教，宗經而師孔子，中夏安之。孟子云：「吾聞用夏變夷者，未聞變於夷者也。」豈不然乎？春秋時杞用夷禮，則傷矣。吴治周禮，秦能夏聲，皆善變焉。有清主中夏，定羣經爲正學。顧亭林以明之遺老，正節譚經，當時則義之不奪，能章其節，天下士於是乎知名教。康熙中，開特科曰博學鴻詞，士之有經術文章者，特科選也，而風教行中夏矣。蓋康熙之治稱焉。斯教以經者，其效皆明也。

黄氏後案：富之之術，朱子以制田里薄賦斂提其綱。在春秋時固可行徹法矣，後之人果何以行井田而革賦弊乎？曰此不可易言也。荀仲豫謂漢高祖、光武當大亂之後，土曠人稀，可以行井田而不行，非此時而行井田，騷擾不一矣。馬氏通考言不封建不可以行井田，土壤之肥磽，生齒之登耗，必封建之時，能周知之，非周知之，不可行也。限田之説，漢董子、唐陸敬輿皆言之。陸氏云：「革弊化人，事當有漸。則非徐緩以圖，不能行限田。限田既行，而後井田之法可熟議而緩行也。」

按：孟子梁惠王篇：「是故明君制民之産，必使仰足以事父母，俯足以畜妻子，樂歲終身飽，凶年免於死亡，然後趨而之善，故民之從之也輕。」滕文公篇：「逸居而無教，則近於禽獸。」據此，是治民之法，先富後教，爲自古不易原則。惟其方法因時代而不同，斷不能於數千年之後，代古人擬出方案。朱子以井田學校爲夫子富教之術，自以爲聖王良法，無人敢提出反抗。而不知封建時代之制度，不可行於郡縣；貴族政治之教育，不可行於今日。陸隴其松陽講義云：「或疑古法不可施於今。晚村嘗論此云：『問如何富之？曰行井田。問如何教之？曰興學校。舍此，雖聖人亦無他具也。秀才好言權變，動云古法不可施於今，只是心體眼孔俱低小耳。』此段議論，最足破俗儒見識云云。」陸氏在理學中最是實行家，猶作此言，其他更不必問矣。徐三重採芹録力主均田限田之議，反覆引據，持之最堅。四庫總目提要論之曰：「自阡陌既開以後，田業於民，不授於官，二千年於茲矣。雖有聖帝明王，斷不能一旦舉天下之民，奪其所有，益其所無，而均之；亦斷不能舉天下之田，清釐其此在限外，此在限內，此可聽其買賣，此不可聽其買賣，而限之。使黠豪反得隱蔽爲姦，猾胥反得挾持漁利，而閭里愚懦，紛紛然日受其擾。故漢董仲舒、北魏李安世、唐陸贄、牛僧孺、宋留正、謝方叔、元陳天麟皆反覆言之，而卒不能行，此猶可曰權不屬時不可也。宋太宗承五季凋殘之後，宋高宗當南渡草創之初，以天子之尊，決意行之，亦終無成效。則三重所言，其迂而寡當可見矣云云。」迂儒好爲高論，初不料流毒如是其烈也。故辭而闢之，庶後之學者毋爲所誤也。

○子曰：「苟有用我者，期月而已可也，三年有成。」

【考異】史記世家作「朞月而已」，無「可也」二字，云：「孔子去衛時語。」又儒林傳序：仲尼於七十餘君無所遇，曰：「苟有用我者，朞月而已矣。」唐書魏知古疏：「孔子稱苟用我者，朞月而已，三年有成。」亦無「可也」字。公羊傳定公十四年疏引孔子曰：如有用我者，朞月則可，三年乃有成。後漢書何敞傳引孔子曰：「如有用我者，三年有成。」略「期月」句。後漢書鮑昱傳注引作「三年乃有成功」。又郎顗傳注引作「三年乃成功」。

【音讀】義疏暨集説、集編、纂疏、纂箋、四書通諸舊本「期」字俱作「朞」。後漢書鮑昱傳注、古史孔子傳亦作「朞」。翟氏考異：「期」字雖多作「朞」，而陸氏有「期」音「朞」之釋，是舊經本爲「期月」也。朱子於中庸「不能期月守」，陽貨篇「期已久矣」，各具音釋，此獨無之。中庸章句係别爲一書，在論語則此「期」字先見，似其音爲不可闕，豈淳熙時集注初本亦如義疏等本作

「朞」，故以爲不必音耶？

【集解】孔曰：「言誠有用我於政事者，期月而可以行其政教，必三年乃有成功。」

【唐以前古注】皇疏：苟，誠也。朞月，謂年一周也。可者，未足之辭也。言若誠能用我爲治政者，一年即可小治也。一年天氣一周變，故人情亦少改也。成，大成也。三年一閏，是天道一成，故爲政治若得三年，風政亦成也。

【集注】期月，謂周一歲之月也。可者，僅辭，言綱紀布也。有成，治功成也。

【餘論】南軒論語解：期月而大綱立，三年而治功成。然三年之所成者，即其期月所立之規摹者也，充之而已矣。　讀四書大全説：朱子謂聖人爲政，一年之間，想見已前不好之事都革得盡。不如南軒所云「三年之所成者，即其朞月所立之規模」，爲深見王道施行之次第也。儒者任天下事，將平日許多悲天憫人之心，因乘權得位，迫爲更張，只此便近私意，而國體民命已受其剥落矣。醫家有穀氣昌之説，正合此理。若悁悁然以革弊爲先，恐烏附硝黄之以誤人不少。況當夫子之時，尤久病羸弱之國，不可以壯年盛氣之法療之者哉。

按：船山此言真通達治體之論。余嘗謂神宗苟不大用安石，則後人之崇拜，必百倍於今日。嶺雲軒瑣記云：「除弊甚難，不可輕議。蓋弊之已成，則未有不根深蒂固者。執一偏之見而欲除之，必至掣其肘而使之自窮，是以君子慎之。陋儒烏足以知此？」

【發明】劉氏正義：漢書食貨志：「民三年耕，則餘一年之畜。衣食足而知榮辱，廉讓生而爭訟息，故三載考績。孔子曰：『苟有用我者，期月而已可也，三年有成。』成此功也。」然則三年有成，兼有富教之術。故上章載夫子與冉有語，備文見之。凡善人王者，不外此術也。

○子曰：「『善人爲邦百年，亦可以勝殘去殺矣。』誠哉是言也！」

【考異】史記孝文帝紀贊、漢書刑法志諱「邦」爲「國」。史記引無「矣」字，刑法志引無「亦」字、「矣」字。

【考證】羣經平議：殺與虐義同，故尚書吕刑篇「惟作五虐之刑曰法」，墨子尚同中篇作「唯作五殺之刑曰法」；宣十五年左傳「酆舒爲政而殺之」，潛夫論氏姓篇作「酆舒爲政而虐之」，並其證也。勝殘去殺者，勝殘去虐也。言善人爲邦百年，則殘虐之事可以勝而去之也。勝殘去殺，實止一義，分而爲二，轉非經旨。劉氏正義：鄭注云：「善人居中，不踐迹，不入室也。此人爲政，不能早有成功，百年乃能無殘暴之人。」案居中者，對下王者言之。上不及王者，下不同時君，故言中也。上篇言善人之道，「不踐迹，亦不入於室」，此注本之，而以入室喻王者。漢書刑法志：「孔子曰：『如有王者，必世而後仁。善人爲國百年，可以勝殘去殺矣。』言聖王承衰撥亂而起，被民以德教，變而化之，必世然後仁道成焉。至於善人不入於室，然猶百年勝殘去殺矣。此爲國者之程式也。」並謂善人既未入室，不能早有成功，故必期之百年也。殺是重刑，言去殺，明諸輕刑未能免矣。

【集解】王曰：「勝殘，勝殘暴之人使不爲惡也。去殺，不用刑殺也。」孔曰：「古有此言，孔子信之。」

【唐以前古注】皇疏：善人，謂賢人也。爲者，治也。爲邦，謂爲諸侯也。勝殘，謂政教理勝而殘暴之人不起也。去殺，謂無復刑殺也。言賢人爲諸侯已百年，則殘暴不起，所以刑辟無用。又引袁氏云：善人，謂體善德賢人也。言化當有漸也，任善用賢則可止刑，任惡則殺愈生也。

【集注】爲邦百年，言相繼而久也。勝殘，化殘暴之人，使不爲惡也。去殺，謂民化於善，可以不用刑殺也。蓋古有是言，而夫子稱之。程子曰：「漢自高、惠至於文、景，黎民醇厚，幾致刑措，庶乎其近之矣。」

【餘論】論語意原：周自平王東遷，諸侯力爭，殆無虚月，民之困於傷殘殺戮者二百餘年。有王者作，能朝諸侯而一天下，僅可已其亂。至於勝殘去殺，雖使善人爲之，非百年相繼之久，必不能致。此所以歎當世之習亂，而痛斯民未有反古之日也。四書翼注：子欲善而民善，縱不能旋至立效，亦何至作百年迂疏之談？蓋此是古語，如魯兩生所云「禮樂百年而後可興」之類。周自文、武開基，成、康之時，乃致刑措。漢高帝平海内，至文、景之世，乃漏網於吞舟之魚，吏治烝烝，不至於奸，蓋去殺若斯之難也。

○子曰：「如有王者，必世而後仁。」

【考異】潘氏集箋：史記孝文帝紀贊、論衡宣漢篇引「而後」並作「然後」，疑漢時本有作「然後」者。

【集解】孔曰：「三十年曰世。如有受命王者，必三十年仁政乃成。」

【唐以前古注】皇疏引顏延之云：革命之王，必漸化物以善道。染亂之民，未能從道爲化，不得無威刑之用，則仁施未全。改物之道，必須易世，使正化德教，不行暴亂，則刑罰可措，仁功可成。又引欒肇云：習亂俗雖畏法刑，而外必猶未能化也。必待世變人改，生習治道，然後仁化成也。刑措成、康，化隆文、景，由亂民之世易，殷、秦之俗遠也。

【集注】王者，謂聖人受命而興也。三十年爲一世。仁，謂教化浹也。程子曰：「周自文王至於成王，而後禮樂興，即其效也。」

【餘論】黄氏後案：仁者，相親耦之謂也。禮經解曰：「上下相親之謂仁。」禮運曰：「人不獨親其親，不獨子其子，貨惡其棄地，不必藏於己，力惡不出於身，不必爲己。」是仁道成也。必世後仁者，鄭君曰：「周自大王、王季、文王、武王，賢聖相承四世，周道至美。武王伐紂，至成王乃致太平，由承殷紂敝化之後故也。」鄭君注見詩皇矣篇、禮緇衣篇正義。然則王者承亂濟之後，統天下以歸於仁，非三十年不可，周季亦如此也。包慎言温故録：漢書食貨志云：「三年耕，則餘一年之畜。衣食足而知榮辱，廉讓興而争訟息。故三載考績，三考黜陟，餘三年食。進業曰登，再登曰平，餘六年食。三登曰太平，二十七歲，餘九年食。然後而德化流洽，禮樂成焉。故曰『如有王者，必世而後仁』，繇此道也。」案依志言，必世後仁，蓋謂養而後教。食者，民之本。

饑寒並至，雖堯、舜在上，不能使民無寇盜。貧富兼并，雖皋陶制法，不能使强不淩弱。故王者初起，必先制田里，教樹畜，使民家給人足，然後以禮義化導之。言必世者，量民力之所能，不迫切之也。刑法志亦引此經解之曰：『言王者乘衰撥亂而起，被民以德教，變而化之，必世然後仁道成焉。』義亦略同。」劉氏正義：漢書平當傳引此文解之云：「三十年之間，道德和洽，制禮興樂，災害不生，禍亂不作。」是世爲三十年也。「受命」者，受天命也。「仁政乃成」者，言民化於仁，是上之仁政有成功也。

○子曰：「苟正其身矣，於從政乎何有？不能正其身，如正人何？」

【考異】七經考文：一本「人」上有「其」字。

【考證】困學紀聞：申屠嘉不受私謁，則可以折幸臣。董仲舒正身率下，則可以事驕王。魏相以廉正，霍氏不能誣。袁安、任隗以素行，竇氏無以害。故曰：「其身正，不令而行。」「苟正其身矣，於從政乎何有？」

【唐以前古注】皇疏引江熙云：從政者，以正人爲事也。身不正，那能正人乎？

【餘論】朱子或問：鼂氏以爲此專爲爲臣而發，理或然也。

# 論語集釋卷二十七

## 子路下

○冉子退朝。子曰：「何晏也？」對曰：「有政。」子曰：「其事也。如有政，雖不吾以，吾其與聞之。」

【考異】周應賓九經考異：內府本作「冉有」，韓氏筆解同。集説、集編、纂疏三本俱作「冉有」。翟氏考異：此與適衞章並當以作「冉有」爲是。而魏書高閭傳：「高祖問：論語稱冉子退朝云云，何者是事？」係爲冉子。北史載其事，亦爲冉子。詩鄭風緇衣正義、禮記少儀正義、文選吴質答魏太子牋注引文亦爲冉子。集解、釋文、石經諸本均未有别作「冉有」者。朱子或問云：「論語中閔子、冉子亦或稱子，則因其門人所記，而失之不革也。」想自有之。鹽鐵論刺議章引孔子曰：雖不吾以，吾其與聞諸侯。

【考證】胡培翬大夫二朝考：魯語：「公父文伯之母謂季康子曰：『自卿以下，合官職於外朝，合家事於內朝。』」又曰：「夫外朝，子將業君之官職焉。內朝，子將庀季氏之政焉。」韋昭注：「外朝，君之公朝。內朝，家朝也。」陳氏禮書以韋注爲非，蓋疑外朝如韋説，則仍是君之朝，而非私朝。今以考工記證之，而知韋説不可易也。記曰：「外有九室，九卿朝焉。」鄭注：「外，路門之表也。九室，如今朝堂諸曹治事處。」賈疏云：「九卿之九室在門外正朝之左右爲之。」據此，則韋氏所謂君之外朝，非謂路門外每日視朝之所，乃謂正朝之兩旁諸臣治事之處。其地在公朝，而實爲私朝。考工記：「九卿朝焉。」玉藻曰：「朝辨色始入，君日出而視之，退適路寢聽政，使人視大夫，大夫退，然後適小寢釋服。」蓋古者君臣每日朝於治朝，既畢，君退聽政于路寢，諸臣聽事於治朝兩旁之室，俟諸臣聽事畢退歸，然後君適小寢。故敬姜云：「外朝，子將業君之官職焉。」若以韋氏所云外朝爲即指君之正朝，則每日視朝，一揖而退，安所謂業君之官職者？近人又以二朝皆在大夫家内，尤非。據玉藻云：「將適公所居外寢。」下云：「乃出揖私朝。」是大夫家内止有一朝。然則大夫所謂二朝，其一在家内。玉藻所云，及左傳「伯有嗜酒，朝至未已」，「叔孫昭子朝其家衆」，論語「冉子退朝」者是。其一在公朝之兩旁，考工記所言者是。過庭録：詩緇衣正義引舜典「闢四門」注云：「卿士之職，使爲己出政教於天下。言四門者，因卿士私朝在國門。魯有東門襄仲，宋有桐門右師是矣。」冉子所退之朝指此，而以韋注外朝爲君之朝爲解。是則由前之説，冉子爲退自家内之朝；由後之説，冉子爲退自國門之朝，其以爲季氏朝則同也。論語古訓：冉子時仕季氏，故造于其私朝，退而忽晏，子遂詰之。曰「其事也」，其即指季氏，必無私事而議於公朝者。周生烈以爲罷朝於魯君，誤矣。論語偶記：周氏注謂罷朝於魯君，鄭君注以冉有臣於季氏，以朝爲季氏之朝，集注用鄭説。案左氏哀十一年傳：「季孫使冉子從於朝，俟於黨氏之溝。」可見家臣從大夫之公朝，僅得俟於朝中之地，無朝魯君之事。其朝於大夫之私朝者，則左氏襄三十年傳：「鄭伯有嗜酒，朝至未已。朝者曰：『公焉在？』」魯語：「公父文伯之母如季氏，康子在其朝，與之言，弗應，康子辭於朝而入。」注云：「辭於家臣。」是其證也。禮玉藻云：「揖私朝，煇如也。登車，則有光矣。」注：「揖其臣乃行。」玉藻又云：「朝辨色始入。」先視私朝，然後朝君，猶當辨色之時。則家臣之退，自然宜早，此子所以問冉有退朝之晏。論語稽求篇：國語有云：「天子及諸侯，合民事于外朝，合神事于內朝。」此言天子諸侯有內外朝也。其所以分內外者，以外議民政，內議國典。神事者，祭祀之事，即典禮也。又云：「自卿以下，合官職于外朝，合家事于內朝。」此言卿大夫家有內外朝也。其所以分內外者，外朝與私臣議公家之政事，故曰業官職；內朝與家臣議私家之政事，故曰庀家政。則是季氏本有朝。季氏之朝，原可以議國政，並議家事，而爲之家臣者，原得詣私朝而與之議政議事。然則夫子何譏焉？曰譏其議事之久也。蓋朝不可晏，朝見曰朝，夕見曰夕。又周禮大宗伯注：「朝，猶朝也，欲其朝之早也。」朝而晏，則議事久矣，久則多事矣。故冉子推以政，而夫子直指之曰其事也。若果政，則吾亦國老，猶將暫聞；暫聞之不得，而議之若是之久乎？此明白正大之語，並非寓言。先仲氏云：「禮，公事不私議，謂不議于大夫之外朝，祗議私室，則不可耳。若諸侯公朝，則冉子陪臣，焉得入而議事乎？」凡朝，無晏退之禮。晏則必問。國語：「范文子暮退于朝，武子曰：『何暮也？』」與子問正同。公事曰政，私事曰事，原有分別。何晏謂政事通言，但隨事大小而異其名，非是。左傳昭二十五年：「爲政事庸力行，務以從四時。」杜預曰：「在君爲政，在臣爲事。」又北魏帝問高閭：「論語稱冉子退朝曰有政，子曰其事也。何者爲政？何者爲事？」對曰：「政者，上之所行。事者，下之所綜也。」左傳哀十一年：「季孫欲以田賦，使冉有訪於仲尼。曰：『丘不識也。』三問，曰：『子爲國老，待子而行，若之何子之不言也？』」此即與聞之證。

【集解】周曰：「退朝，謂罷朝於魯君。」馬曰：「政者，有所改更匡正也。事者，凡所行常事也。如有政，非常之事，我爲大夫，雖不見任用，必當與聞之。」

【唐以前古注】詩緇衣正義引鄭注：朝於季氏之私朝。

按：鄭義爲優，閻氏若璩、毛氏奇齡、宋氏翔鳳、方氏觀旭均主之。周生之説非也。

皇疏：冉子爾時仕季氏，且上朝於魯君當是季氏，冉有從之朝魯君也。　又引范甯云：冉求早朝晚退，故孔子疑而問之也。　又引欒肇云：按稱政事冉有、季路，未有不知其名而能職其事者。斯蓋微言以譏季氏專政之辭。若以家臣無與政之理，則二三子爲宰而問政者多矣，未聞夫子有譏焉。　筆解：韓曰：「政者，非更改之謂也。事者，非謂常行事也。吾謂凡干典禮者則謂之政，政即常行焉則謂之行，行其常則謂之人事。」　禮記檀弓正義引論語注：「君之教令爲政，臣之教令爲事。」

按：此注與馬注異，疑鄭注也。左傳昭二十五年杜注：「在君爲政，在臣爲事。」是政事各別，但二字對文雖異，散文亦通。故仲弓爲季氏宰問政，而詩亦言王事，是政事不分别也。劉氏正義云：「揆鄭之意，當以政事有公私之别，故夫子辨之，亦正名定分之意。若以政大事小，則無與於名分，非其義矣。」魏書高閭傳解此文云：「政者，君上之所施行。合於法度，經國治民之屬，皆謂之政。臣下奉教承旨，作而行之，謂之事。」此與鄭義又異。黄式三謂革故鼎新主於君者謂之政，常則臣下奉行者謂之事。今日歐洲政務官、事務官之别，即用此標準也。若謂公朝例行之務，致仕者必共聞之，揆之「不在其位，不謀其政」之義，仍有未安也。

【集注】冉有時爲季氏宰，朝季氏之私朝也。晏，晚也。政，國政。事，家事。以，用也。禮，大夫雖不治事，猶得與聞國政。是時季氏專魯，其於國政，蓋有不與同列議於公朝，而獨與家臣謀於私室者。故夫子爲不知者，而言此必季氏之家事耳；若是國政，我嘗爲大夫，雖不見用，猶當與聞；今既不聞，則是非國政也。語意與魏徵獻陵之對略相似。其所以正名分、抑季氏而教冉有之意深矣。

【餘論】四書訓義：上下之亂也，先竊其實而猶存其名。竊之已久，則並其名而竊之，至於並竊其名而不忌，而大亂遂不可解。君子欲正其所竊之非，必先急奪其名。夫冉子所議，明爲魯之大政，而夫子若爲不知，以昭國典，以正公私之名，一言而大法昭焉，此欲正其實必先正其名之大義也。四書近指：魯政逮於大夫四世矣，康子與冉子謀者，固政也。曰有政，實對也，而不知失辭也。夫子嘗曰：「天下有道，則政不在大夫。」故一聞其言，而正其失曰其事也。

○定公問：「一言而可以興邦，有諸？」孔子對曰：「言不可以若是其幾也。

【考異】七經考文：古本無「也」字。

【音讀】朱子文集：李守約問：舊點「言不可以若是」爲句，今以「言不可以若是其幾也」作一句，不識別有微意否？答曰：如集注説，恐二字亦是相應。以「若是」絶句，恐不詞也。論語辨惑：幾，近也。即下文「不幾乎」之幾耳。「其幾也」三字自爲一句。一言得失，何遽至于興喪？然有近之者，其意甚明。

按：舊説「其幾也」三字是起下，集注三字則連上。集注幾訓期。詩民勞疏：「訖，幾也，又期也。」皆有近義。則三字連上讀，而曰一言之微，不可以若是其近也，亦通。七經考文：「古本無『也』字。」若依古注，更不成句法，朱注義較長。

【集解】王曰：「以其大要一言，不能正興國也。幾，近也。有近一言可興國也。」

【唐以前古注】皇疏：幾，近也。然一言雖不可即使興，而有可近於興邦者，故云其幾也。

【集注】幾，期也。詩曰：「如幾如式。」言一言之間，未可以如此而必期其效。

【別解】黄氏後案：王肅幾訓近，下孔注同。「言不可以若是」句，「其幾也」句，於經未順矣。朱子幾訓期必之期，於下兩言不幾，文意未順。式三謂幾，蟣之借字。爾雅、説文皆云：「蟣，訖也。」訖即終也。又幾之訓終，見淮南子繆稱訓高注。言不可終於是，而興邦喪邦，往往由此。終於一言而興邦，終於一言而喪邦，語意上下相合。

【餘論】南軒論語解：聖人之言，含蓄而無弊，故問一言可以興喪，則以爲言不可以若是而舉其幾者焉。幾，近也。既曰爲君難，爲臣不易，必曰如知爲君之難，而後以爲幾焉。既曰惟其言而莫予違，必曰如不善而莫之違也，而後以爲幾焉。亦可見立言之密矣。四書辨疑：「幾」與後「幾」字義同，古注皆解爲近，今乃訓期。試以期字與經文通讀，言不可以若是其期也，不成文理。不知期爲期甚也，今言必期其效，一期字豈能兼必效二字之意？又經文本是兩句，「其幾也」三字爲一句，注文亦是作兩句說，學者往往以未可以如此而必期其效之十字併爲一句，非也。既有「而」字界斷文勢，又有後注「豈不可以必期於興邦乎」之一語爲證，其爲兩句甚明。上句言一言之間未可以如此，乃是說一言不可以有如此興邦之效也。下句言而必期其效，却是說一言必可以期興邦之效也。語意顛倒，殆不可曉。所謂豈不可以必期於興邦乎者，此正可謂不知爲君之難也。果知其難，方且戰戰兢兢，懼其不逮，豈敢決然期定謂其邦之必興乎？知其爲君之難，由此以求興邦之道，則其邦有可興之理，然亦未敢必期其效也。由是言之，爲君難之一言，止可謂近於興邦也。夫子答定公之言，蓋謂一言不能至於如此，然其言能近此也。如人之言曰：爲君難，爲臣不易。人君果能因此言而推知爲君之難，不敢自逸自恣，知所自勉，則人之此言，豈不近於一言而興邦乎？幾之爲言近，意甚明白。下文喪邦之說亦同。舊說與南軒、滹南之說，大意皆是如此。「近」字之說如此平直易曉，「期」字之說如此迂曲難通，果欲搜奇求異，以易曉者爲非，以難通者爲是，心不在公，自昏其明，吾末如之何也已。論語集注考證：

幾，通釋皆訓爲近，以「言不可若是」爲句，則四「幾」字皆訓近，語意爲通。定公問人之嘗言，有何一句即可以致興喪者。夫子答之曰：言不可若是。蓋古今興喪亦多端，不可一句限定，然亦有一言近之者，如人之言曰云云，豈不近於一言而興喪邪？

按：爾雅釋詁：「幾，近也。」易：「月幾望。」詩：「維其幾矣。」幾並訓近。「幾期也」三字雖可連上讀而訓爲期，仍不如訓近之明晰。

人之言曰：『爲君難，爲臣不易。』如知爲君之難也，不幾乎一言而興邦乎？」

【考異】皇本「難也」上無「之」字。

【考證】韓詩外傳：傳曰：言爲王之不易也。大命之至，其太宗、太史、太祝斯素服執策，北面而弔乎天子，曰：「大命既至矣，如之何憂之長也？」授天子策一矣。曰：「敬享以祭，永主天命，畏之無疆，厥躬無敢寧。」授天子策二矣。曰：「敬之，夙夜伊祝，厥躬無怠，萬民望之。」授天子策三矣。曰：「天子南面，受於帝位，以治爲憂，未以位爲樂也。」詩曰：「天難諶斯，不易惟王。」

【集解】孔曰：「事不可以一言而成，如知此則可近也。」

【唐以前古注】詩匪風正義引鄭注：人偶同位，人偶之辭。

【集注】當時有此言也。因此言而知爲君之難，則必戰戰兢兢，臨深履薄，而無一事之敢忽。然則此言也，豈不可以必期於興邦乎？爲定公言，故不及臣也。

曰：「一言而喪邦，有諸？」孔子對曰：「言不可以若是其幾也。人之言曰：『予無樂乎爲君，唯其言而莫予違也。』如其善而莫之違也，不亦善乎？ 如不善而莫之違也，不幾乎一言而喪邦乎？」

【考異】皇本「喪邦」上有「可以」二字，高麗本有「可」字，「莫」上有「樂」字。 翟氏考異：據孔氏注「所樂者，惟樂其言而不見違」，似此句當更有「樂」字。 文選東京賦注引論語曰：一言可以喪邦乎？ 水經澮水注曰：魯定公問一言可以喪邦有諸，孔子以爲幾乎。 天文本論語校勘記：古本、足利本、唐本、津藩本、正平本「莫予違也」上有「樂」字。

【考證】韓非子難篇：晉平公與羣臣飲酒。飲酣，喟然歎曰：「莫樂乎爲君，惟其言而莫之違。」師曠侍於前，援琴撞之，曰：「啞！是非君人者之言也。」 吳語子胥曰：「王曰予令而莫違。夫不違，乃違也，亡之階也。」 申鑒雜事篇：唯其言而莫予違也，則幾於喪國焉。 晉書潘尼傳：唯其言而莫之違，斯孔子所謂「其庶幾乎一言而喪國」者也。

按：論語後録謂當夫子時，時君有此言，故取以對定公。四書考異：「此夫子舉晉平公成言以爲定公戒也。上文興邦之言，亦即大禹謨『后克艱厥后，臣克艱厥臣』二語之變，足以相明。集注謂蓋古有是言是也。」

【集解】孔曰：「言無樂於爲君。所樂者，唯樂其言而不見違。人君所言善，無違之者，則善也。所言不善，而無敢違之者，則近一言而喪國。」

【集注】言他無所樂，唯樂此耳。范氏曰：「如不善而莫之違，則忠言不至於耳。君日驕而臣日諂，未有不喪邦者也。」

【餘論】蔡清四書蒙引：夫邦之興喪，亦必由於積漸，豈有一言便能興喪，故曰：「言不可以若是其幾也。」然能因一言而知所謹，則可以興邦；因一言而恣所欲，則可以喪邦。雖於敬肆之分，積累將去，乃能興喪，而實皆因一言以致之，故曰「不幾乎一言而興邦乎」，「不幾乎一言而喪邦乎」。

【發明】黄氏後案：言莫予違，敢自是也。自是則讒諂所蔽，禍患所伏，而人莫之告。自古喪國之禍，多由自是。陸敬輿所謂天下大慮，在於下情不通。所謂忽於戒備，逸於居安，憚忠讜之怫心，甘諛詐之從欲，不聞其失，以至大失也，皆自是也，自是者安知難。

○葉公問政。子曰：「近者説，遠者來。」

【考異】公羊傳成公十五年注引論語，「問政」下有「于孔子」三字。漢書武帝紀：「元朔六年詔：『孔子對定公以徠遠。』」臣瓚注曰：「論語及韓子皆言葉公問政于孔子，孔子答以悦近來遠。今云定公，與二書異。」韓非子難篇：葉公子高問政于仲尼。仲尼曰：「政在悦近而來遠。」家語辨政篇略同。史記世家：葉公問政。孔子曰：「政在來遠附邇。」後漢書崔寔傳、北齊書楊裴傳皆云：孔子對葉公以來遠。墨子耕柱篇：葉公子高問政于仲尼曰：「善爲政者若之何？」仲尼對曰：「善爲政者，遠者近之，舊者新之。」

【考證】四書釋地引括地志云：楚嘗争霸中國，連山累石以爲固，號曰方城，一謂之長城，蓋春秋時楚第一重地也，故以沈諸梁鎮撫焉。論語後録：夫子自蔡遷葉，在哀公六年。漢書地理志：「南陽郡葉縣，楚葉公邑。」皇覽曰：「縣西北有葉公冢。」

【唐以前古注】皇疏：言爲政之道，若能使近民懽悅，則遠人來至也。又引江熙云：邊國之人，豪氣不除，物情不附，故以悅近諭之。

【集注】音義並見第七篇。被其澤則説，聞其風則來，然必近者説而遠者來也。

【餘論】梁氏旁證：徐氏纘高曰：「楚疲其民，以蠶食中國，夫子因葉公之問以止之。」以争鄭縣陳指來遠之事。而不知方城、漢水之間已有不説者。子胥覆楚，白公作亂，是其明證也。

〇子夏爲莒父宰，問政。子曰：「無欲速，無見小利。欲速則不達，見小利則大事不成。」

【考異】釋文「無」作「毋」，云：「今作『無』。」高麗本作「毋」。考異云：「古本上作『無』，下作『毋』，足利本上作『毋』，下作『無』。」翟氏考異：釋文但著「無欲速」之無爲毋，「見小利」句不著。義疏本與之互差。考文所稱足利本，乃于釋文爲合。今以辭義審之，兩言一體，略無輕重低昂，未必字法有簡别。若非皆爲「無」，則應皆作「毋」耳。天文本論語校勘記：唐本、津藩本、正平本二「無」字均作「毋」，考文云：「古本上作『無』，下作『毋』。足利本上作『毋』，下作『無』。」

【考證】四書釋地：莒父見春秋定公十四年秋經文「城莒父及霄」，杜氏注：「公懼而城二邑者，以叛晉助范氏故。」是時，荀寅、士吉射據朝歌，晉人圍之，魯與齊、衞謀救之。朝歌在魯正西將八百里，則莒父屬魯之西鄙。子夏爲宰邑，去其家密邇，要亦約略言之耳。春秋大事表：莒係以父，魯人語音，如梁父、亢父、單父是也。今爲沂州府莒州地。山東通志：莒始封在萊州府高密縣東南，乃莒子之都，而子夏所宰之莒父也。春秋時，莒子遷於城陽。漢始封劉章爲城陽王，置莒縣，即今青州府之莒州。莒父之邑，蓋以莒子始封得名耳。

按：以上諸説，以通志較爲有據。

【集解】鄭曰：「舊説云：莒父，魯下邑。」孔曰：「事不可以速成，而欲其速則不達矣。小利妨大，則大事不成也。」

【集注】莒父，魯邑名。欲事之速成，則急遽無序，而反不達。見小者之爲利，則所就者小，而所失者大矣。程子曰：「子張問政。子曰：『居之無倦，行之以忠。』子夏問政。子曰：『無欲速，無見小利。』子張常過高而未仁，子夏之病常在近小，故各以切己之事告之。」

【餘論】四書改錯：子夏近小利，並無實據。程氏以小人之腹，誣妄此語。而及注子謂子夏女爲君子儒章，則實以子夏好利爲小人儒成案。程氏語出，而聖人一門無生活路矣。然且子張在千百年前，與程氏有何怨毒？而未仁少仁，提至千遍。至品騭他賢，而無端旁及，必不放過，何相厄之深與？黄氏後案：趙鹿泉謂：「莒父下邑，政久廢弛，民亦無多望於上之安全盡善者。子夏急圖改弦更張，或以規近，效期小康，則迫而致之，苟而安之矣。」趙氏以後儒輕斥前賢，故以此論莒父之政。式三謂管仲天下才，而弊在欲速見小。後世之稱盛治者，輒言霸王道雜，弊亦同此。無欲速見小之心，此黜霸崇王之政也。李氏論語劄記：欲速者心之躁，見小利者心之私，二者有陰陽之不同，而其病亦相因。凡大事未有速成者，故欲速者其見必小。心存於久遠，則不爲利動，故見小利者恒由於欲速。

【發明】四書説約：大事一成，勝小補萬倍。見小利，則大利當興、大害當革者，皆以小有所不能割，而坐隳其成矣，此千古之通患也。反身録：爲政欲速非善政，爲學欲速非善學。又曰：宰一邑與宰天下，特患無求治之心耳。如果有心求治，不妨從容料理。斲輪老人謂不疾不徐之間，有妙存焉。豈惟讀書宜然，爲政亦然。若求治太急，興利除害，爲之不以其漸，不是忙中多錯，便是操切僨事。自古成大事者，眼界自闊，規模自別，寧敦大成裕，不取便目前，亦猶學者寧學聖人而未至，不欲以一善成名。

○**葉公語孔子曰：「吾黨有直躬者，其父攘羊，而子證之。」**

【考證】韓非子五蠹篇：楚之有直躬，其父竊羊，而謁之吏。令尹曰：「殺之。」以爲直于君而屈于父，執而罪之。呂氏春秋當務篇：楚有直躬者，其父竊羊，而謁之上。上執而將誅，直躬者請代。將誅，告吏曰：「父竊羊而謁之，不亦信乎？父誅而代之，不亦孝乎？」荆王乃不誅。孔子曰：「異哉直躬之爲信也。一父而載取名焉。」故直躬之信，不若無信。莊子盜跖篇：直躬證父，尾生溺死，信患也。萬氏困學紀聞集證：淮南子氾論訓「直躬，其父攘羊而子證之」，高誘注：「直躬，楚葉縣人也。躬蓋名，其人必素以直稱者，故稱直躬。」陸德明論語釋文：「『直躬』，鄭康成本作『弓』，云直人名弓。」讀書叢録：高誘，盧植門人。植與鄭同師馬融，故誘亦謂直人名躬。

羣經平議：鄭説是也。躬、弓古通用耳。若以直躬爲身而行，則孔子亦當云「吾黨之直躬者」。下文無「躬」字，知躬是人名也。因其直而名之曰直躬，猶因其狂而名之曰狂接輿，殆楚語有然歟？至廣韻謂直姓出楚人直躬之後，則又不然。躬是其人之名，直非其人之姓也。

按：釋文曰：「『躬』，鄭本作『弓』，云直人名弓。」論語後録謂：「太丘長陳仲弓碑『弓』正作『躬』，是『弓』與『躬』通，故鄭本作『弓』也。」俞氏之説是也。集注沿孔傳之誤，以爲直躬而行，近於望文生訓，於義爲短。論語述要主調停之説，謂：「當時楚中習語即稱直者爲直躬，其人姓名不傳，後人援引其事，遂即誤爲姓名。如接輿本是接孔子之輿，因不知其名，即以接輿稱之，後人遂有以接輿爲姓名者。莊子、淮南子皆在春秋之後，其稱直躬，正如接輿之例。」此以直躬爲渾名，可備一説。

論語足徵記：釋文出「直躬」，曰：「鄭本作『弓』，云直人名弓。」案此非弓矢之弓，乃股肱之肱也。肱之古文作𠃋，象形，後增「又」作「厷」，復增「肉」作「肱」，説文隸在又部。其古文與弓矢之弓形近而音別，廣韻弓，居戎切，在一東。肱，古宏切，在十七登，知直人名古宏切之𠃋者，史、漢儒林傳有馯臂子弓，穀梁、左氏所載春秋經文黑肱，公羊傳作黑弓。一與臂應，一與肱通，其義是古宏切之𠃋，非居戎切之弓明甚。直人之名，此可例證矣。𠃋既混作「弓」，又增作「躬」，「躬」之正字作「躳」，説文在吕部，解曰：「從吕，從身。」又出「躬」，云：「俗從弓身。」齊、魯經師傳經之字，諒不從俗，如「直」下本作躳行之躳，右當從吕，無由存弓。既有作「弓」之鄭本，必非「躳」之脱文。向使傳經者知此爲古宏切之𠃋，因增作「厷」若肱，則盡人知是直人之名矣。乃誤以爲居戎切之弓，又增作「躬」之俗文，遂造出直身而行之俗説。此集解所録僞孔注，而集注從之，不成義矣。過庭録：韓非子、吕氏春秋兩書所記，一誅一不誅異者，蓋其始楚王不誅，而躬以直聞於楚。葉公聞孔子語，故當其爲令尹而誅之。劉氏正義：鄭此注云：「攘，盜也。我鄉黨有直人名弓，父盜羊則證其罪。」據注，是鄭本作「直弓」，必出古、魯、齊異文。隸續陳寔殘碑：「寔字仲躬。」史傳、雜書、蔡中郎集並作「仲弓」，是躬、弓古多通用。鄭以弓爲人名。高誘淮南氾論訓注亦云：「直躬，楚葉縣人也。」躬蓋名，其人必素以直稱者，故稱直躬。直舉其行，躬舉其名。直躬猶狂接輿、盜跖之比。僞孔以爲直身而行，非也。黄氏後案：韓詩外傳二載：「楚石奢之父殺人，奢追而縱之，自告於廷，刎頸而死。」下引此經「子爲父隱」以正之。韓傳所録别一事，袁簡齋以此直躬即石奢，未是也。

【集解】孔曰：「直躬，直身而行。」周曰：「有因而盜曰攘。」

【唐以前古注】釋文引鄭注：直人名弓。皇疏：葉公稱己鄉黨中有直躬之人，欲自矜誇於孔子也。躬，猶身也，言無所邪曲也，此直躬者也。攘，盜也。言黨中有人行直，其父盜羊，而子告失羊主，證明道父之盜也。

【集注】直躬，直身而行者。有因而盜曰攘。

孔子曰：「吾黨之直者異於是：父爲子隱，子爲父隱，直在其中矣。」

【考異】韓詩外傳八、新序節士篇俱引孔子語，以「子爲父隱」置「父爲子隱」句前。義疏幾諫章引文，亦以「子爲父隱」置前。

【考證】劉氏正義：檀弓云「事親有隱而無犯」，鄭注：「隱，謂不稱揚其過失也。」蓋子之事親，當時微諫，諭父母於道，不致有過誤。若不幸而親陷不義，亦當爲諱匿。公羊文十五年：「齊人來歸子叔姬，閔之也。父母之於子，雖有罪，猶若其不欲服罪然。」何休注引此文說之云「所以崇父子之親」是也。鹽鐵論周秦篇：「父母之於子，雖有罪，猶匿之。豈不欲服罪？子爲父隱，父爲子隱，未聞父子之相坐也。」漢宣詔曰：「自今子首匿父母，妻匿夫，孫匿大父母，皆勿坐。其父母匿子，夫匿妻，大父母匿孫，殊死皆上請。」足知漢法凡子匿父母等，雖殊死，皆勿坐。父母匿子等，殊死以下，皆不上請。蓋皆許匿可知。皇疏云「今王法則許期親以上得相爲隱，不問其罪」是也。白虎通諫諍篇：「君不爲臣隱，父獨爲子隱何？以爲父子一體，榮恥相及。」明父子天屬得相隱，與君臣異也。

【唐以前古注】皇疏引樊光云：父爲子隱者，欲求子孝也。父必先爲慈，家風由父，故先稱父。又引范甯云：夫所謂直者，以不失其道也。若父子不相隱諱，則傷教破義，長不孝之風，焉以爲直哉？故相隱乃可謂直耳。今王法則許期親以上得相爲隱，不問其罪，蓋合先王之典章。又引江熙云：葉公見聖人之訓，動有隱諱，故舉直躬欲以訾毁儒教，抗衡中國。夫子答之，辭正而義切，荆蠻之豪，喪其誇矣。

【集注】父子相隱，天理人情之至也。故不求爲直，而直在其中。

【餘論】程瑶田論學小記：人有恒言，輒曰一公無私。此非過公之言，不及公之言也。此一視同仁，愛無差等之教也。其端生於意必固我，而其弊必極於父攘子證，其心則陷於欲博大公之名。天下之人，皆枉己以行其私矣，而此一人也，獨能一公而無私。果且無私乎！聖人之所難，若人之所易。果且易人之所難乎？果且得謂之公乎？公也者，親親而仁民，仁民而愛物，有自然之施爲，自然之等級，自然之界限，行乎不得不行，止乎不得不止，時而子私其父，時而弟私其兄，自人視之，若無不行其私者，事事生分别也，人人生分别也，無他，愛之必不能無差等，而仁之不能一視也，此之謂公也，非一公無私之謂也。儀禮喪服傳之言昆弟也，曰「昆弟之道無分」，然而有分者，則辟子之私也。子爲父隱，直在其中，皆言以私行其公，是天理人情之至，自然之施爲、等級、界限，無意必固我於其中者也。如其不私，則所謂公者，必不出於其心之誠然，不誠則私焉而已矣。義門讀書記：何故隱？正謂其事於理有未安耳。則就其隱時，義理昭然自在，是非之理，即在惻隱羞惡之中，並行不悖。在中之解如是，原無所枉也。苟有過，人必知之，直之至矣。

【發明】陸隴其四書困勉録：情與理必相準，天理内之人情，乃是真人情；人情内之天理，乃是真天理。直躬證父，此人情外之天理也。霍光夫婦相隱，此天理外之人情也。夫子所謂父子相隱，乃爲天理人情之至。康有爲論語注：白虎通諫諍篇：「君不爲臣隱，父獨爲子隱何？以爲父子一體，榮恥相及。」明父子天屬，得相隱，與君臣異也。今律大功以上得相容隱，告父祖者入十惡。用孔子此義。葉公惡儒教多諱，故以此諷，而適以見其野蠻而已。經正録：吴可堂曰：「直，天理也。父子之親，又天理之大者也。二者相礙，則屈直以伸親，非不貴乎直也。當是時父子之情勝，而直不直固有所不知也。陳司敗以隱君之惡爲黨，葉公以證父之惡爲直，徒知直之爲公，黨之爲私，而君臣之義，父子之親，乃有不察。微夫子，則一偏一曲之説起，而仁義塞矣。」

○樊遲問仁。子曰：「居處恭，執事敬，與人忠。雖之夷狄，不可棄也。」

【考異】禮記中庸正義引論語：言忠信，行篤敬，雖之夷狄不可棄。太平御覽述文，「棄」下亦無「也」字。論語後録：若夫子之告葉公，不以楚而外之，所謂與人忠也，故類記之。楊龜山文集：胡德輝問：「此章與子張問行章語義正類，或説『問仁』乃『問行』爾，字之誤也，有諸？」答曰：「學者求仁而已，行則由是而之焉者也。其語相似，無足疑者。」

【集解】包曰：「雖之夷狄無禮義之處，猶不可棄去而不行。」

【唐以前古注】皇疏引江熙云：恭敬忠，君子任性而行己，所以爲仁也。本不爲外物，故以夷狄不可棄而不行也。若不行於無常，則僞斯見矣。僞見，則去仁遠也。

【集注】恭主容，敬主事。恭見於外，敬主乎中。之夷狄不可棄，勉其固守而勿失也。

【發明】朱子語類：讀書須是自己日用躬行處著力，如「居處恭，執事敬，與人忠。雖之夷狄，不可棄也」，與「言忠信，行篤敬，雖蠻貊之邦，行矣。言不忠信，行不篤敬，雖州里，行乎哉」。此二事須是日日黏放心頭，不可有少虧欠處，此最是爲人急切處，切宜體之。反身録：居處恭，執事敬，與人忠，此操存之要也。獨居一有不恭，遇事一有不敬，與人一有不忠，便是心之不存。不論有事無事，恒端謹無欺，斯心無放逸。

○子貢問曰：「何如斯可謂之士矣？」子曰：「行己有恥，使於四方，不辱君命，可謂士矣。」曰：「敢問其次。」曰：「宗族稱孝焉，鄉黨稱弟焉。」曰：「敢問其次。」曰：「言必信，行必果，硜硜然小人哉！抑亦可以爲次矣。」曰：「今之從政者何如？」子曰：「噫！斗筲之人，何足算也。」

【考異】皇本「斯可謂之士矣」，無「之」字，「弟」作「悌」。釋文云：「弟」亦作「悌」。文選三國名臣序贊注引論語：「抑亦可以爲次也。」「矣」作「也」。釋文：「算」，本或作「筭」。漢書公孫賀傳贊、鹽鐵論大論俱作「何足選也」。孟子「悻悻然見於其面」，章句引論語「悻悻然小人哉」爲證。孫氏音義曰：「悻，字或作硜硜然，論語音鏗。」

【考證】趙佑温故録：此以鄉舉里選之法言。周禮，自比閭族黨六鄉六遂皆立學，鄉師鄉大夫各受教法於司徒，以教其所治，考其德行道藝；黨正各掌其黨，以屬民正齒位；族師掌書其孝友睦婣有學者，以次而升于大學。士之造就必由此爲正。案春秋之時，卿大夫皆世官，選舉之法已廢。此文所言，猶是舊法，故子貢復問今之從政，明前所舉皆是昔時有然也。稱孝稱弟，即孟子所謂「一鄉之善士」。此雖德行之美，然孝弟爲人所宜盡，不必待學而能，故夫質性之善者亦能行之，而非爲士職分之所盡也，故以爲次。荀子子道篇以入孝出弟爲人之小行，志以禮安，言以類從，爲儒道之極。與此章義相發。志以禮安，則知所恥；言以類從，則能出使不辱君命矣。言必信，行必果，謂不度於義而但守小忠小信之節也。孟子離婁篇：「孟子曰：『大人者，言不必信，行不必果，唯義所在。』」明大人言行皆視乎義，義所在，則言必信，行必果；義所不在，則言不必信，行不必果。反是者爲小人。趙岐孟子注云：「大人仗義。義有不得必信其言，子爲父隱也。有不能得果行其所欲行者，義若親在，不得以其身許友也。」過庭録：儀禮既夕「筲三：黍、稷、麥」，注：「筲，畚種類也。其容蓋與簋同一觳也。」按觳受斗二升，康成以筲與簋同實，故亦同量。説文無「筲」字，有「䈰」字，云：「䈰，飯筥也，受五升。从竹，稍聲。秦謂筥爲䈰。」又出「𥳓」字云：「陳留謂飯帚曰𥳓，从竹，捎聲。一曰飯器，容五升。」則䈰、𥳓並可通筲。鄭解筲量多少不同。按論語言斗筲之人，則筲量宜更小於斗，作五升爲是。既夕用筲禮亦殺，不必定容斗二升矣。又云：漢書公孫賀傳贊：「斗筲之徒，何足選也？」師古曰：「筲，竹器也，容一斗。選，數也。論語孔子曰：『噫！斗筲之人，何足選也？』言其材器小劣，不足數也。」又鹽鐵論亦作「選」，疑是魯論。潘氏集箋：論語後録謂詩「威儀棣棣，不可選也」，朱穆絶交論引「選」作「算」，是「選」與「算」同。過庭録疑作「選」者爲魯論語，其或然歟？

按：據此可爲此章論選舉之證。

【集解】孔曰：「有恥者有所不爲。」鄭曰：「行必果，所欲行必果敢爲之。硜硜者，小人之貌也。抑亦其次，言可以爲次。噫，心不平之聲。筲，竹器，容斗二升。算，數也。」

【唐以前古注】皇疏引李充云：居正情者當遲退，必無者，其唯有恥乎？是以當其宜行，則恥己之不及；及其宜止，則恥己之不免。爲人臣，則恥其君不如堯、舜；處濁世，則恥獨不爲君子。將出言，則恥躬之不逮。是故孔子稱丘明，亦貴其同恥，義備孝悌之先者也。古之良使者，受命不受辭，事有權宜，則與時消息，排患釋難，解紛挫鋭者，可謂良也。又云：言可覆而行必成，雖爲小器，取其能有所立。又引繆協云：雖孝稱於宗族，悌及於鄉黨，而孝或未優，使於四方，猶未能備，故爲之次者也。又云：果，成也。言必合乎信，行必期諸成，君子之體，其業大哉！雖行硜硜小器，而能必信必果者，取其共有成，抑亦可以爲士之次也。

按：韓李筆解録此章文，以此節爲第一節，而以「行己有恥」十六字在「敢問其次」之下，爲次節，以「言必信」以下爲末節。解曰：「孝悌爲百行之首，無以上之者。舊本以行己有恥爲上，簡編差失也。『小人』當作『之人』。」以好竄亂經文，不録。

【集注】此其志有所不爲，而其材足以有爲者也。子貢能言，故以使事告之。蓋爲使之難，不獨貴於能言而已，此本立而才不足者，故爲其次。果，必行也。硜，小石之堅確者。小人，言其識量之淺陋也。此其本末皆無足觀，然亦不害其爲自守也，故聖人猶有取焉。下此則市井之人，不復可爲士矣。今之從政者，蓋如魯三家之屬。噫，心不平聲。斗，量名，容十升。筲，竹器，容斗二升。斗筲之人，言鄙細也。算，數也。子貢之問每下，故夫子以是警之。程子曰：「子貢之意，蓋欲爲皎皎之行聞於人者。夫子告之，皆篤實自得之事。」

【餘論】劉開論語補注：余嘗疑子貢問士，其意不在于士，必爲從政者而發。而余友光庶常栗原謂余曰：「子貢天資最高，志亦卓越，所問皆遠者大者。如問仁問政，必窮端盡變，無每況愈下之辭。而忽問及士行，已非遠者大者。夫子所告，又極中正平實，非有高深之言。乃猶降格更詢，至於僅以孝弟見稱，本立而材不具，已非士之上者，子貢且優于彼多矣，而猶復問其次，豈志之不遠而言之愈卑與？蓋有所爲而問也。子貢見當時之從政者皆無可表見，欲質諸夫子，而不欲專以此爲問，故先言何如斯可謂士，言士則其行或次于卿大夫矣。及見夫子之所稱者，皆非今之從政者能及，故每問益下，至于必信必果，在士已爲最卑之行，而今之卿大夫或有未之逮焉，故始繼以從政爲問，而夫子果鄙之爲不足道也。此以見子貢之問士皆有爲而發者也。」余聞之，擊節稱賞，歎其見之深合我心。且以告栗原曰：「不但此也。子貢，最善於問者也。如欲問夫子之爲衛君，而先詢伯夷、叔齊之爲何人，且窮其怨不怨，以究其歸。欲問從政之公卿大夫，而先詢爲士之當何若，且窮其次而又次，以類其品。其妙問蓋出一也。合二事觀之，而此事更無疑矣。」栗原爲之躍如。　四書改錯：使於四方，不辱君命，並無抑能言之意。嘗因此推求本文，再三不得，及考小注，有陳氏詔注解曰：「不獨貴於能言，蓋以行己有恥爲本也。」則又告行己，非告使事矣，終不可解。且子貢無恥，亦安據也？　四書集注補曰：「斗筲一語，未必警子貢。」若然，則視子貢此問，將欲爲今之從政者矣。若程氏所言，子貢將欲爲皎皎之行聞於人者，故夫子告之以篤實自得之事，則與夫子所言，正枘鑿相反。夫子明尚事功，特以使命不辱者加於篤實自得之上，此不特不藥子貢之病，反有就其所長而加勉之意。聖言具在，三復可驗也。乃謂欲裁其皎皎之行，則未有使四方而猶闇胷非皎皎者。向使告孝弟信果而不告使事，則其奚落端木氏不知如何矣。今故爲拗揉，而其言之難通至於如是，是亦不可以已乎。

【發明】反身録：士人有廉恥，斯天下有風俗。風俗之所以日趨日下，其原起於士人之寡廉鮮恥。有恥則砥德礪行，顧惜名節，一切非禮非義之事，自羞而不爲，惟恐有浼乎生平。若恥心一失，放僻邪侈，何所不至？居鄉而鄉行有玷，居官而官常有虧，名節不足，人所羞齒，雖有他長，亦何足贖？論士於今日，勿先言才，且先言守，蓋有耻方有守也。論學於今日，不專在窮深極微，高談性命，只要全其羞惡之良，不失此一點恥心耳。不失此恥心，斯心爲真心，人爲真人，學爲真學，道德經濟咸本於心，一真自無所不真，猶水有源木有根。恥心若失，則心非真心，心一不真，則人爲假人，學爲假學，道德經濟不本於心，一假自無所不假，猶水無源木無根。

○子曰：「不得中行而與之，必也狂狷乎！狂者進取，狷者有所不爲也。」

【考異】後漢書獨行傳序引孔子曰：與其不得中庸，必也狂狷乎！七經考文補遺：古本無「也」字。翟氏考異：後漢書引「狂者進取」二句，加「又曰」二字別之。章懷注曰：「此是録論語者因夫子之言，而釋狂狷之人也。」例以從我陳、蔡，片言折獄二章，其説不爲無見。劉氏正義：説文無「狷」字。「獧」下云：「疾跳也。一曰急也。」段氏玉裁注云：「獧、狷古今字。今論語作『狷』，孟子作『獧』。大徐別增狷篆，非。」又心部：「懁，急也。从心，睘聲。讀若絹。」段注：「論語『狷』，孟子作『獧』，其實當作『懁』。」

按：狂者進取二句係注文，不知何時闌入正文。翟氏所疑是也。

【考證】淩鳴喈論語解義：中行者，依中庸而行者。在易復四益三，四稱中行，謂乎中以行，可與之自治治人也。孚化萬邦，中庸鮮能，故不得。隱怪鄉原又不可與，故必也狂狷乎。劉氏正義：孟子盡心下：「萬章問曰：『孔子在陳，何思魯之狂士？』孟子曰：『孔子不得中道而與之，必也狂獧乎。狂者進取，獧者有所不爲也。孔子豈不欲中道哉？不可必得，故思其次也。』『敢問何如斯可謂狂矣？』曰：『如琴張、曾皙、牧皮者，孔子之所謂狂矣。』『何以謂之狂也？』曰：『其志嘐嘐然，曰古之人，古之人，夷考其行而不掩焉者也。狂者又不可得，欲得不屑不潔之士而與之，是獧也。是又其次也。』」趙岐注：「中道，中正之大道也。狂者能進取，獧者能不爲不善。時無中道之人，以狂獧次善者，故思之也。嘐嘐，志大言大者也。重言古之人，欲慕之也。考察其行，不能掩覆其言，是其狂也。屑，絜也，既不能得狂者，欲得有介之人，能恥賤汚行不絜者，則可與言矣。是獧人次於狂者也。」後漢書獨行傳序：「孔子曰：『與其不得中庸，必也狂狷乎！』」此蓋失於周全之道，而取諸偏至之端者也。然則有所不爲，亦將有所必爲者矣。既云進取，亦將有所不取者也。

【集解】包曰：「中行，行能得其中者。言不得中行，則欲得狂狷者。狂者進取於善道，狷者守節無爲，欲得此二人者，以時多進退，取其恒一者也。」

【唐以前古注】詩鄘風載馳正義引鄭注：狂者進取，仰法古例，一顧時俗，是進取一概之義。

【集注】行，道也。狂者志極高而行不掩，狷者知未及而守有餘。蓋聖人本欲得中道之人而教之，然既不可得而徒得謹厚之人，則未必能自振拔而有爲也。故不若得此狂狷之人，猶可因其志節而激厲裁抑之，以進於道，非與其終於此而已也。

【餘論】四書辨疑：有所不爲者，能爲而不爲也。智未及者，不能爲而不爲也。夫狷者之爲人，踽踽獨行，涼涼無親，世俗指爲孤僻古執者是也。於可交之人，亦有所不交；可取之物，亦有所不取。易於退而難於進，貪於止而吝於行，此乃有所不爲之謂也。若論其極，伯夷、叔齊即其人也。特其情好與衆不同，非有關於智不智也。果以智未及而不能爲者爲狷，則天下之狷者多矣，夫子何難於此哉？論語稽：狂似太過，狷似不及，皆美才也。中行無過不及，得天獨優，較易裁成，然不可得。惟就地取才，培之植之，至於有成，亦與中行無異。聖門如顏子，中行者也。曾子、閔子、仲弓、有若之屬，抑其次也。子貢、曾皙、琴張則近於狂者也。原思、子夏、高柴則近於狷者也。

○子曰：「南人有言曰：『人而無恒，不可以作巫醫。』善夫！

【考異】金樓子立言篇以「無恒之人，不可卜筮」爲論語言。　支允堅異林：「巫」疑是「筮」字，古通用。　七經考文：足利本「善夫」作「善哉」。

【考證】論語駢枝：古者卜筮之法，立三人旅占，吉凶臧否不專據繇辭。繇辭吉而占曰不吉者，穆姜之筮元亨利貞，南蒯之筮黄裳元吉是也。有繇辭不吉而占曰吉者，定姜之占出征喪雄，司空季子之占得國是也。至於無恒之人，著龜所厭，羞吝無疑。緇衣曰：「南人有言云云，古之遺言與？龜筮猶不能知也，而況于人乎？詩云：『我龜既厭，不我告猶。』兑命曰：『爵無及惡德，民立而正事，純而祭祀，是爲不敬。事煩則亂，事神則難。』易曰：『不恒其德，或承之羞。恒其德，貞，婦人吉，夫子凶。』」亦記孔子之言，而文頗異。然不占之義，以此益明。　羣經平議：楚辭天問篇：「化爲黄熊，巫何活焉？」王逸注曰：「言鮌死後化爲黄熊，入於羽淵，豈巫醫所能復生活。」是巫醫古得通稱。此云不可以作巫醫，醫亦巫也。廣雅釋詁曰：「醫，巫也。」是其證也。荀子王制篇曰：「相陰陽，占祲兆，鑽龜陳卦，主攘擇五卜，知其吉凶妖祥，傴巫跛擊之事也。」蓋古者卜筮之事，亦巫祝掌之。禮記緇衣篇：「南人有言曰：『人而無恒，不可爲卜筮。』古之遺言與？」彼言卜筮，此言巫醫，其義一也。下文引易恒卦之辭，又曰「不占而已矣」，皆以卜筮言，與醫不涉。正義分巫醫而二之，非古義矣。　惠氏禮説：古者巫彭初作醫，故有祝由之術，移精變氣以治病。春官大小祝男巫女巫皆傳其術。祝祈福祥，則曰求永貞。貞，正也。巫有大烖，則曰造巫恒。恒，常也。言正而有常。精爽不貳，敬恭明神，然後神降之嘉生，祈福則福來，却病則病去。故孔子思見有恒者。無恒之人，巫醫弗爲，信矣。　四書賸言：此言不可作巫醫以治此人，非謂此人不可作巫醫也。作，立也。尚書「乃建立卜筮人」是也。蓋無恒之人，禱祀所不加，醫藥所不及，故云然。若謂此人作巫醫，則巫醫豈易作者？周禮司巫、司醫，皆是士大夫試而爲之，極其鄭重。故不占而已矣，鄭氏亦謂無恒之人，易所不占，與巫醫不治並同。蓋或承之羞，羞是惡義，然在凶悔吝之外，故曰不占。觀緇衣：「子曰：『人而無恒，不可以作卜筮。古之遺言與？龜筮猶不能知也，而況於人乎？』詩曰：『我龜既厭，不我告猶。』」則明明言卜筮不能及此，孔子自爲注脚也。　論語稽求篇：先仲氏曰：「緇衣前後所引，皆卜筮之事，故曰不占而已。不占者，正言不可爲卜筮也。」則似「巫醫」爲「卜筮」之誤，易「卜筮」二字，則「不占」句更較明白。

【集解】孔曰：「南人，南國之人也。」鄭曰：「言巫醫不能治無常之人也。」包曰：「善南人之言也。」

【唐以前古注】皇疏引衛瓘云：言無恒之人，不可以爲巫醫，巫醫則疑誤人也，而況其餘乎？

【集注】南人，南國之人。恒，常久也。巫所以交鬼神，醫所以寄死生，故雖賤役，而猶不可以無常。孔子稱其言而善之。

『不恒其德，或承之羞。』」子曰：「不占而已矣。」

【考證】論語偶記：按此經與緇衣篇中略同。惟此「巫醫」，緇衣作「卜筮」，然巫與醫卜並以治人之疾，以言不能治無恒之人，無異義也。緇衣云：「龜筮猶不能知也，而況於人乎？」謂卦兆不能見其情，定其吉凶，蓋即經不占之意。屈子卜改行易轍。詹尹曰：「龜筮誠不能知此事。」即此意也。以經解經，頗自明暢，惜朱子不用鄭注，是以「不占而已矣」句解不去，轉引楊氏說，愈不明白也。論語足徵記：禮記緇衣篇：「子曰：『南人有言曰：人而無恒，不可以爲卜筮。古之遺言與？龜筮猶不能知也，而況於人乎？』」鄭彼注曰：「不可爲卜筮，言卦兆不能見其情，定其吉凶也。」以經證經，則此云不可以作巫醫，猶言不可以爲卜筮也。此云不占而已矣，猶曰龜筮不能知也。集注：「巫醫雖賤役，猶不可以無常。」則於緇衣不可通矣。

【集解】孔曰：「此易恒卦之辭。言德無常則羞辱承之。」鄭曰：「易所以占吉凶也。無恒之人，易所不占也。」

【唐以前古注】皇疏：孔子引易恒卦不恒之辭，證無恒之惡，言人若爲德不恒，則必羞辱承之。羞辱必承，而云或者，或，常也，言羞辱常承之也。何以知或是常？按詩云：「如松柏之茂，無不爾或承。」鄭玄曰：「或，常也。」老子曰：「湛兮似或存。」河上公注云：「或，常也。」此記者又引禮記孔子語來證無恆之惡也，言無恆人非唯不可作巫醫而已，亦不可以爲卜筮。卜筮亦不能占無恒之人，故云不占而已矣。禮記云：「南人有言曰：『人而無恒，不可以爲卜筮。』古之遺言與？龜筮猶不能知也，而況於人乎？」是明南人有兩時兩語，故孔子兩稱之，而禮記、論語亦各有所録也。

按：此章之義，當從鄭注，而皇疏尤明晰可從，集注失之。

【集注】此易恒卦九三爻辭。承，進也。復加「子曰」以別易文也。其義未詳。楊氏曰：「君子於易，苟玩其占，則知無常之取羞矣。其爲無常也，蓋不占而已矣。」意亦略通。

【餘論】四書辨疑：不占而已矣，古今解者皆不能通。注言其義未詳，可謂本分。然却再舉楊氏之說，不免反以爲累。略通二字，若於該括衆事處言之，如云略通某氏之學，略通某書大義，此皆可也。今於一章經中單論一事，是則爲是，非則爲非，豈容更有略通邪？況已斷定其義未詳，亦自不容別議也。楊氏之說，本無可取，删之爲是。

【發明】潘德輿養一齋劄記：論語於六十四卦專舉恒者，此教人主一也。主一是下手功夫，而歸宿亦在此。士志於道，而恥惡衣惡食者，未足與議也，故下手要主一。天地之道，可一言而盡也，其爲物不貳，則其生物不測，故歸宿要主一。

○子曰：「君子和而不同，小人同而不和。」

【考證】鄭語：史伯曰：「今王去和而取同。夫和實生物，同則不繼。以他平他謂之和，故能豐長而物生之。若以同裨同，盡乃棄矣。故先王以土與金木水火雜以成百物，是以和五味以調口，剛四支以衛體，和六律以聰耳，正七體以役心，平八索以成人，建九紀以立純德，合十數以訓百體。出千品，具萬方，計億事，材兆物，收經入，行姟極。故王者居九畡之田，收經入以食兆民，周訓而能用之，和樂如一。夫如是，和之至也。於是乎先王聘后於異姓，求財於有方，擇臣取諫工而講以多物，務和同也。聲一無聽，物一無文，味一無果，物一不講，王將棄是類也而與剸同，天奪之明，欲無弊，得乎？」左昭二十年傳：齊侯論子猶云：「惟據與我和夫？」晏子對曰：「據亦同也，焉得爲和？」公曰：「和與同異乎？」對曰：「異。和如羹焉，水火醯醢鹽梅以烹魚肉，燀之以薪，宰夫和之，齊之以味，濟其不及，以洩其過。君子食之，以平其心。君臣亦然。君所謂可，而有否焉，臣獻其否，以成其可。君所謂否，而有可焉，臣獻其可，以去其否。是以政成而不干，民無争心。先王之濟五味和五聲也，以平其心，成其政也。聲亦如味，一氣，二體，三類，四物，五聲，六律，七音，八風，九歌，以相成也。清濁大小，短長疾徐，哀樂剛柔，遲速高下，出入周疏，以相濟也。君子聽之，以平其心，心平德和。今據不然。君所謂可，據亦曰可；君所謂否，據亦曰否。若以水濟水，誰能食之？若琴瑟之專壹，誰能聽之？同之不可也如是。」

【集解】君子心和，然其所見各異，故曰不同。小人所嗜好者則同，然各争利，故曰不和。

【集注】和者無乖戾之心，同者有阿比之意。尹氏曰：「君子尚義，故有不同。小人尚利，安得而和。」

【餘論】四書辨疑：和則固無乖戾之心，只以無乖戾之心爲和，恐亦未盡。若無中正之氣，專以無乖戾爲心，亦與阿比之意相鄰，和與同未易辨也。中正而無乖戾，然後爲和。凡在君父之側，師長朋友之間，將順其美，匡救其惡，可者獻之，否者替之，結者解之，離者合之，此君子之和也。而或巧媚陰柔，隨時俯仰，人曰可，己亦曰可，人曰否，己亦曰否，惟言莫違，無唱不和，此小人之同也。晏子辨梁丘據非和，以爲「君所謂可，而有否焉，臣獻其否，以成其可。君所謂否，而有可焉，臣獻其可，以去其否」云云，此論辨析甚明，宜引以證此章之義。

**○子貢問曰：「鄉人皆好之，何如？」子曰：「未可也。」「鄉人皆惡之，何如？」子曰：「未可也。不如鄉人之善者好之，其不善者惡之。」**

【考異】陸忠宣公集請許臺省長官舉薦屬吏狀引此節文，兩「何如」皆作「如何」。公羊傳注作「不若鄉人之善者善之，鄉人之惡者惡之」。疏引鄭氏論語注云：「鄉人之善行者善之，惡行者惡之。」公羊傳莊公十七年注引此節文，兩「未可」下皆無「也」字。七經考文：古本「惡之」下有「也」字。

【集解】孔曰：「善人善己，惡人惡己，是善善明，惡惡著也。」

【唐以前古注】皇疏：一通云：子貢問孔子曰：「與一鄉人皆親好何如？」孔子答云：「未可。」又問曰：「與一鄉人皆爲疎惡何如？」孔子又答云：「未可。」既頻答未可，所以更爲説云：「不如擇鄉人善者與之親好，若不善者與之爲疏惡也。」

按：此說甚新異。然何爲想到與一鄉人皆疏惡？於情理未協，故集注置之。

公羊莊十七年傳注引鄭注：與善人同復，與惡人異道，理勝於前，故知是實善。

按：徐彦疏：「一鄉之人皆好此人，此人何如？子曰：『未可即以爲善。何者？此人或者行與衆同，或朋黨矣。』子貢又曰：『若一鄉之人皆惡此人，此人何如？』子曰：『未可即以爲惡也。何者？此人或者行與衆異，或孤特矣。不若鄉人之善行者善之，惡行者惡之，與善人同復，與惡人異道，理勝於前，故知是實善』云云之説備於鄭注。」劉寶楠謂疏依鄭爲説，則朋黨孤特亦皆鄭注之義。宋氏輯本止取「與善人同」以下四句，非也。

【集注】一鄉之人，宜有公論矣，然其間亦各以類自爲好惡。故善者好之，而惡者不惡，則必其有苟合之行；惡者惡之，而善者不好，則必其無可好之實。

【餘論】四書訓義：或主觀人説，集注無此意。若論觀人之道，則何不直觀其人之善不善，而觀鄉人乎？鄉人之善惡瑣屑難知，一人志行分明易見。故不從其説，以自考得失立論。

【發明】馮從吾四書疑思録：士君子立身，惟求無媿於鄉人之善者足矣；不善者之惡不惡，勿論可也。若善者既信其節操，又懼不善者疑其矯激，善者既稱其寬厚，又懼不善者議其懦弱，則瞻前顧後，終身不成，此鄉愿之不可與入堯、舜之道也。論語稽：言鄉人固見其公，然等鄉而上之，則有國矣。國人之好惡，且有時而不足據，況鄉人乎？子貢之病，在一皆字。善者好，不善者惡，則中有卓見，不徒以鄉評爲據矣。

○子曰：「君子易事而難説也。説之不以道，不説也；及其使人也，器之。小人難事而易説也。説之雖不以道，説也；及其使人也，求備焉。」

【考異】先聽齋講録：君子厚重簡默，苟於義分不宜説，有相對終日不出一言者，似乎深沉不可測；而使人平易，絶無苛求。小人喋喋然，議論蠭發，非義所當説亦説之；而一經使人，便苛求不已。讀説始悦反。翟氏考異：二十篇所有「説」字，義疏多從心作「悦」，獨此六「説」字俱同監本從言。古之師傳應有讀此説爲始悦反者矣。然説與事對待反覆，讀始悦則甚不融洽。

【考證】論語稽求篇：舊注原以「説」字作「悦」字解，集注所用，固是舊注，特漢儒復有一解，謂説如字，即言説也。先聽齋講録曰：「此以言説定事使也。夫在下爲事，在上爲使。下欲事上，必先覘上之易使，而後我事之難易，以定顧事之難易，全在言説。難言者必易事，易言者必難事，此一定之理也。而在上之君子小人分焉。君子于人，必厚重緘默，不輕説人短長，即上下相對，亦不輕爲問詢言説，苟于義分不宜説，有相對終日不出一言者，似乎深沉不可測，而使人平易，絶無苛求，故曰此易事者也。若乃小人，相對喋喋然，論議蠭發，又易于通導，即左右慰論，亦且備極甘苦，非義分所當説亦説之，而一經使人，便苛求不已，此則極難事也。」其文曾引入四書模中。若曲禮「不妄説人」，鄭康成注云：「爲近佞媚也。君子説之不以其道，則不説也。」亦引此文爲證。但近佞媚難解。惟孔疏云：「此引論語文。」又云：「禮動不虚説，凡説人之德則爵之，説人之寒則衣之。若無爵無衣，則爲妄語，近于佞媚也。」此爲以言語諂人，以指使驕人者言，雖與先聽齋講又不同，然其爲言説則一也。説書貴有據，此則别説而頗有據者，故並載之。

劉氏正義：君子小人皆謂居位者。曲禮云「禮不妄説人」，鄭注：「爲近佞媚也。君子説之不以其道，則不説也。」不以其道，即是佞媚，即是妄説。荀子大略篇：「知者明於事，達於數，不可以不誠事也。故曰：『君子難説，説之不以道，不説也。』」

【集解】孔曰：「不責備於一人，故易事也。器之，度材而任官也。」

【唐以前古注】皇疏：君子既照識理深，若人以非道理之事來求使之悦，己則識之，故不悦也。

【集注】器之，謂隨其材器而使之也。君子之心公而恕，小人之心私而刻，天理人欲之間，每相反而已矣。

按：集注沿皇、邢二疏之舊，以「説」字作「悦」字解，自是舊説如是。余則疑當作言説或游説解。蓋皇本於論語所有「説」字多從心作「悦」，獨此章不改，毛氏之説似可從。

【餘論】朱柏廬毋欺録：聖賢之言，以君子小人並論者，如喻義喻利，居易行險，易事難説，易説難事之類，殆難悉數。蓋欲使人判然知所從違，如南朔之殊途，寒暄之異氣也。苟嗜利焉，則小人矣。苟難事焉，則小人矣。苟易説焉，則小人矣。所謂終始慎厥與？與君子同道，即爲君子。與小人同事，安得不爲小人？人知惡小人之名，而不知所戒，猶病戚施而惡影之俛，不可得也。

【發明】輔廣論語答問：君子貴重人才，隨材器而使之，而天下無不可用之人。小人輕視人才，故求全責備，而卒至無可用之人。論語稽：此章可以括廿四史之全。以「道」字爲主，以

「説」字爲對，以「事」字「使」字爲經緯。蓋下之所以事上者，欲上之使之耳。上之所以説下者，以爲適吾用而使之耳。事之之法在於下，使之之權出於上。君子小人就在上者之心術言之，器與求備，對較相形者也。

○子曰：「君子泰而不驕，小人驕而不泰。」

【考證】論語補疏：泰者，通也。君子所知所能，放而達之於世，故云縱泰。似驕，然實非驕也。小人所知所能，匿而不露。似乎不驕，不知其拘忌正其驕矜也。君子不自矜而通之於世，小人自以爲是而不據通之於人，此驕泰之分也。邢疏不能詳。「今拜乎下，泰也」，此「泰」乃「忲」之借。

【集解】君子自縱泰，似驕而不驕。小人拘忌，而實自驕矜。

【唐以前古注】皇疏：君子坦蕩蕩，心貌怡平，是泰而不爲驕慢也。小人性好輕凌，而心恒戚戚，是驕而不泰也。

【餘論】論語傳注：君子無衆寡，無小大，無敢慢，何其舒泰，而安得驕？小人矜己傲物，惟恐失尊，何其驕侈，而安得泰？

按：此章集注以成見解經，故不録，取無成見之李塨傳注以代之。

○子曰：「剛、毅、木、訥近仁。」

【考證】論語補疏：「巧言令色，鮮矣仁」，此質樸遲鈍所以近仁也。唐書刑法志云：「仁者制亂，而弱者縱之。」然則剛强非不仁，而柔弱者仁之賊也，此果敢所以近仁也。論語後録：漢書周昌傳：「周昌，木强人也。」即此意。君子欲訥於言，訥訥然如不出諸口。訥从言内，有訒言之義。黄氏後案：後漢書吴漢傳論引此經，注：「剛毅，謂强而能斷。木，樸慤貌。訥，忍於言也。」彼李注必此經之古注也。論語「血氣方剛」，詩北山、國語周語「旅力方剛」，鄭語「剛四支以衞體」，合觀諸文，剛是堅强之名。韋氏國語注：「剛，强也。」鄭君公冶篇注：「剛，謂强志不屈撓。」此剛之正訓。王氏以無欲訓剛，非古義。多慾非剛，無慾亦未必剛也。左氏宣公二年傳「殺敵爲果，致果爲毅」，國語楚語下「毅而不勇」，合觀兩文，毅是果斷之謂。韋氏國語注：「毅，果也。」此爲毅之正訓。説文：「毅，妄怒也。一曰有決也。」能決於義曰有決，所決不合於義曰妄怒，其以決斷爲毅則同。剛者堅强而不屈撓，毅者果斷而不游移，此剛毅之分。周書謚法「强毅果敢曰剛」，説文「剛，强斷也」，泰伯篇包注「毅，强而能決斷也」，此乃統言則合。朱子於公冶篇云：「剛者，堅强不屈之意。」於泰伯云：「毅，强忍也。」後儒據此，以毅爲持久之義。然楚語「强忍犯義，毅也」，即證上文「毅而不勇」之毅。韋注：「忍，忍犯義也。」是決於犯義之忍，非耐久之忍。持久爲毅，古未之聞。語録：「剛是體質堅强，毅是奮發作興氣象。」蓋朱子本無定見，故有歧辭也。訥即訥於言之訥，觀「仁者其言也訒」，可見非質之鈍也。程子以四者爲質，失之也。程子曰：「祇爲輕浮巧利，於仁甚遠，故以此爲近仁。」此説是也。中庸力行近仁，剛毅者勇決，於所有事能强恕，能去私也。前篇言巧言令色鮮仁，木訥者真樸以立心，不飾僞，不售欺也。

【集解】王曰：「剛無欲，毅果敢，木質樸，訥遲鈍。有斯四者近於仁。」

【唐以前古注】皇疏：言此四事與仁相似，故云近仁。剛者性無求欲，仁者静，故剛者近仁也。毅者性果敢，仁者必有勇，周窮濟急，殺身成仁，故毅者近仁也。木者質樸，仁者不尚華飾，故木者近仁也。訥者言語遲鈍，仁者慎言，故訥者近仁也。

【集注】程子曰：「木者質樸，訥者遲鈍，四者，質之近乎仁者也。」楊氏曰：「剛毅則不屈於物欲，木訥則不至於外馳，故近仁。」

【餘論】四書困勉録：春秋之末，漸成一利口世界。莊子以利口談理，戰國策以利口議事，夫子所以思木訥之近仁。然則思剛毅者何？曰此則以鄉愿多也。論語稽：剛毅近於高明，木訥近於沈潛，雖各得一偏，然絶無取巧習氣，故曰近仁。若夫巧言令色，與夫貪私鄙吝之爲病，則去仁遠矣。

【發明】容齋隨筆：剛毅者必不能令色，木訥者必不爲巧言，此近仁鮮仁之辨也。

○子路問曰：「何如斯可謂之士矣？」子曰：「切切偲偲，怡怡如也，可謂士矣。朋友切切偲偲，兄弟怡怡。」

【考異】皇本「何如斯可謂之士矣」，無「之」字。末句「兄弟怡怡」下有「如也」二字。阮元校勘記：文選曹植求通親親表注、初學記十七、藝文類聚二十一、太平御覽四百十六引並有「如也」二字。毛詩小雅常棣傳：「兄弟熙熙然，朋友切切節節然。」正義曰：「論語『朋友切切偲偲，兄弟怡怡』，此熙熙當彼怡怡，節節當彼偲偲也。定本『熙熙』作『怡怡』，『節節』作『偲偲』。

依論語，則俗本誤。」

【考證】大戴禮曾子立事篇：宫中雍雍，外焉肅肅。兄弟憘憘，朋友切切。遠者以貌，近者以情。友以立其所能，而遠其所不能。苟無失其所守，亦可與終身矣。劉氏正義：「憘」與「怡」音義略同。案孟子言：「父子不責善，責善，朋友之道也。父子責善，賊恩之大者。」合夫子此語觀之，是兄弟亦不可責善。切切偲偲，怡怡如也，可謂士矣。夫子語止此。當時皆習見語，故夫子總言之。記者恐人不明，故釋之曰：「朋友切切偲偲，兄弟怡怡。」所謂七十子之大義也。

按：劉氏之説是也。觀此益知集注胡説之謬。

又曰：毛詩常棣傳：「兄弟尚恩，熙熙然。朋友以義，切切節節然。」孔疏云云。此疏所載傳言甚明晰。但熙、怡義同，節、偲聲轉，俗本亦不誤也。解者因疑節節、熙熙是古論語，切切、怡怡是魯論語。説亦近之。

【集解】馬曰：「切切偲偲，相切責之貌。怡怡，和順之貌。」

【唐以前古注】詩小雅常棣正義引鄭注：切切，勸競貌。怡怡，謙順貌。皇疏引繆協云：以爲朋友不唯切磋，亦貴和諧。兄弟非但怡怡，亦須戒厲。然朋友道缺，則面朋而匿怨。兄弟道缺，則鬩牆而外侮。何者？憂樂本殊，故重弊至於恨匿，將欲矯之，故云朋友切切偲偲，兄弟怡怡如也。切切偲偲，相切責之貌也。怡怡，和順之貌也。

【集注】胡氏曰：「切切，懇到也。偲偲，詳勉也。怡怡，和悦也。皆子路所不足，故告之。又恐其混於所施，則兄弟有賊恩之禍，朋友有善柔之損，故又别而言之。」

【餘論】黄氏後案：朱子於或問云：「切切，教告懇惻而不揚其過。偲偲，勸勉詳盡而不强其從。」即本注所引胡氏之説。意欲指子路所不足，過於求深，遂與古訓不合。且胡氏所云善柔之損，決非所以規子路也。論語偶記：朱注以朋友切切偲偲、兄弟怡怡爲子路所不足。案禮檀弓篇：「子路去魯。顔淵謂子路曰：『何以處我？』子路曰：『吾聞之也，過墓則式，過祀則下。』」不可謂不切切偲偲。又子路曰：「吾寡兄弟，而弗忍也。」子路無兄弟，更何處見有不足？

【發明】松陽講義：如醫之用藥，這一劑某藥爲君，那一劑某藥爲君，絲毫不爽，説至此真是十分細密，一毫也粗不得，一毫也浮不得。切偲怡怡，猶當善用之如此，而況一味行行者乎？今日學者讀了幾篇濫時文，便儼然以士自居，試想與這切偲怡怡氣象有幾分相似？真是可耻。

○子曰：「善人教民七年，亦可以即戎矣。」

【考證】吴嘉賓論語説：七年，謂其久也。凡以數爲約者，皆取諸奇，若一，若三，若五，若七，若九。九者，數之究也。古人三載考績，三考而後黜陟，皆中間一年而考，五年則再考，七年則三考，故三年爲初，七年爲終。記曰：「中年考校。」

【集解】包曰：「即，就也。戎，兵也。言以攻戰。」

【唐以前古注】御覽二百九十六引鄭注：可就兵攻戰也。皇疏：夫教民三年一考，九歲三考，黜陟幽明，待其成者，九年爲正可也。今曰七年者，是兩考已竟，新入三考之初者也。若有可急，不暇待九年，則七年考亦可。亦可者，未全好之名。又引繆協云：亦可以即戎，未盡善義也。又引江熙云：子曰：「苟有用我者，朞月而已可也，三年有成。」善人之教不逮機理，倍於聖人，亦可有成。六年之外，民可用也。

按：此章韓李筆解以「七年」爲「五年」之誤，似屬臆斷，義尤迂曲，兹不録。

【集注】教民者，教之以孝弟忠信之行，務農講武之法。即，就也。戎，兵也。民知親其上死其長，故可以即戎。

【餘論】四書説約：善人教民，非爲即戎，而言可以即戎者，即孟子「王如施仁政於民，可撻秦、楚」之意。見善字中全有本領，培元氣者即所以壯神氣也。

○子曰：「以不教民戰，是謂棄之。」

【考異】穀梁僖公二十三年傳：以其不教民戰，則是棄其師也。白虎通三教篇、劉勰新論閱武篇引文皆無「以」字。後漢書傳燮傳、鄭太傳、隋書經籍志皆引孔子曰：「不教人戰，是謂棄之。」晉書庾袞傳引孔子曰：「不教而戰，是謂棄之。」

【考證】穀梁僖二十三年傳：宋公兹父卒。兹父之不葬何也？失民也。其失民何也？以其不教民戰，則是棄其師也。爲人君而棄其師，其民孰以爲君哉？公羊桓六年傳：「秋八月壬午，大閱。大閱者何？簡車徒也。何以書？蓋以罕書也。」何休注：「孔子曰：『以不教民戰，是謂棄之。』故比年簡徒謂之蒐，三年簡車謂之大閱。五年大簡車徒謂之大蒐。存不忘亡，安不忘危。」徐彥疏云：「何氏之意與鄭別。」　劉氏正義：宋氏翔鳳輯本鄭論語注謂：「何以教民爲習戰。而疏謂何與鄭別，則鄭謂教民以禮義，不謂教民習戰也。」愚謂鄭注今已亡，無由知其説。然古人教戰，未始不教以禮義。觀子犯對晉文語，雖霸國急用其民，亦必示之義信與禮，而後用之。故白虎通三教篇云：「教者，效也。上爲之，下效之。故孝經曰：『先王見教之可以化民。』論語曰：『不教民戰，是謂棄之。』」則言教而二者已賅之矣。周官大司馬：「中春教振旅，司馬以旗致民，平列陳如戰之陳。」鄭注：「兵者，守國之備。孔子曰：『以不教民戰，是謂棄之。』兵者凶事，不可空設，因蒐狩而習之。凡師出曰治兵，入曰振旅，皆習戰也。四時各教民以其一焉。」觀此，則鄭與何同。公羊疏所云何與鄭別，或鄭別有一説，非如宋君所測也。

【集解】馬曰：「言用不習之民使之攻戰，必破敗，是謂棄之。」

【唐以前古注】皇疏引江熙云：善人教民如斯，乃可即戎；況乎不及善人，而馳驅不習之民戰，以肉餧虎，徒棄而已也。　又引琳公云：言德教不及於民，而令就戰，民無不死也，必致破敗，故曰棄也。

【集注】以，用也。言用不教之民以戰，必有敗亡之禍，是棄其民也。

【餘論】過庭録：何以教爲習戰事，故舉蒐狩之期，且證上章教民七年也。疏云與鄭別，知鄭不同。今其文不存，鄭意蓋以教民使知禮義與信，而後可以一戰，如左傳所説者與？棄，論語後録謂讀如「鄭棄其師」之棄是也。　王慎中遵巖文集：孔子不言軍旅之事，而惡夫以不教之民戰者，古之所以教民，明其禮分等殺於君臣長幼之間，而厚其恩愛於所以爲父子兄弟夫婦者是矣。爲教如此，豈爲欲用之於戰，而戰有時而不可已，則非素教之民，不可得而用。故以善人爲邦，不至七年，猶未可以其民即戎也。是雖君臣長幼父子兄弟夫婦之道得，而五兵之器、六伐七伐之法，不使耳目手足素嫻而習操之，而輒用之於戰，亦何以異於棄是民哉？

新編諸子集成

# 論語集釋

下

程樹德 撰
程俊英 蔣見元 點校

中華書局

史記适字子容，家語亢字子禽，牢字子張，則皆稱名可驗也。又他宰予晝寢，而求也爲之聚斂，皆記者文。若憲見他書，記事亦多稱名，如檀弓「仲憲言於曾子」，仲憲即原憲也。又史記「原憲亡草澤中。子貢相衛，結駟連騎，過謝原憲」，家語作「原憲隱居衛，子貢結駟連騎而見原憲」，皆子貢稱字，獨憲稱名，豈皆憲自記耶？

按：朱子謂此篇疑憲所自記是也。論語記諸弟子皆稱字，憲字子思，此不記子思問而記憲問，故朱子云然。毛氏好與集注爲難，然陳亢、南宮适、宰予皆係以氏，求也、牢曰則紀事紀言，非問辭，且皆有上文，故當從朱注。

【集解】孔曰：「穀，禄也。邦有道，當食其禄也。君無道，而在其朝食其禄，是恥辱也。」

【集注】憲，原思名。穀，禄也。邦有道不能有爲，邦無道不能獨善，而但知食禄，皆可恥也。憲之狷介，其於邦無道穀之可恥固知之矣，至於邦有道穀之可恥則未必知也，故夫子因其問而並言之，以廣其志，使知所以自勉而進於有爲也。

【餘論】論語偶記：泰伯篇：「邦有道，貧且賤焉，恥也；邦無道，富且貴焉，恥也。」此言邦有道穀，正是不貧且賤，何反爲恥？惟邦無道穀，則是富且貴，所以可恥。故泰伯篇兩加「恥也」字，是明爲二事俱可恥，憲問恥，於「邦有道穀」下無「恥也」一語，明惟邦無道穀爲可恥，孔注近是。而集注以爲皆可恥，不知所本也。潘氏集箋：泰伯篇云：「邦有道，貧且賤焉，恥也；邦無道，富且貴焉，恥也。」則邦無道而穀固爲可恥，至於邦有道當以貧賤爲恥，穀又何所恥者？竊謂夫子言恥，當主邦無道穀説，蓋以憲爲宰辭禄，即邦有道亦恐有不食其禄者，故詔以邦有道穀，而惟當邦無道乃爲可恥耳。否則以泰伯篇文例推之，則邦有道穀亦宜有「恥也」字，何獨於邦無道穀言恥乎？　黄氏後案：據孔注有道時以功詔禄，君子受禄不誣，無可恥也。史記弟子列傳云：「孔子卒，原憲亡在草澤中。」本經又云：「原思爲宰。」出處合乎聖人，能事斯語矣。又史記游俠傳：「季次、原憲，閭巷人也，讀書懷獨行君子之德，義不苟合當世，當世亦笑之。故終身空室蓬户，褐衣疏食不厭。死已四百餘年，而弟子志之不倦。」則原子亦聖門一大宗也，不可輕貶矣。　四書改錯：原思學不足有爲，在諸書並無考據，惟論語記原思爲宰，係夫子所使。向使果無用，果不足有爲，則此一恥在夫子矣。況素餐二字，則正與與粟九百，不聽其辭相對照。思本不素餐，而夫子强之餐。思以素爲恥，而夫子必使之無恥，此是何故？且思之狷介，原屬有爲，所謂人有不爲而後可以有爲者，與道學清班徒食月進者不同。吾不知清班授餐亦曾做一事與否？乃朱氏語類又曰：「原思只是一個喫菜根的人，一事也做不得。」聞之宋人汪氏有云：「人咬得菜根，則百事可做。」此言在朱氏嘗稱之，且引其言入小學中。而獨於思，則人咬菜根可做百事，思獨不可做一事，是直視聖門流品在十丐下，其不當與儕輩相齒序且十百倍也。又且宋儒極抑聖門，而於此節則原情者多。如范淳夫謂原思不受非分之禄，能事斯語，故以告之。尹和靖謂原思甘貧守道，可以語此。尚皆和平。然則朱氏刻薄矣。

【發明】四書近指：不論有道無道，貪禄不休，是必有苟且之術，故君子羞其用心，恥之於人大矣。

「克、伐、怨、欲不行焉，可以爲仁矣？」子曰：「可以爲難矣，仁則吾不知也。」

【考異】史記引子思曰，合上文爲一章。集注考證：章首無起語，蓋冒上憲問字，一時並記二問。史記弟子列傳、三國志鍾離牧傳注引經「矣」作「乎」。

【集解】馬曰：「克，好勝人。伐，自伐其功。怨，小忌怨也。欲，貪欲也。」包曰：「四者行之難，未足以爲仁。」

按：史記集解引注包曰作鄭曰。

【唐以前古注】皇疏：仁者必不伐，不伐必有仁。顔淵無伐善，夷、齊無怨，老子曰「少私寡欲」，此皆是仁也。公綽之不欲，孟之反不伐，原憲蓬室不怨，則未及於仁，故云不知也。

【集注】此亦原憲以其所能而問也。克，好勝。伐，自矜。怨，忿恨。欲，貪欲。有是四者，而能制之，使不得行，可謂難矣。仁則天理渾然，自無四者之累，不行不足以言之也。

【餘論】阮元論仁篇：此但能無損於人，不能有益於人，未能立人達人，所以孔子不許爲仁。論語補疏：董子論仁曰：「其事易。此孔子之恉也。我欲仁，斯仁至矣。有能一日用其力於仁矣乎？我未見力不足者。皆以仁爲易也。故易傳云：易則易知，簡則易從。」呂覽察微云：「子貢贖魯人於諸侯，來而讓不取其金。孔子曰：『賜失之矣。自今以往，魯人不贖人矣。取其金則無損於行。』子路拯溺者，其人拜之以牛，子路受之。孔子曰：『魯人必拯溺者矣。』」讓不取金，不伐不欲也，而贖人之路遂窒。孟子稱公劉好貨，太王好色，與百姓同之，使有積倉而無怨曠。孟子之學全得諸孔子，此即己達達人、己立立人之義。必屏妃妾，減服食，而於百姓之飢寒仳離漠不關心，則堅瓠也。故克伐怨欲不行，苦心潔身之士，孔子所不取。不如因己之欲，推以知人之欲；即因己之不欲，推以知人之不欲。絜矩取譬，事不難而仁已至矣。絶己之欲，而不能通天下之志，非所以爲仁也。

【發明】焦氏筆乘：克、伐、怨、欲不行焉，夫子嘆其難，不許其仁。世謂不行爲守，仁爲化，由守斯可化，殆非也。率是道也，如靈龜曳尾於塗，拂迹迹生，而豈求仁之路哉？語云：能一情者可以成德，能忘一情者可以契道。制情者絶之始萌也。然制情情存，第不造於惡而已。忘情者情未萌也，情既不萌，忘何所忘。情忘心空，道將來契，斯孔門之所謂仁矣。筆麈：孔門之教雖權，然亦有圓頓，實教則惟顔子一人當之。夫人無始以來，執我不捨，而一日克己復禮，非頓而何？天下亦大矣，差別之相，何所不有，而一念克復，天下歸仁焉，非圓而何？觀吾與回言終日，及於吾言無所不説，則有不勝紀者矣。而見論語者僅僅止此想此問答於衆中，故紀之；而衆人所不得聞如此類者固尚多也。後世遂以論語皆漸修平實語，而以圓頓一着甘讓與釋氏，謂孔門無此。不知朝聞夕死，復是何物，愚矣哉！反身録：克、伐、怨、欲不行，猶禦寇然。寇之竊發，多由主人昏寐。主人若醒，寇自不發，何待於禦。又曰：學問要識本體，然後好做工夫。原憲不識仁體，而好言工夫，用力雖勞，終屬安排。治病於標，本體何在。問本體。

曰：爲克、伐、怨、欲者誰乎？識此斯識本體矣。昔羅近溪先生見顏山農，自述遘危病生死得失能不動心。顏不許，曰：「是制欲，非體仁也。」先生曰：「非制欲，安能體仁？」顏曰：「子不觀孟子之論四端乎？知皆擴而充之，如火之始燃，泉之始達，如此體仁，何等直截！子患當下日用而不知，勿妄疑天性之息也。」先生時如大寐得醒，此方是識仁。原憲直以克、伐、怨、欲不行爲仁固不是，然憲雖不識仁體，猶能力做工夫，能制克、伐、怨、欲於不行。吾人當其或克、或伐、或怨、或欲時，亦能痛懲力窒，制其不行乎？程子云：「七情之發，惟怒爲甚。能於怒時遽忘其怒，其於道思過半矣。」吾人心體之累，克、伐、怨、欲爲甚。若能於克、伐、怨、欲時一覺即化，使心體無累，其於仁思過半矣，未可借口不行爲非仁，而缺却制之工夫也。大凡人之好勝由心不虛，誠虛以處己，自與物無競。矜伐多由器小，器大則萬善皆忘，何伐之有？怨生於不知命，知命則安命聽天。欲生於不知足，知足則淡然無欲。

○子曰：「士而懷居，不足以爲士矣。」

【考證】左僖三十三年傳：懷與安，實敗名。吴英經句説（劉氏正義引）：士初生時，設弧於門左，爲將有事於四方也。膂力方剛，經營四方，士之志也。若繫戀所居，乃偷安而無意人世者，故孔子警之。

【集解】士當志道不求安，而懷其居，非士也。

【集注】居，謂意所便安處也。

【發明】反身録：士若在身心上打點，世道上留心，自不屑區區躭懷於居處。一有繫戀，則心爲所累，害道匪淺。居天下之廣居，則隨遇而安，必不縈念於居處，以至飲食衣服之類。凡常人意所便安處，舉無以動其中，斯胸無一點塵，不愧爲士。

○子曰：「邦有道，危言危行；邦無道，危行言孫。」

【考異】後漢書馮衍傳注引論語曰：天下有道，危言危行。皇本「孫」字作「遜」。孟子弔滕章章指述文作「遜」。後漢書第五倫傳郭太傳兩注引皆作「遜」。

【考證】春秋繁露楚莊王篇：義不訕上，智不危身，故遠者以義諱，近者以智畏。畏與義兼，則世逾近而言逾謹矣。此定、哀之所以微其辭。以故用則天下平，不用則安其身，春秋之道也。戴望論語注：正行以善經，言孫以行權。黄氏後案：危訓厲，謂自嚴厲也。危訓高峻，義見禮緇衣。言不危行，行不危言，彼説不危，此説危，朱子仍用禮注者，意謂高於俗也。廣雅：「危，正也。」王氏疏證引此經，於義尤長。言孫者，不正説己意，順人之義而婉道之也。

按：危字有厲、高、正三訓，當以廣雅訓正義較長。

【集解】包曰：「危，厲也。邦有道，可以厲言行也。」何曰：「孫，順也。厲行不隨俗，順言以遠害。」

【唐以前古注】後漢第五倫傳注引鄭注：危，猶高也。據時高言高行者皆見危，故以爲諭也。皇疏引江熙云：仁者豈以歲寒虧貞松之高志？於其言語可以免害，知志愈深。孔子曰：「諾，吾將仕矣。」此皆遜辭以遠害也。

【集注】危，高峻也。孫，卑順也。尹氏曰：「君子之持身不可變也，至於言則有時而不敢盡，以避禍也。然則爲國者使士言孫，豈不殆哉！」

【餘論】論語石洞紀聞：行無時而不危，所謂國有道，不變塞焉；國無道，至死不變。言有時而或孫，所謂國有道，其言足以興；國無道，其默足以容。四書詮義：言孫非畏禍也，賈禍而無益，則君子不爲矣。知進退存亡而不失其正，亦時中之道也。劉氏正義：漢明之末，學者知崇氣節，而持之過激，釀爲黨禍，毋亦昧於遠害之旨哉！

【發明】論語稽：邦無道，則當留有用之身匡濟時變，故舉動雖不可苟，而要不宜高談以招禍也。漢之黨錮、宋之元祐黨、明之東林黨，皆邦無道而言不孫者也。以此章言之，豈聖人之所許哉！故韓魏公謂石介爲怪鬼，而周順昌者流亦識者所不取也。論語意原：孫非諛説詭隨之謂，不訐直以取禍也。

○子曰：「有德者必有言，有言者不必有德。仁者必有勇，勇者不必有仁。」

【考異】北史裴俠傳「仁者必勇」，無「有」字。又李苗傳論「仁必有勇」，無「者」字。南史范岫傳論「仁者有勇」，無「必」字。

【集解】德不可以億中，故必有言。

【唐以前古注】皇疏引殷仲堪云：修理蹈道，德之義也。由德有言，言則末矣，末可矯而本無假，故有德者必有言，有言者不必有德也。誠愛無私，仁之理也。見危授命，若身手之相救焉，存道忘生，斯爲仁矣。若夫强以肆武，勇以勝物，陵超在於要利，輕死元非以爲仁，故云仁者必有勇，勇者不必有仁。又引李充云：甘辭利口，似是而非者，佞巧之言也。敷陳成敗，合連縱橫者，説客之言也。淩誇之談，多方論者，辨士之言也。德音高合，發爲明訓，聲滿天下，若出金石，有德之言也。故有德必有言，有言不必有德也。陸行而不避虎兕者，獵夫之勇也。水行不避蛟龍者，漁父之勇也。鋒刃交於前，視死若生者，烈士之勇也。知窮之有命，知通之有時，順大難而不懼者，仁者之勇也。故仁者必有勇，勇者不必有仁。

【集注】有德者和順積中，英華發外，能言者或便佞口給而已。仁者心無私累，見義必爲，勇者或血氣之强而已。

○南宫适問於孔子曰："羿善射，奡盪舟，俱不得其死然。禹、稷躬稼而有天下。"夫子不答。南宫适出，子曰："君子哉若人！尚德哉若人！"

【考異】論語釋文："适"，本又作"括"。史記弟子傳作"南宫括"。説文解字：弙，從弓，开聲。論語曰："弙善射。"郭忠恕汗簡："羿"，古文爲"㢣"，見古尚書。邢疏：左傳言寒浞因羿室生澆，澆即奡也。聲轉字異，故彼此不同。説文解字"奡"字下引春秋傳"生敖及奡"，敖亦即奡。困學紀聞：説文："奡，嫚也。"引虞書"若丹朱奡"，論語"奡盪舟"。書有"罔水行舟"之語，則奡盪舟者恐即丹朱。翟氏考異：漢志考證曰："説文引論語奡湯舟。」今檢説文「湯」下、「舟」下俱未引經，惟「奡」下引之，自爲盪字。志考、紀聞同爲王氏書，紀聞亦云盪，則志考所述，當是偶誤。史記弟子傳作「上德哉」，古史亦作「上」。

【音讀】潛夫論五行志引南宮适言作「俱不得其死也」。通鑑前編：子何子以「死」字句。集注考證：俗連「然」字句者非。「若由也不得其死然」，言於未死之前，期辭也。此述二人於既死之後，斷辭也。「然」字喚起下文，便見得尚德之意。湛淵静語：論語「羿善射，奡盪舟，俱不得其死」當點，「然禹、稷」云云是句，却與「若由也不得其死然」不同。李豫亨推蓬寤語：此以「俱不得其死」爲句，不當如「由也不得其死然」例。蓋由也未然，而羿、奡則已然也。翟氏考異：集解于「然」字下注，王逸離騷章句引文亦以「然」字絶句，先儒所讀，未可遽訾其俗。四書辨證：集解曰「然猶焉也」，「然」字絶句。王逸離騷章句引文亦然。「然」字絶句，由來久矣，至潛夫論五行志引文則「然」作「也」字。

【考證】吳仁傑兩漢刊誤補遺：上文云「無若丹朱傲」，下文云「傲虐」，傲雖凶德，一言足以盡之，何至申言之乎？陸德明音義於「丹朱傲」云：「字又作奡。」乃知丹朱、奡爲兩人名。朋淫云者，指此兩人言之。南宮适言奡盪舟，則罔水行舟之事是已。奡在禹前，故禹舉之以戒舜，南宮舉之，亦先羿、奡而後禹、稷也。日知録：竹書紀年：「帝相二十七年，澆伐斟鄩，大戰於濰，覆其舟，滅之。」楚辭天問：「覆舟斟鄩，何道取之？」正謂此也。漢時竹書未出，故孔安國以爲陸地行舟，而後人因之。古人以左右衝殺爲盪陳，其鋭卒謂之跳盪，別帥謂之盪主。盪舟蓋兼此義，與蔡姬「乘舟盪公」者不同。

四書稗疏：集注陸地行舟之説，蓋自古相傳之譌也。行舟於水者，非力能運之，水本流動，舟寓於上，浮泛而無留勢，故一夫之力，徑寸之楫，可轉萬斛之艦，因其便也。陸地澀滯，物居其上則止，推移之者，必自外旁撼，足趾撐地，而後得施其力。今以一人立於方尺木板之上，而以篙楫撐之，力盡篙折，未有毫釐移動之理。舟雖至輕，視方尺之板猶數百倍也。奡力即百倍於人，至無所施力之處，亦將何以措手足乎？凡人之力，皆生於足，扛鼎曳牛，必堅立而後得勝，足力愈猛，則足之所履愈堅，是將百奡千奡，徒增舟勢之安耳。按盪者，搖盪以行也。初未嘗有在陸地曰盪，在水則否之辨，盪舟何知在陸？春秋傳言蔡姬盪舟，豈蔡姬亦有神力耶？然則所謂盪舟者，謂能棄舟以水戰也。古有陸兵無水師，黄帝阪泉，后啓甘扈，皆平地決戰也。奡助羿爲亂，肆暴於東海之濱，始作水戰，以殘過、戈困鄩、灌。盪舟之義，甚爲明著。陸地之云，既事理所必無，其爲怪妄，與羿射九日等，注聖人之言者所必芟也。

陔餘叢考：寒促子名澆，左傳並不言奡，孔氏特以聲相近，遂據以釋奡。按集韻澆雖有奡音，以爲寒促子；王逸注楚辭亦引論語「澆盪舟」，此皆因孔注而依附之。而澆之盪舟，不見所出。陸德明音義於「丹朱傲」云：「字又作奡。」蓋古字少，傲、奡通用。宋人吴斗南因悟即此盪舟之奡，與丹朱爲兩人也。若作傲慢之傲，則既云「無若丹朱傲」矣，下文何必又曰「傲虐是作」乎？罔水行舟，正此陸地行舟之明證。此説可謂鐵板注脚。然則所云善射之羿，或亦指唐時之羿，未可知也。

論語後録：古之稱羿者有三，稱奡者有二。帝嚳射師，一羿也。堯時十日並出，射九日而落之，一羿也。有窮國君，一羿也。説文解字有「羿」，又有「芎」。「芎」下引此文，許君説古文論語，引作「芎」，是古論作「芎」。於「羿」下又云：「古諸侯。一曰射師。」射師即芎，是許君亦未定從。作「羿」者，其爲今文論語歟？堯之子丹朱，一奡也。寒浞之子，一奡也。古者「奡」與「傲」通，亦與「澆」通。書曰：「無若丹朱傲，罔水行舟，朋淫于家。」管子曰：「若傲之在堯。」此皆堯之子，「奡」則作「敖」。寒浞之子，春秋傳作「澆」。竹書紀年：「帝相二十七年，澆伐斟鄩，大戰於濰，覆其舟，滅之。」楚辭天問所謂「覆舟斟鄩，何道滅之」者是也，亦作「澆」。孔安國注此，謂奡能陸地行舟，爲夏后少康所殺。考之經典，少康所殺之奡，有覆舟，無盪舟，若云盪舟爲陸地行舟，則以罔水行舟傅之爲合。四書辨證：覆舟固奡事，而覆與盪不同。書言罔水行舟，非必古無是事者。孔傳亦作陸地行舟解，蔡傳言如奡盪舟之類，可以互觀而知矣。孟子「從流上而忘反」，章句引書「罔水行舟」釋之，則所謂盪舟，亦是水涸，必挽舟以行，至於漫游無度，以亡其身。四書典故辨正：逢蒙殺羿之羿，乃是有窮之君，春秋傳所謂「家衆殺之」者。堯時之羿，淮南子稱其有功於天下，死爲宗布，人皆祀之，無不得其死之説。傲之爲奡，古字通用。説文：「奡，嫚也。」引書「若丹朱奡」，並不是人名。至南宫适之問，意本在禹、稷，故語分賓主，非以時代先後爲序也。斗南既以丹朱、奡爲兩人，指爲羿、奡之奡；王伯厚又疑論語「奡盪舟」即指丹朱，總以「罔水行舟」之語而傅會之。不知盪舟與罔水行舟本是兩事。鄭康成曰：「丹朱見洪水時人乘舟，今水已治，猶居舟中，使人頟頟推行之。」此丹朱罔水行舟之事，即孟子「從流忘反」之義也。竹書：「帝相二十七年，澆伐斟鄩，大戰於濰，覆其舟，滅之。」此奡盪舟之事，即古人以左右衝殺爲盪陣之義也。孔氏於尚書、論語俱以陸地行舟解之，遂啓後誤。夫丹朱非不得其死者，而謂奡即丹朱，豈可通乎？

經學巵言：丹朱與傲是二人。敖即象也。帝繫曰：「瞽叟産重華及産象敖。」象爲人傲很，因以爲號，若共工稱康回，鮌稱檮杌之比。漆書古文作「奡」，論語「奡盪舟」，即所謂罔水行舟者也。自注：「管子曰：『若敖之在堯。』劉景昇與袁譚書曰：『昆弟相嫌，未若重華之於象敖。』」

劉氏正義：左襄四年注以奡爲澆甚是。而云陸地行舟，似假書益稷所云「罔水行舟」語附合之，此則誤解書及論語之義矣。梁氏玉繩漢書古今人表考不從吴氏、王氏之説，謂澆、奡、傲三字古多通借，則以論語之羿、奡即人表所載第九列之羿、浞、奡也。今案象固稱敖，然堯典言「象傲克諧」，則象後亦感化爲善，故封之有庳，富貴終身，何爲有不得其死之事？則知孔説亦誤也。

論語竢質：𢏚篡夏自立，爲寒浞所殺。許君云「少康滅之」者，左襄四年傳：「浞因羿室生澆及豷。」又云：「少康滅澆于過，后杼滅豷于戈，有窮由是遂亡。」有窮本夷𢏚之國，少康滅有窮，故云少康滅之也。今經典相承作「羿」，而「𢏚」字廢矣。奡之盪舟，紀年僞書不足據。左襄四年及哀元年傳伐斟鄩者，澆也。及天問「覆舟斟鄩」，與此文三文相參，奡即是澆，蕩舟即是覆舟信矣。

康有爲論語注：説文羿爲帝嚳射師，天問稱堯時十日，羿射九日而落之，孟子稱逢蒙殺之者。説文引虞書「若丹朱奡」。論語「奡盪舟」，陸德明述之同，即此管子曰「若敖之在堯」，書稱「罔水行舟」是也。或疑爲奡即象傲，如鮌稱檮杌，與丹朱爲二人，則盪舟無據，益滋訟耳。若僞左傳有羿篡夏、浞篡羿，而浞子澆滅斟尋，靡復夏事，皆劉歆據竹書、天問僞竄入之，一發之于襄四年，再證之于哀元年。按史記夏本紀云：「仲康崩，子相立。相崩，子少康立。」若有一朝中亡之事，史遷豈有不知？譬如王莽篡漢，而作史者但書平帝崩，光武立。雖極空疏，必無此理。孟子稱羿爲逢蒙殺，非浞也。諸傳注之説，因此紛亂，皆不足信據也。

按：竹書發現在晉武帝之世，劉歆何從豫見之？康氏之説非也。奡，漢時本有作澆者。楚辭天問王逸注：「澆，古多力者也。論語曰：『澆盪舟。』」則僞孔以奡爲澆，亦有所本。羿，古射官名，後以官爲氏。此章羿、奡有堯時人、夏時人二説，然自不得其死之一點言之，仍以夏之羿、奡説較爲有據。此等處止宜闕疑。

【集解】孔曰：「适，南宮敬叔，魯大夫。羿，有窮國之君，篡夏后相之位。其臣寒浞殺之，因其室而生奡。奡多力，能陸地行舟，爲夏后少康所殺。此二子者，皆不得以壽終焉。」馬曰：「禹盡力於溝洫，稷播百穀，故曰躬稼。禹及其身，稷及後世皆王。适意欲以禹、稷比孔子，孔子謙故不答也。」孔曰：「賤不義而貴有德，故曰君子。」

【唐以前古注】皇疏：古有一人名羿而善能射，故云羿善射。淮南子云：「堯時有十日並出，草木燋枯。堯命羿令射之，中其九日，日中烏皆死焉。」奡者，古時多力人也。盪，推也。舟，船也。能陸地推舟也。

按：皇疏不用孔義，疏與注異。

【集注】南宫适，即南容也。羿，有窮之君，善射，滅夏后相而篡其位，其臣寒浞又殺羿而代之。奡，春秋傳作澆，浞之子也，力能陸地行舟，後爲夏后少康所誅。禹平水土，暨稷播種，身親稼穡之事。禹受舜禪而有天下，稷之後至周武王亦有天下。适之意蓋以羿、奡比當世之有權力者，而以禹、稷比孔子也，故孔子不答。然适之言如此，可謂君子之人而有尚德之心矣，不可以不與，故俟其出而贊美之。

【餘論】黄氏後案：據馬氏解、朱子注，夫子不答是自謙。尚德一贊，贊其心即贊其言也。謝顯道謂當時必有首肯意，非直不答。陸子静謂默當於此心，可以不答。洪景盧謂南宫适言力可賤而德可貴，其義已盡，無所可答。何子恭、王會之、金吉甫謂以「然」字屬下讀，意已分明，不須答。數説略異，其不譏駁南宫之言則同也。語録載朱子之言云：「報應有時不然，所以不答。」又以君子爲其所當爲，不計其效，故不答。又於或問有罕言命之説。信如是，則南宫之言猶疏，而尚德一贊，豈贊其出時之别有悟心乎？此説之不可從，陸稼書已詳辨之矣。式三謂周末權姦自矜智術可以奪命，孰不爲羿爲奡，豈知惡積必至滅身，祈命必在用德。南宫之問，夫子之贊，非聖賢之顯言命以明報效之必然乎？世或有行道而凶、違道而吉者，此數之變而不可爲常。常者多且久，變者少且暫，以少且暫之變而遂言命數不足凭，豈其然乎？荀子榮辱篇曰：「仁義德行，常安之術也，然而未必不危也。汚漫突盜，常危之術也，然而未必不安也。故君子道其常，而小人道其怪。」徐偉長中論修本篇曰：「施吉報凶謂之命，施凶報吉謂之幸。然行善而獲福者猶多，爲惡而不得禍者猶少。總夫二者，豈可舍多而從少也。」讀此經而參以荀、徐之言，學者可以無疑。後世如秦，如魏、晉，如前、後五代，有天下而祚甚促，皆可類推矣。或曰：言禍福而推本天道是矣，而與釋氏果報之説得毋同乎？曰：積慶積殃，聖經昭昭，儒者豈得異議？且釋氏言輪回，以果報在前生後生，其説爲人所不見。此經則據其可見者耳。人之前生爲祖父，後生爲子孫，是以天之報應或在其身，或不於其身，必於其子孫。羿子死窮門，禹子孫繼世有天下，稷越千餘年有天下，此正人之可見可據者耳。

○子曰：「君子而不仁者有矣夫，未有小人而仁者也。」

【考異】舊唐書魏徵疏引孔子曰：君子或有不仁者焉，未見小人而仁者。

【集解】孔曰：「雖曰君子，猶未能備。」

【唐以前古注】皇疏引袁氏云：此君子無定名也。利仁慕爲仁者不能盡體仁，時有不仁一迹也。夫，語助也。小人性不及仁道，故不能及仁事者也。筆解：韓曰：「仁當爲備字之誤也。豈有君子而不仁者乎？既偁小人，又豈求其仁耶？吾謂君子才行或不備者有矣，小人求備，則未之有也。」

【集注】謝氏曰：「君子志於仁矣，然毫忽之間，心不在焉，則未免爲不仁也。」

【餘論】陳埴木鐘集：君子容有不仁處，此特君子之過耳，蓋千百之一二。若小人本心既喪，天理已自無有，何得更有仁在？己自頑痺如鐵石，亦無醒覺之理，甚言小人之不仁也。此木軒四書説：非謂雖有不仁不害爲君子，正見此心須臾有間便是不仁，爲君子者豈可一息放下。若小人則純是私欲，無緣得其悔悟，故絶之嚴。

【發明】四書困勉録：小人而仁，即使真心發見，亦隨見隨滅，故曰未有，此甚言人之不可流入於小人，流入於小人，遂有江河不反之勢。總見從仁而至不仁易，從不仁而至仁難，其儆人意最爲深切。論語稽：君子偶不仁，無害其爲君子。小人偶或仁，終見其爲小人。況小人之仁，其暫也，其迹也，而其心則斷斷然不仁矣。此聖人示人以觀人之法也。

○子曰：「愛之，能勿勞乎？忠焉，能勿誨乎？」

【考異】白虎通諫諍篇：愛之，能無勞乎？忠焉，能無誨乎？鹽鐵論授時章：忠焉，能無悔乎？愛之，而無勞乎？

【考證】經義述聞：吕氏春秋孟夏紀「爲天子勞農勸民」，高注：「勞，勉也。」謂愛之則當勸勉之也。勉與誨義相近，故勞與誨並稱。鹽鐵論授時篇：「縣官之於百姓，若慈父之於子也。忠焉，能勿誨乎？愛之，而勿勞乎？」白虎通義諫諍篇：「臣所以有諫君之義何？盡忠納誠也。論語曰：『愛之云云。』」（勿作無）自注：「小雅隰桑篇『心乎愛矣，遐不謂矣』，箋曰：『謂勤也。』孔子曰：『愛之，能勿勞乎？忠焉，能勿誨乎？』」」襄二十七年左傳：「子産賦隰桑。趙孟曰：『武請受其卒章。』」杜注曰：「趙武欲子産之見規誨。」劉氏正義勞當訓憂。淮南精神訓「竭力而勞萬民」，氾論訓「以勞天下之民」，高誘注並云：「勞，憂也。」正此處確詁。四書偶談：誨以師道，言父師一例。孟子曰「教人以善謂之忠」，即此處忠字注脚。

【集解】孔曰：「言人有所愛，必欲勞來之。有所忠，必欲教誨之。」

【唐以前古注】皇疏引李充云：愛之不能不勞心，盡忠不能不教誨。

【集注】蘇氏曰：「愛而勿勞，禽犢之愛也。忠而勿誨，婦寺之忠也。愛而知勞之，則其爲愛也深矣。忠而知誨之，則其爲忠也大矣。」

【餘論】黄氏後案：據孔注，慰勞之道不可已，規誨之道不可缺，明二者之互用也。白虎通諫諍篇引經蓋用孔注。臣之於君，忠愛兼盡，慰勞納誨互用也。詩隰桑箋引經言愛之則勤思之，禮表記引詩爲忠臣納誨之道，亦指賢臣言也。集注引蘇說，不指言倫類中之何屬。輔漢卿申蘇，以慈父忠臣分言，今皆本之。戚鶴泉又據孟子教人以善謂之忠，以誨爲師之誨子弟，父師一例。諸說各異。四書蒙引：愛不但父之愛子，兄之愛弟，士愛友，君愛臣民，師愛弟子，亦有如此者。忠不但臣之忠君，子亦有盡忠於父處，士亦有盡忠於友處，凡爲人謀亦有盡其忠處，但不必貫忠愛而一之也。

○子曰：「爲命，裨諶草創之，世叔討論之，行人子羽修飾之，東里子産潤色之。」

【考異】左傳襄公三十一年：鄭國將有諸侯之事，子産乃問四國之爲于子羽，且使多爲辭令，與裨諶乘以適野，使謀可否，而告馮簡子，使斷之。事成，乃授子太叔使行之，以應對賓客，是以鮮有敗事。　集注考證：左傳所記與此章相先後，當以夫子言爲序。　劉氏正義：「裨」，鄭本作「卑」，見羣經音辨リ部。鄭司農周官大祝注、後漢書皇后紀下注引風俗通並作「卑諶」，漢書古今人表作「卑湛」。凡作「卑」，與鄭本合。湛、諶通用字。

【考證】劉氏正義：論語竢質：「卑諶、裨諶當即一人，諶當從火作煁，毛詩傳：『煁，烓竈也。』則名竈字煁矣。」左傳於襄三十一年再見裨諶，以後但有裨竈與子產相終始，而裨諶更不見。考其論議，正是一人也。詩「卭烘于煁」，傳：「煁，烓竈也。」説文解字曰：「煁，烓也。烓，行竈也。」名竈，故字煁也。　潘氏集箋：班氏爲人表時，列國諸臣當有世本可據，而以諶與竈爲兩人，恐諶非即竈矣。況傳云裨諶能謀，不言其知天道。而竈於襄二十八年始見即言歲棄其次，而昭十七十八年傳再請瓘斝玉瓚禳火，子產斥以焉知天道，非若諶必資謀可否者，其爲兩人無疑也。　四書偶談：鄭有兩子羽，一乃穆公之子，爲人所殺，後爲羽氏官馬師。一係公孫，非公子，不在七穆之列。杜預世族譜以公孫揮入雜人内，又衛亦有行人子羽。　集注考證：古語「世」字與「太」字通用，如太子亦稱世子，衛太叔亦作世叔也。　釋地三續：此句當補注曰：列禦寇稱東里多才，其被子產之流風乎？

【集解】孔曰：「裨諶，鄭大夫氏名也。謀於野則獲，謀於國則否。鄭國將有諸侯之事，則使乘車以適野，而謀作盟會之辭。」馬曰：「世叔，鄭大夫游吉也。討，治也。裨諶既造謀，世叔復治而論之，詳而審之。行人，掌使之官。子羽，公孫揮。子產居東里，因以爲號。更此四賢而成，故鮮有敗事。」

【唐以前古注】賈昌朝羣經音辨：「裨」，鄭作「卑」。卑，婢支切。　書序正義引鄭注：討論，整理。

【集注】裨諶以下四人皆鄭大夫。草，略也。創，造也。謂造爲草稿也。世叔，游吉也，春秋傳作子大叔。討，尋究也。論，講議也。行人，掌使之官。子羽，公孫揮也。修飾，謂增損之。東里，地名，子産所居也。潤色，謂加以文采也。鄭國之爲辭命，必更此四賢之手而成，詳審精密，各盡所長，是以應對諸侯，鮮有敗事。孔子言之，蓋善之也。

【餘論】潘氏集箋：卑氏任姓，黄帝後，見潛夫論志氏姓篇。漢書古今人表作卑湛，師古曰：「卑音脾，湛音諶。」風俗通義姓氏篇：「卑氏，鄭大夫卑諶之後。」　黄氏後案：命者，聘會之書，圖於使者未行之前也。以聘禮言之，臨行之日，君揖使者進之，上介立於左接聞命，追宰執圭以授，使者受圭垂繅以受命。其行聘之日，几筵既設，擯者出請命，賓入升西楹西，東面致命，此所謂命，即彼聘禮之所謂命也。左傳僖公三十六年，展喜受命於展禽以犒師，此又犒師之有命辭也。禮，使者受命不受辭，此言隨時應對，辭本無常，不可以受，而命則先時爲之也。　又曰：馬注云「行人，掌使之官」者，凡行人有專官有兼職。行人之見於春秋經者凡六，皆以執書。春秋襄公十一年：「楚人執鄭行人良霄。」楚不能敵晉悼而遷怒於無罪之人也。襄公十八年：「晉人執衛行人石買。」晉不能正衛伐曹之罪而執使人也。昭公八年：「楚人執陳行人干徵師殺之。」楚不能討陳殺太子之罪而執之。傳曰：「罪不在行人也。」昭公二十三年：「晉人執我行人叔孫婼。」魯取邾，師被愬而執之，罪亦不在婼也。定公六年：「晉人執宋行人樂祁犂。」犂知難而行，納楊楯六十於趙簡子，范獻子怒而執之也。定公七年：「齊人執衛行人北宫結以侵衛。」衛侯欲叛晉即齊，而沮於諸大夫，結請自執以成齊之盟也。凡六行人，或專官，或非專官，未可臆斷也。周官大行人掌大賓大客，小行人掌使適四方，説者謂二職不言胥史，亦是兼職。然司儀等職，平日必擇一官以統馭之，此正行人之有專職者耳。左傳桓公九年：「韓服爲巴行人。」文公四年：「甯武子不答湛露、彤弓，使行人私焉。」成公七年：「巫臣通吴於晉，置其子狐庸，使爲行人於吴。」襄公四年：「穆叔不拜肆夏、文王，韓獻子使行人子員問之。」襄公二十六年：「秦鍼如晉，叔向命召行人子員、行人子朱，曰朱也當御。」襄公二十一年：「欒盈過周，辭於行人。」定公四年：「伍員爲吴行人以謀楚。」哀公十二年：「衛人殺吴行人且姚而懼，謀於行人子羽。」此皆行人之有專職者。鄭子羽亦是專官，襄公二十四年傳：「鄭行人公孫揮如晉聘。」襄公三十一年傳：「衛襄公如楚，過鄭而聘子羽爲行人。」此其爲行人之見於傳者。昭公十八年：「鄭使行人告災於諸侯。」不言其人，或他官攝行也。襄公二十九年：「鄭伯有使公孫黑如楚。伯有曰：世行也。」則公孫黑世爲行人，蓋在子羽之前。

【發明】四書困勉録：此章即鄭之爲命，以見事之貴詳審，而又見能得人能用人之效。羣賢之和衷，子産之不自用，共有五意。又由爲命而推之凡事，由鄭國而推之凡爲國者。

○或問子產。子曰：「惠人也。」

【考異】荀子大略篇：子謂子產惠人也，不如管仲。管仲之爲人，力攻不力義，力知不力仁，野人也，不可以爲天子大夫。　翟氏考異：孔門所已論定之論語本荀卿似曾見之，故此以論子產、管仲，而並下章不可以爲大夫語攔入也。

【集解】孔曰：「惠，愛也。子產，古之遺愛。」

【集注】子產之政不專於寬，然其心則一以愛人爲主，故孔子以爲惠人，蓋舉其重而言也。

【餘論】黃氏後案：子產謂子太叔惟有德者能以寬服民，其次莫如猛，所以矯子太叔懦弱之弊。刑書之鑄，不過申明已墜之法，亦不足爲子產病。子產爲政以寬仁著績，其事班班可考。夫子此言爲循吏述績，非爲酷吏解嘲也。陸稼書曰：「聖人爲政寬處常多，嚴特偶用耳。雷霆霜雪，豈天所常用乎？子產謂之惠人，亦以其寬處多耳，非謂政多嚴而心寬也。」

問子西。曰：「彼哉！彼哉！」

【考異】廣韻、佩觿、類篇、集韻皆引論語曰：子西佊哉。　義門讀書記：佊讀若賁卦之賁，彼義切，哀也。廣韻在五寘中。　論語稽求篇：埤蒼曰：「佊者，邪也。」「佊」字省作「彼」字，而廣韻、集韻遂各收「佊」字在上紙韻，且各引論語「佊哉佊哉」爲證，于是傅會之家，遂謂魯論舊本原是「佊」字。然按公羊定八年，陽虎謀弒季氏，不得見公斂處父之甲，睋而曰：「彼哉彼哉！」則「彼」本如字，且陽虎時未有魯論，此必古成語，而夫子引以作答者。

【考證】四書通：吴氏曰：當時有三子西，鄭駟夏、楚宜申、公子申也。駟夏未嘗當國，無大可稱；宜申謀亂被誅，相去又遠，宜皆所不論，獨公子申與孔子同時。論語意原：此必鄭子西也。子産、子西同聽鄭國之政，子西殺子孔而盡分其室，尉止之禍，不儆而出，臣妾多逃，器用多喪，其視子産之政固有間矣。彼哉彼哉，若曰未可與子産同論也。崔應榴吾亦廬稿：若或人連類而及，自以鄭之子西爲是。然問管仲則非連類而及也，故集注從何氏。論語稽求篇：盧東元曰：「春秋有二子西，其一鄭子駟之子公孫夏，子産之同宗兄弟也。其一楚公子申，則楚昭王之庶兄也。或人以子西與子産連問，且與上爲命節連記，則必是鄭之子西可知。」而先仲氏亦嘗曰：「或人方物，當不出齊、晉、鄭、衛之鄉，荆楚曠遠，焉得連類？況其人皆在定、哀以前，風徽未沫，可加論騭。楚申後夫子而死，安能及之？」其説甚確，但予猶有進者。古凡論人必有倫物，齊稱管、晏，衛道圉、鮀，不嫌並名。當襄之十年，鄭盜五族，故殺子西、子産之父于西宫，子西不儆而出，先臨尸而後追盜，臣妾多逃，器物盡喪。子産置門庀司，蓋藏守備，倉卒成列，然後臨尸追盜，而渠魁授首，賊衆死亡。當時原以此定二子之優劣。其後二子先後聽政，並持國事。如襄之二十五年，鄭公孫帥師伐陳，即子西也。時子産獻捷于晉，晉詰之，賴子産辭命得解。其年子西復伐陳，陳及鄭平，仲尼曰：「鄭入陳，非文辭不爲功。」美子産也。明年，鄭使子西如晉聘。二十七年，鄭伯享趙孟于垂隴，子西、子産並從。子西賦黍苗之四章，子産賦隰桑。二十九年，鄭大夫盟于伯有氏。裨諶曰：「政將歸子産，天又除之，奪伯有魄。子西即世，將焉避之？」次年，子産遂相鄭。是子西、子産本係兄弟，而又往往以同事而並見優劣，且相繼聽政，其兩人行事，齊、魯間人熟聞之，故連問如此。若楚亦有兩子西，一鬭宜申，在僖、文間謀弑伏誅。一公子申，時未死，安得與子産、管仲連類及之？

【集解】馬曰：「子西，鄭大夫。彼哉彼哉，言無足稱。」或曰：「楚令尹子西。」

【集注】子西，楚公子申，能遜楚國立昭王而改紀其政，亦賢大夫也。然不能革其僭王之號，昭王欲用孔子，又沮止之，其後卒召白公以致禍亂，則其爲人可知矣。彼哉者，外之之辭。

問管仲。曰：「人也。奪伯氏駢邑三百，飯疏食，没齒無怨言。」

【考異】七經小傳：「人」上當失一字，彼非人而管仲乃獨謂之人乎？或曰「人」當作「仁」，亦非也。管仲之功爲仁耳，仁之道非管仲所能盡，仲尼亦不輕予之。荀子謂之野人，亦非也，義不合。　朱彬經傳考證：表記：「仁者，人也。」注引公羊傳：「孰未有言舍之者，此其言舍之何？人也。」今公羊傳何注作「仁之」也。人即仁之謂。孔子於子産稱其惠，於管仲稱其仁。觀伯氏之没齒無怨，則仲之仁可知，故子路、子貢疑其非仁而孔子特信之。

按：論語人、仁通用，如「井有仁焉」、「孝弟爲仁之本」之類，其例甚多。朱氏義爲長。家語教思篇：「子路問管仲之爲人。子曰：仁也。」是魏、晉人舊説如是，似可從。

舊文「疏」爲「蔬」，釋文曰：「蔬，本今作疏。食如字，又音嗣。」　義疏本「疏」爲「蔬」。

【考證】積古齋鐘鼎彝器欵識：伯爵彝，乾隆辛亥夏出於臨朐柳山寨土中。考柳山寨有古城基，即春秋之駢邑。論語云：「奪伯氏駢邑三百。」此器出當其地，氏亦爲伯，或即伯氏之器歟？山左金石志謂之父癸彝，云伯氏或即伯雞父（釋爵爲雞父，與欵式異）之後，齊之世族，猶魯三家稱季氏、孟氏也。　水經注：「巨洋水逕臨朐縣古城東，古伯氏駢邑也。」齊乘：「臨朐古駢邑，伯氏所食，後爲管子所奪，城西有其塚。」　四書典故辨正：春秋莊元年「齊師遷紀郱、鄑郚」，應劭云：「郱一作駢，後爲伯氏邑。」其説必有所據。杜注：「郱在東莞臨朐縣東南。」　集注考證：駢爲邑名無所見，玩本文，以伯氏駢爲人姓名，邑三百是食邑之數，傳稱城穀而置管仲，未嘗有駢邑之名。　陳士元論語類考：言書其邑之人名使相駢連，易於稽察，故謂之駢邑，非有定地也。　論語後録：駢本作郱，紀地，爲齊襄公所遷者。　潘氏集箋：三百，雜記正義云：「鄭注易訟卦：『小國之下大夫采地方一成，其定税三百家，故三百户也。』其實大國下大夫亦三百户，故論語云：『奪伯氏駢邑三百。』注：『伯氏，齊大夫。』是齊爲大國，下大夫亦三百家也。」　論語補疏：天官「太宰八柄，六曰奪，以馭其貧」，注云：「奪，謂臣有大罪，没入家財者。」蓋伯氏時有罪，管仲没其家財，故注云當理。廣雅：「理，治也。」治獄之官名理，當理，謂治獄得當也，此管氏所以爲法家之冠矣。　諸葛孔明廢廖立爲民。廖聞亮卒，垂泣歎曰：「吾終爲左衽矣。」又嘗廢李平爲民，徙梓潼郡。十二年，平聞亮卒，發病死。習鑿齒曰：「昔管仲奪伯氏駢邑三百，没齒而無怨言，聖人以爲難。諸葛亮之使廖立垂泣，李平致死，豈徒無怨言而已？」習氏引管仲事以例諸葛，今轉可引諸葛事以例管仲，邢疏未能詳也。惟習云聖人以爲難，則連下「貧而無怨」爲一章。　四書釋地：荀子仲尼篇：「齊桓公主管仲爲仲父，與之書社三百，而富人莫之敢距也。」孔子世家索隱曰：「古者二十五家爲里，里各立社。書社者，書其社之人名於籍。楚以七百里書社之人封孔子也。」則書社三百乃七千五百家。　論語偶記：孔注云：「伯氏食邑三百家。」鄭注云：「三百家，齊下大夫之制。」（鄭注見宋本禮記疏。）今證之易訟卦云「其邑人三百户」，鄭注謂下大夫采地方一成，其定稅三百家。然則伯氏齊下大夫也。管仲所受自不止此，其奪諸伯氏者乃此數耳。國語吳語曰：「寡人其達王於甬句東，夫婦三百。」有夫有婦，然後爲家，亦是三百家也，可以爲此食邑三百之證。　秋槎雜記：據秦策「賜之二社之地」，注：「邑皆有社，二社二邑。」是在都則二十五家一社，在野則四井三十二家一社，或以駢邑三百爲三百社，義亦通。然經言邑不言社，庸愈於三百家之説乎？　經學卮言：奪如八枋之奪，蓋伯氏有罪，管仲削其邑，非奪以自益之謂也。

按：水經注：「巨洋水逕臨朐縣故城東，古伯氏之駢邑。」寰宇記於青州臨朐縣亦云然，則駢邑係地名非人名審矣。孔氏廣森曰：「此引荀子書社，自別一事，與駢邑無涉。」翟灝則以爲書社謂以社之户口書於版籍也，所書之社即駢邑也。富人，伯氏也。距，違也。駢本伯氏食邑，桓公書其社以增封管仲，而伯氏不敢違距，即所謂無怨言也。楊氏注荀子，謂齊之富人莫有敵者，未參論語文，致失其義。朱子引荀子以與此爲一事，見極卓矣。二説互異。考晏子春秋曰：「昔吾先君桓公以書社五百封管仲，不辭而受。」與此宜爲一事，只三五字異耳。朱注不誤。晏子春秋又云：「昔我先君桓公予管仲狐與穀，其縣十七。」管仲之邑爲穀，既見傳矣，而此又稱駢邑，猶晏子於穀外又有狐之説也。管仲當兼有數邑，駢邑安知不在十七縣之數中乎？

【集解】猶詩言「所謂伊人」。孔曰：「伯氏，齊大夫。駢邑，地名。齒，年也。伯氏食邑三百家，管仲奪之，使至疏食，而没齒無怨言，以其當理也。」

【唐以前古注】禮記雜記正義引鄭注：伯氏，齊大夫。坊記正義引鄭注：駢邑三百家，齊下大夫之制。皇疏：伯氏名偃，大夫。駢邑者，伯氏所食采邑也。時伯氏有罪，管仲相齊，削奪伯氏之地三百家也。

按：伯氏名偃，未知出何書。六朝時古籍尚多，必有所據，今不可考矣。

【集注】伯氏，齊大夫。駢邑，地名。齒，年也。蓋桓公奪伯氏之邑以與管仲，伯氏自知己罪，而心服管仲之功，故窮約以終身而無怨言。荀卿所謂「與之書社三百，而富人莫之敢距」者即此事也。或問：「管仲、子産孰優？」曰：「管仲之德不勝其才，子産之才不勝其德，然於聖人之學，則概乎其未有聞也。」

【餘論】四書詮義：三節隨問隨答，無分重輕，然於子産則因其事而原其心，於子西則置之不議不論，於管仲則略其罪而與其功，聖人善善長而惡惡短，苟有可取，必亟稱之；然適如其量而止，終不肯溢美於人，此可見聖人之直道而行，無所毁譽矣。康有爲論語注：管仲真有存中國之功，雖奪人邑而人不怨言，功業高深，可爲一世之偉人也。孔子極重事功，累稱管仲，極詞贊歎。孟子則爲行教起見，宋儒不知而輕鄙功利，致人才忝爾，中國不振，皆由於此。又云：蓋仁莫大于博愛，禍莫大于兵戎。天下止兵，列國君民皆同樂生，功莫大焉，故孔子再三歎美其仁。宋賢不善讀之，乃鄙薄事功，攻擊管仲，至宋朝不保，夷於金、元，左衽者數百年，生民塗炭，則大失孔子之教旨矣。專重内而失外，而令人誚儒術之迂也。

【發明】筆乘：伯氏有罪，管仲奪其邑三百而能使無怨言，非罪當其情，有以深服其心如此乎？孔明令廖立垂泣，李嚴致死，得其道矣。習鑿齒曰：「水至平而邪者取法，鑑至明而醜者忘怒。水鑑所以能窮物而無怒者，以其無私也。」蓋謂此也。

○子曰：「貧而無怨難，富而無驕易。」

【考異】劉氏正義：習鑿齒漢晉春秋：「昔管仲奪伯氏駢邑三百，没齒而無怨言，聖人以爲難。」焦氏循補疏謂習氏所引連下「貧而無怨」爲一章。若然，則無怨無驕，謂使之無怨無驕也。

【唐以前古注】皇疏引江熙云：顔淵無怨，不可及也。若子貢不驕，猶可能也。

按：七經考文云：「古本此下有『王肅曰貧者善怨富者善驕二者之中貧者人難使不怨也』二十三字，注今各本俱無之。」

【集注】處貧難，處富易，人之常情。然人當勉其難，而不可忽其易也。

【餘論】論語意原：貧而無怨，樂天之事。富而無驕，自守者能之。四書辨疑：注文只説處貧難處富易，於怨驕略無干涉，義不可通。大抵處飢寒困苦之貧者不能無吁嗟怏悵之怨，居贍足豐饒之富者鮮能無傲慢矜肆之驕，此乃人之常情也。能安於貧，然後無怨貧之心。不恃其富，斯可無驕富之氣。心顔子處貧之心，則能貧而無怨矣。富而無驕，不足道也。志子貢居富之志，則能富而無驕矣。貧而無怨，未敢望焉。察天下之貧者，萬中實無一二無怨；觀天下之富者，十中須有二三無驕。以此推之，足以知無怨爲難，無驕爲易也。

○子曰：「孟公綽爲趙、魏老則優，不可以爲滕、薛大夫。」

【考異】後漢書韋彪傳「孟子綽優於趙、魏老」，注云：「論語孔子言也。」袁宏後漢紀連及「不可爲滕、薛大夫」。　釋文：「綽」，本又作「繛」，汗簡引古論同。　隸釋：唐扶碑「朝有公卓」，即孟公綽也。　翟氏考異：左傳哀公九年：「齊侯使公孟綽辭師於吴。」公孟綽齊臣，與孟公綽别，而其釋文亦云：「綽，本又作卓。」皇本「大夫」下有「也」字。

【考證】漢書薛宣傳：頻陽縣北當上郡西河，爲數郡湊，多盜賊。其令平陵薛恭本縣孝者，功次稍遷，未嘗治民，職不辨。而粟邑小，辟在山中，民謹樸易治，令鉅鹿尹賞久郡用事吏。宣即以令奏賞與恭换縣，二人視事數月，而兩縣皆治。宣因移書勞勉之曰：「昔孟公綽優於趙、魏，而不宜滕、薛，故或以德顯，或以功舉。」　劉氏正義：史記仲尼弟子列傳：「孔子之所嚴事於魯孟公綽。」是孟公綽爲魯人。云大夫者，以意言之。　趙之先與秦同姓嬴，至造父始封於趙，今直隸趙州地。其後入晉仕爲卿。魏，國名。　括地志：「魏故國在芮城縣北五里。」今解州芮城縣河北故城是也。晉滅魏，以其地賜大夫畢魏，因以爲氏。子孫亦仕晉執政，故曰「趙、魏皆晉卿」也。士昏禮「授老雁」，注云：「老，羣吏之尊者。」賈疏云：「大夫家臣稱老。是以喪服、公食大夫以貴臣爲室老。春秋傳云『執臧氏老』，禮記云『大夫室老』，皆是。」是家臣稱老也。下章言「公綽之不欲」，是性寡欲也。「貪賢」者，言務多賢也。皇疏云：「趙、魏賢人多，職不煩雜，故家臣無事，所以優也。」滕，薛，二國名。滕，周文王子錯叔繡之後。薛，任姓，奚仲之後。彙纂云：「今兗州府滕縣西南十五里有古滕城，即滕國也。」又云：「薛城在滕縣南四十里。」

【集解】孔曰：「公綽，魯大夫。趙、魏，皆晉卿也。家臣稱老。公綽性寡欲，趙、魏貪賢，家老無職，故優。滕、薛小國，大夫政煩，故不可爲。」

【集注】公綽，魯大夫。趙、魏，晉卿之家。老，家臣之長。大家勢重而無諸侯之事，家老望尊而無官守之責，優，有餘也。滕、薛，二國名，大夫，任國政者。滕、薛國小政煩，大夫位高責重，然則公綽蓋廉靜寡欲而短於才者也。楊氏曰：「知之弗豫，枉其才而用之，則爲棄人矣。此君子所以患不知人也。言此則孔子之用人可知矣。」

【別解】四書翼注：孟公綽非一味無能人。齊師伐魯，將求救於晉，公綽曰：「崔杼將歸弑君，必不縱暴於我。」齊師果歸。謂之智士可矣。區區魯大夫，何至不能勝任？夫子之言，別有所指。魯至定、哀間，晉卿將簒，小國綦亡，趙、魏之家，不可以董安于、尹鐸之徒附益其勢；滕、薛之國，非得管仲、子產亦不能救其衰矣，非爲公綽言也。

【發明】四書訓義：人無不有優也，亦無不有其不可爲者也。知之明而不以虛名違實用，不以家世定班序，官人之道斯得矣。使公綽之失其優，則大夫爲尸位，而公綽之長隱，豈非兩失哉？　四書困勉録：廉静自廉静，短於才自短於才，非廉静即短於才也。世之所謂短於才者，祇指廉静耳；所謂才者，祇指不廉不静耳。可歎！　論語稽：孔子言此，蓋以人各有能有不能，國家用人，宜量其所長而用之也。如公綽之賢，尚有能有不能，其他可知。此孔子爲用人者言，言不可用人而違其才，非於公綽有貶辭也。

**○子路問成人。子曰：「若臧武仲之知，公綽之不欲，卞莊子之勇，冉求之藝，文之以禮樂，亦可以爲成人矣。」**

【考異】七經考文：古本「曰」上無「子」字，「知」作「智」，足利本同。　天文本論語校勘記：古本、足利本、唐本、津藩本、正平本「曰」上無「子」字。

【考證】國策：有兩虎争人而鬭者，管莊子將刺之，管與止之曰：「虎者，戾蟲；人者，甘餌也。今兩虎争人而鬭，小者必死，大者必傷。子待傷虎而刺之，則是一舉而兼兩虎也。無刺一虎之勞，而有刺兩虎之名。」　韓詩外傳十：卞莊子好勇。母無恙，則三戰而三北。交游非之，國君辱之，卞莊受命，顔色不變。乃母死三年，魯興師，卞莊子請從。至，見於將軍曰：「前猶與母處，是以戰而北也，辱吾身。今母没矣，請塞責。」遂走敵而鬭，獲甲首而獻之，請以此塞一北。又獲甲首而獻之，請以此塞再北。將軍止之曰：「足。」不止，又獲甲首而獻之，曰：「請以塞三北。」將軍止之曰：「足，請爲兄弟。」卞莊子曰：「三北以養母也。今母没矣，吾責塞矣。吾聞之，節士不以辱生。」遂奔敵殺七十人而死。新序義勇篇略同。困學紀聞：卞莊子之勇，或問云事見新序。愚按荀子大略篇：「齊人欲伐魯，忌卞莊子，不敢過卞。」此可見其有勇也。

經學卮言：卞莊子疑即孟莊子。襄公十六年，齊侯圍成，孟孺子速徼之。齊侯曰：「是好勇，去之以爲之名。」速遂塞海陘而還。是孟莊子有勇名。或嘗食采於卞，因以爲號。荀子云：「齊人欲伐魯，忌卞莊子，不敢過卞。」與上事亦相類。卞本魯邑。左傳：「齊歸孟穆伯之喪，卞人以告。」則卞爲孟氏之私邑，非無稽云。

四書辨證：卞莊子刺虎，秦策稱管莊子。吴氏補注云：「國策作管莊子，漢書東方朔傳稱弁嚴子，蓋避漢明帝諱，莊作嚴，故魯語莊公作嚴公，羽獵賦楚莊作楚嚴。」卞、弁亦通用，故史記弟子傳云：「子路卞人。」家語弟子解云：「子路弁人。」路史國名紀：「泗水縣有卞故城。」注云：「季武子取以自封。」子路是邑人，今集注言莊子魯卞邑大夫，蓋即其地。國名紀又云：「莊子卞氏。」王瑬四書地理考：卞在今兖州府泗水縣東五十里。陳軫説君，不必定引本國之人，從魯爲長。四書典故辨正：路史國名紀、氏族大全並以卞爲莊子之姓。蓋曹叔振鐸之後，支庶食采於卞，因以爲氏。然卞非曹國之地，鄭樵通志嘗辨之，則知卞姓之説誤也。

按：羣經補義、寶甓齋札記並據左襄十六年傳：「齊侯圍郕，孟孺子速徼之。齊侯曰：『是好勇。去之以爲之名。』」是孟莊子有勇名，或先嘗食采於卞，因以爲號。考荀子大略篇云：「齊人欲伐魯，忌卞莊子，不敢過卞。」此事雖與左傳相似，然明言過卞，非過成，其非一人審矣。潘維城亦云：「孟氏食卞，傳究無明文。」論語子張篇，曾子述夫子稱孟莊子之孝，不云卞莊子，則卞莊子非孟莊子明甚。後漢班固傳、崔駰傳皆諱莊作嚴，注以爲魯人。卞邑，今山東兖州府泗水縣，界東是魯地，非秦地。且臧武仲、公綽、冉求皆魯人，當如周生烈注，鄭以爲秦大夫者非。

【集解】馬曰：「臧武仲，魯大夫臧孫紇。公綽，魯大夫孟公綽。」周生曰：「卞莊子，卞邑大夫。」孔曰：「加之以禮樂，文成也。」

【唐以前古注】釋文引鄭注：卞莊子，秦大夫。皇疏：答若德成人者，使智如臧武仲，然武仲唯有求立後於魯，而爲孔子所譏，此亦非智者。齊侯將爲臧紇田。臧孫聞之，見齊侯。與之言伐晉。對曰：「多則多矣，抑君似鼠。夫鼠晝伏夜動，不穴於寢廟，畏人故也。今君聞晉之亂而後作焉，寧將事之，非鼠如何？」乃弗與田。臧孫知齊侯將敗，不欲受其邑，故以比鼠，欲使怒而止。仲尼曰：「智之難也。有臧武仲之智，謂能避齊禍；而不容於魯國，抑有由也。作不順而施不恕也。夏書曰：『念兹在兹。』順事恕施也。」故是智也。事在春秋第十七卷，襄公二十三年傳也。莊子能獨格虎。一云：卞莊子與家臣卞壽途中見兩虎共食一牛，莊子欲前以劍揮之，家臣曰：「牛者，虎之美食。牛盡，虎之未飽，二虎必鬭。大者傷，小者亡，然後可以揮之。」信而言之，果如卞壽之言也。又引范甯云：不欲，不營財利也。

【集注】成人，猶言全人。武仲，魯大夫，名紇。莊子，魯卞邑大夫。言兼此四子之長，則知足以窮理，廉足以養心，勇足以力行，藝足以泛應，而又節之以禮，和之以樂，使德成於內，而文見乎外，則材全德備，渾然不見一善成名之迹，中正和樂，粹然無復偏倚駁雜之蔽，而其爲人也亦成矣。然亦之爲言，非其至者。蓋就子路之所可及而語之也。若論其至，則非聖人之盡人道不足以語此。

【別解】四書釋地三續：顧涇陽曰：「子路問成人。高存之云：『此恐是子路商論人物之語，非爲自家發問也。』某聞而豁然。」余謂此蓋以答處知之。不然，聖人不如此答。曰「今之成人者何必然」，當以圈外胡氏曰解爲確。不然，聖人不以子路所已能者教之，第難爲作時文者道耳。何則？作時文者必守注，尤必守圈内注。黄太冲言六經之道，昭如日星，科舉之學，力能亡經，悲夫！

【餘論】黄氏後案：知廉勇藝，四人分得之，則爲偏材，一人合得之，幾於全德。故四人之品不及子路，而子路不能及四子之嫥長，且不能兼有之，夫子因以是勉之也。文，孔注訓加文，有加增之義，固可通。又云：「文，成也。」此三字疑何注。樂記：「禮減而進，以進爲文。樂盈而反，以反爲文。」鄭君注：「文，猶美也，善也。」善美與增成義互相足。一曰：説文：「文，錯畫也。象交文。」易傳：「物相雜故曰文。」義同。文以禮樂，即文王世子所謂「禮樂交錯於中」。有恭敬之心，而以樂化其拘；有和易之趣，而以禮酌其中也。知廉勇藝，合之既幾於醇，而復交錯之以敬與和，是謂古之成人，見古成人之難也如此。劉氏正義：説苑辨物篇：「顔淵問於仲尼曰：『成人之行何若？』子曰：『成人之行，達乎情性之理，通乎物類之辨，知幽明之故，睹遊氣之源。若此而可謂成人。既知天道，行躬以仁義，飭躬以禮樂。夫仁義禮樂，成人之行也。窮神知化，德之盛也。』」是成人爲成德之人，最所難能。此告子路但舉魯四人，是降等論之，故言亦可也。

【發明】張楊園備忘録：論人不可不嚴，取人不可不恕。如夫子於臧武仲、孟公綽、冉求諸人，平日謂其要君，不可爲滕、薛大夫，甚至欲爲鳴鼓之攻；至論成人，則曰知，曰不欲，曰藝，未嘗不各有所取也。想見夫子當局，用人無不如此。蓋論之嚴，故人得其實；取之恕，故用盡其才。聖明之主陶鑄一代人物，祇此機軸而已。

**曰：「今之成人者何必然？見利思義，見危授命，久要不忘平生之言，亦可以爲成人矣。」**

【考異】朱子語類：聖人不應只説向下去，且見利思義三句，自是子路已了得底事，亦不應只恁地説。蓋子路以其所能而自言，故胡氏以爲有終身誦之之固也。問：「若如此，夫子安得無言以繼之？」曰：「却又恐是他退後説也未可知。」四書纂疏：觀「何必然」三字，似以前説爲疑，三者又皆子路所能，故胡氏疑其爲子路言。四書辨疑：若爲既言而復答，古今文字中皆無如此文理。若爲子路之言，乃是面折孔子之非，孔子再無一言以答之何也？二説皆不可取。此一節與上文只是一段話，但無「曰」字則上下之義自通，「曰」字衍。論語意原：此皆子路之所長也，以「何必然」三字觀之，必子路之言。翟氏考異：邢氏疏云：「夫子鄉言成人者，是古之人也。又言今之成人，不必能備。」原以此節爲夫子言。文選曹植責躬詩注引子曰：「見危授命，亦可以爲成人矣。」沈約別范安成詩注引子曰：「久要不忘平生之言。」均不以爲子路言也。經傳中同一段言，別起曰字，往往有之，不必定謂之衍。至考文謂「問成人」下「子曰」，「子」字一本無之，若上節皆子路問辭，此節方爲夫子所答，則更於事理遷延，無足備用。劉氏正義：皇、邢疏以曰爲夫子語。文選曹植責躬詩注、沈約別范安成詩注引此文「曰」上有「子」字，蓋夫子移時復語也。集注引胡氏説獨以爲子路言，於義似較長。論語集注述要：次節「曰」字集注有兩説，而胡氏説尤無理。若全節作子路語，則子路何可以所能者誇示於夫子之前，夫子亦何得竟無一語如「何足以臧」之訓。但全節作夫子語亦未安，上節夫子勉進子路言已止矣，非子路所必不能行，何必又退一步而更言之。意「今之成人者」句是子路語，如子貢「敢問其次」之類，以下是夫子答辭，中間省一「曰」字。古人文字，或問辭省曰字，或答辭省曰字，常有之。末句如「抑亦可以爲次」之類。見利思義三者皆非子路所難，夫子何又以此告之，玩末句語氣，雖非如「何足以臧」之爲抑辭，亦非甚許之之辭，子意仍欲子路勉進於上，不可苟安於次也。

【集解】馬曰：「思義，義然後取，不苟得也。」孔曰：「久要，舊約也。平生，猶少時。」

【唐以前古注】皇疏引顔特進云：見利思義，雖不及公綽之不欲，猶顧義也。見危授命，雖不及卞莊子之勇，猶顧義不苟免也。

【集注】復加曰字者，既答而復言也。授命，言不愛其生，持以與人也。久要，舊約也。平生，平日也。有是忠信之實，則雖其才智禮樂有所未備，亦可以爲成人之次也。胡氏曰：「今之成人以下乃子路之言，蓋不復聞斯行之之勇，而有終身誦之之固矣。」未詳是否。

【餘論】四書改錯：此聖賢尚事功重材幹，與子貢問士章之重使四方、子路問仁章之獨許管仲一例。故此將謹信自守之士特抑一段曰今之成人，與問士章之特抑言行信果者爲硜硜小人，問仁章之特抑致身殉死者爲匹夫匹婦，亦是一例。蓋聖賢最忌是自了漢，明德不新民，成己不成物，獨善不兼善，非聖道即非聖學。故徐仲山曰：「予讀硜硜小人節而疑之，及讀今之成人節而又疑之，至讀匹夫匹婦節始豁然，然又疑曰：何以孟子獨恥言管仲？至讀『功烈如彼其卑』句則又快然，曰聖賢重事功，孟子之薄管仲，過於夫子之尊管仲，以爲事功甚重，不當止此也。」今通解論語，並通解大、中、孟子，而於此節仍徘徊瞻顧，首鼠不決，而胡氏且故以今之成人爲子路所言，此在前儒，並無此説，引此已自無理，然且借子路以暗侵夫子，謂爲此言者不復聞斯行之之勇，而有終身誦之之固。向使此言果出子路，在注者亦屬疑義，並不宜輕口訾謷。況明是子言，則直詬夫子矣。苟稍知聖道，知聖學，稍有忌憚，亦必不出此。

【發明】馮從吾四書疑思録：見利思義，必平日講一介不苟之學；見危授命，必平日講朝聞夕死之學。不然，利至然後斟酌道義，危至然後商量生死，則不及矣。四書近指：思義授命，久要不忘，亦因今之士習少此一段風骨，故曰亦可以爲成人。松陽講義：今之成人，不是天限住他只可如此，不是聖賢寬假他只要他如此，天命之性，原無古今，聖賢道理，亦無古今。只因今之風俗日下，有稍能自拔於流俗者，便不敢苛責他了。今之名節日衰，有稍能自勵於名節者，便不敢深求他了。故自言利之風遍天下，有一見利思義者，便指爲奇士。偷生之徒滿海内，有一見危授命者，便歎爲異人。反覆狙詐不知羞恥者比比而是，有一久要不忘者，便目爲真儒。今日學者未能到子路地位，且要從下節做工夫起，先將義利生死關頭打破了，再要將虚僞根苗斬盡了，使脚跟立定，然後可去做上一節工夫。猶之富與貴章，先要取舍之分明，然後存養之功熟也。這義利生死關頭是最難打破的，這虚僞根苗是最難斬盡的。以見利言之，這利字要看得好，若是尋常貨利，雖中人亦能勉强慕義；惟當至窮至困之時，這箇利關係我仰事俯育之計，身家榮枯，全視乎此，且又現在面前，不待巧算曲計而可得，斯時有志之士亦不能不動心。以見危言之，這箇危字也要看得好，若是無可躲避的，雖怯夫亦能就死。謂之危，則尚在可生可死之界，有許多歧路可以避得，有許多曲徑可以走得，禍福存亡只在吾一念間，且又明白易曉，利害了然，斯時即有力量人亦不能不轉念。以平生之言言之，若是無所關係的，誰不樂踐約。惟當事勢阻礙之時，踐之或大不合於時，或大不便於我，且又言出已久，人都相忘了，吾即不踐，亦未必有人責備我，斯時即真誠之士亦不能不隨意。然學者苟於此處立不定，便不是堂堂正正的人了，雖要到材全德備中正和樂地位，無下手處，不可不猛省。

○子問公叔文子於公明賈曰：「信乎，夫子不言，不笑，不取乎？」公明賈對曰：「以告者過也。夫子時然後言，人不厭其言；樂然後笑，人不厭其笑；義然後取，人不厭其取。」子曰：「其然，豈其然乎？」

【考異】論衡知實篇：「孔子問公叔文子於公明賈曰：『信乎，夫子不言，不笑，不取，有諸？』」三「後」字皆作「后」，儒增篇引「其言」、「其笑」、「其取」下各有「也」字。　皇本亦各有「也」字。　九經字樣引字統注云：笑從竹，從夭。竹爲樂器，君子樂然後笑，似讀樂爲岳音。　事文類聚從集注引公明賈曰：夫子時然後笑。　素履子引「義然後取，人不厭其取」，爲孔子語。　論衡儒增篇、知實篇皆作「豈其然乎，豈其然乎」。　羣經義證：重言無爲抑揚之詞，與馬氏本異。　韓詩外傳景公使子貢譽孔子亦曰：「善豈其然，善豈其然。」

【考證】檀弓：公叔文子卒，其子戍請謚於君。君曰：「昔者衛國凶饑，夫子爲粥與國之餓者，是不亦惠乎？昔衛國有難，夫子以死衛寡人，不亦貞乎？夫子聽衛國之政，修班制以與四鄰交，不亦文乎？故謚夫子貞惠文子。」　四書摭餘說：集注：「公叔文子，衛大夫公孫枝也。」此襲集解引孔安國注而致誤者。　禮注鄭康成曰：「文子，衛獻公之孫，名拔，或作發。」案世本衛獻公生成子當，當生文子拔，左傳作公孫發，拔字音之似。注作公孫枝，又拔字之譌也。秦大夫有公孫枝，左氏稱子桑之忠者，子桑即枝字。春秋衛大夫並無此名。檀弓：「其子戍請謚。君曰：『昔衛國有難，夫子以死衛寡人。』」注：「衛國有難，謂魯昭公二十年盜殺衛侯之兄縶也。時齊豹作亂，公入死鳥。」及考左傳，則南楚也。靈公避齊豹之難，驅車過齊氏，南楚以身蔽靈公，齊氏射公，中南楚之背。南楚，公子荊之字也。則此公子荊事，非公叔文子事。文子名拔，或作發，不聞字南楚也。

按：阮元校勘記曰：「困學紀聞六云：『衛公叔發，注謂公叔文子，論語孔注作公孫拔。』是王伯厚所見本尚作拔字。」養新録云：「公叔文子，朱注作公孫枝，王伯厚以爲傳寫之誤。余嘗見倪士毅四書集釋載朱文公論語注：『公叔文子，衛大夫公孫拔也。』又引吴氏程曰：『拔，皮八反。俗本作枝誤，即公孫發。』乃知今所行集注本非考亭之舊，王伯厚所見亦誤本。」據此，則集解、集注諸本「枝」字皆形近傳寫之譌也。

潘氏集箋：公明賈，孟子有公明儀、公明高，當是姓公明名賈。讀書叢録：「明，古讀如羊，即禮記雜記之公羊賈。」是則公明高即公羊高，然不聞有公羊儀也，存之姑備一説。

【集解】孔曰：「公叔文子，衛大夫公孫拔也。文，謚也。」馬曰：「美其得道，嫌其不能悉然也。」

【唐以前古注】皇疏：然，如此也，言今汝所説者當如此也。謂人所傳三事不言、不笑、不取，豈容如此乎。一云：其然是驚其如此，豈其然乎，其不能悉如此也。又引袁氏云：其然，然之也。此則善之者，恐其不能，故設疑辭。

【集注】公叔文子，衛大夫公孫枝也。公明姓，賈名，亦衛人。文子爲人，其詳不可知，然必廉謹之士，故當時以三者稱之。厭者，苦其多而惡之之辭。事適其可，則人不厭而不覺其有是矣，是以稱之。或過而以爲不言不笑不取也。然此言也，非禮義充溢於中，得時措之宜者不能。文子雖賢，疑未及此。但君子與人爲善，不欲正言其非也，故曰「其然，豈其然乎」，蓋疑之也。

【餘論】此木軒四書說：「時然後言」云云，亦非公明賈虛造此言。彼見文子言笑取皆無差忒，便謂已能如此。自夫子聞之，則以爲得時措之宜，苟有一豪未至，即不足當之，故不敢輕信。大抵聖人與常人，其心之精麤相去遠也。論語稽：不言、不笑、不取，矯激好名者類能强而制之。至時言、樂笑、義取，則時中之聖矣。告者固過，而賈言尤過。孔子論人，譽必有試，故以疑詞姑置之，以待後之核其實耳，非存一刻薄之念以待人也。清按或解此章，其然二字指時言、樂笑、義取，豈其然指不言、不笑、不取，於義亦通。

○子曰：「臧武仲以防求爲後於魯，雖曰不要君，吾不信也。」

【考證】左傳襄公二十三年：臧孫如防，使來告曰：「紇非能害也，知不足也。非敢私請，苟守先祀，無廢二勳，敢不辟邑。」乃立臧爲。臧紇致防而奔齊。春秋大事表列國地名考異曰：魯有三防。隱九年之防，此東防也，本魯地，在今沂州府之費縣，世爲臧氏食邑，襄二十三年，臧紇自邾如防即此。隱公十年，敗宋師於菅。辛巳，取防，此西防也，爲魯取宋地，在今兖州府之金鄉縣。欲别於臧氏之防，故謂之西防。僖十四年，季姬及鄫子遇於防，此魯國之防山也，在曲阜縣東二十里，孔子父母合葬於防即此。四書辨證：魯有西、北兩防。隱十年，辛巳，取防。

注曰：「高平昌邑縣西南有西防城。」此西取于宋而僅一見經者。九年冬，公會齊侯於防。注曰：「魯邑，在瑯玡華縣東南。」此北隣於齊而七見經者。吾謂臧氏邑即此。何也？莊七年，夫人會齊侯於防。二十二年，及齊高傒盟於防。襄十七年，齊高厚伐我北鄙，圍防。傳曰：「圍臧紇於防。」注言紇邑。春秋書防凡四及齊，非隣於齊而何？他如莊二十九年城諸及防，注言防，魯邑。僖十四年冬，季姬及鄫子遇防。注言鄫，今瑯玡鄫縣，與防近。襄十三年冬，城防。傳曰：「臧武仲請俟農功之畢。」凡此與四書及齊者實一邑，第臧氏邑始見於襄十三年冬傳，前三書魯邑，尚未爲臧氏采邑故也。若路史國名紀於北鄙臧氏邑混言東鄙，於西防城注亦引隱九年取防爲證，而曰臧氏邑，交誤矣。羣經平議：爲，有也。求爲後於魯者，求有後於魯也。孟子滕文公篇：「將爲君子焉，將爲野人焉。」趙注曰：「爲，有也。」爲之訓有，古訓有然，詳見王氏引之經傳釋詞。

按：爲後，謂立爲己後，禮云「爲人後者爲之子」是也。或曰：爲，人名，即臧爲也。亦可備一説。

【集解】孔曰：「防，武仲故邑。爲後，立後也。魯襄公二十三年，武仲爲孟氏所譖，出奔邾。自邾如防，使爲以大蔡納請，曰：『紇非能害也，知不足也。非敢私請，苟守先祀，無廢二勳，敢不避邑。』乃立臧爲。紇致防而奔齊。此所謂要君也。」

【唐以前古注】皇疏引袁氏云：奔不越境而據私邑求立先人之後，此正要君也。

【集注】防，地名，武仲所封邑也。要，有挾而求也。武仲得罪奔邾，自邾如防，使請立後而避邑，以示若不得請，則將據邑以叛，是要君也。范氏曰：「要君者無上，罪之大者也。武仲之邑，受之於君，得罪出奔，則立後在君，非己所得專也。而據邑以請，由其好智而不好學也。」楊氏曰：「武仲卑辭請後，其迹非要君者，而意實要之。夫子之言，亦春秋誅意之法也。」

【餘論】四書偶談：要君之名，仲所不居。必曰要季氏求後，仲又不甘認求季氏，曰吾是求魯。特下「於魯」二字與「以防」對，隱若敵國矣。論語意原：武仲之請，其辭甚遜，當時未有言其非者。夫子正其要君之罪，春秋誅意之法也。黄氏後案：表記云：「事君，三違而不出境，則利禄也。人雖曰不要，吾弗信也。」是以防即見要君也。

# 論語集釋卷二十九

## 憲問中

○子曰：「晉文公譎而不正，齊桓公正而不譎。」

【考證】四書釋地：時文家多以晉文公老而舉事，故慮日莫而計挺，此蓋據史記晉世家重耳奔狄，是時年四十三。又云重耳出亡，凡十九歲而得入，時年六十二矣，果爾誠可爲老。然史記多妄說，不若左傳、國語足信。左傳昭十三年叔向曰：「我先君文公，生十七年，亡十九年。」國語僖負羈曰：「晉公子生十七年而亡。」按此則晉文入國甫三十六歲，即薨亦祇四十四耳。杜元凱言戰城濮時文公年四十者近之。經史問答：聖人去春秋時近，所見聞必詳，不僅如今日區區三傳也。若但以三傳，則齊桓極有可貶，不當以聖人之言遂謂高於晉文，此論世者所不可不知也。王子頹之亂，衛人助逆，王室大擾，桓公已圖霸前後一十二年，讓鄭厲公討賊納王，坐視而不之問。又八年，天子特賜桓公命，請以伐衛，桓公乃不得已以兵伐之。衛人敢於抗師，而桓公不校，竟受賂而還。曾是一匡天下之方伯而出此，以視晉文之甫經得國，即討太叔，豈不有光於齊十倍？聖人許之，或自其中葉以後，否則别有所據，要之其初年未可恕也。若晉文之才，高於齊桓，特以暮年返國，心迫桑榆，又適當楚勢鴟張、中原崩潰之日，齊桓一死，而其子已疊遭楚侮，非急有以攘之不可，故多方設機械以創之，以爲譎誠所難辭。又不久而薨，不若齊桓之長年，其志未伸。若使多享遐齡，其從容糾合，示大信於諸侯，亦必有可觀者。至於正譎之間，則不過彼善於此。

【集解】鄭曰：「譎，詐也。謂召天子而使諸侯朝之。仲尼曰：『以臣召君，不可以訓。』故書曰：『天王狩于河陽。』是譎而不正也。」馬曰：「伐楚以公義，責包茅之貢不入，問昭王南征不還，是正而不譎也。」

【唐以前古注】皇疏引江熙云：言此二君霸迹不同，而所以翼佐天子綏諸侯，使車無異轍、書無異文也。

【集注】晉文公名重耳，齊桓公名小白。譎，詭也。二公皆諸侯盟主，攘夷狄以尊周室者也。雖其以力假仁，心皆不正，然桓公伐楚，仗義執言，不由詭道，猶爲彼善於此；文公則伐衛以致楚，而陰謀以取勝，其譎甚矣。二君他事亦多類此，故夫子言此以發其隱。

【别解】經義述聞：説文：「譎，權詐也。」訓詐爲惡德，訓權則亦爲美德。毛詩序曰：「主文而譎諫。」言之者無罪，聞之者足以戒。」鄭注：「譎諫，詠歌依違，不直諫。」正義曰：「譎者，權詐之名。」鹽鐵論力耕篇：「昔管仲以權譎伯，而苑氏以强大亡。」春秋繁露玉英篇：「諸侯在不可以然之域者，謂之大德。大德無踰閑者，謂正經。諸侯在可以然之域者，謂之小德。小德出入可也。權，譎也。」是權譎也，正經也，言晉文能行權而不能守經，齊桓能守經而不能行權，各有所長，亦各有所短也。鹽鐵論論儒篇：「今硜硜然守一道，引尾生之意，即晉文之譎諸侯以尊周室不足道，而管仲蒙恥辱以存亡不足稱也。」遵道篇：「晉文公譎而不正，齊桓公正而不譎。所由不同，俱歸於霸。」漢書鄒陽傳：「魯哀姜薨于夷。孔子曰：『齊桓公法而不譎。』以爲過也。」顔注曰：「法而不譎者，言守法而行，不能用權以免其親也。」法與正同義。法而不譎，古人以爲齊桓之過，則守正爲齊桓之所長，權譎爲齊桓之所短，較然甚明。然則晉文公譎而不正，亦是嘉其譎而惜其不正可知矣。

論語發微：漢書鄒陽傳：「齊桓公法而不譎。」法，古文作「⿱亼正」，班所引爲魯論。今作「正」，蓋古論本作「⿱亼正」，後人罕見「⿱亼正」字，遂改爲「正」。案兩正字皆當作「⿱亼正」，同法。法者，聖人之經法也。譎者，聖人之權衡也。善用譎則爲權，不善用譎則爲詐，故許君以權詐兩義解譎。此譎字當以權爲義。僖二十八年「盟于踐土」後書「公朝于王所」，公羊傳曰：「曷不言公如京師？天子在是也。天子在是，曷爲不言天子在是？不與致天子也。」何休注曰：「時晉文公年老，恐霸功不成，故上白天子曰：『諸侯不可卒致，願王居踐土。』下謂諸侯曰：『天子在是，不可不朝。』迫使正君臣，明王法。雖非正，起時可與，故書朝，因正其義。」是冬又書：「會温。天王狩于河陽。」皆晉文用權道以正君臣，明王法，而實非禮之正，故曰譎而不法。鄒陽言魯哀姜云云。師古注：「謂不能用權以免其親。」蓋齊桓公知正不知權，親親之義先闕。及身受禍，五子争立，其後嗣不復振。晉文知權而不知正，故數世雄長中國，亦終不合於王道。惟聖人斷之以義，而人事浹，王道備，成春秋之治，在可與立又可與權也。

按：潘維城曰：「詩曹風下泉序云：『思治也。曹人疾共公侵刻，下民不得其所，憂而思明王賢伯也。』左傳：『曹伯之豎侯獳曰：齊桓公爲會而封異姓，今君爲會而滅同姓。』是明明謂晉文不如齊桓矣。否則，共公時晉文正在位，詩何以傷無伯乎？又衛風木瓜序云：『美齊桓公也。衛國有狄人之敗，出處於漕，齊桓公救而封之，遺之車馬器服焉。衛人思之，欲厚報之，而作是詩也。』至晉文繼霸，詩無美之者。觀此二者，而夫子之意可見。紛紛曲解，似不必也。」

○**子路曰：「桓公殺公子糾，召忽死之，管仲不死。」曰：「未仁乎？」**

【考異】四書辨疑：「曰」字羨文。四書辨證：論語中本有復加曰字例，如「曰來！予與爾言」，下復加曰字是也。若此再加曰字，是斷語，如左傳敍逆婦姜於齊，中復加曰字斷之是也。不然，朱子何以不云是衍？

【考證】左傳：夏，公伐齊，納子糾。桓公自莒先入。秋，師及齊師戰于乾時，我師敗績。鮑叔率師來言曰：「子糾，親也，請君討之。管、召，讎也，請受而甘心焉。」乃殺子糾於生竇，召忽死之。管仲請囚，鮑叔受之，及堂阜而稅之。歸而以告曰：「管夷吾治於高傒，使相可也。」公從之。說苑善說篇：子路問於孔子曰：「管仲何如人也？」子曰：「大人也。」子路曰：「昔者管仲欲立公子糾而不能，是無能也。桎梏而居檻車無慙色，是無慙也。事所射之君，是不貞也。

召忽死之，管子不死，是無仁也。夫子何以大之？」子曰：「管仲欲立公子糾而不能，非無能也，不遇時也。桎梏而居檻車無慙色，非無慙也，自裁也。事所射之君，非不貞也，知權也。召忽死之，管仲不死，非無仁也。召忽者，人臣之材也，不死則爲三軍之虜也，死則名聞天下，夫何爲不死哉？管子者，天子之佐，諸侯之相也，死之則不免爲溝中之瘠，不死則功復用於天下，夫何爲死之哉？由，汝不知也。」家語致思篇與説苑略同。

【集解】孔曰：「齊襄公立，無常。鮑叔牙曰：『君使臣慢，亂將作矣。』奉公子小白出奔莒。襄公從弟公孫無知殺襄公。管夷吾、召忽奉公子糾出奔魯。齊人殺無知。魯伐齊，納子糾。小白自莒先入，是爲桓公。乃殺子糾，召忽死之。」

【集注】按春秋傳，齊襄公無道，鮑叔牙奉公子小白奔莒。及無知弒襄公，管夷吾、召忽奉公子糾奔魯，魯人納之。未克而小白入，是爲桓公。使魯殺子糾而請管、召，召忽死之，管仲請囚。鮑叔牙言於桓公，以爲相。子路疑管仲忘君事讎，忍心害理，不得爲仁也。

子曰：「桓公九合諸侯，不以兵車，管仲之力也。如其仁，如其仁。」

【考異】邢疏：九合者，史記云：「兵車之會三，乘車之會六。」穀梁傳云：「衣裳之會十有一。」范甯注云：「十三年會北杏，十四年會鄄，十五年又會鄄，十六年會幽，二十七年又會幽，僖元年會檉，二年會貫，三年會陽穀，五年會首止，七年會甯母，九年會葵丘。」凡十一會，不取北杏及陽穀爲九也。左傳僖公二十六年：「展喜犒齊師，曰：『桓公是以糾合諸侯而謀其不協。』」此朱子所據。　離騷天問篇：「齊桓九會諸侯。」朱子注亦據展喜語，謂「糾」字之通。　陸堃經世驪珠：衣裳之會九，始終確有所據，正不必緣糾合宗親之說。　義門讀書記：九合若如舊說，則其中有兵車之會三，本文何以言不以兵車？故朱子不從。　管子小匡篇：兵車之會六，乘車之會三，九合諸侯，一匡天下。　又戒篇：果三匡天子而九合諸侯。　晏子春秋問下篇：吾先君桓公，從車三百乘，九合諸侯，一匡天下。　荀子王霸篇：齊桓公九合諸侯，一匡天下，爲五伯長。　史記齊世家：桓公自稱曰：「寡人兵車之會三，乘車之會六，九合諸侯，一匡天下。昔三代受命，又何以異於此乎？」　又蔡澤傳說應侯曰：昔齊桓公九合諸侯，一匡天下，至葵丘之會，有驕矜之色，叛者九國。　戰國策：齊王斗曰：「昔桓公九合諸侯，一匡天下，天子授籍，立爲太伯。」　又魯連遺燕將書曰：管子併三行之過，據齊國之政，一匡天下，九合諸侯。　越絶書外傳、吴内傳皆曰：桓公九合諸侯，一匡天下。　韓非子十過篇：昔齊桓公九合諸侯，一匡天下，爲五伯長，管仲佐之。　又姦劫篇：桓公得管仲，立爲五霸主，九合諸侯，一匡天下。　又外儲說：桓公置管仲爲仲父，内事理焉，外事斷焉，故能一匡天下，九合諸侯。　吕氏春秋審分覽：桓公令甯遬等皆任其事，以受令於管子。十年九合諸侯，一匡天下。　又離俗覽：夫九合之而合，壹匡之而聽，從此生矣，管仲可謂能因物矣。　韓詩外傳六卷：桓公下布衣之士，所以九合諸侯，一匡天下也。　又八卷：桓公立管仲爲相，存亡繼絶，九合諸侯，一匡天下。　又十卷：桓公之所以九合諸侯，一匡天下，不以兵車者，非獨管仲也。　大戴禮保傅篇：齊桓公得管仲，九合諸侯，一匡天下，再爲義主。　淮南子氾論訓：管仲免于累紲之中，立齊國之政，九合諸侯，一匡天下，不識其君之力乎？其臣之力乎？　風俗通義皇霸卷：齊桓九合一匡，率成王室。　論衡書虚篇、效力篇皆云：桓公九合諸侯，一匡天下。　又感類篇：管仲九合諸侯，一匡天下。　中論智行篇：管仲使桓公有九合諸侯，一匡天下之功。　百三名家集王諫議褒四子講德論：齊桓有管、鮑、隰、甯，九合諸侯，一匡天下。　又魏武帝短歌行：齊桓之功，爲霸之首。九合諸侯，一匡天下。　翟氏考異：按自公、穀以來，俱謂九爲實數，周、秦、兩漢人以九合一匡作偶語者又如此之多，釋文中九字無音，則凡朱子前諸儒俱如字讀，未有因左傳一據遂欲改文爲「糾」者也。左傳亦嘗見九合字。襄公十一年，晉侯謂魏絳曰：「子教寡人，八年之中，九合諸侯。」蓋晉悼公復有九合之事，而先儒亦核實數訓之。　國語載晉悼謂魏絳作「七合諸侯」。　昭公元年，祁午謂趙文子則曰：「子相晉國，以爲盟主，再合諸侯，三合大夫。」再、三與七斷必爲數，則九字尤無可疑焉。　公羊傳莊公十三年疏引論語，「兵車」下有「之力」二字。

【考證】論語稽求篇：九合是九數，與下章「一匡天下」一數作對。如呂覽「一匡天下，九合諸侯」，王逸注楚辭「九合諸侯，一匡天下」，兩作對語可驗。蓋九數有核實者。　穀梁傳云：「衣裳之會十有一。」范甯注云：「莊十三年會北杏，十四年會鄄，十五年又會鄄，十六年會幽，二十七年又會幽，僖元年會檉，二年會貫，三年會陽穀，五年會首止，七年會甯母，九年會葵丘，凡十一會。」正義曰：「衹稱九者，不取北杏及陽穀，故減二也。」若管子「兵車之會六，乘車之會三」，國語「兵車之會六，乘車之會三」，史記「兵車之會三，乘車之會六」，皆合九數。其曰不以兵車者，言不純乎以兵車也。此則與前九會之説稍有同異，然亦可參較者。若據左傳僖二十六年：「齊伐我北鄙。公使展喜犒師曰：『桓公糾合諸侯，而謀其不協。』」則「九」與「糾」字果是相通。然此是「九」通「糾」，非「糾」通「九」也。惟九是正字，故屈平天問亦曰：「齊桓九會，卒然身殺。」陳氏經典稽疑引左氏別文爲證，如襄十一年：「晉悼公以鄭樂之半賜魏絳，曰：『子教寡人和戎狄，八年之中，九合諸侯。』」昭元年：「祁午謂趙文子曰：『子相晉以爲盟主，于今七年矣。再合諸侯，五合大夫。』」則是左氏所記，凡指計盟會，無非數目。四書經注集證：九合之説，諸書互異。齊語云：「乘車之會三，兵車之會六。」史記桓公自稱云：「乘車會六，兵車會三。」俱與不以兵車之説相歧。穀梁莊公二十七年傳云：「衣裳之會十有一。」范甯注：「莊十三年會北杏，十四年會鄄，十五年又會鄄，十六年會幽，二十七年又會幽，僖公元年會檉，二年會貫，三年會陽穀，五年會首止，七年會甯母，九年會葵丘。」不取北杏、陽穀爲九也。林堯叟去貫與陽穀爲九。二説亦未見其的有所據，故朱子直依春秋傳作「糾」。劉氏正義：穀梁疏所引釋廢疾「去貫與陽穀」五字，當是誤衍。疏家不能辨正，而一匡指陽穀亦並載其義，而不知正與九合去陽穀之言相背。此疏家之失，非鄭指也。自鄭釋廢疾傳寫有「去貫與陽穀」五字，而申鄭者遂不得其解。今綜各説以附於後。穀梁疏引劉炫，謂有洮與葵丘，以當貫、陽穀之數。且以穀梁傳

「洮會兵車」爲誤。李賢後漢書延篤傳注同，用劉説也。凌氏曙典故覈亦從其説，謂：「洮會在僖八年，明年會葵丘。葵丘以前皆衣裳，用管仲也。葵丘以後用兵車，管仲死也。」案穀梁言洮會爲兵車，合於鹹、牡丘、淮爲四會。左傳云：「會于洮，謀王室也。」襄王定位，而後發喪。其時叔帶作難，襄王懼不立，不發喪而告難于齊。桓公奉王命以兵車會諸侯謀之，此正理之所宜，何乃以爲傳誤？且究是傳誤，亦爲劉義非康成有傳誤之言，此一説也。范甯解：「十三年會北杏，十四年會鄄，十五年又會鄄，十六年會幽，二十七年又會幽，僖元年會檉，二年會貫，三年會陽穀，五年會首戴，七年會甯母，九年會葵丘。」凡十一會。論語皇疏引范注，謂鄭不取北杏及陽穀爲九會，則有貫與葵丘。又一説也。陸氏論語釋文云：「范甯注云：『十三年會北杏，又會柯，十四年會鄄，十五年又會鄄，十六年會幽，二十七年又會幽，僖元年會檉，二年會貫，三年會陽穀，五年會首戴，七年會甯母。』凡十一會。鄭不取北杏及陽穀爲九。」則有柯、貫二會。又一説也。盧氏文弨釋文考證從陸氏而小變其説云：「穀梁疏引鄭釋廢疾云：『去貫與陽穀。』或云：『與，猶數也。言數陽穀，故得爲九也。』僖九年，『盟于葵丘』，疏云：『論語一匡天下，鄭不據之而指陽穀者，鄭據公羊之文，故指陽穀。』然則鄭注不數貫而數陽穀，陸言鄭有貫無陽穀，互誤。」陳氏鱣古訓略同。則有柯、陽穀二會。又一説也。案北杏在柯會前，柯會不數，北杏安得數之？其數柯與葵丘，顯與鄭義不合。又鄭論語此文無注，盧誤記有注。凡諸述鄭，未符厥指。至穀梁疏又列二説：「或云葵丘會盟異時，故分爲二。或取公子結與齊桓、宋公盟爲九。

先師劉炫難之云：『若以葵丘之盟盟會異時而數爲二，則首戴之會亦可爲二也。離會不數，鄄盟去公子結，則惟有齊、宋二國之會，安得數之？』」是前二説皆劉難、楊疏所不從矣。若劉敞意林以始幽終淮爲九，萬斯大學春秋隨筆以莊二十七年會幽並檉、貫、陽穀、首止、甯母、洮、葵丘、鹹爲九，羅泌路史以第九次合諸侯專指葵丘，朱子集注以九與糾通，與左僖九年傳「桓公糾合諸侯」文同，異義錯出，難可通曉。後之學者，當無爲所惑矣。 論語發微：管子小匡云：「兵車之會六，乘車之會三，九合諸侯，一匡天下。」晏子春秋問下云：「先君桓公，從車三百乘，九合諸侯，一匡天下。」案管、晏二子與論語同時出，而已以一匡、九合對舉。九者數之究，一者數之總，言諸侯至多，而已九合；天下至大，而能一匡。九合不必陳其數，一匡不必指其事。其兵車之會六，乘車之會三，亦約略言之，故與史記互異。論語言「九合諸侯，不以兵車」者，即穀梁所謂「未嘗有大戰」也。

按：述學有釋三九云：「凡一二之所不能盡者，則約之三以見其多；三之所不能盡者，則約之九以見其極多，此言語之虛數也。論語『子文三仕三已』，史記『管子三仕三見逐於君。三戰三走』，此不必果爲三也。楚辭『雖九死其猶未悔』，此不能有九也。史記『若九牛之亡一毛』，又『腸一日而九迴』，此不必限以九也。故知九者，虛數也。」九合之義，亦若是而已矣。然則漢儒謂九爲實數，劉炫去貫與陽穀而數洮，劉敞謂始幽終淮，萬斯大謂始莊二十七年會幽並檉、貫、陽穀、首止、甯母、洮、葵丘、鹹而九者，固非；即朱注依左傳作「糾」者，亦未必是也。羅泌謂第九次合諸侯專指葵丘者，更不足與辨矣。

【集解】孔曰：「誰如管仲之仁。」

【唐以前古注】皇疏：穀梁傳云：「衣裳之會十一。」范甯注曰：「十三年會北杏，十四年會鄄，十五年又會鄄，十六年會幽，二十七年又會幽，僖元年會檉，二年會貫，三年會陽穀，五年會首戴，七年會甯毋，九年會葵丘。」凡十一會。又非十一會，鄭不取北杏及陽穀爲九會。

【集注】「九」，春秋傳作「糾」，督也。古字通用。不以兵車，言不假威力也。如其仁，言誰如其仁者。又再言以深許之。蓋管仲雖未得爲仁人，而其利澤及人，則有仁之功矣。

【別解】四書辨疑：注言「誰如其仁」，一誰字該盡古今天下之人，更無人如管仲之仁，無乃許之太峻乎？仲爲霸者之佐，始終事業不過以力假仁而已。所假之仁，非其固有之仁，豈有人皆不如之理。夫子向者言管仲之器小哉，又謂僭不知禮，今乃連稱誰如其仁，誰如其仁，聖人之言，何其不恒如是邪？况經之本文「如其」上亦無「誰」字之意。王滹南曰：「如其云者，幾近之謂也。」此解如其二字意近。然此等字樣，但可意會，非訓解所能盡。大抵如之爲義，蓋極似本真之謂。如云如其父、如其兄、如其所聞，文字語話中似此用如其字者不少。以此相方，則如其仁之義乃可見。管仲乃假仁之人，非有仁者真實之仁，所成者無異，故曰如其仁也。論語發微：孟子曰：「以力假仁者霸。」惟能假仁，故亦仁其仁，孔子言如其假仁也。黄培芳雲泉隨札：子路問：「管仲未仁乎？」子貢問：「管仲非仁者與？」夫子之答，皆但取其功，至於仁，俱置之不論。蓋所答非所問，與答孟武伯問三子之仁一例。如其仁云云者，是虚擬之詞，存而不論，與答「彼哉彼哉」一例。其答子貢則並無一字及仁，益明集注以「誰如其仁」解「如其仁」，誰字添設，説似未安。仁者，心之德，愛之理。若不論心而但論功，是判心術事功爲二。按之前後論仁，從無如此立説也。

【别解二】論語意原：子路之意，以召忽之死爲仁，管仲之不死爲未仁。夫子對以如其仁，如其仁，謂召忽不如管仲之仁也。翟氏考異：召忽之死，殺身以成仁也。仲雖不死，而有九合一匡之功，則亦得如召忽之仁。再言如其仁，其者，實指之辭，所指正召忽也。

【别解三】黄氏後案：如，猶乃也。詩「如震如怒」，揚子法言學行篇「如其富，如其富」，吾子篇「如其智，如其智」，問道篇「法者，謂唐、虞、成周之法也，如申、韓，如申、韓」，皆如訓爲乃之證也。謂管仲未純於仁則可，以不死糾難爲未仁則不可。曰乃其仁乃其仁者，以其仁之顯著於天下，徵其心之不殘忍於所事之人也。孔注云：「誰如其仁。」誰字添設。且云誰如，許之過當矣。

劉氏正義：王氏引之經傳釋詞：「如猶乃也。」此訓最當。蓋不直言爲仁，而言如其仁，明專據功業言之，穀梁傳所云「仁其仁者」也。胡氏紹勳拾義據廣雅釋言訓如爲均，亦通。

【别解四】李光地論語答記：如其仁，集注作「誰如其仁」者，似太重。蓋管仲雖能使桓公以義率諸侯，然未免所謂五霸假之者。若仁，則王者之事矣。語意猶云似乎亦可稱仁也，蓋未成乎仁者之德而有其功，固不可没也。

【餘論】黄氏後案：盧氏鍾山札記録明顧叔時、季時及今袁簡齋之説，以此稱桓公、管仲乃齊論不醇之言。盧氏又謂記論語者如荀卿、吴起之儔亦出其中，故有此雜而不純之論。其説尤非也。孟子言管仲功烈之卑，夫子器小之説也。稱五伯齊桓爲盛，稱管仲天降大任，此經稱仁之説也。言豈一端而已？且荀卿黜霸崇王，不得疑以崇奬霸圖。吴起乃曾申之徒，盧氏以爲曾子之徒，同編論語，亦誤矣。

○子貢曰：「管仲非仁者與？桓公殺公子糾，不能死，又相之。」

【考證】論語稽求篇：子糾、小白皆齊僖之子，齊襄之弟。然子糾，兄也。小白，弟也。春秋傳書「齊小白入於齊」，公羊曰篡，穀梁曰不讓，皆以糾兄白弟之故。故經又書「齊人取子糾殺之」，而公羊曰：「子糾，貴宜爲君者也。」穀梁以爲「病魯不能庇糾而存之」，皆以兄弟次第爲言。故荀卿有言：「桓公殺兄以反國。」又曰：「前事則殺兄而争國。」史記亦云：「襄公次弟小白。」杜元凱作左傳注亦曰：「小白，僖公庶子。公子糾，小白庶兄。」即管仲自爲書，其所著大匡篇首曰齊僖公生公子諸兒、公子糾、公子小白。鮑叔傅小白，辭疾不出，以爲棄我。蓋以小白幼而賤，鮑叔不欲爲傅故也。觀此，則糾兄白弟明矣。説苑：「子路問於孔子曰：『昔者管仲欲立公子糾而不能，召忽死之，管仲不死，是無仁也？』孔子曰：『召忽者，人臣之材。不死則三軍之虜也，死之則名聞於天下矣。管子者，天子之佐、諸侯之相也。死之則不免於溝瀆之中，不死則功復用於天下，夫何爲死之哉。』」此則專論才具，特尚時用，與夫子「一匡天下，民到於今受其賜」語，正是一意，蓋夫子未嘗薄事功也。

春秋彙纂：左氏經文「公伐齊，納子糾」，繫子於糾而不繫於小白，是以子糾爲兄也。公、穀經文雖稱糾不繫子，而公羊謂糾宜君，穀梁謂糾可立，亦以子糾爲兄也。三傳注疏並無異説。其見於他書者，荀卿嘗謂桓公殺兄以争國，史記序糾於小白之上，亦皆以子糾爲兄也。獨薄昭與淮南王書謂「齊桓殺其弟以反國」。趙氏汸曰：「時漢文於淮南爲兄，故避兄而言弟。」則薄昭所言，乃一時遷就之言，非不易之論也。程子及胡傳據公、穀經文稱子糾不繫子，遂直以糾爲弟，而諸家多因之。朱子論語或問引用程子説，而其答潘友恭書又引荀子殺兄之語，而以薄昭所云未必然，蓋兩存之。

讀書臆：仲傅糾，非臣糾也。糾兄桓弟，管子、荀子、史記皆同。仲之可以無死，在糾、桓皆庶孽，而桓自先君齊，不在桓兄而糾弟。集注引程子桓兄糾弟之言，特踵薄昭之誤，未爲定論。惟范氏唐鑑「聞諸程子，子糾未嘗爲世子」，一語盡之。何則？世子者，未即位而君臣之分已定者也。使糾世子而桓公奪嫡以篡之國，則仲不死爲王、魏。使建成既即位而有玄武門之變，則王、魏不死爲三楊。三楊功不掩罪，王、魏罪不掩功，管仲有功而無罪。

四書摭餘説：夫欲減仲之罪，至以兄作弟，論固未當，而後人必以此極詆程子亦不然。蓋義不可不死，無論糾兄當死，即糾弟亦當死；義可以不死，無論桓兄不必死，即桓弟亦不必死。論死不死而徒以兄弟争，抑末也。余謂即以糾爲兄亦何不可原仲者。管仲、召忽，子糾傅也。二公子之傅，受之君命。君命傅二子，不命事二主。有爲所臣者死，未聞爲所傅者死。管仲，傅也。王珪、魏徵，臣也。子糾未爲儲，而建成則太子也。觀乎討糾之告，假手魯人，又豈可與秦王之喋血禁門，推刃同氣，相提而並論哉？然而天下後世不必皆有管仲之才者也，不皆有管仲之才，則不如死。余又願天下萬世之殺身成仁者，寧爲召忽，毋爲管仲也。

【集注】子貢意不死猶可，相之則已甚矣。

子曰：「管仲相桓公，霸諸侯，一匡天下，民到于今受其賜。微管仲，吾其被髮左衽矣。

【考異】黄氏日鈔：注云「霸」與「伯」同。愚意諸侯之長爲伯，指其定位而名，王政不綱，而諸侯之長自整齊其諸侯，則伯聲轉而爲霸，乃有爲之稱也。正音爲静字，轉音爲動字。北史王紘傳引文「衽」作「袵」，下無「矣」字。中論智行篇引亦作「袵」。文選西征賦、八公山詩二注皆引作「袵」。

【考證】論語足徵記：漢書終軍傳「解編髮，削左袵」，師古曰：「編讀曰辮。」西南夷傳「編髮」，師古曰：「編音步典反。」案步典反即辮音。後漢書西南夷傳竟作「辮髮」。華陽國志南中志亦曰「編髮左袵」。案編、被一聲之轉，班書、常志之「編髮左袵」，即本此經之「被髮左袵」，是被髮即編髮，編髮即辮髮也。

【集解】馬曰：「匡，正也。天子微弱，桓公帥諸侯以尊周室，一正天下也。微，無也。無管仲，則君不君，臣不臣，皆爲夷狄也。」何曰：「受其賜者，謂不被髮左衽之惠也。」

【唐以前古注】邢疏引鄭注：天子衰，諸侯興，故曰霸。霸者，把也，言把持王者之政教。故其字作「伯」，或作「霸」也。

皇疏：桓公與子糾争國，管仲射桓公中鉤帶。子糾死，管仲奔魯。

初鮑叔牙與管仲同游南陽，極相敬重。叔牙後相桓公，而欲取管仲還。無漸，既因告老辭位，桓公問叔牙：「誰復堪爲相者？」牙曰：「唯管仲堪之。」桓公曰：「管仲射朕鉤帶殆近死，今日豈可相乎？」牙曰：「在君爲君，謂忠也。至君有急，當射彼人鉤帶。」桓公從之，遣使告魯不欲放殺管仲。遣使者曰：「管仲射我君鉤帶，君自斬之。」魯還之，遂得爲相。莊九年夏云：小白既先入，而魯猶輔子糾。至秋，齊與魯戰于乾時，魯師敗績。鮑叔牙志欲生管仲，乘勝進軍，來告魯曰：「子糾，親也，請君討之。管、召，讐也，請受而甘心焉。」子糾是我親也，我不忍殺，欲令魯殺之。管仲、召忽是我欲自得而殺之。魯乃殺子糾於生竇，召忽死之。管仲請囚，鮑叔牙受之，及堂阜而脱之。遂使爲相也。霸諸侯，使輔天子合諸侯，故曰霸諸侯也。一匡天下，故天下一切皆正也。賜，猶恩惠也。於時夷狄侵逼中華，得管仲匡霸桓公，今不爲夷狄所侵，皆由管仲之恩賜也。又引王弼云：於時戎狄交侵，亡邢滅衞，管仲攘戎狄而封之南服，楚師北伐山戎，而中國不移，故曰受其賜也。

【集注】「霸」與「伯」同，長也。匡，正也。尊周室，攘夷狄，皆所以正天下也。微，無也。衽，衣衿也。被髮左衽，夷狄之俗也。

【餘論】野客叢書：語有不當文理而承襲用之者，如宋詔曰：「謝玄勳參微管。」取論語「微管仲，吾其被髮」之謂。前此潘安仁詩嘗曰「豈敢陋微管」，謝玄暉詩「微管寄明牧」，後此如劉義府傳「臣以頑昧，獨獻微管」，傅亮碑「道亞黄中，功參微管」，似此用微管甚多。

【發明】日知録：君臣之分，所關者在一身。華裔之防，所繫者在天下。故夫子之於管仲，略其不死子糾之罪，而取其一匡九合之功，蓋權衡於大小之間，而以天下爲心也。夫以君臣之分，猶不敵華裔之防，而春秋之志可知矣。論至於尊周室、存華夏之大功，則公子與其臣區區一身之名分小矣。雖然，其君臣之分故在也，遂謂之無罪非也。劉氏正義：漢書匈奴傳：「苟利所在，不知禮義。」傳贊云：「夷狄之人，貪而好利，被髮左袵，人面獸心。其與中國殊章服，異習俗，飲食不同，言語不通，故其人君不君，臣不臣也。」注言此者，見夷狄入中國，必用夷變夏。中國之人既習於被髮左袵之俗，亦必滅棄禮義，訓至不君不臣也。吕留良四書講義：一部春秋大義尤有大於君臣之倫爲域中第一事者，故管仲可以不死耳。原是論節義之大小，不是論功名也。湖樓筆談：桓公殺公子糾，管仲不能死而又相之，此匹夫匹婦之所羞，而孔子顧不之罪，何哉？曰：此三代以上之見，聖人公天下之盛心也。夫古之君臣，非猶夫後世之君臣也。天子不能獨治其天下，於是乎有諸侯；諸侯不能獨治其國，於是有大夫。天子之有諸侯，非曰爲我屏藩也。諸侯之有大夫，非曰爲吾臣僕也。自天子諸侯以至一命之士，抱關擊柝之吏，各量其力之所能任，以自事其事，以自食其食，故位曰天位，禄曰天禄，無非天也。天之生管仲，使之匡天下也。天何私於齊而爲齊生管仲哉？管仲亦何私於齊而以齊霸哉？使齊不用而魯用之，則以魯霸可也。魯不用而之秦、之晉、之楚、之宋，則以秦霸、以晉霸、以楚霸、以宋霸可也。夫且無擇於齊，而又何擇乎小白與糾哉？伊尹五就湯五就桀，孔子歷説七十二君，皆是道也。至後世則不然，君之視其國如農夫之有田，臣之於君若傭焉而受其直。於是齊王蠋之言，忠臣不事二君，烈女不事二夫，人人奉之爲天經地義。一犯此義，則匹夫匹婦皆得而笑之；雖一匡天下，九合諸侯，曾不足贖其豪末之罪，而孔子之言，遂爲千古一大疑。嗟乎！此古今之異也，古人官天下，後人家天下也。是故孔子曰：「管仲相桓公，霸諸侯，一匡天下，民到於今受其賜。豈若匹夫匹婦之爲諒哉！」孔子之言，官天下者也。程子曰：「小白兄也，子糾弟也，故管仲可以不死。」程子之言，家天下者也。

**豈若匹夫匹婦之爲諒也，自經於溝瀆而莫之知也？」**

【考異】前漢書鼂錯傳贊師古注引論語云：自經於溝瀆而人莫之知。後漢書應劭奏議曰：昔召忽親死子糾之難，而孔子曰：「經於溝瀆，人莫之知。」唐石經本無「豈」字，後人旁增。中論智行篇：「召忽仗節死難，人臣之美義也。仲尼比爲匹夫匹婦之爲諒。」一本「諒」作「量」。

【考證】四書稗疏：十夫有溝，則溝者，水之至小者也。江、淮、河、濟爲四瀆，則瀆者，水之至大者也。連溝於瀆，文義殊不相稱，且自經者必有所懸，水中無可懸之物，安容引吭？既已就水際求死，胡弗自沈而猶須縊也？按史記：「殺子糾於笙瀆，召忽自殺。」鄒誕生作「莘瀆」。索隱曰：「莘、笙音相近。蓋居齊、魯之間。瀆本音竇，故左傳又謂之生竇。」然則溝瀆，地名也。云之中者，猶言之間也。又春秋桓公十二年「公及宋、燕盟於穀丘」，而左傳言「盟于句瀆之丘」。句，古侯切，與溝通。蓋辛瀆、笙瀆、生竇、句瀆一地四名，轉讀相亂，實穀丘耳。杜預謂穀丘宋地，亦無所徵，實在魯邊境，齊人取子糾殺之於此，而召忽從死也。論語發微：桓十二年，「公會宋公、燕人，盟於穀丘」，左傳作「盟於句瀆之丘」。水經濟水注：「濮水又東與句瀆合。瀆首受濮水枝渠於句陽縣東南，逕句陽縣故城南，春秋之穀丘，左傳以爲句瀆之丘矣。縣處其陽，故縣氏焉。」按句陽故城在今曹州府治北二十里，即穀丘也。在春秋爲曹地。哀九年，宋滅曹，爲宋地，其境與魯相錯，亦得爲魯地。又左傳哀六年：「齊囚王豹于句竇之丘。」或其時曹將亡，齊亦侵其地而有之，不然齊何能囚人於曹地也？蓋齊、魯、曹、宋壤地相接，各得有其一隅，復以聲轉而異其字也。吴氏遺著：桓十二年經傳謂溝瀆二字合聲爲穀，復引襄十九年「執公子牙於句瀆之丘」，二十一年「執公子買於句瀆之丘」，哀六年「囚王豹于句竇之丘」，謂句瀆乃齊用刑之地名，猶衞之有因諸也。句、溝古今字。

【集解】王曰：「經，經死於溝瀆中也。管仲、召忽之於公子糾，君臣之義未正成，故死之未足深嘉，不死未足多非。死事既難，亦在於過厚，故仲尼但美管仲之功，亦不言召忽不當死。」

【唐以前古注】皇疏：孔子更語子貢，喻召忽之不足爲多，管仲不死，不足爲小也。諒，信也。匹夫匹婦無大德而守於小信，則其宜也。自經，謂經死於溝瀆中也。溝瀆小處，非宜死之處也。

君子直而不諒，事存濟時濟世，豈執守小信，自死於溝瀆而世莫知者乎？喻管仲存於大業，不爲召忽守小信。而或云召忽投河而死，故云溝瀆。或云自經，自縊也。白虎通云：「匹夫匹婦者，謂庶人也。言其無德及遠，但夫婦相爲配匹而已。」

【集注】諒，小信也。經，縊也。莫之知，人不知也。後漢書引此文「莫」上有「人」字。程子曰：「桓公兄也，子糾弟也，仲私於所事，輔之以争國，非義也。桓公殺之雖過，而糾之死實當。仲死，與之同謀，遂與之同死可也；知輔之争爲不義，將自免以圖後功亦可也，故聖人不責其死而稱其功。若使桓弟而糾兄，管仲所輔者正，桓奪其國而殺之，則管仲之與桓不可同世之讐也，若計其後功而與其事桓，聖人之言無乃害義之甚，啓萬世反覆不忠之亂乎？如唐之王珪、魏徵，不死建成之難，而從太宗，可謂害於義矣。後雖有功，何足贖哉？」愚謂管仲有功而無罪，故聖人獨稱其功。王、魏先有罪而後有功，則不以相掩可也。

【餘論】四書辨疑：或謂自經溝瀆爲指召忽。王滹南辨曰：「其言匹夫匹婦之諒，此自別指無名而徒死者耳，意不在召忽也。忽豈自經溝瀆之類哉？」此言足以解或人之疑。召忽之死既當，子糾則爲無罪，管仲輔之亦無不義。挨排至此，則桓兄糾弟云者虚其説矣。史記亦無兄弟明説，但先書子糾，後書小白，蓋序子糾爲長也。杜預、韋昭等皆言子糾桓公之兄，引此諸説爲證，則程子之説亦難獨是也。子糾、桓公皆襄公之庶弟，各因畏禍分適他國。無知既弑襄公，國人復殺無知，齊國大亂，二人各以其黨舉兵内向，先已無嫡庶之分，又各在倉卒危亂之際，安能必其只誰當立哉？子糾死非其罪，召忽爲義所激，於是死之，其死可謂無愧矣。管仲則心忖子糾未正成君，桓公亦僖公之子，又有鮑叔牙素爲知己，故忍死以待其用，此管仲之志也。比之召忽，不無等差。惟是他日能有霸諸侯一匡天下非常之功，生民受非常之賜，孔子以是稱之耳。然亦止是專稱其功，終不言不死之理，意亦可見。向使仲於既免之後，未及成功而死，孔子必不專許其不死爲是也。然則臣事人者，如召忽可也。程子以王珪、魏徵爲諭，責王、魏不死建成之難，亦爲未當。王、魏之輔建成，與管召輔子糾之事絶不相類。是時高祖爲君，王、魏所居之職，高祖之所命也。建成陰用邪謀，死於非義，輔導之官，當自請其不能匡正之罪於有司，無死私難之理。程子引此，本以申明不可同世之説，意謂建成爲兄，王、魏所輔者正此。又膠於立嫡以長之常例，專主建成當立也。夫建成、太宗之事，又與餘者不同。太宗以童稚之年，運神武之略，芟夷大亂，制服羣雄，使李氏化家爲國，致高祖遂有天下，近古以來，實未嘗有。高祖不權事宜，慮不及遠，竟以尋常長幼之分，處之於建成之下，兄弟之不能相安，必然之勢也。建成難居太宗之右，司馬温公已嘗論之。善乎宋王成器之言曰：「國家安則先嫡長，國家危則先有功。苟違其宜，四海失望。臣死不敢居平王之上。」玄宗暫平内難，宋王已知難居其上，而以先功爲讓。如太宗之功，又當何如哉？建成本庸鄙無堪，徒以年長之故，據有儲副之位，彼見太宗功高望重，率土歸心，忌嫉不得不深，禍難不得不起。建成取闔門之誅，太宗負殺兄之惡，皆高祖處置違宜之所致也。王、魏受君命輔導太子，自合輔之以正道，既知建成畜此禍心，當如少保李綱竭忠力諫，諫若不從，即當棄官而去。彼既不務爲此，反更徇私迎合，惟勸早除秦王，不顧有君親在上，不恤其骨肉相殘，構其兄弟交惡之心，速其矢刃相加之禍，此王、魏所有之本罪，其罪正在黨於建成，不在不死建成之難也。大抵管仲之過，比王、魏所犯者特輕；管仲之功，比王、魏所成者甚大。夫子之言，蓋以大功掩其小過也。王滹南以爲「所慊者小，所成者大，孔子權其輕重而論之」。予謂説者雖多，惟此數語可爲定論。四書改錯：夫子許管仲之意，是重事功，尚用世，以民物爲懷，以國家天下爲己任。聖學在此，聖道亦在此。而程氏無學，讀盡四書經文，並不知聖賢指趣之何在，斯亦已矣。乃復不契於夫子之説，特變亂其事，謂子何以許管仲，因桓公是兄，子糾是弟，故管仲可以相桓，而召忽不可以死糾，則是兄有君臣，弟必不可有君臣；兄可繼國，弟必不可以繼國，其爲説固已難通。然且桓實是弟，糾實是兄，正相顛倒，而乃曰：「設使桓是弟糾是兄，則夫子此言毋乃害義之甚，啓天下萬世反覆不忠之亂。」是害義者，夫子也。啓亂者，夫子也。開天下萬世反覆不忠之禍者，夫子也。夫子自此不容於天地間矣。若糾兄桓弟，則自春秋三傳及管子、史記諸書皆然，唯漢書以忌諱改殺兄作殺弟，然隨即注明，不容錯者。

黄氏後案：鄒誕生本作「莘瀆」，論語作「溝瀆」，蓋後世聲轉而字異。後漢書應劭傳：「昔召忽親死子糾之難，而孔子曰經於溝瀆。」據諸文考之，是子糾、召忽身死同處，地在魯之句瀆。經言匹夫之諒，正指召忽，知仲之可不死矣。論語經正録：朱子舊説，以爲孔子之於管仲，不復論其所處之義，而獨稱其所就之功。後從程子桓兄糾弟之説，則謂管仲義不必死，故集注謂管仲有功而無罪。或問、語類皆謂管仲之不死無害於義，程子桓兄糾弟之說，於古無多證據，故朱子亦不敢執爲定論。金仁山據春秋左傳事迹，論子糾不當與桓公争國，事理昭然，管仲可以不死之義，得此益明。黄微香不用君臣未成之義，而從金仁山，以桓公先入靖難，子糾不當再争立論。王船山亦有此説。王云：「桓公已自莒返，而魯與召忽輩乃猶挾糾以争，斯則過也。先君之賊已討，國已有君，而猶稱兵以向國，此則全副私欲小忿，護其慾而僥倖富貴，以賈無益之勇，故曰匹夫匹婦之爲諒。」以溝瀆爲魯地，説亦本於船山。

【發明】劉氏正義：管子大匡云：「召忽曰：『百歲之後，犯吾君命，而廢吾所立，奪吾糾也，雖得天下，吾不生也。兄與我，齊國之政也。受君令而不改，奉所立而不濟，是吾義也。』管仲曰：『夷吾之爲君臣也，將承君命，奉社稷，以持宗廟。豈死一糾哉？夷吾之所死者，社稷破，宗廟滅，祭祀絶，則死之。非此三者，則夷吾生。夷吾生，則齊國利；夷吾死，則齊國不利。』」觀此，則二子之死與不死，各自有見。仲志在利齊國，而其後功遂濟天下，使先王衣冠禮樂之盛未淪於夷狄，故聖人以仁許之，且以其功爲賢於召忽之死矣。然有管仲之功則可不死，若無管仲之功，而背君事讐，貪生失義，又遠不如召忽之爲諒也。

○公叔文子之臣大夫僎與文子同升諸公。

【考異】漢書人表作「大夫選」。

【考證】四書賸言：臣大夫，即家大夫也。其曰同升諸公，則家臣升大夫之書法耳。左傳：「子伯季氏初爲孔氏臣（即孔悝家臣也），新登於公。」四書釋地：陪臣至春秋亦稱大夫。大夫僎者，家臣之通稱也。檀弓：「陳子車死於衛，其妻與家大夫謀以殉葬。」下言妻與宰，宰即家大夫。史記：「趙簡疾，大夫皆懼。董安于問於扁鵲。」又：「簡子每聽朝不悦，諸大夫請罪。」此其徵也。毛奇齡經問引先仲氏説，謂臣大夫三字不分。檀弓：「陳子車死於衛，其妻與其家大夫謀以殉葬。」蓋仕於家曰家大夫，仕於邑曰邑大夫，而統爲臣大夫。

按：大夫二字非必同升後方有此稱。昭七年傳：「孟僖子病將死，召其大夫。」杜注：「僖子屬大夫。」臣大夫僎，猶屬大夫云爾，孔注誤也。

【集解】孔曰：「大夫僎本文子家臣，薦之使與己並爲大夫，同升在公朝。」

【集注】臣，家臣。公，公朝。謂薦之與己同進爲公朝之臣也。

【發明】四書困勉録引吴因之曰：人臣之病有二：一忌後來之賢此後功名出我之上，一自尊卑人，不肯與若輩同列。此皆曖昧私情。文子休休有大臣風度，光明俊偉，故曰可以爲文。

子聞之，曰：「可以爲『文』矣。」

【考證】論語後録：周書謚法「文」有六等，稱經緯天地、道德博厚、學勤好問、慈惠愛民、愍民惠禮、錫民爵位。並無修制交鄰、不辱社稷等例。檀弓：「公叔文子卒，其子戍請謚於君。君曰：『夫子聽衛國之政，修其班制，以與四鄰交，衛國之社稷不辱，不亦文乎？』」靈公之論，不本典制，故夫子舉同升佚事以合之。」

【集解】孔曰：「言行如是，可謚爲『文』。」

【集注】文者，順理而成章之謂。謚法亦有所謂錫民爵位曰文者。洪氏曰：「家臣之賤，而引之使與己並，有三善焉：知人一也，忘己二也，事君三也。」

【餘論】論語稽：朱注：「文者，順理成章之謂。」謚法無此，不如從錫民爵位之説，較爲典切。且子論孔文子嘗以好學下問爲文，亦論謚法，此章亦一例也。

**○子言衛靈公之無道也，康子曰：「夫如是，奚而不喪？」孔子曰：「仲叔圉治賓客，祝鮀治宗廟，王孫賈治軍旅。夫如是，奚其喪？」**

【考異】舊文「言」爲「曰」。釋文：「子曰衛靈公，一本作子言。鄭本同。」皇本作「子曰衛靈公之無道久也」。後漢書明帝紀注引論語孔子曰：「衛靈公無道。」埤雅引孔子曰：「衛靈公之無道」。亦無「也」字。後漢書注引作「奚其不喪。」路史夏后紀論引作「何爲而不喪」。後漢書明帝紀注引三「治」字皆作「主」，「鮀」作「它」。漢書古今人表「仲叔」作「中叔」。

【考證】家語賢君篇：哀公問於孔子曰：「當今之君，孰爲最賢？」孔子對曰：「臣未之見也。抑有衛靈公乎？」公曰：「吾聞其閨門之内無别，而子次之賢，何也？」孔子曰：「臣語其朝廷行事，不論其私家之際也。」公曰：「其事何如？」孔子對曰：「靈公之弟曰公子渠牟，其智足以治千乘，其信足以守之，公愛而任之。又有士曰林國者，見賢必進之，而退與分其禄，是以衛無游敖之士，公賢而尊之。又有士曰慶足者，衞國有大事，則必起而治之，國無事則退而容賢，公悦而敬之。又有大夫史鰌，以道去衞，而靈公郊舍三日，琴瑟不御，必待史鰌之入而後敢入。臣以此取之。雖次於賢，不亦可乎？」　羣經平議：奚而，猶奚爲也，言奚爲不喪也。襄十四年左傳「射爲禮乎」，太平御覽工藝部引作「射而禮乎」；孟子滕文公篇「方里而井」，論語顔淵篇正義引作「方里爲井」，並其證也。

【集解】孔曰：「言雖無道，所任者各當其才，何爲當亡乎。」

【唐以前古注】皇疏：或問曰：「靈公無道，焉得有好臣？」答曰：「或是先人老臣未去者也，或靈公少時可得良臣，而後無道，故臣未去也。」

【集注】喪，失位也。仲叔圉，即孔文子也。三人皆衞臣，雖未必賢，而其才可用，靈公用之又各當其才。尹氏曰：「衞靈之無道宜喪也，而能用此三人，猶足以保其國，而況有道之君能用天下之賢才者乎？詩云：『無競惟人，四方其訓之。』」

【發明】讀四書叢説：夫子平日語此三人皆所不許，而此章之言乃若此，可見聖人不以其所短棄其所長，至公之心也。用人當以此爲法，但欲當其才耳。　四書訓義：衞多君子，夫子屢稱之，三臣在位而免於喪，使蘧、史諸賢能盡其用，其爲益不更宏多乎？故曰人才關於國運。

○子曰：「其言之不怍，則爲之也難。」

【考異】皇本作「則其爲之難」。　七經考文：足利本作「則其爲之也難也」。　後漢書皇甫規傳論引文「則」下有「其」字。曾子立事篇盧辯注引論語云：「其言之不怍。」「作」當與「怍」通。又作「愢」，荀子儒效篇「無所疑愢」，楊倞注：「愢與怍同。」

【集解】馬曰：「怍，慚也。内有其實，則言之不慚。積其實者爲之難也。」

【唐以前古注】皇疏引王弼云：情動於中而外形於言，情正實而後言之不怍。

【集注】大言不慚，則無必爲之志，而不自度其能否矣。欲踐其言，豈不難哉！

【别解】大戴禮曾子立事篇盧注引「其言之不作，其後爲之難」，嚴氏杰校云：「所引論語當讀如史記『作作有芒』之作。」包慎言温故録：作，起也。勇於有爲者，其言必有振厲奮起之色。言不奮起，則行必觀望，故曰爲之也難。

按：盧引論語，未知何本，或「作」即是「怍」之誤，嚴、包二君但就文説之。

【發明】四書困勉録：凡人志於爲者，必顧己之造詣力量時勢事機，決不敢妄發言。如言之不怍，非輕言苟且，即大言欺世。爲難即在不怍時見。

○陳成子弑簡公。孔子沐浴而朝，告於哀公曰：「陳恒弑其君，請討之。」公曰：「告夫三子。」孔子曰：「以吾從大夫之後，不敢不告也。君曰『告夫三子』者。」之三子告，不可。孔子曰：「以吾從大夫之後，不敢不告也。」

【考異】釋文：「弑」，本亦作「殺」。「之三子」，本或作「二三子」，非也。皇本、高麗本作「殺」，「三子」皆作「二三子」。皇本「不敢不告也」，無「也」字。詩鄭風褰裳正義引「不敢不告也」二句，無「也」字、「者」字。

【考證】論語偶記：左傳云：「子告季孫，孔子辭。」與此不同。按季氏雖爲冢卿專魯，然自襄十一年作中軍，三公分室而各有其一。昭五年舍中軍，四分公室，季氏擇二，二子各一，則兵柄實三子分主。又哀十一年齊國書伐我，冉有謂季孫曰：「一子守，二子從公禦諸境。」季孫告二子，二子不可。及叔孫問戰，冉有不對。然後恥不成丈夫，退而蒐乘。可見斯時師旅之命，季孫不能獨專，此正是請討陳恒前三年事，故知告夫三子之文爲正。哀公既使告三子，孔子雖知必爲所沮，但君命不可不奉，故知「之三子告」之文爲正，左傳之不及論語如是。論語稽求篇：魯史記當時在朝問對，與魯論所載相爲表裏。第魯爲齊弱一段魯史無之者，朝堂諮算，私記所略也。之三子告一段魯史無之者，退有後言，史官未聞也。其兩相得體如此。若夫子所云民之不與暨以衆加半諸語，則正答魯爲齊弱一問，有解君之疑，振君之怯，忻君之利，誘君之瞻顧而予以可恃，一舉而數善備者，此正大聖人經術不迂闊處。夫君臣主客自有隔膜，在哀公强弱一問，較計彼此，此不必盡庸君退諉之言。設使果欲興師，則此時慎重，量己量敵，正非易事，必以三綱大義拒之，則不惟理勢難辨，且于子之伐之一問，告東指西，不相當矣。人縱不諂君，亦何可使問答不當如此。禮記王制正義：魯無弓矢之賜，陳恒弒君，孔子請討之者，春秋之時，見鄰國篡逆，亦得專征伐。

【集解】馬曰：「成子，齊大夫陳恒也。將告君，故先齋。齋必沐浴。」孔曰：「謂三卿也。」馬曰：

「我禮當告君，不當告三子。今使我往，故復往。孔子由君命之三子告，不可，故復以此辭語之而止。」

【集注】成子，齊大夫，名恒。簡公，齊君，名壬。事在春秋哀公十四年。是時孔子致仕居魯，沐浴齋戒以告君，重其事而不敢忽也。臣弑其君，人倫之大變，天理所不容，人人得而誅之，況鄰國乎？故夫子雖已告老，而猶請哀公討之。三子，三家也。時政在三家，哀公不得自專，故使孔子告之。孔子出而自言如此，意謂弑君之賊，法所必討，大夫謀國，義所當告，君乃不能自命三子而使我告之邪。以君命往告，而三子魯之强臣，素有無君之心，實與陳氏聲勢相倚，故沮其謀，而夫子復以此應之，其所以警之者深矣。程子曰：「左氏記孔子之言曰：『陳恒弑其君，民之不予者半。以魯之衆，加齊之半，可克也。』此非孔子之言。誠若此言，是以力不以義也。若孔子之志，必將正名其罪，上告天子，下告方伯，而率與國以討之。至於所以勝齊者，孔子之餘事也，豈計魯人之衆寡哉？當是時天下之亂極矣，因是足以正之，周室其復興乎？魯之君臣終不從之，可勝惜哉！」胡氏曰：「春秋之法，弑君之賊，人人得而討之。仲尼此舉，先發後聞可也。」

【餘論】四書辨疑：胡氏譏孔子處事不當，别爲畫策，以示後人，何其無忌憚之甚也？夫以孔子之聖明，加之沐浴齋戒而後言事，豈有思慮不及胡氏者哉！弑君之賊，人人固皆得以誅之，然齊國之君被弑，而魯見有君在上，孔子豈有不請於君擅自發兵征討之理？已先不有其君，欲正他人弑君之罪，不亦難乎？况魯國兵權果在何人，而責孔子不先發邪？丹鉛録：孔子沐浴而朝，於義盡矣。胡氏乃云仲尼此舉先發後聞可也，是病聖人之未盡也。果如胡氏之言，則不告於君而擅興甲兵，是孔子先叛矣，何以討人哉？胡氏釋之於春秋，朱子引之於論語，皆未知此理也。岳飛承金牌之召，或勸之勿班師，飛曰：「此乃飛反，非檜反也。」其從君臣之義，雖聖人不過是也。慎按孔子時已致仕，家無藏甲，身非主兵，何所爲發？必欲先發，是非司寇而擅殺也。聚衆則逋逃主也，獨往則刺客也，二者無一可焉。而曰先發後聞，謬矣。四書辨證：夫子時已致仕，權又在三子，明知其不可而請之者，亦申明其大義而已。胡氏不惟昧於理，並昧於勢。東塾讀書記：陳成子弑簡公章，朱注采胡氏曰：「春秋之法，弑君之賊，人人得而討之。仲尼此舉，先發後聞可也。」澧謂如此則胡氏聖於孔子矣。孔子作春秋，乃不知春秋之法，而待胡氏教之乎？孔子可先發魯國之兵而後告哀公乎？荒謬至此，而朱子采之，竊所不解也。嶺雲軒瑣記：每見理學家文字語言，陳陳相因，不出前人窠臼，種種腐氣，令讀者如入敗屋中，是亦不可以已乎！陳恒弑君，孔子請討之。集注引胡氏云：「仲尼此舉，先發後聞可也。」爾時夫子無尺寸之柄，上有君卿，能爲此鹵莽事乎？又豈義所當爲者乎？迂腐之談，令人噴飯，奈何使學者童而習之耶？論語稽：孔子之時，王綱不振久矣，晉失霸亦將十年矣，夫差遠在句吴，且時被越寇，何天子、方伯之可告？至先發後聞之説，斷非聖賢所爲。魯之兵柄，三子分主，季孫一人且不能專兵柄，孔子又何從得兵而先發乎？

【發明】陳震箮墅說書：董江都言：「正其誼不謀其利，明其道不計其功。」此言有二義：一爲理勢兼備之聖人表心迹之純，一爲勢窮理極之臣子決守法之正。後人解作第求正誼明道，何妨遺利棄功，恐聖人識見不如此。芮長恤匏瓜録：左氏記孔子之言曰：「陳恒弑其君，民之不與者半。以魯之衆，加齊之半，可克也。」程子曰：「此非孔子之言。誠若此言，是以力不以義也。」以愚度之，此蓋爲哀公發耳。哀公庸君，暗於是非，明於利害。以魯敵齊，必有强弱衆寡之慮，夫子之言，蓋以破其顧望而使之勇於義舉也。且聖人舉事，動必萬全，豈有事於爲義，而全不問利害之理。左氏所記，固不害其爲夫子之言也。

○子路問事君。子曰：「勿欺也，而犯之。」

【考異】皇本「也」作「之」。七經考文補遺：一本無「也」字。

【考證】羣經平議：「能」與「而」古通用，孔氏所據本疑作「能犯之」，故有能犯顏諫争之說。此章之旨，蓋皆信而後諫之意。未信則以爲謗己，故惟勿欺者能犯之也。孔子論諫曰：「吾從其諷。」本無取乎犯，不得已而犯，必以勿欺先之，異乎悻悻小丈夫矣。

【集解】孔曰：「事君之道，義不可欺，當能犯顏諫争。」

【集注】犯，謂犯顏諫争。范氏曰：「犯非子路之所難也，而以不欺爲難，故夫子教以先勿欺而後犯也。」

【餘論】朱子語類：問：「子路豈欺君者，莫是勇便如此否？」曰：「子路性勇，凡言於人君要其聽，或至於說得太過，則近乎欺。」讀四書叢說：朱子曰：「唐人諫敬宗遊驪山，謂若行必有大禍。驪山固不可行，以爲有大禍則近於欺。其實雖不失爲愛君，其言則欺矣。」南軒曰：「若忠信有所不足，如内交要譽惡其聲之類，一豪之萌，皆爲欺也。」饒雙峰曰：「自己好色好貨，却諫君勿好色好貨，皆是欺君。」朱子之意，謂諫君不能敷暢詳明，而欲君必行己說，則言失之太過，是爲欺君。南軒之意，謂有所爲而諫，是爲欺君。此皆就當諫之際用功。雙峰之說則功夫在平日，至諫君而見。學者於此三說皆當存心。四書改錯：子路生平以不欺見稱，故小邾射以句繹奔魯，尚欲要路一言以爲信。豈有事君而反出於欺者？此不過正告以事君之道，而注者必曰對症發藥，聖門無完行矣。

○子曰：「君子上達，小人下達。」

【考證】論語比考讖：君子上達，與天合符。蘇子由古史：君子上達，小人下達，而孔子自謂下學而上達者。洒掃應對詩書禮樂，皆所從學也，而君子由是以達其道，小人由是以得其器。達其道，故萬變而致一；得其器，故有守而不蕩，此孔子之所以兩得之也。西疇常言（四書拾遺引）：學成行尊，優入聖賢之域者，上達也。農工商賈，各隨其業以成其志者，下達也。若夫爲惡爲不義之小人，彼則有敗亂耳，惡能達？

【集解】本爲上，末爲下。

【唐以前古注】皇疏：上達者，達於仁義也。下達，謂達於財利，所以與君子反也。

【集注】君子循天理，故日進乎高明。小人徇人欲，故日究乎污下。

【餘論】四書近指：上下無盡境，君子小人皆非一日而至。君子日長進一日，初亦爲難而試勉之，久而所勉者安以爲常。小人日沈淪一日，初亦疑而嘗試之，久而所嘗者恬不爲怪。兩人各有樂處，故各不能自已。要之祇從一念起，分别路頭，祇在戒懼慎獨。黄氏後案：達者，通曉之謂。下達，如漢書九流之類。揚子法言君子篇曰：「通天地人曰儒，通天地而不通人曰伎。」凡伎曰下達，此小人即可小知之人。

【發明】焦氏筆乘：問：上達下達。曰：形而上者謂之道，形而下者謂之器，非二物也。君子見性，故不得有，但見其道，而不見其器。小人執相，故不得無，但見其器，而不見其道。君子上達，故大道可受，而以小知囿之，則非不器之大道。小人下達，故小道可觀，而以大道畀之，則爲無忌憚之中庸。論語稽：人無生而爲君子者，亦無生而爲小人者，譬之一路，行而上爲君子，行而下爲小人，必無中立之勢，在行路之初辨之而已。

○子曰：「古之學者爲己，今之學者爲人。」

【考證】荀子勸學篇：「君子之學也，入乎耳，箸乎心，布乎四體，形乎動静，端而言，蠕而動，一可以爲法則。小人之學，入乎耳，出乎口，口耳之間，則四寸耳，曷足以美七尺之軀哉？」又云：「古之學者爲己，今之學者爲人。君子之學也以美其身，小人之學也以爲禽犢。」楊倞注：「禽犢，饋獻之物也。」北堂書鈔八十三、太平御覽六百七引新序云：齊王問於墨子曰：「『古之學者爲己，今之學者爲人。』何如？」對曰：「古之學者得一善言以附其身，今之學者得一善言務以悦人。」後漢桓榮傳論：「孔子曰：『古之學者爲己，今之學者爲人。』爲人者憑譽以顯揚，爲己者因心以會道。」「顯揚」，邢疏引作「顯物」，謂顯之於物也。顏氏家訓勉學篇：古之學者爲己，以補不足也。今之學者爲人，但能説之也。

【集解】孔曰：「爲己履而行之，爲人徒能言之。」

【唐以前古注】皇疏：明今古有異也。古人所學，己未善，故學先王之道，欲以自己行之，成己而已也。今之世學，非復爲補己之行闕，正是圖能勝人，欲爲人言己之美，非爲己行不足也。筆解：韓曰：「爲己者，謂以身率天下也。爲人者，謂假他人之學以檢其身也。孔云『徒能言之』，是。不能行之，失其旨矣。」李曰：「孟子云堯、舜性之，是天人兼通者也。湯、武身之，是爲己者也。五伯假之，是爲人者也。」

【集注】程子曰：爲己，欲得之於己也。爲人，欲見知於人也。

【餘論】四書辨疑：欲得之於己，此爲爲己之公。欲見知於人，此爲爲己之私。兩句皆是爲己，爲人之義不可通也。蓋爲己，務欲治己也。爲人，務欲治人也。但學治己，則治人之用斯在。專學治人，則治己之本斯亡。若於正心修己以善自治之道不用力焉，而乃專學爲師教人之藝，專學爲官治人之能，不明己德，而務新民，舍其田而芸人之田，凡如此者，皆爲人之學也。論語稽：古者八歲入小學，十五入大學，人無不學也。其入學也，自洒掃應對而極於修齊治平，皆切於日用之事，故曰爲己。三代以後，惟士入學，其他則否。而士之爲學，每以見知於人，博取富貴爲心，較古人之學，名同而實異，故此章以爲己、爲人兩言括之。

【發明】張伯行困學録：古之學者爲己，須是不求人知。有一豪求名之心，功夫便不真實，便有間斷。試思仁義禮智，吾心之所固有，孝弟忠信，吾身之所當爲，無一是求名之事。易云：「遯世无悶，不見是而无悶。」論語云：「人不知而不愠。」中庸云：「遯世不見知而不悔。」須存此心，方是實做功夫，方有進處。夏錫疇强學録：如惡惡臭，如好好色，爲己也。徇人而爲善者，爲人也。此關打不過，則事事從人起見，己之脚根無扎實處，而欲求聖人之道，難矣。故中庸末章復自下學立心之始言之，特地從頭轉來説爲己道理，爲學者開示入德之門，其意亦深且切矣。知爲己，始能立得志定，始能做慎獨功夫。不知爲己，則毁譽榮辱俱足以爲吾之累，而外物之加損於我者多矣。

○蘧伯玉使人於孔子。孔子與之坐而問焉，曰：「夫子何爲？」對曰：「夫子欲寡其過而未能也。」使者出。子曰：「使乎！使乎！」

【考異】文選嵇康幽憤詩注引作「夫子問焉」，略去「與之坐而」四字。論衡問孔篇「爲」下有「乎」字。孔子曰：「使乎！使乎！」非之也。説論語者曰：非之者，非其代人謙也。翟氏考異：既以「非之者」二句爲説論語之辭，則上「非之也」三字似爲其所據正文所有矣。藝文類聚述論語「使乎使乎」下，又有「爲使之難不辱君命」八字。類聚引書大概俱不自綴説，此八字孤出，亦不可詳。

【考證】四書辨證：路史國名紀：「蘧伯玉先國。」據此，則蘧是以國爲氏者。呂氏恃君覽注：「伯玉，衛大夫蘧莊子無咎之子瑗，謚曰成子。」水經濟水注：「長垣有蘧伯玉岡。」陳留風俗傳：「長垣有蘧伯玉鄉，有蘧亭，有伯玉祠、伯玉冢。」曹大家東征賦云：「到長垣之境界兮，察農野之居民。觀蒲城之丘墟兮，生荆棘之蓁蓁。蘧氏在城之東南兮，民亦嚮其丘墳。惟令德之不朽兮，自身没而名存。」又家語子貢論弟子行有蘧伯玉，史記弟子傳言孔子所嚴事者於衛則蘧伯玉。論語稽求篇：困學紀聞曰：「觀此則不當在弟子之列，而蜀禮殿圖有之，唐、宋皆錫封從祀。」伯玉見於春秋在襄十四年，衛孫林父、甯殖將逐君，問於蘧伯玉，伯玉不對而出。則此時已爲大夫，且爲逆臣所敬憚如此，此必在强仕之年可知矣。乃後此九年而夫子始生，又六十餘年，當定公十四年，夫子去魯之後，再三適衛，始主伯玉家，則此時伯玉已百年餘矣。蔡邕釋誨云：「蘧瑗保生。」此長年之證。四書摭餘説：史記稱孔子之所嚴事於衛蘧伯玉。漢書張敞曰：「蘧伯玉受孔氏之賜，必以及鄉人。」後漢書王暢曰：「蘧伯玉恥獨爲君子。」讀論語兩章，其生平已可概見。集注蘧伯玉於孫林父、甯殖放弑之謀不對而出，王伯厚謂甯殖當爲甯喜，喜，殖子也。出獻公，孫林父、甯殖皆爲之，弑剽而獻公復入，則甯喜一人之爲也。然蘧伯玉見於春秋在襄公十四年，又八年孔子始生，而其時已與聞孫、甯之事，必其名位已著，在强仕之年可知。乃又歷一十八年爲襄公之三十一年，又歷昭公之三十二年，定公之一十五年，至哀公之元年，孔子再至衛，主於其家，則此時伯玉已百年之人也。左氏書中如吴季子、齊鮑文子皆以九十餘歲老人尚見於策。蔡邕釋誨云：「蘧瑗保生。」此長年之證。謝山謂伯玉即如此長年，必不如此固位。以近關再出不知何人之事，而誤屬之伯玉。竊所未安。段玉裁經韻樓集：此當以「使乎使」字爲讀，下乎字爲詠歎之語助，即尚書「孝乎惟孝」、禮記仲尼燕居「禮乎禮」之句法也。包咸之注論語曰：「孝乎惟孝，美大孝之辭也。」美大雙字，公羊傳曰：「登來之者何？美大之辭也。」語意相同。之辭也，謂古人屬辭如此。以老子言玄之又玄通之，彼亦可作玄乎玄，此亦可作孝之又孝，禮之又禮。蓋一字不足以盡其辭，疊一字以美之，謂孝迥出乎凡孝，禮迥出尋常守禮，皆古人聿聿頌好之辭。使乎使，謂好使中之好使也。古人多有此句法。公羊傳云：「賤乎賤者也。」爾雅云：「微乎微者也。」法言云：「才乎才，習乎習，雜乎雜，辰乎辰。」素問云：「形乎形，神乎神。」史記淮陰侯列傳：「時乎時。」詞意略同。聖人言使乎使，正此句法。下以「乎」字詠歎之，正與「賤乎賤者也」、「微乎微者也」文法一例。劉氏正義：莊子則陽篇：「蘧伯玉行年六十而六十化，未嘗不始於是之而卒詘之以非也。未知今之所謂是之，非五十九非也。」淮南子原道訓：「蘧伯玉年五十而知四十九年非。」觀此，是伯玉欲寡過而常若未能無過，亦是實話。其平居修省不自滿假之意可見，使者直對以實，能尊其主，非祇爲謙辭。漢書藝文志：「子曰：『誦詩三百，使於四方，不能專對。』孔子曰：『使乎！使乎！』言其當權事制宜，受命而不受辭。」亦以此言寡過未能非爲所受之辭，故爲使得其人也。論衡問孔篇：「孔子曰：『使乎！使乎！』非之也。説論語者曰：非之者，非其代人謙也。」此當時駁義，不足信。

【集解】孔曰：「伯玉，衛大夫蘧瑗。」何曰：「言夫子欲寡其過而未能無過也。」陳曰：「再言使乎者，善之也。言使得其人。」

【唐以前古注】皇疏：孔子美使者之爲美，故再言使乎者，言伯玉所使爲得其人也。顏子尚未能無過，況伯玉乎？而使者曰未能，是得伯玉之心而不見欺也。

【集注】蘧伯玉，衛大夫，名瑗。孔子居衛，嘗主於其家。既而反魯，故伯玉使人來也。與之坐，敬其主以及其使也。夫子，指伯玉也。言其但欲寡過而猶未能，則其省身克己常若不及之意可見矣。使者之言愈卑約，而其主之賢益彰，亦可謂深知君子之心而善於辭令者矣，故夫子再言使乎以重美之。按莊周稱伯玉行年五十而知四十九年之非，又曰伯玉行年六十而六十化，蓋其進德之功老而不倦，是以踐履篤實，光輝宣著，不惟使者知之，而夫子亦信之也。

【餘論】四書紹聞編：非向裏爲己之人，必無心於欲寡其過。非篤志精進而省身克己常如不及之人，則必自謂其過之已寡。今伯玉以欲寡其過爲心，則見其所以戒警於先，而不使至於有過；懲切於後，而不復容其貳過者，固已隨事用其力矣。而其心則常若有不及改之過，有未能遷之善，此其省身克己常若不及之意何如哉。或曰：如是，則伯玉之過已寡，而其自視則若未能乎？曰：非然也。言其欲寡之心誠切，而能自見其所未至也。故集注引「行年五十而知四十九年之非」，可見矣。

〇子曰："不在其位，不謀其政。"曾子曰："君子思不出其位。"

【考異】翟氏考異：此與子罕篇"牢曰"節同例。舊原合上"不謀其政"爲一章，宋時本或分爲二。朱子注此云："記者因上章之語而類記之。"則章雖别而義仍承，何乃有重出二字注在上章？竊疑二字是門人傳録之衍。論語竢質：曾子云云，申夫子之言也。夫子之言已見泰伯，曾子之言則彼文未有，蓋記彼文者未之聞爾。此則兼聞曾子之言，正相印合，遂並記之也。四書翼注："麗澤兑，君子以朋友講習。"澤，水相貫注者也，故學問可以相長。"兼山艮，君子以思不出其位。"山，不相往來者也，故職業惟思各居。惟易象辭有"以"字，此但云君子，尋其來脈，自是承上章"不在其位"説來。論語稽求篇：舊本以此與上文"不在其位，不謀其政"合作一章。惟夫子既言位分之嚴，故曾子引夫子贊易之詞以爲證。此與"牢曰：'子云，吾不試，故藝'"正同。其不署子曰者，以彼有太宰、子貢諸語，故加子云以别之，此不必也。自後儒分作兩章，則曾子突引此詞無謂。"思不出位"係艮卦象辭。世疑象辭多以字，或古原有此語，而夫子引以作象辭，曾子又引以證"不在其位"之語，故不署"象曰"、"子曰"二字亦未可知。先仲氏曰："文言'體仁足以長人'，即春秋穆姜筮東宫語。論語'依於仁，游於藝'，即少儀'依於德，游於藝'語。'出門如見大賓，使民如承大祭'，即春秋'臼季出門如賓，承事如祭，仁之則也'語。"北齊魏長賢爲法曹參軍，轉著作佐郎。以參議時政，斥爲上黨屯留令。論者皆以思不出位爲長賢責，爲其出位謀事故也。夫出位謀事而即以思不出位責之，則"思不出位"與"不在其位，不謀其政」果一章矣。世有以事證詞而必不謬者，此等是耳。四書改錯：既云「因上章之語而類記之」，則上章非重出矣。此本是一章，其記曾子文者，以曾子聞子語時，特引子象辭以證明之，與「牢曰子云」同一記例，其在泰伯篇二句則複簡也。今注重出者，又不注之泰伯篇，而反注之此「曾子曰」之上，以致曾子引經不解何意，此又一錯注也。

按：此兩章應合爲一章，並非重出，集注義爲短。

【集解】孔曰：「不越其職。」

【唐以前古注】皇疏：誡人各專己職，不得濫謀圖他人之政也。君子思慮當己分內，不得出己之外而思他人事。思於分外，徒勞不可得。又引袁氏云：不求分外。

【集注】重出。此艮卦之象辭也。曾子蓋嘗稱之，記者因上章之語而類記之也。

【餘論】論語訓：曾子引易象以釋孔子不謀政之意，初所未思，臨事何謀乎？

【發明】焦氏筆乘：君子思不出其位，易艮之象辭，曾子嘗稱引之以示人也。不出其位，即易言止其所也。人性自止，而役於思者不知其止，或惡思之役也，又欲廢而絀之，皆妄也。易曰：「艮其背不獲其身，行其庭不見其人，无咎。」蓋目動於色，耳動於聲，用而常止者，惟背爲然。夫身之五臟繫於背，百骸九竅之榮衛，背爲之輸，其用大矣。而謂之止者，用而無用也。視不以目而以背，則視而無視，視常止矣；聽不以耳而以背，則聽而無聽，聽常止矣，所謂「不獲其身」也。視而無視，則視不見色；聽而無聽，則聽不聞聲，所謂「行其庭不見其人」也。有身而不獲，多其人而不見，是當念而寂，非離念而寂也。離念而求寂則思廢，墮體絀聰者也，謂之斷見。當念而不寂則位離，憧憧往來者也，謂之常見。常應常凈，而泊然棲乎性宅，此則非斷非常，唯君子能之。篔墅説書：以位限思，思不出於位外，乃可專於位中，此非於位外一概抹倒也。治一事之理，即治萬事之理。苟於其位之當然先不用思，將恐易地復然，廢百猶不能舉一也。聖人教人從脚跟下做起，遂使無關闌之思皆有關闌矣。

○子曰：「君子恥其言而過其行。」

【考異】皇本作「君子恥其言之過其行也」。潛夫論交際篇：「孔子疾夫言之過其行者。」亦作「之」字。論語衍説：諸説皆以此爲一事，謂恥其言之過於行也。於義固通，但須易「而」字爲「之」字乃可。天文本論語校勘記：足利本「而」作「之」，古本、唐本、津藩本、正平本末有「也」字。

按：禮雜記：「有其言而無其行，君子恥之。」又表記：「君子恥有其辭而無其德，有其德而無其行。」皆足與疏説相證。邢疏：「此章勉人使言行相副也。君子言行相顧，若言過其行，謂有言而行不副，君子所恥也。」據此，則邢本亦當與皇本同，似今注疏本皆依集注校改，非其舊矣。玩本文語氣，不當爲兩事，集注失之。

【唐以前古注】皇疏：君子之人，顧言慎行，若空出言而不能行遍，是言過其行也，君子恥之。小人則否。

【集注】恥者，不敢盡之意。過者，欲有餘之辭。

【餘論】四書辨疑：注文以恥其言與過其行分爲兩意，解恥字爲不敢盡之意，解過字爲欲有餘之辭。聖人之言，恐不如此之迂曲也。且言不過行，有何可恥？行取得中，豈容過餘？過中之行，君子不爲，過猶不及，聖人之明論也。注文本因而字故爲此説，本分言之，止是恥其言過於行。舊説君子言行相顧，若言過其行，謂有言而行不副，君子所恥。南軒曰：「言過其行，則爲無實之言，是可恥也。恥言之過行，則其篤行可知矣。」二論意同，必如此説，義乃可通，「而」字蓋「之」字之誤。

〇子曰：「君子道者三，我無能焉：仁者不憂，知者不惑，勇者不懼。」子貢曰：「夫子自道也。」

【考異】孟子章句：君子厄陳蔡章注引論語曰：「君子之道三。」疏本改作「道者」。

【唐以前古注】皇疏引江熙云：聖人體是極於冲虚，是以忘其神武，遺其靈智，遂與衆人齊其能否，故曰我無能焉。子貢識其天真，故曰夫子自道也。筆解：子貢慮門人不曉仲尼言我無能焉，故云自道，以明有能也。

【集注】自責以勉人也。道，言也。自道，猶云謙辭。

【餘論】四書訓義：道者三，非君子之道三也，仁智勇是德不是道。此道字解作由也，由之以成德也。自道也，祇是自言如此意。經正録：道者二字，朱子無解，解作由字，於文義爲順。

今或訓作道言之道，謂君子所言者有三，與下文夫子自道一例，則淺而無實義矣。道，猶由也。見禮記禮器、中庸注。

○子貢方人。子曰：「賜也賢乎哉？夫我則不暇。」

【考異】釋文：鄭本作「謗人」。三國志胡質傳引皆節文，以「孔子曰」三字題冠此句之上。「我」上無「夫」字。皇本作「賜也賢乎我夫哉？我則不暇」。釋常談引文「賜」下無「也」字。高麗本作「賢乎我夫我」。天文本論語校勘記：足利本、唐本、正平本「哉」作「我」。

【考證】劉氏正義：莊子田子方篇：「魯多儒者，少爲先生方者。」是方訓比也。學以相備而成，故朋友切磋，最爲學道之益。夫子嘗問子貢與回孰愈，又子貢問子張、子夏孰愈，夫子亦未斥言不當問，是正取其能比方人也。此文何反譏之？注說誤。三國志王昶傳：「昶戒子書曰：『夫毁譽，愛惡之原，而禍福之機也。是以聖人慎之。孔子曰：「吾之於人，誰毁誰譽？如有所譽，必有所試。」又曰：「子貢方人。賜也賢乎哉？我則不暇。」以聖人之德，猶當如此，況庸庸之德，而輕毁譽哉！』」以方人爲毁，是亦讀方爲謗，用鄭義也。

【集解】孔曰：「比方人也。不暇比方人也。」

【唐以前古注】釋文引鄭注：謂言人之過惡。皇疏引江熙云：比方人不得不長短相傾，聖人誨不倦，豈當相臧否？故云我則不暇。是以問人之賢而無毁譽，長物之風，於是乎暢。

按：筆解於此章亦有解釋，其文迂曲難通，恐係僞托，兹不録。

【集注】方，比也。乎哉，疑辭。比方人物而較其長短，雖亦窮理之事，然專務爲此，則心馳於外，而所以自治者疏矣。故褒之而疑其辭，復自貶以深抑。

【别解一】論語後録：「方」與「旁」通，因之亦與「謗」通，謗字從旁也。「方」通「旁」者，書「方鳩」或作「旁逑」是。潘氏集箋：陳鱣亦云古文「謗」作「方」。蓋謗從旁，旁又從方，聲近故通用。孔云比方人，則子謂子貢與回孰愈，是亦方人矣。鄭故從魯不從古。讀書脞録：「庶人謗」，正義云：「謗，謂言其過失，使在上聞之而自改，亦是諫之類也。」昭四年傳「鄭人謗子産」，國語「厲王虐，國人謗王」，皆是言其實事，謂之爲謗。但傳聞之事，有實有虚，或有妄謗人者，今世遂以謗爲誣類，是俗易意異也。

【别解二】黄氏後案：夫子言夫我不暇者，夫，彼也；我，猶己也，如吾往吾止之例。彼己則不暇，言當急己而寬人也。近解不似師弟語氣。

【餘論】黄宗羲明儒學案引吴康齋曰：日夜痛自檢點且不暇，豈有暇檢點他人？責人密，自治疏矣，可不戒哉！

# 論語集釋卷三十

## 憲問下

○子曰：「不患人之不己知，患其不能也。」

【考異】皇本作「患己無能也」。天文本論語校勘記：古本、足利本、唐本、津藩本、正平本作「患己無能也」。

【集解】王曰：「徒患己之無能。」

【唐以前古注】皇疏：言不患人之不知我之有才能也，正患無才能以與人知耳。

【集注】凡章指同而文不異者，一言而重出也；文小異者，屢言而各出也。此章凡四見，而文皆有異，則聖人於此一事蓋屢言之，其丁寧之意亦可見也。

【餘論】論語義府：學之而成謂之能，既已能之而人莫之知，則其能亦無自而展矣。然能不能在己，知不知在人。在人者非吾所能預，而在己者當自勉也。

【發明】鄒守益東廓集：學而求能，乃爲己之實功，若謂求能以爲人知地，則猶然患人不己知之心也。

○子曰：「不逆詐，不億不信，抑亦先覺者，是賢乎？」

【考證】大戴禮曾子立事篇：「君子不先人以惡，不疑人以不信。」荀子非相篇：「聖人何以不欺？」曰：「聖人者，以己度者也。故以人度人，以情度情，以類度類，以説度功，古今一度也。類不悖，雖久同理。故鄉乎邪曲而不迷，觀於雜物而不惑，以此度之。」漢書翟方進傳：「上以方進所舉應科，不得用逆詐，廢正法。」顔師古注：「逆詐者，謂以詐意逆猜人也。逆，迎也。」黄氏後案：朱子謂不逆不億，而詐不信聰明人自能覺之。如目動言肆，知其誘我。燕王告霍光反，昭帝知霍光不反，燕在遠如何知數日内之事。據朱子此説，是先覺有實徵，以人之辭貌而覺之，以平日素行而覺之，以時事不侔而覺之，皆先覺也。謝顯道曰：「賢者於事能見之於微，謂之先覺，如履霜可以知堅冰也。」此亦謂事有朕兆而覺之也。幾者，動之微，知幾則先覺也。

【集解】孔曰：「先覺人情者，是寧能爲賢乎？或時反怨人也。」

【唐以前古注】皇疏引李充云：物有似真而僞、似僞而真者。信僭則懼及僞，人詐濫則懼及真。人寧信詐，則爲教之道宏也。人而無信，不知其可也。然閑邪存誠，不在善察。若見失信於前，必億其無信於後，則容長之風虧，而改過之路塞矣。億音憶。夫至覺忘覺，不爲覺以求先覺。先覺雖覺，同逆詐之不覺也。又引顔特進云：能無此者，雖未窮明理，而抑亦先覺之次也。

【集注】逆，未至而迎之也。億，未見而意之也。詐，謂人欺己。不信，謂人疑己。抑，反語詞。

言雖不逆不億，而於人之情僞自然先覺，乃爲賢也。

【發明】朱子語類：人有詐不信，吾之明足以知之，是謂先覺。彼未必詐而逆以詐待之，彼未必不信而先億度其不信，此則不可。周子曰：「明則不疑。凡事之多疑，皆生於不明，如以察爲明，皆至暗也。」朱子文集（答許順之）：逆詐億不信，恐惹起己機械之心。胡明仲云：「逆億在心，是自詐自不信也。」養一齋劄記：逆詐億不信，都是有忿懥恐懼好樂憂患時易搆此想。君子不於逆億用功，衹就忿懥四者竭力克之，到得消磨將净，則心平如水，不必鑑物而物在鑑中。

○微生畝謂孔子曰：「丘何爲是栖栖者與？無乃爲佞乎？」孔子曰：「非敢爲佞也，疾固也。」

【考異】釋文：或作「某何栖栖」，鄭作「某何是」，今作「某何爲是」。皇本「曰」上有「對」字。

【考證】漢書古今人表尾生晦，師古注曰：「即微生畝也。晦，古畝字。」鄭曉古言：微生畝、微生高一人，畝名高字也。翟氏考異：「栖」字漢人多通作「棲」。班固答賓戲曰：「棲棲遑遑，孔席不煖。」後漢書蘇竟曰：「仲尼棲棲，墨子遑遑。」潘氏集箋：説文無「栖」字，其「卥」字下云：「鳥在巢上。象形。日在西方而鳥棲，故因以爲東西之西。棲，西或从木妻。」是「西」爲「棲」之本字。集韻：「棲，重文作栖。鳥棲或从西，通作西。」是「栖」爲「西」之俗字。左哀十年傳，孔子以孔文子將攻太叔，命駕而行。曰：「鳥則擇木，木豈能擇鳥？」是夫子曾以鳥棲自喻矣。微生畝言栖栖，猶詩「采采芣苢」，傳曰：「采采，非一辭也。」蓋言夫子歷聘諸邦，皇皇無定耳。漢時本作「棲棲」，楚辭九辯「獨遑遑而無所集」，王逸注：「孔子棲棲而困厄也。」班固答賓戲：「棲棲遑遑。」後漢書蘇竟曰：「仲尼棲棲。」皆其證。羣經平議：「栖」即「棲」字。詩六月篇「六月棲棲」，毛傳曰：「棲棲，簡閱貌。」下云「戎車既飭」，即承六月棲棲而言，是棲棲有整飭之意。字亦通作「萋」，有客篇「有萋有且」，傳曰：「萋且，敬慎貌。」箋云：「其來威儀萋萋且且。」蓋棲、萋並从妻聲，妻之言齊也，故棲棲、萋萋並與濟濟同，文王篇「濟濟多士」，傳曰：「濟濟，多威儀也。」微生畝見孔子修飾威儀，疑其以此求悦於人，故曰：「何爲是栖栖者與？無乃爲佞乎？」晏子春秋外篇載晏子之言曰：「今孔丘盛聲樂以侈世，飾弦歌鼓舞以聚徒，繁登降之禮、趨翔之節以觀衆。」此即微生畝之意。孔子答之曰：「非敢爲佞也，疾固也。」固，謂固陋也。疾固陋故栖栖，是可得栖栖之義矣。班固答賓戲曰：「是以聖哲之治，棲棲皇皇。孔席不暖，墨突不黔。」則漢儒已不達栖栖之義。邢氏承其説而曰：「栖栖，猶皇皇也。」於是此章之義全失矣。

【集解】包曰：「微生姓，畝名。病世固陋，欲行道以化之。」

【集注】微生姓，畝名也。畝名呼夫子而辭甚倨，蓋有齒德而隱者。栖栖，依依也。爲佞，言其務爲口給以説人也。疾，惡也。固，執一而不通也。聖人之於達尊禮恭而言直如此，其警之亦深矣。

【餘論】四書辨疑：注文解栖栖爲依依，舊疏與南軒皆解爲皇皇。蓋依依，倚而安之之貌。皇皇，行無定所之貌。微生畝本譏孔子之周流不止，惟皇皇之説爲是。注文蓋謂孔子指微生畝爲執一不通也。微生畝謂孔子近佞，孔子復謂畝爲執一不通，此與閭閻之間互相譏罵者何異？畝雖自恃年齒之尊，言有倨傲，孔子亦當存長長之義，而以周流憂世之本誠答之，何必復以如此不遜之言立相還報邪？南軒曰：「包注固謂世之固陋。」此解是。栖栖，猶皇皇也。佞，口給也。疾，猶病也。微生畝謂夫子皇皇歷説，類夫尚口者，夫子以爲非敢爲佞，病夫世之固陋云爾。予謂南軒之説有温厚寬和之意，無損聖人之德，今從之。讀四書大全説：微生畝亦老、莊之徒。老子曰：「善者不辨，辨者不善。」又曰：「知者不言，言者不知。」其看道理高峻，纔近人情，即虧道體，故莊子以臚傳發冢爲儒誚。自己識得，更不須細碎與人説。一有辯論，則是非失其固然而爲佞矣。即此是其固執不通處，其離人以立於獨，既已賤視生人之同得，而刪抹半截道理，孤尋向上去，直將現前充塞之全體大用，一概以是非之無定而割之，故其言曰：「子之依依然與不知者言道。」而刪定述作，以辨是非於不已，則無有以是爲非，以非爲是，而徒資口給者乎？熟繹本文，意自如此。新安以立身待人言之，亦謂此也。

○子曰：「驥不稱其力，稱其德也。」

【考證】説文：驥，千里馬也。莊子馬蹄篇釋文：驥，千里善馬也。

【集解】鄭曰：「德者，調良之謂。」

【唐以前古注】太平御覽四百三引鄭注：驥，古之善馬。德者，謂有五御之威儀。

按：劉氏正義云：「集解節引此注文不備。當云：『驥，古之善馬。德者，調良之謂。謂有五御之威儀。』」

皇疏引江熙云：稱，伯樂曰：「驥有力而不稱。」君子雖有兼能，而惟稱其德也。

【集注】驥，善馬之名。德，謂調良也。

○或曰：「以德報怨，何如？」子曰：「何以報德？以直報怨，以德報德。」

【考證】道德經恩始章：大小多少，報怨以德。說苑權謀篇引孔子曰：聖人報怨以德。禮記表記：子曰：「以德報怨，則寬仁之身也。以怨報德，則刑戮之民也。」又曰：「以德報德，則民有所勸。以怨報怨，則民有所懲。」集注考證：觀此章之答，則知表記以爲夫子之言者，蓋失其傳也。翟氏考異：論語二十篇無及老聃一事，惟或人舉此語爲問，而夫子深不謂然，即此可破學於聃之浮説矣。

【集解】德，恩惠之德也。

【唐以前古注】皇疏：所以不以德報怨者，若行怨而德報者，則天下皆行怨以要德報之，如此者，是取怨之道也。

【集注】或人所稱今見老子書。德，謂恩惠也。言於其所怨既以德報之矣，則人之有德於我者又將何以報之乎？於其所怨者，愛憎取舍，一以至公而無私，所謂直也。於其所德者，則必以德報之，不可忘也。　或人之言可謂厚矣，然以聖人之言觀之，則見其出於有意之私，而怨德之報皆不得其平也。必如夫子之言，然後二者之報各得其所。然怨有不讎，而德無不報，則又未嘗不厚也。此章之言，明白簡約，而其指意曲折反復，如造化之簡易易知而微妙無窮，學者所宜詳玩也。

【餘論】論語或問：或問：以德報怨，亦可謂忠且厚矣，而夫子不之許何哉？曰：德有大小，皆所當報，而怨則有公私曲直之不同，故聖人之教，使人以直報怨，以德報德。以直云者，不以私害公，不以曲勝直，當報則報，不當則止，是則雖曰報怨，而豈害其爲公平忠厚哉？然而聖人終不使人忘怨而没其報復之名者，亦以見夫君父之讎有不得不報者，而伸乎忠臣孝子之心耳。若或人之言，則以報怨爲薄，而必矯焉以避其名，故於其所怨而反報之以德，是則誠若忠且厚矣，而於其所德又將何以報之邪？若等而上之，每欲益致其厚，則以德之上，無復可加。若但如所以報怨者而已，則是所以報德者僅適其平，而所以報怨者反厚於德，且雖君父之讎，亦將有時而忘之也。或曰：然則君父之讎亦有當報不當報之别乎？曰：周禮有之，殺人而義者，令勿讎，讎之則死。此不當報者也。春秋傳曰：「父不受誅，子復讎可也。」此當報者也。當報而報，不當報而止，是即所謂直也。周公之法，孔子之言，若合符節，於此可以見聖人之心矣。　吴嘉賓論語説：以直者，不匿怨而已。人之性情未有不樂其直者，至於有怨，則欲使之含忍而不報。夫含忍而不報，則其怨之本固未嘗去，將待其時之可報而報之耳。至於蓄之久而一發將至於不可禦，或終於不報，是其人之於世，必以浮道相與，一無所用其情者，亦何所取哉？以直報怨，凡直之道非一，視吾心何如耳。吾心不能忘怨，報之直也。既報，則可以忘矣。苟能忘怨而不報之，亦直也。雖不報，固非有所匿矣。怨期於忘之，德期於不忘，故報怨者曰以直，欲其心之無餘怨也；報德者曰以德，欲其心之有餘德也。其心不能忘怨，而以理勝之者亦直，以其心之能自勝也。直之反爲僞，必若教人以德報怨，是教人使爲僞也。烏乎可？黄氏後案：事必推之可通，始爲情理之正。苟行於此不可通於彼，即過乎情而拂乎事之理，此非獨報怨報德然也。五禮之殊貴賤，五服之辨親疏，五刑之分首從，先王皆順其自然之理而措正施行，垂之萬世而無弊。後世或欲過從厚於一事，而例之他事，遂不可通矣。管仲辭上卿之禮，曰：「有天子之二守國、高在，何以禮焉？」張釋之不以盗廟坐玉環之罪論族曰：「愚民取長陵一抔土，何以加其法？」兩何以之辭，與夫子何以報德一詰，語意正同。難之者曰：報怨者以至公無私，而報德者必有私矣，聖賢可私於所厚乎？曰：國語言：「報生以死，報賜以力。」禮曰：「親無失親，故無失故。」春秋之法，爲尊者諱，爲親者諱，豈不私於所厚乎？彼以德報怨，固老氏壞敗聖教之説，不則德怨俱以直報之，亦所謂執中無權者，均之賊道而已。

【發明】義門讀書記：以直二字，凡待天下之常人皆然，不因報怨而有所增損耳。

○子曰：「莫我知也夫！」子貢曰：「何爲其莫知子也？」子曰：「不怨天，不尤人，下學而上達。知我者，其天乎？」

【考證】史記孔子世家：西狩見麟，曰：「吾道窮矣！」喟然歎曰：「莫我知夫！」子貢曰：「何爲莫知？」子曰不怨天云云。說苑至公篇：夫子行說七十諸侯，無定處，意欲使天下之民各得其所。而道不行，退而修春秋。采毫毛之善，貶纖介之惡，人事浹，王道備，精和聖制，上通于天而麟至，此天之知夫子也。於是喟然而歎曰：「天以至明爲不可蔽乎？日何爲而食？地以至安爲不可危乎？地何爲而動？」天地而尚有動蔽，是故聖賢說於世而不得行其道，故災異並作也。夫子曰：「不怨天云云。」論語發微：此孔子自言修春秋之志也。春秋筆則筆，削則削，子夏之徒不能贊一辭。子貢言性與天道不可得聞，又何能知莫知之歎，子與子貢互相發明以探天意也。能知天，斯不怨天；能知人，斯不尤人；能知天知人，乃能明天人之際。際者，上下之間也。春秋二百四十二年之中，人事浹，王道備，治太平以上應天命，斯爲下學人事、上知天命也。包慎言温故録：史記孔子世家：「哀公十四年春，狩於大野。叔孫氏車子鉏商獲獸，以爲不祥。仲尼視之曰：『麟也。』取之，曰：『河不出圖，洛不出書，吾已矣夫！』顔淵死。孔子曰：『天喪予！』及西狩獲麟，曰：『吾道窮矣！』喟然曰：『莫我知也夫！』子貢曰：『何爲莫知子？』子曰：『不怨天，不尤人，下學上達。知我者，其天乎？』」據史記此文，莫知之歎，蓋發於獲麟之後。然則不怨天者，知天之以己制作爲後王法也。不尤人者，人事之厄，天所命也。孔子在庶，而褒貶進退，王者所取則，故曰下學而上達。達，通也。張衡應間曰：「蓋聞前哲首務，務於下學上達，佐國理民，有云爲也。」是上達者，謂達於佐國理民之道。史公自敍曰：「董生云：『周衰道廢，孔子知言之不用，道之不行也。是非二百四十二年之中，以爲天下儀表，貶天子，退諸侯，討大夫，以達王事而已矣。』」又云：「仲尼悼禮樂廢崩，追修經術，以達王道。」此上達之義也歟？春秋本天以治人，知我者，其惟春秋。罪我者，其惟春秋。故曰：「知我者，其天乎？」　劉氏正義：案說苑至公篇云云，亦以此節爲獲麟而發。下學上達，爲作春秋之旨。學通於天，故惟天知之。論語撰考讖云：「下學上達，知我者，其天乎，通精曜也。」與說苑意同。蓋春秋本天治人，包說夫子上達於佐國理民之道，即是上通於天也。漢書五行志：「劉向以爲如人君下學而上達，災消而福興矣。」顏師古注：「上達，謂通於天道而畏威。」此雖譬引之辭，然亦謂人君精誠格天，則自降之福。是上達爲上通於天也。

【集解】子貢怪夫子言何爲莫己知，故問也。馬曰：「孔子不用於世，而不怨天；人不知己，亦不尤人。」孔曰：「下學人事，上知天命。」何曰：「聖人與天地合其德，故曰惟天知己。」

【唐以前古注】釋文引鄭注：尤，非也。　皇疏：下學，學人事。上達，達天命。我既學人事，人事有否有泰，故不尤人。上達天命，天命有窮有通，故我不怨天也。

【集注】夫子自歎以發子貢之問也。不得於天而不怨天，不合於人而不尤人，但知下學而自然上達，此但言其反己自修，循序漸進耳，無以甚異於人而致其知也。然深味其語意，則見其中自有人不及知而天獨知之之妙。蓋在孔門，惟子貢之智幾足以及之，故特語而發之，惜乎其猶有所未達也。

【餘論】松陽講義：學者讀這章書，須知聖人只是這下學。一部五經、四書，都是説下學。若不從下學入手，縱智勇絶世，却是門外漢。然不曾打破得怨尤一關，亦不能下學。此一關最難，無論他人，即屈原行吟澤畔，只做得怨尤，不曾做得下學。須先將自家胸中怨尤病根盡情斬去，不留絲毫，方能下學。朱柏廬毋欺録：下學而上達，上達即在下學中，所以聖賢立教，祇就下學説，纔以上達立教，便誤後學，便是害道病根。如程子云：「主一無適之謂敬。」高忠憲曰：「心無一事之謂敬。」心無一事自是主一無適極至地位，然使學者但求心無一事，而不從主一無適做功夫，則焉得不墮聰黜明，離事絶物，以爲道耶？孔子耳順以後，猶且曰從心所欲不踰距，步步還他實落。初未嘗言心無一事，則甚矣學之必不可以不進於上達，而教之必不可以不主於下學也，蓋聖人祇是下學中人也。黄氏後案：據孔安國注，下指人，上指天。下學，猶言習練世事。上達，知天命之窮也。知我其天，天諒其無道則隱之心也。式三謂下學，删訂贊修之事。上達，所學通於天也。聖人删訂贊修，惓惓斯道之心上通於天，而天自知之。漢書儒林傳言孔子以聖德遭季世，知言不用，於是序書、稱韶樂、論詩、綴周禮、成春秋，晚而讀易，下即引經「述而不作，信而好古」，及此經「下學而上達」以證之，是漢師相傳如此。史記世家引此經於獲麟後，作春秋前。説苑至公篇引此經，言夫子修春秋，精和聖制，上通於天。大恉亦相同也。程、朱二子謂聖人自言悟道精微，默然理契，申之者説極玄眇，於不怨不尤之語亦未融貫。章内兩言天，一爲未定之天，一爲已定之天；一爲氣數之天，一爲義理之天。謹守程、朱者如金吉甫亦復致疑，若明心見性之流，各以其所頓悟者爲上達之妙，其弊不勝言矣。式三謂玄眇之説，即頓悟所由起也。

【發明】反身録：學不著裡，易生怨尤。著裡則一味正己，循理樂天，凡吉凶禍福順逆得喪之在外者，舉無一動其中，何怨何尤之有？

**○公伯寮愬子路於季孫。子服景伯以告，曰：「夫子固有惑志於公伯寮，吾力猶能肆諸市朝。」**

【音讀】集解于「惑志」下容注文，蓋以「志」字絶句。史記「惑志」下亦間注文，下作「僚也吾力猶能肆諸市朝」。皇本「寮」下有「也」字，疏曰：「景伯既告季氏有惑志，又言吾若於他人有豪勢者則不能誅耳，若於伯寮也，吾力是能使季孫審子路之無罪，而殺伯寮於市朝也。」顯分下四字趨向下文。經讀考異：舊讀從一句。（史記：「夫子固有惑志寮也。」集注：「言其有疑于寮之言。」）論語集解以「夫子固有惑志」爲句，注云：「孔曰：季孫信讒，惑恚子路。」則以「於公伯寮」連下讀「吾力猶能肆諸市朝」爲義。

【考證】九經字樣：竂字上从穴，下从火，論語承隸省作「寮」。説文：論語有公伯竂。又引論語曰：「訴子路於季孫。」史記弟子傳「公伯寮」，索隱作「繚」，又作「遼」，或云即申繚。四書纂疏：注疏、史記皆以公伯寮爲弟子，今觀夫子如命何之語，只以常人待之，故集注但云魯人。四書辨證：家語弟子解不列公伯寮之名氏，而史記弟子傳有公伯寮字子周。困學紀聞曰：「公伯寮非孔子弟子，胡致堂之説當矣。」劉氏正義：公伯複姓，見廣韻。稱伯寮者，猶冶長、馬遷之比。弟子傳公伯寮字子周，不云魯人，或馬別有據也。家語弟子解無公伯寮，有申繚字周，蓋以申繚一人當申堂、公伯寮二人。臧氏庸拜經日記譏其僞造是也。明程敏政以寮爲聖門蟊螣，請罷其從祀。

按：史記索隱引譙周云：「疑公伯繚是讒愬之人，孔子不責而云其如命何，非弟子之流，太史公誤。」潘維城曰：「弟子籍出自孔氏，史公據以爲傳，並非鑿空撰出，不得以王肅家語不載而轉疑馬注爲誤也。」論語後録曰：「寮與子禽同類耳。」余謂此如程門之邢恕，削其從祀可也，以史記爲誤則非也。

劉氏正義：「勢力」者，言景伯是孟孫之族，當有勢力，能與季孫言也。辨子路之無罪，欲令季孫知寮之愬，然後使季孫誅寮，以國之常刑殺之也。「陳其尸曰肆」者，説文：「肆，極陳也。」周官鄉士云：「協日刑殺，肆之三日。」又遂士云：「協日就郊而刑殺，各於其遂肆之三日。」縣士云：「協日刑殺，各就其縣肆之三日。」又掌戮云：「凡殺人者，踣于市，肆之三日。惟殺于甸師氏者不肆。」是周制殺人有陳尸三日之法。故左傳載楚殺令尹子南于朝。三日，子南之子棄疾請尸。亦以陳尸三日故也。鄉士疏引論語注云：「大夫於朝，士於市。公伯寮是士，止應云肆諸市，連言朝耳。」此鄭注文，爲集解删佚。檀弓：「杞梁之妻曰：『君之臣不免於罪，則將肆諸市朝，而妻妾執。』」注：「肆，陳尸也。大夫以上於朝，士於市。」與論語注同。魯語云：「大刑用甲兵，其次用斧鉞。中刑用刀鋸，其次用鑽笮。薄刑用鞭扑，以威民也。故大者陳之原野，小者致之市朝。五刑之次，是無隱也。」韋昭注：「其死刑，大夫以上尸諸朝，士以下尸諸市。三處，野、朝、市。」韋與鄭同。據左傳「楚殺令尹子南於朝」，又「晉尸三郤於朝」，明以職尊故肆朝也。若「晉尸雍子與叔魚于市」，孔疏即云：「以其賤故也。」其後董安于縊而死，趙孟尸諸市，亦以安于職卑。是鄭以大夫肆朝，士肆市，有明徵矣。王制云：「刑人于市，與衆棄之。」無殺人于朝及肆朝之文。説者以王制爲殷禮，然周官鄉、遂、縣士及掌戮亦止言肆市，不言肆朝。且掌戮又云：「唯王之同族與有爵者，則殺之于甸師氏。」有爵，當謂大夫以上職尊者，與魯語及論語、左傳之文不同，説者多以爲疑。毛氏奇齡經問謂刑士於市，刑大夫于甸師氏。而苟有重罪宜肆者，則士肆市，大夫肆朝。而士以下各于其地刑之肆之，未爲不可。此説深爲得理。若然，則周官不言肆朝，或以事不經見，故不載之；抑後周所增制，非元公舊典也。又案古人言市朝有二解。考工記「面朝後市，市朝一夫」、周官鄉師「以木鐸徇於市朝」、檀弓「遇諸市朝，不反兵而鬭」。奔喪哭辟市朝」、孟子「若撻之于市朝」、史記孟嘗君列傳「日暮之後過市朝者」，皆謂市中官治之所。司市云「掌市之治教政刑，量度禁令，以次敍分地而經市」。注云：「次，謂吏所治舍思次介次也。若今市亭然。」此即是市朝，與論語此文市朝爲二各別也。公伯寮是士，而廣韻稱爲魯大夫，未知所本。

按：秋官鄉士疏：「大夫於朝，士於市。公伯寮是士，止應云肆諸市，連言朝耳。」陳鱣云：

「按臧在東曰：『季孫既惑志於寮，故景伯欲誅寮，必先向季孫辨子路之無罪，使季孫知子路無他，又知寮之愬，然後季孫誅之於市，與衆棄之，景伯必無不告季孫而竟自誅寮也。』此注可謂揣一時之情而補經文之略矣。」余謂統曰市朝，猶之杞梁之妻曰：「君之臣不免於罪，則將肆諸市朝。」蓋齊、魯間成語也。

【集解】馬曰：「愬，譖也。伯寮，魯人，弟子也。」孔曰：「景伯，魯大夫子服何忌也。告，告孔子。惑志，季孫信讒，恚子路也。」鄭曰：「吾勢力猶能辨子路之無罪於季孫，使之誅寮而肆之。有罪既刑，陳其尸曰肆。」

按：世本：「獻子蔑生孝伯，孝伯生惠伯，惠伯生昭伯，昭伯生景伯。」則景是謚也。邢疏：「左傳哀十二年，吴人將囚景伯。景伯曰：『何也立後於魯矣。』杜注云：『何，景伯名。』然則景伯單名何，而此注云何忌，誤也。」漢魯峻石壁畫七十二子像有子服景伯。

【唐以前古注】周禮秋官司市疏引鄭注：大夫於朝，士於市。公伯寮是士，止應云肆諸市，連言朝耳。皇疏：景伯既告孔子曰季氏猶有惑志，而又此説助子路，使子路無罪，而伯寮致死。言若於他人該有豪勢者，則吾力勢不能誅耳，若於伯寮者，則吾力勢是能使季孫審子路之無罪，而殺伯寮於市朝也。肆者，殺而陳尸也。

【集注】公伯寮，魯人。子服氏，景謚，伯字，魯大夫子服何也。夫子指季孫言，其有疑於寮之言也。肆，陳尸也，言欲誅寮。

子曰：「道之將行也與，命也；道之將廢也與，命也。公伯寮其如命何！」

【考異】史記弟子傳無「也與」二字，下同。宋書顧凱之定命論引仲尼云云，亦各無「也與」字。

【考證】洙泗考信録：孔子爲魯司寇，子路爲季氏宰，實相表裏，觀墮都之事可見。子路見疑，即孔子不用之由，故孔子以道之行廢言之，似不僅爲子路發也。論語述要：崔論實有特見。夫子以女樂去國，非齊之能間也。雖有讒夫，安能間無疑之主？意其時季氏或已先入譖者之言，齊人諜知之，而以女樂乘其隙；或齊人雖未知，以女樂爲試，適季已入譖言，遂受之而不顧，要皆於伯寮之愬有極大關係。不然，季氏如衹一時女色之迷，聞夫子去，亦大足警覺，夫子遲遲其行，何以不欲挽留？夫子去國之詞曰：「彼婦之口，可以出走。」豈無故而云然？千丈之隄，潰於蟻穴，惜哉！安得不歸之命也？又按史記季桓子卒，遺命召孔子。時無女樂矣，公之魚阻之，遂不果。及冉有勝齊，康子乃逐公華、公賓、公林，以幣迎孔子，是三子亦必讒阻夫子之人也。子之出也，季氏爲惑伯寮之愬，其入也，始爲之魚所阻，繼乃必先逐華、賓、林三人，示去讒決心，以堅夫子之信。異哉！之數子者何其皆氏公也？豈其同族同黨乎？史記弟子傳有伯寮無公賓，家語弟子解有公賓無伯寮，賓、寮字義類相近，吾又烏知公伯寮之非即公賓也？茲説誠非偶然，而後人猶以伯寮不從祀爲之呼冤者何哉？

【唐以前古注】皇疏引江熙云：夫子使景伯辨子路，則不過季孫爲甚；拒之，則逆其區區之誠，故以行廢之命期之，或有如不救而大救也。

【集注】謝氏曰：「雖寮之愬行亦命也，其實寮無如之何。」愚謂言此以曉景伯、安子路，而警伯寮耳。聖人於利害之際，則不待決於命而後泰然也。

【餘論】張爾岐蒿庵閒話：人道之當然而不可違者，義也。天道之本然而不可争者，命也。貧富貴賤得失死生之有所制而不可强也，君子與小人一也。命不可知，君子當以義知命矣。凡義所不可，即以爲命所不有也。故進而不得於命者，退而猶不失吾義也。小人嘗以智力知命矣，力不能争則智邀之，智力無可施而後謂之命也。君子以義安命，故其心常泰。小人以智力争命，故其心多怨。衆人之於命，亦有安之矣，大約皆知其無可奈何而後安之者也。聖人之於命，安之矣，實不以命爲準也，而以義爲準。故雖力有可争，勢有可圖，而退然處之，曰義之所不可也。義所不可，斯曰命矣。故孔子之於公伯寮，未嘗無景伯之可恃也；於衛卿，未嘗無彌子瑕之可緣也。孟子之於臧倉，未嘗無樂正子之可力爲辨而重爲請也，亦曰義所不在耳。義所不在，斯命所不有矣。故聖賢之於命，不必一於義也，而命皆有以制之。制之至無可奈何，而後安之。故聖賢之與衆人，安命同也，而安之者不同也。惜抱軒經説：子路、冉有皆嘗爲季氏宰，然子路爲宰當桓子之世，孔子用於魯之時也。冉有爲宰當康子之世，孔子不用於魯之時也。子路之於季之志蓋與孔子差同，將張公室而興魯。及冉有之爲季氏，則利私家之意多矣。是以子路之於季氏可以間，而冉有之仕季氏聖人多所不與也。定公十二年墮三都，其時季孫意嚮聖人甚，至未幾乃受女樂，聖人不復言，子路不復諫者，以其意先疑而不用其說矣。其所以疑而不用其說者，蓋公伯寮之徒爲之也，所謂彼婦之口、彼婦之謁者歟？聖人非不惡讒而欲正其罪也，然猶是季孫始者能意嚮聖人，是必天之啓其衷也；天命如斯，而吾强執公伯寮而誅之，以快一時之意，然而國之朋黨不已交争，而禍安知所極乎？是小丈夫之所爲也，是不知命者也。

【發明】李中谷平日録（明儒學案引）：先儒云：中人以下乃以命處義，賢者求之有道，得之有義，不必言命。是固然矣，然命字亦不可輕看。孔子曰：「道之將行也與，命也。道之將廢也與，命也。」彌子曰：「孔子主我，衛卿可得。」孔子亦曰有命。推而言之，堯、舜之禪，湯、武之征伐皆命也。但不肆縱欲之心，祇是處貧賤安於貧賤，處富貴安於富貴，當生則生，當死則死，到安命處，便是道義，非有二也。君子思不出其位，安命也。若待不得已然後言命，非安命也。

**○子曰：「賢者辟世，其次辟地，其次辟色，其次辟言。」**

【考異】皇本「辟」字皆作「避」。後漢書逸民傳注引作「賢者辟代」。三國志許靖傳注、文選七命注各引「賢者避世，其次避地」。宋書隱逸傳序引「賢者避地，其次避言」，字皆作「避」。

【考證】劉氏正義：説文：「避，回也。」蒼頡篇：「避，去也。」賢者所辟有此四者，當由所遇不同。孟子告子下言古之君子所去三，亦云其次、其下，與此文義同。吕氏春秋先識覽：「凡國之亡也，有道者必先去，古今一也。」高注引此文「辟色」作「避人」。子華子神氣篇亦言違世、違地、違人。後篇桀溺謂子路曰：「且而與其從辟人之士也，豈若從辟世之士哉？」辟人即辟色，當時兩稱之，高誘或亦隨文引之耳。子華子以違世爲大上，違地、違人皆其次，似以優劣論之，與論語義不同矣。

【集解】孔曰：「世主莫得而臣。」馬曰：「去亂國，適治邦。」孔曰：「色斯舉矣。有惡言乃去。」

【集注】天下無道而隱，若伯夷、太公是也。去亂國，適治邦，禮貌衰而去，有違言而後去也。程子曰：「四者雖以大小次第言之，然非有優劣也，所遇不同耳。」

【餘論】論語注義問答通釋：出處之義，自非一端，隨所遇之時而酌所處之宜可也。衛靈公顧蜚雁則辟色矣，問陳則辟言矣，豈夫子於此爲劣乎？此所以不可以優劣言也。讀四書大全說：辟地以下三言其次，以優劣論固不可，然云其次，則固必有次第差等矣。程子以爲所遇不同，乃如夫子之時，天下之無道甚矣，豈猶有可不避之地哉？而聖人何以僅避言色也？蓋所云次者，就避之淺深而言也。避世，避之尤者也。避地以降，漸不欲避者也，志益平而心益苦矣。梁氏旁證：夫子明以賢者提首，而以下爲其次，似不無優劣之分，故集注置諸圈外。

孔注：「避世，世主莫得而臣之。避地，去亂國，適治邦。避色，色斯舉矣。避言，有惡言乃去。」皇疏云：「聖人無可無不可，故不以治亂爲隔。若賢者去就順時，天地否塞，賢人便隱，天子不得而臣，諸侯不得而友，此避世之士也。其次避地者，謂中賢也，未能高栖絶世，但擇地而處，去亂就治也。其次避色者，此次中之賢也，不能豫擇治亂，但臨時觀君之顔色，顔色惡則去。其次避言者，不能觀色斯舉矣，惟聞惡言則去也。」

子曰：「作者七人矣。」

【考異】四書辨疑：王滹南曰：「作者七人雖不見主名，其文勢似與上文爲一章，子曰字疑衍。」予謂古注本通是一章，注文分之之意正爲作者上有「子曰」字也，滹南所疑者誠是，「子曰」二字當爲衍文。　論語稽求篇：舊以此與「賢者避世」四句合作一章。按黄瓊上災異疏有云：「伏見處士巴郡黄錯、漢陽任棠，年皆耄耋，有作者七人之論。」後漢逸民傳亦云：「絶塵不反，同夫作者。」

【考證】潘氏集箋：皇疏：王弼曰「七人，伯夷、叔齊、虞仲、夷逸、朱張、柳下惠、少連也」。與包、鄭不同。風俗通義十反篇：「孔子嘉虞仲、夷逸作者七人也。」疑與弼合，小異於鄭，大異於包。孟子盡心篇「古之賢士」，注：「作者七人，隱各有方。」蓋古與「賢者避世」合作一章，故解者皆以隱士當七人之數。瞥記以包注爲允，陳鱣主鄭氏説，謂包所稱晨門、封人雖隱下位，核以四者之辟則非矣。王弼云云，益不足據。　瞥記：作者七人，包咸注以長沮、桀溺、丈人、晨門、荷蕢、儀封人、楚狂接輿實之，疏引王弼謂即逸民，引康成謂「七」爲「十」字之誤。夷、齊、虞仲避世者，荷蓧、沮、溺避地者，柳下惠、少連避色者，荷蕢、楚狂避言者。案論語舊本「作者七人」連「賢者避世」四句，故解家皆以隱士當七人之數。孟子「古之賢士」，注：「作者七人，隱各有方。」後漢書黄瓊薦處士黄錯、任棠云：「年皆耄耋，有作者七人之論。」逸民傳序云：「絶塵不反，同夫作者。」而李賢黄瓊傳注與王弼同，蓋皆本於應劭風俗通，其十反篇云：「孔子嘉虞仲、夷逸作者七人也。」張子正蒙又以伏羲、神農、黄帝、堯、舜、禹、湯爲七人，程子説同。岐頭別論，似均未足爲據，必求其人，包注爲允。　劉氏正義：復稱「子曰」者，移時乃言也。作如「見幾而作」之作。作爲常訓。爲之者，謂爲辟世、辟地、辟色、辟言者也。七人所爲不同，此注無所分别，當以義難定故也。鄭注云：「伯夷、叔齊、虞仲辟世者，荷蓧、長沮、桀溺辟地者，柳下惠、少連避色者，荷蕢、楚狂接輿辟言者也。七當爲十字之誤也。」皇疏引王弼曰：「七人伯夷、叔齊、虞仲、夷逸、朱張、柳下惠、少連也。」後漢書黄瓊傳注引注云云，即王弼説，蓋鄭、王據孔子以前人，包據孔子同時人。應劭風俗通十反篇：「孔子嘉虞仲、夷逸作者七人。」即王弼所本。陶潛羣輔録數七人，前説本包，後説本王、鄭。又改七人爲十人，世遠義失，難得而折衷焉。

【集解】包曰：「作，爲也。爲之者凡七人，謂長沮、桀溺、丈人、石門、荷蕢、儀封人、接輿也。」

【唐以前古注】皇疏：引孔子言，證能避世以下，自古已來作此行者，唯七人而已矣。　邢疏引鄭注：伯夷、叔齊、虞仲辟世者，荷蓧、長沮、桀溺辟地者，柳下惠、少連辟色者，荷蕢、楚狂接輿辟言者。「七」當爲「十」之誤也。　皇疏同。　又引王弼云：七人：伯夷、叔齊、虞仲、夷逸、朱張、柳下惠、少連。　筆解：韓曰：「包氏以上文連此七人，失其旨。吾謂别段，非謂上文避世事也。下文子曰，别起義端作七人，非以隱避爲作者明矣。避世本無爲，作者本有爲，顯非一義。」李曰：「其然乎？包氏所引長沮已下苟合於義，若於作者絶未爲得。吾謂包氏因下篇長沮、桀溺云『與其從辟人之士，豈若從辟世之士哉』，遂舉此爲七人，苟聯上義。殊不知仲尼云『鳥獸不可與同羣』，此則非沮桀輩爲作者明矣。又況下篇云：『逸民：伯夷、叔齊、虞仲、夷逸、朱張、柳下惠、少連。』七人豈得便引爲作者可乎？包謬不攻自弊矣。」

【集注】李氏曰：「作，起也，言起而隱去者今七人矣，不可知其誰何。必求其人以實之則鑿矣。」

【别解】張子正蒙：七人：伏羲、神農、黄帝、堯、舜、禹、湯。制法興王之道，非有述於人者也。

劉原父七經小傳：作讀如「作者之謂聖」之作。仲尼序書，始堯、舜。堯、舜以來始有典籍，故道典籍以來，聖人得位而制作者凡七人，即堯、舜、禹、湯、文、武、周公也。此章偶與辟世章相屬，學者遂穿鑿妄解。

論語稽：易繫不引禹、湯，終非七人確證。竊以爲作者謂聖，其訓最長，此蓋孔子自明述而不作之意，言作者已有七人，不待更作也。中庸云：「仲尼祖述堯、舜。」論語末篇亦上稽至堯、舜而止，則七人當斷自堯、舜，合禹、湯、文、武、周公而七也。

【餘論】論語或問：或問：張子作者七人之説如何？曰：是不可知，姑存而徐考之可也。然以上下推之，意其爲隱者而發之意爲多耳。

○子路宿於石門。晨門曰：「奚自？」子路曰：「自孔氏。」曰：「是知其不可而爲之者與？」

【考異】皇本「晨門」上復有「石門」二字。翟氏考異：前篇子張問達章皇氏疏引沈居士曰：若長沮、桀溺、石門晨門，有德若此。以「石門晨門」四字爲稱，可爲「石門」有複文之一證。天文本論語校勘記：古本、足利本、唐本、津藩本、正平本「晨門」上多「石門」二字。

【考證】太平寰宇記：兗州曲阜縣古魯城，其城凡十有二門，東有二門，其北名上東門。按左傳定公八年「公斂處父帥成人自上東門入」，注云：「魯東城之北門也。」又國語「臧文仲祭爰居於魯東門之外」，皆此門也。西五門，第一曰鹿門，即臧孫紇斬鹿門之關以出。第三曰稷門，即圉人犖能投蓋於稷門。按魯國志云：「古城凡有七門，東西有三門，最北者名萊門。」左傳哀公六年「公子陽生請於南郭，具千乘出萊門而告之故」，注云：「魯郭門也。」次南第二門名石門。按論語云「子路宿於石門」，注云：「魯城門。」吕氏春秋云：「宋有桐門，魯有石門。」即此也。南面有一門，不詳其名。北面有三門，最西者名子駒門。按左傳文公十一年「獲長狄僑如，埋其首於子駒之門」，注云：「子駒，魯郭門。」次東二門無名。四書釋地：地志之書，宋人漸多附會，不似唐人。朱子注四書，傳詩，每僅云邑名地名，蓋其慎也。然亦畢竟是討便宜，其實地有鑿然可指有助於經學不小者。如「子路宿於石門」，鄭注云：「魯城外門。」蓋郭門也。因悟孔子轍環四方久，使子路歸魯視其家，甫抵城而門以闔，只得宿於外之郭門，次日晨興伺門人。掌啓門者訝其太早，曰汝何從來乎，若城門既大啓後，往來如織，焉得盡執人而問之？此可想見者一也。「自孔氏」，言自孔氏處來也。不曰孔某，而曰孔氏，以孔子爲魯城中人，舉其氏輒可識，不必如答長沮之問爲孔某，此可想見者二也。「知其不可而爲之者與」，分明是孔子正栖栖皇皇歷聘於外，若已息駕乎洙、泗之上，不必作是語，此可想見者三也。總從魯郭門三字悟出情蹤，誰謂地理不有助於經學歟？

按：春秋隱公三年「齊侯、鄭伯盟於石門」，杜注：「石門，齊地。」非此之石門也。水經洙水注云：「北流逕孔里，又西南枝津水出焉。又西南逕瑕丘城東而南入石門，門右結石爲水，門跨於水上。」此石門近之。皇疏所引又云魯城外門者，見後漢書張皓王龔傳論注引鄭康成論語注如此。高士傳：「石門守者，魯人也。避世不仕，自隱姓名，仕魯守石門，主晨夜開閉。子路從孔子石門宿，因問云云。」據此，是漢、魏以來均以石門爲城門，無作地名解者，集注失之。

【集解】晨門者，閽人也。包曰：「言孔子知世不可爲而强爲之。」

【唐以前古注】後漢張皓王龔傳論注引鄭注：石門，魯城外門也。晨，主守門，晨夜開閉也。

【集注】石門，地名。晨門，掌晨啓門，蓋賢人隱於抱關者也。自，從也，問其何所從來也。胡氏曰：「晨門知世之不可而不爲，故以是譏孔子，然不知聖人之視天下無不可爲之時也。」

【餘論】黄氏後案：皇疏：「石門者，魯城外門也。晨門，守石門，晨昏開閉之吏也，魯人也。自，從也。朝早開見子路，問從何而來。子路答曰：我此行從孔氏來也。」據皇疏，是夫子周流在外，使子路歸魯，值莫而宿於魯之城外，故有此問答之辭。曰知其不可而爲之，正指聖人周流列國，知道不行，而猶欲挽之，晨門知聖也。鹽鐵論所謂孔子生於亂世，悼痛天下之禍，猶慈母之伏死子也，知其不可如何然惡已。四書辨證：姓氏之分，莫著於國語。於禹云姓姒氏，曰有夏。四岳賜姓曰姜氏，曰有吕。朱注於太公姜姓吕氏亦甚明晝。於子文云姓鬬，則以氏爲姓矣。史記於夫子云姓孔氏，則又姓氏合一矣。禮記大傳六世親屬竭則别爲庶姓。陳氏集説曰：「姓爲正姓，氏爲庶姓。」然則謂夫子姓孔，因庶姓姓之也，而孔實爲氏，故云孔氏。

○子擊磬於衛。有荷蕢而過孔氏之門者，曰：「有心哉，擊磬乎！」

【考異】漢書古今人表作「何蕢」。說文解字引論語「有荷臾而過孔氏之門」。後漢書逸民傳注引論語「者」作「首」。七經考文：古本「蕢」作「簣」，注同。「氏」作「子」，足利本同。說文繫傳通論篇：孔子擊磬於衛，擁堁子聞之曰：「有心哉，擊磬乎！」「擁堁」當作「荷蕢」。

【考證】潘氏集箋：隸釋贈孔宣公泰師碑：「荷蕢微者，反差擊罄之心。」「磬」作「罄」。「荷蕢」，漢書人表作「何蕢」。說文：「何，儋也。」詩商頌「百禄是何」，「何天之休」，「何天之龍」，傳：「何，任也。」箋云：「謂擔負。」段注謂經典作「荷」者皆後人所竄改，是則此文古本當亦作「何」也。蕢，說文云：「艸器也。臾，古文蕢，象形，論語有荷臾而過孔氏之門。」知古論「蕢」作「臾」，「荷」不作「何」，知許君時古論已然矣。禮記明堂位「蕢桴」，注：「蕢當爲凷，聲之誤也。」說文：「凷，墣也。从土一屈象形。塊，凷或从鬼。」則蕢亦可讀爲凷。荷蕢者，猶云負土也。亦通。劉氏正義：孟子告子云「我知其不爲蕢也」，趙注：「蕢，草器。」漢書何武等傳贊「以一蕢障江河」，李賢注：「蕢，織草爲器，所以盛土也。」上篇言「爲山未成一簣」，蕢、簣同。

【集解】蕢，草器也。有心，謂契契然。

【唐以前古注】御覽五百七十六引論語注文：子擊磬者，樂也。蕢，草器也。荷此器，賢人辟世也。有心哉，善其音有所病於世。

按：此注不言爲何人，諸家皆以爲鄭注。潘維城曰：「作者七人，注以荷蕢爲辟言，不應彼此互異，非也。」

【集注】磬，樂器。荷，擔也。蕢，草器也。此荷蕢者亦隱士也。聖人之心未嘗忘天下，此人聞其磬聲而知之，則亦非常人矣。

**既而曰：「鄙哉硜硜乎！莫己知也，斯己而已矣。**

【考異】史記世家述文無「既而曰鄙哉」五字，「斯己而已矣」作「夫而已矣」。高士傳無「鄙哉」二字。古史孔子傳作「夫己而已」。

【音讀】釋文：「斯己」之己音紀。羣經平議：荷蕢者之意，以爲人既莫己知，則但當爲己，不必更爲人，故曰「莫己知也，斯己而已矣」。何氏增出「信」字，轉非其旨。十駕齋養新録：論語「莫己知也，斯己而已矣」，今人讀「斯己而已」兩已字皆如以。考唐石經「莫己」「斯己」，皆作人己之己，「而已」作已止之已。釋文「莫己」音紀，下「斯己」同，與石經正合。集解：「此硜硜者徒信己而已。」皇氏義疏申之云：「言孔子硜硜，不宜隨世變，唯自信己而已矣。」是唐以前論語「斯己」字皆不作止解，由於經文作「己」不作「已」也。己與已絶非一字，宋儒誤讀「斯己」爲以，未免改經文以就己說矣。

【集解】此硜硜徒信己而已，言亦無益也。

【唐以前古注】皇疏：此鄙哉之事，言聲中硜硜有無知己也。又言孔子硜硜，不宜隨世變，唯自信己而已矣。

【集注】硜硜，石聲，亦專確之意。

【餘論】黄氏後案：依皇、邢二疏，既，已也。鄙哉，磬中之聲可鄙劣也。硜硜乎莫己知，斯已而已者，此鄙哉之事，言磬聲硜硜然，無知己之人，惟堅信於己而已矣。疏申何解如此。一曰：「莫己知也斯已而已矣」二句連讀，言世莫知己，祇一己之孤而已也，與滔滔皆是誰以易之意正同。朱子注本「斯已」之「已」作「已」，乃隸書傳寫之誤。古篆已、已二字迥異，依何氏所見本當作「已」也。史記世家繫此事於三至衞，是時靈公老，怠於政，不用孔子。荷蕢云莫己知，情事亦合。潘氏集箋：硜硜，論語古義、論語後録並云「硜」古文「磬」。史記載樂記云「石聲硜硜」，即磬字。今禮記作「磬」，論語竢質、陳鱣並同。竢質又謂石聲。磬以其聲名其石，遂名樂石爲磬。石聲磬，單言之；鄙哉硜硜乎，重言之，皆言其聲也，文異而字實同也。陸德明以苦耕反硜，誤矣。

深則厲，淺則揭。」

【考異】説文解字引詩「深則砅」。五經文字：濿音厲，爾雅或以爲「深則厲」之厲。

【考證】潘氏集箋：詩釋文：「韓詩曰：至心曰厲。」説文作「砅」，云：「履石渡水也。」爾雅：「揭者，揭衣也。以衣涉水爲厲，繇厀以下爲揭，繇厀以上爲涉，繇帶以上爲厲。」毛傳同。戴震毛詩鄭考正曰：「説文：『砅，履石渡水也。』引詩作砅，又作濿，省用厲。酈道元水經注河水篇云：『段國沙州記：吐谷渾於河上作橋，謂之河厲。』此足證橋有厲名。詩之意以淺水可褰衣而過，若水深則必依橋梁乃可過，喻禮義之大防不可犯。詩淇梁、淇厲並稱，厲固梁之屬也，足以證説文之有師承。」論語後録亦以許義爲長。爾雅正義云：「戴侗説文以匡爾雅，其説辨矣。然古字叚借，誼相貫通，不得專主一解。衞風言淇厲，無妨橋有厲名。至於深則厲之文，當從爾雅，不可易也。」經義述聞曰：「厲之言陵厲也，陵水而渡，故謂之厲。厲字即承上句涉字言之，故説文以涉爲徒行厲水，義與爾雅同也。宋玉大言賦亦曰：『流血冲天，車不可以厲。』是厲爲涉水之名，非謂橋梁也，自當從雅訓爲是。且深則厲，淺則揭，相對爲文，若以厲爲橋而曰深則橋，斯與淺則揭之揭文不相當矣。」過庭録曰：「揭從手，以手褰衣裳而過，故曰揭。説文：『涉，徒行厲水也。』詩『褰裳涉溱，褰裳涉洧』，謂揭而後厲。鄭注論語云：『由厀以上爲厲。』知涉者正藉乎厲，由帶以上必厲而後渡。雅取對詁，鄭據散文，其説可通也。」

按：厲之言陵厲也，陵水而渡，故謂之厲。深則厲，淺則揭，相對爲文。若以厲爲橋，而曰深則橋，斯與「淺則揭」之揭文不相當矣。爾雅釋厲字具二義，包、鄭同用第一義。説文引詩「深則砅」，此當本三家别一義，雖亦得通，然非經旨也。

【集解】包曰：以衣涉水爲厲。揭，揭衣也。言隨世以行己，若遇水必以濟，知其不可，則當不爲。

【唐以前古注】詩匏有苦葉正義引鄭注：由膝以上爲厲。

按：論語古訓云：「釋水云：『繇膝以下爲揭，繇膝以上爲涉，繇帶以下爲厲。』蓋分舉之則三，縱言之則二，以膝爲準而分上下也。包云『以衣涉水爲厲』，則亦以繇膝以上言之，不謂繇帶以上也。此注當有『繇膝以下爲揭』。」

【集注】以衣涉水曰厲，攝衣涉水曰揭。此兩句衞風匏有苦葉之詩也，譏孔子人不知己而不止，不能適淺深之宜。

【餘論】黄氏後案：鄭君注論語，服氏注左傳皆云「由膝以上爲厲」者，揭止由膝以下，而膝以上至帶以上，涉與厲爲通名。韓詩傳又云：「至心曰厲。」諸説雖異，而涉水濡衣爲厲，其意則同。涉深者衣必濡水，以喻事不可救；揭淺則水不濡衣，以喻世猶可救。皇疏申包注如此。説文引詩作「深則砅」，解云：「履石渡水也。」砅或作瀨。」許氏意蓋謂深水中有大石可以履而渡者，是謂之砅，今借用厲耳。戴東原詩考正以厲爲石梁，引水經注河水篇云：「段國沙州記：『吐谷渾於河上作橋，謂之河厲。』梁有厲之名，衞詩淇梁、淇厲並稱，厲固梁之屬。詩意以淺水可褰裳而過，水深必依橋梁乃可過，喻禮義之大防不可踰。」王氏述聞駁戴説。式三謂水之深不一，則爾雅、説文、韓傳及戴氏所引諸解皆可通，學者不必偏守一説。

子曰：「果哉，末之難矣！」

【考異】七經考文補遺：古本「矣」上有「也」字。

【音讀】釋文：難如字，或乃旦反。經傳考證：「果哉」六字二字爲句，自成韻語。末，無也，蔑也，言其所見小也。檀弓「末之卜也」、「曾子曰微與，孔子曰亡之」，辭意皆相近。羣經平議：淮南子道應篇「令不果往」，高誘注：「果，誠也。」果哉末之難矣，猶曰誠哉無難矣。蓋如荷蕢者之言，隨世以行己，視孔子所爲，難易相去何啻天壤？故孔子聞其言而歎之，一若深喜其易者，而甘爲其難之意自在言外。聖人辭意微婉，初非與之反唇也。何解失之。

【集解】未知己志而便譏己，所以爲果。末，無也。無難者，以其不能解己之道。

【唐以前古注】皇疏：孔子聞荷蕢譏己而發此言也。果者，敢也。末，無也。言彼未解我意而便譏我，此則爲果敢之甚也，故曰果哉。但我道之深遠，彼是中人，豈能知我？若就彼中人求無譏者，則爲難矣。玄風之攸在，聖賢相與必有以也。夫相與於無相與，乃相與之至；相爲於無相爲，乃相爲之遠，苟各修本，奚其泥也？同自然之異也。雖然，未有如荷蕢之談譏甚也。按文索義，全近則泥矣，其將遠則通理。嘗試論之，武王從天應民，而夷、叔叩馬謂之殺君。夫子疾固勤誨，而荷蕢之聽以爲硜硜。言其未達耶？則彼皆賢也，達之先於衆矣。殆以聖人作而萬物都覩，非聖人則無以應萬方之求，救天下之弊。然救弊之迹，弊之所緣，勤誨之累，則焚書坑儒之禍起；革命之弊，則王莽、趙高之釁成，不挌擊其迹，則無振希聲之極致。又引江熙云：隱者之談夫子，各致此出處不乎。

【集注】果哉，難其果於忘世也。末，無也。聖人心同天地，視天下猶一家，中國猶一人，不能一日忘也，故聞荷蕢之言而歎其果於忘世，且言人之出處若但如此，則亦無所難矣。

○子張曰：「書云：『高宗諒陰，三年不言。』何謂也？」

【考異】書說命：「王宅憂，亮陰三祀。既免喪，其惟弗言。」音義曰：「亮，本又作諒。」　又無逸：「其在高宗即位，乃或亮陰，三年不言。其惟不言，言乃雍。」孔傳曰：「信默三年。古文陰作侌，三年或作弎秊。」　毛詩商頌譜正義引鄭氏無逸注：諒闇，轉作梁闇。楣謂之梁。闇，廬也。　公羊傳文公九年注述此章文，「諒陰」作「涼闇」，音義曰：「涼音亮，又音良。闇如字，又音陰。」　禮記喪服四制：「高宗諒闇三年。」注曰：「諒古作梁。闇讀如鶉鵪之鵪。」　書稗傳考異：漢五行志作「涼陰」，大傳作「梁闇」。　趙宧光說文長箋引書作「諒諳」，又引作「諒瘖」。　論語古訓：左傳正義及史記集解引鄭注，「諒闇」轉作「梁闇」，謂廬也。小乙崩，武丁立，憂喪三年之禮，居倚廬柱楣，不言政事。陰、闇音同，故孔作「陰」。按：公羊九年注引論語作「諒闇」，當是魯論，後漢張禹傳注引鄭注同，知鄭同魯論而不從古讀也。

【考證】禮記檀弓：子張問曰：「書云：『高宗三年不言，言乃讙，有諸？』」仲尼曰：「胡爲其不然也？古者天子崩，王世子聽于冢宰三年。」　家語正論解與禮記同，惟「讙」作「雍」，「王世子聽于冢宰」作「則世子委政于冢宰」。　尚書大傳：書曰：「高宗梁闇，三年不言。」子張曰：「何謂也？」孔子曰：「古者君薨，世子聽于冢宰三年，不敢服先王之服，履先王之位而聽焉。」　四書稗疏：書注：諒音梁，陰音鶕。諒古作梁，陰古作闇。天子居喪之廬也。楣謂之梁，廬謂之闇。梁闇者，一梁支脊而無楹柱，茅垂於地，從旁出入，今陶人窰廠軍中窩篷似之。集注謂未詳其義，小注謂：「諒，信也。陰，默也。」附會説命恭默思道之説，徒見穿鑿。闇，今文菴字，爲浮屠室之名，以其檐地而無牖，故謂之闇；以其草覆揜而不開户宇，故謂之菴，其實一耳。　論語後録：喪服四制正作「諒闇」。鄭康成注：「諒古作梁，楣謂之梁。闇讀如鶕鶕之鶕，闇謂廬也。」廬有梁者，所謂柱楣也。古者横一木長梁於東墉下著地，以中被之，既葬則翦去中，以短柱柱起長梁，謂之柱楣。柱楣者，梁也。廬與闇同意，孟子言滕文公五月居廬，在未葬前，然則未葬謂之廬，既葬謂之闇歟？　過庭録：書無逸：「其在高宗時，舊勞於外，爰暨小人，作其即位，乃或亮陰，三年不言。」亮，古文當作「諒」，作「亮」是隸古定本。左傳隱元年正義引馬融書注曰：「亮，信也。陰，默也。爲聽於冢宰，信默而不言。」僞孔傳同，此古文書也。論語「諒陰」孔注同，亦古文也。伏生書大傳作「梁闇」，云：「高宗居凶廬。」此今文書也。禮小戴記亦今文，故亦作「梁闇」，而鄭注喪服四制云：「諒古作梁」者，謂古字可叚借作梁，非謂古文書如此也。　惠士奇禮説：葛洪曰：「横一木長梁于東墉下著地，以草被之。既葬，則翦去草，以短柱柱起長梁，謂之柱楣。楣亦名梁，既葬泥之，障以蔽風。」愚謂古之闇，今之庵也。釋名曰：「草圓屋曰蒲，又謂之庵。庵，掩也，所以自覆掩也。」誅茅爲屋，謂之翦屏，非庵而何。庵讀爲陰，猶南讀爲任，古今異音。　廣雅：「庵與廬皆舍也。」倚廬不塗，既葬塗廬，塗近乎堊。釋名曰：「堊，亞也，次也。」先泥之，次乃飾以白灰。康成謂堊室者，壘墼爲之。蓋柱楣倚壁爲一偏，壘墼成屋爲兩下。然則既葬塗之，既練壘之加堊，既祥又加黝，總謂之廬。故尚書大傳曰：「高宗有親喪，居廬三年。」此之謂也。唐禮，小祥，毁廬爲堊室。堊猶廬也，焉用毁哉？然則大夫居廬，士居堊室何也？曰非親且貴者不廬。廬，嚴者也，不言不笑謂之嚴。百官備，百物具，不言而事行，非親且貴者乎？言而後事行，及身自執事者，皆不廬。劉氏正義：白虎通喪服篇：「所以必居倚廬何？孝子哀不欲聞人之聲，又不欲居故處。居中門之外，倚木爲廬，質反古也。不在門内何？戒不虞故也。故禮閒傳曰：『父母之喪，居倚廬。』於中門外，東牆下户北面練居。堊室，無飾之室。又曰：『天子七日，公諸侯五日，卿大夫三日而服成，居外門内東壁下爲廬。』」然則廬是倚木爲之，別以一木横卧於地，以上承所倚之木，即葛洪所謂「下著地」者也。孝子於所倚木兩旁出入，或以苫蔽其一旁耳。既葬，則以短柱將所横卧於地之長梁柱起，若爲半屋然。則所謂柱楣者，謂有柱有楣也。梁闇以喪廬稱之。文選閒居賦注以爲「寒涼幽闇之處」，此望文爲義，非古訓也。殷本紀：「帝小乙崩，子帝武丁立。武丁修政行德，天下咸驩，殷道復興。」又漢書五行志云：「劉向以爲殷道既衰，高宗承敝而起，盡涼陰之哀，天下應之也。」是高宗爲殷之中興王，故孟子言「武丁朝諸侯，有天下」矣。馬融書注云：「亮，信也。陰，默也。爲聽於冢宰，信默而不言。」此僞孔所本。楚語言高宗云：「於是乎三年默以思道。」此但釋不言之義。其不言在居喪時，故鄭從伏傳作「梁闇」，解爲喪廬，不用其師説也。

按：書大傳云：「高宗梁闇，三年不言，何爲梁闇也？傳曰：高宗居凶廬，三年不言，此之謂梁闇。」此鄭所本。孔云：「諒，信也。陰，猶默也。」王光禄曰：「下云不言足矣，上言信默，語意複疊，孔説非是，當從鄭説爲正。」

【集解】孔曰：「高宗，殷之中興王武丁也。諒，信也。陰猶默也。」

【唐以前古注】後漢張禹傳注引鄭注云：諒闇，謂凶廬也。

【集注】高宗，商王武丁也。諒陰，天子居喪之名，未詳其義。

子曰：「何必高宗，古之人皆然。君薨，百官總己以聽於冢宰三年。」

【考異】書伊訓：「百官總己，以聽冢宰。」無於字。公羊傳文公九年注述文亦無於字。後漢書陳元傳引亦無以字。白虎通爵篇兩引文皆無以字。

【考證】梁氏旁證：今尚書伊訓，東晉梅氏所上之古文也，其云「百官總己以聽冢宰」，似即因論語而爲之者。然論語云「何必高宗，古之人皆然」，則所謂冢宰者，固不專指殷制。殷官名雖無可稽，而宋承殷之制，備立六卿，屢見左氏。右師實統百官，即周天官之職。書有父師少師，父師右師也，少師左師也，伊尹以阿衡爲官號，其即右師與否固不敢知，要不得以周人之冢宰施之殷人耳。論語稽：古人三年不言，無可考見，惟竹書紀年載夏十七君，禹之後除少康遺腹，扃受兄禪，癸不諒陰外，餘十三君皆喪畢即位。二世啓、十一世不降、十三世廑，皆於二十七月之外尚有餘月。四世仲康、五世相、七世杼、八世芬、十四世孔甲、十五世昊、十六世發，皆二十七月之數。九世芒、十世泄，則攝政僅一年，或冢宰有疾歟？抑即位於元年之夏初歟？太康獨越四年乃即位，豈性好遊畋，不急於爲君歟？抑有疾不能如期即位歟？至商三十君，俱於先君崩之次年即位，然以高宗命卿士甘盤之文推之，外丙、仲壬、太甲之命卿士伊尹，沃丁之命卿士咎單，太戊之命卿士伊陟、臣扈，皆在即位之初，是外丙、仲壬、太甲、沃丁、太戊皆聽於冢宰也。然自沃丁而後，小庚、小甲、雍己三君皆不諒陰。太戊而後，仲丁、外壬、河亶甲、祖乙、祖辛、沃甲、祖丁、南庚、陽甲、盤庚、小辛、小乙十二君亦不諒陰，至武丁乃又行之。世俗耳目狃於近而忘其遠，故武丁獨著稱也。

【集解】馬曰：「己，己百官也。」孔曰：「冢宰，天官卿佐王治者。三年喪畢，然後王自聽政。」

【唐以前古注】皇疏：孔子答子張古之人君也，言古之人君有喪者皆三年不言，何必獨美高宗，即此言亦激時人也，説人君之喪其子得不言之由。若君死則羣臣百官不復諮詢於君，而各總束己之事，故云總己也。冢宰，上卿也。百官皆束己職，三年聽冢宰，故嗣王君三年不言也。

【集注】言君薨則諸侯亦然。總己，謂總攝己職。冢宰，大宰也。百官聽於冢宰，故君得以三年不言也。胡氏曰：位有貴賤，而生於父母無以異者，故三年之喪，自天子達於庶人。子張非疑此也，殆以爲人君三年不言，則臣下無所禀令，禍亂或由以起也。夫子告以聽於冢宰，則禍亂非所憂矣。

【餘論】四書訓義：三年之喪，宅憂而不正南面之治。天子之爲子，唯盡乎人子之心，則大臣之爲臣，自守其爲臣之節。惟仁孝衰於上，而忠誠亦薄於下，於是當喪制命，而不敢移其柄於大臣，大倫之斁，有自來矣。自康王即位於喪次，其後因之蔑喪踐阼，至於春秋之季，並不知有此禮，故子張讀説命而疑焉。又曰：人同此心，心同此理，爲子者不以天下易其親，則爲臣者自不敢以大權私於己，人倫正而天下化。後世上偷而下竊，下僭而上疑，其廢此也久矣。此周道之所以不及殷，而聖人論禮，必折衷於三代也。

〇子曰：「上好禮，則民易使也。」

【考證】春秋繁露立元神云：夫爲國，其化莫大於崇本。崇本則君化若神，不崇本則君無以兼人。無以兼人，雖峻刑重誅而民不從。是所謂驅國而棄之者也，患孰甚焉？又曰：是故郊祀致敬，共事祖禰，舉顯孝弟，表異孝行，所以奉天本也。秉耒躬耕，採桑親蠶，墾草殖穀，開闢以足衣食，所以奉地本也。立辟廱庠序，修孝弟敬讓，明以教化，感以禮樂，所以奉人本也。三者皆奉，則民如子弟，不敢自專。邦如父母，不待恩而愛，不須嚴而使。

【集解】民莫敢不敬，故易使。

【集注】謝氏曰：「禮達而分定，故民易使。」

【餘論】四書約旨：內外上下大小無一物不得其分，斯謂之好禮。今人淺言以禮儀文度數當之，而求深者以心言之，其不識禮則均也。四書翼注：古人無一不用民力，修宮室，築城郭，農隙講武，越境從朝聘，會盟征伐，皆民力也。周禮大司徒之制，上地家可任者三人，中地家可任者二家五人，下地家二人，料民以出兵也。司馬法八家爲井，四井爲邑，四邑爲丘，四丘爲甸，甸出長轂一乘，馬四匹，甲士三人，步兵七十二人；又大車一乘，牛十二頭，炊爨掌衣裝之士二十五人。是料民出兵，即就民家出甲冑器械衣糧牛馬，大率以七家供給一兵。故孫子云：「興師十萬，日費千金，奔走於道路者七十萬家。」

○子路問君子。子曰：「修己以敬。」曰：「如斯而已乎？」曰：「修己以安人。」曰：「如斯而已乎？」曰：「修己以安百姓。修己以安百姓，堯、舜其猶病諸？」

【考異】七經考文補遺：古本「敬」下有人字。翟氏考異：前行人子羽脩飾之，後脩文德，脩廢官，義疏本俱從彡作「修」，於字體爲得其正，他如德之不脩、脩慝辨惑仍同。今作「脩」，字形相近，傳寫易差，故亦不能純耳。

按：翟氏不知所據何本。余所見者，南軒論語解本作「修」，是宋版均作「修」，不止皇本也。今惟監本作「脩」，故讀書須求善本。

【考證】劉氏正義：君子，謂在位者也。修己者，修身也。以敬者，禮無不敬也。安人者，齊家也。安百姓，則治國平天下也。易家人彖傳云：「家人，女正位乎内，男正位乎外。」此安人之義也。凡安人安百姓，皆本於修己以敬，故曰：「君子篤恭而天下平。」黄氏後案：君子，上位之君子也。人，猶臣也。尚書皋陶謨「在知人」，洪範「人無有比德，人用側頗僻」，人皆對民言。詩假樂「宜民宜人」亦同。正身正其臣正其民，敬心充積之盛也。上章言禮，此章言敬，下二章見不敬者之壞於禮。修己以敬，循此禮以踐之而已，安人安百姓者，禮教所達，朝野胥安於敬而已，禮之不可以已也如是。

【集解】孔曰：「修己以敬，敬其身也。人，謂朋友九族。病，猶難也。」

【唐以前古注】皇疏引衛瓘云：此難事，而子路狹掠之，再云「如斯而已乎」，故云過此則堯、舜所病也。又引郭象云：夫君子者不能索足，故修己者索己，故修己者僅可以内敬其身，外安同己之人耳，豈足安百姓哉？百姓百品，萬國殊風，以不治治之，乃得其極，若欲修己以治之，雖堯、舜必病，況君子乎？今堯、舜非修之也，萬物自無爲而治，若天之自高，地之自厚，日月之明，雲行雨施而已，故能夷暢條達，曲成不遺而無病也。

【集注】修己以敬，夫子之言至矣盡矣，而子路少之，故再以其充積之盛自然及物者告之，無他道也。人者對己而言，百姓則盡乎人矣。堯、舜猶病，言不可以有加於此，以抑子路，使反求諸近也。蓋聖人之心無窮，世雖極治，然豈能必知四海之内果無一物不得其所哉？故堯、舜猶以安百姓爲病。若曰吾治已足，則非所以爲聖人矣。

【餘論】論語或問：謝氏以安人安百姓爲擴而大之；楊氏以爲推而至於天下平，然後爲至；尹氏以爲推而及物，皆若近是，而實有可議者。蓋所謂修己以敬者，語雖至約，而所以齊家治國平天下之本，舉積諸此。子路不喻而少其言，於是告以安人安百姓之説。蓋言修己以敬，而極其至則心平氣和，静虚動直，而所施爲無不自然各得其理，是以其治之所及者，羣黎百姓莫不各得其安也，是皆本於修己以敬之一言。然所謂敬者，非若四端之善，始然始達而可擴，由敬而安人安百姓；非若由格物致知以至於正身及物，有待夫節節推之也；非若老老幼幼，由己及物，而待夫舉斯心以加諸彼也，亦謂其功效之自然及物者爲然耳。曰：然則夫子之言豈其略無大小遠近之差乎？曰：修己以敬，貫徹上下，包舉遠近，而充言之也。安人安百姓，則因子路之問而以其功效之及物者言也。然曰安人，則修己之餘而敬之至也。安百姓，則修己之極而安人之盡也。是雖若有小大遠近之差，然皆不離於修己以敬之一言，而非有待擴之而後大，推之而後遠也。

【發明】朱子語類：問：修己如何能安人？曰：以一家言之，一人不修己，一家之人安不安？

四書紹聞編：洪範曰「敬用五事」。人之修身，不過五事，曰貌、言、視、聽、思，五事之則曰恭從明聰叡。有物必有則，惟敬則得之，不敬則失之，故曰敬用五事，即修己以敬之旨也。

松陽講義：今日學者要做君子，須先理會這敬字。先儒謂整齊嚴肅，是敬之入頭處；主一無適，是敬之無間斷處；惺惺不昧，是敬之現成處；提撕喚醒，是敬之接續處，大約不出此數端。若非敬，則雖日講學問，日講事業，都無頭腦，終於無成耳。所以朱子於大學或問中特提一敬字作主，謂古人於小學時，這敬字工夫都做成了，方能去做八條目。今人不曾於敬字上用得功，這八條目如何做得來？子思作中庸，亦先提戒懼慎獨，至於堯、舜、禹之欽，湯之日躋，文之緝熙，無非是這敬，不是説空空一敬便完事了，一切致知力行工夫都是敬做成的，切莫看小了這敬字。

○原壤夷俟。子曰：「幼而不孫弟，長而無述焉，老而不死，是爲賊。」以杖叩其脛。

【考異】皇本「孫」字作「遜」，「弟」字作「悌」，「賊」下有「也」字。

【考證】羣經義證：墨子天志中篇「紂越厥夷居」，非命上篇「紂夷處」，即此夷俟之文。儀禮士喪禮「奉尸侇于堂」，注：「侇之言尸也。」喪大記釋文：「夷，尸也，陳也。本或作侇。」記云「夷俟」，狀其箕踞如偃屍也。 論語補疏：法言五百篇云：「或問禮難以强世。曰難故强世，如夷俟倨肆，羈角之哺果而陷之，奚其强？」宋咸注云：「夷俟倨肆皆驕倨之謂。」廣雅云：「蹲、跠、𡰥、啓、隸，踞也。」夷俟即是倨肆，俟、肆音相近。 夷俟猶跠肆，與鞠躬爲匑匔同。 鞠躬，雙聲也。夷俟，疊韻也。 馬氏訓俟爲待，而謂踞待孔子，失之。 鄉黨圖考：古人之坐，兩膝著席而坐於足，與跪相似，但跪者直身臀不著地，又謂之跽，危而坐安。 若坐而舒兩足則如箕矣，曲禮曰：「坐無箕。」 說文段注：今人居處字古祇作「凥」，今人蹲居字古祇作「居」。又謂古人跪與坐皆厀著於席，而跪聳其體，坐下其脾。 若蹲，則足底著地而下其脾，聳其厀曰蹲，其字亦作「竢」。原壤夷俟，謂蹲踞而待，不出迎也。

按：史記南越趙佗傳：「椎髻箕踞，以待陸賈。」蓋古人凡坐以凥就踝，今夷俗以凥及地，張兩膝爲箕形，夷俟即箕踞也。 馬注：「夷，踞也。俟，待也。踞待孔子。」集注即用其說，其義易明，紛紛異説，殊可不必。

【集解】馬曰：「原壤，魯人，孔子故舊。夷，踞；俟，待也。踞待孔子。」何曰：「賊，謂賊害。」孔曰：「叩，擊也。脛，脚脛。」

【唐以前古注】魏書李業興傳引論語注：原壤，孔子幼少之故舊。

按：陳鱣云：「傳上引檀弓文，下引此注，今檀弓無此注，當是鄭論語注。」

皇疏：原壤者，方外之聖人也，不拘禮敬，與孔子爲朋友。夷，踞也。俟，待也。壤聞孔子來，而夷踞豎膝以待孔子之來也。孔子方内聖人，恒以禮教爲事，見壤之不敬，故歷數之以訓門徒也，言壤少而不以遜悌自居，至於年長猶自放恣無所效述也；言壤年已老而未死，行不敬之事，所以賊害於德也。脛，脚脛也。膝上曰股，膝下曰脛。孔子歷數言之既竟，又以杖叩擊壤脛，令其脛而不夷踞也。

筆解：韓曰：「古文叩扣文之誤也，當作指。爲夷俟踞足，原不自知失禮，故仲尼既責其爲賊，又指其足脛，使知夷踞之罪，非擊之明矣。」

按：六朝時道家之説盛行，皇侃以原壤爲方外聖人，蓋囿於風氣，不可爲訓。原壤蓋習爲吐故納新之術者，故孔子以老而不死譏之，説者多謂長生久視之法非出于老子，蓋非也。

【集注】原壤，孔子之故人，母死而歌，蓋老氏之流，自放於禮法之外者。夷，蹲踞也。俟，待也。言見孔子來而蹲踞以待之也。述，猶稱也。賊者，害人之名，以其自幼至老，無一善狀，而久生於世，徒足以敗常亂俗，則是賊而已矣。脛，足骨也。孔子既責之，而因以所曳之杖微擊其脛，若使勿蹲踞然。

【餘論】論語或問：胡氏以爲原壤之喪母而歌也，孔子爲弗聞者矣，今乃責其夷俟，何舍其重而責其輕也？ 蓋數其母死而歌，則壤當絶；叩其箕踞之脛，則壤猶爲故人耳。 盛德中禮，見乎周旋，此亦可見。 其説亦善。 黄氏後案：養生家譏儒者拘執禮法，迫情拂性，非延年之道，而自以曠遠爲養生。 夫子言壤禮傷教，生不如死，責之深矣。 此爲養生家解惑，非慢駡故人也。

【發明】四書説約：記此章祇在聖人數語，見人生而無善可稱，便是世間一害，聖人所痛惡者。

○闕黨童子將命。或問之曰：「益者與？」子曰：「吾見其居於位也，見其與先生並行也。非求益者也，欲速成者也。」

【考異】漢書古今人表作「厥黨」。 皇本「將命」下有「矣」字。

【考證】日知録：水經注：「孔廟東南五百步有雙石闕，故名闕里。」考春秋定公二年夏五月壬辰，雉門及兩觀災。 注：「雉門，公宫之南門。 兩觀，闕也。」史記魯世家「煬公築茅闕門」，蓋闕門之下，其里即名闕里，夫子之宅在焉，亦謂之闕黨。 四書釋地：闕里首見漢書梅福傳，東漢後方盛稱之，緣魯恭王徙魯，於孔子所居之里造宫室，有雙闕焉，人因名孔子居曰闕里，水經泗水注可徵也。 家語孔子始教於闕里，應出王肅手，而非朱子所恨不見之古文家語，古文家語那得有闕里字？ 又曰：近讀北史，宋版王肅注本七十二弟子解「顔由回父，字季路，孔子使教閭里而受學」，乃是閭字，非闕字，知孔子時斷無闕里名。 又曰：顧氏謂闕里因煬公茅闕門而名，闕里即闕黨，不知茅闕門即春秋所謂兩觀，豈孔子士庶而敢居於外朝之地哉？ 闕里里名，闕黨黨名，今兖州府志闕黨在滋陽縣東北一里，有泉焉，名闕黨泉，流入泗。 荀子儒效篇：

化。」居者暫居，正所謂所過者化。

「仲尼居於闕黨，闕黨之子弟罔不分有，親者取多，孝悌以化之也。」居者暫居，正所謂所過者化。

撫餘説：毛西河曰：周禮五家爲鄰，五鄰爲里，四里爲族，五族爲黨。闕黨總該五百家，而夫子所居祇在闕里二十五家之中。而里門有師，謂之閭師。夫子幼時，或即爲里門之師而教授焉，故云教學於魯之闕門。然則闕里者，闕黨之里也。

按：釋地辨證云：「新序雜事一：『孔子在州里，篤行孝道。居于闕黨，闕黨之子弟畋漁分有，親者得多，孝以化之也。』此闕黨正孔子所居，即曲阜之闕里甚明。梅福上書於成帝有曰：『今仲尼之廟，不出闕里。』師古注：『闕里，仲尼舊里。』夫曰舊里，當别有其地矣。水經泗水注言夫子教於洙、泗之間，闕里背洙面泗（引從征記），與檀弓『吾與女事夫子於洙、泗之間』相合。潘維城以里黨對文爲異，散文則通，是也。閻氏本兖州府志，謂闕黨非闕里，不足據。兖州府志滋陽縣東北一里有闕黨，此出後世傅會，尤不可信。」

朱子或問：家語記叔仲會少孔子五十歲，與孔璇年相比，每孺子之執筆記事於夫子，二人迭侍左右。所云闕黨童子，豈即斯人歟？羣經平議：此童子自爲其黨之人將命，非爲孔子將命，亦非孔子使之將命也。正義曰：「此章戒人當行少長之禮也。闕黨，黨名。童子，未冠者之稱。將命，謂傳賓主之語，出入時闕黨之童子能傳賓主之命也。或人見其童子能將命，故問孔子曰：此童子是自求進益之道也與？孔子答或人，言此童子非求進益者也，乃是欲速成人者也。」邢氏此疏深得此章之旨。蓋孔子見此童子違謙越禮，深以爲非，然則闕黨之人使童子將命，亦大非孔子之意也。據荀子儒效篇「仲尼居於闕黨」，是闕黨之地，孔子嘗居之。其時適有童子將命一事，故或人以爲問，而孔子答之如此。論語特記其言，使人知長少之禮不可越也。後人誤會馬注，以爲孔子實使之，於此章之義全失矣。

【集解】馬曰：「闕黨之童子將命者，傳賓主之語出入也。」何曰：「童子隅坐無位，成人乃有位也。」包曰：「先生，成人也。並行，不差在後也，違禮。欲速成人者，則非求益者也。」

【唐以前古注】儀禮既夕記疏引鄭注玉藻：無事則立主人之南北面。皇疏：五百家爲黨，此黨名闕，故云闕黨也。童子，未冠者之稱。將命是傳賓主之辭，謂闕黨之中，有一小兒能傳賓主之辭出入也。或見小兒傳辭，故問孔子曰：此童子而傳辭，是自求進益之道也與？孔子答曰：其非求益之事也。禮，童子隅坐，無有列位，而此童子不讓，乃與成人並居位也。先生者成人，謂先己之生也，非謂師也，禮，父之齒隨行，兄之齒雁行，此童子行不讓於長，故云與先生並行也。

【集注】闕黨，黨名。童子，未冠者之稱。將命，謂傳賓主之言。或人疑此童子學有進益，故孔子使之傳命以寵異之也。禮，童子當隅坐隨行，孔子言吾見此童子不循此禮，非能求益，但欲速成爾，故使之給使令之役，觀少長之序，習揖遜之容，蓋所以抑而教之，非寵而異之也。

【餘論】論語注義問答通釋：禮之於人大矣，老者無禮，則足以爲人害；少者無禮，則足以自害。夫子於原壤、童子皆以是教之，述論語者以類相從，所以著人無老少皆不可以無禮義也。

# 論語集釋卷三十一

## 衛靈公上

○衛靈公問陳於孔子。孔子對曰：「俎豆之事，則嘗聞之矣；軍旅之事，未之學也。」明日遂行。

【考異】舊文「陳」爲「陣」。論語釋文曰：「陣，本今作陳。」　史記孔子世家作「問兵陳」。　顔氏家訓書證篇：論語曰：「衛靈公問陳於孔子。」俗本多作阜旁車，按此字當用陳、鄭之陳，夫行陳之義，取於陳列耳，此六書爲假借也。蒼、雅及諸字書皆無別字，惟王羲之小學章獨阜旁作車，縱復俗行，不宜追改論語。　後漢書光武帝紀：「昔衛靈公問陳，孔子不對。」注引論語衛靈公問陳於孔子。曰：「俎豆之事，則嘗聞之矣；軍旅之事，未之學也。」韓李筆解本無「孔子」二字。　翟氏考異：陣爲晉以後人所改，在古經實與今同文也。陸氏釋文主其時尚之本爲陳，而云本今作「陳」，則陳字已漸復自唐初矣。　章懷除「孔子對」三字，嫌與紀文齟齬故也。如所引，則驟讀之，俎豆四語若皆靈公問辭矣。　史記孟軻荀卿等傳亦云衛靈公問陳，而孔子不答。蓋云軍旅未學，雖有對辭，仍未對其所問之兵陣也，謂之不對，何嫌於齟齬乎？　左傳哀十一年：孔文子之將攻太叔也，訪於仲尼。仲尼曰：「胡簋之事，則嘗學之矣；甲兵之事，未之聞也。」退，命駕而行。

【考證】一切經音義五引字書：俎，四足小盤也。說文：俎，禮俎也。從半肉在且上。且，薦也。從几，足有二橫，一，其下地也。陳士元論語類考：明堂位云：「俎，有虞氏以梡，夏后氏以嶡，殷以椇，周以房俎。」注云：「房謂足下跗也，上下兩間有似於堂房。」魯頌云：「籩豆大房。」周語云：「郊禘有全烝，王公有房烝，親戚燕饗有殽烝。」明堂位云：「夏后氏以楬豆，殷玉豆，周獻豆。」注云：「楬，無異物之飾。獻，疏刻之也。」是知周俎稱房者象其形，周豆稱獻者取其刻畫之文也。聶崇義三禮圖：俎長二尺四寸，廣尺二寸，高一尺，漆兩端赤，中央黑。

按：章氏檢論：周時俎豆具食，漢始有案。說文：「豆，古食肉器也。」曰古者，明漢已不用之義。今日本盛食之盤即謂之俎，以木蓋碗盛湯施於俎上以進食，猶古俎豆之遺制。我國惟三代時用之，漢以後改用食案。蓋三代俱獨食，共食之例自漢始也。

【集解】孔曰：「軍陳行列之法。俎豆，禮器。」鄭曰：「萬二千五百人爲軍，五百人爲旅。軍旅末事，本未立，不可教以末事。」

【唐以前古注】筆解：韓曰：「俎豆與軍旅皆有本有末，何獨於問陳爲末事也？鄭失其旨。吾謂仲尼因靈公問陳，遂譏其俎豆之小尚未習，安能講軍旅之大乎。」

按：鄭說固非，韓說亦未是，當以蘇轍傲所不知之說爲長。

【集注】陳，謂軍師行伍之列。俎豆，禮器。尹氏曰：「衛靈公無道之君也，復有志於戰伐之事，故答以未學而去之。」

○在陳絶糧，從者病，莫能興。子路愠見曰：「君子亦有窮乎？」子曰：「君子固窮，小人窮斯濫矣。」

【考異】釋文：「糧」，鄭本作「粻」，音張，下云糧也。皇本「糧」字作「粮」。劉氏正義：高注吕氏春秋，連引問陳、絶糧兩事，當時簡編相連，未有分别，而皇、邢本又以「明日遂行」屬此節之首。然以僞孔注觀之，兩事既非在一時，則不得合爲一節，而「明日遂行」必屬上節無疑矣。

【考證】論語後録：夫子以哀公二年去衛，絶糧在四年，蓋居陳者二年耳，其三年則魯季康子召冉求，孔子在陳思歸。洙泗考信録：孟子曰：「君子之厄於陳、蔡之間，無上下之交也。」但言其君大夫不見禮以至貧乏耳，初未嘗云有兵以圍之也。蓋古之適他國者，其君大夫必餼之餼，而陳、蔡皆無之，以致厄，如重耳之不禮於鄭、衛，乞食於五鹿者然，烏有所謂發徒役以圍孔子於野者哉！春秋傳云：「陳不救火，君子是以知其先亡。」國語亦言陳之道路不修，賓旅無所依，故單子知其必亡。蓋陳之國事日非，其君大夫皆不恤賓旅，孔子亦不樂立於其朝。而蔡乃楚境，楚亦非能尊賢養士之國，雖有貞子、葉公之輩，度亦暫與相依而未必遂久與相處，是以往來兩地，未有定居，其窘餓窮乏，蓋亦非一日之事，故曰厄於陳、蔡之間，言其非一時非一地也。四書逸箋：荀子「孔子厄於陳、蔡，居桑洛之下」，楊倞注：「九月時也。」人知孔子在陳之年，而不知爲九月，此可補書傳所未備。

四書賸言：論語子在陳，在陳絶糧，從我于陳、蔡之間，孟子子在陳，君子之阨于陳、蔡之間，在舊注今注皆置不問。惟在陳絶糧，孔安國據莊子謂孔子之曹不容，之宋遭匡人之難，于是之陳，而吴適伐陳，陳亂，故乏食，則又誤注者，夫子之宋遇桓魋之難，不是匡人。且據年表，定公十二年夫子適衞，十四年適陳，是時並無吴師伐陳，又且在陳絶糧，與阨於陳、蔡是一時事，夫子是時尚未適蔡。至哀三年，夫子去衞適陳，又久之適蔡，至六年而始有吴伐陳，楚子救陳之事，見於春秋。絶糧之阨，當在此時，孔氏誤也。又曰：嘗較夫子轍跡，與論、孟合者，自去司寇後即適衞，是時衞將奉粟六萬爲夫子禄，而仍不能用，孟子所謂主顔讎由，所謂於靈公際可之仕，皆在此時，此適衞第一次也。及去衞將適陳，過蒲，蒲人止之，乃返乎衞，是時南子請見，且置夫子于屬車，而夫子去衞，論語所謂子適衞與子見南子皆在此時。雖史記云有吴、楚之寇，而春秋無有，要是史記誤者，此適衞第二次也。乃夫子如宋遭桓魋之難，又如鄭然後至陳，論語所云子畏于匡，與孟子所謂微服過宋，所謂主司城貞子，皆在此時，此適陳第一次也。既而去陳，復反衞，又將之晉，渡河不果，又反衞，因靈公問陳而又去衞適陳，論語所謂衞靈公問陳于孔子，子在陳，孟子所謂子在陳，皆在此時，此哀之三年，爲適衞之第三四次，適陳之第二次也。乃自陳遷蔡，吴始伐陳，而楚來救之，聞孔子在陳、蔡間，使聘孔子，而陳、蔡大夫懼而見沮，因之有絶糧之事，論語所謂從我陳、蔡，在陳絶糧，孟子所謂阨於陳、蔡之間，皆在此時，此哀之六年，爲適陳之第三次，適蔡之第一次也。嗣此復反衛，與出公周旋，然後歸魯，論語所謂夫子爲衛君，衛君待子，吾自衛反魯，孟子所謂于衛孝公公養之仕，皆在此時，此哀之七年後，爲適衛之第五次，而夫子之轍跡終焉。凡以經注經必藉實據，此庶乎稍可據者。　拜經文集：史記孔子世家因孔子居衛居陳時久事多，遂覆敍三次。第一敍季桓子受女樂，孔子行，適衛，主顏濁鄒家。居十月，去衛，將適陳，過匡過蒲，月餘反乎衛，主蘧伯玉家。去衛過曹過宋過鄭，遂至陳，主司城貞子家。居陳三歲，去陳。第二覆敍過蒲，遂適衛，靈公怠於政，孔子行。趙簡子攻范中行，伐中牟，佛肸以中牟畔，使人召孔子，孔子欲往。孔子擊磬，有荷蕢過門。第二覆敍孔子既不得用於衛，將西見趙簡子，臨河而歎，反乎衛，主蘧伯玉家。靈公見飛雁仰視，色不在孔子，孔子遂行，復如陳，自陳遷蔡。細繹其脈，秩然不紊。第二番敍過蒲，會公叔氏以蒲畔，孔子遂適衛。靈公聞孔子來，喜問蒲可伐乎？孔子曰然。不伐蒲，靈公老，怠於政，不用孔子，孔子行是也。且即第一番，月餘反乎衛，主蘧伯玉家，靈公與夫人同車，宦者雍渠參乘，使孔子爲次乘，招摇市過之。孔子曰：「吾未見好德如好色者。」於是去衛是也。第二番敍趙簡子攻范中行，伐中牟，佛肸畔欲往，孔子擊磬於衛。即第三番，孔子既不得用於衛，將西見趙簡子，反乎衛，主蘧伯玉家是也。案左氏傳哀二十五年，衛侯輒出奔，將適蒲，拳彌曰：「晉無信不可。」杜注：「蒲近晉邑。」世家亦言蒲、衛之所以待晉、楚也。蓋孔子過蒲，欲適晉見趙簡子，仍反衛，在此時矣。又明年，孔子自陳遷於蔡，史公嚮往至聖，博采衆説以申宗仰之旨，且彼此互見，正明其爲一事也。蓋孔子去魯即適衛，去衛即欲適陳，而中有過匡、過蒲、趙簡子伐中牟、弗肸召、將西見趙簡子仍反衛、居衛月餘乃去衛、過曹、過宋、過鄭諸事，方適陳，遂至濡遲三載。史公於居十月去衛下大書曰將適陳，而中有過匡、過蒲、反衛、去衛、過曹、過宋、過鄭，下大書曰孔子遂至陳，明自過鄭以前皆將適陳而未果也。復如陳，亦對將適陳立文，明以前皆將適陳而未果，至是乃復如陳也。詎禮記正義檀弓篇用世家文，刪去「將」字，改「適」爲「之」，云孔子去魯適衛，從衛之陳，下又云去宋適鄭，去鄭適陳，居三歲。又云反乎衛，復行如陳。是顯以孔子三至陳矣。朱子論語序説引世家文更誤，云適衛，主於子路妻兄顔濁鄒家。適陳過匡還衛，主蘧伯玉家。又去適陳，主司城貞子家。居三歲而反乎衛，靈公不能用，將西見趙簡子，至河而反，又主蘧伯玉家。靈公問陳，不對而行，復如陳。遂成三適陳，四適衛矣。蓋由不知史記「將」字之意而輕刪之，又不知史記「復」字之意而誤解之，遂致斯誤。又孔子去衛過曹，去曹過宋，去宋過鄭，宋世家、鄭世家、十二諸侯年表皆作過宋過鄭是也，孔子實未嘗適宋適鄭也。今世家作適宋適鄭者字之誤，禮記正義引作適宋適鄭，則在唐初已誤矣。孔子初適衛，主顔濁鄒，去衛復反，乃主蘧伯玉。史公恐人不了，故每提必敍主者。如云孔子遂適衛，主於子路妻兄顔濁鄒家。又過蒲月餘，反乎衛，主蘧伯玉家。又還息乎陬而反乎衛，入主蘧伯玉家。兩言主蘧者，明先後一事也。又云過蒲，蒲人止孔子，與之盟，出孔子東門，孔子遂適衛，此亦主蘧，蒙上可知。又孔子以哀元年至陳，居陳三歲，年六十一。後自陳遷於蔡，三歲，年六十三，爲魯哀公六年。時厄於陳、蔡之間，楚興師來迎，遂自楚遷蔡，自蔡遷陳，自陳反乎衛，魯以幣迎孔子，即歸老於魯，安得於反衛之後有復如陳之事乎？

按：臧氏之説與諸家異，要亦本史記融會分辨，似可從。

【集解】孔曰：「從者，弟子。興，起也。孔子去衛如曹，曹不容，又之宋。遭匡人之難，又之陳。會吴伐陳，陳亂，故乏食也。」何曰：「濫，溢也。君子固亦有窮時，但不如小人窮則濫溢爲非。」

【唐以前古注】釋文引鄭注：粻，糧也。濫，竊也。

【集注】孔子去衛適陳。興，起也。何氏曰：「濫，溢也。言君子固有窮時，不若小人窮則放溢爲非。」程子曰：「固窮者，固守其窮。」亦通。愚謂聖人當行而行，無所顧慮，處困而亨，無所怨悔，於此可見，學者宜深味之。

【餘論】朱子語類：固守其窮，古人多如此説，但以上文觀之，則恐聖人一時問答之辭，未遽及此。蓋子路方問君子亦有窮乎，聖人答之曰：君子固是有窮時，但不如小人窮則濫矣。以固字答上面有字，文勢乃相應也。蘇子由古史：孔子以禮樂遊於諸侯，世知其篤學而已，不知其他。犂彌謂齊景公曰：「孔某知禮而無勇，若使萊人以兵刼魯侯，必得志焉。」衛靈公所以待孔子者，始亦至矣，然其所以知之者，猶犂彌也。久而厭之，將傲之以其所不知，故問陳焉。孔子知決不用也，故明日遂行。使其誠用，雖及軍旅之事可也。薛應旂四書人物考：子路衣敝不恥，浮海喜從，豈以絶糧而愠見哉？蓋疑君子之道四達不悖，而窮塞若此，豈亦在我者有未盡乎，正與不説南子之見，公山、佛肸之往相類。劉恭冕論語正義：絶糧事在哀公六年，此注不本之，而以爲在哀元年，不知何本。江氏永鄉黨圖考：「據世家孔子自陳遷於蔡，是爲陳、蔡之間，在哀四年。」其説較確。然世家亦可從，詳先進疏。惟世家言陳、蔡大夫合謀圍孔子，故致絶糧。全氏祖望經史問答辨之云：「陳事楚，蔡事吴，則讐國矣，安得二國之大夫合謀乎？」又云：「吴志在滅陳，楚昭至誓死以救之，陳之仗楚何如，感楚何如，而敢圍其所用之人乎？」全氏此辨極當。案孟子云：「君子之厄於陳、蔡之間，無上下之交也。」先進篇亦云：「從我於陳、蔡者，皆不及門也。」明因其時弟子未仕陳、蔡，無上下之交，故致困乏耳。黄氏後案：成湯夏臺，文王羑里，危過於絶糧，窮然後見君子。昔人所謂烈火猛燄有補金色，豈不信乎？荀子宥坐篇載絶糧事，夫子告子路曰：「君子之學非爲通也，爲窮而不憂，困而意不衰也，知禍福終始而心不惑也。」與此經互相備，可爲君子勉。小人濫，反言以見君子耳。仲子有不耻敝袍之節，至是年五十有餘愠見，祇是心有不平，何至於濫！

【發明】張楊園備忘録：有耿耿自命，寧死決不爲小人者，到窮之難忍，平生操履不覺漸漸放鬆，始焉濫祇一二分，既而三四分矣，又既而五六分矣，到此便將無所不至。自非居仁由義之大人，不易言不濫也。易曰：「介于石，不終日，貞吉。」在己在人，總在辨之於早；若反求諸己，不免有小人之心，祇有刻責自治而已。

○子曰：「賜也，女以予爲多學而識之者與？」對曰：「然，非與？」曰：「非也，予一以貫之。」

【考異】史記世家連上章「小人窮斯濫矣」，下接「子貢色作。孔子曰：賜，爾以予爲多學而識之者」一章文。

【考證】日知録：好古敏求，多見而識，夫子之所自道也。然有進乎是者，六爻之義至賾也，而曰知者觀其彖辭，則思過半矣；三百之詩至汎也，而曰一言以蔽之，曰思無邪；三千三百之儀至多也，而曰禮與其奢也寧儉；十世之事至遠也，而曰殷因於夏禮，周因於殷禮，雖百世可知；百王之治至殊也，而曰道二，仁與不仁而已矣，此所謂予一以貫之者也。其教門人也，必先叩其兩端而使之以三隅反，故顔子則聞一以知十，而子貢切磋之言，子夏禮後之問，則皆善其可與言詩，豈非天下之理殊塗而同歸，大人之學舉本以該末乎？彼章句之士，既不足以觀其會通，而高明之君子，又或語德性而遺問學，均失聖人之指矣。研經室集一貫説：貫，行也。此夫子恐子貢但以多學而識學聖人，而不於行事學聖人也。夫子於曾子則直告之，於子貢則略加問難而出之，卒之告子貢曰：「予一以貫之。」亦謂壹是皆以行事爲教也，亦即忠恕之道也。論語補疏：繫辭傳云：「天下何思何慮？天下同歸而殊途，一致而百慮。」韓康伯注云：「少則得，多則惑。塗雖殊，其歸則同。慮雖百，其致不二。苟識其要，不在博求。一以貫之，不慮而盡矣。」與何晏説同。易傳言「同歸而殊途，一致而百慮」，何氏倒其文，爲「殊途而同歸，百慮而一致」，則失乎聖人之指。莊子引記曰：「通於一而萬事畢。」此何、韓之説也。夫通於一而萬事畢，是執一之謂也，非一以貫之也。孔子以一貫語曾子，曾子即發明之云：「忠恕而已矣。」忠恕者何？成己以成物也。孟子曰：「大舜有大焉，善與人同，舍己從人，樂取於人以爲善。」舜於天下之善，無不從之，是真一以貫之。以一心而同萬善，所以大也。一貫則爲聖人，執一則爲異端。董子云：「夫喜怒哀樂之發，與清暖寒暑，其實一貫也。」四氣者，天與人所同也。天與人一貫，人與己一貫，故一貫者，忠恕也。孔子焉不學？無常師，無可無不可。異端反是。孟子以楊子爲我，墨子兼愛，子莫執中，爲執一而賊道。執一由於不忠恕，楊子惟知爲己而不知兼愛，墨子惟知兼愛而不知爲我，子莫但知執中而不知有當爲我當兼愛之時也。爲楊者必斥墨，爲墨者必斥楊。楊已不能貫墨，墨已不能貫楊。使楊子思兼愛之説不可廢，墨子思爲我之説不可廢，則恕矣，則不執一矣。聖人之道，貫乎爲我、兼愛、執中者也。執一，則人之所知所行與己不合者皆屏而斥之，入主出奴，不恕不仁，道日小而害日大矣。「人之有技，若己有之」，保邦之本也。「己所不知，人其舍諸」，舉賢之要也。「知之爲知之，不知爲不知」，力學之基也。善與人同，則人之所知所能皆我之所知所能，而無有異。惟事事欲出乎己，則嫉忌之心生。嫉忌之心生，則不與人同而與人異。執兩端而一貫者，聖人也。執一端而無權者，異端也。記曰：「夫言豈一端而已？夫各有所當也。各有所當，何可以一端概之？」史記禮書云：「人道經緯萬端，規矩無所不貫。」惟孔子無所不貫，似恃乎多學而識之。乃多學而識，仍自致其功，而未嘗通於人。孔子以忠恕之道通天下之志，故無所不知，無所不能，非徒恃乎一己之多學而識也。忠恕者，絜矩也。絜矩者，格物也。物格而後知至，故無不知。由身以達乎家國天下，是一以貫之也。一以貫之，則天下之知皆我之知，天下之能皆我之能，何自多之有？自執其多，仍執一矣。

劉氏正義：夫子言「君子博學於文」，又自言「默而識之」，是孔子以多學而識爲貴，故子貢答曰然。然夫子又言「文莫吾猶人，躬行君子，未之有得」，是聖門之教，行尤爲要。中庸云：「博學之，審問之，慎思之，明辨之，篤行之。」學問思辨，多學而識之也。篤行，一以貫之也。荀子勸學篇：「君子博學而日參省乎己，則知明而行無過矣。」又曰：「其數則始乎誦經，終乎讀禮。其義則始乎爲士，終乎爲聖人。」皆言能行之效也。否則徒博學而不能行，如誦詩三百，而授政使四方，不能達，不能專對，雖多，亦奚爲哉？至其所以行之，不外忠恕，故此章與詔曾子語相發也。

按：以上爲漢學家所説之一貫，雖不盡然，而語不離宗。至宋儒乃各以所樹立之主義爲一貫，而論始岐，當於下詳之。

【集解】孔曰：「然者，謂多學而識之也。非與，問今不然邪。」何曰：「善有元，事有會，天下殊塗而同歸，百慮而一致。知其元，則衆善舉矣。故不待多學以一知之。」

【唐以前古注】皇疏：時人見孔子多識，並謂孔子多學世事而識之，故孔子問子貢而釋之也。然，如此也。子貢答曰：賜亦謂孔子多學，故如此多識之也。子貢又嫌孔子非多學而識，故更問定云非與。與，不定之辭也。孔子又答曰非也，言我定非多學而識之也。貫，猶穿也。既答云非也，故此更答所以不多學而識之由也。言我所以多識者，我以一善之理貫穿萬事，而萬事自然可識，故得知之，故云子一以貫之也。

【集注】子貢之學，多而能識矣。夫子欲其知所本也，故問以發之。方信而忽疑，蓋其積學功至而亦將有得也。説見第四篇，然彼以行言而此以知言也。謝氏曰：「聖人之道大矣，人不能徧觀而盡識，宜其以爲多學而識之也。然聖人豈務博者哉，如天之於衆形，匪物物刻而雕之也。故曰予一以貫之，德輶如毛，毛猶有倫；上天之載，無聲無臭，至矣。」尹氏曰：「孔子之於曾子，不待其問而直告之以此，曾子復深諭之曰唯。若子貢則先發其疑而後告之，而子貢終亦不能如曾子之唯也。二子所學之淺深於此可見。」愚按夫子之於子貢屢有以發之，而他人不與焉，則顔、曾以下諸子所學之淺深又可見矣。

【餘論】論語或問：夫子以一貫告子貢，使知夫學者雖不可以不多學，然亦有所謂一以貫之，然後爲至耳。蓋子貢之學固博矣，然意其特於一事一物之中，各有以知其理之當然，而未能知夫萬理之爲一，而廓然無所不通也。若是者雖有以知夫衆理之所在，而汎然莫爲之統，其處事接物之間，有以處其所嘗學者，而於其所未嘗學者，則不能有以通也。故其聞一則止能知二，非以億而言則亦不能以屢中，而其不中者亦多矣。聖人以此告之，使之知所謂衆理者，本一理也。以是而貫通之，則天下事物之多皆不外乎是而無不通矣。朱子語類：孔子告子貢，蓋恐子貢祇以已爲多學，而不知一以貫之之理。後人不會其意，遂以爲孔子祇是一貫，不用多學。若非多學，則又無物可貫，孔子實是多學，無一事不理會過，祇是於多學中有一以貫之耳。呂枏四書因問：予一以貫之，此一字非泛然之一，如書「咸有一德」之一，然亦未嘗不自多學中來。但其多識前言往行，便要畜德；多聞多見，便要寡悔寡尤，所以擴充是一而至於純，故足以泛應萬事。若祇泛泛説一，則或貳以二，或參以三，元自不純，理與我不相屬，又何以貫通天下之事？

經正録：朱子文集方賓王問一貫謂積累既久豁然貫通，向之多學而得之者始有以知其一本而無二。與或問説同，故朱子善之。陸稼書亦謂一貫是功夫熟後自然見得，學者不可預求一貫。而王船山則謂予一以貫之，謂聖功之所自成，非言乎聖功之已成。楊賓實則謂一以貫之非貫而爲一之謂。夫子教人爲學，功夫原從一上做起，説有不同何也？蓋一貫有已成之極詣，有學而至之之功。論已成之極詣，則所難在貫。論學而至之之功，則所學無非致一。朱子、稼書以已成之極詣言，謂子貢多學而識，積累功至，夫子以一貫指示之而冀其悟也，故有豁然貫通之説，而戒學者之預求。王氏、楊氏以學而至之之功言，謂夫子告子貢以多學而識，當知一以貫之之道，而不可徒役志於學識，故謂主敬存誠即致一之要。是其所指而言者雖不同而理則無二。故朱子又云：「夫子於多學中有一以貫之。一者，性之理也，誠也，其功夫則存誠也。聖人不待存而無不誠，誠則明矣，一以貫之之謂也。」稼書又云：「子貢聞一以貫之語，或有人問之曰：何謂也？當曰：夫子之道，居敬窮理而已矣。」

松陽講義：當日夫子告曾子、子貢決不是含糊説箇一，自然是有著落的，故曾子即應之速，而子貢亦不再問。門人所以有何謂之問者，不是疑一之何所指，只是見夫子平日論工夫體用俱分作兩截，至此則偏重在體上，似另有一箇直截工夫。曾子借忠恕以明之，謂聖人之心一如學者之心，未熟則忠自忠而恕自恕，熟了則忠即恕而恕即忠，雖謂道只有一箇忠可也，並非另有箇直截法門。曾子此二句塞了許多弊竇，不然，門人這一疑，便要走到虚無寂滅去了。子貢後來謂夫子之言性與天道不可得而聞也，性天道雖另有一番指點，亦不是另有一番工夫，只是文章熟後自能見得。經學卮言：告子貢之一貫與告曾子之一貫語意不同，彼以道之成體言，此以學之用功言也。子之問子貢，非以多學爲非，以其多學而識爲非。子貢正專事於識者，故始而然之，但見夫子發問之意似爲不然，故有非與之請，此亦質疑常理，必以爲積久功深，言下頓悟，便涉禪解。予一以貫之，言予之多學，乃執一理以貫通所聞，推此而求彼，得新而證故，必如是然後學可多也。若一一識之，則其識既難，其忘亦易，非所以爲多學之道矣。蓋一貫者爲從事於多學之方，宋人言今日格一物，明日格一物，久而後能一旦貫通，得無與此義相左乎？

按：程、朱派以主敬窮理爲一貫，無有是處。格物窮理之不能一貫，孔氏廣森之説是也。至主敬之不能一貫，則王陽明傳習録已言之矣：「人若矜持太過，終是有弊。曰矜持太過何如有弊？曰人只有許多精神，若專在容貌上用功，則於中心照管不及者多矣。」數語切中主敬之弊。

焦氏筆乘：李嘉謀曰：「多學之爲病者，由不知一也。苟知其一，則仁義不相反，忠孝不相違，剛柔不相悖，曲直不相害，動静不相亂，語默不相反，如是則多即一也，一即多也，物不異道，道不異物，精亦粗，粗亦精，故曰通於一，萬事畢。」又曰：「孔子曰：主忠信。曾子曰：夫子之道，忠恕而已矣。人人有此忠信而不自知其爲主，人人有此忠恕而不知其即爲道，舍無妄而更求，是自成妄也，故曰無妄之往何之矣。夫門人疑一貫之説，如繫風捕影之難，而曾子斷斷然以忠恕盡之，然能直信曾子之言者誰乎？」楊敬仲曰：「夜半爨火滅，饑者索食對燈而坐，不知燭之即火也，則終於饑而已。忠恕之論，燭喻也。」又曰：「老子曰：道生一。當其爲道，一尚無有也，然一雖非所以爲道，而猶近於本；多學雖非離於道，而已涉於末，二者則大有間矣。雖然，此爲未悟者辨也。學者真悟，多即一，一即多也，斯庶幾孔子之一貫者已。」反身録：子貢聰明博識，而學昧本原，故夫子借己開發，使之反博歸約，務敦本原。本原誠虚靈純粹，終始無間，自然四端萬善，溥博淵泉而時出，肆應不窮，無往不貫，等閒識得東風面，萬紫千紅總是春。天下之動，貞夫一者也。貞夫一，斯貫矣。問一，曰即人心固有之理，良知之不昧者是也。常知則常一，常一則事有萬變，理本一致，故曰殊途而同歸，百慮而一致。聰明博識，足以窮理，而不足以融理；足以明道，而非所以體道。若欲心與理融，打成片段，事與道凝，左右逢原，須黜聰墮明，將平日種種聞見種種記憶盡情舍却，盡情瞥脱，令中心空空洞洞了無一翳，斯乾乾淨淨方有入機，否則憧憧往來，障道不淺。

按：陸、王派以良知爲一貫，雖未必盡合孔氏之旨，然尚有辨法，較之空言窮理而毫無所得者似差勝一籌也。

論語傳注：文、武之道在人，賢者識大，不賢者識小。夫子焉不學，是多學而識也。然在十五志學則然，迨至知天命，耳順，從心所欲不踰矩，則一以貫之，無事多學而識矣。聖門顔子而外，省身者首推曾子，達者首推子貢，故以上語之。

按：宋學中顔、李一派，其見解與程朱、陸王兩派均異，兹於列舉諸家之後列此一説，以備後之研究此章者，得觀覽焉。

【發明】反身録：博識以養心，猶飲食以養身，多飲多食物而不化，養身者反有以害身；多聞多識物而不化，養心者反有以害心。飲食能化，愈多愈好；博識能化，愈博愈妙。蓋并包無遺，方有以貫，苟所識弗博，雖欲貫，無由貫。劉文靖謂邱文莊博而寡要，嘗言邱仲深雖有散錢，惜無錢繩貫錢。文莊聞而笑曰：「劉子賢雖有錢繩，却無散錢可貫。」斯言固戲，切中學人徒博而不約，及空疏而不博之通弊。呂留良四書講義：謝顯道博舉史書，程子謂其玩物喪志，謝聞悚然。及看明道讀史，却又逐行看過，不差一字。謝初不服，後來省悟，却將此事做話頭接引博學之士。須知夫子此箇話頭，正從實地接引耳。如以學識爲敲門之磚，以一貫爲密室之帕，皆狐禪矣。若問曰：一以貫之如何？應對曰：多學而識之可也。

按：陽明之良知説，陸稼書譏爲野狐禪。伊川之窮理説，陽明亦斥爲洪水猛獸。然其以一貫須從多學而識入手，則同。此章爲孔門傳授心法，諸家所説均未滿意，尚待後人之發明也。

○子曰：「由！知德者鮮矣。」

【考異】考文補遺：古本「矣」作「乎」。潛夫論德化篇：孔子稱知德者尠。韓李筆解：此句是簡篇脱漏，當在「子路愠見」下文一段爲得。論語辨惑：知德者鮮，説者皆云爲愠見而發，過矣。中間有告子貢多學一章，則既已間斷，安得通爲一時事哉？蓋孔子世家亦載此，而多學語上加「子貢色作」四字，所以生學者之疑。嗚呼！解經不守其本文而信傳記不根之説，亦見其好異而喜鑿矣。四書辨疑：第一章衛靈公問陳一節，孔子在衛；子路愠見一節，孔子在陳，衛與陳相去數百里，兩節非一時甚明。第二與此第三章果在何時，無文可考，今通指爲一時之言，未敢信也。王滹南謂中間有告子貢多學一貫之章，既已間斷，安得通爲一時之事哉？蓋史記孔子世家載此而一貫語上加「子貢色作」四字，所以生後學之疑也。

【考證】劉氏正義：荀子宥坐載夫子厄於陳、蔡，答子路語畢，復曰：「居，吾語女。昔者公子重耳霸心生於曹，越王句踐霸心生於會稽，齊桓公小白霸心生於莒。故居不隱者思不遠，身不佚者志不廣。」佚與逸同，謂奔竄也。或即此知德之義，但荀子語稍駁耳。

【集解】王曰：「君子固窮，而子路愠見，故謂之少於知德。」

【集注】由，呼子路之名而告之也。德，謂義理之得於己者，非己有之，不能知其意味之實也。

【别解】東塾讀書記：皇疏最精確者，子曰：「由！知德者鮮矣。」集解采王肅云：「君子固窮而子路愠見，故謂之少於知德者也。」皇疏云：「呼子路語之云，夫知德之人難得，故爲少也。」如注意，則孔子此語爲問絶糧而譏發之。」澧案王肅説非是，故皇疏不從之也。夫子告子路，言知德之人鮮，猶言中庸之爲德，其至矣乎，民鮮能久矣。彼言能者鮮，此言知者鮮，其意一也。皇疏解知德者爲知德之人，文義最明。若如王肅説，則者字何所指乎？

按：此章向來注家皆以爲爲問絶糧而發，然何以中間隔子貢一章，頗有可疑。陳氏讀書得間，如此解釋，者字既有著落，且可塞喜貶抑聖門之口，較集解、集注均勝，皇疏所以不可及也。

【餘論】蔡模論語集疏：夫子呼子路，告以知德者鮮矣，謂義理有得於己，則死生禍福得喪自不能亂其所守，所以釋其愠見之惑。夫子當造次顛沛之中，所以告門人者，各隨其所蔽而開發，無以異於洙、泗雍容講論之素，此其所以爲聖人歟？

○子曰：「無爲而治者其舜也與？夫何爲哉？恭己正南面而已矣。」

【考異】春秋繁露楚莊王篇：孔子曰：「無爲而制者其舜乎？」漢書董仲舒傳：孔子曰：「亡爲而治者，其舜虖？」又王子侯表顔注引此文「恭」作「共」，云：共讀曰恭。晉書劉寔傳：子曰：「無爲而化者其舜也歟？」韓昌黎文集進士策問：夫子言無爲而理者其舜也歟。毛詩大雅卷阿箋引「共己正南面而已」，音義曰：「共，本亦作恭。」

【考證】管子乘馬篇：無爲者帝，爲而無以爲者王，爲而不貴曰伯。吕氏春秋先己篇：昔者先聖王成其身而天下成，治其身而天下治，故善響者不於響於聲，善影者不於影於形，爲天下者不於天下於身。詩曰：「淑人君子，其儀不忒，正是四國。」言正諸身也。故反其道而身善矣，行義則人善矣，樂備君道而百官已治矣，萬民已利矣。三者之成也，在於無爲。無爲之道曰勝天。注：「天無爲而化，君能無爲而治，民以爲勝於天。」漢書董仲舒傳：對策曰：「堯在位七十載，迺遜于位，以禪虞舜。堯崩，天下不歸堯子丹朱而歸舜。舜知不可辟，迺即天子之位。以禹爲相，因堯之輔佐，繼其統業，是以垂拱無爲而天下治。」又曰：「三王之道，所祖不同。非其相反，將以捄溢扶衰，所遭之變然也。故孔子曰：『亡爲而治者，其舜乎？』改正朔，易服色，以順天命而已，其餘盡循堯道，何更爲哉？」　黄氏後案：治天下者，既治之，必有人以爲之。然必人主自爲之，則賢者無以施其材，不肖者亦易諉其責。無爲者，謂不親勞於事也，此乾道所以異坤道也。恭己正南面者，朝羣賢而涖之，己祇仰成也。詩卷阿「伴奂爾游矣，優游爾休矣」，箋引此經而申之曰：「言任賢故逸也。」何注蓋本鄭君注與？荀子王霸篇曰：「論德使能而官施之，聖王之道也。傳曰：士大夫分職而聽，建國諸侯分土而守，三公總方而議，則天子共己而已。」漢書功臣侯表引杜業之説曰：「昔唐以萬國致時雍之治，虞、夏以多羣后享拱己之治。」顔注引此經。又新序四曰：「舜舉衆賢在位，垂衣裳恭己無爲而天下治。」三國志吴書樓玄傳引此經而申之曰：「所任得其人也。」王氏中説問易篇曰：「舜有總章之訪，大哉乎并天下之謀，兼天下之智而理得矣，我何爲哉？恭己南面而已。」皆此經之證解也。

【集解】言任官得其人，故無爲而治。

【唐以前古注】皇疏引蔡謨云：謨昔聞過庭之訓於先君曰：堯不得無爲者，所承非聖也。禹不得無爲者，所授非聖也。今三聖相係，舜居其中，承堯授禹，又何爲乎？夫道同而治異者，時也。自古以來，承至治之世，接二聖之間，唯舜而已，故特稱之焉。

【集注】無爲而治者，聖人德盛而民化，不待其有所作爲也。獨稱舜者，紹堯之後，而又得人以任衆職，故尤不見其有爲之迹也。恭己者，聖人敬德之容，既無所爲，則人之所見如此而已。

【餘論】讀四書大全說：三代以上大經大法皆所未備，故一帝王出則必有所創作以前民用，易傳、世本、史記備記之矣。其聰明睿知苟不足以有爲，則不能以治著，唯舜承堯而又得賢，則時所當爲者堯已爲之，其臣又能爲之損益而緣飾之，舜且必欲有所改創以與前聖擬功，則反以累道而傷物。舜之無爲，與孔子之不作同，因時而利用之，以集其成也。恭己者，修德於己也。正南面者，施治於民也。此皆君道之常，不可謂之有爲。至於巡狩封濬舉賢誅凶，自是正南面之事，夫子固已大綱言之，而讀書者不察耳。論語補疏：孔子贊易，言黃帝、堯、舜垂衣裳而天下治，正與此經相發明。蓋伏羲、神農以前，民苦於不知，伏羲定人道而民知男女之有别，神農教耒耜而民知飲食之有道，顓蒙之知識已開，詐僞之心漸起，往往窺朝廷之好尚以行其慧，假軍國之禁令以濟其詭。無爲者，無一定之好尚，無偏執之禁令，以一心運天下而不息，故能通其變，使民不倦；神而化之，使民宜之也。黄帝、堯、舜承伏羲、神農之後，以通變神化爲治，所謂「民可使由之，不可使知之」，伏羲、神農之治，在使民有所知；黄帝、堯、舜之治，在不使民知。不使民知，所以無爲，何以無爲？由於恭己，恭己則無爲而治，即所謂篤恭而天下平。中庸本天命率性而推論修道設教之由，盡其性以盡物之性，贊天地之化育與天地參，此伏羲、神農之治也。其次致曲，曲能有誠，以至形著明動變化，此黄帝、堯、舜之治也。唯天下至誠爲能盡其性，唯天下至誠爲能化，變化承於盡性之後，故云其次，次猶繼也。盡性者，以通神明之德，以類萬物之情也。致曲者，通其變，使民不倦；神而化之，使民宜之也。因其性善而使之知，故自誠明。因其知而致曲，使復其性之善，故自明誠。伏羲、神農開其先，固是天下至誠；黄帝、堯、舜次其後，亦是天下至誠。鄭康成謂其次致曲爲不能盡性，失之矣。羲、農已盡人盡物之性，繼之者以能化爲神，此黄帝、堯、舜次羲、農以通變神化爲治，實爲萬世聖王之法。中庸自此以下，多詳能化之義，曰至誠如神，曰時措之宜，曰無爲而成，曰生物不測，曰純亦不已，惟時措故不已，惟不已故不測，惟不測故如神，而神則無爲。凡議禮制度考文，所以寡天下之過，無不如此。無爲而治，民無能名，堯、舜之能化也。文、武，法堯、舜者也，故明之云：祖述堯、舜，憲章文、武。錯行代明，並育並行，溥博淵泉而時出，經綸大經，立大本，知化育而無所倚，皆所以如神，所以能化之實用也。如是乃無爲而治，故未暢發之。君子之所不可及者，其爲人之所不見乎？不動而敬，不言而信，不賞而勸，不怒而威，所以無爲而治，所以篤恭而天下平。上天之載，無聲無臭，此天之無爲而成，即聖人之無爲而治。邢疏以無爲爲老氏之清净，全與經義相悖。

○子張問行。子曰：「言忠信，行篤敬，雖蠻貊之邦，行矣。言不忠信，行不篤敬，雖州里，行乎哉？

【考異】説文繫傳：篤惟馬行頓遲。詩曰「篤公劉」，論語曰「行篤敬」，皆當作「竺」，假借此篤字。　史記弟子傳述作「雖蠻貊之國行也」。　後漢書袁安傳引作「雖蠻貊行焉」。　鹽鐵論崇禮章引作「雖蠻貊之邦，不可棄也」。　翟氏考異：陸氏釋文云：「貊，説文作貌。」「貌」必貉字誤也。説文有「貉」無「貊」，故云然。　然此是通説，非謂其偁引論語文異。

【考證】史記弟子傳：子張從在陳、蔡間，因問行。孔子曰：言忠信云云。　晏子春秋：忠信篤敬，上下同之，天之道也，雖蠻貊之邦，行矣。　翟氏考異：先儒疑首三章爲一時之言，因史記世家文也。　若然，則據弟子傳，此章亦一時言矣。　陳、蔡之厄，孔子年六十三，子張少孔子四十八歲，時才十五歲耳。　先進篇備録從陳、蔡者十人，未有子張，史文可盡信哉！

【集解】鄭曰：「萬二千五百家爲州。　五家爲鄰，五鄰爲里。　行乎哉，言不可行也。」

按：弟子傳集解作二千五百家爲州。　周官大司徒：「五黨爲州。」一黨五百家，鄭彼注及州長、内則注並云二千五百家爲州，此「萬」字衍也。

【集注】猶問達之意也。　子張意在得行於外，故夫子反於身而言之，猶答干禄問答之意也。　篤，厚也。　蠻，南蠻。　貊，北狄。　二千五百家爲州。

立則見其參於前也，在輿則見其倚於衡也，夫然後行。」

【考異】漢書律曆志引文「輿」作「車」。　史記弟子傳述無也字。　皇本「參」下有「然」字，「行」下有「也」字。　天文本論語校勘記：古本、足利本、唐本、津藩本、正平本「參」下有

「然」字。

【音讀】經義述聞：參可訓直。墨子經篇曰：「直，參也。」此參於前，謂相直於前也。包注「參然在前」，釋文「參，所金反」，皆未安。羣經平議：參字義不可通，如包氏注則不詞甚矣。「參」當作「厽」。玉篇曰：「厽，尚書以爲參字。」蓋西伯戡黎篇「乃罪多參在上」，古字作「厽」。顧野王所見本尚有作「厽」者，疑其以「厽」爲「參」，故云然，實則作「厽」者是也。說文厽部：「厽，絫坺土爲牆壁。象形。」尚書「參在上」、論語「參於前」，並當作「厽」。厽之言絫也，「乃罪多厽在上」，言紂之罪積絫在上也。「立則見其厽於前也」，言見其積絫於前也。且厽本象形字，立則見其厽於前，正聖人立言之精。今作「參」，則古字亡而古義亦晦矣。梁氏旁證：包注「立則常想見，參然在前」，皇疏亦云：「森森然滿亘於己前也。」釋文云：「參，所金反。」是古讀如森，皆不讀如驂字也。惟韓李筆解云：「參古驂字，如御驂在目前。」

【考證】戴震釋車云：車式較內謂之輿。自注：「大車名箱。」阮元車制圖考說：衡與車廣等，長六尺六寸。黄氏後案：意在操存者，如或見之，猶之見堯於羹，見堯於牆云爾。呂伯恭曰：此所謂誠則形也。忠信篤敬，誠也。立與在輿有所見，則形也。夫子言行之道，曰夫然後行，見其所以行者由功無間斷，積久有效，非可驟致也。徐偉長中論修本篇曰：「小人朝爲而夕求其成，坐施而立望其反，行一日之善而求終身之譽，譽不至則曰善無益矣，是以身辱名賤而不免爲人役也。」

【集解】包曰：「衡，軛也。言思念忠信，立則常想見，參然在目前。在輿，則若倚車軛也。」

【唐以前古注】皇疏：參，猶森也。言若敬德之道行，己立在世間，則自想見忠信篤敬之事森森滿亘於己前也。倚，猶憑依也。衡，車衡軛也。又若在車輿之中，則亦自想見忠信篤敬之事羅列憑依滿於衡軛之上也。若能行存想不忘，事事如前，則此人身無往而不行，故云夫然後行也。　筆解：韓曰：「參古驂字。衡，横木式也。子張問行，故仲尼喻以車乘，立者如御驂在目前，言人自忠信篤敬，坐立不忘於乘車之間。」李曰：「『大車無輗，小車無軏，其何以行之哉』，與此意同。包謂驂爲森，失之矣。」

【集注】其者，指忠信篤敬而言。參讀如「毋往參焉」之參，言與我相參也。衡，軛也。言其於忠信篤敬念念不忘，隨其所在常若有見，雖欲頃刻離之而不可得，然後一言一行自然不離於忠信篤敬，而蠻貊可行矣。

【餘論】尹會一讀書筆記：程子謂近裏著己乃爲學要訣，博學篤志切問近思，此致知之近裏著己也。忠信篤敬參前倚衡，此力行之近裏著己也。質美者合下看得透即做得到，刁蒙吉所謂上焉者即以知爲行也。其次則必守得定始養得孰，刁蒙吉所謂次焉者即以行爲知也。蓋近裏著己之學通乎上下，及其至則私欲盡化，天理純全，皆與天地同體也。中庸末章可證。莊敬分内外，持養分生孰，程子之説無不言簡意盡。

子張書諸紳。

【考證】趙佑温故録：據玉藻言帶之制，天子終辟，大夫辟垂，士率下辟。辟讀如字，即襞積之襞。率即繂，謂緶緝也。終辟者，上下皆辟之。大夫止辟其垂者，即紳也。士辟其垂之末而已。紳之長三尺，則書諸紳亦剌文於其上與？或曰紳有囊，蓋書而貯之。黄氏後案：書紳，以筆書紳也。易傳言書契，刀栔曰契，筆識曰書也。禮言載筆，詩言彤管，爾雅言不律謂之筆，魯語里革言奮筆，晉語董安于、士茁皆言秉筆，管子言削方墨筆，晏子言擁札操筆，莊子言舐筆和墨，是古有筆之證。後人疑筆始蒙恬，遂以書紳爲剌文，非也。

【集解】孔曰：「紳，大帶。」

【集注】紳，大帶之垂者，書之欲其不忘也。程子曰：「學要鞭辟近裏，著己而已，博學而篤志，切問而近思，言忠信，行篤敬，立則見其參於前，在輿則見其倚於衡，即此是學。質美者明得盡渣滓便渾化，却與天地同體，其次惟莊敬以持養之，及其至則一也。」

按：外注係程伯子學從此入，自言所得，與解經無涉。

○子曰：「直哉史魚！邦有道，如矢；邦無道，如矢。

【考證】家語困誓篇云：史魚病將卒，命其子曰：「吾在衛朝，不能進蘧伯玉，退彌子瑕，是吾爲臣不能正君也。生而不能正君，則死無以成禮。我死，汝置尸牖下，於我畢矣。」其子從之。靈公弔，怪而問焉，其子以告。公愕然失容曰：「是寡人之過也。」於是命之殯於客位，進蘧伯玉而用之，退彌子瑕而遠之。孔子聞之，曰：「古之諫者，死則已矣，未有若史魚死而尸諫，忠感其君者也，可不謂直乎！」

按：史魚事又見賈子胎教篇、禮保傅篇、韓詩外傳七、新序雜事一。說苑雜言篇：仲尼言史鰌有君子之道三，不仕而敬上，不祝而敬鬼，直能曲於人。論語後録：詩「其直如矢」，夫子此言之本也。劉氏正義：梁氏玉繩人表考：「案杜譜列史鰌在雜人，蓋不得其族系。而閻氏四書釋地又續以爲史朝之子，高氏姓名考亦云『史魚，朝子』，並謂即檀弓之衛大史柳莊，不知何據。」詩大東云：「其直如矢。」亦以矢行最直，故取爲喻也。顔師古漢書貢禹傳注「如矢言其壹志」，謂志壹於直，不計有道無道。

【集解】孔曰：「衛大夫史鰌有道無道行直如矢，言不曲也。」按：劉恭冕云：「鄭注：『史魚，衛大夫，名鰌。君有道無道，行常如矢，直不曲也。』此僞孔所本。」

【集注】史官名魚，衛大夫，名鰌。如矢，言直也。史魚自以不能進賢退不肖，既死猶以尸諫，故夫子稱其直，事見家語。

君子哉蘧伯玉！邦有道，則仕；邦無道，則可卷而懷之。」

【考異】唐石經「之」作「也」。後漢書周黄徐姜申屠傳序曰：孔子稱蘧伯玉，邦無道，則可卷而懷也。文選潘岳西征賦、盧湛贈劉琨詩兩注引「邦無道，可卷而懷之」，無「則」字。又潘岳閒居賦注引「邦無道，則卷而懷之」，無「可」字。

【考證】潘氏集箋：伯玉仕靈公，似非在有道時，然夫子稱其以仲叔圉治賓客，祝鮀治宗廟，王孫賈治軍旅，是靈公非不知人者。又列女傳仁智篇：「衞靈公與夫人夜坐，聞車聲轔轔，至闕而止，過闕復有聲。公問夫人曰：『知此謂誰？』夫人曰：『此蘧伯玉也。』公曰：『何以知之？』夫人曰：『妾聞禮下公門，式路馬，所以廣敬也。夫忠臣與孝子不爲昭昭變節，不爲冥冥惰行。蘧伯玉，衞之賢大夫也，仁而有智，敬於事上，此其人必不以闇昧廢禮，是以知之。』公使視之，果伯玉也。」是非惟靈公知伯玉，夫人亦知伯玉矣，此伯玉所以不卷而懷之也。此夫人非南子，南子列女傳列於孽嬖，靈公之所以不亡，其賴此夫人歟？　黄氏後案：蘧伯玉值獻、殤、襄、靈四君之世，吴公子札適衞，稱衞多君子，事見左傳，在襄公初立之時。淮南子泰族訓云：「蘧伯玉以其仁寧衞，而天下莫能危。」説苑奉使篇言趙簡子將襲衞，使史黯往視之。黯曰：「今蘧伯玉爲相，史鰌佐焉，孔子爲客，子貢使令於君前，甚聽，其佐多賢矣。」簡子按兵而不動。是皆有道則仕之事也。韓詩外傳二曰：「外寬而内直，自設於隱括之中，直己而不直人，善廢而不悒悒，蘧伯玉之行也。」韓傳説卷懷之行如此也。春秋傳載近關再出事，前儒有疑，式三舊作論以破之矣。論曰：「左傳襄公十四年，孫林父逐其君衎。二十六年，甯喜弑其君剽。蘧伯玉身遭其變，近關再出。或以伯玉爲無此事，而左氏爲誣。或以左氏有此事，而伯玉爲非。左氏，信史也。伯玉，賢大夫也。爲此説者，豈通論哉！孔子之再主伯玉家也，據史記在衞靈公將卒之時，事在哀公二年。距襄公之十四年，年六十有七。則孫氏構禍，伯玉年少，而名德既著，物望攸歸。

孫氏奸雄，意欲收拾人心，藉以爲重。卒能進退裕如，全身遠害，此明哲之知幾也。逮夫衎奔剽立，孫甯專國，伯玉當此無道，必已卷而懷之矣。惟其卷而懷之，甯喜疑其不忘舊君，欲與之謀弒剽也。亦惟其卷而懷之，甯喜亦聽其從近關出也。伯玉之答孫林父曰：『君制其國，誰敢奸之？』大義已懍懍矣。其答甯喜則曰：『瑗不得聞君之出，敢聞其入？』是出與入皆可付之不聞矣。包子良謂其『不與時政』者是也。顧震滄大事表以三大義責伯玉，上者正色直辭以折之，次者乞師大國以討之，其又次者逃之深山終身不仕，此三策也，豈容責不與時政之伯玉乎？甬上全氏曰：『伯玉之力不足以誅孫甯，即其地亦非能通密勿有聞即可入告者，故凡責伯玉以不討賊不死節，皆屬不知世務之言。』全氏此説，以伯玉聞謀而去，爲義所宜矣。然全氏又謂既去而返，與亂臣賊子比肩旅進，責伯玉以再仕，不知其何所據而斷爲再仕也。夫二子之論，一以左氏爲非實録，一以近關之出爲别有一人，而左氏爲誤，此皆因伯玉之賢見稱於聖人，不敢不以左氏爲疑。然則伯玉之賢，使不有聖人之定論，而後儒如顧氏者，將據左氏之文而貶伯玉於人表之下矣。論古之士，其慎之哉！」 論語足徵記：集注：「如於孫林父、甯殖放弒之謀不對而出，亦其事也。」案此注爲劉歆所誤，乃歆之厚誣伯玉也。以羣書校之，不惟事理不合，亦且年數不符。據史記世家，孔子適衛，或譖於靈公，孔子恐獲罪，去衛過匡，拘焉。去即過蒲，反乎衛，主蘧伯玉家。此與經蘧伯玉使人於孔子。吕氏春秋召類篇：「趙簡子將襲衛，使史默往睹之。反曰：『今蘧伯玉爲相，孔子爲客，子貢使令於君前，甚聽。』」淮南子同。新序：「衛靈公之時，蘧伯玉賢而未用。」列女傳：「衛靈公與夫人夜坐，聞車聲轔轔，至闕而止。公問夫人曰：『知此爲誰？』夫人曰：『此蘧伯玉也。』」是皆以伯玉爲仕靈公朝，惟左傳列之於獻公朝，左氏有必不可通者。當魯襄公二十九年，季札來聘説叔孫穆子，於齊説晏平仲，於鄭見子産，適衛説蘧瑗、史狗、史鰌、公子荆、公叔發、公子朝，適晉説趙文子、韓宣子、魏獻子、叔向。及趙文子之孫簡子於昭二十五年合諸侯之大夫，韓宣子之孫簡子於昭三十二年城成周，魏獻子之孫襄子於定十三年伐范氏，叔孫穆子之子爲昭子，孫曰成子，皆卒昭二十五年，成子之子武叔又相繼從政矣。是終昭、定之世，趙、韓、魏氏已三傳，叔孫氏已四傳，平仲、子産、叔向、季札亦皆前卒，而與五國之卿同時服官之伯玉，至哀公二年孔子適衛時尚存，已爲可異。且孔子於定十五年初適衛時，史魚亦尚存，公叔文子卒於定十三年，而皆爲季札所説，何齊、鄭大夫人人早世，魯、晉卿族世世短命，而耄耄老臣獨萃於衛也？然且獻公出奔在魯襄公十四年，又先季札來聘十五年，是時伯玉已由仕而懷，禮曰「四十强而仕」，即使伯玉始仕即懷，極少亦四十餘歲矣。從此七年，孔子始生，則伯玉約長孔子五十歲，至孔子五十九歲乃主其家，伯玉且百有二十歲矣。雖古多高年之人，然高年遇主如太公、絳縣老人之流，書皆載之以爲美談，何羣書於伯玉但述其賢，未詳其壽耶？今案伯玉行年五十而知四十九年之非，行年六十而六十化，然則寡過未能當在五六十之間，若五十以前未及知非，六十以後當可無過，何但未能寡哉？而孔子於蘧使之來當在初去衛以後，年方五十有七，是則伯玉於孔子年當相若，即稍長亦無幾歲，衛獻出奔之時，孔子未生，伯玉亦未生，即生亦不過數歲，安得有不與孫甯之謀，兩從近關出事？若果有之，則孔子適衛時伯玉應已前卒，何從主其家？何從使人於孔子？以此言之，左氏是則論語、史記非也，論語、史記是則左氏非也。左氏經劉歆竄亂，豈論語、史記比者？蓋歆左莽篡漢，醜正惡直，上及古人，其竄亂左氏，誣搆忠良也。或謂其懿行而曲肆貶辭，如洩冶之直諫而訾之以立辟是也。或掩其本事而造言污衊，如不言孔父之正色立朝而誣以因妻賈禍是也。誣伯玉亦誣孔父之類。朱子未燭其隱而取以注此，此而不辨，則事君者安則食其禄，危則避其難，而猶得稱爲君子，則全軀保妻子之臣，於計得矣，豈非害義之大者？

羣經平議：「之」字漢石經作「也」，後漢書周黄徐姜申屠傳序亦曰：「孔子稱蘧伯玉，邦無道，則可卷而懷也。」是古本如此，當從之。卷之義爲收，儀禮公食大夫禮「有司卷三牲之俎」，鄭注曰：「卷，猶收也。」懷之義爲歸，詩匪風篇「懷之好音」，皇矣篇「予懷明德」，毛傳並曰：「懷，歸也。」邦有道則仕，邦無道則可卷而懷也，美其有道則出仕，無道則卷收而歸也。今作「卷而懷之」，之字何所指乎？

【集解】包曰：「卷而懷，謂不與時政，柔順不忤於人。」

【集注】伯玉出處合於聖人之道，故曰君子。卷，收也。懷，藏也。如於孫林父、甯殖放弑之謀不對而出，亦其事也。

按：閻氏若璩曰：「孫林父謀逐君在襄十四年，甯喜謀弑君在二十六年，並無甯殖。此甯殖當是甯喜。喜者，殖子也。」王厚齋云：「甯殖當是甯喜。」戴大昌四書問答論之曰：「是説疑之者多矣。顧復初曰：襄十四年，孫甯逐其君衎，迨二十五年，衎復入，伯玉俱不對，從近關出。左氏所稱，殆不可信，如果有之，是春秋之馮道也。夫食人之禄者，死人之事，當聞孫林父之謀，伯玉能直辭正色以折之，上也。乞師大國討其罪而復其君，次也。否則逃之深山，終身不復出，又次也。乃衎出而臣剽，剽弑而復臣衎，有事則束身出境，無事則歸食其禄，而謂伯玉出此乎？子朱子乃引爲卷而懷之之證，余疑其事而急辨之。」全謝山亦曰：「伯玉位在庶僚，力不足以誅孫甯，故伯玉所處不能討賊，亦不必定死節，惟聞孫甯之言而去，固義所宜，乃既去而即返，且即返亦何可以再仕？是視其君之出人生殺如弈棋，以近關之出爲定算，禍作而去，禍止而返，仍浮沉于鴟鴞之羣，則似于義固有歉也。惟是伯玉之年齒固有可疑者，計獻公之出在襄公十四年，而其時孫甯已思引以共事，蓋少亦當三十矣。乃至哀公元年，孔子再至衛，主于其家，則上距孫甯逐君之歲已六十有六年，伯玉當近期頤，而史魚猶以尸諫，南子尚聞車聲，則猶未致仕，是大可疑也。竊意近關再出，不知何人之事，誤屬之伯玉，以是時伯玉當未從政也。」此二君之説大略如此。竊謂吴季札因闔閭使專諸刺僚，去之延陵，終身不入吴國；叔孫昭子因季平子逐昭公，使其祝宗祈死，雖至親且不願與同朝，寧伯玉獨出其下乎？如曰不對而出，則亦陳文子之去他邦，不久即返耳，尚足爲有道則仕、無道則卷之證哉？

【餘論】潘德興養一齋集：卷而懷之，殆未仕也與？夫獻公之暴，所謂邦無道時也，觀史魚之進伯玉，知伯玉始固未嘗進矣。又曰未仕而國之卿大夫訪之，重其賢也。四書紹聞編：有道則仕，無道則可卷而懷之，我不以不仕矯人，人不以仕强我，我不以仕徇人，其間可不可，有義存焉。多少有立有爲之人，到無道時不可卷懷以及於悔者有之矣。是有道而仕可能也，無道可卷而懷之爲難，然即其無道可卷而懷之，則其於有道之時進不隱賢，必以其道，亦並可想矣。惟進有可出而行之，則退有可卷而懷之。

○子曰：「可與言而不與之言，失人；不可與言而與之言，失言。知者不失人，亦不失言。」

【考異】皇本、唐石經本引「不與之言」俱無之字。後漢書安帝紀或語郭林宗，引孔子云云，亦無之字。

【考證】中論貴言篇：君子必貴其言。貴其言則尊其身，尊其身則重其道，重其道，所以立其教。言費則身賤，身賤則道輕，道輕則教廢。故君子非其人則弗與之言。君子之與人言也，使辭足以達其知慮之所至，事足以合其性情之所安，弗過其任而强牽制也。孔子曰：「可與言而不與之言，失人。不可與言而與之言，失言。知者不失人，亦不失言。」夫君子之於言也，所致貴也，雖有夏后之璜、商湯之駟，弗與易也。今以施諸俗士，以爲志誣而弗貴聽也，不亦辱己而傷道乎？

【唐以前古注】皇疏：謂此人可與共言，而己不與之言，則此人不復見顧，故是失於可言之人也。

言與不可言之人共言，是失我之言者也。唯有智之士則備照二途，則人及言並無所失也。

【餘論】四書説約：人才難遇，覿面而失，豈是小事？然恐失人，遂至失言者勢也，兩病祇是一根，祇爲不識人耳，故知者得之。

○子曰：「志士仁人，無求生以害仁，有殺身以成仁。」

【考異】唐石經「害仁」之「仁」作「人」。文選曹植贈徐幹詩注引論語「無求生以害人」。太平御覽仁德類述論語「無求生以害人」。漢書蘇武傳贊、中論夭壽篇、後漢書杜林傳注、秦淮海集臧洪論引文皆以「殺身」句處「求生」句前。列女傳節義篇引論語曰：「君子殺身以成仁，無求生以害仁。」晉書忠義傳序：「古人有言，君子殺身以成人，不求生以害仁。」郭象南華經注引孔子曰：「士志於仁者，有殺身以成仁，無求生以害仁。」翟氏考異：按文選注引用人字，前輩校本嘗改之爲「仁」。今考唐石經自作「人」，則選注未嘗誤也。在石經此字難言非誤，而當時勒諸太學示學者咸取則焉，李善生值其世，又安得不遵從乎？此等處足見校書之難。

【考證】羣經平議：志士即知士也。禮記緇衣篇：「爲上可望而知也，爲下可述而志也。」鄭注曰：「志，猶知也。」楚辭天問篇：「師望在肆，昌何志？」王注曰：「言太公在市肆而屠，文王何以志知之也。」是志與知義同。列子湯問篇：「女志强而氣弱，故足於謀而寡於斷。」張湛注曰：「志，謂心智。」蓋志可爲知，故亦可爲智，論語每以仁知並言，此云志士仁人，猶云知士仁人也。

仁者安仁，知者利仁，故有殺身以成仁，無求生以害仁。正義以爲志善之士，非是。孟子滕文公篇：「志士不忘在溝壑，勇士不忘喪其元。」此志字亦當讀爲智。韓詩外傳載巫馬期之言曰：「吾嘗聞之夫子，勇士不忘喪其元，志士仁人不忘在溝壑。」是則孔子本以志士仁人並稱，與此章同，孟子所引不備耳。趙岐但據孟子文爲注，故曰：「志士，守義者也。勇士，義勇者也。」恐非孔子之本意矣。論語補疏：殺身成仁，皇、邢兩疏引比干、夷、齊，固矣，乃殺身不必盡甘刀鋸鼎鑊也，舜勤衆事而野死，冥勤其官而水死，爲民禦大災捍大患，所謂仁也。以死勤事，即是殺身成仁。苟自惜其身，則禹不胼胝不至於跳步，則水不平，民生不遂，田賦不能成，即是不能成仁。故有殺身以成仁者也，不愛其身以成仁，則能敬其事，故修己以敬，即能安人安天下也。管子不死而民到於今受其賜，則成仁不必殺身，死不死之關乎仁不仁可互見矣。

【集解】孔曰：「無求生而害仁，死而後成仁，則志士仁人不愛其身也。」

【唐以前古注】皇疏：既志善行仁，恒欲救物，故不自求我之生以害於仁，恩之理也。生而害仁，則志士不爲也。又引繆播云：仁居理足，本無危亡，然賢而圖變，變則理窮，窮則任分，所以有殺身之義。故比干割心，孔子曰殷有三仁也。

【集注】志士，有志之士。仁人則成德之人也。理當死而求生，則於其心有不安矣，是害其心之德也。當死而死，則心安而德全矣。

【餘論】朱子語類：問：死生是大關節，功夫却不全在此，學者須是於日用之間，不問事之大小，皆欲即於義理之安，然後臨死生之際，庶幾不差。若平常應事義理合如此處都放過，到臨大節未有不可奪也。曰然。南軒論語解：人莫不重於其生也，君子亦何以異於人哉？然以害仁，則不敢以求生。以成仁，則殺身而不避。蓋其死有重於生故也。夫仁者，人之所以生者也。苟虧其所以生者，則其生也亦何爲哉？曾子所謂「得正而斃」者，正此義也。志士志於仁者，與仁人淺深雖有間，然是則同也。

○子貢問爲仁。子曰：「工欲善其事，必先利其器。居是邦也，事其大夫之賢者，友其士之仁者。」

【考異】漢書梅福傳引「利」作「厲」。論語古義：古文論語「利」作「厲」，春秋文公七年傳云：「訓卒利兵。」是「利」與「厲」同。論語後録：厲，古以爲旱石，厲勵其器者，所謂於石上刉之也。詩鄭箋曰：「善其事曰工。」許慎説：「工，巧飾。」云工者已善矣。梅福傳注：工以喻國政，利器喻賢才。

按：劉恭冕云：「惠氏棟九經古義以『利』爲古論，馮氏登府異文考證以『厲』爲魯論，二字訓義略同也。言『居是邦』則在夫子周遊時。」其説良確。

【集解】孔曰：「言工以利器爲用，人以賢友爲助。」

【唐以前古注】皇疏：將欲達於爲仁之術，故先爲説譬也。工，巧師也。器，斧斤之屬也。言巧師雖巧，藝若輸般，而作器不利，則巧事不成；如欲其所作事善，必先磨利其器也。合譬成答也。是，猶此也。言人雖有賢才美質，而居住此國，若不事賢、不友於仁，則其行不成，如工器之不利也。必欲行成，當事此國大夫之賢者，又友此國士之仁者也。大夫貴，故云事。士賤，故云友也。大夫言賢，士云仁，互言之也。

【集注】賢以事言，仁以德言。夫子嘗謂子貢悦不若己者，故以是告之，欲其有所嚴憚切磋以成其德也。程子曰：「子貢問爲仁，非問仁也，故孔子告之以爲仁之資而已。」

【餘論】四書辨疑：人之所以處己所以接物者，無非事也。事合善道然後爲德，仁德在身然後稱賢。無無事之德，無無德之賢。今推注文之説，賢如何單以事言而無關於德，仁如何單以德言而無關於事，賢與仁如何分，事與德如何辨，皆不可曉。試從此説分仁賢爲兩意論之，事其大夫之賢者，則仁者不在所事矣；友其士之仁者，則賢者不在所友矣。人或以此爲問，不知答者復有何説也？經文於大夫言賢，於士言仁，此特變文耳。言賢則仁在其中，言仁則賢在其中，賢者仁者義本不殊，不可强有分别也。劉開論語補注：此章告子貢以爲仁之資，罕譬語意本自分明，而因解反晦。工欲善其事，必先利其器者，蓋利器即所以善事，而器不能自利，必假物以利之。春秋傳曰「摩厲以須」，是刃必摩厲而後有用，而摩厲必有藉也。百工之事不過金角木石之屬，周禮八材，珠曰切，象曰磋，玉曰琢，石曰磨，木曰刻，金曰鏤，革曰剥，羽曰析，而其用器互相爲利，如金之利必假于石，竹箭木角之利必假于金，皆取資他物以成其器之利也。此亦猶子欲爲仁者必先自成其德，而德不能自成，必賴士大夫之賢仁，嚴憚切磋而後得以薰陶德性。

貢生質最美，夫子稱爲瑚璉之器，但好方人而悦不若己者處，恐其自是而輕視當時之人，故告以隨所居之邦，必得賢仁之資以收事友之效，庶幾可以成其材德之善；如工之善事利器，不自恃其器之良，而必取利于他物以自利也。若如俗解，只知工當利器，而不知器不能自利，故與爲仁之取資于大夫士者不能闕合，于是衍爲紛紜之論，以上器字對下士大夫，以上利字對下賢仁，是子所謂利器專以比大夫之賢與士之仁者矣，于己何涉？夫工之利器雖假于他物，而所利者猶屬在己之器；士之爲仁雖資于賢仁，而所成者猶屬在己之德。今謂大夫士之賢仁乃爲仁之利器，是器在大夫士，利亦在大夫士，而所以利其器者誰耶？而夫子何以不言利器而必曰利其器也？則知所謂器者，蓋比己之材質，即「汝器也」之義。所謂利者，蓋比取益于人以成己之善，是即所以利其器也。不然，利器屬大夫士，而吾將爲大夫士利之乎？真乃説之不可通者矣。

## ○顏淵問爲邦。

【唐以前古注】皇疏：顏淵魯人，當時魯家禮亂，故問治魯國之法也。

【集注】顏子王佐之才，故問治天下之道，曰爲邦者，謙辭。

按：皇疏以爲問治魯國之法固非，然必謂顏子爲問治天下而謙言爲邦則亦不然。邢疏「問治國之禮法於孔子」，語較無疵。劉氏正義曰：「爲邦者，謂繼周而王，以何道治邦也。」最爲得之。

【餘論】干寶易雜卦注：弟子問政者數矣，而夫子不與言三代損益，以非其任也。回則備言，王者之佐，伊尹之人也，故夫子及之焉。呂氏春秋察今篇：故治國無法則亂，守法而弗變則悖。悖亂不可以持國。世易時移，變法宜矣。譬之若良醫，病萬變，藥亦萬變；病變而藥弗變，嚮之壽民，今爲殤子矣。故凡舉事，必循法以動。變法者因時而化，若此論則無過務矣。夫不敢議法者，衆庶也。以死守者，有司也。因時變法者，賢主也。小倉山房文集：此章顔淵必是論時輅等項，記者但括之曰問爲邦，夫子因如其問而定之。不然，豈有南面爲君，僅頒一曆，乘一車，戴一冠，奏一部樂，而謂治國平天下之道已盡于此乎？

子曰：「行夏之時，

【考異】後漢書輿服志引孔子曰：「其或繼周者，行夏之正，乘殷之輅，服周之冕，樂則韶舞。」

按：此爲劉氏正義之説所本，蓋漢儒舊説也。

【考證】北史李業興傳：天平四年，使梁。梁武帝問：「尚書正月上曰受終文祖，此時何正？」業興對曰：「此夏正月。」問何以得知。對曰：「按尚書中候運衡篇云日月營始，故知夏正。」又問：「堯以前何月爲正？」對曰：「自堯以上書不載，實所不知。」梁武云：「寅賓出日即是正月，日中星鳥，以殷仲春，即是二月，此出堯典，何得云堯時不知用何正？」對曰：「雖三正不同，言時節者皆據夏時正月。周禮，仲春二月會男女之無夫家者，雖自周書，亦言夏時。堯之日月亦當如此。」日知録：三正之名見於甘誓。蘇氏以爲自舜以前必有以建子建丑爲正者。微子之命曰：「統承先王，修其禮物。」則知杞用夏正，宋用殷正，若朝覲會同，則用周之正朔，其於本國，自用其先王之正朔也。獨晉爲姬姓之國而用夏正，則不可解。讀書臆：商、周子丑之建，或曰時月皆改，或曰時月皆不改，惟即位改元，以是月行事耳。二説宜何從？曰：於周吾從其時月俱改者，於商吾從其時月俱不改者。伊訓：「惟元祀，十有二月乙丑，伊尹祠于先王，奉嗣王祗見厥祖。」太甲：「惟三祀，十有二月朔，伊尹以冕服奉嗣王歸于亳。」蔡氏曰：「祠告復政皆重事也，故皆以正朔行之是也。然皆不言正月，吾故曰於商從其時月俱不改者，從商書也。春秋『春王正月』，左氏曰：『春王周正月。』公羊亦曰：『曷爲先言王，後言正月？王正月也。』吾故曰於周從其時月俱改者，從春秋也。」商書之義，蔡氏得之，若詩之「四月維夏，六月徂暑」，則吴氏徵所云夏正得天，行於民間者久，詩人從舊俗稱之耳。蔡氏引爲周不改時月之證，誤矣。

陔餘叢考：春秋時列國多用夏正，左傳隱公三年夏四月鄭祭足帥師取温之麥，秋又取成周之禾。若係周正，則麥禾俱未熟，取之何用？是鄭用夏正也。隱六年，宋人取長葛。經書冬而傳書秋，蓋宋用殷正建酉之月，周之冬即宋之秋也。桓七年，穀伯綏來朝，鄧侯吾離來朝。經書夏而傳書春，而傳在上年十二月。十年，里克弑其君卓。經書正月而傳在上年十一月。十五年，晉侯及秦伯戰於韓，獲晉侯。經書十一月，傳書九月。又如左傳僖二十三年九月，晉惠公卒。二十四年正月，秦伯納重耳於晉。而國語則云十月晉惠公卒，十二月秦穆公納公子。魯之月與晉不同，是晉不用周正也。文十年，齊公子商人弑其君舍。經書九月，傳作七月，是齊不用周正。又管子立政篇「正月令農始作」，輕重篇「令民九月種麥」，則齊用夏正也。史記秦本紀「宣公初志閏月」，則宣公以前並有不置閏者，其不用周正可知也。魯號秉禮之國，然論語「暮春者，春服既成」，若周正則暮春尚是夏之正月，安得有換春衣浴且風之事？則魯亦用夏正可知也。又左傳文元年閏三月，非禮也。襄二十七年再失閏，哀二年又失閏。季孫問仲尼。仲尼曰：「今火猶西流，司曆過也。」杜注云：「尚是九月，曆官失一閏也。」十三年十二月又螽，杜注云：「季孫雖聞仲尼言而不能正曆，失閏至此年，故十二月又螽。」則魯不惟不用周正，並夏正亦失之矣。劉原父謂左氏日月多與經不同，蓋左氏雜取當時諸侯史策之文，其用三正參差不一，故與經多歧。逸周書周月解曰：「亦越我周改正以垂三統，至於敬授民時，巡狩烝享，猶自夏焉。」故七月之詩，皆以夏正紀節物；四月維夏，六月徂暑；維暮之春，下接於皇來牟，將受厥明；周禮仲春會合男女之無夫家者，非皆夏正乎？孔子告顏子以行夏時，亦以夏時本所當遵，當時已多私用，與其另建一朔而不能使天下畫一，不如仍用夏正，俾上下通行也。四書問答：三正之說，按詩多言夏正，凡云四月維夏，六月徂暑；六月北伐；及十月之交，皆夏正也。（鄭氏以十月之交爲夏之八月者，非。）而七月一篇凡言月者則夏正，（「七月流火，九月授衣」之類。）凡言日者則周正。（一之日觱發，二之日栗烈。）王介甫謂陽生矣則言日，陰生矣則言月，與易臨「至於八月有凶」，復「七日來復」同意耳。又周禮「正月之吉始和布教於邦國都鄙」，注云：「周正月朔日。」此則周正也。「正歲令於教官」，注云：「夏正月朔日。」此則夏正也。蓋商、周改正朔之說，張敷言謂分史册所書、民俗所用二項。朱子答吴晦叔書亦謂當時二者並行，惟人所用。吕東萊云：邠風十月而曰改歲，蓋三正之通于民俗尚矣。春秋書春王正月，解者三說不同。按周章成以孔、鄭言時月俱改者爲是，觀孟子言十一月徒杠成，十二月輿梁成，朱子以爲十一月十二月者，九月十月也；若非九月十月，築作之期已過，何得更造橋梁？明堂位言季夏六月，以禘禮祀周公於太廟。夫禘在孟夏四月，而言季夏六月，是以孟夏爲季夏，以四月爲六月也。春秋書雩者二十，其時皆七八九月，乃夏之五六七月，正百穀望雨之時，故雩祀以求之。且春秋書春無冰，秋無麥，謂時不改，何以冰在春而麥在秋？孟獻子言正月日至可以有事於上帝，七月日至可以有事於祖，謂月不改，何以冬至在正月而夏至在七月？更考曆法，昭公七年四月甲辰朔，日食於降婁之初，則夏之二月也。昭公三十一年十二月辛亥朔，日食在龍尾，則夏之十月也。梓慎曰：火出於夏爲三月，於商爲四月，於周爲五月。此尤其明白易見者也。（徐揚貢曰：春夏秋冬之序，則用周正；分至啓閉之候，則用夏時。）黄氏後案：何解云「夏時易知」，失之。朱子以時正令善言，其義爲備。斗柄以歲差而移，如今正月初昏柄指丑矣，注言斗柄亦失之。注天開於子當以一歲言，依邵堯夫説，以一萬八百年之一會言，亦失之也。夏時對周正言，孔子時之所行者周正，以子月爲春正月也。胡康侯謂周改月不改時，蔡仲默又謂時月俱不改，後儒申蔡説者並以春秋書正月爲建寅之月，尤失之也。先儒駁胡、蔡者曰，月必首正，時必首春，如謂殷之正稱冬十二月，周之正稱冬十一月，是二代俱無正，何以稱改正？且一年之内首尾皆冬，非所以一天下之視聽也。周既不改時月，而謂夫子作春秋改冬爲春，改十一月爲正月，戾王朝之正朔，改本國之史書，尤不可訓。且如胡説，則周本行夏時，而以子月爲冬；夫子不行夏時，而以子月爲春，與胡氏所謂夫子有行夏時之意實相矛盾，然則周以夏之十一月爲春正月無疑也。以詩證之，如七月述公劉而主夏正，其云一之日二之日，又以十月爲改歲，已爲用子正之始。禮言仲冬作酒，而詩言春酒，是正改而時亦改之證。唐風「蟋蟀在堂，歲聿其莫」，毛傳：「蟋蟀九月在堂。」則周以子月爲歲首，而九月以後爲歲暮也。采薇「歲亦陽止，歲亦莫止」，箋謂十月爲陽月，則周以十月爲歲暮也。是周詩以子月爲春正矣。以周官言之，太史職曰「正歲年以序事」，歲指夏言，年指周言。大司徒職、鄉大夫職、州長職異正月正歲之名，而事不異。凡言正月之吉，必在歲終正歲之前，未嘗一錯舉於後，以其時之相承正月爲建子之月，歲終爲建丑之月，正歲爲建寅之月也。是周官凡言正月皆子月也。以禮記證之，雜記孟獻子曰：「正月日至可以有事於上帝，七月日至可以有事於祖。」以二至在正月七月，用周正也。以孟子證之，「七八月之間旱而苗槁，七八月之間雨集溝澮皆盈」，言苗槁言雨集，是爲夏之五六月。又曰：「十一月徒杠成，十二月輿梁成。」以國語、夏小正諸書徵之，爲夏之九十月。又引曾子曰「秋陽以暴之」，所謂秋者，指夏正五六七月而言，是孟子言周正也。春秋左傳之文，如梓慎曰：「火出於夏爲三月，於商爲四月，於周爲五月。」此周改月之證，固爲明著矣。而隱公九年三月震電，乃正月雷電也。桓公八年冬十月雨雪，乃八月雪也。桓公十四年春正月無冰，成公元年春二月無冰，乃十一月十二月無冰也。成公十年六月晉侯使甸人獻麥，六月乃夏之四月也。僖公五年十二月晉滅虢，先是卜偃據夏正，言克虢在九月十月之交，此以周正書也。僖公五年正月，日南至，正月爲冬至，則夏之十一月也。經有但書時者，僖公十年冬大雨雪，以酉戌月爲冬，故異而誌之。襄公二十八年春無冰，以子丑月爲春，故異而誌之。桓公四年春正月，公狩于郎。杜注謂冬獵曰狩，周之春，夏之冬也。哀公十四年春，西狩獲麟，亦然。定公十三年夏，大蒐于比蒲，次年又書五月大蒐于比蒲，此行夏時春田之禮於周之夏也。此皆經傳之確有可據者。三陽之月皆可爲正，皆可爲春，周以天氣一陽初復之月爲春正，殷以地氣初萌芽之月爲春正，夏以人得陽煦之氣農功初起之月爲春正，三正迭用，而夫子則以夏時爲得宜也。此前儒顧震滄、戴東原等言之詳矣。或曰：呂圭叔以爲顏子得志行道，改革天命，方可行之，是信然與？曰非也。先王既立一代之法，而前代典章必兼存而不廢，殷、周雖改正朔，必存夏正。説者以史册所書者周正，民俗所用者夏正，是固然矣。而其實夏正之用非特民俗之話言而已，周官重别歲年，凌人掌冰云「歲十有二月，令斬冰」，此承夏月而言。其他祭祀田獵逆暑迎寒之屬，夏時繫仲春者周爲四月，繫仲秋者周爲十月。又考之易與書，盤庚曰「若農服田力穡乃亦有秋」，是商用夏正。金縢「秋大熟」，是周用夏正。易説卦傳曰「兑正秋」，皆用夏正者也，誰謂爲邦不可行夏時哉？

【集解】據見萬物之生，以爲四時之始，取其易知。

【唐以前古注】皇疏：孔子此答，舉魯舊法以爲答也。行夏之時，謂用夏家時節以行事也。三王所尚，正朔服色也，雖異，而田獵祭祀播種並用夏時，夏時得天之正故也。魯家行事亦用夏時，故云行夏之時也。

【集注】夏時，謂以斗柄初昏建寅之月爲歲首也。天開於子，地闢於丑，人生於寅，故斗柄建此三辰之月，皆可以爲歲首，而三代迭用之，夏以寅爲人正，商以丑爲地正，周以子爲天正也。然時以作事，則歲月自當以人爲紀，故夫子嘗曰「吾得夏時焉」，而説者以爲謂夏小正之屬，蓋取其時之正與其令之善，而於此又以告顏子也。

【餘論】論語後録：有夏時，亦有殷時、周時。夏時春以人爲正，殷時春以地爲正，周時春以天爲正。三代革命，應天順人，故改正而月從之。陳寵所稱「天以爲正，周以爲春；地以爲正，殷以爲春；人以爲正，夏以爲春」者是已。後世儒者説春秋有夏時冠周月之論，是於古制無所依據，難信之矣。又曰周雖改正，亦兼用夏時，如詩七月流火，六月北伐，禮春頒秋刷，春蒐秋獮是也。又周書解周月以春三月中氣，雨水、春分、穀雨，亦是夏時。周禮稱十一月爲正月，十二月爲歲終，以十三月爲正歲。夏曰歲，以十三月爲正歲，十二月爲歲終，先王遵夏時之明指歟？乾鑿度曰：「三王之郊，一用夏正。」比物此志歟？　過庭録：元年春王周正月，解曰：周禮太史「正歲年以敍事」，鄭康成説：「中數曰歲，朔數曰年。」中數者日數，凡十二月之中氣於是乎出。朔數，月數也，晦朔弦望於是乎成。春夏秋冬之序以日所次爲紀，班固述博士義謂四時不隨正朔變，周書周月云：「萬物春生夏長，秋收冬藏，天地之正，四時之極。夏數得天，百王所同。」又云：「我周致伐於商，改正異械，以垂三統，至於敬授民時，巡守祭享，猶自夏焉。」然則所謂正歲年者，以中數正朔數也。事者，授時巡守祭享之事也。秦、漢以後，太史正歲年之法廢，故或以秋爲冬，以冬爲春，以春爲夏，以夏爲秋，而生長收藏舊訓咸戾。始於風謡，及於紀載，并沿訛於儒者之説經，由太史之失官也。既有元有春而後有王，董仲舒言王者上承天之所爲，下以正其所爲，正王道之端云爾。春秋以王上承天，故繫王於春而繫正於王。春秋之名即太史正歲年之法。孔子之所竊取，則春秋之義天法也。其不隨正朔而變，所謂天不變也。正月以下皆王之所爲，故有三統，而史之文用之，凡商、周之書稱月者，未嘗繫時。又代所流傳商、周彝器，其銘詞皆史官所篹，皆稱月而不繫時，以繫時則文不順也。春秋之經以元年春王正月公即位分爲五始，故或不書春，或不書王，或不書正月，或不書即位，以各爲一條，非連綴而讀，則辭得參差也。或難曰：子所言之義，皆今文家言，説左氏者恐不然。答曰：左氏之書，史之文也，於春秋之義蓋闕而不言，故博士以爲不傳春秋，學者求其義，舍今文家末由也。且左氏獨言周正月，以見正月以下爲史官之文，未嘗以春爲周之春，則亦以爲不變，是雖不傳春秋而循文求義，亦不佹也。

論語述何：春秋于郜、河陽冬言狩，周十二月夏十月也。于郎春言狩，周正月夏十一月，以正月譏其非禮。獲麟春言狩，不加正月，譏文去周之正，行夏之時也。夏時今在禮記，文簡而旨無窮，春秋法其等，用其忠也。

論語竢質：此爲周後言之也。鄭注尚書堯典曰：「堯正建丑，舜正建子。」尚書大傳曰：「夏以孟春月爲正，殷以季冬月爲正，周以仲冬月爲正。」又曰：「王者存二代之後，與己爲三，所以通三統，立三正。」又曰：「三統，三正也，若循連環，周則又始，窮則反本也。」是以知帝王之受命，必改正朔，不相沿襲，逆而溯之，堯之前高辛氏必建寅，又其前高陽氏必建子，凡建子後必建寅也。周正建子，則繼周者自當建寅，故子曰「行夏之時」，是據繼周者而言，非謂長行夏曆久不改也。

【發明】康有爲論語注：歐、美以冬至後十日改歲，則建子矣。俄及回曆則建丑矣。今大地文明之國仍無不從孔子之三正者，若印度則與中國同行夏時矣。其餘秦以十月則久不行，波斯以八月則亦微弱，馬達加斯加以九月，緬甸以四月，皆亡矣，益見大聖之大智無外也。今諸經所稱，自春秋外，皆夏時也。

乘殷之輅，

【考異】釋文：「輅」，本亦作「路」。　段氏說文注：「輅」當作「路」。　史記殷本紀贊引孔子曰：「殷路車爲善。」索隱曰：「論語乘殷之輅，太史公不取成文，遂作此語。」　後漢書輿服志志五路，曰：所謂孔子乘殷之路者也。

【考證】明堂位：鸞車，有虞氏之路也。鉤車，夏后氏之路也。大路，殷路也。乘路，周路也。　陳氏集說：路與輅同。　釋名釋車：天子所乘曰路。路亦車也，謂之路者，言行于道路也。　論語竢質：說文解字：「輅，車軨前横木也。」則非車矣。後人改論語之「路」爲「輅」，誤矣。

【集解】馬曰：「殷車也，大輅。左傳曰：『大輅越席，昭其儉也。』」

【唐以前古注】皇疏：亦魯禮也。殷輅，木輅也。周禮天子自有五輅：一曰玉輅，二曰金，三曰象，四曰革，五曰木。五輅並多文飾，用玉輅以郊祭。而殷家唯有三輅：一曰木輅，二曰先輅，三曰次輅。而木輅最質素無飾，用以郊天。魯以周公之故，雖得郊天，而不得事事同王，故用木輅以郊也。故郊特牲説魯郊云：「乘素車，貴其質也。旂十有二旒，龍章而設日月，以象天也。」鄭玄注云：「設日月，畫於旂上也。素車，殷輅也。魯公之郊，用殷禮也。」按如記、注，則魯郊用殷之木輅也。

【集注】商輅，木輅也。輅，大車之名。古者以木爲車而已，至商而有輅之名，蓋始異其制也。周人飾以金玉，則過侈而易敗，不若商輅之樸素渾堅，而等威已辨，爲質而得其中也。

【餘論】潘氏集箋：論語後録曰：「漢祭天乘殷之輅，今謂之桑根車。」案周禮巾車：「掌王之五路。一曰玉路，鍚，樊纓十有再就，建太常，十有二斿，以祀。金路，鉤，樊纓九就，建大旂以賓，同姓以封。象路，朱，樊纓七就，建大赤以朝，異姓以封。革路，龍勒，條纓五就，建太白，以即戎，以封四衛。木路，前樊鵠纓，建大麾，以田，以封蕃國。」此五路旂物遞降，木路最簡易，故春秋傳曰：「大路越席，昭其儉。」周以之田，漢以之祭，漢改周制，以夫子之言歟？又考司馬彪輿服志：「秦并天下，閱三代之禮，或曰殷瑞山車，金根之色。漢承秦制，御爲乘輿，孔子所謂乘殷之輅者也。」劉昭曰：「殷人以爲大輅，於是始皇作金根之車。殷曰桑根，秦改曰金根。」然則桑根非金根矣。

【發明】黄氏後案：周人尚輿，一器而工聚，且飾以金玉。夫子言乘殷之輅，則知日用器物以質爲貴，後世金玉之器類失於奢。

## 服周之冕，

【考證】宋書禮志：周監二代，典制詳密。弁師掌六冕，司服掌六服，設擬等差，各有其序。周之祭冕，繅采備飾，故夫子曰「服周之冕」，以盡美稱之。四書辨證：冕何以名也？周禮弁師疏：「爵弁前後平則得弁稱，冕則前低一寸餘，得冕名，冕則俛也，以低爲號也。」又左傳疏亦謂冕後高前下，有俛俯之形，而因名焉。蓋以在上位者易於驕矜，欲令位彌高而志彌下也。

【集解】包曰：「冕，禮冠。周之禮文而備，取其黈纊塞耳，不任視聽。」

按：劉恭冕云：「注有脱文，當云：『取其垂旒蔽明，黈纊塞耳，不任視聽也。』大戴禮子張問入官篇：『古者冕而前旒，所以蔽明也。黈絖塞耳，所以弇聽也。』盧辯注：『禮緯含文嘉以懸絖垂旒爲閑姦聲，弇亂色，令不惑視聽。』則繅瑱之設，兼此二事也。」

【唐以前古注】皇疏：亦魯郊也。周禮有六冕：一曰大裘冕，二曰衮，三曰鷩，四曰毛毳，五曰絺，六曰玄。周王郊天以大裘而冕，雖魯郊不得用大裘，但用衮以郊也。郊特牲云：「祭之日，王被衮以象天。」鄭玄注曰：「謂有日月星辰之章也，此魯禮也。周禮，王祀昊天上帝則服大裘而冕，祀五帝亦如之。魯公之服，自衮冕而下也。」按此記、注即是魯郊用衮也。

【集注】周冕有五，祭服之冠也。冠上有覆，前後有旒，黄帝已來蓋已有之，而制度儀等至周始備。然其爲物小而加於衆體之上，故雖華而不爲靡，雖費而不及奢，夫子取之，蓋亦以爲文而得其中也。

## 樂則韶、舞。

【考證】羣經平議：舞當讀爲武。周官鄉大夫：「以鄉射之禮五物詢衆庶，五曰興舞。」論語八佾篇「射不主皮」，馬注引作「五曰興武」。莊十年左傳經文「以蔡侯獻舞歸」，穀梁作「獻武」。詩序：「維清，奏象舞也。」獨斷曰：「維清，奏象武之所歌也。」皆古人舞、武通用之證。樂則韶、武者，則之言法也，言樂當取法韶、武也。子於四代之樂獨於韶、武有盡美之論。雖盡善微有低昂，然尚論古樂，韶之後即及武，而夏、殷之樂不與焉。可知孔子之有取於武矣。夏時、殷輅、周冕皆以時代先後爲次，若韶、武專指舜樂，則當首及之。惟韶、武非一代之樂，故列於後。且時言夏，輅言殷，冕言周，而韶、舞不言虞，則非止舜樂明矣。

按：俞説是也。孔子世家言孔子「絃歌詩以求合韶、武雅頌之音」，韶、武並言，皆孔子所取也。

【集解】韶，舜樂也。盡善盡美，故取之。

【唐以前古注】皇疏：謂魯所用樂也。韶舞，舜樂也。周用六代樂：一曰雲門，黄帝樂也。二曰咸池，堯樂也。三曰大韶，舜樂也。四曰大夏，夏禹樂也。五曰大濩，殷湯樂也。六曰大武，周樂也。若餘諸侯，則唯用時王之樂。魯既得用天子之事，故賜四代禮樂，自虞而下，故云樂韶舞也。所以明堂位云：「凡四代之服器官，魯兼用之。」是故魯王禮也，而用四代，並從有虞氏爲始也。又春秋魯襄公二十九年傳：吳公子季札聘魯，請觀周樂，乃爲之舞，自周以上至見舞韶箾者，曰：「至矣哉！大矣，如天之無不幬，如地之無不載也。雖甚盛德，其蔑以加於此矣。觀止矣！若有他樂，吾不敢請已！」杜注云：「魯用四代之樂，故及韶箾而季子知其終也。」

【集注】取其盡善盡美。

【餘論】陳祥道禮書：學者之事，始乎書，立乎禮，成乎樂，而舞又樂之成焉，故大司樂言樂德樂語而終於樂舞，樂師言樂成告備而終於臯舞，孟子言仁義智禮樂之實而終於不知手之舞之，記言詩言志，歌詠聲，而終於舞動容，此舞之所以爲樂之成也。四書釋地三續：吳公子札之觀樂，以歌始，以舞終，即舞亦以文武始，以韶箾終。黄氏後案：韶武之舞，後世猶存。漢有文始五行舞，五行舞本周舞，秦始皇二十六年，改名五行文始舞，即韶舞，漢高祖六年更名文始，魏文帝改五行舞曰大武舞，正始舞曰大韶舞，北魏武帝改武舞爲章烈，韶舞爲崇德。然古樂如碩果孤存，而淫哇之新聲盛行，以未遵夫子放淫之教耳。漢有河間獻王之雅樂，備數而不常御，常御及郊廟皆非雅聲。唐所用者多教坊俗樂，太常閱工人常肄習之，其不可教者乃習雅樂。漢、唐如此，餘復何論。

放鄭聲，遠佞人。鄭聲淫，佞人殆。」

【考證】樂記：鄭音好濫淫志，宋音燕女溺志，衛音趨數煩志，齊音敖辟喬志。此四者，皆淫於色而害於德，是以祭祀弗用也。五經異義：魯論説，鄭國之俗，有溱、洧之水，男女聚會，謳歌相感，故云「鄭聲淫」。白虎通禮樂篇：樂尚雅何？雅者，古正也，所以遠鄭聲也。孔子曰「鄭聲淫」何？鄭國土地民人山居谷汲，男女錯雜，爲鄭聲以相悦懌。朱子詩集注：鄭、衛皆淫聲，然衛詩三十九，淫奔才四之一。鄭詩二十一，淫奔不翅七之五。衛猶爲男悦女，鄭皆爲女惑男。衛人猶多刺譏懲創之意，鄭人無復羞愧悔悟之萌，故夫子獨以鄭聲爲戒。四書稗疏：集注謂是鄭國之音，據溱洧諸詩言之，而謂鄭詩淫者十九，舉叔段、忽突及憂亂刺學校之詩概指之爲淫，而盡廢古序以徵此文之説。按鄭之爲國，在雍州之域，今漢中之南郊也。桓公謀遷於虢、檜之墟而復蒙鄭號，然則風氣之淫者故鄭乎？新鄭乎？衛居沬上，濱河沃衍，有紂之遺風，是故桑間、濮上靡靡之音以作。雒州水土重厚，周京之故壤，檜地狹而多憂，有宗周之感，既皆民無淫習，桓、武、莊、厲，亟戰貪利，其叔内訌，五子交争，晉、楚尋兵，辛苦墊隘，淫聲其暇作乎？蓋雅，正也。鄭，邪也。醫書以病聲之不正者爲鄭聲，么哇嚅唲而不可止者也，其非以鄭國言之明矣。先儒以今之琴操爲鄭聲，其説是已。琴不譜褰裳、溱洧之辭，豈亦如朱子詩傳之譏乎？丹鉛總録：淫者，過也。水過於平曰淫水，雨過於節曰淫雨，聲過於樂曰淫聲，謂鄭作樂之聲淫，非謂鄭詩皆淫也。陳啓源毛詩稽古篇：朱子以鄭聲淫一語斷盡鄭風二十一篇，此誤也。夫子言鄭聲淫耳，曷嘗言鄭詩淫乎？聲者，樂音也，非詩詞也。淫者，過也，非專指男女之欲也。古之言淫多矣，於星言淫，於雨言淫，於水言淫，於刑言淫，於遊觀田獵言淫，皆言過其常度耳。樂之五音十二律長短高下皆有節焉，鄭聲靡曼幻眇，無中正和平之致，使聞之者導欲增悲，沈溺而忘返，故曰淫也。朱子以鄭聲爲鄭風，以淫過之淫爲男女淫欲之淫，遂舉鄭風二十一篇盡目爲淫奔者，所幸免者惟緇衣、太叔于田、清人、羔裘、女曰雞鳴五篇而已，其餘雖思君子如風雨，刺學校廢如子衿，亦排衆論而指爲淫女之詞。夫孔子删詩以垂教立訓，何反廣收淫詞豔語，傳示來學乎？陶靖節閑情賦，昭明歎爲白璧微瑕，故不入文選，豈孔子之見反出昭明下哉？

匏瓜録：案左傳蕭魚之會，鄭人賂晉侯以師悝、師觸、師蠲，鐘磬、女樂。襄公十五年，以賂請尉氏、司氏之餘盜於宋，而師茷、師慧與焉。慧過宋朝而譏其無人，且曰：「若猶有人焉，豈其以千乘之相，易淫樂之矇？」由此觀之，當時列國必尚鄭聲，故鄭以此行賂於晉、宋，人情所喜如彼，政治風俗可知矣，夫子所以惡其淫而放之也。

劉氏正義：漢書禮樂志云：「桑間、濮上，鄭、衞、宋、趙之聲並出。内則致疾損壽，外則亂政傷民。庶民以爲利，列國以相問。」皆以鄭聲爲鄭國之聲，與魯論説同。其煩手淫聲謂之鄭聲，乃左傳别一義，服虔解誼據之，不與魯論同也。又魯論舉溱洧一詩，以爲鄭俗多淫之證，非謂鄭詩皆是如此，許氏錯會此旨，舉鄭詩而悉被以淫名。自後遂以鄭詩混入鄭聲，而謂夫子不當取淫詩。又以序所云刺時刺亂者改爲刺淫，則皆許君之一言誤之矣。樂記云：「世亂則禮慝而樂淫，是故其聲哀而不莊，樂而不安，慢易以犯節，流湎以忘本。廣則容姦，狹則思欲。感條暢之氣，而滅平和之德，是以君子賤之也。」周官大司樂「凡建國，禁其淫聲、過聲、凶聲、慢聲」，注：「淫聲，若鄭、衞也。」淫聲爲建國所宜禁，故此言爲邦亦放之矣。白虎通誅伐篇：「佞人當誅何？爲其亂善行，傾覆國政。」韓詩内傳曰：「孔子爲魯司寇，先誅少正卯。謂佞道已行，亂國政也。佞道未行，章明遠之而已。論語曰：『遠佞人』」公羊莊十七年：「齊人執鄭瞻，書甚佞也。」何注：「孔子曰：『放鄭聲，遠佞人。』罪未成者，但當遠之而已。」與白虎通義合。通鑑孝元帝紀引荀悦曰：「子曰『遠佞人』，非但不用而已，乃遠而絶之，隔塞其源，戒之極也。」

【集解】孔曰：「鄭聲佞人亦俱能感人心，與雅樂賢人同。而使人淫亂危殆，故當放遠之。」

【唐以前古注】皇疏：亦魯禮法也。每言禮法，亦因爲後教也。鄭聲淫也，魯禮無淫樂，故言放之也。佞人，惡人也。惡人壞亂邦家，故黜遠之也。出鄭聲、佞人，所以宜放遠之由也，鄭地聲淫而佞人鬥亂，使國家爲危殆也。按樂記云：「鄭音好濫淫志，宋音燕女溺志，衛音趨數煩志，齊音敖僻喬志。」所以是淫也。

按：皇疏以此爲治魯國之法，可謂别解之一，故備列也。

【集注】放，謂禁絶之。鄭聲，鄭國之音。佞人，卑諂辨給之人。殆，危也。程子曰：「問政多矣，惟顔子告之以此。蓋三代之制皆因時損益，及其久也，不能無弊。周衰，聖人不作，故孔子斟酌先王之禮，立萬世常行之道，發此以爲之兆爾。由是求之，則餘皆可考也。」尹氏曰：「此所謂百王不易之大法，孔子之作春秋，蓋此意也。孔、顔雖不得行之於時，然其爲治之法，可得而見矣。」

【別解】羣經義證：莊十七年公羊傳疏：「或何氏云『鄭聲淫』與服君同，皆謂鄭重其手而音淫過，非鄭國之鄭也。」鄭既與服同指，殆勝許氏之單説矣。又鄭聲即樂記「鄭音好濫淫志」，亦非鄭詩是也。

論語發微：此陳明堂之法，亦春秋之法也。明堂者，祀五精之帝，行五行四時之令，所謂布政之宮，朝諸侯之堂也。平天下在治其國，故大司徒言建王國，康誥言作新大邑于東國洛，此治天下以爲邦言也。曰行夏之時者，春夏秋冬謂之四時，春秋先言春，後言王正月。王正月，不修春秋也。曰春曰王，孔子之修春秋也。公羊以春爲歲之始，董生書曰：「天之道春暖以生，夏暑以養，秋清以殺，冬寒以藏。」何休述春秋説曰：「昏斗指東方曰春，指南方曰夏，指西方曰秋，指北方曰冬。」周書周月曰：「凡四時成歲，有春夏秋冬，各有孟仲季以名十二月，中氣以著時。應春三中氣，雨水、春分、穀雨。夏三中氣，小滿、夏至、大暑。秋三中氣，處暑、秋分、霜降。冬三中氣，小雪、冬至、大寒。閏無中氣，斗指兩辰之間，萬物春生夏長，秋收冬藏，天地之正，四時之極，夏數得天，百王所同。」又曰「亦越我周致伐于商」云云。故周公作明堂、月令，首孟春之月，即周月篇之義。先儒言堯正建丑，舜正建子，而虞書言授時巡守，皆用建寅，即明堂之法。白虎通引尚書大傳曰「夏以孟春月爲正」云云。白虎通又曰：「四時不隨正朔變，何以爲四時？據物爲名，春當生，冬當終，皆以正爲時也。」則凡言春夏秋冬皆主夏數，不隨正朔而易。春秋託新王，將以夏正變周正，故冠之以春。董生有云「春者，天之所爲」云云，此行夏之時之義也。然則左傳、孟子之言春秋，蓋以孔子之名加之於魯史者也，故論語言易、詩、書、禮、樂及史而未嘗言春秋，則春秋自孔子時乃名之矣。考書二十八篇、詩三百篇、周官六篇未嘗以春夏秋冬加之十二月之上，今傳三代彝器銘詞，但云幾年幾月，而無言春正月秋七月者，春秋之文所謂春自爲春，正月自爲正月，五始之義與傳記之詞不同。左氏不傳春秋，其云春正月夏四月，以史記引左氏校之，往往無春夏字，知劉歆以傳合經，依經文加之，實違春秋之旨。自歆改左氏而班固撰漢書，於史記幾月之上皆加春夏字以歸畫一。白虎通係固撰集諸經博士議，各有家法，而自撰漢書則失其義。若以春秋隨正朔而變，是以周正建子爲春，當寒而藏，不得言暖以生也。秋暑以養，不得言清以殺也。周正建子，斗指北方，不得爲春，四時類是。且春者，蠢也。夏者，假也。秋者，揫也。冬者，終也。使以建子爲春，則春不蠢動，秋不收斂，按之名義，四時皆失。然四時不隨正朔而變，在漢初已茫昧，故太初以前輒以孟秋爲孟冬（古詩十九首玉衡指孟冬，此用秦正，實用建申月也）。而鄭康成解經又往往以孟春爲建子，季夏爲建巳者，由春秋之學未是專門也。曰乘殷之輅者，明堂位言「魯君孟春乘大路」云云，配以后稷，天子之禮也。孟春建寅之月，易説云：「三王之郊，一用夏正。」魯既用天子禮，故亦以建寅月。明堂位又言：「大路，殷路也。乘路，周路也。」鄭注：「大路，木路也。乘路，玉路也。漢祭天乘殷之輅也，今謂之桑根車。」郊特牲曰：「乘素車，貴其質也。」鄭注：「素車，殷路也。魯公之郊用殷禮。」按小戴記與春秋、論語同一家法，不與周禮同也。曰服周之冕者，郊特牲曰：「祭之日，王被衮以象天。」鄭注：「謂有日月星辰之章，此魯禮也。周禮祀昊天上帝，則服大裘而冕，祀五帝亦如之。

魯侯之服，自衮冕而下也。」又曰：「戴冕璪十有二旒，則天數也。」鄭注：「天之大數不過十二。」按被衮象天之義與堯典、虞書所載同，亦春秋之禮也。春秋託王於魯，亦可謂之魯禮，其不用大裘而戴十二旒之冕，則惟冕用周禮，餘自爲春秋之制，不必如鄭君引魯侯之服自衮冕而下也。曰樂則韶舞者，夏時殷輅周冕，備三代之質文，著三統之遞易，春秋去周之正，行夏之時，故獲麟春言狩。公羊傳曰：「麟者，仁獸也，有王者則至。」何休曰：「上有聖帝明王，天下太平，然後乃至。」尚書曰：「簫韶九成，鳳皇來儀，擊石拊石，百獸率舞。」此樂則韶舞之義也。八佾篇：「子謂韶，盡美矣，又盡善也。」鄭注：「韶，舜樂也。美舜以德禪於堯，又盡善，謂太平也。」又云：「謂武，盡美矣，未盡善也。」鄭注：「武，周武王樂。美武王以武功定天下，未盡善，謂未致太平。」此明韶樂爲致太平之樂，春秋至所見世爲治太平，故作韶樂以明之。公羊傳又曰：「撥亂世反諸正，莫近諸春秋，則未知其爲是與？其諸君子樂道堯、舜之道與？」何休曰：「堯、舜當古歷象日月星辰，百獸率舞，鳳皇來儀。春秋亦以王次春，上法天文，四時具，然後爲年，以敬授民時，崇德致麟，乃得稱太平。道同者相稱，德合者相友，故曰樂道堯、舜之道。」是春秋致太平之後，與堯、舜之道爲一，故可用韶舞。云放鄭聲者，太平既致，瑞應既臻，日中則昃，持盈保泰，不可不嚴也。夫鄭聲之亂雅樂，利口之覆邦家，既亂既覆，所謂淫也，殆也，雖隨以誅戮，亦無及也。惟仁君克己復禮，則知而放之遠之而已，故樂記曰：「鄭音好濫淫志，宋音燕女溺志，衞音趨數煩志，齊音敖辟喬志，此四者皆淫于色而害於德，是以祭祀弗用也。」此明堂之祭弗登四者之音，鄭聲其最甚者。云遠佞人者，春秋莊十七年「齊人執鄭瞻」，傳：「書甚佞也。」何休曰：「罪未成者，但當遠之而已。」此解遠之義。又「鄭瞻自齊逃來」，傳：「何以書？曰佞也。曰佞人來矣，佞人來矣。」何休曰：「蓋痛魯知而受之，聽其計策以取齊淫女，丹楹刻桷，卒爲後敗也。」按莊公用鄭瞻計，取齊淫女，幾爲陳佗之殺，故曰殆也。如明堂之法，備四代之官，而自嚴澤宮取士之制，故曰勇則害上，不登於明堂。書曰「何畏乎巧言令色孔壬」，皆謂遠佞人也。

【餘論】困學紀聞：唐太宗文學館學士，許敬宗與焉；裴晉公淮西賓佐，李宗閔與焉，以是知佞人之難遠。

# 論語集釋卷三十二

## 衛靈公下

○子曰：「人無遠慮，必有近憂。」

【考異】皇本「人」下有而字。

【集解】王曰：「君子當思慮而豫防也。」

【唐以前古注】皇疏：人生當思漸慮遠，防於未然，則憂患之事不得近至。若不爲遠慮，則憂患之來不朝則夕，故云必有近憂也。

【集注】蘇氏曰：「人之所履者，容足之外，皆爲無用之地，而不可廢也。故慮不在千里之外，則患在几席之下矣。」

【餘論】四書辨疑：蘇氏論地理遠近，義有未安。君子以正心修身爲本，近思約守，事來則應，未聞所慮必須長在千里外也。存心於千里之外，以備几席之間，咫尺之患，計亦踈矣。遠，久遠也。但凡作事不爲將來久遠之慮，必有日近傾敗之憂也。梁氏旁證：蔡氏淵曰：「蘇氏之說，遠近以地言，若以時言，恐亦可通。如國家立一法度，若不爲長遠之慮，則目前即有近憂矣。」按皇疏云：「人當思漸慮遠，防於未然，則憂患之事不得近。」蔡氏之説蓋本此也。四書釋地三續：京山郝氏曰：「居安而不慮危，危即生於安。處治而不慮亂，亂即伏於治。故曰慮不遠，憂必近也。慮者預備，非虚慮也。凡造化人事，憂樂相循，利害相倚，日中則昃，月盈則虧，自然之數。能慮則神明常醒，灼見消息盈虚之理，不敢爲貫盈履滿之事；兢業早圖，則造化可回，雖氣數有固然，而意外卒至之患無矣。」

【發明】困學紀聞：思欲近，近則精；慮欲遠，遠則周。論語集注補正述疏：所謂遠慮者，以正謀，非以私計也。如私計乎，古人之戒室家，子孫蓄財多害；秦燔書而銷兵，二世速亡。孔子曰：「吾恐季孫之憂，不在顓臾，而在蕭牆之内也。」後世若斯類者，豈可言遠慮哉！

○子曰：「已矣乎！吾未見好德如好色者也。」

【考異】皇本無「乎」字。

【考證】論語稽：此章與子罕篇所記同，而多「已矣乎」三字，疑因季桓子受女樂而郊不致膰，孔子時將去魯而發也。曰已矣乎，有惜功業不就，吾道不行之意。

【唐以前古注】皇疏：既先云已矣，明久已不見也。疾時色興德廢，故起斯歎也。此語亦是重出，亦孔子再時行教也。

【集注】已矣乎，歎其終不得而見之也。

○子曰：「臧文仲其竊位者與？知柳下惠之賢而不與立也。」

【考異】文選西京賦注引國語曰：臧文仲聞柳下惠之賢。又報孫會宗書注引論語，「與立」下無「也」字。

【考證】列女傳：柳下惠處魯，三黜而不去，仕於下位。既死，門人將誄之。妻乃誄曰：「夫子之不伐兮，夫子之不竭兮，夫子之信誠而與人無害兮。屈柔從容，不强察兮。蒙恥救民，德彌大兮。雖遇三黜，終不蔽兮。愷悌君子，永能厲兮。嗟呼惜哉！乃下世兮。庶幾遐年，今遂逝兮。嗚呼哀哉！魂神泄兮。夫子之謚，宜爲惠兮。」門人從之。瞥記：柳下惠氏展，名獲，字禽，又字季，謚惠，而柳下之稱未知是邑是號。趙岐孟子注以柳下爲號。廣韻及唐書宰相表云食采柳下，遂爲氏，故左傳、論語疏謂柳下食邑名。莊子盜跖釋文一曰邑名，而藝文類聚八十九引許慎淮南子注云：「展禽之家樹柳行惠德，號柳下惠。」莊子釋文、荀子成相、大略注並同其說，以爲居於柳下也。魯地無名柳者，展季卑爲士師，亦未必有食邑，當是因所居號之。四書釋地續：展禽爲魯公族，居應于曲阜，而食邑則在柳下。柳下今不可的知所在，以顔蠋言「秦攻齊，令有敢去柳下季壟五十步而樵採者，死不赦」證之，古人多葬於食邑，壟所在即邑所在，則柳下者自當在齊之南，魯之北，二國壤接處，方昔爲魯地，後爲齊有也，可以想見。予獨怪集注于論語柳下既曰食邑矣，于孟子柳下忽用莊子注「居柳下而施德惠」之文曰居柳下，雖居含有食義，而食邑不可徒言居。意者展禽亦如李伯陽，生而指李樹因以爲姓；又如晉五柳先生，宅邊有五柳樹，因以爲號焉者耶？潘氏集箋：孟子公孫丑篇趙岐注：「姓展名禽字季，柳下是其號。」高誘淮南子注：「展禽之家有柳樹，身行惠德，因號柳下惠。」皆不以柳下爲邑，與鄭義異。高誘以邑名列於後，一解。莊子盜跖釋文亦云一曰邑名。瞥記又據荀子成相、大略篇注亦云居柳下，謂魯地無名柳者，展季卑爲士師，亦未必有食邑，當是因所居號之。錢塘梁履繩左通補釋曰：「余於乾隆己酉孟夏，至曲阜，過宋家營，有柳下惠墓，豈即春秋之柳下乎？」據閻百詩謂古人多葬於食邑，梁説是也。

按：柳下惠邑里字名諸説各異，鄭以爲食采柳下，朱子從之，而注孟子則又云居柳下。趙岐注孟子，柳下是其號，朱子以爲展獲字禽，趙岐以爲名禽字季。考柳下爲食邑，見左傳孔疏。居柳下，見莊子注。皆不知其據何書。至謂柳下爲號，則更無可見矣。柳下氏展，係公子展之後，名獲，見國語；字季，見國策；字禽，見左傳，以居柳下，姓展，名獲，字禽，私謚惠爲近。其曰季者，蓋以行第稱之也。高誘淮南子注：「展禽家有柳樹，身行惠德，因號柳下惠。」藝文類聚八十九引作許慎注。荀子成相、大略篇注亦云居柳下，然魯地無名柳下者。展季卑爲士師，未必有食邑，當是因所居號之，如東門遂、南宮适、東郭偃之類。

羣經義證：左傳宣十八年：「臧宣叔怒曰：『子欲去之，許請去之。』」注：「宣叔，文仲子，武仲父，許其名也。時爲司寇，主行刑。」襄二十一年，季孫謂臧武仲曰：「子爲司寇，將盗是務去。」此兩世皆爲司寇。獨文仲無文，古者仕有世官，文仲蓋居是位而子孫因之。文十八年傳：「僕因國人以弒紀公，以其寶玉來奔。季文子使司寇出諸境，公問其故。季文子使太史克對曰：

『先大夫臧文仲教行父事君之禮曰：見有禮於其君者，事之如孝子之養父母也。見無禮於其君者，誅之如鷹鸇之逐鳥雀也。』」是文仲告文子皆舉其職言之，無禮則誅，司寇責也。文仲居是官，實身爲其屬，日相從事，材與不材必無不悉，夫子故探其實，曰知獄，無遁辭矣。羣經識小：臧氏世爲司寇，文仲當已爲之，或爲司空而兼司寇也。惠士師，正其屬官，無容不知。此與文子同升事正相反也。

論語述何：在魯言魯，前乎夫子而聖與仁，柳下惠一人而已，仲尼而不舉，罪與三家者同。春秋於莊公二十八年書臧孫辰告糴于齊，譏其爲國不知禮也。自後大亂三世，臧文仲柄爲政，若罔聞知，歷莊、僖、文之篇，凡四十有八年，而書其卒，餘事曾不一見，于策蓋削之也。若曰素餐尸位，妨賢病國之文臣，不若遄死之爲愈矣。　論語偶記：展喜犒齊師，使受命於展禽，正臧孫辰爲政之時。見內傳。展禽譏文仲祀爰居，文仲曰：「是吾過也。季子之言不可不法也。」使書之以爲三筴。見外傳。並是文仲知柳下惠之證。　繹史：魯國之無治也，世卿柄政而公室不張，臧孫蔽賢而展禽伏處於下位，屬有疆埸之事，則談言可以却强敵，要信足以孚鄰國（呂氏春秋，齊攻魯，求岑鼎。魯君載他鼎以往，齊侯弗信，必取信於柳下惠是），亦唯柳下惠是問，彼肉食者安往乎？故惠之三黜，不足以損惠之聖，而魯不用惠，非惠之不幸，是魯之不幸也。　羣經平議：不與立於朝廷，而但曰不與立，文義未足。立當讀爲位，周官小宗伯「掌建國之神位」，注曰：「故書位作立，立讀爲位。」古者立、位同字，古文春秋經「公即位」爲「公即立」，然則「不與立」即「不與位」，言知柳下惠之賢而不與之禄位也。上句竊位作位字，下句不與位作立字，猶孟子公孫丑篇「有仕於子而子悦之」作仕字，「夫士也亦無王命而私受之於子」作士字也。

【集解】孔曰：「柳下惠，展禽也。知其賢而不舉，是爲竊位。」

【唐以前古注】文選陶徵士誄注引鄭注：柳下惠，魯大夫展禽。食邑柳下，諡曰惠。

按：御覽四百二引鄭注：「柳下惠，魯士師展禽也。其邑名柳下，諡曰惠。」文小異。

【集注】竊位，言不稱其位而有愧於心，如盜得而陰據之也。柳下惠，魯大夫展獲，字禽，食邑柳下，諡曰惠。與立，謂與之並立於朝。范氏曰：「臧文仲爲政於魯，若不知賢，是不明也；知而不舉，是蔽賢也。不明之罪小，蔽賢之罪大，故孔子以爲不仁，又以爲竊位。」

【餘論】四書説約：自古權臣無不蔽賢，匪獨量隘，實是持位保禄之心勝耳。知惠之賢而不與立，是何心腸？「竊位」二字化工之筆。

○子曰：「躬自厚而薄責於人，則遠怨矣。」

【考異】春秋繁露仁義法篇作「躬自厚而薄責於外」。經義述聞：躬自厚者，躬自責也。因下「薄責於人」而省責字。

【考證】吕氏春秋舉難篇：故君子責人則以人，自責則以義。責人以人則易足，易足則得人。自責以義則難爲非，難爲非則行飾。故任天地而有餘。不肖者則不然，責人則以義，自責則以人。責人以義責難贍，難贍則失親。自責以人則易爲，易爲則行苟。故天下之大而不容也，身取危，國取亡焉，此桀、紂、幽、厲之行也。中論修本篇：孔子之制春秋也，詳内而略外，急己而寬人。故於魯也，小惡必書；於衆國也，大惡始筆。夫見人而不自見者謂之矇，聞人而不自聞者謂之聵，慮人而不自慮者謂之瞀。故明莫大乎自見，聰莫大乎自聞，睿莫大乎自慮。

【集解】孔曰：「責己厚，責人薄，所以遠怨咎。」

【唐以前古注】皇疏引蔡謨云：儒者之説，雖於義無違，而於名未安也。何者？以自厚者爲責己，文不辭矣。厚者，厚其德也，而人又若己所未能而責物以能，故人心不服。若自厚其德而不求多於人，則怨路塞，責己之美雖存乎中，然自厚之義不施於責也。

【集注】責己厚，故身益修；責人薄，故人易從。所以人不得而怨之。

【發明】養一齋劄記：大人者，正己而物正者也。至誠而不動者，未之有也。不誠未有能動者也。常常誦之，責己必密，責人必輕矣。呂成公讀躬自厚而薄責於人章，頓改悁忿之質，此祇認得躬字，非從遠怨落想也。吴廷棟拙修集：疾惡太嚴，非處世所宜，然究其弊，仍是爲己之心未切。若移疾惡之心反而自治，則其疾人惡之意自緩矣，故曰攻其惡，無攻人之惡。惡不仁者，其爲仁矣，不使不仁者加乎其身。又曰見不賢而内自省也，其不善者改之。蓋學惟爲己而已，誠嚴於自治，又何暇責人乎？

○子曰：「不曰『如之何，如之何』者，吾末如之何也已矣。」

【音讀】梁氏旁證：孔注於第一「如之何」下安注，於「如之何者」下注云：「言禍難已成，吾亦無如之何也。」皇、邢兩疏並同，則皆作兩截讀，似不如集注之順。春秋繁露執贄篇引子曰：「人而不曰『如之何，如之何』者，吾莫如之何也矣。」此在注疏之前，當即集注之所據也。鄒浩論語解義：「不曰如之何如之何」當作一句，如之何猶云奈之何也。至於言如之何如之何，固已不能爲之於未有，治之於未亂矣；猶不曰如之何如之何，則是不知悔者也，雖聖人其如何哉！

【考證】荀子大略篇：天子即位，上卿進曰：如之何？憂之長也。陸賈新語辨惑篇：故孔子遭君暗臣亂，衆邪在位，政道隔於王家，仁義閉於公門。故作公陵之歌，傷無權力於世，大化絶而不通，道德私而不用，故曰：「無如之何者，吾末如之何也已矣。」

按：此漢人舊說，指世亂言之。僞孔所云「禍難已成」，似即竊取此義。然曰「無如之何」者，亦統兩「如之何」爲一句，非如僞孔横分兩句也。

【集解】孔曰：「不曰如之何者，猶言不曰奈是何也。如之何者，言禍難已成，吾亦無如之何也。」

【唐以前古注】皇疏引李充云：謀之於其未兆，治之於其未亂，何當至於臨難而方曰如之何也。

【集注】如之何，如之何者，熟思而審處之辭也。不如是而妄行，雖聖人亦無如之何矣。

【別解】論語集說：天下之事當防微杜漸於未然之前，故不曰如之何。若至於已然，横流極熾，無可奈何之後，雖聖人亦無如之何矣，故曰如之何者，吾末如之何也已矣。（河東侯氏）

按：此以「如之何」斷句，本注疏之說，不如朱注之長，姑備一說。

【發明】此木軒四書說：此章與季文子章對看，彼欲其果斷，此戒其輕率，既精審又果斷，處事之道盡矣。

○子曰：「羣居終日，言不及義，好行小慧，難矣哉！」

【考異】釋文：魯讀慧爲惠，今從古。　皇本「慧」作「惠」，所載鄭氏注亦作「小惠」。　太平御覽人事部引論語「好行小惠」。　翟氏考異：漢書昌邑王清狂不惠，列子逢氏有子少而惠，義並通慧。又韓非説林「惠子」作「慧子」，王應麟云篆文惠與慧同，然則魯、古之文雖異，實仍無異。　論語古義：漢書言昌邑王清狂不惠，義作慧，是慧、惠古通。　讀書叢録：文選陳孔璋檄吴將校部曲「説誘甘言，懷寶小惠」，李善注：「論語曰好行小慧。」從魯讀也。　馮登府論語異文考證：案晉語：「巧文辯惠則賢。」惠即慧。　後漢孔融傳「將不早惠乎」，注：「惠作慧。」列子穆王篇「秦人逢氏有子少而惠」，陸機弔魏武文「知惠不能去其惡」，並與慧同。

【考證】劉氏正義：此章是夫子家塾之戒。　説文云：「羣，輩也。」羣居，謂同來學共居者也。夫子言人羣居當以善道相切磋，不可以非義小慧相誘引也。　説文：「慧，儇也。」史記索隱：「慧，智也。」左成十八年傳「周子有兄而無慧」，杜注：「蓋世所謂白癡。」則慧爲有才知之稱。戴氏望注云：「小慧爲小辨慧也。　哀公欲學小辨以觀於政。　孔子曰：『不可。　社稷之主愛日。』」案戴説即鄭義。　釋文引注更云：「魯讀慧爲惠，今從古。」則作「慧」者古論，魯論用假借字作「惠」也。

【集解】小慧，謂小小之才知也。　難矣哉，言終無成功也。

【唐以前古注】皇疏：三人以上爲羣居，羣居共聚，有所談説，終於日月，而未嘗有及義之事也。

小惠，若安陵調謔屬也，以此處世，亦難爲成人也。

【集注】小慧，私智也。言不及義，則放僻邪侈之心滋。好行小慧，則行險僥倖之機熟。難矣哉者，言其無以入德而將有患害也。

【發明】日知録：飽食終日，無所用心，難矣哉，今日北方之學者是也。羣居終日，言不及義，好行小慧，難矣哉，今日南方之學者是也。　四書紹聞編：此章與飽食終日無所用心章皆聖人警厲學者至痛切之言。張子曰：「學者捨禮義，則飽食終日無所猷爲，與下民一致，所事不踰衣食之間，燕遊之樂耳。」吾謂亦見有如此而不入於非僻，陷於患害者乎，故聖人兩處俱云難矣哉。　夏錫疇强學録：羣居終日，言不及義，好行小慧，此學校不修，教學不明之故也。後世糾黨立社，標榜聲譽之徒大率如此。求其講學以明善取善而輔仁者，殆無有也。人材之所以日壞，世道之所以日病，其不以此歟？

○子曰：「君子義以爲質，禮以行之，孫以出之，信以成之。君子哉！」

【考異】羣經雜記：據釋文，知陸氏所從古本作「子曰義以爲質」，無「君子」二字，鄭康成注本同。一本有者，係衍文。蓋先説「義以爲質」四句，然後言君子哉，明不當先言君子也。鄭本略同，略字蓋衍。　翟氏考異：孝經三才章疏引無「君子」二字。

【集解】鄭曰：「義以爲質，謂操行。孫以出之，謂言語。」

【唐以前古注】筆解：韓曰：「操行不獨義也，禮與信皆操行也。吾謂君子體質先須存義，義然後禮，禮然後遜，遜然後信，有次序焉。」李曰：「上云君子者，舉古之君子也。下云君子哉者，言今之學者能依此次序乃能成君子耳。」

【集注】義者，制事之本，故以爲質幹，而行之必有節文，出之必以退遜，成之必在誠實，乃君子之道也。程子曰：「義以爲質，如質幹然，禮行此，孫出此，信成此，此四句只是一事，以義爲本。」

【餘論】强學録：子曰「質直而好義」，又曰「察言而觀色，慮以下人」；曰「義以爲質」，又曰「禮以行之，孫以出之，信以成之」。上一截是骨子，無上一截則成同流合汙鄉愿一流人物；然無下一截，則有激訐之病，或致清流之禍，此聖人之言所以周全中正而無弊也。松陽講義：這一章就處事上見君子學問之精。大抵君子學問規模固極其闊大，而節目又極其細密，成箇君子，不是容易的。這箇義只是事之所當然，「義以爲質」一句，便包得「無適無莫，義之與比」一節意思。若義上稍差，這件事就如没質幹一般，縱做得來驚天動地也不中用。萬事有萬事的義，一事有一事的義，常事有常事的義，變事有變事的義，須要認得清，立得定，參不得一毫意見，雜不得一毫功利。有了這義，則這件事大段不差了。然義又不是可徑情直遂的，非怕徑情直遂壞了這事，只是義中容不得一毫疏忽，有一毫疏忽，事雖無傷，亦可恥也。故必禮以行之，使有節文，而無太過不及之弊焉。義又不是可稜角峭厲的，非怕稜角峭厲壞了這事，只是義中容不得一絲鹵莽，有一絲鹵莽，事雖克就，深可鄙也。故必孫以出之，使去矜張，而有從容和順之美焉。既禮行孫出，則義已入細密了，又恐幾微之間，須臾之頃，誠意或不貫徹，一處不貫徹，便有一處的病；一息不貫徹，便是一息的病，不必大段虚僞，然後爲義之累，故自始至終又必信以成之，使一言一動莫非實心實理之流行焉。君子之處事如此。又曰：三之字只依程注指義説爲是，蒙引謂皆指其事言，非也。據存疑，則又似行之之字指義，出之之字指禮，成之之字指義禮孫，亦不必如此。

【發明】反身録：惟君子方義以爲質，若小人則利以爲質矣。利以爲質，則本質盡喪，私欲篡其心位而爲主於内，耳目手足悉供其役，動静云爲惟其所令。即有時而所執，或義節文咸協，辭氣雍遜，信實不欺，亦總是有爲而爲，賓義主利，名此實彼，事成功就，聲望赫烜，近悦遠孚，翕然推爲君子，君子乎哉？吾不知之矣。

○子曰：「君子病無能焉，不病人之不己知也。」

【集解】包曰：「君子之人但病無聖人之道，不病人之不己知。」

【發明】論語稽：古今人材大有大用，小有小用，苟其有用，則皆有能，故君子唯以無能爲病。至於天下之大，何患無知己者哉？

○子曰：「君子疾没世而名不稱焉。」

【音讀】王陽明傳習録：稱字當去聲讀，亦聲聞過情，君子恥之之意。

【考證】史記孔子世家：子曰：「弗乎！弗乎！君子病没世而名不稱焉。吾道不行矣，吾何以自見于後世哉！」云孔子作春秋時語。日知録：疾名之不稱，則必求其實。君子豈有務名之心哉？乾初九傳曰：「不易乎世，不成乎名。」又曰：古人求没世之名，今人求當世之名。養新録：孔子贊易，曰：「善不積，不足以成名。」孝經曰：「立身行道，揚名於後世。」於論語曰：「君子去仁，惡乎成名？」又曰：「君子疾没世而名不稱焉。」聖人以名立教，未嘗惡人之好名也。孟子曰：「令聞廣譽施於身。」令聞廣譽非名而何？唯聲聞過情，斯君子恥之耳。道家以無爲宗，故曰「聖人無名」，又曰「無智名，無勇功」，又以伯夷死名與盗跖死利並言，此悖道傷教之言，儒者所弗道。阮元名説：古人於天地萬物皆有以名之，故説文曰：「名，自命也。从口，从夕。夕者，冥也。冥不相見，故以口自名。」然則古人命名之義，任口耳者多，任目者少，可見矣。名也者，所以從目所不及而以口耳傳之者也。

【集解】疾，猶病也。

【唐以前古注】皇疏引江熙云：匠終年運斤不能成器，匠者病之。君子終年爲善不能成名，亦君子病之也。

【集注】范氏曰：「君子學以爲己，不求人知，然没世而名不稱，則無爲善之實可知矣。」

【别解】羣經平議：此章言謚法也。周書謚法篇曰：「大行受大名，細行受細名。行出於己，名生於人。」春秋時列國大夫多得美謚，細行而受大名，名不稱矣，故孔子言此，明當依周公謚法，不得溢美也。

按：此即本陽明稱字當去聲讀之義，可備一説。

【餘論】王肯堂論語義府：君子之疾，非疾其無名也，疾其無實也；非疾人之不見知也，疾我之無可知也。推此心，則當其未没之先，而汲汲焉以求盡其實者，不容已矣。夫子此言蓋勉人及時進修也。

【發明】康有爲論語注：没世，猶没身也。名者，身之代數也。有是身乃有是名，有其實乃有其華，然身不過數十年，名可以千載。有身之時，人尚有待，無名猶可，至没世之後，草木同腐，魂魄並逝，則顧念生前，淹忽隨化，未有不以榮名爲寶者。名在則其人如在，雖隔億萬里億萬年而丰采如生，車服爲之流連，居游爲之慨慕，輯其年譜，考其起居，薦其馨香，頌其功德，稱其姓號，愛其草木，其光榮過于有身時萬萬，故没世無稱，君子以爲疾也。名蓋孔子大義，重之如此。宋賢固篤于務實者，而惑于道家之攻名，至使天下以名爲不肖，人乃不好名而好利，于是風俗大壞，此則背孔子之義矣。

○子曰：「君子求諸己，小人求諸人。」

【集解】君子責己，小人責人。

【集注】謝氏曰：「君子無不反求諸己，小人反是，此君子小人所以分也。」楊氏曰：「君子雖不病人之不己知，然亦疾没世而名不稱也。雖疾没世而名不稱，然所以求者亦反諸己而已。小人求諸人，故違道干譽無所不至。三者文不相蒙而義實相足，亦記言者之意。」

【餘論】四書或問：或疑楊氏之説不太巧乎？曰：雖巧而有益於學者。梁氏旁證：胡氏泳曰：「楊氏合三章爲一意，文義反覆，互相周備，雖非夫子立言之旨，或記者取而相足也。」論語稽：求字當兼何氏、楊氏二義。行者不得而反求諸己，則其責己也必嚴；違道干譽而望人之知己，則其責人也必甚，其始不過求己求人一念之別，其終遂至君子小人品彙之殊，人不慎之於所求哉！四書詮義：求諸己者，凡事祇求自盡，見得盡倫踐形皆己正當事務，不可不求，而窮通殀壽俟之天，用舍毁譽聽之人，於己無與也。然非勉爲也，必求自盡，心始安耳。若著一念勉强，則故爲隱晦，與求諸人者同。

○子曰：「君子矜而不争，羣而不黨。」

【集解】包曰：「矜，矜莊也。」孔曰：「黨，助也。君子雖衆，不相私助，義之與比。」

【唐以前古注】皇疏引江熙云：君子不使其身俛焉若非，終日自敬而已，不與人争勝之也。君子以道相聚，聚則爲羣，羣則似黨，羣居所以切磋成德，非於私也。

【集注】莊以持己曰矜，然無乖戾之心，故不争。和以處衆曰羣，然無阿比之意，故不黨。

【餘論】論語集注補正述疏：洪範云：「無偏無黨，王道蕩蕩。」晉語云：「仁人不黨。」僖九年左傳云：「亡人無黨，有黨必有讎。」故曰君子不黨，蓋從古如斯也。後漢書黨錮傳序云：「初，桓帝爲蠡吾侯，受學於甘陵周福，及即帝位，擢福爲尚書。時同郡河南尹房植有名當朝，鄉人爲之謡曰：『天下規矩房伯武，因師獲印周仲進。』二家賓客互相譏揣，遂各樹朋徒，漸成尤隙，由是甘陵有南北部，黨人之議，自此始矣。」蓋其後宦官乃誣范滂諸君子爲黨而皆禁錮焉。　通鑑云：「唐穆宗長慶元年，翰林學士李德裕，吉甫之子也，以中書舍人李宗閔嘗對策譏切其父，恨之。」通鑑又叙德裕以禮部貢舉不公，所取進士以關節得之，因上問而言也，宗閔因以貶焉。　及第者蘇巢，宗閔之壻也。　通鑑提其要云：「自是德裕、宗閔各分朋黨，更相傾軋，垂四十年。」蓋如牛僧孺入相而德裕之怨深矣。　唐文宗每歎曰：「去河北賊易，去朝廷朋黨難。」其禍何如也！　續通鑑云：「宋哲宗元祐元年，程頤在經筵，多用古禮。　蘇軾謂其不近人情，深疾之，每加玩侮。方司馬光之卒也，明堂降赦，臣僚稱賀訖，兩省官欲往奠光。　頤不可曰：『子於是日哭，則不歌。』坐客有難之者曰：『不言歌，則不哭。』軾曰：『此乃枉死市，叔孫通所制禮也。』衆皆大笑，遂成嫌隙。」此史言其端甚微爾。　其後朱光庭言蘇軾策問爲訕謗，而吕陶力辨之，史稱議者以光庭因軾與其師程頤有隙而發，而陶與軾皆蜀人，遂起洛、蜀二黨之説，頤，洛人也。　史傷之云：「是時熙、豐用事之臣退休散地，怨入骨髓，陰伺間隙，而諸臣不悟，各爲黨比，以相訾議。」蓋傷之也。　明史云顧憲成遷文選郎中，廷推忤帝意，削籍歸，時在萬曆二十一年後矣。　憲成，無錫人也。　史叙之云：「憲成既廢，名益高，邑故有東林書院，宋楊時講道處也。　憲成偕同志高攀龍輩講學其中，當是時士大夫抱道忤時者，率退處林野，聞風響附，學舍至不能容。　講習之餘，往往諷議朝政，裁量人物，朝士慕其風者多遥相應和，由是東林名大著，而忌者亦多。　既而淮撫李三才被論，憲成貽書葉向高、孫丕揚爲延譽，御史吴亮刻之邸鈔中，攻三才者大譁，而其時于玉立、黄正賓輩附麗其間，頗有輕浮好事若徐兆魁之徒，遂以東林爲口實。兆魁騰疏攻憲成，恣意誣詆，嗣後攻者不絶。比憲成殁，攻者猶未止，借魏忠賢毒燄一網盡去之，殺戮禁錮，善類爲一空。崇禎立，始漸收用，而朋黨勢已成，小人卒大熾，禍中於國，迄明亡而後止。」由是言之，從古以來，中國之患，昔人之戒，凡曰黨者，皆非光大；而其羣之涣也，非所以言吉也，況其言元吉也，而他求者乃稱黨爲美，而自歸之乎？則欲其舉之爾。晉語曰：「舉以其私，黨也。舉而不能，黨孰大焉？其何美乎？」

按：是書喜以史解經，非詁經之體，故詞煩而寡要。獨此節説漢、唐、宋、明四代以黨亡國之史，頗爲詳盡，足資鑑戒，故備録之。

○子曰：「君子不以言舉人，不以人廢言。」

【考異】元史劉秉忠疏：君子不以言廢人，不以人廢言。

【集解】包曰：「有言者不必有德，故不可以言舉人。」王曰：「不可以無德而廢善言。」

【唐以前古注】皇疏引李充云：詢于蒭蕘，不恥下問也。

【餘論】四書困勉録：此君子用人聽言之道，大旨謂君子之於人也，何嘗不與言並舉哉？但舉之者自有故，而不以言舉之也。蓋以言舉人，則人之不賢者，飾空言以進，而用人之塗混矣；即人之賢者，亦僅以空言見知，而用人之塗亦混矣。君子之於言也，何嘗不與人並廢哉？但廢之者自有故，而非以人廢之也。蓋以人廢言，則言之善者，因生平之行而見棄，而言者不服矣；即言之不善者，亦僅因生平之行而見棄，而言者亦不服矣，故君子不爾也。則以是見君子之至公也，又見君子之至明也，見君子之至慎也，又見君子之至恕也。

【發明】反身録：不以言舉人，則徒言者不得倖進；不以人廢言，庶言路不至壅塞，此致治之機也。以言舉人則人皆尚言，以行舉人則人皆尚行，上之所好，下即成俗，感應之機，捷於影響，風俗之淳漓，世道之升沈係之矣。三代舉人一本於德，兩漢舉人意猶近古，自隋季好文，始專以言辭舉人，相沿不改，遂成定制。雖其間不無道德經濟之彦，隨時表見，若以爲制之盡善，則未也，是在圖治者隨時調停焉。

○子貢問曰：「有一言而可以終身行之者乎？」子曰：「其恕乎！己所不欲，勿施於人。」

【考異】皇本無之字，「人」下有也字。文選曹植求通親親表注引無有字。又班昭東征賦注引無「可以」二字。蘇軾志林引孔子曰：「有一言而可以終身行之，其恕矣乎。」以子貢之問並入孔子答辭。

【考證】春秋左氏疏引易云：伏羲作十言之教：曰乾、坤、震、巽、坎、離、艮、兑、消、息。韓非子説林下：齊人曰：「臣請三言而已，曰海、大、魚。」

按：古謂一字爲一言，詩之五言七言，其例也。古人稱所著書若數萬言，數十萬言，並以一字爲一言。

【集解】言己之所惡，勿加施於人。

【集注】推己及物，其施不窮，故可以終身行之。尹氏曰：「學貴於知要，子貢之問可謂知要矣。孔子告以求仁之方也，推而極之，聖人之無我，不出於此，終身之行，不亦宜乎？」

【餘論】黄氏後案：韓詩外傳三曰：「己惡饑寒焉，則知天下之欲衣食也。己惡勞苦焉，則知天下之欲安佚也。己惡衰乏焉，則知天下之欲富足也。知此三者，聖王所以不降席而匡天下。故君子之道，忠恕而已矣。」以此言恕，即絜矩之道也。外傳十曰：「吴延陵季子見遺金，呼牧者取之，牧者曰：『子言之野也。』延陵季子問姓字。牧者曰：『子乃皮相之士也，何足語姓字哉！人之欲善，誰不如我。』」亦行恕者之所當知也。

【發明】此木軒四書説：聖賢學問無不從人己相接處做功夫，既有此身，決無與人不交關之理，自家而國而天下，何處無人，何處不當行之以恕。

○子曰：「吾之於人也，誰毁誰譽？如有所譽者，其有所試矣。

【考異】皇本作「如有可譽者」。漢書藝文志引孔子曰：「如有所譽，其有所試。」又谷永傳、薛宣傳引文俱無有字、矣字。三國志胡質傳：孔子曰：「吾之於人，誰毁誰譽？如有所譽，必有所試。」天文本論語校勘記：古本、足利本、唐本、津藩本、正平本「所」作「可」。

【考證】論語稽求篇：此言舉錯之當公也。後漢建初七年，詔下公卿大夫議郡國貢舉，韋彪上議，有云：「夫人才行少能相兼，故孟公綽優爲趙、魏老，而不任爲滕薛大夫。忠孝之人，持心近厚，鍛鍊之吏，持心近薄。三代之所以直道而行者，在其所以磨之之故也。」磨，試也。李賢注韋彪傳曰：「彪引直道而行者，言古之用賢皆磨勵選鍊然後用之。」謂必試而後用也。又前漢谷永薦薛宣疏：「以宣爲御史中丞，舉錯皆當，如有所譽，其有所試。」皆引此作用人解。

按：此漢人舊説，可備一義。

【集解】包曰：「所譽者輒試以事，不虚譽而已。」

【唐以前古注】皇疏：孔子言我之於世，平等如一，無有憎愛毁譽之心，故云誰毁誰譽也。既平等一心，不有毁譽，然君子掩惡揚善，善則宣揚，而我從來若有所稱譽者，皆不虚妄，必先試驗其德而後乃譽之耳，若云其有所試矣。又通云：我乃無毁譽，若民人百姓有相稱譽者，則我亦不虚信而美之，其必以事試之也。

【集注】毁者，稱人之惡而損其真。譽者，揚人之善而過其實。夫子無是也。然或有所譽者，則必嘗有以試之而知其將然矣，聖人善善之速而無所苟如此。若其惡惡，則已緩矣，是以雖有以前知其惡，而終無所毁也。

【餘論】論語或問：譽者，善未顯而亟稱之也。毁者，惡未著而遽詆之也。試云者，亦驗其將然而未見其已然之辭也。蓋聖人之心，光明正大，稱物平施，無毫髮之差，故於人之善惡，稱之未嘗少有過其實者。然以欲人之善也，故但有試而知其賢，則善雖未顯，已進而譽之矣。不欲人之惡也，故惡之未著者，雖有以決知其不善，而卒未嘗遽詆之也。此所以言譽而不及譽，蓋非若後世所謂恥言人過而全無黑白者。但有先褒之善而無預詆之惡，是則聖人之心耳。曰若有譽而無毁，則聖人之心爲有所倚矣。曰有譽無毁，是乃善善速惡惡緩之意，正書所謂與其殺不辜，寧失不經。罪疑惟輕，功疑惟重。春秋傳所謂善善長，惡惡短。孔子樂道人之善，惡稱人之惡之意。而仁包五常，元包四德之發見證驗也。聖人之心雖至公至平，無私好惡，然此意則未嘗不存，是乃天地生物之心也。若以是爲有倚，而以夫慹然無情者爲至，則恐其高者入於老佛荒唐之説，而下者流於申、商慘酷之科矣。

## 斯民也，三代之所以直道而行也。」

【考異】漢書景帝紀贊引文「民」下無也字，「所」下無以字。後漢書韋彪傳注引文無「民也」二字。論衡率性、非韓二篇引文「三代」下皆無之字。

【考證】包慎言温故録：「斯民」兩語，正申明上文「所試」句。如與而同。以，用也。言我之於人無毁無譽，而或有所譽，稱揚稍過者，以斯人皆可獎進而入於善之人，往古之成效可覩也。蓋斯民即三代之民。三代用此民直道而行，而人皆競勸於善，安在今之不可與爲善哉？其有所試，謂三代已嘗試之，非謂身試之也。漢書藝文志儒家叙略云：「孔子曰：『如有所譽，其有所試。』唐、虞之隆，殷、周之盛，仲尼之業，已試之效也。」後漢書韋彪傳：「彪上議曰：『國以簡賢爲務，賢以孝行爲先。孔子曰：「事親孝，故忠可移於君。」忠孝之人，持心近厚。鍛鍊之吏，持心近薄。三代之所以直道而行者，在其所以磨之故也。』」章懷注云：「彪引之者，言三代選賢，皆磨礪選練然後用之。」合此二文，校其語意，則上文所云「如有所譽」即直道也。直者，無私曲之謂。如有所譽，似偏於厚；而究其磨礪誘掖之意，非爲私曲，故曰直道。所謂「善善宜從長」也。班固景帝贊曰：「孔子稱『斯民，三代之所以直道而行』，信哉！周、秦之敝，網密文峻，而奸軌不勝。漢興，掃除煩苛，與民休息。至於孝文，加之以恭儉。孝景遵業，五六十載之間，移風易俗，至於黎民淳厚。周言成、康，漢言文、景，美矣！」此贊以孔子之言證漢事，言秦人以刻薄馭民而民俗益敝；至漢文、景務率民於寬厚，能容人過，而治迹蒸蒸日上。是直道本厚意而行之者也。

劉氏正義：論衡率性篇：「傳曰：『堯、舜之民可比屋而封，桀、紂之民可比屋而誅。』『斯民也，三代所以直道而行也。』聖主之民如彼，惡主之民如此，竟在化，不在性也。」此亦謂堯、舜以德化民，即是直道而行，異於桀、紂之暴虐。此與包君所引證若合符也。

【集解】馬曰：「三代，夏、殷、周。用民如此，無所阿私，所以云直道而行。」

【唐以前古注】皇疏引郭象云：無心而付之天下者，直道也。有心而使天下從己者，曲法。故直道而行者，毁譽不出於區區之身，善與不善信之百姓，故曰吾之於人，誰毁誰譽，如有所譽，必試之斯民也。

【集注】斯民者，今此之人也。三代，夏、商、周也。直道，無私曲也。言吾之所以無所毁譽者，蓋以此民即三代之時所以善其善，惡其惡，而無所私曲之民，故我今亦不得而枉其是非之實也。

按：四書釋地云：「黄勉齋，朱子之子婿也，親見朱子改訂注文直至通宵。又謂此句難得簡潔，然宜挑出直道，獨解而後及句意，其辭若曰，直道而行，謂善善惡惡無所私曲也。吾之於民所以無毁譽者，蓋以此民即三代之時所用以直道而行之民，故我今亦不得而枉其是非之實也。」實勝今集注，附識於此。

【餘論】四書辨疑：此一節與上文本不可通説。注文先指毁譽爲稱惡損真，揚善過實之私，於此乃言無所私曲，不枉是非之實，蓋以誰毁誰譽與直道而行互相遷就，必欲使之通爲一意也。毁譽之説前已辨之，既毁譽無損真過實之私，則誰毁誰譽，與此一節無復相關，此其不可通之一也。直道而行，止是民之自身，不爲邪惡之行，循其淳善之直道而行；善其善，惡其惡，却是剖判他人之善惡曲直，乃其在民上而治人者所爲，非其爲民者所行之道，此其不可通之二也。凡知爲人之理者，枉人之心自不當有，何必問其民之有無私曲哉？必須彼先無所私曲，然後已纔不得枉其是非之實；彼若有所私曲，己遂得以枉之邪？聖人之心正不如此，此其不可通之三也。既以兩節解爲一章，經之全文皆當通論，今於前一節中惟取「誰毁誰譽」一句之意，與此一段相合爲説，其於「如有所譽，其有所試矣」之兩句略無干涉，此其不可通之四也。尹氏之説，惟解上文則可，於此一節亦不可通。蓋自「斯民」以下本自是一章，言今之此民亦三代之民耳，在三代之時皆能不爲邪惡之事，循其淳善之直道而行也，蓋傷今民不如古民之直，非天之降才爾殊，皆其風化使然，故有此歎。南軒曰：「春秋之時風俗雖不美，然民無古今之異，三代之所以直道而行者，亦斯民也。」此爲得之。南軒此解與解上文之説本亦分爲兩意，故兩説皆當，然猶懷疑不斷，其下却欲牽合爲一，不免反以爲累，惜哉！王滹南曰：「記者以此屬於聖人無毁譽之下，義終齟齬，疑是兩章。」予謂南軒、滹南所見本同，須作兩章，義乃可通。此章首無主名，蓋闕文也。

論語述何：春秋不虚美，不隱惡。褒貶予奪，悉本三代之法，無虚加之辭也。董子曰：「春秋辨是非，故長於治人。」

論語集注補正述疏：通鑑唐紀於太宗貞觀四年云：「上之初即位也，嘗曰：『今承大亂之後，恐斯民未易化。』魏徵對曰：『不然，久安之民驕佚，驕佚則難教；經亂之民愁苦，愁苦則易化。譬猶飢者易爲食，渴者易爲飲也。』上深然之。封德彝非之曰：『三代以還，人漸澆訛，故秦任法律，漢雜霸道，蓋欲化而不能，豈能之而不欲邪？』徵曰：『五帝三王不易民而化，昔黄帝征蚩尤，顓頊誅九黎，湯放桀，武王伐紂，皆能身致太平，豈非承大亂之後邪？若謂古人淳樸，漸至澆訛，則至於今日，當悉化爲鬼魅矣，人主安得而治之？』上卒從徵言。是歲天下大稔，斗米不過三四錢。」續通鑑宋紀云：「徽宗崇寧三年，蔡京奉詔書元祐姦黨姓名，於是詔頒之州縣，令皆刻石。有長安石工安民當鐫字，辭曰：『如司馬相公者，海内稱其正直，今謂之姦邪，民不忍刻也。』府官怒，欲加之罪。安民泣曰：『被役不敢辭，乞免鐫安民二字於石末，恐得罪後世。』聞者愧之。」相公者，司馬光也。明史本紀云：「莊烈帝崇禎十一年九月，京師戒嚴。十月，盧象昇督援軍。十二月，盧象昇兵敗於鉅鹿，死之。」列傳云：「象昇之戰殁也，楊嗣昌遣二邏卒察其死狀。其一人俞振龍者，歸言象昇實死。嗣昌怒，鞭之三日夜。且死，張目曰：『天道神明，無枉忠臣。』於是天下聞之，莫不欷歔，益恚嗣昌矣。」孔子云：「人之生也直。」故世變有不直之時，民生無不直之性。天道生人，今猶古矣。宋、明以來，凡君子人雖蒙難焉，世皆稱之，直道之公若斯也。奈之何他求者，自迷其性生之直也！

○子曰：「吾猶及史之闕文也。有馬者借人乘之，今亡已夫！」

【考異】唐石經無之字。葉夢得石林燕語：班孟堅引子曰：「吾猶及史之闕文也，今亡矣夫。」雖略去「有馬者借人乘之」之語，其傳必有自矣。翟氏考異：二事大小精麤實不相並，葉氏疑「有馬者」七字爲衍，因作是說。注疏本、釋文本、筆解本、宋石經本、南軒解本、集說本、纂箋本「已」俱作「矣」。四書辨疑：中原古注本「已」作「矣」。皇本作「今則亡矣夫」，又有則字。五經文字序作「今則亡矣」，無夫字。漢書藝文志引文「已」亦作「矣」。蘇長公集遠景樓記引文「已」亦作「矣」。

【考證】漢書藝文志：古制，書必同文，不知則闕，問諸故老。至於衰世，是非無正。人用其私，故孔子曰：「吾猶及史之闕文也，今亡矣夫。」蓋傷其寖不正。路史發揮：「呂不韋之書曰：『史皇作書，倉頡氏也。』」注云：「古謂字書爲史，故有倉頡史篇之類。揚雄曰『史哉史哉』，非史記也。孔子曰：『吾猶及史之闕文也。』謂字書之闕。故漢藝文志叙小學云：『古制書必同文，不知則闕。』」論語發微：周禮保氏：「教國子以六藝，四曰五御，五曰六書。」孔子言執御，言正名，言雅言，所以教門弟子者，與天子諸侯之設官無異。史籀爲周宣王時太史，作大篆十五篇。周禮內史掌達書名於四方，亦太史之屬。漢律，太史試學童，能諷書九千字以上乃得爲史。又以六體試之，課最者以爲尚書、御史、史書。吏民上書字或不正，輒舉劾。史書令史者，爲掌史書之令史，以正書字爲職，故曰史書，曰史篇，皆謂書字掌於太史，而保氏以教。班氏藝文志云：「古制，書必同文云云。」其引論語「史之闕文」與子路篇「不知蓋闕」同義。志又言：「史籀篇，周宣王教學童書也。」論語之史，或漢代史書史篇之類，而不必爲紀言紀事之成書也。許氏說文解字敘曰：「詭更正文，鄉壁虛造不可知之書，以耀於世。」與班氏言衰世之弊同。許氏又云：「書曰：『予欲觀古人之象。』言必遵修舊文而不穿鑿。孔子曰：『吾猶及史之闕文，今亡矣夫。』蓋非其不知而不問，人用己私，是非無正，巧說衺辭，使天下學者疑。蓋文字者，經藝之本，王政之始。前人所以垂後，後人所以識古，故曰『本立而道生』，知天下之至賾而不可亂也。」班、許兩家之言若出一涂，故包注云：「古之良史於書字有疑，則闕之以待知者。有馬不能調良而借人乘習。」則皆期於善御，亦六藝之一，弟子之事，而保氏之所教也。五馭之目爲鳴和鸞、逐水曲、過君表、舞交衢、逐禽左。乘之者，習此者也。有一定之法，非可人用其私，故車能同軌。六書之目爲指事、象形、諧聲、會意、轉注、假借。闕文者，所不知者也。有一定之法，非可詭更正文，故書能同文也。

論語補疏：包注以闕文、借人兩事平列，邢疏謂有馬借人爲譬喻，非是。借，猶藉也。僖二十八年，先軫曰「使宋舍我而賂齊、秦，藉之告楚」，釋文：「藉，借也。」杜注云：「報借齊、秦使爲宋請。」宣十二年，楚子告唐惠侯曰「敢藉君靈以濟楚師」，杜注云：「藉，猶假借也。」我有馬不能服習，藉人之能服習者，乞其代己調良，此謹篤服善之事也，與子路以車馬衣裘公諸朋友不同。史闕文屬書，借人乘屬御，此孔子爲學六藝者言也。論語後録：季路曰「願車馬衣裘與朋友共」，此借人乘之説也。包説未是。

【集解】包曰：「古之良史於書字有疑，則闕之以待知者也。有馬不能調良，則借人乘習之。孔子自謂及見其人如此，至今無有矣。言此者，以俗多穿鑿也。」

【唐以前古注】皇疏：孔子此歎世澆流迅速，時異一時也。史者，掌書之官也。古史爲書，若於字有不識者，則懸而闕之以俟知者，不敢擅造爲者也。孔子自云己及見昔史有此時闕文也矣。孔子又曰，亦見此時之馬難調御者，不能調則借人乘服之也。亡，無也。當孔子末年時，史不識字，輒擅而不闕；有馬不調，則恥云其不能，必自乘之，以致傾覆，故云今亡也矣夫。筆解：韓曰：「上句言己所不知必闕之，不可假他人之言筆削也。譬如有馬不能自乘而借他人乘之，非己所學耳。」李曰：「上云吾猶者，是喻史官闕文。下句更喻馬不可借他人，今亡者，言吾今而後無此借乘之過也。」

【集注】楊氏曰：「史闕文，馬借人，此二事孔子猶及見之，今亡矣夫，悼時之益偷也。」愚謂此必有爲而言，蓋雖細故而事之大者可知矣。

【别解一】蔡節論語集説：劉氏安世曰：「吾猶及史之闕文也，有馬者借人乘之，今亡已夫。先儒説此多矣，但難得經旨貫串。今熟味及字與亡字，自然意貫。有馬者借人乘之，便是史之闕文。夫有馬而借人乘，非難底事，而史且載此，必是闕文。及如及見之謂，聖人在衰周猶及見此等史存而不敢削，亦見忠厚之意。後人見此語頗無謂，遂從而削去之，故聖人歎曰今亡已夫，蓋歎此句之不存也。故聖人于郭公、夏五皆存之於經者，蓋慮後人妄意去取，失古人忠厚之意，書之所以示訓也。」

【別解二】邢疏：古之良史於書字有疑則闕之以待能者，不敢穿鑿，孔子言我尚及見此古史闕疑之文。有馬者借人乘之者，此舉喻也，喻己有馬不能調良，當借人乘習之也。今亡矣夫者，亡，無也。孔子自謂及見其人如此闕疑，至今則無有矣，言此者，以俗多穿鑿。

【餘論】日知録春秋闕疑説云：史之闕文，聖人之所不敢益也。春秋桓公十七年冬十月朔，日有食之。傳曰：「不書日，官失之也。」僖公十五年夏五月，日有食之。傳曰：「不書朔與日，官失之也。」以聖人之明，千歲之日至可坐而致，豈難考歷布算而補其闕，而夫子不敢也，況史文之誤無從取正者乎？況列國之事得之傳聞不登於史册者乎？且春秋，魯國之史也，即使歷聘之餘，必聞其政，遂可以百二十國之寶書增入本國之記註乎？乃若改葬惠公之類不書，舊史之所無也。曹大夫、宋大夫、司馬、司城之不名者，闕也。鄭伯髡頑、楚子麇、齊侯陽生之實弒而書卒者，傳聞不勝簡書，從舊史之文也。左氏出於獲麟之後，網羅浩博，實夫子所未見。春秋因魯史而修者也，左氏傳採列國之史而作者也，故書晉事，自文公主夏盟政，交於中國，則以列國之史參之，而一從周正，自惠公以前則間用夏正，其不出於一人明矣。其謂賵仲子爲子氏未薨，平王崩爲赴以庚戌，陳侯卒爲再赴，似皆揣摩而爲之説。

○子曰：「巧言亂德。小不忍，則亂大謀。」

【考異】七經考文：足利本無則字。

【考證】吴嘉賓論語説：先王有不忍人之政，然非小不忍之謂也。故曰惟仁者能愛人，能惡人。苟不忍於惡一人，則將有亂大謀者矣。聖人之所惡，常在於似是而非者。巧言亂德，所謂惡佞足以亂義也。小不忍則亂仁，或曰必有忍，其乃有濟，若後世所謂能有所忍以就大事者。不知此狙詐之術，雖於聖人之辭若可通，竊以爲非也。

【集解】孔曰：「巧言利口則亂德義，小不忍則亂大謀。」

【集注】巧言變亂是非，聽之使人喪其所守。小不忍，如婦人之仁、匹夫之勇皆是。

【餘論】四書或問：或疑婦人之仁、匹夫之勇强弱不同，而皆爲不忍何也？曰：忍之爲義，有所禁而不發云爾。婦人之仁，不能忍其愛也。匹夫之勇，不能忍其暴也。四書蒙引：沛公因項羽王於關中而欲攻項羽，向非蕭何之諫，則亂大謀矣，是匹夫之勇也。趙王太后愛其少子長安君，不肯使質於齊，向非左師觸龍之言，則亂大謀矣，是婦人之仁也。黄氏後案：小不忍，集注以不決忍於愛，不容忍於怒兼言之。案賈子道術曰：「惻隱憐人謂之慈，反慈爲忍。」忍者，決絶之謂。小不忍者，不決絶於所愛，小有慈憐也。漢書外戚傳曰：「夫小不忍，亂大謀，恩之所不能已者，義之所割也。」古解如此，口柔心柔俱亂之由也。

○子曰：「衆惡之，必察焉；衆好之，必察焉。」

【考異】潛夫論潛歎篇：孔子曰：「衆好之必察焉，衆惡之必察焉。」好惡字上下易置。風俗通義正失篇：孔子曰：「衆善焉，必察之；衆惡焉，必察之。」梁書劉孝綽傳謝東宮啓曰：先聖以衆惡之，必監焉；衆好之，必監焉。羅隱兩同書真僞章：孔子曰：「衆善者，必察焉；衆惡者，必察焉。」葛洪涉史隨筆、王氏論語辨惑舉此文，俱以「衆好」句易置「衆惡」句上。司馬温公集嘉祐六年論選舉狀、熙寧二年議貢舉狀、王臨川集答段縫書引文亦俱上下易置。羣經平議：阿黨比周，解衆好必察之意。特立不羣，解衆惡必察之意。是王肅所據本「衆好」句在「衆惡」句前。潛夫論潛歎篇引孔子曰：「衆好之，必察焉；衆惡之，必察焉。」蓋漢時舊本如此，今傳寫誤倒耳。風俗通義正失篇引孔子曰：「衆善焉，必察之；衆惡焉，必察之。」雖文字小異，而亦善在惡前，可據以訂正。劉氏正義：案潛夫論引「衆好」句在「衆惡」前。宋葛洪涉史隨筆、王氏論語辨惑、司馬温公論選舉狀、議貢舉狀、王臨川答段縫書亦先好後惡。風俗通義正失篇、羅隱兩同書真僞章「好」均作「善」，亦「衆善」句在前，即王注疑亦如此。俞氏樾平議以爲傳寫誤倒，或有然也。

【考證】管子明法解：亂主不察臣之功勞，譽衆者則賞之；不審其罪過，毀衆者則罰之。如此者，則邪臣無功而得賞，忠臣無罪而有罰。

【集解】王曰：「或衆阿黨比周，或其人特立不羣，故好惡不可不察也。」

【唐以前古注】皇疏引衛瓘云：賢人不與俗爭，則莫不好愛也；俗人與時同好，亦則見好也；凶邪害善則莫不惡之；行高志遠與俗違忤亦惡之，皆不可不察也。

【集注】楊氏曰：「惟仁者能好惡人，衆好惡之而不察，則或蔽於私矣。」

【餘論】刁包四書翊注：或以獨行滋多口，或以大義冒不韙，衆雖惡之，所當鑒諒於形迹之外者也。或違道以干時譽，或矯情以博名高，衆雖好之，所當推測於心術之微者也。衆之所惡亦有當惡，則察其所以得罪於清議者安在；衆之所好亦有當好，則察其所以允符於輿情者安在，斯不至隨聲附和也。患不知人者其詳之。

○子曰：「人能弘道，非道弘人。」

【考異】皇本下句末有也字。

【考證】劉氏正義：道隨才爲大小，故人能自大，其道即可極仁聖之詣，而非道可以弘人。故行之不著，習矣不察，終身由之而不知其道，則仍不免爲衆。中庸記所云「苟不至德，至道不凝焉」，即此意也。漢書董仲舒傳：「夫周道衰於幽、厲，非道亡也，幽、厲不繇也。至於宣王，思昔先王之德，興滯補弊，明文、武之功業，周道粲然復興。」下引此文。又禮樂志載平當説：「衰微之學，興廢在人。」亦引此文，義皆可證。

【集解】王曰：「才大者道隨大，才小者道隨小，故不能弘人。」

按：皇本不言王肅曰，則何晏等義也。

【唐以前古注】皇疏引蔡謨曰：道者寂然不動，行之由人。人可適道，故曰人能弘道。道不適人，故曰非道弘人也。

【集注】弘，廓而大之也。人外無道，道外無人，然人心有覺，而道體無爲，故人能大其道，道不能大其人也。

【餘論】四書或問：人即道之所在，道即所以爲人之理，不可殊觀。但人有知思，則可以大其所有之理；道無方體，則豈能大其所託之人哉？似勝今注。論語述要：此章最不煩解而最可疑。朱子謂道如扇，人如手，手能摇扇，扇如何能摇手。此誰不知，夫子何必爲此閒言？意必有一義也。蓋自有人類以來，初只渾渾噩噩，久而智力相積，文物燦然；一人由始生至長大，積以學思，道日推闡，亦然，是人能弘道之説也。夫子之時，老氏之流曰人法天，天法道，道法自然。曰道無爲而無不爲，是道能弘人之説也。彼以禮義爲出於人爲而不足貴，而欲不藉人力，一任道之自然，究必人事日就退化，是夫子非道弘人之説也。黄仲元四如講稿：弘有二義。人之得是道於心也，方其寂然，而無一理之不備，亦無一物之不該，是容受之弘。及感而通，無一事非是理之用，亦無一物非是理之推，是廓大之弘。其容受也，人心攬之若不盈掬，而萬物皆備於我，此弘之體。其廓大也，四端雖微，火然泉達，充之足以保四海，此弘之用。性分之所固有者一一收入，職分之所當爲者一一推出，方是弘。

○子曰：「過而不改，是謂過矣。」

【考異】穀梁僖二十年傳：過而不改，是謂之過。宋襄公之謂也。韓詩外傳三引孔子曰：

「過而改之，是不過也。」

【唐以前古注】皇疏引江熙云：一過容恕又文，則成罪也。

【集注】過而能改，則復於無過。惟不改，則其過遂成，而將不及改矣。

○子曰：「吾嘗終日不食，終夜不寢，以思，無益，不如學也。」

【考異】大戴禮勸學篇：孔子曰：「吾嘗終日而思矣，不如須臾之所學也。」荀子勸學篇無「孔子曰」三字，餘同。孔叢子雜訓篇：子思曰：「吾嘗深有思而莫之得也，於學則寤焉。」潛夫論讚學篇：孔子曰：「吾嘗終日不食，終夜不寢，以思，無益，不如學也。耕也，餒在其中。學也，祿在其中矣。君子憂道不憂貧。」二章文連讀爲一。

【音讀】經讀考異：此凡兩讀，一讀「以思無益」連句，一讀「以思」屬上二句，自「吾嘗」以下十二字作一氣讀，「無益」另作一讀，義並通。梁氏旁證：皇疏言我嘗竟日終夕不食不眠，以思天下之理，惟學益人，餘事皆無益，故云不如學也。此似以思無益說成一片，與集注微異，而語意未能簡易，故集注必於「以思」斷句，「無益」斷句也。

【考證】賈子新書修政語上：湯曰：「學聖王之道者，譬其如日。靜思而獨居，譬其若火。夫舍學聖之道而靜居獨思，譬其若去日之明於庭，而就火之光於室也。然可以小見而不可以大知，是故明君而君子貴尚學道，而賤下獨思也。」

【唐以前古注】皇疏引郭象云：聖人無詭教，而云不寢不食以思者何？夫思而後通、習而後能者，百姓皆然也。聖人無事而不與百姓同事，事同則形同，是以見形以爲己異，故謂聖人亦必勤思而力學。此百姓之情也，故用其情以教之，則聖人之教因彼以教彼，安容詭哉！

【集注】此爲思而不學者言之，蓋勞心以必求，不如遜志而自得也。李氏曰：「夫子非思而不學者，特垂語以教人爾。」

【餘論】四書存疑：徒思而不學，則此理出於想像億度而無真實之見，且旋得旋失，不免危殆之患，故無益。學則講習討論，體驗躬行，有真見，無遺忘，德之成也有自矣，故曰不如學也。

○子曰：「君子謀道不謀食。耕也，餒在其中矣；學也，禄在其中矣。君子憂道不憂貧。」

【考異】太平御覽述文「食」下有也字。

【考證】潛夫論釋難篇：秦子問於潛夫曰：「耕種，生之本也。學問，業之本也。孔子曰：『耕也，餒在其中。學也，禄在其中。』敢問今使舉世之人釋耨耒而羣相程於學何如？」潛夫曰：「善哉問！君子勞心，小人勞力。故孔子所稱，謂君子爾。今以目所見耕，食之本也。以心原道即學，又耕之本也。」論語集注補正述疏：説苑云：「甯越，中牟鄙人也。苦耕之勞，謂其友曰：『何爲而可以免此苦也？』友曰：『莫如學。學二十年則可以達矣。』甯越曰：『請十五年，人將休，吾將不休；人將卧，吾不敢卧。』十三年學，而周威公師之，蓋爲諸侯師也，其禄非代耕已也。」此以謀食而學焉，非君子謀道也。

【集解】鄭曰：「餒，餓也。言人雖念耕而不學，故飢餓。學則得禄，雖不耕而不餒。此勸人學。」

【唐以前古注】皇疏引江熙云：董仲舒曰：「遑遑求仁義，常患不能化民者，大人之意也。遑遑求財利，常恐匱乏者，小人之意也。」此君子小人謀之不同者也。慮匱乏，故勤耕；恐道闕，故勤學。耕未必無餓，學亦未必得禄，禄在其中，恒有之勢，是未必君子，但當存大而遺細，故憂道不憂貧也。

【集注】耕所以謀食而未必得食，學所以謀道而禄在其中。然其學也，憂不得乎道而已，非爲憂貧之故，而欲爲是以得禄也。

【餘論】此木軒四書説：使謀道謀食了不相涉，則謀道之君子不須以謀食疑之。惟夫謀食莫如耕，而餒在其中，竟有時不得食也。謀道莫如學，而禄在其中，可以兼得食也。然而君子之心，則憂道不憂貧也，曷嘗爲禄而學乎？不然，則以道而謀食，所謂修天爵以要人爵者耳，其不流爲小人之歸者幾希。

○子曰：「知及之，仁不能守之；雖得之，必失之。知及之，仁能守之，不莊以涖之，則民不敬。知及之，仁能守之，莊以涖之，動之不以禮，未善也。」

【考異】後漢書班固傳論作「智及之而不能守之」，劉梁傳「必失之」下有也字。皇本涖字作「莅」。舊鄭康成本此下有「子曰：父在觀其志，父没觀其行」一章，見釋文。翟氏考異：舊注謂此章論居官臨民之法，包咸解上句作「嚴以臨之」，疏述李充云：「仁以守位，其失也寬，故更涖以威。」荀引文變下敬字爲「禁」，則尤與嚴字相應。當時各家師授文每不同，此或其本有如是，未必爲記憶之譌。　羣經平議：後漢書班固傳論引此文作「而不能守之」，視今本爲長。知及之而不能守之，謂無仁以守之也。今作「仁不能守」，夫既仁矣，又何不能守之有？此蓋後人據下文改易，而不知其非也。且如下文「不莊以涖之」，若改易其文曰莊不能涖之，豈可通乎？當依范氏所引以正其誤。下文言仁能守之，則此文不能守之由於不仁，其故自見，正古文互見之妙也。

【考證】論語稽求篇：盧東元曰：「此爲有天下國家者言。易曰：『何以守位？曰仁。』孟子曰：『天子不仁，不保四海。諸侯不仁，不保社稷。』皆此意也。下文涖之不莊，動之不以禮，皆有位者之事，文理接貫，不可移易。」其言甚辨。夫顯諸仁，藏諸用，夫子之原文也。漢書食貨志曰：「守位以仁。」蔡邕釋誨曰：「故以仁守位，以財聚人。」古之引經者未嘗乏也。　李氏論語劄記：此章似專爲臨民者發。知及仁守，所謂道之以德也。莊涖動禮，所謂齊之以禮也。　四書紀聞：得者，得乎天下國家也。失者，失乎天下國家也。曰民敬，曰莊涖，其言明白無疑。注疏以居官爲言，其說未盡。　劉氏正義：後漢書劉梁傳：「孔子曰：『智之難也。有臧武仲之智而不容於魯國。抑有由也，作而不順，施而不恕矣。』蓋善其知義，譏其違道也。」下文又云：「患之所在，非徒在智之不及，又在及而違之者矣。故曰『智及之，仁不能守之；雖得之，必失之』也。」此引論語以證武仲之失位由於不順不恕。不順不恕即是不仁，與包義正合。

易繫辭傳：「何以守位？曰仁。」按：此章十一之字皆指民言，毛氏之説是也。朱注以之字指此理言，所謂强人就我也，不可從。

【集解】包曰：「知能及治其官，而仁不能守，雖得之，必失之。不嚴以臨之，則民不敬從其上。」王曰：「動必以禮然後善。」

【唐以前古注】皇疏：謂人有智識，得及爲官位者，故云智及之也。雖謀智能及，不及能用仁守官位，故云仁不能守之也，此皆謂中人不備德者也。禄位雖由智而得爲之，無仁以持守之，必失禄位也。莅，臨也。又言若雖能智及仁守，若臨民不用莊嚴，則不爲民所敬。雖智及仁守莅莊，而動静必須禮以將之，若動静不用禮，則爲未盡善也。又引李充云：夫智及以得，其失也蕩；仁守以静，其失也寬；莊莅以威，其失也猛，故必須禮，然後和之。以禮制智，則精而不蕩；以禮輔仁，則温而不寬；以禮御莊，則威而不猛，故安上治民，莫善於禮也。又引顔特進云：智以通其變，仁以安其性，莊以安其慢，禮以安其情，化民之善，必備此四者也。

【集注】知足以知此理，而私欲間之，則無以有之於身矣。涖，臨也，謂臨民也。知此理而無私欲以間之，則所知在我而不失矣。然猶有不莊者，蓋氣習之偏，或有厚於内而不嚴於外者，是以民不見其可畏而慢易之。下句放此。動之，動民也，猶曰鼓舞而作興之云爾。禮，謂義理之節文。

【餘論】四書辨疑：注言知足以知此理，理字與下文「不莊以涖之，則民不敬」義不可通。知及仁守以位言也，人於公卿大夫等位，其才智各有能至之者，或能至於大夫，或能至於公卿，然無仁義之道以守之，雖已得之，終必不久而失之也。　黄氏後案：此章言治民之道也。以知得民，以不仁失民，殘刻之害爲大。武王踐阼記云：「以仁得之，以仁守之，其量百世。以不仁得之，以仁守之，其量十世。以不仁得之，不以仁守之，必及其世。」語意略同。司馬君實稽古録秦論以知及仁不能守，指斥秦之所以失天下，是得之失之言得民失民也。包注治官當作治民爲是。朱子注學政分説，未必然。李安溪云此章專爲治民者發，趙鹿泉、戚鶴泉謂章内十一之字皆以民言。

　四書問答：集注此節空主理言，又謂無以有之於身。如其説，則次節忽説箇則民不敬，便覺語意突出矣。竊按通章俱應就治民説，聖人第于中間「涖之不莊」點明民字，以包前後耳。故首節所云知及之，仁不能守，雖得必失，俱就民言，如刑名法術之家雖能馭民而不能保民也。試觀下二節集注于涖之謂臨民也，動之謂動民也，其上二句「知及之，仁能守之」語氣本相連，而下獨不主民言也得乎？邢疏末引顔氏説云：「知以通其變，仁以安其性，莊以安其慢，禮以安其情，化民之道必備此四者。」數語尤爲明確。至古注此節主禄位説，亦孟子「桀、紂之失天下也，失其民也」之意耳。　四書改錯：此本論爲政以及之民者，凡十一之字俱是一義，乃動輒以理字當之，則仁能守理已自難通。仁是何物，而反使守理？況莊以莅理，動理不以禮，則大無理矣。章大來曰：「朱氏既不從包説，而作易本義，引陸氏釋文及晁氏僞古易説將繫辭仁字改作人字，此有意改經者。」按漢書食貨志曰「守位以仁」，蔡邕釋誨曰「故以仁守位，以財聚人」，皆據繫辭語，然皆是仁字。包注雖不足顧，與易繫何與，而必改此字？且陸、晁劣學，說最叵信，其校經字，豈反過於蔡邕之書石經者而可爲據耶？

○子曰：「君子不可小知而可大受也，小人不可大受而可小知也。」

【考證】淮南子主術訓：是故有大略者不可責以捷巧，有小智者不可任以大功。人有其才，物有其形，有任一而太重，或任百而尚輕，是故審毫釐之計者，必遺天下之大數；不失小物之選者，惑於大數之舉，譬猶狸之不可使搏牛，虎之不可使搏鼠也。

【集解】王曰：「君子之道深遠，不可以小了知而可大受。小人之道淺近，可以小了知而不可大受也。」

按：論語校勘記云：「皇本、高麗本無『王曰』二字，當是何解。」

【唐以前古注】皇疏引張憑云：謂之君子，必有大成之量，不必能爲小善也，故宜推誠闇信，虛以將受之，不可求備，責以細行也。

【集注】此言觀人之法。知，我知之也。受，彼所受也。蓋君子於細事未必可觀，而材德足以任重；小人雖器量淺狹，而未必無一長可取。

【發明】朱子文集（答張敬夫）：一事之能否不足以盡君子之蘊，故不可小知。任天下之重而不懼，故可大受。小人一才之長亦可器而使，但不可以任大事爾。四書說約：用違其才，不止虧君子之長，並且棄小人之用。可不可兩邊皆有此，即聖人治天下手段。四書存疑：此言觀人當於其大，不當於其小。以大事而觀人，然後其人可見。以小節而觀人，小人未有不勝君子，君子或置之無用之地矣。

○子曰：「民之於仁也，甚於水火。水火，吾見蹈而死者矣，未見蹈仁而死者也。」

【考異】太平御覽述「民之於仁也」句，無也字。下文「吾見蹈而死者矣」，無矣字。謝道藴論語贊述文末句「也」作「矣」。

【集解】馬曰：「水火與仁皆民所仰而生者。仁最爲甚。蹈水火或時殺人，仁未嘗殺人。」

【唐以前古注】皇疏引王弼云：民之遠於仁，甚於遠水火也。見有蹈水火死者，未嘗蹈仁死者也。

【集注】民之於水火，所賴以生，不可一日無，其於仁也亦然。但水火外物，而仁在己，無水火不過害人之身，而不仁則失其心，是仁有甚於水火，而尤不可以一日無者也。況水火或有時而殺人，仁則未嘗殺人，亦何憚而不爲哉？李氏曰：「此夫子勉人爲仁之語，下章放此。」

【餘論】惠棟周易述：仁乃乾之初生之道，故未見蹈仁而死。極其變，如求仁得仁，殺身成仁，乃全而歸之之義，不可言死。沈守正四書說叢：仁者，人也，無物可與之較緩急，即以緩急論，而至切之水火猶爲未甚。蹈仁亦不當以利害論，即以利害論，而仁又獨有利而無害，此聖人提醒人語。黄氏後案：禮：「君子曰終，小人曰死。」又曰：「死而不弔者三：畏、厭、溺。」此死謂夭折也。民非水火不生活，利其生活而夭折其中者不少，聖人憫之。仁者，乾元生生之道，心所賴以生者。蹈仁而死，如伯夷、比干。能擇正命之處，雖死猶生，聖人榮之。此聖人望死身者不死其心，求見之切而歎之也。哀莫大於心死，而身死次之，語見莊子田子方篇，可以援證。

○子曰：「當仁，不讓於師。」

【考證】春秋繁露竹林篇論楚子反許宋平事云：今子反往視宋，聞人相食，大驚而哀之，不意之至於此也，是以心駭目動而違常禮。禮者，庶於仁文質而成體者也。今使人相食，大失其仁，安著其禮？方救其質，奚恤其文？故曰當仁不讓，此之謂也。

【集解】孔曰：「當行仁之事，不復讓於師，行仁急也。」

【唐以前古注】皇疏引張憑云：先人後己，外身愛物，履謙處卑，所以爲仁，非不好讓，此道非所以讓也。

【集注】當仁，以仁爲己任也。雖師亦無所遜，言當勇往而必爲也。蓋仁者人所自有而自爲之，非有争也，何遜之有？

【别解】黄氏後案：或曰師，衆也。或曰「師」當作「死」。屈原懷沙賦「知死不可讓兮」本此，與上章未見蹈仁而死互相發明。

○子曰：「君子貞而不諒。」

【集解】孔曰：「貞，正也。諒，信也。君子之人正其道耳，言不必小信也。」

【唐以前古注】皇疏：貞，正也。諒，信也。君子權變無常，若爲事苟合道，得理之正，君子爲之，不必存於小信，自經於溝瀆也。一通云：君子道無不正，不能使人信之也。筆解：韓曰：「諒當爲讓，字誤也。上文云『當仁不讓于師』，仲尼慮弟子未曉，故復云正而不讓，謂仁人正直不讓于師耳。孔説加一小字爲小信，妄就其義，失之矣。」

【集注】貞，正而固也。諒則不擇是非而必於信。

【餘論】黄氏後案：此言君子之危行孫言也。貞，信乎正也。諒者，言之信也。君子行事必守道之正，而言之信有時不拘守也。昭公七年左傳「子産爲豐施歸州田」，杜注引此文，邢疏謂段受晉邑，卒而歸之，是正也。知宣子欲之而言，畏後禍，是不信。故杜氏引此文爲證也。漢書王貢龔鮑傳贊曰「貞而不諒，薛方近之」，顔注：「薛方志避亂朝，詭引巢、許爲喻，近此義也。」何異孫十一經問對：孟子曰：「君子不亮，惡乎執。」亮與諒同。孔子曰：「豈若匹夫匹婦之爲諒也。」又曰：「君子貞而不諒。」諒者，信而不通之謂。君子所以不亮者，非惡乎信，惡乎執也。故孟子又曰：「所惡執一者，爲其賊道也。」焦循孟子正義：論語云：「好信不好學，其蔽也賊。」蓋好信不好學，則執一而不知變通，遂至於賊道。君子貞而不諒，正恐其執一而蔽於賊也。友諒兼友多聞，多聞由於好學，則不至於賊。劉氏正義：案上篇夫子答子貢曰：「言必信，行必果，硜硜然小人哉！」孟子離婁下：「大人者，言不必信，行不必果，唯義所在。」言必信，即此注所云「小信」也，亦即諒也。漢書王貢等傳贊「貞而不諒，薛方近之」，顔注云：「薛方志避亂朝，詭引巢、許爲喻，近此義也。」亦言不必信之證。

○子曰：「事君，敬其事而後其食。」

【考異】郡齋讀書志：蜀石經作「敬其事而後食其禄」。

【考證】羣經平議：説文苟部：「苟，自急敕也。」敬字從苟爲意，故義亦與苟通。敬其事者，急其事也，正與後其食相對，猶禮記儒行篇「先勞而後禄」矣。

【集解】孔曰：「先盡力，然後食禄也。」

【唐以前古注】皇疏引江熙云：恪居官次以達其道，事君之意也，蓋傷時利禄以事君也。

【集注】後與後獲之後同。食，禄也。君子之仕也，有官守者修其職，有言責者盡其忠，皆以敬吾之事而已，不可先有求禄之心也。

○子曰：「有教無類。」

【考異】漢書地理志引「無」作「亡」。

【考證】吕氏春秋勸學篇：故師之教也，不争輕重尊卑貧富而争於道。其人苟可，其事無不可。

【集解】馬曰：「言人所在見教，無有種類。」

【唐以前古注】皇疏引繆播云：世咸知斯旨之崇教，未信斯理之諒深。生生之類，同禀一極，雖下愚不移，然化所遷者其萬倍也。若生而聞道，長而見教，處之以仁道，養之以德，與道終始，乃非道者，余所以不能論之也。

【集注】人性皆善，而其類有善惡之殊者，氣習之染也。故君子有教，則人皆可以復於善，而不當復論其類之惡矣。

〇子曰：「道不同，不相爲謀。」

【考證】鹽鐵論憂邊篇引孔子曰：不通於論者難於言治，道不同者不相與謀。吴嘉賓論語說：孟子曰：「伯夷、伊尹、柳下惠三子者不同道。」道者，志之所趨舍，如出處語默之類。雖同於爲善，而有不同。其是非得失皆自知之，不能相爲謀也。劉氏正義：案孟子又言「君子之行不同也。或遠或近，或去或不去，歸潔其身而已矣」。歸潔其身，道也。而遠近去不去行各不同，則不能相爲謀也。史記伯夷列傳引此文云：「亦各從其志也。」即孟子不同道之說。顏注以天道人道爲言，失其旨矣。老莊申韓列傳：「世之學老子者則絀儒學，儒學亦絀老子。『道不同，不相爲謀』，豈謂是耶？」亦以老子之學與儒不同，未可厚非也。若夫與時偕行，無可無不可，夫子之謂集大成，安有所謂不相謀哉？不相謀者，道之本。能相爲謀者，聖人之用。後世儒者舉一廢百，始有異同之見。而自以爲是，互相攻擊，既非聖人覆𢢃持載之量，亦大昧乎「不相爲謀」之旨。

【集注】不同如善惡邪正之類。

【餘論】黄氏後案：孟子言禹、稷、顏子同道，曾子、子思同道，故君子與君子有時意見不同，行跡不同，而卒能相謀者，其道同也。此言道不同，指異端小人之賊道者，注義是也。或援周、召不説以證君子之不相謀，或謂微、箕各成其是，不必相謀，皆未詳審夫君奭、微子之書者矣。或謂尊德性道問學不妨殊途，説更謬。

〇子曰：「辭達而已矣。」

【集解】孔曰：「凡事莫過於實，辭達則足矣，不煩文豔之辭。」

【集注】辭取達意而止，不以富麗爲工。

【別解】潛研堂答問：三代之世，諸侯以邦交爲重。論語使於四方，不辱君命，則稱之；使於四方，不能專對，則譏之。此辭即專對之辭也。公羊傳：「大夫出使，受命不受辭。」聘禮記：「辭無常，孫而説。辭多則史，少則不達。辭苟足以達，義之至也。」論語之文與禮經相表裏，以經證經，可以知辭達之義矣。羣經義證：聘禮記「辭多則史，少則不達。辭苟足以達，義之至也」，謂爲當時邦交之辭而發。

按：此説較有根據，可備一説。

〇師冕見，及階，子曰：「階也。」及席，子曰：「席也。」皆坐，子告之曰：「某在斯，某在斯。」師冕出。子張問曰：「與師言之道與？」子曰：「然，固相師之道也。」

【考異】漢書人表師冕，顔師古注曰：即師免。翟氏考異：表與論語正同，注轉舉別文證之，文又于他書無所見，豈唐初論語冕字曾作「免」歟？七經考文：古本「告」作「謂」。周禮樂師注引作「相師之道與」。

【考證】日知録：經傳稱某有三義。書金縢「惟爾元孫某」，史諱其君，不敢名也。春秋宣公六年公羊傳「於是使勇士某往殺之」，傳失其人也。曲禮「内事曰孝王某，外事曰嗣王某」，儀禮士冠禮「某有子某」，論語「某在斯，某在斯」，通言之也。禮少儀曰：其未有燭而後至者，則以在者告，道瞽亦然。鄭君注曰：「爲其不見，意欲知之也。」下即引此經以證。論語偶記：道瞽即是相師，子曰「相師之道」，少儀云「道瞽亦然」，知此是古禮矣。

按：曲禮有某甫、某人、某士，儀禮有某子之稱，而某子又有姓氏之別，至單言某，鄉飲酒某酬某子，士冠禮某有某子，士昏禮某有先人之禮，使某請納采，注俱謂名。本文孔注言歷告以坐中人姓字所在處，然師於弟子不稱字，則當是名，而記者以兩某字括之耳。

潘氏集箋：説文：「名，自命也。从口，从夕。夕者，冥也，冥不相見，故以口自名。」此於瞽者爲尤切。逸周書太子晉解：「師曠曰：請使瞑臣往。」孔晁注：「師曠，晉大夫，無目，故稱瞑。」又禮記少儀云「瞽曰聞名」，鄭曰：「瞽，無目也。以無目辭不稱見。」此皆瞽者自名之證。其實瞽者有相，亦必以名詔之，故論語師冕見，孔子舉階席及在坐之人一一告之。

【集解】孔曰：「師，樂人盲者，名冕。某在斯某在斯，歷告以坐中人姓字及所在處也。」馬曰：「相，導也。」

【唐以前古注】釋文引鄭注：相，扶也。

【集注】師，樂師，瞽者，冕名。再言某在斯，歷舉在坐之人以詔之。聖門學者於夫子之一言一動，無不存心省察如此。相，助也。古者瞽必有相，其道如此。蓋聖人如此，非作意而爲之，但盡其道而已。

【餘論】薛瑄讀書録：觀聖人與師言，辭語從容，誠意懇至，真使人感慕於數千載之上。常人見貴人則知敬，見敵者則敬稍衰，於下人則慢之而已。聖人於上下人己之間，皆一誠敬之心。

論語傳注：古瞽必有相，夫子待師如化工賦物，而曰固相師之道者，以爲平常自然如此也。然則聖人接天地萬物莫不有道焉，亦祇平常自然耳。

# 論語集釋卷三十三

## 季氏

○季氏將伐顓臾。

【考證】劉氏正義：季氏，謂康子。説文云：「伐，擊也。從人持戈。」左莊二十九年傳：「凡師有鍾鼓曰伐。」論語述何：伐顓臾不書於春秋者，封内兵不録，或聞夫子言而止也。

【集解】孔曰：「顓臾，宓犧之後，風姓之國。本魯之附庸，當時臣屬魯。季氏貪其地，欲滅而有之。」

按：左傳僖公二十一年：「任、宿、須句、顓臾，風姓也，實司大皞與有濟之祀。」杜注：「大皞，伏羲。四國，伏羲之後，故主其祀。」今山東省沂州府蒙陰縣古顓臾國。

【集注】顓臾，國名，魯附庸也。

【餘論】四書或問：伐顓臾而曰季氏，見以魯臣而取其君之屬也，是無魯也。顓臾而曰伐，見以大夫而擅天子之大權也，是無王也。將者，欲伐而未成，見其臣尚可以諫，而季氏尚可以止也。

冉有、季路見於孔子曰：「季氏將有事於顓臾。」孔子曰：「求！無乃爾是過與？

【考證】羣經平議：是當讀爲寔，爾雅釋詁：「寔，是也。」桓六年公羊傳曰：「寔來者何？猶曰是人來也。」是與寔古蓋通用。無乃爾是過與，猶曰無乃爾寔過與。襄十四年左傳曰：「吾今實過。」國語晉語：「簡子曰：善，吾言實過矣。」並與此經同義。詩韓奕篇鄭箋曰：「趙、魏之東，實、寔同聲。」　論語集注補正述疏：經之所書冉有先季路，其序與所書侍坐不同，此猶春秋書法也。冉有，與其謀者也。冉有仕季氏在哀三年，季路仕季氏在定十二年，彼其時二子仕不同時矣。哀十四年左傳云：「小邾射以句繹來奔，曰：『使季路要我，吾無盟矣。』使子路，子路辭。季康子使冉有謂之曰：『千乘之國，不信其盟，而信子之言，子何辱焉？』」此其時則二子同仕季氏也。哀十五年左傳云：「秋，齊陳瓘如楚，過衞，仲由見之。」則季路在衞焉，其冬而季路死衞難矣，然則將伐顓臾之時，可從而知也。

【集解】孔曰：「冉有與季路爲季氏臣，來告孔子。冉求爲季氏宰，相其室爲之聚斂，故孔子獨疑求教之。」

【唐以前古注】皇疏引蔡謨云：冉有、季路並以王佐之姿，處彼相之任，豈有不諫季孫以成其惡？所以同其謀者，將有以也，量己揆勢，不能制其悖心於外，順其意以告夫子，實欲致大聖之言以救其弊；是以夫子發明大義，以酬來感，宏舉治體，自救時難，引喻虎兕，爲以罪相者，雖文譏二子，而旨在季孫，既示安危之理，又抑强臣擅命，二者兼著，以寧社稷，斯乃聖賢同符，相爲表裏者也。然守文者衆，達微者寡也，覩其見軌而昧其玄致，但釋其辭，不釋所以辭，懼二子之見幽，將長淪於腐學，是以正之，以莅來旨也。

【集注】按左傳、史記二子仕季氏不同時，此云爾者，疑子路嘗從孔子自衛反魯，再仕季氏，不久而復之衛也。冉求爲季氏聚斂，尤用事，故夫子獨責之。

【餘論】潘氏集箋：左哀十一年傳：「季孫欲以田賦，使冉有訪諸仲尼。三發不對，而私於冉有曰：『君子之行也，度於禮，施取其厚，事舉其中，斂從其薄，如是則以丘亦足矣。若不度於禮，而貪冒無厭，則雖以田賦，將又不足。且子季孫若欲行而法，則周公之典在。若欲苟而行，又何訪焉？』弗聽。」而明年春，書用田賦，即其例也。況三傳皆不載此事，則其聞夫子言而止也必矣。田賦不與子路並見孔子者，其時未再仕季也。或疑史記無子路再仕魯事。毛奇齡據哀十四年春，小邾射以句繹來奔，季氏使子路要之，而子路請辭，爲夫子反魯後，由再仕季之證。又引韓非子季孫相魯，子路爲郈令，魯以五月起衆爲長溝，子路挾粟而餐之，孔子使子貢覆其餐。季孫讓之曰：「肥也起民而使之，而先生使餐，將無奪肥之民耶？」謂伐顓臾是康子事，肥爲康子名，爲由、求共仕康子之旁證。維城謂此不必求諸他經傳，即下文子云「今由與求也相夫子」云云，由苟不仕季，夫子曷爲與求並責耶？況由亦必不肯並見夫子矣，此事理之至易明者。　四書辨證：蘇東坡曰：「定十二年，子路爲季氏宰。哀十一年，冉求爲季氏宰。伐顓臾當在季康子之世。」按集注亦即蘇氏之説。子然問可謂大臣，康子問可使從政，正此時也。今書冉有於季路之上，下文孔子開口便責求，求辨論不休，而由無一語，則見雖同，而曰字當專屬冉有。

夫顓臾，昔者先王以爲東蒙主，且在邦域之中矣，是社稷之臣也。何以伐爲？」

【考異】太平寰宇記引論語「夫顓臾」，「夫」上有今字。釋文：「邦」或作「封」。集解：孔曰：「魯七百里之封，顓臾在其域中。」似其所據古論「邦」字爲「封」。潘氏集箋：或謂漢諱邦，改爲「封」，非也。尚書叙邦侯、邦康叔，義皆作封。漢有上邦、下邦縣字。如封字，下文「邦内」，鄭本作「封内」，明此「邦域」亦當爲「封域」也。九經古義、陳鱣説同。説文：「邦，國也。封，爵諸侯之土也。从之，从土，从寸。守其制度也。或，邦也。从口，从戈，以守一地也。域从或，又从土。」據此，則邦、域同義，從封字爲長。劉氏正義：邦域者，周禮大宰注：「邦，疆國之境。」釋名釋州國：「邦，封也，封有功於是也。」釋文云：「邦或作封。」蓋二字音義同。漢書王莽傳「封域之中」，即邦域也。惠氏棟謂依孔注「邦」當作「封」。然孔云「七百里之封」，乃釋邦爲封，非孔本作「封」，惠氏誤也。陳氏鱣又謂下文「邦内」，鄭作「封内」，明此「邦域」亦當爲「封域」。然釋文於此但云「或作封」，邦域義通，不必舍正本用或本矣。周禮大司徒注引論語「中」下無矣字。下句「是社稷之臣」下無也字。皇本作「何以爲伐也」。按孔注「何用滅之爲」，則伐、爲二字不可倒矣，皇本恐誤。

【考證】四書釋地續：東蒙，山名，即書之「蒙、羽其藝」，詩之「奄有龜、蒙」之蒙也。自元和志誤析爲二，謂在沂州費縣西北八十里者蒙山，在費縣西北七十五里者東蒙山，相距僅五里。余以漢地理志「蒙陰縣」注曰：「禹貢蒙山在西南有祠，顓臾國在蒙山下。」證其爲一山是也。四書經注集證：地理志「顓臾國在蒙山下」，今沂州府費縣。按明一統志顓臾城在縣西北九十里。趙氏曰：「蒙山在泰山郡蒙陰縣西南，今沂州費縣也。」馮厚齋曰：「禹貢有二蒙，徐州蒙、羽其藝，東蒙也。梁州蔡、蒙旅平，西蒙也。」洪氏曰：「魯頌『奄有龜、蒙，遂荒大東』，即東蒙也。」按廣輿記山東省沂州府，後魏名北徐州，其屬有蒙陰縣，又有費縣。費縣境有蒙山，一名東山。一統志云「孔子登東山而小魯」即此。義門讀書記：費在蒙之陽，魯以費爲東郊，故謂之東蒙。劉氏正義：蒙山即東蒙，山在魯東，故云。胡氏渭禹貢錐指：「蒙山在今蒙陰縣南四十里，西南接費縣界。漢志：『蒙陰縣有蒙山祠，顓臾國在山下。』後魏志：『新泰縣有蒙山。』劉芳徐州記：『蒙山高四十里，長六十九里，西北接新泰縣界。』元和志：『蒙山在新泰縣東八十八里，費縣西北八十里。東蒙山在費縣西北七十五里。』是謂蒙與東蒙爲二山也。齊乘曰：『龜山在今費縣西北七十里，蒙山在龜山東，二山連屬，長八十里。』禹貢之蒙、論語之東蒙，正此蒙山也。後人惑於東蒙之説，遂誤以龜山當蒙山，蒙山爲東蒙，而隱没龜山之本名，故今定正之。邑人公鼐論曰：『蒙山高峰數處，俗以在東者爲東蒙，中央者爲雲蒙，在西北爲龜蒙，其實一山。龜山自在新泰，亦非即龜蒙峰也。』」蔣氏廷錫尚書地理今釋：「蒙山在今山東青州府蒙陰縣南八里，西南接兖州費縣界，延袤一百餘里。」今案蔣説以蒙陰縣南八里諸山爲即蒙山，蓋統山之羣阜言之，與胡氏蒙陰縣南四十里説異而實同也。蒙陰今屬沂州府。

【集解】孔曰：「使主祭蒙山。魯七百里之封，顓臾爲附庸，在其域中。已屬魯爲社稷之臣，何用滅之爲？」

按：劉恭冕云：「孟子云：『公侯百里，伯七十里，子男五十里。』不能五十里，不達於天子，附於諸侯，曰附庸。解者謂此周初之制，其後成王用周公之法制，廣大邦國之竟。故周官大司徒言：『公方五百里，侯四百里，伯三百里，子二百里，男百里。』先鄭注以爲附庸在内，後鄭則以附庸不在其中。明堂位云：『成王以周公爲有勳勞於天下，是以封周公於曲阜，地方七百里。』注云：『上公之封，地方五百里。加魯以四等之附庸方百里者二十四，并五五二十五，積四十九開方之，得七百里。』是魯七百里包有附庸。僞孔此注用後鄭義也。」

【集注】東蒙，山名。先王封顓臾於此山之下，使主其祭，在魯地七百里之中。社稷，猶云公家。是時四分魯國，季氏取其二，孟孫、叔孫各有其一，獨附庸之國尚爲公臣，季氏又欲取以自益，故孔子言顓臾乃先王封國，則不可伐；在邦域之中，則不必伐；是社稷之臣，則非季氏所當伐也。此事理之至當，不易之定體，而一言盡其曲折如此，非聖人不能也。

【餘論】四書辨證：主，孔注謂主祭蒙山，朱注依之，而桓六年傳「以山川則廢主」，晉語「國主山川」，鄭語「主芣、騩而食溱、洧」，似是以山川爲國之主也。而傳疏：「廢主，謂廢國内之所主祭。」國語解：「主，謂爲神之主。」俱引本文爲證，則其義與孔同。

冉有曰：「夫子欲之，吾二臣者皆不欲也。」

【集解】孔曰：「歸咎於季氏。」

【集注】夫子指季孫。冉有實與謀，以夫子非之，故歸咎於季氏。

孔子曰：「求！周任有言曰：『陳力就列，不能者止。』危而不持，顛而不扶，則將焉用彼相矣？

【考異】漢書薛宣傳引此直作孔子語。後漢書安帝紀引傳曰：「顛而不扶，危而不持。」上下易置。漢書王嘉傳引作「安用」。後漢書陳球傳：「傾危不持，焉用彼相耶？」葛洪抱朴子良規篇：「危而不持，安用彼相？」考文補遺：古本「矣」作「也」。

【集解】馬曰：「周任，古之良史。言當陳其才力，度己所任，以就其位，不能則當止。」包曰：「言輔相人者當能持危扶顛，若不能，何用相爲？」

【唐以前古注】皇疏：孔子不許冉有歸咎於季氏，故又呼求名語之也，此語之辭也。周任，古之良史也。周任有言曰：「人生事君當先量後入，若計陳我才力所堪，乃後就其列，次治其職任耳。若自量才不堪，則當止而不爲也。」既量而就，汝今爲人之臣，臣之爲用，正在匡弼，持危扶顛。今假季氏欲爲濫伐，此是危顛之事，汝宜諫止；而汝不諫止，乃云夫子欲之，吾等不欲，則何用汝爲彼之輔相乎？若必不能，是不量而就之也。

【集注】周任，古之良史。陳，布也。列，位也。相，瞽者之相也。言二子不欲則當諫，諫而不聽則當去也。

【餘論】四書辨疑：瞽者之相，蓋取上篇相師之相爲說也。相本訓助，訓扶，元是扶持輔佐之義，非因先有孔子相師之言，然後始有此訓也。凡其言動之間，相與扶持輔佐之者，通謂之相。如舜之相堯，禹之相舜，伊尹相湯，周公相武王，豈皆瞽者之相耶？舊說相謂輔相，言其輔相人者，當持其主之傾危，扶其主之顛躓；若其不能，何用彼相？只從此說，豈不本分？

按：陳氏之說是也。此相字即下相夫子之相，集注謂瞽者之相，義雖可通，未免好爲立異，且與下文相夫子互岐，不如舊說之善。

且爾言過矣，虎兕出於柙，龜玉毁於櫝中，是誰之過與？」

【考異】舊文柙字爲「匣」。釋文曰：「匣」，本今作「柙」。皇本「虎兕出柙」、「龜玉毁」櫝中各無於字。漢書文三王傳：虎兕出於匣，龜玉毁於匱中，是誰之過也？三國志公孫度傳注引魏略曰：「龜玉毁於匱，虎兕出於匣。」匱、匣字異，又略去中字，上下易置。文選任彦升勸進牋注引論語亦作「出於匣」。

【集解】馬曰：「柙，檻也。櫝，匱也。失虎毁玉，豈非典守之過耶？」

【唐以前古注】皇疏引欒肇云：後虎家臣而外叛，是出虎兕於柙也。伐顓臾於邦内，是毁龜玉於櫝中也。

【集注】兕，野牛也。柙，檻也。櫝，匱也。言在柙而逸，在櫝而毁，典守者不得辭其過。明二子居其位而不去，則季氏之惡，已不得不任其責也。

冉有曰：「今夫顓臾，固而近於費。今不取，後世必爲子孫憂。」

【考異】水經沂水注引作「固而便近於費者也」。　舊無「後世」二字。釋文曰：「必爲子孫憂」，本或作「後世必爲子孫憂」。　後漢書臧宮傳注引冉有曰：「今夫顓臾，固而近季氏之邑。今不取，恐爲子孫之憂。」無「後世」字。

【考證】論語發微：書費誓曰：「淮夷、徐戎並興。」魯東南邊費，又東南則淮、徐之地。費邑故城在今山東費縣西北二十里，又西北二十里有冠石之山，又北爲陪尾，此顓臾所以固而近於費也。魯之費邑反在顓臾之南，故孔子以爲在邦域之中也。　四書釋地又續：前漢志顓臾國在泰山郡蒙陰縣蒙山下，費縣爲魯季氏邑，則屬東海郡，杜氏通典總收於沂州費縣下，曰有蒙山，有東蒙山，有顓臾城。余讀酈注沂水條云：「沂水從臨沂縣東流逕蒙山下，又東南逕顓臾城北，又東南流逕費縣故城南。」案其里程相距纔七十里耳，故曰近。　潛丘劄記：兗州府志：「故顓臾城距古費城六十五里。」

【集解】馬曰：「固，謂城郭完堅，兵甲利也。費，季氏邑。」

【集注】固，謂城郭完固。費，季氏之私邑。此則冉有之飾辭，然亦可見其實與季氏之謀矣。

孔子曰：「求！君子疾夫舍曰欲之而必爲之辭。

【考異】皇本「必」下有更字。　太平御覽述無而字。　天文本論語校勘記：古本、足利本、唐本、津藩本、正平本「而必」下有更字。

【音讀】經讀考異：近讀從「欲之」爲句。考何氏集解，孔曰「疾如女之言」，是以夫字斷句。又曰「舍其貪利之説而更爲他詞」，是又以「舍」連下讀。

【集解】孔曰：「疾夫，疾如女之言也。舍其貪利之説而更作他辭，是所疾也。」

【集注】欲之，謂貪其利。

丘也聞有國有家者，不患寡而患不均，不患貧而患不安。蓋均無貧，和無寡，安無傾。夫如是，故遠人不服，則修文德以來之。既來之，則安之。

【考異】春秋繁露度制篇引孔子曰：不患貧而患不均。魏書張普惠傳亦引孔子曰：不患貧而患不均。漢書食貨志引文三「無」字俱作「亡」。尚書大禹謨孔傳曰：「遠人不服，大布文德以來之。」正義曰：「遠人不服，文德以來之。論語文也。」並與「則修」字異。

【考證】羣經平議：寡、貧二字傳寫互易，此本作「不患貧而患不均，不患寡而患不安」。貧以財言，不均亦以財言，財宜乎均，不均，則不如無財矣，故不患貧而患不均也。寡以人言，不安亦以人言，人宜乎安，不安，則不如無人矣，故不患寡而患不安也。下文云「均無貧」，此承上句言。又云「和無寡，安無傾」，此承下句言。觀「均無貧」之一語，可知此文之誤易矣。春秋繁露度制篇引孔子曰：「不患貧而患不均。」可據以訂正。論語述要：「均無貧」三句，均對無貧，和對無寡，安對無傾，意義分配至當，無俟煩解。祇因上二語以均對寡，以安對貧，上下語脈遂亂。集注因文遞解，未嘗不可圓其説，究屬勉强費力。若以下截正上截之誤，均字作爲和字，安字作爲均字，上下一氣相承，自至聯貫。意前儒讀語至此，亦必有苦於費解者，祇因不敢改經，舍遵注外無他法。不知改經雖不可，以經正經，且以本經正本經，則未爲不可。此二字當是傳寫者偶有錯誤，夫子原辭必不至前後紊亂至此也。再考春秋繁露引孔子曰：「不患貧而患不均。」疑義更爲釋然。董氏所據本下語既如此，則上語當作「不患寡而患不和」可知。董氏尚在古注諸家之先，原本不知被何誤寫，遂以謬傳至今。然上下文理至明也，繁露至可徵信之書也，繁露雖引下語，未及上語，理之至易隅反者也。

按：魏書張普惠傳引夫子言亦與董氏同，是漢初善本，至魏猶有存者，益見繁露之可信，俞氏之説是也。

論語後録：遠人，謂徐、郯之屬，非指顓臾也。國語曰：「荒服者王有不至，則修德。」故上言修文德以來之。四書釋地又續：遠人似謂邾。考哀公元年冬，伐邾。七年秋，伐邾，遂入之，以邾子益來。八年夏，以吴將伐我，乃歸邾子。或曰，魯擊柝聞於邾，相距僅七十六里，何以爲遠？曰：敵國則遠人矣。四書劄記：遠人非指顓臾，正對顓臾在邦域之中而至近者言之，言雖有遠人不服，疑乎可以動干戈矣，然且猶來之以文德，況如顓臾之在邦內乎？

【集解】孔曰：「國，諸侯。家，卿大夫。不患土地人民之寡少，患政理之不均平，憂不能安民耳。民安則國富。」包曰：「政教均平，則不貧矣。上下和同，不患寡矣。小大安寧，不傾危矣。」

【集注】寡，謂民少。貧，謂財乏。均，謂各得其分。安，謂上下相安。季氏之欲取顓臾，患寡與貧耳。然是時季氏據國，而魯公無民，則不均矣。君弱臣强，互生嫌隙，則不安矣。均則不患於貧而和，和則不患於寡而安，安則不相疑忌而無傾覆之患。内治修，然後遠人服。有不服，則修德以來之，亦不當勤兵於遠。

【餘論】李清植淛𠹭存愚：今使千金之家而生四子，均分之，則一子惟得二百五十金，以與千金較，雖覺寡，而無全乏之事。若就中有一子兼得其二分，則必有一子全失其一分者，是不均而後有貧，均則雖寡而斷不至於貧，此均無貧之説也。況四子既各得其分，勢必輯睦而和。彼其所以見寡者，以析而爲四也，和則合四歸一，依然千金之家，不獨無貧，而且不見有寡，此和無寡之説也。如是則必安，安則無論無貧寡，借使貧寡，亦必不至於傾，此安無傾之説也。惟均無貧，和無寡，此所以不患寡而患不均也。惟安無傾，此所以不患貧而患不安也。四書翼注：「不患寡」二句，當是古語。侯國較之王畿自是寡，大夫之采地較之侯封又自是寡，自古安有以此爲患者？若不顧尊卑，侯之民欲多於王，卿大夫之民欲多於侯，大小厚薄皆失其宜，謂之不均，乃可患耳。侯之君十卿禄，比天子百里之内以供官，千里之内以爲御，自是貧。卿禄四大夫，比諸侯錫之山川土田附庸，又自是貧。自古亦無以此爲患者。若一味封殖自肥，公室懸磬，柄臣擅聚斂之饒，强蓄籠山海之入，冠裳倒置，嫌釁必生，謂之不安，乃可患耳。至「均無貧」三句，又是夫子爲古語下注脚，言若果各安本分，曉得君尊臣卑國大家小，則不均處正是均。以四境之内供侯國之用，守宗廟之典籍，供覲聘之筐篚，有餘矣。以私邑之田供私家之費，束修之遺不出境，喪祭之禮有定式，更有餘矣。何貧之有？如是則下不上僭，上自然不下侵，君君臣臣歡若一體，則和矣。和則有國者恪居侯服，魯賦八百乘，邾賦六百乘，非寡於天子也，宜也。有家者敬居官次，管仲之書社三百，韓起之長轂四千，非寡於齊侯、晉侯也，宜也。如此則上下各得其所，名分足以定志，恩誼可以聯情，相安於當然之理，自然之勢，國長有其國，家長有其家矣。夫長國家者，惟傾覆是虞，苟能無傾，樂莫大焉，又何患寡與貧之有哉？

**今由與求也，相夫子，遠人不服，而不能來也；邦分崩離析，而不能守也，而謀動干戈於邦内。吾恐季孫之憂，不在顓臾，而在蕭牆之内也。」**

【考異】釋文：鄭本作「封内」，或作「不在於顓臾」。太平御覽述季孫之憂，無之字。隸釋載漢石經論語殘碑，後記諸家異文曰：而在於蕭牆之内，盍、毛、包無「於」。陸贄收河中後請罷兵狀引文「也」作「矣」。翟氏考異：四家所傳論語均無於字，世行本正依此四家也。盍氏、毛氏他籍無言之者，其名及時代今莫審悉。

【考證】四書典故辨正：天子外屏，諸侯内屏，大夫以廉，士以帷，蕭牆非季氏所當有。蓋蕭牆暗指魯君，故朱注引哀公欲以越伐魯爲證。論語偶記：蕭牆之内，魯哀公也。不敢斥君，故婉言之。若曰季氏非憂顓臾，實憂魯君疑己而將爲不臣，所以伐顓臾耳。蓋其時哀公欲去三桓，季氏隱憂顓臾世爲魯臣，與魯犄角，故爲此謀。夫子此言，所以誅季氏之心也。

按：方説是也。鄭謂伐顓臾在陽虎未執桓子以前，則由、求未嘗與陽虎共仕季氏，而經文明言由、求，考求之得志於季氏，在哀公十一年清之役勝齊以後，是季孫當指康子而非桓子矣。

【集解】孔曰：「民有異心曰分，欲去曰崩，不可會聚曰離析。干，楯也。戈，戟也。」鄭曰：「蕭之言肅也。牆，謂屏也。君臣相見之禮，至屏而加肅敬焉，是以謂之蕭牆。後季氏家臣陽虎果囚季桓子。」

【唐以前古注】皇疏：人君於門樹屏，臣來至屏而起肅敬，故謂屏爲蕭牆也。臣朝君之位在蕭牆之内也。今云季孫憂在蕭牆内，謂季孫之臣必作亂也。然天子外屏，諸侯内屏，大夫以簾，士以帷。季氏是大夫，應無屏而云蕭牆者，季氏皆僭有之也。

【集注】子路雖不與謀，而素不能輔之以義，亦不得爲無罪，故并責之。遠人，謂顓臾。分崩離析，謂四分公室，家臣屢叛。干，楯也。戈，戟也。蕭牆，屏也。言不均不和，内變將作，其後哀公果欲以越伐魯而去季氏。謝氏曰：「當是時，三家强，公室弱，冉求又欲伐顓臾以附益之，夫子所以深罪之，爲其瘠魯以肥三家也。」洪氏曰：「二子仕於季氏，凡季氏所欲爲，必以告於夫子，則因夫子之言而救止者宜亦多矣。伐顓臾之事不見於經傳，其以夫子之言而止之也。」

【餘論】劉氏正義：方氏觀旭偶記：「俗解以蕭牆之内爲季氏之家。不知禮天子外屏，諸侯内屏，大夫以簾，士以帷。則蕭牆惟人君有耳，卿大夫以下但得設帷薄。管仲僭禮旅樹，禮記不言自管仲始，可見管仲之後，諸國卿大夫無有效之僭者，季氏之家安得有此？竊謂斯時哀公欲去三桓，季氏實爲隱憂。又以出甲墮都之後，雖有費邑，難爲臧紇之防，孫林父之戚，可藉以逆命。

君臣既已有隙，一旦難作，即效意如之譎，請囚於費而無可逞。又畏顓臾世爲魯臣，與魯犄角以逼己。惟有謀伐顓臾，克之，則如武子之取卞以爲己有而益其强；不克，則魯師實已勞憊於外，勢不能使有司討己以干戈。憂在内者攻强，乃田常伐吴之故智。此後所爲正不可知，所謂内變將作者也。然則蕭牆之内何人？魯哀公耳。」説文：「牆，垣蔽也。」屏亦短垣，所以障蔽内外，故亦稱牆。陽虎囚季桓子在定公八年，而二子事季氏則在哀公十一年後，鄭氏此言未得其實，宜乎方氏之易其義也。

**○孔子曰：「天下有道，則禮樂征伐自天子出；天下無道，則禮樂征伐自諸侯出。自諸侯出，蓋十世希不失矣；自大夫出，五世希不失矣；陪臣執國命，三世希不失矣。**

【考證】論語述何：齊自僖公小霸，桓公合諸侯，歷孝、昭、懿、惠、頃、靈、莊、景，凡十世，而陳氏專國。晉自獻公啓疆，歷惠、懷、文而代齊霸，襄、靈、成、景、厲、悼、平、昭、頃而公族復爲强臣所滅，凡十世。魯自隱公僭禮樂滅極，至昭公出奔，凡十世。魯自季友專政，歷文、武、平、桓子，爲陽虎所執。齊陳氏、晉三家亦專政而無陪臣之禍，終竊國者，皆異姓公侯之後，其本國亡滅，故移於他國也。又曰：南蒯、公山不擾、陽虎皆及身而失，計其相接，故曰三世。蔵厓考古録：左傳昭公二十四年，樂祁曰：「政在季氏三世矣，魯君喪政四公矣。」注以三世爲文子、武子、平子。四公爲宣、成、襄、昭。論語禄去公室五世，鄭注言此時魯定公之初。魯自東門襄仲殺文公之子赤而立宣公，於是政在大夫，爵禄不從君出，至定公爲五世矣。杜預解左傳三世，不數悼子，以未立爲卿而卒，則論語所謂四世，應亦由文而起，數至桓子爲四世也。其云五世希不失者，亦孔子據理而言，非必定指季氏也。

馮季驊春秋三變説：隱、桓以下，政在諸侯。僖、文以下，政在大夫。定、哀以下，政在陪臣。當其初，會盟征伐，皆國君主之。隱十年，翬帥師會四國伐宋也，則貶而去族。桓十一年，柔會宋公、陳侯、蔡叔盟折也，亦貶而去族。權猶不遽下移也。僖十九年，大夫爲翟泉之盟以伐鄭，則諱不書公。文二年，垂隴盟，書士縠；十五年，以上軍下軍入蔡，書郤缺，而大夫始專矣。浸淫至成二年鞌之戰，魯以四卿帥師，而三家之勢張。襄十六年湨梁之會，晉直以大夫主盟，而無君之勢成。于是物極必反，上行下效，諸侯專天子，大夫專諸侯，家臣專大夫。宋樂祁有陳寅，鄭罕達有許瑕，齊陳恒有陳豹，衞孔悝有渾良夫，晉趙鞅有董安于，魯仲孫有公斂處父，而莫狡且彊于季孫之陽虎。以公伐鄭，而實意在惡季、孟于鄰國。盟公周社，而實意在詛三桓于國人。夫子于定八年特書盜竊寶玉大弓，所以治陪臣也。春秋上治諸侯，中治大夫，下治陪臣，至目之曰盜。充其類以盡其義，諸侯大夫，一言以蔽之耳。

春秋大事表：春秋之中葉，討伐無書公者，政自大夫出也。定公之初，伐齊反書公者，陪臣執國命，而欲叚公以與大夫抗也。哀公之世，征伐盟會無書公者，大夫復張，專其利，而以危難之事陷其君也。

馮景解春集：孔子不言禮樂征伐自陪臣出，而曰執國命，其辭信，其義精。蒙引仍以禮樂征伐之事爲國命者，非也。家臣雖專政，無行禮樂征伐之事者也。

禮樂征伐必交乎四鄰，而國命不出境。陪臣執之云者，猶彊奴抗孱主，第相鬩於門之內而已矣。禮樂征伐自大夫出何也？曰古之大夫束修之問不出境，春秋之大夫交政於中國，凡盟會之事皆與焉。大夫而僭諸侯久矣。若陪臣雖稱兵據地，甚至囚執其主，而卒不得與於會，昭、定、哀之間可徵也。南蒯也、侯犯也、公山不狃也、陽虎也，皆季氏家臣執國命者也。然春秋於其叛也、襄魯也皆不書，何也？略家臣也。家臣賤，名氏不見。聖人謹微，蓋絶之於其端焉耳。不可以告廟，不可以赴於諸侯，故嚴其防而不書其後。陪臣懼，子洩及身而出奔。南蒯者，南遺之子也，二世而出奔。陽氏爲季氏家臣，至虎三世而出奔，三世而不失者希矣。聖人之言春秋法備焉，義精而辭信。

【集解】孔曰：「希，少也。周幽王爲犬戎所殺，平王東遷，周始微弱。諸侯自作禮樂，專行征伐，始於隱公。至昭公十世失政，死於乾侯矣。季文子初得政，至桓子五世，爲家臣陽虎所囚也。」馬曰：「陪，重也。謂家臣。陽氏爲季氏家臣，至虎三世而出奔齊。」

【唐以前古注】周禮序疏引鄭注亦謂幽王之後也。　詩黍離正義引鄭注：平王東遷，政始微弱，諸侯始專征伐。皇疏：諸侯是南面之君，故至全數之年而失之也。若禮樂征伐從大夫而專濫，則五世，此大夫少有不失政者也。其非南面之君，道從勢短，故半諸侯之年，所以五世而失之也。陪，重也。其爲臣之臣，故云重也。是大夫家臣僭執邦國教令，此至三世必失也。既卑，故不至五世，則半十而五，三亦半五，大者難傾，故至十。十，極數也。小者易危，故轉相半，理勢使然。亡國喪家，其數皆然，未有過此而不失者也。按此但云執國命，不云禮樂征伐出者，其不能僭禮樂征伐也。　又引繆播云：大夫五世，陪臣三世者，苟得之有由，則失之有漸，大者難傾，小者易滅，近本罪輕，遠彌罪重，輕故禍遲，重則敗速，二理同致，自然之差也。　筆解：韓曰：「此義見仲尼作春秋之本也。吾觀隱至昭十君誠然矣，禮樂征伐自作，不出于天子，亦然矣。若稽諸春秋，吾疑十二公引十世爲證，非也。」李曰：「退之至矣。觀隱公不書即位而書王正月，定公不書正月而書即位，此有以見自桓至定爲十世，仲尼本旨存不言，哀公未没，不可言世也。」韓曰：「吾考隱公書正月者，言周雖下衰，諸侯稟朔不可不書也。隱攝政不書即位，言不預一公之數也。定書即位，繼體當爲魯君；不書正月者，不稟朔也。稟朔因三桓强盛，不由公室也。政去公室，則自桓公至定公爲十世明矣。」李曰：「吾觀季氏一篇皆書孔子曰，餘篇即但云子曰，此足見仲尼作春秋，本惡三桓，正謂亂臣賊子。當時弟子避季氏强盛，特顯孔子之名以制三桓耳，故悉書孔子曰，以明當時之事，三桓可畏，宜其著春秋以制其彊焉。」韓曰：「季孫行父自僖公時得魯政，至平子意如逐昭公于乾侯，終季孫斯，定公八年爲陽虎所伐。桓子即季孫斯也。仲尼既言諸侯十世，又言大夫五世者，斥魯君臣皆失道也。定公九年，陽貨以葱靈逃奔宋，遂奔於晉。至哀公二年，陽貨猶見于左傳。蓋仲尼自定、哀之際，三桓與魯皆衰，故春秋止于麟，厥旨深矣。」

【集注】先王之制，諸侯不得變禮樂專征伐。陪臣，家臣也。逆理愈甚，則其失之愈速，大約世數不過如此。

天下有道，則政不在大夫。

【集解】孔曰：「制之由君。」

【集注】言不得專政。

天下有道，則庶人不議。」

【考證】困學紀聞：古者士傳言諫，其言責與公卿大夫等。及世之衰，公卿大夫不言而士言之，於是有欲毁鄉校者，有謂處士横議者，不知三代之盛，士亦有言責也。夫子曰「天下有道，則庶人不議」，而不及士，其指微矣。論語偶記：庶人又在大夫之下，若陪臣亦是也。議者，圖議國政。若云私議君上之得失，則庶人傳語正是先王之制，王者斟酌焉，而事行不悖，豈得謂非有道？蓋庶人有凡民，有府史胥徒之屬。凡民可以傳語，府史胥徒不當與謀國政。況有道之世，野無遺賢，俊傑在位，自不下資於庶人之議。左傳述定姜曰：「舍大臣而與小臣謀，一罪也。」鄭子國曰：「國有大命而有正卿，童子言焉，將爲戮矣。」子貢曰：「君子有遠慮，小人何知？」若曹劌論戰事，足見魯卿大夫之已鄙；重人告伯宗，足見晉卿大夫之無學。陽貨有言而魯國亂，鄙人論政而曹國亡。俱是無道之時，庶人之議得聞於世者也。

【集解】孔曰：「無所非議。」

【唐以前古注】皇疏：君有道，則頌之聲興在路，有時雍之義，則庶人民下無所街羣巷聚以評議天下四方之得失也。若無道，則庶人共有所非議也。

【集注】上無失政，則下無私議，非箝其口使不敢言也。

【餘論】黄氏後案：陸稼書曰：「此議亦是公議，春秋之末猶有公議，至戰國遂變爲横議。」式三謂上有私議，則下興公議；上無正議，則下恣横議。

【發明】蔡節論語集説引劉東溪曰：天下有道，在上者總其政，而其咨訪亦及乎芻蕘之賤，當是之時，民有公言而無私議。天下無道，大夫竊執國柄，雖士君子之言亦壅於上聞，於是庶人始私相非議於下，又其甚至於道路以目，而天下之情窮矣。

○孔子曰：「禄之去公室五世矣，政逮於大夫四世矣，故夫三桓之子孫微矣。」

【考異】漢書劉向傳：孔子曰：「禄去公室，政逮大夫，危亡之兆。」師古注引論語孔子曰：「禄去公室五君矣，政逮於大夫四君矣，故三桓之子孫微矣。」

【考證】論語稽求篇：禄去公室即是政逮大夫，未有去彼不之此而中立者，然而一是五世，一是四世，若是其不齊何也？曰：去公室，從公室數則公適五世。逮大夫，從大夫數則大夫適四世，不相左也。然而其五世何也？曰宣、成、襄、昭、定也。何以知宣、成、襄、昭、定？按春秋昭二十三年，叔孫舍如宋。宋樂祁曰：「魯君必出。政在季氏三世矣，魯君喪政四公矣。」至三十二年，公薨乾侯。史墨對趙簡子曰：「季友有大功於魯，受費爲上卿。至于文子、武子，世增其業。魯文公薨，而東門襄仲殺適立庶，魯君於是乎失國政，政在季氏，於此君也四公矣。」是兩人所言皆春秋當年指定世數，非後人所得而逆計者。然而一曰四公，一又曰四公，上自文薨以後而下及昭終之年，宣、成、襄、昭，詘指四世。其不云五世者，樂祁與子墨言此在昭公時，子所言在定公時，多一世也。其上不及文者，以指定昭公曰於此君，則等而上之四，不及文；猶之等而下之四，亦不及定也。故史記魯世家云：「文公卒，襄仲立宣公。魯由此公室卑，三桓强。」而漢食貨志云：「魯自文公以後，禄去公室，政在大夫。」則于此禄去政逮十字，鑿定是文公以後，爲宣、成、襄、昭、定五世，即康成注論語，亦曰自宣至定爲五世，而集注遵之。今經典稽疑翻謂以文、宣、成、襄、昭五公爲斷，而截去定公，則于樂祁、子墨二公所定世數皆不合矣。其四世何也？曰文、武、平、桓也。何以知文、武、平、桓？樂祁不云乎，政在季氏三世矣，謂文、武、平也。子墨不云乎，文子、武子世增其業，謂季之執政自文子始也。其不及桓者，以昭公時未有桓也。舊注引孔安國説，以文、武、悼、平爲四世，則多悼而少桓。朱注以武、悼、平、桓爲四世，則知有桓而又多悼而少文。兩皆失之。蓋武子之卒在昭之七年，是時悼子先武卒，而平子于是年即代武立，悼子未嘗爲卿也，未嘗爲卿則政不逮矣，故政逮四世，斷自文始而桓止，不及悼子，此無可疑者。盧東元荷亭辨論極知新舊二注俱各有誤，然欲解此四世爲公之四世，爲成、襄、昭、定，則欲去宣公以應四數，而不知禄去政逮，不分兩時，且于上一章自諸侯出，十世必失；自大夫出，五世必失，就諸侯大夫而分較其世數者相矛盾矣。或曰漢五行志又云「季氏萌于釐公而大于成公」，則成、襄、昭、定恰是四世，但此當數大夫，不當數公室耳。

論語偶記：左氏宣

十八年傳記歸父欲去三桓，張公室；又記公薨，季文子遂逐東門氏，則行父之專恣可見。又成十六年傳宣伯使告郤犨曰：「魯之有季孟，猶晉之有欒范也，政令於是乎成。若欲得志於魯，請止行父而殺之。」宣伯雖行不軌，其言行父專政，自當不誣。再史記魯世家襄仲立宣公，魯由此公室卑，三桓强。漢書五行志劉向亦有魯三桓執國政，宣公欲誅之之語。又五行志云「主大夫始顓事」，師古注謂季孫行父，並是切證。舊注數文、武、悼、平爲四世，知文子始專魯政，而於夫子當桓子時言未合。朱子數武、悼、平、桓爲四世，知夫子與桓子同時，而於經史言文子專政未合。都緣忘却悼子未嘗爲卿執政而誤數之耳。五世爲魯宣至定，四世是季友至桓。毛西河云：「祿去公室即是政逮大夫，未有去彼不逮此而中立者。」真確論也。江永羣經補義：專政者東門遂，輔之者季孫行父。襄仲死，逐子家者，文子也。觀所載虧姑成婦等事，行父亦專橫矣，故專政當自文子始。昭二十五年宋樂祁曰「政在季氏三世矣」，杜注：「三世，文子、武子、平子。」孔疏云：「不數悼子者，悼子未爲卿而卒，不執魯政，故不數也。十二年傳曰：『季悼子之卒也，叔孫昭子以再命爲卿。』卿必再命，乃得經書名氏。七年三月，經書叔孫婼如齊涖盟。其年十一月，季孫宿卒。是悼子先武子而卒，平子以孫繼祖也。」此疏甚確，當以文子、武子、平子、桓子爲四世。潘氏集箋：潛邱劄記云：「政在季氏，季氏者，文子也。宣十八年，欲去三桓以張公室；成十六年，魯之有季、孟，猶晉之有欒、范也，政令於是乎成，皆謂文子。若武子專國，武子立襄五年，上溯宣元年凡四十有一年，政將誰歸乎？」羣經補義、論語偶記、羣經識小並據昭二十五年傳注爲説。補義謂注不數桓子則非，其數文子則是。識小謂禄去政逮是一串事，去公室則入私家矣。此論蓋發於哀公初年，五世則成、襄、昭、定、哀，四世則文、武、平、桓也。其謂五世數哀公而不數宣公，與諸家異，非也。解春集又據左傳史墨對趙簡子曰：「季友有大功於魯，受費以爲上卿。至於文子、武子，世增其業，不廢舊績。魯文公薨，而東門遂殺適立庶，魯君於是乎失國，政在季氏，於此君也，四公矣。」爲政逮四世之確證，亦以四世爲文、武、平、桓而悼子不與焉。顧棟高春秋魯政下逮表叙曰：「自僖公元年至哀公二十七年，左氏春秋經傳之末，閲年一百九十三，魯之執政共十一人，季氏凡六人，叔孫氏二人，孟孫氏一人，東門氏一人。中間陽虎執政在定之六七八，僅三年爾，旋出奔，政柄復歸季氏。當定之九年，季孫斯乘意如兇惡之後，遭陽虎幾死，僅而得免，創鉅痛深，乃始用孔子以銷弭禍患。孔子建墮三都之議，叔、季二家墮費墮郈，譬之虎穴，虎出而羣狼據之，虎亦不得歸墮其穴，非特公室安，私門亦安，此聖人撥亂反正之大機括也。至十二年冬十二月，孟氏不肯墮成。哀十五年，成宰公孫宿叛入于齊，踵南蒯及侯犯之後，聖人之言始驗。明年，孔子亦卒。使孔子久於其位，當能感慨孟氏使漸就約束，而卒以女樂去，此天也。」四書翼注：哀公欲去季氏，雖無成事，然自是三家遂不振。孟子、戰國策、史記載魯君臣事俱無三家子孫，此其徵也。

按：左氏昭二十三年傳宋樂祁曰：「魯公喪政四公矣。」三十二年傳史墨對趙簡子曰：「魯文公薨，東門襄仲殺適立庶，魯公於是乎失國，政在季氏，於此君也，四公矣。」此在昭公時數喪政之世凡四公，則夫子於定公時爲此言，自是五世矣。又昭二十三年傳宋樂祁曰：「政在季氏三世矣。」樂祁言時當平子之身，由平子上溯三世，却是武子。然武子立悼子爲適於襄二十三年，至昭公七年武子卒時，悼子實已先死，並未執國政，而平子即嗣爲卿，是三世當數文子、武子、平子。史墨所云政在季氏，亦在指魯宣公時季文子言。以此推之，是魯公失政之年即季氏得政之歲，而孔子身當桓子時，則數四世者自應以文、武、平、桓爲確。鄭注有文子而無桓子，集注有桓子而無文子，皆緣多數一悼子故耳。考文子於春秋文公六年見經，桓子於哀三年卒，則宣、成、襄、昭、定之世，季氏正文、武、平、桓四子。孔注以文、武、悼、平爲四世，則多悼而少桓；朱注以武、悼、平、桓爲四世，則知有桓而多悼少文，兩皆失之。三桓三家，然以別子爲祖，繼別爲宗之義言之，是專指季氏。論語述何曰：「魯小於齊、晉，而三桓又同姓世卿，權同力等，不能如陳氏之代齊，又不如韓、趙、魏之分晉，故曰微也。」（閻氏若璩又引孔子世家，言季武子卒，平子代立，亦一證。）

【集解】鄭曰：「言此之時，魯定公之初也。魯自東門襄仲殺文公之子赤而立宣公，於是政在大夫，爵禄不從君出，至定公爲五世矣。」孔曰：「四世，文子、武子、悼子、平子。三桓者，謂仲孫、叔孫、季孫。三卿皆出桓公，故曰三桓也。仲孫氏改其氏稱孟氏，至哀皆衰也。」

【唐以前古注】皇疏：禮樂征伐自大夫出，五世希有不失，于時孔子見其數將爾，知季氏必亡，故發斯旨也。公，君也。禄去君室，謂制爵禄出于大夫，不復關君也。制爵禄不關君，于時已五世也，故云去公室五世也。逮，及也。制禄不由君，故及大夫也。季文子初得政，武子、悼子、平子四世，是孔子時所見，故云四世。大夫執政，五世必失，而季世已四世，故三桓子孫轉以弱也。謂爲三桓者，仲孫、叔孫、季孫三家同出桓公，故云三桓也。筆解韓曰：「此重言定公時事也。上文十世五世三世希不失者，蓋泛言之耳。此云禄去公室五世，及下文云政逮於大夫四世，皆指實事言也。」李曰：「注亦重解。季氏當定公時，季氏斯爲陽虎所伐，極則衰矣。仲尼魯哀十一年自衛返魯，使子路伐三桓城不克。至十四年，叔孫氏西狩獲麟，仲尼乃作春秋，始于桓，終於定而已。三家興于桓，衰於定，故徵王經以貶强臣。三桓子孫微者，諭默扶公室，將行周道也。」

【集注】魯自文公薨，公子遂殺子赤立宣公，而君失其政。歷成、襄、昭、定，凡五公。逮，及也。自季武子始專國政，歷悼、平、桓子，凡四世，而爲家臣陽虎所執，三桓，三家皆桓公之後，此以前章之説推之而知其當然也。　此章專論魯事，疑與前章皆定公時語。蘇氏曰：「禮樂征伐自諸侯出，宜諸侯之强也，而魯以失政。政逮於大夫，宜大夫之强也，而三桓以微。何也？强生於安，安生於上下之分定，今諸侯大夫皆陵其上，則無以令於下矣，故皆不久而失之也。」

按：倪氏登論語解（詹氏纂箋引）：「春秋是年書冬十月子卒，左氏以爲惡，公羊以爲赤，集注曰子赤，本公羊傳也。」

【餘論】論語或問：孔子所言，常理也，猶書之言惠廸吉，從逆凶。易之言積善餘慶，不善餘殃者也。氣數舛戾，則當然而不然者多矣，孰得而齊之？但儒者之所守，則亦知有常理而已矣，其成敗得失有非所計者，是以雖世故反覆百千萬變，而在我者未嘗失其守也。况田常三晉傳世亦皆不過五六，而胡氏又以後世篡奪之迹考之，則如王莽、司馬懿、高歡、楊堅、五胡十國、南朝四姓、五代八氏皆得之非道，或止其身，或及其子孫，遠不過四五傳而極矣。唯晉祚爲差永，而史謂元帝牛姓，猶呂政之紹嬴統也。以此論之，則所謂常理者，又未嘗不驗也。天定勝人，其此之謂歟？　論語集注補正述疏：禮郊特牲云：「大夫强而君殺之，義也，由三桓始也。」或曰禮所言者，其春秋後事歟？鄭禮注非也。莊三十二年酖殺叔牙，閔二年慶父自縊殺，皆季友使之然，實非君命本然，今春秋傳可考也。且季友非殺，何以言三桓之殺乎？其事必春秋後也。三桓子孫，戰國時無聞焉爾。

○孔子曰：「益者三友，損者三友。友直，友諒，友多聞，益矣。友便辟，友善柔，友便佞，損矣。」

【考異】漢書佞幸傳贊：咎在親便嬖，所任非仁賢，故仲尼著損者三友。　七經考文：一本「辟」作「僻」。　後漢書爰延傳注引文「辟」作「僻」。　太平御覽交友部述亦作「僻」。說文解字引論語曰「友諞佞」。

【音讀】集解：馬氏曰：「便辟，巧辟，人之所忌，以求容媚。」讀辟爲避。　公羊傳定公四年注引此章文，疏曰：便辟，謂巧爲譬喻。今世間有一論語音辟爲僻，非鄭氏之意，通人所不取矣。

示兒編：前漢佞幸傳正引此語，辟字从女，與孟子「便嬖不足使令於前」同，則辟讀爲寵嬖之嬖亦通。　釋文：辟，婢亦反。　四書考異：辟字，馬融讀避，鄭康成讀譬，班固讀嬖，俱不讀婢亦反，而陸氏僅著婢亦一音，則其他之多或未備由可知矣。　黄氏後案：便辟之辟，馬氏讀爲避，鄭君讀爲譬，謂巧爲譬諭。班固漢書佞幸贊又讀爲便嬖。公羊傳定公四年疏云：「世間有一論語音便辟爲便僻。」此又一説。式三謂便辟者，習慣其般旋退避之容，一於卑遜，是足恭也。善柔，馬注云面柔，是令色也。便佞，説文作「諞佞」，鄭君讀辯，辯諞義同，是巧言也。　劉氏正義：釋文音辟爲婢亦反，謂注亦同，是誤以馬注讀避爲婢亦矣。盧氏文弨考證曰：「公羊定四年傳疏云：『便辟，謂巧爲譬喻。』又云：『今世間有一論語音便辟爲便僻者，非鄭氏之意，通人所不取矣。』據此，則讀辟爲譬，本鄭注，馬融讀爲避，與鄭義異，故皇本注中作避。惠氏云：『馬、鄭皆讀辟爲避。』誤。」案盧校是也。巧爲譬喻，已是便佞，鄭君此義未爲得也。考文載一本、高麗本、經注皆作「便僻」，後漢書爰延傳注、太平御覽交友部引論語亦作「僻」，與公羊疏所稱世間之音合，而徑寫經注字作「僻」，此直以義妄改。夫善柔便佞皆邪僻之行，則作便僻便是渾言無所指稱，宜爲通人所不取也。後漢書佞幸傳贊：「咎在親便嬖，所任非仁賢，故仲尼著損者三友。」此又讀便辟爲便嬖。孟子梁惠王篇：「爲便嬖不足使令于前與？」便嬖是近倖小臣，不得稱友，且若輩亦非盡無良，以釋此文，未能允也。

按：盧文弨引公羊定四年傳疏云：「便辟，謂巧爲譬喻。」則辟讀爲譬。正義申馬注巧辟者，辟與避同，則辟讀爲避。或引高麗本經注皆作便僻，又後漢書佞幸傳贊「咎在親便嬖」，皆各有義證。朱注讀僻，較鄭讀譬爲長。洪氏頤煊曰：「家語入官篇『邇臣便辟者，羣僕之倫也』，王肅注：『僻宜爲辟。』公冶長篇『巧言令色足恭』，孔注：『足恭，便辟貌。』當是古論作僻字也。」

【集解】馬曰：「便辟，巧避人之所忌以求容媚者。善柔，面柔也。」鄭曰：「便，辯也，謂佞而辯也。」

【唐以前古注】皇疏：明與朋友益者有三事，故云益者三友。又明與朋友損者只有三事，故云損者三友。一益也，所友得正直之人也。二益也，所友得有信之人也。諒，信也。三益也，所友得能多所聞解之人也，益矣。上所言三事皆是有益之朋友也。謂與便辟之人爲朋友者，謂悟巧能爲避人所忌者爲便辟也。謂所友者善柔者也，善柔，謂面從而背毁者也。謂與便佞爲友也，便佞謂辯而巧也。上三事皆是爲損之朋友也。

【集注】友直則聞其過，友諒則進於誠，友多聞則進於明。便，習熟也。便辟謂習於威儀而不直，善柔謂工於媚説而不諒，便佞謂習於口語而無聞見之實，三者損益正相反也。

【别解】劉氏正義引公羊定四年傳，何休注「朋友相衞」云：「君臣言朋友者，闔廬本以朋友之道爲子胥復仇。孔子曰『益者三友』云云。」據何注，則三友三樂皆指人君言。直者能正言極諫，諒者能忠信不欺，多聞者能識政治之要，人君友此三者，皆有益也。便辟者，集注云：「謂習於威儀。」與直相反。善柔能爲面柔，與諒相反。便佞但能口辯，非有學問，與多聞相反。人君友此三者，皆有損也。

【餘論】論語述何：便辟便佞，謂便於辟與佞者。善柔，謂善爲柔者。此三等人不必一一與直諒多聞相反。論語述要：習於威儀是致飾於外而不誠實，與諒正相反。善柔者工於媚悦，與直正相反。而集注乃取其與上文次第相對，遂不覺其義之强合，意夫子立言時未必如後人作偶句，求其針針相對也。

【發明】反身録：人生不可無友，交友不可不擇。友直諒多聞，則時時得聞己過，聞所未聞，長善救失，開拓心胷，德業學問日進於高明。若與便辟柔佞之人處，則依阿逢迎，善莫予責，自足自滿，長傲遂非，德業學問日墮於匪鄙。爲益爲損，所關匪細，交友可不慎乎！

○**孔子曰：「益者三樂，損者三樂。樂節禮樂，樂道人之善，樂多賢友，益矣。樂驕樂，樂佚遊，樂晏樂，損矣。」**

【考異】七經考文：古本「道」作「導」。論語述要：道人之善，道字，集注是稱道之道，而皇疏及漢書酷吏傳序引此文俱作「導」，釋文亦云本或作「導」，是漢、唐舊本多作「導」也。二字義各異，作稱道者，謂好稱人善，即有悦慕之意，悦慕人善，則己亦趨於善，故有益。然悦慕人善，已在樂多賢友中，何必多此一語？似以作「導」義較長。釋文：「佚」，本亦作「逸」。

【音讀】四書湖南講：樂當如字讀，下皆同。

【集解】樂節禮樂，動静得於禮樂之節也。王曰：「佚遊，出入不知節也。」孔曰：「驕樂，恃尊貴以自恣。晏樂，沈荒淫瀆也。三者自損之道也。」

【集注】節，謂辨其制度聲容之節，驕樂則侈肆而不知節，佚遊則惰慢而惡聞善，晏樂則淫溺而狎小人，三者損益亦相反也。

【餘論】黄氏後案：樂節禮樂，謂心之失中和者，節以禮之中、樂之和也。漢書貢禹傳引此云「放古以自節」是也。樂驕樂，樂驕肆之樂也。樂晏樂，漢書成帝紀引作「樂燕樂」，言燕私之樂也。趙佑温故録：禮節樂和，並言節者，和不可無節也。有節有文，獨言節者，節所以成文也。

【發明】反身録：禮以謹儀節，樂以養性情，此日用而不可離者。所樂在此，斯循繩履矩，身心咸淑，聞人之善，喜談樂道，愛慕流連，即此便是己善，或道德邁衆，或經濟擅長，以至直諒多聞，忠孝廉節，有一於斯，便是賢友。交一賢友，則得一友之益。所交愈多，則取益愈廣。驕奢佚惰，惟晏樂是躭者，烏足以語此？昔人謂晏安鴆毒劇於病臥，又云安於逸樂如陷水火，故君子所其無逸。四書近指：從來會受享人祇是於損者之樂占盡勝場，以爲奇福。豈知樂有損益，益者之樂，在彼不在此，節禮樂全在日用間應事接物上討求，心安理順，此便是孔、顔樂處。

○孔子曰：「侍於君子有三愆：言未及之而言謂之躁，言及之而不言謂之隱，未見顔色而言謂之瞽。」

【考異】太平御覽述作「三僭」。釋文：魯讀躁爲傲，今從古。荀子勸學篇：未可與言而言謂之傲，可與言而不言謂之隱，不觀氣色而言謂之瞽。君子不傲不隱不瞽。鹽鐵論孝養篇：言不及而言者，傲也。韓詩外傳卷四：未可與言而言謂之瞽，可與之言而不與之言謂之隱，君子不瞽言，謹慎其序。翟氏考異：「僭」當作「僁」，文訛。廣韻謂「僁」爲「愆」之俗。荀卿所用論語文與魯讀同爲傲字，可見魯論所傳得未經秦厄之真也。鹽鐵論仍述作「傲」，桓寬似亦習魯論人。皇本「而不言」，無而字。

【考證】劉氏正義：説文：「趮，疾也。」躁即趮字。考工記：「羽豐則遲，殺則趮。」趮與遲對文，亦訓疾。人性疾則不安静，釋名釋言語云「躁，燥也，物燥乃動而飛揚也」是也。釋文引注更云：「魯讀躁爲傲，今從古。」盧氏考證曰：「未及言而先自言之，是以己所知者傲人之不知也。」此則魯義與古不同。荀子勸學篇：「未可與言而言謂之傲，可與言而不言謂之隱，不觀氣色而言謂之瞽。君子不傲不隱不瞽，謹順其身。」鹽鐵論孝養篇：「言不及而言者，傲也。」並用魯論作「傲」。陳氏鱣曰：「繫辭傳云：『躁人之辭多。』故鄭從古作躁。」

【集解】孔曰：「愆，過也。隱，匿不盡情實也。」鄭曰：「躁，不安静也。」周曰：「未見君子顔色所趣向，而便逆先意語者，猶瞽者也。」

【集注】君子，有德位之通稱。愆，過也。瞽，無目，不能察言觀色。尹氏曰：「時然後言，則無三者之過矣。」

【發明】讀四書大全說：若但戒人言以時發，則與人恭而有禮，初不擇人也，故曰「言滿天下無口過」。今云「侍於君子有三愆」，則是因侍君子而始有之也，不侍君子，非可無愆也，有愆而不自知其有也。以位言之，則朝廷者，禮法之宗也。以德言之，則君子言動以禮，而非禮者以相形而易見也。若與草野鄙陋人一例爲伍，則有終日皆愆而自以爲無愆者矣。人不可以有愆，而當其有愆，則尤不可不自知。其有不知，則終不能知媿而思改，故君子者，夫人之衡鑒也，不可不求親近之，以就正者也。

○孔子曰：「君子有三戒：少之時血氣未定，戒之在色；及其壯也，血氣方剛，戒之在鬭；及其老也，血氣既衰，戒之在得。」

【考異】太平御覽人事部戒字作「誡」，下皆倣此。釋文：「得」，或作「德」，非。

【考證】翟氏考異：淮南詮言訓：「凡人之性，少則猖狂，壯則强暴，老則好利。」本於此章。今釋氏所謂戒者，曰貪、嗔、癡，曰淫、盜、殺，亦竊此敷衍之也。蓋色由於癡極於淫，鬭由於嗔極於殺，得由於貪極於盜。論語偶記：皇疏：「老，謂五十以上也。」此是望經文衰字爲説，不如用曲禮「七十曰老」之義也。王制云「五十始衰」，是方衰而非既衰，斯時正古人命爲大夫服官政之年，豈國家用既衰之人，或反迨人貪得之際而用之乎？孔穎達禮疏云「六十至老境而未全老」，可證無五十以上爲老之説。孟子言七十者衣帛食肉，又言老者衣帛食肉，亦足明老是七十也。

【集解】孔曰：「得，貪得。」

【唐以前古注】皇疏：君子自戒其事有三，故云有三戒也。一戒也少，謂三十以前也，爾時血氣猶自薄少，不可過慾，過慾則爲自損，故戒之也。二戒也壯，謂三十以上也，禮，三十壯而爲室，故不復戒色也，但年齒已壯，血氣方剛，性力雄猛者無所與讓，好爲鬬爭，故戒之也。三戒也老，謂年五十以上也，年五十始衰，無復鬬爭之勢，而戒之在得也。得，貪得也。老人好貪，故戒之也。老人所以好貪者，夫年少象春夏，春夏爲陽，陽法主施，故少年明怡也。年老象秋冬，秋冬爲陰，陰體斂藏，故老耆好斂聚，多貪也。

【集注】血氣，形之所待以生者，血陰而氣陽也。得，貪得也。隨時知戒，以理勝之，則不爲血氣所使也。

【餘論】黄氏後案：樂記云：「民有血氣心知之性。」性之善，心知之静而正也。血氣之粗駁者，君子不敢藉口於性而必戒之也。血氣中有嗜欲，好色好鬬好得，因之以生，然污者能言潔，爭者能言讓，貪者能言廉，凡人猶明於此，君子亦以學問擴充其心而已。或曰血氣之駁，至好色好鬬好得，將謂斯人血氣之軀與物無異與？曰非也。好色好鬬好得，血氣之軀之駁氣足以動志者也。洪範云「貌恭，言從，視明，聽聰」，血氣之軀之正也。曰思睿，則心之静而正也。於人心未爲習俗所累之時，而觀肅乂哲謀聖之本，然可見有物有則，而與物迥異矣。或曰信如是，人之血氣有偏有正，其性兼善惡之謂乎？曰：孟子道性善，而云味色聲臭安佚，性也。荀子性惡篇云：「人之性，生而有好利焉，生而有疾惡焉，生而有耳目之欲，有好聲色焉。」又云：「塗之人皆有可以知仁義法正之質，皆有可以能仁義法正之具。」董子繁露深察名號篇云：「仁貪之氣兩在於身。」揚子修身篇云：「人之性也善惡混。」論衡本性篇云：「宓子賤、漆雕開、公孫尼子之徒與世子碩皆言性有善有惡。」申鑒雜言下引劉向曰：「性情相應，性不獨善，情不獨惡。」宋程、朱二子遵孟子而言性善，又云惡亦不可不謂之性，又云孟子論理不論氣，論性不備，然則合一身血氣之粗駁者以言性，諸書之言固可擇取互證以通其説也。

【發明】讀四書叢説：醫書以血爲陰，而行乎脈之中爲榮，謂榮養乎身也。氣爲陽，而行乎脈之外爲衛，謂衛輔乎血也。二者周流上下於一身，無有暫息。惟心則主乎血，而志爲氣之帥，故知養其心，則能制血氣而不至於亂。聖人三者之戒，亦惟操其心而已。尹會一讀書筆記：高景逸云：「孔子不言養氣，然三戒即養氣之法。戒色則養其元氣，戒鬭則養其和氣，戒得則養其正氣。孟子言持志，戒即持志也。」此亦范氏志氣之説，而言理益精，學者所當銘諸心也。

○子曰：「君子有三畏：畏天命，畏大人，畏聖人之言。小人不知天命而不畏也，狎大人，侮聖人之言。」

【考異】漢書外戚中山衛姬傳「不畏天命，㑄聖人言」，師古注曰：「此文引論語也。㑄，古侮字。」

按：説文「侮」下云：「㑄，古文從母。」外戚傳所引當出古論。

【考證】春秋繁露郊語篇引此文解之云：以此見天之不可不畏敬，猶主上之不可不謹事。不謹事主，其禍來至顯。不畏敬天，其殃來至闇。闇者不見其端，若自然也。由是觀之，天殃與上罰所以別者，闇與顯耳。孔子同之，俱言可畏也。又順命篇說此文云：其祭社稷宗廟山川鬼神，不以其道，無災無害。至於祭天不享，其卜不從，使其牛口傷，鼷鼠食其角，或言食牛，或言食而死，或食而生，或不食而自死，或改卜而牛死，或卜而食其角，遇有深淺厚薄，而災有簡甚，不可不察也。以此見其可畏。專誅絶者，其唯天乎？臣殺君，子殺父，三十有餘，諸其賤者則損。以此觀之，可畏者，其唯天命大人乎？亡國五十有餘，皆不事畏者也。況不畏大人，大人專誅之，君之滅者，何日之有哉？

按：董氏言天命專主禍福，必論語家舊説。易文言傳：「積善之家，必有餘慶。積不善之家，必有餘殃。」尸子曰：「從道必吉，反道必凶。如影如響。」即此注義。集注以天理言命，唐以前尚無此説，何況三代？不可從。

程廷祚論語説：大人，謂當時之天子諸侯也。天子有天下，建立諸侯，與之分而治之。君子之畏之者，豈爲其崇高富貴哉？位曰天位，事曰天職，則皆天命之所在也。故進退必以禮，匡諫必以正，所謂「我非堯、舜之道，不敢以陳於王前」也。小人之於大人，效奔走之恭，極逢迎之巧，而日導之以非，所謂「是何足與言仁義」，則狎之甚也。朱彬經傳考證：大人以位言。引禮運「大人世及以爲禮」，鄭注：「大人，謂諸侯。」可證鄭説。又引士相見禮「與大人言，言事君」，鄭注：「大人，卿大夫也。」昭十八年左傳：「閔子馬曰：『夫必多有是説，而後及其大人。大人患失而惑。』」杜注：「大人，在位者。」　潘氏集箋：諸注無兼言天子諸侯者，惟乾爻「利見大人」，集解引干寶，以九二謂文王免于羑里之日，九五爲武王克紂正位之爻。又象辭「見龍在田，德施普也」，荀爽云：「大人，謂天子見據尊位，臨長羣陰，德施於下，故曰德施普也。」又曰「飛龍在天，大人造也」，荀爽謂大人造法見居天位，聖人作而萬物覩。是其義也。　論語古訓：大人，當從鄭訓主有位者而言。若何解即聖人，則與下聖人之言相複，是二畏矣。　義疏云：「畏大人，謂居位爲君者。」亦本鄭訓，是也。

按：大人有二説，鄭主有位者，何主有位有德者。朱子語録云：「大人不止有位者，是指有位有齒有德者。」趙氏順孫曰：「大人，有德位者之稱。」皆主何説，然與下文聖人重複。易革九五「大人虎變」，馬融注謂舜與周公。蓋凡在上位者皆謂之大人，漢人解經原如此，鄭注義爲長。孔子畏大人，孟子藐大人，所謂言各有當也。

【集解】順吉逆凶，天之命也。大人即聖人，與天地合其德者也。深遠不可易知測，聖人之言也。恢疏，故不知畏也。直而不肆，故狎之也。不可小知，故侮之也。

【唐以前古注】士相見禮疏引鄭注：大人，爲天子諸侯爲政教者。　書大禹謨正義引鄭注：狎，慣忽之言，慣見而忽也。　皇疏：天命，謂作善降百祥，作不善降百殃，從吉逆凶，是天之命，故君子畏之，不敢逆之也。　又引江熙云：小人不懼德，故媟慢也，侮聖人之言，以典籍爲妄作也。

【集注】畏者，嚴憚之意也。天命者，天所賦之正理也。知其可畏，則其戒謹恐懼自有不能已者，而付畀之重可以不失矣。大人，聖言皆天命所當畏，知畏天命，則不得不畏之矣。侮，戲玩也。不知天命，故不識義理而無所忌憚如此。

尹氏曰：「三畏者，修己之誠當然也。小人不務修身誠己，則何畏之有。」

【餘論】四書改錯：天解作理，四書集注補辨之甚悉。大抵宋儒拘滯，總由過執理字，實是大錯。如中庸「天命之謂性」，性注作理；而天又注理，將理命之謂理，自然難通，況天作命解，每與理反。孟子莫之爲而爲者，理也，向使孟子聞之，亦必咈然。若曰吾不遇魯侯，理也，則孟子將勃然矣。　漢學商兑引李威云：理字見於三代典籍者，皆謂條理。易曰：「君子黄中通理。」又曰：「和順於道德而理於義。」又曰：「將以順性命之理。」詩曰：「我疆我理。」周禮考工記曰：「陽也者，稹理而堅。陰也者，疏理而柔。」中庸曰：「文理密察。」孟子謂：「理也，義也。」又曰：「始條理也，終條理也。」其義皆同，未有以爲至精至完，無所不具，無所不周，爲萬事萬物之祖者也。論語，孔門授受之書，不言及理，何獨至於宋儒乃把理字做個大布袋，精粗鉅細無不納入其中，至於天亦以爲即理，性亦以爲即理，却於物物求其理而窮之，凡説不來者則以爲必有其理，凡見不及者則以爲斷無是理，從此遂標一至美之名曰理學，意爲古昔聖賢未開之門庭，不亦異哉！　此木軒四書説：君子畏大人，如中庸所稱王天下者，德位兼隆，固所當畏，然必待此然後畏之，則君子終身但有畏天命聖言，而畏大人空有其心，竟無其事矣。以孔子言之，如魯之定、哀，豈非庸君弱主？然事之盡禮，告之盡誠，是亦畏大人之事也。推之出事公卿，禮有等差，敬畏之心未嘗忘也。

【發明】反身録：讀聖人之書而不能實體諸躬，見諸行，徒講説論撰，假途干榮，皆侮聖言也。

○孔子曰：「生而知之者上也，學而知之者次也；困而學之，又其次也；困而不學，民斯爲下矣。」

【考異】顔氏家訓勉學篇引此二語無兩也字。翟氏考異：顔氏書證篇云：「河北經傳悉略也字，其間有不可得無者，削之頗成廢缺。又有俗學聞經傳中時須也字，輒以意加之，每不得所益，誠可笑。」顔既以漫削也字爲非，則此之削之者，當其所見河北舊本如是，非顔氏之自爲削矣。

【集解】孔曰：「困，有所不通。」

【唐以前古注】皇疏：此章勸學也，故先從聖人始也。若生而自有知識者，此明是上智聖人，故云上也。云學而云云者，謂上賢也，上賢既不生知，資學以滿分，故次生知者也。謂中賢以下也，本不好學，特以己有所用，於理困憤不通，故憤而學之，此只次前上賢人也。謂下愚也，既不好學，而困又不學，此是下愚之民也，故云民斯爲下矣。

【集注】困，謂有所不通。言人之氣質不同，大約有此四等。楊氏曰：「生知學知以至困學，雖其質不同，然及其知之一也，故君子惟學之爲貴。困而不學，然後爲下。」

【發明】反身録：問生而知之，學而知之，此之字果何所指？曰：知之只是知本性，本性之外再無知。若於此外更求知，何異乘驢更覓驢？又曰：生知學知困知及民斯爲下等，雖有四知，止一知。知之在人，猶月之在天，豈有兩乎？月本常明，其有明有不明者，雲翳有聚散也，雲散則月無不明。有知有不知者，氣質有清濁也，氣澄則知無不知。學也者，所以變化氣質以求此知也，上次又次及民下，人自爲之耳。

○孔子曰：「君子有九思：視思明，聽思聰，色思温，貌思恭，言思忠，事思敬，疑思問，忿思難，見得思義。」

【考異】文選應吉甫華林園集詩：「言思其順，貌思其恭，在視思明，在聽思聰。」注引論語爲證。

翟氏考異：忠字本可叶，而詩反改順，疑應氏所據本有不同。

【考證】何邵公論語義：莊三十二年，季子曰：「夫何敢？是將爲亂乎？夫何敢？」解詁曰：「再言夫何敢者，反覆思惟，且欲以安病人也。」下引此章文。樾謹案：古人之辭，凡極言其多者曰九，如叛者九國，反者九起，皆是也。君子有九思，止是極言其反覆思惟耳。既有九思之目，因姑舉九事以實之，非以此盡君子之思也。何注雖亡，即其所引，可見其善會聖言矣。論語集注補正述疏：「思」，古文作「恖」。説文云：「恖，睿也。从心，从囟。」説文云：「囟，頭會腦蓋也。象形。」内經云：「腦爲髓之海，其輸上在於其盖。」由是言之，思者，主於心而通於腦焉。孟子云：「心之官則思。」知所主也。如謂思即主於腦乎？斯失其本矣。書洪範云：「五事：

一曰貌，二曰言，三曰視，四曰聽，五曰思。貌曰恭，言曰從，視曰明，聽曰聰，思曰睿。恭作肅，從作乂，明作哲，聰作謀，睿作聖。」蔡傳云：「睿者，通乎微也。貌澤，水也。言揚，火也。視散，木也。聽收，金也。思通，土也。」蔡言五事之序，由五行之序而言也。論語九思，以洪範五事推之，則不同而同。夫五行由土而成，人得五行以生，則五事由思而成，是思列五事而爲之主也，故君子九思，皆惟思是主焉。君子與人相見者，先接之以視聽，次接之以色貌，次接之以言，次接之以事，既有事矣，斯或有疑，斯或有忿，斯或有得，此九思之序也。終曰見得，明乎九者，皆君子與人相見者也。洪範色該貌中，論語於貌中先舉色而言之，則以君子與人相見者，其貌之要在色也。夫貌之要在色，而視聽貌言皆有思，則洪範稱「敬用五事」者，備矣，萬事由之而成矣，故論語總而約之曰「事思敬」。若夫疑也，忿也，得也，皆於事中舉其要也。

【唐以前古注】皇疏引李充云：靜容謂之色，柔暢謂之溫也，動容謂之貌，謙接謂之恭也。又引江熙云：義然後取也。

【集注】視無所蔽，則明無不見。聽無所壅，則聰無不聞。色，見於面者。貌，舉身而言。思問則疑不蓄，思難則忿必懲，思義則得不苟。

【餘論】黄氏後案：或問許仲平：「心中思慮多奈何？」答曰：「不知所思慮者何事？果求所當知，雖千思萬慮可也。」式三謂君子九思，日用迭起循生，無動靜無内外，而必省察之以求其當，正如許氏曰，程伯子曰，九思各專其一，欲人思之深也。如玉藻九容，目容端與視思明相足，色容莊與色思溫相足，口容止與言思忠相足，足容重、手容恭、頭容直、聲容静、氣容肅、立容德與貌思恭相足，思必深於一也。或謂心存則九者自正，非經恉。

【發明】困學紀聞：四勿九思皆以視爲先，見弓以爲蛇，見寢石以爲伏虎，視汨其心也。閔周者黍稷不分，念親者莪蒿莫辨，心惑其視也。吴筠心目論：「以動神者心，亂心者目。」陰符經：「心生於物，死於物，機在目。」蔡記通釋其義曰：「老子曰：『不見可欲，使心不亂。』西方論六根六識，必先曰眼曰色。」均是意也。

○**孔子曰：「見善如不及，見不善如探湯。吾見其人矣，吾聞其語矣。**

【考異】後漢書黨錮傳：范滂曰：「臣聞仲尼之言，見善如不及，見惡如探湯。」大戴禮注引文亦作「見惡」。古史柳下惠傳論引文「吾聞」句處「吾見」句上。

【考證】曾子立事篇：「見善恐不得與焉，見不善恐其及己也。」盧辯注引此文。四書典故辨正：荀子云「以指撓沸」，此探湯之説。集注雖無解，而朱子感興詩云：「劬書劇嗜炙，見惡逾探湯。」正作探熱水解。毛西河以漢書王滂對王甫語，注引論語孔注偶脱惡字，遂以疾爲疾，湯爲湯藥。如其説，則列子湯問篇曰：「日初出則滄滄涼涼，及日中如探湯。」亦可作湯藥治病解乎？　黄氏後案：漢書劉向傳注云：「探湯，言其除難無所避。」杜周傳注云：「言重難之，若以手探熱湯也。」二説雖異，其以爲惡惡則一也。張子韶絶句云：「試問何如是探湯，喻其漸入久無傷。顧於不善乃如斯，深恐斯人志不剛。」則以如探湯爲漸入惡矣，又一説也。

【集解】孔曰：「探湯，喻去惡疾也。」

【唐以前古注】皇疏引顏特進云：好善如所慕，惡惡如所畏，合義之情，可傳之理，既見其人，又聞其語也。又引袁氏云：恒恐失之，故馳而及之也。

【集注】真知善惡而誠好惡之，顏、曾、閔、冉之徒蓋能之矣。語，蓋古語也。

隱居以求其志，行義以達其道。吾聞其語矣，未見其人也。」

【唐以前古注】皇疏引顏特進云：隱居所以求志於世表，行義所以達道於古人，無立之高，難能之行，徒聞其語，未見其人也。

【集注】求其志，守其所達之道也。達其道，行其所求之志也。蓋惟伊尹、太公之流可以當之，當時若顏子亦庶乎此。然隱而不見，又不幸而蚤死，故夫子云然。

【發明】反身録：隱居求志，斯隱不徒隱。行義達道，斯出不徒出。若隱居志不在道，則出必無道可達，縱有建樹，不過詭遇，君子不貴也。莘野、傅巖、磻溪、隆中，當其隱居之日，志未嘗不在天下國家，經世事宜，咸體究有素，故一出而撥亂返治，如運諸掌。後世非無隱居修潔之士，顧志既與古人異，是以成就與古人殊。

○齊景公有馬千駟，死之日，民無德而稱焉。伯夷、叔齊餓于首陽之下，民到于今稱之。

【考異】皇本「德」作「得」，無而字。文選河陽縣詩、求立太宰碑表、運命論三注皆引作

「得」。　論語集説本、四書大全皆「德」作「得」。　論語稽求篇：舊本原是德字，並無別本魯論并古論、齊論作得字者，即注疏本可考也。惟泰伯篇「民無德而稱」是得字。今程子欲加「誠不以富，亦祇以異」八字于此章之首，而安定胡氏又欲加八字于「其斯之謂與」之句之上，遂改德字爲得字，則何可矣？　論語校勘記：「得」與「德」字雖通，然此處自當作「德」。王注云：「此所謂以德爲稱。」正義云：「此章貴德也。」又云：「及其死也，無德可稱。」又云：「其此所謂以德爲稱者與？」皆以斯字即指德言，直截自然。若改爲得，頗乖文義。又曰：論語「于」皆作「於」，惟此章作「于」。　文選東征賦注：論語民到於今稱之，「稱」或爲「祠」。　翟氏考異：按正義曰：「此章貴德也。」齊景死而無德可稱，夷、齊到今稱之，豈非其德之謂與？王肅注此云：「此所謂以德爲稱。」蓋謂即稱也，斯即德也。宋儒改作得字，而近代刻本則仍改德字，惟祁氏藏宋板集注本是得字。　天文本論語校勘記：古本、足利本、唐本、津藩本、正平本「德」作「得」。

【考證】四書纂箋：晏子春秋言齊景公好馬，疑公以好馬，故致如此。　陳祥道禮書：諸侯六閑，衛文公之騋牝三千，齊景公之有馬千駟，三千則近於天子十二閑之數，而千駟又過之，是皆僭侈而違禮者也。　四書釋地又續：余讀郝氏解，益決齊景公有馬千駟，蓋指公馬之畜于官者，非國馬之散在民間者也。何則？周禮校人：「掌馬政。天子十有二閑。」良馬十閑，二千一百六十匹；駑馬二閑，千二百九十六匹，共三千四百五十六匹。降而諸侯六閑，猶千二百九十六匹，皆所以給公用，備賜予也。當齊景公時，地大于王畿盛時，性又惟狗馬是好，故畜多如是。至出自民間，則説苑所稱「我長轂三千乘」，是非此數也。豈惟齊景公，即衞文公之賢，亦奢踰制，倌人所駕者至騋牝三千；秦后子以富而出奔，私車有千乘。不然，孟子禄之以天下，猶富有四海之説也。繫馬千駟，必馬之在廄中者，與十有二閑同方相稱。若在民間，直一大國能有耳。語意不倫乃爾乎？故孟子之千駟與論語千駟，一而已矣。樊廷枚釋地補：漢書梅福傳：「雖有景公之位，伏櫪千駟，臣不貪也。」按伏櫪，正與韋昭國語注「繫馬，良馬在閑，非放牧者」同義。包慎言温故録：後漢書濟南王康傳：「康多殖貨財，大修宮室，廄馬千二百匹，奢侈恣欲，游觀無度。何敞上疏諫曰：『諸侯之義，節謙制度，然後能保其社稷，和其民人。楚作章華以凶，吴興姑蘇而滅，景公千駟，民無稱焉。』」依何敞疏，則千駟當指公廄之馬，蓋僭侈之事。困學紀聞：史記正義：「首陽山有五。」顔師古注漢書云：「伯夷歌登彼西山，當以隴西爲是。」石曼卿詩曰：「恥生湯、武干戈日，寧死唐、虞揖讓區。」謂首陽在河東蒲坂，乃舜都也。余嘗考之曾子書，以爲夷、齊死於濟、澮之間，其仁成名於天下。又云二子居河、濟之間，則曼卿謂首陽在蒲爲得其實。四書釋地：史記正義：「首陽山凡五所。」王伯厚考曾子書，以爲在蒲坂舜都者得之。余謂莫徵信于酈注，然已兩説互存，既云：「河北縣雷首山有夷齊廟，闞駰十三州志曰：『山一名獨頭山，夷、齊所隱也。山南有古冢，陵栢蔚然，攢茂邱阜，俗謂之夷齊墓。』」又云：「平縣故城有首陽山，春秋所謂首戴也。夷、齊之歌所矣，曰『登彼西山』。上有夷、齊之廟。」蓋莫能定爾。總之認餓爲失國而餓，兩地皆可遯迹。認餓爲恥食周粟，則寧死乎唐、虞揖遜區。不知恥食周粟者，必無之事也。

求古録：曾子制言中篇云：「夷、齊居河、濟之間。」莊子讓王篇云：「夷、齊北至於首陽之山，遂餓而死。」言北至於首陽，則首陽當在蒲坂之北。雷首南枕大河，不得言北也。況論語言首陽之下，是首陽二字名山，非言首山之陽也。蒲坂雷首山一名首山，不名首陽，則謂首陽在蒲坂者非也。唐國即晉國，始封在晉陽，即夏禹都，至穆侯遷于翼，在今平陽，獻公居絳，亦屬平陽，詩所詠首陽，即夷、齊所隱之首陽也。平陽爲堯都，又黄帝所葬，二子所願居，其地近河、濟，又在蒲坂之北，與曾子、莊子所言皆合，但非在河、濟之間。意二子先居於河、濟間，後乃隱於首陽。史記云：「武王東伐紂，夷、齊叩馬而諫。」蓋在孟津之地。孟津正當河、濟間，是夷、齊去周，未隱首陽而居於河、濟之間也。又云：「武王已平殷亂，天下宗周。夷、齊恥之，隱於首陽山，採薇而食，遂餓死。」是武王克商之後，乃隱於首陽山也。故曾子言居河、濟之間而不言隱首陽，莊子言北至於首陽，明自河、濟間而北去也。首陽之在平陽，可無疑矣。

四書典故辨正：莊子讓王篇云：「夷、齊北至於首陽之山，遂餓而死。」偃師在河南，不得云北，則以蒲州爲是。

四書釋地辨證：據元和郡縣志，河南府偃師縣，首陽山在縣西北二十五里，盟津在縣西北三十里，謂武王伐紂，夷、齊叩馬而諫，當在盟津，首陽當不甚相遠，斷以在洛陽東北者爲是。蓋本戴延之西征記，洛陽東北首陽山有夷齊祠，恐不足據。

四書辨證：首陽，唐風疏謂在河東蒲坂，莊子謂在岐山西北，曹大家謂在隴西，説文謂在遼西，元和郡縣志謂在河南偃師，地凡五，各有證據，其爲夷、齊餓死之處則一也。水經注、九域志、寰宇記於蒲坂、偃師皆兩存其説，主偃師者則有高誘、杜預、阮籍。又路史云：「黄太史言武王師渡孟津，二子叩馬而諫，當以洛陽爲是。石曼卿詩所云則非洛陽矣，又孰有叩馬之事哉？」則羅氏亦以偃師爲是也。然考禹貢「雷首」疏引漢地志云：「雷首在河東蒲坂縣南。」詩唐風「首陽」疏同漢志，故李樗詩解言首陽亦名雷首。又宣二年傳「趙宣子田於首山」，杜注亦同漢志，故朱子詩傳言「首陽，首山之陽也」。本文馬注「山在河東蒲坂，華山之北，河曲之中」，則首陽即雷首、首山，而載在唐風者，此山名之見於經者，確有可據，非若他處但出一時之傅會也，則王伯厚、閻百詩所斷定當不誣云。　趙佑温故録：首陽山諸説不一，當以説文在遼西者近是。孤竹國在遼西也。是時義不食周粟，而天下皆周土也，惟有本國所在尚仍殷之遺封，不失首丘之義歟？

按：説文謂首陽在遼西，即近時永平府孤竹國之遺墟。諸説互岐，當以趙氏所言爲得其實。

文選廣絶交論：「夷、齊斃淑媛之言。」李善注引古史考：「夷、齊于首陽山採薇而食之。野有婦人謂之曰：『子義不食周粟，此亦周之草木也。』於是餓死。」　路史炎帝紀注：譙周古史考：「夷、齊採薇，有婦難之。」故劉孝標有「夷、齊斃媛」之言，列女傳亦有王摩子往難，遂不食之説，而黄庭堅謂無餓死事也。　路史餘論：韓子通解：夷、齊居首陽，採薇而食，採葛而衣。伯夷傳只言採薇而食，餓死，亦未言其由也。三秦記：夷、齊食薇三年，武王戒之，不食而死。

論語稽：明文衡山、王直謂無諫武王伐殷，隱首陽餓死事。伯夷去紂歸西伯，在文之初年，已稱天下大老。文享國五十年，又十三年而武伐紂，時夷、齊當百餘歲，未必兄弟俱與太公齊年而尚存也。存則何不早諫，而何必道傍叩馬？且以文所敬之大老，左右欲殺之，何武王竟無一言，而唯太公一言而後扶去也？遷作周紀云：「武王祭於畢，東觀兵至孟津。」畢，文王葬所也。然則夷、齊何爲言父死不葬，爰及干戈也？孟子「聞誅一夫紂，未聞弒君」，然則夷、齊何爲言以臣殺君也？武王弔民伐罪，天下悦服，而夷、齊乃恥食其粟而餓死，不與人情大相左乎？史記遷所據者，采薇之歌耳，此乃逸詩，不知何人所作，安知非戰國秦、項時人作，而遷何即指爲夷、齊耶？故夷、齊首陽之餓當指逃孤竹言，論語只言餓，不言死。夷、齊讓而餓，與齊景之貪而富，兩兩相形，且齊景之兄莊公爲崔杼所弒，景不能討而貪其位，視夷、齊兄弟相讓當愧矣。

【集解】孔曰：「千駟，四千匹。」馬曰：「首陽山在河東蒲坂縣，華山之北，河曲之中。」

【唐以前古注】皇疏：千駟，四千匹馬也。生時無德而多馬，一死則身名俱消，故民無所稱譽也。夷、齊是孤竹君之二子也，兄弟讓國，遂入隱于首陽之山。武王伐紂，夷、齊扣武王馬諫曰：「爲臣伐君，豈得忠乎？橫尸不葬，豈得孝乎？」武王左右欲殺之。太公曰：「此孤竹君之子，兄弟讓國，大王不能制也。隱於首陽山，合方立義，不可殺是賢人。」即止也。夷、齊反首陽山，責身不食周粟，唯食草木而已。後遼西令支縣祐家白張石虎，往蒲坂採材，謂夷、齊曰：「汝不食周粟，何食周草木？」夷、齊聞言，即遂不食，七日餓死。云首陽下者，在山邊側也。雖無馬而餓死，而民到孔子之時，相傳猶揄揚愈盛也。

按：皇疏所載夷、齊事迹未知出何書，今皆不可考。六朝古籍存者無多，彌可寶貴。

【集注】駟，四馬也。首陽，山名。

【餘論】黄氏後案：夷、齊之餓，守義而不食周禄也。韓子曰：「武王，聖人也。夷、齊非聖人而敢自是，信道篤而自知明也。其逃墨胎之封也，權衡於父子軍國之間，而軍國爲輕。其諫伐紂也，權衡於君臣世事之間，而君臣爲重。若曰商之民猶受虐於商，夷、齊以爲事之無如何也，博施濟衆，聖人所病，以所病者付之無如何之數，亦全其君臣之義而已，此夷、齊之心也。」王介甫謂伯夷與太公就養，同有夷紂之心，此誣説也。近俞長城言首陽之下避商非避周，避紂非避武，亦説之不可據也。

其斯之謂與？

【考異】朱子文集答江德功云：此章文勢或有斷續，或有闕文，或非一章，皆不可考。四書湖南講：上無「子曰」字，分明與前合爲一章。劉氏正義：「其斯之謂與」句上當有脱文。集注以斯指德，亦是因文解之。蔡節論語集説牽合上章，而謂「見善矣，又若不及見之也；見不善矣，猶未免於嘗試之。此指齊景公。『隱居』二句爲指夷、齊」，殊爲穿鑿。張栻論語解、孔廣森經學卮言並以隱居求志、行義達道證合夷、齊，而於見善、見不善二句略而不言，則亦集説之傳會矣。

【集解】王曰：「此所謂以德爲稱者也。」

【唐以前古注】皇疏：「斯，此也。言多馬而無德，亦死即消；雖餓而有德，稱義無息。言有德不可不重，其此之謂也。」

【集注】胡氏曰：「程子以第十二篇錯簡『誠不以富，亦祇以異』當在此章之首，今詳文勢，似當在此句之上，言人之所稱不在於富，而在於異也。」愚謂此説近是。而章首當有「孔子曰」字，蓋闕文耳。大抵此書後十篇多闕誤。

【別解】論語意原：見善如不及，有志於善也。見不善如探湯，未免於嘗試也。君子有志於善，必力去不善以成之，不然，則好善之心終爲不善之所勝也。齊景公聞夫子君君臣臣父父子子之言則深善之，聞晏子惟禮可以爲國之言則又善之，見善如不及也。知陳氏之僭不能已其僭，知子荼之嬖不能忘其嬖，見不善如探湯也。悠悠於惡善之間，是以無德而稱。夷、齊之隱居，至於舍國而逃，所以遂求仁之志也。其行義也，至於叩馬而諫，所以達萬世之道也。二人果於自信，勇於力行，是以民到於今稱之。夫子於景公，蓋見其人矣；於夷、齊，則不見其人也。南軒論語解：舉夷、齊而言夷、齊，所謂能求其志者也。先以齊景公爲言以見求志者，非有慕乎外也。論語集説：見善如不及，謂見善矣，又若不及見之也。見不善如探湯，謂見不善矣，猶未免於嘗試之也。求之於今，則齊景公其人矣。隱居以求其志，志於求仁者也；行義以達其道，行吾得爲之義，以達夫當然之道於天下後世者也。求之於今，則未見其人也；求之於古，則夷、齊其人也。景公知夫子之聖而不能用，善晏子之言而不能行，是見善如不及也。田氏不之正，而倖公室之僅存；嗣君不之定，而幸嬖子之得立，是見不善如探湯也。悠悠於善惡之間，故雖擁千乘之富，而無一德之稱。夷、齊兄弟遜立捨國而逃，是隱居以求其志也。扣馬而諫，恥食周粟，是行義以達其道也。即夫人心之安，循夫天理之正，雖餓死首陽，而民到於今稱之。即是人以證是語，故曰其斯之謂與。

翟氏考異：如蔡氏說，不惟上章文勢不見斷續，下章章首無「子曰」字不必疑，而「誠不以富」二句亦無煩移就，可謂洞澈千古，有功聖經之格論，特詳識之。

經學卮言：此自弟子之言，故別爲一章，而附繫於前章之下。因末綴「其斯之謂與」一句，言如伯夷、叔齊，乃所謂隱居以求其志，行義以達其道之人與。蓋夷、齊自行其志耳，然後民稱之，使君臣之義終古不墜，其道固已達矣。

按：舊注合兩章爲一章，葛氏寅亮謂上無「子曰」字，分明與前合爲一章，此其最大之根據也。然如鄭氏、張氏、蔡氏、孔氏所論，雖可備一說，究屬牽强附會，反不如從胡氏之說，使兩處均有着落，不得因其論出宋儒而輕之也。且史通雜説篇引此章，上加「子曰」，亦與集注合。

【餘論】四書近指：或曰：此春秋所爲榮義不榮勢也。嘗謂天下之亂，災凶盜賊爲小，而賢不肖混淆爲大。使人知千駟不足榮，餓夫有足取，則必競善懲惡，而天下治矣。惟此義不明，臣弒君，子弒父，無所不至。孔子此語，所以遏求利者之心，而作好修之氣也。而世猶有棄義若屣，趨富如飴者，亦惑矣。

【發明】反身録：景公、夷齊，一則泯没無聞，一則垂芳無窮，公道自在人心，三代所以直道而行也。噫！一時之浮榮易過，千載之影樣難移，是故君子貴知所以自立。

○陳亢問於伯魚曰：「子亦有異聞乎？」對曰：「未也。嘗獨立，鯉趨而過庭。曰：『學詩乎？』對曰：『未也。』『不學詩，無以言。』鯉退而學詩。他日又獨立，鯉趨而過庭。曰：『學禮乎？』對曰：『未也。』『不學禮，無以立。』鯉退而學禮。聞斯二者。」陳亢退而喜曰：「問一得三，聞詩，聞禮，又聞君子之遠其子也。」

【考異】説文解字：論語有陳伉。七經考文：古本「學詩乎」下「未也」，「也」作「之」。上下「未也」同今本。皇本、高麗本「不學詩」上有曰字，「言」下有也字。高麗本「立」下有也字。皇本「二者」下有矣字。高麗本「者」作「矣」。

【考證】大戴禮勸學篇：孔子曰：「鯉，君子不可以不學，見人不可以不飾。不飾無貌，無貌不敬，不敬無禮，無禮無以立。」家語致思篇：子謂伯魚曰：「鯉乎！吾聞可以與人終日不倦者，其惟學焉。其容體不足觀也，其勇力不足憚也，其先祖不足稱也，其族姓不足道也，終有大名，顯聞四方，流聲後裔，豈非學之效乎？故君子不可不學，容不可不飾，不飾無類，無類失親，失親不忠，不忠失禮，失禮不立。夫遠而有光者，飾也。近而愈明者，學也。譬之污池，水潦注焉，雈葦生焉，雖或以觀之，孰知其源乎？」王通中説引姚義曰：夫教之以詩，則出辭氣斯遠暴慢矣。約之以禮，則動容貌斯立威嚴矣。又門人問於姚義曰：「孔庭之法，曰詩曰禮，不及四經，何也？」姚義曰：「嘗聞諸夫子矣。春秋斷物，志定而後及也。樂以和德，德全而後及也。書以制法，從事而後及也。易以窮理，知命而後及也。四者非具體不能及，故聖人後之。」司馬光家範引此文說云：遠者，非疏遠之謂也，謂其進見有時，接遇有禮，不朝夕嘻嘻相褻狎也。翟氏考異：夫子訓伯魚學詩之言，別見後篇，學禮之言別見大戴禮，而其文皆不齊，蓋伯魚述其略，記者記其詳也。劉氏正義：案古者命士以上，父子皆異宮，所以別嫌疑，厚尊敬也。一過庭須臾之頃，而學詩學禮，教以義方，所謂家人有嚴君者，是之謂遠。白虎通五行篇云「君子遠子近孫」，此其義也。

【集解】馬曰：「以爲伯魚孔子之子，所聞當有異。」孔曰：「獨立謂孔子。」

【唐以前古注】皇疏：陳亢即子禽也，伯魚即鯉也。亢言伯魚是孔子之子，孔子或私教伯魚有異門徒聞，故云子亦有異聞不也。呼伯魚而爲子也。伯魚對陳亢曰：我未嘗有異聞也。此述己生平私得孔子見語之時也。言孔子嘗獨立，左右無人也。孔子獨立在堂，而已趨從中庭過也。孔子見伯魚從過庭，呼而問之曰：汝嘗學詩不乎？伯魚述舉己答孔子，言未嘗學詩也。孔子聞伯魚未嘗學詩，故以此語之，言詩有比興答對酬酢，人若不學詩，則無以與人言語也。伯魚得孔子之旨，故退還己舍而學詩也。他日，又別日也。孔子又在堂獨立也，伯魚又從中庭過也。孔子又問伯魚：汝學禮不乎？亦答曰：未學禮也。孔子又語伯魚曰：禮是恭儉莊敬立身之本，人有禮則安，無禮則危。若不學禮，則無以自立身也。鯉從孔子旨，退而學禮也。又答陳亢，言己爲孔子之子，唯私聞學詩學禮二事也。陳亢得伯魚答己二事，故退而歡喜也，言我問異聞之一事，而今得聞三事也。伯魚二也，又君子遠其子三也。伯魚是孔子之子，一生之中唯知聞二事，即是君子不獨親子，故相疏遠，是陳亢今得聞君子遠於其子也。又引范甯云：孟子曰「君子不教子」，何也？勢不行也。教者必以正，以正不行，繼之以忿，繼之以忿，則反夷矣，父子相夷惡也。

【集注】亢以私意窺聖人，疑必陰厚其子。事理通達而心氣和平，故能言。品節詳明而德性堅定，故能立。當獨立之時，所聞不過如此，其無異聞可知。尹氏曰：「孔子之教其子，無異於門人，故陳亢以爲遠其子。」

【餘論】困學紀聞：孔庭之教曰詩、禮，子思曰：「夫子之教，必始於詩、書而終於禮、樂，雜說不與焉。」荀子勸學亦曰：「其數則始乎誦經，終乎讀禮，其義則始乎爲士，終乎爲聖人。」黄氏後案：以爲遠其子者，疑聖人必有不傳之秘，特未嘗傳子也。後儒舍經文正訓而求聖人不傳之秘，正與子禽同意。

【發明】四書近指：他人以爲道有異，聖人原無所容其異也。他人見爲子可私，聖人原無所容其私也。詩、禮之訓，伯魚與弟子孰不聞？此外求異，私心也。遂以爲遠其子，亦私心也。陳亢到底未得分曉。

○邦君之妻，君稱之曰夫人，夫人自稱曰小童；邦人稱之曰君夫人，稱諸異邦曰寡小君；異邦人稱之亦曰君夫人。

【考異】七經考文：古本「稱」上無君字。皇本、高麗本「君夫人」下有也字。唐石經「諸」作「謂」。義門讀書記：雜記云：「訃於他國之君夫人曰寡小君不祿。」此「稱諸異邦」之一證，不得專據曲禮。

【考證】禮記曲禮：「公侯有夫人，夫人自稱於天子曰老婦，自稱於諸侯曰寡小君，自稱於其君曰小童。」鄭注：「自稱於諸侯，謂饗來朝諸侯之時。小童，若云未成人也。」正義：「此諸侯，謂他國君也。古者諸侯相饗，夫人亦出，故得自稱也。坊記云：『陽侯殺繆侯，竊其夫人，故大饗廢夫人之禮。』於此之前，有夫人饗法，故注云謂饗來朝諸侯之時也。」白虎通嫁娶篇：國君之妻稱之曰夫人何？明當扶進夫（夫字疑衍）人，謂非妾也。國人尊之，故曰國君之妻。君稱之曰夫人，夫人自稱曰小童，國人稱之曰君夫人，稱諸異邦曰寡小君，謂聘問兄弟之國及臣於他國稱之，謙之辭也。四書近指引郝敬説：稱諸異邦，如大夫士出使他邦致辭之類，非夫人自稱也。夫人無越國，亦無有自稱爲君者。曲禮謂夫人自稱於諸侯曰寡小君，誤也。胡培翬研六室雜著：此節惟小童句係夫人自稱，餘皆屬他人稱謂之辭。稱諸異邦，亦是邦人稱之。經文條貫甚明。禮，稱君於他國曰寡君，稱君之夫人於他國曰寡小君。雜記「夫人薨，訃於他國曰寡小君」，此確證也。聘禮「夫人使下大夫韋弁歸禮」，注云：「致辭當稱寡小君。」又聘禮記「君以社稷故在寡小君」，注云：「此贊拜夫人聘享辭。」明寡小君是臣下對他邦人釋拜之稱，非夫人自稱審矣。俗解因曲禮有「自稱於諸侯曰寡小君」之文，遂指爲夫人自稱。然則云「寡小君不禄」，亦可爲夫人自稱乎？曲禮當屬記者之誤。孔疏謂古者諸侯相饗，夫人亦出，故得自稱。考之禮，饗食，主賓皆有擯贊傳辭，亦無夫人對他國君自稱之禮。内宰「凡賓客之祼獻瑶爵皆贊」，是其證。況論語無「自」字，與記文本異，考古者當據論語以訂曲禮之非，不當因曲禮而滋論語之誤也。

按：劉恭冕云：「白虎諸儒以稱諸異邦爲國人所稱，當是論語家舊義。故僞孔此注亦以寡小君爲邦人謙稱也。曲禮『夫人自稱於諸侯曰寡小君』，注云：『謂饗來朝諸侯之時。』彼文以寡小君爲夫人自稱於異邦諸侯，與論語言寡小君爲邦人所稱異。案孫氏諸説皆精審，足證從來傳注之誤。李氏光地劄記：『下兩句皆以邦人之稱言。君尊之，則邦人尊之，故稱於本國者耦君，以重君命也。夫人自小，則邦人小之，故稱於異邦者不敢夷君，以順夫人意也。』」

【集解】孔曰：「小君，君夫人之稱也，對異邦謙。故曰寡小君。當此之時，諸侯嫡妾不正，稱號不審，故孔子正言其禮也。」

【唐以前古注】皇疏：當時禮亂，稱謂不明，故此正之也。邦君自呼其妻曰夫人也。此夫人向夫自稱，則曰小童。小童，幼小之目也，謙不敢自以比於成人也。邦人，其國民人也。若其臣之民呼君妻，則曰君夫人也。君自稱則單曰夫人，故民人稱帶君言之也。自我國臣民向他邦人稱我君妻，則曰寡小君。君自稱曰寡人，故臣民稱君爲寡君，稱君妻爲寡小君也。若異邦臣來，即稱主國君之妻，則亦同曰君夫人也。

【集注】寡，寡德，謙辭。吴氏曰：「凡語中所載如此類者不知何謂，或古有之，或夫子嘗言之，不可考也。」

【餘論】論語述何：春秋正適妾之名，仲子、成風以天王太廟，異邦正之，不得稱夫人也。則妾子爲君，皆繫於子。君稱之曰母，自稱曰先君之妾，邦人稱之曰君母，稱諸異邦曰寡君之母，異邦人稱之亦曰君之母而已。四書翼注：此章本古語，記於衞靈公問陳之册末，蔡氏覺軒以爲爲南子而發，似得其旨。蓋子見南子四字本是輕賤之詞，然南子使人於孔子云：「凡四方賓客辱與寡君爲兄弟者，皆見寡小君，寡小君願見。」是稱諸異邦曰寡小君也。公子郢對靈公言君夫人在堂，三揖在下，君命祇辱。是邦人稱之曰君夫人也。而衞人却只稱南子，只謂此「邦君之妻」四字來歷不明耳。禮，天子諸侯不再娶，天子一娶十二女，諸侯一娶九女，正室死，則以媵之貴者攝理内政，不下漁色娶於國中，如取魚於池沼曰漁色，所以敬宗廟，重繼嗣，杜亂萌也。以妾爲妻，非妻也。由左右媵以色而升，非妻也。正室没而娶繼室，如魯隱之仲子，晉平之少姜，非妻也。齊桓内嬖如夫人者六人，魯娶於吴爲同姓，益非妻也。非邦君之妻而用其名，則不稱，故鄭重言之也。翟氏考異：鄭氏禮記注云：「自稱于諸侯，謂饗來朝諸侯時也。」據坊記，自陽侯竊繆侯夫人，而大饗廢夫人之禮矣。其禮既廢，其文未盡删於傳記，當時乃有藉口以掩其私，如文姜之饗齊侯者，聖人因既貶諸春秋，又與門弟子議及於此，此論語所以有此章文而與禮記不符合歟？　章首當有子曰字，今闕文。　論語訓：此篇記此夫人之稱者，蓋孔子在魯掌瞽宗，人所聞其稱引也，不内稱子皆加氏，足明國人記之。

按：最近梁任公所著古今僞書及其時代一書，於鄉黨末篇色斯舉矣一章，季氏末篇邦君之妻一章，微子末篇太師摯以下三章，疑後人見竹簡有空白處，任意附記他事，故往往無頭無尾。此由未明古人書字之法，古人書字用竹簡，又曰策，左傳序疏、聘禮疏、北史徐遵明傳引鄭論語序云：「書以八寸策。」鉤命決云：「春秋二尺四寸書之，孝經一尺二寸書之。故知六經之策皆二尺四寸，孝經謙，半之；論語八寸策者，三分居一，又謙焉。」而論衡推論語策所獨者，則云：「紀之約省，懷持之便也，故但以八寸。」蓋與鄭説不同，然其以爲八寸簡所書則一也。且古人書簡必計字書之，短者每章一簡，長者一章數簡，斷無餘地可容空白。又何晏序云：「鄭玄就魯論篇章考之齊、古，爲之注。」釋文曰：「鄭校周之本，以齊、古讀正凡五十事。」是今之論語係鄭康成以魯論爲主，參校齊、古而成，如季氏篇，洪氏以爲齊論是也。臧琳經義雜記曰：「古論語邦君之妻，魯論作國君之妻。」可見此章古論、魯論皆有之，并非後人攙入。

# 論語集釋卷三十四

## 陽貨上

○陽貨欲見孔子，孔子不見，歸孔子豚。孔子時其亡也，而往拜之。遇諸塗。

【考異】論語釋文：歸如字，鄭本作「饋」，魯讀爲歸，今從古。　儀禮士虞疏、孟子章句俱引論語作「饋」。　四書釋地又續：此與「歸女樂」注並云歸如字，一作「饋」。按歸如字，解則云入也，還也。杜預「歸者，不反之辭」，此於蒸豚、女樂何涉乎？自當作「饋」，孟子書正作「饋」。孔子世家作「遺魯君女樂文馬」，饋，餉也。遺，餽贈也。康成注「以物有所饋遺」是也。　韓李筆解：「時」當爲「待」。　論衡知實篇引作「途」。　黃氏後案：「歸」，鄭君本作「饋」，古字通，以饋爲正。「時」，筆解云當爲「待」，時、待古聲相近，往則墮其計中，故待之也。「塗」作「途」，見釋文。　案說文無塗、途字，古用涂。

【音讀】陳梓四書質疑：以孟子例之，則當注「欲見之見去聲」六字。

【考證】論語駢枝：玉藻曰：「大夫親賜士，士拜受，又拜於其室。」又曰：「敵者不在，拜於其室。」說者謂大夫賜士，士拜受於家，又就拜於大夫之家，是爲再拜。敵者之賜，但拜受於家而已，不得受於其家，然後就拜於其家，則一拜也。由是言之，陽虎饋豚而瞰孔子之亡，正欲以敵者之禮致孔子，而孔子亦以敵者之禮拜貨，是故貨不爲驕，孔子不爲詘。孟子以一拜爲大夫賜士之禮，與玉藻不合，以事理論之，則玉藻是也。不然，貨非大夫而以大夫自處，其妄甚矣。而孔子因即以大夫之禮禮之，何以爲孔子？　四書賸言：孟子：「大夫有賜於士，不得受於其家，則往拜其門。」此大夫禮也，乃引之以稱陽貨，此最異事。不知季氏家臣原稱大夫，季氏是司徒，下有大夫二人，一曰小宰，一曰小司徒。此大國命卿之臣之明稱也，故邑宰家臣當時得通稱大夫，如郈邑大夫、郕邑大夫、孔子父鄹邑大夫，此邑大夫也。陳子車之妻與家大夫謀；季康子欲伐邾，問之諸大夫；季氏之臣申豐，杜氏注爲屬大夫；公叔文子之臣，論語稱爲臣大夫，此家大夫也。然則陽貨大夫矣，注故不識耳。　劉氏正義：貨、虎一聲之轉。疑貨是名，虎是字也。　顧氏棟高春秋大事表：「陽虎欲以己更孟氏，疑與孟孫同族。」

【集解】孔曰：「陽貨，陽虎也。季氏家臣而專魯國之政，欲見孔子使仕也。欲使往謝，故遺孔子豚也。塗，道也。於道路與相逢也。」

【唐以前古注】皇疏：歸，猶餉也。既召孔子，孔子不與相見，故又遣人餉孔子豚也。所以召不來而餉豚者，禮，得敵己以下餉，但於己家拜餉而已；勝己以上見餉，先既拜於己家，明日又往餉者之室也。陽貨乃不勝孔子，然己交專魯政，期度孔子必來拜謝己，因得與相見也。得相見而勸之，欲仕也。亡，無也。無，謂虎不在家時也。孔子曉虎見餉之意，故往拜謝也。若往謝必與相見，相見於家，事或盤桓，故伺取虎不在家時而往拜於其家也。塗，道路也。既伺其不在而往拜，拜竟而還，與之相逢於路中也。孔子聖人，所以不計避之而在路與相逢者，其有所以也。若遂不相見，則陽虎求召不已，既得相見，則其意畢耳。但不欲久與相對，故造次在塗路也。所以知是已拜室還與相逢者，既先云時亡也，後云遇塗，故知已至其家也。其若未至室，則於禮未畢，或有更隨其至己家之理，故先伺不在而往，往畢還而相逢也。一家通云：餉豚之時，孔子不在，故往謝之也。然於玉藻中爲便，而不勝此集解通也。

【集注】陽貨，季氏家臣，名虎，嘗囚季桓子而專國政，欲令孔子來見己，而孔子不往。貨以禮大夫有賜於士，不得受於其家，則往拜其門，故瞰孔子之亡，而歸之豚，欲令孔子來拜而見之也。

謂孔子曰：「來！予與爾言。」曰：「懷其寶而迷其邦，可謂仁乎？」曰：「不可。」「好從事而亟失時，可謂智乎？」曰：「不可。」「日月逝矣，歲不我與。」孔子曰：「諾，吾將仕矣。」

【考異】孟子疏引全章文，獨此無兩其字。韓詩外傳：懷其寶而迷其國者，不可與語仁。

【考證】經傳釋詞：一人自爲問答，加曰字以別之。論語稽求篇：懷寶迷邦，兩問兩答，皆陽貨與夫子爲主客。則「日月逝矣，歲不我與」下，何以重着「孔子曰」三字？豈前二答皆非夫子語，夫子之答衹此句耶？明儒郝京山有云：「前兩曰字皆是貨口中語，自爲問答，以斷爲必然之理。此如史記留侯世家，張良阻立六國後八不可語有云：『今陛下能制項籍之死命乎？

曰未能也。能得項籍頭乎？曰未能也。能封聖人墓，表賢者閭，式智者門乎？曰未能也。』皆張良自爲問答，並非良問而漢高答者。至『漢王輟食吐哺』以下，纔是高語。此章至『孔子曰』以下纔是孔子語。孔子答語祇此耳，故記者特加孔子曰三字以别之。」千年夢夢，一旦喚醒，可爲極快。且貨求親夫子，詞語絮絮，而夫子以不絶絶之，祇作五字答，並不别綴一字，覺于當日情事尤爲可念。解經至此，謂非漆室一炬不得矣。　四書釋地又續補：毛西河謂明儒郝京山云：「前兩曰字皆是貨口中語，自爲問答，以斷爲必然之理。此如史記留侯世家，張良阻立六國後八不可語，皆張良自爲問答，至『漢王輟食吐哺』以下，纔是高語。此章至『孔子曰』以下，纔是孔子語，故記者特加『孔子曰』三字以别之。」按此似先得閻氏之意者。孔子世家：「楚令尹子西曰：『王之使使諸侯有如子貢者乎？曰無有。王之輔相有如顔回者乎？曰無有。王之將率有如子路者乎？曰無有。王之官尹有如宰予者乎？曰無有。』」此亦子西自爲問答，史公往往有此筆調。　胡紹勳四書拾義：或謂身爲寶，如老子「輕敵幾喪吾寶」，注云：「寶，身也。」呂覽先己篇「嗇其大寶」，注云：「大寶，身也。」懷其寶，謂藏其身。　揅經室集：元謂魯國時人之論，已皆以聖仁尊孔子，故孔子曰「則吾豈敢」。陽貨之言亦因時論而難之也。又智者仁之次，漢書古今人表叙論九等，列智人於仁人下。子張以仁推令尹子文及陳文子，孔子皆答以「未智，焉得仁」，明乎必先智而後能仁也。故陽貨諷孔子仁智並稱，孔子謙不敢當。非特不居仁，且不居智矣。

【集解】馬曰：「言孔子不仕，是懷寶也。知國不治而不爲政，是迷邦也。日月逝，年老歲月已往，當急仕也。」孔曰：「言孔子栖栖好從事，而數不遇失時，不得爲有知者也。言將仕，以順辭免害也。」

【唐以前古注】皇疏引郭象云：聖人無心，仕與不仕隨世耳。陽虎勸仕，理無不諾，不能用我，則無自用此直道而應者也。然危遜之理，亦在其中也。

【集注】懷寶迷邦，謂懷藏道德，不救國之迷亂。亟，數也。失時，謂不及事幾之會。將者，且然而未必之辭。貨語皆譏孔子而諷使速仕，孔子固未嘗如此，而亦非不欲仕也，但不仕於貨耳，故直據理答之，不復與辯，若不諭其意者。陽貨之欲見孔子，雖其善意，然不過欲使助己爲亂耳，故孔子不見者，義也。其往拜者，禮也。必時其亡而往者，欲其稱也。遇諸塗而不避者，不終絶也。隨問而對者，理之直也。對而不辯者，言之孫而亦無所詘也。楊氏曰：「揚雄謂孔子於陽貨也，敬所不敬，爲詘身以信道，非知孔子者。蓋道外無身，身外無道，身詘矣而可以信道，吾未之信也。」

【餘論】四書通：此一事耳，而見聖人之一言一動，無非時中之妙。陽貨欲見孔子而遽見之，非中也。既有饋而不往拜之，非中也。不時其亡則中小人之計，非中也。不幸遇諸塗而又避之，則絶小人之甚，非中也。理之直者其辭易至於不遜，非中也。辭之遜而或有所詘，非中也。聖人不徇物，而亦不苟異，不絶物，而亦不苟同，愈雍容不迫，而愈剛直不詘，此其所以爲時中之妙也。

〇子曰：「性相近也，習相遠也。」

【考證】中庸疏：感五行在人爲五常，得其清氣備者爲聖人，得其濁氣簡者爲愚人，聖人以下，愚人以上，所稟或多或少，故分爲九等。孔子云：「唯上智與下愚不移。」二者之外，逐物移矣，故論語云：「性相近，習相遠也。」亦據中人七等也。韓詩外傳六：子曰：「不知命，無以爲君子也。」言天之所生，皆有仁義禮智順善之心。無仁義禮智順善之心謂之小人，故曰不知命，無以爲君子。小雅曰：「天保定爾，亦孔之固。」言天之所以仁義禮智，保定人之甚固也。大雅曰：「天生蒸民，有物有則。民之秉彝，好是懿德。」言民之秉德以則天也，不知所以則天，又焉得爲君子乎？春秋繁露實性篇云：善如米，性如禾，禾雖出米，而禾未可謂米也；性雖出善，而性未可謂善也。米與善人之繼天而成於外也，非在天所爲之内也。天之所爲之内也，天之所爲止於繭麻與禾，以麻爲布，以繭爲絲，以米爲飯，以性爲善，此皆聖人所繼天而進也，非性情質樸之能至也。聖人言中本無性善名，而有善人吾不得見之矣。使萬民之性皆已能善，善人者何爲不見也？觀孔子言此之意，以爲善難當甚，而孟子以爲萬民性皆能當之，過矣。聖人之性，不可以名性；斗筲之性，又不可以名性。名性者，中民之性，中民之性如繭如卵，卵待復二十日而後能爲雛，繭待繅以綰湯而後能爲絲，性待漸於教訓而後能爲善。善，教誨之所然也，是以米出於粟，而粟不可謂米；玉出於璞，而璞不可謂玉；善出於性，而性不可謂善。卵之性未能作雛也，繭之性未能作絲也，麻之性未能爲縷也，粟之性未能爲米也。性者，天質之樸也。善者，王教之化也。無其質，則王教不能化。無王教，則質樸不能善。　日知録：性之一字，始見於商書，曰：「惟皇上帝，降衷于下民，若有恒性。」恒即相近之義。相近，近於善也。相遠，遠於善也。故夫子曰：「人之生也直，罔之生也幸而免。」人亦有生而不善者，如楚子良生子越椒，子文知其必滅若敖氏也，然此千萬中之一耳。故公都子所述之三説，孟子不斥其非，而但曰：「乃若其情則可以爲善矣，乃所謂善也。」蓋凡人之所大同而不論其變也，若紂爲炮烙之刑，盜跖日殺不辜，肝人之肉，此則生而性與人殊；亦如五官百骸人之所同，然亦有生而不具者，豈可以一而概萬乎？故終謂之性善也。　戴震孟子字義疏證：性者分於陰陽五行，以爲血氣心知，品物區以別焉。舉凡既生以後所有之事，所具之能，所全之德，咸以是爲其本。故易曰：「成之者，性也。」氣化生人生物以後，各以類滋生久矣。然類之區別，千古如是也，循其故而已矣。在氣化曰陰陽，曰五行。而陰陽五行之成化也，雜糅萬變，是以及其流形，不特品物不同，雖一類之中，又復不同。凡分形氣於父母，即爲分於陰陽五行，人物以類滋生，皆氣化之自然。中庸曰：「天命之謂性。」以生而限於天，故曰天命。大戴禮記曰：「分於道之謂命，形於一之謂性。」分於道者，分於陰陽五行也。言乎分，則其限之於始，有偏全、厚薄、清濁、昏明之不齊，各隨所分而形於一，各成其性也。然性雖不同，大致以類爲之區別，故論語曰「性相近」也。此就人與人近言之也。孟子曰：「凡同類者，舉相似也。何獨至於人而疑之？聖人與我同類者。」

言同類之相似，則異類之不相似明矣。故語告子生之謂性曰：「然則犬之性猶牛之性，牛之性猶人之性與？」明乎其不可混同言之也。又曰：問孟子之時，因告子諸人紛紛各立異説，故直以性善斷之。孔子但言性相近，意在於警人慎習，非因論性而發，故不必直斷以善與？曰然。古今常語，凡指斥下愚者，矢口言之，每曰此無人性。稍舉其善端，則曰此猶有人性。以人性爲善，稱無人性即所謂人見其禽獸也，有人性即相近也，善也。論語言「性相近」，正見人無有不善。若不善與善相反，其遠已縣絶，何近之有？分別性與習，然後有不善，而不可以不善歸性。凡得養失養及陷溺梏亡，咸屬於習也。李光地論語劄記：案夫子此言，惟孟子能暢其説。其曰「性善」，即相近之説也。其曰「或相倍蓰而無算」、「其所以陷溺其心者然也」，則習相遠之説也。先儒謂孔子所言者，氣質之性，非言性之本。孟子所言，乃極本窮源之性。愚謂惟其相近，是以謂之善。惟其善，是以相近。似未可言孔、孟之指殊也。蓋孔、孟所言者，皆人性耳。若以天地之理言，則乾道變化，各正性命。禽獸草木，無非是者。然禽獸之性則不可言與人相近，相近者必其善者也。故孝經曰：「天地之性人爲貴。」是孔子之説無異於孟子也。禽獸之性不可以言善，所謂善者，以其同類而相近也。故曰「人皆可以爲堯、舜」，是孟子之説又無異於孔子也。經傳考證：相近指性之善者言，相遠當指性之惡者。孔子未嘗明言性善，聖人之言，無所不包，而渾然無迹。後儒言性，究不能出其範圍。性善之旨，直至孟子始發之。孟子道性善，言必稱堯、舜，乃一生願學大本領，故七篇自述之。焦循性善解：性無他，食色而已。飲食男女，人與物同之。當其先民，知有母，不知有父，則男女無别也。茹毛飲血，不知火化，則飲食無節也。有聖人出，示之以嫁娶之禮，而民知有人倫矣。示之以耕耨之法，而民知自食其力矣。以此示禽獸，禽獸不知也。禽獸不知，則禽獸之性不能善。人知之，則人之性善矣。以飲食男女言性，而人性善不待煩言自解也。禽獸之性不能善，亦不能惡。人之性可引爲善，亦可引爲惡。惟其可引，故性善也。牛之性可以敵虎，而不可使之咥人。所知所能，不可移也。惟人能移，則可以爲善矣。是故惟習相遠，乃知其性相近。若禽獸，則習不能相遠也。論語足徵記：王充論衡本性篇曰：「宓子賤、漆雕開、公孫尼子皆言性有善有惡。」此必聞諸夫子者也。論語諸弟子之言，漢、唐諸儒引之皆以爲夫子之言，蓋夫子所嘗言，而諸弟子述之者也。然則三子之言性，皆本夫子之言性可知。漢書古今人表序孔子曰：「中人以上，可以語上也。惟上智與下愚不移。」傳曰：「譬如堯、舜，禹、稷、卨與之爲善而行，鯀、讙兜欲與爲惡則誅，可與爲善，不可與爲惡，是謂上智。桀、紂，龍逢、比干欲與爲善則誅，于莘、崇侯與之爲惡則行，可與爲惡，不可與爲善，是謂下愚。齊桓公，管仲相之則霸，豎刁輔之則亂，可與爲善，可與爲惡，是謂中人。」觀三子之言性，與班氏之言善惡智愚，皆與此章密合，是夫子之言性，固謂有善有惡也。惟有善惡，故言相近。如孟子言性善，荀子言性惡，則何相近之有？且孟子言性善，則自孟子創言之。荀子言性惡，亦自荀子創言之。孟、荀以前，固未有言性有善無惡，亦未有言性有惡無善者也。王仲任曰：「孟子言性善，中人以上也。荀子言性惡，中人以下也。揚雄言善惡混，中人也。」韓退之曰：「性之品有上中下三，上焉者，善而已矣；中焉者，可道以上下也；下焉者，惡而已矣。」案王、韓所謂上即上智，下即下愚，中即相近者也，正與孔子之言性同。集解孔曰：「上智不可使爲惡，下愚不可使强賢。」邢疏亦以慎所習爲中人，其性可上可下，與韓之言性同。劉敞乃云：「智愚非善惡也。」案智非即善，善必由智；愚非即惡，惡必由愚。人苟善，雖於小物有所不知，不可謂愚。人果惡，雖才氣過人，不可謂智。故使堯牽一羊而舜鞭之，不如牧豎之欲東而東，欲西而西，仍無損於上智。桀、紂雖有拒諫飾非之才，徒成其爲下愚耳。劉敞析智愚與善惡而二之，非所謂惑於用名之亂實者耶？程、朱自謂窺不傳之秘於遺經，説性自出新義。集注曰：「此所謂性，兼氣質而言者也。氣質之性固有美惡之不同，然以其初而言，則皆不甚相遠也。」又引程子曰：「此言氣質之性，非言性之本也。若言其本，則性即理。理無不善，孟子之言性是也，何相近之有？」案黄東發曰：「言性者自分理氣，而後學乃陰陋夫子之言。」劉念臺曰：「盈天地祇有氣質之性。」孫自强曰：「經典未嘗離氣質以言性。」李安溪曰：「孟子論性固論氣質，非離氣質言之。」是篤信程、朱者，於其言性亦未敢曲從矣。且夫子言窮理盡性，性理並言，則不謂性即理可知。此程子性即理之説顯違夫子者也。且天之生堯、舜有生堯、舜之理，生桀、紂有生桀、紂之理，生稻粱有生稻粱之理，生豺狼有生豺狼之理，豈可謂天生堯、舜、生稻粱是理，生桀、紂、生豺狼非理哉？亂臣賊子自謂忠孝，而覺君父之相負已甚，乃敢行悖逆之謀。如元凶劭之於宋文帝，僕固懷恩之於唐代宗，豈不以君父之所爲爲非理，而自以其所爲爲理哉？依則理無不善之説亦可通矣。總之，程、朱之言性也，援孟子以繩孔子，而性近之旨，不免改頭换面矣。出己説以贊孟子，而性善之旨，亦去實踏空，析一爲二矣。不但非孔子所謂性，亦非孟子所謂性也。

【集解】孔曰：「君子慎所習。」

【唐以前古注】皇疏：性者，人所稟以生也。習者，謂生後有百儀常所行習之事也。人俱稟天地之氣以生，雖復厚薄有殊，而同是稟氣，故曰相近也。及至識，若值善友則相效爲善，若逢惡友則相效爲惡，惡善既殊，故云相遠也。然情性之義，説者不同，且依一家。舊釋云：性者，生也。情者，成也。性是生而有之，故曰生也。情是起欲動彰事，故曰成也。然性無善惡，而有濃薄；情是有欲之心，而有邪正。性既是全生而有，未涉乎用，非唯不可名爲惡，亦不可目爲善，故性無善惡也。所以知然者，夫善惡之名恒就事而顯，故老子曰：「天下以知美之爲美，斯惡已。以知善之爲善，斯不善已。」此皆據事而談。情有邪正者，情既是事，若逐欲流遷，其事則邪；若欲當於理，其事則正，故情不得不有邪有正也。故易曰：「利貞者，性情也。」又引范甯云：人生而静，天之性也；感於物而動，性之欲也，斯相近也。習洙、泗之教爲君子，習申、商之術爲小人，斯相遠也。又引王弼云：不性其情，焉能久行其正，此是性之正也。若心好流蕩失真，此是性之邪也。若以情近性，故云性其情。情近性者，何妨是有欲。若逐欲遷，故云遠也。若欲而不遷，故曰近。但近性者正，而即性非正；雖即性非正，而能之正，譬如近火者熱，而即火非熱；雖即火非熱，而能使之熱。能使之熱者，氣也，熱也。能使之正者，儀也，靜也。又知其有濃薄者，孔子曰「性相近也」，若全同也。相近之辭不生，若全異也。相近之辭亦不得立。今云近者，有同有異。取其共是無善無惡則同也，有濃有薄則異也。雖異而未相遠，故曰近也。

筆解：韓曰：「上文云性相近，是人以可習而上下也。此文云上下不移，是人不可習而遷也。二義相反，先儒莫究其義。吾謂上篇云：『生而知之，上也。學而知之，次也。困而學之，又其次也。困而不學，民斯爲下矣。』與此篇二義兼明焉。」李曰：「窮理盡性，以至於命，此性命之説極矣。學者罕明其歸。今二義相戾，當以易理明之。乾道變化，各正性命。又利貞者，情性也。又一陰一陽之謂道，繼之者善也，成之者性也，謂人性本相近于静，及有動感外物，有正有邪，動而正則爲上智，動而邪則爲下愚，寂然不動，則情性兩忘矣，雖聖人有所難知。故仲尼稱顔回『不言如愚，退省其私，亦足以發，回也不愚』。蓋坐忘遺照，不習如愚，在卦爲復，天地之心邃矣。亞聖而下，性習近遠，智愚萬殊，仲尼所以云困而不學，下愚不移者，皆激勸學者之辭也。若窮理盡性，則非易莫能窮焉。」韓曰：「如子之説，文雖相反，義不相戾，誠知乾道變化，各正性命，坤道順乎承天，不習無不利，至哉！果天地之心其邃矣乎！」

【集注】此所謂性，兼氣質而言也。氣質之性固有美惡之不同矣，然以其初而言，則皆不甚相遠也。但習於善則善，習於惡則惡，於是始相遠耳。程子曰：「此言氣質之性，非言性之本也。若言其本，則性即是理。理無不善，孟子之言性善是也，何相近之有哉？」

【餘論】東塾讀書記：論衡云：「周人世碩以爲性有善有惡，在所養焉，作養書一篇。宓子賤、漆雕開、公孫尼子之徒，亦論情性，與世子相出入，皆言性有善惡。孟子作性善之篇，以爲人性皆善，未爲實也。」又云：「孟軻言人性善者，中人以上者也。孫卿言人性惡者，中人以下者也。揚雄言人性善惡混者，中人也。」又云：「盜跖非人之竊也，莊蹻刺人之濫也。」澧案世碩等但言人性有善有惡，非謂人性無善也，此不可執以難孟子也。盜跖非人之竊，莊蹻刺人之濫，則惡人之性皆有善明矣，愈可見孟子之言性爲實矣。其言中人以上以下，則韓昌黎性三品之說與之暗合也。又云：劉原父云：永叔問曰：「人之性必善，然則孔子所謂上智與下愚可乎？」劉子曰：「可。智愚非善惡也。」智愚與善惡判然不同，而永叔不能分，宜爲原父所折也。嶺雲軒瑣記：余嘗論性是性，氣質是氣質，不可言有氣質之性，乃宋儒鶻突語。又見後人說來說去，總欠分明，惟明嘉靖間魏恭簡公最說得好，其言曰：「性有不善，只是出於氣質。性本善，然不能自善，其發爲善，皆氣質之良知良能也。氣質能爲善，而不能盡善。性即太極，氣質是陰陽五行。所爲氣運純駁不齊，故氣禀合下便有清濁厚薄，濁則遮蔽不通，薄則承載不起，便生出不善來。性惟本善，故除却氣質不善，便純是善。性惟不能自善，故變化氣質，以歸於善，然後能充其良知良能也。」言性至是，乃透澈無遺藴矣。與孔子「性相近，習相遠」；周子「五行之生各一其性，五性感動而善惡分」，皆有吻合處，實爲至當不可易。黄氏後案：朱子申程子，分理氣以言性，云人生而靜以上，人物未生時，衹可謂之理，未可名爲性。方說性時，即是人生以後，此理已墮在形氣中，不是性之本體。戴氏謂如其説，人生以後，性在氣質中，已不是善，孟子乃溯斯人未生未有氣質之前而曰性善，是離人而空言理也。程易疇曰：「以賦稟之前言性，釋氏之言性也，所謂如何是父母未生前本來面目也。」李安溪論語劄記曰：「孔、孟所言皆人性耳。禽獸之性不可言與人相近，相近者必其善者也，未可言孔、孟之指殊也。」孟子劄記又謂孟子論性，固論氣質，非離氣質言之。李氏堅守程、朱之學，於此不能無異也。然此亦非李氏、戴氏、程氏之剏説也。朱子門人劉季文曰：「既言性有氣質，又曰不論氣不備，又以孟子不分理氣，未能杜絶荀、楊之口，則又令吴幼清等之顯陋孟子矣。儒者而陋孔、孟，能無誤乎？」羅整庵曰：「別白言之，孰爲天命之性，孰爲氣質之性，一性而兩名，雖曰二之則不是，而一之又未能也。學者之惑，終莫之解。」劉念臺曰：「言性不明，祇因將此理別作一物視之，盈天地間止有氣質之性，謂別有義理之性，不雜於氣質，臧三耳之説也。」合觀諸説，知理氣之分，非聖賢之遺訓矣。

魏象樞寒松堂集：先儒謂此性爲指氣質之性而言，愚謂天命之性本一也，安得又有氣質之性？但氣質所以承受此性者也，性所以主宰氣質者也。性離氣質，安頓何處？此性一落氣質之内，豈無稍偏？然究其最初之理，原自相近，猶孟子所云平旦之氣，其好惡與人相近也者幾希。今人乍見孺子將入於井，皆有怵惕惻隱之心；嘑爾而與之，行道之人弗受；蹴爾而與之，乞人不屑也。夫以今人、行道之人、乞人無不皆然，相近了了矣，祇要慎所習耳，故下節緊説唯上智與下愚不移。上智下愚有幾人哉？其餘皆可移也。

【發明】焦氏筆乘：孟子性無善無不善，性相近也。性可以爲善，可以爲不善，習相遠也。有性善，有性不善，上智下愚不移也。要之皆出於孔子之言。蓋性無不入，此性之所以爲妙。知性之無不入，此聖言之所以爲全。

反身録：性因習遠，誠反其所習而習善，相遠者可使之復近。習之不已，相遠者可知之如初。是習能移性，亦能復性。書曰：「習與性成，惟聖罔念作狂，惟狂克念作聖。」亶其然乎？問習之之實。曰：親善人，讀善書，講善端，薰陶漸染，惟善是資，存善念，言善言，行善行，動靜食息，惟善是依，始也勉强，久則自然。

子曰：「唯上知與下愚不移。」

【考異】皇本、集編本、纂疏本唯字俱作「惟」。論衡本性篇、中論夭壽篇引並作「智」。朱子語類：性習遠近與上知下愚本是一章，「子曰」二字衍文也。

按：集解本此合上爲一章，朱子分兩章誤，應從集解。

【考證】問字堂集：上知謂生而知之，下愚謂困而不學。論語後録：言性者三家，孟子言性善，荀子言性惡，揚子言性善惡混。三家混者也，劉向合之，荀悦因向意定性三品，蓋兼用三家矣。三品之論，以性善，故有瞍、鯀之父而子舜、禹；以性惡，故有堯、舜之父而子朱、均；以性善惡混，故有中人。夫子言中人，謂性善惡混者也，即性相近而習相遠者也。中人以上是上知，以下是下愚。不移言不易，移之言易也。孟子字義疏證：生而下愚，其人難與言禮義，由自絶於學，是以不移。然苟畏威懷惠，一旦觸於所畏所懷之人，啓其心而憬然覺悟，往往有之。

苟悔而從善，則非下愚矣。加之以學，則日進於智矣。以不移定爲下愚，又往往在知善而不爲，知不善而爲之者，故曰不移，不曰不可移。雖古今不乏下愚，而其精爽幾與物等者，亦究異於物，無不可移也。阮元論性篇：性中雖有秉彝，而才性必有智愚之别。然愚者非惡也，智者善，愚者亦善也。古人每言才性，即孟子所謂「非才之罪」也。韓文公原性，因此孔子之言，爲三品之説，雖不似李習之之悖於諸經，然以下愚爲惡，誤矣。或者更欲以性爲至静至明，幾疑孔子下愚之言爲有礙，則更誤矣。尚書召誥曰：「今天其命哲。」哲與愚相對，哲即智也。有吉必有凶，有智必有愚。召公曰「既命哲者」，言所命非愚，然則愚亦命之所有，下愚亦命之所有。但今若生子，在厥初生自貽哲命耳。孔子之言與召公之言無少差謬。又案韓文公原性篇謂孔子性善之説得上而遺下，蓋文公以子魚、楊食我等爲性惡也。然此正是孔子所謂不移之下愚也，非惡也。劉氏正義：今案阮説是也。漢書古今人表傳曰：「譬如堯、舜，禹、稷、卨與之爲善則行，鮌、讙兜欲與爲惡則誅。可與爲善，不可與爲惡，是謂上智。桀、紂，龍逢、比干欲與之爲善則誅，于莘、崇侯與之爲惡則行，可與爲惡，不可與爲善，是謂下愚。齊桓公，管仲相之則霸，豎刁輔之則亂，可與爲善，可與爲惡，是謂中人。」此文略本賈誼新書連語篇，以上智爲善，下愚爲惡。論衡本性篇亦云：「孔子曰：『性相近也，習相遠也。』夫中人之性，在所習焉。習善而爲善，習惡而爲惡也。至於極善極惡，非復在習。故孔子曰：『惟上智與下愚不移。』性有善不善，聖化賢教不能復移易也。」是以上智下愚爲善惡之分。又以上章及此章爲三品，漢人早有此說，而文公因之。然有性善有性不善，性可以爲善可以爲不善，孟子已辭而闢之。而斷爲性善，則知三品之言非矣。夫子言生而知之爲上，即此上智。困而學之爲又次，困即是愚，而爲又次，無不可移也。至困而不學，乃云「民斯爲下」，下即此所云「下愚」。黄氏後案：此與上節合言之，則性有上知之不移於惡，有相近之中人本善而可移於惡，有下愚之不能移於善。漢書人表云：「可與爲善，不可與爲惡，是爲上知。可與爲惡，不可與爲善，是爲下愚。可與爲善，可與爲惡，是爲中人。」韓子性有三品之說亦同。則下愚之與物同蠢者，固在性相近之外矣。然則孟子言性皆善者何也？曰：水性陰而有温泉，火性陽而有凉燄，浮石沈木，各返其性，人有下愚，亦復何怪。天生中人，其常也。生上知下愚，其變也。孟子道其常，孔子通其變，顧亭林說如此。或曰：韓子之所謂下愚如越椒、叔魚，程子之所謂下愚則指商辛之類，二説然與？曰：今人固有教之數與方名而不知者，豈可望其爲聖爲賢？左傳云：「周子有兄而無慧，不能辨菽麥。」彼之所謂無慧，即此之所謂下愚，如越椒、叔魚所習皆惡，而傳所云熊狀豺聲者，即孟子所云君子不謂性者也。如商辛之類，後漢韓歆所謂亡國之君皆有才者，左傳言商紂恃儁才而滅，史記稱商辛之資辨捷疾，聞見甚敏，固非生而爲下愚矣。或又曰：天生商辛以滅商也，如其愚可移，是天運爲無定矣。曰：商辛自絶於天耳，果爲下愚之不移，則箕子、比干之欲移之者何昧昧也？或又曰：戴氏以下愚爲可移而不移，説同程子。今以下愚爲不可移，説同朱子，何也？曰：説性者不必拘守一説也，亦取其説之不叛於經者而已。

【集解】孔曰：「上知不可使爲惡，下愚不可使强賢。」

【唐以前古注】皇疏：前既曰性近習遠，而又有異，此則明之也。夫降聖以遠，賢愚萬品，若大而言之，且分爲三，上分是聖，下分是愚，愚人以上，聖人以下，其中階品不同，而共爲一。此之共一，則有推移。今云上智謂聖人，下愚愚人也。夫人不生則已，若有生之始，便禀天地陰陽氛氳之氣。氣有清濁，若禀得淳清者，則爲聖人；若得淳濁者，則爲愚人。愚人淳濁，雖澄亦不清。聖人淳清，攪之亦不濁。故上聖遇昏亂之世，不能撓其真。下愚值重堯疊舜，不能變其惡。故云唯上智與下愚不移也。而上智以下，下愚以上，二者中間，顏、閔以下，一善以上，其中亦多清少濁，或多濁少清，或半清半濁，澄之則清，攪之則濁，如此之徒，以隨世變改，若遇善則清升，逢惡則滓淪，所以别云：性相近，習相遠。

【集注】此承上章而言。人之氣質，相近之中，又有美惡一定，而非習之所能移者。程子曰：「人性本善，有不可移者何也？語其性則皆善也，語其才則有下愚之不移。所謂下愚有二焉，自暴自棄也。人苟以善自治，則無不可移，雖昏愚之至，皆可漸磨而進也，惟自暴者拒之以不信，自棄者絶之以不爲，雖聖人與居，不能化而入也，仲尼之所謂下愚也。然其質非必昏且愚也，往往强戾而才力有過人者，商辛是也。聖人以其自絶於善，謂之下愚。然考其歸，則誠愚也。」或曰：此與上章當合爲一，「子曰」二字蓋衍文耳。

按：皇疏兼採諸説，六朝舊籍，賴以保存。集注惟知稱其師，雖有他説，了不兼採。如此章韓子三品之説，原本孔氏，不採者，恐其爭道統也。余向主皇疏勝於集注，於茲益信。

【餘論】四書辨疑：經中只説性相近，非言氣質相近也。上智之不移，由其氣質全正；下愚之不移，由其氣質極偏，正爲氣質之禀絶相懸遠，故上智不可下移，下愚不可上移也。氣質相近之中，豈有美惡一定，非習可移之理，然則注中此六字已差矣。性與氣質皆是實物，今於性與氣質之外又别説才，不知所指。且以才專歸下愚而無關於上智，亦不可通。既言昏愚之至，又如何能有以善自治之美？孔子以下愚爲不移，程子以至愚爲可移，程子之言果是，則孔子之言非矣。四書改錯：乃分别孔、孟，言性一本一氣質，或專或兼，如許精晰，總是門外人説話。嘗謂孟子自解性善有二：一以舜我比較，正指相近，而於是以有爲若是授其權於習。一以善屬才，明分善不善，而於是以求得舍失至倍蓰無算爲習之相遠。則是性善二字，原包性相近三字，而習之相遠即從此可見。孔、孟前後總是一轍，何專何兼？何本何氣質？皆門外語也。至唯上知下愚不移，此正言氣質之性與本性有别，故加一唯字。而朱氏於或問、小注則又云古無言氣質是性者，此從張、程二氏創説。又云係程氏讀太極説推算所得，則不特不讀書，並不識性所自始。祇知擡高張、程，訾謷聖門，而於己身所固有之性全未之曉。家語有云「形於一謂之性」，此本性也，即相近者也。若其他論性，則如子太叔述子産語，謂民有六情，生於天之六氣，必哀樂不失，乃能協天地之性。而通論有云人同五方之風氣以成性，此氣性也。禮器：「禮釋回，增美質。」注：「質即是性。」人有美質，惟禮能增益之。而董仲舒對賢良策曰：「性者，生之質。」此質性也。是氣質之性古所習言，誰謂程氏讀太極圖説始推出者？

【發明】傳習録：問：「上智下愚如何不可移？」先生曰：「不是不可移，只是不肯移。」反身録：上知明善誠身，之死靡他；下愚名利是耽，死而後已，非不移而何？遲鈍人能存好心，行好事，做好人，雖遲鈍亦是上知。明敏人若心術不正，行事不端，不肯做好人，即明敏亦是下愚。

**○子之武城，聞弦歌之聲。夫子莞爾而笑，曰：「割雞焉用牛刀？」**

【考異】七經考文：古本作「子游之武城」。　文選古詩引論語曰：「子游爲武城宰，聞弦歌之聲。」又謝元暉卧病詩注同。　藝文類聚述論語曰：子游爲武城宰。子之武城，聞弦歌之聲。　舊文「莞」爲「莧」。釋文曰：「莧」，本今作「莞」。　唐貞觀孔子廟碑：「呪爾微咲。　楊錫觀六書辨通：集韻莞字下或作「莧」，作「唍」。莧爲莧陸，即莞陸也。唍則專主笑矣。　文選注引論語「莞爾而笑」，依記當作「唍爾」，趙氏長箋逌以「莧爾」爲正。　劉氏正義：易夬九五「莧陸夬夬」，虞翻注：「莧，悦也。讀如『夫子莧爾而笑』之莧。」案説文莧讀若丸，與莧字從廿從見形最相似。莧訓山羊細角。羊有善義，故引申爲和睦之訓。論語正字作「莧」，叚借作「莞」。集解云「小笑貌」，與虞氏莧睦之訓亦合。釋文所見本作「莧」，遂音華版反，非也。此説略本之劉氏毓崧，見其所著通義堂集。唐石經作「莞」。皇、邢本同。列子天瑞篇「老韭之爲莞也」，殷敬順釋文：「莞一作莧。」亦二字混用不別。廣雅釋詁：「莧，笑也。」疑「莞」字小變。唐貞觀孔廟碑「呪爾微笑」，此後出俗字。

【集解】孔曰：「子游爲武城宰也。」何曰：「莞爾，小笑貌。」孔曰：「言治小何須用大道。」

【唐以前古注】文選永明策秀才文注引鄭注：武城，魯之下邑。皇疏引繆播云：子游宰小邑，能令民得其所，弦歌以樂也。惜其不得導千乘之國，如牛刀割雞，不盡其才也。又引江熙云：小邑但當令足衣食教敬而已，反教歌詠先王之道也，如牛刀割雞，非其宜也。

【集注】弦，琴瑟也。時子游爲武城宰，以禮樂爲教，故邑人皆弦歌也。莞爾，小笑貌，蓋喜之也。因言其治小邑，何必用此大道也。

子游對曰：「昔者偃也聞諸夫子曰：『君子學道則愛人，小人學道則易使也。』」子曰：「二三子！偃之言是也。前言戲之耳。」

【集解】孔曰：「道，謂禮樂也。樂以和人，人和則易使也。二三子，從行者也。戲以治小而用大道也。」

【唐以前古注】皇疏引繆播云：夫博學之言，亦可進退也。夫子聞鄉黨之人言，便引得射御；子游聞弦歌之喻，且取非宜，故曰小人學道則易使也。其不知之者，以爲戲也；其知之者，以爲聖賢之謙意也。

【集注】君子小人以位言之。子游所稱，蓋夫子之常言，言君子小人皆不可以不學，故武城雖小，亦必教以禮樂。嘉子游之篤信，又以解門人之惑也。

【餘論】熊禾標題四書：子游宰武城之事凡兩見，一以人才爲重，一以道化爲先，皆見其知本。論語稽：禮樂之治，冉有以俟君子，公西華亦曰願學，而皆無以自見。子游不得行其化於天下國家，而唯於武城小試焉，夫子牛刀割雞之喻，其辭若戲之，其實乃深惜之也。

○**公山弗擾以費畔，召，子欲往。子路不說，曰：「末之也已，何必公山氏之之也？」**

【考異】皇本「弗擾」作「不擾」。漢書人表「公山不狃」，師古注曰：「即公山不擾。」論衡問孔篇作「子路曰末如也已」，無「不說」二字。七經考文：「何必公山氏之之也」，古本無一之字。太平御覽州郡部述文無一之字。

【音讀】經讀考異：近讀從「已」字絕句。案集解：「孔曰：『之，適也。無可之則止。』」是當以「也」字爲句。已爲止，又作一讀。依文推義，想見仲夫子出語敢決，如聞其聲。此以體認虛會得之。記者于仲夫子摹擬聲情，如「何必讀書」、「奚爲正」之類，皆發語截然，故此亦當爲一例。

【考證】王引之春秋名字解詁：不，語詞。不狃，狃也。論語作「弗擾」，假借字也。古音「狃」與「擾」同。不狃字子洩，「洩」與「忕」通，皆貫習之義。金履祥通鑑前篇：公山不狃以費畔季氏，佛肸以中牟畔趙氏，皆家臣畔大夫也。而召孔子。孔子雖卒不往，而云欲往者，蓋大夫畔諸侯，而陪臣以張公室爲名也。子韓晳曰：「大夫而欲張公室，罪莫大焉。」此當時流俗之言也。抑大夫而欲張公室，亦名義也，故欲往以明其可也。然二人者皆以己私爲之，非真可與有爲也，故卒不往，以知其不可也。洙泗考信録：春秋傳：「季氏將墮費，公山不狃、叔孫輒帥費人以襲魯。入及公側，仲尼命申句須、樂頎下伐之，費人北。」然則是弗擾叛而孔子伐而敗之耳。

此事在定公十二年夏，孔子方爲魯司寇聽國政。公羊傳曰：「孔子行乎季孫，三月不違。曰家不藏甲，邑無百雉之城。於是帥師墮郈墮費。」是主墮費之議者，孔子也。弗擾不肯墮費，至帥費人以襲魯，其讎孔子深矣，必不反召之。弗擾方沮孔子之新政，而孔子乃欲輔弗擾以爲東周，一何舛耶？此必無之事也。

陔餘叢考：史記公山不狃本之左傳，小司馬注引鄒氏曰：「狃一作蹂，論語作弗擾。」是論語之公山弗擾即左傳之公山不狃也。左傳定公五年，季桓子行野，公山不狃爲費宰，出勞之，桓子敬之。而家臣仲梁懷弗敬，不狃乃族陽虎逐之。是時不狃但怒懷而未怨季氏也。定公八年，季寤、公鉏極、公山不狃皆不得志於季氏，叔孫輒無寵於叔孫氏，叔仲志又不得志於魯。故五人因陽虎，欲去三桓，將享桓子於蒲圃而殺之。桓子以計入於孟氏，孟氏之宰公斂處父率兵敗陽虎，陽虎遂逃於讙、陽關以叛，季寤亦逃而出。是時不狃雖有異志，然但陰搆陽虎發難，而已實坐觀成敗於旁。故事發之後，陽虎、季寤皆逃，而不狃安然無恙，蓋反形未露也，則不得謂之以費叛也。至其以費叛之歲，則在定公十二年。仲由爲季氏宰，將墮三都。叔孫先墮郈，季孫將墮費，於是不狃及公孫輒帥費人以襲魯。公與三子入於季氏，登武子之臺，費人攻之，弗克。仲尼命申句須、樂頎下伐之，費人北。國人追之，敗諸姑蔑。不狃及輒奔齊，遂墮費。此則不狃之以費叛也。而是時孔子已爲司寇，方助公使申句須等伐而逐之，豈有欲赴其召之理？史記徒以論語有孔子欲往之語，遂以其事附會在定公八年陽虎作亂之下，不知未叛以前召孔子容或有之，然不得謂之以費叛而召也。既叛以後，則孔子方爲司寇，斷無召而欲往之事也。世人讀論語，童而習之，遂深信不疑，而不復參考左傳，其亦陋矣。王鏊震澤長語又謂不狃以費叛乃叛季氏，非叛魯也。孔子欲往，安知不欲因之以張公室。因引不狃與叔孫輒奔吴後，輒勸吴伐魯，不狃責其不宜以小故覆宗國，可見其心尚欲效忠者，以見孔子欲往之故。此亦曲爲之説。子路之墮費，正欲張公室，而不狃即據城以抗，此尚可謂非叛魯乎？蓋徒以其在吴時有不忘故國之語而臆度之，實未嘗核對左傳年月而推此事之妄也。戰國及漢初人書所載孔子遺言軼事甚多，論語所記本亦同。此記載之類，齊、魯諸儒討論而定，始謂之論語。語者，聖人之遺語；論者，諸儒之討論也。於雜記聖人言行真僞錯雜中，取其純粹，以成此書。固見其有識，然安必無一二濫收也，固未可以其載在論語，而遂一一信以爲實事也。莊子盗跖篇有云：「田常弑君竊國，而孔子受其幣。」夫陳桓弑君，孔子方請討，豈有受幣之理？而記載尚有如此者。論語公山不擾章毋亦類是。四書辨疑：舊疏云弗擾即左傳之公山不狃也，字子洩。集注蓋於舊疏中去此一節，而取其下文也。雖不明指弗擾爲誰，推所言之事，亦是以弗擾爲不狃也。然左傳或稱不狃，或稱子洩，未嘗又稱弗擾也。又以史記與左傳對考其事，所載亦多不同，注文與二書皆不相合。史記於定公九年陽虎出奔之下，言公山不狃以費叛季氏。十二年，言仲由爲季氏宰，將墮三都。公山不狃率費人襲魯。左傳惟十二年有不狃帥費人襲魯之事，十二年以前，未嘗於不狃言叛也。若從史記之説，不狃自九年以費叛，至十二年猶據費邑，而率費人襲魯，季氏之於費邑，豈有經涉三年，不往攻取之理？若從左傳之説，惟以十二年帥費人襲魯爲不狃之叛，而陽虎出奔已踰三年，不可謂與陽虎共執桓子以叛也。況是時孔子爲魯司寇，不狃以叛逆之人而召司寇，孔子居司寇之職，而欲往從叛逆之召，皆無此理。然則以弗擾爲不狃之説尚待別考也。

翟氏考異：按左傳、史記各與論語事不同。左傳陽虎之畔，在定公八年，時公山不狃雖未著畔迹，而與季寤等共因陽虎，則季氏亦已料其畔矣。因於次年使人召孔子圖之，孔子未果往，而不狃盤踞於費，季氏無如之何也。十二年，孔子爲魯司寇，建隳費策，不狃將失所倚恃，遂顯與叔孫輒襲魯犯公。孔子親命申句須、樂頎伐之，公室以之平，季氏之召終亦以之應矣。如此説之，則左、史兩家所載得以相通，而於事理亦可信。論語召字上原無主名，舊解惟推測子路語，謂是公山氏名，實大誤也。揆子路語意，當介介於季氏之平素劣跡，而云何必因公山氏之之以從畔伐畔也。上之謂往，下之謂季氏所。書經屢寫，句內偶脱一字，乃致與左、史文若矛盾耳。先儒承舊解，謂此爲聖人體道之大權。夫權之爲喻，或輕或重，審物以濟變也。如論季氏之平素，召不當往，而不狃之罪更有重焉，則不妨于應季氏，此正所謂權矣。若併不狃之悖亂略不審擇，則枉道而已，烏得謂之權乎？

黄氏後案：史記當以「畔季氏」爲句，先儒多以「季氏」連下讀，因謂此經云召亦屬季氏，否則兩處争召，論語、史記各記其一。此説失之也。弗擾召孔子者，時孔子未仕，故得相召，依左傳，事當在定公八年，史記以爲在九年，或失之也。據注言陽虎執桓子事在定公五年，若左傳定公十二年載弗擾襲魯事，在孔子仕魯之日，非此初畔而召之時。崔東壁合兩事爲一，遂疑聖經之僞，盲人耳。下經言末之也已，何必公山氏之之也，決非仕魯時之言。崔氏胡不重複經文哉？　羣經補義：左傳定公八年，公山不狃不得志於季氏，因陽虎。是年十月，虎欲爲亂，不克而出，入于讙、陽關以叛。不言不狃以費叛，而蘇氏古史取論語事載之是年，蓋虎既據陽關以叛，不狃亦據費遥爲聲援，是亦叛也，故論語以叛書之。及明年，虎敗奔齊，不狃勢孤，遂不敢動。桓子新遭大變，亦畏縮而不敢討，自是復爲費宰者四年。至定十二年，季氏將墮費，不狃懼其及己，乃帥費人襲魯，不克，奔齊，於是始爲真叛矣。　劉氏正義：左定五年傳：「季桓子行野，及費。子洩爲費宰，逆勞於郊，桓子敬之。九月乙亥，陽虎囚季桓子。」又八年傳：「季寤、公鉏極、公山不狃皆不得志於季氏，叔孫輒無寵於叔孫氏，叔仲志不得志於魯。故五人因陽虎欲去三桓，將享桓子於蒲圃而殺之。桓子以計入於孟氏。孟氏之宰公斂處父率兵敗陽虎。陽虎遂逃於讙陽關以叛，季寤亦逃而出。」竊意不狃斯時正爲費宰，而陰觀成敗於其際，故畔形未露。直至九年，始據邑以叛，然猶曰張公室也。久之而並與魯爲敵，故定十二年，「仲由爲季氏宰，將墮費，而不狃及叔孫輒率費人襲魯。夫子命申句須、樂頎伐之，而後北。國人追之，敗諸姑蔑，不狃及輒遂奔齊」。此則不狃畔魯之事，而非此之以費畔也。史記孔子世家載以費叛，召孔子，在定九年。可補左氏之遺。趙氏翼陔餘叢考信左傳而反議史記，並疑論語，則過矣。若毛氏奇齡稽求篇（按四書賸言：「公山弗擾以費畔，孔注：『共執桓子。』雖策書不載，然定五年陽虎囚桓子而逐仲梁懷，實弗擾使之。則以費宰而謀執君主即是畔。且適在夫子未仕之前，因注曰『執桓子而召孔子』，原可通也。劉氏當係誤記。」）據此注，謂陽虎囚季桓子，弗擾之畔即在其時，則爲定五年，與世家不合。且不狃初以仲梁懷不敬己而欲陽虎逐之，虎遂並囚桓子。桓子先亦甚敬不狃，斯時似尚無釁，其畔季氏乃八年以後事。左傳文甚明顯，不得牽混。

按：弗擾之召，崔氏、趙氏以爲必無之事。陳氏天祥以弗擾非即不狃。翟氏灝、黄氏式三以召屬季氏。三説互異，此等處止宜闕疑。

【集解】孔曰：「弗擾爲季氏宰，與陽虎共執季桓子而召孔子。之，適也。無可之則止耳，何必公山氏之適也。」

【集注】弗擾，季氏宰，與陽虎共執桓子，據邑以叛。末，無也。言道既不行，無所往矣，何必公山氏之往乎。

子曰：「夫召我者，而豈徒哉？如有用我者，吾其爲東周乎？」

【考異】皇本「用我」上有復字。史記世家：夫召我者，豈徒哉？如用我，其爲東周乎？

論衡「用我」上下亦無有字、者字。

【音讀】朱子讀余隱之尊孟辨曰：鄭叔友引孔子「吾其爲東周乎」，謂爲當作去聲讀。

【考證】説苑至公篇：孔子懷天覆之心，挾仁聖之德，憫時俗之汙泥，傷紀綱之廢壞，服重歷遠，周流應聘，乃俟幸施道以子百姓，而當世諸侯莫能任用。是以德積而不肆，大道屈而不伸，海内不蒙其化，羣生不被其恩，故喟然歎曰：「而有用我者，則吾其爲東周乎？」劉氏正義：「吾其爲」者，其與豈同，言不爲也。東周者，王城也。周自文王宅豐，武王宅鎬，及後伐紂有天下，遂都鎬，稱鎬京焉，天下謂之宗周。迨周公復營東都於郟鄏，是爲王城。幽王時，犬戎攻滅宗周，平王乃遷居東都，遂以東都爲東周，而稱鎬京爲西周也。公羊傳曰：「王城者何？西周也。成周者何？東周也。」成周者，亦周公所營，以處殷頑民，在王城之東。胡氏渭禹貢錐指謂「二城東西相去四十里」是也。王子朝之亂，敬王出居成周，當時遂以王城爲西周，成周爲東周。鄭云「據時當指成周。爲當訓助」，然考其時王室已定，不致有爲東周之疑也。

【集解】興周道於東方，故曰東周。

【唐以前古注】詩黍離正義引鄭注：東周，據時成周。皇疏：孔子荅子路所以欲往之意也。徒，空也。言夫欲召我者，豈容無事空然而召我乎，必有以也。若必不空然而用我時，則我當爲興周道也。魯在東，周在西，云東周者，欲於魯而興周道，故云吾其爲東周也。一云周室東遷洛邑，故曰東周。又引王弼云：言如能用我者，不擇地而興周室道也。筆解：韓曰：「仲尼畏三桓，不欲明言往公山氏，又不容順子路當季氏，故言吾爲東周。東周，平王東遷，能復修西周之政，志在周公典禮。不徒往也，非子路所測。」

【集注】豈徒哉，言必用我也。爲東周，言興周道於東方。程子曰：「聖人以天下無不可爲之事，亦無不可改過之人，故欲往。然而終不往者，知其必不能改故也。」

【別解】孫氏示兒編：吾其爲東周乎，乎，反辭也。言如有用我，則必興起西周之盛，而肯復爲東周之衰乎？

升菴全集：明道先生曰：「吾其爲東周乎，蓋孔子必行王道，東周衰亂，所不肯爲也，亦非革命之謂也。」伊川先生曰：「東周之亂，無君臣上下。孔子曰：『如有用我者，吾其爲東周乎？』言不爲東周也。」二程之言如此。或曰：傳者謂興周道于東方，是乎？曰：是未喻乎字之微旨也。其微旨若曰，如有用吾，其肯爲東周之微弱偏安而已乎？翟氏考異：杜氏春秋序以或有黜周王魯之説，引「如有用我者，吾其爲東周乎」，以明其説之非，則東周斷非别周，鄭康成所謂成周是也。詩黍離正義引鄭論語注曰：「敬王去王城而遷於成周，自是以後，謂王城爲西周，成周爲東周。故昭二十二年，王子猛入于王城。公羊傳曰：『王城者何？西周也。』二十六年，天王入于成周。公羊傳曰：『成周者何？東周也。』孔子設言之時在敬王居成周後，故云爲東周乎。」爲字實當作去聲，讀如述而篇「爲衛君」之爲，猶言助也。夫子云豈徒哉，言不徒制弗擾，如有用我，則將助周室申明君臣上下大義，即季氏輩並正之矣。集解、集注皆云興周道於東方，意未嘗不含此，而欠昭明。後此小儒乃謂子欲因魯爲東周，或且謂因弗擾爲東周，殊乖謬甚。論語古訓：鄭以東周爲成周者，詩正義云：「以敬王去王城而遷於成周，自是以後，謂王城爲西周，成周爲東周。故昭公二十二年，王子猛入於王城。公羊傳曰：『王城者何？西周也。』二十六年，天王入于成周。公羊傳曰：『成周者何？東周也。』孔子設言之時，在敬王居成周之後，且意取周公之教頑民，故知其爲東周，據時成周也。」蓋鄭此注極醇，正義申鄭亦善。獨怪其左傳序正義云：「如其能用我者，吾其爲東方之周乎，言將欲興周道于東方也。注論語者，其意多然，唯鄭君獨異，以東周爲成周，則非杜所用也。」是仍從何晏之説，與詩正義相違，夫何説乃公羊黜周王魯之謬論，曾謂聖人出此耶？

按：東周句指衰周，吾其爲東周乎，是言不爲衰周也。程子及張敬夫皆主是説，雖別解，實正解也。何解、集注均失之。

【餘論】四書辨疑：興周道於東方，夫子欲自興之邪？將欲輔人興之邪？輔人興之，將欲還周王於東方輔之邪？將欲君弗擾於費邑輔之邪？是皆不可得知。語録曰：「使周家修其禮物，作賓於王家，豈不賢於赧王自獻其邑而滅亡乎？」史記孔子世家曰：「公山不狃以費畔季氏，使人召孔子。孔子循道彌久，温温無所試，莫能己用，曰：『蓋周文、武起豐、鎬而王，今費雖小，儻庶幾乎？』」語録是誘説周家，當如堯之禪舜。史記是窺伺時釁，欲據費邑代周。語録是輭取，史記是硬取，二説均爲無理，史記爲尤甚。聖人之心，寧有是哉？況欲倚叛人以興聖王之道，據一邑以圖天下之功，此又昏狂人所爲之事，今乃直以爲聖人之本圖，何其固執如是邪？聖人寃抑至此，莫有肯爲伸理者，悲夫！使異端中有能窺見此釁者，因而乘之，指聖人爲叛逆之人，則吾道受害蓋不淺也。纂疏又引語録答門人之説曰：「若謂弗擾既爲季氏臣，便不當叛季氏，所謂改過者，不過於臣順季氏而已。此只是常法，聖人須別有措置。」此蓋以季氏强僭於魯，謂弗擾叛之爲是也。以臣叛主，從而是之，不知何義。以當時普天下觀之，諸侯卿大夫之違禮犯義、强僭無上者，滔滔皆是也。爲其臣者，知有不可止，當退而不仕，必無據人之邑反叛之理。

若謂弗擾之反叛爲是，則其天下之臣於諸侯及爲卿大夫之家臣邑宰者，皆當各叛其主，家臣叛大夫，大夫叛諸侯，以亂敵亂，亂益滋多，天下國家寧有治邪？且前注言弗擾與陽虎共執桓子以叛，既於弗擾稱是，則陽虎亦無不是，而注文解陽貨欲見孔子，孔子不見，却也説陽貨爲亂，孔子不見，義也。二人同黨，志同事同，而有是非善惡之分，此何説也？注文又引程子一説曰：「聖人以天下無不可有爲之人，亦無不可改過之人，故欲往。然而終不往者，知其必不能改故也。」觀此所論，於本人反叛中，而更望其有爲，不知將爲甚事。前句欲弗擾有爲，後句欲弗擾改過，聖人之心，果何如也？況不可有爲之人，不可改過之人，聖人未嘗言無也。孟子言自棄者，不可與有爲也。此豈不是天下有不可有爲之人。夫子言下愚不移，此豈不是天下有不可改過之人。既言聖人以不可改過之人爲無，又言知弗擾必不能改，此却是以不可改過之人爲有。前既言無，後却言有，既欲其進而有爲，又欲其退而改過，反覆顛倒，殆不可曉。推夫子欲往之心，初亦只是見其來召有道之人，想是有改悔之意，欲往從而勸之，使之去逆從順，復歸於魯而已。其意不過如此，豈有與興周道之理。答子路之言，上下通看，文有宛轉。「夫」字「如有」二字二「者」字，皆是普該衆人之辭，非直指弗擾而言也。吾其爲東周乎，其猶豈也。夫子身在周東，故以東周爲諭。蓋言凡其召我者，豈虚召哉，必將聽信我言，用我之道耳。譬如今此東方諸國，有能信用我者，我必正其上下之分，使之西向宗周而已，我豈與之相黨，别更立一東周乎？只此便是欲勸弗擾歸魯之意，聖人之言辭不迫切如此。初將勸令改過遷善，以此欲往，仁之事也。

察知其心終不能改，以此不往，智之事也。若乘弗擾之叛，欲與共興周道於東方，則是無仁無智之舉，不可以此揆度聖人也。論語意原：公山弗擾執季桓子以叛，其私執之耶？抑爲魯執之耶？其召夫子也，欲挾之以爲亂耶？欲用之以尊魯耶？皆未可知也。召之欲往，不遽絶之也。欲往而不往，觀其所處也。黄氏後案：公山弗擾前止陽虎之逐仲梁懷，後斥叔孫輒之勸吴伐魯，事見左傳，則非決不能改過之人，注引程子説是也。且弗擾之畔季氏，以張公室爲名。其召夫子也，必以爲三桓歸政，己亦歸邑，以此來召，其詞爲順。當時陽虎作亂，三桓之子孫微，弗擾之叛，亦在虎奔失援之時。夫子望其各有悔過之機，而欲往，往而謀果行，一歸政，一歸邑，去大都耦國之强，挽政逮大夫之失，綱紀已肅，盛治可次第舉矣。夫子仕魯，以墮都出甲爲先，亦此道耳。惜乎此事在三桓固不易行，而弗擾亦究未能行，故卒不往也。於此不往，而後禍未絶，迨其仕魯，墮都出甲，爲之極難矣。左傳録墮都之事不得，以成卒未墮，疑都之不必墮也。此經記墮都之兆不得，以卒不赴召，疑欲往之無其事也。而崔氏考信録乃疑聖經爲僞焉，何邪？皇疏謂公山、弗肸之欲往，猶居九夷，乘桴浮海，汎示無係，觀門人之情。後儒因之以夫子並非欲往，興周匏繫，皆屬託辭，託辭於弟子不説之候，固未可據矣。然皇氏等未嘗以經爲僞也。朱子云：「此事思不得，或謂假其權以行己志，或謂迫於用世不得已之苦心，皆非聖人之意。」朱子於此闕疑矣，亦未嘗以經爲僞也。翟晴江以召爲季氏之召，遷就其説以求通，亦説經家之獻疑待質矣，要未嘗以經爲僞也。崔氏歷詆論語後十篇之失，於此經尤專輒呰議焉，意在考信，乃不信經之尤者耳。暴秦焚經之禍由於不信經，世有説經如崔氏者，可懼哉！論語稽：古今注疏家，其説此章，皆泥於君臣之義而不得真解。不知孔子者，聖之時者也。其删書而上溯典謨，下述誥誓，則於揖讓征誅，固並重也。其去魯後欲見用於列國，因周遊陳、衛、宋、鄭間，則非若後世之以事一姓爲忠也。且南遊而至於楚，又不以僭王之故而返駕也。以庶人而自謂文王既没，文在兹也。非天子不議禮，非代周而王者，不能改周之制。而其告顔淵，則參用夏時、殷輅、周冕、韶舞也。然則彼陳、衛、宋、鄭與楚者，苟有湯、武之君出，畀孔子以伊尹、太公、周公之任，而謂孔子必以尊周爲事，是則勢理之所必不然者矣。且尼谿之田，書社之地，晏嬰、子西之沮之，實已見及於此。非然者，其或將爲殷之亳、周之豐、鎬，未可知也。孟子於孔子之時，第以仕止久速言，蒙竊以爲孔子時而修春秋，則義當尊王。時而對於君，則義當遵時王之制。而時而有王者起，則必爲伊尹、太公、周公。時而有土地人民，則必爲殷之湯、周之武。且時而有舜、禹其人，則又必爲放勳、重華。先聖後聖，其揆一也。

按：曹月川云：「陽虎與不狃，欲去三桓，一也。虎欲見，孔子不見；不狃召，欲往，其用心必有異乎？蓋弗擾名爲畔臣，勢不得來見，故欲見，而召不害爲嚮慕之誠。虎不來見，又瞰亡歸之豚，其意譎矣。且二人皆欲去三桓者，不狃意張公室，特不知非家臣宜舉耳；虎本不在公室，特欲假公室，制大夫爲利而已。觀異日吴欲伐魯，不狃止之，虎乃勸齊三加於魯，則可見夫子不見欲往，殆謂是歟？」其論頗有所見，附識於此。

○子張問仁於孔子。孔子曰：「能行五者，於天下爲仁矣。」「請問之。」曰：「恭、寬、信、敏、惠。恭則不侮，寬則得衆，信則人任焉，敏則有功，惠則足以使人。」

【考異】七經考文：古本「曰」上有「對」字，一本「焉」作「矣」。集注考證：「孔」字衍，疑此等處鄭氏多依齊論。翟氏考異：後篇言信則民任，此言人任，尚書康誥傳、周禮大司徒疏皆引「信則人任焉」，應屬於此。論語述要：此章書法與前後文不類，夫子答語一似答問政，與平時答問仁亦不類，與向來答子張欲其鞭辟近裏著己者亦不類。七經考文云：「古本曰上有對字。」則又不知係答何人之問矣。天文本論語校勘記：皇本「子」下無對字，古本、唐本、正平本有對字。

按：此章疑係齊論子張篇文，錯簡在此。其體裁與五美四惡相同，不應闌入此篇，疑莫能明也。

【考證】論語補疏：敏訓疾，孔所本也。僖四年「遂伐楚，次于陘」。公羊傳云：「其言次于陘何？有俟也。孰俟？俟屈完也。」注云：「生事有漸，故敏則有功。」疏云：「敏，審也。言舉事敏審，則有成功矣。」是敏之義爲審。僖廿三年左傳「辟不敏也」，注云：「敏猶審也。」三十三年左傳「禮成而加之以敏」，注云：「敏審當於事。」亦以敏爲審。周禮地官師氏「二曰敏德」，注云：「敏德，仁義順時者也。」當其可之謂時，順時則審當之謂也。中庸「人道敏政」，注云：「敏，勉也。」敏或爲謀。」訓勉則讀敏爲黽勉同心之黽，或爲謀，則審當之義矣。蓋善謀而審當，所以有功，若徒以疾速便捷爲敏，非其義矣。故公羊云有俟，而何氏以敏屬之，有俟則非疾速便捷矣。推之敏於事，謂審當於事也。好古敏以求之，謂審以求之也。聖人教人，固不專以疾速爲重耳。趙佑温故録：惠，順也。此康誥「惠不惠」之惠。仁者待人，務順乎人情。凡有所使，皆量其長而不苛所短。子以佚而常禮其勞，是之謂惠。

按：説文：「敏，疾也。」孔注當爲正解，焦氏義止可備一説。

【集解】孔曰：「不侮，不見侮慢也。敏則有功，應事疾則多成功也。」

【唐以前古注】皇疏引江熙云：自敬者，人亦敬己也。有恩惠，則民忘勞也。

【集注】行是五者，則心存而理得矣。於天下言無適而不然，猶所謂雖之夷狄不可棄也。五者之目，蓋因子張所不足而言耳。任，倚仗也。又言其效如此。張敬夫曰：「能行此五者於天下，則其心公平而周偏可知矣。然恭其本與？」李氏曰：「此章與六言、六蔽、五美、四惡之類，皆與前後文體大不相似。」

【餘論】魯岡或問：孔子答子張能行五者於天下爲仁，非言君相之事與？曰九經所言，何一非君相事？身有顯晦，盡性之學無顯晦。五者一也，天下之人心一也，布衣君相有何分别？雖感應之遠近，視地與位之崇卑，而要之可近即可遠。感而不應者，行未實也。

○佛肸召，子欲往。

【考異】皇本作「佛肸」。漢書人表「茀肸」，師古注曰：「即佛肸也。」論衡問孔篇載佛肸章於公山章前。

【考證】新序：初，佛肸之畔也，有義士田卑者不避斧鉞而就烹，佛肸脱屨而生之。趙氏乃求田卑爲賞之，不受而之楚。趙氏收其母。其母曰：「君有暴臣，妾無暴子。」乃免之。以一言而免其身，亦賢母也。　説苑立節篇：佛肸用中牟之縣畔，設禄邑炊鼎，曰：「與我者受邑，不與我者其烹。」中牟之士皆與之，城北餘子田基獨後至，祛衣將入鼎，曰：「軒冕在前，非義弗乘。斧鉞於後，義死弗避。」佛肸播而止之。　翟氏考異：佛肸之畔，畔趙簡子也。簡子挾晉侯以攻范中行，佛肸爲范中行家邑宰，因簡子致伐，距之。于晉爲畔，于范中行猶爲義也。且聖人神能知幾，范中行滅，則三分晉地之勢成。三分晉地之勢成，則大夫自爲諸侯之禍起，其爲不善，較佛肸孰大小哉？子路見未及此，但知守其常訓。聖人雖有見焉，却難以前知之幾爲門弟子語也，故但以堅白恒理答之。　劉氏正義：史記孔子世家：「佛肸爲中牟宰。趙簡子攻范中行，伐中牟。佛肸畔，使人召孔子云云。」是中牟爲范中行邑，佛肸是范中行之臣。於時爲中牟宰，而趙簡子伐之，故佛肸即據中牟以畔也。左哀五年傳：「夏，趙鞅伐衛，范氏之故也。遂圍中牟。」此即簡子伐中牟之事。然則佛肸之召孔子，當在哀五年無疑矣。蓋聖人視斯人之徒莫非吾與，而思有以治之，故於公山、佛肸皆有欲往之意。且其時天下失政久矣，諸侯畔天子，大夫畔諸侯，少加長，下凌上，相沿成習，恬不爲怪。若必欲棄之而不與易，則滔滔皆是，天下安得復治？故曰：「天下有道，丘不與易也。」明以無道之故而始欲仕也。且以仲弓、子路、冉有皆仕季氏。夫季氏非所謂竊國者乎？而何以異於畔乎？子路身仕季氏，而不欲夫子赴公山、佛肸之召，其謹守師訓，則固以「親於其身爲不善，君子不入」二語而已，而豈知夫子用世之心與行道之義固均未爲失哉。

【集解】孔曰：「晉大夫趙簡子之邑宰。」

【集注】佛肸，晉大夫趙氏之中牟宰也。

子路曰：「昔者由也聞諸夫子曰：『親於其身爲不善者，君子不入也。』佛肸以中牟畔，子之往也，如之何？」

【考異】論衡「子路」下有「不説」二字。　史記子路曰：「由聞諸夫子：『其身親爲不善者，君子不入也。』今佛肸親以中牟畔，子欲往，如之何？」

【考證】四書經注集證：史記正義：「蕩陰縣西有牟山，中牟蓋在其山之側。」（今河南彰德府湯陰縣即漢蕩陰，其西有牟山。）索隱：「趙中牟是河北之中牟，非鄭之中牟。」按今河南省開封府中牟縣，其境亦有牟山，所謂鄭之中牟者也。此章中牟斷在湯陰縣西爲是。蓋湯陰屬彰德府，已在大河之北。韓非子曰：「中牟，三國之股肱，邯鄲之肩髀。」蓋指在河北者言也。　潘氏集箋：中牟之地見左傳、史記、漢志、水經，而無定在。經史問答謂中牟有二，其一爲晉之中牟，三卿未分晉時已屬趙。其一爲鄭之中牟，三卿既分晉後，鄭附於韓，當屬韓。臣瓚以爲屬魏者非也。左傳所云中牟，晉之中牟也，即史記趙氏所都也。漢志所云中牟，則鄭之中牟也，而班氏誤以趙都當之。故臣瓚詰其非，以爲趙都當在漯水之上，杜氏亦以滎陽之中牟回遠非趙都。其說本了然，道元强護班志，謂魏徙大梁，趙之南界至於浮水，無妨兼有鄭之中牟。不知終七國之世，趙地不至滎陽，而獻子定都時，魏人未徙大梁，則其說之妄，不待深究。且鄭之中牟並不與浮水接，其謬甚矣。惟是臣瓚以爲趙之中牟當在漯水之上，則孔穎達亦闕之，以爲不知何所案據。小司馬但言當在河北，而終不能明指其地。張守節則以湯陰之牟山當之。按左傳趙鞅伐衛，遂圍中牟。是正佛肸據邑以叛之時。則晉之中牟與衛接，其地當在夷儀、五鹿左右。顧祖禹曰：「湯陰縣西五十里有中牟城，所謂河北之中牟也。按湯陰縣有中牟山，三卿所居皆重地，韓氏之平陽，魏氏之安邑是也。趙氏之所重在晉陽，而都在中牟，則其險可知。不知何以自是而後，中牟之名絕不見於史傳。鄭之中牟至漢始得名，其前乎此絕不聞，班志不審而誤綴之，酈注亦强主之。僕校水經渠水篇，始略爲疏證而得之，論語别記亦以爲在河北，近之。又曰史記言孔子去衛過曹，是歲魯定公卒，孔子去曹適宋，又適鄭，遂至陳，居陳三歲而適衛。靈公老，怠於政，不用孔子。孔子行，而佛肸召孔子。下言荷蕢、師襄，又言孔子既不得用於衛，將西見趙簡子，至於河，聞竇鳴犢、舜華之死，乃還息乎陬鄉，作爲陬操以哀之，而反乎衛。靈公問陳，明日與孔子語，仰視蜚雁，色不在孔子，孔子遂行，復如陳。夏，衛靈卒。六月，趙鞅納太子蒯聵于戚。冬，蔡遷于州來，是歲魯哀公三年。孔子年六十，春秋哀公二年也。哀公五年傳云：「趙鞅伐衛，范氏之故也，遂圍中牟。」是中牟叛晉而從范氏矣。又定九年傳云：「晉車千乘在中牟。衞侯如五氏，過中牟。中牟人欲伐之，以褚師圃言而伐齊師。」是中牟爲晉邑又明矣。范中行之亂在定十三年，中牟之叛當在此後。至哀二年孔子在衞，與中牟相近，故有佛肸之召，以此益見中牟不當在漯水之北也。

王瑬四書地理考：洪氏亮吉曰：「管子云：『築五鹿、中牟、鄴者，三城相接也。』五鹿，今直隸大名府元城縣。鄴，今河南彰德府安陽縣。是中牟在當時與五鹿、鄴相接矣。韓非子，晉平公問趙武曰：『中牟，三國之股肱，邯鄲之肩髀。』邯鄲即今直隸廣平府邯鄲縣。是中牟在當時又與邯鄲咫尺矣。臣瓚引汲郡古文云：『齊師伐趙東鄙，圍中牟。』趙時已都邯鄲。是中牟又在邯鄲之東矣。戰國策：『昔者趙氏襲衞，魏主身披甲底劍，挑趙索戰，邯鄲之中鶩，河、山之間亂。衞得是藉也，亦收餘甲而北面，殘剛平，墮中牟之郭。』是中牟又在衞之北境矣。太平寰宇記：『湯水在湯陰縣北，源出縣西牟山，去縣三十五里。』元豐九域志亦云：『湯陰縣有牟山。』戰國策舊注云：『中牟在相州湯陰縣。』史記『佛肸爲中牟宰』，索隱云：『此河北之中牟，蓋在漢陽西。』漢陽蓋濮陽之誤，今湯陰縣正在濮州西也。張守節史記正義亦云：『湯陰縣西五十八里有牟山。蓋中牟邑在此山側。』則中牟在湯陰無疑也。今湯陰去安陽不五十里，去邯鄲元城亦不出一二百里，益信管子、韓非子所云『相接』，云『肩髀』，無一字妄設也。春秋傳：『晉車千乘在中牟，中牟人欲伐之。』哀五年，趙鞅伐衞，圍中牟。』杜預以滎陽、中牟爲注，而疑其回遠。裴駰集解又以中牟非自衞適晉之次。不知春秋傳之中牟，即今湯陰中牟也。晉在衞之西北，今湯陰縣正在滑縣等西北，爲衞入晉必由之道。若河南之中牟，漢雖立爲縣，而其名實未嘗見於經傳。班固地理志于河南郡中牟縣注云：『趙獻侯自耿徙此。』則以鄭之中牟爲趙之中牟。雖偶有未檢，然殊非小失矣。左傳正義以爲中牟在河北，不復知其處，而又引臣瓚云：『中牟當在温水之上。』史記集解引瓚説，温水又作漯水，則又未知何據也。」瀣案定九年，衛侯將如五氏，過中牟。五氏在今邯鄲縣西南，蓋衛侯自今開州至邯鄲，而路由湯陰。是時中牟屬晉，至哀五年趙鞅伐衛，圍中牟，則中牟屬衛矣。豈因佛肸之叛，地入于衛與？若臣瓚之説，引作温水，或引作漯水，疑當爲湯水之譌也。案洪説甚核。全氏祖望經史問答、莊氏述祖別記略同。

【集解】孔曰：「不入，不入其國也。」

【唐以前古注】皇疏引江熙云：夫子豈實之公山、弗肸乎？故欲往之意耶？汎示無係，以觀門人之情，如欲居九夷，乘桴浮於海耳。子路見形而不及道，故聞乘桴而喜，聞之公山而不悦。升堂而入室，安知聖人之趣哉！

【集注】子路恐佛肸之浼夫子，故問此以止夫子之行。親，猶自也。不入，不入其黨也。

**子曰：「然，有是言也。不曰堅乎，磨而不磷；不曰白乎，涅而不緇。**

【考異】論衡作「子曰有是也」，無然字、言字。史記亦無然字。太平御覽述無也字。皇本「言也」下復有「曰」字，然後接「不曰堅乎」。筆解本「緇」作「淄」。新語道基篇、文選座右銘注俱引作「淄」。隸釋：州輔碑「涅而不緇」，涅即涅字，緇即緇字。費鳳碑「湼而不滓」，蓋用「涅而不緇」，其字有不同，若非假借，則是傳授異也。

【音讀】野客叢書：論語磷字作去聲，緇字作平聲；古人亦以磷作平聲，而緇作去聲，可通讀。傳咸論語詩「磨而不磷」，與臣、身字並叶，讀磷平聲。金史禮志宣聖廟奠帛辭「磨而不磷」，與舜、仞、振並叶，讀磷去聲。

【考證】漢州輔碑「摩而不粼」，隸辨曰：「摩與磨，粼與磷，古蓋通用。」論語後録：依字「磨」應作「礳」，省字也。「磷」應作「粼」，別字也。潘氏集箋：說文無磷字。說文：「粼，水生厓石間粼粼也。」詩唐風「白石粼粼」，傳：「粼粼，清澈也。」釋文云：「本又作磷。」考工記輪人「輪雖敝，不甐於鑿」，注：「鄭司農云：『謂不動於鑿中也。』玄謂甐亦敝也。以輪之厚，石雖鑿之，不能敝其鑿旁使之動。」鮑人「察其線而藏，則雖敝不甐」，注：「甐，故書或作鄰。鄭司農云：『鄰讀磨而不磷之磷，謂韋帶縫縷没藏於韋帶中，則雖敝縷不傷也。』」甐與磷通，則不磷者，不動不敝不傷也。史記屈賈傳「皭然泥而不滓者也」，後漢書隗囂傳「賢者泥而不滓」，隸釋費鳳別碑「清潔皦爾，湼而不滓」，綏民校尉熊君碑「泥而不滓」，皆即此「涅而不緇」之異文。羣經義證云：方言：「涅，休也。」涅既訓水，取音近爲義，則涅泥相同。釋名：「緇，滓也。泥之黑者曰滓，此色然也。」是緇與滓訓亦得通。史記世家、論衡問孔篇、新語道基篇引「緇」並作「淄」，州輔碑作「涅而不緇」，當是隸別。説文：「涅，黑土在水中者也。」段注：「水部曰：『澱者，滓垽也。滓者，澱也。』土部曰：『垽者，澱也。』黑部曰：『黰謂之垽。垽，滓也。』皆與義近。」論語補疏云：黑土在水中，即汙泥爾，故廣雅釋訓涅爲泥。顧泥非染物者，淮南子齊俗訓：「素之質白，染之以涅則黑。」俶真訓云：「今以涅染緇，則黑於涅。」高誘注：「涅，礬石也。」西山經：「女牀之山，其陰多石涅。」郭注：「即礬石也。楚人名爲涅石，秦人名爲羽涅也。」本草經亦名涅石，神農本草經：「礬，一名羽硍。」硍即涅也，蓋今之皁礬。

按：據此，則泥、湼、休皆與涅通，滓、淄、湼皆與緇通。

【集解】孔曰：「磷，薄也。涅，可以染皁者，言至堅者磨之而不薄，至白者染之於涅而不黑，喻君子雖在濁亂，濁亂不能污。」

【唐以前古注】筆解：韓曰：「此段與公山氏義同，有以知仲尼意在東周，雖佛肸小邑亦往矣。」李曰：「此自衛返魯時所言也，意欲伐三桓，子路未曉耳。」

【集注】磷，薄也。涅，染皁物。言人之不善不能浼己。楊氏曰：「磨不磷，涅不緇，而後無可無不可。堅白不足而欲自試於磨涅，其不磷緇也者幾希。」

**吾豈匏瓜也哉？焉能繫而不食？」**

【考異】史記「吾」作「我」。論衡「不食」下有「也」字。太平御覽菜茹部「瓠」下述論語：吾豈瓠瓜也哉？事文類聚後集述亦作「瓠瓜」。集注考證：此二句蓋當時方言俗語，夫子引之。

【集解】匏，瓠也。言瓠瓜得繫一處者，不食故也。吾自食物，當東西南北，不得如不食之物繫滯一處。

【唐以前古注】文選登樓賦注引鄭注：我非匏瓜，焉能繫而不食者，冀往仕而得禄也。皇疏：孔子亦爲説我所以一應召之意也，言人非匏瓜，匏瓜係滯一處，不須飲食而自然生長，乃得不用何通乎。而我是須食之人，自應東西求覓，豈得如匏瓜係而不食耶？一通云：匏瓜，星名也。言人有才智，宜佐時理務，爲人所用，豈得如匏瓜係天而不可食耶？又引王弼云：孔子，機發後應，事形乃視，擇地以處身，資教以全度者也，故不入亂人之邦。聖人通遠慮微，應變神化，濁亂不能污其潔，凶惡不能害其性，所以避難不藏身，絶物不以形也。有是言者，言各有所施也。苟不得繫而不食，舍此適彼，相去何若也？

【集注】匏，瓠也。匏瓜繫於一處而不能飲食，人則不如是也。張敬夫曰：「子路昔者之所聞，君子守身之常法。夫子今日之所言，聖人體道之大權也。然夫子於公山、佛肸之召皆欲往者，以天下無不可變之人，無不可爲之事也。其卒不往者，知其人之終不可變，而事之終不可爲耳。一則生物之仁，一則知人之智也。」

【别解一】焦氏筆乘：若抱堅白之空名，而一無裨補，即是匏瓜之繫而不食者。匏瓜星名，繫即日月星辰之繫。匏瓜本可食，此則有其名而不食，猶詩「維南有箕，不可以播揚；維北有斗，不可以挹酒漿」者也。黄震日鈔：臨川應抑之天文圖有匏瓜之名，徒繫於天而不可食，正與「維南有箕，不可簸揚。維北有斗，不可挹酒漿」同義。蔵厓考古録：天官星占曰：「匏瓜一名天雞，在河鼓東。」曹植洛神賦：「歎匏瓜之無匹兮，詠牽牛之獨處。」阮瑀止慾賦：「傷匏瓜之無偶，悲織女之獨勤。」古稱匏瓜，無不以爲星者。且繫而不食，正是「日月星辰繫焉」之繫。

按：此説皇疏已有之，亦古義也。

【别解二】饒魯雙峰講義：植物之不可飲食不特匏瓜，不食疑只是不爲人所食，如碩果不食，井渫不食之類。蓋匏瓜之苦者人不食，但當蓄之爲壺，如「匏有苦葉，濟有深涉」，説謂但可爲壺以涉水者也。又如「有敦瓜苦，蒸在栗薪」，即是匏瓜繫於栗薪之上。繫而不食，譬如人之空老而不爲世用者也。聖人道濟天下，其心豈欲如是哉？升菴全集：吾豈匏瓜也哉，匏苦而人不食之，非謂不能飲食也。左傳曰：「苦匏不才，於人共濟而已。」正與孔子之言及詩匏有苦葉相合。

論語稽求篇：何注：「匏瓜得繫一處者，不食故也。我是食物，不得如不食之物繫滯一處。」其云不食，言不可食，非不能食也。云我是食物者，言我是可食之物，非謂能食之物也。能食之物不得稱食物，天下無植物而能飲能食者。匏即瓠也，然而瓠甘而匏苦。埤雅云：「匏苦瓠甘。」甘可食，苦不可食。故匏之爲物，但可繫之以渡水，而不足食者。國語叔向曰：「苦匏不材，于人供濟而已。」而衛詩「匏有苦葉，濟有深涉」，則並以匏小不能供濟爲言。蓋植物以可食爲有用，俗譏無用往往以匏瓜目之，爲不可食也。故韋昭注亦云：「不材，不可食也。」或曰匏瓜多懸繫而生，故王粲登樓賦有云：「懼匏瓜之空懸，畏井渫之不食。」其所云空懸，不必定繫以渡水，然其解不可食則總是一意。

論語删正：注以匏瓜爲瓠，非也。詩「匏有苦葉」，山陰陸氏謂長而瘦上曰瓠，短頸大腹曰匏。匏苦瓠甘，繫而不食，以苦故耳。嚴粲釋詩，謂匏經霜落，取繫之腰以渡水。蓋匏瓜無用之物，但可繫之腰以渡水而不可食。國語叔向曰：「苦匏不材，於人共濟而已。」其理甚明。若如集注，豈有植物而責其能飲食哉？秋槎雜記：苦匏但繫以渡水，夫子言己將爲世用，非若匏瓜但繫以渡水而不能爲人食。

【餘論】論語集注考證：以末二句語意推之，則夫子從佛肸之召，而其操縱久速之機則在我。蓋春秋之初，諸侯專恣，習以爲常；春秋之末，大夫專制，又習以爲常，故當時以二子欲張公室爲大辠。夫聖人在上，則可以治諸侯大夫；聖人在下，非有所假，則何自而爲之哉？此公山、佛肸之畔大夫，夫子所以不絶之也。其可與有爲，則聖人自是爲之必自有道。使其不可與有爲，則聖人行止久速其權在我，彼何足以浼之？又豈足以拘之哉？凡此皆聖人可爲之微機在不言之表者。四書翼注：弗擾、佛肸之召，豈特孔子不往，凡人皆不往也。魯論兩載子欲往者，特無拒絶之詞也。何以無拒絶之詞？一以存魯，一以存晉也。魯昭公逐季孫意如，不克，自出奔，終身不復。又廢其二子公衍、公爲而立公子宋，此人倫之大變。陽虎與公山弗擾欲畔之殺之以張公室，意雖未必良，事則大快人心。今必嚴詞厲色以斥之，是卿大夫可以脅君廢君，適以張季氏之氣，助之陵公室也。故不爲拒絶之詞，使知無禮於君，人皆可以爲鷹鸇逐鳥雀，庶彼有所顧忌，即所以存魯也。晉趙鞅自定公十四年與范中行氏構兵，春秋載趙鞅入于晉陽以畔。至哀公五年左傳，載晉鞅伐范氏，圍中牟，想佛肸必以中牟畔助范氏，故圍之耳。以世卿稱兵於國，五六年而不已，强横極矣。趙若不敗，勢必伐晉。晉主夏盟，以尊周爲職業，晉滅則周亦從之。佛肸之召，夫子不斥其非，僦趙鞅也。夫子意至深遠，並非欲往。子路但見一面，東周之與，匏瓜之繫，皆託言也，必一一爲之詞，則贅矣。四書辨疑：注文正説處止是「人則不如是也」之一語，於匏瓜之諭，略無發明，與上文「磨而不磷，涅而不淄」不可通。説繫而不食者，言其爲無知之物也。夫子蓋謂我之所往自有當往之理，我豈受其磨涅與之同惡，如匏瓜之不動不食，蠢然不知去就哉。

【發明】反身録：聖人道德高厚，過化存神，無所往而不可，何磷何緇？若德非聖人，不擇而往，未有不磷不緇者。楊龜山出應蔡京之薦，朱子謂其做人苟且。吳康齋持守謹嚴，世味一毫不染，石亨慕而薦之朝，遣行人聘入京師。知石氏非端人，惡入其黨，辭官歸里。士大夫有候之者，問：「先生何爲不致君而還？」則摇手曰：「我欲保全性命而已。」未幾亨等被誅，凡交與者悉被重譴，獨先生皭然不滓，故君子出處不可以不慎。

# 論語集釋卷三十五

## 陽貨下

○子曰：「由也！女聞六言六蔽矣乎？」對曰：「未也。」曰：「居！吾語女。

【考異】皇本「由」下無「也」字，「女」作「汝」，下倣此。「居」上有「曰」字。

按：下「曰」字皇本有，邢本無。

【集解】六言六蔽者，謂下六事仁、智、信、直、勇、剛也。孔曰：「子路起對，故使還坐。」

【唐以前古注】皇本引王弼云：不自見其過也。

【集注】蔽，遮掩也。禮，君子問更端，則起而對，故孔子諭子路，使還坐而告之。

【餘論】黄氏後案：居訓坐者，見詩「不遑啓居」傳。先儒謂古人以雙膝著席而伸其股爲跪，跪有危義，啓有起義，二義相足。以雙膝著席而反蹠以尻著之爲坐，坐則安也。爾雅以妥爲安坐，而疏以爲安定之坐，以居爲坐義同。式三謂古居處字作「尻」，居，説文以爲蹲踞字。以蹠著尻爲居，亦蹲踞之引申。

好仁不好學，其蔽也愚。好知不好學，其蔽也蕩。好信不好學，其蔽也賊。好直不好學，其蔽也絞。好勇不好學，其蔽也亂。好剛不好學，其蔽也狂。」

【考異】荀悦前漢高后紀扁鵲引孔子曰：好智不好學，其弊也蕩。

【考證】論語竢質：蕩，讀當爲愓。説文解字曰：「愓，放也。從心，昜聲。」下文「今之狂也蕩」同此。

管同四書紀聞：大人之所以言不必信者，惟其爲學而知義所在也。苟好信不好學，則惟知重然諾，而不明事理之是非。謹厚者則硜硜爲小人，苟又挾以剛勇之氣，必如周、漢刺客游俠，輕身殉人，扞文網而犯公義。自聖賢觀之，非賊而何哉？

孟子字義疏證：人之血氣心知本乎陰陽五行者，性也。如血氣資飲食以養，其化也即爲我之血氣，非復所飲食之物矣。心知之資於問學，其自得之也亦然。以血氣言，昔者弱而今者强，是血氣之得其養也。以心知言，昔者狹小而今者廣大，昔者闇昧而今者明察，是心知之得其養也。故曰雖愚必明。

【集解】孔曰：仁者愛物，不知所以裁之則愚也。蕩，無所適守也。賊，父子不知相爲隱之輩也。狂，妄抵觸人也。

【唐以前古注】皇疏引江熙云：好仁者，謂聞其風而悦之者也。不學不能深原乎其道，知其一而未識其二，所以蔽也。自非聖人，必有所偏，偏才雖美，必有所蔽。學者假教以節其性，觀教知變，則見所過也。尾生與女子期，死於梁下；宋襄與楚人期，傷泓不度，信之害也。

筆解：韓曰：「此三言是泛學五常之有蔽也，不言禮與義，略也。絞，確也，堅確之義。此三者，指子路辭也。由之爲人直勇剛，故以絞亂狂戒之耳。」

【集注】六言皆美德，然徒好之而不學以明其理，則各有所蔽。愚若可陷可罔之類。蕩，謂窮高極廣而無所止。賊，謂傷害於物。勇者剛之發，剛者勇之體。狂，躁率也。

【餘論】黄氏後案：漢書匡衡傳曰：「治性之道，必審己之所有餘，而强其所不足。」其知此者也。後儒以明心見性爲宗指，而無學以擴充之，節制之，則六蔽因之以起。自是之過，道所以不明不行焉爾。

【發明】反身録：仁知信直勇剛六者莫非懿德，惟不好學，諸病隨生，好處反成不好，甚矣人不可以不學也。好仁知信直勇剛而不濟之以學固易蔽，然天良未鑿，猶有此好，今則求其能好而易蔽者亦不可得。蓋能有此好，即臨境易蔽，而本原不差，亦是易蔽之好人，好學可以救藥。若無此好，藥將何施？

○子曰：「小子何莫學夫詩？詩可以興，可以觀，可以羣，可以怨。邇之事父，遠之事君；多識於鳥獸草木之名。」

【考異】大戴禮小辨篇「足以辨言」，注引孔子曰：「詩可以言，可以怨。」太平御覽學部述作「近之事父」。論語竢質：鄭公注禮，輒云：「志，古文識。」然則志古字，識今字，異文同字也。

【考證】論語補疏：詩之教温柔敦厚，學之則輕薄嫉忌之習消，故可以羣居相切磋。邢疏引詩「如切如磋」，非其義。劉氏正義：焦氏循毛詩補疏序：「夫詩，温柔敦厚者也。不質直言之而比興言之，不言理而言情，不務勝人而務感人。自理道之説起，人各挾其是非以逞其血氣。激濁揚清，本非謬戾，而言不本於情性，則聽者厭倦，至於傾軋之不已，而忿毒之相尋。以同爲黨，即以比爲争，甚而假宫闈廟祀儲貳之名，動輒千百人哭於朝門，自鳴忠孝，以激其君之怒，害及其身，禍於其國，全失乎所以事君父之道。余讀明史，每歎詩教之亡，莫此爲甚。」案焦説甚通。周官：「太師教六詩：曰風，曰賦，曰比，曰興，曰雅，曰頌。」注：「賦之言鋪，直鋪陳今之政教善惡。比，見今之失，不敢斥言，取比類以言之。興，見今之美，嫌於媚諛，取善事以喻勸之。鄭司農云：『比者，比方於物也。興者，託事於物。』」案先鄭解比興就物言，後鄭就事言，互相足也。賦比之義皆包於興，故夫子止言興。毛詩傳言興百十有六而不及賦比，亦此意也。

【集解】包曰：「小子，門人也。」孔曰：「興，引譬連類。」鄭曰：「觀風俗之盛衰。」孔曰：「羣居相切磋。怨，刺上政。邇，近也。」

【唐以前古注】詩擊鼓正義引鄭注：怨，謂刺上政。皇疏引江熙云：言事父與事君以有其道也。

【集注】小子，弟子也。感發志意，考見得失，和而不流，怨而不怒，人倫之道，詩無不備。二者舉重而言，其緒餘又足以資多識。

【餘論】困學紀聞：格物之學，莫近於詩。關關之雎摯有别也，呦呦之鹿食相呼也，德如鳲鳩，言均一也。德如羔羊，取純潔也。仁如騶虞，不嗜殺也。鴛鴦在梁，得所止也。桑扈啄粟，失其性也。倉庚，陽之候也。鳴鵙，陰之兆也。蒹葭，露霜變也。桃蟲，拚飛化也。鶴鳴於九皐，聲聞於野，誠不可揜也。鳶飛戾天，魚躍于淵，道無不在也。南有喬木，正女之操也。隰有荷華，君子之德也。匪鱣匪鮪，避危難也。匪兕匪虎，慨勞役也。蓼莪常棣，知孝友也。蘩蘋行葦，見忠信也。葛屨褊而羔裘怠也，蟋蟀儉而蜉蝣奢也。爰有樹檀，其下維穀，美必有惡也。周原膴膴，堇荼如飴，惡可爲美也。黍以爲稷，心眩於視也。蠅以爲雞，心惑於聽也。緑竹猗猗，文章奢也。皎皎白駒，賢人隱也。贈以芍藥，貽我握椒，芳馨之辱也。焉得諼草，言采其蝱，憂思之深也。柞棫斯拔，侯薪侯蒸，盛衰之象也。鳳凰于飛，雉離于羅，治亂之符也。相鼠碩鼠，疾惡也。采葛采苓，傷讒也。引而伸之，觸類而長之，有多識之益也。

○子謂伯魚曰：「女爲周南、召南矣乎？人而不爲周南、召南，其猶正牆面而立也與？」

【考異】皇本「召」作「邵」。　翟氏考異：韓詩邵伯所拔，邵字从邑。列子楊朱篇稱邵公，史記白起傳稱周、邵、吕望，「邵南」字必有師承。

按：此章注疏本與上章合爲一章，惟皇本分爲二章，集注因之，兹從集注。

【考證】陳奂毛詩疏：南，南國也，在江、漢之域。周，雍州地名，在岐山之陽。譙周、司馬貞説。本太王所居，扶風雍東北故周城是也。周公食采于周，故曰周公。當武王、成王之世，周公在王朝爲陝東之伯，率東方諸侯。攝政五年，營治東都王城。六年，制禮作樂。遂以文王受命以後與己陜内所采之詩，編諸樂章，屬歌於大師，名之曰周南焉。釋文：「召，地名，在岐山之陽。扶風雍縣南有召亭。」水經渭水注：「雍水東逕召亭南故召公之采邑。京相璠曰：亭在周城南五里。」奐案：「周武王封召公于北燕，在成王時爲三公。北燕國，今京師順天府治。召公未就國，居王朝爲西伯，自陜以西主之。周公定樂，遂以分陜所典治之國，名之曰召南焉。」潘氏集箋：商丘宋犖四書釋地序曰：「逸周書南，國名。南氏有二臣，力鈞勢敵，用分爲二南之國。韓嬰詩序云：其地在南郡、南陽之間。」釋地又續本程大昌説云：「南，樂名。詩所謂以雅以南，非南國諸侯之謂。」論語偶記曰：「詩譜：『紂命文王典治南國江、漢、汝旁之諸侯。』則南是南方一方，何止二國？似宋氏信逸周書爲短，閻氏不釋爲國爲長。又詩周南有江廣汝墳，召南有江汜、江沱，若非典治南國，何以詩咏及此？左傳云：『江、漢、淮、漳，楚之望也。』又曰：『漢陽諸姬，楚實盡之。』又曰：『楚文王所以封汝也。』明南國地在荆楚，爲國亦多。韓嬰云在南郡、南陽之間，加間字最爲眩括。漢地理志南陽、南郡並屬荆州。又揚子方言：『衆信曰諒，周南、召南、衛之語也。』是别二南爲國。以此而言，實宋氏舉韓詩序説爲長，閻氏謂非南國諸侯爲短。」

劉氏正義：二南之詩，用於鄉人，用於邦國。當時鄉樂未廢，故夫子令伯魚習之。依其義説以循行之，故稱爲也。竊又意二南皆言夫婦之道，爲王化之始。故君子反身必先修諸己，而後可刑于寡妻，至于兄弟，以御于家邦。漢書匡衡傳謂「室家之道修，則天下之理得」，即此義也。時或伯魚授室，故夫子特舉二南以訓之與？

論語述要：此章即夫子告伯魚善處夫婦之意。

周南十一篇，言夫婦男女者九；召南十五篇，言夫婦男女者十一，皆無淫蕩狎褻之私，而有肅穆莊敬之德；無乖離傷義之苦，而有敦篤深摯之情，夫婦道德之盛極矣。匡氏衡曰：「夫婦者，人倫之始，萬福之原。」中庸亦曰：「君子之道，造端乎夫婦。」此處一失其道，即無以爲推行一切之本。子所以又曰：「不爲周南、召南，猶正牆面而立。」伯魚出妻，意當日夫婦之間必有苦痛不可言者，子特指二南爲訓，其有意乎？

按：鄭説於義爲長，惜無確證，姑備一説而已。

【集解】馬曰：「周南、召南，國風之始。樂得淑女以配君子，三綱之首，王教之端，故人而不爲，如向牆而立。」

【唐以前古注】皇疏：孔子見伯魚而謂之曰：汝已曾學周、邵二南之詩乎？然此問即是伯魚趨過庭，孔子問之學詩乎時也。先問之，而更爲説周、邵二南所以宜學之意也。牆面，面向牆也，言周、邵二南既多所合載，讀之則多識草木鳥獸及可事君親，故若不學詩者，則如人面正向牆而倚立，終無所瞻見也。然此説亦是伯魚過庭時對曰未學詩，而孔子曰「不學詩，無以言」也。

筆解：韓曰：「吾觀周南，蓋文、武已没，成王當國之時也。旦、奭分陜，故别爲二南，戒伯魚當知此耳。」李曰：「子夏云王者之風繫周公，諸侯之風繫召公。由是知仲尼删詩首周南者，本周公也。列國之風首衞詩者，次以康叔也。周公見興周之迹，康叔見革商之俗。不知此義者，面牆立也宜乎。」

【集注】爲，猶學也。周南、召南，詩首篇名，所言皆修身齊家之事。正牆面而立，言即其至近之地，而一物無所見，一步不可行。

【餘論】讀書臆：二南之解，始悞於序之分繫二公，而鄭、孔附會而成之。不知召南可以繫召公，周南必不可以繫周公，何也？召南，南國之詩也。召公宣化於諸侯，日辟國百里，繫之召公，以王臣冠於諸侯之上可也。周南自關雎至螽斯五篇皆后妃之詩也，夫在從夫，夫死從子，文王在上，不繫之文王，而以繫之支子之周公；且其言曰王者之風，故繫之周公，是直以文王而下繫之周公也，奚可哉？從二公之説者，徒以周公左，召公右，與召並列，必周公耳。周、召分陝，在周有天下之後，鄭以文王作豐，乃分岐邦周、召之地爲二公食采，異日分陝或昉於此。然吾以周南之爲周邦而非周公，則斷斷如也。朱子，力攻小序者，獨於斯言曰得之，則猶未免習於成説之悞。然集傳自云：「其得之國中者，雜以南國之詩，而謂之周南，言自天子之國而被於諸侯，不但國中而已也。其得之南國者，則直謂之召南，言自方伯之國被於南方，而不敢以繫於天子也。」以召南繫之召公，而不以周南繫之周公，則固知其有不嫌於序矣。然則召與文王可並列與？曰可。善乎程子之言也，周南、召南如乾坤，乾統坤，坤承乾。周、召地方百里，皆謂之周，召即周之別號。周統召，召承周。乾，周南，君道也；坤，召南，臣道也，君臣對待，何不可也？二南不及周公，在内故壓於所尊也。然均是南也，何以或繫周，或繫召？曰先儒李氏樗言之矣，分陝以東，如江、漢、汝、濆即陝之東也；分陝以西，如江、沱即陝之西也。周、召在天下之西，而周在召東，召又在周西，則如荆之江、漢，豫之汝、潰，又在周之東者，皆繫之周南矣。如梁之江、沱，又在召之西者，皆繫之召南矣。周南所被者小，召南所被者狹。李氏特以分陜之説證周東召西，固未言周公主之、召公主之也。凡吾之所斷斷於周、召之辨者，小序「繫之周公」之一言也。若謹易其一字，曰：關雎、麟趾之化，王者之風，故繫之周南，南言化自北而南也。鵲巢、騶虞之德，諸侯之風也，先王之所以教，故繫之召南。如此則義較然，而後儒紛紛之論亦可截斷矣。

論語識遺（四書拾遺引）：逸周書云：南氏有二臣，功鈞勢敵，分爲二南之國。」韓詩外傳云：「其地在南郡、南陽之間。」據此，則南本國名，厥後南氏廢，二公化行其間，遂爲周南、召南也。水經注亦引之。路史云：「南仲是其後也。」四書賸言：爲字與孟子「高叟之爲詩」俱作説詩解。漢書劉歆傳「或爲雅，或爲頌」，注：「爲，説也。」與此同。

○子曰：「禮云禮云，玉帛云乎哉？樂云樂云，鐘鼓云乎哉？」

【考異】春秋繁露玉杯篇引文，皷字从皮。

【考證】荀子大略篇：聘禮志曰：「幣厚則傷德，財侈則殄禮。」禮云禮云，玉帛云乎哉？漢書禮樂志：樂以治内而爲同，禮以修外而爲異。同則和親，異則畏敬。畏敬之意難見，則著之於享獻辭受登降跪拜。和親之説難形，則發之於詩歌詠言鐘石筦弦。蓋嘉其敬意而不及其財賄，美其歡心而不流其聲音。故孔子曰：「禮云禮云，玉帛云乎哉？樂云樂云，鐘鼓云乎哉？」此禮樂之本也。禮記仲尼燕居篇：師，爾以爲必鋪几筵，升降酌獻酬酢，然後謂之禮乎？

爾以爲必行綴兆，興羽籥，作鐘鼓，然後謂之樂乎？言而履之，禮也。行而樂之，樂也。衛氏集説引臨卭宋氏曰：「禮云」云云，與此經相爲表裏。蓋莫難於言而履之，行而樂之，謂其取成於我也。莫易於玉帛鐘鼓，謂其取成於物也。

【集解】鄭曰：「玉，璋珪之屬。帛，束帛之屬。言禮非但崇此玉帛而已，所貴者，乃貴其安上治民。」馬曰：「樂之所貴者，移風易俗也。非謂鐘鼓而已。」

【唐以前古注】御覽五百六十四引鄭注：言樂不但崇此鐘鼓而已，所貴者移風易俗也。皇疏引王弼云：禮以敬爲主，玉帛者，敬之用飾也。樂主於和，鐘鼓者，樂之器也。于時所謂禮樂者，厚贄幣而所簡於敬，盛鐘鼓而不合雅、頌，故正言其義也。又引繆播云：玉帛禮之用，非禮之本。鐘鼓者樂之器，非樂之主。假玉帛以達禮，禮達則玉帛可忘；借鐘鼓以顯樂，樂顯則鐘鼓可遺。以禮假玉帛於求禮，非深乎禮者也；以樂託鐘鼓於求樂，非通乎樂者也。苟能禮正，則無恃於玉帛，而上安民治矣；苟能暢和，則無借於鐘鼓，而移風易俗也。筆解：韓曰：「此連上文，訓伯魚之詞也。馬、鄭但言禮樂，大略其精微。」李曰：「慮伯魚但習二南，多知蟲魚鳥獸而已，不達旦、奭分治邦家之本也；但習玉帛鐘鼓而已，不達雅、頌形容君臣之美也。有以知詩者禮樂之文，玉帛鐘鼓禮樂之器，兼通即得禮樂之道。」

【集注】敬而將之以玉帛則爲禮，和而發之以鐘鼓則爲樂，遺其本而專事其末，則豈禮樂之謂哉？

○子曰：「色厲而内荏，譬諸小人，其猶穿窬之盜也與？」

【考異】舊文「窬」爲「踰」。釋文曰：「踰，本又作窬。」　後漢書陳忠傳注引作「穿窬之盜乎」。

【考證】劉氏正義：説苑修文篇：「顓孫子莫曰：『去爾外厲。』曾子曰：『外厲者必内折。』」内折與内荏同義。釋文：「穿踰，本又作『窬』。」此誤依孔義改經文作「踰」，陸所見本已然也。先伯父五河君經義説略：「儒行『蓽門圭竇』，鄭注：『圭竇，門旁窬也。穿牆爲之。』釋文：『圭窬，説文云：穿木户也。郭璞三蒼解詁云：門旁小窬也。』此則鄭本作『竇』，陸本作『窬』。玉篇引禮記及左傳並作『圭窬』，今左傳亦作『圭竇』，是知窬與竇通。説文：『竇，空也。』『窬』下曰：『一曰空中也。』窬是穿木户，亦取空中之義。故凡物之取於空中者皆得爲窬。淮南氾論訓『古者爲窬木方版以爲舟航』，高誘曰『窬，空也』是也。窬與庴同。孟康漢書注曰：『東南謂鑿木空中如曹曰庴』是也。此穿窬猶言穿户，與踰牆之踰不同。孟子『穿窬』亦此解。」謹案臧氏庸拜經日記略同。

黄氏後案：劉孔才人物志曰：「處虚義則色厲，顧利慾則内荏，厲而不剛者，私慾奪之也。」經之正義如此。説文荏訓桂荏，栠訓弱貌，是荏爲栠之借也。窬與「蓽門圭窬」之窬同。穿窬，穿其窬也，謂穿竇而入竊。

【集解】孔曰：「荏，柔也。謂外自矜厲而内柔佞。爲人如此，猶小人之有盜心也。穿，穿壁。窬，窬牆。」

【唐以前古注】皇疏：言其譬如小人爲偸盜之時也。小人爲盜，或穿人屋壁，或踰人垣牆，當此之時，外形恒欲進爲取物，而心恒畏人，常懷退走之路，是形進心退，內外相乖，如色外矜正而心內柔佞者也。　又引江熙云：田文之客能爲狗盜，穿壁如踰而入，盜之密也；外爲矜厲，而實柔，佞之密也。峻其牆宇，謂之免盜，而狗盜者往焉。高其抗厲，謂之免佞，而色厲者入焉。古聖難於荏人，今夫子又苦爲之喻，明免者鮮矣。傳云「蓽門珪窬」，窬，竇也。　筆解：韓曰：「外柔而內厲，則尚書所謂『柔而立』也。若外厲而內柔，則是穿窬盜賊爾。」

【集注】厲，威嚴也。荏，柔弱也。小人，細民也。穿，穿壁。窬，窬牆。言其無實盜名，而常畏人知也。

【餘論】四書辨疑：解小人爲細民，其意以爲色厲內荏穿窬之盜已是邪惡小人，中間不可再言小人，以此爲疑，故改小人爲細民也。蓋不察小人爲作，非止一端，或諂或讒，或姦或盜，或顯爲强暴，或暗作私邪，或心狠而外柔，或色厲而內荏，推而辨之，何所不有？譬諸小人者，言於衆小人中譬之也。荏，柔媚也。諸，之也。以色厲內荏之人，譬之於諸般小人，惟其爲穿窬之盜者可以爲比也。注又以穿窬二字分爲兩事，穿爲穿壁，窬爲踰牆，亦爲少思。蓋穿壁而入者爲竊盜，踰牆而入者爲强盜，二者之情狀不同。夫色厲而內荏者，外示嚴正之色以影人，內懷柔媚之心以取事，惟以隱暗中穿壁之竊盜方之爲是，與彼踰牆排户無所畏憚之强盜，大不相類。況窬字分明以穴居上，而訓門邊小竇，竇又訓穴，穿窬乃穿穴也。改窬爲踰，解爲踰牆，非也。

按：禮表記子曰：「君子不以色親人，情疏而貌親，在小人則穿窬之盜也與？」君子小人并言，陳氏之説良確，朱注失之。

○子曰：「鄉原，德之賊也。」

【音讀】釋文：鄉如字，又許亮反。五經文字序：經典之字音非一讀，若鄉原之鄉爲嚮，取材之材爲哉，兩音出於一家，而不決其當否。翟氏考異：荀子富國篇云：「能齊則悍者皆化而愿，躁者皆化而愨。」君道篇云：「材人，愿愨拘録計數，是史吏之才也。」正論篇云：「上端誠則下愿愨，愿愨則易使。」其文皆正作「愿」。朱子但云注讀，或宋本與今本異耶？孟子説鄉原云「一鄉皆稱原人」，又云「居似忠信，行似廉潔」，則原必當讀愿，此與孟子集注皆未著音，宜補之。

【考證】中論考僞篇：「鄉愿無殺人之罪，而仲尼深惡之。」直以「原」字作「愿」。履齋示兒編：晦菴先生云原與愿同，非也。愿愨則爲謹厚之人，必不肯同流合污。所謂鄉原，實推原人之情意以求苟合於世，故曰一鄉之原人，而爲德之賊也。羣經平議：周注迂曲，必非經旨，如何晏説，則與孟子「一鄉皆稱原人」之説不合，其義更非矣。原當爲傆。説文人部：「傆，黠也。」鄉傆者，一鄉中傆黠之人也。孟子説鄉原曰：「非之無舉也，刺之無刺也，同乎流俗，合乎污世，居之似忠信，行之似廉潔。」則其人之巧黠可知。孔子恐其亂德，蓋即巧言亂德之意。朱注謂原與愿同，雖視舊説爲勝，然愿自是美名，孔子曰「侗而不愿，吾不知之矣」，則愿固孔子所取也。一鄉皆以爲愿人，當問其果愿與否，安得據絶之爲德之賊？且孟子所稱鄉原之行，亦非謹愿者所能爲也。然則讀原爲愿，抑猶未得其字矣。劉氏正義：孟子盡心篇云：孟子答萬章問，引孔子曰：「過我門而不入我室，我不憾焉者，其惟鄉原乎？鄉原，德之賊也。」此孟子述所聞語較詳。曰：「何如斯可謂之鄉原矣？」曰：「何以是嘐嘐也？言不顧行，行不顧言，則曰：『古之人，古之人，行何爲踽踽涼涼？生斯世也，爲斯世也，善斯可矣。』閹然媚於世也者，是鄉原也。」此孟子言鄉原異於狂獧也。萬子曰：「一鄉皆稱原人焉，無所往而不爲原人，孔子以爲德之賊，何哉？」曰：「非之無舉也，刺之無刺也。同乎流俗，合乎污世。居之似忠信，行之似廉潔。衆皆説之，自以爲是，而不可與入堯、舜之道，故曰『德之賊』也。孔子曰：『惡似而非者。惡莠，恐其亂苗也。惡佞，恐其亂義也。惡利口，恐其亂信也。惡鄭聲，恐其亂樂也。惡紫，恐其亂朱也。惡鄉原，恐其亂德也。』」趙岐注：「萬章言人皆以爲原善，所至亦謂之善人。」是趙訓原爲善。前篇「侗而不愿」，鄭注：「愿，善也。」原與愿同。中論考僞篇：「鄉愿無殺人之罪，而仲尼深惡之。」字直作「愿」，與趙訓同矣。一鄉皆稱善，而其忠信廉潔皆是假託，故足以亂德。所謂「色取仁而行違」者也。子貢問鄉人皆好，夫子以爲未可，亦是恐如鄉原者在其中也。

按：鄉原二字必係古代俗語，孟子解之甚詳。後人紛紛異解，仍以朱注義爲長。

【集解】周生曰：「所至之鄉，輒原其人情，而爲己意以待之，是賊亂德者也。」一曰：「鄉，向也。古字同。謂人不能剛毅，而見其人輒原其趨向，容媚而合之，言此所以賊德也。」

【唐以前古注】皇疏引張憑云：鄉原，原壤也，孔子鄉人，故曰鄉原也。彼遊方之外，行不應規矩，不可以訓，故每抑其迹，所以弘德也。

按：筆解此章與上章合爲一章，且以原爲柔字之誤，擅改經文，解尤支離，玆不録。

【集注】鄉者，鄙俗之意。原與愿同。荀子「原慤」，注讀作愿是也。鄉原，鄉人之愿者也。蓋其同流合污以媚於世，故在鄉人之中獨以愿稱。夫子以其似德非德，而反亂乎德，故以爲德之賊而深惡之。詳見孟子末篇。

【餘論】黄氏後案：論衡累害篇曰：「耦俗全身，則鄉原也。」吕伯恭曰：「鄉原之心，欲盡合天下人也。人非庸人即君子，同乎流俗，合乎污世，以求合乎庸人，居似忠信，行似廉潔，求合於君子。」式三謂古今士術，未有爲君子而能同乎小人者也。鄉原能伸其是非之不忤於世者，而怵然於忤世之是非，隨衆依違，模棱而持兩端，鄉之人以其合君子而賢之，則其合小人者或諒之，或惑之矣。己無立志，復使鄉人迷於正道，故賊德。孟子引之曰亂德，亂、賊同。東塾讀書記：論語記聖人之言，有但記其要語，其餘則删節之者，如孟子云：「孔子曰：過我門而不入我室，我不憾焉者，其惟鄉原乎？鄉原，德之賊也。」據此，則論語所記節去上三句也。以此推之，如「君子不器」、「有教無類」，四字而爲一章，何太簡也？必有節去之語矣。所以然者，書之於竹簡故也。故竹簡謂之簡，文字少亦謂之簡，字義之相因，大率類此。

○子曰：「道聽而塗説，德之棄也。」

【集解】馬曰：「聞之於道路，則傳而説之。」

【唐以前古注】皇疏：道，道路也。塗亦道路也。記問之學，不足以爲人師，師人必當温故而知新，研精久習，然後乃可爲人傳説耳。若聽之於道路，道路仍即爲人傳説，必多謬妄，所以爲有德者所棄也，亦自棄其德也。又引江熙云：今之學者，不爲己者也，况乎道聽者哉。逐末愈甚，棄德彌深也。

【集注】雖聞善言，不爲己有，是自棄其德也。

【餘論】四書辨疑：不説如何是道聽，如何是塗説，但説聞善言而不爲己有，觀其大意，蓋謂聞善言則當蓄之而爲己用，不可於道塗之間傳説與人也。予謂聖人教人必不如此，所聞之言果善，正當廣以傳人，若於道塗之間遇有可傳之人，傳之何礙？傳説與人，亦何損於己有哉？蓋此章戒人聽人所傳，傳己所聽，皆不可不謹。道塗之間濫聽將來，不考其實，即於道塗傳説與人，如此輕妄，則必不爲雅德君子所與，故曰德之棄也。德之棄三字文理甚明，非謂自棄其德也。舊疏云：「聞於道路，則於道路傳而説之，必多謬妄，爲有德者所棄也。」此説爲是。

按：論語旁證云：皇疏之義，集注已該。皇疏亦兼自棄其德言，故集注用之。陳氏不可於道塗傳説云云，集注並無此意。雅德君子，字轉嫌添設，亦好與集注爲難而已。」

【發明】反身録：道聽塗説，乃書生通病，若余則殆有甚焉。讀聖賢遺書，嘉言善行，非不飫聞，然不過講習討論，伴口度日而已，初何嘗實體諸心，潛修密詣，以見之行耶？每讀論語至此，慚悚跼蹐，不覺汗下。同人當鑑余覆車，務以深造默成爲喫緊，以騰諸口説爲至戒。慎毋入耳出口，如流水溝，則幸矣。修德斷當自默始，凡行有未至，不可徒説，即所行已至，又何待説，故善行爲善言之證，不在説上。

○子曰：「鄙夫可與事君也與哉？ 其未得之也，患得之。 既得之，患失之。 苟患失之，無所不至矣。」

【考異】釋文：本或作「無哉」。 七經考文：一本無「也與」二字。 沈作喆寓簡：東坡解云：「患得之，當作『患不得之』。」予觀退之王承福傳云：「其賢於世之患不得之而患失之，以濟其生之欲者。」則古本必如是。 四書辨疑：經中本無「不」字。 東坡謂患得之當爲「患不得之」，蓋闕文也。 此爲完説。 論語補疏：古人文法有急緩。 不顯，顯也。 此緩讀也。 公羊傳「如勿與而已矣」，何休注云：「如即不如，齊人語也。」此急讀也。 以得爲不得，猶以如爲不如。 何氏謂楚俗語。 孔子魯人，何爲效楚言也？ 四書辨證：何氏集解：「患得之者，患不能得之。」按漢儒已如是解，故潛夫論（愛日篇）云：「孔子病夫未得之也，患不得之。」又蘇軾上神宗書引此章文作「患不得之」。 沈作喆寓簡曰：「東坡解云，患得之，當作『患不得之』。 予觀退之王承福傳言『其賢於世之患不得之而患失之，以濟其生之欲者』，則古本必如是。」紹聞編曰：「蘇氏謂得上有不字，朱子謂文義自通，不必增字，蓋古人語急而文省耳。」 四書賸言：家語於論語「其未得之也，患弗得之」，多弗字。 王符潛夫論愛日篇曰：「孔子病夫未得之也，患不得之。」與家語同。 高麗本「其未得之也」，無也字。「苟患失」下無之字。 天文本無也字。 考文：一本、唐本、津藩本、正平本「君」下並無與字。

【考證】禮記雜記：既得之，而又失之，君子恥之。方慤解義曰：鄙夫之心在乎固其位，君子之心在乎稱其位。勢不足于固而失之者，鄙夫所患也。德不足以稱而失之者，君子所恥也。此所以爲異。荀子子道篇：孔子曰：「小人者，其未得也，則憂不得；既已得之，又恐失之。是以有終身之憂，無一朝之樂也。」潛夫論愛日篇：孔子病夫未得之也，患不得之；既得之，患失之者。鹽鐵論論誹章：君子疾鄙夫之不可與事君，患其聽從而無所不至也。漢書朱雲傳：今朝廷大臣，上不能匡主，下亡以益民，皆尸位素餐，孔子所謂「鄙夫不可與事君，苟患失之，亡所不至」者也。後漢李法傳：法上疏諫，坐失旨免爲庶人。還鄉里，人問其不合上意之由，法未嘗應對。固問之，法曰：「鄙夫可與事君乎哉？苟患失之，無所不至。」

【集解】孔曰：「言不可以事君。」何曰：「患得之者，患不能得之，楚俗言也。」鄭曰：「無所不至者，言其邪媚無所不爲。」

按：後漢李法傳注引此注，「邪媚」上多「諂佞」二字。

【集注】鄙夫，庸惡陋劣之稱。何氏曰：「患得之，謂患不能得之。」小則吮癰舐痔，大則弒父與君，皆生於患失而已。胡氏曰：「潁昌靳裁之有言曰：『士之品大概有三。志於道德者，功名不足以累其心。志於功名者，富貴不足以累其心。志於富貴而已者，則亦無所不至矣。』志於富貴，即孔子所謂鄙夫也。」

【餘論】黄氏後案：王伯申曰：「與猶以也，言不可以事君也。」顔師古匡謬正俗、李善注文選東京賦引此皆變與言以。靳裁之頴昌人，詳見金氏考證。三品之説極憭。

【發明】反身録：苟圖富貴，便是鄙夫，此非生來如此，學術使然也。當爲學之始，所學者正誼明道之術；及登仕版，自靖共爾位，以道事君。若爲學之始，所學者梯榮取貴之術；及登仕版，止知耽榮固寵，患得患失，不依阿即逢迎，情所必至，無足怪者，故術不可不慎也。梁氏旁證：胡氏泳曰：靳氏三品之説，本非此章正旨，然能推見鄙夫之所以若此。志於道德，聖賢之徒也。志於功名，豪傑之士也。志於富貴，即鄙夫也。聖賢非不事功名也，可爲則爲，不可爲則不爲，不害於道德也。豪傑非惡富貴也，視功名爲重，則富貴爲輕也。鄙夫則富貴而外，他無所志，故其得失之患至於如此也。

○子曰：「古者民有三疾，今也或是之亡也。古之狂也肆，今之狂也蕩；古之矜也廉，今之矜也忿戾；古之愚也直，今之愚也詐而已矣。」

【考異】釋文：魯讀廉爲貶，今從古。論語古訓：貶，自貶損也。釋名云：「廉，自檢斂也。」貶廉義同。皇本「戾」下有也字。

【集解】包曰：「言古者民疾與今時異。肆，極意敢言。」孔曰：「蕩，無所據。忿戾，惡理多怒。」馬曰：「廉，有廉隅。」

【唐以前古注】皇疏：又一通云：古之狂者，唯肆情而病於蕩，今之狂則不復病蕩，故蕩不肆也。

又古之矜者，唯廉隅而病於忿戾，今之矜者則不復病忿戾，而不廉也。又古之愚者，唯直而病詐，今之愚者則不復病詐，故云詐而不直也。又引李充云：矜厲其行，向廉潔也。矜善上人，物所以不與，則反之者至矣，故怒以戾與忿激也。

【集注】氣失其平則爲疾，故氣禀之偏者亦謂之疾。昔所謂疾，今亦無之，傷俗之益衰也。狂者志願太高，肆謂不拘小節，蕩則踰大閑矣。矜者持守太嚴，廉謂稜角陗厲，忿戾則至於争矣。愚者暗昧不明，直謂徑行自遂，詐則挾私妄作矣。范氏曰：「末世滋僞，豈惟賢者不如古哉，民性之蔽亦與古人異也。」

【餘論】四書辨疑：三疾下文所言是也。氣禀之偏，古今之民皆有之，非獨古民爲然。其所偏處，人人不齊，亦非止三者而已。果三疾爲氣禀所偏，則今也或是之亡也，恐無此理。況氣禀偏正，乃人生自有，風俗盛衰，蓋教化使然，因人氣禀不正，却傷風俗衰薄，理亦未是。夫子止是傷其時風益衰，民俗所習，漸不如古，故有此歎，非論氣禀偏正也。疾，猶瑕病也。言古之民行，當時指爲瑕病者有三，今民瑕病又與古民不同，思欲復見如其古者三等之人，今亦不可易得，故曰或是之亡也。　四書翼注：今之德不能如古之德亦已矣，疾何至亦不如古，傷俗之益衰也。　論語稽：疾如木之有癭，玉之有瑕，正可因其疾而見其美。然古之因疾而見其美者，今則終成其惡矣。夫子言此，蓋傷春秋之世也。

【發明】養一齋劄記：今之愚也，詐而已矣，是詐即愚也。爲機變之巧者，無所用恥焉，又自以詐爲智也。孟子曰：「是非之心，智之端也。」荀子曰：「是是非非謂之智，非是是非謂之愚。」以是非二字衡之，而詐之愚決矣。

○子曰：「巧言令色，鮮矣仁。」

【考異】皇本無此章。七經考文：古本、足利本無此章。讀書叢録：唐石經此章先無而後添注，蔡邕石經陽貨篇末題云「凡廿六章」。今集解本此章在內，共廿四章。似蔡邕石經僅分「子曰唯上知與下愚不移」、「子謂伯魚曰」各自爲一章，故云廿六。太平御覽卷三百八十八引論語陽貨曰：「巧言令色，鮮矣仁。」是漢、魏舊本皆有此章，後人删之非也。天文本論語校勘記：正平本無此章。

【集解】王曰：「巧言無實，令色無質。」

【集注】重出。

○子曰：「惡紫之奪朱也，惡鄭聲之亂雅樂也，惡利口之覆邦家者。」

【考異】高麗本首二句無也字。皇本「者」作「也」。周禮司市疏、左傳哀十年疏、漢書杜欽傳引並無也字。

【考證】潘氏集箋：羣經補義曰：「玄冠紫緌自魯桓公始，此尚紫之漸。齊桓公有敗紫欲賣之，先自服之，國人争買，其價十倍。春秋末，衛渾良夫紫衣狐裘，太子數其罪而殺之。注：『紫衣，君服。』則當時競尚紫矣，故曰惡紫之奪朱。」鄉黨圖考：當時尚紫亦有漸，玄冠紫緌自魯桓公始。戰國策云：「齊紫，敗素也，而價十倍。」蓋齊桓公有敗素，染以爲紫，下令貴紫，人爭買之，價十倍。管子言「齊桓公好服紫，齊人尚之，五素而易一紫」，其貴紫有由來矣。哀十七年，衞渾良夫紫衣狐裘，太子數其三罪殺之，紫衣居一。杜注：「紫衣，僭君服。」可見當時君服紫。

中論覈辨篇：且利口者，心足以見小數，言足以盡巧辭，給足以應切問，難足以斷俗疑。然而好説而不倦，諜諜如也。夫類族辨物之士者寡，而愚闇不達之人者多，孰知其非乎？此其所以無用而不見廢也，至賤而不見遺也。先王之法，析言破律、亂名改作者，殺之；行僻而堅、言僞而辨、記醜而博、順非而澤者，亦殺之。爲其疑衆惑民，而潰亂至道也。孔子曰：「巧言亂德，惡似而非者也。」

【集解】孔曰：「朱，正色。紫，間色之好者。惡其邪奸而奪正色也。利口之人多言少實。苟能説媚時君，傾覆國家。」包曰：「鄭聲，淫聲之哀者。惡其亂雅樂。」

【集注】朱，正色。紫，間色。雅，正也。利口，捷給。覆，傾敗也。范氏曰：「天下之理正而勝者常少，不正而勝者常多，聖人所以惡之也。利口之人以是爲非，以非爲是，以賢爲不肖，以不肖爲賢，人君苟悦而信之，則國家之覆也不難矣。」

【餘論】四書通：前嘗以佞人對鄭聲言，此文以利口對鄭聲言。集注釋佞字曰辨給，釋利字曰捷給，捷則顛倒是非於片言之頃，使人悦而信之，有不暇致詳者，視佞爲尤甚，故覆亡之禍立見，有甚於殆焉者矣。論語注義問答通釋：是非善惡最相反也，聖人不之惡者，以人心自有正理，而正不正之相反易辨也。惟夫似是而實非，似善而實惡，則人心疑惑而足以亂正，此孔子所以惡鄉原而又及乎此也。劉氏正義：孟子盡心下引孔子此言：「惡莠，恐其亂苗也。惡佞，恐其亂義也。惡利口，恐其亂信也。惡鄭聲，恐其亂樂也。惡紫，恐其亂朱也。惡鄉原，恐其亂德也。」較此文爲詳。而總之云「惡似而非者」。趙岐注：「似真而非真者，孔子之所惡也。」

【發明】黄氏後案：古今覆邦家者，皆以利口變亂黑白者也，故爲邦必遠佞人。四書翼注：不曰佞人而曰利口，佞人騁辯逞才，有入耳處，亦有取憎處。利口者迎刃而解，要言不煩，苻堅欲伐晉，舉朝皆諫，慕容垂曰：「陛下神武，斷自聖心足矣，何必問外人。」唐高宗欲立武曌，許敬宗曰：「田舍翁多收數十斛麥，便欲易婦，況萬乘乎。」皆頃刻覆其邦家。伊尹謂有言順於汝志，必求諸非道，蓋以此也。

○子曰：「予欲無言。」子貢曰：「子如不言，則小子何述焉？」子曰：「天何言哉？四時行焉，百物生焉，天何言哉？」

【考異】釋文：魯讀天爲夫，今從古。翟氏考異：兩「天何言哉」宜有别，上一句似從魯論所傳爲勝。晉書張忠傳：「天不言而四時行焉，萬物生焉。」百字作「萬」。太平御覽述論語「萬物生焉」。

按：劉恭冕云：「鄭以『四時行、百物生』皆説天，不當作『夫』，故定從古。翟氏灝考異謂從魯論爲勝，誤也。」

【考證】荀子天論篇：列星隨旋，日月遞炤，四時代御，陰陽大化，風雨博施，萬物各得其和以生，各得其養以成，不見其事而見其功，夫是之謂神。皆知其所以成，莫知其無形，夫是之謂天。

【集解】言之爲益少，故欲無言。

【唐以前古注】皇疏引王弼云：予欲無言，蓋欲明本，舉本統末而示物於極者也。夫立言垂教，將以通性，而弊至於湮。寄旨傳辭，將以正邪，而勢至於繁。既求道中，不可勝御，是以修本廢言，則天而行化，以淳而觀，則天地之心見於不言，寒暑代序，則不言之令行乎四時，天豈諄諄者哉？　筆解：韓曰：「此義最深，先儒未之思也。吾謂仲尼非無言也，特設此以誘子貢，以明言語科未能忘言，至于默識，故云天何言哉，且激子貢使進于德行科也。」李曰：「深乎聖人之言，非子貢孰能言之？孰能默識之耶？吾觀上篇子貢曰：『夫子之言性與天道，不可得而聞也。』又下一篇陳子禽謂子貢賢於仲尼。子貢曰：『君子一言以爲不知，言不可不慎也。夫子猶天，不可階而升也。』此是子貢已識仲尼『天何言哉』之意明矣。稱小子何述者，所以探引聖人之言，誠深矣哉！」

【集注】學者多以言語觀聖人，而不察其天理流行之實有不待言而著者，是以徒得其言，而不得其所以言，故夫子發此以警之。子貢正以言語觀聖人者，故疑而問之。四時行，百物生，莫非天理發見流行之實，不待言而可見。聖人一動一静，莫非妙道，精義之發，亦天而已，豈待言而顯哉？（此亦開示子貢之切，惜乎其終不喻也。）　程子曰：「孔子之道譬如日星之明，猶患門人不能盡曉，故曰予欲無言。若顏子則便默識，其他則未免疑問，故曰小子何述。又曰天何言哉，四時行焉，百物生焉，則可謂至明白矣。」愚按此與前篇無隱之意相發，學者詳之。

【餘論】經正録：夫子驀地説予欲無言，意義自是廣遠深至。先儒於此祇向子貢轉語中求意旨，不在夫子發言之本旨上理會。子貢曰：子如不言，則小子何述？此是子貢從無言中抽出小子之待述一種致其疑問，而夫子所答，則又於成己成物一本原處，見得雖爲小子述，計亦不在言也。若子貢未問以前，則夫子初不從教人起義。向後再言天何言哉，非複辭也。前云天何言哉，言天之所以爲天者，不言也。後云天何言哉，言其生百物，行四時者，亦不在言也。蓋自言曰言，語人曰語，言非語也，抑非必喋喋多出於口而後爲言也，有所論辨而著之簡編者皆是也。聖人見道之大，非可以言説爲功，而抑見道之切，誠有其德，斯誠有其道。知而言之以著其道，不如默成者之厚其德以敦化也。故嘗曰訥，曰恥，曰訒，至此而更云無言，則終日乾乾，以體天之健而流行於品物各正其性命者，不以言間之而有所息，不以言顯之而替所藏也。反身録：夫子懼學者徒以言語文字求道，故欲無言，使人知真正學道，以心而不以辯，以行而不以言。而子貢不悟，反求之於言，區區惟言語文字是耽，是以又示之以天道不言之妙，所以警之者至矣。時行物生，真機透露，魚躍鳶飛，現在目前。學人誠神明默成，不識不知，順帝之則，四端萬善，隨感而應，道即在是，夫何所言？一落言詮，便涉聲臭，去道遠矣。陸象山有云：「寄語同遊二三子，莫將言語壞天常。」而鄒南皋亦云：「寄語芸窗年少者，莫將章句送青春。」合二詩觀之，吾曹得無惕然乎？高宗恭默思道，顔子如愚，亦足以發，必如此方是體道忘言之實，否則終屬道聽塗説，德之棄也。松陽講義：這一章是道無不在之意。開口説予欲無言一句，最要看得好，不可將言字太説壞了。聖人平日教人都是用言，若將言字説壞，便是六經皆聖人糟粕話頭，不是孔門教法矣。夫子斯言，蓋欲子貢於動静語默之間，隨處體認，如曾子之隨處精察而力行，不沾沾在言語上尋求也，必如此方是著實工夫。子貢所以終聞性天道而一以貫之者，其得力於此也歟？今日學者讀這章書，要知道無不在於聖人言處也去理會，無言處也去理會。到工夫熟後，鳶飛魚躍，無非至道，便是一貫境界。李氏論語劄記：四時行喻教，百物生喻學。蓋四氣默運，莫非天地一元之心，萬物受之，皆若嘿喻乎天地之心，而變化滋益，其機有不容已者，此豈化工諄諄然命之乎？論語述何：聖人之文，天文也。天道至教，春秋冬夏，風雨霜露，無非教也。春秋之文，日月詳略不書者勝於書，使人沈思而自省悟，不待事而萬事畢具，無傳而明，不言而著。子貢知之，故曰：「夫子之言性與天道，不可得而聞也。」

【發明】論語稽：孔子自比於天，耶氏亦自謂上帝之子，蓋宗教家皆自謂與天合德，中外一也。又天生德於予，天之未喪斯文云云，亦此意也。

**○孺悲欲見孔子，孔子辭以疾。將命者出户，取瑟而歌，使之聞之。**

【考異】皇本「辭」下有之字。考文補遺：一本「疾」作「病」。文選思舊賦、三國名臣序贊二注俱引論語曰：將命者出。天文本論語校勘記：古本、唐本、津藩本、正平本「辭」下有之字。

【考證】禮記雜記曰：恤由之喪，哀公使孺悲之孔子學士喪禮，士喪禮於是乎書。儀禮士相見禮疏：孺悲欲見孔子，不由介紹，故孔子辭以疾。四書典故辨正：此孺悲未學禮時事也。既學禮，則爲弟子，弟子見師，何用介紹？其在未學禮時可知。朱錫鬯孺悲當從祀議：悲實傳經之一人，後人徒泥論語之文，疑孔子不屑教誨，家語、史記遂擯而不書，以親受禮於孔子之儒，不獲配食，斯爲闕典。潘氏集箋：古人始見必因介紹，悲爲弟子，疑亦無待介紹者。孔子之辭以疾，或别有故歟？若謂其始見，則悲奉君命來學，夫子當亦不得責其無介紹者，疑賈疏因此節有將命者云云，望文生義，實非定解。蓋其所以見拒於孔子之故，與史記弟子傳之不列其名，皆不可考已。劉氏正義：此欲見是始來見，尚未受學時也。儀禮士相見禮疏謂孺悲不由紹介，故孔子辭以疾。此義當出鄭注。御覽四百二引韓詩外傳云：「子路曰：『聞之於夫子，士不中間而見，女無媒而嫁者，非君子之行也。』」注云：「中間，謂介紹也。」禮少儀云：「聞始見君子者辭曰：『某固願聞名於將命者，不得階主。』」此少者見尊長之禮當有介紹。聘義所謂「君子於其所尊弗敢質，敬之至也」是也。鄭注又云：「將命，傳辭者。此指主人之介，傳主人辭者也。户，室户也。古人燕居在室中，即見賓亦然。」四書辨證：由介紹，此初見則然，而朱子謂必有以得罪者，則悲非初見，而不關介紹之細可知矣。朱子謂悲有以得罪者，則悲固熟悉夫子之聲者，若瑟而不歌，徒聞瑟聲，亦莫悟也。觀此，益知悲非初見而然。

按：孺悲之見，龔元玠、黄式三、周秉中諸家皆斷爲未學禮時事，獨四書辨證力伸朱子之說，所言亦是。此等處止宜闕疑，潘氏之説是也。

【集解】孺悲，魯人也。孔子不見，故辭以疾。爲其將命者不知己，故歌令將命者悟，所以令孺悲思也。

【唐以前古注】皇疏引李充云：孔子曰：「人絜己以進，與其絜，不保其往。」所以不逆乎互鄉也。今不見孺悲者何？明非崇道歸聖，發其蒙矣。苟不崇道，必有舛寫之心，則非教之所崇，言之所喻，將欲化之，未若不見也。聖人不顯物短，使無日新之塗，故辭之以疾；猶未足以誘之，故絃歌以表旨，使抑之而不彰，挫之而不絶，則矜鄙之心頹，而思善之路長也。

【集注】孺悲，魯人，嘗學士喪禮於孔子。當是時，必有以得罪者，故辭以疾，而又使知其非疾，以警教之也。程子曰：「此孟子所謂不屑之教誨，所以深教之也。」

【餘論】此木軒四書説：辭以疾是古人之通辭，不得謂之不誠。以疾爲辭，其人自當會意，然又有真疾者，孔子於孺悲正欲使知其非疾，故取瑟而歌，正見聖人之誠處。黄氏後案：皇疏申何解，謂孺悲使將命者來召，孔子辭以疾而取瑟歌，欲將命者以告悲。朱子注以將命爲孔子家傳命之人，本邢疏。禮雜記下云云，集注以此辭見爲學禮後事，本吴才老説。據或問云，洪氏、胡氏皆以學禮爲此後事。式三謂弟子有罪，禮可面斥，辭疾聞歌，非弟子也。儀禮士相見禮疏云：「孺悲欲見孔子，不由介紹，故辭以疾。」或然也。吕伯恭謂使之聞之，是孺悲猶在可教之列。孺悲歸自克責，後日進德，夫子以士喪禮傳之。士喪禮之傳，孺悲預有功，亦當時不屑教誨之力。

○宰我問：「三年之喪，期已久矣。

【考異】釋文：期音基，一本作「其」。史記弟子傳作「不已久乎」。世說新語引文期字作「朞」。四書紀聞：「期已久矣」之期當讀如字，「期可已矣」之期乃讀爲期月之期，蓋「三年」四句申「期已久矣」之義，「舊穀」二句起「期可已矣」之義，舊説皆讀爲基，非是。潘氏集箋：史記弟子傳引作「不已久乎」，則期非期月之期明甚。況上云三年之喪，下接言期月，義亦不貫，管説是也。

按：期已久矣者，言爲期過久也，爲期限之期。期可已矣者，言期年可以止也，爲期年之期。文同而義不同，管説良是。

【考證】梁玉繩瞥記：閔二年，「吉禘于莊公」，傳云：「譏始不三年也。」文二年，「公子遂如齊納幣」，傳云：「譏喪娶也。」蓋周衰禮廢，三年之喪久已不行。梁氏旁證：馮氏椅曰：夫子之門，子夏、子張既除喪而見，予之琴，和之而不和，彈之而不成聲，曰：先王制禮，不敢過也，不敢不至焉。宰我與二子處久，豈不習聞其概，而安於食稻衣錦也？夫魯莊公之喪，既葬而絰不入庫門，士大夫既卒哭，麻不入，然則三年之喪不行久矣，至是而夫子舉行之。宰我，門人高流也，日聞至論，而猶以期爲安，況斯世乎？其後滕世子欲行三年喪，父兄百官皆不欲，是則三年之喪強行於孔、孟之門，而朝廷未嘗行。甚至以日易月，而無復有聽於冢宰，三年不言之制，然則三年之喪迄今行之天下者，宰我一問之力也。

按：短喪之説，墨氏主之。春秋時未有墨學，何以亦有此論，誠屬可疑。然考當時上下實無行三年喪者，詩檜風素冠序：「刺不能三年也。」檜爲鄭武公所滅，此詩當作於平王時。公羊哀五年九月，齊侯杵臼卒。六年傳：「秋七月，除景公之喪。」孟子滕文公定三年之喪，父兄百官皆不欲，以爲魯先君莫之行，則三年之喪，其不行也久矣。今人習聞孔、孟之説，便以宰我之問爲可怪，由未明古今風俗不同之故，不必曲爲之説也。

【唐以前古注】皇疏：禮爲至親之服至三年，宰我嫌其爲重，故問至期則久，不假三年也。

【集注】期，周年也。

**君子三年不爲禮，禮必壞；三年不爲樂，樂必崩。舊穀既没，新穀既升，鑽燧改火，期可已矣。」**

【考異】史記封禪書引傳曰：三年不爲禮，禮必廢；三年不爲樂，樂必壞。

【考證】太平御覽、路史注並引衝波傳云：宰我謂三年之喪，日月既周，星辰既更，衣裳既造，百鳥既變，萬物既生，朽者既枯，於期可矣。顏淵曰：「鹿生三年，其角乃墮。子生三年，而免父母之懷。子雖美辯，豈能破堯、舜之法，改禹、湯之典，更聖人之道，除周公之禮，改三年之喪，不亦難哉？」路史遂人改火論：昔者遂人氏作，觀乾象，察辰星，而出火作鑽燧，別五木以改火，豈惟惠民哉？以順天也。昔隋王劭嘗以先王有鑽燧改火之義，於是表請變火曰：「古者周官四時變火，以救時疾，明火不變則時疾必興。在晉時有以雒陽火渡江，世世事之，相續不滅，火色變青。昔師曠食飲，云是勞薪所爨，平公使視之，果然車輞。今温酒炙肉用石炭火、木炭火、竹火、草火、麻荄火，氣味各自不同。以此推之，新火舊火，理應有異。伏願遠遵先聖，於五時取五木以變火，用功甚少，救益方大。」若劭可謂知所本矣。夫火惡陳，薪惡勞。晉代荀勗進飯亦知勞薪，而隋文帝所見江寧寺晉長明燈亦復青而不熱。傳記有以巴豆木入爨者，爰得洩利。以糞臭之草炊者，率致味惡。泌以是益知聖人改火，四時五變者，豈得已哉！湛淵静語：一歲而易火者五，若多事。後讀洪範五行傳，乃知古人改火，關於時化。火性炎上者也，老則愈烈，於是遇物輒燃。若新火性柔，青光熒熒，無忽燎速熾之患。橫渠亦云四時改火。蓋水之爲患常少，火之爲患常多。寒食禁火以出新火，必待盡熄天下之火然後出之也。季春大火星高，其時爲之，亦防其火熾也。又火貴新而烹味佳，是則古人鑽燧之意。春取榆柳之火，夏取棗杏之火，季夏取桑柘，秋取柞楢，冬取槐檀。或問朱文公：「四時取火，何爲季夏又取一番？」曰：「土王於未，六月，未月也，故再取之。」（土寄王於四季，每季皆十八日，四個十八日爲七十二日，其他四行分四時，亦各七十二日，共積成三百六十日成歲也。）日知録：明火以陽燧取之於日，近於天也，故卜祭用之。國火取於五行之木，近於人也，故烹飪用之。今一切取之於石，其性猛烈而不宜人，疾疢之多，年壽之減，有自來矣。九經古義：注馬融曰：「周書月令有更火之文。」邢昺曰：「其辭今亡。」隋牛弘云：「蔡邕、王肅云，周公作周書，有月令第五十三，即此也。」又云：「周書月令論明堂之制，殿垣方在内，水周如外，水内徑三百步。」尚書正義引月令云：「三日曰朏。」唐大衍歷議曰：「七十二侯原于周公時訓月令，雖頗有增益，然先後之次則同。」然則月令篇歷隋、唐猶在也。長洲徐頲改火解：改火之典，昉於上古，行于三代，迄于漢，廢於魏、晉以後，復于隋而仍廢。其制則四時異木，其名則見周書、鄹子，其器則燧，其用則有常，其官則漢以上皆有，其義則或信或不信。曷言之？尸子曰：「燧人上觀星辰，察五木以爲火。」故曰昉於上古也。唐、虞尚矣，周監二代，周禮有司爟行火之政令，故曰行於三代也。秦棄古制，漢武帝時别置火令丞，中興省之。然續漢志曰：「冬至鑽燧改火。」故曰迄於漢。隋王劭以改火之義近代廢絶，引東晉時有以雒陽火渡江者，世世事之。非見絀於魏、晉後乎？隋文從劭請而復之，然其後不見踵行者，蓋視爲具文而已，故曰復于隋而仍廢者也。其制若何？所謂春取榆柳之火，夏取棗杏之火，季夏取桑柘之火，秋取柞楢之火，冬取槐檀之火也。周書、鄹子亡矣，司爟注，鄭司農引鄹子以説焉；論語「鑽燧改火」，馬南郡引周書月令焉，引異語符則可信。時則訓其燧松燧等，傳聞異辭耳，不得據以相難，故曰見周書及鄹子。其器與用若何？夫燧取明火於日，木燧則以鑽火，木與木相摩相然，五行之正。内則：「子事父母，右佩決、捍、管、遰、大觿、木燧。」蓋不可一日缺者，非有常乎？其官若何？顓頊有子曰犂，爲高辛氏祝融，昭顯天下之光明，生柔嘉材。堯時有火正閼伯，居商丘。舜使益掌火。夏小正有三夫出火。相土因商丘，商丘主火，祀大火，而以火紀時焉。周則屬夏官下士二人。漢書百官公卿表以别火主改火事屬典客，非漢以上皆有乎？ 至其義則皇侃諸儒以爲配五方之色，賈公彦致疑於榆柳不青，槐檀不黑，又或不得其説，則曰此據時所宜用而已，依違膚淺，俱不足信也。惟先師半農先生據管子幼官篇及春秋、賈誼書，以槐檀爲東方木，榆柳爲南方木。其説曰：「春取榆柳，取之南方也。夏取棗杏，取之西方也。秋取柞楢，取之北方也。冬取槐檀，取之東方也。」則與淮南王書所云「冬至甲子受制，木用事，火煙青，七十二日」云云者合。古人取火皆於分至，先師灼然見三代制，故獨可信也。抑聞之天官，心爲大火，咮爲鶉火，既並懸象於上，出火内火以之爲節，而炊爨烹飪則别著改火之令。古先聖王，法天地，揆陰陽，順四時，理百姓，不一定也。是故民無夭札，物無害生，革故取新，去沴而蒙福，不其神乎？ 後世不知其重而忽之，吁！ 三代以上之政，其廢於後者何可勝道！ 蓋有大於是者，學者亦講明其義，以待上之人用之而已。 論語後録：管子春爨羽獸之火，夏爨毛獸之火，秋爨介蟲之火，冬爨鱗獸之火，中央爨倮蟲之火，義正同。

【集解】馬曰：「周書月令有更火之文。春取榆柳之火，夏取棗杏之火，季夏取桑柘之火，秋取柞楢之火，冬取槐檀之火。一年之中，鑽火各異木，故曰改火也。」

【唐以前古注】皇疏：宰我又説喪不宜三年之義也。君子，人君也。人君化物，必資禮樂，若有喪三年，則廢於禮樂，禮樂崩壞，則無以化民，爲此之故，云宜期而不三年。禮云壞、樂云崩者，禮是形化，形化故云壞，壞是漸敗之名；樂是氣化，氣化無形，故云崩，崩是墜失之稱也。宰予又説一期爲足意也。言夫人情之變，本依天道，天道一期，則萬物莫不悉易，故舊穀既没盡，又新穀已熟，則人情亦宜法之而奪也。鑽燧者，鑽木取火之名也。内則云「大觿木燧」是也。改火者，年有四時，四時所鑽之木不同。若一年，則鑽之一周，變改已遍也。宰我斷之也，穀没又升，火鑽已遍，故有喪者一期亦爲可矣。

【集注】恐居喪不習而壞崩也。没，盡也。升，登也。燧，取火之木也。改火，春取榆柳之火，夏取棗杏之火，季夏取桑柘之火，秋取柞楢之火，冬取槐檀之火，亦一年而周也。已，止也。言期年則天運一周，時物皆變，喪至此可止也。尹氏曰：「短喪之説，下愚且恥言之，宰我親學聖人之門，而以是爲問者，有所疑於心而不敢强焉爾。」

【餘論】四書典故辨正：鑽燧之法，書傳不載。揭子宣璇璣遺述云：「如榆剛取心一段爲鑽，柳剛取心方尺爲盤，中鑿眼，鑽頭大，旁開竇寸許，用繩力牽如車，鑽則火星飛爆出竇，薄煤成火矣。此則莊子所謂『木與木相摩則燃』者，古人鑽燧之法，意亦如此。」今案揭説頗近理。若然，則春取榆柳者，正用兩木，一爲鑽，一爲燧也。其棗杏桑柘意亦然矣。劉氏正義：檀弓言子夏、閔子騫皆三年喪畢見於夫子，是聖門之徒皆能行之。宰我親聞聖教，又善爲説辭，故舉時人欲定親喪爲期之意以待斥於夫子，其謂「君子三年不爲禮，禮必壞；三年不爲樂，樂必崩」，此亦古成語，謂人久不爲禮樂，則致崩壞，非爲居喪者言。而當時短喪者或據爲口實，故宰我亦直述其語，不爲諱隱也。

子曰：「食夫稻，衣夫錦，於女安乎？」曰：「安。」「女安，則爲之！夫君子之居喪，食旨不甘，聞樂不樂，居處不安，故不爲也。今女安，則爲之！」

【考異】皇本「稻」下、「錦」下並有也字。「女」作「汝」，下同。「曰安」下有曰字。太平御覽布帛部述作「食夫穀」。世說規箴類：郭林宗謂陳元方，引孔子曰：「衣夫錦也，食夫稻也，於汝安乎？」

【考證】潘氏集箋：說文：「稻，稌也。稬，沛國謂稻曰稬。稴，稻不黏者。」札樸曰：「稻謂黏者，稬俗作糯，音奴卧切，黏者也。」錦，說文云：「襄邑織文。」詩碩人傳云：「文衣也。」劉氏正義：北方以稻爲穀之貴者，故居喪不食之也。儀禮喪服傳言居喪：「既虞，食疏食，水飲。既練，始食菜果，飯素食。」練者，小祥之祭。鄭彼注云：「疏猶麤也。素猶故也。謂復平生時食也。」程氏瑶田疏食素食說云：「疏食者，稷食也，不食稻粱黍也。素食，鄭云『復平生時食』，謂黍稷也。賤者食稷，然豐年亦得食黍。若稻粱二者，據聘禮、公食大夫禮皆加饌，非平生常食，居喪更何忍食？故夫子斥宰我曰：『食夫稻，于女安乎？』是雖既練飯素食，亦必不食稻粱，宜止於黍稷也。」詩碩人箋：「錦，文衣也。」終南傳：「錦，衣采色也。」錦是有文采之衣，謂凡朝祭服以帛爲之者也。檜詩刺不能三年，而云庶見素冠素衣。素冠，練冠也。禮檀弓云：「練，練衣。黄裏縓緣。」間傳云：「期而小祥，練冠縓緣。」又「期而大祥，素縞麻衣。」注云：「麻衣，十五升布深衣也。謂之麻者，純用布，無采飾也。」陳氏奂毛詩疏：「小祥大祥皆用麻衣。大祥之麻衣配縞冠，小祥之麻衣配練冠。」是未終喪皆服麻衣，無采飾，則不得衣錦可知。喪大記云「祥而食肉」，謂大祥也。間傳云「期而大祥，有醯醬」，有醯醬者，明始得食肉也。又云：「中月而禫，禫而飲醴酒。始飲酒者先飲醴酒，始食肉者先食乾肉。」則自小祥後但得食菜果，飯素食，而醯醬食肉必待至大祥之後，飲醴酒必待至禫之後，則小祥後不得食旨明矣。喪大記：「祥而外無哭者，禫而内無哭者，樂作矣故也。」檀弓云「祥之日鼓素琴」，則自大祥之前不與於樂，故曲禮云「居喪不言樂」是也。居處，謂居常時之處也。間傳云：「父母之喪，居倚廬，寢苫枕塊，不説絰帶。既虞卒哭，柱楣翦屏，芐翦不納。期而小祥，居堊室，寢有席。又期而大祥，居復寢。中月而禫，禫而牀。」喪服傳言「既虞，寢有席」，與間傳言寢有席在小祥之後稍異。又喪服傳言「既練，舍外寢」，注云：「舍外寢，於中門之外，所謂堊室也。」則鄭以喪服傳與間傳合也。又喪大記：「既練，居堊室。既祥黝堊，禫而從御，吉祭而復寢。」復寢在禫後，與間傳在大祥後又稍異。以理衡之，當以大記爲備也。禮問喪云：「夫悲哀在中，故形變於外也。痛疾在心，故口不甘味，身不安美也。」孝經喪親章：「服美不安，聞樂不樂，食旨不甘，此哀慼之情也。」

【集解】孔曰：「旨，美也。責其無仁恩於親，故再言『女安，則爲之』。」

【集注】禮，父母之喪，既殯食粥麤衰，既葬疏食水飲，受以成布，期而小祥，始食菜果，練冠縓緣，要絰不除，無食稻衣錦之理。夫子欲宰我反求諸心，自得其所以不忍者，故問之以此，而宰我不察也。此夫子之言也。旨亦甘也，初言女安則爲之，絶之之辭。又發其不忍之端以警其不察，而再言女安則爲之，以深責之。

宰我出。子曰：「予之不仁也！子生三年，然後免於父母之懷。夫三年之喪，天下之通喪也。予也有三年之愛於其父母乎！」

【考異】漢石經無乎字。

【考證】禮記三年問篇：孔子曰：「子生三年，然後免於父母之懷。夫三年之喪，天下之達喪也。」後漢書荀爽對策曰：「天下通喪，可如舊禮。」注引禮記曰：「三年之喪，天下之通喪也。」四書辨證：王肅據三年問二十五月而畢（荀子同），及檀弓「祥而縞，是月禫，徙月樂」之文，謂三年之喪爲二十五月。鄭康成據間傳「中月而禫」之文，云中月，間一月也，謂三年之喪爲二十七月。夫以三年之喪爲實二十五月，亦見閔公二年公羊傳。又如檀弓：「魯人有朝祥而暮歌者，子路笑之。夫子曰：『由！爾責於人終無已夫。三年之喪，亦已久矣夫。』子路出。夫子曰：『又多乎哉？踰月則其善也。』」是二十五月而畢，夫子已云然已。後世喪期則從鄭說。（魏明帝以景初三年正月崩，至五年正月，積二十五晦爲大祥。太常孔美、博士趙怡等以爲禫在二十七月，其年四月袷祭。散騎常侍王肅、博士樂詳等以爲禫在祥月，其年二月袷祭。晉武帝時，越騎校尉程猗贊成王肅，駁鄭禫二十七月之失，爲六徵、三驗。博士許猛扶鄭義，作釋六徵、解三驗，以二十七月爲得。並見魏書禮志。）

【集解】馬曰：「子生未三歲，爲父母所懷抱也。」孔曰：「通喪，自天子達於庶人也。言子之於父母，『欲報之德，昊天罔極』。而予也有三年之愛乎？」

【唐以前古注】皇疏引繆播云：爾時禮壞樂崩而三年不行，宰我不懼其往，以爲聖人無微旨以戒將來，故假時人之謂，咎憤於夫子，義在屈己以明道也。予之不仁者何？答曰：時人失禮，人失禮而予謂爲然，是不仁矣，言不仁於萬物。又仁者施與之名，非奉上之稱，若予安稻錦，廢此三年，乃不孝之甚，不得直云不仁。又引李充云：子之於親，終身莫已，而今不過三年者，示民有終也。而予也何愛三年而云久乎？余謂孔子目四科，則宰我冠言語之先，安有知言之人而發違情犯禮之問乎？將以喪禮漸衰，孝道彌薄，故起斯問以發其責，則所益者宏多也。

【集注】宰我即出，夫子懼其真以爲可安而遂行之，故深探其本而斥之，言由其不仁，故愛親之薄如此也。懷，抱也。又言君子不忍於親而喪必三年之故，使人聞之，或能反求而終得其本心也。

【餘論】康有爲論語注：古者喪期無數，記至親以期斷，則周時或期也。今歐、美、日本父母皆期喪。三年之喪，蓋孔子改制所加隆也，故宰我以爲舊制期已可矣，不必加隆，乃與孔子商略之詞。孔子乃發明必須三年之意，人義莫尚於報恩，天生魂而不能成之，父傳種，母懷妊，未極其勞；既生之後，撫育顧復，備極劬勞；必歷三年，而後子能言能行，少能自立，而後免於父母之懷。此三年中子不能自爲人，飲食衣服卧起便溺皆父母代之，然後自立，得享人身之樂。雖其後愛育腹我之恩，昊天罔極，終身無以報之；然送死有已，復生有節，惟初生三年之恩，非父母不得成人，則必當如其期以報之也。羣經皆言三年喪制，而未發其理，此爲三年喪所以然之理，論其義至明。自此孔門推行三年喪制於天下，至晉武帝乃爲定制。後儒不知孔子改制，以爲三年之喪，承自上古，定自周世，則何以滕文公欲爲三年喪而父兄百官皆不欲，以爲滕、魯先君莫之行？是自伯禽至於魯悼公，叔繡至於滕定公，皆未嘗行也。今人假極不肖，心無哀思，而以國家法律所在，亦必强服三年之喪制而不敢非難，安有以一王大典定律，而舉世千年諸侯大夫無一服者，且以爲非，即宰我之賢，亦以爲疑而宜減者？蓋古無定制，故孔子加爲三年喪，墨子得減爲三月喪也。墨子亦日稱堯、舜、禹、湯、文、武者，若三年喪爲先王之制，墨子必不敢攻。今墨子非儒篇其理曰：「喪，父母三年，期妻後子三年。」若以尊卑爲歲月數，則是尊其妻子與父母同，逆孰大焉。節葬篇曰：「使面目陷㬹，顔色黧黑，耳目不聰明，手足不勁强，敗男女之交，則不可爲衆；失衣食之財，則不可爲富。君子無以聽治，小人無以從事。」公孟篇曰：「公孟子謂子墨子曰：『子以三年之喪爲非，子之三月之喪亦非也。』子墨子曰：『子以三年之喪非三月之喪，是猶裸謂撅者不恭也。』」言皆先王之制，不能相非，則三年之喪爲孔子改制至明。漢時未定三年喪制，故人各有自由，翟方進則爲三十六日服，王修則爲六年服，趙宣則爲二十餘年服，皆過於厚薄者也。至晉武帝定制後，乃至今二千年爲通制。　四書改錯：此似難免詬厲者，然亦不應裸罵至此，（按朱子語類：「聖人不輕許人以仁，亦未嘗絶人以不仁。今言予之不仁，乃予之良心死了也。」）裸罵則聖門無色矣。況宰我此問亦有所本，間傳親喪以期爲斷，再期則加隆矣。故當時言禮，亦多有二十五月而畢喪之文，然且其説有「期年可斷，天地已變，四時已易」諸語，與宰我説正同。向使是文後起，則經夫子詬厲後，未有反襲宰我説以自取戾者。蓋親喪致哀，原無多時，間傳所言，不爲飾喪者言也。論語經正録：馮厚齋曰：宰我之所惜者，禮樂也。夫子之所以責者，仁也。仁人心而愛之理也，孩提之童，生而無不知愛其親者，故仁之實，事親是也。禮所以節文之，樂所以樂之，豈有不仁而能行禮樂者乎？抑聞之，聖人未嘗面折人以其過，其於門人宰我、樊遲之失，皆於其既出而言之，使之有聞焉而改，其長善救失，待人接物忠厚蓋如此。四書近指：三年之喪，念父母罔極之愛，而食旨不甘，聞樂不樂，居處不安，此仁人孝子之心，正禮之所以不壞，而樂之所以不崩。宰我列言語之科，乃以此爲解，而曰期可已矣，又於食稻衣錦而安之，何至茫昧如此？愚嘗想其意，蓋目覩居喪者之不中禮也，與其食稻衣錦於期之内，竊讀禮之名，而亡禮之實，何如真實行之，即期可已矣。或有激於中，故疑而相質，未可知也。夫子爲千萬世名教之主，故始終以大義責之，使反求而自得其本心。

**○子曰：「飽食終日，無所用心，難矣哉！不有博弈者乎？爲之，猶賢乎已。」**

【考異】法言寡見篇引文「乎」作「於」。

【考證】焦循孟子正義：博，蓋即今之雙陸。弈爲圍棊。以其局同用板平承於下，則皆謂之枰。以其同行於枰，皆謂之棊。上高而鋭，如箭亦如箸。今雙陸棊俗謂之鎚，尚可考見其狀，故有箭箸之名。今雙陸枰上亦有水門，其法古今有不同。如弈，古用二百八十九道，今則用三百六十一道，亦其例也。蓋弈但行棊，博以擲采而後行棊。後人不行棊而專擲采，遂稱擲采爲博，博與弈益遠矣。黄氏後案：博，説文作「簙」，云：「簙局，戲也。六箸十二棊也，古者烏胄作簙。」段注曰：「古戲，今不得其實。」韋昭博弈論注引桓譚新論曰：俗有圍棊，或言是兵法之類也。及爲之，上者張置疏遠，多得道而爲勝；中者務相絶遮要，以争便利；下者守邊趨作罫，自生於小地。蓋雖有上中下之别，無不用心爲之者。

【集解】馬曰：「爲其無所據樂善，生淫欲也。」

【集注】博，局戲也。弈，圍棊也。已，止也。李氏曰：「聖人非教人博弈也，所以甚言無所用心之不可爾。」

【餘論】焦氏筆乘：夫子言飽食終日，無所用心，難矣哉！又言羣居終日，言不及義，好行小慧，難矣哉！一置心於無用，一用其心於不善，同歸於難而已。論語稽：博弈之事，不惟使人廢時失業，而又易啓貪争之心，是豈可爲者哉？然飽食而心無所用，則淫辟之念生，而將無所不爲矣，故不如博弈者之爲害猶小也。

【發明】朱子語類：問心體本運動不息，若頃刻間無所用之，則邪辟之念便生，聖人以爲難矣哉，言其至危而難安也。曰：心若有用，則心有所主。如今讀書，心便主於讀書；寫字，心便主於寫字；若悠悠蕩蕩，未有不入於邪辟。

○子路曰：「君子尚勇乎？」子曰：「君子義以爲上，君子有勇而無義爲亂，小人有勇而無義爲盗。」

【考證】史記弟子傳：子曰：「義之爲上，君子好勇而無義則亂，小人好勇而無義則盜。」漢書地理志引孔子曰：君子有勇而亡誼則爲亂，小人有勇而亡誼則爲盜。金樓子：孔子游舍於山，使子路取水。逢虎於水，與戰，攬尾得之，内於懷中，取水還。問孔子曰：「上士殺虎如之何？」子曰：「上士殺虎持虎頭。」「中士殺虎如之何？」子曰：「中士殺虎持虎耳。」又問：「下士殺虎如之何？」子曰：「下士殺虎捉虎尾。」子路出尾棄之，復懷石盤，曰：「夫子知虎在水而使我取水，是欲殺我也。」乃欲殺夫子。問：「上士殺人如之何？」曰：「用筆端。」「中士殺人如之何？」曰：「用語言。」「下士殺人如之何？」曰：「用石盤。」子路乃棄盤而去。按：金樓子所載未知出何書，六朝時古籍多今所未見，姑録之以廣異聞。張氏甄陶曰：「此是子路初見夫子，雞冠佩劍，豪氣未除時語。家語載子路初見孔子，拔劍而舞，有古之君子以劍自衞乎之問。夫子答以古君子忠以爲質，仁以爲衞云云。與此章問答相類。」胡氏之說，蓋本於此。

【唐以前古注】皇疏引李充云：既稱君子，又謂職爲亂階也。若遇君親失道，國家昏亂，其於赴患致命而不知居止顧義者，亦畏陷乎爲亂，而受不義之責也。

【集注】尚，上之也。君子爲亂，小人爲盜，皆以位而言者也。尹氏曰：「義以爲尚，則其勇也大矣。子路好勇，故夫子以此救其失也。」胡氏曰：「疑此子路初見孔子時問答也。」

○子貢曰：「君子亦有惡乎？」子曰：「有惡：惡稱人之惡者，惡居下流而訕上者，惡勇而無禮者，惡果敢而窒者。」

【考異】漢石經作「君子有惡乎子曰有惡」，「居下流」，無流字。皇本「子貢」下有問字。論語古訓：四輩經、比邱尼經音義引無流字。鹽鐵論：「大夫曰：『文學居下而訕上。』」漢書朱雲傳云：「小臣居下訕上。」是漢時所據論語並無流字。義疏云：「惡爲人臣下而毁謗其君上者。」亦無流字。今所傳皇本有流字，蓋依通行本增入也。惠徵君曰：「當因子張篇『惡居下流』，涉彼而誤。」論語後録：有流字者，俗本也，無義。少儀曰：「爲人臣下者，有諫而無訕，有亡而無疾。」臣下不得目爲下流。釋文：魯讀窒爲室，今從古。九經古義：案韓勑修孔廟後碑亦以「窒」爲「室」。漢書功臣表有清簡侯室中同，史記作「室中」，徐廣曰：「室，一作『窒』。」知室與窒通。

按：皇疏：「憎惡爲人臣下而毁謗其君上。」邢疏：「謂人居下位而謗毁在上。」據此，則皇、邢二本亦無流字。惠氏棟謂漢以前皆無流字是也。馮氏登府異文考證云：「白六帖兩引俱無流字。」是唐人所見本尚無流字，其誤當在晚唐以後。

【集解】包曰：「好稱説人之惡，所以爲惡也。」孔曰：「訕，毁也。」馬曰：「窒，窒塞也。」

【集注】訕，謗毁也。窒，不通也。稱人惡則無仁厚之意，下訕上則無忠敬之心，勇無禮則爲亂，果而窒則妄作，故夫子惡之。

曰：「賜也亦有惡乎？」「惡徼以爲知者，惡不孫以爲勇者，惡訐以爲直者。」

【考異】皇本「乎」作「也」，謂此句亦子貢語。文選西征賦注引論語子貢曰：「賜也亦有惡乎？」與義疏合。七經考文：古本「徼」作「檄」，「知」作「智」，「孫」作「遜」，下章「不孫」同。中論覈辨篇引孔子曰：「小人毁訾以爲辨，絞急以爲智，不遜以爲勇，斯乃聖人所惡。」以此爲孔子語。蘇東坡文集上韓太尉書：孔子曰：「惡居下流而訕上，惡訐以爲直。」誤以此連屬上文。

按：據此，知北宋本已有流字。

阮元校勘記：敫聲、交聲古音同部，故得通借。劉氏正義：左成十四年傳引詩「彼交匪傲」，漢書五行志引左傳「彼交」作「匪徼」，亦交、敫二聲旁通之證。絞急者，謂於事急迫，自炫其能以爲知也。中論此文可補鄭義。馮氏登府異文考證：「禮記隱義云：『齊以相絞訐爲掉磬。』論語言『絞以爲知』，又云『訐以爲直』，絞、訐連文，正齊、魯之方言。鄭氏北海人，其注三禮多齊言，故於齊、古、魯參校之時，不從古而從魯也。」案鄭作絞，不知何論，必如隱義之説，亦是齊論，而馮君以爲從魯，殊屬臆測。

【集解】孔曰：「徼，鈔也。鈔人之意以爲己有。」包曰：「訐，謂攻發人之陰私。」

【唐以前古注】皇疏：子貢聞孔子説有惡已竟，故云賜亦有所憎惡也，故江熙曰：「己亦有所賤惡也。」此子貢説己所憎惡之事也。徼，抄也，言人生發謀出計，必當出己心義，乃得爲善，若抄他人之意以爲己有，則子貢所憎惡也。勇須遜從，若不遜而勇者，子貢所憎惡也。然孔子曰惡不遜爲勇者，二事又相似。但孔子所明，明體先自有勇，而後行之無禮者。子貢所言，本自無勇，故假於孔子不遜以爲勇也。訐，謂面發人之陰私也。人生爲直，當自己不犯觸他人，則乃是善。若對面發人陰私，欲成己直者，亦子貢所憎惡也。然孔子所惡者有四，子貢有三，亦示減師也。

【集注】惡徼以下，子貢之言也。徼，伺察也。訐，謂攻發人之陰私。楊氏曰：「仁者無不愛，則君子疑若無惡矣。子貢之有是心也，故問焉以質其是非。」侯氏曰：「聖賢之所惡如此，所謂唯仁者能惡人也。」

【餘論】黄氏後案：集注徼訓伺察者，漢書以巡察爲行徼，義相合也。訐者，發人細失，誣人陰過也。唐太宗以上書者多訐人細事，立禁以讒人罪之，此惡發人細失者也。宋蔣之奇誣奏歐陽永叔陰事，當時惡之者，以陰事無可徵據而誣之也。

○子曰：「唯女子與小人爲難養也，近之則不孫，遠之則怨。」

【考異】皇本作「遠之則有怨」。後漢書楊震傳：疏曰：「夫女子小人，近之喜，遠之怨，實爲難養。」注引論語文，孫字作「遜」。又爰延傳引此文「唯」作「惟」，「養」下無也字，「孫」作「遜」。魏志黄初三年令亦作「遜」。漢石經作「孫」。

【考證】左僖二十四年傳：「女德無極，婦怨無終。」杜注：「婦女之志，近之則不知止足，遠之則忿怨無已。」

【唐以前古注】皇疏：君子之人，人愈近愈敬；而女子小人，近之則其誠狎而爲不遜從也。君子之交如水，亦相忘江湖；而女子小人，若遠之則生怨恨，言人不接己也。

【集注】此小人，亦謂僕隸下人也。君子之於臣妾，莊以涖之，慈以蓄之，則無二者之患矣。

【餘論】四書疑思録：人多加意於大人君子，而忽於女子小人，不知此兩人尤是難養者，可見學問無微可忽。四書詮義：此言修身齊家者不可有一事之可輕，一物之可慢，毋謂僕妾微賤，可以惟我所使，而忽以處之也。安上治民，莫善於禮，而禮必本於身，以惠愛之心，行天澤之禮，亂本弭矣，所謂莊以涖之，慈以畜之也。君無禮讓則一國亂，身無禮則一家亂，女戎宦者之禍天下，僕妾之禍一家，皆恩不素孚，分不素定之故也。夫子言之，其爲天下後世慮者至深且遠也。

○子曰：「年四十而見惡焉，其終也已。」

【考異】漢石經作「年卌見惡焉」，卌蓋「四十」兩字之併，讀先立切，而字無。論語古訓：廣韻引説文云：「卌，數名。」今説文十部無此字，惟卌字下云：「卌，數之積也。」與庶同意。蓋本有而今脱之耳。釋文引鄭注孝經云：「卌彊而仕。」漢孔龢碑云：「選年卌以上。」孔彪碑云：「年卌九。」雍勸闕碑云：「年卌五。」皆以四十作卌也。

【集解】鄭曰：「年在不惑，而爲人所惡，終無善行也。」

【集注】四十成德之時，見惡於人，則止於此而已，勉人及時遷善改過也。蘇氏曰：「此亦有爲而言，不知其爲誰也。」

【別解】羣經平議：此章之旨，自來失之。子罕篇曰「四十五十而無聞焉」，蓋泛論他人，不能爲一概之詞，故曰四十五十，言或四十，或五十，亦屬辭之常也。此文云年四十，則爲據實之言，非泛論矣。竊謂此章乃夫子自歎也。説文言部：「詆，相毁也。」古每叚惡爲之。漢書樊噲傳「人有惡噲黨於吕氏」，師古注曰：「惡，謂毁譖言其罪惡也。」張禹傳「數毁惡之」，注曰：「惡，謂言其過惡。」文選鄒陽獄中上書曰「蘇秦相燕，人惡之於燕王」，李善注曰：「惡，謂讒短也。」並是叚惡爲詆。據史記孔子世家，孔子年三十五適齊，爲高昭子家臣，以通乎景公。公欲封以尼谿之田，晏嬰不可。孔子斯言，殆因此而發。是時孔子之年固不可考。歷聘紀年謂留齊七年，則尼谿之沮或適值四十矣。其終也已，猶云吾已矣夫，終與已其義同。蓋孔子先是在魯，不過爲委吏，爲乘田，未得一行其道，及是景公欲用之，是亦行道之兆也，乃爲晏嬰所讒毁而止，道之不行，於此徵之矣，故發此歎耳。陽貨一篇終以孔子此言，正見羣小專恣，聖道不行，非無意也。其下微子篇所記，皆仁人失所及巖野隱淪之士，亦由此語發其端矣。

按：集解、集注於此章皆作對人言，不知所指，俞氏改爲對己言，説雖創而實有依據，蓋即「甚矣吾衰也」之意，較舊説爲勝。

【發明】反身録：吴康齋讀論語至「年四十而見惡焉，其終也已」，不覺潸然太息曰：「與弼今年四十二矣，其見惡於人者何限。而今而後，敢不勉力，少見惡於人斯可矣。」夫康齋年未弱冠，即砥德礪行至是，蓋行成德尊，猶自刻責如此，況余因循虚度，行履多錯，宜見惡於人者何可勝言。人即不盡見惡，時時反之於心，未嘗不自慚自恨自惡，於志其所以痛自刻責者，尤當如何耶？

# 論語集釋卷三十六

## 微子上

○微子去之，箕子爲之奴，比干諫而死。孔子曰：「殷有三仁焉。」

【考異】史記宋世家贊：「孔子稱：『微子去之，箕子爲之奴，比干諫而死，殷有三仁焉。』」通此節爲孔子語。　鶡冠子備知篇陸佃注引「微子去之，箕子爲之奴」，題孔子曰字。　四書通：史記周本紀、宋世家所紀此事先後皆不同，惟殷紀以爲微子先去，比干乃諫而死，然後箕子佯狂爲奴者近是，然與夫子之言先後又不同。　史所書者事之實，此所記者，以事之難易爲先後。　後漢書劉陶傳注引論語曰：「殷有三仁焉，微子去之，箕子爲之奴，比干諫而死。」以此語處前節上。　梁書王亮等傳論亦曰：孔子稱殷有三仁，微子去之，箕子爲之奴，比干諫而死。　太平御覽人事部述論語，亦以「殷有三仁焉」處微子三句上。　韓李筆解本「殷」作「商」。　張存紳雅俗稽言：或謂仁即「井有仁焉」之仁，當作「人」，夫子言殷有三人如此。

【考證】古史：微子以兄之嫌，箕子以立微子之怨，其勢必不可復諫，雖諫必不用。微子欲全其先祀，故去之。箕子去無益於殷，而不忍棄其宗國，故囚。比干，宗室大臣而無嫌者也，若不以死諫，是苟免矣。此三子之志，而孔子所以皆稱其仁也。　楚辭九章「比干葅醢」，王逸注：比干，紂之諸父也。紂惑妲己，作糟丘酒池，長夜之飲，斷斮朝涉，刳剔孕婦。比干正諫。紂怒曰：「吾聞聖人心有七孔。」於是乃殺比干，剖其心而觀之，故言葅醢也。　四書釋地：今潞安府潞城縣東北一十五里有微子城，遼州榆社縣東南三十里有古箕城，皆其所封地，疑近是。　論語後録：呂氏春秋：「紂之同母三人，其長曰微子啓，其次曰仲衍，其次曰受德。受德乃紂也，甚少矣。紂母之生微子啓與仲衍也，尚爲妾，已而爲妻，而生紂。紂之父母欲置微子啓以爲太子，太史據法而争之曰：『有妻之子，不可置妾之子。』紂故爲後。」案尚書稱微子爲殷王元子，是紂之長兄。又父師曰：「我舊云刻子，王子弗出，我乃顛隮。」是即太史争紂時之事矣。周禮司厲「其奴，男子入於罪隸」，鄭司農曰：「今之奴婢，古之罪人也。」疑胥餘以罪言之，非名也。詩「淪胥以鋪」，淪胥即熏胥，熏以爲閽，胥者，胥靡之胥，餘猶言刑餘也。　呂氏春秋曰：「傳説，高宗之胥靡。」漢書楚元王傳：「申公白生諫不聽，胥靡之。」是古有此刑矣。　經義知新録亦云：莊子大宗師云：「若狐不偕、務光、伯夷、叔齊、箕子胥餘、紀它、申徒狄，是役人之役，適人之適，而不自適其適者也。」然則胥餘非箕子之名也。　經傳考證：此章止敍比干之諫，一似微、箕兩賢初無一言之悟主者，不知非也。微、箕之諫，已貫於比干之諫之中，特文勢蟬聯而下，使人不覺耳。　宋世家曰：「紂既立不明，淫亂於政。微子數諫，紂不聽。及祖伊以西伯昌之修德滅阢，懼禍至，以告紂。紂曰：『我生不有命在天乎？是何能爲？』」于是微子度紂不可諫，欲死之。及去，未能自決，乃問于太師少師。于是太師少師乃勸微子去，遂行。」又曰：「紂爲淫泆，箕子諫不聽。人或曰：『可以去矣。』箕子曰：『人臣諫不聽而去，是彰君之惡而自説于民，吾不忍爲也。』乃被髮佯狂而爲奴。」又曰：「王子比干見箕子諫不聽而爲奴，則曰：『君有過而不以死争，則百姓何辜？』乃直言諫紂。」由此觀之，微、箕非不諫也，特比干被禍尤烈耳。　四書翼注：吕氏春秋載帝乙之妻生微子啓及仲衍，尚爲妾，及立爲后始生紂。帝乙欲立啓，太史争之曰：「有妻之子，不可以立妾之子。」書微子篇父師曰「王子我舊云刻子」，孔注：「箕子以啓賢，請於帝乙，欲立之。」是微子於紂，地相迫，有舊嫌，於義不宜諫，去以存宗祀，乃正理也。箕子、比干同姓之卿，與國同休戚，於義應諫，諫而不聽，或被囚，或見殺，臣之於君義也，無所逃於天地之間。　又曰：左傳、史記皆言微子面縛見武王，此亦妄也。書明言吾家耄遜於荒，是遯於荒野，未嘗見武王也。武庚既誅，武王乃求微子，封之宋。左傳所載，乃許男入楚用此禮，逢伯引武庚之事移之微子，以媚楚子。司馬遷則因左傳之誤，又爲已甚之詞。既面縛矣，是兩手向後矣，何以又能左手把茅，右手牽羊？故蘇子由謂司馬不學而輕信也。聊城傳以漸云：書不稱宋公之命而稱微子之命，從舊爵，則成王之不屈微子可知。　劉氏正義：微、箕皆殷時封國。孔氏書疏引鄭玄説，以爲「俱在圻内」也。杜預春秋釋例：「僖六年，微。東平壽張縣西北有微鄉微子冢。」水經濟水注：「濟水又北逕微鄉東。」春秋莊公二十八年經書：「冬，築郿。」京相璠曰：「公羊傳謂之微。東平壽張縣西北三十里有故微鄉，魯邑也。」杜預曰：

「有微子家，西北去朝歌，尚在圻内。」寰宇記云：「博州聊城縣有微子城。」博州今東昌府治，聊城爲附郭首邑，與壽張毗連，故兩邑皆言有微地，實則壽張是也。閻氏若璩釋地謂今潞城縣東北十五里有微子城，此據明一統志，不足信也。左僖三十三年經「晉人敗狄于箕」，注：「太原陽邑縣南有箕城。」閻氏釋地謂在今山西遼州榆社縣東南三十里，而彙纂謂在太谷縣東南三十五里。是榆社縣西亦一邑兩載，皆在圻内，但未知孰是。又左傳：「秦入我河曲，焚我箕部。」江氏永春秋地理考實謂今山西隰州蒲縣東北有箕城，當即其地，然去朝歌甚遠，必非箕子所封邑也。比干未有封國，孟子稱「王子比干」，疑比干即其名或字也。路史謂唐之比陽有比水，即比干國。其説不知何本。考比陽於漢地志屬南陽郡，非在圻内，路史誤也。白虎通爵篇：「子者，孳也，孳孳無已也。」殷爵三等，謂公侯伯也。此得有子者，鄭君王制注「異畿内謂之子」是也。微子名啓。箕子名無考。莊子大宗師「若狐不偕、務光、伯夷、叔齊、箕子胥餘、紀他、申徒狄」，司馬彪注以胥餘爲箕子名。尸子亦云：「箕子胥餘漆身爲厲，被髮佯狂。」「胥餘」並承「箕子」之下，則彪説亦可信也。左定九年傳：「陽虎曰：『微子啓，帝乙之元子也。』」吕氏春秋仲冬紀：「紂之母生微子啓與仲衍，其時猶尚爲妾。已而爲妻而生紂。」史記殷本紀：「帝乙長子曰微子啓。啓母賤，不得嗣。少子辛，辛母正后，辛爲嗣。帝乙崩，子辛立，是爲帝辛，天下謂之紂。」宋世家：「微子開者，殷帝乙之首子，而紂之庶兄也。」庶兄者，謂微子生時，其母未爲后。則微子是帝乙庶子，即是紂之庶兄。此馬注意亦然也。孟子告子篇以紂爲兄之子，且以爲君，而有微子啓、王子比干。又以微、比皆紂諸父。説比干者無異辭，而微子爲諸父則止孟子一言。翟氏灝考異引陸象山説從孟子，則以箕子稱微子曰王子，與比干稱謂同，或其行輩亦同。姚氏鼐經説：「牧誓言『播棄王父母弟不迪』，苟有庶兄，播棄不迪，其罪不甚于王父母弟乎？而武王乃不言之乎？吾是以知惟孟子之言信也。」宋世家又云：「箕子者，紂親戚也。」不言爲何行輩。服虔、杜預以爲紂庶兄，而王肅以爲紂諸父，與馬此注同。高誘注淮南主術爲紂庶兄，而注吕氏春秋必己、離謂、過理等篇皆爲紂諸父。傳聞各異，未知孰是。殷本紀云：「紂愈淫亂不止，微子數諫不聽，乃與太師、少師謀遂去。比干曰：『爲人臣者不得不以死争。』迺强諫紂。紂怒曰：『吾聞聖人心有七竅。』剖比干，觀其心。箕子懼，乃佯狂爲奴，紂又囚之。」此紀先敍微子，次比干、箕子，馬此注本之，遂以微子爲早去也。宋世家云：「箕子諫不聽，乃被髮佯狂而爲奴。王子比干見箕子諫不聽而爲奴，乃直言諫紂。紂怒，乃遂殺王子比干。於是太師、少師乃勸微子去，遂行。」則又先箕子，次比干，次微子，與殷紀敍述不同。韓詩外傳：「紂作炮烙之刑。王子比干曰：『主暴不諫，非忠也。畏死不言，非勇也。見過即諫，不用即死，忠之至也。』遂諫，三日不去。紂囚殺之。」又云：「比干諫而死。箕子曰：『知不用而言，愚也。殺身以彰君之惡，不忠也。』遂被髮佯狂而去。」此傳先比干，次箕子，與殷紀同，與宋世家異，而不言微子去之在何時。竊以微子事當從宋世家，以宋人所載必得實也。孟子雜記：王子干封於比，故曰比干。

論語稽：比干墓在河内汲縣，或耕地得銅盤有銘，其文曰：右林左泉，前岡後道，萬世之靈，兹焉是寶。後魏孝文帝有弔比干墓文，今傳於世。

按：微子，史記、家語以爲與紂異母，吕氏春秋及鄭玄曰紂同母三人，長微子啓，次仲衍，次受。又微國，釋地以爲今山西潞安府。然廣輿記山東東昌府府城東北有微子城，云商封微子於此。皆未知孰是。顧寧人日知録云：「微子之于周，但受國而不受爵，故終身稱微子，不稱宋公。」則又不然。以例明之，康叔初封康，畿内國也。及成王封康叔於衛，則衛侯矣。然而尚書、春秋傳皆稱康誥，不稱衛誥，叔亦終其身稱康叔，不稱衛侯，豈康叔亦受國不受爵耶？子非爵，乃男子之美稱，如春秋稱劉子、單子是也。殷爵三等，公侯伯也。鄭王制注「畿内謂之子」，春秋書季友爲季子，左氏稱魏舒爲魏子，亦此例。

【集解】馬曰：「微、箕，二國名。子，爵也。微子，紂之庶兄。箕子、比干，紂之諸父也。微子見紂無道，早去之。箕子佯狂爲奴。比干以諫而見殺也。」何曰：「仁者愛人。三人行異而同稱仁，以其俱在安亂寧民。」

【唐以前古注】詩柏舟正義引鄭注：箕子、比干不忍去，皆是同姓之臣，有親屬之恩，君雖無道，不忍去之也。然君臣義合，道終不行，雖同姓有去之理，故微子去之，與箕子、比干同稱三仁。皇疏：微子者名啓，是殷王帝乙之元子，紂之庶兄也。殷紂暴虐，殘酷百姓，日月滋甚，不從諫争。微子觀國必亡，社稷顛殞，己身是元長，宜存係嗣，故先去殷投周，早爲宗廟之計，故云去之。箕子者，紂之諸父也，時爲父師，是三公之職，屢諫不從，知國必殞，己身非長，不能輒去，職任寄重，又不可死，故佯狂而受囚爲奴，故云爲之奴也。鄭注尚書曰：「父師者，三公也。時箕子爲之奴。」比干亦紂之諸父也，時爲少師，少師是三孤之職也，進非長適，無存宗之去；退非台輔，不俟佯狂之留，且生難死易，故正言極諫，以至剖心而死，故云諫而死也。鄭注尚書云：「少師者，大師之佐，孤卿也。時比干爲之死也。」孔子評微子、箕子、比干，其迹雖異而同爲仁，故云有三仁焉。所以然者，仁以憂世忘己身爲用，而此三人事迹雖異，俱是爲憂世民也。然若易地而處，則三人皆互能耳，但若不有去者，則誰保宗祀耶？不有佯狂者，則誰爲親寄耶？不有死者，則誰爲亮臣節耶？各盡其所宜，俱爲臣法，於教有益，故稱仁也。筆解：韓曰：「殺身成仁，比干以之，微、箕二子校之劣焉。仲尼俱稱仁，別有奥旨，先儒莫之釋也。」李曰：「聖人先言微子，以其先去之也。後言比干，以其諫之晚矣。中言箕子，則仁兼先後，得聖人中焉。」韓曰：「箕子明夷，與文王同乎易象，尚書洪範見武王伸其師禮，然則箕子非止商之仁也，蓋萬世之仁乎？」

【集注】微、箕，二國名。子，爵也。微子，紂庶兄。箕子、比干，紂諸父。微子見紂無道，去之以存宗祀。箕子、比干皆諫，紂殺比干，囚箕子以爲奴，箕子因佯狂而受辱。三人之行不同，而同出於至誠惻怛之意，故不咈乎愛之理，而有以全其心之德也。楊氏曰：「此三人者，各得其本心，故同謂之仁。」

【餘論】論語意原：微子入爲卿士，數諫不聽，遂舍卿士之位，去而之國也。論語補疏：孔子以管仲爲仁，不取召忽之死，以爲匹夫匹婦之諒，自經於溝瀆而人莫之知。又云有殺身以成仁，死而成仁，則死爲仁；死而不足以成仁，則不必以死爲仁。仁不在死，亦不在不死，總全經而互證之可見也。三人之仁，非指去、奴、死爲仁也。商紂時天下不安甚矣，而微、箕、比干皆能憂亂安民，故孔子歎之，謂商之末有憂亂安民者三人，而紂莫能用，而令其去，令其奴，令其死也。不能憂亂安民而徒能死，石之紛如、徒人費，其人忠於所事則然，不可謂之殺身成仁。不能一匡天下，而藉口於管仲之不死，則又不如召忽，不如石之紛如、徒人費矣。四書蒙引：微子之去在先，據書可見。箕子之囚，比干之死，則不可知其先後。以事理度之，箕子之囚在先，彼時紂怒未甚，諫者猶只囚之。迨後比干諫，紂之忿疾已甚，遂殺之。至殺比干時，武王之兵所以隨至也。故泰誓聲其罪曰「剥喪元良，賊虐諫輔」是也。論語此三句非事之難易可見。其去留生死先後之期，亦只此爲據矣。朱子或問從殷紀，不可用。論語注義問答通釋：此篇多記仁賢之出處，列於論語將終之篇，蓋亦歎夫子之道不行，以明其出處之義也。其次第先後亦有可言者，君子之用於世，其或去，或不去，莫不有義焉，三仁、柳下惠是也。孔子於齊、魯知其不可仕而遂行者，義也；知其不可仕也，而猶往來屑屑以救斯世，接輿、沮、溺、荷蓧丈人未免有疑焉者，亦義也。列逸民之目而斷之以無可無不可，所以見夫子出處之義也。至於樂工相率而去之，則又以明夫決不可以有爲也。稱周公之言以見古之親親而尊賢，敬故而器使，一出於仁厚之意，則安有望望而去之者哉？此周之人才所以盛，而舉一姓八士以終之，所以傷今思古，而歎夫子之道窮也。黃氏後案：微子去之，皇疏以爲去殷歸周，未足據。蔡氏書傳言適周在克殷之後，此時特去位而逃於外，其説爲長。或謂去王朝而之國，則國在畿內，不得言去也。案此篇記敍隱遯之事，而先之以此見殷之亡由於不用賢也。微子諫不用而去，繼諫者奴，甚則死，紂惡日稔，殷遂亡。稱之曰殷有三仁，見殷非無賢也。三仁，固欲匡君救民者也。韓詩外傳十曰：「昔殷王紂殘賊百姓，絶逆天道，然所以不亡者，以其有箕子、比干之故。微子去之，箕子執囚爲奴，比干諫而死，然後周加兵而誅絶之。」經正録：或問據史記殷紀，以爲箕子之奴在比干諫死之後。饒雙峰、蔡虚齋以爲當從論語。近朱氏彬據宋世家敍，三仁去與奴與死之先後，與論語合矣。然殷紀、宋世家既先言微子之去，而宋世家於紂殺比干後又曰：「微子曰父子有骨肉，而臣主以義屬，故父有過，子三諫，不聽則隨而號之；人臣三諫不聽，則其義可以去矣。」於是太師少師乃勸微子去，遂行。」是史遷猶未能塙指其先後，牴牾如此，後之人豈可臆説耶？反身録：啓雖封有爵土，而身常在朝，同箕子、比干諸人輔政，至是見紂惡日甚，不可以輔，乃去紂而還其所封之國，轉遯於野，潛跡滅蹤，非去紂而入周也。若去紂而入周，又何以爲微子？昭烈之圍成都也，許靖謀踰城出降，昭烈由是鄙其爲人。使微子而亦然，豈不見鄙於武王乎？至左傳引微子銜璧迎降之言，斯蓋後世臣人者借口，賢如微子，必不其然。武王尚式商容之閭，微子之賢，在所素悉，夫何致其恇震以至於此，亦必不然。然則微子之在彼時，果何以自處？而武王之於微子，亦果何以爲處也？曰天命既改，微子不容不順天俟命。武王奉天伐暴，誅止一夫，其餘子姓之有爵土者俱仍其封，不失舊物，況微子乎？既而崇德象賢，改封於宋，進爵爲公，俾修其禮物，作賓王家，斯微子之所以自處，而武王之所以處微子也。夫豈同後世牽羊銜璧，解縛焚櫬者之所爲也？

【發明】反身錄：箕子囚奴，比干剖心，忠節凜然，天地爲昭。微子之去，迹同後世全身遠禍者所爲，而夫子並許其仁者，原其心也。以其心乎國，非私乎身，宗祀爲重，迹爲輕也。蓋微子本帝乙之元子，紂之親兄，與箕子、比干不同，有可去之義。故箕子詔王子出迪，不使紂有殺兄之名，而元子在外，宗祀可延，所謂自靖人自獻於先王，而即其心之所安，是以同謂之仁。後世若德非微子，分爲臣僕，主昏不能極諫，國亡不能御節，跳身遠去，俛首異姓，斯乃名教之罪人，不仁之大者。公論自在人心，口誅筆伐，播諸青史，一時輕去，千載難逃，夫何原？問：後世德非微子，固不可以俛首異姓。若德如微子，便可借口宗祀，俛首異姓乎？曰：亦顧其所遇何如耳。苟遇非武王，只當如北地王劉諶之死社稷爲正。蓋時有不同，古今異勢故也。否則不惟不能存宗祀，反有以辱宗祀矣。

○柳下惠爲士師，三黜。人曰：「子未可以去乎？」曰：「直道而事人，焉往而不三黜？枉道而事人，何必去父母之邦？」

【考異】孟子疏引此章文，首冠「孔子云」三字。新序雜事篇：「昔柳下季爲理於魯，三絀而不去。」黜字作「絀」，下「焉往不三絀」倣此。「可以去乎」，作「可以去矣」。後漢書崔駰傳注引論語作「可以去矣」。 漢石經「邦」諱作「國」。 風俗通義十反樊紹曰：柳下惠不去父母之國。

按：集注胡氏曰：「此必有孔子斷之之言，而亡之矣。」風俗通十反曰：「柳下惠三黜不去，孔子謂之不恭。」所亡斷之之言，或此是歟？（見四書考異）

【考證】論語後録：荀子曰：「展禽三絀。」絀即黜字。 戰國策：燕王喜謝樂毅書曰：「柳下惠吏於魯，三黜而不去。或謂之曰：『可以去。』柳下惠曰：『苟與人異，惡往而不黜乎？猶且黜乎，寧於故國爾。』」 列女傳：柳下惠處魯，三黜不去。妻曰：「無乃瀆乎？君子有二恥，國有道而賤，恥也；國無道而貴，恥也。今當亂世，三黜不去，亦近恥也。」惠曰：「油油之民將陷於害，吾能已乎？且彼爲彼，我爲我，彼雖裸裎，安能汙我？」油油然與之處仁於下位。既死，門人將誄之。妻曰：「誄夫子之德耶？二三子不知，妾知之也。」乃誄之，而謚爲惠。 勸學録（論語稽引）：岑鼎之徵，魯君欲以贋，惠必以真，魯君於是乎黜之。爰居之止，臧孫以爲吉，惠以爲災，文仲於是乎黜之。僖公之躋夏父，弗忌以爲明順，惠以爲不祥，弗忌於是乎黜之。是之謂三黜也。

【集解】孔曰：「士師，典獄之官。 焉往而不三黜者，苟直道以事人，所至之國，俱當復三黜。」

【唐以前古注】皇疏引李充云：舉世喪亂，不容正直，以國觀國，何往不黜也？ 又引孫綽云：言以不枉道而求留也。若道而可枉，雖九生不足以易一死，柳下惠之無此心，明矣。故每仕必直，直必不用，所以三黜也。

【集注】士師，獄官。黜，退也。柳下惠三黜不去，而其辭氣雍容，如此可謂和矣。然其不能枉道之意，則有確乎其不可拔者，是則所謂必以其道，而不自失焉者也。胡氏曰：「此必有孔子斷之之言而亡之矣。」

【餘論】論語集説引劉東溪曰：柳下惠，以和名於世者也，至爲士師，三黜而不變其道，曰：「直道而事人，焉往而不三黜？」使之少貶，豈有是哉！孟子曰：「柳下惠不以三公易其介。」介，節守也。三公尚不能易，而況士師乎？然遺佚而不怨，阨窮而不憫，降志辱身而不以爲屈，彼顧自謂有直以行乎其間，是以不屑去也。此木軒四書説：集注胡氏謂此必有孔子斷之之辭而亡之。案本篇柳下惠降志辱身，言中倫，行中慮，其斯而已矣。三黜不去，不謂之降辱乎？不肯枉道，老於父母之國，所謂中倫中慮者也。孔子斷之之辭，何以加於此乎？四書詮義：此篇所紀，往古實行及當時隱逸之人，皆當以夫子對看。孔子行二章，見孔子可去而去，不苟合，而非遯世；而楚狂三章，又見孔子惓惓救世之志，不能一日忘，仁至義盡，而必非徇人枉己，此子之無可無不可也。三仁無間，亦是所處之時位當然。若柳下惠，則視一世皆枉道；楚狂沮、溺、丈人輩，又視斯世之人爲若浼其趣，皆異於聖人，而各有所偏主矣。太師摯諸人實挹孔子流風，而周公之訓，八士之盛，又夫子所有志焉，而未之逮見者也。此章以本章玩之，則惠之和而介可見。以下二章參之，則孔子之時中，而惠之不恭，亦可見矣。孟子每以孔子與伯夷、伊尹、柳下惠並言，而要歸願學孔子，皆此篇之意也。

○齊景公待孔子曰：「若季氏，則吾不能；以季、孟之間待之。」曰：「吾老矣，不能用也。」孔子行。

【考證】史記世家：景公問政。孔子曰：「君君，臣臣，父父，子子。」他日又問。曰：「政在節財。」公説，欲以尼谿田封孔子。晏嬰進曰：「夫儒者，滑稽而不可軌法，倨傲自順，不可以爲下，崇喪遂哀，破産厚葬，不可以爲俗。今孔子盛容飾，繁登降之禮，累世不能殫其學，當年不能究其禮。君欲用之以移齊俗，非所以先細民也。」異日，景公止孔子曰：「奉子以季氏，吾不能；以季、孟之間待之。」齊大夫欲害孔子，孔子聞之。景公曰：「吾老矣，弗能用也。」孔子遂行，反乎魯。

按：孔子年譜，時昭公二十六年，孔子三十七歲，景公三十二年也。

經史問答：春秋之世，三卿次第無常，故如季文子爲上卿，而孟獻子受三命，則同爲上卿。及文子卒，武子列於獻子之下，叔孫昭子受三命，則亦以上卿先於季平子，是以命數論也。如王命同則司徒爲上，而司空班在第三，是以官論也。其當國執政，則又不盡然，如齊有命卿國、高，管仲乃下卿而相，是以賢也。叔孫昭子雖三命，而終不能抑季氏，是以權也。故齊景所云季、孟之間，非以三卿之序，言三桓之大宗在季氏，而友有再定閔、僖之功，行父又歷相宣、成，故最强。孟氏於三桓本庶長，而慶父、叔牙皆負罪，故孟、叔二氏，其禮之遜於季者不一而足。及敖之與茲，則茲無過，而赦以荒淫，幾斬其世，若非穀與難二賢子，孟氏幾不可支，故是時孟氏遜於叔氏。及獻子以大賢振起，遂與文子共當國而僑如爲亂，叔氏之勢始替。自是以後，孟氏之權亞於季，而駕於叔，蓋其始本以重德，及其後遂成世卿甲乙一定之序。故劉康公曰：「叔孫之位不若季、孟。」而僑如亦自曰：「魯之有季、孟，猶晉之有欒、范。」試觀四分公室，舍中軍則季氏將左師，孟氏將右師，而叔孫氏自爲軍，是三桓之勢季一孟二，不可墨守下卿之説，而輕之也。是則季、孟之間之説也。　四書典故辨正：季、孟之間者，季氏下，孟之上，即謂以待叔氏之禮待之，亦無不可。

四書釋地續：孔子在齊止一次，以昭公二十五年甲申，魯亂，遂適齊，至丙戌復反魯。考爾時爲景公之三十三年，距其薨於辛亥尚前二十五年，奈何輒自謂老？　蓋景公母叔孫宣伯之女。宣伯在齊爲成十六年丙戌，齊靈公納其女，嬖，生景公。以景公生於成十七八年計，即位改元，已二十七八歲，加以三十三年，遂歎老嗟衰，時蓋六十歲。當補集注一句曰：景公自言吾老，時蓋年近六十云。　黄氏後案：待孔子之待，依史記世家作「止」。止對行言，謂留之也。爾雅：「止，待也。」廣雅：「止，待逗也。」穆天子傳「乃命邢侯待攻玉者」，注：「待，留之也。」魯語「其誰云待之」，説苑正諫作「其誰能止之」。古待、止音同，相通用。

【集解】孔曰：「魯三卿，季氏爲上卿，最貴。孟氏爲下卿，不用事。言待之以二者之間。」何曰：「以聖道難成，故云：『吾老，不能用。』」

【唐以前古注】皇疏引江熙云：麟不能爲豺步，鳳不能爲隼擊。夫子所陳，必也正道，景公不能用，故託吾老。可合則往，於離則去，聖人無常者也。筆解：韓曰：「上段孔子行是去齊來魯也。下段孔子行是去魯之衞也。孔子惡季氏，患其强不能制，故出行他國。」李曰：「按史記孔子世家，子在衞，使子路伐三桓城，不克。此是仲尼既不克三桓，乃自衞反魯，遂作春秋。春秋本根不止傷周衰而已，抑亦憤齊將爲陳氏，魯將爲季氏云。」

按：筆解此注，應在齊人歸女樂章後，誤列於此。

【集注】魯三卿，季氏最貴，孟氏爲下卿，孔子去之，事見世家。然此言必非面語孔子，蓋自以告其臣，而孔子聞之爾。程子曰：「季氏强臣，君待之之禮極隆，然非所以待孔子也。以季、孟之間待之，則禮亦至矣。然復曰『吾老矣，不能用也』，故孔子去之。蓋不繫待之輕重，特以不用而去爾。」

【餘論】劉氏正義：景公雖欲待孔子，而終不果行，後又託於吾老而不能用，孔子所以去齊而反魯也。待孔子與吾老之言非在一時，故論語用兩曰字別之。

○齊人歸女樂，季桓子受之，三日不朝，孔子行。

【考異】釋文：歸如字，鄭作「饋」，其貴反。漢書禮樂志「齊人饋魯而孔子行」，師古注引論語曰：「齊人饋女樂。」後漢書蔡邕傳「齊人歸樂，孔子斯征」，章懷注引論語曰：「齊人饋女樂。」文選鄒陽上書注亦引論語「齊人饋女樂」。

【考證】史記世家：孔子行攝相事，齊人聞而懼曰：「孔子爲政必霸。霸則吾地近焉，我之爲先并矣。盍致地焉？」犁鉏曰：「請先嘗沮之。沮之而不可，則致地，庸遲乎？」於是選齊國中女子好者八十人，皆衣文衣而舞康樂，文馬三十駟，遺魯君。陳女樂文馬於魯城南高門外。季桓子微服往觀再三，將受，乃語魯君爲周道游，往觀終日，怠於政事。子路曰：「夫子可以行矣。」孔子曰：「魯今且郊，如致膰乎大夫，則吾猶可以止。」桓子卒受齊女樂，三日不聽政，郊又不致膰俎於大夫，孔子遂行。　家語子路初見篇略同。　韓非子内儲説：仲尼爲政於魯，齊景公患之。黎且謂景公曰：「君何不迎之重禄高位。遺哀公女樂以驕榮其志，哀公新樂之，必怠於政，仲尼必諫，諫必輕絶於魯。」景公曰善，乃令黎且以女樂六遺哀公。哀公樂之，果怠於政。仲尼諫不聽，去而之楚。　翟氏考異：孔子爲政於魯，在定公時，韓非以爲哀公，誤也。其云諫之不聽乃去，則於聖人去父母國之道獨爲周緻。當歸女樂時，孔子必嘗極諫。觀齊人之不敢直陳魯庭，桓子之不敢公行魯國，可以意會其故。論語、孟子俱不專於紀事，各見一邊，理無嫌也。史記不兼取韓非語，便成闕失。　鄉黨圖考：按世家歸女樂、去魯、適衛皆敍於定公十四年，非也。定十三年夏，有築蛇淵囿，大蒐比蒲，皆非時勞民之事。使夫子在位而聽其行之，則何以爲夫子？　考十二諸侯年表及衛世家，皆於靈公三十八年書「孔子來，禄之如魯。」衛靈公三十八當魯定十三，蓋女樂事在十二、十三冬春之間，去魯實在十三年春。魯郊常在春，故經不書。當以衛世家爲正。　拜經日記：孔子世家，定公十二年夏，孔子言於定公曰：「臣無藏甲，大夫毋百雉之城。」使仲由爲季氏宰，將墮三都。至十二月，公圍成弗克。此專敍墮三都本末。又曰，定公十二年，孔子年五十四，由大司寇攝行相事，與聞國政。齊人聞而懼，陳女樂文馬於魯城南高門外。桓子卒受女樂，郊又不致膰俎於大夫，孔子遂行。至桓子喟然歎曰：「夫子罪我以羣婢故也。」夫此專敍孔子去魯本末。復提定公年者，以文繁事多，故再言以明之。魯世家括其要曰：「十二年，使仲由毀三桓城，收其甲兵。孟氏不肯墮城，伐之，不克而止。」此一事也。又曰：「季桓子受齊女樂，孔子去。」此又一事也。淺人改孔子世家定公十二年孔子年五十四爲定公十四年孔子年五十六，由不諳復提文法耳，當據年表及魯世家正之。臨海洪震煊云：「孔子於郊後去魯，不脱冕而行。魯郊以孟春，是孔子去魯在定十三年春，以爲定十二冬者誤也。」案禮記明堂位：「魯君孟春乘大路，載弧韣，旂十有二旒，日月之章，祀帝於郊。」注云：「孟春，建子之月。」又雜記：「正月日至可以有事於上帝。」注云：魯以周公之故，得以正月日至之後郊天，是魯郊在周正首月，實夏正之十一月也。孔子於魯定十二年冬十一月郊後去魯，至十二月公圍成弗克，孔子已去魯矣。初叔孫氏先墮郈，季氏將墮費，公山不狃、叔孫輒率費人襲魯，公與三子入於季氏之宫，登武子之臺，費人攻之，弗克，入及公側。孔子命申句須、樂頎下伐之，費人北，國人追之，敗諸姑蔑，二子奔齊，遂墮費。此見聖人之臨事而懼，好謀而成。使十一月不去魯，則十二月圍成有不克乎？明茅氏坤未審史公文律，乃曰孔子欲墮三都，墮郈與費矣，而成卒不能墮，以勢之無可奈何也。是未知孔子去魯在十一月，公圍成弗克在十二月也。

劉氏正義：孟子言孔子於季桓子有見行可之仕，世家亦言行乎季孫，三月不違，其任孔子甚專。至將死，命康子必反孔子，此不得謂不知孔子矣。乃受齊女樂，甘墮齊人術中，而迫孔子以不得不行，此當別有隱情，或即惑於公伯繚之愬，以夫子爲强公弱私，不利於己，故孔子於女樂之受，雖諫亦不聽也。世家言孔子去魯適衛，而韓非及檀弓皆言適楚，亦傳聞各異。

【集解】孔曰：「桓子，季孫斯也。使定公受齊之女樂，君臣相與觀之，廢朝禮三日。」

【唐以前古注】皇疏引江熙云：夫子色斯舉矣，無禮之朝，安可以處乎？

【集注】季桓子，魯大夫，名斯。案史記定公十四年，孔子爲魯司寇，攝行相事。齊人懼，歸女樂以沮之。尹氏曰：「受女樂而怠於政事如此，其簡賢棄禮，不足與有爲可知矣。夫子所以行也，所謂見幾而作，不俟終日者與？」范氏曰：「此篇記仁賢之出處，而折衷以聖人之行，所以明中庸之道也。」

【餘論】論語集注考證：孔子生長於魯，至是五十餘年，天下之士多從之者，魯之君臣豈有不知其賢，而未嘗能用孔子也。定公之十年，一旦起而用之，論語、左氏皆不言其故，獨孟子稱孔子於季桓子見行可之仕，而此篇謂季桓子受女樂不朝，孔子行，是孔子此時之行藏繫季桓子之用舍也。何哉？魯自三家四分公室，而季氏取其二。季氏專魯，而魯公無民久矣。使魯之君而欲用孔子，豈能遽奪季氏之權以畀孔子？季氏亦豈肯遜己之權以與孔子哉？自定公之五年季平子卒，其家臣陽虎始用事，乃執桓子囚之，辱之於晉，陷之於齊師，且盟且詛。八年，又將享桓子而殺之，僅而獲免。當是時，非惟魯國不可爲，而季氏亦自不可支矣。桓子於此，亦謀所以爲止亂興衰之計，故舉孔子於公而試用之。已而政聲四達，却齊而歸地，於是攝行相事，墮三都。夫三都者，三家之疆邑也，當是時，公山弗擾在費，而郈侯犯之，亂未久也。三家之有三都，本非公室之便，而三都之爲三都，至是亦非三家之便矣。故仲孫氏始墮郈，繼而季桓子墮費，已而孟孫氏不肯墮成，圍之，弗克。其不肯墮成也，公斂處父之言曰：「無成，是無孟氏也。」然則無費是亦無季氏也，而墮之，當是時，桓子之心未敢自計其私也。夫三都已墮其二，則成之不墮固亦未害，夫子久之必有處矣。既而魯國方治，而齊人乃歸女樂以沮之。夫使孔子上下之交方固，桓子之志未移，則一女樂豈足以間之？齊人素善謀功利者，歸女樂而謂足以間魯之用孔子，豈不幾於兒戲乎？是殆必得其間矣。季氏，權臣也。桓子舍己之權以聽孔子，而墮其名都以强公室。其中豈無介介者？顧以衰敗之餘，藉以振起，今紀綱既定，外侮既却，魯既治矣，桓子豈甘終於自絀者？縱桓子甘之，季氏私人必有以爲不利者，故其信任之意必已漸衰，特未敢驟舍孔子，而孔子顧亦無隙可行爾。故齊人歸女樂以促之，夫齊何懼於我而歸女樂？於事可疑，於禮非正，有國者固不可陷此，爲鄰國所覘也。使桓子而猶爲夫子之聽，豈其受此？受之已非矣，而又君臣荒淫其中，三日不朝，故孔子去之。然考之孟子與史記，蓋爲膰肉不至而行也。而此篇則謂爲女樂，蓋孔子之行決於此，而特發於膰肉耳。孟子曰：「孔子爲魯司寇，不用。從而祭，膰肉不至，不税冕而行。」夫謂之不用，則不用固久矣，受女樂其事一也。夫郊之必致膰於大夫，彝禮也，孔子何此之待哉？待遇之衰必有日矣。夫使其致膰，猶彝禮也，而不致是顯然疏却之也，於是而行，復何俟哉？此夫子之出處本末事情也。

○楚狂接輿歌而過孔子曰：「鳳兮鳳兮！何德之衰？往者不可諫，來者猶可追。已而，已而！今之從政者殆而。」

【考異】論語集注考證：輿，莊子一本又作「與」，同音餘。七經考文：古本「歌而過孔子」下有「之門」二字，足利本同。翟氏考異：高士傳：「楚狂姓陸名通。」則接輿非其名，乃接孔子乘輿耳。後文孔子下，不云下輿，以輿已先見此也。既言接輿，何得再言遊門？莊周趁一時之筆，而鄭康成遂訓後下字爲下堂出門，蒙未敢以爲信也。漢石經作「何而德之衰也？往者不可諫也，來者猶可追也。」廣川書跋：漢石經作「何得之衰」，與洪氏隸釋傳文異。皇本「衰」下、「諫」下、「追」下並有也字。唐石經「何德之衰也」，有也字。史記世家：往者不可諫兮，來者猶可追也。釋文：魯讀期斯已矣，今之從政者殆。今從古。翟氏考異：魯讀期斯已矣者，疑屬上篇問喪章期而已矣。如陸云，則魯論已嘗有錯簡矣。鄭注不傳，難以遽斷。潘氏集箋：魯蓋讀已爲「期斯已矣」之已，釋文當有脱字，非讀此句爲「期斯已矣」，翟説非也。

【考證】楚辭九章「接輿髡首兮」，王逸注：「接輿，楚狂接輿也。髡，剔也。首，頭也。自刑身體，避世不仕也。」法言淵騫篇：狂接輿之被其髮也。高士傳：接輿姓陸名通，字接輿，楚人也。好養性，躬耕以爲食。楚昭王時，通見楚政無常，乃佯狂不仕，故時人謂之楚狂。莊子人間世：孔子適楚。楚狂接輿遊其門，歌曰：「鳳兮鳳兮！何德之衰也？來世不可待，往世不可追也。天下有道，聖人成焉。天下無道，聖人生焉。方今之世，僅免刑焉。福輕乎羽，莫之知載。禍重乎地，莫之知避。已乎已乎！臨人以德。殆乎殆乎！畫地而趨。迷陽迷陽，無傷吾行。吾行卻曲，無傷吾足。山木自寇也，膏火自煎也。桂可食，故伐之。漆可用，故割之。人皆知有用之用，而莫知無用之用也。」劉氏正義：接輿，楚人，故稱楚狂。莊子逍遥遊：「肩吾問於連叔曰：『吾聞言於接輿。』」應帝王篇：「肩吾見狂接輿。狂接輿曰云云。」又「接輿曰云云」。此外若荀子堯問、秦策、楚辭、史記多稱接輿，故馮氏景解舂集謂接是姓，輿是名。引齊稷下辨士接子作證。皇甫謐高士傳：「陸通字接輿。」妄撰姓名，殊不足據。韓詩外傳稱「楚狂接輿躬耕以食，楚王使使者齎金百鎰，願請治河南。接輿笑而不應，乃與其妻偕隱。變易姓字，莫知所之。」觀此，則接輿乃其未隱時所傳之姓字。後人因孔子下解爲下車，遂謂楚狂與夫子之輿相接而歌，誤也。秦策：「范雎曰：『箕子、接輿，漆身而爲厲，被髮而陽狂，無益於殷、楚。』」史記鄒陽傳：「上書曰：『箕子佯狂，接輿避世。』」楚辭涉江云：「接輿髡首。」髡首如仲雍之斷髮。漆身髡首，皆佯狂之行，故此注言接輿佯狂也。

按：劉說是也。曹氏之升曰：「論語所記隱士皆以其事名之，門者謂之晨門，杖者謂之丈人，津者謂之沮、溺，接孔子之輿者則謂之接輿，非名亦非字也。」孟子萬章問不見諸侯何義章正義曰：「楚狂接輿是楚人，姓陸名通，字接輿也。」蓋本於高士傳。馮景引齊稷下辯士接子爲接氏之證。後人泥於下文「孔子下」之文，以爲即下車，遂以接輿爲接孔子之輿，非也。考莊子人間世，孔子適楚，楚狂接輿游其門，則非接孔子之輿矣，當以接氏輿名爲是。

黄氏後案：楚狂歌詞尊敬聖人，復爲聖人防患，歎惜時事，情詞悲切，先儒謂楚狂非常人，良是。歌語衰追爲韻，衰，古音以齋縗之讀爲正。已殆爲韻，已，古音讀與采切，詩蒹葭、節南山與采殆韻。三而字亦韻。

【集解】孔曰：「接輿，楚人。佯狂而來歌，欲以感切孔子，比孔子於鳳鳥，鳳鳥待聖君乃見。非孔子周行求合，故曰衰。已往所行不可復諫止，自今以來可追自止，辟亂隱居。已而已而者，言世亂已甚，不可復治也。再言之者，傷之深也。」

【唐以前古注】皇疏：接輿，楚人也，姓陸名通，字接輿。昭王時政令無常，乃被髮佯狂不仕，時人謂之爲楚狂也。時孔子適楚，而接輿行歌從孔子邊過，欲感切孔子也。此接輿歌曲也，知孔子有聖德，故以比鳳，但鳳鳥待聖君乃見，今孔子周行屢不合，所以是鳳德之衰也。言屢適不合，是示已往事不復可諫，是既往不咎也。來者，謂未至之事也。未至之事猶可追止，而使莫復周流天下也。已而者，言今世亂已甚也。殆而者，言今從政者皆危殆，不可復救治之者也。

【集注】接輿，楚人，佯狂辟世。夫子時將適楚，故接輿歌而過其車前也。鳳有道則見，無道則隱，接輿以比孔子，而譏其不能隱爲德衰也。來者可追，言及今尚可隱去。已，去也。而，語助詞。殆，危也。接輿蓋知尊孔子而趣不同者也。

【别解】戴望論語注：往者不可諫，來者猶可追。往，往世也。諫猶正也。來，來世也。言待來世之治，猶可追乎？明不可追。莊子述此歌曰：「往世不可追，來世不可待。」又曰：殆，疑也。昭王欲以書社地封孔子，令尹子西沮之。故言今之從政者見疑也。劉氏正義：案戴説是也。孔子世家載子西説云：「且楚之祖封於周，號爲子男五十里。今孔丘述三王之法，明周、召之業。王若用之，則楚安得世世堂堂方數千里乎？夫文王在豐，武王在鎬，百里之君，卒王天下。今孔丘得據土壤，賢弟子爲佐，非楚之福也。」是子西以夫子得志不利於楚，故疑之也。莊子云：「殆乎殆乎！畫地而趨。」畫地即指封書社之事，明以此見殆，則殆訓疑至確也。春在堂隨筆：余因子高解往者不可諫，而悟來者猶可追之義。周官追師注：「追，猶治也。」猶可追，言猶可治也。夫子删詩、書，定禮、樂，贊周易，修春秋，爲後世法，皆所以治來世也。公羊子曰：「制春秋之義，以俟後聖，以君子之爲亦有樂乎此也。」深得孔子之意，而皆自楚狂一言發之，楚狂之功大矣。

【餘論】匏瓜録：晨門、荷蕢、沮、溺、丈人，皆無意於遇孔子而遇之者也。楚狂則有意於遇孔子而遇之者也。狂，楚人也。楚之有道無道，可仕不可仕，見之審矣。聞孔子將之楚，故歌以迎之；思孔子之不必適楚，故歌以止之。車前矢音，敬愛兼至，勸戒互陳，若惟恐孔子罹於從政之殆者，卒之受困於陳、蔡，見沮於子西。吾道之窮，楚狂若先料之，有心哉狂也。四書詮義：以下數章，皆見聖人之不忍於避世也。接輿諸人高蹈之風致自不可及，其譏孔子處，亦非謂孔子果趨慕榮禄，同於俗情；但世不可爲，而勞勞車馬，深爲孔子惜耳。顧天下無不可爲之時，而隱士必以爲不可爲，則聖人之見達，而隱士之見膠。天下有不忍絶之情，而隱士必果於忘世，則聖人之情仁，而隱士之情忍。天下有不可逃之義，而隱士祇潔其一身，則聖人之德溥，而隱士之德孤。故隱士每冷譏孔子，而孔子亦惓惓於隱士，欲與之語，以廣其志，此聖人之至教也。

**孔子下，欲與之言。趨而辟之，不得與之言。**

【考異】皇本「辟」作「避」，「言」下有也字。

【考證】論語古訓：按此當與荷蕢過孔門同，故鄭云下堂出門也。莊子人間世云：「孔子適楚，楚狂接輿遊其門曰：『鳳兮鳳兮！何德之衰也？』」足爲下堂出門之明證。包云下車，誤矣。　潘氏集箋：包以爲下車者，蓋以接輿爲接孔子之輿，不著姓名。論語竢質謂其不欲人知，而以皇甫謐造設姓名爲妄。四書考異反據謐所云姓陸名通，以證接輿之非姓名，謬矣。鄭以下爲下堂出門者，莊子人間世云：「孔子適楚，楚狂接輿遊其門曰鳳兮鳳兮云云。」蓋謂如荷蕢過孔氏之門，故以孔子爲下堂出門也。論語偶記據秦策「箕子、接輿，漆身而爲厲，披髮而爲狂。」宋翔鳳又據尸子「楚狂接輿，耕於方城。」證其爲姓名，而非接孔子之輿是也。維城案下車之説，魯論説也。下堂出門之説，古論説也。　劉氏正義：注以下爲下車，則前云「歌而過」，當謂過夫子車前也。鄭注云：「下堂出門也。」與包異者，鄭以莊子言「孔子適楚，楚狂接輿遊其門」，是夫子在門内，非在車上，故以下爲下堂也。前篇「下而飲」、「拜下」皆不言堂，與此同。高士傳前用莊子「遊其門」之文，及此復從包氏以爲下車，不免自相矛盾。

【集解】包曰：「下，下車也。」

【唐以前古注】釋文引鄭注：下，下堂出門也。皇疏引江熙云：言下車，明在道聞其言也。若接輿與夫子對共情言，則非狂也。達其懷於議者修其狂迹，故疾行而去也。

【集注】孔子下車，蓋欲告之以出處之意。接輿自以爲是，故不欲聞而辟之也。

【餘論】黄氏後案：或疑狷介之士與言何益？曰天下大事，惟恬淡者能任之，人有不爲也而後可以有爲，此夫子所不忍絶之也。韓詩外傳五曰：「朝廷之士爲禄，故入而不出。山林之士爲名，故往而不返。」爲名者避污名，勵清操也，其品足嘉矣。韓傳又曰：「入而不能出，往而不能返，通移有常，聖也。」然則聖狂之異，亦可知矣。

○長沮、桀溺耦而耕，孔子過之，使子路問津焉。

【考異】漢婁壽碑：「榮且、溺之耦耕。」隸辨曰：「此非同音而借。」或漢時傳論語有不同也。史記世家：長沮、桀溺耦而耕，孔子以爲隱者，使子路問津焉。梁書處士傳序：孔子稱長沮、桀溺隱者也。文選逸民傳論注引文無之字。翟氏考異：夫子但稱丈人爲隱者，於沮、溺未稱，梁書所云，蓋承史記文誤合爲一。水經注言方城西有黄城山，是長沮、桀溺耦耕之所。有東流水，乃子路問津處。據尸子，則云「楚狂接輿耕于方城」，接輿、沮溺二事亦將合爲一矣，記載中此類頗多。

【考證】集注考證：長沮、桀溺各皆從水，子路問津，一時何從識其姓名？此蓋以物色名之，如荷蕢、晨門、荷蓧丈人之類。蓋二人耦耕於田，其一人長而沮洳，一人桀然高大而塗足，因以名之也。水經注：潕水方城西有黄城山，即沮、溺耦耕之所。下有東流水，子路問津處。史記正義引聖賢冢墓記：南陽葉邑方城西有黄城山，即長沮、桀溺耦耕所。有東流水，則子路問津處也。括地志云：「黄城山俗名菜山，在許州葉縣西南二十五里。」四書通引吴氏曰：接輿書楚，故沮、溺、丈人不復書，蓋皆楚人。馮氏椅曰：沮，沮洲也。溺，淖溺也。長謂久，桀謂健。觀二子命名之義，其志於辟世久矣。論語後録：耦耕即合人耦也。周官里宰：「以歲時合耦于耡，以治稼穡，趨其耕。」古者有牛耦，有人耦。耦耕者，人耦也。山海經云：「后稷之孫叔均始作牛耕。」然則謂漢搜粟都尉趙過教民爲之者，非矣。依月令，耦耕在季冬時。四書辨證：周官里宰鄭注：「歲時合人耦，則牛耦可知。」賈曰：「周時未有牛耕，至漢時搜粟都尉趙過始教牛耕。今鄭云然者，或周末兼有牛耕，至趙過專用牛耕。」又趙策：「秦以牛田水通糧。」吴師道曰：「或以爲漢始用牛耕，而字書犁從牛，冉耕字伯牛，司馬牛名犁，不可謂牛耕非古。」愚謂更有可徵者，晉語竇犨謂趙簡子曰：「夫范氏、中行氏，今其子將更於野，宗廟之犧爲畎畝之勤。」又尸子：「或勸夷逸仕。逸曰：『吾譬則牛，寧服軛以耕於野，豈忍被繡入廟爲牲乎？』」且山海經有云：「后稷之孫叔均始作牛耕。」則牛耕之來遠矣。後儒據詩、書，謂牛只備服賈服箱之用，禮稱八蜡迎貓祭虎，謂其有功於田也；而不及牛，則牛無功於田可知。其所執亦偏矣。疏曰：「謂二人並頭發也。二耜爲耦者，二人各一耜，若長沮、桀溺耦而耕，此兩人共發，一尺之地，未必並頭發。知者，孔子使子路問長沮，沮不對，又問桀溺。若並頭共發，不應別問桀溺，明前後不並可知。」按鄭以二人並頭耕爲耦，賈以前後遞耕爲耦，饒雙峯言二耜同隊而耕謂之耦，正賈說也。問津處，寰宇記凡六見：一長垣縣之蒲邑，一閿鄉縣之蒲城，一河東城之蒲津關，一梁縣之黄成山，一葉縣之黄城山，一北陽縣之苦菜山。而在梁在葉及北陽者，實一山也。故樂史於黄成山云：「一名苦菜山。」於北陽之苦菜山云：「即黄成山。」且曰：「自葉至北陽，南北相毗，連亘百里，亦曰長城山，即長沮、桀溺耦耕處。下有東流水，即子路問津之所。」於葉縣黄成山引聖賢冢墓記亦云然。由是觀之，問津處雖六見，而於黄城山論之獨詳，蓋以在是矣。今考孔子世家，係問津於去葉反蔡時，則津在黄城山下明甚。劉氏正義：近時山東通志又謂：「魚臺縣桀溺里在縣北三十里，相傳爲子路問津處。其地乃濟水經流之地，有問津亭碑，載夫子適陳、蔡。有渡，有橋，有菴，俱以問津名。」考魚臺爲魯棠邑，夫子時非去魯，何緣於此問渡？地里書多難徵信若此。世家云：「孔子以隱者，使子路問津焉。」論衡知實篇謂「孔子使子路問津，欲觀隱者之操」，此或古論家說。然求意太深，反失事實。

【集解】鄭曰：「長沮、桀溺，隱者也。耜廣五寸，二耜爲耦。津，濟渡處。」

【集注】二人隱者。耦，並耕也。時孔子自楚反乎蔡。津，濟渡處。

長沮曰：「夫執輿者爲誰？」子路曰：「爲孔丘。」曰：「是魯孔丘與？」曰：「是也。」曰：「是知津矣。」

【考異】漢石經「輿」作「車」，「誰」下有子字，「曰是」下無也字、曰字。　皇本「誰」下有乎字，「曰是」上有對字。高麗本同。　史記世家「夫」作「彼」。

【集解】馬曰：「言數周流，自知津處。」

【集注】執輿，執轡在車也。蓋本子路御而執轡，今下問津，故夫子代之也。知津，言數周流，自知津處。

問於桀溺。桀溺曰：「子爲誰？」曰：「爲仲由。」曰：「是魯孔丘之徒與？」對曰：「然。」曰：「滔滔者天下皆是也，而誰以易之？且而與其從辟人之士也，豈若從辟世之士哉？」耰而不輟。

【考異】釋文：「孔子之徒與」，一本作「子是」。「滔滔」，鄭本作「悠悠」。　史記世家「是」作「子」，「滔滔」亦作「悠悠」。　翟氏考異：史記世家注引孔安國曰：「悠悠者，周流之貌也。」文選晉紀總論注亦引孔氏論語注曰：「悠悠，周流之貌。」今集解本所用孔注已改隨正文作「滔滔」。　讀書叢錄：魯讀作「慆慆」，古論作「悠悠」。文選幽通賦：「溺招路以從己兮，謂孔氏猶未可。安慆慆而不萉兮，卒隕身乎世禍。」曹大家注：「慆慆，亂貌。」漢書敘傳小顔注引論語「慆慆者天下皆是也。」釋文：「鄭本作悠悠。」史記世家同。鄭從古文。文選養生論「夫悠悠者既以未效不求」，李善注引論語爲證。字當作「悠悠」，今本作「滔滔」者，是後人改。　鄱陽胡克家文選考異曰：滔滔，袁本作「悠悠」。陳云：「陸氏釋文：『滔滔，鄭本作悠悠。』注自據鄭康成本，與他本不同。」是也。　論語古訓：鄭本作「悠悠」者，孔子世家云：「悠悠者天下皆是也。」晉紀總序云：「悠悠風塵。」注並引孔安國曰：「悠悠者，周流之貌也。」後漢朱穆傳云：「悠悠者，皆見其可稱乎。」亦本此，知鄭與古論同也。今本皆作「滔滔」，豈何晏從魯論妄改經注？　漢石經作「櫌不輟」，無而字。「辟」作「避」。皇本、高麗本亦作「避」。　史記引「且而」句無而字、也字。　說文解字引論語「櫌而不輟」。　五經文字：櫌音憂，見論語，今經典及釋文皆作「耰」。類篇耒部耰字下引論語「耰而不輟」，木部櫌字下又引論語「櫌而不輟」。

【考證】羣經補義：耰，摩田也，又曰覆種。或疑播種之後不可摩，摩則種不固，然沮、溺耦耕時即耰。國語云「深耕而疾耰之」，是耰在播種之後。問諸北方農人曰：播種之後，以土覆是，摩而平之，使種入土，鳥不能啄也。　羣經識小：耰有二義。孟子「播種而耰之」，說文徐注謂耰爲摩田器，布種後此器摩之，使土開發處復合覆種者是也。此處之耰，即齊語「深耕而疾耰之，以待時雨」，韋注云：「耰，摩平也。時雨至當種之也。」莊子則陽篇「深其耕而熟耰之」，注：「耰，耡也。」史記龜筴傳：「耕之耰之，耡之耨之。」其事皆與耕相連，在布種之前。　論語後録：說文：「櫌，摩田器。」服虔說鉏柭，徐廣說田器，高誘說椓塊椎，三輔謂之櫌，所以覆種。是又不止二義矣。劉氏正義：案鹽鐵論大論篇言「孔子云『悠悠者皆是』」，皆同鄭本，當是古論。集解從魯論作「滔滔」也。又漢書班固叙傳：「固作幽通賦曰：『溺招路以從己兮，謂孔氏猶未可。安慆慆而不萉兮，卒隕身乎世禍。』」鄧展曰：「慆慆者，亂貌也。萉，避也。」師古曰：「論語稱桀溺曰：『滔滔者天下皆是也。』」此引論語作「慆」，亦由所見本異。舀聲古音在蕭幽部，故與悠通。盧氏文弨釋文考證：「史記世家集解引此注『滔滔』作『悠悠』，又文選四十九干令升晉紀總論『悠悠風塵』，注所引孔注亦同。是古論作『悠悠』，鄭、孔皆同。何晏依魯論作『滔滔』，采孔注而改之，妄甚。」今案悠悠訓周流，疑與詩「淇水滺滺」同，即「滺」之或體。水回旋周流，皆是此水，喻當世之亂同也。注云「治亂同」者，連言耳。空舍此適彼，言彼此皆同，不必以此易彼也。説似可通，但與下句「丘不與易」義不協。

【集解】孔曰：「滔滔者，周流之貌。言當今天下治亂同，空舍此適彼，故曰『誰以易之』也。」何曰：「士有避人之法，有避世之法。長沮、桀溺謂孔子爲士，從避人之法；己之爲士，則從避世之法。」鄭曰：「耰，覆種也。輟，止也。覆種不止，不以津告。」

【集注】滔滔，流而不反之意。以，猶與也。言天下皆亂，將誰與變易之。而，汝也。辟人，謂孔子。辟世，桀溺自謂。耰，覆種也。亦不告以津處。

【餘論】黄氏後案：而訓汝者，而爾疊韻，而汝雙聲也。經兩言從，是招子路從之，何解非也。耰，漢石經作「櫌」，説文引此亦作「櫌」，云摩田器。許以物言，鄭君云覆種，以人用物言。皇疏言植穀之法，先散後覆而用以櫌也。徐氏説文繫傳「布種後以器摩之，使土開發處復合以覆之」是也。齊語：「深耕而疾櫌之以待時雨。」韋曰：「櫌，摩平也。」齊民要術曰：「古曰櫌，今曰勞。耕荒畢，以鐵齒鎇錂再徧杷之，漫擲黍穄，勞亦再徧。」義亦同。

**子路行以告。夫子憮然曰：「鳥獸不可與同羣，吾非斯人之徒與而誰與？天下有道，丘不與易也。」**

【考異】漢石經無行字、無夫字。史記亦無行字。皇本、高麗本「羣」下有也字。足利本「誰與」下有之字。三國志管輅傳注引輅別傳：孔子曰：「吾不與鳥獸同羣。」管寧傳引仲尼言，「誰與」下有哉字。七經考文：一本「誰與」下有之字。史記世家述此章文，獨無「吾非斯人之徒與而誰與」一句。

【音讀】羣經平議：兩與字並語詞，猶云吾非斯人之徒邪而誰邪，其語意自有與斯人相親之意。然讀兩與字爲相與之與，則於文義未得矣。釋文曰：徒與誰與並如字，又並音餘。當以音餘爲長。

【考證】劉氏正義：三蒼云：「憮然，失意貌也。」孟子滕文公上「夷子憮然」，趙注：「憮然者，猶悵然也。」焦氏循正義：「説文：『憮，一曰不動。』爾雅釋言云：『憮，撫也。』廣雅釋詁既訓撫爲安，又訓撫爲定，安定皆不動之義。蓋夫子聞子路述沮、溺之言，寂然不動，久而乃有鳥獸不可同羣之言。此夷之聞徐辟述孟子之言，寂然不動，久而乃有命之之言。」案焦説與三蒼義合。蓋人失意，每致寂然不動，如有所失然也。沮、溺不達己意而妄非己，故夫子有此容。

【集解】孔曰：「隱居於山林，是與鳥獸同羣也。吾自當與此天下人同羣，安能去人從鳥獸居乎？」何曰：「憮然，謂其不達己意而便非己也。不與易者，言凡天下有道者，某皆不與易也，己大而人小故也。」

【唐以前古注】皇疏引江熙云：易稱「天下同歸而殊塗，一致而百慮」。君子之道，或出或處，或默或語，所以爲歸致，期於内順生徒，外惙教旨也。惟此而已乎。凡教，或即我以導物，或報彼以明節，以救急疾於當年，而發逸操於沮、溺，排彼抗言於子路，知非問津之求也。於時風政日昏，彼此無以相易，良所以猶然，斯可已矣。彼故不屑去就，不輟其業，不酬栖栖之問，所以遂節於世，而有惙於聖教者存矣。道喪於兹，感以事反，是以夫子憮然曰：「鳥獸不可以同羣也。」明夫理有大倫，吾所不獲已也。若欲潔其身，韜其蹤，同羣鳥獸，不可與斯民，則所以居大倫者廢矣，此即我以致言，不可以乘彼者也。丘不與易，蓋物之有道，故大湯、武亦稱夷、齊，美管仲而無譏邵忽。今彼有其道，我有其道，不執我以求彼，不係彼以易我，夫可滯哉！　又引沈居士云：世亂，賢者宜隱而全身，聖人宜出以宏物，故自明我道以救大倫。彼之絶迹隱世，實由世亂；我之蒙塵栖遑，亦以道喪，此即彼與我同患世也。彼實中賢，無道宜隱，不達教者也。我則至德，宜理大倫，不得已者也。我既不失，彼亦無違，無非可相非。且沮、溺是規子路，亦不規夫子。謂子路宜從己，不言仲尼也。自我道不可復與鳥獸同羣，宜與人徒，本非言彼也。彼居林野，居然不得不羣鳥獸，羣鳥獸，避世外，以爲高行，初不爲鄙也。但我自得耳，以體大居正，宜宏世也。下云「天下有道，丘不與易也」，言天下人自各有道，我不以我道易彼，亦不使彼道易我，自各處其宜也。如江熙所云「大湯、武而亦賢夷、齊，美管仲亦不譏邵忽」也。

【集注】憮然，猶悵然，惜其不喻己意也。言所當與同羣者，斯人而已，豈可絶人逃世以爲潔哉。天下若已平治，則我無用變易之；正爲天下無道，故欲以道易之耳。程子曰：「聖人不敢有忘天下之心，故其言如此也。」張子曰：「聖人之仁，不以無道必天下而棄之也。」

# 論語集釋卷三十七

## 微子下

○子路從而後，遇丈人，以杖荷蓧。子路問曰：「子見夫子乎？」丈人曰：「四體不勤，五穀不分，孰爲夫子？」植其杖而芸。

【考異】釋文：「蓧」，本又作「條」，又作「莜」。説文解字引論語「以杖荷莜」。玉篇引論語亦作「莜」。皇本「蓧」作「篠」。經解鈎沉引包氏章句作「篠」。漢石經作「置其杖而耘」。釋文曰：「植音值，又市力反。芸多作耘字。」文選陶淵明歸去來辭、應休璉與從弟書二注皆引論語作「耘」。

【考證】論語竢質：蓋田中除草之器，耘者所需也。吳氏遺著：古作「莜」本字，今作「蓧」俗字，而匸部又有㔯，訓田器，蓋「莜」之别出字。吾亦廬稿：王氏農桑圖曰：「蓧字從草從條，取其象也，即今盛穀種器，與簣同類。可杖荷者，以其差小耳。」論語古訓：説文云：「莜，艸田器。从艸，條省聲。論語曰：以杖荷莜。」是莜爲正字，釋文又作「莜」者是也。作「條」者假用也。今作「篠」，俗或作省也。皇本作「篠」，集解包曰：「篠，竹器。」義疏以杖擔一器籮簏之屬，竟誤以經文从竹。邢本經文雖作篠，而注竹器則承其誤。惟史記集解引作艸器，與説文合，今據正之。丁教授曰：「説文云：『癹，以足蹋夷艸。从癶，从殳。春秋傳曰：癹夷蘊崇之。』今南昌人耘田用一具形如提梁，旁加索納於足下，手持一杖，以足蹋艸入泥中，名曰脚蹬，是可爲論語以杖荷莜，植杖而耘，及説文莜字、癹字之證。」丁得諸目驗云。九經古義：詩商頌「置我鞉鼓」，箋云：「置讀曰植。」正義云：「金縢云：『植璧秉圭。』鄭注云：『植，古置字。』然則古者置、植字同。」説文曰：「植，或作『⿰木置』，从置。」羣經補義：植杖而芸，似是植杖於他處。然今人芸田必以足扶杖，乃能用足，則植杖猶云柱杖也。羣經義證：吕氏春秋異用篇有置杖之文，是植、置爲一字也。四書典故辨正：按洪适隸釋載蔡邕石經殘碑「植」作「置」，蓋植置字同。是以商頌「置我鼗鼓」，鄭箋云：「置讀爲植。」書金縢「植璧秉圭」，鄭注云：「植，古置字。」孔傳亦云：「植，置也。」此孔注訓植爲倚，朱注訓立之，蓋從杖字生解，非古義矣。讀書叢録：芸即耘字之省。潘氏集箋：孟子盡心篇：「人病舍其田而芸人之田。」亦作「芸」，不作「耘」。然説文云：「芸，草也。」則芸當爲耘字之省借。劉氏正義：淮南修務訓注：「丈人，長老之稱。」與此注合。至道應訓注以爲老而杖於人，故稱杖人。此説不免附會。易師「丈人吉」，鄭注：「丈人之言長，能以法度長於人。」彼稱丈人爲位尊者，與此荷蓧丈人爲齒尊異也。四書稗疏：五穀不分，集注謂猶言不辨菽麥。按不辨菽麥以譏童昏之尤者，五穀之形狀各殊，豈待勤四體以耕者而後辨哉？分者，細別其種也。均此一穀而種自不等，宜遲宜早，宜燥宜濕，宜肥宜瘠，各有材性，農人必詳審而謹記之。不爾，則早遲同畝，刈穫難施，燥種入濕，其稼不實；濕種入燥，小旱即槁；肥種入瘠，結實無幾；瘠種入肥，葉豐穗萎，故非老農不能區別以因土宜也。但云不辨菽麥，正復爲丈人嗤耳。

【集解】包曰：「丈人，老人也。蓧，竹器。丈人云：『不勤勞四體，不分植五穀，誰爲夫子而索之邪？』」孔曰：「植，倚也。除艸曰芸。」

【唐以前古注】釋文引鄭注：分猶理。皇疏：孔子與子路同行，孔子先發，子路在後隨之，未得相及，故云從而後也。遇者，不期而會之也。丈人者，長宿之稱也。荷，擔揭也。蓧，竹器名。子路在孔子後，未及孔子，而與此丈人相遇，見此丈人以杖擔一器籮簏之屬，故云以杖荷蓧也。子路既見在後，故借問丈人見夫子不乎。四體，手足也。勤，勤勞也。五穀，黍稷之屬也。分，播種也。孰，誰也。子路既借問，丈人故答子路也。言當今亂世，汝不勤勞四體，以播五穀，而周流遠走，問誰爲汝之夫子，而問我索之乎？植，豎也。芸，除草也。丈人答子路竟，至草田而豎其所荷蓧之杖，當挂蓧於杖頭而植豎之，竟而芸除田中穢草也。一通云：杖以爲力，以一手芸草，故云植其杖而芸也。又引袁氏云：其人已委曲識孔子，故譏之。四體不勤，不能如禹、稷躬殖五穀，誰爲夫子而索耶？

【集注】丈人亦隱者。蓧，竹器。分，辨也。五穀不分，猶言不辨菽麥爾，責其不事農業而從師遠遊也。植，立之也。芸，去草也。

【別解】經傳考證：宋呂本中紫薇雜説（今未見此書，此條見四庫全書提要引）曰：「二語丈人自謂。」其説得之。言由四體不勤，則五穀不分，田間野老不能舍己之業，而具知道塗往來之人也。

論語發微：王制「百畝之分」，鄭注：「分或爲糞。」音義：「分，扶問反。糞，方運反。」此五穀不分當讀如草人糞種之糞，必先糞種而後五穀可治，故丈人以四體不勤則五穀不分，植杖而芸即勤四體分五穀之事。包注云云，亦以四體不勤五穀不分爲自述其不遑暇逸之意，故不能知孰爲夫子。以答子路，非以責子路也。

羣經平議：分當讀爲糞，聲近而誤也。兩不字並語詞。禮記王制篇「百畝之分」，鄭注曰：「分或爲糞。」孟子萬章篇作「百畝之糞」，是其證也。不勤，勤也。不分，分也。爾雅釋丘曰：「夷上洒下不漘。」郭注曰：「不，發聲。」釋魚曰：「龜左倪不類，右倪不若。」邢疏曰：「不，發聲也。」古人多以不爲發聲之詞。詩車攻篇：「徒御不驚，大庖不盈。」毛傳曰：「不驚，驚也。不盈，盈也。」桑扈篇：「不戢不難，受福不那。」傳曰：「不戢，戢也。不難，難也。那，多也。不多，多也。」此類不可勝數。丈人蓋自言惟四體是勤五穀是糞而已，焉知爾所謂夫子。若謂以不勤不分責子路，則不情矣。此二句乃韵語，或丈人引古諺歟？

因樹屋書影：丈人遇子路問夫子，丈人乃自道曰：四體不勤，五穀不分，焉知夫子之所適耶？蓋丈人高隱之士，必不與子路邂逅即直斥之，如朱子之注也。陶淵明作丈人贊曰：「四體不勤，五穀不分，超超丈人，日夕在耘。」可證非責子路語。

【餘論】黄氏後案：月令春食麥，夏食菽，秋食麻，冬食黍，中央食稷。此五行家以性分之，而爲五時之宜食也。周禮疾醫注同此也。職方「豫州宜五種」注，易麻以稻，月令「出五種」注、孟子「五穀」注、史記「藝五種」，皆用此説。此農家以種之多者，舉之而言五種也。麻種可食者一，而稻種多也。稻者，黏穀也。七月詩「十月穫稻，爲此春酒」，月令秫、稻並言，内則、雜記皆言稻醴，是㮈以黏者名稻，通言之則秫亦稱稻也。稷，今之高粱也，以其高大似蘆，謂之蘆穄。南人承北音，呼稷爲穄，又謂之蘆穄。月令「首種不入」，注云：「首種爲稷。」今以北方諸穀播種先後考之，高粱最先。説文：「稷，齋也。」稷爲穀長而得粢名，以其首種故也。黍者，粱米之一種也，粱則今之小米也。説文：「黍，禾屬而黏者也。」粱爲禾米，即今小米，黍乃其屬。禾穗下垂如椎而粒聚，黍穗略如稻而舒散也。麻，枲實也，非油麻也。此本程氏九穀考、段氏説文注。

子路拱而立。

【集解】未知所以答。

【唐以前古注】皇疏：拱，沓手也。子路未知所以答，故沓手而倚立，以觀丈人之芸也。

【集注】知其隱者，敬之也。

【餘論】國故談苑：今人以垂手爲敬，而古人則尚拱手，不尚垂手。曲禮：「遭先生於道，趨而進，正立拱手。」檀弓：「孔子與門人立，拱而尚右。」玉藻：「臣侍於君垂拱。」武成：「垂拱而天下治。」是君臣之間尚循拱手之禮。此俗自三代迄宋末之有改，北夢瑣言：「王文公凝每就寢息，必叉手卧，慮夢寢中見先靈也。」野獲篇：「今胥吏之承官長，輿臺之待主人，每見必觶袖垂手以示敬畏。此中外南北通例，而古人不然。如宋岳鄂王初入獄，垂手於庭，立亦倚斜。爲隸人呵之曰：『岳某叉手正立。』悚然聽命。是知古人以叉手爲敬，至今畫家繪僕從皆然，則垂手者倨也。」是宋不以垂手爲敬矣。唐、宋之所謂叉手，即古之拱手也。明已不尚拱手，蓋胡元入主中國，古俗之變易者多矣，此特其一耳。

**止子路宿，殺雞爲黍而食之，見其二子焉。明日，子路行以告。子曰：「隱者也。」使子路反見之，至，則行矣。**

【考異】風俗通義愆禮：「長沮、丈人，避世之士，猶止子路，爲雞黍，見其子焉。」牽言長沮。

【考證】論語補疏：皇甫謐高士傳引論語至「至則行矣」而止，蓋謂子路復至，而丈人已先避去，如後世蘇雲卿、吕徽之之流。若然，則子路之言，向誰發之耶？觀其稱長幼之節不可廢，爲向二子説無疑。前云見其二子，正爲子路此言張本，然則丈人亦偶出不在耳。陳天祥四書辨疑云：「丈人既欲自滅其跡，則不當止子路宿於其家，而又見其二子也。」又云：「子路乃路行過客，既已辭去，安能知其必復來也？」斯言得之。

【集解】孔曰：「子路反至其家，丈人出行不在也。」

【唐以前古注】皇疏：子路住倚當久，已至日暮，故丈人留止子路，使停在就己宿也。子路停宿，故丈人家殺雞爲臛，作黍飯而食子路也。丈人知子路是賢，故又以丈人二兒見於子路也。至明日之旦，子路得行逐孔子也。行及孔子，而具以昨日丈人所言及雞黍見子之事告孔子道之也。

孔子聞子路告丈人之事，故云此丈人是隱處之士也。孔子既曰丈人是隱者，而又使子路反還丈人家，須與丈人相見，以己事説之也。其事在下文。子路反至丈人家，而丈人已復出行，不在也。

【集注】孔子使子路反見之，蓋欲告之以君臣之義，而丈人意子路必將復來，故先去之以滅其迹，亦接輿之意也。

【餘論】四書辨疑：子路乃路行過客，既已辭去，安能知其必復來也？丈人既欲自滅其迹，則不當止子路宿於其家，而又見其二子也。彼之出行果因何事不可得知，未須如此億度也。

**子路曰：「不仕無義。長幼之節，不可廢也；君臣之義，如之何其廢之？欲潔其身，而亂大倫。君子之仕也，行其義也。道之不行，已知之矣。」**

【考異】四書辨疑：夫子使子路去時略無一言，至其迴來纔爲此説，義有未安。況古今天下印本寫本皆未嘗見有添此一字者，惟此福州一寫本有之，其説義又不通，不宜收録，刪之以斷後人之疑可也。蘇濂石渠意見補缺：「路」下有「反子」二字爲是。不然，子路不見隱者而回，向何人述夫子之意而言之如此？陔餘叢考：吴青壇謂「見其二子焉」句。當在「至則行矣」之後，蓋子路再到時不見丈人，但見其二子，故以不仕無義之語告之。不然，既無人矣，與誰言哉？翟氏考異：或以子路述向何人之説，謂上文「見其二子焉」當在「行矣」之下，而誤脱在前，斯笨伯之談也。既已有二子遥伏於前，此自可以意會，古人行文之妙正在此移易緊接，只調排得一過文好，却將長幼之節要義失其根由。四書纂疏：子路所言，雖未可即以爲夫子之語，然使之反見，則必授以見之之意矣。而陳明卿謂並其詞而屬之，似太泥。漢石經作「君臣之禮如之何其廢之也」，「潔」作「絜」。皇本、高麗本作「如之何其可廢也」，「行」下有也字。後漢書申屠蟠傳注引作「如之何其可廢也」。

【集解】鄭曰：「留言以語丈人之二子也。」孔曰：「言女知父子相養不可廢，反可廢君臣之義耶？」包曰：「倫，道理也。言君子之仕，所以行君臣之義，不必自己道得行。孔子道不見用，自已知之。」

【唐以前古注】皇疏：丈人既不在，而子路留此語以與丈人之二子，令其父還述之也。此以下之言悉是孔子使子路語丈人之言也。言人不生則已，既生便有在三之義，父母之恩，君臣之義。人若仕則職於義，故云不仕無義也。既有長幼之恩，又有君臣之義，汝知見汝二子，是識長幼之節不可廢缺，而如何廢於君臣之義而不仕乎？大倫，謂君臣之道理也。又言汝不仕濁世，乃是欲自清潔汝身耳，如爲亂君臣之大倫何也？又言君子所以仕者，非貪榮祿富貴，政是欲行大義故也。爲行義故仕耳，濁世不用我道，而我亦反自知之也。

【集注】子路述夫子之意如此。蓋丈人之接子路甚倨，而子路益恭，丈人因見其二子焉，則於長幼之節，固知其不可廢矣，故因其所明以曉之倫序也。人之大倫有五：父子有親，君臣有義，夫婦有別，長幼有序，朋友有信，是也。仕所以行君臣之義，故雖知道之不行而不可廢。然謂之義，則事之可否，身之去就，亦自有不可苟者。是以雖不潔身以亂倫，亦非忘義以徇祿也。福州有國初時寫本，「路」下有「反子」二字，以此爲子路反而夫子言之也，未知是否。

【餘論】路史餘論：丈人以一敬而動其心，則非絶無人情者。此子路所以前告夫子，而夫子遽使反見，蓋亦見其所謂人情者俱在，而未嘗蔑，故使還告以長幼之節云云。而儒氓曾不之知，乃更章分而絶之，使聖人之意泯而不見，悲哉！論語注義問答通釋：列接輿以下三章於孔子行之後，以明夫子雖不合而去，然亦未嘗恝然忘世，所以爲聖人之出處也。然即此三章讀之，見此四子者，律以聖人之中道，則誠不爲無病，然味其言，觀其容止，以想見其爲人，其清風高節，猶使人起敬起慕。彼於聖人，猶有所不滿於心如此，則其視世之貪利祿而不知止者，不啻若犬彘耳，是豈非當世之賢而特立者歟？以子路之行行，而拱立丈人之側若子弟然，豈非其真可敬故歟？嘗謂若四人者，惟夫子然後可以議其不合於中道。未至於夫子者，未可以妄議也。貪祿嗜利之徒，求以自便其私，亦借四子而詆之，欲以見其不可不仕，多見其不知量也。反身録：沮、溺之耕，丈人之耘，棲遲農畝，肆志烟霞，較之萬物一體念切救世者固偏，較之覃懷名利奔走世路者則高。一則鳳翔千仞，一則蛾逐夜燈，孰是孰非，孰得孰失，當必有辨之者。聖人無不可爲之時，不論有道無道，直以綱常名教爲己任，撥亂返治爲己責。若自己德非聖人，才不足以撥亂返治，只宜遵聖人家法，有道則見以行義，無道則隱以守身，寧跡同沮、溺、丈人之偏，慎無蹈昧於知止之轍。黄氏後案：道，謂先王禮樂政教，設爲萬世常行之道者也。已知其不行者，世不見用，運已否也。知道不行而行其義者，君臣之義本天性中之所自，具盡其性以事天，不敢遽諉爲天運之窮也。聖人事天如事親，知道不行而周流列國，正如孝子不得乎親而求親之底豫，果求之而仍不能底豫，乃限於數之無如何，而求其底豫之心未嘗已也。若丈人者，親不能底豫而聽之者也，故夫子曰「亂倫」，孟子曰：「義之於君臣，命也。有性焉，君子不謂命。」與此章意相合。後儒於此章道義之説，或膠葛，或矛盾，多不可從。

○逸民：伯夷、叔齊、虞仲、夷逸、朱張、柳下惠、少連。

【考證】金史隱逸傳序引此節文獨無「虞仲」二字。困學紀聞：逸民各論其行而不及朱張，或曰其行與孔子同，故不復論也。釋文引王弼注：「朱張字子弓，荀卿以比孔子。」集注考證：虞仲隱逸於夷，故列虞仲夷逸，連上文以四字爲句。朱張恐即周章。論語詳解：權以通變，故爲夷逸，行與夷、齊侔也。漢書地理志注云「夷逸竄於蠻夷而遁逃」，即言虞仲也。朱當作譸，書云「譸張爲幻」，即陽狂也。曰逸民，曰夷逸，曰朱張，三者品其目也。夷、齊、仲、惠、連，五者舉其人也。日知録：據史記，吳太伯卒，弟仲雍立，是爲吳仲。而虞仲者，仲雍之曾孫吳周章弟也。殷時諸侯有虞國，武王時國滅，而封周章之弟於其故墟，乃有虞仲之名耳。論語逸民虞仲、夷逸，左傳太伯、虞仲，太王之昭也，即謂仲雍爲虞仲，是祖孫同號，且仲雍君吳，不當言虞。古虞、吳二字多通用，竊疑二書所稱虞仲並是吳仲之誤。又考吳越春秋，太伯曰：「其當有封者，吳仲也。」則仲雍之稱吳仲，固有徵矣。論語稽求篇：舊注不明注爲何人，集注以爲即仲雍，與泰伯同竄荆蠻者。據史記，太伯、仲雍皆太王之子、王季之兄也。以避季歷，故同奔荆蠻，太伯自立爲吴太伯。而太伯無子，仲雍繼立，即爲吴仲雍，三傳至周章。是時武王克殷，求太伯、仲雍之後，得周章兄弟，而周章已君吴，因而封之，乃又封周章之弟虞仲于虞。而漢書志亦云武王克殷後，因封周章弟中于河北之虞，則虞仲初本名仲，而以其封虞，始名虞仲，蓋周章之弟、仲雍之曾孫也。左傳哀七年，子服景伯稱泰伯端委以治周禮，仲雍嗣之。但稱仲雍，並不稱虞仲。惟僖五年，宫之奇曰：「太伯、虞仲，太王之昭也。」此追原虞仲封國所始，以爲此虞之封國，實惟太王之昭故也。其所指虞仲即仲雍之孫，不指仲雍，然而亦曰太王之昭者，此猶魯公封于魯，周公未嘗封魯也。而左傳曰：「魯、衛、毛、聃，文之昭也。」正同魯公始封魯而可曰文昭，則虞仲始封虞而可曰太王之昭，此以封國言，不以人言。故傳之上文明云周公監二代之不咸，大封同姓以翼我周室，而遂曰魯、衛、毛、聃云云。若周指周公，豈周公又封周公乎？此極明白者。自班孟堅誤解太王之昭一語，遂於地理志太伯、仲雍之荆蠻下引論語泰伯至德，及虞仲夷逸，以爲虞仲即仲雍，而後之作系譜者，注左傳者，直注曰仲雍一名虞仲，則豈有繼君勾吴，自有國號稱吴仲雍者而反名虞仲？則豈有未封虞之前豫知後之必封虞，或不知封虞而暗合之，名之曰虞仲也？若曰虞仲不隱居，則焉知未克商以前，武王未物色時，仲且流落荆吴作隱居逸民者，而以臆斷之，謬矣。要之左傳、史記去古未遠，至班史稍後矣。且班氏此志明屬偶錯，觀其作古今人表明載兩人，武王未克商前有中雍，即仲雍；既克商後有虞中，即虞仲。兩人兩名，前後歷歷，乃以偶不簡點之故，自至矛盾，而後之沿誤者竟相仍而不之察，其謂之何！　羣經識小：以虞仲爲仲雍，自班志始然。泰伯、虞仲之讓，與夷、齊同。夷、齊並列，不當獨遺泰伯。仲雍在夷、齊前百餘年，不當顛倒次序。仲雍爲吳之君，不當稱之爲民，亦不得爲逸。既君吳國，不得謂之隱居獨善。斷髮文身，不過順其土俗，亦無放言自廢之事。疑别有一虞仲而今不可考，如夷逸、朱張之比耳。　羣經平議：虞仲不詳何人，舊説以爲仲雍非也。仲雍在伯夷、叔齊前百餘年，豈當反列其後？且仲雍既君吳，子孫世有吳國，豈得目之爲民？竊疑虞仲乃春秋時虞公之弟。桓十年左傳「虞叔有玉」，杜注以爲虞公之弟虞仲，亦其類耳。當時國君之弟，每以伯仲繫國稱之，若桓十七年蔡季，莊二年紀季皆是也。虞仲次伯夷、叔齊之後，殆亦讓國之賢公子乎？書傳無徵，宜從蓋闕。顧氏炎武欲改虞仲爲吳仲，恐反失之矣。　黄氏後案：逸民之逸，集解以節行超逸言，是讀逸爲軼，不如從朱子注。説文：「佚，佚民也。」是許氏所見本正作「佚」。漢石經下節「夷逸」作「佚」，見隸釋，知此節必作「佚」。孟子「遺佚不怨」之佚爲此正字，而勞逸字爲假借也。虞仲，注謂即仲雍者，據左氏僖公五年傳云：「太伯、虞仲，太王之昭。」漢書地理志同。史記泰伯世家云：「武王克殷，求太伯、仲雍之後，得周章。周章已君吳，因而封之，乃封周章弟虞仲於周之北故夏墟，是爲虞仲。」後儒或據史記者，以次在夷、齊後也。梁曜北云：泰伯之弟爲吳仲，周章之弟爲虞仲，二人皆已爲君，不得在逸民列。虞仲乃逸民之不可考者也。夷逸、朱張，注謂不見經傳，以二人不見事實也。據釋文，鄭作

「侏張」，侏，陟留反。郝仲輿云：朱張，猶書之譸張，即陽狂也。校勘記以書譸張本或作「侜張」，或作「侏張」，朱、周一聲之轉。鄭注「作者七人」，不數夷逸、朱張，知不以爲人名也。

潘氏集箋：尸子謂夷詭諸之裔，或勸其仕，曰：「吾譬則牛，寧服軛以耕於野，不忍被繡入廟而爲犧。」漢書人表有朱張而無夷逸，故地理志引謂虞仲夷逸云云，師古注即就仲雍之逃荆言之，云言竄於蠻夷而遁逸也。朱張，惟王弼云：「字子弓，荀卿以比孔子。」而荀卿書言子弓，亦未必其爲朱張之字，其言無所依據。鄭作「侏張」者，宋翔鳳云：文選劉越石答盧諶書「自頃輈張」，注曰：「輈張，驚懼之貌也。」楊雄國三老箴云：「負乘覆餗，姦宄侏張。」輈與侏古字通，此鄭本爲侏張，知非人姓名矣。故鄭「作者七人」注獨不舉夷逸、朱張。郝氏敬曰：朱張，朱當作譸，書「譸張爲幻」，即陽狂也。曰逸民，曰夷逸，曰朱張，三者品其目。夷、齊、仲、惠、連，五者舉其人也。此説當得鄭義。拜經日記云：爾雅釋訓：「侜張，誑也。」郭注云：「書曰無或侜張爲幻。」侜、輈、譸同字，侏則聲近假借也。皇疏「作者七人」下引鄭注：「伯夷、叔齊、虞仲，避世者。柳下惠、少連，辟色者。」不及夷逸、朱張。蓋逸民二人：伯夷、叔齊也。夷逸一人：虞仲也。侜張陽狂者二人：柳下惠、少連也。故聖人先論伯夷、叔齊，次論柳下惠、少連，後云謂虞仲夷逸，隱居放言。夷、齊讓國，隱逸首陽，謂之逸民。虞仲竄逸蠻夷，故曰夷逸。不舉泰伯者，三讓天下，至德不可以逸論也。侜張爲陽狂，當如郝氏説。爾雅：「侜張，誑也。」誑可讀爲狂，猶楚狂接輿也。作者二人，注以荷蕢、楚狂皆辟言者。若從衆家，以夷逸、朱張爲人姓名，則聖人發論，何但舉伯夷、叔齊、虞仲、柳下惠、少連五人乎？由此言之，包氏以逸民爲七人，當是今文家説。鄭君以爲五人，當是古文家説。人表不列夷逸而列朱張，則不合於古今文者也。少連，禮記雜記云：「孔子曰：少連、大連善居喪，三日不怠，三月不解，期悲哀，三年憂，東夷之子也。」善居喪，兼稱大連，而逸民但列少連，少連當必有勝於大連者，但經傳散逸，無從考見耳。汪琬堯峰文鈔：周有兩虞仲：一爲泰伯弟仲雍，吴人，見左傳。一爲仲雍曾孫、周章弟虞仲，見史記。當爲河東大陽人。論語所稱逸民，果仲雍乎？抑周章弟乎？自漢孔安國至魏王肅、何晏諸家，俱不注虞仲何人，近世始以仲雍實之，此可疑者也。太伯、仲雍之逃周，猶夷、齊之以孤竹讓也。孔子嘗推太伯至德矣，及其詮次逸民，則登夷、齊於首，而太伯獨不得援引此例，與仲雍並列，其義安在？以時代考之，仲雍前夷、齊且百年，論語序事之體，亦不當先夷、齊而後仲雍，此又可疑者也。仲雍雖斷髮文身，以順荆蠻之俗，固儼然繼世有土之君，孔子逸之可也，從而民之可乎？春秋杞成公用夷禮，則降其伯爵書子；楚人猾夏當伐蔡之始，則黜其國號書荆，皆示貶也。然則孔子之民仲雍者，律以春秋之義，豈其爲貶辭乎？此又可疑者也。四書典故辨正：孔子明言我則異於是，謂與逸民異也，安得朱張乃同？且以子弓爲朱張之字，亦未可信。楊倞荀子注云：「子弓蓋仲弓。」如季路又稱子路也。荀卿之學實出於子弓之門人，故尊其師之所自出，與聖人同耳。輔嗣之説，直無稽耳。四書辨證：薛氏曰：（駁異引）「夷氏，逸名，夷詭諸之裔也。族人夷仲年爲齊大夫，夷射姑爲邾大夫，獨逸隱居不仕。」此説更非也。何也？

詭諸周大夫，采於夷（莊十六年），夷仲年，齊僖公之母弟（莊八），夷射姑（定三）後於此遠矣，安得妄牽也乎？尸子：「或勸夷逸仕。逸曰：吾譬則牛，寧服軛以耕於野，豈忍被繡入廟爲犧。」則夷逸非即虞仲益信。劉氏正義：朱張，見漢書古今人表。論語釋文云：「朱張並如字。」衆家亦爲人姓名。王弼注：「朱張字子弓，荀卿以比孔子。」案荀子非相篇、非十二子篇、儒效篇以仲尼、子弓並言，楊倞注以子弓爲仲弓，則是夫子弟子，豈得厠於古賢之列，而曰我異於是？且子弓之即爲朱張，亦別無一據，則王説未可信也。竊以朱張行事當夫子時已失傳，故下文論列諸賢，不及朱張，而但存其姓名於逸民之列，蓋其慎也。鄭「作者七人」注獨不舉夷逸、朱張。郝氏敬曰：「朱張，朱當作譸。書『譸張爲幻』，即陽狂也。」曰逸民，曰夷逸，曰朱張，三者品其目；夷、齊、仲、惠、連，五者舉其人也。」此説當得鄭義。臧氏庸拜經日記略同。今案鄭義不著，或如宋臧所測。然夷逸明見尸子，柳下豈爲陽狂？於義求之，似爲非也。漢地志説仲雍之事，引謂「虞仲、夷逸」，本此文連言。師古以爲竄於蠻夷而遁逸，其義或與鄭同，要未必得班本旨也。

按：拜經日記云：「皇疏『作者七人』下引鄭注：『伯夷、叔齊、虞仲，辟世者。柳下惠、少連，辟色者。』不及夷逸、朱張。蓋逸民二人：伯夷、叔齊也。夷逸一人：虞仲也。侜張陽狂者二人：柳下惠、少連也。」然如此「夷逸」二字應在虞仲之上，且少連亦係隱居東夷，何以不列入夷逸？尸子以夷逸爲夷詭諸之裔，或勸其仕，曰：「吾譬則牛，寧服軛以耕於野，不忍被繡入廟而爲犧。」是確有夷逸其人，不得以爲非人名也。且以朱張爲譸張，或作侏張，義雖可通，究係曲解。其故總因下文漏缺朱張一人，種種曲説由此而生。包氏以逸民爲七人，今文家説也。鄭君以爲五人，古文家説也。人表不列夷逸而列朱張，凡爲六人，與今古文皆不合。余謂此必下文有漏落或顛倒之處，故無論何家之説均不可通也。

【集解】逸民者，節行超逸也。包曰：「此七人皆逸民之賢者。」

【唐以前古注】皇疏：逸民者，謂民中節行超逸不拘於世者也。其人在下，伯夷一人也，叔齊二人也，虞仲三人也，夷逸四人也，朱張五人也，柳下惠六人也，少連七人也。

【集注】逸，遺。逸民者，無位之稱。虞仲即仲雍，與泰伯同竄荆蠻者。夷逸、朱張不見經傳。少連，東夷人。

【餘論】論語補疏：説文作「佚」，佚與逸通。莊子田子方篇：「顔淵問於仲尼曰：『夫子步亦步，夫子趨亦趨，夫子馳亦馳，夫子奔逸絶塵，而回瞠若乎後矣。』」後漢書逸民傳序云：「蓋録其絶塵不反。」則以逸民爲民之奔逸絶塵，所謂超逸也。三國志云：「猶未及髯之絶倫逸羣也。」逸羣猶奔逸絶塵。

論語稽：周國价曰：朱注謂虞仲即仲雍，其可疑有六。蓋六人皆周時人，於商獨舉一仲雍，似乎不類，一也。仲雍在夷、齊之前百餘年，而序之夷、齊下，二也。雍之時在祖甲之世，祖甲殷之賢王，雍父太王亦聖人，正可以有爲之時，何以爲世所逸？三也。雍終爲吴君，不爲民，四也。夷、齊並稱，而稱仲雍不稱太伯，五也。商之逸民多矣，獨舉仲雍，六也。似當就周時言之，以周章之弟爲是。

子曰：「不降其志，不辱其身，伯夷、叔齊與！」謂：「柳下惠、少連，降志辱身矣，言中倫，行中慮，其斯而已矣。」謂：「虞仲、夷逸，隱居放言，身中清，廢中權。

【考異】皇本「身」下有者字。　後漢書黄瓊傳注引孔子曰：「伯夷、叔齊不降其志，不辱其身。」前後易置。　古史伯夷傳、孔子傳引文「降志」下皆有而字。　漢石經作「其斯以乎」。「逸」作「佚」，上文「夷逸」闕。　史記孔子世家「身」作「行」。　釋文：「廢」，鄭作「發」。

【考證】困學紀聞：虞仲、夷逸隱居放言，包氏注：「放，置也，不復言世務。」介之推曰：「言身之文也，身將隱，焉用文之？」中庸曰：「其默足以容。」古注亦有味。　經傳考證：身作行是也。中即訓身，鄭君注檀弓，韋昭注楚語，皆曰中身也。上言夷、齊不降志辱身，惠、連降志辱身，此言隱居，似與不降不辱者同科，放言又與中倫中慮者相反，故行則潔清，廢乃通變也。行與廢對，論語「道之將行也與，道之將廢也與」，孟子「行或使之，止或尼之」皆是。　拜經日記謂古論假借爲「廢」，魯論本字作「發」。馬讀誤，當從鄭，謂發動中權，始與虞仲事合。　皇疏引江熙曰：「超然出於塵埃之表，身中清也。晦明以遠害，發動中權也。」亦用鄭本。　吴氏遺著：發中權，蓋指亡如荆蠻説。子稱太伯曰讓，有國而不居之辭也。虞仲亦能以國讓，而本非有國，謂之爲讓，則乖於義，子故云發中權。廢、發古通。　莊子列禦寇篇「曾不發藥乎」，釋文云：「司馬本作廢。」馬季長以爲遭亂廢棄，毋乃望文生訓乎？　趙佑温故録：包注：「放，置也。不復言世務。」此解宜存，蓋即所謂「身將隱，焉用文之」也，所謂「其默足以容」。

【集解】鄭曰：「言其直己之心，不入庸君之朝。」孔曰：「但能言應倫理，行應思慮，如此而已。」包曰：「放，置也。不復言世務。」馬曰：「清，純潔也。遭世亂，自廢棄以免患，合於權也。」

【唐以前古注】皇疏：逸民雖同而其行事有異，故孔子評之也。夷、齊隱居餓死，是不降志也；不仕亂朝，是不辱身也，是心迹俱超逸也。此二人心逸而迹不逸也，並仕魯朝，而柳下惠三黜，則是降志辱身也。雖降志辱身，而言行必中於倫慮，故云其斯而已矣。放，置也。隱居幽處，廢置世務，世務不須及言之者也。身不仕亂朝，是中清潔也。廢事免於世患，是合於權智也。又引張憑云：彼被禄仕者乎？其處朝也，唯言不廢大倫，行不犯色，思慮而已，豈以世務暫嬰其心哉？所以爲逸民也。又引江熙云：超然出於埃塵之表，身中清也。晦明以遠害，發動中權也。

【集注】柳下惠事見上。倫，義理之次弟也。慮，思慮也。中慮，言有意義合人心。少連事不可考，然記稱其善居喪，三日不怠，三月不懈，期悲哀，三年憂，則行之中慮亦可見矣。仲雍居吳，斷髮文身，裸以爲飾，隱居獨善，合乎道之清；放言自廢，合乎道之權。

**我則異於是，無可無不可。」**

【考證】後漢書黄瓊傳李固引傳曰：「不夷不惠，可否之間。」注引此文爲證。翟氏考異：法言淵騫篇：「或問李仲元是夷、惠之徒歟？曰：不夷不惠，可否之間也。」李固所引當爲法言文，然法言未應稱傳。鄭注云云，自與引文脗合。

【集解】馬曰：「亦不必進，亦不必退，惟義所在也。」

【唐以前古注】後漢黄瓊傳注引鄭注：不爲夷、齊之清，不爲惠、連之屈，故曰異於是也。皇疏引江熙云：夫迹有相明，教有相資，若數子者，事既不同，而我亦有以異矣。然聖賢致訓，相爲内外，彼協契於往載，我拯溺於此世，不以我異而抑物，不以彼異而通滯，此吾所謂無可無不可者耳，豈以此自目己之所以異哉？我迹之異，蓋著於當時。彼數子者，亦不宜各滯於所執矣。故舉其往行而存其會通，將以導夫方類所挹抑乎？又引王弼云：朱張字子弓，荀卿以比孔子。今序六人而闕朱張者，明取舍與己合也。

【集注】孟子曰：「孔子可以仕則仕，可以止則止，可以久則久，可以速則速。」所謂無可無不可也。謝氏曰：「七人隱遯不污則同，其立心造行則異。伯夷、叔齊天子不得臣，諸侯不得友，蓋已遯世離羣矣，下聖人一等，此其最高與？柳下惠、少連雖降志而不枉己，雖辱身而不求合，其心有不屑也，故言能中倫，行能中慮。虞仲、夷逸，隱居放言，則言不合先王之法者多矣。然清而不污也，權而適宜也，與方外之士害義傷教而亂大倫者殊科，是以均謂之逸民。尹氏曰：「七人各守其一節，而孔子則無可無不可，此所以常適其可，而異於逸民之徒也。揚雄曰：『觀乎聖人，則見賢人。』是以孟子論夷、惠，亦必以孔子斷之。」

【餘論】鄭虎文吞松閣集：若論出處之道，子與逸民原不得異。逸民不忘世原與孔子同，特本領則大異，使出而得行其道，則如孟子所謂皆能以朝諸侯有天下者不異也。使不出，則逸而民之已耳。蓋逸民可治一世，不可治萬世。若孔子遇，則堯、舜、文、武且復出矣；不出，則即以堯、舜、文、武治萬世。是出亦可，處亦可，所謂無可無不可者，當作如此解。則故未嘗逸，未嘗民也，直堯、舜、文、武萬世矣。故文王既没，文不在兹乎，此孔子以道統自任也，其辭顯。此章孔子以治統自任也，其辭隱。

【發明】困學紀聞：沮、溺、荷蓧之行，雖未能合乎中，陳仲子之操，雖未能充其類，然唯孔、孟可以議之。斯人清風遠韻，如鸞鵠之高翔，玉雪之不汙，視世俗徇利亡恥饕榮苟得者，猶腐鼠糞壤也。小人無忌憚，自以爲中庸，而逸民清士乃在譏評之列，學者其審諸。

**○大師摯適齊，亞飯干適楚，三飯繚適蔡，四飯缺適秦，鼓方叔入於河，播鼗武入於漢，少師陽、擊磬襄入於海。**

【考異】皇本「入于河」、「入于海」，「於」並作「于」，漢石經同。釋文：「鼗」爲「鞉」。漢書古今人表亦作「鞉」。翟氏考異：鼗、鞉、鞀字别義同。書「下管鼗鼓」作「鼗」，詩「置我鞉鼓」作「鞉」，月令「命樂師修鞀鞞鼓」，淮南子「武王有戒慎之鞀」，並作「鞀」，據諸訓文祇是一。天文本論語校勘記：古本、唐本、津藩本、正平本作「播鞀武」。

【考證】家語：孔子學琴於師襄子。襄子曰：「吾雖以擊磬爲官，然能於琴，今子於琴可益矣。」孔子曰：「某未得其人也。」有間，又曰：「可益矣。」子曰：「某未得其志也。」有間，又請益。子曰：「某未得其爲人也。」有間，孔子曰：「某得其數矣。近黮而黑，質而長，暱如望洋，奄有四方，非文王其孰能爲之？」　困學紀聞：師摯之始，鄭康成謂魯太師之名。太史摯適齊，孔安國以爲魯哀公時人，康成以爲周平王時人。班固禮樂志謂殷紂作淫聲，樂官師瞽抱其器而犇散，或適諸侯，或入河海。古今人表列太師摯以下八人於紂時。吴斗南云：「按商本紀紂時抱樂器而犇者，太師疵、少師彊也。」人表亦列此二人於師摯八人之後，誤合兩事爲一。石林云：「司馬遷論周厲王事曰：師摯見之矣。則師摯厲王時人也。」諸説不同，横渠從孔安國注。論語集説：魯君荒於女樂，故樂官散去。　四書釋地：孔子在衛，年五十九，時學鼓琴師襄子，事見史記世家，與論語曰襄者自别一人。且論語之襄乃魯伶官，日以擊磬爲職守，當未入海前，豈容抽身以至於衛，俾孔子從之學乎？　四書典故辨正：太師摯等，孔注以爲魯哀公時人，漢書以爲殷紂時人，鄭康成於「師摯之始」，謂是魯太師名；於「太師摯適齊」，則以爲周平王時人。葉石林云：「司馬遷論周厲王事曰：師摯見之矣。則又以師摯爲厲王時人。」諸説不同，當以孔注爲正。　四書翼注：此必女樂既入，奸聲亂色，雜然並進，以古樂爲無所用，樂官失其職，因率屬而去。余有丁云：「歷聘記載夫子年二十九適衛，從師襄學琴。後孔子用魯，舉爲樂官。夫子以女樂去，魯師襄入於海。」　白虎通禮樂篇曰：王者所以日四食者何？明有四方之物，食四時之功也。四方不平，四時不順，有徹膳之法焉，所以明至尊，著法戒也。王者平居中央，制御四方，平旦食少陽之始也，晝食太陽之始也，餔食少陰之始也，暮食太陰之始也。

論語曰：「亞飯干適楚，三飯繚適蔡，四飯缺適秦。」諸侯三飯，卿大夫再飯，尊卑之差也。羣經識小：不言初飯者，魯，侯國，不得比於天子之制與？或有其人而此時未去與？其以屬魯者，以大師摯即師摯，擊磬或即師襄，皆魯之樂官，與夫子同時故耳。樸學齋札記：大師兼堂上堂下三樂者，亞飯、三飯、四飯以樂侑食，奏於堂上，鼓鼗以倡，笙管奏於堂下，貳大師者少師，與堂上堂下之歌笙相應者鐘磬，立言之序不苟如此。又曰：論語記亞飯至四飯，則諸侯亦有初飯，特不侑食，故無其官。案周禮大司樂：「王大食三侑，皆令奏鐘鼓。」則天子日四食，而侑日食之樂惟三，知平旦食亦無樂也。趙佑溫故録：書四飯正見魯僭處。不言一飯者，或曰蓋太師掌之，抑或時偶缺員，或留不去。劉氏正義：此班氏所説殷制，當爲論語舊義。周官膳夫云：「王齊日三舉。」則天子亦三飯。又鄭注鄉黨云：「不時，非朝夕日中時。」此通説大夫士之禮，則周制自天子至士皆三飯，與殷異也。又禮器云：「禮有以少爲貴者，天子一食，諸侯再，大夫士三。」注云：「謂告飽也。」既告飽，則侑之乃更食，凡三侑。儀禮特牲是士禮，有九飯。少牢是大夫禮，有十一飯。故鄭注以諸侯十三飯，天子十五飯，皆因侑更食之數，與論語亞飯、三飯、四飯之義不同。而近之儒者若黄氏式三後案、淩氏曙典故覈皆援之以釋論語，謂初飯不侑，始侑爲亞飯，再侑爲三飯，三侑爲四飯。案亞飯諸義，白虎通言之最晰。舍可據之明文而別爲新義，未爲得理。且三侑不過須臾之頃，何得更人更爲樂也？

按：論語後録、羣經義證、論語釋故並從漢志、白虎通説，惟論語後案、論語古注集箋則兼採儀禮，未知孰是。河、漢、海當以水濱言之，不必河内、漢中之地，與海之島也。閻若璩曰：「古注河爲河内，非也。古所謂河内者，在冀州三面距河之内，非若漢郡之但以懷、汲爲河内。史記正義曰：『古帝王之都在河東河北，故呼河北爲河内，河南爲河外。』豈此鼓方叔當日去魯，真入冀州河之北乎？抑不過居於河之濱，即云入耳。」此解入河非河内最通而確。然則漢與海亦只是漢海之濱，不必言漢中海島也。論語述要云：「太師摯以下八人去魯，不知何時。論語所記有在夫子卒後者，或夫子正樂，伶官多賢；及卒，魯事益非，諸伶有悽然不忍居者，因以散之四方。記者記此，蓋不勝今昔悲感，記八人，追思夫子也。」

【集解】孔曰：「亞，次也。次飯，樂師也。摯、干皆名。」包曰：「三飯、四飯，樂章名。各異師。繚、缺皆名也。鼓，擊鼓者。方叔，名。入，謂居其河内。」孔曰：「播，摇也。武，名也。魯哀公時，禮壞樂崩，樂人皆去。陽、襄皆名也。」

【唐以前古注】漢書古今人表注引鄭注：自師摯以下八人，皆平王時人。天官膳夫疏引鄭注：亞飯、三飯、四飯，皆舉食之樂。

【集注】大師，魯樂官之長，摯其名也。亞飯以下，以樂侑食之官，干、繚、缺皆名也。鼓，擊鼓者，方叔，名。河，河内。播，摇也。鼗，小鼓兩旁有耳，持其柄而摇之，則旁耳還自擊。武，名也。漢，漢中。少師，樂官之佐，陽、襄二人名，襄即孔子所從學琴者。海，海島也。此記賢人之隱遯以附前章，然未必夫子之言也。末章倣此。張子曰：「周衰樂廢，夫子自衛反魯，一嘗治之，其後伶人賤工識樂之正。及魯益衰，三桓僭妄，自太師以下皆知散之四方，逾河蹈海以去亂。聖人俄頃之助，功化如此。如有用我，期月而可，豈虚語哉？」

【别解】漢書禮樂志：「殷紂作淫聲，樂官師瞽抱其器而犇散，或適諸侯，或入河海。」師古注曰：「論語太師摯適齊云云，此志所云及古今人表所叙皆謂是也。云諸侯者，追繫其地，非謂當時已有此國名，而説論語者乃以爲魯哀時禮壞樂崩，樂人皆去，斯未允也。」又董仲舒傳對策曰：「至於殷紂，逆天暴物，殺戮賢知，殘賊百姓。伯夷、太公皆當世賢者，隱處而不爲臣。守職之人皆奔走逃亡，入於河海。」師古注：「謂若鼓方叔、播鼗武、少師陽之屬也。」論語稽求篇：太師摯諸樂官是殷紂時人，舊引漢書禮樂志云云。但志文此段實本尚書太誓文。史記「乃作太誓，告于衆庶」，即載此文。而漢志亦云此書序之言，則此明係尚書與書序之可據者，故董仲舒對策亦云：「紂逆天暴物，殺戮賢知，守職之人皆奔走逃亡，入于河海。」而古今人表則以摯、干、繚、缺等八人列於伯夷、叔齊之下，文王之上，則明是殷紂時人。而世多不解，祇以適齊適蔡皆周時國名，或用致疑。殊不知尚書書序祇言諸侯，原不指定何地，而作魯論者始以今地實詮之，師古所云追繫其地是也。況齊、蔡諸地本是舊名，在商時已有之，周但因其地而封國焉耳。故周成王封熊繹于楚蠻，孝王封非子爲附庸，而邑之秦，皆先名其地而後封之者。況蔡爲包犧蓍蔡之地，因以名蔡。國語「文王諏於蔡原」，注：「蔡公，殷臣。」而樂記曰：「温良而能斷者宜歌齊。」又曰：「齊者，三代之遺聲也。」則齊在夏、殷已先有之。又況太公封齊，有旅人謂

「齊地營丘，難得易失」，太公遂急行，而于是果有萊侯之爭。則强齊之名，著在周前。又況河亦古地，夏書有「因民弗忍距于河」，國語有「武丁自河徂亳」語。太師摯，摯字是疵字。其又云「師摯之始，關雎之亂」，此師摯又是一人。雖關雎爲周南之詩，正在紂與文王之時，然此是魯人，與人表所記不同。考周本紀「太師疵、少師强抱其樂器而犇周」，疵與彊即摯與陽，兩音相近之名。雖書微子篇亦有太師少師，是公孤名，太師箕子、少師比干。然此上文已有殺王子比干，囚箕子語，則接云太師少師是樂官，非箕、比也。觀殷本紀亦云剖比干，囚箕子，殷之太師少師乃持其樂器奔周是也。周禮春官大司樂「王大食，三宥」，謂樂三奏也。大食，朔望食也。又白虎通云：「王者平旦食，晝食，晡食，暮食，凡四飯。諸侯三飯。大夫再飯。」此雖是周制，然王者等殺或不相遠。此有四飯，非諸侯可知。段玉裁尚書撰異：尚書微子篇父師少師，史記作太師少師。宋世家於比干死之後云「太師少師乃勸微子去」，則少師非比干，太師非箕子甚明。殷本紀亦云：「微子與太師少師謀去，而比干剖心，箕子爲奴，殷之太師少師乃持其祭樂器奔周。」周本紀又云云，是則太師少師爲殷之樂官，即太師摯、少師陽也。摯則疵，陽即彊，音皆相近。惟傳聞異辭，則載所如不一而其事則一，此今文尚書説也。劉氏正義：今案毛、段説是也。竊以太師適上章逸民有夷、齊爲殷末周初，下章八士亦周初人，則此章太師摯等自爲殷末人。竊以太師適齊、少師入海皆在奔周之前。伯夷、太公避紂居海濱，後皆適周，而太公仕爲太師，亦其類也。鄭此注以爲周平王時人，顔師古古今人表注即不取之。案史記十二諸侯年表：「太史公讀春秋厤譜牒至周厲王，曰：『師摯見之矣。』」鄭或據此文以爲目及見之，則在厲王後，歷宣、幽而當平王矣。不知年表所言師摯即太伯篇之師摯，當是魯之樂官，與此太師摯爲殷人異也。且師摯與夫子同時，以爲平王時，亦非。　過庭録：大師摯適齊以下疑是記殷、周間事，而論語述之。凡論語引經，皆作于也。

按：太師摯等八人，有謂爲周平王時人者，鄭康成注本之，漢書古今人表是也。有謂八人爲周厲王時人者，葉石林據司馬遷論周厲王事，曰「師摯見之矣」是也。有謂殷紂時人者，顔師古是也。以此説爲最有力。論語後録、羣經義證、論語釋故並主是説，不止毛氏一人也。義證、釋故以所説爲殷制。余考漢書，言奔散，言或適諸侯，或入河海，未舉樂官之名也，亦未言適齊、楚、秦、蔡也。漢書文雖本太誓，然乃多引太誓之文，非太誓之原文即此文也。今太誓無此文，則尤不足據矣。謂齊、楚、秦、蔡是舊名，既無確證。謂魯論以今地詮之，尤屬武斷。疵、彊與摯、陽音近而字異，豈必疵即摯，彊即陽乎？且疵、彊奔周，何嘗言適齊入海乎？毛説不足據也。以家語師襄以擊磬爲官而能琴言之，則襄與孔子同時。以夫子正樂，而曰師摯之始洋洋盈耳言之，則摯與孔子同時。以齊、楚、秦、蔡言之，則皆春秋時國名，當以魯哀公時人爲斷。

【餘論】論語集説：周道衰，賢者相召爲禄仕，仕於伶官者多矣。是時樂失其次，夫子自衛反魯，嘗一正之。魯政益微，三家僭妄，鄭聲既熾，女樂方張，先王遺音厭棄不省矣。自太師而下皆不得其職，故相率而逃之。夫子慮樂師去而遺音絶，於是筆其所適之所於簡，使後之人知而求之，則猶或有所考也。

【發明】四書集注考證：此段初嘗疑之，及見唐史安禄山亂，使梨園弟子奏樂，雷海清輩皆毁樂器，被殺而不悔，彼俗樂尚能如此，況識先王之正樂者乎？諸子既識先王之正樂，決不肯舞八佾於季氏，歌雍於三家，爲僭侈伶人矣，故皆去之。

○周公謂魯公曰：「君子不施其親，不使大臣怨乎不以。故舊無大故，則不棄也。無求備於一人。」

【考異】舊文「施」爲「弛」。釋文曰：「弛，舊音絁，又詩紙反，又詩豉反，孔云以支反，一音勑紙反，落也。」並不及舊音。本今作「施」。漢石經施字與今本同。集解：孔安國曰：「施，易也。」程子外書正叔曰：「施，與也。不私與其親暱也。」俱讀施如字。朱子或問：問施何爲弛？曰陸氏釋文云爾，而吴氏考開元五經文字亦作「弛」，是唐本初未嘗誤也。然孔説已訓爲易，則漢本已作施，而謂如衛綰傳之施易者耳。此不可曉，然作「弛」者於義爲得。又與張敬夫論癸巳論語説曰：謝氏訓施爲施報之施，誤矣。呂與叔讀爲弛，而不引釋文，未必其考于此，蓋偶合耳。翟氏考異：周禮遂人「與其施舍」，注云：「施讀爲弛。」禮記孔子閒居引詩「弛此文德」，注：「弛作施。」施、弛兩字古多通用，然坊記言「君子弛其親之過而敬其善」，此云不弛，雖語意各殊，終嫌其文之戾也。開元五經文字弛字之下但云「式爾反，解也」，無及論語處。朱子據吴氏言之，或吴氏誤憶。金氏集注考證云：「開元本即孟蜀石經。」開元與孟蜀遥不相接，自漢石經以來，從未有作如是别稱者，金氏殆有意爲朱子護，然亦何煩護耶？集注中但舉陸本、福本爲證，而不更言開元五經文字，蓋朱子早檢覺之矣。九經古義：左傳曰「乃施邢侯」，正義云：「晉語『施邢侯氏』，孔晁云：『廢其族也。』則國語讀爲弛，訓之爲廢。家語説此事亦爲弛。王肅曰：『弛宜爲施，施行也。』服虔云：『施罪于邢侯，施猶劾也。』」棟案劾者，謂罪法之要辭。不劾其親者，所以隱其罪，親親之義也。唐石經棄字作「弃」。漢書宣六王傳述文「無」作「毋」。尚書成王命君陳曰：無求備於一夫。天文本、正平本「謂」作「語」。

按：施字有三説。孔注：「施，易也。不以他人之親易己之親。」程子外書云：「施，與也。不私與其親暱也。」又惠氏棟曰：「左傳『乃施邢侯』，服虔曰：『施罪於邢侯。施猶劾也。』劾者，罪法之要辭。不劾其親者，所以隱其罪，親親之義也。」惟韓李筆解讀作弛，集注用之。考施、弛二字古多通用，周官遂人注「施讀爲弛」可證也。此文「不施」即「不弛」叚借。鄭注坊記云：「弛，棄忘也。」以訓此文最當。

【考證】日知録：益都孫寶侗仲愚謂左傳定四年，祝佗之言魯曰：命以伯禽，衛曰：命以康誥，晉曰：命以唐誥。是則伯禽、康誥、唐誥，周書之三篇，而孔子所必録者。今獨康誥存而二書亡，爲書序者不知其篇名，而不列於百篇之内，疏漏顯然。潘氏集箋：詩魯頌閟宫篇云：

「乃命魯公，俾侯于東。」箋謂策命伯禽，則魯公者，伯禽也。周公謂魯公，當是就封時訓其子。蓋在策命之外者，故魯論特明著之。羣經平議：陸氏釋文本施字作「弛」，然弛、施古字通用，非有異義也。孔訓施爲易，即用爾雅釋詁「弛，易也」之訓。詩云：「豈無他人，不如我同姓。」故戒使不易其親也。有國家者，往往任用外戚，疏遠宗支，豈非所謂以他人之親易己之親者乎？不施易，自不弛廢，不易之意深，不廢之意轉淺矣。其字或可從釋文作「弛」，其義仍當從孔注作易，古説未可非也。

劉氏正義：泰伯篇：「君子篤於親。」篤者，厚也。即不弛之義。禮中庸云：「仁者，人也。親親爲大。」又云：「親親則諸父昆弟不怨。」儀禮喪服傳「始封之君不臣諸父昆弟」，則諸父昆弟在始封國時當加恩也。左昭十四年傳：「乃施邢侯。」晉語「施邢侯氏」，孔晁注：「廢其族也。」此施亦當讀弛，訓廢，與鄭君棄忘之訓相近。服虔注左傳云：「施，猶劾也。」謂劾其罪也。惠氏棟九經古義援以解此文，謂不施爲隱其罪。此似讀施如字，亦待公族之道，於義得通者也。大臣，謂三卿也。不以，謂不用其言也。禮緇衣云：「子曰：『大臣不親，百姓不寧，則忠敬不足，而富貴已過也，大臣不治而邇臣比矣，故大臣不可不敬也，是民之表也。』」又云：「君毋以小謀大，則大臣不怨。」蓋既用爲大臣，當非不賢之人，而以小臣間之，則臣必以不用爲怨矣。魏志杜恕傳引「怨何不以」，以意屬文，未足深據。包氏慎言温故録以爲所見本異。武氏億羣經義證更謂「何」與「呵」通，今本作「乎」即呼嗟之義，皆未然也。故舊者，周官大宗伯「以賓射之禮親故舊朋友」，注云：「王之故舊朋友爲世子時共在學者。」王制言大學之制云：「王太子、王子、羣后之太子、卿大夫元士之適子，國之俊選皆造焉。」此文故舊，即謂魯公共學之人，苟非有大故，當存録擇用之，不得遺棄，使失所也。備者，鄭注特牲禮云：「備，盡也。」人才知各有所宜，小知者不可大受，大受者不必小知，因器而使，故無求備也。漢書東方朔傳顔師古注：「士有百行，功過相除，不可求備。」亦此義也。大傳云：「聖人南面而聽天下，所且先者五，民不與焉：一曰治親，二曰報功，三曰舉賢，四曰使能，五曰存愛。」以此五者爲先，當是聖人初政之治。周公此訓略與之同，故説者咸以此文爲伯禽就封，周公訓誡之詞，當得實也。

羣經義證：何與呵通，今本作「乎」，乎即呼嗟之義。古鐘鼎欵識呼皆省口，牧敦銘「王乎內史」，漢碑亦多作「乎」。繁陽令楊君碑「嗟乎何及」，解者不達斯義，謂乎爲語助，非矣。

按：張氏甄陶曰：「公羊傳云：『周公不之魯，欲天下之一乎周。』左傳言命以伯禽，封於少皞之墟。伯禽之命，古書無之。周公之誡，非魯論亦不傳，蓋古書之闕逸者多矣。」此章疑係伯禽之命佚文，惜無確證，闕疑可也。

【集解】孔曰：「魯公，周公之子伯禽。封於魯也。施，易也。不以他人之親易己之親。以，用也。怨不見聽用也。大故，謂惡逆之事也。」

按：劉恭冕云：「此注似以親爲父母，於義最謬。禮記檀弓正義引鄭注云：『大故爲惡逆之事。』此孔所襲。」

【唐以前古注】筆解：韓曰：「周公戒伯禽多矣，仲尼獨舉此，諷哀公不親信賢人爾。施當爲弛，言不弛慢所親近賢人，如此則大臣無所施矣。謂施爲易，非也。」李曰：「雖有周親，不如仁人。孔謂他人易己之謂，是親戚之親。吾謂作親近之親爲得。」

【集注】施，陸氏本作「弛」，福本同。魯公，周公子伯禽也。弛，遺棄也。以，用也。大臣非其人則去之，在其位則不可不用。大故，謂惡逆。李氏曰：「四者皆君子之事，忠厚之至也。」胡氏曰：「此伯禽受封之國，周公訓戒之辭，魯人傳誦，久而不忘也。其或夫子嘗與門弟子言之與？」

【餘論】四書詮義：時賢於此章，或説成彊幹弱枝，收拾人心作用，則計功謀利之私，與元聖開國典謨相去遠矣。又尊賢親親本周公遺訓，此章是矣，而史氏乃謂伯禽三年報政，尊賢親親，周公有「魯其北面事齊」之語，其不足信可知。且魯之積弱與三桓之横逆，乃後世失道使然，豈親親之故也哉？黄氏後案：司馬君實曰：「人之材性各有所能，雖臯、夔、稷、契止能各守一官，況於衆人，安可求備？故孔門以四科論士，漢室以數路得人。」然則無求備之義亦大矣。

○周有八士：伯達、伯适、仲突、仲忽、叔夜、叔夏、季隨、季騧。

【考異】漢書古今人表作「中突中曶」。宣和博古圖：周叔液鼎銘二十三字，叔液之名不見經傳，惟語記周八士，則有叔夜焉，豈其人歟？廣韻季字下注：晉有祁邑大夫季瓜忽，宋有季隨逢。世本云：周八士，季隨、季騧之後。「騧」或作「瓜」。

【考證】困學紀聞：周有八士，包氏注云：「四乳生八子。」其説本董仲舒春秋繁露。周書武寤篇

「尹氏八士」，注云：「武王賢臣。」晉語「文王詢八虞」，賈逵云：「周八士皆在虞官。」以仲舒興周之言考之，當在文、武時。　丹鉛録：蕭穎士蒙山詩：「子尚捐俗紛，季隨躡遐軌。」季隨即周八士中一人也。蒙山有季隨隱跡，事未知所出，亦奇聞也。　又曰：大理董難曾見小説，周有八士，姓名八人而叶四韻，伯達、伯适一韻也，仲突、仲忽一韻也，叔夜、叔夏一韻也，季隨、季騧，隨音馱，騧音窩，一韻也。周人尚文，於命子之間亦緻密如此。　趙佑温故録：達适韻也，突忽韻也，夜夏韻也，隨騧亦古韻，支隹通也。命名諧聲，正以著其雙生之符。伯仲叔季，則後之字亦因而重之耳。古人既冠字以德，至五十以次爲字。　四書備考：桃園客曰：「周有八士，朱注未定其顯晦，余以爲亦隱者流耳。蓋此篇皆記聖賢流落不偶，遺世獨立之士。唐蕭穎士遊蒙山詩：『仙鸞時可聞，羽士邈難視。此焉多深邃，賢達昔所止。子尚捐俗紛，季隨躡遐軌。』季隨固隱者也。」　四書逸箋：按録異傳云：「周時尹氏貴族數代不別食，食口數千。嘗遭饑，鼎鑊作糜之聲聞數里。」疑即此尹氏，與四乳八子之説可互證云。　翟氏考異：八士，周文、武時人，出南宮氏。晉語：「文王之即位也，詢於八虞。」賈唐注云：「八虞，即周八士，皆爲虞官。」逸周書和寤、武寤二篇，序武王將赴牧野之文，一云「厲翼于尹氏八士」，一云「尹氏八士咸作有績」，至克殷篇，則命尹逸作筴告神，命南宮忽振財發粟，命南宮伯達遷九鼎三巫，明八士即南宮氏兄弟，而隨武王伐紂者也。漢書人表列伯達以下八人於周初，似自允當。鄭康成謂成王時，劉向、馬融謂宣王時，不知其別何依據。又白虎通姓名篇云：「論語周有八士積於叔何？

蓋以兩兩俱生故也。不積於伯季，明其無二也。」此伯仲叔季俱兩兩相並，而班氏言之如此，當時別典所記，豈有與論語絶殊者耶？公羊傳注言文家字積於叔，質家字積於仲。疏舉太姒十子，伯邑考外皆稱叔，惟末有聃季而已，爲字積於叔之證。班氏或兼論及彼，而其文有譌脱耶？釋蒙啓滯，猶望於後之達者。

四書摭餘説：古無書伯仲叔季而猶呼其名者，則達、适、突、忽、夜、夏、隨、騧皆字也。士冠禮曰：「伯某甫仲叔季，唯其所當。」檀弓曰：「幼名、冠字，五十以伯仲，周道也。」葉夢得曰：「子生三月，父名之。至冠，字而不名，所以尊名也。五十爲大夫，有位於朝，但曰伯仲而不字，所以尊字也。」士冠禮既冠而字，伯仲皆在上，所以爲字者在下，如伯牛、仲弓、叔肸、季友之類是也。至五十爲大夫，但言伯仲而冠之以字，伯仲皆在下，如召伯、南仲、榮叔、南季之類是也。孔子諸弟子稱字未有以伯仲在下者，蓋皆不爲大夫也。然則八士書伯仲叔季則在二十爲字之時可知，書伯仲叔季而下稱其字，則俱未五十爲大夫又可知，故曰八士，士也。

潘氏集箋：春秋繁露郊祭篇：「四産而得八男，皆君子俊雄也，此天之所以興周國也。」爲包注所本。逸周書和寤解曰：「王乃厲翼于尹氏八士，惟固允讓。」又武寤解尹氏八士太師三公，則八士，尹氏也。克殷解：「命南宫忽振鹿臺之財、巨橋之粟，命南宫伯達、史佚遷九鼎三巫。」則八士又若南宫氏也。據此八士當爲武王時人。又晉語：「文王之即位也，詢於八虞。」賈唐注：「八虞即周八士，皆爲虞官。」周書君奭篇：「文王之臣有若南宫括。」此八士中有伯适，括字通，疑即一人。第括爲文王四友之一，又爲武王亂臣十人之一，不得稱之爲士，當別是一人。經學卮言、論語竢質據以上諸書斷爲文、武時人。四書考異據逸周書、晉語以爲文、武時人，論語後録亦據此而以爲文王時人，不及三家之確。漢書古今人表列八士於周初，最爲允當。劉向、馬融謂宣王時，鄭君謂成王時，當時或别有依據也。其曰尹氏而又曰南宫者，經學卮言、論語後録並謂古者命士以上父子皆異宫，八士蓋尹氏而居南宫者，近是。羣經補義、四書考異、論語竢質並以爲南宫氏，恐非。白虎通姓名篇云：「質家所以積於仲何？質者親親，故積於仲。文家尊尊，故積於叔。即如是，論語曰周有八士云云，不積於叔何？蓋以兩兩俱生故也。不積於伯季，明其無二也。」考異謂此伯仲叔季兩兩相並，而班氏言之如此，豈當時别典所記，有與論語絶殊者邪？不知不積於伯季二語，乃申明質家積仲、文家積叔之故，不指孿生者言，故曰明其無二。若八士之積於伯仲叔季，固已以兩兩俱生句申言之，考異説非也。經學卮言謂獨尹氏兄弟八人均布字之爲禮之變而記之，是矣。仲突、仲忽，人表作仲突、仲曶。後録云：「鄭厲公、昭公亦名突、忽。説文解字曰：『突，不順。忽，出也。从到子。易曰：𠫓如其來如。』𠫓即突字。以忽訓突，是突、忽同義，於此見古人命名之義。」叔夜，宣和博古圖：「周叔液鼎銘二十三字，叔夜之名不見經傳，惟論語記周八士則有叔夜焉，豈其人歟？」論語古義據書大傳「脂夜之妖」，鄭注：「夜讀爲液。」是古液字作夜，然以夜爲液，非以液爲夜也。薛氏鐘鼎款識載叔夜鼎銘云：「叔夜鑄其𩱧鼎以征以行，用𩱧用鬻，蘄眉壽無疆。」定爲周八士叔夜之器，較博古圖爲可據矣。季隨、季騧，廣韻季字下云：「晉有祁邑大夫季瓜忽，宋有季隨逢。」世本云：

「周八士季隨、季騧之後。」「騧」或作「瓜」。吴氏遺著云：「八士名皆韻。隨，古讀食遮切，與騧韻。」維城案八士命名皆以類從，達、适其部同也，突、忽其義同也，夜、夏其爲時同也，惟隨與騧爲不類。説文：「遀，从也。騧，黄馬黑喙。」其義各殊。或疑隨當讀爲豧，爾雅釋獸「豕子猪豧豶」，郭璞注：「俗呼小豶猪爲豧子。」猶漢司馬相如之初名犬子，與騧皆取於物爲類也。然易大畜六五「豶豕之牙」，虞注云：「劇豕稱豶。」釋文引劉氏云：「豕去勢曰豶。」晉師服云：名以制義，古人豈以奄割之豕名其子哉？必不然矣。今案易繫辭傳云：「服牛乘馬，引重致遠，以利天下，蓋取諸隨。」是隨本有乘馬之義。季隨當爲隨卦之隨，故季隨之弟即以馬名之，騧名之也。或謂伏羲氏祇畫八卦，文王始演爲六十四，賈唐以八士爲文王時人，則未有隨卦，將何以解之？曰周官大卜掌三易之法，一曰連山，二曰歸藏，三曰周易，其經卦皆八，其别皆六十有四。淮南要略訓云：「八卦可以識吉凶，知禍福矣。然而伏羲爲之六十四變。」則爲重之者伏羲，鄭君以爲神農，孫盛以爲夏禹，總之夏時已有六十四卦，大卜之文可據。况繫辭言取諸，則必先有其象，而後可言取，故九家易以類萬物之情，注云：「以此知庖犧重爲六十四卦。」是八士以前實先有隨卦，季隨、季騧之取義於此可確然無疑也已。

寒支集：或曰：成王幼，伯達教設俎豆，叔夏、季隨陳衣于庭，成王立而賜達服章，七弟與焉者是也。然則其非氏南宫也，胡爲其相舛也？或曰：括嘗從成王郊社，叔夜同討蔡有功，仲突嘗事康王，仲忽嘗與顧命，季騧從戎淮夷者是也。雖然無稽也，果如所云，則宰卿大夫師保將帥之任，而魯論胡云八士也？

按：尹氏在周初本爲大族，八士名見周書者，已有伯達、伯适、南宫忽三人，其爲尹氏子無疑。曰南宫者，古人命士以上父子異宫，又可以所居爲氏，故稱南宫也。南宫伯适即書之南宫适，漢書人表列之周初，自是不誣。惟明李世熊制義所引故實於諸書俱不經見，不知所據何籍，姑録之以廣異聞。

【集解】包曰：「周時四乳生八子，皆爲顯士，故記之耳。」

【唐以前古注】詩思齊正義引鄭注：周公相成王時所生。釋文：周有八士，鄭云成王時，劉向、馬融皆以爲宣王時。

按：盧氏文弨釋文考證云：「聖賢羣輔録云：周八士見論語，賈逵以爲文王時。晉語説文王即位，詢于八虞。賈唐云：八虞，周八士，皆在虞官。漢書古今人表載周八士在中上，列成叔武、霍叔處之前，二人皆文王子，則班固亦以爲文王時。」據此，則馬、鄭本有此章注義，集解不采之，蓋其慎也，誰謂集解可輕議哉？

皇疏：舊云周世有一母身四乳，而生於此八子，八子並賢，故記録之也。侃按師説曰：非謂一人四乳，乳猶俱生也。有一母四過生，生輒雙，二子四生，故八子也。何以知其然？就其名兩兩相隨，似是雙生者也。

【集注】或曰成王時人，或曰宣王時人，蓋一母四乳而生八子也，然不可考矣。張子曰：「記善人之多也。」

愚按此篇孔子於三仁、逸民、師摯、八士既皆稱贊而品列之，於接輿、沮、溺、丈人又每有惓惓接引之意，皆衰世之志也，其所感者深矣。在陳之歎蓋亦如此。三仁則無間然矣，其餘數君子者亦皆一世之高士，若使得聞聖人之道，以裁其所過，而勉其所不及，則其所立，豈止此而已哉？

【餘論】四書訓義：人才之盛，作人者之休養之也。仁以育之，而人嚮乎仁，無果於忘世者焉。義以處之，而人喻於義，無傲上孤立者焉。此人之感於上而起也，而人之所助，天必佑之，和氣充而善氣集，故以先王先公之澤生其時者異焉。周之作人盛矣，於是賢者之生不可勝紀。尤異者八士而集於一家，一家而八士產於一母，一母而八子四乳而生，而八子者又皆周多士之選也。嗚呼！豈非天哉！而天不虛佑，則先王先公親親尊賢恤故掄才之德，實有以燕皇天而昌其後。乃當其盛，天不可期而期，其生也不爽。及其衰，則聚數姓之子講治法於一堂，而且散而之四方，何怪乎田野之多賢，而聖人之道終不行於齊、魯哉！道之不行，已知之矣，而聖人之栖栖不舍，以盡至仁，明大義，則不見知於人而不尤人，不見佑於天而不怨天，斯其爲不可及歟？記者雜著之篇，其意誠深。論語稽：論語一書，記孔子與弟子之言行，以垂教於萬世者也。此篇雜載柳下惠、周公之言，師摯諸人及八士之事，蓋其言語事實皆魯人素所稱述，故類記也。

# 論語集釋卷三十八

## 子張

○子張曰：「士見危致命，見得思義，祭思敬，喪思哀，其可已矣。」

【考異】後漢書獨行傳注引論語：君子見危授命，見得思義。文選殷仲文解尚書表注引論語：子張問士。子曰：「見危授命，見得思義。」

【考證】曾子制言篇：「生以辱，不如死以榮。」盧辯注云：「見危致命，死之榮也。」

【集解】孔曰：「致命，不愛其身。」

【唐以前古注】皇疏：就此篇凡有二十四章，大分爲五段，總明弟子禀仰記言行皆可軌則，第一先述子張語，第二子夏語，第三子游語，第四曾參語，第五子貢語，此是第一子張語，自有二章也。此一篇皆是弟子語，無孔子語也。又引江熙云：但言若是自可也。

【集注】致命，謂委致其命，猶言授命也。四者立身之大節，一有不至，則餘無足觀，故言士能如此，則庶乎其可矣。

【餘論】梁氏旁證：馮氏椅曰：始子張、子夏而終子貢，三子之言爲多，疑其門人所輯。而曾子稱子，則成於其門人者也。真德秀四書集編：義敬哀皆言思，而致命獨不言思者，蓋生死之際，惟義是徇，有不待思而決也。四書約旨：危邦不入，亂邦不居，非其君不仕，許多審慎都在前面。若既仕之，則見危時只有致命，並無思法耳。黄氏後案：吕伯恭曰：可者，僅足之辭，言能盡行此數事，庶可爲士，非曰可以止也。

○子張曰：「執德不弘，信道不篤，焉能爲有？焉能爲亡？」

【音讀】釋文：亡如字。集注：亡讀作無。

按：皇疏：「世無此人不足爲輕，有此人不足爲重。」邢疏：「雖存於世，何能爲有而重；雖没於世，何能爲無而輕。」是皆讀亡爲無也，故集注因之。

【集解】孔曰：「言無所輕重。」

【唐以前古注】皇疏引江熙云：有德不能宏大，信道不務厚至，雖有其懷，道德蔑然，不能爲損益也。

【集注】有所得而守之太狹則德孤，有所聞而信之不篤則道廢。焉能爲有無，猶言不足爲輕重。

【餘論】劉氏正義：當時容有安於小成，惑於異端，故子張譏之。

【發明】反身録：執德是持，守堅定宏，則擴所未擴。信道是心，孚意契篤，則始終如一。既宏且篤，方足以任重致遠，做天地間大補益之事，爲天地間有關繫之人。若不宏不毅，則至道不凝，碌碌一生，無補於世。世有此人，如九牛增一毛，不見其益。世無此人，如九牛去一毛，不見其損。何足爲輕重乎？每讀論語至「焉能爲有？焉能爲亡」，中心不勝懼悚，不勝悵恨，慚平生見道未明，德業未就，恨平生凡庸罔似，於世無補，虛度待死，與草木何異？猛然一醒，痛自振奮，少自別於草木，庶不負此一生。

○子夏之門人問交於子張。子張曰：「子夏云何？」對曰：「子夏曰：『可者與之，其不可者拒之。』」子張曰：「異乎吾所聞。君子尊賢而容衆，嘉善而矜不能。我之大賢與，於人何所不容？我之不賢與，人將拒我，如之何其拒人也？」

【考異】舊文「拒」爲「距」。釋文：距，本今作「拒」，下「人將距我，如之何其距人也」同。漢石經爲「距」。又「可者」下「者距」上凡闕四字，今此間有五字，疑漢本無其字。皇本「拒」皆爲「距」。七經考文補遺：古本「聞」下有也字，「我之大賢」、「我之不賢」，古本並無之字。天文本論語校勘記、考文補遺引古本、津藩本、正平本「聞」下有也字。

【考證】蔡邕正交論：子夏之門人問交於子張，而二子各有所聞乎夫子。然則其以交誨也，商也寬，故告之以距人；師也褊，故告之以容衆。各從其行而矯之，若夫仲尼之正道，則汎愛衆而親仁。故非善不喜，非仁不親，交游以方，會友以仁，可無貶也。四書經注集證：史記仲尼弟子傳：「孔子既没，子夏居西河教授，爲魏文侯師。」呂氏春秋：「段干木學於子夏。」漢書藝文志「李克七篇」，注云：「子夏弟子。」楊士勛穀梁傳疏：「公羊子高，齊人。穀梁子名淑，字元始，魯人，一名赤，皆受經於子夏。」經典序録：「子夏嘗授詩於曾申，或云魯申。」陸璣詩草木疏：「子夏傳魯人申公。」索隱別録稱墨子書有文子，是子夏弟子問於墨子。　又曝書亭集：「應劭曰：『子弓是子夏門人。』又徐整曰：『子夏授詩於高行子。』王應麟曰：『高行子即詩序及孟子所謂高子也。』未知是否。」　潘氏集箋：子夏門人，史記儒林傳云：「子夏居西河，子貢終於齊，如田子方、段干木、吴起、禽滑釐之屬，皆受業於子夏之倫，爲王者師。」又漢書藝文志云：「詩有毛公之學，自謂子夏所傳。」經典釋文序録引徐整云：「子夏授高行子。」一云子夏傳曾申。　春秋有公羊名高，齊人，子夏弟子，受經于子夏。　穀梁名赤，魯人，七録云：「名淑，字元始。」風俗通云：「子夏門人。」又史記仲尼弟子傳：「子夏居西河教授，爲魏文侯師。」則文侯斯亦其門人也。　又曰：韓詩外傳子貢謂堂衣若曰：「君子尊賢而容衆，嘉善而矜不能。」正與子張所聞同，疑其同聞於夫子也。　翟氏考異：近人謂尊賢二語深合夫子愛衆親仁之旨，此必子張述平日所聞於夫子者，下五句方是重申己意。　據蔡中郎正交論云：「子夏門人問交於子張，而二子各有聞乎夫子。」則漢人已作是説矣，説之不虚，可即二語爲子貢所同聞證焉。　劉氏正義：蔡邕此言，以二子所聞各得一偏，其正道則汎愛衆，即汎交，親仁即友交，義與包、鄭相發矣。世儒多徇子張之言，以子夏爲失。　案吕氏春秋觀世篇：「周公旦曰：『不如吾者，吾不與處，累我者也。與我齊者，吾不與處，無益我者也。　惟賢者必與賢於己者處。』」又上篇子曰：「毋友不如己者。」並子夏所聞論交之義。　大戴禮衛將軍文子篇，孔子曰：「詩云『式夷式已，無小人殆』，而商也，其可謂不險也。」盧辯注：「言其鄰於德也。」子夏之行抑由所聞而然，固無失矣。

【集解】孔曰：「問交，問與人交接之道。」包曰：「友交當如子夏，汎交當如子張。」

【唐以前古注】皇疏引鄭玄云：子夏所云，倫黨之交也。子張所云，尊卑之交也。　又引王肅云：子夏所云敵體交，子張所云覆蓋交也。　又引欒肇云：聖人體備，賢者或偏，以偏師備，學不能同也，故準其所資而立業焉，猶易云「仁者見其仁，智者見其智」。寬則得衆而遇濫，偏則寡合而身孤，明各出二子之偏性，亦未能兼宏夫子度也。

【集注】子夏之言迫狹，子張譏之是也。但其所言亦有過高之弊，蓋大賢雖無所不容，然大故亦所當絶；不賢固不可以拒人，然損友亦所當遠，學者不可不察。

【餘論】論語或問：或問古注以二子論交有汎交擇交之異，程子乃以爲有初學成德之不同，二説孰是？曰：人之交際固有親疏厚薄之不同，然未有容之於始，而拒之於終者。包氏之説然不求諸己，而遽以拒人爲心，則非急己緩人之道。成德固當如子張之説，然於是非善惡之間一無所擇，則又非所謂仁者能好惡之心矣。以此觀之，則程子之説亦若有未安者焉。曰然則奈何？曰折以聖人之中道，則初學大略當如子夏之言，然於不可者亦疏之而已，拒之則害乎交際之道。成德大略當如子張之説，然於其有大故者亦不得而不絶也。以是處之，其庶幾乎。　四書改錯：此記者之意，本偏存子張之説以垂訓者。夏是客，張是主，與棘子成章意同。今且概舉而非之，既已失主客意矣。且兩賢所言俱各有本，子夏所本即夫子「無友不如己」語，特其所異在拒字耳，故曰異乎所聞。若子張，則正以所聞闢拒字者，其反復兩拒字與矜容對照，此有何弊，而又以高遠貶之？張南士嘗曰：「嘉善而矜不能，係夫子語。」則尊賢而容衆，未必非夫子所已言者。何則？「所聞」二字可驗也。若然，則過高之弊不既侮聖言矣乎？章大來曰：「據集注，貶子張者亦首鼠語。」大凡立言有要，子張之要以賢不賢爲斷，未有賢而不擇友者，亦未有不賢而反可招損友者，此固不必又搓挪也。惟子夏過峻，故子張廣之。若仍然首鼠，既云尊賢而容衆，又云不可者拒之；既云如之何拒人，又云不可者拒之，則子夏之迫狹不必譏，而門人特記子張之言反多事矣。注經者不能達言者之旨，而動輒吹索，又何必爾。

按：此章自包、鄭以來皆作兩許解，惟集注則改爲兩譏，宋儒論人之刻如此，西河之詈，皆其所自取也。

四書訓義：合二子之言觀之，子夏之言拒固過於隘矣。其人雖不可，而既欲交於君子，則姑與其進，而徐視其改否以爲合離可也。然而子夏之志則正矣，可不可之涇、渭不得不分，而朋友人倫之重不容輕，且道未至者尤恐其爲損也。若子張之所聞，乃君子馭臣民、柔遠人之道，而非所論於交友。友也而可以容言，則納垢藏污而交道廢矣。其大賢與則氣味自不與匪人而相得，故在上則有刑賞之殊，在下則有邪正之辨。如其不賢也，正宜親有道而遠不肖，以防其陷溺。人或拒我自守，愈不得不嚴，日與小人爲徒，而終見擯於有道，則子夏之言拒，亦未爲過也。子張侈名譽而無實，殉物而失己，學者終當以子夏爲正。黄氏後案：子夏教門人是初學之法，子張言君子大賢之道。子張云異乎吾所聞，欲補子夏之所未備以廣其教也。不可者與衆不能迴異，二説亦自可貫矣。容衆之道，自古所重，易師言容蓄，臨言容保。荀子曰：「君子賢能容罷，知能容愚，博能容淺，粹能容雜。」四書近指：易曰：「麗澤兑，君子以朋友講習。」可見交非止交際交接往來之常，切磋琢磨，道義生死，惟交是視，豈可不慎？子夏所云，正合聖人論交定交之旨。子張所聞云云，特厚德載物之意，非所以訓門人小子也。使子夏、子張之言折衷於孔子，吾知必不愈子張，絀子夏也。

【發明】傳習録：子夏是言小子之交，子張是言成人之交，若善用之，亦俱是。論語稽：子夏門人古載記略可考見，其問於子張，蓋亦旁證參考之意。聖人體無不備，賢者質有所偏，以偏師備，則各取其性之所近者，尊所聞而立業焉。子夏不及，故以與拒爲主。子張過中，故以尊嘉矜容爲主。然深味其語意，可者與，不可者拒，所以正濫交之失，而非胞與之量也。尊賢容衆，嘉善矜不能，所以立下交之凖，而非同門同志之誼也。若述夫子之教弟子者，曰汎愛衆而親仁，則無一偏之弊矣。四書恒解：子夏所言雖稍失之狹，然切於立己。子張之言尊賢二句，義理曲盡，固己即我之大賢五句反覆明拒字之非，所以教門人自勉爲大賢，不可徒見人之惡而棄之，亦忠厚之道。即如管寧割席於華歆，阮籍辭昏於司馬，是不可拒之之得宜者，不必其在後人小子也。若郭汾陽之見魚朝恩，陳仲弓之弔中常侍，一則保全自己身家，一則保全天下賢士，是何所不容之得宜者也。至於夫子見陽貨、南子，孟子不見諸侯，不與右師言，因時處中，又不待言。門人有見於道理之精，知二子之言皆有可取，必兼之而其義始盡，故特兩記之，後儒轉遜其識解矣。陳寔弔於張讓，前人斥其守道不篤，此言非也。君子之於小人，不幸同朝共事，關係君民大事，必當面折廷爭，雖死不辭；若非國計民生所重，尋常交接往來，無害於義，何必爲已甚之行，激其怒而害及同類。漢、宋黨錮之禍，皆諸君子過於矯之，故犯凶人之怒而鳴高。不知太甚之行，激爲大禍，毒流搢紳，而社稷亦隨之而亡。何不聞孔子之見陽貨哉？故陳寔之事，不可疵也。紹興中，徐子雲省試第一，秦檜欲以女妻之。及廷對，子雲乃佯狂不答一字，遂置甲末，此拒不可之妙也。班超使西域，李邑上書毀其擁妻抱子，安樂外國，無內顧憂。超聞而歎曰：「身非曾參而有三至之讒。」遂去其妻。帝知超忠，切責邑，令受超節度。超遣邑還京師。徐幹謂超曰：「邑前毀君，今何不留之？」超曰：「是何言之陋也！以邑毀超，故今遣之。内省不疚，何恤人言？快意留之，非忠臣也。」此何所不容之妙也。

按：二子論交之說，均出於夫子，不宜有所軒輊，各因其性之所近而師之可也。大抵狷介者宜於子夏，高明者宜於子張，其言均百世之師也。

○子夏曰：「雖小道，必有可觀者焉；致遠恐泥，是以君子不爲也。」

【考異】考文補遺：古本「爲」作「學」。漢書藝文志引文「不」作「弗」。

【考證】漢書宣元六王傳：東平王宇上疏求諸子及太史公書。上以問大將軍王鳳，對曰：「諸子書或反經術，非聖人；或明鬼神，信物怪。太史公書有戰國縱橫權譎之謀，不可予。不許之辭宜曰：『五經聖人所制，萬事靡不畢載。夫小辯破義，小道不通，致遠恐泥，皆不足以留意。』」　藝文志：小説家者流，蓋出於稗官。街談巷語、道聽塗説者之所造也。孔子曰：「雖小道，必有可觀者焉。致遠恐泥，是以君子弗爲也。」然亦弗滅也。閭里小知者之所及，亦使綴而不忘。如或一言可采，此亦芻蕘狂夫之議也。　後漢書蔡邕傳：上封事曰：「夫書畫辭賦，才之小者。匡國理政，未有其能。昔孝宣會諸儒於石渠，章帝集學士於白虎，通經釋義，其事優大。文、武之道，所宜從之。若乃小能小善，雖有可觀，孔子以爲致遠則泥。君子故當志其大者。」　淮南子繆稱訓曰：鵲巢知風之所起，獺穴知水之高下，暉目知晏，陰諧知雨，爲是謂人智不如鳥獸，則不然。故通於一伎，察於一辭，可與曲説，未可與廣應也。　反身録：小道，集注謂農圃醫卜之屬，似未盡然。夫農圃所以資生，醫以寄生死，卜以決嫌疑定猶豫，未可目爲小道，亦且不可言觀。在當時不知果何所指，在今日詩文字畫皆是也。爲之而工，觀者心悦神怡，躍然擊節，其實内無補於身心，外無補於世道，致遠恐泥，是以知道君子不爲也。然則詩文可全不爲乎？曰豈可全不爲。顧爲須先爲大道，大道誠深造，根深末自茂，即不茂亦不害其爲大也。伊、傅、周、召，何嘗藉詩文致遠耶？問大道。曰：内足以明心盡性，外足以經綸參贊，有體有用，方是大道，方是致遠。其餘種種技藝，縱精工可觀，皆不足以致遠，皆小道也，皆不足爲。爲小則妨大，所關非細故，爲不可不慎也。

【集解】小道，謂異端也。包曰：「泥，難不通也。」

【唐以前古注】後漢蔡邕傳注引鄭注：小道，如今諸子書也。皇疏引江熙云：聖人所以訓世軌物者，遠有體趣，故又文質可改，而處無反也。至夫百家競説，非無其理，然家人之規模，不及於經國；慮止於爲身，無貽厥孫謀，是以君子舍彼取此也。

【集注】小道如農圃醫卜之屬。泥，不通也。楊氏曰：「百家衆技猶耳目口鼻，皆有所用而不能相通，非無可觀也，致遠則泥矣，故君子不爲也。」

【餘論】四書辨疑：君子不爲也之一語，此甚有疾惡小道之意，必是有害聖人正道，故正人君子絶之而不爲也。農圃醫卜，皆古今天下之所常用，不可無者，君子未嘗疾惡也。況農又人人賴以爲生，其尤不容惡之也。注文爲見夫子嘗鄙樊遲學稼之問，故以農圃爲小道，此正未嘗以意逆志也。蓋樊遲在夫子之門，不問其所當問，而以農圃之事問於夫子，夫子以是責之耳，非以農爲不當爲也。古人之於農也，或在下而以身自爲，或居上而率民爲之，舜耕於歷山，伊尹耕於莘野，后稷播時百穀，公劉教民耕稼，未聞君子不爲也。又農圃醫卜亦未嘗見其致遠則泥也。蓋小道者，如今之所傳諸子百家功利之説，皆其類也。取其近效，固亦有可觀者，期欲致遠，則泥而不通，雖有暫成，不久而壞，是故君子惡而不爲也。農圃醫卜不在此數。四書通引黄勉齋曰：小道安知非指楊、墨、佛、老之類邪？曰：小道，合聖人之道而小者也。異端，違聖人之道而異者也。小者猶可以施之於近，異端不可以頃刻施也。彼之無父無君，又何待致遠而後不通哉？

按：黄氏之説意在申朱注，而不知已蹈於黨同伐異之弊。其言似是而實非，當以陳氏天祥之説爲正。

四書翼注：農圃起於神農、后稷，醫起於軒轅、岐伯，卜起於伏羲，下至百工衆技，創始皆自聖賢，故曰智者創物，巧者述之，原不可輕視，故曰必有可觀。但當日爲此教蚩蚩之民以利用安身，今已利矣已安矣，士君子有修己治人之責，當爲其遠者大者，若惟細民之業，一技之長，專心畢力於其中，則致遠恐泥矣。

【發明】論語補疏：聖人一貫，則其道大。異端執一，則其道小。孟子以爲「大舜有大焉，善與人同」。能通天下之志，故大。執己不與人同，其小可知。故小道爲異端也。可觀，謂可以相觀而善，即攻乎異端也。百家九流，彼此各異。使彼觀於此而相摩焉，此觀於彼而相摩焉，則異者相易而爲同，小者旁通而爲大。惟不能相觀而善，小終於小而不相通，則不能致遠矣。泥則執也，相觀則能致遠，不相觀則泥，故欲致遠則恐其泥，是以君子不爲也，即是以君子不泥也。邢疏謂必有小理可觀覽，非其義。

○子夏曰：「日知其所亡，月無忘其所能，可謂好學也已矣。」

【考異】後漢書列女傳注引此爲孔子語，又「日」上有「君子」二字。中論治學篇引子夏曰：日習則不忘。舊唐書張玄素傳：上書曰：「日知其所不足，月無忘其所能。」太平御覽述文忘字作「亡」。

【集解】孔曰：「日知所亡，日知其所未聞。」

【唐以前古注】皇疏：此勸人學也。亡，無也。無，謂從來未經所識者也。令人日新其德，日日知所未識者，令識録之也。所能，謂已識在心者也。既自日日識所未知，又月月無忘其所能，故言識之也。能如上事，故可謂好學者也。然此即是温故而知新也，日知其所亡是知新也，月無忘所能是温故也，可謂好學，是謂爲師也。

【集注】亡，無也，謂己之所未及。

【餘論】劉宗周學案：君子之於道也，日進而無彊。其所亡者，既日有知之，則拳拳服膺而弗失之。至積月之久而終不忘，所謂學如不及，猶恐失之者矣。

【發明】反身録：道理無窮，德業亦無窮。日日返觀内省，知某道未盡，某理未明，某德未立，某業未成，誠一一知其所亡，斯不安於亡，求所以盡之明之立之成之；即已盡已明已立已成，亦必日新又新，緝熙弗懈，勉强不已；久則自然，如此方是好學。若不在道理上潛心，德業上操存，舍本逐末，區區致察於名物訓詁以爲學，縱博覽强記，日知所未知，月能所未能，謂之好古則可，謂之好學則未也。友人有以日知爲學者，每日凡有見聞，必隨手劄記，考據頗稱精詳。余嘗謂之曰：知者，無不知也，當務之爲急。堯、舜之知而不偏物，急先務也。若舍却自己身心切務，不求先知，而惟致察乎名物訓詁之末，豈所謂急切務乎？假令考盡古今名物，辨盡古今疑誤，究於自己身心有何干涉？誠欲日知，須日知乎内外本末之分，先内而後外，由本以及末，則得矣。

東塾讀書記：子夏曰：「日知其所亡，月無忘其所能。」讀之似甚淺近，然二者實學問之定法也。於稽其類，則知新者知也，温故者無忘也；知及之者知也，仁能守之者無忘也；擇善者知也，固執者無忘也；深造者知也，自得之者無忘也；知斯二者知也，弗去者無忘也；平旦之氣者知也，操則存者無忘也。四書之理皆如此。楊名時論語劄記：每日所知是零星者，至匝月則徧加温理，不令遺忘。常常如此，則每月所得會聚於心，交相參伍印證，漸至融洽貫通，有心得之趣矣。

○子夏曰：「博學而篤志，切問而近思，仁在其中矣。」

【考異】後漢書章帝紀正經義詔引此爲孔子語。

【考證】黄氏後案：志、識通，記也，見後漢章帝紀引此經李注。世有以仁心待人，而施之轉受其害者，必博學以求仁術也。既學仁術矣，而必堅以記之，以俟行之也，而又慮求之廣遠也。於切近者問之思之，所謂能近取譬也。此雖未必宏拯濟之澤，而真誠惻怛之念，實已操存於一己矣，故曰仁在其中。凡言在其中者，事不必盡然而舉其能然者也。論語述要：孔注讀志爲識，志、識、記古通，篤志即厚記，亦無忘所能意。第七篇「默而識之」，集注：「識，記也。」默記之功，夫子至謂何有於我，知其爲學中一項最要功夫。朱子云：「聖賢之言，常要在目頭過，口頭轉，心頭運。」此非篤記而何？以本文順序言之，初而學，既學要記，疑則問，終乃思，而求得於已學之後，問之前，中間篤記一層正不可少。若作心志之志，則四者乃求知之序，中間何以夾此爲也？

按：鄭說是也。述而云：「多見而識之。」白虎通引作「志」。鄭注周禮保章氏云：「志，古文識。」賈疏：「古之文字少，志意之志與記識之識同。」說文無志字，徐鉉於心部補之云：「志，意也。从心，之聲。」段注謂志所以不録者，古文有志無識，小篆乃有識字。保章注：「志，古文識。識，記也。」哀公問注：「志讀爲識，識知也。」今之識字，志韻與職韻分二解，而古不分二音，則二解亦相通。古文作志，則志者，記也，知也。許心部無志者，蓋以其即古文識而識下失載也。宋儒不明訓詁，往往望文生義，此其失也。

【集解】孔曰：「博學而篤志，廣學而厚識之也。」何曰：「切問者，切問於己所學而未悟之事也。近思者，近思於己所能及之事也。若汎問所未學，遠思所未達，則於所學者不精，於所思者不解也。」

【唐以前古注】皇疏：博，廣也。篤，厚也。志，識也。言人當廣學經典而深厚識録之不忘也。切，猶急也。若有所未達之事，宜急諮問取解，故云切問也。近思者，若有所思，則宜思己所已學者，故曰近思也。能如上事，雖未是仁，而方可能爲仁，故云仁在其中矣。

【集注】四者皆學問思辨之事耳，未及乎力行而爲仁也。然從事於此，則心不外馳，而所存自熟，故曰仁在其中矣。蘇氏曰：「博學而志不篤，則大而無成；泛問遠思，則勞而無功。」

【餘論】四書集編：切問，謂以切己之事問於人也。近思，謂不馳心高遠，就其切近者而思之也。

外焉問於人，内焉思於心，皆先其切近者，則一語有一語之益，一事有一事之功，不比汎然馳鶩於外，而初無補於身心也。劉開論語補注：博學而篤志，博與篤相反而易辨者也。切問而近思，切與近相似而易混者也。程、朱之意，皆以切問爲切近在己而不泛問，如此則切即是近，謂之切問近思可矣，何必加一而字？且與上文博而又篤之語意不相剌謬乎？同一文法而解意獨别，非也。蓋所謂切問者，乃「切切偲偲」之切，謂懇到也。審問致詳，反覆就正，極其周密懇到，而不敢以率意出之，故謂之切問。爾雅釋訓云：「丁丁、嚶嚶，相切直也。」毛詩箋云：「猶以道德相切。」正亦言盡誠竭直以相正也。能如此切問，而又思不出位，不馳于高遠，則仁自在其中，以合博學篤志，而語皆一串，意亦連屬，且明確而有徵矣。

○子夏曰：「百工居肆以成其事，君子學以致其道。」

【考異】虞翻易注「巽爲工」，引子夏曰：「工居肆。」無百字。翟氏考異：周氏應賓云：「以成其事，白虎通成作致。檢本書，惟辟雍篇中引此，今自爲成。」

【考證】齊語：管子對桓公曰：「昔先王之處士也，使就閒燕；處工，就官府。」又曰：「令夫工，羣萃而州處，審其四時，辨其功苦，權節其用，論比協材，旦暮從事，施於四方，以飭其子弟，相語以事，相示以巧，相陳以功。少而習焉，其心安焉，不見異物而遷焉。是故其父兄之教不肅而成，其子弟之學不勞而能。夫是，故工之子恒爲工。」潘氏集箋：管子雖不言君子之學，而其言士也曰：「令夫士，羣萃而州處，閒燕則父與父言義，子與子言孝，其事君者言敬，其幼者言悌。其父兄之教不肅而成，其子弟之學不勞而能。夫是，故士之子恒爲士。」韋昭注：「士，講學道藝者。」道莫大於君臣父子，君子之致道當亦不外是矣。羣經平議：肆者，市中陳物之處。故周官有肆長。以肆爲官府造作之處，於古未聞，正義説非也。周易説卦傳「巽爲工」，李鼎祚集解引虞翻曰：「爲近利市三倍，故爲工。子夏曰：『工居肆。』」然則此肆字即市肆之肆。市中百物俱集，工居於此，則物之良苦、民之好惡無不知之，故能成其事，以譬君子學於古訓，則言之是非、事之得失無不知之，故能成其道也。邢氏誤解「肆」字，不特臆説無徵，且於喻意不見矣。

【集解】包曰：「言百工處其肆則事成，猶君子學以致其道。」

【唐以前古注】皇疏：先爲設譬。百工者，巧師也。言百者，舉全數也。居肆者，其居常所作物器之處也。言百工日日居其常業之處，則其業乃成也。致，至也。君子由學以至於道，如工居肆以成事也。又引江熙云：亦非生巧也。居肆則是見廣，見廣則巧成。君子未能體足也，學以廣其思，思廣而道成也。

【集注】肆，謂官府造作之處。致，極也。工不居肆，則遷於異物而業不精；君子不學，則奪於外誘而志不篤。尹氏曰：「學所以致其道也。百工居肆，必務成其事。君子之於學，可不知所務哉？」愚按二説相須，其義始備。

【别解】四書通：工必居肆，則耳目之所接者在此，心思之所爲者在此，而其事即成於此，君子之居於學也亦然。趙佑温故録：學乃學校之學，對居肆，省一居耳。即國語所謂「不見異物而遷」，學記所謂「退息必有居學」。

【餘論】論語集説：致如致人致師之致。百工居肆，則朝於斯，夕於斯，其志勤矣，其習專矣，故能以成其事。君子之於道亦猶是也，念終始典於學，道其有不可致者乎？四書訓義：學者侈言道而疏於學，則無體道之實功，而其求至於道之心亦未篤也。夫學何爲也？非侈誦習之博也，非摹倣古人之迹以自表異爲君子也，以人各有其當行之道，不至焉，必求致也，而非學無以盡道之用而通其變化，抑非學無以定己之志而静其神明，則其於學也，日有作，月有省，瞬有養，息有存，以遇古人於心，而復吾性之知能也。必無不盡也，而後可集於吾心，而行焉皆得也。不然，慕道而無求道之功，何足以爲君子乎？黄氏後案：百工之成必居肆者，循高曾之規矩，日省月試，不見異而遷也。君子之於道，非讀書稽古，安能造其極哉？蘇子瞻曰：「言道者，或即所見而名之，或莫之見而意之，皆求道之過也。致者，不强求而自至也。」蘇子由曰：「自盡於學，日引月長而道自至，故曰致。」蘇説爲世之不學而好高談者戒也，朱子説爲溺於名利而不學者言也，總之皆不學也。致，謂造其極也，惟學乃造其極。

○子夏曰：「小人之過也必文。」

【考異】皇本「必」下有則字。按七經考文云：古本「必」上有則字，則作「必則文」恐是皇本誤倒，不可通。翟氏考異：如考文古本作「則必文」也。今所見皇氏義疏亦有則字，而在必字之下，于義不可通。考文稱古本，據云與義疏同，則今義疏必屬訛倒。文選楊惲報孫會宗書注引此爲孔子語。

【音讀】史記孔子世家：齊羣臣對景公曰：「君子有過則謝以質，小人有過則謝以文。」按：「文」字釋文無音。說文、廣韻、玉篇「文」字皆無去聲。翟氏灝曰：「此語意與論語相類，疑此文亦對質言，則可以不讀去聲也。」

【集解】孔曰：「文飾其過，不言情實。」

【唐以前古注】皇疏：君子有過是己誤行，非故爲也，故知之則改。而小人有過，是知而故爲，故愈文飾之，不肯言己非也。又引繆播云：君子過由不及，不及而失，非心之病，務在改行，故無吝也。其失之理明，然後得之理著，得失既辨，故過可復改也。小人之過生於情僞，故不能不飾，飾則彌張，乃是謂過也。

【集注】文，飾之也。小人憚於改過而不憚於自欺，故必文以重其過。

【餘論】四書紹聞編：夫過出無心，文出有意。集注曰：「重其過則見其恥。」過作非，而流於惡之意亦在其中，所以重小人飾非之罪，而深戒夫人也。

【發明】反身録：君子之過如日月之食，過也人皆見之。小人之過也必文，此其所以爲小人歟？吾人果立心欲爲君子，斷當自知非，改過始。若甘心願爲小人，則文過飾非可也。庸鄙小人不文過，文者多是聰明有才之小人。肆無忌憚之小人不文過，文者多是慕名竊義，僞作君子之小人。蓋居恒不肯檢身，及有過又怕壞名，以故多方巧飾，惟務欺人。然人卒不可欺，徒自欺耳，果何益哉！

○子夏曰：「君子有三變：望之儼然，即之也温，聽其言也厲。」

【考異】皇本「儼」作「嚴」。釋文云：「儼，本或作嚴。」論語校勘記：案古多借「嚴」爲「儼」，公羊桓二年傳注「儼然人望而畏之」，釋文亦云：「儼，本又作嚴。」

【集解】鄭曰：「厲，嚴正也。」

【唐以前古注】皇疏引袁氏云：温，和潤也。又引李充云：厲，清正之謂也。君子敬以直內，義以方外，辭正體直，而德容自然發，人謂之變耳，君子無變也。

【集注】儼然者，貌之莊。温者，色之和。厲者，辭之確。

【餘論】潘氏集箋：説文：「儼，昂頭也。」段注：「昂當作卬。卬者，望欲有所庶及也。」禮記曲禮「儼若思」，注云：「儼，矜莊貌。人之坐思，貌必儼然。」詩澤陂傳亦云矜莊貌，蓋即下篇所謂「正其衣冠，尊其瞻視，儼然人望而畏之」也。厲，禮記表記云：「君子不厲而威。」威與嚴正義近，但彼狀其色，此狀其言也。日知録據洪範正義言之，決斷若金之斬割，謂居官則告諭可以當鞭扑，行師則誓戒可以當甲兵，是之謂聽其言也厲。

○子夏曰：「君子信而後勞其民；未信，則以爲厲己也。信而後諫；未信，則以爲謗己也。」

【考異】七經考文補遺：上句「也」作「矣」。高麗本下句「也」作「矣」。蘇文忠公集上神宗書引「信而後勞其民」二句爲孔子語。楊時荆州語録引「信而後諫」二句爲孔子語。釋文：厲，鄭讀爲賴，恃賴也。後漢書李雲傳論：「未信而諫，則以爲謗己。」注引論語曰：「事君信而後諫，其君未信，則以謗己。」

【音讀】經讀考異：舊讀從民字絶句，考此宜以勞字爲斷，與下「信而後諫」相比，「其民」連下「未信」爲句。

按：後漢書李雲傳論注引論語「諫」下有「其君」二字，疑古本如此。温故録：「上言其民，下不言其君，諫非獨施於君也。」此蓋望文生義，恐不盡然，仍當讀至「其民」斷句。

【考證】論語後録：左傳昭四年滅賴。二氏作「厲」。是厲與賴通。

【集解】王曰：「厲猶病也。」

【唐以前古注】皇疏引江熙云：君子克厲德也，故民素信之，服勞役故知非私。信不素立，民動以爲病己而奉其私也。人非忠誠相與，未能諫也。然投入夜光，鮮不按劍。易曰：「貴乎在道。」明無素信，不可輕致諫也。

【集注】信，謂誠意惻怛而人信之也。厲，猶病也。事上使下，皆必誠意交孚，而後可以有爲。

【餘論】四書存疑：信而後諫，亦有雖不信而不容不諫者，箕子、比干是也。信而後勞，亦有民未信而不容不勞者，如子産爲政，民欲殺之是也。子夏特論道理必如此然後盡善耳，非爲未信皆不可使民諫上也。　黄氏後案：注言誠意惻怛者，見己以信施於人，始誠意交孚也。勞與諫必俟其信者，所謂同言而信，信其所稱；同命而行，行其所服也。程伯子不容於時，自謂己學未至，誠意不能動人。程叔子曰：「告於人者，非積其誠意，不能感而入也，故聖人以蒲盧喻政，謂以誠化之也。今夫鐘，怒而擊之則武，悲而擊之則哀，誠意之感而入也。」注意如此。

○子夏曰：「大德不踰閑，小德出入可也。」

【考異】春秋繁露玉英篇引「不」作「無」。　説苑尊賢篇引作「毋」。

【考證】韓詩外傳二：孔子遭程木子于郯之間，傾蓋而語終日。有間，顧子路曰：「束帛十匹以贈先生。」子路曰：「由聞之夫子，士不中道相見。」孔子曰：「大德不踰閑，小德出入可也。」晏子春秋：晏子對孔子曰：「吾聞大者不踰閑，小者出入可也。」　集注剩義：據此，則子夏之言將有所昉。　翟氏考異：據外傳，此本孔子言而子夏述之也。述其言而略其本事，致覺其言不能無弊也。荀子王制篇又引孔子曰：「大節是也，小節一出焉，一入焉，中君也。」亦與此意同。參觀之，尤悉其言之本末有弊。

【集解】孔曰：「閑猶法也。小德不能不踰法，故曰出入可也。」

【唐以前古注】皇疏：大德，上賢以上也。閑，猶法也。上德之人，常不踰越於法則也。小德，中賢以下也，其立德不能恒全，有時蹔至，有時不及，故曰出入也。不責其備，故曰可也。　筆解：韓曰：「孔注謂大德不自踰法，非也。吾謂大德，聖人也，言學者之於聖人，不可踰過其門閾爾。小德，賢人也，尚可出入窺見其奥也。」李曰：「防閑之閑從本義，取限分内外，故有出入之踰。孔注便以閑訓法，非也。況大德之人，豈踰法耶？」

【集注】大德小德，猶言大節小節。閑，闌也。所以止物之出入。言人能先立乎其大者，則小節雖或未盡合理，亦無害也。吴氏曰：「此章之言不能無弊，學者詳之。」

【别解】論語偶記：大德小德皆有德之人，大小者，優劣之謂也。孟子曰：「小德役大德。」是其證。

按：劉恭冕云：「邢疏以大德小德指人言，方氏觀旭偶記亦同，非也。」

【餘論】四書改錯：德者，事行之别名。閑是分限，出入即踰分之謂，何處好着理字？且出入非不合理也。此書實易解曉，如行大禮者既不踰分，則儀貌小節或稍過而出，稍不足而入，總不失大禮。行大法者既不踰度，則規模細事或出而過張，或退入而近於弛，亦不礙大法。此以不合理責之，固爲不倫，且以子夏近小之病進幾遠大，亦有何弊？而動輒苛刻。亦思不矜細行，終累大德，子夏豈不知是古語，而言各有爲，必雷同附和以求無弊，恐大不然。四書訓義：觀人者有不必求備之道焉，責之於動履之微而曲謹之士進，而志義之君子且見疵焉，失之也多矣。如其於綱常名教之大信之心而施之行者，皆天理民彝當然之則，無有踰也。則一介之取與片語之從違，或入於閑之中，亦或出於閑之外，而言不足法，行不足則焉，則亦許之可矣。必欲求全焉，則飾忠飾信而大義缺然，多得之於僞士矣。此知人者取舍之辨也。

【發明】反身録：論人與自處不同，觀人當觀其大節，大節苟可取，小差在所略；自處則大德固不可踰閑，小德亦豈可出入？一有出入，便是心放，細行不謹，終累大德，爲山九仞，功虧一簣，是自棄也。

○子游曰：「子夏之門人，小子當洒掃應對進退，則可矣，抑末也。本之則無，如之何？」

【考異】漢石經「游」作「斿」。論語古義：説文：「㫃，旌旗之游。讀若偃，古人名㫃，字子游。游，旌旗之流也。從㫃，汓聲。」大宰：「九貢，八曰斿貢。」注云：「斿，讀如固游之游。」漢武班碑亦以「斿」爲「游」。釋文：洒，正作「灑」。掃，今作「埽」。皇本「埽」作「掃」。唐石經掃字作「埽」。九經古義：釋文非也。説文曰：「洒，古文以爲灑埽字。」周禮隸僕掌埽除糞洒，先鄭以爲洒當爲灑，後鄭據古文論語定爲洒。經傳中如毛詩「弗洒弗埽」、「洒埽穹室」、「於粲洒埽」、「洒埽庭内」，晉語「供備洒埽之臣」，皆古文也。

按：吴英曰：「灑者以水揮地及牆階，令不揚塵，然後掃之，少儀所謂汎掃也。」洒乃洗滌之義，然則作洒者，乃古文假用也。

【音讀】經讀考異：近讀以「門人小子」爲句，考此子游所譏，宜以「子夏之門人」爲句（問交章亦云子夏之門人）。其門人中有幼者，如小子當洒埽應對進退則可矣，言外見子夏之門人不分長幼，悉以此爲務也。潘氏集箋：「小子」屬下讀是也，不然小子即門人，經文複出，無謂矣。

周禮隸僕注、大戴禮衛將軍文子篇注引並無「小子」字。

按：論語稽：「門人對師之稱，小子對長者之稱，細味經文語氣，宜仍以門人小子爲句。」此恐不然，小子即門人，觀曾子有疾章「吾知免夫小子」，此小子即門人也。古人無此累墜重複文法，仍以屬下讀爲是。

【考證】劉氏正義：釋文：「洒埽，上色買反，又所綺反，正作灑，經典相承作洒。下素報反，本今作埽。」盧氏文弨考證：「説文：『灑，汛也。洒，滌也。』古文以爲灑埽字，經典中如毛詩、論語及周禮隸僕、國語晉語皆作『洒掃』，是借用。」凡糞除，先以水潑地使塵不揚，而後掃之，故洒先於掃。曲禮云：「凡爲長者糞之禮，必加帚於箕上，以袂拘而退，其塵不及長者，以箕自鄉而扱之。」弟子職云：「凡拚之道，實水于槃，攘袂及肘，堂上則播灑，室中握手，執箕膺揲，厥中有帚，入户而立，其儀不貸。執帚下箕，倚于户側。凡拚之紀，必由奥始。俯仰磬折，拚毋有徹，拚前而退，聚于户内，坐板排之，以葉適己，實帚于箕。」此洒掃之事也。應，説文作「譍」，云：「以言對也。」今通作「應」。散文應、對無別，對文則應是唯諾，不必有言，與對專主答辭異也。曲禮云：「在父母之所，有命之，應唯敬對。」又云：「父召無諾，先生召無諾，唯而起。」又云：「進退周旋慎齊。」凡摳衣趨隅，與夫正立拱手、中規中矩之節，皆幼儀所當習者。子游習於禮樂，以學道爲本，而以洒掃應對進退爲禮儀之末，故譏子夏爲失教法。大戴禮曾子事父母篇：「曾子曰：『夫禮，大之由也，不與小之自也。』」又謂趨翔周旋俛仰從命爲未成於弟，亦此意。釋文云：「末，本末之末。字或作『未』，非也。」

【集解】包曰：「言子夏弟子但當對賓客修威儀禮節之事則可，然此但是人之末事耳，不可無其本，故云『本之則無，如之何』。」

【唐以前古注】皇疏：門人小子，謂子夏之弟子也。子游言子夏諸弟子不能廣學先王之道，唯可洒掃堂宇，當對賓客，進退威儀之小禮，於此乃爲則可也。抑，助語也。洒掃以下之事，抑但是末事耳，若本事，則無如之何也。本，謂先王之道也。

【集注】子游譏子夏弟子於威儀容節之間則可矣，然此小學之末耳，推其本如大學正心誠意之事，則無有。

**子夏聞之，曰：「噫！言游過矣！君子之道，孰先傳焉？孰後倦焉？譬諸草木，區以别矣。君子之道，焉可誣也？有始有卒者，其惟聖人乎！」**

【考異】唐文粹李翺答王載言書引文「矣」作「也」。牟子理惑論引文「别」下有之字。漢石經卒字作「卒」，惟字作「唯」。宋石經「惟」作「唯」。七經考文：古本「卒」作「終」，「惟」作「唯」。漢書董仲舒引論語「惟」亦作「唯」，乎字作「虖」。師古注曰：「論語載孔子之言。」宋史黄裳傳亦引爲孔子言。漢書薛宣傳：「君子之道，焉可憮也。」蘇林曰：「憮，同也，兼也。」晉灼曰：「憮音誣。」師古曰：「論語載子夏之言，謂行業不同，所守各異，唯聖人爲能體備之。」論語發微：漢書引「誣」爲「憮」，是魯論，馬所著爲古論也。説文：「憮，愛也。」是憮有兼愛義，故蘇林訓兼。論語補疏：説文言部云：「誣，加也。」加之義正與同兼義近。憮字，説文訓愛，毛詩巧言傳訓大，爾雅則訓傲，漢書憮字，乃誣字假借耳。誣字本義自通，馬以誣爲欺妄，則非誣字本義。

按：「焉可誣」句，漢書薛宣傳引作「憮」，憮，兼也。義亦可通。但今本作「誣」，義似較長。論語竢質則謂「憮」當作「幠」，今漢書譌作「憮」，音義皆別。捨明白易通之本文，而必穿鑿以自圓其説，此又漢學家之失也。

【音讀】困學紀聞：胡五峯謂草木生於粟粒之萌，及其長大，根莖華實，雖凌雲蔽日，據山蟠地，初具乎一萌之內，而未嘗自外增益之也。此用樂記區萌之區，當讀如勾。朱文公曰：「林少穎亦説與黄祖舜如此。」潘氏集箋：論語發微曰：「説文：區，踦區藏匿也。從品在匸中。品，衆也。」按此知區爲品類，區以別矣。謂區其品類以別之，凡言區分者，即區別也。又按樂記「草木茂區萌達」，鄭注：「屈生曰區。」則論語「區以別矣」，亦可訓爲區萌之區。區、屈聲之轉，不必改讀，謂其區萌未達之時，即有以別之，以區萌喻學者之始也。

【考證】四書稗疏：集注云：「區，類也。」馮氏則曰邱域也。按齊民要術有區種五穀法。作爲區畛，如今菜畦，數畝之內，各種雜植，長短豐嬴相形易見。此草木者，亦言穀蔬果蓏良材之在田圃者，非謂山林之雜木野卉也。馮氏之説較爲得之。如以爲草木之類各有大小高庳，則類一定而不可易，將聖人必不須下學，而小子終不可學聖乎？觀其所譬而義自見矣。羣經平議：經文兩孰字明分二事，包注并爲一談，非也。先傳對後傳者而言，性與天道，未至其時不得聞，而灑掃應對之事童而習之，是先傳者也。後倦對先倦者而言，既冠成人，而後弟子之職不復躬親矣，而嚮道而行，忘身之老，俛焉日有孳孳，死而後已，是後倦者也。孰先傳焉，孰後倦焉，猶曰有小道焉，有大道焉，故繼之曰：「譬之草木，區以別矣。」包氏所解，未得經旨。劉氏正義：君子之道，謂禮樂大道，即子游所謂本也。此當視人所能學而後傳之，故曰「孰先傳焉，孰後倦焉」。倦即「誨人不倦」之倦，言誰當爲先而傳之，誰當爲後而倦教。皆因弟子學有淺深，故教之亦異。草木區別，即淺深之喻。今子游所譏，則欲以君子之道概傳之門人，是誣之也。華嚴經草木區別，喻人學有不同，故注云大道、小道，則指本末言之。本爲大道，末爲小道也。華嚴經音義上引注云：「區，別也。」疑注有脱文。凡地域謂之區，區以分別，故區即訓別。注以誣爲欺誣，言教人以所不能，則爲誣也。於義亦通。

【集解】包曰：「孰先傳焉，孰後倦焉，言先傳業者必先厭倦，故我門人先教以小事，後將教以大道也。」馬曰：「區以別，言大道與小道殊異。譬如草木，異類區別，言學當以次也。君子之道，焉可使誣言我門人但能洒掃而已也。」孔曰：「噫，心不平之聲。終始如一，惟聖人耳。」

【唐以前古注】皇疏：噫，不平之聲也。子夏聞子游鄙己門人，故爲不平之聲也。既不平之，而又云言游之説實爲過失也。既云子游之説是過，故更説我所以先教以小事之由也。君子之道，謂先王之道也。孰，誰也。言先王大道即既深且遠，而我知誰先能傳，而後能倦懈者邪？故云：「孰先傳焉？孰後倦焉？」既不知誰，故先歷試小事，然後乃教以大道也。言大道與小道殊異，譬如草木，異類區別，學者當以次，不可一往學，致生厭倦也。君子大道既深，故傳學有次，豈可發初使誣罔其儀而并學之乎？唯聖人有始有終，學能不倦，故可先學大道耳，自非聖人，則不可不先從小起也。又引張憑云：人性不同也，先習者或早懈，晚學者或後倦，當要功於歲終，不可以一限也。譬諸草木，或春花而夙落，或秋榮而早實，君子之道，亦有遲速焉。惟聖人始終如一，可謂永無先後之異也。又引熊埋云：凡童蒙初學，固宜聞漸日進，階麤入妙，故先且啓之以小事，後將教之以大道也。

【集注】倦，如誨人不倦之倦。區，猶類也。言君子之道，非以其末爲先而傳之，非以其本爲後而倦教。但學者所至，自有淺深，如草木之有大小，其類固有別矣。若不量其淺深，不問其生熟，而概以高且遠者强而語之，則是誣之而已，君子之道豈可如此？若夫始終本末一以貫之，則惟聖人爲然，豈可責之門人小子乎？程子曰：「君子教人有序，先傳以小者近者，而後教以大者遠者。非先傳以近小，而後不教以遠大也。」又曰：「洒埽應對便是形而上者，理無大小故也，故君子只在謹獨。」又曰：「聖人之道更無精粗，從洒埽應對只看所以然如何。」又曰：「凡物有本末，不可分本末爲兩段事。洒埽應對是其然，必有所以然。」又曰：「自洒埽應對上便可到聖人事。」愚按程子第一條説此章文意最爲詳盡，其後四條皆以明精粗本末。其分雖殊，而理則一。學者當循序而漸進，不可厭末而求本，蓋與第一條之意實相表裏，非謂末即是本，但學其末而本便在此也。

【別解】論語稽求篇：倦即古「券」字。傳與券，即古印契傳信之物。蓋傳者，傳也。舊以兩行書繒帛，分持其一，凡出入關者必合之乃得過，因謂之傳。而其後或用棨刻木爲合符，史稱傳信爲符信是也。券者，契也。以木牘爲要約之書，用刀剖之，屈曲犬牙，分持其一以爲信。韓子所謂「宋人得遺契而數其齒」是也。是傳與券皆彼此授受傳信之物，一如教者之與學人兩相印契，故借其名曰傳曰券，券即傳也。説文徐注曰：「今用傳字，無復作券。」可驗也。倦即卷也。周禮考工記「輔人左不券」，後鄭注謂券字即今倦字可驗也。先傳後券兩俱借義，虚實相當，了無掎蹠。傳有二音，或謂師傳之傳當作平聲，郵傳之傳當作去聲者，非也。夫師傳者，或以前而授之後，或以此而禪之彼，正如驛傳關傳然，所謂傳遞，亦所謂傳導也。師傳、老傳、傳室、傳國與乘傳、馳傳皆一傳字，有何異音？ 論語述要：「孰先」四句應作一氣讀。觀上下文氣，倦字當是教字意，言孰當先傳，孰當後教，一視學者之質所宜受，如草木之有區別培植者，不可一概施。如此，則意義自直捷順暢。因本文不知何以誤作倦字，注者要就倦怠之義以解之，遂不得不多方委曲而爲之辭。毛氏奇齡云倦古券字，不知然否，然亦可見此字古固不僅作倦怠解也。

按：毛説失之鑿，可備一説。傳字與倦字正相反，倦者，倦於傳也。何者宜先，何者可倦而後，義自通。

【餘論】讀四書叢説：讀此章者頗易失旨，但見「言游過矣」四字，便謂子游之言全非。蓋子游但言門人雖知灑埽之末，不即舉大學之本以教之；子夏則言教之當有序。子游未嘗譏子夏教灑埽之非，而子夏亦未嘗言不教以大學也。集注以威儀容節與正心誠意對言，則末專就事說，本專就心說。蓋大學行之之目有八，而誠意正心爲本。誠意正心固非小子所可進，此即是先就事上令知其所當然而爲之，未能使之知其所以然也，此古人之學所以實，而先後次序自不可踰。

蘇子由古史：子夏教人，使之自盡於學，日引月長而道自至，故曰：「百工居肆以成其事，君子學以致其道。」譬如農夫之殖草木，既爲之區，溉種而時耨之，風雨既至，小大甘苦，莫不咸得其性，而農夫無所用巧也。孔子曰：「君子上達，小人下達。」達之有上下，出乎其人，而非教者之力。今之教者，非性命道德不出於口，教者未必知，而學者未必信，此子夏所謂誣也。

朱澤澐止泉集：子夏始卒之言，原以始有本末，卒有本末。朱子始卒之解，亦以始有本末，卒有本末。如近小遠大之謂，非謂始是末，卒是本也。自此旨不明，講家多以始末卒本、先末後本爲朱子教不躐等之說，不知朱子原無此說。朱子云：「灑埽應對亦是此道理，若要精義入神，須是從此中理會將去。」蓋言灑埽應對須謹獨，精義入神亦在謹獨，發明程子理無大小，祇在謹獨之旨最盡，斷不可以先末後本疑朱子也。

四書詮義：子夏之答，祇言我非不教以本，但學者所至未可以語大本，由末及本，次序當然，不得以無本見譏耳。程注曰：「君子教人有序，先傳以近小，而後教以遠大，非先傳以近小，而後不教以遠大也。」朱子云：「此條說本章意最爲詳盡。」可見程注惟此條正解本章，其餘四條皆於言外推明一貫之理。子游長於禮樂，豈竟不知灑掃應對進退中原寓精義入神之理者？但恐子夏泥器藝而遺道德，故云然耳。

○子夏曰：「仕而優則學，學而優則仕。」

【考異】玉篇引此，學句在仕句前。

【考證】説文：「仕，學也。」段注：「訓仕爲入官，此今義也。古義宦訓仕，仕訓學。以仕學分出處起於論語（下引此章），公冶長篇『子使漆雕開仕』也。」

【集解】馬曰：「仕優則學，行有餘力，則可以學文也。」

【唐以前古注】皇疏：優，謂行有餘力也。若仕官治官，官法而已。力有優餘，則更可研學先王典訓也。學既無當於立官，立官不得不治，故學業優足則必進仕也。子夏語十一章訖此也。

【集注】優，有餘力也。仕與學理同而事異，故當其事者，必先有以盡其事，而後可以及其餘。然仕而學，則所以資其仕者益深；學而仕，則所以驗其學者益廣。

【餘論】朱子文集：程允夫問：「子夏之言似爲時而發，雖反覆相因，而各有所指，或以仕而有餘則又學，學而有餘則當仕，如此，則其序當云學而優則仕，仕而優則學。今反之，則知非相因之辭也。不知此説是否？」答曰：「舊亦疑兩句次序顛倒，今云各有所指，甚佳。」論語或問：仕優則學，爲已仕者言也。蓋時必有仕而不學如原伯魯者，故有是言。學優而仕，爲未仕者言也，蓋未有以明乎修己治人之道，則未可以仕耳。子產於子皮有製錦之譏，而夫子亦説漆雕開之對，惡子路之佞。程子以少年登高科席勢爲美官者爲不幸，其意亦猶是耳。子夏此章以先後之次推之，其本意蓋如此。而推其餘意，則又以明夫仕未優而學，則不免有背公徇私之失；學已優而不仕，則亦不免有愛身忘物之累，當時恐或兼有此意也。論語意原：學其本也，仕其用也。仕之所以有餘裕者，即學也。非可於學外求仕，亦非可於仕外求學。

【發明】朱子語類：問仕而優則學。曰：此爲世族子弟而設。有少年而仕者元不曾學，故職事之暇可以學。反身録：仕學相資。學不矢志經綸，一登仕途，則所學非所用，是後世詞章記誦之學，非有體有用之學。仕不輔之以學，簿書期會之外，漫無用心，是後世富貴利達之仕，非輔世長民之仕。論仕學次第，學在先，仕在後，而子夏先言仕，後言學者，良以學人一入仕多不復學，故先言仕，以見既仕比之未仕所關尤重，尤不可以不學。蓋未仕則耳目心思不雜，即有愆尤，易覺易更。一行作吏，事務糾纏，苟警策無聞，未免情移境奪，日異而月不同，以至頓喪生平者多矣。學則心有所養，不至汩没。況天下之事變無窮，一人之知識有限，學則耳目日新，心思益開，合天下之長以爲己長，集天下之善以爲己善，措置精密規矩，比俗吏自是不同。陶石簣平日孜孜講學不倦，及筮仕赴京，或問：「子今入仕，還講學否？」石簣笑曰：「在仕途更急要學使用，豈可不講？」馮少虚先生起官，瀕行，同志祖之郊外，問曰：「子此行仍講學否？」先生答云：「講學如穿衣喫飯然，難道在家穿衣，做官不穿衣？在家喫飯，做官不喫飯？」聞者憬然。由斯觀之，則知已仕者不可離學，而未仕者亦不可以不知所學也。

○子游曰：「喪致乎哀而止。」

【考證】夏之蓉喪説（劉氏正義引）：「人未有自致者也，必也親喪乎！」先王制禮，非由天降，非自地出，人情之所不能自已者而已矣。是故衰麻免絰之數，哀之發於容服者也。擗踴哭泣之節，哀之發於聲音者也。斬衰唯而不對，齊衰對而不言，大功言而不議，哀之發於言語者也。父母之喪，朝一溢米，莫一溢米，齊衰之喪不食菜果，大功不食醯醬，小功不飲酒醴，哀之發於飲食者也。父母之喪，居倚廬，寢苫枕塊，齊衰之喪居堊室，哀之發於居處者也。凡此者無他，創鉅者其日久，痛深者其愈遲，凡有知者之所固然，稱情以立文焉而已矣。論語後録：喪過乎哀，過而亨者也。雖過而亨，是亦過矣，故曰致乎哀而止。論語訓：患周禮儀文之多也，闓運亦疑焉。士喪禮緐費委曲，後世必不行。

【集解】孔曰：「毁不滅性也。」

【集注】楊氏曰：「喪與其易也寧戚，不若禮不足而哀有餘之意。」愚按而止二字亦微有過於高遠而簡略細微之弊，學者詳之。

【餘論】四書偶談：孔安國曰：「喪恐滅性，故致哀而止，毋過情也。」如此語意自無弊。湖樓筆談：子張篇載子游之言曰：「喪致乎哀而止。」孔安國曰：「毁不滅性。」此説固自無弊，考亭不從，别爲之説曰：「致極其哀，不尚文飾也。」是考亭之意必以爲勝於舊説矣。乃又曰：「而止二字亦微有過於高遠而簡略細微之弊。」夫易古人無弊之説爲有弊之説，而反以有弊爲古人罪，竊不知其何意也。梁氏旁證：孔注：「毁不滅性也。」皇疏：「雖喪禮主哀，然孝子不得過哀以滅性，故使各至極哀而止。」此釋止爲止乎禮義之止，又一義也。如此解則無弊矣。四書約旨：子張固是務外，然見危及信篤語，却説得平實。子夏固是見小，然小道恐泥及大德不踰閑語，却志在遠大。子游極熟於禮文，却説喪致乎哀而止。都可見他矯枉之功，進德之實。按：舊注語本無弊，今乃以有弊之説代之，其有意貶抑孔門可知，殊有失忠厚之旨，不可爲訓。

○子游曰：「吾友張也爲難能也，然而未仁。」

【考證】王肅家語注：子張不務立仁義之行，故子游激之以爲未仁也。誤子游爲子貢。論語補疏：此文但言難能，未言所以難能者何在。故下連載曾子之言堂堂，知堂堂爲難能，即知難能指堂堂，此論語自相發明之例也。廣雅：「堂堂，容也。」漢書儒林傳：「魯徐生善爲頌。」蘇林曰：「漢舊儀有二郎，爲此頌貌威儀事。有徐氏，徐氏後有張氏，不知經，但能盤辟爲禮容。天下郡國有容史，皆詣魯學之。」師古曰：「頌讀與容同。」子張善爲容，故云師也辟。辟即盤辟也。又論語自相發明之例也。

【集解】包曰：「言子張容儀之難及。」

【唐以前古注】皇疏：張，子張也。子游言吾同志之友子張，容貌堂偉，難爲人所能及，故云爲難能也。又引袁氏云：子張容貌難及，但未能體仁也。

【集注】子張行過高，而少誠實惻怛之意。

【別解一】羣經平議：孔子論仁多以其易者言之，故曰：「有能一日用其力於仁矣乎？我未見力不足者。」又曰：「可以爲難矣，仁則吾不知也。」然則仁之不在乎難明矣。子貢問博施於民，而能濟衆，何其難也？孔子告之以己欲立而立人，己欲達而達人，何其易也？孔子嘗謂師也過，惟過故爲難能，惟難能故未仁。子游此論極合孔子論仁之旨，非先以容儀難及美之，而後以未仁譏之也。黄氏後案：爲難能也，言其爲所難爲也。以一介儒生欲行非常之仁，失近取之方，而實澤未必能周也。

按：論語駁異曰：「爲字蓋語助，猶云爲不可及耳。」此説非也。爲字係行爲之爲，是實字，不是虛字，言其平日行爲均係難能之事耳。此説前人未發，較集解、集注爲優。

【別解二】論語訓：友張，與子張友也。難能，才能難及。此篇多記子張之言，非貶子張未仁也，言己徒希其難，未及於仁。

按：王説是也。此友字係動詞，言我所以交子張之故，因其才難能可貴，己雖有其才，然未及其仁也。蓋文人相輕，係學者通病，豈聖門而有此哉？未仁指子游説，如此既可杜貶抑聖門之口，且考大戴禮衞將軍文子篇：「孔子言子張不弊百姓，以其仁爲大。」是子張之仁固有確據。王氏此説，有功聖經不小。

○**曾子曰：「堂堂乎張也，難與並爲仁矣。」**

【考證】論語稽求篇：堂堂，夸大之稱。惟夸大不親切，故難並爲仁。魏武兵書「無擊堂堂之陣」，越絶書「去此邦堂堂被山帶河」，漢書「堂堂乎張」，後漢隗囂傳「區區兩郡以禦堂堂之鋒」，皆以相對難近爲言。　論語後録：荀子曰：「弟作（有誤字）其冠，神禫其辭，禹行而舜趨，是子張氏之賤儒也。」此正堂堂之象。

【集解】鄭曰：「言子張容儀盛，而於仁道薄也。」

【唐以前古注】皇疏：此以下自第四曾參語自有四章。堂堂，儀容可憐也。言子張雖容貌堂堂，而仁行淺薄，故云難並爲仁。並，竝也。　又引江熙云：「堂堂，德宇廣也。仁，行之極也。難與並仁，蔭人上也。」然江熙之意，是子張仁勝於人，故難與並也。

【集注】堂堂，容貌之盛。言其務外自高，不可輔而爲仁，亦不能有以輔人之仁也。（范氏曰：「子張外有餘而内不足，故門人皆不與其爲仁。子曰剛毅木訥近仁，寧外不足而内有餘，庶可以爲仁矣。」）

【別解】論語訓：亦言子張仁不可及也。難與並，不能比也。曾、張友善如兄弟，非貶其堂堂也。

按：子張少孔子四十八歲，在諸賢中年最少，他日成就如何雖無可考，而其弟子有公明儀、申詳等，皆賢人也。其學派至列爲八儒之一，非寂寂無聞者也。集注喜貶抑聖門，其言固不可信。如舊注之説，子游、曾子皆以子張爲未仁，擯不與友，魯論又何必記之？吾人斷不應以後世講朱、陸異同之心理推測古人。況曾子一生最爲謹慎，有口不談人過之風，故知從前解釋皆誤也。王氏此論雖創解，實確解也。

【餘論】四書改錯：程氏曰：「子張既除喪，而見予之琴，和之而和，彈之而成聲，推此則子張過於薄，故難並爲仁。」比較大文又深一層，又增一罪案。毋論檀弓不足深據，即可據，然其本意以子夏、子張並記，祇以一過一不及，證兩賢生平，未嘗曰薄也。竟不虞千載下，有知之深者題之曰薄，薄則不止未仁矣！且除喪一事，於堂堂何與，而並及此。

○曾子曰：「吾聞諸夫子：人未有自致者也，必也親喪乎！」

【考異】漢石經作「吾聞諸子人未有自致也者」。

【考證】劉氏正義：孟子云：「親喪固所自盡也。」意同。

【集解】馬曰：「言人雖未能自致盡他事，至於親喪，必自致盡。」

【集注】致，盡其極也，蓋人之真情所不能自已者。尹氏曰：「親喪固所自盡也，於此不用其誠，惡乎用其誠？」

○曾子曰：「吾聞諸夫子：孟莊子之孝也，其他可能也；其不改父之臣與父之政，是難能也。」

【考異】論語辨惑：東坡謂聞孟獻子之孝，不聞莊子也，遂疑「莊」爲「獻」字之誤。夫聖人以爲孝，則固孝矣，而必欲求他證而後信，不亦過乎？皇本、高麗本「難」下無能字。

【考證】潘氏集箋：春秋襄公十九年八月丙辰，仲孫蔑卒。二十三年八月己卯，仲孫速卒。蔑即莊子之父獻子也，其卒之相去不過四年。學而篇稱：「三年無改於父之道，可謂孝矣。」莊子襄賢父世卿之位，歷四年之久，左氏傳於盟向伐邾外無所叙述，是其用人行政悉仍父舊，未嘗改易，可知三年無改爲孝，莊子不止三年，尤所難能，是以夫子獨指而稱之。黄氏後案：孟獻子之政與臣，如作三軍而臣其子弟之半，如用秦堇父爲右，見春秋傳，又晉語趙簡子曰「孟獻子有鬬臣五人」皆是。春秋宣公九年，孟獻子始見於經，越五十七年，至襄公十九年卒。越四年，莊子亦卒。襄公十六年傳言莊子徼齊侯而去之，十八年傳言莊子伐齊，斬楢爲公琴，是時或獻子年老致仕，莊子代父爲卿。曾子稱其不改，是父在父没俱不改也。春秋經傳載莊子父喪未練，赴會帥師，然則金革之事，有所不得已與？

【集解】馬曰：「孟莊子，魯大夫仲孫速也。謂在諒闇之中，父臣及父政雖不善者，不忍改之也。」

【唐以前古注】皇疏：人子爲孝，皆以愛敬而爲體，而孟莊子爲孝非唯愛敬，愛敬之外别又有事，故云其他可能也，此是其他可能之事也。時人有喪，三年之内，皆改易其父平生時臣及政事。而莊子居喪，父臣父政雖有不善者，而莊子猶不忍改之，能如此者，所以是難也。

【集注】孟莊子，魯大夫，名速。其父獻子，名蔑。獻子有賢德，而莊子能用其臣，守其政，故其他孝行雖有可稱，而皆不若此事之爲難。

【餘論】朱子語類：人固有用父之臣者，然稍拂其私意，便自容不得；亦有行父之政者，於私欲稍有不便處，自行不得。如唐太宗爲高宗擇人，如長孫無忌、褚遂良之徒，高宗因立武昭儀事，便不能用；季文子相三君，無衣帛之妾，無食粟之馬，季武子便不如此，便是不能行父之政。以此知孟莊子豈不爲難能？　四書辨疑：注中不見難能之理，義有未盡。南軒曰：「莊子之不改，意者其政雖未盡善，而亦不至悖理害事之甚，故有取其不忍改也。蓋善而不改，乃其常耳，不必稱難能；惡而不改，則是成其父之惡，不可稱難能也。」胡寅曰：「莊子之繼世也，必其先臣先政有不利於己者，他人不能不改而莊子能之，是以稱難。」王滹南謂二説皆有理，胡氏之説尤親，予意亦然。

**○孟氏使陽膚爲士師，問於曾子。曾子曰：「上失其道，民散久矣。如得其情，則哀矜而勿喜！」**

【考異】韓詩外傳引傳曰：魯有父子訟者。孔子曰：「夫民父子訟之爲不義久矣，是則上失其道。」　鹽鐵論後刑章：曾子曰：「上失其道，民散久矣。如得其情，即哀矜而勿喜。夫不傷民之不治，而伐己之能得姦，猶弋者觀鳥獸挂罻羅而喜也。」

【考證】四書經注集證：一統志：「陽膚，南武城人，曾子弟子七人，陽膚其一也。」　書大傳：子曰：「聽訟雖得其指，必哀矜之，死者不可復生，斷者不可復續也。書曰：哀矜折獄。」　翟氏考異：此篇所記羣賢之言，類多述其師訓，不特曾子之聞諸夫子也。古籍淪亡，未能徧考而條著，偶有見者，不敢更漫置之。

【集解】包曰：「陽膚，曾子弟子。士師，典獄官。」馬曰：「民之離散，爲輕漂犯法，乃上之所爲，非民之過。當哀矜之，勿自喜能得其情也。」

【唐以前古注】檀弓正義引鄭注：慶父抗輈稱死，時人爲之諱，故云孟氏。

按：此條僞王應麟輯本繫於孟懿子問孝章，丁氏杰以爲當在此下，臧氏庸從之。劉恭冕云：「公羊僖元年傳：『慶父於是抗輈經而死。』此鄭所本。公羊疏引鄭云『慶父輈死』，當即論語注文。臧氏以此注稱字爲『經』之誤，陳氏鱣以稱字誤衍，二説均有理。考鄭以魯人諱慶父之事，故稱孟氏，此義未知所出。杜預謂慶父是莊公長庶兄。庶長稱孟，於理爲順。」

皇疏：孟氏，魯下卿也。陽膚，曾子之弟子也。士師，獄官也。孟氏使陽膚爲己家獄官也。曾子，曾參也。陽膚將爲獄官而還問師，求其法術也。曾子答之使爲法也，言君上若善，則民下不犯罪，故堯、舜之民比屋可封；君上若惡，則民下多犯罪，故桀、紂之民比屋可誅。當于爾時君上失道既久，故民下犯罪離散者衆，故云久也。如，猶若也。若得其情，謂責㣲得其罪狀也。言汝爲獄官，職之所司，不得不辨徼。雖然，若得罪狀，則當哀矜愍念之，慎勿自喜，言汝能得人之罪也。所以必須哀矜者，民之犯罪，非其本懷，政是由從君上故耳。罪既非本，所以宜哀矜也。

筆解：韓曰：「哀矜其民散之情，勿喜施其刑罰，是其旨矣。」李曰：「家語云：『魯人有父子訟者，孔子爲司寇，同牢獄縶之，父子皆泣。子曰：上失其教，民散久矣。皆釋之。』此有以見哀矜其情，不喜施刑罰之驗也。馬謂勿喜得其情，失之矣。」

【集注】陽膚，曾子弟子。民散，謂情義乖離，不相維繫。謝氏曰：「民之散也，以使之無道，教之無素，故其犯法也，非迫於不得已，則陷於不知也，故得其情，則哀矜而勿喜。」

【餘論】此木軒四書説：范蔚宗引論語「上失其道」云云，謂不喜於得情則恕心用，恕心用則可寄枉直矣。按此言最爲得之。曾子言哀矜勿喜，非直存此惻隱而無利濟之實也。枉直之寄，必盡其心，彼明斷自喜者，固知所傷必多。

【發明】四書通引黄勉齋曰：得情而喜，則太刻之意或溢於法之外；得情而矜，則不忍之意嘗行於法之中，仁人之言蓋如此。反身録：讀曾子「上失其道」數語，不覺太息。蓋上平日失養民之道，以致民多飢寒切身；上平日失教民之道，以致民無理義維心，則犯法罹罪，勢所必至。讞獄而誠得其情，正當閉閤思咎，惻然興悲，若自幸明察善斷，物無遁情，乃後世法家俗吏所爲，豈是仁人君子用心？

○子貢曰：「紂之不善，不如是之甚也。是以君子惡居下流，天下之惡皆歸焉。」

【考異】漢石經「貢」作「贛」，下凡貢字倣此。「不如是之甚」作「如是其甚」。皇本「不善」下有也字。論衡語增篇、齊世篇皆引此章爲孔子語，「如」一作「若」。史通疑古篇引作「桀、紂之惡不至是」。羅泌路史發揮引作「紂之不道」。

【考證】劉氏正義：紂者，殷王帝乙之子，名辛字受又字紂。高誘吕氏春秋功名注、蔡邕獨斷並以桀、紂爲謚。書戡黎疏謂「後人見其惡，爲作惡謚」是也。列子楊朱篇：「天下之美歸之舜、禹、周、孔，天下之惡歸之桀、紂。」漢書敘傳：「班伯以侍中起眡事，時乘輿幄坐張畫屏風，畫紂醉踞妲己作長夜之樂。上因顧指畫而問伯：『紂爲無道至於是虖？』伯對曰：『書云迺用婦人之言，何有踞肆於朝？所謂衆惡歸之，不如是之甚者也。』」楊敞傳：「惲書曰：『下流之人，衆毀所歸。』」後漢書竇憲傳論：「憲率羌、胡邊雜之師，一舉而空朔庭。列其功庸，兼茂於前多矣。而後世莫稱者，章末釁以降其實也。是以下流，君子所甚惡焉。」諸文皆以天下之惡爲惡名。　黄氏後案：紂名受德，書立政「其在受德暋」，逸周書克殷解「殷末孫受德」，吕氏春秋當務「其次曰受德」，書疏或言受，或言受德，呼有單複爾。又稱帝辛者，廟主之號也。其謂之紂者，天下惡其惡，呼受爲紂。史記：「是謂帝辛，天下謂之紂。」注引謚法曰：「殘義損善曰紂。」殷無謚，注引之者，見天下惡之，以紂名之也。

【集解】孔曰：「紂爲不善以喪天下，後世憎甚之，皆以天下之惡歸之於紂。」

【唐以前古注】皇疏引蔡謨云：聖人之化由羣賢之輔，闇王之亂由衆惡之黨，是以有君無臣，宋襄之敗，衛靈無道，夫奚其喪？言一紂之不善，其亂不得如是之甚。身居下流，天下惡人皆歸之，是故亡也。

按：皇侃曰：「若如蔡謨意，是天下惡人皆助紂惡，故失天下耳。若置一紂，則不能如是甚也。」此以天下之惡爲惡人，亦可備一説。劉恭冕云：「左昭七年傳：楚芋尹無宇曰：『昔武王數紂之罪以告諸侯曰：紂爲天下逋逃主，萃淵藪。』杜注：『天下逋逃悉以紂爲淵藪，集而歸之。』孟子滕文公篇言紂臣有飛廉，墨子非樂有費仲、惡來、崇侯虎，淮南覽冥訓有左彊，道應訓有屈商，是紂時惡人皆歸之證。」

【集注】下流，地形卑下之處，衆流之所歸，喻人身有污賤之實，亦惡名之所聚也。子貢言此，欲人常自警省，不可一置其身於不善之地，非謂紂本無罪，而虚被惡名也。

【别解】論語徵：君子惡居下流，謂紂之爲逋逃藪也。衆惡人歸紂而紂受之，其所自爲惡雖不甚，而衆惡之所爲惡，皆紂之惡也，故曰天下之惡皆歸焉。

【餘論】路史發揮：昔祖伊始讁於紂也，惟曰淫戲自絶而已；及武王數之，炙忠剔孕，斮脛剖心，斯已甚矣；而史傳復有醢鬼脯鄂之文，六韜更出刳心等三十七章焉，故子貢云云。論語稽：千古惡名紂獨當之，紂豈無一毫之善哉？特親小人而遠君子，集衆小人之惡爲紂一人之惡耳。（按桀、紂事多過實，路史發揮關龍逢篇言之甚詳。）若祇紂一身爲惡，何至如是之甚？惟集衆惡以爲惡，所以天下之惡皆其惡也。四書偶談：水亦有言惡者，左傳有「汾、澮以流其惡」是也。李來章達天録：於不肖人名曰下流，義極可思。懲忿窒欲，遷善改過，皆逆流而上，用勉彊功夫，反此則順流而下，無所底止矣。

○子貢曰：「君子之過也，如日月之食焉：過也，人皆見之；更也，人皆仰之。」

【考異】皇本「食」作「蝕」，「焉」作「也」。文子上義篇、晉書潘尼傳、北史蕭大圜傳、柳柳州集與楊誨之書皆作「君子之過如日月之蝕」。晉書劉頌傳：古之人有言曰：「君子之過，如日月之蝕焉。」隋書魏澹傳：君子之過，如日月之食，圓首方足，孰不瞻仰。路史黄帝紀論作「如日月之有食焉」。太平御覽作「日月之蝕人皆見之。」舊唐書元行冲著釋疑論，引「過也人皆見之，更也人皆仰之」爲仲尼言。蘇文忠公集再上皇帝書引全章文爲孔子言。

【考證】淩曙四書典故覈：日月之行天上，日居上，月居下，日爲月所揜，故日食。月在天上，日乃在地下，地球居中隔之，日光爲地球所掩，不能耀月，故月食。人皆仰之者，言人皆仰戴之也。孟子公孫丑篇有此文，當亦古語而二賢述之。潘氏集箋：孟子公孫丑篇：「古之君子，其過也如日月之食，民皆見之；及其更也，民皆仰之。」似即本之。蓋以有過則改，故如日月之食，無傷於明也。

【集解】孔曰：「更，改也。」

【唐以前古注】皇疏：日月之蝕，非日月故爲；君子之過，非君子故爲，故云如日月之蝕也。日月之蝕，人並見之，如君子有過不隱，人亦見之也。更，改也。日月蝕罷，改闇更明，則天下皆並瞻仰；君子之德，亦不以先過爲累也。

按：此章集注無注。任氏啓運曰：「此只是要人不文過而改過之意。謝氏謂過無傷於全德，范氏謂惟寡過故易見，又或謂不文飾，故未見，又或謂過而益光，皆説得過。反似好處在過之可見矣，故朱子皆不取之也。」

○衛公孫朝問於子貢曰：「仲尼焉學？」子貢曰：「文、武之道，未墜於地，在人。賢者識其大者，不賢者識其小者。莫不有文、武之道焉。夫子焉不學？而亦何常師之有？」

【考異】史記弟子傳：陳子禽問子貢曰：「仲尼焉學？」子貢曰文、武之道云云。漢石經「墜」作「隧」，「識」作「志」。漢書劉歆傳引亦作「志」。孟子尹士章章指述亦作「志」。野客叢書：識字無音，今人多讀如字，而蔡邕石經作「志」，是當讀識爲志也。唐文粹杜牧注孫子序：子貢曰在人，賢者識其大者遠者，不賢者識其小者近者。文苑英華李舟獨孤常州集序：在人，賢者得其大者。晉書禮樂志引子貢曰：夫何常師之有？文選閒居賦注引論語叔孫武叔曰：吾亦何常師之有？

【考證】翟氏考異：春秋時，魯有成大夫公孫朝，見昭二十六年傳；楚有武城尹公孫朝，見哀十七年傳；鄭子產有弟曰公孫朝，見列子。記者故系衞以別之。又云：按孝經疏云：「劉瓛、張禹之義，以爲仲者，中也。尼者，和也。孔子有中和之德，故謚曰仲尼。」又檀弓魯哀公誄孔子，注云：「尼父，因其字以爲之謚。」疏云：「尼則謚也。」中和之説稍近穿鑿，魯哀公事則甚信而可徵。論語一書惟此以下四章稱仲尼，四章連次，篇末且有「其死也哀」之文，必俱孔子既卒後語。合中庸、孝經之稱謂觀之，則尼誠孔子謚矣。今人藉口三經，謂弟子子孫皆可呼其師與父祖之字，殆未深考。劉氏正義：春秋時公孫朝凡四人，故論語稱衞以別之，與公子荆書法同。此翟氏灝考異説。云「公孫」者，白虎通姓名篇：「諸侯之子稱公子，公子之子稱公孫。」焉學者，焉所從受學也。夫子學皆從周。中庸云：「仲尼祖述堯、舜，憲章文、武。」憲者，法也。章者，明也。大道之傳，由堯、舜遞至我周，制禮作樂，於是大備。故言「文王既没，其文在茲」，及此子貢言道，亦稱文、武也。漢石經「墜」作「隧」，「識」作「志」。馮氏登府考證：「荀子儒效篇『至共頭而山隧』，漢西狹頌『數有顛覆賈隧之患』，前漢王莽傳『不隧如髮』，並與墜同。」周官保章氏注：「志，古文識。」漢書楚元王傳劉歆引此文，孟子尹士章章指引並作「志」，或出古論。賢與不賢，謂孔子同時人。此與大受小知章君子小人，皆以才器言也。賢者識其承天治人之大，不賢者識其名物制度之細。文、武之道所以常存，而夫子刪定贊修，皆爲有徵之文獻可知。書傳言夫子問禮於老聃，訪樂萇弘，問官郯子，學琴師襄，其人苟有善言善行足取，皆爲我師，此所以爲集大成也與？　四書辨證：家語本姓解：「因聖母所禱之山名而字仲尼。」乃劉瓛、張禹以爲仲者中，尼者和，孔子有中和之德，故謚曰仲尼。孝經疏已斥之矣。檀弓哀公誄孔子曰：「哀哉尼父！」鄭云：「尼父，因其字以爲之謚。」孔疏云：「父字，尼則謚也。」哀公十六年孔疏則又曰：「此傳唯説誄辭，不言作謚。孔子之謚，傳書無稱焉。至漢王莽輔政，尊尚儒術，始追謚孔子爲褒成宣尼君。鄭氏注禮，錯讀左傳，以字爲謚，遂復妄爲此解。」然則仲尼爲字無疑。　潘氏集箋：段注謂志所以不録者，古文有志無識，小篆乃有識字。保章注：「志，古文識。識，記也。」哀公問注：「志讀爲識。識，知也。」今之識字，志韻與職韻分二解，而古不分二音，則二解亦相通。古文作志，則志者，記也，知也。許心部無志者，蓋以其即古文識，而識下失載也。維城案段説是也。否則許君於意下云志也，苟志意連文，何至忘之？鉉增於「志，意也」之上，失之。且但以意也訓志，遺郤古義記知二訓矣。

【集解】馬曰：「朝，衛大夫也。」孔曰：「文、武之道，未墜落於地。賢與不賢，各有所識。夫子無所不從學，故無常師。」

【集注】公孫朝，衛大夫。文、武之道，謂文王、武王之謨訓功烈，與凡周之禮樂文章皆是也。在人，言人有能記之者。識，記也。

【餘論】朱子文集（答吴晦叔）：此但謂周之先王所以制作傳世者，當孔子時未盡亡耳。「夫子焉不學？而亦何常師之有？」此亦子貢真實語。如孔子雖生知，然何嘗不學？亦何嘗不師？但其爲學與他人不同，如舜之聞一善言，見一善行，若決江河，莫之能禦耳。然則能無不學，無不師者，是乃聖人之所以爲生知也。若謂聖人目見耳聞無適非學，雖不害有此理，終非當日問答之本意矣。論語或問：何以言文、武之道爲周之禮樂也？曰：此固好高者之所不樂聞，然其文意不過如此，以未墜在人之云者考之，則可見矣。若曰道無適而非，惟所取而得，則又何時墜地？且何必賢者識其大，不賢者識其小，而後得師邪？此所謂人，正謂老聃、萇弘、郯子、師襄之儔耳。若入太廟而每事問焉，則廟之祝史亦其一師也。大率近世學者習於老、佛之言，皆有厭薄事實，貪騖高遠之意，故其説常如此，不可以不戒也。然彼所謂無適而非者，亦豈離於文章禮樂之間哉？但子貢本意則正指其事實而言，不如是之空虚恍惚而無所據也。

【發明】反身録：仲尼學無常師，此仲尼所以爲聖也。人人能惟善是師，隨在取益，則人人仲尼矣。

○叔孫武叔語大夫於朝曰：「子貢賢於仲尼。」子服景伯以告子貢。子貢曰：「譬之宮牆，賜之牆也及肩，窺見室家之好。夫子之牆數仞，不得其門而入，不見宗廟之美，百官之富。得其門者或寡矣。夫子之云，不亦宜乎！」

【考異】太平御覽述論語：叔孫武叔謂子貢曰：「仲尼豈賢于子乎？」對曰譬之宮牆云云。漢石經作「辟諸宮牆」，牆字作「墻」。又「墻」下「窺見」上闕二字，今此間有三字，疑漢本無也字。皇本「譬之宮牆」，「之」作「諸」。「夫子之牆」作「夫夫子之牆」。「入」下有者字，「夫子之云」無之字。四書纂箋本「之」亦作「諸」。白虎通社稷篇引論語亦作「諸」。七經考文：一本作「夫夫子之牆也數仞」，足利本也字同。皇本、宋石經本窺字皆爲「闚」。孔叢子論書篇：「闚其門而不入其室，惡覩其宗廟之奥，百官之美乎？」用此下文詞，而「窺」亦爲「闚」。藝林伐山據論語此文云：古字「窺」作「闚」。天文本論語校勘記：足利本、唐本、津藩本、正平本「數仞」上有也字。

【考證】論語偶記：禮記曰「君爲廬宮之」，又曰「儒有一畝之宮」，康成云：「宮，爲牆垣也。」是其證。左傳「曹人或夢衆君子立于社宮」，社非喪國不屋，則無宮室，而禮云「君南鄉於北墉下」，則有牆垣，是社宮亦爲牆。古者以牆爲宮，故築牆曰宮之矣。論語後録：王宮牆高五丈，爲六仞四分仞之一，故曰數仞。按仞有三説：包咸注此云七尺曰仞，趙岐注孟子云八尺曰仞，應劭注漢書云五尺六寸曰仞。三説以趙爲當。周官之法，度廣曰尋，度長曰仞。尋八尺，則仞亦八尺矣。說文解字:「仞,伸臂一尋八尺。度,人之兩臂爲尋八尺也。」是仞與尋同,包、應二氏俱失之。程瑶田通藝録釋仞曰:說仞之數,小爾雅云四尺,應劭曰五尺、六尺(漢書食貨志注),此其繆易見也。說文:「仞,伸臂一尋八尺。」王肅聖證論、趙岐孟子注、曹操李筌孫子注、郭璞山海經注、顔師古司馬相如傳注、房玄齡管子注並云八尺,而鄭康成周官、儀禮注、包咸論語注、高誘注吕氏春秋、王逸注大招、招魂、李謐明堂制度論、郭璞注司馬相如賦則皆以爲七尺。淮南原道注八尺曰仞,而覽冥注則云七尺曰仞,其注百仞,亦云七百尺也,是書有許慎、高誘兩注,證以說文,則八尺是許注雜高注中;證以吕氏春秋注,則七尺者誘說也。瑶田以爲言七尺者是。案方言云:「度廣曰尋。」左傳「仞溝洫」,杜注云:「度深曰仞。」二書皆言人伸兩手以度物之名,而尋爲八尺,仞必七尺者何也?同一伸手度物,而廣深用之,其勢自不得不異。人長八尺,伸兩手亦八尺,用以度廣,其勢全伸而不屈,故尋爲八尺;而用之以度深,則必上下其左右手而側其身焉,側則胸與所度之物不能相摩,於是兩手不能全伸而成弧之形,弧而求其弦以爲仞,必不能八尺,故七尺曰仞,亦其勢然也。弧曲而虚,弦平而滿,故仞爲充滿。刀背如弧,其刃如弦,義亦然爾。度廣度深,數難齊一,得吾說焉,其亦可以已於争也夫。又曰:玉篇云:「度深曰測。」說文云:「測,深所至也。」然則悟測之爲言,側也。余說仞字,以爲伸手度深,必側其身,義與之合。然則度物皆可曰測,散文則通也。對文言之,測之專屬於度深明矣。周髀言用矩,於平矩曰正繩,於偃矩曰望高,於卧矩曰知遠,獨於覆矩則曰測深,乃知古人用字不苟。又曰：尋八尺，仞七尺，伸臂之度有異也。猶扼圍九寸，咫八寸，布指之度有異也。人身一事而異度者如此。又曰：説文：「閱，具數於門中也。」古者以身度物，謂於門中具數，不能全伸其臂以度之。又云：「揲，閱持也。」謂閱而持之，以具數門中，不能伸臂八尺，止五尺也。何以明之？説文又云：「匹，四丈也。从八匸。八揲一匹。」蓋謂揲五尺，八揲故得四丈爲一匹也。其法殆伸左臂而曲其右肱，拳其手適當右腋，自右腋左行，至左手指尖，閱而持之爲五尺與？今人屈右手引布帛而量之，謂之一度猶如此。一度約今三尺，則古五尺也。以身度物閱持者曰揲，其長五尺，見於説文，合於今俗度物之法，其可考者如此。

按：段懋堂曰：「仞，王肅、趙岐、王逸、曹操、李荃、顔師古、房玄齡、鮑彪諸人並曰八尺，而鄭氏周禮、儀禮注、高誘吕氏春秋注、王逸大招、招魂注、李謐明堂制度論、郭璞司馬相如賦注、陸德明莊子釋文則皆謂七尺。」毛奇齡曰：「説文仞者，伸臂一尋八尺。蓋仞義同尋，故周禮匠人作澮，廣與深俱兩其八尺，謂之廣二尋，深二仞也。仞與軔通。仞爲礙輪木，揚子太玄云車案軔，謂以木横地而止輪之轉者。舊稱以臂當車，正指尋軔爲伸臂所度木也。則仞當斷作八尺。」張文彬曰：「周禮本文，廣四尺深四尺謂之溝，廣八尺深八尺謂之洫，則深廣必均加數必倍此。不曰各八尺而曰尋仞者，特互異其名，以示典例耳，安得澮之深獨減廣一尺，與溝洫不同耶？」

【集解】馬曰：「魯大夫叔孫州仇也。武，謚也。」包曰：「七尺曰仞。夫子，謂武叔。」

【唐以前古注】皇疏：子貢聞景伯之告，亦不驚距，仍爲之設譬也。言人之器量各有深淺，深者難見，淺者易覩。譬如居家之有宫牆，牆高則非闚闞所測，牆下闚闞易了，故云譬諸宫牆也。賜，子貢名也。子貢自言賜之識量短淺，如及肩之牆也。牆既及肩，故他人從牆外行，得闚見牆内室家之好也。七尺曰仞，言孔子聖量之深，如數仞之高牆也。牆既高峻，不可闚闞，唯從門入，乃得見内，若不入門，則不見其所内之美也。然牆短下者，其内止有室家。牆高深者，故廣有容宗廟百官也。富貴之門非賤者輕入，入者唯富貴人耳。孔子聖人，器量之門非凡鄙可至，至者唯顏子耳，故云得門或寡。寡，少也。子貢呼武叔爲夫子也。賤者不得入富貴之門，愚人不得入聖人之奧室，武叔凡愚，云賜賢於孔子，是其不入聖門，而有此言，是其宜也。又引袁氏云：武叔凡人，應不達聖也。

【集注】武叔，魯大夫，名州仇。牆卑室淺。七尺曰仞。不入其門，則不見其中之所有。言牆高而宫廣也。此夫子指武叔。

【餘論】陳櫟四書發明：賢人之道卑淺易見，聖人之道高深難知，此子貢以牆室取譬之意也。要之，觀乎賢人，則見聖人，使叔孫果知子貢之所以爲子貢，則亦必略知孔子之所以爲孔子，豈至爲此言哉？叔孫非特不知孔子，亦不知子貢也。

【發明】劉氏正義：夫子殁後，諸子切劘砥礪以成其學，故當時以有若似聖人，子夏疑夫子，而叔孫武叔、陳子禽皆以子貢賢於仲尼，可見子貢晚年進德修業之功，幾幾乎超賢入聖。然孟子言子貢智足知聖人，又子貢、有若皆言夫子生民未有，故此及下兩章皆深致贊美。法言問明篇：「仲尼，聖人也。或劣諸子貢，子貢辭而精之，然後廓如也。」

○叔孫武叔毀仲尼。子貢曰：「無以爲也！仲尼不可毀也。他人之賢者，丘陵也，猶可踰也。仲尼，日月也，無得而踰焉。人雖欲自絶，其何傷於日月乎？多見其不知量也。」

【考異】風俗通義山澤引「他人之賢者」，無者字。　皇本「日」上有如字，「絶」下有也字。　論語邢氏疏：古人多、祇同。左傳「多見疏也」，服虔本作「祇見」，晉、宋、杜本皆作「多」。　論語詳解：易云「無祇悔」，九家本作「無多悔」，亦可證。　經傳釋詞：古人多、祇同音。襄二十九年左傳「祇見疏也」，正義：「祇作多。云多見疏，猶論語多見其不知量也。服虔云作祇，解云：祇，適也。」　論語校勘記：後漢書孔融傳、列女傳二注引此文「日月」上並有如字。　天文本論語校勘記：考文補遺引古本、三本、足利本、唐本、津藩本、正平本「仲尼」下有如字。

【考證】翟氏考異：列子仲尼篇：「陳大夫聘魯，見叔孫氏。叔孫曰：『吾國有聖人。』曰：『非孔某耶？』曰：『是也。』『何以知其聖乎？』叔孫曰：『吾聞顔回曰：孔某能廢心而用形。』」據此，則叔孫固稱仲尼而未之敢毀矣。列子書多假設之言，本不當以爲實，就其所言論之，稱聖人而以廢心用形爲辭，即謂之毀聖人可爾。

【集解】言人雖自絶棄於日月，其何能傷之乎？適足自見其不知量也。

【唐以前古注】皇疏：猶是前之武叔又呰毁孔子。子貢聞武叔之言，故抑止之，使無以爲呰毁。又明言語之云：仲尼聖人，不可輕毁也。更喻之説仲尼不可毁之譬也。言他人賢者雖有才智，才智之高止如丘陵。丘陵雖高，而人猶得踰越其上。既猶可踰，故可毁也。言仲尼聖智高如日月，日月麗天，豈有人得踰踐者乎？既不可踰，故亦不可毁也。世人踰丘陵而望下，便謂丘陵爲高；未曾踰踐日月，不覺日月之高；既不覺高，故呰毁日月，便謂不勝丘陵，是自絶日月也。日月雖得人之見絶，而未曾傷滅其明，故言何傷於日月也。譬凡人見小才智便謂之高，而不識聖人之奥，故毁絶之，雖復毁絶，亦何傷聖人德乎？不測聖人德之深而毁絶之，如不知日月之明而棄絶之，若有識之士視覩於汝，則多見汝愚闇，不知聖人之度量也。

【集注】無以爲，猶言無用爲此。土高曰丘，大阜曰陵。日月喻其至高。自絶，謂以謗毁自絶於孔子。多與祇同，適也。不知量，謂不自知其分量。

【餘論】此木軒四書説：邱陵由積土而成，高卑亦不等，皆不離乎地，是學力可至之喻。日月體麗乎天，是不可以人力至之喻。　反身録：叔孫武叔毁仲尼，究竟何損於仲尼？徒得罪名教，受惡名於萬世，適足以自損耳。余因是而竊有感焉，聖如仲尼，不免叔孫武叔之毁。古不云乎，不容何病，不容然後見君子。故不見容於羣小，方足以見聖賢學者。或不幸罹此，第當堅其志，强其骨，卓然有以自信。外侮之來，莫非動忍增益之助，則烈火猛炎，有補金色不淺矣。　論語稽：魯三家，唯孟僖子最知孔子，季氏則桓子雖不知孔子，猶嘗引而用之，康子則所用皆孔門弟子，是猶知孔子者也。叔孫武叔以下材據高位，妄謂孔子不若子貢，而又非毀之。子貢之言，猶前章之意。丘陵屬地，地雖高，人得登其上而踰之，而高者卑矣。日月麗天，人不能登天而踰之，則日月之高爲不可及。量者，高卑之分量也。清按今之欲廢孔教孔祀者，皆自絶於日月者也。夫亦多見其不知量而已矣，於孔子何傷之有？

○陳子禽謂子貢曰：「子爲恭也，仲尼豈賢於子乎？」子貢曰：「君子一言以爲知，一言以爲不知，言不可不慎也。夫子之不可及也，猶天之不可階而升也。夫子之得邦家者，所謂立之斯立，道之斯行，綏之斯來，動之斯和。其生也榮，其死也哀，如之何其可及也？」

【考異】太平御覽述文「子爲恭也」，「子」下有之字。七經考文補遺：古本「及」下無也字。「夫子之得邦家者」，古本無者字。後漢書張衡傳注引文「及」下「升」下並無也字。皇本道字作「導」。漢書董仲舒傳引文來字作「徠」。高麗本「及」下無也字，「得」上無之字。

【考證】周髀算經：天不可階而升，地不可尺寸而度。四書通：子禽之問凡三：始則疑夫子求聞政，次疑夫子之私其子，今則子貢賢於夫子，所見者每降益下。此篇子貢之稱夫子者亦三：始則喻之以數仞之牆，次則喻之以日月，今則喻之以天之不可階而升，其所見每進而益高。同一孔子弟子，所見何霄壤之邈如是哉？其死也哀，而子貢哀慕之心，倍於父母，至廬墓者凡六年之久，則晚年所得於夫子者，蓋益深矣。羣經平議：國語晉語曰「非以翟爲榮」，韋注曰：「榮，樂也。」是古謂樂爲榮。其生也榮，其死也哀，言其生也民皆樂之，其死也民皆哀之也。榮與哀相對，非榮顯之謂。荀子解蔽篇：「生則天下歌，死則四海哭。」語意與此相近。劉氏正義：爲恭者，言爲恭敬，以尊崇其師也。公羊桓元年：「鄭伯以璧假許田，易之也。」易之則其言假之何？爲恭也。」何休注：「爲恭遜之辭。」與此義同。荀子儒效云：「造父者，天下之善御者也。無輿馬，則無所見其能。羿者，天下之善射者也。無弓矢，則無所見其功。大儒者，善調一天下者也。無百里之地，則無所見其功。」夫子未得大用，故世人莫知其聖而或毀之。然至誠必能動物存神過化，理有不忒。夫子仕魯，未幾政化大行，亦可識其略矣。梁氏旁證：葉孟得曰：「子貢晚見用於魯，拒吴之强大曉嚭，而舍衛侯伐齊之謀，請陳子而反其侵地，魯人賢之，此所謂賢於仲尼也。」

【集解】孔曰：「得邦家，謂爲諸侯及卿大夫。綏，安也。言孔子爲政，其立教則無不立，道之則莫不興行，安之則遠者來至，動之則莫不和睦，故能生則榮顯，死則哀痛。」

【唐以前古注】皇疏：子禽當是見孔子栖遑不被時用，故發此不智之言。子貢抑之既竟，故此更廣爲陳孔子聖德不與世人同也。邦，謂作諸侯也。家，謂作卿大夫也。言孔子若爲時所用，得爲諸侯及卿大夫之日，則其風化與堯、舜無殊，故先張本，云夫子之得邦家者也。言夫子若得爲政，則立教無不立，故云所謂立之斯立也。又若導民以德，則民莫不興行也，故云導之斯行也。綏，安也。遠人不服，修文德安之，遠者莫不繦負而來也。動，謂勞役之也。悦以使民，民忘其勞，故役使之，莫不和穆也。孔子生時，則物皆賴之得性，尊崇於孔子，是其生也榮也。孔子之死，則四海遏密，如喪考妣，是其死也哀也。　又引袁氏云：生則時物皆榮，死則時物咸哀也。

【集注】爲恭，謂爲恭敬，推遜其師也。責子禽不謹言。階，梯也。大可爲也，化不可爲也，故曰不可階而升也。立之，謂植其生也。道，引也，謂教之也。行，從也。綏，安也。來，歸附也。動，謂鼓舞之也。和，所謂於變時雍，言其感應之妙，神速如此。榮，謂莫不尊親。哀則如喪考妣。程子曰：「此聖人之神化，上下與天地同流者也。」謝氏曰：「觀子貢稱聖人語，乃知晚年進德，蓋極於高遠也。夫子之得邦家者，其鼓舞羣動，捷於桴鼓影響，人雖見其變化，而莫窺其所以變化也。蓋不離於聖，而有不可知者存焉。聖而進於不可知之之神矣，此殆難以思勉及也。」

【餘論】論語集注考證：夫子之不可及節，言聖德之體高妙也。夫子之得邦家節，言聖德之用神速也。體人所難知，故又指其用言之。　黄氏後案：鹽鐵論備胡曰：「古者，君子立仁修義以綏其民，故邇者習善，遠者順之。是以孔子仕於魯，前仕三月及齊平，後仕三月及鄭平，務以德安近而綏遠。當此之時，魯無敵國之難，鄰境之患。强臣變而忠順，故季桓隳其都城。大國畏義而合好，齊人來歸鄆、讙、龜陰之田。故爲政以德，所欲不求而自得。」鹽鐵論得其事實。聖人至誠化人，天德備則王化捷。學者求聖人之神化，當思其至誠動物之實。又大戴禮五義篇論聖人之德，與此章相符。

# 論語集釋卷三十九

## 堯曰

○堯曰：「咨！爾舜！天之曆數在爾躬，允執其中。四海困窮，天祿永終。」

【考異】潛夫論五德志：堯禪位曰：「格爾舜！天之曆數在爾躬。」書古文「旡㞢厤數圣女躬」，又「允執氒中」，又「三𥝢朱窮旡禁咒弁」。漢書律曆志敘傳述文「數」上一字俱作「曆」。柳宗元集論語辨述文無「允執其中」四字。王栢書疑以此節二十四字補次舜典「舜讓於德弗嗣」下。四書辨疑：此四句皆舜以命禹，未嘗又見堯以命舜也。且於大禹謨中零碎採摘湊合在此，非舜命禹之全辭也。又通看一章經文，自「堯曰」至「公則説」語皆零雜而無倫序，又無主名，不知果誰所言。古今解者終不見有皎然明白可通之説，亦不見有公心肯言不可通解者，惟東坡謂此章雜取禹謨、湯誥、泰誓、武成之文，顛倒失次，不可復考。此説爲近人情。翟氏考異：古論堯曰篇僅此一章，此蓋是論語後序，故專爲篇。而文今不全，故覺其難通解也。周易序卦與詩、書之序舊俱列篇第數中，而退居于筴尾。今詩、書序分題于各篇章，傳注家所移置耳。周、秦、兩漢書籍，如莊子天下篇、史記自序、淮南子要略、越絶書叙外傳記、潛夫論敍録、鹽鐵論大論、文心雕龍序志篇皆屬斯例。若漢書之敍傳，華陽國志之序志後語，大序後復有小序也。論衡以對作篇爲序，其後更有自紀一篇，則附傳也。參同契以自作啓後章爲序，其後更有補塞遺脱一章，則補遺也。吕氏春秋以序意章爲序，次列季冬紀末，蓋吕以春秋名書，專以紀時令，故十二紀畢遂序其意，而八覽六論乃所附見者也。荀子當以非十二子篇爲序，今次第六，乃唐楊倞作注時誤移，倞自序言其篇第頗有移易是也。由是類觀，則此章曁孟子由堯舜章之爲一書後序，夫何疑耶？「子張問」以下古原別分爲篇，蓋于書成後續得附編，故又居後序之後。劉氏正義：漢書藝文志：「論語古二十一篇，出孔子壁中。兩子張。」何晏等序亦云：「古論分堯曰下章子張問以爲一篇，有兩子張。」兩子張者，前十九篇是子張，此「子張問從政」又爲子張，故云兩也。如淳注漢書以此子張篇名從政。金氏履祥集注考證以此篇名子張問，金説似爲得之也。翟氏灝考異引毛奇齡説：「未有一章可爲一篇者，是必別有子張一篇，未必是從政章。」此説似非。蓋論語自微子篇説夫子之言已訖，故子張篇皆記弟子之言。至此更搜集夫子遺語綴於册末。而有兩篇者，以論語非一人所撰，兩篇皆更待裒録而未有所得，故堯曰止一章，子張止二章也。此真孔壁之舊，其合併爲一篇，則齊、魯家學者爲之矣。翟氏灝考異以堯曰云云爲論語後序，故專爲篇而文今不全，歷引周易序卦及先秦、兩漢諸子史後序皆居篊尾，又以堯曰章及孟子由堯舜章皆爲一書後序，「子張問」以下，古原別分爲篇，蓋於書成後續得附編，故又居後序之後。此説尤誤。論語之作，非出一人，此序果誰所作？且泰伯篇末嘗論堯、舜、文、武、禹矣，亦將謂爲後序耶？必不然矣。篇内文有脱佚，自昔儒者曾言之。

【考證】四書釋地又續：胡朏明執爾雅「四海」解以解凡云四海者，曰九夷、八狄、七戎、六蠻謂之四海。郭璞注：「九夷在東，八狄在北，七戎在西，六蠻在南。」次四荒者。某按古書所稱四海皆以地言，不以水言，故爾雅此條繫釋地，不繫釋水。禹貢「九州」之外，益稷「州十有二」外，皆即是四海，不以水之遠近爲限。説苑辨物篇「八荒之内有四海，四海之内有九州」是也。自宋人撥棄舊詁，直以海爲海水，而古書所稱四海之義，始有不可得通者矣。經義述聞：允，猶用也。允執其中，言用執其中也。論語補疏：閻百詩尚書古文疏證云：四海困窮，不得如漢注作好。天禄永終，亦不得作不好。蓋允執厥中，一句一義耳。四海困窮，欲其俯而恤人之窮。天禄永終，則欲仰而承天之福，亦如洪範「考終命」，大雅「高朗令終」云爾。班彪著王命論：「則福祚流于子孫，天禄其永終矣。」王嘉傳：「亂國亡軀，不終其禄。」薛宣朱博傳敍：「位過厥任，鮮終其禄。」不終、鮮終方屬弗祥。論語稽求篇：舊注包咸曰：「困，極也。信執其中，則能窮極四海，天禄所以長終也。」尚書今文無大禹謨，「咨爾舜」二十二字不知在尚書何篇。至孔壁書出，始見其文在大禹謨。且論語引書，每散割其文，聯綴數處，此與孔壁大禹謨中原文大異，且實非虞書堯曰之本，故包子良注雖費解而實是也。閻潛丘云：「四海困窮是敬辭，天禄永終是勉詞。四海當念其困窮，天禄當期其永終。」雖與子良説亦稍有異見，而其旨則同。蓋天禄永終則斷無作永絶解者。潛丘當謂漢、魏以還，俱解永長；典午以後，始解永絶。此正古今升降之辨，如金縢「惟永終是圖」，周易歸妹象辭「君子以永終知敝」，則永終二字原非惡詞。故漢、魏用經語者，班彪王命論云：「福祚流于子孫，天禄其永終矣。」雋不疑謂暴勝之曰：「樹功揚名，永終天禄。」韋賢傳匡衡曰：「其道應天，故天禄永終。」靈帝立皇后詔曰：「無替朕命，永終天禄。」凡用此語者，無不以永長爲辭。自新莽以後，魏、晉、五代皆用堯曰文作禪位之册，而策書引經先後頓異，此考之列史而昭然者。漢獻帝禪位于魏册曰：「允執其中，天禄永終。」魏使鄭冲奉册于晉王曰：「允執其中，天禄永終。」漢武立子齊王閎策曰：「允執其中，天禄永終。」吳大帝告天文曰：「左右有吴，永終天禄。」皆作永長解。及三國以後，魏志：「山陽公深知天禄永終之運，禪位文皇帝。」又曰：「山陽公昔知天命永終于己，深觀曆數久在聖躬，因詔禪位于晉。」而嗣後宋、齊、梁、陳其文一轍，皆曰：「敬禪神器，授帝位于爾躬。四海困窮，天禄永終。於戲！王其允執厥中，儀刑前典，以副昊天之望。」于是皆以其中爲厥中，以天禄永終繼困窮之後，爲却位絶天之辭，而于是策書改，即論語亦俱改矣。此實經籍文體升降，前後一大關節。而注其書者，安可姑置之不一察也。

論語竢質：永終者，吉祥之辭，猶尚書金縢云「永終是圖」也。

按：「永終」二字原可有兩義，然自魏、晉已有作永絶解者，則其來已久。「困窮」二字豈有第二義？包注「窮極四海」語本未安，閻氏於「四海」下增出「當念」字，亦屬添設。集注不用包説，自是文從字順。毛氏徵引極博，亦姑存之，以廣見聞可矣。

羣經平議：説文無從日厤聲之字，蓋即「歷」之異文。禮記月令篇「命宰歷卿大夫至于庶民土田之數」，鄭注曰：「歷，猶次也。」與此文天之厤數，其義正同。彼所歷者，卿大夫至于庶民之數；此所歷者，帝王之數。大小不同，其爲歷次一也。劉氏正義：書堯典云：「乃命羲、和，欽若昊天，歷象日月星辰，敬授民時。」歷象、歷數，詞意並同。洪範五紀：一曰歲，二曰月，三曰日，四曰星辰，五曰曆數。曆數是歲月日星辰運行之法。曾子天圜篇：「聖人慎守日月之數，以察星辰之行，以序四時之順逆，謂之曆。」中論曆數篇：「昔者聖王之造歷數也，察紀律之行，觀運機之動，原星辰之迭中，寤晷景之長短。於是營儀以准之，立表以測之，下漏以考之，布算以追之。然後元首齊乎上，中朔正乎下，寒暑順序，四時不忒。夫曆數者，先王以憲殺生之萌，而詔作事之節也，使萬國不失其業者也，此歷數之義也。」史記曆書言「黄帝考定星曆，建立五行，起消息，正閏餘，於是有天地神祇物類之官」。又言「堯復遂重黎之後，立羲和之官，明時正度。年耆禪舜，申戒文祖云：『天之曆數在爾躬。』舜亦以命禹。由是觀之，王者所重也」。據史記之文，則「咨舜」云云，乃堯禪位語。舜不陟帝位，故當堯之世但攝政也。王者，天之子，當法天而行，故堯以天之曆數責之於舜。春秋繁露郊祭篇引此文釋之云：「言察身以知天也。」此董以在訓察，躬訓身也。在之爲察，見爾雅釋詁。察身者，謂省察其身。當止至善，以承天之事，受天之大福。故天垂象，而人主法焉；天示異，而人主懼焉。書洪範云：「王省惟歲。」詩大明云：「唯此文王，小心翼翼，昭事上帝，聿懷多福。」翼翼者，敬也。並皆察身之義也。鄭此注云：「曆數在汝身，謂有圖籙之名。」圖籙者，帝王受命，有符瑞之徵，可先知也。其書起於周末，漢世儒者用以説經，故康成據之，實則於義非也。潘氏集箋：書堯典：「帝曰：格汝舜。」潛夫論五德志：「堯禪舜曰：格爾舜，天之曆數在爾躬。」皆言格，不言咨。咨，詩蕩傳云：「嗟也。」

【集解】曆數，謂列次也。包曰：「允，信也。困，極也。永，長也。言爲政信執其中，則能窮極四海，天禄所以長終。」

【唐以前古注】書大禹謨正義引鄭注云：曆數在汝身，謂有圖録之名。皇疏：自此以下，堯命舜以天位之辭也。咨，咨嗟也。爾，汝也。汝，汝於舜也。舜者，諡也。堯名放勳，諡云堯也。舜名重華，諡云舜也。諡法云：「翼善傳聖曰堯，仁盛聖明曰舜也。」堯將命舜，故先咨嗟歎而命之，故云「咨，汝舜」也。所以歎而命之者，言舜之德美兼，合用我命也。天，天位也。曆數，謂天位列次也。爾，汝也。躬，身也。堯命舜曰：天位列次，次在汝身，故我今命授與汝也。允，信也。執，持也。中，謂中正之道也。言天信運次既在汝身，則汝宜信執持中正之道也。四海，謂四方蠻夷戎狄之國也。困，極也。窮，盡也。若内執中正之道，則德教外被四海，一切服化莫不極盡也。永，長也。終，猶卒竟也。若内正中國，外被四海，則天祚禄位長卒章汝身也。執其中，則能窮極四海，天禄所以長終也。

【集注】此堯命舜而禪以帝位之辭。咨，嗟歎聲。曆數，帝王相繼之次第，猶歲時節氣之先後也。允，信也。中者，無過不及之名。四海之人困窮，則君禄亦永絶矣，戒之也。

【餘論】黄氏後案：數之在躬，德足以順天也。禄之永終，不德之逆天也。朱子注義如此。三國志魏文帝紀注引獻帝傳曰：「漢歷世二十有四，踐年四百二十有六，四海困窮，三綱不立。」又明帝紀注引獻帝傳曰：「山陽公深識天祿永終之運。」又曰：「帝堯授位明堂，退終天祿。」是朱子注所本也。

【發明】此木軒四書説：四海困窮，天祿永終，千萬世鼎革之故盡於此。天之立君以爲民也，自古未有民窮而國不亂亡者。而所以困窮之故，則由於人主之一心。此大學平天下章所以反覆叮嚀，垂爲炯鑒也。

**舜亦以命禹。**

【考證】論語集注補正述疏：僞古文虞書大禹謨云：「帝曰來，禹！乃云天之曆數在汝躬，汝終陟元后，人心惟危，道心惟微，惟精惟一，允執厥中。」又云：「欽哉！慎乃有位，敬修其可願。四海困窮，天祿永終。」朱子以論語此文校之，謂比此加詳者，若斯也，蓋未察其僞爾。僞者之言，危微精一也，以荀子引道經者竄焉。黄氏後案：今大禹謨，僞書也。危微精一數語，本荀子解蔽篇引道經語，作僞者采入之。程、朱二子信此，以闡發執中之義。

【集解】孔曰：「舜亦以堯命己之辭命禹。」

【唐以前古注】皇疏：此第二，重明舜讓禹也。舜受堯禪，在位年老而讓與禹，亦用堯命己之辭以命於禹也，故云舜亦以命禹也。所以不別爲辭者，明同是揖讓而授也。當云舜曰「咨！爾禹！天之曆數」以下之言也。

【集注】舜後遜位於禹，亦以此辭命之。今見於虞書大禹謨，比此加詳。

曰：「予小子履敢用玄牡，敢昭告于皇皇后帝：有罪不敢赦。帝臣不蔽，簡在帝心。朕躬有罪，無以萬方；萬方有罪，罪在朕躬。」

【考異】程子遺書：曰字上少一湯字。論語辨惑：此章編簡絶亂，有不可知者。程氏云：「當脱一湯字。」嗚呼！豈特此一字而已哉！尚書古文訓：湯名惟見論語曰履，古文履字作「復」，篆文與「湯」類，蓋履者，湯之誤。白虎通三正篇引論語作「皇王后帝」，又三年篇引論語作「皇天上帝」。漢石經：「朕躬有爾，毋以萬方，萬方有□在朕躬。」隸釋曰「毋」，板本作「無」，「萬方有」下闕一字，板本有二罪字。皇本、高麗本亦作「萬方有罪在朕躬」，補遺足利本同。

【音讀】經讀考異：近讀履字上屬「予小子」爲句，據大戴禮盧氏注引論語曰：「履敢用玄牡。」是又以履字下屬，義並通。

【考證】四書稗疏：集注：「履，湯名。」世本謂湯名天乙，至爲王，改名履。白虎通則謂殷家質，故直以生日名子。湯生於夏世，故本名履，後乃更名乙，爲子孫法，變名從質。凡此皆牽强附會之説，無足信者。湯之先代有報丙、報壬之屬，是當夏世而有甲乙之稱，非變名從質矣。紂名受，或曰辛，微子名啓，竹書紀年太甲名至，沃丁名絢，商人自別有名，又非因爲王而改名履矣。其以十幹紀名者，猶秦之稱二世三世，今人之有行耳。商自立國以來，君各有號，有天下而不改。天乙者，號也；履者，名也；非湯有兩名審矣。　日知録：自天乙至辛，皆號也。商之王著號不著名，而名之見於經者二：天乙之名履，辛之名受是也。曰湯曰紂，則亦號也。號則臣子所得稱，故伊尹曰惟尹躬，及湯頌曰武湯，曰成湯。　四書釋地：孔注：「履，殷湯名。」集注易「殷」爲「蓋」，不過以成湯名天乙既見史記，不應于此而復名履，故作疑辭耳。然紂名辛亦既見史記，何牧誓曰商王受，無逸曰殷王受，豈非一人而有二名乎？蓋必以生日名子者，殷之質處；間錫嘉名，又殷之文。且告天自稱名，播衆呼其名，豈尚復有可疑乎哉？　四書辨證：尚書古文訓曰：「湯名惟見論語曰履，古字履作復，篆文與湯字類，蓋履者，湯之誤。」愚謂非也。大戴禮言商履代興，竹書紀年桀之册稱商侯履者三，則履非湯字之誤明矣。若以湯爲其名，豈伊尹得以臣名其君乎？　殷紀注張晏以湯爲字，裴駰以湯爲謚。白虎通言湯死後，世稱成湯，以兩言爲謚（謚篇），亦皆非也。仲虺之誥曰「成湯放桀於南巢」，孔傳云：「湯放桀，武功成，故以爲號。」又路史（夏后紀）注引羅疇老云：禹之功至平水土而後大，故於禹成厥功之後始稱大禹。湯之功至克夏而後成，故於湯歸自夏之後始稱成湯。其果謚乎？抑號乎？」此説得之。檀弓：「死謚，周道也。」周書謚法解：「安民立政曰成，除殘去虐曰湯。」蓋後人因周有此謚法，因移而加之於成湯，故云成湯死後謚（見商頌疏）。

按：白虎通云：「湯本名履，克夏以後，欲從殷家生子以日爲名，故改履名乙，以爲殷家法也。」是漢人舊説如此，紛紛異解，均可不必。

墨子兼愛下篇：湯曰：「惟予小子履，敢用玄牡，告于上天后曰：今天大旱，即當朕身。履未知得罪于上下，有善不敢蔽，有罪不敢赦，簡在帝心。萬方有罪，即當朕身。朕身有罪，無及萬方。」呂氏春秋季秋紀云：湯克夏而天大旱，湯以身禱于桑林曰：「余一人有罪，無及萬夫。萬夫有罪，在余一人。」書湯誥正義引鄭康成解論語云：用玄牡者，爲舜命禹事。翟氏考異：大戴禮商履代興，竹書稱天乙，履湯名不僅見此也。此上脱去湯字，鄭氏以曰字通上節讀，故以用玄牡爲舜命禹事。詩閟宮正義：「論語曰皇皇后帝，論語説舜受終文祖，宜總祭五帝也。周語王子晉言：『皇天嘉禹，胙以天下。』韋昭注引論語『帝臣不蔽，簡在帝心』證之，皆以此節爲舜、禹事，相承于鄭氏耳。」又曰：此章歷敍古帝王受命大略，孔安國、班固、杜佑皆以此一節爲湯伐桀告天之文，義最當也。墨子所述乃湯禱雨之辭，別稱湯説，並未謂之湯誓。呂氏春秋亦述之爲桑林禱辭。孔氏云墨引湯誓若此，邢氏但望注爲疏，不遽舉兼愛篇文以質其實。墨子非僻書，邢豈不得見乎？亦以其爲旱禱之詞，不合此章義例，而又名説名誓之兩不同耳。墨子尚賢篇又引「聿求元聖，與之戮力同心」，謂之湯誓。此辭同在今湯誥中，別以誓名。統觀墨子所引書篇，有曰監年，曰官刑，實皆今伊訓文。有曰禹誓，曰術令，實皆今禹謨文。其他錯雜不倫，名目迥異者，更十餘條。愚疑墨者所稱詩、書俱有別本私授，與吾夫子所删定不同，説者不得以墨家之法責儒家之經也。論語稽求篇：按墨子兼愛篇亦引「予小子履」諸句爲湯説文，而孔安國注論語，直曰見墨子引湯誓詞。若其「爾萬方有罪」四句，則與國語內史過引湯誓曰「余一人有罪，無以萬夫。萬夫有罪，在予一人」諸句正同，是湯誓原有之確證。不然，安國注尚書明有湯誥，而此反注曰見墨子引湯誓辭也？朱彝尊經義考：孔安國言墨子引湯誓若此，而國語亦謂湯誓，其爲湯誓逸句無疑也。梅賾不察，誤入之湯誥篇，又從而修飾之，過矣。四書典故辨正：此詞見古文尚書湯誥。孔安國既爲作傳，而論語此注乃不云克夏歸亳誥萬方，而云伐桀告天；不云湯誥，而云湯誓；不云在尚書，而引墨子，殊不可解。先儒或疑孔傳爲僞，良不誣矣。論語足徵記：此湯禱雨而以身代牲，爲民受罪之辭也。自是祝辭，非誓非誥。魯、齊論語本無「敢用玄牡」句。考墨子兼愛篇云：「湯曰惟予小子履，敢用玄牡，告于上天后曰：今天大旱，即當朕身。履未知得罪於上下，有善不敢蔽，有罪不敢赦，簡在帝心。萬方有罪，即當朕身。朕身有罪，無及萬方。」即此言，湯貴爲天子，富有天下，然且不憚以身爲犧牲，以祠說於上帝鬼神。案墨子引書而釋之曰：「湯以身爲犧牲。」玄牡非犧牲乎？湯之告天豈應復用玄牡？呂氏春秋順民篇曰：「湯克夏而正天下，天大旱，五年不收，湯乃以身禱於桑林曰：『余一身有罪，無及萬方。萬方有罪，在余一人。無以一人之不敏，使上帝鬼神傷民之命。』於是翦其髮，鄽其手，以身爲犧牲，用祈福於上帝。」案此言湯以身爲犧牲，與墨子同，而無「敢用玄牡」句，可徵墨子本亦無此句。不惟墨、呂釋湯之語甚明，即湯之自語亦甚明。尸子引作湯曰：「萬方有罪，朕身受之。」語意更明，謂以身代牲，爲民受罪也。既以身代牲，又焉用牡？殷家尚白，焉又曰用玄？克復已越五年，焉得復用夏禮？集解孔安國曰：「殷家尚白，未變夏禮，故用玄牡。」其説非也。且果爲伐桀告天之辭，但當罪桀，何自請罪？又何爲民謝罪？古文家誤以上下節皆敘帝王受命之事，遂以此爲伐桀之辭，不知禱雨請罪，民心所由歸往，此正王天下之事，故類列之。又忘其以身代牲，且不憶商尚何色，貿貿然增入玄牡句，此與東晉人僞造古文尚書之識略同。解者不達其義而曲爲之説，晉人取以僞爲湯誥，朱注據僞湯誥以釋論語，而經義愈湮。後人又據論語及僞湯誥增此句入墨子，使墨子上下文幾不成義。幸呂覽未經竄亂，故可據以發其覆也。論語述要：「曰予小子履」節，集注謂尚書湯誥之辭，而孔注云：「墨子引湯誓，其辭若此。」墨子所引湯誓之辭見墨子兼愛下篇，今湯誓無此辭，則墨子所見當是湯誓逸文。古文湯誥爲晉時梅賾所得，世人方疑爲僞。墨子引此辭不曰湯誥而曰湯誓，則梅賾之湯誥其可疑更可知。又周語引此辭，亦曰湯誓，不曰湯誥，是秦、漢、戰國以前無今之湯誥亦可知。集注應本孔注曰湯誓逸文，其曰湯誥誤也。至墨子、周語與今之湯誥，其辭悉與論語大同小異，則凡古書諸子傳記引書多如此。古者簡册不能家有，口語傳授，字句自不無出入，孟子用論語已不免，未足異也。惟墨子所引文曰今天大旱，未有伐桀之語，而孔注乃曰此伐桀告天文，此則孔氏之自爲矛盾。周氏柄中爲兩圓其説云：「大旱正伐桀之時，大旱告天即伐桀告天。」辯則辯矣，然無據也。劉氏正義：墨子謂之説者，周官大祝：「掌六祈以同鬼神示：曰類，曰造，曰禬，曰禜，曰攻，曰説。」又詛祝亦掌類造攻説禬禜之祝號。説，謂以詞自解説也。孔注本墨子，而云湯誓爲伐桀告天之辭，與墨子不合，作僞者之疏可知。白虎通三軍篇：「王者受命，質家先伐，文家先改正朔何？質家言天命己使己誅無道。今誅，得爲王，故先伐。故論語曰云云。此湯伐桀告天，用夏家之牲也。」與此包、孔注合。周語内史過引湯誓：「余一人有辠，無以萬夫。萬夫有辠，在余一人。」是湯誓亦有其文，疑伐桀告天及禱雨略相同。然禱雨在克夏後，無爲仍用夏牲，故白虎諸儒不用墨子爲説也。伐桀所以告天者，繁露四祭篇：「已受命而王，必先祭天，乃行王事，文王之伐崇是也。」又郊祀篇：「是故天子每將興師，必先郊祭以告天，乃敢征伐，行子道也。文王先郊，乃敢行事而興師伐崇。」下俱引詩棫樸證之，是此告天亦郊祭也。

按：「予小子履」以下，孔傳：「此伐桀告天文，墨子引湯誓，其辭如此。」孔安國既爲古文尚書作傳，乃不引尚書而引墨子，不云湯誥而云湯誓，已足證明孔傳之僞。且尸子、韓嬰詩傳亦稱湯之救旱，禱于山川。周語内史過引湯誓「余一人有辠，無以萬夫。萬夫有辠，在余一人」。韋昭注：「今湯誓無此言。」則已散亡矣。是秦、漢間人所見本皆如此，此可見梅賾作僞之疏，集注不察而誤信之，蓋偶失考。

【集解】孔曰：「履，殷湯名。此伐桀告天之文。殷家尚白，未變夏禮，故用玄牡。皇，大后，君也。大，大君。帝，謂天帝也。墨子引湯誓，其辭若此。無以萬方，萬方不與也。萬方有罪，我身之過也。」包曰：「有罪不敢赦，順天奉法，有罪者不敢擅赦也。」何曰：「帝臣不蔽，簡在帝心，言桀居帝臣之位，罪過不可隱蔽，以其簡在天心故也。」

【唐以前古注】詩閟宫正義引鄭注：皇王后帝，並謂太微五帝。在天爲上帝，分主五方，謂五帝。書湯誥正義引鄭注：用玄牡者，爲舜命禹事。於時總告五方之帝，莫適用，用皇天大帝之牲。邢疏引鄭注：簡閱在天心，言天簡閱其善惡也。皇疏：此第三，重明湯伐桀也。伐與授異，故不因前揖讓之辭也。澆淳既異，揖讓之道不行，禹受人禪，而不禪人，乃傳位與其子孫，至末孫桀無道，爲天下苦患。湯有聖德，應天從民，告天而伐之，此以下是其辭也。予，我也。小子，湯自稱，謙也。履，湯名也。將告天，故自稱我小子，而又稱名也。敢，果也。玄，黑也。牡，雄也。夏尚黑，爾時湯猶未改夏色，故猶用黑牡以告天，故云果敢用於玄牡也。昭，明也。皇，大也。后，君也。帝，天帝也。用玄牡告天，而云敢明告于大大君天帝也。湯既應天，天不赦罪，故凡有罪者，則湯亦不敢擅赦也，此明有罪之人也。帝臣，謂桀也。桀是天子，天子事天，猶臣事君，故謂桀爲帝臣也。不蔽者，言桀罪顯著，天地共知，不可隱蔽也。朕，我也。萬方，猶天下也。湯言我身若自有罪，則我自當之，不敢關預於天下萬方也。若萬方百姓有罪，則由我身也。我爲民主，我欲善而民善，故有罪則歸責於我也。筆解：韓曰：「帝臣，湯自謂也，言我不可蔽隱桀之罪也。包以桀爲帝臣，非也。」李曰：「吾觀湯誥云：『爾有善，朕弗敢蔽，罪當朕躬，弗敢自赦，惟簡在上帝之心。』此是湯稱帝臣明矣。疑古文尚書與古文論語傳之有異同焉，考其至當，即無二義。」

【集注】此引商書湯誥之辭。蓋湯既放桀，而告諸侯也。與書文大同小異。「曰」上當有湯字。

履蓋湯名。用玄牡，夏尚黑，未變其禮也。簡，閱也。言桀有罪，己不敢赦；而天下賢人皆上帝之臣，己不敢蔽，簡在帝心，惟帝所命。此述其初請命而伐桀之辭也。又言君有罪，非民所致；民有罪，實君所爲，見其厚於責己，薄於責人之意。此其告諸侯之辭也。

【別解】羣經平議：古本論語疑無履字。尚書湯誥篇正義曰：「鄭玄解論語云：用玄牡者，爲舜命禹事。於時總告五方之帝，莫適用，用皇天大帝之牲。」又詩閟宫篇正義曰：「論語曰皇皇后帝，注云：帝，謂太微五帝。以論語説舜受終于文祖，宜總祭五帝。」是鄭康成以此節連上文「舜亦以命禹」讀之，謂是舜、禹之事。若使有履字，則明著湯名，鄭豈容有誤乎？國語周語王子晉説伯禹事曰：「皇天嘉之，祚以天下。」韋昭注曰：「祚，禄也。論語曰『帝臣不蔽，簡在帝心』是也。」然則韋所見本尚無履字，不然正文方説禹事，何取以湯事爲證也？近世學者多疑論語孔注是魏、晉間人僞作，即此一字誠有可疑。蓋因墨子引湯誓與此文相似，而悟鄭説之非，乃於經文依墨子增入履字，以實其説。其後僞古文尚書遂竊此文入湯誥篇矣。作僞者轉相師承，遂得縣之日月而不刊，亦非易事也。　劉氏正義：鄭注以此文爲舜命禹事，則舜本不名履，殊可疑。俞氏樾羣經平議謂鄭本無「履」字，或得之。昭告者，詩大明「昭事上帝」，箋云：「昭，明也。」言明告上帝，不敢有所隱飾也。鄭注云云。案周官司服：「祀昊天上帝，則服大裘而冕。祀五帝亦如之。」大宗伯：「以蒼璧禮天，以黄琮禮地，以青圭禮東方，以赤璋禮南方，以白琥禮西方，以玄璜禮北方，皆有牲幣，各放其器之色。」注云：「此禮天以冬至，謂天皇大帝在北極者也。禮東方以立春，謂蒼精之帝。禮南方以立夏，謂赤精之帝。禮西方以立秋，謂白精之帝。禮北方以立冬，謂黑精之帝。」鄭不言中央之帝，以經文不見，故略之也。史記天官書：「南宫朱鳥，權、衡。衡，太微，三光之庭。」又言：「掖門内五星，五帝坐。」是五帝屬太微，故此注言「太微五帝」也。在天爲上帝，即謂昊天上帝，亦即大宗伯注所云「天皇大帝」也。舜命禹總祭五帝，即是受終文祖也。五帝分祭，牲幣各有所尚。今此是總祭，故莫適用，而以昊天爲主，用玄牡，故夏禮亦尚玄也。説文：「牡，畜父也。」廣雅釋獸：「牡，雄也。」凡大祭牲用牛，則此玄牡爲黑牛矣。如鄭之言，有罪謂四凶，帝臣即謂禹。其注云「簡閲在天心」，言天簡閲其善惡也。周官小宰「二日聽師田以簡稽」鄭司農注、遂大夫「簡稼器」注並云：「簡，閲也。」是簡有閲訓。帝臣爲善，有罪爲惡。帝心承上二句，言所舉黜皆本天心所簡閲也。周語王子晉言「皇天嘉禹，祚以天下」，韋昭注引論語「帝臣不蔽，簡在帝心」爲證。韋同鄭義，而與白虎通及包、孔注以爲湯伐桀告天者異，當亦經師相傳有此訓也。論語訓：履，謂履帝位也，言己代堯踐阼耳。禹錫玄圭，故用玄牡，天色也。皇皇，始皇太祖也。后帝，嗣帝堯也。於明堂受終殛其父而帝其子，故言用法之意。禹亦堯臣，舜特薦之耳。簡，代也。在，察也。帝，堯也。以禹代己，乃察堯之心時清，問除苗民之刑，故以刑爲亟嫌。上言有罪太切直，故又汎言罪在己也。萬方受治天子，而有有罪者，則天子有罪明矣。君之失德，殃及天下，故戒以無以。

按：此節止爲脱一湯字，種種異説由此而生。姑無論履字説不去，即無履字而脱去商湯一朝，亦斷無斯理。世多疑何晏排斥鄭康成，故集解多採孔注。今此節鄭注現存，望文生義，毫無是處，而後人猶必爲之文過飾非，以成其失，亦徒見其無識而已矣。

【餘論】黄氏後案：此文今在湯誥，爲克夏至亳誕告之辭，而孔注云「墨子引湯誓，其辭若此」者，孔注以湯誓之文有散佚之句，墨子引之。而今采入湯誥者，可顯然證其爲僞也。王西莊曰：「安國親得壁中古文，且爲作傳，如今本果真，則何以明明克夏歸亳告萬方，而反云將伐桀而告天？明明湯誥，而反云湯誓？且明明在尚書，而反遠引墨子以爲據？安國論語注，何晏集解采之，確然可信。晏所采可信，則今本尚書之不可信，百口奚辯哉？」然則此節爲湯誓之逸文而非湯誥，安國論語注確不可易也。

**周有大賚，善人是富。雖有周親，不如仁人。百姓有過，在予一人。**

【考證】墨子兼愛中篇：昔者武王有事泰山隧。傳曰：「泰山有道，曾孫周王有事。大事既獲，仁人尚作，以祗商、夏蠻夷醜貉。雖有周親，不若仁人。萬方有過，維予一人。」說苑貴德篇武王克殷，問周公曰：「將奈其士衆何？」周公曰：「使各宅其宅，田其田，無變舊親，惟仁是親，百姓有過，在予一人。」武王曰：「廣大乎！平天下矣。」韓詩外傳三、淮南主術訓與說苑同。書大傳作「無故無新，惟仁之親」，餘亦同。九經古義：戰國策云：「制海內，子元元，非兵不可。」高誘曰：「元元，善也。」姚察漢書訓纂曰：「古者謂人云善人，因善爲元，故云黎元。其言元元者，非一人也。」棟案太誓云：「大賚于四海，而萬姓悅服。」則善人爲黎元審矣。何晏以爲有亂臣十人，失之。

按：惠氏棟以善人爲黎元固是，惟復引太誓「大賚于四海，而萬姓悦服」證善人爲黎元，則東晉古文武成文，古太誓無此文，不足據也。

論語後録：吕氏春秋離謂篇「周公、召公以此疑」，高誘注：「以管、蔡流言，故疑也。論語曰：『雖有周親，不如仁人。』此之謂。」 潘氏集箋：漢書元帝紀建昭五年詔曰：「傳不云虖？百姓有過，在予一人。」師古注：「論語載殷湯伐桀告天之文。」誤也。 説苑君道篇：「百姓有罪。」王弼周易觀卦注亦曰：「百姓有罪，在於一人。」 四書問答：泰誓此二語接上「受有億兆夷人，離心離德。 予有亂臣十人，同心同德」。 自不得不以仁人屬周。 蓋以周親指殷言，故解周爲至；以十人對億兆言，故曰少。 要之古文尚書與孔傳俱係僞作，若論語孔注則非僞也。 竊謂「周有大賚」以下概説武王有天下，新政如善人是富，及舉逸民，皆指殷人而言，乃收攬人才之意，則此節仁人自當指殷，周親當即指周言。 其曰「雖有周親，不如仁人」，不過自爲遜詞，以推崇殷之仁人耳，何用釋周爲至乎？ 但孔注以周親指不賢者，謂如管、蔡則誅之。 按是時管、蔡尚未爲惡，周親當泛言，即周公、康叔輩亦説在内，但爲謙詞，以況微、箕、商容之流，不必指親之不賢者言也。 劉氏正義：孔氏詩疏云：「樂記説武王克殷，未及下車而封薊、祝、陳，下車而封杞、宋。 又言『將率之士使爲諸侯』，是大封也。 昭二十八年左傳曰：『昔武王克商，光有天下，其兄弟之國者十有五人，姬姓之國者四十人。』皆是武王大封之事。」此注舉十亂者，以十亂中若周、召、太公、畢公皆封國爲諸侯，餘亦畿内諸侯也。宋氏翔鳳説：「周親四語，蓋封諸侯之辭也。武王封太公於齊，在泰山之陰，故將事泰山而稱仁人尚，爲封太公之辭也。」今案説苑貴德篇云云。彼爲誓衆之辭，與此封諸侯略同。周者，至也。見逸周書謚法解、毛詩鹿鳴傳。親者，近也，密也。周親兼舊新言之。百姓有過，在予一人，言凡諸國百姓有不虞天性，不迪率典者，皆我一人之責。所以然者，百姓有過，亦由所封諸侯未得其人，故引以自責也。曲禮云：「君天下曰天子。朝諸侯分職授政任功，曰予一人。」分職，即謂封諸侯也。白虎通號篇：「王者自謂一人者，謙也。欲言己材能當一人耳。」東晉古文采諸文入泰誓。

按：周頌詩序：「賚，大封於廟也。賚，予也，所以錫予善人也。」其以散財發粟爲大賚，謬自饒雙峯始。饒氏魯曰：「紂爲天下捕逃主，所用皆是惡人，故武王伐商之初，便把善人是富做個打頭第一件事。大賚是錫予普及四海，其中善人則錫予又自加厚。洪範曰：『凡厥正人，既富方穀。』正人既得其富，則其爲善益篤，故不容以泛錫予施之。」此不足據也。鉅橋、鹿臺所蓄有幾，能使天下人人偏及乎？且號召天下之衆，使奔走南郊，分此財粟，成何政體乎？王氏困學紀聞云：「五福言富不言貴，先王之世貴者始富也。此富字之義也。」

【集解】周，周家。賚，賜也。言周家受天大賜，富於善人，有亂臣十人是也。孔曰：「親而不忠不賢則誅之，管、蔡是也。仁人，謂箕子、微子。來則用之也。」

【唐以前古注】皇疏：此第四，重明周家法也。此以下是周伐紂誓民之辭也。舜與堯同是揖讓，謙，共用一辭。武與湯同是干戈，故不爲別告天之文，而即用湯之告天文也。而此述周誓民之文而不述湯誓民文者，尚書亦有湯誓也。今記者欲互以相明，故下舉周誓，則湯其可知也。周，周家也。賚，賜也。言周家受天大賜，故富足於善人也。或云：周家大賜財帛於天下之善人，善人故是富也。已上尚書第六泰誓中文，言雖與周有親而不爲善，則被罪黜，不如雖無親而仁者必有禄爵也。此武王引咎自責辭也。按湯伐桀辭皆云天，故知是告天也。周伐紂文句句稱人，故知是誓人也。又引江熙云：自此以上至「大賚」，周告天之文也。自此以下，所修之政也。禪者有命無告，舜之命禹，一準於堯。周告天文少其異於殷，所異者如此，存其體不録修也。

【集注】此以下述武王事。賚，予也。武王克商，大賚於四海，見周書武成篇。此言其所富者皆善人也。詩序云：「賚，所以錫予善人。」蓋本於此。此周書泰誓之辭。孔氏曰：「周，至也。言紂至親雖多，不如周家之多仁人。」

【餘論】黄氏後案：集注據詩序，以大封爲大賚也。其曰富者，即禄以馭富之謂。傳曰：「善人富謂之賞也，周親不如仁人，是富善人也。」二句與上連讀，孔注是。此文今在僞泰誓篇。集注所引即僞書之僞孔傳，而孔氏此注指爲既誅管、蔡後所作，與僞傳迥殊。今僞傳云少仁人，朱子引作多，所見本異也。四書典故辨正：朱子或問以錫予善人爲克商賞功之時，即樂記所謂「將帥之士使爲諸侯」者，則大賚指分封，不指散財發粟也。

謹權量，審法度，修廢官，四方之政行焉。漢書律曆志：周衰失政，孔子陳後王之法曰：「謹權量，審法度，修廢官，四方之政行矣。」

【考異】皇本「焉」作「矣」。

【考證】劉氏正義：漢書律曆志：「虞書『乃同律度量衡』，所以齊遠近，立民信也。自伏羲畫八卦由數起，至黄帝、堯、舜而大備。三代稽古，法度章焉。周衰官失，孔子陳後王之法曰：『謹權量，審法度，修廢官，舉逸民，四方之政行矣。』」據志此文，是「謹權量」云云以下皆孔子語，故何休公羊昭三十二年注引此節文，冠以「孔子曰」。說文云：「宷，悉也。知，宷諦也。審，篆文從番。」考工記弓人注：「審猶定也。」成氏蓉鏡經義駢枝曰：「法度與權量相對爲文，當爲一事。法謂十二律，度謂五度也。堯典『同律度量衡』，馬融注：『律，法也。』量衡即論語之權量，則律度亦即論語之法度矣。漢書律曆志引虞書及論語此文，又云：『元始中，羲和劉歆等言之最詳。一曰備數，二曰和聲，三曰審度，四曰嘉量，五曰權衡。』聲者，宫商角徵羽也。五聲之本生於黄鐘之律，二十有二，律即法也。」案成説是也。律者聲之所出，聲正而後數可明，數明而後萬物可正，故黄鐘爲萬物根本也。度者，漢志云：「分、寸、尺、丈、引也。」謹審之本在於正律，故漢志引劉歆曰：「五聲之本生於黄鐘之律。九寸爲宫，或損或益，以定商角徵羽。九六相生，陰陽之應也。」又云：「度本起黄鐘之長，以子穀秬黍中者。一黍之廣，度之九十分。黄鐘之長，一爲一分，十分爲寸，十寸爲尺，十尺爲丈，十丈爲引，而五度審矣。量本起于黄鐘之龠，用度數審其容，以子穀秬黍中者千有二百實其龠，以井水準其槩，十龠爲合，十合爲升，十升爲斗，十斗爲斛，而五量嘉矣。權本起于黄鐘之重，一龠容千二百黍，重十二銖，兩之爲兩，二十四銖爲兩，十六兩爲斤，十斤爲鈞，四鈞爲石，而五權謹矣。」包氏慎言温故録：「漢志引此文云云。顔氏不解修廢官者意，蓋以官即職此權量法度者。志上云『周衰官失，孔子陳後王之法』，下乃引論語，明繼周而起者，惟修此數官爲急耳。志下又引劉歆鐘律篇，分叙權量法度云：『權者，所以稱物平施，知輕重也。職在大行人，鴻臚掌之。量者，所以量多少也。職在太倉，大司農掌之。度者，所以度長短也。職在内官，廷尉掌之。』以修廢官爲修此數官。故劉氏每叙一事，而結云某職在某官，某官掌之。」案包説是也。據成君義，法訓律，當據志補云：「聲，所以作樂者。職在大樂，太常掌之。」昔舜一歲四巡守，皆同律度量衡。月令：「春秋分皆同度量，正權概。」周官大行人：「十有一歲，同度量，同數器。」蓋奸民貿易，積久弊生，古帝王特設專官以審察之。其官歷代皆未廢，至周衰而或失耳。趙氏佑温故録「或有職而無其官，或有官而不舉其職，皆曰廢」是也。

四書釋地又續：一部十三經，除大禹謨晚出，公羊傳漢始著竹帛外，法度字僅二見：一見盤庚上，一見論語末。要二處不可同一解。論語權有五，謂銖、兩、斤、鈞、石也。量有五，謂龠、合、升、斗、斛。度有五，謂分、寸、尺、丈、引也。三者居治天下之大端也。昔舜一歲四巡守，皆同律度量衡。月令兩「日夜分，皆同度量，正權概」。周禮大行人：「十有一歲，同度量，同數器。」大傳：「立權度量。」商君傳：「平斗桶權衡丈尺。」始皇紀：「秦初并天下，一法度衡石丈尺。」蓋未有舉權量而遺夫度者，抑未有知長短而不與知輕重及多少並急者。特以度一字未足成句，配以法字。易曰「制而用之謂之法」是也。始皇紀亦名法度，師古注、邢昺疏正同。中庸言天子之制度，下即驗之以轍迹廣狹相距如一，此真所謂度也。武王有天下，初豈容不審此？祇緣宋儒好精言性命，視此等爲粗迹，於度字别作解。余嘗讀隋經籍、唐藝文志，見漢以來經解詳于名物度數，而宋藝文志則眇有存者，蓋義理勝也。

【集解】包曰：「權，秤也。量，斗斛。」

【唐以前古注】皇疏：此以下第五，重明二帝三王所修之政同也。不爲國則已，既爲便當然也。謹，猶慎也。權，稱也。量，斗斛也。當謹慎於稱尺斗斛也。審，猶諦也。法度，謂可治國之制典也。宜審諦分明之也。治故曰修，若舊官有廢者，則更修立之也。自謹權以下若皆得法，則四方風政並服行也。

【集注】權，稱錘也。量，斗斛也。法度，禮樂制度皆是也。

【餘論】黄氏後案：漢書律曆志引經「修法度」，注云：「法度，丈尺也。」閻百詩釋地亦以此度爲尺度之度。式三謂五度爲度，引伸之，凡制之有限節者皆謂之法度。天生人而有度，布指知寸，布手知尺，舒肘知尋，聖人因此分短長大小而制之爲法度。法度者，禮儀之總名也。邢疏：「法度，謂車服旌旂之禮儀也，審之使貴賤有别，無僭偪也。」此爲得之。

按：自此以下皆孔子語。公羊昭三十二年傳注引全節，冠「孔子曰」字可證也。度，謂丈尺，非泛言制度，閻氏説是也。

興滅國，繼絶世，舉逸民，天下之民歸心焉。

【考異】説苑君道篇：「武丁思先王之政，興滅國，繼絶世，舉逸民。」又敬慎篇同。後漢書逸民傳論曰：「所謂舉逸人，天下之人歸心者乎。」兩民字俱作「人」。顔師古漢書外戚侯表注引論語孔子陳帝王之法云云，「民」亦俱作「人」。文選兩都賦序、求爲諸孫置守塚人表兩注俱引論語「興滅國，繼絶世」，逸民傳論注引論語「舉逸人，天下之人歸心焉」，上俱冠「子曰」字。

【考證】韓詩外傳：古者天子謂諸侯受封謂之采地，百里諸侯以三十里，七十里諸侯以二十里，五十里諸侯以十里，其後子孫雖有罪而絀，使子孫賢者守其地，世世以祠其始受封之君，此之謂興滅國，繼絶世也。白虎通封公侯篇：爲先王無道，妄殺無辜，及嗣子幼弱，爲强臣所奪，子孫皆無罪囚而絶，重其先人之功，故復立之。左襄十年傳疏：禮，天子不滅國，諸侯不滅姓。其身有罪宜廢者，選其親而賢者更紹立之，論語所謂「興滅國，繼絶世」者此也。劉氏正義：爾雅釋詁：「滅，絶也。」公羊僖五年傳：「滅者，亡國之善辭也。」許氏五經異義解此文云：「國，謂諸侯。世，謂卿大夫。」白虎通封公侯篇：「王者受命而作，興滅國，繼絶世何？爲先王無道，妄殺無辜，及嗣子幼弱，爲强臣所奪，子孫皆無罪囚而絶。重其先人之功，故復立之。論語曰云云。」據此，是興滅國爲無罪之國。若有罪當滅者亦不興之也。尚書大傳：「古者諸侯始受封則有采地。百里諸侯以三十里，七十里諸侯以二十里，五十里諸侯以十五里。其後子孫雖有臯黜，其采地不黜，使其子孫賢者守之，世世以祠其始受封之人，此之謂興滅國，繼絶世。書曰『兹予大享于先王，爾祖其從與享之』，此之謂也。」韓詩外傳同。此言平時立國，不以有臯黜其采地，亦興滅繼絶之義。凡封國當有此制也。漢成帝詔曰：「蓋聞褒功德、繼絶統，所以重宗廟，廣聖賢之路也。」又曰：「夫善善及子孫，古今之通義也。」五經異義：「按公羊、穀梁説云，卿大夫世，則權并一姓，防賢塞路，經譏尹氏、崔氏是也。古春秋左氏説，卿大夫得世禄不世位，父爲大夫死，子得食其故采地，如有賢才則復父故位。許慎謹案易爻位三爲三公，食舊德謂食父故禄。尚書云：『世選爾勞子，不絶爾善。』論語：『興滅國，繼絶世。』詩云：『凡周之士，不顯亦世。』孟子云：『文王之治岐也，仕者世禄。』故周世禄也。從左氏義。」鄭氏無駁，與許同。

按：任氏啓運曰：「滅國是人無土，興謂續封之也。絶世謂有土無人，繼謂俾其支庶進承大宗也。」金澂曰：「興者，於有子孫而失其爵土者，立其本支也。繼者，於有爵土而無子孫者，立其旁支也。」考詩文王正義引五經異義云：「國謂諸侯，世謂卿大夫。」是舊説相傳如是。然而世可兼諸侯卿大夫言，父傳子子傳孫之世系也，不必專指卿大夫，金説可從。

【唐以前古注】皇疏：若有國爲前人非理而滅之者，新王當更爲興起之也。若賢人之世被絶不祀者，當爲立後係之，使得仍享祀也。若民中有才行超逸不仕者，則躬舉之於朝廷爲官爵也。既能興繼舉，故爲天下之民皆歸心繈負而至也。

【集注】興滅繼絶，謂封黄帝、堯、舜、夏、商之後。舉逸民，謂釋箕子之囚，復商容之位。三者皆人心之所欲也。

【餘論】日知録：武王立紂子武庚，宗廟不毁，社稷不遷。時殷未亡也，所以異乎曩日者，不朝諸侯，不有天下也。是則殷之亡天下也，在紂之自燔。亡國也，在武庚之見殺。又曰武王克商，不以其故都封周之臣，而仍以封武庚，降在侯國，而猶先人之故土。武庚即畔，乃命微子啓代殷，而必於宋，謂大火之祀，商人是因，弗遷其地。蓋明告以取天下，無滅國之義也。黄氏後案：疏以國世分言，與異義合。班固功臣侯表引杜業説云：「内恕之君樂繼絶世，隆名之主安立亡國。」絶世亡國分言，疑亦同許氏之説。或曰：上言大賚即大封，此又言興滅國，然則封建固聖人之意乎？曰此聖人之公心也。馬貴與謂「必有公天下之心，而後可行封建」是也。天子出以公心，其始封也選賢與能，其既封也無忌疏畏偪之弊，所謂有關雎、麟趾之意，而行周官之法度也；否則，其禍大矣。

所重：民、食、喪、祭。

【音讀】經讀考異：此凡兩讀。朱子集注引武成曰：「重民五教，惟食、喪、祭。」時解因之遂以民食爲一事，爲一讀。（書正義：「五教所以教民，故與民同句。食與喪、祭三者各爲一事，相類而别，故以惟目之。言此皆聖王所舉也。論語云：『所重：民、食、喪、祭。』以論語即是此事，而彼無五教，録論語者自略之耳。」案僞書襲論語，孔氏反以録論語者略五教，非是。）何氏集解孔曰：「重民，國之本也。重食，民之命也。重喪所以盡哀，重祭所以致敬。」疏言帝王所重者此四事，是以「所重」爲句，民食喪祭各爲一事，因各爲一義取讀。證之書「民惟邦本」，孟子「民爲貴」，則民自另爲句，時解合民食爲一，非也。梁氏旁證：皇疏：「此四事並治天下所宜重。」邢疏亦同。按此是以「所重」爲句，「民食喪祭」爲句矣。翟氏考異：世據尚書文，謂此語當以民字絶句。考集解孔氏曰：「重民，國之本也。重食，民之命也。重喪所以盡哀，重祭所以致敬。」民食喪祭四字平説，則在此論語還當以重字絶句矣。自「謹權量」以下數節，漢、唐人通以爲孔子言，右録何休、班固、顔師古、李善諸條可見。

按：此節古讀以「所重」爲句，自僞古文武成篇改其文曰：「重民五教，惟食喪祭。」沿其誤者遂以「所重民」爲句。宋儒不足責，作僞者直不通句讀，其他罅漏尚多。孔安國自爲尚書古文作傳，明明出湯誥，乃引墨子，此外與古文牴牾者尤不可指數，後人知孔傳之僞，而於僞古文猶奉若神明，何也？

【考證】漢書藝文志：孔子曰：「所重民食。」師古注曰：「論語載孔子稱殷湯伐桀告天辭也。」劉氏正義：虞書曰：「衆非元后何戴？后非衆罔與守邦。」孟子盡心下：「民爲貴。」又言諸侯之寶，有人民。周官太宰：「以九兩繫邦國之民。」大司徒：「掌人民之數。」司民：「掌登萬民之數，自生齒以上皆書于版，異其男女，歲登下其死生。及三年大比，以萬民之數詔司寇，司寇獻其數于王，王拜受之，登于天府。內史、司會、冢宰貳之，以贊王治。」是民爲國之本也。書洪範「八政，一曰食」，伏生傳：「食者，萬物之始，人事之所本，故八政先食。」周官太宰：「以九職任萬民，一曰三農，生九穀。二曰園圃，毓草木。」大司徒：「辨十有二壤之物而知其種，以教稼穡樹藝。」又云：「頒職事十有二于邦國都鄙，使以登萬民，一曰稼穡，二曰樹藝。」是食爲民命，當重之也。喪以哀爲主，祭以敬爲主，喪祭者，所以教民反本追孝也。禮記經解云：「喪祭之禮廢，則臣子之恩薄。臣子之恩薄，則背死亡生者衆矣。」論語集注補正述疏：論家說曰：「重民，國之本也。重食，民之命也。」斯舊說明矣。重喪，民孝當慎終也。重祭，民生當報本也。蓋民爲首重，其下三者則因民以重焉。書康誥稱武王告康叔者，一則曰「用保乂民」，再則曰「用康保民」，終則曰「用康乂民」，明武王重民也。書洪範稱武王訪于箕子者，其八政之首，一曰食。周官九職，所以首言三農生九穀也，明武王重食也。中庸稱「武王末受命，周公成文、武之德」，而言其制禮，則曰「父母之喪，無貴賤一也」。此周公本武王繼文王之德，而爲是禮也，明武王重喪也。書酒誥稱武王述文王之言曰：「祀兹酒。惟天降命，肇我民，惟元祀。」明武王重祭也。漢書藝文志敘農家者流，稱孔子曰「所重民食」，顔注：「謂所重者在人之食。」則不以民列所重之一也。此節而引之，未可執也。其稱孔子曰者，亦以意加之爾。詩蕩云：「枝葉未有害，本實先撥。」言殷商之失民也。漢書酈食其傳云：「王者以民爲天，而民以食爲天。」其聞諸古語者乎？孟子云：「民爲貴，社稷次之，君爲輕。」言君奉社稷，奚可不重民而輕之，徒知自貴也？故孟子言諸侯之寶者，亦曰人民，由乎論語此經。堯典云：「咨十有二牧，曰食哉惟時。」蔡傳云「王政以食爲先，足食之道，惟在不違農時」是也。牧者養民之官，故告之重食焉。禮三年問云：「三年之喪，人道之至文者也，夫是之謂至隆。是百王之所同，古今之所壹也，未有知其所由來者也。」蓋至隆者，非其重喪歟？禮郊特牲云：「萬物本乎天，人本乎祖，此所以配上帝也。郊之祭也，大報本反始也。」而民祀亦其義焉。荀子云：「先祖者，類之本也。」蓋禮尊先祖，而重祭者，不忘本也。禮經解云：「喪祭之禮廢，則臣子之恩薄，而倍死忘生者衆矣。」今敢廢而不重乎？僞武成云：「重民五教，惟食喪祭。」斯襲論語此經而竄焉。僞孔傳云：「所重在民，及五常之教。」書孔疏云：「以重總下五事，民與五教食喪祭也。五教所以教民，故與民同句。下句食喪祭三者相類而別，故以惟目之。」又云：「論語即此事，而彼無五教，録論語者自略之爾。」此疏申僞經也。由今考之，僞者惟之爲文，襲禹貢「惟木」之惟也，猶與也。論語此經以所重挈四者之文，民食喪祭，其文善矣。今曰重民五教，苟不如傳言民及五教，疏言民與五教。豈不曰重民之五教乎？何以見民爲首重也？食喪祭皆民事焉，論語此文豈不與民同句乎？苟此有五教之文，録者安可略之邪？夫民生之道，食以食之，然後能教之，教之事莫先於孝，孝之事莫大於喪，而祭則人子終身之孝也。如是，則未送死之先，且喜且懼，養生以奉父母之食者可知也。如是，則妻孥之樂，兄弟之翕，以致父母之順，若中庸釋詩然者，將可期也。如是，則順乎親以信乎友，而獲乎上，若中庸論學然者，皆將可期也。故孟子云：「養生喪死無憾，王道之始也。」蓋經之本文於五教者無其文而該其實，何其善乎！

【集解】孔曰：「重民，國之本也。重食，民之命也。重喪所以盡哀，重祭所以致敬。」

【唐以前古注】皇疏：此四事並又治天下所宜重者也。國以民爲本，故重民爲先也。民以食爲活，故次重食也。有生必有死，故次重於喪也。喪畢，爲之宗廟，以鬼享之，故次重祭也。

【集注】武成曰：「重民五教，惟食喪祭。」

【餘論】論語述何：此篇以春秋繼二帝三王之統也。謹權量，如譏初稅畝，用田賦之屬。審法度，如改制質文。修廢官，如辨爵等，王國百二十官之屬。興滅國，謂凡書滅皆當興也。繼絶世，如孫以王父字爲氏。城緣陵、城成周、城杞，嘉、紀、季皆善辭也。舉逸民，如嘉叔肸、曹喜時吴札之義。重民，如征伐城築之屬悉書。重食，如水旱、螟螽、大饑、告糴、有年之屬。他穀不書，惟麥禾獨書，尤重也。詳崩薨、卒葬、奔喪、會葬、歸賵、含襚，重喪也。詳禘祫烝嘗，譏立廟屋壞，重祭也。

**寬則得衆，信則民任焉，敏則有功，公則説。**

【考異】漢石經無「信則民任焉」五字，皇本亦無。皇本「公則説」作「公則民悦」。天文本論語校勘記：「寬則得衆」下無「信則民任焉」句，皇本、唐本、津藩本、正平本均無此句。足利本、一本、皇本、唐本、津藩本、正平本「説」上有民字。論語古訓：義疏本不及「信則民任」句，正與漢石經合。後人因陽貨篇「寬則得衆」下有此句，誤增入耳。四書湖南講：此孔子平時論仁之言，即所告子張者。其無子曰，如前引湯、武之言，亦未有湯、武字也。或問既是孔子言，不明白指出，何又去却恭惠二句，而换以公則説？曰看前所引書語亦多改易，原不拘定字字相應也。　翟氏考異：四語與上文絶不蒙，與前論仁章文惟公、説二字殊慢。秦以前，疑子張問仁一章原在古論子張篇首，而此爲脱亂不盡之文。古書簡，盡則止，不以章節分簡，故雖大半脱去，猶得餘其少半連絡于下章也。下章子張問政，孔子約數以示，俟張請目，然後詳晰言之，與問仁章文勢畫一，顯見其録自一手。又二十篇中，惟此二章以子答弟子之言加用孔字，蓋古分堯曰、子張問以下别爲一篇，與前季氏篇爲别一記者所録，稱孔子是其大例，故知命章首舊本亦有孔字。今以問仁章亂入陽貨之篇，既嫌其體例不符，而公山、佛肸連類並載之間，横隔以此，亦頗不倫。論語後十篇多脱悞，朱子嘗言之。堯曰篇顛倒失次，東坡又嘗言之。「民食喪祭」以上已似輯自殘斷之餘，以下則竟全脱一簡。叙羣聖畢，宜更有孔子論斷，或弟子贊孔子，若祖述憲章之類，今亦已脱去矣。恭實寬信敏惠之本，獨舍此句，未足該歷帝王爲治之體要也。　論語稽：子張問以下别爲一篇，蓋書成後别爲續篇，故又居後序之後，此翟灝之説也。劉恭冕駁之，以謂論語非出一人，此序誰作？又謂泰伯篇末亦論堯、舜、文、武、禹，亦豈後序乎云云。　清按論語固非出一人，然當合纂以成一書之時，非經一人之手，必由羣弟子薈萃同爲編訂，此序雖不知出何人，然既非孔子所言，又非門人之語，自堯、舜、禹、湯至武王之事，而終以孔子之言，其次序有條不紊，則其爲全書後序，而出於編訂時記者所作實無疑義。　翟氏引孟子、周易、莊子及史、漢各後序爲證，其説可從也。　論語述要：翟氏此説於子張兩章可謂善於解惑，然此章自「謹權量」以下至「民食喪祭」數節，漢、唐人如何休、班固、顏師古、李善等所引論語文已有作爲夫子言者，此節當亦是夫子言，續在「謹權量」以下諸節之後，更爲可知。惟是否即答子張語，尚無旁證。翟氏以理度之，義亦可通耳。要之全章既屬殘闕不全，亦無須於一支一節而深究之也。

【考證】吕氏春秋貴公篇：「昔先聖王之治天下也必先公，公則天下平矣。平得於公，嘗試觀於上志，其得之以公，其失之必以偏。故鴻範曰：『無偏無黨，王道蕩蕩。無偏無頗，遵王之義。無或作好，遵王之道。無或作惡，遵王之路。』天下非一人之天下也，天下之天下也。陰陽之和不長一類，甘露時雨不私一物，萬民之主不阿一人。」是言政教宜公平也。公平則舉措刑賞皆得其宜，民服於上，故說也。

【集解】孔曰：「言政教公平，則民説矣。凡此二帝三王所以治也，故傳以示後世。」

【唐以前古注】皇疏：爲君上若能寬，則衆所共歸，故云得衆也。君行事若儀用敏疾，則功大易成，故云有功也。君若爲事公平，則百姓皆歡悦也。

【集注】此於武王之事無所見，恐或泛言帝王之道也。楊氏曰：「論語之書皆聖人微言，而其徒傳守之，以明斯道者也。故於終篇具載堯、舜咨命之言，湯、武誓師之意，與夫施諸政事者，以明聖學之所傳者一於是而已，所以著明二十篇之大旨也。孟子於終篇亦歷叙堯、舜、湯、文、孔子相承之次，皆此意也。」

【餘論】四書訓義：古今之天下，一帝王之所維持，而爲民立極者也。周衰，王道息，夫子集二帝三王之成，論定其道法，而原其德之所由隆以垂萬世。故帝王不復作，而得其意者以治，失其理者以亂。後世雖不睹聖治之休，而天下猶足以立。記者述夫子所稱書史之舊文，與其論治理者著之篇，以爲聖學之與王道無二致焉。有天下者，上合天心其要已，而天心之去留存乎民志，民志之從違因乎主術，主術之純雜根於王心。夫子嘗以寬信敏公爲天德王道會歸之極，驗之帝王，無非是道也。四者天德也，仁之行於天下者也。古之帝王惟此以宅心而出治，而吾夫子之立教也，以此盡學者之心。然則守夫子之心學，即以紹帝王之治統，後世得之而天下安，未失焉而天下存，違之而天下亂，豈有爽哉？黄氏後案：皇疏：「謹權量以下，統言二帝三王所修之政同也。」漢律曆志引謹權量節文。公羊傳宣公十七年、昭公三十二年注、漢書外戚侯表注、文選逸民傳論、兩都賦序各注引興滅國節文，漢書藝文志引「所重民食喪祭」，皆以爲孔子之言，陳後王之法也。蘇子瞻修廢官舉逸民策云：「孔子之時，卿世卿，大夫世大夫，而賢者無以進。孔子慨然而歎，欲修廢官，舉逸民。」是北宋猶用古説也。朱子則以末節爲通論帝王之事矣。式三案此經所言，專罪己、務用賢、順民心三者錯舉言之，此帝王之所同，百世莫能易也，易之則殆矣。柳子厚謂此經所記，乃孔子常常諷道之辭。或是也。

【發明】論語集説：此篇所載堯、舜咨命之言，湯、武誓師之意，以明數聖人禪繼征伐雖不同，而其公天下以爲心則一也。反身録：問堯、舜允執其中，與中庸未發之中同異。曰：中只是廓然大公，無偏無黨，不論已發未發，應事接物，政治施爲，只要常常如此，便是允執。允者，真實無妄之謂。心體如此，則心得其中。治體如此，則治得其中。無偏無黨，王道蕩蕩；無黨無偏，王道平平；人人得所，俗臻雍熙，四海何至困窮？彼四海之所以困窮者，只緣政治不中；政治之所以不中者，總緣存心不中。此治法之所以必本於心法，王道之所以必本於天德也。爲政者果寬信敏公，民豈有不治乎？此君天下者萬古不易之道也。豈惟君天下者宜然，凡治一省一府一州一縣莫不宜然，有民社之責者尚其念諸。

○子張問於孔子曰：「何如斯可以從政矣？」子曰：「尊五美，屏四惡，斯可以從政矣。」

【考異】皇本「問」下有政字。潘氏集箋：漢平都相蔣君碑：「遵五迸四。」隸釋：「後漢傳有遵五迸四之文。」今惟後漢書祭遵傳「遵美屏惡」，「屏」或作「迸」，而「尊」並作「遵」，疑漢時本多作「遵」。說文：「遵，循也。」遵五美者，猶書洪範云遵王之義、遵王之道、遵王之路也。說文無迸字。禮記大學篇「迸諸四夷」，釋文引皇云：「迸，猶屏也。」迸、屏異文同義，則當以此文作「屏」爲正。羣經平議：五種美事不得以尊崇爲言，尊當讀爲遵。方言：「遵，行也。」遵五美言當遵行五美，非尊崇之謂。後漢書祭遵傳「遵美屏惡」，漢平都相蔣君碑「遵五迸四」，皆用論語文而字正作「遵」，知漢人舊讀固然矣。

【集解】孔曰：「屏，除也。」

【餘論】東塾讀書記：論語記門人之問有兩體，如子貢問曰：「何如斯可謂之士矣？」子張問曰：「何如斯可以從政矣？」凡問者蓋皆如此，必有所問之語也，簡而記之，則但曰問政、問仁、問孝耳。且諸賢之問固有所問之語，尤有所問之意，如子貢問何如斯可謂之士，豈子貢身爲士而竟不知士之謂乎？此乃求夫子論古今士品之高下，故問及今之從政者。凡讀論語者當知此意也。黄氏後案：觀中庸哀公問政及此經答爲邦、答問政各章，夫子之論治，大綱條目可以見矣。

子張曰：「何謂五美？」子曰：「君子惠而不費，勞而不怨，欲而不貪，泰而不驕，威而不猛。」

【考異】中論法象篇：孔子曰：「君子威而不猛，泰而不驕。」上下易置。

【音讀】論語後録：費讀如「君子之道費而隱」之費，謂不拂於人心，與下不怨同義。

【唐以前古注】皇疏：言爲政之道，能令民下荷於潤惠，而我無所費損，故云惠而不費也。君使民勞苦，而民其心無怨，故云勞而不怨也。君能遂己所欲，而非貪吝也。君能恒寛泰，而不驕傲也。君能有威嚴，而不猛厲傷物也。

【餘論】黄氏後案：立人達人，爲政者之所欲也。中天下而立，定四海之民，爲政者之所欲也。汲黯謂漢武内多欲而外施仁義，汲黯所謂欲者，即貪之謂，與此言欲不同。

子張曰：「何謂惠而不費？」子曰：「因民之所利而利之，斯不亦惠而不費乎？擇可勞而勞之，又誰怨？欲仁而得仁，又焉貪？君子無衆寡，無小大，無敢慢，斯不亦泰而不驕乎？君子正其衣冠，尊其瞻視，儼然人望而畏之，斯不亦威而不猛乎？」

【考異】皇本「擇」下有其字。周易益卦注：因民所利而利之焉。周禮旅師疏引論語：「因民所利而利之。」亦無上之字。文選洞簫賦注引論語亦無上之字，「民」諱作「仁」。論語校勘記：益卦注、旅師疏及文選洞簫賦注引此文並作「因民所利而利之」，皇疏兩述經文，皆無上之字，疑後人妄增。

【考證】劉氏正義：案「擇可勞而勞之」以下，皆因子張問而答之。不言子張問者，統於首句「何謂惠而不費」，凡諸問辭皆從略也。勞民如治溝洫及耕斂之類，又農隙講武事，興土功，並是擇而勞之。荀子富國篇言古人使民：「夏不宛暍，冬不凍寒，急不傷力，緩不後時。事成功立，上下俱富。而百姓皆愛其上，人歸之如流水，親之歡如父母，爲之出死斷亡而愉者，無他故焉，忠信調和均辨之至也。」是言勞民而民不怨也。欲仁得仁，謂欲施仁政於民，即可施行，故易得仁也。皇疏云：「君子正其衣冠者，衣無撥、冠無免也。」中論法象篇：「夫法象立所以爲君子。法象者，莫先乎正容貌，慎威儀，是故先王之制禮也，爲冕服采章以旌之，爲佩玉鳴璜以聲之，欲其尊也，欲其莊也，焉可懈慢也？夫容貌者，人之符表也。符表正，故情性治。情性治，故仁義存。仁義存，故盛德著。盛德著，故可以爲法象。斯謂之君子矣。故孔子曰：『君子威而不猛，泰而不驕。』詩云：『敬爾威儀，惟民之則。』」

【集解】王曰：「利民在政，無費於財。」孔曰：「言君子不以寡小而慢也。」

【唐以前古注】皇疏：因民所利而利之，謂民水居者利在魚鹽蜃蛤，山居者利於果實材木，明君爲政，即而安之，不使水者居山，渚者居中原，是因民所利而利之，而於君無所損費也。孔子知子張並疑，故并歷答之也。言凡使民之法各有等差，擇其可應勞役者而勞役之，則民各服其勞而不敢怨也。欲有多塗，有欲財色之欲，有欲仁義之欲，欲仁義者爲廉，欲財色者爲貪。言人君當欲於仁義，使仁義事顯，不爲欲財色之貪，故云「欲仁而得仁，又焉貪」也。言不以我富財之衆，而陵彼之寡少也。又不得以我貴勢之大加彼之小也。我雖衆大，而愈敬寡小，故無所敢慢也。能衆能大，是我之泰；不敢慢於寡小，是不驕也，故云泰而不驕也。衣無撥，冠無免也。瞻視無回邪也。若思以爲容也。望之儼然，即之也温，聽其言也厲，故服而畏之也。望而畏之，是其威也。即之也温，是不猛也。

又引江熙云：我欲仁，則仁至，非貪也。

又引殷仲堪云：君子處心以虚，接物以爲敬，不以衆寡異情，大小改意，無所敢慢，斯不驕也。

【餘論】黄氏後案：謝顯道謂因四時之和，因原隰之利，因五方之財，以阜物以厚生。皆是也。觀周官役法，擇事、擇人與校考年之豐凶、時之緩急，皆擇也。且擇可勞而勞者，其所勞之事，大半利歸於民者耳，又誰怨？志不在仁而别求所得者，貪也。君子之欲仁也，以天下爲一家，中國爲一人，求無歉於仁之中也。其得仁也，正德厚生無不和，柔遠能邇無不服，慰其行仁之意也，蓋始終一於仁而已。以寡爲可慢，詎知怨不在衆，匹夫能勝予也。以小爲可慢，詎知事變所生，不蹪山而蹪垤也。此其故由於驕，而其終至於不泰。無威可畏者見侮於人，而必以猛加之，君子則威而已也。徐偉長中論法象篇引此經「威而不猛」而申之曰：「詩云：『敬爾威儀，惟民之則。』莫之則者，則慢之者至矣。小人皆慢也，而致怨乎人，患己之卑，而不知所以然，哀哉！」又曰：「君子口無戲謔之言，言必有防。身無戲謔之行，行必有檢。故雖妻妾不可得而黷也，雖朋友不可得而狎也，是以不愠怒而德行行於閨門，不諫諭而風聲化乎鄉黨。傳稱大人正己而物自正者，蓋此之謂也。以匹夫之居猶然，況得意而行於天下者乎？唐堯之帝允恭克讓，而光被四表。成湯不敢怠遑，而奄有九域。文王祇畏，而造彼區夏。易曰：『觀盥而不薦，有孚顒若。』言下觀而化也。」

【發明】楊名時論語劄記：此章溯流窮源，見微知著，抉盡病根，祇在貪驕猛三字，而王道聖學，直昭揭日月而行。又曰：欲仁得仁，祇是完性分所固有，盡職分所當爲，非干譽也，非望報也。干譽者爲名，望報者近利，皆未免涉於貪也，仁者之心何有乎？反身録：因民之所利而利之，真正有父母斯民之心始能如是。否則，即明知其可以利民，亦若罔聞，若是者，豈勝道哉！

子張曰：「何謂四惡？」子曰：「不教而殺謂之虐；不戒視成謂之暴；慢令致期謂之賊；猶之與人也，出納之吝謂之有司。」

【考異】皇本「納」作「内」。漢書董仲舒策引文「殺」作「誅」。唐石經「納」亦爲「内」。

【考證】潘氏集箋：荀子宥坐篇：「魯有父子訟者，拘之三月，其父請止，孔子舍之。季孫不說。

孔子曰：『嫚令謹誅，賊也。令有時斂也，無時暴也，不教而責成功，虐也，然後刑可即也。』」韓詩外傳三：「子貢謂季孫曰：賜聞之，託法而治謂之暴，不戒致期謂之虐，不教而誅謂之賊，以身勝人謂之責。」荀子所言四惡缺其一，韓嬰所言有責而無有司，亦與夫子所言不同，而大致本此。虐，説文云：「从虍爪人。虎足反爪人也。」段注：「覆手曰爪，虎反爪鄉外攫人，是曰虐。」蓋以不教而殺者比虎之虐也。　羣經平議：此自言出之吝耳，納則何吝之有？因出納爲人之恒言，故言出而并及納，古人之辭如此。史記刺客傳「多人不能無生得失」，言失而并言得也。游俠傳曰「緩急人之所時有也」，言急而并言緩也。此言出納，亦猶是也。　又曰：周官泉府職「與其有司辨而授之」，鄭注曰：「有司，其所屬吏也。」儀禮士冠禮「有司如主人服」，鄭注曰：「有司，羣吏有事者，謂主人之吏所自辟除府史以下也，今時卒史及假吏皆是也。」然則古所謂有司者，至爲卑微，故以從政之君子而得有司之名，即與謂之虐、謂之暴、謂之賊一律矣。孔注以有司對人君言，非是。子張止問從政，孔子不當以人君之道答之也。有司對有位之君子而言，故曾子告孟敬子，亦曰籩豆之事則有司存。

【集解】馬曰：「不宿戒而責目前成，爲視成也。」孔曰：「與民無信而虛刻期也。謂財物俱當與人，而吝嗇於出納，惜難之，此有司之任耳，非人君之道也。」

【唐以前古注】皇疏：已聞五美，故次更諮四惡也。爲政之道必先施教，教若不從，然後乃殺，若不先行教而即用殺，則是酷虐之君也。爲君上見民不善，當宿戒語之，戒若不從，然後可責，若不先戒勖，而急卒就責目前，視之取成，是風化無漸，故爲暴卒之君也。暴淺於虐也。與民無信而虚期，期不申勑丁寧，是慢令致期也。期若不至而行誅罰，此是賊害之君也。猶之與人，謂以物獻與彼人，必不得止者也。吝，難惜之也。猶會應與人，而其吝惜於出入之屬，故云出内之吝也。有司，謂主典物者也，猶庫吏之屬也。庫吏雖有官物而不得自由，故物應出入者，必有所諮問，不敢擅易。人君若物與人而吝，即與庫吏無異，故云謂之有司也。又引袁氏云：令之不明而急期之也。筆解：韓曰：「猶之，當爲猶上也。言君上吝嗇，則是有司之財而已。」李曰：「仲尼先言虐暴賊三者之弊，然後言君上之職，當博施濟衆爲己任也。按古文出（古文）二字相類，明知誤傳矣。」

【集注】虐，謂殘酷不仁。暴，謂卒遽無漸。致期，刻期也。賊者，切害之意。緩於前而急於後，以誤其民，而必刑之，是賊害之也。猶之，猶言均之也。均之以物與人，而於其出納之際，乃或吝而不果，則是有司之事，而非爲政之體。所與雖多，人亦不懷其惠矣。項羽使人，有功當封，刻印刓，忍弗能予，卒以取敗，亦其驗也。尹氏曰：「告問政者多矣，未有如此之備者也，故記之以繼帝王之治，則夫子之爲政可知也。」

【餘論】朱子語類：出納之吝，吝字説得廣，是戒人遲疑不決之意。當賞便用賞，當做便用做，若遲疑怠忽之間，澀縮靳惜，便誤事機。如李絳勸唐憲宗速賞魏博將士，曰：「若待其來請而後賞之，則恩不歸上矣。」正是此意。如唐家藩鎮之患，新帥當立，朝廷不即命之，待軍中自請而後命之，故人不懷恩，反致敗事。有司出納之間，吝惜而不敢自專，是本職當然。人君爲政大體，則凡事皆不可如此，當爲處便果決爲之。

蓋不但無躬行之先，而且無法制禁令之常。李光地論語劄記：不教而殺，不戒視成，慢令致期，虐暴賊正與驕猛字相應，欲其無怨，不可得已。欲出則吝其利，欲納則又吝其名，無大德，而屑屑計較於小惠之間，是有司之事也。吝字、有司字正與貪字相應，欲其無費，不可得已。此皆起於霸者尚力任法，小補驩虞之所爲，而其流弊，則有不可勝言者，與虞、夏、商、周之道遠矣。養一齋劄記：出納之吝是心陷於物，物大於我，不能驅遣如意。四書翼注：出納之吝，納字人多忽略。民間有布縷之征，粟米之征，有司牢持管鑰，不爲之迅速收入，守候有旅食之艱，吏胥縱需索之慾，貽害實亦不淺，爲政者亦不可不知也。

論語述何：五美四惡皆春秋法戒也。秦、項之失，皆以四惡也。

**○孔子曰：「不知命，無以爲君子也。**

【考異】釋文：魯論無此章，今從古。皇本、宋石經「子曰」上並有孔字。漢書董仲舒引孔子曰：「不知命，亡以爲君子。」無也字。韓詩外傳卷六、後漢書馮衍傳注、文選王命論注、文苑英華白居易試進士策問引文，「君子」下並無也字。韓李筆解本無也字。

【考證】論語補疏：論語言「五十而知天命」。不知命，無以爲君子」。又云「死生有命」。又云「道之將行也與，命也；道之將廢也與，命也」。至於命之爲命，則孟子詳言之云：「夭壽不貳，修身以俟之，所以立命也。莫非命也，順受其正。是故知命者不立乎巖牆之下。盡其道而死者，正命也。桎梏而死者，非正命也。」又云：「口之於味也，目之於色也，耳之於聲也，鼻之於臭也，四體之於安佚也，性也。有命焉，君子不謂性也。仁之於父子也，義之於君臣也，禮之於賓主也，知之於賢者也，聖人之於天道也，命也。有性焉，君子不謂命也。」皆發明孔子知命之説也。死生窮達，皆本於天，命宜死而營謀以得生，命宜窮而營謀以得達，非知命也。命可以不死而自致於死，命可以不窮而自致於窮，亦非知命也。故子畏於匡，回不敢死。死於畏，死於巖牆之下，皆非命也，皆非順受其正也。知命者不立巖牆之下，然則立巖牆之下，與死於畏，死於桎梏，皆爲不知命。味色聲臭安佚聽之於命，不可營求，是知命也。仁義禮智天道必得位，乃可施諸天下，所謂道之將行，命也。不得位，則不可施諸天下，所謂道之將廢，命也。君子以行道安天下爲心，天下之命造於君子。孔子栖栖皇皇，不肯與沮、溺、荷蕢同其辟世者，聖人於天道，不謂命也。百姓之飢寒囿於命，君子造命，則使之不飢不寒；百姓之愚不肖囿於命，君子造命，則使之不愚不肖。口體耳目之命，己溺己飢者操之也。仁義禮智之命，勞來匡直者主之也。故己之命聽諸天，而天下之命任諸己，是知命也。君子爲得位者之稱，君一邑則宜造一邑之命，君一國則宜造一國之命，視百姓之飢寒不能拯之袵席，視百姓之愚不肖不能開其習俗，徒付之無可如何，是不知命。不知命，故無以爲君子。知回何敢死之故，乃知死生有命之命。知天下有道，丘不與易之故，乃知道行道廢之命。第以守窮任運爲知命，非孔子所云知命也。

論語稽求篇：知命，即易傳樂天知命，夫子知天命之命。陳晦伯作稽疑，引韓詩及董仲舒對策爲解，此真漢儒有師承之言。韓詩外傳云：「天之所生，皆有仁義禮智順善之心。不知天之所以命生，則無仁義禮智順善之心，謂之小人。故曰不知命，無以爲君子也。」董仲舒策曰：「天令之謂命，人受命于天，固超然異于羣生，貴于物也。故曰天地之性人爲貴。明于天性，知自貴于物，然後知仁義禮智，安處善，樂循理，謂之君子。故孔子曰：『不知命，無以爲君子。』此之謂也。」黄氏後案：孔説、程注皆以數命言也。筆解云：「命，謂窮理盡性，以至於命也，非止窮達。」韓詩外傳曰：「子曰：『不知命，無以爲君子。』言天之所生，皆有仁義禮智順善之心，故曰不知命，無以爲君子。小雅曰：『天保定爾，亦孔之固。』言天之以仁義禮智保定人之甚固也。大雅曰：『天生蒸民，有物有則。民之秉彝，好是懿德。』言民之秉德以則天也。不知所以則天，又焉得爲君子乎？」董子對策曰：「明乎天性，知自貴於物。知自貴於物，然後知仁義。知仁義，然後重禮節。重禮節，然後安處善。安處善，然後樂循理。樂循理，然後謂之君子。故孔子曰：不知命，無以爲君子。」韓、董二子之説，亦以性命言也。謂人不安於窮達之數者，必枉其仁義之性，知性之賦於天者，以違道之逆天心，自不行險以徼幸，性命數命非截然二事也。

按：論語旁證云：「韓詩外傳語，近儒多取之以爲此章的解，其義固通，然孔注『命，謂窮達之分也』語意自明，似不必求深反淺也。」

【集解】孔曰：「命，謂窮達之分也。」

【唐以前古注】皇疏：命，謂窮通夭壽也。人生而有命，受之由天，故不可不知也。若不知而强求，則不成爲君子之德，故云無以爲君子也。　筆解：韓曰：「命，謂窮理盡性，以至于命也，非止窮達。」

【集注】程子曰：「知命者，知有命而信之也。人不知命，則見害必避，見利必趨，何以爲君子？」

【餘論】朱子語類：論語首云：「人不知而不愠，不亦君子乎？」終云：「不知命，無以爲君子也。」此深有意。蓋學者所以學爲君子；不知命，則做君子不成。死生自有定命，若合死於水火，須在水火中死；合死於刀兵，須在刀兵中死，看如何逃不得。此説雖甚粗，然所謂知命者不過如此。若於此信不及，見利便趨，見害便避，如何得成君子？　此木軒四書説：不知命，知字與「知斯二者弗去」之知正同。蓋真能不惑於利害，斯乃爲知命也。或言窮究天下之理，然後命可知者，竊恐愈窮究，愈不得爲知也。蓋此知命，乃大學誠意之屬，非格致之屬也。又曰：呂氏春秋云：「晏子援綏而乘，其僕將馳，晏子曰：『安之，疾不必生，徐不必死。』晏子可謂知命矣。命也者，不知所以然而然者也，人事智巧以舉錯者不得與焉。故命也者，就之未得，去之未失，國士知其若此，故以義爲之決而安處之。」案呂所云「以義爲之決而安處之」，此正所謂知命可以爲君子者也。若但知死生一定，雖趨避百方，莫能更之，以是爲知命者，非聖人意也。　張爾岐蒿菴閒話：貧賤富貴得失死生之有所制而不可强也，君子與小人一也。命不可知，君子常以義知命矣。凡義所不可，即以爲命所不有也。故進而不得於命者，退而猶不失吾義也。小人常以智力知命矣。力不能爭，則智邀之，智力無可施，而後謂之命也。君子以義安命，故其心常泰。小人以智力爭命，故其心多怨。養一齋劄記：知命方可爲君子，非即是君子也。今人固是不肯爲君子，亦有不敢爲君子者。懼人之嫌其迂戇，而屏之於名利之外也。不知飲啄尚有定分，何況窮通禍福？知命則識精膽決，而爲君子之心乃定。看得世間萬事真有一定之命，無可鑽營退避，除爲君子，别無置身之處故也。論語以此爲末章，收攝全部，豈可草草讀過。

【發明】反身録：君子之所以爲君子，以其知命也。知命，斯窮通得喪一一聽之於天而安命，仁義禮智一一修之於己而立命，窮理盡性，自强不息而凝命，必不行險僥倖付之儻來而逆命，否則，何以爲君子？

**不知禮，無以立也。**

【唐以前古注】皇疏：禮主恭儉莊敬，爲立身之本。人若不知禮者，無以得立其身於世也。故禮運云「得之者生，失之者死」，詩云「人而無禮，不死何俟」是也。

【集注】不知禮，則耳目無所加，手足無所措。

【餘論】論語或問：謝氏以知禮爲知理，非也。蓋此章所謂禮，止指禮文而言耳。若推本言之，以爲理在其中則可，乃厭其所謂禮文之爲淺近，而慕夫高遠之理，遂至於以理易禮，而不復徵於踐履之實，則亦使人何所據而能立耶？

不知言，無以知人也。」

【考證】劉氏正義：言者心聲。言有是非，故聽而别之，則人之是非亦知也。易繫辭傳：「將叛者其辭慙，中心疑者其辭枝，吉人之辭寡，躁人之辭多，誣善之人其辭游，失其守者其辭屈。」此孔子知言即知人之學。孟子自許知言，云：「詖辭知其所蔽，淫辭知其所陷，邪辭知其所離，遁辭知其所窮。」亦謂知言即可知人也。黄氏後案：宣於口，筆於書，皆言也。不知言之善惡，言之醇駁，言之淺深，皆不知也。不知今人，誤交之，誤用之焉，於可交可用者轉失之也。不知古人，誤承其言，誤師其法焉，於宜承宜師者反棄之也。以辭危而知使平，以辭易而知使傾，以慙枝多游而知叛疑躁誣，孔子之知言也。以詖淫邪遁而知其蔽陷離窮，知其生心害政，發政害事，孟子之知言也。不知言，以孔子之疾固爲佞，以孟子攻異端爲好辯矣，此不知言之尤者也。

【集解】馬曰：「聽言則别其是非也。」

【唐以前古注】皇疏引江熙云：不知言，則不能賞言；不能賞言，則不能量彼，猶短綆不可測於深井，故無以知人也。

【集注】言之得失可以知人之邪正。尹氏曰：「知斯三者，則君子之事備矣。弟子記此以終篇，得無意乎？學者少而讀之，老而不知一言爲可用，不幾於侮聖言者乎？夫子之罪人也，可不念哉！」

【餘論】四書辨疑：君子當知之事，非止三者而已，知斯三者，豈可便以爲備乎？果如尹氏之說，則三者不可相離，闕一則爲不備也。然三者其實各自爲用，未嘗不可相離也。夫子之言，亦只是汎舉學者之急務，非以三者總包君子之事也。又所謂弟子記此以終篇者，亦爲過論。論語一書皆諸弟子集記聖人之言，記盡則已，非如特作一篇文字，前有帽子，後有結尾也。尹氏之論斷不可取。論語述要：陳氏此說與前堯曰章說語皆通達。學而章以冠全書猶可言也，此章似記者未必特有用意以終此篇，魯論且并此章無之可知矣，況此篇已出於殘闕之餘乎？過庭録：公羊傳：「西狩獲麟。孔子曰：吾道窮矣。」何休曰：「重終。」論語自微子至堯曰，稱孔子並加姓，亦重終之義。

【發明】劉開論語補注：子思有言：「百世以俟聖人而不惑，知人也。」然知人必求諸言。太史公曰：「余讀孔氏書，想見其爲人。」後世欲知夫子之所以聖，舍此書之言語文章將何求哉？記此者其有俟諸百世之思乎？望之深，而憂其不得于言也，我知非無爲矣。論語傳注：赫赫在上者，天命也。知之而兢兢業業矣。不然，何以有九德六德三德而爲君子修己治人之準禮也？知之而約我以禮，爲國以禮矣。不然，而於何立？人之邪正長短不能掩者，言也。知之而人才入吾洞照矣。不然，而何以知之，而取之用之？此聖聖相傳之要道也。按鄉黨記孔子衣食坐卧皆具，而不及删詩、書，作春秋，餘十九篇皆不之及，蓋聖人之道，以生德於予，斯文在兹爲重，不在著書。即及門推聖人，亦以宗廟美，百官富，博我文，約我禮，而不在著書也。且子貢宫牆日月，猶屬虚喻；至答子禽，歸於得邦家；末篇歷敘帝王相傳而結以從政、知命二章，更見聖人之道主於用世。乃後儒專以著書爲傳聖道，去之遠矣，可以返矣。論語稽：此蓋鄭氏考驗古論，取補魯論之闕者，亦續編之例也。

按：宦氏之説是也。堯曰一章是論語全書後序，古人序文常在篇末，如莊子之有天下篇，史記自序，不乏先例。子張以下，古論語本係别爲一篇，鄭玄就魯論篇章考之齊、古，取魯論所未及者附載於後，猶今人文集之補遺也。就中陽貨篇子張問仁於孔子一章，應屬子張篇文，不知何時錯簡，誤列陽貨篇中。皇本作「子張問政於孔子」，與「問仁」相對，一也。俱稱「孔子曰」，二也。每章均有總綱，三也。其應屬子張篇無疑。

# 論語集釋卷四十

## 徵引書目表

### 第一表　論語類

| 書名 | 著者時代及姓名 | 備考 |
| --- | --- | --- |
| 古論語 | | 已佚，惟玉函山房有輯本十卷，惜殘缺不全。 |
| 齊論語 | | 同前一卷。 |
| 論語比考讖 | | 同前。 |
| 論語孔氏訓解 | 漢　孔安國 | 同前十卷。 |
| 論語注 | 劉歆 | 已佚，亦未有輯本，僅皇疏引之。 |
| 何邵公論語義 | 後漢　何休 | 已佚，俞樾取公羊解詁涉及論語者輯爲一卷。 |
| 論語包氏章句 | 包咸 | 已佚，惟玉函山房有輯本二卷。 |
| 論語馬氏訓説 | 馬融 | 同上二卷。 |

論語周氏章句　周氏　同前一卷。

論語鄭氏注　鄭玄　同前十卷，僞王應麟輯本、宋翔鳳輯本、臧庸輯本。

論語孔子弟子目録　同前　同前一卷。

魏

論語陳氏義説　陳羣　同前一卷。

論語王氏説　王朗　同前一卷。

論語王氏義説　王肅　同前一卷。

論語周生氏義説　周生烈　同前一卷。

論語集解　何晏　武英殿刻附考證本，阮元刻附校勘記本。

論語釋疑　王弼　已佚，惟玉函山房有輯本一卷。

晉

論語衛氏集注　衛瓘　同前。

論語旨序　繆播　同前。

論語繆氏説　繆協　同前。

論語體略　郭象　同前。

論語欒氏釋疑　欒肇　同前。

| | | | |
|---|---|---|---|
| 論語讚注 | | 虞喜 | 同前。 |
| 論語釋 | | 庾翼 | 同前。 |
| 論語李氏集注 | | 李充 | 同前二卷。 |
| 論語范氏注 | | 范甯 | 同前一卷。 |
| 論語孫氏集注 | | 孫綽 | 同前。 |
| 論語梁氏注 | | 梁覬 | 同前。 |
| 論語袁氏注 | | 袁喬 | 同前。 |
| 論語江氏集解 | | 江熙 | 同前二卷。 |
| 論語殷氏解 | | 殷仲堪 | 同前一卷。 |
| 論語張氏注 | | 張憑 | 同前。 |
| 論語蔡氏注 | | 蔡謨 | 同前。 |
| 論語贊 | | 謝道藴 | 翟氏考異引。 |
| 論語顔氏説 | 宋 | 顔延之 | 已佚，惟玉函山房有輯本。 |
| 論語釋公説 | | 釋惠琳 | 同前。 |
| 論語沈氏訓注 | 齊 | 沈驎士 | 同前。 |

| | | |
|---|---|---|
| 論語顧氏注 | 顧歡 | 同前。 |
| 論語梁武帝注 | 梁武皇帝 | 同前。 |
| 論語太史氏注 | 太史叔明 | 同前。 |
| 論語褚氏義疏 | 褚仲都 | 同前。 |
| 論語義疏 | 皇侃 | 知不足齋本、古經解彙函重刻鮑本。 |
| 論語沈氏注 | 沈峭 | 時代無考，僅皇疏引之，玉函山房有輯本一卷。 |
| 論語熊氏説 | 熊埋 | 同前。 |
| 論語張氏注 | 張封溪 | 時代無考，亦未有輯本，僅皇疏引之。 |
| 論語穎氏注 | 穎子巖 | 同前。 |
| 論語李氏注 | 李巡 | 同前。 |
| 論語季彪注 | 闕名 | 同前。 |
| 論語陸特進注 | 同前 | 同前。 |
| 論語隱義注 | 同前 | 已佚，惟玉函山房有輯本一卷。 |
| 論語筆解 | 唐　韓愈　李翺 | 藝海珠塵本、古經解彙函本。 |
| 論語注疏 | 宋　邢昺 | 廣州書局覆刻本。 |

| | | |
|---|---|---|
| 南軒論語解 | 張栻 | 通志堂經解本、學津本。 |
| 論語意原 | 鄭汝諧 | 經苑本、指海本。 |
| 論語解 | 蘇軾 | 未見傳本，翟氏考異及四書辨證引。 |
| 論語拾遺 | 蘇轍 | 指海本。 |
| 論語全解 | 陳祥道 | 四庫全書總目引。 |
| 論語説 | 范祖禹 | 已佚，朱子或問引。 |
| 論語解 | 吕大臨 | 四書辨證引。 |
| 論語説 | 吕祖謙 | 翟氏考異引。 |
| 論語説 | 張載 | 同前。 |
| 論語解義 | 鄒浩 | 同前。 |
| 論語釋言 | 葉夢得 | 同前。 |
| 論語詳説 | 胡寅 | 同前。 |
| 論語注義問答通釋 | 黄幹 | 論語經正録據四書大全引。 |
| 論語續解 | 吴棫 | 翟氏考異引。 |
| 論語集説 | 蔡節 | 通志堂經解本。 |

論語集疏　蔡模　經正録引。
論語石洞紀聞　饒魯　同前。
論語集注考證　金履祥　仁山先生遺書本。
論語通義　王柏　經正録引。
語解　齊夢龍　同前。
論語答問　輔廣　同前。
論語辨惑　金　王若虚　知不足齋本。
論語解　元　馮椅　經正録引。
論語詳解　明　郝敬　翟氏考異引。
論語類考　陳士元　湖海樓本、歸雲别集本。
論語義府　王肯堂　經正録引。
論語商　周宗建　同前。
論語學案　劉宗周　同前。
論語稽求篇　清　毛奇齡　皇清經解本、西河集本。
論語竢質　江聲　胡珽琳琅秘室叢書活字本。

論語駢枝　劉台拱　劉氏遺書本。
論語後録　錢坫　錢氏四種本。
論語偶記　方觀旭　皇清經解本。
論語補疏　焦循　皇清經解本、焦氏叢書本。
論語述何　劉逢禄　皇清經解本。
論語發微　宋翔鳳　浮溪精舍未刊本、潘氏集箋引。
論語異文考證　馮登府　石經閣叢書未刻本、劉氏正義引。
論語孔注辨僞　沈濤　沈西雝七種本、槐廬叢書本。
論語餘説　崔述　東壁全書本。
論語别記　莊述祖　潘氏集箋引。
論語解義　淩鳴喈　劉氏正義引。
論語補注　孔廣森　同前。
論語補注　戴震　同前。
論語補注　戴望
論語補注　劉開　同治戊辰自刊本。

| | | |
|---|---|---|
| 論語説 | 桑調元 | 四庫全書總目引。 |
| 論語説 | 莊存與 | 劉氏正義引。 |
| 論語説 | 吴嘉賓 | 同前。 |
| 論語解 | 阮元 | 同前。 |
| 論語校勘記 | 同前 | 皇清經解本。 |
| 論語古訓 | 陳鱣 | 浙江書局刻本。 |
| 論語傳注 | 李塨 | 活字版本。 |
| 論語温故録 | 包慎言 | 未見傳本，劉氏正義引。 |
| 論語劄記 | 李光地 | 李文貞公全書本。 |
| 論語古注集箋 | 潘維城 | 續皇清經解本。 |
| 論語正義 | 劉寶楠 | 江寧刻本、續皇清經解本。 |
| 論語後案 | 黄式三 | 道光甲辰活字版本。 |
| 論語集注旁證 | 梁章鉅 | 鉛印本。 |
| 論語集注補正述疏 | 簡朝亮 | 廣州刻本。 |
| 論語小言 | 俞樾 | 春在堂全集本。 |

| | | |
|---|---|---|
| 論語訓 | 王闓運 | 光緒辛丑刻本。 |
| 論語稽 | 宦懋庸 | 民國元年湖北鉛印本。 |
| 論語集注剩義 | 汪沆 | 翟氏考異引。 |
| 論語注 | 康有爲 | 萬木草堂本。 |
| 論語經正録 | 王肇晉 | 光緒二十年自刻本。 |
| 論語徵 | 日本 物茂卿 | 春在堂隨筆引。 |
| 日本天文本論語校勘記 | 葉德輝 | 光緒癸卯自刻本。 |
| 論語點本 | 張達善 張師曾校 | 翟氏考異引。 |
| 論語足徵記 | 崔適 | 鉛印本。 |
| 論語集注述要 | 鄭浩 | 同前。 |
| 鄉黨圖考 | 江永 | 皇清經解本。 |
| 鄉黨正義 | 王鎏 | 劉氏正義引。 |
| 鄉黨典義 | 魏晉 | 同前。 |
| 論語刪正 | | 四書辨證引。 |
| 論語釋故 | | 潘氏集箋引。 |

以上凡論語類一百二十七種

## 第二表　四書類

| | | | |
|---|---|---|---|
| 四書集注 | 宋 | 朱熹 | 監本。 |
| 論孟或問 | | 同前 | 朱子遺書本。 |
| 四書集編 | | 真德秀 | 通志堂本。 |
| 四書纂疏 | | 趙順孫 | 同前。 |
| 四書説 | | 葉味道 | 四書通引。 |
| 四書箋義 | | 趙德 | 何氏叢書本。 |
| 讀四書叢説 | 元 | 許謙 | 商務印書館影印元本、何氏叢書本。 |
| 四書通 | | 胡炳文 | 通志堂本。 |
| 四書辨疑 | | 陳天祥 | 同前。 |
| 標題四書 | | 熊勿軒 | 經正録引。 |
| 四書通旨 | | 朱公遷 | 通志堂本。 |
| 四書章圖 | | 程復心 | 翟氏考異引。 |

| | | |
|---|---|---|
| 四書發明 | 陳櫟 | 經正録引。 |
| 四書纂箋 | 詹道傳 | 通志堂本。 |
| | 明 | |
| 四書駁異 | 王衡 | 四書辨證引。 |
| 四書輯釋 | 倪士毅 | |
| 四書因問 | 吕柟 | 經正録引。 |
| 四書疑思録 | 馮從吾 | 同前。 |
| 四書人物考 | 薛應旂 | 同前。 |
| 四書紹聞編 | 王樵 | 同前。 |
| 四書存疑 | 林希元 | 同前。 |
| 四書蒙引 | 蔡清 | 同前。 |
| 四書近語 | 孫應鼇 | 孫文恭公遺書本。 |
| 四書測 | 萬尚烈 | 經正録引。 |
| 四書通義 | 劉剡 | 翟氏考異引。 |
| 四書湖南講 | 葛寅亮 | 同前。 |
| 四書説約 | 鹿善繼 | 經正録引。 |

| | | | |
|---|---|---|---|
| 四書讀 | | 陳際泰 | 四書辨證引。 |
| 四書大全辨 | | 張自烈 | 潘氏集箋引。 |
| 四書講義 | | 顧憲成 | 小石山房本。 |
| 四書説約 | | 顧夢麟 | 經正録引。 |
| 四書訓義 | | 王夫之 | 船山遺書本。 |
| 讀四書大全説 | | 同前 | 同前。 |
| 四書稗疏 | | 同前 | 同前，續皇清經解本。 |
| 四書考異 | | 同前 | 同前。 |
| 四書考異 | 清 | 翟灝 | 皇清經解本。 |
| 四書近指 | | 孫奇逢 | 經正録引。 |
| 四書反身録 | | 李中孚 | 二曲全集本。 |
| 四書賸言 | | 毛奇齡 | 皇清經解本。 |
| 四書改錯 | | 同前 | 鉛印本。 |
| 四書釋地 | | 閻若璩 | 皇清經解本。 |
| 四書釋地補 | | 樊廷枚 | |

| | | |
|---|---|---|
| 四書釋地辨證 | 宋翔鳳 | 浮溪精舍本、皇清經解本。 |
| 四書困勉録 | 陸隴其 | 陸清獻公全書本。 |
| 松陽講義 | 同前 | 同前。 |
| 四書典故辨正 | 周柄中 | |
| 四書典故覈 | 淩曙 | 淩氏叢書本。 |
| 四書典故考辨 | 戴清 | |
| 四書地理考 | 王鎏 | 劉氏正義引。 |
| 四書述 | 陳銑 | 四書辨證引。 |
| 四書詮義 | 汪烜 | 經正録引。 |
| 四書參注 | 王植 | 同前。 |
| 此木軒四書説 | 焦袁熹 | 同前。 |
| 四書翊注 | 刁包 | 同前。 |
| 四書問答 | 戴大昌 | 補餘堂本。 |
| 四書翼注論文 | 張甄陶 | |
| 四書劄記 | 楊名時 | 楊氏全書本。 |

| | | |
|---|---|---|
| 四書紀聞 | 管同 | 劉氏正義引。 |
| 四書拾義 | 胡紹勳 | 同前。 |
| 四書逸箋 | 程大中 | 海山仙館本。 |
| 四書拾遺 | 林春溥 | 竹柏山房本。 |
| 四書講義 | 吕留良 | 雍正九年翰林院編修顧成天駁吕四書引。 |
| 四書辨證 | 張椿 | 嘉慶癸酉蘄州張氏藏板。 |
| 四書恆解 | 劉沅 | 四川刻本。 |
| 四書温故録 | 趙佑 | 清獻堂全書本。 |
| 四書約旨 | 任啓運 | 任氏遺書本。 |
| 四書偶談 | 戚學標 | 戚鶴泉所著書本。 |
| 四書摭餘説 | 曹之升 | 通行本。 |
| 四書經注集證 | 吴昌宗 | 同前。 |
| 四書纂言 | 宋翔鳳 | 翟氏考異引，四庫存目作王士陵。 |
| 四書質疑 | 陳梓 | 翟氏考異引。以下均不知何代人，姑附於末。 |
| 四書求是 | 蘇秉國 | 劉氏正義引。 |

四書異同條辨　李沛霖　經正録引。

四書辨　程友菊　同前。

四書備考　翟氏考異引

四書識遺　四書拾遺引。

以上凡四書類七十六種（按：北宋以前止稱論語，南宋以後始有四書之名，所謂名從主人也。故仍分別列之。）

## 第三表　經總類

漢石經　熹平四年　翁方綱重摹南昌府學石本。

唐石經　開成二年　西安府學石本，嚴可均有唐石經校文十卷。

蜀石經　王昶摹刻版本，學海堂收經義叢抄内。

宋石經　丁晏有北宋汴學篆隸二體石經記一卷。

五經異義　漢　許慎　王復輯　問經堂本。

鄭志　鄭玄　古經解彙函本、粵雅堂本。

經典釋文　唐　陸德明　通志堂本。

| | | |
|---|---|---|
| 經傳小記 | 劉台拱 | 劉氏遺書本。 |
| 經問 | 毛奇齡 | 皇清經解本。 |
| 經義知新記 | 汪中 | 同前。 |
| 述學 | 同前 | |
| 左海經辨 | 陳壽祺 | 皇清經解本。 |
| 拜經日記 | 臧庸 | 同前。 |
| 經書算學天文考 | 陳懋齡 | 同前。 |
| 古經解鉤沉 | 余蕭客 | 原刻本。 |
| 讀書雜志 | 王念孫 | 高郵王氏五種本。 |
| 讀書叢録 | 洪頤煊 | |
| 瞥記 | 梁玉繩 | 皇清經解本、清白士集本。 |
| 秋槎雜記 | 劉履恂 | 同前。 |
| 寶甓齋札記 | 趙坦 | 同前。 |
| 通藝録 | 程瑤田 | 嘉慶八年自刊本。 |
| 過庭録 | 宋翔鳳 | 浮溪精舍本、續皇清經解本。 |

| | | |
|---|---|---|
| 考信録 | 崔述 | 東壁遺書本。 |
| 説緯 | 王崧 | 皇清經解本。 |
| 吾亦廬稿 | 崔應榴 | 同前。 |
| 癸巳類稿 | 俞正燮 | 續皇清經解本、何氏刻本。 |
| 癸巳存稿 | 同前 | 同前、連筠簃本。 |
| 研六室雜著 | 胡培翬 | 皇清經解本。 |
| 句溪雜著 | 陳立 | 自刻本、劉氏正義引。 |
| 讀書脞録 | 孫志祖 | 皇清經解本。 |
| 札樸 | 桂馥 | 心矩齋叢書本。 |
| 攷厓考古録 | 鍾褱 | 阮刻本。 |
| 蛾術編 | 王鳴盛 | 陸氏刻本未足。 |
| 頑石廬經説 | 徐養原 | 續皇清經解本。 |
| 惜抱軒經説 | 姚鼐 | 惜抱軒十種本。 |
| 經句説 | 吴英 | 劉氏正義引。 |
| 經説 | 雷學淇 | 經正録引。 |

| | | |
|---|---|---|
| 經説 | 鳳韶 | 劉氏正義引。 |
| 七經考文 | 日本 山井鼎 | 日本刻本、阮氏重刻巾箱本。 |
| 七經考文補遺 | 日本 物觀 | 同前。 |

以上凡經總類七十種

## 第四表 專經類

| | | |
|---|---|---|
| 易注 | 漢 虞翻 | 漢魏二十一家易注本。 |
| 易林 | 焦贛 | 漢魏叢書本。 |
| 易注 | 晉 干寶 | 已佚，惟玉函山房有輯本三卷。 |
| 周易學 | 清 姚配中 | 汪守成刻本、崇文書局彙刻本。 |
| 周易述 | 惠棟 | 盧氏刻本。 |
| 尚書大傳 | 漢 伏勝 | 古經解彙函本、雅雨堂本、崇文書局彙刻本。 |
| 書疑 | 宋 王柏 | 通志堂本。 |
| 古文尚書疏證 | 清 閻若璩 | 家刻本、續皇清經解本、吴氏天津刻本。 |
| 古文尚書撰異 | 段玉裁 | 經韻樓叢書本。 |

| | | | |
|---|---|---|---|
| 尚書地理今釋 | | 蔣廷錫 | 皇清經解本、借月山房本。 |
| 尚書後案 | | 王鳴盛 | 原刻單行本。 |
| 書稗傳考異 | | | 翟氏考異本。 |
| 韓詩外傳 | 漢 | 韓嬰 | 古經解彙函本、崇文書局彙刻本。 |
| 朱子詩集注 | 宋 | 朱熹 | 監本。 |
| 毛詩疑字議 | | 蔡謨 | 翟氏考異引。 |
| 毛詩稽古篇 | 清 | 陳啓源 | 皇清經解本。 |
| 毛詩傳疏 | | 陳奐 | 單行本、續皇清經解本。 |
| 大戴禮 | 漢 | 戴聖 | 聚珍本、漢魏叢書本。 |
| 月令章句 | | 蔡邕　蔡雲輯 | 王氏刻本。 |
| 禮書 | 宋 | 陳祥道 | |
| 三禮圖 | | 聶崇義 | 通志堂本、日本繙刻本。 |
| 求古録禮説 | 清 | 金鶚 | 沔陽陸氏刻本、續皇清經解本。 |
| 禮説 | | 惠士奇 | 經學叢書本。 |
| 學禮管釋 | | 夏炘 | 續皇清經解本、景紫堂全書本。 |

禮經釋例　凌廷堪　皇清經解本、儀徵阮氏文選樓叢書本。

禮經宫室答問　洪頤煊　傳經堂叢書本。

禘祫答問　胡培翬

周官禄田考　沈彤　皇清經解本、果堂全集本。

車制圖考　阮元　同前、揅經室本。

古今車制圖考　淩煥

明堂大道録　惠棟　續皇清經解本、經訓堂本。

弁服釋例　任大椿　王氏刻本。

儀禮　十三經注疏本。

清

五禮通考　秦蕙田　原刻本。

讀禮通考　徐乾學　原刻通行本。

禮記解義　方愨　翟氏考異引。

春秋説　惠士奇　家刻本。

春秋名字解詁　王引之　自刻本，附經義述聞後。

春秋地理考實　江永　皇清經解本。

| | | | |
|---|---|---|---|
| 學春秋隨筆 | | 萬斯大 | 同前。 |
| 春秋大事表 | | 顧棟高 | 原刻本。 |
| 春秋世族譜 | | 陳厚燿 | 道光十九年湯刻本、邵武徐氏叢書本。 |
| 春秋諸家解 | | 毛士 | |
| 春秋彙纂 | | 康熙三十八年 | 御纂七經本。 |
| 春秋繁露 | 漢 | 董仲舒 | 聚珍本、抱經堂本、崇文書局彙刻本。 |
| 公羊傳注 | | 何休 | 十三經注疏本。 |
| 穀梁傳 | | | 同前。 |
| 左傳補注 | 清 | 沈欽韓 | 幼學堂遺書本、功順堂叢書本。 |
| 孝經 | | | 十三經注疏本。 |
| 爾雅正義 | 清 | 邵晉涵 | 皇清經解本。 |
| 孟子雜記 | 明 | 陳士元 | 湖海樓本、歸雲別集本。 |
| 孟子正義 | 清 | 焦循 | 焦氏叢書本。 |
| 孟子字義疏證 | | 戴震 | 戴氏遺書本。 |

以上凡專經類五十三種

## 第五表　説文及字書類

| | | | |
|---|---|---|---|
| 説文解字 | 漢 | 許慎（宋徐鉉校定附字） | 平津館小字本。 |
| 説文繫傳 | 南唐 | 徐鍇 | 小學彙函重刻祁本。 |
| 説文長箋 | 明 | 趙宧光 | 翟氏考異引。 |
| 説文段注 | 清 | 段玉裁 | 皇清經解本。 |
| 説文引經考證 | | 陳瑑 | 武昌局本。 |
| 釋名 | 漢 | 劉熙 | 漢魏叢書本。 |
| 方言注 | 晉 | 郭璞注 | 抱經堂本、漢魏叢書本。 |
| 廣雅 | | 張揖 | 翟氏考異引。 |
| 廣雅疏證 | 清 | 王念孫 | 皇清經解本。 |
| 匡謬正俗 | 唐 | 顔師古 | 雅雨堂本、珠塵本、崇文書局本。 |
| 一切經音義 | | 釋玄應 | 海山仙館本。 |
| 玉篇 | 梁 | 顧野王（宋陳彭年重修） | 曹寅楝亭五種本。 |
| 廣韻 | 隋 | 陸法言（宋陳彭年重修） | 同前。 |

| | | | |
|---|---|---|---|
| 集韻 | 宋 | 丁度等 | 姚氏咫進齋本。 |
| 類篇 | | 司馬光等 | 楝亭五種本。 |
| 洪武正韻 | | | 翟氏考異引。 |
| 禮部韻略 | 宋 | 丁度節 | 楝亭五種本。 |
| 汗簡 | | 郭忠恕 | 汪啓淑刻本。 |
| 積古齋鐘鼎彝器欵識 | 清 | 阮元 | 後知不足齋本、皇清經解本。 |
| 隸釋 | 宋 | 洪适 | 汪刻本、江寧洪刻附正誤本。 |
| 隸續 | | 同前 | 同前。 |
| 字鑑 | 元 | 李文仲 | 澤存堂本。 |
| 埤雅 | 宋 | 陸佃 | 益雅堂本、明郎氏五雅本。 |
| 爾雅翼 | | 羅願 | 學津本、格致叢書本。 |
| 六書統 | 元 | 楊桓 | 翟氏考異引。 |
| 六書辨通 | 清 | 楊錫觀 | 同前。 |
| 古今韻會 | | 黃公紹 | 同前。 |
| 字義總略 | | | 同前。 |

以上凡説文及字書類二十八種

## 第六表　類書及目録類

| | | |
|---|---|---|
| 意林 | 唐　馬總 | 學津本、崇文書局本。 |
| 北堂書鈔 | 虞世南(明陳禹謨删補) | 通行刻本。 |
| 藝文類聚 | 歐陽詢 | 明仿宋小字本、明王元貞校本。 |
| 初學記 | 徐堅 | 古香齋袖珍本。 |
| 白孔六帖 | 白居易　宋　孔傳 | 通行本。 |
| 太平御覽 | 宋　李昉等 | 鮑校刻宋小字本。 |
| 文苑英華 | 同前 | 明刻本。 |
| 册府元龜 | 王欽若等 | 明崇禎李嗣京刻本。 |
| 玉海 | 王應麟 | 江寧藩庫刻本。 |
| 事文類聚 | 元　祝淵 | |
| 郡齋讀書志 | 宋　晁公武 | 海寧陳氏刻本。 |
| 四庫全書總目提要 | 乾隆四十七年敕撰 | 廣州小字本。 |

書目答問　張之洞　掃葉山房石印本。
淵鑑類函　康熙四十九年御定　古香齋袖珍本。
駢字類編

以上凡類書及目録類十五種

## 第七表　史類

史記　同文書局石印本。
史記集解　宋　裴駰
史記辨惑　金　王若虚　知不足齋本。
史記志疑　清　梁玉繩　原刻本。
孔子世家補　歐陽士秀
漢書　同文書局石印本。
古今人表考　梁玉繩　清白士集本。
後漢書　同文書局石印本。
兩漢刊誤補遺　宋　吴仁傑　聚珍本、知不足齋本。

漢書藝文志考證　王應麟　玉海附刻本。
三國志　同文書局石印本。
晉書　同前。
宋書　同前。
南齊書　同前。
梁書　同前。
陳書　同前。
魏書　同前。
北周書　同前。
南史　同前。
北史　同前。
隋書　同前。
隋書經籍志考證　清　章宗源　崇文書局本。
舊唐書　同文書局石印本。
新唐書　同前。

| | | |
|---|---|---|
| 宋史 | | 同前。 |
| 金史 | | 同前。 |
| 元史 | | 同前。 |
| 逸周書 | | 抱經堂本、崇文書局本。 |
| 國語 | | 士禮居仿宋刻本、武昌局繙黃本。 |
| 戰國策 | | 同前、同前、惜陰軒叢書本。 |
| 家語 | | 汲古閣本。 |
| 竹書紀年 | | 漢魏叢書本、平津館本。 |
| 汲冢瑣語 | | 已佚，惟玉函山房有輯本一卷。 |
| 晏子春秋 | | 經訓堂本、岱南閣本。 |
| 吴越春秋 | | 漢魏叢書本、平津館本。 |
| 世本 | 清　孫馮翼輯 | 槐廬叢書本、問經堂本。 |
| 古史 | 宋　蘇轍 | |
| 路史 | 羅泌 | 明錢塘洪楩刻本。 |
| 繹史 | 清　馬驌 | 通行本。 |

| | | |
|---|---|---|
| 天禄閣外史 | 託名漢黃憲 | |
| 東觀漢紀 | | 聚珍本、掃葉山房本。 |
| 漢紀 | 漢 荀悦 | 襄平蔣毓英合刻本。 |
| 後漢紀 | 袁宏 | 同前。 |
| 資治通鑑 | 宋 司馬光 | 蘇州書局本。 |
| 通鑑前編 | 金履祥 | 仁山先生遺書本。 |
| 通典 | 唐 杜佑 | 武英殿刻本。 |
| 通志 | 宋 鄭樵 | 同前。 |
| 通志略 | | 金壇于氏重刻本。 |
| 文獻通考 | 宋 馬端臨 | 武英殿刻本。 |
| 唐律 | | 岱南閣叢書本。 |
| 列女傳 | 漢 劉向 | 崇文書局本。 |
| 高士傳 | 晉 皇甫謐 | 同前、漢魏叢書本。 |
| 孝傳 | 陶潛 | |
| 孔子年譜 | 清 江永 | |

| | | |
|---|---|---|
| 山海經 | | 吴郡黄省曾刻本、經訓堂本。 |
| 水經注 | 北魏　酈道元 | 崇文書局本。 |
| 太平寰宇記 | 宋　樂史 | 江西樂氏刻本。 |
| 方輿紀要 | 清　顧祖禹 | |
| 水道提綱 | 齊召南 | 原刻本。 |
| 闕里文獻考 | 孔繼汾 | 乾隆壬午刻本。 |
| 宣和博古圖 | 宋　王黼 | 三古圖彙刊本。 |
| 史通 | 唐　劉知幾 | 浦起龍釋、原刻本。 |
| 涉史隨筆 | 宋　葛洪 | 知不足齋本、得月簃本。 |
| 讀史訂疑 | | |

以上凡史類六十五種

## 第八表　諸子及筆記類

| | |
|---|---|
| 黄帝内經 | 浙江書局本。 |
| 周髀算經 | 津逮本、學津本。 |

管子　百子全書本。
鄧析子　指海本。
老子　聚珍本。
曾子　即大戴禮之十篇阮元注釋皇清經解本。
文子　浙江書局本、守山閣本。
墨子　同前。
荀子　同前。
莊子　同前。
南華經注　晉　郭象　世德堂本。
列子　浙江書局本。
孫子　同前。
孔叢子　漢　孔鮒　百子全書本、漢魏叢書本。
韓非子　浙江書局本。
亢倉子　百子全書本。
鶡冠子　學津討原本。

呂氏春秋　　　　經訓堂本。
牟子　漢　牟融　平津館本。
賈子新書　賈誼　漢魏叢書本。
新語　陸賈　同前。
白虎通　班固　同前。
説苑　劉向　同前。
新序　同前　同前。
淮南子　同前。
法言　揚雄　同前。
潛夫論　王符　同前。
申鑒　荀悦　同前。
鹽鐵論　桓寬　同前、岱南閣本。
風俗通　應劭　同前。
論衡　王充　同前。
獨斷　蔡邕　同前、抱經堂本。

| | | |
|---|---|---|
| 中論 | 魏　徐幹 | 同前。 |
| 抱朴子 | 晉　葛洪 | 平津館本。 |
| 世説新語 | 宋　劉義慶 | 明袁氏仿刻宋本、惜陰軒本。 |
| 拾遺記 | 晉　王嘉 | 漢魏叢書本。 |
| 金樓子 | 梁元帝 | 知不足齋本。 |
| 本草經注 | 陶宏景 | |
| 劉書新論 | 劉書 | 漢魏叢書本。 |
| 顏氏家訓 | 北齊　顏之推 | 知不足齋本、抱經堂本。 |
| 中説 | 隋　王通 | 浙江書局本、世德堂本。 |
| 素履子 | 唐　張弧 | 百子全書本、函海本。 |
| 兩同書 | 羅隱 | 續百川本。 |
| 資暇集 | 李匡乂 | 同前、續知不足齋本。 |
| 刊誤 | 李涪 | 照曠閣本、青照堂本。 |
| 兼明書 | 五代　邱光庭 | 明陳繼儒刻寶顏堂秘笈本、淡生堂餘苑本。 |

宋

公是先生弟子記　劉敞　知不足齋本。

夢溪筆談　沈括　津逮本、學津本。

容齋隨筆　洪邁　新豐洪氏十三公祠校刊本。

示兒編　孫奕　知不足齋本。

演繁露　程大昌　學津本、唐宋叢書本。

雜記　吕希哲　困學紀聞引。

家範　司馬光

張子正蒙　張載

荆州語録　楊時　翟氏考異引。

項氏家説　項安世　武英殿聚珍本。

涪翁雜説　黄庭堅

游宦紀聞　張世南　稗海本。

甕牖閒評　袁文　武英殿聚珍本。

寓簡　沈作喆　知不足齋本。

二老堂雜誌　周必大　學海類編本。

野客叢書　王楙　稗海本、唐宋叢書本。
習學記言　葉適　四庫傳抄本、温州新刻本。
石林燕語　同前　葉石林遺書本。
聞見後録　邵博　津逮本、學津本。
畫墁録　張舜民　知不足齋本、稗海本。
捫蝨新語　陳善　儒林警悟本、唐宋叢書本、津逮本。
書齋夜話　俞琰　淡生堂餘苑本。
朱子語類　朱熹　朱子遺書本。
黄氏日抄　黄震
四如講稿　黄仲元　經正録引。
讀書附志　趙希弁
西疇常言　何坦　百川學海本、四書拾遺引。
樂府拾遺　周子醇　翟氏考異引。
困學紀聞　王應麟
困學紀聞集證　清　萬希槐

釋常談　宋　無名氏　百川學海本。
誤謬雜辨　金　王若虚　知不足齋本。
敬齋古今黈　元　李冶　海山仙館本。
湛淵静語　白珽　知不足齋本。
雪履齋筆記　郭翼　函海本。
齊東野語　周密　稗海本。
輟耕録　陶宗儀　明刻本、津逮本。
金罍子　明　陳絳　百子全書本。
本草綱目　李時珍　光緒戊子鴻寶齋石印本。
譚苑醍醐　楊慎　升菴全集本。
丹鉛録　同前
墐户録　同前　續説郛本、函海本。
傳習録　王守仁　王陽明全集本。
讀書録　薛瑄
居業録　胡居仁　經正録引。

| | | |
|---|---|---|
| 問辨録 | 高拱 | 高文襄公集本。 |
| 採芹録 | 徐三重 | 四庫全書總目引。 |
| 平日録 | 李中谷 | 經正録引。 |
| 餘冬序録 | 何孟春 | |
| 慈湖訓語 | 楊簡 | |
| 慈湖家記 | 同前 | |
| 焦氏筆乘 | 焦竑 | 粵雅堂本。 |
| 留青日札 | 田藝蘅 | |
| 推蓬寤語 | 李豫亨 | 續説郛本。 |
| 通雅 | 方以智 | 此藏軒刻本。 |
| 古言 | 鄭曉 | 翟氏考異引。 |
| 呻吟語 | 吕坤 | 去僞齋文集本。 |
| 環碧齋小言 | 祝世禄 | 四庫全書總目引。 |
| 春風堂隨筆 | 陸深 | 儼山外集本、續説郛本。 |
| 傳疑録 | 同前 | 翟氏考異引。 |

| | | | |
|---|---|---|---|
| 七修類稿 | | 郎瑛 | |
| 筆塵 | | 王肯堂 | 北平圖書館鉛印本。 |
| 雅俗稽言 | | 張存紳 | 翟氏考異引。 |
| 冬夜箋記 | | 王崇簡 | 説鈴本。 |
| 日知録 | 清 | 顧炎武 | 亭林遺書本。 |
| 日知録集釋 | | 黄汝成 | 原刻本。 |
| 明儒學案 | | 黄宗羲 | 商務印書館鉛印本。 |
| 義門讀書記 | | 何焯 | 通行本。 |
| 東塾讀書記 | | 陳澧 | 續皇清經解本。 |
| 學齋佔畢 | | 史繩祖 | 翟氏考異引。 |
| 龍城札記 | | 盧文弨 | 抱經堂本。 |
| 鍾山札記 | | 同前 | 同前。 |
| 樸學齋札記 | | 宋翔鳳 | 浮溪精舍未刊本、潘氏集箋本。 |
| 雲泉隨札 | | 黄培芳 | |
| 西堂日記 | | 楊豫孫 | |

| | | |
|---|---|---|
| 螺江日記 | 張文檒 | |
| 讀書日記 | 劉源渌 | 經正録引。 |
| 讀書筆記 | 尹會一 | 畿輔叢書本。 |
| 蒿菴閒話 | 張爾岐 | 粤雅堂本。 |
| 藝林伐山 | | 函海本。 |
| 漢學商兑 | 方東樹 | 槐廬叢書本。 |
| 陔餘叢考 | 趙翼 | 原刻本、甌北全集。 |
| 天香樓偶得 | 虞兆漋 | 説鈴本。 |
| 因樹屋書影 | 周亮工 | |
| 論學小記 | 程瑶田 | 通藝録本。 |
| 潛丘劄記 | 閻若璩 | |
| 潘瀾筆記 | 彭兆孫 | 小石山房本。 |
| 嶺雲軒瑣記 | 李威 | |
| 魯岡或問 | 彭大壽 | 經正録引。 |
| 潛研堂答問 | 錢大昕 | |

然後知齋答問　梅冲
西霞叢稿　鄭蘇年
十駕齋養新録　錢大昕　潛研堂本、阮刻本。
備忘録　張履祥　楊園先生遺書本。
思辨録　陸世儀
毋欺録　朱柏廬　小石山房本、朱氏遺書本。
匏瓜録　芮長恤　經正録引。
身省録　蘇源生　自刻本。
采榮録　梁清遠
强學録　夏錫疇　經正録引。
鈍吟雜録　馮班　指海本、馮定遠集本。
困學録　張伯行　經正録引。
達天録　李來章　同前。
何氏雜著　何治運
吴氏遺著　吴凌雲　廣雅書局刊本。

艮齋雜記　尤侗　西堂餘集本。
曲園雜纂　俞樾　俞氏叢書本。
湖樓筆談　同前　同前。
春在堂隨筆　同前　同前。
讀子巵言　江瑔　鉛印本。
古今僞書及其時代　梁啓超　商務印書館本。
淛喛存愚　李清植　潘氏集箋引。
惠迪邇言　黃鶴溪　四書拾遺引。
筤墅説書　陳震　經正録引。
冶城客論　陸采　翟氏考異引。
經世驪珠　陸坒　同前。
三餘續筆　左暄　潘氏集箋引。
異林　支允堅　以下均不知何代人，翟氏考異引。
露書　姚旅　同前。
讀書證疑　陳詩庭　劉氏正義引。

| | | |
|---|---|---|
| 讀書臆 | | 四書辨證引，以下均不知作者爲誰。 |
| 先敢齋講録 | | 翟氏考異引。 |
| 疑辨録 | | 論語稽引。 |
| 勸學録 | | 同前。 |
| 節孝語録 | | 翟氏考異引。 |
| 東觀餘論 | | 同前。 |
| 廣川書跋 | | 同前。 |
| 國故談苑 | 程樹德 | 商務印書館本。 |

以上凡諸子及筆記類一百七十四種

## 第九表　文集類

| | | |
|---|---|---|
| 楚詞 | | |
| 文選 | 梁　昭明太子 | 胡克家仿宋本。 |
| 文選李善注 | | |
| 漢魏六朝百三家集 | 明　張溥 | 重刻本。 |

| | | |
|---|---|---|
| 唐文粹 | 宋 姚鉉 | 明刻小字本。 |
| 蔡中郎集 | 漢 蔡邕 | 海源閣叢書本。 |
| 蘭臺集 | 李尤 | 翟氏考異引。 |
| 柳柳州文集 | 唐 柳宗元 | 永州新刻本。 |
| 韓昌黎文集 | 韓愈 | 東雅堂本。 |
| 陸忠宣公文集 | 陸贄 | |
| 司馬文正集 | 宋 司馬光 | 劉繩遠乾隆修補本。 |
| 范文正文集 | 范仲淹 | 通行本。 |
| 盱江集 | 李覯 | 江西祠堂本。 |
| 東坡文集 | 蘇軾 | |
| 鷄肋集 | 晁補之 | 明崇禎刻本。 |
| 楊龜山文集 | 楊時 | |
| 二程全書 | 程灝 程頤 | 求我齋江寧刻本。 |
| 程子遺書 | 程頤 | |
| 朱子文集 | 朱熹 | 蔡方柄刻本。 |

| | | | |
|---|---|---|---|
| 木鐘集 | | 陳埴 | 經正録引。 |
| 攻媿集 | | 樓鑰 | 聚珍版删定本。 |
| 陳龍川集 | | 陳亮 | 金華叢書本。 |
| 王文成全書 | 明 | 王守仁 | 通行本，亦稱陽明全集。 |
| 王龍溪全集 | | 王畿 | 困勉録引。 |
| 升菴全集 | | 楊慎 | 通行本。 |
| 遵嚴集 | | 王慎中 | 明刻本。 |
| 高子遺書 | | 高攀龍 | 經正録引。 |
| 寒支集 | | 李元仲 | 寧化刻本。 |
| 東廓集 | | 鄒守益 | 經正録引。 |
| 潛研堂文集 | 清 | 錢大昕 | 潛研堂全書本。 |
| 東原集 | | 戴震 | 經韻樓叢書本。 |
| 拜經堂文集 | | 臧庸 | |
| 雕菰樓集 | | 焦循 | 文選樓本。 |
| 鮚埼亭集 | | 全祖望 | |

問字堂集　孫星衍　皇清經解本。
校禮堂文集　淩廷堪
鑑止水齋集　許宗彦　皇清經解本。
曝書亭集　朱彝尊
經韻樓集　段玉裁　經韻樓叢書本。
東壁遺書　崔述
揅經室集　阮元　皇清經解本、文選樓叢書本。
小倉山房文集　袁枚
二曲集　李中孚
十經齋文集　沈濤
景紫堂文集　夏炘
好雲樓集　李聯琇
寒松堂集　魏環溪　松陽講義引。
養一齋集　潘德輿　活字版本、經正録引。
拙修集　吴廷棟　經正録引。

呑松閣集　鄭虎文　四書拾遺引。
儀衛軒遺書　方東樹
解春文鈔　馮景
堯峰文鈔　汪琬
敏甫文鈔　包慎中
研六室文鈔　胡培翬
湛園未定稿　姜宸英　四書釋地引。
六九齋撰述稿　陳瑑　潘氏集箋引。

以上凡文集類五十七種

第十表　碑志類

華山碑
漢祝睦碑
費鳳碑
外黄令高彪碑

逢盛碑　葉氏平安館金石文字本。
漢州輔碑　同前。
漢婁壽碑
唐貞觀孔子廟堂碑
漢魯相韓勑脩孔廟禮器碑
傅慎微宗城縣新修宣聖廟碑
惲敬先賢仲子廟立石文　劉氏正義引。
一統志　乾隆二十九年敕續編　殿本。
山東通志
泰山郡志
闕里志

以上凡碑志類十五種